Ludovisy (Hrsg.) · Praxis des
Straßenverkehrsrechts

Ludovisy (Hrsg.)

Praxis des Straßenverkehrsrechts

herausgegeben von:

Dr. Michael Ludovisy, Rechtsanwalt, Vilgertshofen bei München

unter Mitarbeit von:

Dieter Birkeneder,
Rechtsanwalt, München

Prof. Dr. Rolf Ebert,
Ärztliche Forschungspraxis, Dresden

Johanna Engel,
Rechtsanwältin, Bonn

Nicole Enke-Grönefeld,
Rechtsanwältin, Grömnitz

Achim H. Feiertag,
Rechtsanwalt, Berlin

Dr. Klaus Grünning,
Regierungsdirektor, Dorsten

Prof. Dr. oec. habil.
Kurt Jakubasch,
Dipl.-Ing., Hochschule für Technik und
Wirtschaft, Dresden (FH)

Edith Kindermann,
Rechtsanwältin, Bremen

Günter Kuckuk,
Vorsitzender Richter am
Oberlandesgericht a.D., Hamm

Hermann Neidhart,
Rechtsanwalt, Neuried bei München

Dr. Martin Notthoff,
Rechtsanwalt, Hannover

Dr. Gerhart Prell,
Dipl.-Phys., öffentlich bestellter und
vereidigter Sachverständiger

Dr. Markus Schäpe,
Rechtsanwalt, München

2., überarbeitete und wesentlich erweiterte Auflage

Verlag für die
Rechts- und
Anwaltspraxis

Bearbeiterverzeichnis:

Teil 1:
Mandatsbegründung und
Rechtsschutzversicherung — Birkeneder

Teil 2:
Gebührenrecht — Kindermann

Teil 3:
Versicherungsrecht — Notthoff

Teil 4:
Schadensrecht — Kuckuk/Notthoff

Teil 5:
Vertragsrecht — Engel

Teil 6:
Strafrecht — Grünning/Enke-Grönefeld

Teil 7:
Ordnungswidrigkeitenverfahren — Schäpe

Teil 8:
Geschwindigkeits-, Abstandsmessung
und Rotlichtüberwachung — Prell

Teil 9:
Fahrerlaubnisrecht — Ludovisy/Feiertag

Teil 10:
Verkehrsmedizin und -psychologie — Ebert

Teil 11:
Auslandsunfall — Neidhart

Teil 12:
Kraftfahrzeug und Arbeitsrecht — Birkeneder/Engel

Teil 13:
Sachverständigenwesen und
Unfallrekonstruktion — Jakubasch

Zitiervorschlag: Birkeneder, in: Ludovisy, Praxis des Straßenverkehrsrechts, Teil 1
Rn. 136 ff.

Bibliografische Information der Deutschen Bibliothek
Die Deutsche Bibliothek verzeichnet diese Publikation in der Deutschen
Nationalbibliografie; detaillierte bibliografische Daten sind im Internet
über <http://dnb.ddb.de> abrufbar.

ISBN 3-89655-127-2

© ZAP Verlag für die Rechts- und Anwaltspraxis GmbH & Co. KG, 2003

Druck: Bercker, Kevelaer

Geleitwort

Jeder Mensch ist notwendigerweise Verkehrsteilnehmer, sei es als Fußgänger oder Autofahrer, sei es im Alter von sechs Jahren oder im Alter von 86 Jahren. Da wundert es nicht, dass das Straßenverkehrsrecht zu den klassischen Arbeitsgebieten der Anwaltschaft zählt.

Allein im Schadensrecht weist die traurige Statistik jährlich ca. 400.000 Unfälle mit Personenschäden und ca. 140.000 schwerwiegende Unfälle mit Sachschäden aus. Aber zum Straßenverkehrsrecht zählen auch falsches Parken und Geschwindigkeitsübertretungen oder Streitigkeiten mit Versicherern. Bestimmte Fälle kann der Anwalt routinemäßig abwickeln, aber häufig entwickeln sich auch scheinbar einfache Mandate zu komplizierten Angelegenheiten.

Der sich nicht um Spezialisierung bemühende Anwalt handelt gegenüber dem Mandanten und gegenüber sich selbst fahrlässig, wie insbesondere auch die obergerichtliche Haftungsrechtsprechung dokumentiert. Der Beratungsbedarf sollte deshalb nicht unterschätzt werden. Das Rechtsgebiet des Straßenverkehrsrechts setzt sich zusammen aus zahlreichen weiteren Rechtsgebieten und Problemfeldern, auf denen der Anwalt unmöglich überall Experte sein kann. Denken Sie dabei zum Beispiel an das Fahrerlaubnisrecht sowie das Versicherungsrecht oder die Gebiete der Verkehrsmedizin und der Unfallrekonstruktion.

Alle nötigen Hilfestellungen für den Anwalt sind in diesem Band zusammengefasst. Es ist Verdienst des Herausgebers und der Autoren, die Materie sowohl mandatsorientiert ohne theoretischen Ballast als auch zugleich kompakt und thematisch erschöpfend bewältigt zu haben.

Der Anwalt, der sich auf das Wissen dieser erfahrenen Autoren stützt, sollte für sein verkehrsrechtliches Mandat gut gerüstet sein. Jeder Mandant hat Anspruch auf umfassende Beratung, bestmögliche Vertretung und ggf. Verteidigung.

Die 1. Auflage des Werkes war so erfolgreich, dass sie schon bald vergriffen war. In der Neuauflage sind alle Gesetzesänderungen der 14. Legislaturperiode berücksichtigt, insbesondere das 2. Schadensersatzänderungsgesetz. Die 1. Auflage erschien unter dem Arbeitstitel „BRAK-Arbeitsbuch". Die damit gegebene Empfehlung gilt weiterhin. Die Anwaltschaft muss in ihrem eigenen Interesse darauf bedacht sein, eine Zersplitterung auf viele unterschiedliche Fachbücher zu vermeiden; diese Zersplitterung führt nur zu einer Verteuerung der Arbeitsmittel. Das von Ludovisy herausgegebene Werk „Praxis des Straßenverkehrsrechts" verdient es, in der Bibliothek eines jeden Praktikers als Standardwerk zu stehen.

Bonn/Berlin, im Dezember 2002

Rechtsanwalt Anton Braun
Hauptgeschäftsführer der
Bundesrechtsanwaltskammer

Vorwort

Die hiermit vorgelegte Neuauflage des Handbuchs hält am bewährten Konzept einer systematischen Strukturierung der verkehrsrechtlichen Themenschwerpunkte fest. Die gewählte Darstellungsform ist auf die Bedürfnisse des ziel- und ergebnisorientiert arbeitenden Praktikers abgestimmt. Eine Auseinandersetzung mit weiterführender Rechtsprechung und Literatur erfolgt auch in der Neuauflage nur dort, wo es für die Bearbeitung des konkreten Falls zielführend ist und nicht dem Selbstzweck wissenschaftlicher Vollständigkeit dient. Damit ist ein schnelles Auffinden einzelner Probleme bei der täglichen Fallbearbeitung gewährleistet.

Die Themengebiete **Mandatsbegründung/Rechtsschutzversicherung, Gebührenrecht, Versicherungsrecht, Schadensrecht, Vertragsrecht, Strafrecht, Ordnungswidrigkeitenverfahren, Fahrerlaubnisrecht, Verkehrsmedizin/-psychologie, Auslandsunfall, Kraftfahrzeug** und **Arbeitsrecht** sowie **Sachverständigenwesen/Unfallrekonstruktion** wurden vollständig überarbeitet.

Neu hinzugekommen ist das Kapitel zu den einzelnen **Messverfahren**. Eine effektive Verteidigung in Ordnungswidrigkeitenverfahren ist ohne detaillierte Kenntnis der Fehlerpotentiale einzelner Messverfahren zur Geschwindigkeits- und Abstandsüberwachung nicht möglich. Zur besseren Verständlichkeit der technischen Zusammenhänge ist ein erläuterndes Glossar angefügt.

Aktuelle Rechtsprechung und Literatur sind, soweit möglich, bis Oktober 2002 eingearbeitet.

Zahlreiche Gesetzesänderungen machten die Neuauflage dringend erforderlich, wobei trotz gebotener Eile zunächst das In-Kraft-Treten einzelner Gesetzeswerke, wie beispielsweise das zum **1.8.2002** in Kraft getretene **Zweite Schadenrechtsänderungsgesetz** abgewartet werden musste. Weiter hervorzuheben sind das zum **1.1.2002** in Kraft getretene **Zivilprozessreformgesetz**, das ebenfalls zum **1.1.2002** in Kraft getretene **Gesetz zur Modernisierung des Schuldrechts** (Schuldrechtsreform), **die Fünfunddreißigste Verordnung zur Änderung straßenverkehrsrechtlicher Vorschriften** (1.1.2002) sowie die zum **1.9.2002** in Kraft getretenen **Änderungen des Fahrerlaubnisrechts**.

Die „Praxis des Straßenverkehrsrechts" bietet dem Leser Verfahrensvorschläge und Mustertexte an. Die einzelnen Themenkomplexe enthalten zudem einen Lexikonteil, der zusätzlich zur Inhaltsübersicht einen schnellen Zugriff auf ausgewählte Spezialfragen ermöglicht. So findet derjenige, der sich neben anderen Rechtsgebieten einen raschen Überblick verschaffen möchte, genauso Unterstützung wie derjenige, der beim Auftauchen einer Spezialfrage eine hilfreiche Rechtsprechungsfundstelle sucht.

Mein Dank gilt den Autorinnen und Autoren, denen es erneut gelungen ist, die äußerst komplexe Materie in verständlicher Form „kapitelweise" und aufeinander abgestimmt darzustellen. Bedanken möchte ich mich aber auch bei denjenigen Be-

nutzerinnen und Benutzern des Handbuchs, die mir mit kritischen Anregungen hilfreiche Hinweise zu Änderungen und Ergänzungen gegeben haben, und nicht zuletzt bei den Mitarbeitern des Verlages für die angenehme Zusammenarbeit mit
einem derart großen Autoren-Team.

Vilgertshofen, im Dezember 2002   Dr. Michael Ludovisy

Vorwort zur 1. Auflage

Wer sich mit Fragen des Verkehrsrechts zu beschäftigen hat, wird sehr schnell feststellen, daß dieses Rechtsgebiet mehr umfaßt als Einsprüche gegen Bußgeldbescheide. Sachlich fundierte Beratung und Vertretung erfordert gleichermaßen Kenntnisse in den Rechtsgebieten **Zivilrecht, Strafrecht** und **Verwaltungsrecht**. Darüber hinaus sind Grundkenntnisse in **Verkehrsmedizin** und **-psychologie** sowie **technisches Verständnis** für **unfallanalytische Zusammenhänge** für den mit Fragen des Straßenverkehrsrechts konfrontierten Praktiker ebenso unverzichtbar.

Deshalb ist das vorliegende Handbuch von Praktikern des Straßenverkehrsrechts für alle im Verkehrsrecht tätigen Berufsgruppen konzipiert, die sich mit dem zunehmend komplexer werdenden Rechtsgebiet befassen müssen.

Zum Verkehrsrecht sind in den letzten Jahren zahlreiche Veröffentlichungen erschienen, die sich jedoch fast ausschließlich in der Art der fachlichen Aufbereitung des Themas an Lehrbuch- oder Kommentardarstellungen orientieren. Diese Darstellungsform verführt zu einem an dogmatischen Besonderheiten des jeweiligen Rechtsgebietes ausgerichteten Aufbau, der die Bedürfnisse des Praktikers an einem schnellem Zugriff auf Spezialfragen und deren Lösung oft vernachlässigt. Inhaltsübersichten, Gliederung und Darstellung der einzelnen Fachthemen des vorliegenden Handbuchs sind daher auf die Bedürfnisse des ziel- und ergebnisorientiert arbeitenden Praktikers zugeschnitten. Eine Auseinandersetzung mit weiterführender Rechtsprechung und Literatur erfolgt nur dort, wo es für die Bearbeitung des konkreten Falles erforderlich ist und nicht zum Selbstzweck wissenschaftlicher Vollständigkeit wird. Fragen rein theoretischer Natur bleiben ausgeklammert.

Der Vorteil eines Handbuchs gegenüber einem umfassenden Kommentar liegt in seiner systematischen Strukturierung und damit in der Schnelligkeit des Auffindens einzelner Problemdarstellungen. Die „**Praxis des Straßenverkehrsrechts**" bietet deshalb dem Leser auch Verfahrensvorschläge und Mustertexte an. Jeder Teil enthält, soweit es sich thematisch anbietet, Mustertexte und einen Lexikonteil, der zusätzlich zur Inhaltsübersicht einen schnellen Zugriff auf ausgewählte Spezialfragen ermöglicht. So findet derjenige, der sich nur neben anderen Rechtsgebieten einen schnellen Überblick verschaffen möchte, genauso Unterstützung wie derjenige, der vertieft Rechtsprechung zu einem Spezialthema sucht.

In Zusammenarbeit mit der **Bundesrechtsanwaltskammer** und dem Verlag für die Rechts- und Anwaltspraxis ist somit ein streng an der effizienten anwaltlichen Mandatsbearbeitung orientiertes Handbuch zur „**Praxis des Straßenverkehrsrechts**" entstanden.

Die Themenauswahl der einzelnen Teile erfolgte aber auch im Hinblick auf die Erfordernisse der Ausbildung zum Fachanwalt für Verkehrsrecht. Zum Zeitpunkt der Drucklegung stand die Entscheidung über die Einführung des Fachanwalts für Verkehrsrecht noch aus. Für den Fall der Einführung des Fachanwalts möchte das

BRAK-Arbeitsbuch den in der **Fachanwaltschafts-Ausbildung** stehenden Kolleginnen und Kollegen wertvolle **Hilfe zur Vorbereitung** auf die erforderlichen Prüfungen geben.

An dieser Stelle gilt mein Dank den Autorinnen und Autoren, die mit ihren Beiträgen geholfen haben, eine Idee in die Tat umzusetzen, der Bundesrechtsanwaltskammer für kritische Anregungen und hilfreiche Hinweise sowie den Mitarbeitern des Verlags, die letztlich die Entstehung des Buches ermöglicht haben.

München, im Oktober 2000   Dr. Michael Ludovisy

Inhaltsübersicht

Teil 3: Versicherungsrecht

Teil 5: Vertragsrecht

Teil 6: Strafrecht

Teil 7: Ordnungwidrigkeitenverfahren

Teil 8: Geschwindigkeits-, Abstandsmessung und Rotlichtüberwachung

Teil 10: Verkehrsmedizin und -psychologie

Teil 12: Kraftfahrzeug und Arbeitsrecht

Abkürzungsverzeichnis

a.A.	anderer Ansicht
a.a.O.	am angegebenen Ort
ABGB	Allgemeines Bürgerliches Gesetzbuch (Österreich)
abl.	ablehnend
ABl EG	Amtsblatt der Europäischen Gemeinschaften
Abs.	Absatz
Abschn.	Abschnitt
AcP	Archiv für civilistische Praxis (Zs.)
ADAC	Allgemeiner Deutscher Automobilclub
a.E.	am Ende
a.F.	alte Fassung
AG	Amtsgericht
AGB	Allgemeine Geschäftsbedingungen
AGBG	Gesetz zur Regelung des Rechts der Allgemeinen Geschäftsbedingungen
AHB	Allgemeine Haftpflichtversicherungs-Bedingungen
AIS	Abreviated Injury Scale
AKB	Allgemeine Bedingungen für die Kraftfahrtversicherung
AKB 88	Allgemeine Bedingungen für die Kraftfahrtversicherung 1988
AKB 95	Allgemeine Bedingungen für die Kraftfahrtversicherung 1995
Allg. Vwv.	Allgemeine Verwaltungsvorschrift
Alt.	Alternative
amtl.	amtlich
Anm.	Anmerkung
AnwBl	Anwaltsblatt (Zs.)
AnwBl BE	Anwaltsblatt Berlin (Zs.)
AnwGH	Anwaltsgerichtshof
ARB	Allgemeine Bedingungen für die Rechtsschutzversicherung
ArbG	Arbeitsgericht
ArbGG	Arbeitsgerichtsgesetz
Art.	Artikel
ASOG	Allgemeines Gesetz zum Schutz der öffentlichen Sicherheit und Ordnung in Berlin
ASVG	Allgemeines Sozialversicherungsgesetz

AUB	Allgemeine Unfallversicherungsbedingungen
Aufl.	Auflage
AuR	Arbeit und Recht (Zs.)
AuslPflVersG	Ausländerpflichtversicherungsgesetz
AVB	Allgemeine Versicherungsbedingungen
AVV	Abfallverzeichnis-Verordnung
Az.	Aktenzeichen
AZO	Arbeitszeitverordnung
BA	Blutalkohol (Zs.)
BAG	Bundesarbeitsgericht
BAGE	Amtliche Sammlung der Entscheidungen des Bundesarbeitsgerichts
BAK	Blutalkoholkonzentration (in ‰)
BAnz	Bundesanzeiger
BASt	Bundesanstalt für Straßenwesen
BayObLG	Bayerisches Oberstes Landesgericht
BayObLGZ	Entscheidungen des Bayerischen Obersten Landesgerichts in Zivilsachen
BayPAG	Bayerisches Polizeiaufgabengesetz
BB	Betriebsberater (Zs.)
Bbg	Brandenburg
BBG	Bundesbeamtengesetz
BerHG	Beratungshilfegesetz
Beschl.	Beschluss
BezG	Bezirksgericht
BfF	Bundesamt für Finanzen
BFH	Bundesfinanzhof
BGB	Bürgerliches Gesetzbuch
BGB-InfoV	BGB-Informationspflichtenverordnung
BGBl.	Bundesgesetzblatt
BGH	Bundesgerichtshof
BGHSt	Entscheidungen des Bundesgerichtshofs in Strafsachen
BGHZ	Entscheidungen des Bundesgerichtshofs in Zivilsachen
BKatV	Bußgeldkatalogverordnung
BLFA-OWiG	Bund-Länder-Fachausschuss zum OWiG
BMF	Bundesministerium der Finanzen

BMJ	Bundesministerium der Justiz
BMV	Bundesministerium für Verkehr
BO-Kraft	Verordnung über den Betrieb von Kraftfahrunternehmen im Personenverkehr
BORA	Berufsordnung der Rechtsanwälte
BR-Drs.	Bundesratsdrucksache
BRAGO	Bundesrechtsanwaltsgebührenordnung
BRAK	Bundesrechtsanwaltskammer
BRAO	Bundesrechtsanwaltsordnung
Brem	Bremen
BSHG	Bundessozialhilfegesetz
Bsp.	Beispiel
BStBl.	Bundessteuerblatt
BT-Drs.	Bundestagsdrucksache
BtM	Betäubungsmittel
BtMÄndV	Betäubungsmittel-Änderungsverordnung
BtMG	Betäubungsmittelgesetz
Buchst.	Buchstabe
BVerfG	Bundesverfassungsgericht
BVerfGE	Entscheidungen des Bundesverfassungsgerichts
BVerfGG	Bundesverfassungsgerichtsgesetz
BVersG	Bundesversorgungsgesetz
BVerwG	Bundesverwaltungsgericht
BVG	Bundesvertriebenengesetz
BW	Baden-Württemberg
BZR	Bundeszentralregister
BZRG	Bundeszentralregistergesetz
bzw.	beziehungsweise
CC	Codice Civile (ital. Zivilgesetzbuch)
CCBE	Code of Conduct for lawers in the European Union
cic	culpa in contrahendo
CP	Codice Penale (ital. Strafgesetzbuch)
CR	Computer und Recht (Zs.)
CS	Codice della Strada (ital. Straßenverkehrsgesetz)
DAR	Deutsches Autorecht (Zs.)
DAT	Deutsche Automobil Treuhand

DAV	Deutscher Anwaltverein
DB	Der Betrieb (Zs.)
DGVZ	Deutsche Gerichtsvollzieherzeitung (Zs.)
d.h.	das heißt
DIN	Deutsche Industrienorm
DNotZ	Deutsche Notarzeitung (Zs.)
DÖV	Die Öffentliche Verwaltung (Zs.)
DRiZ	Deutsche Richterzeitung (Zs.)
DStR	Deutsches Steuerrecht (Zs.)
DZWiR	Deutsche Zeitschrift für Wirtschaft- und Insolvenzrecht
EFZG	Entgeltfortzahlungsgesetz
EG	Europäische Gemeinschaften
EGBGB	Einführungsgesetz zum Bürgerlichen Gesetzbuch
EGZPO	Einführungsgesetz zur Zivilprozeßordnung
EheG	Ehegesetz
EKHG	Kraftfahrzeug-Haftpflichtgesetz (Österreich)
entspr.	entsprechend
EStG	Einkommensteuergesetz
EU	Europäische Union
EuGH	Europäischer Gerichtshof
EuGRZ	Europäische Grundrechte-Zeitschrift (Zs.)
EuGVü	Europäisches Gerichtsstand- und Vollstreckungsübereinkommen
EuZW	Europäische Zeitschrift für Wirtschaftsrecht
EWG	Europäische Wirtschaftsgemeinschaft
EWiR	Entscheidungen zum Wirtschaftsrecht (Zs.)
EWR	Europäischer Wirtschaftsraum
F.	Fach
f.	folgende
FahrlG	Fahrlehrergesetz
FamG	Familiengericht
FamPrax	Familienrecht in der Praxis (Zs.)
FamRZ	Zeitschrift für das gesamte Familienrecht
FAO	Fachanwaltsordnung für Rechtsanwälte
FARL	Fernabsatzrichtlinie

FernAbsG	Fernabsatzgesetz
FeV	Fahrerlaubnis-Verordnung
FEVS	Fürsorgerechtliche Entscheidungen der Verwaltungs- und Sozialgerichte
ff.	fort folgende
FG	Finanzgericht
FGG	Gesetz über die Angelegenheiten der freiwilligen Gerichtsbarkeit
FIN	Fahrzeugidentitätsnummer
Fin.Min	Finanzministerium
FLF	Finanzierung Leasing Factoring (Zs.)
Fn.	Fußnote
FR	Finanzrundschau (Zs.)
Fzg	Fahrzeug(-e)
GA	Goltdammers Archiv für Strafrecht (Zs.)
GdV	Gesamtverband der Deutschen Versicherungswirtschaft
GebOSt	Gebührenordnung für Maßnahmen im Straßenverkehr
gem.	gemäß
GG	Grundgesetz
ggf.	gegebenenfalls
GGG	Gerichtsgebührengesetz (Österreich)
GKG	Gerichtskostengesetz
GmSOGB	Gemeinsamer Senat der obersten Gerichtshöfe
GoA	Geschäftsführung ohne Auftrag
grds.	grundsätzlich
GS	Großer Senat
GüKG	Güterkraftverkehrsgesetz
GVG	Gerichtsverfassungsgesetz
GVO	Gruppenfreistellungsverordnung
GwG	Geldwäschegesetz
GWVB	Gebrauchtwagenverkaufsbedingungen
HaftpflG	Haftpflichtgesetz
Halbs.	Halbsatz
HausratVO	Verordnung über die Behandlung der Ehewohnung und des Hausrates

HaustürWG	Haustürwiderrufsgesetz
Hbg	Hamburg
HbgGVBl.	Hamburger Gesetz- und Verordnungsblatt
Hdb.	Handbuch
HGB	Handelsgesetzbuch
h.M.	herrschende Meinung
HRR	Höchstrichterliche Rechtsprechung (Zs.)
HSOG	Hessisches Gesetz über die öffentliche Sicherheit und Ordnung
i.d.F.	in der Fassung
i.d.R.	in der Regel
i.d.S.	in dem Sinne
i.H.d.	in Höhe der (des)
insbes.	insbesondere
InsO	Insolvenzordnung
IntVO	Verordnung über den internationalen Kraftfahrzeugverkehr
i.S.d.	im Sinne des/der
i.S.e.	im Sinne einer/eines
i.Ü.	im Übrigen
i.V.m.	in Verbindung mit
JA	Juristische Arbeitsblätter (Zs.)
JMBl. NW	Justizministerialblatt des Landes Nordrhein-Westfalen
JR	Juristische Rundschau (Zs.)
JurBüro	Das juristische Büro (Zs.)
jur-pc	Internet-Zeitschrift für Rechtsinformatik
JuS	Juristische Schulung (Zs.)
JZ	Juristenzeitung (Zs.)
Kap.	Kapitel
KBA	Kraftfahrt-Bundesamt
KFG	Kraftfahrgesetz (Österreich)
KfH	Kammer für Handelssachen
KfSachvG	Kraftfahrsachverständigengesetz
Kfz	Kraftfahrzeug
KfzPflVV	Kraftfahrzeug-Pflichtversicherungsverordnung
KG	Kammergericht

KH-Richtlinie	Kraftfahrzeughaftpflicht-Richtlinie
KHVG	Kraftfahrzeug-Haftpflichtversicherungsgesetz (Österreich)
km/h	Kilometer pro Stunde
KO	Konkursordnung
KostO	Kostenordnung
KraftStG	Kraftsteuergesetz
KrsG	Kreisgericht
KSchG	Kündigungsschutzgesetz
k+v	Kraftfahrt und Verkehrsrecht (Zs.)
KVR	Kraftverkehrsrecht von A – Z
kW	Kilowatt
LAG	Landesarbeitsgericht
LG	Landgericht
LK	Leipziger Kommentar
Lkw	Lastkraftwagen
LohnfortzG	Lohnfortzahlungsgesetz
LPartG	Lebenspartnerschaftsgesetz
Ls.	Leitsatz
LStR	Lohnsteuerrichtlinien
LStVG	Landesstraf- und Verordnungsgesetz
LSV	Ley sobre Trafico (span. Straßenverkehrsrecht)
LVwG	Landesverwaltungsgesetz
LZA	Lichtzeichenanlage
m	Meter
MdE	Minderung der Erwerbsfähigkeit
MDR	Monatsschrift für Deutsches Recht (Zs.)
MHRG	Gesetz zur Regelung der Miethöhe
MinBl.	Ministerialblatt
MiStra	Mitteilungen in Strafsachen
MittRhNotK	Mitteilungen der Rheinischen Notarkammer
MMW	Münchner Medizinischen Wochenschrift
MPU	medizinisch-psychologische Untersuchung
MüKo	Münchener Kommentar zum BGB
m.w.N.	mit weiteren Nachweisen
MwSt	Mehrwertsteuer

NdMBl	Niedersächsisches Ministerialblatt
NdsRpfl	Niedersächsische Rechtspflege
n.F.	neue Fassung
NGefAG	Niedersächsisches Gefahrenabwehrgesetz
NJW	Neue Juristische Wochenschrift (Zs.)
NJW-RR	NJW-Rechtsprechungsreport Zivilrecht (Zs.)
Nr.	Nummer
Nrn.	Nummern
NStZ-RR	Neue Zeitschrift für Strafrecht-Rechtsprechungsreport
n.v.	nicht veröffentlicht
NVersZ	Neue Zeitschrift für Versicherung und Recht
NVwZ	Neue Zeitschrift für Verwaltungsrecht (Zs.)
NW	Nordrhein-Westfalen
NWVB	Neuwagenverkaufsbedingungen
N.Y.H.A	New York Heart Association functional classification
NZV	Neue Zeitschrift für Verkehrsrecht (Zs.)
OFD	Oberfinanzdirektion
o.g.	oben genannt
OGH	Oberster Gerichtshof (Österreich)
OLG	Oberlandesgericht
OLG-NL	OLG-Report Neue Länder (Zs.)
OLGR	OLG-Report (Zs.)
OLGR-CBO	OLG-Report Celle, Braunschweig, Oldenburg (Zs.)
OLGZ	Entscheidungen der Oberlandesgerichte in Zivilsachen
OVG	Oberverwaltungsgericht
OWiG	Gesetz über Ordnungswidrigkeiten
p.a.	per anno
PAG	Polizeiaufgabengesetz
PAngVO	Preisangaben-Verordnung
PassG	Passgesetz
PAuswG	Gesetz über Personalausweise
PBefG	Personenbeförderungsgesetz
PflVersG	Pflichtversicherungsgesetz
PKH	Prozesskostenhilfe
PolG	Polizeigesetz
p.V.V.	positive Vertragsverletzung

RA	Rechtsanwalt
RBerG	Rechtsberatungsgesetz
RdK	Recht des Kraftfahrers (Zs.)
RE	Rechtsentscheid
RegE	Regierungsentwurf
RegelbedarfsVO	Regelbedarfsverordnungen
RG	Reichsgericht
RGSt	Entscheidungen des Reichsgerichts in Strafsachen
RiLSA	Richtlinien für Lichtsignalanlagen
RiStBV	Richtlinien für das Strafverfahren und das Bußgeldverfahren
RmBereinVpG	Gesetz zur Bereinigung des Rechtsmittels im Verwaltungsprozess
Rn.	Randnummer
RP	Rheinland-Pfalz
Rpfleger	Der deutsche Rechtspfleger (Zs.)
RpflStud	Rechtspfleger Studienhefte (Zs.)
r+s	Recht und Schaden (Zs.)
RVO	Reichsversicherungsordnung
s.	siehe
S.	Seite
SaarlVerf	Verfassung des Saarlandes
SchlHA	Schleswig-Holsteinische Anzeigen
SchsZtg	Schiedmannzeitung (Zs.)
SeemannsG	Seemannsgesetz
SGB	Sozialgesetzbuch
SKK	Systematischer Kommentar zum Kaufrecht
s.o.	siehe oben
sog.	so genannt(-e; -en; -er)
SOG	Gesetz über die öffentliche Sicherheit und Ordnung
SP	Schadenpraxis (Zs.)
SPolG	Saarländisches Polizeigesetz
StEd	Steuereildienst (Zs.)
StGB	Strafgesetzbuch
StPO	Strafprozeßordnung
StrEG	Gesetz über die Entschädigung für Strafverfolgungsmaßnahmen

StRG	Gesetz zur Reform des Strafrechts
st.Rspr.	ständige Rechtsprechung
StV	Strafverteidiger (Zs.)
StVE	Entscheidungen Straßenverkehrsrecht (Zs.)
StVG	Straßenverkehrsgesetz
StVO	Straßenverkehrsordnung
StVZO	Straßenverkehrszulassungsordnung
StWK	Steuer- und Wirtschaftskurzpost (Zs.)
s.u.	siehe unten
ThürPAG	Thüringer Polizeiaufgabengesetz
TÜV	Technischer Überwachungsverein
u.	und
u.a.	unter anderem
u.Ä.	und Ähnlichem
Überbl.	Überblick
UKlaG	Unterlassungsklagengesetz
USt	Umsatzsteuer
UStG	Umsatzsteuergesetz
usw.	und so weiter
u.U.	unter Umständen
UWG	Gesetz gegen den unlauteren Wettbewerb
VAG	Versicherungsaufsichtsgesetz
Var.	Variante
VD	Verkehrsdienst (Zs.)
VDA	Verband der Deutschen Autoindustrie e.V.
VDIK	Verband der Importeure von Kraftfahrzeugen e.V.
VerBAV	Veröffentlichungen des Bundesaufsichtsamtes für Versicherungswesen
VerbrKrG	Verbraucherkreditgesetz
VersR	Versicherungsrecht (Zs.)
VersVG	Versicherungsvertragsgesetz (Österreich)
Vfg.	Verfügung
VfGH	Verfassungsgerichtshof (Österreich)
VG	Verwaltungsgericht

XXXIV

VGH	Verwaltungsgerichtshof
VGHE	Entscheidungen des Verwaltungsgerichtshofs
vgl.	vergleiche
VGT	Deutsche Akademie für Verkehrswissenschaft, Deutscher Verkehrsgerichtstag (zit. Nr. u. Jahr)
v.Hd.	von Hundert
VkBl.	Verkehrsblatt (Amtsblatt des Bundesministers für Verkehr)
VM	Verkehrsrechtliche Mitteilungen (Zs.)
VO	Verordnung
Voraufl.	Vorauflage
Vorb.	Vorbemerkung
VRS	Verkehrsrechtssammlung (Zs.)
VuR	Verbraucher und Recht (Zs.)
VVG	Versicherungsvertragsgesetz
VwGH	Verwaltungsgerichtshof (Österreich)
VwGO	Verwaltungsgerichtsordnung
VwV	Verwaltungsvorschrift
VwVfG	Verwaltungsverfahrensgesetz
VwZG	Verwaltungszustellungsgesetz
VZR	Verkehrszentralregister
WiStG	Wirtschaftsstrafgesetz
wistra	Zeitschrift für Wirtschfts- und Steuerrecht
WM	Zeitschrift für Wirtschafts- und Bankrecht (Wertpapiermitteilungen)
WVW	Wagenverkeerswet (niederl. Straßenverkehrsgesetz)
ZAP	Zeitschrift für die Anwaltspraxis (Zs.)
ZAP-DDR	ZAP-Ausgabe DDR – Das Recht der neuen Bundesländer (Zs.)
ZAP-Ost	ZAP-Ausgabe Ost – Das Recht der neuen Bundesländer (ehem. ZAP-DDR) (Zs.)
z.B.	zum Beispiel
ZDK	Zentralverband Deutsches Kraftfahrzeuggewerbe
ZFE	Zeitschrift für Familien- und Erbrecht
ZfgWBay	Zeitschrift für gemeinnütziges Wohnungswesen in Bayern (Zs.)
zfs	Zeitschrift für Schadensrecht (Zs.)
ZfV	Zeitschrift für Verwaltung

ZGS	Zeitschrift für das gesamte Schuldrecht
Ziff.	Ziffer
zit.	zitiert
ZPO	Zivilprozeßordnung
ZRP	Zeitschrift für Rechtspolitik
Zs.	Zeitschrift
ZSEG	Gesetz über die Entschädigung von Zeugen und Sachverständigen
ZStW	Zeitschrift für die gesamte Strafrechtswissenschaft
z.T.	zum Teil
zust.	zustimmend
ZVS	Zeitschrift für Verkehrssicherheit (Zs.)
zzgl.	zuzüglich
ZZP	Zeitschrift für Zivilprozeß (Zs.)

Allgemeines Literaturverzeichnis

Albrecht/Flohr/Lange, Schuldrecht 2002, 2002

Arndt/Guelde, Gesetz zur Sicherung des Straßenverkehrs, 1993

Baumbach/Lauterbach/Albers/Hartmann, Zivilprozeßordnung, 60. Aufl. 2002

Bayerlein, Praxishandbuch Sachverständigenrecht, 3. Aufl. 2002

Becker/Böhme, Kraftverkehrs-Haftpflicht-Schäden, 21. Aufl. 1999

Berz/Burmann, Handbuch des Straßenverkehrsrechts, Losebl., Stand: 11/2002

Bouska, Fahrerlaubnisrecht, 2. Aufl. 2000

Brühl, Drogenrecht, 1992

van Bühren, Unfallregulierung, 2. Aufl. 1997

Burhoff, Handbuch für das strafrechtliche Ermittlungsverfahren, 3. Aufl. 2003

ders., Handbuch für die strafrechtliche Hauptverhandlung, 4. Aufl. 2003

Cramer, Straßenverkehrsrecht, Bd. I: StVO-StGB, 2. Aufl. 1977

Dittmeier/Zängl, Bundes-Angestelltentarifvertrag, 44. Aufl., Stand: 4/2002

Drees, Schadensberechnung bei Unfällen mit Todesfolge, 2. Aufl. 1994

Eckhardt, Fahrlehrergesetz, 6. Aufl. 1999

Eckelmann/Nehls, Schadensersatz bei Verletzung und Tötung, 1987

v. Eicken/Lappe/Madert, Die Kostenfestsetzung, 17. Aufl. 1987

Eisenberg, Jugendgerichtsgesetz, 9. Aufl. 2002

Enders, Die BRAGO für Anfänger, 11. Aufl. 2002

Eyermann/Fröhler/Kormann, Verwaltungsgerichtsordnung, 11. Aufl. 2000

Finkelnburg/Jank, Vorläufiger Rechtsschutz im Verwaltungsstreitverfahren, 4. Aufl. 1998

Geigel, Der Haftpflichtprozeß, 23. Aufl. 2001

Gerold/Schmidt/von Eicken/Madert, Bundesgebührenordnung für Rechtsanwälte, 15. Aufl. 2002

Göttlich/Mümmler, Bundesgebührenordnung für Rechtsanwälte, 20. Aufl. 2001

Greger, Zivilrechtliche Haftung im Straßenverkehr, Großkommentar zu §§ 7 bis 20 StVG, 3. Aufl. 1997

Hacks/Ring/Böhm, ADAC-Handbuch Schmerzensgeld-Beträge, 20. Aufl. 2001

Hansens, Bundesgebührenordnung für Rechtsanwälte, 8. Aufl. 1995

Harbauer, Rechtschutzversicherung, 6. Aufl. 1998

Hartmann, Kostengesetz – Kurzkommentar, 26. Aufl. 1994

Hentschel/Born, Trunkenheit im Straßenverkehr, 8. Aufl. 2000

Henssler/Graf von Westphalen, Praxis der Schuldrechtsreform, 2002

Himmelreich/Hentschel, Fahrverbot – Führerscheinentzug, Bd. I: Straf- und Ordnungswidrigkeitenrecht, 8. Aufl. 1995

dies., Fahrverbot – Führerscheinentzug, Bd. II: Verwaltungsrecht, 7. Aufl. 1992

Hoeren/Martinek, Systematischer Kommentar zum Kaufrecht, 2002

Isensee/Kirchhof, Handbuch des Staatsrechts der Bundesrepublik Deutschland, Bd. V und VI, 2. Aufl. 2000

Jagusch/Hentschel, Straßenverkehrsrecht, 36. Aufl. 2001

Janiszewski, Verkehrsstrafrecht, 4. Aufl. 1994

Janiszewski/Jagow/Burmann, Straßenverkehrsordnung, 16. Aufl. 2000

Jessnitzer, Der gerichtliche Sachverständige, 11. Aufl. 2000

Klein/Czajka, Gutachten und Urteil im Verwaltungsprozeß, 4. Aufl. 1995

Kleinknecht/Meyer-Goßner, Strafprozeßordnung, 45. Aufl. 2001

Kopp/Schenke, Verwaltungsgerichtsordnung, 12. Aufl. 2000

Kopp/Ramsauer, Verwaltungsverfahrensgesetz, 7. Aufl. 2000

Körner, Betäubungsmittelgesetz, Arzneimittelgesetz, 5. Aufl. 2001

Kronenbitter (Hrsg.), Anwaltskostenrecht, Praxishandbuch, 2000

Küppersbusch, Ersatzansprüche bei Personenschaden, 7. Aufl. 2000

Kulemeier, Fahrverbot (§ 44 StGB) und Entzug der Fahrerlaubnis (§§ 69 ff. StGB), 1991

Laufs, Arztrecht, 5. Aufl. 1993

Laufs/Uhlenbruck, Handbuch des Arztrechts, 2. Aufl. 1999

Lepa, Schmerzensgeld – Mitverschulden, 1990

ders., Der Schaden im Haftpflichtprozeß, 1992

Lisken/Denninger, Handbuch des Polizeirechts, 3. Aufl. 2001

Löwe/Rosenberg, Die Strafprozeßordnung und das Gerichtsverfassungsgesetz, 24. Aufl. 1984–1993

Lütkes/Meier/Wagner/Emmerich, Straßenverkehrsrecht, 2. Aufl. 1991

Markl/Meyer, Gerichtskostengesetz, 4. Aufl. 2001

Maunz/Dürig, Grundgesetz, 36. Aufl. 1999

Mühlhaus/Janiszewski, StVO, 16. Aufl. 2000

von Münch/Kunig, Grundgesetz-Kommentar, Bd. 1, 5. Aufl. 2000

Münchener Kommentar zum Bürgerlichen Gesetzbuch: Schuldrecht Besonderer Teil, 2. Halbbd., 2. Aufl. 1996

Neidhart, Bußgeld im Ausland, 2000

Ostendorf, Jugendgerichtsgesetz, 5. Aufl. 2000

Palandt, Bürgerliches Gesetzbuch, 61. Aufl. 2002

Pfeiffer, Grundzüge des Strafverfahrensrechts, 3. Aufl. 1998

Pohlmann/Jabel, Strafvollstreckungsordnung, 8. Aufl. 2001

Prölss/Martin, Versicherungsvertragsgesetz, 26. Aufl. 1998

Redeker/von Oertzen, Verwaltungsgerichtsordnung, 13. Aufl. 2000

Reinking/Eggert, Der Autokauf, 8. Aufl. 2002

Riedel/Sußbauer, Bundesgebührenordnung für Rechtsanwälte, 8. Aufl. 2000

Rieger, Lexikon des Arztrechts, 2. Aufl. 2001

Rinsche, Die Haftung des Rechtsanwalts und des Notars, 6. Aufl. 1998

ders., Prozeßtaktik, 4. Aufl. 1999

Rüth/Berr/Berz, Straßenverkehrsrecht, 2. Aufl. 1988

Sachs (Hrsg.), Grundgesetz-Kommentar, 1996

Sanden/Völtz, Sachschadensrecht des Kraftverkehrs, 7. Aufl. 2000

Scheffen/Pardey, Schadensersatz bei Unfällen mit Kindern und Jugendlichen, 1995

Schneider/Herget, Streitwert-Kommentar für den Zivilprozeß, 11. Aufl. 1996

Schönke/Schröder, Strafgesetzbuch, 26. Aufl. 2001

Schumann/Geissinger, Bundesgebührenordnung für Rechtsanwälte, 2. Aufl. 1994

Slizyk, Beck'sche Schmerzensgeld-Tabelle, 4. Aufl. 2001

Splitter, Schadensverteilung bei Verkehrsunfällen, 4. Aufl. 1998

Stelkens/Bonk/Sachs, Verwaltungsverfahrensgesetz, 6. Aufl. 2001

Stern, Das Staatsrecht der Bundesrepublik Deutschland, Bd. III, 1994

Stiefel/Hoffmann, Kraftfahrtversicherung, 17. Aufl. 2000

Tröndle/Fischer, Strafgesetzbuch, 51. Aufl. 2002

Venzlaff/Foerster (Hrsg.), Psychiatrische Begutachtung: Ein praktisches Handbuch für Ärzte und Juristen, 3. Aufl. 2000

Viefhues/Fritze, Rechtliche Grundlagen der ärztlichen Begutachtung, 4. Aufl. 1992

Westphalen, Graf von, Der Leasing-Vertrag, 5. Aufl. 1998

Woggon, Haschisch – Konsum und Wirkung, 1974

Wussow, Unfallhaftpflichtrecht, 15. Aufl. 2002

Zöller, Zivilprozeßordnung, 23. Aufl. 2002

Zuck, Das Recht der Verfassungsbeschwerde, 2. Aufl. 1988

Teil 1: Mandatsbegründung und Rechtsschutzversicherung

Inhaltsverzeichnis

Literatur:

Zum Mandatsverhältnis:

Baumbach/Lauterbach, Zivilprozeßordnung, Kommentar, 58. Aufl. 2000; *Feurich/Braun*, Bundesrechtsanwaltsordnung, Kommentar, 3. Aufl. 1995; *Fleischmann/Hillmann*, Das verkehrsrechtliche Mandat, Bd. 2 Verkehrszivilrecht, 1997; *Gebhardt*, Das verkehrsrechtliche Mandat, Bd. 1 Verteidigung in Verkehrs- und Ordnungswidrigkeitenverfahren, 1996; *Gerhardt*, Kollisionsgefahr in Kfz-Haftpflichtprozessen, NJW 1970, 313; *Hartung/Holl*, Anwaltliche Berufsordnung, Kommentar und Berufsrechts-ABC, 1997; *Henssler*, Das Verbot der Vertretung widerstreitender Interessen, NJW 2001, 1521; *Jagusch/Hentschel*, Straßenverkehrsrecht, Kommentar, 35. Aufl. 1999; *Kääb*, Anwaltliches Berufsrecht und Behandlung von Kfz-Schäden, NZV 1991, 169; *Kimmig*, Übersendung eines Aktenauszugs an den Versicherer des Gegners, AnwBl 1971, 127; *Kleinknecht/Meyer*, Strafprozeßordnung, Kommentar, 44. Aufl. 1999; *Raiser*, Die Haftung des deutschen Rechtsanwalts bei grenzüberschreitender Tätigkeit, NJW 1991, 2049; *Sobola*, Homepage, Domainname, Meta-Tags – Rechtsanwaltswerbung im Internet, NJW 2001, 1113.

Zur Rechtsschutzversicherung:

Beck, W.-D., Obliegenheitsverletzungen vor dem Versicherungsfall in der Rechtsschutzversicherung, DAR 1994, 129; *Bauer, G.*, Die Allgemeinen Bedingungen für die Rechtsschutzversicherung 1994 (ARB 94), NJW 1995, 1390; *Buschbell*, Rationelle Rechtsschutzkorrespondenz, 2000; *Buschbell/Hering*, Der Rechtsschutzfall in der Praxis, 1997; *Harbauer*, Rechtsschutzversicherung, Kommentar zu den allgemeinen Bedingungen für die Rechtsschutzversicherung (ARB 75 und ARB 94), 6. Aufl. 1997; *Hering*, Rechtsanwalt und Rechtsschutzversicherung, zfs 1989, 217; *Prölss/Martin*, Versicherungsvertragsgesetz, Kommentar, 26. Aufl. 1998; *Schirmer*, Änderungen im Verkehrsrechtsschutz, DAR 1990, 81; *ders.*, Die Rechtsschutzversicherung für den Kraftfahrer, DAR 1992, 418; *Sieg*, Risikomanagement in der anwaltlichen Praxis, ZAP F. 23, S. 535 f.; *Zugehör*, Beraterhaftung nach der Schuldrechtsreform, 2002; *ders.*, Handbuch der Anwaltshaftung, 1999.

Abschnitt 1: Systematische Erläuterungen

A. Mandatsverhältnis

I. Einführung

1. Standesrecht

Nach dem In-Kraft-Treten des Gesetzes zur Neuordnung des Berufsrechts der Rechtsanwälte und der Patentanwälte vom 2.9.1994 wurde auf der Grundlage der §§ 191a ff. BRAO von der Bundesrechtsanwaltskammer einer Satzungsversammlung einberufen. Am 29.11.1996 hat die Satzungsversammlung gem. § 191d Abs. 3 Satz 1 BRAO die Berufsordnung (**BORA**) und die **Fachanwaltsordnung (FAO)** beschlossen. Einzelne Bestimmungen, die die Erfolgsbezogenheit von Honoraren sowie die Fachanwaltsbezeichnungen betrafen, wurden durch das Bundesministerium der Justiz gem. § 191e BRAO aufgehoben. I.Ü. blieb die von der Satzungsversammlung beschlossene Berufsordnung unverändert und ist mit Ausnahme der aufgehobenen Bestimmungen am 11.3.1997 in Kraft getreten.   **1**

Die Berufsordnung stellt insbesondere eine Konkretisierung der in §§ 43 – 43b BRAO grob umrissenen Berufs- und Grundpflichten dar. Sie ist als Satzungsrecht gegenüber gesetzlichen Berufsrechtsregelungen grds. nachrangig. Im Folgenden wird auf einzelne ausgewählte Problemfelder eingegangen, die für die Mandatsbegründung auch im Zusammenhang mit der Bearbeitung verkehrsrechtlicher Fälle von Bedeutung sein können.   **2**

2. Werbung

3　Angesichts steigender Anwaltszahlen und zunehmender Konkurrenz spielt im Vorfeld des Mandatsverhältnisses die anwaltliche Werbung, die auf das Gewinnen neuer Mandate abzielt, eine immer größere Rolle.

a) Direktwerbung

4　Werbung ist dem Anwalt nur erlaubt, soweit sie über die berufliche Tätigkeit in Form und Inhalt sachlich unterrichtet und nicht auf die Erteilung eines Auftrages im Einzelfall gerichtet ist (§ 43b BRAO). Insbesondere darf der Rechtsanwalt über seine Dienstleistung und seine Person informieren, soweit die Angaben **sachlich unterrichten** und **berufsbezogen** sind (§ 6 Abs. 1 BORA). Da die Werbung nicht auf die Erteilung eines Auftrages im Einzelfall gerichtet sein darf, liegt eine unzulässige Werbung vor, wenn sie sich an eine konkret bestimmbare Person oder einen abschließend bestimmbaren überschaubaren Personenkreis richtet (AnwGH Baden-Württemberg, NJW 1997, 1315, 1316).

5　Nach dem Willen des Gesetzgebers muss ein – in der gewerblichen Wirtschaft übliches – aggressives Anpreisen wegen der Stellung des Rechtsanwalts als Organ der Rechtpflege und wegen der besonderen Vertrauensstellung im Verhältnis zum Mandanten zur Erhaltung einer funktionsfähigen Rechtspflege ausgeschlossen bleiben (BT-Dr. 12/4993). Deshalb sind alle reklamehaften,mit einem Herausstellen der eigenen Person verbundenen Werbemethoden **untersagt** (BGH, NJW 1997, 2522, 2523).

6　Die Angabe von – insgesamt nicht mehr als fünf – Tätigkeits- **und Interessenschwerpunkten** (§ 7 Abs. 1 BORA) ist zulässig. Gem. § 7 Abs. 1 Satz 3 BORA sind dabei die **Interessen- und Tätigkeitsschwerpunkte** jeweils als solche zu bezeichnen. Ein Verstoß gegen § 7 Abs. 1 Satz 3 BORA liegt deshalb vor, wenn in einer Zeitungsannonce nur allgemein „Tätigkeitsgebiete" angegeben werden, ohne dass die erforderliche Unterscheidung in Interessen- und Tätigkeitsschwerpunkte vorgenommen wird (OLG Nürnberg, NJW 2000, 1648, 1649).

7　Eine **Beschränkung des Mediums,** über das geworben werden darf, ergibt sich weder aus § 43b BRAO noch aus den in der Berufsordnung hierfür maßgeblichen Vorschriften der §§ 6–10 BORA.

8　Demnach darf der Rechtsanwalt sich alle Werbeträger nutzbar machen, mit deren Hilfe sich eine **sachliche** und **berufsbezogene Werbung** vermitteln lässt. Namentlich erwähnt sind in § 6 Abs. 2 BORA Praxisbroschüren, Rundschreiben und andere vergleichbare Informationsmittel, wie z.B. Visitenkarten oder Homepages. So ist es dem Anwalt nunmehr unbenommen, **Visitenkarten** an potentielle Kunden zu verteilen. Grds. erlaubt ist außerdem die Werbung in Zeitungsanzeigen, in Branchen- und Telefonbüchern, im Anwaltssuchservice und im Internet.

Bei der Verwendung von **Domaines** bestehen keine Bedenken, wenn der Domainname eine geschäftliche Bezeichnung oder einen bestimmten Namen darstellt. Die Benutzung von Begriffen, die spezielle Rechtsgebiete umschreiben, wie z.B. www.verkehrsrecht.de stellen bereits einen Verstoß gegen § 7 BORA dar, da hier keine Unterscheidung zwischen Interessen- und Tätigkeitsschwerpunkt vorgenommen wird (Sobola, NJW 2001, 113, 114). Darüber hinaus kommt der Verstoß gegen wettbewerbsrechtliche Vorschriften in Betracht, da hier der Eindruck erweckt wird, der Inhaber dieser Webseite wäre der einzige Rechtsanwalt, der auf diesem Gebiet tätig ist.

Unzulässig ist auch die Einrichtung eines **Gästebuchs** innerhalb der **Internet-Homepage,** wenn es für beliebige Äußerungen von „Besuchern" benutzt werden kann. Denn das Gästebuch eröffnet somit die Möglichkeit, anerkennende Äußerungen über die berufliche Tätigkeit des Rechtsanwalts zu verbreiten. Damit sind die Grenzen einer sachlichen Unterrichtung über die Tätigkeit eines Anwalts überschritten, ohne dass es darauf ankäme, welcher Wahrheitsgehalt den jeweiligen Äußerungen zukommt (OLG Nürnberg, NJW 1999, 2126)

Für die Zulässigkeit von **Zeitungsanzeigen** kommt es zwar auf besondere Anlässe hierfür nicht 9
mehr an. Allerdings ist vor übertriebenen Werbeanzeigen zu warnen, da die Rechtsprechung die
Möglichkeiten der Werbung bisher sehr restriktiv bewertet hat. So geht die Platzierung einer
Anzeige neben Inseraten verschiedener Geschäftsleute über die sachliche Information des rechtssuchenden Publikums hinaus und stellt eine unzulässige Werbung dar (OLG Celle, BRAK-Mitt.
1996, 46, 47). Andererseits ist es Rechtsanwälten erlaubt, im **redaktionellen Teil** einer Zeitung
das rechtssuchende Publikum über die Schadensregulierung nach Verkehrsunfällen zu unterrichten
(AnwGH Baden-Württemberg, NJW 1997, 1315, 1316).

b) Drittwerbung

Der Anwalt darf nicht daran mitwirken, dass Dritte für ihn Werbung betreiben, die ihm selbst ver- 10
boten ist (§ 6 Abs. 4 BORA). Das bedeutet selbstverständlich noch nicht, dass sich ein Rechtsanwalt gegen jede Art der **Weiterempfehlung** wehren müsste. Vielmehr ist es das berechtigte Interesse eines jeden Anwalts, über zufriedene Mandanten an Dritte weiterempfohlen zu werden. § 6
BORA stellt nunmehr eindeutig klar, dass dies standesrechtlich auf keinerlei Bedenken stößt. Die
Vorschriften des § 6 BORA soll jedoch verhindern, dass der Anwalt eine Situation schafft oder aus-
nutzt, in der ein Dritter für ihn Werbung macht, die ihm selbst verboten wäre.

Die **gezielte Zusammenarbeit** eines Rechtsanwalts mit Dritten bei der **Unfallregulierung**, die auf 11
den Abschluss eines Mandatsverhältnisses mit dem Geschädigten abzielt, ist unzulässig. In einem
vom AG Jena (DAR 1994, 366) entschiedenen Fall wurde unfallgeschädigten Kunden einer Autovermietung ein bestimmter Anwalt als Rechtsvertreter bei der Unfallregulierung nahe gelegt. Ohne
dass es zu einer Mandatserteilung bis zu diesem Zeitpunkt gekommen war, hat die Autovermietung
nur aufgrund dieser eigenen Empfehlung die ihr im Zusammenhang mit dem Unfall vorliegenden
Unterlagen des Geschädigten an den Rechtsanwalt weitergereicht. Dieser sandte daraufhin unaufgefordert eine zu unterschreibende Vollmacht an den Geschädigten. Kommt ein Anwaltsvertrag
auf diese Weise zustande, so ist er i. S. d. § 138 BGB sittenwidrig und daher nichtig.

Ähnlich gelagert sind die Fälle der sog. **Stapelvollmacht.** Eine Stapelvollmacht liegt dann vor, 12
wenn der Anwalt bei Dritten (z. B. Werkstatt, Mietwagen- oder Abschleppunternehmen) einen Sta-
pel mit Vollmachten für Geschädigte hinterlegt und sich so über den Dritten weiterempfehlen lässt.
Auch Vollmachten, die auf diese Weise erteilt werden, sind nichtig.

Anders zu beurteilen sind die Fälle, in denen die Bevollmächtigung eines Anwalts auf eine ver- 13
botene, gegen das RBerG verstoßende **Rechtsbesorgung durch ein Mietwagenunternehmen**
zurückgeht (z. B. im Rahmen von Abtretungserklärungen). Schaltet das Mietwagenunternehmen
zur Durchsetzung der geltend gemachten Ansprüche einen Rechtsanwalt ein, bleibt die an den
Anwalt erteilte Vollmacht wirksam. Ein Verstoß gegen das RBerG liegt seitens des Rechtsanwalts
schon allein deshalb nicht vor, weil das RBerG gem. Art. 1 § 3 Abs. 2 auf die Tätigkeit eines
Rechtsanwalts keine Anwendung findet (OLG Karlsruhe, NZV 1995, 3).

Ebenso dürfen keine Bedenken bestehen, wenn sich der potentielle Mandant auf die **allgemeine** 14
nicht gezielte **Empfehlung** eines Unternehmens hin in die Kanzleiräume des Rechtsanwalts begibt
und erst dort nach einer informatorischen Vorbesprechung eine Vollmacht unterzeichnet.

II. Mandatsannahme

1. Mandatsvertrag

a) Wesen und Inhalt des Mandatsvertrags

Grds. wird das Mandatsverhältnis durch einen zivilrechtlichen Vertrag begründet, der i.d.R. eine 15
entgeltliche Geschäftsbesorgung i. S. d. § 675 BGB mit dienstrechtlichem Inhalt darstellt. Bei der
Erstellung von Gutachten oder Vertragsentwürfen kann je nach der Ausgestaltung des Auftrags im

Einzelfall auch ein **Werkvertrag** angenommen werden, in dem ein bestimmter Erfolg geschuldet wird. Dies kann insbesondere bei haftungsrechtlichen **Fragen** bedeutsam werden.

16   Im Rahmen seines Auftrages ist der beauftragte Rechtsanwalt zu einer **umfassenden und erschöpfenden Beratung** verpflichtet. Aufgrund des sich hieraus ergebenden unüberschaubaren Haftungsrisikos sollten deshalb bereits zu Beginn des Mandatsvertrages die Aufgabenbereiche klar umrissen werden.

Hinweis:

Es ist zu empfehlen, Vollmachtsvordrucke zu verwenden, z. B. allgemein übliche Vollmachtsformulare, in denen sowohl die Parteien als auch der genaue Grund des Rechtsstreits angegeben werden.

Hier ist es ratsam, nach dem im Formular vorgegebenen Schema vorzugehen und den Inhalt des Auftrags genau zu umreißen (z. B. „in Sachen A gegen B wegen Schadensersatz aus Verkehrsunfall vom . . ." oder „Bußgeldsache gegen A wegen Trunkenheit am Steuer – Vorfall vom . . .").

---

b) Parteien des Mandatsverhältnisses

17   Handelt es sich bei dem beauftragten Rechtsanwalt um einen **Einzelanwalt,** so ist dieser auch der Vertragspartner des Mandanten, d. h. das Mandatsverhältnis besteht unmittelbar zwischen ihm und dem Mandanten.

18   Handelt es sich bei dem beauftragtem Rechtsanwalt um ein **Mitglied einer Sozietät,** so sind grds. alle Mitglieder der Sozietät Vertragspartner des Mandanten. Davon kann jedenfalls bei zivilrechtlichen Mandaten ausgegangen werden.

19   Etwas anderes gilt bei sog. **Bürogemeinschaften,** bei denen sich Rechtsanwälte zu keiner Sozietät zusammengeschlossen haben, sondern lediglich gemeinsam Büroräume benutzen. Hier ist jeder Rechtsanwalt wie ein Einzelanwalt zu betrachten, solange die Rechtsanwälte nicht den Anschein erweckt haben, dass zwischen ihnen eine Sozietät bestünde, wie z. B. durch Gestaltung der Briefbögen oder des Praxisschildes (vgl. BGH, NJW 1978, 996).

20   Ist Letzteres der Fall, so liegt eine sog. **Außen- oder Scheinsozietät** vor. Das hat zur Folge, dass die als Sozietät erscheinenden Rechtsanwälte so haften, als ob tatsächlich eine Sozietät bestünde.

Hinweis:

Gerade bei Bürogemeinschaften ist auf eine nach außen hin deutlich werdende Trennung der einzelnen Rechtsanwälte zu achten. Andernfalls können nach den Grundsätzen der Scheinsozietät alle Rechtsanwälte haften, als ob zwischen ihnen tatsächlich eine Sozietät bestünde.

---

c) Form der Mandatserteilung

21   Die Mandatserteilung erfolgt i.d.R. durch den Mandanten persönlich. Dabei ist für die Erteilung des Mandats **keine bestimmte Form** vorgesehen. Grds. ist keine schriftliche Vollmacht erforderlich. Dies gilt sowohl für die Vollmacht eines Wahlverteidigers im Strafrecht wie für die Erteilung des Mandats in zivilrechtlichen Angelegenheiten.

22   Die Erteilung einer **schriftlichen Vollmacht** sollte aber dennoch schon allein aus **Beweisgründen** erfolgen. So kann hinsichtlich des Gegenstandswerts bei Unfallregulierungen der Zeitpunkt der Mandatserteilung eine Rolle spielen. Hat z. B. die gegnerische Haftpflichtversicherung vor Voll-

machtserteilung bereits Leistungen erbracht und trägt die Tätigkeit des Rechtsanwalts zur Regulierung des Restschadens bei, so bemisst sich die Gebühr des Rechtsanwalts nur nach dem regulierten Restwert.

Der Bitte um **Akteneinsicht** und Erteilung von **Auskünften** leisten Behörden i.d.R. nur bei Vorlage einer **schriftlichen Vollmacht** Folge. Werden **Haftpflichtversicherer** zur Zahlung an den Rechtsanwalt aufgefordert, so erfolgt diese nur dann, wenn die Vollmacht schriftlich nachgewiesen wird. Andernfalls bestünde auf Seiten des Versicherers ein Leistungsrisiko. Erstattet nämlich der Haftpflichtversicherer den Regulierungsbetrag an den Rechtsanwalt und leitet dieser den Betrag nicht weiter, kann der Geschädigte erneut die Auszahlung verlangen, wenn keine Inkassovollmacht des Rechtsanwalts vorlag.   23

d) Untervollmacht

Im **Zivil- und Verwaltungsverfahren** berechtigt die Erteilung der Vollmacht grds. auch dazu, einem Dritten die Untervollmacht zur Durchführung des Rechtsstreits zu erteilen.   24

Im **Strafverfahren** ist hingegen zu unterscheiden, ob der Rechtsanwalt aufgrund einer Bestellung zum Pflichtverteidiger oder als Wahlverteidiger tätig wird. **Pflichtverteidiger** können grds. keine Untervollmacht erteilen (OLG Düsseldorf, BRAK–Mitt. 1993, 180). Bei **Wahlverteidigern** ist die Erteilung der Untervollmacht grds. möglich. Dies gilt auch für die Vertretungsmacht, also das Recht, den Mandanten vor Gericht zu vertreten.   25

Liegt bereits eine zur Untervollmacht berechtigende Vertretungsmacht vor, die z.B. durch die Vorlage einer entsprechenden schriftlichen Vollmacht nachgewiesen wurde, so ist im Straf- oder Bußgeldverfahren keine schriftliche Untervollmacht mehr zu erteilen (BayObLG, NZV 1991, 403; OLG Braunschweig, DAR 1992, 392).

In diesem Zusammenhang ist es ratsam, bereits bei Mandatserteilung die im Bürohandel üblichen **Standardformulare** zu verwenden, die entsprechende Klauseln enthalten. Der **Unterbevollmächtigte** kann nur dann eine Vertretung vornehmen, wenn er neben den Wahlverteidiger tritt, nicht aber, wenn er an dessen Stelle tritt.   26

e) Sonderfall: Anwaltliche Beratung über sog. „Telefon-Hotline"

In letzter Zeit sind insbesondere über Anzeigen in Zeitungen und Zeitschriften Anbieter aufgetreten, die Inhaber einer 0190-Telefonnummer sind und dem Anrufer ermöglichen, direkt an einen Rechtsanwalt weitergeschaltet zu werden, der den Anrufer in speziellen Rechtsbereichen, wie z.B. dem Verkehrsrecht, telefonisch berät. Für die **telefonische Rechtsberatung** hat der Anrufer eine bestimmte Gebühr, die nach der Dauer des Telefonats bestimmt wird, zu entrichten, von der ein Anteil an den Servicebetreiber bzw. an den beteiligten Rechtsanwalt weitergeleitet wird.   27

Nach Auffassung des BGH verstößt das Betreiben einer Anwalts-Hotline weder gegen das Rechtsberatungsgesetz noch gegen das anwaltliche Berufs- und Gebührenrecht (Urt. v. 26.9.2002, I ZR 44/00 und I ZR 102/00).

Ein Verstoß gegen das Rechtsberatungsgesetz liegt demnach nicht vor, da der Rechtsuchende nicht mit der betreibenden Firma, sondern mit dem Rechtsanwalt einen Beratungsvertrag schließt. Darüber hinaus hält der BGH die telefonische Rechtsauskunft auch gebührenrechtlich unbedenklich, da eine systematische Missachtung der Gebührenordnung nicht angenommen werden könne.

Zwar sieht auch der BGH hinsichtlich der Qualität der anwaltlichen Beratungsleistung Risiken. Diese Gefahr kann jedoch ein generelles Verbot nicht rechtfertigen.

2. Mandatserteilung durch Dritte

a) Gesetzliche Vertreter bei Minderjährigen

28 Gem. § 1626 Abs. 1 Satz 1 BGB haben der Vater und die Mutter **gemeinsam** das Recht und die Pflicht, für ihr minderjähriges Kind von Geburt bis zu dessen Volljährigkeit zu sorgen. Nach § 1626 Abs. 1 Satz 1 BGB umfasst die elterliche Sorge auch die Vertretung des Kindes. Macht ein Kind z. B. aus einem Verkehrsunfall Schadensersatzansprüche geltend, so sollte deshalb die **Vollmacht grds. von beiden Elternteilen** erteilt werden.

Dies gilt auch für sonstige Willenserklärungen des Kindes wie z. B. die Schweigepflichtentbindungserklärung gegenüber den behandelnden Ärzten. **Ausnahmen** vom Grundsatz des gemeinsamen Vertretungsrechtes beider Elternteile gibt es bei nicht-ehelichen Kindern (§ 1626a BGB) und bei Getrenntleben oder Scheidung der Eltern (§ 1671 BGB).

29 Die Eltern können in eigenem Namen weder Rechte des Kindes geltend machen noch über diese verfügen. Die gerichtliche Geltendmachung von Schadenersatzansprüchen erfolgt deshalb **im Namen des Minderjährigen** bzw. durch ihn selbst, vertreten durch seine gesetzlichen Vertreter, da er als Minderjähriger rechtsfähig i. S. d. § 1 BGB und somit parteifähig ist (§ 50 Abs. 1 ZPO).

30 Sind Minderjährige in **Verkehrsunfälle** verwickelt und werden hieraus **Schadenersatzansprüche** geltend gemacht, werden meist auch bei den Eltern Kosten anfallen. So können Eltern Aufwendungen für Arzt- und Pflegekosten eines verletzten Kindes wegen Geschäftsführung ohne Auftrag beim Schädiger geltend machen.

> **Hinweis:**
>
> *Ebenso können unfallbedingte Mehraufwendungen und die Versorgung eines Kindes, die einen erhöhten Unterhaltsaufwand darstellen, als Schaden geltend gemacht werden (BGH, NJW 1984, 1400). Hierauf sollte bereits beim Beratungsgespräch hingewiesen werden.*

31 Sind entsprechende Kosten angefallen und wollen die Eltern den Ersatz geltend machen, so müssen die Eltern ihrerseits hierfür eine gesonderte **Vollmacht** erteilen. Allerdings ist in Fällen, in denen aus einem Verkehrsunfall sowohl Schadenersatzansprüche des Kindes als auch der Eltern geltend gemacht werden, sorgfältig zu prüfen, inwieweit ein **Mitverschulden der Eltern** am Unfall vorliegt. Zum einen müssen sich Kinder – zumindest soweit sie deliktsfähig gem. § 828 BGB sind – u. U. ein verkehrswidriges Verhalten der Eltern zurechnen lassen (vgl. OLG Stuttgart, NZV 1992, 185), sodass es zu einer Anspruchsminderung beim Kind kommen kann. Andererseits kann sich eine **Interessenskollision** ergeben, wenn eine Verletzung der elterlichen Aufsichtspflicht für einen Unfall mit ursächlich war und Schadensersatzansprüche gegen die Eltern möglich sind.

32 Bei der **Strafverteidigung und Verteidigung im Bußgeldverfahren** kann der gesetzliche Vertreter des Beschuldigten oder Betroffenen selbstständig einen Verteidiger wählen (§ 137 Abs. 2 Satz 1 StPO). Im Jugendstrafverfahren gilt dies auch für Erziehungsberechtigte (§ 67 Abs. 3 JGG). Die Beauftragung kann sogar unabhängig vom Willen des betroffenen/beschuldigten Minderjährigen erfolgen.

Neben dem gesetzlichen Vertreter bzw. Erziehungsberechtigten kann der Minderjährige aber auch selbst einen Verteidiger wählen. Der Minderjährige kann sich allerdings nur durch seinen gesetzlichen Vertreter bzw. seinen Erziehungsberechtigten zur **Honorarzahlung** verpflichten.

b) Betreuer

33 Gem. § 1896 Abs. 1 BGB wird vom **Vormundschaftsgericht** ein **Betreuer** bestellt, wenn ein Volljähriger aufgrund körperlicher, geistiger oder seelischer Behinderungen seine Angelegenheiten zumindest teilweise nicht besorgen kann. Liegen deutliche Hinweise auf geistige oder seelische

Behinderungen vor, sollte sich der Rechtsanwalt vor Übernahme des Mandats informieren, ob ein Betreuer bestellt ist.

Der Betreuer vertritt den Betreuten in einem ihm zugewiesenen Aufgabenbereich (§ 1902 BGB) **34** und nimmt insoweit die Stellung eines gesetzlichen Vertreters ein (Palandt/Diederichsen, BGB, § 1902 Rn. 2). Ist z. B. ein Betreuer für den Abschluss von Rechtsgeschäften bestellt, so kann eine **wirksame Beauftragung** des Rechtsanwalts nur durch ihn erfolgen.

c) Ehegatten

Wird der Rechtsanwalt durch einen Ehegatten des Anspruchstellers beauftragt, so spielt in Bezug **35** auf Sachschäden der **Güterstand** eine Rolle.

Liegt eine **Gütertrennung** oder eine **Zugewinngemeinschaft** vor, die wohl in den meisten Fällen **36** bestehen dürfte, sind die Vermögensbereiche der Ehegatten getrennt, sodass jeder Ehegatte seine Schadensersatzansprüche nur selbstständig geltend machen kann.

Besteht gem. § 1415 BGB eine **Gütergemeinschaft,** so wird sowohl das Vermögen der Ehefrau als **37** auch das des Ehemannes Gesamtgut und somit das Vermögen beider Ehegatten. Hierbei ist Folgendes zu unterscheiden: Ist zwischen den Eheleuten vereinbart, dass **ein Partner** das **Gesamtgut verwaltet,** so führt dieser die Rechtsstreitigkeiten, die das Gesamtgut betreffen, im eigenen Namen durch. Wird das **Gesamtgut gemeinschaftlich** verwaltet, so sind Schadensersatzansprüche, die Gegenstände aus dem Gesamtgut betreffen, auch gemeinschaftlich geltend zu machen, sodass die Bevollmächtigung auch von beiden erfolgen muss.

Eine Ausnahme von dem Gesagten bildet bei Gütergemeinschaften das sog. **Sondergut.** Dieses ist **38** vom Gesamtgut ausgeschlossen (§ 1417 BGB). Hierzu gehören solche Gegenstände und Rechte, die durch Rechtsgeschäft nicht übertragen werden können, also insbesondere die nicht abtretbaren und unpfändbaren Forderungen (§§ 399, 400 BGB).

Im Zusammenhang mit verkehrsrechtlichen Schadensersatzansprüchen betrifft dies vor allem **Renten i. S. d.** § 850b Nr. 1 ZPO, die wegen einer Verletzung des Körpers oder der Gesundheit zu entrichten sind. Für Ansprüche aus §§ 843, 253 Abs. 2 BGB, § 13 StVG, § 8 HaftPflG muss der Rechtsanwalt deshalb im Falle der Gütergemeinschaft von dem jeweils betroffenen Ehegatten beauftragt werden.

d) Sonstige Dritte

Ist der Mandant schwer verletzt und dadurch nicht in der Lage, den Rechtsanwalt selbst zu beauf- **39** tragen, so kommt es häufig vor, dass Personen, die dem Verletzten nahe stehen (Freunde, Bekannte, Verwandte) einen Rechtsanwalt bitten, zur Geltendmachung von Schadensersatzansprüchen tätig zu werden.

Nimmt der Rechtsanwalt in einem solchen Fall seine Tätigkeit auf, so können hieraus zwar keine **40** vertraglichen Ansprüche gegen den Verletzten entstehen. Allerdings kann ein Anspruch aus den Grundsätzen der **Geschäftsführung ohne Auftrag** hergeleitet werden.

3. Mehrfachvertretungen

a) Interessenskollision

Die ordnungsgemäße Erfüllung des Mandatsauftrages ist nur dann gewährleistet, wenn der Rechts- **41** anwalt in allen Rechtsangelegenheiten als **unabhängiger Berater und Vertreter** agiert (§ 3 Abs. 1 BRAO). Damit dieser Anspruch auch gewahrt bleibt, darf der Rechtsanwalt aus standesrechtlicher Sicht **keine widerstreitenden Interessen** wahrnehmen (§ 43a Abs. 4 BRAO, § 3 Abs. 1 BORA).

Begeht der Rechtsanwalt eine solche Pflichtwidrigkeit, so hat dies nicht nur standesrechtliche Fol- **42** gen. Der Rechtsanwalt kann darüber hinaus wegen **Parteiverrats** nach § 356 Abs. 1 StGB strafrechtlich belangt werden.

43   Wesentlicher **Anknüpfungspunkt** für die Feststellung, dass eine Interessenskollision vorliegt, ist die Tätigkeit in derselben Rechtssache (§ 3 BORA; § 356 StGB). Eine Rechtssache i. d. S. ist jede rechtliche Angelegenheit, die zwischen mehreren Beteiligten mit möglicherweise entgegenstehenden rechtlichen Interessen nach Rechtsgrundsätzen behandelt und erledigt werden soll (BGHSt 18, 193; 23, 64). D.h. allein die Möglichkeit, dass die Interessen der Beteiligten konträr sind, genügt, damit eine Interessenskollision vorliegt.

Die Rechtssache reduziert sich dabei nicht nur auf einen konkreten Rechtsanspruch, sondern umfasst ein inhaltlich zusammengehörendes **einheitliches Lebensverhältnis** (Hartung/Holl, Anwaltliche Berufsordnung, § 3 Rn. 19). Der Rechtsanwalt hat deshalb ungeachtet einzelner Ansprüche umfassend zu prüfen, inwieweit die Interessen der Beteiligten miteinander in Konflikt geraten können. Die Einheitlichkeit wird dabei auch nicht durch einen längeren Zeitablauf oder den Wechsel der beteiligten Personen aufgehoben (BGHSt 7, 261).

b) Einzelfälle

44   Die Gefahr der Interessenskollision tritt gerade bei Verkehrsunfällen häufig auf, sodass ein sehr **sorgfältiges Vorgehen bei der Beratung** und rechtlichen Vertretung der daran beteiligten Personen geboten ist.

45   So kann sich eine Interessenskollision bereits dann ergeben, wenn sich der **Fahrer** und der verletzte **Insasse** eines Fahrzeuges von einem Rechtsanwalt vertreten lassen wollen.

46   Da sich die Interessenskollision nicht auf einzelne Rechtsansprüche reduzieren muss, sondern ein inhaltlich zusammengehörendes **einheitliches Lebensverhältnis** umfassen kann, ist diese sogar bei vermeintlich gleichgerichteten Interessen möglich.

47   ***Beispiel (BayObLG, NJW 1995, 606):***

Ein Rechtsanwalt wurde zunächst von einem Fahrer, der mit seinem Fahrzeug in einen Unfall verwickelt war, mit dessen Verteidigung in dem gegen ihn laufenden Strafverfahren mandatiert. Gegen den Strafbefehl, der gegen den Fahrer ergangen war, wurde Einspruch eingelegt. Dieser wurde aufgrund der Aktenlage später zurückgenommen.

Bei dem Unfall war die Beifahrerin des Fahrers verletzt worden. Nachdem die Haftpflichtversicherung des Fahrers die Schadensregulierung verweigerte, bat der Fahrer seinen Rechtsanwalt, die Vertretung der Beifahrerin gegenüber seiner Haftpflichtversicherung zu übernehmen. Der Rechtsanwalt trat daraufhin gegenüber der Haftpflichtversicherung als Vertreter der Beifahrerin auf.

Obwohl in diesem Fall subjektiv sogar dem Fahrer an einer Erfüllung der Schadensersatzansprüche seiner Beifahrerin gelegen war, mussten seine Interessen, ebenso wie die seines Haftpflichtversicherers, auf die Abwehr der Schadensersatzansprüche gerichtet sein.

Da die geschädigte Beifahrerin das Gegenteil erreichen wollte, lagen gegensätzliche Interessen vor. Hieran änderte auch der Umstand nichts, dass der Fahrer zunächst ausschließlich im Strafverfahren und die Beifahrerin bei der Durchsetzung ihrer Schadensersatzansprüche vertreten wurde.

Nach dem Urteil des BayObLG macht sich deshalb ein Rechtsanwalt, der gleichzeitig oder nacheinander den unfallverursachenden Fahrer eines Kraftfahrzeuges im Ordnungswidrigkeiten- oder Strafverfahren und einen Unfallgeschädigten im zivilrechtlichen Schadensersatzprozess vertritt, des Parteiverrats schuldig.

48   Besteht die nicht seltene Konstellation, dass der **geschädigte Insasse gleichzeitig Halter** des Fahrzeuges ist, so hat er als Halter und somit Versicherungsnehmer gem. § 11 Nr. 2 AKB gegen seinen Haftpflichtversicherer zwar keine Ansprüche wegen Sach- und Vermögensschäden.

Dies gilt aber **nicht** für Ansprüche wegen der Körperverletzung, die in § 11 AKB nicht erwähnt 49
werden. Letztere können deshalb auch gegen den eigenen Versicherer geltend gemacht werden,
sodass es auch hier zu einer Interessenskollision kommen kann, wenn ein Rechtsanwalt z.B. bei
gerichtlichen Auseinandersetzungen für den Haftpflichtversicherer des Halters tätig wird.

Ein weiteres Problem widerstreitender Interessen ergibt sich im Rahmen des Unfallmandats bei der 50
Weitergabe von Aktenauszügen an die gegnerische Haftpflichtversicherung. Im Rahmen der
Schadensregulierung erteilen die gegnerischen Haftpflichtversicherungen dem Rechtsanwalt des
Geschädigten häufig den Auftrag, „gegen Übernahme der üblichen Gebühren" Auszüge aus den
Ermittlungsakten zu erstellen und an die Versicherung zu übersenden. Das Honorar wird auf der
Basis einer zwischen DAV und HUK-Verband ausgehandelten Pauschale von derzeit 25,- € abge-
golten. Diese in der Praxis oft geübte Vorgehensweise wird für zulässig gehalten, weil sie der
Beschleunigung der Schadensregulierung dient und somit im Interesse des Mandanten liegt. In der
Lit. (vgl. Hartung/Holl, Anwaltliche Berufsordnung, § 3 Rn. 3) mehren sich Stimmen, die hier
widerstreitende Interessen annehmen. Dies wird damit begründet, dass die gegnerische Versiche-
rung die Akten nach der objektiven Interessenlage dazu benötigt, um feststellen zu können, ob die
Ansprüche wegen eines Verschuldens des Mandanten abgewehrt werden können.

Der gegnerischen Haftpflichtversicherung kann als privater Einrichtung grds. die Akteneinsicht
versagt werden (RiStBV Nr. 185 IV). Sie ist somit häufig auf die Mitwirkung des Rechtsanwalts,
dem die Akteneinsicht nicht verwehrt werden kann, angewiesen. Übersendet der Rechtsanwalt des
Geschädigten der gegnerischen Versicherung in deren Auftrag Auszüge aus der Ermittlungsakte,
so verschafft er ihr u. U. einen **Wissensvorteil,** der sich ungünstig auf den Mandanten auswirken
kann.

Insofern kann im **Einzelfall** durchaus eine Interessenskollision vorliegen, nämlich z.B. dann, wenn 51
sich aus der Ermittlungsakte Einwendungen des gegnerischen Versicherers gegen die Ansprüche
des Mandanten ergeben können. Es besteht dann ein Interessenkonflikt, da die Übersendung der
Ermittlungsakte einen konkreten Nachteil für den Mandanten mit sich bringen kann. Ergibt sich
aus der Ermittlungsakte kein Hinweis auf mögliche Einwendungen gegen die Ansprüche des Mandanten, sondern dient deren Übersendung an die gegnerische Versicherung lediglich einer
Beschleunigung der Schadensregulierung, dürfte schon allein im Interesse einer **schnellen Schadensregulierung** an einer Übersendung von Aktenauszügen an die gegnerische Versicherung grds.
nichts einzuwenden sein.

Die zwischen DAV und HUK-Verband ausgehandelte **Pauschale** von 25,- € wurde zur Verein- 52
fachung der Schadensabwicklung vereinbart, da die Aktenbeschaffung in der BRAGO nicht ausdrücklich geregelt ist. Es handelt sich um Kosten, die aus dem Gesichtspunkt der **unerlaubten
Handlung** zu tragen sind. Der Gebührenanspruch entsteht hier – ebenso wie der Gebührenanspruch für die Durchsetzung des Anspruchs selbst – in der Person des Mandanten, sodass aus
standesrechtlicher Sicht einer Geltendmachung der Gebühr nichts entgegenstehen dürfte.

> *Hinweis:*
> *Der Rechtsanwalt hat vor Übersendung der Aktenauszüge sorgfältig zu überprüfen, ob sich*
> *hieraus Nachteile für seinen Mandanten ergeben können. Je nach Lage des Einzelfalles ist zu*
> *entscheiden, ob wegen eines möglichen Interessenkonflikts eine Überlassung von Akten in*
> *Betracht kommt.*
> *Sinnvoll ist es, die Zustimmung des Mandanten einzuholen.*

Eine Interessenskollision kann sich auch ergeben, wenn der Rechtsanwalt zunächst einen Unfall- 53
beteiligten im Straf- oder Ordnungswidrigkeitenverfahren vertritt oder dessen Schadensersatzansprüche geltend macht und dann bei einer Klage des Unfallgegners von der **Haftpflichtversiche-**

rung seines Mandanten mit der Prozessführung beauftragt ist. Bei dieser Fallgestaltung liegt eine Interessenskollision vor, wenn Anzeichen dafür vorliegen, dass seitens des Mandanten eine **Obliegenheitsverletzung** gegenüber seiner Haftpflichtversicherung oder zumindest eine Gefahrerhöhung eingetreten ist, die zu einem Wegfall des Versicherungsschutzes führen könnte (vgl. Gerhardt, NJW 1970, 313). Leitet nämlich der Rechtsanwalt Unterlagen an die Haftpflichtversicherung weiter, aus denen sich eine Obliegenheitsverletzung oder eine Gefahrerhöhung ergeben, handelt er den Interessen seines Mandanten zuwider. Dies hätte zur Folge, dass er sich des Vorwurfs des Parteiverrats aussetzt. Hält er jedoch die Unterlagen zurück, schädigt er u. U. die Haftpflichtversicherung. Bestehen also Hinweise, die eine **Störung des Versicherungsverhältnisses** vermuten oder erkennen lassen, ist von einer gleichzeitigen Vertretung der Versicherung und des Versicherungsnehmers abzuraten. Eine ähnliche Situation liegt vor, wenn sich der Versicherer darauf beruft, der Unfall sei gestellt oder fingiert. In diesem Fall kann der Rechtsanwalt unter Umständen gezwungen sein, einen Sachvortrag vornehmen zu müssen, der den Angaben des Versicherungsnehmers entgegen steht und ihn möglicherweise sogar des Betrugs bezichtigen kann. Auch hier liegen entgegengesetzte Interessen vor, sodass keine Mandatsannahme erfolgen kann.

54   Eine Interessenskollision liegt auch vor, wenn in einem Schadensersatzprozess die **Haftpflichtversicherung** des Mandanten und des Unfallgegners **identisch** ist. Ein Interessenkonflikt kann dann dadurch vermieden werden, dass auf Seiten des Klägers **getrennte Vollmachten** an verschiedene Rechtsanwälte erteilt werden, wobei sich die Vollmachten jeweils auf die Klage oder auf die Widerklage erstrecken dürfen (vgl. BGH, r+s 1992, 110).

Die vom Haftpflichtversicherer gem. § 10 Abs. 5 AKB erteilte Vollmacht betrifft dabei nur die **Abwehr der Ansprüche,** nicht deren Geltendmachung. Der vom Versicherungsnehmer bereits mit der Klageerhebung beauftragte Rechtsanwalt kann deshalb vom Versicherer nicht mandatiert werden.

55   War für die **Schädigung eines Kindes** sowohl das Verschulden des Schädigers als auch eine Verletzung der elterlichen Aufsichtspflicht ursächlich, haften Eltern und Schädiger dem Kind als Gesamtschuldner gem. §§ 823, 840, 426 BGB (BGH v. 16.1.1979; VI ZR 243/76; OLG Frankfurt/M., zfs 1993, 116). Eltern und Kinder sind dann in derselben Rechtssache zwei Parteien mit widerstreitenden Interessen. Der Rechtsanwalt darf in dieser Angelegenheit dann nur für eine dieser Parteien, also entweder Eltern oder Kinder, tätig werden.

Ein Interessengegensatz kann sich nunmehr auch aufgrund der Änderung des § 7 StVG ergeben, wonach bei einem Fahrzeuggespann der Halter eines Anhängers neben dem Halter des Zugfahrzeuges haftet. Die Gefahr der Interessenkollision besteht unter Umständen dann, wenn Halter und Versicherer des Zugfahrzeuges mit dem Halter und Versicherer des Anhängers nicht identisch sind.

c) Organisatorische Fragen

56   Gem. **§ 3 Abs. 2 BORA** gilt das Verbot, bei widerstreitenden Interessen für mehrere Beteiligte tätig zu werden, auch wenn einzelne Sozietätsmitglieder, Angestellte, freie Mitarbeiter oder Mitglieder einer Bürogemeinschaft bereits mit der Angelegenheit befasst sind oder waren. Von dem Verbot ausgenommen sind Kooperationen, die eine auf Dauer angelegte und organisatorisch verfestigte Zusammenarbeit zwischen voneinander unabhängigen Einzelanwälten oder kleineren Kanzleien darstellen. Diese Form der Zusammenarbeit ist in § 3 Abs. 2 BORA nicht aufgeführt.

57   Die **Verteidigung mehrerer Beschuldigter** eines Vorfalles durch Rechtsanwälte eines der in § 3 Abs. 2 BORA genannten Zusammenschlüsse kann aber grds. nicht verboten werden, da dies zu einer gegen Art. 12 GG verstoßenden Einschränkung der anwaltlichen Berufsausübung führen würde (BVerfGE 43, 79). Allerdings ist zu prüfen, ob die den Beschuldigten zur Last gelegten Taten zu einem einheitlichen Lebenssachverhalt gehören. Dabei ist insbesondere darauf zu achten, ob die Taten eine Tat i. S. d. §§ 155 Abs. 1, 264 Abs. 1 StPO betreffen und einen einheitlichen geschichtlichen Vorgang bilden (Geppert, NStZ 90, 542). Ist dies der Fall, ist die Verteidigung anderer Beschuldigter durch die Sozietät unzulässig. Lässt sich nicht genau klären, ob eine Interes-

senskollision vorliegt, sollte der Rechtsanwalt schon im Hinblick auf das Vertrauen des Mandanten von der Annahme des Mandats eines weiteren Beschuldigten absehen.

Das Tätigkeitsverbot endet nicht mit dem **Ausscheiden eines Rechtsanwalts** aus einer der sog. Zusammenschlüsse. Dies ergibt sich aus der Formulierung des § 3 Abs. 2 BORA („verbunden war"). 58

Strittig ist, wie weit sich das Tätigkeitsverbot auf **Sozietätswechsler erstreckt**. Zum einen wird die Auffassung vertreten, man solle sich an der wörtlichen Auslegung des § 3 Abs. 2 BORA orientieren (Hartung/Holl, Anwaltliche Beratung, § 3 Rn. 62). Das Tätigkeitsverbot greift somit nur, wenn der wechselnde Rechtsanwalt in der früheren Sozietät persönlich mit der Angelegenheit befasst war. In diesem Fall wird sich konsequenterweise das Verbot aber auch auf alle Mitglieder der neuen Sozietät erstrecken (Henssler, NJW 2001, 1521, 1529). Zum anderen hat nach Ansicht des BGH die neue Sozietät alle Mandate niederzulegen, bei denen der neue Kollege früher auf der Gegenseite stand, auch wenn er in keiner der beiden Sozietäten persönlich mit der Bearbeitung der Fälle befasst war (BGH, NJW 2001, 1573). Diese Entscheidung stößt jedoch auf erhebliche verfassungsrechtliche Bedenken (vgl. Henssler, NJW 2001,1521, 1526). Ihre Vollziehung wurde aufgrund einer inzwischen eingelegten **Verfassungsbeschwerde** vom BVerfG einstweilen ausgesetzt (BVerfG, NJW 2001, 1562).

Hinweis:

In größeren Rechtsanwaltskanzleien ist zur Vermeidung von Interessenskollisionen eine besonders genaue Kontrolle der aufgenommenen Mandate erforderlich.
Hier bietet sich die Führung von Unfallkalendern an, in die zu jedem aufgenommenen Unfall die wichtigsten Daten, wie Ort, Zeit und Namen der Beteiligten eingetragen werden.
Diese können vor der Annahme eines Mandats überprüft werden.

---

d) Niederlegungspflicht (§ 3 Abs. 3 BORA)

Liegt eine Interessenskollision vor, so hat der betroffene Rechtsanwalt die Mandanten unverzüglich darüber zu unterrichten und das **Mandat niederzulegen**. Bei Verboten, die dem Schutz des Rechtsuchenden und der Rechtspflege dienen, wird Nichtigkeit gem. § 134 BGB angenommen. Der Verstoß führt daher zu einer Nichtigkeit des Mandatsvertrages, sodass kein Vergütungsanspruch besteht. Eine vom Mandanten geleistete Vergütung kann gem. § 812 BGB **zurückgefordert** werden. 59

4. Ablehnung eines Auftrages (§ 44 BRAO)

Der Rechtsanwalt ist **keinem Kontrahierungszwang unterworfen**, sondern in der Annahme seiner Mandate grds. frei. Er kann deshalb gem. § 44 BRAO die Annahme eines Mandats ablehnen. Ausnahmen von diesem Grundsatz sind in §§ 48, 49, 49a BRAO geregelt. 60

Wichtigste **Ausnahme** von der Freiheit der Mandatsannahme sind die Fälle der **Prozesskostenhilfe** (§ 48a Abs. 1 Nr. 1 BRAO; § 121 ZPO) der **Pflichtverteidigung** (§ 49 BRAO) und der **Beratungshilfe** (§ 49a BRAO). Will der Rechtsanwalt einen Auftrag nicht annehmen, so ist er gem. § 44 Satz 1 BRAO verpflichtet, die Ablehnung unverzüglich, d. h. ohne schuldhafte Verzögerung (§ 121 BGB) zu erklären. Tut er dies nicht und kommt es zu einer schuldhaften Verzögerung der Ablehnungserklärung, trifft den Rechtsanwalt gem. § 44 Satz 2 BRAO eine Schadensersatzpflicht. Der Schadensersatzanspruch gem. § 44 BRAO verjährt in drei Jahren (§ 51b BRAO). 61

62 Der Rechtsanwalt hat in einem solchen Fall den Schaden zu ersetzen, der dem Mandanten im Vertrauen auf die Annahme des Mandats entstanden ist **(Vertrauensschaden)**. Beauftragt ein Mandant den Rechtsanwalt kurz vor Ablauf einer Frist, wird er sich jedoch u. U. ein Mitverschulden (§ 254 BGB) anrechnen lassen müssen.

5. Haftungsfragen

63 Eine Haftung des Rechtsanwaltes gegenüber seinem Mandanten kann sich bereits aus einer **Verletzung vorvertraglicher Pflichten** ergeben. Nach Begründung des Mandatsverhältnisses bestehen umfangreiche **Hinweis-, Kontroll- und Schutzpflichten,** die sich aus der jeweiligen Kasuistik des Einzelfalles ergeben.

Allgemein lässt sich im Verkehrsrecht sagen, dass der Mandant insbesondere auf seine **Obliegenheiten** gegenüber dem Haftpflichtversicherer und seiner Rechtsschutzversicherung hinzuweisen ist, um eine Gefährdung des Versicherungsschutzes zu verhindern. Darüber hinaus sind **Rechtsmittelfristen** und Verjährungsfristenhäufig Anlass von Haftungsansprüchen (ausführlich zum Ganzen: Zugehör (Hrsg.), Handbuch der Anwaltshaftung, 1999; Zugehör, Beraterhaftung nach der Schuldrechtsreform, 2002).

64 In diesem Zusammenhang sollte nicht vergessen werden, dass gerade im Hinblick auf Fristen auch **nachvertragliche Pflichten** des Rechtsanwalts bestehen. So ist es ratsam, den Mandanten bei Beendigung des Mandats auf den Ablauf von Fristen hinzuweisen. Auch sollte bei Behörden die Beendigung des Mandats angezeigt werden, damit zukünftige Ladungen oder Schriftsätze an den Mandanten selbst oder den nachfolgenden Rechtsanwalt zugestellt werden. Erhält der Rechtsanwalt nach Beendigung des Mandats Schriftsätze oder Ladungen, so hat er diese mit entsprechenden Hinweisen und Belehrungen an den Mandanten unverzüglich weiterzuleiten.

III. Beendigung des Mandats

1. Beendigungsgründe

65 Im Wesentlichen kommen **vier Beendigungsgründe** des Mandatsverhältnisses in Betracht.

Dies sind:

● Erreichen des Vertragszwecks,

● Kündigung durch den Mandanten,

● Kündigung durch den Rechtsanwalt und

● Tod des Rechtsanwalts (§§ 675, 673 BGB).

a) Erreichung des Vertragszwecks

66 Der Vertragszweck ist erreicht, wenn die Angelegenheit im Falle der außergerichtlichen **Tätigkeit abschließend geregelt** ist bzw. ein gerichtliches oder behördliches **Verfahren abgeschlossen** ist und keine weiteren Pflichten des Rechtsanwalts gegenüber seinem Mandanten bestehen.

67 Generell ist zu beachten, dass auch **nach Abschluss** eines zivilrechtlichen oder strafrechtlichen Verfahrens Hinweispflichten des Rechtsanwalts bestehen oder weitere Handlungen vorzunehmen sind. Ein häufiges Beispiel hierfür ist in Verkehrsstrafsachen die Stellung eines Antrages nach § 69a Abs. 7 StGB auf **Verkürzung der Sperrfrist.** Darüber hinaus bestehen in zivilrechtlichen Verfahren Hinweispflichten, die z.B. die Verjährung von Ansprüchen oder die Belehrung über Rechtsmittel zum Inhalt haben können.

Birkeneder

b) Kündigung des Mandatsverhältnisses

Mit dem Mandatsvertrag wird der Rechtsanwalt zu einer Dienstleistung beauftragt. Aufgrund der 68 besonderen Vertrauensstellung kann das Mandatsverhältnis **jederzeit** und auch **ohne wichtigen Grund** gekündigt werden (§ 627 Abs. 1 BGB). Die Kündigung ist fristlos möglich.

Kündigt ein Mandant den Auftrag, so bleibt der **Gebührenanspruch** des Rechtsanwalts für die bis 69 zum Zeitpunkt der Kündigung angefallene Tätigkeit erhalten. Gebührenvorschüsse für noch nicht geleistete Tätigkeiten (z. B. einer noch nicht angefallenen Besprechungsgebühr) müssen zurückerstattet werden.

Ebenso wie der Mandant ist der Rechtsanwalt zur Kündigung des Mandats berechtigt. Dies wird 70 i.d.R. dann erfolgen, wenn ein wichtiger Grund vorliegt, so z. B. wenn der Mandant trotz umfangreicher Tätigkeit des Anwalts den geforderten Gebührenvorschuss nicht bezahlt oder das Vertrauensverhältnis beeinträchtigt ist.

Wird vom Rechtsanwalt eine Kündigung in Erwägung gezogen, sollte diese aber zuvor angedeutet werden, indem der Rechtsanwalt für den Fall einer weiteren Beeinträchtigung des Vertrauensverhältnisses auf diese Möglichkeit verweist. Kündigt der Rechtsanwalt ohne wichtigen Grund zur Unzeit und entsteht dem Mandanten dadurch ein Schaden, so ist dieser gem. § 627 Abs. 2 BGB zu ersetzen. Eine Kündigung zur Unzeit liegt z. B. vor, wenn die Kündigung unmittelbar vor Ablauf einer Frist oder eines bereits anstehenden Gerichtstermins erfolgt.

Die Möglichkeiten des Rechtsanwalts, das Mandatsverhältnis einseitig zu beenden, sind in den Fäl- 71 len der Pflicht zur Übernahme der Prozessvertretung und Beratungshilfe sowie bei der Pflichtverteidigung eingeschränkt. Besteht eine Pflicht zur Übernahme der Prozessvertretung (häufigster Fall: Prozesskostenhilfe) oder der Pflichtverteidigung, so kann der Rechtsanwalt beim Vorliegen wichtiger Gründe beantragen, die Beiordnung bzw. Pflichtverteidigung aufzuheben (§ 48 Abs. 2 BRAO bzw. §§ 49a Abs. 2, 48 Abs. 2 BRAO). Dies gilt auch im Fall der **Beratungshilfe** (§ 49a Abs. 1 Satz 2 BRAO).

Mit der Kündigung des Mandatsverhältnisses geht oft ein **Mandatswechsel** einher. Gem. § 15 72 Abs. 1 BORA hat der Rechtsanwalt, der das Mandat übernimmt, dann sicherzustellen, dass der frühere Rechtsanwalt von der Mandatsübernahme unverzüglich (§ 121 BGB) benachrichtigt wird. Dabei ist es nunmehr ausreichend, wenn sich der Rechtsanwalt, der das Mandat übernimmt, vergewissert, dass das Mandat gekündigt worden ist. Bei Zweifeln an der Kündigung sollte jedoch eine Benachrichtigung an den vorherigen Rechtsanwalt erfolgen. Eine Zustimmung des vorherigen Rechtsanwalts oder eine Begleichung seiner Gebühren sind nicht Voraussetzung für einen Mandatswechsel.

2. Wirkungen

Die Beendigung des Mandats ist für den Rechtsanwalt aus gebühren- und haftungsrechtlicher Sicht 73 bedeutsam. Gem. § 16 Satz 1 BRAGO wird die Vergütung des Rechtsanwalts fällig, wenn der **Auftrag erledigt** oder die **Angelegenheit beendet** ist. Außerdem **verjähren** Ansprüche des Mandanten gegen den Rechtsanwalt in drei Jahren nach Beendigung des Mandats (§ 51b BRAO).

3. Zurückbehaltung von Handakten

§ 50 Abs. 3 Satz 1 BRAO berechtigt den Rechtsanwalt, die Herausgabe von Handakten an den Man- 74 danten zu verweigern, bis dieser die angefallenen Gebühren beglichen hat. Im Gegensatz zum allgemeinen Zurückbehaltungsrecht nach § 273 BGB hängt das Recht zur Zurückbehaltung von Handakten nach dem Wortlaut des § 50 Abs. 3 BRAO nicht von der **Fälligkeit einer Honorarforderung** ab. Die Herausgabe von Handakten an den Mandanten kann deshalb auch dann verweigert werden, wenn noch keine Erledigung des Auftrages oder Beendigung der Angelegenheit eingetreten ist.

75 Wie beim allgemeinen Zurückbehaltungsrecht gem. § 273 BGB gilt auch beim Mandantsverhältnis, dass an Unterlagen und Geschäftspapieren, die für die **Fortführung der Geschäfte des Mandanten** bzw. seines Betriebs benötigt werden, i.d.R. kein Zurückbehaltungsrecht besteht (BGH, WM 1968, 1325; BGH, NJW 1997, 2944, 2945), so z. B. wenn der Rechtsanwalt im Rahmen einer Schadensersatzklage Geschäftsunterlagen seines Mandanten zur Berechnung von Verdienstausfallschäden eingeholt hat.

76 Die Zurückbehaltung von Handakten ist grds. nicht zulässig, wenn sie nach den Umständen des Einzelfalles unangemessen wäre (§ 50 Abs. 3 Satz 2 BRAO). Eine **unangemessene Zurückbehaltung** liegt z. B. vor, wenn der Rechtsanwalt trotz Aufforderung durch den Mandanten die Berechnung seiner Auslagen und Gebühren nicht vorgelegt hat oder die Gebühren nur geringfügig sind. Ebenso bei einem durch die Zurückbehaltung von wichtigen Unterlagen drohenden Schaden. Eine wichtige Rolle spielt auch die Frage, ob und in welcher Höhe bereits **Vorschüsse** bezahlt worden sind.

77 Insgesamt kann gesagt werden, dass das Zurückbehaltungsrecht an Handakten sehr eng auszulegen ist und hier Zurückhaltung geboten ist. In Zweifelsfällen bietet § 17 BORA eine Lösung an, der den berechtigten Interessen des Mandanten dadurch Rechnung trägt, dass ihm anstatt der Originale lediglich **Kopien der benötigten Unterlagen** überlassen werden können.

78 Das Zurückbehaltungsrecht betrifft nur solche Handakten, die zu der Angelegenheit gehören, in der noch Gebühren und Auslagen offen sind (BGH, NJW 1997, 2944, 2946). **Honorarforderungen aus anderen Aufträgen** dürfen deshalb nicht zum Anlass für die Zurückbehaltung genommen werden.

IV. Zivilrecht

1. Allgemeines

79 Vor der konkreten Bearbeitung zivilrechtlicher Fälle ist es wichtig, die bedeutendsten Daten des Geschehens zusammenzufassen. Hierbei sollte sehr genau vorgegangen werden, da bei einer vollständigen und umfassenden Erfassung der Daten zeit- und kostenauslösende Rückfragen vermieden werden können.

> **Hinweis:**
>
> *Die Praxis zeigt, dass bei „frei" geführten Mandantengesprächen oft Informationen übersehen werden, deren Einholung später nachgeholt werden müssen. Es empfiehlt sich daher, beim Erstgespräch schematisch vorzugehen.*

80 Liegt eine vertragliche Streitigkeit vor, ist neben der Schilderung des Sachverhalts wichtig, sich **sämtliche Vertragsunterlagen** vorlegen zu lassen. Bei der Bearbeitung von Unfallschäden sind dabei die für den PC-Einsatz verwendbaren Erfassungsbögen in Unfallsachen oder die auch von den Haftpflichtversicherern verwendeten Fragebögen für Anspruchsteller sehr hilfreich.

81 Den Schwerpunkt bei der zivilrechtlichen Bearbeitung in Verkehrssachen nimmt die Regulierung von Verkehrsunfällen ein. Gerade hier spielt die **Erstberatung** eine wesentliche Rolle, sodass sich die nachfolgenden Ausführungen vor allem auf die Bearbeitung von Verkehrsunfällen konzentrieren.

2. Unfallregulierung

a) Sachverhaltsaufklärung

Ein besonderes Augenmerk ist bei der Bearbeitung von Verkehrsunfällen auf die **Unfallschilderung** zu richten. Diese sollte möglichst detailliert erfolgen und durch eine genaue **Unfallskizze** ergänzt werden.

82

War der Mandant nicht selbst am Unfall beteiligt, so ist es sinnvoll, wenn der Unfallbeteiligte zur Darstellung des Sachverhalts am Erstgespräch teilnimmt. Dies hat den Vorteil, dass der Rechtsanwalt seine Information quasi „aus erster Hand" erfährt.

83

Inwieweit der Beteiligte selbst auch beraten werden kann, hängt davon ab, ob eine **Interessenskollision** vorliegt (s. Rn. 41 ff.). Ist der Unfallhergang strittig, sollte sich der Rechtsanwalt bereits im Vorfeld der Schadensregulierung auf einen eventuellen Prozess einstellen. Bei der Vorbereitung eines Schadensersatzprozesses hat der Rechtsanwalt darüber hinaus darauf zu achten, dass ein **substantiierter Vortrag** zu Ursachen, Art und Umfang des Schadens erfolgt. Er hat hierfür entsprechende **Feststellungen vorzunehmen** und eventuell **Beweise zu sichern** (BGH, VersR 1994, 98).

84

> *Hinweis:*
>
> *Gerade im Hinblick auf die Einleitung beweissichernder Maßnahmen und die erforderliche Genauigkeit von Beweisanträgen zur Unfallrekonstruktion sollte eine Spezifizierung von Daten erfolgen.*

Die **Spezifizierung** kann durch einen **Fragenkatalog** erfolgen, der z. B. wie folgt in einzelne Komplexe unterteilt ist:

85

- Unfallort (wichtig für den Gerichtsstand);
- Unfallzeit;
- Unfallart (Zusammenstoß, Begegnungsunfall, Abkommen von der Fahrbahn);
- Unfallstelle (Kreuzung, Einmündung, Autobahn, Bundesstraße, verkehrsberuhigte Zone, Spielstraße etc.);
- Position und Geschwindigkeit der Fahrzeuge;
- Straßenzustand (trocken, feucht, nass, Schnee etc.);
- Licht- und Sichtverhältnisse (Dämmerung, Straßenbeleuchtung, Nebel etc.);
- Polizeiliche Unfallaufnahme (Verwarnungen; Aktenzeichen);
- Beteiligte Personen (Unfallgegner, Verletzte);
- Schadensumfang;
- Zeugen;
- Anschrift der behandelnden Ärzte.

Aus diesem Fragenkatalog kann zumindest bereits eine **erste Rekonstruktion** des Unfalls erfolgen, die es u. U. ermöglicht, die Frage einer eventuellen **Mithaftung** des Mandanten zu beurteilen.

Ergibt sich aufgrund des festgestellten Sachverhalts eine Mithaftung **des Mandanten,** so ist davon auszugehen, dass die gegnerische Haftpflichtversicherung den Schaden nur teilweise regulieren wird und der Mandant einen Teil seiner Kosten selbst tragen muss. Besteht eine **Vollkaskoversicherung,** so sollte der Mandant in diesem Fall darauf hingewiesen werden, dass er unter Anwendung des **Quotenvorrechts** die Möglichkeit hat, sowohl die Versicherung des Schädigers als auch seine eigene Vollkaskoversicherung in Anspruch zu nehmen und dadurch einen weitgehenden Ausgleich seines Schadens erreichen kann. Die Frage der Mithaftung hat meist Einfluss auf die Ent-

86

scheidung des Geschädigten, sich für die Dauer der Reparatur seines Fahrzeuges einen **Mietwagen** zu nehmen, da er damit rechnen muss, einen Teil der dabei anfallenden Kosten selbst tragen zu müssen.

87   Wurde der Mandant bei dem Unfall verletzt, so ist zur Bemessung des **Schmerzensgeldes** die Einholung von **Arztberichten erforderlich.** Diese werden üblicherweise von den Haftpflichtversicherern eingeholt, die dann Abschriften an den Rechtsanwalt weiterreichen.

Da die Ärzte jedoch der **Schweigepflicht** unterliegen, dürfen sie gegenüber Dritten (z. B. der Haftpflichtversicherung) nur dann Informationen über ihre Patienten weitergeben, wenn sie von ihrer Schweigepflicht entbunden werden. Der Rechtsanwalt sollte den Mandanten auf diese Problematik hinweisen und ihn befragen, ob er mit der Einholung von Arztberichten oder Gutachten durch ihn oder die gegnerische Haftpflichtversicherung einverstanden ist. Dies wird i.d.R. der Fall sein, da nur nach Einholung einer ärztlichen Stellungnahme eine sinnvolle und realistische Bezifferung des Schmerzensgeldes und eine rasche Schadensregulierung erfolgen können.

88   Der Rechtsanwalt kann dann vom Mandanten eine Schweigepflichtentbindungserklärung zur Weiterreichung an die Haftpflichtversicherung unterschreiben lassen, die dann die erforderlichen Arztberichte einholt. Eine entsprechende Erklärung über die Entbindung der Ärzte von ihrer Schweigepflicht ist auch auf dem Fragebogen für Anspruchsteller enthalten. Der Rechtsanwalt kann dann eine ärztliche Stellungnahme einholen oder diese Erklärung bei der gegnerischen Haftpflichtversicherung vorlegen und dort die Einholung von Arztberichten anregen.

89   Handelt es sich bei dem beschädigten Fahrzeug des Mandanten um ein **Leasingfahrzeug,** so hat der Rechtsanwalt zunächst die rechtliche Stellung des Leasingnehmers und Leasinggebers gegenüber dem Schädiger und dessen Versicherung aufzuklären. Ist der **Mandant Leasingnehmer,** so sollte sich der Rechtsanwalt den Leasingvertrag vorlegen lassen, aus dem sich insbesondere auch die Pflichten des Leasingnehmers bei einem Unfall ergeben. Dadurch lassen sich einerseits mögliche Pflichtenverstöße des Mandanten vermeiden; andererseits kann festgestellt werden, welche Schadenspositionen für den Mandanten geltend gemacht werden können. So ist der Leasingnehmer in den meisten Leasingverträgen verpflichtet, den Leasinggeber unverzüglich von einem Schadensfall zu unterrichten und die notwendigen Reparaturen im eigenen Namen und auf eigene Rechnung durchführen zu lassen.

90   Im Fall eines **Totalschadens** darf der Leasingnehmer das Fahrzeug aber nicht ohne Zustimmung des Leasinggebers verwerten, da er nicht Eigentümer des Fahrzeuges ist. Er muss außerdem die gegnerische Versicherung darauf hinweisen, dass es sich bei dem beschädigten Fahrzeug um ein Leasingfahrzeug handelt.

91   Werden **Schadensersatzansprüche für den Leasinggeber** geltend gemacht, so ist darauf zu achten, dass dieser als Gewerbetreibender vorsteuerabzugsberechtigt ist. Die einzelnen Schadenspositionen, in denen die Mehrwertsteuer enthalten ist, sind deshalb in ihren Nettobeträgen auszuweisen.

92   Muss aufgrund des eingetretenen Schadens von einem Erwerbsschaden des Mandanten ausgegangen werden, so sind zur Feststellung des Gewinn- und Einkommensausfalls Unterlagen einzuholen, aus denen das Einkommen des Mandanten vor dem Schadensereignis hervorgeht. Hierzu zählen insbesondere Bilanzen, Gewinn- und Verlustrechnungen, Verdienstbescheinigungen oder Einkommenssteuerbescheide.

Bei der Berechnung des Erwerbsschadens sind neben dem regelmäßigen Einkommen auch Sonderzahlungen, wie Trinkgelder oder Spesen, mit einzubeziehen. Gesetzeswidrige Einkünfte, z.B. aus Schwarzarbeit, können der Berechnung aber nicht zugrunde gelegt werden (BGH, NJW 1990, 2542).

93   Wurde der Unfall polizeilich aufgenommen, sollte zur umfassenden Aufklärung des Sachverhalts unmittelbar nach der Mandatsannahme eine **Akteneinsicht** bei der Ermittlungsbehörde beantragt werden. Gerade der Inhalt der Ermittlungsakten gibt entscheidende Hinweise auf den Unfallhergang, Beteiligte und Zeugen.

b) Beratung

Bei der Beratung hinsichtlich der einzelnen Schadenspositionen sollte der Mandant, der den Rechtsanwalt mit der Geltendmachung von Schadensersatzansprüchen beauftragt, bereits vorab auf seine **Schadensminderungspflicht** hingewiesen werden. 94

Der Geschädigte hat Maßnahmen zu treffen, die ein ordentlicher und verständiger Mensch zur Schadensaufwendung oder -minderung des Schadens ergreifen würde (BGH, NJW 1951, 797). Unterlässt er solche Maßnahmen, so kann ein **Mitverschulden** nach § 254 Abs. 2 Satz 1 BGB eingewendet werden. Es ist daher insbesondere darauf zu achten, dass 95

- ein unverzüglicher Reparaturauftrag zur Vermeidung von Standzeiten erfolgt,

- sofern erforderlich, ohne Verzögerung ein Sachverständiger beauftragt wird,

- bei Mietwagen eine Erkundigung nach günstigen Mietwagentarifen vorgenommen wird (mindestens ein oder zwei Vergleichsangebote einholen; vgl. OLG München, SP 1994, 381)

- man sich bei längerer Reparaturdauer nach Langzeittarifen erkundigt (vgl. OLG Nürnberg, VersR 1994, 235),

- bei Verletzungen mit der sofortigen Behandlung begonnen wird und

- je nach dem Einzelfall und soweit zumutbar bei Gewerbetreibenden und selbstständig Tätigen ggf. eine Ersatzkraft eingestellt wird oder eine Umorganisierung des Betriebs erfolgt, um einen größeren Erwerbsschaden zu vermeiden.

Die **Erstattung von Sachverständigenkosten** kann wegen eines Verstoßes gegen die Schadensminderungspflicht versagt werden, wenn es sich bei dem festzustellenden Schaden um einen **Bagatellschaden** handelt. Dem Geschädigten kann nach der Rechtsprechung im Falle eines Bagatellschadens zugemutet werden, sich mit dem **Kostenvoranschlag** einer Fachwerkstätte zu begnügen, dessen Kosten i.d.R. bei den Reparaturkosten angerechnet werden. 96

Fraglich ist hierbei, wann ein **Bagatellschaden** anzunehmen ist. Im Hinblick auf die Regulierungspraxis der Versicherer und der bisherigen Rechtsprechung (vgl. OLG Hamm, NJW-RR 1994, 345; AG Köln, zfs 1986, 40), kann die Grenze für Bagatellschäden bei ca. 500,- bis 600,- € gezogen werden. Allerdings ist in der neueren Rechtsprechung wegen der allgemeinen Steigerung der Lebenshaltungskosten die Tendenz erkennbar, die Grenze für Bagatellschäden höher anzusetzen (z.B. AG Remscheid, SP 1995, 351: 1 400 DM; AG Bensheim, SP 1996, 30: 1 708 DM; AG Hildesheim, SP 1996, 295: 2 000 DM). Im Zweifel dürfte es deshalb sinnvoll sein, sich notfalls mit der Versicherung zu verständigen, um ein **Kostenrisiko** des Mandanten zu vermeiden. 97

Die Begutachtung durch einen **unabhängigen Sachverständigen** kann i. Ü. sogar dann erfolgen, wenn bereits ein hauseigener Sachverständiger der gegnerischen Versicherung das beschädigte Kfz besichtigt hat (OLG Karlsruhe, NJW 1968, 1333; KG, DAR 1971, 295).

Ein Verstoß gegen die Schadensminderungspflicht liegt auch vor, wenn eine **Leasingfirma** mit eigener Rechtsabteilung mit der Schadensregulierung einen Rechtsanwalt beauftragt. Die dadurch anfallenden Kosten müssen nicht erstattet werden (AG Darmstadt, zfs 1992, 410). 98

Der Geschädigte darf die **Werkstatt,** bei der er den Schaden beheben lassen will, frei auswählen. Häufig werden Einwände von Versicherern gegen die Reparatur von Markenwerkstätten vorgebracht und Abzüge vorgenommen. Diese Vorgehensweise ist jedoch rechtlich nicht haltbar. Nach dem im Schadensrecht anerkannten Grundsatz der subjektbezogenen Schadensbetrachtung (vgl. OLG München, NZV 1992, 362) kann sich der Geschädigte bei der Wahl der Werkstätte frei entscheiden. 99

Hinsichtlich der anfallenden **Anwaltskosten** ist der Mandant darüber aufzuklären, dass diese der Schädiger zu tragen hat, soweit eine Regulierung des Schadens erfolgt. 100

Bei Streitigkeiten zwischen dem Mandanten als Versicherungsnehmer und seiner Kaskoversicherung ist zu beachten, dass dem Versicherer vor Regulierung des Schadens eine Überlegungszeit eingeräumt wird. Bei einem Schaden von 95 000 DM (ca. 47 500 €) kann z.B. eine Überlegungs-frist von 2 ½ Monaten angemessen sein (AG Mainz, SP 1993, 53). Wird der Rechtsanwalt inner-halb einer berechtigten Überlegungszeit, während der er einen Schadensausgleich noch nicht for-dern kann, eingeschaltet, sind Anwaltskosten nicht zu ersetzen.

101 Unterbreitet die gegnerische Versicherung im Rahmen der Regulierung einen **Abfindungsver-gleich,** so hat der Anwalt besonders sorgfältig vorzugehen, um den Mandanten vor vermeidbaren Nachteilen durch den Verlust von Ansprüchen zu bewahren. Es sollte deshalb beim Abschluss eines Abfindungsvergleichs darauf geachtet werden, ob zukünftige Schäden oder Spätfolgen zu erwarten sind. Ist dies der Fall, so muss nach dem Grundsatz des sog. „sichersten Weges" verein-bart werden, ob und wenn ja, welche Schäden und Spätfolgen der Abfindungssumme nicht erfasst sein sollen. Dieser ausdrückliche Vorbehalt ist so klar und unmissverständlich zu formulieren, dass der Mandant auch nach Ablauf der regelmäßigen Verjährungsfrist gem. § 195 BGB, § 14 StVG gegen die Erhebung einer Verjährungseinrede sicher geschützt ist (OLG Hamm, MDR 1999, 388). Die Rechtsprechung schlägt hier als konkrete Lösung die schriftliche Vereinbarung eines **selbst-ständigen (konstitutiven) Anerkenntnisses** i.S.d. § 781 BGB oder eine schriftliche Vereinbarung im Sinne einer **vertraglichen Ersetzung eines Feststellungsurteils** mit den Wirkungen des § 197 Nr. 3 BGB (OLG Hamm, a.a.O., m.w.N.). Unabhängig davon darf ein Rechtsanwalt einen binden-den Abfindungsvergleich, der zumindest von nicht unerheblicher Tragweite ist, nur schließen, wenn der Mandant hierüber zuvor belehrt worden ist (BGH, DAR 94, 323).

Ein Abfindungsvergleich zur Regulierung von Schäden aus einer Körperverletzung ist regelmäßig von erheblicher Tragweite. Etwas anderes gilt nur bei Verletzungen einfacher Art, bei denen aller Voraussicht nach nicht mit Spätfolgen zu rechnen ist. Bei der Klassifizierung von Verletzungen einfacher Art ist Vorsicht geboten. So sind die Verletzungsfolgen eines vermeintlich einfachen **HWS-Schleudertraumas** oft diagnostisch schwer fassbar.

Hinweis:

Auch bei vermeintlich einfachen Verletzungen sollte man erst nach ausführlicher Rücksprache mit dem Mandanten und nach dessen Einverständnis einen Abfindungsvergleich abschließen.

Liegen beim Mandanten schwere Verletzungen vor, die zu einer Verschlimmerung führen kön-nen, ist von einer Abfindungserklärung dringend abzuraten (vgl. OLG Köln, VersR 1995, 1315).

---

3. Abwehr von Ansprüchen

a) Regulierungs- und Prozessführungsrecht der Haftpflichtversicherer

102 Hinsichtlich der Abwehr von Ansprüchen steht dem Haftpflichtversicherer grds. ein Regulierungs-und Prozessführungsrecht zu. Werden gegen einen Versicherungsnehmer als Fahrer oder Halter eines beteiligten Fahrzeuges Schadensersatzansprüche geltend gemacht, so darf er ohne vorherige Zustimmung des Haftpflichtversicherers einen Anspruch weder ganz noch teilweise anerkennen (§ 7 Abs. 2 Nr. 1 AKB).

103 Darüber hinaus hat er gem. § 7 Abs. 2 Nr. 5 AKB die **Führung des Rechtsstreits** dem Haftpflicht-versicherer zu überlassen. Dem vom Versicherer bestellten Rechtsanwalt muss er die Vollmacht und jede verlangte Aufklärung erteilen. Verletzt der Versicherungsnehmer diese Obliegenheiten, so gefährdet er seinen Versicherungsschutz. Außerdem sind die Kosten des zusätzlich von ihm beauftragten Rechtsanwalts nicht vom Versicherer zu erstatten (OLG Koblenz, VersR 1994, 116).

104 Von diesem Grundsatz, der dem Versicherer das alleinige Recht zur Durchführung des Rechts-streits lässt, sind jedoch **Ausnahmen möglich.**

Kein Verstoß gegen die genannten Obliegenheiten wird in der Beauftragung eines eigenen Rechtsanwalts gesehen, wenn z.B.   105

- der Rechtsanwalt des Versicherers in einem anderen Verfahren den Unfallgegner vertreten hat (BGH, VersR 1981, 948),

- der Vortrag des vom Versicherer bestellten Rechtsanwalts im Widerspruch zu dem des Versicherungsnehmers steht (OLG Karlsruhe, r+s 1991, 329),

- mit dem Versicherer Meinungsverschiedenheiten über die Deckungspflicht bestehen (OLG Karlsruhe, VersR 1979, 944),

- ein Versäumnisurteil droht (LG Kleve, zfs 1992, 63) oder

- in einem gerichtlichen Verfahren bereits eine Notfrist gem. § 276 ZPO läuft und eine rechtzeitige Kontaktaufnahme mit dem Versicherer nicht möglich ist.

Bedeutsam ist in diesem Zusammenhang auch die Regelung des § 7 Abs. 2 Nr. 4 AKB. Darin wird   106 der Versicherungsnehmer verpflichtet, bei Mahnbescheiden, Arresten und einstweiligen Verfügungen zur Wahrung von Fristen **selbstständig Rechtsbehelfe** dagegen zu ergreifen, wenn bis zwei Tage vor Fristablauf keine Weisung des Versicherers vorliegt. Beauftragt der Versicherungsnehmer in einem solchen Fall einen eigenen Rechtsanwalt, so sind die dabei angefallenen Gebühren vom Versicherer zumindest nach den Grundsätzen der berechtigten GoA zu erstatten.

§ 7 Abs. 2 Nr. 5 AKB regelt nur das Innenverhältnis zwischen Versicherer und Versicherungsneh   107 mer. Er wirkt deshalb grds. nicht zugunsten des unterlegenen Schädigers. Allerdings wird hier ein Kostenerstattungsanspruch gegen den Schädiger von der Rechtsprechung z. T. abgelehnt, da es sich nicht um **notwendige Prozesskosten** handelt (OLG München, zfs 1984, 13; OLG Köln, zfs 1984, 197; OLG Koblenz, NZV 1995, 364).

Wird der **Rechtsanwalt** vom Versicherungsnehmer mit der Abwehr von Schadensersatzansprü   108 chen beauftragt, so hat er auf die genannte Problematik hinzuweisen. Andernfalls liegt ein Verstoß gegen die **anwaltliche Aufklärungspflicht** vor (BGH, VersR 1985, 83). Erleidet der Mandant dadurch einen Schaden, weil er z. B. Prozesskosten selbst zu tragen hat, so besteht eine Schadensersatzpflicht des Rechtsanwalts. Eine wichtige Rolle spielt dabei auch der Umstand, dass die **Abwehr von Schadensersatzansprüchen** von der Rechtsschutzversicherung nicht übernommen wird.

Hinweis:

Um spätere Probleme bereits im Vorfeld der anwaltlichen Beratung zu vermeiden, empfiehlt es sich, sofort mit der Haftpflichtversicherung des Mandanten Kontakt aufzunehmen. Dabei sollte man die Versicherung des Mandanten trotz ihrer Regulierungsbefugnis bitten, einen Ausgleich gegnerischer Ansprüche nur nach vorheriger Information des Versicherungsnehmers vorzunehmen.

Ggf. kann ein **gemeinsames Vorgehen mit der Versicherung abgestimmt** werden. Sehr häufig   109 wird auch die Versicherung in strittigen Fällen den Rechtsanwalt des Versicherungsnehmers, der bereits in den Fall eingearbeitet ist, bei gerichtlichen Auseinandersetzungen mit ihrer Vertretung beauftragen.

Ein **Regulierungsverbot** kann dem Versicherer aufgrund dessen alleiniger Regulierungsbefugnis   110 des Versicherers aber nicht auferlegt werden. Zudem kann eine Weisung des Versicherungsnehmers, nicht zu regulieren, auch wegen des Direktanspruchs des Unfallgegners gegen den Haftpflichtversicherer nach § 3 PflVersG keine bindende Wirkung haben.

111 Liegen jedoch Anhaltspunkte dafür vor, dass offensichtlich unsachgemäß reguliert worden ist und unberechtigte Ansprüche des Unfallgegners ausgeglichen wurden, so ist der Haftpflichtversicherer verpflichtet, den Versicherungsnehmer **schadensfrei** zu stellen und den früheren **Schadensfreiheitsrabatt** wieder herzustellen (OLG Köln, zfs 1992, 342).

112 Ist der Mandant als **Fußgänger, Radfahrer oder Inline-Skater** in einen Unfall verwickelt und besteht für ihn eine **allgemeine Haftpflichtversicherung,** so ist § 5 Nr. 4 AHB zu beachten (Die unter Rn. 102 f. angesprochene Problematik der Regulierungs- und Prozessführungsbefugnis des Versicherers kann hier im Wesentlichen gleich behandelt werden.).

b) Anzeigepflichten gegenüber dem Haftpflichtversicherer

113 Nach § 7 Abs. 1 Nr. 2 AKB ist der Versicherungsnehmer verpflichtet, jeden Versicherungsfall **innerhalb einer Woche schriftlich anzuzeigen.** Ein **Versicherungsfall** liegt nach dem Wortlaut des § 7 Abs. 1 Nr. 1 AKB bei jedem Ereignis vor, das einen unter die Versicherung fallenden Schaden verursacht oder das Ansprüche gegen den Versicherungsnehmer zur Folge haben kann. Hieraus ergibt sich, dass eine Schadensanzeige nur dann erfolgen muss, wenn ein Schadensersatzanspruch des Unfallgegners zu erwarten ist. Ist unter Würdigung des Unfallherganges kein Verschulden oder keine Mithaftung des Mandanten zu erkennen, so hat auch keine Schadensanzeige zu erfolgen.

114 Gem. § 7 Abs. 2 Satz 2 AKB bedarf es einer Schadensanzeige auch dann nicht, wenn der **Versicherungsnehmer** den Schadensfall nach Maßgabe der Sonderbedingung zur Regelung von kleinen Sachschäden **selbst regelt.** Nach einer in den früheren Bestimmungen der AKB bestehenden Zusatzregelung galt dies für Schäden, die Aufwendungen von nicht mehr als 500 DM erfordern. In den AKB 95 ist die Regulierung **von Bagatellschäden** nunmehr in § 7 Abs. 6 AKB festgelegt. Demnach ist eine Selbstregulierung durch den Versicherungsnehmer bei Sachschäden von voraussichtlich nicht mehr als 500 € zulässig (§ 7 Abs. 6 Satz 1 AKB).

Gelingt es dem Versicherungsnehmer nicht, den Schaden selbst zu regulieren, so kann er den Schaden innerhalb eines Kalenderjahres beim Versicherer melden. Bei Schäden, die sich im Dezember eines Jahres ereignet haben, läuft die **Nachmeldefrist** bis 31.1. des Folgejahres (§ 7 Abs. 6 Satz 2 AKB).

115 Bei **Verletzung einer bestehenden Anzeigepflicht** wird der Versicherer im Innenverhältnis leistungsfrei (§ 7 Abs. 5 AKB). Der Haftpflichtversicherer kann sich allerdings auf diese Vorschrift nur berufen, wenn er „in anderer Weise" von dem Versicherungsfall Kenntnis erlangt (§ 33 Abs. 2 VVG), so z. B. wenn der Unfallgegner den Schadensersatzanspruch geltend macht.

116 Wurde der Rechtsanwalt mit der Geltendmachung von Schadensersatzansprüchen beauftragt, so besteht im Verhältnis zur Versicherung des Mandanten kein Auftragsverhältnis. Die Meldung eines Schadens an den Versicherer des Mandanten muss deshalb auch nicht durch den Rechtsanwalt erfolgen. Allerdings ist dieser verpflichtet, den Mandanten im Rahmen der Beratung auf die **Obliegenheit** des Versicherungsnehmers hinzuweisen.

117 Wurde der Haftpflichtversicherung ein Schaden gemeldet, so führt dies automatisch zur **Belastung des Schadensfreiheitsrabatts** und zu einer **Höherstufung** in eine für den Versicherungsnehmer ungünstigere Schadensfreiheitsklasse. Die Belastung bleibt bestehen, wenn der Schaden des Unfallgegners reguliert wird. Werden Rückstellungen in den drei auf die Schadensmeldung folgenden Kalenderjahren aufgelöst, ohne dass Entschädigungsleistungen erbracht worden sind, wird der Versicherungsvertrag jedoch so behandelt, als ob der Schaden nicht gemeldet worden wäre (§ 16 Abs. 3a der Tarifbestimmungen für die Kraftfahrtversicherung). Dies bedeutet, dass die Belastung rückwirkend wegfällt. Zu viel gezahlte Prämien werden dann zurückerstattet.

4. Auslandsbezug

a) Mandatsannahme

Grds. ist es dem inländischen Rechtsanwalt nicht verwehrt, die **Abwicklung eines Unfalles im Ausland** zu übernehmen (s. hierzu ausführlich Teil 11). Fehlt es dem Rechtsanwalt an den erforderlichen Kenntnissen, insbesondere über das jeweilige ausländische Recht, so hat er das Mandat abzulehnen. Eine Ausnahme besteht nur dann, wenn er mit einem anderen Kollegen zusammenarbeitet, der die erforderlichen Kenntnisse besitzt (3.1.3. CCBE). I.d.R. wird der Rechtsanwalt deshalb bei der Abwicklung von Auslandsschäden mit einem ausländischen Kollegen vor Ort Kontakt aufnehmen, der ihn bei seiner Tätigkeit unterstützt. 118

Da der Rechtsanwalt als Beauftragter des Mandanten die Leistung persönlich schuldet und im Zweifel die Ausführung des Auftrages keinem Dritten übertragen darf (§ 664 Abs. 1 Satz 1 BGB), hat er bei der **Zuziehung eines ausländischen Kollegen** die Zustimmung des Mandanten einzuholen. Wird die Übertragung von Aufgaben auf einen anderen Kollegen gestattet, so hat der Rechtsanwalt nur solches **Verschulden** zu vertreten, das ihm bei der Übertragung der Aufgabe angelastet werden kann (§ 664 Abs. 1 Satz 2 BGB). Das bedeutet, dass der inländische Rechtsanwalt bei einer gestatteten Übertragung von Aufgaben nur für Verschulden bei der Auswahl und Einweisung seines Kollegen haftet. 119

Begeht der **ausländische Rechtsanwalt** darüber hinaus im Rahmen seiner Tätigkeit einen Fehler, so hat der inländische Rechtsanwalt dafür nicht einzustehen (s. dazu Sieg, ZAP F. 23 S. 535 f.; sowie Sieg, in: Zugehör (Hrsg.), Handbuch der Anwaltshaftung, Rn. 311 ff.). 120

Beauftragt der inländische Rechtsanwalt ohne Billigung seines Mandanten einen anderen Rechtsanwalt, so haftet er für dessen schuldhafte Pflichtverletzung und die dadurch eingetretenen Schäden gem. § 278 BGB. Dies gilt auch dann, wenn ein nach § 665 BGB **berechtigtes Abweichen von den Weisungen des Mandanten** (z.B. wegen Gefahr bei Aufschub) erfolgt ist. 121

Hinweis:
Vor Beauftragung eines ausländischen Kollegen sollte man Rücksprache mit dem Mandanten halten und Erkundigungen über den ausländischen Kollegen einziehen, wenn dieser dem Rechtsanwalt nicht bekannt ist. So liegen bei den Automobilclubs Listen über Rechtsanwälte verschiedener Staaten aus, die sich auf Verkehrsrecht spezialisiert haben.

Wird eine **internationale Sozietät**, die sich dadurch auszeichnet, dass mindestens eine Kanzlei im Ausland betrieben wird, beauftragt, gilt das jeweilige Berufsrecht am Ort der Niederlassung. Aufgrund des mit der Sozietät geschlossenen Mandatsverhältnisses haften bei Fehlern des ausländischen Rechtsanwalts sämtliche Sozien persönlich (s. dazu Sieg, a.a.O.). 122

b) Honorarforderungen ausländischer Anwälte

Wird bei der Abwicklung von Fällen mit Auslandsbezug ein ausländischer Rechtsanwalt eingeschaltet, so ist im Hinblick auf die dabei entstehenden Honorarforderungen Ziff. 5.7. CCBE zu beachten. 123

Nach dieser Regelung ist ein Rechtsanwalt, der eine Angelegenheit einem ausländischen Kollegen überträgt oder diesen um Rat bittet, persönlich zur Erstattung des dabei entstehenden Honorars sowie der Kosten und Auslagen verpflichtet, wenn vom Mandanten keine Zahlung erlangt werden kann und zwischen den Rechtsanwälten keine andererweitige Vereinbarung besteht. 124

c) Inlandsfall mit ausländischen Mandanten

125 Ist der Rechtsanwalt zur Bearbeitung eines Inlandsfalles von einem Ausländer beauftragt worden, der seinen ständigen Aufenthaltsort im Ausland hat, so gilt für den Mandatsvertrag gem. Art. 28 Abs. 1 EGBGB grds. das **Recht des Kanzleisitzes,** also deutsches Recht, da zu dem Staat, in dem sich die Kanzlei befindet, die engste Verbindung besteht.

Die Ausnahmeregelung des § 29 Abs. 2 EGBGB, die bei Verbraucherverträgen das Recht des Staates gelten lässt, in dem sich der Verbraucher gewöhnlich aufhält, gilt bei Mandatsverträgen mit Inlandsbezug nicht, da es sich bei der Tätigkeit des Rechtsanwalts um eine Dienstleistung handelt (Art. 29 Abs. 4 Nr. 2 EGBGB). Etwas anderes gilt, wenn der inländische Rechtsanwalt im Ausland tätig wird.

d) Ausländische Dokumente

126 Mit Problemen und erheblichen Verzögerungen ist dann zu rechnen, wenn bei Fällen mit Auslandsbezug **Urkunden** aus dem Ausland angefordert werden müssen. Das kann z. B. der Fall sein, wenn beide Unfallgegner eines Unfalles im Ausland Deutsche sind und der Schaden deshalb unter Abweichung vom Tatortprinzip nach deutschem Recht abgewickelt werden kann. In diesen Fällen kann die **Beiziehung von Ermittlungsakten oder Arztberichten** aus dem Ausland erforderlich sein.

127 Werden fremdsprachige Urkunden zu Beweiszwecken in einem Prozess vor einem deutschen Gericht benötigt, so kann dieses anordnen, dass die Partei, die sie eingereicht hat, eine **Übersetzung** beibringt (Baumbach/Hartmann, ZPO, § 142 Rn. 19). Im Rahmen des Mandatsverhältnisses sollte deshalb bei komplexen Sachverhalten, die die Einholung von Urkunden erforderlich machen können, auf die Notwendigkeit von Übersetzungen und die damit verbundenen Kosten hingewiesen werden.

128 Darüber hinaus ist bei den Übersetzungstätigkeiten klarzustellen, ob diese Dienstleistungen **über den Rechtsanwalt abgewickelt** werden sollen. Ist anzunehmen, dass die Übersetzungsarbeit zumindest stillschweigend vom Rechtsanwalt übernommen worden ist, so haftet dieser gem. § 278 BGB sowohl bei intern als auch bei extern tätigen Übersetzern für deren Verschulden.

5. Mandantengelder

a) Weiterleitung von Geldern

129 Im Rahmen zivilrechtlicher Mandate stellt sich insbesondere bei Unfallregulierungen die Frage, wie der Geldtransfer abgewickelt werden soll. Einerseits ist die Entgegennahme und Weiterleitung von Mandantengeldern mit erheblichem buchhalterischen Aufwand verbunden. Es wird deshalb häufig empfohlen, die gegnerische Versicherung bei Schadensregulierungen zur direkten Zahlung an den Mandanten zu veranlassen. Andererseits wird seitens der Versicherer trotz entsprechender Aufforderung nicht immer eine Unterrichtung des Rechtsanwalts über Zahlungen erfolgen. Dies macht es für den Rechtsanwalt wiederum schwierig, den Zahlungsverkehr umfassend zu überwachen, was schließlich zu Rückfragen und damit zu Verzögerungen bei der Abwicklung eines Falles führen kann. Oft wird der Mandant auch erwarten, dass der Rechtsanwalt die Zahlungen eigenständig überprüft und er selbst mit der Abwicklung des Falles kaum behelligt wird.

Werden die Zahlungen über den Rechtsanwalt abgewickelt, so sind die dabei anfallenden **Hebegebühren** unabhängig von der Haftung des Schädigers vom Mandanten zu tragen.

130 Entschließt sich der Rechtsanwalt dazu, die Ausgleichszahlungen über seine Kanzlei abwickeln zu lassen, ist zu berücksichtigen, dass es sich hier um **Fremdgeld** handelt. Dieses ist nach Empfang unverzüglich, also ohne schuldhaftes Zögern (§ 121 Abs. 1 Satz 1 BGB), an den Mandanten weiterzuleiten oder auf ein Anderkonto einzuzahlen (§ 43a Abs. 5 Satz 2 BRAO).

Fremdgeld ist auf **Anderkonten** zu verwalten, wenn eine unverzügliche Weiterleitung an den Berechtigten nicht möglich ist (§ 4 Abs. 2 Satz 2 BORA).

Zur Frage, wann das **Gebot der Unverzüglichkeit** erfüllt ist, lässt sich keine pauschale Aussage treffen. Hier ist vielmehr auf den jeweiligen Einzelfall abzustellen. So ist vor allem auch zu unterscheiden, ob ein Einzelanwalt oder eine Sozietät mandatiert ist. Ist das Fremdgeld auf dem Kanzleikonto eines Einzelanwalts gutgeschrieben worden, kann eine Weiterleitung innerhalb von vier bis sechs Tagen als unverzüglich angesehen werden, da nicht zumutbar ist, dass eine tägliche Überprüfung des Kontostandes erfolgt. Da die Zuordnung ein- und ausgehender Gelder in größeren Sozietäten mit einem erheblichen Verwaltungsaufwand verbunden ist, kann hier sogar eine Weiterleitung innerhalb von zwei Wochen ausreichend sein. 131

b) Aufrechnung

Sofern wegen ausstehender Honorarforderungen eine Aufrechnung mit Fremdgeld vorgenommen werden soll, ist darauf zu achten, dass die Aufrechnung erst bei **Fälligkeit** der Honorarforderung erfolgen kann (BGH, NJW 1993, 2042). Eine Aufrechnung kann deshalb noch nicht erfolgen, wenn sich die Forderung des Rechtsanwalts lediglich auf Vorschusszahlungen erstreckt. Fremdgelder, die der Rechtsanwalt von seinem Mandanten zweckgebunden für Dritte erhält, dürfen mit eigenen Forderungen überhaupt nicht verrechnet werden (§ 4 Abs. 3 BORA). 132

6. Prozessuale Fragen

a) Beweissicherung

In vielen Fällen ist bei strittigen Fragen (z. B. über Sachmängel eines Fahrzeugs oder einen Unfallhergang) eine rasche Klärung des Sachverhalts erforderlich. Häufig lässt sich eine Klärung nur durch die Einholung von **Sachverständigengutachten** erreichen. Da bei einseitig beauftragten Gutachtern mit dem späteren Einwand des Parteigutachtens zu rechnen ist, kommt die Einleitung eines **selbstständigen Beweisverfahrens** gem. § 485 ZPO in Betracht. 133

Das selbstständige Beweisverfahren ist sowohl während als auch außerhalb eines gerichtlichen Streitverfahrens zulässig und kann durch Augenschein, Zeugenvernehmung und Sachverständigengutachten erfolgen, wenn der Gegner zustimmt oder ein Verlust des Beweismittels zu befürchten ist. Ist noch kein Rechtsstreit anhängig, so kann eine **schriftliche Begutachtung** erfolgen (§ 485 Abs. 2 ZPO). 134

Ein **Kostenrisiko** für den Mandanten kann sich ergeben, wenn im selbstständigen Beweisverfahren ein Rechtsanwalt eingeschaltet wird, der im anschließenden Hauptsacheverfahren nicht postulationsfähig ist. Erfolgt nunmehr ein **Anwaltswechsel**, so werden die Mehrkosten aufgrund der Zuziehung eines weiteren Anwalts nicht als notwendig i. S. d. § 91 Abs. 2 Satz 3 ZPO angesehen. Diese sind nicht erstattungsfähig (OLG Koblenz, AnwBl 1994, 248). 135

b) Klageerhebung

Häufig suchen Geschädigte erst dann den Rechtsanwalt auf, wenn sie zunächst selbst mit dem Versicherer des Schädigers korrespondiert haben, die Schadensregulierung sich aber erheblich verzögert hat. Hier muss der Rechtsanwalt überprüfen, ab welchem **Zeitpunkt zur Erhebung einer Klage** geraten werden kann, ohne den Mandanten einem Kostenrisiko auszusetzen. 136

Die Rechtsprechung billigt den Versicherern auch nach Spezifizierung des Schadens zur Klärung des Sachverhalts eine gewisse Überlegungszeit zu. Wird vor deren Ablauf Klage erhoben, und erkennt die Versicherung den Schadensersatz nach Klageerhebung sofort an, fallen die Prozesskosten dem Kläger zur Last (§ 93 ZPO). Die Zeitspanne, ab der in der Verzögerung der Regulierung eine Veranlassung zur Klageerhebung gesehen werden kann, wird von der Rechtsprechung je nach dem Einzelfall sehr unterschiedlich angegeben. 137

138 So wurde ein zur Klageerhebung veranlassendes Verhalten bejaht, wenn die Versicherung **zwei Monate nach dem Unfall** und **16 Tage nach der Äußerungsfrist** um die Übersendung eines Aktenauszugs ersucht (OLG Köln, AnwBl 1992, 397). Ein Anlass zur Klageerhebung wird jedoch verneint, wenn ein Verdacht auf Alkoholisierung beim Versicherungsnehmer vorliegt und die Versicherung die Regulierung von der Einsicht in die Ermittlungsakten abhängig macht (OLG Köln, VRS 1990, 334).

Die Erhebung der Klage kann aber erst dann in Betracht kommen, wenn die regulierende Versicherung zuvor die **Möglichkeit einer Schadensbesichtigung** hatte (OLG Frankfurt/M., VersR 1987, 645) oder **Einblick in die Ermittlungsakte** nehmen konnte (OLG Köln, SP 1995, 317). Außerdem muss bei Regulierungsverzögerungen auch berücksichtigt werden, ob eine Frist in eine Reihe von Feiertagen fällt (LG Ellwangen, VersR 1981, 564).

139 **Bei Großschadensfällen** ergibt sich häufig das Problem, dass eine langwierige Überprüfung des Sachverhalts erforderlich ist, sodass bei Regulierungsverzögerungen keine Klageerhebung in Betracht kommt. Dies kann bei umfangreichen Erwerbsschäden oder Vermögenseinbußen u. U. zu finanziellen Engpässen auf Seiten des Mandanten führen.

140 Befindet sich der Mandant in finanzieller Bedrängnis und ist deshalb dringende Hilfe erforderlich, um eine unmittelbare Not des Mandanten zu verhindern, kann der **Antrag auf eine einstweilige Verfügung** in Erwägung gezogen werden, um die Versicherung zu einer Tätigkeit zu veranlassen (vgl. OLG Düsseldorf, VersR 1970, 331).

c) Forderungsabtretung

141 Bestehen auf Seiten des Geschädigten Schwierigkeiten bei der Beweissicherung, kann die Schadensersatzforderung an einen Dritten abgetreten werden, der den Anspruch gerichtlich geltend machen kann. War der Geschädigte selbst am Unfallgeschehen beteiligt, so hat er dann die Möglichkeit, selbst als **Zeuge** aufzutreten.

Allerdings wird bei der Wertung der Aussage vom Gericht der Umstand zu würdigen sein, dass der Zeuge gleichzeitig der materiell Berechtigte ist (BGH, WM 1976, 424).

d) Lokalisationsgrundsatz

142 Ist die Einreichung einer Klage vor einem Gericht erforderlich, für das die Postulationsfähigkeit auf die an diesem Gericht zugelassenen Rechtsanwälte beschränkt ist und ist der zunächst beauftragte Rechtsanwalt dort nicht zugelassen, so ist die **Einschaltung eines Prozessanwalts** notwendig, der die Zulassung besitzt. Meist werden dann die Schriftsätze vom zunächst mandatierten Rechtsanwalt, der nunmehr als **Korrespondenzanwalt** tätig ist, vorbereitet, vom Prozessanwalt mit dessen Briefkopf versehen und dann bei Gericht eingereicht.

143 Auch hier gilt, wie bei der Einschaltung **ausländischer Rechtsanwälte**: Der Rechtsanwalt darf im Zweifel die Ausführung des Auftrags keinem Dritten übertragen (§ 664 Abs. 1 Satz 1 BGB). Er hat deshalb und auch aus Gründen der Schweigepflicht, bei der Zuziehung eines weiteren Kollegen die Zustimmung des Mandanten einzuholen.

Erklärt sich der Mandant mit der Zuziehung eines bestimmten Prozessanwalts einverstanden, hat der Korrespondenzanwalt nur Fehler bei der Übertragung der Aufgabe zu vertreten (§ 664 Abs. 1 Satz 2 BGB). Beauftragt der Korrespondenzanwalt ohne Billigung seines Mandanten einen Prozessanwalt, so haftet er allerdings sogar im Fall des § 665 BGB für dessen schuldhafte Pflichtverletzungen.

144 Der **Korrespondenzanwalt** ist andererseits **kein Erfüllungsgehilfe** des Prozessanwalts. Dieser muss deshalb für das Verschulden des Korrespondenzanwalts nicht nach § 278 BGB haften (OLG Frankfurt/M., MDR 1994, 99).

e) Klageentwurf

Entscheidend für den Erfolg einer Klage ist die richtige Erfassung und Beurteilung des Sachverhalts. Bei der Aufbereitung schwieriger Sachverhalte sollte die Klagevorbereitung deshalb stets unter **Einbeziehung des Mandanten** erfolgen. 145

Der Rechtsanwalt vermeidet dadurch eine u. U. notwendige Korrektur des Vortrages nach Klageeinreichung und einen möglichen späteren Vorwurf des Mandanten, er habe den Sachverhalt unrichtig vorgetragen. 146

> *Hinweis:*
>
> *Es empfiehlt sich, vor Einreichung der Klage bei Gericht dem Mandanten hiervon einen Entwurf zu übersenden. Der Mandant hat dann die Möglichkeit, die Schilderung des Rechtsanwalts zu überprüfen und zu korrigieren.*

V. Strafrecht

1. Strafrechtliches Mandat

a) Wahlverteidiger

Im Rahmen der Strafverteidigung ist zu beachten, dass gem. § 137 Abs. 1 Satz 2 StPO die Zahl der vom Beschuldigten gewählten Verteidiger nicht mehr als drei betragen darf. Andernfalls kann eine Zurückverweisung erfolgen. Dies gilt aufgrund von § 46 Abs. 1 OWiG, der auf die Vorschriften der StPO verweist, auch in Bußgeldsachen. 147

Bei einer **Anwaltssozietät** sind grds. sämtliche Mitglieder als Verteidiger anzusehen. Allerdings ist die Bezeichnung von mehr als drei Rechtsanwälten auf dem Vollmachtsformular unschädlich, wenn nicht **mehr als drei Verteidiger** das Mandat durch **ausdrückliche Erklärung** oder durch **schlüssiges Verhalten** tatsächlich angenommen haben (BVerfG, NJW 1977, 99). Im Zweifel gilt jedoch, dass der Anwaltsvertrag mit allen einer Sozietät angehörenden Rechtsanwälten geschlossen wird (BGH, NJW 1971, 1801). 148

> *Hinweis:*
>
> *Bei Sozietäten mit mehr als drei Rechtsanwälten ist es daher empfehlenswert, die Vollmacht ausdrücklich auf mindestens drei Rechtsanwälte zu beschränken.*

Für die **Vollmacht** eines Wahlverteidigers ist **keine bestimmte Form** vorgesehen. Insbesondere hängt die Wirksamkeit einer Verteidigerbestellung nicht von der Vorlage einer Vollmachtsurkunde ab. Nimmt der Verteidiger bestimmte Handlungen im Namen des Beschuldigten oder Betroffenen vor, so sind diese auch dann wirksam, wenn keine schriftliche Vollmacht vorgelegt wird. Hat ein Rechtsanwalt seine Bestellung angezeigt und wird er für den Beschuldigten tätig, so ergibt sich hieraus bereits eine Vermutung für die Bevollmächtigung des Rechtsanwalts (OLG Braunschweig, DAR 1992, 392). Die Einlegung eines Rechtsmittels darf deshalb sogar beim Fehlen einer schriftlichen Vollmacht nicht verworfen werden (BayObLG, DAR 1986, 249). Ein rechtzeitig eingelegter **Einspruch** wird auch dann wirksam, wenn die schriftliche Vollmacht erst nach Ablauf der Einspruchsfrist nachgewiesen wird. Bestehen Zweifel an der Bevollmächtigung des Verteidigers, kann die Vorlage einer schriftlichen Vollmacht angefordert werden. Dabei reicht die Vorlage einer Ablichtung aus (BayObLG, DAR 1983, 252). 149

150   Von der allgemeinen Beauftragung des Verteidigers ist die **Vertretungsvollmacht** zu unterschei-
       den. Diese berechtigt den Verteidiger, den Beschuldigten oder Betroffenen in den vom Gesetz vor-
       gesehenen Fällen vor Gericht zu vertreten.

151   Namentlich erwähnt seien die Vertretung des Beschuldigten durch den Verteidiger gem. § 234
       StPO in den Fällen der §§ 231 Abs. 2, 231a, 231b, 232, 233 StPO, die Vertretung gem. § 411
       Abs. 2 StPO nach dem Einspruch gegen einen Strafbefehl, die Vertretung im Revisionsverfahren
       (§ 350 Abs. 2 Satz 1 StPO), im Privatklageverfahren (§ 387 Abs. 1 StPO) und im Bußgeldverfah-
       ren (§ 73 Abs. 4 OWiG). Hier reicht die gewöhnliche Verteidigerbestellung nicht aus. Vielmehr ist
       die **Vorlage einer schriftlichen Vollmacht** erforderlich.

       Liegt eine entsprechende Vollmacht vor, kann der Verteidiger neben seinen Befugnissen als
       Rechtsanwalt sämtliche zum Verfahren gehörenden Erklärungen namens des Mandanten abgeben
       oder annehmen. Hierzu gehört z.B. die Zustimmung nach §§ 153 Abs. 2 Satz 1, 153a Abs. 2, 265a,
       303 Satz 1 StPO, aber auch die Einlassung oder ein Geständnis.

Hinweis:

*Der Rechtsanwalt sollte sich bereits bei der Mandatsbegründung eine schriftliche Vollmacht
erteilen lassen, die sowohl zur Verteidigung als auch zur Vertretung in allen Instanzen und im
Fall der Abwesenheit zur Vertretung vor Gericht berechtigt.*

*Dabei ist es empfehlenswert, die entsprechenden und im Handel erhältlichen Vordrucke zur
schriftlichen Erteilung einer Strafprozessvollmacht zu verwenden. Darin ist auch die Vertretungsvollmacht enthalten.*

---

152   Wegen der weitreichenden Befugnisse, die der Verteidiger mit der Vollmacht erhält, sollte der
       Rechtsanwalt ausführlich auf die besondere Bedeutung der Vollmacht hinweisen und im Fall einer
       Hauptverhandlung bei Abwesenheit des Mandanten die Vorgehensweise genau besprechen.

153   Aufgrund ihrer Häufigkeit in der Praxis sind in Verkehrsstraf- **und Bußgeldsachen** in diesem
       Zusammenhang vor allem die § 411 Abs. 2 StPO, § 73 Abs. 4 OWiG besonders zu erwähnen.

       Nach **§ 411 Abs. 2 StPO** kann sich der Angeklagte nach dem Einspruch gegen den Strafbefehl
       durch einen mit schriftlicher Vollmacht versehenen Verteidiger vertreten lassen. Die Vertretungs-
       vollmacht gilt dann auch im Berufungsrechtsweg. Außerdem besteht die Vertretungsvollmacht im
       Revisionsverfahren auch nach Urteilsaufhebung und Zurückverweisung der Sache fort.

154   Gem. **§ 73 Abs. 1 OWiG** ist der Betroffene im Bußgeldverfahren nicht zum Erscheinen in der
       Hauptverhandlung verpflichtet. I.d.R. ordnen die Gerichte jedoch nach § 73 Abs. 2 OWiG das per-
       sönliche Erscheinen des Betroffenen an.

       Unterbleibt diese Anordnung oder erreicht der Verteidiger eine Befreiung von der Pflicht zum per-
       sönlichen Erscheinen, so kann sich der Betroffene in der Hauptverhandlung durch einen schriftlich
       bevollmächtigten Verteidiger vertreten lassen (§ 73 Abs. 4 OWiG).

155   Vom Erfordernis der Vorlage einer schriftlichen Vollmacht gibt es folgende **Ausnahmen:**

       ● Einer schriftlichen Vollmacht bedarf es nicht, wenn der Betroffene oder Beschuldigte die Voll-
         macht bei einer kommissarischen Vernehmung vor der Hauptverhandlung zu Protokoll erklärt
         hat.

       ● Eine Vollmacht kann dann angenommen werden, wenn dies aus schriftlichen Erklärungen des
         Beschuldigten gegenüber dem Gericht eindeutig entnommen werden kann.

       ● Erteilt ein vertretungsberechtigter Verteidiger, dessen Vollmacht dem Gericht vorliegt, eine
         Untervollmacht, so bedarf diese nicht der Schriftform (OLG Hamm, NJW 1963, 1793; OLG
         Karlsruhe, NStZ 1983, 43).

b) Pflichtverteidiger

Liegt ein Fall der **notwendigen Verteidigung** gem. §§ 140 Abs. 1, Abs. 2; 408b StPO vor, so kann dem Angeschuldigten ein Pflichtverteidiger bestellt werden. Die **Auswahl des Verteidigers** trifft der Vorsitzende des Gerichts (§ 142 Abs. 1 StPO).   156

Mit der Bestellung zum Pflichtverteidiger wird der Rechtsanwalt zur Übernahme der Verteidigung verpflichtet (§ 49 Abs. 1 BRAO). Beim **Vorliegen wichtiger Gründe** kann der Rechtsanwalt beantragen, dass seine **Bestellung widerrufen** wird (§ 49 Abs. 2 i.V.m. § 48 Abs. 2 BRAO). Wichtige Gründe stellen insbesondere schwerwiegende Störungen des Vertrauensverhältnisses zwischen Verteidiger und Mandant dar (BGH, StV 1988, 469).   157

Das **Pflichtmandat endet** mit dem Abschluss des Verfahrens oder der Instanz, für die die Verteidigerbestellung erfolgt ist.

c) Verbot der gemeinschaftlichen Verteidigung

Gem. § 146 StPO, der auch im Bußgeldverfahren Anwendung findet (BVerfGE 45, 242), ist die **Mehrfachverteidigung nicht zulässig.** So darf ein Rechtsanwalt zum einen nicht mehrere Beschuldigte bzw. Betroffene gleichzeitig vertreten, denen dieselbe Tat vorgeworfen wird (§ 146 Satz 1 StPO); zum anderen darf der Rechtsanwalt in demselben Verfahren gleichzeitig nicht mehrere Beschuldigte bzw. Betroffene verteidigen, auch wenn ihnen verschiedene Taten vorgeworfen werden (§ 146 Satz 2 StPO). Dies gilt auch, wenn mehrere Beschuldigte bzw. Betroffene von Mitgliedern einer Sozietät vertreten werden. So steht insbesondere auch der Beiordnung eines Rechtsanwalts als Pflichtverteidiger der Umstand entgegen, dass ein Mitbeschuldigter von einem Sozietätsmitglied oder einem in Bürogemeinschaft verbundenen Rechtsanwalt verteidigt wird (LG Frankfurt/M., StV 1998, 358).   158

Bei der Beurteilung, ob **dieselbe Tat** i. S. d. § 146 Satz 1 StPO vorliegt, ist der strafprozessuale Tatbegriff des § 264 StPO heranzuziehen, der das Verhalten des Täters erfasst. Der Tatbegriff des § 264 erfasst einen einheitlichen geschichtlichen Vorgang, der sich von anderen ähnlichen oder gleichartigen Vorgängen unterscheidet (BGHSt 22, 375, 385). Zu ihm gehört das gesamte Verhalten des Täters, soweit es einen einheitlichen Lebensvorgang darstellt (BGHSt 13, 320). Das Anordnen oder Zulassen des Fahrens ohne Fahrerlaubnis und das Fahren ohne Fahrerlaubnis betreffen nicht dasselbe Tatgeschehen und sind deshalb nicht dieselbe Tat i. S. d. § 146 StPO (LG Hamburg, DAR 1990, 273). Ebenso behandelt das Verfahren gegen einen Fahrer wegen Fahrens mit abgefahrenen Reifen ein anderes Tatgeschehen als das Verfahren gegen den Halter wegen Zulassens bzw. Anordnens der Fahrt. Auch hier liegt kein Verstoß gegen das Verbot der Mehrfachverteidigung vor, wenn Fahrer und Halter gleichzeitig vertreten werden.   159

Bei **Verfahrensidentität** verbietet § 146 Satz 2 StPO nur die gleichzeitige Mehrfachverteidigung. Eine **sukzessive Mehrfachverteidigung,** d. h. die Übernahme der Verteidigung des Beschuldigten, nachdem die des Mitbeschuldigten erledigt ist, fällt nicht unter dieses Verbot. Die Verteidigung ist nicht mehr gleichzeitig, wenn der Verteidiger rechtlich nicht in der Lage ist, für seinen früheren Mandanten weiterhin als Verteidiger tätig zu werden.   160

Wurde der Verteidiger von mehreren Beschuldigten gleichzeitig beauftragt, so sind **sämtliche Verteidigungen unzulässig,** die unter Verstoß gegen § 146 StPO zustandegekommen sind (OLG Celle, StV 1986, 108). Bei zeitlich nachfolgenden Bevollmächtigungen ist die später übernommene Verteidigung unzulässig, durch deren Übernahme der Verstoß erfolgt ist (BGHSt 26, 291).   161

Verstößt ein Rechtsanwalt gegen die Vorschrift des § 146 StPO, so ist er als **Verteidiger zurückzuweisen,** sobald dies erkennbar wird (§ 146a Abs. 1 StPO). Die Zurückweisung erfolgt durch das Gericht. Erst wenn der Zurückverweisungsbeschluss unanfechtbar ist, verliert der Rechtsanwalt seine Verteidigerbefugnisse. Handlungen des Verteidigers, die vor der Zurückweisung vorgenommen worden sind, bleiben wirksam (§ 146a Abs. 2 StPO). Gegen den Zurückweisungsbeschluss steht dem Verteidiger das Rechtsmittel der Beschwerde nach § 304 Abs. 1 StPO zu.   162

163 Auch wenn kein Verstoß gegen das Verbot der Mehrfachverteidigung in Betracht kommt, so liegt in vielen Fällen die **Gefahr einer Interessenskollision** nahe, sodass sorgfältig zu prüfen ist, ob z. B. einer der Beteiligten belastet werden muss, um den anderen effektiver zu verteidigen. Das Mandat ist dann in jedem Fall abzulehnen (s. Rn. 41 ff.).

2. Verteidigung

a) Ermittlungsverfahren

164 Auf **Ladung der Staatsanwaltschaft** muss der Beschuldigte erscheinen (§ 163a Abs. 3 StPO). Einer **Ladung der Polizei** muss der Beschuldigte im Strafverfahren nicht Folge leisten.

165 Etwas anderes gilt im **Bußgeldverfahren,** wenn die Polizei Verfolgungsbehörde ist. Die Verfolgungsbehörde hat im Ordnungswidrigkeitenverfahren dieselben Rechte und Pflichten wie die Staatsanwaltschaft bei der Verfolgung von Straftaten (§ 46 Abs. 2 OWiG). Der Betroffene hat deshalb auf Vorladung der Verfolgungsbehörde zu erscheinen (§ 46 Abs. 1 OWiG, § 163a StPO).

166 **Erkennungsdienstliche Maßnahmen** wie die Anfertigung von Lichtbildern und Messungen dürfen auch gegen den Willen des Beschuldigten bzw. des Betroffenen vorgenommen werden (§ 81b StPO).

167 **Einlassungen** sollten grds. erst nach Einsicht in die Ermittlungsakte erfolgen, da erst nach Kenntnis des Ermittlungsstandes erkennbar ist, ob und welche Stellungnahmen sinnvoll oder schädlich für den Mandanten sein können.

168 Häufig erfolgt im Rahmen der Ermittlungen eine sog. informatorische **Befragung**. Hierbei handelt es sich um eine allgemein gehaltene, formlose Befragung durch Ermittlungsbehörden, die der Aufklärung des Sachverhalts dienen soll.

169 Sie ist noch keine Vernehmung im eigentlichen Sinne. Allerdings stellt der BGH nunmehr für das Strafverfahren klar, dass Äußerungen des Beschuldigten ohne vorherigen Hinweis auf sein Schweigerecht nicht verwertet werden können (BGHSt 38, 214). Es wird jedoch offen gelassen, ob das **Verwertungsverbot** des Ergebnisses einer informatorischen Befragung auch im Ordnungswidrigkeitenverfahren gilt (BGH, a.a.O., 228).

b) Zustellungen

170 Der Wahlverteidiger, dessen Bevollmächtigung sich bei den Akten befindet (BGH, DAR 1996, 177) sowie der bestellte Verteidiger gelten als ermächtigt, Zustellungen und Mitteilungen für den Beschuldigten bzw. Betroffenen in Empfang zu nehmen (§ 145a Abs. 1 StPO). Es handelt sich dabei um eine **gesetzliche Zustellungsvollmacht**, die auch gegen den Willen des Beschuldigten gilt. Eine Rechtspflicht zur Zustellung an den Verteidiger wird allerdings nicht begründet. Zustellungen an den Beschuldigten sind daher wirksam und setzen die Rechtsmittelfristen in Gang (BGHSt 18, 352, 354).

171 Zustellungen an den Verteidiger sind auch dann zulässig, wenn der Aufenthaltsort des Beschuldigten unbekannt ist (BGH, NStZ 1991, 28). Dies gilt sowohl für Zustellungen, die eine Rechtsmittelfrist in Gang setzen als auch für die Anordnung des persönlichen Erscheinens des Betroffenen im Bußgeldverfahren. Der Rechtsanwalt sollte sich deshalb von seinem Mandanten stets über evtl. **Reisepläne** unterrichten lassen, um Komplikationen zu vermeiden und terminliche Absprachen mit dem Gericht treffen zu können. So kann das Gericht im Bußgeldverfahren einen Einspruch durch Urteil verwerfen, wenn der Betroffene trotz einer entsprechenden Anordnung ohne genügende Entschuldigung nicht persönlich erscheint (§ 74 Abs. 2 OWiG). Ladungen an den Beschuldigten können allerdings nur bei **ausdrücklicher Ermächtigung** über den Verteidiger erfolgen (§ 145a Abs. 2 StPO).

c) Akteneinsicht

§ 147 Abs. 1 StPO berechtigt den Rechtsanwalt zur Akteneinsicht sowie Besichtigung verwahrter **172** Beweisstücke, die dem Gericht vorliegen oder im Falle der Klageerhebung vorzulegen wären. Die Anfertigung **von Ablichtungen** ist erlaubt, wenn keine besonderen Gründe dagegen stehen (BGHSt 18, 369, 371).

Hinsichtlich des Umgangs mit den Akten schreibt § 19 Abs. 1 BORA eindeutig vor, dass der **173** Rechtsanwalt die **Originalunterlagen** – auch innerhalb der Kanzlei – nur an Mitarbeiter aushändigen darf. Dabei ist sicherzustellen, dass Unbefugte keine Kenntnis über den Inhalt der Akten erhalten. **Mitarbeiter** des Rechtsanwalts sind diejenigen Personen, die dienstvertraglich an ihn gebunden sind und eine ausdrückliche Verschwiegenheitserklärung unterzeichnet haben.

Aufgrund des eindeutigen Wortlauts des § 19 Abs. 1 BORA ist auch eine Aushändigung der Akten **174** an den Mandanten oder der von ihm beauftragten Person grds. nicht zulässig. Diesem Personenkreis kann allenfalls **Einblick** in Anwesenheit des Rechtsanwalts gewährt werden.

§ 19 Abs. 1 BORA stellt jedoch klar, dass dem Mandanten **Ablichtungen** und Vervielfältigungen **175** überlassen werden dürfen. Der Rechtsanwalt hat dabei allerdings gesetzliche Bestimmungen oder beschränkende Anordnungen der aushändigenden Behörde zu beachten.

Er hat insbesondere auch darauf zu achten, dass die Weitergabe **von Ablichtungen** nicht zu verfah- **176** rensfremden Zwecken, wie z. B. private Veröffentlichungen, missbraucht werden (BGHSt 29, 99, 103). Die bloße Gefahr der Verdunklung kann aber noch nicht zum Verbot der Weitergabe von Informationen führen (BGH, a. a. O.).

Vor Abschluss der Ermittlungen kann die **Akteneinsicht versagt** werden, wenn dadurch der Unter- **177** suchungszweck gefährdet wäre (§ 147 Abs. 2 StPO). Aus § 147 Abs. 3 StPO ergibt sich aber, dass von dieser Vorschrift Niederschriften ausgenommen sind, die über die Vernehmung des Beschuldigten bei richterlichen Untersuchungshandlungen angefertigt wurden, bei denen die Anwesenheit von Verteidigern gestattet ist. Die Einsicht in Akten, die entsprechende Vernehmungen des Beschuldigten betreffen, kann also auch vor Abschluss der Ermittlungen nicht versagt werden.

Im Falle von Geschwindigkeitsverstößen und Abstandsmessungen stellen **Videoaufzeichnungen** **178** wichtige Beweismittel dar, die zur Überführung des Täters führen können.

Zur umfassenden Würdigung des Sachverhalts muss der Rechtsanwalt die Videoaufzeichnung rechtzeitig einsehen können. Ihm kann dabei aber nicht zugemutet werden, die vorhandene Videoaufzeichnung bei einer u. U. weit entfernten Polizeidienststelle einzusehen. Es ist ihm vielmehr dahingehend eine Einsicht in die Videoaufzeichnung zu gewähren, dass ihm eine Kopie desjenigen Teils des Videobandes zugänglich gemacht wird, das den Verkehrsvorgang enthält, an dem der Beschuldigte bzw. der Betroffene beteiligt gewesen sein soll (BayObLG, NStZ 1991, 190, 191). Dies wird insbesondere damit begründet, dass sich das Recht auf Akteneinsicht auf den gesamten Akteninhalt erstreckt. Eine **Übersendung des Originalbandes** kommt allerdings nicht in Betracht.

Hinweis:

Will der Rechtsanwalt erreichen, dass er eine Kopie der Videoaufzeichnung übersandt bekommt, sollte er deshalb seinem Antrag auf Akteneinsicht eine leere Videokassette beifügen, auf die der zur Entscheidung stehende Vorgang überspielt werden kann.

Die Übersendung einer Aufzeichnung darf in einem solchen Fall nicht verwehrt werden.

---

3. Eigene Ermittlungen

a) Zulässigkeit

179 Der Anwalt ist zu eigenen Ermittlungen berechtigt. Dies gilt insbesondere auch im Rahmen der strafrechtlichen Verteidigung. Die Vorgehensweise sollte jedoch vorab mit dem Mandanten erörtert werden, insbesondere, wenn in die Ermittlungen Dritte (z.B. Sachverständige, Detektive) eingeschaltet werden sollen.

b) Kontaktaufnahme mit Zeugen

180 Dem Anwalt ist es nicht verwehrt, mit allen Personen Kontakt aufzunehmen, die für die Ermittlung des Sachverhalts von Bedeutung sein können.

Dies ist besonders für die Ermittlung eines Unfallherganges von Bedeutung. Die **außergerichtliche Befragung von Zeugen** ist durchaus legitim, da sie häufig zu einer umfassenden Sachverhaltsaufklärung notwendig ist.

181 Der Strafverteidiger darf **Zeugen anhören** und ihre Aussagen **schriftlich fixieren**. So kann es im Rahmen der eigenen Ermittlungen auch durchaus sinnvoll sein, Zeugen direkt anzuschreiben und um schriftliche Aussagen zu bitten. Wichtig ist dabei, dass die Zeugen auf die Freiwilligkeit ihrer Aussage hingewiesen werden.

182 Ebenso ist es zulässig, die zur **Aussageverweigerung** berechtigten Zeugen unter Hinweis auf ihr Zeugnisverweigerungsrecht dazu anzuhalten, keine Aussage zu machen (BGHSt 29, 99).

> *Hinweis:*
>
> *Dies ist vor allem für die im OWi-Verfahren in der Praxis recht häufig vorkommende Konstellation bedeutsam, in der der Halter eines Fahrzeuges von der Ermittlungsbehörde als Zeuge herangezogen wird. In diesem Fall kann der Fahrzeughalter ein Auskunftsverweigerungsrecht geltend machen, wenn er dem Verdacht einer Tatbeteiligung ausgesetzt ist (OLG Koblenz, NJW 1986, 1003).*

183 Im Rahmen der Strafverteidigung ist es auch durchaus zulässig, im Interesse des Beschuldigten beim Strafantragsberechtigten darauf hinzuwirken, einen Strafantrag nicht zu stellen, oder diesen zurückzunehmen (allg. Meinung; RGSt 40, 394). Diese Vorgehensweise stellt in der Praxis oft eine Gratwanderung dar, sodass hier größte Sorgfalt geboten ist.

184 Die Einwirkung darf nicht den Charakter einer Beeinflussung, insbesondere des Zwangs, der Täuschung oder gar der Drohung einnehmen. Sie kann andererseits über das Angebot von Geldzuwendungen erfolgen, sofern diese zum Zwecke eines Schadensausgleichs erfolgen sollen.

c) Mitbeschuldigte

185 Der Rechtsanwalt darf im Rahmen der Verteidigung auch **Kontakt zu Mitbeschuldigten** des Mandanten aufnehmen. Er darf dabei die Interessen des Mitbeschuldigten aber nicht beeinträchtigen, auch wenn er aufgrund seiner Stellung gewissermaßen zur Einseitigkeit und Parteilichkeit zugunsten seines Mandanten verpflichtet ist. Dies gilt sowohl für das Erteilen bestimmter Ratschläge als auch die Weitergabe von Informationen. Letztere dürfen nicht bewusst falsch oder unvollständig sein, um den Mitbeschuldigten zu einem bestimmten, für den Mandanten günstigen Verhalten zu bewegen.

186 Erfolgt die Kontaktaufnahme mit dem Rechtsanwalt eines Mitbeschuldigten, so kommt u.U. eine sog. „**Sockelverteidigung**" in Betracht. Diese besteht darin, dass die Rechtsanwälte der Beschuldigten bzw. Betroffenen wechselseitig Informationen austauschen und Absprachen über eine gemeinsame Vorgehensweise im Strafverfahren bzw. Ordnungswidrigkeitenverfahren treffen.

Diese Art der Verteidigung ist zulässig. Sie stellt keine Verletzung von Interessen des Mandanten und auch keinen Parteiverrat dar. Im Rahmen der Sockelverteidigung ist es sogar statthaft, an den Mitbeschuldigten bzw. an dessen Rechtsanwalt Informationen über Einlassungen des eigenen Mandanten weiterzuleiten (OLG Frankfurt/M., NStZ 1981, 145). Wichtig ist allerdings, dass der Rechtsanwalt den Mandanten über sein Vorgehen unterrichtet und mit ihm Rücksprache hält.

d) Gutachten

Die Einschaltung von **Sachverständigen** kann sinnvoll sein, z.B., wenn ein Verteidiger im Ermitt- 187
lungsverfahren wegen Unfallflucht über einen privaten Sachverständigen ein Gutachten über die taktile Wahrnehmbarkeit einer Kollision einholen möchte. Der Sachverständige wird dann i.d.R. Kenntnis über die Person des Mandanten und den konkreten Tatvorwurf erhalten. Damit dies im Hinblick auf § 203 StGB und § 2 BORA überhaupt ohne straf- und standesrechtliche Konsequenzen für den Anwalt bleibt, muss sich dieser insoweit von seiner Schweigepflicht entbinden lassen. Darüber hinaus sollte darauf geachtet werden, dass der vom Rechtsanwalt eingeschaltete Sachverständige ebenfalls von der **Schweigepflicht** erfasst wird.

> *Hinweis:*
>
> *Hinsichtlich der Beauftragung des Sachverständigen ist es wichtig, dass dieser die Aufgabe eines qualifizierten wissenschaftlichen Mitarbeiters des Verteidigers hat.*
> *Der Sachverständige wird damit Berufshelfer i. S. d. § 53 Abs. 1 StPO und hat damit ein Zeugnisverweigerungsrecht.*

Fraglich ist, ob der Anwalt nach Einsicht in die Originalunterlagen von Gerichten und Behörden 188
zur **Weitergabe von Ablichtungen** an den Sachverständigen berechtigt ist. Nach § 19 Abs. 2 Satz 1 BORA, der enger gefasst ist als die frühere Regelung des § 15 Abs. 2 der Standesrichtlichen aus dem Jahre 1973, wird der Rechtsanwalt lediglich zur Überlassung von Ablichtungen an den Mandanten befugt. In § 19 Abs. 2 Satz 2 BORA heißt es jedoch weiter, dass der Rechtsanwalt gesetzliche oder behördliche Beschränkungen des Akteneinsichtsrechts „auch bei der Vermittlung des Akteninhalts an Mandanten **oder andere Personen** zu beachten" habe.

In der Gesamtschau mit Satz 2 darf aus der Regelung des § 19 BORA der Schluss gezogen werden, dass auch weiterhin die Überlassung von Abschriften an „andere Personen", wie z. B. Sachverständige, erfolgen darf, soweit keine Beschränkungen vorliegen oder keine Einwände des Mandanten bestehen.

Die **Weitergabe von Privatgutachten** an Behörden ist nicht verpflichtend. Der Verteidiger darf 189
vielmehr ein für den Mandanten eingeholtes nachteiliges Privatgutachten Dritten vorenthalten (LG Koblenz, StV 1994, 378). Die Verwendung verfälschter Beweismittel oder das Verfälschen von Beweismitteln ist allerdings unzulässig (Schönke/Schröder, StGB, § 258 Rn. 20 m. w. N.)

4. Mandantenberatung

a) Umfang der Beratung

Der Rechtsanwalt ist aufgrund des Mandatsvertrages verpflichtet, den Mandanten umfassend und 190
objektiv richtig über die rechtlichen Folgen und Möglichkeiten des ihm vorgetragenen Sachverhalts zu informieren.

Dies gilt auch dann, wenn die Gefahr nahe liegt, dass der Mandant die gewonnenen Informationen missbraucht. Ein **allgemeiner Hinweis**, dass derjenige nicht wegen Strafvereitelung bestraft wird, der sich selbst vor Strafe schützen will, ist deshalb erlaubt.

191 Der Rechtsanwalt darf nicht bewusst zu Handlungen auffordern oder verleiten, die zu einer **Strafvereitelung** führen können. Er darf dem Mandanten daher nicht dazu raten, die Unwahrheit zu sagen oder ein wahres Geständnis zu widerrufen (BGHSt 2, 378). Eine **Abraten von Selbstanzeige** ist allerdings zulässig (BGH, NJW 1952, 899).

192 Der Rechtsanwalt darf auch nicht aktiv daran mitwirken, den Beschuldigten vor Strafverfolgungsmaßnahmen zu bewahren. So ist es unzulässig, den Beschuldigten dem Zugriff der Strafverfolgungsbehörden zu entziehen, indem man ihn verbirgt, um dadurch die Entnahme einer Blutprobe zu verhindern (OLG Hamm, DAR 1960, 19). Diese Handlungsweise ist nicht nur standesrechtlich unzulässig, sie kann auch den Tatbestand der Strafvereitelung des § 258 StGB erfüllen.

193 Im verkehrsrechtlichen Bußgeldverfahren sucht der Mandant einen Rechtsanwalt häufig auf, wenn er im Rahmen der Ermittlungen einen **Anhörungsbogen** erhalten hat und von der Verwaltungsbehörde um Auskünfte gebeten wird. Hier sollte der Mandant bereits bei der ersten Kontaktaufnahme über sein Schweigerecht nach §§ 136, Abs. 1 Satz 2, 163a, Abs. 4 Satz 2 StPO aufgeklärt werden. Sofern Anlass dazu besteht, kann der Mandant auch darauf hingewiesen werden, dass seine Angehörigen gemäß § 52a Abs. 1 StPO ein Auskunftsverweigerungsrecht haben und keine für ihn belastenden Aussagen machen müssen.

194 Durch den Anhörungsbogen soll vor allem **rechtliches Gehör** gewahrt werden (OLG Hamm, NJW 1988, 274). Eine Pflicht zur Rücksendung besteht deshalb grds. nicht (BVerfG, NJW 1981, 1431). Dies gilt zumindest dann, wenn sich aus dem Anhörungsbogen ergibt, dass die erwünschten Daten ohnehin bereits bekannt sind, da die Pflichtangaben die Feststellung der Identität des Betroffenen gewährleisten sollen. Die Rücksendung eines mit falschen Daten ausgefüllten Fragebogens verstößt jedoch gegen § 111 OWiG. Die Ordnungswidrigkeit kann gem. § 111 Abs. 3 OWiG mit einer Geldbuße geahndet werden.

b) Kfz-Versicherung des Mandanten

195 Eine besondere Problematik ergibt sich im Rahmen des Strafverfahrens, wenn Ansprüche gegen die Haftpflichtversicherung des Mandanten geltend gemacht werden.

Gem. § 7 Abs. 1 Nr. 2 AKB ist der Mandant als Versicherungsnehmer zur Aufklärung des Sachverhalts und zu **wahrheitsgemäßen Angaben** gegenüber seinem Versicherer verpflichtet. Kommt er dieser Pflicht nicht nach, läuft er Gefahr, seinen Versicherungsschutz zu verlieren. Allerdings können die Angaben im Falle einer Beschlagnahme der Versicherungsunterlagen im Strafverfahren gegen ihn verwendet werden (BVerfG, NZV 1996, 283).

196 Eine **Verweigerung der Auskunft** gegenüber dem Versicherer ist nicht möglich (BGH, NJW 1976, 37). **Falschangaben** des Versicherungsnehmers gegenüber den Ermittlungsbehörden stellen aber noch keine Verletzung der Obliegenheitspflicht dar, wenn dadurch das Aufklärungsinteresse des Versicherers nicht verletzt wird (BGH, VersR 1995, 1043).

c) Halterhaftung

197 Im Bußgeldverfahren werden dem Halter oder seinem Beauftragten wegen eines Halte- oder Parkverstoßes die Kosten des Verfahrens auferlegt, wenn der Fahrer nicht oder nur durch unangemessenen Aufwand ermittelt werden kann (§ 25a Abs. 1 StVG). Ist gegen einen Mandanten, der als Halter in Anspruch genommen wird, bereits eine Kostenentscheidung ergangen, so ist § 25a Abs. 3 StVG zu beachten, wonach zwei Wochen nach deren Zustellung eine gerichtliche Entscheidung beantragt werden kann. Wurde die Zwei-Wochen-Frist bereits versäumt, so ist zu prüfen, ob die Voraussetzungen für eine **Wiedereinsetzung in den vorigen Stand** gem. § 52 OWiG vorliegen.

Ist die **Kostenentscheidung** durch die Staatsanwaltschaft ergangen, gilt § 52 OWiG entsprechend (§ 25a Abs. 3 Satz 2 2. Halbs. StVG). Kostenentscheidungen des Gerichts sind allerdings nicht anfechtbar (§ 25a Abs. 2 Satz 3 StVG).

d) Verkehrszentralregister

Bei Verkehrsdelikten sollte bereits unmittelbar nach Mandatserteilung eine **Auskunft** über Eintragungen des Mandanten im Verkehrszentralregister in Flensburg eingeholt werden. Die aus der erteilten Auskunft gewonnenen Kenntnisse können für das taktische Vorgehen im Straf- oder Ordnungswidrigkeitenverfahren bedeutsam sein. Der Auszug aus dem Verkehrszentralregister lässt sowohl die **Anzahl der bisher eingetragenen Punkte** als auch den **Ablauf der Tilgungsfristen** erkennen. Mit dem Ablauf der Tilgungsfrist werden die Punkte gelöscht (§ 29 Abs. 1 Satz 1 StVG). Die Tilgungsfristen ergeben sich im einzelnen aus § 29 Abs. 2 StVG n.F. Ist gegen den Mandanten eine behördliche oder gerichtliche Entscheidung ergangen, so hindert dies die Tilgung bereits bestehender Eintragungen (§ 29 Abs. 6 StVG n.F.). Nach § 65 Abs. 9 StVG wurden Entscheidungen, die vor dem 1.1.1999 im Verkehrszentralregister eingetragen worden sind, bis zum 1.1.2004 nach § 29 StVG a.F. i.V.m. § 13a StVZO a.F. geregelt.

198

Die **Einlegung eines Rechtsmittels** gegen behördliche oder gerichtliche Entscheidungen hindert wiederum deren Rechtskraft. Solange eine Entscheidung nicht rechtskräftig ist und deshalb nicht ins Zentralverkehrsregister eingetragen werden kann, kommt § 29 Abs. 6 StVG n.F. nicht zum Zuge und die Tilgungsfrist läuft weiter.

199

Unabhängig von der Erfolgsaussicht des Rechtsmittels kann es deshalb kurz vor Ablauf einer Tilgungsfrist dennoch sinnvoll sein, ein Rechtsmittel einzulegen oder aufrechtzuerhalten, um die Rechtskraft einer Entscheidung auf einen Zeitpunkt nach Ablauf der Tilgungsfrist zu verzögern. Beim Eintrag neuer Punkte ist der Mandant dann punktemäßig zumindest nicht mehr vorbelastet.

200

Dieses Vorgehen stellt noch keine Strafvereitelung dar, da seitens des Rechtsanwalts die Verzögerung einer rechtskräftigen Verurteilung **mit prozessadäquaten Mitteln** zulässig ist. Dies gilt sogar beim Einlegen eines Rechtsmittels bei völliger Aussichtslosigkeit (Schönke/Schröder, StGB, § 258 Rn. 20).

201

e) Führerscheinentzug

Durch das Gesetz zur Änderung von Ordnungswidrigkeiten und anderer Gesetze vom 26.1.1998 wurde zum 1.3.1998 in § 25 StVG ein neuer Abs. 2a eingefügt, der zu einer rechtlichen Besserstellung des von einem Fahrverbot betroffenen Kraftfahrers geführt hat. Nach § 25 Abs. 2a StVG hat im Ordnungswidrigkeitenverfahren ein Betroffener die Möglichkeit, innerhalb einer **Frist von vier Monaten** nach Rechtskraft einer Bußgeldentscheidung die Fahrerlaubnis in **amtliche Verwahrung** zu geben. Voraussetzung hiefür ist, dass in den zwei Jahren vor der Ordnungswidrigkeit nicht bereits ein Fahrverbot gegen den Betroffenen verhängt worden ist. Das **Fahrverbot** wird dann erst **mit der Abgabe der Fahrerlaubnis wirksam.**

202

Dies muss nach der Regelung des § 25 Abs. 2a StVG durch die Verwaltungsbehörde oder das Gericht bestimmt werden. Es bedarf demnach eines **ausdrücklichen Ausspruchs** durch die Verwaltungsbehörde oder das Gericht. Aus diesem Grund ist insbesondere bei Bußgeldverfahren darauf zu achten, ob in der jeweiligen Entscheidung ein entsprechender Vermerk enthalten ist. Fehlt dieser, obwohl der Mandant die Voraussetzungen des § 25 Abs. 2a StVG erfüllt hat, so muss auf jeden Fall ein Rechtsmittel eingelegt werden, um eine gerichtliche Korrektur zu ereichen. Beinhaltet eine gerichtliche Entscheidung keinen Vermerk nach § 25 Abs. 2a StVG, so ist Rechtsbeschwerde gemäß § 79 Abs. 1 Nr. 2 OWiG einzulegen.

203

5. Entschädigung bei Führerscheinentzug

a) Gesetzliche Regelung

Wurde die Fahrerlaubnis des Mandanten im Rahmen strafrechtlicher Ermittlungen durch Beschlagnahme nach § 94 StPO oder vorläufige Entziehung gem. § 111a StPO in Verwahrung genommen und stellt sich nach Abschluss des Verfahrens heraus, dass die Maßnahme unberechtigt war, kann sich eine **Entschädigungspflicht** nach § 2 StrEG ergeben.

204

Demnach hat derjenige einen **Schadensersatzanspruch,** der durch den Vollzug der Untersuchungshaft oder einer anderen Strafverfolgungsmaßnahme einen Schaden erlitten hat, soweit er freigesprochen, das Verfahren eingestellt oder die Eröffnung des Hauptverfahrens abgelehnt worden ist. „Andere Strafverfolgungsmaßnahmen" dieser Vorschrift sind namentlich die Sicherstellung und Beschlagnahme (§ 2 Abs. 2 Nr. 4 StrEG) sowie die vorläufige Entziehung (§ 2 Abs. 2 Nr. 5 StrEG) der Fahrerlaubnis.

205 Im Falle der **Sicherstellung** des Führerscheins besteht der Schadensersatzanspruch auch, wenn die Fahrerlaubnis freiwillig herausgegeben worden ist, um der sonst zu erwartenden zwangsweisen Sicherstellung zuvorzukommen (BGH, NJW 1975, 347, 348) oder wenn einer Sicherstellung der Fahrerlaubnis nicht widersprochen wurde (LG Memmingen, NJW 1977, 347; LG Frankfurt/M., NZV 1995, 164).

b) Voraussetzungen und Ausschlussgründe

206 Die Entschädigung erfolgt nur nach Billigkeit und nur dann, wenn kein Ausschlussgrund nach §§ 5, 6 StrEG vorliegt. Hiervon sind für die Fahrerlaubnisentziehung **folgende Regelungen bedeutsam:**

207 Nach § 5 Abs. 1 Nr. 1 StrEG erfolgt keine Entschädigung für die vorläufige Entziehung einer Fahrerlaubnis, soweit deren Anrechnung auf die verhängte Strafe unterbleibt.

208 Eine Entschädigung unterbleibt nach § 5 Abs. 1 Nr. 3 StrEG auch dann, wenn die Entziehung der Fahrerlaubnis endgültig angeordnet oder von ihrer Vollziehung nur deshalb abgesehen wird, weil die Voraussetzungen dafür nicht mehr vorliegen.

Die zweite Alternative des § 5 Abs. 1 Nr. 3 StrEG stellt auf Fälle ab, in denen der Zweck der Maßregel des § 69 StGB als eingetreten angesehen werden kann, weil die Fahrerlaubnis bereits vorläufig entzogen war oder weil eine Nachschulung erfolgt ist.

209 Besonderer Beachtung bedarf § 5 Abs. 2 StrEG, wonach bei einer vorsätzlichen oder grob fahrlässigen Verursachung der Strafverfolgungsmaßnahme die Entschädigung ausgeschlossen ist. **Grob fahrlässig** handelt, wer in ungewöhnlichem Maß die Sorgfalt außer Acht lässt, die ein verständiger Mensch in gleicher Lage anwenden würde, um sich vor Schaden durch die Strafverfolgungsbehörde zu schützen (BGH, MDR 1983, 450). Wann dies allerdings konkret der Fall ist, lässt sich aufgrund der recht unterschiedlichen Rechtsprechung nicht eindeutig definieren.

210 Teilweise wird grobe Fahrlässigkeit verneint, wenn bei einer **Trunkenheitsfahrt** der BAK-Wert **unter 0,8 Promille** liegt (OLG Düsseldorf, zfs 1991, 359; LG Passau, JurBüro 1987, 560). Dabei wurde als Maßstab die frühere Regelung des § 24a StVG herangezogen, wonach erst bei einem BAK-Wert von 0,8 Promille eine Ordnungswidrigkeit vorlag. Angesichts der Änderung des § 24a StVG, wodurch jetzt bereits bei einer Trunkenheitsfahrt mit 0,5 Promille eine Ordnungswidrigkeit vorliegt, dürfte zukünftig seitens der Rechtsprechung eine Orientierung an diesem Grenzwert zu erwarten sein.

211 Beim Eintritt konkreter Schäden wurde ohnehin bereits bei geringeren BAK-Werten eine grobe Fahrlässigkeit angenommen. So wurde z.B. bei einem BAK-Wert von **0,51 Promille** eine grobe Fahrlässigkeit bejaht, wenn der Beschuldigte einen Verkehrsunfall verursacht, da hier Beweisanzeichen für eine relative Fahruntüchtigkeit vorliegen (LG Düsseldorf, DAR 1991, 272).

212 Im Falle des **Drogenkonsums** wird die grobe Fahrlässigkeit bejaht, wenn der Beschuldigte kurze Zeit vor Fahrtantritt Cannabis konsumiert hat und THC in beträchtlicher Menge festgestellt wird (OLG Düsseldorf, DAR 1994, 502).

c) Umfang der Entschädigung

213 Gem. § 7 Abs. 1 StrEG wird der durch die Strafverfolgungsmaßnahme verursachte **Vermögensschaden** entschädigt. Bei einem zeitweiligen **Nutzungsausfall** sind finanzielle Mehraufwendungen oder sonstige wirtschaftliche Nachteile wie Verdienstausfall, Anstellung eines Fahrers (BGH, NJW 1975, 775) zu ersetzen. Der bloße Nutzungsausfall begründet allerdings noch keinen Ent-

schädigungsanspruch (BGH, NJW 1975, 2341). **Verteidigerkosten** sind erstattungsfähig. Dies gilt allerdings nur bis zur Höhe der gesetzlichen Gebühren (BGH, NJW 1977, 957).

d) Verfahren

Die Einzelheiten zum Verfahren sind in §§ 8 ff. StrEG geregelt. Das Verfahren über den Grund und die Feststellung der Höhe des Anspruchs gehört nicht mehr zum Strafverfahren, sondern ist ein dem Rechtsweg vorgeschaltetes **Verwaltungsverfahren** zur Festsetzung der Höhe des Anspruchs (BGHZ 66, 122, 124).   214

VI. Verwaltungsrecht

1. Verwaltungsverfahren

a) Vertretung

Beteiligte eines Verwaltungsverfahrens können sich durch einen Bevollmächtigten vertreten lassen (§ 14 Abs. 1 Satz 1 VwVfG sowie entsprechende Verwaltungsverfahrensgesetze der Länder). Der Bevollmächtigte kann als Vertreter des Beteiligten sämtliche Verfahrenshandlungen vornehmen.   215

Ebenso wie im Zivil- und Strafverfahren ist auch im verwaltungsrechtlichen **Verfahren** vor Behörden **keine schriftliche Vollmacht erforderlich.** Allerdings wird i.d.R. die Vorlage einer Vollmacht von den Behörden verlangt (§ 14 Abs. 1 Satz 3 VwVfG), die dann auch vorzulegen ist.   216

Im **Verwaltungsgerichtsverfahren** muss die **Vollmacht schriftlich** erteilt werden (§ 67 Abs. 3 Satz 1 VwGO). Die schriftliche Vollmacht kann innerhalb einer gerichtlich gesetzten Frist nachgereicht werden (§ 67 Abs. 2 Satz 2 VwGO).   217

Das Vorliegen einer Vollmacht ist analog § 88 Abs. 2 ZPO in Anwaltsprozessen jedoch nur zu prüfen, wenn Anlass zu Zweifeln besteht (BVerwG 69, 381). Die Vollmacht schließt das Recht zur Unterbevollmächtigung und zur Bestellung eines Terminsvertreters mit ein.

b) Akteneinsicht

Beim Verwaltungsverfahren vor Behörden gibt § 29 Abs. 1 Satz 1 VwVfG den Beteiligten zur Geltendmachung ihrer Interessen das **Recht zur Akteneinsicht.** Die Akteneinsicht erfolgt grds. bei der Behörde (§ 29 Abs. 3 Satz 1 VwVfG).   218

Das **Recht zur Mitnahme von Akten** ist zwar im Verwaltungsverfahren nicht ausdrücklich vorgesehen, jedoch sind die Behörden nach § 29 Abs. 3 Satz 2 VwVfG befugt, nach pflichtgemäßem Ermessen auch andere Regelungen zu treffen. Zu diesen anderen Regelungen gehört insbesondere die Überlassung der Akten an den bevollmächtigten Rechtsanwalt zur Mitnahme in seine Wohnung oder Geschäftsräume analog § 100 Abs. 2 Satz 3 VwGO, der dies im Gerichtsverfahren ausdrücklich vorsieht.   219

Ein **Anspruch auf Überlassung der Akten** besteht im Verwaltungsverfahren **grds. nicht.** Dies wird insbesondere damit begründet, dass die Akten, anders als im Verwaltungsprozess, meist zur Weiterbearbeitung bereitgehalten werden müssen. Etwas anderes dürfte zumindest dann gelten, wenn zur Aufbereitung eines umfangreichen Streitstoffes die Fertigung von Abschriften erforderlich ist (vgl. BVerwG, NJW 1988, 1281). Dabei ist auch zu berücksichtigen, ob die Akten von der Behörde tatsächlich benötigt werden oder andere behördliche oder öffentliche Interessen dagegenstehen.   220

Ist eine Überlassung der Akten nicht möglich, so kommt zumindest die Herstellung und **Übersendung von Ablichtungen** der Akten durch die Behörde gegen Übernahme der dabei anfallenden Kosten in Betracht. Wird auch eine solche Regelung von der Behörde ohne Vorliegen wichtiger Gründe abgelehnt, kann eine Verletzung des rechtlichen Gehörs (§ 28 VwVfG) vorliegen.   221

Die Verletzung des rechtlichen Gehörs kann im Rechtsbehelf gegen die abschließende Entscheidung der Behörde gerügt werden (VG Köln, NJW 1978, 1397; VGH München, NVwZ 1990, 775).

222 Bei der Überlassung bzw. Einsicht der Akten ist die Behörde zur wahrheitsgemäßen und **vollständigen Gewährung der Akteneinsicht** verpflichtet (BVerwG, NJW 1983, 2135).

Dem Vertreter des Beteiligten dürfen auch nicht solche Unterlagen vorenthalten werden, die psychiatrische oder ärztliche Gutachten des Beteiligten enthalten (BVerwG, NVwZ 1989, 171).

2. Führerscheinangelegenheiten

a) Entziehung und Wiedererteilung von Führerscheinen

223 Nach § 3 StVG n.F. muss die Verwaltungsbehörde den Führerschein entziehen, wenn sich jemand als **ungeeignet zum Führen von Kraftfahrzeugen** erweist. Einzelheiten zur Eignung ergeben sich aus den Vorschriften des § 2 Abs. 4 StVG sowie der §§ 11–14 FeV (s. dazu ausführlich Teil 9 Rn. 344 ff.). Der Betroffene ist als ungeeignet zum Führen von Kraftfahrzeugen anzusehen, wenn durch eine Erkrankung oder andere Mängel die Eignung zum Führen von Kraftfahrzeugen ausgeschlossen ist, insbesondere auch dann, wenn er erheblich oder wiederholt gegen verkehrsrechtliche Vorschriften oder Strafgesetze verstoßen hat.

Bei konkreten Zweifeln über die Geeignetheit des Betroffenen kann die Verwaltungsbehörde von einer endgültigen Entscheidung die Beibringung eines ärztlichen Gutachtens fordern (§§ 3 Abs. 2, 11 Abs. 1 FeV).

224 Wird nach einer vorangegangenen Entziehung des Führerscheins (z.B. aufgrund einer gerichtlichen Entscheidung mit Führerscheinsperre) eine **Neuerteilung des Führerscheins** beantragt, hat die zuständige Verwaltungsbehörde zu ermitteln, ob Bedenken gegen die Eignung des Antragstellers zum Führen von Kraftfahrzeugen vorliegen (§§ 20 Abs. 1, 11 FeV).

225 U.U. müssen Gutachten und Zeugnisse eingeholt werden. Sind **seit der Einziehung des Führerscheins mehr als zwei Jahre** verstrichen, so muss eine **erneute Fahrprüfung** abgelegt werden (§ 20 Abs. 2 FeV). Verweigert der Betroffene die Untersuchung oder fristgerechte Beibringung eines Gutachtens, so darf die Führerscheinbehörde auf die Nichteignung des Betroffenen schließen (§ 11 Abs. 8 FeV).

226 **Nach Ablauf einer Führerscheinsperre wegen einer einmaligen Trunkenheitsfahrt** ohne risikoerhöhende Merkmale ist die Fahrerlaubnis wieder zu erteilen (OVG Münster, VRS 1956, 473). In einem solchen Fall kann unter Umständen sogar eine **Abkürzung der Sperrfristen** erzielt werden, wenn der Betroffene nach einer Trunkenheitsfahrt an einem Kurs für alkoholauffällige Kraftfahrer teilgenommen hat (LG Köln, DAR 1989, 109; AG Gummersbach, DAR 1996, 230; s. dazu ausführlich Teil 9 Rn. 533 ff.).

227 Im Rahmen der Beratung des Mandanten sollte auch auf diese Möglichkeit hingewiesen werden. **Nachschulungskurse** für alkoholauffällige Kraftfahrer (z.B. nach dem Modell „Leer") werden in allen Bundesländern angeboten. Voraussetzung ist eine Kursempfehlung aufgrund einer vorangegangenen Begutachtung. Außerdem sind meist ein Führungszeugnis sowie ein Auszug aus dem Verkehrszentralregister vorzulegen.

228 Die Nachschulungskurse ermöglichen den Teilnehmern in Form einer intensiven Gruppenarbeit, ihr Trink- und Fahrverhalten genau zu beobachten. Nach Abschluss der Kurse erhalten die Teilnehmer eine Kursbescheinigung zur Vorlage bei Gerichten oder Behörden. Es kann dann unter Vorlage der Teilnahmebescheinigung eine Verkürzung der Sperrfrist beantragt werden.

229 Liegt ein Verdacht auf **überdurchschnittliche Alkoholgewöhnung** vor, so bestehen bei Ersttaten auch ohne Vorliegen risikoerhöhender Merkmale Zweifel an der Eignung; z.B. bei einem festgestellten BAK-Wert von 1,6 Promille und darüber (OVG Schleswig, NZV 1992, 379). In einem solchen Fall ist seitens der Behörde mit der Anordnung einer medizinisch-psychologischen Untersuchung zu rechnen (s. Teil 9 Rn. 610 ff.).

Vom Führerscheinentzug nicht erfasst ist die Berechtigung zum Fahren von Fahrzeugen, für die 230 es keiner Fahrerlaubnis bedarf. Hierunter fallen gem. § 4 Abs. 1 FeV z. B. Fahrräder mit Hilfsmotor, deren Höchstgeschwindigkeit weniger als 25 km/h beträgt (Mofas). Wer ein Mofa i. S. d. § 4 FeV fährt, benötigt zwar eine sog. Mofa-Prüfbescheinigung (§ 5 FeV). Diese ist aber schon wegen der begrifflichen Unterscheidung keine Fahrerlaubnis i. S. d. § 4 Abs. 1 FeV und wird deshalb nicht vom Entzug der Fahrerlaubnis erfasst (BayObLG, zfs 1993, 67).

Personen, die vor dem 1.4.1980 das 15. Lebensjahr vollendet haben, sind von der Vorschrift des § 5 FeV ausgenommen (§ 76 Nr. 3 FeV). Das bedeutet, dass dieser Personenkreis auch ohne Mofa-Prüfbescheinigung zum Führen eines Mofas berechtigt ist. Die Berechtigung dieser Personen zum Führen eines Mofas wird ebenfalls nicht vom Entzug der Fahrerlaubnis berührt.

b) Eintragungen im Verkehrszentralregister

Gegen Führerscheininhaber, die **wiederholt Zuwiderhandlungen** im Straßenverkehr begangen 231 haben, hat die Straßenverkehrsbehörde nach § 4 Abs. 3, Abs. 4 StVG n.F. beim Erreichen bestimmter Punkte folgende **Maßnahmen** zu ergreifen (s. dazu auch Teil 9 Rn. 668 ff.):

- bei 8 bis 13 Punkten: Der Betroffene wird schriftlich verwarnt und über seinen Punktestand informiert. Er hat die Möglichkeit, an einem freiwilligen Aufbauseminar teilzunehmen.

  Hat der Teilnehmer 8 Punkte, erfolgt nach der Teilnahme am Aufbauseminar ein Erlass von 4 Punkten; hat der Teilnehmer 9 bis 13 Punkte, so erfolgt ein Erlass von 2 Punkten.

- bei 14 bis 17 Punkten: Der Betroffene wird schriftlich verwarnt. Außerdem hat er an einem nunmehr obligatorischen Aufbauseminar teilzunehmen, wenn er nicht bereits innerhalb der letzten fünf Jahre an einem freiwilligen Aufbauseminar teilgenommen hat. Ein Punkterabatt wird nicht gewährt. Nimmt der Betroffene an keinem Aufbauseminar teil, wird die Fahrerlaubnis entzogen. Bei einer zusätzlichen Teilnahme an einer verkehrspsychologischen Beratung erhält der Betroffene einen Erlass von 2 Punkten.

- bei 18 Punkten: Der Führerschein wird automatisch entzogen. Eine Neuerteilung erfolgt frühestens nach 6 Monaten. I. d. R. ist vor Neuerteilung des Führerscheins eine MPU erforderlich.

> *Hinweis:*
>
> *Weist der Mandant bereits mehrere Voreintragungen auf, so sollte er auf die damit verbundenen Folgen hingewiesen werden. U. U. ist die Teilnahme an Nachschulungskursen in Betracht zu ziehen.*

c) Anordnung einer medizinisch-psychologischen Untersuchung

Neben den bereits erwähnten Fällen alkoholauffälliger Fahrer geben auch folgende Fälle häufig 232 **Anlass zur Anordnung einer MPU**:

- innerhalb eines Zeitraums von mehr als zwei Jahren wurden 18 Punkte im Verkehrszentralregister eingetragen (§ 3 Nr. 4 Vwv zu § 15b StVZO),

- gewohnheitsmäßiger Konsum von Cannabis oder anderen Drogen (VGH Mannheim, zfs 1994, 470; VGH München, DAR 1995, 416),

- Krankheiten, die zu Ausfallerscheinungen führen können, insbesondere Epilepsie, Lähmungen, psychische Störungen, pathologische Alterungsprozesse.

Ein gelegentlicher Cannabiskonsum berechtigt jedoch noch nicht zur Anordnung einer MPU (BVerfGE 89, 69).

Die medizinisch-psychologische **Untersuchung** sollte grds. die **Ausnahme** und nicht die Regel 233 darstellen. Die Behörde hat deshalb zunächst zu prüfen, ob das Beibringen eines fachärztlichen Gutachtens nicht ausreichend ist.

234   Besteht Anlass zu der Annahme, dass ein regelmäßiger Cannabiskonsum vorliegt, so kann die Behörde unter Berücksichtigung des **Verhältnismäßigkeitsgrundsatzes** zunächst darauf beschränkt sein, lediglich die Beibringung eines internistischen Gutachtens zu fordern (vgl. VGH München, DAR 1995, 79, 80). Der Gutachter unterliegt der **Schweigepflicht** und darf das Gutachten ohne Entbindung von der Schweigepflicht nicht an die Behörde weiterleiten. Die Entbindung des Arztes von der Schweigepflicht darf die Behörde in keinem Fall fordern (OVG Weimar, DAR 1995, 80). Der Betroffene kann somit letztlich selbst entscheiden, ob er der Behörde ein negatives Gutachten übersendet oder nicht.

235   Bei den ersten Beratungsgesprächen wird von den Mandanten oft die Frage gestellt, wie sie sich auf eine **MPU** am besten **vorbereiten** sollen. Da es hier immer auch auf die Umstände des Einzelfalles ankommt, kann sicherlich keine pauschale Lösung in Betracht kommen. Der Rechtsanwalt sollte sich davor hüten, ein bestimmtes Erfolgsrezept anzubieten, zumal die MPU in erster Linie medizinische und psychologische Probleme erfassen soll, die sich der rechtlichen Beurteilung ohnehin entziehen.

Hilfreich kann allerdings sein, wenn der Mandant bereits geraume Zeit vor der Begutachtung einen Arzt aufsucht, um mit ihm z. B. beim Vorliegen körperlicher oder krankheitsbedingter Mängel die Möglichkeiten einer Vorbereitung aus medizinischer Sicht durch eine bestimmte Therapie zu besprechen. Gerade bei Trunkenheitsfällen ist es sinnvoll, sich vor der Durchführung der MPU mit einem Psychologen, der möglichst über einschlägige Erfahrungen verfügen soll, zusammenzusetzen, um sich über die Problematik zu informieren und beraten zu lassen.

236   Schließlich werden immer häufiger **Vorbereitungskurse** angeboten, in denen die Probanden gezielt auf medizinisch-psychologische Gutachten und die dort auftauchenden Fragen vorbereitet werden. Hier muss der Rechtsanwalt aufgrund seiner Erfahrung selbst entscheiden, inwieweit die Angebote seriös sind und er eine bestimmte Empfehlung an den Mandanten vertreten kann.

d) Erstellung des Gutachtens

237   Der betroffene Führerscheininhaber kann zwar selbst entscheiden, ob er der Aufforderung der Behörde zur Vorlage eines Gutachtens nachkommt. Leistet er der **Aufforderung** nicht Folge, darf die Behörde allerdings daraus den Schluss auf seine Nichteignung ziehen und dementsprechend die Fahrerlaubnis entziehen (BVerwG, NJW 1985, 2490; VGH München, Urt. v. 16.12.1996, 11 B 96.1806). Bestehen gegen die Anordnung zur Vorlage eines Gutachtens rechtlich keine Bedenken, sollte daher der Rechtsanwalt dem Mandanten zur Einholung eines Gutachtens raten.

238   Der Betroffene hat das Recht unter öffentlich anerkannten Sachverständigen den Gutachter selbst zu bestimmen. Die **Kosten der Begutachtung** hat er selbst zu tragen. Der **Gutachtervertrag** stellt einen Werkvertrag dar. Weist das Gutachten **wesentliche Mängel** auf, z. B. weil Aussagen des Probanden zum Teil falsch wiedergegeben worden sind, kann deshalb eine kostenlose Nachbesserung verlangt werden.

239   Ist der Betroffene noch Inhaber eines Führerscheins und kommt das Gutachten zu einem negativen Ergebnis, muss ihm die Behörde den Führerschein entziehen. Bei einem Antrag auf Wiedererteilung eines Führerscheins wird bei einem negativen Ergebnis die Wiedererteilung des Führerscheins versagt. Die **Versagungsverfügung** der Behörde stellt hier einen der „übrigen Fälle" des i. S. d. § 29 Abs. 1 Satz 2 Nr. 3 StVG n.F. dar. Sie wird daher ins Verkehrszentralregister eingetragen und kann erst nach dem Ablauf von zehn (!) Jahren getilgt werden.

> **Hinweis:**
>
> *Aus diesem Grund sollte bei einem negativen Ergebnis der MPU zumindest in Betracht gezogen werden, von einer Übersendung des Gutachtens an die Behörde abzusehen und den Antrag auf Wiedererteilung zurückzunehmen. Dies hat dann zumindest den Vorteil, dass keine negative Entscheidung der Behörde ergeht und somit auch keine Eintragung ins Verkehrszentralregister erfolgen kann.*
>
> *U.U. kann es hier sinnvoll sein, wenn sich der Mandant z.B. nach der Teilnahme an einem Nachschulungskurs einer erneuten Begutachtung unterzieht.*

3. Fahrtenbuchauflage (§ 31a StVZO)

a) Regelung

Gem. § 31a StVZO kann die zuständige Straßenverkehrsbehörde gegenüber einem KfZ-Halter die Führung eines Fahrtenbuches anordnen, wenn die Feststellung eines Fahrzeugführers nach einer **Zuwiderhandlung gegen Verkehrsvorschriften** nicht möglich war. Diese Vorschrift soll dazu dienen, Fahrer zu erfassen, die Leben, Gesundheit und Eigentum anderer gefährden (BVerwG, DAR 1965, 167). Die aufgrund dieser Vorschrift ergangene Anordnung stellt eine Maßnahme zur Abwendung von Gefahren für die öffentliche Sicherheit und Ordnung dar (BVerwG, NZV 1989, 206).   **240**

Die Auflage des Fahrtenbuches ist als behördliche Maßnahme dem Grundsatz der Verhältnismäßigkeit unterworfen (BVerwG, DAR 1964, 171). Bei **erheblichen Verkehrsverstößen** ist sie in jedem Fall zulässig. Hierzu zählen insbesondere   **241**

- Rotlichtverstöße (BVerwG, zfs 1994, 70; VGH Mannheim, zfs 1984, 381),
- Geschwindigkeitsüberschreitungen (VGH München, DAR 1991, 474: Geschwindigkeitsüberschreitung von 50 km/h auf Bundesautobahnen (BVerwG, VBl 1979, 209: Geschwindigkeitsüberschreitung von mehr als 20 km/h innerorts) und
- Verstöße gegen das Überholverbot, die der Eintragung in das VZR unterliegen auch dann, wenn keine Gefährdung eingetreten ist (BVerwG, NZV 1996, 460).

Unerhebliche Verkehrsverstöße, namentlich solche, die nicht ins Verkehrszentralregister einzutragen sind oder lediglich zu einer Verwarnung führen, rechtfertigen eine Fahrtenbuchauflage grds. nicht. Etwas anderes gilt, wenn eine **Vielzahl geringfügiger Ordnungswidrigkeiten** vorliegt. Nur dann ist ein Rückschluss auf eine unzureichende Verkehrsdisziplin möglich, sodass dann die Anordnung eines Fahrtenbuchs durchaus angemessen sein kann (BVerwG, DAR 1965, 167).   **242**

§ 31a Abs. 2 StVZO legt im Einzelnen fest, welche Eintragungen im Fahrtenbuch vorzunehmen sind. Insbesondere muss hieraus der jeweilige Fahrer erkennbar sein. Die Fahrtenbuchauflage kann sich auf mehrere und sogar sämtliche Fahrzeuge des Halters erstrecken (OVG Münster, DAR 1977, 333). Die Fahrtenbuchauflage ist aber unverhältnismäßig und damit rechtswidrig, wenn sie ohne weiteres auf alle Fahrzeuge eines Halters erstreckt wird, obwohl die zugrunde liegende Zuwiderhandlung nur mit einem Fahrzeug begangen wurde. In diesem Fall muss die Behörde vorher abklären, ob bei künftigen Verkehrsverstößen mit den übrigen Fahrzeugen eines Halters deren Fahrer ebenfalls nicht festgestellt werden können (OVG Münster, DAR 1977, 333). Das Fahrtenbuch muss allerdings **nicht ständig im Fahrzeug mitgeführt**, sondern kann beim Halter aufbewahrt werden.   **243**

b) Voraussetzung

Eine wesentliche Voraussetzung der Fahrtenbuchauflage ist, dass nach Begehung eines Verkehrsverstoßes der **Fahrer nicht ermittelt** werden konnte. Die Fahrtenbuchauflage ist aber erst dann zulässig, wenn die Behörde nach den Umständen des Einzelfalles nicht in der Lage war, den Fahrer   **244** zu ermitteln, obwohl sie alle angemessenen und zumutbaren Mittel ergriffen hat (BVerwG, DAR 1972, 26). Zu einem angemessenen Ermittlungsaufwand gehört die rechtzeitige Benachrichtigung des Halters, die es ihm ermöglicht, zur Frage der Fahrereigenschaft noch zuverlässige Antworten geben zu können. Die Fahrtenbuchauflage muss zudem **klar formuliert** sein. Dies ist der Fall, wenn darin neben dem Fahrzeug, mit dem die Verkehrszuwiderhandlung begangen worden ist, ausdrücklich alternativ das entsprechende Ersatzfahrzeug genannt ist (OVG Saarlouis, zfs 1998, 38).

245   Nach der Rechtsprechung sollte daher eine **Benachrichtigung** innerhalb von ca. zwei Wochen erfolgt sein (BVerwG, NJW 1979, 1054; VGH München, DAR 1991, 474; VGH Mannheim, NZV 1991, 328). Liegt behördlicherseits eine Verzögerung der Anhörung vor, schließt dies eine Fahrtenbuchauflage dennoch nicht aus, wenn die Verzögerung für die unterbliebene Ermittlung des Täters nicht ursächlich war, z.B. bei fehlender Mitwirkungsbereitschaft des Halters (VGH München, DAR 1991, 474). In einem solchen Fall ist eine Fahrtenbuchauflage sogar dann gerechtfertigt, wenn sich der Halter auf sein **Aussageverweigerungsrecht** beruft, da ansonsten der Zweck des § 31a StVZO, der Sicherheit des Straßenverkehrs zu dienen, unterlaufen würde (BVerwG, DAR 1995, 459).

B. Rechtsschutzversicherung

I. Einführung

1. Versicherungsrechtliche Bestimmungen

a) Rechtslage bis zum 30.6.1994

246   Bis 30.6.1994 konnten Rechtsschutzverträge nur unter Verwendung der vom Bundesaufsichtsamt für das Versicherungswesen (BAV) genehmigten **Allgemeinen Versicherungsbedingungen** abgeschlossen werden.

247   Dies waren seit 1975 vorwiegend die ARB 75. Daneben konnten insbesondere für bestimmte Personengruppen und Rechtsangelegenheiten **Zusatz- oder Ergänzungsklauseln** verwendet werden.

b) Rechtslage seit dem 1.7.1994

248   Aufgrund des seit 1.7.1994 bestehenden Europäischen Binnenmarktes für Versicherungen ist es jedem Versicherer freigestellt, Bedingungen und Sonderregelungen eigener Wahl anzuwenden, die keiner vorherigen Genehmigung bedürfen. Allerdings hat das BAV noch vor dem 1.7.1994 neue ARB genehmigt, die zuvor in Zusammenarbeit mit dem BAV, dem HUK-Verband, Vertretern der Rechtsschutzversicherer und des Deutschen Anwaltsvereins ausgearbeitet worden sind (veröffentlicht in: VerBAV 1994, 97). Die ARB 94 wurden Versicherern als **unverbindliche Musterbedingungen** empfohlen und werden von den meisten Versicherern mit teilweise geringfügigen Abänderungen verwendet.

249   Bei den bereits vor dem 1.7.1994 bestehenden Rechtsschutzversicherungsverträgen wurden die ARB 94 nicht automatisch Bestandteil.

Allerdings können Versicherer, die sich die ARB 94 noch vor dem 1.7.1994 vom BAV genehmigen ließen, gem. § 23 Abs. 3 AGBG diese auch ohne formelle Einbeziehung dem Versicherungsvertrag zugrunde legen. Darüber hinaus konnten diese Versicherer die ARB noch bis Ende 1994 ohne Beachtung der Neuregelungen über das Zustandekommen des Versicherungsvertrages verwenden.

Am 1.10.1999 wurden vom Gesamtverband der Deutschen Versicherungswirtschaft (GdV) die **ARB 2000** veröffentlicht. Hierbei handelt es sich um weitere Musterbedingungen, die den einzelnen Versicherern empfohlen werden. Die ARB 2000 weichen im Hinblick auf die nachfolgend behandelten Bereiche von den ARB 94 nur geringfügig ab. In den ARB 2000 werden meist gegenüber den ARB 94 Änderungen in den Formulierungen einzelner Regelungen vorgenommen. Die Neuformulierungen berücksichtigen zum einen die neuere Rechtsprechung zu den Versicherungsbedingungen und dienen zum anderen dazu, einzelne Regelungen klarer und verbraucherfreundlicher zu formulieren. So kann gem. § 6 Abs. 1 ARB 2000 nunmehr in bestimmten Fällen eine Erweiterung des Versicherungsschutzes auch außerhalb des örtlichen Geltungsbereichs erfolgen. Außerdem wurde die Bedingungsanpassungsklausel des § 10a ARB 94, die bereits vom BGH wegen des Verstoßes gegen § 9 AGBG für unwirksam erklärt wurde (BGH, NJW 1999, 1865), aus den ARB 2000 ersatzlos gestrichen.

2. Funktion der Rechtsschutzversicherung

a) Allgemeines

Nach § 1 der Allgemeinen Rechtsschutzversicherungsbedingungen (ARB) sorgt die Rechtsschutz   250
versicherung nach Eintritt des Rechtsschutzfalles für die Wahrnehmung der rechtlichen Interessen des Versicherungsnehmers soweit notwendig und trägt die hierbei entstehenden Kosten.

Die **Wahrnehmung der rechtlichen Interessen** beinhaltet nicht die Rechtsbesorgung für den Ver   251
sicherungsnehmer im konkreten Fall. Diese bleibt allein dem eingeschalteten Rechtsanwalt überlassen. Allerdings kann die Rechtsschutzversicherung im Namen des Versicherungsnehmers einen Rechtsanwalt beauftragen, wenn der Versicherungsnehmer nicht bereits selbst einen Rechtsanwalt beauftragt hat.

b) Hauptpflichten des Versicherers

Die Hauptleistung des Rechtsschutzversicherers besteht in der **Kostentragungspflicht.** Kosten für   252
die rein wirtschaftliche Beratung fallen jedoch nicht darunter. Der Vergütungsanspruch des Versicherungsnehmers ist ein **Befreiungsanspruch,** d. h. der Versicherungsnehmer kann vom Rechtsschutzversicherer Befreiung von den durch die Rechtsbesorgung entstandenen Kosten verlangen (KG, r+s 1991, 24). Dies erfolgt konkret durch die Zahlung an den Rechtsanwalt/Rechtsbeistand des Versicherungsnehmers.

3. Überblick

Nachfolgend wird die Thematik der Rechtsschutzversicherungen nach den Musterbedingungen   253
behandelt. Die Versicherungsbedingungen können bei einzelnen Rechtsschutzversicherern von den Musterbedingungen abweichen. Im Wesentlichen sind die nachfolgenden **Grundsätze** aber auf die Verträge aller Rechtsschutzversicherer anwendbar. Nach den ARB 75 und ARB 94/2000 werden folgende Versicherungen angeboten:

	ARB 75	ARB 94/2000
● Verkehrsrechtsschutz	§ 21	§ 21
● Fahrzeugrechtsschutz	§ 22	§ 21 Abs. 3
● Fahrerrechtsschutz	§ 23	§ 22
● Privatrechtsschutz f. Selbstständige		§ 23
● Familienrechtsschutz	§ 25	
● Berufsrechtsschutz f. SelbstständigeRechtsschutz f. Firmen u. Vereine		§ 24
● Familien- u. Verkehrsrechtsschutz für Lohn- u. Gehaltsempfänger	§ 26	
● Rechtsschutz für Vereine	§ 28	
● Rechtsschutz f. Gewerbetreibende u. freiberuflich Tätige	§ 24	
● Privat- u. Berufsrechtsschutz f. Nichtselbstständige		§ 25
● Privat-, Berufs-, und Verkehrs-Rechtsschutz f. Nichtselbstständige		§ 26

	ARB 75	ARB 94/2000
● Landwirtschafts- u. Verkehrs-Rechtsschutz	§ 27	§ 27
● Privat-, Berufs-, und Verkehrs-Rechtsschutz f. Selbstständige		§ 28
● Rechtsschutz f. Eigentümer und Mieter von Wohnungen u. Grundstücken	§ 29	§ 29

II. Einzelne Formen des Rechtsschutzes im Verkehrsrecht

254 Im Folgenden wird hinsichtlich der angebotenen Leistungsarten auf die **Versicherungsbedingungen** eingegangen, die für die Bearbeitung verkehrsrechtlicher Mandate wichtig sind.

1. Verkehrsrechtsschutz

a) Einzelne Regelungen

255 Der Verkehrsrechtsschutz ist in § 21 ARB 75 und § 21 ARB 94/2000 geregelt. Nach § 21 Abs. 1 ARB 94/2000 genießt der Versicherungsnehmer im Gegensatz zu § 21 ARB 75 neben seiner Eigenschaft als Eigentümer und Halter nunmehr auch Versicherungsschutz als **Mieter eines Selbstfahrer-Vermietfahrzeuges.** Dieses darf allerdings nur zum vorübergehenden Gebrauch angemietet worden sein.

256 Außerdem ist der Versicherungsnehmer gem. § 21 Abs. 7 ARB 94/2000 als **Fahrgast, Fußgänger und Radfahrer** versichert.

257 Der Verkehrsrechtsschutz ist auch im Privat-, Berufs- und Verkehrs-Rechtsschutz für Nichtselbstständige (§ 26 ARB 94/2000) bzw. im Familien- und Verkehrsrechtsschutz für Lohn- und Gehaltsempfänger (§ 26 ARB 75) sowie im Privat-, Berufs- und Verkehrsrechtsschutz für Selbstständige (§ 28 ARB 94/2000) enthalten.

b) Leistungsarten

258 Der Verkehrsrechtsschutz umfasst gem. § 21 Abs. 4 ARB 75:

● die Geltendmachung von Schadensersatzansprüchen aufgrund gesetzlicher Haftpflichtbestimmungen,

● die Wahrnehmung rechtlicher Interessen aus schuldrechtlichen Verträgen,

● die Verteidigung im Straf- und Ordnungswidrigkeitenrecht wegen des Vorwurfs der Verletzung verkehrsrechtlicher Vorschriften und

● die Wahrnehmung rechtlicher Interessen im Widerspruchsverfahren vor Verwaltungsbehörden und vor Verwaltungsgerichten wegen Einschränkung, Entzuges oder Wiedererlangung der Fahrerlaubnis.

Gem. § 21 Abs. 4 ARB 94/2000 umfasst er:

● Schadensersatzrechtsschutz,

● Rechtsschutz im Vertrags- und Sachenrecht,

● Steuerrechtsschutz vor Gerichten,

● Verwaltungsrechtsschutz in Verkehrssachen und

● Straf- und Ordnungswidrigkeiten-Rechtsschutz.

Auf die **besonderen Regelungen der Leistungsarten** wird unter Rn. 294 ff. eingegangen.

2. Fahrzeugrechtsschutz

259 Die einzelnen Bestimmungen zum Fahrzeugrechtsschutz sind in § 22 ARB 75 und § 21 Abs. 3 ARB 94/2000 enthalten. Während der Verkehrsrechtsschutz rein personenbezogen ist, kann der Versicherungsnehmer über den Fahrzeugrechtsschutz ein bestimmtes Fahrzeug versichern lassen.

Die Bestimmungen, insbesondere die Leistungsarten für den Fahrerrechtsschutz, auf die im Einzelnen noch eingegangen wird, entsprechen im Wesentlichen denen des Verkehrsrechtsschutzes. Der Rechtsschutz besteht für den Versicherungsnehmer als **Eigentümer oder Halter** eines **auf ihn bei Vertragsabschluss zugelassenen Fahrzeugs**. Tritt der Versicherungsnehmer von einem über ein Fahrzeug geschlossenen Kaufvertrag zurück und kommt es hierüber zum Rechtsstreit, besteht kein Rechtsschutz, da es zu keiner Zulassung des Fahrzeuges auf den Versicherungsnehmer gekommen ist (LG Köln, VersR 1994, 805).

3. Fahrerrechtsschutz

Die Einzelheiten zum Fahrerrechtsschutz ergeben sich aus § 23 ARB 75 und § 22 ARB 94/2000.   260
Der Fahrerrechtsschutz besteht für den Versicherungsnehmer in seiner Eigenschaft als **Fahrer** eines **fremden und nicht auf ihn zugelassenen Fahrzeuges**. Vertragsrechtsschutz sowie Rechtsschutz im Sachenrecht bestehen hier nicht. § 22 Abs. 1 ARB 94/2000 enthält eine Erweiterung des Fahrerrechtsschutzes gegenüber den ARB 75. Der Versicherungsschutz besteht nun auch bei der Teilnahme am öffentlichen Verkehr als Fahrgast, Fußgänger und Radfahrer. Der Fahrerrechtsschutz ist in § 26 ARB 75, § 26 ARB 94/2000 sowie § 28 ARB 94/2000 ebenfalls enthalten.

4. Rechtsschutz für Kraftfahrzeuggewerbe

§ 24 Abs. 6 ARB 75 sah für Betreiber eines Kraftfahrzeuggewerbes (Kfz-Handel, Kfz-Werkstatt,   261
Fahrschule oder Tankstelle) einen speziellen Rechtsschutz als Eigentümer, Halter, Insasse oder Fahrer von Fahrzeugen vor. Dieser Versicherungsschutz umfasste die Wahrnehmung rechtlicher Interessen aus schuldrechtlichen Verträgen und die Wahrnehmung rechtlicher Interessen im Widerspruchsverfahren vor Verwaltungsbehörden und vor Verwaltungsgerichten wegen Einschränkung, Entzuges oder Wiedererlangung der Fahrerlaubnis.

Im Berufsrechtsschutz für Selbstständige sowie im Rechtsschutz für Firmen u. Vereine gem. **§ 24**   262
ARB 94/2000 ist kein entsprechender Verkehrsrechtsschutz mehr vorgesehen. Das Verkehrsrisiko für Betreiber eines Kraftfahrzeuggewerbes muss hier über den **allgemeinen Verkehrsrechtsschutz** nach § 21 ARB 94/2000 versichert werden.

5. Landwirtschafts- u. Verkehrsrechtsschutz (§ 27 ARB)

Der kombinierte Landwirtschafts- u. Verkehrsrechtsschutz ist in § 27 ARB 75 und § 27   263
ARB 94/2000 geregelt.Für den Verkehrsrechtsschutz bestehen hier folgende Einschränkungen:

- Nach § 27 Abs. 5 ARB 75 besteht grds. kein Versicherungsschutz bei rechtlichen Interessen als Eigentümer, Besitzer, Halter oder Fahrer von Fahrzeugen mit amtlichen schwarzen Kennzeichen. Ausnahme sind bei Krafträdern, Personenkraft- oder Kombifahrzeugen aufgrund besonderer Vereinbarung möglich.

- Soweit es sich nicht um Personenkraft- oder Kombiwagen, Krafträder oder land- und forstwirtschaftliche Fahrzeuge handelt, besteht nach § 27 Abs. 4 ARB 94/2000 kein Rechtsschutz für den Eigentümer, Halter, Erwerber, Mieter und Leasingnehmer von Fahrzeugen.

III. Obliegenheiten vor dem Versicherungsfall

1. Obliegenheiten

Speziell für den Bereich des Verkehrsrechts bestehen vor dem Eintritt des Versicherungsfalles   264
Obliegenheiten, die erfüllt sein müssen, damit ein Versicherungsschutz gewährt wird. Die Obliegenheiten sind im Einzelnen in den §§ 21 Abs. 6, 22 Abs. 5, 23 Abs. 4, 26 Abs. 6, 27 Abs. 6 ARB 75 bzw. §§ 21 Abs. 8, 22 Abs. 5, 26 Abs. 5, 27 Abs. 5, 28 Abs. 6 ARB 94/2000 geregelt. Demnach setzt der **Versicherungsschutz** voraus, dass

- der Fahrer die vorgeschriebene Fahrerlaubnis besitzt,

- der Fahrer zum Führen des Fahrzeuges berechtigt ist und

- das Fahrzeug zugelassen oder mit einem Versicherungskennzeichen versehen ist.

Der Versicherungsnehmer hat bei der Schließung des Vertrages **alle ihm bekannten Umstände,** die für die Übernahme der Gefahr erheblich sind, anzuzeigen (§ 16 Abs. 1 Satz 1 VVG). Erheblich sind solche Umstände, die geeignet sind, auf den Entschluss des Versicherers, den Vertrag überhaupt abzuschließen, Einfluss zu nehmen (§ 16 Abs. 1 Satz 2 VVG). Vor dem Abschluss eines Rechtsschutzversicherungsvertrages werden i.d.R. von den Versicherern dem Versicherungsantrag Fragen beigefügt, die eine frühere Rechtsschutzversicherung betreffen und insbesondere auf Vorschäden und die Kündigung der früheren Rechtsschutzversicherung eingehen. Hierbei handelt es sich um **erhebliche Umstände** i. S. d. § 16 VVG (OLG Düsseldorf, zfs 1999, 398). Macht der Versicherungsnehmer über Vorschäden und die Kündigung der früheren Versicherung falsche Angaben, so steht dem Rechtsschutzversicherer ein Rücktrittsrecht zu.

2. Rechtsfolgen bei Obliegenheitsverstoß

a) Einschränkungen des Versicherungsschutzes

265 Liegen die genannten Voraussetzungen nicht vor, so besteht Versicherungsschutz nur für diejenigen Personen, die von deren Fehlen unverschuldet keine Kenntnis hatten. Bei der Verletzung von Obliegenheiten ist die **Rahmenregelung des § 6 VVG** zu beachten. Die Leistungsfreiheit bei einer Obliegenheitsverletzung tritt nach dieser Regelung nicht ein, wenn die Verletzung als unverschuldet anzusehen ist.

266 Maßstab für das **Verschulden** ist § 276 BGB, sodass Vorsatz oder Fahrlässigkeit vorliegen müssen. Die Beweislast für die objektive Verletzung des Versicherungsnehmers trägt der Versicherer. Der Versicherungsnehmer hat, nachdem ihm die Verletzung bewiesen worden ist, das mangelnde Verschulden zu beweisen.

267 Die **Unkenntnis der Vertragsbedingungen** ist i.d.R. fahrlässig und entschuldigt die Obliegenheitsverletzung nicht (BGHZ 79, 6). Bei Fahrten ohne amtliches Kennzeichen wird i.d.R. eine schuldhafte Verletzung einer vorvertraglichen Obliegenheit zu bejahen sein. Schwieriger kann die Beurteilung ausfallen, wenn nachträglich die Betriebserlaubnis und dadurch auch die Zulassung des Fahrzeuges erlischt. Ein Verschulden des Versicherungsnehmers kann in so gelagerten Fällen jedenfalls dann verneint werden, wenn eine technische Veränderung an einem Fahrzeug vorgenommen wurde, die zu einem Erlöschen der Betriebserlaubnis geführt hat, diese aber bei einer TÜV-Untersuchung nicht beanstandet wurde (Harbauer, Rechtsschutzversicherung, § 21 Rn. 123 m. w. N.).

b) Kausalität

268 Der Versicherer kann sich auf die Obliegenheitsverletzung nur berufen, wenn diese einen Einfluss auf den Eintritt des Versicherungsfalles oder den Umfang der Leistung gehabt hat (§ 6 Abs. 2 VVG). Wird z. B. einem Fahrer das Fahren ohne Fahrerlaubnis (§ 21 StVG) vorgeworfen, so ist dieser Vorwurf auf den Verstoß einer Obliegenheit zurückzuführen. In diesem Fall kann sich der Versicherer auf die **Leistungsfreiheit** berufen.

269 Werden nach einem Unfall Schadensersatzansprüche geltend gemacht und hatte der Fahrer des Versicherungsnehmers keine Fahrerlaubnis, besteht keine Kausalität zwischen der Obliegenheitsverletzung und dem Versicherungsfall, wenn das Schadensereignis nachweislich für jeden anderen Fahrer ein unabwendbares Ereignis war. Hier liegt eine Leistungspflicht des Versicherers vor (BGH, VersR 1969, 147).

c) Kündigung des Versicherers

Der Versicherer wird nicht automatisch von der Leistungspflicht befreit. Will sich der Versicherer 270 bei der Verletzung einer vorvertraglichen Obliegenheit auf seine Leistungsfreiheit berufen, muss er den Versicherungsvertrag innerhalb eines Monats nach Kenntnis fristlos kündigen (§ 6 Abs. 1 Satz 3 VVG). Im Falle der unterlassenen Anzeige gefahrerhöhender Umstände i. S. d. § 16 VVG ist die Sonderregelung des § 20 Abs. 1 VVG zu beachten, nach der ebenfalls eine einmonatige Kündigungsfrist gilt. Kündigt der Versicherer innerhalb der **einmonatigen Frist** nicht, so hat er trotz Vorliegens einer Obliegenheitsverletzung seine vertraglichen Leistungen zu erbringen.

Eine Kündigung muss jedoch nicht erfolgen, wenn neben der Obliegenheitsverletzung gleichzeitig 271 ein **Ausschlusstatbestand,** z. B. wegen vorsätzlicher Herbeiführung eines Versicherungsfalles, vorliegt. In einzelnen Entscheidungen der Rechtsprechung wurde eine Kündigung für die Leistungsfreiheit sogar dann als entbehrlich angesehen, wenn von einer mitversicherten Person eine Obliegenheitsverletzung begangen wurde und diese dem Versicherungsnehmer nicht zugerechnet werden kann (AG München, r+s 1994, 263; AG Speyer, r+s 1992).

IV. Einzelne Leistungsarten

1. Allgemeines

a) Einzelne Regelungen

Bei den Leistungsarten werden die versicherten Rechtsangelegenheiten dokumentiert, die im Rah- 272 men der verschiedenen Formen des Rechtsschutzes bestehen. Die ARB 75 regeln die Leistungsarten in den einzelnen Bestimmungen über die Formen des Rechtsschutzes (§§ 21 ff. ARB 75). In den ARB 94/2000 waren alle versicherten Leistungsarten in § 2 ARB 94/2000 aufgeführt.

b) Risikoausschlüsse

In den Regelungen zu den einzelnen Leistungsarten sind z. T. **spezielle Risikoausschlüsse** für die 273 jeweilige Leistungsart enthalten. Daneben bestehen die **allgemeinen Risikoausschlüsse** in § 4 ARB 75 und § 3 ARB 75. Zu beachten ist bei den allgemeinen Risikoausschlüssen besonders der generelle Ausschluss von Versicherungsfällen, die auf einem vorsätzlichen Verhalten des Versicherungsnehmers beruhen.

Für die ARB 75 schließt § 4 Abs. 2a ARB 75 sämtliche Versicherungsfälle vom Versicherungs- 274 schutz aus, die der Versicherungsnehmer **vorsätzlich** und **rechtswidrig** verursacht hat. Hierunter fällt auch die nicht strafbare vorsätzliche Herbeiführung eines Versicherungsfalles, wie z. B. die **vorsätzliche Vertragsverletzung.** Demgegenüber bestimmt in den ARB 94/2000 die Regelung des § 3 Abs. 5 ARB, dass in fast allen Leistungsarten der Versicherungsschutz nur noch dann ausgeschlossen ist, wenn der Versicherungsnehmer mit der Herbeiführung des Versicherungsfalles eine Straftat begeht. Nicht unter die Regelung des § 3 Abs. 5 ARB 94/2000 fallen das Straf- und Ordnungswidrigkeitenrecht sowie der Beratungsrechtsschutz für Familien- und Erbrecht.

Gem. § 6 Abs. 1 Satz 3 VVG kann sich der Versicherer aber nur dann auf die Leistungsfreiheit 275 berufen, wenn er innerhalb eines Monats nach Kenntnis von der Obliegenheitsverletzung den Vertrag gekündigt hat. Im Folgenden werden die für die Bearbeitung des verkehrsrechtlichen Mandats wichtigsten und häufigsten Leistungsarten dargestellt.

2. Schadensersatz

a) Umfang

In den Bestimmungen der **ARB 75** wird Versicherungsschutz nur für die Geltendmachung von 276 Schadensersatzansprüchen aufgrund gesetzlicher Haftpflichtbestimmungen gewährt. Bei den **ARB 94/2000** besteht gem. § 2a ARB 94/2000 Rechtsschutz für Schadensersatzansprüche, soweit diese nicht auf einer Vertragsverletzung oder einer Verletzung dinglichen Rechts an Grundstücken, Gebäuden oder Gebäudeteilen beruhen. Ansprüche aus Schäden an Gebäuden oder Grundstücken, die durch Fahrzeuge verursacht worden sind, wie z. B. Beschädigungen durch einen gegen eine Häuserwand gefahrenen Pkw oder durch ausgelaufenes Öl, genießen somit nach ARB 94/2000 keinen Versicherungsschutz.

277 Kann die Schadensersatzpflicht sowohl aus einer Vertragsverletzung als auch aus einem deliktischen Anspruch hergeleitet werden, so besteht nach § 2a ARB 94 Rechtsschutz, soweit der Schadensersatzanspruch auf einer deliktischen Haftung beruht (LG Hannover, NJW-RR 1999, 614). Die Regelung des **§ 2a ARB 2000** weicht in seiner Formulierung von der Regelung des § 2a ARB 94 ab. Nach § 2a ARB 2000 besteht Rechtsschutz für die Geltendmachung von Schadensersatzansprüchen nur, wenn diese nicht **auch** auf einer Vertragsverletzung beruhen. Demnach dürfte hier nur noch dann Rechtsschutz bestehen, wenn der Schadensersatzanspruch ausschließlich aufgrund gesetzlicher Haftpflichtbestimmungen geltend gemacht wird. **Entschädigungsansprüche nach dem StrEG** sind **keine Schadensersatzansprüche** aufgrund gesetzlicher Haftpflichtbestimmungen. Hierbei handelt es sich um einen Aufopferungsanspruch, dessen Sinn und Zweck es ist, den Einzelnen für ein ihm auferlegtes Sonderopfer zu entschädigen. Das Verfahren nach §§ 8 ff. StrEG ist auch nicht dem strafrechtlichen Bereich zuzuordnen (OLG Bamberg, r+s 1999, 329, 330). Wird ein Ersatzanspruch nach § 7 Abs. 1 StrEG geltend gemacht, besteht deshalb für das damit verbundene Verfahren weder Schadensersatz-Rechtsschutz noch Strafrechtsschutz, sodass vom Versicherer keine Deckung übernommen werden muss (OLG Bamberg, a. a. O.).

278 Der Versicherer trägt im Falle gerichtlicher Auseinandersetzungen die **Gerichtskosten** einschließlich der Kosten für Zeugen oder Sachverständige (§ 2 Abs. 1a ARB 75; § 5c Abs. 1c ARB 94/2000). Unter Gerichtskosten i. S. d. ARB fallen auch die Kosten für das Beweissicherungsverfahren, da es sich hier um eine notwendige Vorbereitungsmaßnahme zur gerichtlichen Durchsetzung von Schadensersatzansprüchen handelt. **Auslagen** für die **Übersetzung ausländischer Urkunden** werden von der Versicherung nicht als Sachverständigenkosten übernommen (AG Günzburg, zfs 1989, 412).

b) Ausschlüsse

279 Die **Abwehr von deliktischen Schadensersatzansprüchen** ist nach § 3 Abs. 2a ARB 94/2000 nunmehr ausdrücklich ausgeschlossen. In den ARB 75 ist zwar kein ausdrücklicher Versicherungsausschluss für die Abwehr von Schadensersatzansprüchen geregelt. Dieser ergibt sich aber daraus, dass diese Form der Wahrnehmung rechtlicher Interessen in den ARB 75 nicht ausdrücklich versichert worden ist. Die jetzige Regelung in § 3 Abs. 2a ARB 94/2000 dient insofern nur der Klarstellung.

280 Ein allgemeiner Risikoausschluss besteht für **Ansprüche aufgrund von Forderungsübergängen**. Die **ARB 94/2000** nehmen ausdrücklich solche Ansprüche oder Verbindlichkeiten vom Versicherungsschutz aus, die nach Eintritt des Rechtsschutzfalles auf den Versicherungsnehmer übertragen worden oder übergegangen sind (§ 3 Abs. 4c ARB 94/2000).

281 Nach § 4 Abs. 2b ARB 75 ist vom Versicherungsschutz die Wahrnehmung rechtlicher Interessen ausgeschlossen, die nach dem Eintritt des Versicherungsfalles auf den Versicherungsnehmer übergegangen sind. Gesetzliche Forderungsübergänge werden zwar namentlich nicht erwähnt. Die Regelung des § 4 Abs. 2b ARB 75 soll jedoch nach ihrem Sinn verhindern, dass Tatsachen, die nur die Person des Zedenten betreffen, dem Versicherungsnehmer als Versicherungsfälle zugerechnet werden können. Sie schließt deshalb – ebenso wie § 3 Abs. 4 ARB 94 – den Rechtsschutz bei Ansprüchen aus gesetzlichem Forderungsübergang aus (LG Hagen, zfs 1985, 177). Bei der **Gesamtrechtsnachfolge im Todesfall** (§ 1922 BGB) oder beim **Übergang von Schadensersatzansprüchen auf den Arbeitgeber** nach § 4 LohnfortzG besteht deshalb ebenso wenig Rechtsschutz wie bei der Abtretung eines Schadensersatzanspruches, die z. B. aus Beweiszwecken erfolgt.

§ 4 Abs. 2c ARB 75 und § 3 Abs. 4d ARB 94/2000 schließen den Versicherungsschutz aus, wenn **Ansprüche Dritter** in eigenem Namen geltend gemacht werden.

282

Wurde ein Schadensereignis, z. B. durch einen fingierten Unfall, **vorsätzlich herbeigeführt**, so kommt ebenfalls ein Ausschluss des Rechtsschutzes in Betracht (§ 4 Abs. 2a ARB 75, § 3 Abs. 5 ARB 94/2000). Fällt der Versicherungsvertrag unter die Bestimmungen der ARB 94/2000 gilt dies nur, wenn der Versicherungsfall durch eine vorsätzliche Straftat des Versicherungsnehmers verursacht wurde (s. Rn. 303 ff.).

283

3. Vertrags- und Sachenrecht

a) Einzelne Regelungen

Während in den ARB 75 nur die Wahrnehmung rechtlicher Interessen aus schuldrechtlichen Verträgen versichert waren, wurde in § 2d ARB 94/2000 der Rechtsschutz auf **sachenrechtliche Ansprüche** erweitert. Bei der Wahrnehmung rechtlicher Interessen aus Kauf- und Reparaturverträgen von Kraftfahrzeugen und Anhängern werden nach den ARB 94/2000 die Kosten des öffentlich bestellten Sachverständigen oder einer rechtsfähigen Sachverständigenorganisation übernommen (§ 5f aa ARB 94/2000).

284

b) Ausschlüsse

Auch im **Rechtsschutz für Vertrags- und Sachenrecht** ist bei **vorsätzlicher Herbeiführung eines Rechtsstreits** der Versicherungsschutz ausgeschlossen (§ 4 Abs. 2a ARB 75, § 3 Abs. 5 ARB 94/2000). Ein häufiger Anwendungsfall ist die arglistige Täuschung beim Verkauf von Fahrzeugen durch das Verschweigen von Mängeln. Hier ist i.d.R. der Tatbestand des Betruges gem. § 263 StGB erfüllt, sodass sowohl nach ARB 75 als auch nach ARB 94/2000 ein Ausschluss des Versicherungsschutzes erfolgen wird.

285

4. Steuerrechtsschutz

Nach § 2e ARB 94/2000 besteht ein **Rechtsschutz in Steuerangelegenheiten** für die Tätigkeit vor deutschen Finanz- und Verwaltungsgerichten. Vorverfahren und Antragsverfahren sind vom Versicherungsschutz nicht erfasst. Die ARB 75 nahmen zunächst die Wahrnehmung rechtlicher Interessen aus dem Bereich des Steuer- und Abgabenrechts völlig aus (§ 4 Abs. 1n ARB 75). In späteren Verträgen wurden teilweise Zusatzbedingungen für Steuerangelegenheiten eingeführt.

286

5. Verwaltungsrechtsschutz in Verkehrssachen

In den **ARB 75** besteht Verwaltungsrechtsschutz nur für die Wahrnehmung rechtlicher Interessen im **Widerspruchsverfahren vor Verwaltungsbehörden** und vor **Verwaltungsgerichten** wegen **Einschränkung, Entzuges oder Wiedererlangung der Fahrerlaubnis**.

287

Demgegenüber ist in **§ 2g ARB 94/2000** eine wesentliche **Erweiterung** erfolgt, da nunmehr keine Einschränkung mehr auf bestimmte Verfahren vorgenommen wird, sondern Rechtsschutz generell für die Wahrnehmung rechtlicher Interessen in verkehrsrechtlichen Angelegenheiten vor Verwaltungsbehörden und Verwaltungsgerichten besteht. Insbesondere fällt die Beschränkung auf den Rechtsschutz ab dem Widerspruchsverfahren weg, sodass sämtliche Tätigkeiten vor einer Verwaltungsbehörde vom Rechtsschutz erfasst werden.

288

Rechtsschutz besteht nach § 2g ARB 94/2000, sobald mit der behördlichen Maßnahme verkehrsrechtliche Belange berührt sind. Dies sind neben den Angelegenheiten, die den Führerschein betreffen z. B. auch Anordnungen zum Abschleppen eines Kfz, Anordnungen zum Führen eines Fahrtenbuches, Maßnahmen nach dem Personenbeförderungsgesetz. Wurde dem Versicherungsnehmer seine Fahrerlaubnis wegen der Begehung eines verkehrsrechtlichen Delikts entzogen, gilt

289

für das verwaltungsrechtliche Verfahren auf Wiedererteilung der Fahrerlaubnis unter Anlehnung an § 4 Abs. 1a ARB 94/2000 bereits der **Zeitpunkt der Deliktsbegehung als Versicherungsfall** (LG Mannheim, VersR 1998, 624).

6. Strafrechtsschutz und Ordnungswidrigkeiten-Rechtsschutz

a) ARB 75

290 Vom **allgemeinen Risikoausschluss** für Versicherungsfälle, die der Versicherungsnehmer vorsätzlich und rechtswidrig verursacht hat, lässt die Bestimmung § 4 Abs. 2a ARB 75 für den Fall einer Ordnungswidrigkeit eine wesentliche **Ausnahme** zu. Bei der Begehung einer Ordnungswidrigkeit wird dem Versicherungsnehmer ohne Einschränkung Rechtsschutz gewährt, unabhängig davon, ob ihm ein vorsätzliches oder fahrlässiges Verhalten vorgeworfen wird. Dies ist gerade für verkehrsrechtliche Mandate, die häufig eine Ordnungswidrigkeit zum Inhalt haben, bedeutsam.

291 Bei **Straftaten außerhalb des Straßenverkehrs** wird dem Versicherungsnehmer nur dann Versicherungsschutz gewährt, wenn ihm ein Vergehen zur Last gelegt wird, das vorsätzlich oder fahrlässig begangen werden kann. Verbrechen oder Vergehen, die von vorne herein nur vorsätzlich begangen werden können, fallen demnach nicht unter den Versicherungsschutz. Für Straftaten, die sowohl vorsätzlich als auch fahrlässig begangen werden können, liegt ein Versicherungsschutz vor, solange dem Versicherungsnehmer ein fahrlässiges Verhalten vorgeworfen wird oder wenn keine Verurteilung wegen Vorsatzes erfolgt (§ 4 Abs. 3a ARB 75). Dies bedeutet, dass kein Versicherungsschutz besteht, wenn dem Versicherungsnehmer bereits zu Beginn der behördlichen Ermittlungen ein vorsätzliches Handeln vorgeworfen wird. Der Versicherungsschutz ist bei Vorsatz auch dann ausgeschlossen, wenn es zu einer Einstellung des Verfahrens (z. B. nach §§ 170 Abs. 2, 153a StPO) kommt oder die Eröffnung des Verfahrens abgelehnt wird (LG Osnabrück, zfs 1986, 301).

292 Wird dem Versicherungsnehmer nur eine **fahrlässige Begehung der Straftat** vorgeworfen, genießt er auch im Falle der Verurteilung wegen Fahrlässigkeit Rechtsschutz. Wird der Versicherungsnehmer, dem zunächst Fahrlässigkeit vorgeworfen wird, wegen Vorsatzes verurteilt, so entfällt der Versicherungsschutz ab dem Zeitpunkt, in dem der Vorwurf auf Vorsatz lautet. Eine ausdrückliche Regelung über die Frage, ob der Rechtsschutz ex nunc, also nur für die Zukunft oder ex tunc, also rückwirkend, entfällt, enthalten die ARB 75 nicht. Die Lösung des Problems ist strittig (Schirmer, DAR 1990, 81: ex tunc; Prölls/Martin, Versicherungsvertragsgesetz, § 4 ARB Anm. 18: ex nunc).

293 Für die Ansicht, die den Rechtsschutz nur ex nunc entfallen lässt, spricht die Regelung des § 20 Abs. 4 ARB. Nach dieser Bestimmung ist der Versicherungsnehmer im Falle einer rechtskräftigen Verurteilung nur zu Rückzahlungen der Leistungen verpflichtet, die der Versicherer erbracht hat, nachdem dem Versicherungsnehmer ein vorsätzliches Verhalten zur Last gelegt wurde. Hieraus lässt sich der Schluss ableiten, dass eine entsprechende Regelung auch bei der Kostentragung nach Abschluss des Verfahrens gewollt ist.

Hinweis:

Es empfiehlt sich, stets einen Vorschuss anzufordern, da dann in jedem Fall auf die Regelung des § 20 Abs. 4 ARB 75 zurückgegriffen werden kann und nur die ab Vorwurf des Vorsatzes erbrachten Leistungen zurückzuzahlen sind.

---

294 Bei **reinen Verkehrsstraftaten** geht der Versicherungsschutz wesentlich weiter.

295 Verletzt eine Straftat eine verkehrsrechtliche Vorschrift, so besteht nach der Regelung des § 4 Abs. 3b ARB 75 nur dann kein Versicherungsschutz, wenn der Versicherungsnehmer wegen einer Vorsatztat rechtskräftig verurteilt worden ist.

Für **Verkehrsstraftaten** besteht also im Gegensatz zu Straftaten außerhalb des Straßenverkehrs **auch beim Vorsatzvorwurf** – sogar beim Vorliegen eines Verbrechens (z. B. § 315b Abs. 3 StGB) – ein vorläufiger **Rechtsschutz** mit der Folge, dass in diesem Fall Vorschuss vom Versicherer angefordert werden kann. Wird der Versicherungsnehmer jedoch wegen einer Vorsatztat rechtskräftig verurteilt, sind wegen der Regelung des § 20 Abs. 4 ARB 75 die erbrachten Leistungen vollständig zurückzuerstatten. **296**

Wurden dem Versicherungsnehmer mehrere Taten vorgeworfen und wird er sowohl wegen einer Vorsatztat als auch wegen einer fahrlässigen Handlung verurteilt, besteht anteilig Deckung. Der **Anteil der Deckung** richtet sich nach dem Gewicht und der Bedeutung der einzelnen Straftaten (AG Nürnberg, zfs 1990, 162). Ist eine Verurteilung wegen vorsätzlicher Trunkenheit und gleichzeitiger fahrlässiger Gefährdung des Straßenverkehrs erfolgt, besteht jedoch kein Versicherungsschutz (AG Düsseldorf, zfs 1991, 273). Tritt im Fall der Verurteilung wegen Vorsatzes die Leistungsfreiheit des Versicherers ein, so hat dieser nur einen Rückerstattungsanspruch gegen seinen Versicherungsnehmer. Ein **Rückforderungsrecht gegen den Anwalt** besteht nicht. **297**

> *Hinweis:*
> *Auch bei reinen Verkehrsstraftaten ist es deshalb für den Rechtsanwalt sinnvoll, gleich zu Beginn des Mandats einen Vorschuss anzufordern.*

Wurde der **Versicherungsschutz** einem **mitversicherten Fahrer** gewährt und wird dieser wegen einer vorsätzlich begangenen Straftat verurteilt, kann der Versicherer die Leistung unmittelbar vom mitversicherten Fahrer zurückfordern, da es sich um eine Leistung an den Fahrer handelt, der dadurch von seiner Zahlungspflicht gegenüber dem Anwalt freigestellt worden ist (LG München II, r+s 1991, 344). **298**

Um beurteilen zu können, ob der vorläufige Versicherungsschutz des § 4 Abs. 3b ARB 75 eingreift, ist zunächst festzustellen, ob die **Verletzung einer verkehrsrechtlichen Vorschrift** vorliegt. Darunter fallen in jedem Fall solche Normen, die dem Schutz der Sicherheit und Ordnung des Straßenverkehrs dienen, wie z. B. §§ 21, 22 StVG; §§ 142, 315b, 315c, 316 StGB. Darüber hinaus greift der Versicherungsschutz auch dann, wenn **allgemeine Strafnormen** wie z. B. §§ 240, 222, 230 StGB verletzt worden sind und ein **innerer Zusammenhang** mit der Verletzung verkehrsrechtlicher Vorschriften besteht. Dies kommt bei der tateinheitlichen Begehung mit einem verkehrsrechtlichen Delikt in Betracht. So besteht beim Vorwurf der Tateinheit einer vorsätzlichen Straßenverkehrsgefährdung mit einer Nötigung durch sog. **Ausbremsen** auch für die Nötigung Verkehrsrechtsschutz (LG Karlsruhe, VersR 1993, 1145). **299**

Andererseits besteht **kein Versicherungsschutz,** wenn der Verstoß gegen den allgemeinen Straftatbestand nur **gelegentlich der Teilnahme am Straßenverkehr** begangen wurde. Wird ein Fahrzeug dazu eingesetzt, um einen Fußgänger durch Befahren des Gehwegs zu nötigen, ist deshalb der Versicherungsschutz ausgeschlossen (LG Heidelberg, r+s 1977, 69). Ebenso verhält es sich bei **Beleidigungshandlungen** im Rahmen des Straßenverkehrs. Beim bewussten Zufahren auf Personen mit einem bedingten Tötungs- oder Verletzungsvorsatz wird das Fahrzeug überwiegend als Waffe eingesetzt. Die verkehrsrechtliche Bestimmung tritt insofern in den Hintergrund, sodass auch hier kein Verkehrsrechtsschutz mehr möglich ist. **300**

Wird eine **Straftat nur gelegentlich der Teilnahme am Straßenverkehr** begangen, greift die Bestimmung des § 4 Abs. 3a ARB 75 für Straftaten außerhalb des Straßenverkehrs. Besteht hier der Vorwurf, eine Tat begangen zu haben, die nur vorsätzlich begangen werden kann, wird kein vorläufiger Rechtsschutz gewährt. **301**

Eine Leistung des Rechtsschutzversicherers umfasst bei Straf- und Ordnungswidrigkeitsverfahren wegen der Verletzung verkehrsrechtlicher Vorschriften auch die **Kosten eines öffentlich bestellten Sachverständigen** (§ 2 Abs. 1e ARB 75). Allerdings muss das **Gutachten für die Verteidi-** **302**

gung erforderlich sein. Nicht erforderlich ist ein Gutachten z. B. bei der Überprüfung eindeutiger Ergebnisse bei Videomessverfahren der Polizei (AG Köln, zfs 1991, 414).

b) ARB 94/2000

303 Strafrechtsschutz und Ordnungswidrigkeiten-Rechtsschutz werden nach ARB 94/2000 durch unterschiedliche Bestimmungen geregelt. Nach ARB 94/2000 erfolgt eine strikte Trennung dieser beiden Leistungsarten.Der **Strafrechtsschutz** ist in § 2i ARB 94/2000 geregelt. Ebenso wie in den ARB 75 wird unterschieden zwischen

● dem Vorwurf eines verkehrsrechtlichen Vergehens (§ 2i aa ARB 94/2000) und

● dem Vorwurf eines sonstigen Vergehens (§ 2i bb ARB 94/2000).

Gem. § 2i aa ARB 94/2000 besteht unabhängig vom Vorwurf des Vorsatzes oder der Fahrlässigkeit **bei einem verkehrsrechtlichen Vergehen generell Rechtsschutz.** Wird der Versicherungsnehmer wegen der vorsätzlichen Begehung einer Straftat rechtskräftig verurteilt, so hat er nach § 2i aa ARB 94/2000 die Kosten für die Verteidigung wegen des Vorwurfs eines vorsätzlichen Verhaltens zu erstatten. Auch hier gilt, dass bei gleichzeitiger Verurteilung wegen einer Vorsatztat und einer fahrlässigen Handlung eine anteilige Deckung besteht.

304 Hinsichtlich der **Verteidigung wegen eines sonstigen Vergehens** besteht nach § 2i bb ARB 94/2000 nur Rechtsschutz, wenn das Vergehen sowohl vorsätzlich als auch fahrlässig begangen werden kann. Ebenso wie in den ARB 75 werden somit auch weiterhin reine Vorsatztaten und Verbrechen ausgeschlossen.

305 Ein wesentlicher Unterschied zu den ARB 75 besteht nun aber insofern, als der Versicherungsnehmer nach § 2i bb ARB 94/2000 trotz des Vorwurfs einer Vorsatztat rückwirkend bereits dann Versicherungsschutz erhält, wenn nicht rechtskräftig festgestellt wurde, dass er vorsätzlich gehandelt hat. Demnach erbringt der Versicherer nach den neuen ARB 94/2000 auch bei einer Einstellung des Verfahrens oder einer Ablehnung der Eröffnung des Hauptverfahrens die Versicherungsleistungen.

306 Der **Ordnungswidrigkeiten-Rechtsschutz** ist in § 2j ARB 94/2000 geregelt. Hier wird unterschieden zwischen

● dem Vorwurf einer verkehrsrechtlichen Ordnungswidrigkeit (§ 2j aa ARB 94/2000) und

● dem Vorwurf einer sonstigen Ordnungswidrigkeit (§ 2j bb ARB 94/2000).

307 Für die **Verteidigung in verkehrsrechtlichen Ordnungswidrigkeiten** besteht in § 2j aa ARB 94/2000 ein genereller Rechtsschutz. Verkehrsrechtliche Ordnungswidrigkeiten kommen grds. nur beim Vorwurf eines Verstoßes gegen solche Vorschriften in Betracht, die der Sicherheit und Ordnung des Verkehrs dienen. Wird dem Versicherungsnehmer im Zusammenhang mit der Teilnahme am Straßenverkehr vorgeworfen, eine Vorschrift verletzt zu haben, die der Regelung von gewerbe-, wirtschafts- oder sozialrechtlichen Belangen außerhalb des Straßenverkehrs dient, besteht noch kein Ordnungswidrigkeiten-Rechtsschutz.

308 Beim Vorwurf des Verstoßes gegen Gesetze und Verordnungen anderer rechtlicher Bereiche wie dem PBefG, BO-Kraft, PflVersG ist daher im Einzelfall zu prüfen, welche **Zielrichtung** der einzelnen Vorschrift zugrunde liegt. Bei der **Nichteinhaltung von Lenkzeiten** steht z. B. die Verkehrssicherheit im Mittelpunkt, sodass im Fall einer behördlichen Maßnahme auch Rechtsschutz gewährt werden muss.

309 Andererseits besteht z. B. kein Ordnungswidrigkeiten-Rechtsschutz bei Verstößen gegen die Arbeitszeitordnung oder bei einer fehlenden Ordnungsnummer an einem Taxi (§ 61 Abs. 1 PBefG i.V.m. §§ 27 Abs. 1, 45 Abs. 1 BO-Kraft). Hier fehlt es an der spezifischen verkehrsrechtlichen Bedeutung der Verstöße. Ggf. besteht dann Rechtsschutz, wenn sonstige Ordnungswidrigkeiten oder verwaltungsrechtliche Angelegenheiten ebenfalls versichert sind.

Der Rechtsschutz für **sonstige Ordnungswidrigkeiten** ist nach § 2j bb ARB 94/2000 gegenüber der Regelung in den ARB 75 geschmälert worden. Rechtsschutz besteht nur, solange es zu keiner Verurteilung wegen eines vorsätzlichen Verstoßes kommt. Der Versicherungsnehmer ist bei einer Verurteilung wegen einer Vorsatztat verpflichtet, dem Versicherer die Kosten für die Verteidigung zu erstatten.   310

Die Leistung des Rechtsschutzversicherers umfasst nach den ARB 94/2000 bei verkehrsrechtlichen Straf- und Ordnungswidrigkeitenverfahren auch die **Kosten eines öffentlich bestellten Sachverständigen** (§ 5 Abs. 1f aa ARB 94/2000).   311

Im Strafrechtsschutz und Ordnungswidrigkeiten-Rechtsschutz bestehen **spezielle Ausschlusstatbestände.**   312

Für die Wahrnehmung rechtlicher Interessen in Ordnungs- und Verwaltungsverfahren besteht beim **Vorwurf eines Halte- oder Parkverstoßes** nach § 3 Abs. 3e ARB 94/2000 kein Rechtsschutz.   313

Dieser Ausschlusstatbestand war in den ARB 75 zunächst nicht enthalten. Nach Art. 1 der Verordnung des Bundesaufsichtsamts für Versicherungswesen vom 25.3.1987 (veröffentlicht: BAnz Nr. 62 v. 31.3.1987) ist es dem Rechtsschutzversicherer seither nach den ARB 75 verboten, für Verfahren, die gemäß § 25a StVG enden sowie das dort vorgesehene Rechtsbehelfsverfahren Rechtsschutz zu gewähren. Im Rahmen der ARB 75 ist deshalb die Gewährung von Rechtsschutz nur möglich, wenn das Verfahren nicht nach § 25a StVG endet. § 25a StVG betrifft solche Verfahren, in denen der Führer des Kraftfahrzeuges, das den Verstoß begangen hat, nicht vor Eintritt der Verjährungsfrist ermittelt werden kann. Gibt der Mandant den Parkverstoß zu und macht er z.B. Rechtfertigungsgründe geltend, so kann keine Verfahrenseinstellung wegen Nichtermittelbarkeit des Fahrers nach § 25a StVG erfolgen, da dieser bekannt ist. Nach den ARB 75 muss dann Rechtsschutz gewährt werden.   314

7. Wartezeit

Bei Neuverträgen, die nach ARB 94/2000 abgewickelt werden, muss der Versicherungsfall nach Beginn des Versicherungsschutzes eingetreten sein. Dieser ergibt sich i.d.R. aus dem **Versicherungsschein** (§ 7 ARB 94/2000). Aus § 4 Abs. 1 Satz 3 ARB 94/2000 geht hervor, dass die Leistungsarten nach § 2b bis g die Anpruch auf Versicherungsschutz erst nach Ablauf von drei Monaten nach Versicherungsbeginn besteht. Die Kosten werden in den genannten Leistungsarten also erst nach Ablauf der Wartezeit erstattet.   315

Hinsichtlich der für verkehrsrechtliche Fälle beachtlichen Leistungsarten bedeutet dies Folgendes: Beim **Schadensersatz-Rechtsschutz (§ 2a), Straf-Rechtsschutz (§ 2i) und Ordnungswidrigkeiten-Rechtsschutz (§ 2j),** die von der Regelung des § 4 Abs. 1 Satz 3 ARB 94/2000 ausdrücklich ausgenommen sind, ist für die Gewährung des Versicherungsschutzes **keine Wartezeit** erforderlich. Der Rechtsschutz im **Vertrags- und Sachenrecht (§ 2d),** der **Sozialgerichtsrechtsschutz (§ 2f)** und **der Verwaltungsrechtsschutz in Verkehrssachen (§ 2g)** werden erst nach Ablauf der dreimonatigen Wartezeit gewährt. Eine **Ausnahme** besteht allerdings bei der Wahrnehmung rechtlicher Interessen aufgrund eines **Kauf- oder Leasingvertrages** über ein **fabrikneues Kraftfahrzeug.** Hier ist keine Wartezeit erforderlich, sodass der Anspruch auf Rechtsschutz sofort besteht (§ 4 Abs. 1 Satz 3 2. Halbs. ARB 94/2000).   316

8. Versicherte Personen

Der Kreis der versicherten und mitversicherten Personen ergibt sich aus den Vorschriften über die Formen des Versicherungsschutzes (§§ 21 ff. ARB). Unverheiratete Kinder des Versicherungsnehmers sind bis zur Vollendung des 25. Lebensjahres mitversichert, sofern sie keine auf Dauer angelegte berufliche Tätigkeit ausüben. Mitversichert sind insbesondere **Schüler** und **Studenten.** Die Rechtsstellung **mitversicherter Personen** ist in den ARB 75 und den ARB 94/2000 unterschiedlich geregelt. Nach § 11 Abs. 2 Satz 1 1. Halbs. ARB 75 steht grds. der Versicherungsschutz ausschließlich dem Versicherungsnehmer zu. Der Versicherer ist jedoch berechtigt, der mitversicher-   317 ten Person Rechtsschutz zu gewähren, wenn der Versicherungsnehmer nicht widerspricht (§ 11 Abs. 2 Satz 1 1. Halbs. ARB 75).

In § 15 Abs. 2 Satz 1 ARB 94/2000 ist geregelt, dass für mitversicherte Personen die den Versicherungsnehmer betreffenden Bestimmungen sinngemäß gelten. Das bedeutet, dass die mitversicherten Personen ihren Versicherungsanspruch gegenüber der Rechtsschutzversicherung selbst geltend machen können. Der Versicherungsnehmer hat aber auch bei den ARB 94/2000 ein Widerspruchsrecht. Dies gilt dann, wenn es sich hierbei nicht um seinen ehelichen Lebenspartner handelt (§ 15 Abs. 2 Satz 2 ARB 94/2000).

Der Widerspruch des Versicherungsnehmers kann im Einzelfall pflichtwidrig sein. Ist der Widerspruch pflichtwidrig bzw. widerspricht dieser der Fürsorgepflicht, so kann z. B. ein Arbeitnehmer, der bei seinem Arbeitgeber mitversichert ist, den Arbeitgeber analog § 670 BGB darauf verklagen, dass dieser der Erteilung des Rechtsschutzes an den Arbeitnehmer zustimmt.Eine Pflichtwidrigkeit wird aber dann verneint, wenn ein Arbeitgeber widerspricht, da ihm von der Rechtsschutzversicherung wegen einer bereits bestehenden Schadenshäufigkeit die Kündigung des Rechtsschutzvertrages angedroht wurde und er Gefahr läuft, seine Rechtsschutzversicherung zu verlieren (LAG Nürnberg, r+s 2000, 333).

V. Versicherungsfall

1. Obliegenheiten nach Eintritt des Versicherungsfalles

a) Versicherungsfall

318 Der Versicherungsfall muss nach Beginn des Versicherungsschutzes eingetreten sein (§§ 14 ARB 75, 4 Abs. 1 ARB 94/2000).

319 Im **Schadensersatzrechtsschutz** gilt als Versicherungsfall der Eintritt des zugrunde liegenden Ereignisses (§ 14 Abs. 1 ARB 75) bzw. des ersten Ereignisses, durch das der Schaden verursacht wurde oder verursacht worden sein soll (§ 4 Abs. 1a ARB 94/2000). Während nach den ARB 75 auf das äußere Schadensereignis abgestellt wird, ist nach ARB 94/2000 der erste Verstoß entscheidend. Dieser kann u. U. bereits vor dem konkreten Schadenseintritt vorgelegen haben. Der Begriff des ersten Schadensereignisses ist bei Haftpflichtfällen allerdings so zu begrenzen, dass auf den Beginn des Pflichtverstoßes durch den Schädiger abzustellen ist. Vorangegangene Pflichtverstöße und Kausalbeiträge von Personen, die außerhalb des Haftpflichtverhältnisses stehen, bleiben unberücksichtigt (OLG Nürnberg, zfs 2002, 398).

320 **In den anderen** für die Bearbeitung verkehrsrechtlicher Fälle wichtigen **Bereichen** ist der Versicherungsfall in dem Zeitpunkt eingetreten, in dem der Versicherungsnehmer oder ein anderer einen Verstoß gegen Rechtspflichten begangen hat oder haben soll. Verstöße gegen Tiertransportgesetze fallen nicht unter den Verkehrsrechtsschutz, da diese überwiegend Belange des Tierschutzes regeln und keine verkehrsrechtliche Regelung darstellen (LG München I, r+s 1999, 28).

321

> *Hinweis:*
>
> *Bei Streitigkeiten eines Versicherungsnehmers mit seiner Kaskoversicherung besteht deshalb im Sachverständigenverfahren nach § 14 AKB kein Rechtsschutz. Vor Durchführung des Sachverständigenverfahrens ist der Anspruch gegen die Kaskoversicherung noch nicht fällig. Deshalb ist in der Ablehnung des Kaskoversicherers auf Entschädigung noch kein Verstoß gegen Rechtspflichten zu sehen (AG Düsseldorf, r+s 1996, 448).*

Macht ein Versicherungsnehmer gegen seine Unfallversicherung Versicherungsleistungen geltend und kommt es hierüber zum Rechtsstreit, so gilt der Versicherungsfall erst zu dem Zeitpunkt als eingetreten, in dem sich die Versicherung weigert, die Leistung zu erbringen (OLG Frankfurt/M., NZV 1999, 184).

Problematisch sind Fälle, in denen der **Führerschein unter Anwendung des Punktesystems** entzogen werden soll. Da hier die behördliche Maßnahme auf einer Häufung von Zuwiderhandlungen beruht, handelt es sich um einen Rechtsschutzfall, der sich über einen gewissen Zeitraum erstreckt. Hierfür besteht nunmehr in § 4 Abs. 2 Satz 1 ARB 94/2000 eine eigene Regelung, nach der bei einem Rechtsschutzfall, der sich über einen Zeitraum erstreckt, dessen Beginn maßgeblich ist. Entscheidend ist deshalb die erste Zuwiderhandlung, die eine Eintragung im Verkehrszentralregister zur Folge hatte.   322

Ist diese vor Beginn des Versicherungsschutzes begangen worden, so besteht keine Leistungspflicht des Versicherers.

In den ARB 75 ist für diesen Fall keine eindeutige Regelung vorhanden. Zur Frage, wann der Versicherungsfall als eingetreten gelten soll, werden unterschiedliche Meinungen vertreten. In einem vom AG Albstadt (r+s 1992, 165) behandelten Fall wurde entschieden, dass der Versicherungsfall jedenfalls dann bereits mit der ersten Zuwiderhandlung als eingetreten gelten kann, wenn sich die Gefahr des Versicherungsfalles bei Abschluss des Versicherungsvertrages schon so konkretisiert hat, dass sie jederzeit eintreten kann.   323

Werden gegenüber einem **Unfallversicherer** Ansprüche aus der Unfallversicherung geltend gemacht, so gilt bei dem gegen den Unfallversicherer geführten Rechtsstreit als Eintritt des zugrunde liegenden Ereignisses nicht schon der Zeitpunkt des Unfallereignisses, sondern erst der Zeitpunkt, in dem sich der Unfallversicherer weigert, die Versicherungsleistungen zu erbringen (OLG Frankfurt/M., zfs 1999, 258).   324

b) Pflichten des Versicherungsnehmers

Beansprucht der Versicherungsnehmer Rechtsschutz, hat er gegenüber seinem Rechtsschutzversicherer nach Eintritt des Versicherungsfalles umfangreiche **Aufklärungs- und Informationspflichten.** Diese sind in § 17 Abs. 3 u. 5 ARB 94/2000 und § 15 ARB 75 geregelt und bestehen insbesondere darin, den Versicherer vollständig und wahrheitsgemäß über sämtliche Umstände des Versicherungsfalls zu informieren und ihm auf Verlangen Auskunft über den Stand des Verfahrens zu geben.   325

Der Versicherungsnehmer muss dabei auf Anfragen seines Versicherers auch **Auskünfte** erteilen, die für ihn **ungünstig** sind (OLG Bamberg, VersR 1994, 1100). Ist es dem Rechtsschutzversicherer aufgrund der nur dürftigen Angaben des Versicherungsnehmers nicht möglich, sich ein vollständiges Bild vom Sachverhalt zu machen, kann sogar **Leistungsfreiheit eintreten** (LG Bielefeld, zfs 1991, 417). Die **Auskunftpflicht** trifft infolge des Mandatsvertrages auch den **Rechtsanwalt.** Der Mandatsvertrag zwischen dem Versicherungsnehmer der Rechtsschutzversicherung und dem Rechtsanwalt stellt nämlich einen Vertrag zugunsten Dritter – in diesem Fall der Rechtsschutzversicherung – dar. Die Rechtsschutzversicherung kann deshalb vom Rechtsanwalt Auskünfte über den Verfahrensstand des Rechtsstreits verlangen (LG Düsseldorf, r+s 2000, 157).   326

Hinweis:

Meistens wird der Versicherungsfall gleichzeitig mit dem Antrag auf die Erteilung einer Deckungszusage vom Rechtsanwalt gemeldet. Dieser übernimmt dann die Obliegenheit zur umfassenden Auskunft für seinen Mandanten.

Zur Vermeidung von Rückfragen und damit verbundener langer Bearbeitungszeiten ist es sinnvoll, bereits zu Beginn der Meldung des Rechtsschutzfalles alle notwendigen Unterlagen bzw. Abschriften hiervon zu übersenden.

---

327 Bei zivilrechtlichen Streitigkeiten empfiehlt es sich, gleichzeitig mit der Meldung des Rechtsschutzfalles die Haftungsgründe bzw. die Gründe für die vertraglichen oder dinglichen Ansprüche des Mandanten mitzuteilen. Dies kann z. B. unter Beifügung von Abschriften von Anspruchsschreiben an den Gegner oder Erstschreiben an die gegnerische Haftpflichtversicherung erfolgen, aus denen sich der wesentliche Sachverhalt ergibt. Sofern Einwendungen **des Gegners** vorgebracht werden, sollten diese der Rechtsschutzversicherung ebenfalls mitgeteilt werden. Im Straf- und Ordnungswidrigkeitenverfahren werden vom Versicherer insbesondere Sachverhaltsschilderungen unter Angabe des konkreten Vorwurfs benötigt. Wurde gegen eine gerichtliche oder behördliche Entscheidung ein Rechtsmittel eingelegt, so sollte eine Abschrift der Entscheidung (Bußgeldbescheid, Strafbefehl) mit übersandt werden.

328 § 15i d cc ARB 75 schreibt vor, dass jede kostenauslösende **Maßnahme,** namentlich die Erhebung von Klagen oder die Einlegung von Rechtsmitteln mit dem Versicherer abzustimmen ist. Der Versicherer ist deshalb auch über eine **Erhöhung** des zunächst angegebenen **Streitwerts** zu unterrichten (LG Mannheim, VersR 1986, 1068). **Vergleiche** fallen allerdings nicht unter die Mitteilungspflicht (BGH, VersR 1982, 391). § 15 Abs. 1d cc ARB 75 und § 16 Abs. 5c cc ARB 94 schreiben weiterhin vor, dass alles zu vermeiden ist, was eine unnötige Erhöhung der Kosten verursachen könnte. Hierbei stellt sich in der Praxis die Frage, inwieweit diese Regelung bei der **Rücknahme des Einspruchs** gegen einen Strafbefehl oder einen Bußgeldbescheid berücksichtigt werden muss. Nach § 84 Abs. 2 Nr. 3 BRAGO erhält der Rechtsanwalt, durch dessen Mitwirkung eine Hauptverhandlung entbehrlich wird, die volle Hauptverhandlungsgebühr des § 83 Abs. 1 BRAGO, wenn das gerichtliche Verfahren durch Zurücknahme des Einspruchs erledigt und der Einspruch früher als zwei Wochen vor dem Hauptverhandlungstermin erfolgt ist. Nach §§ 105 Abs. 2 Satz 2, 84 Abs. 2 Nr. 3 BRAGO gilt dies entsprechend bei der Zurücknahme eines Einspruchs gegen einen Bußgeldbescheid. Eine Verpflichtung des Versicherungsnehmers oder seines Verteidigers, den Bußgeldbescheid erst innerhalb der **Zwei-Wochen-Frist** des § 84 Abs. 2 Nr. 3 BRAGO zurückzunehmen, besteht grds. nicht. Jedoch kann im Einzelfall ein solches kostengünstigeres Vorgehen geboten sein (AG Düsseldorf, zfs 1999, 119). Eine **Obliegenheitsverletzung** nach § 15 Abs. 1d cc ARB 75 liegt vor, wenn der Einspruch gegen einen Bußgeldbescheid erst gegenüber dem AG zurückgenommen wird, obwohl nachweislich kein vernünftiger Grund dafür vorlag, dass der Einspruch nicht schon gegenüber der Bußgeldbehörde zurückgenommen wurde (AG München, zfs 1999, 214).

In § 17 Abs. 5c aa ARB 94/2000 ist die Obliegenheit des Versicherungsnehmers insoweit eingeschränkt worden, als eine Mitteilung nur noch vor der Erhebung beabsichtigter Klagen und der Einlegung von Rechtsmitteln zu erfolgen hat.

c) Rechtsfolgen der Obliegenheitsverletzungen

329 Wurde eine **Obliegenheit** des Versicherungsnehmers **vorsätzlich oder grob fahrlässig verletzt,** so ist der Versicherer von der Leistungspflicht frei (§ 17 Abs. 6 Satz 1 ARB 94/2000, § 15 Abs. 2 Satz 1 ARB 75). Die **Beweislast** für die Obliegenheitsverletzung trägt der Versicherer.

330 Der **Versicherungsnehmer** muss sich das **Verschulden seines Anwalts zurechnen** lassen, da dieser i.d.R. als Repräsentant des Versicherungsnehmers gilt (OLG Hamm, VersR 1984, 31). Dabei ist es unerheblich, ob der Anwalt für diese Tätigkeit vergütet wird (OLG Köln, zfs 1984, 48). Bei Rechtsanwälten wird unterstellt, dass ihnen aufgrund ihres häufigen Umgangs mit Rechtsschutzversicherern in der Praxis die Obliegenheiten des Versicherungsnehmers gegenüber seinem Versicherer bekannt sind. Auch wenn dem Rechtsanwalt bei der Nichterfüllung von Obliegenheiten i.d.R. kein vorsätzliches Verhalten vorgeworfen werden kann (vgl. OLG Köln, r+s 1990, 419), läuft er zumindest Gefahr, dass ihm eine grobe Fahrlässigkeit vorgehalten wird.

331 Eine vorsätzliche oder grob fahrlässige Verletzung von Obliegenheiten liegt dann vor, wenn der Rechtsanwalt bei einer außergerichtlichen Deckungszusage ohne weitere Abstimmung mit dem Versicherer Klage erhebt (OLG Nürnberg, VersR 1982, 695). Aufgrund der Leistungsfreiheit des Rechtsschutzversicherers kann sich bei Anwaltsverschulden eine Schadensersatzpflicht des

Rechtsanwalts gegenüber seinem Mandanten ergeben. Da bei einer wissentlichen Pflichtverletzung des Rechtsanwalts in der Vermögensschadenhaftpflichtversicherung der Rechtsanwälte kein Versicherungsschutz besteht (§ 4 Nr. 5 AVBA), riskiert der Rechtsanwalt beim Vorwurf des Vorsatzes zudem seinen dortigen Versicherungsschutz (s. zur Anwaltshaftung Zugehör (Hrsg.), Handbuch der Anwaltshaftung, 1999; Zugehör, Beraterhaftung nach der Schuldrechtsreform, 2002).

Hinweis:

Der Rechtsanwalt sollte ein besonderes Augenmerk darauf richten, dass nach seiner Einschaltung die Obliegenheiten gegenüber dem Rechtsschutzversicherer des Mandanten eingehalten werden.

Ändern sich die konkreten Umstände (z. B. Streitwerterhöhung) oder sind Maßnahmen des Rechtsanwalts erforderlich, die zu weiteren Kosten führen können, sollte eine Benachrichtigung des Rechtsschutzversicherers erfolgen.

---

2. Stellung des Rechtsanwalts

a) Einzelne Regelungen

Der Versicherungsnehmer hat das Recht auf **freie Auswahl des Rechtsanwalts** (§ 16 Abs. 1 ARB 75, § 17 Abs. 1 ARB 94/2000). Er kann aber auch über seinen Rechtsschutzversicherer einen Rechtsanwalt beauftragen lassen (§ 16 Abs. 1 Satz 2 ARB 75; § 17 Abs. 1 Satz 2 ARB 94/2000). Falls der Versicherer gem. § 16 Abs. 1 Satz 2 ARB 75, § 17 Abs. 1 Satz 2 ARB 94/2000 den Rechtsanwalt im Namen des Versicherungsnehmers beauftragt, kommt der Mandatsvertrag nicht mit dem Versicherer, sondern ausschließlich mit dem Versicherungsnehmer zustande.   332

Der Rechtsanwalt hat aufgrund der **Deckungszusage** keinen unmittelbaren Gebührenanspruch gegen den Rechtsschutzversicherer, da zwischen ihm und dem Rechtsschutzversicherer keine direkte Rechtsbeziehung besteht (AG Köln, zfs 1988, 80). Die Deckungszusage bedeutet lediglich eine Freistellungserklärung gegenüber dem Versicherungsnehmer.   333

Wenn im Falle gerichtlicher Streitigkeiten der Versicherungsnehmer vom zuständigen Gericht mehr als 100 km Luftlinie entfernt wohnt, trägt die Rechtsschutzversicherung sowohl die **Kosten des Korrespondenz- als auch des Verkehrsanwalts** (§ 2 Abs. 1a ARB 75, § 5 Abs. 1a ARB 94/2000).   334

Die Kostentragungspflicht des Versicherers besteht grds. nur für die **Tätigkeit eines Rechtsanwalts** (OLG Karlsruhe, zfs 1986, 178; OLG Köln, r+s 1989, 120). Soweit bei einem **Anwaltswechsel** Kosten anfallen, die über die Vergütung eines Anwalts hinausgehen, hat diese der Versicherungsnehmer deshalb selbst zu tragen.   335

Erstattungsansprüche des Versicherungsnehmers gehen auf den Rechtsschutzversicherer über, sofern dieser bereits Kosten übernommen hat (§ 20 Abs. 2 Satz 1 ARB 75; § 17 Abs. 8 Satz 1 ARB 94/2000). Ein Rechtsanwalt ist daher verpflichtet, Gelder, die er aufgrund eines Kostenerstattungsanspruches des Mandanten von der Gegenseite erhalten hat, an den Rechtsschutzversicherer seines Mandanten weiterzuleiten. Leitet der Rechtsanwalt die Gelder jedoch an den Mandanten weiter und ist eine Auszahlung der erstatteten Kosten an den Rechtsschutzversicherer nicht mehr möglich, weil über das Vermögen des Mandanten ein Insolvenzverfahren eröffnet worden ist, so ist der Rechtsanwalt verpflichtet, die Kosten dem Rechtsschutzversicherer zu erstatten (OLG München, r+s 1999, 158). Die Leistung an den Mandanten befreit den Rechtsanwalt hier nicht von der Zahlungspflicht an den Versicherer.

b) Gebührenvereinbarungen

336 Kostenabrechnungen, die auf der Basis der BRAGO erfolgen, können zu Schwierigkeiten in der Abwicklung mit den Rechtsschutzversicherern führen. So entstehen bei der Abrechnung von Strafsachen und Ordnungswidrigkeiten hinsichtlich Bedeutung und Umfang einer Angelegenheit oft Meinungsverschiedenheiten über die Höhe des anzusetzenden Wertes. Die Rechtsschutzversicherer sind deshalb dazu übergegangen, Rechtsanwaltskanzleien insbesondere in Bußgeld- und Strafsachen **Gebührenempfehlungen** zu unterbreiten, auf deren Basis dann abgerechnet werden kann. Wird auf der Grundlage einer Gebührenempfehlung eine Honorarvereinbarung getroffen, die für eine Vielzahl von Fällen gelten soll, ist § 49b BRAO zu beachten. Demnach ist die Vereinbarung von Gebührensätzen, die unterhalb der Vorgaben in der BRAGO liegen, unzulässig. Ausnahmen sind nur im Einzelfall möglich.

c) Aufklärungspflichten

337 Dem Rechtsanwalt kann in Bezug auf die **Gebühren** eine Aufklärungspflicht zukommen. Zwar trifft den Rechtsanwalt nicht vor vornherein eine Verpflichtung, den Mandanten ungefragt über das Entstehen von Gebühren und deren Höhe aufzuklären. Eine Ausnahme besteht aber dann, wenn aufgrund besonderer Umstände ein Aufklärungsbedürfnis des Mandanten angenommen werden muss (OLG Düsseldorf, NJW 2000, 1650). Von einem solchen Aufklärungsinteresse muss der Rechtsanwalt dann ausgehen, wenn der Mandant Versicherter in einer Rechtsschutzversicherung ist. Das Aufklärungsinteresse besteht insbesondere darin, dass der Mandant Kenntnis darüber haben will, ob er Gebührenansprüche aus seinem eigenen Vermögen begleichen muss oder diese aus dem Deckungsanspruch gegenüber der Rechtsschutzversicherung beglichen werden (OLG Düsseldorf, a. a. O.). Verletzt der Rechtsanwalt in einem solchen Fall seine Aufklärungspflicht, so kann er die Gebühren, z. B. Verkehrsanwaltsgebühren, die aus bestimmten Gründen nicht von der Rechtsschutzversicherung übernommen werden, auch nicht gegenüber dem Mandanten geltend machen.

3. Eintrittspflicht

a) Deckungszusage

338 Der Rechtsschutzversicherer hat dafür zu sorgen, dass der Versicherungsnehmer seine rechtlichen Interessen wahrnehmen kann und die dafür erforderlichen Kosten übernommen werden (§ 1 ARB 75 und ARB 94/2000). Ergibt sich im Rahmen der Prüfung, dass für den zugrunde liegenden Sachverhalt die Eintrittspflicht des Rechtsschutzversicherers besteht, so ergibt sich hieraus eine Pflicht zu Erteilung der Deckungszusage. Wird von einer Rechtsschutzversicherung die Deckung zu Unrecht verweigert und der Versicherungsnehmer dadurch daran gehindert, Klage zu erheben, kann sich hieraus ein Schadensersatzanspruch des Versicherungsnehmers ergeben. Voraussetzung hierfür ist, dass die Versicherung rechtzeitig um eine Deckungszusage gebeten wurde, auf den eventuell drohenden Ablauf einer Klagefrist hingewiesen wurde und der Hinweis erfolgt ist, dass ohne Deckungszusage keine Klage erhoben werde (BGH, r+s 2001, 244).

339 Die **Erteilung der Deckungszusage** stellt ein deklaratorisches Anerkenntnis dar und schließt daher alle Einwendungen tatsächlicher und rechtlicher Natur des Versicherers aus, die dieser bei Abgabe der Deckungszusage kannte oder mit denen er zumindest rechnen musste. Dies betrifft insbesondere Einwendungen wegen mangelnder Erfolgsaussichten oder eines Risikoausschlusses.

340 Wurde in Kenntnis des gesamten Streitstoffes eine Deckungszusage abgegeben, so kann sich der Versicherer nur bei ausdrücklichem Vorbehalt auf einen Risikoausschluss wegen vorsätzlicher Herbeiführung des Versicherungsfalles berufen (LG Mannheim, r+s 1995, 22). Ist bei Kenntnis des Sachverhalts der Deckungsvorbehalt nur für einen bestimmten Ausschlussgrund erfolgt, kann wegen anderer Ausschlussgründe kein Ausschluss mehr erfolgen (OLG Düsseldorf, NJW-RR 1996, 1372).

b) Prüfung der Eintrittspflicht

Besteht nach Auffassung des Rechtsschutzversicherers **keine hinreichende Aussicht auf Erfolg** oder ist die **Wahrnehmung der rechtlichen Interessen mutwillig** bzw. steht der Kostenaufwand in grobem Missverhältnis zum angestrebten Erfolg, so kann der Rechtsschutz abgelehnt werden (§ 17 Abs. 1 ARB 75, § 18 Abs. 1 ARB 94/2000). Die Prüfung der Eintrittspflicht erfolgt nach § 17 Abs. 1 Satz 3 ARB 75 bei Straf- und Ordnungswidrigkeitsverfahren nicht in den Tatsacheninstanzen, sie beschränkt sich also auf Revisionsverfahren und Rechtsbeschwerden. Nach § 18 Abs. 1b ARB 94/2000 findet nunmehr bei Straf- und Ordnungswidrigkeiten generell keine Prüfung mehr statt. Ergibt sich bei Ordnungswidrigkeiten ein Missverhältnis zwischen dem angedrohten Bußgeld und der Höhe der Kosten, die durch das Verfahren entstehen, kann die Deckung versagt werden (AG Köln, zfs 1995, 312 u. r+s 1995, 344; AG Berlin-Charlottenburg, r+s 1995, 308). | 341

c) Ablehnung der Eintrittspflicht

Lehnt der Rechtsschutzversicherer seine Eintrittspflicht ab, so hat der Versicherungsnehmer **folgende Möglichkeiten:** | 342

aa) ARB 75

Nach § 17 Abs. 2 ARB 75 kann der Versicherungsnehmer den von ihm beauftragten Rechtsanwalt zu einer Stellungnahme, dem sog. **Stichentscheid,** veranlassen. Dieser muss grds. neutral ohne einseitige Stellungnahme für den Versicherungsnehmer erfolgen (LG Heidelberg, zfs 1989, 308). Der Stichentscheid ist für beide Seiten bindend, wenn er nicht offenbar von der wirklichen Sach- und Rechtslage abweicht, d. h. er darf nicht offensichtlich unrichtig sein. Die durch den Stichentscheid entstandenen Kosten hat ungeachtet seines Ergebnisses der Versicherer zu tragen. | 343

bb) ARB 94/2000

Nach § 18 Abs. 2 ARB 94 kann der Versicherungsnehmer innerhalb eines Monats ein **Schiedsgutachten** verlangen. Dieses muss durch einen von der Rechtsanwaltskammer benannten Rechtsanwalt erfolgen und ist für den Versicherer bindend (§ 18 Abs. 4 ARB 94/2000). Der Ablauf des Verfahrens wird durch die Grundsätze für das Schiedsverfahren nach § 18 ARB (BRAK-Mitt. 1995, 23) geregelt. Für den Versicherungsnehmer besteht im Gegensatz zu den ARB 75 insoweit ein **Kostenrisiko,** als er bei einem für ihn negativen Schiedsspruch die Kosten des Gutachters zu tragen hat (§ 18 Abs. 5 ARB 94). In den ARB 2000 ist nunmehr alternativ die Möglichkeit gegeben, ein Schiedsgutachten-Verfahren oder ein Stichentscheid-Verfahren durchzuführen. Bevor der Rechtsanwalt seinen Mandanten zur Einleitung eines Schiedsgutachtens rät, sollte er deshalb zur Vermeidung weiterer Kosten seines Mandanten überprüfen, inwieweit dieses Erfolg verspricht. Nicht alle Rechtsschutzversicherer sehen in ihren Neuverträgen ein Schiedsgutachten nach den ARB 94 vor. In den Versicherungsbedingungen der **ADAC Rechtsschutz Versicherungs-AG** und der **Advo-Card** wird z. B. die Regelung über den Stichentscheid beibehalten. | 344

cc) Deckungsklage

Der Versicherungsnehmer hat zur gerichtlichen Durchsetzung seines Anspruchs auf Rechtsschutz die Möglichkeit einer **Deckungsklage.** Diese kommt nach den jeweiligen ARB unter folgenden **Voraussetzungen** in Betracht: | 345

- Bei einem Vertragsverhältnis nach ARB 75, wenn der Versicherer den Versicherungsschutz endgültig ablehnt oder der Versicherungsnehmer geltend macht, dass ein für ihn negativ ausgefallener Stichentscheid offenbar von der wirklichen Sach- oder Rechtslage abweicht (§ 18 ARB 75); dasselbe gilt auch bei einem Vertragsverhältnis nach ARB 2000, in dem die Anwendung des Stichentscheids vorgesehen ist (§ 19 ARB 2000).

- Bei einem Vertragsverhältnis nach ARB 94 bzw. nach ARB 2000, in dem die Anwendung des Schiedsgutachten-Verfahrens vorgesehen ist, wenn der Versicherer seine Leistungspflicht ablehnt, ohne dass ein Schiedsgutachtenverfahren durchgeführt wurde oder wenn der Versicherer die Entscheidung des Schiedsgutachters nicht anerkennt (§ 19 ARB 94).

346 Die **Klagefrist** beträgt in beiden Fällen sechs Monate ab Mitteilung der Ablehnung.

4. Auslandsfall

a) ARB 75

347 Gem. § 3 ARB 75 wird Versicherungsschutz in Europa sowie den **außereuropäischen Anliegerstaaten des Mittelmeeres** gewährt. Hinsichtlich der Gebühren werden nur die gesetzliche Vergütung eines am ausländischen Gericht zugelassenen Anwalts sowie Kosten für Gerichtsverfahren getragen (§ 2 Abs. 1a, c ARB 75). Auslagen für die Übersetzung ausländischer Urkunden werden von der Versicherung nicht als Sachverständigenkosten übernommen (AG Günzburg, zfs 89, 412).

b) ARB 94/2000

348 Demgegenüber sind den ARB 94 bei Auslandsfällen wesentliche **Erweiterungen** in den Leistungen erfolgt.

349 Der Versicherer übernimmt gem. § 5 Abs. 1b auch die **Kosten eines inländischen Anwalts,** der mit dem ausländischen Kollegen lediglich den Schriftverkehr führt. Dieser erhält die Vergütung eines inländischen Verkehrsanwalts nach § 52 Abs. 1 BRAGO.

350 Voraussetzung dafür ist, dass der Versicherungsnehmer mehr als 100 km vom ausländischen Gericht entfernt wohnt und der inländische Anwalt im Landgerichtsbezirk des Versicherungsnehmers ansässig ist.

351 Bei der Geltendmachung von **Unfallschäden** im Ausland werden die **Kosten eines ausländischen Sachverständigen** übernommen (§ 5f bb ARB 94/2000).

352 Der Versicherer trägt die **Reisekosten** des Versicherungsnehmers zum ausländischen Gericht, wenn sein Erscheinen angeordnet und zur Vermeidung von Nachteilen notwendig ist. Die Höhe der Kosten richtet sich nach den Vorschriften über Geschäftsreisen für deutsche Anwälte (§ 5 Abs. 1g ARB 94/2000). Die Abrechnung der Kosten des Versicherungsnehmers erfolgt demnach im Rahmen der Bestimmungen der §§ 28, 29 BRAGO.

353 Schließlich trägt der Versicherer die Kosten für die Übersetzung **ausländischer Dokumente** (§ 5 Abs. 5a ARB 94/2000). Diese Regelung ist vor allem dann bedeutsam, wenn fremdsprachige Urkunden zu Beweiszwecken bei einem in Deutschland geführten Rechtsstreit benötigt werden. Zur Überprüfung des Umfanges der erforderlichen Übersetzungsarbeit sind dem Versicherer u. U. die betreffenden Urkunden gem. § 17 Abs. 3 ARB 94/2000 vorzulegen.

Abschnitt 2: Rechtsprechungslexikon

ABC der Mandatsbegründung/Rechtsschutzversicherung

Nachfolgend sind in alphabetischer Reihenfolge Stichwörter sowie Kernaussagen einschlägiger   354
Entscheidungen zu speziellen Einzelproblemen dargestellt. Die hinter dem jeweiligen Stichwort
abgedruckten Zahlen verweisen auf die Randnummern zu den betreffenden Ausführungen im systematischen Teil, die mit einem Pfeil versehenen Stichwörter verweisen auf weitere Ausführungen
im Lexikonteil.

Abfindungsvergleich   101

Ein Rechtsanwalt darf einen bindenden Abfindungsvergleich mit nicht unerheblicher Tragweite
regelmäßig nur schließen, wenn sein Mandant hierüber belehrt ist und zugestimmt hat. Ein Abfindungsvergleich zur Regulierung der Schäden aus einer Körperverletzung ist regelmäßig von erheblicher Tragweite. Etwas anderes gilt nur dann, wenn es sich um Verletzungen einfacher Art handelt
und aller Voraussicht nach mit Spätfolgen nicht gerechnet werden muß.
BGH, DAR 1994, 323

Schwere Verletzungen und dadurch bedingte Behinderungen sowie die ärztlich attestierte Gefahr
einer Verschlimmerung können bei einem erst 27-jährigen Mandanten Anlaß sein, von einer Abfindungserklärung dringend abzuraten. Wenn auch der Mandant ein Beratungsverschulden nachweisen muß, so können doch die Gesamtumstände einen Beratungsfehler offensichtlich werden lassen.
OLG Köln, Urt. v. 22.3.1995, Az. 11 U/84/94

Bei Abschluss eines Abfindungsvergleichs mit der Haftpflichtversicherung des Unfallgegners
gehört es zur Pflicht eines Anwalts bei in Frage kommenden zukünftigen Schäden und Spätfolgen,
die von der Abfindungssumme nicht erfasst sein sollen, den dahingehenden Vorbehalt klar und
unmissverständlich so zu vereinbaren und niederzulegen, dass der Mandant auch nach Ablauf der
dreijährigen Verjährungsfrist gem. § 852 BGB, § 14 StVG gegen die Erhebung einer Verjährungseinrede sicher geschützt ist.
OLG Hamm, MDR 1999, 388

Ablehnung eines Auftrages   60

Abwehr von Ansprüchen   44; 54; 102-109; 279

→ *Regulierungs- und Prozessführungsrecht*

Sind Halter, Fahrer und Kfz-Haftpflichtversicherung verklagt, so sind die Kosten eines zweiten
von Halter und Fahrer bestellten Rechtsanwalts neben den Kosten eines Rechtsanwalts, den der
Haftpflichtversicherer bestellt hat, nicht erstattungsfähig. Dies gilt auch dann, wenn Halter und
Fahrer den von ihnen beauftragten Rechtsanwalt vor dem Kfz-Haftpflichtversicherer bestellt
haben.

Nach § 7 Abs. 2 Nr. 5 sind sowohl Halter als auch Fahrer gehalten, sich mit dem Kfz-Haftpflichtversicherer vorher abzustimmen.
OLG Koblenz, VersR 1994, 116

Akteneinsicht   23; 50; 93; 172-178; 187; 218-222

→ *Videoaufzeichnung*

Dem Verteidiger, der im Verfahren wegen einer Verkehrsordnungswidrigkeit Akteneinsicht
begehrt, kann nicht zugemutet werden, vorhandene Videoaufzeichnungen bei einer weit entfernten
Polizeidienststelle, die das Videoband in Verwahrung hat, einzusehen. Beantragt der Verteidiger in
diesem Fall, ihm Einsicht in die Videoaufzeichnung zu gewähren, so ist ihm eine Kopie desjenigen
Teils des Videobandes zugänglich zu machen, das den Verkehrsvorgang enthält, an dem der
Betroffene beteiligt gewesen sein soll. Dass es dem Verteidiger entgegen seinem Antrag versagt

war, die einschlägigen Videoaufzeichnungen zu besichtigen, kann einen Grund bilden, der das Ausbleiben in der Hauptverhandlung genügend entschuldigt.
BayObLG, NStZ 1991, 190, 191

Anhörungsbogen	193
Anwaltskosten	100
Anwaltswechsel	226; 335
Anzeigepflichten	113
Auskunftspflichten	195; 326

Der Versicherungsnehmer hat dem Versicherer alle zur Beurteilung der Erfolgsaussichten einer Klage erforderlichen Informationen zu erteilen, selbst wenn diese für ihn ungünstig sind und deshalb in der Klage bewusst nicht aufgenommen worden sind.
OLG Bamberg, VersR 1994, 1100

Aufklärungspflichten

Der Rechtsanwalt (hier: Verkehrsanwalt) muss den Mandanten ausnahmsweise über das Entstehen von gesetzlichen Gebühren und deren Höhe aufklären, wenn ein Aufklärungsbedürfnis des Mandanten besteht, weil er Nehmer einer Rechtsschutzversicherung ist oder der Rechtsanwalt aus anderen Gründen ein Aufklärungsinteresse bezüglich des zu erwartenden Honorars erkennen kann.
OLG Düsseldorf, NJW 2000, 1650

Auslandsfall	118-128
Aussageverweigerung	182; 245
Bagatellschaden	96
Bedingungsanpassungsklauseln	249

Die Bedingungsanpassungsklausel des § 10a ARB 94 ist unwirksam.
BGH, NJW 1999, 1865

Beendigung des Mandats	65-78
Berufshelfer	187
Beweissicherung	133; 141
Deckungsklage	345
Deckungszusage	333; 338-340

Hat der Versicherer dem Versicherungsnehmer in Kenntnis des Sachverhalts eine Deckungszusage vorbehaltlich des Risikoausschlusses nach § 26 Abs. 1 Satz 4 ARB (Wahrnehmung rechtlicher Interessen im Zusammenhang mit einer selbstständigen oder freiberuflichen Tätigkeit) gemacht, so ist der Versicherer mit dem Einwand des Risikoausschlusses nach § 4 Abs. 2a ARB (vorsätzliche rechtswidrige Herbeiführung des Versicherungsfalls) und mit der Berufung auf § 1 Abs. 1 Satz 2 ARB (fehlende Erfolgsaussicht) ausgeschlossen.
OLG Düsseldorf, NJW-RR 1996, 1372

Drittwerbung	10
Einlassungen	167; 185
Eintrittspflicht	338-346
→ *Mutwilligkeit*	
Entschädigung bei Führerscheinentzug	204-214

Entziehung von Führerscheinen	204; 206; 223
Ermittlungsverfahren	164-169
Forderungsübergang	141; 280

Die Abtretung eines Schadensersatzanspruches an einen Dritten sowie die Zeugenvernehmung des Zedenten ist grds. zulässig. Allerdings ist bei der Wertung der Aussage vom Gericht zu berücksichtigen, dass der Zeuge gleichzeitig der materiell Berechtigte ist.
OLG Frankfurt/M., NJW 1996, 194

Fahrerrechtsschutz	259; 260
Fahrtenbuchauflage	240-243

1. Eine Unmöglichkeit der Feststellung des Fahrzeugführers liegt dann vor, wenn die Behörde nach den Umständen des Einzelfalls nicht in der Lage war, den Täter zu ermitteln, obwohl sie alle angemessenen und zumutbaren Maßnahme ergriffen hat.

2. Es ist regelmäßig erforderlich, dass die Behörde den Halter unverzüglich, d. h. vorbehaltlich besonderer Umstände des Einzelfalles innerhalb von zwei Wochen seit dem Verkehrsverstoß, über den Tathergang befragen muss. Eine daran gemessenen verspätete Anhörung schließt die Anordnung der Fahrtenbuchauflage jedoch dann nicht aus, wenn feststeht, dass die Verzögerung der Ermittlungen nicht für das Fehlschlagen der Täterfeststellung ursächlich gewesen ist (z. B. bei Berufung auf ein Zeugnisverweigerungsrecht).
OVG Saarlouis, zfs 1998, 38

Fahrzeugrechtsschutz	259
Führerscheinsperre	223; 226
Gebührenvereinbarungen	336
Gutachten	187; 223; 232; 237-239
Halte- oder Parkverstoß	313
Halterhaftung	197
Hebegebühren	129
Interessenkollision	31; 41-43

→ *Parteiverrat*

Informatorische Befragung	168

Ist der Vernehmung des Beschuldigten durch einen Beamten des Polizeidienstes nicht der Hinweis vorausgegangen, dass es dem Beschuldigten freistehe, sich zur Beschuldigung zu äußern oder nicht zur Sache auszusagen (§ 136 Abs. 1 Satz 2 i.V.m. § 163 Abs. 4 Satz 2 StPO), so dürfen Äußerungen, die der Beschuldigte in dieser Vernehmung gemacht hat, nicht verwertet werden. Dies gilt nicht, wenn feststeht, dass der Beschuldigte sein Recht zu schweigen ohne Belehrung gekannt hat oder wenn der verteidigte Angeklagte in der Hauptverhandlung ausdrücklich der Verwertung zugestimmt oder ihr nicht bis zu dem in § 257 StPO genannten Zeitpunkt widersprochen hat. Dem verteidigten Angeklagten steht ein Angeklagter gleich, der von dem Vorsitzenden über die Möglichkeiten des Widerspruchs unterrichtet worden ist.
BGHSt 38, 214

Klageentwurf	145
Klageerhebung	55; 136-140; 172
Korrespondenzanwalt	142

Der Korrespondenzanwalt ist kein Erfüllungsgehilfe des mit der Prozessführung beauftragten Rechtsanwalts (Prozessanwalts). Dieser muss deshalb für etwaiges Verschulden des Korrespondenzanwalts nicht nach § 278 BGB haften.
OLG Frankfurt/M., MDR 1994, 99

Anordnen oder Zulassen des Fahrens ohne Fahrerlaubnis und das Fahren ohne Fahrerlaubnis sind nicht „dieselbe Tat" i. S. d. unzulässigen Doppelverteidigung. Beide Taten sind durchaus verschiedene Verhaltensweisen zu unterschiedlichen Zeitpunkten.
LG Hamburg, DAR 1990, 273

Der Beiordnung als Pflichtverteidiger steht entgegen, dass ein Mitbeschuldigter von einem Sozietätsmitglied oder einem in Bürogemeinschaft verbundenen Rechtsanwalt verteidigt wird.
LG Frankfurt/M., StV 1998, 358

→ *Eintrittspflicht*

Mutwillig handelt, wer sinnlose oder jeder wirtschaftlichen Vernunft widersprechende rechtliche Maßnahmen durchführen will, ohne dass schützenswerte Belange auf seiner Seite für eine solche Maßnahme sprechen. Die Belastung eines Versicherungsnehmers mit einer Geldbuße von DM 20,– steht in keinem vernünftigen wirtschaftlichen Verhältnis zu den durch die Verteidigung angefallenen Kosten von über DM 1 300,–.
AG Köln, zfs 1995, 312

Die Wahrnehmung rechtlicher Interessen ist mutwillig, wenn ein verständiger Bürger, der keine Rechtsschutzversicherung hat, auf die Rechtsverfolgung verzichten würde, ohne dass auf seiner Seite schützenswerte Belange für solche Maßnahmen sprechen. Mutwilligkeit liegt aber nicht schon immer dann vor, wenn der Versicherungsnehmer in Bagatellbußgeldsachen einen Rechtsanwalt beauftragt und damit Kosten auslöst, die die verhängte Geldbuße um ein Vielfaches überschreiten. Mutwilligkeit ist jedoch dann zu bejahen, wenn zusätzlich zu dem wirtschaftlichen Mißverhältnis – hier: Bußgeld von DM 30,– und berechnete Rechtsanwaltskosten von DM 362,25 – der Versicherungsnehmer keine Gründe schlüssig dargetan hat, die für eine Verbesserung seiner Situation sprechen.
AG Berlin-Charlottenburg, r+s 1995, 308

Der Versicherer kann wirksam von einem Rechtsschutzversicherungsvertrag mit einem Versicherungsnehmer zurücktreten, dessen Vorversicherung wegen zahlreicher Rechtsschutzfälle gekündigt werden war, wenn

- der als Steuerberater tätige Versicherungsnehmer den Versicherungsantrag ohne Beantwortung der Fragen nach Vorschäden und nach der Kündigung einer Vorversicherung „blanko" unterschrieben hat,

- der über die Vorschäden und die Kündigung informierte, mit der Anbahnung des Versicherungsvertrages betraute Vermittler den Antrag unrichtig ergänzt und den Antrag so bei dem nicht informierten Agenten des neuen Rechtsschutzversicherers angebracht hat und

- der Versicherungsnehmer nicht beweisen kann, dass der Versicherungsantrag ohne sein Wissen unrichtig ausgefüllt worden ist.
  OLG Düsseldorf, zfs 1999, 398

Der Versicherungsnehmer bzw. sein Verteidiger ist gegenüber der Rechtsschutzversicherung nicht verpflichtet, um die von der Versicherung zu ersetzenden Verteidigerkosten gering zu halten, den Einspruch gegen einen Strafbefehl bzw. Bußgeldbescheid erst innerhalb der Zwei-Wochen-Frist des § 84 Abs. 2 BRAGO zurückzunehmen.
AG Düsseldorf, zfs 1999, 119

Ordnungswidrigkeiten-Rechtsschutz	290; 303-314; 325; 336; 341
Parteiverrat	31; 41-59

→ *Interessenskollision*

Ein Rechtsanwalt macht sich des Parteiverrats schuldig, wenn er nach einem Verkehrsunfall gleichzeitig oder nacheinander den unfallverursachenden Fahrer/Halter des Kraftfahrzeugs in einem Ermittlungs-, Ordnungswidrigkeiten- oder Strafverfahren und einen Unfallgeschädigten (auch Fahrzeuginsassen) in einem zivilrechtlichen Schadensersatzprozess gegen den Haftpflichtversicherer des Schädigers vertritt.
BayObLG, NJW 1995, 606

Werden im Prozess von den Parteien wechselseitig Schadensersatzansprüche aus einem Verkehrsunfall geltend gemacht und steht auf beiden Seiten derselbe Kfz-Haftpflichtversicherer hinter den Schädigern, so erstreckt sich wegen möglicher Interessenskollision die vom Kfz-Haftpflichtversicherer zur Abwehr der Widerklage gem. § 10 Abs. 5 AKB erteilte Prozessvollmacht nicht auf die vom Geschädigten erhobene Klage, sondern nur auf die gegen ihn erhobene Widerklage.
BGH, r+s 1992, 110

Pflichtverteidiger	25; 156
Prozessanwalt	142
Prozesskosten	68; 107; 136
Punkterabatt	231
Quotenvorrecht	86
Rechtsanwaltshaftung	15; 63; 73
Rechtsschutzfall	250; 280; 318-328

1. Die Auslegung des Begriffs des „ersten Schadensereignisses" im Sinne des § 4 Abs. 1a ARB 94 ist zur Vermeidung eines absurden Ergebnisses nur möglich, wenn die anerkannten Auslegungsmethoden der „gesetzesähnlichen" Auslegung angewandt werden.

2. Eine solche Auslegung ist dann zulässig, wenn sich diese zugunsten des Versicherungsnehmers auswirkt.

3. Dies ist bei der Interpretation des § 4 Abs. 1a ARB 94 der Fall:

Das „erste Schadensereignis" in dieser Klausel ist zugunsten des Versicherungsnehmers dahingehend zu begrenzen, dass auf den Beginn des Pflichtverstoßes durch den haftpflichtigen Dritten (Schädiger) abzustellen ist, auf den sich der Versicherungsfall des begehrten Schadensersatzrechtsschutzes bezieht. Vorangehende Pflichtverstöße und Kausalbeiträge von Personen, die außerhalb dieses Haftpflichtverhältnisses stehen, bleiben außer Betracht.

OLG Nürnberg, zfs 2002, 398

Regulierungs- und Prozessführungsrecht	102-112
→ *Abwehr von Ansprüchen*	
Risikoausschlüsse	270; 273; 279; 284; 290; 329
Schadensfreiheitsrabatt	111; 117
Schadensminderungspflicht	94; 96
Scheinsozietät	20
Schiedsgutachten	344
Schweigepflichtentbindungserklärung	28; 87; 234
Schweigepflicht des Rechtsanwalts	187
Sockelverteidigung	186
Stapelvollmacht	12
Steuerrechtsschutz	286
Stichentscheid	343
Strafrechtsschutz	290; 303; 312
Telefon-Hotline	27

Weder das Rechtsberatungsgesetz noch das anwaltliche Berufs- und Gebührenrecht stehen einer telefonischen Rechtsauskunft durch Anwälte über eine 0190er-Nummer entgegen.

BGH, Urt. v. 26.9.2002, Az. ZR 44/00, Az. I ZR 102/00

Untervollmacht	155
Verkehrsrechtsschutz	255; 259; 261; 294
Verkehrszentralregister	198; 226; 231; 239; 241
Versicherungsfall	113; 265; 270; 273; 279; 315, 318-353
Verwaltungsrechtsschutz	287; 316
Videoaufzeichnung	178
→ *Akteneinsicht*	
Vorschuss	69; 132; 294
Wahlverteidiger	25; 147-155; 170
Wartezeit	315
Werbung	3; 10

Der Rechtsanwalt wirbt, wenn er Musikeinspielungen verwendet, in einer nicht mediumbedingten Weise, die sich formal nicht auf eine sachbezogene Weitergabe von Informationen beschränkt, sondern durch zusätzliche Mittel die Werbeadressaten zu beeinflussen sucht. Die Werbung enthält dann Merkmale reklamehafter Anpreisung, die mit dem Berufsbild des Rechtsanwalts als Organ der Rechtspflege und § 43b BRAO nicht vereinbar ist.
OLG München, BRAK-Mitt. 1998, 206

Abschnitt 3: Arbeits- und Beratungshilfen

355

1. Unfallregulierung – Erstschreiben an Mandanten (Muster)

Sehr geehrte Frau/Sehr geehrter Herr . . . .,

vielen Dank für die Übertragung des Mandats.

Zur konkreten Bezifferung des Unfallschadens bitten wir um die Übersendung sämtlicher Unterlagen, aus denen sich die Kosten des Unfalls ergeben, insbesondere:

- Gutachten,
- Reparaturrechnung,
- Rechnung über die Mietwagenkosten,
- . . . .

Bitte füllen Sie außerdem den beigefügten Fragebogen für Anspruchsteller aus.

Mit freundlichen Grüßen

Rechtsanwalt

356

2. Unfallregulierung – Akteneinsicht (Muster)

An die
Polizeiinspektion/Staatsanwaltschaft

Az.:

Sehr geehrte Damen und Herren,

unter Vollmachtsvorlage zeigen wir an, dass uns anlässlich des unter vorbezeichnetem Aktenzeichen aufgenommenen Unfalles Frau/Herr . . . . mit der Wahrnehmung ihrer/seiner Interessen beauftragt hat.

Frau/Herr ist Geschädigte/r des Unfalles. Sie/Er macht hieraus Schadensersatzansprüche geltend.

Zur Ermittlung des Sachverhalts bitten wir um Übersendung eines vollständigen Auszuges aus der Ermittlungsakte. Eine unverzügliche Rückgabe der Akten wird anwaltlich versichert.

Mit freundlichen Grüßen

Rechtsanwalt

3. Unfallregulierung – Schreiben an die Haftpflichtversicherung des Mandanten (Muster) 357

Ihr VN:

Versichertes Fahrzeug:

Sehr geehrte Damen und Herren,

Ihr vorbezeichneter Versicherungsnehmer hat uns anlässlich eines Verkehrsunfalles vom . . . . in
. . . . mit der Wahrnehmung seiner rechtlichen Interessen beauftragt.

Er hat uns darüber hinaus gebeten, Ihnen den Unfall zu melden.

Den Unfallhergang können Sie . . . . (der beigefügten Kopie des von Ihrem Versicherungsnehmer
ausgefüllten Fragebogens für Anspruchsteller/der beigefügten Kopie unseres Anspruchsschreibens
an die gegnerische Versicherung) . . . . entnehmen.

Unseres Erachtens ist der Unfall vom Unfallgegner Ihres Versicherungsnehmers . . . . (verschuldet/
mitverschuldet) . . . . worden.

Wir bitten Sie daher im Interesse Ihres Versicherungsnehmers und ungeachtet Ihrer Regulierungs-
kompetenz, die Bearbeitung des Schadens mit uns abzustimmen.

Vorsorglich weisen wir darauf hin, dass wir in dieser Angelegenheit bereits Akteneinsicht beantragt haben. Sofern erforderlich, sind wir gerne bereit, Ihnen gegen Übernahme der üblichen
Gebühren einen Auszug der Akten zur Verfügung zu stellen.

Mit freundlichen Grüßen

Rechtsanwalt

4. Unfallregulierung – Erstschreiben an Rechtsschutzversicherung (Muster) 358

Ihr VN:

Vers.Nr.:

Ihr vorbezeichneter Versicherungsnehmer hat uns anlässlich eines Verkehrsunfalles vom . . . . in
. . . . mit der Wahrnehmung seiner rechtlichen Interessen beauftragt.

Den Unfallhergang können Sie der beigefügten Kopie des Anspruchsschreibens an die gegnerische
Haftpflichtversicherung entnehmen.

Wir bitten um Erteilung der Deckungszusage für die außergerichtliche Vertretung Ihres Versicherungsnehmers.

Mit freundlichen Grüßen

Rechtsanwalt

359

5. Unfallregulierung – Deckungsanfrage bei Rechtsschutzversicherung für Klageeinreichung (Muster)

Ihr VN:

Schadennr.:

Sehr geehrte Damen und Herren,

in vorbezeichneter Angelegenheit wurde der Schaden Ihres Versicherungsnehmers gegenüber der gegnerischen Haftpflichtversicherung vollständig angegeben.

Trotz Fristsetzung zum . . . . ist kein Ausgleich des Schadens erfolgt. Zur Durchsetzung der Ansprüche Ihres Versicherungsnehmers ist daher Klage geboten.

Anbei übersenden wir den Entwurf der Klage zur Kenntnisnahme.

Im Hinblick auf die durch die Klageeinreichung entstehenden Auslagen und Gebühren bitten wir um einen gem. § 17 BRAGO anwaltsüblichen Vorschuss. Die Höhe der voraussichtlichen Kosten und Gebühren können Sie der beigefügten Kostennote entnehmen.

Nach Zahlungseingang werden wir namens Ihres Versicherungsnehmers Klage einreichen.

Mit freundlichen Grüßen

Rechtsanwalt

360

6. Strafsache/OWi-Sache – Erstschreiben an Behörde (Muster)

Aktenzeichen:

Mandant:Kennzeichen:

Sehr geehrte Damen und Herren,

unter Vorlage einer Vollmacht zeige ich an, dass mich in vorbezeichneter Angelegenheit die/der Betroffene/Beschuldigte mit ihrer/seiner Verteidigung beauftragt hat.

Mein/e Mandant/in macht von seinem/ihrem Schweigerecht gem. §§ 136 Abs. 1, 163a Abs. 4 StPO i.V.m. § 46 OWiG Gebrauch. Angaben zur Sache erfolgen nicht.

Außerdem bitte ich um Akteneinsicht. Eine unverzügliche Rückgabe der Akten wird anwaltlich versichert.

Mit freundlichen Grüßen

Rechtsanwalt

7. Strafsache/OWi-Sache – Erstschreiben an Mandanten (Muster)   361

Sehr geehrte/r Frau/Herr,

in vorbezeichneter Angelegenheit habe ich bereits Akteneinsicht bei der Ermittlungsbehörde angefordert. Nach Zugang der Ermittlungsakte werde ich mich zur Besprechung der Sach- und Rechtslage mit Ihnen wieder in Verbindung setzen.

Sofern Ihnen zwischenzeitlich ein Schriftstück der Behörde zugeht, bitte ich Sie, mich hiervon umgehend in Kenntnis zu setzen.

Vorsorglich weise ich darauf hin, dass Sie sowie Ihre Angehörigen berechtigt sind, jegliche Aussage zur Sache zu verweigern.

Sollte ein Bußgeldbescheid/Strafbefehl gegen Sie ergehen, bitte ich um sofortige Benachrichtigung, damit ich rechtzeitig Einspruch einlegen kann. Bei verspätetem Einspruch wird der Bußgeldbescheid/Strafbefehl rechtskräftig. Dies hätte zur Folge, dass Sie sich dagegen nicht mehr wehren können.

Mit freundlichen Grüßen

Rechtsanwalt

8. Strafsache/OWi-Sache – Erstschreiben an Rechtsschutzversicherung (Muster)   362

Ihr VN:

Vers.Nr.:

Sehr geehrte Damen und Herren,

anlässlich eines Verkehrsunfalles/Vorfalles vom . . . . wurde gegen Ihre/n vorbezeichnete/n Versicherungsnehmer/in ein Straf-/Bußgeldverfahren eingeleitet.

Ihr/e Versicherungsnehmer/in hat mich mit ihrer/seiner anwaltlichen Vertretung beauftragt. Ich bitte um Erteilung der Deckungszusage für die Verteidigung in diesem Verfahren.

Die bisher geführte Korrespondenz können Sie der Anlage entnehmen.

Mit freundlichen Grüßen

Rechtsanwalt

363 **9. Strafsache/OWi-Sache – Abschlussbericht und Zahlungsaufforderung an Rechts- schutzversicherung (Muster)**

Ihr VN:

Schadennr.:

Sehr geehrte Damen und Herren,

in vorbezeichneter Angelegenheit wurde das Verfahren abgeschlossen.

Hinweis:

Auch folgende Formulierungsvarianten sind möglich:

„Nach Einsichtnahme in die Ermittlungsakte und unter Würdigung der daraus gewonnenen Beweislage wurde der Einspruch gegen den Bußgeldbescheid vom . . . . zurückgenommen. "

„Das Ermittlungsverfahren gegen Ihren Versicherungsnehmer wegen . . . . wurde einge- stellt. "

„Am . . . . fand vor dem Amtsgericht . . . . der Termin zur Hauptverhandlung statt. "

„Aufgrund . . . . wurde das Verfahren gegen Ihren Versicherungsnehmer eingestellt/wurde der Einspruch zurückgenommen / wurde Ihr Versicherungsnehmer zu . . . . verurteilt. "

Da keine weitere Tätigkeit für Ihren Versicherungsnehmer veranlasst ist und somit die vorbezeich- nete Angelegenheit beendet ist, sind gem. § 16 Abs. 1 BRAGO die durch meine Verteidigung angefallenen Gebühren fällig geworden.

Die Höhe der Gebühren können Sie der beiliegenden Kostennote entnehmen.

Ich bitte um entsprechenden Ausgleich auf das hier angegebene Kanzleikonto.

Mit freundlichen Grüßen

Rechtsanwalt

Teil 2: Gebührenrecht

Inhaltsverzeichnis

Literatur:

Brieske, in: Beck'sches Rechtsanwaltshandbuch 2001/2002, München 2001; *ders.*, in: *Brüssow/Krekeler/Mehle*, Strafverteidigung in der Praxis, Bonn 1998; *von Eicken*, Neue Probleme mit der erhöhten Vergleichsgebühr, AGS 1995, 45; *Enders*, Die Erstberatung, JurBüro 1995, 225; *ders.*, Das Anwaltsgebührenrecht nach dem KostRÄndG 1994 Teil I – Zivilsachen, JurBüro 1996, 617 ff.; *Gebauer/Schneider* (Hrsg.), BRAGO, Bonn 2002 (zit. Verf., BRAGO); *Gerold/Schmidt/von Eicken/Madert*, Bundesgebührenordnung für Rechtsanwälte, 15. Aufl., München 2002 (zit. Verf., BRAGO); *Greger*, DAV-Regulierungsempfehlungen, NZV 1997, 263; *Hansens*, Bundesgebührenordnung für Rechtsanwälte, 8. Aufl., München 1995 (zit. Hansens, BRAGO); *ders.*, Gebührentips für Rechtsanwälte, ZAP F. 24, S. 407, 1219; *ders.*, Erfordert die Erörterungsgebühr eine Äußerung des Rechtsanwalts?, BRAGOreport 2000, 37 ff.; *Hansens*, Gebührenerhöhung nach § 6 Abs. 1 S. 2 BRAGO bei Vertretung einer BGB-Gesellschaft – Änderung der Rechtsprechung aufgrund des Urteils des BGH v. 29.1.2001, BRAGOreport 2001, 33; *Hartmann*, Kostengesetze, 32. Aufl., München 2003; *Jahnke*, Anfall und Erstattung der Besprechungsgebühr (§ 118 Abs. 1 Nr. 2 BRAGO) bei der Regulierung von Schadensfällen, VersR 1991, 264 ff.; *Kindermann* (Hrsg.), Gebührenpraxis für Anwälte, Recklinghausen 2001 (zit. Verf., Gebührenpraxis); *dies.*, Kostenerstattungsrechtliche Fragen bei der Vertretung einer Partei durch mehrere Rechtsanwälte, AGS 2001, 98; *dies.*, Gebührenteilungsvereinbarungen zwischen Rechtsanwälten, ZAP F. 24, S. 613; *Kronenbitter*, BRAGO 94, Kissing 1994; *ders.*, Nochmals: Gibt es eine 19,5/10 Vergleichsgebühr?, AGS 1995, 82; *Lappe*, Erstberatungsgebühr nach dem Kostenrechtsänderungsgesetz 1994, ZAP F. 24, S. 259; *Otto*, Gesetz zur Änderung von Kostengesetzen und anderen Gesetzen, JurBüro 1994, 385; *Schmidt*, Zur Auslegung des § 13 Abs. 5 BRAGebO, NJW 1973, 1311; *Schneider/Herget*, Streitwert-Kommentar für den Zivilprozeß, 11. Aufl. Köln 1996; *Schneider, N.*, Abrechnung in Verkehrssachen nach den „DAV-Abkommen", Herne/Berlin 2000 (zit. N. Schneider; DAV-Abkommen); *ders.*, Anfall und Erstattung der Besprechungsgebühr bei der Verkehrsunfallschadenregulierung, ZAP F. 24, S. 657; *ders.* Bemessung der Verteidigergebühr in Verkehrs-Bußgeldsachen, ZAP F. 24, S. 429 ff.; *ders.*, Höhe der Vergleichsgebühr bei Miteinbeziehung nichtanhängiger Ansprüche in Berufungsverfahren, MDR 1998, 197; *ders.*, Beratung über die Erfolgsaussichten von Berufung und Revision, ZAP F. 24 S. 527; *ders.*, Anpassung der DAV-Regulierungsempfehlung für Kfz-Haftpflichtschäden infolge der Euro-Einführung, ZAP F. 24 S. 669; *ders.*, Die Berechnung der Vergleichsgebühr bei Einbeziehung nicht anhängiger Ansprüche, BRAGOreport 2000, 4; *ders.*, Berechnung der Prozeßgebühr bei mehreren Auftraggebern mit unterschiedlicher Beteiligung, BRAGOreport 2000, 21; *ders.*, Die Erhöhung der Ratsgebühr und der „Erstberatungsgebühr" bei mehreren Auftraggebern, BRAGOreport 2001, 17; *Schoreit/Dehn*, Beratungshilfe, Prozeßkostenhilfe, 7. Aufl., Heidelberg 2001.

Abschnitt 1: Systematische Erläuterungen

A. Zivilrecht

I. Gegenstandswerte

1 Nach den §§ 7, 8 Abs. 1 BRAGO sind bei einer Tätigkeit in einem gerichtlichen Verfahren oder bei Tätigkeiten, die auch Gegenstand eines gerichtlichen Verfahrens sein könnten, die **für Gerichtsgebühren geltenden Wertbestimmungen** anzuwenden. Soweit die BRAGO keine Sonderbestimmungen enthält, sind daher in erster Linie die Bestimmungen des GKG und – sofern der Fall darin nicht geregelt ist – die Bestimmungen der ZPO anzuwenden.

Kindermann

Bei der Berechnung des Gegenstandswertes werden nach § 7 Abs. 2 BRAGO die einzelnen **Scha-** **denpositionen addiert**, wenn die Ansprüche innerhalb eines einheitlichen Mandats geltend gemacht werden. 2

Umstritten ist, ob **abgetretene Schadenpositionen** zu berücksichtigen sind oder nicht. Vorausset- 3 zung für eine Berücksichtigung ist jedoch in jedem Fall, dass der dem Rechtsanwalt erteilte Auf- trag auch die Geltendmachung der abgetretenen Ansprüche mitumfasst, dass er insoweit also einen Freistellungsanspruch für den Mandanten geltend macht (für eine Berücksichtigung beim Gesamt- schaden: AG Homburg, zfs 1991, 91; dagegen: AG Augsburg, zfs 1990, 88).

Teilzahlungen mindern den Streitwert nicht, wenn diese „ohne Anerkennung einer Rechtspflicht 4 mit dem Vorbehalt beliebiger späterer Verrechnung auf den Gesamtschaden gezahlt werden" (AG Ibbenbüren, zfs 1992, 242). In diesem Fall muss sich der Auftrag an den Rechtsanwalt auch auf diese Position erstrecken, da die Gefahr einer späteren Rückforderung besteht und es mangels Zah- lungsbestimmung nicht möglich ist, bestimmte Schadenpositionen außen vor zu lassen.

Anders ist es nur in dem seltenen Fall, dass der Geschädigte bereits seine Ansprüche weithin selbst 5 verfolgt hat und sich nur noch wegen der Verfolgung konkreter restlicher Ansprüche an den Rechtsanwalt wendet. In diesem Fall sind auch nur noch diese **restlichen Ansprüche** Gegenstand des Mandats und können auch nur insoweit zur Ermittlung des Gegenstandswertes herangezogen werden (Meyer, Kostenpraxis, JurBüro 2001, 243).

Vorschusszahlungen mindern den Streitwert für danach entstehende Gebühren mithin nur dann, 6 wenn der Schuldner vorbehaltlos zahlt und auf bestimmte Schadensposten verrechnet.

Hinweis: 7

Maßgebender Zeitpunkt für die Ermittlung des Gegenstandswertes ist die Auftragserteilung durch den Mandanten. Diese sollte daher datumsmäßig in der Akte erfasst und nachweisbar sein.

Nimmt der Geschädigte seinen **eigenen Kaskoversicherer** in Anspruch, so stellt dies eine **geson-** 8 **derte gebührenrechtliche Angelegenheit** dar, die gesonderte Gebühren auslöst (OLG Hamm, AnwBl 1983, 341; AG Erfurt, zfs 1999, 31). Der Wert der Kaskoforderung ist also nicht bei dem Wert der Schadensregulierung mitzuberücksichtigen, sondern ist nur für die Gebühren der Kasko- regulierung maßgebend.

Gegenstand vieler Entscheidungen ist der Streitwert unbezifferter **Anträge** auf Zahlung von 9 **Schmerzensgeld.** Der Wert ist nach § 3 ZPO zu ermitteln. Als Grundlage dienen die Vorstellun- gen, die der Kläger selbst in seiner Klagebegründung zum Ausdruck gebracht hat, indem er z.B. einen **Mindestbetrag** beziffert hat (seit BGH, NJW 1982, 340; LG Itzehoe, zfs 1996, 109 f.).

Für gesetzliche Ansprüche auf **Geldrenten wegen der Tötung eines Menschen oder wegen der** 10 **Verletzung des Körpers oder der Gesundheit eines Menschen** bestimmt § 17 Abs. 2 GKG den fünffachen **Jahresbetrag,** wenn nicht der Gesamtbetrag der geforderten Leistung geringer ist. Die bei Einreichung einer Klage fälligen Beträge sind gem. § 17 Abs. 4 GKG hinzuzurechnen. Bei der außergerichtlichen Regulierung, bei der es an einer Klageerhebung fehlt, sind die zum Zeitpunkt der abschließenden Regulierung fälligen Beträge zusätzlich zu den zukünftigen Beträgen zu addie- ren.

Bei Klagen auf **Feststellung einer zukünftigen Schadenersatzpflicht** ist zunächst der voraus- 11 sichtlich zukünftig eintretende Schaden nach den Erkenntnismöglichkeiten bei Einreichung der Klage zu schätzen (§ 25 GKG). Ist ein zukünftiger Schaden danach zwar nicht auszuschließen aber nahezu unwahrscheinlich, ist von einem Streitwert in Höhe eines „Erinnerungswertes" auszugehen (OLG Düsseldorf, JurBüro 1975, 232). Sind **zukünftige Schäden** jedoch zu erwarten, so ist i.d.R. vom Wert ein Abschlag von ca. 20 % vorzunehmen (Schneider/Herget, Streitwertkommentar für den Zivilprozeß, Rn. 1774). Dient der Vorbehalt nur der Unterbrechung der Verjährung, soll nach OLG Frankfurt/M. (AnwBl 1982, 436) lediglich ein Bruchteil von 40% anzusetzen sein.

12 Die Streitwerte von Klage und **Widerklage** sind nach § 19 Abs. 1 Satz 1 GKG zu addieren, soweit sie nicht denselben Gegenstand betreffen (§ 19 Abs. 1 Satz 3 GKG). Betreffen sie jedoch denselben Gegenstand, ist nur der höhere von beiden Werten maßgebend.

13 Seit dem Kostenrechtsänderungsgesetz 1994 werden auch **hilfsweise geltend gemachte Ansprüche** addiert, wenn über sie eine Entscheidung ergeht (§ 19 Abs. 1 Satz 2 GKG). Dies gilt auch, wenn ein Anspruch zunächst hilfsweise geltend gemacht wird und die Parteien sich unter Einbeziehung dieses Anspruchs vergleichen (§ 19 Abs. 4 GKG). Vom Beklagten hilfsweise zur Aufrechnung gestellte **bestrittene Gegenforderungen** erhöhen den Gegenstandswert des Rechtsstreits um den Wert der Gegenforderung, **soweit** eine der Rechtskraft fähige Entscheidung darüber ergeht (§ 19 Abs. 3 GKG). Wegen der Begrenzung auf eine der Rechtskraft fähige Entscheidung ist § 322 Abs. 2 ZPO zu beachten. Die Addition ist für den Rechtsstreit mithin durch die Höhe der Klageforderung begrenzt (Hartmann, Kostengesetze, § 19 GKG Rn. 47 m.w.N.). Für den Vergleich ist dagegen der volle Wert maßgebend, sofern auch über die weitergehende Forderung eine abschließende Regelung getroffen wird, so dass aus dem Mehrwert zusätzliche Gebühren nach §§ 23, 32 Abs. 2 BRAGO entstehen (s. hierzu ausführlich N. Schneider, BRAGOreport 2000, S. 4).

14 Können nach den in Betracht kommenden Gebührenvorschriften **mehrere Gebührentatbestände** in Betracht kommen (z.B. §§ 31, 118 BRAGO), können die Gegenstandswerte für die einzelnen in Betracht kommenden Gebühren unterschiedlich sein.

II. Tätigkeiten außerhalb eines Prozesses

15 Da im Bereich des Verkehrsunfallrechts praktisch keine Tätigkeiten im Bereich der vorsorgenden Rechtspflege vorkommen, beschränken sich die nachfolgenden Ausführungen auf Tätigkeiten in streitigen Angelegenheiten (Ausführungen zur Abrechnung nach dem sog. **Regulierungsvorschlag** s. Rn. 120 ff.).

1. Beratungstätigkeiten

16 Wird der Rechtsanwalt **ausschließlich** damit beauftragt, einen mündlichen oder schriftlichen **Rat** oder eine **Auskunft** zu erteilen, richtet sich seine Vergütung nach § 20 BRAGO. Maßgebend ist mithin der Inhalt des vom Mandanten erteilten Auftrags und nicht die Tätigkeit des Rechtsanwalts.

17 Von Bedeutung und nicht immer einfach ist die Abgrenzung zwischen der Beratung auf der einen und der **außergerichtlichen Tätigkeit** nach § 118 BRAGO auf der anderen Seite. Der Beratungsauftrag wird jedenfalls verlassen, wenn der Rechtsanwalt eine nach außen gerichtete Tätigkeit entfalten soll (durch Schreiben, Anrufe, Gespräche etc., s. Hartmann, Kostengesetze, § 20 BRAGO Rn. 1).

18 § 20 Abs. 1 BRAGO sieht **für Angelegenheiten, die nach einem Streitwert abgerechnet werden**, einen Gebührenrahmen von 1/10 bis zu 10/10 einer vollen Gebühr vor. Die Mittelgebühr beläuft sich somit auf 5,5/10. Die angemessene Gebühr ist nach den Kriterien des § 12 BRAGO zu bestimmen. Folgende **Gebührensätze** haben sich bei der Anwendung herausgebildet:

- einfacher Rat $^1/_{10} - {}^3/_{10}$
- durchschnittlicher Rat $^{5,5}/_{10}$
- mittelschwerer oder umfangreicher Rat $^4/_{10} - {}^9/_{10}$
- sehr umfangreicher oder sehr schwieriger Rat $^{10}/_{10}$

19 Für einen Rat oder eine Auskunft, die sich nur auf strafrechtliche, bußgeldrechtliche oder sonstige Angelegenheiten, in denen die Gebühren nicht nach einem Streitwert berechnet werden, beziehen, sieht § 20 Abs. 1 Satz 3 BRAGO einen Gebührenrahmen von 15 € bis 180 € vor.

Probleme in der Anwendung bereitet häufig die durch das Kostenrechtsänderungsgesetz 1994 einge- 20
führte sog. **Erstberatungsgebühr** (§ 20 Abs. 1 Satz 2 BRAGO). Nach wohl zwischenzeitlich gefestigter Rechtsprechung ist sie kein eigenständiger Gebührentatbestand, sondern nur eine Kappung der
Gebühren für eine erste Beratung (AG Jena, AnwBl 1998, 539; AG Dresden, AGS 1999, 53).

Ziel der Gesetzesänderung ist: Der Mandant soll die Gewissheit haben, für eine erste Beratung 21
nicht mehr als 180 € zzgl. Auslagenpauschale und Umsatzsteuer zahlen zu müssen. In diesem ersten Gespräch hat er auch die Möglichkeit, sich nach den weiter entstehenden Gebühren zu erkundigen, wenn diese für ihn von Bedeutung sind. Da es sich nur um eine Kappungsgrenze handelt, gilt
diese auch im Beitrittsgebiet . Lediglich die Ratsgebühr wird um 10% gekürzt, nicht auch die Kappungsgrenze selbst (AG Jena, AnwBl 1998, 539; AG Dresden, AGS 1999, 53).

Das Gesetz enthält keine Definition der sog. Erstberatung. Um Probleme in der Anwendung zu ver- 22
meiden, helfen daher einige Grundsätze: Die **Begrenzung** greift nur, wenn es sich um einen **reinen
Beratungsauftrag** handelt. Sie greift nicht ein, wenn der Mandant den Rechtsanwalt mit irgendeiner anderen Tätigkeit beauftragt, insbesondere also auch dann nicht, wenn der Rechtsanwalt mit
einer außergerichtlichen Tätigkeit beauftragt wird. Entscheidend ist mithin der vom Mandanten
erteilte Auftrag und nicht die Tätigkeit, die der Rechtsanwalt entfaltet hat.

Die Begrenzung greift nicht ein, wenn es sich um eine zweite oder sonst folgende Beratung oder
Tätigkeit handelt. Schnittstelle ist daher das Ende der ersten Beratung. Zur Frage, wann die **erste
Beratung endet,** gibt es zahlreiche Veröffentlichungen in der Literatur: Nach einer Ansicht endet
die erste Beratung, wenn der Rechtsanwalt sich zunächst sachkundig machen muss (Madert,
AnwBl 1996, 250; a.A. Enders, JurBüro 1995, 226). Dieser Auffassung ist zuzustimmen. Die
gesetzliche Neuregelung sollte das „**Gebührenrisiko" des Mandanten** für ein erstes Gespräch mit
einem Rechtsanwalt beschränken. Sie hat aber keine Pflicht des Rechtsanwalts geschaffen, den
Mandanten in einem ersten Gespräch sofort und umfassend zu beraten und zu belehren (Brieske,
in: Beck'sches Rechtsanwaltshandbuch 2001/2002, Kapitel G 55 mit Hinweis darauf, dass auch
haftungsrechtlich nur eine so rechtzeitige Beratung des Mandanten im Rahmen des Mandats
geschuldet werde, dass diesem in der Hauptsache kein Schaden entstehe). Sie führt auch nicht zu
einem Anspruch des Mandanten, für die gesamte Beratungstätigkeit bis zur Erteilung eines verbindlichen Rechtsrates nur die gekappte Gebühr zahlen zu müssen (KG, AnwBl 2002, 304). Nach
einer anderen Auffassung endet die erste Beratung, wenn der Mandant Bedenkzeit benötige (Otto,
JurBüro 1994, 395). Nach den Kriterien, die zwischenzeitlich von der **Rechtsprechung** heraus-
gearbeitet worden sind, gilt Folgendes: Der Bereich der Erstberatung ist nicht mehr gegeben, wenn
bei einem zweiten Beratungsgespräch über Vorschläge beraten wird, die bei der ersten Beratung
noch nicht vorlagen (so AG Ludwigshafen, zfs 1997, 148), wohingegen der Gesetzgeber keinerlei
inhaltliche Vorgaben vorgesehen hat. Nach AG Brühl (NJW-RR 1998, 493 = zfs 310) liegt eine
Erstberatung schon dann nicht mehr vor, wenn es zu einem zweiten Beratungstermin kommt, es sei
denn, dieser sei nur eine zeitbedingte „Vertagung" des ersten Termins. Nach AG Augsburg (AGS
1999, 132 m. Anm. Madert) sei eine Erstberatung nur als „Einstiegsberatung", als eine pauschale
überschlägige Information des Mandanten zu verstehen.

Keine Abgrenzungskriterien sind danach: 23

- die Dauer des Beratungsgesprächs

oder

- die Unterbrechung des Beratungsgesprächs aus äußeren Umständen, die in der Sphäre des
  Rechtsanwalts liegen, z.B. weil der Rechtsanwalt das Gespräch wegen Terminkollision abbre-
  chen muss oder seine Mittagspause wahrnehmen will (Otto, JurBüro, 1994, 395; Madert,
  AnwBl 1996, 250; Hansens, BRAGO, § 20 Rn. 7a).

Nach einer durch nichts gerechtfertigten Tendenz in der Rechtsprechung soll der Anwalt sogar ver- 24
pflichtet sein, den Mandanten darauf **hinzuweisen,** wenn durch eine weitergehende Beratung die
Kappungsgrenze überschritten wird. Dem Mandanten soll Gelegenheit gegeben werden, zu prüfen,
ob die weitergehende Beratung für ihn wirtschaftlich sinnvoll ist (LG Braunschweig, AGS

1999,100). Diese Rechtsprechung ist abzulehnen. Gleichwohl tut der Rechtsanwalt gut daran, sein Verhalten vorsorglich hierauf einzustellen.

25 Die Anwendung der Kappungsgrenze kann durch Abschluss einer **Honorarvereinbarung** ausgeschlossen werden. Da mit einer solchen Honorarvereinbarung höhere als die gesetzlichen Gebühren vereinbart werden sollen, muss diese Vereinbarung auch den Anforderungen des § 3 Abs. 1 BRAGO genügen (Lappe, ZAP F. 24, S. 918; Hansens, BRAGO, § 20 Rn. 7c; Madert, AnwBl 1996, 248). Die Erklärung des Auftraggebers muss also schriftlich in gesonderter Urkunde, die keine anderen Erklärungen enthält, abgegeben sein. Eine ohne Beachtung dieser Förmlichkeiten geschlossene Honorarvereinbarung ist unwirksam. Ein schlichter **Aushang in der Kanzlei des Rechtsanwalts** erfüllt diese Anforderungen nicht (Hansens, BRAGO, § 20 Rn. 7c).

26 > *Hinweis:*
>
> *Für die **Abrechnung** eines auf eine erste Beratung beschränkten Auftrages stellen sich daher folgende Fragen:*
>
> • *Wie hoch ist der Streitwert?*
>
> • *Welcher Gebührensatz ist nach § 12 BRAGO angemessen?*
>
> • *Wird die Kappungsgrenze damit überschritten? Wenn ja, soll eine Honorarvereinbarung abgeschlossen werden?*

a) Mehrere Auftraggeber

27 Es ist umstritten, ob die Beratung mehrerer Auftraggeber zu einer **Gebührenerhöhung** führt, da § 6 BRAGO nach seinem Wortlaut nur die Geschäftsgebühr und die Prozessgebühr erfasst.

28 Nach Auffassung einzelner Gerichte ist der erhöhte Arbeitsaufwand des Anwalts bei mehreren Auftraggebern durch eine analoge Anwendung des § 6 BRAGO zu honorieren, also der Gebührenrahmen für jeden weiteren Auftraggeber um 3/10 zu erhöhen (so aus der Rspr. vor Einführung der Erstberatungsgebühr bereits: OLG Saarbrücken, JurBüro 1988, 860; LG Dortmund, Rpfleger 1990, 437 = JurBüro 1991, 237; aus der Literatur: Madert, in: Gerold/Schmidt/von Eicken/Madert, BRAGO, § 20 Rn. 11; Lappe, ZAP F. 24, S. 917). Eine unmittelbare Anwendung des § 6 BRAGO scheidet aus, da § 6 BRAGO nach seinem Wortlaut nur die Geschäftsgebühr und die Prozessgebühr erfasst. Andere Gerichte lehnen eine solche Erhöhung analog § 6 BRAGO ab (OLG Köln, JurBüro 1992, 237; OLG Stuttgart, AnwBl 1984, 209; aus der Literatur: Hansens, BRAGO, § 20 Rn. 7b; zu weiteren Einzelheiten siehe N. Schneider, BRAGOreport 2001, 17).

29 Soweit man der zutreffenden Auffassung folgt, und eine Erhöhung vornimmt, muss auch die Kappungsgrenze für jeden Auftraggeber um 3/10, also um jeweils 54 €, auf maximal 540 € erhöht werden (LG Braunschweig, AGS 1999, 100 = KostRsp. BRAGO § 6 Nr. 235 m. Anm. N. Schneider; LG Potsdam, JurBüro 2000, 22; Lappe, ZAP F. 24, S. 259).

b) Anzahl der Angelegenheiten in sog. Mischfällen

30 In den sog. Mischfällen wünscht der Mandant eine Beratung sowohl wegen eines Gegenstandes, der nach dem Streitwert abgerechnet wird als auch wegen eines Gegenstandes, der nicht nach dem Streitwert abgerechnet wird. Solche Situationen kommen gerade in **Verkehrsunfallangelegenheiten** häufig vor. Der Mandant sucht den Rechtsanwalt nach dem Verkehrsunfall auf und bittet ihn um Beratung wegen der zivilrechtlichen Unfallschadenregulierung und wegen der sich daraus ergebenden straf- bzw. bußgeldrechtlichen Fragen, ggf. auch noch wegen Ansprüchen auf Zahlung einer gesetzlichen Unfallversicherung oder Leistungsansprüche aus einer privaten Unfallversicherung. Hier ist zu fragen, ob es sich um eine einzige Angelegenheit handelt, mit der Folge, dass für die Beratung wegen sämtlicher Fragen insgesamt nur einmal höchstens 180 € anfallen, oder ob es sich um mehrere Angelegenheiten handelt.

Für **mehrere Angelegenheiten** spricht, dass § 20 Abs. 1 Satz 3 BRAGO nur eine Kappungsgrenze   31
darstellt. Er enthält keinen eigenständigen gebührenrechtlichen Begriff einer Angelegenheit in der
Erstberatung. Würde der Mandant sich wegen dieser Fragen nicht beraten lassen, sondern Aufträge
zu einer außergerichtlichen oder gerichtlichen Tätigkeit erteilen, stände völlig außer Frage, dass es
sich um eigenständige gebührenrechtliche Angelegenheiten handeln würde mit der Folge, dass
diese jeweils einzeln abgerechnet würden (i.d.S. haben sich ausgesprochen: Hansens, BRAGO,
§ 20 Rn. 7b; Madert, in: Gerold/Schmidt/von Eicken/Madert, BRAGO, § 20 Rn. 18).

Nach a.A. handelt es sich um **eine Angelegenheit** (Lappe, ZAP F. 24, S. 260f.; Hartmann, Kostengesetze, § 20 BRAGO Rn. 12). Die Tätigkeit nach § 20 Abs. 1 Satz 3 BRAGO müsse ebenfalls mit
nach § 20 Abs. 1 Satz 1 BRAGO abgerechnet werden.

Zur Begründung wird einerseits darauf verwiesen, dass der Mandant erwarte, für die Beratung zu   32
einem „Lebenssachverhalt" nicht mehr als 180 € zahlen zu müssen. Einer solchen **Erwartung des
Mandanten** lässt sich aber dadurch entgegenwirken, dass er vor der Beratung darüber aufgeklärt
wird, er müsse entscheiden, zu wie vielen Angelegenheiten er eine Beratung wünsche und dass
jede dieser Beratungen eigenständige Gebührenansprüche auslöse. Der Mandant kann sich dann
entscheiden, welche Beratungen er in Anspruch nehmen möchte und welche Beratungen nicht.
Daneben wird zur Begründung noch auf den Wortlaut des § 20 Abs. 1 Satz 3 BRAGO verwiesen.
Aus dem Wort „nur" im § 20 Abs. 1 Satz 3 BRAGO ergebe sich, dass bei gemischten Fällen zur
Vermeidung von Überschneidungen nach § 20 Abs. 1 Satz 1 u. 2 BRAGO abgerechnet werden
müsse. Insoweit müsse dann ein **strafrechtlicher Gegenstandswert** berücksichtigt werden. Wie
dieser ermittelt werden soll, ist nicht erkennbar.

c) Auslagenpauschale

Die Auslagenpauschale nach § 26 BRAGO kann nur berechnet werden, wenn in der Angelegenheit   33
auch **Auslagen für Telekommunikationsdienstleistungen** entstanden sind. Die Übersendung der
Rechnung an den Mandanten löst die Auslagenpauschale nicht aus (AG Nürtingen, AGS 1998, 116
m. Anm. Madert; Madert: in Gerold/Schmidt/von Eicken/Madert, § 26 Rn. 2; a.A. Hartmann, Kostengesetze, § 26 BRAGO Rn. 1).

d) Anrechnung

Erteilt der Mandant nach der Beratung einen Auftrag zu einer weitergehenden Tätigkeit (§§ 118,   34
31 BRAGO), ist die bereits entstandene Beratungsgebühr anzurechnen, soweit sich die **Auftrags-
inhalte decken**. Sind nach der Beratung vom Mandanten ursprünglich gewünschte Schadenpositionen von diesem fallen gelassen worden und sollen diese nicht mehr verfolgt werden, sind die hierauf entfallenden Teile der Beratungsgebühren nicht anzurechnen.

2. Außergerichtliche Vertretung

Wird der Rechtsanwalt damit beauftragt, den Schaden (zunächst) außergerichtlich gegenüber dem   35
Schädiger und/oder dessen Haftpflicht-Versicherer geltend zu machen, richtet sich seine Vergütung nach § 118 BRAGO. Diese Vorschrift greift nach ihrem Wortlaut nur ein, wenn kein Auftrag zu einer Tätigkeit vorliegt, der in den vorangehenden Abschnitten der BRAGO geregelt ist.
Eine Abrechnung nach § 118 BRAGO scheidet also aus, wenn ein Auftrag bereits einem vorhergehenden Gebührentatbestand zugeordnet werden kann. Da ein **vertraglicher Vergütungsanspruch** abgerechnet wird, ist allein der vom Mandanten **erteilte Auftrag** und nicht die vom
Rechtsanwalt entfaltete Tätigkeit Grundlage der Abrechnung. Die gleiche anwaltliche Tätigkeit
kann völlig unterschiedliche Gebührenansprüche auslösen, je nachdem, welcher Auftrag erteilt
worden ist.

Nimmt der Rechtsanwalt zunächst nur die Informationen entgegen und erledigt sich der Auftrag   36
vor seinem Tätigwerden z.B. dadurch, dass der Schädiger wider Erwarten doch den Gesamtschaden zahlt, ist beim Beratungsauftrag nach § 20 BRAGO abzurechnen; bei einem Prozessauftrag

entsteht nur 5/10 Prozessgebühr nach § 32 Abs. 1 BRAGO und im Bereich des § 118 BRAGO ist nach den Kriterien des § 12 BRAGO ein angemessener Gebührensatz zu bestimmen.

37 Konkret: Ist der Rechtsanwalt mit der Klageerhebung beauftragt und wendet sich zunächst noch einmal außergerichtlich an den Versicherer, bespricht die Angelegenheit mit diesem und erreicht, dass der Schaden außergerichtlich reguliert wird, richtet sich die Abrechnung gleichwohl nach dem 3. Abschnitt. Es entsteht also nur eine 5/10 Prozessgebühr nach § 32 Abs. 1 BRAGO. Die Besprechung hat keine Gebühr ausgelöst, da außergerichtliche Vergleichsverhandlungen nach § 37 Nr. 2 BRAGO zum Rechtszug gehören und eine Verhandlungsgebühr mangels streitiger mündlicher Verhandlung nicht entstehen kann.

38 Hat der Mandant den Rechtsanwalt damit beauftragt, seine Ansprüche zunächst außergerichtlich geltend zu machen und für den Fall des Scheiterns der außergerichtlichen Bemühungen diese einzuklagen, liegt ein unbedingter **Auftrag** für die außergerichtliche Tätigkeit und ein auf den Fall des Scheiterns der außergerichtlichen Verhandlungen **bedingter Klageauftrag** vor.

39 | *Hinweis:*
*Da der Rechtsanwalt in einem Gebührenprozess den ihm erteilten Auftrag beweisen muss, sollte er für einen **Nachweis** sorgen. Die ihm erteilte Vollmacht stellt dabei nur ein Indiz dar.*

40 § 118 Abs. 1 BRAGO enthält **drei verschiedene Gebührentatbestände,** nämlich

● die Geschäftsgebühr (§ 118 Abs. 1 Nr. 1 BRAGO)

● die Besprechungsgebühr (§ 118 Abs. 1 Nr. 2 BRAGO) und

● die Beweisgebühr (§ 118 Abs. 1 Nr. 3 BRAGO)

41 Die **Geschäftsgebühr** entsteht für das Betreiben des Geschäfts, einschließlich der Information, des Einreichens, Fertigens oder Unterzeichnens von Schriftsätzen oder Schreiben und des Entwerfens von Urkunden. Die Gebühr entsteht bereits mit der Erteilung des Mandats. Eine vorzeitige Erledigung des Auftrages ist im Gesetz nicht vorgesehen. Eine solche Bestimmung ist aber auch entbehrlich, da § 118 BRAGO einen Gebührenrahmen von 5/10 bis 10/10 vorsieht. Erledigt sich der Auftrag jetzt in einem frühen Stadium, kann der Rechtsanwalt dem durch die Bestimmung der angemessenen Gebühr nach den Kriterien des § 12 BRAGO Rechnung tragen. Die Geschäftsgebühr ist daher auch dann entstanden, wenn der Rechtsanwalt einen Auftrag annimmt, der Mandant ihm die Information erteilt, es aber aufgrund einer Zahlung des Versicherers nicht mehr dazu kommt, dass überhaupt ein Schreiben abgesandt wird. Die Gebühr entsteht jedoch nicht, wenn der Rechtsanwalt sich vom Rechtssuchenden den Sachverhalt schildern lässt und danach entscheidet, das Mandat nicht anzunehmen.

42 Die **Besprechungsgebühr** entsteht für Besprechungen, die im Einverständnis mit dem Auftraggeber mit dem Gegner oder mit einem Dritten geführt werden. Sie entsteht nicht für eine mündliche oder fernmündliche Nachfrage.

43 Diese an und für sich überschaubare Zahl von Tatbestandsmerkmalen hat zu einer **reichhaltigen Kasuistik** geführt. Kaum ein Gebührentatbestand im Bereich der **zivilrechtlichen Unfallschadenregulierung** scheint in gleichem Ausmaß **umstritten** zu sein. Dabei zeigt ein Blick in die Entscheidungsgründe vieler Urteile jedoch, dass die Entscheidungen sich nur teilweise mit der Frage beschäftigen, ob die Besprechungsgebühr überhaupt entstanden ist. Eine mindestens gleich große Anzahl von Entscheidungen widmet sich allein der Frage, ob die entstandene Gebühr auch zu erstatten ist. Nicht immer wird dieser unterschiedliche Gesichtspunkt aber von den Gerichten zutreffend gewürdigt.

44 Da die Frage der **Kostenerstattung** nicht Gegenstand des Gebühren-, sondern des Gebührenerstattungsrechts ist, wird sie an dieser Stelle nicht behandelt.

Kindermann

Die **Voraussetzungen der Besprechungsgebühr** im Einzelnen sind: 45

(1) **Besprechung:** Umstritten ist, ob eine solche Besprechung auch einvernehmlich geführt werden kann oder ob ein streitiges Gespräch erforderlich ist, in dem Argumente und Gegenargumente ausgetauscht werden. Nach überwiegender Ansicht ist kein Streitgespräch erforderlich. Danach kommt es auch nicht darauf an, ob die Information schriftlich hätte erteilt werden können (zur Rechtsprechung s. Rn. 199 sowie N. Schneider, ZAP F. 24, S. 657),

(2) **über tatsächliche oder rechtliche Fragen, keine bloße mündliche oder fernmündliche Nachfrage,**

(3) **mit dem Gegner oder einem Dritten:** Dritter ist jeder, der nicht Auftraggeber oder dessen Bevollmächtigter ist (Madert, in: Gerold/Schmidt/von Eicken/Madert, BRAGO, § 118 Rn. 9 mit einer Auflistung zu Unfallschadenregulierungen in Rn. 10). Schickt der Auftraggeber an seiner Stelle eine andere Person, die den Rechtsanwalt informieren soll, übernimmt diese Person die Information des Rechtsanwalts. Diese Tätigkeit ist durch die Geschäftsgebühr abgedeckt (Madert, a.a.O.). Hierunter fällt z.B. der Fahrer des Unfallfahrzeugs, wenn dieser mit dem Auftraggeber nicht identisch ist und anstelle des Auftraggebers den Rechtsanwalt informiert. Vereinzelt wird die Auffassung vertreten, vom Auftraggeber beauftragte Ärzte, Steuerberater etc. seien sozusagen nur Erfüllungsgehilfen des Mandanten bei der Information. Sie seien deswegen auch keine Dritten. Diese Auffassung verkennt, dass diese Personen gerade wegen ihrer besonderen Sachkunde eingeschaltet sind und der Rechtsanwalt mit diesen gerade deswegen sprechen soll, um offene Fragen zu klären und die Angelegenheit beschleunigt zu erledigen,

(4) **im Einverständnis mit dem Auftraggeber:** Das Einverständnis kann ausdrücklich erklärt werden. In den seltensten Fällen wird diese Frage jedoch überhaupt nur besprochen, geschweige denn, dass das Einverständnis des Mandanten nachweisbar dokumentiert wird. In der Mehrzahl der Fälle wird es daher auf ein mutmaßliches Einverständnis ankommen. Dieses kann sich aus den Umständen ergeben und kann bejaht werden, wenn die Besprechung zur sachgemäßen Erledigung des Auftrages objektiv erforderlich war (Hansens, BRAGO, § 118 Rn. 19).

Eine **Beweisgebühr** kann bei der außergerichtlichen Schadensregulierung grds. nicht anfallen, da   46
die Beweisaufnahme von einem Gericht oder einer Behörde angeordnet sein muss. Möglich ist die Beweisgebühr daher nur in Verfahren nach dem **NATO-Truppenstatut**.

Führt die außergerichtliche Tätigkeit nicht zur Erledigung der gesamten Angelegenheit, ist für die   47
Abrechnung der Gebühren im nachfolgenden Prozess bzw. Mahnverfahren die **Anrechnungsvorschrift** des § 118 Abs. 2 BRAGO zu beachten. Er schreibt die Anrechnung der Geschäftsgebühr auf die entsprechenden Gebühren für ein anschließendes gerichtliches Verfahren vor. Damit gilt:

- **Nur** die **Geschäftsgebühr** wird angerechnet. Besprechungsgebühr und Auslagenpauschale werden nicht angerechnet.

- Eine Anrechnung findet nur statt, **soweit** die Gebühr in einem nachfolgenden gerichtlichen oder behördlichen Verfahren noch einmal entsteht. Dies ist besonders zu beachten, wenn der Gegenstandswert der außergerichtlichen und der gerichtlichen Tätigkeit nicht identisch ist als auch dann, wenn in dem späteren gerichtlichen Verfahren niedrigere Gebührensätze anzuwenden sind als in der außergerichtlichen Tätigkeit. Dies bedeutet: War der Rechtsanwalt außergerichtlich wegen eines Gegenstandswertes von 10 000 € tätig und werden nach einer Zahlung des Gegners nur noch 5 000 € eingeklagt, ist auch nur eine Geschäftsgebühr nach 5 000 € anzurechnen. Ist außergerichtlich eine 7,5/10 Geschäftsgebühr angefallen und entstehen im gerichtlichen Verfahren aufgrund einer vorzeitigen Erledigung des Prozessauftrages nur 5/10 Gebühren nach § 32 Abs. 1 BRAGO, sind auch nur 5/10 Gebühr anzurechnen. Anderenfalls würde die volle Anrechnung der Geschäftsgebühr dazu führen, dass der Rechtsanwalt durch eine nachfolgende Tätigkeit bereits verdiente Gebühren wieder verlieren würde.

- Umstritten ist die Anrechnung der Geschäftsgebühr, wenn außergerichtlich die Korrespondenz mit dem gegnerischen Haftpflichtversicherer geführt und Klage nur gegen Fahrer und/oder Halter erhoben wurde. In diesem Fall sind die Parteien der außergerichtlichen und der gerichtlichen Auseinandersetzung nicht identisch (für eine Anrechnung: OLG Karlsruhe, AGS 1994, 43; OLG München (Senat Augsburg), zfs 1996, 230 m. Anm. Madert; gegen eine Anrechnung: LG Flensburg, JurBüro 1986, 723; LG Frankfurt/M., JurBüro 1982, 873; LG München I, zfs 1996, 231; OLG München, zfs 1990, 267 = AnwBl 1990, 325; LG Frankenthal, AnwBl 1996, 176; OLG Bamberg, OLGR 1998, 121 = KostRsp. BRAGO, § 118 Nr. 92 m. Anm. N. Schneider u. w. Nachw.; Hansens, BRAGO, 8. Aufl., § 118 Rn. 52).

- Eine Anrechnung findet nicht statt in **Verfahren nach dem NATO-Truppenstatut**, da die Geschäftsgebühren, die in einem behördlichen Verfahren entstehen, nicht angerechnet werden.

3. Beratungshilfe

48 Auch im Bereich des Verkehrsunfallrechts als Teil des Zivilrechts kommt Beratungshilfe grds. in Betracht (mit Ausnahme der Stadtstaaten Bremen und Hamburg, s. § 14 BerHG). Erscheint der Rechtssuchende bereits mit einem **Berechtigungsschein**, sind die Voraussetzungen für die Bewilligung von Beratungshilfe bereits geprüft. Der Rechtsanwalt berät im Vertrauen auf einen ihm vorgelegten Berechtigungsschein. Kommt der Rechtssuchende ohne einen Berechtigungsschein und hat der Rechtsanwalt hinreichende Anhaltspunkte dafür, dass dieser Beratungshilfe beanspruchen könnte, ist er nach § 16 Berufsordnung verpflichtet, den Rechtssuchenden auf die Möglichkeit der Inanspruchnahme von Beratungshilfe hinzuweisen. Der Rechtssuchende muss dann selbst entscheiden, ob er Beratungshilfe in Anspruch nehmen (und insoweit zunächst einen Berechtigungsschein beschaffen) oder ob er das Mandat auf eigenes Kostenrisiko erteilen will. Berät der Rechtsanwalt einen Rechtssuchenden, der Beratungshilfe in Anspruch nehmen will, ohne dass ihm ein Berechtigungsschein vorgelegt wird, trägt er das Vergütungsrisiko. Er hat nicht im Vertrauen auf einen vorgelegten Berechtigungsschein beraten. Deswegen gibt es keinen **Vertrauensschutz** zur Frage, ob überhaupt ein Berechtigungsschein erteilt und dass ein nach Beratung erteilter Berechtigungsschein nicht widerrufen wird.

49 Die **drei Voraussetzungen** der **Beratungshilfe** sind in § 1 BerHG geregelt:

- Der Rechtssuchende muss nach seinen **persönlichen und wirtschaftlichen Verhältnissen** nicht in der Lage sein, die erforderlichen Mittel aufzubringen; diese Voraussetzung ist nach § 1 Abs. 2 BerHG dann erfüllt, wenn der Rechtssuchende im Falle des Prozesses Prozesskostenhilfe ohne Ratenzahlung erhalten würde; wegen der weiteren Einzelheiten wird auf die Spezialliteratur verwiesen (z.B. Schoreit/Dehn, Beratungshilfe, Prozesskostenhilfe).

- Dem Rechtssuchenden dürfen **keine anderen Möglichkeiten für eine Hilfe** zur Verfügung stehen. Das Gesetz lässt dabei offen, um welche Art von Hilfe es sich handeln kann. Grds. kommen daher nicht nur finanzielle Hilfen sondern auch andere Möglichkeiten zu qualifiziertem Rechtsrat in Betracht. **Andere Möglichkeiten** der Hilfe können speziell im Bereich des Verkehrsunfallrechts eine eintrittspflichtige Rechtsschutzversicherung betreffend die Geltendmachung eigener Schadensersatzansprüche des Mandanten oder eine eintrittspflichtige Haftpflichtversicherung des Mandanten betreffend die Abwehr gegnerischer Haftpflichtansprüche sein.

Keine andere Möglichkeit der Hilfe sind:

– die Mitgliedschaft in einer Kraftfahrervereinigung (Schoreit/Dehn, a.a.O., § 1 BerHG Rn. 96);

– ein Prozesskostenvorschussanspruch nach den Bestimmungen des BGB (§§ 1360a Abs. 4, 1361 Abs. 4 Satz 4, 1610 BGB), da dieser nach überwiegend vertretener Auffassung nur für einen Rechtsstreit und damit für ein gerichtliches Verfahren geschuldet wird. Hierauf kommt es jedoch nicht entscheidend an, da auch die Mindermeinung zum gleichen Ergebnis führt. Der Prozesskostenvorschuss wäre nur dann eine anderweitige Möglichkeit der Hilfe, wenn er kurzfristig durchsetzbar wäre. Hieran wird es i.d.R. spätestens scheitern;

- der materiell-rechtliche Kostenerstattungsanspruch gegenüber dem Schädiger und seiner Haftpflichtversicherung, da die Tätigkeit gerade der Durchsetzung dieser Ansprüche dient und der Ausgang der Tätigkeit zum einen ungewiss und zum anderen nicht immer kurzfristig zu erwarten ist.

- Die Wahrnehmung der Rechte darf **nicht mutwillig** sein. Darunter wäre z.B. die Beschäftigung einer Vielzahl von Rechtsanwälten wegen des gleichen Sachverhalts zu verstehen. Anders als bei der Bewilligung von Prozesskostenhilfe kommt es daher auf die Erfolgsaussichten nicht an (Schoreit/Dehn, a.a.O., § 1 Rn. 107 f.). Der Gesetzgeber folgt damit dem Grundgedanken, dass die qualifizierte Beratung des Rechtssuchenden vielleicht nur dazu dienen soll, die Erfolgsaussichten zu prüfen.

Die **Höhe der Vergütung** richtet sich nach den §§ 8 BerHG, 132 BRAGO. Danach hat der Rechtsanwalt einen Anspruch   50

- gegen den Rechtssuchenden auf Zahlung von 10 € (in diesem Betrag ist die Umsatzsteuer bereits enthalten) und

- gegen die Staatskasse

  - für einen mündlichen oder schriftlichen Rat: 23 € (Beitrittsgebiet: 20,70 €) zzgl. USt

  oder

  - für eine Tätigkeit nach § 118 BRAGO: 56 € (Beitrittsgebiet: 50,40 €) zzgl. USt zusätzlich zu einer der beiden vorangehenden Möglichkeiten

  - für eine Tätigkeit, die zum Vergleich führt: 102 € (Beitrittsgebiet: 91,80 €) zzgl. USt.

Die Gebühr für eine Tätigkeit nach § 118 BRAGO ist nach § 132 Abs. 2 Satz 2 BRAGO zur Hälfte auf eine spätere Tätigkeit in einem gerichtlichen oder behördlichen Verfahren anzurechnen.   51

Rechnet man die danach vom Mandanten und aus der Staatskasse zu zahlenden Beträge zusammen, stellt sich heraus, dass diese im Fall des Vergleichsabschlusses ohne Besprechung bei Streitwerten bis 900 € über den sonst sich aus der BRAGO ergebenden Gebühren liegen. Bei allen Streitwerten über 900 € oder im Fall einer Besprechung liegen die Gebühren jedoch erheblich unter der Vergütung nach der Tabelle in § 11 BRAGO.   52

Da dem Rechtsanwalt zugemutet wird, zu niedrigeren Gebühren tätig zu werden, sieht das Gesetz einen Ausgleich zu seinen Gunsten vor. Nach § 9 BerHG gehen Kostenerstattungsansprüche des Rechtssuchenden gegen seinen Gegner auf den Rechtsanwalt über. Sie sind auf der Grundlage des § 11 BRAGO zu berechnen. Durch diese **Legalzession** sind die Kostenerstattungsansprüche dem Zugriff von Gläubigern des Rechtssuchenden entzogen. Der Schädiger kann hiergegen auch nicht mit eigenen Forderungen aufrechnen.   53

III. Vertretung im Prozess

1. Vertretung im erstinstanzlichen Verfahren

Die Gebühren im erstinstanzlichen Verfahren ergeben sich aus den §§ 31 ff. BRAGO. Sie fallen an, wenn der Rechtsanwalt damit beauftragt ist, einen **Anspruch** des Mandanten im Wege des Klageverfahrens **gerichtlich** geltend zu machen.   54

Grundtatbestand ist der § 31 BRAGO, der in den darauf folgenden §§ modifiziert wird. Zu prüfen ist, ob Prozess-, Verhandlungs-, Erörterungs- und/oder Beweisgebühren ggf. mit welchem Gebührensatz angefallen sind.   55

a) Prozessgebühr

56 Mit der **Prozessgebühr** wird die gesamte Tätigkeit des Rechtsanwalts für das Betreiben des Geschäfts einschließlich der Information abgegolten. **Erledigt** sich der Klageauftrag, bevor der Rechtsanwalt die Klage oder einen Schriftsatz, der Sachanträge, die Zurücknahme der Klage oder die Zurücknahme des Antrages enthält, bei Gericht eingereicht hat, entsteht die Prozessgebühr nur zur Hälfte, im erstinstanzlichen Verfahren mithin zu 5/10 (§ 32 Abs. 1 BRAGO). Schnittstelle ist also die Einreichung der Klageschrift bzw. eines oben im Einzelnen beschriebenen Schriftsatzes bei Gericht. Warum die Klage oder der Schriftsatz nicht mehr bei Gericht eingereicht wird, ist dabei ebenso unerheblich wie die Frage, ob der Rechtsanwalt die Klage oder den Schriftsatz schon fertig gestellt hatte oder nicht.

57 Noch **kein Sachantrag** sind die bloße Anzeige der Anwaltsbestellung, die Verteidigungsanzeige oder der Terminsverlegungsantrag durch den Rechtsanwalt des Beklagten (Hansens, BRAGO, Rn. 10 m.w.N.). Erst mit der Einreichung der Klageschrift oder eines Schriftsatzes, der einen Sachantrag enthält, bei Gericht oder der Wahrnehmung eines Termins entsteht die **Prozessgebühr** (§ 31 Abs. 1 Nr. 1 BRAGO) in voller Höhe von 10/10.

58 Eine besondere Art der Prozessgebühr ist die sog. **Differenzprozessgebühr** oder Prozessdifferenzgebühr nach § 32 Abs. 2 BRAGO. Auch sie setzt zunächst einen entsprechenden Auftrag an den Rechtsanwalt voraus. Sie beträgt 5/10 und fällt an, wenn lediglich beantragt ist, eine Einigung der Parteien zu Protokoll zu nehmen. Sie fällt daher insbesondere dann an, wenn die Parteien sich vor Gericht auch über **nichtrechtshängige Ansprüche** einigen. Auf einen **Vergleich** i.S.d. § 779 BGB kommt es anders als bei der Vergleichsgebühr nach § 23 BRAGO nicht an. Die Differenzgebühr fällt daher auch bereits mit der Protokollierung eines Vergleichs unter Widerrufsvorbehalt an und fällt auch im Falle des Vergleichswiderrufs nicht wieder fort. Wird bei einer Teilklage im Verfahren dann doch eine Gesamtlösung erzielt, ist immer an die Differenzgebühr zu denken.

Entstehen Prozessgebühren nach **unterschiedlich hohen Gebührensätzen,** ist an die Kontrolle nach § 13 Abs. 3 BRAGO zu denken.

b) Erörterungsgebühr

59 Vom Ablauf des Verfahrens als Nächstes entsteht üblicherweise die **Erörterungsgebühr** (§ 31 Abs. 1 Nr. 4 BRAGO). Sie beträgt 10/10 und fällt an für die Erörterung der Sache vor Gericht. Sie kann sich damit **nur auf rechtshängige Ansprüche beziehen.** Der Begriff der Erörterung ist im Gesetz nicht erläutert. Im Zeitpunkt der Erörterung müssen aber noch **unterschiedliche Rechtsstandpunkte** bestehen, mögen diese auch aufgrund der Erörterung am Ende derselben aufgegeben werden. An der Erörterung in einem gerichtlich anberaumten Termin müssen Gericht und Rechtsanwälte teilnehmen. Die Teilnahme des Rechtsanwalts an der Erörterung setzt aber keinen aktiven Wortbeitrag voraus. Es reicht aus, wenn der Rechtsanwalt den Ausführungen des Gegenanwalts und/oder des Gerichts folgt und pflichtgemäß prüft, ob er dazu für seinen Mandanten ebenfalls eine Äußerung abgeben soll (s. Hansens, BRAGOreport 2000, 37 ff.). Für das Entstehen der Gebühr ist es völlig ohne Bedeutung, ob die Erörterung ins gerichtliche Protokoll aufgenommen wurde oder nicht. Auch für den Nachweis der Erörterung ist das gerichtliche Protokoll zwar hilfreich aber nicht notwendig. Die Erörterung ist keine nach den §§ 160, 162 ZPO zu protokollierende Förmlichkeit. Die Erörterungsgebühr wird auf eine entsprechende Verhandlungsgebühr **angerechnet** (§ 31 Abs. 2 BRAGO).

c) Verhandlungsgebühr

60 Die **Verhandlungsgebühr** (§ 31 Abs. 1 Nr. 2 BRAGO) beträgt 10/10. Sie fällt an für die mündliche Verhandlung, also wenn streitige Anträge gestellt werden (§ 137 ZPO). Werden in der mündlichen Verhandlung nur Anträge zur Prozess- oder Sachleitung gestellt, beträgt die Verhandlungsgebühr nur 5/10 (§ 33 Abs. 2 BRAGO). Sie beträgt ferner auch nur 5/10, wenn der Rechtsanwalt nichtstreitig **verhandelt** (§ 33 Abs. 1 Satz 1 BRAGO), insbesondere also dann, wenn er **Antrag**

auf Erlass eines Versäumnis- oder Anerkenntnisurteils stellt oder den Anspruch für seinen Mandanten in voller Höhe einschließlich der Kosten anerkennt. Erkennt der Rechtsanwalt des Beklagten zwar die Hauptforderung in voller Höhe an, protestiert aber wegen der Kosten, so wird wegen der Kosten streitig verhandelt. In diesem Fall erhalten beide Rechtsanwälte eine halbe Verhandlungsgebühr nach § 33 Abs. 1 Satz 1 BRAGO nach dem Wert der Hauptsache und zusätzlich eine volle Verhandlungsgebühr nach § 31 Abs. 1 Nr. 2 BRAGO nach dem Wert der Kosten, jedoch nicht mehr als eine volle Verhandlungsgebühr aus dem Wert der Hauptsache (Hansens, BRAGO, § 33 Rn. 5).

Die Verhandlungsgebühren können aber auch entstehen, wenn der Rechtsanwalt nie in Person bei Gericht erschienen ist. In diesem Fall ist § 35 BRAGO zu prüfen. Danach entstehen die Verhandlungsgebühren nach § 31 Abs. 1 Nr. 2 BRAGO bzw. § 33 BRAGO auch dann, wenn es sich um ein Verfahren handelt, für das eine mündliche Verhandlung vorgeschrieben ist, wenn im Einverständnis mit den Parteien oder nach § 307 Abs. 2, § 331 Abs. 3 oder § 495a Abs. 1 ZPO entschieden wird. 61

d) Beweisgebühr

Die **Beweisgebühr** entsteht für die Vertretung im Beweisaufnahmeverfahren. Dieses ist eine Tätigkeit des Gerichts, die der Klärung streitiger Tatsachenbehauptungen mit den dazu von der ZPO zugelassenen Beweismitteln zum Gegenstand hat. I.d.R. geht es um die Klärung streitiger Tatsachen. Eine Beweisaufnahme kann aber auch zur Klärung ausländischer Rechtsnormen durchgeführt werden (§ 293 ZPO). 62

Eine **Beweisaufnahme** liegt dann vor, wenn 63

- das Gericht einen förmlichen Beweisbeschluss erlassen hat (vorbereitende Anordnungen nach § 273 ZPO reichen nicht aus);

- das Gericht mit der Beweisaufnahme beginnt, indem z.B. der vorbereitend geladene Zeuge Angaben zur Person macht etc.; „informatorische Anhörung" eines Zeugen ist in der ZPO nicht vorgesehen. Macht der Zeuge jedoch Angaben zur Sache, so dient auch dies der Klärung streitiger Tatsachen und stellt insoweit eine Beweisaufnahme dar (Hansens, BRAGO, § 31 Rn. 34);

- sich aus den Urteilsgründen ergibt, dass das Gericht mit den in der ZPO vorgesehenen Beweismitteln Feststellungen zur Richtigkeit oder Unrichtigkeit streitiger Parteibehauptungen getroffen hat.

Schwierigkeiten können hierbei die Einnahme **richterlichen Augenscheins** und die **Verwertung einer Parteianhörung** bereiten. Die Augenscheinseinnahme ist von Amts wegen zulässig (§ 144 ZPO). Dient sie nur der Veranschaulichung des Sachverhaltes, liegt keine Beweisaufnahme vor. Dient sie jedoch der Feststellung über die Richtigkeit oder Unrichtigkeit einer streitigen Parteibehauptung, liegt eine Beweisaufnahme vor (OLG Stuttgart, JurBüro 2002, 195). Die Anhörung der Partei zur Sachaufklärung nach § 141 ZPO ist grds. **keine Beweisaufnahme.** Verwertet das Gericht jedoch Angaben der Partei zur Feststellung über den Sachverhalt, so liegt auch außerhalb einer Parteivernehmung eine Beweisaufnahme vor. Eine Parteivernehmung nach §§ 445 ff. ZPO stellt in jedem Fall eine Beweisaufnahme dar. Die Vorlage von Urkunden, die sich in den Händen des Beweisführers oder des Beweisgegners befinden, löst die Beweisgebühr nicht aus (§ 34 Abs. 1 BRAGO; z.B. die Vorlage eines Privatgutachtens, eines Kostenvoranschlages, der An- und Abmeldebescheinigung, der Rechnung des Abschleppunternehmers etc.). Werden **Akten oder Urkunden beigezogen,** entsteht die Beweisgebühr nur, wenn die Akten oder Urkunden durch Beweisbeschluss oder sonst erkennbar zum Beweis beigezogen oder als Beweis verwertet werden (§ 34 Abs. 2 BRAGO). Dies gilt z.B. für die Beiziehung der Ermittlungsakten in einem parallel laufenden strafrechtlichen Verfahren. Die Beweisgebühr entsteht in den Fällen, in denen die Akten nicht aufgrund eines Beweisbeschlusses oder sonst erkennbar zum Beweis beigezogen werden aber nicht 64 bereits durch die Auswertung der Akten durch das erkennende Gericht. Vielmehr muss das Gericht anhand der Akten auch Streitfragen klären. Diese Voraussetzung liegt nicht vor, wenn das Gericht die Klärung der Frage ausdrücklich offen lässt (OLG Koblenz , JurBüro 2002, 305).

2. Vertretung in den Rechtsmittelverfahren

65 In den **Rechtsmittelverfahren** erhöhen sich die Gebühren, und zwar nach § 11 Abs. 1 Satz 4 BRAGO um 3/10 auf 13/10. Im **Revisionsverfahren** erhöht sich die Prozessgebühr darüber hinaus nach § 11 Abs. 1 Satz 5 BRAGO auf 20/10, wenn sich die Parteien in diesem Verfahren nur durch einen beim BGH zugelassenen Rechtsanwalt vertreten lassen können.

66 Für den **erstinstanzlich bereits tätigen Rechtsanwalt** stellt sich praktisch zunächst die Frage, welche seiner Tätigkeiten noch zum erstinstanzlichen Rechtszug gehören und für welche Tätigkeiten er weitere Gebühren verdient.

67 Zum **Rechtszug** gehören:

● die vorläufige Einstellung, Beschränkung oder Aufhebung der Zwangsvollstreckung, wenn nicht eine abgesonderte mündliche Verhandlung hierüber stattfindet (§ 37 Nr. 3 BRAGO);

● Verfahren wegen der Rückgabe einer Sicherheit (§§ 109 Abs. 1 u. 2 ZPO, 715 ZPO; § 37 Nr. 3 BRAGO);

● Ablehnung von Richtern, Rechtspflegern, Urkundsbeamten der Geschäftsstelle oder Sachverständigen (§ 37 Nr. 3 BRAGO);

● Festsetzung des Streitwertes (§ 37 Nr. 3 BRAGO);

● die Rüge wegen Verletzung des Anspruchs auf rechtliches Gehör nach § 321a ZPO für den bereits im bisherigen Verfahren zum Prozessbevollmächtigten bestellten Rechtsanwalt (§ 37 Nr. 5 BRAGO);

● die Berichtigung oder Ergänzung der Entscheidung oder ihres Tatbestandes (§ 37 Nr. 6 BRAGO);

● die Zustellung oder Empfangnahme von Entscheidungen und ihre Mitteilung an den Auftraggeber (§ 37 Nr. 7 BRAGO);

● die Zustellung oder Empfangnahme von Rechtsmittelschriften und ihre Mitteilung an den Auftraggeber (§ 37 Nr. 7 BRAGO);

● die Einwilligung zur Sprungrevision (§ 37 Nr. 7 BRAGO);

● der Ausspruch über die Verpflichtung, die Kosten zu tragen (§§ 91a, 269 Abs. 3 Satz 2 und 3, 516 Abs. 3 S. 1, 565 ZPO; § 37 Nr. 7 BRAGO);

● die Erteilung des Notfristzeugnisses, Rechtskraftzeugnisses (§ 37 Nr. 7 BRAGO);

● die erstmalige Erteilung der Vollstreckungsklausel, wenn deswegen keine Klage nach § 731 ZPO erhoben wird (§ 37 Nr. 7 ZPO);

● die Kostenfestsetzung (§§ 104, 107 ZPO) mit Ausnahme der Erinnerung (Beschwerde) gegen den Kostenfestsetzungsbeschluss (§ 37 Nr. 7 ZPO);

● die Übersendung der Handakten an einen anderen Rechtsanwalt (§ 37 Nr. 7 BRAGO) es sei denn, die Übersendung ist mit gutachterlichen Ausführungen verbunden (§ 52 Abs. 2 BRAGO).

68 Davon zu unterscheiden sind folgende auftragsgemäßen **Tätigkeiten** des Rechtsanwalts:

● Der erstinstanzliche Bevollmächtigte prüft auftragsgemäß die Aussichten einer Berufung:

– **Er rät zur Berufung und legt diese ein**: Die Tätigkeit gehört zum Berufungsrechtszug und ist mit den Gebühren nach §§ 31 ff. BRAGO im Berufungsverfahren abgegolten.

- **Er rät von der Berufung ab**: Hier ist streitig, ob für diese Beratung eine Ratsgebühr nach § 20 BRAGO entsteht. Gerade hier sollte aber auf einen klaren Auftrag durch den Mandanten geachtet werden, da der BGH (NJW 1991, 2084) eine Ratsgebühr verneint, wenn der Rechtsanwalt unaufgefordert berät.
- **Er rät dazu, wegen eines Teilbetrages in die Berufung zu gehen; i.Ü. rät er ab**: Soweit er abrät, entsteht die Gebühr des § 20 BRAGO unter den vorstehenden Voraussetzungen.

● Ein bisher nicht mit der Sache befasster Rechtsanwalt wird im Hinblick auf das Berufungsverfahren tätig:
- Er soll die Aussichten der Berufung prüfen und rät von einer Berufung ab, die auch nicht von ihm eingelegt wird; nach § 20 Abs. 2 Satz 1 BRAGO erhält er eine 13/20 Gebühr nach dem Wert der gesamten Hauptsache.
- Er soll die Aussichten einer Berufung prüfen und legt Berufung ein: Die Prüfung der Berufungsaussichten ist mit den Gebühren des § 31 BRAGO abgegolten.
- Er soll die Aussichten einer Berufung prüfen; rät dazu, wegen eines Teilbetrages in die Berufung zu gehen; i.Ü. rät er ab und insoweit wird keine Berufung eingelegt: Soweit er von der Berufung abrät, fällt die Gebühr des § 20 Abs. 2 Satz 1 BRAGO an. Gegenstandswert ist der Betrag, dessentwegen er von der Berufung abrät. Soweit Berufung eingelegt wird, entstehen die Gebühren des § 31 BRAGO (zur Berechnung ausführlich N. Schneider, ZAP F. 24, S. 527).

Die Gebührentatbestände werden im Berufungsverfahren grds. **in gleicher Weise wie im erstinstanzlichen Verfahren** verwirklicht. Bis zur Einreichung der Berufung bei Gericht entsteht mithin nur eine 13/20 Gebühr nach §§ 11 Abs. 1 Satz 4, 31 Abs. 1 Nr. 1 BRAGO.   69

Eine **Ausnahme** gilt jedoch nach § 33 Abs. 1 Satz 2 Nr. 2 BRAGO für die Verhandlungsgebühr, wenn der Berufungskläger/der Revisionskläger ein Versäumnisurteil beantragt. In diesem Fall liegt zwar eine nichtstreitige Verhandlung vor. Gleichwohl entsteht eine **volle Verhandlungsgebühr.** Ausnahmsweise kann auch der Anwalt des Berufungsbeklagten für ein Versäumnisurteil eine volle Gebühr erhalten (OLG Düsseldorf – 6. Senat, JurBüro 1999, 358; a.A. OLG Düsseldorf – 10. Senat, MDR 2000, 667 = OLGR 2000, 206).   70

3. Vertretung im selbstständigen Beweisverfahren

Die Vertretung im selbstständigen Beweisverfahren kommt in Verkehrsunfallangelegenheiten recht selten vor. Ein Bedürfnis kann jedoch insbesondere dann entstehen, wenn Unfallzeugen **ins Ausland verziehen** wollen oder **gesundheitlich beeinträchtigt** sind.   71

Nach § 48 BRAGO erhält der Rechtsanwalt im selbstständigen Beweisverfahren die in § 31 BRAGO bestimmten Gebühren. Nach § 37 Nr. 3 BRAGO gehört das selbstständige Beweisverfahren zum Rechtszug. Dies bedeutet: 72

● Die **Gebührentatbestände** des § 31 BRAGO entstehen nur **ein einziges Mal,** unabhängig davon, ob das selbstständige Beweisverfahren vor oder während des Hauptsacheverfahrens durchgeführt wird; Ausnahme: § 13 Abs. 5 Satz 2 BRAGO (OLG Zweibrücken, AGS 2000, 64 = JurBüro 1999, 414) .

● Die **Gegenstandswerte** können für die einzelnen Gebührentatbestände **unterschiedlich** sein.

4. Prozesskostenhilfe

Die Bewilligung von Prozesskostenhilfe richtet sich nach den §§ 114 ff. ZPO (wegen der Einzelheiten s. Schoreit/Dehn, Beratungshilfe, Prozesskostenhilfe). Für einen rechtsschutzversicherten Rechtsmittelführer, der die wirtschaftlichen Voraussetzungen für die Bewilligung von Prozesskostenhilfe i.Ü. erfüllt, entfällt das Hindernis der Bedürftigkeit erst mit der Deckungszusage eines Rechtsschutzversicherers (BGH, JurBüro 1992, 48 = zfs 1992, 101).   73

5. Zusammenarbeit von Rechtsanwälten

a) Hauptbevollmächtigter und Verkehrsanwalt

74 Die Vergütung des Verkehrsanwaltes ergibt sich aus § 52 BRAGO. Nach § 52 Abs. 1 BRAGO erhält der Verkehrsanwalt eine Gebühr i.H.d. dem Prozessbevollmächtigten zustehenden **Prozessgebühr**. Dies bedeutet:

1. Instanz	Gebühr	Vorschrift
bis zur Einreichung der Klage oder eines Schriftsatzes, der einen Sachantrag enthält	5/10	§ 32 Abs. 1 BRAGO i.V.m. § 52 Abs. 1 BRAGO
ab Einreichung der Klage oder eines Schriftsatzes, der einen Sachantrag enthält für die gesamte Tätigkeit bis zum Abschluss der Instanz, mit Ausnahme einer Teilnahme an der mündlichen Verhandlung	10/10	§ 31 Abs. 1 Nr. 1 BRAGO i.V.m. § 52 Abs. 1 BRAGO
Verkehrs-Rechtsanwalt nimmt auf Wunsch des Mandanten an der mündlichen Verhandlung teil und ihm wird die Ausführung der Parteirechte übertragen	10/10	§ 31 Abs. 1 Nr. 2 BRAGO i.V.m. § 52 BRAGO (teilweise: analoge Anwendung wegen § 2 BRAGO)
Verkehrs-Rechtsanwalt nimmt auf Wunsch des Mandanten an der Erörterung vor Gericht teil	10/10	§ 31 Abs. 1 Nr. 4 BRAGO i.V.m. § 52 BRAGO (teilweise: analoge Anwendung wegen § 2 BRAGO)
Mitwirkung des Verkehrs-Rechtsanwalts am Vergleich	10/10	§ 23 Abs. 1 Satz 3 BRAGO
Zwischen den Instanzen		
Verkehrsanwalt verbindet die Übersendung der Akten an den Rechtsanwalt des höheren Rechtszuges im Einverständnis mit dem Auftraggeber mit einer gutachtlichen Äußerung	13/10	§§ 52 Abs. 2, 11 Abs. 1 Satz 4 BRAGO
2. Instanz bzw. Revisionsinstanz		
bis zur Einlegung des Rechtsmittels durch den Prozessbevollmächtigten oder ab Einlegung des Rechtsmittels durch Gegner bis zur Einreichung eines Sachantrags	13/20	§§ 11 Abs. 1 Satz 4, 32 Abs. 1 BRAGO i.V.m. § 52 Abs. 1 BRAGO
ab Einlegung des Rechtsmittels durch den Prozessbevollmächtigten oder ab Einreichung eines Sachantrags auf gegnerisches Rechtsmittel	13/10	§§ 11 Abs. 1 Satz 4, 31 Abs. 1 Nr. 1 BRAGO i.V.m. § 52 Abs. 1 BRAGO

Während die Beantwortung der Frage, welche Gebühren entstehen, als einfach bezeichnet werden kann, ist die Beantwortung der Frage, welche **Gebühren erstattungsfähig** sind, als äußerst kompliziert zu bezeichnen. Hier hat sich eine **kaum noch überschaubare Rechtsprechung** entwickelt, die durch die Änderung der Postulationsfähigkeit zum 1.1.2000 noch belebt wurde. Ein Überblick über den seinerzeitigen Stand der Rechtsprechung findet sich bei Kindermann, AGS 2001, 98.

Die Frage der Erstattungsfähigkeit wird teilweise auch neu beurteilt vor dem Hintergrund der **geänderten Postulationsfähigkeit seit dem 1.1.2000.** Dies gilt insbesondere, da einige Gerichte nunmehr in weit größerem Umfang als früher dem Hauptbevollmächtigten die vollen Reisekosten zubilligen (zur Abrechnung von Geschäftskosten des Anwalts s. N. Schneider, ZAP F. 24, S. 507).

Ob **Verkehrsanwaltskosten** zu erstatten sind, sollte daher immer auch durch einen Vergleich mit denjenigen Kosten ermittelt werden, die bei einer Reise des Verkehrsanwaltes angefallen wären, wenn dieser als Hauptbevollmächtigter tätig geworden wäre. Darüberhinaus ist auch noch ein Vergleich mit den ersparten Informationsreisekosten der Partei anzustellen. Eine Zusammenstellung der Rechtsprechung zu den Reisekosten des Hauptbevollmächtigten findet sich bei Madert, Fahrtkosten und Tage- und Abwesenheitsgeld eines am Prozessgericht nicht zugelassen, aber seit dem 1.1.2002 postulationsfähigen Rechtsanwalt, AGS 2001, 218.

b) Hauptbevollmächtigter und Unterbevollmächtigter

Der Hauptbevollmächtigte reicht zunächst die Klage beim weit entfernt liegenden Gericht ein. Die Angelegenheit lässt sich dann aber weder in dem für Verkehrsunfallangelegenheiten seltenen schriftlichen Verfahren nach § 128 ZPO noch im schriftlichen Vorverfahren, noch nach Absprache mit den Beklagten erledigen. Für die Wahrnehmung des dann anberaumten Termins wird ein Rechtsanwalt als Unterbevollmächtigter beauftragt.   75

Folgende Gebühren können entstehen: 76

	Hauptbevollmächtigter	Unterbevollmächtigter
Prozessgebühr	10/10 § 31 Abs. 1 Nr. 1 BRAGO	5/10 §§ 31 Abs. 1 Nr. 1, 53 BRAGO
Protokollierung einer Einigung	5/10 § 32 Abs. 2 BRAGO	5/10 §§ 31 Abs. 1 Nr. 1, 53 BRAGO
streitige Verhandlung	5/10 § 33 Abs. 3 BRAGO	10/10 §§ 31 Abs. 1 Nr. 2, 53 BRAGO
nichtstreitige Verhandlung	3/10 § 33 Abs. 3 BRAGO	5/10 §§ 33 Abs. 1, 53 BRAGO
Erörterung	5/10 § 33 Abs. 3 BRAGO	10/10 §§ 31 Abs. 1 Nr. 4, 53 BRAGO
Beweisaufnahme	10/10 § 31 Abs. 1 Nr. 3 BRAGO aber nur, wenn der Hauptbevollmächtigte im Beweisaufnahmeverfahren tätig geworden ist: förmlicher Beweisbeschluss (+); schriftliches Gutachten (+); Zeugenvernehmung nach § 273 ZPO: nur bei Teilnahme an derselben	10/10 §§ 31 Abs. 1 Nr. 3, 53 Satz 3 BRAGO aber nur, wenn er im Beweisaufnahmeverfahren tätig geworden ist: förmlicher Beweisbeschluss (-); schriftliches Gutachten ohne Anhörung des Sachverständigen im Termin (-); schriftliches Gutachten mit Anhörung des Sachverständigen im Termin (+); Zeugenvernehmung, an der der Unterbevollmächtigte teilnimmt (+)

Vergleich	je nachdem, ob der Anspruch anhängig oder nicht anhängig ist: 15/10 oder 10/10, § 23 BRAGO, aber nur bei Mitwirkung, wenn also der Vergleich entweder von dem Hauptbevollmächtigten vorbereitet, oder vom Unterbevollmächtigten im Termin unter Widerrufsvorbehalt abgeschlossen worden ist und der Hauptbevollmächtigte den Vergleich mit dem Mandanten bespricht und nicht zum Widerruf rät.	10/10 für anhängige, 15/10 für nicht anhängige Ansprüche, § 23 BRAGO, soweit der Unterbevollmächtigte mitwirkt, i.d.R. also bei Abschluss eines Vergleichs im Termin; beim Widerrufsvergleich dann, wenn dieser nicht widerrufen wird.

c) Hauptbevollmächtigter und Beweisanwalt

77 Der **Beweisanwalt** i.S.d. § 54 BRAGO wird nur damit beauftragt, den Mandanten in der Beweisaufnahme zu vertreten. Er ist also in dieser Angelegenheit weder als Hauptbevollmächtigter noch als Verkehrsanwalt oder als Unterbevollmächtigter beauftragt. Seine Tätigkeit kommt vor allen Dingen vor, wenn eine Beweisaufnahme vor einem auswärtigen beauftragen oder ersuchten Richter nach den §§ 361, 362, 370 Abs. 2 Satz 1 ZPO stattfindet.

78 Der Beweisanwalt erhält nach § 54 BRAGO je eine 5/10 Prozess- und Beweisgebühr (in der Rechtsmittelinstanz 13/20).

Die Beweisgebühr fällt jedoch nicht an, wenn sich der Auftrag **ohne Wahrnehmung** eines **Termins** erledigt.

d) Gebührenteilungsvereinbarung zwischen Rechtsanwälten

79 Gebührenteilungsvereinbarungen kommen gerade in einer mobilen Gesellschaft aufgrund der Distanz zwischen Wohnsitz des Mandanten und Gerichtsort häufig vor. Sie werden meist routinemäßig ohne großes Nachdenken abgeschlossen. Eine Gebührenteilungsvereinbarung des Inhalts **„Gebührenteilung wie üblich"** ist auch unter Kollegen, die noch nie miteinander gearbeitet haben, nicht selten, hinsichtlich ihrer rechtlichen Vorgaben jedoch problematisch.

80 Durch das **Gesetz zur Neuregelung des Berufsrechts** wurde im September 1994 auch § 49b Abs. 3 BRAO eingeführt. Die üblicherweise als „Gebührenteilung" erwähnte Aufteilung der Gebühren wird vom Gesetz als „Gebührenabgabe" bezeichnet. Nach § 49b Abs. 3 Satz 2 bis 6 BRAO ist es zulässig, eine über den Rahmen des § 52 BRAGO hinausgehende Tätigkeit eines anderen Rechtsanwalts angemessen zu honorieren. Die Honorierung der Leistung hat der Verantwortlichkeit sowie dem Haftungsrisiko der beteiligten Rechtsanwälte und den sonstigen Umständen Rechnung zu tragen.

81 Die Bestimmung des § 49b Abs. 3 Satz 3 BRAO findet eine nähere Ausgestaltung in § 22 Berufsordnung. Danach sollen **Honorare** regelmäßig zwischen den nach § 49b Abs. 3 Satz 2 u. 3 BRAO beteiligten Rechtsanwälten **hälftig geteilt** werden.

82 Für die **Gebührenteilungsvereinbarung** sind daher folgende Punkte zu bedenken (wegen weiterer Einzelheiten auch zu den abzurechnenden Gebührentatbeständen s.a. Kindermann, ZAP F. 24, S. 613):

- **Wer macht welche Arbeit?**

I. d.R. wird der Verkehrsanwalt den Verkehr mit der Partei führen und die Schriftsätze unterschriftsreif vorbereiten. Der Hauptbevollmächtigte wird die Schriftsätze bei Gericht einreichen, die Termine zur mündlichen Verhandlung und evtl. Beweisaufnahme wahrnehmen, über die Terminwahrnehmung berichten, gerichtliche Mitteilungen und Verfügungen an den Verkehrsanwalt weiterleiten und die Kostenfestsetzung betreiben (da diese für ihn zum Rechtszug gehört und deswegen für den Mandanten keine zusätzlichen Gebühren auslöst). Der Hauptbevollmächtigte wird sich vorbehalten, die vom Verkehrsanwalt vorbereiteten Schriftsätze ggf. zu ändern.

- **Welche Gebühren werden in die Vereinbarung einbezogen?**

Hier gibt es häufig Auseinandersetzungen um die Korrespondenzanwaltsgebühr. Häufig verwendete Formulierungen sind: „. . . ohne Einbeziehung der Korrespondenzanwaltsgebühr", „. . . alle erstattungsfähigen Gebühren", „. . . die Korrespondenzanwaltsgebühr, soweit diese erstattungsfähig ist." Der wirtschaftliche Hintergrund dieser Formulierungen liegt auf der Hand. Die Formulierung ist jedoch am gesetzlichen Verbot des § 49b Abs. 1 Satz 1 BRAO zu messen. Danach ist es verboten, geringere Gebühren und Auslagen zu vereinbaren oder zu fordern, als die BRAGO vorsieht, soweit diese nicht etwas anderes bestimmt. Neben anderem sieht die BRAGO in § 3 Abs. 5 die Möglichkeit vor, für den Bereich außergerichtlicher Tätigkeiten niedrigere als die gesetzlichen Gebühren zu fordern. Hieraus folgt zugleich im Umkehrschluss, dass es für den Bereich der gerichtlichen Tätigkeit nicht zulässig ist, geringere Gebühren zu fordern. Da die Gebühr für den Korrespondenzanwalt im 3. Abschnitt der BRAGO steht und dieser die Gebühren in bürgerlichen Rechtsstreitigkeiten regelt, ist nahezu einhellig außer Frage, dass die Korrespondenzanwaltsgebühr zu den in einem gerichtlichen Verfahren entstehenden Kosten gehört. Dies wiederum hat zur Folge, dass auf die Korrespondenzanwaltsgebühr nicht verzichtet werden darf. Im Hinblick auf diese Rechtslage scheiden die obigen Formulierungen aus, und zwar unabhängig davon, wie diese ausgelegt werden. Legt man die Vereinbarung dahingehend aus, dass sie den Verzicht auf die Korrespondenzanwaltsgebühr als Vertrag zugunsten Dritter gegenüber dem Mandanten bedeutet, scheitert sie an § 49b Abs. 1 Satz 1 BRAO (LG Halle, NJW-RR 1998, 1677; AnwG Tübingen AGS 1999, 101 m. Anm. Madert).

Etwas anderes gilt dann, wenn der Rechtsanwalt nicht als Vertreter des Mandanten sondern als Vertreter des Rechtsanwaltes tätig wird. Eine solche Vertretung bezeichnet der BGH als **Terminsvertreter**. Nach Auffassung des BGH (MDR 2001, 173 = BRAGOreport 2001, 26 m. Anm. Wolf) ist die Vergütung zwischen dem Terminsvertreter und dem Rechtsanwalt, den er vertritt, frei vereinbar.

In Betracht käme daneben noch eine Auslegung, wonach die Korrespondenzanwaltsgebühr zwar dem Mandanten berechnet, nicht aber in die Gebührenteilung mit einbezogen werden soll. Sie würde also dem Korrespondenzanwalt zusätzlich verbleiben. Insoweit würde vom Grundsatz hälftiger Teilung abgewichen, und es wäre zu fragen, ob diese Teilung noch der Arbeitsteilung entspricht. Zulässig ist eine solche Vereinbarung jedoch, da in diesem Falle nicht auf Gebühren verzichtet wird (Madert, AGS 1999, 229).

- **In welchem Verhältnis werden die Gebühren geteilt?**

§ 22 BRAO geht für den Normalfall von einer hälftigen Teilung der Gebühren aus. Dies wird auch der üblichen Arbeitsteilung entsprechen. Weicht allerdings die abgesprochene Arbeitsteilung von der üblichen Regelung ab, so kann dem auch durch einen abweichenden Verteilungsmaßstab Rechnung getragen werden. In Betracht kommt etwa bei einer langwierigen Beweisaufnahme mit vielen Zeugen, dem Hauptbevollmächtigten die Beweisgebühr zusätzlich zu belassen oder einen anderen Prozentsatz für die Verteilung zu vereinbaren.

Die anfallenden Auslagen werden nach einer teilweise vertretenen Auffassung von einer Teilungsabrede nicht erfasst, da es sich nicht um Gebühren handelt. Es ist jedoch streitig, ob sich dies auch auf die Auslagen der §§ 26 – 28 BRAGO bezieht oder nur auf zusätzliche Auslagen wie z.B. Übersetzungspflichten etc., die mit Barauslagen des Rechtsanwalts verbunden sind. Zur Klarstellung sollte dennoch vereinbart werden *„Die nach den §§ 26 – 28 BRAGO entstehenden Auslagen verbleiben jeweils demjenigen, bei dem sie anfallen."*

● **Wer sorgt dafür, dass die Kostenfestsetzung betrieben wird?**

Weder der Hauptbevollmächtigte noch der Verkehrsanwalt erhält für den Kostenfestsetzungsantrag zusätzliche Gebühren. Insbesondere die im Hinblick auf die Korrespondenzanwaltskosten notwendige Berechnung der fiktiven Informationsreisekosten der Partei oder die Darlegungen zur Erforderlichkeit der Korrespondenzanwaltskosten (ganz oder teilweise) sind häufig sehr zeitaufwendig. Diese sollten daher entsprechend der Arbeitsteilung zur Hauptsache auch wiederum vom Korrespondenzanwalt vorbereitet werden.

● **Schuldet einer der beiden Rechtsanwälte dem anderen Gebühren, ggf. auch dann, wenn die ihm nach der Vereinbarung zustehenden Gebühren noch nicht in voller Höhe an ihn ausgezahlt worden sind?**

Nach einer Entscheidung des LG Memmingen (NJW 1996, 65) ist kein Gewohnheitsrecht zwischen Rechtsanwälten dahingehend festzustellen, dass jeder der an einer Gebührenteilung beteiligten Rechtsanwälte bei ihm eingehenden Zahlungen des Mandanten oder Dritter jedenfalls in dem Umfang auch allein behalten darf, in dem ihm diese nach der Gebührenteilungsvereinbarung zustehen. Im konkreten Fall hatte der Hauptbevollmächtigte die aufgrund eines Teilobsiegens vom Gegner zu erstattenden Kosten erhalten. Dieser Betrag blieb aber hinter dem Betrag zurück, der ihm nach der Gebührenteilungsvereinbarung im Innenverhältnis zustand. Der Mandant war in Konkurs gefallen. Den Rest seiner Forderung konnte er also nicht mehr realisieren. Der Korrespondenzanwalt hatte noch keinerlei Zahlungen erhalten. Hier hat das LG Memmingen den Hauptbevollmächtigten verurteilt, die Hälfte der bei ihm eingegangenen Zahlung an den Korrespondenzanwalt auszukehren. Um eine solche Haftung der Rechtsanwälte auszuschließen, sollte vereinbart werden, dass jeder Rechtsanwalt selbst dafür verantwortlich ist, die ihm nach der Gebührenteilung zustehenden Gebühren zu erhalten. Keiner der beteiligten Rechtsanwälte haftet dem anderen für Gebühren. Vorsorglich sollte jeder der beteiligten Rechtsanwälte rechtzeitig Vorschuss anfordern.

● **Tritt der Hauptbevollmächtigte die seinen Gebührenanteil übersteigenden Forderungen an den Korrespondenzanwalt ab?**

Aus eigenem Recht kann der Korrespondenzanwalt nur die bei ihm entstehende Gebührenforderung aus § 52 BRAGO gegen den Auftraggeber geltend machen. Wenn er die ihm aufgrund der Gebührenteilung im Innenverhältnis zum Hauptbevollmächtigten weiter zustehenden Gebühren ebenfalls selbst geltend machen will, muss er Inhaber der Forderung sein. Dies wird er nur durch einen Abtretungsvertrag, mit dem ihm die über die beim Hauptbevollmächtigten verbleibenden Forderungen hinausgehenden Gebühren abgetreten werden. Eine solche Abtretung verstößt auch nicht gegen § 49b BRAO. Sie verstößt auch nicht gegen die Verschwiegenheitspflicht, da beide Rechtsanwälte vom Mandanten beauftragt und daher mit dem Sachverhalt vertraut sind.

83 Gebührenteilungsvereinbarungen können zu Problemen bei der **Festsetzung** der entstandenen Gebühren nach § 19 BRAGO führen. Es ist zu fragen, ob die Berufung des Mandanten auf eine Gebührenteilungsvereinbarung zwischen den beteiligten Rechtsanwälten einen **nichtgebührenrechtlichen Einwand** darstellt.

84 Ein Teil der Gerichte geht nur dann von einem solchen nichtgebührenrechtlichen Einwand bzw. von der Beachtlichkeit eines solchen Einwandes aus, wenn der Mandant an der Gebührenteilungsvereinbarung zwischen den Rechtsanwälten beteiligt war (OLG Frankfurt, JurBüro 1984, 869;

OLG Hamm, JurBüro 1986, 217 u. BRAGOreport 2002, 89; OLG Karlsruhe, AnwBl 1992, 453 = JurBüro 1992, 740 = MDR 1992, 616; Madert, in: Gerold/Schmidt/von Eicken/Madert, BRAGO, § 19 Rn. 31).

Andere Gerichte vertreten die Auffassung, auf die **Beteiligung des Mandanten an der Gebühren** **85** **teilungsvereinbarung** komme es nicht an. Das Kostenfestsetzungsverfahren solle einfach sein und nicht mit der Aufklärung solcher Fragen belastet werden. Dieser Einwand sei daher immer zu beachten und mache das Kostenfestsetzungsverfahren nach § 19 BRAGO unzulässig (OLG Koblenz, zfs 1992, 281; OLG Schleswig, JurBüro 1983, 1516). Da in fast allen Fällen der Zusammenarbeit von Rechtsanwälten Gebührenteilungsvereinbarungen getroffen werden, würde dies dazu führen, dass das Kostenfestsetzungsverfahren nach § 19 BRAGO keine sinnvolle Durchsetzung von Honoraransprüchen mehr ermöglichen würde. Bis zur Klärung des jeweiligen Rechtsstandpunktes seines Gerichtes müsste der Rechtsanwalt jedoch zunächst den Weg des § 19 BRAGO einschlagen, um sich nicht im Klageverfahren dem Einwand fehlenden Rechtsschutzbedürfnisses ausgesetzt zu sehen. Alles in allem also ein nicht mehr praktikables Vorgehen. Dies alles kann aber vermieden werden, wenn die zu zahlenden Anwaltsgebühren auch bei einer Gebührenteilungsvereinbarung über die Zahlung des Vorschusses durch den Mandanten oder Dritte sichergestellt sind.

IV. Gebühren in der Zwangsvollstreckung

Die Gebühren in der Zwangsvollstreckung sind in den §§ 57, 58 BRAGO geregelt. Seit dem Kos **86** tenrechtsänderungsgesetz 1994 sind die Gegenstandswerte vollständig in § 57 Abs. 2 BRAGO aufgeführt. Als **spezielle Bestimmung** für den Gegenstandswert der Rechtsanwaltsgebühren geht diese Regelung anderen Bestimmungen vor. Für die Gebührentatbestände sind §§ 57, 58 BRAGO zu beachten.

Nach § 57 Abs. 1 BRAGO entstehen für einen Auftrag in der Zwangsvollstreckung die Gebühren **87** des § 31 BRAGO zu 3/10. Dies bedeutet, dass nicht nur eine einzige Gebühr entstehen kann. Vielmehr entstehen unter den gleichen Voraussetzungen wie im Prozess auch eine Verhandlungs- bzw. Erörterungsgebühr. In Betracht hierfür kommen vor allen Dingen Anträge im Verfahren auf Festsetzung eines Ordnungsgeldes nach § 890 ZPO. Aber auch vor dem Gerichtsvollzieher kann eine Erörterungsgebühr entstehen (OLG Frankfurt/M., MDR 1994, 218).

Bei einer **Zwangsvollstreckung für mehrere Auftraggeber** erhöht sich die Gebühr für jeden wei **88** teren Auftraggeber nach § 6 BRAGO um 3/10 der Ausgangsgebühr. Sie erhöht sich damit für jeden weiteren Auftraggeber um 9/100.

Bei einer **Vollstreckung gegen mehrere Schuldner** fallen die Gebühren gegen jeden einzelnen **89** Schuldner, gegen den eine Vollstreckungsmaßnahme betrieben wird, gesondert an. Bei einem Urteil gegen Gesamtschuldner setzt sich diese gesamtschuldnerische Haftung aufgrund der Änderungen durch die 2. Zwangsvollstreckungsnovelle in der Zwangsvollstreckung fort (§ 788 Abs. 1 Satz 3 ZPO).

Die Gebühren fallen **für jede einzelne Vollstreckungsmaßnahme gesondert** an. Mit ihr werden **90** alle Tätigkeiten des Rechtsanwalts in dieser Vollstreckungsmaßnahme von deren Vorbereitung bis zur Beendigung bezahlt. Was eine einzelne Vollstreckungsmaßnahme ist, ergibt sich aus § 58 BRAGO.

I.d.S. kann auch die anwaltliche Zahlungsaufforderung an den Schuldner der Beginn einer Voll **91** streckungshandlung sein. Voraussetzung ist jedoch, dass die Voraussetzungen **der Zwangsvoll** **streckung** auch bereits **im Zeitpunkt der Zahlungsaufforderung** vorliegen. Mithin müssen Titel, Vollstreckungsklausel und Zustellung vorliegen. Bei einem für vorläufig gegen Sicherheitsleistung für vollstreckbar erklärten Urteil muss die Sicherheit geleistet sein (OLG Koblenz, zfs 1992, 351 f.). Daran ändert auch die Möglichkeit der Sicherungsvollstreckung nach § 720a ZPO nichts, wenn zum Zeitpunkt der Zahlungsaufforderung Urteil und Vollstreckungsklausel noch nicht zugestellt sind.

Die Frage, ob dem Schuldner nach Rechtskraft des Urteils eine angemessene **Frist von ca. 2 Wochen** bleiben muss, um die Schuld freiwillig zu zahlen, berührt nicht die Entstehung der Gebühr. Sie ist vielmehr eine Frage des Kostenerstattungsrechts, nämlich danach, ob es sich um notwendige Kosten der Zwangsvollstreckung i.S.d. § 788 ZPO handelt.

V. Allgemeine Fragen

1. Vergleichsgebühr

92 Die Vergleichsgebühr kann nie allein stehen. Sie vergütet ausschließlich den Erfolg des Rechtsanwalts, am Zustandekommen eines Vergleichs mitgewirkt zu haben. Neben der Vergleichsgebühr muss daher immer eine **Betriebsgebühr stehen,** die die Geschäftätigkeit des Rechtsanwalts vergütet. Je nach Art des Auftrages können daher neben der Vergleichsgebühr Gebühren nach den §§ 20, 31 Abs. 1 Nr. 1, 32 Abs. 1 oder 2, 57, 118 BRAGO anfallen.

93 Die Vergleichsgebühr nach § 23 BRAGO wirft eine Vielzahl von Fragen auf. Um zum richtigen Ergebnis zu kommen, sind **drei Fragen** zu unterscheiden:

- Liegt überhaupt ein Vergleich vor?

- Wenn ja: Welcher Gebührensatz greift ein?

- Wie hoch ist der Streitwert?

a) Streitiges Rechtsverhältnis

94 Eine Vergleichsgebühr nach § 23 BRAGO entsteht nur, wenn ein wirksamer Vergleich i.S.d. § 779 BGB zustandekommt. Dafür setzt § 779 BGB zunächst ein streitiges Rechtsverhältnis voraus. An einem Rechtsverhältnis fehlt es in **Verkehrsunfallangelegenheiten** praktisch nie. Problematisch kann jedoch sein, ob es ein streitiges Rechtsverhältnis ist. Bestehen weder über den Grund noch über die Höhe des Anspruchs irgendwelche unterschiedlichen Vorstellungen, scheidet ein Streit aus.

b) Gegenseitiges Nachgeben

95 Beide Seiten müssen **rechtlich** und nicht nur rein tatsächlich nachgeben. Dieses Tatbestandsmerkmal bildet den Schwerpunkt gerichtlicher Auseinandersetzungen zur Vergleichsgebühr. Folgende **Fallgruppen** haben sich herausgebildet:

- **Klagerücknahme gegen Verzicht auf Kostenerstattung**: Die Frage ist umstritten (für eine Vergleichsgebühr: AG Charlottenburg, zfs 1991, 304 , AG Diez, zfs 1995, 350; AG Gronau, zfs 1996, 30; AG Grünstadt, zfs 1993, 172; AG Itzehoe, zfs 1992, 351; AG Mannheim, zfs 1993, 315; AG Wiesbaden, zfs 1992, 310; OLG Nürnberg, MDR 2000, 908; AG München, AGS 2000, 168; gegen eine Vergleichsgebühr: LG Düsseldorf, zfs 1993, 136 [Ls.] = MDR 93, 182; AG Köln, zfs 1995, 32 [Ls.] = VersR 1994, 1322; OLG München, zfs 1993, 172 [Ls.] = MDR 1993, 87; OLG Zweibrücken, OLGR 1999, 71).

- **Erfüllung des gesamten geltend gemachten Schadens durch den Gegner/KH-Versicherer**: In diesem Fall liegt kein gegenseitiges Nachgeben vor. Der Schädiger/KH-Versicherer gibt nicht nach. Es hat von vornherein zudem kein Streit über die Schadenhöhe bestanden.

- **Zahlung der vom Versicherer für berechtigt gehaltenen Forderungen und Nachgeben des Mandanten:** Auch hier fehlt es an einem gegenseitigen Nachgeben. Lediglich der Mandant gibt nach. Er hatte zunächst einen höheren Schadenbetrag gefordert und gibt sich sodann mit der tatsächlichen Leistung zufrieden. Der Versicherer hat aber von vornherein nur den Betrag, den er für berechtigt hielt, gezahlt. Hierin liegt nur die Erfüllung einer Verbindlichkeit, aber kein Nachgeben.

Kindermann

c) Wirksamer Vergleich

Der Abschluss eines Vergleichs unter Widerrufsvorbehaltist in § 23 Abs. 2 BRAGO ausdrücklich   96
erwähnt. Ihm gleichgestellt und ebenfalls ausdrücklich erwähnt ist der Abschluss eines Vergleichs
unter einer aufschiebenden **Bedingung**. In beiden Fällen entsteht die Vergleichsgebühr erst dann,
wenn der Vergleich nicht widerrufen bzw. die Bedingung eingetreten ist. Wird der Vergleich dagegen **verbindlich abgeschlossen** und bleibt nur einer oder beiden Seiten der Rücktritt vom Vergleich vorbehalten, so ist der Vergleich bereits wirksam zustande gekommen. Ein später erklärter
Rücktritt beseitigt zwar den Vergleich, nicht aber die bereits entstandene Vergleichsgebühr. Dies
ergibt sich aus § 13 Abs. 4 BRAGO. Danach entfallen einmal entstandene Gebühren nicht durch
später eintretende Ereignisse. Demzufolge entfällt eine bereits entstandene Vergleichsgebühr auch
nicht durch eine spätere Anfechtung des Vergleichs. Dieser ist zwar nach § 142 Abs. 1 BGB mate-
riellrechtlich von Anfang an nichtig. Dies betrifft aber nicht die gebührenrechtliche Einordnung
(OLG Karlsruhe, OLGR 1999, 332).

d) Mitwirkung des Rechtsanwalts beim Vergleichsabschluss

Der Rechtsanwalt muss am Abschluss des Vergleichs mitgewirkt haben. Ein besonderer Beitrag ist   97
dazu ebenso wenig erforderlich wie eine unmittelbare Beteiligung des Rechtsanwaltes. Er muss
lediglich mitursächlich gewesen sein. Dazu reicht es z.B. aus, wenn er den Mandanten wegen eines
Vergleichsabschlusses berät und ihm zurät, wenn er mit dem Mandanten den Vergleichsabschluss
vorbereitet und der Mandant den Vergleich dann auf der Grundlage der Gespräche selbst
abschließt, wenn er als Verkehrsanwalt einen vom Hauptbevollmächtigten unter Widerrufsvorbehalt abgeschlossenen Vergleich mit dem Mandanten bespricht und nicht zum Widerruf rät (weiterführend hierzu m.w.N.: Hansens, ZAP F. 24, S. 407, 409).

e) Gebührensatz

Seit dem **Kostenrechtsänderungsgesetz 1994** beträgt die Vergleichsgebühr grds. 15/10 der vollen   98
Gebühr. Nach § 23 Abs. 1 Satz 3 BRAGO fallen jedoch nur 10/10 an, wenn über den Gegenstand
des Vergleichs ein gerichtliches Verfahren oder ein Verfahren über die Prozesskostenhilfe anhängig ist. **Gerichtliches Verfahren** ist danach jedes Verfahren bei Gericht, also insbesondere Mahnverfahren, selbstständiges Beweisverfahren, Maßnahmen im einstweiligen Rechtsschutz, Klage zur
Hauptsache, Zwangsvollstreckungsmaßnahmen bei Gericht (z.B. Pfändungs- und Überweisungs-
beschluss). Umstritten ist, ob auch der **Zwangsvollstreckungsauftrag an den Gerichtsvollzieher**
ein gerichtliches Verfahren ist.

Betrifft der Vergleich sowohl gerichtlich anhängige als auch nichtanhängige Ansprüche, sind für   99
die einzelnen Teile des Vergleichs unterschiedliche **Gebührensätze** anzuwenden. Für die gerichtlich anhängigen Ansprüche sind 10/10 zugrundezulegen. Für die nichtanhängigen Ansprüche sind
mindestens 15/10 zugrundezulegen. Insgesamt dürfen wegen § 13 Abs. 3 BRAGO aber nicht mehr
Gebühren abgerechnet werden, als nach dem gesamten Gegenstandswert auf der Grundlage des
höchsten Gebührenbetrages angefallen wären.

Umstritten ist, ob beim Vergleich über nichtanhängige Ansprüche in der Berufungsinstanz nicht   100
nur 15/10 sondern 19,5/10 anfallen. Der Streit entzündet sich an der Formulierung des § 23 Abs. 1
Satz 1 BRAGO. Danach fallen 15/10 der vollen Gebühr an. Damit könnten also auch 150 % der
vollen Gebühr gemeint sein. Beträgt die volle Gebühr in der Rechtsmittelinstanz 13/10, ergäbe sich
damit ein Gebührensatz von 19,5/10 (so OLG Hamm, JurBüro 1998, 585; JurBüro 1999, 470; KG,
AnwBl 1998, 212; OLG Frankfurt/M., AnwBl 1998, 537; OLG Koblenz, MDR 2000, 112; OLG
Nürnberg, JurBüro 1999, 586 ; OLG Köln, JurBüro 2000, 246; LG Bochum, JurBüro 1996, 638;
Kronenbitter, AGS 1995, 82; Enders, JurBüro 1996, 617 f.; Schneider, MDR 1998, 197; a.A. BGH,
Urt. v. 17.9.2002, XI ZB 9/02; LG Köln, JurBüro 1997, 414; OLG Stuttgart, JurBüro 1998, 585;
LG Berlin, 1997, 639; OLG München, OLGR 1999, 148).

f) Streitwert

101 Der Streitwert berechnet sich danach, worüber sich die Parteien vergleichen und **nicht worauf** sich diese vergleichen.

Beispiel:

Fahrer A verlangt von Fahrer B wegen eines Verkehrsunfalls auf nächtlicher Straße 10 000 €. Widerklagend verlangt sodann Fahrer B von Fahrer A den gleichen Betrag. Die Parteien einigen sich darauf, die Angelegenheit schlicht um schlicht zu beenden. Der Streitwert beträgt hier 20 000 € und nicht 0 € (Klageforderung 10 000 € + Widerklageforderung nach § 19 Abs. 1 Satz 1 GKG 10 000 €).

102 Umstritten ist die Höhe des Gegenstandswertes, wenn sich die Parteien nach Ausgleich eines unstreitigen Betrages über den Spitzenbetrag streiten und sodann einigen.

103 **Für den Gegenstandswert** kommen in Betracht:

● der **Gesamtschadensbetrag:** (LG Karlsruhe, AnwBl 1983, 95; differenziert danach, ob der Versicherer in der Abfindungserklärung klarstellt, dass nur ein Teilvergleich gewollt sei)

● der **noch streitige Betrag:** (AG Frankfurt/M., zfs 1992, 242; LG Göttingen, DAR 2000, 285).

2. Hebegebühr (§ 22 BRAGO)

104 Die Hebegebühr entsteht, wenn der Rechtsanwalt im Auftrag des Mandanten **Zahlungen entgegennimmt** und diese auszahlt oder zurückzahlt. Sie beträgt bei Beträgen bis zu 2 500 € 1 %; von dem Mehrbetrag bis zu 10 000 € 0,5 % sowie von dem Mehrbetrag über 10 000 € 0,25 %. Ist das Geld in mehreren Beträgen gesondert auszuzahlen oder zurückzuzahlen, wird die Gebühr von jedem Betrag besonders erhoben (§ 22 Abs. 2 BRAGO). Die Gebühr fällt nicht an, soweit es sich um Kosten handelt, die der Anwalt an ein Gericht oder eine Behörde weiterleitet, wenn er eingezogene Kosten an den Mandanten auszahlt oder wenn er eingezogene Gelder mit Honorar verrechnet (§ 22 Abs. 5 BRAGO).

105 Voraussetzung für das Entstehen der Gebühr ist daher zum einen ein entsprechender **Auftrag** des Mandanten. In diesem Zusammenhang ist für den Mandanten sicherlich interessant, unter welchen Voraussetzungen die Hebegebühr überhaupt vom Gegner zu erstatten ist. Hier kommt es häufig zu Auseinandersetzungen. Um diese zu vermeiden, wird die Hebegebühr häufig überhaupt nicht abgerechnet.

106 Anstelle dieses Verzichts wäre es aber sinnvoll, die Beträge sofort an denjenigen zahlen zu lassen, dem diese letztendlich auch zustehen, mithin die Sachverständigenkosten an den Mandanten bzw. an den Sachverständigen die Schadenspositionen des Mandanten an diesen und die Rechtsanwaltskosten an den Rechtsanwalt. Die Erfüllung dieser Positionen könnte dem Rechtsanwalt dann nachgewiesen werden. Er hat somit die Kontrolle über die Erfüllung der Verbindlichkeiten, ohne mit der Entgegennahme des Geldes und dessen Weiterleitung zusätzlich Arbeit zu haben und sich auch noch dem Risiko von Zahlungsversehen auszusetzen.

3. Vertretung mehrerer Auftraggeber (§ 6 BRAGO)

107 Vertritt der Rechtsanwalt mehrere Auftraggeber in derselben Angelegenheit, erhält er die Gebühren zwar nur einmal. Seine Mehrarbeit wird aber bei der **Geschäftsgebühr** (§ 118 Abs. 1 Nr. 1 BRAGO) und der **Prozessgebühr** (§ 31 Abs. 1 Nr. 1 BRAGO) durch einen Zuschlag von 3/10 für jeden weiteren Auftraggeber vergütet. Gemeint sind hiermit 30 % der Ausgangsgebühr. Bei einer Ausgangsgebühr von 3/10 eine Erhöhung um 9/100, bei 10/10 um 3/10, bei 13/10 um 39/100 etc. **Mehrere Erhöhungen** dürfen den Betrag von **zwei vollen Gebühren** nicht übersteigen. Jeder Auftraggeber haftet nur für die Gebühren und Auslagen, die er schuldete, wenn der Rechtsanwalt nur in seinem Auftrag tätig geworden wäre (§ 6 Abs. 3 Satz 1 BRAGO). Zusätzliche Dokumentenpauschalen für Abschriften und Ablichtungen entstehen nach § 6 Abs. 2 BRAGO, soweit diese in

derselben Angelegenheit zur notwendigen Unterrichtung von mehr als 10 Auftraggebern gefertigt worden sind. **Praktische Fragen** entzünden sich an **zwei Tatbestandsmerkmalen:**

- **Wann sind mehrere Auftraggeber gegeben?**

Diese Voraussetzung ist erfüllt, wenn der Rechtsanwalt für mehrere natürliche oder juristische Personen tätig wird. Umstritten ist die Voraussetzung, wenn der Rechtsanwalt für eine BGB-Gesellschaft tätig wird. Diese hatte nach allgemeiner Auffassung bis zur Entscheidung des BGH vom 29.1.2001 (NJW 2001, 1056)) keine eigene Rechtspersönlichkeit. Sie konnte mithin nicht unter einer Firma klagen oder verklagt werden. Grds. waren daher alle BGB-Gesellschafter auch Auftraggeber (Hansens, BRAGO, § 6 Rn. 6 m.w.N.). Davon zu unterscheiden war die Frage, ob auch die Mehrkosten für die Vertretung mehrerer Auftraggeber notwendige Kosten der Rechtsverfolgung und als solche erstattungsfähig waren. Diese Frage war aber ausschließlich nach den Vorschriften über die Gebührenerstattung zu beantworten und betraf nicht die Entstehung der Gebühr im Verhältnis zwischen dem Rechtsanwalt und seinen Mandanten. Diese Situation hat sich durch die genannte Entscheidung des BGH grundlegend geändert. Der BGH billigt der GbR nunmehr in dem Umfang eine Teilrechtsfähigkeit zu, in der sie im Rechtsverkehr als Träger von Rechten und Pflichten auftritt. Hieraus folgt, dass in der Mehrzahl aller Fälle von einem Auftraggeber auszugehen ist. Beschränkt sich die Tätigkeit der GbR aber auf das Verhältnis im Inneren, bleibt es bei einer Auftraggebermehrheit (zu den Auswirkungen der Entscheidung unter Darstellung der bisherigen Rspr. siehe auch Hansens, BRAGO-report 2001, 33).

- **Sind mehrere Auftraggeber an derselben Angelegenheit beteiligt?**

Diese Voraussetzung ist gerade im Verkehrsunfallbereich von Bedeutung, da vor allem der Schmerzensgeldanspruch **höchstpersönlicher Natur** ist. An ihm kann daher nur der jeweils Geschädigte beteiligt sein. In gleicher Weise stehen Sachschadenansprüche nur dem jeweiligen Eigentümer zu.

Sind mehrere Auftraggeber innerhalb eines Auftrages nicht an derselben Angelegenheit beteiligt, werden die Streitwerte zwar addiert (§ 7 Abs. 2 BRAGO). Eine Erhöhung der Gebühren nach § 6 BRAGO tritt aber nicht ein.

Sind mehrere Auftraggeber nur an einzelnen **Positionen zugleich** beteiligt und an anderen alleine, ist die Art und Weise, für die Berechnung des Erhöhungsbetrages umstritten.

Nach einer Auffassung erhält der Anwalt eine einfache Prozessgebühr aus dem Wert, an dem keine gemeinschaftliche Beteiligung vorliegt und eine nach § 6 Abs. 1 BRAGO erhöhte Gebühr aus dem Wert der gemeinschaftlichen Beteiligung; beide Gebühren dürfen den Wert einer erhöhten Gebühr aus dem Gesamtwert jedoch nicht übersteigen (LG Bonn, Rpfleger 1995, 384 m. Anm. N. Schneider; OLG Hamburg, MDR 1978, 767; von Eicken, in: Gerold/Schmidt/von Eicken/Madert, § 6 Rn. 35; Lappe, Rpfleger 1981, 94; N. Schneider, BRAGOreport 2000, 21; ders., ZAP F. 24, S. 177 ff.).

Beispiel:

A und B sind gemeinsam Eigentümer eines Pkw. Der Sachschaden am PKW beträgt 3 000 €. Bei dem Unfall erleiden beide Körperschäden, für die jeweils Schmerzensgeldansprüche von 5 000 € geltend gemacht werden. Die Abrechnung sieht wie folgt aus:

10/10 Prozessgebühr (§ 31 Abs. 1 Nr. 1 BRAGO; 10 000 €)	*486,00 €*
13/10 Prozessgebühr (§§ 31 Abs. 1 Nr. 1, 6 Abs. 1 BRAGO; 3 000 €)	*245,70 €*
gem. § 13 Abs. 3 BRAGO nicht mehr als 13/10 aus 13 000 €	*683,80 €*

Jeder der beiden Auftraggeber haftet dem Rechtsanwalt gegenüber aber nur für die Gebühren, die auf seinen Anteil entfallen, mithin auf 10/10 Prozessgebühr nach 8 000 €, also auf 412 € (zzgl. Auslagen und USt).

Nach einer anderen Auffassung, die z.B. vom OLG Hamburg (JurBüro 2001, 27) und vom OLG München (MDR 1998, 1439) vertreten wird, errechnet sich die Prozessgebühr aus dem zusammengerechneten Wert. Daneben wird nur noch der Erhöhungsbetrag aus dem Wert berechnet, an dem beide Auftraggeber gemeinschaftlich beteiligt sind.

Beispiel:

10/10 Prozessgebühr (§ 31 Abs. 1 Nr. 1 BRAGO; 13 000 €)	*526,00 €*
3/10 Erhöhungsgebühr (§ 6 BRAGO; 3 000 €)	*56,70 €*
zusammen	*582,70 €*

Wegen weiterer Einzelheiten zur Abrechnung bei mehreren Auftraggebern siehe auch Kindermann, Gebührenpraxis, Teil 1 Rn. 123 ff.

4. Tätigkeit in derselben Angelegenheit

111   In derselben Angelegenheit erhält der Rechtsanwalt nur einmal die Gebühren (§ 13 Abs. 2 BRA-GO). Unter dieselbe gebührenrechtliche Angelegenheit fallen alle Tätigkeiten, die **im Rahmen eines einheitlichen Auftrages** erbracht werden. Dies gilt bei einer außergerichtlichen Regulierung auch dann, wenn in die Regulierung Schäden einbezogen werden, die im Laufe der Tätigkeit erst entstanden sind (BGH, NZV 1995, 231). Der BGH hat in der genannten Entscheidung ausdrücklich offen gelassen, ob die Rechtslage anders zu beurteilen wäre, wenn die Angelegenheit zwischenzeitlich einmal zum Abschluss gekommen wäre. Diese Frage scheint inzwischen in § 13 Abs. 5 BRAGO geregelt zu sein. Dieser ist durch das Kostenrechtsänderungsgesetz 1994 in der derzeit geltenden Fassung eingefügt worden. Er schafft eine zeitliche Grenze für die Fortsetzung zwischenzeitlich beendeter Aufträge. Wird der Rechtsanwalt, nachdem er in einer Angelegenheit tätig geworden ist, beauftragt, in derselben Angelegenheit weiter tätig zu werden, so erhält er nicht mehr an Gebühren, als er erhielte, wenn er von vornherein mit der weiteren Tätigkeit beauftragt worden wäre. Die **zeitliche Grenze** liegt bei zwei Kalenderjahren. Wird der Rechtsanwalt erst nach dem Ablauf von zwei vollen Kalenderjahren mit der weiteren Tätigkeit beauftragt, gilt die weitere Tätigkeit als neue Angelegenheit. Auch nach dem In-Kraft-Treten des § 13 Abs. 5 BRAGO bleibt Madert (Gerold/Schmidt/von Eicken/Madert, BRAGO, § 13 Rn. 93) aber bei der Auffassung, dass mehrere Angelegenheiten gegeben sind, wenn der Mandant den Rechtsanwalt erneut mit der Wahrnehmung seiner Interessen aus einem Lebenssachverhalt beauftragt, wenn die vorangegangene Tätigkeit abgeschlossen war; so z.B. wenn nach Regulierung der immateriellen Schäden erst später die Regulierung materieller Zukunftsschäden in Auftrag gegeben wird.

Das LG Kleve hat bereits in AnwBl 1981, 509 die jährliche Neuberechnung einer Unfallrente im Rahmen einer Unfallschadenregulierung als jeweils eigene Angelegenheit angesehen. In gleicher Weise geht das OLG Hamm (AGS 2000, 218) von mehreren Angelegenheiten aus, wenn Teilansprüche jeweils für längere zeitliche Abschnitte über Jahre hinweg geltend gemacht werden, wie z.B. die Neuberechnung von Verdienstausfallschäden und des Haushaltsführungsschadens, die aufgrund einer Verurteilung zum Ersatz zukünftiger Schäden zu berechnen sind.

Für die Regulierung vorbehaltener Zukunftsschäden nach vorausgegangenem Vergleich über die Gegenwartsschäden geht auch Schmidt (NJW 1973, 1311, 1312) von zwei Angelegenheiten aus.

Ebenso liegen zwei Angelegenheiten vor, wenn der Anwalt neben der Schadensregulierung beauftragt ist, den **Kaskoversicherer** in Anspruch zu nehmen (s. o. Rn. 7).

Das Gleiche gilt, wenn mit dem Mietwagenunternehmer, der Werkstatt oder dem Sachverständigen Streit, etwa über die Höhe des Werklohns, der Mietwagenkosten oder des Sachverständigenhonorars o.Ä., entsteht und der Anwalt auch insoweit beauftragt wird.

112   § 13 Abs. 5 Satz 1 BRAGO greift daher nur ein, wenn es sich um dieselbe Angelegenheit handelt. Dies setzt nach allgemeiner Meinung einen **einheitlichen Auftrag,** einen **gleichen Tätigkeitsrahmen** und einen **inneren Zusammenhang** voraus.

5. Rechtsfragen bei ausländischen Auftraggebern

Hat der Mandant seinen Wohnsitz oder Sitz im Ausland, stellt sich zunächst die Frage, ob überhaupt deutsches **Recht** und damit auch deutsches Gebührenrecht Anwendung findet. Auch für den **Anwaltsvertrag** gelten dabei grds. die **Kollisionsnormen** der Art. 27 ff. EGBGB. Nach Art. 27 EGBGB können die Parteien das anwendbare Recht grds. frei wählen. Bei Verträgen mit Verbrauchern über die Erbringung von Dienstleistungen ist Art. 29 EGBGB zu beachten. Danach dürfen dem Verbraucher durch die Rechtswahl nicht die zwingenden Schutzvorschriften des Staates entzogen werden, in dem er sich gewöhnlich aufhält. Diese Bestimmung gilt aber dann nicht, wenn die nach dem Vertrag zu erbringenden Dienstleistungen ausschließlich in einem Staat erbracht werden, in dem der Verbraucher nicht seinen gewöhnlichen Aufenthaltsort hat. **113**

Konkret bedeutet dies: Der Rechtsanwalt kann mit natürlichen und juristischen ausländischen Personen die Anwendung **deutschen Rechts** und damit auch der BRAGO vereinbaren. Dies gilt auch bei Verträgen mit Verbrauchern, wenn er seine Dienstleistung ausschließlich in einem Staat erbringt, in dem der Verbraucher nicht seinen gewöhnlichen Aufenthalt hat. **114**

Haben die Parteien des Anwaltsvertrages keine **Rechtswahl** getroffen, greift Art. 28 EGBGB ein. Danach gilt das Recht des Staates, mit dem der Vertrag die **engsten Verbindungen** aufweist. Kriterium ist dafür nach Art. 28 Abs. 2 EGBGB, in welchem Staat diejenige Partei ihren Sitz oder gewöhnlichen Aufenthalt hat, die die nach dem Vertrag geschuldete charakteristische Leistung erbringt. Beim Anwaltsvertrag ist dies die **anwaltliche Dienstleistung** (Reithmann/Martiny, Internationales Vertragsrecht, Rn. 1475). Erbringt der Rechtsanwalt mit alleinigem Sitz in Deutschland diese in Deutschland, gilt danach deutsches Recht. **115**

Für **Honorarklagen** gegen ausländische Mandanten ist das Gericht am Kanzleisitz des Rechtsanwalts international zuständig (BGH, NJW 1991, 3095 = VersR 1991, 718 = zfs 1992, 64). **116**

Ist nach den vorstehenden Ausführungen deutsches Recht und damit die BRAGO anzuwenden, ist das Augenmerk noch auf die **Umsatzsteuer** zu richten. Rechtsanwälte erbringen umsatzsteuerrechtlich „sonstige Leistungen" i.S.d. § 3a Abs. 4 Nr. 3 UStG. Für derartige „sonstige Leistungen" stellt § 3a Abs. 3 UStG ausnahmsweise auf das Empfängerland ab. Konkret bedeutet dies: Wird die Leistung für einen Unternehmer mit Sitz im Ausland erbracht, unterliegt die Leistung nicht der Umsatzsteuer. Etwas anderes gilt nur dann, wenn die Leistung für die inländische Betriebsstätte eines ausländischen Unternehmens erbracht wird. Die inländische Rechtsanwaltsleistung für Privatpersonen mit Wohnsitz außerhalb des EU-Auslandes unterliegt nicht der inländischen Umsatzsteuer. Leistungen für Privatpersonen mit Wohnsitz im EU-Ausland gelten aber nach §§ 3a Abs. 1, 2 Abs. 1 UStG als inländische Leistungen und unterliegen insoweit wiederum der Umsatzsteuer. **117**

6. Beauftragung eines Rechtsanwalts im Ausland

Von der vorstehend (Rn. 113) erörterten Frage ist die Konstellation zu unterscheiden, bei der ein inländischer Mandant Bedarf für die Tätigkeit eines ausländischen Rechtsanwalts hat, etwa weil er vor einem ausländischen Gericht verklagt worden ist oder weil er sich von einer Vertretung „vor Ort" eine bessere Erfolgsaussicht verspricht. **118**

Bei einer Zusammenarbeit mit einem Rechtsanwalt aus einem anderen EU-Staat ist gebührenrechtlich **Nr. 5.7 der CCBE-Berufsrechtsrichtlinien** zu beachten. Dieser lautet: **119**

„Im beruflichen Verkehr zwischen Rechtsanwälten verschiedener Mitgliedstaaten ist der Rechtsanwalt, der sich nicht darauf beschränkt, seinem Mandanten einen ausländischen Kollegen zu benennen oder das Mandat zu vermitteln, sondern eine Angelegenheit einem ausländischen Kollegen überträgt oder diesen um Rat bittet, persönlich dann zur Zahlung des Honorars, der Kosten und der Auslagen des ausländischen Kollegen verpflichtet, wenn Zahlung von dem Mandanten nicht erlangt werden kann. Die betreffenden Rechtsanwälte können jedoch zu Beginn ihrer Zusammenarbeit anderweitige Vereinbarungen treffen. Der beauftra-

gende Rechtsanwalt kann ferner zu jeder Zeit seine persönliche Verpflichtung auf das Honorar und die Kosten und Auslagen beschränken, die bis zu dem Zeitpunkt angefallen sind, in welchem er seinem ausländischen Kollegen mitteilt, dass er nicht mehr haften werde. "

VI. Abrechnung nach dem Regulierungsvorschlag (vormals DAV-Abkommen)

1. Rechtsnatur und Schlussfolgerungen

120 Beim Regulierungsvorschlag (abgedruckt unten Rn. 201) handelt es sich um **Absichtserklärungen** des Deutschen Anwaltsvereins auf der einen und verschiedenen Kfz-Haftpflichtversicherern auf der anderen Seite. Über diese Absichtserklärungen hinausgehende rechtliche Wirkungen sind weder von den Vätern der Vereinbarung gewollt, noch lassen sich solche aus irgendwelchen anderen Anhaltspunkten herleiten.

121 Die Absichtserklärung ist daher insbesondere abzugrenzen von sonstigen rechtlichen Gestaltungen. Sie sind **kein Vertrag zugunsten Dritter.**

122 Sie sind auch **keine Honorarvereinbarung.** Eine Honorarvereinbarung kann nach § 3 BRAGO nur zwischen dem Rechtsanwalt und seinem Auftraggeber geschlossen werden. Der Auftraggeber ist aber an dieser Vereinbarung nicht beteiligt. Dies bedeutet, dass die Abrechnung des Rechtsanwalts nach dem Vorschlag dessen Auftraggeber nicht benachteiligen darf. Er darf nicht schlechter gestellt werden, als wenn der Rechtsanwalt die dem Auftraggeber zustehenden Erstattungsansprüche auf der Grundlage der gesetzlichen Gebühren berechnet hätte. Auf der anderen Seite wird er hierdurch aber auch nicht besser gestellt.

2. Anwendungsbereich

123 Der **persönliche Anwendungsbereich** umfasst auf Seiten der Versicherer nur diejenigen **Versicherungsgesellschaften,** die erklärt haben, nach diesen Modalitäten abrechnen zu wollen. Soweit die inländische Versicherungsgesellschaft für eine ausländische Versicherungsgesellschaft als Korrespondenzgesellschaft tätig ist, gilt der Vorschlag nur, wenn die ausländische Versicherungsgesellschaft sie gegen sich gelten lässt (Nr. 7e).

124 Auf Seiten des **Rechtsanwalts** sind zunächst keine Beschränkungen vorgesehen. Nach Nr. 7g soll die Regelung aber generell für die Rechtsanwälte nicht (mehr) gelten, die von ihr, sei es auch nur in einem Einzelfall, abweichen.

125 Zu differenzieren ist bei **Sozietäten.** Auf den ersten Blick scheint es so, als könnten auch diese nur einheitlich entweder nach dem Vorschlag oder nach den gesetzlichen Gebühren abrechnen. Immerhin kommt i.d.R. das Mandatsverhältnis mit allen Sozien zustande. Dies muss aber nicht immer so sein. Der Mandant könnte das Mandat auf einen Einzelnen der Sozien beschränkt haben. Dieser könnte im Wege der Beratungshilfe tätig oder als PKH-Anwalt beigeordnet worden sein. Um hier nicht dem Ziel einer zügigen und unkomplizierten Abrechnung entgegenzuhandeln, kann auch insoweit immer nur auf das Abrechnungsverhalten des einzelnen Rechtsanwalts abgestellt werden.

126 Vom **sachlichen Anwendungsbereich** her tritt die pauschalierte Abrechnung nach dem Vorschlag an die Stelle der Gebühren aus den §§ 118, 22, 23, 31 BRAGO. Erst wenn eine gerichtliche Entscheidung vorliegt, kommt mithin eine Abrechnung nach dem Vorschlag nicht mehr in Betracht. Die schlichte Einreichung der Klage stehe dem noch nicht entgegen (Greißinger, AnwBl 1993, 474; N. Schneider, DAV-Abkommen, Rn. 42).

127 Dies bedeutet, dass auch dann noch auf der Grundlage des Vorschlags abgerechnet werden kann, wenn nach Einreichung der Klage doch noch eine Verständigung über die Schadenregulierung zustandekommt und die Klage daraufhin zurückgenommen wird.

3. Inhalt

Die außergerichtliche Tätigkeit des Rechtsanwalts wird pauschaliert bezahlt. Die Pauschalierung betrifft zum einen den **Streitwert**. Hier wird in Abkehr von den gesetzlichen Gebühren nicht mehr nach dem geforderten Betrag, sondern statt dessen nach dem **Erledigungsbetrag** abgerechnet. Ist der Rechtsanwalt in einem Haftpflichtschaden auch mit der Regulierung des Kaskoschadens beauftragt, wird der Erledigungswert angesetzt, der ohne Inanspruchnahme des Kaskoversicherers in Ansatz käme (Nr. 7b der Empfehlung). Ein vor Mandatserteilung gezahlter **Vorschuss** wird in den Erledigungsbetrag eingerechnet (AG Stuttgart-Bad Cannstatt, zfs 1991, 90 f.). 128

Die Pauschalierung betrifft zum anderen die **Gebührensätze**. Folgende Gebührensätze sind danach vorgesehen: 129

- ein Auftraggeber:

  - Erledigungsbetrag bis 9.999,99 €: 15/10

  - Erledigungsbetrag ab 10 000 € **und** darin enthalten auch die Regulierung eines Personenschadens: 17,5/10

- mehrere Auftraggeber:

  - Erledigungsbetrag bis 9.999,99 €: 20/10

  - Erledigungsbetrag ab 10 000 € **und** darin enthalten auch die Regulierung eines Personenschadens: 22,5/10

Die erhöhten Gebührensätze gelten selbstverständlich auch dann, wenn nur Körperschäden reguliert werden und diese den Betrag von 10 000 € erreichen (N. Schneider, DAV-Abkommen, Rn. 134)

Wegen der Übergangsvorschriften nach § 134 BRAGO kommt in Betracht, Fälle, in denen der Rechtsanwalt bis zum 31.12.2001 unbedingt beauftragt worden ist nach der bis zum 31.12.2001 geltenden Tabelle zu § 11 BRAGO zu berechnen und Fälle, in denen der Rechtsanwalt erst nach dem 1.1.2002 unbedingt beauftragt wurde nach der neuen Tabelle zu § 11 BRAGO abzurechnen (zu den Übergangsvorschriften und den sich daraus ergebenden Pauschgebühren siehe auch: N. Schneider, ZAP F. 24 S. 669).

Für **Akteneinsicht** und **Aktenauszüge** aus Unfallstrafakten für Versicherungsgesellschaften werden sich voraussichtlich Pauschalen von 26 € für die erstmalige Einsicht bzw. 13 € für die Ergänzung herausbilden (N. Schneider, BRAGO, Anhang VI; Greißinger AnwBl 2002, 103). Zu diesen Pauschalen kommen die Dokumentenpauschale des § 27 BRAGO und die Umsatzsteuer hinzu.

4. Konkrete Abrechnungsfragen 130

Fall 1:
Der Erledigungsbetrag ist niedriger als die geforderte Schadenssumme

---

Hier ist zu fragen, ob und ggf. in welcher Höhe der Rechtsanwalt nach Zahlung durch die gegnerische Haftpflichtversicherung noch Gebührenansprüche gegen den Mandanten geltend machen kann. Die Antwort auf diese Frage wird einfach, wenn die verschiedenen Rechtsbeziehungen klar voneinander unterschieden werden:

Dem Rechtsanwalt steht gegen den Mandanten ein Anspruch auf Zahlung der gesetzlichen Gebühren zu. Dem Mandanten steht gegen den gegnerischen Haftpflichtversicherer und den Schädiger ein Anspruch auf Ersatz der erforderlichen Rechtsanwaltskosten als Schadenposition zu. Der Rechtsanwalt rechnet mit dem gegnerischen Haftpflichtversicherer auf der Grundlage des Vorschlags ab. Diese Abrechnung darf nicht zum Nachteil des Mandanten sein.

Beispiel:

Der Auftraggeber möchte Schadenersatz i.H.v. 8.000 €. Der Haftpflichtversicherer ist der Auffassung, dass aufgrund von Mitverschulden nur 4.000 € berechtigt seien. Nach einer fernmündlichen Besprechung des Rechtsanwalts mit dem Versicherer einigen sich die Parteien auf Zahlung eines Betrages i.H.v. 6.000 € zur Erledigung sämtlicher Ansprüche.

Auf der Grundlage der gesetzlichen Gebühren hätte der Rechtsanwalt hier folgenden Erstattungsanspruch des Mandanten gegen die Haftpflichtversicherung abrechnen können:

Gegenstandswert: 6.000 €

7,5/10 Geschäftsgebühr (§ 118 Abs. 1 Nr. 1 BRAGO)	*253,50 €*
7,5/10 Besprechungsgebühr (§ 118 Abs. 1 Nr. 2 BRAGO)	*253,50 €*
15/10 Vergleichsgebühr (§ 23 Abs. 1 Satz 1 BRAGO)	*507,00 €*
Postgebührenpauschale nach § 26 BRAGO	*20,00 €*
16 % USt nach § 25 Abs. 2 BRAGO	*165,44 €*
Summe	*1.199,44 €*

Von dem Haftpflichtversicherer erhält er bei einer Abrechnung nach dem Vorschlag:

Gegenstandswert: 6.000 €

15/10 Pauschgebühr nach Regulierungsvorschlag mithin	*611,32 €*

Gegen den Mandanten entstehen auf der Grundlage der gesetzlichen Gebühren

Gegenstandswert: 8.000 €

7,5/10 Geschäftsgebühr (§ 118 Abs. 1 Nr. 1 BRAGO)	*309,00 €*
7,5/10 Besprechungsgebühr (§ 118 Abs. 1 Nr. 2 BRAGO)	*309,00 €*
15/10 Vergleichsgebühr (§ 23 Abs. 1 Satz 1 BRAGO)	*618,00 €*
Postgebührenpauschale nach § 26 BRAGO	*20,00 €*
16 % USt nach § 25 Abs. 2 BRAGO	*200,96 €*
Summe	*1.456,96 €*

131 Da die Abrechnung nach dem Vorschlag nicht zum Nachteil des Auftraggebers angewendet werden darf, ist hiervon der Erstattungsanspruch auf der Grundlage der gesetzlichen Gebühren abzurechnen. Gegenüber dem Auftraggeber verbleibt daher ein restlicher Anspruch von 257,52 €. Eine andere Auffassung vertritt zum einen Prölss (in: Prölss/Martin, VVG, § 2 ARB 75 Rn. 4), jedoch ohne zwischen den verschiedenen Sachverhalten zu differenzieren oder sich mit der Rechtsnatur des Vorschlags auseinander zu setzen. Soweit er zur Begründung auf die alte Fassung des Vorschlags zurückgreift, die eine 10%ige Erhöhung des Erledigungsbetrages für den Gegenstandswert vorsah, gilt diese Fassung heute nicht mehr. Erhöhungen zum Erledigungsbetrag werden nicht vorgenommen. Eine Auseinandersetzung mit der neuen Fassung fehlt. Hier beschränkt sich die Kommentierung auf eine Feststellung.

Eine nähere Auseinandersetzung findet sich bei Harbauer, ARB, § 2 ARB 75 Rn. 229. Harbauer argumentiert, dass die Formulierung als ein pactum de non petendo zugunsten des Mandanten anzusehen sei. Als solches war der Vorschlag aber nicht gedacht. Er rationalisiert nur die Abrechnung zur gegnerischen Haftpflichtversicherung. Soweit der Mandant durch diese Abrechnung nicht benachteiligt wird, bleiben Differenzansprüche bestehen (AG Düsseldorf, RuS 1989, 260; AG

Köln, RuS 1992, 128; AG Hagen, RuS 1990, 383; AG Ahaus, AnwBl 1989, 170; ausführlich N. Schneider, DAV-Abkommen, Rn. 203 ff.; hierzu auch Madert, AGS 2001, 26).

Fall 2:
Die Angelegenheit wird nicht für alle Auftraggeber außergerichtlich abgeschlossen

---

Bei einer Vertretung mehrerer Auftraggeber werden die Ansprüche eines oder mehrerer Auftraggeber außergerichtlich erledigt, während sie für andere Auftraggeber eingeklagt werden müssen. Die Problemlösung ergibt sich aus Nr. 7h des Vorschlags. Es wird so abgerechnet, als hätten verschiedene gebührenrechtliche Angelegenheiten vorgelegen. Der außergerichtlich erledigte Teil kann nach dem Vorschlag abgerechnet werden. Hinsichtlich des nicht außergerichtlich erledigten Teils verbleibt es bei den gesetzlichen Gebühren (Zur Darstellung des Regulierungsvorschlags insgesamt und den Auswirkungen des Regulierungsvorschlags auf die Vergütungsansprüche gegen den Mandanten in allen weiteren denkbaren Fallgestaltungen s. ausführlich N. Schneider, DAV-Abkommen, mit umfassenden Berechnungsbeispielen).

B. Strafverfahren und Bußgeldverfahren

Die Gebühren für die Verteidigung in Strafverfahren finden sich im 6. Abschnitt, die Gebühren für die Verteidigung im Bußgeldverfahren im 7. Abschnitt der BRAGO. Nach § 105 Abs. 1 BRAGO in der seit dem Justizmitteilungsgesetz vom 18.6.1997 geltenden Fassung sind im Bußgeldverfahren die Vorschriften des 6. Abschnitts entsprechend anzuwenden. Dementsprechend werden nachfolgend zunächst die Gebühren für die Verteidigung in Strafverfahren und sodann im Bußgeldverfahren dargestellt (wegen umfassender Darstellungen zu den Gebühren in Straf- und Bußgeldverfahren siehe: Brieske, in: Brüssow/Krekeler/Mehle, Kap. 5; Madert, Anwaltsgebühren in Straf- und Bußgeldsachen). **132**

Die Abrechnung in Straf- und Bußgeldsachen folgt den jeweiligen **Verfahrensabschnitten.** Innerhalb der Verfahrensabschnitte sind die Gebühren in Gestalt von Betragsrahmengebühren pauschaliert. **133**

Maßgebend für die Abrechnung ist – wie bei allen Fragen anwaltlicher Vergütung – zunächst, mit welcher Tätigkeit der Rechtsanwalt beauftragt worden ist. Im Bereich des Strafverfahrens hat sich der Rechtsanwalt also zuerst zu fragen, ob er insgesamt mit der Verteidigung, mit der Verteidigung in einem bestimmten Verfahrensabschnitt oder mit einer Einzeltätigkeit beauftragt worden ist. **134**

I. Verteidigung im Ermittlungsverfahren

Die Vergütung richtet sich zunächst nach § 84 Abs. 1 1. Alt. BRAGO. Sie umfasst die Tätigkeit des Verteidigers im Ermittlungsverfahren bis zum **Eingang der Anklageschrift** oder des Antrags auf **Erlass des Strafbefehls** bei Gericht. **135**

§ 84 Abs. 1 1. Alt. BRAGO verweist auf die Gebühren für den 1. Hauptverhandlungstag nach § 83 Abs. 1 BRAGO. Der **Gebührenrahmen** des § 83 Abs. 1 BRAGO steht aber nur zur Hälfte zur Verfügung. Je nach der gerichtlichen Zuständigkeit in einem etwaigen späteren Verfahren ergeben sich also folgende Rahmen und Mittelgebühren: **136**

Verfahren	Rahmen	Mittelgebühr
Nr. 1: Verfahren vor dem OLG; Schwurgericht; Jugendkammer, soweit diese nach den allgemeinen Vorschriften zur Zuständigkeit des Schwurgerichts gehört	45 bis 650 €	347,50 €
Nr. 2: Verfahren vor der großen Strafkammer; vor der Jugendkammer, soweit nicht Nr. 1 eingreift	30 bis 390 €	210,00 €
Nr. 3: Verfahren vor dem Schöffengericht; dem Jugendschöffengericht, dem Strafrichter und dem Jugendrichter	25 bis 330 €	177,50 €

137   Mit dieser Gebühr wird die **gesamte Tätigkeit** des Rechtsanwalts im Ermittlungsverfahren vor Eingang der Akte bei Gericht abgegolten.

138   Der **Gebührenrahmen erhöht sich** nach dem durch das Kostenrechtsänderungsgesetz 1994 eingefügten und zwischenzeitlich durch das Justizmitteilungsgesetz vom 18. 6. 1997 neugefassten § 84 Abs. 2 BRAGO dann, wenn eine Hauptverhandlung aufgrund der Mitwirkung des Rechtsanwaltes entbehrlich wird, weil das Verfahren nicht nur vorläufig eingestellt wird. Dazu gehören die Einstellungen nach § 153 StPO, § 153a StPO (nach Erfüllung der Auflage), § 153b StPO, § 153c StPO, § 153d StPO, § 153e StPO, § 154 Abs. 1 bis 3 StPO (aber erst, wenn die zu beachtenden Fristen abgelaufen sind), § 154c StPO, § 154d S. 3 StPO und § 170 Abs. 2 StPO. Die weiteren, in § 84 Abs. 2 BRAGO genannten Möglichkeiten betreffen spätere Verfahrensstadien (s. Rn. 164 f., 168). In o. g. Fällen ist nicht nur der halbe Rahmen des § 83 Abs. 1 BRAGO, sondern der **ganze Rahmen** anwendbar.

139   Die Erhöhung tritt nach § 84 Abs. 2 Satz 2 BRAGO nicht ein, wenn ein **Beitrag** des Rechtsanwalts **zur Förderung des Verfahrens nicht ersichtlich** ist. Diese Formulierung ist im Gesetzgebungsverfahren bis zu ihrer jetzigen Fassung diskutiert worden. Mit der jetzigen Fassung ist klargestellt, dass grds. von einer Mitwirkung des Rechtsanwalts und einer Förderung des Verfahrens durch ihn ausgegangen wird. Den Gebührenschuldner trifft die Beweislast dafür, dass der Verteidiger an der Einstellung des Verfahrens nicht mitgewirkt hat (so auch AG Hamburg-Wandsbek, JurBüro 2002, 30; AG Unna, JurBüro 1998, 410; AG Achern, JurBüro 2001, 301 verneint ohne Mitwirkung durch „gezieltes Schweigen" mit Anm. Enders).

140   Vereinzelt findet sich auch die Auffassung, § 84 Abs. 2 BRAGO erhöhe nicht den Rahmen der in § 84 Abs. 1 BRAGO genannten Gebühren, sondern stelle einen eigenständigen Gebührentatbestand dar, der neben den Gebühren aus § 84 Abs. 1 BRAGO abgerechnet werden könne. Diese Auffassung findet jedoch keine Stütze in den Gesetzesmaterialien und auch nicht im Wortlaut. Sie hat sich auch nicht durchsetzen können und wird überwiegend abgelehnt (so auch AG München, JurBüro 1998, 411 mit umfangreicher Anm. von Enders).

141   Welche Gebühr innerhalb des jeweiligen Rahmens angemessen ist, muss anhand der Kriterien des § 12 BRAGO ermittelt werden. **§ 12 BRAGO** zählt einige Kriterienauf und zwar

● die **Bedeutung der Angelegenheit für den Auftraggeber,** z.B. Einfluss auf dessen berufliche Position (Verlust des Arbeitsplatzes wegen Verlust der Fahrerlaubnis; Verlust des Beamtenstatus; Nachteile beim beruflichen Fortkommen; Zwang zu Nachschulung oder Prüfungswiederholung bei „Führerscheinneuling");

● der **Umfang der Sache,** wobei u.a. zu berücksichtigen sind: Anzahl und Dauer der Gespräche und Telefonate mit dem Mandanten; Zeiten des Aktenstudiums oder eigener Ermittlungen (Besichtigung des Tatortes etc.); Anzahl und Umfang der Schriftsätze (um hier den Umfang in einem etwaigen Verfahren wegen der Gebühren oder gegenüber erstattungspflichtigen Dritten darlegen zu können, ist es unbedingt notwendig, den Umfang der Tätigkeit in der Handakte zu dokumentieren, etwa durch Telefonnotizen an gesammelter Stelle in der Akte etc.);

- die **Schwierigkeit der Sache;** diese muss sich nicht nur aus einer besonderen juristischen Problematik ergeben, sie kann sich auch aus außerjuristischen Problemen ergeben, z.B. aus Sprachproblemen, weil mit dem Auftraggeber nur über einen Dolmetscher gesprochen werden kann oder aus medizinischen oder technischen Gutachten;

- die **Einkommens- und Vermögensverhältnisse des Auftraggebers;** dabei ist zu berücksichtigen, dass zu den Einkommens- und Vermögensverhältnissen des Auftraggebers nicht nur dessen eigene wirtschaftliche Situation zählt, sondern auch dessen Erstattungsansprüche gegen Dritte.

Die in § 12 BRAGO genannten Kriterien sind **nicht abschließend.** Nach überwiegend vertretener Ansicht müssen nicht alle Kriterien deutlich überdurchschnittlich sein, um die Höchstgebühr in Ansatz bringen zu können (Madert, in: Gerold/Schmidt/von Eicken/Madert, BRAGO, § 12 Rn. 10 m.w.N. aus der Rechtsprechung). 142

Um Auseinandersetzungen vorzubeugen, sollte der Rechtsanwalt die von ihm in Ansatz gebrachte Gebühr bei Übersendung der Rechnung erläutern. Dies gilt insbesondere, wenn ein Dritter die Rechtsanwaltsgebühren zu erstatten hat, sich die tragenden Gründe für die Bemessung der Gebühr nicht ohne weiteres erschließen und der Rechtsanwalt diese ohne Gefährdung der Interessen seines Mandanten mitteilen kann. Um einen etwaigen Widerstreit zu den Interessen des Mandanten zu vermeiden, ist aber auch zu erwägen, diesem die Rechnung zu übersenden und zu erläutern. Ihm sind die maßgeblichen Gesichtspunkte dann bekannt. Mag er selbst entscheiden, ob er diese dem erstattungspflichtigen Dritten mitteilen will oder nicht. 143

I.Ü. führt nicht jede Abweichung einer von Dritten für angemessen gehaltenen Gebühr dazu, dass die vom Rechtsanwalt festgesetzte Gebühr unbillig ist. Die wenigsten Gerichte sind der Auffassung, dass jede Abweichung ausreicht, um die Festsetzung für unbillig zu erachten. Nach Auffassung der meisten Gerichte ist eine Festsetzung erst dann unbillig, wenn sie um mehr als **20 %** von dem für angemessen Gehaltenen abweicht (Hartmann, Kostengesetze, § 12 BRAGO Rn. 24 m.w.N.; wegen der weiteren Überschreitungen des Rahmens und der Veränderung der Mittelgebühr durch Veränderungen des Rahmens s. Rn. 166 ff.). 144

II. Verteidigung im Zwischenverfahren

Das Zwischenverfahren beginnt nach § 84 Abs. 1 Satz 1 BRAGO mit dem Eingang der Anklageschrift oder des Antrags auf Erlass des Strafbefehls bei Gericht und endet mit dem Beginn der Hauptverhandlung, also mit dem Aufruf der Sache. Ab Eingang der Akte bei Gericht ist der Gebührentatbestand des § 84 Abs. 1 2. oder 3. Alt. BRAGO verwirklicht. Diese Gebühr fällt neben der des § 84 Abs. 1 1. Alt. BRAGO an. Wird der Rechtsanwalt für den Auftraggeber aber nachfolgend auch im gerichtlich anhängigen Verfahren tätig, so geht die Gebühr des § 84 Abs. 1 2. oder 3. Alt. in den nachfolgenden Gebühren des § 83 Abs. 1 BRAGO auf. Sie fällt **nicht daneben** an. 145

Eine Ausnahme hiervon bildet der Fall der **Vertagung.** Wird eine neue Hauptverhandlung (nicht ein bloßer Fortsetzungstermin) anberaumt, so erhält der Anwalt für diese weitere Hauptverhandlung gem. § 83 Abs. 2 Satz 2 BRAGO auch eine weitere Gebühr nach § 83 Abs. 1 BRAGO. Kommt es nicht mehr zu dieser zweiten Hauptverhandlung, erhält der Anwalt für seine Tätigkeit zur Vorbereitung der weiteren Hauptverhandlung die halbe Gebühr des § 84 Abs. 1 3. Alt. (LG Bonn, Jur-Büro 2002, 24; LG Frankfurt/Oder, JurBüro 2002, 524; LG Saarbrücken, JurBüro 2001, 302; LG Bremen, JurBüro 1990, 873; N. Schneider, AGS 2000, 21). Kommt es zur weiteren Hauptverhandlung, nimmt der Anwalt daran jedoch nicht teil, erhält er ebenfalls die halbe Gebühr, des § 84 Abs. 1 2. Alt. BRAGO.

146   Der **Gebührenrahmen** beträgt wiederum die Hälfte der in § 83 Abs. 1 BRAGO genannten Gebühren. Er **erhöht** sich nach § 84 Abs. 2 BRAGO auf den vollen Gebührenrahmen des § 83 Abs. 1 BRAGO, wenn aufgrund der Mitwirkung des Rechtsanwalts das Gericht beschließt, das Hauptverfahren nicht zu eröffnen, das Gericht das Verfahren außerhalb der Hauptverhandlung einstellt oder sich das gerichtliche Verfahren durch Zurücknahme des Einspruchs gegen einen Strafbefehl erledigt; ist bereits ein Termin zur Hauptverhandlung bestimmt, jedoch nur, wenn der Einspruch früher als zwei Wochen vor Beginn des Tages, der für die Hauptverhandlung vorgesehen war, zurückgenommen wird. Die frühere Streitfrage, ob sich die Gebühr auch erhöht, wenn noch gar kein Termin anberaumt worden ist, hat sich durch die Neufassung infolge des Justizmitteilungsgesetzes erledigt: Der Anwalt erhält auch dann die erhöhte Gebühr.

147   Die Berechnung der Zwei-Wochen-Frist bereitet dann Schwierigkeiten, wenn der Termin zur Hauptverhandlung verlegt worden ist. Nach einhelliger Rechtsprechung bleiben die verlegten Termine außer Acht. Die Gebühr erhöht sich also auch dann, wenn bereits angesetzte aber nachträglich wieder aufgehobene Termine verstrichen sind, solange zum aktuellen Hauptverhandlungstermin – sofern ein solcher überhaupt bestimmt worden ist – die Zwei-Wochen-Frist eingehalten wird (LG Köln, AGS 1997, 139; AG Krefeld, AGS 1999, 12). Das gilt selbst dann, wenn der Anwalt selbst die Vertagung beantragt hat.

III. Verteidigung in der Hauptverhandlung

148   Das Gesetz unterscheidet zwischen der Verteidigung **am ersten Tag der Hauptverhandlung** (§ 83 Abs. 1 BRAGO) und der Verteidigung **an etwaigen weiteren Tagen der Hauptverhandlung** (§ 83 Abs. 2 BRAGO). Wird jedoch nach einer Unterbrechung von neuem mit dem Verfahren begonnen, so gelten für den ersten Tag der Hauptverhandlung wiederum die Bestimmungen des § 83 Abs. 1 BRAGO (§ 83 Abs. 2 Satz 2 BRAGO).

Verfahren	Rahmen	Mittelgebühr
1. Hauptverhandlungstag bzw. 1. Tag der neuen Hauptverhandlung nach Unterbrechung		
§ 83 Abs. 1 Nr. 1 BRAGO: Verfahren vor dem OLG; Schwurgericht; Jugendkammer, soweit diese in Sachen entscheidet, die nach den allgemeinen Vorschriften zur Zuständigkeit des Schwurgerichtes gehören	90 bis 1 300 €	695 €
§ 83 Abs. 1 Nr. 2 BRAGO: Verfahren vor der großen Strafkammer; vor der Jugendkammer, soweit nicht Nr. 1 eingreift	60 bis 780 €	420 €
§ 83 Abs. 1 Nr. 3 BRAGO: Verfahren vor dem Schöffengericht; dem Jugendschöffengericht, dem Strafrichter und dem Jugendrichter	50 bis 660 €	355 €

Verfahren	Rahmen	Mittelgebühr
2. und alle weiteren Hauptverhand-lungstage		
§ 83 Abs. 2 Satz 1 Nr. 1 BRAGO: Verfahren vor dem OLG; Schwurgericht; Jugendkammer, soweit diese in Sachen entscheidet, die nach den allgemeinen Vorschriften zur Zuständigkeit des Schwurgerichtes gehören	90 bis 650 €	370 €
§ 83 Abs. 2 Satz 1 Nr. 2 BRAGO: Verfahren vor der großen Strafkammer; vor der Jugendkammer, soweit nicht Nr. 1 eingreift	60 bis 390 €	225 €
§ 83 Abs. 2 Satz 1 Nr. 3 BRAGO: Verfahren vor dem Schöffengericht; dem Jugendschöffengericht, dem Strafrichter und dem Jugendrichter	50 bis 330 €	190 €

IV. Verteidigung im Rechtsmittelverfahren

Die Gebühren des Verteidigers erhöhen sich im Berufungsverfahren nach § 85 BRAGO. Im Revisionsverfahren gilt § 86 BRAGO.   149

Ist der Rechtsanwalt im Berufungsverfahren nur außerhalb der Hauptverhandlung tätig oder findet   150
eine Hauptverhandlung nicht statt, so erhält er nur die Hälfte der Gebühren des § 85 Abs. 1 BRAGO. In diesem Fall gilt aber wiederum § 84 Abs. 2 BRAGO entsprechend aufgrund der Verweisung in § 85 Abs. 4 BRAGO a.E. Die Gebühr erhöht sich also auf eine volle Gebühr, wenn unter Mitwirkung des Verteidigers das Verfahren eingestellt oder die Berufung zurückgenommen wird. Die Rücknahme der Berufung muss nicht durch den Verteidiger erfolgen. Die Gebührenerhöhung tritt also auch dann ein, wenn der Mandant freigesprochen worden war und ein Nebenkläger oder die Staatsanwaltschaft Berufung eingelegt hatte (AG Freiburg, AGS 1997, 55 = zfs 1997, 311). Erforderlich ist allerdings auch hier, dass der Verteidiger an der Rücknahme mitgewirkt hat, etwa durch Verhandlungen mit der Staatsanwaltschaft oder dem Nebenkläger. Bei der Berufungsrücknahme muss zudem die Zwei-Wochen-Frist eingehalten sein.

Auf § 83 Abs. 3 BRAGO wird sowohl in § 85 Abs. 4 BRAGO für das Berufungsverfahren als auch in § 86 Abs. 4 BRAGO für das Revisionsverfahren verwiesen.

Wird das Rechtsmittel vom bisherigen Verteidiger eingelegt, erhält dieser dafür keine gesonderten   151
Gebühren. Die Einlegung des Rechtsmittels bei einem Gericht desselben Rechtszuges ist vielmehr wegen § 87 Satz 2 BRAGO durch die **Pauschgebühren** der §§ 83 bis 86 BRAGO mit abgedeckt.

V. Einzeltätigkeiten als Verteidiger

Wird der Rechtsanwalt nicht insgesamt mit der Verteidigung beauftragt, sondern soll er nur **ein-**   152
zelne Tätigkeiten ausführen, richtet sich seine Vergütung nach § 91 BRAGO. Da sich im Verkehrsrecht insoweit keine Besonderheiten ergeben, wird auf die allgemeinen Darstellungen verwiesen.

VI. Pflichtverteidigung

153 Die Vergütung des gerichtlich bestellten und des beigeordneten Verteidigers ergibt sich aus den §§ 97 bis 103 BRAGO. Im Rahmen der vorliegenden Darstellung können hierzu nur die Grundzüge dargestellt werden. Wegen der Einzelheiten wird auf die Kommentarliteratur und die bereits erwähnten Monografien verwiesen.

154 Nach § 97 Abs. 1 Satz 1 BRAGO erhält der Rechtsanwalt anstelle der gesetzlichen Gebühren das **Vierfache der Mindestgebühr.** Darüber hinaus erhält er nach § 97 Abs. 2 BRAGO Ersatz seiner Auslagen.

155 In **besonders umfangreichen oder schwierigen Strafsachen** ist ihm für das ganze Verfahren oder für Teile des Verfahrens auf Antrag eine Pauschvergütung zu bewilligen, die über die Gebühren des § 97 BRAGO hinausgeht (§ 99 BRAGO).

Nach § 100 BRAGO kann auch der gerichtlich bestellte oder beigeordnete Rechtsanwalt vom Beschuldigten die Zahlung der Vergütung eines gewählten Verteidigers verlangen. Dies gilt jedoch nur insoweit, als dem Beschuldigten ein Erstattungsanspruch gegen die Staatskasse zusteht oder das Gericht des ersten Rechtszuges seine Leistungsfähigkeit festgestellt hat. Ein Anspruch auf Vorschuss besteht nicht. Ferner besteht **kein Anspruch,** soweit die Staatskasse bereits nach den §§ 97, 99 BRAGO gezahlt hat.

Vorschüsse oder Zahlungen, die der Rechtsanwalt vor oder nach der gerichtlichen Bestellung vom Beschuldigten oder von Dritten erhalten hat, sind nach Maßgabe des § 101 BRAGO auf den Vergütungsanspruch gegenüber der Staatskasse anzurechnen. Aus diesem Grunde ist ein besonderes Augenmerk auf die Gestaltung von Honorarvereinbarungen zu richten. Wird für die Verteidigung in einer Angelegenheit nur eine einheitliche Pauschale vereinbart, so stellt sich nach einer Kündigung des Wahlmandats durch den Antrag auf Pflichtverteidigerbeiordnung die Frage, welche Teile der Pauschale auf die schon geleisteten Verfahrensabschnitte entfallen (wegen weiterer Einzelheiten siehe Brieske, Die anwaltliche Honorarvereinbarung, Kap. IX).

VII. Sonstige Einzeltätigkeiten im Rahmen eines Strafverfahrens

1. Vertretung des Verletzten

156 Vertritt der Rechtsanwalt den Verletzten, kommt zum einen in Betracht, dass dieser ihn damit beauftragt, Strafanzeige zu erstatten oder Strafantrag zu stellen. Hierbei handelt es sich um eine **Einzeltätigkeit.** Der Gebührentatbestand findet sich in § 91 Nr. 1 BRAGO, für den ein Gebührenrahmen von 15 € bis 175 € gilt.

157 Wird der Rechtsanwalt vom Verletzten damit beauftragt, eine Nebenklage einzureichen, finden die §§ 83 bis 86 BRAGO aufgrund der Verweisung in § 95 BRAGO entsprechende Anwendung. Auch für den Nebenklagevertreter kann § 84 Abs. 2 BRAGO anwendbar sein (LG Landshut, NZV 1997, 412). Für die Tätigkeit als Beistand oder Vertreter des Verletzten erhält der Rechtsanwalt jedoch nur **die Hälfte der Gebühren.**

2. Zeugenbeistand

158 Welche Vergütung der Rechtsanwalt als Zeugenbeistand beanspruchen kann, ist bisher noch umstritten. Das Gesetz sieht hierfür keinen eigenständigen **Gebührentatbestand** vor. In Betracht kommen die Anwendung des § 118 BRAGO oder aufgrund der Regelung in § 2 BRAGO eine entsprechende Bestimmung der Vorschriften über die Vergütung im strafrechtlichen Verfahren (wegen der Einzelheiten s. Brieske, in: Brüssow/Krekeler/Mehle, Strafverteidigung in der Praxis, Kap. 5 Rn. 56 ff.). Um in dieser Situation spätere Auseinandersetzungen mit dem Auftraggeber über die anwendbare Gebührenvorschrift zu vermeiden, kann eine Honorarvereinbarung sinnvoll sein.

VIII. Verteidigung in Bußgeldverfahren

Für die Verteidigung im Bußgeldverfahren wird in § 105 Abs. 1 BRAGO auf den 6. Abschnitt verwiesen, so dass die vorstehenden Ausführungen **entsprechend gelten.**   159

Verfahrensabschnitte sind damit: 160

- das **Verfahren vor der Verwaltungsbehörde** bis zum Eingang der Akte bei Gericht: § 105 Abs. 2 Satz 3 BRAGO verweist insoweit auf § 84 BRAGO. Der Gebührenrahmen ist nach § 105 Abs. 2 Satz 1 BRAGO dem § 83 Abs. 1 Nr. 3 BRAGO zu entnehmen. Damit gilt für dieses Verfahrensstadium zunächst ein Gebührenrahmen von 25 € bis 330 €.

- Der Gebührenrahmen kann sich jedoch nach § 84 Abs. 2 BRAGO auf den einer vollen Gebühr erhöhen. Diese Vorschrift gilt auch im Verfahren vor der Verwaltungsbehörde, so dass bei einer nicht nur vorläufigen Einstellung des Verfahrens unter Mitwirkung des Verteidigers in diesem Stadium der volle Rahmen des § 83 Abs. 1 Nr. 3 BRAGO, mithin ein Rahmen von 50 € bis 660 € zur Verfügung steht. Ebenso steht dem Verteidiger nach § 84 Abs. 2 BRAGO der volle Gebührenrahmen offen, wenn er an der Rücknahme des Einspruchs mitwirkt. Die frühere Streitfrage, ob auch die Rücknahme des Einspruchs vor der Verwaltungsbehörde ausreicht, obwohl § 84 Abs. 2 BRAGO nur vom „gerichtlichem Verfahren" spricht, ist durch die (leider wiederum unklare) gesetzliche Neufassung beseitigt (AG Arnsberg, AGS 1999, 155; AG Frankfurt/M., Urt. v. 21.5.1999 – 30 C 249/99-71; AG Eilenburg, Urt. v. 15.4.1999 – 2 C 0382/98; AG Betzdorf, AnwBl 2000, 630).

- Das **Verfahren bei Gericht ab Eingang der Akte** dort bis zum Beginn einer eventuellen Hauptverhandlung, mit Ausnahme des Verfahrens nach § 72 OWiG: § 84 Abs. 1 2. u. 3. Alt. BRAGO gelten entsprechend.

- Wird in diesem Stadium das Verfahren eingestellt oder der Einspruch früher als zwei Wochen vor einem eventuell bereits angesetzten Hauptverhandlungstermin zurückgenommen, erhöht sich wiederum der Gebührenrahmen nach § 84 Abs. 2 BRAGO. Insoweit kann auf die Ausführungen zu den strafrechtlichen Gebühren (s. o. Rn. 146 f.) Bezug genommen werden.

- Durch das Gesetz zur Änderung des Gesetzes über Ordnungswidrigkeiten und anderer Gesetze vom 26.1.1998 (BGBl 1998 I S. 156) wurde dem § 72 OWiG ein neuer Abs. 6 hinzugefügt. Danach kann die Gericht im schriftlichen Verfahren entscheiden, sofern die Staatsanwaltschaft oder der Betroffene diesem Verfahren nicht innerhalb einer Frist widersprechen. Da dieses Verfahren die Justiz entlasten soll, ist begleitend hierzu § 105 Abs. 2 Satz 2 BRAGO eingeführt worden. Im Verfahren nach § 72 OWiG erhält der Rechtsanwalt deswegen die Gebühren entgegen § 84 Abs. 1 2. Alt BRAGO aus dem vollen Rahmen des § 83 Abs. 1 Nr. 3 BRAGO (50 € bis 660 €).

- **Hauptverhandlung:** Es gilt der Gebührenrahmen des § 83 Abs. 1 Nr. 3 BRAGO, also 50 € bis 660 €.

- **Weitere Verhandlungstage:** Es fallen auch hier die weiteren Gebühren nach § 83 Abs. 2 Satz 1 BRAGO und §§ 83 Abs. 2 Satz 2, 83 Abs. 1 BRAGO an.

- **Rechtsbeschwerde:** Die Rechtsbeschwerde steht der Revision gleich. Der Gebührenrahmen ist daher aus § 86 BRAGO zu entnehmen.

Die Vergütung der Tätigkeit im Bußgeldverfahren hat in den letzten Jahren Änderungen erfahren, so dass bei der Anwendung **älterer Entscheidungen** immer darauf zu achten ist, ob die damalige Rechtslage zur dort entschiedenen Frage noch mit der heutigen Rechtslage übereinstimmt.   161

IX. Verteidigung im staatsanwaltschaftlichen Ermittlungsverfahren und im anschließenden Bußgeldverfahren vor der Verwaltungsbehörde

162 Eine Vielzahl veröffentlichter Entscheidungen beschäftigt sich mit **folgender Fallgestaltung:** Nach einem Verkehrsunfall mit Körperverletzung ermittelt die Staatsanwaltschaft zunächst wegen des Vorwurfs der fahrlässigen Körperverletzung. Sie stellt das Verfahren sodann wegen des strafrechtlichen Vorwurfs ein und gibt die Sache wegen der Verfolgung etwaiger Ordnungswidrigkeiten an die Bußgeldbehörde ab. Gebührenrechtlich ist umstritten, ob es sich dabei um zwei Angelegenheiten handelt, mit der Folge, dass der Anwalt sowohl die Gebühr des § 84 Abs. 1 BRAGO für das Strafverfahren als auch eine Gebühr nach §§ 105 Abs. 1, 84 Abs. 1 BRAGO erhält oder ob nur eine Angelegenheit vorliegt mit der Folge, dass die Gebühr nach § 84 Abs. 1 BRAGO auch die weitere Tätigkeit im anschließenden Bußgeldverfahren erfasst. Der erhöhte Umfang der Tätigkeit käme dann nur bei der Bestimmung der angemessenen Gebühr nach § 12 BRAGO zum Tragen. Maßgebend ist allein, mit welchen Tätigkeiten der Rechtsanwalt beauftragt wurde. Die Vergütung richtet sich allein nach dem ihm erteilten **Auftrag.**

163 Die BRAGO unterscheidet zwischen der Verteidigung im **staatsanwaltschaftlichen Ermittlungsverfahren** und der Verteidigung im Verfahren vor der **Bußgeldbehörde.** Sie behandelt diese als gesonderte Angelegenheiten und regelt diese sogar in unterschiedlichen Abschnitten. Für die Tätigkeit im Verfahren vor der Bußgeldbehörde und vor dem Amtsgericht im Bußgeldverfahren wird auf die Gebühren des 6. Abschnitts verwiesen. Eine Anrechnung einmal entstandener Gebühren auf nach der Abgabe eines Verfahrens entstehende Gebühren ist nicht vorgesehen. Der Umfang der anwaltlichen Tätigkeit wird innerhalb jeder gebührenrechtlichen Angelegenheit nach den Kriterien des § 12 BRAGO bestimmt.

164 Zu diesem Ergebnis führt auch ein Blick auf § 13 Abs. 2 Satz 1 BRAGO. Danach können die Gebühren in **derselben** Angelegenheit nur einmal gefordert werden. Ob eine oder mehrere gebührenrechtliche Angelegenheiten vorliegen, ist daher auch nach den gebührenrechtlichen Vorschriften zu beurteilen und nicht nach einem der Beliebigkeit und Argumentationslust anheim gegebenen Begriff des **einheitlichen Lebenssachverhaltes.** Ein Vergleich mit einem zivilrechtlichen Sachverhalt mag dies erhellen: Ein Wettbewerbsverstoß ist ebenfalls ein einheitlicher Lebenssachverhalt. Gleichwohl sind auch hier die Vertretung im Verfahren wegen des einstweiligen Rechtsschutzes und die Vertretung in der Hauptsache (es sei gerichtlich oder außergerichtlich) unterschiedliche gebührenrechtliche Sachverhalte, bei denen völlig außer Streit ist, dass diese auch unterschiedlich abgerechnet werden.

165 Für einen eigenständigen Begriff derselben Angelegenheit bei einem **staatsanwaltschaftlichen Ermittlungsverfahren mit anschließendem Bußgeldverfahren** ist kein dogmatischer Grund ersichtlich. Die Entscheidungsgründe der Urteile zeigen jedoch, dass die Rechtsanwälte selbst es sind, die dieser Rechtsprechung Vorschub leisten, indem sie die Verteidigung in beiden Verfahren wie einen einheitlichen Auftrag behandeln. Da es sich aber um gesonderte **Angelegenheiten** handelt, ist der **weitere Auftrag** mit dem Mandanten zu besprechen, eine weitere Vollmacht von diesem zu unterzeichnen und ggf. eine weitere Kostendeckungszusage einzuholen (s. auch Rn. 199 Stichwort „Strafverfahren/Bußgeldverfahren"). Geht man danach zutreffenderweise von zwei verschiedenen Angelegenheiten aus (so zuletzt AG Iserlohn, JurBüro 1999, 413; AG Potsdam, zfs 2000, 168; AG Düsseldorf, zfs 2000, 220), so muss man konsequenterweise auch § 84 Abs. 2 BRAGO anwenden, da das Strafverfahren nicht nur vorläufig eingestellt worden ist (AG Hadamar, AGS 1997, 57).

Kindermann

X. Veränderungen des Gebührenrahmens

1. Prozentuale Überschreitung des Gebührenrahmens

In den meisten nachfolgend genannten Möglichkeiten zur Erhöhung des Rahmens wird darauf hingewiesen, dass der Rahmen überschritten werden könne, wenn der Gebührenrahmen nicht ausreiche, um die gesamte Tätigkeit des Rechtsanwaltes angemessen zu vergüten. Um daher die Höchstgrenze nach dem erhöhten Rahmen in Ansatz zu bringen, müssen diese Voraussetzungen eingetreten sein. Darin erschöpft sich aber nicht die Bedeutung dieser Bestimmungen. Aufgrund der Bestimmungen **erhöht** sich der **obere Rahmen um 25 %.** Damit verändert sich automatisch die Mittelgebühr, denn diese wird aus dem Mittel zwischen der Mindest- und der Höchstgebühr ermittelt (Brieske, in: Brüssow u.a., S. 22 Rn. 9 f.; Otto, JurBüro 1994, 385, 396 für den Fall der Inhaftierung).

166

Für eine **Verteidigung im Ermittlungsverfahren** ist nach § 84 Abs. 1 1. Alt. BRAGO folgende **Mittelgebühr** gegeben:

167

- Mindestgebühr: 25 €,
- Höchstgebühr: 330 €,
- Mittelgebühr: 177,50 €.

Erhöht sich der Rahmen z.B. wegen einer Tätigkeit nach § 88 Satz 3 BRAGO, ist folgende Berechnung gegeben:

- Mindestgebühr: 25 €,
- Höchstgebühr: 412,50 €,
- Mittelgebühr: 218,75 €.

Für den **ersten Tag der Hauptverhandlung** bedeutet dies:

- Mindestgebühr: 50 €,
- Höchstgebühr: 825 €,
- Mittelgebühr: 437,50 €.

Mit der so in Ansatz gebrachten Mittelgebühr wird auch der ohne die Erhöhung gegebene Gebührenrahmen nicht überschritten. Es entspricht der praktischen Erfahrung der Autorin, dass auch eine Abrechnung der so entstandenen Mittelgebühr mit der Rechtsschutzversicherung möglich ist.

a) § 83 Abs. 3 BRAGO: Beschuldigter ist nicht auf freiem Fuß

Ist der Beschuldigte nicht auf freiem Fuß und reicht deswegen der Gebührenrahmen nicht aus, um die gesamte Tätigkeit des Rechtsanwaltes angemessen zu vergüten, so kann der Gebührenrahmen um **bis zu 25 % überschritten** werden.

168

Zu den die Freiheit des Mandanten einschränkenden Maßnahmen zählen dabei nicht nur die Inhaftierung in Straf- oder Untersuchungshaft, sondern auch Sicherungshaft, Sicherungsverwahrung, Auslieferungs- und Abschiebehaft, Jugendstrafe, Jugendarrest, Erzwingungs- und Ordnungshaft, Haft nach § 901 ZPO (auch in der gesetzlichen Neufassung seit dem 1.1.1999) sowie der Polizeigewahrsam (Hansens, BRAGO, § 83 Rn. 10).

169

Die Bestimmung berücksichtigt den Mehraufwand, den der Rechtsanwalt aufgrund der eingeschränkten Bewegungsmöglichkeiten seines Auftraggebers auf sich nehmen muss. Bereits in der Gesetzesbegründung wurde darüber hinaus darauf abgestellt, dass der nicht auf freiem Fuß befindliche Mandant sich i.d.R. in einer schwierigen psychischen Situation befindet und deswegen üblicherweise besonderer Zuwendung – auch in zeitlicher Hinsicht – bedarf. Es kommt deswegen auch nicht darauf an, ob der Auftraggeber wegen der Angelegenheit nicht auf freiem Fuß ist, deretwegen er den Rechtsanwalt mit seiner Verteidigung beauftragt hat. Entscheidend ist aber, dass er sich zu einer Zeit nicht auf freiem Fuß befindet, zu der er den Rechtsanwalt mit seiner Verteidigung beauftragt hat.

170

b) § 88 Satz 3 BRAGO: Fahrverbot, Entziehung der Fahrerlaubnis

171   Nach § 88 Satz 3 BRAGO kann der Rahmen ebenfalls um bis zu 25 % überschritten werden, wenn sich die Tätigkeit des Rechtsanwaltes auf ein Fahrverbot oder die Entziehung der Fahrerlaubnis bezieht.

2. Betragsmäßige Überschreitung des Gebührenrahmens

172   Übt der Rechtsanwalt für den Beschuldigten eine Tätigkeit aus, die sich auf die **Einziehung,** den **Verfall,** die **Vernichtung,** die Unbrauchbarmachung oder auf eine diesen Zwecken dienende **Beschlagnahme bezieht,** so kann nach § 88 Satz 2 BRAGO der Gebührenrahmen um einen Betrag überschritten werden, der einer vollen Gebühr nach § 11 BRAGO nach dem Gegenstandswert der Sache entspricht.

173   Der ohne Erhöhung vorhandene Gebührenrahmen darf nicht ausreichen, um die gesamte Tätigkeit des Anwalts angemessen zu entgelten. Soll das Fahrzeug eingezogen werden, so kann die Höchstgebühr um bis zu einer Gebühr nach dem Wert des Fahrzeugs überschritten werden.

C. Verwaltungsrecht

I. Streitwerte

174   Eine gesetzliche Regelung zum Streitwert enthält **§ 13 GKG.** Dieser enthält aber keine näheren Angaben zu Streitwerten in Angelegenheiten des Fahrerlaubnisrechts. Es wird daher vor allen Dingen auf den Streitwertkatalog des Bundesverwaltungsgerichts zurückgegriffen (nachfolgend Teil 2 Abschnitt 3).

II. Außergerichtliche Tätigkeit im Verwaltungsrecht

175   Gebührentatbestand für die Abrechnung außergerichtlicher Tätigkeiten ist § 118 BRAGO. **§ 119 BRAGO** ist **kein Gebührentatbestand.** Er enthält vielmehr nur Regelungen zu der Frage, welche Tätigkeiten im verwaltungsrechtlichen Mandat zu einer Angelegenheit gehören.

176   Nach § 119 Abs. 1 BRAGO stellen das Verwaltungsverfahren, das einem Rechtsstreit vorausgeht und der Nachprüfung des Verwaltungsaktes dient (Vorverfahren, Einspruchsverfahren, Beschwerdeverfahren, Abhilfeverfahren) und das diesem vorausgegangene Verwaltungsverfahren eine Angelegenheit dar. Die Gebühren des § 118 BRAGO fallen daher auch dann nur einmal an, wenn der Anwalt den Mandanten sowohl im Antragsverfahren als auch im Widerspruchsverfahren vertritt. Der größere Umfang der Tätigkeit ist nur im Rahmen des § 12 BRAGO bei der Ermittlung der angemessenen Gebühr zu berücksichtigen. Über die Höchstgebühr hinaus lässt sich der Mehraufwand an Arbeit nur durch eine **Honorarvereinbarung** angemessen vergüten.

177   Bei der Anwendung der Gebührentatbestände des § 118 BRAGO ergeben sich keine Besonderheiten gegenüber zivilrechtlichen Sachverhalten. Soweit dort das Einverständnis des Mandanten zu einer Besprechung des Rechtsanwalts mit Gegnern oder Dritten problematisiert worden ist, dürfte im Bereich des Verwaltungsrechts von einer **mutmaßlichen Einwilligung des Mandanten** ausgegangen werden können. Der Mandant ist daran interessiert, dass der Rechtsanwalt durch ein Gespräch mit der Behörde ggf. kurzfristig telefonisch sein Ziel schneller erreicht.

178   Nach § 119 Abs. 3 BRAGO bilden auch das **Verwaltungsverfahren** auf Aussetzung der Vollziehung und auf Beseitigung der aufschiebenden oder hemmenden Wirkung zusammen mit den in Abs. 1 genannten Verwaltungsverfahren und mit dem in Abs. 2 genannten **Verwaltungszwangsverfahren** eine Angelegenheit. Auch diese Tätigkeiten sind daher nicht gesondert zu vergüten, sondern nur im Rahmen des § 12 BRAGO angemessen zu berücksichtigen.

Soweit nach dem Vorstehenden für die außergerichtliche Tätigkeit des Rechtsanwalts Gebühren nach § 118 BRAGO angefallen sind, findet keinerlei Anrechnung auf eine spätere Gebühr in einem gerichtlichen Verfahren statt. Auch die **Geschäftsgebühr** verbleibt dem Rechtsanwalt anrechnungsfrei. Nach § 118 Abs. 2 BRAGO werden nur Gebühren, die für Tätigkeiten außerhalb eines gerichtlichen oder behördlichen Verfahrens anfallen, angerechnet. Die Tätigkeiten vor der Verwaltungsbehörde sind aber bereits Tätigkeiten in einem behördlichen Verfahren.   **179**

Gerade im Bereich verwaltungsrechtlicher Sachverhalte sei es erlaubt, noch einmal auf den **Unterschied** zwischen dem **Gebührenrecht** und dem **Gebührenerstattungsrecht** hinzuweisen. Das Gebührenrecht regelt die Frage, welche Gebühren anfielen und wie viel der Mandant an den Rechtsanwalt zu zahlen hat. Das Gebührenerstattungsrecht regelt demgegenüber die Frage, ob und ggf. von wem der Mandant Gebühren erstattet bekommt.   **180**

Hinweis:

Die Frage des Gebührenerstattungsanspruchs richtet sich insoweit nach den §§ 80 bzw. 162 Abs. 2 Satz 2 VwGO. Der Gebührenanspruch selbst richtet sich ausschließlich nach der BRAGO. Leider wird diese Unterscheidung nicht immer – auch in veröffentlichen Entscheidungen – gesehen, was bedauerliche Missverständnisse zur Folge hat.

III. Tätigkeit im gerichtlichen Verfahren

Für die Abrechnung verwaltungsgerichtlicher Streitigkeiten verweist § 114 Abs. 1 BRAGO auf den 3. Abschn. der BRAGO, soweit in § 114 Abs. 2 BRAGO nicht etwas Besonderes geregelt ist.   **181**

1. Klageverfahren 1. Instanz

Für das Klageverfahren 1. Instanz wird damit auf die §§ 31 ff. BRAGO verwiesen.   **182**

Für die **Prozessgebühr** ergeben sich insoweit keine Besonderheiten. Sie entsteht i.H.v. 10/10, wenn der Rechtsanwalt einen Prozessauftrag erhalten hat und die Klage bei Gericht einreicht. Erledigt sich die Angelegenheit vor Einreichung der Klage bei Gericht, beträgt die Prozessgebühr nach §§ 32 Abs. 1, 114 Abs. 1 BRAGO nur 5/10.   **183**

Die **Verhandlungsgebühr** entsteht entsprechend § 31 Abs. 1 Nr. 2 BRAGO in voller Höhe mit dem Beginn der mündlichen Verhandlung, an der der Rechtsanwalt teilnimmt. Diese beginnt nach § 103 VwGO mit dem Bericht des Vorsitzenden oder des Berichterstatters über den wesentlichen Inhalt der Akten. Die VwGO stellt nicht darauf ab, ob widerstreitende Sachanträge gestellt werden. Sie spricht in § 102 VwGO sogar davon, dass auch ohne Anwesenheit einer Partei verhandelt werden könne.   **184**

Folgerichtig kommt es für die Entstehung einer Verhandlungsgebühr nicht darauf an, ob **widerstreitende Anträge** gestellt werden (OVG Bremen, AnwBl 1984, 561 = JurBüro 1985, 230). Es kommt daher für die Entstehung der Verhandlungsgebühr nicht einmal darauf an, ob der Gegner überhaupt zum Termin erscheint. Es reicht auch aus, wenn der Rechtsanwalt auf eine Gerichtsentscheidung zielende Ausführungen zur Sache macht (OVG Münster, NJW 1965, 2125).   **185**

Im Verfahren nach § 84 Abs. 1 Satz 2 VwGO und im Verfahren nach § 130a Satz 2 i.V.m. § 125 Abs. 2 Satz 3 VwGO erhält der Rechtsanwalt wegen § 114 Abs. 3 BRAGO eine **halbe Verhandlungsgebühr**. Die Gebühr fällt jedoch nicht neben einer vollen Verhandlungsgebühr für die Teilnahme an einer mündlichen Verhandlung an.   **186**

Die **Beweisgebühr** entsteht entsprechend § 31 Abs. 1 Nr. 3 BRAGO für die Vertretung in der Beweisaufnahme, also wenn sich das Gericht ein Urteil über die Richtigkeit entscheidungserheblicher Tatsachen verschaffen will. Diese Voraussetzung ist gegeben, wenn das Gericht einen Beweisbeschluss erlässt oder ohne einen solchen mit der Beweisaufnahme beginnt, indem es z.B.   **187** eine Zeugenaussage protokolliert (OVG Münster, NJW 1979, 2420) oder eine Beweisverhandlung beweismäßig verwertet.

Dies kann auch durch einen **Gerichtsbescheid** nach § 84 Abs. 3 VwGO geschehen (OVG Bremen, JurBüro 1981, 1362).

Bei **Vorlage von Urkunden oder Beiziehung von Akten** gilt § 34 BRAGO entsprechend.

188   Schließlich kann auch im verwaltungsgerichtlichen Verfahren eine **Erörterungsgebühr** nach § 31 Abs. 1 Nr. 4 BRAGO entstehen. Da die Verhandlungsgebühr auch ohne Stellen streitiger Anträge entsteht, bleibt für die Erörterungsgebühr aber wenig Raum. Sie fällt vor allem in Erörterungsterminen mit dem Berichterstatter oder bei Erörterungen zur Sach- und Rechtslage anlässlich von **Ortsterminen** an.

2. Verfahren auf Zulassung der Berufung

189   Im verwaltungsgerichtlichen Verfahren ist die Zulassungsberufung eingeführt worden. Dem hat der Gesetzgeber im **Justizmitteilungsgesetz** durch § 114 Abs. 4 BRAGO Rechnung getragen. Danach entstehen im Verfahren über den Antrag auf Zulassung eines Rechtsmittels die für das Verfahren über das zuzulassende Rechtsmittel bestimmten Gebühren. Im Verfahren auf Zulassung der Berufung fallen mithin die Gebühren i.H.v. 13/10 nach den Gebührentatbeständen des § 31 BRAGO an.

190   Wird das Rechtsmittelverfahren in diesem Verfahren zugelassen, so fallen in dem sich anschließenden Rechtsmittelverfahren die Gebühren aber nicht noch ein weiteres Mal an. In diesem Fall gehört vielmehr das **Verfahren auf Zulassung zum Rechtszug** (§ 14 Abs. 2 BRAGO).

3. Verfahren nach § 80 Abs. 5 VwGO

191   Für Verfahren auf Aussetzung oder Aufhebung der Vollziehung eines Verwaltungsaktes, auf Anordnung oder Wiederherstellung der aufschiebenden Wirkung in Verfahren auf Erlass einer einstweiligen Anordnung gilt § 40 BRAGO entsprechend (§ 114 Abs. 6 Satz 1 VwGO). Diese Verfahren sind mithin eine **gesonderte Angelegenheit** neben der Hauptsache und werden insoweit auch gesondert abgerechnet.

192   Wird die einstweilige Anordnung nicht erlassen, ist hiergegen ein Antrag auf **Zulassung der Beschwerde** zu stellen. In diesem Verfahren entstehen die Gebühren des § 61 BRAGO wegen der Verweisung auf die für das Rechtsmittel geltenden Gebührensätze in § 114 Abs. 4 BRAGO. Es entstehen somit 5/10 Gebühren.

4. Vollziehung einer einstweiligen Anordnung

193   Für die Vollziehung einer einstweiligen Anordnung verweist § 114 Abs. 6 Satz 2 BRAGO auf § 59 BRAGO. Dieser wiederum verweist auf die §§ 57, 58 BRAGO. § 57 Abs. 1 BRAGO verweist wiederum auf § 31 BRAGO. Hieraus folgt: Die Vollziehung einer einstweiligen Anordnung ist eine gesonderte gebührenrechtliche Angelegenheit. Für die Tätigkeit in diesem Verfahren entstehen die Gebührentatbestände **des § 31 BRAGO zu 3/10.**

5. Zwangsvollstreckung/Vollstreckungszwang

194   Nach § 114 Abs. 7 BRAGO entstehen die Gebühren des § 31 BRAGO auch bei diesen Tätigkeiten nur zu 3/10. Die Vorschriften des **§ 32** und des **§ 33 Abs. 1 und 2 BRAGO gelten nicht.**

IV. Erledigungsgebühr (§ 24 BRAGO)

195   Die Erledigungsgebühr nach § 24 BRAGO fällt an, wenn sich eine Rechtssache ganz oder teilweise nach Zurücknahme oder Änderung des mit einem Rechtsbehelf angefochtenen Verwaltungsaktes erledigt und der Rechtsanwalt hieran mitgewirkt hat. Die Erledigungsgebühr entsteht i.H.v. 10/10.

Die Erledigungsgebühr fällt an, wenn die Behörde einen ursprünglich zu Ungunsten des Mandanten erlassenen Bescheid zu seinen Gunsten ganz oder teilweise zurücknimmt oder ändert. **Beispiele** für die Erledigung sind: | 196

- der Erlass eines den Antragsteller zufrieden stellenden Abänderungsbescheides,
- die Klagerücknahme durch den Antragsteller, nachdem sich die Verwaltungsbehörde zur Übernahme der ihm entstandenen Kosten verpflichtet hat und
- eine Erledigungserklärung des Klägers, nachdem ihn die Verwaltungsbehörde klaglos gestellt hat.

Streitpunkt für die Erledigungsgebühr ist häufig, ob der Rechtsanwalt **an der Erledigung mitgewirkt** hat. Die Rechtsprechung fordert hierfür, dass der Rechtsanwalt im Hinblick auf die Erledigung tätig geworden ist. Als Tätigkeiten i.d.S. sind anerkannt worden: | 197

- Hinweis auf die Rechtslage oder auf ein bestimmtes Urteil,
- Verhandlungen mit der Verwaltungsbehörde über eine dem Mandanten günstige Auffassung,
- Beratung des Mandanten, einen Rechtsstreit nach Änderung des Verwaltungsaktes nicht mehr weiterzuführen und
- Übersendung eidesstattlicher Versicherungen.

Hinweis: | 198

Die Rechtsprechung lässt damit für die Erledigungsgebühr – anders als bei der Vergleichsgebühr – nicht jede Mitwirkung des Rechtsanwalts ausreichen, sondern fordert eine besondere Tätigkeit. Hieran scheitert in vielen Fällen die erfolgreiche Durchsetzung der Gebühr.

Abschnitt 2: Rechtsprechungslexikon

ABC des Gebührenrechts

199 Nachfolgend sind in alphabetischer Reihenfolge Stichwörter sowie Kernaussagen einschlägiger Entscheidungen zu speziellen Einzelproblemen dargestellt. Die mit einem Pfeil versehenen Stichwörter verweisen auf weitere Ausführungen im Lexikonteil.

Auslagenpauschale (§ 26 Satz 2 BRAGO)

LG Essen, JurBüro 2002, 246 m. Anm. N. Schneider: die Auslagenpauschale für das streitige Verfahren berechnet sich nach dem Gebührenaufkommen vor Anrechnung.

Besprechungsgebühr (§ 118 Abs. 1 Nr. 2 BRAGO)

● **Bejaht bei Gespräch mit einem Zeugen:**

> *AG Achern, zfs 1990, 53 (zur Klärung der Haftungsfrage),*
>
> *AG Berlin-Mitte, zfs 2000, 77 (Gespräch mit Fahrer),*
>
> *AG Dortmund, zfs 1992, 25 (Gespräch mit dem Fahrer des Unfallfahrzeugs; soweit es sich dabei um einen Angestellten des Geschädigten handelt, soll die Besprechungsgebühr nur dann entstehen, wenn dieser den RA nicht anstelle des Auftraggebers informiert),*
>
> *AG Freiburg, zfs 2000, 80 (Gespräch mit der Ehefrau des Geschädigten, die zum Unfallzeitpunkt gefahren war),*
>
> *AG Hattingen, zfs 2000, 78 (Gespräch mit der Ehefrau des Geschädigten, die zum Unfallzeitpunkt gefahren war),*
>
> *AG Rosenheim, zfs 1991, 89,*
>
> *AG Saarbrücken, zfs 1999, 489 (Zeuge ist Dritter i. S. d. § 118 BRAGO; Befragen des Zeugen geht über bloße Informationsbeschaffung hinaus),*
>
> *AG Wertheim, zfs 2000, 79 (Informationsbeschaffung beim Fahrer genügt),*
>
> *AG Wiesbaden, zfs 1991, 268 u. zfs 1992, 24 f. (Fahrer des Unfallfahrzeuges; Entstehen der Besprechungsgebühr setze keinen vorangegangenen Streit voraus, sie sei kein Pendant zur Verhandlungsgebühr im gerichtlichen Verfahren).*

● **Bejaht bei Gespräch mit dem Sachbearbeiter:**

> *AG Hof, AnwBl. 2000, 262 (Erörterung, welche Unterlagen zum Nachweis des Schadens einzureichen sind)*

● **Bejaht bei Gespräch mit Zentralruf:**

> *AG Oberhausen, zfs 1999, 488*

● **Bejaht bei Gespräch mit dem Sachverständigen:**

> *LG Essen, zfs 1990, 196,*
>
> *AG Bad Segeberg, zfs 2000, 80,*
>
> *AG Bonn, zfs 1998, 270 (Erörterung der Wertminderung),*
>
> *AG Euskirchen, DAR 1999, 334 = zfs 2000, 79 (Rücksprache über die Verwertbarkeit eines Gutachtens und die Erstellung eines Ergänzungsgutachtens),*
>
> *AG Freising, zfs 2000, 79 (Rücksprache wegen Abgrenzung des zu ersetzenden Sachschadens),*
>
> *AG Köln, zfs 1990, 347 (Gespräche führten zu einer sofortigen Reparatur des Fahrzeugs und zur Ersparnis wegen Überführungskosten),*
>
> *AG Stuttgart, zfs 1998, 271 (Erörterung über ergänzende Begutachtung).*

- **Bejaht bei Gespräch mit Ärzten, Banken, Polizei, Werkstätten, und/oder Mietwagenunternehmen:**

  AG Dortmund, zfs 1990, 196 (um ein Werkunternehmerpfandrecht abzuwenden),

  AG Freiburg, zfs 2000, 80 = r+s 2000, 173 (Werkstatt – Erörterung der Zahlungsmodalitäten),

  AG Kaiserslautern, AnwBl. 2000, 633 (Verhandlung über die Stundung von Rechnungsbeträgen; kein Verstoß gegen Schadensminderungspflicht),

  AG Neu-Ulm, zfs 1991, 89,

  AG Saarlouis, zfs 1998, 270 (Werkstatt – Verhandlung über Herausgabe des Fahrzeugs gegen Kostenübernahmeerklärung des Versicherers),

  AG Stuttgart, zfs 1998, 271 (Werkstatt – Gespräch über Formulierung einer Abtretungserklärung),

- **Bejaht bei Gespräch mit Leasingunternehmen des Unfallfahrzeugs:**

  AG Heidelberg, BRAGOreport 2001, 42 (Besprechung mit der Leasinggesellschaft des geschädigten Mandanten über die Frage einer Wertminderung und Abstimmung wegen Geltendmachung derselben durch Geschädigten oder Leasinggesellschaft).

- **Verneint bei Gespräch mit Zentralruf:**

  LG Würzburg, zfs 1990, 53,

  AG Frankfurt-Höchst, zfs 1991, 89,

  AG Frankfurt/M., zfs 1992, 243,

  AG Gießen, AnwBl 1989, 687,

  AG Heilbronn, zfs 1991, 90,

  AG München, zfs 1991, 89,

  AG Neuss, AnwBl 1990, 174,

- **Verneint bei Gespräch mit einem Zeugen/Polizei:**

  AG Ahaus, zfs 1990, 54 (Es handele sich dabei um eine Informationsbeschaffung, die von der Prozeßgebühr abgegolten sei; eine Besprechungsgebühr entstehe nur bei einem Streitgespräch, in dem Argumente und Gegenargumente ausgetauscht würden),

  AG Aschaffenburg, AGS 1998, 117 = JurBüro 2000, 540 = zfs 1998, 349 (Informationsbeschaffung reicht nicht aus),

  AG Frankfurt-Höchst, zfs 1991, 89 (Gespräch diente der Bestätigung des vom Mandanten geschilderten Unfallhergangs),

  AG Frankfurt/M., zfs 1992, 234 (Gespräch mit dem Polizeibeamten sei Informationsaufnahme; im konkreten Fall wurden die Daten des Unfallverursachers sowie in Frage kommender Zeugen ermittelt),

  AG Ibbenbühren, zfs 1998, 269 (Ehefrau ist nicht Dritter i. S. v. § 118 BRAGO),

  AG Lahnstein, zfs 1990, 54 (Telefonat mit Unfallzeugin bei unstreitigem Haftungsgrund),

  AG Ludwigshafen, zfs 1990, 196 (Das Gericht argumentiert systemfremd mit § 254 BGB und führt aus, daß die Besprechungsgebühr nicht entstanden sei, weil der Kläger gegen seine Schadenminderungspflicht verstoßen habe. Er habe sich diese Informationen auf anderem Wege problemlos beschaffen können. Das Gericht verkennt insoweit die Unterschiede zwischen Gebührenrecht und Gebührenerstattungsrecht. Die Entstehung der Besprechungsgebühr hat nichts mit der Frage zu tun, ob der Geschädigte diese von irgendwem erstattet bekommt),

  AG Norden, zfs 2000, 33 = JurBüro 1999, 587 (Informationsbeschaffung reicht nicht aus),

AG Recklinghausen, zfs 1990, 54 (Gespräch diene nur der Sachverhaltsaufklärung und sei insoweit einer Akteneinsicht gleichzustellen),

AG Strausberg, zfs 2000, 79 (Anfrage bei Polizei zur Klärung des Unfallhergangs und Bitte um Akteneinsicht),

AG Wismar, zfs 2000, 32 (Informationserteilung durch den Zeugen anstelle des Auftraggebers reicht nicht aus),

- **Verneint bei Gespräch mit dem Schädiger:**

  LG Köln, zfs 1991, 268 (setze gegenseitige Argumentation voraus),

  AG Lahnstein, zfs 1990, 54 (Nachfrage beim Schädiger, ob der Schaden der Haftpflichtversicherung bereits gemeldet ist),

- **Verneint bei Gespräch mit dem Sachverständigen:**

  AG Düsseldorf, zfs 1990, 196 (der Sachverständige sei kein Dritter, weil er im Auftrag des Mandanten tätig werde),

  AG Gelsenkirchen-Buer, zfs 1990, 54f. (Besprechung setze streitige Auseinandersetzung mit Argumenten und Gegenargumenten voraus),

  AG Hamburg, zfs 1998, 269 (Nachfrage, ob Gutachten fertig gestellt),

  AG Heilbronn, zfs 1991, 90 (Auftrag an den Sachverständigen ohne weitere Erörterung der Sache),

  AG Ludwigshafen, zfs 1990, 196 (der Sachverständige ist kein Dritter)

  AG München, zfs 1991, 89,

  AG Wetzlar, zfs 2000, 33 (Sachverständiger ist nicht Dritter i. S. v. § 118 BRAGO),

  AG Obernburg, zfs 1990, 54 (Erkundigung, warum keine Wertminderung berücksichtigt worden sei; ansonsten die grundsätzliche Entscheidung der Frage offen gelassen).

- **Verneint bei Gespräch mit dem gegnerischen KH-Versicherer:**

  AG Augsburg, zfs 1990, 54 (bei Frage nach Vorschußzahlung),

  AG Düsseldorf, zfs 1991, 268 (telefonische Weitergabe von Informationen an den Versicherer),

  AG Frankfurt-Höchst, zfs 1991, 89 (Gespräch über Bestehen eines Versicherungsvertrages und Modifikationen der Schadenabwicklung, aber nicht über die Sache selbst),

  AG Frankfurt/M., zfs 1992, 243 (Gespräch hatte die vorangegangene Gebührenabrechnung des RA zum Inhalt),

  AG Hamburg, zfs 1998, 269 (Nachfrage, ob ein Gutachter am Unfallort oder am Wohnort der Partei bestellt werden soll),

  AG Hof, AnwBl. 2000, 262 = zfs 2000, 32 (Rückfrage des Sachbearbeiters, ob Vollkaskoversicherung in Anspruch genommen wird),

  AG München, zfs 1991, 89 (RA hatte den Unfall aus der Sicht des Geschädigten geschildert; eine Erörterung fand nicht statt),

  AG Wetzlar, zfs 2000, 33 (Anfrage nach Vorschuss).

- **Verneint bei Gespräch mit dem eigenen KH-Versicherer des Mandanten:**

  AG Flensburg, zfs 1990, 307 f. (bei der Erkundigung der Versicherung nach dem Abrechnungsschreiben der gegnerischen KH).

- **Verneint bei Gespräch mit Ärzten, Banken, Polizei, Werkstätten, und/oder Mietwagenunternehmen:**

  LG Augsburg, zfs 1990, 231 (Gespräch diene der Informationsaufnahme; darunter seien alle Personen zu fassen, die aufgrund ihrer Spezialkenntnisse weitere Auskunft für den Mandanten geben könnten wie z. B. Familienangehörige, Steuerberater, Hausarzt),

  AG Bochum, zfs 1999, 211 (Werkstatt – Verstoß gegen Schadensminderungspflicht),

  AG Brilon, zfs 1990, 55,

  AG Friedberg, zfs 2000, 35 (bloße Nachfrage bei Polizei genügt nicht),

  AG Gütersloh, zfs 1991, 268 (Gespräch setze eine Erörterung des Sach- und Streitstandes in tatsächlicher und rechtlicher Hinsicht voraus),

  AG Hamburg, Urt. v. 12.7.1989, 54 C 127/89, zfs 1990 197 (setze ein Streitgespräch mit Argumenten und Gegenargumenten voraus),

  AG Ludwigshafen, zfs 1990, 196 (die Reparaturwerkstatt sei nicht Dritte),

  AG München, zfs 1991, 89 f. (Austausch inhaltlich gegenseitiger Positionen sei erforderlich),

  AG Recklinghausen, zfs 1991, 268 f. (Anruf der Bank beim RA wegen einer bereits feststehenden Tatsache).

Beweisgebühr (§ 31 Abs. 1 Nr. 3 BRAGO)

Wird eine Partei nach § 287 ZPO zur Höhe des streitigen Schadens befragt, löst dies die Beweisgebühr aus.
OLG Koblenz, AGS 1996, 19 = zfs 96, 191

Bußgeldangelegenheiten

→ *Verkehrsordnungswidrigkeiten/Mittelgebühr*

Strafverfahren/Bußgeldverfahren

Für eine Angelegenheit haben sich zuletzt ausgesprochen:
AG Husum, MDR 1998, 991

AG München, JurBüro 1999, 413

AG Köln, JurBüro 1998, 414 f. (m. Anm. Enders)

AG St. Ingbert, JurBüro 1998, 415 f. (m. Anm. Enders)

AG Düsseldorf, zfs 2000 168

AG Westerstede, zfs 1987, 112

Für zwei Angelegenheiten haben sich ausgesprochen:
AG Düsseldorf, zfs 2000, 220

AG Hildesheim, AGS 1996, 140

AG Iserlohn, JurBüro 1999, 413

AG Lörrach, AGS 1999, 70

AG Postdam, zfs 2000, 168

Verkehrsordnungswidrigkeiten/Mittelgebühr

AG Aschaffenburg Zweigstelle Alzenau, zfs 1997, 227 (Mittelgebühr gerechtfertigt bei überdurchschnittlichem Arbeitsaufwand, hier: Wiedereinsetzung und Antrag auf gerichtliche Entscheidung),

AG Ahlefeld (Leine), zfs 1998, 395 (Mittelgebühr gerechtfertigt bei Fahrverbot von einem Monat für Berufskraftfahrer),

AG Betzdorf, JurBüro 2000, 531 (Mittelgebühr gerechtfertigt, Geldbuße in Höhe von 200 DM und 1 Monat Fahrverbot, Betroffener ist Architekt und dringend auf Fahrerlaubnis angewiesen),

LG Darmstadt, zfs 1997, 388 (Überschreitung der Mittelgebühr gerechtfertigt, wenn Entzug der Fahrerlaubnis droht mit der Folge, daß nach Ablauf der Sperrfrist ein medizinisch-psychologisches Gutachten eingeholt werden wird),

LG Darmstadt, AGS 1999, 186 (Mittelgebühr gerechtfertigt bei Bußgeld von 100 DM und Eintragung von zwei Punkten im Verkerszentralregister bei 45 Min. Hauptverhandlung),

AG Darmstadt, AnwBl. 1997, 353 = MDR 1997, 407 (Mittelgebühr angemessen bei erheblichem Umfang, hier: eingehende Besprechung mit dem Mandanten, umfangreiche Darstellung des tatsächlichen Sachverhaltes, Hinweis auf bereits ergangene Rechtssprechung, Tatortskizze und Ortsbesichtigung des Verteidigers),

AG Dieburg, JurBüro 1998, 641 = zfs 1999, 32 (Mittelgebühr angemessen bei Überschreitung der innerörtlichen Höchstgeschwindigkeit von 35 km/h, Geldbuße von 200,00 DM, ein Monat Fahrverbot und Eintragung von drei Punkten im Verkehrszentralregister),

AG Dillingen a .d. Donau, Beschl. v. 29.4.1999, OWi 3/91 (Mittelgebühr angemessen auch bei einfachem Verfahren, wenn überdurchschnittlich schwierige Rechtslage),

AG Düsseldorf, zfs 1999, 308 (Mittelgebühr angemessen bei drohender Geldbuße von 200 DM und einer Eintragung im Verkehrszentralregister von 4 Punkten),

AG Düsseldorf, zfs 1996, 231 (Mittelgebühr bejaht: Verkehrsverstoß eines „Führerscheinneulings", bei dem eine Verurteilung die Notwendigkeit zum Neuerwerb der Fahrerlaubnis nach sich gezogen hätte; ansonsten durchschnittlich),

AG Düsseldorf, AnwBl. 1997, 353 (Mittelgebühr angemessen bei durchschnittlichem Arbeitsaufwand, hier: zweiseitiges Schreiben des Anwalts an die Bußgeldbehörde),

AG/LG Duisburg, Beschl. v. 1.2.1996, 91 Qs (OWi) 54/95; Beschl. v. 30.11.1995, 44 OWi 61/95 (Mittelgebühr angemessen bei formularmäßigem Einspruchsschreiben und späterem längerem Schriftsatz),

AG Eggenfeld, AnwBl 2001, 370 (Mittelgebühr bejaht; Ordnungswidrigkeiten und Strafsachen seien in § 105 Abs. 2 BRAGO gleichgestellt; es sei nicht richtig, dass Verkehrsordnungswidrigkeiten allenfalls einfach gelagerte Sachverhalte betreffen würden, die leicht zu überschauen seien; der ordnungsgemäß arbeitende Anwalt prüfe bereits vor Einlegung des Einspruches auch die Auswirkungen auf Tilgungsfristen etc.),

AG Frankfurt/M., zfs 1992, 64 = JurBüro 1991, 1617 (Mittelgebühr bejaht: mögliche Eintragung von 2 Punkten im Verkehrszentralregister, nach Akteneinsicht verhältnismäßig ausführliche und detaillierte Stellungnahme mit Berechnungen abgegeben),

AG Frankfurt/M., zfs 1992, 209 (Mittelgebühr bejaht: deutliche Geschwindigkeitsüberschreitung auf der BAB 5, Vorbelastung durch zwei Eintragungen im Verkehrszentralregister, beruflich auf die KFZ-Nutzung angewiesen, Geldbuße von 150 DM und 1 Monat Fahrvervot angedroht; im Bußgeldverfahren sei grds. von der Mittelgebühr auszugehen; unter Bezugnahme auf ein gleichlautendes Gutachten der Rechtsanwaltskammer Frankfurt/M.),

Rechtsanwaltskammer Hamm (Gutachten), 13.6.1991, Abt. IV/G/3/15/91c, zfs 1992, 25f. (250 DM anstelle einer Mittelgebühr von 285 DM im Vorverfahren und 550 DM, anstelle von 570 DM im Hauptverfahren bei folgendem Sachverhalt: Bußgeld von 20 DM gegen Berufskraftfahrer wegen Parkens auf dem Gehweg; grds. Bedeutung bei einem Auslieferungsfahrer und erhebliche Zweifel hinsichtlich des Vorwurfs der Behinderung (durchschnittlich), Umfang und Schwierigkeit unterdurchschnittlich bei zwei vom Auftraggeber selbst abgegebenen umfangreichen Stellungnahmen und Vernehmung einer Zeugin, keine grds. Einordnung von Verkehrsordnungswidrigkeiten im unteren Gebührenrahmen der §§ 105, 84, 83 BRAGO),

AG Freiburg i. Br., AnwBl. 1998, 611 (über die Höhe der anzusetzenden Anwaltsgebühr ist das Baumgärtelsche System zugrundezulegen),

AG Gelsenkirchen, zfs 1997, 470 (Mittelgebühr angemessen bei Vorwurf des Rotlichtverstoßes, Hauptverhandlung mit Zeugenvernehmung),

AG Göttingen, JurBüro 2002, 418 (unteres Drittel des Gebührenrahmens bei durchschnittlicher Verkehrsordnungswidrigkeit; Hauptverhandlung von 12 Minuten Dauer),

AG Homburg/Saar, zfs 1997, 388 (Überschreitung der Mittelgebühr berechtigt, wenn der Betroffene Rechtsreferendar ist, berufliche Nachteile nicht auszuschließen sind und die Entziehung der Fahrerlaubnis droht),

LG Koblenz, zfs 1992, 134 f. (Mittelgebühr bejaht: Keine generelle Einordnung von Verkehrsordnungswidrigkeiten, sondern immer Abstellen auf den jeweiligen Einzelfall; Vielzahl von Eintragungen im Verkehrszentralregister und drohender Entzug der Fahrerlaubnis (überdurchschnittliche Bedeutung), 3 Hauptverhandlungstermine von 16, 23 und 27 Minuten mit Vernehmung von 2 Zeugen in der 2. Hauptverhandlung und 2 weiteren Zeugen sowie einem Sachverständigen in der abschließenden Hauptverhandlung (Umfang für 1. Hauptverhandlung unterdurchschnittlich, im übrigen für Verkehrsordnungswidrigkeit überdurchschnittlich), Zuziehung eines Sachverständigen erforderlich (überdurchschnittliche Schwierigkeiten),

AG Lüdinghausen, JurBüro 1999, 132, (Mittelgebühr gerechtfertigt bei drohendem Fahrverbot und Eintragung im Verkehrszentralregister),

LG Magdeburg, zfs 1999, 212 = AnwBl. 1999, 705 (Mittelgebühr gerechtfertigt bei Fahrverbot von einem Monat und drohender Eintragung in das Verkehrszentralregister),

LG Mühlhausen, AnwBl. 1997, 351 (Mittelgebühr angemessen bei Einspruch gegen den Bußgeldbescheid über 20,00 DM wegen fehlender ASU-Bescheinigung),

AG München, zfs 1996, 270 f. (In Verkehrsordnungswidrigkeiten ist nicht pauschal eine im unteren Bereich des jeweiligen Rahmens liegende Gebühr angemessen),

AG Neustadt a. Rbge., AnwBl. 1998, 610 (Mittelgebühr angemessen bei Geschwindigkeitsüberschreitung, wenn Betroffener aus gesundheitlichen und beruflichen Gründen auf Fahrerlaubnis angewiesen ist),

AG Zweibrücken, zfs 1998, 395 (Überschreitung der Mittelgebühr gerechtfertigt bei Geldbuße in Höhe von 660 DM und drohendem Fahrverbot),

AG Rendsburg, zfs 1997, 270 (Verkehrsordnungswidrigkeiten mit einer Geldbuße von mehr als 80,00 DM rechtfertigen grundsätzlich den Ansatz der Mittelgebühr).

Abschnitt 3: Arbeits- und Beratungshilfen

200   **1. Auszug aus dem Streitwertkatalog in der Verwaltungsgerichtsbarkeit (Stand 1996)[1]**

Dieser Streitwertkatalog ist bislang nicht auf Euro umgestellt worden. Hartmann, a.a.O., Anh I B § 13 GKG führt daher in den Vorbemerkungen zum Streitwertkatalog aus, dass die Beträge für die Umstellung in Euro zu halbieren seien.

45.	Verkehrsrecht	
45.1	Fahrerlaubnis Klassen 1b, 4 und 5	$\frac{1}{2}$ Auffangwert
45.2	Fahrerlaubnis Klasse 1, Fahrerlaubnis Klasse 3	Auffangwert
45.3	Fahrerlaubnis Klasse 2	1 $\frac{1}{2}$ Auffangwert
45.4	bei beruflicher Nutzung	Zuschlag von 1/2 Auffangwert
45.5	Fahrerlaubnis zur Fahrgastbeförderung	2facher Auffangwert
45.6	Fahrtenbuchauflage	500 DM je Monatentsprechend 250 Euro
45.7	Verkehrsregelnde Anordnung	Auffangwert
45.8	Sicherstellung, Stillegung eines Kraftfahrzeuges	$\frac{1}{2}$ Auffangwert
45.9	Nachschulung, erneute Ablegung der Befähigungsprüfung	$\frac{1}{2}$ Auffangwert

Der Auffangwert betrug nach § 13 Abs. 1 Satz 2 GKG in der Zeit vom 1.7.1994 bis zum 31.12.2001 8 000 DM. Aufgrund der Umstellung des GKG auf Euro beträgt er seit dem 1.1.2002 4 000 Euro.

---

1 Der gesamte Streitwertkatalog ist abgedruckt in: ZAP F. 24, S. 373 ff.

2. DAV-Vorschlag zur Unfallschadenregulierung[2]

1. Rechtsanwälte und Kfz-Haftpflichtversicherer bemühen sich um eine zügige, rationelle und kostengünstige Unfallschadensregulierung.

2. Verhandlungen mit Geschädigten, insbesondere Vergleichsverhandlungen, sollen von Vertretern der betreffenden Versicherung nur mit dem vom Geschädigten bestellten Anwalt geführt werden.

3. Vor Beauftragung eines Sachverständigen soll der Rechtsanwalt, wenn die Wahrung der Interessen seines Mandanten dies zuläßt, mit dem Versicherer prüfen, ob die Beauftragung erforderlich ist. Entsprechendes gilt für weitere Fragen der Schadensminderung (z.B. Unfallfinanzierung, Anmietung eines Mietwagens).

4. Anwälte sollten für die Anmeldung von Kfz-Haftpflichtschäden den zwischen dem DAV und dem HUK-Verband vereinbarten einheitlichen Fragebogen für Anspruchsteller verwenden, Versicherer sollten in diesen Fällen auf die Verwendung eines eigenen Fragebogens verzichten.

5. Der Name des Sachbearbeiters sowohl der bevollmächtigten Anwaltskanzlei als auch der Versicherung soll aus der Korrespondenz erkennbar sein.

6. Rechtsanwälte und Kraftfahrtversicherer sollten im Falle eines Anrufs, der den jeweiligen Partner nicht erreicht, unverzüglich zurückrufen.

7. Vielfältige und häufige Meinungsverschiedenheiten zwischen Versicherern und Rechtsanwälten über Art und Höhe der bei außergerichtlichen Unfallschadensregulierungen zu ersetzenden Anwaltsgebühren stellen für beide Seiten eine unerfreuliche und unrationelle Belastung dar.

   Zur Vermeidung solcher Meinungsverschiedenheiten und im Interesse einer außergerichtlichen Schadensregulierung wird wie folgt verfahren:

   a) Im Verhältnis zwischen dem Rechtsanwalt des Geschädigten und dem Kfz-Haftpflichtversicherer des Schädigers zahlt der Versicherer dem Rechtsanwalt anstelle der ihm nach den §§ 118, 22, 23, 31 BRAGO entstandenen Gebühren unabhängig davon, ob ein Vergleich geschlossen wurde oder eine Besprechung stattgefunden hat, einen einheitlichen Pauschbetrag in Höhe einer 15/10-Gebühr nach dem Erledigungswert der Angelegenheit. Sind Gegenstand der Regulierung (auch) Körperschäden, erhöht sich die Gebühr ab einem Gesamterledigungswert von 10.000 € auf 17,5/10.[3]

   b) Wird der Rechtsanwalt in einem Haftpflichtschadensfall auch mit der Abwicklung des Kaskoschadens beauftragt, dann wird der Erledigungswert angesetzt, der ohne Inanspruchnahme der Kaskoversicherung in Ansatz käme.

   c) Vertritt der Rechtsanwalt mehrere durch ein Schadensereignis Geschädigte, so errechnet sich der zu ersetzende Pauschbetrag aus der Summe der Erledigungswerte. Er erhöht sich in diesen Fällen auf 20/10; betrifft die Regulierung (auch) Körperschäden, auf 22,5/10[3] ab einem Gesamterledigungswert von 10 000 €.

   d) Auslagen werden dem Rechtsanwalt nach den gesetzlichen Vorschriften ersetzt. MwSt. auf die Anwaltskosten wird nicht ersetzt, wenn der Geschädigte vorsteuerabzugsberechtigt ist.

   e) Wird der Haftpflichtversicherer für eine ausländische Versicherungsgesellschaft als Korrespondenzgesellschaft tätig, dann gilt die Regelung nur, wenn die ausländische Versicherungsgesellschaft sie gegen sich gelten läßt.

---

2 Wir bedanken uns bei dem Deutschen Anwalt Verein für die freundliche Genehmigung zum Abdruck.
3 Für Mandate, die vor dem 1.7.1994 erteilt wurden, gelten die Anhebungen um 2.5/10 nicht.

f) Die Regelung gilt grundsätzlich nur für den Fall der vollständigen außergerichtlichen Schadensregulierung; bei nur teilweiser Regulierung dann, wenn der Ausgleich weiterer Schadenspositionen einvernehmlich vorbehalten bleibt. Sie gilt dann nicht, wenn über einen Teilanspruch, sei es auch nur über die Kosten, gerichtlich entschieden worden ist.

g) die Regelung gilt generell für die Rechtsanwälte nicht (mehr), die von ihr, sei es auch nur in einem Einzelfall, abweichen.

h) Vertritt der Anwalt mehrere Geschädigte und reguliert er den Schaden eines oder mehrerer Mandanten außergerichtlich, während er für einen oder mehrere andere eine gerichtliche Entscheidung herbeiführt, sind dies gebührenrechtlich verschiedene Angelegenheiten. Demzufolge kann der außergerichtlich erledigte Teil den vorstehenden Regeln entsprechend pauschaliert abgerechnet werden.

Die Regelung braucht nicht angewendet zu werden, wenn

● der Sachschaden durch eine Zwischenfinanzierung erhöht wurde, ohne dass dem Versicherer vorher Gelegenheit zur Zahlung gegeben war,

● generell, wenn sich der Rechtsanwalt in Widerspruch zu der von der Bundesrechtsanwaltskammer über die Zusammenarbeit von Anwälten mit Unfallhelfern veröffentlichten Auffassung (Stapelvollmacht, Beteiligung an einem Unfallhelferring usw.; AnwBl. 1971, 133) gesetzt hat.

In den neuen Bundesländern ist nach den dort gültigen Gebührensätzen abzurechnen.

Das frühere Abkommen des Deutschen Anwaltsvereins mit bestimmten HUK-Versicherern über die Berechnung eines Pauschalhonorars (vgl. AnwBl. 1971, 198; 1981, 389) gilt nicht mehr.

Erläuterungen zu den o.g. Verhaltens- und Abrechnungsgrundsätzen geben die Veröffentlichungen von Greißinger in AnwBl. 1993, 474 und speziell zur Anhebung des Pauschalbetrags auf 17,5 bzw. 22,5/10 in AnwBl 1994, 564 (zfs 1994, 393) sowie die umfassenden Erläuterungen des Schlichtungsausschusses in zfs 1998, 201 = DAR 1998, 286 = AnwBl 1998,593.

3. Liste der nach dem DAV-Vorschlag regulierenden Versicherungsgesellschaften[4]   202

Die unten genannten Versicherungsgesellschaften haben mitgeteilt, für nach dem 30.9.1991 eingetretene Kfz-Haftpflichtschäden nach den vorbeschriebenen Modalitäten zu verfahren.

- Allgemeine Versicherungs-AG der HUK-Coburg (HUK-Coburg Allgemeine), Coburg
- Allianz Versicherungs-AG, München
- A&O Kfz-Autoversicherung Oldenburg AG, Oldenburg (Schäden ab 1.9.1998)
- Bayerische Versicherungsbank AG (Allianz-Gruppe), München
- BRUDERHILFE Sachversicherung a.g. im Rahmen der Kirchen, Kassel
- Continentale Versicherung a.g., Dortmund (Schäden ab 1.1.1992)
- Deutscher Herold Allgemeine Versicherungs-AG der Deutschen Bank, Bonn (Schäden ab 1.4.2000)
- Deutsche Versicherungs-AG, Berlin (Allianz Gruppe)
- DEVK Deutsche Eisenbahnversicherung Sach- und HUK Versicherungsverein a.g. (Schäden ab 1.6.2000).
- Europa Sachversicherungs AG, Köln (Schäden ab 1.1.1992)
- Frankfurter Versicherungs-AG einschließlich Volkswagen-Opel-Händler Versicherungsdienst – OVD – (Allianz-Gruppe), Frankfurt a. M.
- Gerling Konzern Allgemeine Versicherungs-AG, Köln (Schäden ab 1.1.1997)
- Haftpflicht-Unterstützungskasse kraftfahrender Beamter Deutschlands a.g. (HUK-Coburg), Coburg
- Karlsruher Beamtenversicherungs AG, Karlsruhe (Schäden ab 1.7.1995)
- Karlsruher Versicherungs AG, Karlsruhe (Schäden ab 1.7.1995)
- KRAVAG-ALLGEMEINE Versicherungs AG (Schäden ab 1.1.2001)
- Landschaftliche Brandkasse Hannover (VGH Versicherungsgruppe), Hannover (Schäden ab 1.1.1994)
- Öffentliche Versicherung Oldenburg, Oldenburg (Schäden ab 1.1.1997)
- Provinzial Brandkasse Versicherungsanstalt Schleswig-Holstein, Kiel (Schäden ab 1.1.1992)
- Provinzial Feuerversicherungsanstalt der Rheinprovinz, Düsseldorf (Schäden ab 1.10.1992)
- SAVAG Saarbrücker Versicherungs-AG, Saarbrücken
- SV Sparkassen-Versicherung Gebäudeversicherung Baden-Württemberg AG (Schäden ab 1.1.2000) (vormals SPARKASSEN-VERSICHERUNG Allgemeine Versicherung AG Stuttgart, Schäden ab 1.5.1992)
- VHV Autoversicherungs-Aktiengesellschaft (vormals VHV Vereinigte Haftpflicht Versicherung a.g., Hannover, Schäden ab 1.11.1991)
- Vereinte Versicherung AG, München
- Volksfürsorge Deutsche Sachversicherung AG, Hamburg (Schäden ab 1.7.1999)
- Westfälische Provinzial Feuersozietät, Münster (Schäden ab 1.1.1992)
- Württembergische Versicherung AG, Stuttgart
- Sparkassen direkt Versicherung AG (Schäden ab 1.7.2001).

Die jeweils aktuelle Fassung kann im Internet unter http://www.anwaltverein.de/01/05/index.html abgerufen werden.

---

4 Wir bedanken uns bei dem Deutschen Anwalt Verein für die freundliche Genehmigung zum Abdruck.

Teil 3: Versicherungsrecht

Inhaltsverzeichnis

Literatur:

Bauer, Die Kraftfahrtversicherung, 4. Aufl. 1997; *Buschbell,* Straßenverkehrsrecht in der Praxis, München 1997; *ders.,* Der Schadenregulierungsvertreter in der Kraftschadenregulierungspraxis, DAR 2000, 337; *Hofmann,* Die neue Kraftfahrtversiche-rung, Haftpflicht, Kasko, 1994; *Johannsen,* Vorsatz und grobe Fahrlässigkeit in der Haftpflichtversicherung, r+ s 2000, 133; *Knappmann,* Zurechnung des Verhaltens Dritter im Privatversicherungsrecht, NJW 1994, 3147 ff.; *ders.,* Rechtsfragen der neuen Kraftfahrtversicherung, VersR 1996, 401; *Lorenz,* Zum Abschluß eines Versicherungsvertrages nach § 5a VVG, VersR 1995, 616 ff.; *Notthoff,* Vorliegen eines entschädigungspflichtigen Unfalls i.S.d. § 12 Abs. 1 II e) AKB im Falle der Kollision zwischen Zugfahrzeug und Anhänger, zfs 1996, 401; *Prölss/Martin,* Versicherungsvertragsgesetz, 26. Aufl. 1998; *Römer/Langheid,* Versicherungsvertragsgesetz, 1997; *Schimikowski,* Überlegungen zu einer Reform des Versicherungsver-tragsgesetzes, r+s 2000, 353; *Terbille,* Grob fahrlässiges Herbeiführen des Versicherungsfalls i.S.d. § 61 VVG, r+s 2000, 45; *Wandt,* Verbraucherinformationen und Vertragsschluß nach neuem Recht – Dogmatische Einordnung und Handhabung, VersR 1995, 518.

Abschnitt 1: Systematische Erläuterungen

A. Versicherungsvertrag

I. Abschluss des Versicherungsvertrages

1. Einführung

Für das Zustandekommen des Versicherungsvertrages gelten i.d.R. die **allgemeinen vertraglichen** **1**
Grundsätze. Das bedeutet, zum Vertragsabschluss sind zwei übereinstimmende Willenserklärungen, und zwar Angebots- und Annahmeerklärung, erforderlich. Sofern der Versicherer den Antrag des Versicherungsnehmers annimmt, ist der Versicherungsvertrag geschlossen.

Soweit allerdings der Versicherer den Antrag des Versicherungsnehmers nur in geänderter Fassung **2**
anzunehmen bereit ist, modifiziert § 5 Abs. 1 VVG die allgemeinen Regeln des § 150 Abs. 2 BGB.

Danach ist im Zuge des Abschlusses eines Versicherungsvertrages bei **inhaltlichen Abweichun-** **3**
gen des Versicherungsscheines vom Antrag des Versicherungsnehmers eine **Genehmigung** der Abweichung durch den Versicherungsnehmer anzunehmen, wenn dieser nicht innerhalb eines Monats nach Erhalt des Versicherungsscheines seinen **Widerspruch** erklärt. Diese Erklärung hat in **Textform** zu erfolgen.

Hinweis:

Allerdings steht die Genehmigungsfiktion des § 5 Abs. 1 VVG unter der Voraussetzung, dass der Versicherer den Versicherungsnehmer im Zuge der Aushändigung des Versicherungsscheines seinerseits darauf hingewiesen hat, dass die Abweichung des Versicherungsscheines gegenüber dem Antrag des Versicherungsnehmers als genehmigt gilt, wenn der Versicherungsnehmer nicht binnen der vorbezeichneten Monatsfrist in Textform Widerspruch erhebt. Auch diese Erklärung des Versicherers gem. § 5 Abs. 2 VVG hat in Textform zu erfolgen. Sie hat darüber hinaus gesondert, d.h. abgesetzt von dem Versicherungsschein, zu erfolgen.

Neben der Belehrung über die **Genehmigungsfiktion** bzw. das **einmonatige Widerspruchsrecht** **4**
ist lediglich ein Hinweis auf die einzelnen Abweichungen zulässig (Prölss/Martin, VVG, § 5 Anm. 8). Das bedeutet, dass der Versicherer weitere an den Versicherungsnehmer gerichtete Mitteilungen mit der Belehrung gem. § 5 Abs. 2 VVG nicht verbinden darf (Berz/Burmann, 7. A., Rn. 3). Sofern der Hinweis auf die Genehmigungsfiktion nicht in einem gesonderten Schreiben erfolgt, sondern – zulässigerweise – im Rahmen des Versicherungsscheines, ist es erforderlich, dass diese Mitteilung hinreichend **deutlich hervorgehoben** wird. Nicht ausreichend ist, dass der Versicherer den Versicherungsnehmer etwa nur über die Folgen des Unterlassens eines Widerspruches belehrt. Notwendig ist vielmehr, dass auch die einzelnen Passagen, in denen der Versicherungsschein von dem ursprünglichen Antrag des Versicherungsnehmers abweicht, ausdrücklich genannt werden. Nur in diesem Fall greift die Genehmigungsfiktion (Prölss/Martin, VVG, § 5 Anm. 8).

Lediglich in dem Fall, dass die **Abweichungen** des Versicherungsscheines von dem Antrag des **5**
Versicherungsnehmers für den Versicherungsnehmer günstig sind (was in der Praxis selten vorkommt), ist eine **Belehrung** gem. § 5 Abs. 2 VVG nicht notwendig (OLG Hamm, VersR 1993, 169; Römer/Langheid, VVG, § 5 Rn. 15).

6   Sofern der Versicherer den Versicherungsnehmer nicht ausreichend gem. § 5 Abs. 2 VVG belehrt, gilt der Inhalt des Versicherungsantrages des Versicherungsnehmers gem. § 5 Abs. 3 VVG als vereinbart. Die **Abweichungen** des Versicherungsscheines von dem ursprünglichen Versicherungsantrag sind sodann für den Versicherungsvertrag irrelevant.

Soweit zwischen den Parteien die Übung besteht, bei einem Fahrzeugwechsel jeweils einen „Nachtrag" zum Versicherungsschein zu erstellen und „Folgebeiträge" einzufordern, ist der Veränderungsantrag des Versicherungsnehmers als Antrag auf Fortsetzung des alten Vertrages auszulegen. Geänderte Bedingungen werden dann nur unter Voraussetzung des § 5 Abs. 2 VVG Vertragsbestandteil (OLG Hamm, VersR 2000, 719 f.).

2. Widerspruchsrecht des Versicherungsnehmers

7   Durch das 3. Gesetz zur Durchführung versicherungsrechtlicher Richtlinien des Rates der Europäischen Gemeinschaft vom 21.7.1994 (BGBl. I, S. 1630) wurde die **dritte Schadensversicherungsrichtlinie** (Richtlinie 92/49 EWG v. 18.6.1992) umgesetzt, wodurch die Vorschrift des § 5a neu in das VVG aufgenommen wurde. Der neue § 5a VVG führte den Regelungsgehalt des § 10a VAG in das Vertragsrecht ein. § 10a VAG verpflichtete auch bislang schon den Versicherer, den Versicherungsnehmer vor Abschluss des Versicherungsvertrages umfassend über die für das Versicherungsverhältnis maßgebenden Tatsachen und die daraus resultierenden Rechte und Pflichten zu informieren.

8   Gem. § 5a Abs. 1 VVG gilt der Versicherungsvertrag auf Grundlage des Versicherungsscheines, der Versicherungsbedingungen und der weiteren für den Vertragsinhalt maßgeblichen Verbraucherinformation als abgeschlossen, sofern der Versicherer dem Versicherungsnehmer bei Antragstellung die Versicherungsbedingungen nicht übergeben oder eine Verbraucherinformation gem. § 10a VAG unterlassen hat, wenn der Versicherungsnehmer nicht innerhalb von 14 Tagen nach Überlassung der Unterlagen widerspricht, wobei auch diese Erklärung in Textform zu erfolgen hat. Das bedeutet, dass der Versicherungsvertrag im Falle des Verstreichenlassens der **vierzehntägigen Widerspruchsfrist** als genehmigt gilt, sofern der Versicherungsnehmer die Verbraucherinformation neben den allgemeinen Versicherungsbedingungen erst gemeinsam mit dem Versicherungsschein und nicht schon vorher erhalten hat.

> *Hinweis:*
>
> *Allerdings beginnt der Lauf der 14-Tages-Frist gem. § 5a Abs. 2 VVG erst, wenn dem Versicherungsnehmer der Versicherungsschein und die Unterlagen gem. § 5a Abs. 1 VVG vollumfänglich vorliegen und der Versicherungsnehmer bei Aushändigung des Versicherungsscheines schriftlich und in drucktechnisch hervorgehobener Form über das Widerspruchsrecht, den Fristbeginn und deren Dauer belehrt worden ist. In jenem Fall erlischt das Widerspruchsrecht ein Jahr nach Zahlung der ersten Versicherungsprämie.*

9   Aus § 5a Abs. 3 VVG folgt, dass der Verzicht auf die Überlassung der Versicherungsbedingungen der Verbraucherinformationen bei Vertragsschluss vereinbart werden kann, wenn der Versicherer **auf besonderen Antrag** des Versicherungsnehmers **sofortigen Versicherungsschutz** gewährt. In diesem Fall sind die Unterlagen dem Versicherungsnehmer auf Anforderung, spätestens jedoch mit dem Versicherungsschein, zu überlassen. Sofern der Versicherungsvertrag sofortigen Versicherungsschutz gewährt, hat der Versicherungsnehmer **kein Widerspruchsrecht** gem. § 5a Abs. 1 VVG.

> **Hinweis:**
>
> *Diese Sonderregelungen sind insbesondere im Hinblick auf die Kraftfahrzeughaftpflichtversicherung wesentlich. Im Rahmen dieses Versicherungszweiges ist die Erteilung einer sog. vorläufigen Deckungszusage weit verbreitet, sodass die in § 5a Abs. 1 und Abs. 2 VVG enthaltenen Regelungen im Bereich der Kraftfahrzeughaftpflichtversicherung eher unwichtig sind.*

Fraglich ist die Beurteilung solcher Fälle, in denen der Versicherungsnehmer nicht über sein **Widerspruchsrecht** gem. § 5a Abs. 1 VVG belehrt worden ist. Insoweit enthält das Gesetz keine ausdrückliche Regelung. Nach einer Auffassung soll der Vertrag in einem solchen Fall ohne Einbeziehung der Versicherungsbedingungen zustande gekommen sein (Wandt, Verbraucherinformation und Vertragsschluss nach neuem Recht, S. 25 ff.), während nach entgegenstehender Ansicht der Vertrag nach Ablauf der Jahresfrist gem. § 5a Abs. 2 VVG unter Einbeziehung der Versicherungsbedingungen auch dann als abgeschlossen gelten soll, wenn die Belehrung über das Widerspruchsrecht unterblieben ist (Lorenz, VersR 1995, 616, 623; Präve, ZfV 1994, 374, 380; Römer/Langheid, VVG, § 5a Rn. 46). {10}

Der zuletzt genannten Meinung ist beizutreten; denn der Antrag des Versicherungsnehmers ist in diesem Fall entweder aufgrund eines Hinweises in dem Antragsvordruck oder aufgrund einer entsprechenden Auslegung auf die Versicherungsbedingungen und die Verbraucherinformation bezogen, die der Versicherer für Verträge der entsprechenden Art verwendet. Den so zu verstehenden Antrag nimmt der Versicherer spätestens durch die Übersendung des Versicherungsscheines vorbehaltlos an (Lorenz, VersR 1995, 616, 623). Zwar entsteht dadurch noch nicht ein Vertrag mit dem Inhalt des Antrages, dieser kommt jedoch **kraft Gesetzes rückwirkend** zustande, wenn der Versicherungsnehmer der gesetzlichen Gestaltungswirkung nicht mehr widersprechen kann (Lorenz, VersR 1995, 616, 623). Dies ist entweder der Fall, wenn die 14-Tages-Frist gem. § 5a Abs. 1 VVG oder die Einjahresfrist gem. § 5a Abs. 2 VVG abgelaufen ist. Dem widerspricht nicht, dass der Vertrag gem. § 3a Abs. 1 VVG nur dann mit dem genannten Inhalt zustande kommen soll, wenn der Versicherungsnehmer nicht innerhalb von 14 Tagen „nach Überlassung der Unterlagen" sein **Widerspruchsrecht** ausübt, weil die „Überlassung der Unterlagen" nur dazu dient, den Beginn der 14-Tages-Frist festzulegen. Vor dem Beginn der Einjahres-Frist gem. § 5a Abs. 2 VVG ist die „Überlassung der Unterlagen" ohne Bedeutung; denn diese Frist beginnt vielmehr mit der Zahlung der ersten Prämie. {11}

II. Inhaltskontrolle Allgemeiner Versicherungsbedingungen

1. Einführung

Nach Maßgabe des 3. Gesetzes zur Durchführung versicherungsrechtlicher Richtlinien des Rates der Europäischen Gemeinschaft v. 21.7.1994 (BGBl. I, S. 1630) entfällt die vormals geltende Pflicht, dass die Versicherungsunternehmen allgemeine Versicherungsbedingungen durch das **Bundesaufsichtsamt für das Versicherungswesen** genehmigen lassen müssen. Im Hinblick auf die **Kraftfahrzeugversicherung** gelten insoweit folgende **Besonderheiten**: {12}

- Für den Bereich der Kraftfahrzeughaftpflichtversicherung ist der Mindestumfang und Mindestinhalt des vonseiten des Versicherers zu gewährenden Versicherungsschutzes in der Kraftfahrzeughaftpflichtversicherungsordnung geregelt,

- während im Bereich der Kraftfahrzeugversicherung, d. h. der Kaskoversicherung, die Gestaltungsfreiheit des Versicherers besteht.

- Insgesamt bedeutet dies, dass den AKB 95 i.d.R. nur noch marginale Bedeutung bzw. diejenige eines Mustertextes zukommt.

2. Zweck Allgemeiner Versicherungsbedingungen

13 Der inhaltliche Sinn Allgemeiner Versicherungsbedingungen ist zu ermitteln, und zwar durch objektive Auslegung (Bach/Geiger, VersR 1993, 659, 669; Berz/Burmann, 7. B., Rn. 2). Die **Auslegung** orientiert sich an dem Verständnis eines durchschnittlichen Versicherungsnehmers bei verständiger Würdigung und aufmerksamer Durchsicht der Versicherungsbedingungen, ohne dass bei dem Versicherungsnehmer versicherungsrechtliche Spezialkenntnisse vorausgesetzt werden dürfen (BGH, NJW 1983, 2776; NZV 1996, 65). Dabei ist grds. der allgemeine Sprachgebrauch maßgeblich (Bach/Geiger, VersR 1993, 659, 660). Unerheblich ist i.d.R. ein vonseiten des Versicherers verfolgter Regelungszweck. Diesem kommt nur dann Relevanz im Zuge der Auslegung zu, wenn er in den jeweils benutzten Formulierungen für den typischerweise angesprochenen Versicherungsnehmerkreis verständlich wird (BGH, VersR 1990, 487).

14 Sofern die im Einzelfall verwendeten Formulierungen dem durchschnittlichen Versicherungsnehmer nicht geläufig sind und sich eine Nachfrage beim Versicherer für den Versicherungsnehmer nicht aufdrängt, gilt die **Unklarheitenregelung** des § 305c Abs. 2 BGB zu Lasten des Verwenders, des Versicherers. Anwendungsvoraussetzung der Unklarheitenregelung ist jedoch, dass nach Ausschöpfung aller in Betracht kommenden Auslegungsmethoden ein letzthin nicht behebbarer Zweifel verbleibt und zumindest zwei unterschiedliche Auslegungen vertretbar sind (BGH, NJW 1992, 1008; Notthoff, zfs 1996, 401, 402).

3. Durchführung der Inhaltskontrolle

15 Eine inhaltliche Kontrolle allgemeiner Versicherungsbedingungen erfolgte bisher vor dem Hintergrund des AGBG. Im Rahmen der Schuldrechtsreform wurden die Vorschriften des AGBG in das Bürgerliche Gesetzbuch eingefügt (§§ 305 ff. BGB). Gem. § 307 Abs. 3 BGB unterliegen nur diejenigen Bestimmungen in Allgemeinen Versicherungsbedingungen einer Inhaltskontrolle, die von einer Rechtsvorschrift abweichen oder diese ergänzen. In seiner Grundsatzentscheidung zur Inhaltskontrolle bestimmter Versicherungsbedingungen hat der BGH ausgeführt, dass Klauseln, die das Hauptleistungsversprechen einschränken, verändern, ausgestalten oder modifizieren, inhaltlich zu überprüfen sind (BGHZ 100, 157, 173), so dass für die der Überprüfung entzogene Leistungsbeschreibung nur der enge Bereich der Leistungsbezeichnungen, ohne deren Vorliegen mangels Bestimmtheit oder Bestimmbarkeit des wesentlichen Vertragsinhalts ein wirksamer Vertrag nicht angenommen werden kann, verbleibt (BGH, zfs 1993, 276, 277). Folglich unterliegt lediglich der Kernbereich der Leistungsbeschreibung keiner inhaltlichen Kontrolle, wozu auch sog. **primäre Risikoausschlüsse** zählen, weil sich diese direkt aus der Leistungsbeschreibung, in welcher die versicherten Gefahren bzw. versicherten Gegenstände abschließend aufgezählt oder definiert sind, ergeben. Der richterlichen Inhaltskontrolle unterfallen also **Obliegenheitsklauseln** sowie **sekundäre Risikoausschlüsse,** d. h. solche, durch die ein eigentlich versichertes Risiko infolge gesonderter Bestimmung ausdrücklich vom Versicherungsschutz ausgenommen wird (Berz/Burmann, 7. B., Rn. 10).

16 Der **Maßstab für die Inhaltskontrolle** resultiert aus § 307 Abs. 1 BGB. Nach dieser Vorschrift (§ 307 Abs. 2 Nr. 1 BGB) ist im Zuge der **Inhaltskontrolle** im Wesentlichen die Leitbildfunktion der gesetzlichen Regelung zu berücksichtigen. Zur gesetzlichen Regelung in diesem Zusammenhang zählen in erster Linie die allgemeinen Grundgedanken des Versicherungsrechts sowie die Rechtssätze, die von der Rechtsprechung und Rechtslehre durch Auslegung, Analogie und Rechtsfortbildung entwickelt worden sind (BGH, zfs 1993, 276, 277; BGH, NJW 1994, 1534).

17 Weiteres wesentliches Kriterium im Zuge der inhaltlichen Kontrolle ist die aus § 307 Abs. 2 Nr. 2 BGB folgende Frage, ob und inwieweit die in Rede stehende Versicherungsbedingung im Falle ihrer Anwendung den **Vertragszweck gefährden** würde, wobei eine **Zweckvereitelung** nicht erforderlich ist (BGHZ 117, 92; Palandt/Heinrichs, Ergänzungsband zur Schuldrechtsmodernisierung, § 307 Rn. 34).

Die Regelung des § 310 Abs. 3 BGB stellt die Umsetzung der EG-Richtlinie über missbräuchliche **18**
Klauseln in Verbraucherverträgen vom 5.4.1993 in nationales Recht dar (BGBl. I, S. 1013). Gem.
§ 310 Abs. 3 Nr. 2 und 3 BGB ist das Gesetz nunmehr auch auf **vorformulierte Vertragsbedingungen** anzuwenden, die nur **zur einmaligen Verwendung bestimmt** sind; gem. § 310 Abs. 3
Nr. 3 BGB sind im Zuge der Beurteilung der unangemessenen Benachteiligung gem. § 307 BGB
auch die den Vertragsschluss begleitenden Umstände zu berücksichtigen. Dies bedeutet, dass im
Zuge der Beurteilung, ob eine Klausel den Verbraucher unangemessen benachteiligt, auszugehen
ist von einer generellen überindividuellen Betrachtung. Abzuwägen sind die Interessen des Versicherers gegenüber denjenigen der typischerweise beteiligten Versicherungsnehmer. Durch den
neu eingefügten § 307 Abs. 1 Satz 2 BGB kann sich eine unangemessene Benachteiligung auch
daraus ergeben, dass die Bestimmung nicht klar und verständlich ist. Bei **Verbraucherverträgen**
i.S.d. § 310 Abs. 3 BGB ist dieser Prüfungsmaßstab zu ergänzen durch die Berücksichtigung kon-
kret-individueller Umstände, sodass bei der **Angemessenheitsprüfung** nunmehr auch die Frage
wesentlich ist, ob der Versicherungsvertreter im Zuge des Vertragsabschlusses etwa **Beratungspflichten** verletzt hat (BGH, NJW 1988, 2536; Palandt/Heinrichs, Ergänzungsband zur Schuldrechtsmodernisierung, § 310 Rn.7).

4. Konsequenzen unwirksamer Versicherungsbedingungen

Soweit Allgemeine Versicherungsbedingungen ganz oder teilweise nicht Vertragsbestandteil **19**
geworden sind bzw. unwirksam sind, bleibt der Vertrag i.Ü. wirksam. Der Inhalt des Vertrages
richtet sich insoweit nach den gesetzlichen Vorschriften. Dies folgt aus § 306 Abs. 1 i.V.m. Abs. 2
BGB.

> *Hinweis:*
>
> *Es folgt also keine sog. geltungserhaltende Reduktion etwa unwirksamer Versicherungsbedin-
> gungen auf das Maß des gerade noch zulässigen Inhalts (BGHZ 117, 92). Die Vorschrift des
> § 306 Abs. 2 BGB kann i.Ü. nicht durch formularmäßige Klauseln abbedungen werden; dies
> ist vielmehr nur durch Individualvereinbarungen möglich (Palandt/Heinrichs, Ergänzungs-
> band zur Schuldrechtsmodernisierung, § 306 Rn. 7).*

Im Rahmen von Verträgen, für die eine gesetzliche Regelung nicht existiert, ist zu beachten, dass **20**
die durch eine etwaige Unwirksamkeit der beanstandeten Klauseln entstandene Lücke im Wege
der **ergänzenden Vertragsauslegung** zu schließen ist. Der ergänzenden Vertragsauslegung kommt
besonders im Bereich des Versicherungsrechts erhebliche Bedeutung zu; denn gerade im Falle von
Versicherungen, für die keine gesetzliche Normierung existiert, ist zu beachten, dass der völlige
Wegfall einer Bedingung dazu führen kann, dass der Umfang des Versicherungsschutzes in einem
solchen Maße erweitert werden würde, dass der Schutzzweck des konkreten Versicherungstyps
gefährdet werden würde.

Da durch die **richterliche Inhaltskontrolle** kein neuer Versicherungstypus geschaffen werden soll, **21**
ist in derartigen Fällen zu ermitteln, welche Regelungen die Parteien bei sachgerechter Abwägung
der berechtigten Interessen getroffen hätten, sofern ihnen die Unwirksamkeit der Regelung zuvor
bekannt gegeben worden wäre.

III. Inhalt des Kraftfahrzeughaftpflichtversicherungsvertrages

1. Einführung

Die Kraftfahrzeughaftpflichtversicherung tritt zur **Befriedigung begründeter** und zur **Abwehr** **22**
unbegründeter Schadensersatzansprüche ein, die aufgrund gesetzlicher Haftpflichtbestimmungen privatrechtlichen Inhalts gegen den Versicherungsnehmer oder eine mitversicherte Person

erhoben werden. Dies ergibt sich bereits aus § 10 AKB. Des Weiteren muss der Schaden durch den Gebrauch eines Fahrzeuges entstanden sein, sodass ein lediglich örtlicher und zeitlicher Zusammenhang des schädigenden Ereignisses mit dem Fahrzeuggebrauch nicht ausreichend ist. Vorliegen muss vielmehr ein **innerer Zusammenhang** zwischen dem Schadensereignis und dem Gebrauch des Fahrzeuges (BGH, VersR 1984, 854), wobei es nicht erforderlich ist, dass das Fahrzeug tatsächlich bewegt wird (Berz/Burmann, 7. C., Rn. 2).

2. Besondere Schadensereignisse

23   Einige spezifische Schadensereignisse sind geeignet, in diesem Zusammenhang gesondert dargestellt zu werden, weil sie in der Praxis häufig zu **Auseinandersetzungen zwischen Versicherung und Geschädigtem** führen. Dabei geht es u.a. um Schäden, die im Zusammenhang mit **Be- und Entladetätigkeiten** am Fahrzeug stehen, sowie um solche Schäden, die sich im Zusammenhang mit der Durchführung von **Reparaturarbeiten** befinden.

a) Schadensersatzansprüche im Zusammenhang mit Be- und Entladetätigkeiten

24   In den Fällen, in denen Schäden im Zusammenhang mit Be- und Entladetätigkeiten eintreten, hat der Versicherungsnehmer regelmäßig ein virulentes Interesse daran, den Schaden über seine **private Haftpflichtversicherung** zu regulieren, sofern eine solche existiert. Hintergrund dafür ist, dass im Falle der Inanspruchnahme einer Privathaftpflichtversicherung kein **Rückstufungsschaden**, d.h. keine prämienmäßigen Nachteile, entstehen. Soweit eine Privathaftpflichtversicherung nicht besteht ist indes eine Regulierung über die Kraftfahrzeughaftpflichtversicherung möglich. Denn das Be- und Entladen gehört i.d.R. zum Fahrzeuggebrauch und fällt damit in den Deckungsbereich der Kraftfahrzeughaftpflichtversicherung. Dieser schließt sowohl die Ladetätigkeit an sich als auch das Hin- und Fortschaffen von Werkzeugen zum Be- und Entladen ein, sofern ein räumlicher und zeitlicher Zusammenhang zu den eigentlichen Be- und Entladetätigkeiten besteht (Prölss/Martin/Knappmann, VVG, § 19 AKB Anm. 3 B). Eine Haftung besteht jedoch nur für die Dauer dieser Tätigkeit und nicht für die Ereignisse nach deren Abschluss, an denen das Kraftfahrzeug nicht mehr beteiligt ist. Für das Umkippen abgeladener Ware und für das Wegschaffen bereits entladener Gegenstände besteht also keine Haftung (Prölss/Martin/Knappmann, VVG, § 10 AKB Rn. 3 B). Der Fahrzeuggebrauch endet folglich regelmäßig dann, wenn die Ladung das Fahrzeug verlassen hat und erstmals abgestellt wurde (OLG Hamm, VersR 1991, 652; Prölss/Martin/Knappmann, VVG, § 10 AKB Anm. 3 B).

25   Sofern jedoch während des Beladens des Kraftfahrzeuges der neben dem Fahrzeug abgestellte **Einkaufswagen** wegrollt, besteht eine Haftung des Kraftfahrzeughaftpflichtversicherers (LG Aachen, zfs 1990, 274; Prölss/Martin/Knappmann, a.a.O.).

b) Schäden im Zusammenhang mit der Durchführung von Reparaturarbeiten

26   Schäden im Zusammenhang mit der Durchführung von Reparaturarbeiten an einem Kraftfahrzeug werden von der Kraftfahrzeughaftpflichtversicherung reguliert, sofern sich im Zuge des Schadenfalles die spezifischen Gefahren des Kraftfahrzeuges ausgewirkt haben. Das bedeutet, dass sich die spezifische **Gefahr** des Kraftfahrzeuges nur dann ausgewirkt hat, wenn diese unmittelbar von dem Fahrzeug ausgeht (BGH, NJW-RR 1989, 218, 219; Berz/Burmann, 7. C., Rn. 6). Daher entfällt eine Haftung, wenn sich nach einer Autowäsche **Glatteis** bildet oder entladener **Ölschlamm** das Erdreich verunreinigt; es besteht auch dann keine Haftung, wenn aus dem beim Abladen beschädigten Öltank zu einem späteren Zeitpunkt Öl ausläuft (Prölss/Martin/Knappmann, VVG, § 10 AKB Rn. 3). Demgegenüber besteht Deckungsschutz beim Auffüllen eines **Öltanks** für die Zeit, in der die auf dem Kraftfahrzeug befindliche Pumpe das Öl aus dem Schlauch heraustreibt (BGH, VersR 1979, 956).

Auch Schäden, die im Zuge von **Schweißarbeiten** an einem Kraftfahrzeug an anderen Rechts-   27
gütern eintreten, unterfallen grds. der Kraftfahrzeughaftpflichtversicherung, denn auch hier wirken
sich aufgrund der körperlichen Beteiligung des Kraftfahrzeugs dessen spezifische Gefahren aus
(Berz/Burmann, 7. C., Rn. 6).

3. Risikoausschluss

Auch im Rahmen der Kraftfahrzeughaftpflichtversicherung gilt § 152 VVG. Nach dieser Vorschrift   28
haftet der Versicherer nicht, sofern der Versicherungsnehmer vorsätzlich den Eintritt der Tatsache,
für die er dem Dritten verantwortlich ist, widerrechtlich herbeigeführt hat. In den Fällen vorsätzlicher **Schädigung** hat der Geschädigte daher keinen Anspruch gegenüber dem Haftpflichtversicherer, sondern nur gegenüber dem Schädiger. Demgegenüber haftet der Versicherer sowohl bei **fahrlässiger** als auch bei **grob fahrlässiger Herbeiführung** des Versicherungsfalles (BGHZ 7, 311,
324; Prölss/Martin/Voit, VVG, § 152 Anm. 1; Römer/Langheid, VVG, § 152 Rn. 1).

Vorsatz bedeutet auch in diesem Zusammenhang – wie sonst im Zivilrecht – das Wissen und Wol-   29
len des rechtswidrigen Erfolges (BGH, VersR 1958, 361), wobei auch insoweit **bedingter Vorsatz
ausreichend** ist (BGHZ 7, 311).

Der **Anscheinsbeweis** ist für den Beweis des Vorsatzes i.d.R. nicht möglich; denn insoweit gibt es   30
kein durch die Lebenserfahrung gesichertes typisches Verhalten (BGH, VersR 1988, 683). Der
Versicherer ist für das Vorliegen der Voraussetzungen des Risikoausschlusses beweispflichtig
(Berz/Burmann, 7. C., Rn. 8). Weitere **Risikoausschlüsse** sind in § 11 AKB enthalten, wonach
Haftpflichtansprüche ausgeschlossen sind, soweit sie aufgrund Vertrages oder besonderer Zusage
über den Umfang gesetzlicher Haftpflicht hinausgehen sowie Haftpflichtansprüche des Versicherungsnehmers, Halters oder Eigentümers gegen mitversicherte Personen. Das bedeutet, Ansprüche
zwischen Mitversicherten und Ansprüche unter Versicherungsnehmern sind nicht ausgeschlossen
(Prölss/Martin/Knappmann, VVG, § 11 AKB Anm. 3).

IV. Inhalt des Kaskoversicherungsvertrages

Bei der Kaskoversicherung unterscheidet man zwischen der **Vollkaskoversicherung – Fahrzeug-**   31
vollversicherung – und der **Teilkaskoversicherung – Fahrzeugteilversicherung.** Die Teilkaskoversicherung tritt ein bei Explosion, Entwendung, Brand, Hagel, Sturm, Blitzschlag, Überschwem-
mung sowie Zusammenstoß mit Haarwild, während die Vollkaskoversicherung zusätzlich eintritt
bei Unfall und bös- bzw. mutwilligen Handlungen (Bauer, Die Kraftfahrtversicherung, Rn. 956 ff.).

1. Kaskoversicherungsschutz im Falle eines Brandschadens

Gem. § 12 Abs. 1. Nr. 1a ARB umfasst die Fahrzeugversicherung die Beschädigung, Zerstörung   32
und den Verlust des Fahrzeugs durch Brand oder Explosion. Ein **Brand** ist dabei ein Feuer, das
ohne einen bestimmungsgemäßen Herd entstanden ist oder ihn verlassen hat und sich aus eigener
Kraft auszubreiten vermag, während eine **Explosion** eine auf dem Ausdehnungsbestreben von
Gasen oder Dämpfen beruhende und plötzlich verlaufende Kraftäußerung bildet (vgl. § 1 Abs. 2
und 4 AFD 87).

Der Versicherungsfall setzt voraus, dass das **Feuer,** sofern es nicht innerhalb, sondern außerhalb   33
des Fahrzeuges entsteht, das Fahrzeug mindestens zu einem späteren Zeitpunkt ergreift. Dabei sind
auch Schäden versichert, die infolge eines außerhalb des Fahrzeuges ausgebrochenen Brandes –
etwa durch **herabfallende Gegenstände** – am Fahrzeug entstehen (vgl.: OLG Düsseldorf,
NZV 1992, 368; Prölss/Martin/Knappmann, VVG, § 12 AKB Anm. 2).

2. Versicherungsschutz für Entwendung des Fahrzeuges

34 Gem. § 12 Abs. 1 Nr. 1b AKB ist auch die **Entwendung**, insbesondere der Diebstahl, der unbefugte Gebrauch durch betriebsfremde Personen, Raub und Unterschlagung versichert. **Entwendung** i.S.d. Vorschrift bedeutet **widerrechtliche Sachentziehung**, die zur wirtschaftlichen Entrechtung des Eigentümers führt (BGH, NJW 1981, 684). Deshalb stellen die weiteren in der vorbezeichneten Norm genannten Rechtsverstöße – mit Ausnahme demjenigen der Unterschlagung – lediglich Beispiele einer Entwendung dar (Berz/Burmann, 7. C., Rn. 14).

35 Den **Versicherungsnehmer** trifft in diesem Zusammenhang die **Beweislast** für den Eintritt des Versicherungsfalles (Bauer, Die Kraftfahrtversicherung, Rn. 970). Derart muss der Versicherungsnehmer jedoch nicht den Diebstahl als solchen beweisen. Vielmehr ist es ausreichend, wenn von Seiten des Versicherungsnehmers das äußere Bild einer bedingungsgemäßen Entwendung bewiesen wird, d.h., es ist lediglich erforderlich, ein Mindestmaß an Tatsachen zu beweisen, die nach allgemeiner Lebenserfahrung mit hinreichender Wahrscheinlichkeit den Schluss auf eine **Entwendung** zulassen (BGHZ 79, 54, 59). Sofern der Versicherungsnehmer das äußere Diebstahlsbild bewiesen hat, ist es Sache des Versicherers, die – in der Praxis nicht selten vorkommende – nahe liegende Möglichkeit der Vortäuschung eines Versicherungsfalles zu beweisen. Dafür ist erforderlich, dass der Versicherer Tatsachen darlegt und beweist, die eine erhebliche Wahrscheinlichkeit dafür begründen, dass der Versicherungsfall **vorgetäuscht** wurde (BGH, NJW-RR 1995, 1174). Sofern dem Versicherer der Beweis der nahe liegenden Möglichkeit der **Vortäuschung eines Versicherungsfalles** gelingt, muss der Versicherungsnehmer den vollen Beweis führen, dass das Fahrzeug entwendet wurde.

3. Versicherungsschutz für Wildschäden

36 Gem. § 12 Abs. 1 Nr. 1d AKB ist auch der durch einen **Zusammenstoß** des in Bewegung befindlichen Fahrzeugs mit **Haarwild** entstandene Schaden versichert. Dies betrifft nicht nur Schäden, die durch den Zusammenstoß mit laufendem bzw. lebendem Wild entstehen, sondern auch solche, die durch einen **Zusammenstoß mit totem Wild** – etwa auf der Fahrbahn liegenden Tieren – herbeigeführt werden (OLG Nürnberg, NZV 1994, 232). Erforderlich ist jedoch stets, dass eine unmittelbare Berührung mit dem Wild erfolgt ist und darin die Ursache für den Schaden liegt.

37 In diesem Zusammenhang ist darauf hinzuweisen, dass Schäden, die durch das **Ausweichen** zur Vermeidung einer **Kollision mit Haarwild** am eigenen Fahrzeug entstehen, als **Rettungskosten** i.S.d. §§ 62, 63 VVG ersatzpflichtig sind (BGH, NZV 1991, 226). Damit es sich hierbei um ersatzfähige Schäden handelt, müssen die in Rede stehenden Handlungen des Versicherungsnehmers von dem Willen getragen sein, einen Wildunfall zu vermeiden. Das bedeutet, lediglich **Schreckreaktionen** bilden keine ersatzfähige Rettungsmaßnahme in diesem Sinne (Knappmann, VersR 1989, 113, 114).

38 Allerdings ist nicht jeder Unfallschaden, der infolge eines Ausweichens vor einem drohenden Zusammenstoß mit Haarwild entstanden ist, ersatzfähig. Auch hier gilt das **Verhältnismäßigkeitsprinzip**. Das führt dazu, dass die Rettungsmaßnahme im Einzelfall erforderlich gewesen sein muss, um anderenfalls die Entstehung höherer Kosten zu vermeiden. Dabei werden dem Versicherungsnehmer sogar Fehleinschätzungen im Zuge der Beurteilung der Erforderlichkeit der Rettungsmaßnahmen im Einzelfall zur Last gelegt, sofern die Fehleinschätzung grob fahrlässig erfolgt ist (OLG Hamm, NZV 1993, 401, 402). Z.B. liegt eine **grob fahrlässige Fehleinschätzung** des Versicherungsnehmers im Falle eines **Ausweichmanövers** vor, um eine Kollision mit einem Kaninchen oder Hasen zu vermeiden (OLG Köln, NZV 1993, 155; OLG Düsseldorf, VersR 1994, 592; a.A. OLG Nürnberg, zfs 1993, 270 – allerdings zum Ausweichmanöver bei drohendem Zusammenstoß mit zwei Hasen). Der Versicherungsnehmer hat demzufolge in der konkreten Situation stets abzuwägen. I.d.R. wird ihm grobe Fahrlässigkeit zur Last gelegt werden sofern das Ausweichmanöver erfolgt, um einen Zusammenstoß mit kleinen Tieren zu vermeiden; denn in diesem Fall ist der dem Versicherungsnehmer drohende Schaden so gering, dass er die Einleitung eines

mit nicht unerheblichen Gefahren verbundenen Ausweichmanövers unter keinen Umständen rechtfertigt (so auch: Berz/Burmann, 7. C., Rn. 86).

Der Versicherungsnehmer muss den Zusammenstoß mit Haarwild beweisen. Dies geschieht regel-   39
mäßig durch **Wildspuren.** Dazu zählen Haare oder Blut am Fahrzeug. Allenfalls indizielle Wirkung für einen Zusammenstoß kommt einem in der Nähe des Unfallortes aufgefundenen verendeten oder verletzten Tier zu. Folgerichtig wird ein **Anscheinsbeweis** dafür, dass etwa ein Unfall in wildreichen Gegenden, der auf einem **Zusammenstoß mit Haarwild** beruhen kann, in der Tat auf einem solchen Zusammenstoß beruht, verneint (OLG Hamm, VersR 1982, 868).

Sofern der Versicherungsnehmer **Rettungskostenersatz** verlangt, hat er zu beweisen, dass die   40
Berührung mit Haarwild unmittelbar bevorstand (Knappmann, VersR 1989, 113, 114).

4. Versicherungsschutz für einen Unfall

Schließlich besteht Versicherungsschutz in der Vollkaskoversicherung für **Unfallschäden.** Gem.   41
§ 12 Abs. 1 Nr. 2e AKB ist darunter zu verstehen ein unmittelbar von außen her plötzlich mit **mechanischer Gewalt** einwirkendes Ereignis, wobei Brems-, Betriebs- und reine Bruchschäden keine Unfallschäden bilden.

Der Versicherungsnehmer muss beweisen, dass der entstandene Schaden auf einem **Unfall** beruht   42
(BGH, NJW 1981, 1315). Demgegenüber muss der Versicherer beweisen, dass ein **vorgetäuschter Unfall** vorliegt (BGH, NJW-RR 1989, 983).

Betriebsschäden, für die der Versicherungsschutz ausgeschlossen ist, sind solche Schäden, die   43
durch fehlerhafte Bedienung des Fahrzeugs entstehen und in denen sich die Gefahren verwirklichen, denen das Fahrzeug bei seiner konkreten Verwendung üblicherweise ausgesetzt ist (BGH, NJW 1969, 96; OLG Hamm, NZV 1995, 154).

Keinen Betriebsschaden bildet auch die **Kollision zwischen Zugfahrzeug** und einem gegen diesen   44
schleudernden **Anhänger.** Auch insoweit liegt ein entschädigungspflichtiger Unfall i.S.d. § 12 Abs. 1 Nr. 2e AKB vor (BGH, VersR 1996, 622; Bauer, Die Kraftfahrtversicherung, Rn. 1018); denn der Wortlaut des § 12 ist eindeutig: Ganz entschieden wird das einzelne Fahrzeug, nicht aber die Einheit eines Fahrzeuges zur Grundlage erhoben. Auch Sinn und Zweck der vorgenannten Regelung ergeben keine abweichende Einschätzung. Beurteilungsgrundlage ist nicht die etwa starre Verbindung zwischen Zugfahrzeug und Anhänger (Notthoff, zfs 1996, 401, 402).

V. Versicherungsbeginn

Gem. § 38 Abs. 2 VVG beginnt der Versicherungsschutz mit der **Einlösung des Versicherungs-**   45
scheins. Sowohl in der Kraftfahrzeughaftpflichtversicherung als auch in der Kraftfahrzeugversicherung bzw. Kaskoversicherung ist die **vorläufige Deckung** weit verbreitet.

1. Vorläufige Deckung in der Kraftfahrzeughaftpflichtversicherung

a) Einführung

Die vorläufige Deckung in der Kraftfahrzeughaftpflichtversicherung erfolgt durch Erteilung einer   46
vorläufigen Deckungszusage vonseiten des Versicherers (§ 9 KfzPflVV). Der durch die vorläufige Deckung zustande gekommene Vertrag bildet einen eigenständigen Versicherungsvertrag. Dieser endet mit der **unveränderten Annahme** des Versicherungsantrages bzw. mit der Kündigung der vorläufigen Deckungszusage (OLG Hamm, VersR 1992, 995). Sofern sich der Versicherer weitergehende Kündigungsmöglichkeiten in den Versicherungsbedingungen vorbehalten hat, ist er dementsprechend ggf. berechtigt, den durch die vorläufige Deckung zustande gekommenen Versicherungsvertrag während seines Laufs zu kündigen (vgl. Hofmann, Die neue Kraftfahrtversicherung, 24 f.).

b)   Erteilung der vorläufigen Deckungszusage

47   Für die Erteilung der vorläufigen Deckungszusage ist, sofern nicht in den jeweiligen Versicherungsbedingungen weiterreichende Voraussetzungen enthalten sind, keine besondere Form vorgeschrieben. Das bedeutet, die vorläufige **Deckung** kann **formlos** erteilt werden; eine entsprechende Zusage kann vonseiten des Versicherungs-Außendienstes, soweit es sich dabei um Abschlussagenten handelt, erteilt werden. Für den Fall, dass eine vorläufige Deckungszusage durch einen Versicherungsagenten erteilt wird, ohne dass dieser entsprechende Vertretungsmacht besitzt, kann der Versicherer auf Erfüllung in Anspruch genommen werden nach den Grundsätzen der Anscheins- bzw. Duldungsvollmacht (Bauer, Die Kraftfahrtversicherung, Rn. 202 ff.; Berz/Burmann, 7. D., Rn. 3).

48   **Beweispflichtig** für Zustandekommen und Inhalt der vorläufigen Deckung ist der Versicherungsnehmer (BGH, VersR 1986, 541); nur beim Vorliegen besonderer Umstände, etwa wenn der Versicherer behauptet, die Deckungszusage sei in kollusivem Zusammenwirken zwischen Versicherungsnehmer und Versicherungsagent rückdatiert worden, ist der Versicherer **beweispflichtig** (BGH, VersR 1986, 131).

49   Mit dem Zeitpunkt der behördlichen Zulassung des Fahrzeuges bzw. mit dem Zeitpunkt der Einreichung der Versicherungsbestätigung bei der zuständigen Behörde beginnt nach § 9 KfzPflVV der vorläufige Deckungsschutz.

50   Für den Fall, dass ein **zugelassenes Fahrzeug verkauft** wird, geht die bereits bestehende Kraftfahrzeughaftpflichtversicherung auf den Erwerber über. Dies folgt aus § 158h VVG. Der – bestehende – Kraftfahrzeughaftpflichtversicherungsvertrag endet, wenn ein vonseiten des Erwerbers abgeschlossener bzw. neuer Versicherungsvertrag beginnt. Das bedeutet, der Beendigungszeitpunkt der bestehenden Kraftfahrzeughaftpflichtversicherung fällt mit dem Wirksamwerden der vorläufigen Deckung der neuen Kraftfahrzeughaftpflichtversicherung zusammen.

c)   Rückwirkender Wegfall des Versicherungsschutzes

51   Sofern dies – wie branchenüblich – in den jeweiligen Versicherungsbedingungen vorgesehen ist, kann die vorläufige Deckung außer Kraft treten, und zwar – dies ist für den Versicherungsnehmer besonders nachteilig – rückwirkend. Dafür ist erforderlich, dass der Versicherungsantrag von Seiten des Versicherers unverändert angenommen worden ist, die – zutreffend berechnete – Erstprämie innerhalb einer im zugrunde liegenden Versicherungsvertrag genau bestimmten und zumindest zweiwöchigen Frist nicht gezahlt worden ist, die binnen der vereinbarten, mindestens zweiwöchigen Frist nicht vorgenommene Zahlung vonseiten des Versicherungsnehmers zu vertreten ist und der Versicherer den Versicherungsnehmer über das rückwirkende **Außerkrafttreten** der vorläufigen Deckung für den Fall **nicht rechtzeitig erfolgender Zahlung der Erstprämie** belehrt hat sowie diese Belehrung schriftlich vorgenommen worden ist. Insoweit entspricht der Regelung des bisherigen § 1 Abs. 2 Satz 4 AKB die Vorschrift des § 9 Satz 2 KfzPflVV.

aa)   Nicht korrekte Berechnung der Erstprämie

52   Es ist erforderlich, dass die im Antrag auf Abschluss der Kraftfahrzeughaftpflichtversicherung des Versicherungsnehmers vonseiten des Versicherers geforderte **Erstprämie** korrekt berechnet worden ist (Bauer, Die Kraftfahrtversicherung, Rn. 228). Nicht korrekt berechnet ist die Prämie, wenn sie etwa zu hoch ausgewiesen ist (BGH, VersR 1986, 986) oder wenn z. B. im Lastschriftverfahren ein über die eigentlich **korrekte Erstprämie hinausgehender** Prämienbetrag abgebucht werden soll (OLG Hamm, VersR 1988, 709).

53   Schließlich ist die Erstprämie falsch berechnet, wenn der Versicherer neben der Erstprämie sogleich die Folgeprämie einzieht (OLG München, VersR 1987, 554) oder wenn die **Erstprämie** nicht als solche abgebucht wird, sondern als zusammengefasste „Erstprämie" – bestehend aus Kraftfahrzeughaftpflicht- und Kraftfahrzeugkaskoversicherungsbeitrag (OLG Hamm, VersR 1991, 220).

> **Hinweis:**
>
> *Sofern die Erstprämie falsch berechnet worden ist, treten die Wirkungen des § 9 Satz 2 KfzPflVV nicht ein. Die vorläufige Deckung kann derart nicht rückwirkend außer Kraft treten, und zwar auch dann nicht, wenn die jeweiligen AKB eine entsprechende Vorschrift enthalten.*

bb) Unveränderte Annahme des Versicherungsantrages

Weiterhin ist erforderlich, dass der Haftpflichtversicherer den Antrag des – zukünftigen – Versicherungsnehmers unverändert annimmt. Eine **unveränderte Annahme** liegt insoweit vor, wenn die Annahme des Versicherungsantrages unter Zugrundelegung der Versicherungsantragskriterien erfolgt. Nicht mehr unverändert ist die Annahme des Versicherungsantrages durch den Versicherer etwa dann, wenn das zu versichernde Risiko weggefallen ist, z. B. das Fahrzeug infolge eines **wirtschaftlichen Totalschadens** vor der zuständigen Behörde abgemeldet worden ist. **54**

Eine unveränderte Annahme des Versicherungsantrages kann auch in den Fällen des Zustandekommens des Hauptvertrages gem. § 5a VVG nicht gegeben sein (Bauer, Die Kraftfahrtversicherung, Rn. 225). Dies ist etwa der Fall, wenn in dem Versicherungsantrag auf Regelungen Bezug genommen wird, die mit den Regelungen in den später zur Verfügung gestellten Versicherungsbedingungen des Versicherers nicht übereinstimmen und der Versicherer nicht schriftlich fristgerecht widerspricht. Im Falle einer solchen Konstellation ist der Versicherungsvertrag zu den nachträglich übersandten und vom Versicherungsantrag abweichenden Versicherungsbedingungen zustande gekommen. Dies resultiert aus § 5a Abs. 1 Satz 1 VVG. **55**

Demgegenüber liegt – noch – eine unveränderte Annahme des Versicherungsantrages vor, wenn der Versicherer den Schadensfreiheitsrabatt oder die Regionalklasse in Abweichung von dem Antrag des Versicherungsnehmers bestimmt. In diesem Fall liegt allein eine – für eine unveränderte Annahme des Versicherungsantrages – **unerhebliche Änderung** der tariflichen Einordnung vor. **56**

> **Hinweis:**
>
> *Für den Fall, dass der Versicherungsantrag abgeändert angenommen wird, kann der Versicherungsschutz nicht rückwirkend wegfallen, sodass die Sanktionsmöglichkeit des § 9 Satz 2 KfzPflVV entfällt.*

cc) Einhaltung der Zahlungsfrist

Der Versicherungsnehmer ist verpflichtet, die Erstprämie binnen einer im Versicherungsvertrag bestimmten Frist zu zahlen. Bei dieser Frist muss es sich um eine **mindestens zweiwöchige Frist** handeln. Die – mindestens – zweiwöchige **Frist zur Zahlung der Erstprämie** beginnt zu laufen, nachdem der Versicherungsschein dem Versicherungsnehmer zugegangen ist. Bis zum Zugang des Versicherungsscheines stehen dem Versicherungsnehmer das aus § 35 Satz 2 VVG folgende **Leistungsverweigerungsrecht** zur Verfügung (vgl. Römer/Langheid, VVG, § 35 Rn. 13). **57**

Für den Fall, dass sich der Versicherer im Falle befristeter oder nicht erfolgter Zahlung auf einen rückwirkenden Wegfall des Versicherungsschutzes i.S.d. § 9 Satz 2 KfzPflVV zu berufen gedenkt, ist dieser für den Zugang des Versicherungsscheins beim Versicherungsnehmer beweispflichtig (BGH, DAR 1996, 143, 144; Römer/Langheid, VVG, § 35 Rn. 15); denn erst danach beginnt die **Einlösungsfrist** zu laufen. Für den Zugang des Versicherungsscheins gelten die üblichen Regelungen, d. h. ein Zugangsbeweis kann nicht etwa durch den Beweis des Absendungstages oder durch die Versendung per Einschreiben geführt werden (vgl. BGH, VersR 1984, 45). Dem Versicherer **58** bleibt daher nur die – kostspielige – Möglichkeit, die Versendung des Versicherungsscheins per **Einschreiben gegen Rückschein** vorzunehmen.

59 Zwar gelten im Falle nicht beweisbaren Zugangs weder Beweiserleichterungen zugunsten des Versicherers noch greifen **Zugangsfiktionen** ein, doch läuft im Streitfall die Behauptung im Prozess, ein Versicherungsschein sei dem Versicherungsnehmer nicht zugegangen, oftmals auf wahrheitswidrigen und damit unzulässigen Prozessvortrag hinaus, zumal der Versicherer den Versicherungsnehmer sonach gern mit der Frage konfrontieren wird, wie dieser denn trotz fehlenden Zugangs des Versicherungsscheins die Prämie, möglicherweise sogar nebst geltend gemachter Mahngebühr – wenn auch verspätet – so doch immerhin gezahlt hat. Sollte der den Zugang des Versicherungsscheins bestreitende Versicherungsnehmer in dieser – in der Praxis nicht seltenen – Konstellation keine nachvollziehbare Erklärung für diese Situation haben, wird das Gericht ohne Weiteres richtigerweise den **Zugang des Versicherungsscheins** bejahen (Berz/Burmann, 7.C., Rn. 12).

dd) Verspätete Zahlung

60 Die **Zahlung** für die **Erstprämie** muss vom Versicherungsnehmer **verspätet** vorgenommen worden sein. Entscheidend abzustellen ist dabei nicht auf den Eingang des Prämienbetrages beim Versicherer. Da die Prämienzahlungsschuld als **Geldschuld** eine **Schickschuld** darstellt, gelten insoweit die §§ 270 BGB, 36 VVG, sodass abzustellen ist auf den Zeitpunkt, in welchem der Versicherungsnehmer den Prämienbetrag auf den Weg bringt. Ausschlaggebende Bedeutung kommt demzufolge dem Zeitpunkt zu, in welchem der Überweisungsauftrag beim jeweiligen Kreditinstitut eingereicht wird bzw. die Einzahlung erfolgt. Zwischenzeitlich ist anerkannt, dass sogar die **Überreichung eines Schecks** ausreicht, sofern dieser innerhalb der im Versicherungsvertrag bestimmten Frist beim Versicherer eingeht (BGH, NJW 1966, 46). Vorraussetzung dafür ist jedoch, dass der Scheck anschließend eingelöst wird. Ein sog. geplatzter Scheck ist daher nicht geeignet, den Eintritt der Konsequenzen, die § 9 Satz 2 KfzPflVV aufzeigt, zu vermeiden.

ee) Vertretenmüssen nicht fristgerechter Zahlung

61 Die nicht fristgerechte Zahlung der Erstprämie muss vonseiten des Versicherungsnehmers zu vertreten sein. Auch insoweit gelten die allgemeinen Regeln. Folglich ist etwa dann die verspätete Erstprämienzahlung nicht vom Versicherungsnehmer zu vertreten, wenn dieser **ohne Verschulden** keine Kenntnis vom Zugang des Versicherungsscheins hatte. Dies kann u.U. im Falle eines Urlaubs des Versicherungsnehmers der Fall sein (LG Hagen, VersR 1973, 241).

62 Dem **Versicherer** obliegt die **Beweislast** für das **Verschulden** des Versicherungsnehmers (OLG Frankfurt/M., VersR 1988, 1039). Der Versicherungsnehmer hat jedoch darzulegen, weshalb er etwa die vereinbarte, zumindest zweiwöchige Frist nicht einhalten konnte, ohne dass insoweit **Verschulden vorlag** (OLG Frankfurt/M., VersR 1988, 1039).

ff) Schriftliche Belehrung

63 Der Versicherer muss den Versicherungsnehmer auf die Konsequenzen **verspäteter Zahlung hinweisen.** Dazu gehört im Besonderen ein Hinweis auf die Gefahr des rückwirkenden Wegfalls des Versicherungsschutzes. Dies rechtfertigt sich bereits unter Berücksichtigung der ruinösen Folgen, die sich für den Versicherungsnehmer aus dem rückwirkenden **Außerkrafttreten** der vorläufigen Deckung ergeben.

64 Die **Belehrung** hat deutlich und drucktechnisch hervorgehoben zu erfolgen. Sie darf nicht etwa klein gedruckt und an wenig Aufmerksamkeit erzeugender Stelle angebracht sein. Damit reicht es keinesfalls aus, dass lediglich ein **auffallendes Schriftbild** Verwendung findet (so etwa: Berz/Burmann, 7. D., Rn. 17). Vielmehr ist auch die **Positionierung** der Belehrung auf dem jeweiligen Druckstück entscheidungserheblich.

> *Hinweis:*   65
>
> *Die Belehrung muss so deutlich sein, dass sie dem durchschnittlichen Versicherungsnehmer bei Erhalt der Zahlungsaufforderung ins Auge fällt (LG Paderborn, zfs 1985, 85).*

Schließlich muss der Versicherer die **Belehrung sachlich zutreffend** gestalten (OLG Hamm,   66
zfs 1995, 100). Demzufolge reicht es nicht, im Rahmen der Belehrung allein auf allgemeine Konsequenzen eines etwaigen Zahlungsverzuges hinzuweisen. Stattdessen ist erforderlich, die Konsequenzen, die der Versicherer im Falle nicht fristgerechter Zahlung der Erstprämie zu ergreifen gedenkt, detailliert aufzuzeigen, sodass dem Versicherungsnehmer das Risiko des rückwirkenden Wegfalls des Versicherungsschutzes ausdrücklich vor Augen geführt werden muss. Derart darf der Versicherungsnehmer über die wirkliche Rechtslage und die weit tragenden Folgen seiner Säumnis nicht im Unklaren gelassen werden (OLG Hamm, VersR 1980, 178).

> *Hinweis:*   67
>
> *Sofern der Versicherungsschein keine oder eine den vorstehenden Kriterien nicht genügende Belehrung enthält, steht dem Versicherer das aus § 9 Satz 2 KfzPflVV folgende Recht, sich auf das rückwirkende Außer-Kraft-Treten der vorläufigen Deckung zu berufen, nicht zu.*

---

2. Vorläufige Deckung in der Kraftfahrzeugversicherung

In der Praxis weit verbreitet ist, dass Versicherer und Versicherungsnehmer neben einem Kraft-   68
fahrzeughaftpflichtversicherungsvertrag weitere Verträge abschließen, wie etwa einen Kraftfahr-
zeugversicherungs- oder einen Kraftfahrzeug-Unfallversicherungsvertrag. Derart möchte der Versicherungsnehmer regelmäßig zum Zeitpunkt der Erteilung einer vorläufigen Deckungszusage im Hinblick auf die Kraftfahrzeughaftpflichtversicherung auch Versicherungsschutz in der Kraftfahrzeug- bzw. Kaskoversicherung und in der Unfallversicherung ab dem Zeitpunkt der Antragstellung.

Diesem Wunsch entspricht § 9 KfzPflVV. Während die Erteilung vorläufiger Deckung in der   69
Kraftfahrzeughaftpflichtversicherung vor In-Kraft-Treten der Kraftfahrzeugpflichtversicherungsverordnung nicht ohne Weiteres bewirkte, dass der Versicherungsnehmer Versicherungsschutz auch in der Kasko- und Unfallversicherung ab Antragstellung genoss, weil § 1 Abs. 1 Satz 2 AKB die **vorläufige Deckung** auf den Bereich der Kraftfahrzeughaftpflicht beschränkte, enthält § 9 KfzPflVV keine solche Einschränkung mehr. Dies hat zwischenzeitlich das OLG Hamm ausdrücklich klargestellt (OLG Hamm, VersR 1998, 710).

Sofern der Versicherer eine diesbezüglich abweichende Vereinbarung mit dem Versicherungsneh-   70
mer zu treffen beabsichtigt, ist er gehalten, bereits in das Antragsformular einen entsprechenden Hinweis aufzunehmen. Dieser Hinweis muss drucktechnisch hervorgehoben und an Aufmerksamkeit erzeugender Position angebracht sein. Aus einem solchermaßen hervorgehobenen Hinweis kann etwa folgen, dass der Versicherer die Erteilung der vorläufigen Deckung auf den Bereich der Kraftfahrzeughaftpflichtversicherung zu beschränken wünscht. Ein Hinweis z. B. in den Versicherungsbedingungen darauf, dass der Versicherer die Erteilung der vorläufigen Deckung für die Kasko- oder Unfallversicherung abweichend von § 9 KfzPflVV ausgestaltet wissen will, genügt den Anforderungen an die **Hinweispflicht** des Versicherers nicht (s. Hofmann, Die neue Kraftfahrtversicherung, S. 23; Berz/Burmann, 7. D., Rn. 22).

Der **Versicherer,** der sich im Streitfall darauf beruft, die Erteilung der vorläufigen Deckung für   71
die Unfall- oder Kraftfahrzeugversicherung abweichend von § 9 KfzPflVV geregelt zu haben, trägt die **Beweislast** für die Erteilung des Hinweises und die Einhaltung der dafür gehörigen Form.

VI. Versicherungsschutz bei Unfällen im Inland mit ausländischen Verkehrsteilnehmern

72 Die zunehmende Motorisierung und die geografische Lage führen dazu, dass man auf Deutschlands Straßen zunehmend auf Fahrzeuge aus dem Ausland trifft. In diesem Zusammenhang taucht das Problem der **Schadensregulierung** auf, wenn es zu einem **Verkehrsunfall mit einem ausländischen Verkehrsteilnehmer** gekommen ist. Die Haftungs- und Versicherungsbestimmungen sowie die Regulierungspraxis in den verschiedenen Staaten weisen erhebliche Unterschiede auf. Daher stehen vor allem die Fragen nach den möglichen Ansprüchen gegen einen ausländischen Schädiger sowie die praktische Abwicklung im Vordergrund.

1. Geltungsbereich des Pflichtversicherungsgesetzes

73 Das Pflichtversicherungsgesetz regelt nur die Versicherungspflicht für Fahrzeuge, die keinen regelmäßigen Standort in der Bundesrepublik Deutschland haben. Ausländische Fahrzeuge unterliegen dem **Ausländerpflichtversicherunggesetz** (AuslPflVersG). Dabei ist es unerheblich, ob die betreffenden Fahrzeuge tatsächlich einen regelmäßigen Standort im Ausland haben. Ausgangspunkt ist nach § 1 PflVersG vielmehr, dass für Fahrzeuge, für die kein regelmäßiger Standort im Inland existiert, die Notwendigkeit und der Nachweis eines Versicherungsschutzes bestehen.

2. Adressat

74 Im Gegensatz zum **Pflichtversicherungsgesetz** muss nicht der Halter, sondern der Fahrzeugführer den Nachweis über das Vorhandensein einer Haftpflichtversicherung erbringen und die entsprechende Versicherungsbescheinigung bei sich führen. In der Praxis werden die rosa Grenzversicherungspolice und die grüne internationale Versicherungskarte als Nachweis anerkannt.

3. Rosa Grenzbescheinigung

75 Durch die rosa Grenzversicherungspolice der „Gemeinschaft der Grenzversicherer" haben ausländische Kraftfahrer bei der Einreise die Möglichkeit, den erforderlichen Versicherungsschutz zu erhalten.

4. Grüne Internationale Versicherungskarte

76 Das System der grünen internationalen Versicherungskarte ist auf Grundlage des sog. Londoner Abkommens entwickelt worden. In diesem Londoner Abkommen haben sich die Vertragspartner verpflichtet, grüne Versicherungskarten an die Kraftfahrer ihrer Heimatländer auszustellen und auf der anderen Seite die in den übrigen Mitgliedsländern ausgestellten Karten als Haftpflichtdeckungsnachweis anzuerkennen (vgl. BGH, VersR 1975, 2).

a) Leitgedanke

77 Das System der grünen internationalen Versicherungskarte beruht auf dem Leitgedanken, dass der Geschädigte, der im eigenen Land Ansprüche gegen einen schädigenden Ausländer geltend macht, nicht schlechter stehen soll als der Anspruchsteller, dessen Anspruch sich gegen einen Inländer richtet.

b) Funktion des Grüne-Karten-Systems

78 Die Kraftfahrtversicherungen eines jedes Mitgliedslandes errichten ein nationales Büro, dessen Mitglieder sie sind. Die einzelnen Büros sind im **Council of Bureaux**, mit Sitz in **London**, zusammengefasst und üben eine Doppelfunktion aus. Als sog. zahlendes Büro geben sie über ihre Mitglieder an die Versicherungsnehmer die grünen Versicherungskarten aus. Die grüne Versicherungskarte enthält neben Angaben zur Gültigkeitsdauer, den Gültigkeitsländern auch Angaben

über das Kfz, den Versicherungsnehmer sowie den Versicherer. Als sog. behandelndes Büro in dem Land, in dem der Verkehrsunfall geschieht, kümmert es sich um die Abwicklung von Schadensersatzansprüchen gegen einen mit einer ordnungsgemäßen grünen Versicherungskarte eingereisten Kraftfahrer. Dabei reguliert es den Schaden für den Ausländer so, als sei dieser nach den jeweiligen geltenden gesetzlichen Mindestbestimmungen haftpflichtversichert. Die Schadensregulierung erfolgt nach den Rechtsvorschriften des Landes, in dem der Verkehrsunfall sich ereignet hat.

c) Garantiefunktion

Die grüne Versicherungskarte enthält eine Garantiefunktion in der Weise, dass sie in den anderen Mitgliedsländern mit den inländischen Versicherungspolicen gleichgesetzt und als **ausreichender Haftpflichtdeckungsnachweis** anerkannt wird. Die grüne Karte garantiert, dass der Karteninhaber bei der Einreise in ein anderes Land, in dem die grüne Karte anerkannt wird, mindestens über den Versicherungsschutz verfügt, der in diesem Land vorgeschrieben ist. | 79

d) Deutsches Büro Grüne Karte

In der Bundsrepublik Deutschland wurden die Aufgaben des nationalen Büros bis zum 31.12.1993 durch den HUK-Verband wahrgenommen. Seit dem 1.1.1994 nimmt diese Aufgabe das „Deutsche Büro Grüne Karte e.V." mit Sitz in Hamburg wahr: | 80

Deutsches Büro Grüne Karte e.V.
Glockengießerwall 1
20095 Hamburg
Tel.: (040) 3344-0
Fax.: (040) 33440-400

Allein im Jahr 1999 musste das deutsche Grüne Karte-Büro insgesamt 47.953 Schadensfälle abwickeln.

e) Anwendungsbereich

Ursprünglich gehörten dem Grüne-Karte-System 13 Staaten an. Inzwischen sind es 43 Mitgliedsstaaten und das System erstreckt sich auf Europa und einige Mittelmeeranrainerstaaten. | 81

f) Multilaterales Garantieabkommen

In der Praxis ist heute aber für die Mehrzahl der einreisenden Fahrzeuge innerhalb Europas ein Nachweis eines ausreichenden Versicherungsschutzes durch eine rosa und grüne Versicherungskarte entbehrlich. Diese Erleichterung für die Autofahrer beruht auf dem Multilateralen Garantieabkommen vom 15.3.1991. Danach genügt das ordnungsgemäße Kfz-Kennzeichen als ausreichender Nachweis für den erforderlichen Versicherungsschutz. Über das **Kennzeichen** wird ein **ordnungsgemäß bestehender Versicherungsschutz** für das Einreiseland fingiert, unabhängig von den tatsächlich bestehenden Versicherungspolicen. Die erforderliche Garantie i.S.d. § 8a AuslPflVersG für diesen fingierten Versicherungsschutz wird durch verschiedene Versicherungsverbände übernommen. Das Abkommen findet auf Schadensfälle Anwendung, die sich nach dem 1.6.1991 ereignet haben. | 82

B. Entfallen des Versicherungsschutzes

Der Versicherungsschutz kann auch nach Abschluss des Versicherungsvertrages entfallen, und zwar etwa wegen des Vorliegens einer **Gefahrerhöhung**, einer **Obliegenheitsverletzung** unter bestimmten Umständen sowie **mindestens grob fahrlässiger Herbeiführung des Versicherungsfalles.** | 83

I. Vornahme einer Gefahrerhöhung

84   Für den Versicherungsnehmer kann der Versicherungsschutz entfallen, wenn der Versicherungsnehmer eine Gefahrerhöhung vorgenommen hat und im Anschluss daran ein Versicherungsfall eintritt (§ 25 Abs. 1 VVG).

1. Vorliegen einer Gefahrerhöhung

85   Eine Gefahrerhöhung bildet eine von dem Zustand zum Zeitpunkt der Antragstellung abweichende, auf eine gewisse Dauer angelegte Änderung **der tatsächlichen gefahrerheblichen Umstände,** die eine Erhöhung der Möglichkeit einer Risikoverwirklichung in Bezug auf den Schadenseintritt, die Vergrößerung des Schadens bzw. eine ungerechtfertigte Inanspruchnahme des Versicherers darstellt und vonseiten des Versicherers aufgrund der diesem vom Versicherungsnehmer vor Vertragsabschluss angegebenen gefahrerheblichen Umstände nicht in die Risikokalkulation einbezogen werden konnte (Römer/Langheid, VVG, §§ 23 – 25 Rn. 4). Das bedeutet, die Umstände der Risikobeschreibung müssen sich im Nachgang zur Stellung des Versicherungsantrages ungünstig verändert haben, damit eine **Gefahrerhöhung** vorliegt (Bauer, Die Kraftfahrtversicherung, Rn. 344).

86   *Hinweis:*

Damit die ungünstige Veränderung der Umstände der Risikobeschreibung die Dimensionen einer Gefahrerhöhung erlangt, ist es notwendig, dass die Umstandsänderung dauerhaft erfolgt; darüber hinaus ist erforderlich, dass sich die objektiv vorhandene Gefahrenlage erheblich ändert (BGHZ 7, 311, 317; Berz/Burmann, 7. F., Rn. 2).

87   Eine **Gefahrerhöhung** kann in den **persönlichen Mängeln** des Fahrers genauso wie in **technischen Mängeln** des Kraftfahrzeuges liegen. Eine Gefahrerhöhung wurde z. B. in folgenden Fällen bejaht:

- fortgesetzte **Missachtung der Ruhezeitvorschriften** (BGH, VersR 1965, 848),
- wiederholtes **Fahren unter Alkoholeinfluss** (OLG Frankfurt/M., VersR 1960, 262),
- häufiges Fahren ohne erforderliche Sehhilfe (BGH, VersR 1990, 1911),
- Benutzung eines Kraftfahrzeuges mit **mangelhaften Bremsen** (OLG Düsseldorf, VersR 1989, 311),
- Fahren eines Fahrzeuges mit **abgefahrenen Reifen** (BGH, NJW 1978, 1919),
- Inbetriebnahme eines **verkehrsunsicheren Fahrzeuges** (BGH, VersR 1990, 80),
- Telefonieren ohne Freisprecheinrichtung bei Fahrt auf der Autobahn (OLG Köln, DAR 2001, 364),
- Einwurf der Autoschlüssel in einen Außenbriefkasten einer Werkstatt (OLG Köln, r + s 2001, 189).

Hinweis:

Demgegenüber liegt etwa in einmaligem Fahren ohne erforderliche Sehhilfe, einmaliger Missachtung der Ruhezeitvorschriften, einmaliger Überladung eines Fahrzeuges keine Gefahrerhöhung in diesem Sinne (vgl.: OLG Schleswig, VersR 1971, 118; OLG Hamm, VersR 1972, 732; VersR 1991, 50).

2. Vornahme durch den Versicherungsnehmer

Notwendig ist, dass die **Gefahrerhöhung** vonseiten des Versicherungsnehmers vorgenommen 88 worden ist. Ihm müssen deshalb diejenigen Umstände, durch welche die Gefahrerhöhung begründet worden ist, bekannt gewesen sein bzw. er muss sie herbeigeführt haben. Nicht ausreichend ist insoweit **grob fahrlässige Unkenntnis,** wenngleich der Versicherungsnehmer die **gefahrerhöhende Eigenschaft** seiner Handlung etwa noch nicht tatsächlich erkannt haben muss (BGH, NJW 1969, 24).

Ist die Gefahrerhöhung unabhängig von dem Willen des Versicherungsnehmers eingetreten, liegt 89 eine **nicht veranlasste Gefahrerhöhung** gem. § 27 VVG vor. In diesem Fall ist der Versicherungsnehmer lediglich verpflichtet, dem Versicherer die eingetretene Gefahrerhöhung unverzüglich nach Kenntnis der gefahrerhöhenden Umstände anzuzeigen. Dies folgt aus § 27 Abs. 2 VVG.

Hinweis: 90

In der Praxis ist es im Einzelfall bisweilen problematisch, ob ein Fall der Vornahme einer Gefahrerhöhung i.S.d. § 23 VVG vorliegt oder lediglich ein Fall der nicht veranlassten Gefahrerhöhung i.S.d. § 27 VVG gegeben ist. Dies ist etwa dann der Fall, wenn das in Rede stehende Fahrzeug, nachdem die Fahrzeugschlüssel gestohlen worden waren, ohne besondere Sicherheitsmaßnahmen weiter benutzt wird. Richtigerweise liegt hierin lediglich eine nicht veranlasste Gefahrerhöhung, sodass den Versicherungsnehmer nur eine Anzeigepflicht gem. § 27 Abs. 2 VVG trifft (vgl.: OLG Stuttgart, r+s 1995, 90; OLG Hamm, NJW-RR 1982, 863).

Gleichwohl wird – noch immer – die dogmatisch kaum haltbare Auffassung vertreten, insoweit 91 liege eine vonseiten des Versicherungsnehmers veranlasste Gefahrerhöhung i.S.d. § 23 VVG vor (so: OLG Karlsruhe, VersR 1990, 1386; LG Frankfurt/M., zfs 1988, 255). Dieser Auffassung kann jedoch bereits deshalb nicht beigetreten werden, weil das etwaige Unterlassen möglicherweise gebotener Sicherungsmaßnahmen nicht gleichzeitig als (aktive) Vornahme einer Gefahrerhöhung betrachtet werden kann (vgl.: OLG Stuttgart, r+s 1995, 90; Berz/Burmann, 7. F., Rn. 10).

3. Zurechnung des Wissens Dritter

Sofern eine Gefahrerhöhung nicht – persönlich – von Seiten des Versicherungsnehmers vorgenommen worden ist, stellt sich die Frage, ob dem Versicherungsnehmer die Gefahrerhöhung gleichwohl zugerechnet werden kann. Dafür wäre erforderlich, dass der Versicherungsnehmer für das bei einem Dritten vorhandene Wissen auch dann haftet, wenn dieses Wissen dem Versicherungsnehmer selbst nicht zur Verfügung steht. 92

Eine **Zurechnung des Wissens Dritter** dem Versicherungsnehmer gegenüber erfolgt nach den 93 Grundsätzen des sog. Wissensvertreters. Ein **Wissensvertreter** ist derjenige, der vonseiten des Versicherungsnehmers damit betraut worden ist, Tatsachen für diesen wahrzunehmen, deren Kenntnis von Rechtserheblichkeit ist (vgl. BGH, VersR 1971, 538). Hierzu ist erforderlich, dass dem Wissensvertreter zumindest ein begrenzter Aufgabenbereich zugeordnet worden ist. Ihm muss nicht notwendigerweise die Risikoverwaltung insgesamt übertragen worden sein. Notwendig ist allerdings, dass er – etwa im Betrieb des Versicherungsnehmers – eine herausgehobene Stellung bekleidet, sodass es nicht allein auf die vonseiten des Dritten etwa aus tatsächlichen Gründen erlangte Kenntnis ankommt. Damit kann etwa der angestellte Kraftfahrer des Versicherungsnehmers, der im Wege der tatsächlichen Verrichtung seiner Tätigkeit relevante Kenntnisse erlangt, kein Wissensvertreter des Versicherungsnehmers sein. Demgegenüber kann jedoch der Fuhrparkleiter des Versicherungsnehmers, der etwa verantwortlich ist für die technische Abnahme der vorgehaltenen Fahrzeuge, **Wissensvertreter** des Versicherungsnehmers sein (vgl.: BGH, VersR 1971, 538; Knappmann, NJW 1994, 3147).

4. Konsequenzen einer Gefahrerhöhung

94   Sofern der Versicherungsnehmer eine Gefahrerhöhung vorgenommen hat, ist der Versicherer berechtigt, das Vertragsverhältnis **fristlos zu kündigen.** Dies ergibt sich aus § 24 VVG. Sofern die Gefahrerhöhung ohne Verschulden des Versicherungsnehmers eingetreten ist, beträgt die Kündigungsfrist gem. § 24 Abs. 1 VVG einen Monat. Nach Ablauf der Kündigungsfrist ist das Kündigungsrecht des Versicherers gem. § 24 Abs. 2 VVG erloschen. Das bedeutet, dem Versicherer steht das **Kündigungsrecht** nicht mehr zur Verfügung, wenn er die Kündigungsfrist versäumt hat. Er muss vielmehr innerhalb der Monatsfrist kündigen.

95   Die Frist des § 24 Abs. 1 VVG beginnt zum Zeitpunkt **der Kenntniserlangung** von der Gefahrerhöhung. Sofern der Versicherer dem Versicherungsnehmer nach Kenntniserlangung zu **kündigen** gedenkt, muss dem Versicherungsnehmer die Willenserklärung des Versicherers innerhalb der gesetzlichen Frist zugehen (BGH, zfs 1996, 259).

96   Im Falle der fristgemäßen **Kündigung** des Versicherers ist er von der Leistung aus dem Versicherungsvertrag befreit.

97   Sofern der Versicherer erst nach Eintritt des Versicherungsfalles von der **Gefahrerhöhung** Kenntnis erlangt, tritt Leistungsfreiheit ein, ohne dass es einer **Kündigung** bedarf (BGH, VersR 1987, 37; Prölss/Martin, VVG, § 25 Anm. 1).

98   Der Versicherer ist jedoch nicht von der Leistung befreit, wenn der Versicherungsnehmer die Vornahme der Gefahrerhöhung nicht verschuldet hat, wenn ihm etwa die gefahrerhöhende Wirkung einer eigenen Handlung nicht bekannt gewesen ist (OLG Nürnberg, zfs 1987, 180). Entsprechendes gilt im Falle **fehlender Kausalität** der Gefahrerhöhung für den eingetretenen Versicherungsfall (BGH, VersR 1969, 987). Ausreichend ist, wenn die Gefahrerhöhung für den Eintritt des Versicherungsfalles zumindest **mitursächlich war.** Auch in diesem Fall bleibt der Versicherer leistungsfrei (BGH, VersR 1969, 247).

99   Im Fall einer **vom Versicherungsnehmer nicht veranlassten Gefahrerhöhung** besteht für den Versicherer nur dann Leistungsfreiheit, wenn der Versicherungsnehmer die ihm obliegende Anzeige unterlassen hat und der Versicherungsfall später als einen Monat nach dem Zeitpunkt eintritt, in welchem die Anzeige dem Versicherer hätte zugehen müssen. Dies ergibt sich aus § 28 VVG. Der Versicherungsnehmer hat die Verpflichtung zur Anzeige an den Versicherer unverzüglich nach Kenntniserlangung über den Eintritt des gefahrerhöhenden Umstandes zu erfüllen, § 28 Abs. 1 VVG.

100   Der Versicherer trägt die **Beweislast** für die Gefahrerhöhung einerseits und die Kenntnis des Versicherungsnehmers von den die Gefahrerhöhung begründenden Umständen andererseits. In der Praxis wird es dem Versicherer allerdings selten gelingen, diesen Beweis zu führen, wenn z. B. der Versicherungsnehmer die Kenntnis eines technischen **Mangels am Kraftfahrzeug** bestreitet, es sei denn, es liegen Umstände vor, aufgrund derer auf die Kenntnis des Versicherungsnehmers von den gefahrerhöhenden Umständen zu schließen ist (BGH, NJW 1969, 42).

101   Sofern der Versicherer den Beweis der **Gefahrerhöhung geführt** hat, obliegt dem Versicherungsnehmer der **Entschuldigungs- und Kausalitätsgegenbeweis** (BGH, VersR 1964, 813; VersR 1965, 53).

II. Obliegenheitsverletzungen des Versicherungsnehmers

1. Einführung

102   **Obliegenheiten** bilden Verhaltensanforderungen an den Versicherungsnehmer, deren Nichteinhaltung zum Verlust des Versicherungsschutzes führen kann. Zu differenzieren ist zwischen gesetzlichen und vertraglich vereinbarten Obliegenheiten. Während **gesetzliche Obliegenheiten,** wie etwa die Pflicht zur Abgabe der Schadensanzeige gem. § 33 VVG, ohne weiteres gelten, binden ver-

tragliche Obliegenheiten nur im Falle ihrer Verabredung. Regelmäßig werden vertragliche **Obliegenheiten** in Gestalt Allgemeiner Versicherungsbedingungen vereinbart.

Von einer Obliegenheit sind **Risikobegrenzungen** abzugrenzen, weil bei diesen der Versicherer   **103**
bereits im Falle des Vorliegens des objektiven Tatbestandes von seiner Leistungspflicht befreit ist, während im Falle des Vorliegens einer Obliegenheit weitere Umstände hinzukommen müssen (vgl. Berz/Burmann 7. G., Rn. 5). Obliegenheiten sind von Risikobegrenzungen anhand des materiellen Gehalts der einzelnen Klausel abzugrenzen. Danach ist eine **Obliegenheit** gegeben, wenn die Klausel ein bestimmtes vorbeugendes Verhalten des Versicherungsnehmers verlangt, während eine **Risikobegrenzung** vorliegt, wenn im Vordergrund eine individualisierende Beschreibung des übernommenen Wagnisses, für das allein Versicherungsschutz gewährt werden soll, steht (BGH, VersR 1995, 328, 329).

Bei den **Obliegenheitsverletzungen** ist weiter zu differenzieren zwischen denjenigen, die vor Eintritt des Versicherungsfalles, und denjenigen, die nach Eintritt des Versicherungsfalles zu erfüllen   **104**
sind.

2. Obliegenheitsverletzungen vor dem Eintritt des Versicherungsfalles

a) Verordnungskatalog

Die Obliegenheiten vor Eintritt eines Versicherungsfalles, die seitens des Versicherungsnehmers   **105**
zu beachten sind, werden von den Versicherern regelmäßig in ihren Versicherungsbedingungen aufgeführt. Insoweit enthält § 5 KfzPflVV eine Aufzählung derjenigen Obliegenheiten vor Eintritt eines Versicherungsfalles, die ein Versicherer in seine Versicherungsbedingungen einstellen darf. Die Aufzählung der Obliegenheiten vor Eintritt eines Versicherungsfalles in § 5 KfzPflVV ist abschließend (Hofmann, Die neue Kraftfahrtversicherung, S. 34; Römer/Langheid, VVG, § 5 KfzPflVV, Rn. 1).

Hinweis:

In den jeweiligen Versicherungsbedingungen eines Versicherers dürfen daher keine über den Katalog des § 5 KfzPflVV hinausgehenden Obliegenheiten vor Eintritt des Versicherungsfalles enthalten sein (s. dazu Hofmann, a.a.O., S. 34).

Gegenüber dem früheren Bedingungstext in den AKB sind die Obliegenheiten in § 5 Abs. 1 Nr. 3   **106**
u. Nr. 4 KfzPflVV neu formuliert worden.

b) Verletzung einzelner Obliegenheiten

Da es sich bei dem in § 5 KfzPflVV enthaltenen Katalog um eine **abschließende Aufzählung**   **107**
möglicher Obliegenheiten vor Eintritt des Versicherungsfalles handelt, ist es dem Versicherer unbenommen, in seinen Verträgen bzw. Vertragsbedingungen nur einzelne der Obliegenheiten vorzusehen bzw. zu sanktionieren.

aa) An den Versicherungsnehmer gerichtete Obliegenheiten

Nach der sog. **Verwendungsklausel** in § 5 Abs. 1 Nr. 1 KfzPflVV darf das Kraftfahrzeug zu kei-   **108**
nem anderen als dem im Versicherungsvertrag angegebenen Zweck verwandt werden. Das bedeutet, es darf nicht etwa ein als privat deklariertes Kraftfahrzeug als Mietfahrzeug oder Taxe Verwendung finden. Taxen und Mietfahrzeuge sind i.d.R. einem erhöhten **Unfallrisiko** ausgesetzt, sodass der Versicherer insoweit stets höhere Tarife in Rechnung stellt.

In § 5 Abs. 1 Nr. 2 KfzPflVV ist die Obliegenheit enthalten, dass es dem Versicherungsnehmer   **109**
untersagt ist, mit dem Kraftfahrzeug an **ungenehmigten Fahrzeugrennen** teilzunehmen.

110 Wenn auch die vorstehend erläuterten und in § 5 Abs. 1 Nr. 1 u. Nr. 2 KfzPflVV normierten **Obliegenheiten** sich allein an den Versicherungsnehmer richten, wirkt ein Verstoß des Versicherungsnehmers nach dem Grundsatz des § 79 Abs. 1 VVG gegen die **mitversicherte Person.** Dieser gegenüber kann sich der Versicherer jedoch auf eine Obliegenheitsverletzung nur berufen, wenn die Obliegenheitsverletzung nicht durch den Versicherungsnehmer, sondern persönlich durch die versicherte Person verursacht worden ist oder der versicherten Person die einzelnen Umstände, die die Obliegenheitsverletzung begründen, zumindest nicht grob fahrlässig unbekannt gewesen sind. Dies ergibt sich aus § 158i VVG.

bb) An den Versicherungsnehmer und an mitversicherte Personen gerichtete Obliegenheiten

111 In § 5 Abs. 1 Nr. 3 KfzPflVV ist die sog. **Schwarzfahrtklausel** enthalten, wonach kein unberechtigter Fahrer das versicherte Kraftfahrzeug benutzen darf. **Unberechtigter Fahrer** ist stets derjenige, der ohne ausdrückliche oder zumindest stillschweigende vorherige Erlaubnis des Verfügungsberechtigten das Fahrzeug führt (Prölss/Martin/Knappmann, VVG, § 2 AKB, Anm. II 2 B a). Das bedeutet, es ist auch derjenige ein unberechtigter Fahrer i.S.d. § 5 Abs. 1 Nr. 3 KfzPflVV, der einen Geschäftswagen privat nutzt, obwohl ihm nur die dienstliche Nutzung des Kraftfahrzeuges vonseiten des Arbeitgebers gestattet worden ist (vgl. BGH, VersR 1993, 1092).

112 § 5 Abs. 1 Nr. 4 KfzPflVV enthält die sog. **Führerscheinklausel**. Nach dieser Vorschrift bildet das Fahren ohne Fahrerlaubnis eine Obliegenheitsverletzung.

113 Für das Fahren ohne Fahrerlaubnis ist nicht nur maßgeblich die Erteilung einer Fahrerlaubnis durch die jeweils zuständige Behörde. Gleichermaßen liegt Fahren ohne Fahrerlaubnis vor, wenn der **Führerschein** polizeilich **beschlagnahmt** worden ist gem. § 94 Abs. 3 StPO, an die Polizei herausgegeben worden ist gem. § 94 Abs. 1 StPO oder wenn die **Fahrerlaubnis** gem. § 111a StPO vorläufig **entzogen** worden ist. Sofern der Fahrer des versicherten Kraftfahrzeuges in den vorbezeichneten Fällen gleichwohl das Fahrzeug führt, liegt Fahren ohne Fahrerlaubnis i.S.d. **Führerscheinklausel vor.**

114 Die **Führerscheinklausel** des § 5 Abs. 1 Nr. 4 KfzPflVV ist indes nicht anwendbar im Falle eines verhängten **Fahrverbotes** gem. § 44 StGB (BGH, zfs 1987, 147).

115 Neu eingefügt und somit neu vereinbar ist eine sog. **Trunkenheitsklausel.** Derart normiert § 5 Abs. 1 Nr. 5 KfzPflVV die Obliegenheit, dass man das versicherte Fahrzeug nicht führen und führen lassen darf, wenn der Fahrer infolge des Genusses **alkoholischer Getränke** oder berauschender Mittel nicht dazu sicher in der Lage ist. Das bedeutet, der Fahrer des versicherten Fahrzeugs hat **stets fahrtüchtig** zu sein.

116 Adressat der vorstehend aufgeführten Obliegenheiten ist neben dem Versicherungsnehmer auch die **mitversicherte Person**. Der Versicherer ist gegenüber dem Versicherungsnehmer, dem Halter oder dem Eigentümer im Falle einer Obliegenheitsverletzung durch den Fahrer allerdings nur leistungsbefreit, wenn diese Person die Verletzung der Obliegenheit selbst begangen oder zumindest schuldhaft ermöglicht hat. Dies ergibt sich aus § 5 Abs. 3 KfzPflVV.

117 Wenngleich die Klausel des § 5 Abs. 1 Nr. 5 KfzPflVV für unwirksam gehalten worden ist, weil sie durch § 4 Abs. 1 Pflichtversicherungsgesetz nicht gedeckt sei, und sie außerdem für unbestimmt erklärt worden ist (Schwintowski, VersR 1994, 646, 648), ist es doch begrüßenswert, dass der Gesetzgeber die Vereinbarung einer solchen Trunkenheitsklausel ermöglicht, zumal die amtliche Begründung ausdrücklich die Erhöhung der Verkehrsdisziplin und damit der Verkehrssicherheit als Beweggrund enthält (Römer/Langheid, VVG, § 3 KfzPflVV Rn. 3; Knappmann, VersR 1996, 401, 405; Hofmann, Die neue Kraftfahrtversicherung, S. 174).

c) Kausalität zwischen Obliegenheitsverletzung und Versicherungsfall

Erforderlich ist, dass die **Obliegenheitsverletzung** kausal geworden ist für den Eintritt des Versicherungsfalles (Römer/Langheid, VVG, §§ 6, 7 KfzPflVV Rn. 3). An der erforderlichen **Kausalität** fehlt es, wenn im Einzelfall der Eintritt bzw. der gesamte Umfang des Versicherungsfalles nicht durch die Obliegenheitsverletzung beeinflusst worden ist, so etwa dann, wenn es sich bei dem Unfall um ein **unabwendbares Ereignis** für den Fahrer i.S.d. § 7 Abs. 2 StVG gehandelt hat (BGH, NJW 1972, 822). Auch für den Fall, dass im Rahmen der Kraftfahrzeughaftpflichtversicherung eine Haftung des Versicherungsnehmers ausscheidet, hat der Versicherungsschutz für den Versicherungsnehmer doch insoweit Bedeutung, als der Versicherer für eine etwa gegen den Versicherungsnehmer erhobene Klage Rechtsschutz zu gewähren hat (Berz/Burmann, 7. G., Rn. 29). | 118

Bei einem Verstoß gegen einzelne Obliegenheiten fehlt die Kausalität etwa dann, wenn ein **Rechtswidrigkeitszusammenhang** zwischen dem Verstoß an sich und dem eingetretenen Versicherungsfall nicht gegeben ist. Dies ist im Falle der Führerscheinklausel z. B. der Fall, wenn sich die durch die Benutzung des Kraftfahrzeuges ohne gültige Fahrerlaubnis gegebene **Gefahrensteigerung** deshalb nicht ausgewirkt hat, weil der Unfall auf ein Versagen technischer Einrichtungen des Kraftfahrzeuges zurückzuführen ist (vgl. BGH, VersR 1976, 531). | 119

Der **Versicherungsnehmer** ist für das **Fehlen der Kausalität beweispflichtig** (§ 6 Abs. 1 VVG). | 120

d) Verschulden des Versicherungsnehmers im Hinblick auf die Obliegenheitsverletzung

Schließlich ist es notwendig, dass den Versicherungsnehmer bezüglich der Obliegenheitsverletzung ein **Verschulden** trifft. Insoweit genügt **leichte Fahrlässigkeit**. | 121

Große praktische Bedeutung hat im Rahmen dieses Kriteriums auch wiederum die sog. **Fahrerlaubnisklausel**. So etwa dann, wenn der Versicherungsnehmer einer dritten Person die **Kraftfahrzeugbenutzung** gestattet, diese Person jedoch nicht im Besitz einer gültigen Fahrerlaubnis ist. Insoweit gilt, dass sich der Versicherungsnehmer i.d.R. die **Fahrerlaubnis** zeigen zu lassen hat, bevor er ein Fahrzeug einem Dritten überlässt (BGH, VersR 1988, 1017). Der Versicherungsnehmer darf sich daher nicht darauf verlassen, dem Dritten werde die Fahrerlaubnis erteilt worden sein. Allerdings liegt ein Verschulden des Versicherungsnehmers dennoch nicht vor, wenn er sein Fahrzeug einem Dritten überlassen hat, dessen Fahrerlaubnis er sich bereits vormals hat zeigen lassen; denn der erneute Nachweis der Fahrerlaubnis gegenüber dem Versicherungsnehmer ist nur notwendig, wenn Gründe dafür bestehen, dass die Fahrerlaubnis zwischenzeitlich entzogen worden sei. Dies ist etwa dann der Fall, wenn dem Versicherungsnehmer bekannt ist, dass dem Dritten die **Fahrerlaubnis** entzogen worden ist. Für diesen Fall darf sich der Versicherungsnehmer nicht etwa auf die Erklärung des Dritten, ihm sei die Fahrerlaubnis wieder erteilt worden, verlassen; der Versicherungsnehmer hat sich stattdessen die **Fahrerlaubnis** zeigen zu lassen (BGH, VersR 1968, 443; OLG Köln, NZV 1991, 473). | 122

Falls der **Eigentümer** bzw. **Halter** des Kraftfahrzeuges vom Versicherungsnehmer **personenverschieden** ist, trifft auch diesen die Pflicht, sich den Führerschein vorlegen zu lassen. | 123

Beweispflichtig für das im Einzelfall möglicherweise fehlende Verschulden ist stets der **Versicherungsnehmer**. Dies resultiert aus § 6 Abs. 1 VVG. Derart ist der Versicherungsnehmer z. B. gehalten zu beweisen, dass er das Vorliegen der **Fahrerlaubnis** bei einer Person, der er das Fahrzeug überlassen hatte, verschuldenslos annehmen durfte. | 124

e) Rechtsfolgen der Obliegenheitsverletzung

Die Rechtsfolge einer Verletzung der in § 5 Abs. 1 VVG normierten Obliegenheiten bildet die **Leistungsfreiheit** des Versicherers, sofern den Versicherungsnehmer im Hinblick auf die Obliegenheitsverletzung Verschulden trifft und die Obliegenheitsverletzung für den Eintritt des Versicherungsfalles kausal geworden ist (§ 6 Abs. 1 VVG). | 125

126 Gem. § 5 Abs. 3 KfzPflVV ist allerdings die Leistungsfreiheit des Versicherers auf max. 10.000 DM (5.112,92 €) **begrenzt.** Anwendungsvoraussetzung ist jedoch stets, dass die Leistungsfreiheit insoweit in den Versicherungsbedingungen postuliert worden ist.

127 Die so begrenzte Leistungsfreiheit des Versicherers führt dazu, dass der Versicherer i. Ü. zur Leistung verpflichtet ist. Das bedeutet, § 3 Nr. 6 PflichtVersG i.V.m. § 158c Abs. 3, 4 VVG findet keine Anwendung. Der Versicherer haftet derart nicht nur im Rahmen der **Mindestversicherungssumme,** sondern bis zur vertraglich vereinbarten **Versicherungssumme** (Knappmann, VersR 1996, 401, 403).

128 Der Versicherer kann sich jedoch auf die Leistungsfreiheit nur berufen, sofern er innerhalb eines Monats nach Kenntniserlangung kündigt. Die **Kündigungserklärung** des Versicherers muss dem Versicherungsnehmer insoweit spätestens am letzten Tag der Frist zugegangen sein. Das Datum der Kündigungsabsendung ist unerheblich. Der **Zugangsbeweis** erfolgt nach den allgemeinen Regeln, d. h. er obliegt dem Versicherer. Der Versicherungsnehmer muss lediglich den Zeitpunkt der Kenntniserlangung vonseiten des Versicherers beweisen.

129 Der Lauf der einmonatigen Frist gem. § 6 Abs. 1 VVG beginnt, sobald dem Versicherer der volle objektive Sachverhalt bekannt ist. Insoweit ist auf die **Kenntnis** des zuständigen Versicherungssachbearbeiters abzustellen. Unerheblich ist, ob der im Einzelfall zuständige Sachbearbeiter auch etwa befugt ist, die Entscheidung über den Rücktritt zu treffen; genauso wenig braucht der Sachbearbeiter zur rechtsgeschäftlichen Vertretung des Versicherers befugt zu sein (BGH, VersR 1970, 660; zfs 1996, 259).

130 Dem Versicherer ist es auch verwehrt, den Ausgang eines etwa geführten strafrechtlichen Ermittlungsverfahrens abzuwarten, falls die Obliegenheitsverletzung auch Gegenstand des Strafverfahrens ist, sofern der objektive Tatbestand der Obliegenheitsverletzung bereits aktenkundig ist. Ausreichend ist daher, dass sich der objektive Tatbestand der einzelnen Obliegenheitsverletzung aus den Akten ergibt und diese dem Versicherer vorliegen (OLG Hamm, VersR 1959, 282).

131 Dem Versicherer steht auch nicht etwa eine Frist zur Verfügung, den Beginn der Frist gem. § 6 Abs. 1 VVG hinauszuschieben, weil zur Ermittlung des objektiven Sachverhalts im Einzelfall ein umfangreiches Aktenstudium erforderlich ist; denn der Versicherer ist gehalten, eine zügige Entscheidung darüber zu treffen, ob er sich auf die ihm im Nachgang zu einer **Obliegenheitsverletzung** des Versicherungsnehmers zustehenden Rechte zu berufen gedenkt oder nicht (BGH, VersR 1970, 660; Berz/Burmann, 7. G., Rn. 24).

132 Für den Fall, dass sich der Versicherer auf das ihm zu Gebote stehende Recht, die Leistung zu verweigern und den Vertrag zu kündigen, berufen will, ist zu beachten, dass die Kündigung den **allgemeinen formellen Anforderungen** zu entsprechen hat.

> **Hinweis:**
>
> *Sofern nicht ein gesetzlicher Vertreter der Versicherungsgesellschaft das Kündigungsschreiben unterzeichnet, ist dem Versicherer eindringlich die Beachtung des § 174 BGB nahe zu legen. Gleichzeitig wird der Rechtsanwalt des Versicherungsnehmers in jedem Fall zu überprüfen haben, ob die Kündigungserklärung unter Berücksichtigung des § 174 BGB erklärt worden ist. Das bedeutet, der Kündigungserklärung muss für den Fall, dass diese – wie i.d.R. – durch einen vertretungsberechtigten Mitarbeiter des Versicherers unterzeichnet worden ist, die Vollmachtsurkunde im Original beigefügt werden. Insoweit ist weder die Beifügung einer unbeglaubigten Abschrift oder Fotokopie ausreichend; genauso wenig genügt die Übersendung einer Telefaxkopie (BGH, NJW 1994, 1472; OLG Hamm, NJW 1991, 1185).*

Sofern der Versicherer es unterlässt, der durch eine vertretungsberechtigte Person, die nicht gesetz- **133**
licher Vertreter der Gesellschaft ist, unterzeichneten **Kündigungserklärung** eine **Vollmachts-**
urkunde im Original beizufügen, besteht das Risiko, dass der Versicherungsnehmer diese Kündigung zurückweist. Da der Versicherungsnehmer ein **Recht zur Zurückweisung** hat, ist dem
Anwalt zur Ausübung des Zurückweisungsrechtes stets zu raten. Allerdings hat die Zurückweisung
unverzüglich zu erfolgen, also ohne schuldhaftes Zögern. Wenngleich die Frage, wann eine
Zurückweisung ohne schuldhaftes Zögern erfolgt, in der Rechtsprechung immer noch uneinheitlich
beantwortet wird, ist in jedem Fall davon auszugehen, dass eine Zurückweisung nach mehr als
zwei Wochen nicht mehr unverzüglich ist.

Es ist dringend anzuraten, eine **Zurückweisung** jedenfalls noch vor Ablauf einer Woche vorzuneh- **134**
men (OLG Hamm, NJW 1991, 1185, wonach eine Zurückweisung nach sechs Tagen schon verspätet sein kann). Die Frist zur Zurückweisung beginnt mit dem Zugang der Kündigungserklärung
beim Versicherungsnehmer. Auch dem Versicherungsnehmer steht **keine zusätzliche Über-**
legungsfrist zu, nach deren Ablauf etwa die Zurückweisungsfrist erst zu laufen beginnt. Es ist vielmehr stets schnelles Handeln geboten.

> *Hinweis:*
>
> *Ein weit verbreiteter anwaltlicher Fehler liegt darin, eine erklärte Kündigung des Versiche-*
> *rers auch dann zurückzuweisen, wenn der Versicherer den Versicherungsnehmer bereits von*
> *der Bevollmächtigung des Kündigenden in Kenntnis gesetzt hat (s. § 174 Satz 2 BGB). Der*
> *Versicherungsnehmer gilt auch dann von der Bevollmächtigung in Kenntnis gesetzt, wenn die*
> *Kündigungserklärung etwa durch einen zur Einzelvertretung berechtigten Prokuristen erklärt*
> *worden, die Prokura zuvor in das Handelsregister eingetragen worden und die Eintragung*
> *öffentlich bekannt gemacht worden ist (MüKo/Schramm, BGB, § 174 Rn. 6). Hier ist dem*
> *Anwalt des Versicherungsnehmers eine kurze Überprüfung anhand des Handelsregisters zu*
> *empfehlen. Unter Nutzung moderner Informations- bzw. Kommunikationstechnologie, wie*
> *etwa des Internets, ist eine derartige Überprüfung gegenwärtig bereits binnen kürzester Zeit*
> *und ohne erheblichen Aufwand zu realisieren (z.B. die Links bei: http://www.zap-verlag.de).*

Für die Versicherungsverträge, auf die die KfzPflVV nicht zur Anwendung gelangt – die sog. **Alt-** **135**
verträge – gilt demgegenüber, dass der Versicherer generell und nicht nur auf 10.000 DM
(5.112,92 €) begrenzt von seiner Leistungspflicht befreit wird (§ 2 Abs. 2 AKB 88). Im Rahmen
der geschäftsplanmäßigen Erklärungen hatten sich die Versicherer allerdings für den Fall ihrer
Leistungspflicht gegenüber dem geschädigten Dritten bereit erklärt, ihre Rückgriffsansprüche
gegen den Versicherungsnehmer und gegen Mitversicherte auf 5.000 DM (2.556,46 €) zu
beschränken (s. dazu: Römer/Langheid, VVG, § 5 KfzPflVV Rn. 6).

3. Obliegenheitsverletzungen nach dem Eintritt des Versicherungsfalles

Im Gegensatz zu den **Obliegenheitsverletzungen vor dem Eintritt eines Versicherungsfalles** ist **136**
in der Kraftfahrzeugpflichtversicherungsverordnung nicht kodifiziert, welche **Obliegenheiten** im
Hinblick auf das Verhalten des Versicherungsnehmers im Anschluss an den Eintritt des Versicherungsfalles zwischen Versicherer und Versicherungsnehmer im Einzelnen in den Versicherungsbedingungen vereinbart werden dürfen. Allein die **Rechtsfolgen,** die sich aus der Verletzung weiterer Obliegenheiten nach dem Versicherungsfall ergeben, sind in den §§ 6 f. KfzPflVV normiert.
Sinn und Zweck der Obliegenheiten nach dem Versicherungsfall liegen darin, zum einen den eingetretenen Schaden zu mindern und zum anderen den Versicherer vor nicht seriösen Versicherungsnehmern, die den Versicherer möglicherweise unberechtigt in Anspruch zu nehmen geden-
ken, zu schützen (s. zu einzelnen nach Maßgabe der AKB in Betracht zu ziehenden Obliegenheiten
Berz/Burmann, 7.G., Rn. 81 ff.). So stellt z.B. die falsche Beantwortung der Frage nach den Vor-

schäden am Fahrzeug bei der Ausfüllung des Schadensanzeigeformulars (OLG Koblenz, r+s 2001, 13) oder das Verschweigen von Unfallzeugen (OLG Köln, r+s 2001, 14) eine Auskunftsobliegenheitsverletzung dar.

a) Voraussetzungen der Berufung des Versicherers auf die Verletzung einer Obliegenheit durch den Versicherungsnehmer

137 Erforderlich ist, dass die **Obliegenheitsverletzung** durch den Versicherungsnehmer **grob fahrlässig oder vorsätzlich** begangen worden ist, sodass einfache bzw. leichte Fahrlässigkeit des Versicherungsnehmers unberücksichtigt bleibt. Im Falle grober Fahrlässigkeit ist es dem Versicherer verwehrt, sich auf die Obliegenheitsverletzung zu berufen, sofern die Obliegenheit weder Einfluss auf die Feststellung des Versicherungsfalles noch auf die Feststellung auf den Umfang der vom Versicherer vorzunehmenden Leistung gehabt hat. Das bedeutet, die Obliegenheitsverletzung muss **kausal** für den Versicherungsfall gewesen sein. Wenn demgegenüber der Versicherungsnehmer vorsätzlich gehandelt hat, besteht kein Kausalitätserfordernis, sodass fehlende Kausalität eine Leistungsfreiheit nicht ausschließt.

138 Damit der Versicherer sich auf eine Obliegenheitsverletzung berufen kann, ist es ferner notwendig, dass der Versicherungsnehmer zuvor über die Rechtsfolgen einer Obliegenheitsverletzung **belehrt** worden ist. Der Versicherungsnehmer ist über die Folgen einer vorsätzlich begangenen Obliegenheitsverletzung im Rahmen eines **drucktechnisch** und **positionsmäßig auffallenden Hinweises** zu belehren. Dies schließt ein, dass eine Belehrung ohne besondere **drucktechnische Hervorhebung** unzureichend ist. Allerdings ist es nicht erforderlich, eine besondere oder fremdsprachliche Belehrung über die Rechtsfolgen einer vorsätzlich begangenen Obliegenheitsverletzung anzuführen, wenn etwa der Versicherungsnehmer Ausländer ist. Hier genügt die gewöhnliche **drucktechnische und positionsmäßige Hervorhebung** in deutscher Sprache (vgl. OLG Nürnberg, zfs 1995, 338; NJW-RR 1995, 481).

139 Des Weiteren ist der Versicherungsnehmer ausdrücklich darüber zu belehren, dass eine vorsätzliche Obliegenheitsverletzung auch dann zur Leistungsfreiheit führen kann, wenn dem Versicherer daraus **keine Nachteile** entstehen (vgl. Prölss/Martin, VVG, Anm. 3 C).

140 Für den Fall einer **fehlenden oder unzureichenden Belehrung** ist es dem Versicherer nur dann gestattet, sich auf die Verletzung der Obliegenheit dem Versicherungsnehmer gegenüber zu berufen, wenn der Versicherungsnehmer arglistig gehandelt hat. Der Versicherungsnehmer hat insoweit **arglistig gehandelt,** wenn er falsche Angaben gemacht hat, um die Schadensregulierung zu beeinflussen (BGH, VersR 1987, 149), wobei der Versicherer stets die **Beweislast** für das Vorliegen der Arglist trägt (OLG Hamm, zfs 1992, 87).

141 **Obliegenheitsverletzungen** können nur so lange Rechtswirkungen nach sich ziehen, wie der Versicherer noch prüfungsbereit ist. Sofern etwa der Versicherer gegenüber dem Versicherungsnehmer bereits die Leistung abgelehnt hat, besteht auf Seiten des Versicherungsnehmers keine Pflicht mehr zur Erfüllung von **Obliegenheiten** (BGH, VersR 1989, 842). Demzufolge bilden etwa **falsche Behauptungen** des Versicherungsnehmers im Rechtsstreit, der eine Leistungsablehnung des Versicherers in Gestalt eines uneingeschränkten Klageabweisungsantrages nachfolgt, keine Obliegenheitsverletzung (BGH, NJW 1989, 2472; Berz/Burmann, 7. G., Rn. 64). Dies ist auch sachgerecht, weil der Versicherer zu diesem Zeitpunkt seine Leistungspflicht nicht mehr überprüft. Etwas anderes gilt nur, sofern dem Versicherungsnehmer vonseiten seines Versicherers bekannt gegeben worden ist, dass dieser erneut eine Überprüfung seiner Leistungspflicht vornimmt. Mit diesem Zeitpunkt leben die versicherungsnehmerseitigen **Obliegenheiten** wieder auf (Berz/Burmann, 7. G., Rn. 65).

142 Der Versicherer ist gehalten, den **objektiven Tatbestand** der Obliegenheitsverletzung **zu beweisen.** Sofern ihm dieser Beweis gelingt, ist der Versicherungsnehmer gehalten, zu beweisen, dass weder Vorsatz noch grobe Fahrlässigkeit vorliegt.

Sofern dem Versicherungsnehmer dieser Beweis gelingen sollte, kann sich der Versicherer auf die Verletzung der **Obliegenheit** nicht mehr berufen. Kann der Versicherungsnehmer den ihm obliegenden Beweis fehlenden Verschuldens nicht führen, ist der Versicherer berechtigt, sich auf die Obliegenheitsverletzung zu berufen; denn § 6 VVG geht von einer Verschuldensvermutung aus (BGH, VersR 1993, 828).

143

Während die Vorschrift des § 6 VVG in der Kraftfahrzeugversicherung bzw. Kaskoversicherung uneingeschränkt gilt, ist das Verschulden des Versicherungsnehmers gem. § 6 KfzPflVV Voraussetzung dafür, dass der Versicherer sich auf Leistungsfreiheit berufen darf.

144

Hinweis:

Das bedeutet, der Versicherer muss im Rahmen der Kraftfahrzeughaftpflichtversicherung das Verschulden des Versicherungsnehmers beweisen, sodass die Position des Versicherungsnehmers in der Kraftfahrzeughaftpflichtversicherung deutlich günstiger ist als im Rahmen der Kraftfahrzeugversicherung. Im Einzelfall kann es passieren, dass der Versicherungsnehmer im Rahmen der Kraftfahrzeugversicherung keinen Versicherungsschutz, im Rahmen der Kraftfahrzeughaftpflichtversicherung hingegen Versicherungsschutz genießt.

---

b) Rechtsfolgen der Obliegenheitsverletzung

Sofern die Obliegenheit mindestens grob fahrlässig verletzt worden ist, kann der Versicherer sich auf Leistungsfreiheit berufen. Allerdings tritt die **Leistungsfreiheit** nicht automatisch ein. Der Versicherer hat sich statt dessen ausdrücklich darauf zu berufen, wobei eine entsprechende **Erklärung** auch erstmalig im Rahmen eines Rechtsstreits erfolgen kann. Sogar im Rahmen der **zweiten Instanz** ist der Versicherer noch berechtigt, sein Vorbringen um eine Berufung auf die **Leistungsfreiheit** zu ergänzen (OLG Düsseldorf, VersR 1993, 425; Berz/Burmann, 7. G., Rn. 69; a.A. OLG Hamm, VersR 1993, 601; OLG Karlsruhe, VersR 1994, 1113). Diejenigen, von denen die hier vertretene Auffassung abgelehnt wird, mögen wohl eine dem Versicherungsnehmer günstige Handhabung des dem Versicherer zustehenden Rechts zur Berufung auf die Leistungsfreiheit postulieren wollen, gleichwohl besteht keine zivilprozessuale Pflicht, bereits in der ersten Instanz sämtliche Verteidigungsmittel präsentieren zu müssen (s. a. Berz/Burmann, 7. G., Rn. 70, der jedoch der Auffassung ist, eine Berufung des Versicherers auf **Leistungsfreiheit** in der Berufungsinstanz könne u. U. rechtsmissbräuchlich sein, wofür jedoch weitere und deutliche Anhaltspunkte vorliegen müssten).

145

Die Leistungsfreiheit des Kraftfahrzeughaftpflichtversicherers ist in diesem Zusammenhang gegenüber dem Kraftfahrzeugversicherer bzw. Kasko-Versicherer beschränkt. Aus § 6 KfzPflVV folgt, dass die Leistungsfreiheit begrenzt ist auf einen Betrag i. H. v. 5.000 DM (2.556,46 €). Nur im Falle besonders schwerwiegender, vorsätzlich begangener Verletzungen der Aufklärungs- und Schadensminderungspflicht des Versicherungsnehmers erweitert sich die Leistungsfreiheit auf einen Betrag bis zu 10.000 DM (5.112,92 €).

146

4. Zurechnung von Erklärungen Dritter

Sofern der Versicherungsnehmer einen Dritten mit der Erfüllung von Obliegenheiten betraut hat, die eigentlich von dem Versicherungsnehmer zu erfüllen sind, können Erklärungen des **Dritten** dem Versicherungsnehmer zugerechnet werden. Die Rechtsprechung hat dafür den sog. Wissenerklärungsvertreter entwickelt.

147

Ein **Wissenerklärungsvertreter** ist derjenige, der vonseiten des Versicherungsnehmers mit der Erfüllung von Obliegenheiten betraut worden ist, die an sich dem Versicherungsnehmer obliegen und der Dritte an Stelle des Versicherungsnehmers Erklärungen abgibt (BGH, VersR 1995, 281).

148

149   Damit der Versicherungsnehmer für Erklärungen Dritter derart haftet, ist erforderlich, dass der Versicherungsnehmer den jeweiligen Dritten mit der Abgabe der gegenüber dem Versicherer gemachten Erklärungen beauftragt hat. Diese **Beauftragung** kann – wie üblich – ausdrücklich oder auch konkludent erfolgen. Sie kann generell und im Hinblick auf einen konkreten Anlass vorgenommen werden. Derart ist es etwa nötig, dass der beauftragte Dritte regelmäßig damit betraut ist, Angelegenheiten vergleichbarer Art für den Versicherungsnehmer zu regeln (BGH, NJW 1993, 2112; Berz/Burmann, 7. I., Rn. 18 f.).

150   Erforderlich ist stets, dass nicht der Versicherungsnehmer, sondern der Dritte Erklärungen an den Versicherer abgegeben hat. Daher scheidet eine Haftung des Versicherungsnehmers für Erklärungen des Dritten aus, die dieser etwa nur vorbereitet bzw. formuliert, nicht aber selbst abgibt, d.h. unterzeichnet (BGH, NZV 1995, 147).

151   Immer dann, wenn die Aufgabe des Dritten lediglich darin besteht, eine an den Versicherer gerichtete Erklärung vorzubereiten bzw. zu formulieren, die Unterzeichnung jedoch durch den Versicherungsnehmer selbst vorgenommen wird, liegt keine Erklärung des Dritten, des Vertreters, vor, sondern vielmehr eine eigene Erklärung des Versicherungsnehmers. Die Zurechnung einer Erklärung eines Dritten kann daher gar nicht erfolgen. Es liegt keine – eigene – Erklärung des Dritten vor, sondern eine – eigene – Erklärung des Versicherungsnehmers.

III. Mindestens grob fahrlässige Herbeiführung des Versicherungsfalles

1. Einführung

152   Aus §§ 61, 152 VVG ergibt sich, dass der Versicherungsnehmer seinen Versicherungsschutz auch dann verlieren kann, wenn der **Versicherungsfall** vorsätzlich oder **mindestens grob fahrlässig** herbeigeführt worden ist. Allerdings gilt dies uneingeschränkt lediglich im Rahmen der Kraftfahrzeugversicherung. In der Kraftfahrzeugversicherung bzw. Kaskoversicherung verliert der Versicherungsnehmer den Versicherungsschutz daher bereits dann, wenn er den Versicherungsfall grob fahrlässig herbeigeführt hat, während – wie sich aus § 152 VVG ergibt – die grob fahrlässige Herbeiführung des Versicherungsfalles in der Kraftfahrzeughaftpflichtversicherung hierzu nicht ausreicht. In der **Kraftfahrzeughaftpflichtversicherung** ist daher Voraussetzung für den Verlust des Versicherungsschutzes die **vorsätzliche Herbeiführung des Versicherungsfalles**.

153   Die folgenden Ausführungen beschäftigen sich weit überwiegend mit der **grobfahrlässigen Herbeiführung** des Versicherungsfalles im Bereich der Kaskoversicherung, zumal die vorsätzliche Herbeiführung des Versicherungsfalles sowohl in der Kraftfahrzeug- als auch in der Kraftfahrzeughaftpflichtversicherung, soweit man dort Versicherungsbetrugsfälle außer Betracht lässt, äußerst selten ist. Da nicht nur **eigenes Fehlverhalten** des Versicherungsnehmers dazu führen kann, den Versicherungsschutz zu gefährden, sondern unter gewissen Umständen auch das **Verhalten Dritter**, wird in diesem Zusammenhang auch auf die sog. **Repräsentantenhaftung** eingegangen werden.

2. Voraussetzungen des § 61 VVG

154   Gem. § 61 VVG ist zunächst erforderlich, dass der Versicherungsfall durch den Versicherungsnehmer herbeigeführt worden ist. Herbeigeführt worden ist der Versicherungsfall durch den Versicherungsnehmer i.d.S. nur, wenn er durch sein Tun oder Unterlassen den vertragsgemäß vorausgesetzten **Sicherheitsstandard** nicht unerheblich unterschritten hat (BGH, NJW-RR 1989, 213; OLG Köln, VersR 1990, 383). Im Hinblick auf die Kraftfahrzeug- bzw. Kaskoversicherung kommt insoweit im Wesentlichen die **Unterschreitung des Sicherheitsstandards** durch eigenes Tun des Versicherungsnehmers in Bezug auf die Diebstahlsgefahr in Betracht. Dies kann etwa dadurch erfolgen, dass das **Fahrzeug nicht verschlossen** wird, das **Lenkradschloss** nicht eingerastet wird oder sich der Kraftfahrzeugschlüssel – möglicherweise von außen deutlich sichtbar – im Kraftfahr-

zeug befindet. In all diesen Fällen liegt ein deutliches und damit nicht unerhebliches Unterschreiten des vertragsgemäß vorausgesetzten Sicherheitsstandards vor.

Zudem ist nach § 61 VVG Voraussetzung, dass die Unterschreitung des Sicherheitsstandards durch das Tun oder Unterlassen des Versicherungsnehmers grob fahrlässig erfolgt ist. Grob fahrlässig ist die deutliche Unterschreitung des **Sicherheitsstandards** dann erfolgt, wenn vom Versicherungsnehmer das nächstliegende, also dasjenige, was jedem in der gegebenen Situation einleuchtet, außer Acht gelassen worden ist (BGH, VersR 1989, 141). Derart beinhaltet der Vorwurf grober Fahrlässigkeit insoweit einen objektiven und einen subjektiven Teil, sodass die im Verkehr erforderliche Sorgfalt schlussendlich zusätzlich durch ein subjektiv nicht entschuldbares **Fehlverhalten** des Versicherungsnehmers in hohem Maße außer Acht gelassen worden sein muss.   155

Im Rahmen der Berücksichtigung der beiden Fahrlässigkeitskomponenten, der objektiven und der subjektiven Komponente, ist zu beachten, dass sogar ein sog. **Augenblicksversagen,** d.h. ein kurzfristiges Versagen für einen Moment, allein keinen Grund dafür darstellt, den Vorwurf grober Fahrlässigkeit zu verneinen, sofern denn die objektiven Merkmale grober Fahrlässigkeit vorliegen (BGH, NZV 1992, 402 – unter Aufgabe der bisherigen Rspr., wonach das Vorliegen grobe Fahrlässigkeit i.S.d. § 61 VVG oftmals mit dem Argument verneint worden ist, dass der Versicherungsnehmer nur für einen kurzen Augenblick versagt habe, vgl. etwa: BGH, VersR 1989, 581, OLG Frankfurt/M., VersR 2001, 1277). Dies ist auch richtig, denn der Versicherungsnehmer will sich durch Abschluss eines Kraftfahrzeugversicherungsvertrages insbesondere auch gegen Schäden versichern, die durch sein eigenes Fehlverhalten verursacht worden sind. Folglich muss dem Versicherungsnehmer bewusst sein, dass er damit nur solche Schäden versichern kann, die durch gewöhnliches Fehlverhalten entstehen. Das schließt ein Fehlverhalten derart, wie es jedem Versicherungsnehmer unterläuft, der im Allgemeinen sorgfältig mit seinem Eigentum umgeht (vgl. Berz/Burmann, 7. H., Rn. 7 ff.), ein.   156

3. Zurechnung des Handelns und der Kenntnis Dritter

Wenngleich die allgemeinen Zurechnungsnormen des Zivilrechts (§ 278 BGB bzw. § 831 BGB) im Rahmen des Privatversicherungsrechts keine Anwendung finden, muss sich der Versicherungsnehmer gleichwohl die **Kenntnis** oder das **Handeln Dritter** unter bestimmten Umständen **zurechnen** lassen.   157

Zur Zurechnung im Rahmen des § 61 VVG hat die Rechtsprechung den Begriff der sog. **Repräsentantenhaftung** entwickelt. Diese kommt – darüber hinaus i. Ü. in den Bereichen der §§ 6 und 23 VVG – in Frage, sofern der Versicherungsnehmer die Betreuung des versicherten Objekts einem Dritten übertragen hat.   158

Nach den Grundgedanken der **Repräsentantenhaftung** gilt, dass der Dritte, dem der Versicherungsnehmer die Betreuung des versicherten Objekts übertragen hat, an die Stelle des Versicherungsnehmers getreten ist und damit die Verwaltung des Risikos im Hinblick auf die versicherte Sache von dem Versicherungsnehmer auf den Dritten übertragen worden ist (BGH, NJW 1993, 1862). Die Übernahme der Risikoverwaltung vonseiten des Dritten hat zur Voraussetzung, dass der Versicherungsnehmer dem Dritten zunächst die **Obhut** über die versicherte Sache überlassen hat, wobei die bloße Überlassung der **Obhut** an sich nicht dafür ausreicht, dass der Dritte an die Stelle des Versicherungsnehmers getreten ist.   159

Auch eine nur **kurzfristige oder vorübergehende Überlassung der Obhut** an den Dritten ist nicht ausreichend. Schließlich ist es nicht ausreichend, wenn der Versicherungsnehmer nicht alle entscheidenden Einwirkungsrechte und **Einwirkungsmöglichkeiten** auf den versicherten Gegenstand verloren hat. Vielmehr muss der Dritte, der Repräsentant des Versicherungsnehmers, befugt und in der Lage sein, selbstständig in einem gewissen und nicht ganz unbedeutenden Umfang für den Versicherungsnehmer zu handeln (BGH, NJW 1993, 1862; vgl. auch: Römer, NZV 1993, 249, 251).   160

Die vorsätzliche Herbeiführung des Versicherungsfalls durch den „Repräsentanten" des Versicherungsnehmers führt in der Kraftfahrzeughaftpflichtversicherung nicht zum Verlust des Deckungsanspruchs des Versicherungsnehmers (OLG Nürnberg, zfs 2000, 542).

Hinweis:

Häufig wird die Frage des Bestehens der Repräsentantenhaftung erörtert, wenn Eltern ihren Kindern Kraftfahrzeuge zur Verfügung stellen oder Ehegatten bzw. Lebensgefährten einander Kraftfahrzeuge zur Verfügung stellen. Insoweit ist stets die exakte Handhabung im Einzelfall zu untersuchen. Allein die Zurverfügungstellung des Kraftfahrzeuges genügt nicht, die Grundsätze der Repräsentantenhaftung anzunehmen. Wenn etwa Eltern ihren Kindern Kraftfahrzeuge zur Nutzung überlassen, spricht ein gewichtiges Indiz dafür, dass den Kindern keine Repräsentantenstellung zukommt, wenn die Eltern noch immer sämtliche Kosten, die durch die Kraftfahrzeugnutzung verursacht werden, wie für Betriebsstoffe, Wartungs- und Reparaturarbeiten, im Innenverhältnis alleine tragen. Auch bei der Überlassung eines Kraftfahrzeuges unter Ehegatten bzw. Lebensgefährten gilt, dass derjenigen Person, die als Versicherungsnehmer ausgewiesen ist, i.d.R. noch genügende Einwirkungsmöglichkeiten und Einwirkungsrechte auf das Kraftfahrzeug verbleiben, sodass die Person, die nicht Versicherungsnehmer ist, gleichwohl das Fahrzeug zu nutzen berechtigt ist, i.d.R. keine Repräsentantenstellung inne haben wird.

---

161   Derart ergibt sich, dass die Repräsentantenstellung im Zuge verwandtschaftlicher Verhältnisse lediglich in Ausnahmefällen vorliegen wird.

4. Grob fahrlässige Herbeiführung einzelner Versicherungsfälle

162   Grob fahrlässig ist der Versicherungsfall i.d.R. herbeigeführt bei:

- **Rotlichtverstößen** (BGH, NZV 1992, 402; OLG Karlsruhe, VersR 1994, 211; OLG Celle, NZV 1995, 363, OLG Hamm, r+s 2001, 275),

- **Unfällen**, die durch **Übermüdung** herbeigeführt werden, sofern der Fahrer sich über von ihm erkannte deutliche Vorzeichen der Ermüdung bewusst hinweggesetzt hat (BGH, VersR 1977, 619; OLG Nürnberg, zfs 1987, 277),

- **Unfällen** im Rahmen von **Überholmanövern,** sofern der Straßenverlauf unübersichtlich ist und übersehen werden kann, dass angesichts nahenden Gegenverkehrs eine gefahrlose Durchführung des Überholmanövers nicht möglich sein wird (OLG Frankfurt/M., NZV 1995, 363),

- **Unfällen**, in deren Vorfeld die zulässige **Höchstgeschwindigkeit** um ca. 50 % nachts auf einer Landstraße überschritten worden ist (OLG Koblenz, VersR 2000, 720 f.),

- **Unfällen**, die im Zustande **absoluter Fahruntüchtigkeit, d.h.** mit einem Blutalkoholgehalt von mindestens 1,1 ‰, verursacht worden sind (BGH, NJW 1992, 119),

- **Unfällen**, die im Zustande **relativer Fahruntüchtigkeit, d.h.** mit einem Blutalkoholgehalt von weniger als 1,1 ‰, verursacht worden sind, wenn neben der **Alkoholisierung** grobe Fahrfehler bzw. **Ausfallerscheinungen** vorliegen (BGH, NJW 1982, 2612; KG, NZV 1996, 200), wobei etwa an die Ausfallerscheinungen umso geringere Anforderungen zu stellen sind, je deutlicher sich die **Blutalkoholkonzentration** dem Grenzwert absoluter Fahruntüchtigkeit nähert (BGH, NJW 1982, 262; KG, NZV 1996, 200),

- **Unfällen**, die dadurch verursacht werden, dass der **Fahrer sich nach heruntergefallenen Gegenständen im Kraftfahrzeug bückt** und dadurch die Fahrbahn nicht mehr im Blickfeld behalten kann (OLG München, zfs 1987, 149; OLG Hamm, VersR 1987, 353),

- **Unfällen**, die dadurch verursacht werden, dass der Fahrer durch die **Benutzung des Handys** ohne Freisprechanlage abgelenkt war (OLG Köln, DAR 2001, 364),
- Wenn der Versicherungsnehmer sein unverschlossenes Fahrzeug mit dem **im Zündschloss steckenden Schlüssel** verlässt und er sich – wenngleich nur vorübergehend für weniger als eine Minute – außer Sichtweite seines ungesicherten Geländes, vor einem Gewerbebetrieb abgestellten Fahrzeugs entfernt (OLG Koblenz, VersR 2001, 1278).

Allerdings lässt ein **BAK-Wert von 3,0 bis 3,3 Promille** einen Schluss auf Unzurechnungsfähigkeit noch nicht zu. Vielmehr müssen sonstige Indizien in Verhalten und äußerlich wahrnehmbaren Zustand des Betroffenen hinzukommen (OLG Frankfurt/M., VersR 2000, 883 f.).

In jedem Fall gilt, dass der Versicherer sowohl die Kausalität des Verhaltens des Versicherungsnehmers für den Eintritt des Versicherungsfalles als auch das Verschulden des Versicherungsnehmers zu beweisen hat, sodass sich die **Beweislast** des Versicherers auch auf die subjektive Komponente der groben Fahrlässigkeit bezieht (s. dazu: BGH, NJW 1989, 1354).   163

C. Deckungsprozess

Sofern der Versicherungsnehmer sich mit einer Ablehnung seines Leistungsantrages nicht zufrieden zu geben bereit ist, steht ihm die Möglichkeit offen, die sog. **Deckungsklage** zu erheben.   164

I. Gerichtsstand

Für die Deckungsklage stehen dem Versicherungsnehmer **drei Gerichtsstände** zur Verfügung, und zwar der Sitz der Gesellschaft als allgemeiner Gerichtsstand i.S.d. § 17 Abs. 1 ZPO, der Gerichtsstand der Niederlassung des Versicherers i.S.d. § 21 Abs. 1 ZPO sowie der Gerichtsstand der Agentur des Versicherers, über die der Vertrag abgeschlossen worden ist, gem. § 48 VVG.   165

Der Versicherungsnehmer wird i.d.R. den für ihn günstigsten **Gerichtsstand wählen.** Sollte dies der Gerichtsstand der Niederlassung oder derjenige der Agentur sein, ist auf folgende Besonderheiten hinzuweisen: Im Hinblick auf den Gerichtsstand der Niederlassung gem. § 21 Abs. 1 ZPO ist zu berücksichtigen, dass nur diejenige **Niederlassung** des Versicherers verklagt werden kann, über die der in Rede stehende Versicherungsvertrag abgeschlossen bzw. abgewickelt worden ist. Das bedeutet, der Ort einer Niederlassung einer etwaigen Schwester- oder Tochtergesellschaft begründet keinen Gerichtsstand der Niederlassung. I.Ü. müssen – wie üblich – die weiteren Voraussetzungen erfüllt sein, damit eine Niederlassung i.S.d. § 21 Abs. 1 ZPO vorliegt.   166

In Bezug auf den Gerichtsstand der **Agentur** gem. § 48 VVG ist zu beachten, dass nach § 48 VVG Klagen an dem Gericht des Ortes erhoben werden können, an dem der Agent des Versicherers zum Zeitpunkt des Abschlusses bzw. der Vermittlung des Vertrages seine gewerbliche Niederlassung hat. Sofern eine gewerbliche Niederlassung des **Agenten i.S.d.** § 48 VVG nicht besteht, ist auf den Wohnsitz des Agenten abzustellen (Buschbell, Straßenverkehrsrecht in der Praxis, S. 312, Rn. 91).   167

Die Vorschrift des § 48 VVG gilt i.Ü. nicht nur für Verträge, die durch einen **selbstständigen Agenten** des Versicherers abgeschlossen bzw. vermittelt worden sind. Sie greift vielmehr auch ein, wenn derjenige, über den der Vertrag abgeschlossen bzw. vermittelt worden ist, ein angestellter **Vertreter** des Versicherers ist (Buschbell, Straßenverkehrsrecht in der Praxis, S. 312 Rn. 91; Prölss/Martin/Kollhosser, VVG, § 48 Anm. 3). Nicht anwendbar ist die Vorschrift indes auf Verträge, die durch Sachbearbeiter bzw. **Innendienstmitarbeiter** des Versicherers abgeschlossen worden sind (Berz/Burmann, 7. N., Rn. 4). Genauso wenig gilt der besondere Gerichtsstand gem. § 48 VVG, wenn es sich bei dem Vertragsvermittler um einen sog. **Versicherungsmakler** handelte,   168 weil dieser zuvörderst Interessenvertreter des Versicherungsnehmers, nicht aber Vertreter des Versicherers ist (BGH, VersR 1987, 663; Prölss/Martin/Kollhosser, VVG, § 48 Anm. 3).

II. Verjährung und Klagefrist

1. Einführung

169 Auch Ansprüche aus dem Versicherungsvertrag unterliegen der **Verjährung.** Dies ist auch sachgerecht; denn der Versicherer muss – nicht zuletzt, um verlässliche Grundlagen für seine Kalkulation zu haben – sicher gehen können, dass nicht innerhalb eines bestimmten Zeitraumes erhobene Ansprüche des Versicherungsnehmers zukünftig nicht mehr verfolgt werden sollen. Gleichzeitig hat der Versicherer ein nachvollziehbares Interesse daran, hinreichend sicher zu wissen, ob der Versicherungsnehmer eine etwa abschlägige Bescheidung eines Leistungsantrages durch den Versicherer akzeptiert oder deren gerichtliche Überprüfung anstrebt.

2. Versicherungsvertragliche Verjährungsfrist

170 Ansprüche aus Versicherungsverträgen **verjähren** gem. § 12 Abs. 1 VVG in **2 Jahren,** bei Lebensversicherungsverträgen innerhalb von **5 Jahren. Verjährungsbeginn** ist gem. § 12 Abs. 1 VVG stets das Ende des Jahres, in dem die Leistung verlangt werden konnte. Entscheidend ist insoweit das Jahr der Fälligkeit, nicht aber das Jahr, in welchem der Versicherungsfall eingetreten ist (Buschbell, Straßenverkehrsrecht in der Praxis, S. 313 Rn. 94). Die Verjährung beginnt derart mit der Fälligkeit des Anspruchs.

171 § 12 Abs. 1 VVG ist anwendbar auf Ansprüche des Versicherers genauso wie auf Ansprüche des Versicherungsnehmers. Ansprüche des Versicherers, die unter diese Norm fallen, sind etwa diejenigen auf Prämienzahlung und Zinsen. Zu den Ansprüchen des Versicherungsnehmers, die unter die Norm des § 12 Abs. 1 VVG fallen, gehören etwa Entschädigungsansprüche und **Schadensersatzansprüche** (Prölss/Martin, VVG, § 12 Anm. 2).

172 Auf die **Verjährungsfristen** des § 12 VVG finden i. Ü. die allgemeinen Vorschriften der §§ 202 ff. BGB Anwendung.

173 Die **Verjährung** eines vonseiten des Versicherungsnehmers geltend gemachten Anspruchs ist gem. § 12 Abs. 2 VVG gehemmt bis zum Zugang der schriftlichen Entscheidung des Versicherers, worunter die abschließende Stellungnahme zu Grund und Umfang der Entschädigungsfrist vonseiten des Versicherers zu verstehen ist (Prölss/Martin, VVG, § 12 Anm. 4). Geltend gemacht ist der Anspruch bereits mit der Übermittlung der Schadensanzeige durch den Versicherungsnehmer, wenn aus ihr zumindest die Art des Schadens hinreichend klar ersichtlich ist (OLG Düsseldorf, zfs 1990, 209).

174 > **Hinweis:**
>
> *Dem Versicherer ist es verwehrt, die Verjährungsfrist von Ansprüchen des Versicherungsnehmers gegenüber dem Versicherer durch Allgemeine Versicherungsbedingungen abzukürzen. Insoweit bildet § 12 VVG, wie sich aus § 15a VVG ergibt, zwingendes Recht.*

3. Versicherungsvertragliche Klagefrist

175 Der Versicherer wird **leistungsfrei,** wenn er den Anspruch auf Versicherungsleistung gegenüber dem Versicherungsnehmer ablehnt und den Versicherungsnehmer schriftlich darüber belehrt, dass **Leistungsfreiheit** aufgrund **Zeitablaufs** eintritt, wenn der Anspruch nicht innerhalb von sechs Monaten gerichtlich geltend gemacht wird. Es ist insoweit nicht ausreichend, wenn der Versicherer den Versicherungsnehmer allein darüber informiert, dass der Anspruch klageweise geltend

gemacht werden kann, soweit die Entscheidung des Versicherers nicht akzeptiert werden sollte; erforderlich ist vielmehr die ausdrückliche **Belehrung** darüber, dass der Versicherer allein aufgrund des Zeitablaufs leistungsfrei wird (OLG Hamm, r+s 1995, 1).

a) Sechs-Monatsfrist als Ausschlussfrist

Die **sechsmonatige Klagefrist** gem. § 12 Abs. 3 VVG bildet eine Ausschlussfrist. Das bedeutet, auf diese Frist finden die allgemeinen Verjährungsvorschriften des BGB keine Anwendung. Es kann daher weder eine Hemmung noch eine Unterbrechung der Frist erfolgen. Die Frist kann allein unterbrochen werden durch Klageerhebung. Der **Klageerhebung** steht wie sonst auch der Antrag auf **Erlass eines Mahnbescheides** gleich.

176

Hinweis:

Dem Anwalt, der seitens des Versicherungsnehmers mit der Überprüfung einer ablehnenden Entscheidung eines Versicherers über den Leistungsantrag eines Versicherungsnehmers beauftragt wird, ist derart anzuraten, nach Mandatserteilung und entsprechender Informationsverschaffung unbedingt sogleich den Ablauf der Klagefrist als Notfrist mit einer entsprechenden Vorfrist im Fristenkalender notieren zu lassen.

177

---

b) Einhaltung der Klagefrist bei demnächstiger Zustellung

Die Einreichung der Klage bis zum letzten Tag der sechsmonatigen **Klagefrist** genügt, wenn die Zustellung der Klageschrift demnächst i.S.v. § 270 Abs. 3 ZPO erfolgt. Folglich darf der Versicherungsnehmer bzw. dessen Anwalt die Frist zur gerichtlichen Geltendmachung des Anspruchs vollständig ausschöpfen (BGH, VersR 1992, 433). Allerdings muss der Versicherungsnehmer alles ihm Zumutbare für eine alsbaldige **Zustellung** der Klageschrift tun. Er muss nicht nur Verzögerungen vermeiden, sondern auch im Sinne einer größtmöglichen **Beschleunigung** tätig werden. Etwaige **Verzögerungen,** die aufseiten seines Anwalts eintreten, muss sich der Versicherungsnehmer zurechnen lassen.

178

Zwar darf der Versicherungsnehmer, der seine Klageschrift einreicht, ohne sogleich den üblichen Gerichtskostenvorschuss einzuzahlen, abwarten, bis er durch das Gericht die Aufforderung zur Einzahlung der Gerichtskosten erhält, in diesem Fall muss er jedoch unbedingt beachten, dass der Gerichtskostenvorschuss nach Erhalt der Zahlungsaufforderung vonseiten des Gerichts sofort eingezahlt wird. Lediglich unerhebliche zeitliche Verzögerungen fallen dem Versicherungsnehmer nicht zur Last und gefährden die **Zustellung** „demnächst" i.S.v. § 270 Abs. 3 ZPO nicht. Zahlt der Versicherungsnehmer etwa den Vorschuss erst nach Ablauf von **zwei Wochen** im Anschluss an den Eingang der Zahlungsaufforderung des Gerichts ein, hat der Versicherungsnehmer u.U. nicht alles ihm Zumutbare getan, sodass die Gefahr besteht, dass die Klagezustellung nicht mehr als demnächstig betrachtet wird (KG, VersR 1994, 922). Zahlt der Versicherungsnehmer innerhalb von zwei Wochen nach Erhalt der Zahlungsaufforderung die Gerichtskosten ein, wird regelmäßig noch eine demnächstige **Zustellung** erfolgen können (BGH, VersR 1992, 433).

179

c) Einhaltung der Klagefrist in weiteren Fällen

Auch eine **unschlüssige Klage,** die vor Ablauf der sechsmonatigen **Klagefrist** bei Gericht eingereicht wird, ist geeignet, die Frist des § 12 Abs. 3 VVG zu wahren, wenn sie zumindest auf gerichtliche Anforderungen nach Ablauf der Frist des § 12 Abs. 3 VVG derart ergänzt wird, dass sie als schlüssig bezeichnet werden kann (Buschbell, Straßenverkehrsrecht in der Praxis, S. 311 Rn. 86).

180

Neben der Einreichung einer **Klageschrift** und der Einreichung eines Antrages auf Erlass eines Mahnbescheides kann die Frist des § 12 Abs. 3 VVG auch durch Einreichung eines ordnungsgemäßen Prozesskostenhilfegesuchs gewahrt werden, wenn der Versicherungsnehmer bis zum letzten

181

Tag der Klagefrist das Prozesskostenhilfegesuch eingereicht hat und die Klage „demnächst" zugestellt wird. Dafür muss der Antragsteller alles Zumutbare unternehmen. Im Falle der Verweigerung der Prozesskostenhilfe muss der Versicherungsnehmer sonach innerhalb von **zwei Wochen** eine **begründete Beschwerde** einreichen oder **Klage erheben** (BGH, NJW 1987, 255).

182 Auch die Erhebung einer Teilklage wahrt die **Ausschlussfrist,** allerdings lediglich im Hinblick auf den geltend gemachten Teil (Prölss/Martin, VVG, § 12 Anm. 9c).

d) Unschädliche Versäumung der Klagefrist

183 U.U. kann die Versäumung der **Klagefrist** durch den Versicherer **unschädlich** sein. Da die Klagefrist gem. § 12 Abs. 3 VVG **dispositives Recht** bildet, kann sie zum einen vereinbarungsgemäß verlängert werden (Buschbell, Straßenverkehrsrecht in der Praxis, S. 311 Rn. 90). Zum anderen kann der Versicherer auf die Einhaltung der Sechsmonatsfrist verzichten.

aa) Verlängerung der Klagefrist

184 Vonseiten des Versicherers kann die sechsmonatige Klagefrist verlängert werden. Diese Verlängerung kann – wie stets – ausdrücklich und auch konkludent erklärt werden. Eine konkludente **Fristverlängerung** liegt insbesondere dann vor, wenn aufseiten des Versicherungsnehmers aufgrund eines Verhaltens des Versicherers der Eindruck entsteht, der Versicherer halte an der Ablehnung der Ansprüche des Versicherungsnehmers möglicherweise nicht mehr fest. Dies kann etwa der Fall sein, wenn Versicherer und Versicherungsnehmer in **Vergleichsverhandlungen** eintreten oder wenn der Versicherer – auf Anregung des Versicherungsnehmers oder von sich aus – eine **erneute Überprüfung** seiner Entscheidung in Aussicht stellt (s. dazu: Prölls/Martin, VVG, § 12 Anm. 8a). Die Frist wird im Falle ihrer Verlängerung sodann bis zum Zeitpunkt der erneuten Ablehnung verlängert, wobei hinzuzurechnen ist eine kurze Überlegungsfrist für den Versicherungsnehmer. Als Überlegungsfrist ist dem Versicherer insoweit ein Zeitraum von ein bis zwei Wochen zuzubilligen (OLG Frankfurt/M., VersR 1983, 845). Allerdings sollte der Versicherungsnehmer sich die **Fristverlängerung** – auch unter Berücksichtigung der Überlegungsfrist – vonseiten des Versicherers schriftlich bestätigen lassen.

185 Sofern der Versicherer sich – zunächst – nicht auf den Ablauf der Klagefrist gem. § 12 Abs. 3 VVG beruft und im Prozess streitig zur Sache verhandelt, verliert er nicht sein Recht, sich auf die Ausschlusswirkung des § 12 Abs. 3 VVG zu berufen. Auch in streitiger Verhandlung liegt regelmäßig kein konkludenter Verzicht auf die Rechtsfolgen der verfristeten **Klageerhebung.** Derart ist es dem Versicherer unbenommen, sich auch noch in der **zweiten Instanz** auf die verspätete Klageerhebung zu berufen (OLG Hamm, VersR 1995, 819; a. A. OLG Koblenz, VersR 1982, 260, 261).

186 **Unschädlich** kann in diesem Fall die Versäumung der Frist nur sein, wenn die – nachfolgende – Berufung des Versicherers auf den Fristablauf als Verstoß gegen **Treu und Glauben** gewertet werden kann (Berz/Burmann, 7. M., Rn. 17). Voraussetzung ist allerdings, dass der Versicherer vorprozessual den Eindruck erweckt hat, die Fristsetzung sei erledigt und der Versicherungsnehmer könne mit der **Klageerhebung** noch zuwarten (BGH, VersR 1988, 1013).

187 Sofern der Versicherer noch während des Laufs der Sechsmonatsfrist einen Regressanspruch geltend macht oder negative Feststellungsklage erhebt, braucht der Versicherungsnehmer, um die sechsmonatige **Klagefrist einzuhalten,** nicht mehr eigens Klage zu erheben; denn die vonseiten des Versicherers erhobene Klage genügt ebenfalls dem Zweck des § 12 Abs. 3 VVG, möglichst zügig im Anschluss an eine ablehnende Entscheidung des Versicherers Klarheit herbeizuführen, ob diese Entscheidung auch seitens des Versicherungsnehmers akzeptiert wird oder nicht (s. dazu Prölls/Martin, § 12 VVG, Anm. 8e; Berz/Burmann, 7. M., Rn. 19).

bb) Verzicht auf die Einhaltung der Klagefrist

Die Versäumung der sechsmonatigen **Klagefrist** kann weiterhin unschädlich sein, sofern der Versicherer auf die Einhaltung dieser Frist verzichtet hat, dem Versicherungsnehmer ist jedoch zu raten, sich insoweit lediglich auf eine eindeutige Erklärung des Versicherers, er werde auf die Einhaltung der gesetzlichen Frist verzichten, zu verlassen. **188**

Hinweis:

Die Praxis zeigt, dass, insbesondere in diesem Bereich, oftmals Erklärungen abgegeben werden, die weder dem Versicherer noch dem Versicherungsnehmer die hinreichende Klarheit geben. Allein die Tatsache etwa, dass der Versicherer sich gegenüber dem Versicherungsnehmer bereit erklärt, seine ausgesprochene Ablehnung im Hinblick auf den Leistungsanspruch des Versicherungsnehmers noch einmal zu überprüfen, genügt nicht, daraus gleichzeitig auf einen Verzicht des Versicherers im Hinblick auf die Einhaltung der Klagefrist gem. § 12 Abs. 3 VVG zu schließen (OLG München, r+s 1995, 2). In jedem Fall ist dem Versicherungsnehmer hier anzuraten, sich den Verzicht des Versicherers auf die Einhaltung der sechsmonatigen Klagefrist seitens des Versicherers ausdrücklich schriftlich bestätigen zu lassen.

III. Klageantrag

I.d.R. lässt der Versicherungsnehmer in der Praxis Feststellungsklage gegen den Versicherer im Rahmen des Deckungsprozesses erheben. Es kann jedoch nur eindringlich davor gewarnt werden, hier ohne weitere Überprüfung stets **Feststellungsklage** zu erheben. Dabei wird oftmals übersehen, dass eine Feststellungsklage nur dann erfolgreich sein kann, wenn auch das sog. Feststellungsinteresse aufseiten des Versicherungsnehmers vorliegt. **189**

In Klagen, die sich gegen Versicherer richten, ist als Begründung dafür, dass das Vorliegen eines Feststellungsinteresses auf Seiten des Klägers entbehrlich sei, gelegentlich zu lesen, der bzw. die Beklagte werde sich bereits einem Feststellungsurteil beugen. Hierbei wird – oft ungeschrieben – vorausgesetzt, dass die für Anstalten und Körperschaften des öffentlichen Rechts geltende Vermutung, man werde sich einem **Feststellungsurteil** beugen, auch in Ansehung von Versicherern gelte. Dies ist so jedoch nicht ohne Weiteres der Fall. Ohne weitere Begründung greift die vorgenannte **Vermutung** in der Tat allein im Hinblick auf Körperschaften und Anstalten des öffentlichen Rechts (OLG Düsseldorf, VersR 1995, 1301, 1302). **190**

Hinweis:

Dem Anwalt, der für einen Versicherungsnehmer Feststellungsklage erheben möchte, ist zu raten, in jedem Fall Ausführungen zum Feststellungsinteresse zu machen.

Im Rahmen der Kraftfahrzeug- bzw. Kaskoversicherung etwa kann sich das **Feststellungsinteresse** daraus ergeben, dass dem Versicherungsnehmer die Möglichkeit offen gehalten werden soll, ein Sachverständigenverfahren durchzuführen (vgl. insoweit etwa § 14 AKB). Dieses Verfahren ermöglicht im Allgemeinen eine **schnellere Feststellung zur Schadenshöhe** als die Erhebung einer Leistungsklage. **191**

Im Rahmen der Erhebung einer **Feststellungsklage** sollte die Zulässigkeit des Feststellungsantrages – sofern sachlich gerechtfertigt – zumindest auch unter Hinweis auf die spätere Durchführung des Sachverständigenverfahrens begründet werden (Berz/Burmann, 7. M., Rn. 3). **192**

IV. Bindungswirkung des Vorprozesses für den Deckungsprozess

193   Sofern der Versicherer gegenüber dem Versicherungsnehmer die Gewährung von Versicherungsschutz ablehnt, erlangt der Versicherungsnehmer sozusagen freie Hand für die Regulierung der gegen ihn erhobenen Ansprüche, d.h., er kann sie gegenüber dem Geschädigten gleichermaßen ablehnen (s. dazu: BGH, VersR 1992, 1504). Sofern der Versicherungsnehmer jedoch in einem gegen ihn vonseiten des Geschädigten angestrengten Haftpflichtprozess verurteilt wird und er später gegenüber dem Versicherer in einem weiteren Prozess **Deckungsschutz** begehrt, muss der Versicherer sich grds. das Ergebnis des Vorhergehenden (des Haftpflichtprozesses) zurechnen lassen.

194   Da im **Deckungsprozess** keine Fragen erörtert und geprüft werden, die den Haftpflichtprozess betreffen, wird im Haftpflichtprozess abschließend über den Haftungstatbestand entschieden – sog. **Trennungsprinzip** (BGH, VersR 1992, 1504; Bauer, Die Kraftfahrtversicherung, Rn. 658).

195   Damit kollidiert die **Bindungswirkung** des Haftpflichtprozesses, wonach die im Rahmen des Haftpflichtprozesses getroffenen Feststellungen und Entscheidungen nicht nochmals, und zwar vonseiten des Versicherers gegenüber dem Versicherungsnehmer, in Frage gestellt werden können, für den Deckungsprozess folglich bindend sind (BGH, VersR 1992, 1504; Bauer, Die Kraftfahrtversicherung, Rn. 658). Allerdings hindert die Bindungswirkung des Haftpflichtprozesses für den Deckungsprozess etwa versicherungsrechtliche Einwendungen, wie Verletzung einer Obliegenheit oder Ablauf der Klagefrist gem. § 12 Abs. 3 VVG, geltend zu machen.

196   Der Versicherungsnehmer muss auch die Feststellungen des **Haftpflichtprozesses** im Rahmen des **Deckungsprozesses** gegen sich gelten lassen. Das betrifft etwa eine Entscheidung im Rahmen des Haftpflichtprozesses, dass der Versicherungsnehmer vorsätzlich gehandelt hat.

197   Umgekehrt ist zu beachten, dass der Versicherer, der dem Versicherungsnehmer Deckungsschutz versagt und folglich darauf verzichtet, den Haftpflichtprozess zu führen, sich in einem anschließenden **Deckungsprozess** nicht darauf berufen kann, der **Haftpflichtprozess** sei fehlerhaft geführt worden. Das bedeutet etwa, dass der Versicherer, der z.B. gegenüber dem Versicherungsnehmer eingewandt hat, dass dieser den Schadensfall vorsätzlich herbeigeführt habe, das etwa abweichende Ergebnis eines Haftpflichtprozesses, wonach der Versicherungsnehmer lediglich fahrlässig gehandelt hat, gegen sich gelten lassen muss (BGH, VersR 1992, 1504; Berz/Burmann, 7. O., Rn. 6).

V. Schadensmanagement

198   In den letzten Jahren haben sich unter den Schlagworten Schadens- bzw. Unfallmanagement eine Vielzahl von unterschiedlichen Maßnahmen bei der Schadensabwicklung von Verkehrsunfällen entwickelt. Grds. versteht man unter dem Begriff des Schadensmanagements alle Tätigkeiten, die auf eine umfassende Regulierung von Verkehrsunfällen gerichtet sind. Der Unfallgeschädigte kann versuchen, seine Schadensersatzansprüche gegen seinen Unfallgegner bzw. dessen Haftpflichtversicherung selbst durchzusetzen oder er kann sich hierbei auch der Hilfe Dritter bedienen. Unter bestimmten Umständen kann er die Schadensregulierung auch seiner Versicherung, Reparaturbetrieben, Rechtsanwälten oder sonstigen Einrichtungen übertragen.

1. Privates Schadensmanagement

199   Zunächst einmal kann der Unfallgeschädigte natürlich versuchen, seine Schadensersatzansprüche gegen den Schädiger bzw. die gegnerische Haftpflichtversicherung selbst durchzusetzen. Diese Vorgehensweise kann vor allem bei bloßen Bagatellschäden ohne Personenschäden durchaus sinnvoll und ausreichend sein. Bei komplexeren Schadensfällen ist allerdings für den Unfallgeschädigten unentbehrlich, über bestimmte Kenntnisse der Unfallregulierung zu verfügen, wenn er seinen Schaden vollständig ersetzt bekommen will. Denn gerade die Haftpflichtversicherung des Unfallgegners wird in der Praxis oftmals den Geschädigten nicht auf bestimmte Schadenspositionen aufmerksam machen, wenn dieser es aus Unkenntnis unterlässt, sie geltend zu machen. Gleiches gilt

für die ihm zustehende Möglichkeit der Inanspruchnahme eines neutralen Gutachters oder eines Mietwagens etc. Diese Gefahr, dass der Geschädigte aufgrund fehlender oder falscher Informationen einen Verlust erleidet, ergibt sich zwangsläufig schon aus der entgegengesetzten Interessenlage der Parteien.

2. Schadensmanagement durch Dritte

Gem. § 249 BGB soll der Geschädigte durch den Schadensersatz so gestellt werden, wie vor dem Unfall. Dabei hat er nach den §§ 249 ff. BGB die Wahlmöglichkeit, ob und in welchem Umfang er sein Kfz reparieren lässt oder ob er es selbst repariert. Für Unfallgeschädigte kommt das Schadensereignis zumeist völlig unerwartet und bringt neben dem finanziellen Schaden u.U. auch eine erhebliche Einschränkung der Mobilität mit sich. Es liegt folglich im Interesse des Geschädigten, den Unfallschaden schnell und mit möglichst wenig persönlichem Aufwand zu regulieren. Aus diesem Grund bedient sich der Geschädigte bei der Schadensabwicklung oftmals der Hilfe Dritter.

200

a) Maßnahmen der Versicherer

In den vergangenen Jahren war in der Kfz-Versicherungsbranche durch steigende Aufwendungen für Schadensfälle eine abnehmende Ertragsentwicklung zu beobachten. Hinzu kommt ein stetig steigender Konkurrenzdruck unter den Kfz-Versicherungen. Aus diesen Gründen haben die Versicherungen versucht, bei der Abwicklung von Verkehrsunfällen durch die Entwicklung und den Ausbau ihrer Schadensmanagementmaßnahmen eine Kostensenkung auf diesem Versicherungssektor herbeizuführen.

201

aa) Direktregulierung

Unter der Direktregulierung versteht man die Übernahme der Schadensregulierung durch die eigene Versicherung des Geschädigten, statt wie üblicherweise durch die gegnerische Haftpflichtversicherung. Zentraler Punkt hierbei ist, dass die Haftpflichtversicherung des Geschädigten die Haftung des Schädigers und die Höhe der Ersatzansprüche prüft, an den eigenen Versicherungsnehmer Zahlungen leistet und im Anschluss daran diese geleisteten Zahlungen bei der Haftpflichtversicherung des Schädigers geltend macht. Der Geschädigte wird also aus der Schadensabwicklung weitgehend herausgehalten, während die beiden Haftpflichtversicherungen die Abwicklung vornehmen. Wenn die eigene Haftpflichtversicherung diesen Service gewährt, kann der Geschädigte sich direkt mit seinen Ansprüchen an seinen eigenen Versicherer wenden und bekommt seine Schäden ersetzt. Dies hat für ihn den Vorteil, dass er u.U. nicht erst den Unfallgegner ermitteln und versuchen muss, seine Ansprüche beim Schädiger durchzusetzen. Dies kann u.U. einen **Zeitvorteil für den Geschädigten** bei der Schadensabwicklung mit sich bringen. Obwohl keinerlei rechtliche Verpflichtung besteht, übernehmen viele Versicherungen die Schadensabwicklung für den eigenen Versicherungsnehmer als **zusätzliche Serviceleistung.** Sie versprechen sich davon neben der verbesserten Kundenbeziehung durch die Möglichkeit der schnelleren Regulierung auch eine Optimierung der internen Ablaufprozesse.

202

bb) Maßnahmen der gegnerischen Haftpflichtversicherung

Auch die gegnerischen Haftpflichtversicherungen sind in letzter Zeit zunehmend bemüht, im Rahmen einer aktiven Schadensregulierung so schnell wie möglich mit dem Geschädigten in Verbindung zu treten. Oftmals werden dem eigenen Versicherungsnehmer hierzu sog. **Servicekarten** („Unfallhelpcards", „Auto-Unfallpass") übergeben, die dieser dann im Schadensfall dem Geschädigten aushändigen soll. Aber auch sog. **Versicherungshotlines** sowie digitale Schadensübertragungsnetze dienen dem Zweck der schnellstmöglichen Kontaktaufnahme mit dem Geschädigten. Im Rahmen dieser Kontaktaufnahme werden dem Geschädigten oftmals auch Hilfs- und Unterstützungsleistungen nach dem Schadensfall angeboten. Diese Maßnahmen reichen von der Benachrichtigung von Angehörigen über die Beschaffung eines Abschleppunternehmens bis hin zur Ver-

203

mittlung von Werkstätten und Gutachtern. Diese Bündelung der Schadensabwicklung soll aus Sicht der Versicherer aufgrund der Vermeidung von unnötigen Ausgaben sowie einer Straffung der Regulierung zu einer Kostensenkung führen. Für den Geschädigten birgt diese Form des Schadensmanagements natürlich die **Gefahr von Anspruchsverlusten** in sich, da er hierbei weitgehend auf eine **neutrale Schadensbegutachtung** verzichtet, da die Abwicklung zumeist vollständig durch Partnerbetriebe der Versicherungen durchgeführt wird.

b) Maßnahmen von Reparatur- und Mietwagenunternehmen

204   Auch Reparatur- und Mietwagenunternehmen haben sich teilweise darauf spezialisiert, für ihre Kunden Teile der Schadensregulierung vorzunehmen. Auf den ersten Blick erscheint es, als wenn Reparatur- und Mietwagenunternehmen bei der Übernahme von Schadensregulierungen ausschließlich i.S.d. Geschädigten handeln. Aus dem Umstand, dass viele Betriebe aber eng mit bestimmten Versicherungen zusammenarbeiten und teilweise auch als sog. **Vertrauensbetrieb einer bestimmten Versicherung** auftreten, revidiert sich diese anfängliche Annahme wieder. Denn die Reparaturwerkstätten und Mietwagenunternehmen werden bei Abwicklung natürlich ihr **wirtschaftliches Eigeninteresse** an einer weiteren Zusammenarbeit mit den Versicherungen nicht unberücksichtigt lassen.

3. Rechtliche Problematik – Verstoß gegen das Rechtsberatungsgesetz

205   Neben der schon geschilderten u. U. drohenden Gefahr für den Geschädigten, aufgrund des Verlustes der Einflussnahme auf den Gang der Schadensabwicklung sowie mögliche Informationsdefizite auf einem Teil seines Schadens sitzen zu bleiben, begegnen der Schadensregulierung durch Dritte auch aus rechtlicher Sicht erhebliche Bedenken.

206   Bei der Geltendmachung von Schadensersatzansprüchen des Geschädigten durch Dritte taucht regelmäßig das Problem eines möglichen Verstoßes gegen das Rechtsberatungsgesetzes auf. In Art.1 § 1 Abs. 1 RBerG sind die genauen Voraussetzungen geregelt. Hiernach darf die Besorgung fremder Rechtsangelegenheiten einschließlich der Rechtsberatung und der Einziehung fremder oder zu Einziehungszwecken abgetretener Forderungen, wenn sie geschäftsmäßig betrieben wird, nur durch Personen erfolgen, denen dazu von der zuständigen Behörde die Erlaubnis erteilt ist. Nach Auffassung der Rechtsprechung liegt eine erlaubnispflichtige Besorgung fremder Rechtsangelegenheiten vor, wenn eine geschäftsmäßige Tätigkeit darauf gerichtet und geeignet ist, konkrete fremde Rechtsangelegenheiten zu verwirklichen oder konkrete fremde Rechtsverhältnisse zu gestalten (BGHZ 38, 71,75; BGH, NJW 1995, 3122).

a) Sicherungsabtretung

207   Die Übernahme der Schadensregulierung durch die eigene Versicherung, Mietwagenunternehmen etc., erfolgt regelmäßig durch eine sog. Sicherungsabtretung, d. h. die Unternehmen lassen sich die Schadensersatzansprüche des Geschädigten formell zur Sicherung abtreten. Tatsächlich erfolgt die Abtretung jedoch zumeist zu dem Zweck, dass der Dritte den Geschädigten die Verfolgung und Durchsetzung seiner Ansprüche abnimmt (**Abtretung zu Einziehungszwecken**). Die **Rechtsprechung** hat in diesem Zusammenhang **enge Grenzen für die Zulässigkeit** solcher Abtretungen aufgestellt (BGH, DAR 1994, 314). Grds. muss sich der Geschädigte selbst um die Schadensregulierung kümmern, d. h. er muss seine eigenen Rechte wahrnehmen. Überlässt er die Schadensregulierung durch die Sicherungsabtretung völlig seiner Versicherung, der Werkstatt oder dem Mietwagenunternehmen, so ist regelmäßig ein Verstoß gegen das Rechtsberatungsgesetz gegeben, da hier die Dritten keine eigenen Rechte mehr wahrnehmen, sondern vielmehr die Rechte des Geschädigten. Die Rechtsprechung lässt jedoch in gewissem Umfang eine Mitwirkung Dritter bei der Durchsetzung der Ansprüche des Geschädigten zu. Beispielsweise hat die Rechtsprechung

in der Reservierung eines Leihwagens und der Weiterleitung des Unfallschadengutachtens an die Haftpflichtversicherung durch einen Reparaturbetrieb keinen Verstoß gegen das Rechtsberatungsgesetz gesehen (BGH, DAR 2000, 354).

b) Maßnahmen der gegnerischen Haftpflichtversicherung

Auch im Zusammenhang mit dem Schadensmanagement durch die gegnerische Haftpflichtversicherung taucht das Problem eines möglichen Verstoßes gegen das Rechtsberatungsgesetz auf. **208** Die Rechtsprechung vertritt zwar die Auffassung, dass Versicherungsunternehmen nicht daran gehindert sind, im Rahmen ihrer eigenen geschäftlichen Betätigungen, zu denen auch die versicherungsrechtliche Abwicklung von Schadensfällen gehört, an die Geschädigten heranzutreten, um mit diesen gemeinsam eine möglichst rationale, den rechtlichen Verpflichtungen aller Beteiligten entsprechenden Handhabung und Abrechnung zu erreichen (BGH v. 13.10.1998, Az: VI ZR 357/97). Aus diesem Grundsatz folgt, dass die Verhinderung der Geltendmachung von dem Geschädigten rechtlich zustehenden Ansprüchen durch die Einflussnahme der Versicherung unzulässig ist. Gleiches gilt für den Fall, dass bestimmte Schadenspositionen nur auf Verlangen des Geschädigten reguliert werden, da die Versicherung bei der Abwicklung dieser Ansprüche dann die Rechte des Geschädigten und damit für sie fremde Rechte wahrnimmt.

D. Regress des Versicherers

I. Rückgriff gegen den Versicherungsnehmer

Der Versicherer kann im Bereich der Kraftfahrzeughaftpflichtversicherung einem geschädigten **209** Dritten nicht entgegenhalten, er sei etwa gegenüber dem Versicherungsnehmer von der Leistung befreit. Gem. § 3 Nr. 4 HaftpflVG, § 158c Abs. 1 VVG bleibt der Versicherer dem Geschädigten gegenüber gleichwohl **zur Leistung verpflichtet.** In der Praxis greifen diese Vorschriften etwa im Falle von **Obliegenheitsverletzungen** oder **Gefahrerhöhungen** durch den Versicherungsnehmer bzw. bei Prämienzahlungsverzug.

Im Hinblick auf den Kauf und Verkauf von Kraftfahrzeugen ist darauf hinzuweisen, dass die Haftung des Versicherers gem. §§ 3 Nr. 5 PflVG, 158c Abs. 3 VVG nicht sogleich mit dem Ende des Versicherungsvertrages endet, sondern erst vier Wochen nach dem Zeitpunkt, zu welchem die Anzeige des Kraftfahrzeughaftpflichtversicherers gem. § 29c StVZO bei der zuständigen Behörde eingegangen ist.

In denjenigen Fällen, in denen der Versicherer zwar gegenüber seinem Versicherungsnehmer von **210** der Pflicht zur Leistung frei ist, dem Geschädigten gegenüber jedoch zur Leistung verpflichtet bleibt, haftet der Versicherer nur innerhalb der **Mindestversicherungssummen,** vgl. § 3 Nr. 6 PflVG, § 158c Abs. 3 VVG. Seit dem 1.7.1981 betragen diese Mindestversicherungssummen 1 Mio. DM (511.291,88 €) für Personenschäden, 400.000 DM (204.516,75 €) für Sachschäden und 40.000 DM (20.451,68 €) für Vermögensschäden. Sofern im Schadensfall mehrere Personen verletzt oder getötet werden, erhöht sich die Mindestversicherungssumme auf 1,5 Mio. DM (766.937,82 €).

Sofern in derartigen Fällen der Geschädigte Ersatz von einem anderen Schadensversicherer, z.B. **211** der Fahrzeugvollversicherung oder der **Sozialversicherung,** erhalten kann, scheidet eine Inanspruchnahme des Kraftfahrzeughaftpflichtversicherers aus. Dies ergibt sich aus § 3 Nr. 6 PflVG, § 158c Abs. 3 VVG. Derart haftet der Kraftfahrzeughaftpflichtversicherer insoweit lediglich subsidiär. Die Kraftfahrzeughaftpflichtversicherung ist zum Verweis auf andere Schadensversicherer berechtigt. Sofern allerdings die Leistungsfreiheit des Kraftfahrzeughaftpflichtversicherers darauf beruht, dass das Kraftfahrzeug nicht den Bau- bzw. Betriebsvorschriften der StVO entsprach oder aber von einem unberechtigten Fahrer bzw. einem Fahrer ohne vorgeschriebene Fahrerlaubnis geführt wurde, entfällt das **Verweisungsprivileg** des Kraftfahrzeughaftpflichtversicherers. Dies resultiert aus § 2 Nr. 3 PflVG.

212 Sofern die **Leistungsfreiheit** des Kraftfahrzeughaftpflichtversicherers unter Berücksichtigung des § 12 Abs. 3 VVG allein durch Zeitablauf eingetreten ist, greift gegenüber dem Geschädigten weder das Verweisungsprivileg noch die Haftungsbegrenzung auf die Mindestversicherungssumme (BGH, VersR 1981, 323).

213 Der Haftpflichtversicherer, der unter den geschilderten Voraussetzungen gegenüber dem Geschädigten Leistung erbringt, kann in Höhe seiner Leistungen **Regress** bei seinem Versicherer nehmen. Dies resultiert aus § 3 Nr. 9 Pflichtversicherungsgesetz. Für **Obliegenheitsverletzungen** vor Eintritt des Versicherungsfalles besteht gem. § 5 Abs. 3 Kraftfahrzeugpflichtversicherungsverordnung nur eine **beschränkte Leistungsfreiheit** des Versicherers. Sie erstreckt sich auf einen Betrag von 10.000 DM (5.112,92 €).

214 Eine **unbegrenzte Leistungsfreiheit** besteht gegenüber einem Fahrer, der das Fahrzeug durch eine strafbare Handlung erlangt hat. Für **Obliegenheitsverletzungen** nach Eintritt des Versicherungsfalles besteht ebenfalls nur eine beschränkte Leistungsfreiheit, und zwar auf 5.000 DM (2.556,46 €) bzw. bei besonders schwerer vorsätzlicher Verletzung der Aufklärungs- und Schadensminderungsobliegenheit auf 10.000 DM (5.112,92 €). Dies resultiert aus § 6 Abs. 1, 3 KfzPflVV.

215 Der Regressanspruch des Versicherers gegenüber dem Versicherungsnehmer verjährt gem. § 3 Nr. 11 Pflichtversicherungsgesetz innerhalb von **zwei Jahren.** Die **Verjährungsfrist** beginnt zu laufen mit dem Schluss des Jahres, in dem der Versicherer die Ansprüche des Geschädigten erfüllt hat.

II. Regress gegenüber der versicherten Person

216 Gem. § 158i VVG ist der Versicherer befugt, einer mitversicherten Person die gegenüber dem Versicherungsnehmer bestehende Leistungsfreiheit dann entgegenzuhalten, wenn **die der Leistungsfreiheit zugrunde liegenden Umstände** in der Person des **Mitversicherten** liegen oder wenn diese Umstände dem Mitversicherten bekannt oder grob fahrlässig nicht bekannt waren. Soweit § 158i VVG darauf abstellt, dass die versicherte Person zur selbstständigen Geltendmachung ihrer Rechte aus dem Versicherungsvertrag befugt sein muss, ist darauf hinzuweisen, dass dies in der Kraftfahrzeughaftpflichtversicherung i.d.R. der Fall ist – vgl. § 10 Abs. 4 AKB.

217 Der **Umfang der Leistungspflicht** ergibt sich aus § 158c Abs. 3 VVG. Der Versicherer haftet lediglich im Rahmen der **Mindestversicherungssummen,** wobei § 158c Abs. 4 VVG – wie sich aus § 158i Satz 3 VVG ergibt – keine Anwendung findet. Folglich ist der Versicherer im Hinblick auf die versicherte Person nicht berechtigt, sich auf sein **Verweisungsprivileg** zu berufen. Er ist stattdessen gehalten, die auf einen anderen Schadens- oder Sozialversicherer übergegangenen Schadensersatzansprüche des Geschädigten zu befriedigen, obgleich er eigentlich leistungsbefreit ist.

III. Rückgriff gem. § 67 Abs. 1 VVG

218 Sofern dem Versicherungsnehmer gegenüber einem Dritten ein Schadensersatzanspruch zusteht, geht dieser Anspruch auf den Versicherer über, wenn und soweit er dem Versicherungsnehmer den diesem entstandenen Schaden ersetzt hat. Dies ergibt sich aus § 67 Abs. 1 VVG. Durch die vorbezeichnete Regelung ist für den Bereich der Schadenversicherung zugunsten des Versicherers ein **Rechtsübergang** geregelt für die Ansprüche, die dem Versicherungsnehmer auf Ersatz des Schadens gegen einen Dritten zustehen. Die **cessio legis** gem. § 67 Abs. 1 VVG umfasst aus dem Bereich der Kraftfahrzeugversicherung nur noch die Haftpflichtversicherung und die Kraftfahrzeug- bzw. Kaskoversicherung. Erfasst wird nicht die Unfallversicherung; diese ist nicht Schadenversicherung (vgl. BGH, VersR 1980, 1072).

Der **Forderungsübergang** gem. § 67 Abs. 1 VVG kommt jedoch nicht in Betracht, wenn der Versicherungsnehmer oder eine mitversicherte Person einen Schadensersatzanspruch gegen einen anderen Versicherungsnehmer oder Mitversicherten hat. Dies beruht darauf, dass der Versicherer i.d.R. im Rahmen der Haftpflichtversicherung für den auf ihn übergehenden Anspruch des Versicherungsnehmers gegen den Mitversicherten oder gegen den anderen Versicherungsnehmer eintreten müsste. Ebenso wenig kann der **Rückgriffsanspruch** geltend gemacht werden, wenn der Haftpflichtversicherer gegenüber dem Schuldner des **Regressanspruchs** wiederum selbst einzutreten hätte (Buschbell, Straßenverkehrsrecht in der Praxis, S. 314 Rn. 96).

219

In der Kraftfahrzeug- und Kaskoversicherung erfolgt der Forderungsübergang gem. § 67 Abs. 1 VVG etwa, wenn der **vom Versicherungsnehmer personenverschiedene Fahrer** mit einem vollkaskoversicherten PKW **schuldhaft** einen Verkehrsunfall verursacht. In einem solchen Fall stehen dem Versicherungsnehmer gegenüber dem Fahrer im Hinblick auf die Schäden an dem PKW Schadensersatzansprüche gem. § 823 Abs. 1 BGB zu. Sofern in einer derartigen Konstellation der Versicherungsnehmer vonseiten des Versicherers im Rahmen der Vollkaskoversicherung Ersatz der Fahrzeugschäden begehrt, ist der Versicherer berechtigt, Regress zu nehmen.

220

Gem. § 67 Abs. 2 VVG ist jedoch der Forderungsübergang gem. § 67 Abs. 1 VVG **ausgeschlossen,** wenn Schuldner des in Betracht kommenden **Regressanspruches** ein **Familienangehöriger** des Versicherungsnehmers ist, der mit diesem in häuslicher Gemeinschaft lebt, wenn dieser den Schaden nicht vorsätzlich verursacht hat. Dadurch erfährt der gesetzliche Forderungsübergang des § 67 Abs. 1 VVG eine nicht unwesentliche Einschränkung.

221

Zu den **Familienangehörigen i.S.d.** § 67 Abs. 2 VVG zählen alle Personen, die miteinander verwandt, verschwägert oder verheiratet sind. Der **Grad der Schwägerschaft bzw. Verwandtschaft** ist unerheblich. **Familienangehöriger** kann sogar ein Pflegekind sein. Keine Familienangehörigen sind jedoch Verlobte bzw. Partner **nichtehelicher Lebensgemeinschaften** (BGH, VersR 1972, 764; NJW 1988, 1091). Auf **Verlobte** und Partner **nichtehelicher Lebensgemeinschaften** ist die Vorschrift des § 67 Abs. 2 VVG auch **nicht entsprechend anzuwenden** (OLG Köln, NZV 1991, 305; a. A. LG Saarbrücken, VersR 1995, 158).

222

Sofern zum Zeitpunkt des Versicherungsfalles eine Ehe noch nicht bestand, zum Zeitpunkt der Anspruchsrealisierung bzw. der letzten mündlichen Verhandlung im Rechtsstreit über den Anspruch eine **Ehe** aber bereits geschlossen worden war, greift die Vorschrift des § 67 Abs. 2 VVG (vgl. OLG Köln, NVZ 1991, 395). Die Vorschrift des § 67 Abs. 2 VVG verhindert indes nicht, dass der Versicherer **Regressansprüche** wegen eines Verstoßes gegen die Führerscheinklausel gegen ein Familienmitglied des Versicherungsnehmers geltend macht. Eine analoge Anwendung des § 67 Abs. 2 VVG erfolgt hier nicht (s. dazu: Berz/Burmann, 7. K., Rn. 23).

223

IV. Rückgriff wegen rechtsgrundlos erbrachter Leistungen

Sofern der Versicherer **rechtsgrundlos Leistungen** erbracht hat, ist er berechtigt, diese nach den allgemeinen zivilrechtlichen Regeln zurückzufordern. Problematisch sind in der Praxis oft Konstellationen, in denen dem Versicherer nachträglich bekannt wird, dass der Versicherungsnehmer bereits in der Schadensanzeige objektiv unrichtige Angaben gemacht hat. In derartigen Konstellationen muss der Versicherer beweisen, dass der Versicherungsnehmer seine **Obliegenheitsverletzung** mindestens grob fahrlässig verursacht hat (BGH, NJW 1995, 662; Berz/Burmann, 7. K., Rn. 25).

224

Abschnitt 2: Rechtsprechungslexikon

ABC des Versicherungsrechts

225 Nachfolgend sind in alphabetischer Reihenfolge Stichwörter sowie Kernaussagen einschlägiger Entscheidungen zu speziellen Einzelproblemen dargestellt. Die hinter dem jeweiligen Stichwort abgedruckten Zahlen verweisen auf die Randnummern zu den betreffenden Ausführungen im systematischen Teil.

Ein Anscheinsbeweis dafür, dass ein Unfall in wildreichen Gegenden, der auf einem Zusammenstoß mit Haarwild beruhen kann, in der Tat auf einem solchen Zusammenstoß beruht, wird verneint.
OLG Hamm, VersR 1982, 686

Die Auslegung Allgemeiner Versicherungsbedingungen erfolgt unter Berücksichtigung des Verständnisses eines durchschnittlichen Versicherungsnehmers bei verständiger Würdigung und aufmerksamer Durchsicht der Versicherungsbedingungen, ohne dass bei dem Versicherungsnehmer versicherungsrechtliche Spezialkenntnisse vorausgesetzt werden dürfen.
BGH, NJW 1983, 2776; NZV 1996, 65

Es ist nicht nötig, dass der beauftragte Dritte regelmäßig damit betraut ist, Angelegenheiten vergleichbarer Art für den Versicherungsnehmer zu regeln.
BGH, NJW 1993, 2112

Erforderlich ist, dass der Dritte Erklärungen an den Versicherer abgegeben hat, so dass eine Haftung des Versicherungsnehmers für Erklärungen des Dritten ausscheidet, die dieser etwa nur vorbereitet bzw. formuliert, nicht aber selbst abgegeben hat.
BGH, NZV 1995, 147

Begrenzte Leistungsfreiheit   127

Belehrung   5 ,64, 138, 175

Sofern der Versicherungsschein von dem Antrag des Versicherungsnehmers für den Versicherungsnehmer günstig abweicht, ist eine Belehrung gem. § 5 Abs. 2 VVG nicht erforderlich.
OLG Hamm, VersR 1993, 169

Beschränkte Leistungsfreiheit   213

Beschwerde   181

Betriebsschäden   43

Beweislast   35, 62, 71, 100, 140, 163

Beweispflicht   48, 120

Bindungswirkung   193

Die im Rahmen des Haftpflichtprozesses getroffenen Feststellungen können nicht nochmals, und zwar von Seiten des Versicherers gegenüber dem Versicherungsnehmer, in Frage gestellt werden.
BGH, VersR 1992, 1504

Blutalkoholgehalt   162

Brand   32

Cessio legis   218

Deckungsklage   164

Deckungsprozess   194

Demnächstige Zustellung   179

Zahlt der Versicherungsnehmer innerhalb von zwei Wochen nach Erhalt der Zahlungsaufforderung die Gerichtskosten ein, wird regelmäßig noch eine demnächstige Zustellung erfolgen können.
BGH, VersR 1992, 433

Diebstahl   34

Direktregulierung   202

Drucktechnische Hervorhebung   138

Eigentümer   123

Einwirkungsmöglichkeiten   160

Der Repräsentant des Versicherungsnehmers muss befugt und in der Lage sein, selbstständig in einem gewissen und nicht ganz unbedeutenden Umfang für den Versicherungsnehmer tätig zu werden.
BGH, NJW 1993, 1862

Entwendung   34

Erstprämie   51

Explosion   32

Fahrerlaubnis   113

Fahrerlaubnisklausel   122

Der Versicherungsnehmer hat sich regelmäßig die Fahrerlaubnis zeigen zu lassen, bevor er sein Fahrzeug einem Dritten überlässt.
BGH, VersR 1988, 1017

Fahrlässigkeit   38; 121; 137

Fahruntüchtigkeit   162

Fahrzeuggebrauch   22

Der Schaden muss durch den Gebrauch eines Fahrzeugs entstanden sein, so dass ein lediglich örtlicher und zeitlicher Zusammenhang des schädigenden Ereignisses mit dem Fahrzeuggebrauch nicht ausreichend ist; erforderlich ist vielmehr ein innerer Zusammenhang zwischen Schadensereignis und Fahrzeuggebrauch.
BGH, VersR 1984, 854

Fahrzeugrennen   109

Fahrzeugteilversicherung   31

Familienangehörige   221

Fahrzeugvollversicherung   31; 212

Fehleinschätzung   38

Fehlverhalten des Versicherungsnehmers   153

Feststellungsinteresse   189

Feststellungsklage   189

Feststellungsurteil   190

Feuer   33

Forderungsübergang   218

Fotokopie   132

Fristverlängerung   184

Führerscheinklausel   112

Gefahrensteigerung   119

Gefahrerhöhende Eigenschaft   88

Gefahrerhöhung   84

Damit eine Gefahrerhöhung vorliegt, muss sich die objektiv vorhandene Gefahrenlage erheblich ändern.
BGHZ 7, 311

Eine Gefahrerhöhung liegt im Falle fortgesetzter Missachtung der Ruhezeitvorschriften.
BGH, VersR 1995, 848

Auch im Falle wiederholten Fahrens unter Alkoholeinfluss liegt eine Gefahrerhöhung.
OLG Frankfurt/M., VersR 1960, 262

Im Falle des häufigen Fahrens ohne erforderliche Sehhilfe liegt eine Gefahrerhöhung.
BGH, VersR 1990, 1911

In der Benutzung eines Kraftfahrzeuges mit mangelhaften Bremsen liegt eine Gefahrerhöhung.
OLG Düsseldorf, VersR 1989, 311

Im Fahren eines Fahrzeugs mit abgefahrenen Reifen liegt eine Gefahrerhöhung.
BGH, NJW 1978, 1919

In der Inbetriebnahme eines verkehrsunsicheren Fahrzeuges liegt eine Gefahrerhöhung.
BGH, VersR 1990, 80

Der Kraftfahrzeughaftpflichtversicherer haftet sowohl bei fahrlässiger als auch bei grob fahrlässiger Herbeiführung des Versicherungsfalles.
BGHZ 7, 311

Grob fahrlässig ist der Versicherungsfall i.d.R. herbeigeführt bei Rotlichtverstößen.
BGH, NZV 1992, 402; OLG Celle, NZV 1995, 363

Grob fahrlässig ist der Versicherungsfall weiterhin regelmäßig herbeigeführt bei Unfällen, die durch Ermüdung verursacht worden sind, sofern der Fahrer sich über von ihm erkannte deutliche Vorzeichen der Ermüdung bewusst hinweggesetzt hat.
BGH, VersR 1977, 619; OLG Nürnberg, zfs 1987, 277

Grob fahrlässig ist der Versicherungsfall i.d.R. herbeigeführt bei Unfällen, die im Zustand absoluter Fahruntüchtigkeit verursacht worden sind.
BGH, NJW 1992, 119

Grob fahrlässig ist der Versicherungsfall regelmäßig herbeigeführt durch Unfälle, die im Zustande relativer Fahruntüchtigkeit verursacht worden sind, wenn mit der Alkoholisierung grobe Fahrfehler bzw. Ausfallerscheinungen vorliegen.
BGH, NJW 1982, 2612; KG, NZV 1996, 200

Klauseln, die das Hauptleistungsversprechen einschränken, verändern, ausgestalten oder modifizieren, sind inhaltlich zu überprüfen.
BGHZ 100, 157

Sofern der Versicherer gegenüber dem Versicherungsnehmer bereits die Leistung abgelehnt hat, besteht für den Versicherungsnehmer keine Pflicht mehr zur Erfüllung von Obliegenheiten.
BGH, VersR 1989, 842

Da im Deckungsprozess keine Fragen erörtert werden, die den Haftpflichtprozess betreffen, wird im Haftpflichtprozess abschließend über den Haftungstatbestand entschieden.
BGH, VersR 1992, 1504

Auch derjenige ist unberechtiger Fahrer, der einen Geschäftswagen privat nutzt, obwohl ihm nur die dienstliche Nutzung des Kraftfahrzeuges durch den Arbeitgeber gestattet wurde.
BGH, VersR 1993, 1092

Verschulden 121

Verschuldensvermutung 133

Versicherungsaussichtsgesetz 7

Versicherungsbestätigung 49

Versicherungsfall 152

Versicherungsmakler 158

Der Gerichtsstand des § 48 VVG gilt nicht für Versicherungsmakler; denn dieser ist zuvörderst Interessenvertreter des Versicherungsnehmers, nicht aber des Versicherers.
BGH, VersR 1987, 663

Versicherungsscheineinlösung 45

Versicherungssumme 127

Verspätete Zahlung 60

Verstoß gegen Treu und Glauben 176

Vertragszweck 17

Vertretung 129

Verweisungsprivileg 211

Verwendungsklausel 79

Verzicht auf Fristeinhaltung 188

Verzicht auf Klagefristeinhaltung 188

Die Tatsache, dass der Versicherer sich gegenüber dem Versicherungsnehmer bereit erklärt, eine ausgesprochene Leistungsablehnung noch einmal zu überprüfen, genügt nicht, daraus auf einen Verzicht des Versicherers auf die Einhaltung der Klagefrist gem. § 12 Abs. 3 VVG zu schließen.
OLG München, r+s 1995, 2

Vollkaskoversicherung 31

Vollmachtsurkunde 132

Vorgetäuschter Unfall 42

Vorläufige Deckung 45, 68

Vorläufige Deckungszusage 9

Vorsatz 29

Vorsatz bedeutet das Wissen und Wollen des rechtswidrigen Erfolges, wobei auch bedingter Vorsatz ausreicht.
BGH, VersR 1958, 361; BGHZ 7, 311

Vortäuschen eines Versicherungsfalles 35

Widerspruchsfrist 8

Widerspruchsrecht 4

Wild 36

Wissenserklärungsvertreter 148

Wissensvertreter 82

Zahlungsfrist 57

Dem Versicherer ist es unbenommen, sich auch noch in der zweiten Instanz auf die verspätete Klageerhebung zu berufen.
OLG Hamm, VersR 1995, 819; a.A. OLG Koblenz, VersR 1982, 260

Teil 4: Schadensrecht

Inhaltsverzeichnis

Kuckuk/Notthoff

Kuckuk/Notthoff

Literatur:

Zu den Anspruchsgrundlagen:

Bergmann, Schuldanerkenntnis und Schuldbekenntnis bei Verkehrsunfällen, MDR 1974, 989; *Böhmer,* Der Vertrauensgrundsatz im Straßenverkehr in der neueren Rechtsprechung, MDR 1964, 100; *ders.,* Geschäfts- und Verschuldensfähigkeit bei Haftung aus „culpa in contrahendo", Gefährdung und Aufopferung, NJW 1964, 1987; *Darkow,* Anm. zu LG Hannover, Urt. v. 9. 11. 1977, 11 S 238/77, NJW 1978, 2202; *Deutsch,* Die Fahrlässigkeit als Außerachtlassung der äußeren und inneren Sorgfalt, JZ 1988, 993; *Frank,* Die Selbstaufopferung des Kraftfahrers im Straßenverkehr, JZ 1982, 742; *Füchsel,* Zum Anerkennungsverbot bei Verkehrsunfällen, NJW 1967, 1216; *Gebhardt,* Anmerkung zum Urteil des BGH v. 17.3.1992, IV ZR 62/92, DAR 1992, 295; *Goerke,* Beweisanzeichen für eine Unfallmanipulation, Zugleich Besprechung des Urteils des OLG Koblenz v. 13.3.1989 – 13 U 434/88 –, VersR 1990, 707; *Greger,* Zivilrechtliche Haftung im Straßenverkehr, 3. Aufl. 1997; *Hagen,* Fremdnützige Selbstgefährdung im Straßenverkehr, NJW 1966, 1893; *Hoffmann,* Minderjährigkeit und Halterhaftung, NJW 1964, 228; *ders.,* Die Fragwürdigkeit der Haftung für diligentia quam in suis, NJW 1967, 1207; *Horn,* Der Ersatzpflichtige im zivilrechtlichen Notstand, JZ 1960, 350; *Klimke,* Unterliegt das abgeschleppte Fahrzeug der Betriebsgefahr im Rahmen der vom Verschulden losgelösten Gefährdungshaftung?, VersR 1982, 523; *Knoche,* Der Anscheinsbeweis bei der Manipulation eines Verkehrsunfalls, MDR 1992, 919; *Knöpfle,* Zur Problematik der Beurteilung einer Norm als Schutzgesetz im Sinne des § 823 Abs. 2 BGB, NJW 1967, 697; *Kraffert,* Der Ersatzpflichtige im Falle des § 904 BGB, AcP 165, 453; *Künnell,* Die Rechtsnatur des Schuldanerkenntnisses und seine Wirkungen, VersR 1984, 706; *Macke,* Aktuelle Tendenzen bei der Regulierung von Unfallschäden, DAR 2000, 517; *Mädrich,* Haftungs- und versicherungsrechtliche Probleme bei Kfz-Fahrgemeinschaften, NJW 1982, 859; *Schneider,* Problemfälle aus der Prozeßpraxis – Beweislast im Verkehrsunfallprozeß, MDR 1984, 907; *Schneider/Schneider,* Problemfälle aus der Prozeßpraxis – Gestellte Unfälle, MDR 1986, 991; *Schopp,* Betriebsgefahr (§ 7 StVG) im ruhenden Verkehr, MDR 1990, 884; *Tschernischek,* Schutzzwecklehre und Betriebsbegriff beim Entladen von Kraftfahrzeugen, NJW 1980, 205; *Weimar,* Ehegatten als Tier- und Kraftfahrzeughalter, MDR 1963, 366; *ders.,* Muß sich der Sicherungseigentümer die von dem zur Sicherheit übereigneten Kraftfahrzeug ausgehende Gefahr anrechnen lassen, JR 1966, 174.

Zum Sachschaden:

Bär, Anspruch auf Nutzungsausfall und Schadensminderungspflicht des Geschädigten, DAR 2001, 27; *Baldus,* Die Besprechungsgebühr in der Unfallschadenregulierung, zfs 1989, 397; *Becker/Böhme,* Kraftverkehrs-Haftpflicht-Schäden, 20. Aufl., Heidelberg 1997; *Berz/Burmann,* Handbuch des Straßenverkehrsrechts, München 1997; *Born,* Schadensersatz beim Ausfall gewerblich genutzter Kraftfahrzeuge, NZV 1993, 1; *Bültmann,* Pflicht zur Schadensgeringhaltung bei Anmietung eines Mietwagens zum Unfallersatztarif, zfs 1997, 161; *Buschbell,* Straßenverkehrsrecht in der Praxis, München 1997; *Danner/Echtler,* Rechnerisches Verfahren zur Ermittlung der Reservehaltungskosten-Vorhaltekosten für Fahrzeuge im Güterkraft- und Personenverkehr, VersR 1984, 820; *dies.,* Grundzüge für die Berechnung von Vorhaltekosten, VersR 1986, 717; *Eggert,* Entschädigungsobergrenzen bei der Abrechnung „fiktiver" Reparaturkosten-ein Dreistufenmodell, DAR 2001, 20; *Etzel/Wagner,* Tendenzen zum Ersatz von Mietwagenkosten bei Straßenverkehrsunfällen, DAR 1995, 17; *dies.,* Anspruch auf Mietwagenkosten bei Straßenverkehrsunfällen, VersR 1993, 1192; *Fleischmann/Hillmann/Lachner,* Das verkehrsrechtliche Mandat, Band II: Verkehrszivilrecht, 1997; *Frank,* Zum merkantilen Minderwert bei Motorrädern und Sonderfahrzeugen, MDR 1985, 720; *Geigel/Rixecker,* Der Haftpflichtprozeß, 23. Aufl., 2000; *Giesen,* Kraftfahrzeug-Totalschaden und Haftpflichtrecht, NJW 1979, 2065; *Greger,* Rechtliche Grundlagen des Mietwagenkostensatzes, NZV 1994, 337; *Hanel,* Preisangaben und Kostenvoranschlag bei Kraftfahrzeugreparaturen, DAR 1995, 217; *Hildenbrandt,* Rechtsanwaltskosten als Schadensersatz?, NJW 1995, 1944; *Hohloch,* Schadensersatzprobleme bei Unfällen mit Leasingfahrzeugen, NZV 1992, 1; *Hoppmann,* Gebührenhinweis – Aktuelle Entscheidungen in aller Kürze, DAR 1994, 419; *Körber,* Grundsätzliche Fragen und aktuelle Entwicklung des Anspruchs auf Ersatz der Unfallwagenkosten, NZV 2000, 68; *Mandert,* Anwaltsgebühren für die Regulierung von Verkehrsunfällen, zfs 1990, 289; *Meinig,* Erstellung eines Modells zur Berechnung des Eigenersparnisanteils im Unfallersatzwagengeschäft, DAR 1993, 281; *Melzer,* Überblick zur Problematik der Mietwagenkosten und Empfehlung für deren Geltendmachung, DAR 1994, 42; *Möller/Durst,* Probleme des Mietwagenkostensatzes im Haftpflichtschadensfall, VersR 1993, 1070; *Müller,* Die Risikoverteilung im Falle des Totalschadens des geleasten Kraftfahrzeugs, zfs 2000, 325; *Nixdorf,* Kostenerstattung für außergerichtliche Rechtsverfolgungskosten im Zusammenhang mit Verkehrshaftpflichtschäden, VersR 1995, 257; *Notthoff,* Der Ersatz von Mietwagenkosten im Rahmen der Regulierung von Verkehrsunfallschäden an Kfz, VersR 1994, 909; *ders.,* Die Entwicklung des Mietwagenkostenersatzrechts im Jahr 1994, VersR 1995, 1015; *ders.,* Die Entwicklung des Mietwagenkostenersatzrechts im Jahr 1995, VersR 1996, 1200; *ders.,* Ersatzfähigkeit der Kosten eines Kostenvoranschlags im Falle der Abrechnung eines Verkehrsunfallschadens nach fiktiver Reparatur, DAR 1994, 417; *ders.,* Die Erstattung von Rechtsanwaltsgebühren im Rahmen der außergerichtlichen Regulierung von Verkehrsunfallschäden unter besonderer Berücksichtigung solcher Fälle, in denen Unternehmen die anwaltlichen Auftraggeber sind, DAR 1995, 343; *ders.*, Nebenkosten im Rahmen der Unfallschadensregulierung, VersR 1995, 1399; *ders.*, Kostenpflichtigkeit von Kostenvoranschlägen, zfs 1994, 394; *ders.*, Erforderlichkeit von Mietwagenkosten, zfs 1996, 121; *Rasche*, Bemerkungen zum merkantilen Minderwert, zfs 1995, 203; *Reinhardt*, Die Umkehr der Beweislast aus verfassungsrechtlicher Sicht, NJW 1994, 93; *Reinking*, Schadensabwicklung von Unfällen mit Beteiligung von Leasingfahrzeugen, *ZfS 2000, 281*; *Riedemaier*, Der Kfz-Schaden im Lichte der neueren Rechtsprechung, VersR 1986, 782; *Sanden/Völtz*, Sachschadensrecht des Kraftverkehrs, 7. Aufl., München 2000; *Splitter*, Der merkantile Minderwert, DAR 2000, 49; *Steffen*, Der normative Verkehrsunfallschaden, NJW 1995, 2057; *Trost*, Die Sachverständigenkosten bei der Schadensregulierung von Verkehrsunfällen unter Berücksichtigung der Rechtsprechung, VersR 1997, 537; *van Bühren*, Beratungspflichten bei der Unfallregulierung, Aachen 1997; *Wenker*, Die Rechtsprechung zur Nutzungsausfallentschädigung, VersR 2000, 1082.

Zu den Personenschäden:

Grunsky, Der Ersatz fiktiver Kosten bei der Unfallschadensregulierung, NJW 1983, 2465; *Hohloch*, Anmerkung zu BGH, JR 1986, 365; *Jahnke*, Entgeltfortzahlung und Regreß des Arbeitgebers im Schadenfall seines Arbeitnehmers, NZV 1996, 178; *Küppersbusch*, Ersatzansprüche bei Personenschäden, 7. Aufl. 2000 (Voraufl. zit.: Wussow/Küppersbusch); *Medicus*, Schadensersatz bei Verletzung vor Eintritt in das Erwerbsleben, DAR 1994, 442; *Scheffen*, Erwerbsausfallschaden bei verletzten und getöteten Personen (§§ 842 bis 844 BGB), VersR 1990, 928; *Schleich*, Zur schadensersatzrechtlichen Erstattung von Besuchs- und Nebenkosten bei stationärer Heilbehandlung, DAR 1988, 145; *Schlund*, Anmerkung zu BGH, JR 1989, 236; *Schmalzl*, Die häusliche Verpflegungsersparnis während des Krankenhausaufenthalts des Unfallgeschädigten und ihr Einfluß auf seinen Schadensersatzanspruch, VersR 1995, 516; *Seidel*, Der Ersatz von Besuchskosten im Schadensrecht, VersR 1991, 1322; *Steffen*, Abkehr von der konkreten Berechnung des Personenschadens und kein Ende?, DAR 1984, 1; *Zeuner*, Anmerkung zu BGH, JZ 1986, 640; *Hildenbrandt*, Rechtsanwaltskosten als Schadensersatz?, NJW 1995, 1944; *Hohloch*, Schadensersatzprobleme bei Unfällen mit Leasingfahrzeugen, NZV 1992, 1; *Hoppmann*, Gebührenhinweis – Aktuelle Entscheidungen in aller Kürze, DAR 1994, 419; *Mandert*, Anwaltsgebühren für die Regulierung von Verkehrsunfällen, zfs 1990, 289; *Meinig*, Erstellung eines Modells zur Berechnung des Eigenersparnisanteils im Unfallersatzwagengeschäft, DAR 1993, 281; *Melzer*, Überblick zur Problematik der Mietwagenkosten und Empfehlung für deren Geltendmachung, DAR 1994, 42; *Möller/Durst*, Probleme des Mietwagenkostenersatzes im Haftpflichtschadensfall, VersR 1993, 1070; *Nixdorf*, Kostenerstattung für außergerichtliche Rechtsverfolgungskosten im Zusammenhang mit Verkehrshaftpflichtschäden, VersR 1995, 257; *Notthoff*, Der Ersatz von Mietwagenkosten im Rahmen der Regulierung von Verkehrsunfallschäden an Kfz, VersR 1994, 909; *ders.*, Die Entwicklung des Mietwagenkostenersatzrechts im Jahr 1994, VersR 1995, 1015; *ders.*, Die Entwicklung des Mietwagenkostenersatzrechts im Jahr 1995, VersR 1996, 1200; *ders.*, Ersatzfähigkeit der Kosten eines Kostenvoranschlags im Falle der Abrechnung eines Verkehrsunfallschadens nach fiktiver Reparatur, DAR 1994, 417; *ders.*, Die Erstattung von Rechtsanwaltsgebühren im Rahmen der außergerichtlichen Regulierung von Verkehrsunfallschäden unter besonderer Berücksichtigung solcher Fälle, in denen Unternehmen die anwaltlichen Auftraggeber sind, DAR 1995, 343; *ders.*, Nebenkosten im Rahmen der Unfallschadensregulierung, VersR 1995, 1399; *ders.*, Kostenpflichtigkeit von Kostenvoranschlägen, zfs 1994, 394; *ders.*, Erforderlichkeit von Mietwagenkosten, zfs 1996, 121; *Rasche*, Bemerkungen zum merkantilen Minderwert, zfs 1995, 203; *Reinhardt*, Die Umkehr der Beweislast aus verfassungsrechtlicher Sicht, NJW 1994, 93; *Riedemaier*, Der Kfz-Schaden im Lichte der neueren Rechtsprechung, VersR 1986, 782; *Sanden/Völtz*, Sachschadensrecht des Kraftverkehrs, 7. Aufl., München 2000; *Splitter*, Der merkantile Minderwert, DAR 2000, 49; *Steffen*, Der normative Verkehrsunfallschaden, NJW 1995, 2057; *Trost*, Die Sachverständigenkosten bei der Schadensregulierung von Verkehrsunfällen unter Berücksichtigung der Rechtsprechung, VersR 1997, 537; *van Bühren*, Beratungspflichten bei der Unfallregulierung, Aachen/Bonn/Köln 1997.

Abschnitt 1: Systematische Erläuterungen

A. Anspruchsgrundlagen

Jeder Anspruch auf Ersatz eines Schadens im Straßenverkehr setzt voraus, dass die Rechtsordnung eine **Norm** enthält, auf die der jeweilige Anspruch gestützt werden kann, und dass die Voraussetzungen der jeweiligen Norm, also deren **Tatbestandsmerkmale,** im Einzelfall erfüllt sind. Dabei ist der allgemeine Grundsatz zu beachten, dass die **Beweislast** für das Vorliegen der jeweiligen Tatbestandsmerkmale i.d.R. denjenigen trifft, der Ersatzansprüche geltend macht. Die im Bereich der schadensrechtlichen Abwicklung von Verkehrsunfällen in Betracht kommenden Normen unterscheiden sich voneinander nicht nur hinsichtlich ihrer Tatbestandsmerkmale – und damit konsequenterweise im Umfang dessen, was der Geschädigte im Streitfall zu beweisen hat –, sondern

1

auch nach Art und Umfang der ersatzfähigen Schäden. Es ist deshalb empfehlenswert, sich von vornherein Klarheit darüber zu verschaffen, welche Art von Schäden jeweils im Einzelfall in Betracht kommen können, und danach zu bestimmen, auf welche Norm der Anspruch zweckmäßigerweise zu stützen ist. Gleichwohl hat am Beginn der Gesamtdarstellung der Aufbau der anspruchsbegründenden gesetzlichen Regelungen zu stehen.

I. Haftung des Kraftfahrzeughalters und des Anhängerhalters aus § 7 Abs. 1 StVG

1. Grundgedanke

2 Die im StVG geregelte Haftung für Schäden, die durch ein Kraftfahrzeug verursacht werden, dient nicht dem Ausgleich von Verhaltensunrecht, sondern knüpft an die **Betriebsgefahr** des Kraftfahrzeuges an, d.h. Ausgangspunkt für die Regelung der Haftung ist die besondere Gefahr, die der bloße Betrieb eines Kraftfahrzeuges für andere Personen oder Sachen mit sich bringt. Diese **Gefährdungshaftung** beruht auf dem Gedanken, dass derjenige, der durch den Betrieb seines Fahrzeuges eine besondere Gefahrenquelle schafft, für die daraus notwendig hervorgehenden, auch bei aller Sorgfalt unvermeidbaren Schäden einzustehen hat. Dies entspricht der gefestigten obergerichtlichen Rspr. (BGH, VersR 1974, 356; BGH, NJW 1988, 2802; BGHZ 105, 65 = NZV 1989, 18; BGHZ 115, 84 = NZV 1991, 387; OLG Nürnberg, VersR 1978, 1174 f.; OLG Hamm, NZV 1990, 231). Dabei ist es gleichgültig, in welcher Weise die Gefahr einen Schaden auslöst (KG, DAR 1976, 268).

2. Begriff des Kraftfahrzeugs

3 Kraftfahrzeug i.S.d. § 7 StVG ist jedes die gesetzliche Definition des § 1 Abs. 2 StVG erfüllende Gerät: Es muss sich um ein **Landfahrzeug** handeln, welches durch Maschinenkraft bewegt wird und in seiner Fortbewegungsmöglichkeit nicht an Bahngleise gebunden ist. Daher unterliegen kombinierte Land- und Wasserfahrzeuge der Gefährdungshaftung aus § 7 StVG, wenn und soweit sie sich auf dem Lande bewegen.

4 **Wie** die Fortbewegung auf dem Lande geschieht, ob auf Rädern, gleich auf wie vielen, auf Raupen, Walzen oder Kufen, ist unerheblich. Kraftfahrzeuge sind daher nicht nur Personen- und Lastkraftwagen, Motorräder oder Autobusse (OLG Karlsruhe, VRS 10, 81), sondern auch Raupenfahrzeuge und Traktoren, Bagger (OLG Düsseldorf, DAR 1983, 232), Kräne, Panzer (OLG Frankfurt/M., VersR 1988, 1026 = NJW-RR 1987, 729 = DAR 1988, 1026) wie auch Straßenwalzen und Motorschlitten. Auch Kleinkrafträder, Fahrräder mit Hilfsmotor (BGH, NJW 1971, 1983 = DAR 1971, 298) und Go-Karts (LG Karlsruhe, VersR 1976, 252) sind Kraftfahrzeuge i.S.d. Haftungsrechtes.

Unerheblich ist auch der **Bestimmungszweck** des Fahrzeugs. Es ist also gleichgültig, ob es zur Beförderung von Personen oder Lasten dient, ob es zum Ziehen, Schieben, Tragen oder Heben bestimmt ist.

5 Kraftfahrzeuge sind nur solche Landfahrzeuge, die sich durch eine im Fahrzeug selbst angebrachte maschinelle Einrichtung **selbsttätig** fortbewegen können. Die Antriebsart ist unerheblich. Es ist also gleich, ob ein Otto-, Diesel-, Wankel- oder Elektromotor, eine Dampfmaschine, Düse oder Turbine die Antriebskraft erzeugt. Ob die Energie, die in Bewegung umgesetzt wird, im Fahrzeug selbst erzeugt wird, ob sie darin gespeichert ist oder ob sie dem Fahrzeug – wie beim Obus – von außen zu geführt wird, ist ohne Bedeutung.

6 **Keine Kraftfahrzeuge** sind die Fahrzeuge, die durch Mensch, Tier oder Naturkräfte bewegt werden. Auch **Anhänger** und **Wohnwagen** sind keine Kraftfahrzeuge, da ihnen eigene maschinelle Einrichtungen zur Fortbewegung fehlen; Autoscooter und Fahrstühle nicht, da sie an einen bestimmten Standort gebunden sind und sich nur an ihm fortbewegen können.

3. Betrieb eines Kraftfahrzeugs

Der Schaden muss **beim Betrieb** eines Kraftfahrzeuges entstanden sein.

7

a) Betrieb und Zulassung

Betrieb i.S.d. § 7 StVG und **Zulassung** eines Kraftfahrzeuges zum öffentlichen Verkehr i.S.d. § 1 Abs. 1 StVG haben nichts miteinander zu tun. Die Zulassung zum Verkehr (gebundener Verwaltungsakt, auf dessen Erlass ein Anspruch besteht, sofern das Fahrzeug hinsichtlich seiner maschinellen Einrichtung und seiner Sicherheitsvorkehrungen den Voraussetzungen der einschlägigen Vorschriften, insbesondere der StVZO, entspricht, vgl. § 19 StVZO) ist ein auch dem generellen Schutz der Allgemeinheit dienender Verwaltungsvorgang mit der Folge, dass § 1 Abs. 1 StVG **Schutzgesetz** i.S.d. § 823 Abs. 2 BGB ist (RG, Recht 1925, 691; Erman/Schiemann, BGB, § 823 Rn. 163). Die zivilrechtliche Haftung für beim Betrieb verursachte Schäden ist dagegen nach § 7 Abs. 1 StVG nicht auf den Betrieb solcher Fahrzeuge beschränkt, die nach § 1 Abs. 1 StVG zum Verkehr zugelassen sind. Deshalb erfasst die zivilrechtliche Haftung auch Schäden, die durch den Betrieb solcher Fahrzeuge verursacht worden sind, die **nicht oder nicht mehr** zum Verkehr zugelassen sind.

8

b) Weiter Betriebsbegriff

Der Betrieb eines Kraftfahrzeuges ist ein zunächst rein tatsächlicher Vorgang, der durch den **Zweck** des Fahrzeuges – Fortbewegung im Verkehrsraum zwecks Transports von Personen und/ oder Sachen – vorgegeben ist und der als Folge einerseits des zunehmenden Verkehrs, andererseits der immer differenzierteren Nutzungsmöglichkeiten von Kraftfahrzeugen sehr **weit** zu fassen ist (BGHZ 29, 166; 105, 65; 107, 359; 115, 84). Der Schaden muss **beim Betrieb** entstanden sein. Das ist der Fall, wenn sich bei der Entstehung des Schadens Gefahren ausgewirkt haben, die für den Betrieb gerade des schadenverursachenden Fahrzeuges typisch sind (BGH, NJW 1988, 2802; BGHZ 115, 84). Nach der sog. **verkehrstechnischen Auffassung beginnt** der Betrieb mit dem Anlassen des Motors und **endet** mit dem endgültigen Abstellen des Fahrzeuges außerhalb des öffentlichen Verkehrsraums (BGHZ 29, 163: Betriebsruhe). Alles, was zwischen diesen beiden Fixpunkten geschieht, ist im Grundsatz Teil des Betriebes.

9

c) Zeitlicher und örtlicher Zusammenhang

Ein Unfall ist auch dann noch dem Betrieb des Kraftfahrzeuges zuzurechnen, wenn er in einem **nahen örtlichen und zeitlichen Zusammenhang** mit einem bestimmten Betriebsvorgang oder einer bestimmten Betriebseinrichtung steht, ohne dass es darauf ankommt, ob der Motor als Kraftquelle auf das Fahrzeug gewirkt hat (BGHZ 29, 163, 165 f.; BGH, NJW 1956, 1236; NJW 1972, 1808; NJW 1973, 44; NJW 1957, 1886).

10

4. Sondersituationen des Betriebsbereiches

a) Schäden ohne Berührung durch das Kraftfahrzeug

Es ist nicht erforderlich, dass es zu einer **körperlichen Berührung** zwischen dem schädigenden Fahrzeug und dem geschädigten Objekt gekommen ist (z.B. BGH, NJW 1988, 2802 = NZV 1988, 63; vgl. auch KG, VM 1991, Nr. 2). Daher kann im Einzelfall auch der bloße **Lärm**, der von einem Kraftfahrzeug ausgeht, schadensursächlich sein (BGHZ 115, 84).

11

Hinzuweisen ist insoweit auf folgende **Einzelfälle:**

12

- Geschädigter führt eine Notbremsung durch und erleidet im eigenen Fahrzeug Verletzungen, weil ihm der Schädiger in einer Kurve auf der für den Schädiger linken Fahrbahnseite entgegenkommt (BGH, VersR 1983, 985);

- das Fahrzeug des Geschädigten kommt bei einer gleichartigen Situation ins Schleudern und wird dadurch beschädigt (OLG Frankfurt/M., VersR 1979, 846);

- Schäden infolge Vorfahrtverletzungen des Wartepflichtigen ohne Kollision der Fahrzeuge (BGH, VersR 1971, 1060; BGH, VersR 1976, 927; OLG Nürnberg, VersR 1978, 1174);

- Mopedfahrer stürzt, weil er durch einen Sattelschlepper mit zu geringem Seitenabstand überholt wird (BGH, VersR 1972, 1074).

b) Betriebseinheiten

13 Eine **Betriebseinheit** besteht zwischen einem Lkw bzw. einer Zugmaschine und dem Anhänger, da ein Anhänger allein kein Kraftfahrzeug i.S.d. § 1 StVG ist (Weber, DAR 1987, 168). Wird der Anhänger vom ziehenden Fahrzeug gelöst, sei es infolge Abreißens (BGH, VRS 40, 405) oder nach Abkoppelung von der Zugmaschine (BGH, VRS 72, 38), nimmt er weiterhin an der Betriebsgefahr des ziehenden Fahrzeuges teil, weil er nur durch diesen Vorgang in die Lage gekommen ist, für andere ein Gefahrenpotential zu bilden. Dabei kommt es nicht auf die **Dauer** der Trennung (BGH, VersR 1961, 473 f. u. VersR 1971, 255 f.) oder deren **Zweck** an (auch bei Abstellen tags zuvor: OLG Bremen, VersR 1984, 1084), sodass alle Trennungsvorgänge, die mit den dem Zweck des Zuges dienenden Vorgängen – Ladegeschäft – zu tun haben, hierunter fallen (BGH, VersR 1987, 259). Dagegen soll es nicht zum Betrieb der zugehörigen Zugmaschine gehören, wenn der kurzfristig abgestellte Anhänger, der durch Druckluftbremse und ein unter einen Hinterreifen gelegtes Vierkantholz gegen Abrollen auf abschüssiger Straße gesichert ist, von einem Unbekannten ins Rollen gebracht wird, weil dieser an der freien Durchfahrt gehindert wird (KG, NZV 1992, 113). Diese Entscheidung betrifft einen Grenzfall und ist nur deshalb zu rechtfertigen, weil der Unbekannte vorsätzlich gehandelt hat.

c) Abschleppvorgänge

14 Während eines Abschleppvorganges bilden schleppendes und geschlepptes Fahrzeug nur dann eine Betriebseinheit, wenn vom geschleppten Fahrzeug keinerlei Betriebsvorgänge ausgehen können, also wenn Steuerung **und** Bremsung allein vom schleppenden Fahrzeug aus erfolgen, also beim Abschleppen in der Weise, dass die Vorderachse des geschleppten Fahrzeuges „auf den Haken" oder auf die Ladefläche des abschleppenden Fahrzeuges genommen wird oder wenn eine Abschleppstange benutzt wird, die auch in die Lenkung des abgeschleppten Fahrzeuges eingreift (vgl. zur Differenzierung BGH, NJW 1978, 2502 f.; Tschernitschek, VersR 1978, 1001; Klimke, VersR 1982, 523). Ist das nicht der Fall (typisch: Abschleppen mittels Seil), verbleibt dem abgeschleppten Fahrzeug eine eigene Betriebsgefahr (ebenso Darkow, NJW 1978, 2202; Klimke, a.a.O. sowie OLG Koblenz, VersR 1987, 707 u. OLG Köln, NJW-RR 1986, 1410 = DAR 1986, 321). Die anders lautende ältere Rspr. (z.B. BGH, NJW 1963, 251) ist überholt.

d) Ladevorgänge

15 Ladevorgänge sind **Teil des Betriebes** (BGHZ 105, 65). Wie erwähnt (s. Rn. 13) nimmt der abgekoppelte Anhänger an der Betriebsgefahr der Zugmaschine teil, auch wenn er, nachdem er entladen worden ist, getrennt von dem ziehenden Lkw abgestellt wird, um die Entladung des Lkw zu ermöglichen (BGH, VM 1971, 44). Dazu gehören auch Herabfallen der Ladung infolge Auffahrens eines Dritten (LG Flensburg, NZV 1989, 397; hier liegt der Schwerpunkt in der Abwägung nach § 17 StVG), Schäden am Grundstück eines Anliegers als Folge eines Brandes der Ladung (OLG Köln, VersR 1991, 1387 = NZV 1991, 391 = VRS 81, 254: in Brand geratene Strohballen eines Erntefahrzeuges); herunterfallende feste oder auslaufende flüssige Ladung (OLG Düsseldorf, NJW 1968, 669; OLG Köln, VersR 1983, 287; OGH Wien, VersR 1988, 368); Lösen von Teilen einer beschädigten Windschutzscheibe während der Fahrt (AG Frankfurt, VersR 1988, 1079); Schäden beim Abheben eines Containers von dem mit einem Containerchassis gekoppelten Lkw (LG Duisburg, VersR 1988, 1250); Hinauswerfen von Gegenständen aus einem fahrenden Fahrzeug (LG Bayreuth, NJW 1988, 1152).

Kuckuk

Schwieriger ist die Abgrenzung von Schäden im Bereich **technischer Entladevorgänge** (vgl. hierzu näher Tschernitschek, NJW 1980, 205 ff.): Stolpert jemand über einen Schlauch, durch den aus einem Tankfahrzeug Heizöl in den Öltank eines Bestellers gepumpt wird, oder über eine hydraulisch betriebene Ladeklappe eines Lkw (KG, VM 1983, 14), ist der Schaden beim Betrieb des Fahrzeuges entstanden. Wird hingegen das Haus des Bestellers dadurch beschädigt, dass der Ölschlauch am Einfüllstutzen unsachgemäß befestigt wird und dadurch Öl in das Haus läuft (BGHZ 71, 212) oder der Öltank überläuft, ist dies jeweils nicht Teil des Betriebes des zu entladenen Fahrzeuges. Eine Auffassung (Jagusch/Hentschel, Straßenverkehrsrecht, § 7 StVG Rn. 6) will diese Fälle als nicht durch den Schutzzweck des § 7 Abs. 1 StVG gedeckt ansehen. 16

e) Ein- und Aussteigen

Zum Betrieb gehört das **Öffnen einer Fahrzeugtür** (AG Köln, VersR 1988, 1079), ganz gleich, ob es zum Ein- oder Aussteigen geschieht (BGH, VersR 1986, 1231; OLG München, VersR 1966, 987) oder um etwas aus dem Fahrzeug herauszunehmen (KG, VM 1985, Nr. 83). Das gilt auch, wenn der Beifahrer weisungsgemäß zum Öffnen oder Schließen einer **Sammelgarage** die Automatik eines Rollgitters bedient und dabei ein nachfolgendes Fahrzeug beschädigt (LG Hannover, NJW-RR 1986, 26 = VersR 1986, 130). Der Unfall ist bei dem Betrieb des Kraftfahrzeuges geschehen, wenn ein Insasse eines Omnibusses **beim Aussteigen** auf dem Trittbrett ausrutscht (BGH, VersR 1956, 765), auch dann, wenn er auf dem Bordstein des Gehweges an der Haltestelle ausrutscht, sofern der Aussteigevorgang noch nicht vollständig beendet war (BGH, VersR 1970, 179; OLG Karlsruhe, VRS 10, 81), ebenso wenn ein Koffer aus dem **Gepäcknetz** eines Omnibusses stürzt und einen Fahrgast verletzt (OLG Oldenburg, DAR 1954, 206). 17

Wenn aus einem verunglückten Fahrzeug ein **Hund** auf die Fahrbahn läuft, dort von einem zweiten Fahrzeug erfasst und gegen ein drittes Fahrzeug geschleudert wird, welches dadurch beschädigt wird, ist dies dem Betrieb des Fahrzeuges zuzurechnen, aus welchem der Hund entsprungen ist (BGH, VersR 1988, 640: Die Haftung aus § 7 Abs. 1 StVG wird durch die eventuelle Tierhalterhaftung nicht verdrängt); das Gleiche gilt, wenn **Lehm oder feuchte Erde** von den Reifen oder Ketten eines Kraftfahrzeuges abfallen und die Ursache für Unfälle anderer Verkehrsteilnehmer sind, mag dies auch erst geraume Zeit nach dem Abfallen der Erde stattfinden (BGH, VersR 1982, 977; OLG Schleswig, NJW 1966, 1269). 18

Verunglückt dagegen ein Fahrzeuginsasse **nach** dem Verlassen des Fahrzeuges, etwa beim anschließenden Überschreiten einer Fahrbahn (KG, VM 1986, Nr. 24; OLG Hamm, VRS 65, 403), oder weil er sich an dem Bus, aus dem er ausgestiegen ist, nach dessen Wiederanfahrt nicht mehr festhalten kann (OLG Köln, NZV 1989, 237), so geschieht dies **nicht** mehr beim Betrieb des soeben verlassenen Fahrzeuges. Wird hingegen ein betrunkener Fahrgast eines Reisebusses auf dem Parkstreifen einer Bundesautobahn aus dem Fahrzeug gestoßen und läuft er sodann auf die Fahrbahn und wird dort von einem anderen Fahrzeug erfasst, so ist dies noch dem Betrieb des Busses zuzurechnen (LG Osnabrück, NJW-RR 1987, 152). Diese Differenzierung erscheint deshalb gerechtfertigt, weil im letztgenannten Fall der Fahrzeuginsasse den Bus nicht von sich aus verlassen hat. Entsprechendes gilt auch in folgendem Fall: Ein Lkw rammt infolge Lenkungsbruch die Mittelleitplanke einer Autobahn so, dass einer ihrer Haltepfosten auf die Gegenfahrbahn geschleudert wird; der Fahrer des Lkw läuft auf die Gegenfahrbahn, um den Pfosten zu bergen, und wird dabei von einem dort herankommenden Pkw erfasst (OLG Köln, NJW-RR 1987, 857). 19

f) Einsatz von Arbeits- und Reinigungsfahrzeugen

Steht ein regelmäßig im Straßenverkehr eingesetzter Arbeitswagen zur Verrichtung von Arbeiten auf der Fahrbahn, so gehört ein durch diesen Arbeitswagen verursachter Unfall zum Betrieb dieses Arbeitswagens (KG, VM 1990, Nr. 6). Das gilt auch für langsam fahrende Kraftfahrzeuge, die auf der Autobahn zum Mähen von Gras auf dem Mittelstreifen eingesetzt sind, für Schäden durch Auffahren auf solche Fahrzeuge (BGH, NJW 1991, 1171 = VersR 1991, 925 = NZV 1991, 185 mit Anm. Kunschert) sowie für Schäden, die an geparkten Fahrzeugen durch Auswerfen von Streugut 20 aus **Streufahrzeugen** des Winterdienstes entstehen (BGHZ 105, 65 = NJW 1988, 3019 = VersR 1988, 1053 = NZV 1989, 18, mit Anm. Kuckuk; ebenso OLG Köln, VersR 1988, 62; OLG Nürnberg, NJW-RR 1987, 803) und für am Straßenrand stehende **Müllfahrzeuge** (KG, DAR 1976, 268).

g) Haltende Fahrzeuge

21   In Betrieb bleiben alle Fahrzeuge, die aus irgendwelchen Gründen **gegen den Willen** ihres Führers liegen bleiben (**Motorpanne:** BGHZ 29, 163; **Reifenpanne:** BGH, VersR 1969, 668; **Treibstoffmangel:** BGH, VersR 1977, 624), deshalb von der Fahrbahn geschoben (BGH, VersR 1960, 804; BGH, VersR 1977, 624), zur Schadensbehebung angehalten (OLG Köln, VersR 1978, 771) oder betankt werden (OLG Köln, VersR 1983, 287); das Gleiche gilt, wenn Fahrer und Beifahrer ausgestiegen sind, um nach einem Defekt zu sehen oder das Fahrzeug zu sichern (BGH VersR 1989, 54). In Betrieb bleibt ein Fahrzeug auch, wenn es nach einem **Unfall** an der Unfallstelle steht (BGH, DB 1972, 866), auch wenn es nicht mehr fahrfähig ist (Fortwirkung des vorherigen Betriebes). In diesen Bereich gehören weiterhin Fahrzeuge, die wieder in Gang gebracht werden sollen (Bsp.: BGHZ 29, 163, 168 nach Stehenbleiben in Morast, ebenso in Schnee oder nach Abrutschen in Straßengraben).

22   Der Betrieb dauert fort, wenn Fahrzeuge **willentlich geparkt** wurden, selbstverständlich bei verbotswidrigem Parken (OLG Karlsruhe, VersR 1986, 155; OLG Köln, NJW-RR 1987, 478), sofern die parkenden Fahrzeuge infolge der Art ihrer Abstellung (unsauberer Parkvorgang, bei dem Fahrzeuge noch schräg in die Fahrbahn ragen: Schneider MDR 1984, 907) oder bei erlaubtem Parken an dem Platz, wo sie auch bei ordnungsgemäßer Abstellung noch den sonstigen Verkehr beeinflussen können, also i.d.R. bei Parken am Fahrbahnrand, auf Seitenstreifen, nach hiesiger Auffassung auch auf Parkplätzen oder in Parkhäusern, nicht mehr dagegen beim Abstellen auf der Allgemeinheit nicht zugänglichen Privatgrundstücken, auf Betriebshöfen (vgl. hierzu im Einzelnen Schopp, MDR 1990, 884 und aus der umfangreichen Rspr. BGH, VersR 1986, 1231 f.; OLG Köln, VersR 1983, 287; KG, VersR 1978, 140).

23   Demzufolge entsteht ein Schaden beim Betrieb eines für einige Stunden **geparkten Motorrades**, wenn dieses infolge Hitze umstürzt und dabei ein benachbartes Fahrzeug beschädigt (LG Nürnberg-Fürth, NZV 1990, 396 = DAR 1991, 430), ebenso beim Übergreifen eines Brandes von einem zu einem benachbart abgestellten Fahrzeug (OLG Karlsruhe, VRS 83, 34). Dagegen soll ein durch eine Orkanböe auf ein geparktes Fahrzeug geschleuderter abgestellter Pkw-Anhänger nicht mehr dem Betriebe des Zugfahrzeuges zugerechnet werden (LG Nürnberg-Fürth, NZV 1991, 476; fragwürdig).

24   **Nicht in Betrieb** befindet sich ein Fahrzeug, welches mit abgeschaltetem Motor auf dem Transportband einer Autowaschanlage steht (KG, VersR 1977, 626), wohl aber dann, wenn infolge versehentlich eingeschalteter Zündung der Motor eines solchen Fahrzeuges plötzlich anspringt (OLG Celle, DAR 1976, 72; anders noch LG Hannover, DAR 1985, 256).

25   Eine **Gegenansicht** hierzu (Hentschel, Straßenverkehrsrecht, § 7 StVG Rn. 5; Tschernitschek NJW 1984, 42) vertritt jedoch die Auffassung, dass der Betrieb eines Kraftfahrzeuges endet, wenn es auf öffentlichen Parkflächen, die ausschließlich dem ruhenden Verkehr vorbehalten sind (Parkplätze, Parkstreifen, Parkbuchten) ordnungsgemäß abgestellt ist. Dem wird man nicht nur angesichts zunehmender Verkehrsdichte schwerlich folgen können. Bereits bei Dämmerung, Dunkelheit, Nebel und schlechter Sicht können solcherart abgestellte Fahrzeuge für andere Verkehrsteilnehmer zu Gefahrenquellen allein durch ihr Vorhandensein werden. Eine sachgerechte und am Einzelfall orientierte Lösung für diese Fälle bietet vielmehr die Betriebsgefahrenabwägung des § 17 StVG bzw. – bei Beteiligung von Radfahrern und Fußgängern – die Verschuldensabwägung des § 9 StVG i.V.m. § 254 BGB.

h) Sonstige Einzelfälle

Kein Betrieb liegt dagegen in folgenden Fällen vor: Wenn ein **Drachenflieger** abstürzt, der von 26
einem Pkw mittels Schleppseil angeschleppt und ähnlich einem Segelflugzeug in die Luft gehoben
wurde (BGH, VersR 1981, 988; a.A. Tschernitschek, NJW 1980, 207); bei Unfall mit einem **Autoscooter,** da dieser kein Kraftfahrzeug i.S.d. § 1 StVG ist (BGH, VersR 1977, 334); bei Abstellen
eines Fahrzeuges auf einem **verschlossenen** Fabrikhof (LG Heilbronn, VersR 1966, 96), wenn ein
Fahrzeug lediglich als **Lichtquelle** (OLG München, VersR 1966, 987) oder als **Arbeitsmaschine**
verwendet wird (BGH, VersR 1975, 945: Silofall). Das OLG Celle (DAR 1973, 187) verneint wohl
zu Unrecht den Betrieb eines **Polizeifahrzeuges,** welches mit Blau- und Springlicht auf dem Überholfahrstreifen einer Autobahn zusammen mit Warnscheinwerfern zwecks Unfallstellensicherung
aufgestellt ist, weil es nur Teil der Sicherung der Unfallstelle sei; das schließt aber nicht aus, dass
es sich gleichwohl im Betrieb befindet. Der Unterschied zum obigen Fall eines nur als Lichtquelle
benutzten Fahrzeuges liegt darin, dass zugleich verkehrssichernde Maßnahmen verwirklicht werden sollen und dies eine jedenfalls nicht zweckwidrige Nutzung eines polizeilichen Streifenfahr-
zeuges darstellt.

5. Kausalzusammenhang zwischen Betrieb eines Kfz und Schaden

Erforderlich für eine Haftung aus § 7 StVG ist weiter, dass zwischen dem Betrieb eines Kraftfahr- 27
zeuges und dem eingetretenen Schaden eine **Kausalverbindung** besteht: Gehaftet wird nur für solche Fälle, deren **Ursache zumindest auch im Betrieb eines Kraftfahrzeuges** liegt. Daher ist § 7
StVG auch dann anwendbar, wenn mit einem Kraftfahrzeug ein Mensch vorsätzlich getötet wird
(BGHZ 37, 311 = VersR 1962, 829 = NJW 1962, 1676).

a) Grundsatz

Maßgebend für die Kausalverbindung im Zivilrecht ist der **Grundsatz der Adäquanz**: Rechtlich 28
erheblich sind nur solche Ursachen, die nach dem allgemeinen Erfahrungswissen generell geeignet
erscheinen, einen Schaden der eingetretenen Art herbeizuführen oder doch seinen Eintritt zu
begünstigen (BGHZ 70, 374, 376; BGHZ 79, 259, 261). Dagegen sind nicht erheblich solche – im
naturwissenschaftlichen Sinne relevante – Bedingungen, die nur unter besonders eigenartigen,
unwahrscheinlichen und nach dem gewöhnlichen Verlauf der Dinge außer Betracht zu lassenden
Umständen zu dem eingetretenen Schaden geführt haben (BGHZ 3, 261, 267). Dieses Korrektiv
gegenüber der das Strafrecht beherrschenden Bedingungstheorie ist erforderlich, weil der Haftung
aus § 7 StVG – anders als derjenigen aus Verschuldenshaftung – keine Verhaltenspflichten
zugrunde liegen, deren Verletzung eine Ersatzpflicht auslöst, sondern es allein um den haftungsrechtlichen Ausgleich für Risiken aus erlaubtermaßen gesetzten Gefahren geht (Weber, DAR 1982,
169).

Diese **Adäquanzlehre** hat insofern eine weitere Präzisierung erfahren, als nach Bejahung des adä- 29
quaten Kausalzusammenhangs weiterhin zu prüfen ist, ob der konkret eingetretene Schaden dem
Schutzbereich der anspruchsbegründenden Norm zuzurechnen ist (BGHZ 85, 110; BGHZ 115,
84) bzw. ob es **Sinn und Zweck** jener Haftungsnorm entspricht, einen bestimmten Schaden nicht
der Allgemeinheit, sondern seinem Verursacher zu überbürden (BGHZ 93, 351, 353 f.: haftungsrechtliche Zurechnung; vgl. etwa BGHZ 79, 259 für den Haftungsbereich des § 33 Luftverkehrs-
gesetz; BGHZ 37, 311, 317 für den Haftungsbereich des Kfz-Halters).

b) Einzelfälle bejahter Kausalität

Nach den vorstehenden Kriterien reicht im Falle einer Geschwindigkeitsüberschreitung für die 30
Bejahung des Kausalzusammenhangs nicht der Hinweis, dass der Täter bei langsamerer Fahrweise
zur Unfallzeit nicht am Unfallort gewesen wäre, sondern es kommt für die haftungsrechtliche
Zurechnung darauf an, ob der Täter bei einer der Örtlichkeit und Sicht angepassten Geschwindigkeit **im kritischen Augenblick** den Unfall hätte vermeiden können (vgl. zur kritischen Verkehrs-

lage BGHSt 24, 31, 34; BGHSt 33, 61; BGH, VersR 1977, 524; BGH, VersR 1985, 637 f.; Weber, DAR 1988, 187).

31 Bei **Auffahrunfällen** besteht adäquater Ursachenzusammenhang zwischen dem ersten und den darauf folgenden weiteren Unfällen. Soweit es sich um **Folgeschäden des ersten Unfall** handelt, haftet der Halter des zunächst aufgefahrenen Kraftfahrzeugs daher auch für die Schäden, die von den weiter auffahrenden Kraftfahrzeugen verursacht werden (BGH, NJW 1971, 506). Fährt bei Sichtbehinderung durch Nebel ein Kraftfahrzeug auf der Autobahn auf vorausfahrende Fahrzeuge auf, so steht es hiermit in adäquatem Ursachenzusammenhang, wenn auf ein nachfolgendes Fahrzeug, das wegen der eingetretenen Fahrbahnblockierung anhält, ein weiteres auffährt (BGHZ 43, 178, 180 f.). Fährt schließlich ein Dritter in eine durch den Zusammenstoß zweier Fahrzeuge geschaffene Unfallstelle hinein, so kann der dadurch entstandene Schaden dem Erstschädiger zuzurechnen sein (BGH, VersR 1972, 109). Zur haftungsrechtlichen Zurechnung bei Massenkarambolagen im Nebel s. BGH, VersR 1987, 821 u. Greger, NZV 1989, 58 ff.

32 Wenn eine **Gefahrenlage,** die von einem Kraftfahrzeug gesetzt worden ist, über einen längeren Zeitraum **fortwirkt,** etwa eine Fahrbahnverschmutzung durch von Panzerketten herabfallendes Erdreich (BGH, VersR 1982, 897 = NJW 1982, 2669), ist sie dem Betrieb des verursachenden Fahrzeuges zuzurechnen, auch wenn hier der zeitlich nahe Zusammenhang zwischen Betrieb und Schaden fehlt. Da eine Fahrzeugberührung nicht erforderlich ist, ist der Schaden auch dann beim Betrieb entstanden, wenn infolge Ausweichmanövers gegenüber einem wendenden Fahrzeug (KG, VM 1991, 2) oder wenn infolge der Fahrweise des Gegenverkehrs an einem begegnenden Fahrzeug ein Schaden entsteht (BGH, VersR 1983, 985).

c) **Einzelfälle verneinter Kausalität**

33 Verletzung eines Motorradfahrers, der bei einem Unfall gegen ein 20 Meter entferntes, ordnungsgemäß geparktes Fahrzeug geschleudert und dadurch verletzt wird (BGH, NJW 1984, 41) oder wenn sich in einem durch Fahrzeuglärm und Unfallgeräusche verursachten Schaden ein **vom Geschädigten selbst gesetztes Risiko** verwirklicht (BGHZ 115, 84 = NZV 1991, 387 = VersR 1991, 1068: Panikreaktion von Tieren). Auch die Gefahr, bei einer Unfallhilfe **bestohlen** zu werden, ist nicht mehr durch den Betrieb der am Unfall beteiligten Fahrzeuge kausal verursacht (OLG Frankfurt/M., VersR 1981, 786). Das gilt ebenso für den Sturz eines Fahrzeuginsassen nach dem Verlassen des Fahrzeuges, weil dieses inzwischen abgefahren war und der Insasse sich an dem Fahrzeug nicht mehr festhalten konnte (OLG Köln, NZV 1989, 237); wenn ein Schaden auf einer ungewöhnlichen Empfindlichkeit des Geschädigten beruht und nicht auf der spezifischen Gefährlichkeit des normierten Gefährdungstatbestandes (OLG Karlsruhe, VersR 1992, 360); wenn ein Kraftfahrzeug wegen starker Geräuschentwicklung und eines defekten Rücklichtes von einem Zivilfahrzeug der Polizei verfolgt wird, welches infolge Straßenglätte von der Fahrbahn abkommt, sofern dem Fahrer des verfolgenden Fahrzeuges nicht nachzuweisen ist, dass er die Verfolgung erkannt oder fahrlässig nicht erkannt hat (BGH, NJW 1990, 2885 = NZV 1990, 425 m. Anm. Lange).

d) **Mitursächlichkeit des Betriebes**

34 **Mitursächlichkeit** des Kraftfahrzeugbetriebes für den Schadenseintritt (Zusammenwirken mehrerer voneinander unabhängiger Ursachen) genügt für die Haftung aus § 7 StVG, sofern die vom Betrieb des Kraftfahrzeuges ausgehende Ursache für sich allein den Kriterien der Adäquanz genügt. Hierfür sei auf folgende charakteristische **Einzelfälle** hingewiesen:

35 • **BGH, VersR 1988, 640 = NZV 1988, 17 = NJW-RR 1988, 731:** Keine Unterbrechung des Kausalzusammenhangs, wenn zum Schadenseintritt ein im Kraftfahrzeug des Haftpflichtigen befördertes Tier beigetragen hat.

- **BGH, VersR 1965, 389**: Keine Unterbrechung des Kausalzusammenhangs durch Hinzutreten 36 eines schuldhaften (vorsätzlichen oder fahrlässigen) Verhaltens des Geschädigten oder dritter Personen.

- **BGH, VersR 1971, 1060 u. BGH VersR 1983, 985**: Verunglückt ein Polizeifahrzeug bei der 37 Verfolgung eines anderen fliehenden Fahrzeuges, so ist dieser Schaden dem Betriebe des Fluchtfahrzeuges zuzurechnen, auch wenn es nicht zur Berührung beider Fahrzeuge gekommen ist oder das Polizeifahrzeug mit einem entgegenkommenden dritten Fahrzeug kollidiert.

- **OLG Hamburg, DAR 1959, 112**: Fußgänger erschrickt infolge plötzlichen Auftauchens eines 38 Kraftfahrzeuges, tritt deshalb zu nahe an Straßenbahngleise und wird von einer Straßenbahn erfasst.

- **OLG Nürnberg, VersR 1966, 525**: Auffahrunfall auf ein vorfahrtberechtigtes Kraftfahrzeug, 39 welches plötzlich scharf bremsen muss, weil ein wartepflichtiges Fahrzeug die Vorfahrt nicht beachtet: Kausal für den Schaden des auffahrenden dritten Fahrzeuges ist die Vorfahrtverletzung.

e) Mittelbare Kausalität

Ausreichend ist auch eine nur **mittelbare Kausalität**, wiederum unter der **Adäquanz-Vorausset-** 40 **zung**. Dabei ist zu beachten, dass insoweit Überschneidungen mit Fällen der Mitursächlichkeit möglich sind. Hierzu gehören in erster Linie Schäden, die eintreten, ohne dass es zur körperlichen Berührung zwischen dem schädigenden Kraftfahrzeug und dem Geschädigten gekommen ist (BGH, NJW 1988, 2802 und st.Rspr.) sowie einige zugleich für die Mitursächlichkeit dort genannte Beispiele. Typisch sind auch folgende Fälle: Ein Mopedfahrer stürzt, weil er von einem Sattelschlepper mit zu geringem Seitenabstand überholt wird (BGH, VersR 1972, 1074); ein Radfahrer stürzt, ohne dass es zur Berührung mit einem vorbeifahrenden Kraftfahrzeug gekommen ist (BGH, VersR 1988, 641); ein Fußgänger stürzt, weil er durch die Fahrweise eines vorbeifahrenden Kraftfahrzeuges unsicher wird (BGH, NJW 1973, 44).

f) Psychisch vermittelte Kausalität

Ausreichend ist schließlich auch die sog. **psychisch vermittelte Kausalität**. 41

Beispiel:

Ein Pkw-Fahrer erleidet bei einem Unfall schwere Verletzungen. Die Nachricht hiervon bewirkt bei seiner schwangeren Ehefrau einen Kreislaufkollaps, der zu einer Mangeldurchblutung der Gebärmutter führt. Infolgedessen tritt eine Schädigung des Embryos ein, das Kind wird mit schweren Behinderungen geboren. Auch für diese Schäden des Kindes haftet der Unfallverursacher (BGHZ 93, 351; BGHZ 56, 163; BGH, VersR 1986, 240).

g) Grenzfälle der Schutzzwecklehre

Nicht kausal trotz zu bejahender Adäquanz sind schließlich Schäden oder Schadensfolgen, die 42 **außerhalb des Schutzzwecks** des § 7 StVG, also der Haftung für Gefahren infolge des Betriebes eines Kraftfahrzeuges liegen. Auch hierzu sei auf folgende **Beispielsfälle** hingewiesen:

- **BGHZ 58, 162**: An einem Unfall unbeteiligte Fahrzeugführer umfahren die unfallbedingt blo- 43 ckierte Fahrbahn über einen benachbarten Grünstreifen, der dadurch beschädigt wird. Für diesen Schaden haftet der Unfallverursacher nicht (Grünstreifenfall).

- **BGHZ 107, 359 ff. = NZV 1989, 391**: Nach einem Verkehrsunfall kommt es zwischen den 44 Beteiligten zu einem Streit über die Unfallursache, wobei sich einer der Beteiligten derart erregt, dass er einen Schlaganfall erleidet (abl. Anm. v. Bar, JZ 1979, 1071). Diese Entscheidung betrifft einen zweifelhaften Grenzfall, denn grds. muss ein Schädiger die Folgen der jeweiligen individuellen Konstitution eines Geschädigten mit allen sich daraus ergebenden Folgen hinnehmen (Erman/Kuckuk, BGB, vor § 249, Rn. 51 ff., m.w.N.), etwa die unfallbedingte Mobilisierung eines bis dahin ruhigen Nierensteines (OLG Frankfurt/M., MDR 1971, 44).

45 ● **BGH, VersR, 1961, 262**: Ein Fahrzeug wird lediglich als Lichtquelle benutzt (entschieden für ein Moped, vgl. Rn. 26).

46 ● **OLG Hamm, VersR 1992, 718 = NZV 1991, 354**: Keine Haftung des Fahrlehrers aus § 7 StVG als Halter eines der Fahrschule gehörenden Motorrades gegenüber einem Fahrschüler, der mit diesem Motorrad verunglückt.

47 ● **KG, NZV 1989, 150** (mit Anm. Kunschert): Keine Haftung der Fahrschule aus § 7 StVG, wenn Fahrlehrer und Fahrschüler mit Motorrädern der Fahrschule miteinander kollidieren und dabei der Fahrschüler verletzt wird.

6. Beweislastfragen bezüglich der Kausalität

a) Grundsatz

48 Die **Beweislast** dafür, dass der Schaden beim Betrieb des Kraftfahrzeuges eingetreten ist, trifft den **Geschädigten** mit der Folge, dass Zweifelsfragen und Unklarheiten zu seinen Lasten gehen (BGH, VersR 1970, 61). Aus der Beweislast folgt, dass der Geschädigte auch die entsprechende **Darlegungslast** trägt. Er muss also im Streitfalle Tatsachen behaupten und ggf. beweisen, aus denen sich ergibt, dass der Schaden, dessen Ersatz verlangt wird, bei dem Betrieb eines Kraftfahrzeuges entstanden ist und adäquate Kausalität zwischen Betrieb und Schaden besteht.

b) Beweiserleichterungen

49 In der Praxis wird die Beweislast vielfach durch die von der Rspr. entwickelten Grundsätze über den **Beweis des ersten Anscheins erleichtert**, der gerade im Verkehrsrecht besondere Bedeutung hat. Wenn ein bestimmter Sachverhalt feststeht, der nach allgemeiner Lebenserfahrung auf eine bestimmte Ursache oder auf einen bestimmten Geschehensablauf hinweist, so ist diese Ursache bzw. dieser Geschehensablauf bewiesen, sofern das Gesamtgeschehen für Vorgänge dieser Art typisch ist (BGHZ 31, 375; BGHZ 53, 379).

50 Möglich ist dabei sowohl der Schluss von einem feststehenden Erfolg auf eine bestimmte Ursache wie auch umgekehrt von einer feststehenden Ursache auf einen bestimmten Erfolg (BGH, VersR 1955, 757). Der Anscheinsbeweis führt nicht etwa dazu, dass die beweispflichtige Partei ihre Tatsachenbehauptung nur wahrscheinlich zu machen braucht (BGH, NJW 1966, 1264). Die Grundsätze des Anscheinsbeweises bewirken auch nicht eine Umkehr der Beweislast, sondern enthalten lediglich eine Beweisführungserleichterung.

Hinweis:

*Es ist dann Sache der an sich nicht beweispflichtigen Partei, einen solchen Anscheinsbeweis zu entkräften. Dazu genügt indessen nicht schon der Hinweis auf einen Geschehensablauf, nach dem der Schaden die typische Folge einer anderen Ursache lediglich sein **kann**. Vielmehr muss für die Entkräftung des Anscheinsbeweises dargetan werden, dass eine solche andere Ursache im Einzelfall ernsthaft in Betracht kommt (BGH, VersR 1978, 945; OLG Frankfurt/M., VersR 1978, 828). Gelingt der Beweis von Tatsachen, aus denen die ernsthafte Möglichkeit eines anderen Geschehensablauf als des typischen folgt, so verbleibt es bei der vollen Beweislast der von Anfang an beweispflichtigen Partei (BGHZ 39, 108; BGHZ 100, 33).*

Bei **mehreren typischen Geschehensabläufen**, von denen jeder zum Schaden geführt haben kann, aber nur einer zur Haftung des Schädigers führt, muss der Geschädigte den für ihn günstigen Ablauf beweisen, sofern ernsthaft auch eine andere Möglichkeit in Betracht kommt (BGH, NJW 1978, 2032). Liegt es umgekehrt so, dass mehrere typische Geschehensabläufe zugunsten des Geschädigten vorliegen, von denen jeder zur Haftung des Schädigers führt, so muss der Schädiger bezüglich aller Möglichkeiten Tatsachen beweisen, aus denen sich die Möglichkeit eines atypischen Geschehensablaufs ergeben kann, um den gegen ihn sprechenden Anscheinsbeweis auszuräumen (BGH, VersR 1960, 317). 51

c) Hypothetische Kausalität

Macht der Schädiger geltend, dass der Schaden, auf dessen Ersatz er in Anspruch genommen wird, auch ohne sein schädigendes Verhalten eingetreten wäre, nämlich aufgrund einer anderen Ursachenkette, die nur deshalb nicht habe zum schädigenden Erfolg führen können, weil sein eigenes Verhalten dazwischen getreten sei, so stellt sich zunächst die Frage, ob derartige Einwendungen überhaupt berücksichtigungsfähig sind. Da eine generelle gesetzliche Regelung fehlt und aus den vorhandenen gesetzlichen Einzelfallregelungen, etwa der §§ 440 Abs. 2, 844 Abs. 1 BGB, §§ 565, 705 HGB, eine allgemeine Lösung nicht möglich ist, kommt nach dem derzeitigen Meinungsstand lediglich eine **fallgruppenbezogene Lösung** in Betracht (Einzelheiten bei Erman/Kuckuk, BGB, vor § 249 Rn. 78 ff.). Es besteht im Grundsatz Einvernehmen darüber, dass sich die hypothetische Kausalität nicht im Bereiche der Haftung dem Grunde nach (ebenso Greger, Zivilrechtliche Haftung, § 7 StVG Rn. 46, 47), sondern nur im Bereiche der zu ersetzenden Schadenshöhe, und auch dort nur in solchen Fällen zugunsten eines Schädigers auswirken kann, wenn es sich um Schäden handelt, deren Höhe und Entwicklung bei dem Eintritt des schädigenden Ereignisses nicht abgeschlossen sind, also typischerweise für Fälle des Verdienstausfalls, des entgangenen Gewinns oder des Nutzungsausfalls (Vermögensfolgeschäden). Nur in diesen Fällen kommt die Berücksichtigung eines hypothetischen Geschehensablaufes in Betracht (BGHZ 29, 207, 215; BGHZ 78, 209), wobei es wiederum Sache des Schädigers ist, den von ihm behaupteten hypothetischen Kausalverlauf zu beweisen (BGH, VersR 1976, 927; BGH, VersR 1982, 348, 350; s. auf den besonders instruktiven Abgrenzungsfall BGH, VersR 1987, 179 f.). 52

7. Unfall als Haftungsvoraussetzung des § 7 Abs. 1 StVG

Eine der kritischsten Fragen im Bereich der Gefährdungshaftung ist, ob die Halterhaftung des § 7 Abs. 1 StVG voraussetzt oder – anders formuliert – nur dann eintritt, wenn der Schaden auf einem (Kraftfahrzeug-)Unfall beruht. Dabei ist „Unfall" ein plötzlich von außen eintretendes unfreiwilliges Ereignis, welches bei dem Opfer zu einem Schaden führt (BGHZ 37, 313; vgl. § 1 Abs. 3 AUB). Dafür könnte § 7 Abs. 2 Satz 1 StVG sprechen, der unter bestimmten Voraussetzungen die Ersatzpflicht für durch Unfall verursachte Schäden ausschließt. Diese Frage ist **streitig** (bejahend: Greger, Zivilrechtliche Haftung, § 7 StVG Rn. 103, 104; verneinend Jagusch/Hentschel, Straßenverkehrsrecht, § 7 StVG Rn. 1; Schneider/Schneider, MDR 1986, 991; wohl verneinend BGHZ 37, 311, 313; offen gelassen bei BGHZ 71, 339 u. Drees/Kuckuk/Werny, Straßenverkehrsrecht, § 7 StVG Rn. 23). Wollte man die Frage bejahen, dann wäre die folgerichtige Konsequenz, dass etwa die Widerrechtlichkeit der Schädigung ihre Bedeutung verliert (so mit Recht Greger, a.a.O.), die besonders im Bereich der manipulierten Unfälle von erheblicher Bedeutung ist. 53

Es ist jedoch der Gegenansicht zu folgen. Denn die Halterhaftung des § 7 Abs. 1 StVG knüpft ausschließlich an den Betrieb eines Kraftfahrzeuges an, setzt also lediglich diesen als Haftungsgrundlage voraus. Es ist zwar richtig, dass Unfallschäden die große Masse der die Halterhaftung auslösenden Schäden darstellen. Das schließt aber nicht aus, dass auch andere Schadensursachen als die begriffstypischen Unfälle die Halterhaftung auslösen können. Hierzu gehören etwa Schäden, die an Gebäuden durch Erschütterungen ausgelöst werden, welche ihrerseits durch vorbeifahrende Kraftfahrzeuge entstehen (OLG Frankfurt/M., DAR 1987, 82: Panzerkolonnen; a.A. insoweit Greger, a.a.O. Rn. 103, 106; wie hier: Jagusch/Hentschel, a.a.O.). 54

55   Den Betrieb eines Kraftfahrzeuges nutzt schließlich auch der aus, der in **Tötungsabsicht** auf einen Menschen zufährt (BGHZ 37, 313, 316).

56   Zweifelhaft ist dagegen, ob die **verkehrsbedingte** bloße Abnutzung und **Beschädigung der Fahrbahn** durch den Straßenverkehr Ersatzansprüche nach § 7 Abs. 1 StVG auszulösen vermag (bejahend: Schneider, MDR 1989, 193; verneinend: Greger, a.a.O.). Die Frage wird für Schäden infolge bestimmungsgemäßen Gebrauchs, also für den Normalfall, zu verneinen sein. Denn für die normale Unterhaltung einer Straße leisten die Verkehrsteilnehmer ihren Kostenbeitrag bereits in Form von Kraftfahrzeug- und Mineralölsteuern. Etwas anderes gilt, wenn eine Fahrbahn dadurch, dass ein bestimmtes Fahrzeug Öl, Kraftstoff oder eine entsprechende Ladung verliert, unbenutzbar oder verkehrsgefährdend verschmutzt wird. Für diese Fälle greift die Halterhaftung ein (OLG Köln, VersR 1983, 289).

8. Begriff des Kraftfahrzeughalters

a) Grundsatz

57   Ersatzpflichtig für Schäden, die beim Betrieb eines Kraftfahrzeuges entstehen, ist nach § 7 Abs. 1 StVG dessen Halter. Der Begriff des **Halters** ist gesetzestechnisch zuerst im Rahmen der Tierhalterhaftung des § 833 BGB verwendet worden und bezeichnet dort die Person, die ein Tier nicht nur ganz vorübergehend im eigenen Interesse in ihrem Haus oder Wirtschaftsbetrieb hat und verwendet (Erman/Schiemann, BGB, § 833 Rn. 7) und das Risiko des wirtschaftlichen Verlustes des Tieres trägt (BGH, NJW 1977, 2158). Hieran knüpft in gewisser Weise der Begriff des Halters **eines Kraftfahrzeuges** – der im gesamten StVG die gleiche Bedeutung hat (OLG Hamm, VersR 1956, 326) – an: Halter eines Kraftfahrzeuges ist derjenige, der es nicht nur ganz vorübergehend für eigene Rechnung in Gebrauch hat und die dafür erforderliche Verfügungsgewalt über das Fahrzeug besitzt. Diese vom RG entwickelte Definition (z.B. RGZ 78, 314; RGZ 120, 159) ist vom BGH übernommen worden (z.B. BGH, NJW 1954, 1198; BGH, VersR 1957, 162; BGHZ 87, 133, 135). Sie kann heute als **Allgemeingut** betrachtet werden. Notwendig ist somit **dreierlei**: Die tatsächliche Möglichkeit, das Kraftfahrzeug zum eigenen Nutzen einzusetzen oder zu bestimmen, welche andere Person es nutzen kann, sowie die damit verbundene Kostentragungspflicht.

58   Grundlage für dieses Verständnis ist, dass jedes Kraftfahrzeug vom Augenblick seiner erstmaligen Inbetriebnahme ab einen Halter hat (RGZ 170, 182), ganz unabhängig davon, ob es tatsächlich zum öffentlichen Straßenverkehr zugelassen ist oder nicht. Hieraus folgt, dass der Halterbegriff zwar zweifelsfrei ein Rechtsbegriff ist, dass er aber weder mit Eigentum noch mit Besitz gleichzusetzen ist, noch sich darin erschöpft. Die haftungsrechtlich äußerst bedeutsame Haltereigenschaft kann vielmehr nur aus einer **Verknüpfung tatsächlicher und wirtschaftlicher Faktoren** gewonnen werden.

b) Anhaltspunkte für Halterstellung/-eigenschaft

59   **Anhaltspunkte** für die Halterstellung sind zunächst das Eigentum am Fahrzeug (so z.B. OLG Köln, VersR 1968, 154; OLG Hamm, VRS 53, 313), aber nur, sofern es derjenigen Person zusteht, die das Fahrzeug tatsächlich nutzt. Ferner liefert einen wichtigen Anhaltspunkt die Klärung, wer die **Kosten** des Betriebes tatsächlich trägt, also die fixen Kosten wie Steuern und Versicherungsprämien sowie die Inspektionskosten, ferner aber auch die verbrauchsabhängigen Treibstoff- und Reparaturkosten. Hingegen kann weder aus der Person dessen, der die gesetzlich vorgeschriebene Kraftfahrzeughaftpflichtversicherung abgeschlossen hat (BGHZ 13, 351) noch der, auf deren Namen die Zulassung erfolgt ist, im Streitfall hinreichend deutlich auf die Halterstellung geschlossen werden. Das Merkmal „**Verfügungsgewalt**", welches zusätzlich vorliegen muss, verlangt keine rechtliche Verfügungsmacht über das Fahrzeug, sondern umschreibt nur die tatsächliche Möglichkeit, eigenverantwortlich zu entscheiden, wer ein Kraftfahrzeug wann und zu welchem Zweck benutzen darf (BayObLG, VRS 58, 462). Derjenige, auf dessen Rechnung das Fahrzeug

gebraucht wird, kann diese tatsächliche Verfügungsmacht einem anderen übertragen, der von seinen Weisungen abhängig ist; er bleibt dann der Halter des Fahrzeuges, und zwar auch dann, wenn der andere das Fahrzeug weisungswidrig einem Dritten überlässt (BGH, VersR 1957, 719).

Die Haltereigenschaft muss **im Zeitpunkt des schädigenden Ereignisses** vorgelegen haben, also   60
i.d.R. im Zeitpunkt des Unfalls. Ihr späterer Wegfall bleibt auf die einmal begründete Haftung ohne Einfluss. Somit dauert die Haftung fort, auch wenn das Fahrzeug nach dem Unfall endgültig stillgelegt wird. In gleicher Weise besteht sie für Schadensfolgen, die erst nach einer evtl. Aufgabe der Haltereigenschaft aus einem vorangegangenen Unfall entstehen.

Beispiel:

Der bei einem Unfall verletzte Fußgänger stirbt an den Unfallfolgen, nachdem der Halter des den Unfall verursachenden Fahrzeuges dieses veräußert hat: Er haftet gleichwohl für die sich aus dem Tod des Fußgängers ergebenden Schadensersatzansprüche.

c) Mehrheit von Haltern

Treffen bei mehreren Personen alle für die Haltereigenschaft notwendigen Merkmale zusammen,   61
so ist jede von ihnen Halter des Fahrzeugs. Somit kann ein Fahrzeug mehrere Halter haben (BGHZ 13, 351; KG, VersR 1970, 185). Die Annahme einer Haltermehrheit setzt aber voraus, dass **alle** wesentlichen, die **Haltereigenschaft bezeichnenden Merkmale** bei **jeder** der in Betracht kommenden Personen **vorliegen.** Dazu ist nicht erforderlich, dass die beteiligten Personen auch die tatsächliche Verfügungsmacht stets gemeinsam ausüben. Eine „Benutzungsregelung" kann unter den Haltern stillschweigend oder ausdrücklich getroffen werden. Dann ist jede von ihnen unabhängig von internen Abreden im Außenverhältnis halterpflichtig und damit nach § 7 StVG haftpflichtig (OLG Frankfurt/M., VRS 52, 220). Das führt zur gesamtschuldnerischen Verantwortlichkeit aller Halter (BGHZ 13, 351; KG, VRS 45, 220).

d) Fallgruppen der Haltermehrheit

Ehegatten sind dann gemeinsam Halter, wenn jeder von ihnen das Fahrzeug in gleicher Weise   62
benutzt (Weimar, MDR 1963, 366) und einen Kostenbeitrag leistet (Greger, Zivilrechtliche Haftung, § 7 StVG Rn. 330). Es kommt hier sehr auf die tatsächlichen Gegebenheiten an. Gelegentliche Überlassung an den anderen Ehegatten reicht nicht, vielmehr kommt es auf eigenständige tatsächliche Verfügungsgewalt an. Handelt es sich um ein Firmenfahrzeug im Betrieb eines Ehegatten, so ist dieser Halter, auch wenn das Fahrzeug nur oder auch vom anderen Ehegatten benutzt wird (KG, VRS 45, 220; OLG Hamm, VersR 1981, 1021) oder wenn der andere Ehegatte diesen Betrieb vorübergehend leitet (OLG München, VersR 1977, 580).

In einer **BGB-Gesellschaft**, einer Gemeinschaft oder einer Erbengemeinschaft sind unter ver-   63
gleichbaren Voraussetzungen alle Mitglieder Halter (Weimar, DAR 1976, 65; Bouska, VD 1971, 333). Dagegen kann eine solche Gesellschaft mangels eigener Rechtspersönlichkeit nicht selbst Halter sein. Der stille Gesellschafter ist dann – auch – Halter eines von ihm benutzten sog. Firmenfahrzeuges, wenn das Fahrzeug aus Geschäftsmitteln betrieben wird und er an der Geschäftsführung beteiligt ist (BGH, VersR 1962, 509).

Die OHG oder andere **Personengesellschaften** des Handelsrechts ist Halterin der im Geschäfts-   64
betrieb verwendeten Fahrzeuge (KG, VersR 1970, 185; BayObLG, DAR 1985, 227 u. DAR 1976, 219), doch kann auch ein Gesellschafter selbst Halter sein (OLG Hamm, DAR 1971, 107; OLG Celle, DAR 1976, 72).

Juristische Personen sind Halter, auch wenn einem Vorstandsmitglied ein Fahrzeug zum alleini-   65
gen Gebrauch überlassen wird.

e) Geschäftsunfähige und beschränkt geschäftsfähige Personen

66 Da die Haltereigenschaft ein tatsächliches, kein rechtliches Verhältnis ist, können Halter von Kraftfahrzeugen auch geschäftsunfähige oder beschränkt geschäftsfähige Personen sein; sie können es aber **nicht** durch eigene **Willensentschließung** werden (vgl. hierzu Hofmann, NJW 1964, 228 sowie Bouska, VD 1973, 162). Halter ist, wer ein einem Minderjährigen gehörendes Fahrzeug auf eigene Kosten nach eigener Disposition nutzt ebenso wie derjenige, der einem Minderjährigen ein Mofa zwar schenkt, aber die Betriebskosten trägt und über die Benutzung entscheidet (OLG Hamm, VRS 53, 313).

f) Leasingfahrzeuge

67 Ein **Leasing-Nehmer** ist trotz der wenigen Kontrollrechte des Leasing-Gebers **alleiniger Halter** jedenfalls bei längerfristigen Leasingverträgen und wenn der Leasing-Nehmer die Betriebskosten trägt (BGHZ 87, 133), selbst wenn Steuern und Versicherung vom Leasing-Geber getragen werden: Sie sind in den Leasingraten einkalkuliert (einschränkend insoweit: BayObLG, DAR 1985, 227, das aber zu stark an die Kriterien des Mietvertrages anschließt; zur Abgrenzung zwischen beiden: Weber, DAR 1984, 170 m.w.N.). Wenn nach einem Unfall, bei dem ein Leasingfahrzeug beschädigt wird, der Leasing-Geber gegen den Dritten Ersatzansprüche aufgrund seines Eigentums geltend macht, kommt ein Ausgleich nach § 17 StVG deshalb nicht in Betracht, weil der Leasing-Geber nicht Fahrzeughalter ist (BGHZ 87, 133). Ebenso wenig kann der Leasing-Nehmer auf Ersatz eines Schadens am Leasingfahrzeug aus § 7 StVG in Anspruch nehmen (Hohloch, NZV 1992, 5).

g) Miete, Leihe

68 Der Vermieter und Verleiher eines Kraftfahrzeugs bleibt dessen alleiniger Halter, wenn die Überlassung nur für eine bestimmte Fahrt oder jedenfalls für einen sehr kurzfristigen Zeitraum erfolgt (BGHZ 32, 331, 333; BGHZ 37, 311; BGH, VersR 1961, 411). Eine klare Grenze lässt sich aber jedenfalls in **zeitlicher** Hinsicht kaum ziehen. Die Überlassung für einen eindeutig eingegrenzten **Zweck** bietet eine bessere Orientierungshilfe, etwa Überlassung, um eine bestimmte Erledigung vorzunehmen (BGHZ 37, 311). Überlassung für eine Urlaubsfahrt, die mehrere Wochen dauern soll, kann dagegen anders zu beurteilen sein. Eine Überlassung für drei Tage vom Vater an seine Tochter, wenn diese das Fahrtziel selbst bestimmen kann, dürfte für die Halterstellung der Tochter nicht ausreichen (a.A. OLG Hamm, DAR 1956, 111). Überlässt der Vater seinem Sohn ein Kraftfahrzeug zum Gebrauch, so bleibt er Halter, wenn er **neben** dem Sohn – der auch Halter ist – jederzeit über das Fahrzeug verfügen kann (OLG Koblenz, VRS 65, 375).

69 Umfasst die Gebrauchsüberlassung einen **längeren Zeitraum,** so geht auch dann die **Haltereigenschaft des Vermieters oder Verleihers** nicht in jedem Falle verloren. Sie bleibt stets bestehen, wenn der Vermieter oder Verleiher den Fahrer stellt und dieser den Weisungen des Mieters oder Entleihers nicht unterworfen ist (BGH, VersR 1960, 635). I.Ü. verbleiben bei Vermietung dem Vermieter neben dem Anspruch auf den Mietzins vertraglich oder gesetzlich festgelegte Rechte: Er kann den vertragsgemäßen Gebrauch des Fahrzeugs durch den Mieter überwachen, einen vertragswidrigen Gebrauch verhindern, das Mietverhältnis ggf. fristlos kündigen und die Rückgabe des Fahrzeuges nach Beendigung des Mietverhältnisses erzwingen. Der Verleiher hat kraft Gesetzes (§§ 603 – 605 BGB) noch stärkere Rechte in Ansehung des verliehenen Fahrzeuges. Die so verbleibende Verfügungsmacht von Vermieter und Verleiher reicht jedenfalls für den Regelfall aus, ihnen die Haltereigenschaft zu erhalten (vgl. dazu OLG Köln, VersR 1969, 357). Ist allerdings das Fahrzeug für einen längeren Zeitraum vermietet, ohne dass der Vermieter weiß, wo sich das Fahrzeug befindet, und ohne dass er darauf noch Einfluss nehmen, also seine vertraglichen Rechte im Wesentlichen nicht mehr realisieren kann, so verliert er seine Stellung als Halter (OLG Zweibrücken, VRS 57, 357). Hinzuweisen ist in diesem Fall besonders auf eine Entscheidung des BGH (BGHZ 116, 200, 205 f. = NZV 1992, 145). Danach wird der Vermieter eines Fahrzeuges, der aus

der **Vermietung wirtschaftliche Vorteile** zieht, regelmäßig Halter bleiben (ebenso OLG Frankfurt/M., VRS 52, 220), und zwar – außer in den eingangs genannten Fällen – neben dem Mieter, der das Mietfahrzeug auf eigene Kosten zur beliebigen eigenen Verwendung nutzen kann (BGH, a.a.O.; OLG Karlsruhe, NZV 1988, 191). Die Halterstellung des Mieters/Entleihers folgt hier daraus, dass er über die Nutzung des Fahrzeuges frei verfügen kann (BGHZ 32, 333) und die damit verbundenen Kosten trägt.

h) Diebstahl, unbefugter Gebrauch

Wird ein Kraftfahrzeug gestohlen, so wird der Dieb von dem **Augenblick** an Halter, ab dem er sich **im Besitz des Fahrzeuges** befindet, also dann, wenn er sich nicht mehr unmittelbaren polizeilichen Nachforschungen ausgesetzt sieht, also (entgegen RGZ 138, 320) nicht bereits dann, wenn er das gestohlene Fahrzeug in Betrieb setzt. Das KG (NZV 1989, 273) will auf den Zeitpunkt des Endes polizeilicher Nachforschungen abstellen. Das ist sicher zu unbestimmt und jedenfalls zu langfristig, wenn man bedenkt, dass etwa nach Anbringung gestohlener oder gefälschter Kennzeichen es dem Zufall unterliegt, ob ein gestohlenes Kraftfahrzeug überhaupt wieder aufgefunden wird. Denn jedenfalls mit der Kennzeichenveränderung kann ein Dieb von faktisch ungestörter Verfügungsmacht ausgehen. Das gilt in gleicher Weise für die Fälle des § 248b StGB. Soll hingegen das Fahrzeug nur unbefugt benutzt und danach dem Halter wieder zugeführt werden, so bleibt die Halterstellung unberührt, allerdings mit der Einschränkung, dass der unbefugte Benutzer für von ihm mit dem Fahrzeug verursachten Schäden nach § 7 Abs. 3 Satz 1 1. Halbs. StVG ersatzpflichtig ist.   **70**

Bezüglich der Halterhaftung gilt: Verliert der bisherige Halter infolge des Diebstahls in den o.g. Fällen seine Stellung als Halter, so scheidet auch seine Haftung aufgrund des § 7 Abs. 1 StVG aus, soweit es Schäden angeht, die der Dieb mit dem Fahrzeug verursacht hat. Das gilt auch für die Fälle der **Schwarzfahrt**, also der unbefugten Kraftfahrzeugbenutzung i.S.d. § 7 Abs. 3 Satz 1 1. Halbs. StVG. Der Halbs. 2 dieser Vorschrift sieht für Schwarzfahrtfälle nur dann eine Haftung **auch** des Halters neben der des Schwarzfahrers vor, wenn der Halter die Schwarzfahrt durch eigenes Verschulden ermöglicht hat. Für vom Dieb mit dem gestohlenen Fahrzeug verursachte Schäden haftet der – frühere – Halter weder nach § 7 Abs. 1 noch nach § 7 Abs. 3 Satz 2 2. Halbs. StVG.   **71**

i) Gebrauchsüberlassung aufgrund eines Dienst- oder Arbeitsverhältnisses

Wird einem Angestellten oder einem Arbeiter vom Arbeitgeber ein Kraftfahrzeug zu ausschließlich **dienstlicher Nutzung** überlassen, so ist nur der Arbeitgeber Halter des Fahrzeuges. Darf das Kraftfahrzeug aber auch **privat** benutzt werden, so ist der Angestellte oder Arbeiter ebenfalls Halter (OLG Hamm, VRS 17, 382; OLG Zweibrücken, NJW 1966, 2024 = VRS 31, 290). Setzt der Arbeitnehmer ein ihm gehörendes Fahrzeug mit Billigung des Arbeitgebers teilweise auch für Zwecke des Arbeitgebers ein, so sind ebenfalls Arbeitnehmer und Arbeitgeber Halter des Fahrzeuges, jedenfalls insoweit, als es Fahrten im betrieblichen Interesse angeht.   **72**

Halter von **Dienstfahrzeugen der Behörden** ist die jeweilige öffentlichrechtliche Körperschaft. Wird sie als Kraftfahrzeughalter nach § 7 StVG in Anspruch genommen, so kann sie sich nicht darauf berufen, der Geschädigte habe ggf. noch andere Ersatzmöglichkeiten. Denn das Haftungsprivileg nach § 839 Abs. 1 Satz 2 BGB kommt der öffentlich-rechtlichen Körperschaft in ihrer Eigenschaft als Kraftfahrzeughalter nicht zustatten, sie haftet nach § 7 StVG vielmehr im gleichen Umfang wie jeder andere Halter auch (BGHZ 50, 271, 273; OLG Karlsruhe, VersR 1978, 986). Wird ein einem Amtsträger zur ständigen Benutzung zugewiesenes behördeneigenes Fahrzeug von diesem in zulässiger Weise auch **privat** benutzt, so ist er ebenfalls Halter (RGZ 165, 365, 372). Benutzt ein Beamter ein ihm gehörendes Kraftfahrzeug mit Zustimmung des Dienstvorgesetzten für eine einzelne Dienstfahrt, so wird dadurch die öffentlich-rechtliche Körperschaft nicht auch Halter des Fahrzeuges (vgl. aber BGHZ 29, 38, 43, 44).

j) Sicherungsübereignung, Eigentumsvorbehalt, Verpfändung

73 Wird ein Kraftfahrzeug ohne Übertragung des unmittelbaren Besitzes einem anderen zur Sicherheit übereignet, so bleibt der Sicherungsgeber Halter des Fahrzeuges (BGH, VersR 1953, 283; OLG Celle, MDR 1965, 136). Anders, wenn der Sicherungsnehmer das Fahrzeug für eigene Zwecke auf eigene Kosten einsetzt (OLG Hamm, VersR 1956, 131). Wird ein Kraftfahrzeug verpfändet, so bleibt der Verpfänder Halter, der Pfandgläubiger erhält zwar den Besitz, aber kein Nutzungsrecht am Fahrzeug. Der Eigentumsvorbehalt ist für die Haltereigenschaft i.d.R. ohne Bedeutung. Halter des unter Eigentumsvorbehalt gelieferten Kraftfahrzeuges ist dessen Käufer (OLG Bamberg, DAR 1953, 35; Weimar, JR 1966, 174). Das gilt auch, wenn ein verkauftes Fahrzeug vom Käufer schon auf eigene Rechnung benutzt wird, aber noch auf den Verkäufer zugelassen ist (BGH, VersR 1969, 907).

k) Prüfungs-, Probe- und Überführungsfahrten (§ 28 StVZO)

74 Bei Prüfungs- und Probefahrten ändert sich die Haltereigenschaft nicht. Wird ein gekauftes Fahrzeug zum Käufer überführt, so wird dieser erst dann Halter, wenn er auch die Verfügungsgewalt über das Fahrzeug erlangt, etwa dann, wenn er die Überführung selbst vornimmt oder durch einen Beauftragten vornehmen lässt. Auch Probefahrten, die seitens einer vom Halter beauftragten Werkstatt durchgeführt werden, machen die **Werkstatt** bzw. den Werkstattinhaber nicht zum Halter des Fahrzeugs.

9. Begriff des Anhängerhalters

75 Die Gesichtspunkte, die für den Begriff des Halters eines KfZ maßgeblich sind, gelten sinngemäß auch für den Halter eines Anhängers (s. dazu Rn. 57 ff.). Die Einführung einer **eigenständigen Haftung des Anhängerhalters** beruht auf überzeugenden rechtspolitischen Erwägungen. Sie bezieht sich nur auf solche Anhänger, die nach Konstruktion und Verwendungszweck dazu bestimmt sind, von einem Kraftfahrzeug gezogen zu werden, also nicht auf Fahrradanhänger. Ist der Hänger mit dem ziehenden Kraftfahrzeug verbunden (Betriebseinheit, vgl. Rn. 13) und kommt es dabei zum Unfall, so haften beide Halter als Gesamtschuldner. Ist der Hänger aber nicht mit dem Zugfahrzeug verbunden, so haftet der Halter des Hängers allein. Kommt es zum Schaden während des Abhängevorgangs oder im räumlichen und zeitlichen Zusammenhang damit, so haften nach Sinn und Zweck der Regelung ebenfalls beide Halter.

10. Ersatzfähige Schadensarten nach § 7 Abs. 1 StVG

76 § 7 Abs. 1 StVG nennt als **ersatzfähige Schäden** nur Tötung oder Verletzung eines Menschen sowie Beschädigung einer Sache. Daraus ergibt sich – geordnet nach **Schadensarten und Schadensgruppen** – folgende **Aufstellung**:

a) Tötung eines Menschen (§ 10 StVG)

77 • Schadensbedingt entstandene Kosten versuchter Heilbehandlung (§ 10 Abs. 1 StVG),

   • während dieser Zeit entstandener Verdienstausfall des Verletzten (§ 10 Abs. 1 Satz 1 StVG),

   • zwischen Schädigung und Tod entstandene Kosten vermehrter Bedürfnisse des Verletzten (§ 10 Abs. 1 Satz 1 StVG),

   • Beerdigungskosten (§ 10 Abs. 1 Satz 2 StVG),

   • Unterhaltsverlust derjenigen Personen, denen der Getötete kraft Gesetzes unterhaltspflichtig war oder werden konnte und die diese Ansprüche infolge des Todes verloren haben.

b) Verletzung eines Menschen (§ 11 StVG)

- Schadensbedingt entstandene Heilbehandlungskosten,   78
- Verdienstausfall des Verletzten, den dieser während der Heilbehandlung oder – bei verbleiben- den Dauerschäden, die eine Minderung oder den Verlust seiner Erwerbsfähigkeit zur Folge haben – dauernd erleidet,
- seine vermehrten Bedürfnisse unabhängig davon, ob sie nur auf Zeit oder auf Dauer eintreten,
- Schmerzensgeld.

c) Sachschäden

- Unwiederbringlicher Verlust einer Sache, die etwa nach einem Schadensfall nicht mehr auf-   79 findbar und auch nicht zu ersetzen ist.
- Totale Zerstörung oder Beschädigung einer – beweglichen oder unbeweglichen – Sache (Bsp. unbewegliche Sache: Verschmutzung der Fahrbahnoberfläche durch Ölverlust: OLG Köln, VersR 1983, 289). Sachen sind alle körperlichen Gegenstände (§ 90 BGB). Auf den Aggregat- zustand (fest, flüssig, gasförmig) kommt es nicht an. Der lebende Mensch ist keine Sache, auch nicht der menschliche Leichnam, solange noch von einer Nachwirkung der Persönlichkeit nach dem Tode gesprochen werden kann. Abgetrennte Körperteile können mit Rücksicht auf die Verkehrsanschauung Sachen im Rechtssinne sein, insbesondere abgeschnittene Haare. Künst- liche Körperteile, die vom Körper völlig aufgenommen werden, also etwa Plomben, künst- licher Ersatz für Knochen und innere Organe, verlieren mit der Einfügung die Eigenschaft als Sache; werden sie beschädigt, ist das Körper- oder Gesundheitsverletzung. Prothesen, Perü- cken und Ähnliches bleiben dagegen verkehrsfähig und behalten ihre Sacheigenschaft. Tiere sind zwar keine Sachen, auf sie sind jedoch gem. § 90a BGB die für Sachen geltenden Vor- schriften entsprechend anzuwenden. Wesentliche und unwesentliche Bestandteile von Sachen (§§ 93, 94 BGB), etwa Häuser, Bäume, Pflanzen, auch im Boden verankerte Verkehrsschilder, Leitplanken und Zäune gehören rechtlich zur Muttersache; auch ihre Beschädigung erfüllt daher den Begriff der Beschädigung von Sachen.
- Da § 7 StVG nur auf die Beschädigung einer **Sache** abstellt, sind auch die Schäden zu ersetzen, die einem Besitzer (Mieter, Leasingnehmer) durch Totalzerstörung oder Beschädigung der Sache entstehen, auf die sich sein Besitzrecht erstreckt (BGH, NJW 1981, 750 = VersR 1981, 161).
- Schutz des § 7 genießen auch **Aneignungsrechte,** etwa ein jagdbares Tier für einen Jagd- berechtigten (str.; zustimmend: Greger, Zivilrechtliche Haftung, § 7 StVG Rn. 122; ablehnend Weimar, WM 1981, 636).

d) Zinsansprüche

Sämtliche vorstehenden Ansprüche unterliegen der Verzinsungspflicht des § 849 BGB. Zwar ist   80 eine diesbezügliche Vorschrift im StVG nicht enthalten und es wird auch nicht auf § 849 BGB Bezug genommen. Gleichwohl besteht Einvernehmen darüber, dass sie auf Ansprüche aus dem StVG entsprechend anzuwenden ist (BGH, VersR 1983, 555; OLG Celle, VersR 1977, 1104). Daneben bestehen die üblichen Zinsansprüche etwa aus Verzug oder auf Prozesszinsen.

e) Haftungshöchstgrenzen

Alle Ersatzansprüche aus dem StVG dürfen insgesamt die **Haftungshöchstgrenzen** des **§ 12 StVG**   81 nicht übersteigen.

f) Von § 7 StVG nicht gedeckte Schäden

82 Dagegen unterliegen die folgenden Schadensarten nicht dem Schutz des § 7 StVG, sind also aufgrund bloßer Gefährdungshaftung nicht ersatzfähig:

● Sog. **Fortkommensschaden** des § 842 BGB; die praktische Bedeutung ist verhältnismäßig gering, weil Verdienstausfallschäden nach den §§ 10 Abs. 1 Satz 1, 11 StVG ohnehin zu ersetzen sind.

● Ansprüche auf **Ersatz entgangener Dienste** nach § 845 BGB. Auch hier ist die praktische Bedeutung verhältnismäßig gering, da die Vorschrift lediglich noch die Fälle der Dienstleistungspflicht von Kindern im elterlichen Betrieb oder Haushalt nach § 1619 BGB erfasst (näher Erman/Schiemann, BGB, § 845 Rn. 2).

II. Haftung des Kraftfahrzeugführers bzw. Anhängerführers aus § 18 Abs. 1 StVG

1. Grundgedanke

83 Die Haftung des Halters eines Kraftfahrzeuges bzw. Anhängers ist nach § 7 Abs. 1 StVG reine **Gefährdungshaftung.** Für die dadurch begründeten Ersatzansprüche Geschädigter haftet diesen nach § 18 Abs. 1 Satz 1 StVG **neben dem Halter auch der Führer** des den Schaden verursachenden Fahrzeuges bzw. Anhängers. Das setzt nicht etwa voraus, dass das Fahrzeug zurzeit des schädigenden Ereignisses einen vom Halter personenverschiedenen Führer hatte, denn selbstverständlich kann der Halter sein Kraftfahrzeug auch selbst führen. Die **Haftung beider unterscheidet** sich nur insofern, als **diejenige des Kraftfahrzeugführers bzw. Anhängerführers reine Verschuldenshaftung** ist. **Sein Verschulden wird gesetzlich vermutet** (vgl. Greger, Zivilrechtliche Haftung, § 18 StVG Rn. 2). § 18 Abs. 1 Satz 2 StVG räumt jedem der beiden Führern eine **Entlastungsmöglichkeit** ein: Seine Haftung – nämlich in dem Bereich, für den § 7 Abs. 1 StVG eine Halterhaftung vorsieht – entfällt, wenn er nachweist, dass der Schaden nicht durch sein Verschulden verursacht worden ist. Somit handelt es sich bei der **Haftung des Kraftfahrzeugführers bzw. Anhängerführersum eine vermutete Verschuldenshaftung mit umgekehrter Beweislast** (BGH, VersR 1983, 438, 440; Weber, DAR 1984, 71). Insoweit steht sich der Führer günstiger als der Halter. Denn der Halter kann der Haftung aus § 7 Abs. 1 StVG nur dadurch entgehen, dass er den Unabwendbarkeitsbeweis nach § 7 Abs. 2 StVG erbringt (Schäden bis 31.7.2002) oder den Nachweis höherer Gewalt (**Schäden ab 1.8.2002**).

2. Haftungsvoraussetzungen und Haftungsumfang

84 § 18 Abs. 1 StVG begründet die Haftung des Führers nur insoweit, als die Voraussetzungen des § 7 **Abs. 1 StVG** für die Halterhaftung vorliegen. Somit haftet er **nur,** wenn bei dem Betrieb des von ihm geführten Kraftfahrzeuges bzw. Anhängers ein Mensch getötet, der Körper oder die Gesundheit eines Menschen verletzt oder eine Sache beschädigt worden ist. Zu den **Voraussetzungen** dieser Haftung im Einzelnen s. Rn. 27 – 47 u. 90 – 98). Ebenso wie der Halter haftet auch der Fahrer nach § 18 Abs. 1 Satz 1 StVG nur für solche Schäden, für die ein **haftungsrechtlicher Zurechnungszusammenhang** mit dem schädigenden Ereignis, also der vorangegangenen Verkehrswidrigkeit des Fahrers besteht (BGHZ 107, 359 m. Anm. Dunz, JR 1990, 112 u. Anm. Emmerich, JuS 1990, 143; BGH, VersR 1987, 821).

Ob sich der Unfall, der den Schaden ausgelöst hat, im öffentlichen Verkehrsraum ereignet hat, ist unerheblich, sofern er nur beim Betriebe des Kraftfahrzeuges eintrat. Ohne Bedeutung ist auch, ob das Kraftfahrzeug überhaupt zum öffentlichen Verkehr zugelassen ist. Liegen die Haftungsvoraussetzungen entsprechend § 7 Abs. 1 StVG vor, so regeln sich Gegenstand und Höhe der Ersatzpflicht nach den oben zur Halterhaftung dargelegten Kriterien.

3. Begriff des Führers eines Kraftfahrzeuges oder eines Anhängers

a) Tatsächliche Herrschaft über das Fahrzeug

Führer eines Kraftfahrzeuges ist, wer es – i.d.R. unter Verwendung seiner Antriebskräfte – in   85
Bewegung setzt (RGZ 144, 301). Der Einsatz der Motorkraft ist zwar die Regel, aber nicht zwingend erforderlich. Auch derjenige, der ein Kraftfahrzeug auf einer Gefällestrecke ohne Motoreinsatz rollen lässt und dabei lenkt, führt das Kraftfahrzeug (BGHSt 14, 185; BayObLG, VRS 67, 373). Es kommt für das Führen eines Fahrzeuges auf die Person an, die – ohne Rücksicht auf die rechtlichen Voraussetzungen – die **tatsächliche Herrschaft** über das Kraftfahrzeug während des Betriebsvorganges innehat. Entscheidend ist also, wer rein tatsächlich diejenigen Verrichtungen ausübt, die notwendig sind, damit sich das Fahrzeug im Verkehr fortbewegen kann, also wer die tatsächlich Sachherrschaft über das Fahrzeug hat. Es ist belanglos, ob es sich um eine dazu berechtigte oder nicht berechtigte Person handelt. Auch der Dieb und der Schwarzfahrer sind während des Betriebsvorganges Führer. Ebenso ist es belanglos, ob der Führer über die erforderliche Fahrerlaubnis verfügt oder nicht.

b) Sondersituation Fahrschüler-Fahrlehrer

Nach § 3 Abs. 2 StVG ist der **Fahrschüler** weder bei Übungsfahrten noch bei der Prüfungsfahrt   86
Führer des Kraftfahrzeuges, sondern der ihn begleitende bzw. beaufsichtigende Fahrlehrer. Dieser muss den Fahrschüler ständig überwachen und in der Lage sein, jederzeit einzugreifen (BGH, VersR 1969, 1037). Kommt es während einer Übungsfahrt zu einem Schadensfall, so stützt sich die **Verschuldensvermutung** des § 18 Abs. 1 Satz 1 StVG bezüglich des Fahrlehrers darauf, dass dieser die erforderliche Überwachung und Kontrolle des Fahrschülers unterlassen hat. Hierauf muss sich auch der eventuelle Entlastungsbeweis des Fahrlehrers nach § 18 Abs. 1 Satz 2 StVG beziehen.

c) Zeitlicher Beginn

Die **Führung** eines Fahrzeuges **beginnt,** sobald es tatsächlich in Bewegung gesetzt wird (BGH,   87
NZV 1989, 32; OLG Düsseldorf, NZV 1989, 202). Dazu genügen Vorbereitungshandlungen einschließlich des Anlassens des Motors nicht. Auch ein auf einer Hebebühne oder einem Sockel aufsitzendes Fahrzeug kann infolge fehlender Verbindung zwischen seinen Rädern und dem Erdboden nicht geführt werden (BayObLG, NJW 1986, 1822). Die **Führung endet,** sobald der Betriebsvorgang abgeschlossen, also Zweck oder Ziel der Fahrt erreicht sind und das Fahrzeug endgültig abgestellt wird.

d) Bloße Hilfstätigkeiten

Wer nur **Hilfstätigkeiten** während einer Fahrt ausübt (Betätigung der Lichtanlage, der Sonnen   88
blende, der Handbremse, des Scheibenwischers, Öffnen und Schließen der Tür), ist nicht Führer des Kraftfahrzeuges, auch nicht derjenige, der lediglich einmal einen Gang einlegt (KG, VRS 12, 110), der ein auf der Autobahn liegen gebliebenes Fahrzeug in Betrieb zu setzen versucht (OLG Bamberg, VersR 1985, 344 = VRS 68, 333) oder wer beim Schieben eines nicht betriebsbereiten Fahrzeuges nach der jeweiligen Anweisung des Fahrers nur das Lenkrad einschlägt (BGH, VersR 1977, 624).

e) Mehrere Führer

Nach bestrittener, aber wohl richtiger Ansicht (bejahend: Greger, Zivilrechtliche Haftung, § 18   89
StVG Rn. 11; verneinend: Drees/Kuckuk/Werny, Straßenverkehrsrecht, § 18 StVG Rn. 5) kann ein Fahrzeug auch **mehrere Führer** haben. Damit sind nicht Fälle gemeint, in denen etwa ein Lastzug auf einer Fernfahrt mit zwei Fahrern besetzt ist, die sich in der Führung abwechseln. Denn hier ist stets nur derjenige Fahrer der Führer i.S.d. § 18 StVG, der den Zug im Zeitpunkt des schädigenden

Ereignisses gefahren hat (RGZ 138, 326). Vielmehr geht es – wiederum unabhängig von der verkehrsrechtlichen Zulässigkeit solchen Verhaltens – um Fälle, in denen eine Person etwa Lenkung, Bremse und Kupplung, eine andere Person, also der Beifahrer, die Schaltung bedient (Bsp.: OLG Hamm, VRS 37, 281). Denn nur im **Zusammenwirken beider Personen** kann in solchen Fällen das Kraftfahrzeug tatsächlich in Bewegung gesetzt und in dieser gehalten werden. Hingegen reicht es für eine gemeinsame Führung nicht aus, wenn der Beifahrer lediglich einmal einen Gang einlegt (KG, VRS 12, 110) oder einmal in die Lenkung eingreift (OLG Hamm, NJW 1969, 1976).

4. Entlastungsbeweis (§ 18 Abs. 1 Satz 2 StVG)

90 § 18 Abs. 1 Satz 2 StVG gibt dem Führer eines Fahrzeuges die Möglichkeit, sein in § 18 Abs. 1 Satz 1 StVG gesetzlich vermutetes Verschulden an einem von ihm verursachten Schaden durch den von ihm zu erbringenden Beweis auszuräumen, dass ihn an der Entstehung des Schadens **kein Verschulden** trifft.

a) Sorgfaltsmaßstab

91 Dieser Entlastungsbeweis umfasst die **Beweislast** hinsichtlich sämtlicher Tatsachen, die im konkreten Schadensfall als Verschulden in Betracht kommen. Kann der Geschehensablauf auf **mehrere Ursachen** zurückgeführt werden, dann ist dieser Beweis nur erbracht, wenn nachgewiesen ist, dass den Fahrer bezüglich sämtlicher in Betracht kommender Möglichkeiten kein Verschulden trifft. Deshalb geht es zu seinen Lasten, wenn der Sachverhalt ungeklärt bleibt (BGH, NJW 1974, 1519 f. = VersR 1974, 1030). Der Fahrzeugführer braucht aber nur darzutun und zu beweisen, dass ihn kein Verschulden trifft, nicht etwa, dass ein unabwendbares Ereignis i.S.d. § 7 Abs. 2 StVG vorliegt (OLG Bamberg, VersR 1974, 60). Hat der Fahrzeugführer den nach § 18 Abs. 1 Satz 2 StVG obliegenden Beweis erbracht, so hat er auch die **Betriebsgefahr** des von ihm geführten Kraftfahrzeuges nicht zu vertreten, er ist vielmehr haftungsfrei (BGH, VersR 1970, 620). Sofern der Schaden durch einen Fehler in der Beschaffenheit des Fahrzeuges oder das Versagen seiner Verrichtungen verursacht worden ist, haftet der Fahrzeugführer nicht. Ausnahme: Ihn trifft gerade insoweit ein Verschulden.

b) Verschuldensformen

92 **Verschulden** i.S.d. § 18 Abs. 1 Satz 2 StVG ist – wie auch bei § 276 BGB – **Vorsatz und Fahrlässigkeit;** bedingter Vorsatz und jede, auch leichte Fahrlässigkeit genügen. Fahrlässig – Vorsatz wird kaum jemals in Betracht kommen – handelt, **wer die im Verkehr erforderliche Sorgfalt** außer Acht lässt. Der **Maßstab** für die anzuwendende Sorgfalt ist ein allgemeiner und objektiver, derjenige des **durchschnittlich ordnungsgemäßen Verkehrs.** Der Fahrzeugführer kann sich also zu seiner Entlastung weder darauf berufen, dass er – etwa aufgrund fehlender Erfahrung – die Gefahr nicht richtig einschätzen konnte (Bsp.: fehlende Erfahrung in der Führung eines Pkw mit Wohnanhänger), noch darauf, dass die tatsächliche Fahrweise seiner üblichen Sorgfalt entspreche („Ich fahre immer so.").

c) Einzelheiten und Fallgruppen

93 Um beurteilen zu können, ob der Fahrzeugführer diesen Sorgfaltsanforderungen entsprochen hat, muss der **Geschehensablauf feststehen.** Denn nur dann lässt sich erkennen, ob er durch eine Pflichtwidrigkeit des Fahrzeugführers beeinflusst worden ist. Somit muss der Fahrzeugführer den wirklichen Geschehensablauf beweisen (Greger, Zivilrechtliche Haftung, § 18 StVG Rn. 13). Zweifel gehen zu seinen Lasten. Verschulden setzt auch hier eine von der Rechtsordnung missbilligte Willenshaltung eines Zurechnungsfähigen voraus. Daher sind ggf. die §§ 827, 828 BGB und auch § 829 BGB anwendbar.

Kuckuk

Jedoch kann sich der Fahrzeugführer nicht dadurch entlasten, dass er darlegt, er sei infolge **Alko-** 94
holgenusses schuldunfähig gewesen (§ 827 Satz 2 BGB). Geringer Alkoholgenuss schließt andererseits den Nachweis fehlenden Verschuldens nicht unbedingt aus. Dazu ist erforderlich, dass die
Blutalkoholkonzentration (BAK) des Fahrzeugführers zur Unfallzeit unterhalb des Grenzwertes
von 1,1 Promille gelegen hat **und** diese BAK für den Unfall nicht ursächlich geworden ist, also
weder Fahrweise noch Reaktion des Fahrzeugführers unfallursächlich geworden sind.

Der Unfall beruht auf **mangelnder Betriebssicherheit** des Fahrzeuges: Das Verschulden kann in 95
solchen Fällen darin liegen, dass der Fahrzeugführer die Führung eines Fahrzeuges übernommen
hat, entweder obwohl er die Mängel gekannt oder weil er vorwerfbar vor der Abfahrt eine Prüfung
auf Mängel unterlassen hat, oder aber dass er die Führung des Fahrzeuges fortgesetzt hat, obwohl
ihm während der Fahrt solche Mängel aufgefallen sind.

Beispiel: für **Prüfungspflichten vor Fahrtantritt:** 96

- Bremsenprüfung bei bisher unbekanntem Fahrzeug (BGH, VRS 23, 211; BGH, DAR 1961,
  341),

- bei erstmalig benutztem Gebrauchtfahrzeug (OLG Düsseldorf, DAR 1981, 393);

- Reifenprüfung bei bisher unbekanntem Fahrzeug (BGHSt 17, 277);

- Prüfung auf hinreichenden Kraftstoffvorrat (OLG Stuttgart, VRS 27, 269; OLG Karlsruhe,
  NJW 1975, 838).

- Bleibt ein Fahrzeug infolge fehlenden Treibstoffs liegen und fährt deshalb ein anderes auf das
  liegen gebliebene Fahrzeug auf, so ist vom Verschulden des Fahrzeugführers für den Treibstoffmangel auszugehen, auch wenn auf ein aus diesem Grunde geschobenes Motorrad aufgefahren wird (BGH, VersR 1968, 395).

Beispiel für Schäden infolge Weiterfahrt trotz während der Fahrt aufgetretener Sicherheits- 97
mängel:

Weiterfahrt trotz festgestellter Bremsmängel (OLG Düsseldorf, VersR 1970, 67) oder trotz
Ausfalls eines Teils der Beleuchtungsanlage. Es handelt sich in diesem Bereich im Wesentli-
chen um die Verletzung eines Teils der sich aus § 23 StVO ergebenden Pflichten.

Zum Verschulden bezüglich der Entstehung von Schäden außerhalb des vorstehenden Bereichs 98
vgl. z.B. OLG Koblenz, VRS 68, 32 zu der Frage, ob das Ablösen eines Reifens, der durch einen
eingedrungenen Nagel defekt geworden war, rechtzeitig bemerkt werden konnte; zum Verschulden, wenn ein anderes Fahrzeug durch einen hochgeschleuderten Stein beschädigt wird s. BGH,
VersR 1974, 1030, und wenn ein Fußgänger verletzt wird, nachdem er zum Überqueren einer Bundesstraße eine Leitplanke überquert hatte (OLG Karlsruhe, VRS 74, 86).

5. Haftungsfolgen bei festgestelltem Verschulden des Führers

Ist nicht nur vom vermuteten Verschulden des § 18 Abs. 1 StVG auszugehen, welches nur zum 99
Haftungsumfang im Rahmen der Gefährdungshaftung des Halters führt, sondern davon, dass das
Verschulden des Fahrzeugführers positiv feststeht – das kann u.U. auch das Ergebnis eines misslungenen Entlastungsbeweises nach § 18 Abs. 2 StVG sein –, dann haftet der Fahrzeugführer nach
den §§ 18 Abs. 2, 16 StVG nicht nur im Rahmen der Gefährdungshaftung, sondern darüber hinaus
gem. § 823 BGB aus **Verschulden ohne** die sich aus dem StVG ergebenden **Einschränkungen.**

6. Verhältnis Halterhaftung zu Führerhaftung

a) Halter ist zugleich Führer

Keine Probleme ergeben sich, wenn der **Fahrzeugführer zugleich Halter** des Kraftfahrzeuges ist. 100
Dann haftet er im Schadensfalle sowohl aus § 7 Abs. 1 StVG als auch aus § 18 Abs. 1 Satz 1 StVG.
Da zwischen den beiden Normen kein Unterschied im Haftungsumfang besteht, liegt insoweit eine
Anspruchskonkurrenz vor. Zwar steht auch in diesem Falle dem Fahrzeugführer der **Entlastungs-**

beweis des § 18 Abs. 1 Satz 2 StVG offen. Dieser ist aber **wertlos,** weil es bei der Halterhaftung aus § 7 Abs. 1 StVG bleibt und mit einem gelungenen Entlastungsbeweis nach § 18 Abs. 1 Satz 2 StVG der Unabwendbarkeitsbeweis des § 7 Abs. 2 StVG, der allein auch die Halterhaftung ausschließt, nicht erbracht ist. Vielmehr kann sich der Halter, der zugleich Fahrzeugführer ist, nur im Wege des § 7 Abs. 2 StVG von der Haftung – auch der des § 18 Abs. 1 StVG – befreien: Ist bewiesen, dass der Unfall für den Fahrzeughalter **unabwendbar** war, dann ist zugleich bewiesen, dass den das Fahrzeug führenden Halter kein Verschulden trifft. Für **Schäden ab 1.8.2002** gilt dagegen die Neuregelung des § 7 Abs. 2 StVG: Die Halterhaftung wird nur noch bei Vorliegen **höherer Gewalt** ausgeschlossen (s. dazu Rn. 294 ff. und Jaeger/Luckey, Das neue Schadensersatzrecht, Rn. 278 ff.).

b) Halter ist nicht zugleich Führer

aa) Außenverhältnis

101 Anders ist es, **wenn Halter und Führer des Kraftfahrzeuges verschiedene Personen** sind. Dann haftet ganz selbstverständlich dem Geschädigten der Halter nach § 7 Abs. 1 StVG und der Führer nach § 18 Abs. 1 Satz 1 StVG auf Ersatz des nach dem StVG ersatzfähigen Schadens. Da der Geschädigte dessen Ersatz aber nur einmal verlangen kann, wobei es ihm überlassen bleibt, ob er nur den Halter, nur den Führer oder beide in Anspruch nehmen will, haften im **Außenverhältnis** beide als **Gesamtschuldner** gem. § 840 Abs. 1 BGB.

bb) Innenausgleich Halter und Führer

102 Im **Innenverhältnis** richtet sich der **Ausgleich** zwischen Halter und Führer nicht nach § 17 StVG, sondern grds. nach **§ 426 BGB** (OLG Frankfurt/M., VersR 1983, 926; Drees/Kuckuk/Werny, Straßenverkehrsrecht, § 18 StVG Rn. 1). Danach trägt im Zweifel jeder der beiden die Hälfte des Schadens.

103 Von dieser **Innenausgleichsregelung** gibt es folgende **Ausnahmen:**

● Verursacht ein **Beamter** während einer Dienstfahrt mit einem Kraftfahrzeug, dessen Halter sein Dienstherr ist, einen Schaden, so haftet er neben dem Dienstherrn nicht nach § 18 Abs. 1 StVG (BGH, VersR 1958, 320; BGH, JZ 1960, 174; BGH, VRS 14, 334).

● Verursacht ein **Arbeitnehmer** mit einem Kraftfahrzeug, dessen Halter sein Arbeitgeber ist, während einer im Auftrage oder Interesse des Arbeitgebers durchgeführten Fahrt (Betriebsfahrt) einen Schaden, so greifen im Innenverhältnis die Grundsätze über die Haftungsbeschränkung des Arbeitnehmers – nicht nur bei gefahrgeneigter Arbeit – ein (BAG, AP Nr. 4 zu §§ 898, 899 RVO; BAG, NZA 1993, 1732; BGHZ 27, 62, 65; BGHZ 66, 1 = NJW 1976, 1402; BGH, NJW 1984, 789).

● Besteht zwischen Halter und Führer eines Fahrzeuges eine rechtliche **Sonderverbindung,** durch die dem Fahrzeugführer eine besondere Aufsicht über das Fahrzeug übertragen wird (z.B. ein Vertrag über die Reparatur eines Fahrzeuges, mit welchem bei der abschließenden Probefahrt der Werkstattmeister einen Drittschaden verursacht), so kann je nach Situation im Innenverhältnis eine Alleinhaftung des Fahrzeugführers in Betracht kommen.

7. Verhältnis Führerhaftung zur Haftung anderer am Unfall beteiligter Halter und Führer von Kraftfahrzeugen (§ 18 Abs. 3 StVG)

a) Ausgleichsansprüche des Führers bei Ersatz fremder Schäden

104 Der Fahrzeugführer bzw. Anhängerführer hat gem. den §§ 18 Abs. 3, 17 StVG gegen die Halter und/oder Führer der anderen am Unfall beteiligten Fahrzeuge bzw. Anhänger – also der Mitverursacher des Schadens – einen Ausgleichsanspruch. Bei der nach § 17 StVG erfolgenden Verursachungsabwägung ist bei ihm die Betriebsgefahr des von ihm gefahrenen Fahrzeuges zu berücksich-

tigen, es sei denn, ihm ist der Entlastungsbeweis nach § 18 Abs. 1 Satz 2 StVG gelungen (BGH, DAR 1953, 156). Dann haftet er selbst nicht. Für den Entlastungsbeweis reicht in einer solchen Konstellation allerdings nicht der Beweis, ein anderer am Unfall Beteiligter habe schuldhaft gehandelt oder die Vermutung des § 18 Abs. 1 Satz 1 StVG nicht ausräumen können (BGH, NJW 1962, 796). Im Verhältnis zu den anderen am Unfall beteiligten Fahrzeugführern und Haltern bilden Halter und Führer eines jeden Fahrzeuges im Rahmen der Abwägung eine Haftungseinheit.

b) Ersatzansprüche bei eigenen Schäden des Führers

Die vorstehenden Ausführungen gelten beim Ersatz **eigener** Schäden des Fahrzeugführers entsprechend. Auch jetzt muss sich der Fahrzeugführer die **Betriebsgefahr** des von ihm gefahrenen Fahrzeuges anrechnen lassen (BGH, DAR 1953, 156), er erhält also seinen Schaden nur zu einer Quote ersetzt. Vollen Ersatz seines eigenen Schadens von den Haltern und/oder Führern der übrigen Fahrzeuge erhält er nur, wenn er den Entlastungsbeweis des § 18 Abs. 1 Satz 2 StVG erbringen kann. Das gilt in gleicher Weise für Ansprüche des Anhängerhalters. |105

III. Haftung aus unerlaubter Handlung

1. Wesentliche Unterschiede zur Gefährdungshaftung des StVG

a) Art der ersatzfähigen Schäden

Die von der Gefährdungshaftung des StVG nicht erfassten, o.g. (vgl. Rn. 98) drei Schäden, also der **Fortkommensschaden** des § 842 BGB und der Anspruch aus § 845 BGB auf **Ersatz entgangener Dienste,** sind bei Vorliegen einer unerlaubten Handlung ersatzfähig. Außerdem ist der Verlust von **Unterhaltsansprüchen,** die nicht auf gesetzlicher, sondern auf **vertraglicher** Grundlage beruhen, ersatzfähig. |106

b) Haftung der Höhe nach

Hinsichtlich der **Höhe** der ersatzfähigen Schäden besteht für die Haftung des Schädigers aus unerlaubter Handlung **keine Obergrenze.** Somit gelten die **Haftungshöchstgrenzen** des § 12 StVG hier nicht. Das bedeutet aber **umgekehrt:** Übersteigt im Einzelfall der Sachschaden die Summe von 300 000 € (§ 12 Abs. 1 Nr. 3 StVG), was bei schweren Schäden an mehreren Fahrzeugen leicht möglich ist, so kann ein die Schadenssumme von 300 000 € übersteigender Betrag nur mit Aussicht auf Erfolg verlangt werden, wenn der Schädiger – auch – aufgrund unerlaubter Handlung haftet. |107

c) Beweisbedürftige Umstände

Im Falle einer Gefährdungshaftung nach § 7 Abs. 1 StVG braucht der Geschädigte nur zu beweisen, dass der Schaden beim Betrieb eines Kraftfahrzeuges des in Anspruch genommenen Schädigers verursacht worden ist. Soll der Schädiger aufgrund unerlaubter Handlung in Anspruch genommen werden, so muss der Geschädigte nicht beweisen, dass der Schaden gerade beim Betrieb des Kraftfahrzeuges des in Anspruch genommenen Schädigers entstanden ist. Das ist zwar vielfach der Fall, muss es aber nicht und ist in diesem Sinne nicht Haftungsvoraussetzung einer Haftung aus unerlaubter Handlung. Dafür muss der Geschädigte aber nachweisen, dass Ursache seines Schadens eine rechtswidrige unerlaubte Handlung des Schädigers ist, die jener schuldhaft herbeigeführt hat. |108

d) Kein Unterschied zwischen Halter und Führer

Schließlich ist der Unterschied zwischen **Halterhaftung** und **Fahrerhaftung** im Bereiche der unerlaubten Handlung ohne Bedeutung. Bestimmte Fallgruppen einer unerlaubten Handlung betreffen begrifflich den Fahrer, andere wiederum den Halter eines Fahrzeuges und eine dritte Gruppe schließlich beide. |109

e) Gefährdungshaftung schließt Verschuldenshaftung nicht aus

110   Ausweislich des § 16 StVG ist bei bestehender Haftung aus dem StVG die Haftung aus anderen Rechtsgründen, also auch aus unerlaubter Handlung, nicht ausgeschlossen.

2. Haftungsgrundlagen der unerlaubten Handlung

a) Abgrenzung zwischen § 823 Abs. 1 und Abs. 2 BGB

111   Für die Abwicklung von Straßenverkehrsunfällen spielt die dogmatische Differenzierung zwischen dem rechtsgut- und **erfolgsorientierten § 823 Abs. 1 BGB,** der den Schutz bestimmter besonders bedeutsamer Individualrechtsgüter bezweckt, und dem **verhaltensorientierten § 823 Abs. 2 BGB,** der die rechtswidrige und schuldhafte Verletzung eines Schutzgesetzes voraussetzt, nur eine untergeordnete Rolle (Erman/Schiemann, BGB, § 823 Rn. 1; allgemeine Ansicht). Denn die im Straßenverkehr verletzungsrelevanten Rechtsgüter des § 823 Abs. 1 BGB (Leben, Körper, Gesundheit, Eigentum) werden sowohl im Rahmen der Gefährdungshaftung (freilich mit den dort genannten Grenzen und Ausnahmen) als auch in den Fällen des § 823 Abs. 2 BGB geschützt. Darüber hinaus werden speziell im Bereiche des Straßenverkehrs i.d.R. die Voraussetzungen beider Absätze des § 823 BGB nebeneinander vorliegen.

112   **Wichtig** ist jedoch folgender **Unterschied:** Während für den Fall des § 823 Abs. 1 nur die Verletzung eines dort genannten Rechtsgutes erforderlich ist mit der Folge, dass reine **Vermögensschäden** nicht ersatzfähig sind, weil das Vermögen als solches nicht zu den durch § 823 Abs. 1 BGB geschützten Rechtsgütern gehört, erfordert § 823 Abs. 2 BGB die Verletzung eines Schutzgesetzes ohne die Begrenzung auf den Katalog des § 823 Abs. 1 BGB, so dass dann auch reine Vermögensschäden ersatzfähig sind. Darüber hinaus muss sich das Verschulden, also die Vorwerfbarkeit, in den Fällen des Abs. 1 auf die jeweilige Rechtsgutverletzung selbst erstrecken, wogegen es sich in den Fällen des Abs. 2 nur auf die **Schutzgesetzverletzung** zu beziehen braucht. Damit führt § 823 Abs. 2 BGB zu einer Vorverlagerung des Schutzes auch für die Rechtsgüter des § 823 Abs. 1 BGB. Die Ersatzpflicht entsteht bereits mit der schuldhaften Verletzung eines Gesetzes, welches gefahrvermeidendes Verhalten verlangt (Erman/Schiemann, BGB, § 823 Rn. 153), sofern infolgedessen tatsächlich ein Schaden entsteht.

Hinweis:

Daraus folgt: Liegt – was im Straßenverkehr eher die Regel ist – dem Schaden die Verletzung eines Schutzgesetzes zugrunde, so ist die Position des Geschädigten günstiger.

---

b) Begriff des Schutzgesetzes

113   Um eine Norm als Schutzgesetz qualifizieren zu können, sind folgende Voraussetzungen erforderlich:

aa) Normcharakter

114   Es muss sich um eine staatliche **Norm mit Rechtsetzungscharakter** handeln, also um ein Gesetz oder eine Rechtsverordnung. Dazu gehören auch Kollektivverträge wie z.B. Tarifverträge (Knöpfle, NJW 1967, 697, 700) sowie richterlich entwickelte Regelungen für bestimmte Rechtsgebiete, etwa das Arbeitskampfrecht (str.; zustimmend Seiter, Streikrecht und Aussperrung, S. 455 ff.; MüKo/Mertens, BGB, § 823 Rn. 151; Erman/Schiemann, BGB, § 823 Rn. 155; Steindorff, JZ 1960, 582; ablehnend BAGE 58, 343, 364 sowie Canaris, in: FS für Larenz, S. 27, 69). Danach fallen folgende Regelungen als Schutzgesetze aus: Private Satzungen und Regelungen, technische Normen wie z.B. DIN-Normen, firmeneigene Qualitätsstandards sowie Individualverträge.

bb) Unbestimmter Adressatenkreis

Diese Norm muss sich auf eine **unbestimmte Vielzahl** von Personen beziehen. Damit fallen Verwaltungsakte als Einzelfallregelungen, aber auch Verwaltungsverordnungen aus, weil Letztere nur im inneren Betrieb der mit der Gesetzesausführung befassten Behörden Geltung beanspruchen, aber keine Außenwirkung im Verhältnis des Einzelnen haben. Wird z.B. ein bestimmtes Verkehrszeichen unter Verletzung der in der allgemeinen Verwaltungsvorschrift zur StVO vorgeschriebenen Weise angebracht oder nicht angebracht und entsteht dadurch einem Dritten ein Schaden, so kann der Ersatzanspruch nicht auf die Verletzung der allgemeinen Verwaltungsvorschrift zur StVO als Schutzgesetz gestützt werden.

115

cc) Selbst verursachte Schäden

Das Gesetz darf sich **nicht** darauf beschränken, eine Person **nur vor selbst verursachten Schäden** zu schützen. Deshalb sind Verletzungen, die ein Verkehrsteilnehmer durch Nichtbeachtung der Gurtanlegepflicht des § 21a Abs. 1 StVO oder der Pflicht des § 21a Abs. 2 StVO zum Tragen eines Schutzhelmes erleidet, nicht als durch die Verletzung eines Schutzgesetzes verursacht anzusehen. Somit sind diese Vorschriften keine Schutzgesetze i.S.d. § 823 Abs. 2 BGB.

116

dd) Unmittelbarer Schutz

Das Gesetz muss den **unmittelbaren** Schutz anderer Personen, also einzelner Mitglieder eines Personenkreises bezwecken, ohne dass dies der einzige Zweck sein muss, und dieses Ziel in Inhalt und Zweck des Gesetzes zum Ausdruck bringen (sog. **gezielter Individualschutz**, vgl. BGHZ 29, 102; 66, 388, 390; 84, 312, 314; 100, 13 ff.). Eine lediglich schützende **Reflexwirkung** genügt nicht (BGHZ 66, 388, 390). Weiterhin muss der Schutz gerade durch die Bewilligung von Schadensersatz im Falle der Gesetzesverletzung erfolgen (BGH, NJW 1980, 1792; BGHZ 84, 312, 317).

117

ee) Auslegungskriterien

Die Klärung der Frage, ob diese Kriterien vorliegen, kann im Einzelfall zu Schwierigkeiten führen. Hierzu sind die **üblichen Auslegungskriterien** heranzuziehen, also nach dem Gesetzeswortlaut zunächst die historische Auslegung (BGHZ 66, 388, 390), die systematische Auslegung (Stellung der Schutznorm innerhalb des Gesamtgesetzes, in dem sie sich befindet: BGH, VersR 1978, 609) und schließlich die Einordnung der jeweiligen Schutznorm in das geltende Gesamtsystem des Haftungs- und Haftpflichtrechtes (BGHZ 46, 23; ergänzend hierzu s. die detaillierte Einzeldarstellung von Dörner, JuS 1987, 522 ff.).

118

c) Begrenzung der Haftung durch den Schutzzweck des jeweiligen Schutzgesetzes

Der allgemeine Gedanke, dass die Haftung auf solche Schäden zu begrenzen ist, deren Ersatz Sinn und Zweck der anspruchsbegründenden Norm entspricht (**Schutzzwecklehre**, vgl. BGHZ 85, 110; BGHZ 115, 84 sowie Rn. 42), gewinnt besonders in den Fällen einer Schutzgesetzverletzung nach § 823 Abs. 2 BGB an Bedeutung. Nur dann, wenn der Schaden an einem Rechtsgut entsteht, dessen Sicherung Ziel des Schutzgesetzes ist **und** wenn sich im Schaden eine Gefahr verwirklicht, vor der die Norm schützen will, kommt ein Schadensersatzanspruch nach § 823 Abs. 2 BGB in Betracht (st.Rspr., vgl. etwa BGHZ 28, 365; BGH, VersR 1972, 1072; VersR 1978, 921). Es muss somit der persönliche und sachliche Schutzbereich der Norm durch die Verletzungshandlung und den Verletzungserfolg erfasst werden (vgl. z.B. Erman/Schiemann, BGB, § 823 Rn. 157). Deshalb ist es erforderlich, vor einer auf § 823 Abs. 2 gestützten Schadensersatzforderung genau zu prüfen, ob und welches Schutzgesetz heranzuziehen ist. Hierzu wird auf den **Schutzgesetzkatalog** weiter unten (Rn. 128 – 163) verwiesen.

119

d) Widerrechtlichkeit

120 Gehaftet wird nur für widerrechtlich erfolgte Verletzungen von Schutzgesetzen. Insoweit gilt der allgemeine Grundsatz, dass die **objektive Verletzung eines Schutzgesetzes** die **Rechtswidrigkeit** dieses Handelns indiziert. Somit bleibt dem Schädiger nur die Möglichkeit des Nachweises, dass sein ein Schutzgesetz verletzendes Verhalten ausnahmsweise infolge Vorliegens eines Rechtfertigungsgrundes keine Schadensersatzpflicht nach sich zieht. Als Rechtfertigungsgrund kommen im Straßenverkehr neben der Einwilligung (hierzu näher Rn. 264) noch der Notstand (§§ 228, 904 BGB) oder der umstrittene Rechtfertigungsgrund des **verkehrsrichtigen Verhaltens** (BGHZ 24, 21) in Betracht, der nach h.M. (vgl. nur Greger, Zivilrechtliche Haftung, § 16 StVG Rn. 56 m.w.N.) seinen dogmatisch richtigen Platz im Verschuldensbereich hat.

e) Verschulden

121 Die Haftung aus § 823 Abs. 2 BGB setzt weiterhin ein Verschulden des Schädigers voraus. Hierzu ist auf folgende Gesichtspunkte hinzuweisen:

aa) Verschuldensvermutung als Beweiserleichterung

122 Wenn der Schädiger den objektiven Tatbestand des Schutzgesetzes verletzt hat, wird sein Verschulden vermutet (BGHZ 51, 91, 103; BGH, NJW 1985, 1774). Darin liegt eine wesentliche **Erleichterung** für den Geschädigten, der den ihm obliegenden Verschuldensnachweis nur dann erbringen muss, wenn es dem Schädiger gelingt, die gegen ihn sprechende Vermutung auszuräumen (vgl. hierzu auch Erman/Schiemann, BGB, vor § 823 Rn. 32).

bb) Vorsatzfragen des verkehrsrechtlichen Haftungsrechts

123 **Vorsätzlich** handelt, wer das **Schutzgesetz bewusst und gewollt verletzt.** Dabei ist zu beachten, dass im Zivilrecht das Unrechtsbewusstsein zum Vorsatz gehört (**Vorsatztheorie:** BGHZ 46, 17, 22; 69, 128, 142 f.; BGH, NJW 1985, 134). Handelt es sich bei dem verletzten Schutzgesetz indessen – für den Straßenverkehr von großer Wichtigkeit – um eine Norm des Strafrechts oder des Ordnungswidrigkeitenrechts, so wird insoweit der strafrechtliche Vorsatzbegriff angewendet. Deshalb ist für den Haftungsbereich des Straßenverkehrs von der allgemeinen zivilrechtlichen Ausnahmegestaltung auszugehen, weil die verletzten Schutzgesetze i.d.R. solche sind, die als Ordnungswidrigkeiten im Katalog des § 49 StVO mit Bußgeld bedroht sind. Bedingter Vorsatz genügt (BGH, VersR 1954, 591). Auf den Schaden, also die Rechtsgutverletzung braucht sich der Vorsatz nicht zu erstrecken. Hiervon gibt es folgende wichtige Ausnahme: Ist die Verletzung des geschützten Individualrechtsgutes Tatbestandsmerkmal des Schutzgesetzes, so muss sich der Vorsatz auch hierauf erstrecken (vgl. etwa BGHZ 34, 375, 381 sowie BGH, NJW 1977, 763). In diesen Fällen besteht also kein Unterschied gegenüber Ansprüchen aus § 823 Abs. 1 BGB.

cc) Fahrlässigkeit

124 Fahrlässig handelt nach § 276 Abs. 1 Satz 2 BGB, wer **die im Verkehr erforderliche Sorgfalt** außer Acht lässt. Daraus ergibt sich zunächst eine **typisierende** Betrachtung: Es kommt **objektiv** auf den Sorgfaltsmaßstab an, der sich aus der Art der Betätigung ergibt. Da die vom motorisierten Straßenverkehr ausgehenden Gefahren groß sind, ist allgemein von den Teilnehmern hieran ein entsprechend hohes Maß an Sorgfalt zu fordern. Dabei ist von dem Sorgfaltsmaßstab eines besonnenen und gewissenhaften Kraftfahrers auszugehen (BGH, VersR 1968, 395).

125 Abzustellen ist – von diesem Maßstab ausgehend – auf die jeweils gegebene **konkrete Verkehrssituation:** Dichter Innenstadtverkehr unter ungünstigen Sicht- und Witterungsbedingungen erfordert einen höheren Aufmerksamkeits- und Vorsichtsgrad als geringer Verkehr auf einer Landstraße

unter idealen Witterungsbedingungen. Zu dieser objektiven Sorgfaltspflichtverletzung hinzukommen muss die **subjektive** Erkennbarkeit und Vermeidbarkeit der Pflichtverletzung (Deutsch, JZ 1988, 993).

Abzustellen ist auch insoweit auf den besonnenen und gewissenhaften Kraftfahrer (BGH a.a.O.), allerdings mit der **Erleichterung,** dass aus der äußeren Sorgfaltspflichtverletzung der Anschein auch der Verletzung der inneren Sorgfalt folgt (BGH, VersR 1986, 766). Im Bereich der inneren Sorgfalt sind indessen auch individuelle Besonderheiten zu beachten: Wer über besondere Kenntnisse und Fähigkeiten verfügt, etwa über besondere Erfahrungen im Befahren von Bergstrecken, muss diese Erfahrungen auch einsetzen (BGH, NJW 1987, 1479), wie umgekehrt an einen Jugendlichen oder an eine Person, die erst neu eine Fahrerlaubnis erworben hat, u.U. geringere Anforderungen als an einen Erwachsenen oder bereits erfahrenen Kraftfahrer zu stellen sind (BGHZ 39, 281).   126

Zwar sieht das Gesetz in einigen Fällen einen anderen, eher **individuell** bestimmten Sorgfaltsmaßstab vor, nämlich denjenigen, den der Betreffende jeweils **in eigenen Angelegenheiten** anzuwenden pflegt (diligentia quam in suis). Das gilt gem. § 708 BGB im Verhältnis zwischen den Gesellschaftern einer BGB-Gesellschaft, gem. § 1359 BGB im Verhältnis zwischen Ehegatten und gem. § 1664 BGB im Verhältnis zwischen Eltern und Kindern. Diese Haftungserleichterungen gelten **nicht** für die Sorgfaltspflichten im Straßenverkehr, weil in diesem Bereich die Sorgfaltsanforderungen an alle Teilnehmer gleich sein müssen (BGH, st.Rspr. seit BGHZ 46, 313, 317 f.; 61, 101, 105; zuletzt BGH, NJW 1988, 1208). Diese Rspr. hat zwar nicht nur Zustimmung gefunden (kritisch z.B. Hoffmann, NJW 1967, 1207 u. Döpp, NJW 1969, 1822). Ihr ist aber schon im Hinblick auf das Interesse der Allgemeinheit einer größtmöglichen Sicherheit des Straßenverkehrs zuzustimmen.   127

3. Einzelnormen mit Schutzgesetzcharakter aus dem Bereich des Straßenverkehrsrechts

a) StVO

- **§ 2 Abs. 1 u. 2 StVO:** Das **Rechtsfahrgebot** dient nur dem Schutz des Verkehrs in gleicher und entgegengesetzter Richtung, also dem Schutz der Überholer und des Gegenverkehrs (BGH, VersR 1961, 800; VersR 1977, 36; OLG Frankfurt/M., VersR 1978, 187), im gleichgerichteten Verkehr auf mehreren Fahrstreifen auch den Benutzern des gleichen und der benachbarten Fahrstreifen.   128

  Es dient aber nicht dem Schutz der Linksabbieger aus der eigenen Richtung (BGH, VersR 1963, 163) oder der entgegenkommenden Richtung (BGH, VersR 1981, 837 = NJW 1981, 2301), auch nicht dem der Rechtsabbieger (BGH, VersR 1977, 524), der die Fahrbahn überquerenden Fußgänger (BGH, VersR 1964, 1094; OLG Nürnberg, VersR 1980, 338; OLG Hamm, VRS 51, 29) oder anderer Teilnehmer des Querverkehrs (BGH, VersR 1975, 37; OLG Köln, VersR 1984, 645; OLG Düsseldorf, VersR 1974, 37) oder derjenigen, die in die Straße einbiegen wollen (BayObLG, VRS 59, 222; OLG Köln, VRS 66, 255; OLG Düsseldorf, VRS 75, 474 mit krit. Anm. Himmelmann, NZV 1988, 151; vgl. auch OLG Bamberg, NZV 1988, 22).

  Das Rechtsfahrgebot schützt weiterhin nicht denjenigen, der mit seinem Fahrzeug auf der Fahrbahn liegen geblieben ist (BGH, VersR 1977, 36) und nicht betrunkene Fußgänger, die quer zur Verkehrsrichtung auf die Fahrbahn torkeln (OLG Hamm, VRS 51, 29). Der so eingegrenzte Schutzbereich gilt auf allen Straßen, auch auf Autobahnen (BayObLG, VRS 29, 468), auf Einbahnstraßen (OLG Saarbrücken, VM 1974, 56) und an der abknickenden Vorfahrt (OLG Frankfurt/M., DAR 1983, 81).

- **§ 3 StVO:** Die **Geschwindigkeitsvorschriften** dieser Vorschrift – hierzu gehören in erster Linie die Kriterien des § 3 Abs. 1 Satz 2 StVO – dienen dem Schutz anderer Verkehrsteilnehmer vor den Gefahren zu hoher Geschwindigkeiten (BGHSt 33, 61; zivilrechtlich: BGH,   129

NJW 1972, 1804 = VersR 1972, 1073; BGH, NJW 1974, 1378; BGH, NJW 1985, 1950 = VersR 1985, 638). Geschützt sind **alle anderen Verkehrsteilnehmer**, ganz gleich, ob sie als Fußgänger, Radfahrer oder motorisiert am Verkehr teilnehmen. Eine Einschränkung auf bestimmte Personengruppen, für die die Vorsichtsmaßnahmen allerdings verschärft sind, enthält insoweit § 3 Abs. 2a StVO, der einen speziellen Schutz für Kinder, Hilfsbedürftige und ältere Menschen vorsieht. Dabei handelt es sich ausschließlich um Fußgänger.

Soweit es sich um **Geschwindigkeitsbegrenzungen** handelt, die durch **Verkehrszeichen** festgesetzt sind, beschränkt sich der räumliche Schutzbereich auf den Geltungsbereich des Verkehrszeichens (OLG Hamm, VRS 61, 354). Entsprechendes gilt für die innerörtliche Geschwindigkeitsbegrenzung des § 3 Abs. 3 Nr. 1 StVO. Geschwindigkeitsbegrenzungen für bestimmte Arten von Kraftfahrzeugen, wie sie etwa im Katalog des § 3 Abs. 3 Nr. 2 StVO enthalten sind, die aber auch durch Verkehrszeichen angeordnet werden können, sollen nach Ansicht des BGH (VersR 1969, 900) solche Fahrzeuge auch vor riskanten Überholmanövern schützen. Das ist fragwürdig, denn geschützt werden allenfalls andere Verkehrsteilnehmer vor den damit verbundenen Risiken. Es dürfte sich dabei um Regelungen handeln, die der Sicherheit und Leichtigkeit des Verkehrs durch Verhinderung gefährlicher Staubildungen dienen.

Ob die sog. **Richtgeschwindigkeit** als Schutzgesetz qualifiziert werden kann, ist hingegen zweifelhaft. Denn sie enthält lediglich eine Empfehlung, zwingt also niemanden zu ihrer Beachtung. Andererseits ist zu bedenken, dass die Nichteinhaltung der Richtgeschwindigkeit den Unabwendbarkeitsbeweis des § 7 Abs. 2 StVG ausschließt (BGH, NJW 1992, 229 1684 = NZV 1992 = VersR 1992, 714) und Grundlage eines Mitverschuldens nach § 254 BGB sein kann. Gleichwohl wird man dieser Regelung **nicht** den Charakter eines Schutzgesetzes zuerkennen können, weil sie keinen die Verkehrsteilnehmer verpflichtenden Inhalt hat.

132 • **§ 4 StVO:** Die **Abstandsregelung** des § 4 schützt nicht nur die vorausfahrenden Verkehrsteilnehmer – das ergibt sich bereits aus dem Wortlaut der Vorschrift –, sondern dient auch dem Schutz von Fußgängern auf der Fahrbahn, weil der Fahrzeugführer durch den Abstand eine Reaktionszeit auch und gerade auf unvorhergesehene Gefahren erhält (OLG München, NJW 1968, 635).

133 • **§ 5 StVO:** Die **Überholverbote** der §§ 5 Abs. 2, 3, 3a StVO schützen den Gegenverkehr, die zu überholenden Fahrzeuge und den nachfolgenden Verkehr, letzteren selbst dann, wenn er gerade verbotswidrig überholt (BGH, VersR 1968, 578). Daher kann dieser Nachfolger trotz eigenen Fehlverhaltens seine Ersatzansprüche gegen den – ebenfalls verbotswidrig überholenden – Vordermann auf § 823 Abs. 2 BGB stützen. Der Ausgleich hat dann im Rahmen des § 17 StVG zu erfolgen.

134 • **§ 6 StVO:** Die **Wartepflicht** an Engstellen bei Fahrbahnverengungen in der eigenen Verkehrsrichtung, die nur unter Benutzung der Gegenfahrbahn zu passieren sind, dienen dem Schutz des Gegenverkehrs.

135 • **§ 7 StVO:** Im Verkehr auf mehreren **Fahrstreifen** für eine Richtung darf ein Wechsel des Fahrstreifens – ganz gleich ob von rechts nach links oder von links nach rechts – nach § 7 Abs. 5 StVO nur unter Ausschluss der Gefährdung anderer Verkehrsteilnehmer erfolgen. Diese Regelung schützt die Verkehrsteilnehmer auf dem bisher benutzten Fahrstreifen ebenso wie diejenigen auf dem Fahrstreifen, auf den gewechselt werden soll. Denn in kritischen Situationen, also besonders im dichten Verkehr, werden bei einem misslungenen oder unzulässigen Fahrstreifenwechsel die Benutzer beider Fahrstreifen gefährdet. Deshalb setzt der Fahrstreifenwechsel nach § 7 Abs. 5 Satz 2 StVO die rechtzeitige und deutliche Anzeige voraus.

136 • **§ 8 StVO:** Die dem **Wartepflichtigen** durch § 8 Abs. 2 Satz 2 StVO auferlegten Pflichten schützen die Teilnehmer des vorfahrtberechtigten Verkehrs.

137 • **§ 9 StVO:** Die dem **Abbieger** obliegenden Sorgfaltspflichten schützen den nachfolgenden Verkehr. Im Falle der Verletzung der Rückschaupflicht des § 9 Abs. 1 Satz 4 StVO wird auch der Führer eines für den Abbiegewilligen nicht sichtbaren Fahrzeuges geschützt, welches z.B. hin-

ter einem zum Überholen ansetzenden Lkw fährt und durch diesen verdeckt wird (OLG Karlsruhe, VersR 1988, 413). Der für die Fälle des **Wendens, Rückwärtsfahrens und Einbiegens in ein Grundstück** durch § 9 Abs. 5 StVO geforderte **Gefährdungsausschluss** ist Schutzgesetz insofern, als beim Wenden der gleichgerichtete und der Gegenverkehr, beim Rückwärtsfahren der nachfolgende Verkehr und beim Einbiegen in ein Grundstück ebenfalls der nachgende Verkehr geschützt werden, nicht aber derjenige, der aus einem Grundstück herausfahren will.

- § 10 StVO: Ähnliche Bedeutung hat die Pflicht zum Gefährdungsausschluss für denjenigen, der aus einem Grundstück auf die Straße oder vom Fahrbahnrand anfahren will. Geschützt wird der fließende bzw. durchgehende Verkehr, aber auch Fußgänger, die erlaubtermaßen die Fahrbahn überqueren.   **138**

- § 12 StVO: **Halteverbote** sind Schutzgesetze (BGH, VersR 1969, 715), und zwar auch zugunsten der die Fahrbahn überquerenden Fußgänger (BGH, NJW 1983, 1326: entschieden für das Halteverbot des § 12 Abs. 1 Nr. 6a) StVO durch Halteverbotszeichen Nr. 283). Das **Parkverbot** des § 12 Abs. 3 Nr. 3 StVO vor Grundstückssein- und -ausfahrten, auf schmalen Fahrbahnen auch ihnen gegenüber, schützt die Benutzer dieser Ein- und Ausfahrt (OLG Köln, NJW-RR 1987, 478; OLG Karlsruhe, NJW 1978, 274; AG Frankfurt/M., NJW-RR 1990, 730). Das **Parkverbot auf Gehwegen** schützt auch die Fußgänger (LG Karlsruhe, NJW-RR 1987, 479). An **Baustellenausfahrten** sind die am Bau tätigen Unternehmen geschützt (LG Berlin, VersR 1972, 548). Dagegen soll ein baustellenbedingtes Halteverbot die Vermögensinteressen des Bauunternehmers nicht schützen (OLG Stuttgart, NJW 1985, 3028; a.A. LG München, NJW 1983, 288). Ergänzend und wegen weiterer Einzelheiten wird hingewiesen auf Dörner, JuS 1978, 666 und van Venroy, JuS 1979, 102.   **139**

- § 14 StVO: Die Sorgfaltspflichten beim **Ein- und Aussteigen** schützen die nachfolgenden Verkehrsteilnehmer, die Sicherungspflichten des Fahrzeugführers beim Verlassen des Fahrzeuges sollen gegen unbefugte Benutzung schützen (BGH, VersR 1970, 66), auch wenn derjenige, der das Fahrzeug einem Dritten überlässt, dies seinerseits unbefugt genutzt hat (BGH, VersR 1971, 350), ferner vor Schäden während einer Schwarzfahrt (BGH, NJW 1971, 359) sowie vor Schäden, die Polizeibeamte während der Verfolgung eines Schwarzfahrers erleiden (BGH, VersR 1981, 40 = NJW 1981, 113).   **140**

- §§ 15, 17 StVO: Die Pflicht zur **Kenntlichmachung und Beleuchtung** liegen gebliebener Fahrzeuge sowie die Beleuchtungspflichten im fließenden Verkehr sind Schutzgesetze (BGH, VersR 1969, 895).   **141**

- § 20 StVO: Die Sorgfaltspflicht des § 20 Abs. 1 an **Haltestellen öffentlicher Verkehrsmittel** dient dem Schutz der Benutzer dieser Verkehrsmittel, ebenso beschränkt sich der Schutz des § 20 Abs. 1 an **Schulbushaltestellen** auf den von Schulkindern. Er gilt allgemein nicht für Fußgänger, die im Bereich von Haltestellen oder Schulbushaltestellen lediglich die Fahrbahn überqueren (OLG Hamm, VRS 60, 38).   **142**

- § 21 StVO: Die verschiedenen Beförderungsverbote dieser Vorschrift dienen lediglich dem Schutz beförderter Personen, nicht dem Schutz Dritter.   **143**

- § 21a StVO: Die Pflicht zum Anlegen von Sicherheitsgurten sowie die Schutzhelmtragepflicht sind **keine** Schutzgesetze i.S.d. § 823 Abs. 2 BGB, weil sie lediglich die Insassen von Pkw bzw. Benutzer von Krafträdern selbst schützen.   **144**

- § 25 StVO: Kein Schutzgesetz, da die Regelung, wo Fußgänger zu gehen haben, deren **eigenem** Schutz dient (BGH, VersR 1969, 1022).   **145**

- § 26 StVO: **Fußgängerüberwege** schützen deren Benutzer, also nur Fußgänger bzw. Personen, welche Fahrräder schieben.   **146**

- § 31 StVO: Gekennzeichnete Spielstraßen haben Schutzgesetzcharakter zugunsten der diese Straßen benutzenden Fußgänger und der dort spielenden Kinder.   **147**

148 • **§ 32 StVO:** Diese Vorschrift ist ein Schutzgesetz zugunsten der Teilnehmer des fließenden Verkehrs (BGHZ 62, 168: entschieden für § 41 StVO a.F.; OLG Frankfurt/M., NJW 1992, 318: zur Verkehrsberuhigung lose aufgestellte Blumenkübel).

149 • **§ 41 StVO: Ge- und Verbotszeichen,** etwa Geschwindigkeitsbeschränkungen (Zeichen 274) schützen auch Fußgänger vor den Gefahren höherer Geschwindigkeiten (BGH, VersR 1972, 558). Markierte Sperrflächen (Zeichen 298) schützen die Verkehrsteilnehmer, die ihr Verhalten auf deren Beachtung einrichten (OLG Köln, NZV 1990, 72), also zwar vorrangig den Gegenverkehr (OLG Düsseldorf, DAR 1976, 214), aber bei entsprechend schmalen Fahrbahnen auch den Vordermann in seinem Vertrauen darauf, nicht unerlaubt unter Benutzung von Sperrflächen überholt zu werden (BGH, VersR 1987, 908).

b) StVZO

150 • **§ 27 Abs. 3 StVZO:** Wer sein Kraftfahrzeug veräußert, ohne der Zulassungsstelle Namen und Anschrift des Erwerbers mitzuteilen, haftet für Schäden, die der Erwerber mit dem nicht zugelassenen Kraftfahrzeug verursacht (BGH, NJW 1974, 1086 = VersR 1974, 754).

151 • **§ 29d Abs. 2 StVZO:** Die Amtspflicht der Zulassungsstelle zur Einziehung des Fahrzeugscheins und zur Entstempelung des Kennzeichens, sobald sie vom fehlenden Haftpflichtversicherungsschutz für ein bestimmtes Kraftfahrzeug erfährt, ist Amtspflicht und Schutzgesetz zugunsten der Verkehrsopfer infolge Betriebes eines solchen nicht haftpflichtversicherten Fahrzeuges (BGH, NJW 1982, 988).

152 • **§ 36 StVZO:** Die Regelung der Mindesttiefe des Reifenprofils ist ein Schutzgesetz (BGH, VersR 1969, 1025), jedoch mit Entlastungsmöglichkeit für Fahrer und Halter, dass der Schaden auch bei Benutzung von Reifen mit ausreichender Profiltiefe entstanden wäre (BGH, VersR 1969, 615).

153 • **§ 38a StVZO:** Die Vorschrift über Sicherungseinrichtungen im Fahrzeug gegen dessen unbefugte Benutzung ist Schutzgesetz (BGH, NJW 1981, 113).

154 • **§ 53a StVZO:** Diese Vorschrift, die Vorhandensein und Benutzung von Warndreieck, Warnleuchten und Warnblinklicht vorschreibt, ist ein Schutzgesetz zugunsten nachfolgender Verkehrsteilnehmer (BGH, VersR 1969, 895).

Dagegen sind folgende Vorschriften der StVZO **keine Schutzgesetze:**

155 • **§ 18 StVZO:** Wenn an einem Unfall ein nicht zum Verkehr zugelassenes Fahrzeug beteiligt ist, ist die fehlende Zulassung nicht unfallursächlich (BGH, VersR 1966, 1156).

156 • **§§ 20 ff. StVZO:** Die Regelungen über Betriebserlaubnis und Kfz-Brief dienen nicht dem Schutz des Kreditgebers eines Kraftfahrzeugkäufers (BGH, WM 1979, 17).

157 • **§ 21 Satz 3 StVZO:** Nach dieser Vorschrift muss im Kfz-Brief eine Bescheinigung eines amtlich anerkannten Sachverständigen enthalten sein, dass das Fahrzeug richtig beschrieben ist und den geltenden Vorschriften entspricht. Dies dient nicht dem Schutz des Erwerbers des Kraftfahrzeuges (BGH, BB 1955, 683).

158 • **§ 29a StVZO:** Der Versicherungsnachweis seitens des Kfz-Haftpflichtversicherers dient nicht dem Schutz des Halters des Kraftfahrzeuges (OLG Düsseldorf, VersR 1988, 852).

159 • **§ 29c StVZO:** Die Anzeigepflicht des Versicherers an die Zulassungsstelle über Beendigung oder Nichtbestehen des Haftpflichtversicherungsschutzes für ein Kraftfahrzeug ist kein Schutzgesetz zugunsten des Versicherungsnehmers und der versicherten Personen (BGH, MDR 1978, 1014).

160 • **§ 29d Abs. 1 StVZO:** Die Meldepflicht des Halters bezüglich eines fehlenden Versicherungsschutzes an die Zulassungsstelle ist kein Schutzgesetz (BGH, VersR 1980, 457 = NJW 1980, 1792).

c) StGB

- **§ 142 StGB (Verkehrsunfallflucht)** schützt vorrangig die Vermögensinteressen der durch den **161** Verkehrsunfall geschädigten Personen einschließlich derjenigen, die den Flüchtigen verfolgen und hierbei Schäden erleiden (BGH, VersR 1981, 161 = NJW 1981, 750).

- **§ 248b StGB** schützt nur den Berechtigten gegen die unbefugte Benutzung seines Kraftfahr- **162** zeuges, aber nicht die Verkehrsopfer (BGHZ 22, 293, 296).

- **§§ 315 ff. StGB**: Die Strafnormen zum Schutz des Straßenverkehrs dienen dem Schutz der **163** Verkehrsteilnehmer und derjenigen, die durch die in den genannten Vorschriften erwähnten Verhaltensweisen sonst zu Schaden kommen (BGHZ 19, 114, 125).

IV. Haftungsfragen bei Selbstaufopferungs- und Rettungsschäden

1. Ersatzansprüche durch die Rettung geschädigter unbeteiligter Dritter

a) Ersatzansprüche gegenüber dem Retter

aa) Haftung aus § 7 Abs. 1 StVG

Die Haftung des Retters, also des Fahrzeugführers, der die das Kind oder den Radfahrer rettende **164** Ausweichbewegung vorgenommen hat, kommt aus verschiedenen Vorschriften in Betracht.

Der Retter haftet dem Dritten aus **§ 7 Abs. 1 StVG,** weil der Schaden bei dem Betriebe des Kraft- **165** fahrzeuges des Retters entstanden ist. Doch steht dem Retter der Weg des § 7 Abs. 2 StVG (Unabwendbarkeitsbeweis bzw. **ab 1.8.2002 Beweis höherer Gewalt;** s. dazu Rn. 294 ff.) offen (hierzu BGHZ 92, 357). Das KG hat in solchen Fällen die **Unabwendbarkeit** einer Kollision des Retters mit dem (links) neben ihm fahrenden Fahrzeug, also im Verkehr auf mehreren Fahrstreifen für eine Richtung, **bejaht** (KG, VRS 72, 250). Je nach Lage des Einzelfalles können die Voraussetzungen dieser Vorschrift auch dann vorliegen, wenn es um ein am anderen Fahrbahnrand stehendes Fahrzeug, den Gartenzaun eines Anliegers oder Ähnliches geht. Dabei ist aber stets die einschränkende **Voraussetzung des § 7 Abs. 2 StVG** zu beachten: Eine Berufung hierauf entfällt, wenn der Retter sich selbst nicht wie ein „Idealkraftfahrer" verhalten hat, also insbesondere bei Annäherung an die spätere Gefahrenstelle zu schnell oder unaufmerksam gefahren ist. Für **Schäden ab 1.8.2002** wird eine Berufung auf die Neuregelung des § 7 Abs. 2 StVG regelmäßig ausscheiden, weil der Retter sogar beweisen muss, dass ein Fall höherer Gewalt vorlag (ausführlich dazu Jaeger/Luckey, Das neue Schadensersatzrecht, Rn. 278 ff.).

bb) Haftung aus § 18 Abs. 1 Satz 1 StVG

Ist der Retter nur Führer, nicht aber Halter des Kraftfahrzeuges, welches bei der Rettung einen **166** Dritten geschädigt hat, so haftet der Fahrer dem Dritten gem. § 18 Abs. 1 Satz 1 StVG. Er hat jedoch die Möglichkeit des Entlastungsbeweises des § 18 Abs. 1 Satz 2 StVG (vgl. hierzu Rn. 90 – 97). Ihm wird regelmäßig der Rechtfertigungsgrund des **Notstandes** nach § 228 Satz 1 BGB zugute kommen.

cc) Haftung aus unerlaubter Handlung

Soweit es eine **Haftung aus unerlaubter Handlung** angeht, wird hingegen i.d.R. dem Anspruch **167** der Rechtfertigungsgrund der **Nothilfe** (§ 228 Satz 1 BGB), möglicherweise aber auch fehlendes Verschulden des Retters entgegenstehen.

dd) Anspruch aus § 904 Satz 2 BGB

Streitig ist, ob der Dritte Ersatzansprüche gegen den Retter auf § 904 Satz 2 BGB – evtl. in analo- **168** ger Anwendung – stützen kann. Vom Eigentum des Dritten geht keine Gefahr aus, gleichwohl war die schädigende Einwirkung durch den Retter notwendig, um eine erhebliche Verletzung des Kindes oder Radfahrers zu verhindern. Während der BGH **(BGHZ 92, 357)** den Anspruch gegen den Retter **verneint,** wird er von Konzen (Aufopferung im Zivilrecht, S. 114 sowie JZ 1985, 181 ff.) **bejaht.** Hierzu wird auch die Auffassung vertreten, es komme für die Ersatzpflicht des Retters darauf an, ob er in Anwendung der Kriterien des **§ 323c StGB** – unterlassene Hilfeleistung – zur Hilfs- bzw. Rettungshandlung verpflichtet gewesen sei. Falls das zu bejahen ist – das wird in Fällen der vorliegenden Art die Regel sein –, könne der Retter nicht gem. **§ 904 Satz 2 BGB** in Anspruch genommen werden (Erman/Hagen, BGB, § 904 Rn. 8; Schwab/Prütting, Sachenrecht, § 27 II 4; anders insoweit Soergel/Baur, BGB, § 904 Rn. 23).

b) Ersatzansprüche gegenüber dem Geretteten

aa) Unerlaubte Handlung

169   Soweit es sich bei den geretteten Personen um **Volljährige** handelt, kommt in erster Linie eine **Haftung aus unerlaubter Handlung** gem. § 823 Abs. 2 BGB i.V.m. der Verletzung eines Schutzgesetzes (regelmäßig Verhaltensregel im Straßenverkehr) in Betracht. Wie erwähnt, braucht sich das Verschulden in solchen Fällen nur auf die Verletzung des Schutzgesetztes zu beziehen.

bb) Unerlaubte Handlung von Kindern

170   Handelt es sich dagegen um gerettete **Kinder,** so gilt Folgendes: Kinder unter sieben Jahren haften gem. § 828 Abs. 1 BGB nicht; Kinder zwischen sieben und zehn Jahren haften nach der Neufassung des § 828 Abs. 2 BGB ab 1.8.2002 nur, wenn sie vorsätzlich handeln, also im Bereich der Rettungsfälle ebenfalls praktisch nicht, denn der für den Vorsatz gern und zu Recht genannte Steinewerfer von Autobahnbrücken auf passierende Fahrzeuge kommt nicht als Geretteter in Betracht. Für die dritte Altersgruppe (10 – 18 Jahre) gilt der insoweit unveränderte § 828 Abs. 3 BGB.

cc) § 904 Satz 2 BGB

171   Ob der Gerettete dem Dritten aus **§ 904 Satz 2 BGB** haftet, hängt davon ab, wer **Schuldner** des Anspruchs aus § 904 Satz 2 BGB ist: der Begünstigte – hier also der Gerettete – (MüKo/Säcker, BGB, § 904 Rn. 17; Horn, JZ 1960, 350; Canaris, NJW 1964, 1987; Kraffert, AcP 165, 453) oder der Einwirkende, hier also der Retter (Palandt/Bassenge, BGB, § 904 Rn. 5; Soergel/Baur, BGB, § 904 Rn. 23; RGRK/Augustin, BGB, § 904 Rn. 9; BGHZ 6, 102). Man wird der zuletzt genannten Auffassung folgen können, weil sich der Anspruch aus § 904 Satz 2 BGB für den Dritten auf diese Art und Weise am ehesten durchsetzen lässt und der Retter ggf. Rückgriffsansprüche gegenüber dem Geretteten hat.

c) Haftung aufsichtspflichtiger Personen

172   **Neben dem geretteten Kind** haften dem Dritten die kraft Gesetzes oder Vertrages **aufsichtspflichtigen Personen** gem. § 832 BGB. Soweit es den **Grad der Aufsicht** angeht, ist darauf abzustellen, was verständige Eltern vernünftigerweise in der konkreten Situation an erforderlichen und zumutbaren Maßnahmen veranlassen müssen, um Schädigungen dritter Personen durch ein Kind zu verhindern (BGH, NJW 1993, 1003). Dabei wird es auf Alter, Spiel- und Bewegungsmöglichkeiten der Kinder **im Allgemeinen,** aber auch auf **besondere Umstände** des einzelnen Kindes und der jeweiligen Situation ankommen, ebenso auf dessen Neigungen zu Ungehorsam oder zum Weglaufen (BGH, NJW 1980, 1044). Eine Verletzung der Aufsichtspflicht ist z.B. **verneint** worden, wenn ein sechs Jahre altes, im Radfahren geübtes Kind in einer ihm vertrauten Umgebung ohne Begleitung fährt (OLG Celle, NJW-RR 1988, 216), oder wenn ein normal entwickeltes Kind im Alter von acht bis neun Jahren im Freien ohne Aufsicht in einem räumlichen Bereich spielen darf, der den Eltern ein sofortiges Eingreifen nicht ermöglicht (BGH, NJW 1984, 2574) Die Beschränkung der Haftung von Kindern zwischen 7 und 10 Jahren gemäß § 828 Abs. 2 BGB wird jedoch an die aufsichtspflichtigen Personen erhöhte Anforderungen stellen, nicht etwa diese zusätzlich belasten, weil die Kinder auf eine evtl. Neigung zu Vorsatztaten beobachtet werden müssen.

2. Ersatzansprüche des Retters gegenüber dem Geretteten

a) Unerlaubte Handlung von Kindern

Soweit es sich um **gerettete Kinder** handelt, haften diese – ebenso wie gegenüber dem Dritten – 173
nur aus den §§ 828 Abs. 2, 829 BGB (s. Rn. 170).

b) Haftung aufsichtspflichtiger Personen

Das gilt ebenso bezüglich der **Haftung der aufsichtspflichtigen Personen aus § 832 BGB** (s. 174
Rn. 172).

c) Haftung aus § 904 Satz 2 BGB

Den Ersatzanspruch bezüglich seines **eigenen Schadens** gegen den Geretteten könnte der Retter 175
nicht direkt auf § 904 Satz 2 BGB stützen, wenn sein eigenes Fahrzeug beschädigt ist, sondern nur
auf die analoge Anwendung dieser Vorschrift. Die Frage hat der BGH bisher offen gelassen
(BGHZ 92, 357; BGH, VersR 1957, 349 f.).

d) Geschäftsführung ohne Auftrag

Schließlich steht dem Retter wegen seiner **eigenen** Schäden gegenüber dem Geretteten ein Ersatz- 176
anspruch nach den §§ 677, 683, 670 BGB zu (BGHZ 38, 270 = JZ 1963, 547 = VersR 1963, 340).
Nach den genannten Vorschriften steht dem Retter ferner gegenüber dem Geretteten ein Ersatzanspruch bezüglich derjenigen Schäden zu, die der Retter aus Anlass der Rettungshandlung **einem
Dritten zufügt** und für die er vom Dritten auf Ersatz in Anspruch genommen wird.

Hinweis:

*Es ist jedoch hervorzuheben, dass Ansprüche aus Geschäftsführung ohne Auftrag für den Fall,
dass der Retter bei der Rettungshandlung selbst verletzt wird, **Schmerzensgeldansprüche**
nicht begründen (BGHZ 52, 115).*

---

e) Haftungseinschränkungen

Für alle Ersatzansprüche des Retters gegenüber dem Geretteten, gleich aus welchem Rechtsgrund, 177
gilt indessen folgende Einschränkung: Der Retter, der zugleich **Halter** des beschädigten Kraftfahrzeuges ist, kann Ersatz immer nur dann verlangen, wenn er nachweist, dass der Schaden für ihn
i.S.d. § 7 Abs. 2 StVG unabwendbar war (BGH, a.a.O., ferner BGH, VersR 1958, 168 und 646;
KG, VersR 1971, 869; Hagen, NJW 1966, 1893). Macht der **Fahrzeugführer** Ersatzansprüche geltend, so muss er gem. § 18 StVG nachweisen, dass ihn am Schadenseintritt kein Verschulden trifft.

Ist der Unabwendbarkeitsbeweis durch den **Kraftfahrzeughalter** geführt, so kommt eine Kürzung
des Ersatzanspruchs des Retters aus dem rechtlichen Gesichtspunkt mitwirkender **Betriebsgefahr**
nicht in Betracht (Hagen, a.a.O.; Frank, JZ 1982, 742; anders, aber abzulehnen insoweit BGHZ 38,
270, 278 f.).

V. Haftung aus Schuldanerkenntnis

Es kommt immer wieder vor, dass nach Eintritt eines Schadenfalles im Straßenverkehr seitens des 178
Geschädigten vom Schädiger eine Erklärung – mündlich oder schriftlich – verlangt oder umgekehrt
vom Schädiger dem Geschädigten angeboten wird, wonach der Schädiger in irgendeiner Weise
Schuld oder Schadensersatzpflicht – in welcher Formulierung auch immer – anerkennt. Hieraus
können sich in der rechtlichen Beurteilung eine Reihe von Schwierigkeiten ergeben.

1. Abstraktes Schuldanerkenntnis

179   Ein sog. abstraktes oder konstitutives Schuldanerkenntnis begründet aus sich heraus einen eigenständigen Anspruch, der unabhängig von dem Rechtsgrunde besteht, der seinerseits Ursache dieses Anerkenntnisses ist. Bezogen auf den Straßenverkehr heißt dies, dass das abstrakte Schuldanerkenntnis **völlig unabhängig von der Haftung aus § 7 StVG oder aus § 823 BGB** besteht. Diese Form des Anerkenntnisses bedarf zu ihrer Wirksamkeit nach § 781 BGB der **Schriftform**. Liegt ein solches Anerkenntnis vor, so kommt es auf die Frage, ob und in welchem Umfang der Schädiger für die Folgen eines Unfalls nach den sonst anwendbaren Regeln des StVG oder des BGB haftet, **nicht** an.

180   Diese Form des Anerkenntnisses ist im Verkehrsunfallrecht die **Ausnahme,** weil den Beteiligten, jedenfalls aber dem anerkennenden Schädiger, regelmäßig die Vorstellung fehlt, unabhängig von seiner ohnehin bestehenden gesetzlichen Haftung und unabhängig von deren Grenzen einen hiervon völlig losgelösten Schuldtitel zu schaffen bzw. schaffen zu wollen. Die Rspr. ist insoweit mit Recht sehr zurückhaltend (BGH, VersR 1965, 1153).

2. Deklaratorisches Schuldanerkenntnis

a) Allgemeines

181   Für die Praxis der Schadensabwicklung sehr viel bedeutsamer ist das nicht dem § 781 BGB unterliegende, also nicht an die Schriftform gebundene deklaratorische Schuldanerkenntnis. Hierbei handelt es sich um einen **schuldrechtlichen Vertrag**: Die Anerkenntniserklärung bedarf zu ihrer Wirksamkeit der **Annahme** durch den Adressaten. Aber diese Annahme ist auch **konkludent** möglich: Schweigt der Erklärungsempfänger, so ist sie angekommen. Nichtannahme erfordert Widerspruch.

182   Die **Bedeutung** des deklaratorischen Schuldanerkenntnisses liegt darin, dass der Schuldner nach erfolgtem Anerkenntnis **nur noch solche Einwendungen** gegen den Anspruch geltend machen kann, die er **zurzeit der Abgabe des Anerkenntnisses nicht kannte** (RG, JW 1916, 960). Ausgeschlossen sind auch solche Einwendungen, mit deren Vorliegen der Schädiger zurzeit der Abgabe des Anerkenntnisses **rechnete** (BGHZ 66, 255; BGH, VersR 1981, 1159, 1160; BGH, VersR 1984, 383). Eine Kondiktion eines solchen Anerkenntnisses ist ausgeschlossen (RG, a.a.O.), nur eine Anfechtung nach den §§ 119, 123 BGB kommt in Betracht.

183   Der deklaratorische Charakter eines solchen Anerkenntnisses ist insbesondere daraus zu folgern, dass in ihm ein **bestimmt bezeichnetes Schadensereignis** genannt wird, auf das sich das Anerkenntnis beziehen soll. Möglich ist auch ein auf den Haftungsgrund oder eine bestimmte Anspruchsgrundlage begrenztes Anerkenntnis (Bsp.: BGH, NJW 1973, 620), oder das Anerkenntnis einer bestimmten Haftungsquote. Erforderlich ist insoweit immer, dass die anerkannte Rechtsfolge aus dem ihr zugrunde liegenden Sachverhalt in irgendeiner Weise hergeleitet werden kann, da anderenfalls ein abstraktes Anerkenntnis vorläge (Erman/Hantl-Unthan, BGB, § 781 Rn. 13; a.A. insoweit Staudinger/Marburger, BGB, § 781 Rn. 10).

b) Besonderheiten

aa) Bedeutung für den Haftpflichtversicherer

184   Ein Anerkenntnis des **Fahrzeughalters** bindet den Haftpflichtversicherer nach den §§ 3 Nr. 7 Satz 3 PflichtVG, 158e Abs. 2, 154 Abs. 2 VVG **nicht**. Nimmt der Geschädigte im Wege der Direktklage auch oder nur den Haftpflichtversicherer in Anspruch, so **beschränkt sich dessen Haftung** ohne jede Bindung an das Anerkenntnis seines Versicherungsnehmers auf das, was er aufgrund der schadensrechtlichen Beurteilung nach den §§ 7 ff. StVG, §§ 823 ff. BGB zu leisten verpflichtet ist. **Ausnahme:** Der Versicherungsnehmer konnte das Anerkenntnis nicht ohne offenbare Unbilligkeit verweigern (§ 154 Abs. 2 VVG). Dennoch ist auch in diesen Fällen das Anerkenntnis nicht ganz bedeutungslos: Im Rahmen der **Beweiswürdigung** kann es Bedeutung für die

Frage gewinnen, ob und mit welcher Quote eine Haftung zu bejahen ist (BGH, VersR 1981, 1159). Soweit der Geschädigte dagegen den **Schädiger, d.h.** den Versicherungsnehmer des Haftpflichtversicherers, neben diesem auf Schadensersatz in Anspruch nimmt, ist **im Verhältnis zwischen dem Schädiger und dem Geschädigten** insoweit, als das Anerkenntnis reicht (typisches Bsp.: Die Haftung wird dem Grunde nach anerkannt mit der Folge, dass z.B. ein Mitverursachungs- oder Mitverschuldenseinwand vom Schädiger nicht mehr geltend gemacht werden kann), kein Streit mehr möglich.

Hinweis:

Wenn in einem solchen Falle der in Anspruch genommene Haftpflichtversicherer, der an das Anerkenntnis nicht gebunden ist, nach Beweisaufnahme über den Haftungsgrund nur in Höhe einer bestimmten Schadensquote in Anspruch genommen werden kann, muss der Schädiger aufgrund seines Anerkenntnisses für die überschießende Quote bis zum vollen Schaden allein aufkommen. Er hat insoweit auch keinen Deckungsanspruch aus dem Versicherungsvertrag mit seinem Haftpflichtversicherer (§§ 62 Abs. 2, 154e Abs. 2 VVG).

---

bb) Anerkenntnis des Fahrzeugführers

Das Anerkenntnis des **Fahrzeugführers** bindet weder den Haftpflichtversicherer – insoweit gelten die vorstehenden Ausführungen auch hier – noch den Fahrzeughalter (LG Freiburg, NJW 1982, 862).   **185**

cc) Anerkenntnis des Haftpflichtversicherers

Möglich und in der Praxis häufig ist schließlich ein **deklaratorisches Anerkenntnis** seitens des **186** **Haftpflichtversicherers** des Schädigers (vgl. OLG München, VersR 1966, 667). Da im Innenverhältnis zwischen Schädiger und Haftpflichtversicherer trotz deren gesamtschuldnerischer Haftung nach außen (§ 3 Nr. 2 PflichtVG) der Haftpflichtversicherer im Rahmen des bestehenden Versicherungsvertrages allein haftet (§ 3 Nr. 9 Satz 1 PflichtVG), stellt sich die Frage einer Bindungswirkung des vom Versicherer erklärten deklaratorischen Anerkenntnisses gegenüber dem Schädiger (Versicherungsnehmer) nur insoweit, als das Anerkenntnis des Versicherers **über die Deckungssumme des Versicherungsvertrages hinausgeht.** Insoweit bindet das Anerkenntnis des Versicherers auch den Versicherungsnehmer (§ 3 Nr. 10 Satz 1 PflichtVG). Allerdings hat der Versicherungsnehmer die Möglichkeit des Nachweises, dass der Versicherer seine **Pflicht zur Abwehr** nicht begründeter Ansprüche oder zur Schadensminderung **schuldhaft verletzt** hat. Gelingt ihm dieser Beweis, so kann er aufgrund seines sich daraus ergebenden Schadensersatzanspruchs vom Versicherer verlangen, dass dieser ihn von den Ersatzansprüchen des Geschädigten insoweit freistellt, als der Versicherer Ansprüche unter Verletzung der vorgenannten Pflichten anerkannt hat. **Kein solches Anerkenntnis** des Versicherers liegt in Abschlagszahlungen auf Krankenhauskosten (BGH, VersR 1963, 1025; BGH, VersR 1964, 1199) oder darin, dass der Geschädigte in der Abfindungserklärung des Haftpflichtversicherers einen auf den materiellen Zukunftsschaden gerichteten Vorbehalt anbringt und die so ergänzte Abfindungserklärung unterschrieben dem Haftpflichtversicherer zurückschickt (BGH, NJW 1985, 792; BGH, NJW 1992, 2228).

3. Anerkenntnis an der Unfallstelle

a) Rechtliche Bindungswirkung

Es ist **umstritten,** ob solchen Erklärungen, auch wenn sie schriftlich erfolgt sind, eine willens- **187** mäßige Bedeutung des Erklärenden dahingehend unterlegt werden kann, dass damit eine **rechtsgeschäftliche Bindung** wenigstens deklaratorischer Art gewollt und beabsichtigt ist (als mögliches deklaratorisches Anerkenntnis sehen dies z.B. OLG Hamm, MDR 1974, 319; OLG Düsseldorf,

VersR 1979, 626 und KG, NJW 1971, 1219; zurückhaltender und auf den konkreten Einzelfall abstellend ist das Schrifttum: Füchsel, NJW 1967, 1216 verneint allgemein einen rechtlichen Bindungswillen, während Erman/Hantl-Unthan, BGB, § 781 Rn. 13 und Greger, § 16 StVG Rn. 558 dies als im Zweifel nicht gewollt ansehen; dem entspricht auch die Auffassung des BGH, NJW 1982, 998; NJW 1984, 799 = VersR 1984, 383).

b) Bedeutung im Rahmen der Beweiswürdigung

188 **Einigkeit** besteht jedoch darüber, dass solche Erklärungen im Rahmen einer **Beweiswürdigung bei prozessualen Auseinandersetzungen** Bedeutung erlangen können. Hierbei kommt es zunächst auf den konkreten Inhalt der Erklärung an. Je präziser der Schuldner in der Erklärung die Unfallursache mitteilt, etwa Nichtbeachten der Vorfahrt, Nichtbeachten einer auf Rot stehenden Verkehrsampel, Verletzung des Rechtsfahrgebotes und Ähnliches, desto stärker ist ihr Beweiswert und desto schwerer ist es für den Schuldner, sich von einer solchen Erklärung später zu distanzieren. **Keinesfalls** führen solche Erklärungen zur **Beweislastumkehr** (a.A. nur Künnell, VersR 1984, 706, 711). Vielmehr ist sie Indiz für die vorwerfbare Schadensverursachung durch denjenigen, der eine solche Erklärung abgegeben hat (BGH, NJW 1984, 799 = VersR 1984, 383 st.Rspr.; OLG Celle, VersR 1980, 482; OLG Hamm, MDR 1974, 1019; OLG Bamberg, VersR 1987, 1246; Bergmann, MDR 1974, 989). Dabei wird es auch auf das **Motiv** für eine solche Erklärung ankommen: Während der Schädiger auf diese Weise häufig die Einschaltung der Polizei verhindern will, wird auf der anderen Seite der Geschädigte von ihrer Hinzuziehung abgehalten und dadurch später u.U. in Beweisschwierigkeiten gebracht. Daneben müssen aus dem festgestellten Unfallhergang ausreichende Umstände für die **Ernsthaftigkeit** des Anerkenntnisses sprechen (BGH, NJW 1982, 996). I.Ü. ist darauf hinzuweisen, dass ein solches Anerkenntnis die Möglichkeit offen lässt, ein Mitverschulden bzw. eine Mitverursachung des Geschädigten oder eines Dritten auch später noch geltend zu machen (OLG Frankfurt/M., VersR 1974, 92), es sei denn, die Haftung ist dem Grunde nach uneingeschränkt anerkannt worden.

VI. Haftungsfragen bei Schwarzfahrten

189 § 7 Abs. 3 StVG regelt in **nicht sehr** übersichtlicher **Weise** die Frage, wer für die Schäden haftet, die entstehen, während eine nicht dazu berechtigte Person ein Kraftfahrzeug nutzt. Insoweit kommt es auf die genaue Einordnung der jeweils gegebenen Situation an.

1. Alleinhaftung des unbefugten Benutzers

a) Dieb als unbefugter Benutzer

190 Ist dem – bisherigen – Halter das Fahrzeug gestohlen worden und besitzt der Dieb faktisch ungestörte Verfügungsmacht (zu den dafür maßgeblichen Einzelheiten vgl. Rn. 70), so hat der bisherige Halter seine Stellung verloren. An seine Stelle tritt als Halter der Dieb, der nunmehr nach § 7 Abs. 1 StVG in seiner Eigenschaft als Halter **allein ersatzpflichtig** ist. Dies gilt auch für diejenigen Fälle der unbefugten Ingebrauchnahme eines Kraftfahrzeuges gem. **§ 248b StGB,** in denen es dem Täter nicht um die dauerhafte Zueignung, sondern nur um einen vorübergehenden Gebrauch geht, der damit endet, dass der Täter das Fahrzeug nach Benutzung so abstellt, dass es dem Zufall überlassen bleibt, ob der Berechtigte sein Fahrzeug zurück erhält, weil es bis dahin jedermanns Zugriff preisgegeben ist (BGH, VRS 24, 213). Ein Anwendungsfall des § 7 Abs. 3 StVG liegt bei dieser Fallgruppe **nicht** vor.

b) Begriff des unbefugten Benutzers

191 **Unbefugter Benutzer** i.S.d. § 7 Abs. 3 Satz 1 StVG (Schwarzfahrer) ist derjenige, der sich die tatsächliche Verfügungsgewalt über das Fahrzeug anmaßt, es also eigenständig und **eigenmächtig in Gebrauch nimmt, ohne selbst zum Halter zu werden.** Er muss das Fahrzeug nicht selbst fahren,

sondern es genügt, dass er es von einem Dritten im eigenen Interesse fahren lässt (BGH, VersR 1961, 348). Entscheidend für die Frage, ob eine eigenmächtige Ingebrauchnahme des Fahrzeuges vorliegt oder nicht, sind **Wissen und Willen des Halters**. Auch wenn der Halter sieht, dass ein Unbefugter plötzlich mit seinem Fahrzeug davonfährt, dies aber weder will noch tatsächlich verhindern kann, liegt seitens des Täters eine Schwarzfahrt vor. Mithin können auch Familienangehörige des Halters unbefugte Benutzer sein, sofern sie wissen, dass der Halter mit der Fahrzeugbenutzung durch sie nicht einverstanden ist oder aber nicht mit seinem Einverständnis rechnen konnten.

Wird bei einer solchen **Schwarzfahrt Schaden** verursacht, so haftet dafür nach § 7 Abs. 3 Satz 1, 1. Halbs. StVG der unbefugte Benutzer, also der Schwarzfahrer, und zwar wie ein Halter, also im Rahmen des § 7 Abs. 1 StVG. Diese Haftung des Schwarzfahrers gilt auch für solche Schäden, die er während der Flucht vor der ihn verfolgenden Polizei verursacht (BGH, VersR 1981, 40).   192

Hinweis:

Erklärt sich der Halter vor oder nach der unbefugten Benutzung mit dieser einverstanden, so liegt eine von Anfang an befugte Benutzung vor mit der Folge, dass § 7 Abs. 3 Satz 1, 1. Halbs. StVG nicht anwendbar ist. Für den Schaden haftet dann nicht der Benutzer, sondern der Halter selbst nach § 7 Abs. 1 StVG. Ein solches Einverständnis ist auch stillschweigend möglich, etwa wenn der Halter von der unbefugten Benutzung Kenntnis erlangt, aber nichts dagegen unternimmt, obwohl er etwas unternehmen könnte.

---

2. Haftung des Halters neben dem unbefugten Benutzer

a) Verschulden des Halters

Nach § 7 Abs. 3 Satz 1 2. *Halbs.* StVG haftet der Halter **neben** dem Schwarzfahrer, wenn die unbefugte Benutzung durch **Verschulden des Halters** ermöglicht worden ist, also in den Fällen, in denen seine Halterstellung fortbesteht. Daraus folgt aber weiter: Ist dem Halter durch eigenes Verschulden sein Fahrzeug sogar gestohlen worden und hat er deshalb seine Halterstellung verloren, so haftet er nach der genannten Vorschrift neben dem Dieb für die von diesem verursachten Schäden.   193

b) Beweislastfragen

Voraussetzung für die Anwendbarkeit des § 7 Abs. 3 Satz 1 2. Halbs. StVG ist somit stets **eigenes Verschulden des Halters** daran, dass die Fahrzeugbenutzung durch eine unbefugte Person möglich geworden ist. Verschulden eines Dritten, etwa des angestellten Fahrers, genügt nicht (BGH, NJW 1954, 392). Für den Verschuldensmaßstab gelten die allgemeinen Grundsätze. Danach genügt die Verletzung der im Verkehr erforderlichen Sorgfalt, also **Fahrlässigkeit,** wogegen im Verschuldensbereich des § 7 Abs. 3 Satz 1 2. Halbs. StVG eine **Unabwendbarkeit** für den Halter **nicht erforderlich** ist (vgl. BGH, VersR 1970, 66). Aber im Falle des Vorliegens eines Verschuldens an der unbefugten Benutzung greift die Halterhaftung des § 7 Abs. 1 StVG; von dieser kann sich der Halter nur befreien, wenn die Voraussetzungen des § 7 Abs. 2 StVG (Unabwendbarkeit) vorliegen. Somit reduziert sich im wirtschaftlichen Ergebnis der Unterschied auf die **Beweislastverteilung:** Will ein Geschädigter den Halter bzw. früheren Halter aufgrund des § 7 Abs. 3 Satz 1 2. *Halbs.* StVG auf Schadensersatz in Anspruch nehmen, weil den Halter an der unbefugten Benutzung ein Verschulden trifft, so muss der Geschädigte das Verschulden des Halters beweisen (BGH, NJW 1954, 392; OLG Karlsruhe, DAR 1992, 432). Will sich der Halter demgegenüber auf die Unabwendbarkeit i.S.d. § 7 Abs. 2 StVG berufen, so ist er dafür beweispflichtig.   194

195 Das Verschulden des Halters muss für die anschließende unbefugte Benutzung allerdings **kausal** geworden sein. Daher fehlt es an der Kausalität, wenn ein Dieb die linke Fahrzeugtür aufbricht, die verschlossen war und sodann mit dem Fahrzeug davonfährt, während der Halter nur die rechte Fahrzeugtür nicht abgeschlossen hatte (hierzu OLG Köln, VersR 1959, 652).

c) Umfang der erforderlichen Sicherungsmaßnahmen

aa) Grundsatz

196 Die in **§ 14 Abs. 2 Satz 2 StVO** ausdrücklich normierte Pflicht, ein Kraftfahrzeug gegen unbefugte Benutzung zu sichern, bedeutet, dass alle **vorgeschriebenen** sowie alle tatsächlich **vorhandenen** Sicherungseinrichtungen zu betätigen sind (BGHSt 15, 386). Deshalb macht eine eingebaute **Zündunterbrechung** das Verschließen von Fenstern und Türen nicht etwa überflüssig (AG Offenbach, NJW-RR 1988, 472), da jede mangelhafte Fahrzeugsicherung die Gefahr unbefugter Benutzung verstärkt (BGH, VersR 1981, 40).

bb) Einzelheiten der Fahrzeugsicherung

197 Erforderlich ist somit das Abziehen und Entfernen des **Zündschlüssels,** Betätigung des **Lenkradschlosses** unter Einrasten sowie Verschließen aller **Fenster und Türen** (BGH, VRS 23, 236; KG, VRS 33, 144; OLG Hamm, VRS 31, 283). Weder der Zündschlüssel (OLG Karlsruhe, VersR 1976, 454: im Handschuhfach) noch ein Zweitschlüssel (BGH, VersR 1981, 40) dürfen im Fahrzeug zurückgelassen werden. Unterlassen der Betätigung des Lenkradschlosses begründet stets den Fahrlässigkeitsvorwurf (OLG Hamburg, MDR 1970, 336; OLG Hamm, VersR 1973, 242).

198 **Unzureichend** sind Abziehen des Zündschlüssels und Verschließen der Tür (BGH, VRS 23, 236) oder Verschließen der Tür bei laufendem Motor (BGH, VM 1970, 15). Ob bei Fahrzeugen mit offenem Verdeck die Türen verschlossen werden müssen, ist streitig (nein: BGH, VRS 23, 236; OLG Düsseldorf, VersR 1987, 798; ja: Greger, Zivilrechtliche Haftung, § 7 StVG Rn. 364). Ist das Verdeck verschlossen, so sind alle Sicherungsmaßnahmen zu betätigen (OLG Düsseldorf, NJW-RR 1986, 776). Desgleichen bei nur leichter Öffnung des Verdecks (OLG Oldenburg, VRS 30, 236). Zur ordnungsmäßigen Sicherung gehört auch der **Verschluss eines Schiebe- bzw. Ausstelldaches.** Bei **Motorrädern und Mopeds** müssen Lenkung und Zündung abgeschlossen sein (BGH, NJW 1959, 629). Abziehen des Zündschlüssels reicht dann nicht, wenn das Motorrad ohne Schwierigkeiten auf andere Weise in Gang gesetzt werden kann (OLG Oldenburg, MDR 1960, 226). Beim Bezahlen an der **Tankstelle** muss der Zündschlüssel abgezogen werden (BGH, VersR 1961, 42).

cc) Einzelheiten zur sicheren Schlüsselverwahrung

199 Notwendig ist die sichere Aufbewahrung der **Garagen- und Fahrzeugschlüssel,** und zwar so, dass sie dem Zugriff von Unbefugten, auch Familienangehörigen, unbedingt entzogen sind. Dazu genügt nicht die Aufbewahrung der Schlüssel in einer Kassette (OLG München, VersR 1960, 1055), noch weniger die Unterbringung der Schlüssel an einem Schlüsselbrett (OLG München, VersR 1960, 862), auch nicht die Aufbewahrung der Schlüssel in der Tasche eines Mantels, der sich in einem unverschlossenem Kleiderschrank befindet (KG, VM 1978, 77) oder der in einer Gaststätte abgelegt worden ist (OLG Düsseldorf, VersR 1989, 638), schließlich auch nicht die Aufbewahrung in einem verschlossenen, aber leicht zu öffnenden Kleiderschrank, wenn damit zu rechnen ist, dass ein heranwachsender Sohn, der kurz zuvor den Führerschein der Klasse 1 erlangt hat, das Kraftfahrzeug benutzen wird.

200 Zur Problematik der Sicherung eines Kraftfahrzeuges vor dem Zugriff **heranwachsender Familienangehöriger** wird auf BGH, VersR 1984, 327, OLG Frankfurt/M., VRS 70, 324 und OLG Düsseldorf, VRS 68, 337 verwiesen.

> **Hinweis:**
>
> *Dritten Personen darf der Fahrzeugschlüssel nur überlassen werden, wenn an ihrer Zuverlässigkeit für den Halter keine Zweifel bestehen (BGH, VersR 1970, 66). In diesem Zusammenhang spielt immer wieder der Sorgfaltsmaßstab gegenüber eigenen Familienangehörigen, insbesondere heranwachsenden Kindern eine Rolle, die evtl. soeben die Fahrerlaubnis erlangt haben. Eine Differenzierung nach Söhnen und Töchtern (so noch BGH, a.a.O.) ist überholt. Es wird darauf ankommen, ob ein Kind bereits einmal das elterliche Fahrzeug unbefugt benutzt hat. Dann ist die Schlüsselsicherung besonders sorgfältig vorzunehmen (hierzu auch OLG Frankfurt/M., VersR 1987, 54; OLG Düsseldorf, VRS 68, 337; OLG Hamm, VersR 1978, 949).*

dd) Einzelheiten zu verschiedenen Abstellorten

Auch in einer verschlossenen Garage ist das Lenkradschloss zu betätigen und sind die Schlüssel abzuziehen (BGH, DAR 1958, 191 = VersR 1958, 413). Auf einem verschlossenen Privatgrundstück (Hofraum) genügen geringere Anforderungen bei regelmäßigen Kontrollen (KG, VersR 1982, 45), anders bei einer Gefahr, dass dritte Personen zum Hof Zutritt haben und das Fahrzeug benutzen (BayObLG, VRS 23, 76: üblicher Anforderungsmaßstab, keine Herabsetzung; zur Aufbewahrung im Hotelhof vgl. OLG Hamburg, VersR 1970, 362; zu einem Vorführwagen, der auf einem nicht allgemein zugänglichen Grundstück abgestellt wird, OLG Frankfurt/M., VersR 1983, 497). Ein **großzügigerer Maßstab** kann in Betracht kommen beim Abstellen eines Fahrzeuges auf einem Betriebsgelände, **wenn das Fahrzeug von mehreren Personen benutzt wird** (BGH, VersR 1971, 1019). Über das Wochenende darf der Fahrzeugschlüssel aber auch dann nicht im Fahrzeug gelassen werden, wenn dieses in einer Lagerhalle auf dem Betriebsgelände abgestellt wird (OLG Nürnberg, VersR 1984, 948). Steckenlassen des Schlüssels auf einem Tankstellengelände, wo das Fahrzeug am nächsten Tag gewaschen werden soll, soll nach OLG Düsseldorf, DAR 1975, 328 nicht schuldhaft sein, ebenso bei Abstellen auf Werkstattgelände zwecks Inspektion (OLG Köln, VersR 1973, 285). Man wird dieser Auffassung jedenfalls im Tankstellenfall kaum folgen können (wie hier: KG, VersR 1968, 440). | **201**

3. Alleinhaftung des Halters anstelle des unbefugten Benutzers

a) Grundsatz der Gefährdungshaftung des Halters von Kraftfahrzeugen und Anhängern

Nach § 7 Abs. 3 Satz 2 StVG haftet **allein** der Halter für Schäden, die ein unbefugter Benutzer verursacht, dem der Halter das Fahrzeug überlassen hat oder den er für den Betrieb des Fahrzeuges angestellt hat. Dies ergibt sich aus der Negativformulierung in § 7 Abs. 3 Satz 2 StVG, wonach unter den darin genannten beiden Varianten der Satz 1 des Abs. 3 nicht anzuwenden ist. Der unbefugte Benutzer wird durch diese Vorschrift aber nicht von jeder, sondern **nur von der Halterhaftung des § 7 Abs. 1 StVG** freigestellt. | **202**

Der **rechtspolitische Grund** für diese den Schwarzfahrer begünstigende Regelung liegt darin, dass der **Halter** es in der Hand hat, **sich von der Zuverlässigkeit und Sorgfalt einer Person zu überzeugen,** bevor er ihr das Fahrzeug überlässt oder sie für dessen Betrieb anstellt. Er hat somit durch sein **eigenes vorangegangenes Verhalten** die Schwarzfahrt ermöglicht (BGH, VersR 1961, 708). Damit ist dem Halter auch der Einwand abgeschnitten, der Benutzer habe das Fahrzeug in anderer Weise benutzt, als es dem Willen und den Weisungen des Halters entsprochen habe (BGH, VersR 1967, 659). | **203**

b) Verschuldenshaftung des unbefugten Benutzers

204 Soweit eine **Verschuldenshaftung** des unbefugten Benutzers in Betracht kommt, verbleibt es bei seiner Haftung, die dann neben die des Halters tritt. Diese Frage ist in zweierlei Richtung von Relevanz, sofern der unbefugte Benutzer während der Schwarzfahrt das Fahrzeug selbst steuert:

Ihn trifft die Haftung aus § 18 Abs. 1 Satz 1 StVG, wenn ihm nicht der Beweis gelingt, dass ihn am Schadenseintritt kein Verschulden trifft (§ 18 Abs. 1 Satz 2 StVG). Dann haftet er wie der Halter im Rahmen des nach dem StVG ersatzfähigen Schadens.

Gelingt darüber hinaus **dem Geschädigten der Beweis,** dass der Schaden infolge **schuldhaften Verhaltens des unbefugten Benutzers** (zu denken ist in erster Linie an die Verletzung eines Schutzgesetzes) eingetreten ist, so haftet er nach § 823 BGB sogar ohne die Begrenzung der Haftung nach dem StVG.

c) Anstellung für den Betrieb

205 **Für den Betrieb angestellt** ist ein Arbeitnehmer, der das Fahrzeug in dem ihm vom Halter zugewiesenen Aufgabenbereich steuern darf und dem hierzu die Fahrzeugbenutzung vom Halter ermöglicht wird. Dieser Begriff ist enger gefasst als der des „bei dem Betriebe beschäftigten Dritten" i.S.d. § 7 Abs. 2 StVG (BGH, VRS 10, 2). Für den Betrieb angestellt ist der für das Fahrzeug vorgesehene Fahrer, nicht aber das Ladepersonal, Reinigungskräfte und ähnliche Personen. Der Beifahrer ist nur dann für den Betrieb angestellt, wenn er die Aufgabe hat, den Führer entweder turnusmäßig oder bei konkreter Veranlassung abzulösen (BGH, VersR 1954, 84). Eine Fahrzeugbenutzung durch einen Angestellten liegt auch dann vor, wenn dieser im eigenen Interesse einen Dritten mit der Kraftfahrzeugführung beauftragt (BGH, VersR 1961, 348).

d) Überlassung des Fahrzeugs

206 **Überlassen** i.S.d. § 7 Abs. 3 Satz 2 StVG ist ein Fahrzeug einem Dritten nur dann, **wenn der Dritte es als Beförderungsmittel benutzen darf,** also z.B. der Arbeitnehmer, der mit einem Fahrzeug des Arbeitgebers eine Fahrt im Betriebsinteresse vornehmen soll, der Werkstattinhaber, der nach erfolgter Reparatur eine Probefahrt durch einen Angestellten vornehmen lässt (BGH, VersR 1967, 659), der Entleiher und ähnliche Personen. Dagegen liegt keine Überlassung vor, wenn der Dritte etwa nur einen bestimmten Gegenstand aus dem Fahrzeug holen (BGH, VersR 1970, 66) oder eine Verrichtung vornehmen soll, die die Benutzung des Fahrzeuges als Beförderungsmittel, also die Inbetriebnahme nicht einschließt. Wird dagegen der **Umfang der gestatteten Benutzung** als Beförderungsmittel eingeschränkt (Fahrt nur für einen bestimmten Zweck, nur auf einer bestimmten Strecke oder Fahrtroute), so ist diese **Einschränkung nach außen wirkungslos.** Die Überlassung endet erst, wenn dem Dritten die tatsächliche Möglichkeit zur Benutzung des Fahrzeuges endgültig entzogen wird.

e) Fallgruppen unbefugter Benutzung

207 Eine unbefugte Benutzung durch den, der für den Betrieb des Fahrzeuges angestellt oder dem dieses zur Benutzung überlassen worden ist, kommt in **drei Varianten** in Betracht.

- Der **Angestellte** benutzt das Fahrzeug **selbst unerlaubt.** Für hierbei verursachte Schäden haftet nach § 7 Abs. 3 Satz 2 StVG allein der Halter.

- Der **Angestellte** gibt das Fahrzeug **unerlaubt an einen Dritten** zur Benutzung durch diesen weiter, der Dritte verursacht hierbei einen Schaden. Für diesen Schaden haftet nach § 7 Abs. 3 Satz 2 StVG der Halter, weder der Angestellte noch der Dritte können aus § 7 allein oder zusätzlich in Anspruch genommen werden (OLG Hamm, VersR 1984, 1051). Das gilt unabhängig davon, ob sich der Dritte bei der Fahrzeugbenutzung innerhalb dessen hält, wozu er vom Angestellten unbefugtermaßen ermächtigt worden ist oder nicht. Wird dem Dritten aber Verschulden nachgewiesen, so haftet er aus § 823 BGB.

- Der Dritte verschafft sich die Benutzungsmöglichkeit **ohne oder gegen den Willen des Ange-**   208
stellten. Dann liegt ein Fall des § 7 Abs. 1 Satz 1 1. Halbs. StVG vor mit der Folge, dass für
den durch den Dritten verursachten Schaden dieser selbst haftet. Denn der Dritte benutzt bei
diesem Verhalten das Fahrzeug nicht nur gegen den Willen des berechtigten Angestellten, sondern auch ohne Wissen und Willen des Halters; er ist Schwarzfahrer. Die Halterhaftung scheidet nach der genannten Vorschrift aus. Die unmittelbare Anwendung des § 7 Abs. 3 Satz 1
2. Halbs. StVG (Mithaftung des Halters, der die unbefugte Benutzung schuldhaft ermöglicht
hat) scheidet ebenfalls aus, weil der Halter das Fahrzeug dem Angestellten überlassen hat.

Hat dagegen der **Angestellte** die unbefugte Benutzung **schuldhaft** ermöglicht, so verbleibt es bei   209
der **Halterhaftung** aus dem obigen rechtspolitischen Grund für die Einführung des § 7 Abs. 3
Satz 2 StVG: Der Halter trägt das Risiko, dass der von ihm selbst ausgewählte Angestellte einen
Schaden verursacht, sei es dadurch, dass er das Fahrzeug selbst benutzt, sei es, dass er schuldhaft
die Benutzung durch einen Dritten ermöglicht hat.

B. Haftungsausschlüsse

I. Manipulierte Verkehrsunfälle zum Nachteil von Kfz-Haftpflichtversicherern

1. Problemdarstellung

In den vergangenen Jahrzehnten sind in immer größerer Zahl Verkehrsunfälle geschehen, bei   210
denen der mehr oder weniger starke Verdacht bestand, sie seien **bewusst und zielgerichtet herbei-**
geführt worden mit dem eigentlichen Ziel, von den Haftpflichtversicherern der beteiligten Fahrzeuge letztlich unberechtigt Ersatzbeträge zu kassieren. Dabei sind zwei Sachverhaltsgruppen derartiger Schadensfälle zu unterscheiden (hierzu näher Knoche, MDR 1992, 919):

a) Provozierter Unfall

Der Provokateur verhält sich im Verkehr so, dass ein Außenstehender am Fahrzeug des Provoka-   211
teurs einen Schaden verursacht und dafür zu haften hat. Typisch hierfür ist eine Langsamfahrt des
Provokateurs im Stadtverkehr mit **abruptem Bremsen** an einer Ampelanlage, sobald diese von
Grün auf Gelb umspringt. Der bezüglich der wahren Absichten des Provokateurs ahnungslose Hintermann fährt prompt auf das Fahrzeug des Provokateurs auf und verursacht an diesem einen Sachschaden, auf dessen Eintritt der Provokateur gehofft hat.

b) Gestellter Unfall

Die am späteren „Unfall" beteiligten Personen **verabreden** von vornherein das nachfolgende   212
Geschehen, bei welchem sie mit dafür geeigneten Fahrzeugen einen „echten" Verkehrsunfall
inszeniert herbeiführen. Der angebliche Unfallverursacher ist häufig der Fahrer eines gemieteten
Lkw, der angeblich Unfallgeschädigte dagegen häufig Halter eines teuren Pkw.

2. Lösungsansätze der Rechtsprechung

Die Rspr. hat längere Zeit benötigt, um die darin liegende Problematik in den Griff zu bekommen.   213

a) Orientierung am Begriff „Unfall"

Zunächst war versucht worden, den Tatbestand des § 7 Abs. 1 StVG dahin zu verstehen, dass ihm   214
das Merkmal „**Unfall**" etwa i.S.d. Unfallversicherung zugrunde gelegt wurde (so z.B. ausdrücklich
OLG Köln, VersR 1975, 959 sowie Greger, Zivilrechtliche Haftung, § 7 StVG Rn. 104). Würde

man dieser Auffassung folgen, so hätte der Anspruchsteller die Darlegungs- und Beweiskraft dafür, dass seiner Ersatzforderung ein Unfall zugrunde liegt. Das hat der BGH im Ergebnis mit Recht abgelehnt (BGHZ 37, 311, 313; offen gelassen in BGHZ 71, 339 = NJW 1978, 2154). Denn dies hätte in der Tendenz zu einer nicht gerechtfertigten Benachteiligung der wirklich Geschädigten geführt und damit den rechtspolitischen Zweck der **Gefährdungshaftung** und der Haftpflichtversicherung unterlaufen. Abgesehen davon wird man (s.o. Rn. 53) nicht davon ausgehen können, dass ein Unfall Haftungsvoraussetzung des § 7 Abs. 1 StVG ist.

b) Treuwidrigkeit

215 Auch der gelegentlich vertretenen Ansicht, dass in derartigen Fällen ein Schadensersatzanspruch als **treuwidrig** unter Hinweis auf § 242 BGB zu versagen sei (so OLG Frankfurt/M., VersR 1978, 260), kann nicht gefolgt werden (dagegen besonders Weber, VersR 1981, 163 mit eingehender Begründung).

c) Regeln des vertraglichen Versicherungsschutzes

216 Nicht anwendbar ist die für den Bereich der **vertraglichen Unfallversicherung** geltende Regelung, wonach der Versicherungsnehmer zu beweisen hat, dass ein Unfall vorliegt, allerdings mit der Einschränkung, dass an diesen Beweis keine hohen Anforderungen gestellt werden können, weil nach allgemeiner Lebenserfahrung davon auszugehen ist, dass niemand sich selbst schädigt (BGH, VersR 1969, 609; BGH, VersR 1972, 244). Diese Regelung ist für die Personenunfallversicherung durch § 180a VVG dahin präzisiert worden, dass die Unfreiwilligkeit der Schädigung bis zum Beweis des Gegenteils vermutet wird. Die genannte erleichterte Beweisführung wird man zwar auf den **Kaskoversicherungsfall** erstrecken können (Drees/Kuckuk/Werny, Straßenverkehrsrecht, § 7 StVG Rn. 23). Es handelt sich in beiden Fällen um Regelungen innerhalb eines Versicherungsvertrages, die auf **gesetzliche Schadensersatzansprüche** eines außerhalb eines solchen Vertragsverhältnisses stehenden Dritten, nämlich des Verkehrsopfers, nicht übertragen werden können, und zwar ungeachtet des Umstandes, dass die Direktklage des § 3 PflichtVG den schadensrechtlichen Haftpflichtanspruch (des Geschädigten gegen den Schädiger) mit dem vertraglichen Deckungsanspruch (des Schädigers gegenüber seinem Haftpflichtversicherer) verbindet (hierzu im Einzelnen BGHZ 71, 339, 344 f.).

d) Einverständnis des „Geschädigten"

217 Inzwischen besteht im wesentlichen **Einigkeit** darüber, dass in den Fällen provozierter wie auch gestellter Unfälle ein ersatzfähiger Schaden des angeblich Geschädigten deshalb nicht vorliegt, weil er mit der von ihm selbst vorsätzlich herbeigeführten Schädigung seines Fahrzeuges einverstanden war. Dem kann nicht entgegengehalten werden, die in einer solchen Verabredung liegende Einwilligung des Geschädigten sei als sittenwidrig anzusehen und deshalb unbeachtlich. Denn die Schädigung eigener Sachen ist sittlich wertfrei (BGH, a.a.O.).

3. Beweislastfragen

a) Grundsatz

218 Nachdem auf diesem Wege Klarheit über den rechtstechnischen Lösungsweg besteht, stellt sich die praktisch außerordentlich wichtige Frage nach der **Verteilung der Beweislast**. Diese ist zunächst – wie immer im Schadensersatzrecht – dahingehend zu lösen, dass der angeblich Geschädigte, also der Anspruchsteller, den äußeren Geschehensablauf und die dadurch entstandenen Schäden, deren Ersatz er begehrt, zu beweisen hat (haftungsbegründende Kausalität). Insofern besteht also kein Unterschied zur Situation bei echten Unfallschäden. Dagegen muss der in Anspruch genommene Geschädigte, beim manipulierten Unfall also der in Anspruch genommene Kraftfahrzeughaftpflichtversicherer allein, die Einwilligung des Geschädigten beweisen, also diejenigen Tatsachen, die die gerichtliche Feststellung der Einwilligung tragen (BGH, GSZ 24, 21; BGHZ 39,

103, 108; BGHZ 71, 339, 345; ferner die einhellige Rspr. der OLG, vgl. statt aller OLG Hamm, NJW-RR 1987, 1239; OLG Hamm, VersR 1991, 113; OLG Koblenz, VersR 1990, 396; OLG Frankfurt/M., VersR 1992, 717; siehe auch Jagusch/Hentschel, Straßenverkehrsrecht, § 7 StVG Rn. 48; Knoche, MDR 1992, 919).

b) Beweis des ersten Anscheins

Es liegt auf der Hand, dass ein derartiger Beweis nur unter großen Schwierigkeiten zu führen ist. Deshalb steht im Vordergrund das Bemühen, über die Grundsätze des **Anscheinbeweises** im Einzelfall zu einerseits rechtstechnisch sauberen und andererseits sachgerechten Ergebnissen zu kommen. Es ist heute nicht mehr ernsthaft streitig, dass auch die Behauptung der Einwilligung dem Anscheinsbeweise zugänglich ist (vgl. etwa OLG Celle, VersR 1988, 1286; OLG Karlruhe, VersR 1988, 1287; OLG München, NZV 1990, 32; weitere Einzelfälle bei Goerke, VersR 1990, 707 und Knoche, a.a.O.) Wie bereits ausgeführt, führt der Beweis des ersten Anscheins nicht etwa zur Beweislastumkehr, sondern zu einer – freilich praktisch sehr wichtigen – Erleichterung der Beweisführung (BGHZ 100, 31 und st.Rspr.; vgl. auch Rn. 49). Hierfür ist in beiden Gruppen manipulierter Unfälle erforderlich, möglichst viele Indizien zusammenzutragen, die insgesamt nach allgemeiner Lebenserfahrung auf eine Einwilligung des „Geschädigten" in die Beschädigung seiner Sache hinweisen.   219

Dafür kommen i.d.R. (hierzu im Einzelnen Knoche, MDR 1992, 919 m.w.N.; OLG Celle, NVZ 1988, 182; OLG Saarbrücken, DAR 1989, 64) **drei Gruppen von Indizien** in Betracht: 220

● Auffälligkeiten bezüglich der beschädigten **Fahrzeuge** (Nachweise von Vorschäden; bereits mehrfach in vergleichbare Schadensfälle verwickelt; besonders teure Fahrzeuge; KG, NZV 1991, 73 = VRS 80, 99),

● Auffälligkeiten der als Geschädigte agierenden Personen (mehrfach oder sogar vielfach einschlägig in Erscheinung getreten: OLG Hamm, NZV 1988, 143),

● Auffälligkeiten der **Umstände des Schadensfalles** selbst (Schadensfälle bei Dunkelheit: OLG Hamburg, VersR 1989, 179; OLG München, NZV 1990, 32; nicht sofort überschaubare Vorfahrtlage an unbeschilderten Einmündungen).

Gelingt dem angeblichen Schädiger dieser Beweis, so ist der Schluss dahin möglich, dass nach dem üblichen erfahrungsgemäßen Verlauf der Dinge ein manipulierter Unfall vorliegt und deshalb eine Haftung aus § 7 Abs. 1 StVG nicht in Betracht kommt (BGHZ 71, 339; BGH, VersR 1979, 514; OLG Hamm, VersR 1991, 113 u. NJW-RR 1987, 1239; OLG Zweibrücken, VersR 1988, 970; OLG München, NZV 1991, 427; OLG Celle, NZV 1988, 182; hierzu auch Weber, VersR 1981, 163).   221

Demgegenüber will Greger (Zivilrechtliche Haftung, § 7 StVG Rn. 535) in Abweichung von der vorstehenden Beweislastverteilung den „Geschädigten" verpflichten, die vom Schädiger vorgetragenen Verdachtsmomente auszuräumen. Im Ergebnis liegt darin kein Unterschied zur h.M. Denn danach bleibt es dem angeblich Geschädigten unbenommen, den geführten Anscheinsbeweis durch Vortrag und Beweis anderer Umstände auszuräumen mit der Folge, dass es bei der Haftung aus § 7 StVG verbleibt. Auch Greger (a.a.O.) will mit Recht dem angeblichen Schädiger nicht so weit entgegenkommen, dass schon die bloße Behauptung von Indiztatsachen für eine Schadensmanipulation dazu führt, dass der angeblich Geschädigte nunmehr beweisen muss, dass er mit der Schädigung nicht einverstanden war. Die Entwicklung der letzten Jahre zeigt, dass die Gerichtspraxis vermehrt unter Zuhilfenahme der Grundsätze des Anscheinsbeweises betrügerische Klagen abweist, nachdem die Kfz-Haftpflichtversicherer entsprechende Daten gesammelt haben.   222

4. Umfang der Ausschlusswirkung

Die Einwilligung ist nach allgemeiner Auffassung ein Rechtfertigungsgrund (Erman/Schiemann, BGB, § 823 Rn. 146, 147; Palandt/Thomas, BGB, § 823 Rn. 42, 43). Demgemäß erfasst sie in ers-   223 ter Linie alle Haftungsgründe, die ein Verschulden (Haftung aus unerlaubter Handlung) oder ein vermutetes Verschulden (Haftung des Kfz-Führers aus § 18 Abs. 1 Satz 1 StVG) voraussetzen. Sie erfasst aber nach richtiger Ansicht auch die Fälle bloßer **Gefährdungshaftung,** also besonders die **Halterhaftung** des § 7 Abs. 1 StVG, obwohl darin von Rechtswidrigkeit nicht die Rede ist (BGHZ 71, 339 ff.; BGH, DAR 1990, 224; OLG Hamm, VersR 1991, 113; OLG Frankfurt/M., VersR 1992, 717; Schneider, MDR 1986, 991; Palandt/Thomas, BGB, § 823 Rn. 42, 43; m.w.N. bei Knoche, MDR 1992, 919 ff.). Dies beruht auf der Überlegung, dass die Einwilligung in die Beschädigung einer eigenen Sache von vornherein jeden Ersatzanspruch ausschließt; es wäre treuwidrig, mit der Beschädigung einer eigenen Sache einverstanden zu sein, gleichwohl aber anschließend Ersatzansprüche geltend zu machen. Das darin liegende widersprüchliche Verhalten gehört zu den Hauptanwendungsfällen unzulässiger Rechtsausübung i.S.d. § 242 BGB (Erman/Werner, BGB, § 242, Rn. 79; Palandt/Heinrichs, BGB, § 242 Rn. 55, 57).

II. Verlust der Halterstellung infolge Diebstahls

224 Der bisherige Halter eines Kraftfahrzeuges verliert seine Stellung als Halter, sobald ihm sein Fahrzeug gestohlen wird (s. o. Rn. 70). Mit der **Beendigung des Diebstahls** geht die Halterstellung auf den Dieb über, der für die von diesem Zeitpunkt ab verursachten Schäden allein haftet.

225 Dieser Haftungsausschluss des bisherigen Halters bezieht sich nicht nur auf alle Fälle der Gefährdungshaftung, sondern auch auf **alle anderen denkbaren Anspruchsgrundlagen**.

III. Unabwendbares Ereignis (§ 7 Abs. 2 StVG in der für Schadensfälle bis zum 31.7.2002 geltenden Fassung)

1. Grundsatz

226 Nach § 7 Abs. 2 StVG ist die Ersatzpflicht, also die Halterhaftung des § 7 Abs. 1 StVG, ausgeschlossen, wenn:

● der Schaden durch ein unabwendbares Ereignis verursacht worden ist (Satz 1),

● welches „insbesondere" (also weitere Fallgruppen möglich) auf das Verhalten

  – des Verletzten,

  – eines nicht beim Betriebe des Kraftfahrzeuges beschäftigten Dritten,

  – eines Tieres

  zurückzuführen ist (Satz 2, erster Teil),

● und sowohl Halter als auch Führer des Kraftfahrzeuges jede nach den Umständen des Falles gebotene Sorgfalt beachtet haben (Satz 2, zweiter Teil).

227 Die Vorschrift enthält in Satz 1 eine wichtige gesetzliche Einschränkung: Für Schäden, die auf **Fehlern in der Beschaffenheit** des Fahrzeuges oder auf dem **Versagen** seiner **Verrichtungen** beruhen, wird auch dann gehaftet, wenn sie für den Halter bzw. Führer des Fahrzeuges unabwendbar sind (zu § 7 Abs. 2 StVG allgemein: Dilcher, JuS 1987, 100).

2. Personelle Komponente

228 Führt der **Halter** das Kraftfahrzeug bei Entstehung des Schadens selbst, so kommt es allein darauf an, ob der Schadenseintritt für ihn selbst unabwendbar i.S.d. oben genannten Grundsätze war.

229 Führt es dagegen eine Person, die **nicht Halter**, wohl aber Führer des Fahrzeuges i.S.d. § 18 StVG ist, so greift § 7 Abs. 2 StVG nur dann ein, wenn der Schadenseintritt sowohl für den Führer als auch für den Halter unabwendbar war.

3. Beweisrechtliche Komponente

Gesetzessystematisch bildet § 7 Abs. 2 StVG eine **Ausnahme** vom Haftungsgrundsatz des § 7 **230**
Abs. 1 StVG. Daraus folgt, dass derjenige, der sich auf das Vorliegen der Voraussetzungen einer
der Fälle des § 7 Abs. 2 StVG berufen will, die **volle Darlegungs- und** im Bestreitensfalle **Beweis-**
last dafür hat, dass ein Anwendungsfall des § 7 Abs. 2 StVG gegeben ist, also dass die oben
(Rn. 267) genannten Voraussetzungen vorliegen (BGH VersR, 1976, 927 = DAR 1976, 246; OLG
Celle, VersR 1988, 608; Drees/Kuckuk/Werny, Straßenverkehrsrecht, § 7 StVG Rn. 77; Jagusch/
Hentschel, Straßenverkehrsrecht, § 7 StVG Rn. 31; Greger, § 7 StVG Rn. 537; Reiff, VersR 1992,
1367). Dazu gehört auch der Beweis dafür, dass die gesteigerte eigene Sorgfaltspflicht des § 7
Abs. 2 Satz 2, 2. Halbs. StVG seitens des Halters bzw. Führers des Kraftfahrzeuges beachtet wor-
den ist (BGH, VRS 20, 166). Wird dieser Beweis nicht geführt, scheitert die Berufung auf § 7
Abs. 2 StVG (BGH, VersR 1966, 693). Bleibt die Behauptung des in Anspruch genommenen Halters bzw. Führers ungeklärt oder ist das Beweisergebnis offen, so ist der Entlastungsbeweis des § 7
Abs. 2 StVG nicht geführt und es bleibt bei der Halter- bzw. Führerhaftung (BGH, VersR 1960,
907; OLG München, VersR 1976, 1146).

Keine Unabwendbarkeit liegt danach vor, wenn der an sich unvermeidbare Zusammenstoß eines **231**
Kraftfahrzeuges mit einem Fußgänger bei gesteigerter Aufmerksamkeit des Fahrzeugführers möglicherweise weniger folgenschwer gewesen wäre (BGH, VersR 1982, 441 = VRS 82, 338 =
NJW 1982, 1149; a.A. insoweit Greger, Zivilrechtliche Haftung, § 7 StVG Rn. 385). Allerdings
muss der Halter nicht bezüglich jeder gedanklich möglichen Schadensursache beweisen, dass sie
für ihn unabwendbar war, sondern nur bezüglich derjenigen, die vom Geschädigten konkret vorgetragen werden bzw. die nach Lage der Sache ernsthaft in Betracht kommen (BGH, VersR 1970,
523). Bleibt das wirkliche Unfallgeschehen zweifelhaft, ergeben sich aber bei nachträglicher
Untersuchung des Geschehensablaufs mehrere tatsächliche Möglichkeiten der Unfallverursachung,
von denen keine mit Sicherheit auszuschließen ist, so ist der Entlastungsbeweis nur bzw. erst
geführt, wenn bezüglich aller dieser in Betracht kommenden Möglichkeiten vom Schädiger der
Beweis der Unabwendbarkeit erbracht ist (OLG Köln, MDR 1963, 925). Umstritten ist die Frage,
ob im Rahmen des § 7 Abs. 2 StVG die **Grundsätze des Anscheinsbeweises** in Betracht kommen
(vgl. bejahend: OLG Zweibrücken, VRS 74, 420 = NZV 1988, 22; verneinend: Greger, § 7 StVG
Rn. 538a).

4. Begriff des unabwendbaren Ereignisses

a) Ereignis

Ereignis i.S.d. § 7 Abs. 2 Satz 1 StVG ist der schadensursächliche Vorgang, also das **Gesamt-** **232**
geschehen unter Einbeziehung des Verhaltens aller mittelbar und unmittelbar beteiligten Personen.

b) Unabwendbar

Unabwendbar ist ein solches Ereignis nur dann, wenn es auch bei der äußersten, tatsächlichen mög- **233**
lichen Sorgfalt nicht zu vermeiden ist (BGH VersR, 1966, 62; BGH, NJW 1973, 44 f.). Dazu
gehört sachgemäßes, geistesgegenwärtiges Handeln über den gewöhnlichen Maßstab hinaus, mit
anderen Worten: Unabwendbar ist das Ereignis nur, wenn es auch bei Anwendung einer über die
gewöhnliche Verkehrssorgfalt hinausgehenden, überlegenden und gesammelten Aufmerksamkeit,
Umsicht und Geistesgegenwart nicht zu verhindern war (BGH, NJW 1973, 44 f.; BGHZ 113, 164
= NZV 1991, 185). Der Kraftfahrzeugführer muss sich also so verhalten haben, wie es ein „**Mus-**
terkraftfahrer" oder ein „**Idealkraftfahrer**" getan hätte (KG, VersR 1970, 576; BGH,
VersR 1992, 890; BGHZ 113, 164 = NZV 1991, 185). Eine Entlastung tritt also nur dann ein, wenn
auch ein mit den besten Eigenschaften und Fahrkenntnissen ausgestatteter und geübter Fahrer das
Ereignis trotz äußerster Sorgfalt und Aufmerksamkeit nicht hätte vermeiden können. Dazu ist eine
absolute Unvermeidbarkeit nicht erforderlich (BGH, VersR 1966, 1076; BGH, VersR 1973, 83;
BGH, VersR 1985, 864; BGH, MDR 1992, 647 = NZV 1992, 229). Es geht vielmehr um diejeni-

gen Möglichkeiten und Fähigkeiten, die sich aus den Erfordernissen des Straßenverkehrs ergeben. Was nicht menschenmöglich ist, kann nicht verlangt werden, und was gänzlich unwahrscheinlich ist, braucht auch der Kraftfahrer nicht vorherzusehen (so schon BGH, VersR 1956, 255 = VRS 10, 327). Mithin kann sich auch der Idealkraftfahrer zur Begründung des Unabwendbarkeitsbeweises auf den Vertrauensgrundsatz berufen (BGH, VersR 1985, 86 f.; BGH, NJW 1986, 183; instruktives Bsp. aus dem Vorfahrtbereich: BGH, NJW 1977, 632). Auch ein unerfahrener, aber sorgfältiger **Anfänger** ist durch § 7 Abs. 2 StVG geschützt (Jagusch/Hentschel, Straßenverkehrsrecht, § 7 StVG Rn. 35).

234 Unabwendbarkeit kann auch dann vorliegen, wenn ein besonders sorgfältiger Fahrer zwar nicht in der Weise gefahren wäre, die zum Unfall geführt hat, er dies aber nur im Hinblick auf eine andere Gefahr getan haben würde als diejenige, die sich verwirklicht hat (BGH, VersR 1976, 927). Wollte man von einem Schädiger verlangen, dass er in einer plötzlich auftretenden Gefahrenlage die richtige Maßnahme, deren Erkennbarkeit sogar einem späteren Betrachter schwer fällt, ergreift, so würde man die Grenzen dessen, was Gesetze von einem Menschen fordern können, überschreiten.

235 Andererseits ist von einem Kraftfahrer, der mit äußerst möglicher Sorgfalt handelt, auch zu verlangen, seine Fahrweise so einzurichten, dass er **in bestimmte Gefahrensituationen gar nicht erst hineingerät** (BGH, VersR 1992, 714 = NJW 1992, 1684 = NZV 1992, 229: Gefahrenlage infolge Überschreitung der Autobahn-Richtgeschwindigkeit; hierzu Reiff, VersR 1992, 288, Gebhardt, DAR 1992, 295; ähnlich OLG Köln, NJW 1992, 444 = NZV 1992, 34; LG Aschaffenburg, VersR 1966, 1144). Zweifelhaft ist dagegen, ob im Einzelfall der Unabwendbarkeitsbeweis mit der Begründung versagt werden kann, ein besonders sorgfältiger Kraftfahrer hätte auf eine Fahrt zu diesem Zeitpunkt und an diesem Ort verzichtet (bejahend: OLG München, VM 1984, 46; verneinend: Booß, VM 1984, 48, sowie Jagusch/Hentschel, Straßenverkehrsrecht, § 7 StVG Rn. 30).

c) Bedeutung des Schutzzwecks des § 7 Abs. 2 StVG für die Beurteilung der Unabwendbarkeit

236 Für die Frage der Unabwendbarkeit im vorstehend erörterten Sinn kommt es entscheidend darauf an, ob eine bestimmte, i.d.R. in der StVO fixierte Verhaltenspflicht gerade gegenüber dem Geschädigten besteht. Denn wenn diese Pflicht nur gegenüber einem Dritten besteht und sie diesem gegenüber verletzt ist, mithin dem Dritten gegenüber eine Berufung auf § 7 Abs. 2 StVG ausscheidet, schließt das nicht aus, dass der Schädiger gegenüber dem Geschädigten gleichwohl den Unabwendbarkeitsbeweis führen kann (BGH, VersR 1976, 927), denn § 7 Abs. 2 StVG hat jeweils nur die Unabwendbarkeit speziell des gerade in Rede stehenden schädigenden Ereignisses zum Gegenstand (BGH, VersR 1985, 864 f.).

> *Hinweis:*
> *Es ist deshalb jeweils zu prüfen, ob das konkrete Schadensereignis zu denjenigen Gefahren gehört, deren Verwirklichung durch die vom Kraftfahrer jeweils verletzte Verhaltensnorm verhindert werden soll (BGH, VersR 1985, 637 ff.; Weber, DAR 1986, 169).*

d) Maßgeblicher Beurteilungszeitpunkt

237 Die Frage, ob ein Schadensereignis unabwendbar war, ist **nicht rückschauend,** sondern aus der damaligen Unfallsituation heraus zu beurteilen, mit anderen Worten: Es ist nicht rückschauend zu beurteilen, ob der Unfall bei einem anderen Verhalten möglicherweise vermieden worden wäre, sondern es ist von der Sachlage **vor dem Unfall** aus zu fragen, ob der Schädiger die äußerste Sorgfalt aufgewendet hat, die ihm nach den damaligen Umständen zugemutet werden konnte (BGH, NJW 1973, 44, 45; LG Frankenthal, DAR 1967, 243; OLG Saarbrücken, VM 1971, 84: Verhalten

bei plötzlich vor dem Fahrzeug auftauchenden Schäferhund). Wenn der an sich unvermeidbare Zusammenstoß mit einem Fußgänger bei gesteigerter Aufmerksamkeit des Fahrers weniger folgenschwer gewesen wäre, soll er kein unabwendbares Ereignis sein (BGH, VersR 1982, 441 = VRS 82, 338 = NJW 1982, 1149; dagegen mit Recht Greger, § 7 StVG Rn. 385).

Es kommt jeweils auf die **räumliche und zeitliche Vermeidbarkeit** an: Die bloße Erwägung, dass   **238** der Zusammenstoß zwischen Kraftfahrzeug und Fußgänger nicht schon dann unvermeidbar war, wenn auch der Idealkraftfahrer das Fahrzeug vor der späteren Unfallstelle nicht hätte anhalten können (räumliche Vermeidbarkeit), reicht für die Anwendung des § 7 Abs. 2 StVG nicht. Vielmehr muss auch berücksichtigt werden, ob der Fußgänger bei rechtzeitigem Abbremsen des Fahrzeuges den Gefahrenbereich vor dessen Eintreffen hätte verlassen können (zeitliche Vermeidbarkeit), vgl. hierzu BGH, VersR 1992, 1015 = NVZ 1992, 359 = NJW 1992, 2291.

e) Kausalität

Unabwendbar ist, wie oben ausgeführt, ein Schaden nur dann, wenn er auch **bei äußerster mögli-**   **239** **cher Sorgfalt nicht zu vermeiden** war. Ist dieses Maß an Sorgfalt nicht beachtet, kann sich der Schädiger nicht auf Unabwendbarkeit berufen. Dies gilt jedoch nur dann, wenn die Sorgfaltspflichtverletzung kausal für den Schaden geworden ist. Fehlt es an dieser Kausalverbindung, so ist die Unabwendbarkeit nicht ausgeschlossen (RG, Recht 1913 Nr. 2185: Unterlassen eines akustischen Warnzeichens ist dann nicht für den Schaden kausal, wenn der Geschädigte taub ist und es deshalb nicht hören konnte; vgl. hierzu auch LG Bonn, VersR 1965, 1186; nicht zuzustimmen ist LG München II, VersR 1966, 880: Unabwendbarkeit ausgeschlossen bei Überschreitung der zulässigen Höchstgeschwindigkeit, auch wenn dies nicht unfallursächlich geworden ist; dagegen mit Recht OLG Hamm, NZV 1990, 269). In ähnlicher Weise hat das OLG Schleswig (VersR 1974, 679) entschieden: Für den Führer eines korrekt rechts fahrenden Kraftfahrzeuges ist der Zusammenstoß mit einem Fahrzeug des Gegenverkehrs, dessen Führer infolge Sonnenblendung plötzlich nach links fährt, auch dann unvermeidbar, wenn er keine Fahrerlaubnis besitzt. Rechtlich kann ein Ereignis auch dann unabwendbar sein, wenn ein besonders sorgfältiger Fahrer zwar nicht in der Weise gefahren wäre, die für den Unfall tatsächlich ursächlich geworden ist, er dies aber nur im Hinblick auf eine andere Gefahr als diejenige, die sich verwirklicht hat, getan hätte (BGHZ 76, 321 = VersR 1976, 927 = DAR 1976, 246 = VRS 51, 196).

f) Keine abstrakte Unabwendbarkeit

§ 7 Abs. 2 Satz 2 StVG stellt nicht auf eine abstrakte Unabwendbarkeit ab, sondern auf Situationen,   **240** die durch Hinzutreten von Personen bzw. Sachen außerhalb des eigenen Fahrzeuges geprägt werden, nämlich schadensverursachende unabwendbare Ereignisse, die auf dem Verhalten des Verletzten selbst, eines nicht beim Betriebe des Fahrzeuges beschäftigten Dritten oder eines Tieres beruhen. Aus dem Wort „unabwendbar" folgt, dass diese Aufzählung **ergänzungsfähig** ist. Deshalb sind hinzuzurechnen das schadensverursachende körperliche oder geistige Versagen des Halters bzw. Führers eines Fahrzeuges, eines beim Betriebe des Fahrzeuges beschäftigten Dritten, technische Mängel anderer Fahrzeuge sowie mangelhafte Straßenverhältnisse (Greger, § 7 StVG Rn. 389). Bezüglich einer dieser Faktoren ist die Anwendbarkeit der vorstehenden allgemeinen Kriterien des § 7 Abs. 2 StVG zu prüfen.

5. Verhalten des Verletzten als unabwendbares Ereignis

a) Grundsatz

Die Tatbestandsalternative des § 7 Abs. 2 Satz 2 1. Alt. StVG ist in der Praxis von besonders großer   **241** Bedeutung. Sie umfasst eine Vielzahl von Sachverhalten, denen gemeinsam ist, dass zwar ein Schaden beim Betrieb eines Kraftfahrzeuges entstanden ist, aber zu diesem Schadenseintritt ein Verhalten des Verletzten selbst beigetragen hat, und zwar der Art, dass der beteiligte Fahrzeugführer trotz äußerster Sorgfalt den Schadenseintritt nicht verhindern konnte. Die kaum überschaubare Fülle von in Betracht kommenden Verkehrssituationen zusammen mit der Vielzahl vorliegender Entscheidungen zwingt im Interesse der Übersichtlichkeit zur Bildung von drei Fallgruppen, nämlich der **motorisierten Verkehrsteilnehmer,** der **Radfahrer** und der **Fußgänger.** Für alle gilt jedoch: Jeder Verkehrsteilnehmer kann sich grds. darauf verlassen, dass sich auch andere Verkehrsteilnehmer verkehrsgerecht verhalten, insbesondere die Vorschriften der StVO und der StVZO beachten. Für jeden Verkehrsteilnehmer gilt somit der **Vertrauensgrundsatz,** wonach der sich selbst verkehrsrichtig verhaltende Verkehrsteilnehmer i.d.R. mit verkehrsrichtigem Verhalten anderer Verkehrsteilnehmer rechnen kann, es sei denn, er hat nach seinen unmittelbar vorangegangenen Beobachtungen des Verkehrsverhaltens eines anderen Verkehrsteilnehmers Anlass, an dessen verkehrsrichtigem Verhalten zu zweifeln. Auch im Rahmen der Gefährdungshaftung nach § 7 Abs. 1 StVG kann sich daher der Verkehrsteilnehmer, der sich selbst besonders sorgfältig verhält, auf diesen Vertrauensgrundsatz berufen und darauf vertrauen, dass alle anderen Verkehrsteilnehmer sich verkehrsgerecht verhalten (BGH, VersR 1956, 256; BGH, VersR 1961, 809; BGH, VersR 1985, 86 f.; instruktiv aus dem Vorfahrtbereich BGH, NJW 1977, 632). Jedoch erfolgt die Freistellung von der Gefährdungshaftung nur dann, wenn sich der Schädiger auch hinsichtlich solcher Umstände entlastet, die den Vertrauensgrundsatz im Einzelfall möglicherweise einschränken oder ausschließen (OLG Bremen, VersR 1969, 739),

> *Beispiel:*
> *Ein neben seinem auf dem Standstreifen abgestellten Pkw stehender Mann springt plötzlich –*
> *in Panik oder Selbstmordabsicht – auf den Fahrstreifen und wird dort von einem Lkw, der*
> *nicht mehr anhalten kann, überfahren (OLG Hamm, VRS 85,13).*

Mit einer Häufung von Verkehrswidrigkeiten anderer Verkehrsteilnehmer muss nicht gerechnet werden (KG, DAR 1986, 323), es sei denn, deren Beobachtung legt die Annahme nahe, dass mit Verhaltensfehlern bzw. weiteren Verhaltensfehlern zu rechnen ist (BGH, VersR 1973, 765). Ein Verschulden des Verletzten ist dabei nicht erforderlich (BGH, NJW 1985, 1950).

b) Fallgruppen motorisierter Verkehrsteilnehmer

242 Nachstehend werden eine Reihe von **besonders gefahrenträchtigen Verkehrsvorgängen** im Hinblick auf Unabwendbarkeitsprobleme dargestellt:

aa) Vorfahrtfälle

243 Aus dem **Vertrauensgrundsatz** folgt, dass ein Verkehrsteilnehmer mit der Verletzung seines Vorfahrtrechtes nicht zu rechnen braucht. Wer das Recht der Vorfahrt hat, darf sich daher i.d.R. darauf verlassen, dass andere Verkehrsteilnehmer dieses Recht achten (BGH, VersR 1966, 1157; NJW 1977, 632; Böhmer, MDR 1964, 100), es sei denn, diesem Vertrauen ist die tatsächliche Grundlage entzogen (OLG Nürnberg, VersR 1976, 1147).

244 Besteht also kein Anzeichen dafür, dass der Wartepflichtige die Vorfahrtregeln nicht beachten wird, so ist ein Unfall, der durch Verletzung des Vorfahrtrechts verursacht wird, für den Vorfahrtberechtigten ein unabwendbares Ereignis. Eine Vorfahrtverletzung braucht nicht in jedem Fall einkalkuliert zu werden, auch nicht an unübersichtlichen Kreuzungen und Straßeneinmündungen. Das gilt auch an Kreuzungen und Einmündungen „rechts vor links" (BGH, VersR 1977, 917; VersR 1985, 785) und an Kreuzungen bzw. Einmündungen, an denen der Wartepflichtige vom Vorfahrtberechtigten nicht gesehen werden konnte (BGH, VersR 1977, 524).

Hinweis:

Dagegen scheidet eine Berufung auf § 7 Abs. 2 StVG für den Vorfahrtberechtigten aus, wenn er erkennt oder hätte erkennen können, dass sein Vorfahrtrecht nicht beachtet wird (BGH, VersR 1966, 829; BGH, VersR 1975, 37; BGH, VersR 1977, 524; OLG Köln, VersR 1960, 644; OLG Köln, VersR 1984, 645; allgemeine Ansicht). Mithin ist Unabwendbarkeit zu bejahen, wenn ein Wartepflichtiger unmittelbar vor dem Vorfahrtberechtigten auf dessen Fahrbahn fährt (OLG Neustadt, VRS 10, 189; OLG Celle, VersR 1974, 372; LG Bremen, VersR 1960, 815; OLG Nürnberg, VersR 1966, 1086; KG, VM 1971 Nr. 3), noch dazu aus einem Nebenweg (LG Traunstein, VersR 1975, 577). An bevorrechtigten Einbahnstraßen muss aber auch auf Verkehr aus „verbotener" Richtung geachtet werden (BGH, VersR 1982, 94; fraglich).

Unabwendbarkeit für den Vorfahrtberechtigten ist auch dann zu bejahen, wenn dieser zwecks Vermeidung eines Zusammenstoßes mit dem Vorfahrtverletzer eine **Notbremsung** durchführt und deshalb der Hintermann des Vorfahrtberechtigten auf diesen auffährt (OLG Köln, NJW 1960, 727) oder bei einer Ausweichbewegung einen Schaden verursacht (OLG Hamm, VersR 1969, 956) oder ein vorfahrtberechtigter Motorradfahrer in gleicher Lage infolge einer Notbremsung zu Fall kommt und sich dabei verletzt (BGH, VersR 1967, 779) oder von einem nachfolgenden Fahrzeug verletzt wird.   **245**

Der Vorfahrtberechtigte muss sich **selbst** i.Ü. aber **verkehrsgerecht** verhalten haben. Erhöht er etwa gerade vor der Kreuzung seine Geschwindigkeit, benutzt er beim Einfahren in die Kreuzung nicht die äußerste rechte Fahrbahnseite oder erweckt er durch Unschlüssigkeit und Zögern den Eindruck, als wolle er auf sein Vorfahrtrecht verzichten, so liegt ein unabwendbares Ereignis nicht mehr vor (OLG Bremen, VersR 1960, 814; OLG Düsseldorf, NJW 1949, 114). Keinesfalls darf sich der Berechtigte sein **Vorfahrtrecht erzwingen.** Der Vorfahrtberechtigte muss auch berücksichtigen, dass sich ein wartepflichtiger Verkehrsteilnehmer so weit in die vorfahrtberechtigte Straße hineintasten darf, dass er dort die Verkehrslage beobachten kann (OLG Koblenz, VersR 1980, 753; BGH, VersR 1981, 336). Reagiert ein Vorfahrtberechtigter darauf kopflos und kommt es deshalb zum Schaden, so ist dies für den Wartepflichtigen unabwendbar (OLG Nürnberg, VRS 15, 257). Bei nur vorübergehender Sichtbehinderung etwa durch einbiegenden LKW ist bis zur Behebung dieser Sichtbehinderung zu warten (BGH, VersR 1977, 524). Im Ampelbereich darf derjenige, dessen Ampel „Grün" zeigt, darauf vertrauen, dass die Verkehrsrichtung des Gegenverkehrs durch rotes Lichtzeichen gesperrt ist (KG, NJW 1975, 685; AG Köln, NJW-RR 1988, 28).   **246**

bb) Begegnungsverkehr

Unabwendbar ist für den korrekt rechts fahrenden Verkehrsteilnehmer ein Zusammenstoß mit einem entgegenkommenden Fahrzeug, welches seinerseits zu weit links fährt (Bsp.; Begegnungsverkehr in unübersichtlicher Kurve: BGH, VersR 1961, 809 = VRS 21, 258). Damit muss auch in unübersichtlichen Kurven nicht gerechnet werden (BGH, VersR 1966, 1076; OLG Celle, VersR 1979, 264; vgl. hierzu auch BGH, VersR 1962, 1102 = VRS 23, 425; BGH, VersR 1964, 753; OLG München, VersR 1969, 813). Es kann somit im Regelfall darauf vertraut werden, dass entgegenkommende Verkehrsteilnehmer die für sie rechte Fahrbahnseite beibehalten und nicht unversehens in die eigene Fahrbahn geraten (BGH, VRS 10, 172; OLG Celle, VersR 1979, 264). Mit dem Versagen der Bremsen eines Fahrzeuges des Gegenverkehrs muss nicht gerechnet werden (OLG Celle, VersR 1961, 813); zur Unabwendbarkeit im Begegnungsverkehr vgl. ferner OLG Frankfurt/M., VersR 1987, 469, OLG Zweibrücken, NZV 1988, 22.   **247**

cc) Fahrstreifenwechsel und Autobahnverkehr

248 Das KG (VM 1988, 50) bejaht mit Recht Vertrauensschutz darin, dass kein riskanter Fahrstreifenwechsel erfolgt. Dem ist dahin präzisierend zu folgen, dass kein unzulässiger Fahrstreifenwechsel erfolgt. Das gilt erst recht im Autobahnverkehr, etwa wenn ein Fahrzeug den Überholfahrstreifen nach rechts verlässt, um einen Überholvorgang zu ermöglichen, vor dessen Durchführung aber grundlos wieder nach links fährt (AG Hildesheim, VersR 1984, 1179) oder wenn es infolge **schreckbedingter Fehlreaktion** zu einem Zusammenstoß mit einem unerlaubt in die Fahrbahn drängenden Fahrzeug und zu einer Kollision mit einem dritten Fahrzeug kommt (OLG Karlsruhe, Justiz 1984, 424), bei Kollision mit einem Falschfahrer (LG Darmstadt, VersR 1966, 1144) oder bei Auffahren auf einen langsam fahrenden, gut sichtbaren Pkw an einer Steigung (OLG Zweibrücken, VersR 1973, 166).

dd) Überholfälle

249 Unabwendbarkeit kommt grds. nur in Betracht, wenn der betreffende Verkehrsteilnehmer, also Überholer ebenso wie Überholter, sich entsprechend den **in § 5 StVO festgelegten Pflichten** verhält. Dazu gehört für den Überholer die Beobachtung des zu überholenden Fahrzeuges und des Verkehrsraumes davor (BGH, VersR 1965, 82; Drees/Kuckuk/Werny, Straßenverkehrsrecht, § 5 StVO Rn. 27) wegen der Wiedereinordnungspflicht des § 5 Abs. 4 Satz 3 StVO und des eventuellen Gegenverkehrs wegen des Überholverbotes des § 5 Abs. 2 Satz 1 StVO (hierzu näher OLG Hamm, VRS 53, 138 u. VRS 62, 214, sowie Drees/Kuckuk/Werny, a.a.O., Rn. 14) sowie der rückwärtigen Verkehrslage (§ 5 Abs. 4 Satz 1 StVO; näher Drees/Kuckuk/Werny, a.a.O., Rn. 36, 37c m.w.N.).

250 **Unabwendbarkeit** ist somit beim Ausscheren des zu überholenden Fahrzeuges nach links während des Überholvorganges nur dann zu bejahen, wenn dafür keine Anhaltspunkte gegeben waren (BGH, VersR 1962, 566; BGH, VersR 1965, 82), beim Überholen mehrerer Kraftfahrzeuge in einem Zug durch den Dritten in einer Kolonne nur, wenn sein Vordermann selbst nicht überholt (BGH, VersR 1987, 156 = VRS 72, 22 = DAR 1987, 53 = NJW 1987, 322). Wer im Autobahnverkehr unter Überschreitung **der Richtgeschwindigkeit** überholt, kann sich im Kollisionsfalle nicht auf Unabwendbarkeit berufen (BGH, VersR 1992, 714 = VRS 83, 171 = DAR 1992, 257 = NJW 1992, 1684), es sei denn, er beweist, dass es auch bei Einhaltung einer Geschwindigkeit von 130 km/h zu einem Unfall mit vergleichbaren Folgen gekommen wäre (vgl. dazu Gebhardt, DAR 1992, 295; Reiff, VersR 1992, 288; ferner OLG Köln, NZV 1992, 34 = NJW 1992, 444; anders als BGH (VersR 1992, 714) noch OLG Köln VersR 1992, 1366). Unabwendbarkeit ist zu bejahen für den Überholten, wenn der überholende Motorradfahrer kurz nach dem Überholvorgang stürzt (BGH, VersR 1963, 1045), wenn der mit hoher Geschwindigkeit in Überholabsicht herankommende Motorradfahrer die ordnungsgemäß angezeigte Abbiegeabsicht des zu überholenden Fahrzeugs übersieht (OLG Nürnberg, VRS 88, 107), und für den Überholer, der bei Dunkelheit auf dem linken von drei vorhandenen Autobahnfahrstreifen eine auf der Fahrbahn liegende Reifendecke (LG Bielefeld, NZV 1991, 235) oder eine Eisenstange (OLG Köln, MDR 1991, 1042) nicht sieht. Nicht unabwendbar ist ein Schaden infolge zu geringen Seitenabstandes beim Überholen eines Radfahrers (OLG Hamm, VRS 30, 77). Diese bezüglich des § 7 Abs. 2 StVG sehr restriktive Rechtsprechung ist gerechtfertigter Ausdruck dessen, dass § 5 StVO dem Überholer alle damit verbundenen Risiken auferlegt.

ee) Autobusverkehr

251 Unabwendbar für den Halter bzw. Führer eines Autobusses sind Schäden, die **Fahrgäste** erleiden, weil sie unbefugt den Nothahn für die Tür betätigen und dadurch eine automatische Bremsung auslösen (LG Regensburg, VRS 71, 169), oder die eine durch besondere mechanische Einrichtung

gesicherte Tür öffnen und dabei stürzen (BGH, VersR 1957, 363), die während der Fahrt aufstehen, ohne sich einen festen Halt zu verschaffen und bei normaler Bremsung an einer Verkehrsampel nach vorn geschleudert werden (LG Wiesbaden, VersR 1975, 481).

Zur Sorgfaltspflicht eines **Schulbusfahrers** bei Annäherung an eine Haltestelle, an der eine grö-　252
ßere Gruppe Schulkinder wartet, vgl. BGH, VersR 1982, 270 = VRS 62, 170 = NJW 1982, 1042 (Ausrollen des Busses in Schrittgeschwindigkeit) sowie bei der Abfahrt (OLG Celle, VRS 63, 337), und zur Sorgfaltspflicht eines Fahrzeugführers, der an einem außerörtlich an einer Haltestelle wartenden Schulbus vorbeifahren will (vgl. OLG Oldenburg, NZV 1991, 468). Hinzuweisen ist in diesem Zusammenhang ferner auf die Entscheidung des OLG Saarbrücken (VersR 1992, 843 = VRS 82, 91). Dort hatte ein Pkw-Fahrer einen Mitfahrer überfahren, der soeben ausgestiegen war und – vom Fahrer unbemerkt – vor dem Pkw gestürzt war.

c) Fallgruppe Radfahrer

Unabwendbarkeit ist zu bejahen, wenn ein Radfahrer, der überholt wird, plötzlich von dem rechts　253
neben der Fahrbahn verlaufenden Radweg nach links abbiegt, ohne ein Zeichen zu geben (BGH, VersR 1966, 692), ebenso bei entsprechendem Verhalten des Fahrers eines Mofa (OLG Frankfurt/M., VRS 84, 274), oder wenn ein Radfahrer an einer Fußgängerampel die Fahrbahn überquert, obwohl die Ampel für den Fußgänger Rot zeigt (KG, VM 1987, 22 = VRS 72, 252). Mit Radfahrern auf Radwegen in entgegengesetzter Richtung ist ebenso zu rechnen wie mit solchen, die Einbahnstraßen in verbotener Richtung befahren (BGH, VersR 1982, 94; fraglich). Unabwendbar für die beteiligten Fahrzeugführer ist der Unfall eines Radfahrers, der zwischen zwei Warnblinklicht zeigenden, langsam hintereinander fahrenden Pkw hindurchfahren will, die mittels Abschleppseils miteinander verbunden sind (LG Bielefeld, VersR 1984, 1155; zum **Entlastungsbeweis,** wenn ein betrunkener Radfahrer in die Fahrbahn eines Pkws gerät, s. BGH, VersR 1966, 692).

d) Fallgruppe Fußgänger

aa) Erwachsene

Auch im Verhältnis zu Fußgängern gilt für den Fahrzeugführer der **Vertrauensgrundsatz:** Der　254
sich verkehrsgerecht verhaltende Kraftfahrer darf mit ebenso verkehrsgerechtem Fußgängerverhalten rechnen, solange er keine Anhaltspunkte für verkehrswidriges Verhalten des Fußgängers hat. Deshalb muss er jedenfalls bei normaler Verkehrslage und guter Sicht auch den benachbarten Gehweg auf erkennbar gefahrdrohende Vorgänge beobachten (OLG Düsseldorf, VersR 1978, 168; z.B. an Bushaltestellen, BGH, VersR 1972, 951). Auf **unvorhersehbares Fehlverhalten** braucht er sich nicht einzustellen, also z.B. nicht auf Überqueren der Fahrbahn über einen ampelgesicherten Fußgängerüberweg, während die Ampel für Fußgänger Rotlicht zeigt (LG Aachen, VersR 1975, 1036; KG, VM 1987, 22 = VRS 72, 252), nicht auf Überqueren der Fahrbahn kurz vor von beiden Seiten herankommenden Kraftfahrzeugen (BGH, VersR 1960, 183), nicht damit, dass ein Fußgänger hinter einer abfahrenden Straßenbahn eine Fahrbahn überquert, auf der sich in 10 m Entfernung ein Pkw nähert (OLG München, VersR 1956, 309); auch nicht damit, dass ein Fußgänger nach Verlassen eines Linienbusses so schnell auf die Fahrbahn läuft, dass ein mit 50 km/h und zwei Meter Seitenabstand zum Bus fahrender Pkw nicht mehr rechtzeitig bremsen kann (OLG Hamm, VRS 34, 281), dass sich Fußgänger im Zwischenraum zwischen mit laufendem Motor nebeneinander stehenden Lkw fortbewegen und im Rückspiegel nicht erfasst werden können (BGH, VersR 1971, 1172), oder dass sich Fußgänger in Selbstmordabsicht oder Panikreaktion aus ihrem auf dem Standstreifen stehenden Pkw auf die Fahrbahn der Autobahn vor einen sich nähernden Lastzug stürzen (OLG Hamm, VRS 85, 13). Bei der Fahrbahnüberquerung durch eine jüngere Fußgängerin, die einen auf der anderen Straßenseite haltenden Bus erreichen will, kann zugunsten des Kraftfahrers von einer Fußgängergeschwindigkeit bis 20 km/h (5,5 m/sec.) ausgegangen werden (OLG Karlsruhe, VersR 1993, 200). Bei der Vermeidbarkeitsprüfung muss neben der **räumlichen Vermeidbarkeit** für den Kraftfahrer (Konnte er vor der Unfallstelle noch halten?) die **zeitliche**

Vermeidbarkeit für den Fußgänger (Konnte dieser bei rechtzeitigem Abbremsen des Fahrzeuges die Unfallstelle noch verlassen?) geprüft werden (BGH, VersR 1992, 1015 = NZV 1992, 359 = VRS 83, 404 = NJW 1992, 2291). Dagegen muss beispielsweise in der Nähe eines Weinfestes (BGH, NZV 1989, 265), in der Silvesternacht bzw. am Neujahrsmorgen (BGH, VersR 1968, 897), bei Dunkelheit oder in der Nähe von Ausflugslokalen vermehrt mit unaufmerksamen oder sich verkehrswidrig verhaltenden Fußgängern gerechnet werden.

bb) Ältere, gebrechliche und behinderte Fußgänger

255 Nachdem § 3 Abs. 2a StVO den Fahrzeugführern gegenüber den Angehörigen dieser Personengruppen **besondere Sorgfaltspflichten** auferlegt, nämlich bezüglich Geschwindigkeit und Bremsbereitschaft, sodass deren Gefährdung ausgeschlossen wird, kann diese so gesteigerte Sorgfaltspflicht nicht ohne Auswirkungen auf den Bereich der Unabwendbarkeit bleiben. Der oben (Rn. 254) im Verhältnis zum gewöhnlichen erwachsenen Fußgänger geltende **Vertrauensgrundsatz** kann im hier angesprochenen Bereich nur **sehr eingeschränkt angewendet** werden.

256 Soweit es um **ältere** Personen geht, verlangt deren bloßes Erscheinen noch keine besonderen Vorsichtsmaßnahmen. Solche Personen müssen jedoch beobachtet werden, wenn allein aus ihrem bisherigen Verkehrsverhalten entnommen werden kann, ob sie sich unachtsam oder verkehrswidrig verhalten (BayObLG, VRS 62, 59 u. VRS 65, 461). Befinden sie sich jedoch auf der Fahrbahn, greift die gesteigerte Sorgfaltspflicht des Kraftfahrers, der z.B. nicht darauf vertrauen kann, dass ältere Personen, die auf der Fahrbahnmitte kurz anhalten, dort auch stehen bleiben, um sich nähernde Fahrzeuge vorbeizulassen (OLG Karlsruhe, NJW-RR 1987, 1249). Allerdings muss er nicht darauf eingestellt sein, dass eine alte Frau außerhalb geschlossener Ortschaft eine Straße langsam überquert (OLG Hamm, NJW 1967, 1056). In Fällen dieser Art wird sich ein Kraftfahrer nur dann auf Unabwendbarkeit gem. § 7 Abs. 2 StVG berufen können, wenn er nachweist, dass er der gesteigerten Sorgfaltspflicht des § 3 Abs. 2a StVO genügt hat und dennoch einen Unfall nicht vermeiden konnte.

257 Soweit es dagegen um **behinderte und gebrechliche** Fußgänger geht, handelt es sich um eine altersunabhängige Gruppe von Verkehrsteilnehmern, denen gegenüber eine Berufung auf den Vertrauensgrundsatz schlechthin ausscheidet. Denn solche Personen sind regelmäßig schon aufgrund ihrer äußeren Erscheinung als behindert erkennbar. Solche Behinderungen führen zu **herabgesetzter Reaktions- und Bewegungsfähigkeit** (KG, VRS 74, 257). Auf die Ursachen solcher Behinderungen kommt es nicht an, denn § 3 Abs. 2a StVO schützt auch die Fußgänger, die sich bewusst in den Zustand der Hilfsbedürftigkeit versetzt haben, also z.B. auch Betrunkene (BGH, VersR 1968, 897; OLG Köln, VRS 67, 114; LG Köln, VersR 1984, 796). Bei allen Angehörigen dieses Personenkreises muss mit Verkehrswidrigkeiten gerechnet werden. Als hilfsbedürftig i.S.d. § 3 Abs. 2a StVO wird auch der erkennbar **verkehrsunsichere** Fußgänger anzusehen sein. Diesem gegenüber scheidet eine Berufung auf den Vertrauensgrundsatz aus (BGH, VRS 17, 204; BGH, VRS 20, 336). Vielfach wird insoweit eine Überschneidung mit gebrechlichen Personen vorliegen.

258 Dagegen begründet § 3 Abs. 2a StVO **keine gesteigerte Sorgfaltspflicht** des Fahrzeugführers gegenüber an sich verkehrstüchtigen, aber **unaufmerksamen Fußgängern.** Vom „Idealkraftfahrer" des § 7 Abs. 2 StVG ist bei Begegnungen mit ersichtlich unaufmerksamen Fußgängern zunächst die Abgabe von **Warnzeichen** zu erwarten, ohne dass darauf vertraut werden kann, dass unaufmerksame Fußgänger hierauf sachgerecht reagieren und stehen bleiben (BGH, VRS 27, 346; a.A. insoweit OLG Braunschweig, VRS 30, 447; zu den Grenzen des Vertrauensgrundsatzes gegenüber unaufmerksamen Fußgängern ist ferner hinzuweisen auf OLG München, VersR 1970, 477 u. OLG Köln/VRS 52, 186). Eine Berufung des Fahrzeugführers auf § 7 Abs. 2 StVG wird gegenüber unaufmerksamen Fußgängern indessen i.d.R. ausscheiden. Denn die Unabwendbarkeit setzt äußerste Sorgfalt des Fahrzeugführers voraus, die angesichts der vorstehend skizzierten Probleme schon bezüglich der Wirkung von Warnzeichen kaum bejaht werden kann.

cc) Kinder und Jugendliche

Soweit es die Frage der **Unabwendbarkeit von Unfällen** angeht, bei denen Kinder geschädigt werden, ist Folgendes zu bemerken (zu den allgemeinen Sorgfaltsanforderungen an den Kraftfahrer bei Begegnungen mit Kindern und Jugendlichen s. Drees/Kuckuk/Werny, Straßenverkehrsrecht, § 25 StVO Rn. 32 – 35, m.w.N.):   259

(1) Allgemeines

Gegenüber **Kindern** besteht die **gesteigerte Sorgfaltspflicht** des § 3 Abs. 2a StVO. Diese Vorschrift schützt unstreitig diejenigen Kinder, die aufgrund ihres Alters über keinerlei Verkehrserfahrung verfügen, also Kinder, die noch nicht einmal schulpflichtig sind. Nur dann, wenn der Kraftfahrer beweist, dass er diesen Anforderungen gemäß gehandelt hat (Herabsetzung der Geschwindigkeit, Bremsbereitschaft, gesteigerte Beobachtungspflicht), kann eine Berufung auf § 7 Abs. 2 StVG in Betracht kommen. Einschränkungen können sich insoweit von vornherein etwa ergeben, wenn das **Warnzeichen Nr. 136** (Kinder) aufgestellt ist (BGH, VRS 33, 350; OLG Köln, VersR 1989, 206) oder bei sichtbarer Ansammlung von Kindern vor einem Kindergarten. Das LG Rottweil (VersR 1981, 565) versagt hier mit Recht die Berufung auf § 7 Abs. 2 StVG bei Kollision mit einem hinter einem parkenden Fahrzeug auf die Straße laufenden Kind.   260

Die Berufung auf § 7 Abs. 2 StVG scheitert ferner regelmäßig dann, wenn der Fahrzeugführer entweder ein über die Fahrbahn laufendes Kind sieht und noch reagieren kann, wenn er Umstände bemerkt, die die Möglichkeit nahe legen, dass ein Kind auf die Fahrbahn laufen könnte (OLG Karlsruhe, VersR 1980, 238: Fahrer sieht, dass eine junge Frau längere Zeit an einem Wagen hantiert, um ihr Kind herauszunehmen) oder wenn er nicht ausräumen kann, dass zu der Zeit, als eine unfallverhindernde Reaktion noch möglich war, ein kleiner Teil eines Kinderfahrrades hinter einem abgestellten Fahrzeug in Richtung auf die Fahrbahn sichtbar war, mit welchem ein Kind die Fahrbahn von rechts nach links überqueren wollte (OLG Schleswig, VersR 1985, 578). Eine Berufung auf den **Vertrauensgrundsatz** scheitert in derartigen Fällen regelmäßig.   261

> **Hinweis:**
> *Demgegenüber kann unter den o.g. Voraussetzungen (Rn. 254) eine Anwendung des § 7 Abs. 2 StVG in Betracht kommen, wenn ohne Vorliegen von zu besonderer Vorsicht veranlassenden Umständen Kinder auf die Fahrbahn laufen, ohne dass sie vorher sichtbar waren, aus anderen Gründen mit ihnen zu rechnen war oder sie sich derart verkehrswidrig verhalten, dass damit schlechterdings nicht gerechnet werden konnte und der Fahrzeugführer bei Eintritt der kritischen Verkehrslage der späteren Unfallstelle schon so nahe war, dass eine unfallvermeidende Reaktion nicht mehr möglich war.*

Hierher gehören die folgenden Sachverhaltskonstellationen: Bisher für den Kraftfahrer **nicht sichtbare Kinder** laufen plötzlich zwischen parkenden Fahrzeugen auf die Fahrbahn (BGH, VersR 1961, 229: Kind kommt von links; OLG Hamm, VersR 1983, 711 = VRS 85, 16: im Wohngebiet; OLG Köln, VersR 1982, 294: auf Einbahnstraße; OLG Köln, VersR 1980, 338: sechs Jahre altes Kind läuft aus einem umzäunten Spielplatz auf die Fahrbahn; LG Freiburg, VersR 1980, 1079: Kind erst auf 6,8 m Abstand sichtbar; LG Karlsruhe, VersR 1980, 294: Kind kommt mit Dreirad aus abschüssiger Hofeinfahrt; allgemein: KG, VersR 1981, 885 = VRS 61, 241; OLG Düsseldorf, VersR 1987, 669 = VRS 72, 29). Kinder überqueren die Fahrbahn, um auf der anderen Straßenseite haltende öffentliche Verkehrsmittel zu erreichen (OLG Celle, VersR 1987, 360; AG Berlin-Charlottenburg, VersR 1977, 779), Kinder überqueren ampelgesicherten Fußgängerüberweg bei Rot (OLG Bremen, VersR 1981, 735; OLG Frankfurt, VersR 1985, 71; KG, NZV 1988, 104 = VRS 75, 285). Bei Verkehrswidrigkeiten von Kindern, die altersentsprechend noch nicht voll in   262 den Straßenverkehr integriert sind, muss deren Sorgfaltsverstoß auch altersentsprechend subjektiv besonders vorwerfbar sein (BGH, VersR 1990, 535 = VRS 79, 1 = NZV 1990, 227 = NJW 1990, 1483).

(2) Radfahrende Kinder

263 Was für zu Fuß gehende Kinder gilt, gilt entsprechend für Rad fahrende Kinder. Deshalb kann ein Unfall für einen Kraftfahrer i.S.d. § 7 Abs. 2 StVG unabwendbar sein, wenn ein sechsjähriger entgegenkommender Radfahrer plötzlich und ohne Anzeige nach links in die Fahrbahn des Fahrzeuges abbiegt (OLG Oldenburg, VersR 1980, 340), wenn ein Kind in diesem Alter aus einem Seitenweg auf die Fahrbahn fährt (OLG Köln, NZV 1992, 233 = VRS 83, 403), wenn es außerörtlich aus einer Grundstückseinfahrt kommt (BGH, NJW 1986, 183 = VRS 69, 353 = VersR 1985, 864; OLG Karlsruhe, VersR 1983, 567), wenn es aus einer Nebenstraße auf die vorfahrtberechtigte Straße fährt, aber erst auf 5,3 m Entfernung zu sehen ist (LG Rottweil, VersR 1977, 68; zur Frage, ob und unter welchen Vorraussetzungen der Idealkraftfahrer damit rechnen muss, dass im Bereiche einer engen Ortsdurchfahrt ein elf Jahre altes Kind auf dem Fahrrad das Gleichgewicht verliert und auf die Fahrbahn stürzt s. BGH, VersR 1987, 1034 = VRS 73, 97 = DAR 1987, 223 = NJW 1987, 2375).

6. Verhalten eines nicht beim Betrieb des Fahrzeuges beschäftigten Dritten als unabwendbares Ereignis

264 Dabei handelt es sich nur um Personen, die beim Betrieb des Fahrzeuges nicht beschäftigt und selbst nicht geschädigt worden sind. Dafür kommt z.B. in Betracht das schadensursächliche **Freigabezeichen eines Polizeibeamten** nach § 36 StVO. Gleiches gilt von dem **Verhalten von Bauunternehmern** und ihren Mitarbeitern, die nach § 45 Abs. 6 StVO zur Absperrung und Kennzeichnung von Arbeitsstellen sowie zur Leitung des Verkehrs bei halbseitigen Straßensperrungen und zur Kennzeichnung von gesperrten Straßen und Umleitungen verpflichtet sind. Auch das Verhalten anderer, in den Unfall selbst nicht verwickelter Verkehrsteilnehmer kommt hier in Betracht, z.B. des Fahrers eines mit Motorschaden liegen gebliebenen Kraftfahrzeugs, der das Fahrzeug nicht genügend sichert, dadurch ein nachfolgendes Fahrzeug zum schnellen Ausweichen zwingt, was zu einem Zusammenstoß mit einem entgegenkommenden Fahrzeug führt.

265 Ein unabwendbares Ereignis kann es für einen nachfolgenden Kraftfahrer sein, wenn von einem vorausfahrenden Lkw unerwartet Teile der Ladung auf die Fahrbahn fallen und zu einer dritte Verkehrsteilnehmer schädigenden Reaktion zwingen. Entsprechendes gilt, wenn ein von einem vorausfahrenden Fahrzeug **empor geschleuderter Stein** die Windschutzscheibe eines nachfolgenden Fahrzeuges durchschlägt (LG Lüneburg, MDR 1961, 1014 u. VersR 1978, 1051; LG Lübeck, DAR 1955, 136; AG Köln, VRS 69, 13). Das gilt dort nicht, wo ohnehin mit Steinen zu rechnen ist, etwa an Baustellen (BGH, NJW 1974, 1410 f.), oder wenn es sich um größere, gut erkennbare Steine handelt (LG Aachen, VersR 1983, 591: Kantenlänge von 6 cm). Hier muss durch Herabsetzung der Geschwindigkeit der möglichen Gefährdung Rechnung getragen werden. Das gilt ferner, wenn andere schwer erkennbare Gegenstände, mit deren Vorhandensein nicht gerechnet werden muss, hochgeschleudert werden und dadurch Schäden verursachen (LG Köln, MDR 1991, 1042: Eisenstange auf der Fahrbahn).

266 Unabwendbarkeit liegt aber auch dann nur vor, wenn der Abstand des nachfolgenden Fahrzeugs von dem Vordermann verkehrsgerecht war. Dritte i.d.S. sind ferner auch Kinder, die mutwillig Steine auf ein vorbeifahrendes Fahrzeug werfen und dadurch dessen Fahrer zu einem andere Verkehrsteilnehmer schädigenden Ausweichmanöver zwingen. Entsprechendes gilt, wenn ein Kraftfahrer beim Bremsen auf einer nicht erkennbaren Ölspur ins Rutschen kommt und dabei auf den Vordermann auffährt (LG Köln, DAR 1965, 328 = VersR 1966, 248) oder wenn ein Lkw in eine durch einen Wasserrohrbruch unterspülte Fahrbahndecke einbricht (OLG Nürnberg, VRS 29, 401).

7. Verhalten eines beim Betrieb des Fahrzeuges beschäftigten Dritten als unabwendbares Ereignis

a) Personenkreis

Dritter i.d.S. kann **nicht der Fahrer** des Fahrzeugs sein, wohl aber jeder andere, der mit Willen des Halters oder des Fahrzeugführers eine Handlung vornimmt, die zum Betriebe des Fahrzeugs gehört. Dritter ist daher z.b. der Beifahrer, aber auch jeder andere Insasse eines Fahrzeuges, da jeder Insasse, etwa beim Aus- und Einsteigen, beim Öffnen und Schließen der Wagentüren (OLG Celle, DAR 1951, 13) Handlungen vornehmen kann, die in den Bereich des Betriebs des Fahrzeuges fallen. Zu den Insassen gehören auch Schaffner und Kontrolleure in Omnibussen. Dritter ist ferner, wer das Fahrzeug belädt oder entlädt, wer einen Anhänger an- oder abkuppelt; wer Benzin, Öl oder auch Wasser – auch an Tankstellen – einfüllt; wer das Fahrzeug bei Ausfall des Anlassers oder Motors anschiebt; wer das Fahrzeug in eine Parklücke einweist. Dritter ist schließlich, wer bei einem mit Kraftfahrzeugen betriebenen Verkehrsunternehmen zur Überwachung des Fahrbetriebes (BGH, DAR 1952, 117) bestellt ist.

267

b) Anwendbarkeit des § 7 Abs. 2 StVG

Erleidet infolge des Verhaltens einer solchen Person ein Dritter einen Schaden, so haftet der Halter für diesen Schaden nach § 7 Abs. 1 StVG. Wie die Entlastungsmöglichkeit für den Halter in solchen Fällen gestaltet ist, ist hingegen gesetzlich nicht ausdrücklich geregelt (vgl. Greger, Zivilrechtliche Haftung, § 7 StVG Rn. 393). Nach der Gesetzessystematik kann die Anwendbarkeit der **Entlastungsmöglichkeit** des § 7 Abs. 2 StVG nicht ausgeschlossen werden, jedenfalls dann nicht, wenn – wie auch sonst – der Dritte die äußerste nach den Umständen erforderliche Sorgfalt beachtet hat, etwa bei der Beladung des Fahrzeuges mit aller ihm möglichen Sorgfalt gehandelt hat und der Halter bzw. Führer mit jeder nach den Umständen gebotenen Sorgfalt gefahren ist (Drees/Kuckuk/Werny, Straßenverkehrsrecht, § 7 StVG Rn. 82; Greger, a.a.O., § 7 StVG Rn. 394). Fehlt nur eine der beiden Voraussetzungen, so scheitert die Entlastungsmöglichkeit des § 7 Abs. 2 StVG.

268

c) Bedeutung des § 831 BGB

Die Bedeutung der vorstehenden Zweifelsfrage ist jedoch praktisch relativ gering. Denn die beim Betriebe eines Fahrzeuges beschäftigten Personen unterliegen regelmäßig der **Haftung** des **Geschäftsherrn** aus § 831 Abs. 1 Satz 1 BGB mit der praktischen Folge, dass ein Fahrzeughalter den **Entlastungsbeweis** des § 831 Abs. 1 Satz 2 BGB führen muss (Erman/Schiemann, BGB, § 831 Rn. 16 – 22). Gelingt ihm dieser Beweis nicht, so haftet er dem Geschädigten voll, also ohne die Haftungsbeschränkungen des StVG, und damit z.B. auch auf Schmerzensgeld.

269

8. Verhalten eines Tieres als unabwendbares Ereignis

a) Grundsatz

Wenn ein Tier plötzlich in die Fahrbahn eines Kraftfahrzeuges springt oder läuft, kann ein dadurch verursachter Schaden für den Halter bzw. Führer des Kraftfahrzeuges unabwendbar sein. Dabei ist es unerheblich, ob es sich um **Wild** oder um ein **Haustier** handelt, ob es beaufsichtigt ist oder nicht.

270

Kann der Fahrer aber das Tier vorher sehen, so muss er im Allgemeinen mit einem willkürlichen Verhalten des Tieres rechnen und seine Fahrweise einschließlich der Geschwindigkeit hierauf einrichten. Das gilt ebenso beim Durchfahren eines Dorfes, weil dort erfahrungsgemäß mit Tieren zu rechnen ist, ferner an Stellen, die durch Verkehrszeichen 140 (Tiere) oder 142 (Wild) gekennzeichnet sind. Bei der Begegnung mit großen Tieren ist im Allgemeinen eine **Ausweichbewegung** angebracht, wogegen bei Kleintieren je nach Sachlage auch ein Überfahren des Tieres sachgerecht sein

271

kann. Diese Kriterien entsprechen im Ergebnis der Auffassung des BGH (BGH, VersR 1966, 143: Begegnung mit Hunden; BGH, VersR 1987, 158 = VRS 72, 26 = NJW-RR 1987, 150: Begegnung mit einem Reh).

b) Einzelfälle

272 Als unabwendbar ist angesehen worden des Auffahren auf ein **Weidetier,** welches aus unübersichtlichem Gelände plötzlich auf die Straße tritt (LG Frankfurt/M., VersR 1970, 382), ebenso Kollision mit einem plötzlich auf die Fahrbahn springenden Tier (OLG Stuttgart, JurBüro 1983, 176), Kollision mit einem Hund, der am linken Rand einer stark befahrenen Bundesstraße einem Pkw entgegenkommt und unmittelbar vor diesem auf die Fahrbahn läuft (LG Münster, NZV 1989, 156). Auch das Scheuen eines Pferdegespanns kann für den vorbeifahrenden Kraftfahrer unabwendbar sein (LG Heidelberg, VersR 1954, 70), sofern ausreichender Seitenabstand gewahrt und keine Warnzeichen gegeben werden. Als unabwendbar ist es auch angesehen worden, wenn im Ortsbereich wegen eines die Fahrbahn unangeleint überquerenden Pudels ein Kraftfahrzeug abgebremst wird und infolgedessen ein nachfolgendes Fahrzeug auf das abgebremste auffährt (LG Köln, NJW-RR 1986, 1152). Diese Entscheidung kann schwerlich verallgemeinert werden. Es wird in solchen Fällen auch auf die Geschwindigkeit der beteiligten Fahrzeuge sowie auf deren Abstand ankommen.

9. Plötzliches körperliches oder geistiges Versagen des Fahrzeugführers als unabwendbares Ereignis

a) Ausfälle infolge bekannter gesundheitlicher Probleme

273 Es ist unstreitig, dass plötzliche Ausfälle, die darauf beruhen, dass der Fahrer ihm bekannte gesundheitliche Probleme hat, in keinem Falle zur Unabwendbarkeit eines daraufhin eingetretenen Schadens führen, etwa eine **plötzliche Herzattacke** nach vorangegangenem Herzinfarkt (LG Heilbronn, VRS 52, 188), **Ohnmacht** bei starkem Bluthochdruck, Bewusstseinsstörungen bei Hirnverletzungen u. Ä. (zur allgemeinen Grenze der Leistungsfähigkeit von Kraftfahrern vgl. eingehend Müller-Limmroth, DAR 1977, 151, sowie Möllhoff, MedR 1986, 313; zu altersbedingten Einschränkungen BGH, VersR 1988, 388, sowie Händel, DAR 1985, 210).

b) Durch eigenes Verhalten verursachte Ausfälle

274 Unabwendbarkeit scheidet auch dann aus, wenn sich der Fahrzeugführer durch eigenes Verhalten in den Zustand der Fahruntüchtigkeit versetzt hat. Hierher gehören in erster Linie die Fälle alkoholbedingter Verkehrsuntüchtigkeit oder nur reduzierter Reaktionsfähigkeit, ebenso wenn dies auf der Wirkung anderer Rauschmittel oder Betäubungsmittel nach ärztlichen Eingriffen beruht (Jagusch/Hentschel, Straßenverkehrsrecht, § 7 StVG Rn. 37, 38; Drees/Kuckuk/Werny, Straßenverkehrsrecht, § 7 StVG Rn. 91). Hierzu gehören auch Fahrten in übermüdetem Zustand (BGH, DAR 1955, 160; OLG Celle, VersR 1980, 482). Als Grenzfall ist der vom LG Frankenthal (VersR 1956, 136) entschiedene Sachverhalt anzusehen: Danach verursachte ein Fahrzeugführer einen Schaden, der mit **ständigen starken Kopfschmerzen** fuhr, nachdem alle von ihm aufgesuchten Ärzte keinen Anlass sahen, ihm vom Führen von Kraftfahrzeugen abzuraten.

c) Unvorhersehbar eintretende gesundheitliche Ausfälle

275 Problematisch ist dagegen der Fall, dass ein Fahrzeugführer ohne vorangegangene gesundheitliche Probleme und **ohne vorherige Anzeichen** plötzlich bewusstlos wird. Dies sowie ein dadurch eintretender Schaden sind für ihn zwar unvorhersehbar, nicht aber i.S.d. § 7 Abs. 2 StVG unabwendbar (BGHZ 23, 90 = VersR 1957, 219 = NJW 1957, 674; OLG Stuttgart, VersR 1977, 383). Diese Auffassung ist auf Widerspruch gestoßen (Greger, Zivilrechtliche Haftung, § 7 StVG Rn. 392; Wussow, DAR 1952, 162; wohl auch OLG Nürnberg, VersR 1958, 202). Der BGH hat seine Auffassung auf eine Parallele zu der Aufzählung in § 7 Abs. 2 Satz 2 StVG gestützt. Treffender dürfte

es sein, auf die Parallele zu § 7 Abs. 2 Satz 1 StVG (Fehler in der Beschaffenheit des Fahrzeuges oder Versagen seiner Verrichtungen) abzustellen. Denn dies zusammen mit den **drei Beispielsgruppen** des § 7 Abs. 2 Satz 2 StVG verdeutlicht, dass unabwendbar nur solche Ereignisse sein können, die **von außen** auf Fahrzeug oder Fahrer einwirken, nicht aber die, die vom Fahrzeug oder seinem Fahrer selbst ausgehen (so ausdrücklich OGH Wien, VersR 1976, 1200).

10. Straßenzustand als unabwendbares Ereignis

Unfälle, die auf schlechtem Straßenzustand, beschädigter Fahrbahndecke, gefährlichem Straßenpflaster u. Ä. beruhen, sind regelmäßig keine unabwendbaren Ereignisse, unabhängig davon, ob in solchen Fällen ein Verschulden des Straßenbaupflichtigen anzunehmen ist und daher ggf. auch Ersatzansprüche gegen diesen aus dem Gesichtspunkt der **Verletzung der Verkehrssicherungspflicht** gegeben sein können. Der Kraftfahrer hat seine Fahrweise, insbesondere seine Geschwindigkeit, den gegebenen Straßenverhältnissen anzupassen (vgl. § 3 Abs. 1 Satz 2 StVO; hierzu BGH, VRS 47, 241). Wenn aber einzelne gefährliche Wegestellen weder durch die vorgesehenen Gefahrzeichen nach § 40 StVO, etwa Zeichen 101 (allgemeine Gefahrenstelle), Zeichen 112 (unebene Fahrbahn), Zeichen 114 (Schleudergefahr) usw. kenntlich gemacht sind noch sonst trotz großer Sorgfalt erkennbar sind, können Unfälle, deren Quelle sie sind, unabwendbare Ereignisse sein; so ist es unabwendbar, wenn ein Lastzug in die durch einen Wasserrohrbruch unterspülte Fahrbahn einbricht (OLG Nürnberg, VRS 29, 401) oder ein Fahrzeug auf einer nicht erkennbaren Ölspur ins Rutschen gerät (OLG Köln, VersR 1994, 573; LG Köln, DAR 1965, 228), sofern der Fahrer sich verkehrsgerecht verhalten hat. Unter- oder überschätzt ein Fahrer die Breite, die Steigung oder das Gefälle der Straße, so ist daraus die Unabwendbarkeit eines Ereignisses nicht herzuleiten.

276

11. Naturereignisse als unabwendbares Ereignis

a) Fallgruppen

Hierunter fallen in erster Linie Schäden, die dadurch entstehen, dass der bauliche ordentliche Straßenzustand infolge von Witterungseinflüssen aktuellen Negativeinflüssen unterliegt, die sich auf den fließenden Verkehr unfallsächlich auswirken. Gemeint sind Einflüsse von Schneefall und Eisglätte, Regen, Stürmen und Dunkelheit. Dabei ist vorab und generell zu sagen, dass § 3 Abs. 1 Satz 2 StVO von jedem Kraftfahrer verlangt, seine Geschwindigkeit diesen Faktoren anzupassen, also seine Fahrweise hierauf einzurichten. Hieraus folgt, dass alle Schäden, die auf der Nichtbeachtung des § 3 Abs. 1 Satz 2 StVO beruhen, aus dem Bereich der Unabwendbarkeit herausfallen, diese mithin nur **ausnahmsweise** vorliegen kann.

277

b) Schnee- und Eisglätte

aa) Grundsätze

Glatteis tritt besonders bei Niederschlag auf gefrorener Fahrbahn und plötzlichem Temperaturanstieg nach Frost auf (OLG Hamm, DAR 1969, 220), sodass je nach Situation bei Temperaturen in Gefrierpunktnähe mit Glatteisbildung gerechnet werden muss; nicht bei trockener Fahrbahn, sofern keine sonstigen Umstände auf Eisbildung hinweisen (BGH, VRS 38, 48; BGH, VersR 1976, 195), wohl aber bei nasser Fahrbahn (BGH, VersR 1968, 303; BGH, VersR 1965, 379; OLG Düsseldorf, DAR 1977, 186) oder wenn eine nasse Fahrbahn über eine Kuppe führt (OLG Bamberg, VersR 1977, 38). Nach OLG Hamm (DAR 1956, 168) soll bei Ortsdurchfahrten nicht mit Eisbildung zu rechnen sein, wenn vorher nur Schneematsch vorhanden und in Kurven gestreut war; dies ist zweifelhaft, denn in erster Linie hat sich das Fahrverhalten nach den tatsächlich angetroffenen klimatischen Gegebenheiten zu richten. Besonders gefährdet sind Stellen im Schatten, auf Brücken (OLG Köln, VRS 33, 282), an einem Fluss oder in Waldstücken; Folge: verlängerte Anhaltewege und Sicherheitsabstände (OLG Hamm, DAR 1969, 251; OLG Nürnberg, VersR 1969, 288). Wer das bei Dunkelheit nicht erkennen kann, aber Anlass hat, mit Glatteis zu rechnen, muss bis zur Klä-

278

rung vorsorglich so langsam fahren, dass er den Anforderungen des Verkehrs bei Glatteis genügt und sein Fahrzeug nicht ausbricht (OLG Hamm, VRS 48, 379).

279 **Veränderte Umstände,** die die **Gefahr von Glatteisbildung** nahe legen, auch wenn vorher keines vorhanden war, sind: einsetzender Schneefall, Temperaturrückgang (OLG Koblenz, VRS 47, 183), Fahrt über Brücken (OLG Köln, VRS 23, 282), durch einen Wald (BGHZ 45, 143; OLG Celle, VRS 38, 261). Erforderlich ist angemessen langsame Fahrweise (OLG Hamm, VRS 25, 455; OLG Köln, VersR 1969, 383), auch des vorfahrtberechtigten Verkehrsteilnehmers an Einmündungen wartepflichtiger Straßen (OLG Celle, VRS 27, 470), notfalls Schrittgeschwindigkeit (OLG Nürnberg, VersR 1963, 715). Gefahrloses Lenken und Bremsen (BGH, VersR 1964, 619; BGH, VersR 1966, 1077) sowie Anhalten im Sichtbereich muss möglich sein (BGH, VRS 14, 166). Fahrer schwerer Fahrzeuge müssen eventuell die Strecke begehen und bereitliegendes Streumaterial benutzen (BGH, VersR 1965, 379).

280 Der sorgfältige Kraftfahrer muss auch wissen, welche **fahrtechnischen Besonderheiten** beim Fahren auf vereisten Straßen bezüglich des Bremsens, Gasgebens und der Betätigung der Lenkung zu beachten sind und muss sich entsprechend verhalten. Bei verschneiten Straßen muss er für eine zweckmäßige, den Schneeverhältnissen angepasste Bereifung seines Fahrzeuges sorgen und ggf. Schneeketten benutzen. Bei Nichtbeachtung sind Unfälle, die bei solchen Witterungsverhältnissen eintreten und darauf beruhen, nicht unabwendbar.

bb) Einzelfälle

281 Unabwendbarkeit kommt in solchen Situationen insbesondere dann in Betracht, wenn Fahrzeuge des Gegenverkehrs ihrerseits nicht situationsgerecht gefahren werden, deshalb ins Schleudern kommen und auf die Gegenfahrbahn rutschen, wo es zu Kollisionen mit dort verkehrsgerecht fahrenden Fahrzeugen kommt (Bsp.: OLG Frankfurt/M., VersR 1987, 469 = VRS 72, 32; BGH, VersR 1965, 999; OLG Schleswig, VersR 1974, 680). Die Anforderungen hängen jeweils von der konkreten Verkehrslage ab. So verlangt das LG Weiden (VersR 1972, 496) Schritttempo zu äußerst rechter Fahrbahnseite. OLG Stuttgart (VersR 1983, 252) versagt mit Recht dem Vorfahrtberechtigten die Berufung auf Unabwendbarkeit, wenn – für ihn sichtbar – die wartepflichtige Straße abschüssig verläuft und mit Schneematsch bedeckt ist. Andererseits soll ein Pkw-Fahrer auf glatter Fahrbahn darauf vertrauen dürfen, dass sich ein Lkw mit Anhänger auf abschüssiger glatter Straße auf der für ihn rechten Fahrbahnseite halten kann (LG Karlsruhe, VersR 1956, 567; Einzelfallfrage). Unabwendbarkeit liegt nicht vor bei Rutschen und Querstehen eines nicht mit Schneeketten versehenen Anhängers (OLG München, VersR 1961, 119). Beim Einbiegen eines Lastzuges aus einem Nebenweg auf eine Bundesstraße bei Nebel und Glatteis wird unterlassene Aufstellung von Warnposten die Berufung auf Unabwendbarkeit ausschließen (OLG Oldenburg, DAR 1961, 310). Busunternehmer müssen bei Gefahr von Eisglätte die Fahrer anweisen, Glatteismeldungen zu erstatten (OLG Düsseldorf, MDR 1955, 476).

cc) Kein Versagen der Verrichtungen eines Fahrzeuges

282 Rutschen oder Schleudern von Fahrzeugen infolge Schnee oder Eisglätte ist jedoch kein Versagen der Verrichtungen eines Fahrzeuges, so dass die Anwendbarkeit des § 7 Abs. 2 StVG jedenfalls nicht schon hieran scheitert (BGH, VersR 1960, 408 = DAR 1960, 136; OLG Bremen, VersR 1956, 198; Schweizer, VersR 1969, 18; kritisch hierzu Weitnauer, VersR 1969, 680 u. LG Kleve, MDR 1959, 574).

c) Nebel

283 Bei Nebel (näher Schmidt, DAR 1965, 287) kann **Schrittgeschwindigkeit** (OLG Nürnberg, VersR 1963, 715), aber auch Anhalten (BGH, VRS 4, 461) geboten sein. Der Vertrauensgrundsatz ist sehr stark eingeschränkt (OLG Nürnberg, DAR 1989, 107). 50 km/h bei 40 m Sicht auf Bundesstraßen (OLG Celle, VRS 31, 383) und 25 km/h bei dichtem Nebel (BGH, VersR 1964, 661) sind

zu schnell. Der Abstand muss auch bei plötzlichem Bremsen ausreichen (OLG Celle, VRS 31, 383). Dem muss auch ein Vorfahrtberechtigter bei Annäherung an Kreuzungen Rechnung tragen (OLG Celle, VRS 27, 470). Bei Nebel muss einerseits sorgfältig auf ausreichenden Abstand geachtet werden, weil auch mit plötzlichem Bremsen zu rechnen ist (OLG Celle, a.a.O.), andererseits muss mit einem Unfall gerechnet werden, wenn die Rücklichter des Vorderfahrzeuges im Nebel verschwinden (BGH, VersR 1967, 180; zum Kettenunfall auf Autobahnen im Nebel instruktiv BGH, VersR 1965, 569). Die Grundsätze des Fahrens bei Nebel gelten auch bei **Rauchbildung** (KG, VM 1974, 96).

Hinweis:

Hieraus folgt, dass Schäden infolge Nebels i.d.R. nicht unabwendbar sind, da aufkommender Nebel jederzeit wahrnehmbar und sachgerechte Reaktionen hierauf möglich sind. Ausnahme: Schäden des verkehrsgerecht Fahrenden infolge nicht verkehrsgerechten Verhaltens des Gegenverkehrs.

---

d) Sturm

Unabwendbar bei Sturm sind Schäden, die infolge der Einwirkung anderer Gegenstände entstehen, etwa wenn der Sturm Äste von Straßenbäumen abknickt, die gegen eine Fahrzeugscheibe fliegen und diese zerstören (LG Kiel, DAR 1952, 119) oder wenn Teile der Ladung eines anderen Fahrzeuges infolge Sturms herabstürzen und dadurch Schäden eintreten, sofern die Ladung vorschriftsgemäß verstaut war. Wird das Fahrzeug insgesamt infolge Sturms von der Fahrbahn gedrückt, so kommt Unabwendbarkeit nur in Betracht, wenn der Fahrzeugführer dies durch Gegensteuern nicht verhindern konnte (Weimar, VN 1967, 30; Gaisbauer, VersR 1967, 1034).   284

e) Dunkelheit

aa) Grundsatz

Ähnlich wie in den Fällen von Schnee- und Eisglätte schreibt § 3 Abs. 1 Satz 3 StVO mit dem **Sichtfahrgebot** vor, die Geschwindigkeit so einzurichten, dass innerhalb der übersehbaren, also bei Dunkelheit der ausgeleuchteten Strecke, gehalten werden kann. Diese Rechtspflicht besteht auch gegenüber plötzlich auftauchenden Hindernissen, wenn eine Schreckzeit in Betracht kommt (BGH, VersR 1965, 88) sowie im Autobahnverkehr (BGHSt 16, 145 = BGHZ 35, 400). Schon hieraus folgt, dass Unabwendbarkeitsfälle die Ausnahme bilden. Denn es muss allgemein damit gerechnet werden, dass z.B. Verunglückte oder Betrunkene auf Fahrbahnen liegen (OLG Saarbrücken, VM 1971 Nr. 112; OLG Hamm, VersR 1972, 308). Zwar gibt es eine Reihe strafrechtlicher Entscheidungen, in denen ausnahmsweise eine Schuld des Kraftfahrers an Dunkelheitsunfällen nicht festgestellt werden konnte (Nachweise bei Drees/Kuckuk/Werny, Straßenverkehrsrecht, § 3 StVO Rn. 32). Dies besagt jedoch für die Frage der Unabwendbarkeit i.S.d. § 7 Abs. 2 StVG nichts.   285

bb) Situationen, in denen Unabwendbarkeit in Betracht kommt

Zu denken ist hier in erster Linie an Schäden, die dadurch entstehen, dass ein Fahrzeug bei **Dunkelheit** auf ein kleines, schwer oder gar nicht erkennbares Hindernis auffährt, etwa eine auf der Fahrbahn liegende Eisenstange (LG Köln, MDR 1991, 1042), eine in die Fahrbahn reichende Weidezaunstange (BGH, VM 1973, 4), auf einen auf der Autobahn liegenden 20 cm hohen Reifenprotektor (BayObLG, VRS 22, 380) oder ein Reserverad (BGH, VersR 1984, 741).   286

Weiterhin kommen Fälle in Betracht, in denen ein dunkles Hindernis, i.d.R. eine dunkel gekleidete Person, von rechts in die ausgeleuchtete Fahrbahn eines sich nähernden Fahrzeuges tritt. Denn wenn dem Fahrzeugführer ein Teil der ausgeleuchteten Strecke „verloren geht", wird er vielfach   287 auch bei äußerster Sorgfalt eine Kollision nicht mehr vermeiden können (vgl. OLG Hamm, VRS 61, 266). Dies kann jedoch wiederum nur dort gelten, wo ein Kraftfahrer nachts mit Fußgängern nicht rechnen muss, also jedenfalls nur außerhalb geschlossener Ortschaften und auch dort nicht in der Nähe von Gastwirtschaften, Ausflugslokalen oder ähnlichen Einrichtungen.

12. Fehler in der Beschaffenheit des Fahrzeuges und Versagen seiner Verrichtungen

288 Die Berufung auf die Unabwendbarkeit eines Schadens, dessen Eintritt auch der Idealkraftfahrer nicht verhindern konnte, ist für den Halter bzw. Führer eines Fahrzeuges nach § 7 Abs. 2 Satz 1 StVG dann ausgeschlossen, wenn der Schadenseintritt durch einen Fehler in der Beschaffenheit des Fahrzeuges oder ein Versagen seiner Verrichtungen **kausal** verursacht worden ist (hierzu allgemein Dickertmann, DAR 1956, 206).

a) Fehler in der Beschaffenheit des Fahrzeuges

289 Hierunter fallen Fehler, die entweder **konstruktiver oder fertigungstechnischer Art** sind. Ob es sich um Fehler an solchen Teilen handelt, deren Vorhandensein durch die Ausrüstungsvorschriften der StVZO vorgeschrieben sind, oder um Teile, deren Vorhandensein nicht zwingend vorgeschrieben ist, ist nicht erheblich. Hierzu gehört z.B. die Ausrüstung eines Autobusses mit Quersitzen ohne Sicherung gegen einen Sturz nach vorn (LG Göttingen, NJW 1960, 2342 = VersR 1961, 840), Konstruktionsfehler von Türen eines Autobusses (OLG Oldenburg, DAR 1956, 246), konstruktiv und fertigungstechnisch mangelhafte Sicherung des Reserverades eines Lkw (OLG Hamm, VRS 84, 182).

290 Während konstruktive Mängel heute eher die Ausnahme sind, beweisen gelegentliche **Rückrufaktionen** von Kraftfahrzeugherstellern, dass Fertigungsmängel selbst im Großserienbereich nicht auszuschließen sind, etwa durch Verwendung ungeeigneter Materialien für bestimmte Einzelteile. Zu diesem Bereich gehört auch die Ausrüstung eines individuellen Fahrzeuges etwa mit dafür nicht zugelassenen Reifen. Dieser Ausschluss der Unabwendbarkeitsregel ist aus dem Wesen der Gefährdungshaftung gerechtfertigt.

b) Versagen der Verrichtungen

291 Hierbei geht es um **unfallursächliche Funktionsmängel** von bestimmten Einrichtungen des Fahrzeuges. Typisch dafür ist das Versagen der Bremsen (BGH, VRS 5, 85) oder der Lenkung (BGH, VRS 15, 14), platzende Reifen (OLG Frankfurt – ZS. Kassel –, VersR 1953, 323), zu hoch eingestellte Scheinwerfer (BGH, VersR 1963, 639 = VRS 25, 246 auch zur Beweislast), sich lösendes Reserverad eines Lkw (OLG Hamm, VRS 84, 182) oder Getriebeschäden (OLG Düsseldorf, VersR 1959, 912). Deshalb sind Unfälle, deren Ursache in **mangelhafter Fahrzeugwartung** liegen (Unterlassung vorgeschriebener Inspektionen) wohl dem Versagen der Verrichtungen zuzurechnen (zur Streitfrage, ob das Schleudern eines Fahrzeuges auf glatter Fahrbahn dem Versagen seiner Verrichtungen zuzurechnen ist, s.o. Rn. 282).

13. Umfang der Ausschlusswirkung

292 Zwar bezieht sich § 7 Abs. 2 StVG seinem Wortlaut nach lediglich auf die Halterhaftung des § 7 Abs. 1 StVG sowie auf die Führerhaftung des § 18 Abs. 1 StVG. Es ist aber unbestritten, dass bei bewiesenem Vorliegen der Voraussetzungen des § 7 Abs. 2 StVG auch eine auf anderen Grundlagen, insbesondere auf **Verschulden** beruhende Haftung ausscheidet.

293 Auch wenn Unabwendbarkeit i.S.d. § 7 Abs. 2 StVG nicht bewiesen werden kann, kann im Einzelfall eine Haftung des Fahrzeugführers oder Halters ganz entfallen, wenn dem Geschädigten ein so hohes Maß an **Mitverschulden** bzw. **Mitverursachung** trifft, dass er seinen Schaden allein zu tragen hat (BGH, VersR 1963, 163).

Kuckuk

IV. Höhere Gewalt (§ 7 Abs. 2 StVG in der für Schadensfälle ab 1.8.2002 geltenden Fassung)

1. Rechtspolitischer Grund der Gesetzesänderung

Die mit dem Ersatz des „unabwendbaren Ereignisses" durch „höhere Gewalt" verbundenen Haftungsverschärfung für den Kraftfahrzeug- und Anhängerhalter durch das 2. Schadensersatzänderungsgesetz, das am 1.8.2002 in Kraft getreten ist (s. dazu Jaeger/Luckey, Das neue Schadensersatzrecht, 2002) dient dem verstärkten Schutz nicht motorisierter Verkehrsteilnehmer, der innerstaatlichen Rechtsvereinheitlichung, da andere Gefährdungshaftungsnormen (§ 701 Abs. 3 BGB, § 22 WHG, §§ 1 Abs. 2 Satz 1, 2 Abs. 3 Nr. 3 HPflG) ebenfalls nur höhere Gewalt als Haftungsausschluss vorsehen, sowie der internationalen Rechtsvereinheitlichung (BT-Drs. 14/7752, S. 30; hierzu schon Steffen, DAR 1998, 135). **294**

2. Begriff und Einzelfälle

Höhere Gewalt ist nach der Rspr. ein betriebsfremdes, von außen durch elementare Naturkräfte oder durch Handlungen dritter Personen herbeigeführtes Ereignis, das nach menschlicher Einsicht und Erfahrung unvorhersehbar ist, mit wirtschaftlich erträglichen Mitteln auch durch die äußerste nach der Sachlage vernünftigerweise zu erwartende Sorgfalt weder verhütet noch unschädlich gemacht werden kann und auch nicht wegen seiner Häufigkeit in Kauf zu nehmen ist (BGHZ 7, 338 f.; 62, 351, 354; BGH, NJW 1986, 2313; BGH, VersR 1976, 963 und 1988, 910). **295**

Beispiele:

· *Reaktorunfall (BGHZ 109, 224 ff.),*

· *plötzliche politische Unruhen (LG Frankfurt/M., NJW-RR 1991, 691 und 1205),*

· *unrichtige Fassung einer Geburtsurkunde (RGSt 160, 92),*

· *Schäden infolge von Lawinen, Überschwemmungen u.Ä.*

Hinweis:

Bei diesen Anforderungen werden im gewöhnlichen Straßenverkehr für eine Berufung auf höhere Gewalt kaum ernsthafte Chancen bestehen. Eher kann im Einzelfall ein Mitverschulden (§ 9 StVG, § 254 BGB) Erfolg versprechend sein (vgl. hierzu Rn. 354 ff.). Auf die dort angeführten zahlreichen Einzelfälle wird ausdrücklich hingewiesen, zumal die Neufassung des § 7 Abs. 2 StVG den Einwand aus den § 9 StVG, § 254 BGB eine zusätzliche Bedeutung verleiht.

V. Haftungsausschluss bei Schwarzfahrten (§ 7 Abs. 3 Satz 1 StVG)

1. Unbefugte Benutzung

Voraussetzung für einen Haftungsausschluss nach § 7 Abs. 3 Satz 1 1. Halbs. StVG ist die gegenüber dem Halter **unbefugte Benutzung** seines Fahrzeuges oder Anhängers (§ 7 Abs. 3 Satz 3 StVG) **durch einen Dritten** (also die oben in Rn. 189 ff. näher behandelten Fälle eigenmächtiger Ingebrauchnahme des Kraftfahrzeuges oder Anhängers, ohne dass der Dritte zum Halter wird). Weiterhin ist Voraussetzung, dass der Halter mit der unbefugten Benutzung **nicht einverstanden** ist (näher hierzu oben Rn. 191). Für die bei der unbefugten Benutzung verursachten Schäden haftet nicht der Halter, sondern der unbefugte Benutzer allein. **296**

2. Umfang der Ausschlusswirkung

297 Ausgeschlossen ist in solchen Fällen neben der Gefährdungshaftung des Halters auch diejenige aus den anderen denkbaren Anspruchsgrundlagen. Trifft aber den Halter an der unbefugten Benutzung ein Verschulden (hierzu näher oben Rn. 191, 192), so haftet er **neben** dem unbefugten Benutzer für die von diesem verursachten Schäden (§ 7 Abs. 3 Satz 1 2. Halbs. StVG).

VI. Haftungsausschlüsse des § 8 StVG

1. Haftungsausschluss für Schäden beim Betrieb langsamer Fahrzeuge (§ 8 Nr. 1 StVG)

298 Langsame Fahrzeuge sind solche, die auf ebener Strecke keine höhere Geschwindigkeit als **20 km/h** erreichen können.

a) Bauartbedingte Höchstgeschwindigkeit von 20 km/h

299 § 8 Nr. 1 StVG sagt nicht, **auf welche Weise** sichergestellt werden kann, dass ein bestimmtes Fahrzeug keine höhere Geschwindigkeit als 20 km/h erreichen kann. Aus dem Wort „kann" ist aber zu folgern, dass die Möglichkeit einer Überschreitung dieser Höchstgeschwindigkeit ausgeschlossen sein muss. Hierbei ist in erster Linie an konstruktive maschinelle Einrichtungen zu denken, die seitens des Herstellers für einen bestimmten Fahrzeugtyp oder für eine bestimmte Baureihe gelten (allgemeine Ansicht, vgl. BGHZ 9, 123; st.Rspr.). Dafür kommt es nicht auf die **amtliche Geschwindigkeitsprüfung** bei der Erteilung der Typgenehmigung durch das Kraftfahrtbundesamt an (so aber unrichtig LG Aachen, MDR 1983, 583), denn nach der diesbezüglichen Regelung kann die Höchstgeschwindigkeit im Einzelfall um bis zu 10 % überschritten werden. Vielmehr ist für § 8 Nr. 1 StVG darauf abzustellen, ob objektiv die Möglichkeit besteht, mit dem individuellen Fahrzeug eine höhere Geschwindigkeit als 20 km/h tatsächlich zu erreichen (BGHZ 9, 123; BGH, VersR 1959, 238 = VRS 16, 179; BGH, VersR 1985, 245). Dabei ist nicht erforderlich, dass das Fahrzeug bei der Verursachung des konkreten Schadens tatsächlich schneller als 20 km/h gefahren ist (BayObLG, DAR 1980, 375). Die Überschreitbarkeit dieser Grenze auf einer kürzeren Strecke von nur wenigen 100 Metern genügt, um die Anwendbarkeit des § 8 Nr. 1 StVG auszuschließen (OLG Tübingen, DAR 1952, 6).

b) Individuelle Eingriffe in die erreichbare Höchstgeschwindigkeit

300 Besteht die technische Möglichkeit, durch indidviduelle Eingriffe einem Fahrzeug, dessen Höchstgeschwindigkeit an sich 20 km/h nicht überschreitet, zu einer höheren Höchstgeschwindigkeit zu verhelfen, so kommt es darauf an, ob ein solcher Eingriff eine längere und schwierige Tätigkeit erfordert (RGZ 128, 148, 152; BGHZ 9, 123; OLG Celle, VersR 1954, 461). Dafür hatte das RG als **Grenzwert** einen Zeitaufwand von einer Stunde durch einen Kraftfahrzeugmechaniker zugrunde gelegt (RG, HRR 1926 Nr. 1525). Ob der jeweilige Halter oder Fahrer zu einem solchen Eingriff tatsächlich in der Lage ist, ist ebenso unerheblich (BGH, VersR 1959, 238 = VRS 16, 179) wie dessen Unkenntnis vom Bestehen einer solchen Möglichkeit (BGHZ 9, 123). Eine einfache, die Anwendbarkeit des § 8 Nr. 1 StVG ausschließende Manipulation ist z.B. die technisch leicht zu verstellende Drosselung der Motordrehzahl (BGH, VersR 1985, 245), das bloße Verstellen einer Schraube (OLG Düsseldorf, DAR 1974, 192) oder des Reglers, selbst wenn das Fahrzeug danach schon nach wenigen 100 Metern fahrunfähig wird (OLG Köln, DAR 1951, 177). Dagegen reicht es nicht, dass bei Verwendung größerer Reifen die Höchstgeschwindigkeit über 20 km/h liegt (BGH, VersR 1977, 228).

c) Beweislast

301 Die Beweislast für das Vorliegen der Voraussetzungen des § 8 Nr. 1 StVG liegt beim Halter des Fahrzeuges, weil es sich bei § 8 StVG um eine Ausnahmevorschrift handelt (RGZ 128, 148 f.;

OLG Tübingen, DAR 1952, 6; OLG Köln, JMBl. NRW 1969, 165; OLG Celle, DAR 1951, 28).
Die Beweisanforderungen sind streng. Einzelheiten hierzu und zu den möglichen Beweismitteln
bei Bomhard, VersR 1962, 1140.

2. Schäden einer beim Betrieb des Kraftfahrzeuges tätigen Person (§ 8 Nr. 2 StVG)

a) Beim Betrieb des Kraftfahrzeuges oder Anhängers tätige Personen

Dieser Begriff ist mit demjenigen des „bei dem Betrieb beschäftigten Dritten" des § 7 Abs. 2 Satz 2 **302**
2. Alt. StVG nicht völlig identisch. Das folgt aus dem unterschiedlichen Zweck der Vorschriften:
§ 7 Abs. 2 Satz 2 StVG stellt sicher, dass der Halter nach § 7 StVG auch für Schäden haftet, die der
nicht beim Betrieb Beschäftigte einem außenstehenden Dritten zufügt, sofern dem Halter insoweit
nicht der Entlastungsbeweis gelingt (hierzu näher oben Rn. 264 – 266) – Haftung des Halters nach
außen –, während § 8 Nr. 2 StVG die **Gefährdungshaftung** des Halters für solche Schäden ausschließt, die eine beim Betrieb des Kraftfahrzeuges tätige Person selbst erleidet – Haftung des Halters im Innenverhältnis. Hinzu kommt ein weiterer wichtiger Unterschied: Im Außenverhältnis haftet der Halter nach § 7 für das Verhalten von Personen, die mit Willen oder Duldung des Halters
oder Fahrers bestimmte Tätigkeiten vornehmen. Im Innenverhältnis verliert nach § 8 Nr. 2 StVG
auch derjenige seinen Ersatzanspruch, der gegen oder ohne den Willen des Halters oder Fahrers
tätig geworden ist.

b) Rechtspolitischer Grund für den Haftungsausschluss

Wer beim Betrieb eines Kraftfahrzeuges tätig wird, setzt sich den mit diesem Betrieb verbundenen **303**
Gefahren besonders aus, weshalb es nicht angebracht ist, ihn in den Haftungsbereich des § 7 Abs. 1
StVG einzubeziehen (BGH, NJW 1954, 393; OLG Koblenz, VersR 1975, 1127; OLG München,
NZV 1990, 323).

c) Rechtsgrund der Tätigkeit

Es ist unerheblich, ob die Tätigkeit beim Betrieb des Kraftfahrzeuges **entgeltlich oder unentgelt-** **304**
lich ausgeübt wird und ob sie auf vertraglicher, besonders arbeitsvertraglicher, Grundlage beruht
(Jagusch/Hentschel, Straßenverkehrsrecht, § 8 StVG Rn. 4) oder eine Gefälligkeit darstellt (BGH,
NJW 1954, 393). Es ist auch nicht erforderlich, dass zwischen Halter oder Fahrer und dem beim
Betrieb Tätigen ein soziales Abhängigkeitsverhältnis mit Weisungsbefugnis besteht (BGH,
VersR 1962, 540 = VRS 23, 21). Unerheblich ist auch, ob es sich um eine längere, eine kürzere
oder eine einmalige Tätigkeit handelt (BGH, VersR 1956, 640). Es muss sich lediglich um eine
eigene Tätigkeit dessen handeln, der dabei einen Schaden erleidet, wogegen das bloße Veranlassen fremder Tätigkeit nicht ausreicht (BGHZ 116, 200 = NZV 1992, 45), und der Schaden muss
bei dieser Tätigkeit eintreten, also nicht erst nach ihrer Beendigung.

d) Einzelfälle

Beim Betrieb tätig ist der Einweiser in eine enge Werkstatteinfahrt (OLG Koblenz, VersR 1975, **305**
188 u. 1127), nicht aber der, der dem Fahrzeugführer hilft, durch Anschieben aus einer Schnee-
mulde freizukommen (OLG München, NZV 1990, 393), auch nicht der Fahrgast während des reinen Beförderungsvorganges, wohl aber, wenn er selbst die Tür öffnet, um auszusteigen (OLG
München, VersR 1966, 987). Der **Fahrschüler** ist beim Betrieb des von ihm während der Übungsfahrten gelenkten Fahrzeuges tätig (KG, NZV 1989, 150; OLG Hamm, VRS 80, 405), während
etwa der Motorrad-Fahrschüler bei einem Schaden infolge Berührung mit dem Motorrad des Fahrlehrers seinen Schaden gem. § 7 StVG aus der Betriebsgefahr des Motorrades des Fahrlehrers geltend machen kann (Kunschert, NZV 1989, 152).

3. Umfang der Ausschlusswirkung

306 § 8 StVG schließt nur die Haftung aus den §§ 7 Abs. 1, 18 Abs. 1 Satz 1 StVG aus. **Weitergehende Ansprüche,** etwa aus unerlaubter Handlung oder Vertrag, werden davon nicht berührt.

VII. Beförderungsschäden

1. Grundsatz

307 Nach § 8 Nr. 3 StVG haften Halter von Kraftfahrzeugen und Anhängern sowie Führer von Kraftfahrzeugen und Anhängern (§ 18 StVG) nicht für Schäden an Sachen, die durch das Fahrzeug oder den Anhänger befördert worden sind, mit Ausnahme der Sachen, die eine von ihnen beförderte Person bei sich trägt oder mit sich führt.

Hinweis:

Ersatzlos entfallen ist dagegen ab 1.8.2002 durch das 2. Schadensersatzänderungsgesetz (dazu Jaeger/Luckey, Das neue Schadensersatzrecht, 2002) die Haftungsfreistellung für Personenschäden bei unentgeltlicher und nicht geschäftsmäßiger Beförderung.

---

2. Begriff der Beförderung

308 Beförderung liegt **objektiv** nur dann vor, wenn eine Sache von einem zu einem anderen Ort transportiert wird. Auf die **Länge der Beförderungsstrecke** kommt es nicht an, sodass ein Transport über nur wenige Meter ausreicht.

309 **Subjektiv** erfordert der Beförderungsbegriff weiterhin einen Beförderungswillen, der entweder auf der Seite des Transportkunden oder auf der Seite des Beförderers (Halter oder Führer des Kraftfahrzeuges) vorliegen muss (vgl. BGHZ 37, 311 ff.).

310 Befördert wird daher der **Schwarzfahrer** oder „blinde Passagier" (OLG Hamm, VRS 2, 294; OLG Karlsruhe, VersR 1977, 1012: unbemerkt aufspringendes Kind) sowie der, der bei Fahrtantritt auf dem Beifahrersitz sitzt und schläft (OLG Koblenz, VRS 68, 167). Es ist gleichgültig, wo sich der Insasse während der Beförderung aufhält, denn befördert wird auch, wer sich an solchen Stellen des Kraftfahrzeuges befindet, an denen sich Personen während der Fahrt nicht aufhalten dürfen. Daher wird auch befördert, wer sich auf dem Dach eines Pkw befindet (OLG Koblenz, NZV 1993, 193), in einem als Anhänger mitgeführten Wohnwagen, sonst auf einem Anhänger (vgl. hierzu § 21 StVO) oder in einem abgeschleppten Fahrzeug während des Abschleppvorgangs (LG Mönchengladbach, NJW 1973, 2114). Dabei ist aber zu beachten, dass beim Abschleppen mittels eines Seiles das geschleppte Fahrzeug gelenkt werden muss, sein Lenker also während dieses Vorganges nicht befördert wird (anders beim Abschleppen mittels einer in die Lenkung eingreifenden Abschleppstange).

Hinweis:

Für alle diese -für Halter und Führer vielfach unerwünschten- Fälle greift daher die Haftung aus § 7 Abs. 1 StVG. Der Nachweis höherer Gewalt dürfte kaum zu führen sein, jedoch kann hier häufig eine Entlastung aus den § 9 StVG, § 254 BGB erfolgen.

Befördert wird **nicht** der auf ein Fahrzeug aufspringende Polizist, der das Fahrzeug zum Halten 311
bringen will (BGHZ 37, 311, 319 = NJW 1962, 1676), wer sich lediglich zwecks Verabschiedung
eines Insassen im Fahrzeug aufhält (OLG Oldenburg, VersR 1954, 309), der Lenker des Fahrzeuges sowie das Beförderungspersonal. Dies gilt aber nicht für den am Steuer sitzenden Fahrschüler
(KG, NZV 1989, 150).

3. Hinweis zur Rechtslage für Schäden, die bis zum 31.7.2002 entstanden sind

Bezüglich des insoweit noch anzuwendenden § 8a StVG a.F. wird auf die Vorauflage (dort Rn. 304 312
– 317) verwiesen.

VIII. Haftungsbeschränkungen bei Personenschäden

1. Änderung der Haftung durch das 2. Schadensersatzänderungsgesetz

Der in § 8a StVG a.F. enthaltene und für Schäden, die vor dem 1.8.2002 eingetreten sind, noch 313
fortgeltende **Ausschluss der Haftung aus § 7 Abs. 1 StVG** für Schäden von Fahrzeuginsassen, die
unentgeltlich und nicht geschäftsmäßig befördert worden sind, ist durch das 2. Schadensersatzänderungsgesetz (s. dazu Jaeger/Luckey, Das neue Schadensersatzrecht, 2002) für Schäden, die **ab
dem 1.8.2002** eintreten, **ersatzlos gestrichen.**

Dagegen enthält **§ 8a StVG** in der **ab 1.8.2002** geltenden Fassung ein **ausdrückliches Verbot
eines Ausschlusses** oder einer Beschränkung der Halterverpflichtung (auch Anhängerhalter!) aus
§ 7 StVG, im Falle der Verletzung oder Tötung beförderter Personen **Schadenersatz zu leisten.**
Dieses Verbot gilt allerdings nur für entgeltliche, geschäftsmäßige Personenbeförderung. Zulässig
bleibt eine Haftungsbegrenzung für Schäden an Sachen, die eine solcherart beförderte Person bei
sich trägt oder mit sich führt, sowie für Beförderungsfälle, die unentgeltlich und nicht geschäftsmäßig erfolgen.

2. Entgeltlichkeit der Beförderung

a) Allgemeines

Entgeltlich ist eine Beförderungsleistung, wenn derjenige, der sie vornimmt, daraus einen unmittel- 314
baren (Fahrpreis) oder mittelbaren wirtschaftlichen **Vorteil** erlangt und diese wirtschaftlichen Interessen das eigentliche Motiv dessen sind, der die Beförderungsleistung erbringt (BGHZ 80, 303 =
NJW 1981, 1852 = VersR 1981, 780). Es ist nicht entscheidend, wem letztlich das Entgelt oder der
wirtschaftliche Vorteil zufließt (Eigentümer, Halter, Fahrer, Schwarzfahrer i.S.d. § 7 Abs. 3 StVG).
Entscheidend ist die Interessenlage dessen, der die Beförderung tatsächlich vornimmt (BGHZ 114,
348 = NJW 1991, 2143 = NZV 1991, 348 = VersR 1991, 933).

Dieser letztlich aus § 1 PersBefG stammende Gesichtspunkt ist auch für den Entgeltlichkeitsbegriff
des § 8a StVG anwendbar. Dieser ist **weit auszulegen,** doch müssen die Vorteile, die erzielt oder
für die Zukunft erstrebt werden, wirtschaftlich messbar sein (BGHZ 80, 303 = NJW 1981, 1842;
BGHZ 114, 348 = VersR 1991, 933 = NZV 1991, 348).

b) Einzelfälle

Daher ist **Entgeltlichkeit zu bejahen** bei Beförderung von Handelsvertretern in firmeneigenen 315
Fahrzeugen, auch wenn ihnen keine Beförderungskosten in Rechnung gestellt werden (OLG Düsseldorf, NJW 1961, 837 = VersR 1961, 286), Beförderung von Arbeitskräften zum Einsatzort und
zurück (OLG Stuttgart, VRS 1, 184), von Geschäftspartnern (BGHZ 80, 303 = NJW 1981, 1842),
von Künstlern zu einer Konzertreise, aus deren dabei erzielten Einkünften die die Konzertreise
(einschließlich Beförderung) betreibende Agentur eine Provision erhält (BGHZ 114, 348 =
VersR 1991, 933 = NZV 1991, 348), bei bezahlten Ausflugsfahrten einer geschlossenen Gesellschaft (OLG Schleswig, VRS 2, 10; zu weiteren Einzelfällen vgl. Weimar, MDR 1958, 569).

c) Fahrgemeinschaften

316 Für Fahrgemeinschaften gelten **ab 1.8.2002 keine Besonderheiten** mehr, da sie weder geschäftsmäßig noch entgeltlich betrieben werden.

3. Geschäftsmäßigkeit der Beförderung

317 Geschäftsmäßig handelt, wer die Personenbeförderung in gleicher Art zu wiederholen beabsichtigt und diese Tätigkeit entweder auf Dauer oder wiederkehrend ausüben will (BGHZ 80, 303 = NJW 1981, 1842; BGHZ 114, 348 = NJW 1991, 2143 = VersR 1991, 933 = NZV 1991, 348; OLG Frankfurt/M., VersR 1978, 746). Eine **gelegentliche Mitnahme** von Personen **ohne Wiederholungsabsicht** reicht dafür nicht (BGH, VersR 1969, 161, BGH, PersVerk 1982, 30). Geschäftsmäßig handelt auch nicht der Betreiber einer Konzertagentur, der mehrere Jahre nach Beginn seiner Tätigkeit einmalig und ohne Wiederholungsabsicht die Personenbeförderung während einer Konzerttournee organisiert (OLG Celle, VersR 1993, 373 = NZV 1992, 485 = VRS 83, 321). Keine Geschäftsmäßigkeit ist die Fahrschulausbildung (KG, NZV 1989, 150), wohl aber Transport von Werksangehörigen von und zur Arbeit sowie der gesamte Verkehr mit allgemein zugänglichen Transportmitteln einschließlich gewerbsmäßiger Krankentransporte (zu weiteren Einzelfragen vgl. Weimar, MDR 1966, 207).

IX. Verjährung

1. Rechtspolitischer Zweck

318 Auch im Verkehrsunfallrecht dient die Verjährung dem **Rechtsfrieden.** Es soll verhindert werden, dass zu weit zurückliegende Vorgänge zum Gegenstand von Ansprüchen gemacht werden, wobei sowohl für die eine wie für die andere Partei mit zunehmendem Zeitablauf Beweisschwierigkeiten entstehen.

2. Grundsatz

319 Die **allgemeinen Regelungen** bzgl. der Verjährung in den §§ 194 ff. BGB gelten auch im Verkehrsunfallrecht: Ist ein Anspruch verjährt, so gibt das dem Schuldner gem. § 214 Abs. 1 BGB ein Leistungsverweigerungsrecht, von dem er Gebrauch machen kann, aber nicht muss. Die verjährte Forderung kann also auch erfüllt werden. Ebenso kann mit ihr aufgerechnet werden, sofern die Voraussetzungen des § 215 BGB vorgelegen haben. Nachfolgend wird deshalb nur auf die für das Verkehrsunfallrecht geltenden Besonderheiten eingegangen.

3. Dauer der Verjährungsfrist

320 Die Verjährungsfrist beträgt gem. § 195 BGB **drei Jahre.** Diese Frist gilt auch für den Direktanspruch des Geschädigten gegen den Haftpflichtversicherer des Schädigers (§ 3 Nr. 3 Satz 1 u. 2 PflVG). Diese Frist beginnt nach § 199 Abs. 1 BGB mit dem Schluss des Jahres, in dem der **Anspruch entstanden** ist und mit der **Kenntnis** des Geschädigten von dem Schaden und der Person des Ersatzpflichtigen. Der Kenntniserlangung steht es gleich, wenn der Geschädigte ohne grobe Fahrlässigkeit diese Kenntnis hätte erlangen können. Eine **Ausnahme** besteht für Ersatzansprüche, die auf Verletzung des Lebens, des Körpers, der Gesundheit oder der Freiheit beruhen (Verjährung gemäß § 199 Abs. 2 BGB in 30 Jahren ohne den vorstehenden Fährlassigkeitseinwand).

4. Beginn der Verjährungsfrist

321 Die Verjährungsfrist des § 199 Abs. 1 BGB beginnt mit der Kenntnis vom Schaden und der Person des Ersatzpflichtigen. Kenntnis liegt dann vor, wenn der Geschädigte so viele Umstände erfahren

hat, dass er jedenfalls eine Feststellungsklage mit einiger Erfolgsaussicht erheben könnte, denn es geht nur darum, die Verjährungsfrist in Lauf zu setzen (BGH, VersR 1990, 497). Fahrlässige Unkenntnis, also das sog. Kennenmüssen, genügt nicht (BGH, st.Rspr., zuletzt NZV 1996, 446), wohl aber **grob** fahrlässige Unkenntnis. Denn nicht der Geschädigte, sondern der Schädiger ist daran interessiert, dass die Frist zu laufen beginnt. Daher besteht insoweit keine Nachforschungspflicht des Geschädigten (BGH, a.a.O). Dagegen hindert eine fehlerhaft rechtliche Wertung der dem Geschädigten bekannten Umstände i.d.R. den Beginn der Frist nicht (BGH, VersR 1961, 910). **Ausnahme:** Es bestehen objektive Zweifel darüber, welche Körperschaft für einen Schaden einzustehen hat. Alle diese Einschränkungen gelten nicht bei den unter § 199 Abs. 2 BGB genannten Fällen.

a) Kenntnis vom Schaden

Kenntnis vom Schaden liegt vor, wenn der Geschädigte weiß, dass er bei einem bestimmten Ereignis körperlich verletzt worden ist oder Sachen von ihm beschädigt worden sind, ohne dass es auf den genauen Umfang oder die Art der Verletzung ankommt, also einschließlich aller als möglich vorhersehbaren Folgen (BGH, VersR 1979, 155). Abzustellen ist somit auf die Kenntnis von den rein tatsächlichen Vorgängen, die den Anspruch ausgelöst haben.   322

b) Kenntnis von der Person des Schädigers

Kenntnis von der Person des Schädigers liegt vor, wenn der Geschädigte Namen und Anschrift des Schädigers kennt (BGH, st.Rspr., zuletzt NJW 1998, 988, dort auch zu Sonderfall einer Anschrift im Ausland). Hierfür genügt vielfach die Kenntnis des **polizeilichen Kennzeichens** des am Unfall beteiligten Fahrzeuges, weil damit die Personalien des Halters unschwer zu ermitteln sind. Nur insoweit kann hier fahrlässige Unkenntnis („Kennenkönnen") der Kenntnis gleichgestellt werden. Erforderlich ist weiter, dass der Geschädigte diejenigen Umstände kennt, die die Haftung dieser ihm bekannten Person begründen, also die ihn zum Schädiger machen. Dafür ist erforderlich, aber auch ausreichend ein Kenntnisstand, der eine Erfolg versprechende Feststellungsklage ermöglicht (BGH, VersR 1961, 910 und st.Rspr.). Der Kenntnis steht die auf **grober Fahrlässigkeit beruhende Unkenntnis** gleich.   323

c) Kenntnisträger

Kenntnisträger ist regelmäßig der **Geschädigte** selbst, bei dessen Tod in den Fällen gesetzlicher Unterhaltspflicht des Geschädigten gegenüber Dritten (§ 10 Abs. 2 StVG) der jeweilige Dritte, bei minderjährigen Geschädigten der gesetzliche Vertreter, wobei die Kenntnis eines von beiden Elternteilen genügt, in Betreuungsfällen (auch wenn die Betreuungsbedürftigkeit Schadensfolge ist) der für einen entsprechenden Aufgabenbereich bestellte Betreuer. Bedient sich der Geschädigte zur Tatsachenermittlung eines Anwalts, kommt es gem. § 166 BGB auf dessen Kenntnis an. Bei juristischen Personen entscheidet die Kenntnis des jeweiligen Organs. In den Fällen des Rechtsübergangs auf Dritte ist zu unterscheiden: Bei Rechtsübergang sofort bei Schadenseintritt (Fälle der § 116 SGB X, § 87a BBG) kommt es nur auf die Kenntnis des jeweiligen **Sozialleistungsträgers oder Dienstherrn an** (Regresssachbearbeiter der zuständigen Behörde: BGH, NZV 1996, 403), sodass Kenntnis des Geschädigten selbst ohne Bedeutung ist (BGHZ 48, 181). Erfolgt der **Rechtsübergang** erst später, etwa auf einen privaten Schadensversicherer (Fälle des § 67 VVG), dann ist die vorherige Kenntnis des geschädigten Versicherungsnehmers maßgeblich (§ 412 BGB). Hatte dieser noch keine Kenntnis, ist der Zeitpunkt der Kenntnis des Versicherers selbst maßgeblich.   324

5. Hemmung der Verjährung

a) Grundsatz und Wirkung

325 Mit dem Eintritt eines **Hemmungsgrundes** hört die Frist auf zu laufen, mit dessen Wegfall läuft sie weiter (§ 209 BGB). Der Tag des Eintritts des Hemmungsgrundes wird in die Verjährungsfrist nicht eingerechnet (RGZ 161, 127), ebenso der Tag, in dessen Verlauf der Hemmungsgrund endet. Praktisch wird die Verjährungsfrist um die Hemmungsdauer **verlängert**.

b) Hemmungsgründe des BGB

326 Für Schadensersatzansprüche aus Gefährdungs- wie Verschuldenshaftung gelten alle Hemmungsgründe des BGB.

aa) Stundung (Fall des § 205 BGB)

327 Sofern nach Beginn der Verjährungsfrist eine Stundung erfolgt (BGH NJW-RR 1992, 255; eine vorherige Stundung ist wegen der besonderen Voraussetzungen des Beginns hier ausgeschlossen) ist die Verjährung des Anspruchs gehemmt.

bb) Pactum de non petendo (§ 205 BGB)

328 Von einem pactum de non petendo („**Stillhalteabkommen**") kann aber nur ausgegangen werden, wenn beiderseits ein vorübergehendes Leistungsverweigerungsrecht des Schädigers begründet wird (BGH NJW 1983, 2497). Hauptbeispiel ist die Abrede, den Ausgang eines Vorprozesses oder das Ergebnis behördlicher Ermittlungen abzuwarten (BGH, LM § 202 BGB Nr. 3; BGH, NJW 1993, 1323).

cc) Sonstige vorübergehende Leistungsverweigerungsrechte

329 Sonstige vorübergehende Leistungsverweigerungsrechte des Schädigers (§ 202 Abs. 1 BGB) wie etwa aufschiebende Einreden oder sonstige vorübergehende rechtliche Hindernisse (BGHZ 10, 310 f.) begründen die Hemmung der Verjährung.

dd) Höhere Gewalt (§ 206 BGB)

330 Dieses setzt voraus, dass der Anspruch auch bei äußerster eigener Sorgfalt des Geschädigten nicht fristgerecht geltend gemacht werden kann. Schon geringstes Verschulden schließt höhere Gewalt aus (BGHZ 81, 355), ebenso Anwaltsverschulden (BGH, a.a.O.), Eröffnung des Konkursverfahrens über das Vermögen des Geschädigten (BGH, NJW 1963, 2019) oder Unkenntnis über das Bestehen eines Anspruchs (BGH, VersR 1984, 136). Höhere Gewalt liegt vor bei so plötzlich auftretender Krankheit des Geschädigten, dass Vorsorge nicht mehr möglich war (BGH, VersR 1963, 94), bei fristgerecht – auch am letzten Tage der Frist – gestelltem vollständigem PKH-Antrag eines armen Geschädigten (BGHZ 70, 235 ff.) unter der Voraussetzung, dass der Geschädigte auch dieses Verfahren fördert (BGH, NJW 1981, 1550) und gegen ablehnende Entscheidungen kurzfristig Rechtsmittel einlegt (BGHZ 37, 116; BGHZ 98, 301: Frist von 2 Wochen). Nach endgültiger PKH-Versagung hat der Gläubiger noch 2 Wochen Frist zur Klageerhebung auf eigene Kosten (BGHZ 70, 239).

ee) Familienrechtliche Beziehungen i.S.d. § 207 BGB

331 Diese Vorschrift gilt auch zwischen dem nichtehelichen Kind und seinem Vater (BGHZ 76, 295), zwischen Adoptiveltern und Adoptivkindern (§ 1754 BGB), zwischen Betreuten und Betreuern.

ff) Ablaufhemmung nach § 210 BGB

Diese Vorschrift findet Anwendung bei noch nicht vollgeschäftsfähigen Geschädigten in den Fällen des § 210 BGB.

332

gg) Ablaufhemmung nach § 211 BGB

Bei Erbfall sowohl aufseiten des Schädigers als auch des Geschädigten gem. § 211 BGB ist die Verjährung des Anspruchs gehemmt.

333

c) Besondere Hemmungsgründe im Verkehrsunfallrecht

aa) Anmeldung beim Haftpflichtversicherer des Schädigers (§ 3 Nr. 3 Satz 3 PflVG)

Die **Hemmung beginnt** mit der an sich formlos möglichen, aus Beweisgründen aber besser schriftlichen Anmeldung beim Haftpflichtversicherer des Schädigers. **Gegenstand** der Anmeldung ist nicht der Unfall, sondern der darauf beruhende bzw. daraus hergeleitete Anspruch des Geschädigten auf Schadensersatz. Dieser Anspruch bedarf, um die Wirkung des § 3 Nr. 3 Satz 3 PflVG auszulösen, weder einer höhenmäßigen Bezifferung noch einer sachlichen Aufgliederung der aus dem Schadensfall hergeleiteten Ansprüche (BGH, VersR 1978, 423). Im Prinzip muss jeder Geschädigte seinen Anspruch selbst anmelden (vgl. hierzu BGHZ 74, 393 ff.). Nach § 3 Nr. 3 Satz 4 PflVG erfasst diese Anmeldung auch die Ansprüche des Geschädigten gegen den Schädiger selbst, und zwar unabhängig vom Rechtsübergang der Ansprüche des Geschädigten auf Dritte, etwa nach § 116 SGB X, oder von der Überschreitung der Deckungssumme. Die **Hemmung endet** mit dem Zugang der in jedem Fall **schriftlichen** Entscheidung des Haftpflichtversicherers über den Schadensfall, ganz gleich, ob der Anspruch abgelehnt oder bejaht wird (BGHZ 67, 372; BGHZ 114, 299). Diese Entscheidung muss eindeutig i.d.S. sein, dass mit ihr der Vorgang als abgeschlossen betrachtet wird. Daher kann auch ein darin enthaltenes Vergleichs- **oder Abfindungsangebot** eine abschließende und eindeutige Entscheidung sein. Diese Entscheidung muss sich allerdings auf alle geltend gemachten Schadenskosten beziehen und für den Geschädigten unmissverständlich i.d.S. sein, dass auch erst zukünftig bezifferbare Positionen erfasst sind (BGHZ 114, 299 ff.). Bloße **Teilentscheidungen** des Versicherers, etwa über den Haftungsgrund oder einzelne Schadenspositionen, beenden die Hemmung der Verjährung auch hinsichtlich dieser Positionen nicht.

334

bb) Verhandlungen über den Schadensfall

Verhandlungen i.S.d. **§ 203 BGB** liegen vor, wenn auf eine Schadens- oder Forderungsanmeldung eines Geschädigten der Schädiger, ein von ihm beauftragter Anwalt oder sein Haftpflichtversicherer eine Antwort gibt, aus der der Geschädigte entnehmen kann, dass Gesprächsbereitschaft über die geltend gemachten Ansprüche besteht. Dafür reicht etwa die Mitteilung des Haftpflichtversicherers, er werde nach Abschluss der Ermittlungen auf die Sache zurückkommen (BGH, VersR 1975, 440). **Keine** Verhandlungen liegen vor, wenn die Gegenseite sofort erwidert, dass jegliche Ersatzpflicht abgelehnt werde (BGH, VersR 1988, 718), wenn sie jedes Gespräch hierüber ablehnt oder wenn sie auf eine Forderungsanmeldung innerhalb einer üblichen Frist überhaupt nicht antwortet. Die formularmäßige Eingangsbestätigung ist keine Verhandlung, auch nicht die kommentarlose Übersendung eines Fragebogens durch den Haftpflichtversicherer (KG, VersR 1969, 999).

335

Die **Hemmung beginnt** mit der Forderungsanmeldung, aber nur, wenn die Gegenseite daraufhin ihre inhaltliche Gesprächsbereitschaft erklärt. Bezieht sich diese nur auf einen Teilbereich der erhobenen Ansprüche oder enthält sie sonst eine sachliche Einschränkung, etwa die Begrenzung auf die Deckungssumme (hierzu näher: BGH, VersR 1978, 333), so tritt die Hemmung auch nur insoweit ein.

336

337   Die **Hemmung endet** mit der Ablehnung weiterer Gespräche durch die eine oder die andere Seite. Eine solche Ablehnung durch den Schädiger liegt vor, wenn dieser als Ergebnis der Verhandlungen die Ansprüche des Geschädigten ganz ablehnt (BGH, VersR 1970, 327 f.) oder wenn er auf die letzte Stellungnahme des Geschädigten innerhalb angemessener Frist nicht mehr antwortet, obwohl dies zu erwarten war. Bei **Teilablehnung** enden die Verhandlungen nur hinsichtlich des abgelehnten Teilbereichs (Bsp.: hinsichtlich eines bestimmten Schadenspostens oder eines weitergehenden Begehrens hinsichtlich eines bestimmten Schadenspostens). Ablehnung weiterer Gespräche seitens des Geschädigten liegt vor, wenn dieser auf eine Stellungnahme des Schädigers innerhalb angemessener Frist nicht mehr antwortet, obwohl dies zu erwarten war (zur Vereinbarung einer Gesprächspause vgl. BGH, NJW 1986, 1337). **Ruhen die Verhandlungen,** so gelten sie als von dem Zeitpunkt ab als beendet, zu dem nach Treu und Glauben vom Geschädigten eine Antwort auf die letzte Mitteilung des Schädigers spätestens erwartet werden konnte (BGHZ 81, 307, 372; BGH, VersR 1985, 642). Das gilt in gleicher Weise für den umgekehrten Fall, dass der Schädiger sich nicht mehr meldet. Die Verjährung tritt in diesen Fällen frühestens drei Monate nach dem Ende der Hemmung ein (§ 203 Satz 2 BGB).

6. Unterbrechung der Verjährung

a) Grundsatz und Wirkung

338   Anders als im Bereich der Hemmung der Verjährung kennt das Verkehrsunfallrecht keine zusätzlichen oder eigenständigen Unterbrechungsgründe. Vielmehr gelten insoweit allein die Unterbrechungsgründe des BGB. Liegt ein **Unterbrechungstatbestand** vor, so **endet** die zuvor begonnnene Verjährungsfrist. Sobald die Unterbrechungswirkung endet, **beginnt** gem. § 212 BGB eine **neue Verjährungsfrist** zu laufen. Hieraus ergibt sich, dass eine Unterbrechung der Verjährung nur dann möglich ist, wenn die Frist noch nicht abgelaufen ist. **Beweispflichtig** für Unterbrechungsgründe ist der Gläubiger.

b) Anerkenntnis (§ 212 Abs. 1 Nr. 1 BGB)

339   Von besonderer praktischer Bedeutung im Verkehrsunfallrecht ist die Unterbrechung durch **Anerkenntnis.** Dieses liegt in jedem rein tatsächlichen Verhalten des Schädigers gegenüber dem Geschädigten, aus dem sich das Bewusstsein des Schädigers vom Bestehen einer Schuld gegenüber dem Geschädigten unzweideutig ergibt (BGHZ 58, 103 f.), auch in Form eines **schlüssigen Verhaltens** (BGH, NJW 1965, 1340). Ein Anerkenntnis i.S.d. § 212 Abs. 1 Nr. 1 BGB liegt daher in jedem abstrakten oder konstitutiven Schuldanerkenntnis, während umgekehrt das Anerkenntnis i.S.d. § 212 Abs. 1 Nr. 1 BGB ein solches rechtsgeschäftliches Verhalten nicht erfordert. Als **Anerkenntnishandlungen** sind neben den in § 212 Abs. 1 Nr. 1 BGB genannten Fällen der Abschlagszahlung, der Zinszahlung und der Sicherheitsleistung zu erwähnen: Anerkenntnis dem Grunde nach (BGH, VersR 1984, 442), Stundungsbitte (BGH, NJW 1978, 1914), Hergabe eines Wechsels, bei wiederkehrenden Leistungen Zahlung nur einer Rate hinsichtlich des Stammrechtes (BGH, NJW 1967, 2353).

340   **Kein Anerkenntnis** liegt dagegen in bloßer Kulanzzahlung (OLG München, DAR 1981, 13). Bei einem **Teilanerkenntnis** tritt die Unterbrechungswirkung nur hinsichtlich des anerkannten Teils ein, ganz gleich, ob es sich um eine Haftungsquote dem Grunde nach (BGH, VersR 1980, 831) oder um das auf bestimmte Schadensgruppen, etwa Sachschäden begrenzte Anerkenntnis handelt. Das gilt in entsprechender Weise für die Fälle einer Teilzahlung, etwa nur auf Schmerzensgeld (OLG Oldenburg, VersR 1967, 384). Dagegen unterbrechen Zahlungen, die auf Anforderung des Geschädigten auf mehrere bestimmte Schadensgruppen geleistet werden, im Zweifel die Verjährung der Gesamtforderung (BGH, NJW-RR 1986, 324).

c) Weitere Möglichkeiten

Wegen der weiteren Unterbrechungsmöglichkeiten wird auf § 212 Abs. 1 Nr. 2, Abs. 2 und 3 BGB Bezug genommen, welche sich auf die Unterbrechungsfälle durch Rechtsverfolgung (§ 204 BGB) beziehen bzw. an die erfolgreiche Rechtsverfolgung anschließen.   **341**

7. Verfahrensfragen

a) Geltendmachung der Verjährung

Die Vollendung der Verjährungsfrist verschafft dem dafür beweispflichtigen Schuldner (BGH, WM 1980, 534) nach § 214 Abs. 1 BGB ein **dauerndes Leistungsverweigerungsrecht.** Daraus folgt, dass die Verjährung im Prozess nur auf eine entsprechende **Einrede** des Schuldners hin zu beachten ist und nicht von Amts wegen berücksichtigt werden darf. Der Schuldner seinerseits kann die Verjährungseinrede in jedem Stadium des Verfahrens (Ausnahme: Revisionsinstanz; BGHZ 1, 234) erheben, muss es aber nicht. Andererseits kann der Schuldner Leistungen, die er zur Erfüllung eines verjährten Anspruchs erbracht hat, selbst dann nicht zurückfordern, wenn er in Unkenntnis der Verjährung geleistet hat (§ 214 Abs. 2 BGB).   **342**

b) Vereinbarungen hinsichtlich der Verjährung

Die Neufassung der einschlägigen Regelung in § 202 BGB durch das Schuldrechtsmodernisierungsgesetz, das zum 1.1.2002 in Kraft getreten ist, sieht Folgendes vor: **343**

§ 202 Abs. 1 BGB erlaubt verjährungserleichternde Vereinbarungen. Hiervon ausgenommen sind – im Anschluss an § 276 Abs. 3 BGB – Vereinbarungen über die Haftung wegen Vorsatzes, die nicht im Voraus getroffen werden dürfen.

§ 202 Abs. 2 BGB erlaubt verjährungserschwerende Vereinbarungen, jedoch mit der Einschränkung, dass eine Verlängerung der Verjährungsfrist über 30 Jahre hinaus unzulässig ist.

Alle Vereinbarungen können vor oder nach Beginn der gesetzlichen Verjährungsfrist getroffen werden. Ausnahme: Verjährungserleichternde Vereinbarungen über eine Vorsatzhaftung im Voraus sind unzulässig (ausführlich zu den neuen Verjährungsregeln Bereska, in: Henssler/Graf von Westphalen, Praxis der Schuldrechtsreform, S. 25 ff.).

c) Arglisteinwand gegenüber der Verjährungseinrede

Im Einzelfall kann einem Schädiger die Berufung auf eine eingetretene Verjährung unter Hinweis auf § 242 BGB als **unzulässige Rechtsausübung** versagt sein, sofern er zuvor dazu beigetragen hat, die fristgerechte Geltendmachung von Ansprüchen zu verhindern. Das ist z.B. bejaht worden für den Fall, dass ein Schädiger erklärt hat, sich nicht auf Verjährung berufen zu wollen (BGH, VersR 1984, 689), also auch im Falle eines nach § 202 BGB an sich unwirksamen Verzichts, oder wenn der Geschädigte aus dem Gesamtverhalten des Schädigers den Eindruck entnehmen kann, es würden allein Sacheinwände erhoben (BGH, VersR 1982, 444), bei verspäteter Klageerhebung infolge häufigen Wohnungswechsels des Schuldners. Dagegen reicht es für den Arglisteinwand **nicht** aus, wenn der Geschädigte im Hinblick auf den Ruf des Schädigers von rechtzeitiger Klageerhebung absieht (BAG, NJW 1967, 174) oder der Schädiger diese Verjährungseinrede im Prozess erst sehr spät erhebt.   **344**

X. Versäumung der Anzeigefrist

1. Inhalt und Grenzen des § 15 Satz 1 StVG

Nach **§ 15 Satz 1 StVG** verliert ein Geschädigter die ihm aufgrund des StVG zustehenden Rechte, wenn er nicht innerhalb von zwei Monaten ab Kenntnis vom Schaden und der Person des Ersatz-   **345** pflichtigen diesem den Unfall anzeigt. Diese Vorschrift bezieht sich ausdrücklich nur auf Ansprüche aufgrund des StVG und lässt Ansprüche aufgrund anderer Regelungen, etwa des BGB, außer Betracht. Sie enthält eine **von Amts wegen** zu beachtende **Ausschlussfrist** (Greger, Zivilrechtliche Haftung, § 15 StVG Rn. 2).

2. Gegenstand und Adressat der Anzeige

346 Anzuzeigen ist der Unfall, also Ort und Zeitpunkt des schädigenden Ereignisses sowie der eine mögliche Ersatzpflicht des Verpflichteten auslösende Faktor, im Rahmen des StVG also das polizeiliche Kennzeichen des beteiligten Fahrzeuges des Verpflichteten. Einzelheiten zum Schaden brauchen noch nicht genannt zu werden. Denn § 15 StVG dient allein dem Schutz des Schädigers, der durch die Anzeige in die Lage versetzt werden soll, seinerseits der Sache nachzugehen. Eine bestimmte **Form** ist für die Anzeige nicht vorgesehen. **Anzeigepflichtig** ist jeder, der durch einen Unfall einen nach dem StVG ersatzpflichtigen Schaden erlitten hat. Die Anzeige kann an den Schädiger oder dessen Haftpflichtversicherer gerichtet werden.

3. Kenntniserlangung

347 Bezüglich der **Kenntnis** vom Schaden und der Person des Ersatzpflichtigen wird auf die auch hier geltenden Ausführungen zur Verjährung (Rn. 318 ff.) Bezug genommen.

4. Hemmungs- und Unterbrechungsmöglichkeiten

348 Hemmungs- und Unterbrechungsmöglichkeiten bestehen hinsichtlich der **Anzeigefrist** nicht.

5. Ausnahmen vom Anspruchsverlust

349 Der **Anspruchsverlust** durch Versäumung der Anzeigefrist tritt nur dann **nicht** ein, wenn

- der Schädiger innerhalb der Frist auf andere Weise vom Unfall Kenntnis erlangt (Bsp.: Mitteilung seitens der Polizei oder eines Unfallzeugen);
- der Geschädigte die Anzeige unverschuldet nicht erstattet, also wenn er die Person des Schädigers weder kennt noch trotz eigener Bemühung innerhalb der Frist in Erfahrung bringen kann. Da auch Anzeige beim Haftpflichtversicherer möglich ist, sind vom Geschädigten besondere Bemühungen in der Richtung zu erwarten, über das polizeiliche Kennzeichen des den Unfall verursachenden Fahrzeuges dessen Haftpflichtversicherer in Erfahrung zu bringen.

C. Haftungsbegrenzung der Höhe nach

I. Allgemeines

350 Eine Haftungsbegrenzung der Höhe nach besteht nur, wenn lediglich aufgrund des § 7 Abs. 1 StVG (Halter von Kraftfahrzeugen und Anhängern) oder des § 18 StVG (Führer von Kraftfahrzeugen und Anhängern) gehaftet wird. Wird dagegen auch nur aus Verschulden (unerlaubte Handlung) gehaftet, besteht eine Höhenbegrenzung nicht, ebenso nicht für Schäden, die durch den Betrieb gepanzerter Gleiskettenfahrzeuge verursacht werden (§ 12b StVG, gültig für solche Schäden ab dem 1.8.2002), selbst wenn insoweit nur nach dem § 7 Abs. 1, 18 StVG gehaftet wird. Innerhalb der bloßen Halter- und Führerhaftung greift die Begrenzung auch in den Fällen des § 17 StVG (BGH, VersR 1964, 1145).

> **Hinweis:**
>
> *Bei Mitverschulden des Verletzten erhält dieser, wenn sein Schaden die Haftungshöchstgrenze übersteigt, seinen Gesamtschaden bis zur Haftungshöchstgrenze voll ersetzt, nicht etwa nur die seiner Ersatzquote entsprechende Quote des Haftungshöchstbetrages.*

II. Höchstgrenzen

Die Beträge belaufen sich bei **Personenschäden vor dem 1.8.2002** auf 500.000,– DM Kapital-betrag oder 30.000,– DM Jahresrente bei Tötung oder Verletzung eines Menschen bzw. 750.000,– DM Kapital oder 45.000,– DM Jahresrente bei Tötung oder Verletzung mehrerer Personen und 100.000,– DM bei Sachschäden.

351

Bei Schäden ab 1.8.2002 gelten die sachgerecht erhöhten Beträge von 600.000 € Kapital oder 36.000 € Jahresrente bzw. 300.000 € oder 180.000 € Jahresrente (§ 12 Abs. 1 StVG). Erheblich höhere Haftungsgrenzen gelten nach § 12a StVG bei Gefahrguttransporten.

Übersichtlicher ist die nachstehende Tabelle

	bisheriges Recht, § 12 Abs. 1 StVG a. F.	neues Recht, allgemein § 12 Abs. 1 StVG	neues Recht, gefährliche Beförderung Güter § 12 Abs. 1 StVG
Personenschaden eines Verletzten/Getöteten	Kapitalhöchstbetrag: 255.645,94 € (500.000,00 DM) max. Jahresrente: 15.338,76 € (30.000,00 DM)	Kapitalhöchstbetrag: 600.000,00 € max. Jahresrente: 36.000,00 €	Kapitalhöchstbetrag: 600.000,00 € max. Jahresrente: 36.000,00 €
Personenschäden aller Verletzten/Getöteten	Kapitalhöchstbetrag: 383.468,91 € (750.000,00 DM) max. Jahresrente: 23.008,13 € (45.000,00 DM)	Kapitalhöchstbetrag: 3 Mio. € max. Jahresrente: 180.000,00 €	Kapitalhöchstbetrag: 6 Mio. € max. Jahresrente: 360.000,00 €
Sachschaden	max. 51.129,19 € (100.000,00 DM)	max. 300.000,00 €	max. 6 Mio. €

(aus Grewel, RA-Kammerreport Hamm Nr. 4/2002)

III. Verhältnis Kapital – Rente

Häufig erleidet eine Person mehrere Schäden, die unter verschiedene Schadensposten fallen. Beispiel: Heilbehandlungskosten bis zum Tode, Verdienstausfall bis zum Tode, Beerdigungs-kosten. Danach entstehen Unterhaltsersatzansprüche aus § 13 Abs. 2 StVG. Dann sind die ersten drei Posten Kapitalbeträge, der Anspruch aus § 13 Abs. 2 StVG hingegen ein Rentenanspruch. In einem solchen Fall kann der Geschädigte nicht etwa entscheiden, welche Ansprüche geltend gemacht werden, wofür etwa im Einzelfall wegen eines Forderungsübergangs ein wirtschaftliches Interesse in Hinblick auf Haftungshöchstgrenzen bestehen kann. Vielmehr sind sämtliche Ansprüche geltend

352

zu machen. Eine Kürzung wegen Überschreitung dieser Grenzen erfolgt vielmehr nach § 12 Abs. 2 StVG anteilig des Gesamtschadens zur Haftungshöchstgrenze des § 12 Abs. bzw. § 12a Abs. 1 StVG (BGHZ 50, 271).

353

> *Hinweis:*
>
> *In einem solchen Fall steht dem Geschädigten, bezogen auf die Haftungshöchstgrenzen, nicht etwa Kapital und Rente bzw. Kapital neben Rente, sondern lediglich Kapital oder Rente zu. Kapitalbeträge sind auf die Rentenhöchstbeträge anzurechnen, und zwar in Anwendung der Quotenregelung des § 12 Abs. 2 StVG (BGHZ 51, 226; vgl. Rn. 352).*

D. Haftungsbegrenzungen dem Grunde nach – Mitverschulden/Mitverursachung

I. Gemeinsamkeiten der einschlägigen Regelungen

1. § 254 BGB im Straßenverkehrsbereich

354 Grundaussage des Haftungsrechtes des BGB ist das **Prinzip der Totalreparation:** In allen Fällen der Verschuldenshaftung führt das geringste Verschulden zum Anspruch auf vollen Schadensersatz unabhängig vom Schadensumfang. Auch in den im BGB geregelten Fällen der Gefährdungshaftung ist eine Haftungsbegrenzung prinzipiell nicht vorgesehen.

355 Allein die Regelung des **§ 254 BGB** enthält eine Ausnahme vom Grundsatz der Totalreparation. Danach hängt, wenn bei der Entstehung des Schadens ein **Verschulden** des Geschädigten mitgewirkt hat, die Verpflichtung zum Ersatz sowie der Umfang des zu leistenden Ersatzes insbesondere davon ab, inwieweit der Schaden vorwiegend von dem einen oder anderen Teil **verursacht** worden ist. Die Erwähnung von Verschulden und Verursachung nebeneinander findet ihre Begründung in der Entstehung der Vorschrift (Protokolle I, S. 1300). Damit sollte erreicht werden, „auch solche Fälle zu decken, bei welchen jemand für seine eigenen Handlungen ohne Rücksicht auf Verschulden oder für die Handlungen Dritter einzustehen hat" (vgl. hierzu auch Klauser, NJW 1962, 369; Klimke, DAR 1974, 266 f.).

356 Würde man den § 254 Abs. 1 BGB nur seinem durch diese Entstehungsgeschichte geprägten Wortlaut nach anwenden, so würde die Vorschrift ihren Zweck in weiten Bereichen nicht erfüllen können. Zahlreiche Sachverhalte bedürften der Anwendung des § 242 BGB, um zu einem für den Schädiger erträglichen und für den Geschädigten vertretbaren Ergebnis zu gelangen.

357 Die Rechtsprechung hat sich deshalb von Anfang an um eine **Auslegung** bemüht, die der ratio der Vorschrift gerecht wird und insoweit beim **Verschuldensbegriff** ansetzt. Verschulden i.S.d. § 254 BGB liegt einmal dann vor, wenn jemand in vorwerfbarer und rechtswidriger Weise normierte **Rechtspflichten** verletzt, die **gegenüber Dritten,** auch gegenüber der Allgemeinheit, bestehen. Darüber hinaus – darin liegt die eigentliche Bedeutung der Vorschrift – erfasst der Verschuldensbegriff der genannten Vorschrift auch die Fälle des sog. Verschuldens **gegen sich selbst** (vgl. z.B. BGHZ 9, 316 = NJW 1953, 977 und BGHZ 34, 355 = NJW 1961, 655). Hierunter fallen insbesondere die Verletzungen sog. Obliegenheiten, die im Wesentlichen aus der durch Dritte nicht einklagbaren Pflicht bestehen, sich selbst vor Schaden zu bewahren. Wer in einer solchen Lage vollen Schadensersatz verlangt, verstößt gegen das Verbot des venire contra factum proprium (BGHZ 34, 363 = NJW 1961, 655; BGH, NJW 1978, 2024 f.; Dunz, NJW 1986, 2234).

Abgesehen von dieser sachgerechten Ausweitung des Verschuldensbegriffes für den Bereich des § 254 BGB stellt sich für den Straßenverkehrsbereich die Frage, ob sich der Geschädigte als „Verschulden" und folglich bei der durch § 254 BGB gebotenen Abwägung auch den Umstand entgegenhalten lassen muss, dass ihn lediglich eine **Gefährdungshaftung** trifft. Seit BGHZ 6, 319 (= NJW 1952, 1015) muss sich der z.b. als Beifahrer verletzte Halter eines am Unfall beteiligten Kraftfahrzeugs seine Halterhaftung aus § 7 Abs. 1 StVG im Rahmen der Verursachungsabwägung anrechnen lassen, ganz gleich, ob die Haftung des Schädigers nur auf Gefährdung, auf Gefährdung nebst Verschulden oder nur auf Verschulden beruht. Deshalb ist § 254 BGB dahin zu verstehen, dass der **Geschädigte** für jeden Schaden **mitverantwortlich** ist, bei dessen **Entstehung** er in zurechenbarer **Weise beteiligt** war (BGHZ 52, 168 = NJW 1969, 1899). Also findet gegenüber einer Verschuldenshaftung des Schädigers aus § 823 BGB, die im Falle der Körperverletzung des Geschädigten einen Schmerzensgeldanspruch gem. § 847 BGB auslöst, die Betriebsgefahr des Fahrzeuges des Geschädigten Berücksichtigung (BGHZ 20, 259 = NJW 1956, 1067 = VersR 1956, 370; BGHZ 26, 69, 75 = NJW 1958, 341 = VersR 58, 83).

358

2. Geltung für weitere Rechtsgebiete

Die vorstehenden Grundsätze gelten neben allen Fällen der Verschuldenshaftung aus Vertrag, Quasi-Vertrag und Gesetz nicht nur in den sonstigen Bereichen der Gefährdungshaftung (Tierhalterhaftung: BGHZ 67, 129 f. = NJW 1976, 2130; anders nach BGHZ 79, 264 = NJW 1981, 983 im Falle des § 836 BGB), sondern auch bei Ansprüchen, die weder Verschulden noch Gefährdung voraussetzen (Beispiele: BGH, NJW 1969, 1380 [Minderung des Ersatzanspruchs aus § 122 BGB bei schuldloser Mitverursachung des Irrtums]; BGH, WM 1964, 1103 [Minderung des Anspruchs aus § 1004 BGB bei Mitverursachung]; BGHZ 38, 278 = NJW 1963, 390 [Minderung des Ersatzanspruchs des Kraftfahrers aus Geschäftsführung ohne Auftrag bei Selbstaufopferung, auch wenn der Vorgang für ihn unabwendbar i.S.d. § 7 Abs. 2 StVG ist]; s. wegen weiterer Einzelheiten Erman/Kuckuk, BGB, § 254 Rn. 1 – 14).

359

3. Abwägung der beiderseitigen Verursachungs- und Verschuldensbeiträge

Abzustellen ist in erster Linie auf das **Maß der beiderseitigen Verursachung,** wie es sich konkret ausgewirkt hat (BGH, VersR 1966, 521; 1969, 832), denn Ersatz kann nach dem Grundgedanken des § 254 BGB insoweit nicht verlangt werden, als eine zusätzliche Schadensursache aus dem Gefahrenbereich des Geschädigten stammt (Bode, DAR 1975, 86). Es müssen also Verursachungsbeiträge auf beiden Seiten vorliegen (RGZ 131, 119). Dabei kommt es für die Frage der **überwiegenden Verursachung** auf die **zeitliche Reihenfolge** der beiderseits gesetzten relevanten Ursachen an (BGH, NJW 1969, 790), ebenso auf festgestellte Verschuldensgesichtspunkte (OLG Hamm, VersR 1974, 296). Von besonderer Bedeutung ist in diesem Zusammenhang die **Betriebsgefahr** der beteiligten Fahrzeuge. Ist nur auf einer Seite ein Kraftfahrzeug beteiligt (Beispiel: Unfall zwischen Kraftfahrzeug und Radfahrer), so ist regelmäßig die Betriebsgefahr eines Kraftfahrzeuges höher. Kann eine überwiegende Verursachung nicht festgestellt werden, kommt ein Vergleich des beiderseitigen Verschuldens in Betracht (BGH, NJW 1969, 790). Dabei wirkt sich das Verschulden als ein die Betriebsgefahr erhöhender Faktor aus (BGH, MDR 1965, 878).

360

Nicht abzustellen ist dagegen auf die Art und Schwere der Unfallfolgen oder darauf, dass der Schädiger evtl. keinen Versicherungsschutz genießt (BGH, NJW 1978, 421 f. = VersR 1978, 183 f.).

361

Haben sich **mehrere Verursachungsbeiträge** in einem und demselben unfallbedingten Umstand ausgewirkt, so dürfen sie dem Verursacher dieser Beiträge nicht gewissermaßen summiert angelastet werden, sondern anzulasten ist ihm dann nur der einzelne Umstand, den sie gemeinsam herbeigeführt haben (BGH, VersR 1976, 987, 989). Das gilt auch dann, wenn von mehreren Personen herrührende Verursachungsbeiträge zusammengetroffen sind und sich gemeinsam in einem unfallbedingten Umstand ausgewirkt haben (BG-HZ 54, 283, 285; BGHZ 61, 213, 218). Es dürfen auch

362

nur solche **Umstände** in die Abwägung einbezogen werden, deren Vorliegen **bewiesen** ist. Umstände, deren Vorliegen lediglich vermutet wird, reichen dafür nicht (BGH, NJW 1971, 2030; BGH, VersR 1965, 1121; BGH, VersR 1978, 469). Dies hat u.a. folgende Auswirkung: Kommt es zu einer **Verurteilung aufgrund** einer **Eventualfeststellung,** weil der tatsächliche Geschehensablauf nicht festgestellt werden kann (typisch: BGH, NJW 1978, 421 = VersR 1978, 183), so darf im Bereiche von Mitverursachung/Mitverschulden des Geschädigten nicht von einem unterstellten, also lediglich eventuell vorliegenden Geschehensablauf ausgegangen werden. Vielmehr kann ihm nur der vom Schädiger zu beweisende und bewiesene Geschehensablauf als sein Verursachungsbeitrag angelastet werden. Das kann dazu führen, dass für die Verursachungsbeiträge des Schädigers und des Geschädigten u.U. von zwei verschiedenen, miteinander unvereinbaren Geschehensabläufen ausgegangen werden muss (vgl. auch Weber, DAR 1978, 115).

4. Abgrenzung der Anwendungsbereiche der in Betracht kommenden Vorschriften

363   Aus der Sicht des Kraftfahrers können insgesamt drei Vorschriften für die Regelung der Mitverantwortung eines Geschädigten herangezogen werden, nämlich § 254 BGB, § 9 StVG und § 17 StVG. Allen drei Vorschriften ist gemeinsam, dass sie **keine haftungsbegründenden Normen** sind, sondern nur und erst dann zum Tragen kommen können, wenn ein Schaden eingetreten ist, für den sein Verursacher einzustehen hat, sei es aufgrund feststehenden oder gesetzlich vermuteten Verschuldens oder als Folge einer gesetzlich geregelten Gefährdungshaftung. Die **Anwendungsbereiche** sind je nach Haftungsvoraussetzungen und Beteiligung voneinander wie folgt abgegrenzt:

364   **Allein** § 254 BGB ist anwendbar, wenn weder Schädiger noch Geschädigter als Halter oder Führer eines Kraftfahrzeugs am Schaden beteiligt waren. Beispiel: Ein Radfahrer verletzt infolge verkehrswidrigen Verhaltens einen Fußgänger, den seinerseits gleichfalls der Vorwurf unvorsichtigen Verhaltens trifft.

365   Haftet der **Schädiger** als Halter eines Kfz oder Kfz-Anhängers **nur** aus § 7 StVG, also ausschließlich aufgrund der Halterverantwortlichkeit, oder als dessen Führer aus lediglich vermutetem Verschulden aus § 18 Abs. 1 StVG, so unterliegt die Mitverantwortung des Geschädigten der Regelung des **§ 9 StVG** (BGH, NJW 1965, 1273), es sei denn, der Geschädigte haftet seinerseits ebenfalls aus Gefährdung. Damit beschränkt sich der Anwendungsbereich des § 9 StVG auf Schadensfälle, an denen auf der einen Seite Halter von Kfz oder Kfz-Anhängern und auf der anderen Seite Fußgänger, Radfahrer und Kraftfahrzeuginsassen beteiligt sind. Eine besondere Rolle spielen hierbei Kinder.

366   Haftet der **Schädiger** wie zuvor **nur** aus § 7 StVG oder aus § 18 Abs. 1 StVG und unterliegt auch der mitverantwortliche **Geschädigte** einer gesetzlichen **Gefährdungshaftung,** so ist § 17 StVG anzuwenden. Diese als Sonderregelung den § 9 StVG verdrängende Vorschrift (KG, VRS 57, 6) erfasst die Schadensfälle, in denen auf der einen Seite Kraftfahrzeug- bzw. Kfz- Anhängerhalter und auf der anderen Seite ebenfalls Kraftfahrzeug- bzw. Kfz- Anhängerhalter, Tierhalter oder Eisenbahnunternehmer beteiligt sind. Trifft den der Gefährdungshaftung unterliegenden Schädiger darüber hinaus ein Verschulden, so bleibt es gleichwohl bei der Abwägung nach § 17 StVG (BGHZ 26, 69 = NJW 1958, 341).

367   Liegt in den vorstehenden zweit- und drittgenannten Fällen im Einzelfall über die Voraussetzungen der bloßen Gefährdungs- bzw. vermuteten Verschuldenshaftung der §§ 7, 18 Abs. 1 StVG hinaus ein Fall der Verschuldenshaftung beim Schädiger vor (Beispiel: Schädigung infolge Nichtbeachtung des Vorrangs des Geschädigten), so ist unabhängig davon, wer geschädigt ist und ob der Geschädigte einer gesetzlichen Gefährdungshaftung unterliegt oder nicht, für die Bewertung seiner Mitverantwortung allein **§ 254 BGB,** und zwar unmittelbar, anzuwenden. Im Falle einer Haftung des Führers eines Kraftfahrzeugs gilt dies ebenfalls, sodass § 254 BGB anzuwenden ist, wenn dessen Verschulden nicht nur vermutet, sondern positiv festgestellt worden ist.

5. Unterbleibende Abwägung

Eine Anwendung der §§ 9, 17 StVG sowie 254 BGB scheidet von vornherein immer dann aus,   368
wenn eine **Haftung** des **Schädigers** für den entstandenen Schaden **nicht besteht.** Darunter sind
folgende Konstellationen zu rechnen:

Die Gefährdungshaftung des in Anspruch genommenen Kraftfahrzeughalters ist ausgeschlossen,   369
weil er den Entlastungsbeweis nach **§ 7 Abs. 2 StVG** (Schäden vor dem 1.8.2002: unabwendbares
Ereignis; Schäden nach dem 1.8.2002: höhere Gewalt) führt oder wenn die Halterhaftung nach
§ 7 Abs. 3 StVG entfällt (BGH, VRS 4, 503) und daneben die Voraussetzungen einer **Verschuldenshaftung** des Halters **nicht** gegeben sind, ferner bei Vorliegen der Voraussetzungen des § 8
StVG (vgl. Rn. 298 ff.), ebenfalls jeweils unter der Voraussetzung, dass eine Verschuldenshaftung
nicht vorliegt.

Die Haftung des allein oder neben dem Halter und/oder Haftpflichtversicherer in Anspruch genom-   370
menen **Fahrzeugführers** entfällt, weil sich der Führer gem. **§ 18 Abs. 1 Satz 2 StVG** entlastet hat
(BGH, VRS 7, 38). Hierbei ist darauf hinzuweisen, dass es sich bei der gesetzlichen Regelung der
Führerhaftung nicht um eine Gefährdungs-, sondern um eine Verschuldenshaftung mit umgekehrter Beweislast handelt (Weber, DAR 1984, 171).

Die Haftung eines **Radfahrers** oder **Fußgängers,** die immer nur eine Verschuldenshaftung sein   371
kann, entfällt entweder wegen Schuldunfähigkeit oder wegen **fehlender Vorwerfbarkeit.**

6. Mehrheit von Schädigern

a) Mittäter

Ist ein Schaden durch mehrere Personen verursacht worden, die – im Straßenverkehr die Ausnahme   372
– als Mittäter gehandelt haben, so kann der Geschädigte jeden von ihnen gem. **§ 830 Abs. 1 Satz 1
BGB** auf vollen Schadensersatz in Anspruch nehmen, denn sie haften gem. § 840 Abs. 1 BGB als
Gesamtschuldner. Trifft den Geschädigten ein **Mitverschulden,** so ergeben sich keine Probleme,
denn die von ihm zu tragende Schadensquote ist gegenüber allen Mittätern die gleiche (BGHZ 30,
203, 206; 90, 86, 90). Der **Ausgleich** unter den Mittätern erfolgt im Grundsatz nach **§ 426 BGB,**
allerdings mit der Besonderheit, dass **§ 17 StVG** anzuwenden ist, soweit Kraftfahrzeughalter, Tierhalter und Eisenbahnunternehmer auf der Täterseite stehen.

b) Nebentäter

Haben die Schädiger hingegen – wie im Straßenverkehr die Regel – als Nebentäter gehandelt, so   373
gelten die vorstehenden Grundsätze nicht. Nebentäterschaft liegt vor, wenn **jeder** der mehreren
Schädiger unabhängig **von allen anderen** durch sein Verhalten, insbesondere durch einen eigenen
Verkehrsverstoß, einen **Beitrag zum Unfall** geleistet hat. Ein Fall des § 830 Abs. 1 Satz 1 BGB
liegt hier nicht vor. Deshalb fehlt die rechtliche Möglichkeit, jedem Nebentäter die Verursachungsbeiträge aller anderen Nebentäter haftungsrechtlich zuzurechnen. Vielmehr ist eine **Stufen-
betrachtung** erforderlich: Es sind zunächst die Verursachungsbeiträge jedes einzelnen Nebentäters
im Verhältnis zu dem Beitrag des Geschädigten abzuwägen (sog. Einzelabwägung), weil nur
dadurch erreicht wird, dass der Haftungsanteil jedes einzelnen Schädigers im Verhältnis zu demjenigen des Geschädigten korrekt ermittelt wird. Ist dies für alle Schädiger geschehen, so ist in einer
zweiten Stufe unter Zugrundelegung der **Gesamtschau** des Unfallgeschehens zu klären, welchen
Betrag der Geschädigte entsprechend seinem Mitverursachungs- bzw. Mitverschuldensanteil von
den Schädigern insgesamt verlangen kann. Diese sog. Gesamtabwägung kann mithin zu einer Korrektur der aufgrund der Einzelabwägung gefundenen Ergebnisse führen. Zugleich wird auf diesem
Wege der Innenausgleich der mehreren Schädiger zueinander geregelt (st.Rspr. seit BGHZ 30, 203
= NJW 1959, 1772; BGH, NJW 1978, 2392 [im Anschluss an Dunz, JZ 1959, 594]; NJW 1964,
2136; NJW 1968, 680). Abrechnungsbeispiele bei Erman/Kuckuk, BGB, § 254 Rn. 103.

c) Zurechnungs- und Haftungseinheiten

374 Die vorstehende Lösung ist jedoch nicht uneingeschränkt anwendbar. Sie passt nicht auf die Fälle

- der **Haftungseinheiten,** also der Fälle, bei denen das Verhalten mehrerer Beteiligter zu einem einheitlichen unfallursächlichen Umstand geführt hat (Beispiele: BGHZ 54, 283; BGH, VersR 1989, 730 f.; BGH, NJW 1995, 1150 = VersR 1995, 427);

- der **Zurechnungseinheiten,** in denen Schädiger und Geschädigter als Einheit auf der einen Seite einem zweiten Schädiger gegenüberstehen (Beispiele: BGHZ 61, 213, 218; BGH, VersR 1974, 1127; BGH, VersR 1978, 735 f. = NJW 1978, 2392; BGH, VersR 1983, 131).

375 Darunter sind ferner Konstellationen zu verstehen, bei denen auf der Schädigerseite zwar mehrere Personen beteiligt sind, die aber – ganz oder zum Teil – **untereinander in besonderer Weise rechtlich verknüpft** sind, wie etwa Fahrer und Halter eines Kraftfahrzeuges (BGH, NJW 1966, 1262), Erfüllungsgehilfe und Geschäftsherr in den Fällen des § 278 BGB (BGHZ 6, 3, 27) oder Verrichtungsgehilfe und Geschäftsherr in den Fällen des § 831 BGB (RGZ 136, 275 ff.). Zur Abgrenzung der beiden Fallgruppen vgl. näher BGH, NJW 1996, 2023. Allen diesen Fällen ist gemeinsam, dass einer der beiden Schädiger, etwa der Geschäftsherr oder der Kraftfahrzeughalter, für die Schadensursache haftet, die der jeweils andere Schädiger (Gehilfe, Fahrer) gesetzt hat. Dadurch bilden diese beiden Schädiger insofern eine Einheit, als beide für den nämlichen Verursachungsbeitrag haften, und zwar gesamtschuldnerisch. Dies wirkt sich im Einzelnen wie folgt aus:

> *Hinweis:*
>
> *Sind nur **zwei Schädiger** vorhanden, die eine Zurechnungseinheit bilden, so entfällt jede Einzel- und Gesamtabwägung. Der Verursachungsanteil des Geschädigten ist nur zu dem der Zurechnungseinheit abzuwägen.*

376 Sind hingegen **mindestens drei Schädiger** vorhanden, von denen zwei eine Zurechnungseinheit bilden (Beispiel: Fahrer und Halter eines Kraftfahrzeuges), so erfolgt die **Einzelabwägung** wie oben mit der Besonderheit, dass der Haftungsanteil der in der Zurechnungseinheit zusammengefassten Schädiger im Verhältnis zum Geschädigten einmal und damit einheitlich festgestellt wird und daneben eine zweite Einzelabwägung erfolgt zwischen dem nicht zur Zurechnungseinheit gehörigen weiteren Schädiger und dem Geschädigten. Die **Gesamtabwägung** würde dieser Besonderheit anzupassen sein in der Weise, dass die in der Zurechnungseinheit stehenden Schädiger ebenfalls als Einheit anzusehen sind. Nimmt jetzt der außerhalb dieser Zurechnungseinheit stehende Schädiger die anderen im **Innenausgleich** in Anspruch, so kann er nicht jeden von ihnen auf eine isolierte Ausgleichsquote in Anspruch nehmen, sondern die in der Zurechnungseinheit stehenden Schädiger nur als Einheit auf eine Quote, für die die der Zurechnungseinheit angehörigen Schädiger ihm dann gesamtschuldnerisch haften (BGHZ 54, 283 = NJW 1971, 33; BGHZ 61, 213, 218 = NJW 1973, 2022; BGH, NJW 1978, 2392 = VersR 1978, 735; BGH, NJW 1983, 623 = VersR 1983, 131).

377 Diese Erwägungen sind zunächst für solche Fälle entwickelt worden, in denen sich die **Zurechnungseinheit** mehrerer Schädiger **aus** einer zwischen ihnen bestehenden **rechtlichen Verbindung** ergab (Beispiel: Fahrer und Halter eines Kraftfahrzeuges). Der BGH hat sie inzwischen jedoch ausgedehnt auf Sachverhalte, in denen die Zurechnungseinheit aus rein tatsächlichen **Gegebenheiten** hergeleitet wurde. Hierbei handelte es sich bisher allerdings um Fälle, in denen der **Geschädigte** mit einem der Schädiger eine tatsächlich begründete Zurechnungseinheit bildet (BGH, NJW 1978, 2392 = VersR 1978, 735 [verletztes Kind und seine unvorsichtige Großmutter]; BGH, NJW 1983, 623 = VersR 1983, 131 [verletztes Kind und sein Spielkamerad]). Es ging dabei um Konstellationen, in denen die Verursachungsbeiträge des Geschädigten und des einen Schädigers bereits miteinander „**verschmolzen**" waren, bevor das von dem anderen Schädiger zu verantwortende Verhal-

Kuckuk

ten hinzutrat und kausal den Schaden auslöste (Weber, DAR 1983, 169, 171). Diese Weiterentwicklung der Rechtsprechung ist im Schrifttum auf heftige **Kritik** gestoßen (vgl. Hartung, VersR 1979, 97 ff. und VersR 1980, 797 ff.; Messer, JZ 1979, 385).

d) Gestörter Innenausgleich

Abgesehen von den Fällen der Zurechnungseinheit ist der dargestellte Lösungsweg für Fälle der **378** Nebentäterschaft (vgl. Rn. 373) dann nicht problemlos gangbar, wenn einer der **Schädiger** oder auch mehrere von ihnen im Verhältnis zum Geschädigten **haftungsrechtlich privilegiert** ist, mit anderen Worten auf Schadensersatz nicht in Anspruch genommen werden kann. Der Geschädigte wird in einem solchen Falle regelmäßig den nicht privilegierten, also uneingeschränkt haftenden Schädiger in Anspruch nehmen wollen mit der Folge, dass der Ausgleich zwischen den Schädigern gestört ist: Wer vom Geschädigten aus Rechtsgründen nicht auf Ersatz in Anspruch genommen werden kann, scheidet mangels Anspruchsgrundlage auch aus dem Kreis der Ausgleichspflichtigen aus. Hierunter fallen die **Haftungsfreistellungen** der §§ 636, 637 RVO (unter Arbeitskollegen: BGHZ 61, 51 = NJW 1973, 1648), § 637 Abs. 4 RVO (unter Mitschülern: BGH, VersR 1982, 270), § 46 Abs. 2 BeamtVG (unter Polizeibeamten: BGHZ 94, 173 = NJW 1985, 2261). Zur Vermeidung von groben Unbilligkeiten wird in diesen Fällen der **Schadensersatzanspruch** des Geschädigten bereits in der ersten Stufe um den Haftungsanteil **gekürzt**, den der privilegierte Schädiger ohne die Freistellung im Innenverhältnis tragen müsste. Ist nur ein nicht privilegierter Schädiger vorhanden, entfällt die zweite Stufe. Bleiben **mehrere nicht privilegierte Schädiger,** erfolgt die Gesamtabwägung ohne den oder die privilegierten und nur unter Einbeziehung des um den Haftungsanteil des privilegierten Schädigers gekürzten Anspruch des Geschädigten, der folgerichtig auch um den dem Geschädigten zuzurechnenden Mitverursachungsanteil zu bereinigen ist.

e) Gestörter Innenausgleich im Familienbereich

In diesem Zusammenhang stellt sich für den motorisierten Straßenverkehr die wesentliche Frage, **379** ob ein Fall des gestörten Innenausgleichs auch dann vorliegt, wenn ein Ehegatte als Mitinsasse des von dem anderen **Ehegatten** geführten Kraftfahrzeuges bei einem Unfall verletzt wird, den der das Fahrzeug führende Ehegatte mitverursacht hat. Die Privilegierung des den Unfall mitverursachenden Ehegatten könnte sich aus den §§ 1359, 1353 BGB ergeben.

§ 1359 BGB enthält nach Wortlaut und Sinn nur eine Haftungserleichterung auf die „diligentia **380** quam in suis" mit der Folge, dass ein **Rückgriff** des außerhalb der Ehe stehenden **weiteren Schädigers** mit der Begründung abgewehrt werden könnte, der den Schaden mitverursachende Ehegatte fahre immer so wie im Schadensfalle. Auch wenn man beachtet, dass § 1359 BGB jedenfalls für Vorsatz und grobe Fahrlässigkeit gem. § 277 BGB keine Freistellung enthält, widerspricht die Anwendung des § 1359 BGB auf den Bereich der Sorgfaltspflichten im Straßenverkehr dem Grundsatz der **Gleichbehandlung aller Verkehrsteilnehmer** (Soergel/Lange, BGB, 11. Aufl., 1988, § 1359 Rn. 3). Die Rechtsprechung kommt zum selben Ergebnis mit der Begründung, § 1359 **BGB** gelte **nicht** für den sog. außerhäuslichen **Bereich** der Ehe (BGHZ 53, 352, 355 = NJW 1970, 1271 [Sachschaden am Pkw eines Ehegatten, den der andere Ehegatte verursacht hatte]; BGHZ 61, 101, 104 f. = NJW 1973, 1654; BGHZ 63, 51 = NJW 1974, 2124 [Körperverletzung des mitfahrenden Ehegatten]). Ursprünglich hatte der BGH die Berufung auf § 1359 BGB als unbillig abgelehnt (BGHZ 35, 317, 324).

Beide Begründungen sind indessen nicht frei von Fragwürdigkeiten, wenn auch das Ergebnis **381** befriedigt. Eine solche Zweifel ehestens vermeidende Begründung liegt in der Anwendung der o.g. Lösung des BGH für den **gestörten Innenausgleich:** Der Anspruch des geschädigten Ehegatten gegen den außerhalb der Ehe stehenden Schädiger wird um den Verantwortungsanteil des schädigenden Ehegatten gekürzt (Weber, DAR 1983, 169, 172).

382   Aus **§ 1353 Abs. 1 Satz 2 BGB** könnte sich insbesondere in Fällen intakter Ehe die Verpflichtung des solcherart geschädigten Ehegatten ergeben, von der Geltendmachung von **Schadensersatzansprüchen** abzusehen, die ihm **gegen** den anderen **Ehegatten** erwachsen sind, weil dieser durch eigene leichte Fahrlässigkeit einen Schaden verursacht hat. Auszugehen ist davon, dass die Entstehung der Schadensersatzansprüche gegen den anderen Ehegatten allein durch das Bestehen der Ehe nicht beeinträchtigt wird (BGHZ 61, 101, 105 = NJW 1973, 1654). Es kann nur darum gehen, ob im Einzelfall aus § 1353 BGB die Rechtspflicht hergeleitet werden kann, solche Ansprüche nicht, nicht in vollem **Umfang** oder nicht zu dem gewählten **Zeitpunkt** geltend zu machen (vgl. hierzu BGHZ 53, 352, 356 = NJW 1970, 1271; BGHZ 61, 101, 105; zuletzt BGH, NJW 1988, 1208). Eine solche Pflicht würde beispielsweise dann nicht bestehen, wenn und soweit für den Schaden **Versicherungsschutz** besteht (BGHZ 63, 51, 58 = NJW 1974, 2124). Sie kann bestehen, wenn sich der Schädiger im Rahmen seiner **wirtschaftlichen Möglichkeiten** bemüht, in einer den ehelichen Lebensverhältnissen entsprechenden Weise den Schaden auszugleichen (vgl. BGH, NJW 1988, 1208 [Schädiger verschafft dem Geschädigten mit Hilfe von Darlehen seiner Verwandten ein gleichwertiges Ersatzfahrzeug]; ferner Soergel/Lange, a.a.O., § 1359 Rn. 4; Hauss, in: FS für Möhring 1965, S. 358 ff.), oder wenn der Haftpflichtversicherer gem. **§ 11 Nr. 2 AKB** nicht ersatzpflichtig ist. Zur Frage, welche Auswirkungen eine **spätere Trennung** oder **Scheidung** der Ehe in solcher Lage hat, vgl. BGH, NJW 1988, 1209.

f) Gestörter Innenausgleich im Verhältnis Eltern-Kinder

383   Durchaus vergleichbar ist die Situation im **Verhältnis Eltern-Kinder** mit dem Haftungsmaßstab des **§ 1664 Abs. 1, BGB** der demjenigen des § 1359 BGB entspricht. Hier wird nicht nur eine Haftungsmilderung im Straßenverkehr ausscheiden (vgl. Birkmann, DAR 89, 204), sondern auch ein Rückgriff des außerhalb des Eltern-Kind-Verhältnisses stehenden Schädigers gegen einen Elternteil wegen dessen durch § 1664 Abs. 1 BGB haftungsrechtlich privilegierter Stellung ausscheiden (BGHZ 103, 338 ff. mit zust. Anm. Dunz, JR 1989, 60 und Emmerich, JuS 1989, 405; im Ergebnis ebenfalls zustimmend Hager, NJW 1989, 1640; kritisch Sundermann, JZ 1989, 927). Beispielsfall: OLG Hamm, FamRZ 1997, 293.

II. Sachverhaltsgruppen des § 9 StVG

1. Haftung des Schädigers

384   Wie bereits ausgeführt (vgl. oben Rn. 365), setzt die Anwendung des **§ 9 StVG** voraus, dass der Schädiger für einen von ihm schuldhaft oder unverschuldet (§ 7 Abs. 1 StVG) verursachten Unfall haftet, und dass der **Verletzte** (bei Personenschäden auch der nur mittelbar Verletzte bei Sachschäden der Eigentümer, dinglich Berechtigte oder Besitzer) entweder durch **eigenes Verhalten** zur Schadensentstehung beigetragen oder seine **Schadensminderungspflicht** verletzt hat.

385   Soweit eine Haftung des Schädigers lediglich aus Gefährdung, also aus § 7 Abs. 1 StVG in Rede steht, kommt es auf die subjektive Seite seines Verhaltens nicht an, denn auch wenn seine Bewusstlosigkeit zum Schadenseintritt geführt hat, er also i.S.d. § 827 Satz 1 BGB für den Schaden nicht verantwortlich ist, berührt dies seine Gefährdungshaftung nicht (BGHZ 23, 90 = NJW 1957, 674). Kommt es aber zu einem Schaden, der die **Haftungshöchstgrenzen** des **§ 12 StVG übersteigt**, so muss einerseits der Schädiger ein Verhalten gezeigt haben, das willensmäßig beherrschbar war (vgl. unten Rn. 391), und er muss schuldhaft gehandelt haben. **Beweislast** insoweit: Der Geschädigte muss das Vorliegen eines schadensursächlichen, willensmäßig beherrschbaren Verhaltens des Schädigers beweisen, sofern dies – selten genug – streitig ist, etwa bei äußerlichen **Reflexvorgängen** (typischer Fall: BGHZ 39, 103, 106 = NJW 1963, 953). Meint hingegen der Schädiger, die willensmäßige Beherrschbarkeit, also Verantwortlichkeit, fehle infolge innerer Vorgänge, also bei **Bewusstlosigkeit** oder Handeln aus Furcht oder Schrecken, so muss er deren Voraussetzungen beweisen (BGHZ 98, 135 = NJW 1987, 121; a.A. Baumgärtel, JZ 1987, 42).

2. Formen der Mitwirkung des Verletzten

a) Positives Tun oder Unterlassen

Die in § 9 StVG geforderte Mitwirkung des Verletzten an der Schadensentstehung kann sowohl in **386** einem **positiven Tun** bestehen, etwa in einem Verhalten, das die in der StVO vorgeschriebenen verkehrsregelnden Verhaltensnormen verletzt, als auch in einem **Unterlassen** solchen Verhaltens. Das Verschulden des Geschädigten richtet sich nicht gegen einen anderen; es besteht daher nicht in der Verletzung von Rechtspflichten. Es ist vielmehr ein **Verschulden in eigener Sache,** das sich gegen den Geschädigten selbst richtet. Er lässt die nach Lage der Sache **im eigenen Interesse gebotene Sorgfalt außer Acht,** mit der ein verständiger Mensch handeln würde, um sich selbst vor Schaden zu bewahren (RGZ 105, 119; 112, 284, 286 ff.; BGHZ 3, 46, 49; 9, 316, 318; 33, 136, 142 f.; 74, 25, 28. Der Geschädigte darf sich nicht bewusst in Gefahr begeben oder ein Risiko auf sich nehmen, BGH, NJW 1985, 482 und 1692. Haftungsbegründendes Verschulden ist nicht erforderlich, BGH, NJW 1978, 980).

Der Geschädigte muss sich sein „Verschulden gegen sich selbst" entgegenhalten lassen mit der **387** Rechtsfolge, dass er den Teil des Schadens, der ihm zuzurechnen ist, selbst zu tragen hat. Dieses Ergebnis wird auch mit der Verletzung von Pflichten minderer Intensität, den sog. Obliegenheiten, begründet. Die Rechtsprechung hat das Einstehenmüssen des Geschädigten für mitwirkendes Verschulden aus dem Grundgedanken von **Treu und Glauben** hergeleitet: Dem Geschädigten ist es verboten, den selbst verschuldeten Schaden im Widerspruch zu seinem eigenen Verhalten auf den Schädiger abzuwälzen (vgl. BGHZ 34, 355, 363 f.; 56, 57, 65; 57, 137, 152).

Hinweis:

Das ist ein für die Praxis brauchbarer Weg, um zu einem gerechten Schadensausgleich zu kommen. Dabei dürfen an die in eigener Sache und in eigenem Interesse gebotene Sorgfalt keine übertriebenen Anforderungen gestellt werden.

Das Verschulden des Geschädigten muss bei der Entstehung des Schadens **mitgewirkt** haben. Sein **388** Verhalten muss den Schaden in rechtserheblicher Weise, also adäquat kausal (BGHZ 61, 147) mitverursacht haben; das kann zeitlich vor oder nach dem schädigenden Ereignis liegen, BGHZ 3, 46, oder mit ihm zusammentreffen. In einer konkreten Gefährdungssituation kann auch das Unterlassen von Schutzmaßnahmen ein zurechenbares Mitverschulden sein (BGH, NJW 1982, 168). Für die Zurechnung des Schadensbeitrages des Geschädigten gelten allgemein die für die Zurechnung des Schadens geltenden Regeln, so z.B. die Grundsätze der adäquaten Verursachung und des Schutzzwecks der Norm, um die Verpflichtung zum Schadensersatz auf ein vernünftiges Maß zu beschränken, vgl. näher Erman/Kuckuk, BGB, vor § 249 Rn. 32–38. Die vom Geschädigten verletzte Pflicht bzw. Obliegenheit muss also die Verhinderung von Schadenseintritten der jeweils vorliegenden Art bezwecken (BGH, VersR 1970, 813; 1978, 1071).

Es kommt nicht darauf an, ob das Verhalten des Geschädigten, durch das er sich selbst einen Scha- **389** den zufügt, von der Rechtsordnung missbilligt wird und daher **rechtswidrig** ist. Dem Geschädigten ist sein Verhalten zur Last zu legen, weil es für ihn erkennbar die Entstehung des Schadens begünstigte (RGZ 138, 327, 330 f.; BGH, NJW 1978, 2024 f.).

Das „mitwirkende Verschulden" ist zwar **kein Verschulden im eigentlichen Sinne.** Gleichwohl **390** ist das Eigenverschulden des Geschädigten wie das Fremdverschulden nach dem Maßstab der im Verkehr erforderlichen Sorgfalt zu bestimmen. Es kommt weniger auf die subjektiven Vorstellungen des Geschädigten an, als auf die nach einer vernünftigen Verkehrsanschauung auch in eigenen Angelegenheiten zu beachtende erforderliche Sorgfalt „für sich und das Seinige", also die Verletzung des zumutbaren Maßes an Aufmerksamkeit und Rücksichtnahme auf die eigenen Interessen (RGZ 112, 287; BGH, NJW 1979, 495 f.).

b) Fälle des § 827 BGB

391   Sein Verschulden kann ausgeschlossen sein, weil er bewusstlos war oder sich in einem die freie Willensbestimmung ausschließenden Zustand krankhafter Störung der Geistestätigkeit befunden hat (§ 827 Satz 1 BGB). Im Straßenverkehr ist indessen die **Ausnahmevorschrift** des **§ 827 Satz 2 BGB** von besonderer Wichtigkeit. Wer sich in diesen Zustand durch den Genuss von Alkohol oder Rauschgiften versetzt und sodann zur Schadensentstehung beiträgt, kann sich auf den Verantwortungsausschluss nicht berufen, es sei denn, er ist unverschuldet in diesen Zustand geraten. Die **Unfallbeteiligung** eines **Betrunkenen** kann im Einzelnen derart vorwerfbar sein, dass die **Betriebsgefahr** des Kraftfahrzeugs ganz zurücktritt und die Halterhaftung aus § 7 Abs. 1 StVG **entfällt** (BGH, VersR 1961, 592). Darüber hinaus gibt es außerhalb der vorstehenden klassischen Fälle des § 827 Satz 1 BGB Situationen, in denen ein Verschulden ausscheidet, etwa bei **Fehlreaktionen** aus **Bestürzung** oder **Schrecken,** aus Furcht vor Gefahr oder aus übermäßiger Vorsicht (BGH, VersR 1960, 850), oder bei Verhaltensfehlern infolge eines unfallbedingten **Schockzustandes** (BGH, VersR 1977, 430). Die **Beweislast** hierfür trägt der Geschädigte, und zwar auch dann, wenn der Schädiger für das Entstehen dieses psychischen Ausnahmezustandes als Unfallfolge haftbar ist (BGH, a.a.O.).

c) Sondersituation: Rettungsfälle

392   Bei den sog. Rettungsfällen sind zwei Gruppierungen zu unterscheiden, wobei es jeweils um das **Mitverschulden des Retters** geht.

393   Um ein auf die Fahrbahn laufendes Kind nicht zu verletzen, weicht ihm ein Fahrzeugführer aus und beschädigt dabei das **Fahrzeug eines Dritten.** Dem Dritten haftet neben dem Retter das gerettete Kind, sofern die Haftungsvoraussetzungen der §§ 828 Abs. 2 a.F. oder 829 BGB vorliegen, u.U. auch der für das Kind Aufsichtspflichtige unter den Voraussetzungen des § 832 BGB. Für den Retter stellt sich die Frage der **Unabwendbarkeit** gem. § 7 Abs. 2 StVG bei seiner Beweislast (vgl. hierzu BGHZ 92, 357 = NJW 1985, 490) nur für **Schadensfälle, die vor dem 1.8.2002,** dem Tag des In-Kraft-Tretens des 2. Schadensersatzänderungsgesetzes (ausführlich dazu Jaeger/Luckey, Das neue Schadensersatzrecht, 2002) **entstanden sind**, ferner die nach einer **Ersatzpflicht** des **Geretteten** für den Schaden, den der Retter, falls § 7 Abs. 2 StVG nicht greift, dem Dritten zu ersetzen hat (vgl. ausführlich oben Rn. 178 ff.). Im Verhältnis zum Dritten spielt das Mitverschulden des Retters keine Rolle. Für **Schäden ab dem 1.8.2002** kommt eine Mitverantwortung eines Kindes zwischen sieben und zehn Jahren nach § 828 Abs. 2 Satz 2 BGB nur noch bei vorsätzlichem Verhalten in Betracht. Die Berufung des Retters auf höhere Gewalt (§ 7 Abs. 2 StVG n.F.) erscheint nur noch in solchen Vorsatzfällen aussichtsreich. Handelt das sieben bis zehn Jahre alte Kind dagegen nur fahrlässig, kommt die Berufung des Retters auf höhere Gewalt regelmäßig nicht in Betracht.

394   Wird bei einem derartigen Rettungsmanöver nicht das Fahrzeug eines Dritten, sondern das **des Retters** beschädigt (vgl. etwa BGH, VersR 1978, 183; BGH, NJW 1964, 1303; BGH NJW 1963, 390), kommt ein Ersatzanspruch des Retters gegen den Geretteten aus Geschäftsführung ohne Auftrag gem. **§ 683 BGB** in Betracht (BGH NJW 1957, 340). Einen Ersatzanspruch des Retters aus **§ 904 Satz 2 BGB** hat der BGH diskutiert, bisher aber **verneint** (BGHZ 92, 357 = NJW 1985, 490 und BGH, VersR 1957, 349 f., vgl. hierzu auch Böhmer, VersR 1963, 323 und Imlau, NJW 1963, 1093 sowie oben Rn. 178 ff.).

395   Darüber hinaus ist in beiden Teilgruppen – jeweils bezogen auf Ersatzansprüche des Retters gegenüber dem Geretteten – zu beachten, dass ein **Mitverschuldensvorwurf** gegenüber dem Retter häufig ganz ausscheiden wird, wenn sein Handeln in Erfüllung einer beruflichen, gesetzlichen oder – wie in den vorstehenden Fällen wohl vorrangig – **sittlichen Pflicht** erfolgt ist. Ein berücksichtigungsfähiges Mitverschulden des Retters unterliegt überdies den Einschränkungen des **§ 680 BGB** (BGH, NJW 1965, 1271 = VersR 1965, 588).

d) Fälle des § 828 Abs. 1 BGB

Kinder, die zurzeit des schädigenden Ereignisses das **7. Lebensjahr** noch **nicht vollendet** haben, **396**
sind gem. § 828 Abs. 1 BGB für Schäden, die sie anderen Personen zufügen, nicht verantwortlich.
Damit scheidet auch ihre Mitverantwortung im Rahmen der § 9 StVG, § 254 BGB aus.

Etwas anderes gilt nur für die **Billigkeitshaftung** des **§ 829 BGB.** Die Grundsätze dieser Vorschrift **397**
sind spiegelbildlich auch im Mitverschuldensbereich anwendbar (BGHZ 37, 102 = NJW 1962,
1199; BGH, VersR 1963, 60; ablehnend Böhmer, VersR 1962, 215; ders., JR 1970, 339 sowie
OLG München, VersR 1978, 973). Eine nähere Darstellung der Probleme des § 829 BGB erscheint
im hier interessierenden Bereiche des motorisierten Straßenverkehrs entbehrlich. Denn ist der
Schädiger Halter oder Führer eines Kraftfahrzeuges, so kann er sich den Ersatzansprüchen eines
mitschuldigen Kindes gegenüber nicht auf § 829 BGB berufen, weil für ihn die gesetzlich vorgeschriebene **Haftpflichtversicherung eintritt,** deren Zweck die Sicherstellung der berechtigten
Ersatzansprüche der Verkehrsopfer ist (BGHZ 73, 190, 192 f. = NJW 1979, 973; BGH, NJW 1969,
1762 = VersR 1969, 860; BGH, NJW 1982, 1149 f. = VersR 1982, 441, 444). Kommt eine Haftung
aus § 829 BGB in Betracht, so reicht diese nach Sinn und Zweck der Vorschrift jedenfalls nicht
weiter, als die Haftung eines unbeschränkt Verantwortlichen in gleicher Lage reicht (BGH,
NJW 1962, 2201 = VersR 1962, 811).

e) Aufsichtspflicht der Eltern

Bezüglich der **Aufsichtspflicht** der **Eltern** eines solchen Kindes gilt Folgendes: Liegt eine **Verlet- 398
zung** dieser Pflicht vor – anderenfalls stellt sich das Problem nicht –, so fehlt es an einer rechtlichen Grundlage dafür, dem unfallgeschädigten Kind die Verletzung der Aufsichtspflicht durch
seine Eltern anzulasten (st.Rspr., vgl. etwa BGHZ 1, 251 = NJW 1951, 521; BGH, VersR 1962,
783; BGH, VersR 1975, 133 f.), ebenso wenig wie übrigens allgemein das Verschulden eines
gesetzlichen Vertreters. Eine **Ausnahme** von diesem Grundsatz kommt in Anwendung der §§ 254
Abs. 2 Satz 2, 278 BGB nur dann in Betracht, wenn schon vor Eintritt des schädigenden Ereignisses zwischen dem Kind, gesetzlich vertreten durch seine Eltern oder andere gesetzliche Vertreter,
und dem Schädiger eine rechtliche **Sonderverbindung,** i.d.R. ein schuldrechtlicher Vertrag, etwa
ein Beförderungsvertrag, bestanden hatte (BGHZ 9, 316 = NJW 1953, 977; BGHZ 24, 327 =
NJW 1957, 1187; BGHZ 73, 190, 192 = NJW 1979, 973; BGH, VersR 1980, 938; BGH,
NJW 1982, 1144). Denn § 278 BGB ist über den schuldrechtlichen Bereich hinaus nicht anwendbar, und die allgemeine Pflicht zur Rücksichtnahme im Straßenverkehr begründet eine schuldrecht-
liche Verbindlichkeit nicht (Böhmer, VersR 1960, 676). Durch die bloße Gestattung des Mitfahrens kommt aber kein Beförderungsvertrag zustande (BGH, VRS 8, 406). Erst wenn die **Eltern** des
verletzten Kindes **eigene Ansprüche** gegen den Schädiger geltend machen, kann ihnen gem. § 254
BGB anspruchsmindernd ihre Aufsichtspflichtverletzung entgegengehalten werden (OLG Düsseldorf, MDR 1959, 37).

3. Mitverschulden Jugendlicher (§ 828 Abs. 2 BGB)

a) Neue Altersgruppenspezifikation durch das 2. Schadensersatzänderungsgesetz

Nach § 828 Abs. 2 Satz 1 BGB ist die bisherige Altersgruppeneinteilung mit In-Kraft-Treten des 2. **399**
Schadensersatzänderungsgesetzes zum 1.8.2002 (ausführlich dazu Jaeger/Luckey, Das neue Schadensersatzrecht, Rn. 300 ff.) geändert worden. Während das Gesetz bisher, also für **Schadensfälle
vor dem 1.8.2002,** nur unterschieden hat zwischen Kindern unter sieben Jahren und Jugendlichen
im Alter zwischen sieben und 18 Jahren, tritt jetzt eine Dreiteilung ein: Kinder unter sieben Jahren
sind – wie bisher – für Schäden, die sie einem Dritten zufügen, nicht verantwortlich und damit
auch mitverschuldensmäßig nicht haftbar zu machen. Das Gleiche gilt jetzt, d.h. für **Schäden ab
1.8.2002,** für Kinder im Alter zwischen sieben und zehn Jahren. Damit zieht der Gesetzgeber gebotene Schlussfolgerungen aus Erkenntnissen der Entwicklungspsychologie, die bisher schon z.T. in
der Rspr. berücksichtigt worden sind.

Eine **Ausnahme** gilt für diese Altersgruppe (§ 828 Abs. 2 Satz 2 BGB) nur für vorsätzliches Verhalten von Kindern dieser Altersgruppe. Typisches Beispiel: Kinder werfen Steine von Autobahnbrücken auf vorbeifahrende Fahrzeuge oder sie beschädigen mutwillig Fahrzeuge.

Jugendliche bis zum vollendeten 18. Lebensjahr sind darüber hinaus **nur unter den in § 828 Abs. 3 BGB** genannten Voraussetzungen verantwortlich und damit im Rahmen der §§ 9, 17 StVG, § 254 BGB mitverantwortlich. Da diese Regelung keine Altersgrenze nach unten enthält und § 828 Abs. 2 Satz 1 BGB fahrlässig handelnde Kinder zwischen sieben und zehn Jahren von jeder Haftung freistellt, ist § 828 Abs. 3 BGB dahin zu verstehen, dass die darin genannten Voraussetzungen auch für die Haftung und Mithaftung der Vorsatztäter zwischen sieben und zehn Jahren (§ 828 Abs. 2 Satz 2 BGB) gilt. Somit enthält § 828 Abs. 3 BGB eine Haftungsschranke nicht nur für alle Jugendlichen, die im Alter vom 10. bis zum 18. Lebensjahr anderen Personen vorsätzlich oder fahrlässig Schäden zufügen, sondern auch für alle Vorsatztäter zwischen sieben und zehn Jahren. Diese Jugendlichen müssen einerseits in der Lage sein, die Gefährlichkeit ihres Verhaltens unter den gegebenen Umständen individuell zu erkennen, also **einsichtsfähig** sein. Insoweit ist darauf abzustellen, was ein normal entwickelter Jugendlicher gleichen Alters hätte voraussehen können (BGH, NJW 1970, 1038). Darüber hinaus ist die individuelle Fähigkeit erforderlich, entsprechend der erkannten Gefährlichkeit des eigenen Verhaltens auch **zu handeln bzw. sich zu verhalten** (BGHZ 34, 355, 366 = NJW 1961, 655).

400 Die nachfolgende, **nach Altersgruppen geordnete Rspr.** bleibt im Hinblick darauf, dass die Neuregelung nur für Schadensfälle ab 1.8.2002 gilt, **zur Erleichterung der Bearbeitung sog. Altfälle** bestehen.

401 Die **Altersgruppenspezifikation** spielt im vorliegenden Bereich eine wesentliche Rolle, denn es liegt auf der Hand, dass sowohl die Einsichts-, viel deutlicher aber auch noch die Handlungsfähigkeit eines acht Jahre alten Kindes mit derjenigen eines 17 Jahre alten Jugendlichen nicht gleichzusetzen ist. In der Praxis hat sich als Prinzip eine **dreistufige Gliederung** durchgesetzt, bestehend aus den 7- bis 10-Jährigen (vgl. unten b), den 11- bis 14-Jährigen (vgl. unten c) sowie den Älteren ab 14 Jahre. Diese Gliederung gibt indessen nur eine Art Raster mit im Einzelfall sehr fließenden Übergängen. Zusätzlich muss davor gewarnt werden, die in der Rechtsprechung jeweils gebildeten und im Kommentarschrifttum zitierten Mitverschuldensquoten zu verallgemeinern. Denn was bei Erwachsenen – wenn auch mit großen Einschränkungen – noch vertretbar ist, kann auf Jugendliche schon mit Rücksicht auf den individuell zu bestimmenden Bereich möglicher Verantwortlichkeit nicht übertragen werden. Ergänzend ist darauf hinzuweisen, dass durch § 3 Abs. **2a StVO** die **Sorgfaltsanforderungen** an den Kraftfahrer **gegenüber Kindern,** die zuvor schon vor der Rechtsprechung erarbeitet worden waren, festgeschrieben sind. Diese Regelung stellt ein konkretes Gefährdungsdelikt dar (OLG Köln, VRS 65, 463) und dient dem Schutz von Kindern **bis 14 Jahre** (OLG München, VersR 1984, 395; OLG Karlsruhe, VersR 1986, 770; a.A. AG Köln, VersR 1984, 767 [bis 10 Jahre]; BayObLG, NJW 1982, 346: [bis 8 Jahre]). Sie verlangt einen Gefährdungsausschluss, stellt also höchste Sorgfaltsanforderungen an die motorisierten Verkehrsteilnehmer.

b) Altersgruppe 7–10 Jahre

402 Es gibt für Kinder dieser Altersgruppe **weder** einen Erfahrungssatz, da sie sich immer unbesonnen verhalten (OLG Karlsruhe, VersR 1978, 574), **noch** kann ihnen gegenüber der **Vertrauensgrundsatz** im allgemein zulässigen Bereich Anwendung finden (BGH, VRS 35, 113). Deshalb kann der Auffassung, ein über sieben Jahre altes Kind sei i.d.R. mitschuldig, wenn es unachtsam auf die Fahrbahn vor ein Auto läuft (OLG Karlsruhe, VersR 1983, 252), nicht gefolgt werden, sondern es kann nur im **Einzelfall** so sein (OLG München, NJW 1985, 981). Eine völlige Freistellung von der Haftung aus § 7 Abs. 1 StVG wegen grob verkehrswidrigen Verhaltens eines acht Jahre alten Kindes setzt voraus, dass der Sorgfaltsverstoß des Kindes altersspezifisch auch subjektiv besonders verwerfbar ist (BGH, VersR 1990, 535). Hinzuweisen ist auf folgende **Entscheidungen:** BGH, VersR 1968, 475; OLG Celle, MDR 1966, 1001; OLG Hamm, VM 1986, 22 (acht Jahre altes Kind läuft plötzlich auf die Straße); OLG Oldenburg, DAR 1955, 303 (Mitverschulden eines acht Jahre

alten Kindes fällt nicht ins Gewicht, wenn Kraftfahrer unaufmerksam zu schnell fährt); OLG Köln, VersR 1989, 206 bejaht geringes Mitverschulden eines acht Jahre alten Kindes, das ohne Verkehrsbeobachtung die Fahrbahn überquert; ebenso OLG Hamm, NZV 1988, 102 für spielendes Kind; OLG Düsseldorf, NZV 1992, 188 (bejaht Mitverschulden eines neun Jahre alten Kindes, das vor einem Straßenreinigungsfahrzeug die Fahrbahn überquert und dort von einem mit angemessener Geschwindigkeit fahrenden Pkw erfasst wird, der das Reinigungsfahrzeug überholt); OLG Frankfurt, NJW-RR 1994, 1114 (verneint Mitverschulden eines 7 1/2 Jahre alten Kindes, das in komplexer Verkehrssituation auf einem Bahnübergang vom Zug erfasst wird); OLG Hamm, VRS 68, 321 (bejaht zu Recht Mitverschulden, wenn zehn Jahre altes Kind die Fahrbahn bei Rot überquert); OLG Karlsruhe, NJW-RR 1986, 774; vgl. zum Ganzen Schnitzerling, DAR 1977, 57. Einen Sonderfall behandelt OLG Köln, VersR 1994, 1317: Kein Mitverschulden eines neun Jahre alten Kindes, das beim Spielen gegen eine nicht kenntlich gemachte durchsichtige Wand prallt. Hierzu auch OLG Frankfurt/M., NZV 1995, 443.

Bei **Rad fahrenden Kindern** dieser Altersgruppe kann mit einiger Verkehrsgewandtheit gerechnet werden (OLG Stuttgart, VRS 42, 31 [bei 9 Jahren]; altersmäßig abgestuft: OLG Braunschweig, DAR 1994, 277; OLG Schleswig, VersR 1994, 1084 [jeweils acht Jahre alte Kinder]; vgl. aber BGH, NJW-RR 1987, 1430 zu Rad fahrendem Kind in Begleitung der Eltern). Besondere Vorsicht bei **Rollschuhfahrern** (BGH, VersR 1965, 385 [auf ruhiger Fahrbahn]; LG Köln, VersR 1978, 578 [auf abschüssiger Straße]; OLG Frankfurt/M., VersR 1984, 1093 [auf Dorfstraße]). Da dem Spieltrieb bei Kindern dieses Alters besondere Bedeutung zukommt, ist vermehrt mit reduzierter Handlungsfähigkeit (Reflexreaktionen) gemäß an sich vorhandener Einsichtsfähigkeit bei **Kindergruppen** zu rechnen (Schneeballschlacht: KG, VersR 1975, 770; Steinschlacht: OLG Stuttgart, VersR 1975, 1043), noch dazu auf beiden Seiten der Fahrbahn (OLG Hamm, VersR 1975, 667; OLG Koblenz, VRS 48, 201).

Verlässt eine Kindergruppe ein **Schulgebäude,** muss ein Straßenbahnfahrer ständig **Warnzeichen** geben und evtl. Schrittgeschwindigkeit fahren (BGH, VersR 1961, 908), ebenso ein Kraftfahrer. Das Gefahrzeichen „Kinder" vor einem Schulgebäude ist eine Warnung vor den Gefahren des Schulbetriebes (OLG Köln, NJW 1968, 2155). Zur Sorgfaltspflicht bei Begegnung mit zahlreichen Schülern, die nach Schulschluss auf einem Gehweg stehen, OLG München VersR 1984, 395, und an ampelgesichertem Fußgängerüberweg OLG Hamm, VRS 1968, 321. Auch beim Aussteigen oder Einsteigen 8- bis 9-jähriger Kinder aus einem **Schulbus** muss mit unüberlegten Handlungen gerechnet werden (OLG Stuttgart, VRS 43, 136; OLG Koblenz, VRS 50, 198), umgekehrt muss ein Schulbusfahrer auf einem von Schulkindern dicht bevölkerten Parkplatz selbst bei Schrittgeschwindigkeit Warnzeichen geben, wenn die Schulkinder auf ihn zulaufen (OLG Köln, VersR 1973, 847; OLG Koblenz, NJW 1977, 60). Das Auftreten eines **Schülerlotsen** ist als Warnung vor verkehrsunreifen Kindern aufzufassen, wobei auch die Umgebung des Schülerlotsen zu beobachten ist (OLG Düsseldorf, NJW 1969, 245).

c) Altersgruppe ab Vollendung des 10. Jahres

Ab elf Jahren ist i.d.R. die **Einsichtsfähigkeit** in die Gefährdung bei achtlosem Überqueren der Straße vorhanden (BGH, VersR 1966, 831; vgl. BGH, VRS 59, 163 für 13 Jahre altes Mädchen). Ebenso das KG (NZV 99, 329) für ein zehn Jahre und vier Monate altes Großstadtkind für dessen Fahrbahnüberquerung vor einem Lkw im Stop-and-go-Verkehr. Daher Mitverschulden bei Rangeleien von 12-Jährigen, bei denen einer gegen einen die Haltestelle anfahrenden Bus gedrängt wird (BGH, VersR 1982, 272; anders OLG Oldenburg, DAR 1989, 186). **Alleinhaftung** eines zwölf Jahre alten Kindes, das bei Rot eine belebte Ausfallstraße überquert, wenn die Geschwindigkeit des Kfz 50 km/h beträgt (OLG Bremen, VersR 1981, 735). Gegenüber **Radfahrern** dieser Altersgruppe bejaht OLG Karlsruhe (NJW 1974, 156) einen eingeschränkten Vertrauensschutz bei klaren Vorfahrtsfragen, OLG Oldenburg (VersR 98, 1004) meint, dass von einem 11 1/2 Jahre alten Radfahrer erwartet werden kann, er werde einen Zebrastreifen nicht ohne jede Beachtung des

403

fließenden Verkehrs überqueren. Kein Mitverschulden eines 15 Jahre alten einhändigen Mädchens, das gewandt ein Herrenfahrrad benutzt (BGH, VersR 1961, 998).

d) Kinder in der Obhut Erwachsener

404   Befindet sich ein Kind erkennbar in der Obhut von Erwachsenen, wird es z.B. an der Hand geführt, ist nicht ohne weiteres mit seinem plötzlichen Weglaufen aus dem Schutzbereich des Erwachsenen zu rechnen (BGH, NJW 1956, 800). Ist es erkennbar ungehorsam, muss mit dem der jeweiligen Altersgruppe entsprechenden Grad von unkontrollierbarem Verhalten des Kindes gerechnet werden (BGH, VRS 20, 333), ebenso in Fällen offenkundiger Nichterfüllung der Aufsichtspflicht. Sonst darf erwartet werden, dass solche Kinder nicht plötzlich auf die Fahrbahn laufen: OLG Köln, VRS 28, 266. Solange der Fahrzeugführer bei gehöriger Aufmerksamkeit keine Anhaltspunke für eine andere Beurteilung bemerkt, kann er von ordnungsmäßiger Erfüllung der Aufsichtspflicht ausgehen, weil die Aufsicht über ein mitgeführtes Kind zur Sorgfaltspflicht des Erwachsenen im Straßenverkehr gehört. Wenn auf einer unübersichtlichen Strecke plötzlich Kinder auf Weisung der Aufsichtspflichtigen hin die Fahrbahn unachtsam überqueren, ohne dass die Aufsichtspflichtigen die Fahrbahn beobachten, ist das für den Fahrzeugführer nicht vorhersehbar (BGH, VRS 28, 266). Doch muss sich das Kind das Mitverschulden des Aufsichtspflichtigen anspruchsmindernd anrechnen lassen, z.B. wenn eine Mutter mit ihrem sieben Jahre alten Kind 100 m vom Fußgängerüberweg entfernt eine zweistreifige verkehrsreiche Einbahnstraße überquert, dass sie in der Mitte stehen bleiben muss und sich das Kind hier losreißt (OLG Stuttgart, NZV 1992, 185). Werden Kinder aber nur von größeren Kindern beaufsichtigt, muss verstärkt mit Verletzung der Aufsichtspflicht gerechnet werden, vgl. zur Beaufsichtigung durch ein zehn Jahre altes Kind BayObLG, VRS 47, 53 und BGH, VersR 1961, 614. Zur Ersatzpflicht des Aufsichtspflichtigen, wenn Kraftfahrer dem zu beaufsichtigenden Kinde ausweicht und dabei zu Schaden kommt: OLG Celle, VersR 1976, 448.

4. Gefährdete sonstige Personengruppen

405   Die bloße **Teilnahme** am Straßenverkehr durch Angehörige von Personengruppen, die aufgrund biologischer oder physiologischer Gegebenheiten den Verkehrsanforderungen nicht voll gewachsen sind (Kinder, Geh-, Seh- und Hörbehinderte, ältere Personen), begründet für sich allein kein Mitverschulden. Das gilt in gleicher Weise für Personen, die zwar den Verkehrsanforderungen voll gewachsen sind, bei denen aber im Schadensfall besonders schwere Folgen eintreten können (Bluter: OLG Koblenz, VersR 1987, 1225). Doch muss von den Angehörigen solcher Personengruppen erwartet werden, dass sie die gebotenen Vorsichtsmaßnahmen treffen, z.B. Sehbehinderte durch entsprechende Armbinden oder Ähnliches als solche für andere Verkehrsteilnehmer erkennbar sind, soweit die Zugehörigkeit zu diesen Gruppen nicht ohnehin erkennbar ist. Neigt aber jemand aufgrund seiner Konstitution zu besonderer Schadensanfälligkeit, so gereicht es ihm zum Mitverschulden, wenn er sich ohne Rücksicht auf seine Konstitution in eine Gefahrenlage begibt (OLG Celle, VersR 1981, 1057 mit Anm. Schulze).

406   Anders ist es, wenn jemand insbesondere am motorisierten Verkehr teilnimmt, der dessen Anforderungen aus **ihm selbst bekannten** gesundheitlichen Gründen nicht genügen kann, so dass seine allgemeine Verkehrstüchtigkeit reduziert ist. Hierzu gehören neben den allgemein bekannten Fällen der Alkoholbeeinflussung die **Ermüdung,** deren Anzeichen vorher regelmäßig wahrnehmbar sind (BGH, VRS 38, 144; MDR 1974, 659; BayObLG, VRS 36, 271; OLG Hamm, VRS 41, 30), Beeinflussung durch Medikamente (OLG Hamm, VRS 52, 194), Teilnahme am motorisierten Verkehr gegen ärztlichen Rat nach einem **Herzinfarkt** (LG Heilbronn, VRS 52, 188) und bei **Sehstörungen** (vgl. näher Kuckuk/Werny, Straßenverkehrsrecht, 8. Aufl. 1995 § 1 StVO Rn. 8 und § 23 StVO Rn. 3c). Hierzu gehören auch Antritt einer Fahrt, wenn dem Fahrer die erforderliche Erfahrung gerade für Fahrten dieser Art fehlt (OLG Celle, NZV 1988, 141) oder er zwar voll einsatzfähig ist, seine Fahrweise aber nicht den ihm bekannten, die Verkehrssicherheit beeinträchtigenden Faktoren anpasst (KG, VersR 1971, 183), sofern einer der genannten Faktoren für einen Schaden mitursäch-

lich wird. Vgl. zu den Grenzen der Leistungsfähigkeit allgemein Müller-Limmroth, DAR 1977, 151 und zu Altersproblemen Händel, DAR 1985, 210.

5. Mitverschulden von Fußgängern

Ein Mitverschulden von Fußgängern kommt i.w.S. in Betracht, wenn Berührungen mit dem moto- **407** risierten Straßenverkehr möglich sind. Das kann der Fall sein bei Benutzung des äußersten Gehwegrandes, beim Betreten der Fahrbahn oder – das ist die Hauptgruppe – beim Überqueren der Fahrbahn. Wie sich Fußgänger im Einzelnen zu verhalten haben, regelt § 25 StVO. Eine Mitverschuldensprüfung beruht in aller Regel auf der Verletzung dieser für den Fußgängerverkehr wesentlichen Regelung.

a) Art der Gehwegbenutzung

Gem. § 25 Abs. 1 Satz 1 StVO haben Fußgänger die Gehwege zu benutzen, bei der Art der Benut- **408** zung jedoch die sich aus § 1 StVO ergebenden Pflichten zu beachten. Dazu gehört es, jedenfalls an stark befahrenen Straßen einen **Sicherheitsabstand** zur **Gehwegkante** einzuhalten. Kommt es infolge Nichtbeachtung dieses selbstverständlichen Gebotes zu Schäden eines Fußgängers, ist sein Mitverschulden zu bejahen (BGH, NJW 1965, 1708 = VersR 1965, 816; BGH, VRS 28, 362; OLG Hamburg, VRS 17, 155). Nach OLG Düsseldorf, NZV 1992, 232 = VersR 1992, 1486 soll es kein Mitverschulden begründen, wenn ein Fußgänger hart an der Gehwehkante steht und hier vom Außenspiegel eines Lkw erfasst wird, der in den Luftraum über den Gehweg hineinragt. Das ist so kaum vertretbar.

b) Pflichten vor Überqueren der Fahrbahn

Das Überqueren einer Fahrbahn muss nach § 25 Abs. 3 Satz 1 StVO „unter Beachtung des Fahr- **409** zeugverkehrs . . . zügig auf dem kürzesten Wege . . .“ erfolgen. Daraus folgt die Pflicht, schon vor dem Betreten der Fahrbahn den gem. § 2 Abs. 1 StVO dort zumindest vorrangigen Fahrzeugverkehr zu beobachten (BGH, VersR 1965, 959 und 1968, 603), tunlichst auf allen Fahrstreifen (OLG Hamburg, VersR 1972, 867). Erfolgt das Überqueren unaufmerksam und ohne vorherige **Beobachtung** des **Fahrzeugverkehrs,** ist ein Mitverschulden des Fußgängers anzunehmen (OLG Düsseldorf, DAR 1977, 268; OLG Köln, DAR 1978, 17; KG, MDR 1978, 491), insbesondere bei Hervortreten des Fußgängers zwischen parkenden Fahrzeugen (OLG Hamm, VRS 30, 77; KG, VRS 62, 326), aus Hauseingängen (BGH, NJW 1961, 1622), zwischen dicht aufeinander folgenden Fahrzeugen (OLG Hamburg, VersR 1970, 869), wenn nicht nach beiden Seiten hin beobachtet wird (KG, VRS 13, 327) oder aus einem bis zur Fahrbahn reichenden Gebüsch (OLG Hamm, VersR 1989, 1057).

Das Mitverschulden kann so groß sein, dass jeglicher Ersatzanspruch des Fußgängers entfällt und **410** sogar die **Betriebsgefahr** des beteiligten Fahrzeuges völlig **zurücktritt** (vgl. z.B. BGH, VersR 1963, 874; VersR 1964, 88; VersR 1966, 877; KG ,VersR 1993, 201; OLG Bamberg, VersR 1992, 1531), wie auch umgekehrt wegen des erheblichen **Verschuldens** des **Kraftfahrers** das Mitverschulden des Fußgängers ohne Auswirkungen bleiben (BGH, VersR 1960, 348) oder bei Verkehrswidrigkeiten des Kraftfahrers nur zur **Reduzierung** des **Ersatzanspruchs** führen kann (BGH, VersR 1964, 1066 [Pkw befährt Straße in falscher oder gesperrter Richtung]; OLG Oldenburg, DAR 1963, 381 [unzulässig hohe Geschwindigkeit des Pkw]).

c) Pflichten beim Überqueren der Fahrbahn

Beim Überqueren ist der Fahrzeugverkehr weiter zu beobachten (BGH, VRS 23, 333). **Etappen-** **411** **weises Überqueren** der Fahrbahn in zwei Abschnitten, also Verkehrsrichtung für Verkehrsrichtung, ist zulässig (BGH, NJW 1960, 2255; BGH, VersR 1966, 873; OLG Hamm, NZV 1997, 123), aber Mitverschulden eines Fußgängers, der, nachdem er zwei von drei Richtungsfahrbahnen überquert hat, wieder beginnt zurückzugehen, weil auf dem dritten Fahrstreifen ein Pkw sich schnell nähert (KG, VM 1982, 36) oder der weitergeht, nur weil er von einem Kraftfahrer akustisch oder optisch angehupt wird (BGH, NJW 1977, 1057 = VersR 1977, 434). Denn zu einem solchen Signal muss eine **Verständigung der Beteiligten** kommen, sei es durch deutliche Geschwindigkeitsherabsetzung oder Anhalten des Kraftfahrzeuges oder durch Handzeichen seines Fahrers (BGH, VRS 18, 249). Der darin liegende **Verzicht des Berechtigten** wirkt allerdings nur für ihn selbst, nicht für andere Verkehrsteilnehmer.

412 Ist der Verkehr so dicht, dass Fußgänger sich gefährden würden, die an einer beliebigen Stelle die Fahrbahn überqueren (BGH, VersR 1969, 1115), so darf dies **nur** an **Kreuzungen, Einmündungen** oder Fußgängerüberwegen erfolgen (§ 25 Abs. 3 StVO), um den Fußgängerverkehr zu bündeln. Benutzung des Überweges befreit nicht von jeder Sorgfalt (OLG Hamm VersR 1969, 139). **Mitverschulden** des Fußgängers, der die Fahrbahn 15 m (BGH, VersR 1977, 337 [für den Fußgängerüberweg]), 30 m (BGH, NJW 1958, 1630), 50 m (KG, MDR 1978, 491), 60 m bei Dunkelheit (OLG Celle, VRS 78, 324) oder 75 m von einer Kreuzung entfernt (OLG Hamburg, VM 1961, 17) überquert und dabei verletzt wird, ebenso bei Überqueren der Fahrbahn an dafür nicht vorgesehener und nicht geeigneter Stelle (BGH, NZV 2000, 466 = VersR 2000, 1294). Dagegen **kein Mitverschulden** bei 100 m Entfernung (BGH, VRS 19, 401), erst recht nicht bei 200 m Entfernung (BGH, VM 1969, 91). Der **Schutzbereich** markierter und ampelgesicherter Übergänge wird sich nicht auf den Bereich der weißen Fahrbahnmarkierung beschränken können, sondern erfasst auch den unmittelbar angrenzenden Bereich bis zu den **Haltelinien** für den Fahrzeugverkehr (str. wie hier OLG Köln, VersR 1975, 477; a.A. OLG Celle, VRS 32, 632; OLG Schleswig, VRS 20, 455). Bei **Dunkelheit** ist von Bedeutung, ob der Fußgänger die Fahrbahn von links nach rechts oder umgekehrt überquert. Kommt er von rechts, hat der Kraftfahrer nur geringe Reaktionsmöglichkeiten (Beispiel: OLG Hamm, NZV 1995, 357 = VersR 1995, 1113).

d) Sondersituationen

413 Eine gesteigerte Sorgfaltspflicht und damit ein **erhöhtes Mitverschuldensrisiko** trifft den Fußgänger in Sondersituationen. Hierzu gehört in erster Linie das Überqueren der Fahrbahn bei **Dunkelheit** (BGH, VersR 1966, 686; VersR 1969, 750; KG, VersR 1981, 263; OLG Koblenz, VRS 64, 250), über eine enge Fahrbahn (BGH, VersR 1962, 89) oder unter Mitführen eines Fahrrades (BGH, VersR 1963, 462), wenn der Fußgänger sehbehindert ist (KG, VRS 10, 304), beim Aussteigen aus einer Straßenbahn (BGH, VersR 1963, 874) oder für einen Inline-Skater, der – bevorrechtigt – eine Fahrbahn überquert, obwohl er erkennen kann, dass ein entgegenkommender Pkw beim Linkseinbiegen seine Wartepflicht verletzt (OLG Karlsruhe, NZV 1999, 44 = VersR 1999,590).

e) Fußgänger unter Alkoholeinfluss

414 Die **Alkoholbeeinflussung eines Fußgängers,** der infolge eigener Verkehrswidrigkeit verletzt wird, wirkt sich i.d.R. zu seinem Nachteil aus (BGH, VersR 1968, 1092: betrunkener gehbehinderter Fußgänger benutzt nachts die Fahrbahn statt des Gehweges; KG, VersR 1975, 140; OLG Köln, VersR 1987, 513; OLG Saarbrücken, DAR 1989, 185: betrunkener Fußgänger überquert die Fahrbahn; aber Mithaftung des Kraftfahrers bei Geschwindigkeitsüberschreitung, der einen alkoholisierten Fußgänger anfährt, welcher die Fahrbahn überquert bei Rotlicht: OLG Hamm, NZV 1994, 276). Zur Verursachungsabwägung, wenn ein Kraftfahrer nachts in der Nähe eines Weinfestes einen Fußgänger anfährt, der zunächst auf dem Gehweg in seiner Fahrtrichtung gegangen und erst kurz vor der Kollision auf die Fahrbahn getreten ist, vgl. BGH, NJW-RR 1989, 531 mit Anm. Kääb, NZV 1989, 266. Ein Blutalkoholgehalt von 2 ‰ kann bei grober Fahrlässigkeit die Betriebsgefahr des Kraftfahrzeuges entfallen lassen (BGH, VersR 1961, 592); bei 1,8 ‰ zur Nachtzeit gilt das nicht, wenn der Fußgänger am Fahrbahnrand steht (BGH, VersR 1989, 490); bei 2,33 ‰ Anscheinsbeweis für Mitverschulden des Fußgängers (BGH, VRS 10, 245); allgemein zur Abwägung in solchen Fällen OLG Oldenburg, VersR 1987, 1150, zu Unfällen in der Silvesternacht BGH, VersR 1960, 429. Wenn ein Fußgänger mit 2,17 ‰ auf der Fahrbahn liegt, soll das nach OLG Saarbrücken, VM 1971, 91 kein Mitverschulden begründen (fragwürdig).

Kuckuk

6. Mitverschulden von Radfahrern

Hierzu wird auf die Fallgruppen und Haftungsquoten bei Blumberg, NZV 1994, 249 hingewiesen. **415**

Ein Radfahrer, der kurz vor einem Motorrad von links die Fahrbahn zu überqueren versucht, verhält sich so grob verkehrswidrig, dass die **Betriebsgefahr** des Motorrades ganz **zurücktritt** (BGH, VersR 1963, 438). Jugendlicher Radfahrer: OLG Oldenburg, NZV 1994, 74. Auch wenn ein betrunkener Radfahrer, der unmittelbar vor einem Lastzug am Fahrbahnrand sein Fahrzeug zu besteigen versucht, dabei stürzt und durch den Lkw überfahren wird, tritt die Betriebsgefahr des Lkw völlig zurück (BGH, VersR 1966, 39). Biegt ein Radfahrer auf einer stark befahrenen Verkehrsstraße nach links ab, ohne Zeichen zu geben, so trifft ihn das überwiegende Verschulden (OLG Düsseldorf, DAR 1952, 77). Sicherheitsabstand von Radfahrern untereinander: OLG Naumburg, VRS 85,11. Zur Begegnung mit einem erkennbar betrunkenen Radfahrer vgl. OLG Celle, VersR 1957, 305; zur **Begegnung** zwischen Pkw und Radfahrer auf **schmaler, unübersichtlicher Straße:** BGH, VersR 1969, 365; wenn ein Radfahrer bei Dunkelheit auf Fahrbahn neben seinem Fahrrad hockt (OLG Hamm, NZV 1998, 202); wenn ein Radfahrer in falscher Richtung benutzt und versucht, noch vor einem aus wartepflichtiger Straßeneinmündung kommenden Fahrzeug, das den Radweg im Einmündungsbereich schon versperrt, diesen Bereich zu passieren (OLG Hamm, VersR 1999, 1432).

Begegnungszusammenstoß zweier Radfahrer auf einem Gehweg: OLG Düsseldorf, VersR 1996, 1120. Mitverschulden des Radfahrers, der in einer Kurve zu weit links fährt (BGH, VersR 1967, 880) oder grundlos statt des Radweges die Fahrbahn benutzt und hier von überholenden Pkw erfasst wird (OLG Hamm, NZV 1995, 26). Aber volle Haftung des Radfahrers, der mit korrekt fahrenden Grundstücksausgiger kollidiert (OLG Hamm, NZV 1995, 152). Der Radfahrer andererseits, der zu nahe an einem **haltenden Pkw** vorbeifährt, hat einen Teil des Schadens selbst zu tragen, wenn er durch plötzliches Öffnen einer Wagentür verletzt wird (OLG Koblenz, VRS 4, 490), erst recht, wenn seine Lenkfähigkeit durch einen am Lenker hängenden schweren Beutel beeinträchtigt wird (KG, VersR 1972, 1143) oder wenn er unerlaubt den linken Radweg in falscher Richtung benutzt und dabei mit einem Rechtsabbieger zusammenstößt (OLG Bremen, DAR 1997, 272). Bei der Abwägung darf ein nach § 18 Abs. 1 StVG nur vermutetes Verschulden des Fahrzeugführers nicht berücksichtigt werden (BGH, VersR 1966, 164).

7. Mitverschulden von Kraftfahrzeug-Insassen

a) Nichtanlegen des Sicherheitsgurtes

Den Insassen eines Kraftfahrzeuges kann ferner ein Mitverschulden treffen, wenn er entgegen **416** § 21a Abs. 1 StVO während der Fahrt nicht die vorgeschriebenen Sicherheitsgurte anlegt, mithin seit 1.1.1976 für Benutzer der Vordersitze (BGHZ 74, 25 ff.) und seit dem 1.4.1984 für Benutzer der Rücksitze. Die Begründung für die Möglichkeit des Mitverschuldens entspricht exakt der Linie der Rechtsprechung: Nachdem der Sicherheitsgurt in vielen Jahren in der Praxis und bei Großversuchen seinen Nutzen erwiesen hatte und Einbau sowie Benutzung vorgeschrieben waren, lässt ein Fahrzeuginsasse, der den Gurt nicht benutzt, diejenige Sorgfalt außer Acht, die ein ordentlicher und verständiger Mensch anwendet, um sich vor Schaden zu bewahren. Die lange umstrittene Regelung verletzt nicht die Verfassung (BVerfG, NJW 1987, 180). Das Nichtangurten kann nur dann nicht als Mitverschulden angelastet werden, wenn nach §§ 21a Abs. 1, 46 Abs. 1 Satz 1 Nr. 5b StVO keine Gurtanlegepflicht bestand bzw. wenn eine Ausnahmegenehmigung nach § 46 Abs. 1 Satz 1 Nr. 5b StVO von der Straßenverkehrsbehörde hätte erteilt werden müssen: BGH, NJW 1993, 53 = VersR 1992, 1529.

Keinen Schutz bietet der Gurt, wenn ein Fahrzeug frontal auf die Seitenfront eines anderen Fahrzeuges aufprallt. OLG Hamm, VersR 1987, 205 verneint Mitverschulden des nichtangeschnallten Beifahrers auch bei seitlichem Überschlagen (zweifelhaft, da die Verletzungen als Folge des Herausschleuderns aus dem Fahrzeug vielfach schwerer sind als diejenigen, mit denen der angeschnallte Insasse eines sich überschlagenden Fahrzeuges rechnen muss (LG Ravensburg,

DAR 1988, 166). Im Einzelfall muss der Nichtbenutzer des Gurtes beweisen, dass bei Gurtbenutzung die gleichen Schäden entstanden wären (OLG Karlsruhe, NZV 1989, 470 m. Anm. Berr, DAR 1990, 342). Die Gurtanlegepflicht gilt grds. für alle Fahrzeuginsassen, auch für Frauen (BGH, VersR 1981, 548) und für Taxifahrer auf längeren Leerfahrten (BGHZ 83, 71 m. Anm. Schlund, JR 1982, 408). Wer sich nicht anschnallt, kann dem Vorwurf des Mitverschuldens nicht durch den Hinweis entgehen, der Fahrzeugführer habe sich auch nicht angeschnallt (OLG Karlsruhe, VRS 65, 96). Das gilt auch bei Benutzung eines nicht mit Gurt ausgerüsteten Platzes (baulich nicht vorgesehener Mittelplatz auf der Rücksitzbank eines Sportwagen: OLG Karlsruhe, NZV 1999, 422). Versagt der Gurt, kommt ein Mitverschulden des Halters dieses Fahrzeuges nur in Betracht, wenn der Schädiger dem Halter Verschulden am Versagen des Gurtes nachweist (OLG Karlsruhe, Justiz 1984, 297).

417   Allerdings kann sich das Mitverschulden immer nur auf diejenigen Verletzungen beziehen, die bei Benutzung des Gurtes vermieden worden oder glimpflicher ausgefallen wären, für die mithin die Nichtbenutzung **ursächlich** geworden ist (BGH, VersR 1980, 824). Die wichtige Frage, welche Arten von Verletzungen hierfür in Betracht kommen, versucht die h.M. im Anschluss an eine Art Katalog typischer Unfallverläufe des 18. VGT 1978 (DRiZ 1978, 149) über die Regeln des **Anscheinsbeweises** zu lösen (BGH, VersR 1980, 824; VersR 1981, 548; 83, 153; Weber, NJW 1986, 2667 ff.; Palandt/Heinrichs, BGB, § 254 Rn. 22; Soergel/Mertens § 254 Rn. 35), der – wie stets – entfällt, wenn allgemein die ernsthafte Möglichkeit eines anderen Geschehensablaufes in Betracht kommt (BGH, VersR 1980, 824 f.). Die Anwendung des Anscheinsbeweises erscheint insgesamt bedenklich, weil die Art der Verletzung durch die Innenraumkonstruktion des jeweiligen Fahrzeugtyps und die Bewegungsabläufe des Fahrzeuges mit beeinflusst werden kann (Landscheidt, NZV 1988, 7; Ludolph, NJW 1982, 2595; Kuckuk, DAR 1980, 1, 4 f.).

418   Einvernehmen besteht jedenfalls insoweit, dass bezüglich aller durch das Nichtanlegen des Gurtes verursachten oder verschlimmerten Verletzungen eine **einheitliche Mitverschuldungsquote** gebildet werden kann (BGH, VersR 1980, 824), die je nach Lage des Einzelfalls mit 20 % (OLG Karlsruhe, VersR 1991, 83; KG, VersR 1979, 1031; LG Kaiserslautern, VersR 1979, 633; LG Augsburg, DAR 1979, 54), 25 % (KG, VersR 1981, 64; OLG München, DAR 1979, 306), 30 % (OLG Düsseldorf, DAR 1985, 599; OLG Frankfurt/M., VersR 1987, 670), 33 % (OLG Bamberg, VersR 1985, 786 f.) oder 50 % (BGH, NJW 1981, 288; KG, VRS 62, 247; LG Darmstadt, VersR 1980, 342; OLG Saarbrücken, VersR 1987, 774) angesetzt wird. Gegen zu geringe Pauschalquoten bei sog. Gurtmuffeln mit Recht Häublein, VersR 1999, 163. Demzufolge liegt kein Mitverschulden vor, wenn die eingetretenen Verletzungen auch bei Gurtbenutzung entstanden wären, der Verstoß gegen § 21a StVO also nicht verletzungsursächlich geworden ist (OLG Karlsruhe, VersR 1991, 1416; vgl. dazu näher BGH, VersR 1998, 474 = DAR 1998, 191 = NJW 1998, 1137).

Hinweis:

*Der **Fahrzeugführer muss beweisen,** dass der geschädigte Mitfahrer den Gurt nicht angelegt hatte (BGH, NJW 1981, 287 f. = VersR 1981, 57 f.) und dies ursächlich für die Verletzungen geworden ist (BGHZ 74, 25, 33).*

---

b) Verletzung der Pflicht zum Tragen von Schutzhelmen

419   Ganz ähnlich liegt das Problem, wenn es um die Verletzung der Pflicht zum Tragen von **Schutzhelmen** gem. § 21a Abs. 2 StVO für motorisierte Zweiradfahrer geht. Insoweit hatte die Rechtsprechung ein Mitverschulden bereits für Benutzer von Motorrädern (BGH, VersR 1965, 497 = NJW 1965, 1075; OLG Bremen, VersR 1978, 469) und Motorrollern (OLG Hamburg, MDR 1970, 326) für Unfälle aus der Zeit vor Einführung des § 21a Abs. 2 StVO ab 1.1.1976 bejaht, soweit es

um Verletzungen im Kopfbereich ging, die zu verhindern oder abzumildern Sinn des Schutzhelmes ist. Für **Mopeds,** für die die Schutzhelmtragepflicht erst mit Wirkung vom Sommer 1978 eingeführt wurde, war hingegen die gemeine Überzeugung vom Nutzen dieser Einrichtung für die davor liegende Zeit nicht feststellbar (BGH, VersR 1979, 369 = NJW 1979, 980; OLG Oldenburg, VRS 34, 244; OLG Karlsruhe, VersR 1970, 1112; a.a.A. OLG München, NJW 1978, 324), ebenso wenig für Fahrräder mit Hilfsmotor (BGH, NJW 1969, 1889), doch dürfte diese Einschränkung inzwischen dadurch überholt sein, da jetzt § 21a Abs. 2 StVO ausnahmslos für **alle Benutzer motorisierter Zweiräder** gilt. Die **Beweislage** ist insofern deutlich einfacher als beim Sicherheitsgurt: Entstehen bei einem Unfall Kopfverletzungen, vor denen der Schutzhelm allgemein schützen soll, dann spricht der Anscheinsbeweis für die Ursächlichkeit zwischen Verletzung der Schutzhelmtragepflicht und dem Eintritt des Schadens (BGH, VersR 1983, 440 = NJW 1983, 1380, auch zur Frage, wann einem Brillenträger das Tragen von Schutzhelmen nicht zumutbar ist). Verfehlt OLG Hamm, MDR 2000, 1190: Danach kein Mitverschulden eines Mofa-Fahrers, der den Kinnriemen seines Schutzhelms nicht fest genug angezogen hatte und ihn deshalb noch vor dem Kopfaufprall auf die Windschutzscheibe des ihn anfahrenden Pkw verloren hatte.

Die Nichtbenutzung von Schutzhelmen durch **Radfahrer,** bisher zwar nirgends vorgeschrieben, jedoch seit längerem von Fachleuten empfohlen, führt nicht zum Mitverschuldem (OLG Nürnberg, MDR 1999, 1384).   **420**

c) Verhalten von Fahrgästen in öffentlichen Verkehrsmitteln

Fahrgäste müssen sich einen festen Halt verschaffen, auch bei Benutzung der Treppen zum Oberdeck (OLG Düsseldorf, VersR 1972, 1171). Vgl. zur Haftungsabwägung, wenn Fahrgäste trotz festen Haltes oder beim Hinsetzen zu Fall kommen, OLG Hamm, VRS 69, 265 und LG Hanau, VersR 1971, 727. Busfahrer müssen rasantes Anfahren (OLG Karlsruhe, VRS 53, 273) ebenso vermeiden wie ungewöhnlich scharfes Bremsen (OLG Karlsruhe, VRS 54, 123; OLG Düsseldorf, a.a.O.; a.A. OLG Nürnberg, MDR 1977, 139; LG Hamburg, VersR 1971, 137). Im Verkehr mit der Deutschen Bahn müssen Fahrgäste auf untergeordneten Bahnhöfen mit kurzen Haltezeiten eines Nahverkehrszuges rechnen und sich rechtzeitig auf das bevorstehende Aussteigen einstellen: OLG Karlsruhe, VersR 1978, 768, ebenso im Linienbusverkehr (OLG Hamm, NZV 1998, 463). Mitverschulden des Fahrgastes bei Verletzungen infolge Auf- und Abspringens während der Fahrt: BGH, VersR 1957, 372; VersR 1962, 375. Auf ordnungsmäßigen Zustand der eingesetzten Fahrzeuge dürfen Fahrgäste vertrauen (OLG Celle, NJW-RR 1994, 989: defekte Trittbrettstufe am U-Bahn-Wagen). Straßenbahn und Busbenutzer müssen sich vor der Abfahrt und bei Annäherung an eine Haltestelle einen festen Halt verschaffen. Dafür sind sie selbst verantwortlich, eine diesbezügliche Nachschaupflicht des Fahrers besteht nur in Ausnahmefällen (BGH, VersR 1993, 240; OLG Köln, VersR 2000, 1120; LG Dresden, VersR 1999, 204). Die einfache Betriebsgefahr des anfahrenden Busses tritt gegenüber der einfachen Fahrlässigkeit des Fahrgastes, der sich keinen festen Halt verschafft, zurück (OLG Düsseldorf, VersR 2000, 70).   **421**

d) Übernahme besonderer Risiken

In erster Linie kommen Mitfahrten mit einem unter **Alkoholeinfluss** stehenden Fahrer in Betracht, sofern der Mitfahrer von dem vorangegangenen Alkoholgenuss des Fahrers weiß (BGH, VersR 1960, 1146; VersR 1962, 252; VersR 1966, 544; OLG Koblenz, VersR 1980, 238), gar dessen Bedenken zerstreut (BGH, VersR 1962, 84), oder ihm die Neigung des Fahrers, unter Alkoholeinfluss zu schnell zu fahren, bekannt ist (OLG München, VersR 1962, 556; BGH, NJW 1960, 1197 [Abmahnungspflicht des Insassen]). Ob dem Mitfahrer hätten **Zweifel** kommen müssen, ist Tatfrage (vgl. hierzu z.B. BGH, VRS 57, 242). Das **Mitverschulden** des Mitfahrers, der weiß, dass der Fahrzeugführer unter erheblichem Alkoholeinfluss steht und obendrein keine Fahrerlaubnis hat, ist aber i.d.R. geringer als dessen Verschulden zu bewerten (KG, VM 1979, 24 [Mithaftung zur Hälfte bei außergewöhnlich schwerem Verschulden des Mitfahrers]).   **422**

423 Ferner sind hier **Übermüdungsfälle** einzuordnen (BGH, VRS 7, 4; VRS 20, 401; VersR 1961, 518), die den Mitfahrer zur Mitbeobachtung und ggf. Warnung verpflichtet (OLG Düsseldorf, VersR 1968, 852). Zu den **Grenzen** der **Leistungsfähigkeit** eines Kraftfahrers eingehend Müller-Limmroth, DAR 1977, 151 ff., zu **Altersproblemen** Händel, DAR 1985, 210 ff. Bei Vorbereitung durch langen Schlaf ist mit plötzlicher Übermüdung nach Fahrtantritt nicht zu rechnen (BGH, DAR 1958, 194). **Fehlen** äußerliche **Ermüdungsanzeichen,** so ist eine Beobachtung des Fahrers darauf, ob sie später eintreten und sein Wachhalten durch den Mitfahrer nicht erforderlich (BGH, VersR 1979, 938).

424 Schließlich ist an Situationen zu denken, in denen Mitfahrer die **Fahrweise** des Fahrers **negativ beeinflussen** (BGH, VersR 1966, 1156), an Teilnahme an Fahrten mit besonderen Risiken, wenn gerade diese sich verwirklichen (BGH, VersR 1964, 1047; VersR 1966, 593; VersR 1969, 424). Dazu gehört die Mitfahrt in einem erkennbar verkehrsunsicheren Fahrzeug (OLG Jena, JW 1932, 809), mit einem Fahrer, der keine Fahrerlaubnis besitzt, sofern infolgedessen ein Unfall geschieht (OLG Oldenburg, VRS 4, 488). Wer bei Dunkelheit und leichtem Nebel als Beifahrer ein unbeleuchtetes Moped besteigt, beweist ein Höchstmaß von Leichtfertigkeit. Ihm steht daher ein Schadensersatzanspruch gegen den einen Unfall verursachenden Mopedfahrer nicht zu (OLG Saarbrücken, VM 1978, 62). Mitverschulden der Halterin eines Kraftfahrzeuges, die dem mit ihr befreundeten Urlaubsbegleiter, der keine Fahrerlaubnis besitzt, das Steuer des Wagens überlässt (OLG Frankfurt/M., VersR 1978, 828).

III. Sachverhaltsgruppen des § 17 StVG

1. Allgemeines

a) Fallgruppen

425 Eine Abwägung nach § 17 StVG kommt in folgenden **Schadensfällen** in Betracht:

- **mindestens zwei** in Betrieb befindliche Kraftfahrzeuge verursachen einem oder mehreren **Haltern anderer** Kraftfahrzeuge Sach- oder Personenschäden (§ 17 Abs. 1 StVG);

- **mindestens zwei** in Betrieb befindliche Kraftfahrzeuge verursachen bei einer Person, die **nicht** als **Kraftfahrzeughalter** in Erscheinung tritt, einen Sach- oder Personenschaden (§ 17 Abs. 1 StVG);

- **mindestens zwei** in Betrieb befindliche Kraftfahrzeuge verursachen einem oder mehreren **Haltern dieser** Kraftfahrzeuge Sach- oder Personenschäden (§ 17 Abs. 1 StVG);

- ein Schaden wird durch mindestens ein Kraftfahrzeug und ein **Tier** verursacht (§ 17 Abs. 4 StVG);

- ein Schaden wird durch mindestens ein Kraftfahrzeug und eine **Eisenbahn** verursacht (§ 17 Abs. 4 StVG);

- ein Schaden wird durch ein Kraftfahrzeug und einen Anhänger verursacht (§ 17 Abs. 4 StVG).

426 Allen diesen Fällen ist gemeinsam, dass der **Innenausgleich** zwischen den beteiligten Schadensverursachern nicht gem. § 426 Abs. 1 Satz 1 BGB nach Kopfteilen erfolgt, sondern dass diese Regelung durch die Verursachungsabwägung nach **§ 17 StVG** ersetzt wird, also letztlich durch diejenigen Kriterien, die auch für die Auslegung des § 254 BGB maßgebend sind. Die Ausgleichspflicht unterliegt **nicht** der **Höchstbetragsgrenze** des § 12 StVG (BGH, VRS 11, 107), **es sei denn, alle** Beteiligten hafteten **nur** aufgrund der **Gefährdungshaftung** (BGH, VersR 1957, 230).

427 Zum **Ausgleich unter mehreren Schädigern,** wenn einer von ihnen nur im Rahmen der Höchstbeträge des § 12 StVG haftet, aber bereits über diese Höchstgrenze hinausgehende Zahlungen an den Geschädigten geleistet hat, vgl. BGH, NJW 1964, 1898 (= VersR 1964, 1145).

428 Dagegen ist **§ 17 StVG nicht anwendbar,** wenn einer der o.g. (Rn. 368 ff.) Fälle vorliegt.

Kuckuk

b) Verhältnis Halter und Fahrer zueinander

Im Verhältnis zwischen Fahrer und Halter desselben Fahrzeuges ist auf folgende Besonderheit hinzuweisen: Hat der Fahrer das Fahrzeug beschädigt und wird er deshalb vom Halter auf Ersatz in Anspruch genommen, so kann er diesem Anspruch nicht die Betriebsgefahr des Fahrzeuges entgegenhalten, weil die **Gefährdungshaftung** des **Halters gegenüber** dem angestellten **Fahrer** durch § 8 StVG **ausgeschlossen** ist (BGH, VersR 1976, 757): Hätte nämlich der Halter einen Schaden des Fahrers verursacht, so würde er wegen § 8 StVG dafür nicht haften. Andererseits ist § 17 StVG anzuwenden, wenn ein Halter ein fremdes Fahrzeug fährt und mit seinem eigenen Fahrzeug kollidiert, das von seinem Fahrer gelenkt wird (KG, VRS 57, 5).

429

c) Stellung der Insassen

Nachdem die Beschränkung der Halterhaftung für die Verletzung von Kraftfahrzeuginsassen durch § 8a StVG a.F. entfallen ist, bestehen insoweit keine Besonderheiten mehr.

430

d) Leasingfahrzeuge

Ist eines der am Unfall beteiligten Fahrzeuge ein Leasingfahrzeug, so kann der **Leasinggeber** aufgrund seines Eigentums vom Halter des anderen Fahrzeuges, der gem. **§ 7 StVG** oder bei Verschulden aus **§ 823 BGB** haftet, Ersatz verlangen, ohne dass die § 17 StVG, § 254 BGB eingreifen, denn weder ist der Leasinggeber Halter des Leasingfahrzeuges (dies ist vielmehr der Leasingnehmer: BGHZ 87, 133 = NJW 1983, 1492), noch ist der Leasingnehmer Verrichtungs- oder Erfüllungsgehilfe des Leasinggebers. Allerdings hat der **Halter** des **anderen Fahrzeuges** gegen den Leasingnehmer einen **Ausgleichsanspruch** aus § 426 BGB, sofern der Leasingnehmer ebenfalls für den Schaden am Leasingfahrzeug haftet (BGHZ 87, 133, 138 = NJW 1983, 1492 f. = VersR 1983, 656, 658; Hiddemann, WM 1978, 834 ff.). Diese Auffassung ist jedoch umstritten, weil nach § 9 StVG das Verschulden des Inhabers der tatsächlichen Gewalt über das Fahrzeug (= Leasingnehmer) dem Geschädigten (= Leasinggeber) zugerechnet wird (so Greger, Haftungsrecht des Straßenverkehrs, 3. Aufl. 1997, § 9 StVG Rn. 18 mit Nachweisen). Da aber der Leasingnehmer Halter ist, könnte man dieser wirtschaftlich sinnvollen Lösung nur über eine erweiternde bzw. analoge Anwendung des § 17 Abs. 1 Satz 2 StVG zustimmen (ebenso Schmitz, NJW 1994, 301 f.).

431

> *Hinweis:*
>
> *Diese Probleme sind mit dem In-Kraft-Treten des 2. Schadensersatzänderungsgesetzes für* **Schadensfälle ab 1.8.2002** *durch § 17 Abs. 3 Satz 3 StVG jedenfalls zum Teil ausgeräumt, weil der Leasinggeber einen am Unfall beteiligten Fahrzeug- bzw. Anhängerhalter nicht in Anspruch nehmen kann, wenn dieser den Unabwendbarkeitsbeweis gem. § 17 Abs. 3 Satz 1 und 2 StVG erbracht hat.*

2. Bedeutung der Betriebsgefahr

Für den Kraftfahrzeugverkehr ist im Rahmen der Verursachungsabwägung der Begiff Betriebsgefahr von entscheidender Bedeutung. Darunter ist die Summe der Gefahren zu verstehen, die durch die dem betreffenden Kraftfahrzeug **immanenten** und **typischen Eigenheiten** für andere Personen entstehen (BGH, VersR 1956, 656; VersR 1961, 536; NJW 1971, 1983), woraus zugleich ersichtlich ist, dass es eine bloß abstrakte Betriebsgefahr nicht gibt (Böhmer, MDR 1962, 87).

432

Maßgebend für die **Bemessung** der **Betriebsgefahr** jeweils im Einzelfall sind einmal die eher **objektiven Faktoren,** die einem Fahrzeug seiner Eigenart nach immer anhaften (Größe, Gewicht, Fahrzeugart und Beschaffenheit). So wird die Betriebsgefahr einer Eisenbahn kraft ihrer Masse, Schienenbindung und des langen Bremsweges in aller Regel größer sein als die eines – auch sehr großen – Lastzuges (BGH, VersR 1964, 633), diejenige eines Panzers wegen seiner Größe und ein-

433

geschränkten Beweglichkeit bzw. Lenkbarkeit wiederum größer als diejenige eines Pkw. Maßgebend sind weiterhin Umstände, die zwar nichts mit dem betreffenden Fahrzeug, wohl aber mit den jeweiligen **Verkehrsverhältnissen** im weitesten Sinne zu tun haben (Fahrbahnbreite, Fahrbahnbeschaffenheit nach Material, Trockenheit oder Feuchtigkeit, Witterungsfaktoren wie Nebel, Regen, Schnee, Eisglätte, Dunkelheit, Beleuchtung, inner- und außerörtliche Verkehrsverhältnisse sowie Verkehrsdichte) und schließlich jene eher **subjektiven Faktoren,** die der jeweilige Fahrzeugführer beeinflussen kann (Fahrgeschwindigkeit, Fahrweise, verkehrsgerechtes bzw. verkehrswidriges Verhalten, eigene Aufmerksamkeit und allgemeine Verkehrstüchtigkeit). Alle diese Faktoren zusammengenommen bilden – gemessen an den gleicherweise abzuwägenden Faktoren der anderen unfallbeteiligten Fahrzeuge – diejenige Betriebsgefahr, die sich **im Einzelfall konkret** nach den jeweiligen Umständen **ausgewirkt** hat, und nur auf sie kommt es für § 17 StVG an.

434 Aus dieser Aufzählung berücksichtigungsfähiger Faktoren ergibt sich eine kaum überschaubare Möglichkeit von **Abwägungen im Einzelfall,** die sich schwerpunktmäßig wie folgt zusammenfassen lassen: **Erhebliche Schuld** eines Beteiligten kann im Einzelfall sowohl geringe Schuld des anderen Beteiligten als auch die Betriebsgefahr von dessen Fahrzeug ganz zurücktreten lassen (vgl. z.B. BGH, VersR 1965, 1075), die Betriebsgefahr eines **stehenden** kann größer sein als die eines fahrenden **Fahrzeuges** (BGHZ 29, 167 = NJW 1959, 627). Zum Betriebsgefahrenvergleich zwischen **Pkw** und **Kraftrad:** BGH, VersR 1960, 804 und 1140 sowie BGH, VersR 1961, 447, zwischen **Motorrad** und **Moped:** BGH, VersR 1964, 633, zwischen **Lkw** und **Motorrad:** BGH, VersR 1966, 521; OLG Karlsruhe, VersR 1987, 693.

435 Von **erhöhter Betriebsgefahr** ist auszugehen, wenn die mit dem Betriebe eines Fahrzeuges verbundenen **objektiven Risiken erhöht** werden entweder durch Faktoren, die den Verkehrsverhältnissen zuzuordnen sind (dichter Verkehr, unübersichtliche Straße, ungünstige Witterungsverhältnisse) oder durch subjektive Faktoren, wobei insbesondere verkehrswidriges Verhalten zu erwähnen ist (BGH, VRS 12, 17): zu hohe Geschwindigkeit, unzulässiges Überholen, Vorfahrtverletzungen, Verstöße gegen das Rechtsfahrgebot. Dabei muss sich der Halter im Rahmen der Abwägung der Betriebsgefahr auch solche Fahrfehler zurechnen lassen, die sein **angestellter Fahrer** begeht, auch wenn der Fahrer nicht Verrichtungsgehilfe ist oder der Halter den Entlastungsbeweis nach § 831 BGB führt (BGHZ 12, 124 = NJW 1954, 594; BGH, VersR 1976, 1131; BGH, VersR 1981, 354). Das gilt aber immer nur für solche Fahrfehler, die sich auf den konkreten Unfall ausgewirkt haben (BGH, NZV 2000, 466 = VersR 2000, 1294).

3. Schadensverursachungen allein durch Kraftfahrzeuge

436 Nachstehend sollen einige **Sachverhaltsgruppen** besonders erörtert werden, die sich erfahrungsgemäß als vermehrt unfallursächlich erwiesen haben. Sie enthalten jedoch jeweils in sich wiederum höchst differenzierte Geschehensabläufe, die zu ganz unterschiedlichen Bewertungen geführt haben. Deshalb handelt es sich hierbei nur um Orientierungshilfen, die dazu bestimmt sind, **Hinweise auf** möglicherweise **einschlägige Entscheidungen** zu geben, die aber insgesamt weder vollständig sein noch wegen des Problemumfangs näher dargestellt werden können.

Gelegentlich sind Versuche gemacht worden, typische Unfallabläufe in eine Art **Quotentabelle** umzusetzen (Bursch/Jordan, VersR 1985, 512 [Hamburger Quotentabelle]).

a) Auffahrunfälle

437 Nach **grundlosem Bremsen** des **Vordermannes** und bei zu geringem Abstand des Hintermannes (OLG Düsseldorf, VersR 1976, 915) will das KG (DAR 1975, 324) die Betriebsgefahr des Hintermannes doppelt so hoch wie die des Vordermannes ansetzen (ebenso OLG Koblenz, VM 1992 Nr. 116; hierzu auch KG, NZV 1993, 478). Fahren beide mit zu geringem Abstand: beiderseitiges Verschulden (KG, VersR 1962, 991). Sonderfall: **Geschlepptes** fährt auf schleppendes **Fahrzeug** auf (BGH, VersR 1966, 934 [Schleppverbindung zu kurz]). Bei Auffahren auf sichtbar abgestellten Anhänger kann dessen Betriebsgefahr ganz entfallen (BGH, VersR 1969, 713), ebenso auf ein

innerörtlich bei Dunkelheit gut sichtbar geschobenes Fahrzeug bei überhöhter Geschwindigkeit des Auffahrers (KG, VersR 1972, 279). Auffahren auf ein mangelhaft beleuchtetes landwirtschaftliches Nutzfahrzeug (OLG Düsseldorf, VersR 1972, 377), infolge **Sonnenblendung** (OLG Koblenz, VersR 1974, 442), infolge Sichtbehinderung durch **vereiste Frontscheibe** (LG Konstanz, VersR 1977, 90), weil **Bremslichter** des Vordermannes **versagen** (OLG Karlsruhe, VRS 62, 408 [2/3 Vordermann]). Auffahren auf unbeleuchtete Mähmaschine bei Blendung durch Gegenverkehr (BGH, VRS 25, 246); auf **unbeleuchteten Anhänger** am Rande einer Bundesstraße (OLG Frankfurt/M., VersR 1963, 589), auf **unbeleuchtet abgestellten Lieferwagen** (OLG Schleswig, VersR 1967, 717; BGH, VersR 1964, 952). Bei **ungeklärtem Auffahrunfall** Schadensteilung, wenn keine Partei Umstände bewiesen hat, die sie selbst ent- oder die andere Partei belastet (BGH, VersR 1966, 732). Bei **Auffahren auf** ein **Unfallfahrzeug** kann dessen Unfallursache beachtlich sein (BGH, VersR 1977, 36), auf vorausfahrenden **Abbieger** in Grundstückseinfahrt kann dessen mangelnde Vorsicht die Betriebsgefahr des Auffahrers ganz zurücktreten lassen (BGH, VersR 1969, 614; a.A. KG, VersR 1970, 226 [nur Haftungsquotenverschiebung]). Auffahren auf vom Fahrbahnrand plötzlich **anfahrendes Fahrzeug** (OLG Frankfurt/M., VersR 1974, 92; KG, VersR 1985, 478; OLG Düsseldorf, VersR 1987, 909: Quotierungsfälle); auf Fahrzeug, das in **Einbahnstraße rückwärts** in Parkfläche einfährt (OLG Frankfurt/M., VersR 1973, 968); im stark befahrenen **Verkehrskreisel** (OLG Frankfurt/M., VersR 1974, 497); auf ein vor ausgeschalteter Ampel haltendes Fahrzeug (OLG Stuttgart, VersR 1973, 325); wenn ausgeschaltete **Ampel irrig als** auf **Rot** stehend angesehen wird (LG Heidelberg, VersR 1974, 504); nach Umschalten auf Grün (LG Hannover, DAR 1981, 95 [immer Auffahrer allein]); auf am Fahrbahnrand abgestellten Postbus (LG Hildesheim, VersR 1971, 1070 [Betriebsgefahr 10 %]); auf ein mit brennenden Scheinwerfern liegen gebliebenes Unfallfahrzeug (OLG Celle, VersR 1972, 306); auf ordnungsgemäß beleuchtet **abgestellten Pkw** (OLG Koblenz, VersR 1976, 152).

b) Auffahrunfälle im BAB-Verkehr

Auffahren durch unvorsichtiges **Einfahren** (OLG Köln, VersR 1973, 91; BGH, VersR 1967, 456); durch Einfahren auf einen zu schnell fahrenden Lkw (BGH, VersR 1963, 1078); auf **Ausfahrer,** der schon 600 m vor der Ausfahrt Geschwindigkeit von 100 km/h auf 50 km/h reduziert (OLG Celle, VersR 1975, 56); nach zu dichtem Auffahren unter Verwendung der **Lichthupe** (OLG Köln, VersR 1982, 558; OLG Frankfurt/M., VersR 1995, 555: Alleinhaftung des Auffahrenden); bei unklarer Verkehrslage aus der Sicht des Überholers, der die Richtgeschwindigkeit erheblich überschreitet (OLG Hamm, NZV 1995, 194); wenn sich vom nachfahrenden Lastzug der Hänger löst, auf den der Nachfolger auffährt (OLG Braunschweig, VersR 1983, 157); wenn Pkw an Bergaufstrecke auf langsamen **Schwertransporter** auffährt (OLG Zweibrücken, VersR 1973, 166); wenn Sattelschlepper auf **extrem langsamen Tanklastzug** auffährt (OLG Celle, VersR 1973, 352); wenn Lkw bei Dunkelheit und überhöhter Geschwindigkeit auf langsam fahrende Kolonne auffährt (OLG Frankfurt/M., VRS 86, 89). Auffahrt Bus auf Lkw, der am Fahrbahnrand hält (BGH, VersR 1971, 953). Erhebliche Betriebsgefahr eines auf der BAB **liegen gebliebenen, unzureichend gesicherten Fahrzeuges** (BGH, VersR 1969, 668) bzw. Schwerlastzuges (BGH, VersR 1971, 471); eines plötzlich quer gestellten Lkw-Anhängers infolge falscher Einstellung des Bremskraftreglers (BGH, VersR 1970, 423); eines auf BAB ins Schleudern gekommenen Pkw, der auf der **Überholfahrbahn zum Stehen** kommt (OLG Nürnberg, VersR 1971, 481). Zum **grundlos scharfen Bremsen** im BAB-Verkehr und den dadurch häufig verursachten **Kettenauffahrunfällen** (OLG Düsseldorf, MDR 1974, 42; OLG Celle, VersR 1974, 669; LG Hamburg, VersR 1975, 355; OLG Nürnberg, VersR 1978, 1174; OLG Stuttgart, VersR 1980, 391; OLG Karlsruhe, VersR 1981, 739; Hartung, VersR 1981, 696; OLG Hamm, NZV 1993, 68). Einzelheiten der Abrechnungsmöglichkeiten: OLG Düsseldorf, VRS 90, 416. Zum Auffahren auf **durch Vordermann verdecktes Hindernis** vgl. BGH, VersR 1987, 358; KG, NZV 1988, 23.

438

c) Sonstige BAB-Fälle

439 **Einfahren direkt** auf **Überholspur,** wenn dort alsbald scharf gebremst wird (OLG Celle, VersR 1979, 916); wenn sich an Fahrstreifenreduzierung auf einen Fahrstreifen ein **Lkw** vorschriftsmäßig **einordnet** und dabei auf ihn von hinten ein mit überhöhter Geschwindigkeit bei Regen und Dunkelheit herankommender Pkw auffährt (OLG München, VersR 1968, 1148 [Betriebsgefahr des Lkw entfällt]). Unerlaubte Fahrt auf Seitenstreifen: OLG München, NZV 1994, 399. Betriebsgefahr eines Fahrzeuges, das auf BAB im **Nebel** schnell fährt, ist größer als die eines dort bei Nebel haltenden (OLG Neustadt, VersR 1963, 644). Behebung eines **Reifenschadens** auf BAB (BGH, VersR 1969, 668). Gleiche Betriebsgefahr und Schuld eines im **Lkw-Überholverbot** ausscherenden Lkw und eines Sport-Pkw, der trotz schlechter Sicht mit hoher Geschwindigkeit überholen will (OLG Frankfurt/M., VM 1971, 85).

d) Zustand der Fahrbahn

440 Schäden infolge Fahrt über noch nicht ausgeglichenen Kanaldeckel und Verkehrssicherungspflicht (OLG München, VersR 1968, 1170; OLG Koblenz, VersR 1976, 739); Möbelwagen kollidiert mit **Baum,** der in Fahrbahn reicht (KG, VersR 1973, 186); Kollision mit Baum der gerade auf die Fahrbahn stürzt (OLG Frankfurt/M., VRS 56, 81); Kollision mit **Kehrmaschine,** die im Baustellenbereich wendet (OLG Düsseldorf, VersR 1980, 633).

e) Zustand des Fahrers

441 Zur **Alkoholbeeinflussung** des Fahrers (BGH, VersR 1960, 159; OLG Schleswig, VersR 1975, 290; OLG Koblenz, VersR 1976, 152; OLG Stuttgart, VersR 1982, 861); zu **Übermüdung** und Alkohol (BGH, VersR 1968, 698); zu **beiderseitigem Alkoholeinfluss** (BGH, VRS 23, 404). Bei der Abwägung nach § 17 StVG kann eine Alkoholbeeinflussung des Fahrzeugführers berücksichtigt werden, wenn feststeht, dass sie sich im Unfall niedergeschlagen bzw. ausgewirkt hat (BGH, VersR 1995, 357 = NZV 1995, 145; OLG Hamm, NJW 1994, 2702).

f) Zustand des Fahrzeugs

442 Versagen notwendiger Betriebseinrichtungen erhöht die Betriebsgefahr auch ohne Verschulden (BGH, VRS 5, 35). Typisch: Bremsversagen (bei Moped: BGH, VersR 1966, 146; bei Straßenbahn gegenüber verkehrswidrig abgestellten Lkw: BGH, VersR 1960, 609); ausbrechender Lkw-Anhänger wegen falscher Einstellung des Bremskraftreglers (BGH, VersR 1970, 423). Fehlende (ausgefallene oder defekte) **Beleuchtung** (OLG Celle, VersR 1980, 1048; BGH, VersR 1958, 607; KG, DAR 1983, 82). Auffahren eines Lastzuges auf bei Dunkelheit am BAB-Rand stehenden Lastzug, dessen Anhängerbeleuchtung ausgefallen ist (BGH, VersR 1963, 342). **Fehlender Rückspiegel** (OLG Hamburg, VersR 1961, 1145). **Verlust** eines schlecht befestigten **Koffergepäckträgers** auf BAB (BGH VersR 1964, 411) oder eines Reserverades (OLG Düsseldorf, VersR 1962, 484).

g) Geschwindigkeitsüberschreitung

443 Bewusst erhebliche Geschwindigkeitsüberschreitung überwiegt unvorsichtiges Kreuzen der Fahrbahn durch Pkw (BGH, VersR 1971, 179); 25 % Mithaftung bei Überschreitung der innerörtlichen Höchstgeschwindigkeit um 40 % (KG, VersR 1978, 872); überhöhte Geschwindigkeit des Vorfahrtberechtigten (OLG Koblenz, VersR 1974, 671; OLG Stuttgart, VersR 1995, 677 bejaht Alleinhaftung eines solchen Überholers, wenn den Wartepflichtigen kein Verschulden trifft; vgl. hierzu auch Berr, ZAP F. 9, S. 561 ff. mit sehr eingehender Rechtsprechungs-Tabelle). Zur Überschreitung der Richtgeschwindigkeit OLG Hamm, NZV 1994, 193.

Kuckuk

h) Grundstückein- und -ausfahrten

Die Betriebsgefahr eines ein **Grundstück verlassenden Fahrzeuges** ist i.d.R. größer als die der **444** Fahrzeuge im fließenden Verkehr (OLG Bamberg, VersR 1966, 690) außer bei groben Verkehrsverstößen des fließenden Verkehrs (OLG Oldenburg, NZV 1992, 487: Befahren einer Einbahnstraße in verbotener Richtung). Vgl. zum Zusammenstoß zwischen Rückwärtsausfahrer und Rückwärtsfahrer auf der Straße OLG Köln, NZV 1994, 321. Auch an übersichtlicher Ausfahrt haftet der Ausfahrer überwiegend selbst, wenn der Führer des auf der Straße durchfahrenden Fahrzeuges zu schnell fährt (LG Frankenthal, VersR 1974, 203); bei grobem Verstoß des Ausfahrers gegen § 10 StVO ist selbst die Betriebsgefahr eines Busses unbeachtlich (OLG Karlsruhe, VersR 1975, 1033); **Ausweichunfall** des auf der Fahrbahn vor einer Grundstücksausfahrt nach rechts ausbiegenden Lkw, der eine Kollision mit einem die Ausfahrt verlassenden Pkw durch sein Ausweichen verhindern will (OLG Nürnberg, VersR 1973, 259); bei Kollision zwischen Ausfahrer aus Grundstück mit einem von links kommenden Fahrzeug, wenn durch **geparkte Fahrzeuge** in der zweiten Reihe für den Ausfahrer eine zusätzliche **Sichtbehinderung** besteht (KG, VersR 1981, 485); bei Kollision zwischen dem eine haltende Kolonne links überholenden Motorrad und einem Ausfahrer aus einem Grundstück, der durch eine in der **Kolonne** befindliche **Lücke hindurchfährt** (OLG Oldenburg, DAR 1979, 219 [3/4 zu Lasten des Ausfahrers]); Auffahren auf korrekten **Rechtsabbieger in** ein **Grundstück** (KG, DAR 1976, 74 [Alleinhaftung des Auffahrers]); auf korrekten **Linksabbieger in** ein Grundstück (OLG Düsseldorf, VersR 1975, 429).

i) Linksabbieger

aa) Korrekt fahrender Linksabbieger

Bei Einfahrt in Grundstück und Hintermann (OLG Düsseldorf, VersR 1975, 429); und Überholer **445** (OLG Hamm, VersR 1981, 340 [2/3 trägt Überholer]); und Kolonnenüberholer (OLG Schleswig, VersR 1974, 703); allgemein OLG Nürnberg (VersR 1973, 1126). Korrekt fahrender Linksabbieger und nachfolgende Straßenbahn bei beiderseits fehlendem Verschulden (OLG Hamburg, VersR 1976, 1139).

bb) Linksabbieger und Überholer

Trotz knapper Fahrbahnbreite und Erkennen des Abbiegens (OLG Oldenburg, VersR 1970, 936); **446** Überholer mit erheblich höherer Geschwindigkeit (Betriebsgefahr des Überholers erheblich höher: OLG Düsseldorf, VersR 1970, 1161 und VersR 1973, 372); bei unaufgeklärter Ursache (OLG Koblenz, VRS 52, 323; OLG Köln, DAR 1977, 196); linksabbiegender Traktor und nachfolgendes Motorrad (BGH, VersR 1969, 1020); Bus und nachfolgende Straßenbahn (BGH, VersR 1970, 1049; OLG Braunschweig, VersR 1972, 493); Lkw und nachfolgende Straßenbahn auf besonders gesichertem Gleiskörper (OLG Düsseldorf, VersR 1976, 171). Wenn der Linksabbieger das Hupsignal des noch überholenden Hintermannes, jener aber die angezeigte Linksabbiegeabsicht nicht beachtet: nach KG, VRS 62, 95 gleiche Schuld und Betriebsgefahr (sehr fragwürdig bei korrekter Fahrweise des Linksabbiegers, denn Übersehen der Anzeige erhöht Betriebsgefahr des Linksüberholers: BGH, VersR 1961, 233; vgl. zur Abwägung in diesem Falle auch BGH, VersR 1963, 658). Weitere Einzelheiten bei Bärnhof, VersR 1996, 948. Unerlaubtes Linksüberholen des links eingeordneten, links blinkenden und die Rückschaupflichten beachtenden Linksabbiegers führt zur Alleinhaftung des Überholers (OLG Düsseldorf, NZV 1998, 72).

cc) Linksabbieger und Gegenverkehr

Betriebsgefahr des Gegenverkehrs kann völlig zurücktreten (BGH, VersR 1969, 75); tritt immer **447** zurück (OLG Stuttgart, VersR 1980, 363); überwiegt zumindest (OLG Bamberg, VersR 1975, 813). Sattelschlepper als Linksabbieger (LG Nürnberg-Fürth, VersR 1972, 597). Ausnahme: Kollision mit Gegenverkehr im Ampelkreuzungsbereich, in den Abbieger korrekt, der Gegenverkehr aber bei Rot eingefahren ist (KG, NJW 1975, 695 [regelmäßig Alleinhaftung des Gegenverkehrs] hierzu OLG Hamm, VRS 89, 23).

dd) Unkorrekt fahrender Linksabbieger

448 Pkw und nachfolgende Straßenbahn, auf deren Gleis er wegen Gegenverkehr halten muss (Alleinhaftung des Pkw: OLG Düsseldorf, VersR 1976, 499); verkehrswidriges Einordnen auf Gleisen, wenn Bahn sich bereits nähert (OLG Hamburg, VersR 1968, 975); anders aber bei erheblichem Verschulden des Straßenbahnführers (OLG Düsseldorf, VersR 1969, 429); ohne Anzeige der Abbiegeabsicht und ohne zweite Rückschau gegen Kolonnenüberholer (OLG Nürnberg, VersR 1981, 288 [Abbieger haftet zu 3/4]); ohne Rückschau und Anzeige gegen Linksüberholer, der trotz durchgezogener weißer Linie überholt, beide zu je 1/2 (OLG Nürnberg, DAR 1995, 330); ohne zweite Rückschau gegen Linksüberholer trotz unklarer Verkehrslage (KG, VRS 62, 95); wenn am abbiegenden Fahrzeug die hintere Beleuchtung fehlt und es von Lkw überholt wird (OLG Celle, VersR 1980, 1048); ohne Anzeige der Absicht, in Grundstück abzubiegen (KG, VersR 1970, 226). Beim Unterlassen der zweiten Rückschau generell erhöhte Betriebsgefahr des Linksabbiegers (OLG Hamm, VersR 1981, 340).

ee) Linksabbieger im Ampelbereich

449 Wenn der wartepflichtige Linksabbieger den Abbiegevorgang so zeitig unterbricht, dass eine gefahrlose Vorbeifahrt des Gegenverkehrs möglich ist, dann haftet bei durch Vollbremsung des Gegenverkehrs verursachter Kollision der Vorfahrtberechtigte zu 80 % (OLG Nürnberg, NJW-RR 1986, 1153), ähnlich bei überhöhter Geschwindigkeit des Vorfahrtberechtigten (OLG Karlsruhe, VersR 1987, 290; OLG Schleswig, JurBüro 1986, 1064), wogegen seine Betriebsgefahr bei grobem Verschulden des Linksabbiegers ganz entfallen kann (OLG Stuttgart, VersR 1980, 363). Ist ein Grün- oder Gelbpfeil vorhanden und biegt der Linksabbieger nach dessen Aufleuchten ab, so haftet der bei Rot in die Kreuzung eingefahrene Gegenverkehr bei Kollision mit dem Linksabbieger allein (KG, NJW 1975, 695) oder zur Hälfte, wenn bei gleicher Betriebsgefahr ungeklärt bleibt, ob der grüne Pfeil das Abbiegen freigegeben hat (BGH, DAR 1992, 143 und NZV 1996, 231 = VersR 1996, 513). Klagt der Geradeausfahrer, so muss er beweisen, dass der Linksabbieger nicht bei Grün gefahren ist (BGH a.a.O. und NZV 1997, 350 = VersR 1997, 852; ähnlich OLG Düsseldorf, NZV 1995, 311).

j) Nebel

450 Die Betriebsgefahr dessen, der bei Nebel auf **BAB** zu schnell **fährt,** ist i.d.R. größer als die Betriebsgefahr dessen, der wegen des Nebels am Fahrbahnrand **hält** (OLG Neustadt, VersR 1963, 644). Zur Betriebsgefahr eines Pkw, der bei Nebel einem mit Abblendlicht entgegenkommenden Lieferwagen nach rechts ausweicht (vgl. BGH, VersR 1961, 211).

k) Parken

451 Zur Betriebsgefahr eines Parkers **in zweiter Reihe** (KG, DAR 1975, 212; LG München, VersR 1968, 979); eines Rückwärtsausfahrers aus einer Parkreihe (OLG Köln, VersR 1979, 725 [Haftung des Ausfahrers zu 2/3]); eines vom **Parkstreifen anfahrenden** Pkw (OLG Köln, VersR 1986, 666; ähnlich OLG Frankfurt/M., VersR 1999, 864: Anfahrender haftet bei sonst ungeklärter Sachlage zu 3/4); eines aus einer Parkbox im **Parkhaus** herausfahrenden Pkw (AG Berlin-Neukölln, VersR 1971, 428 [er trägt 2/3]); bei Kollision auf Parkplatz zwischen Rechtseinbieger auf Parkfläche und dem rechts an ihm Vorbeifahrenden (OLG Köln, VersR 1976, 597). Betriebsgefahr eines **verkehrswidrig geparkten Fahrzeuges** (KG, VersR 1978, 140 mit zust. Anm. Klimke, a.a.O.). Generell hierzu mit Fallgruppen Berr, DAR 1993, 418. Alleinhaftung dessen, der

infolge Fahrfehlers von der Fahrbahn abkommt und auf einen außerhalb der Fahrbahn korrekt geparkten Pkw auffährt (OLG Hamm, DAR 1997, 360).

l) Rechtsfahrgebot, Begegnungsverkehr

Die Betriebsgefahr des korrekt Rechtsfahrenden tritt gegenüber dem Gegenverkehr, der infolge **überhöhter Geschwindigkeit** nach links gerät, völlig zurück (BGH, VersR 1969, 438); ebenso bei Kollision mit einem bei Dunkelheit entgegenkommenden Motorradfahrer, der ohne Beleuchtung außerörtlich mit 65 km/h fährt (OLG Hamm, VersR 1999, 898); auch wenn der Rechtsfahrer nicht ganz rechts fährt (OLG Oldenburg, VersR 1974, 40). Alleinige Haftung dessen, der eine unübersichtliche **Kurve** schneidet (OLG Düsseldorf, VersR 1973, 946); der Kurven schneidet (BGH, VersR 1966, 776); der beim Durchfahren einer Kurve auf die Gegenfahrbahn schleudert (OLG Karlsruhe, VersR 1981, 886); der in einer Kurve die linke Straßenseite mitbenutzt (OLG Nürnberg, VersR 1960, 574). **Begegnungskollision** auf 8 m breiter Fahrbahn, wenn unklar bleibt, ob einer der Beteiligten zu nahe an der Mittellinie fuhr (OLG Düsseldorf, VersR 1972, 649). Bei Begegnungskollision zweier etwa gleich schneller Fahrzeuge gleichen Typs ist deren Betriebsgefahr gleich groß (OLG München, VersR 1960, 862). Alleinige Haftung dessen, der den **Fahrstreifen** plötzlich und ohne Anzeige **wechselt** (OLG Celle, VersR 1972, 1145); der auf der **linken Straßenseite** fährt (BGH, VersR 1962, 989; VersR 1966, 264); der infolge **überhöhter Geschwindigkeit** auf die linke Straßenseite rutscht (OLG Karlsruhe, VersR 1967, 937). **452**

Sonderfälle auf **verengter Fahrbahn:** Frontalzusammenstoß (KG, VersR 1979, 577); auf durch **Schnee** verengter Fahrbahn einer Bergstraße zwischen Bus und Pkw (OLG Düsseldorf, VersR 1970, 1160); auf **vereister Gefällestrecke,** die zusätzlich durch Schnee verengt ist (gleiche Betriebsgefahr zwischen Tanklastzug und Lkw: OLG Frankfurt/M., VersR 1973, 751); auf durch **Hindernis** verengter Fahrbahn (OLG Düsseldorf, VersR 1973, 373); auf durch **parkende Fahrzeuge** einseitig verengter Fahrbahn (OLG Celle, VersR 1973, 716; OLG Bamberg, VersR 1982, 583); auf durch unzulässig parkende Fahrzeuge verengter Fahrbahn (OLG Schleswig, VersR 1975, 384). Zur Haftungsabwägung in Kurven und Engstellen vgl. weiterhin: BGH, VersR 1963, 281; BGH, VersR 1966, 540; für Motorräder (BGH, VRS 27, 410); für Pkw, wenn einer nach links fährt, um einem Fußgänger auszuweichen (BGH, VersR 1962, 429). **453**

m) Unzureichender Seitenabstand

Wer mit zu geringem Seitenabstand an parkenden Fahrzeugen mit zum Teil geöffneter Tür vorbeifährt, haftet allein (KG, DAR 1973, 156; dazu auch OLG Hamburg, VersR 1974, 267; KG, VersR 1975, 263; LG Mainz, VersR 1983, 789). Zur Haftungsabwägung zwischen Fahrerverschulden durch unvorsichtiges **Öffnen** der **Fahrzeugtür** zur Fahrbahnseite hin und Verschulden des dabei verletzten Mopedfahrers (geringer Abstand) vgl. OLG Düsseldorf, MDR 1961, 322. Bei Vorbeifahrt eines **Lkw** mit zu geringem Seitenabstand nimmt das KG (DAR 1986, 88) Schadensteilung an. Zur Haftungsverteilung eines auf **falscher Straßenseite** abgestellten Pkw, dessen Tür zur Fahrbahn geöffnet wird, vgl. LG Wiesbaden, VersR 1973, 649. **Aussteigen** aus dem geparkten Fahrzeug gehört zu dessen Betrieb (KG, VersR 1975, 263). **454**

n) Überholen

In Anwendung der sich aus § 5 StVO ergebenden Risikoverteilung trägt der **Überholer** das **Gesamtrisiko** seines **Überholmanövers** (KG, NJW 1971, 142). Bedenklich daher OLG Hamm, VersR 1976, 1071, wonach Betriebsgefahr des Überholers nicht schlechthin höher ist als die des Überholten, und wohl gegenstandslos BGH, VersR 1958, 268, wonach die Betriebsgefahr des Überholers nur größer sein kann als die des Überholten. Fehler des Überholers wirken sich zwangsläufig zu dessen Nachteil aus, etwa bei einer **Überholgeschwindigkeit von 170 km/h** gegenüber dem Verschulden eines der überholten Lkw-Fahrer (OLG Stuttgart, VersR 1982, 1155); bei unzu- **455** lässiger hoher Überholgeschwindigkeit (OLG München, VRS 31, 170); bei unerlaubtem **Rechtsüberholen** einer nach rechts geführten Straßenbahn (OLG Düsseldorf, VersR 1970, 91) oder eines zum Rechtsabbiegen ansetzenden Lkw (OLG Frankfurt/M., VersR 1972, 1146); hier jeweils Alleinhaftung des Überholers; anders OLG Oldenburg, NZV 1993, 233: Lkw war zwecks Einbiegens zunächst nach links ausgeschwenkt und hatte dabei nach links geblinkt); beim **Kolonnenüberholen** (KG, DAR 1976, 296); erst recht bei Kolonnenüberholen trotz Überholverbotes (OLG Koblenz, VersR 1981, 1136) oder beim Überholen einer stehenden Kolonne (OLG München, DAR 1981, 356); zum **Überholvortritt** des Vorausfahrenden bei einer Kolonnenfahrt vgl. BGH, VersR 1987, 156. Zum beiderseitigen Überholen unter **wechselseitiger Behinderung** (BGH, VersR 1971, 843); zum Überholen zweier nebeneinander vor einem **Fußgängerüberweg** stehenden Pkw in der dritten Spur (KG, DAR 1974, 297 [jetzt durch § 26 StVO generell verboten]). Setzt sich der Überholer **bremsend** so **vor** den Überholten, dass dieser auffährt, trägt der Überholer den Schaden allein (LG Hamburg, VersR 1969, 840).

456   **Alleinhaftung** des Überholers bei nasser Überholfahrbahn ohne Übersicht über den **Gegenverkehr** (BGH, VersR 1962, 643); bei Kolonnenüberholen trotz Gegenverkehrs (OLG München, VersR 1965, 907); bei Unfall nach waghalsigem Überholmanöver (OLG Hamm, VRS 92, 182); beim **Anschlussüberholen** trotz Gegenverkehrs (OLG Saarbrücken, VM 1981, 37); bei unzulässigem **Rechtsüberholen** eines ständig links Fahrenden und dessen anschließender Gefährdung durch Davorsetzen und **scharfes Bremsen** (OLG Köln, VRS 30, 64); überhaupt bei Auffahrschäden nach unzulässigem Rechtsüberholen (OLG Hamm, VersR 1999, 1166).

457   **Fehler des Überholten** können dagegen den Haftungsanteil des Überholers vermindern, etwa bei plötzlichem grundlosem Fahrstreifenwechsel des Überholten (OLG Celle, VersR 1972, 1145 [volle Haftung des Überholten]); erst recht im BAB-Verkehr (OLG Köln VersR 1975, 935). Anders, wenn Überholter aus verkehrsbedingten Gründen, etwa wegen eines **plötzlich auftauchenden Hindernisses** auf seinem Fahrstreifen, nach links ausweichen muss (KG, NJW 1971, 142; OLG Bamberg, VersR 1974, 60).

o) **Vorfahrtverletzungen**

458   Grundsatz: **Betriebsgefahr** des **Vorfahrtberechtigten** kann völlig zurücktreten (BGH, VersR 1969, 160; 1969, 571, 1969, 734; 1973, 745), und zwar auch dann, wenn der **Unabwendbarkeitsbeweis** des § 7 Abs. 2 StVG nicht gelingt (KG, VersR 1973, 1145), sie muss jedoch nicht völlig zurücktreten (KG, VersR 1970, 576); auch an **gleichrangigen Kreuzungen** mit der Vorfahrtregel rechts vor links (BGH, VRS 53, 256 = VersR 1977, 917; OLG Bremen, VersR 1975, 285); zum räumlichen Vorfahrtbereich („halbe Vorfahrt") vgl. KG, VRS 85, 270; erst recht, wenn die Vorfahrt durch **Verkehrszeichen** geregelt ist (KG, VersR 1971, 648); auch gegenüber einem wartepflichtigen Radfahrer (OLG Düsseldorf, VersR 1971, 650); selbst wenn der **Vorfahrtberechtigte unvorsichtig überholt** (BGH, VersR 1969, 756); oder wenn er eine Kolonne überholt (KG, DAR 1976, 296). Alleinhaftung eines vorfahrtberechtigten Kolonnenüberholers, der innerörtlich die zulässige Geschwindigkeit um mindestens 78 % überschreitet und deshalb mit Wartepflichtigem zusammenstößt, der sich vorsichtig in die Kolonne hineintastet (OLG Stuttgart, NZV 1994, 194). Streitig ist diese Frage bei einem **links fahrenden Vorfahrtberechtigten** (einerseits KG, VersR 1972, 1143 [1/4 Eigenanteil], andererseits OLG Karlsruhe, VersR 1977, 673; VersR 1978, 647). Die Verletzung der Vorfahrt spricht zumindest im **ersten Anschein** für ein **Verschulden** des **Wartepflichtigen** (OLG Celle, VersR 1973, 1147) oder für dessen überwiegendes Verschulden (OLG Oldenburg, DAR 1968, 329). Grobes Verschulden des Wartepflichtigen, der auf der Kreuzung halten muss (OLG Hamm, VersR 1969, 618). Die **Betriebsgefahr** eines vorfahrtberechtigten Lastzuges ist ebenso hoch wie die des wartepflichtigen Pkw, der in die Vorfahrtstraße hineinragt (BGH, VersR 1966, 338); oder der die Vorfahrt verletzt (OLG Hamburg, VersR 1966, 195). U.U. **Mithaftung** des **Vorfahrtberechtigten,** der erkennen konnte, dass der Wartepflichtige die Vorfahrt verletzen wird (BGH, VersR 1960, 1113; KG, DAR 1983, 82).

Sondersituationen: Überhöhte Geschwindigkeit des Vorfahrtberechtigten (OLG Koblenz, 459
VersR 1974, 671; vgl. hierzu Berr, ZAP F. 9, S. 561 ff.); Vorfahrtberechtigter biegt **entgegen** seiner **Anzeige nicht nach rechts** ab, wogegen der von rechts kommende Wartepflichtige hierauf vertraut (KG, VersR 1975, 52 [volle Haftung des Vorfahrtberechtigten]); Kreuzungskollision bei beiderseitiger Unübersichtlichkeit (OLG Oldenburg, VersR 1982, 1154); Einmündungstrichter ohne Vorfahrtregelung (OLG Düsseldorf, VersR 1976, 1181); unübersichtliche Kreuzung, nachts bei gelbem Blinklicht (OLG Karlsruhe, VersR 1977, 42 [Wartepflichtiger haftet allein]).

p) Vorfahrtregelungen an Ampelanlagen

Kreuzungskollision bei **Ausfall** der Ampel (AG Köln, VersR 1984, 769); unmittelbar nach Wiederinbetriebnahme der Ampel bei vorheriger Regelung durch Polizeibeamte (KG, VRS 59, 331); **Kollision** mit Nachzügler im Kreuzungsbereich unmittelbar nach Beginn der Grünphase (KG, VersR 1973, 1049; KG, VM, 1993 Nr. 27 und 50; OLG Zweibrücken, VersR 1981, 581); Einfahrt eines Nachzüglers bei Grün, der die Kreuzung nicht rasch genug räumt (KG, VM 1981, 75). Haftungsverteilung, wenn der eine bei **Rot,** der andere bei **Rot/Gelb einfährt** (KG, VRS 57, 8). **Einfahrt bei Gelb** bei Kollision mit entgegenkommenden Linksabbieger im Kreuzungsbereich (beiderseits gleiche Betriebsgefahr: OLG Köln, VersR 1965, 625).

q) Fahrzeuge mit Sonderrechten

Überhöhte Geschwindigkeit eines Einsatzfahrzeuges der Polizei (OLG Nürnberg, VersR 1980, 461
96 [nicht zu Lasten der Polizei; fragwürdig]); **Kreuzungskollision** eines Pkw, der bei Grün eingefahren ist, mit bevorrechtigtem Einsatzfahrzeug der Polizei bei nicht völlig geklärter Sachlage (KG, VersR 1975, 955); mit nicht bevorrechtigtem Polizeifahrzeug (KG, VersR 1987, 822; KG VRS 88, 321: Haftung des Polizeifahrzeugs zu 3/4); Alleinhaftung des nicht bevorrechtigten Polizeifahrzeugs, das mit Blaulicht, aber ohne Martinshorn bei Rot auf Kreuzung verunfallt (OLG Köln, NZV 1996, 237); mit einem Einsatzfahrzeug der Feuerwehr, das bei Rot einfährt (LG Heidelberg, VersR 1974, 555); mit einem DRK-Rettungsfahrzeug im Einsatz (OLG Frankfurt, VersR 1979, 1127; OLG Schleswig, VersR 1996, 1096).

r) Wenden, Anfahren vom Fahrbahnrand

Bei **Auffahren** auf ein wendendes Fahrzeug haftet dessen Fahrer allein (OLG Köln, VRS 57, 7 462
und VersR 1999, 993); ebenso bei **Kollision** des wendenden Fahrzeuges mit einem Fahrzeug aus der **Gegenrichtung** (OLG Köln, VRS 57, 401; OLG Düsseldorf, VersR 1982, 553) oder wenn das wendende Fahrzeug den fließenden Verkehr blockiert (OLG Köln, VRS 89, 99), ebenso bei Wenden eines Lkw mit Anhänger bei Dunkelheit auf BAB (OLG Köln, NZV 1995, 400 und VersR 1996, 209). **Ausscheren** eines Fahrzeugs aus einer stehenden **Kolonne** in **Wendeabsicht** und Kollision mit einem überholenden Motorradfahrer (OLG München, DAR 1981, 356). Auffahren auf ein Fahrzeug, welches ohne Ankündigung vom Fahrbahnrand anfährt und sofort den Fahrstreifen wechselt (OLG Frankfurt/M., VersR 1974, 92 [erhöhte Betriebsgefahr]) oder sofort wendet (OLG Düsseldorf, VersR 1987, 909).

4. Schadensverursachung durch Kfz und Tier

a) Allgemeines

Soweit es den **Verursachungsanteil** des **Kraftfahrzeuges** angeht, gelten die dafür maßgeblichen 463
Voraussetzungen (vgl. oben Rn. 432 ff.) auch hier. Soweit es den **Verursachungsanteil** des **Tieres** angeht, setzt der Ausgleich gem. § 17 Abs. 2, Abs. 1 Satz 1 StVG eine Haftung des für das Tier Verantwortlichen für den Schaden voraus. Für einen durch das Tier angerichteten Schaden trifft den **Halter des Tieres** die Gefährdungshaftung nach § 833 Satz 1 BGB. Handelt es sich um ein **Haustier,** das dem Berufe, der Erwerbstätigkeit oder dem Unterhalt des Tierhalters zu dienen bestimmt ist, so kann sich dieser von der Haftung durch den Nachweis befreien, dass er bei der

Beaufsichtigung die im Verkehr erforderliche Sorgfalt beachtet habe oder der Schaden auch bei Anwendung dieser Sorgfalt entstanden sein würde (**§ 833 Satz 2 BGB**). Wer die Führung der Aufsicht über das Tier für den Tierhalter vertraglich übernommen hat, haftet wie dieser, sofern er nicht einen dem § 833 Satz 2 BGB entsprechenden **Entlastungsbeweis** führt. Können sich **Tierhalter** und **Tierhüter** entlasten, so haftet der **Kraftfahrzeughalter** allein. Kann er den Entlastungsbeweis nach § 7 Abs. 2 StVG erbringen, verbleibt die Haftung ggf. allein dem Tierhalter oder Tierhüter (vgl. Böhmer, MDR 1958, 653; ders., JZ 1959, 15).

464   Bei der **Abwägung** der Umstände des **konkreten Schadensfalles** sind die Betriebsgefahr des Kraftfahrzeuges sowie ein evtl. Verschulden des Halters oder Fahrzeugführers auf der einen die Tiergefahr und ein etwaiges Verschulden des Tierhalters oder Tierhüters auf der anderen Seite in Betracht zu ziehen (RGZ 129, 55).

> *Hinweis:*
>
> *Auch hier gilt, dass **nur bewiesene Tatsachen** zu berücksichtigen sind, wogegen auf der Seite des Tierhalters bzw. -hüters die Schuldvermutungen der §§ 833, 834 BGB ebenso unberücksichtigt bleiben wie entsprechende Regelungen des StVG. Überdies wird das Haftungsprivileg des § 840 Abs. 3 BGB durch die Spezialregelung des § 17 Abs. 2 StVG für den hier in Rede stehenden Bereich ersetzt.*

b) Spezifische Tiergefahr

465   Allerdings erfasst die Ausgleichsregelung des § 17 Abs. 2 StVG nur solche Schadensbeteiligungen von Tieren, die Ausdruck der sog. „spezifischen Tiergefahr" sind. Sie ist nur dann zu bejahen, wenn sich die durch die **Unberechenbarkeit tierischen Verhaltens** oder durch die von keinem vernunftgesteuerten Wollen geleitete Entfaltung tierischer Kraft hervorgerufene Gefährdung von Leben, Gesundheit und Eigentum Dritter im konkreten Einzelfall verwirklicht hat (RGZ 141, 406; BGHZ 39, 103, 109 = NJW 1963, 953; BGHZ 67, 129 = NJW 1976, 2130). Typisch hierfür sind z.B. Scheuen, Ausschlagen und Durchgehen von Pferden (BGH, VRS 20, 255), Beißen und Anspringen von Hunden (BGH, LM § 833 BGB Nr. 3a), Ausbrechen von Tieren aus einer eingezäunten Weide (OLG Köln, MDR 1973, 582).

466   **Keine typische Tiergefahr**, mithin kein Fall des § 833 BGB und damit kein Ausgleichsfall nach § 17 Abs. 2 StVG liegt dann vor, wenn der Schaden von einem **unter menschlicher Leitung** stehenden und dieser gehorchenden Tier verursacht wird (Reitpferd: BGH, NJW 1952, 1329; OLG Frankfurt/M., NZV 1989, 149; Pferdegespann: RG, JW 1931, 859), – dann lediglich deliktische Haftung mit Anwendbarkeit des § 254 BGB – oder wenn auf das Tier **außergewöhnliche äußere Kräfte** nach Art mechanischer Ursachen einwirken, durch die eine selbstständige Betätigung des Tieres ausgeschlossen wird (BGH, VersR 1978, 515), etwa wenn ein angefahrener Hund gegen ein anderes Fahrzeug geschleudert wird und dort einen Schaden verursacht (LG Kiel, VersR 1969, 456).

c) Einzelfälle

467   ● **Hund:** Unfall eines Pkw durch **Ausweichen** vor einem in die Fahrbahn springenden Hund (OLG Düsseldorf, VersR 1972, 403 [Schadenshalbierung]; anders LG Köln, NJW-RR 1986, 1152 bei Auffahrunfall wegen eines in die Fahrbahn springenden Hundes: 1/3 im Verhältnis zum Auffahrenden); ebenso beim Motorrad, wenn auf dessen Seite nur die Betriebsgefahr zu berücksichtigen ist (BGH, VersR 1966, 143); Jagdhund, der bei Dunkelheit auf die Fahrbahn eines mit Abblendlicht fahrenden Pkw springt (BGH, VersR 1959, 804); volle Haftung des Tierhalters, wenn ein frei laufender Jagdhund einen Schaden verursacht (OLG Bamberg, NZV 1991, 30), wenn ein Hund auf der Straße überfahren wird (LG Freiburg, VersR 1980, 392); Kollision mit einem Hund, wenn beiderseits kein Verschulden vorliegt (KG, VersR 1971,

941); aggressives **Verhalten** eines Hundes gegenüber einem Postzustellauto (OLG Hamm, VersR 1979, 580); Wachhund (BGH, VersR 1962, 807); Blindenhund (OLG Hamburg, VersR 1963, 1273).

* **Pferd:** Anforderungen an den **Entlastungsbeweis** des Tierhalters bzw. -hüters beim Scheuen eines Zugpferdes (BGH, VersR 1963, 1141); an Beaufsichtigung eines unruhigen Reitpferdes während einer Rast (BGH, VersR 1964, 1197). Strenge Anforderungen an den Entlastungsbeweis, wenn Pferde aus eingefriedeter Weide durch das Tor auf die Straße gelangen (BGH, VersR 1959, 759 und VersR 1966, 186). Das Weidetor muss so gesichert sein, dass es weder von Tieren noch von Dritten geöffnet werden kann (BGH, VersR 1966, 186). Zur **Weidesicherung** reichen richtig montierte Elektrozäune (OLG Celle, VersR 1977, 453). Keine Haftung des Tierhalters, wenn gutartiges und verkehrsgewohntes **Pferd unvorhergesehen ausbricht** (OLG Karlsruhe, VersR 1964, 599). Laufen Pferde frei auf der Straße herum, kann geringe Schuld des Kraftfahrzeugführers unberücksichtigt bleiben (BGH, VRS 22, 10), darüber hinaus auch Pkw-Betriebsgefahr, wenn Pferde panikartig auf die Fahrbahn springen (BGH, VersR 1964, 595). Volle Haftung des Tierhalters, wenn ein Pferd bei Dunkelheit auf einer Bundesstraße (BGH, VersR 1966, 186) oder Landstraße (OLG Koblenz, VersR 1995, 328) frei herumläuft. Art und Umfang der Beleuchtung der Pferdekutsche: OLG Oldenburg, NZV 1998, 410.

* **Weidetiere:** Gleiche Anforderungen an Weidesicherung wie bei Pferden (OLG Frankfurt/M., VersR 1982, 908 [Kuhherde]). Besondere Sorgfalt bei Weiden **in Autobahnnähe** (BGH, VRS 31, 341) und **Bundesstraßen** (Sicherung nachts mit Schloss: BGH, VersR 1967, 906). Für Elektrozäune verlangt das OLG Frankfurt/M. (VersR 1976, 595) eine Schlagstärke, die der eines fest verankerten Zaunes gleicht, wogegen **Elektrozäune** nach OLG Karlsruhe (VersR 1976, 346) nur an wenig befahrenen Straßen und nach OLG Hamm (VersR 1980, 197) nur bei kilometerweit von Straßen entfernten Weiden ausreichen. Zur Wirkung von Elektrozäunen auf aufgeschreckte Tiere vgl. BGH, VersR 1976, 1086. **Brechen Tiere** aus einer Weide **aus**, so übersteigt die Tiergefahr i.d.R. eine infolge Unaufmerksamkeit leicht erhöhte Betriebsgefahr eines Pkw (OLG Frankfurt/M., VersR 1982, 908). Volle Haftung des Tierhalters, wenn Kühe auf einer BAB herumlaufen (OLG Oldenburg, NZV 1991, 115; anders OLG Hamm, NZV 1989, 234: Tierhalter haftet zu 75 %).

d) Abwägungskriterien

Je weiter die dem Tierhalter bzw. -hüter anzulastende Tiergefahr reicht, insbesondere bei **Ausbrechen** aus der Weide, wenn Tiere infolge **Aufsichtsmängeln** auf die Fahrbahn geraten, desto mehr kann die Betriebsgefahr eines Kraftfahrzeuges zurücktreten, u.U. bis auf Null (BGH, VersR 1976, 1086); für den Fall eines Pferdes bis auf 4:1 zu Lasten des Tierhalters (BGH, VRS 22, 10) und einer aus der Weide ausgebrochenen Kuh (OLG Frankfurt/M., VersR 1974, 37). Es ist daher verfehlt, etwa generell davon auszugehen, dass die Tiergefahr geringer ist als die Betriebsgefahr eines Kraftfahrzeugs (OLG Frankfurt/M., VersR 1982, 908). Zur Kollision mit einem am rechten Fahrbahnrand gerittenen Pferd vgl. LG Wiesbaden, VersR 1976, 197. Bei **Verletzung** des **Tierhalters** ist § 17 Abs. 1 Satz 2 StVG analog anzuwenden (RGZ 96, 130). 468

5. Schadensverursachung durch Kfz und Eisenbahn

a) Allgemeines

Vorausgesetzt wird ein Schadensfall, für dessen Eintritt sowohl der Halter bzw. Führer eines Kraftfahrzeuges als auch der Unternehmer einer Eisenbahn jeweils kraft Gesetzes haften, also entweder aufgrund Gefährdungshaftung (§ 7 StVG, § 1 HPflG) oder aufgrund **Verschuldens** (§§ 823, 831 BGB [BGH, VersR 1960, 632]). Zu berücksichtigen sind für die **Abwägung** jeweils nur die **unstreitigen, zugestandenen** oder **bewiesenen Faktoren.** Vermutungen aller Art bleiben wie auch sonst bei § 17 StVG unberücksichtigt. **§ 17 StVG verdrängt** für die hier zu besprechende Fall- 469 gruppe als Spezialregelung die allgemeine Vorschrift des § 4 HPflG (Weber, DAR 1984, 65), und zwar auch für den Fall, dass der Schaden dem Kraftfahrzeughalter bzw. Eisenbahnunternehmer entstanden ist (§ 17 Abs. 1 Satz 2 StVG). Nach BGH, VRS 12, 172 gilt § 17 Abs. 1 StVG auch dann entsprechend, wenn das Kraftfahrzeug ein langsam fahrendes i.S.d. § 8 StVG ist.

b) Eisenbahnen

470 Eisenbahnen i.S.d. § 17 StVG sind auch Klein- und **Schmalspurbahnen,** vor allem auch **Straßenbahnen** (OLG München, VersR 1966, 786; zu **Fabrikbahnen** vgl. BGH, VerkBl. 1958, 181), also alle schienengebundenen mechanisch betriebenen Fahrzeuge unabhängig von ihrer Antriebsart.

c) Kriterien der Betriebsgefahr der Bahn

471 Zwar ist die Betriebsgefahr einer Eisenbahn als Folge der Schienenbindung, reduzierten Bremsfähigkeit und großen Bewegungsenergie regelmäßig erheblich größer als die eines Pkw (OLG Düsseldorf, DAR 1975, 330). Dieses **Gefahrenpotential** kann jedoch in dem für den Kraftfahrzeugverkehr relevanten Bereich der höhengleichen Bahnübergänge deutlich **reduziert** werden **durch Schranken** oder rote **Blinklichtanlagen** (vgl. § 19 StVO), denn hierdurch sowie die damit verbundenen **Warnbaken** und **Andreaskreuze** werden die Teilnehmer des Straßenverkehrs gewarnt (BGH, VRS 30, 87).

Hinweis:

*Wenn allerdings – gleich aus welchen Gründen – diese Einrichtungen nicht benutzt werden oder versagen, liegt eine **erhöhte Betriebsgefahr** der **Bahn** vor, etwa wenn Warnbaken durch Schneeverwehungen unsichtbar sind (BGH, VRS 5, 35); wenn vorgeschriebene Pfeifsignale vor unbeschranktem Übergang nicht gegeben werden (BGH, VersR 1957, 800); wenn trotz Unübersichtlichkeit des Überganges keine Schranken angebracht werden (OLG München, VersR 1970, 235); wenn auf einem ungesicherten Bahnübergang bei Dunkelheit eine Rangierabteilung steht (OLG Schleswig, VersR 1983, 65); wenn Güterwagen auf abfallender Strecke nicht hinreichend gegen Abrollen gesichert werden (BGH, VersR 1976, 963). Allein der Umstand, dass ein Übergang aufsichtsbehördlich genehmigt ist, ist für die Abwägung ohne Belang (OLG Braunschweig, NJW 1954, 1203).*

---

d) Minderung der Betriebsgefahr der Bahn

472 Dagegen wird die normale Betriebsgefahr der Bahn aufgewogen oder tritt im Einzelfall zurück hinter den Grad der Betriebsgefahr des Kfz bei schuldhaftem Verhalten seines Führers, etwa bei Weiterfahrt trotz **rotem Blinklicht** (BGH, VersR 1986, 707; OLG Hamm, NZV 1993, 70; anders jedoch bei Sichtbehinderung durch Gebüsch und ungünstige Straßenführung: OLG Hamm, NZV 1994, 437); bei Nichtbeachtung der **Warnzeichen** und einer Geschwindigkeitsbegrenzung vor dem Übergang (OLG Schleswig, MDR 1961, 232); bei **zu schnellem Heranfahren,** sodass vor dem Übergang nicht mehr gehalten werden kann (OLG Celle, VersR 1977, 361). Vgl. zu Unfällen auf unbeschrankten, aber durch Blinklichtanlagen gesicherten Bahnübergängen ferner BGH, VersR 1964, 870; OLG München, VersR 1993, 242; OLG Hamburg, VersR 1979, 549; OLG Nürnberg, VersR 1985, 891 und OLG Frankfurt/M., VersR 1986, 707 (Bahnbetriebsgefahr kann bei Verschulden des Kraftfahrers völlig zurücktreten); zur Haftungsabwägung allgemein OLG Hamm, VersR 1983, 465 sowie zur Beweislage OLG Hamburg, VersR 1983, 740. Alleinhaftung des Kraftfahrers, der vorwerfbar von der Fahrbahn abkommt und auf dem Bahnkörper landet (OLG Hamm, VersR 1985, 843).

e) Sonstige Einzelfälle

Betriebsgefahr eines Traktors, der auf unbeschranktem Übergang stecken bleibt, zu Personenzug **473**
(BGH, VRS 16, 179); unbeschrankter Feldweg-Übergang mit Sichtbehinderung (OLG Saarbrücken, NZV 1993, 31); unachtsames Auffahren auf den letzten Wagen eines Zuges bei **vorzeitiger
Schrankenöffnung** (BGH, VersR 1961, 950); Kfz bleibt infolge **Bedienungsmängeln** auf dem
Übergang stecken (BGH, VRS 4, 153); Motor eines großen Mobilwagens versagt auf dem Kreuzungsbereich Schiene/Straße (OLG Hamm, MDR 1995, 1012); Motorrad fährt bei Dunkelheit auf
unbeschranktem Übergang auf Triebwagen auf (BGH VersR 1962, 355); Lkw fährt unter **Vorfahrtverletzung** auf unbeschranktem Übergang auf Bahn auf (BGH, VersR 1967, 1197); Panzer
fährt auf unbeschranktem Bahnübergang auf (OLG Celle, VersR 1970, 329); Abwägung zwischen
der Betriebsgefahr eines Kranfahrzeuges und eines Löschwagens der Bahn, wenn der Einsatz des
Kranfahrzeuges durch Bahnangestellte gelenkt wird (BGH, VersR 1981, 354).

f) Straßenbahn

Die **Betriebsgefahr** der Straßenbahn ist schon wegen der Bremsweglänge groß (BGH, VersR 1966, **474**
1142) und übersteigt i.d.R. die eines Pkw (OLG Hamm, VRS 3, 120 OLG Düsseldorf, VRS 63,
250). Sie kann **erhöht** sein bei Durchfahren an einer Haltestelle (BGH, VersR 1957, 296) oder
wenn der Straßenbahnführer nicht beachtet, dass ein Kfz auf den Schienen hält (OLG Hamburg,
VersR 1966, 196). Andererseits **überwiegt** die **Betriebsgefahr des Kfz** bei groben Fahrfehlern,
etwa bei einem Überholversuch unmittelbar bevor die Straßenbahn zur rechten Fahrbahnseite
wechselt (OLG Düsseldorf, VersR 1970, 91); bei Einordnung auf Gleisen unmittelbar vor der Straßenbahn (OLG Düsseldorf, VersR 1965, 1158; BGH, VersR 1966, 1196, 196), auch durch entgegenkommenden Linksabbieger (BGH, VersR 1969, 82: Fahrzeugführer haftet voll; OLG Braunschweig, VersR 1972, 493: Fahrzeugführer haftet zu 75 %; Einzelfallfrage). Alleinhaftung des
Pkw-Fahrers auch dann, wenn er nach links über die Gleise abbiegt, die dafür vorgesehene Lichtsignalanlage ausfällt und die Sicht auf die geradeaus verlaufenden Gleise durch hohe Hecken
behindert ist (OLG Koblenz, NZV 1993, 476; hierzu auch OLG Dresden, VRS 90, 422); ähnlich
wenn Kraftfahrer bei Annäherung an Straßenbahnampel von Sonne geblendet wird (OLG Köln,
NZV 1997, 477 und VRS 94, 18).

Weitere Einzelfälle: Kollision mit Straßenbahn infolge unvorsichtiger Ausfahrt aus Grundstück
(OLG Celle, VersR 1982, 1200: Fahrzeugführer haftet voll); Linksüberholer bei falscher Reaktion
des Straßenbahnführers (OLG Köln, NJW 1972, 1760); Kollision Lkw mit vorfahrtberechtigter
Straßenbahn (BGH, VersR 1987, 923; OLG Bremen, VersR 1967, 1161); Kollision Straßenbahn
und stehender Bus (BGH, VersR 1970, 1049); Kollision Straßenbahn und ungenügend gesicherter
Schwertransport (BGH, VersR 1961, 438); Kollision mit Linksabbieger, der sich rechtzeitig auf
den Gleisen einordnet (OLG Düsseldorf, VersR 1966, 765); Auffahren einer Straßenbahn auf Pkw
(OLG Hamm, VersR 1989, 1250). Parkt ein Kfz zu nahe neben dem Gleiskörper und misslingt
dem Straßenbahnführer deshalb die seitliche Vorbeifahrt, sodass das Kfz beschädigt wird, ist es
Einzelfallfrage, wie die Haftung zu quotieren ist (KG, VersR 1995, 978: volle Haftung des Fahrzeugführers bei ausscherendem Fahrzeugheck; OLG Düsseldorf, VRS 66, 333: Straßenbahn haftet
zu 2/3; LG Düsseldorf, VersR 1976, 101: hälftige Teilung).

6. Schadensverursachung durch Kfz und Anhänger   **475**

Als Konsquenz daraus, dass die Halterhaftung des § 7 Abs. 1 StVG auf Halter von Anhängern, die
dazu bestimmt sind, von Kraftfahrzeugen mitgeführt zu werden, ausgedehnt wurde, ist in § 17 Abs.
4 StVG durch das 2. Schadensersatzänderungsgesetz als weiterer Ausgleichsfall die Schadensverursachung durch Kfz und Kfz-Anhänger eingeführt worden (vgl. dazu Jaeger/Luckey, Das neue
Schadensersatzrecht, Rn. 338 ff.). Dabei geht es nicht um den Innenausgleich der Fälle, in denen
der Schaden durch ein Kfz mit angehängtem Anhänger verursacht worden ist, für den nach § 7 Abs.
1 StVG bei Halterverschiedenheit beide haften, sondern um die Schäden, die durch ein Kfz und

einen mit diesem nicht verbundenen Kfz-Anhänger verursacht worden sind. Auch dafür sind die allgemeinen Kriterien heranzuziehen, ausgehend von der beiderseitigen Betriebsgefahr. Hinzuweisen ist auf Rn. 437 ff., 447. Auszugehen ist für die Abwägung davon, dass die Betriebsgefahr eines Lkw größer ist als die eines korrekt abgestellten Kfz-Anhängers. Das kann sich verschieben, wenn sich der Kfz-Anhänger infolge unzureichender Sicherung in Bewegung setzt.

7. Ausschluss der Ausgleichspflicht

a) Grundsatz

476 § 17 StVG sah in der bis zum 31.7.2002 geltenden Fassung für sich allein keine Regelung vor, durch die eine Ausgleichspflicht ausgeschlossen wurde. Das beruhte darauf, dass § 7 Abs. 2 StVG in der bis zum 31.7.2002 geltenden Fassung die Halterhaftung ausschloss, wenn ein Schaden für den betreffenden Kfz-Halter auf einem unabwendbaren Ereignis beruhte. Damit entfiel automatisch die Grundlage für eine Ausgleichspflicht. Durch die Neufassung des § 7 Abs. 2 StVG in der ab 1.8.2002 geltenden Fassung, also durch die seltenen Fälle höherer Gewalt, hätte möglicherweise die Gefahr bestanden, dass auch dem Idealkraftfahrer, für den nach bisheriger Regelung die Berufung auf die Unabwendbarkeit des Unfalls möglich war, im Rahmen des § 17 StVG eine Betriebsgefahr mit der Folge einer Quotenhaftung angerechnet werden konnte (BT-Drs. 14/8780, S. 22). Um dieses mögliche und als unangemessen erachtete Ergebnis zu vermeiden, wurde für den Ausgleichsbereich des § 17 StVG die Unabwendbarkeitsregelung des bisherigen § 7 Abs. 2 StVG im Kern übernommen und zwar einschließlich des Sorgfaltsmaßstabs des § 7 Abs. 2 Satz 2 StVG a.F. (BT-Drs., a.a.O.). Dabei ist ausdrücklich hervorgehoben worden, es könne auf die bisherige Rspr. zum unabwendbaren Ereignis zurückgegriffen werden. Unabhängig von diesen rechtspolitischen Erwägungen ist jedoch festzuhalten, dass gerade die bisherige Rechtspraxis bei sachgerechter Anwendung der Kriterien der § 9 StVG, § 254 BGB vielfach zur Alleinhaftung des Geschädigten aus dem Gesichtspunkt erheblich überwiegender eigener Betriebsgefahr oder wegen Eigenverschuldens gekommen ist (s. dazu Jaeger/Luckey, Das neue Schadensersatzrecht, Rn. 268).

b) Einzelheiten

477 Wegen der Einzelheiten wird auf Rn. 226–293 verwiesen, allerdings mit der Besonderheit, dass § 828 Abs. 2 BGB (vgl. hierzu Rn. 395) eine Mitverursachung durch Kinder unter zehn Jahren, von Vorsatzfällen abgesehen, ausschließt.

E. Sachschaden

I. Einführung

1. Allgemeine Hinweise

478 In Rspr. und Lit. ist in der Vergangenheit ein umfangreicher **Katalog** entwickelt worden, den der Geschädigte regelmäßig zu beachten hat. Die nachfolgenden Ausführungen berücksichtigen im Wesentlichen die praktische Abwicklung des Sachschadens. Außer Betracht bleiben dogmatische Hintergründe (vgl. hierzu etwa Steffen, NJW 1995, 2057 ff.).

2. Entscheidungsbefugnis des Geschädigten

479 § 249 Abs. 2 BGB berechtigt den jeweils Geschädigten, statt der Herstellung an sich den zur Herstellung erforderlichen **Geldbetrag** vonseiten des Schädigers ersetzt zu verlangen. Wozu der Geschädigte sodann den nach Abschluss der Schadensregulierung erhaltenen Geldbetrag verwendet, obliegt seiner eigenen Entscheidung. Denn die Verwendung des vom Schädiger erhaltenen

Geldbetrages etwa zur Herstellung wird dem Geschädigten nicht vorgeschrieben (BGH, NJW 1985, 2413, 2414; Becker/Böhme, Haftpflichtschäden, S. 171). Folglich ist es Sache des Geschädigten, ob und ggf. in welchem Umfang bzw. wie er den ihm entstandenen Schaden behebt (Geigel/Rixecker, Haftpflichtprozeß, Kap. 4, Rn. 5; Berz/Burmann/Born, Straßenverkehrsrecht, Rn. 6). Demnach gibt § 249 Abs. 2 BGB dem Geschädigten nicht etwa nur einen **Vorschussanspruch** auf zu erwartende Aufwendungen mit der Konsequenz, dass nachfolgend nur Ersatz der tatsächlichen Aufwendungen verlangt werden könnte (Steffen, NJW 1995, 2057, 2059).

Der dem Geschädigten entstandene Schaden soll im Wege der Schadensregulierung erstattet wer-   **480** den. Das bedeutet, dass der Geschädigte zum einen durch den Schadensersatz nicht bereichert werden soll, dem Geschädigten zum anderen aber auch nicht weniger gewährt werden soll als ihm zusteht.

Es gilt also der **Grundsatz der konkreten Schadensabrechnung**. Im Bereich der reinen Sachschäden ist die Rechtsprechung in der Vergangenheit aber zunehmend von diesem Grundsatz abgerückt und räumte dem Geschädigten die **Möglichkeit einer fiktiven Schadensabrechnung** ein (BGHZ 54, 82; 61, 56; 61, 346; 63, 184; 66, 241). Es findet eine Abrechnung nach den nur gedachten Kosten statt, unabhängig davon, ob und in welcher Höhe die Kosten zur Schadensbeseitigung tatsächlich angefallen sind. Es steht dem Geschädigten folglich frei, zu entscheiden, wozu er den geforderten Geldbetrag im Einzelnen verwendet, ob er ein etwa beschädigtes Fahrzeug repariert oder nicht (vgl. BGH, NJW 1985, 2413, 2414).

Aus diesem Grunde ist gegen diese Rechtsprechungspraxis in der Vergangenheit auch teilweise erhebliche Kritik geübt worden (so etwa: Berz/Burmann/Born, Straßenverkehrsrecht, 5. A., Rn. 8, 5. B., Rn. 28 f.).

3. Zweites Schadensersatzrechtsänderungsgesetz

Das neue Gesetz zur Änderung schadensersatzrechtlicher Vorschriften ist am 1.8.2002 in Kraft   **481** getreten. Ein Schwerpunkt dieses Änderungsgesetzes befasst sich mit der **Modifizierung der Abrechnung bei reinen Sachschäden.** Die wesentlichen Änderungen durch die neue Gesetzlage sind im Folgenden gesondert hervorgehoben.

Durch das Änderungsgesetz soll der **Grundgedanke der konkreten Schadensabrechnung** wieder stärker in den Mittelpunkt gerückt werden und die Gefahr einer Überkompensation dadurch zu verringern, dass der Umfang des Schadensersatzes stärker als bisher daran ausgerichtet wird, welche Dispositionen der Geschädigte tatsächlich zur Schadensbeseitigung trifft (BT-Drs. 14/7752, S.13; s. auch Jaeger/Luckey, Das neue Schadensersatzrecht, Rn. 233 ff.).

Die abstrakte Schadensberechnung kann insoweit zu einer Überkompensation des Geschädigten   **482** kommen, da ihm u.U. Schadenspositionen ersetzt werden, die nach dem von ihm selbst gewähltem Weg der Schadensbeseitigung gar nicht angefallen sind. Denn bislang konnte der Geschädigte die „für die Behebung des Schadens üblicherweise erforderlichen Reparaturkosten" (vgl. BGH, NJW 1973, 1647; BGH, VersR 1985, 865; BGH, NJW 1989, 3009; BGH, NJW 1992, 1618) auf Basis eines Sachverständigengutachtens verlangen.

Diese **fiktiven Reparaturkosten** enthalten aber auch eine Vielzahl von sog. durchlaufenden Posten (Umsatzsteuer, Abgaben auf Lohnkostensteuer), die mit dem eigentlichen Reparaturvorgang nichts zu tun haben. Lässt der Geschädigte keine Reparatur durchführen oder repariert er den Schaden selbst, fallen bei ihm diese Kosten gar nicht an und er ist um diesen Betrag bereichert.

Aus diesem Grund kann der Geschädigte aufgrund der neuen Rechtslage gem. § 249 Abs. 2 Satz 2   **483** BGB die **gesetzliche Umsatzsteuer** nur dann und insoweit verlangen, als sie im Rahmen der Schadensbeseitigung tatsächlich angefallen ist. Damit bleibt die Dispositionsfähigkeit des Geschädigten erhalten, und er kann weiterhin entscheiden, wie er mit der beschädigten Sache verfährt. Die Möglichkeit der fiktiven Abrechnung bleibt folglich weiter bestehen und der Geschädigte hat Anspruch auf Schadensersatz in dem Umfang, wie ihn ein verständiger und wirtschaftlich denkender Dritter in der Lage des Geschädigten zur Schadensbehebung verwenden würde (BGH, NJW 1970, 1454;

BGH, NJW 2000, 800; Geigel/Rixecker, Haftpflichtprozeß, Kap. 4, Rn. 6; Berz/Burmann/Born, Straßenverkehrsrecht, 5. A., Rn. 9). Allerdings mindert sich der Umfang der abstrakten Schadensberechnung, da die fiktive Umsatzsteuer als ersetzungsfähiger Schaden entfällt (vgl. dazu auch Jaeger/Luckey, a.a.O., Rn. 233).

Weitere Änderungen betreffen den deutlich erhöhten Schutz für Kinder. Diese müssen bei Unfällen erst ab elf Jahren haften, während bislang diese Grenze bei acht Jahren lag. Zukünftig gibt es zu dem Schmerzensgeld auch aus der Gefährdungshaftung, d.h., ohne dass Verschulden des Verursachers vorliegt. Schließlich wird die Halterhaftung auch auf unentgeltlich beförderte Mitfahrer ausgeweitet durch das Schadensersatzänderungsgesetz.

4. Anspruchsgegner

484   Anspruchsgegner des Geschädigten ist neben dem Schädiger sowie dem Halter, wenn dieser vom Fahrer personenverschieden ist, der **Pflichthaftpflichtversicherer,** gegenüber dem der Geschädigte gem. § 3 PflVG einen **Direktanspruch** hat. Der Pflichthaftpflichtversicherer hat – wie der Halter und der Fahrer – für Gefährdungs- und Verschuldenshaftung einzutreten. Durch § 3 PflVG erhält der Geschädigte neben Fahrer bzw. Halter einen in jedem Fall solventen Schuldner.

485   **Schmerzensgeld** kann der Geschädigte indes von dem Halter nicht fordern, sondern nur von dem Fahrer bzw. dem Pflichthaftpflichtversicherer. Etwas anderes gilt nur, wenn der Halter zugleich der Fahrer gewesen ist.

5. Quotenvorrecht

486   Probleme bei der Schadensabwicklung im Straßenverkehrsrecht verursacht das sog. Quotenvorrecht des Versicherungsnehmers. Das liegt zum einen daran, dass die Anwendbarkeit des Quotenvorrechts oftmals gar nicht erkannt wird. Zum anderen liegt es daran, dass, wenn die Anwendbarkeit des Quotenvorrechts erkannt wird, vielfach – auch bei Gerichten und in der Rechtsanwaltschaft – keine Einigkeit über die genauen Voraussetzungen herrscht.

Hinweis:
Im Straßenverkehrsrecht spielt das Quotenvorrecht vor allem dann eine Rolle, wenn der Geschädigte neben dem Anspruch gegen die Haftpflichtversicherung des Schädigers einen zusätzlichen Anspruch gegen seine eigene Kaskoversicherung hat.

a) Begriff

487   Unter dem Quotenvorrecht versteht man allgemein das Recht des Versicherungsnehmers, dessen Schaden durch die Versicherungsleistung nicht völlig gedeckt ist, einen weiteren Schadensersatzanspruch gegen Dritte vorrangig zur vollen Deckung seines Schadens geltend zu machen. Im Ergebnis kann die Anwendung des Quotenvorrechts in einem solchen Fall dazu führen, **dass der Geschädigte trotz eines Mitverschuldensanteils von 50% seinen gesamten Schaden ersetzt bekommt.**

b) Regelung des § 67 VVG

488   Ausgangspunkt bei der Berechnung von quotenbevorrechtigten Schadensersatzansprüchen im Haftpflichtversicherungsrecht ist die Regelung des § 67 VVG. Gem. § 67 Abs. 1 Satz 1 VVG erwirbt die Kaskoversicherung die Schadensersatzansprüche gegen die Haftpflichtversicherung des Schädigers, wenn sie ihrem Versicherungsnehmer den Schaden bereits ersetzt hat. Dieser Anspruchsübergang darf jedoch nicht zum Nachteil des Geschädigten geltend gemacht werden (§ 67 Abs. 1 Satz 2 VVG).

c) Zweck des § 67 VVG

§ 67 VVG verfolgt somit im Wesentlichen zwei Ziele (vgl. Reinicke, NJW 1954, 1103). Der Schädiger bzw. seine Haftpflichtversicherung soll durch die Versicherungsleistung der Kaskoversicherung nicht unbillig entlastet werden. Andererseits soll aber auch der Geschädigte durch den Versicherungsfall nicht bereichert werden, sondern lediglich seine tatsächlich erlittenen Einbußen ersetzt bekommen.

489

d) Modifizierte Differenztheorie

Daraus folgt, dass der Versicherer erst in dem Umfang Regress bei dem Schädiger nehmen darf, wenn der Geschädigte hinsichtlich seiner eigenen Schäden befriedigt ist. Diesem Ansatz entspricht auch die st. Rspr. des BGH, dass zunächst der Geschädigte vorrangig bis zum Ersatz seines gesamten Schadens Zugriff auf die Haftungsquote des Schädigers bzw. seiner Haftpflichtversicherung hat (sog. modifizierte Differenztheorie; BGH, VersR 1958, 161; VersR 1982, 283 ff.; VersR 1982, 383 ff.). Er ist also gegenüber seiner Kaskoversicherung bevorrechtigt und nur die verbleibende Restforderung geht auf diese gem. § 67 VVG über.

490

e) Beispielsrechnung

Das folgende **Beispiel** verdeutlicht die **Bevorrechtigung des Versicherungsnehmers:**

491

Ansprüche des Geschädigten:

• *Fahrzeugschaden*	*10000,– €*
• *Sachverständigenkosten*	*500,– €*
• *Wertminderung*	*5000,– €*
Gesamtschaden	*15500,– €*

Ersatz durch die eigene Kaskoversicherung:

• *Fahrzeugschaden*	*10000,– €*
• *Sachverständigenkosten*	*500,– €*
• *Selbstbeteiligung*	*– 2000,– €*
Gesamt	*8500,– €*

Gesamtschaden	*15500,– €*
• *Erstattungsbetrag*	*– 8500,– €*
Restschaden	*7000,– €*

Die Haftungsquote der gegnerischen Haftpflichtversicherung beträgt bei einem Mitverschuldensanteil des Unfallgegners von 50 % 7750,– €. Auf diese Haftungsquote kann der Geschädigte bevorrechtigt vor seiner eigenen Kaskoversicherung Zugriff nehmen, um seinen restlichen Schaden voll abzudecken. Nur der übrig bleibende Anspruch i.H.v. 750,– € geht auf die Kaskoversicherung über.

f) Gerechte Lösung

Das Beispiel verdeutlicht, dass es durch die **modifizierte Differenztheorie** niemals zu einer **Überzahlung** kommen kann; denn die Haftpflichtversicherung muss nur bis zur Quote der Mithaftung des Schädigers leisten. Die Kaskoversicherung zahlt niemals mehr als es ihr durch die vertragliche Verpflichtung auferlegt wird. Das auf den ersten Blick verwunderliche Ergebnis, dass der Geschädigte u.U. trotz 50 %-igen Verschuldens seinen gesamten Schaden ersetzt verlangen kann, erscheint nach dieser Beispielrechnung als gerechte Lösung.

492

aa) Erhöhte Versicherungsprämien

493 Der Geschädigte schließt mit erhöhten Versicherungsprämien eine zusätzliche Kaskoversicherung ab, damit er seinen Fahrzeugschaden im Schadensfall, unabhängig davon, ob ihm ein Fahrlässigkeitsvorwurf zu machen ist, ersetzt bekommt.

bb) Keine unbillige Entlastung des Versicherers

494 Diese vertragliche Einstandspflicht der Kaskoversicherung würde auch dann eintreten, wenn der Versicherungsnehmer den Schaden zu 100% alleine verursacht hätte. An diesem Ergebnis kann sich folglich nichts ändern, wenn der Unfallgegner den Unfall mitverursacht hat; denn diese anteilige Mithaftung darf nicht zu einer Entlastung des Kaskoversicherers führen.

g) Bevorrechtigte Ansprüche

495 Ein weiteres Problem ergibt sich zu der Beantwortung der Frage, welche **Schadensersatzansprüche quotenbevorrechtigt** sein können. Es muss sich dabei um Schäden handeln, die zu derselben Schadensart gehören wie diejenigen Schäden, deren Deckung die vom Versicherungsnehmer abgeschlossene Versicherung dient. Im Zusammenhang mit Haftpflichtschäden wird im Allgemeinen davon ausgegangen, dass alle Ansprüche übergehen können, die der von der Kaskoversicherung erfassten Schadensart angehören (st. Rspr.: BGH, VersR 1958, 162; BGH, VersR 1979, 640, 641; BGH, VersR 1982, 283 ff.). Es wird dabei zwischen **unmittelbaren Sachschäden** und **nicht ersetzbaren Folgeschäden** unterschieden.

aa) Unmittelbare Sachschäden

496 Zu den unmittelbaren Sachschäden gehören neben den Reparaturkosten oder Wiederbeschaffungskosten auch die Wertminderung eines Fahrzeuges (BGH, VersR 1958, 161; BGH, VersR 1982, 383 ff., BGH, VersR 1982, 283, 284; OLG Düsseldorf, Schaden-Praxis 2002, 245), die Abschleppkosten (BGH, VersR 1982, 283, BGH, VersR 1982, 383), die Sachverständigenkosten (BGH, NJW 1985, 1845; OLG Hamm, OLGR Hamm 2002, 171) sowie die Rechtsanwaltskosten.

bb) Sachfolgeschäden

497 Dagegen werden Kosten für Mietwagen und Nutzungsausfall (BGH, VersR 1982, 283 ff.; BGH, VersR 1982, 383) sowie den Prämienrückstufungsschaden in der Kaskoversicherung wegen fehlender sachlicher Kongruenz mit dem Fahrzeugschaden nicht als quotenbevorrechtigt anerkannt. Sachfolgeschäden liegen außerhalb des Schutzbereiches der Kaskoversicherung.

II. Schaden am Fahrzeug

1. Vorbemerkung

498 Kernpunkt der Verkehrsunfallschadensregulierung ist im Regelfall der Schaden am verunfallten Fahrzeug. Dies resultiert bereits daraus, dass dessen Beseitigung im Normalfall die erheblichste Schadensposition bildet. Darüber hinaus hat die Regulierung des Fahrzeugschadens an sich Auswirkung auf weitere Schadenspositionen, wie etwa Sachverständigenkosten, Mietwagenkosten etc.

499 Gesetzlicher Ausgangspunkt im Hinblick auf die Beantwortung der Frage, ob und inwieweit dem Geschädigten entstandene Schäden von Seiten des Schädigers zu ersetzen sind, ist § 249 BGB i.V.m. § 251 BGB. Zunächst ist daher in jedem Einzelfall zu entscheiden, ob eine **Reparatur** des beschädigten Fahrzeugs zu erfolgen hat oder ein **Ersatzfahrzeug** zu beschaffen ist.

2. Erforderlichkeit des Schadensersatzes

Der Geschädigte kann gem. § 249 Abs. 2 BGB statt der **Herstellung** den dazu erforderlichen **Geld-** 500
betrag verlangen. Denn in der Verkehrsunfallschadensregulierung hat die in § 249 Abs. 1 BGB
normierte **Naturalrestitution** nur geringe Bedeutung.

Zu fragen ist daher regelmäßig, welcher Geldbetrag erforderlich ist, um den Schaden zu beseitigen. 501
Dem Geschädigten obliegt insoweit die **Darlegungs- und Beweislast.** Folglich muss der Geschädigte nicht nur darlegen und beweisen, dass der Schädiger ihm einen Schaden zugefügt hat, dass
somit ein zum Schadensersatz verpflichtendes Ereignis erfolgt ist, sondern auch die Höhe des entstandenen Schadens darlegen und ggf. beweisen.

Während Darlegung und Beweis des schädigenden Ereignisses nach den allgemeinen Grundsätzen 502
unter Zuhilfenahme des polizeilichen Unfallprotokolls und etwaiger Zeugenaussagen erfolgen,
sind weitere Feststellungen zum Vortrag im Hinblick auf die Schadenshöhe erforderlich. Diese
werden regelmäßig im Wege eines **Sachverständigengutachtens** getroffen, das der Geschädigte
veranlasst.

Nach Maßgabe des vom Geschädigten in Auftrag gegebenen **Sachverständigengutachtens** ist zu 503
entscheiden, ob das verunfallte Fahrzeug reparaturwürdig ist, der Geschädigte dieses also reparieren lassen darf, oder ein sog. **wirtschaftlicher Totalschaden** mit der Konsequenz vorliegt, dass
der Geschädigte auf Totalschadensbasis abzurechnen hat.

3. Ersatz der Reparaturkosten

a) Art der Reparatur

Der Geschädigte kann sich für die Reparatur des Fahrzeuges entscheiden (vgl. Rn. 479). Sofern er 504
sich hierfür entscheidet, kann er wählen, wie und wo er die **Reparaturarbeiten** durchführen lässt.
Als Möglichkeiten bieten sich an: die Reparatur in einer markengebundenen Fachwerkstatt, in
einer nicht markengebundenen Werkstatt, die Reparatur in einer eigenen Werkstatt sowie die
Reparatur in Eigenarbeit.

Die **Reparatur in einer Fachwerkstatt** wird der Geschädigte dann vornehmen lassen, wenn es 505
sich um Reparaturarbeiten von erheblicher Größe handelt, das Fahrzeug noch relativ neuwertig ist,
ohne dass eine Neuwertentschädigung in Betracht kommt oder wesentliche Teile des Fahrzeugs
beschädigt worden sind.

Der Geschädigte wird einen Reparaturauftrag an eine **Werkstatt, die nicht markengebunden** ist, 506
regelmäßig dann erteilen, wenn entweder das Fahrzeug schon mehrere Jahre alt ist, der Schaden an
dem verunfallten Fahrzeug nicht besonders hoch ist oder zur Erlangung einer möglichst preisgüns-
tigen Reparatur. Allerdings muss der Geschädigte zuvor das Risiko kalkulieren, das er eingeht,
wenn er eine möglicherweise entsprechend weniger qualifizierte, nicht markengebundene Werkstatt beauftragt.

Auch dann, wenn der Geschädigte durch die Beauftragung einer nicht markengebundenen Werk- 507
statt im Verhältnis zur Inauftraggabe der Reparaturarbeiten in einer markengebundenen Fachwer-
statt eine kostengünstigere Reparatur erhält, hat er Anspruch auf Zahlung des etwa durch den Sachverständigen ermittelten Schadensersatzbetrags, der für eine Schadensbeseitigung in einer
markengebundenen Fachwerkstatt zu entrichten wäre (Berz/Burmann/Born, Straßenverkehrsrecht,
5. B., Rn. 35).

Bei einer Reparatur in einer **eigenen Werkstatt** gebührt dem Geschädigten Ersatz sowohl der 508
anteilmäßigen Material- und Lohnkosten der Reparatur als auch der anteilmäßigen Gemeinkosten
und bis zum 1.8.2002 der Mehrwertsteuer (BGH, NJW 1970, 1454; NJW 1989, 3009), mit In-
Kraft-Treten des 2. Schadensersatzänderungsgesetzes am 1.8.2002 kann er diese nicht mehr uneingeschränkt geltend machen.

509 Auch im Fall der **Vornahme einer Eigenreparatur** behält der Geschädigte seinen Anspruch auf Zahlung des Betrages, den er für eine Schadensbeseitigung in einer markengebundenen Fachwerkstatt aufwenden müsste (BGH, NJW 1992, 1618; OLG Hamm, NZV 2002, 272; OLG Dresden, DAR 2001, 455). Auch hier hat der Geschädigte weder nachzuweisen, dass er sein Fahrzeug tatsächlich hat reparieren lassen noch, auf welche Weise und in welchem Umfang er die Reparatur vorgenommen hat (BGH, NJW 1989, 3009, 3010).

b) Abrechnung des Schadens nach Reparatur

510 Der Geschädigte hat regelmäßig Anspruch auf Ersatz der **tatsächlichen Reparaturkosten**, sofern diese den **Wiederbeschaffungswert** nicht um mehr als 30 % übersteigen (BGH, NJW 1992, 302; Becker/Böhme, Haftpflichtschäden, S. 167 f.). Demnach ist der Geschädigte berechtigt, im Nachgang zu einer Reparatur auf Basis der Reparaturrechnung mit dem Schädiger abzurechnen. Die Vorlage der **Reparaturrechnung** ist als Nachweis ausreichend (Buschbell, Straßenverkehrsrecht, § 18 Rn. 4; Becker/Böhme, Haftpflichtschäden, S. 168).

511 Sie wird regelmäßig auch ohne zusätzliche Kosten erstellt (Notthoff, VersR 1995, 1399, 1400). Demgegenüber ist die Vorlage nur einer **Reparaturbestätigung** eines Sachverständigen als Nachweis unzureichend (OLG Köln, VersR 1993, 898; a.A.: LG Gießen, zfs 1996, 177). Durch die Vorlage der Reparaturrechnung erbringt der Geschädigte schließlich den Nachweis, dass er sein Kraftfahrzeug in den früheren Zustand hat versetzen lassen. Dies bedeutet jedoch gleichzeitig, dass eine **Teil- oder Billigreparatur** nicht ausreichend ist (OLG Düsseldorf, NZV 1996, 279; OLG Hamm, NZV 1993, 432; OLG Frankfurt, OLGR Frankfurt 2002, 81).

c) Neuwertentschädigung

512 Sofern eine neue oder neuwertige Sache unfallbedingt beschädigt worden ist, hat der Geschädigte Anspruch auf Ersatz der Kosten für die Beschaffung einer neuen Sache. Er braucht sich nicht auf die Instandsetzung der beschädigten Sache verweisen zu lassen, auch dann nicht, wenn eine Reparatur deutlich günstiger wäre (BGH, VersR 1984, 46). Der Geschädigte kann daher u.U. den **Neupreis** für das beschädigte Fahrzeug verlangen, wobei dies nur für Pkw, nicht aber für Nutzfahrzeuge gilt (OLG Stuttgart, VersR 1983, 92). Anspruch auf den Neupreis hat der Geschädigte auch dann, wenn es sich bei dem beschädigten Pkw um ein **Leasing-Fahrzeug** handelt (OLG Nürnberg, NZV 1994, 430, 431).

513 Der Neupreis ist der Schadensbemessung bei neuen Kraftfahrzeugen unabhängig davon zugrunde zu legen, ob der Geschädigte ein Ersatzkraftfahrzeug anschafft (KG, VersR 1981, 553).

aa) Vorliegen eines erheblichen Schadens

514 Für den Fall, dass der Geschädigte **Schadensersatz auf Neuwagenbasis** begehrt, hat er sich den **Restwert** anrechnen zu lassen, sofern dieser realisiert wird.

515 Allerdings kann der Geschädigte eine **Neuwertentschädigung** grds. nur verlangen, sofern ein erheblicher Schaden entstanden ist. Dieser liegt vor, wenn dem Geschädigten eine Weiterbenutzung des Fahrzeugs in ggf. repariertem Zustand unter Berücksichtigung einer Abwägung der Interessenlage nicht zuzumuten ist (BGH, VersR 1982, 163; van Bühren, Unfallregulierung, S. 36; a.A.: OLG Oldenburg, zfs 1997, 136: ausreichend sei, dass ein höherer als ein Bagatellschaden vorliege). Dies gilt etwa dann, wenn für die Sicherheit des Fahrzeugs besonders wichtige Teile beschädigt sind und auch unter Berücksichtigung einer ordnungsgemäßen Reparatur keine vollständige sicherheitstechnische bzw. kosmetische Wiederherstellung erfolgt (Berz/Burmann/Born, Straßenverkehrsrecht, 5. B., Rn. 22).

bb) Beschädigung eines fabrikneuen Fahrzeugs

Neben der Erheblichkeit des Schadens ist es notwendig, dass ein **fabrikneues Kraftfahrzeug** 516
beschädigt worden ist. Dieses Kriterium ist nur dann erfüllt, wenn das Fahrzeug eine **Fahrleistung von bis zu 1 000 km** aufweist (BGH, NJW 1982, 433; 1983, 781; OLG Karlsruhe, NJW-RR 1986, 254; OLG Oldenburg, zfs 1997, 136; Palandt/Heinrichs, BGB § 251 Rn. 14). Eine **Abrechnung auf Neuwagenbasis** ist bei einer höheren Laufleistung i.d.R. ausgeschlossen.

Ausnahmsweise wird auch noch ein Fahrzeug mit einer Laufleistung von **bis zu 3 000 km** als **neu-** 517
wertig angesehen (BGH, NJW 1982, 433; KG, VersR 1988, 361). Allerdings müssen insoweit weitere Anhaltspunkte hinzukommen, die auf die Neuwertigkeit des Fahrzeugs schließen lassen. I.Ü. ist bei Fahrleistungen jenseits von 1 000 km ein **Abschlag vom Neupreis** vorzunehmen (BGH, NJW 1983, 2694), der mit etwa 1 – 1,5 % des Neupreises pro 1 000 km Fahrleistung zu bemessen ist (OLG Schleswig, VersR 1985, 373).

Die vorgenannten Grundsätze gelten entsprechend auch für sonstige beschädigte Gegenstände, wie 518
etwa **Motorräder** und **Wohnwagen.**

Hinweis:

*Im Fall von **Leasingkraftfahrzeugen** ist zu beachten, dass sich der Schadensersatz nicht anhand der noch zu zahlenden Leasingraten bemisst, sondern nach dem Wiederbeschaffungswert richtet, wobei die Ersatzpflicht auch Folgeschäden, wie etwa steuerliche Nachteile und Finanzierungskosten, umfasst (BGHZ 116, 22, 25).*

---

cc) Geringe Zulassungszeit

Schließlich darf das Fahrzeug noch keine längere Zeit zum Straßenverkehr zugelassen worden 519
sein. So wird bei einer **Gebrauchsdauer** von mehr als zwei Monaten ein Fahrzeug als nicht mehr neuwertig betrachtet. Dies gilt selbst dann, wenn das Fahrzeug eine Fahrleistung von **weniger als 1 000 km** aufweist (OLG Nürnberg, NZV 1994, 430; OLG Hamm, VersR 1995, 930; OLG Naumburg, zfs 1996, 134).

Hinweis:

*Sofern daher das Kraftfahrzeug zum Unfallzeitpunkt bereits mehr als zwei Monate zugelassen war und die **Laufleistung** unter 1 000 km beträgt, kann der Geschädigte gleichwohl nicht mehr die **Neuwertentschädigung** verlangen, sondern muss auf **Reparaturkostenbasis** abrechnen (OLG Hamm, VersR 1995, 930; OLG Naumburg, zfs 1996, 134). Dies ist auch sachgerecht. Denn auch die gegenüber früherer Zeit gegenwärtig deutlich gestiegene Lebensdauer von Kraftfahrzeugen kann nicht zu einer erweiterten Zulassung der Neuwertentschädigung führen, weil nach wie vor schon allein mit der ersten Zulassung ein besonders erheblicher Wertabfall eintritt. Sofern daher ein Fahrzeug mit einer Laufleistung von unter 1 000 km und einer **Zulassungsdauer** von mehr als zwei Monaten beschädigt wird, hat dieses Fahrzeug schon vor dem Unfall diesen Wertverlust ohne Zutun des Schädigers erlitten.*

---

d) 130%-Rechtsprechung

aa) Entwicklung der Schadensersatzgrenze

Gegenstand zahlreicher Entscheidungen ist die Frage gewesen, bis zu welcher Grenze bei einem 520
wirtschaftlichen Totalschaden (wenn also die Reparatur teurer ist als die Ersatzbeschaffung) der Geschädigte sein Fahrzeug auf Kosten des Schädigers reparieren darf. Der BGH hat in einem

grundlegenden Urteil entschieden, dass der Geschädigte im Einzelfall die Instandsetzungskosten auch dann noch beanspruchen kann, wenn sie den **Wiederbeschaffungswert um bis zu 30 % übersteigen** (BGH, NJW 1992, 303; 1992, 1618; OLG Schleswig, VersR 1999, 202; LG Nürnberg-Fürth, Schaden-Praxis 2002, 241). Begründet hat der Senat seine Entscheidung im Wesentlichen damit, dass eine Reparatur das Integritätsinteresse des Geschädigten an dem ihm vertrauten Fahrzeug regelmäßig in stärkerem Maße befriedigt als eine Ersatzbeschaffung. I.Ü. ist noch darauf hinzuweisen, dass der Zuschlag i.h.v. 30 % auf die Reparaturkosten keine starre Grenze bildet. Es handelt sich vielmehr um einen Richtwert, der unter Berücksichtigung der Besonderheiten des einzelnen Falles sowohl über- als auch unterschritten werden kann und nicht schematisch anzuwenden ist (Palandt/Heinrichs, BGB, § 251 Rn. 7, 25 m.w.N.).

bb) Voraussetzungen des 30%-Zuschlages

521   Auf den Zuschlag i.h.v. 30 % kann sich der Geschädigte nur unter bestimmten Voraussetzungen berufen. Zunächst ist es erforderlich, dass die Reparatur des verunfallten Fahrzeugs tatsächlich durchgeführt wird, so dass bei einer **Abrechnung unter Berücksichtigung fiktiver Reparaturkosten** der Integritätszuschlag i.h.v. 30 % nicht gezahlt wird (BGH, NJW 1992, 66, 68). Daraus ergibt sich im Weiteren, dass der Geschädigte die **Durchführung der Reparatur** ggf. zu **beweisen** hat. Der Integritätszuschlag ist aber auch dann geschuldet, wenn die Reparatur nach gutachterlicher Schätzung mehr als 130% des Wiederbeschaffungswerts kosten würde, die Reparatur tatsächlich aber vollständig und fachgerecht mit einem Kostenaufwand von weniger als 130% durchgeführt worden ist (OLG Dresden DAR 2001, 303).

522   Darüber hinaus ist erforderlich, dass die **Reparatur fachgerecht erfolgt** ist, sodass weder eine provisorische oder laienhafte Reparatur noch eine Teil- oder Billigreparatur ausreicht (OLG Hamm, r+s 1996, 100, 101; OLG Düsseldorf, NZV 1994, 479, 480; OLG Karlsruhe, zfs 1997, 53; OLG Schleswig, VersR 1999, 202; OLG Karlsruhe, MDR 2000, 797).

Hinweis:

Das bedeutet jedoch nicht, dass eine fachgerechte Eigenreparatur nicht ausreichend wäre. Dies hat der BGH ausdrücklich klargestellt (VersR 1992, 710).

---

523   Allerdings ist es erforderlich, dass der Geschädigte das zu reparierende Fahrzeug auch tatsächlich weiterbenutzt. Ein **schützenswertes Integritätsinteresse** fehlt, sofern der Geschädigte das reparierte Fahrzeug veräußert (OLG Karlsruhe, zfs 1997, 53) oder es ohne Reparatur verschrotten lässt (KG, NZV 2002, 89).

---

524   *Hinweis:*

Auch eine Veräußerung kurze Zeit nach dem Unfall führt dazu, dass der Geschädigte sich nicht mehr auf sein Integritätsinteresse berufen kann, wenngleich die Rspr. bislang handhabbare zeitliche Kriterien insoweit noch nicht aufgestellt hat.

In dem Fall jedoch, in dem ein Fahrzeugeigentümer sein beschädigtes Fahrzeug in Eigenregie instandsetzen lässt und innerhalb des folgenden Monats verkauft, wird der Integritätszuschlag nicht zuzubilligen sein (OLG Düsseldorf, NZV 1996, 279, 280).

---

525   I.Ü. gilt, dass die Instandsetzung regelmäßig wirtschaftlich unvernünftig ist, sofern die Reparaturkosten den Wiederbeschaffungswert um mehr als 30 % übersteigen. Lässt der Geschädigte sein Kraftfahrzeug gleichwohl reparieren, kann er nur die **Wiederbeschaffungskosten** ersetzt verlangen (BGH, NJW 1992, 305).

Schließlich hat der BGH inzwischen klargestellt, dass der dem Geschädigten im Zuge der Reparatur seines Kraftfahrzeuges zuzubilligende Integritätszuschlag von 30 % grds. auch für **gewerblich genutzte Fahrzeuge** gilt; denn dem Interesse eines Geschädigten an dem Erhalt seines Vermögens in dessen konkreter Zusammensetzung durch Reparatur des beschädigten Fahrzeuges kommt grds. auch bei gewerblich eingesetzten Fahrzeugen die selbe Bedeutung wie bei privat genutzten Kraftfahrzeugen zu (BGH, VersR 1999, 245, 246; OLG Hamm, VersR 1999, 330, 331; OLG Dresden DAR 2001, 303). Dabei hat das Gericht ausdrücklich offen gelassen, ob für gewerblich genutzte Kraftfahrzeuge solche Unternehmer, die keinen Einfluss auf die jeweiligen Fahrer und deren Fahrweise haben, wie dies etwa im Mietwagengeschäft der Fall ist, eine Ausnahme zu machen ist, weil ein solcher Sachverhalt dem zu entscheidenden Fall nicht zugrunde lag (BGH, VersR 1999, 245, 246).

cc) Berechnung der 130%-Grenze

In vielen Fällen besteht in der Praxis Streit, wie die sog. 130%-Grenze zu berechnen ist bzw. welche einzelnen Komponenten in eine etwaige Rechnung einzubeziehen sind. Fest steht mittlerweile, dass im Falle der Durchführung der Reparatur der **Restwert außer Betracht** bleibt, sodass zur Berechnung der 130%-Grenze   526

- die **Reparaturkosten** sowie der verbleibende Minderwert zum einen und
- der **Wiederbeschaffungswert** ohne Abzug des Restwertes zum anderen

ins Verhältnis zu setzen sind (BGH, NJW 1992, 302; zur Berechnung des Restwertes i.Ü. vgl. Rn. 546).

e) Reparaturrisiko des Schädigers

Aus der bereits dargestellten Systematik des Schadensersatzrechts folgt, dass der Schädiger grds.   527
das **Reparaturrisiko** trägt. Das Reparaturrisiko schließt das sog. **Prognoserisiko** ein (BGH, NJW 1992, 303). Dies bedeutet, dass der Schädiger dem Geschädigten auch dann den zum Schadensersatz erforderlichen Geldbetrag ungekürzt schuldet, wenn die im Falle der tatsächlichen Reparatur des verunfallten Fahrzeugs notwendigen Kosten den vom Sachverständigen ermittelten Betrag übersteigen (OLG Frankfurt, NZV 2001, 348). Sollte der Reparaturaufwand im Verhältnis zu den vom Sachverständigen angegebenen Kosten niedriger sein, muss der Schädiger dementsprechend auch nur die tatsächlich angefallenen, mithin geringeren Reparaturkosten tragen. Dies gilt allerdings nur, wenn der Geschädigte nach Maßgabe der Reparaturrechnung Schadensersatz verlangt und nicht – wozu er berechtigt ist – nach Maßgabe eines vorab eingeholten Sachverständigengutachtens abrechnet. Die Verringerung der Reparaturkosten kommt dem Schädiger daher nur für den Fall zugute, dass der Geschädigte nach Abschluss einer tatsächlich erfolgten Reparatur unter Bezugnahme auf die Reparaturrechnung Zahlung verlangt und damit seine Schadensersatzforderung nicht auf ein – möglicherweise für ihn günstigeres – Sachverständigengutachten stützt.
Der Schadensersatzanspruch des Geschädigten bleibt von unsachgemäß ausgeführten und möglicherweise sogar **fehlgeschlagenen Reparaturmaßnahmen** unberührt. Das bedeutet, auch insoweit   528
realisiert sich das vom Schädiger zu tragende Prognoserisiko (BGH, VersR 1978, 838). Hintergrund dafür ist, dass die jeweils beauftragte Werkstatt nicht Erfüllungsgehilfe des Geschädigten ist (OLG Hamm, NZV 1995, 442, 443). Etwas Abweichendes gilt nur dann, wenn der Geschädigte die beauftragte Werkstatt nicht hinreichend sorgfältig ausgewählt hat, sodass ihm ein **Auswahlverschulden** zur Last zu legen wäre (Berz/Burmann/Born, Straßenverkehrsrecht, 5. B., Rn. 41).

f) Schadensersatz nach fiktiver Reparatur

Der Geschädigte hat grds. Anspruch auf Schadensersatz auch nach sog. **fiktiver Reparatur** bzw.   529
Anspruch auf sog. **fiktive Instandsetzungskosten**. Diese können geltend gemacht werden, sofern Reparaturkosten nicht anfallen, weil das beschädigte Fahrzeug nicht repariert oder verkauft wird und der Geschädigte Reparaturkosten nach Maßgabe eines Sachverständigengutachtens begehrt.

Auch der etwaige Verkauf des verunfallten Fahrzeugs nimmt dem Geschädigten grds. nicht das Recht, die Reparaturkosten zu verlangen (BGH, NJW 1992, 903).

An anderer Stelle (Rn. 492 f.) ist bereits aufgezeigt worden, dass durch das In-Kraft-Treten des 2. Schadensersatzänderungsgesetzes im Rahmen der fiktiven Schadensberechnung die **Umsatzsteuer** nur noch unter bestimmten Umständen ersetzt verlangt werden kann. Im Einzelnen führt die Neuregelung für die verschiedenen Dispositionsmöglichkeiten zu Folgendem :

- Lässt der Geschädigte die **Reparatur durch eine Fachwerkstatt** oder einen anderen umsatzsteuerpflichtigen Unternehmer durchführen, kann er die angefallene Umsatzsatzsteuer in vollem Umfang ersetzt verlangen. Im Bestreitensfalle muss er allerdings durch die Vorlage der Rechnung den Nachweis erbringen, dass die **Umsatzsteuer** in der Höhe auch **tatsächlich angefallen** ist.

- Führt der Geschädigte die **Reparatur selbst** durch oder bedient er sich fremder Hilfe, erhält er die Umsatzsteuer nur in der Höhe ersetzt, in der sie zur Reparatur angefallen ist (Umsatzsteuer bei Kauf von Ersatzteilen).

- Macht der Geschädigte von der Möglichkeit Gebrauch, auf eine **Behebung des Schadens ganz zu verzichten,** kann er nur die um den Umsatzsteuerbetrag reduzierten fiktiven Reparaturkosten ersetzt verlangen.

Hinweis:

Das Recht des Geschädigten erfährt nur dann eine Einschränkung, wenn er Reparaturkostenersatz begehrt und die Reparaturkosten den Wiederbeschaffungswert um 30 % übersteigen, der Geschädigte gleichwohl das verunfallte Fahrzeug zu veräußern gedenkt. In diesem Fall kann der Geschädigte die Instandsetzungskosten auch dann nicht beanspruchen, wenn sie den Wiederbeschaffungswert um bis zu 30 % übersteigen. Die 130%-Grenze gilt hier nicht. Die fiktiven Reparaturkosten dürfen folglich den Wiederbeschaffungswert nicht überschreiten.

---

530   Weiterhin ist im Fall der Abrechnung der fiktiven Instandsetzungskosten im Unterschied zur Abrechnung im Fall tatsächlich durchgeführter Reparatur der Restwert vom Wiederbeschaffungswert abzuziehen, sodass der Wiederbeschaffungswert abzüglich Restwert die **Obergrenze** bildet (Geigel/Rixekker, Haftpflichtprozeß, Kap. 4 Rn. 24; Berz/Burmann/Born, Straßenverkehrsrecht, 5. B., Rn. 61; zur Bestimmung des Restwertes s.u. Rn. 546).

g) Vorteilsausgleich

531   Die Schadensregulierung auf Basis des § 249 BGB soll bewirken, dass der Geschädigte nicht schlechter gestellt wird als vor dem schädigenden Ereignis. Gleichzeitig soll jedoch vermieden werden, dass der Geschädigte gleichsam **Gewinne** aus der Schadenersatzleistung des Schädigers erzielt.

532   Sofern infolge der Durchführung dieser Reparatur eine Wertverbesserung an dem Fahrzeug entsteht, muss sich der Geschädigte u.U. Abzüge nach dem **Grundsatz „neu für alt"** gefallen lassen (Becker/Böhme, Haftpflichtschäden, S. 172; Berz/Burmann/Born, Straßenverkehrsrecht, 5. B., Rn. 43). Die Werterhöhung muss sich für den Geschädigten insoweit auswirken, als er auf den Einsatz eigener wirtschaftlicher Mittel mit großer Sicherheit verzichten kann (Geigel/Rixecker, Haftpflichtprozeß, Kap. 9 Rn. 47).

533   Darüber hinaus muss der **Abzug „neu für alt"** dem Geschädigten zumutbar sein (BGHZ 30, 33 f.) Dies wird regelmäßig der Fall sein. Denn soweit dem Geschädigten eine **Werterhöhung** zuwächst, erhält er etwas auf Kosten des Schädigers, das ihm nicht zusteht.

Der **Abzug „neu für alt"** ist regelmäßig gerechtfertigt, wenn sog. **kurzlebige Teile** eines Fahrzeugs ersetzt werden, die während des Gebrauchs in gewissen Abständen ohnehin zu ersetzen sind. Dies trifft z.B. zu auf Reifen, Batterie, ggf. auch auf den Motor (vgl. dazu: OLG Celle, VersR 1974, 1032; KG, DAR 1970, 157; OLG Düsseldorf, NZV 2002, 87; Becker/Böhme, Haftpflichtschäden, S. 172). Demgegenüber ist im Fall des Ersatzes von Karosserieteilen ein Abzug „neu für alt" nicht vorzunehmen. Denn die Karosserieteile haben i.d.R. die gleiche Lebensdauer wie das Fahrzeug an sich, sodass durch eine Erneuerung dem Geschädigten kein zusätzlicher Vermögensvorteil zufließt (KG, VersR 1985, 272). Etwas anderes gilt nur dann, wenn dem Geschädigten im Falle des Ersatzes von Karosserieteilen bereits dadurch ein **Vermögensvorteil** zuwächst, dass ein vorgeschädigtes Karosserieteil gegen ein unbeschädigtes ausgetauscht wird (Sanden/Völz, Sachschadensrecht, Rn. 192).

534

Unter bestimmten Umständen ist jedoch auch im Fall des Ersatzes **kurzlebiger oder Verschleißteile** ein Abzug „neu für alt" selbst dann nicht vorzunehmen, wenn der Austausch an sich einen Wertzuwachs für den Geschädigten bedeutet. Dies gilt etwa in dem Fall, in welchem der Geschädigte sein Fahrzeug – auch bereits zuvor – weit überwiegend mit sog. gebrauchten Ersatzteilen repariert hat. Dann kann der Geschädigte vortragen, dass er im Fall eines durch ihn selbst verursachten Schadens mit der Konsequenz einer Selbstfinanzierung der Reparatur lediglich gebrauchte Ersatzteile verwandt hätte. Das bedeutet, sofern im Fall einer Unfallreparatur neuere Teile eingesetzt werden als diejenigen Teile, die der Geschädigte bereits zuvor an seinem Fahrzeug verschleißbedingt ersetzt hatte, ein Abzug „neu für alt" nicht vorzunehmen ist. Zwar kann auch unter besonderen Umständen der Einbau eines gebrauchten Teiles zu einem Wertzuwachs führen, allerdings kann dies nur dann der Fall sein, wenn das unfallreparaturbedingt eingebaute Gebrauchtteil eine bessere Qualität aufweist als das ausgebaute beschädigte Teil. In einer solchen Konstellation ist ein Abzug „neu für alt" in dem Maße vorzunehmen, in welchem dem Geschädigten ein Vermögensvorteil zuwächst (Berz/Burmann/Born, Straßenverkehrsrecht, 5. B., Rn. 46).

535

Über die Höhe des vorzunehmenden Abzugs „neu für alt" entscheidet das Gericht aufgrund **freier Schätzung** (Sanden/Völz, Sachschadensrecht, Rn. 199). In Abzug gebracht werden etwa beim Austausch eines ungefähr vier Jahre alten Auspuffs durch ein neues Teil 30 % (AG Hamburg, zfs 1986, 198), während beim Austausch einer Batterie, die etwa drei Jahre alt ist, kein Abzug vorgenommen wird, weil ein drei Jahre während er Betrieb einer Batterie einen für die Gesamtfunktionszeit einer Batterie eher unwesentlichen Zeitraum bedeutet (OLG Karlsruhe, VersR 1989, 925).

536

4. Ersatz der Ersatzbeschaffungskosten

a) Grundsätzliches

Verkauft der Geschädigte das beschädigte Fahrzeug in unrepariertem Zustand, bleibt die vonseiten des Schädigers geschuldete Restitution gleichwohl weiterhin möglich. Der Anspruch aus § 249 Abs. 2 BGB besteht fort. Denn es wird nicht nur die Reparatur, sondern auch die Ersatzbeschaffung als Form der **Naturalrestitution** angesehen (BGH, NJW 1992, 303; Palandt/Heinrichs, BGB, § 249 Rn. 5).

537

Ob der Geschädigte sich dafür entscheidet, das Fahrzeug zu reparieren bzw. reparieren zu lassen oder Ersatz der Ersatzbeschaffungskosten zu verlangen, hängt von verschiedenen Faktoren ab: Zum einen kann die Reparatur angesichts eines sog. **technischen Totalschadens** unmöglich oder angesichts eines sog. **wirtschaftlichen Totalschadens** unverhältnismäßig teuer sein. Letzteres ist etwa dann der Fall, wenn die prognostizierten Reparaturkosten den Wiederbeschaffungswert um mehr als 30 % übersteigen. Weiterhin ist es denkbar, dass ein mindestens neuwertiges Fahrzeug derart stark beschädigt ist, dass dem Geschädigten wegen eines sog. **uneigentlichen Totalschadens** eine Reparatur nicht zuzumuten ist (Berz/Burmann/Born, Straßenverkehrsrecht, 5. B., Rn. 64).

538

539 In allen vorbezeichneten Fällen hat der Schädiger Schadensersatz i.H.d. erforderlichen Geldbetrags zu leisten.

b) Höhe der Ersatzbeschaffungskosten

540 Erforderliche Kosten der Ersatzbeschaffung i.S.d. § 249 Abs. 2 BGB **sind** in jedem Fall die **Wiederbeschaffungskosten,** die sich aus dem ggf. in Auftrag gegebenen Sachverständigengutachten ergeben, abzüglich eines objektiv bestehenden Restwertes des verunfallten Fahrzeuges, der sich i.d.R. ebenfalls aus dem Sachverständigengutachten ergibt.

541 Das bedeutet, der Geschädigte kann nicht etwa auf Kosten des Schädigers ein neuwertiges Fahrzeug anschaffen. Er kann vielmehr nur Schadensersatz i.H.d. Kosten, die zur Beschaffung eines gleichwertigen Fahrzeugs erforderlich sind, verlangen. Maßgeblich ist insoweit **Alter** und Erhaltungszustand der beschädigten Sache (s. dazu: Giesen, NJW 1979, 2065 ff.; MüKo/Grunsky, BGB, § 251 Rn. 8).

542 Unerheblich ist insoweit der **Zeitwert** des beschädigten Fahrzeugs, folglich dasjenige, was der Geschädigte hätte möglicherweise durch Verkauf des Kraftfahrzeugs erlösen können. Ausschlaggebend ist allein, was der Geschädigte zur Beschaffung einer **gleichwertigen Sache** aufwenden muss, der sog. **Wiederbeschaffungswert** (BGHZ 1992, 85, 90; OLG Karlsruhe, Schaden-Praxis 2001, 416; Giesen, NJW 1979, 2065, 2067 ff.). Der Wiederbeschaffungswert liegt in Ansehung der sog. **Händlerspanne** regelmäßig um etwa 15 – 20 % über dem Zeitwert (OLG Stuttgart, NJW 1976, 254; OLG Celle, NJW 1968, 1478; MüKo/Grunsky, BGB, § 251, Rn. 8).

543 Daneben hat der Geschädigte Anspruch auf Ersatz der Kosten einer **technischen Überprüfung** des Ersatzfahrzeugs (BGH, NJW 1966, 1454). Denn der Geschädigte muss die Möglichkeit haben, das Ersatzfahrzeug ggf. durch einen Sachverständigen auf seine Tauglichkeit und Verkehrssicherheit untersuchen zu lassen. Ob dem Geschädigten auch **ohne konkreten Nachweis** Wiederbeschaffungskosten zu ersetzen sind, ist umstritten. Nach weit überwiegender Auffassung wird ohne konkreten Nachweis für die Wiederbeschaffungskosten ein **Pauschalbetrag i.H.v. rund 150 DM** in Ansatz gebracht (OLG Frankfurt/M., NJW 1982, 2198; OLG Frankfurt/M., zfs 1990, 48; LG Darmstadt, zfs 1985, 40; LG Osnabrück, zfs 1984, 295 – 175 DM; LG Lübeck, zfs 1984, 198 – 175 DM; LG Osnabrück, zfs 1983, 361 – 155,DM; LG Oldenburg, zfs 1983, 360; AG Ludwigshafen, zfs 1984, 37; AG Hanau, zfs 1984, 296; AG Dieburg, DAR 1984, 119). Nach a.A. ist nur eine Erstattung tatsächlich aufgewendeter Kosten gegen entsprechenden Nachweis möglich (OLG Saarbrücken, zfs 1990, 11; OLG Koblenz, zfs 1990, 83; OLG Celle, NJW 1968, 1478; LG Fulda, NZV 1989, 379; LG Limburg, zfs 1983, 256). Zur Begründung beruft sich diese Auffassung im Wesentlichen darauf, dass im sog. Wiederbeschaffungswert auf Basis eines Sachverständigengutachtens die Wiederbeschaffungskosten bereits enthalten seien. Dem ist jedoch entgegenzuhalten, dass die **Kosten der technischen Untersuchung des Ersatzfahrzeuges** im Regelfall gerade keine Berücksichtigung im Zuge der Erstellung von Wertgutachten finden können (LG Osnabrück, zfs 1984, 295).

544 Der Wiederbeschaffungswert umfasst i.Ü. auch die Mehrwertsteuer, ohne dass es darauf ankommt, ob der Geschädigte eine Ersatzbeschaffung tatsächlich vornimmt und somit Mehrwertsteuer anfällt (BGH, NJW 1982, 1864; KG, VersR 1973, 60). Etwas anderes gilt dann, wenn der Geschädigte vorsteuerabzugsberechtigt ist. In diesem Fall besteht kein Anspruch auf Ersatz der Mehrwertsteuer (BGH, NJW 1982, 1864). Für den Endverbraucher ist daher der Wiederbeschaffungswert regelmäßig mit dem Einzelhandelspreis identisch, wohingegen einem Händler etwa nur der **Einkaufspreis** zusteht (MüKo/Grunsky, BGB, § 251 Rn. 9).

c) Berücksichtigung des Restwertes

545 I.d.R. hat auch das beschädigte Fahrzeug, selbst in dem Fall, in welchem es sich nur noch um ein Wrack handeln sollte, einen wirtschaftlichen Wert. Sowohl im Fall des **technischen** als auch im Fall des nur **wirtschaftlichen Totalschadens** stellt sich daher die Frage, ob und inwieweit der

Wert des Fahrzeugwracks bei der Abrechnung des Schadens zu berücksichtigen ist. Denn der Geschädigte darf nicht den vollen Zeitwert des intakten Fahrzeugs beanspruchen und gleichzeitig das beschädigte Fahrzeug behalten. Daher wird in der Praxis eine Abrechnung regelmäßig so vorgenommen, dass der **Restwert** des Wagens im Wege der **Vorteilsausgleichung** auf den Wiederbeschaffungswert des beschädigten Fahrzeugs angerechnet wird, sodass der Geschädigte die Differenz zwischen Wiederbeschaffungswert und Restwert, also den Wiederbeschaffungswert abzüglich eines objektiv bestehenden Restwertes, ersetzt bekommt.

Problematisch ist jedoch die **Bestimmung des Restwertes**. Dieser ergibt sich regelmäßig aus dem **Sachverständigengutachten**. Allerdings besteht insoweit erfahrungsgemäß das Problem, dass das Sachverständigengutachten häufig zu einem recht niedrigen Wert als Restwert gelangt. Derart war lange Zeit umstritten, ob es einen Verstoß gegen die Schadensminderungspflicht (§ 254 Abs. 2 BGB) darstellt, sofern ein Geschädigter im Fall eines Totalschadens das Fahrzeug in Anlehnung an den durch den Sachverständigen ermittelten Betrag veräußert hat, ohne zuvor dem Geschädigten bzw. dessen Haftpflichtversicherung Gelegenheit gegeben zu haben, einen etwas günstigeren **Restwert** zu erzielen (OLG Hamm, NZV 1992, 363; 440; OLG Frankfurt/M., VersR 1992, 620). Zwischenzeitlich hat der BGH diesen Streit i.S.d. Geschädigten entschieden, sodass der Geschädigte berechtigt ist, das beschädigte Fahrzeug zu dem Preis zu veräußern, den ein vom ihm eingeschalteter Sachverständiger als Wert auf dem allgemeinen Markt ermittelt hat. Auf **höhere Ankaufspreise spezieller Restwertaufkäufer** braucht sich der Geschädigte regelmäßig nicht verweisen zu lassen (BGH, VersR 1992, 457; NZV 1993, 305). Hintergrund dieser Entscheidung ist, dass jeweils nur der Restwert in Ansatz zu bringen ist, der vonseiten des Geschädigten bei zumutbaren Bemühungen auf einem ihm zugänglichen seriösen Gebrauchtwagenmarkt erzielbar ist, nicht aber der Restwert, der nur auf einem dem Geschädigten durch den Haftpflichtversicherer eröffneten Markt, dem Markt der speziellen Restwertaufkäufer, zu erzielen wäre (BGH, VersR 1992, 457; van Bühren, Unfallregulierung 57; AG Herford, VersR 1997, 766; OLG Dresden 2000, 566). Damit hat der BGH der Vorgehensweise einiger Haftpflichtversicherer Einhalt geboten, die bemüht waren, den Schadensersatzbetrag durch Vorlage nachträglich eingeholter Restwertaufkäuferangebote zu mindern.

| 546 |
| 547 |

> *Hinweis:*
> *In der Praxis tritt jedoch häufig der Fall auf, dass die Haftpflichtversicherung des Schädigers dem Geschädigten **unmittelbar im Anschluss an die Vorlage der Schadenanzeige** durch den Geschädigten ein Angebot eines speziellen Restwertaufkäufers unterbreitet. Sofern der Geschädigte – wie regelmäßig in diesen Fallkonstellationen – sein beschädigtes Fahrzeug noch nicht unter Berücksichtigung des durch den Sachverständigen ermittelten Restwertes verkauft hat, ist er gehalten, auf das Angebot des vonseiten des Versicherers genannten speziellen **Restwertaufkäufers** einzugehen.*

Wenngleich die Auffassung vertreten wird, dass die sog. speziellen Restwertaufkäufer oftmals einigermaßen unseriöse Geschäftspraktiken anwenden und vordringlich in den Besitz zahlreicher Kraftfahrzeugbriefe gelangen wollen, ist der Geschädigte unter Berücksichtigung der ihm stets obliegenden **Schadensminderungspflicht** gehalten, sein beschädigtes Fahrzeug an den benannten Restwertaufkäufer zu verkaufen (Lemcke, r+s 1994, 460; Berz/Burmann/Born, Straßenverkehrsrecht, 5. B., Rn. 13). Zwar darf der Geschädigte bei der Verwertung seines Unfallfahrzeugs den in dem von ihm eingeholten Sachverständigengutachten genannten Restwert grds. zugrunde legen, sofern aber der Geschädigte vor Verkauf seines Fahrzeugs ein verbindliches Kaufangebot von einem durch den Versicherer vermittelten Verkäufer erhalten hat, muss er dieses Angebot aufgrund seiner Schadensminderungspflicht annehmen, wenn er nicht ein besonderes Interesse an der Veräußerung an einen Dritten hat (OLG Köln, VersR 1999, 332; s. ausführlich zu den unterschiedlichen Restwerten für Unfallfahrzeuge: Rischer, VersR 1999, 686 ff.).

III. Mietwagenkosten

1. Vorbemerkung

548 Neben den hauptsächlichen Schadenspositionen, wie Ersatz der Kosten der Ersatzbeschaffung bzw. Ersatz der Reparaturkosten, hat der Geschädigte auch Anspruch auf Ersatz sog. **Unfallnebenkosten.** Teilweise betreffen die Unfallnebenkosten Aufwendungen für Nachweise zur Geltendmachung hauptsächlicher Schadenspositionen, teilweise beziehen sie sich auf Aufwendungen, die durch einen Verkehrsunfall ausgelöst worden sind und in unmittelbarem Zusammenhang mit der Schadensregulierung stehen. Zahlreiche Positionen dieser Unfallnebenkosten geben Anlass zu vielfältigen Auseinandersetzungen.

2. Ersatz der Mietwagenkosten

a) Einführung

549 Bei einem Verkehrsunfall hat jeder Geschädigte für die Dauer der Reparatur eines beschädigten bzw. bis zur Wiederbeschaffung eines dem beschädigten Pkw entsprechenden gleichwertigen Fahrzeugs grds. einen Anspruch auf Nutzung einer vergleichbaren Sache (BGHZ 56, 214; BGH, NJW 1985, 793; Born, VersR 1978, 777; Notthoff, VersR 1994, 909). Die Vergleichbarkeit des entsprechenden Fahrzeugs richtet sich nach an den jeweiligen Neupreis orientierten **Fahrzeuggruppen** (vgl. dazu die aktuelle Tabelle von Sanden/Danner/Küppersbusch, NJW 1998, 2106 ff.).

550 Sofern der Eigentümer eines unfallbeschädigten, teuren Fahrzeugs auf die Anmietung eines vergleichbaren, also entsprechenden Fahrzeugs verzichtet und stattdessen ein **billigeres Ersatzfahrzeug** anmietet, kann er auch nur Ersatz der entsprechenden Kosten verlangen. Er kann nicht etwa die – fiktiven – Kosten des vergleichbaren Ersatzfahrzeugs, zu dessen Anmietung er theoretisch berechtigt gewesen wäre, verlangen (BGH, VersR 1975, 261; BGH, NJW 1999, 279; OLG Düsseldorf, NJW-RR 2001, 132; Geigel/Rixecker, Haftpflichtprozeß, Kap. 4 Rn. 44).

551 Die Kosten für die **Anmietung** eines dem beschädigten Pkw vergleichbaren **Ersatzfahrzeugs,** die **Mietwagenkosten,** hat der Schädiger dem Beschädigten zu ersetzen. Str. ist, ob diese Kosten unter § 249 Satz 2 BGB fallen (so: BGH, NJW 1985, 793; NJW 1977, 331; Möller/Durst, VersR 1993, 1070, 1071; Melzer, DAR 1994, 42) oder unter § 241 Abs. 1 BGB (so: Palandt/Heinrichs, BGB, § 249, Rn. 2). Diese Differenzierung ist jedoch allein dogmatischer Natur. Sie führt weder zu praktischen Konsequenzen noch zur Verneinung des Kostenersatzes in konkreten Fällen (Notthoff, VersR 1994, 909).

b) Nutzungswille und Nutzungsmöglichkeit

552 Grds. hat der Geschädigte in jedem Fall Anspruch auf Erstattung der mit der Anmietung eines **Ersatzwagens** verbundenen Kosten durch den Schädiger. Damit der Geschädigte Ersatz der Kosten für die Anmietung eines Fahrzeugs verlangen kann, ist es erforderlich, dass er sein verunfalltes Kraftfahrzeug während der **Reparatur- bzw. Wiederbeschaffungszeit** auch hätte benutzen können (BGH, NJW 1968, 1778).

553 Nicht erforderlich ist es jedoch, dass der Geschädigte – selbst – auf die Nutzung des Fahrzeugs angewiesen ist. Der Geschädigte kann daher auch dann Ersatz der Mietwagenkosten verlangen, wenn er das verunfallte Fahrzeug nicht selbst genutzt hat, sondern dieses zur Nutzung durch eine andere Person, wie etwa durch **Familienangehörige** oder durch eine **befreundete Person,** angeschafft hat und das Fahrzeug von dieser Person während der Zeit der Reparatur bzw. Ersatzbeschaffung auch **tatsächlich genutzt** worden wäre (OLG Frankfurt/M., DAR 1995, 23; OLG Karlsruhe, NZV 1994, 316; OLG Hamm, NJW-RR 1993, 1053, 1054; Notthoff, VersR 1995, 1015; VersR 1996, 1200, 1201).

I.Ü. kann der Geschädigte immer dann Ersatz der Mietwagenkosten beanspruchen, wenn er, soweit er das Unfallfahrzeug zur **Eigennutzung** angeschafft hat, trotz etwaiger unfallbedingter Verletzungen tatsächlich in der Lage gewesen ist, während der Reparatur- bzw. Wiederbeschaffungszeit ein Fahrzeug zu führen.

> **Hinweis:**
>
> *So kann selbst einem Geschädigten, dem angesichts einer HWS-Verletzung Bettruhe und das Tragen einer sog. Schanz'schen Krawatte verordnet worden ist, Ersatz entsprechender Mietwagenkosten zustehen, weil ihm das Führen eines Kraftfahrzeugs trotz Tragens einer Schanz'schen Krawatte möglich ist (OLG Hamm, NJW-RR 1994, 793; AG Gießen, zfs 1995, 453, 454).*

Nur dann, wenn der Geschädigte sein Kraftfahrzeug während der Reparatur- bzw. Ersatzbeschaffungszeit nicht hätte benutzen können, besteht kein Anspruch auf Ersatz etwaiger Mietwagenkosten (BGH, VersR 1968, 803; LG Leipzig, Schaden-Praxis 2002, 244). Folglich besteht kein Anspruch auf Mietwagenkostenersatz, wenn der Geschädigte während der Reparaturzeit infolge einer **schweren Erkrankung** physisch nicht in der Lage ist, ein Kraftfahrzeug zu nutzen. | **554**

Für den Fall, dass der Geschädigte für das unfallbeschädigte Fahrzeug **keine Haftpflichtversicherung** abgeschlossen hat, steht ihm ebenfalls kein Ersatz der Mietwagenkosten vonseiten des Schädigers zu (OLG Frankfurt/M., NZV 1995, 68; Berz/Burmann/Born, Straßenverkehrsrecht, 5. C., Rn. 5). Denn Mietwagenkosten bilden nur dann einen ersatzfähigen Schaden, wenn seitens des Geschädigten eine entsprechende Nutzungsmöglichkeit bestanden hätte. Diese Möglichkeit besteht nicht nur dann nicht, wenn der Geschädigte aus tatsächlichen Gründen an einer Fahrzeugnutzung gehindert ist, sondern auch für den Fall nicht, dass dem Geschädigten eine Nutzung des Fahrzeugs aus rechtlichen Gründen, etwa angesichts des Nichtbestehens eines Haftpflichtversicherungsvertrags für das beschädigte Fahrzeug, untersagt ist (OLG Frankfurt/M., a.a.O.; Notthoff, VersR 1996, 1200, 1201). | **555**

c) Mietwagen bei gewerblicher Nutzung des beschädigten Fahrzeugs

Nachdem in früheren Jahren umstritten war, ob auch im Fall der gewerblichen Nutzung eines verunfallten Fahrzeugs Ersatz der Kosten für die Anmietung eines Ersatzfahrzeugs beansprucht werden kann, hat der BGH in einer grds. Entscheidung ein anders lautendes Instanzurteil aufgehoben und klargestellt, dass auch im Fall **gewerblicher Nutzung** des geschädigten Fahrzeugs Ersatz der **Mietwagenkosten** durch den Schädiger zu leisten ist (BGH, NJW 1993, 3321; s. auch: OLG Köln, VersR 1995, 719, 720; OLG Hamm, NZV 2001, 218; Etzel/Wagner, DAR 1995, 17, 18). | **556**

Der Geschädigte kann erst dann auf den **Ersatz des entgangenen Gewinns** anstelle der **Naturalrestitution** verwiesen werden, wenn die Naturalrestitution unter Berücksichtigung des § 251 Abs. 2 BGB nur mit einem unverhältnismäßig großen Aufwand möglich wäre (BGH, NJW 1993, 3321). Im Zuge der Beantwortung der Frage, wann Unverhältnismäßigkeit im vorgenannten Sinn anzunehmen ist, kommt dem Vergleich zwischen den Mietkosten für das Ersatzfahrzeug und dem bei Verzicht auf die Anmietung drohenden Verdienstausfall zwar durchaus Bedeutung zu. Es handelt sich dabei aber nur um einen einzigen unter zahlreichen Gesichtspunkten innerhalb der anzustellenden Gesamtbetrachtung. In gleicher Weise sind auch die sonstigen schutzwürdigen Belange des Geschädigten zu beachten. Die Unverhältnismäßigkeitsgrenze gem. § 251 Abs. 2 BGB ist folglich erst dann überschritten, wenn die Anmietung des Ersatzfahrzeugs für einen **wirtschaftlich denkenden Geschädigten** unternehmerisch geradezu unvertretbar ist (BGH, NJW 1993, 3321). | **557**

Die **Unverhältnismäßigkeitsgrenze** ist noch nicht überschritten, wenn die Mietwagenkosten pro Tag etwa doppelt so hoch sind wie der drohende **Verdienstausfall** des Geschädigten (OLG Karlsruhe, NZV 1989, 71), sie ist jedoch dann überschritten, wenn die ersatzfähigen Mietwagenkosten | **558** dreimal so hoch sind wie der **fiktive Verdienstausfall** (OLG Nürnberg, NJW-RR 1990, 984; Berz/ Burmann/Born, Straßenverkehrsrecht, 5. C., Rn. 100).

559 Die **Mietwagenkosten** sind bei **gewerblicher Nutzung** des beschädigten Fahrzeugs nur dann ersatzfähig, wenn der Geschädigte den Mietwagen in demselben Umfang wie das beschädigte Fahrzeug nutzt (Born, NZV 1993, 1, 4). Der Schädiger ist nicht verpflichtet, die Mietwagenkosten, die durch einen unverhältnismäßig hohen Einsatz des Mietfahrzeugs entstanden sind, zu ersetzen. Allerdings ist hier eine **Einzelfallbetrachtung** – wie stets im Zusammenhang mit der Sachschadensregulierung – vorzunehmen. I.d.R. werden Kraftfahrzeuge nicht stets gleichmäßig eingesetzt, insbesondere nicht im gewerblichen Bereich. Sofern etwa das angemietete Kraftfahrzeug als Miettaxi genutzt wird, ist ein übermäßiger Einsatz möglicherweise auch darauf zurückzuführen, dass **Miettaxen** nicht immer im gleichmäßigen Umfang eingesetzt werden. Eine einzelne längere Fahrt mit einem als Miettaxi genutzten Mietfahrzeug bedingt häufig schon einen erheblich übermäßigen Einsatz des Mietfahrzeugs. Somit ist es erforderlich, längere Zeiträume zu untersuchen, um durchschnittliche Fahrstrecken zu ermitteln, damit das Maß des Einsatzes des Mietfahrzeugs im Vergleich mit dem Einsatz des beschädigten Fahrzeugs verglichen werden kann.

560 Sofern der Geschädigte jedoch nicht für die ganze Reparaturzeit ein **Ersatzfahrzeug** anmietet, gebührt ihm auch keine Nutzungsentschädigung für den Zeitraum, innerhalb dessen er ein Mietfahrzeug nicht mehr zur Verfügung hatte, wenn er alle Fahrten, für die er das beschädigte Fahrzeug benötigte, in der Zeit abgewickelt hat, in der er das Ersatzfahrzeug angemietet hatte (OLG Köln, VersR 1995, 719, 720). Dies ist auch systemgerecht; denn in diesem Fall vermeidet der Geschädigte in dem Zeitraum, in dem er ein Mietfahrzeug nicht mehr zur Verfügung hat, einen Gewinnausfall nicht durch überobligationsmäßige Anstrengungen, sondern vielmehr dadurch, dass er in diesem Zeitraum keinen Bedarf hat, weil sämtliche erforderlichen Fahrten vorzeitig durchgeführt worden sind (OLG Köln, VersR 1995, 719, 720).

d) Vorteilsausgleich

561 Infolge der Anmietung eines Ersatzfahrzeugs während der Reparatur- bzw. Wiederbeschaffungsdauer erspart der Unfallgeschädigte eigene **Aufwendungen** im Hinblick auf das verunfallte Kraftfahrzeug. Da eine **Überentschädigung** dem Normzweck der §§ 249 ff. BGB zuwiderlaufen würde, ist der Geschädigte verpflichtet, sich die ihm durch die Anmietung eines Ersatzfahrzeuges zufließenden Vorteile im Wege des **Vorteilsausgleichs** anrechnen zu lassen (Notthoff, VersR 1994, 909; VersR 1995, 1015, 1016; VersR 1996, 1200, 1201).

aa) Ersparte Eigenbetriebskosten

562 Die ersparten Eigenbetriebskosten des Geschädigten sind den vonseiten des Unfallschädigers zu ersetzenden Mietwagenkosten gegenüberzustellen. Zu den ersparten **Eigenbetriebskosten** zählen die eigentlichen **Kraftfahrzeug-Betriebskosten** an sich genauso wie die durch die fehlende weitere Kilometerlaufleistung bedingte ersparte **Wertminderung** (BGH, NJW 1969, 1477; OLG München, VersR 1982, 377; OLG Celle, Schadens-Praxis 2001, 204). Daneben ist im Rahmen der ersparten Eigenbetriebskosten zu berücksichtigen, dass das verunfallte Fahrzeug angesichts dessen Nichtbenutzung während der Reparatur- bzw. Wiederbeschaffungsdauer nicht weiter abgenutzt wird, sodass Verschleißreparaturen, Pflege- und Wartungskosten, Aufwendungen für Öl- und Schmierstoffe zu einem späteren Zeitpunkt oder in einem geringeren Umfang anfallen (siehe dazu: BGH, NJW 1963, 1399; OLG Frankfurt/M., VersR 1971, 719).

563 Zur Berechnung der ersparten Eigenbetriebskosten bieten sich zwei Möglichkeiten an: Zum einen ist eine exakte Berechnung insoweit nach Maßgabe ständig aktualisierter **Betriebskostentabellen** möglich (s. etwa: ADAC-Betriebskostentabelle in: „Auto, Kosten und Steuern 1993"), zum anderen ist es möglich, in Ermangelung einer mit zumutbarem Aufwand durchzuführenden Einzelfallermittlung einen nach Maßgabe richterlicher Schätzung gem. § 278 Abs. 1 Satz 1 ZPO pauscha-

liert festzusetzenden Wert in Ansatz zu bringen (OLG Frankfurt/M., VersR 1978, 1044; OLG Stuttgart, VersR 1977, 65; LG Frankfurt/M., zfs 1995, 132).

Auch wenn es zwischenzeitlich nahezu einhellige Auffassung ist, dass es möglich ist, die ersparten Eigenbetriebskosten derart pauschaliert anzusetzen (etwa: AG Oberhausen, DAR 1993, 357), besteht über die Höhe des insoweit vorzunehmenden Abzugs Streit (zu den in der Vergangenheit vorgenommenen Abzugsbeträgen: Etzel/Wagner, VersR 1993, 1192, 1194; Notthoff, VersR 1994, 909). **564**

Teilweise wird noch immer, wenn auch vereinzelt, die Auffassung vertreten, dass sich der Geschädigte, der einen Mietwagen genommen hat, eine **Eigenersparnis** i.H.v. 15 % anrechnen zu lassen habe (OLG Nürnberg, VersR 1994, 328; OLG Hamm, NZV 1994, 431; LG Frankfurt/M., zfs 1995, 132; OLG Celle, Schaden-Praxis 2001, 204; MüKo/Grunsky, BGB, § 249 Rn. 29). Der Maßstab von 15% **Eigenersparnisanteil** spiegelt jedoch die Realität in Anbetracht des technischen Fortschritts im Automobilbau derzeit nicht mehr zutreffend wider. Dafür spricht bereits, dass Kraftfahrzeuge gegenwärtig nur noch in wesentlich größeren Intervallen einer kundendienstlichen Überprüfung zu unterziehen sind als dies vor einigen Jahren der Fall war. Diesem Umstand muss folglich im Rahmen der Ermittlung des Eigenersparnisabzugs Rechnung getragen werden. **565**

Dementsprechend ist es weit überwiegende Auffassung, dass jedenfalls ein deutlich niedrigerer Prozentsatz als 15 % in Abzug zu bringen ist. Sowohl in der Rspr. als auch in der Lit. werden gegenwärtig **Abzüge i.H.v. 3 %** (OLG Stuttgart, zfs 1994, 206, 208; LG Ansbach, DAR 1994, 403; AG Syke, zfs 1995, 132; Fleischmann/Hillmann, Verkehrszivilrecht, S. 265; ähnlich auch: Lemcke, Anm. zu BGH, r+s 1996, 266, 269, OLG Nürnberg, MDR 2000, 1249; AG Hohenstein-Ernsthal, DAR 2000, 316), **3,5 %** (OLG Stuttgart, NZV 1994, 313, 315), **5 %** (LG Freiburg i. Br., DAR 1994, 404, 405) und **10 %** (LG Oldenburg, zfs 1994, 244; LG Ravensburg, zfs 1994, 125, 127; AG Schweinfurt, zfs 1994, 124, 125; OLG Hamm, DAR 2001, 75; Palandt/Heinrichs, BGB, § 249 Rn. 14) für angebracht gehalten. Dabei ist allerdings zu berücksichtigen, dass die jeweiligen Prozentsätze regelmäßig ohne erschöpfende Begründung genannt werden. I.Ü. ist darauf hinzuweisen, dass der BGH zu dieser Frage bisher nicht ausdrücklich Stellung genommen hat (s. BGH, NJW 1996, 1958, 1960). **566**

Hinweis: **567**

*Festzustellen ist folglich, dass eine einheitliche Linie – bis auf die Tendenz zu einem Eigenersparnisabzug von deutlich weniger als 15 % – derzeit nicht existiert. Da dieser Zustand weder der Rechtsklarheit noch der Rechtssicherheit förderlich ist, sollte unter Berücksichtigung des im Jahre 1993 von Meinig (DAR 1993, 281) erstatteten Gutachten mit überzeugenden Gründen dargelegten Fakten ein **Pauschalabzug i.H.v. regelmäßig 3 % vorgenommen** werden. Unter Berücksichtigung der eingetretenen technischen und wirtschaftlichen Entwicklung ist ein Abzug in dieser Höhe für den Geschädigten genauso angemessen wie für den Schädiger zumutbar. I.Ü. würde sich dadurch sowohl für die regelmäßig hinter den Schädigern stehenden Versicherer als auch für die beratenden Anwälte eine praktikabel zu handhabende Richtschnur ergeben.*

In jedem Fall ist – darauf ist ausdrücklich hinzuweisen – von der **Berücksichtigung eines Abzugs wegen Eigenersparnis** bei geringer Fahrleistung mit dem Ersatzwagen und **kurzer Mietzeit** ausnahmslos abzusehen (so auch LG Aschaffenburg, zfs 1994, 167, 177; LG Aachen, zfs 1994, 458, 460). **568**

Sofern der Geschädigte I.Ü. ein Fahrzeug einer niedrigeren Gruppe des **Mietwagentabellenwerks** (s. dazu Tabelle von Sanden/Danner/Küppersbusch, NJW 1998, 2106 ff.) anmietet, muss er sich auf die geltend gemachten Mietwagenkosten auch keine Eigenersparnis anrechnen lassen. Denn die Beschränkung auf ein **klassenniedrigeres Fahrzeug** führt bereits zu einer geringeren Inan- **569** spruchnahme des Schädigers (OLG Frankfurt/M., zfs 1995, 94; OLG Nürnberg, zfs 1994, 208; OLG Hamm, NZV 1994, 316; VersR 1999, 769; OLG Celle, VersR 1994, 741; VersR 1996, 1200, 1201; Notthoff, VersR 1995, 1015, 1017; OLG Hamm, DAR 2001, 79; Berz/Burmann/Born, Straßenverkehrsrecht, 5. C., Rn. 51 f.). I.Ü. würde der Ersparnisabzug in diesen Fällen der Billigkeit widersprechen, weil die Vorteilsausgleichung, die eine ausgewogene Schadensersatzregelung bewirken soll, zur Voraussetzung hat, dass der Schädiger durch sie nicht unbillig entlastet wird (OLG Hamm, VersR 1999, 769). Sofern dem Geschädigten in einem solchen Fall gleichwohl die Eigenersparnis angerechnet werden würde, würde dessen Bemühen zur **Schadensminderung** im Ergebnis allenfalls zu einer mit Sinn und Zweck der Vorteilsausgleichung nicht mehr zu vereinbarenden Entlastung des Schädigers führen (OLG Frankfurt/M., zfs 1995, 94). Schließlich ist darauf hinzuweisen, dass das Anmieten eines kleineren und mithin billigeren Fahrzeugs auch eine wirtschaftlich messbare Einbuße für den Geschädigten darstellt, weil er insoweit auf Leistungsstärke, Sicherheit und Komfort verzichtet (OLG Frankfurt/M., VersR 1984, 667; AG Göttingen, NdsRpfl. 1994, 309, 312; a.A. BGH, VersR 1967, 183; OLG Köln, VersR 1986, 1031).

bb) Anmietung eines Ersatzfahrzeugs bei verunfalltem „Altwagen"

570   Die Halter **älterer Kraftfahrzeuge** müssen sich zusätzlich einen **Sonderabzug** von den aufgewendeten Mietwagenkosten entgegenhalten lassen, weil die Anmietung eines neuwertigen Fahrzeugs dem Geschädigten gegenüber dem **verunfallten Altfahrzeug** einen zusätzlichen Vorteil bietet, der ihm nicht gebührt. Denn der Geschädigte hat Anspruch lediglich auf die Nutzung eines dem verunfallten Fahrzeug **vergleichbaren Fahrzeugs.** Dies impliziert die Anmietung eines im Hinblick auf Alter und Laufleistung dem verunfallten Fahrzeug entsprechenden Mietfahrzeugs. Uneinheitlich erfolgt jedoch die Fixierung des insoweit maßgeblichen Fahrzeugalters.

571   Während in der Vergangenheit zunächst ein Abzug erst ab einem Fahrzeugalter von etwa neun oder zehn Jahren für erforderlich gehalten wurde (LG Freiburg i. Br., DAR 1994, 404; OLG Saarbrücken, zfs 1994, 289, 290), soll nunmehr ein Abzug bereits in Betracht kommen, sofern das beschädigte Fahrzeug **älter als fünf Jahre** ist (AG Ahaus, zfs 1996, 135). Dies geht jedoch zu weit. Eine Nutzungsdauer von erst fünf Jahren lässt die angesichts der technischen Entwicklung erheblich gestiegene Gesamtnutzungsdauer moderner Kraftfahrzeuge außer Acht. Auch zukünftig wird ein Abzug für die Anmietung eines Ersatzfahrzeugs bei verunfalltem Altwagen erst dann gemacht werden dürfen, wenn das Alter des verunfallten Fahrzeugs **etwa zehn Jahre** beträgt (so auch LG Mainz, VersR 2000, 111; AG Rastatt, VersR 1999, 897 – bezogen auf die Nutzungsausfallentschädigung).

572 | *Hinweis:*
      |
      | *In der Praxis wird der Abzug wegen der Anmietung eines Ersatzfahrzeugs bei verunfalltem Altfahrzeug dadurch kompensiert, dass der Geschädigte ein Mietfahrzeug einer geringeren Mietwagenklasse anmietet, weil damit der Vorteil, den das neuwertige Mietfahrzeug dem Geschädigten bietet, angemessen ausgeglichen wird (Notthoff, VersR 1995, 1015, 1017; LG Mainz, VersR 2000, 111 – bezogen auf Nutzungsausfallentschädigung, wonach die Kompensation durch die Ansetzung der zwei Stufen niedrigeren Gruppe der Tabelle Sanden/Danner/Küppersbusch erfolgt).*

cc) Mietnebenkosten

573   Die Frage der Vorteilsanrechnung ist darüber hinaus streitig in Bezug auf die als Nebenkosten zu würdigenden Versicherungsprämien für das Mietfahrzeug. So hat der Mieter das Risiko der **Mietwagenbeschädigung** sowie des **Vermieterverdienstausfalls** im Falle einer durch den Mieter verursachten Unfallreparatur an dem Mietwagen zu tragen, wobei allerdings das letztgenannte Risiko zu vernachlässigen ist.

Der ständigen obergerichtlichen Rechtsprechung zufolge hat derjenige, der für sein beschädigtes **574** Fahrzeug keine **Fahrzeugvollversicherung** abgeschlossen hat, auch für das angemietete Ersatzfahrzeug keinen Anspruch auf Ersatz der Aufwendungen für die Vollkaskoversicherung (BGH, VersR 1974, 657; OLG Oldenburg, VersR 1983, 470; OLG Celle, Schaden-Praxis 2001, 204). Entsprechendes gilt für den Abschluss einer Insassenunfall- und Rechtsschutzversicherung im Hinblick auf den Mietwagen (OLG Nürnberg, VersR 1977, 1016; LG Nürnberg/Fürth, VersR 1979, 1134; OLG Hamm, VersR 1972, 1033). Zur Begründung wird regelmäßig darauf verwiesen, dass derjenige, der sein privates Fahrzeug entsprechend unversichert führe, im Zusammenhang mit der Anmietung eines Ersatzwagens auch kein höheres Risiko eingehe (OLG Frankfurt/M., zfs 1981, 270; LG Duisburg, r+s 1982, 188; OLG Hamm, NJW-RR 1994, 793).

Zwischenzeitlich hat jedoch das OLG Hamm eine begrüßenswerte Wende in der Beurteilung der **575** als **Mietnebenkosten** zu betrachtenden Versicherungsprämien eingeleitet, die von einigen Instanzgerichten fortgesetzt worden ist. Danach gebührt dem Geschädigten auch dann der ungekürzte Ersatz der **Vollkaskoversicherungsprämie inkl. Ausschluss jeglicher Selbstbeteiligung,** wenn für das verunfallte Fahrzeug nur eine Fahrzeugvollversicherung mit Selbstbeteiligung bestanden hat (OLG Hamm, NJV 1994, 188; so auch: OLG Frankfurt/M., NZW 1995, 108; Berz/Burmann/ Born, Straßenverkehrsrecht, 5. C., Rn. 46). Entsprechendes gilt für den Abschluss einer Fahrzeugvollversicherung im Hinblick auf das Mietfahrzeug an sich, so dass dem Geschädigten Ersatz der Fahrzeugvollversicherungsprämie zusteht, obwohl für das verunfallte Fahrzeug eine solche Versicherung nicht abgeschlossen wurde (LG Hagen, zfs 1995, 215, 216; AG Syke, zfs 1995, 132; AG Kassel, zfs 1995, 373, 374; ähnlich auch: AG Pforzheim, zfs 1996, 135; a.A. OLG Düsseldorf, Urt. v. 16.2.1998, Az. 1 U 246/96).

Hinweis: **576**

*Dieser Auffassung ist beizupflichten; denn im Falle der Benutzung fremder und dem Fahrer unbekannter Fahrzeuge besteht grds. ein erhöhtes **Unfallrisiko**. Es besteht keine Veranlassung dazu, dem Geschädigten dieses erhöhte Unfallrisiko zu überbürden. Denn er hat die maßgebliche Ursache für die Fahrzeuganmietung nicht gesetzt. Insoweit hat ohne weiteres Schadensersatz vonseiten des Schädigers zu erfolgen.*

---

e) Schadensminderungspflicht des Geschädigten

Es ist Sache des Geschädigten, darzulegen und ggf. zu beweisen, dass sich die geltend gemachten **577** Kosten im Rahmen des Erforderlichen gehalten haben. Daher muss nicht etwa der Schädiger unter Berücksichtigung des § 254 Abs. 2 BGB nachweisen, dass der Geschädigte gegen die ihm obliegende **Schadenminderungspflicht** verstoßen hat (BGH, NJW 1985, 793, 794; OLG Düsseldorf, NZV 1995, 190), denn der Geschädigte kann nur den Betrag ersetzt verlangen, der zur Herstellung objektiv erforderlich war. In diesem Rahmen sind nur diejenigen Kosten zu ersetzen, die ein verständiger, wirtschaftlich denkender Mensch in der Situation des Geschädigten aufgewendet hätte (OLG Düsseldorf, NZV 1995, 190). Im Zuge der Prüfung der Erforderlichkeit ist schließlich auch der aus § 242 BGB folgende Rechtsgedanke des § 254 Abs. 2 BGB zu berücksichtigen. Denn auch für den Mietwagenkostenersatz gilt, dass die Verpflichtung, den Schaden möglichst gering zu halten, eine immanente Schranke für die Höhe der zur Schadensbeseitigung erforderlichen Aufwendungen darstellt (OLG Düsseldorf, NZV 1995, 190; Greger, NZV 1994, 337, 338).

aa) Kein Ersatz der Mietwagenkosten im Falle vereinzelter Nutzung oder bei Kurzstreckennutzung

Da das Merkmal der Erforderlichkeit der Mietwagenkosten einerseits und die dem Geschädigten **578** obliegende Schadensminderungspflicht andererseits der **Erstattungsfähigkeit** der Mietwagenkosten im Hinblick auf die Höhe dieser Kosten Grenzen setzt, sind Mietwagenkosten u.a. nur dann zu erstatten, wenn der Geschädigte einen entsprechenden Fahrbedarf nachzuweisen hat. Zwar braucht sich der Geschädigte i.d.R. vonseiten des Schädigers nicht darauf verweisen zu lassen, etwa preiswertere Verkehrsmittel wie **öffentliche Verkehrsmittel** oder **Taxen** zu nutzen. Doch genügt der Geschädigte der ihm obliegenden Schadenminderungspflicht dann nicht, wenn er trotz äußerst **geringem Fahrbedarfs** ein Fahrzeug anmietet (OLG Hamm, NZV 2002, 82).

579 In der Vergangenheit wurde regelmäßig eine Mindesttagesfahrleistung i.H.v. etwa **15– 20 km** für erforderlich gehalten, sodass die Entschädigung für eine voraussichtlich geringere Fahrleistung auf die tatsächlichen Fahrtkosten, etwa mit einem Taxi, zu beschränken sein sollte (LG Essen, zfs 1989, 50; AG Frankfurt/M., r+s 1980, 63; AG Berlin-Charlottenburg, VersR 1982, 52; Fleischmann/Hillmann, Verkehrszivilrecht, S. 267).

580 Demgegenüber hat das OLG Hamm mittlerweile entschieden, dass die Frage, wann der Geschädigte einen Mietwagen in Anspruch nehmen und folglich Ersatz der entsprechenden Aufwendungen fordern kann bzw. wann er auf die Inanspruchnahme einer Taxe zu verweisen ist, nicht generell zu beantworten sei, sondern vielmehr eine Beurteilung anhand der mit dem Mietwagen zurückgelegten Strecke und eines Kostenvergleichs zu erfolgen habe (OLG Hamm, zfs 1995, 217).

581 Zwar erscheint diese Beurteilung – zumindest auf den ersten Blick – sachgerecht und nachvollziehbar, doch berücksichtigt sie nicht hinreichend die hinter der zu beantwortenden Frage stehenden praktischen Schwierigkeiten für den Geschädigten. Schließlich lässt die Entscheidung außer Acht, dass der Geschädigte **keine ex-post-Beurteilung** abgeben kann, sondern vielmehr eine **ex-ante-Einschätzung** notwendig ist (Notthoff, VersR 1996, 1200, 1202). Insoweit fragt sich, wie denn ein Geschädigter, der sein Fahrzeug – wie in dem vonseiten des OLG Hamm zu entscheidenden Fall – für etwa zwei Monate nicht nutzen kann und für diesen Zeitraum grds. Anspruch auf einen Mietwagen hat, im Vorhinein die Entscheidung auf allein prognostischer Grundlage sollte abgeben können, die das OLG Hamm nach retrospektiver Überprüfung vornimmt. Wenn auch diese Entscheidung im Interesse der Einzelfallgerechtigkeit ergangen sein mag, die gegen eine pauschale km-Grenze sprechen mag, ist es doch im Interesse der Rechtssicherheit notwendig, dem Geschädigten eine **bestimmte Mindestgrenze** als Richtschnur zur Verfügung zu stellen.

582 Folglich ist auch zukünftig eine **Mindest-Kilometerfahrleistung** von etwa 20 km pro Tag zugrunde zu legen. Das bedeutet, dass die Entschädigung bei einer voraussichtlich geringeren Fahrleistung auf günstigere Verkehrsmittel wie öffentliche Verkehrsmittel oder Taxen beschränkt werden kann (LG Darmstadt, VersR 1995, 1328; AG Kassel, zfs 1995, 373; Notthoff, VersR 1995, 1015, 1017 f.; VersR1996, 1200, 1202).

583 Ausdrücklich ist allerdings darauf hinzuweisen, dass die Anforderungen an die **prognostische Ermittlung** des zu erwartenden Fahrbedarfs durch den Geschädigten nicht überzogen werden dürfen. Somit kann im Einzelfall auch eine tatsächliche Fahrleistung von weniger als 15 km pro Tag den Ersatz der Mietwagenkosten rechtfertigen, sofern die prognostische Ermittlung durch den Geschädigten in zutreffender und nachvollziehbarer Weise von einem höheren Tagesbedarf ausgegangen ist. Insoweit ist schließlich immer zu berücksichtigen, ob und inwieweit besondere persönliche, berufliche oder sonstige Gründe vorliegen, die einen Mietwagenkostenersatz trotz geringerer täglicher Fahrleistung als 15–20 km gerechtfertigt erscheinen lassen (LG Göttingen, VersR 1995, 1459; LG Deggendorf, zfs 1995, 454).

bb) Pflicht zur Durchführung von Preisvergleichen

584 Die Frage, ob der Geschädigte verpflichtet ist, Preisvergleiche im Hinblick auf die Mietwagenkosten durchzuführen und dabei das günstigste Angebot zu ermitteln und ggf. anzunehmen, wird in Rspr. und Lit. auch derzeit noch unterschiedlich beantwortet. So wird vereinzelt noch immer die mit der st.Rspr. des BGH (etwa: NJW 1985, 2639; VersR 1996, 902) nicht zu vereinbarende Auffassung vertreten, dass der Geschädigte grds. und ohne Einschränkung gehalten sei, **Preisvergleiche** durchzuführen, um schließlich auf das günstigste Angebot zuzugehen (OLG München,

NZV 1994, 359; OLG Hamm, r+s 1994, 177; LG Mainz, zfs 1994, 364; LG Ravensburg, zfs 1994, 125, 126; Melzer, DAR 1994, 42, 43; OLG Dresden NZV2000, 123 – bei erheblichem Kostenaufwand durch die Anmietung).

Der Geschädigte ist nicht gehalten, etwa zugunsten des Schädigers zu sparen. Er muss sich auch **585** nicht so verhalten, als hätte er den Schaden selbst zu tragen (OLG Frankfurt/M., zfs 1995, 94 und 174). Demgegenüber wird in der Rechtsprechung vereinzelt gefordert, der Geschädigte sei gehalten, kaufmännische Umsicht und Sorgfalt walten zu lassen wie in eigenen Angelegenheiten, als wenn er selbst für den Schaden hätte aufkommen müssen (OLG Hamm, VersR 1996, 773). Diese Anforderungen gehen jedoch wesentlich zu weit. Die den Geschädigten treffende **Schadensminderungspflicht** ergibt nicht, dass er sich so zu verhalten hat, als wäre er der Schädiger. Also lässt die Auffassung, die das OLG Hamm vertritt, die Grundstrukturen des Schadensersatzrechts außer acht. Der Geschädigte ist allein gehalten, den Schaden möglichst gering zu halten. Er ist nicht verpflichtet, zugunsten des Schädigers zu sparen. Es kann nicht von ihm verlangt werden, vor der Anmietung eines Unfallersatzwagens **Marktforschung** zu betreiben, um das preisgünstigste Mietwagenunternehmen zu ermitteln (OLG Nürnberg, DAR 1994, 498; OLG Frankfurt/M., zfs 1995, 94 u. 174, 175; LG Göttingen, VersR 1995, 1459; LG Hagen, zfs 1995, 215; AG Frankenthal, zfs 2000, 488; Eggert, ZAP F. 9, S. 541, 549). Erforderlich ist allein, dass das dem Geschädigten unterbreitete Mietwagenangebot nicht deutlich aus dem Rahmen fällt (BGH, NJW 1985, 2639, 2640; VersR 1996, 902, 903; OLG Frankfurt/M., zfs 1995, 94; 174, 175; LG Göttingen, VersR 1995, 1459). Dies gilt auch dann, wenn besondere Umstände, wie etwa eine hohe zu erwartende Fahrleistung oder eine längere Mietdauer, in Rede stehen (BGH, VersR 1996, 902; vgl. auch OLG Jena, OLGR 1995, 231; a.A. LG Bonn, NZV 1998, 417).

Dafür ist es entgegen der noch immer vertretenen Auffassung (OLG Hamm, VersR 1996, 773, 774; **586** KG, NZV 1995, 312, 313; OLG Köln, VersR 1996, 121, 122; OLG München, DAR 1995, 254; LG Oldenburg, DAR 1995, 449; LG Darmstadt, VersR 1995, 1328; AG Mülheim, Schaden-Praxis 2001, 381) nicht notwendig, dass der Geschädigte **eine bestimmte Anzahl von Vergleichsangeboten** einholt (LG Göttingen, VersR 1995, 1459; AG Kassel, zfs 1995, 373, 374; Notthoff, VersR 1996, 1200, 1203). Dies gilt auch dann, wenn besondere Umstände, wie etwa eine hohe zu erwartende Fahrleistung oder eine **längere Mietdauer**, in Rede stehen. Sofern das eingeholte Angebot nicht aus dem Rahmen des Üblichen fällt, bestehen für den Geschädigten keinerlei **Erkundungspflichten** (AG Sinzig, Schaden-Praxis 2000, 236). Somit ist es unerheblich, ob der Geschädigte zuvor ein oder mehrere Angebote eingeholt hat. Nur für den Fall, dass der Geschädigte durch Einholung von ein oder zwei willkürlich ausgewählten Konkurrenzangeboten ohne weiteres hätte feststellen können, dass etwa das ihm unterbreitete Angebot deutlich aus dem Rahmen fällt, kann eine Verletzung der **Schadensminderungspflicht** in Betracht kommen (LG Göttingen, VersR 1995, 1459; AG Kassel, zfs 1995, 373, 374). Es kommt daher nicht darauf an, ob der Geschädigte eine bestimmte Angebotsanzahl zu Vergleichszwecken herbeigezogen hat. Entscheidend ist, ob sich dem Geschädigten im Fall der Herbeiziehung entsprechender Angebote der Eindruck aufgedrängt hätte, dass das ihm vorliegende Angebot deutlich aus dem üblichen Rahmen fällt.

Aus dem üblichen Rahmen fällt ein Angebot erst dann, wenn die Mietwagenkosten erheblich jen- **587** seits der üblichen Kosten liegen, die allerdings nicht – mehr – unter Berücksichtigung der Mietwagenempfehlung des **HUK-Verbandes** zu ermitteln sind (OLG Frankfurt/M.; zfs 1995, 94 u. 174; Notthoff, VersR 1995, 1015, 1018). Auch ist ein Unfallgeschädigter, der ein Ersatzfahrzeug im Rahmen der sog. **Unfallersatztarife** in der Weise anmietet, dass der vollen Ersatzfähigkeit seiner Kosten keine grundsätzlichen und durchgreifenden Bedenken entgegenstehen (BGH, VersR 1996, 902, 903), auch dann nicht im Rahmen etwa der Schadensminderungspflicht gehalten, auf einen anderen Autovermieter überzuwechseln, wenn er nachträglich von einem billigeren Angebot erfährt (BGH, VersR 1999, 65, 67). Der Umstand, dass der Geschädigte im Nachgang von der Möglichkeit, ein Fahrzeug zu günstigeren Konditionen anzumieten, erfährt, bewirkt nicht, dass er gleichsam dadurch „bösgläubig" wird (BGH, VersR 1999, 65, 67).

588 Die vonseiten des Geschädigten vorgelegte Mietwagenrechnung hat grds. für sich **indizielle Wirkung** im Hinblick auf die Erforderlichkeit der aufzuwendenden Kosten (s. auch BGH, NJW 1996, 1958, 1959 f.; AG Norderstedt, Schaden-Praxis 2000; AG Saalfeld, Schaden-Praxis 2001, 273; Greger, NZV 1994, 337, 339; Berz/Burmann/Born, Straßenverkehrsrecht 5. C., Rn. 33).

589 Sollte es allerdings dem Schädiger gelingen, substantiierte Einwendungen gegen die Erforderlichkeit der Mietwagenkosten zu erheben, würde dies die Indizwirkung der Mietwagenabrechnung erschüttern. Für diesen Fall hätte der Geschädigte der ihm obliegenden Darlegungs- und Beweislast nur dann genügt, wenn er vortragen und beweisen kann, dass sich die Mietwagenkosten im Rahmen des Üblichen gehalten haben (OLG Düsseldorf, NZV 1995, 190).

Hinweis:

*Sowohl hinsichtlich der Einwendungen des Schädigers als auch im Hinblick auf den Vortrag des Geschädigten muss in jedem Fall eine **ex-ante-Beurteilung** vorgenommen werden. Entscheidend ist folglich nicht, ob der Schädiger etwa im Prozess unter Beweisantritt vorträgt, bestimmte Mietwagenunternehmen hätten vergleichbare Mietwagen zu erheblich günstigeren Preisen ermittelt. Dies ist unerheblich und bedarf einer Beweisaufnahme nicht.*

---

cc) Erkundung von Pauschal- und Normaltarifen

590 Den Unfallgeschädigten werden vonseiten zahlreicher Autovermieter Tarife in Rechnung gestellt, die als sog. **Unfallersatzwagentarife** bezeichnet werden und die nicht unerheblich oberhalb der normalen Mietwagen- **und Pauschaltarife** angesiedelt sind. Unerheblich ist dabei, ob als Ursache für die Preisdifferenz die vermieterische Geschäftstüchtigkeit oder aber ein möglicherweise gesteigerter Leistungsumfang bzw. ein eventuelles höheres Zahlungsrisiko angeführt werden kann. Hinsichtlich der Spaltung der Tarifstruktur in sog. **Unfallersatztarife** einerseits und **Pauschal- bzw. Normaltarife** andererseits ist umstritten, ob sich der Geschädigte etwa um günstigere Tarife zu bemühen hat und diese in Anspruch nehmen muss oder nicht.

591 Einer Ansicht zufolge soll dem Geschädigten eine **Pflicht zur Erkundung von Normal- bzw. Pauschaltarifen** jedenfalls dann aufzuerlegen sein, wenn besondere Anhaltspunkte dafür vorliegen (OLG Düsseldorf, NZV 1995, 190, 191; OLG Nürnberg, VersR 1994, 359, 360; zfs 1994, 208, 209; OLG Hamm, VersR 1996, 773, 774; OLG München, DAR 1995, 254). Diese besonderen Anhaltspunkte sollen gegeben sein, wenn hohe Mietwagenbeträge in Rede stehen bzw. eine **längere Mietdauer** in Betracht kommt (OLG Düsseldorf, a.a.O.; OLG München, a.a.O.; OLG Hamm, r+s 1994, 177; LG Aschaffenburg, zfs 1994, 167).

592 Nach entgegenstehender Auffassung besteht für den jeweiligen Geschädigten **keine Pflicht**, sich vor Anmietung eines Ersatzfahrzeugs nach Sonder- und/oder **Pauschaltarifen** zu erkundigen (BGH, NJW 1996, 1958, 1959; OLG Frankfurt/M., zfs 1995, 94; OLG Nürnberg, zfs 1995, 13, 14; LG Mainz, zfs 1994, 364; OLG Düsseldorf, NJW-RR 2001, 132; Greger, NZV 1994, 337, 339; Melzer, DAR 1994, 42, 43; Notthoff, zfs 1996, 121, 122; VersR 1996, 1200, 1204).

593 Eine **Erkundigungspflicht** kann für den jeweiligen Geschädigten nur bestehen, wenn er **Kenntnis** von der besonderen **Tarifstruktur** und der vorhandenen **Tarifspaltung** hat. Von einer derartigen allgemein verbreiteten Kenntnis, dass Autovermieter neben den **Unfallersatzwagentarifen** auch günstigere **Normal- und Pauschaltarife** anbieten, kann – entgegen etwa pauschal aufgestellter Behauptungen einiger Gerichte (OLG Hamm, r+s 1994, 177; OLG München, NZV 1994, 359; OLG Düsseldorf 1995, 190, 191; Berz/Burmann/Born, Straßenverkehrsrecht 5. C., Rn. 30 f.) – nicht ausgegangen werden. Vielmehr ist der **gespaltene Tarifmarkt** bezüglich Unfallersatzwagen einerseits und **Normaltarifgeschäfte** andererseits nahezu unbekannt. Denn die Mehrzahl der Mietwagenkunden kommt allenfalls im Zusammenhang mit einem Verkehrsunfall in die Lage, ein Fahrzeug anmieten zu müssen.

Das Vorhandensein entsprechender Kenntnis im Hinblick auf die **gespaltene Tarifstruktur** kann ohne positive Feststellung dieser Kenntnis nicht unterstellt werden. Besonders unverständlich erscheint insoweit die vonseiten des OLG München mehrfach festgestellte Behauptung, der Umstand, dass in Branchenfernsprechbüchern gelegentlich in großformatigen Anzeigen mit äußerst niedrigen **Mietwagentarifen** geworben werde, spreche für die positive Kenntnis von der Tarifspaltung im Mietfahrzeuggewerbe (OLG München, NZV 1994, 359; DAR 1995, 254). Diese bereits vielfach kritisierte Unterstellung (vgl. Notthoff, zfs 1996, 121, 122; VersR 1996, 1200, 1204; Bültmann, zfs 1997, 161, 162) erfüllt nicht einmal geringste Anforderungen an eine hergebrachten zivilprozessualen Grundsätzen genügende Entscheidung. Es wird richtigerweise danach zu differenzieren sein, ob der Autovermieter dem Geschädigten die Wahl gelassen hat zwischen den verschiedenen Tarifgestaltungen und ihm dabei auch mindestens einen im Verhältnis zum regulären Unfallersatzwagentarif günstigeren Tarif angeboten hat.

594

Sofern dies der Fall sein sollte, ist es dem Geschädigten verwehrt, den teureren **Unfallersatzwagentarif** zu beanspruchen (so auch: Greger, NZV 1994, 337, 340; Lemcke, Anm. zu BGH, r+s 1996, 266, 269; Notthoff, VersR 1996, 1200, 1204). Sofern dies jedoch nicht der Fall ist, hat der Geschädigte Anspruch auf Ersatz der nach Maßgabe des teureren **Unfallersatztarifs** entstandenen Mietwagenkosten.

595

dd) Positive Forderungsverletzung durch den Autovermieter

Ein **gewerblicher Autovermieter** ist verpflichtet, einen Unfallgeschädigten vor Abschluss eines Mietvertrages über einen Unfallersatzwagen auf die Spaltung des Mietwagenmarktes im **Unfallersatzwagen-** und Normalwagengeschäft hinzuweisen (AG Hannover, Schaden-Praxis 2002, 205). Darüber hinaus hat der Autovermieter darauf hinzuweisen, dass der **Unfallersatzwagentarif** möglicherweise von der gegnerischen Haftpflichtversicherung nicht in voller Höhe erstattet wird (OLG Koblenz, zfs 1992, 120; LG Bückeburg, zfs 1995, 176; AG Pforzheim, zfs 1996, 135). Die Information kann dem Unfallgeschädigten auch nur vonseiten des **Autovermieters** erteilt werden. Nur durch eine entsprechende Information ist es möglich, den durchschnittlichen Mietwagenkunden über die Besonderheiten des Autovermietungsmarktes zu informieren, so dass diesem nicht im Rahmen der Schadensregulierung überhöhte Mietkosten entgegengehalten werden können. Damit geht jedoch nicht die Verpflichtung für den Autovermieter einher, etwa Geschädigte auf ggfs. niedrigere Tarife anderer Autovermieter, also von Konkurrenzunternehmen, hinzuweisen (s. dazu: LG Bückeburg, zfs 1995, 176; AG Pforzheim, zfs 1996, 135).

596

Sofern der **Vermieter** allerdings der ihm obliegenden Hinweis- bzw. **Informationspflicht** nicht oder nur in zu geringem Umfang nachkommt, ist umstritten, ob der Geschädigte in vollem Umfang seinen Anspruch auf Mietwagenkostenersatz gegenüber dem Schädiger behält und diesem gegenüber nur zur **Abtretung** seiner Ansprüche gegen den Mietwagenunternehmer verpflichtet ist (BGH, NJW 1996, 1958, 1959; 1965; OLG Frankfurt/M., zfs 1995, 94; OLG Stuttgart, NZV 1994, 313, 315; LG Mainz, zfs 1994, 364, 365) oder ob der Schädiger sich nicht auf eine Abtretung einzulassen braucht, weil es Sache des Geschädigten ist, sich mit dem von ihm ausgewählten Mietwagenunternehmen auseinander zu setzen (LG Darmstadt, VersR 1995, 1328; LG Aschaffenburg, zfs 1994, 167, 177).

597

Die letztgenannte Auffassung ist abzulehnen. Der Geschädigte ist lediglich verpflichtet, dem Schädiger seine Schadensersatzansprüche aus positiver Forderungsverletzung gegenüber dem Mietwagenunternehmen abzutreten. Anderenfalls würde es in der Tat dem Geschädigten obliegen, gegen das Mietwagenunternehmen vorzugehen. Sofern dies dem Geschädigten auferlegt würde, bliebe unberücksichtigt, dass der Schädiger mit dem Unfall die wesentliche Ursache dafür gesetzt hat, dass der Geschädigte überhaupt einen Mietwagen hat nutzen müssen. I.Ü. ist der Mietwagenunternehmer nicht Erfüllungsgehilfe des Geschädigten gegenüber dem Schädiger oder seiner Haftpflichtversicherung. Schließlich ist zu beachten, dass es dem jeweiligen Geschädigten frei steht, den zu verklagenden Schuldner auszuwählen (LG Hagen, zfs 1995, 215, 216). Dass der Geschä-

598

digte – aus Unkenntnis – einen Mietwagen zu einem möglicherweise überteuerten Tarif angemietet hat, ist ihm folglich nicht entgegenzuhalten, sodass allenfalls eine Abtretung der gegenüber dem Vermieter bestehenden Schadensersatzansprüche an den Schädiger in Frage kommt.

ee) Mietwagenkostenersatz im Falle der Überschreitung der üblichen Reparaturzeit

599 Regelmäßig sind sowohl die Reparatur eines beschädigten Fahrzeugs als auch die Ersatzbeschaffung im Falle eines Totalschadens in 2–3 Wochen durchzuführen (van Bühren, Unfallregulierung, S. 65). Der Geschädigte ist gehalten, **unverzüglich Reparaturauftrag zu erteilen**, nachdem der von ihm beauftragte Sachverständige das Fahrzeug besichtigt hat. Er darf regelmäßig nicht bis zur Abgabe der Reparaturkostenübernahmeerklärung des gegnerischen Haftpflichtversicherers warten (OLG Hamm, VersR 1986, 43; AG Nauen, Schaden-Praxis 2002, 129). I.Ü. hat der Geschädigte dafür Sorge zu tragen, dass die Reparaturdauer auf den unumgänglich notwendigen Zeitraum beschränkt wird, wodurch die Dauer der Anmietung eines Ersatzfahrzeugs ebenfalls begrenzt wird (OLG Nürnberg, r+s 1994, 178; van Bühren, Unfallregulierung, S. 65).

600 Für den Fall, dass die **übliche Reparaturzeit** – ganz gleich aus welchen Gründen – überschritten wird, stellt sich die Frage, ob dem Geschädigten auch dann ungekürzter Ersatz der entstehenden Mietwagenkosten zusteht oder ob insoweit Kürzungen gerechtfertigt sind.

601 Sofern der Geschädigte den Schädiger bzw. dessen Haftpflichtversicherer über eine **Reparaturverzögerung** informiert, ist ihm eine Überschreitung der üblichen Reparaturzeit nicht anzulasten. Dies gilt auch dann, wenn die Überschreitung der üblichen Reparaturzeit aus in der Sphäre der beauftragten Werkstatt liegenden betrieblichen Gründen erfolgt (LG Schwerin, DAR 1995, 28, 29). Denn die Werkstatt ist nicht **Erfüllungsgehilfe** des Geschädigten.

602 Wenn die übliche Reparaturdauer aus Gründen, die auf Schwierigkeiten bei der Ersatzteilbeschaffung beruhen, überschritten wird, hat der Geschädigte ebenfalls Anspruch auf Erstattung der Mietwagenkosten für die gesamte tatsächliche Reparaturzeit (OLG Frankfurt/M., zfs 1995, 95; OLG Naumburg, r+s 1994, 178). Es bleibt insoweit bei dem bereits Ausgeführten, sodass hinsichtlich des Bestehens oder Nichtbestehens einer möglicherweise in Betracht kommenden kostengünstigeren Lösung auch keine Umkehr der Darlegungs- und Beweislast erfolgt (OLG Frankfurt/M., zfs 1995, 95).

IV. Weitere unfallbedingte Nebenkosten

1. Einführung

603 In der Praxis gibt es sehr häufig Auseinandersetzungen um den Ersatz sog. **Nebenkosten** im Rahmen der Unfallschadenregulierung. Dies liegt zum einen daran, dass die Nebenkosten zumindest teilweise Bestandteil einer jeden Schadensabrechnung eines Versicherers bzw. eines jeden Zivilurteils in Verkehrsunfallsachen sind. Zum anderen liegt es daran, dass im Rahmen des Ersatzes unfallbedingter Nebenkosten zahlreiche Einzelheiten sehr umstritten sind.

604 Die unfallbedingten Nebenkosten betreffen im wesentlichen Aufwendungen für **Nachweise zur Geltendmachung hauptsächlicher Schadenspositionen.** Teilweise betreffen sie auch **Aufwendungen,** die durch einen Verkehrsunfall lediglich ausgelöst worden sind und im Zusammenhang mit der Schadensregulierung stehen (Fleischmann/Hilmann, Verkehrszivilrecht, S. 251).

2. Ersatz der Nebenkosten

605 Zu den Unfallnebenkosten zählen neben den bereits erörterten Kosten für die Anmietung eines Ersatzfahrzeugs die Nutzungsausfallentschädigung, die Erstattung der Rechtsanwaltsgebühren, der Sachverständigengutachtengebühren, der Kostenvoranschlagskosten, der Rechtsgutachtenkosten, des Minderwerts und einiges mehr.

a) Nutzungsausfallentschädigung

Ein Unfallgeschädigter ist nicht verpflichtet, für die Reparaturzeit einen Mietwagen anzunehmen; **606** eine Verpflichtung besteht auch dann nicht, wenn der Geschädigte unter Berücksichtigung der zuvor angestellten Erörterung einen Anspruch auf einen Mietwagen hätte. Sofern der Geschädigte auf einen Mietwagen verzichtet, soll er nicht schlechter gestellt werden als derjenige, der seinen Anspruch durchsetzt und ein Mietfahrzeug nimmt.

Der Geschädigte, der davon absieht, einen Ersatzwagen anzumieten, obgleich er ein Recht dazu **607** hätte, kann im Falle des Vorliegens bestimmter Voraussetzungen **Nutzungsausfallentschädigung** für die voraussichtliche **Reparatur- bzw. Wiederbeschaffungsdauer** verlangen, denn der Kommerzialisierungsgedanke rechtfertigt es, in der ständigen Gebrauchsmöglichkeit eines Kraftfahrzeugs einen geldwerten Vermögensbestandteil zu sehen, durch dessen Wegfall ein ersatzpflichtiger Schaden entsteht (Palandt/Heinrichs, BGB, Vorbem. vor § 249 Rn. 20 ff.). Allerdings steht dem Geschädigten nur entweder Ersatz der Mietwagenkosten im Falle tatsächlicher Anmietung eines Ersatzfahrzeugs oder Nutzungsausfallentschädigung zu (OLG Karlsruhe, NZV 1989, 213). Das bedeutet, **Nutzungsausfallentschädigung** kann nicht neben Mietwagenkostenersatz begehrt werden, sondern nur statt dessen.

aa) Anspruchsvoraussetzungen

Der Anspruch auf **Nutzungsausfallentschädigung** besteht im Fall der Beschädigung genauso wie **608** im Fall des Totalschadens des Fahrzeugs für die **Wiederbeschaffungszeit**. Dies schließt sämtliche damit zusammenhängenden Fälle wie derjenigen einer verspäteten Lieferung des bestellten Ersatz-PKW oder derjenigen des Kraftfahrzeugbriefs ein. Des Weiteren muss eine fühlbare Beeinträchtigung erfolgt sein. Dafür ist zunächst das Vorhandensein eines entsprechenden **Nutzungswillen** notwendig (BGHZ 45, 212, 219; OLG Hamm, zfs 2002, 132). Sofern der Geschädigte folglich auf die Durchführung der Reparatur verzichtet oder sich überhaupt kein oder sofort ein anderes Fahrzeug anschafft, besteht der Anspruch auf Nutzungsausfallentschädigung nicht (zur **Nutzungsmöglichkeit** eines Fahrzeuges s. Rn. 552 ff.; LG Leipzig, Schaden-Praxis 2002, 244).

Umstritten ist noch immer die Frage, ob im Falle der Eigenreparatur durch den Geschädigten **Nut-** **609** **zungsausfallentschädigung** zu zahlen ist (LG Darmstadt, r+s 1992, 125; LG Köln, zfs 1995, 199; AG Köln, zfs 1992, 237; AG Wiesbaden, r+s 1992, 92; van Bühren, Unfallregulierung, S. 101 f.). Bereits der Ansatz, **ob** im Fall der Schadensreparatur Nutzungsentschädigung zu zahlen ist, ist jedoch dogmatisch unhaltbar. Darauf kommt es nicht an. Entscheidend ist allein, **dass** der Geschädigte sein Fahrzeug repariert bzw. reparieren lässt. Somit kann der Geschädigte **in jedem Fall**, d.h. auch im Fall einer selbst vorgenommenen Reparatur, Nutzungsentschädigung verlangen. Er ist allerdings gehalten darzulegen, in welchem Zeitraum und durch wen das Fahrzeug repariert wurde (AG Celle, SP 1996, 319; AG Wiesbaden, r+s 1992, 92). Ebenso hat der Geschädigte nachzuweisen, welcher Zeitraum auf die Reparatur entfiel.

bb) Anspruchshöhe

Die **Nutzungsausfallentschädigung** liegt betragsmäßig regelmäßig unter dem entsprechenden **610** Mietwagensatz eines vergleichbaren Fahrzeugs. Grundlage ist dasjenige, was dem Verkehr die Einsatzfähigkeit der Sache für den Eigengebrauch wert ist (Berz/Burmann/Born, Straßenverkehrsrecht, 5. C., Rn. 60).

> **Hinweis:**
>
> *In der Praxis wird regelmäßig die Tabelle von Sanden/Danner/Küppersbusch herangezogen (DAR 2002, 1 ff). Diese Tabelle geht von **durchschnittlichen Mietsätzen** aus, gemindert um die Gewinnspanne des Vermieters und die im Falle privater Nutzung entfallenden Kosten, wie Verwaltung, Provisionen, erhöhte Abnutzung etc. Der Betrag der Nutzungsausfallentschädigung bildet so den Wert der privaten Kraftfahrzeugnutzung. Die liegt bei etwa 35 % der üblichen Miete. Aufgrund der Euro-Umstellung wurden die einzelnen Sätze in Euro umgerechnet. Dies hat in den meisten Fällen zu einer Aufrundung auf volle Euro-Sätze geführt. Zurzeit liegen die Sätze für Kfz nach der Tabelle von Sanden/Danner/Küppersbusch zwischen 27 € und 99 € pro Tag.*

611   Die **Nutzungsausfallentschädigungshöhe** wird im Einzelfall durch das Alter – teilweise auch durch den Erhaltungszustand – des verunfallten Fahrzeugs beeinflusst, sodass etwa der Nutzungsausfall für ein sehr altes Fahrzeug nicht mehr nach der Tabelle von Sanden/Danner/Küppersbusch (NJW 1998, 2106 ff.) berechnet wird, sondern grds. nach den Vorhaltekosten (s. dazu Rn. 645 ff.) des Fahrzeugs (AG Rastatt, VersR 1999, 897, 898 für ein 17 Jahre altes Fahrzeug der Oberklasse; AG Düren, Schaden-Praxis 2001, 20 für ein 12 Jahre altes Fahrzeug; LG Mannheim, Schaden-Praxis 2000, für Fahrzeuge über 10 Jahre). Entsprechendes gilt im Hinblick auf die Nutzungsausfallentschädigung für den Fall, wenn der Ausfall des unfallbeschädigten Kraftfahrzeuges ungewöhnlich lange dauert, weil der Geschädigte die Reparaturkosten nicht aufbringen und nicht finanzieren kann, die Werkstatt deswegen das reparierte Fahrzeug zurückbehält und der Schädiger sowie seine Haftpflichtversicherung nach Inverzugsetzung und trotz Hinweises auf die Situation des Geschädigten keinen Vorschuss leisten (OLG Karlsruhe, VersR 1999, 1036 für einen Zeitraum von 585 Tagen). I.Ü. kann im Hinblick auf die Nutzungsausfallentschädigungshöhe auf die bereits erfolgten Ausführungen im Rahmen des Mietwagenkostensatzes verwiesen werden (s. Rn. 548 ff.; vgl. i.Ü. Berz/Burmann/Born, Straßenverkehrsrecht, 5. C., Rn. 64 f.).

cc) Nutzungsausfallentschädigung bei gewerblicher Nutzung des beschädigten Fahrzeugs

612   Auch im Falle der **gewerblichen Fahrzeugnutzung** besteht eine Ersatzpflicht für **entgangene Gebrauchsvorteile** (BGH, NJW 1985, 2471; OLG Hamm, NZV 1993, 65; OLG Köln, zfs 1997, 136). Mögliche Bemessungsgrundlagen dafür sind neben dem **entgangenen Gewinn** die **Vorhaltekosten** eines Reservefahrzeugs sowie die Miete eines Ersatzfahrzeugs. Sofern der Geschädigte jedoch entgangenen Gewinn oder Vorhaltekosten eines **Reservefahrzeuges** geltend macht, kann er nach weit überwiegender Auffassung keine **Nutzungsausfallentschädigung** daneben geltend machen (BGH, NJW 1985, 2471; OLG Karlsruhe, NZV 1989, 231). Nutzungsausfallentschädigung kann der Geschädigte nur dann verlangen, wenn sich der Ausfall des Fahrzeugs wegen besonderer Anstrengungen des Geschädigten oder aber wegen der Eigenart des Betriebes weder gewinnmindernd noch kostensteigernd ausgewirkt hat und **kein Reservefahrzeug** angemietet worden ist (BGH, NJW 1985, 2471).

613   Eine **konkrete Schadensberechnung** ist in vielen Fällen nicht möglich, in vielen Fällen aber auch vonseiten des Geschädigten nicht gewollt, müsste der Geschädigte doch in diesem Fall seine innerbetriebliche Kalkulation offen legen. Dabei liefe der Geschädigte häufig Gefahr, insoweit keinen Schadensersatz zu erhalten. In derartigen Fällen ist vorgeschlagen worden, dass ein berechtigtes Interesse des Geschädigten besteht, diesem zumindest den **Nutzungsausfall** i.H.d. Nutzungsausfallentschädigung zuzusprechen (Berz/Burmann/Born; Straßenverkehrsrecht 5. C., Rn. 116). Das OLG Hamm hat seine bisherige Rechtsprechung aufgegeben und ausgeführt, dass bei Beschädigung eines gewerblich genutzten Kraftfahrzeuges keine abstrakte Nutzungsausfallentschädigung in Betracht kommt (OLG Hamm, zfs 2000, 341; ebenso Palandt/Heinrichs, BGB, Vor § 249 Rn. 24).

Bei der Beschädigung eines **Behördenfahrzeuges** ist regelmäßig ein **entgangener Gewinn nicht**   614
feststellbar. Sofern dies der Fall ist und Reservefahrzeuge nicht vorhanden sind, kommt eine Nutzungsausfallentschädigung in Betracht. In der Rspr. ist umstritten, ob im Einzelfall Anspruch auf
Nutzungsausfallentschädigung besteht. Bejaht worden ist dies etwa im Falle der Beschädigung
eines Bundeswehr-Krankenwagens (BGH, NJW 1985, 2471), verneint worden ist dies im Fall der
Beschädigung anderer Bundeswehrfahrzeuge (OLG Koblenz, VersR 1982, 808; zfs 1984, 6), bzw.
eines Polizeifahrzeugs (LG Düsseldorf, Schaden-Praxis 2002, 95). Daraus ist zu folgern, dass vordringlich die **Einsatzart** ausschlaggebend dafür ist, ob ein Anspruch auf Nutzungsausfallentschädigung besteht. Die Nutzungsausfallentschädigung wurde für Bundeswehrfahrzeuge im Wesentlichen damit begründet, dass der Ausfall eines Sonderfahrzeuges zu keiner fühlbaren
Beeinträchtigung der Nutzungsmöglichkeit geführt habe bzw. die Bundeswehr in Bezug auf das
beschädigte Fahrzeug keine Fahrt genannt habe, die aufgrund des Ausfalls nicht habe durchgeführt
werden können, wobei i.Ü. davon auszugehen sei, dass dringende Fahrten durch Kraftfahrzeugan-
forderungen bei benachbarten Truppenteilen hätten durchgeführt werden können (OLG Koblenz,
VersR 1982, 808; zfs 1984, 6).

dd) Vorhaltekosten bei gewerblicher Nutzung des beschädigten Fahrzeugs

Statt einer **Nutzungsausfallentschädigung** ist es möglich, im Fall einer gewerblichen Nutzung des   615
unfallbeschädigten Fahrzeuges Vorhaltekosten vonseiten des Schädigers ersetzt zu verlangen.
Dazu ist es erforderlich, dass der Geschädigte ein Ersatzfahrzeug tatsächlich bereithält. Diese
Reservehaltung muss mit Rücksicht auf derartige Unfallbeschädigungen durch andere messbar
erhöht sein (BGHZ 70, 199, 201).

Das bedeutet jedoch nicht, dass die Vorhaltung allein im Hinblick auf befürchtete fremdverschul-   616
dete Unfälle vorgenommen sein muss. Es ist vielmehr ausreichend, dass das Fahrzeug als **all-**
gemeine Betriebsreserve eingesetzt wird (BGHZ 70, 199, 201).

Zu den **Vorhaltekosten** zählen **Anschaffungskosten**, Kapitaldienstkosten und **Kosten der Fahr-**   617
zeugunterhaltung.

Die Höhe des Ersatzes der Vorhaltekosten ist zu schätzen nach betriebswirtschaftlichen Kosten der   618
Reservehaltung gem. § 287 ZPO (OLG Bremen, VersR 1981, 860, 861). Auch hierzu existieren
Tabellen und Berechnungsbeispiele (Danner/Echtler, VersR 1984, 820; 1986, 717).

Neben dem Ersatz der **Vorhaltekosten** kann Ersatz der **Nutzungsausfallentschädigung** nicht ver-   619
langt werden (BGHZ 70, 199, 202 f.).

b) Abschleppkosten

Der Fahrer eines unfallbedingt beschädigten Fahrzeuges ist gehalten, für das Abschleppen des ver-   620
unfallten Fahrzeuges Sorge zu tragen. Somit bildet die Notwendigkeit, das nicht mehr fahrbereite
Fahrzeug aus dem Verkehr zu ziehen, eine **adäquate Unfallfolge**. Dies führt dazu, dass die
Abschleppkosten zu den unfallbedingten Schadensersatzpositionen zählen (Sanden/Völtz, Sach-
schadensrecht, Rn. 205; Fleischmann/Hillmann, Verkehrszivilrecht, S. 287). Grds. sind derartige
Abschleppkosten vonseiten des Schädigers zu ersetzen.

Zu Auseinandersetzungen zwischen Unfallschädigern und Geschädigten führt häufig die Frage, in   621
welcher **Höhe** die Abschleppkosten zu ersetzen sind. Die Beantwortung dieser Frage hängt mit der
Beurteilung des Problems zusammen, über welche **Entfernung** der Geschädigte befugt ist, sein
unfallbedingt nicht mehr fahrbereites Fahrzeug abschleppen zu lassen. Entscheidend ist auch hier
die Einzelfallbeurteilung.

Grds. ist der Geschädigte gehalten, unter Berücksichtigung der ihm obliegenden **Schadenmin-**   622
derungspflicht zu entscheiden, wohin bzw. in welche Werkstatt er sein beschädigtes Fahrzeug
abschleppen lässt. Sofern etwa erkennbar ein Totalschaden vor- oder zumindest nahe liegt, ist das
beschädigte Kraftfahrzeug in die **nächstgelegene Werkstatt** zu verbringen (LG Bayreuth,
zfs 1990, 8; AG Kulmbach, zfs 1990, 8). Da die Entscheidung, ob ein **Totalschaden** mindestens

nahe liegt, vor Ort i.d.R. nicht zu treffen sein wird, sondern zur Abgabe einer entsprechenden Beurteilung eine Besichtigung des Fahrzeugs durch einen Sachverständigen – mindestens aber einen Kraftfahrzeugwerkstattmeister – erforderlich ist, hat der Geschädigte sein Fahrzeug – zumindest im Zweifelsfall – nur zu einer entsprechenden **Fachwerkstatt** abschleppen zu lassen, die sich in der Nähe der Unfallstelle befindet (siehe dazu AG Wiesbaden, zfs 1994, 87).

623   *Hinweis:*

Grds. ist dem Geschädigten daher zu raten, die nächstgelegene Fachwerkstatt aufzusuchen; denn regelmäßig ist im Reparaturfall jede Vertragswerkstatt in der Lage, eine Reparatur fachgerecht durchzuführen, sodass deutlich höhere Abschleppkosten zu einer weit entfernter gelegenen Werkstatt i.d.R. nicht erstattungsfähig sind (OLG Köln, VersR 1992, 719; AG Wiesbaden, a.a.O.).

624   Für den Fall, dass ein Totalschaden weder vor- noch nahe liegt, das Fahrzeug also nach erster Durchsicht **reparaturfähig** ist, steht es dem Geschädigten frei, das Fahrzeug in eine Werkstatt seines Vertrauens, die sog. **Heimatwerkstatt,** verbringen zu lassen, sofern sich der Schaden in der Nähe seines Wohnortes ereignet hat und die **Abschleppkosten** im Verhältnis zu den Reparaturkosten der Werkstatt, die der Geschädigte üblicherweise in Anspruch nimmt, angemessen sind und jedenfalls nicht wesentlich höher als diejenigen einer der Unfallstelle näher gelegenen Autowerkstatt sind (OLG Celle, VersR 1968, 1169; Sanden/Völtz, Sachschadensrecht, Rn. 208).

625   Allerdings gilt auch dies nicht ausnahmslos. So ist in der Rechtsprechung andererseits entschieden worden, dass die Kosten für das Abschleppen eines total beschädigten Leasingfahrzeuges zu dem von dem Unfallort mehrere 100 Kilometer entfernten Sitz des Leasinggebers ersatzfähig sind, weil eine Verwertung des Fahrzeuges am Unfallort nur mit einem nicht unerheblichen Einsatz an weiteren Kosten durch den Leasinggeber verbunden gewesen wäre (LG München I, Urt. v. 16.3.1993, Az: 17 0 23135/92, n.v.). Soweit sich in der Nähe des Unfallortes keine Fachwerkstatt befindet, ist der Geschädigte i.Ü. nicht verpflichtet, eine beliebige – nicht markengebundene – Werkstatt aufzusuchen. Er kann vielmehr i.d.R. die Kosten für das Abschleppen in die nächstgelegene Fachwerkstatt ersetzt verlangen (OLG Köln, VersR 1992, 719). Die Ersatzfähigkeit der Kosten für den Transport in die nächstgelegene Fachwerkstatt steht jedoch auch insoweit unter dem Vorbehalt der Angemessenheit. Sofern in angemessener Nähe zum Unfallort keine Fachwerkstatt vorhanden ist, sind lediglich diejenigen **Abschleppkosten** zu ersetzen, die im Falle eines Transportes bis zur nächsten fachlich geeigneten – und nicht markengebundenen – Werkstatt anfallen (Sanden/Völtz, Sachschadensrecht, Rn. 211).

c) Aufwendungen zum Beweis hauptsächlicher Schadenspositionen

626   Jede Partei, die den Eintritt einer Rechtsfolge geltend macht, hat die Voraussetzungen des ihr günstigen Rechtssatzes grds. zu beweisen (BGH, NJW 1986, 2426, 2427; 1991, 1052, 1053; Reinhardt, NJW 1994, 93, 94). Nichts anderes gilt auch im Hinblick auf die Geltendmachung von Schadensersatzansprüchen im Rahmen der Verkehrsunfallschadensregulierung (Palandt/Heinrichs, BGB, Vorbem. vor § 249 Rn. 192). Das bedeutet, dem Kläger obliegt grds. (s. zu den zahlreichen Beweiserleichterungen und zur Beweislastumkehr: Schellhammer, Zivilprozeß, Rn. 391 f.) im Zivilprozess genauso wie dem Anspruchsteller im Rahmen der außergerichtlichen Unfallschadenregulierung der Nachweis der ihm günstigen Tatsachen, der sog. **anspruchsbegründenden Voraussetzungen** (BGH, NJW 1986, 2426, 2427; 1988, 640, 642; 1991, 1052, 1053; OLG Düsseldorf, Schaden-Praxis 2001, 272).

627   Zu erörtern ist in diesem Zusammenhang, unter welchen Voraussetzungen der Geschädigte die Aufwendungen ersetzt erhält, die er zur Erlangung eines Nachweises des entsprechenden Schadens – wie etwa Reparaturkosten – oder Wiederbeschaffungskostenersatz – tätigen musste.

aa) Aufwendungen für Beweismittel im Prozessverfahren

Soweit es sich um Beweise handelt, die im Rahmen eines Schadensersatzprozesses vor dem Zivil- **628**
gericht erhoben werden, ergibt sich die Kostentragungspflicht aus der gerichtlichen Kostenentscheidung (§ 308 Abs. 2 i.V.m. §§ 91 ff. ZPO). Die Pflicht zur Tragung der Kosten bezieht dabei
auch etwaige **Kosten einer Beweisaufnahme** ein. Folglich treten Zweifelsfragen über die Erstattungsfähigkeit etwa von Beweismittelkosten im Rahmen gerichtlicher Schadensregulierung i.d.R.
nicht auf.

Eine Entschädigung von Sachverständigen für ein im Rahmen einer gerichtlichen Beweisaufnahme **629**
eingeholtes Gutachten erfolgt nach Maßgabe des **Gesetzes über die Entschädigung von Zeugen
und Sachverständigen (ZSEG)**. Dabei legt das Gericht den jeweils maßgeblichen Stundensatz
fest. Demgegenüber sind **Kosten** für die Einholung eines **Rechtsgutachtens** i.d.R. nicht erstattungsfähig. Es gehört vielmehr zu den Aufgaben des Rechtsanwalts, über die Erfolgsaussichten
eines Zivilprozesses und die etwa drohenden Konsequenzen den Geschädigten umfassend zu beraten (Zöller/Herget, ZPO, § 91 Rn. 13).

bb) Aufwendungen für Beweismittel im außergerichtlichen Verfahren

Es fragt sich jedoch, ob und inwieweit innerhalb der außergerichtlichen Schadensregulierung ein **630**
Aufwendungsersatz stattfindet. In diesem Zusammenhang steht dem Geschädigten regelmäßig der
Ersatz notwendiger Aufwendungen zu, die er zum Beweis der tatsächlichen Voraussetzungen
seiner Ansprüche getätigt hat (BGH, VersR 1992, 710, 711; Notthoff, DAR 1994, 417;
VersR 1995, 1399).

Kraftfahrzeugreparatur- bzw. -Wiederbeschaffungskosten können im Rahmen der außergericht- **631**
lichen Schadensregulierung unter Vorlage eines **Sachverständigengutachtens** nachgewiesen werden (vgl. AG Augsburg, DAR 1995, 163, 164; AG Hagen, zfs 1995, 15; AG Aachen, DAR 1995,
295; AG Bochum, zfs 1995, 55; AG Gronau, zfs 1995, 55). Dies gilt sowohl im Hinblick auf die
Schadensabwicklung nach erfolgter Reparatur als auch in Ansehung der Abrechnung nach fiktiver
Reparatur, der sog. Abrechnung **auf Gutachtenbasis** (AG Bochum, zfs 1995, 55; AG Königswin-
ter, zfs 1995, 55; AG Frankfurt/M., zfs 1995, 253; AG Prüm, zfs 1993, 337, das in diesem Zusammenhang – sprachlich ungenau – den Ausdruck einer **„fiktiven Schadensabrechnung"** benutzt,
OLG Hamm, NZV 2002, 272). Das bedeutet: Grds. sind die Aufwendungen für derartige Gutachten ersatzfähig.

Hinweis: **632**
*I.Ü. gilt, dass der Geschädigte in der **Auswahl** des Sachverständigen **frei** ist. Er ist nicht verpflichtet, den Schaden durch einen Sachverständigen etwa der gegnerischen Haftpflichtversicherung begutachten zu lassen.*

Unzutreffend ist die oftmals vorzufindende Auffassung mancher Versicherer, die **Reisekosten des** **633**
Sachverständigen zu einem von seinem Praxisort entfernt gelegenen Schätzungsort seien nicht zu
ersetzen, weil im Rahmen der Schadenminderungspflicht ein näher gelegener Sachverständiger
oder ein Sachverständiger der Versicherung hätte beauftragt werden müssen.

Allerdings erfolgt unter Berücksichtigung der den Geschädigten obliegenden und aus § 254 Abs. 2 **634**
Satz 1 BGB bzw. dem Grundsatz von Treu und Glauben folgenden **Schadensminderungspflicht**
nach weit überwiegender Auffassung kein Ersatz der Aufwendungen für ein Sachverständigengutachten, wenn der Schaden die sog. **Bagatellgrenze** nicht übersteigt (LG Dortmund, VersR 1975,
1133; LG Koblenz, VersR 1979, 480; AG Hannover, r+s 1982, 212; AG Pirmasens, zfs 1997, 16;
LG München I, Schaden-Praxis 2001, 428; Klimke, DAR 1984, 39; Trost, VersR 1997, 537). Dieser Auffassung hat sich das AG München mit einer mutigen Entscheidung entgegengestellt und

ausgeführt, dass die Beauftragung eines eigenen Sachverständigen auch bei geringen Schadensbeträgen der Waffengleichheit zwischen den Parteien entspricht, sodass allein die geringfügige Höhe eines Schadens kein geeignetes Kriterium ist, um einen Verstoß des Geschädigten gegen seine Schadensminderungspflicht durch Beauftragung eines Sachverständigen zu bejahen (AG München, VersR 1999, 332, 333 f.). Es bleibt abzuwarten, ob sich dieser Auffassung weitere Gerichte anschließen werden.

Hinweis:

Soweit der Ersatz der Aufwendungen für ein Sachverständigengutachten wegen Nichterreichens der sog. **Bagatellgrenze** *negiert wird, ist zu berücksichtigen, dass es keine generelle Grenze gibt, bei deren Erreichen ein Bagatellschaden nicht mehr vorliegt und bis zu deren Erreichen ein solcher Schaden gegeben ist. Weit überwiegend wird diese Grenze bis zu der ein Bagatellschaden gegeben ist, bei 1 000 DM gezogen (LG Dortmund, VersR 1975, 1133; LG Koblenz, VersR 1979, 480; AG Bonn, zfs 1980, 170; AG Essen, zfs 185, 296; AG Pirmasens, zfs 1997, 16; AG Schwandorf, zfs 1997, 16; Klimke, a.a.O.; Geigel/Rixecker, Haftpflichtprozeß, Kap. 4, Rn. 80;), teilweise wird die Grenze inzwischen bei 1 500 DM bzw. bei 2 000 DM gezogen (AG Köln, VersR 1988, 1251; AG Gründstadt, zfs 1997, 215; Trost, a.a.O.). Sehr vereinzelt wird die Grenze bereits bei 300 DM gezogen (OLG Hamm, NJW-RR 1994, 345).*

---

635 Angesichts der innerhalb der vergangenen Jahre und Jahrzehnte deutlich gestiegenen Reparaturkosten ist der Auffassung, wonach die Bagatellgrenze mittlerweile bei etwa 2 000 DM (ca. 1000 €) liegt, zuzustimmen. Anderenfalls wäre das Vorliegen eines tatsächlichen **Bagatellschadens** – bei einer Bagatellschadensgrenze von 1 000 DM (ca. 500 €) oder gar 300 DM (ca. 150 €) – tatsächlich kaum mehr denkbar (so auch LG München, Schaden-Praxis 2001, 428).

636 Für den Fall, dass ein **Bagatellschaden** vorliegt, kommt anstatt der Einholung eines Sachverständigengutachtens die Vorlage einer Reparaturrechnung der Fachwerkstatt in Betracht, die den Schaden repariert hat. Diese Reparaturrechnung wird **kostenlos** erstellt. Das bedeutet, ein Schaden zum Nachweis der Reparaturkosten entsteht dem Geschädigten insoweit nicht. Damit treten auch in diesem Zusammenhang keine Schadensersatzfragen auf.

637 Sofern der Geschädigte jedoch – was sein Recht ist – davon absieht, die Reparatur in einer (Fach-)Werkstatt vornehmen zu lassen und eine Eigenreparatur vornimmt oder das Fahrzeug unrepariert lässt, scheidet die Möglichkeit der Vorlage einer **Reparaturrechnung** aus. Sofern der Schaden unterhalb der **Bagatellschadensgrenze** bleibt, kann daher – abgesehen von der Möglichkeit, Nachweise durch das Zeugnis von Werkstattmitarbeitern und anderen Personen oder eine Inaugenscheinnahme zu erbringen, – der Schadensnachweis bei Vornahme einer Schadensregulierung nach fiktiver Reparatur allein durch Vornahme eines **Kostenvoranschlags** einer Fachwerkstatt geführt werden.

638 Solche **Kostenvoranschläge** werden von Seiten der Kraftfahrzeugwerkstätten im Gegensatz zur Erstellung von Reparaturrechnungen regelmäßig **nicht kostenlos** erstellt (AG Dortmund, zfs 1986, 72; AG Deggendorf, zfs 1987, 236; AG Oberhausen, zfs 1990, 408; AG Hamburg-Altona, zfs 1992, 267; Notthoff, zfs 1994, 394, 395; a.A. AG Frankfurt/M., zfs 1994, 394, allerdings ohne Begründung). Denn die Erstellung von Kostenvoranschlägen ist eine kostenpflichtige unternehmerische Tätigkeit. Die ergibt sich daraus, dass die **Kostenvoranschlagserstellung** für die Fachwerkstätten regelmäßig zeit- und arbeitsaufwändig ist und derartige Tätigkeiten zumeist von entsprechend qualifiziertem, i.d.R. meistergeprüftem Personal vorgenommen werden müssen, zumal sich die Werkstatt mit dem **Kostenvoranschlag gegenüber** dem jeweiligen Auftraggeber – dem Geschädigten – im Hinblick auf die Reparaturkosten festlegt (Hanel, DAR 1995, 217; Notthoff, DAR 1994, 417; zfs 1994, 394; VersR 1995, 1399, 1400).

Gleichwohl wird der Ersatz der Kosten, die der Geschädigte für die Erstellung des Voranschlages 639
aufzuwenden hat, häufig verwehrt (AG Aachen, zfs 1983, 292; AG Euskirchen, zfs 1983, 293; AG
Augsburg, zfs 1990, 227; AG Duisburg-Hamborn, zfs 1992, 267). Zur Begründung wird i.d.R.
darauf hingewiesen, dass ein Ersatz der Kosten für einen **Kostenvoranschlag** deshalb nicht in
Frage komme, weil Geschädigten die Kosten für die Erstellung des Kostenvoranschlages im Falle
der Inauftraggabe der Reparaturarbeiten in der Werkstatt, die den Kostenvoranschlag zuvor erstellt
habe, **auf die Reparaturkosten angerechnet** werden würden, so dass insoweit ein ersatzfähiger
Schaden nicht vorliege (LG Aachen, zfs 1983, 292; AG Prüm, zfs 1993, 337).

Diese Argumentation geht jedoch fehl. Denn dem Geschädigten steht gem. § 249 BGB die **Wie-** 640
derherstellung des Zustandes zu, der bestehen würde, wenn der zum Schadensersatz verpflichtende Umstand nicht eingetreten wäre. § 249 Satz 2 BGB berechtigt den Geschädigten, anstelle der
Wiederherstellung **den zur Herstellung erforderlichen Geldbetrag** zu verlangen.

Zwar ist der Geschädigte im Hinblick auf die Höhe des erforderlichen Geldbetrages nachweis- 641
pflichtig, doch gilt dies **unabhängig** von der Schadenshöhe. Irrelevant ist demnach, ob ein Bagatellschaden vorliegt oder nicht. Es ist äußerst willkürlich, den Geschädigten im Fall eines Schadens
unterhalb der **Bagatellschadensgrenze** dazu anzuhalten, von der Einholung eines **Sachverständi-**
gengutachtens aus Gründen der Schadensminderungspflicht abzusehen, gleichwohl aber den
Ersatz der Kosten für die Erstellung des – kostenpflichtigen – Kostenvoranschlags zu verweigern.

Außerdem ist darauf hinzuweisen, dass eine **Anrechnung der Kostenvoranschlagskosten** für die 642
Reparaturrechnung lediglich dann in Betracht kommen kann, wenn der Geschädigte die Wiederherstellung nach § 249 Satz 1 BGB begehrt. Dazu ist er aber gerade nicht gezwungen.

Weiterhin scheidet eine Anrechnung der Kostenvoranschlagskosten auf die Reparaturrechnung 643
bereits dann aus, wenn die Reparatur nachträglich nicht ausgeführt wird oder aber von einer anderen Werkstatt ausgeführt wird als derjenigen, die den Kostenvoranschlag erstellt hat.

Daher setzt sich immer deutlicher die Auffassung durch, dass grds. auch die **Kostenvoranschlags-** 644
kosten zu ersetzen sind (AG Dortmund, zfs 1986, 72; AG Deggendorf, zfs 1987, 236; AG Oberhausen, zfs 1988, 279; AG Essen, zfs 1990, 156; AG Aachen, DAR 1995, 295; AG Bochum,
Schaden-Praxis 2001, 133; Notthoff, VersR 1995, 1399, 1401; Fleischmann/Hilmann, Verkehrszivilrecht, S. 254 f.).

Um den Schädiger nicht zu verpflichten, dem Geschädigten einen unbilligen Vorteil zukommen zu 645
lassen, sollte in diesem Fall der Geschädigte allerdings verpflichtet werden, die seitens des Schädigers zu erstattenden Kosten für die Kostenvoranschlagserstellung für den Fall, dass anschließend
die Werkstatt, die den Kostenvoranschlag erstellt hat, die Reparaturarbeiten durchführt, an ihn
zurückzuerstatten. Zur Vereinfachung und zum Zweck der Sicherung der Rückzahlungspflicht
sollte die Gewährung der Kostenvoranschlagskosten insoweit grds. mit einem **Rückforderungs-**
vorbehalt für den Fall der nachträglichen Reparaturinauftraggabe in der Werkstatt, die den Kostenvoranschlag erstellt hat, versehen werden (Notthoff, DAR 1994, 417, 418; VersR 1995, 1399,
1401).

d) Unfallnebenkosten-Pauschale

Für den Geschädigten bedeutet ein Verkehrsunfall i.d.R. die Vornahme zahlreicher Fahrten, Tele- 646
fonate und schriftlicher Korrespondenz. Der **Verlust an Freizeit** für die Erledigung dieser Aufgaben bildet keinen ersatzfähigen Schaden (BGH, VersR 1976, 857, 858; OLG Köln, VersR 1965,
905; 1982, 585; a.A. OLG Frankfurt/M., NJW 1976, 1320 bei erheblicher Größenordnung des Zeit-
verlustes und grobem Verschulden des Schädigers). Dies gilt auch, wenn der Geschädigte aufgrund
des Unfalls auf seinen Urlaub verzichten muss, und zwar trotz der Kommerzialisierung des
Urlaubs. Denn der Verzicht auf Urlaub bildet keinen Schaden, der im Rahmen des § 823 BGB
ersetzt werden kann (BGH, NJW 1981, 1107). Allerdings kann sich der entgangene Urlaub, soweit
auch ein Personenschaden zu erstatten ist, bei der Höhe der Schmerzensgeldbemessung niederschlagen (Geigel/Rixecker, Haftpflichtprozeß Kap. 4 Rn. 85).

647   **Hinweis:**

*Der Geschädigte hat jedoch die Möglichkeit, sich gegen Einzelnachweis die Aufwendungen für Fahrtkosten, Telefonate und Porti erstatten zu lassen. Zur Verfahrensvereinfachung und Beschleunigung kann er anstatt einer konkreten Abrechnung die Zahlung der sog. **Unfall-nebenkosten-Pauschale** verlangen. Diese Pauschale wird ohne weiteren Nachweis gezahlt.*

648   Noch immer erfolgt die betragsmäßige Einstufung der **Unfallnebenkosten-Pauschale** jedoch **uneinheitlich.** Sowohl im Rahmen der außergerichtlichen Schadensregulierung durch die Versicherer als auch im Rahmen der Rechtsprechung differieren die Entscheidungen insoweit **zwischen 15 DM und 50 DM** (15 DM: AG Hamburg, zfs 1990, 229; 20 DM: OLG Karlsruhe, zfs 1990, 12; 30 DM: OLG Hamm, zfs 1990, 85; OLG Köln, VersR 1992, 719; AG Hanau, zfs 1989, 411; 35 DM: AG Niebüll, zfs 1990, 85; 40 DM: LG Freiburg i. Br., VersR 1989, 1275; LG Frankfurt/M., zfs 1990, 85; AG Ahaus, zfs 1990, 229; AG Aachen, DAR 1995, 295; AG Dinslaken, NJW-RR 2001, 1682; AG Eutin, MDR 2001, 900; 50 DM: LG Zweibrücken, zfs 1989, 303; LG Augsburg, zfs 1989, 303; LG Köln, VersR 1989, 636; AG Aalen, zfs 1990, 229; AG Nürtingen, zfs 1990, 229; LG Hannover, Urt. v. 28.5.1999, Az. 9 O49/96; LG Braunschweig, NJW-RR 2001, 1682). In Anbetracht der ganz erheblichen allgemeinen Kostensteigerungen, die auch und insbesondere Fahrtkosten, Porto und Telefon ergriffen haben, ist ein Pauschalbetrag i.H.v. 40 DM gegenwärtig kaum mehr vertretbar. Selbst eine Pauschale i.H.v. 50 DM ist derzeit nur dann für gerade noch angemessen zu halten, wenn der Geschädigte etwaige Reparatur- und Mietwagenkostenforderungen abgetreten und einen Rechtsanwalt mit der Regulierung des Unfallschadens beauftragt hat, weil in derartigen Fällen allenfalls geringfügige Kosten entstehen (Notthoff, VersR 1995, 1309, 1402).

649   In allen übrigen Fällen ist die Zahlung einer allgemeinen **Unfallnebenkosten-Pauschale** i.H.v. mindestens 60 DM (ca. 30 €) vorzunehmen. Dies sollte insbesondere dann gelten, wenn der Geschädigte darauf verzichtet hat, einen Rechtsanwalt mit der Regulierung seines Schadens zu beauftragen (Notthoff, VersR 1995, 1399, 1402). I.Ü. sollte persönlich regulierenden Geschädigten die Unfallnebenkosten-Pauschale i.H.v. 60 DM (ca. 30 €) – im außergerichtlichen Regulierungsverfahren – auch ohne entsprechende Beantragung gezahlt werden.

e) Rechtsverfolgungskosten

650   Der Schädiger hat alle Aufwendungen zu ersetzen, die der Geschädigte angesichts der gegebenen Sachlage zur Schadensabwendung bzw. -beseitigung für vernünftig halten durfte. Derart muss er auch die notwendigen **Kosten der Rechtsverfolgung** ersetzen.

651   Probleme bereitet insoweit häufig die Erstattungsfähigkeit der Aufwendungen für **Rechtsanwaltsgebühren.** Während im Rahmen eines Zivilprozesses die Erstattung der Rechtsanwaltsgebühren als außergerichtliche Kosten von der Kostenentscheidung des Urteils erfasst und nach Maßgabe des Tenors zu zahlen sind, besteht im Rahmen der außergerichtlichen Schadensregulierung in einigen Einzelfällen Streit darüber, unter welchen Voraussetzungen die Erstattung der **Rechtsanwaltsgebühren** zu erfolgen hat (Baldus, zfs 1989, 397; Madert, zfs 1990, 289; 1990, 361; Hoppmann, DAR 1994, 419; Nixdorf, VersR 1995, 257; Notthoff, DAR 1995, 343 ff.).

652   Da für ersatzfähig i.d.R. nur die „erforderlichen" Schadenspositionen gehalten werden (BGHZ 66, 182; 30, 154), ist im Rahmen der Beauftragung eines Rechtsanwalts zu prüfen, ob diese im Einzelfall erforderlich war (BGHZ 66, 182, 192; 30, 154, 158; OLG Karlsruhe, NJW-RR 1990, 929). Die Erforderlichkeit wird dabei teilweise nach objektiven (BGHZ 54, 82, 85; 61, 346, 349; BGH, NJW 1992, 1618, 1619) und teilweise nach subjektiven (AG Hamburg, zfs 1982, 172) Kriterien bestimmt. Im Falle der Nichterforderlichkeitfindet eine Gebührenerstattung folglich nicht statt (so: OLG Köln, VersR 1965, 1105, 1106 f.; AG Frankfurt/M., zfs 1982, 111; AG Dortmund, VersR 1984, 48; AG Köln, zfs 1983, 205). Wenn die Rspr. auch das Merkmal der Erforderlichkeit

i.d.R. einigermaßen großzügig auslegt, ist es doch sehr fraglich, ob angesichts der **Komplexität der Unfallschadensregulierung** das Kriterium der Erforderlichkeit überhaupt als Entscheidungsmaßstab dienen kann.

Darüber hinaus erfolgt die Konkretisierung dieses Merkmals äußerst uneinheitlich (s. dazu die Bsp. aus der Rspr. bei Notthoff, DAR 1995, 343, 344 f.). Während in den Fällen, in denen das Fahrzeug eines Nichtunternehmers verunfallt ist, die Erforderlichkeit der anwaltlichen Beauftragung mindestens aus Gründen der **Waffengleichheit** zwischen Geschädigtem und Versicherer zumeist bejaht wird (OLG Stuttgart, DAR 1989, 27; AG Stuttgart, VersR 1980, 345; AG Würzburg, zfs 1984, 235; AG Pforzheim, zfs 2002, 300; Berz/Burmann/Born, Straßenverkehrsrecht, 5. C., Rn. 82; a.A. Karlsruhe, VersR 2000, 67, dass die Auffassung vertreten hat, zur Regelung eines einfach gelagerten Verkehrsunfalles benötige der Geschädigte keine anwaltliche Hilfe, sodass der Haftpflichtversicherer ihm keine Anwaltskosten zu erstatten habe, wobei das Amtsgericht übersehen haben dürfte, dass ein Geschädigter mindestens dann anwaltliche Hilfe in Anspruch nehmen darf, wenn er geschäftlich nicht hinreichend gewandt ist, was in Verkehrsunfallangelegenheiten im Regelfall so sein dürfte), wird die Frage, unter welchen Umständen die Beauftragung von Rechtsanwälten durch Behörden und Unternehmen erforderlich ist (BGH, VersR 1995, 183; OLG Köln, VersR 1975, 1105, 1106 f.; AG Wiesbaden, zfs 1985, 176), uneinheitlich beantwortet. 653

Bereits diese Auseinandersetzungen zeigen die Bedenken, die gegen derartige **Erforderlichkeitsprüfungen** bestehen, in eindrücklicher Weise auf. Denn sie führen dazu, dass ein Unternehmen vor der Beauftragung eines Rechtsanwalts zunächst die Erforderlichkeit der anwaltlichen Beauftragung klären lassen müsste. Dies würde in der Praxis dazu führen, dass möglicherweise vorab ein Primärprozess zu führen wäre, in welchem festgestellt würde, ob. bzw. inwieweit eine anwaltliche Beauftragung im Einzelfall notwendig wäre (Notthoff, DAR 1995, 343, 345 f.; VersR 1995, 1399, 1401). 654

Da aber andere sachgerechte Kriterien insoweit nicht erkennbar sind, insbesondere auch die seitens des BGH angebotene Unterscheidung zwischen einfachem und kompliziertem Schadensfall (BGH, VersR 1995, 183; in der Lit. bejahend: Sanden/Völtz, Sachschadensrecht, Rn. 379; Berz/Burmann/Born, Straßenverkehrsrecht, 5. C., Rn. 82; Hildenbrand, NJW 1995, 1944, 1945; Meiendresch/Heinke, r+s 1995, 446, 447) weder hinreichend sicher nachvollziehbar noch prozessökonomisch ist, sollten **Rechtsanwaltsgebühren generell erstattungsfähig** sein. Dies muss unabhängig von der Erforderlichkeit anwaltlicher Beauftragung im Einzelfall gelten. Unberücksichtigt gelassen werden sollte auch die Frage, ob ein einfach gelagerter Sachverhalt vorliegt und etwa die Haftung nach Grund und Höhe völlig klar ist. Dem Geschädigten sollte daher grds. – auch bereits im vorgerichtlichen Bereich – zugestanden werden, auf Kosten des Schädigers einen Rechtsanwalt einzuschalten. 655

Sofern der Geschädigte zunächst seine **Kasko-Versicherung** berechtigterweise in Anspruch genommen hat, sind die dadurch entstehenden **Rechtsanwaltskosten** ebenfalls vonseiten des Schädigers zu ersetzen (OLG Hamm, zfs 1983, 12). 656

Demgegenüber werden die Kosten einer **Streitverkündung** grds. dann nicht erstattet, wenn der Streit zu dem Zweck verkündet worden ist, dass für den Fall des Unterliegens ein Ersatzanspruch gegen den Streitverkündeten vorbereitet wird (Geigel/Rixecker, Haftpflichtprozeß, Kap. 4, Rn. 77). 657

Unterschiedlich beurteilt wird das Problem, ob die Kosten eines **selbstständigen Beweisverfahrens** gerichtliche oder außergerichtliche Kosten der späteren Hauptsache sind. Dies hängt davon ab, ob Nämlichkeit des selbstständigen Beweisverfahrens und des Hauptprozesses vorliegt (Baumbach/Lauterbach, ZPO, § 91 Rn. 197 ff.). Sofern Parteien- und Streitgegenstandsidentität vorliegt, liegt eine Zugehörigkeit zu den **Kosten der Hauptsache** vor; anderenfalls ist dies nicht der Fall (Baumbach/Lauterbach, ZPO, Übersicht zu § 91 Rn. 66). 658

Schadensfolge sind in jedem Fall die gesetzlichen Gebühren. Etwaige Gebühren, die sich aus **Honorarvereinbarung** zwischen Rechtsanwalt und Geschädigtem ergeben, sind nicht erstattungsfähig. 659

f) Ersatz der Wertminderung

660 Häufig wird durch einen Verkehrsunfall auch eine Wertminderung des verunfallten Kraftfahrzeuges ausgelöst. Insoweit ist zu unterscheiden zwischen einem **technischen und einem merkantilen Minderwert.**

aa) Technischer Minderwert

661 Die Problematik der **Wertminderung** bei Kraftfahrzeugen hat sich in den 50er-Jahren entwickelt, als häufig trotz fachmännischer Unfallinstandsetzung noch ein **technischer Minderwert** beim Fahrzeug verblieb, der sich i.d.R. in mangelnder oder geringerer Gebrauchsfähigkeit, Lebensdauer, Betriebssicherheit oder im optischen Gesamteindruck äußerte (Sanden/Völtz, Sachschadensrecht, Rn. 165). Auch derzeit kann trotz der veränderten technischen Möglichkeiten im Kraftfahrzeug-Reparaturgewerbe auch nach Durchführung einer fachgerechten Reparatur ein technischer Minderwert verbleiben. Dies kann entweder daran liegen, dass die technischen Möglichkeiten in der Werkstatt nicht zureichend waren, oder daran, dass der Geschädigte unter Berücksichtigung seiner **Schadenminderungspflicht** gehalten ist, sich mit einer technisch möglicherweise nicht vollends perfekten Lösung zufrieden zu geben (Berz/Burmann/Born, Straßenverkehrsrecht, Kap. 5. B., Rn. 49).

662 Für derartige **Wertminderungen** wird dem Geschädigten in jedem Fall ein **Ausgleichsanspruch** gegen den Schädiger gem. § 251 Abs. 1 Satz 1 2. Alt. BGB zugestanden. Allerdings sind solche technischen Wertminderungen angesichts der fortschreitenden Reparaturtechnik eher selten und insgesamt vernachlässigenswert.

bb) Merkantiler Minderwert

(1) Problemstellung

663 Von wesentlich erhöhter praktischer Bedeutung ist der aus dem „Odium des Unfallwagens" resultierende merkantile Minderwert (vgl.: OLG Nürnberg, VRS 16, 401), der von dem technischen Minderwert zu unterscheiden ist und auch vorliegen kann, wenn das Kraftfahrzeug tatsächlich keinen **Minderwert** aufweist, wobei die **Reparatur technisch einwandfrei** erfolgte.

664 Auch unter Berücksichtigung des gestiegenen Standards im Reparaturgewerbe besteht vielfach der Verdacht verborgen gebliebener Schäden oder einer höheren **Schadenanfälligkeit** eines unfallbeschädigten Kraftfahrzeuges (Berz/Burmann/Born, Straßenverkehrsrecht, 5. B., Rn. 50). Wenn auch zur Rechtfertigung des merkantilen Minderwerts teilweise verdeckte Schäden angeführt werden (OLG Nürnberg, VRS 16, 401, 403) handelt es sich im Grunde genommen um ein primär psychologisches Phänomen. Ein Kraftfahrzeug, das einen Unfallschaden erlitten hat, der von einigem Gewicht ist, wird auf dem Gebrauchtwagenmarkt regelmäßig niedriger bewertet als ein unfallfreies und i.Ü. vergleichbares Fahrzeug; denn die **Unfallfreiheit** gilt im Gebrauchtwagenhandel als **preisbildendes Merkmal** (BGH, VersR 1985, 161).

665 Während früher der merkantile Minderwert als ersatzfähig betrachtet wurde, wenn er sich tatsächlich realisierte, sodass das jeweilige Fahrzeug verkauft sein musste (BGHZ 27, 181, 186; LG Stuttgart, MDR 1957, 162), besteht zwischenzeitlich Einigkeit insoweit, als Ersatz des merkantilen **Minderwerts** entsprechend § 251 Abs. 1 Satz 1 2. Alt. BGB sofort nach der Unfallinstandsetzung fällig ist (BGHZ 53, 396, 397; BGH, NJW 1967, 552).

(2) Bemessungskriterien für den merkantilen Minderwert

666 Erforderlich ist zunächst, dass der **Unfallschaden von einiger Erheblichkeit** ist. Anderenfalls besteht kein merkantiler Minderwert (BGHZ 53, 396; BGH, NJW 1958, 1085; 1980, 281). Dies ergibt sich daraus, dass das Ausmaß der erforderlichen Reparaturen auch für einen potentiellen

Fahrzeugkäufer von Bedeutung ist. Indizielle Wirkung im Hinblick auf die Erheblichkeit des **Unfallschadens** kommt insbesondere der Beeinträchtigung durch die Beschädigung tragender Fahrzeugteile zu.

Auszugehen ist i.d.R. in diesem Zusammenhang von der Höhe der **Reparaturrechnung** als entscheidungserhebliches Merkmal. Dafür ist ausschlaggebend, dass die Wertminderung nicht proportional zur Steigerung der Reparaturkosten steigt. Folglich kommt ein merkantiler Minderwert auch bereits dann in Betracht, wenn die Reparaturkosten **10 % des Wiederbeschaffungswertes** nicht übersteigen (Notthoff, VersR 1995, 1309, 1402 f.; a.A. OLG Köln, DAR 1973, 71; KG, VersR 1975, 664, 665; Berz/Burmann/Born, Straßenverkehrsrecht, 5. B., Rn. 51). I.Ü. ist darauf hinzuweisen, dass die 10 %-Grenze äußerst willkürlich und ohne sachliche Rechtfertigung gewählt ist (vgl. dazu: LG Hanau, NJW-RR 1988, 862). Allerdings scheidet eine **Wertminderung** i.d.R. aus, wenn lediglich kleinere Reparaturen – etwa bis zu einem Betrag von 500 € – durchgeführt werden und sich diese auf auswechselbare Teile, wie Kotflügel etc., beziehen. Der Grund dafür liegt darin, dass für den Geschädigten bei solchen kleinen Schäden im Falle eines Verkaufs auch keine **Offenbarungspflicht** über den Schaden und seinen Umfang besteht (zur Offenbarungspflicht: KG, VersR 1988, 1157). 667

Im Falle des Vorhandenseins erheblicher Vorschäden ist der merkantile Minderwert i.d.R. ausgeschlossen; denn dem jeweiligen Kraftfahrzeug haftet dann bereits der Makel eines „**Unfallwagens**" an (OLG Celle, VersR 1973, 717; LG Köln, VersR 1973, 727; Sanden/Völtz, Sachschadensrecht, Rn. 166). 668

Umstritten ist, ob Ersatz des merkantilen Minderwerts auch dann ausgeschlossen ist, wenn ein älteres Kraftfahrzeug verunfallt ist. Während noch bis vor mehreren Jahren entschieden worden ist, dass ein merkantiler Minderwert bei einem Fahrzeugalter von mehr als vier oder fünf Jahren bzw. einer **Laufleistung von 100 000 km** nicht mehr anzunehmen sei (OLG Celle, VersR 1973, 717; OLG Frankfurt/M., VersR 1978, 378; OLG Nürnberg, VersR 1980, 879), setzte sich zwischenzeitlich die Auffassung immer deutlicher durch, dass auch jenseits dieser Alters- bzw. Laufleistungsgrenzen ein **merkantiler Minderwert** in Betracht kommt (OLG Düsseldorf, MDR 1987, 1023; LG Oldenburg, zfs 1990, 50; AG Limburg, zfs 1990, 50; AG Hohenstein-Ernsthal, zfs 2001, 19; Rasche, zfs 1995, 203). 669

Der Auffassung, dass eine Wertminderung auch ab einem Fahrzeugalter von nur vier bis fünf Jahren und einer **Laufleistung** von mehr als 100 000 km in Frage kommt, ist beizutreten. Denn eine schematische Verneinung einer Wertminderung ab einer bestimmten Alters- oder Kilometergrenze wird dem Gebot der Einzelfallgerechtigkeit nicht gerecht. Für diese Auffassung spricht i.Ü., dass gegenwärtig eine Laufleistung von 100 000 km oder mehr oftmals erst die Hälfte oder ein Drittel der gesamten Fahrleistung eines Kraftfahrzeuges darstellt und ein vier- bis fünfjähriges Fahrzeugalter angesichts der erheblich gestiegenen Nutzbarkeitsdauer kaum die Hälfte eines Kraftfahrzeuglebens ausmacht (Notthoff, VersR 1995, 1399, 1402). 670

Für die Annahme eines merkantilen Minderwerts ist des Weiteren das Vorhandensein eines Marktes ein nahezu konstituierendes Merkmal. Durch die Marktgebundenheit ist der Minderwert auch bei gut verkäuflichen Fahrzeugen geringer zu bewerten als bei schwer verkäuflichen (Riedmaier, VersR 1986, 728, 731). 671

Das Vorliegen eines Marktes und folglich eines **merkantilen Minderwertes** wird z.T. bei **Nutz- und Sonderfahrzeugen** sowie Behördenfahrzeugen verneint (OLG Köln, VersR 1974, 761; KG VersR 1979, 260), z. T. bejaht (OLG Stuttgart, VersR 1978, 529, 530; LG Rottweil, VersR 1980, 1126; Klimke, Anm. zu OLG Stuttgart, VersR 1978, 529, 531; Berz/Burmann/Born, 5. B., Rn. 54). Voraussetzung eines merkantilen Minderwerts ist allerdings, dass diese Fahrzeuge frei – folglich am Markt – gehandelt werden (Riecker, VersR 1981, 517, 518 f.; Frank, MDR 1985, 720, 721). 672

(3) Bemessung der Höhe des merkantilen Minderwertes

673 Die Höhe der **Wertminderung** ist im Einzelfall nach freier tatrichterlicher Überzeugung gem. § 287 Abs. 1 ZPO im Wege der **Schätzung** zu ermitteln (OLG Frankfurt/M., VersR 1978, 1044; AG Gelsenkirchen-Buer, zfs 1987, 204; AG Hamburg, Schaden-Praxis 2001, 95). Im Zuge dieser Schätzung – dies gilt sowohl im Rahmen eines Gerichtsverfahrens als auch im Rahmen der außergerichtlichen Schadensregulierung – sind sämtliche für den Verkaufswert eines Fahrzeuges maßgeblichen Kriterien, wie Alter, Fahrleistung, Erhaltungszustand, Marktsituation sowie Art und Ausmaß der Schädigungen, zu berücksichtigen (OLG Nürnberg, VersR 1980, 879; OLG Karlsruhe, VersR 1981, 886).

674 Zum Zweck der konkreten Ermittlung der Höhe einer merkantilen Wertminderung sind verschiedene Berechnungsmöglichkeiten entwickelt worden. Diese sind bis auf die sog. „**Schweizer Formel**", wonach der Minderwert 20 % der um die Mehrwertsteuer gekürzten Reparaturkosten entsprechen soll, sodass eine Berücksichtigung der maßgeblichen wertbildender Kriterien hier im Grunde überhaupt nicht erfolgt (BGH, VersR 1971, 1043) alle brauchbar und führen zu verträglichen Ergebnissen.

675 Nach dem sog. „**Hamburger Modell**" beträgt der merkantile Minderwert immer einen bestimmten Prozentsatz von der Kraftfahrzeugbetriebsleistung am Unfalltag: Bis zu 20 000 km beträgt die Wertminderung 30 %, bis zu 50 000 km beträgt sie 20 %, bis zu 75 000 km beträgt sie noch 15 % und bis zu 100 000 km macht sie noch 10 % aus (OLG Hamburg, VersR 1981, 1186, 1187; AG Hamburg, Schaden-Praxis 2001, 95). Ähnlich ist auch das „**Bremer Modell**", wonach Bezugsgröße das Fahrzeugalter am Unfalltag ist: bis zu sechs Monaten beträgt der Minderwert 30 %, bis zu 12 Monaten beträgt der Minderwert 25 %, bis zu 24 Monaten sind es 20 %, bis zu 36 Monaten 15 % und bis zu 60 Monaten beträgt der Minderwert 10 % (AG Bremen, zfs 1986, 136). Vergleichbar ist auch das „**Goslarer Modell**", das am 13. Deutschen Verkehrsgerichtstag 1975 erarbeitet worden ist. Danach sollen Bezugsgröße für die Wertminderung Alter und Betriebsleistung des Kraftfahrzeugs sein: Im ersten Jahr bis zu 20 000 km beträgt die Wertminderung 30 %, im zweiten Jahr bis zu 40 000 km 25 %, im dritten Jahr bis zu 60 000 km beträgt sie 20 %, im vierten Jahr bis zu 80 000 km beträgt sie noch 15 % und im fünften Jahr bis zu 100 000 km beträgt sie immerhin noch 10 % (Veröffentlichung des 13. Deutschen Verkehrsgerichtstages, S. 8, 251).

676 Demgegenüber folgt der Minderwert nach der **in der Praxis überwiegend Verwendung findenden Methode von Ruhkopf/Sahm** aus x % der Summe von Wiederbeschaffungswert und Reparaturkosten unter Vorschaltung einer Bagatellklausel, die zum Tragen kommt, wenn die Reparaturkosten nicht 10 % des Zeitwerts ausmachen und dieser nicht mindestens 40 % des Ist-Preises beträgt (Ruhkopf/Sahm, VersR 1962, 593; LG Ellwangen, Schaden-Praxis 2001, 132).

677 Nach der ebenfalls anerkannten, in der Praxis aber nicht sehr weit verbreiteten **Methode von Halbgewachs/Berger** errechnet sich der Minderwert aus dem Quotienten X : 100, multipliziert mit der Summe von Zeitwert und Reparaturkosten, wobei sich der Koeffizient X aus dem Alter des Fahrzeuges, dem Verkaufswert und den Reparaturkosten abzüglich der Lackarbeiten ergibt und aus einer Tabelle ablesbar ist (Halbgewachs, S. 27 ff.).

g) Finanzierungskosten

678 Sofern im Fall der Reparatur des Fahrzeugs oder im Rahmen der Anmietung eines Ersatzfahrzeuges **Finanzierungskosten,** wie Kreditkosten oder **Kreditzinsen,** anfallen, hat der Schädiger auch diese Aufwendungen zu ersetzen. Diese Pflicht besteht allerdings nur unter der Voraussetzung, dass der Geschädigte sie im Rahmen einer ex-ante-Betrachtung für notwendig und wirtschaftlich vernünftig halten durfte. Denn es obliegt dem Schädiger, die Schadensbeseitigung sofort zu finanzieren, sodass der Geschädigte nicht etwa zunächst eigene Mittel aufzuwenden hat oder sich auf eigene Kosten Fremdmittel beschaffen muss (BGH, NJW 1989, 290).

Der Geschädigte ist allerdings – getreu dem Gebot zum wirtschaftlich vernünftigen Handeln – **679**
gehalten, sich einen etwa erforderlichen Kredit nicht ohne Rücksicht auf die dabei entstehenden
Kosten zu beschaffen. Kreditkosten und Kreditzinsen muss der Schädiger dem Geschädigten nur
erstatten, wenn diese sich im Rahmen des Üblichen halten (OLG Karlsruhe, NZV 1989, 23; Gei-
gel/Rixecker, Haftpflichtprozeß, Kap. 4, Rn. 81). I.Ü. trägt der Geschädigte die Beweislast dafür,
dass die von ihm veranlasste Kreditaufnahme in der angegebenen Höhe in der Tat erfolgt ist und
die Aufwendungen dafür **objektiv erforderlich** und **wirtschaftlich vernünftig** waren (LG Schwerin, SP 1996, 416; Himmelreich/Klimke/Bücken, Kfz-Schadensregulierung, Rn. 3259).

Sofern der Geschädigte nicht in der Lage ist, Reparatur- bzw. Fahrzeugmietkosten aus eigenen **680**
Mitteln vorzufinanzieren, ist er aufgrund der ihm obliegenden Schadenminderungspflicht gehalten,
den Schädiger bzw. dessen Haftpflichtversicherung über die bevorstehende **Kreditaufnahme zu
informieren.** Dadurch gibt der Geschädigte der Gegenseite die Möglichkeit, die Kreditkosten und
Kreditzinsen durch Zahlung eines Vorschusses zumindest teilweise zu vermeiden (Berz/Burmann/
Born, Straßenverkehrsrecht, 5. C., Rn. 79).

I.Ü. ist der Geschädigte gehalten, zur Vermeidung von **Kreditkosten** seine etwa bestehende **Voll-** **681**
kaskoversicherung in Anspruch zu nehmen. Dies gilt dann, wenn der Haftpflichtversicherer aufgrund der unklaren Sach- und Rechtslage den Schaden nicht unverzüglich regulieren kann (OLG
München, zfs 1984, 136; AG Regensburg, SP 1995, 406; van Bühren, Unfallregulierung, S. 118).

h) Durchführung einer Notreparatur bzw. Anschaffung eines Interimsfahrzeugs

Im Falle einer längeren Reparatur- bzw. Wiederbeschaffungszeit und hohem Fahrbedarf kann der **682**
Geschädigte gehalten sein, ein Interimsfahrzeug zu erwerben, um den drohenden Sachfolgeschaden
möglichst gering zu halten (BGH, VersR 1982, 548; Fleischmann/Hilmann, Verkehrszivilrecht,
S. 261). Allerdings gilt dies nur in Ausnahmefällen, etwa dann, wenn die erforderlichen Aufwendungen für die Anschaffung eines **Interimsfahrzeuges** voraussehbar **deutlich niedriger** sind als
die **Mietwagenkosten** (LG Bielefeld, DAR 1995, 486, 487). Auch hier ist eine **ex-ante-Betrachtung** zugrundezulegen.

Gelegentlich wird insoweit die Auffassung vertreten, ein Geschädigter mit außergewöhnlich **683**
hohem Fahrbedarf müsse bereits bei einer Reparaturzeit von 10 – 12 Tagen erwägen, ein Interimsfahrzeug zu erwerben (Berz/Burmann/Born, Straßenverkehrsrecht, 5. C., Rn. 12). Dies soll vor
allem dann gelten, wenn es ohne Schwierigkeiten möglich ist, als Interimsfahrzeug ein solches
Fahrzeug zu kaufen, das nach kurzem Gebrauch ohne Verlust weiterverkauft werden kann (Geigel/
Rixecker, Haftpflichtprozeß, Kap. 4 Rn. 50). Dies dürfte jedoch, wenn überhaupt, nur äußerst selten der Fall sein. I.d.R. dürfte ein Interimsfahrzeug kaum nach kurzer Gebrauchszeit ohne jegli-
chen Verlust weiterverkauft werden können, sodass von einem Geschädigten auch dann, wenn ein
außergewöhnlich hoher Fahrbedarf zu prognostizieren ist, nicht schon bei einer Reparaturzeit von
10 bis etwa 12 Tagen verlangt werden kann, ein Interimsfahrzeug zu erwerben.

Das LG Frankfurt/M. billigte in einem außergewöhnlichen Fall einem Geschädigten, dem das **684**
Fahrzeug auf der **Urlaubsfahrt** beschädigt worden war, einen Mietwagen bis zum Ende der
Urlaubszeit zu und entschied, dass die Anschaffung eines Ersatzfahrzeuges zu einer unzumutbaren
Beeinträchtigung der Urlaubsreise geführt hätte (LG Frankfurt/M., zfs 1995, 132, 133). Dieses
Urteil verdient Zustimmung insoweit, als es dem Geschädigten ohne Zweifel nicht zuzumuten
gewesen wäre, einen erheblichen Teil seiner Urlaubszeit zur Beschaffung eines vollwertigen
Ersatzfahrzeuges zu nutzen. Allerdings hat das Gericht die nahe liegende Möglichkeit übersehen,
dem Geschädigten aufzuerlegen, dass er ein **Interimsfahrzeug** erwirbt und mit diesem die
Urlaubsreise fortsetzt. Dies hätte auch aus diesem Grunde nahe gelegen, weil der Geschädigte in
den noch folgenden 43 Urlaubstagen über 10 000 km zurückgelegt hat (s. auch: Notthoff,
VersR 1996, 1200, 1203).

685 Entsprechendes gilt, wenn angesichts eines geringen Wiederbeschaffungswerts des beschädigten Fahrzeuges ein wirtschaftlicher Totalschaden anzunehmen ist. Für diesen Fall kann der Geschädigte – dies folgt aus der ihm obliegenden Schadensminderungspflicht gem. § 254 Abs. 2 BGB – gehalten sein, eine Notreparatur vorzunehmen (OLG Stuttgart, VersR 1992, 1485).

i) Rückstufungsschaden

686 Wenn der Geschädigte zur Regulierung eines erlittenen Unfallschadens eigene Versicherungen in Anspruch nimmt, ergeben sich für ihn daraus Nachteile, und zwar regelmäßig Rückstufungsschäden in Form **höherer Prämien.** Diese Schäden beruhen auf einer Einteilung der Versicherungsprämien nach sog. **Schadensfreiheitsklassen.** Das bedeutet, dass jeder Versicherungsnehmer, der einen Unfallschaden durch seine Versicherung regulieren lässt, in eine geringere Schadensfreiheitsklasse mit einem geringeren Schadensfreiheitsrabatt eingestuft wird. Im Hinblick auf die Erstattungsfähigkeit des Rückstufungsschadens ist zwischen der Inanspruchnahme der Kasko-Versicherung und Inanspruchnahme der Haftpflichtversicherung zu unterscheiden.

687 Sofern der Geschädigte bei seiner **Haftpflichtversicherung** einen **Rückstufungsschaden** erleidet, wird dieser nicht ersetzt (AG Würzburg, Schaden-Praxis 2000, 238). Denn die Haftpflichtversicherung ersetzt Schäden Dritter, die der Versicherungsnehmer dem Dritten zugefügt hat. Das bedeutet, diese Schäden sind aufgrund einer eigenen Haftung des Versicherungsnehmers entstanden und deshalb nicht vom Schutzzweck der Haftungsnorm umfasst.

688 Anders hat die Beurteilung im Rahmen der **Kasko-Versicherung** zu erfolgen. Sofern dem Geschädigten durch die **Rückstufung** der Schadensfreiheitsklasse im Zuge seiner Kasko-Versicherung ein Schaden dadurch entsteht, dass er höhere Prämien zu zahlen hat, ist dieser Schaden vonseiten des Schädigers zu ersetzen (OLG Hamm, VersR 1993, 1544 f.; LG Ulm, VersR 1993, 334; LG Bremen, VersR 1993, 710; LG Kassel, Schaden-Praxis 2000, 168). Umstritten ist insoweit allenfalls, ob der Geschädigte auch Anspruch auf Ersatz des Rückstufungsschadens für den Fall hat, dass er seine Kasko-Versicherung nur deshalb in Anspruch nimmt, um eine **Regulierung über den eigentlichen Schadensumfang hinaus** zu erreichen (OLG Hamm, VersR 1993, 1544; Berz/Burmann/Born, Straßenverkehrsrecht, 5. C., Rn. 92).

j) Steuerliche Schadenspositionen

689 Der vom Schädiger zu ersetzende Schaden umfasst grundsätzlich auch die dem Geschädigten entstandenen **steuerlichen Schäden.** Grundsätzlich gebührt ihm in Hinblick auf einen Schaden an seinem Fahrzeug auch die Umsatzsteuer, die er für die Durchführung der Reparatur in einer Werkstatt zu entrichten hat (BGH, NJW 1989, 2009; KG, DStR 1994, 515; Sanden/Völtz, Schadensrecht des Kraftverkehrs, Rn. 125). Auch auf sonstige Schadenspositionen, wie Rechtsanwaltskosten, Mietwagenkosten etc., gebührt dem Geschädigten der Ersatz der Umsatzsteuer (Sanden/Völtz, Sachschadensrecht, Rn. 57).

Der Schädiger braucht die **Umsatzsteuer** allerdings dann **nicht zu erstatten** - dies gilt auch im Rahmen der gerichtlichen Kostenfestsetzung - wenn der Geschädigte sie als Vorsteuer abziehen kann (BFH, NJW 1993, 1702). Insofern besteht die **Vorsteuerabzugsberechtigung** nur für solche Gegenstände, die zum Betriebsvermögen gehören (Becker/Böhme, Haftpflichtschäden, S. 192 f.). Sofern ein Unternehmer, der im Hinblick auf zum **Betriebsvermögen** gehörige Gegenstände vorsteuerabzugsberechtigt ist, einen PKW ausschließlich zu privaten Zwecken hält, ist er einem Endverbraucher steuerrechtlich gleichzusetzen. Folglich kann er die Umsatzsteuer nicht absetzen. Daher ist der Schädiger verpflichtet, ihm die Umsatzsteuer zu ersetzen (Becker/Böhme, a.a.O.). Sofern ein umsatzsteuerpflichtiger Unternehmer steuerpflichtige und steuerfreie Umsätze hat, ist eine verhältnismäßige Aufteilung vorzunehmen (Becker/Böhme, a.a.O.). Wenn jedoch der geschädigte Gegenstand z.T. betrieblich und z.T. privat benutzt wird, besteht volle Vorsteuerabzugsfähigkeit (BFH, VersR 1970, 1165). Das bedeutet, dass in diesem Fall der Geschädigte die Umsatzsteuer nicht ersetzen muss. Im Hinblick auf die **Rechtsanwaltskosten** im Rahmen der gerichtlichen Kostenerstattung ergibt sich dies bereits aus § 104 Abs. 2 Satz 3 ZPO.

Nach **bisherigem Recht**, welches für **Fälle bis zum 31.7.2002** Geltung behält, konnte der Geschädigte den Steuerschaden auch dann geltend machen, wenn etwa die Umsatzsteuer deswegen gar nicht angefallen ist, weil er auf eine Reparatur seines Fahrzeuges ganz verzichtete und auch kein neues Fahrzeug anschaffte, bzw. ein Fahrzeug von Privat erwarb (BGHZ 66, 239, 241; KG, DStR 1994, 515). Begründet wurde dies mit der **Dispositionsfreiheit** des Geschädigten.   690

aa) Änderung durch § 249 Abs. 2 Satz 2 BGB

Dieser Rechtsprechung ist durch die Neuerung des § 249 Abs. 2 Satz 2 BGB der Boden entzogen. Danach schließt der statt der Herstellung vom Schädiger zu leistende Geldbetrag die **Umsatzsteuer** nunmehr ein, „**wenn und soweit sie tatsächlich angefallen ist**".   691

Nach dem BHG ist grundsätzlich neben der Reparatur auch die **Beschaffung einer Ersatzsache** eine Form der Naturalrestitution nach § 249 Satz 2 BGB a.F. bzw. jetzt nach § 249 Abs. 2 Satz 1 BGB, sodass auch hier die Umsatzsteuer verlangt werden kann, soweit sie tatsächlich angefallen ist.

Konkretisiert wird die Grenzziehung zwischen Reparaturkostenersatz und Ausgleich der Wiederbeschaffungskosten durch die bereits erwähnte 130 % Grenze (vgl. oben Rn. 520 ff.): Übersteigen danach die Reparaturkosten den Wiederbeschaffungswert um mehr als 30 %, kann der Geschädigte nicht mehr sein Integritätsinteresse fordern, sondern muss sich auf die Kosten der Wiederbeschaffung verweisen lassen, die um den Betrag des Restwertes des beschädigten Fahrzeuges zu kürzen sind. Lagen die Reparaturkosten nach bisheriger Rechtslage unterhalb der 130 %-Grenze, konnte der Geschädigte die Reparaturkosten auf der Basis des Schätzgutachtens eines Kfz-Sachverständigen liquidieren, auch wenn er die Reparatur nicht durchführen ließ, den Wagen in Eigenarbeit oder nur notdürftig reparierte, ihn in Zahlung gab, unrepariert veräußerte oder verschrotten ließ. Diese Rechtsprechung ist vermehrt auf **Kritik** gestoßen, da sie zu einer **Überkompensation** bei dem Geschädigten führte und mit sich brachte, dass die Verkehrssicherheit leidet, weil schadhafte Fahrzeuge im Betrieb gehalten würden, die Schwarzarbeit und Betrügereien mit fingierten Verkehrsunfällen fördert (Wagner, NJW 2002, 2049, 2057).

Nach der Neuregelung des § 249 Abs. 2 Satz 2 BGB ändert sich an der Rechtslage nichts, wenn der Gläubiger die beschädigte Sache im Rahmen der 130 %-Grenze in einer Fachwerkstatt repariert und die dabei anfallenden Kosten einschließlich der Umsatzsteuer liquidiert.

Lässt der Geschädigte das Fahrzeug hingegen **nicht reparieren**, so kann er auf Basis des Schätzgutachtens lediglich den **um die Umsatzsteuer verminderten Betrag** verlangen (Wagner, NJW 2002, 2049, 2057; Däubler, JuS 2002, 625, 629).   692

Beauftragt der Geschädigte statt einer Vertragswerkstatt, von welcher der Sachverständige in seinem Gutachten regelmäßig ausgeht, eine **freie Werkstatt** mit günstigeren Tarifen, so kann er jedenfalls den tatsächlich entstandenen, wenn auch niedrigeren Umsatzsteuerbetrag verlangen. Für den Praktiker stellt sich dann allerdings die Frage, ob er dann zumindest noch die im Schätzgutachten ausgewiesene Reparatursumme ohne Umsatzsteuer verlangen kann oder sich auch diesbezüglich auf die niedrigere Rechnung der freien Werkstatt verweisen lassen muss (Wagner, NJW 2002, 2049, 2058). Insoweit kommt neben dem Gutachten künftig auch der Reparatur- bzw. Kaufrechnung über ein Ersatzfahrzeug gesteigerte Bedeutung zu, da sich nur auf diesem Weg der Anfall der Umsatzsteuer beweisen lässt. Teilweise wird hier vertreten, dass das Gericht den Geschädigten unter Anwendung von § 142 ZPO gar dazu zwingen könnte, die Reparaturrechnung vorzulegen und den Schaden lediglich auf diesem Wege zu liquidieren (vgl. hierzu Wagner, NJW 2002, 2049, 2059). Die besseren Argumente dürften hier jedoch eher dafür sprechen, dem Geschädigten wie bisher die **Abrechnung auf hypothetischer Sachverständigengutachtenbasis** zu gestatten, soweit keine Anhaltspunkte dafür ersichtlich sind, dass das Gutachten sachlich unrichtig ist (Wagner, NJW 2002, 2049, 2058f.). Insoweit bleibt die weitere Entwicklung abzuwarten.   693

694 Auch wenn der Geschädigte den Weg über die **Anschaffung einer Ersatzsache** wählt, kommt es künftig darauf an, inwieweit bei diesem Geschäft selbst Umsatzsteuer angefallen ist (Neuwagenkauf), oder nicht (Verkauf von Privat an Privat).

Repariert er den Wagen selbst, wird die Umsatzsteuer nur für die Ersatzteilbeschaffung fällig und er kann folglich auch nur diesen Anteil bei dem Schädiger geltend machen.

695 In der Übersicht stellen sich die Handlungsmöglichkeiten des Geschädigten wie folgt dar:

Verzicht auf Wiederherstellung	Wiederherstellung durch Erwerb einer Ersatzsache	Wiederherstellung durch Reparatur in einer Fachwerkstatt	Wiederherstellung durch Selbstreparatur bzw. preiswertere freie Werkstatt
↓	↓	↓	↓
Kein Umsatzsteueranfall	Sofern Ersatzbeschaffung umsatzsteuerpflichtiges Rechtsgeschäft ist, fällt Umsatzsteuer an – anders beim Kauf von Privat an Privat	Umsatzsteueranfall	Lediglich teilweiser Umsatzsteueranfall für Ersatzteilkauf/preiswertere Reparatur
↓	↓	↓	↓
Kein Umsatzsteuerersatz	Nur im Falle der Ersatzbeschaffung durch umsatzsteuerpflichtiges Rechtsgeschäft wird Umsatzsteuer ersetzt	Vollständiger Umsatzsteuerersatz	Umsatzsteuerersatz nur in dem exakt angefallenen Umfang

696 Von der Neuregelung **nicht erfasst** ist der Ersatzanspruch nach § 251 BGB, der bei der Zerstörung der Sache eingreift und auch dann, wenn die Wiederherstellung des ursprünglichen Zustandes mit unverhältnismäßigen Aufwendungen verbunden wäre. Hier ist wie bisher der Verkehrswert der Sache zu ersetzen, der sich nach wie vor unter Einschluss der vom potentiellen Verkäufer in Rechnung gestellten Umsatzsteuer bemisst (Däubler, JuS 2002, S. 625, S. 629).

bb) Differenzbesteuerung nach § 25a UstG

697 Durch die Neuregelung ergibt sich überdies ein Sonderproblem, wenn der Geschädigte Naturalrestitution über die Anschaffung einer Ersatzsache wählt und sich ein Ersatzfahrzeug bei einem **Gebrauchtwagenhändler** beschafft: Die Differenzbesteuerung.

Während die Lage bei der Anschaffung eines Neufahrzeuges (die Umsatzsteuer ist ohne Weiteres zu ermitteln) oder Gebrauchtfahrzeuges von Privat (kein Umsatzsteueranfall) eindeutig ist, wird künftig die im Gebrauchtfahrzeuges von Privat (kein Umsatzsteueranfall) eindeutig ist, wird künftig die im Gebrauchtwarenhandel weit verbreitete Differenzbesteuerung nach § 25a UstG Probleme bereiten. Danach wird der Umsatz des gewerblichen Kfz-Händlers, der bewegliche Gegenstände verkauft, für deren Lieferung keine Umsatzsteuer angefallen ist, nicht nach dem gesamten Verkaufspreis berechnet, sondern lediglich aus der **Differenz zwischen Händlereinkaufspreis und Verkaufspreis** (vgl. Solch/Ringleb, Umsatzsteuergesetz, § 25a Rn. 2 ff.). Nur in dieser Höhe ist die Umsatzsteuer angefallen und damit auch vom Schädiger zu erstatten (Wagner, NJW 2002, 2049, 2058).

Allerdings darf die so berechnete Differenzbesteuerung gem. § 25a Abs. 6 UstG nicht in der Rechnung ausgewiesen werden.

Im Streitfall ist die auf diesem Wege entstandene Umsatzsteuer der Schadensschätzung nach § 278 **698** ZPO zugänglich. In der Praxis kann die gutachterlich zu schätzende Differenz zwischen Händlereinkaufs- und Händlerverkaufspreis der konkret angeschafften Ersatzsache herangezogen werden. Überdies ergeben sich die Differenzen zwischen Einkaufs- und Verkaufspreis des Händlers aus den einschlägigen Veröffentlichungen von Schwacke, DAT usw.

cc) Beispielrechnungen zur Umsatzsteuererstattung

Die folgenden Beispiele mögen dazu dienen, die Handlungsmöglichkeiten des Geschädigten nach **699** der neuen Rechtslage zu verdeutlichen.

Wiederherstellung infolge umsatzsteuerpflichtiger Reparatur: **700**

Beispiel 1:

Die nach einem unverschuldeten Unfall dem Geschädigten entstandenen Reparaturkosten belaufen sich auf 6.000 € netto Arbeitskosten und 4.000 € Materialkosten, insgesamt also 11.600,- € einschließlich Umsatzsteuer.

Die Werkstatt repariert exakt für die gutachterlich geschätzte Summe.

Der Geschädigte rechnet hier gegen Vorlage der Rechnung, also nicht einen fiktiven Schaden ab. Der einzige Unterschied zur bisherigen Rechtslage ist, dass der Geschädigte die Zahlung der Umsatzsteuer nachweisen muss.

Beispiel 2:

Wie oben, jedoch beläuft sich der Rechnungsbetrag auf 8.000,- € netto zzgl. 16 % Umsatzsteuer in Höhe von 1.280,- €, mithin gesamt 9.280,- €.

Hier kann der Geschädigte gegen Vorlage der Reparaturrechnung abrechnen und erhält 9.280,- €. Oder er rechnet den fiktiven Schaden, d.h. ohne Einschluss der Umsatzsteuer, ab und erhält 10.000,- €.

Wiederherstellung infolge umsatzsteuerpflichtiger Teilreparatur und Eigenreparatur: **701**

Beispiel 3:

Wie oben, jedoch lässt der Geschädigte das Fahrzeug nur teilweise in Stand setzen. Hierfür muss er 4.000,- € zzgl. Umsatzsteuer, also insgesamt 4.640,- € aufwenden.

Hier kann der Geschädigte den Nettokostenaufwand fiktiv, also auf der Grundlage des Gutachtens liquidieren und darüber hinaus die tatsächlich angefallene Umsatzsteuer verlangen. Er erhält 10.640,- €

Beispiel 4:

Wie oben, jedoch setzt der Geschädigte das Fahrzeug vollständig selbst in Stand. Hierfür muss er 4.000,- € zzgl. Umsatzsteuer, also insgesamt 4.640,- € aufwenden.

Auch hier erhält der Geschädigte die fiktiven Reparatur- bzw. tatsächlich angefallene Umsatzsteuer, mithin wieder 10.640,- €.

Wiederherstellung infolge Ersatzanschaffung:

Beispiel 5:

Wie oben, jedoch verzichtet der Geschädigte auf eine Reparatur und kauft ein neues Ersatzfahrzeug für 20.000,- €.

Da auch die Ersatzbeschaffung eine zulässige Form des Sachenersatzes darstellt und beim Ankauf des Wagens Umsatzsteuer in Höhe von 3.200,- € angefallen ist, der Gesamtschaden durch das Gutachten aber auf 11.600,- € begrenzt ist, erhält der Geschädigte den vollen Betrag von 11.600,- €

Beispiel 6:

Wie oben, jedoch verzichtet der Geschädigte auf die Reparatur und kauft ein Ersatzfahrzeug für 10.000,- € von Privat.

Beim Erwerb von Privat fällt keine Umsatzsteuer an. Der Schadenersatz ist damit auf 10.000,- € netto Instandsetzungskosten beschränkt, soweit im Gutachten der Wiederbeschaffungswert inklusive Umsatzsteuer berechnet worden ist.

Beispiel 7:

Der Wiederbeschaffungswert eines 5 Jahre alten beschädigten Kraftfahrzeugs wird mit 5.000,- € beziffert. Der Geschädigte verzichtet auf die Reparatur und kauft stattdessen ein Fahrzeug zum Preis von 10.000,- € bei einem Gebrauchtwagenhändler.

*Hier stellt sich das Problem der **Differenzbesteuerung**: Zunächst ist zu ermitteln, wie viel Umsatzsteuer in dem Wiederbeschaffungswert von 5.000,- € enthalten sind. Dies muss sich künftig aus dem Sachverständigengutachten ergeben. Der Gutachter ermittelt den Wiederbeschaffungswert aus Einkaufs- und Verkaufspreisen und kann daher die Handelsspanne eines 5 Jahre alten Fahrzeuges angeben. Liegt die danach ermittelte Handelsspane bei 800,- €, ergibt sich daraus ein Umsatzsteueranteil in Höhe von 128,- € (16 %). Dies ist der Umsatzsteuerbetrag, auf welchen der Geschädigte einen Anspruch hat.*

Im nächsten Schritt ist zu klären, wie viel Umsatzsteuer in dem aufgewendeten Kaufpreis von 10.000,- € enthalten ist. Bereits nach allgemeiner Lebenserfahrung ist davon auszugehen, dass die Handelsspanne bei einem Fahrzeug zum Preis von 10.000,- € und damit der Betrag, auf den wegen der Differenzbesteuerung die Umsatzsteuer angefallen ist, höher liegt, als die 800,- € Handelsspanne für das beschädigte Fahrzeug.

Der Geschädigte kann danach die vollen 5.000,- € verlangen.

Schwieriger kann es werden, wenn der Anschaffungspreis des Ersatzfahrzeuges niedriger liegt, als der Wiederbeschaffungswert des beschädigten Fahrzeuges. Hier muss, etwa anhand einschlägiger Veröffentlichungen (Schwacke), ermittelt werden, wie hoch die Handelsspanne des Ersatzfahrzeuges ist, um so die tatsächlich aufgewendete Umsatzsteuer zu ermitteln.

k) Ummeldekosten

702   Im Falle eines Totalschadens fallen Kosten für die Abmeldung des verunfallten und die Anmeldung des neuen bzw. Ersatzfahrzeuges an. Auch diese sog. **Ab- und Anmeldekosten** bzw. **Ummeldekosten** hat der Schädiger zu ersetzen, sofern sie **konkret nachgewiesen** werden (AG Rostock, Schaden-Praxis 2002, 130; van Bühren, Unfallregulierung, S. 129). In der Praxis zahlen die Haftpflichtversicherer regelmäßig **Pauschalbeträge** von 80 – 100 DM (ca. 40 – 50 €) für die Ummeldekosten, und diese Kosten schließen die Aufwendungen für die Anschaffung neuer amtlicher Kennzeichen ein. Angesichts der auch insoweit gestiegenen Preise und Gebühren ist es sinnvoll, die **Ummeldekosten** pauschal mit 150 DM (ca. 75 €) zu entschädigen. Dies hat zwischenzeitlich auch das OLG Stuttgart (zfs 1996, 414) so entschieden.

l) Wiederbeschaffungskosten

703   Im Falle eines Totalschadens können dem Geschädigten zusätzlich Aufwendungen entstehen, indem er im Zuge der Beschaffung eines Ersatzfahrzeuges etwa einen Sachverständigen einschalten muss, der den zu erwerbenden Gebrauchtwagen überprüft.

Als ersatzfähiger Schaden kommen die Aufwendungen in Betracht, die insoweit zur Beschaffung einer wirtschaftlich gleichwertigen Sache erforderlich sind. Das **Schadenfeststellungsgutachten** weist regelmäßig den sog. Wiederbeschaffungspreis aus. Dies ist der Betrag, der – im Unterschied zum lediglichen Zeitwert – auf dem Gebrauchtwagenmarkt unter Berücksichtigung sämtlicher wertbildender Faktoren zum Erwerb eines vergleichbaren Fahrzeugs gezahlt werden muss. Regelmäßig ist mit der Erstattung dieses Wiederbeschaffungspreises der tatsächliche Sachschaden ausgeglichen, sodass der Geschädigte in die Lage versetzt ist, ein wirtschaftlich ebenbürtiges Ersatzfahrzeug zu erwerben (OLG Saarbrücken, VersR 1989, 159; LG Limburg, zfs 1983, 265; van Bühren, Unfallregulierung, S. 128).

Sofern ein Geschädigter jedoch im Zuge der Beschaffung eines Ersatzfahrzeuges auf dem Gebrauchtwagenmarkt einen Sachverständigen in Anspruch nimmt, um den zu erwerbenden Gebrauchtwagen von diesem überprüfen zu lassen, sind die insoweit tatsächlich entstandenen Kosten als adäquater **Folgeschaden** von Seiten des Schädigers zu ersetzen (OLG Saarbrücken, VersR 1989, 159; van Bühren, Unfallregulierung, S. 129; a.A.: OLG Stuttgart, SP 1996, 350). Allerdings ist es erforderlich, dass die Sachverständigenkosten konkret nachgewiesen werden, denn i.d.R. werden fiktive Sachverständigenkosten in diesem Rahmen nicht ersetzt (OLG Saarbrücken, VersR 1989, 159; LG Koblenz, SP 1996, 207).

m) Entsorgungskosten

In der Rechtsprechung und in der Lit. nur vereinzelt erörtert worden ist das Problem, ob und inwieweit der Schädiger für ein total beschädigtes Fahrzeug die **Entsorgungskosten** zu ersetzen hat (Buschbell, Straßenverkehrsrecht, § 18, Rn. 15). Während die **Entsorgung von Altöl** zwischenzeitlich eine gesetzliche Regelung gefunden hat, existiert eine entsprechende Regelung im Hinblick auf die **Entsorgung von Kraftfahrzeugen** bislang nicht.   704

Sofern dem Geschädigten jedoch ein Schaden entsteht, d.h. **Entsorgungskosten** zu entrichten sind, ist der Schädiger auch verpflichtet, diese Entsorgungskosten zu ersetzen (AG München, Schaden-Praxis 2000, 236; so auch: Buschbell, a.a.O.). Allerdings findet der Ersatz der Entsorgungskosten nur gegen **Einzelnachweis** statt. Eine Pauschalentschädigung kommt hier – noch – nicht in Betracht.

n) Standkosten

Sofern der Geschädigte sein verunfalltes Fahrzeug bei einem **Abschleppunternehmer** oder einer **Werkstatt** unter- bzw. abstellt, ist er gehalten, das Fahrzeug so schnell wie möglich durch einen Sachverständigen begutachten zu lassen bzw. – im Rahmen der Schadenminderungspflicht – einen Kostenvoranschlag einzuholen. Abschleppunternehmen und Werkstätten beanspruchen häufig hohe Standgelder, die zwischen 5 € und 10 € pro Tag liegen (Fleischmann/Hillmann, Verkehrszivilrecht, S. 289). Der Geschädigte ist gehalten, **unnötige Standzeiten** unbedingt zu vermeiden. Denn sofern der Geschädigte etwa verspätet einen Gutachtenauftrag erteilt und hierdurch vermeidbare Standgeldkosten anfallen, ist der Schädiger nicht verpflichtet, auch diese Kosten zu ersetzen (AG Oldenburg, zfs 1997, 16; Fleischmann/Hillmann, a.a.O.).   705

V. Sachschäden an Leasingfahrzeugen

1. Einführung

Der Anteil der Leasingfahrzeuge an der Zahl der insgesamt zugelassenen Fahrzeuge nimmt stetig zu. Von 1982 bis 1988 vermehrte sich die Zahl der zugelassenen **Leasingfahrzeuge** fast um das Zehnfache (Hohloch, NZV 1992, 1 ff.). Damit erlangt das Leasing nicht nur eine erhebliche wirtschaftliche Bedeutung, sondern die Schadensregulierung unfallbeschädigter Leasingfahrzeuge ist auch von beachtenswerter juristischer Bedeutung. Denn diese weist einige Besonderheiten auf, die nachfolgend erörtert werden (s. hierzu auch Teil 5, Rn. 213 ff.).   706

2. Besonderheiten bei der Regulierung von Schäden an Leasingfahrzeugen

a) Trennung zwischen Fahrzeugeigentum und Betriebsverantwortlichkeit

707 Die Regulierung von Sachschäden an Leasingfahrzeugen erfolgt in dem **Dreiecksverhältnis** zwischen Schädiger, Leasingnehmer und Leasinggeber. Leasingnehmer und Leasinggeber haben gegen den Schädiger einander weitgehend entsprechende Ansprüche, während das Verhältnis zwischen Leasingnehmer und Leasinggeber durch vertragliche Vereinbarungen im Rahmen allgemeiner Geschäftsbedingungen geregelt ist. Den vertraglichen Vereinbarungen zufolge ist der **Leasingnehmer** regelmäßig ermächtigt, Ansprüche gegenüber dem Schädiger geltend zu machen. Z. T. sehen die Leasingverträge auch eine **Abtretung** der Ansprüche des Leasinggebers an den Leasingnehmer vor (BGH, NJW 1988, 198; LG Berlin, MDR 2001, 630). Sofern eine vertragliche Ermächtigung an den Leasingnehmer fehlt, die Ansprüche des Leasinggebers geltend zu machen, bleiben Leasingnehmer und **Leasinggeber** jeweils Gläubiger ihrer Ansprüche gegenüber dem Schädiger: Der Leasingnehmer hat Ansprüche aus der Besitzrechtsverletzung, der Leasinggeber hat solche aus der **Eigentumsverletzung.**

Da Leasinggeber und Leasingnehmer kein gemeinsames Recht gegenüber dem Schädiger haben, liegt **keine Rechtsgemeinschaft** gem. §§ 741 ff. BGB vor, sodass keine Notwendigkeit besteht, dass der Schädiger an beide gemeinschaftlich zu leisten hätte. Leasingnehmer und Leasinggeber stehen dem Schädiger als Gesamtgläubiger gegenüber. Der Schädiger kann daher mit befreiender Wirkung entweder an den Leasingnehmer oder an den Leasinggeber leisten (vgl.: Hohloch, NZV 1992, 1, 9; Berz/Burmann/Born, Straßenverkehrsrecht, 5. C., Rn. 132).

b) Ansprüche gegenüber dem Schädiger

708 Angesichts des Auseinanderfallens von Eigentum und Besitz im Falle eines geleasten Fahrzeuges kann zum einen der Leasinggeber einen Schadensersatzanspruch wegen **Eigentumsverletzung** gegenüber dem Schädiger haben und zum anderen der Leasingnehmer einen Ersatzanspruch wegen entgangener **Nutzung** des Fahrzeugs sowie wegen seiner im Verhältnis zum Leasinggeber eintretenden Haftung für das geleaste Fahrzeug.

aa) Ansprüche des Leasinggebers gegenüber dem Schädiger

709 Dem Leasinggeber stehen die gesetzlichen Schadensersatzansprüche angesichts der **Eigentumsverletzung** zur Verfügung. Diese ergeben sich – wie üblich – aus § 823 Abs. 1 BGB, § 7 StVG, § 1 HaftpflichtG.

Der Leasinggeber muss sich im Fall der Inanspruchnahme des Schädigers aus verschuldensabhängiger Haftung ein etwaiges Mitverschulden des Leasingnehmers nicht anspruchsmindernd zurechnen lassen, weil der Leasingnehmer **nicht** sein **Verrichtungsgehilfe** ist. Somit ist § 831 BGB nicht anwendbar. I.Ü. ist auch kein Raum für eine Anwendung der §§ 254, 275 BGB, weil die dafür erforderliche **Sonderverbindung** zwischen Leasingnehmer und Schädiger nicht besteht (OLG Hamm, NJW 1995, 2233). Schließlich hat der Leasinggeber nicht für die **Betriebsgefahr** des Fahrzeugs einzustehen und kann somit nicht vom Schädiger auf Schadensersatz in Anspruch genommen werden, sodass auch in Ansehung einer etwaigen Betriebsgefahr eine andere Beurteilung nicht geboten ist (OLG Hamm, NJW 1995, 2233).

Dem Leasinggeber steht gegenüber dem Schädiger ein Anspruch i.H.d. **Reparaturkosten** zu bzw. im Falle eines **Totalschadens** ein Geldbetrag i.H.d. Wiederbeschaffungswertes (Hohloch, NZV 1992, 1, 6; Geigel/Rixecker, Haftpflichtprozeß, Kap. 4 Rn. 87). Demgegenüber kann er Ersatz des entgangenen Gewinns nicht verlangen (BGH, VersR 1991, 318).

Darüber hinaus hat der Leasinggeber Anspruch auf **Ersatz des merkantilen Minderwerts des Leasingfahrzeuges.** Denn ein unfallbeschädigtes Fahrzeug wird regelmäßig geringer bewertet als ein unfallfreies Fahrzeug (BGHZ 35, 397, 397). Insoweit gelten die allgemeinen Regeln, die auch, ohne dass ein Leasingvertrag vorliegt, Anwendung finden.

bb) Anspruch des Leasingnehmers gegenüber dem Schädiger

Dem Leasingnehmer stehen gegenüber dem Schädiger die gesetzlichen Ansprüche wegen Verletzung des zustehenden **Besitzrechts** zur Verfügung (LG Berlin, MDR 2001, 630). In Betracht kommen insoweit zunächst die deliktsrechtlichen Vorschriften der §§ 823 ff. BGB und i.Ü. die Ansprüche gem. § 7 StVG, § 1 HaftpflichtG.   **710**

Sofern der Leasingnehmer das Fahrzeug reparieren lässt, hat er gegenüber dem Schädiger Anspruch auf Ersatz in entsprechender Höhe (OLG München DAR 2000, 121). I. Ü. hat er Anspruch auf **Mietwagenkostenersatz** bzw. Nutzungsausfallentschädigung; beides richtet sich nach den allgemeinen Regeln. Insoweit wird der Leasingnehmer wirtschaftlich als Eigentümer betrachtet (Berz/Burmann/Born, Straßenverkehrsrecht, 5. C., Rn. 158). Neben dem Leasinggeber kann auch der Leasingnehmer Ersatz des merkantilen Minderwerts verlangen.

Im Fall eines **Totalschadens** hat der Leasingnehmer Anspruch auf **Ersatz der Aufwendungen für die Wiederbeschaffung** (Geigel/Rixecker, Haftpflichtprozeß, Kap. 4 Rn. 87). Dies schließt den Anspruch auf Ersatz der Mehrwertsteuer ein, sofern keine Vorsteuerabzugsberechtigung besteht.

c) Regulierung des Sachschadens im Verhältnis zwischen Leasinggeber und Leasingnehmer

Sofern das Leasingfahrzeug einen Totalschaden erleidet, realisiert sich für den Leasingnehmer die **Preisgefahr.** Diese trägt er regelmäßig nach der vertraglichen Konstruktion. Das bedeutet, dass er die vertraglich übernommenen Verpflichtungen zu erfüllen hat, obgleich er das zerstörte Fahrzeug nicht mehr nutzen kann. Die Pflicht zur Zahlung der **Leasingraten** und Rückgabe des Fahrzeugs besteht unabhängig davon, dass dem Leasingnehmer der Fahrzeuggebrauch unmöglich wird. Da dem Leasingnehmer die Erfüllung seiner Pflichten in Ansehung der **Fahrzeugrückgabe** unmöglich geworden ist, macht er sich gem. § 280 BGB schadensersatzpflichtig (Berz/Burmann/Born, Straßenverkehrsrecht, 5. C., Rn. 135). Im Fall der – regelmäßig – bestehenden Kasko-Versicherung tritt die **Kasko-Versicherungssumme** als **Surrogat** an die Stelle des Fahrzeugs. Sie ist folglich an den Leasinggeber auszukehren oder auf die Leistungspflicht des Leasinggebers gem. §§ 280, 281 BGB anzurechnen (Hohloch, NZV 1992, 1, 4).   **711**

Unabhängig davon, ob der Leasingnehmer den Unfall etwa verschuldet hat oder nicht, wird er im Fall eines Totalschadens regelmäßig ein außerordentliches **Kündigungsrecht** in Anspruch nehmen. Insoweit entstehen für den Leasinggeber Ansprüche aus einem Abwicklungsverhältnis. Dieser erhält insbesondere einen Ausgleichsanspruch auf Ersatz des Betrages, den der Leasingnehmer im Fall einer ungestörten Vertragsabwicklung bis zum Ablauf der unkündbaren **Restmietzeit** hätte zahlen müssen (BGH, WM 1987, 38). Demzufolge kann der Leasinggeber zunächst noch die gezahlten **Leasingraten** verlangen, die regelmäßig sofort fällig gestellt werden (zur Schadensberechnung im Nachgang zu einer vom Leasingnehmer veranlassten fristlosen Kündigung s. BGH, NZV 1995, 182, 183).   **712**

Da durch die Haftung aus dem Leasingvertrag gesetzliche Ansprüche als Grundlage einer außervertraglichen Haftung nicht ausgeschlossen werden, gelten auch insoweit die allgemeinen Regeln mit der Folge, dass **Delikts- und Gefährdungshaftung** anwendbar sind.

Der Leasingnehmer ist alleiniger Halter des Fahrzeuges, wenn er die Betriebskosten trägt und der **Leasingvertrag** auf längere Dauer abgeschlossen ist. Daran ändert der Umstand nichts, dass der Leasinggeber Steuern und Versicherung bezahlt (BGH, NJW 1986, 1044). Denkbar ist sogar, dass im Einzelfall neben dem Leasingnehmer auch der Leasinggeber Halter des Fahrzeuges bleibt. Dies richtet sich danach, ob und inwieweit der Leasinggeber die Verfügungsgewalt im Hinblick auf das Fahrzeug behält und sich an den Betriebskosten beteiligt (OLG Hamburg, VRS 60, 55).

Im Fall eines **Totalschadens** des Leasingfahrzeuges sind deliktische Ansprüche des Leasinggebers ohne weiteres gegeben; denn das Eigentumsrecht des Leasinggebers ist insoweit verletzt. An der grds. Anspruchsberechtigung des Leasinggebers gegenüber dem Leasingnehmer ändert insoweit der Leasingvertrag nichts. Der Leasingnehmer hat den Schaden gem. §§ 823 ff. BGB zu ersetzen   **713**

(Hohloch, NZV 1992, 1, 5). Einschränkungen können sich hier jedoch auch nach Maßgabe des geschlossenen Leasingvertrages ergeben. Sofern vertraglich Haftungseinschränkungen verabredet sind, kann sich der Leasingnehmer auf diese berufen.

714 Sofern ein **reparaturfähiger Schaden** – mithin kein Totalschaden – vorliegt, ist der Leasingnehmer den vertraglichen Vereinbarungen zufolge regelmäßig verpflichtet, das Fahrzeug auf eigene Rechnung reparieren zu lassen, sofern die Reparaturkosten nicht unverhältnismäßig hoch sind. Als Grenzwert betrachtet man i.d.R. 2/3 des Wiederbeschaffungswertes des Fahrzeugs, weil der Leasingvertrag bei unfallbedingten Reparaturkosten von mehr als 2/3 des Zeitwertes von beiden Seiten zum Ende des Vertragsmonats gekündigt werden kann (BGH, WM 1987, 38). Allerdings kann eine Instandsetzungspflicht auch bei niedrigen Reparaturkosten entfallen, so dass hier in der 2/3-Grenze kein starrer Maßstab gesehen werden kann (Berz/Burmann/Born, Straßenverkehrsrecht, 5. C., Rn. 142).

715 Sofern der Leasinggeber eine Versicherungsleistung erhält, ist er im Fall eines Reparaturschadens verpflichtet, diese Leistung dem Leasingnehmer zur Wiederherstellung des Fahrzeuges zu überlassen (BGH, NJW 1985, 1537).

F. Personenschäden

716 Sowohl in den Fällen einer bloßen Gefährdungs- als auch einer Verschuldenshaftung sieht das geltende Recht bei Personenschäden lediglich eine Ersatzpflicht für dadurch verursachte **wirtschaftliche Folgen** vor, während der Personenschaden als solcher einen Ersatzanspruch nicht auslöst, abgesehen von dem bei bloßer Gefährdungshaftung ohnehin nicht bestehenden Schmerzensgeldanspruch. Deshalb muss je nach der Art der infolge eines Personenschadens entstehenden wirtschaftlichen Folgen unterschieden werden zwischen den folgenden **Schadensgruppen:**

* Heilbehandlungskosten

* Vermehrte Bedürfnisse

* Beerdigungskosten

* Verdienstausfallschäden

* Unterhaltsschäden

* Schmerzensgeld

I. Heilbehandlungskosten

1. Grundsatz

717 Im Falle einer Körperverletzung hat der Schädiger dem Geschädigten die dafür erforderlichen **Behandlungskosten** zu ersetzen. Dieser Anspruch entsteht bereits im Zeitpunkt des Unfalls, sodass ggf. eine Vorschusspflicht des Schädigers in Betracht kommt (BGH, VersR 1958, 176). Stirbt der Geschädigte infolge des Unfalls nach Beginn der Behandlung, sind die bis zu seinem Tod entstehenden Behandlungskosten (§ 10 Abs. 1 Satz 1 StVG: Kosten der versuchten Heilung) ebenfalls zu ersetzen, und zwar seinen Erben.

2. Umfang der Ersatzpflicht

718 Zu ersetzen sind diejenigen Kosten, die aus medizinischer Sicht erforderlich sind, um den eingetretenen Gesundheitsschaden – soweit möglich – ohne bleibende Folgen zu beheben. Dies beginnt je

nach Lage des Einzelfalles mit dem **Transport** des Verletzten in ein Krankenhaus (Rettungsfahrzeug, Notarzteinsatz, ggf. Rettungshubschrauber), setzt sich fort mit dem aus ärztlicher Sicht erforderlichen **Aufenthalt im Krankenhaus** und den dort durchgeführten **ärztlichen Behandlungsmaßnahmen** einschließlich aller erforderlichen Untersuchungen, pflegerischen und therapeutischen Maßnahmen, evtl. Nachbehandlungen und einer medizinisch indizierten hausärztlichen Weiterbehandlung einschließlich der dafür erforderlichen Medikamente und Hilfsmittel. Sofern nur eine ambulante ärztliche Behandlung erforderlich ist, beschränkt sich der Ersatzanspruch auf die dafür erforderlichen Kosten, zu denen auch die Transportkosten zwecks Aufsuchens des jeweiligen Arztes gehören.

3. Problematische Einzelposten

a) Krankenhausaufenthalt

Die **Mehrkosten,** die durch den Aufenthalt im Zweibett- **oder Einzelzimmer** entstehen, sind dem   719
Mitglied einer gesetzlichen Krankenversicherung jedenfalls dann zu ersetzen, wenn dieser Aufenthalt aus medizinischer Sicht erforderlich oder doch wenigstens angezeigt ist, um die Heilungsaussichten zu verbessern. Entscheidend ist insoweit die ärztliche Beurteilung des Falles (BGH, VersR 1964, 257; VersR 1970, 129; OLG Düsseldorf, VersR 1985, 644 f.). I.Ü. gilt der allgemeine Grundsatz, dass solche Mehrkosten dann zu ersetzen sind, wenn der Geschädigte sie auch ohne Bestehen eines Ersatzanspruches gegen Dritte aufgewendet hätte (BGH, a.a.O.; OLG Hamm, VersR 1977, 151). Dafür spricht das Bestehen einer entsprechenden privaten Krankenversicherung oder Zusatzversicherung. Für die durch die sog. **Chefarztbehandlung** entstehenden Mehrkosten gelten mit einschränkender Tendenz (Beispiel: KG, VersR 1981, 64) die gleichen Grundsätze.

b) Behandlung im Ausland

Keine Frage ist, dass Kosten einer Behandlung im Ausland dann zu ersetzen sind, wenn die **Verlet-**   720
zung im Ausland und die Behandlung damit vor Ort erfolgt. Ob Rücktransportkosten nach Deutschland nach einer örtlichen Not- oder Erstversorgung zwecks eigentlicher Behandlung zu ersetzen sind, muss vom ärztlichen Rat und dem medizinischen Standard im Aufenthaltsland abhängig gemacht werden. Der normale Rücktransport nach erfolgter Behandlung im Ausland ist zu ersetzen, wenn der Zustand des Patienten eine besondere Art der Beförderung oder eine Begleitperson erfordert. Zweifelhaft ist dagegen, ob bei **Verletzungen im Inland** die teureren Kosten einer Behandlung im Ausland zu ersetzen sind. Das ist jedenfalls dann zu bejahen, wenn Behandlungsversuche im Inland erfolglos geblieben sind (BGH, VersR 1969, 1040) oder im Ausland **neuere Behandlungsmethoden** zur Verfügung stehen (OLG Hamburg, NZV 1988, 105) und deren Inanspruchnahme auf ärztlichen Rat hin erfolgt.

c) Erfolglose Behandlungsmaßnahmen

Zu ersetzen sind auch die Kosten letztlich erfolglos bleibender Behandlungsmaßnahmen, sofern   721
vor deren Anwendung aus ärztlicher Sicht eine **Erfolgschance** bestanden hat. Das ergibt sich bei später eintretendem Tod des Verletzten aus § 10 Abs. 1 Satz 1 StVG.

d) Fiktive Behandlungskosten

Nicht zu ersetzen sind **fiktive Behandlungskosten** einer zwar nach ärztlichem Rat erforderlichen,   722
aber tatsächlich nicht durchgeführten Behandlung (BGH, VersR 1986, 550; ebenso Zeuner, JZ 1986, 640; Hohloch, JR 1986, 365; Schiemann, DAR 1982, 309 ff.; Grunsky, NJW 1983, 2469).

e) Kosmetische Operationen

723 Die Kosten einer kosmetischen Operation sind zwar grds. zu ersetzen (BGH, VersR 1975, 342; KG, DAR 1980, 341). Hier ist jedoch der **Grundsatz der Verhältnismäßigkeit** zu beachten: Ist die Beseitigung einer unbedeutenden, im Allgemeinen nicht sichtbaren Narbe mit unverhältnismäßigen Kosten verbunden, so besteht insoweit kein Anspruch auf Kostenersatz. Doch ist dieser Gesichtspunkt bei der Bemessung eines Schmerzensgeldes zu berücksichtigen, sofern aufgrund Verschuldenshaftung ein diesbezüglicher Anspruch besteht (BGH, a.a.O.).

4. Nebenkosten

a) Nebenkosten des Verletzten im Krankenhaus

724 Bei einem Krankenhausaufenthalt können Nebenkosten entstehen, etwa für **Geschenke** und **Trinkgelder** für das Pflegepersonal. Derartige Kosten können nur in einem bescheidenen Umfang als nach § 249 Satz 2 BGB erforderlich angesehen werden (vgl. hierzu KG, DAR 1975, 282 sowie Schleich, DAR 1988, 148). Das gilt in gleicher Weise für **Telefonkosten** (OLG Düsseldorf, NJW-RR 1994, 352) durch Benutzung eines vom Krankenhaus kostenpflichtig zur Verfügung gestellten Anschlusses. Nicht zu ersetzen sind dagegen als Kosten der allgemeinen Lebensführung Beträge für die Anmietung eines Fernsehgerätes (OLG Düsseldorf, a.a.O.). Ebenfalls nicht zu ersetzen sind Kosten für eine privat beschaffte Zusatzverpflegung neben der üblichen Krankenhausverpflegung, denn diese ist auf die Bedürfnisse der Patienten zugeschnitten.

b) Zusatzkosten nach Abschluss der stationären Behandlung

725 Nach Abschluss der stationären Behandlung im Rahmen der Rekonvaleszenz entstehende Zusatzkosten, etwa durch ärztlich verordnete Massagen, den ärztlicherseits für erforderlich erachteten Einsatz einer Pflegekraft für die Dauer der Rekonvaleszenz oder einer Rehabilitationskur sind Teil der zu ersetzenden Heilbehandlungskosten.

5. Besuchskosten

a) Allgemeines

726 Kosten, die Besuchern eines Krankenhauspatienten durch ihre Besuche entstehen, sind unter folgenden einschränkenden Voraussetzungen vom Schädiger zu ersetzen: Die Besuche müssen aus medizinischer Sicht **geeignet** sein, den **Heilungsprozess zu unterstützen,** wofür wohl auch ein der bloßen Unterhaltung dienender Besuch in Betracht kommen kann (vgl. Grunsky, JuS 1991, 907 ff.). Die insoweit gebotene medizinische Eignung wird i.d.R. nur bei Besuchen nächster Angehöriger in Betracht kommen (BGH, st.Rspr., zuletzt NZV 1991, 225; hierzu Grunsky, a.a.O., sowie Schleich, DAR 1988, 145), nicht etwa bei Arbeitskollegen, Nachbarn und ähnlichen Personen aus dem Bekanntenkreis.

727 Zahl und Dauer der Besuche sind abhängig in erster Linie vom Grad der erlittenen Verletzungen, also vom Gesundheitszustand des Patienten, von seinem Alter sowie von der Dauer des Krankenhausaufenthaltes. Allein der Umstand, dass ein Patient infolge Bewusstlosigkeit den Besuch nicht wahrnehmen kann, steht der medizinischen Erforderlichkeit und damit der Erstattungsfähigkeit der Kosten nicht entgegen (OLG Saarbrücken, NZV 1989, 25; Grunsky, a.a.O.; a.A. zu Unrecht Greger, Haftungsrecht des Straßenverkehrs, § 11 StVG Rn. 9).

b) Einzelfälle zum zeitlichen Umfang

728 Zur **Häufigkeit der Besuche** sind eine Reihe von Entscheidungen ergangen:

● tägliche Besuche der Eltern eines bewusstlosen Kindes auf der Intensivstation (OLG Saarbrücken, NZV 1989, 25);

- täglicher Besuch der Ehefrau bei ernstem Zustand des Ehemannes (LG Lüneburg, VersR 1975, 1016 und OLG Frankfurt/M., VersR 1981, 167);

- zweimal je Woche bei schwer verletztem Kind (OLG München, VersR 1981, 560);

- zwei- bis dreimal je Woche bei 16 und 17 Jahre alten Kindern (OLG Köln, NJW 1988, 2957; LG Münster, zfs 1988, 69; LG Augsburg, zfs 1988, 239; AG Aschaffenburg, zfs 1986, 167);

- ebenso bei schwer verletztem 18 Jahre alten Kind (OLG Koblenz, VersR 1981, 887).

Darüber hinaus gibt es noch weitere Beispielsfälle (s. Schleich DAR 1988, 145 f.).

c) Umfang der erstattungsfähigen Kosten

Zu ersetzen sind die **Fahrtkosten** der wirtschaftlichsten Beförderungsart (BGH, NZV 1991, 225), bei Benutzung des eigenen Kraftfahrzeugs lediglich die reinen Betriebskosten (OLG Celle, VersR 1976, 297), deren Höhe sich am jeweils benutzten Fahrzeugtyp (so z.B. OLG Oldenburg, zfs 1986, 167: für Opel-Kadett 0,13 DM/km) oder am Satz des § 9 Abs. 3 ZSEG (OLG Hamm, NJW 1995, 599: 0,40 DM/km) orientiert. Im Interesse einer möglichst einheitlichen Handhabung dürfte eine Orientierung an § 9 Abs. 3 ZSEG zweckmäßig sein. 729

Zu ersetzen sind ferner unvermeidbar entstehende Kosten für **Übernachtung** (BGH, NZV 1991, 225 f.) und **Verdienstausfall** des Besuchers (BGH, VersR 1961, 545 und VersR 1985, 784), soweit nicht durch Umdispositionen vermeidbar (BGH, a.a.O.), und auch tatsächlich angefallene Kosten für die Betreuung und Beaufsichtigung der Kinder des Besuchers für die Dauer des Besuchs einschließlich Hin- und Rückreise (BGH, VersR 1989, 1308). 730

Nicht zu ersetzen sind regelmäßig die Kosten mitgebrachter Geschenke (streitig; wie hier Greger, Haftungsrecht des Straßenverkehrs, § 11 StVG Rn. 10; a.A. Schleich, DAR 1988, 146 f., jeweils m.w.N.), mit Ausnahme der für Kinder mitgebrachten Spielsachen (BGH, VersR 1957, 790; OLG München, VersR 1981, 560). Nicht ersatzfähig ist ferner der **reine Zeitaufwand** des Besuchers, auch nicht der Eltern eines verletzten Kindes (BGH, VersR 1989, 188; ebenso Grunsky, JZ 1989, 344; a.A. Schlund, JR 1989, 236). 731

d) Anspruchsberechtigte Person

Anspruchsberechtigt ist stets der Verletzte selbst (BGH, VersR 1979, 350), nicht etwa der Angehörige, der diese Kosten zunächst aufgewendet hat. Diesem steht auch aus keinem anderen Rechtsgrund ein eigener Anspruch gegen den Schädiger zu, auch nicht aus **Geschäftsführung ohne Auftrag** (hierzu eingehend Seidel, VersR 1991, 1322 ff.). 732

6. Ersparte Aufwendungen

a) Grundsatz

Ersparte Aufwendungen treten während der stationären Krankenhausbehandlung bei Geschädigten dadurch ein, dass für ihn Kosten für die häusliche Verpflegung nicht anfallen. Die dadurch entstehenden Ersparnisse sind auf seinen Ersatzanspruch hinsichtlich der Kosten der stationären Behandlung **anzurechnen** (BGH, st.Rspr., vgl. VersR 1984, 583 = NJW 1984, 2628, ferner hierzu Lange, JuS 1978, 649 f. sowie Schmalzl, VersR 1995, 516), und zwar im Wege der **Vorteilsausgleichung**. Dies führt im Ergebnis zu einer **Kürzung des an sich zu ersetzenden Tagespflegesatzes des Krankenhauses** um den ersparten Betrag der häuslichen Verpflegung. Es spielt hierbei keine Rolle, ob der Geschädigte über eigene Einkünfte verfügt oder nicht. 733

Der **Abzug** ist daher auch **vorzunehmen** bei: 734

- Kindern ohne Einkünfte, deren Unterhalt regelmäßig gem. § 1601 BGB durch ihre Eltern (oder Sozialhilfe bzw. Sozialleistungsträger) gesichert wird,

- Hausfrauen, deren Unterhalt durch den Ehemann gesichert wird (§ 1360 BGB), allerdings unter Hinweis darauf, dass die Haushaltsführung der Hausfrau deren eigenständiger Beitrag zum Familienunterhalt darstellt (§ 1360 Satz 2 BGB),

- arbeitslosen Personen jeder Art, gleich, worauf dies letztlich beruht (allgemeine Ansicht, vgl. OLG Celle, VersR 1970, 450 und NZV 1991, 228; OLG München, VersR 1978, 373; KG, VersR 1979, 137).

b) Ausnahmen

735 Eine Anrechnung findet nur dann nicht statt, wenn derartige häusliche Ersparnisse tatsächlich nicht entstehen **können.** Das ist bisher nur für den Fall der Verletzung eines Angehörigen der Bundeswehr entschieden worden, der an der **kostenlosen Gemeinschaftsverpflegung** teilnimmt (BGH, VersR 1978, 251). Eine vergleichbare Situation liegt beim Insassen einer psychiatrischen Anstalt vor, ebenso bei einem Strafgefangenen, ganz gleich, ob er wegen der Unfallfolgen stationär in einem Haftkrankenhaus oder in einem öffentlichen Krankenhaus behandelt wird. Nicht anwendbar ist der Ausnahmefall auf Internatsschüler oder Bewohnern von Altenheimen, weil insoweit die Verpflegungskosten entweder gesondert ausgewiesen werden oder – je nach Satzung der jeweiligen Anstalt – für den Fall der Abwesenheit ausscheidbar sind.

c) Umfang der Ersparnisse

736 Der Umfang der Ersparnisse ist abhängig vom jeweiligen Lebenszuschnitt des Geschädigten, aber auch von seinem Alter. Insoweit besteht in der Rspr. eine **Spannbreite von etwa 7 DM bis etwa 20 DM** (3 € bis etwa 10 €) täglich, wofür auf folgende Entscheidungen hinzuweisen ist, die sich noch auf DM beziehen:

- 8 DM für ein Kleinkind (AG Rottweil, VersR 1979, 249),

- 10 DM für ein Kind von 11 Jahren (AG Brühl, zfs 1988, 240),

- 10 DM im Zweifelsfall auch für Erwachsene (OLG Hamm, NJW-RR 1995, 599),

- 10 DM für Erwachsene aus dörflicher Gegend (OLG Frankfurt/M., zfs 1983, 108),

- 15 DM für Erwachsene (LG Weiden, zfs 1989, 227),

- 20 DM für Erwachsene (OLG Oldenburg, RuS 1989, 85).

737 Mit 10 € dürfte die **Obergrenze** wohl schon überschritten sein, denn es ist zu berücksichtigen, dass die Pro-Kopf-Kosten für eine Person im Familienverbund oder einem familienähnlichen Verbund messbar geringer sind als bei einer Einzelperson, sodass der Auffassung, sogar 22 DM (ca. 11 €) seien anzusetzen (so Jahnke, NZV 1996, 178), keinesfalls gefolgt werden kann.

7. Fragen der Schadensminderungspflicht

738 Im Rahmen einer Heilbehandlung kann sich die aus § 254 Abs. 2 Satz 1, letzte Alt. BGB folgende **Rechtspflicht** des Geschädigten zur Schadensminderung oder Schadensgeringhaltung aus zwei unterschiedlichen Absätzen ergeben.

a) Verletzung der Pflicht zur ärztlichen Behandlung

aa) Konsultationspflicht

739 Der Geschädigte muss sich nach einem Unfall unverzüglich in ärztliche Behandlung begeben, sofern er einen Körperschaden nicht ganz geringfügiger Art erlitten hat (BGH, VersR 1964, 94; BGH, VersR 1970, 272). Bei jeder Unsicherheit in dieser Richtung ist wohl im Zweifelsfalle zu verlangen, dass der Geschädigte schon deshalb einen Arzt aufsuchen soll, um – entsprechende Anhaltspunkte vorausgesetzt – klären zu lassen, ob eine Verletzung vorliegt. Denn nicht jede Verletzung ist äußerlich sichtbar, innere Verletzungen bedürfen diagnostischer Abklärung. Nicht nur

aus Beweisgründen im Interesse des Geschädigten, sondern auch im Kosteninteresse des Schädigers dürfte eine solche Ausdehnung der Einschaltung eines Arztes geboten sein. Unterlässt der Geschädigte die Konsultation eines Arztes, kann er bei späterer oder verspäteter ärztlicher Behandlung nur insoweit Kostenersatz verlangen, als die Kosten auch bei sofortiger Behandlung entstanden wären. Der Schwerpunkt der wirtschaftlichen Nachteile für den Geschädigten wird in derartigen Fällen allerdings im Verdienstausfallbereich liegen (s. Rn. 765 f.).

bb) Pflicht zur Duldung von Behandlungsmaßnahmen

Weiterhin ist der Geschädigte gehalten, von der medizinisch gebotenen und ihm zumutbaren   740
Behandlungsmöglichkeit nach ärztlicher Vorschrift Gebrauch zu machen (BGH, VersR 1970, 272;
OLG Hamm, VersR 1960, 859), und zwar auch solcher Behandlungsmethoden, die mit Schmerzen
oder Unannehmlichkeiten verbunden sind. **Ärztliche Anordnungen**, etwa Bettruhe, sind zu beachten. Allerdings steht dem Geschädigten das Recht zu, einen Arzt seines Vertrauens zu konsultieren
und in schwierigen Fällen einen zweiten Arzt, auch einen auswärtigen, hinzuziehen (OLG Köln,
VersR 1985, 1166). Aufenthalte in Heilanstalten (RGZ 60, 147) oder Rehabilitationskliniken
(BGH, VersR 1970, 272) sind dabei zumutbar. Bei neurotischen Schäden darf es der Geschädigte
nicht unterlassen, seine körperlichen und geistigen Kräfte zur Besserung seines Zustandes einzusetzen (BGHZ 39, 313, 316).

cc) Operationen

Der Geschädigte muss sich einer Operation unterziehen, sofern diese nicht mit besonderen Gefah-   741
ren oder Risiken verbunden ist und Aussicht auf Heilung oder doch erhebliche Besserung des
Gesundheitszustandes besteht (BGHZ 10, 18; BGH, VersR 1961, 1125; BGH, VersR 1987, 408
mit Anm. Deutsch, VersR 1987, 599). Hinzunehmen ist dabei das sog. **allgemeine Operations-
risiko** (OLG Düsseldorf, VersR 1975, 1031), keinesfalls aber besonders risikoreiche Eingriffe ohne
hinreichende Erfolgsaussicht (Beispiel: OLG Oldenburg, NJW 1978, 1200: Hüftgelenkoperation).
Bei der Beurteilung dieses Problemkreises ist jedoch der jeweils aktuelle Stand der medizinischen
Möglichkeiten heranzuziehen, sodass die Auffassung älterer Gerichtsentscheidungen jeweils hieran
und nicht an damaligem medizinischen Standard zu messen sind.

dd) Verschuldensvoraussetzung

Liegt objektiv ein Verstoß gegen die Schadensminderungspflicht vor, so kann sie dem Geschädig-   742
ten aber nur dann angelastet werden, wenn sie schuldhaft, also vorwerfbar i.S.d. zivilrechtlichen
Bewertung (§ 276 BGB) erfolgt ist (allgemeine Ansicht, vgl. statt aller BGHZ 10, 18). Deshalb
kann eine reduzierte Entschlusskraft als Folge schlechter körperlicher Verfassung des Geschädigten den Verschuldensvorwurf ausräumen (so schon RGZ 139,131,135). Das muss umso mehr bei
Hirnverletzungen gelten.

b) Pflicht zur Inanspruchnahme bestehender Krankenversicherungen

Darüber hinaus stellt sich die Frage, ob ein Geschädigter gegen seine Schadensminderungspflicht   743
verstößt, wenn er die Leistungen für ihn bestehender Versicherungen nicht in Anspruch nimmt.

aa) Private Krankenversicherung

Handelt es sich um eine **private** Krankenversicherung, zu deren Inanspruchnahme der Geschädigte   744
nicht verpflichtet ist, so kommt eine Verletzung der Schadensminderungspflicht deshalb nicht in
Betracht, weil im Umfang der Inanspruchnahme der privaten Krankenversicherung der Anspruch
des Geschädigten gem. § 67 VVG auf diese übergeht. Etwas anderes könnte nur gelten, wenn der
Geschädigte zur Bezahlung der Behandlungskosten einen Bankkredit in Anspruch nimmt, statt
vom Schädiger einen ausreichenden Kostenvorschuss zu verlangen. In diesem Fall wären die Kreditkosten bei Vorschussbereitschaft des Schädigers von diesem nicht zu ersetzen. Hält sich der

Geschädigte aber an seine private Krankenversicherung und erleidet er dadurch einen **Prämiennachteil**, etwa durch Verlust der Beitragsrückvergütung, so ist dieser vom Schädiger ebenso zu ersetzen wie beispielsweise ein Risikozuschlag, den die private Krankenversicherung vom Geschädigten wegen der Unfallfolgen fordert.

bb) Gesetzliche Krankenversicherung

745 Auch wer **kraft Gesetzes** gegen Krankheit versichert ist, muss im Schadensfall diese Versicherung nicht in Anspruch nehmen (so schon OLG Schleswig, NJW 1955, 1234), ist aber bei Inanspruchnahme nicht etwa darauf beschränkt, sich mit deren Leistungsumfang zu begnügen (BGH, VersR 1970, 130; OLG Düsseldorf, VersR 1966, 194. Zwar wird heute angesichts der üblichen Höhe von Behandlungskosten gerade im Krankenhaus die gesetzliche Krankenversicherung regelmäßig in Anspruch genommen. Dies bewirkt aber keinen Vorteil für den Schädiger, weil der Ersatzanspruch des Geschädigten im Rahmen der Kassenleistung gem. § 116 Abs. 1 SGB X übergeht und, sofern **Mehrkosten** über die Kassenleistung hinaus entstehen und vom Schädiger nach allgemeinen Grundsätzen zu ersetzen sind, dem Geschädigten verbleiben. Daher fehlt auch hier ein wirtschaftlicher Nachteil für den Schädiger.

II. Vermehrte Bedürfnisse

1. Anspruchsgrundlage

746 Die Verpflichtung des Schädigers, dem Geschädigten die diesem aus Anlass der Schädigung entstandenen vermehrten Bedürfnisse zu ersetzen, beruht auf § 11 StVG und im Fall der Verschuldenshaftung auf den §§ 249, 843 Abs. 1 BGB.

2. Begriff

747 Unter vermehrten Bedürfnissen versteht man diejenigen i.d.R. dauernden und nur ausnahmsweise einmaligen finanziellen Aufwendungen, die den Zweck haben, diejenigen Nachteile auszugleichen, welche dem Geschädigten infolge dauernder Beeinträchtigung seines körperlichen Wohlbefindens entstehen (BGH, VersR 1974, 162 = NJW 1974, 41; BGH, VersR 1982, 238 = NJW 1982, 757; BGH, NJW-RR 1992, 791). Es handelt sich somit um nach erfolgter Heilbehandlung verbleibende gesundheitliche Auswirkungen, die zu einer **Veränderung des Lebensstils** und der Lebensweise des Geschädigten führen und deren ganzer oder teilweiser Ausgleich zusätzliche finanzielle Aufwendungen erfordert.

3. Abgrenzungen

a) Gegenüber den Heilbehandlungskosten

748 Muss ein Geschädigter nach Abschluss der eigentlichen Heilbehandlung zur Erhaltung des dadurch erzielten Gesundheitszustandes regelmäßig bestimmte ärztlich verordnete Medikamente einnehmen, sich wiederkehrenden ärztlichen Kontrolluntersuchungen unterziehen oder eine bestimmte Diät einhalten, so sind die dadurch verursachten Kosten nicht den Heilungskosten, sondern den **vermehrten Bedürfnissen** zuzurechnen.

b) Gegenüber dem Schmerzensgeld

749 Kostenersatz für vermehrte Bedürfnisse kommt nur insoweit in Betracht, als es sich um konkrete Einzelmaßnahmen handelt, die verbleibende Schadensfolgen kompensieren oder zumindest lindern (Beispiel: Rollstuhl für einen unfallbedingt Gelähmten), wogegen dem Schmerzensgeld die Aufgabe zufällt, diejenigen Schadensfolgen auszugleichen, die auch durch den Einsatz von Hilfsmitteln nicht auszugleichen sind (Greger, § 11 StVG Rn. 45).

4. Entstehungszeitpunkt

Der Anspruch entsteht mit dem Eintritt des jeweils in Rede stehenden vermehrten Bedürfnisses   **750**
(RGZ 151, 298). Deshalb besteht der Ersatzanspruch des Geschädigten unabhängig davon, ob er
sich das entsprechende Hilfsmittel tatsächlich beschafft oder nicht, wobei es wiederum ohne
Bedeutung ist, ob die Unterlassung der Anschaffung auf Geldmangel beruht (BGH, NJW 1958,
627; BGH, VersR 1992, 619) oder der Geschädigte an sich unzumutbare Anstrengungen auf sich
nimmt, um ohne das Hilfsmittel auszukommen (KG, VersR 1982, 978). Der Anspruch besteht auch
dann noch, wenn im Streitfall zurzeit der Rechtskraft des dem Anspruch stattgebenen Urteils das
Hilfsmittel nicht mehr benötigt wird oder bei unentgeltlichem pflegerischem Einsatz von Angehörigen des Geschädigten (BGH, VersR 1963, 463). Im letztgenannten Fall steht dem Geschädigten
der Nettolohn einer fiktiven Hilfskraft zu (OLG Hamm, DAR 1994, 496).

5. Einzelfälle

- Medizinische **Dauerbehandlung**: BGH, VersR 1978, 149;   **751**

- **Diätkosten**: RGZ 151, 298;

- **Elektronische Schreibmaschine**: BGH, VersR 1982, 238;

- **Fahrtkosten** wegen der Benutzung öffentlicher Verkehrsmittel als Folge unfallbedingter
  Behinderung: BGH, NJW 1965, 102;

- **Haushaltshilfe** nur insoweit, als es die Arbeiten angeht, die der Geschädigte für sich selbst zu
  leisten nicht mehr in der Lage ist: BGH, VersR 1974, 162; i.Ü. kommt Verdienstausfallschaden
  in Betracht, vgl. hierzu Rn. 834 ff.;

- **Kinder**: Mehrkosten für Privatunterricht oder für Unterbringung in einem Internat für Körperbehinderte einschließlich der Heimfahrtkosten (OLG Hamm, DAR 1994, 498);

- **Körperpflegemittel**: BGH, VersR 1982, 238;

- **Kraftfahrzeuge**: Zusatzeinrichtungen eines Kraftfahrzeuges zur Ermöglichung der Benutzung
  durch Behinderte (Sonderausrüstung: BGH, VersR 1992, 619; BGH, NJW 1970, 1685), ferner
  die Mehrkosten für ein teureres Fahrzeug, wenn der Geschädigte ohne den Schaden ein billigeres Fahrzeug genutzt hätte, das aber mit der für ihn erforderlichen Sonderausrüstung nicht zu
  haben ist (OLG Stuttgart, zfs 1987, 165), ferner betriebsbedingte Mehrkosten, wenn es infolge
  der Schädigung vermehrt benutzt werden muss (OLG München, DAR 1984, 58). Die vollständigen Anschaffungskosten sind nur dann zu ersetzen, wenn der Geschädigte ohne die Schädigung kein Fahrzeug gehalten hätte und dies nur wegen der Schädigung tun muss: OLG Celle,
  VersR 1975, 1103;

- **Mehrverschleiß** an Kleidung und Schuhwerk, soweit schädigungsbedingt, etwa infolge einer
  Amputation.

- **Mietmehraufwand** bei Anmietung einer behindertengerechten Wohnung: BGH, NJW 1982,
  757;

- **Orthopädische Hilfsmittel** (Schuhwerk, Prothesen u.Ä.);

- **Pflegekräfte** in dem Umfang, in welchem sie tatsächlich erforderlich sind. Werden sie tatsäch-
  lich nicht beschäftigt, können die fiktiven Kosten in Ansatz gebracht werden (BGH,
  VersR 1978, 149; KG, VersR 1982, 978), also u.U. Kosten eines Tagespflegeheims: OLG
  Köln, FamRZ 1989, 178. Kein Kostenersatzanspruch bei Pflege durch den Schädiger selbst
  (OLG München, NJW-RR 1995, 1239: Ehegatte). Ob und in welcher Höhe bei unentgeltlicher
  Pflege durch andere Familienangehörige ein Anspruch auf Ersatz fiktiver Kosten besteht, ist
  streitig. Während der BGH früher (VersR 1963, 463) das noch uneingeschränkt bejaht hat, geht
  die neuere Rechtsprechung dahin, dass lediglich ein billiger Ausgleich für die Aufwendungen
  der Familienangehörigen erfolgt: BGH, VersR 1978, 149 und VersR 1986, 174 und 391; OLG
  Frankfurt/M., zfs 1990, 5; OLG Hamm, NZV 1994, 65;

- **Stärkungsmittel:** BGH, VersR 1958, 176 = NJW 1958, 627;

- **Technische Hilfsmittel** wie Rollstuhl, Brillen, Hörgeräte;

- **Kosten für den behindertengerechtenUmbau** einer vorhandenen Wohnung oder eines vorhandenen Hauses (Verbreiterung von Türen, rollstuhlgerechte Zugänge, besondere Einrichtungen im Badezimmer) hat der Schädiger zu ersetzen, aber unter Abzug einer dadurch evtl. entstehenden Wertsteigerung des Hauses. Der BGH (NJW 1982, 758 = VersR 1982, 238) sieht entweder den bloßen Zinsaufwand für die Kapitalbeschaffung oder Zins oder Tilgung abzgl. fiktiver Miete für eine vergleichbare Wohnung ohne Sonderausstattung als erstattungsfähig an. Es erscheint fraglich, ob dem gefolgt werden kann, wenn durch den Umbau ein zusätzlicher Wohnraum nicht geschaffen wird;

- **Umzugskosten,** sofern der Geschädigte infolge der verbleibenden Behinderung entweder nur die Wohnung oder auch seinen Arbeitsplatz wechseln muss und damit verbunden ein Wohnungswechsel erforderlich ist einschließlich einer dort zu zahlenden höheren Miete gegenüber der bisherigen: OLG Celle, NdsRpfl. 1962, 108.

6. Zahlungsweise

a) Regelfall: Rentenzahlung

752 Wie die vorstehende Aufstellung zeigt, handelt es sich um mit einiger Regelmäßigkeit wiederkehrende Kosten. Deshalb sehen die § 13 Abs. 1 StVG, §§ 843 Abs. 2, 760 BGB für den Regelfall eine vierteljährliche **Rentenzahlung vor,** wobei – sofern mehrere Posten vermehrter Bedürfnisse mit unterschiedlicher Lebensdauer vorliegen – jeweils ein quartalsmäßig fälliger Durchschnittsbetrag zu schätzen ist (Greger, Haftungsrecht des Straßenverkehrs, § 11 StVG Rn. 46).

b) Ausnahmefall: Kapitalabfindung

753 Unter den Voraussetzungen der § 13 Abs. 2 StVG, § 843 Abs. 3 BGB kommt auch eine **Einmalzahlung** oder **Kapitalabfindung** in Betracht, sofern

- die vermehrten Bedürfnisse durch eine einmalige Anschaffung (Beispiel: Rollstuhl) jedenfalls für einen längeren Zeitraum gedeckt werden können, oder

- bei Vorliegen eines wichtigen Grundes, der etwa darin liegen kann, dass die Rentenzahlung auf den Zustand des Geschädigten negativ (Begehrensneurose), die Kapitalabfindung hingegen günstig wirkt (RGZ 73, 418) oder dass der Schuldner im Ausland wohnt.

754 Möglich ist auch **Kapitalabfindung nach längerer Rentenbezugszeit** (BGH, VersR 1982, 238 = NJW 1982, 757). Das **Wahlrecht** hat stets nur der Gläubiger, nie der Schuldner des Anspruchs. Es kann bis zum Schluss der letzten Tatsachenverhandlung ausgeübt werden (BGH, DB 1972, 1868).

7. Abänderungsmöglichkeiten

a) Rentenzahlungsfälle

755 Ist eine Mehrbedarfsrente in einer der in § 323 ZPO genannten Form festgesetzt (Urteil, gerichtlicher Vergleich, vollstreckbare Urkunde), so kann bei Vorliegen der Voraussetzungen des § 323 Abs. 1 ZPO die Rentenhöhe in einem späteren Verfahren für die Zukunft abgeändert werden, wenn sich nach Erlass des abzuändernden Titels die ihm zugrunde liegenden tatsächlichen Verhältnisse **wesentlich verändert** haben. Dafür kommt nach Lage der Dinge vor allem das Auftreten weiterer, bei Erlass des Ersttitels noch nicht absehbarer gesundheitlicher Folgen in Betracht. Dass bereits vorhandene, bei Festsetzung der Rente berücksichtigte bleibende gesundheitliche Folgen sich später verschlimmern, würde für eine nachträgliche Änderung nicht ausreichen, weil die künftige Entwicklung bereits im Erstverfahren zu berücksichtigen ist. **Beweispflichtig** für das Vorliegen eines berücksichtigungsfähigen Änderungsgrundes ist der Geschädigte. Die Abänderungsklage ist nur dann möglich, wenn im Erstverfahren der gesamte Mehrbedarfsanspruch des Geschädigten

beschieden worden ist. Ist das nicht der Fall, sondern nur über einen abgrenzbaren Teil entschieden worden (Beispiel: Mehrbedarfsanspruch für einen zeitlich begrenzten Bereich), so kommt insoweit an Stelle der Abänderungsklage eine Nachforderungsklage nach § 258 ZPO in Betracht, die nicht den einschränkenden Voraussetzungen des § 323 ZPO unterliegt (BGHZ 34, 110). Weder Abänderung noch Nachforderung kommen in Betracht, wenn die Erstklage abgewiesen worden ist. Wenn in diesem Fall später, aber jedenfalls vor Verjährung der Ansprüche ein Mehrbedarf eintritt, ist eine neue Klage geboten.

b) Kapitalabfindungen

aa) Bemessung

Bei der **Bemessung** einer Kapitalabfindung ist zu berücksichtigen, dass diese eine vollwertige Alternative zur Rentenzahlung darstellt.   **756**

> *Hinweis:*
> *Prozessual ist zu beachten, dass ein Geschädigter, der allein eine Kapitalabfindung verlangt, ohne Vorliegen der Voraussetzungen der § 843 Abs. 3 BGB, § 13 Abs. 2 StVG eine Abweisung seiner Mehrbedarfsklage insgesamt riskiert, also jedenfalls gut beraten ist, zumindest hilfsweise eine Mehrbedarfsrente zu beantragen. Überdies dürfte hier ein gerichtlicher Hinweis angebracht sein.*

bb) Änderung

Umstritten ist, ob auch eine **nachträgliche Änderung** einer zuerkannten Kapitalabfindung rechtlich möglich ist. Der BGH (BGHZ 79, 187 = NJW 1981, 818) geht davon aus, dass bei der Bemessung einer Kapitalabfindung die gesamte zukünftige Entwicklung zu berücksichtigen sei und kommt deshalb zu dem Ergebnis, dass eine nachträgliche Änderung ausgeschlossen ist (ebenso Greger, Haftungsrecht des Straßenverkehrs, § 13 StVG Rn. 9). Da dies zu einer rein spekulativen Entscheidung führen muss, stehen große Teile des Schrifttums der Auffassung des BGH ablehnend gegenüber und bejahen die Möglichkeit einer Abänderungsklage nach § 323 ZPO (Rosenberg/ Schwab, Zivilprozessrecht, § 159 Rn. 3; Erman/Schiemann, BGB, § 843 Rn. 19; Zöller/Vollkommer, ZPO, § 323 Rn. 28; MüKo/Merten, BGB, § 843 Rn. 46).   **757**

III. Beerdigungskosten

1. Grundsatz

Nach den § 10 Abs. 1 Satz 2 StVG, § 844 Abs. 1 BGB sind ferner die Beerdigungskosten zu ersetzen, wenn der Geschädigte unfallbedingt ums Leben kommt. Dem kann nicht entgegengehalten werden, dass der Geschädigte etwa infolge eines unfallunabhängig bestehenden Leidens oder seines hohen Alters ohnehin keine große Lebenserwartung mehr hatte.   **758**

2. Umfang

Zu den zu ersetzenden Aufwendungen gehören: **759**

a) Kosten der Grabstätte

Kosten für die Einzelgrabstätte mit Einzelgrabstein und Erstbepflanzung (BGH, NJW 1974, 140; OLG Düsseldorf, MDR 1961, 540). Das gilt bei Eheleuten auch, wenn der überlebende Ehegatte eine Doppelgrabstätte mit Doppelgrabstein erwirbt (BGHZ 61, 238).   **760**

b) Kosten der Beerdigung

761   Kosten der Erd- oder Feuerbestattung, der dafür erforderlichen Vorbereitungen einschließlich der notwendigen Überführungs- und Behördenkosten (BGH, NJW 1960, 911; OLG München, NJW 1974, 703). Zur Überführung von Gastarbeitern in ihre Heimat wird auf LG Gießen, DAR 1984, 151 hingewiesen. Zu den Beerdigungskosten gehören auch diejenigen für den Schmuck der Trauerhalle und den Grabschmuck selbst (Kränze, Blumen: OLG Köln, DAR 1956, 646), ferner die Kosten für Todesanzeigen in der Presse, für Trauerkarten nebst Versandkosten (OLG Köln, VersR 1956, 647; LG München, VersR 1975, 73) und für die Bewirtung der Trauergäste (OLG Hamm, VersR 1972, 405).

c) Erstattungsfähige Nebenkosten

762   Dazu gehören Verdienstausfall der unmittelbaren Angehörigen wegen der Teilnahme an der Beerdigung, ggf. auch wegen der Vorbereitungen (OLG Hamm, DAR 1956, 217) sowie Trauerkleidung für die nächsten Angehörigen (LG Ulm, VersR 1968, 183) abzgl. ersparter Aufwendungen, die i.d.R. mit 50 % der Anschaffungskosten angesetzt werden (BGH, VersR 1973, 224; OLG Hamm, VersR 1982, 961).

3. Nicht erstattungsfähige Kosten

763   Nicht zu ersetzen sind die Kosten der **laufenden Grabpflege** (BGH, VersR 1974, 140), Mehrkosten eines Doppelgrabes und Doppelgrabsteins, etwa für die überlebende Witwe (BGH, a.a.O.; OLG Köln, VersR 1976, 373), der Testamentseröffnung und Erbscheinserteilung (OLG Köln, VersR 1982, 558), der Verwaltung und Verteilung des Nachlasses (hierzu Theda, DAR 1985, 12) sowie die Kosten der Grabstättenmiete, soweit deren Dauer über die in der jeweiligen Friedhofsordnung festgesetzte Mindestzeit hinausgeht. Auch Zahlungen für eine gebuchte und bezahlte Reise, die wegen des Todesfalls nicht angetreten wird, sind nicht erstattungsfähig (BGH, DAR 1989, 263).

4. Person des Anspruchsberechtigten

764   Anspruchsberechtigt ist, wer die Beerdigungskosten zu tragen hat. Das richtet sich nach den einschlägigen Vorschriften des BGB, also in erster Linie nach § 1968 BGB der Erbe, hilfsweise gradlinige Verwandte (§ 1615 Abs. 2 BGB) und der Ehegatte (§ 1360a Abs. 3 BGB) oder derjenige, der sich hierzu vertraglich verpflichtet hat. Nicht anspruchsberechtigt ist derjenige, der Beerdigungskosten **tatsächlich gezahlt** hat, ohne dazu verpflichtet zu sein (BGH, NJW 1962, 793). Da er aber eine Rechtspflicht des Erben erfüllt, bleibt ihm jedenfalls ein Anspruch aus **Geschäftsführung ohne Auftrag** gegen den Erben (OLG Saarbrücken, VersR 1964, 1257).

IV. Erwerbs- und Fortkommensschäden

1. Gemeinsamkeiten für alle Fallgruppen

a) Geltende Regelung

765   In allen Fällen der Verschuldenshaftung beruht der Ersatzanspruch auf § 249 BGB, teils i.V.m. § 252 Satz 2 BGB, etwa bei Schädigung von selbstständigen Gewerbetreibenden jeder Form, teils i.V.m. den §§ 842, 843 BGB. Dabei besteht Einvernehmen darüber, dass die beiden letztgenannten Vorschriften die Grundnorm des § 249 BGB nur erläutern oder klarstellen (z.B. BGHZ 67, 119 ff., 128). Im Gegensatz hierzu enthalten die §§ 10, 11 StVG eine **abschließende Aufzählung** derjenigen Schadensarten, die in den Fällen der straßenverkehrsrechtlichen Gefährdungshaftung bei Verletzung einer Person ersatzfähig sind, nämlich Heilungskosten, vermehrte Bedürfnisse sowie Erwerbs- und Fortkommensschäden, wobei freilich Letztere nicht ausdrücklich erwähnt werden, gleichwohl aber unbestritten auch bei bloßer Gefährdungshaftung der Ersatzpflicht unterliegen

(Steffen, DAR 1984, 2). Mit dem Bereich des Fortkommensschadens, der nicht sauber vom Erwerbsschaden zu trennen ist (Erman/Schiemann, BGB, § 842 Rn. 3), soll lediglich klargestellt werden, dass auch solche Erwerbsaussichten der Ersatzpflicht unterliegen, auf deren Eintritt ein Geschädigter zurzeit der Schädigung noch keinen rechtlich gesicherten Anspruch erlangt hatte (BGH, NJW-RR 1989, 606 und NJW 1985, 791).

b) Verbindungen mit dem Sozialrecht

Der Gesamtbereich des Erwerbs- und Fortkommensschadens wird in wichtigen Teilen überlagert durch sozialrechtliche Regelungen. Die damit verbundenen, für die Schadenspraxis außerordentlich wichtigen Fragen werden in einem gesonderten Abschnitt behandelt, hier also im Interesse der Geschlossenheit und Übersichtlichkeit der Darstellung nicht angesprochen. **766**

c) Zeitliche Dauer ersatzpflichtiger Erwerbsschäden

Zu ersetzen sind Erwerbs- und Fortkommensschäden nicht nur dann, wenn sie auf **Dauer** eintreten, sondern auch dann, wenn der schadensbedingte Nachteil nur für eine **vorübergehende** Zeit besteht, und ferner nach § 10 Abs. 1 Satz 1 StVG auch für den Zeitraum zwischen Schädigung und darauf beruhendem späteren Tod des Geschädigten. Die Ersatzpflicht ist ferner dem Umfang nach davon abhängig, ob die Einkünfte des Geschädigten schadensbedingt ganz entfallen oder ob sie nur herabgesetzt sind, weil der Geschädigte seine Tätigkeit noch teilweise ausüben kann. **767**

d) Konkreter Schaden

Der zivilrechtliche Anspruch eines Geschädigten auf Ersatz eines Erwerbs- und Fortkommensschadens, gleich welcher der nachstehend behandelten Untergruppen er auch angehört, ergibt sich – anders als im Recht der Unfallversicherung und im System des Sozialversicherungsrechts – nicht daraus, dass bei ihm ein bestimmter Grad der Minderung seiner Erwerbsfähigkeit (Beispiel: 50 % MdE) aufgrund ärztlicher Begutachtung und Schätzung ermittelt wird. Ersatzfähig und damit ersatzpflichtig ist vielmehr stets nur die im Einzelfall schadensbedingt eingetretene **konkrete** Einkommensminderung (BGH, st.Rspr., vgl. BGHZ 54, 45 ff.; VersR 1978, 1170; VersR 1995, 424). **768**

e) Kausalität

Ein Ersatzanspruch i.H.d. **konkreten Einkommensminderung** besteht ferner nur dann, wenn und soweit das zum Ersatz verpflichtende Verhalten des Schädigers für die Einkommensminderung kausal geworden ist (zu den Einzelheiten der Kausalität vgl. oben Rn. 27 ff.). **769**

Hinweis:

Insoweit ist auf folgende Besonderheit hinzuweisen: Hat der Geschädigte bereits vor dem Unfall an einer Krankheit gelitten, aufgrund deren er auch ohne den Unfall voraussichtlich demnächst aus dem Erwerbsleben hätte ausscheiden müssen, so beschränkt sich sein Erwerbsschaden auf den Verdienstausfall für die Zeit zwischen Schadenseintritt und dem Zeitpunkt, zu dem er ohnehin aufgrund seiner Vorerkrankung hätte aus dem Erwerbsleben ausscheiden müssen (BGHZ 10, 6; BGH, VersR 1965, 691). Ersatzpflichtig ist daher nur der schadensbedingte, nicht aber der vorschädigungs- oder anlagebedingte Schaden (Erman/ Kuckuk, BGB, vor § 249 Rn. 83). Entsprechendes gilt auch für den umgekehrten Fall, dass der Geschädigte, nachdem er den ersten Unfall erlitten hat und daraufhin auf Dauer in der Erwerbsfähigkeit gemindert war, aufgrund eines später erlittenen weiteren Unfalls überhaupt nicht mehr erwerbstätig sein kann. Beweispflichtig für die tatsächlichen Grundlagen dieser Haftungsbegrenzung ist jeweils der Schädiger.

---

f) Altersfragen

770 Beim Ersatzanspruch für Verdienstausfallschäden ist in der zeitlichen Dimension zu beachten, dass – jedenfalls im Regelfall – jeder Mensch einmal aus dem Erwerbsleben ausscheidet. Zweifelhaft ist insoweit, welcher Zeitpunkt hierfür zugrunde zu legen ist. Zwar kann nicht davon ausgegangen werden, dass Erwerbsfähigkeit und Tätigkeitsbereitschaft allgemein zu einem bestimmten Zeitpunkt enden (BGH, VersR 1976, 663).

771 Gleichwohl kann bei **abhängig beschäftigten Personen** insoweit – in Anlehnung an die Grundsätze der gesetzlichen Rentenversicherung und der allgemeinen Pensionsgrenze im öffentlichen Dienst – die Vollendung des 65. Lebensjahres zugrunde gelegt werden (BGH, VersR 1988, 464 und VersR 1989, 855), und zwar auch für Frauen (BGH, VersR 1995, 1447). In ähnlicher Weise festgelegt ist die Dauer beim **Haushaltsführungsschaden** (s.u. Rn. 833 ff.), wo die Rechtsprechung davon ausgeht, dass regelmäßig mit der **Vollendung des 75.** Lebensjahres die Führung eines eigenen Haushaltes endet (OLG Hamm, NJW-RR 1995, 599). Hierbei kann es sich aufgrund individueller Gegebenheiten jedoch nur um eine Orientierungslinie handeln. Zudem hat der abhängig Beschäftigte – unabhängig vom Schadensfall – gewisse zeitliche Dispositionsmöglichkeiten. So kann er bereits vor Erreichen des 65. Lebensjahres vorgezogene Altersrente beantragen, freilich nach dem RRG 1992 um den Preis eines bestimmten Rentenabschlags. Diese Dispositionsmöglichkeit hat er auch nach einem Schadensfall. Erfüllt er nämlich als Folge der Schädigung die rentenrechtlichen Voraussetzungen der vorgezogenen Regelaltersrente und macht er von dieser Möglichkeit Gebrauch, so unterbricht das nicht den Kausalverlauf; der Schädiger muss diese Entscheidung hinnehmen (BGH, VersR 1986, 313 und 812) und das Aktiveinkommen des Geschädigten bis zu dessen 65. Lebensjahres ersetzen.

772 Sehr viel schwieriger ist diese Frage für den **Verdienstausfallschaden Selbstständiger** zu beurteilen. Eine generelle Anlehnung an die sog. gesetzliche Altersgrenze der unselbstständig Beschäftigten (65. Lebensjahr) verbietet sich. Handelt es sich um Tätigkeiten, die in gleicher Weise auch angestellte Personen ausüben, wird man deren Altersgrenze auch einem Unternehmer zuordnen (Beispiel: Fuhrunternehmer, vgl. OLG Celle, RdK 1953, 79). Dies ließe sich allgemein auf Handwerksbetriebe übertragen. Beim Arzt in eigener Praxis kann die Grenze der **Zulassung zur Kassenarztpraxis** entscheiden (demnächst: 68 Jahre), obwohl die Rechtsprechung auch schon bis über das Alter von 75 Jahren hinaus Verdienstausfallschaden zugebilligt hat (BGH, VersR 1964, 778). Wer Verdienstausfallschaden über die an sich anzusetzende Altersgrenze hinaus bis ins höchste Alter verlangt, ist dafür auch beweispflichtig (BGH, VersR 1977, 130).

g) Beweislast

773 Der **Geschädigte** ist **beweispflichtig** dafür, dass ein Verhalten des Schädigers für die Verletzung des Geschädigten kausal geworden ist (haftungsbegründende Kausalität), dass dem Geschädigten hieraus ein Erwerbsschaden entstanden ist und wie hoch dieser ist (haftungsausfüllende Kausalität).

774 Nur für den Bereich der **haftungsausfüllenden Kausalität** besteht für den Geschädigten die **Beweiserleichterung** der § 252 BGB, § 287 ZPO (BGH, VersR 1970, 766). Nach § 252 Satz 2 BGB braucht er nur zu beweisen, dass er „nach dem gewöhnlichen Verlauf der Dinge oder nach den besonderen Umständen, insbesondere nach den getroffenen Anstalten und Vorkehrungen, mit Wahrscheinlichkeit" ohne die Schädigung ein Erwerbseinkommen erzielt hätte, welches er schädigungsbedingt nicht erzielen kann. Ob dies der Fall ist, unterliegt nach § 287 ZPO freier Beweiswürdigung. Beide Vorschriften wirken zugunsten des Geschädigten zusammen und reichen in der Sache gleichweit (BGHZ 29, 393 ff.; 74, 221, 224; 100, 36, 49 f.; vgl. Erman/Kuckuk, BGB, § 252 Rn. 10). Für diese Beurteilung ist die berufliche und wirtschaftliche Entwicklung des Geschädigten bis zum Schadenseintritt von besonderer Bedeutung (BGH, NJW-RR 1988, 606).

Behauptet hingegen der Schädiger, dass der Geschädigte auch unabhängig vom Verhalten des **775** Schädigers seine Einkünfte verloren hätte, etwa infolge von Vorerkrankungen, einem **Zweitunfall,** der Betriebsstillegung des Arbeitgebers (hypothetischer Kausalverlauf), so ist er dafür ebenso beweispflichtig (zum Meinungsstand vgl. Erman/Kuckuk, BGB, vor § 249 Rn. 194) wie für seine Behauptung eines Mitverschuldens des Geschädigten (BGHZ 61, 346, 351; vgl. näher Erman/Kuckuk, BGB, § 254 Rn. 115).

h) Ausnahmen von der Ersatzpflicht

aa) Gewinne aus verbotenen Erwerbsgeschäften

Keine Ersatzpflicht besteht für Erwerbsschäden, wenn der Verdienstausfall auf einer Tätigkeit **776** beruht, die gegen ein **gesetzliches Verbot** verstößt und zivilrechtlich unwirksam ist. Dazu gehören Einkünfte aus Schwarzarbeit (OLG Köln, VersR 1969, 382), aus Tätigkeiten unter Verletzung der AZO (BGH, NJW 1986, 1486) oder des RBerG (BGH, VersR 1974, 968), unter Umgehung des GüKG (BGH, NJW 1955, 1313) sowie aus Bestechungen (BGH, VersR 1954, 498). Bleibt das verbotene Geschäft aber zivilrechtlich wirksam, wäre ein diesbezüglicher Verdienstausfall zu ersetzen.

bb) Sittenwidrige Erwerbsquellen

Da nach § 138 Abs. 1 BGB auch **sittenwidrige Geschäfte** nichtig sind, ganz gleich, ob sie daneben **777** auch noch unter Verletzung einer Verbotsnorm zustande gekommen sind, ist auch der infolge einer Schädigung eingetretene Verdienstausfall aus sittenwidrigen Geschäften nicht zu ersetzen (BGHZ 67, 119). Das Problem ist durch das Prostituiertengesetz vom 20.12.2001 (BGBl. I, S. 3983) insofern gegenstandslos geworden, als die Tätigkeit dieser Berufsgruppe nicht mehrmals sittenwidrig gilt.

i) Ersatzpflicht gegenüber nichterwerbstätigen Personen

Die Ersatzpflicht besteht ferner nur dann, wenn der Geschädigte bis zur Schädigung ein Erwerbs- **778** einkommen **tatsächlich erzielt** hat. Insoweit ergeben sich **folgende Fallgruppen:**

Keinen Schaden erleidet, wer nur von **seinem Vermögen** oder dessen Erträgen lebt und dies auch **779** weiterhin tut. Insoweit könnte lediglich ein Anspruch auf schädigungsbedingt erhöhten Vermögensverbrauch bei vermehrten Bedürfnissen bestehen.

Keinen Schaden erleiden **arbeitsscheue Personen,** ganz gleich, ob sie ihren Lebensbedarf aus öffentlichen Mitteln (Sozialhilfe) oder etwa durch Bettelei decken.

Keinen Schaden erleiden **Kinder,** die aufgrund des § 1619 BGB unentgeltlich **im elterlichen** **780** **Haushalt oder Betrieb** mitarbeiten und daran unfallbedingt gehindert sind (BGHZ 69, 380). Der insoweit die Eltern treffende Schaden, denen die Arbeitsleistung des unfallgeschädigten Kindes entgeht, ist nur im Falle der Verschuldenshaftung des Schädigers nach § 845 BGB ersatzfähig, während bei bloßer Gefährdungshaftung mangels entsprechender Norm kein Ersatz zu leisten ist.

Eine **differenzierte Betrachtung** ist bzgl. **arbeitswilliger,** aber zurzeit der Schädigung arbeits- **781** loser Personen hinsichtlich des Erwerbsschadens geboten:

Wer **Arbeitslosengeld oder Arbeitslosenhilfe** bezieht, steht dem Arbeitsmarkt zur Verfügung. **782** Sobald das infolge einer Verletzung nicht mehr möglich ist, erhält er Krankengeld in Höhe seiner bisherigen Bezüge aus Arbeitslosengeld oder Arbeitslosenhilfe und könnte eine Arbeitsstelle nicht sofort antreten. Deshalb erleidet er für die Dauer des Krankengeldbezuges einen Erwerbsschaden (BGH, VersR 1984, 639), der sich allerdings nur zugunsten des gesetzlichen Krankenversicherers auswirkt.

Wird der Arbeitslose aber während des Laufs des gegen ihn gem. § 119 AFG verhängten **Sperr-** **783** **frist** verletzt, so erleidet er für die Dauer der Sperrfrist keinen Erwerbsschaden, auch besteht für die Dauer der Sperrfrist trotz evtl. Krankengeldzahlung kein auf den Krankenversicherer übergangsfähiger Erwerbsschadenersatzanspruch. Etwas anderes würde nur gelten, wenn der Arbeitslose noch vor Ende der Sperrfrist einen neuen Arbeitsplatz gefunden, diesen aber infolge der schädigungsbedingten Verletzung nicht antreten könnte.

784 Auch die **aus dem Erwerbsleben bereits endgültig ausgeschiedenen Personen** (Bezieher von Regelaltersrente, Erwerbsunfähigkeitsrente oder Altersruhegeld aufgrund eines öffentlich-rechtlichen Dienstverhältnisses) erleiden keinen Erwerbsschaden, weil ihre Bezüge unabhängig von der Schädigung weiterlaufen. Eine Ausnahme würde nur für solche Einkommensverluste gelten, die ein solcherart Geschädigter aufgrund von Neben- oder Zusatztätigkeiten ohne die Schädigung verdient hätte.

785 Schädigungsbedingt sind bei **Ausbildungsverzögerungen** mehrere Konstellationen zu unterscheiden:

Eine **vor Beginn einer Ausbildung** erfolgte Schädigung führt zur Verzögerung des Ausbildungsbeginns und dementsprechend späteren Eintritt ins Berufsleben. Im ungünstigsten Fall kann die gesamte geplante Ausbildung als Folge der Schädigung nicht mehr erfolgen, die Berufsplanung muss verändert werden oder – noch schlimmer – die Dauerschäden sind so schwerwiegend, dass eine berufliche Tätigkeit überhaupt nicht mehr möglich ist. Ferner kann eine Schädigung, die **während** einer bereits begonnenen Ausbildung erfolgt, zu vergleichbaren Folgen führen. Insoweit ist die Ersatzfrage unterschiedlich zu lösen:

786 Erfolgt die Verletzung zeitlich **sehr weit vor Ausbildungsbeginn,** so liegt die Schwierigkeit in der Feststellung dessen, wie die berufliche Zukunftsprognose des geschädigten Kindes oder Jugendlichen zu beurteilen ist, zumal die Beweislast für einen evtl. Erwerbsschaden wie stets beim Geschädigten liegt. Denn der Geschädigte muss beweisen, welches Berufsziel er hatte und mit welchem Einkommen er danach rechnen konnte. Dafür reicht es allgemein, dass er hinreichende konkrete Anhaltspunkte darlegen kann, aus denen sich die von ihm behauptete Schadensfolge nach der Lebenserfahrung ergibt (BGH, VersR 1980, 627; Steffen, DAR 1984, 1 ff.; Medicus, DAR 1994, 446). Hier wird man auf Charakter, Fleiß und zutage getretene Neigungen des geschädigten Kindes oder Jugendlichen abstellen müssen (Schulzeugnisse usw.), auf die Berufswege seiner Eltern und Geschwister sowie die für Ausbildungszwecke verfügbaren Vermögenswerte der Eltern abstellen müssen (BGH, VersR 1965, 489; OLG Frankfurt/M., VersR 1989, 48; OLG Karlsruhe, VersR 1989, 1101; Scheffen, VersR 1990, 928; kritisch insoweit Greger, Haftungsrecht des Straßenverkehrs, § 11 StVG Rn. 161). Auch hier kommt zugunsten des Geschädigten die Beweiserleichterung der §§ 287 ZPO, 252 BGB zum Zuge, ferner ist die Weiterentwicklung des geschädigten Kindes oder Jugendlichen nach dem Unfall von Bedeutung (OLG Karlsruhe, a.a.O.). Danach erscheint es jedenfalls kaum vertretbar, in solchen Fällen nur einen **Mindestschaden** zuzubilligen (so aber Scheffen, a.a.O.).

787 Schädigungsbedingte **Ausbildungsverzögerungen** führen zum **Ersatz des Verdienstausfalls,** den der Geschädigte infolge der Verzögerung hinnehmen muss, und zwar auch dafür, dass nach der schädigungsbedingten Studienunterbrechung eine weitere Verzögerung dadurch eintritt, dass es zu Vorlesungsstreiks kommt, die den Geschädigten ohne die Schädigung nicht mehr berührt hätten (BGH, VersR 1985, 62; hinsichtlich der Streikverzögerung zu Unrecht abgelehnt von Grunsky, JZ 1986, 172). Verliert er infolge der Schädigung für die weitere Studienzeit ein Stipendium, ist auch dieses zu ersetzen (Steffen, VersR 1985, 606 f.). Behält er das Stipendium für die weitere Studienzeit, so soll es auf den Verdienstausfall angerechnet werden (KG, DAR 1971, 296; dagegen mit Recht Steffen, VersR 1985, 605, 609 und OLG München, zfs 1984, 294).

788 Kann der Geschädigte schadensbedingt seinen **ursprünglichen beruflichen Lebensplan** nicht verwirklichen und wechselt er deshalb den Ausbildungsgang (**Fakultätswechsel** o.Ä.), so sind die Gesamtkosten der neuen Ausbildung ebenso zu bezahlen, wie der aufgrund der geänderten Berufsplanung eintretende Minderverdienst. Ist die neue Ausbildung kürzer als die ursprünglich geplante, und erzielt der Geschädigte deshalb zeitlich eher ein Arbeitseinkommen als es bei Realisierung der ursprünglichen Berufsplanung erzielt worden wäre, so ist dies nicht auf die rechnerisch ermittelte

spätere Einkommensminderung anzurechnen (OLG Frankfurt/M., VersR 1983, 1083). Erweist sich der Ersatzberuf als wirtschaftlich schwer realisierbar, ohne dass dies durch Person oder Verhalten des Geschädigten verursacht ist (Beispiele: Arbeitsmarktveränderungen, erschwerte Zulassungs- oder Einstellungsbedingungen), so ist auch das dem Schädiger zuzurechnen (Steffen, DAR 1984, 1, 4) mit der Folge, dass er auch insoweit ersatzpflichtig ist. Diese Kriterien gelten auch dann, wenn der Geschädigte unfallbedingt an der Eröffnung eines eigenen Geschäftsbetriebes gehindert wird. Auch insoweit ist er für die Erfüllung der dafür erforderlichen Voraussetzungen darlegungs- und beweispflichtig. Bloße dahin gehende **Wunschvorstellungen** reichen nicht (OLG Hamm, NZV 1994, 109).

j) Form der Ersatzleistung

Nach den § 13 Abs. 1 StVG, § 843 BGB ist Erwerbsschadenersatz regelmäßig in Rentenform zu zahlen. Eine nach den § 13 Abs. 2 StVG, § 834 Abs. 3 BGB nur bei Vorliegen eines wichtigen Grundes mögliche Kapitalabfindung unterliegt den gleichen einschränkenden Kriterien wie beim Ersatz vermehrter Bedürfnisse. Auf die diesbezüglichen Ausführungen (Rn. 746 ff.) wird deshalb hingewiesen.
789

2. Erwerbsschäden unselbstständig beschäftigter Personen

a) Ersatzfähige Einkommensteile

Zu **ersetzen** ist das laufende feste Einkommen (Arbeitslohn, Gehalt) auf der Basis der letzten vorangegangenen Monatsabrechnungen, die zweckmäßigerweise die letzten 12 Monate umfassen, weil damit zugleich über den Nachweis über die ebenfalls ersatzpflichtigen Nebenleistungen geführt werden kann. Solche **Nebenleistungen** sind **Urlaubs- und Weihnachtsgeld** (BGHZ 59, 154; BGH, VersR 1972, 566), Jahresendprämien, Überstundenvergütungen sowie Sonntags-, Feiertags- und Nachtzahlungen einschließlich der darauf gezahlten Zuschläge, Bordzulagen (BGH, VersR 1967, 1080), Schicht- und Schmutzzulagen (OLG-Report Hamm 1996, 90; LG Kassel, zfs 1987, 9), Arbeitgeberzuschüsse zu den vermögenswirksamen Leistungen und den Kontoführungskosten. Dabei sind Zusatzleistungen, die nur einmal jährlich anfallen, auf das Jahr umzulegen, also unregelmäßig anfallende Einkommensteile wie etwa Überstundenvergütungen oder Jubiläumszuwendungen.
790

> **Hinweis:**
> *Für die Fälle zeitlich begrenzter Erwerbsschäden ist zu beachten, dass die vorstehend erwähnten Nebenleistungen nur insoweit zu ersetzen sind, als dem Geschädigten tatsächlich ein Ausfall entsteht. Erhält z.B. ein verletzter Arbeitnehmer, der für fünf Wochen schädigungsbedingt nicht arbeiten kann, sog. Einmalzahlungen (Urlaubsgeld, Weihnachtsgeld, Jahresendprämie) gleichwohl ungekürzt, so liegt hinsichtlich solcher Posten kein Ausfall und damit auch kein zu ersetzender Schaden vor.*

Bei der Schadensberechnung ist auch zu berücksichtigen, ob der Geschädigte in der Vergangenheit mit einer gewissen Regelmäßigkeit Arbeitsverdienste bezogen hat oder ob er, was beispielsweise bei Maurern berufstypisch sein kann, in der Vergangenheit zu bestimmten Jahreszeiten nicht gearbeitet hat (vgl. OLG Hamm, r+s 1995, 256). Denn er kann im Schadensersatzwege nicht besser gestellt werden, als er ohne das schädigende Ereignis stehen würde. Ist der Geschädigte in der Vergangenheit aus anderen Gründen häufiger arbeitslos gewesen, so kann nicht davon ausgegangen werden, dass er in Zukunft regelmäßig arbeitet (OLG Frankfurt/M., VersR 1979, 920; OLG-Report München, 1995, 4; zum **häufigen Arbeitsplatzwechsel** vgl. BGH, NZV 1990, 185, zu unregelmäßigen Aushilfstätigkeiten BGH, NZV 1995, 183). War der Geschädigte zur Zeit der Schädigung
791

arbeitslos, so ist nach der Arbeitsmarktlage, seiner Vorbildung und seinem Alter abzuwägen, ob und welche Aussichten er für den Erhalt eines Arbeitsplatzes hatte (OLG Zweibrücken, VersR 1978, 67). **Beweispflichtig** ist insoweit der Geschädigte (OLG Hamm, r+s 1986, 180).

> *Hinweis:*
>
> *Nicht zu ersetzen sind dagegen solche Zahlungen des Arbeitgebers, die rein tatsächlich dazu bestimmt sind und dafür auch voll verbraucht werden, tätigkeitsbedingte Auslagen des Arbeitnehmers zu ersetzen, die während der Dauer des schädigungsbedingten Ausfalls des Arbeitnehmers bei diesem nicht anfallen. Dazu gehören in erster Linie Fahrtkostenerstattungen, ganz gleich, ob sie für dienstlich veranlasste Fahrten oder für Fahrten zwischen Wohnung und Arbeitsstelle anfallen.*

792   Lediglich ein **Teilersatz** kommt in Betracht bei solchen Zahlungen, die zwar auch als Aufwendungsersatz für tätigkeitsbedingten Mehraufwand gezahlt werden, bei denen der Arbeitnehmer aber im Einzelfall durch sparsame Ausgabengestaltung Gewinne erzielen kann. Dabei ist insbesondere an Spesen, Trennungsgelder, Nah- oder Fernauslösungen sowie Tage- und Übernachtungsgelder zu denken. Die Höhe dieser Zahlungen beruht entweder auf gesetzlichen Regelungen, insbesondere steuerlicher Art, oder auf tarif- oder arbeitsvertraglicher Grundlage, d.h. sie ist pauschaliert und nicht abhängig vom konkreten Mehraufwand des jeweiligen Arbeitnehmers. **Ersatzfähig** sind solche Zahlungen regelmäßig nur in der Höhe, in der dem jeweiligen Arbeitnehmer tatsächlich ein nicht verbrauchter Überschuss verbleibt. In Anwendung des Grundsatzes, dass immer nur der konkrete Schaden zu ersetzen ist, ist auch hier kein Raum für eine generalisierende Betrachtung, wie sie etwa im Unterhaltsrecht üblich ist. Dort wird davon ausgegangen, dass Spesen und ähnliche Zahlungen i.d.R. zu einem Drittel erspart werden. Vielmehr muss schadensrechtlich der geschädigte Arbeitnehmer die Höhe seiner Ersparnisse beweisen (BGH, VersR 1979, 622, 624; Greger, Zivilrechtliche Haftung im Straßenverkehr, § 11 StVG, Rn. 69; im Ergebnis ebenso OLG Hamm, VersR 1983, 927; OLG Saarbrücken, VersR 1977, 727; anders – nicht ersatzfähig – etwa Schmalz, VersR 1977, 1137; OLG Düsseldorf, VersR 1972, 695). Man kann davon ausgehen, dass jedenfalls an Übernachtungskosten Ersparnisse i.d.R. nicht möglich sind. I.Ü. wird es auf den Tagesspesensatz ankommen. Je niedriger dieser ist, desto geringer ist eine mögliche Ersparnis.

b) Konsequenzen der konkreten Schadensberechnung

793   Verliert ein Arbeitnehmer infolge schädigungsbedingter längerfristiger Genesung seinen **ursprünglichen Arbeitsplatz**, so endet sein Anspruch auf Verdienstausfall gegenüber dem Schädiger folgerichtig nicht bereits mit dem Ende der ärztlich attestierten Arbeitsunfähigkeit, sondern erst, wenn er wieder einen neuen adäquaten Arbeitsplatz gefunden hat (Greger, Haftungsrecht des Straßenverkehrs, § 11 StVG Rn. 68 m.w.N.: Unterstützungspflicht des Schädigers bei der Arbeitsplatzsuche). Findet der Geschädigte trotz **nachhaltiger** Bemühungen – diese schuldet er in jedem Fall – nur eine gegenüber der früheren schlechter bezahlte Stelle, hat der Schädiger den dadurch auf Dauer entstehenden Verdienstausfall zu ersetzen. Beschäftigt umgekehrt der bisherige Arbeitgeber einen schädigungsbedingt für längere Zeit ausgefallenen Arbeitnehmer, der infolge der Schädigung nur noch eingeschränkt leistungsfähig ist, im betrieblichen Interesse zum alten Gehalt weiter, so entsteht diesem Arbeitnehmer ab Weiterbeschäftigung kein zu ersetzender Verdienstausfallschaden (BGH, VersR 1967, 1068).

c) Berechnungswege für den Verdienstausfallschaden

794   Für die Berechnung des Verdienstausfallschadens eines unselbstständig Beschäftigten bieten sich **zwei Berechnungswege** an. Die Bruttolohntheorie (vertreten von großen Teilen des Schrifttums, vgl. Staudinger/Medicus, BGB, § 252 Rn. 35; MüKo/Grunsky, BGB, § 252 Rn. 7; RGRK/Boujong, BGB, § 843 Rn. 69; Erman/Schiemann, BGB, § 842 Rn. 7; Marschall von Bieberstein, VersR 1975, 1065; Hartung, VersR 1981, 1008; Scheffen, VersR 1990, 927 sowie die Rechtsprechung des III. Zivilsenats des BGH, z.b. BGH, VersR 1965, 793 und VersR 1975, 37) sieht als Grundlage für die Berechnung des Verdienstausfalls den Bruttolohn des Arbeitnehmers einschließlich der Arbeitgeberanteile zur gesetzlichen Sozialversicherung (Renten-, Kranken-, Arbeitslosen- und Pflegeversicherung) an.

Im Wege des Vorteilsausgleichs wird dieser Betrag hinsichtlich der **steuerlichen Positionen** dahin   **795** bereinigt, dass statt der hiernach an sich geschuldeten Lohn- bzw. Einkommensteuer mit entsprechender Kirchensteuer nur der gem. § 24 Nr. 1 EStG für Schadensersatzrenten geschuldete geringere Steuerbetrag zu ersetzen ist (BGH, VersR 1986, 162 = NJW 1986, 245). Die Höhe dieser Steuerbelastung ist i.d.r. erst dem dafür maßgeblichen **Steuerbescheid** zu entnehmen, weshalb es vernünftig erscheint, insoweit vorher lediglich den Ersatzanspruch **dem Grunde nach** zu titulieren und die Höhenbemessung bis zur Vorlage des diesbezüglichen Steuerbescheides zurückzustellen (ebenso Wussow/Küppersbusch, Ersatzansprüche bei Personenschäden, Rn. 78; Hofmann, VersR 1980, 807 ff.; OLG München, VersR 1981, 569). Demgegenüber meint der BGH im Hinblick darauf, dass – da auch die zu erstattende Steuer wiederum der Besteuerung unterliege (zweifelhaft; a.A. Wussow/Küpperbusch, Ersatzansprüche bei Personenschäden, Rn. 54 m.w.N.) – der zu ersetzende Steuerbetrag durch Abtasten anhand der Steuertabelle zu ermitteln sei (BGH, NZV 1995, 65). Zur Bruttolohnmethode wird auf die neue Entscheidung des BGH hingewiesen (BGH, NJW 2001, 1640 mit Anm. Lange, JZ 2001, 771).

Soweit es die Ersparnis von **Sozialversicherungsbeiträgen** angeht, ist der Streit für Schadensfälle, die ab 1.7.1983 eingetreten sind, durch § 119 SGB X und – für Beiträge ab 1.1.1992 – § 62 SGB VI weitgehend obsolet geworden.

Die **modifizierte Nettolohntheorie** (vertreten von einer Minderheit im Schrifttum, vgl. Wussow/   **796** Küppersbusch, Ersatzansprüche bei Personenschäden, Rn. 54; Palandt/Heinrichs, BGB, § 252 Rn. 10; Hofmann, NZV 1993, 139; Kullmann, VersR 1993, 386 sowie die Rechtsprechung des VI. Zivilsenats des BGH, vgl. BGH, VersR 1970, 640 = NJW 1970, 1271; VersR 1980, 529; VersR 1983, 149; ihm folgt die Rechtsprechung überwiegend, vgl. etwa OLG München, VersR 1981, 169; OLG Bamberg, VersR 1978, 451) sieht als ersatzfähig das entgangene Nettoeinkommen des Geschädigten an zzgl. der von ihm hierauf nach § 24 Nr. 1 EStG zu zahlenden Steuern, für deren Berechnung sich die gleichen Schwierigkeiten ergeben wie bei der Bruttolohntheorie.

> **Hinweis:**   **797**
>
> *Es ist im Grunde gleichgültig, welcher Methode gefolgt wird, weil – richtige Handhabung vorausgesetzt – die Ergebnisse übereinstimmen müssen (BGH, NZV 1995, 63 f.). Auch soweit es die **Darlegungs- und Beweislast** betrifft, besteht jedenfalls im Ergebnis kein Unterschied. Der letztlich maßgebliche Unterschied in der steuerrechtlichen Seite ist bei der modifizierten Nettolohntheorie vom Geschädigten darzulegen und zu beweisen, was ihm insoweit leichter möglich ist, als er die steuerlichen Unterlagen vorlegen kann. Geht man von der **Bruttolohntheorie** aus, muss der Schädiger zwar darlegen, dass der Geschädigte einen steuerlichen Vorteil erzielt, andererseits der Geschädigte die für die Höhe dieses Vorteils maßgeblichen Daten, also praktisch den Steuerbescheid, beibringen (BGH, VersR 1987, 669 und NZV 1995, 63 f.). Die in der Praxis einfachere Art der Berechnung kann somit regelmäßig auf der Basis der **modifizierten Nettolohntheorie** erfolgen.*

798 Während die Ermittlung des aktuellen Einkommens eines Arbeitnehmers i.d.R. keine nennenswerten Schwierigkeiten bereitet (s. o. Rn. 794 ff.), kann die insbesondere bei Dauerschäden schwierige Frage nach der **in Zukunft zu erwartenden Einkommensentwicklung** erhebliche Probleme aufwerfen.

Einkommenserhöhungen aufgrund von Tarifverträgen, Gesetzesänderungen für den öffentlichen Dienst oder Betriebsvereinbarungen kommen dem darunter fallenden geschädigten Arbeitnehmer zugute. Gleiches gilt für Gehaltserhöhungen, die auf einem Individualarbeitsvertrag beruhen. Liegt keine dieser Voraussetzungen vor, ist im Zweifel von gleich bleibenden Einkünften auszugehen (OLG Hamm, VersR 1954, 420). Dies ist allerdings in der neueren Entwicklung die Ausnahme. Soweit der **Geschädigte** aber einen den Tarifrahmen übersteigenden Verdienstausfall mit der Begründung geltend macht, dass er ohne die Schädigung bei Fortsetzung seiner früheren Tätigkeit eine **Beförderung** zu erwarten gehabt hätte, ist er **beweispflichtig.** Zwar kommen ihm auch hier die Beweiserleichterungen der § 252 Satz 2 BGB, § 287 ZPO zugute. Um in den Genuss dieser Erleichterung zu kommen, ist aber eine sorgfältige Darlegung hinreichend konkreter Anhaltspunkte erforderlich, aus denen der Schluss gezogen werden kann, dass die vom Geschädigten gehegte berufliche Aufstiegserwartung hinreichend wahrscheinlich ist. Soweit dieser Aufstieg von noch abzulegenden **Prüfungen** abhängig gewesen wäre, kann deren Bestehen nicht von statistischen Durchschnittswerten, sondern nur von den individuellen Gegebenheiten her beurteilt werden (OLG Köln, NJW 1972, 59). Aussagekräftig sind dafür eher die bisherige berufliche Entwicklung und die bisherigen Leistungen des Geschädigten, wie sie sich etwa aus Personalakten und Dienstzeugnissen ergeben.

Für **Einkommensminderungen,** die schädigungsunabhängig in Zukunft eingetreten wären, beispielsweise für Probleme der überholenden Kausalität (vorzeitiger Verlust des Arbeitsplatzes infolge von Vorerkrankungen des geschädigten Arbeitnehmers oder als Folge eines später erlittenen weiteren Unfalls, infolge Aufgabe des Betriebes des Arbeitgebers oder Konkurs) ist der **Schädiger** beweispflichtig, der sich insoweit ebenfalls auf die Erleichterung der §§ 252 Satz 2 BGB, 287 ZPO berufen kann (BGH, VersR 1965, 491 ff.). Macht der Geschädigte geltend, dass er in einem der beiden letztgenannten Fälle (Wegfall seines Arbeitsplatzes) anderwärts eine neue Stellung gefunden hätte, trifft ihn dafür die Beweislast (OLG Zweibrücken, VersR 1978, 67). Von großer praktischer Bedeutung ist hier das mit dem 65. Lebensjahr erfolgte Erreichen der **Altersgrenze,** die zugunsten des Schädigers schadensmindernd zu berücksichtigen ist.

d) Nachteile bezüglich der Altersversorgung

aa) Gesetzliche Rentenversicherung

799 Wer eine **rentenversicherungspflichtige** Tätigkeit ausübt, kann als Folge einer unfallbedingten Verletzung Nachteile hinsichtlich seiner späteren Rente erleiden. Diese Nachteile können je nach Umfang der Schädigung in drei Stufen eintreten: Wer nur **zeitlich begrenzt** seine frühere Tätigkeit nicht ausüben kann, sie aber später wieder aufnimmt, kann mangels versicherungspflichtiger Tätigkeit lediglich für die Ausfalldauer keine Beiträge zahlen. Wer nach Wiederherstellung seiner Gesundheit als **Dauerschaden** nicht mehr seine frühere, sondern nur noch eine einfachere oder leichtere, evtl. infolge nur zeitlich begrenzter Arbeitsfähigkeit im Ergebnis **geringer bezahlte Tätigkeit** ausübt, zahlt von da ab auch nur geringere Beiträge zur gesetzlichen Rentenversicherung, die seine Rentenansprüche mindern können. Wer schließlich gesundheitlich so schwere Schäden erleidet, dass er **überhaupt keiner** oder nur noch einer Tätigkeit im sozialversicherungsfreien Bereich (derzeit 325 € je Monat) nachgehen kann, zahlt keinerlei Beträge mehr zu gesetzlichen Rentenversicherung und hat damit die nachhaltigsten Nachteile hinsichtlich seiner rentenversicherungsrechtlichen Stellung hinzunehmen. Alle diese Nachteile sind als **Sonderform des Verdienstausfallschadens** vom Schädiger zu ersetzen. Da aber die genaue Höhe eines solchen Schadens u.U. erst viele Jahre später, nämlich mit Vollendung des 65. Lebensjahres des Geschädigten feststellbar ist, ist der Geschädigte insoweit zunächst auf die Erhebung einer Feststellungsklage **beschränkt.**

Das Recht der gesetzlichen Rentenversicherung bietet dem Geschädigten aber bestimmte **Möglich**   **800**
keiten, diesen Schaden mindestens teilweise sofort auszugleichen und damit gegenüber dem
Schädiger geltend zu machen. Zu erwähnen ist hier in erster Linie die Möglichkeit der freiwilligen
Weiterversicherung, die rentenrechtlich nur dann zulässig ist, wenn der geschädigte Versicherte
für die Zukunft keinerlei Pflichtbeiträge mehr leistet, also wenn infolge der Schädigung der o.g.
ungünstigste Fall eintritt und er überhaupt nicht mehr oder nur noch im sozialversicherungsfreien
Bereich tätig sein kann. Liegen bei ihm die im Einzelfall zu klärenden rentenrechtlichen Voraussetzungen für die freiwillige Weiterversicherung vor, kann er vom Geschädigten die dafür erforderlichen Beiträge verlangen, die dann rechnerisch auch den gedachten Arbeitgeberanteil enthalten
(BGHZ 69, 347 ff.; BGH, NZV 1994, 64). Der Geschädigte sollte aber daneben stets ein Urteil hinsichtlich evtl. weiterer Schäden beantragen, schon weil nicht sicher ist, ob mit der freiwilligen
Weiterversicherung der gesamte Rentenschaden gedeckt werden kann (BGH, a.a.O.). Verwendet
der Geschädigte solche Beiträge nicht zweckentsprechend, so wird ihm der dadurch erzielbare
Rentenbetrag später gleichwohl zugerechnet, denn der Schädiger hat insoweit seiner Ersatzpflicht
genügt. Nur dann, wenn die rentenrechtliche Position des Geschädigten bereits vor dem Schadensfall so gestaltet war, dass die durch eine freiwillige Weiterversicherung erzielbare zusätzliche
Rente **wirtschaftlich belanglos** war, die zusätzliche Beitragszahlung also völlig unwirtschaftlich
ist, ist ein Anspruch des Geschädigten auf Beiträge für eine freiwillige Weiterversicherung nicht
gegeben (BGHZ 69, 347 ff.; BGHZ 101, 211 ff.: **unfallfeste Position).** Dieser Ausnahmefall ist
inzwischen durch § 62 SGB VI gegenstandslos geworden, weil diese Vorschrift auch frühere Schadensfälle erfasst (BGHZ 116, 260; BGH NZV 1995, 352).

Hinweis:

Bei bloßen schädigungsbedingten **Verdienstminderungen** *besteht eine derartige rentenrecht*
liche Ausgleichsmöglichkeit nicht (BGH, VersR 1983, 663).

---

bb) Öffentlich-rechtliche Dienstverhältnisse

Wird ein Beamter als Folge eines Unfallschadens vorzeitig, also vor Erreichen der gewöhnlichen   **801**
Altersgrenze von 65 Jahren in den Ruhestand versetzt, so erleidet er **neben** dem gewöhnlichen
Erwerbsschaden, bestehend aus der Differenz zwischen seinem vollen Gehalt aus dem bisherigen
Dienstverhältnis und dem tatsächlich gezahlten Ruhegehalt und darüber hinaus ggf. dem vollen
Gehalt eines Beförderungsamtes und dem tatsächlich gezahlten Ruhegehalt (für diesen Bereich
gelten die allgemeinen Grundsätze, s.o. Rn. 794 ff.) auch einen **Ruhegehaltsschaden.** Dieser
besteht ab dem 65. Lebensjahr in der Differenz zwischen dem Ruhegehalt, welches er bei Zurücklegen der vollen Dienstzeit erhalten hätte, auch dieses ggf. aus einem Beförderungsamt und dem
tatsächlich gezahlten Ruhegehalt. Dieser Schaden ist ebenso zu ersetzen wie derjenige eines rentenversicherungspflichtig tätigen Arbeitnehmers. Erleidet der Beamte einen solchen Ruhegehaltsausfall nicht, etwa weil er im Zeitpunkt der Schädigung bereits den vollen Ruhegehaltssatz von
74 % verdient hatte oder weil aufgrund beamtenversorgungsrechtlicher Sonderregelungen das
Ruhegehalt auf der Basis voller Dienstzeit berechnet wird, so erleidet er einen Ruhegehaltsschaden
tatsächlich nicht.

Ob die Versetzung in den vorzeitigen Ruhestand materiell gerechtfertigt war, ist im Ersatzprozess   **802**
nicht zu prüfen (BGH, VersR 1987, 153), wohl aber die **Kausalität der Unfallschädigung** für die
vorzeitige Pensionierung (BGH, VersR 1969, 538). Die besonderen Probleme, die sich hieraus
nach Rechtsübergang der Ersatzansprüche auf den Dienstherrn ergeben, werden weiter unten
behandelt (s.o. Rn. 819 ff.).

803 Der Schädiger hat wie auch sonst die Möglichkeit des Nachweises, dass der Beamte z.B. infolge einer Vorschädigung oder Erkrankung das volle Ruhegehalt ohnehin nicht erreicht hätte. Anders als im Bereich der gesetzlichen Rentenversicherung besteht für den Beamten keine Möglichkeit, den Ruhegehaltsschaden zu mindern oder ganz zu vermeiden.

e) Vorteilsausgleich

aa) Aufwendungen des Arbeitnehmers für Arbeitsmittel und Fahrtkosten

804 Wie oben (Rn. 791) bereits erwähnt, sind vom Arbeitgeber getragene oder ersetzte Fahrtkosten zwischen Wohnung und Arbeitsstelle dem geschädigten Arbeitnehmer als Teil des Verdienstausfalls nicht zu ersetzen, weil er während der Krankheitszeit solche Kosten nicht hat. Das gilt in gleicher Weise für von ihm selbst getragene Fahrtkosten (BGH, VersR 1980, 455), typische von ihm zu stellende Berufskleidung oder eine allein aus Gründen der Berufsausübung gehaltene Zweitwohnung (OLG Bamberg, VersR 1967, 911). Hierbei ist jeweils die **steuerliche Komponente** zu beachten. Da derartige Kosten regelmäßig als steuerliche Werbungskosten steuermindernd geltend gemacht werden können, entfällt auch die damit verbundene steuerliche Entlastung. Sie ist dem Wegfall der per Vorteilsausgleich zu berücksichtigenden Ausgabenminderungen jeweils gegen zu rechnen.

bb) Steuerliche Vergünstigungen

805 Wenn an die Stelle des Arbeitseinkommens steuerrechtlich die Verdienstausfallrente tritt, unterliegt diese nach § 24 Nr. 1 EStG einer **geringeren Besteuerung.** Sie ist unter Zugrundelegung der Einkommensteuertabelle zu berechnen (BGH, VersR 1988, 183). Wird nach der modifizierten Nettolohntheorie abgerechnet, so erhält der Geschädigte ohnehin zunächst nur den ihm entgangenen Nettolohn ersetzt und kann zusätzlich die darauf zu zahlenden Steuern (richtigerweise erst nach deren Festsetzung: OLG München, VersR 1981, 169; Wussow/Küppersbusch, Ersatzansprüche bei Personenschäden, Rn. 78; Hofmann, VersR 1980, 807, 809) verlangen. Nach der **Bruttolohntheorie** hat zwar der Schädiger die bloße Tatsache der steuerlichen Begünstigung vorzutragen, jedoch hat der Geschädigte zu beweisen, welche Steuern er auf die Verdienstausfallrente tatsächlich zu zahlen hat (BGH, VersR 1987, 668: **Sachnähe).** In welchem Umfang steuerliche Vergünstigungen des Geschädigten aus Anlass seines Verdienstausfalls dem Schädiger zugute kommen sollen, ist im Einzelnen umstritten.

806 Nach einer im Schrifttum vertretenen Ansicht widerspricht es schon im Grundsatz dem Sinn und Zweck steuerlicher Vergünstigungen, die einem Geschädigten gewährt werden, sie dem Schädiger gutzubringen (Nachweise bei Greger, Zivilrechtliche Haftung im Straßenverkehr, § 11 StVG Rn. 89). Nach Auffassung des BGH sind dagegen wesentliche Teile der steuerlichen Vergünstigungen dem **Schädiger** im Wege der **Vorteilsausgleichung** anzurechnen, nämlich:

- Ermäßigungen infolge Steuerfreiheit von Krankengeld und Leistungen der gesetzlichen Unfallversicherung und infolge Steuerermäßigung von Erwerbsunfähigkeits- und Berufsunfähigkeitsrenten aus der gesetzlichen Rentenversicherung (BGH, VersR 1980, 529 und VersR 1986, 162),

- Vorteile aus der steuerlichen Progressionsdifferenz infolge Mithaftung des Geschädigten (BGH, NZV 1995, 64; dagegen mit Recht Kullmann, VersR 1993, 398; Hartung, VersR 1986, 308 ff., 314; Greger, Zivilrechtliche Haftung im Straßenverkehr, § 11 StVG Rn. 89),

- Vorteile aus einem Steuerfreibetrag für die Zahlung einer Abfindung nach § 3 Nr. 9 EStG (BGH, NZV 1989, 345),

- Versorgungsfreibetrag nach § 19 Abs. 2 EStG (BGH, NZV 1992, 314).

Dagegen sollten folgende Vergünstigungen einkommensteuerrechtlicher Art dem **Geschädigten**   807
voll verbleiben:

Ermäßigungen für Körperbehinderte nach § 33b EStG (BGH, VersR 1988, 464), Vorteile des ermä-
ßigten Steuersatzes nach § 34 Abs. 1 und 2 EStG für Kapitalentschädigungen (BGH, VersR 1980,
529 und VersR 1988, 464; dagegen Wussow/Küppersbusch, Ersatzansprüche bei Personenschäden,
Rn. 82; Späth, VersR 1978, 1004; Hofmann, VersR 1980, 808), der Herabsetzung (BGH,
WM 1970, 633) oder Verjährung der Steuerforderung (BGH, VersR 1970, 233).

Ähnlich wie bei der Einkommensteuer ist die daran geknüpfte **Kirchensteuer**-Ermäßigung dem   808
Schädiger gutzubringen, sofern der Geschädigte selbst kirchensteuerpflichtig ist. Ferner ist der
Verdienstausfallschadenersatz nicht umsatzsteuerpflichtig, die dadurch erzielte Ersparnis hieran somit dem Schädiger anzurechnen (BGH, VersR 1987, 668 f.). Das gilt in gleicher Weise für
die **Gewerbesteuer** (BFHE 84, 258; BGH, VersR 1979, 519; BGH, VersR 1987, 668), und zwar
auch für Entschädigungszahlungen wegen verletzungsbedingter Aufgabe eines Gewerbebetriebes
(BFHE 117, 483).

cc) Ersparnis von Sozialversicherungsbeiträgen

Dem Schädiger zugute kommende Ersparnisse liegen in erster Linie im Wegfall der Beiträge zur   809
Arbeitslosenversicherung, die ein verletzungsbedingter Arbeitnehmer während der Zeit der
Arbeitsunfähigkeit nicht zu zahlen braucht und deren freiwillige Weiterzahlung nicht möglich ist
(BGH, VersR 1986, 915; BGH, VersR 1988, 184). Bezüglich der Beiträge zur **Krankenversiche-
rung** und **Pflegeversicherung** kommt ein Vorteilsausgleich zugunsten des Schädigers nur in
Betracht, soweit der Geschädigte selbst Beiträge zu diesen Versicherungen nicht zu zahlen hat.
Rentenversicherungsbeiträge, die der Geschädigte zur Aufrechterhaltung seines bisherigen Ren-
tenstatus im Wege freiwilliger Weiterversicherung entrichtet (s.o. Rn. 800), konnten nur nach dem
vor dem 1.7.1983 geltenden Recht zugunsten des Schädigers berücksichtigt werden, sofern die freiwillige Beitragszahlung unwirtschaftlich, d.h. zur Erhaltung der vorher erzielten unfallfesten rentenrechtlichen Position nicht erforderlich war (BGH, VersR 1986, 915).

Hiervon zu trennen ist die Frage der rechtlichen Auswirkungen von Beitragszahlungen seitens der
Sozialleistungsträger, auf die evtl. Ansprüche des Geschädigten übergegangen sind (s. Rn. 743 ff.).

dd) Soziale Leistungen des Arbeitgebers

Soziale Leistungen des Arbeitgebers, mögen sie auf freiwilliger, vertraglicher oder gesetzlicher   810
Grundlage beruhen, dienen nicht der Entlastung des Schädigers und wirken sich deshalb **nicht im
Wege des Vorteilsausgleichs** zu seinen Gunsten aus (Erman/Kuckuk, BGB, vor § 249 Nr. 117
m.w.N.).

ee) Private Versicherungen

Das Gleiche gilt für Leistungen einer **Privatversicherung** (LG Düsseldorf, VersR 1966, 95: **Insas-**   811
senunfallversicherung), unabhängig davon, ob die Prämien vom Geschädigten selbst oder einem
Dritten aufgebracht worden sind (BGH, VersR 1968, 361; vgl. hierzu näher Erman/Kuckuk, BGB,
vor § 249 Rn. 122–123).

f) Schadensminderungspflicht

Der Geschädigte ist gem. § 254 BGB verpflichtet, **alle ihm möglichen und zumutbaren Maßnah-**   812
men zu treffen und Anstrengungen zu unternehmen, um den ihm entstehenden Verdienstausfall-
und Fortkommensschaden möglichst gering zu halten (BGHZ 60, 353, 358; BGH, MDR 1965,
897). Die durch angemessene und erforderliche Maßnahmen dieser Art dem Geschädigten entste-

henden Kosten hat der Schädiger zu tragen (BGH, VersR 1962, 136). Hinsichtlich der Angemessenheit solcher Kosten ist darauf abzustellen, ob die jeweilige Maßnahme wirtschaftlich sinnvoll ist. Als solche **Maßnahmen** kommen in Betracht:

● **Wiederherstellung der Arbeitskraft:**

Die nächstliegende Anforderung an den Geschädigten besteht darin, sich der **zur Wiederherstellung seiner Arbeitskraft** erforderlichen und geeigneten **medizinischen Behandlung** zu unterziehen (s. insoweit wegen der Einzelheiten Rn. 738 ff.).

● **Nutzung der verbleibenden Arbeitskraft:**

In zweiter Linie ist dem Geschädigten abzufordern, dass er die ihm verbliebene Arbeitskraft optimal nutzbringend einsetzt (BGHZ 10, 18, 20; BGHZ 91, 363; BGH, NJW 1996, 652). Das gilt auch bei schädigungsbedingter Frühpensionierung eines Beamten (BGH, VersR 1983, 488; hierzu Dunz, VersR 1984, 905) oder bei Bezug einer schädigungsbedingt gezahlten Unfallrente (BGH, VersR 1979, 425). Hierzu gehört beispielsweise auch die Aufnahme einer gesundheitlich möglichen bloßen Teilzeittätigkeit (BGH, NJW 1967, 2053; Wussow/Küppersbusch, Ersatzansprüche bei Personenschäden, Rn. 39) oder einer geringer bezahlten Arbeit (BGH, VersR 1974, 142), wobei immer auf die Umstände des Einzelfalls abgestellt werden muss (Alter, Vorbildung usw.). Bei schädigungsbedingtem Verlust des bisherigen Arbeitsplatzes muss sich der Geschädigte um die Beschaffung eines anderen Arbeitsplatzes bemühen (BGH, VersR 1961, 1118), und zwar auch unter Inkaufnahme eines Wohnungs- oder Ortswechsels (BGH, VersR 1962, 1100), dessen Kosten der Schädiger zu tragen hat. Allerdings sind bezüglich eines **Ortswechsels** die persönlichen Verhältnisse des Geschädigten zu beachten wie Alter, Gesundheitszustand nach der Schädigung, Familienstand, schulpflichtige Kinder, berufliche Stellung des Ehepartners, eigenes Wohnhaus (RGZ 160, 119 f.). Denn **überobligatorische Anstrengungen** schuldet der Geschädigte nicht (BGH, VersR 1974, 142). Andererseits kann eine gleichbezahlte Stelle nicht allein deshalb abgelehnt werden, weil sie mit einem **geringeren Verantwortungsbereich** und **reduzierten Aufstiegsmöglichkeiten** verbunden ist (a.A. OLG Hamm, VersR 1995, 669 unter Hinweis darauf, dass im entschiedenen Fall keine Tantiemezahlungen vorgesehen waren, die der Geschädigte bei seinem früheren Arbeitgeber erhalten hatte).

● **Umschulung:**

Eine Pflicht zur Umschulung setzt zunächst voraus, dass der Geschädigte infolge der Schädigung seinen **bisherigen** erlernten **Beruf nicht mehr ausüben kann.** Weiterhin ist Voraussetzung, dass die **Umschulung** in einem Beruf erfolgt, den er trotz seiner Schädigung **noch ausüben kann** (BGH, VersR 1961, 1118), dass er für den neuen Beruf nach Neigung und Begabung **geeignet** ist (OLG Karlsruhe, DAR 1988, 241), wenn nach erfolgreicher Umschulung für den Geschädigten auf dem Arbeitsmarkt eine realistische Beschäftigungschance im neuen Beruf besteht (BGHZ 10, 18; BGH, VersR 1961, 1118; BGH, NJW 1991, 1412 = VersR 1991, 438), wobei auch das Alter des Geschädigten zu beachten ist und die Kosten der Umschulung im Verhältnis zum sonst eintretenden Verdienstausfallschaden in einem vernünftigen Verhältnis stehen (BGH, VersR 1987, 1239). Dann muss der Geschädigte für die Dauer der Umschulung auch eine Trennung von seiner Familie hinnehmen (BGH, VersR 1962, 1100). Möglich ist auch eine **Umschulung in einen höherqualifizierten Beruf,** sofern sie in einem dem bisherigen gleichwertigen Beruf nicht möglich ist (BGH, VersR 1982, 767). Werden durch die Umschulung in einen höherqualifizierten Beruf höhere Kosten verursacht, als sie bei einer Umschulung in einen dem bisherigen gleichwertigen Beruf entstehen würden, so beschränkt sich die Kostentragungspflicht des Schädigers bezüglich der Umschulung dann auf die geringeren Kosten der Umschulung in einen gleichwertigen Beruf, wenn die teurere Umschulung lediglich auf dem Wunsch des Geschädigten beruht (BGH, VersR 1987, 1239).

Bleibt die Umschulung wirtschaftlich **erfolglos,** weil der Geschädigte auch im neuen Beruf keinen Arbeitsplatz findet, oder scheitert der Geschädigte schon während der Umschulung, besteht dafür ein **Kostenersatzanspruch** gegen den Schädiger nur, wenn zu Beginn der Umschulung ein positives Ergebnis erwartet werden konnte (BGH, VersR 1982, 767 und 791). Lehnt der Geschädigte eine Umschulung ab oder bemüht er sich noch nicht einmal darum, so sind auf seinen Verdienstausfallschaden diejenigen Einkünfte anzurechnen, die er nach erfolgter Umschulung in einen anderen Beruf verdienen könnte (BGH, VersR 1979, 424 f. = NJW 1979, 2142).

● **Haushaltsführung:**

Je nach Lage des Einzelfalles kann der Geschädigte im Rahmen seiner Schadensminderungspflicht auch gehalten sein, den **Haushalt seiner Familie zu führen.** Daran wird zu denken sein in den Fällen dauernder vollständiger Arbeitsunfähigkeit, vergeblicher Arbeitsplatzbemühungen oder nicht Erfolg versprechender bzw. erfolgloser Umschulung, aber ggf. auch bei nur teilschichtiger Erwerbstätigkeit. Dies ist kaum ernsthaft zweifelhaft bei einem Junggesellen, der vor der Schädigung seinen Haushalt ebenfalls selbst geführt hat. Bei verheirateten Geschädigten wird es hingegen auf die Größe des Familienhaushalts und der Familie sowie auf entsprechende gesundheitliche Fähigkeiten des Geschädigten ankommen. Eine den Verdienstausfallschaden mindernde Zurechnung des Wertes dieser Haushaltsführung (BGHZ 74, 226; nach § 287 ZPO zu schätzen) kommt allerdings nur dann in Betracht, wenn durch die Haushaltsführung des Geschädigten sein Ehegatte in die Lage versetzt wird, nunmehr seinerseits ein Erwerbseinkommen zu erzielen oder wenn eine bisher beschäftigte Haushaltshilfskraft nunmehr eingespart werden kann. Insbesondere der Erwerbseinsatz des Ehegatten des Geschädigten und daraus folgende Schadensminderungsmöglichkeiten setzen jedoch die **freiwillige** Bereitschaft des Ehegatten hierzu voraus. Lehnt der Ehegatte die Mitwirkung an einer solchen die Ausnahme bildenden Lösung ab, so kommt ein Verstoß des Geschädigten gegen seine Schadensminderungspflicht **nicht** in Betracht, weil der Ehegatte des Geschädigten zu einer Entlastung des Schädigers nicht verpflichtet ist.

● **Beweisfragen:**

Beweispflichtig für seine Behauptung, der Geschädigte habe eine ihm mögliche und zumutbare Ersatztätigkeit nicht aufgenommen, ist der Schädiger (BGH, VersR 1979, 424 = NJW 1979, 2142). Der Geschädigte ist jedoch über die für ihn bestehenden und in Betracht kommenden beruflichen Einsatzmöglichkeiten besser informiert als der Schädiger. Er muss daher den Schädiger hiervon in Kenntnis setzen und auch darlegen, was er bisher unternommen hat, um eine zumutbare Tätigkeit zu finden. Bereits die **mangelnde Bereitschaft**, eine solche Stelle zu suchen, kann den Vorwurf der Verletzung der Schadensminderungspflicht begründen (BGH, a.a.O.). Dem Schädiger bleibt dann die Möglichkeit des Nachweises, dass der Geschädigte eine konkrete zumutbare Arbeitsstelle nicht genutzt hat. Der Geschädigte muss sodann, um dem Vorwurf der Verletzung des § 254 BGB zu entgehen, darlegen und beweisen, weshalb er diese Arbeitsmöglichkeit nicht nutzen konnte oder zu deren Nutzung nicht verpflichtet war (BGH, a.a.O.).

g) Einfluss der Gehaltsfortzahlung

aa) Rechtsgrundlage

Es entspricht heute der Regel, dass ein abhängig Beschäftigter im Krankheitsfall und damit auch im Fall einer zur Arbeitsunfähigkeit führenden Gesundheitsschädigung durch Dritte seine bisherigen Bezüge seitens des Arbeitgebers weiterhin erhält, obwohl er seine Gegenleistung nicht erbringen kann. Dies basiert auf unterschiedlichen Rechtsgrundlagen mit zum Teil differenzierendem Umfang, teils auf gesetzlicher, teils auf vertraglicher Grundlage.   813

bb) Arbeitnehmer

Das **EFZG** vom 26.5.1994 (BGBl. I, S. 1014, 1065), zuletzt geändert durch Gesetz vom 12.12.1996 (BGBl. I, S. 1959), bestimmt bezüglich der Arbeiter, Angestellten und Auszubildenden – diese Gruppen werden in § 1 Abs. 2 EFZG zusammengefasst als Arbeitnehmer bezeichnet – hinsichtlich der Fortzahlung der Bezüge im Krankheitsfall die folgenden wesentlichen Faktoren: 814

815 Die Fortzahlung der Bezüge erfolgt für einen **Zeitraum von maximal 6 Wochen** (§ 3 Abs. 1 Satz 1 EFZG) und setzt voraus, dass das Arbeitsverhältnis **vor Beginn der Krankheit mindestens 4 Wochen** lang ununterbrochen bestanden hat (§ 3 Abs. 3 EFZG). Weitere Voraussetzung ist, dass den Arbeitnehmer hinsichtlich der Erkrankung kein Verschulden trifft. Insoweit besteht Einigkeit darüber, dass damit nicht der strenge Verschuldensmaßstab des § 276 BGB gemeint ist, sondern dass objektiv ein **gröblicher Verstoß** gegen das von einem verständigen Menschen im eigenen Interesse zu erwartende Verhalten vorliegen muss (Nachweise bei Schmidt, EFZG, § 3 Rn. 85), mithin nur Fälle von **Vorsatz und grober Fahrlässigkeit** erfasst werden. Auch **subjektiv** muss ein besonders leichtfertiges, grob fahrlässiges oder gar vorsätzliches Verhalten des Arbeitnehmers vorliegen (Schmidt, a.a.O. Rn. 86), das jeweils eine Einzelfallabwägung erfordert (BAG, NJW 1983, 2659). Tatsächlich ist aber etwa im Bereich der Sportarten bisher praktisch nichts als besonders gefährlich angesehen worden (Nachweise bei Schmidt, a.a.O., § 3 EFZG, Rn. 107 – 109), wogegen bei der Teilnahme am Straßenverkehr eine deutlich strengere Bewertung erfolgt (Schmidt, a.a.O., § 3 EFZG, Rn. 115).

816 Neben der zeitlichen Beschränkung auf 6 Wochen enthält § 4 Abs. 1 EFZG eine **Begrenzung der Höhe nach auf 80 %** des dem Arbeitnehmer bei der für ihn maßgebenden Arbeitszeit zustehenden Arbeitsentgelts. Diese Begrenzung gilt **nicht** bei Arbeits- und Wegeunfällen sowie Berufskrankheiten (§ 4 Abs. 1 Satz 2 EFZG) und wenn tarifvertraglich eine günstigere Regelung, also praktisch volle Lohnfortzahlung, vereinbart ist (§ 4 Abs. 4 EFZG).

Für Beschäftigte auf unter deutscher Flagge fahrenden Seeschiffen gilt § 48 SeemannsG.

cc) Öffentlich-rechtliche Dienstverhältnisse

817 Insoweit gelten § 82 BBG, die einschlägigen landesrechtlichen Regelungen und die inhaltsgleichen Vorschriften der Richter- und des Soldatengesetzes.

dd) Personen, die unter keine gesetzliche Regelung fallen

818 Hierbei handelt es sich um sog. **leitende Angestellte** mit Weisungsbefugnis gegenüber den in Unternehmen beschäftigten Arbeitnehmern, denen zwar gesellschaftliche, aber keine dienstvertraglichen Weisungen erteilt werden können und deren Bezüge einschließlich der Gehaltsfortzahlung im Krankheitsfall auf individualvertraglicher Grundlage beruhen, ganz gleich, ob sie neben einem Festgehalt noch – i.d.R. erfolgsabhängige – variable Einkünfte beziehen oder nicht. Insoweit sind auch **Mischverhältnisse** denkbar.

ee) Rechtsfolgen

819 Die Fortzahlung der Bezüge, gleich welcher der vorgenannten Fälle vorliegt, führt dazu, dass der Geschädigte insoweit, als die Bezüge fortgezahlt werden, vom Schädiger mangels eigenen Schadens keinen Anspruch auf Ersatz des Verdienstausfallschadens hat, während der wirtschaftliche Schaden den Arbeitgeber trifft, der wiederum mangels eigenen unmittelbaren Schadens keinen Ersatzanspruch gegen den Schädiger hat. Um dieses unbillige Ergebnis zu vermeiden, bestimmt § 6 Abs. 1 EFZG für die unter das EFZG fallenden Personen, dass deren kraft Gesetzes bestehenden Ersatzansprüche gegen Dritte, soweit sie den Verdienstausfall betreffen, insoweit auf den Arbeitgeber übergehen, als dieser die Bezüge des Geschädigten fortgezahlt hat, und zwar einschließlich der gezahlten Arbeitgeberanteile zur gesetzlichen Sozialversicherung, also zur Renten-, Kranken-, Arbeitslosen- und Pflegeversicherung, und zu einer zusätzlichen Alters- oder Hinterbliebenenversorgung. Eine entsprechende Regelung für den öffentlichen Dienst enthalten § 87a BBG und die diesbezüglichen Landesregelungen sowie die Sonderregelungen für Soldaten und Richter.

820 Soweit es die Personengruppe angeht, die keiner dieser gesetzlichen Regelungen unterliegt, kommt ein **Abtretungsanspruch** entweder auf **vertraglicher Grundlage** in Betracht, soweit der Individualvertrag eine solche enthält, oder es ist **§ 255 BGB** anzuwenden (vgl. Erman/Kuckuk, BGB, § 255 Rn. 1 und vor § 249 Rn. 103 m.w.N.).

3. Erwerbsschäden beruflich selbstständiger Personen

a) Grundfragen

Abzustellen ist auch hier nicht auf die abstrakte Minderung der Erwerbsfähigkeit, sondern auf den **821** konkreten **Verdienstausfall** (BGHZ 54, 45, 54; BGH, VersR 1960, 352 ff.; VersR 1964, 1243; VersR 1978, 1170). Entscheidend ist mithin nicht der Ausfall der **Arbeitskraft,** sondern **Arbeitsleistung,** die sich in einem wirtschaftlich messbaren **Arbeitserfolg** niederschlägt (wegen weiterer Einzelheiten s. Ruhkopf-Book, VersR 1970, 690 und VersR 1972, 114; Klimke, DB 1978, 1323; Stürner, JZ 1984, 463 und Grunsky, DAR 1988, 397). Eine **abstrakte Schadensberechnung** oder die Anwendung der Grundsätze des normativen Schadens lehnt der BGH ab (BGH, VersR 1970, 766; VersR 1992, 973). Vielmehr kommt es auf einen Vergleich zwischen dem tatsächlich erzielten Betriebsergebnis mit demjenigen, welches erzielt worden wäre, wenn der Verletzte selbstständig gearbeitet hätte, an (st.Rspr. BGH, vgl. etwa BGH, VersR 1961, 703, VersR 1961, 1140, VersR 1978, 1170).

b) Beweisbedürftigkeit und Beweismöglichkeiten

Von größter Bedeutung ist daher, auf welchem Wege die schädigungsbedingte Ertragsminderung **822** gemessen und bewiesen werden kann. Zwar kommt dem Geschädigten auch hier die Beweiserleichterung der § 252 Satz 2 BGB, § 287 ZPO zugute. Er muss aber alle Fakten vortragen und beweisen, die für die Schadensbemessung bzw. die zukünftige Gewinnerwartung von Bedeutung sind (BGH, VersR 1988, 837). Die Vorlage nur einer Bilanz oder Gewinn- und Verlustrechnung genügt regelmäßig nicht (BGH, NJW 1993, 2673). Vielmehr sollte – ähnlich wie im Unterhaltsrecht – die **wirtschaftliche Entwicklung** des Betriebes und der daraus erzielte Gewinn für einen geschlossenen Zeitraum von drei Jahren zugrundegelegt werden, und zwar, wenn es um einen vorübergehenden, also zeitlich begrenzten Zeitraum geht, die letzten drei Jahre vor dem schädigenden Ereignis, und wenn es um einen Dauerschaden geht, in fortschreitender Betrachtung der jeweils letzten drei Jahre, also z.B. für 1995 den Durchschnitt der Jahre 1992–1994, für 1996 den der Jahre 1993–1995 (ebenso im Ansatz Ruhkopf-Book, VersR 1970, 690 und VersR 1972, 114). Als **Grundlage der Bewertung,** die regelmäßig die Einschaltung eines betriebswirtschaftlichen Sachverständigen erfordert (BGH, VersR 1970, 860), sind die für die jeweiligen Zeiträume erstellten Bilanzen, Gewinn- und Verlustrechnungen, Einkommensteuerbescheide nebst vollständigen Steuererklärungen sowie die Umsatzsteuerbescheide heranzuziehen (wegen weiterer Einzelheiten zur Darlegungspflicht des Geschädigten wird auf BGH, NJW 1998, 1634 ff. verwiesen).

> **Hinweis:**
> *Nur in Ausnahmefällen wird es dem Geschädigten möglich sein, schädigungsbedingte ihm entgangene* **konkrete Einzelgeschäfte** *nachzuweisen, die z.B. auch im Nichtzustandekommen oder der Beendigung einer längerfristigen Geschäftsbeziehung liegen können (BGH, VersR 1996, 380:* **Beratervertrag***). Der ersatzfähige Schaden liegt dann nicht im entgangenen Umsatz, sondern allein in dem nach Abzug von Kosten aller Art verbleibenden Gewinn.*

c) Sondersituationen

Über die vorstehend genannten allgemeinen Gesichtspunkte hinaus sind bei der Schadensermitt- **823** lung die individuellen Besonderheiten des jeweiligen Betriebes und des jeweiligen Geschädigten zu beachten. Insoweit sind folgende Faktoren besonders hervorzuheben: Befindet sich der Betrieb noch in der **Aufbauphase,** kann schädigungsbedingt eine Verschiebung des Erreichens der Gewinnphase eintreten (hierzu Grunsky, DAR 1988, 397, 402). **Konjunkturelle Schwankungen** allgemeiner Art oder der jeweiligen Branche, die mit der Schädigung nichts zu tun haben, sind bei der hypothetischen Beurteilung zukünftiger Gewinnerwartungen zu beachten (BGH, VersR 1961, 1140); ebenso Folgerungen aus **schädigungsunabhängig bestehenden gesundheitlichen Einschränkungen** des Geschädigten, die ohnehin seine geschäftliche Einsatzfähigkeit vermindert hätten (BGH, a.a.O.), oder sein **Alter,** das ihn ohnehin demnächst zur Einstellung seiner Tätigkeit veranlasst hätte.

824 Wirkt sich der Ausfall des Selbstständigen innerbetrieblich besonders im **Forschungs- und Entwicklungsbereich** aus, so kann sich der Schaden u.U. erst Jahre später zeigen (hierzu Staudinger/ Medicus, BGB, § 252 Rn. 48). Steigt umgekehrt **nach Beendigung** des Ausfalls das Selbstständigen der Gewinn überproportional, kann die Ursache in der Nachholung von schädigungsbedingt liegen gebliebenen Arbeiten bzw. Aufträgen liegen (BGHZ 55, 329). Bei nur **kurzfristigem Ausfall** des Geschädigten lassen sich – je nach Lage des Einzelfalls – durch entsprechende Termindispositionen (OLG Karlsruhe, VersR 1981, 755: Schließung einer Arztpraxis für einen Tag) oder eine gute Betriebsorganisation (BGH, VersR 1966, 957) Erwerbsschäden u.U. ganz vermeiden.

825 Wird der Ausfall des Selbstständigen durch **unentgeltliche Mehrarbeit** von Mitarbeitern, Familienangehörigen o.Ä. aufgefangen, so kommt dies dem Schädiger nicht zugute (BGH, NJW 1970, 95). Sofern nachgewiesen wird, dass ohne diesen zusätzlichen Einsatz eine Ersatzkraft hätte eingestellt werden müssen, – nicht aber ohne einen solchen Nachweis –, sind die Kosten einer entsprechend vergleichbaren fiktiven Ersatzkraft zu ersetzen (Greger, Zivilrechtliche Haftung im Straßenverkehr, § 11 StVG Rn. 111, 117). **Daneben** kann aber eine noch **verbleibende Gewinnminderung** geltend gemacht werden, weil die Kosten einer echten oder fiktiven Ersatzkraft nicht identisch sind mit der jeweiligen tatsächlichen Gewinnminderung.

826 Kommt es schädigungsbedingt zu **betrieblichen Fehldispositionen** des Geschäftsinhabers, die ihrerseits zu Gewinnminderungen führen, so ist auch dieser Schaden zu ersetzen (BGH, VersR 1966, 931). Kommt es schädigungsbedingt zum **Verkauf** des Betriebs durch den geschädigten Inhaber, sind Mindererlöse an Betrieb, Betriebseinrichtungen und Grundstücken ebenfalls zu ersetzen (BGH, VersR 1972, 460). Muss der **Betrieb** schädigungsbedingt vom Inhaber **stillgelegt** werden, so hat der Schädiger den dem Inhaber entgehenden Nettogewinn, der nach Abzug der Betriebsausgaben von Rohgewinn verbleibt, zu ersetzen, sofern eine wirtschaftlich sinnvolle Fortführung des Betriebes auch mit Hilfskräften nicht möglich ist (BGH, VersR 1968, 396).

d) Schadensminderungspflicht

aa) Organisatorische Maßnahmen

827 Im Interesse einer Geringhaltung des Schadens ist der geschädigte Selbstständige in erster Linie verpflichtet, organisatorische Veränderungen in seinem Betrieb durchzuführen (BGH, VersR 1966, 851) und – besonders bei kürzerfristigen Ausfällen von Bedeutung – nach Wiederherstellung seiner Gesundheit evtl. entgangene Geschäfte durch maßvolle Verlängerung seiner täglichen Arbeitszeit nachzuholen (BGH, VersR 1971, 544). Denn dadurch wird es vielfach möglich sein, den Gewinnausfallschaden zumindest zu reduzieren.

bb) Einsatz verbleibender Arbeitskraft

828 Seine verbliebene Arbeitskraft hat der Selbstständige schadensmindernd einzusetzen (BGH, VersR 1959, 374). Arbeitet er, obwohl er gesundheitlich dazu eigentlich nicht oder noch nicht in der Lage ist, so liegt ein überobligationsmäßiger Einsatz vor, dessen Ertrag auf den Ersatzanspruch nicht anzurechnen ist (BGH, VersR 1974, 142). Wird dadurch aber die **gesundheitliche Situation** des Geschädigten **verschlechtert,** etwa infolge Verlängerung der Gesundungsdauer, ist dies gem. § 254 BGB zugunsten des Schädigers zu berücksichtigen (BGH, a.a.O.).

cc) Einsatz bezahlter Ersatzkräfte

Reichen diese Maßnahmen nicht aus oder kommen sie aus tatsächlichen Gründen nicht in Betracht, **829** so verpflichtet § 254 Abs. 2 BGB den Geschädigten, für die Dauer seines Ausfalls eine bezahlte Ersatzkraft zu beschäftigen, sofern dies nach Art des Betriebes möglich und Erfolg versprechend ist, um auf diese Weise den Erwerbsschaden zu reduzieren oder evtl. völlig auszugleichen. Die **Kosten dieser Ersatzkraft** hat der Schädiger zu tragen (BGH, NZV 1997, 174). Als Ersatzkraft ist u.U. auch die **Ehefrau** des Geschädigten anzusehen (BGH, VersR 1961, 704). Stellt sich heraus, dass die Kosten der Ersatzkraft höher sind als der Gewinnverlust des Geschädigten, so kommt eine Kürzung der vom Schädiger zu tragenden Kosten für die Ersatzkraft nur in Betracht, wenn die Unwirtschaftlichkeit des Einsatzes von vornherein auf der Hand lag (Greger, Zivilrechtliche Haftung im Straßenverkehr, § 11 StVG Rn. 116). Führt der Einsatz der Ersatzkraft zur Minderung des Erwerbsschadens, verbleibt dem Geschädigten wegen des Restes der allgemeine Ersatzanspruch. Führt er zu einem den Schaden übersteigenden Gewinn, so ist dieser übersteigende Gewinn auf den Ersatzanspruch nicht anzurechnen.

e) Vorteilsausgleich

Da der Wegfall tätigkeitsbedingter Aufwendungen, etwa von Fahrtkosten, bereits in der Gewinner- **830** mittlung erfasst wird, beschränken sich die Möglichkeiten des Vorteilsausgleichs beim Selbststän- digen auf steuerrechtliche Fragen. Schadensersatzrenten wegen Verdienstausfalls unterliegen weder der Umsatzsteuer (BGH, VersR 1987, 669) noch der **Gewerbesteuer** (BFHE 84, 258). Darüber hinaus unterliegen Schadensersatzrenten nach § 24 Nr. 1 EStG einer einkommensteuer- rechtlichen Begünstigung. Diese Vorteile sind anzurechnen. Wird eine Ersatzkraft beschäftigt, so mindert sich durch deren Gehalt über erhöhte Betriebsausgaben die Einkommensteuer und Gewer- besteuer. Diese Vorteile sind von dem zu ersetzenden Bruttogehalt der Ersatzkraft vorweg abzuzie- hen (wegen weiterer steuerrechtlicher Einzelheiten s. Rn. 805).

f) Einzelfälle

Folgende **Einzelfälle** in **alphabetischer Reihenfolge** sind entschieden worden: **831**

- **Architekt**: OLG Frankfurt/M., VersR 1979, 87;
- **Arzt**: OLG München, NJW 1987, 1484;
- **Belegarzt**: BGH, NJW-RR 1988, 410;
- **Bauunternehmer** (selbst mitarbeitender): LG Passau, MDR 1975, 230;
- **Betriebswirt**: BGH, VersR 1972, 1068;
- **Elektromeister**: BGH, VersR 1961, 1140;
- **Erfinder**: BGH, VersR 1967, 903;
- **Erwerbsgeschäft** in Gütergemeinschaft: BGH, VersR 1994, 316;
- **Fahrlehrer**: BGHZ 55, 329;
- **Fuhrunternehmer**: BGH, VersR 1971, 82; vgl. auch Danner, ZfV 1962, 143; zur Berech- nungsweise näher Berger, VersR 1963, 514;
- **Gärtner**: BGH, VersR 1966, 658;
- **Geschäftsinhaber**: BGH, VersR 1968, 970;
- **Großhändler**: BGH, VersR 1961, 703;
- **Kaufmann**: BGH, VersR 1961, 247;
- **Kfz-Händler**: BGH, VersR 1966, 851; OLG Schleswig, VersR 1976, 1183;
- **Kfz-Werkstattinhaber**: BGH, VersR 1969, 466;
- **Landwirt**: BGH, VersR 1966, 1158; vgl. auch Scheffen, VersR 1990, 928;

- **Porträtmaler**: BGH, VersR 1969, 376;
- **Schneiderin**: BGH, VersR 1964, 76;
- **Schlachter**: BGH, VersR 1965, 141;
- **Steuerberater**: BGH, VersR 1966, 957;
- **Taxiunternehmer**: BGH, VersR 1966, 595; KG, VersR 1976, 888; OLG München, MDR 1975, 755; OLG Karlsruhe, NZV 1989, 71; zur Berechnung Berger, VersR 1963, 514;
- Taxiunternehmer bei Verletzung auch des Fahrers: BGH, NJW 1979, 2244;
- **Vertreter**: BGH, VersR 1970, 860; ferner BGH, VersR 1963, 682: Bei schädigungsbedingter Übernahme eines schlechteren Bezirks kann der von seinem Nachfolger in seinem bisherigen Bezirk erzielte Gewinn bei aufstrebenden Unternehmen Maßstab der Schadenszumessung sein.
- **Zahnarzt**: OLG Nürnberg, VersR 1977, 63 und VersR 1968, 481; OLG Hamm, NZV 1995, 317.
- **Zahntechniker**: BGH, VersR 1966, 445.

4. Verdienstausfall eines Gesellschafters

832 Erleidet ein Gesellschafter eine Verletzung und fällt er dadurch als Mitarbeiter der Gesellschaft aus, kann sich ein Verdienstausfallschaden in folgenden Richtungen ergeben.

- **Minderung des Gewinnanteils oder des Kapitalkontos:**

Als Folge seines Ausfalls sinkt der **Gewinn** der Gesellschaft und damit der **Gewinnanteil** des geschädigten Gesellschafters. Beweispflichtig für den Gewinnrückgang und die Kausalität der Schädigung hierfür ist der Geschädigte. Zu ersetzen ist nicht der Gewinnrückgang insgesamt, sondern nur der Anteil des geschädigten Gesellschafters hieran, während i.Ü. ein nicht ersatzpflichtiger Drittschaden vorliegt (BFH, VersR 1964, 1243; BGH, NJW 1977, 1283). Wird ein solcher Gewinnrückgang allein durch überobligatorische Mehrarbeit der übrigen Gesellschafter vermieden, so entfällt damit mangels Gewinnrückgangs eine Ersatzpflicht (BGH, VersR 1964, 1243). Wird umgekehrt mit dem Geschädigten wegen der Schädigung eine negative Tätigkeitsvergütung vereinbart und dies als Verdienstausfallschaden des Geschädigten geltend gemacht, so ist dieser Anspruch nur dann begründet, wenn die anderenfalls auf die Mitgesellschafter entfallende Mehrarbeit überobligatorisch wäre (BGH a.a.O.). Erwirtschaftet die Gesellschaft schädigungsbedingt keinen Gewinn, so kann eine daraufhin eintretende Verminderung des Kapitalkontos des geschädigten Gesellschafters einen Ersatzanspruch begründen (BGH, VersR 1962, 622). **Ausnahme:** Der geschäftsführende **Alleingesellschafter** einer Kapitalgesellschaft (Beispiel: GmbH) kann den schädigungsbedingten Gewinnentgang der Gesellschaft als eigenen Schaden geltend machen (BGH, NJW 1977, 1283; kritisch hierzu Hüffer, NJW 1977, 1285 und Greger, Zivilrechtliche Haftung im Straßenverkehr, § 11 StVG Rn. 143) und daneben Ersatz seiner eigenen angemessenen Tätigkeitsvergütung ohne Nachweis dafür verlangen, dass infolge seines Ausfalls ein Gewinnrückgang eingetreten ist (BGH, VersR 1971, 570).

- **Verlust der Tätigkeitsvergütung**

Neben dem Gewinnausfall steht dem geschädigten Gesellschafter **Ersatz seiner Tätigkeitsvergütung** zu, die ihm schädigungsbedingt entgeht (BGH, VersR 1964, 1243). Insoweit gelten die gleichen Grundsätze wie für abhängig Beschäftigte. Das gilt auch für den Fall, dass die Tätigkeitsvergütung für die Dauer des schädigungsbedingten Ausfalls weitergezahlt wird, wobei es wiederum unerheblich ist, ob der Geschädigte zur Abtretung seiner Ersatzansprüche an die Gesellschaft verpflichtet ist (BGH, NJW 1978, 40) oder ob er gar gegenüber der Gesellschaft auf seine Vergütung für die Dauer seines schädigungsbedingten Ausfalls verzichtet hat (BGH, VersR 1992, 1411). Wichtig ist insoweit die Feststellung, dass es sich um eine **echte** Tätigkeitsvergütung handelt und nicht um eine verdeckte Gewinnausschüttung. Letzteres wäre beispielsweise eine gewinn- oder umsatzabhängige Tantieme (OLG Hamm, VersR 1979, 745). Nach BGH (VersR 1992, 1411) kommt als Abgrenzungs- und Orientierungshilfe derjenige Betrag als Tätigkeitsvergütung in Betracht, der steuerlich als Betriebsausgabe seitens der Finanzbehörden anerkannt wird (ebenso Greger, Zivilrechtliche Haftung im Straßenverkehr, § 11 StVG Rn. 141).

● **Kosten einer Ersatzkraft**

Letztlich kann der geschädigte Gesellschafter (nicht etwa die Gesellschaft) die Kosten des Ersatzes einer **tatsächlichen beschäftigten Ersatzkraft** geltend machen, sofern er deren Kosten der Gesellschaft zu erstatten hat (BGH, VersR 1963, 433) oder wenn er für seine Tätigkeit keine gesonderte Vergütung, sondern lediglich eine Gewinnbeteiligung erhält und der Einsatz der Ersatzkraft dazu dient, eine schädigungsbedingte Gewinnminderung der Gesellschaft und damit seiner Beteiligung hieran zu verhindern (BGH, VersR 1964, 1243).

5. Schädigungsbedingter Ausfall des haushaltsführenden Ehegatten

a) Rechtsgrundlage

Durch den BGH (BGHZ 50, 304 ff.) ist klargestellt worden, dass die haushaltsführende Ehefrau ab   833
1.7.1958 (In-Kraft-Treten des Gleichberechtigungsgesetzes) im Falle einer unfallbedingten Gesundheitsschädigung, die sie vorübergehend oder dauernd an der Haushaltsführung hindert, einen eigenen Ersatzanspruch gegen den Schädiger hat. Da die Haushaltsführung nach § 1356 Abs. 1 Satz 1 BGB zwischen den Ehegatten einverständlich zu regeln ist und derjenige Ehegatte, der die Haushaltsführung übernimmt, dies in eigener Verantwortung tut (§ 1356 Abs. 1 Satz 2 BGB) und mit dieser Tätigkeit zugleich seinen Beitrag zum Familienunterhalt leistet (§ 1360 Satz 2 BGB), ergibt sich jetzt folgendes Bild:

Die **Haushaltsführung** steht unterhaltsrechtlich und schadensrechtlich einer **Erwerbstätigkeit** gleich. Im Schadensfall erleidet der haushaltsführende Ehegatte demzufolge einen Erwerbsschaden, der der Ersatzpflicht unterliegt. Dabei kann davon ausgegangen werden, dass wegen der Eigenverantwortlichkeit, wie sie in § 1356 Abs. 1 Satz 2 BGB festgeschrieben ist, die Haushaltführungstätigkeit am ehesten einer selbstständigen Erwerbstätigkeit vergleichbar ist. Bei **Teilung** der Haushaltsführung auf **beide Ehegatten** und Schädigung eines von ihnen beschränkt sich der Ersatzanspruch auf den vom Geschädigten übernommenen Teil der Haushaltsführung, wobei zu beachten ist, dass Haushaltsführung regelmäßig erheblich mehr ist als bloße Hausarbeit. Hinzu kommt – je nach personellem und wirtschaftlichem Zuschnitt der Familie – der Gesamtbereich der Pflege, Betreuung und Erziehung der im Haushalt lebenden Kinder (Wussow/Küppersbusch, Ersatzansprüche bei Personenschäden, Rn. 129) und eventuell vorhandene Haustiere, Gartenarbeiten sowie Renovierungsarbeiten im Haushalt (BGH, NZV 1989, 388). Der Haushaltsführung durch einen Ehegatten steht nicht entgegen, dass der andere gelegentlich im Haushalt, etwa bei besonders schweren Arbeiten hilft (OLG Oldenburg, VersR 1983, 890).

Ein derartiger Ersatzanspruch besteht **nicht** im Falle einer nicht ehelichen Lebensgemeinschaft, weil insoweit die gesetzliche Basis einer wechselseitigen Unterhaltspflicht fehlt (OLG Düsseldorf, VersR 1992, 1419; a.A. Becker, VersR 1985, 202 ff. sowie LG Zweibrücken, NJW 1993, 3207; dagegen wiederum Raiser, NJW 1994, 2672; Pardey, DAR 1994, 268; Huber, FS Steffen, S. 201 ff.; Greger, Zivilrechtliche Haftung im Straßenverkehr, § 11 StVG Rn. 149).

b) Begrenzung auf den familienunterhaltsbezogenen Teil der Haushaltsführung

Schadensrechtlich ist Erwerbstätigkeit nur derjenige Teil der Haushaltsführung, der den **anderen**   834
Familienangehörigen zugute kommt, weil nur dieser Teil als Familienunterhalt i.S.d. § 1360 Satz 2 BGB angesehen werden kann (BGH, VersR 1974, 162 = NJW 1974, 41; BGH, NJW 1985, 735; BGH, VersR 1989, 1273). Soweit die Haushaltsführung der Deckung der **eigenen** Bedürfnisse des haushaltsführenden Ehegatten dient, kommt im Schädigungsfall folgerichtig kein Erwerbschadensersatz, sondern lediglich ein Anspruch auf Ersatz wegen vermehrter Bedürfnisse in Betracht (BGH a.a.O.). Das hat Konsequenzen für die Schädigung **allein stehender und allein lebender**

Personen, die neben ihrer Erwerbstätigkeit ihren Haushalt selbst führen. Auch sie können im Schädigungsfall insoweit nur Ansprüche auf Ersatz vermehrter Bedürfnisse geltend machen (BGH, VersR 1974, 162 = NJW 1974, 41; Greger, § 11 StVG Rn. 148; a.A. KG, VersR 1982, 978; Wussow/Küppersbusch, Ersatzansprüche bei Personenschäden, Rn. 129 a.E.).

c) Bemessung des Ersatzanspruchs

aa) Ausgangspunkt

835   Wie bei allen anderen Fällen eines Verdienstausfallschadens ist auch hier abzustellen auf den **konkret entstandenen Schaden**, also auf den Umfang der schädigungsbedingt nicht erbrachten Haushaltsführung. Zu ersetzen ist nicht (nur) das, was der geschädigte Ehegatte unterhaltsrechtlich zu leisten verpflichtet war (Kriterium der § 10 Abs. 2 Satz 1 StVG, § 844 Abs. 2 BGB), sondern was er tatsächlich ohne Schädigung geleistet hätte (Kriterium der § 11 StVG, §§ 842, 843 BGB; BGH, VersR 1974, 1016 = NJW 1974 1651; OLG Frankfurt/M., VersR 1982, 981; OLG Frankfurt/M., DAR 1988, 24; OLG Oldenburg, VersR 1993, 1492). Damit **entfällt** ein Ersatzanspruch, wenn schon vor Eintritt der Schädigung und unabhängig von ihr eine Hausangestellte die Haushaltsführung auf Dauer übernommen hatte, insofern ein Nachteil also nicht eintritt. Der Anspruch **reduziert** sich, ähnlich wie im Fall arbeitsteiliger Haushaltsführung beider Ehegatten, wenn eine Haushaltshilfe nur für einen Teil der Haushaltsführung vorhanden war und ist (BGH, VersR 1989, 1274).

bb) Ermittlung der ohne Schädigung konkret geleisteten Arbeit

836   Die Ermittlung des konkreten Schadens, also der Arbeitsleistung, die der geschädigte Ehegatte ohne Schädigung tatsächlich erbracht hätte, kann sich vorrangig an dem orientieren, was vor Eintritt der Schädigung von ihm geleistet worden ist. Dieser vom Geschädigten zu beweisende Bereich muss tatsächlich erbrachte Unterstützungsleistungen anderer Familienangehöriger ebenso einbeziehen (OLG Oldenburg, zfs 1989, 340) wie dem Umstand Rechnung tragen, dass die Haushaltsführung schließlich auch solchen Familienangehörigen zugute kommt, die ihrerseits nicht mehr unterhaltsbedürftig sind, etwa unverheirateten volljährigen Kindern mit eigenen Erwerbseinkünften (BGH, VersR 1974, 1016).

Als **Hilfsmittel** kommen insoweit aber auch Arbeitszeittabellen in Betracht, wie sie von Haushaltssachverständigen (etwa von Schulz-Borck/Hofmann, Schadensersatz bei Ausfall von Hausfrauen und Müttern im Haushalt; Reichenbach-Vogel, VersR 1981, 812; Ludolph-Hierholzer, VGT 1989, 205) für die unterschiedlichen Haushaltsgrößen entwickelt worden sind.

cc) Ermittlung der schädigungsbedingt noch verbleibenden Leistungsmöglichkeiten

837   Sodann ist festzustellen, welche der bisher vom geschädigten haushaltsführenden Ehegatten geleisteten Arbeiten trotz der Schädigung mit der verbleibenden Arbeitskraft noch selbst erbracht werden können. Auch dies hat der Geschädigte darzulegen (Pardey, DAR 1994, 265 f.). Dabei sind völlig geringfügige Ausfälle mit einer Minderung der Erwerbsfähigkeit von 10 % gar nicht (OLG Düsseldorf, DAR 1988, 24) oder 20 % kaum (OLG München, VersR 1971, 1064) zu berücksichtigen. Denn dadurch eintretende Beeinträchtigungen können teils durch organisatorische Maßnahmen und andere Einteilung der Arbeit (BGH, VersR 1970, 640), teils durch den Einsatz von Haushaltsgeräten, deren Kosten der Schädiger zu tragen hat, aufgefangen werden (Wussow/Küppersbusch, Ersatzansprüche bei Personenschäden, Rn. 137). Verfehlt erscheint es hingegen, den Verlust des Geruchs- und Geschmackssinns nicht als Beeinträchtigung der Haushaltsführung zu werten (so aber OLG Düsseldorf, VersR 1982, 881).

Diejenigen Arbeiten, die der geschädigte Ehegatte nicht mehr erledigen kann, sind sodann – hierfür bieten die oben genannten Tabellenwerke eine geeignete Grundlage – in den dafür nach Haushaltszuschnitt erforderlichen Zeitaufwand umzusetzen, der wiederum der Ersatzbemessung zugrunde zu legen ist. Hierfür anzusetzen ist das **Gehalt einer Ersatzkraft**. Dies gilt auch dann, wenn tatsächlich keine Ersatzkraft beschäftigt wird, sondern der Ausfall durch Mehrarbeit anderer Familienangehöriger, unentgeltliche Hilfsleistungen Dritter oder übermäßige Anstrengungen des Geschädigten aufgefangen wird (normativer Schaden: KG, VersR 1982, 978). In den Fällen eines normativen Schadens ist nur der (fiktive) **Nettolohn** der Hilfskraft zu ersetzen (BGH, VersR 1983, 458, auch zur Ermittlung des Nettolohns; OLG Düsseldorf, DAR 1988, 24; Hofmann, VersR 1977, 296).

dd) Berufliche Qualifikation der erforderlichen Ersatzkraft

Wichtig ist schließlich die **berufliche Qualität der einzusetzenden Ersatzkraft**. Fällt der haushaltsführende Ehegatte für einen vorübergehenden Zeitraum (Beispiel: längerer Krankenhausaufenthalt bei mehreren zu betreuenden Kindern) oder auf Dauer (Beispiel: Schwerstpflegebedürftigkeit) sowohl für die Haushaltsführung als auch für deren Beaufsichtigung **ganz oder weit überwiegend** aus, so kommt je nach Familiengröße eine **Hauswirtschafterin** (Tarifgehalt: BAT VIII – VII) in Betracht. Ist dagegen die **Beaufsichtigung** durch den Geschädigten noch möglich, kommt eher eine Hilfskraft (Tarifgehalt: BAT X) in Betracht (BGHZ 104, 121; OLG München, VersR 1971, 1069). Wurde bereits **schädigungsunabhängig** zeitlich begrenzt eine Haushaltshilfe beschäftigt, kann der Einsatz der den Anteil des haushaltsführenden Ehegatten ersetzenden Hilfskraft auf einen **Stundeneinsatz** beschränkt werden. Wird eine Haushaltshilfskraft in jeweils erforderlicher Qualitätsstufe und zeitlichem Umfang tatsächlich eingestellt, ist deren **Bruttolohn** einschließlich der arbeitgeberseitigen Beiträge zur Sozialversicherung zu ersetzen (Greger, § 11 StVG Rn. 152 m.w.N.; Wussow/Küppersbusch, Ersatzansprüche bei Personenschäden, Rn. 141).

838

Gelingt es der eingestellten Hilfskraft nicht, die Tätigkeit des haushaltsführenden Ehegatten **voll** auszugleichen, so soll nach BGH, NZV 1990, 21 = VersR 1989, 1273 der von der Hilfskraft nicht erledigte Teil zusätzlich zu ihrem Bruttolohn normativ, also mit dem Nettolohnanteil angesetzt werden. Das ist aus zwei Gründen fragwürdig. Einerseits hebt der BGH (a.a.O.) selbst hervor, der tatsächliche Umfang des Einsatzes einer Hilfskraft sei häufig ein Indiz dafür, dass kein weitergehender Schaden vorliege. Es kann aber auch sein, dass die eingestellte Hilfskraft nicht hinreichend **qualifiziert** oder **einsatzbereit** ist.

839

d) Höhe und Dauer der Rente

Bei der **Höhenbemessung** ist außer den vorstehenden Kriterien die hälftige Mitarbeitspflicht des nicht haushaltsführenden Ehegatten ab seinem Ausscheiden aus dem Erwerbsleben (BGH, VersR 1971, 1043; VersR 1973, 84; VersR 1977, 939) zu beachten, sodass von da ab die Schadensersatzrente herabzusetzen ist. Ferner ist die mit zunehmendem Alter nachlassende Arbeitskraft des haushaltsführenden Ehegatten zu berücksichtigen (BGH, VersR 1974, 1016: etwa **ab dem 68. Lebensjahr**). Auch das hätte schadensunabhängig dazu geführt, dass vermehrt eine Hilfskraft beschäftigt werden muss, für deren Kosten der Schädiger nicht ersatzpflichtig ist, weil sie nicht schädigungsbedingt eingesetzt wird.

840

Hinsichtlich der **Dauer** ist davon auszugehen, dass etwa mit dem 75. Lebensjahr die Pflicht zur Haushaltsführung allgemein endet (OLG Celle, zfs 1983, 291; OLG Hamm, NJW-RR 1995, 599). Dem Geschädigten bleibt aber – ein entsprechendes Feststellungsurteil vorausgesetzt – die Möglichkeit des Nachweises, dass er auch über diese Altersgrenze hinaus den Haushalt führt und insoweit schädigungsbedingte Einschränkungen hinnehmen muss (Wussow/Küppersbusch, Ersatzansprüche bei Personenschäden, Rn. 146).

841

V. Unterhaltsschäden

1. Allgemeines

a) Rechtliche Einordnung

842 Die § 10 Abs. 2 StVG, § 844 Abs. 2 BGB sehen für **bestimmte Personengruppen** einen **atypischen Schadensersatzanspruch** vor: Wird bei einem Unfall eine Person getötet oder zunächst nur verletzt, stirbt sie aber später an den Unfallfolgen, so hat der Schädiger denjenigen Personen, denen der Getötete kraft Gesetzes **unterhaltspflichtig** war oder werden konnte, den ihnen hieraus entstehenden Schaden zu ersetzen, sofern sie diesen Unterhaltsanspruch in Folge der Tötung verloren haben. Dieser Ersatzanspruch ist begrenzt auf die **mutmaßliche Lebensdauer** des Getöteten. Gegenstand ist mithin ein im Bereich der Gefährdungshaftung wie auch der Haftung aus unerlaubter Handlung systemfremder Anspruch eines nur **mittelbar Geschädigten**.

Hinweis:

*Erforderlich ist nach dem Wesensgehalt der gesetzlichen Regelung jeweils eine **doppelte Prüfung**. Zunächst muss geklärt werden, ob und in welchem Umfang der Getötete einem Dritten gesetzlich unterhaltspflichtig war oder werden konnte. Erst nachdem das festgestellt ist, sind die außerhalb des Unterhaltsrechts stehenden Besonderheiten schadensrechtlicher Art zu berücksichtigen. Die nachstehende Darstellung behandelt daher jeweils nebeneinander für jeden Teilkomplex die unterhaltsrechtlichen Fragen und die hieraus sich ergebenden schadensrechtlichen Besonderheiten.*

---

b) Fallgruppen bestehender gesetzlicher Unterhaltsansprüche

843 Kraft Gesetzes **unterhaltsberechtigt** (oder zukünftig unterhaltsberechtigt) sind:

- der **Ehegatte** bei bestehender Ehe (§ 1360 BGB), nach Trennung der Ehegatten (§ 1361 BGB), nach Scheidung der Ehe (§§ 1569 ff. BGB, für Scheidungen vor dem 1.7.1977 §§ 58 ff. EheG), nach Aufhebung (§ 37 Abs. 1 EheG, jetzt § 1318 BGB) und nach Nichtigerklärung (§ 26 Abs. 1 EheG, jetzt § 1318 BGB) der Ehe,

- **Verwandte in gerader Linie** (§§ 1601 ff. BGB), wobei das Verhältnis zwischen Eltern und Kindern praktisch im Vordergrund steht, und zwar unter Einschluss der für ehelich erklärten (§ 1736 BGB) und der adoptierten Kinder (§ 1754 BGB),

- **Nascituri** (§ 10 Abs. 2 Satz 2 StVG, § 844, Abs. 2 Satz 2 BGB),

- **nicht eheliche Kinder** (§§ 1601 ff. BGB),

- **Mütter nicht ehelicher Kinder** (§ 1615 Satz 1 BGB).

- **Partner einer eingetragenen Lebenspartnerschaft** während ihres Bestehens, nach der Trennung und nach der Auflösung (§§ 5, 12, 16 LPartG vom 16.1.2001, BGBl. I, S. 266).

Nicht anspruchsberechtigt sind demnach folgende Personen:

- **Verlobte** (KG, NJW 1967, 1089),

- **Partner einer nicht ehelichen Lebensgemeinschaft** (OLG Frankfurt/M., VersR 1984, 449),

- **Inhaber eines lediglich vertraglich begründeten Unterhaltsanspruchs** (BGH, VersR 1966, 735; BGH, VersR 1979, 1066),

- **Bezieher freiwilliger Unterhaltszahlungen** (BGH, NJW 1969, 2007),

- **Stief- und Pflegekinder** (BGH, NJW 1969, 2007 = VersR 1969, 998), auch nicht bei vereinbarter Mitversorgung dieser Kinder durch den neuen Ehegatten eines Elternteils (BGH, VersR 1984, 189).

c) Maßgeblicher Zeitpunkt

Das vorstehende familienrechtliche Unterhaltsrechtsverhältnis muss **im Zeitpunkt der Verlet-** **844** **zungshandlung** seitens des Schädigers **bestanden** haben. Dieser Zeitpunkt kann mit demjenigen des Todes des Unterhaltsschuldners zusammenfallen, d.h. die Schädigungshandlung führt sofort zum Tode. Fallen beide Zeitpunkte auseinander, stirbt also der Verletzte erst später, so kommt es nach dem zweifelsfreien Wortlaut der § 10 Abs. 2 Satz 1 StVG, § 844 Abs. 2 Satz 1 BGB auf den Zeitpunkt der Verletzungshandlung an.

Heiratet also ein Verletzter nach Eintritt der Verletzung und stirbt er später an deren Folgen, so ist der überlebende Ehegatte nicht ersatzberechtigt (BGH, NJW 1962, 1054). Das gilt in gleicher Weise für die Fälle der Ehelicherklärung und der Adoption. Beides muss im Verletzungszeitpunkt erfolgt sein, ebenso wie die Zeugung eines Nasciturus. Tritt der spätere Tod des Unterhaltspflichtigen aus Gründen ein, für die die vorangegangene Schädigung nicht ursächlich ist, so können gesetzlich unterhaltsberechtigte Personen Ersatz des ihnen entstehenden Unterhaltsschadens vom Schädiger nicht verlangen, auch nicht Ersatz des ihnen mittelbar entstehenden Rentenschadens infolge **kürzerer Beitragszahlungszeiten** (BGH, VersR 1986, 391).

Die **Beweislast** dafür, dass das familienrechtliche Verhältnis bereits im Verletzungszeitpunkt **845** bestanden hat, wie auch dafür, dass der später eingetretene Tod kausale Folge der Verletzungshandlung ist, trägt derjenige, der die Ansprüche geltend macht, also der Unterhaltsgläubiger. Ferner ist darauf hinzuweisen, dass nach dem Gesetzeswortlaut ein ersatzfähiger Unterhaltsschaden auch dann nicht vorliegt, wenn der Unterhaltsschuldner infolge der Schädigung zwar schwere Verletzungen erleidet und womöglich dauernd pflegebedürftig wird und demzufolge zu Unterhaltsleistungen nicht mehr in der Lage ist.

d) Von der Ersatzpflicht nicht erfasste Ansprüche

Da der Anspruch aus den § 10 Abs. 2 StVG, § 844 Abs. 2 BGB auf Ersatz des Rechtes auf schädi- **846** gungsbedingten Verlust des Unterhalts gerichtet ist, erfasst er nicht den Ersatz der im maßgeblichen Schädigungszeitpunkt bestehenden **Unterhaltsrückstände,** ganz gleich, ob deren Zahlung nach § 1613 BGB angemahnt war oder nicht (BGH, VersR 1973, 620; OLG München, NJW 1972, 586; Wussow/Küppersbusch, Ersatzansprüche bei Personenschaden, Rn. 226; Greger, Zivilrechtliche Haftung im Straßenverkehr, § 10 StVG Rn. 36) und ob er bereits tituliert war. Das gilt auch für Ansprüche nicht ehelicher Kinder (BGH, VersR 1973, 1076).

Nicht zu ersetzen sind weiterhin Ansprüche, die zwar unterhaltsrechtlicher Natur sind bzw. das **847** Unterhaltsrechtsverhältnis wirtschaftlich geprägt hätten, die aber erst nach dem maßgeblichen Stichtag begründet worden sind.

Beispiel:

Staatliche Zuwendungen an Unterhaltsberechtigte aufgrund einer gesetzlichen Regelung, die erst nach dem Tode des Unterhaltsschuldners geschaffen worden ist!

Ferner scheiden auch solche gesetzlichen Ansprüche aus, die rein **tatsächlich nicht realisierbar** **848** wären, ganz gleich, ob sie tituliert waren oder nicht, weil es insoweit am ersatzfähigen Schaden fehlt (BGH, NJW 1974, 1373). Denn insoweit tritt der Schaden beim Unterhaltsgläubiger nicht infolge des Todes des Unterhaltsschuldners, sondern infolge fehlender Beitreibbarkeit beim Unterhaltsschuldner ein (RGRK/Boujong, BGB, § 844 Rn. 31; Greger, Zivilrechtliche Haftung im Straßenverkehr, § 10 StVG Rn. 55).

> **Hinweis:**
>
> *In derartigen Fällen ist jedoch Zurückhaltung angebracht, was die dauerhafte Nichtrealisierbarkeit angeht. Der geschädigte Unterhaltsgläubiger genügt insoweit seiner Beweislast für die Realisierbarkeit des Anspruchs, wenn er geltend machen kann, dass sein Anspruch langfristig realisierbar gewesen wäre, etwa infolge Erbaussichten des Unterhaltsschuldners.*

849 **Keine Ersatzpflicht** besteht damit auch für diejenigen Fälle, in denen aus unterhaltsrechtlicher Sicht ein Anspruch aufgrund **fingierter Leistungsfähigkeit** des Unterhaltsschuldners tituliert worden ist. Hierzu gehören z.B. Fälle, in denen nach erfolgter Scheidung einer Ehe die Unterhaltsansprüche der gemeinsamen minderjährigen Kinder zu regeln sind und der unterhaltspflichtige Elternteil zwar nach § 1603 Abs. 2 Satz 1 BGB einer verschärften Haftung unterliegt, tatsächlich aber im Hinblick auf den aufzubringenden Unterhalt weder einer Erwerbstätigkeit nachgeht noch sich um eine solche bemüht. Auch hier gilt das oben Dargestellte: Ergibt eine Prüfung, dass diese Ansprüche rein tatsächlich nicht realisierbar sind, und zwar auf Dauer, so ist der Unterhaltsschaden nicht durch den Tod des Unterhaltsschuldners eingetreten. Insoweit ist die Situation derjenigen eines Sozialhilfeträgers ähnlich: Unterhaltsansprüche aufgrund einer nur **fiktiven Leistungsfähigkeit** werden vom Rechtsübergang des § 91 BSHG nicht erfasst (BGH, FamRZ 1998, 818).

e) Unterhaltsbegriff

850 Was zum Unterhalt gehört, umschreibt das BGB wie folgt:

Der Unterhalt **einer Person** umfasst deren gesamten Lebensbedarf einschließlich der Kosten angemessener Vorbildung zu einem Beruf (§ 1610 Abs. 2 BGB). Hinzu kommen bei Kindern Pflege, Betreuung, Erziehung und Versorgung, also der sog. Betreuungsunterhalt (§ 1606 Abs. 3 Satz 2 BGB), bei Behinderten die ihrer Behinderung entsprechende Pflege (BGH, NZV 1993, 21). Innerhalb der **Familie** umfasst der angemessene Unterhalt alles, was nach den Verhältnissen der Ehegatten erforderlich ist, um die Kosten des Haushalts zu bestreiten und die persönlichen Bedürfnisse der Ehegatten sowie den Lebensbedarf der gemeinsamen unterhaltsberechtigten Kinder zu befriedigen (§ 1360a Abs. 1 BGB). Wie dies innerhalb einer bestehenden Familie geregelt wird (Alleinverdienerehe, Doppelverdienerehe, Haushaltsführung, Kindererziehung usw.), bleibt der Entscheidung der Ehegatten überlassen. An die jeweilige Aufteilung zwischen Arbeit zum Zwecke des Gelderwerbs und Arbeit zum Zwecke der Haushaltsführung und Kinderbetreuung ist die schadensrechtliche Betrachtung gebunden, da dies für die individuelle Gestaltung des gesetzlichen Unterhaltsanspruchs prägend ist. Dabei muss jedoch beachtet werden, dass der Anspruch des Geschädigten begrenzt ist auf Ersatz eines gesetzlichen Unterhaltsschadens, also auf Ersatz nur des Unterhalts, den der Getötete kraft Gesetzes schuldete (BGH, NJW 1974, 1373; BGH, VersR 1979, 670; BGH, NJW-RR 1988, 1238; Erman/Schiemann, BGB, § 844 Rn. 11; Greger, StVG, § 10 Rn. 136). Dies kann insbesondere hinsichtlich der Haushaltsführung zu Schwierigkeiten in der Bewertung führen. Abzustellen ist auf die Verhältnisse des jeweiligen Einzelfalls, also den jeweils bestehenden konkreten Lebenszuschnitts der Beteiligten (RGRK/Boujong, § 844 BGB Rn. 54; BGH, NJW 1971, 2066 f.). Dabei ist jedoch eine in Grenzen **pauschalierende Betrachtung** gestattet (BGH, a.a.O.). Insoweit unterscheidet sich der Unterhaltsersatzanspruch des § 10 Abs. 2 StVG vom Verdienstausfallersatz des § 11 StVG. Dort ist nicht nur der gesetzlich geschuldete, sondern der tatsächlich geleistete Beitrag des Geschädigten zur Haushaltsführung zu ersetzen (vgl. oben Rn. 835 f.; Greger, StVG, § 11 Rn. 150; Erman/Schiemann, BGB, § 843 Rn. 6; BGH, NJW 1974, 1651 = VersR 1974, 1016), allerdings mit schadensrechtlicher Korrekturmöglichkeit bei offensichtlichem Missverhältnis in der Aufgabenverteilung (BGH, VersR 1985, 365).

f) Rechtliche Voraussetzungen für das Bestehen eines gesetzlichen Unterhaltsanspruchs

Ein Unterhaltsschaden kann nur entstehen, wenn ein gesetzlicher **Unterhaltsanspruch** besteht, **851** den der Gläubiger durch die Schädigung verloren hat. Die Voraussetzungen dieses gesetzlichen Unterhaltsanspruchs müssen in jedem **Einzelfall** gegeben sein. Erforderlich ist zunächst eine den Unterhaltsanspruch begründende Norm, deren Tatbestandmerkmale jeweils vorliegen müssen. Die dafür in Betracht kommenden Vorschriften sind bereits oben (Rn. 850) genannt. Wegen der unterhaltsrechtlichen Einzelheiten dieser Normen muss auf das einschlägige familienrechtliche Schrifttum (s. Oenning, in: Rotax [Hrsg.]. FamPrax, Teil 5) verwiesen werden. Hinzuweisen ist lediglich auf folgende schadensrechtliche Besonderheit: Im Bereich des **Ehegattenunterhalts** kommt es – wie in allen anderen Fällen – auf die Situation im Zeitpunkt der zum Tode des Unterhaltsschuldners führenden Verletzung an. Hat die Ehe zu diesem Zeitpunkt rechtlich noch bestanden, ist eine evtl. **bestehende Scheidungsabsicht** ohne Bedeutung (BGH, VersR 1974, 700). Lief aber bereits ein Scheidungsverfahren, so ist für die Zeit bis zum mutmaßlichen Zeitpunkt der Rechtskraft eines Scheidungsausspruchs der Trennungsunterhaltsanspruch aus § 1361 BGB und für die nachfolgende Zeit ein evtl. Anspruch aus den §§ 1569 ff. BGB zu prüfen, für dessen Tatbestand der Unterhaltsgläubiger beweispflichtig ist. Das OLG Hamm (VersR 1992, 511) geht von der Beweislast **des Schädigers** dafür aus, dass die Ehe unter Ausschluss eines Unterhaltsanspruchs geschieden worden wäre. Das ist nur für den Fall zutreffend, dass der Schädiger die Voraussetzungen eines Verwirkungstatbestandes i.S.d. § 1579 BGB geltend macht, denn dafür wäre der Unterhaltsschuldner beweispflichtig gewesen.

Soweit es den **Nasciturus** angeht, kommt ein Ersatzanspruch aus den § 10 Abs. 2 StVG, § 844 **852** Abs. 2 BGB nur in Betracht, wenn er zum Zeitpunkt der zum Tode führenden Verletzung des demnächst Unterhaltsschuldners bereits erzeugt war. Beweispflichtig ist das (später geborene) Kind bei freier gerichtlicher Beweiswürdigung ohne Bindung an die §§ 1592, 1600o Abs. 2 BGB (RGRK/Boujong, BGB, § 844 Rn. 26). **Kein Unterhaltsersatzanspruch** besteht insoweit auch bei erst nach dem Tode des Unterhaltsschuldners erfolgter Zeugung durch in-vitro-Fertilisation, selbst wenn entsprechende Pläne schon vor der zum Tode führenden Verletzung bestanden haben sollten (Erman/Schiemann, BGB, § 844 Rn. 8).

Liegt ein gesetzlicher Unterhaltatbestand vor, so ist weiterhin Voraussetzung eines Unterhaltsanspruchs, dass der **Berechtigte unterhaltsbedürftig** ist. Unterhaltsbedürftig ist nach § 1602 **853** Abs. 1 BGB nur, wer außerstande ist, sich selbst zu unterhalten. Wer über Vermögenswerte gleich welcher Art verfügt, muss Erträgnisse und Stamm des Vermögens zur Deckung seines Unterhaltsbedarfs einsetzen, es sei denn, die Verwertung des Stamms wäre unwirtschaftlich (BGH, VersR 1985, 1140). **Ausnahme:** Minderjährige unverheiratete Kinder müssen im Verhältnis zu ihren Eltern nur die Erträgnisse ihres Vermögens einsetzen: § 1602 Abs. 2 BGB. Ferner ist selbstverständlich die eigene Arbeitkraft zur Deckung des eigenen Unterhalts einzusetzen. Unterhaltsbedürftig ist also nur, wer entweder nicht arbeiten kann (Erwerbsunfähigkeit, Alter) oder trotz eigener nachhaltiger Bemühungen keinen Arbeitsplatz findet. Unterhaltsbedürftig ist demnach nicht, wer nicht arbeiten will.

Im Verhältnis der Ehegatten zueinander bei bestehender Ehe spielt die Unterhaltsbedürftigkeit keine Rolle, weil beide einander nach § 1360 Satz 1 BGB einen angemessenen Beitrag zum Familienunterhalt schulden (BGHZ 56, 389 ff. = NJW 1971, 2066).

854   *Hinweis:*

Schadensrechtlich ist insoweit zu beachten, dass – anders als das die gesetzliche Unterhalts-
pflicht begründende familienrechtliche Verhältnis – die Unterhaltsbedürftigkeit im Zeitpunkt
*der Schädigung noch nicht vorgelegen haben muss, sondern dass es genügt, dass die **Unter-***
***haltsbedürftigkeit später eintreten kann** („. . . oder unterhaltspflichtig werden konnte . . .“),*
ganz gleich, worauf das beruht. Angesichts der kurzen Verjährungsfrist und der Gefahr, dass
*der Schädiger bei späterer Leistungsklage die Ersatzpflicht bestreitet, ist ein **Feststellungs-***
***interesse des Unterhaltsgläubigers** bei Erhebung einer Klage auf Feststellung der künftigen*
Ersatzpflicht regelmäßig zu bejahen. Die Voraussetzungen für den Erfolg einer solchen Klage
des Unterhaltsgläubigers, der nachweisen muss, dass er später einmal unterhaltsbedürftig
werden könnte und der Getötete dann leistungsfähig gewesen wäre, dürfen jedoch nicht über-
spannt werden. Die Rechtsprechung lässt es ausreichen, wenn nach der Lebenserfahrung und
dem gewöhnlichen Verlauf der Dinge mit einiger Wahrscheinlichkeit der Getötete zukünftig
für den Geschädigten hätte Unterhalt aufbringen müssen (st.Rspr. seit BGHZ 4, 133 =
NJW 1952, 539; BGH, VersR 1953, 481 spricht von nicht entfernt liegender Möglichkeit).

Dies ist von besonderer Bedeutung bei einer Feststellungsklage von Eltern eines getöteten
Kindes. Bejaht worden ist z.B. die Wahrscheinlichkeit zukünftiger Unterhaltsansprüche von
33 und 30 Jahre alten Eltern beim Tod eines fünf Jahre alten Kindes (BGH, LM § 256 ZPO
Nr. 7 = VersR 1952, 210) oder eines neun Jahre alten Sohnes eines Rechtsanwalts (BGH, LM
§ 844 Abs. 2 BGB Nr. 9 = VersR 1953, 481).

855   Schließlich muss der Getötete **unterhaltsrechtlich leistungsfähig** gewesen sein. § 1603 Abs. 1
BGB drückt das negativ dahin aus, dass unterhaltspflichtig nicht ist, wer bei Berücksichtigung seiner sonstigen Verpflichtungen außerstande ist, ohne Gefährdung seines eigenen angemessenen
Unterhalts Unterhaltsleistungen zu erbringen. Welche Mittel für Unterhaltszwecke im Einzelnen
einzusetzen sind, wird unter Rn. 864 ff. näher ausgeführt. Gegenüber ihren minderjährigen Kindern, denen Kinder im Alter bis zu 21 Jahren für die Dauer des regelmäßigen Schulbesuches
gleichstehen, haften Eltern nach § 1603 Abs. 2 Satz 1 BGB verschärft.

Eine lediglich **fiktive unterhaltsrechtliche Leistungsfähigkeit**, beruhend darauf, dass der Unterhaltsschuldner etwa seine Arbeitsstelle mutwillig aufgegeben hat oder sich in unterhaltsrechtlich
vorwerfbarer Weise nicht um eine zumutbare Erwerbstätigkeit bemüht (BGHZ 75, 272; BGH,
FamRZ 1984, 374; NJW 1981, 1609), ist allerdings schadensrechtlich nicht zu berücksichtigen.

856   *Hinweis:*

*Lag zur Zeit des Eintritts der Ersatzpflicht des Schädigers bereits ein **Unterhaltstitel** gegen*
den Getöteten vor, ganz gleich wessen gesetzliche Unterhaltsansprüche geregelt wurden, so
kann für die schadensrechtliche Beurteilung davon ausgegangen werden, dass der zu erset-
zende Anspruch nach Grund und Höhe besteht, jedoch mit Ausnahme der Fälle nur fiktiver
Leistungsfähigkeit des Unterhaltsschuldners.

2. Schadensrechtliche Konsequenzen aus der unterhaltsrechtlichen Rangfolge mehrerer unterhaltspflichtiger Personen

857   Ausgangspunkt ist die in §§ 1606–1608 BGB festgelegte **unterhaltsrechtliche Rangfolge** mehrerer unterhaltspflichtiger Personen. Danach haften Abkömmlinge (Kinder, Enkel) vor den Verwandten der aufsteigenden Linie (Eltern, Großeltern) des Unterhaltsberechtigten, und zwar jeweils die
näheren vor den entfernteren, bei gleichem Rang mehrerer Verpflichteter jeder nach seinen Ein-
kommen- und Vermögensverhältnissen (§ 1606 BGB). Davon sieht das Gesetz zwei Ausnahmen

vor, nämlich die grds. vorrangige Haftung der leistungsfähigen Ehegatten des Bedürftigen vor dessen Verwandten (§ 1608 BGB) sowie die Eintrittspflicht des nach § 1606 BGB jeweils nachrangig haftenden Verwandten für den Fall der Leistungsunfähigkeit des vorrangig haftenden Verwandten (§ 1607 BGB).

Schadensrechtlich ist diese unterhaltsrechtliche Rangfolge nur sehr eingeschränkt von Belang. 858
Nach § 13 Abs. 2 StVG, §§ 844 Abs. 2, 843 Abs. 4 BGB wird der Schadensersatzanspruch wegen Unterhaltsentzugs nicht dadurch ausgeschlossen, dass ein anderer dem Geschädigten Unterhalt zu gewähren hat. Das bedeutet, dass der Schädiger nicht geltend machen kann, der Unterhaltsberechtigte habe wegen der unterhaltsrechtlichen Einstandspflicht des nachrangig Unterhaltspflichtigen keinen Schaden erlitten. Vielmehr tritt der Schädiger an die Stelle des getöteten erstrangigen Unterhaltspflichtigen (BGH, VersR 1970, 41). Das gilt auch dann, wenn anstelle des Getöteten tatsächlich ein nachrangig Unterhaltspflichtiger den Unterhalt des Berechtigten sichergestellt hat (Beispiel: BGH, VRS 20, 81; BGHZ 20, 72, 77 f.; BGH, VersR 1965, 376). Ein Ersatzanspruch entsteht dagegen nicht beim Unfalltod des bisher zahlenden nachrangig Unterhaltspflichtigen, wenn der vorrangig Unterhaltspflichtige zur Unterhaltsleistung in der Lage ist.

Haften **mehrere Personengleichrangig** für den Unterhalt und wird eine von ihnen getötet, so haftet der Schädiger nur für den Unterhaltsanteil, den der Getötete aufzubringen hatte. Hauptanwendungsfall ist die **Quotenhaftung der Eltern** für den Unterhalt ihrer minderjährigen Kinder gem. § 1606 Abs. 3 BGB.

Erbrechtlich sind folgende Konstellationen zu unterscheiden: 859

(1) Der unterhaltsbedürftige Unterhaltsgläubiger ist **Erbe des Vermögens des getöteten Unterhaltsschuldners**: Dann sind im Wege des Vorteilsausgleichs auf den Ersatzanspruch des Unterhaltsgläubigers diejenigen Teile der Erträgnisse und des Stamms des ihm zugefallenen Vermögens anzurechnen, die auch schon vor dem Tode des Unterhaltsschuldners dafür verwendet worden sind (BGH, VersR 1974, 700 = NJW 1974, 1236).

(2) Tritt an die Stelle des getöteten vorrangig Unterhaltspflichtigen ein **nachrangig Unterhalts-** 860
pflichtiger, der **zugleich Erbe** des getöteten vorrangig Unterhaltspflichtigen ist, und ist der gesetzliche Unterhaltsanspruch des Berechtigten aus den Erträgnissen der Erbschaft zu befriedigen, so tritt insoweit ein zu ersetzender Unterhaltsschaden des Berechtigten nicht ein, weil sein Anspruch aus dem gleichen Vermögen wie vor dem Tod des vorrangig Unterhaltspflichtigen erfüllt wird und nur die Person des Leistenden gewechselt hat (sog. **Quellentheorie:** vgl. BGH, VersR 1969, 951; BGH, VersR 1972, 391; OLG München, VersR 1967, 190; ebenso Greger, Zivilrechtliche Haftung im Straßenverkehr, § 10 StVG Rn. 58; Wussow/Küppersbusch, Ersatzansprüche bei Personenschäden, Rn. 312).

(3) Handelt es sich dagegen um Unterhaltsansprüche, die beim Tode des Unterhaltsschuldners 861
kraft Gesetzes auf den Erben übergehen – Fälle des Todes des unterhaltspflichtigen geschiedenen Ehegatten (§ 1586b BGB) und des gegenüber der Mutter seines nicht ehelichen Kindes unterhaltspflichtigen Vaters (§§ 1615l, 1615n BGB) –, wird z.T. die Ansicht vertreten, dass wegen der gesetzlichen Erbenhaftung ein Unterhaltsschaden nicht entsteht, es sei denn, der oder die Erben machen von den Möglichkeiten der Beschränkung der Erbenhaftung Gebrauch oder seien aus tatsächlichen Gründen nicht oder nur z. T. zur Unterhaltsleistung in der Lage. Nur in diesem Falle komme ein voller oder teilweiser Unterhaltsausfallschaden in Betracht (RGRK/Boujong, BGB, § 844 Rn. 32 unter Bezug auf RGZ 74, 375 f.). Hiergegen wird wohl mit Recht eingewandt, diese Einschränkung sei mit Sinn und Zweck der § 13 Abs. 2 StVG, § 843 Abs. 4 BGB nicht zu vereinbaren, denn in diesen Vorschriften komme der allgemeine Rechtsgedanke zum Ausdruck, dass auf den Schadensersatzanspruch keine Leistungen Dritter anzurechnen seien, die ihrer Natur nach dem Schädiger zugute kommen sollen (BGH, NJW 1963, 1051 mit Anm. Ganssmüller, a.a.O., S. 1446; BGH, VersR 1970, 41; Greger, Zivilrechtliche Haftung im Straßenverkehr, § 10 StVG, Rn. 57).

862 (4) Im **Sonderfall der Wiederverheiratung der Unfallwitwe** endet zwar ihr Unterhaltsanspruch gem. § 1586 Abs. 1 BGB aus der früheren geschiedenen Ehe und sie erwirbt mit der Eheschließung einen neuen Unterhaltsanspruch gegenüber ihrem neuen Ehemann aus § 1360 BGB. Das Erlöschen des Anspruchs auf Geschiedenenunterhalt ist unabhängig davon, ob sie in der neuen Ehe wirtschaftlich besser oder schlechter als in der früheren Ehe gestellt ist. Das bedeutet aber nicht auch das Ende ihres Unterhaltsersatzanspruches aus den § 10 Abs. 2 StVG, § 844 Abs. 2 BGB, da die Voraussetzungen der § 843 Abs. 4 BGB, § 13 Abs. 2 StVG nicht vorliegen. Der **neue Ehemann** der Unfallwitwe wird ihr nämlich **nicht aufgrund des Unfalls**, sondern **aufgrund der Eheschließung** unterhaltspflichtig (BGH, VersR 1958, 627; BGH, VersR 1970, 522 ff.; BGH, VersR 1979, 55; Wussow/Küppersbusch, Ersatzansprüche bei Personenschäden, Rn. 213; Greger, Zivilrechtliche Haftung im Straßenverkehr, § 10 StVG Rn. 59). Das gilt in gleicher Weise etwa für die Haushaltsführung der getöteten Ehefrau bei Wiederverheiratung des Witwers. Ungeachtet des Streites um die dogmatische Einordnung (OLG Celle, VersR 1967, 164 geht von Vorteilsausgleich aus) besteht Einvernehmen darüber, dass im Falle der Wiederverheiratung der neu erlangte Unterhaltsanspruch der Unfallwitwe in voller Höhe schadensmindernd auf den Ersatzanspruch gegen den Schädiger anzurechnen ist (vgl. die o.a. Nachweise).

3. Unterhaltsschäden bei intakter Ehe

863 Wer – sei es als Ehegatte oder Kind im Rahmen einer intakten Ehe – einen Unterhaltsschaden erleidet, weil der oder die unterhaltspflichtige Person schädigungsbedingt zu Tode kommt, hat schadensrechtlich ein Anspruch darauf, vom Schädiger so gestellt zu werden, wie er es unterhaltsrechtlich bei Fortleben des Unterhaltpflichtigen unter Beachtung der konkreten Gestaltung der ehelichen Lebensverhältnisse hätte beanspruchen können (BGH, VersR 1970, 183, st. Rspr).

> **Hinweis:**
>
> *Diese Orientierung eines Schadensersatzanspruchs am Unterhaltsrecht und damit an den vielfältigen Möglichkeiten der Gestaltung ehelicher Lebensverhältnisse führt zu einer Vielzahl von Variationsmöglichkeiten, denen allerdings eins gemeinsam ist: Die in den Unterhaltsleitlinien der Familiensenate der OLG entwickelten Verteilungsmaßstäbe sind insgesamt schon deshalb nicht verwendbar, weil sie auf die gescheiterte Ehe mit der typischen Folge mehrfacher Haushaltsführung zugeschnitten sind, wovon vorliegend gerade nicht auszugehen ist (BGH, VersR 1986, 40). Vielmehr beruht das Prinzip der schadensrechtlichen Lösung darauf, dass das ohne Schädigung vorhandene Einkommen des getöteten Unterhaltspflichtigen, gekürzt um die Fixkosten des fortbestehenden einheitlichen Haushalts der Rumpffamilie und den eigenen Unterhaltsanteil des Getöteten, zusammen mit den zuvor ermittelten Fixkosten auf die einzelnen geschädigten Familienangehörigen aufgeteilt wird.*

Die sich aus dieser Groblösung ergebenden Einzelfragen sind im Folgenden darzustellen.

a) Ermittlung des der Schadensberechnung zugrundezulegenden Einkommens

aa) Allgemeines

864 Der **Lebensbedarf** einer Familie und damit aller zugehörigen Personen wird geprägt einerseits durch Einsatz der verfügbaren Geldmittel, anderseits durch Haushaltstätigkeit im weitesten Sinn. Soweit es den Umfang der verfügbaren Geldmittel angeht, bildet das tatsächlich vorhandene lfd. Nettoeinkommen die Grundlage der Berechnung (BGH, VersR 1972, 176; VersR 1983, 688). Weder kann der Schädiger insoweit einwenden, dieses Einkommen sei nur aufgrund eines unterhaltsrechtlich weit überobligatorischen Einsatzes (Überstunden, Nebentätigkeiten u.Ä.) erzielt worden, noch kann der Geschädigte geltend machen, es müsse von einem höheren als dem tatsäch-

lich verfügbaren Einkommen ausgegangen werden, weil der Verstorbene seine Arbeitskraft nur zum Teil ausgenutzt habe, ganz gleich, ob aus unterhaltsrechtlich vorwerfbaren Gründen oder nicht (Greger, StVG, § 10 Rn. 107). Vielmehr ist der Geschädigte so zu stellen, wie er unter Berücksichtigung der tatsächlich verfügbaren Mittel bei Fortleben des Getöteten unter Zugrundelegung der familienrechtlichen Regelungen stehen würde (BGH, VersR 1974, 906; BGH, VersR 1983, 688; BGH, DAR 1986, 114, st.Rspr.), also ohne übertriebene Sparsamkeit und ohne übertriebene Ausgabensucht des Getöteten (BGH, VersR 1962, 322; BGH, VersR 1987, 156).

bb) Einkommen unselbstständig beschäftigter Personen

Auszugehen ist vom **Bruttoeinkommen,** und zwar dem im letzten Jahr oder den letzten geschlossenen zwölf Monaten tatsächlich erzielten Bruttoeinkommen unter Einbeziehung aller Bestandteile wie Urlaubsgeld, Weihnachtsgeld, Jubiläumsgratifikationen (BGH, VersR 1971, 153), Gewinnbeteiligungen, Produktionsprämien, Überstundenvergütungen (BGH, FamRZ 1980, 984), S-FN-Zuschlägen, Auslandszulagen (BGH, FamRZ 1980, 342). Hinzuzurechnen sind Abfindungen aufgrund eines Sozialplans (BGH, FamRZ 1982, 250) oder im Einzelfall aufgrund der §§ 9, 10 KSchG erhaltenen Beträge. Derartige Beträge sind regelmäßig auf einen längeren Zeitraum als ein Jahr zu verteilen. Dabei dürfte sich die Formel anbieten, das zuletzt erzielte Nettoerwerbseinkommen zum Maßstab zu nehmen und hierauf anzurechnen, was als Arbeitslosengeld, Rente usw. gezahlt worden ist. Die verbleibende Lücke zum früheren Nettoeinkommen ist durch die Abfindung so lange aufzufüllen als der Abfindungsbetrag reicht. | 865

Hinzuzurechnen sind weiterhin alle aus dem Arbeitsverhältnis herrührenden geldwerten Vorteile wie etwa Einkaufsrabatte, Nutzungsmöglichkeiten von Firmenfahrzeugen für Privatzwecke (BGH, VersR 1987, 508), Steuererstattungen abzüglich dafür aufgewendeter Steuerberaterkosten, ferner auch Nebenverdienste, soweit sie nicht aus Schwarzarbeit herrühren (Wussow/Küppersbusch, Ersatzansprüche bei Personenschäden, Rn. 230). | 866

Darüber hinaus sind zu berücksichtigen alle Leistungen, die ein unselbstständig Beschäftigter aufgrund sozialer Leistungsgesetze tatsächlich erhält und soweit diese Leistungen im weitesten Sinn **Lohnersatzcharakter** haben oder zur Deckung des Lebensunterhalts bestimmt sind. Hierzu gehören Krankengeld, Arbeitslosengeld, Renten der gesetzlichen Renten- und Unfallversicherung, die Grundrente gem. § 31 BVersG (BGH, VersR 1960, 752; BGH, FamRZ 1981, 338), BEG-Renten (BGH, FamRZ 1983, 694), Ausgleichsrente einschließlich Ehegattenzuschlag (BGH, FamRZ 1982, 252) sowie Wohngeld (BGH, FamRZ 1982, 587). | 867

Soweit zu derartigen Leistungen **besondere Zuschläge** gezahlt werden (typisch: Schwerstbeschädigtenzulagen gem. BGH, NJW 1982, 41; Zahlungen aufgrund des Pflegepflichtversicherungsgesetzes, Kleiderzulage nach § 15 BVersG), können sie nur insoweit als Einkommen angesehen werden, als sie nicht zur Deckung eines konkreten Mehrbedarfs verbraucht werden (BGH, NJW 1981, 1313 f.; Greger, StVG, § 10 Rn. 119; Wussow/Küppersbusch, a.a.O.). Nach § 1610a BGB wird speziell bei der Feststellung eines Unterhaltsanspruchs vermutet, dass die Mehrbedarfskosten nicht geringer sind als die entsprechenden Sozialleistungen, also Beweislast des Unterhaltsgeschädigten dafür, dass derartige Sozialleistungen nicht voll verbraucht worden sind (vgl. Drerup, NJW 1991, 683). | 868

Hinzuzurechnen sind letztlich **Vermögenserträge,** soweit sie tatsächlich zur Deckung des Lebensbedarfs verbraucht worden sind (ebenso Wussow/Küppersbusch, a.a.O.; a.A. anscheinend Greger, StVG, § 10 Rn. 122, der alle Vermögenserträge anrechnen will, die für den Unterhalt verwendbar waren). Schließlich ist unter besonderen Voraussetzungen auch der **Stamm des Vermögens** des Unterhaltsschuldners einzusetzen (BGHZ 75, 272 ff.), wobei allerdings vorweg die lebenslange Sicherung des eigenen angemessenen Unterhalts des Unterhaltsschuldners zu berücksichtigen ist (BGH, NJW 1989, 524). | 869

870 **Nicht zum unterhaltsrelevanten Einkommen** gehören alle die Leistungen des Arbeitgebers, die nur zur Deckung berufs- oder tätigkeitsbedingter Auslagen eines Arbeitnehmers bestimmt sind, wie etwa Fahrtkostenersatz, Telefonkostenersatz, auch wenn Letzterer in pauschalierter Höhe gezahlt wird, Ersatz nachgewiesener Übernachtungskosten. Soweit Auslösungen und Spesen gezahlt werden, sind diese zwar nicht für den Familienunterhalt bestimmt. Dennoch wäre es falsch, sie deshalb generell aus dem Familieneinkommen auszuklammern (so aber BGH, VersR 1986, 264 und Wussow/Küppersbusch, Ersatzansprüche bei Personenschäden, Rn. 231). Der Empfänger erlangt damit gewisse häusliche Ersparnisse, die sich im Familieneinkommen niederschlagen, vergleichbar etwa den häuslichen Ersparnissen bei stationärer Krankenhausbehandlung. Deshalb ist OLG Hamm, VersR 1983, 927 und OLG Saarbrücken, VersR 1977, 727 zuzustimmen, die den nicht zur Deckung eines konkreten Mehrbedarfs verwendeten Teil von Spesen und Auslösungen dem Einkommen zurechnen (ebenso Greger, StVG, § 10 Rn. 123). Es erscheint allerdings überhöht, diesen Anteil auf 50 % der Spesensätze zu schätzen. Realistischer ist die den Unterhaltsleitlinien der OLG zugrunde liegende Schätzung auf 30 %.

871 Ferner gehört **nicht** zum Einkommen das **Kindergeld** (BGH, VersR 1979, 1029), da es an den überlebenden Elternteil weitergezahlt wird, sowie die Kosten der Erhaltung eines Eigenheims (BGH, VersR 1984, 961 f. und BGH, NZV 1988, 137 billigen Finanzierungskosten nur bis zur Höhe der Miete einer vergleichbaren und angemessenen Mietwohnung, die zur Deckung des nach dem Tod des Unterhaltspflichtigen reduzierten Wohnbedarfs der Restfamilie erforderlich ist; ebenso Wussow/Küppersbusch, a.a.O. und Greger, StVG, § 10 Rn. 128; vgl. hierzu auch unten Rn. 880). Nicht ersatzfähig ist schließlich auch der Wert von Eigenleistungen für einen Hausbau (BGH, VersR 1984, 961).

872 Von dem so **ermittelten unterhaltsrelevanten Gesamtbruttoeinkommen sind abzuziehen:**

- Die tatsächlich angefallenen Lohn- bzw. Einkommensteuern einschließlich geschuldeter und festgesetzter Nachzahlungen unter Berücksichtigung des „In-Prinzips": Sie werden in dem Jahr berücksichtigt, in dem sie tatsächlich geleistet werden; dazu gehören Zuschläge wie der Solidaritätszuschlag, Verspätungszuschläge sowie Kirchensteuern insoweit, als sie tatsächlich geleistet worden sind.

- Ferner die Beiträge des Arbeitnehmers zur Renten-, Arbeitslosen-, Kranken- und Pflegepflichtversicherung (BGH, VersR 1971, 717 und st.Rspr.) sowie zu einer von der Rentenversicherungspflicht befreienden Lebensversicherung. Soweit das Unfallopfer freiwilliges Mitglied einer gesetzlichen Krankenversicherung und Pflegepflichtversicherung gewesen ist und dazu Beitragszuschüsse des Arbeitgebers erhalten hat ist dieser Zuschuss aus dem Bruttoeinkommen herauszurechnen und nur der Eigenanteil des Unfallopfers vom Bruttoeinkommen abzuziehen. Abzuziehen sind ferner die für die Lebensverhältnisse der Familie prägenden Beitragsanteile zu einer angemessenen privaten Zusatzkrankenversicherung.

- Aufwendungen aus Anlass der Erwerbstätigkeit; hierzu rechnen in besonderer Weise Fahrtkosten zwischen Wohnung und Arbeitsplatz, berufsbedingt erforderliche Aufwendungen wie Werkzeuge, Fachliteratur sowie – in Anlehnung an die unterhaltsrechtliche Praxis – Mitgliedsbeiträge für Standesorganisationen.

cc) Einkünfte selbstständig tätiger Personen

873 Auch bei Selbstständigen ist vom tatsächlich vorhandenen Einkommen auszugehen (Wussow-Küppersbusch, Rn. 229; BGH, VersR 1983, 688). Das ist derjenige Betrag, der nach Abzug der Betriebsausgaben als Ertrag erscheint. Er ist – wie beim Gehaltsempfänger – um die Steuern und Vorsorgeaufwendungen zu vermindern, um auf den auch hier maßgeblichen **Nettogewinn** (BGH, VersR 1984, 353) zu gelangen. Dabei ist jedoch zu beachten, dass die tatsächlichen **Vorsorgeaufwendungen** in einem angemessenen Verhältnis zum tatsächlichen Gewinn stehen müssen. Als Orientierungshilfe bietet sich der Vergleich mit der Quote an, die Gehaltsempfänger für ihre soziale Sicherung aufwenden müssen, freilich mit der Besonderheit, dass der Selbstständige auch für den

Arbeitgeberanteil des Gehaltsempfängers selbst aufkommen muss, dass Beiträge zur Arbeitslosenversicherung entfallen und der Selbstständige mangels Anspruchs auf Krankengeld eine Krankentagegeldversicherung in angemessener Höhe abschließen muss. Soweit es die Alterssicherung der Familie eines Selbstständigen angeht, können die Familienangehörigen wählen zwischen Vorwegerstattung der Beiträge, die für die Erhaltung, also Fortführung ihrer eigenen Altersversorgung erforderlich sind, oder dem – späteren – Ersatz der weggefallenen Altersversorgung (BGH, VersR 1971, 717; Wussow/Küppersbusch, Ersatzansprüche bei Personenschäden, Rn. 232). Bei Wahl der zweiten Möglichkeit stehen die unterhaltsgeschädigten Personen insoweit denjenigen eines Gehaltsempfängers gleich.

Abzuziehen sind weiterhin die **Rücklagen für Investitionen** im angemessenen Rahmen, also orientiert an der Höhe bisher getätigte Rücklagen für derartige Zwecke (BGH, NJW 1984, 979 = VersR 1984, 353). 874

Für Selbstständige, die als **Gesellschafter** an einem Unternehmen beteiligt sind, kommt es auf das Entnahmerecht an. Denn wird das Entnahmerecht nicht voll genutzt, kommt es gleichwohl auf dessen Höhe an (BGH, VersR 1963, 1055; BGH, VersR 1968, 770; Greger, StVG, § 10 Rn. 122). Umgekehrt kann eine überhöhte Entnahme, die zur Minderung der Einlage oder gar zu einem negativen Kapitalkonto führt, ebenfalls nicht als das tatsächlich vorhandene Einkommen angesehen werden. Die Höhe der Privatentnahmen kann auch bei Einzelunternehmen allenfalls Anhaltspunkte für die Höhe des tatsächlich verfügbaren Einkommens liefern (OLG Düsseldorf, FamRZ 1983, 397; OLG Köln, FamRZ 1990, 310). 875

Ferner ist zu berücksichtigen, dass Einkünfte von Selbstständigen i.d.R. stärkeren Schwankungen unterliegen. Deshalb erscheint es nicht gerechtfertigt, wie beim Gehaltsempfänger vom Einkommen nur des letzten Jahres auszugehen (so aber Greger, StVG, § 10 Rn. 121). Vielmehr ist hier in Anlehnung an die rein unterhaltsrechtliche Betrachtung das Durchschnittseinkommen der letzten drei Jahre vor der Schädigung zugrunde zu legen (BGH, NJW 1985, 910 f.) und die hierbei erkennbar werdende Tendenz zu berücksichtigen. Das gilt auch für Fälle einer schubartigen Realisierung von Gewinnen (BGH, a.a.O.). Hierbei sind Anlaufphasen auszuklammern (OLG Köln, NJW-RR 1995, 1157), weil in diesen Phasen atypisch geringe Gewinne schon wegen der hohen Anlaufkosten erzielt werden. 876

Als **Beispielsfälle** ist hinzuweisen auf OLG Köln, VersR 1976, 373 (Taxiunternehmer), BGH, VersR 1961, 855 und VersR 1966, 339 (Landwirt), OLG Karlsruhe, FamRZ 1990, 1234 (ärztliche Praxisgemeinschaft). 877

dd) Berücksichtigungsfähigkeit von Ausgaben für die Vermögensbildung

Vielfach verwenden Eheleute einen Teil ihrer Einkünfte nicht zur Deckung ihres laufenden Unterhaltsbedarfs, sondern bilden **Rücklagen** und damit Vermögen. Es ist unbestritten, dass im Schädigungsfall dieser Teil der Einkünfte vom Schädiger nicht zu ersetzen ist, weil Vermögensbildung nicht Teil des Unterhalts ist. 878

> *Hinweis:*
>
> *Das schädigungsbedingte Ende der – weiteren – Vermögensmehrung ist somit kein ersatzfähiger Schaden. Dieser allgemein anerkannte Grundsatz bedarf jedoch in einigen Teilbereichen einer Modifikation.*

Werden z.B. regelmäßige Rücklagen gebildet, um damit Ausgaben zu bestreiten, die höhere Aufwendungen erfordern, nur in größeren Abständen anfallen und ihrerseits den Lebenszuschnitt einer Familie geprägt haben (typisch: Rücklagen für die jährlich übliche Urlaubsreise oder für die alle paar Jahre erforderliche Anschaffung eines neuen Pkw), so handelt es sich in Wahrheit um unter- 879 haltstypische Rücklagen, die als Teil des laufenden Unterhalts zu betrachten sind. Handelt es sich hingegen um regelmäßige Rücklagen etwa für den späteren Erwerb eines Eigenheims (typisch: Bausparbeiträge für die Ansparphase), so fehlt der unterhaltstypische Bezug, da der Erwerb eines Eigenheims jedenfalls aus unterhaltsrechtlicher Sicht nicht zum laufenden Lebensbedarf, sondern zur Vermögensbildung gehört (ebenso Greger, StVG, Rn. 128). Ein Unterhaltsersatzanspruch besteht daher insoweit nicht. Dies muss in gleicher Weise für Ersparnisse gelten, die angesammelt werden, um u.U. kostspieligen Liebhabereien nachzugehen wie etwa dem Erwerb von wertvollen Schmuckstücken oder Kunstgegenständen. Auch insoweit scheidet ein Ersatzanspruch aus.

880   Bewohnt die Familie aber zurzeit der Schädigung ein Eigenheim, für dessen Erwerb noch Fremdmittel zu verzinsen und zu tilgen sind, gilt für die reinen **Tilgungsbeträge** das Gleiche wie für Sparraten vor dem Erwerb: Es handelt sich um nicht ersatzfähige Beiträge zur Vermögensbildung (BGH, VersR 1986, 265; BGH, VersR 1988, 956; Greger, StVG, § 10 Rn. 124; Wussow/Küppersbusch, Ersatzansprüche bei Personenschäden, Rn. 232 und 236). Etwas anderes gilt für die **Zinsen.** Deren Zahlung dient (zumindest auch) der Deckung des Wohnbedarfs mit der Folge, dass derartige Zinszahlungen Teil des zu ersetzenden Unterhaltsschadens sind (BGH, NZV 1990, 136), allerdings mit der u.U. wesentlichen Einschränkung, dass derartige Zinsen nur bis zu dem Betrage zu ersetzen sind, den die Geschädigten als Miete für eine vergleichbare Mietwohnung aufwenden müssten, wobei ihr durch den Tod eines Familienmitglieds ggf. reduzierter Wohnbedarf zugrunde zu legen ist (BGH, NZV 1988, 137 mit Anm. Nehls; BGH, NJW 1998, 985; Greger, StVG, § 10 Rn. 128).

881   Soweit im Einzelfall Vermögensbildungsfragen auftreten, ist generell von der tatsächlichen Situation auszugehen, d.h. von den jeweils tatsächlich getätigten Rücklagen (BGH, VersR 1987, 156; Wussow/Küppersbusch, Ersatzansprüche bei Personenschäden, Rn. 232). Wird also in einer Familie etwa mit Ausnahme von Urlaubs- oder Autosparmaßnahmen nichts für die Vermögensbildung getan, so kann nach hiesiger Ansicht ganz unabhängig von der Höhe der verfügbaren Einkünfte ein Abzug für lediglich fiktive Vermögensbildung nicht gemacht werden. Bedenklich ist daher z.B. die Auffassung des OLG Bamberg (VersR 1982, 856 und zfs 1983, 295), welches für das Jahr 1978 bei einem Nettoeinkommen von 4 000 DM 10 % als „bei vernünftiger Lebensführung" zur langfristigen Vermögensbildung bestimmt angesehen hat, obwohl tatsächlich keinerlei Rücklagen gebildet worden sind. Es trifft zwar zu, dass insbesondere bei höheren Einkünften keine unterhaltsrechtliche Verpflichtung besteht, das gesamte verfügbare Einkommen zur Deckung des laufenden Unterhaltsbedarfs zu verwenden (BGH, VersR 1979, 324; BGH, VersR 1985, 365 = NJW 1985, 1460 und st. Rspr.; Wussow/Küppersbusch, a.a.O., Rn. 233). Der Grundsatz, wonach übertriebene Ausgabensucht ebenso außer Betracht zu bleiben hat wie übertriebene Sparsamkeit (BGH, VersR 1987, 156) wäre jedoch überzogen, wenn Einkünfte im statistischen Durchschnittsbereich zzgl. einer Schwankungsbreite von 30 % quasi einer schadensrechtlichen Verbrauchszweckkontrolle nicht etwa darauf, was tatsächlich für die Vermögensbildung abgezweigt worden ist, sondern darauf, was bei angemessen bescheidener Lebensführung hätte abgezweigt werden können, unterzogen würde.

ee) Berücksichtigung zukünftiger Entwicklungen

882   Obwohl eine sichere Beurteilung der Einkommensverhältnisse des Getöteten nur für die Zeit vor dem Unfall möglich ist, soll auch die zukünftige Entwicklung jedenfalls insoweit, als sie im Rahmen einer Schätzung nach § 287 ZPO möglich ist, bei der Schadensbemessung berücksichtigt werden. Dabei ist zu ermitteln, wie hoch die Einkünfte des Getöteten nach dem gewöhnlichen Verlauf der Dinge und der Einkünfte vergleichbarer Beschäftigter zukünftig sein werden (Greger, StVG, § 10 Rn. 111), eine **Prognose,** die schon bei Gehaltsempfängern auf große Probleme stößt, zumal berufliche Aufstiegschancen zu berücksichtigen sind. Insoweit ist die Situation im Unterhaltsrecht einfacher, da es dort lediglich um die Bewertung des tatsächlich eingetretenen beruflichen Aufstiegs geht (Beispiele: BGH, NJW 1986, 720: Student – Assistenzarzt; BGH, FamRZ 1991, 307: Schweißer – Gewerkschaftssekretär; BGH, FamRZ 1988, 259: Sparkassenangestellter – geschäftsführender Direktor). Ungleich schwieriger ist die zukünftige Entwicklung der Einkünfte von

Selbstständigen zu beurteilen. Denn bei diesen kann nicht einmal die bei Gehaltsempfängern einzig sichere Zukunftsprognose gestellt werden, dass sie mit 65 Jahren in den Ruhestand gehen und von da ab über geringere Einkünfte verfügen. Zu den wenigen einigermaßen sicheren Faktoren gehört auch die Steigerung des eheangemessenen Bedarfs der Eltern bei Wegfall der Unterhaltspflicht gegenüber Kindern (BGH, NJW 1990, 2886 = FamRZ 1990, 1085). Mit Ausnahme dieser wenigen Faktoren empfiehlt es sich, in einer Entscheidung klarzustellen, dass zukünftige Veränderungen nicht berücksichtigt worden sind, und den Geschädigten die Abänderungsklagen nach § 323 ZPO offen zu halten.

b) Vorwegabzug der fixen Kosten der Lebenshaltung

Fixe Kosten der Lebenshaltung (Haushaltsführung wäre zu eng) sind die im Prinzip weder teilbaren noch personengebundenen Kosten, die vom Getöteten im Falle seines Fortlebens unterhaltsrechtlich geschuldet worden wären (BGH, NJW 1987, 322; BGH, NJW 1988, 2365; BGH, NJW 1998, 985 f.), nach dem Tod des Unterhaltspflichtigen im Wesentlichen unverändert weiterlaufen (BGH, VersR 1984, 79; BGH, VersR 1986, 39 f.) und die aus dem laufenden Einkommen zu bestreiten sind (BGH, VersR 1988, 954). Sie dürfen nur nicht an die Person des Getöteten gebunden gewesen sein. Sie können sich im Einzelfall durch den Wegfall einer Person verringern (Beispiel: geringerer Wasserverbrauch oder Wohnbedarf), aber auch erhöhen (Beispiel bei Greger, StVG, § 10 Rn. 129: Erfordernis einer eigenen Krankenversicherung der überlebenden Ehefrau). Letztlich ist maßgeblich, ob die Kosten Teil der Organisation der gemeinsamen Lebenshaltung der Familie waren, auch wenn sie von Zahl und Bedürfnissen der hinterbliebenen Familie abhängen und einzelnen von ihnen zugeordnet werden können (BGH, VersR 1987, 1241; BGH, NJW 1998, 1985 f.). Diese Kosten sind vom o. a. Nettoeinkommen des Getöteten abzuziehen und vorweg in voller Höhe zu ersetzen (BGH, VersR 1987, 1241; BGH, VersR 1988, 954; BGH, NJW 1998, 985 ff.). Eine Kürzung kommt insoweit nur in Betracht, wenn bis zum Tode des Unterhaltspflichtigen ein übertriebener Aufwand betrieben worden ist (BGH, VersR 1959, 713). Eine hierfür nützliche Orientierungshilfe findet sich in DAR 1995, 305.

883

Zu den **Fixkosten** gehören die Kosten für Miete, verbrauchsunabhängige Mietnebenkosten wie etwa Müllabfuhr, verbrauchsabhängige Mietnebenkosten (Energiekosten: Wasser, Heizung, Strom: BGH, NJW 1988, 2365; BGH, NJW 1998, 985 f.), Radio- und Fernsehgebühren (BGH, VersR 1988, 954), Telefongrundgebühr (BGH, VersR 1984, 79), Rücklagen für Schönheitsreparaturen und Hausraterneuerung (OLG Hamm, VersR 1983, 927; BGH, VersR 1988, 954; a.A. insoweit OLG Celle, zfs 1987, 229) und damit auch Rücklagen für die Reparatur von Hausratgegenständen (BGH, NJW 1998, 985 f.). Ferner gehören dazu die festen Kosten eines Pkw, sofern ein Fahrzeug für Zwecke der Familie auch vor dem Tod des Unterhaltspflichtigen gehalten worden ist, also Steuern, Versicherung und Garagenmiete (BGH, VersR 1988, 954), vorausgesetzt, das Fahrzeug wird auch nach dem Tod des Unterhaltspflichtigen weiterhin genutzt. Zweifelhaft ist dagegen, ob die reinen Betriebskosten (Benzin, Reparaturen) ersatzfähig sind. BGH, VersR 1987, 70 billigt unpräzise Ersatz der Unterhaltskosten zu; gegen Ersatzfähigkeit der reinen Betriebskosten mit Recht Wussow/Küppersbusch, Rn. 235, denn Fixkosten sind sie gewiss nicht.

884

Prämien für bereits bestehende **Versicherungen** sind nur insoweit Fixkosten, als sie dem Schutz der Familie dienen (Wussow/Küppersbusch, a.a.O.), also Hausrat-, Privathaftpflicht- und Rechtsschutzversicherung (BGH, VersR 1988, 954), nicht aber personenbezogene Versicherungen wie Lebens-, Kranken- und Unfallversicherungen, auch nicht eine Wohngebäudeversicherung, die dem Vermögensschutz dient.

885

Zu den Fixkosten gehören deshalb auch Aufwendungen für den Kindergartenbesuch hinterbliebener Kinder, die schon vor dem Todesfall des Unterhaltspflichtigen einen Kindergarten besucht haben (BGH, NJW 1998, 985). Das wird erst recht gelten müssen, wenn die Kinder erst später das übliche Kindergartenalter erreichen, und auch dann, wenn es um Kosten geht, die durch die Fortführung von Liebhabereien entstehen, welche von hinterbliebenen Kindern schon vor dem Todes-

886

fall des Unterhaltspflichtigen gepflegt worden sind, wie Musik- und Sportunterricht (a.A. insoweit Wussow/Küppersbusch, Ersatzansprüche bei Personenschäden, Rn. 236).

887 Soweit die Familie des Unterhaltspflichtigen ein **Eigenheim** oder eine Eigentumswohnung bewohnt, ist von Folgendem auszugehen: Ist das Objekt noch **mit Fremdmitteln belastet,** die regelmäßig zu verzinsen und zu tilgen sind, spielt der Tilgungsanteil als nicht ersatzfähiger vermögensbildender Faktor keine Rolle. Dagegen ist der Zinsanteil hinsichtlich der Fixkosten von Bedeutung. Denn er kann bis zur Höhe des Betrages, den die Restfamilie für die Anmietung einer „vergleichbaren und gleichwertigen" Wohnung nach Marktlage aufwenden müsste, als Fixkostenanteil geltend gemacht werden (BGH, VersR 1984, 961 f.; BGH, NJW 1988, 2365; BGH, NJW-RR 1990, 221; BGH, NJW 1998, 985). Hinzuzurechnen ist ein ggf. nach § 287 ZPO zu schätzender Betrag für Instandsetzungs- und Erhaltungsaufwand, allerdings ebenfalls begrenzt auf die Höhe der Miete für eine im vorgenannten Sinne vergleichbare Mietwohnung (BGH, NJW 1998, 985). Ist das Objekt dagegen **unbelastet,** kommt als Fixkosten lediglich der Instandsetzungs- und Erhaltungsaufwand in Betracht (a.A. anscheinend OLG Köln, VersR 1990, 128, wonach in diesem Falle nichts im Fixkostenanteil anzurechnen ist.

888 Nicht zu den Fixkosten gehören Aufwendungen für die Vermögensbildung (BGH, VersR 1984, 961), für Bausparverträge, gleich ob in der Anspar- oder Tilgungsphase sowie andere Ersparnisse für den Erwerb eines Eigenheims (BGH, a.a.O.), Tilgungsleistungen auf Darlehen zur Finanzierung eines bereits genutzten Eigenheims.

889 Hinterlässt der Getötete mehrere unterhaltsberechtigte Personen (Beispiel: Witwe und zwei Kinder), ist bei der Aufteilung der Fixkosten zu beachten, dass die einzelnen Geschädigten nicht etwa Gesamtgläubiger, sondern Einzelgläubiger sind (BGH, VersR 1972, 176). Deshalb sind die Fixkosten auf die einzelnen Unterhaltsberechtigten aufzuteilen, wobei ein Schlüssel von 50 % für die Witwe und je 25 % für jedes der beiden Kinder oder – bei nur einem Kind – 2/3 für die Witwe und 1/3 für das Kind angesetzt werden können (BGH, VersR 1988, 954 = NZV 1988, 136).

c) Tod des haushaltsführenden Ehegatten

890 Wie oben für den Fall des **Verdienstausfallschadens** (Rn. 833) näher ausgeführt, ist Haushaltsführung zugleich Unterhaltsleistung, nämlich für die jeweils anderen Familienmitglieder. Der Tod des haushaltsführenden Ehegatten ist daher schadensrechtlich hinsichtlich der übrigen Familienangehörigen nach den § 10 Abs. 2 Satz 1 StVG, § 844 Abs. 2 BGB ein ersatzpflichtiger Unterhaltsschaden. Insoweit wird auf die auch hier geltenden Ausführungen zu den Rn. 834 und 840 f. Bezug genommen.

891 Während aber im Bereich des Verdienstausfallschadens abzustellen ist auf den konkret entstandenen Schaden, also auf die vom verletzten haushaltsführenden Ehegatten tatsächlich geleistete Haushaltsführung in dem bei Rn. 814 f. dargestellten Rahmen, deckt der **Unterhaltsersatzanspruch** lediglich den von haushaltsführenden Ehegatten nach § 1360 BGB rechtlich geschuldeten Umfang ab (BGH, NJW 1974, 1373; BGH, NJW 1979, 1501 = VersR 1979, 670; BGH, NJW-RR 1988, 1238; Greger, StVG, § 10 Rn. 136; Wussow/Küppersbusch, Ersatzansprüche bei Personenschäden, Rn. 257; Erman/Schiemann, BGB, § 844 Rn. 11). Dies bedeutet: Der rechtlich geschuldete Umfang der Haushaltsführung bildet die Obergrenze des ersatzfähigen Schadens. Ist der haushaltsführende Ehegatte dieser seiner gesetzlich geschuldeten Verpflichtung nur teilweise oder überhaupt nicht nachgekommen, so besteht nicht etwa ein normativer Schaden bis zur Grenze des nach § 1360 BGB gesetzlich geschuldeten Rahmens, sondern es fehlt insoweit an einem ersatzfähigen Schaden (BGH, NJW 1974, 1373) für den Fall, dass eine Haushaltsführung überhaupt nicht erfolgt ist, oder der Anspruch ist zu kürzen auf den tatsächlich geleisteten Umfang bei nur teilweiser Erfüllung der Verpflichtung zur Haushaltsführung.

892 Soweit es die **Dauer der Ersatzpflicht** angeht, gelten die Ausführungen zu den Rn. 840 und 841 auch hier. Das KG (VRS 94, 173) verlangt mit Recht eine nähere Darlegung, dass eine Haushaltsführung auch noch im Alter von mehr als **78 Jahren** möglich und damit rechtlich geschuldet wird.

Abhängig von Zahl, Alter und Gesundheitszustand der zur Restfamilie gehörigen Personen (der **893** auf den getöteten haushaltsführenden Ehegatten entfallende Eigenanteil ist nicht zu ersetzen: BGHZ 56, 389, 393; BGH, VersR 1982, 951) sowie Größe und Ausstattung des Haushalts ist zunächst der **Zeitaufwand** zu ermitteln, der für die Fortführung des – verkleinerten – Haushalts im gesetzlich geschuldeten Rahmen erforderlich ist. Dafür können **Arbeitszeittabellen** wie oben Rn. 836 aufgelistet zugrunde gelegt werden, denen Erfahrungswerte zugrunde liegen und die für Haushalte ganz unterschiedlichen Zuschnitts entwickelt worden sind (BGH, VersR 1979, 670 = NJW 1979, 1501 mit Berechnungsbeispiel; BGH, VersR 1988, 490 = NZV 1988, 60). Hierbei spielen Alter und Zahl der hinterbliebenen Kinder eine wesentliche Rolle (BGH, NZV 1990, 307: 60 Wochenstunden bei zwei Kindern im Vorschulalter; BGH, VersR 1984, 876: 35 Wochenstunden bei nur einem Kind). Umgekehrt ist der zunächst ermittelte Zeitaufwand zu reduzieren, wenn Kinder ein Alter erreicht haben, in dem sie einerseits im geringeren Umfang der persönlichen Betreuung bedürfen und andererseits zur Mithilfe im Haushalt verpflichtet sind (etwa 1 Stunde täglich ab 14 Jahre: BGH, NJW 1990, 307 f.; eher einschränkend insoweit Eckelmann/Nehls/Schäfer, DAR 1982, 383). Ebenso ist die von Art und Ausmaß abhängige Hilfspflicht des nicht haushaltsführenden Ehegatten zu berücksichtigen (BGH, NJW 1974, 1238).

Wird eine **Ersatzkraft eingestellt**, so ist hinsichtlich ihrer Qualifikation (hierzu auch Rn. 838) **894** abzustellen auf den zahlen- und altersmäßigen personellen Zuschnitt der Restfamilie: je geringer der zuvor ermittelte ersatzpflichtige Zeitaufwand ist, desto geringer kann i.d.R. auch die Qualifikation der Ersatzkraft sein, etwa eine Hilfskraft mit einem Tarifgehalt nach BAT X (BGHZ 104, 121), während bei größerem Zeitaufwand, insbesondere im Hinblick auf betreuungsbedürftige Kinder, eine Hauswirtschafterin mit einem Tarifgehalt von BAT VIII – VII in Betracht kommt. Man wird aber nicht generell sagen können, dass etwa der Einsatz besonders qualifizierter Kräfte wie eine Hauswirtschaftsmeisterin ausscheidet (so aber wohl BGH, VersR 1979, 670; anders mit Recht LG Bayreuth, VersR 1983, 66 und Wussow/Küppersbusch, a.a.O., Rn. 265). Unabhängig von der Qualifikationsfrage ist nur die separat ermittelte erforderliche Stundenzahl zu ersetzen, und zwar mit dem Bruttogehalt zzgl. arbeitgeberseitiger Beiträge zur Sozialversicherung (BGH, VersR 1974, 604; Greger, StVG, § 10 Rn. 141).

Wird **keine Ersatzkraft eingestellt**, sondern wird die Hauhaltsführung auf die verbliebenen Haus- **895** haltsangehörigen verteilt, so ist zunächst wie oben der zeitliche Umfang des Ersatzanspruchs zu ermitteln. Steht dieser fest, wobei – wohl kaum vermeidbar – schematisierende Betrachtungen nach Alter, Zahl und Gesundheitszustand der verbliebenen Haushaltsangehörigen einerseits sowie nach Umfang und Ausstattung des vorhandenen Haushalts andererseits in Betracht kommen (BGH, VersR 1971, 1065; VersR 1982, 952), so ist der Schaden **normativ** zu bewerten mit der Folge, dass abzustellen ist auf die Kosten einer nach Qualifikation vergleichbaren Ersatzkraft wie oben dargestellt (BGH, VersR 1971, 1045; VersR 1972, 743 und st.Rspr; Greger, StVG, § 10 Rn. 144; Wussow/Küppersbusch, Ersatzansprüche bei Personenschäden, Rn. 261), allerdings mit der Besonderheit, dass insoweit nicht das Bruttogehalt einschließlich der Arbeitgeberanteile zur Sozialversicherung, sondern lediglich dass sich aus dem Bruttogehalt ergebende fiktive Nettoeinkommen im jeweils erforderlichen zeitlichen Umfang zu ersetzen ist (BGHZ 86, 372; BGH, NJW 1983, 1425 = VersR 1983, 458; BGH, VersR 1973, 85). Soweit BGHZ 86, 372 (377) und noch VersR 1987, 72 die Ermittlung des Nettoeinkommens durch einen pauschalen Abzug von 30 % vom Bruttoeinkommen gebilligt haben dürfte das inzwischen zu gering geworden sein. Sind allerdings Ersatzkräfte unter den konkreten örtlichen Gegebenheiten zu günstigeren Bedingungen erhältlich, so beschränkt sich der Ersatzanspruch auf die dafür erforderlichen Beträge.

Wenn der Ausfall des haushaltsführenden Ehegatten ersetzt wird durch **unentgeltlichen Einsatz** **896** von Verwandten, ist im Prinzip wie im soeben geschilderten Fall zu verfahren (normativer Schaden), wobei die Nettokosten einer fiktiven Ersatzkraft einen Orientierungsrahmen bilden (BGH, NZV 1990, 307) und zu beachten ist, dass die mit der Restfamilie verwandten Personen vielfach die Betreuung von hinterbliebenen Kindern zeitlich rationeller gestalten können (BGH, VersR 1985, 365; Wussow/Küppersbusch, a.a.O., Rn. 269).

897   Bei **auswärtiger Unterbringung** hinterbliebener Kinder sind die dadurch entstehenden Kosten im jeweils angemessenen Rahmen zu ersetzen (BGH, VersR 1971, 1045). Das wirkt sich hinsichtlich der „Restfamilie" dahin aus, dass, wenn diese nur noch aus dem überlebenden Ehegatten besteht, dessen Ersatzanspruch erheblich reduziert wird (BGH, VersR 1984, 389 und Wussow/Küppersbusch, Ersatzansprüche bei Personenschäden, Rn. 270: Stundenweise Hilfskraft für Kochen und Waschen, wobei Letzteres infolge des üblichen technischen Standards wohl schon in den Hintergrund treten dürfte). Erfolgt die Unterbringung der Kinder unentgeltlich, kommen – wie oben – die Grundsätze des normativen Schadens zur Anwendung und ist auf angemessene Vergütung dessen abzustellen, der das Kind bzw. die Kinder aufnimmt (BGH, NJW 1986, 715; Greger, StVG, § 10 Rn. 162).

d) Aufteilung des ersatzfähigen Schadens auf mehrere anspruchsberechtigte Personen

898   Relativ einfach ist die Beurteilung bei **kinderloser Ehe:** Wird der **alleinverdienende Ehegatte** getötet, so erhält der überlebende haushaltsführende Ehegatte neben den Fixkosten des Haushalts vom danach und nach Abzug der Vermögensbildung im o. a. Sinne (Rn. 878) verbleibenden Einkommen des getöteten Ehegatten die seinem Unterhaltsanspruch entsprechende Quote. Für diese Quote ist von einem Anteil von 50 % auszugehen, allerdings mit der Besonderheit, dass dem alleinverdienenden Ehegatten regelmäßig eine etwas höhere Quote zur Deckung der mit der Berufstätigkeit verbundenen Kosten zuzubilligen ist. Als Regelwert ist daher für die Witwe eine Quote von 45 % anzusetzen (Greger, StVG, § 10 Rn. 131; Freyberger, MDR 2000, 119; BGH, VersR 1987, 508: 47,5 % im Anschluss an Eckelmann/Nehls/Schäfer, NJW 1984, 947). Eine Kürzung kann sich hier im Wege der Schadensminderungspflicht ergeben, etwa bei eigener Erwerbspflicht der Witwe.

899   Wird im gleichen Fall der **haushaltsführende Ehegatte** getötet, so steht dem überlebenden alleinverdienenden Ehegatten der nach den obigen Grundsätzen (vgl. Rn. 890 ff.) zu ermittelnde Ersatz des Wertes der Haushaltsführung zu, ggf. im Wege der Schadensminderung gekürzt um den von ihm selbst zu leistenden Anteil an der Haushaltsführung.

900   Erste Probleme ergeben sich bei gleicher Personenzahl im Fall einer **Doppelverdienerehe mit geteilter Haushaltsführung.** Zwar ist zunächst der Unterhaltsanspruch allein nach dem Einkommen des Getöteten zu errechnen. Jedoch kommt als Fixkostenersatz nur die dem Einkommen des Getöteten entsprechende Fixkostenquote in Betracht. Ferner ist von dem nach Abzug der eigenen Fixkostenquote verbleibenden Einkommen des überlebenden Ehegatten derjenige Einkommensanteil abzuziehen, den der Überlebende als Beitrag zum Unterhalt des Getöteten hätte aufbringen müssen und der ihm nun verbleibt. Dieser Anteil ist jedenfalls im Wege der Vorteilsausgleichung anzurechnen (so Wussow/Küppersbusch, a.a.O., Rn. 287 unter Bezugnahme auf BGH, VersR 1984, 79; BGH, VersR 1984, 353 und BGH, VersR 1984, 961; anders dagegen BGH, VersR 1984, 688, wonach sich in solchen Fällen der Anspruch auf eine Quote von der Differenz der beiderseitigen Einkünfte beschränkt). Darüber hinaus ist der Wert des von dem getöteten Ehegatten erbrachten Haushaltsführungsanteil zu berücksichtigen, wobei wiederum zu beachten ist, dass sich die Ersatzpflicht insoweit allein auf den dem überlebenden Ehegatten geschuldeten Haushaltsführungsanteil bezieht (vgl. oben Rn. 833 f.). Wegen der unterschiedlichen Fallgestaltungen wird auf die bei Wussow/Küppersbusch, Rn. 296 – 307 dargestellten Einzelfälle hingewiesen, ferner auf die Berechnungsbeispiele bei Freyberger, MDR 2000, 119 ff.

901   Erleiden **mehrere Personen einen Unterhaltsschaden** (typisches Beispiel: Witwe mit einem oder mehreren Kindern), so sind sie nicht etwa Gesamtschuldner, sondern haben jeder für sich einen **selbstständigen Unterhaltsersatzanspruch,** dessen Höhe abhängig ist vom jeweiligen Unterhaltsbedarf und der für den jeweiligen Geschädigten **isoliert zu titulieren ist** (Erman/Schiemann, BGB, § 844 Rn. 14; BGH, NJW 1972, 1130; BGH, NJW 1983, 1425; BGH NJW-RR 1988, 66). Soweit es die Quoten der einzelnen Geschädigten zueinander angeht, besteht zwar mit Recht Einverneh-

men darüber, dass die in den Leitlinien der OLG zum Unterhaltsrecht entwickelten Quoten bzw. Beträge auf Fälle der vorliegenden Art schon deshalb nicht anwendbar sind, weil ihnen die geschiedene Ehe bzw. getrennt lebende Ehepartner zugrunde liegen (BGH, NJW 1985, 1460). Sind aber mehrere Kinder geschädigt, so erscheint es jedoch angebracht, deren Barunterhaltsbedarf in Anlehnung an die **drei Altersstufender RegelbedarfsVO** (§ 1612a Abs. 3 BGB) jeweils altersmäßig voneinander abzugrenzen, selbstverständlich ohne auf die Beträge der RegelbedarfsVO abzustellen. Der BGH (VersR 1987, 1243) verlangt zwar die Anlehnung an die Altersstufen der RegelbedarfsVO nicht, hält aber eine irgendwie geartete Altersabstufung für geboten. In der Entscheidung NJW 1988, 2365 f. = (MDR 1988, 950) geht der BGH von einer recht groben Altersabgrenzung aus, wenn er den Barbedarf eines Kindes bis zum 11. Lebensjahr mit 20 % und ab dem 12. Lebensjahr mit 23,5 % des nach Vorwegabzug der fixen Kosten verbleibenden Einkommen des Getöteten zugrunde legt. Rechnerisch sind gerade in solchen Fällen die Fixkosten von besonderer Bedeutung, auf deren genaue Ermittlung deshalb besonderer Wert zu legen ist. Denn diese werden auf die Geschädigten zu 100 % aufgeteilt, und zwar keineswegs unbedingt zu den gleichen Quoten wie das verbleibende Einkommen (vgl. zur Aufteilung der Fixkosten oben Rn. 889). Zudem ist zu berücksichtigen, dass das verbleibende Einkommen den eigenen Unterhaltsanteil des Getöteten selbst enthält. Dieser ist wiederum nicht zu ersetzen mit der Folge, dass das nach Abzug der Fixkosten verbleibende Einkommen des Getöteten jeweils nur zu einem geringeren Anteil als 100 % der Ersatzpflicht unterliegt. Der Anteil der Witwe, der bei kinderloser Ehe mit etwa 45 % anzusetzen ist (vgl. oben Rn. 898), wird bei Berücksichtigung eines unterhaltsberechtigten Kindes auf 38 % und bei mehreren Kindern auf bis zu 25 % sinken (Greger, StVG, § 10 Rn. 131; für höhere Quoten insoweit Eckelmann-Schäfer, VersR 1981, 372). Genauer und wirtschaftlich durchaus nachvollziehbar ist der Quotierungsvorschlag von Wussow/Küppersbusch, a.a.O., Rn. 247, der ohne Altersstufenabstufung für die Kinder und ohne Fixkosten (im Anschluss an den Vorschlag des HUK-Verbandes und des Hauptverbandes der gewerblichen Berufsgenossenschaft für ein Teilungsabkommen) zwar für die kinderlose Witwe mit 50 % zu viel, aber i.Ü. folgende **angemessene Quoten** nennt:

- 40 %/20 % Witwe und 1 Kind
- 35 %/15 %/15 % Witwe und 2 Kinder
- 34 %/12 %/12 %/12 % Witwe und 3 Kinder.

Alle diese Berechnungsschemata zeigen übereinstimmend die besondere Bedeutung des Fixkostenanteils für die Geschädigte. Je größer deren Anteil jeweils im Einzelfall am verfügbaren Einkommen des Getöteten ist, desto höher ist letztlich der Betrag, der für Geschädigte insgesamt zur Verfügung steht (zur Verdeutlichung wird insoweit auf die Rechenbeispiele bei Freyberger, MDR 2000, 119 hingewiesen). **902**

In der **Regulierungspraxis** wird zunehmend aus **Praktikabilitätsgründen** auf die Trennung zwischen Fixkosten und verbleibendem Einkommen des Getöteten verzichtet, zumal dadurch auch nur eine scheinbare Genauigkeit erreicht wird (ebenso Greger, StVG, § 10 Rn. 133). Der „Ausgleich" erfolgt durch eine pauschale Erhöhung der Unterhaltsquoten, ohne dass allerdings Einvernehmen über die Höhe dieses Zuschlages besteht. Wussow/Küppersbusch (a.a.O., Rn. 246) kommen – wiederum ohne Altersstufendifferenzierung bei den Kindern – zu: **903**

- 45 % für die kinderlose Witwe,
- 35 %/20 % für die Witwe und 1 Kind,
- 30 %/15 %/15 % für die Witwe und 2 Kinder,
- 27 %/13 %/13 %/13 % für die Witwe und 3 Kinder.

904   *Hinweis:*

Im Grundsatz wird man diesem Lösungsweg schon aus Gründen der Vereinfachung zustimmen können. Entscheidend ist jedoch das Problem, welche Einkommensquote dem getöteten Verdiener der Familie zugeordnet wird. Die bei Wussow/Küppersbusch, a.a.O. vorgeschlagene Quote zwischen 55 % bei kinderloser Ehe und ca. 33 % bei einer Ehe mit 3 Kindern erweckt zwar optisch einen durchaus angemessenen Eindruck. Es wäre aber wohl sachgerechter, vorab nach dem Zuschnitt der Einkommens- und Lebensverhältnisse der Familie eine Art Fixkostenklassifizierung vorzunehmen. Dabei ist von dem Grundsatz auszugehen, dass dieser Anteil um so höher ist, je geringer das Einkommen des verdienenden Ehegatten ist und je größer die Zahl der davon lebenden Familienmitglieder. Im Bereich eines statistischen Durchschnittseinkommens bei ein bis zwei Kindern dürfte ein Fixkostenanteil von 50 % vertretbar sein, der bei höherer Kinderzahl oder unterdurchschnittlichen Einkünften auch 2/3 der Einkünfte betragen kann (ebenso Freyberger, a.a.O.), während er bei geringerer Kinderzahl (dazu gehören auch die Familien, deren Kinder nicht mehr unterhaltsberechtigt sind) und überdurchschnittlichen Einkünften eher unter 50 % anzusetzen ist. Trägt man dieser Überlegung Rechnung, so wird man die vorstehend genannten Quoten etwas erhöhen können.

e) Vorteilsausgleichung

905   Aus § 843 Abs. 4 BGB folgt der **allgemeine Grundsatz,** dass Leistungen Dritter jedenfalls dann nicht im Wege des Vorteilsausgleichs auf den Unterhaltsanspruch anrechenbar sind, wenn sie nach Sinn und Zweck bzw. ihrer Natur nach dem Schädiger nicht zugute kommen sollen (BGH, VersR 1970, 41 und st.Rspr.; Wussow/Küppersbusch, Ersatzansprüche bei Personenschäden, Rn. 316). Ob und inwieweit dies der Fall ist, bedarf für den Fall des Unterhaltsschadens in folgenden Teilbereichen der Klärung:

906   Wenn ein **Dritter an Stelle des Getöteten** dem Unterhaltsberechtigten den Unterhalt zu gewähren hat (§§ 844 Abs. 2, 843 Abs. 4 BGB) oder freiwillig gewährt (RGZ 92, 57), berührt dies den Unterhaltsersatzanspruch nicht.

Hinweis:

Hier bestehen allerdings Ausnahmen: *Der nachrangig Unterhaltspflichtige ist Erbe des vorrangig Unterhaltspflichtigen und kann den Unterhaltsanspruch aus den Erträgnissen der Erbschaft befriedigen (**Quellentheorie,** vgl. oben Rn. 860).*

Der Unterhaltsberechtigte ist Erbe des Unterhaltspflichtigen und deckt nun seinen Unterhaltsbedarf aus den Erträgnissen der Erbschaft. Soweit er auch deren Stamm verwendet, erfolgt die Anrechnung insoweit, als auch der getötete Unterhaltspflichtige den Stamm seines Vermögens zur Deckung des Unterhaltsbedarfs tatsächlich eingesetzt hat (vgl. oben Rn. 869 m.w.N.).

907   Zur Wiederverheiratung der Unfallwitwe s. oben Rn. 862. **Keine Ausnahme** von der Nichtanrechnung findet dagegen in den Fällen der §§ 1586 b, 1615 Abs. 1 BGB statt (gesetzlicher Übergang der Unterhaltspflicht auf den Erben des unterhaltspflichtigen geschiedenen Ehegatten bzw. auf den Erben des Erzeugers eines nicht ehelichen Kindes hinsichtlich des Unterhaltsanspruchs der nicht ehelichen Mutter, vgl. näher Rn. 843, 861).

908   **Freiwillige Leistungen dritter Personen** sind nicht anzurechnen. Dazu gehören etwa freiwillige Zahlungen eines Arbeitgebers (BGHZ 10, 108), Sammlungen zugunsten von Unfallopfern (Greger, StVG, § 10 Rn. 91) und alle ähnlichen Leistungen, die nach ihrer Natur oder Sinn und Zweck nicht den Schädiger entlasten, sondern dem Geschädigten helfen sollen.

Leistungen eines Arbeitgebers aufgrund einer arbeitsrechtlichen **Verpflichtung,** etwa eines   909
Tarifvertrages oder Einzelarbeitsvertrages, bleiben anrechnungsfrei (BGH, VersR 1969, 898). Das
gilt in gleicher Weise für Leistungen eines Sozialleistungsträgers (Rentenversicherer, Berufsgenossenschaft) oder eines Sozialhilfeträgers einschließlich ausländischer Träger (OLG Celle,
VersR 1967, 1164; OLG München, VersR 1985, 482). Freilich besteht insoweit die Besonderheit,
dass bei Vorliegen zeitlicher und sachlicher Kongruenz die Ersatzansprüche der unterhaltsberechtigten Personen auf den oder die Träger übergehen. Diesbezüglich wird auf die speziellen Ausführungen zum Rechtsübergang verwiesen.

Leistungen privater Versicherer einschließlich hieraus fließender Erträge bleiben anrechnungsfrei. Sie sind erkauft durch Prämienzahlungen, ohne dass es darauf ankommt, wer tatsächlich die
Prämien gezahlt hat und wer jeweils Versicherungsnehmer ist (BGH, NJW 1968, 837). Dies gilt
für die Lebensversicherung (BGH, VersR 1979, 323), die Unfallversicherung (BGH, VersR 1968,
361 und VersR 1969, 350) und die Insassen-Unfallversicherung (BGHZ 25, 328), Letztere allerdings mit der Besonderheit, dass der Versicherungsnehmer einer Insassen-Unfallversicherung die
Anrechnung der Versicherungssumme auf Ansprüche geschädigter Personen spätestens bei Auszahlung der Versicherungsleistungen den Geschädigten gegenüber erklärt oder vorbehalten haben
muss (Greger, StVG, § 10 Rn. 94; BGHZ 80, 8). Für die **befreiende Lebensversicherung** gilt folgende Besonderheit: Zwar bleiben die ausgezahlten Versicherungssummen und deren Erträgnisse
wie bei jeder anderen Lebensversicherung anrechnungsfrei, jedoch sind bei der Ermittlung des
Unterhaltsschadens die vom Getöteten für die befreiende Lebensversicherung gezahlten Prämien
bei der Ermittlung seines Nettoeinkommens in gleicher Weise die Beiträge zur gesetzlichen Rentenversicherung abzuziehen.

Beim **Nachlass** (Unterhaltsberechtigter ist Erbe des getöteten Unterhaltspflichtigen) ist **anzurech-**   910
nen, was auch ohne das bzw. vor dem schädigenden Ereignis von den Erträgnissen oder dem
Stamm des Nachlasses zur Befriedigung des Unterhaltsanspruchs verwendet worden ist (vgl. oben
Rn. 859) oder was dem Geschädigten ohne den Unfalltod des Erblassers von dessen Vermögen
nicht zugefallen wäre (BGHZ 8, 328 und st.Rspr.). Anrechnungsfrei ist, was der Erblasser von den
Vermögenserträgen zur weiteren Vermögensmehrung angelegt hätte, da dies dem Erben ohnehin
zugefallen wäre (Wussow/Küppersbusch, Ersatzansprüche bei Personenschäden, Rn. 318; Greger,
StVG, § 10 Rn. 83).

Wenn der Erblasser sein Vermögen oder Erträgnisse hieraus **nicht** der Vermögensmehrung zuge-   911
führt, sondern für andere Zwecke verbraucht hätte, wozu es aber infolge seines Todes nicht kommt,
so fließt dem unterhaltsberechtigten Erben zwar etwas zu, was er ohne den Unfalltod des Erblassers nicht erhalten hätte. Ob dieser „zusätzliche" Zufluss anzurechnen ist, ist **streitig.** Der BGH
(VersR 1979, 323 = NJW 1979, 761) verneint das, weil § 844 Abs. 2 BGB keinen Anspruch auf
Wiederherstellung der insgesamt gleichen wirtschaftlichen Vermögenslage gibt (a.A. insoweit Greger, StVG, § 10 Rn. 83; MüKo/Grunsky, BGB, vor § 249 BGB Rn. 110a; zweifelnd Wussow/Küp-
persbusch, Rn. 319).

Gehört zum Nachlass ein **Unternehmen,** welches der Erbe (zu denken ist hier in erster Linie an   912
die Witwe) unter Einsatz seiner Arbeitskraft fortführt, so ist der Ertrag dieses Unternehmens unter
zwei Voraussetzungen im Rahmen der Vorteilsausgleichung anrechenbar: Die Erträge hätten schon
vor bzw. ohne den Unfall für den Unterhalt des Geschädigten eingesetzt werden müssen, und die
Fortführung des Unternehmens durch den Geschädigten müsste diesem zumutbar sein (BGHZ 58,
14 ff.; BGH, VersR 1967, 260; BGH, VersR 1984, 353 = NJW 1984, 979; Greger, StVG, § 10
Rn. 84; Wussow/Küppersbusch, a.a.O., Rn. 322).

f) Schadensminderungspflicht

Ob von der überlebenden unterhaltsberechtigten Witwe (Hausfrau) im Rahmen der Schadensmin-   913
derungspflicht die **Aufnahme einer Tätigkeit** erwartet werden kann, hängt in erster Linie von
ihrem Alter, Gesundheitszustand, Berufsausbildung, früheren ausgeübten Tätigkeiten, vor allem

und in erster Linie aber von Zahl und Alter der **minderjährigen** und deshalb betreuungsbedürftigen **Kinder** ab (a.A. vgl. z.B. BGH, VersR 1984, 936 ff. und st.Rspr.). Abzustellen ist dabei auf das Alter des Kindes, bei mehreren des jüngsten. Umstritten ist, wie allgemein im Unterhaltsrecht, von welchem Alter des jüngsten Kindes ab eine Teilzeitarbeit in Betracht kommt. Der sehr allgemeinen Auffassung, dass allein das Bestehen der Schulpflicht eines Kindes schon eine Teilzeitarbeit zulasse (so z.B. BGH, VersR 1983, 688), muss angesichts der bestehenden Schulrealität entgegengetreten werden. Nach hiesiger Ansicht wird eine Teilzeitarbeit etwa ab Ende der Grundschulzeit, also ab Ende der 4. Klasse, erwartet werden können, eine vollschichtige Tätigkeit erst ab etwa dem 15. Lebensjahr des jüngsten Kindes (ebenso Wussow/Küppersbusch, Ersatzansprüche bei Personenschäden, Rn. 251). Handelt es sich aber um **behinderte** Kinder, so schieben sich Beginn und Ausweitung einer Tätigkeitspflicht entsprechend hinaus. Umgekehrt kann von einer **kinderlosen** Witwe i.d.R. alsbald die Aufnahme einer Tätigkeit erwartet werden, umso mehr, wenn sie über eine entsprechende Ausbildung verfügt. Von ähnlicher Bedeutung wie Vorhandensein und Betreuungsbedürftigkeit von Kindern ist das Lebensalter einer Witwe. Bei Eintritt der Schädigung im Alter von mehr als 50 Jahren hat der BGH (VersR 1962, 1088 und VersR 1962, 1176) eine Arbeitspflicht bereits verneint. Unabhängig von der auch zu beachtenden Arbeitsmarktlage wird man das aber heute kaum noch so allgemein sagen können, jedenfalls dann nicht, wenn die Witwe über eine qualifizierte Berufsausbildung verfügt und die Arbeitsmarktlage entsprechend günstig ist.

914 Besteht eine Erwerbsobliegenheit, so ist hinsichtlich der Frage, welche **Arten von Tätigkeiten** zumutbar sind, neben den vorstehenden Kriterien, vornehmlich der Berufsausbildung, auch der soziale Zuschnitt der Familie zu beachten. Weder muss der Schädiger durch Aufnahme einer deutlich unterqualifizierten Tätigkeit entlastet werden noch kann er erwarten, dass die Witwe eines sozial herausgehoben Tätigen jede Art von Tätigkeit aufnimmt.

915 **Lehnt die Witwe** trotz bestehender Erwerbspflicht **die Aufnahme einer Tätigkeit** ab, so wird ihr das erzielbare (Netto-)Einkommen auf ihren Anspruch gem. § 254 Abs. 2 BGB angerechnet (BGH, VersR 1984, 936), und zwar bei nur anteiliger Haftung des Schädigers vorrangig auf den von ihm nicht gedeckten Teil des Schadens (BGH, VersR 1962, 1063; Greger, StVG, § 10 Rn. 100). Das gilt auch für den Fall, dass die zumutbare Fortführung des ererbten Geschäftsbetriebs abgelehnt wird.

916 Geht die Unfallwitwe später mit einem Mann eine nicht eheliche **Lebensgemeinschaft** ein, so ist nach BGHZ 91, 357 = VersR 1984, 936 der Wert der dadurch erlangten Versorgung nicht auf den Unterhaltsanspruch anzurechnen (dagegen Greger, StVG, § 10 Rn. 174; Dunz, VersR 1985, 509). Allerdings kommt der BGH auf dem Weg über die Verletzung der Schadensminderungspflicht gleichwohl zu einer Anrechnung: Wer zur Haushaltsführung in einer nicht ehelichen Lebensgemeinschaft in der Lage ist, kann dies auch als bezahlte Tätigkeit ausüben. Das ist zwar logisch richtig, aber zumindest umständlich: Der haushaltsführende Teil einer nicht ehelichen Lebensgemeinschaft erbringt dem Partner geldwerte Leistungen und kann dafür eine Vergütung verlangen, die ihrerseits auf den Unterhaltsschaden anzurechnen ist.

g) Unterhaltsschäden getrennt lebender und geschiedener Personen

917 Das Scheitern einer Ehe hat auf die Unterhaltspflicht gegenüber minderjährigen Kindern, seien sie ehelich oder nicht, nach den §§ 1601, 1603, 1610, 1612a BGB **keinen Einfluss.** Ebenso wenig kommt es darauf an, ob die Eltern getrennt leben, ob ihre Ehe geschieden ist oder ob sie nie verheiratet waren. Für die Höhe des Unterhaltsersatzanspruchs sind – wie für den Unterhalt selbst – die Regelbedarfsbeträge und die auf ihnen aufbauenden Unterhaltstabellen (typisch: Düsseldorfer Tabelle) in der jeweils geltenden Fassung maßgeblich.

918 **Volljährige Kinder** stehen bis zur Vollendung des 21. Lebensjahres den minderjährigen Kinder gleich, solange sie bei den Eltern oder einem Elternteil leben und sich in der allgemeinen Schulausbildung befinden (§ 1603 Abs. 2 Satz 2 BGB). Volljährige Kinder außerhalb dieses qualifizierten Bereiches sind nur dann unterhaltsbedürftig, wenn sie sich nicht selbst unterhalten können, also in

erster Linie während der Dauer einer angemessenen Vorbildung zu einem Beruf (§ 1610 Abs. 2 BGB). Für diese Kinder besteht die verschärfte Haftung der Eltern nach § 1603 Abs. 2 Satz 1 BGB nicht.

Der **getrennt lebende oder geschiedene Ehegatte** erleidet nur dann einen Unterhaltsschaden, wenn ihm während der Trennungszeit ein Anspruch aus § 1361 BGB zusteht oder nach Rechtskraft der Ehescheidung die Voraussetzungen eines gesetzlichen Unterhaltstatbestandes vorliegen. Dies sind lediglich die Fälle der §§ 1570 BGB (Kindererziehung), 1571 BGB (Alter), 1572 BGB (Krankheit), 1573 Abs. 1 BGB (Arbeitslosigkeit trotz Arbeitsbemühungen), 1573 Abs. 2 BGB (Aufstockungsunterhalt), 1575 BGB (Ausbildung, Fortbildung und Umschulung), 1576 BGB (Billigkeitsunterhalt). Wegen der Einzelheiten dieser Vorschriften, deren Darstellung den Rahmen des Schadensrechts sprengen würde, wird auf das familienrechtliche Spezialschrifttum verwiesen. Im Rahmen des Schadensrechts sind die den Umfang und die Dauer eines Unterhaltsanspruchs näher regelnden §§ 1574, 1577 – 1582, 1586, 1586a BGB zu beachten. | **919**

Von den **eingeschränkten Anspruchsgrundlagen des Ehegattenunterhalts** abgesehen, besteht der **Hauptunterschied** in der Bemessung des Unterhalts zwischen intakter und getrennter bzw. geschiedener Ehe darin, dass im Trennungs- und Scheidungsfall weder beim Kindes- noch beim Ehegattenunterhalt ein Vorwegabzug von Fixkosten erfolgt, weil die dafür maßgebliche Grundlage gemeinsamer Lebens- und Haushaltsführung fehlt. Im Grundsatz erfolgt in diesen Fällen die Unterhaltsbemessung so, dass vom berücksichtigungsfähigen Einkommen des Unterhaltspflichtigen – dieses wird in gleicher Weise wie im Fall intakter Ehe ermittelt – zunächst der Unterhalt minderjähriger Kinder entsprechend der auf der jeweils geltenden Regelbedarfsverordnung beruhenden Unterhaltstabelle abgezogen und von dem verbleibenden Einkommen ein Anteil von 3/7 als Ehegattenunterhaltsbedarf angesetzt wird. Dieser kann sich durch trennungsbedingte Zusatzkosten etwa für die deshalb erforderliche zweite Wohnung erhöhen. Ob der unterhaltspflichtige geschiedene Ehemann diesen Bedarf jeweils tatsächlich aufbringen kann, ohne seinen eigenen notwendigen Eigenbedarf von (derzeit) 730 € bei Erwerbstätigkeit und 840 € ohne Erwerbstätigkeit zu gefährden, ob und inwieweit er also unterhaltsrechtlich leistungsfähig ist, bedarf ebenfalls jeweils der Prüfung, denn die Ersatzpflicht beim Unfalltod des geschiedenen Unterhaltspflichtigen umfasst (wie oben Rn. 848 erwähnt) nur den Teil des Unterhaltsschadens, für den der Getötete tatsächlich leistungsfähig war. Hinsichtlich der mit der Begrenzung der Leistungsfähigkeit verbundenen Fragen ist gleichfalls auf das familienrechtliche Spezialschrifttum zu verweisen. Abweichend vom Unterhaltsprozess hat im Unterhaltsersatzprozess der Geschädigte die Leistungsfähigkeit des getöteten Unterhaltspflichtigen zu beweisen (BGH, DAR 1960, 73; Greger, StVG, § 10 Rn. 177). | **920**

h) Dauer der Ersatzpflicht

Die Dauer der Ersatzpflicht für Unterhaltsschäden wird **von zwei Seiten begrenzt.** Auf der Seite des getöteten **Unterhaltspflichtigen** begrenzt § 10 Abs. 2 Satz 1 StVG den Ersatzanspruch auf die „mutmaßliche Dauer seines Lebens" ohne Berücksichtigung des Unfalltods. Eine geeignete Schätzungsgrundlage hierfür bieten die Sterbetafeln im jeweiligen Statistischen Jahrbuch (BGH, VersR 1972, 176). Hierbei sind allerdings Abweichungen nach oben oder unten im Hinblick auf individuelle Besonderheiten möglich (BGH, NJW 1979, 1248). Macht der Schädiger eine mutmaßliche kürzere Lebensdauer etwa im Hinblick auf eine bestimmte Vorerkrankung des Getöteten geltend, ist er dafür beweispflichtig (BGH, NJW 1972, 1515). Macht umgekehrt der Unterhaltsberechtigte geltend, dass der Getötete auch über das normale Ruhestandsalter hinaus Erwerbseinkünfte erzielt hätte, so wird er dies zu beweisen haben. | **921**

Eine – wohl allerdings nur scheinbare – Ausnahme vom Grundsatz, dass die Unterhaltsersatzpflicht mit dem Zeitpunkt des mutmaßlichen Todes des Unterhaltspflichtigen endet, macht die Rechtsprechung (BGHZ 32, 348) für den Fall, dass die Witwe eines Beamten oder Arbeitnehmers weder Witwenversorgung noch Rente erhält, weil bis zum tatsächlichen Tod des Unterhaltspflichtigen ein Leistungsanspruch noch nicht entstanden war. Für diesen Fall wird schadensrechtlich fingiert, dass der Getötete in der Zeit bis zu seinem mutmaßlichen Tod, also während der weiteren Lebens- | **922** erwartung entsprechende Ansprüche als Beamter oder rentenversicherungspflichtiger Arbeitnehmer erworben hätte. Insoweit werden diese allerdings seltenen Fälle der Unfallwitwe eines Freiberuflers gleichgestellt.

923 Auf der Seite der **unterhaltsberechtigten Geschädigten** endet die Unterhaltspflicht mit dem Wegfall der Unterhaltsbedürftigkeit oder auch des Anspruchs dem Grunde nach. Dies bedarf für den Fall des Todes des Unterhaltsberechtigten keiner weiteren Begründung. I.Ü. ist auf folgende Fälle hinzuweisen:

924 Soweit es die Ansprüche der **Unfallwitwe bzw. der geschiedenen oder getrennt lebenden Ehefrau** angeht, ist auf folgende Einzelfälle hinzuweisen: Die Wiederverheiratung der Unfallwitwe führt dazu, dass ihr Unterhaltsanspruch gegenüber ihrem neuen Ehemann auf den Unterhaltsersatzanspruch angerechnet wird (BGH, VersR 1979, 55), während die Wiederverheiratung der geschiedenen Ehefrau nach § 1586 Abs. 1 BGB den Unterhaltsanspruch gegenüber dem geschiedenen Ehemann beendet. Wird diese neue Ehe allerdings wieder geschieden, so kann unter den engen Voraussetzungen des § 1586a BGB der frühere Unterhaltsanspruch wieder aufleben.

925 Der Anspruch sowohl der Unfallwitwe als auch der geschiedenen Ehefrau enden, sobald sie durch eigene zumutbare **Erwerbstätigkeit** bedarfsdeckende Einkünfte erzielen oder erzielen können. Schließlich endet der Unterhaltsanspruch der geschiedenen Ehefrau auch dann, wenn die Voraussetzungen der unterhaltsbegründenden Norm wegfallen. Typisch hierfür ist der Ausbildungsunterhalt nach § 1575 BGB, wenn die Ausbildung erfolgreich abgeschlossen ist und ein entsprechendes Einkommen erzielt wird.

926 Soweit es die **Unterhaltsansprüche von Kindern** angeht, sind diese i.d.R. begrenzt auf die Zeit bis zum Abschluss einer den Begabungen und Neigungen des Kindes entsprechenden Berufsausbildung. Je nach Ausbildungsgang kann sich das höchst unterschiedlich gestalten und reicht heute regelmäßig bis in die Volljährigkeit des Kindes hinein. Anzurechnen auf diesen Anspruch sind jeweils gezahlte soziale Leistungen wie etwa Kindergeld, Halbwaisenrente sowie Leistungen der Ausbildungsförderung, aber auch tatsächlich gezahlte Ausbildungsvergütungen. Eine Ausnahme von dieser Begrenzung bis zum Abschluss der Ausbildung gilt allerdings dann, wenn es sich um geistig und/oder körperlich behinderte Kinder handelt. Hier kann die Unterhaltspflicht lebenslang dauern.

VI. Schmerzensgeld nach Straßenverkehrsunfällen

1. Rechtsgrundlage für Schäden, die vor dem 1.8.2002 entstanden sind

a) Rechtsgrundlage

927 Mangels eigenständiger Regelung im StVG kommen Ansprüche nur in Betracht, wenn die Voraussetzungen des § 847 BGB vorliegen.

Dies ist insoweit unproblematisch, als es den Umfang der durch § 847 Abs. 1 BGB (§ 847 Abs. 2 spielt insoweit für den Bereich der Straßenverkehrsunfälle keine Rolle) geschützten Rechtsgüter angeht. Eine Verletzung des „Körpers oder der Gesundheit" i.S.d. § 847 Abs. 1 BGB deckt sich insoweit mit dem entsprechenden Wortlaut des § 11 StVG, der die Ersatzpflicht für die Heilungskosten von Verletzungen des Körpers oder der Gesundheit aus Straßenverkehrsunfällen regelt. Liegt eine derartige Verletzung nicht vor, scheidet naturgemäß jeder Anspruch auf Schmerzensgeld aus. Wegen der Einzelheiten zu den Körperverletzungen und Gesundheitsschäden wird auf Rn. 953 ff. verwiesen.

928 Wesentlich bedeutsamer ist das weitere Erfordernis des § 847 Abs. 1 BGB. Während das StVG eine reine Gefährdungshaftung auch im Bereich der Verletzungsfolgen des § 11 StVG statuiert, verlangt, § 847 BGB die vom Geschädigten zu beweisende Feststellung eines Verschuldens des

Schädigers für den Schadenseintritt. Es genügt also nicht, dass der Schädiger den Unfall und seine gesundheitlichen Folgen für den Geschädigten adäquat kausal verursacht hat, sondern ihn muss insoweit der Vorwurf vorsätzlichen und fahrlässigen Fehlverhaltens treffen. Eine **bloße Verschuldensvermutung** reicht nicht. Zwar wird im Bereich des Straßenverkehrs der Vorsatzvorwurf i.d.R. nach Lage der Sache nicht in Betracht kommen. Jedoch beruht der Unfall jedenfalls weit überwiegend auf einer Verletzung der im **Straßenverkehr erforderlichen Sorgfaltspflichten** (§ 276 BGB), präzisiert in den Verhaltensregeln der StVO, die ihrerseits durchweg **Schutzgesetze i.S.d. § 823 Abs. 2 BGB** sind (vgl. z.B. Erman/Schiemann, BGB, § 823 Rn. 101, 154, 163). Deshalb kommen Schmerzensgeldansprüche auch für diesen zahlenmäßig erheblichen Bereich in Betracht. Dies war rechtspolitisch schon deshalb zu begrüßen, weil die besonderen Risiken des motorisierten Straßenverkehrs auch bei leichter Unachtsamkeit, also leichter Fahrlässigkeit, zu schweren und schwersten Körperschäden führen können.

b) Rechtsnatur des Schmerzensgeldanspruchs

aa) Grundsatz

Das Schmerzensgeld dient nicht dem Ersatz eines materiellen oder gar Vermögensschadens, sondern soll einen Ausgleich für materiell gerade nicht ersetzbare bzw. ersatzfähige Schäden herbeiführen. Seit der Entscheidung des Großen Zivilsenats des BGH vom 6.7.1955 (BGHZ 18, 149) ist die **Doppelfunktion des Schmerzensgeldes** klargestellt. Es soll einerseits einen angemessenen Ausgleich für nicht vermögensrechtliche Schäden, also erlittene Schmerzen, Beeinträchtigungen des Wohlbefindens, Verletzungen der körperlichen Integrität, und zwar nicht nur dauernder, sondern auch vorübergehender Art bieten (zusammengefasst: **vorübergehende oder dauernde Einbuße an Lebensfreude**) und andererseits dem Geschädigten eine **Genugtuung für das erlittene Geschehen** leisten. Die Genugtuungsfunktion entfällt aber nicht etwa deshalb, weil der Schädiger im Einzelfall mit einem Strafverfahren überzogen wird, unabhängig von dessen Ausgang, also auch dann nicht, wenn er tatsächlich zu einer Geld- oder Freiheitsstrafe verurteilt wird (BGHZ 128, 117 = BGH, NJW 1995, 781 = VersR 1995, 351; BGH, VersR 1996, 383). Beide Faktoren sind nicht voneinander zu trennen, sondern bilden miteinander die Basis für die im Einzelfall maßgeblichen Bemessungsfaktoren.

929

bb) Billigkeitsschranke

§ 847 BGB begründet nur einen Anspruch auf eine sog. billige Entschädigung. Darin liegt eine im Einzelnen schwer fassbare Beschränkung dieses Anspruchs. Einerseits sollten **Bagatellschäden** möglichst ausgeschieden werden, wobei freilich die Frage, wo eine Bagatellgrenze zu ziehen ist, durchaus unklar war (vgl. Schneider/Biebrach, Schmerzensgeld, 1994, Rn. 15; präziser Greger, § 16 StVG, Rn. 24 mit Rechtsprechungsbeispielen: Bei Bagatellverletzungen und leichtem Verschulden soll das Ersatzbedürfnis bezüglich des Schmerzensgeldes hinter dem mit der Teilnahme am Straßenverkehr verbundenen allgemeinen Lebensrisiko so weit zurücktreten, dass ein Anspruch entfällt; vgl. zur Bagatellgrenze auch die an Schmerzensgeldbeträgen orientierten Grenzziehungen von Höfle, DAR 1998, 285; Steffen, ZRP 1998, 147 ff. und Deutsch, ZRP 1998, 294; hierzu Jaeger, ZGS 2002, 54 ff.). Andererseits hat diese Formulierung über lange Zeit dazu beigetragen, den Anspruch äußerst restriktiv auszulegen (vgl. etwa Scheffen, NZV 1994, 417), sodass von einem auch nur entfernt angemessenen Ausgleich keine Rede sein konnte. Erst die schrittweise Entwicklung der Rechtsprechung in den vergangenen 20 Jahren hat insoweit einen Wandel eingeleitet, der auch aus der nachstehenden tabellarischen Aufstellung von Schmerzensgeldentscheidungen aus dem Straßenverkehrsrecht ablesbar ist.

930

c) Wesentliche Bemessungsfaktoren (Checkliste)

931 **Situation des Geschädigten**

---

1. Physische Faktoren:

a) Art und Umfang der erlittenen Verletzungen,

b) Art und Umfang der ärztlichen Behandlungsmaßnahmen,

c) Heilungsverlauf unter Berücksichtigung besonderer Komplikationen,

d) Dauer der ärztlichen Behandlung sowie Dauer der schädigungsbedingten Erwerbsunfähigkeit,

e) besondere individuelle Faktoren in der Person des Geschädigten, etwa besondere Schmerzempfindlichkeit, Auswirkungen bereits vor der Schädigung vorhandener gesundheitlicher Faktoren,

f) verbleibende Dauerschäden.

2. Psychische Faktoren:

a) Berufsausübung nicht mehr möglich,

b) Entstellende Verletzungen (Narben, Erforderlichkeit der Benutzung von Prothesen),

c) Altersproblematik,

d) Wissen um den eigenen gefährdeten Zustand,

e) Verlust der Möglichkeit, bisherigen Neigungen weiterhin nachzugehen,

f) Sorge um das Schicksal der eigenen Familie.

Situation des Schädigers

---

a) Objektive Unfallumstände,

b) Grad des Verschuldens,

c) Vermögensverhältnisse, Versicherungsschutz,

d) Verhalten bei der Schadensregulierung.

---

d) Einzelheiten zu den Bemessungsfaktoren

aa) Geschädigter

(1) Physische Faktoren

932 Ausgangspunkt für die Bemessung sind stets **Art und Umfang der erlittenen körperlichen Verletzungen**. Kein Schmerzensgeldanspruch besteht deshalb, wenn eine Verletzung objektiv nicht vorliegt, aber auch dann nicht, wenn der Unfall unmittelbar und sofort den Tod des Geschädigten zur Folge hat (BGH, NJW 1976, 1148).

Besonders hinzuweisen ist auf folgende Sondersituationen:

933 **Stirbt das Unfallopfer** als Folge der erlittenen Verletzungen, ohne das Bewusstsein wiedererlangt zu haben, so besteht ein Anspruch, der zwar nicht mehr auf einen eher symbolischen Betrag reduziert ist (so noch BGH, VersR 1981, 447), aber doch geringer sein wird als in den nachstehenden Fällen (BGH, VersR 1993, 327). Hat aber das Opfer das Bewusstsein wiedererlangt und stirbt es gleichwohl infolge der unfallursächlichen Verletzungen, so kommt eine so begründete Reduzie-

rung nicht in Betracht. Das gilt auch dann, wenn der Geschädigte den Unfall überlebt, aber so schwere Hirnverletzungen erleidet, dass seine Empfindungsfähigkeit und damit seine Persönlichkeit zerstört ist (so mit Recht die neuere Rechtsprechung seit BGHZ 120, 1).

Abzulehnen ist auch die Auffassung, der unfallbedingte Verlust der Leibesfrucht – ohne dass es   934
bei der werdenden Mutter zu weiteren Verletzungen kommt – sei keine Verletzung der werdenden Mutter (näher hierzu mit Nachweisen Greger, Haftungsrecht des Straßenverkehrs, 3. Aufl. 1997, § 16 StVG, Rn. 24).

Gesundheitsschäden können schließlich durch **rein psychische Einwirkungen** entstehen, sofern   935
damit ein echter Krankheitswert verbunden ist. Zu diesen sog. Schockschäden gehören die Fälle, bei denen jemand unmittelbar den Unfalltod eines nahen Angehörigen miterlebt hat, ferner mit Einschränkung diejenigen, wo die Mitteilung vom Unfalltod einem nahen Angehörigen überbracht wird, und – das gilt für beide Gruppen – dadurch über den bloßen Augenblicksschreck hinaus beim Geschädigten psychische Auswirkungen verbleiben.

Soweit es **Art und Umfang der ärztlichen Behandlung** angeht, ist vorab zu unterscheiden zwi-   936
schen ambulanter Behandlung und den dabei erfolgten therapeutischen Maßnahmen einerseits und der stationären Behandlung andererseits. Bei der stationären Behandlung wird es besonders auf Art und Zahl der operativen Eingriffe, Aufenthalte in Intensivstationen, Behandlungsergebnisse und – soweit tatsächlich erfolgt – anschließende ambulante Behandlungen oder Aufenthalte in Reha-Kliniken ankommen.

Zu berücksichtigen ist ferner der **Heilungsverlauf**, wobei der Eintritt von **Komplikationen** mit   937
der Folge einer Verlängerung der Behandlungsdauer und Anwendung zusätzlicher therapeutischer Maßnahmen ein anspruchserhöhender Faktor ist.

Die **Gesamtdauer der ärztlichen Behandlung** (stationär und ambulant) sowie die **Dauer der**   938
schädigungsbedingten Erwerbsunfähigkeit gehören gleichfalls zu den relevanten Bemessungsfaktoren.

Auch **individuelle Faktoren**, die einer bestimmten Körperverletzung über das normale Maß   939
hinaus eine besondere Note verleihen, sind zu berücksichtigen. Hierzu kann beispielsweise gehören die Verschlechterung des Allgemeinzustandes des Opfers als Folge einer Vorschädigung oder einer bereits vorhandenen Anlage einer Erkrankung, die als Unfallfolge zum Ausdruck kommt, die schädigungsbedingte Verzögerung eines Ausbildungsabschlusses (OLG Karlsruhe, NJW 1960, 2058), Minderung der Heiratsaussichten (OLG Nürnberg, VersR 1967, 716) oder besondere Schmerzempfindlichkeit.

Von großer Bedeutung ist die Frage, ob und bejahendenfalls welche **Dauerschäden** verbleiben.   940
Dabei sind nicht nur diejenigen zu berücksichtigen, die Einfluss auf die beruflichen Möglichkeiten des Geschädigten haben, etwa Behinderungen im Gebrauch einer Hand bei einer Hausfrau oder einem Handwerker, sondern auch diejenigen, die – auch oder nur – die individuelle Lebensführung beeinträchtigen, wie etwa Schwierigkeiten beim Treppensteigen oder Autofahren. Solche Dauerschäden sind in ganz unterschiedlicher Weise möglich und reichen im schlimmsten Falle bis zur totalen Pflegebedürftigkeit eines schwer persönlichkeitsgestörten querschnittsgelähmten Menschen.

(2) Psychische Faktoren

Der Umstand, dass eine im **Berufs- oder Erwerbsleben** stehende Person als Folge des Unfalls den   941
bisherigen Beruf nicht mehr (OLG München, VersR 1985, 868) oder nur noch sehr eingeschränkt ausüben kann, kann nicht nur zu psychischen Spätfolgen führen, sondern ist schon für sich ein für die Bemessung beachtlicher Faktor. Denn mit derart schweren Folgen ist häufig die Gefahr eines sozialen Abstiegs verbunden.

942 Durchaus nicht ohne Bedeutung sind ferner die **psychischen Folgen einer verbleibenden Entstellung**, wozu nicht etwa nur der Verlust von Gliedmaßen gehört, sondern im Gesicht verbleibende Narben nach Schnittverletzungen oder die Notwendigkeit, ständig eine Zahnprothese oder ein Hörgerät tragen zu müssen, auch wenn es für Dritte nicht oder kaum sichtbar ist.

Eine gewisse Rolle kann schließlich das **Alter eines Geschädigten** spielen. Wird ein Rentenempfänger verletzt, so kann bei ihm zumindest keine Sorge um seine materielle Zukunft entstehen, wie auch allgemein ein jüngerer Mensch unter einem Dauerschaden mehr leidet als ein älterer (BGH, NZV 1991, 150). Das kann dazu führen, dass eine bestimmte gesundheitliche Folge bei einem jüngeren Opfer zu einem höheren Anspruch führt als bei einem Rentenempfänger, weil der Jüngere die Schädigung im Zweifel länger ertragen muss.

943 Schließlich ist zu bedenken, dass gerade bei schweren Verletzungen und insbesondere bei Dauerschäden das **Wissen des Opfers** (OLG Köln, NJW 1967, 1968) **um seinen eigenen möglicherweise labilen oder gefährlichen Gesundheitszustand** psychische Dauerbelastungen auslösen kann, die zu depressiven Veränderungen führen können.

Insoweit ist auch auf **besondere Einschränkungen in der persönlichen Lebensführung** hinzuweisen, die als Schädigungsfolge eintreten können. Dabei geht es etwa darum, dass die unfallbedingt reduzierte Belastbarkeit eines Beins die Ausübung von Laufsportarten einschränkt oder ausschließt (Beispiel: OLG Köln, VersR 1992, 975). Das gilt auch für andere sportliche Aktivitäten, aber auch für den Fall, dass eine bestimmte Schädigungsfolge zukünftig der Pflege eines Musikinstruments entgegensteht.

944 Gerade bei schweren Verletzungen und solchen mit Dauerschäden kann die **Sorge des Geschädigten und das Schicksal seiner Familie** zu zusätzlichen psychischen Beeinträchtigungen von Krankheitswert führen. Das gilt einmal für den Fall, dass die Ehe des Unfallopfers als Folge der Schädigung scheitert. Wie auch in dem Sinne, dass eine durch einen Unfall in ihrer Einsatzfähigkeit dauergeschädigte Mutter sich hinsichtlich der weiteren Versorgung und Betreuung ihrer Kinder sorgt.

bb) Schädiger

945 Für die aufseiten des Schädigers zu berücksichtigenden Faktoren ist zunächst auf eher **objektive Gesichtspunkte** abzustellen. Insoweit sind zu erwähnen der Zustand des von ihm benutzten Kraftfahrzeuges, also verkehrssicherer Zustand i.S.d. StVZO, die objektive Verkehrslage am Unfallort nach Straßenzustand, Witterung, Sichtverhältnissen und zu beachtenden Verkehrsvorschriften. Hinzu kommen **persönliche Faktoren** wie etwa Verkehrstüchtigkeit des Schädigers und Verkehrserfahrung (Führerschein-Neuling, Streckenkenntnis), aber Anlass auch der Fahrt (Beispiel: Gefälligkeitsfahrt).

946 Einen sehr wichtigen Faktor bildet der **Grad des Verschuldens** des Schädigers. Trifft ihn nur der Vorwurf einfacher Fahrlässigkeit, so ist der Grad der Vorwerfbarkeit deutlich geringer als grober Fahrlässigkeit oder gar bei Vorsatz. Schlussfolgerungen auf den Verschuldensgrad sind auch aus objektiven Faktoren ableitbar: Je höher die tatsächlich gefahrene Geschwindigkeit über der jeweils zulässigen liegt, desto schwerer ist der Schuldvorwurf. Das gilt verstärkt bei Unfällen unter Alkoholeinfluss. Auf der anderen Seite ist auch das **Mitverschulden des Geschädigten** gem. § 254 BGB zu berücksichtigen (BGH, NJW 1983, 624), und zwar in zweierlei Hinsicht: Ist der Geschädigte ebenfalls als Kraftfahrer am Schadenseintritt beteiligt, so fällt ihm jedenfalls die Betriebsgefahr seines Fahrzeuges im Rahmen des § 254 Abs. 1 BGB zur Last. Lehnt er grundlos eine Erfolg versprechende Heilbehandlung seiner beim Unfall erlittenen Verletzungen ab, so gereicht ihm das nach § 254 Abs. 2 BGB zum Nachteil.

Schon BGHZ 18, 160 hat hervorgehoben, dass die **wirtschaftlichen Verhältnisse des Schädigers** bei der Bemessung zu berücksichtigen sind. Je ärmlicher er ist, desto geringer ist die ihm zumutbare Belastung, zumal dann, wenn er auch noch dem Krankenversicherer des Geschädigten oder anderen Sozialleistungsträgern regresspflichtig ist (OLG Köln, VersR 1992, 330). Auf solche Einschränkungen kann sich ein Schädiger aber nicht berufen, wenn für ihn eine gesetzliche (BGHZ 18, 165 f.) oder freiwillige Haftpflichtversicherung (BGH, NJW 1993, 1531) besteht oder eine öffentlich-rechtliche Körperschaft für ihn eintritt (BGH, VersR 1964, 389). Das gilt in gleicher Weise, wenn der Schädiger seinen Deckungsanspruch gegenüber seiner Haftpflichtversicherung durch eigenes Verschulden verloren hat (BGH, VersR 1967, 607).

Unangemessenes Verhalten des Schädigers bzw. seines Versicherers **bei der Schadensregulie-** **947** **rung** kann letztlich ebenfalls zugunsten des Geschädigten, also anspruchserhöhend berücksichtigt werden. Dazu gehören z.b. das Aufrechterhalten offensichtlich unbegründeter Einwendungen nach diesbezüglicher Beweisaufnahme (OLG Nürnberg, zfs 1995, 452), die Weigerung zur Zahlung eines Vorschusses bzw. Abschlags bei zweifelsfreier Rechtslage (BGH, VersR 1969, 134; OLG München, NZV 1993, 434), uneinsichtiges Prozessverhalten (OLG Koblenz, VersR 1970, 551), den Geschädigten kränkende Schriftsatzformulierungen (BGH, VersR 1964, 1103); Prozessver-zögerungen seitens des Schädigers (OLG Celle, NJW 1968, 1677). Denn durch derartige Verhaltensweisen werden die psychischen Unfallfolgen gerade bei schweren Verletzungen noch verstärkt. Bei objektiv unklarer Sachlage muss hingegen dem Schädiger und seinem Versicherer eine zeitlich angemessene Prüfungs- und Überlegungszeit zugebilligt werden (KG, VersR 1970, 379 f.).

Da die gesetzliche Neuregelung nur für Schäden gilt, die nach dem 31.7.2002 entstanden sind (vgl. Art. 12 des 2. Gesetzes zur Änderung schadensrechtlicher Vorschriften vom 19.7.2002, BGBl. I, S. 2674), sind die vorstehenden Gesichtspunkte unverändert von Bedeutung, da sie der Schmerzensgeldzumessung für diese **„Altfälle"** zugrunde zu legen sind.

2. Rechtslage für Schäden, die nach dem 31.7.2002 entstanden sind

Rechtsgrundlage für Schmerzensgeldansprüche ist jetzt § 253 Abs. 2 BGB, der sich in den Voraus- **948** setzungen kaum von dem gleichzeitig außer Kraft getretenen § 847 BGB unterscheidet (Art. 2 Nr. 2b und Nr. 7 des 2. Gesetzes zur Änderung schadensersatzrechtlicher Vorschriften vom 19.7.2002, BGBl. I, S. 2674).

Unverändert geblieben ist – soweit es den Bereich der Straßenverkehrsunfälle angeht – **der** **949** **Bereich der geschützten Rechtsgüter.** Erforderlich ist danach wie bisher eine Verletzung des Körpers oder der Gesundheit.

Entfallen ist das **Erfordernis eines Verschuldens des Schädigers.** Dies hat zur Folge, dass **950** Schmerzensgeldansprüche im Prinzip jetzt auch für den im Straßenverkehrsrecht bisher offenen Bereich einer **bloßen Gefährdungshaftung** in Betracht kommen (vgl. die amtliche Begründung in BT-Drs. 14/7752, S. 14-16; dazu auch Jaeger/Luckey, Das neue Schadensersatzrecht, Rn. 91, 92 und MDR 2002, 1168 ff.).

Hinweis:

Dies hat zur Folge, dass im Prinzip jetzt für jeden Straßenverkehrsunfall, der zu einer Körperverletzung i.S.d. obigen Ausführungen geführt hat, ein Schmerzensgeldanspruch in Betracht kommt.

Da **Rechtsnatur und Billigkeitsschranke** unverändert geblieben sind, kann auch insoweit auf die **951** vorangegangenen Ausführungen Bezug genommen werden. Der formale Wegfall eines Verschuldens des Schädigers für einen Anspruch aus § 253 Abs. 2 BGB wird sicher die Bedeutung der Genugtuungsfunktion reduzieren. Es wäre aber verfehlt, von einem völligen Bedeutungsverlust bzw. einem Abschied von ihr zu sprechen (so aber Jaeger/Luckey, a.a.O.). Denn jedenfalls dann, wenn den Schädiger ein Verschulden trifft, wird es weiterhin seine Bedeutung behalten. Das ist für Vorsatzfälle evident, wird aber auch bei grober Fahrlässigkeit ein beachtlicher Bemessungsfaktor bleiben.

> **Hinweis:**
>
> *Daraus folgt für die Praxis die wichtige Konsequenz, dass es auch bei den bisherigen Bemessungsgesichtspunkten bleibt (daher kann auf die Rn. 931–947 verwiesen werden.*

952 Der ursprüngliche Regierungsentwurf (BT-Drs. 14/7752, S. 25/26) enthielt eine zusätzliche Voraussetzung. Danach sollte ein Schmerzensgeldanspruch nur bestehen, wenn der eingetretene Schaden „unter Berücksichtigung seiner Art und Dauer nicht unerheblich ist". Damit sollte die schon früher diskutierte und auch praktizierte Bagatellgrenze näher umschrieben werden. Die amtliche Begründung erwähnte im Zusammenhang mit diesem Ziel einerseits sog. echte Bagatellschäden, die nur einen objektiv geringen und zeitlich vorübergehenden Einfluss auf das Allgemeinbefinden des Opfers haben, ferner leichtere oberflächliche Weichteilverletzungen wie Schürfwunden, Schnittwunden, Prellungen, leichtere Verletzungen des Bewegungsapparates wie Stauchungen und Zerrungen sowie nicht objektivierbare leichte HWS-Verletzungen ersten Grades sowie solche Schäden, die nach bisheriger Praxis mit Schmerzensgeldern unter 1.000 DM (500 €) abgefunden wurden (so Bollweg, NZV 2000, 185 ff., 187; ähnlich – allerdings mit unterschiedlichen Betragsgrenzen – Höfle, DAR 1998, 285 für 400 – 500 DM; Steffen ZRP 1998, 147 ff. für 1.000 – 1.500 DM; Deutsch, ZRP 1998, 294 für 400 – 1.500 DM). Der Gesetzgeber ist diesen Plänen mit Recht nicht gefolgt. Er ist der Meinung, dass die Rechtsprechung einerseits schon auf der Grundlage des bisherigen Rechts zu angemessenen Ergebnissen gelangt ist und ihr die Fortentwicklung der Billigkeitsschranke überlassen werden sollte (Beschlussempfehlung des BT-Rechtsausschusses in BT-Drs. 14/8780, S. 21). Soweit schließlich zur Begründung für die beabsichtigte Einschränkung auf den Schutz der Versichertengemeinschaft vor Prämienerhöhungen abgestellt wurde, kann dieser Hinweis schon angesichts der umfassenden Ersatzpflicht für bloße Sachschäden schwerlich überzeugen (ebenso Deutsch, ZRP 1998, 253 und Jaeger, ZGS 2002, 55).

3. Schmerzensgeldentscheidungen

a) Vorbemerkungen

953 Aus Gründen der Übersichtlichkeit sind nur Schmerzensgeldentscheidungen mit straßenverkehrsrechtlicher Relevanz in die Entscheidungssammlung aufgenommen worden.

Zwangsläufig konnten nur auch solche Entscheidungen eine Aufnahme finden, die vor dem 1.1.2002 ergangen sind und denen daher noch die DM-Werte zugrunde liegen. Die in Klammern angegebenen Euro-Werte können folglich nur als grobe Anhaltspunkte herangezogen werden um eine erste Orientierung zu ermöglichen.

Unbedingt zu beachten und in die Bewertung mit einzubeziehen sind die sich über Jahre hinweg entwickelnden Kostensteigerungen. Angesichts einer stetigen Tendenz der Gerichte, bei schweren Verletzungen höhere Geldbeträge zuzusprechen, kann, wie z.B. bei Entscheidungen aus den achtziger Jahren, der in der Entscheidungssammlung angegebene Schmerzensgeldbetrag und der errechnete Betrag nur als eine Hilfe zur Wertermittlung angesehen werden.

Um aber zumindest eine bessere Orientierung zu erreichen, kann hinsichtlich des zugesprochenen Schmerzensgeldes der Preisindex für die Lebenshaltung in die Berechnungen miteinbezogen werden. Über den Preisindex bzgl. Lebenshaltung kann für jedes beliebige Jahr und über jeden Zeitraum der anzusetzende Erhöhungsbetrag für das Schmerzensgeld berechnet werden.

Zur Berechung des Erhöhungsbetrags kann folgende Formel herangezogen werden:

$$\frac{\text{Zugesprochenes Schmerzensgeld} \times \text{aktuelle Jahresindexzahl}}{\text{Indexzahl des Jahres der Schmerzensgeldentscheidung}}$$

Preisindex für die Lebenshaltung 1991 = 100 %

1980	1981	1982	1983	1984
74,8	79,5	83,8	86,5	88,5
1985	**1986**	**1987**	**1988**	**1989**
90,3	90,2	90,2	91,2	93,8
1990	**1991**	**1992**	**1993**	**1994**
96,4	100	104,1	108,0	111,0
1995	**1996**	**1997**	**1998**	**1999**
112,9	114,4	116,6	117,0	117,8
2000	**2001**			
120,0	122,0			

b) Entscheidungssammlung

> **300,– DM (ca. 150,- €)**

Schwellung am rechten Handgelenk, Prellungen am rechten Unterarm mit zunächst stärkeren, im   954
Verlauf von 4 Wochen abklingenden Schmerzen.

Klage einer Hausfrau, die, anstatt den Bürgersteig zu benutzen, beim Gehen auf einer schmalen
Straße von dem Außenspiegel eines vorbeifahrenden Autos gestreift worden war.
OLG Frankfurt/M., VersR 1981, 538.
HWS-Syndrom, 1-tägige Arbeitsunfähigkeit, 4-tägige Schmerzen.
LG Frankenthal, zfs 1988, 383.
HWS-Syndrom, 2-tägige Arbeitsunfähigkeit, mehrfache Behandlungen.
LG Wiesbaden, zfs 1991, 119.

> **350,– DM (ca. 175,- €)**

Fraktur des rechten 5. Mittelhandknochens, Behandlung durch 2-Fingergipsschiene bei erheblichem Mitverschulden.
AG Maulbronn, zfs 1988, 131.

400,– DM (ca. 200,- €)

Prellungen der Wirbelsäule und Schleudertrauma der Halswirbelsäule, die ambulant behandelt worden waren und eine Arbeitsunfähigkeit von 1 Monat zur Folge hatten unter Berücksichtigung von 40 % Mitverschulden.
LG Wiesbaden, VersR 1982, 710.

500,– DM (ca. 250,- €)

Prellungen im Wirbelsäulen- und Schulterbereich und beider Knie.
OLG Nürnberg, zfs 1984, 266.

HWS-Syndrom, Tragen einer Schanzschen Krawatte, 18-tägige Arbeitsunfähigkeit.
OLG Düsseldorf, zfs 1985, 295.

Schädelhirntrauma, Bauchprellung, Schienbeinkopfbruch rechts mit Bandzerreißung des Kniegelenks, Abrissfraktur im linken Wadenbeinköpfchen und diverse Quetschungen unter Ausklammerung von Zukunftsschäden und Berücksichtigung eines hälftigen Mitverschuldens der Verletzten wegen verkehrswidrigen Verhaltens beim Überschreiten der Fahrbahn.
OLG Düsseldorf, VersR 1987, 487.

Unfallbedingte Schlafstörungen einer Hochschwangeren.
AG Offenburg, zfs 1991, 299.

600,– DM (ca. 300,- €)

Prellungen im Bereich der Lendenwirbelsäule und des linken Unterschenkels, 1-wöchige Bewegungseinschränkungen.
LG Essen, zfs 1986, 197.

700,– DM (ca. 350,- €)

Schwere Gehirnerschütterung, Hämatom am Hinterkopf, 1-wöchige Krankenhausbehandlung, 3 Wochen kein Schulbesuch einer Schülerin.

Die Klägerin war Insassin im Pkw des Beklagten gewesen, der ein leichtfertiges Wendemanöver ausgeführt hatte.

AG Rüdesheim, VersR 1981, 587.

Schädelprellung, Prellungen an beiden Beinen als Folge eines Anpralls gegen die Windschutzscheibe unter Berücksichtigung eines im Nichtanlegen des Sicherheitsgurtes bestehenden hälftigen Mitverschuldens der verletzten Beifahrerin.
AG Wolfach, VersR 1986, 352 = zfs 1986, 168.

Thoraxprellung, HWS-Distorsion, 14-tägige Arbeitsunfähigkeit.
AG Krefeld, zfs 1991, 119.

> **750,- DM (ca. 325,- €)**

Psychische Belastung einer Mutter beim Unfalltod des Sohnes als sog. Fernwirkungs- und Schockschaden unter Berücksichtigung hälftigen Mitverschuldens des Sohnes.
AG Passau, zfs 1984, 36.

HWS-Syndrom mit Zerrung der seitlichen Längsbänder, Brustbeinprellung und Brustkorbquetschung, Prellung des linken Ellenbogens, Distorsion der 2. Zehe rechts, Tragen einer Schanzschen Krawatte.
AG Augsburg, zfs 1988, 274.

> **800,– DM (ca. 400,- €)**

Schleudertrauma, Brust- und Lendenwirbelquetschung.

> Klage gegen Versicherung nach vom Versicherungsnehmer schuldhaft herbeigeführtem Verkehrsunfall; eine Beinamputation hatte bereits vor dem Unfall bestanden.
> Der Umstand, dass der Geschädigte unmittelbar nach einem Unfall ein Auto angemietet hatte und seinem Beruf weiter nachgegangen war, ließ darauf schließen, dass es sich bei dem erlittenen HWS-Schleudertrauma und der Brust- und Lendenwirbelquetschung lediglich um minder schwere Verletzungen handelte, die auch unter Berücksichtigung der Beinamputation kein höheres Schmerzensgeld als 800,– DM rechtfertigten.

AG Darmstadt, VersR 1980, 440.

Gehirnerschütterung, HWS-Trauma, Prellung der Schulter bei einem Pkw-Fahrer, den an dem Verkehrsunfall 4/5 Mitschuld traf. Die Verletzungen führten nicht zur Arbeitsunfähigkeit und erlaubten, einen Mietwagen zu benutzen.
LG München, VersR 1981, 644.

Schädelprellungen, Stirnhämatom, Schürfwunde im Gesicht, 2-tägige stationäre Behandlung.
LG Augsburg, zfs 1987, 359.

Unfallbeschwerden einer Hochschwangeren.
OLG Braunschweig, zfs 1991, 261.

HWS-Trauma mit Notwendigkeit einer 13-tägigen ärztlichen Behandlung und Tragen einer Schanzschen Krawatte, 1-wöchiger Brechreiz.
LG Hamburg, zfs 1992, 115.

> **900,– DM (ca. 450,- €)**

Gehirnerschütterung, Kreislaufkollaps, mehrere Wunden im Gesicht, 4-wöchige Arbeitsunfähigkeit.
LG Aachen, zfs 1985, 73.

| **1 000,– DM (ca. 500,– €)** |

Unfallbedingte Kopf-, Schulter- und Thoraxprellung, nachfolgende schmerzhafte Schultersteife und daraus resultierende vorübergehende Behinderung beim Autofahren.
OLG Schleswig, VersR 1983, 840.

Zerrungen und Prellungen der Thorax- und Nackenmuskulatur mit HWS-Syndrom, 3-wöchige Arbeitsunfähigkeit.
OLG Karlsruhe, zfs 1984, 228.

Hämatom am linken Auge, Augenhöhlenbodenbruch, Gehirnerschütterung, Wunde an der rechten Augenbraue, 11-tägige stationäre Behandlung, Arbeitsunfähigkeit von mehr als 3 Wochen bei 50 % Mithaftung.
OLG Hamm, zfs 1984, 228.

Unterarmfraktur rechts, Schädelprellungen, Schürf- und Schnittwunden, Teilabbruch zweier oberer Schneidezähne, Glassplittereinlagerungen am Kinn bei 50 % Mitverschulden.
LG Osnabrück, zfs 1985, 73.

Tod des Ehemannes bei einem Verkehrsunfall unter Berücksichtigung eines Mitverschuldens des Getöteten zu 30 %.
LG Bielefeld, r+s 1987, 283 = zfs 1987, 359.

Oberarmbruch rechts, Schädelprellung, Gehirnerschütterung, Schädelplatzwunde, zahlreiche Schürfwunden im Gesicht bei einem 9-jährigen Mädchen mit 3/4 Mitverschulden.
AG Essen, zfs 1988, 131.

Seitenbandruptur am rechten Daumen, 13-tägige stationäre Behandlung mit Operation, 6-wöchige Ruhigstellung mittels Gipsschiene bei 50 % Mitverschulden.
AG Dillingen, zfs 1988, 274.

Thoraxprellung links mit Verletzung der 5. und 6. Rippe, HWS-Syndrom, 3-monatige ambulante Behandlung.
AG Bielefeld, zfs 1990, 260.

HWS-Syndrom, Schädelprellung, 4-wöchiges Tragen einer Schanzschen Krawatte und Arbeitsunfähigkeit.
LG Mönchengladbach, zfs 1990, 340.

Außenbandriss am linken Oberschenkelgelenk, 11-tägige stationäre Behandlung, MdE zu 100 % für 3 Wochen, zu 20 % für 1 Monat, zu 10 % für 2,5 Monate, Mitverschulden von 1/3.
LG Regensburg, zfs 1990, 369.

Schädelprellung und HWS-Syndrom, 3-tägige stationäre Behandlung, 4-tägige Arbeitsunfähigkeit, 2 Wochen Tragen einer Schanzschen Krawatte, Massagen und Fangopackungen.
LG Koblenz, zfs 1990, 404.

Leichtes HWS-Trauma des Vorfahrtberechtigten nach einem zu erwartenden Seitenaufprall eines anderen Pkw, 4 Wochen Arbeitsunfähigkeit, sodann 20 % MdE für weitere 4 Wochen.
OLG Oldenburg, DAR 1996, 464

| **1 100,– DM (ca. 550,– €)** |

Verletzung beider Kniegelenke einer Soziusfahrerin; 11 Monate nach dem Unfall folgenlose Ausheilung.
AG Seligenstadt, VersR 1981, 644.

1 200,– DM (ca. 600,- €)

3 cm lange Durchtrennung der rechten Oberlippe, Lockerung eines Eckzahns, Prellungen im Gesicht und Schürfwunden an den Schienbeinen, 1/3 Mitverschulden einer die Straße überquerenden Fußgängerin, die bei Annäherung eines von ihr wahrgenommenen Kraftwagens weiterlief, statt auf der Fahrbahnmitte stehen zu bleiben.
LG Dortmund, VersR 1978, 930.

Fraktur des rechten Mittelfingers mit Verschiebung der Bruchfragmente, Weichteilschwellungen, Prellmarken und Hämatombildungen der rechten Hand und des linken Ellenbogengelenks, Prellungen des linken Sprunggelenkes, 20 % Mithaftung.
OLG Düsseldorf, zfs 1986, 168.

Radiusfraktur am linken Arm mit 3-monatiger ambulanter Behandlung, Nasenbeinbruch mit Hautabschürfungen, Hämatom an der linken Gesichtshälfte, Distorsion des linken Sprunggelenks, Prellungen der linken Hand bei einer Frau.
LG Karlsruhe, zfs 1987, 71.

Schmerzhafte Bewegungseinschränkung im Bereich der Halswirbelsäule und linken Schulter, 5-wöchige ambulante Behandlung mit 6 Terminen, Arbeitsunfähigkeit zu 100 % für 18 Tage, zu 50 % für weitere 18 Tage.
LG Mönchengladbach, zfs 1991, 85.

Leichtes HWS-Flexionstrauma mit geringfügiger Plexusirritation, Schulterstauchung links, 2-wöchige ambulante Behandlung, Mithaftung zu 1/5.
OLG München, zfs 1991, 261.

1 400,– DM (ca. 700,- €)

HWS-Syndrom mit starken Schmerzen, Arbeitsunfähigkeit zu 100 % für 3 Wochen, zu 50 % für 2 weitere Wochen bei einer Hausfrau.
LG Augsburg, zfs 1985, 8.

1 500,– DM (ca. 750,- €)

Nasenbeinfraktur, Gehirnerschütterung, Thoraxprellung, Platzwunden im Gesichtsbereich.

Klage gegen einen Haftpflichtversicherer nach einem vom Versicherungsnehmer fahrlässig verursachten Verkehrsunfall. 14-tägige stationäre und 11-tägige ambulante Behandlung. Bemessungserheblich war, dass es sich nicht um eine vorsätzliche Körperverletzung handelte, bei der wegen der damit verbundenen Demütigung des Verletzten ein zum Ausgleich entgangener Lebensfreude ausreichendes Schmerzensgeld zum Zwecke der Genugtuungsfunktion bis zu 1/3 erhöht werden könnte. Selbst bei grob fahrlässig herbeigeführten Verletzungen kommt der Genugtuungsfunktion dagegen keine Bedeutung zu.

LG Trier, VersR 1983, 791.

Leichtes gedecktes Schädel-Hirn-Trauma, Nasenbeinfraktur bei einem Schüler.
AG Köln, zfs 1984, 357.

Lendenwirbelsäulen- und Beckenprellung, knöcherne Absprengung am rechten Schambeinast, 2-wöchige stationäre Behandlung, anschließende 10-tägige Arbeitsunfähigkeit bei 40% Mitverschulden.

LG Augsburg, zfs 1988, 203.

Radiusfraktur am rechten Arm, 6-wöchige ambulante Behandlung, anschließend 3-monatige Arbeitsunfähigkeit zu 30% bei einer Hausfrau.
LG Essen, zfs 1989, 192.

HWS-Syndrom 1. Grades, Lendenwirbelsäulen- und Brustkorbprellung, atlantodentale Luxation, Thoraxprellung, behaupteter Nervenzusammenbruch, Minderung der Erwerbsfähigkeit zu 100 % für 2 Monate, zu 50 % für weitere 2 Monate, zu 10 % für 2 weitere Monate bei einer offensichtlich labilen und schmerzempfindlichen verheirateten Frau.
LG Augsburg, zfs 1990, 340.

Bluterguss im rechten Knie, darauf beruhende Arbeitsunfähigkeit von zwei Wochen und dreimalige Punktierung.
OLG Hamm, VersR 1997, 892.

---

1 700,– DM (ca. 850,- €)

Nackenzerrung, linksseitige Brustkorbprellung mit Fraktur von 2 Rippen, Schulterschmerzen, 6-wöchige ambulante Behandlung mit 12 Terminen, Arbeitsbehinderung von 70 % für einen Monat, anschließend von 30% für 14 Tage.
AG Hamburg-Harburg, zfs 1991, 85.

---

1 800,– DM (ca. 900,- €)

Komplizierter Nasenbeinbruch mit verbleibender 3 cm langer Narbe, Bruch von zwei Rippen, Prellung des Brustbeins und des Kniegelenks, mehrere Quetschungen und Schnittwunden an den Händen, 41-tägige Arbeitsunfähigkeit, 40 % Mitverschulden wegen Nichtanlegens des Sicherheitsgurts.
LG Osnabrück, VersR 1982, 255.

Schwere Gehirnerschütterung, offener Nasenbeinbruch, Schnittwunden mit entstellender Narbe, 5-wöchige stationäre Behandlung, weitere 9 Wochen Arbeitsunfähigkeit bei 70% Mithaftung.
LG Kassel, zfs 1985, 40.

HWS-Syndrom, multiple Körperprellungen, Thoraxprellung, 6-wöchige Beschwerden.
OLG Koblenz, zfs 1990, 153.

---

2 000,– DM (ca. 1000,- €)

Bruch des rechten Schlüsselbeins und der 7. rechten Rippe, beiderseitige Knie- und Unterschenkelprellungen, 4-wöchige stationäre Behandlung mit Rucksackverband, 6-wöchige ambulante Behandlung bei fortdauernden Beschwerden im linken Unterschenkel und rechten Arm.
LG Aschaffenburg, VersR 1981, 564.

Nervenschock mit 3-wöchiger Arbeitsunfähigkeit nach Miterleben des Unfalltodes der Ehefrau.

> Die 29-jährige Ehefrau des Klägers war vor dessen Augen durch Alleinverschulden des haftpflichtversicherten Beklagten überfahren und so schwer verletzt worden, dass sie 12 Tage später ohne Wiedererlangung des Bewusstseins verstorben war.

LG München II, VersR 1981, 69; 390 mit abl. Anm. Klimke.

Kuckuk

Sehr schmerzhafte Lippenverletzung mit operativer Wundversorgung, Luxation der oberen Schneidezähne, Nachbehandlung geschienter Zähne, Leistenzerrung, Knieprellung.
LG Bückeburg, zfs 1984, 197.

Innenknöchelfraktur mit zusätzlicher Fissur des linken Außenknöchels, Gips, Osteosynthese des linken Sprunggelenks, 17-tägige stationäre Behandlung, Schädelhirntrauma mit Kopfplatzwunde, Narbe am Innenknöchel bei einer Frau mit 50 % Mitverschulden.
LG Würzburg, zfs 1988, 274.

Schwere Unterschenkelfraktur, 5-monatige Arbeitsunfähigkeit, Kopfplatzwunde an der Stirn, Risswunde an einem Knie bei 2/3 Mitverschulden.
AG Weilheim, zfs 1988, 310.

Thoraxprellung, multiple Prellungen, Fraktur des Handwurzelknochens, 1-wöchige stationäre Behandlung, 2-monatige Arbeitsunfähigkeit bei 50 % Mitverschulden.
LG Augsburg, zfs 1989, 297.

Polytrauma mit Gehirnerschütterung, noch sichtbare Platzwunde an der rechten Schläfe, Brustkorbprellung, Fraktur der 6. Rippe, stumpfes Bauchtrauma mit Leber- und Nierenkontusion, Unfallschock bei 2/3 Mithaftung.
OLG Hamm, zfs 1990, 81.

Schädelfraktur mit Hirnkontusion, Jochbeinfraktur, Knie- und Ellenbogenabschürfungen, stationäre Krankenhausbehandlung, Arbeitsunfähigkeit bei 2/3 Mithaftung.
OLG Hamm, zfs 1991, 83.

HWS-Trauma, Prellungen der Lendenwirbelsäule und des Steißbeins, ambulante Behandlung, Arbeitsunfähigkeit für 1 Monat.
OLG Saarbrücken, zfs 1992, 83; erneut abgedruckt zfs 1992, 115.

Alleinverschulden des Unfallgegners, folgende Beeinträchtigungen: Schädelhirntrauma ersten Grades, Commotio cerebri, Prellung der linken Schulter, starke Schmerzen im Bereich der oberen HWS auf Druck und bei Bewegung. Geschädigter musste 14 Tage lang Tag und Nacht Zervikalstütze tragen, zwei Wochen lang elektrophysikalische Behandlung, 4 Wochen 1005 MdE, danach 1 Woche 20 % MdE und eine weitere Woche 10 % MdE.
OLG Köln, VRS 90, 334.

2 250,– DM (ca. 1125,- €)

Knochenabsprengung an der Vorderkante des 1. Lendenwirbelkörpers, Prellung der Lendenwirbelsäule, Weichteilquetschung am rechten Oberschenkel, 11tägige stationäre, fast 3monatige ambulante Behandlung, 2 Monate Tragen eines Stützkorsetts, komplikationsloser Heilungsverlauf.
LG Augsburg, zfs 1988, 274; nochmals abgedruckt zfs 1989, 9.

2 400,– DM (ca. 1200,- €)

Gehirnerschütterung, Unterlippen- und Kinnplatzwunde, Prellungen und Schürfwunden, 2-tägige stationäre Behandlung, volle Arbeitsfähigkeit nach 12 Wochen.
LG Augsburg, zfs 1990, 340.

| **2 500,– DM (ca. 1250,- €)** |

Gehirnerschütterung, Speichenbruch und Wadenbeinbruch, Platzwunde am Oberlid, diverse Prellungen und Schürfwunden, fast 2-wöchige stationäre, anschließende 2-monatige ambulante Behandlung, Bewegungseinschränkung des linken Handgelenks, Minderung der groben Kraft bei einem Schüler unter Berücksichtigung eines Mitverschuldens von 2/5.

> Klage gegen eine Versicherung und deren Versicherungsnehmer nach Verkehrsunfall, bei dem der Kläger als Mitfahrer auf einem Kleinkraftrad verletzt worden war. Der beklagte Krad-Fahrer hatte den Kläger, seinen Mitschüler, der auf einer Schulwanderung fußkrank geworden war, zur Schule zurückfahren wollen. Mitverschulden des Klägers wegen Zurechnung des Verschuldens des Krad-Fahrers von 2/5 unter Berücksichtigung der den übrigen Beklagten anzulastenden Betriebsgefahr.

LG Aachen, VersR 1981, 1163.

HWS-Schultersyndrom, 6-wöchiges Tragen einer Schanzschen Krawatte, Minderung der Erwerbsfähigkeit für 2 Monate um 100, 2 Monate um 50 %.
OLG Düsseldorf, OLG Report Düsseldorf 1992, 9.

Schädelhirntrauma, multiple Gesichtsschürfwunden, Schulterprellung links, Oberarmfraktur links, Prellung des rechten Unterschenkels mit Fibulafraktur, Schürfwunden an beiden Knien und Oberschenkeln, 5-wöchige stationäre Behandlung und Operation mit der Folge einer Beinvenenthrombose, erhebliche Beeinträchtigung der Bewegungsfähigkeit des linken Arms als Dauerschaden, Berücksichtigung eines Mitverschuldens von 2/3.
OLG Hamm, zfs 1993, 50.

| **3 000,– DM (ca. 1500,- €)** |

Seelische, nachhaltige körperliche Beeinträchtigungen, die ein Vater durch die Nachricht vom Unfalltod seiner Tochter erlitten hatte unter Berücksichtigung der Erwägung, dass in einem solchen Fall „nicht nur die gemeinhin als Schock bezeichnete, unmittelbare Wirkung der Todesnachricht" abzugelten ist.
LG Bad Kreuznach, VersR 1982, 586.

Schwerer Unfallschock mit Hämatom und Platzwunden, 3-tägige stationäre Behandlung, in der Folgezeit starke Kopfschmerzen.
LG Limburg, zfs 1986, 359.

Durch den Unfalltod eines nahen Angehörigen ausgelöster Nervenschock bei länger andauernder schwerer psychischer Beeinträchtigung.

> Der Ehemann der Klägerin war bei einem vom Beklagten zu 2 verursachten und verschuldeten Verkehrsunfall getötet worden. Berücksichtigt wurde, dass bei der Klägerin nach dem plötzlichen Unfalltod ihres Ehemannes Gesundheitsbeeinträchtigungen aufgetreten waren. Es handelte sich um eine Hypertonie mit Ohrgeräuschen, vegetativen Krisen und depressiven Erschöpfungszuständen mit Schlafstörungen, die über das bei derartigen Anlässen normalerweise zu erwartende Maß weit hinausgingen.

LG München, VersR 1987, 495 = zfs 1987, 201.

Traumatischer Kniegelenkserguss links mit Schürfung und dem Erfordernis der Punktion, Fraktur des linken Daumengliedes, Prellung des rechten Fußrückens, Schädelprellung, Minderung der

Erwerbsfähigkeit zu 100 % für einen Monat, zu 40 % für 2 Monate, zu 20 % für 5 Monate, noch nach 10 Monaten Klagen des verletzten Studenten über Knieschmerzen beim Radfahren.
LG Paderborn, zfs 1990, 81.

HWS-Schleudertrauma, Gehirnerschütterung, Nasenbein- und Nasenseptumbruch, Gesichtsprellung, Prellung des linken oberen Brustkorbs, 2-tägige stationäre Behandlung, insgesamt 3 Wochen Krankschreibung.
OLG Hamm, zfs 1990, 224.

HWS-Syndrom mit Wirbelblockierung, Lähmungserscheinungen in den Armen bis hinab zu den Händen, 9 Wochen Arbeitsunfähigkeit, anschließend 20% MdE für 10 Monate bei einer Arzthelferin.
LG Baden-Baden, zfs 1990, 45.

Außenknöchelprellung links, leichte Prellung der Wirbelsäule, erhebliche Wirbelsäulenvorschäden, MdE für 6 Monate zu 20 %, für weitere 6 Monate zu 10 %.
OLG Hamm, zfs 1991, 10.

Schädelprellung, Gehirnerschütterung, Kopfplatzwunde, Stauchung und Zerrung der Halswirbelsäule, 1 Woche stationäre Behandlung, MdE zu 100 % für 5 Wochen, anschließend zu 40 % für 3 Wochen und zu 30 % für 4 Wochen.
OLG Karlsruhe, zfs 1991, 191.

Mehrfacher Bruch des linken Unterschenkels, erhebliche Weichteilschäden, mehr als 2-monatige stationäre Behandlung, fast 2 Jahre nach dem Unfall noch nicht abgeschlossener Heilungsvorgang bei Fistelung und noch ausstehender Nagelentfernung, mehr als 1-jährige Arbeitsunfähigkeit, 40 % MdE.

> Der Kläger hatte den Unfall überwiegend selbst verschuldet, indem er stark alkoholisiert auf einer Fahrbahn im Kreuzungsbereich herumgelaufen war, unvermittelt einen Haken geschlagen hatte und dadurch auf den vom Beklagten zu 1 benutzten Fahrstreifen und vor dessen Fahrzeug geraten war. Dem stand eine lediglich leichte Fahrlässigkeit des Beklagten zu 1 gegenüber.
> Die Entscheidung befasst sich mit der Frage, ob bei überwiegendem Selbstverschulden ein Schmerzensgeldanspruch aus dem Gesichtspunkt der Billigkeit entfällt. Für Fälle wie den zu entscheidenden, in denen es sich um gravierende und folgenschwere Verletzungen handelt, wird der Anspruchsausschluss abgelehnt.

OLG Köln, VersR 1993, 114.

---

3 500,– DM (ca. 1750,- €)

Kinn- und Zahnverletzungen mit Zerbeißen der Zunge, Rissverletzungen und Prellungen am linken Bein, HWS-Schleudertrauma.
OLG Frankfurt, VersR 1979, 141.

Psychische Belastung durch die Vorstellung, möglicherweise ein hirngeschädigtes Kind zur Welt zu bringen, 11-tägige stationäre Behandlung bei einer Frau im 4. Schwangerschaftsmonat.

> Verkehrsunfall, bei dem der Beklagte zu 1 mit seinem bei der Beklagten zu 2 haftpflichtversicherten Pkw auf den Pkw des Ehemannes der Klägerin aufgefahren war. Die Klägerin, die zur Unfallzeit im vierten Monat schwanger gewesen war, hatte auf dem Beifahrersitz gesessen. Nach dem Unfall hatten sich Blutungen eingestellt, man hatte nicht ausschließen können, dass das Kind geschädigt zur Welt kommen werde. Die Vorstellung, möglicherweise ein hirngeschädigtes Kind zur Welt zu bringen, wurde als eine schwere psychische Belastung gewertet, die ein vergleichsweise hohes Schmerzensgeld erforderte.

LG Osnabrück, NJW 1986, 2377 = zfs 1986, 135.

Thoraxprellung rechts mit Abschürfungen, Prellung und Distorsion des linken Kniegelenks mit Teilruptur des Innenbandes, MdE zu 100 % für ca. 11 Wochen, zu 20 % für ca. 3 Wochen.
LG Augsburg, zfs 1991, 334.

---

4 000,– DM (ca. 2000,- €)

Schädelprellung, zahlreiche Schnittwunden im Gesichtsbereich mit Narbenbildung zwischen Oberlippe und linkem Nasenflügel unter Berücksichtigung eines erheblichen Mitverschuldens der 16-jährigen Verletzten wegen Nichtanlegens des Sicherheitsgurts.
OLG Frankfurt/M., VersR 1982, 1054.

Prellungen im HWS-Bereich, an beiden Schultern, am Brustkorb und an den Knien, beidseitiger Kniegelenkserguss 3. Grades, multiple Hämatome, leichte Gehirnerschütterung, leichter Unfallschock, Bandscheibensyndrom, 3-monatige Arbeitsunfähigkeit, längere ambulante Behandlung bei 60-jähriger Frau.
OLG Frankfurt/M., VersR 1982, 760.

Schock beim Miterleben des Todes der Ehefrau als Mitinsassin mit der Folge von über die übliche Trauerreaktion hinausgehendem längerem seelischen und körperlichen Leiden in Form chronischer Depression mit Schlafstörungen und Kontaktschwierigkeiten.
LG Lübeck, zfs 1985, 357.

Kopfprellung mit Bluterguss im Kopfschwartenbereich, 2 Wunden am rechten Hinterkopf, Sprengung des rechten Schultergelenks, verbleibende kosmetische Narben im Schulterbereich, MdE zu 100 % für 3 Monate, zu 20 % für 1 Jahr, zu 10 % als Dauerschaden bei einer Frau mit hälftigem Mitverschulden.
LG Dortmund, zfs 1986, 294.

Schädelprellung mit fraglicher Hirnbeteiligung, Stirnplatzwunde, HWS-Distorsion, Prellung der rechten Hand, Schambeinfraktur links, Querfraktur des Nasenbeins ohne Dislokation, 3-wöchige stationäre Behandlung, 3 Monate Hinderung der Klägerin, den eigenen Haushalt zu führen.
LG München II, zfs 1989, 192.

Rippenserienfraktur, Schlüsselbeinbruch, Knieprellungen mit Hautabschürfungen, Bewegungseinschränkungen der rechten Schulter als Dauerschaden unter Berücksichtigung einer Mithaftung von 1/3.
OLG Düsseldorf, OLG Report Düsseldorf 1992, 9.

4 000,— DM bei einer Haftungsquote von 2/3 zu 1/3 für einen ca. 60-jährigen Unternehmer wegen einer Fraktur am Daumengrundgelenk und einem Dauerschaden (20 % MdE), der zu Beschwerden bei berufsbedingt notwendigen längeren Autofahrten führt.
OLG Köln, VRS 85, 262 = NZV 1994, 194.

---

4 500,– DM (ca. 2250,- €)

Schädelprellung mit Kopfplatzwunde, Schambeinfraktur links, 5-wöchige stationäre Behandlung, 2 Monate Benutzen von Gehstützen, anschließend noch lange Kopfschmerzen und Gehbeschwerden, 1/4 Mitverschulden einer Hausfrau.
LG Osnabrück, zfs 1990, 340.

Kuckuk

| **4 550,– DM (ca. 2275,– €)** |

Kieferfraktur mit Zahnverletzungen, die die Nahrungsaufnahme längere Zeit behinderten, Platz- und Schnittwunden am Kopf und Gesicht mit verbleibenden Narben bei 2-monatiger ärztlicher Behandlung einer 63-jährigen Frau unter Berücksichtigung eines Mitverschuldens von 30 %.

Die klagenden Eheleute nahmen die Beklagte zu 2 nach einem verschuldeten Verkehrsunfall, die Beklagte zu 1 als vom HUK-Verband mit der Schadensregulierung beauftragten deutschen Versicherer und die Beklagte zu 3 als den französischen Haftpflichtversicherer der Beklagten zu 2 u.a. auf Zahlung von Schmerzensgeld in Anspruch Für die Klägerin zu 2 wurde ein Schmerzensgeld von 6 500,– DM für angemessen gehalten, jedoch unter Berücksichtigung ihres Mitverschuldens – Nichtanlegen des Gurtes als Beifahrerin – auf 4 550,– DM reduziert.

LG Mainz, VersR 1979, 1133.

| **5 000,– DM (ca. 2500,– €)** |

Unfallbedingte Totgeburt, Unfallschock, Beinbruch, schmerzhafte Blutergüsse, Schürfwunden, 1-wöchige stationäre Behandlung, 45-tägiger Beingips bei einer im 8. Schwangerschaftsmonat stehenden Frau.

Klage nach einem Verkehrsunfall: Der Mann der Klägerin hatte mit seinem Pkw links hinter zwei in Gegenrichtung am linken Fahrbahnrand mit Warnblinklicht stehenden Kfz gestanden, um Pannenhilfe zu leisten. Kurz nachdem er ausgestiegen war und sich zu den stehenden Fahrzeugen begeben hatte, war der aus der Gegenrichtung herannahende Beklagte zu 1 mit erheblicher Wucht auf den Pkw des Mannes der Klägerin aufgefahren. Durch diesen Aufprall war die im 8. Monat schwangere Klägerin, die als Beifahrerin ihres Mannes im Wagen sitzen geblieben war, erheblich verletzt worden. Mitverschulden des Mannes der Klägerin.

LG Ellwangen, VersR 1973, 1127.

Außenknöchelfraktur links, Risswunde im Oberschenkelbereich, Beinvenenthrombose links mit langdauernden Nachwirkungen, 4 Tage Intensivstation, anschließend 14-tägige stationäre Behandlung, Arbeitsunfähigkeit zu 100 % für 10 Wochen, 50 % Mithaftung.
LG Karlsruhe, zfs 1987, 134.

Beinverlängerung links um ca. 1 cm, 6-wöchige Ruhigstellung, fortdauernde orthopädische Behandlung, anhaltende Schmerzen nach einem Unfall eines 11-jährigen Mädchens.
LG Frankfurt/M., zfs 1987, 358.

Schlüsselbeinbruch links, Gehirnerschütterung, Prellungen, Schürfwunden, Schädelplatzwunde, Riss am Ohr, lange Zeit Schwindel und Schulterverspannungen mit Beeinträchtigung der Konzentrationsfähigkeit, 10-tägige stationäre Behandlung, Behinderungen bis zu 2 Monaten nach dem Unfall in unterschiedlichem Umfang bei einer Lehrerin.
LG Essen, zfs 1988, 310.

Dreifacher Kieferbruch und Abbruch von Schneidezähnen.
OLG Hamm, VersR 1997, 891.

---

5 250,– DM (ca. 2625,- €)

Gehirnerschütterung, Sprengung des linken Schultereckgelenks, tiefe Schnittverletzungen am linken Ellenbogengelenk, Verbrennungen an beiden Unterschenkeln, 43-tägige stationäre Behandlung, 2 Operationen bei einem Mann unter Berücksichtigung eines Mitverschuldens von 25 %.

> Klage des Beifahrers gegen den Fahrer, Bekl. zu 1, eines bei der Bekl. zu 3 versicherten Pkw des Bekl. zu 2 nach einem Unfall, bei dem der Kläger aus dem Fahrzeug geschleudert und erheblich verletzt worden war. Der Kläger hatte sich nicht angegurtet.

LG Mönchengladbach, VersR 1983, 191.

---

5 600,– DM (ca. 2800,- €)

Bruch des 1. Halswirbels, Verstauchung des rechten Sprunggelenks, 10-tägige stationäre Behandlung, 30 Tage Gehgips, 42 Tage Halsgips, 76 Tage Schanzsche Krawatte, 3 Tage Lebensgefahr, MdE zu 100 % für 6 Wochen, zu 60 % für 3 Monate bei einem 17-jährigen Kfz-Mechaniker-Auszubildenden.

OLG Frankfurt/M., zfs 1986, 135.

---

6 000,– DM (ca. 3000,- €)

Schädelfraktur, Kopfschwartenverletzung mit schwerer Gehirnerschütterung und Gehirnkontusion, Bauchprellung, Verlust des Geruchssinns. 5-monatige stationäre Behandlung, anschließend weitere 8-monatige Arbeitsunfähigkeit. Wegen unfallbedingter Kopfschmerzen und Schwindelanfälle Erwerbsminderung von 30 %.

Berücksichtigung von 2/3 Mitverschulden.
LG Düsseldorf, VersR 1976, 398.

Kompressionsfraktur des ersten Lendenwirbelkörpers mit Vorderkantenabsprengung, Torsion mit Linksverschiebung zwischen dem 2. und 3. Lendenwirbelkörper bei 6-wöchiger stationärer und anschließender längerer ambulanter Behandlung einer 50-jährigen Hausfrau als Insassin in einem verunfallten Kfz.

> Bemessungserheblich war, dass die Geschädigte 4 1/2 Wochen auf einem Wirbelbett schlafen musste und weiterhin in ihrer Bewegungsfreiheit und Tätigkeit als Hausfrau um 40 – 50 % gemindert war.

LG Wiesbaden, VersR 1977, 52.

Bruch des Kreuzbeins im mittleren Drittel mit Verschiebung und Verheilung in Bajonettstellung, weiterer 2 cm tiefer Bruch mit geringfügiger Verschiebung, die insgesamt neuralgische Beschwerden verursachen und den Verletzten zur Benutzung eines Sitzrings nötigen, eine durch den Bruch entstandene Blasenentleerungsstörung mit 10-tägiger Katheterisierung, Schädelhirntrauma 1. Grades mit Kopfplatzwunde, Prellung an Schulter und Brustkorb, 12-tägiger Krankenhausaufenthalt, 7 1/2-monatige Arbeitsunfähigkeit und Erschwerung des ehelichen Verkehrs bei einem Berufskraftfahrer.

KG, VersR 1982, 246.

Stumpfes Bauchtrauma mit Mesenterial-Wurzeleinriss, schwere Thoraxprellung, Unfallschock, Luxationen des rechten Oberschenkelkopfes im Hüftgelenk, Oberschenkeltrümmerfraktur, Mittelfußfraktur, schwere Schädelprellung, tiefe multiple Schnittwunden im Gesicht, Verlust des linken

oberen Schneide- sowie eines linken Eckzahnes, diverse Platzwunden, Prellungen und Schürfungen, Tod 3,5 Monate nach dem Unfall.
LG Koblenz, zfs 1987, 262.

Großflächige Schürfwunde mit Haarverlust, Kopfplatzwunde, zerfetzte Platzwunde am äußeren Rand der linken Ohrmuschel, Schmutz- und Splittereinsprengungen an der Vorderseite des linken Ohrläppchens, zerfetzte Randwunde mit starker Verschmutzung, unfallbedingtes Ohrklingen mit hohem Dauerton (Tinnitus), darauf beruhende ausgeprägte Einschlafstörungen, erhöhte Nervositätsbereitschaft, Konzentrationsstörungen, Behinderung im Studium nach Unfall eines Radfahrers.
LG Braunschweig, VersR 1993, 115 = zfs 1992, 1155.

Ständiges Ohrgeräusch als Dauerschaden nach einem Verkehrsunfall.
OLG Düsseldorf, VersR 1996, 1508.

6 500,– DM (ca. 3250,- €)

Schmerzhafte Sprengung des linken Schultereckgelenks mit nachfolgendem Dauerschaden, 14-monatige Arbeitsunfähigkeit, 3-wöchiger Krankenhausaufenthalt mit Nachoperation, Berufsunfähigkeit bei einem 54-jährigen Gabelstaplerfahrer mit 1/4 Mitverschulden.
OLG Frankfurt/M., zfs 1988, 310.

Fraktur des Kahnbeins, Prellung des rechten Kniegelenkes, 6-tägige stationäre Behandlung, 7-monatige Arbeitsunfähigkeit, anschließend Minderung der Erwerbsfähigkeit zu 20 % für 7 Monate, zu 10 % für 1 Jahr bei einem Besamungstechniker.
OLG Bamberg, zfs 1989, 192.

7 000,– DM (ca. 3500,- €)

Bruch des ersten Lendenwirbelkörpers, Schambein- und Kreuzbeinbruch links, Prellungen insbesondere am linken Ellenbogen und Rücken, ca. 2-wöchige stationäre und langdauernde ambulante Behandlung, langwierige Folgebeschwerden wie z.B. Straßen- und Verkehrsunsicherheit, Unfähigkeit zum Fahrradfahren, starke Kreuzschmerzen beim Sitzen, Liegen und Stehen, Beschwerden im Beckenbereich, Erfordernis eines Stützkorsetts, keine völlige Wiederherstellung, vermutlich immaterieller Zukunftsschaden.
LG Mannheim, zfs 1990, 339.

Bruch beider Unterarme, 3-wöchige stationäre Behandlung, 6-monatige Arbeitsunfähigkeit, Minderung der Gebrauchsfähigkeit der Arme rechts zu 1/6, links zu 1/8, Abbruch der Ausbildung zum Kfz-Mechaniker bei einem 18-jährigen Mann unter Berücksichtigung eines hälftigen Mitverschuldens.

> Der Kläger war mit seinem Mofa gegen eine Schranke geprallt, die die beklagte Stadt als Absperrung eines Wirtschaftsweges errichtet hatte. Die Beklagte haftete wegen Verletzung der Verkehrssicherungspflicht, da sie keine ausreichenden Vorkehrungen getroffen hatte, die Wegbenutzer rechtzeitig auf die Schranke hinzuweisen.
> Für die Bemessung war von Bedeutung, dass der Bruch beider Unterarme eine besonders unangenehme Verletzung darstellte, dass die Behandlung sich lange hinzog und dass geringe dauernde Folgen verblieben. Dem Feststellungsantrag hinsichtlich künftiger Ersatzpflicht der Beklagten wurde stattgegeben, da die Folgen des Unfalls noch nicht in vollem Umfang absehbar waren.

OLG Köln, VersR 1992, 354.

| 7 500,– DM (ca. 3750,- €) |

Schädelhirntrauma, stumpfes Bauchtrauma, schwerer Schienbeinkopfbruch rechts mit Trümmerung und Bandzerreißung am Kniegelenk, schalenförmige Abrissfraktur am linken Wadenbeinköpfchen, Quetschung der Extremitäten am Rumpf rechts, 2-malige stationäre Behandlung für 5 Monate, 3 Operationen, Dauerschäden in Form von Narbenbildung, dauerhafter Einschränkung der Belastbarkeit und Beweglichkeit des rechten Beins, Gefühlsstörungen am rechten Oberschenkel, ständige Kopfschmerzen, 40 % MdE, hälftiges Mitverschulden einer 44-jährigen Haus- und Putzfrau.

OLG Düsseldorf, zfs 1986, 168.

Gehirnerschütterung, mediane Unterkieferkörperfraktur, rechts dislozierte Collumfraktur, Weichteilverletzungen im vorderen Mundbodenbereich, Defekte der Zähne 36 und 27, Mittelhandfraktur rechts, Prellmarken an Schulter und Brust, 12-malige ambulante Behandlung, ca. 4-monatige Arbeitsunfähigkeit als selbstständiger Malermeister.

LG Münster, zfs 1988, 38.

| 8 000,– DM (ca. 4000,- €) |

Unfallbedingte Schnittwunden, Platzwunden, Prellungen, Hautabschürfungen am Kopf, Prellungen am ganzen Körper, Platzwunden im Ellenbogenbereich, tiefe Risswunde zwischen zwei Zehen, Schäden an vier Zähnen mit starken Schmerzen, 31-tägige Krankenhausbehandlung, nachträglich festgestellte Einschränkung des rechten Kniegelenks, leicht vermehrte Aufklappbarkeit und Muskelabmagerung des rechten Beins, verminderte Belastbarkeit des rechten Kniegelenks mit der Folge eines Dauerschadens von 40 % bei Berücksichtigung eines 20 %igen Mitverschuldens bei einem jungen Mann.

LG Arnsberg, VersR 1980, 1053.

Schädelfraktur, schwere Gehirnerschütterung, offene Nasenbeinfraktur, Nasenzertrümmerung, Thoraxprellung mit starkem Thoraxdruckschmerz, Fraktur zweier Rippen, Platzwunden, mehr als 2 Monate stationäre Behandlung mit mehreren Hauttransplantationen im Bereich der Knieverletzungen, zeitweilige Arbeitsunfähigkeit, Tod 4 Jahre nach dem Unfall.

LG Koblenz zfs 1987, 262.

Fraktur des 5. Lendenwirbelkörpers, Stauchung der Wirbelsäule, dauernde Fehlhaltung mit Schmerzen bei jeder Belastung und Bewegung, früherer Verschleiß möglich, Distorsion des linken Fußes, MdE von 20 % auf Dauer, 6-wöchige Arbeitsunfähigkeit eines 25-jährigen Maurers, der durch die Verletzung in der Berufsausübung schmerzhaft behindert wird.

OLG Koblenz, zfs 1987, 358.

Langer Schrägbruch des linken Knöchels, Schienbeins und Wadenbeins, 2-wöchige stationäre Behandlung, monatelange Schmerzen bei Belastung des Gelenks, Schwierigkeiten beim Gehen, Anschwellungen, um 1/10 geminderte Gebrauchsfähigkeit des linken Beines wegen Bewegungseinschränkung im oberen Sprunggelenk bei einer Frau.

LG Augsburg, zfs 1988, 383.

Substanzverlust nach Fraktur des 5. Lendenwirbels als Dauerschaden, ständige Schmerzen bei Belastung, Stauchung der Wirbelsäule, Distorsion des linken Fußes mit leichter Lockerung und Zerrung des lateralen Bandapparates, 20 % MdE, 6-wöchige stationäre Behandlung, 1-jährige Arbeitsunfähigkeit eines 25-jährigen Maurerpoliers.

OLG Koblenz, zfs 1989, 46.

Teilweise große, bis auf die Muskulatur gehende Riss-Quetschwunden im Bereich der linken Gesichtshälfte, Riss-Quetschwunden im Bereich beider Handrücken und über beiden Kniegelenken, über dem rechten Kniegelenk größere Wunde mit Eröffnung des Schleimbeutels, leichte Schädelprellung, Unterkieferfraktur rechts und links, 1-wöchige stationäre Behandlung, möglicher späterer Zahnverlust, bleibende Paraesthesie im Bereich der rechten Unterlippe bzw. des rechten Kinns, krankhaft abnorme Empfindungen wie Kribbeln, Prickeln und Taubsein als Dauerschaden, Narben der linken Gesichtshälfte.
LG Münster, zfs 1989, 191.

Beckenringbruch und Gehirnerschütterung, 15 Tage Krankenhaus, 5 Wochen arbeitsunfähig mit Benutzung von Unterarmstützen.

> Der unfallbedingte weitgehende Verlust der Möglichkeit, Laufsport zu betreiben, ist jedenfalls bei einem jüngeren Menschen nicht als geringfügig zu bewerten; es kommt nicht darauf an, ob der Sport schon vor dem Unfall ausgeübt worden ist.

OLG Hamm, VersR 1999, 1376.

9 000,– DM (ca. 4500,- €)

Beckenschaufelfraktur links, stumpfes Bauchtrauma, Milzriss, Milzentfernung, Nierenkontusion, 1-monatige stationäre Behandlung, 2/5 Mithaftung eines Arbeiters.
LG Berlin, zfs 1985, 39.

Glassplitterverletzungen am Kopf und im Gesichtsbereich bei einer 32-jährigen Kosmetikerin unter Berücksichtigung einer hälftigen Mithaftung.

> Die Klägerin wurde, als sie mit ihrem Pkw über eine Straßenkreuzung fuhr, von dem entgegenkommenden Pkw des Beklagten zu 2, der bei der Beklagten zu 1 haftpflichtversichert war, angefahren; sie hatte den Sicherheitsgurt nicht angelegt. Die Verletzungen machten mehrere Operationen erforderlich und ließen zeitlebens auf nähere Entfernung deutlich sichtbare Entstellungen erwarten, was für die Klägerin wegen ihres Berufes psychisch besonders belastend war. Hälftiges Mitverschulden der Klägerin wegen des Nichtanlegens des Sicherheitsgurtes; der Klägerin oblag eine besonders große Sorgfalt, da sie in ihrem Beruf besonders auf ein schönes, makelloses und narbenfreies Gesicht angewiesen war.

OLG München, VersR 1985, 868 = zfs 1985, 39.

10 000,– DM (ca. 5000,- €)

Komplizierter Unterschenkelbruch, daraus folgende Oberschenkelamputation.

> Klage eines Motorradbeifahrers gegen den Fahrer nach von diesem verschuldeten Verkehrs-Nunfall. Der Unfall ereignete sich gegen 2 Uhr nachts. Der Kläger hatte mit dem Beklagten einen Teil des vorausgehenden Abends in Gaststätten verbracht. Er hatte zum Unfallzeitpunkt einen Blutalkoholgehalt von 2,21 Promille. Bei dem Beklagten wurde ein Blutalkoholgehalt von 2,1 Promille festgestellt. Der Kläger erlitt bei dem Unfall einen komplizierten Unterschenkelbruch, der 6 Tage später zu einer Oberschenkelamputation des rechten Beins führte. Hälftiges Mitverschulden des Klägers, weil er sich dem unter Alkoholeinfluß stehenden Fahrer anvertraut hatte, obwohl er dessen Fahruntüchtigkeit hätte erkennen können.
> Bemessungserheblich waren die Schwere und die Folgen der Verletzungen sowie die Tatsache, dass der Beklagte haftpflichtversichert war.

OLG Saarbrücken, VersR 1975, 430.

Unfalltod einer Ehefrau und Mutter von 2 kleinen Kindern 2 Wochen nach dem Unfall, ohne Wiedererlangung des Bewusstseins.

> Klage des Ehemannes und der Kinder der Verstorbenen, die vor den Augen des Ehemannes durch Alleinverschulden des Beklagten zu 1 überfahren wurde. Bemessungsgrundlage war die Genugtuungsfunktion des Schmerzensgeldes, die bei Entfallen der Ausgleichsfunktion besondere Bedeutung erhält. Dabei wurde berücksichtigt, dass der Beklagte zu 1 erheblich unter Alkohol gestanden hatte und zu schnell gefahren war und dass bei einem Überleben der Getöteten ein gravierender Dauerschaden vorgelegen hätte.

LG München II, VersR 1981, 69.

Verlust der Milz, 2 Rippenbrüche, Gehirnerschütterung, Lungenriss, 22-tägige stationäre Behandlung bei einem 16-jährigen Geschädigten.

> Klage gegen den Fahrer eines Renngespanns (Motorrad mit Seitenwagen) bei einem Grasbahnrennen, in dessen Verlauf sich die Aufhängung des Seitenwagens löste, so daß das Gespann die Sicherungen durchbrach und den Kläger verletzte.

OLG Stuttgart, VersR 1981, 141.

Doppelter offener Bruch des linken Unterarms, operative Versorgung mit einer Schraubplatte, Bruch des rechten Zeigefingers und Daumens, offener Bruch des linken Unterschenkels mit Knochentransplantationen, Commotio, multiple Prellungen, 1/4 Mithaftung.

OLG München, zfs 1984, 36.

Drittgradige offene Unterschenkelfraktur, langwieriger Heilungsverlauf, mehrere Nachoperationen wegen Wundinfekts, Schädelbruch, Schädel-Hirntrauma, Tragen eines Schienen-Hülsen-Apparates über einen längeren Zeitraum, 10% MdE auf Dauer, 50 % Mithaftung eines 10-jährigen Jungen.

OLG Celle, zfs 1984, 266.

Offene Unterschenkelfraktur links mit u.a. Durchspießung der Haut, anschließende Küntschernagelung, multiple Prellungen und Schürfwunden im Gesicht, Orbitabodenfraktur rechts, Fraktur der lateralen Kiefernhöhlenwand rechts, Verschattung der Kiefernhöhle, Hämatome, Abriss des Fingernagels, 2 stationäre Behandlungen von insgesamt 18 Tagen, MdE zu 100 % für 4 Monate, zu 30 % für weitere 4 Monate, kosmetische Entstellungen im Beinbereich bei einer jungen Frau.

LG Augsburg, zfs 1984, 357.

Gedecktes Schädelhirntrauma 1. Grades mit Ober- und Unterkieferfrontzahn-Trauma, Riss-Quetsch-Wunde über dem Kinn, Thorax-Kontusion links mit Pneumothorax und beiderseitigem Schlüsselbeinbruch, Fraktur des rechten Oberschenkels, 16-tägige stationäre Behandlung, spätere Entfernung des Osteosynthesematerials mit weiterem stationärem Aufenthalt, MdE zu 100 % für 16 Tage, zu 60 % für weitere 8 Wochen.

LG Marburg zfs 1986, 359.

Komplizierter Kniebänderriss, Radiusstückfraktur des linken Handgelenks mit anschließender Beinvenenthrombose, Arthrose des rechten Kniegelenks, Minderung der Beweglichkeit der linken Hand bei einer 22-jährigen Hausfrau.

LG Düsseldorf, VersR 1987, 421 = zfs 1986, 168.

Schädelhirntrauma, Fraktur des Schulterblattes, Clavicula-Bruch, Absplitterung des Weisheitszahnes, 1-wöchige stationäre Behandlung, 5 Wochen arbeitsunfähig, verzögerter Heilungsverlauf, Verordnung eines Rucksackverbandes nach 8 Monaten, Einschränkung bei sportlichen Betätigungen.

LG Flensburg, zfs 1987, 102.

Komplizierte Frakturen des rechten Ober- und Unterschenkels, Schädelprellung, 2 Operationen mit Plattenosteosynthese und Hauttransplantation, noch nicht abgeschlossener Heilungsverlauf, Nachoperation erforderlich, ca. 6-monatige Arbeitsunfähigkeit mit ungewisser Zukunftsprognose.
LG Mainz, zfs 1991, 84.

10-jährige Schülerin mit Unterschenkelbruch und bleibender Beinlängendifferenz sowie folgenden Zahnverletzungen: Abriss und Lockerung je eines oberen Schneidezahns, Wiederaufbau des abgerissenen Zahns mit Überkronung, kieferorthopädischer Eingriff, Zahnschmelzfrakturen.
OLG Hamm, NJW-RR 1997, 411 = DAR 1997, 109 = NZV 1997, 230.

7 1/2-jähriges Kind, das in einer Wasserskischule eine Trümmerfraktur des rechten Fußes mit großem knöchernem Substanzverlust des Fußwurzelknochens und Keilbeins sowie multiple Rupturen des Strecksehnenapparats erlitten hat.
OLG Köln, VersR 2000, 899.

11 000,– DM (ca. 5500,- €)

Commotio mit nachfolgender Nervenverletzung, dadurch bedingte dauernde Kopfschmerzen, HWS-Syndrom, multiple Prellungen bei einem 48-jährigen Mann.
OLG Hamm, zfs 1984, 325.

Unterschenkelfraktur rechts, Platzwunde am rechten Augenlid, an der rechten Wange, der linken Stirn, dem linken Innenknöchel und dem linken Fuß, multiple Prellungen, stationäre Behandlung von 53 Tagen, weitere 51 Tage MdE von 50 %, danach für 400 Tage von 30 % bei einer Hausfrau.
LG Gießen, zfs 1985, 103.

11 400,– DM (ca. 5700,- €)

Doppelseitiger Beckenbruch, Rippenserienbruch, Nasenbeinbruch, Commotio, 2-monatige stationäre Behandlung, anschließend 4,5 Monate MdE zu 100 %, danach auf Dauer zu 20 % bei einem 46-jährigen mitarbeitenden Abschleppunternehmer mit 1/3 Mitverschulden.
LG Arnsberg, zfs 1984, 325.

12 000,– DM (ca. 6000,- €)

Trümmerbruch der Kniescheibe mit Verschiebung, Oberschenkelrollenbruch, Schädel- und Brustkorbprellung, Gehirnerschütterung, verschiedene Platzwunden, ca. 6-wöchige stationäre, anschließende längere ambulante Behandlung, ca. 6-monatige Arbeitsunfähigkeit, Dauerschaden in Form einer Verlängerung und Verformung der Kniescheibe mit einer endgradig schmerzhaften Bewegungseinschränkung und beginnenden Zeichen eines Knorpelschadens, Verminderung der Beugefähigkeit des Kniegelenkes um ca. 10°, Schmerzen bei längerem Gehen oder Stehen, Treppensteigen, Heben schwerer Lasten und längerem Sitzen mit gebeugten Knien, Gefahr stärkerer arthrotischer Veränderungen am Kniegelenk, verbleibende Erwerbsminderung von 10 % bei einem 28-jährigen Mann.

> Klage nach einem vom Beklagten zu 1 verschuldeten Verkehrsunfall gegen diesen und seinen Haftpflichtversicherer. Bei der Bemessung fielen vor allem die Dauerfolgen ins Gewicht. Zum Ausgleich wurde ein Kapitalbetrag als angemessen angesehen, der etwa dem Pkw-Preis der unteren Mittelklasse unter Berücksichtigung der Preisentwicklung entsprach.

OLG Celle, VersR 1980, 334.

Beidseitiger Unterkieferbruch, Bruch der rechten Kniescheibe und des Innenknöchels, leichtes Schädeltrauma, stationäre Behandlung von zunächst 7,5 Wochen, im folgenden Jahr nochmals 2 Wochen zur Materialentfernung, keine Dauerfolgen, 1/4 Mithaftung.
OLG Saarbrücken, zfs 1984, 228.

Distale Oberschenkeltrümmerfraktur rechts, Tibiakopffraktur, Sprungbeinbruch, 54-tägige stationäre Behandlung, anschließend 6 Monate Heilgymnastik bei einem Arbeiter.
LG Lübeck, zfs 1985, 39.

Verlust mehrerer Zähne, starke Minderung der Sehkraft des rechten Auges mit der Gefahr späterer Netzhautablösung und eines Sekundärglaukoms, langwierige Heilbehandlung mit Operationen bei 40 % Mitverschulden.

Klage nach einem vom Beklagten zu 1 verschuldeten Verkehrsunfall gegen ihn und seinen Haftpflichtversicherer. Der Kläger war nicht angegurtet gewesen. Bei der Bemessung wurden neben den Verletzungen auch die Sorgen des Klägers wegen einer möglichen weiteren Verschlechterung seines Sehvermögens berücksichtigt.

LG Bielefeld, VersR 1986, 98 = zfs 1986, 98.

Unfallbedingte Abknickverletzung der Halswirbelsäule mit ca. 12 – 18 Monaten andauernder Decrescendo-Symptomatik, Gefüge-Lockerung zwischen dem 2. und 3. Halswirbelkörper, Irritationen der sensiblen Nervenwurzeln mit dauerhafter Sensibilitätsstörung im Bereich des Mittel-, Ring- und Kleinfingers der rechten Hand, teilweise unfallbedingte Kopfschiefhaltung nach rechts.
OLG Schleswig, zfs 1992, 83.

Fraktur der Mittelfußknochen 3, 4 und 5, 2 Krankenhausaufenthalte, zahlreiche Behandlungen, starke Schmerzen, Bewegungseinschränkungen bei schnellem Gehen und Laufen als Dauerschaden bei einer 24-jährigen Frau.

Die Beklagte hatte den Verkehrsunfall allein verschuldet. Der Bruch war so kompliziert, dass die Knochen schief zusammengewachsen waren, so daß der Fuß nochmals künstlich gebrochen und gerichtet werden musste.

LG Kassel, zfs 1992, 265.

---

12 500,– DM (ca. 6250,- €)

Verheilte Schlüsselbeinfraktur rechts, Kniegelenksprellung, 11-tägige stationäre Behandlung, MdE von 100 % für 1 Monat, von 20 % für 7 Monate.
LG Wiesbaden, zfs 1989, 297.

Schwere Beinverletzung mit Verlust von 3/7 der Gebrauchsfähigkeit unter Berücksichtigung eines Mitverschuldens von 75 %.
OLG Hamm, NZV 1994, 318.

---

13 000,– DM (ca. 6500,- €)

Verlust der Milz, 2 Operationen, stationäre Behandlung von 55 Tagen.

Klage nach einem Verkehrsunfall. Bei der Bemessung fand die Besorgnis des Verletzten vor künftigen nachteiligen Auswirkungen keine Berücksichtigung.

OLG Nürnberg, VersR 1982, 585.

Kuckuk

Trümmerfraktur am rechten Knie mit Verlust der Kniescheibe, Einschränkung der Kniegelenksfunktion, Muskelminderung am rechten Oberschenkel, Schwierigkeiten beim Gehen und Steigen bei einer älteren Frau.
OLG Koblenz, zfs 1990, 6.

---

13 500,– DM (ca. 6750,- €)

Schwere Gehirnerschütterung, Beckenringbruch, Ellenbogenfraktur, Platzwunde, 7-wöchiger Krankenhausaufenthalt im Streckverband unter Berücksichtigung eines Mitverschuldens von 10 %.

Klage eines jugendlichen Soziusfahrers auf einem Motorrad gegen dessen Fahrer, einen mit ihm kollidierten Pkw-Fahrer und deren Versicherungen. Der Kläger hatte beträchtliche körperliche Schmerzen zu erdulden: während er den Streckverband trug, wurde unter der linken Kniescheibe ein Nagel hindurchgeführt, an dem etwa 7 kg hingen, und am linken Beckenknochen eine Schraube angebracht, an der etwa 8 kg zogen. Er konnte nur den rechten Arm und das rechte Bein bewegen. Der Kläger, der gern und erfolgreich Sport getrieben hatte, erlitt auch erhebliche seelische Beeinträchtigungen, weil ihm die behandelnden Ärzte nicht sagen konnten, ob er je wieder werde gehen können. Schmerzensgelderhöhend wurde berücksichtigt, dass die Beklagten durch die Ablehnung jeglicher Schadensregulierung den Kläger zusätzlich vermeidbaren seelischen Belastungen ausgesetzt hatten. Der Kläger hatte den vorgeschriebenen Schutzhelm nicht getragen.

OLG München, VersR 1981, 560.

Offener Oberschenkelbruch mit der Folge einer Beinverkürzung von 1 cm, beiderseitige Unterarmfrakturen, Schlüsselbeinbruch links, ca. 9-wöchige stationäre Behandlung.

Berücksichtigt wurden die fortbestehenden, schmerzhaften Weichteilirritationen, die bei dem 20-jährigen Mann einen langwierigen Heilungsprozess erwarten ließen. Es wurde die Ersatzpflicht für mögliche Zukunftsschäden festgestellt.
OLG Frankfurt, VersR 1981, 538.

---

14 000,– DM (ca. 7000,- €)

Schwerste Leberquetschung, Zerreißung des rechten Leberlappens, Rippenbrüche, Lungenkontusion, 18 cm lange Narbe in der oberen Bauchgegend.
LG Köln, VersR 1984, 396 = zfs 1984, 197 = DAR 1984, 30.

Innenbandabriss und Innenmeniskusriss am linken Kniegelenk, 19-tägige stationäre Behandlung, Entfernung der eingesetzten Metall-Schrauben nach 2,5 Jahren, Wetterfühligkeit und vermehrte Beschwerdesymptomatik am linken Kniegelenk, MdE 1/15 Beinwert.
OLG Oldenburg, zfs 1991, 261 = zfs 1992, 82.

---

15 000,– DM (ca. 7500,- €)

Offene Brüche von Unterschenkel und Ellenbogengelenk, Lungenkontusion mit Todesfolge bei alleinigem Verschulden des Erstbeklagten.

Maßgebend für die Bemessung war die Schwere der Verletzungen, die man wegen des schlechten Allgemeinzustandes infolge der Lungenkontusion operativ nicht hatte versorgen können. Der Kläger hatte infolgedessen bei voller Ansprechbarkeit besonders starke Schmerzen erleiden und das allmähliche Nachlassen sämtlicher Körperfunktionen, die Verschlimmerung des Allgemeinzustandes und das Sinken des Lebensmutes bewusst miterleben müssen, bis nach etwa einer Woche die künstliche Beatmung erforderlich geworden war. Erst von diesem Zeitpunkt ab war er nicht mehr voll ansprechbar gewesen. Zu berücksichtigen waren auch die seelischen Belastungen dadurch, dass der Kläger die Besuche seiner beim Unfall ebenfalls verletzten Ehefrau und Tochter hatte entbehren und sich um deren Gesundheitszustand hatte Sorgen machen müssen. Es wurde auch die Geldentwertung berücksichtigt.

OLG Karlsruhe, VersR 1978, 648 = NJW 1978, 1201.

Unterkieferstückfraktur, Bruch des Oberkiefers, Nasenskelettzertrümmerung, Gesichtsfraktur mit nachfolgender Gefühllosigkeit einer Gesichtshälfte und unkontrollierten Zuckungen sowie verbleibenden zahlreichen Operationsnarben, 2-wöchige stationäre und 6-wöchige ambulante Behandlung bei einer 29-jährigen berufstätigen Hausfrau.

Es wurde gleichzeitig die Ersatzpflicht für den Zukunftsschaden festgestellt. Berücksichtigt wurde bei der Bemessung die vorübergehende künstliche Ernährung, langandauernde, wiederkehrende Schmerzen, Beeinträchtigung beim Essen durch Drahteinlagen im Mund und die begründete Befürchtung der Verschlechterung des Befindens.

LG Tübingen, VersR 1981, 663.

Trümmerbruch des rechten Oberschenkels und des linken Unterarms, Bruch der linken Augenhöhle, Brüche des linken Unter- und Oberkiefers, wahrscheinlicher Dauerschaden infolge der Arm- und Beinbrüche.

LG Hanau, zfs 1986, 70.

Bruch und Eindellung des Scheitelbeins mit Beteiligung des Felsenbeins, operationsbedingter längerer Verlust der Hörfähigkeit links, dauernde gering- bis mittelgradige Schwerhörigkeit, längere linksseitige Gesichtslähmung, bleibende geringgradige Schwäche um den Mund, als Dauerfolge mittelgradige, wetterabhängige Kopfschmerzen und Geschmacksverlust im hinteren linken Zungenteil, 20 % MdE.

LG Augsburg, zfs 1986, 70.

Gehirnerschütterung, Nasenbeintrümmerbruch, Abriss der Querfortsätze links des 3. und 4. Lendenwirbels, Stirnhöhlenimpressionsfraktur, 4-wöchige stationäre Behandlung, als Dauerschäden Nasenschiefstand, Narben im Mittelgesicht, Deformation im Stirnbereich bei einer 32-jährigen Frau unter Berücksichtigung von 40 % Mitverschulden wegen Nichtanlegens des Sicherheitsgurtes im Taxifond.

LG Münster, zfs 1988, 101.

Beckenringbruch, auf Dauer verbleibende Minderung der Erwerbsfähigkeit von 20 %, Beinverkürzung um 1 cm, lange und auffällige Narbe an Oberschenkel und Gesäß bei einer 13-jährigen Schülerin.

Die Klage richtete sich gegen einen Busfahrer, Beklagten zu 1, und die Beklagte zu 2 als Haftpflichtversicherung des Fahrzeughalters. Der Beklagte zu 1 hatte der Klägerin, die in einer Gruppe von Schülern an der Bushaltestelle stand, aufgrund überhöhter Geschwindigkeit beim Anfahren der Haltestelle (13 km/h) erfasst. Bei der Bemessung wurde berücksichtigt, dass die Klägerin zukünftig als junge Frau besonders unter den verbleibenden Unfallfolgen werde leiden müssen.

OLG Köln VersR 1990, 434 = zfs 1990, 187.

Beidseitige Beckenfraktur, Kreuzbeinfraktur, Schlüsselbeinbruch rechts, leichte Gehirnerschütterung, Schnittwunden am linken Handgelenk mit Schädigung eines Vorderarmnervs, unwesentliche Erhöhung des bereits vorhandenen Risikos einer späteren Kaiserschnittentbindung bei angeborener

Beckenanomalie, Risiko einer späteren Verschlechterung der Hüftgelenke, fast 4-monatige stationäre Behandlung, MdE zu 100 % während der Dauer des Krankenhausaufenthalts, zu

30 % für knapp 3 Monate, zu 20 % für 1 Jahr, 10 % MdE auf Dauer.
OLG Hamm, zfs 1990, 153.

Gedecktes Schädel-Hirn-Trauma 1. Grades, tiefe Gesichtsplatzwunde, Schädelfraktur links frontal,
beidseitiger Schambeinastbruch, Oberschenkel- und Steißbeinprellung, Glassplitterverletzungen
am Rumpf, Oberarm und im Gesicht, ca. 1-monatige stationäre Behandlung.

Der Schädiger hatte leicht fahrlässig gehandelt. Die Genugtuungsfunktion trat aufgrund freund-
schaftlicher verwandtschaftlicher Verbundenheit der Beteiligten zurück.

OLG Köln, r+s 1990, 161 = zfs 1990, 224.

---

16 000,– DM (ca. 8000,- €)

Schädelhirntrauma, Kieferköpfchenfraktur links, Mittelhandknochenfraktur links, offene drittgradige Oberschenkelfraktur rechts mit Ausfall des Hüftnervs, Spaltbruch des Schienbeins, 3 insgesamt 2-monatige stationäre Behandlungen, 19,5-monatige Arbeitsunfähigkeit bei einem Motorradfahrer unter Berücksichtigung von 1/5 Mitverschulden.

Der Schmerzensgeldbetrag bezog sich auf den Zeitraum vom Unfall bis zur letzten mündlichen
Verhandlung.

OLG Nürnberg, zfs 1985, 357.

---

16 500,– DM (ca. 8250,- €)

Epiphysenfraktur am distalen Oberschenkel rechts mit Beeinträchtigung der Oberschenkelwachs-
tumsfuge, schwere Gehirnerschütterung, schwere Prellungen im Gesäß- und Genitalbereich, Schürfungen an beiden Kniegelenken, 1-monatige stationäre und 3-monatige ambulante und kranken-
gymnastische Behandlung, 4,5 Monate Gehen an Krücken, Beinverkürzung um 0,5 cm mit
bleibender MdE des Beins von 10 % bei einem 10-jährigen Mädchen unter Berücksichtigung von
50 % Mitverschulden.
OLG Frankfurt/M., zfs 1986, 262.

---

17 500,– DM (ca. 8750,- €)

Trümmerbruch an Ober- und Unterschenkel mit verbleibender Schädigung des linken Knie- und
Sprunggelenks unter Berücksichtigung langdauernder Behandlung eines vom Unfallverletzten
zunächst als lebensbedrohlich empfundenen Zustands.
OLG München, VersR 1977, 262.

---

18 000,– DM (ca. 9000,- €)

Schädelbasisbruch mit Ausfluss von Cerebrospinalflüssigkeit, Hirnquetschung, Gesichtslähmung
rechts, Rippenserienfraktur mit Luftansammlung im Brustraum, Schulterblattbruch rechts, 6-wö-

chige stationäre Behandlung, Brustoperation nach 18 Monaten mit 1-wöchigem Krankenhausaufenthalt einer 43-jährigen Frau.
OLG Celle, zfs 1988, 70.

Distale Oberarmstückfraktur mit Verletzung der Oberarmschlagader und Quetschung des Speichennervs, operative Richtung des Bruchs durch eine Platte, eine Zugschraube und eine aus dem linken Beckenkamm entnommene Spongiosa-Plastik, Blutgefäßeinriss, Thrombosierung der Oberarmschlagader, 1-monatige stationäre und 5,5-monatige ambulante Behandlung, 22 cm lange Narbe am Oberarm, Narben am Sprunggelenk und Beckenkamm, Sensibilitätsstörung einer 17 x 8 cm großen Fläche am Unterarm, Beuge- und Streckschmerzen am Oberarm, Metallentfernung ungewiss.
LG Essen, zfs 1989, 191.

Schwere Gehirnerschütterung, Schlüsselbeinbruch rechts, Sitzbeinfraktur rechts, Prellungen, 4-tägige Behandlung auf der Intensivstation und 2-wöchige stationäre Behandlung, 6 Monate Bewegung nur mit Unterarmgehstütze, starke Einschränkung der Beweglichkeit der rechten Schulter, Kopfschmerzen, HWS-Syndrom mit noch andauernden starken belastungs- und witterungswechselabhängigen Kopfschmerzen im Hinterhauptbereich, Bewegungsschmerzen an der rechten Schulter, in deutlicher Fehlstellung zusammengewachsenes Schlüsselbein, 10 % MdE als Dauerschaden.
LG Augsburg, zfs 1992, 82.

---

20 000,– DM (ca. 10 000,- €)

Trümmerbruch des Tibiakopfes und des Fibulaköpfchens am rechten Bein, Einschränkung der Beweglichkeit des rechten Kniegelenkes, Früharthrose des linken Hüftgelenks infolge von Überbeanspruchung des linken Beines bei einem 49-jährigen Dental-Kaufmann unter Berücksichtigung des schweren Verschuldens des Schädigers.

> Die Klage richtete sich gegen eine Pkw-Fahrer und seine Haftpflichtversicherung nach einem Verkehrsunfall, der vom Beklagten wegen Missachtung der Vorfahrt verschuldet worden war. Bei der Bemessung wurden etwaige künftige Verletzungsfolgen noch nicht berücksichtigt, wohl aber, dass der Kläger in seiner Lebensfreude durch die unfallbedingten Dauerfolgen beeinträchtigt wurde.

BGH, VersR 1977, 768.

Perforierende Hornhautverletzung mit 30 % Sehschärfenminderung, Tränenwegabriss im Bereich des nicht betroffenen Auges, Bruch des rechten Handgelenks, Gehirnerschütterung, mehrere bis zu 8 cm lange Gesichtsnarben, 45-tägige stationäre Behandlung nach einem Verkehrsunfall bei einer 26-jährigen verheirateten Frau.
OLG Düsseldorf, VersR 1978, 1073.

20 000,– DM Schmerzensgeldkapital und monatlich 300,– DM Schmerzensgeldrente für schwere Beinverletzungen mit verbleibender posttraumatischer Arthrose und weiteren durch multiple Sklerose verstärkten Dauerfolgen, folgenlos verheilte Prellungen und Gesichtsverletzungen, 4 Operationen, 6 mehrmonatige Krankenhausaufenthalte, Verlust von Teilen beider Kniescheiben, mehrere große Unfall- und Operationsnarben an beiden Knien und dem linken Unterschenkel.

> Der Kläger war als Fahrer seines Pkw bei einem Verkehrsunfall mit einem vom Beklagten zu 1 geführten, dem Beklagten zu 2 gehörenden und bei der Beklagten zu 3 versicherten Lkw verletzt worden. Zwischen der Diagnose einer multiplen Sklerose und dem Unfallgeschehen bestand ein zeitlicher Zusammenhang, so daß davon auszugehen war, dass die Veranlagung des Klägers zur multiplen Sklerose durch den Unfall manifest geworden war und die gesamten Schadenfolgen auf beiden Ursachen beruhten. Die das orthopädische Leiden des Klägers verschlimmernde Nervenkrankheit war deshalb dem Beklagten zu 1 zuzurechnen. Bemessungs-

erheblich war hinsichtlich der Genugtuungsfunktion, dass der Beklagte zu 1 trotz plötzlich auftauchender Nebelwand die Geschwindigkeit des von ihm geführten Wagens nicht angemessen vermindert hatte. Hinsichtlich der Ausgleichsfunktion wurden das Ausmaß der Verletzungen des Klägers, der jahrelang erschwerte Heilungsverlauf und ständige Schmerzen berücksichtigt. Bemessungsgrundlage für die Höhe der Schmerzensgeldrente war, dass für den Kläger auf Dauer eine erhebliche körperliche Beeinträchtigung fortbestand, durch die dauerhaft das körperliche und seelische Wohlbefinden und die Lebensfreude erheblich beeinträchtigt wurde.

OLG Frankfurt/M., VersR 1980, 564.

Entstellende Schnittverletzungen am linken Auge und im Gesicht, Schielstellung nach außen, Hornhautnarben und Gefäßeinsprossung, Verklebung der Regenbogenhaut mit der Hornhautrückfläche, Abflachung der Augenvorderkammer, massive Pigmentierung des Kammerwinkels, einseitige Linsenlosigkeit, Netzhaut-Aderhautnarbe mit Auswirkung auf die Stelle des schärfsten Sehens, erhebliche Minderung der Sehschärfe, Verlust des räumlichen Sehvermögens, Blendung, 16-tägige stationäre Behandlung einer 17-jährigen Verkäuferin mit verringerten Berufschancen unter Berücksichtigung von 25 % Mitverschulden.

LG Koblenz, zfs 1985, 294.

Schleudertrauma der Halswirbelsäule, Körperprellungen, Schürf- und Platzwunden im Gesicht, Trümmerbruch der Nase, dauerhafter Verlust des Geruchssinns bei einem 20-jährigen Koch, mehrfache stationäre Behandlungen, 3 Operationen im Nasenbereich, verbleibende Gesichtsnarbe.

Der Kläger war ohne Mitverschulden mit seinem Motorrad vom Pkw des Vaters des Beklagten zu 1, der bei der Beklagten zu 2 versichert war, in einen Unfall verwickelt worden. Er gab seinen Beruf als Koch auf und begann ein Studium. Bei der Bemessung stand der irreparable Verlust des Geruchssinns in jugendlichem Alter mit negativen Folgen für den beruflichen Werdegang im Vordergrund. Berücksichtigt wurde außerdem, dass der Kläger aufgrund der Verletzungen in seinem äußeren Erscheinungsbild beeinträchtigt war, was in seinem Alter eine psychische Belastung darstellt.

OLG Frankfurt/M., VersR 1987, 1140 = r+s 1987, 132 = zfs 1987, 201.

Brustquetschung mit Fraktur der 8. und 9. Rippe, Kniegelenksprellung rechts, stumpfes Bauchtrauma mit Milzruptur, mehrere Tage Lebensgefahr, 14-tägige Behandlung auf der Intensivstation, 3-wöchiger Krankenhausaufenthalt zur Entfernung der Milz mit der nachfolgenden Gefahr von Ablagerungen im verbliebenen Hohlraum und weiteren Operationen, verbleibende 5 cm lange, 2 cm breite entstellende Narbe im Oberbauchbereich mit Taubheit der Oberbauchdecke in diesem Bereich.

OLG Frankfurt/M., zfs 1991, 10.

Verlust der Milz infolge eines stumpfen Bauchtraumas mit Milzruptur, Gehirnerschütterung, Oberarmschaftfraktur mit Muskelabriss, Osteosynthese am linken Oberarm mit Nachoperation, Minderung der Erwerbsfähigkeit um 10 % bei einem jungen Mann mit dem Berufswunsch Hubschrauberpilot.

Bei der Bemessung wurde neben den unfallbedingten Verletzungen berücksichtigt, dass der Kläger wegen des Verlustes der Milz von Prüfungen ausgeschlossen worden war, die eine Ausbildung zum Hubschrauberpiloten bei der Bundeswehr zum Ziel hatten.

OLG Köln, VersR 1992, 714.

Nachhaltige Störung der sexuellen Erlebnisfähigkeit durch unfallbedingte Anorgasmie und Algopareunie bei einer jungen Frau.

OLG Köln, VersR 1992, 888 = zfs 1992, 406.

Verkehrsunfallbedingte Beckenringfraktur, Symphysensprengung, Fraktur beider Sitzbeine, extravaginaler Schleimhauteinriss, Lockerung der Bänder im Becken mit psychischer Belastung wegen möglicher Geburtshindernisse, 3-monatiger Krankenhausaufenthalt, Unmöglichkeit des Freizeitvergnügens „Motorradfahren" bei einer Frau.

OLG Frankfurt/M., zfs 1993, 118.

Erhebliche entstellende Nasenverletzung einer jungen Frau mit späteren Operationen wegen Unverträglichkeit des Implantats.

OLG Frankfurt/M., DAR 1994, 119.

---

22 000,– DM (ca. 11 000,- €)

Gehirnquetschung, mehrfache Platz- und Schürfwunden, Querriss der Zunge mit der Folge einer nachteiligen Wesensveränderung mit psychischer Verlangsamung und Konzentrationsschwäche sowie Verletzungen und Schäden im Bereich des Kiefers, damit verbundene Geschmacksbeeinträchtigung, Beschädigung der Nase mit dauernder Arbeitsunfähigkeit bei einem 23-jährigen Schlosser, Mitverschulden von 1/3.

OLG Koblenz, VersR 1981, 756.

Gehirnerschütterung, 30-minütige Bewusstlosigkeit, Schädel- und Schädelbasis-Fraktur, Trommelfellzerreißung, Blutung aus dem linken Ohr, Schalleitungsschwerhörigkeit links, Prellungen, Hautabschürfungen, 1-monatige stationäre und 5-monatige ambulante Behandlung, Beeinträchtigung von Riech- und Geschmacksvermögen, 20 % MdE.

LG Augsburg, zfs 1990, 339.

---

22 500,– DM (ca. 11 250,- €)

Oberschenkelhalsbruch mit Nagelung rechts, Speichenbruch am rechten Arm, Unterkiefer- und Jochbeinbruch, verschiedene schwerste Gesichtsverletzungen, Polytrauma und Pneumothorax links, 3 stationäre Behandlungen für ca. 7 Wochen, 4- monatige Arbeitsunfähigkeit, erhebliche entstellende Narbenbildung im Gesichts- und Halsbereich einer Altenpflegerin.

LG Aachen, zfs 1990, 6.

---

24 000,– DM (ca. 12 000,- €)

Bauchverletzung mit der Folge der Entfernung von Milz und linker Niere, Gehirnerschütterung, folgenlos verheilte Frakturen beider Oberschenkel, 4-monatiger Krankenhausaufenthalt bei einem 7-jährigen Jungen.

> Die Beklagte zu 2 hatte mit dem Pkw des Beklagten zu 3 den Kläger erfasst, der bei einer Schneeballschlacht auf die Fahrbahn ausgewichen war. Etwa 130 m vor der Unfallstelle war ein Warnschild „Kinder" angebracht. Der Kläger hatte kein Mitverschulden. Bei der Bemessung standen im Vordergrund die erheblichen Verletzungen, der Verlust der Milz und der linken Niere, die 4-monatige Krankenhausbehandlung und die anschließende monatelange ambulante Behandlung. Neben dem grob fahrlässigen Verhalten der Beklagten zu 2 wirkte sich auch der Umstand aus, dass die Beklagten zu 2 und 3 bei der Beklagten zu 1 haftpflichtversichert waren. Berücksichtigt wurde auch die Geldentwertung.

KG, VersR 1975, 770.

25 000,– DM (ca. 12 500,– €)

Pfannengrundtrümmerfraktur links mit einer hinteren Hüftluxation des Femurkopfes und Becken-ringfraktur links, hochgradige traumatische degenerative Veränderungen im Bereich des linken Hüftgelenks, Deformierung des Schenkelkopfes sowie beginnende Ankylosierung im linken Hüft-gelenk, extreme periartikuläre Verkalkung, degenerative Veränderung im Bereich der Lendenwir-belsäule mit rechtsseitiger Skoliose, Sensibilitätsstörung im Bereich der linken unteren Extremität, Verkürzung des linken Beins um 2,5 cm bei einem 57-jährigen Kaufmann mit 1/3 Mithaftung.
OLG Frankfurt/M., VersR 1979, 962.

Schienbeinkopfbruch mit verbleibender Streckhemmung im Kniegelenk, Bruch im oberen Teil des linken Wadenbeins, Basistrümmerfraktur des linken Daumens mit Fehlheilung, Jochbein- und Augenhöhlenbogenbruch, Gehirnerschütterung, schweres Verschulden des Schädigers.

> Den Gründen des denselben Fall betreffenden Urteils OLG Frankfurt/M. VersR 1982, 1204 ist zu entnehmen, dass die beim Beklagten zu 1 haftpflichtversicherte Beklagte zu 2 den Kläger mit dem Fahrzeug des Beklagten zu 3 zwischen den Zapfsäulen-Verkehrsinseln einer Auto-bahntankstelle erfasst hatte. Die Beklagte zu 2 war ohne Halt zwischen den Tankinseln hin-durchgefahren. Gegenüber dem schweren Verschulden der Beklagten zu 2 und der Betriebs-gefahr des Wagens der Beklagten zu 3 fiel das nur leichte Verschulden des Klägers nicht ins Gewicht. Die Bemessung des Schmerzensgeldes lehnt sich an BGH VersR 1977, 768 an.

OLG Düsseldorf, VersR 1982, 1201.

Schädeltrauma, Stirn-Kopfplatzwunde, Knochenhautverletzung, Schädelhirntrauma mit commotio, stumpfes Bauch- und Beckentrauma, Beckenmehrfachfraktur, multiple Prellungen, Unterschenkel-fraktur, 1-monatige stationäre Behandlung, zeitweise Angewiesenheit auf den Rollstuhl, monate-langes Tragen einer Beinschiene bei einer Frau.
OLG Düsseldorf, zfs 1984, 36.

Bruch von 2 Rippen, des 1. Lendenwirbelkörpers, des Beckens und des linken Oberschenkels, offe-ner Schien- und Wadenbeinbruch rechts, verbleibende Funktionsbehinderung beider Knie- und Fußgelenke, Beinverkürzung links um 1 cm, 8-monatige stationäre Behandlung mit Marknagelung links, Knocheninfektion rechts, Arbeitsfähigkeit erst nach mehr als 2 Jahren, Erwerbsunfähigkeit von 40 % bei einer verheirateten Schneiderin.
OLG Hamm, zfs 1984, 197.

Unfallneurose mit körperlichen Beeinträchtigungen von über das gewöhnliche Maß hinausgehen-dem Umfang, schwerer Kreislaufschock, Gehirnerschütterung, kleinere Schnittwunden an der lin-ken Hand, HWS-Syndrom, wiederholte ärztliche Behandlungen, unfallbedingte vorzeitige Pensio-nierung mit 45 Jahren.

> Der Kläger hatte mit 120 km/h den zu Fuß die Autobahn überquerenden Beklagten angefahren und so schwer verletzt, dass er bald darauf an den Unfallfolgen verstorben war. Der BGH setzte sich mit der haftungsrechtlichen Zurechnung von auf Unfallneurosen beruhenden Gesundheits-schäden auseinander.

BGH, VersR 1986, 241 = zfs 1986, 135.

Schädelhirntrauma 1. bis 2. Grades mit verbleibender Erweiterung der linken Pupille bei Verdacht auf Hirncontusion, Schädelfraktur und Hinterhauthämatom, Verdacht auf Oberkieferfraktur, Lun-genkontusion mit Hämotothorax und Mediastinalblutung beiderseits, Frakturen der 9. und 10. Rippe rechts, Beckenfraktur, Sprengung des rechten Iliosacralgelenkes mit Dislokation der rechten Darmbeinschaufel, Oberarmschaftfraktur rechts, offener kompletter Unterschenkelbruch links,

multiple Schürfungen und Prellungen, 4-tägige Bewusstlosigkeit, 1-monatige stationäre Behandlung, Geh- und Lauffähigkeit der Schülerin nach 3,5 Monaten wiederhergestellt.
OLG Hamm, zfs 1987, 134.

Erhebliche Dauerfolgen eines HWS-Schleudertraumas mit Kopf- und Nackenschmerzen. Geschädigter kann z.T. morgens nicht aufstehen.
OLG Hamm, DAR 1994, 155 = VersR 1994, 1322.

Totalverlust des Geruchs- und Geschmackssinns, Rippenserienfraktur, Gehirnerschütterung, 3 Wochen Krankenhaus.
OLG Schleswig, VersR 1994, 615.

Luxationsfraktur des linken oberen Sprunggelenks, 4 Operationen, Versteifung des oberen Sprunggelenks, fortschreitende Versteifung des unteren Sprunggelenks, ungleichmäßiger Gang, Gefahr späterer Wirbelsäulen- und Hüftschäden. Das Ausmaß der früher vom Opfer betriebenen Sportarten zueinander muss nicht gegeneinander abgewogen werden.
OLG Hamm, VersR 1997, 1291.

---

26 000,– DM (ca. 13 000,- €)

Verlust einer Niere eines 18-jährigen jungen Mannes und Mitverursachungsbeitrag von 25 %.
OLG Köln, VersR 1998, 1044 = VRS Bd. 94, 249.

---

30 000,– DM (ca. 15 000,- €)

Schwerste Gehirnerschütterung, dauernder Ausfall fast aller geistigen, sinnlichen und körperlichen Fähigkeiten bei einem 1-jährigen Kind.

> Der bei der Beklagten zu 2 haftpflichtversicherte Beklagte zu 1 hatte mit einer Blutalkoholkonzentration von 1,7 Promille mit seinem Pkw die Mutter der Klägerin tödlich und die Klägerin lebensgefährlich verletzt. Bei der Klägerin blieben im Wesentlichen nur noch die Hirnstammfunktionen erhalten, sämtliche geistigen Funktionen entfielen; sie war völlig gelähmt, konnte nicht sitzen und weder sehen, noch hören, sprechen oder riechen. Nur die Geschmacksnerven reagierten noch in geringem Umfang. Da deshalb eine auch nur teilweise Ausgleichung nicht erzielt werden konnte, entfiel die Ausgleichsfunktion. Obwohl eine irgendwie geartete Empfindung der Genugtuung nicht mehr hervorgerufen werden konnte, war die Zubilligung eines Schmerzensgeldes mittlerer Größenordnung aus dem allgemeinen Gesichtspunkt einer symbolischen Wiedergutmachung gerechtfertigt.

BGH, Warneyer 1975 Nr. 245.

30 000,– DM Schmerzensgeld**kapital** und 225,– DM monatliche Schmerzensgeld**rente** auf Lebenszeit für Schädelhirntrauma, Schädelbasisbruch, große Risswunde an der Stirn, leichte einseitige spastische Lähmung, hochgradige Verminderung der Sehschärfe beider Augen, Schwerhörigkeit von 20 %, Störung der Stimm- und Lautbildung, intellektuelle Leistungsminderung, dauernde Minderung der Erwerbsfähigkeit von 80 % bei einem 16-jährigen Lehrling.

> Der Kläger war auf einem Motorrad mitgefahren; er hatte den Sturzhelm aufgesetzt, den Kinnriemen jedoch nicht befestigt. Infolge des Unfalls musste der Kläger seine Maschinenschlosserlehre aufgeben und sich auf eine Ausbildung in einem Berufsbildungswerk für hochgradig Sehbehinderte beschränken.

OLG Bamberg, VersR 1979, 476.

Kuckuk

Doppelter Mittelfußknochenbruch, schwere Knieprellung und Hämatom, Rippenbruch und Verletzungen im Kieferbereich unter Berücksichtigung erheblichen Verschuldens des Anspruchsgegners und schwerwiegender Auswirkungen der Unfallverletzungen auf die Lebensgestaltung des zur Unfallzeit 27-jährigen, sportlich aktiven Verletzten.
OLG Stuttgart, VersR 1985, 648 = zfs 1985, 294.

Verlust der rechten Hand und des rechten Unterschenkels bei einem 24-jährigen Mann unter Berücksichtigung einer Mithaftungsquote von 2/3.

> Die Verletzungen waren Folge eines Unfalls, bei dem der Kläger mit seinem Motorrad bei 100 km/h einen Pkw mit nur 0,50 m Seitenabstand überholt hatte, wobei der Pkw-Fahrer seine Fahrlinie innerhalb der rechten Fahrbahnhälfte um mindestens 1 m nach links verlegt hatte.

OLG Hamm, VersR 1987, 692 = zfs 1987, 262.

Beckenringfraktur mit Sprengung der Iliosacralgelenke, Abriss der Harnröhre, Unfallschock, Dauererfolgen in Gestalt von Deformierung des Beckens mit Versteifung der Iliosacralgelenke, erheblicher Veränderung der Statik des Beckens, geringer Verkürzung des rechten Beins und Fehlhaltung der Lendenwirbelsäule bei einer Verkäuferin, Verstärkung der Beschwerden und vorzeitige Verschleißerscheinungen mit entsprechenden Schmerzen in der Lendenwirbelsäule durch die Fehlhaltung wahrscheinlich, 1/4 Mitverschulden.
OLG Hamm, zfs 1988, 38.

Unfallbedingte Amputation sämtlicher Finger der linken Hand bis auf den Daumen oberhalb des Grundgliedes, infolgedessen massive Einschränkung der Gebrauchsfähigkeit der linken Hand mit Entstellung, Einschränkung der Berufsaussichten, Schwierigkeiten im häuslichen und persönlichen Bereich bei einer 17-jährigen Schülerin.

> Die Klägerin konnte nicht mehr Krankenschwester werden, nicht Flöte spielen und nicht turnen.

OLG Hamm, zfs 1989, 46.

Paravertebrale Rippenserienfraktur 5 – 8 rechts, Leberruptur mit Abriss einer Arterie, Milzruptur, Blinddarmnekrose mit gedeckter Perforation und Bauchfellentzündung, Kapselläsion am rechten unteren Nierenpol, Oberschenkelfraktur rechts, multiple Knochenabsprengungen im Bereich des rechten Sprunggelenks, Wadenbeinnerv-Lähmung rechts, Zustand nach Dialyse bei vorübergehender Niereninsuffizienz, 4-monatige stationäre Behandlung, mehrere Operationen mit 50 Bluttransfusionen bei einer lange Zeit intubierten und künstlich beatmeten Kleinbäuerin, 20 % MdE.
LG Augsburg, zfs 1990, 45.

Verletzungen des Geschädigten: Kompletter Harnröhrenabriss, Pleuraerguss links; vordere Beckenringfraktur beidseits mit Schambeinastfraktur; Symphysensprengung mit Symphysenfraktur; Sitzbeinfraktur links; Pfannendachfraktur links sowie Aussprengung am Trochanter minor rechts und subcapsuläre Milzblutung. Es besteht noch eine behandlungsbedürftige hochgradige Einengung der Harnröhre; mit Störungen der Sexualfunktion ist zu rechnen. Zukünftige immaterielle Schäden sind vorbehalten. Leichtes Verschulden des Schädigers.
OLG Koblenz, VRS 87, 327.

---

30 300,– DM (ca. 15 150,– €)

---

30 300,– DM Schmerzensgeld**kapital** und eine monatliche Schmerzensgeld**rente** von 210,– DM für Schädelfraktur mit Hirntrauma, Oberschenkel- und Kniescheibenfraktur, linksseitige Teillähmung, weitere kleinere Verletzungen, voraussichtlich dauerhafte Arbeitsunfähigkeit, 30 % Mitverschulden bei einem 18-jährigen Mann.

Der Kläger war ohne Schutzhelm bei einem Zusammenstoß seines Mopeds mit dem vom Beklagten zu 1 geführten und dem Beklagten zu 2 gehörenden Lastzug, der bei der Beklagten zu 3 versichert war, schwer verletzt worden.

OLG Schleswig, VersR 1980, 726.

31 000,– DM (ca. 15 500,- €)

31 000,– DM Schmerzensgeld**kapital** und 250,– DM monatliche Schmerzensgeld**rente** für schwere Gehirnschädigung mit verbleibender Hirnleistungsschwäche, Knochenbrüche, Gelenkverletzungen, 5-tägiges Koma mit maschineller Beatmung, operative Beseitigung einer Gehirnblutung, 5-wöchige Intensivbehandlung, 5-monatige stationäre Krankenhausbehandlung, Verminderung der groben Kraft des rechten Arms und des rechten Beins, 30 % Mitverschulden für eine zum Unfallzeitpunkt 44-jährige Frau.

Die Klägerin war bei einem Verkehrsunfall verletzt worden. Die Aufteilung des Schmerzensgeldes in einen Kapitalbetrag und eine Rente war geboten, weil die Klägerin insbesondere einen schweren lebenslangen Hirnschaden davongetragen hatte, dessen Folgen ihr immer wieder schmerzlich bewusst wurden. Bei der Bemessung des Kapitalbetrages war von Bedeutung, dass die Klägerin so schwere Verletzungen erlitten hatte, dass diese auch hätten zum Tode führen können. Dabei fiel insbesondere ins Gewicht die Gehirnquetschung schwersten Grades verbunden mit der substanziellen Hirnschädigung. Neben Art und Schwere der übrigen Verletzungen wurden auch die Dauer der Krankenhausbehandlung und die verbleibenden Dauerfolgen berücksichtigt sowie die Tatsache, dass die Klägerin ihre eigene Hilflosigkeit spürte und Angst vor dem Alleinsein hatte. Das der Klägerin zugesprochene Schmerzensgeld von insgesamt 31 000,– DM wurde wie folgt abgestuft: Für das erste Jahr nach der langen Krankenhausbehandlung monatlich 350,– DM für das zweite Jahr monatlich 300,– DM, für das dritte Jahr monatlich 250,– DM.

OLG Hamburg, VersR 1985, 646; 950 mit Anm. Hofmann = zfs 1985, 294.

32 000,– DM (ca. 16 000,- €)

Verlust eines Auges, Gehirnerschütterung, Schnittverletzungen im Gesicht, schwere Schnittverletzungen der linken Halsseite, Beschädigung des nervus trigeminus, verstärkte Tränenrezession und damit verbundene Berufsunfähigkeit im Schlosserberuf von 40 %.

Mitbestimmend für die Bemessung war die durch die Entstellung hervorgerufene seelische Belastung sowie die Tatsache, dass der Verletzte erst 28 Jahre alt und ledig war.

LG Darmstadt, VersR 1977, 1163.

35 000,– DM (ca. 17 500,- €)

Verlust eines Auges mit Verlust der räumlichen Sehfähigkeit, Beinverkürzung, mehrfache Krankenhausaufenthalte bei einem jungen Mann.

Der Kläger war ohne eigenes Verschulden mit seinem Pkw und dem Pkw des Beklagten während dessen Überholmanöver frontal zusammengestoßen. Obwohl bei Verkehrsunfällen die Genugtuungsfunktion i.d.R. hinter der Ausgleichsfunktion zurücktritt, hatte in diesem Fall die

Genugtuungsfunktion erhebliches Gewicht wegen der Alleinschuld und groben Fahrlässigkeit und Rücksichtslosigkeit des Verhaltens des Beklagten. Berücksichtigt wurde, dass der Beklage haftpflichtversichert war und wirtschaftlich nicht getroffen wurde, während der Kläger sich ohne Schmerzensgeld keinen Ausgleich für die entgangene Lebensfreude verschaffen konnte.

OLG Schleswig, SchlHA 1975, 13.

Beckenbruch mit länger dauernder Behandlung und Ausbildung einer Coxarthrose im Hüftgelenk mit schmerzhafter Bewegungseinschränkung unter Mitberücksichtigung später eventuell erforderlich werdender operativer Versorgung mit Prothesen bei einer 24-jährigen Frau.

OLG Koblenz, VersR 1980, 93.

Hüftpfannenfraktur, Bruch des rechten Sitzbeins. Knochenausriss aus dem Schambein, langdauernde Heilbehandlung, Verminderung der beruflichen Belastbarkeit als Folge von Dauerschäden in Gestalt von Coxarthrose und Lockerung des Kniebandapparates, seelische Belastungen.

OLG München, VersR 1985, 601 = zfs 1985, 294.

---

40 000,– DM (ca. 20 000,- €)

Verlust des rechten Auges, Jochbein-Trümmerbruch bei einem Graveur.

Der Kläger hatte als Begleiter in einem DRK-Rettungsfahrzeug gesessen, das bei der Beklagten zu 3 haftpflichtversichert war und vom Beklagten zu 1 gefahren worden war. An einer Kreuzung ereignete sich ein Zusammenstoß mit einem entgegenkommenden Lkw, wobei der Sehnerv des rechten Auges des Klägers durchgeschnitten wurde, so daß das rechte Auge für immer erblindete. Für die Bemessung war von Bedeutung, dass der Verlust der Sehkraft des rechten Auges gerade in dem Beruf als Graveur auf Dauer nachteilig ist, insbesondere dann, wenn möglicherweise im Alter die Sehkraft des anderen Auges nachlässt. Dabei waren auch die psychischen Auswirkungen einer solchen Aussicht zu berücksichtigen. Als bedeutsam wurde auch angesehen, dass durch den verdrahteten Jochbein-Trümmerbruch eine erhöhte Anfälligkeit für Verletzungen im Gesichtsbereich bestand und der Kläger noch unter Kopfschmerzen und Wetterfühligkeit litt.

OLG Frankfurt/M., VersR 1981, 239.

Gehirnerschütterung mit Fraktur der Schädelbasis rechts, Liquorfistel, offene Ober- und Unterschenkelfraktur 3. Grades mit kompletter Durchtrennung des Gefäßnervenbündels am Unterschenkel links, Amputation des linken Unterschenkels mit besonders starker Narbenbildung nach 4monatiger stationärer Behandlung, 60 % dauernde Erwerbsminderung eines 16-jährigen Mopedfahrers.

OLG Nürnberg, VersR 1981, 790.

Hirntrauma, Gehirnquetschung, spastische Halbseitenlähmung als Dauerschaden, Sprengfraktur des linken Beckenrings, Harnröhrenverletzung mit anschließendem Harnweginfekt, weitere kleinere Verletzungen, 7-tägige Bewusstlosigkeit, 33-tägige stationäre Behandlung bei einem 8-jährigen Schüler.

Der Kläger war bei einem Unfall verletzt worden. Von entscheidender Bedeutung für die Bemessung waren die Dauerschäden, die durch die spastische Halbseitenlähmung verblieben: eine Störung der Feinmotorik und Koordination, die die Fähigkeit zu feinmechanischen Arbeiten behinderten und bestimmte sportliche Betätigungen verboten. Berücksichtigt wurde auch die psychische Belastung wegen der Möglichkeit einer späteren Epilepsie. Für die Ablehnung einer Schmerzensgeldrente waren maßgebend die bisherige ohne Ausfälle verlaufende schulische Entwicklung, die Tatsache, dass die körperliche Beeinträchtigung kaum bemerkbar war und dass eine Schmerzensgeldrente sich negativ auf die Selbsteinschätzung des Kindes hätte auswirken können.

OLG Frankfurt/M., VersR 1981, 1131.

Schwere Gehirnerschütterung, 2 Platzwunden im Gesicht, Unterkieferbruch links, Oberkieferbruch, Nasenbeinfraktur, Rippenserienfrakturen links, Hämatome im Gesicht, 12-tägige Behandlung auf der Intensivstation und anschließende 4-wöchige Behandlung auf der Normalstation, Dauerschäden in Form von Impotenz, Konzentrations- und Gedächtnisstörungen.

Berücksichtigt wurde ein mitwirkendes Verschulden des Verletzten an dem Unfall von 1/3.

OLG Frankfurt, VersR 1982, 1008.

Zerstörung von Iris und Glaskörper am einem Auge, infolgedessen nur noch 20 % Sehfähigkeit nach einem Unfall ohne Mitverschulden eines 23-jährigen Fahrschülers.

Der Kläger konnte zwar noch Farben, aber keine Konturen mehr erkennen.

OLG München, DAR 1988, 55 = zfs 1988, 101.

40 000,– DM Schmerzensgeld**kapital** und eine monatliche Schmerzensgeld**rente** von 250,– DM für eine schwere Kniebandschädigung, 4 Operationen, 3-monatiger Gipsverband, 12-wöchige stationäre Behandlung, dauernde Erwerbsminderung von 40 % bei einem 16-jährigen Schüler ohne eigenes Verschulden.

Bei der Bemessung wurde neben Art und Schwere der Verletzungen berücksichtigt, dass die langen Krankenhausaufenthalte den Kläger auch psychisch belasteten, dass der Kläger seinen Berufswunsch als Polizist oder Soldat umstellen musste und dass er ständige, voraussichtlich dauerhafte Schmerzen an dem verletzten Bein hatte.

OLG Frankfurt/M., VersR 1992, 621.

Schwerste Kopfverletzungen mit offenem Schädel-Hirntrauma, Schädelbasisfraktur und Mittelgesichtsfraktur, Frakturen des Scham- und Steißbeins, 2-wöchiges Koma, rund 6-wöchige stationäre Behandlung, 3-monatige Behandlung in einer Reha-Klinik, zeitweiser Verlust des Geruchssinns sowie der Sprach- und Gehfähigkeit, mehr als 3 Jahre nach dem Unfall noch Störungen des Gedächtnisses und des Konzentrationsvermögens, Innenohrschwerhörigkeit als Dauerschaden, Gebrauchsfähigkeit des linken Ohrs von nur noch 30 %, Dauerschäden in Gestalt von Narben im Bereich des Gesichts, am linken Oberarm, am linken Oberschenkel und am rechten Unterschenkel, Herabsetzung der Gebrauchsfähigkeit des linken Arms zu 1/20 und des rechten, um 12 mm verkürzten Beins um 1/5, Sehstörung bei einem Mann nach einem Verkehrsunfall.
OLG Köln, VersR 1992, 462 = zfs 1992, 194.

---

43 500,– DM (ca. 21 750,- €)

Schädelfraktur mit Schädelhirntrauma nach einem Unfall, dauernde Einschränkung des Geruchs- und Geschmacksinns.

Das Geschmacksempfinden war reduziert auf die Wahrnehmung von süß, sauer, salzig und bitter.

OLG Hamburg, VersR 1987, 491 = zfs 1987, 201.

> **45 000,– DM (ca. 22 500,– €)**

Unterschenkelamputation, Erwerbsminderung von 50 % als Folge einer Kollision des 20-jährigen Verletzten mit einem wartepflichtigen Bus der britischen Besatzungsmacht.
VG Berlin, VersR 1982, 1158.

Ausgedehnte Impressionsfraktur links frontal mit schwerer Hirnkontusion, massives Hirnödem, Kompressionsfrakturen im Bereich der Halswirbelsäule, Schleudertrauma, Glassplitter im linken Vorderfuß, Verlust des Geruchssinns, psychische Alteration, 3,5-monatige stationäre Behandlung mit anschließender Reha-Kur, 60 % MdE bei erhaltener Fähigkeit zur Ausübung des Sektretärinnen-Berufs.
KG, zfs 1988, 383.

Schwere Gesichts- und Knieverletzungen, auf 2 cm reduzierte maximale Mundöffnung, Gesichtsnarben, Zahnersatz im Unterkiefer, schwerwiegende Verletzungen im Bewegungsapparat der Kniegelenke und des rechten Sprunggelenks mit dauernder Einschränkung des körperlichen Leistungsvermögens bei einer Ehefrau und Mutter, deren 3-jährige Tochter bei dem zu 1/4 von der Klägerin mitverschuldeten Unfall getötet worden war.
OLG Oldenburg, zfs 1990, 260.

> **49 000,– DM (ca. 24 500,– €)**

Amputation des rechten Unterschenkels oberhalb des Knies bei einem 16-jährigen Mopedfahrer, 30 % Mitverschulden.
OLG Karlsruhe, zfs 1987, 262.

> **50 000,– DM (ca. 25 000,– €)**

Gehirnerschütterung, Schädelprellungen, Schnittwunden im Nasen-Augen-Bereich, Nasenbeintrümmerbruch, Schnittwunde am linken Ellbogen, klaffende Wunde am rechten Innenknöchel, Oberschenkelschaftbruch links, Dauerschäden durch Verkürzung des linken Beins um 3,5 cm und Außendrehfehlstellung von 30.
OLG Oldenburg, VersR 1983, 840.

Hirnsubstanzschaden, spastische Halbseitenlähmung links, Arm- und Beinverkürzung links, nahezu völlige Erblindung eines Auges, schwere Entwicklungsstörungen bei einem 7-jährigen Mädchen unter Berücksichtigung von 70 % Mitverursachung.

> Es handelte sich um Folgen eines Verkehrsunfalls. Neben den schweren Beeinträchtigungen wurde auch die besondere psychische Situation des Kindes berücksichtigt.

OLG Frankfurt/M., VersR 1984, 588 = zfs 1984, 228.

Komplizierter Oberarmbruch, Schädigung des rechten Nervus axillaris, Rippenbrüche, Prellungen, zahlreiche tiefe Glassplitter- und Schnittverletzungen im Gesichts- und Halsbereich mit verbleibender Narbenbildung dort, am rechten Arm und an der rechten Hand, mehr als 2-monatige stationäre Behandlung, mehrere Operationen, Minderung der Erwerbsfähigkeit von 30 % bei einem 17-jährigen Mädchen.

> Es handelte sich um die Folgen eines Unfalls. Neben Art und Schwere der Verletzungen war ausschlaggebend das sehr jugendliche Alter der Klägerin.

OLG Hamburg, VersR 1988, 720 = zfs 1988, 274.

Oberschenkeltrümmerfraktur mit Abtrennung von später wieder eingepflanzten Knochenteilen, 9,5-wöchige stationäre Behandlung, Fortbewegungsmöglichkeit während 9 Monaten nur auf Krücken, völlige Arbeitsunfähigkeit für 1 Jahr, weitere Krankenhausaufenthalte mit jeweils operativen Eingriffen, MdE von 20 % auf Dauer, Ausübung von Laufsportarten nicht mehr möglich für einen 22-jährigen Mann.

Die Klage richtete sich gegen die Versicherung des beklagten Pkw-Fahrers, der dem Kläger auf unübersichtlicher Strecke die Vorfahrt genommen hatte. Da ein grober Fahrfehler des Schädigers der Bewertung als schicksalhaftes Risiko entgegenstand, trat die Genugtuungsfunktion nicht völlig zurück. Bei der Bemessung wurde neben der dauernden MdE auch berücksichtigt, dass der Kläger infolge des Unfalls keine Laufsportarten mehr ausüben konnte, obwohl er auch vor dem Unfall keine solchen Sportarten ausgeübt hatte. Der Senat ging dabei davon aus, dass bei zahlreichen Menschen die Entscheidung, einen Sport auszuüben, erst in späteren Lebensjahren getroffen wird. Die gesundheitlichen Zukunftsrisiken des Klägers wurden mit abgegolten, indem auf das angemessene Schmerzensgeld von 40 000,– DM eine Erhöhung von 25 % aufgeschlagen wurden. Die Urteilsgründe enthalten allgemeine Ausführungen zur Berücksichtigung gesundheitlicher Zukunftsrisiken, der Steigerung der Einkommen und der Lebenshaltungskosten und der geänderten Wertvorstellungen bei der Schmerzensgeldbemessung.

OLG Köln, VersR 1992, 975 = r+s 1992.

60 000,– DM (ca. 30 000,- €)

Gehirnerschütterung, Speichenbruch rechts mit Bruchverschiebung, Hüftverrenkung links mit Knochenausriss aus der Hüftpfanne, Ausriss der Kreuzbandhöcker am rechten Kniegelenk, ausgedehnte Verbrennungen 2. und 3. Grads an beiden Oberschenkeln, am Gesäß und im Genitalbereich, erhebliche Dauerschäden in Form von Nervenausfällen am linken Fuß mit deutlicher Beeinträchtigung der Geh- und Stehfähigkeit, ausgedehnte Narben an Oberschenkeln, Gesäß und im Genitalbereich, 60 % MdE bei einem 20-jährigen Mann unter Berücksichtigung einer Mithaftung von 20 %.
OLG München, VersR 1985, 1096 = zfs 1986, 5.
Genickbruch mit schweren Folgeschäden bei einer jungen Frau.

Die geschädigte Mitfahrerin auf einem Motorrad war völlig schuldlos Opfer eines Verstoßes gegen die Wartepflicht des Linksabbiegers im Gegenverkehr geworden. Wegen der grob verkehrswidrigen und rücksichtslosen Fahrweise fand die Genugtuungsfunktion besondere Berücksichtigung.

OLG Karlsruhe, VersR 1988, 850 = zfs 1988, 309.

Unterschenkelamputation rechts nach einem Verkehrsunfall, Folgeunfall mit Oberschenkelhalsbruch rechts und erneutem stationärem Krankenhausaufenthalt bei einer 52-jährigen Hausfrau und Mutter von 6 Kindern.

Ins Gewicht fiel, dass die Klägerin ohne eigenes Zutun in den Unfall verwickelt worden war, dass Komplikationen beim Heilungsverlauf durch erhebliche Schwierigkeiten mit der Prothese auftraten und dass die zweitbeklagte Versicherung im Verlauf des ca. 8-jährigen Prozesses keinen annehmbaren Vergleich angeboten hatte.

OLG Oldenburg, FamRZ 1989, 862 = zfs 1989, 338.

60 000,– DM Schmerzensgeld**kapital** und monatlich 400,– DM Schmerzensgeld**rente** für eine Stammhirnquetschung, Fraktur des rechten Wadenbeins, 10-tägiges Koma, Luftröhrenschnitt, horizontale Blicklähmung, inkomplette Lähmung aller 4 Gliedmaßen, Operation am linken Knie, fast 1-jährige stationäre Behandlung bei einem 21-jährigen geistig Behinderten.

> Der bereits aufgrund einer frühkindlichen Hirnschädigung geistig behinderte Kläger hatte vor dem Verkehrsunfall keine sichtbaren motorischen Beeinträchtigungen gehabt, war sportlich und bewegungsfreudig gewesen und hatte als Fußgänger und Radfahrer am Straßenverkehr teilnehmen können. Er hatte etwas schreiben, lesen, rechnen, Sachzusammenhänge erfassen und logisch denken können. Die Bemessung berücksichtigte die schon vorbestehende geistige Behinderung und die Tatsache, dass der Kläger durch die unfallbedingt eingetretene Imbezillität seine Beeinträchtigungen nicht in ihrer ganzen Schwere wahrnehmen konnte. Für die Schmerzensgeldrente war ausschlaggebend, dass der Kläger seine lebenslängliche Beeinträchtigung immer wieder schmerzlich empfinden konnte.

OLG München, VersR 1992, 508 = zfs 1991, 333 = MDR 1991, 603.

Zur Höhe des Schmerzensgeldes für Eltern, deren drei – einzige – Kinder bei einem fremdverschuldeten Verkehrsunfall getötet wurden (Schockschäden). Die Höhe des Schmerzensgeldes ist für jeden Elternteil unterschiedlich zu bemessen, je nachdem, wie schwer der Tod der Kinder den einzelnen Elternteil seelisch und körperlich beeinträchtigt. Hier: 60 000,— DM für den Vater, 30 000,— DM für die Mutter.

OLG Nürnberg, DAR 1995, 447 = VersR 1996, 453.

---

65 000,– DM (ca. 32 500,- €)

Oberschenkelfraktur rechts, offene Fersenbeintrümmerfraktur rechts mit Rotation des Fersenbeins um ca. 180, dauernde Einschränkung der Beweglichkeit im rechten Sprunggelenk, Verkürzung des Beins um ca. 2 cm, leichter Beckenschiefstand, Kalksalzminderung des gesamten Fußskeletts, 8-monatiger Krankenhausaufenthalt mit kurzer Unterbrechung, Einschränkungen auch im Familienleben, zwischen 40 % und 60 % MdE bei einer 25-jährigen Frau.

OLG Hamm, zfs 1992, 116.

---

70 000,– DM (ca. 35 000,- €)

---

70 000,– DM Schmerzensgeld**kapital** und monatlich 200,– DM Schmerzensgeld**rente** für schweres Schädelhirntrauma mit Hirnleistungsschwäche, Knochenbrüche am Kopf und am linken Bein, Verlust des linken Auges, Lähmung aller 4 Gliedmaßen, Schürf- und Schnittwunden, monatelange stationäre Behandlung bei einem 24-jährigen Mann.

> Die Verletzungen waren Folge eines Verkehrsunfalls, der vom Beklagten zu 2 allein verschuldet worden war. Für die Bemessung des Kapitalbetrages fielen vor allem die Dauerfolgen ins Gewicht, durch die der Kläger schon in seiner Jugend zum Krüppel wurde, und das Verschulden des Beklagten zu 2. Die Schmerzensgeldrente wurde mit Rücksicht auf die schweren Dauerfolgen zugebilligt.

OLG Celle, VersR 1979, 190.

70 000,– DM Schmerzensgeld**kapital** und monatlich 150,– DM Schmerzensgeld**rente** für Schädel- und Gesichtsschädelfrakturen mit endgültiger Erblindung des rechten Auges, linksseitige Schalleitungsschwerhörigkeit, Geruchssinnsverlust und Verminderung der Sensibilität des 1. und 2. Astes des 5. Hirnnervs im Bereich der rechten Stirn und der rechten Kieferoberseite, Kopressionsfraktur

des 4. Lendenwirbelkörpers, mehrstündige Bewusstlosigkeit, 25 % Minderung der Erwerbsfähigkeit für einen 18-jährigen Mann bei 25 % Mitverschulden.

> Die Verletzungen waren Folge eines Verkehrsunfalls, das Mitverschulden resultierte aus dem Nichtanlegen des Sicherheitsgurts. Der Kläger, der eine Mechanikerlehre nahezu abgeschlossen hatte, musste umschulen zum technischen Zeichner. Bei der Bemessung wurde auf Art und Schwere der Verletzungen sowie die langwierige Heilbehandlung, das jugendliche Alter des Geschädigten und, im Rahmen der Genugtuungsfunktion, auf das schwere Verschulden des Schädigers abgestellt. Entlastend zugunsten des Beklagten wurde berücksichtigt, dass es sich um eine Gefälligkeitsfahrt gehandelt hatte und der Kläger sich einem betrunkenen, fahruntüchtigen Fahrer anvertraut hatte.

OLG Stuttgart, VersR 1983, 470.

Mehrfache offene Brüche des rechten Ober- und Unterschenkels, geschlossener rechtsseitiger Außenknöchelbruch, komplette Bandzerreißung, Gelenkkapselzerreißung des Sprunggelenks, verschiedene Prellungen, 14-tägige Behandlung auf der Intensivstation, 5 Krankenhausaufenthalte von mehr als 8 Monaten, 9 Operationen, mehr als 5-jährige, noch nicht abgeschlossene, z. T. recht schmerzhafte ambulante Behandlung. Unfallfolgen u.a. chronische eitrige Fistel an der Innenseite des rechten Unterschenkels, kompletter Ausfall des Wadenbeinnervs mit Spitzfußstellung von 30°, Druckstellen an der Fußaußenkante infolge Fehlbelastung, Aufhebung der Zehenbeweglichkeit und trophische Störungen an den Kuppen der 4. und 5. Zehe rechts, Einschränkung der Beugefähigkeit des rechten Kniegelenks um 30, Streckdefizit des rechten Kniegelenks von 5, Einschränkung der Beweglichkeit des unteren Sprunggelenks sowie der Vorderfußdrehung nach innen und außen, Muskelminderung am rechten Ober- und Unterschenkel, mehrere kosmetisch störende Narben am rechten Ober- und Unterschenkel, Hautverfärbung im Bereich des rechten Außenknöchels und an der Außenseite des rechten Rückfußes bei einem zum Zeitpunkt der Entscheidung 22-jährigen verheirateten Mann, der den Beruf als Modellschreiner aufgeben musste.

OLG Hamm, zfs 1987, 71.

Stumpfes Bauchtrauma mit Leber- und Milzruptur und anschließender Entfernung der Milz, Hämatothorax rechts, Rippenfrakturen, Gehirnerschütterung, große Wunde an der linken Stirn bis zum Augenlid, beiderseitige Oberschenkelfrakturen, linksseitige laterale Schenkelhalsfraktur, rechtsseitige offene Patellafraktur, linksseitig distale Radiusfraktur, Sprunggelenksfraktur am Innenknöchel rechts, Frakturen der rechten Fußwurzel und des Mittelfußes beidseits, Claviculafraktur linksseitig, beidseitige Beckenringfraktur, 7-monatige stationäre Behandlung, Unfallfolgen in Gestalt einer chronischen Posttransfusionshepatitis, Minderung der Infektionsabwehr durch Entfernung der Milz, häufige Kopfschmerzen, Magenschmerzen, allgemein herabgeminderte körperliche Belastbarkeit, Schmerzen nach längerem Stehen, deutliche Herabsetzung der Kraft des linken Arms, Schmerzen an der Innenseite des Kniegelenks, ästhetisch beeinträchtigende Narbe an der linken Stirnseite bis zum Auge, zahlreiche Narben vom Oberschenkel bis zum Fuß von einer Größe bis zu 40 cm, Senk- und Spreizfuß, Knickfuß, leichter Hallux valgus, leichte Einschränkung der Hüftgelenksbeweglichkeit, erhebliche Einschränkung der Beweglichkeit der Sprunggelenke, Konzentrationsschwäche, Hirnleistungsschwäche ohne Aussicht auf wesentlich Besserung, hohes Schlafbedürfnis, Medikamenteneinnahme durch Kollitis, kosmetisch zu kaschierende Narbe, Unverträglichkeit von Fett und Kaffee, Ersatztechniken zum Ausgleich der Hirnleistungsschwäche auf Dauer, psychische Belastungen und erhebliche Aufwendungen, Umschulung bei einer 31-jährigen unverheirateten Frau.

LG Mainz, zfs 1987, 262.

Kompressionsfraktur von 5 Brustkorbwirbelkörpern, Schädelhirntrauma mit Gehirnerschütterung, linksseitige Beckenringfraktur mit Sitz-Schambeinfraktur und Kreuzbeinfraktur, Verbrennungen 3. Grades im Bereich beider Oberschenkel, Verbrennungen 2. Grades im Bereich des rechten Ellen-

bogens, multiple Schürfwunden, Dauer-MdE von 20 % bei einer jungen amerikanischen Fremd-
sprachenkorrespondentin.
OLG Koblenz, zfs 1991, 299.

75 000,– DM (ca. 37 500,– €)

Schädelprellung mit Gehirnerschütterung, Verdacht auf diskrete Hirnkontusion, Thoraxprellung
mit Rippenserienfraktur 6. bis 12. Rippe links, symphysennahe Schambeinfraktur links ohne Dislokation, Scapulafraktur links, Nierenlagerprellung links, Ellenbogenprellung beiderseitig, verblei-
bendes schweres hirnorganisches Psychosyndrom mit der Folge der Erwerbsunfähigkeit.
OLG Hamm, VersR 1992, 840 = zfs 1992, 155.

28-jähriger Mann, der schwere Unfallverletzungen erlitten hat, mehrer Tage in Lebensgefahr
schwebte, mehrfach in stationärer Krankenhausbehandlung war und bei dem die folgenden Dauerschäden bestehen: fast völlig gelähmter linker Arm, Instabilität des linken Schultergelenks mit
Versteifungsgefahr und Einschränkung der Beweglichkeit der Halswirbelsäule.
OLG Karlsruhe, NZV 1994, 396 = VersR 1994, 1250 = VRS 87, 166.

80 000,– DM (ca. 40 000,– €)

80 000,– DM Schmerzensgeld**kapital** und monatlich 150,– DM Schmerzensgeld**rente** für Verlust
der rechten Ohrmuschel und Nasenhälfte und starke, entstellende Narbenbildung im Bereich der
gesamten Kopf- und Gesichtshälfte und der Halsseite, mehrjährige stationäre und ambulante
Behandlung bei einem Krankenpfleger.

Die bei der Beklagten zu 2 haftpflichtversicherte Beklagte zu 1 war bei einem Fahrzeugstau auf
den stehenden PKW des Klägers aufgefahren. Der Kläger hatte in dem sofort in Brand gerate-
nen PKW schwerste Verbrennungen erlitten, die etwa 25 – 30 % der Körperoberfläche erfasst
hatten. Für die Bemessung des Schmerzensgeldkapitals waren von Bedeutung die besonders
großen Schmerzen infolge der großflächigen Brandwunden, die verbliebenen kosmetischen
Beeinträchtigungen durch Narbenbildungen, ein unvollkommener Lidschluss an einem Auge,
eine erhebliche Einschränkung der Mundöffnungsfähigkeit mit Behinderung beim Essen, die
Einschränkung der freien Beweglichkeit des Kopfes durch starke Narbenstrangbildung im
Bereich des Halses, eine Versteifung des linken kleinen Fingers und die voraussichtliche
Beschränkung des Klägers in seiner Berufstätigkeit. Für die Gewährung der Schmerzensgeldrente war ausschlaggebend die Konfrontation des Klägers mit den Reaktionen auf seine Entstellung für den Rest seines Lebens. Da die Beeinträchtigung des Klägers vergleichsweise gering
zu bewerten war, blieb der Rentenbetrag im unteren Bereich.

OLG Frankfurt/M., VersR 1978, 874.

80 000,– DM Schmerzensgeld**kapital** und monatlich 300,– DM Schmerzensgeld**rente** für Amputation des linken Oberschenkels und des linken Oberarms sowie anderer schwerer Unfallverletzungen eines 17-jährigen Kleinkraftradfahrers.
OLG Karlsruhe, VersR 1980, 876.

Schädelbruch mit offenem Hirntrauma und Substanzverlust des Hirns mit Dauerschädigung in
Gestalt einer Beeinträchtigung des Sehvermögens links und des Riechvermögens, psychische Ver-
änderung wie Mangel an Spontaneität und Initiative, erhöhte Reizbarkeit und Beeinträchtigung der
Lernfähigkeit, Brüche des rechten Oberarms, linken Oberschenkels und rechten Fußes, 8-tägige

Bewusstlosigkeit, mehrfache Operationen, 4-monatiger Krankenhausaufenthalt eines 13-jährigen Mädchens.

OLG Oldenburg, zfs 1984, 196.

Völliger Verlust des Augenlichts bei einem 25-jährigen Lackierermeister unter Berücksichtigung eines Mithaftungsanteils von 50 %.

> Der Kläger hatte sein Augenlicht bei einem Verkehrsunfall verloren, bei dem er mit dem Sattelzug des bei der Beklagten zu 2 haftpflichtversicherten Beklagten zu 1 zusammengestoßen war. Die Mithaftung von 50 % beruhte u.a. darauf, dass der Kläger nicht angegurtet gewesen war.

OLG Saarbrücken, VersR 1987, 774 = NJW-RR 1987, 984 = VRS Bd. 72, 412.

80 000,– DM Schmerzensgeld**kapital** und 600,– DM monatliche Schmerzensgeld**rente** für ein Schädelhirntrauma mit schwerster Mehrfachbehinderung, lebenslanger Unfähigkeit zu eigenständiger Lebensführung und Angewiesensein auf die Hilfe Dritter.

OLG Stuttgart, VRS Bd. 74, 401 = zfs 1988, 274.

80 000,– DM Schmerzensgeld**kapital** und monatlich 250,– DM Schmerzensgeldrente für einen Hirnschaden und Arbeitsunfähigkeit zu 100 % bei einem 39-jährigen Mann.

> Der Kläger war aufgrund eines vom Beklagten fahrlässig verursachten Verkehrsunfalls verletzt worden. Die Verletzungen, insbesondere der Hirnschaden, führten zu einer Wesensveränderung und einer erheblichen Verminderung der Leistungsfähigkeit, so daß der Kläger seinen Beruf als Metallarbeiter auf Dauer nicht mehr ausüben konnte. Er entwickelte eine Neurose.

OLG Hamm, VersR 1990, 909 = VRS Bd. 79, 262 = zfs 1990, 339 = NZV 1990, 469.

Verlust der Sehfähigkeit auf einem Auge, Handgelenksverletzung mit Dauerschaden.

LG Konstanz, DAR 1994, 33.

---

85 000,– DM (ca. 42 500,- €)

Offene komplette Unterschenkelfraktur (links), Tibiaskopftrümmerfraktur, Ausriss des Apex capitis femoris (rechts), multiple Prellungen, Schnittverletzungen, Schädel-Hirn-Prellungen ersten Grades sowie dauerhafte Notwendigkeit von Gehstützen.

OLG Hamm, VersR 1997, 1108.

---

90 000,– DM (ca. 45 000,- €)

---

90 000,– DM **Kapital**betrag und 400,– DM monatliche **Rente** für einen 11-jährigen Jungen mit Rippenserienbrüchen, Schlüsselbeinbruch und Oberschenkelbruch rechts, rechtsseitiger Lungenkontusion mit Hämato-Pneumothorax, rechtsseitiger Gesichtsnervlähmung, Stammhirnquetschung, 20-tägiger Bewusstlosigkeit, 9-monatiger stationärer Behandlung, anschließend 1-jähriger Behandlung in einer Reha-Klinik, Aphasie, d.h. Sprachvermögen von nur wenigen gestammelten Worten, die nur von den Angehörigen verstanden werden, intelligenzmäßig mittlerem Schwachsinnsgrad, ständigem Tragen eines Kopfschutzes wegen der Sturzgefahr.

OLG Düsseldorf, zfs 1984, 295.

Oberschenkelamputation, Beckenprellung, Bruch des linken Schambeins, Kontusion des linken Beins mit Schürfwunden, Kontusion des linken Unterarms und der linken Hand, Speichenbruch, Rückenkontusion bei einem 23-jährigen Mann.

OLG Köln, VersR 1988, 277 = r+s 1987, 228 = zfs 1987, 293.

90 000,— DM Schmerzensgeld**kapital** und 150,— DM mtl. Schmerzensgeld**rente** (kapitalisiert 25 000,— DM) bei 49 Jahre altem Kl. unter Berücksichtigung der 25%igen Mithaftung: vollständiger Verlust des rechten Beines nach mehrfachen Amputationen mit zahlreichen, z.T. lebensbedrohlichen Komplikationen ohne die Möglichkeit der Anpassung einer Prothese; teilweiser Hörverlust (rechts 60 %, links 10 %); schockbedingter dauerhafter Herzschaden; Erwerbsunfähigkeit.
OLG Hamm, NZV 1995, 483 = VRS 91, 84.

---

100 000,– DM (ca. 50 000,- €)

---

100 000,– DM Schmerzensgeld**kapital** und monatlich 200,– DM Schmerzensgeld**rente** für völlige Erblindung, Erwerbsunfähigkeit zu 100 %, Gehirnerschütterung, Splitterverletzungen im Gesicht, Thoraxprellung, mehrwöchige stationäre Behandlung, reaktive Depression mit der Notwendigkeit einer medikamentösen Behandlung bei einer zur Unfallzeit 26-jährigen Punktschweißerin.
OLG München, VersR 1989, 1203 = VRS Bd. 77, 161 = zfs 1989, 373.

Spastische Halbseitenschwäche, Koordinations- und Gleichgewichtsstörungen, Blickrichtungs-Nystagmus, Gaumensegelschwäche, Stimmstörung, ausgeprägte neuropsychologische Defizite nach schwerem Schädelhirntrauma einer 18-jährigen Frau.
OLG Bremen, VRS Bd. 78, 90 = zfs 1990, 45.

Schmerzensgeld von 100 000,— DM wegen knöchernem Knirschen und Knacken im Hinterkopf und anfallartig auftretenden Schmerzen aufgrund der unfallbedingten Instabilität der oberen Halswirbelkörper verbunden mit ständigem Gefühl von Trance; und Abwesenheit mit Konzentrations-, Reaktions-, Gedächtnis- und Sehstörungen und dadurch bedingter Erwerbsunfähigkeit.
OLG Stuttgart, VRS 90, 269.

---

120 000,– DM (ca. 60 000,- €)

Abriss des linken Beins, Zerreißung der Oberschenkelvene und Arterie, Symphysensprengung mit Blutung im Beckenraum, Teilzerreißung des Blasendachs, operative Nachamputation und weitere Nachoperationen, mehrwöchiger Dauerkatheter, Harnröhrenstriktur, Prostatitis, Wundheilungsstörungen mit dem Erfordernis von Hautübertragungen, 4-monatige stationäre Behandlung, 30-tägige starke, 60-tägig mittelstarke und 120-tägige leichte Schmerzen, mehrjähriger Verdacht auf Verlust der Zeugungsfähigkeit bei einem zum Unfallzeitpunkt 17-jährigen Jungen.
LG Mannheim, NJW 1982, 1335.

---

130 000,– DM (ca. 65 000,- €)

Schädel-Hirn-Trauma mit Subarachnoidalblutung, Thoraxtrauma mit Fraktur 6. Rippe rechts, Schulterblattfraktur rechts, Radiusfraktur rechts, Sprunggelenkfraktur links, Innenknöchelfraktur links, Platzwunden, 3 Monate künstlich beatmet, septische Komplikationen im Brustraum mit Entzündung des Lungengewebes, während der künstlichen Beatmung blutiger Herzbeutelerguss, deshalb Katheder zur Drainage gelegt. Nach 3 Monaten Intensivstation folgen 5 Wochen Chirurgie, 2 Monate physikalische Therapie und 3 1/2 Monate Reha-Klinik. Opfer (Radfahrer) ist arbeitsunfähig. Jedenfalls bei grober Fahrlässigkeit entfällt die Genugtuungsfunktion des Schmerzensgeldes nicht, auch wenn der Schädiger deshalb strafrechtlich verurteilt worden ist (BGH NJW 1995, 781 = VersR 1995, 351).
OLG Nürnberg, VersR 1997, 502.

| **135 000,– DM (ca. 67 500,– €)** |

Amputation des linken Arms im Schultergelenk mit Notwendigkeit plastischer Korrekturmaßnahmen im Bereich der Stumpfweichteile, Bruch des linken Ober- und Unterschenkels mit Verlust der linken Kniescheibe und Zerstörung des linken Kniegelenks, Verkürzung des linken Beins um 3,4 cm, starke Bewegungseinschränkung im linken Knie und oberen Sprunggelenk, 4-monatige stationäre Behandlung, 90 % MdE bei 100 % Schwerstbehinderung, Mitverschulden von 10 %.
LG Hamm, zfs 1993, 50.

| **140 000,– DM (ca. 70 000,– €)** |

140 000,– DM Schmerzensgeld**kapital** und monatlich 300,– DM Schmerzensgeld**rente** für unfallbedingte Querschnittslähmung, mehr als 8-monatige Krankenhausbehandlung mit fast vollständiger Gebrauchsunfähigkeit der Hände und vollständiger Gebrauchsunfähigkeit der Beine, Sexualfunktionsstörungen, Blasen- und Mastdarmlähmung, folgenlos abgeheilt Gehirnerschütterung, Knochenneubildungen im Bereich beider Hüftgelenke, therapieresistente, quälende Missempfindungen unterhalb des Lähmungsniveaus bei einem 22-jährigen Mann unter Berücksichtigung eines Haftungsanteils des Geschädigten von 20 %.
OLG Schleswig, VersR 1988, 1244 = zfs 1989, 9.

| **150 000,– DM (ca. 75 000,– €)** |

Hirnsubstanzschädigung mit Wesensveränderung, zahlreiche Frakturen u.a. im Becken- und Kieferbereich, Verlust der Sehkraft eines Auges, nahezu 3-wöchige Intensivbehandlung, langwieriger Heilungsprozess von mehr als 3 Jahren mit wiederholten Krankenhausaufenthalten und äußerst schmerzhaften Operationen und Behandlungen, Dauerschäden in Form einer Gesichtsentstellung, verminderter Kaufähigkeit mit der Gefahr eines unbemerkten Abfließens von Speiseresten und Flüssigkeiten beim Essen, Verlust mehrerer Zähne und des Alveolarfortsatzes, Bewegungseinschränkung der Gelenke der linken unteren Extremität, Depressionen bei einer 37-jährigen berufstätigen Frau.
OLG Stuttgart, VersR 1978, 775.

150 000,– DM Schmerzensgeld**kapital** und monatlich 250,– DM Schmerzensgeld**rente**, beginnend 4 Jahre nach dem Unfall für eine zum Unfallzeitpunkt 12-jährige Schülerin mit schwerem Schädelhirntrauma, Impressionsfraktur rechts, weiteren Brüchen, 5-wöchiger Bewusstlosigkeit und Lebensgefahr, ca. 3-monatiger stationärer Behandlung in verschiedenen Kliniken, bei der Entlassung noch linksseitiger Lähmung sowie vollständiger Blindheit auf dem rechten Auge, posttraumatischem organischem Psychosyndrom mit allgemeiner Verlangsamung, Unkonzentriertheit und vermehrten Kopfschmerzen, irreversibler Schädigung des linken Auges, Folgen einer deutlichen spastischen Hemiparese links sowie einer traumatisch bedingten Wesensänderung und erheblichen Hirnleistungsschwäche, Möglichkeit eines posttraumatischen cerebralen Anfallleidens.
OLG Bamberg, zfs 1991, 260.

Unfallbedingte Zerstörung der Persönlichkeit und Wegfall des Wahrnehmungsvermögens durch spastische Tetraparese und Ernährung mittels Sonde über die Bauchdecke in den Magen bei 60 % Mithaftung des Opfers.
OLG Hamm, DAR 1994, 199 = VersR 1994, 441.

170 000,– DM (ca. 85 000,- €)

Querschnittslähmung unterhalb des 7. Brustwirbels bei einem 44-jährigen Mann.
OLG Hamm, VersR 1991, 1030 = zfs 1991, 372.

Schädeltrauma mit Schädelfraktur rechts, mehrere kleine Kontusionsblutungen, Frakturen der 6. bis 10. Rippe rechts, Sitzbeinfraktur links, Acetabulumfraktur links, 3-wöchige Bewusstlosigkeit, 6-wöchige retrograde Amnesie, Angewiesenheit auf einen Rollstuhl und ständige Betreuung, Minderung der Erwerbsfähigkeit zu 100 % bei einer Frau mittleren Alters unter Berücksichtigung eines Mitverschuldens von 1/3.
OLG Karlsruhe, VersR 1992, 370 = zfs 1990, 223.

170 000,— DM Schmerzensgeld**kapital** und 300,— DM monatliche Schmerzensgeld**rente** für Amputation beider Unterschenkel, weitere Verletzungen sowie Persönlichkeitsveränderung eines 7 1/2-jährigen Kindes.
OLG Frankfurt/M., NJW-RR 1994, 1114.

175 000,– DM (ca. 87 500,- €)

Lebensgefährliche Verletzungen, Schädelbruch im Bereich der linken Augenhöhle, Bruch des Jochbeins links, schwere Gehirnquetschung, Rissplatzwunde am linken Augenoberlid, Verletzung der Hornhaut des linken Auges, Bruch des rechten Unterarms und der rechten Hand sowie der linken Mittelhand und Handwurzel, Bruch des Sitz- und Schambeins mit Riss der Schambeinfuge infolge Beckenringbruchs, Sprengung der Darmbeinfuge rechts, Oberschenkelbrüche auf beiden Seiten, Knieverletzung links, Trümmerbruch des rechten Fußes an drei Stellen, Einriss des Hodensacks links, 6,5-monatige stationäre Behandlung, Wesensveränderung, Lärmüberempfindlichkeit bei einem Ehemann und Vater.
OLG Karlsruhe, VRS 75, 266 = zfs 1988, 382.

Amputation beider Beine am Oberschenkel nach Notoperation mit Öffnung der Bauchhöhle, Prellungen am Beckenkamm, Hämatome am rechten Oberschenkel, umfangreiche offene Trümmerfrakturen beider Unterschenkel, 2-wöchige akute Lebensgefahr, 4-monatiger Krankenhausaufenthalt einer 65-jährigen Frau.
LG Köln, VersR 1990, 1129 mit Anm. Esser = zfs 1989, 338.

180 000,– DM (ca. 90 000,- €)

Apallisches Syndrom mit voraussichtlich verbleibender schwerer Lähmung aller Gliedmaßen bei einem 8-jährigen Mädchen.
OLG Bremen, zfs 1991, 260.

200 000,– DM (ca. 100 000,- €)

200 000,– DM Schmerzensgeld**kapital** und monatlich 600,– DM Schmerzensgeld**rente** für Querschnittslähmung mit vollständiger schlaffer Lähmung beider Beine infolge Luxationsfraktur des 1. Lendenwirbelknochens, Lähmung der Blasen- und Mastdarmentleerung, Potenzverlust, ständige Bindung an einen Rollstuhl, 9-monatige stationäre Behandlung eines 20-jährigen Mannes.
OLG Bremen, NJW-RR 1987, 409 = DAR 1987, 151 = VRS 72, 331.

200 000,– DM Schmerzensgeld**kapital** und monatlich 600,– DM Schmerzensgeld**rente** für nicht totale Querschnittslähmung eines 20-jährigen Mannes mit motorischem und sensiblen Querschnittssyndrom, völlig schlaffer Lähmung beider Beine infolge Luxationsfraktur des ersten Lendenwirbelknochens, Ausfall der Blasen- und Mastdarmentleerung, Potenzverlust und ständiger Bindung an den Rollstuhl.

KG VersR 1987, 487 = zfs 1987, 201.

200 000,– DM Schmerzensgeld**kapital** und monatlich 300,– DM Schmerzensgeld**rente** für Querschnittslähmung eines Mannes im mittleren Alter unter Berücksichtigung eines Mitverschuldens von 40 %.

OLG Frankfurt/M., VersR 1990, 912 = DAR 1990, 181 = VRS 78, 339 = zfs 1990, 223.

200 000,– DM Schmerzensgeld**kapital** und monatlich 400,– DM Schmerzensgeld**rente** für eine Querschnittslähmung infolge Fraktur des 5. und 6. Brustwirbelkörpers mit Blasen- und Mastdarmlähmung und vollständigem Potenzverlust bei einem 22-jährigen Mann.

OLG Frankfurt/M. VersR 1990, 1287 = NJW-RR 199, 990 = zfs 1990, 369.

200 000,– DM Schmerzensgeld**kapital** und monatlich 675,– DM Schmerzensgeld**rente** für völlige Erblindung, Hirnschädigung mit erheblicher Beeinträchtigung des Geschmacks- und Geruchssinns, Knochenbrüche mit bleibenden Folgen, komplizierter Krankheitsverlauf, psychische Auswirkungen, weitschweifiges und umständliches Denken bei einem jungen Mann unter Berücksichtigung einer Mithaftungsquote von 1/3.

OLG Frankfurt/M., VersR 1992, 329 = zfs 1992, 155.

30 Jahre alter querschnittgelähmter Schlosser bei 30 % Mitverschulden.*OLG Schleswig, NZV 1996, 68 = VersR 1996, 386.*

210 000,— DM (ca. 105 000,- €)

210 000,— DM **Kapital** und 400,— DM **Rente** für Querschnittlähmung (schlaffe Lähmung beider Beine, Lähmung von Darm- und Blasenmuskulatur) mit ausgeprägter Rechtsskoliose mit erheblicher Torsion der Lendenwirbelsäule bei einem zum Schadenszeitpunkt 7-jährigen, zum Urteilszeitpunkt 23-jährigen studierenden Kind, das als Beifahrer im Auto des Vaters verletzt worden ist. Der monatliche Rentenbetrag von 400,— DM wurde durch Vereinbarung mit 90 000,— DM kapitalisiert, so dass insgesamt 300 000,— DM gezahlt wurden.

OLG Hamm, VersR 1998, 1392.

225 000,– DM (ca. 112 500,- €)

Querschnittslähmung, Tetraplegie eines zum Unfallzeitpunkt 17-jährigen Mannes als Beifahrer im Fahrzeug des Beklagten, Mithaftung wegen Nichtanlegen des Gurtes von 25 %

LG Itzehoe, zfs 1990, 369.

230 000,– DM (ca. 115 000,- €)

230 000,— DM Gesamtschmerzensgeld (**Kapital und Rente**). Schwerste Kopfverletzungen eines 11-jährigen Jungen (offenes Schädel-Hirn-Trauma mit frontobasaler Schädelfraktur, Orbitalfraktur rechts), Lungenentzündung, Oberkieferhöhlenbruch, Beinbrüche, Gesichtslähmung links, spastische Parese der rechten Extremität, dauernde Hirnschädigung. 1 1/2 Monate Intensivstation, davon

2 Wochen künstlich beatmet, danach 3 Monate Kinderklinik und 4 Monate Reha-Klinik. Operationen zwecks Plattenentfernung an beiden Beinen.
OLG Düsseldorf, VersR 1997, 65 = VRS 91, 457.

250 000,– DM (ca. 125 000,- €)

Unfallbedingte Querschnittlähmung (Tetraplegie) mit schwersten Dauerfolgen (u.a. unfallbedingten Schwangerschaftsabbruch, Halsmarklähmung mit der Folge vollständiger Rollstuhlabhängigkeit und dauernder Pflegebedürftigkeit).
OLG Hamm, VersR 1995, 1062.

260 000,— DM (ca. 130 000,- €)

Schweres Schädel-Hirn-Trauma, das als bleibende Schäden physisch einen Aufstieg des Flüssigkeitsdrucks im Schädel (Hydrocephalus aresorptivus) mit der Folge der Einsetzung einer infektionsgefährlichen Drainage (Shunt), rechtsbetonte Tetraplastik mit Bewegungs- und Koordinationsstörungen, Gleichgewichts- und Wortfindungsstörungen, starke Kopfschmerzen und psychische Vereinsamung, Niedergeschlagenheit und Minderwertigkeitsgefühl zur Folge hatte.
OLG Nürnberg, DAR 1994, 158.

280 000,– DM (ca. 140 000,- €)

Querschnittslähmung mit vollständiger spastischer Lähmung beider Beine, Ausfall des Blasenzentrums, Mastdarmentleerungsstörung einer 28-jährigen, jungverheirateten Mutter eines Kleinkindes.
OLG Schleswig, NJW-RR 1992, 96 = VersR 1992, 462 = zfs 1992, 193.

300 000,– DM (ca. 150 000,- €)

Schweres Schädelhirntrauma mit tiefer Bewusstlosigkeit und Schockzustand, spastische Parese des rechten Arms und Beins, Minderung der Feinbeweglichkeit der Finger, Schädel- und Unterkieferfraktur, Gehirnerschütterung, Thoraxkompressionstrauma mit Rippenserienfrakturen, Contusionslunge, mehrfache Weichteilverletzungen, ein unsicheres und gestörtes Gangbild mit Angewiesensein auf einen Stock, Mundwinkelschwäche rechts mit Behinderung beim Essen, hirnorganische Persönlichkeitsveränderung mit u.a. Einengung des Denkvermögens, Herabsetzung der Kritik- und Urteilsfähigkeit, rascher Ermüdbarkeit und Konzentrationsschwäche, ausgeprägte Sprachstörung, Erwerbsunfähigkeit zu 100 % bei einem 26-jährigen Mann.
BGH, VersR 1986, 59 und. 173.

300 000,– DM Schmerzensgeld**kapital** und monatlich 600,– DM Schmerzensgeld**rente** für komplette motorische und sensible Rückenmark-Querschnittslähmung infolge einer Brustwirbelfraktur mit vollständiger Lähmung des Rumpfes und des Unterleibs einschließlich beider Beine, Lähmung der Darm- und Blasenmuskulatur, Potenzverlust, ständige Bindung an einen Rollstuhl, schwere Hirnquetschung und hirnorganisches Psychosyndrom, Epilepsie im Anschluss an den Unfall, 5-wöchige Bewusstlosigkeit, 7-wöchige Lebensgefahr mit ständiger Dauerbeatmung, 10-wöchige Intensivbehandlung, insgesamt 32-wöchige stationäre Behandlung, stärkste Medikamentierung.

Es handelte sich um eine Klage nach einem Verkehrsunfall gegen den Schädiger und seine Haftpflichtversicherung. Die zugesprochene Summe rechtfertigte sich durch die besonders schwerwiegenden Unfallfolgen und die dauerhaft verbleibenden gesundheitlichen Beeinträchtigungen. Schmerzensgelderhöhend wirkte sich die Epilepsie aus, zu deren Behandlung der Kläger ständig sedierende Medikamente zu sich nehmen musste. Von Bedeutung waren außerdem die Gefahr der Verknöcherung der Gelenke und die Depressionen aufgrund des hirnorganischen Psychosyndroms.

OLG Köln, VersR 1992, 506 = zfs 1992, 155.

300 000,– DM Schmerzensgeld**kapital** und 600,– DM monatliche Schmerzensgeld**rente** bei schwerer Hirnquetschung, hirnorganischem Psychosyndrom, kompletter motorischer und sensibler Rückenmarksquerschnittslähmung mit vollständiger Lähmung des Rumpfes und des Unterleibs einschließlich beider Beine infolge Brustwirbelfraktur mit Lähmung der Darm- und Blasenmuskulatur, Potenzverlust und ständiger Bindung an einen Rollstuhl bei einem 21jährigen Mann.

OLG Köln, VersR 1992, 888.

Spastische Tetraparese, Stuhl- und Urininkontinenz, Angewiesenheit auf den Rollstuhl, hochgradige Sprachstörungen aufgrund schwersten hirnorganischen Psychosyndroms bei einem zum Unfallzeitpunkt 14-jährigen Mädchen.

LG Hildesheim, zfs 1992, 372.

300 000,— DM Schmerzensgeld**kapital** und 250,— DM monatliche Schmerzensgeld**rente** bei Schädel-Hirn-Trauma 2. Grades, Querschnittslähmung, Brüche des linken Unterkiefers, des Beckens, der Brustwirbelsäule, der rechten Hüfte und des rechten Beins. 465 Tage stationäre Behandlung. Das Opfer, eine 24 Jahre alte Frau, wird zum Pflegefall und ist lebenslang an den Rollstuhl gebunden. Grobes Verschulden des Täters, der mit 2,0 Promille BAK fuhr.

OLG Celle, NZV 1993, 349 = VersR 1993, 976.

Schweres Schädel-Hirn-Trauma und Bänderläsion des linken Kniegelenks, 2 Jahre Krankenhausaufenthalt, erhebliche Dauerfolgen. Schweres Verschulden des Schädigers, verzögerliche Teilzahlungen des Haftpflichtversicherers.

OLG München, NZV 1993, 232 = VersR 1993, 987

71-jähriger Mann erleidet Querschnittslähmung an Wirbel C5 mit Harnblasen- und Mastdarmlähmung und darauf beruhender Inkontinenz und Impotenz.

OLG Bremen, DAR 1997, 272

---

350 000,– DM (ca. 175 000,- €)

Schwerstes Mittelhirn-Syndrom mit langanhaltender Bewusstlosigkeit, Schädelkalottenfraktur links mit Gehirnblutung und Lufteinschluss, Oberkiefer- und Unterkieferfraktur, schwere Augenverletzungen mit völliger Erblindung und späterer Entfernung des rechten Auges und Herabsetzung der Sehschärfe des linken Auges auf 20 %, Thorax-Trauma mit Rippenfraktur, Harnwegsinfekte, Schrumpfblase, völlige Stummheit, wesentliche Bewegungsunfähigkeit der unteren Körperhälfte, erhebliche Hirnleistungsschwäche, 14-monatige stationäre Behandlung, 100 % MdE auf Dauer bei einem zum Unfallzeitpunkt 46-jährigen Mann.

OLG München, zfs 1989, 406.

400 000,— DM (ca. 200 000,- €)

Niedrige Querschnittslähmung unterhalb des Brustwirbels 8 bei einem 24 Jahre alten Mann einschließlich 30 000,— DM für verzögerliche Schadensregulierung.
OLG Frankfurt, DAR 1994,21 = NZV 1994, 363 = VRS 87, 258.

450 000,– DM (ca. 225 000,- €)

450 000,– DM Schmerzensgeld**kapital** und monatlich 750,– DM Schmerzensgeld**rente** bei kompletter Querschnittslähmung unterhalb des Halswirbels C 3 mit Lähmung der Blasenfunktion, der Mastdarmfunktion und der Potenz, erheblicher Einschränkung der gesamten Atemhilfsmuskulatur, heftigen Schmerzempfindungen schon bei leichten Berührungen, schweren Muskelspasmen, Überempfindlichkeit gegen jede Art von Berührung, Depressionen, 100 % MdE, Fortbewegungsmöglichkeit nur mit einem Rollstuhl mit Kopfsteuerung bei einem zum Unfallzeitpunkt 33-jährigen Mann.
OLG Düsseldorf, VersR 1993, 113 = zfs 1992, 369 = NJW-RR 1993, 156.

500 000,– DM (ca. 250 000,- €)

Querschnittslähmung mit lebenslanger Bindung an den Rollstuhl bei einem 4-jährigen Mädchen.
LG Oldenburg, MDR 1990, 630 = zfs 1990, 152 und 260.

600 000,— DM (ca. 300 000,- €)

Erleidet das Opfer eines Motorradunfalls eine **Querschnittsähmung unterhalb des Halswirbels C 3**, so ist ein Schmerzensgeld (Kapital und Rente) i.H.v. **rd. 600 000,— DM** angemessen, ohne dass der aus der bisherigen Rechtsprechung ersichtliche Rahmen gesprengt wird.
OLG Düsseldorf, NJW-RR 1993, 156 = DAR 1993, 258 = VersR 1993, 113 = VRS 85, 171.

4. Glossar der medizinischen Fachbegriffe

A

Abszess

Eiterherd, Eiteransammlung in einem Gewebshohlraum   955

Acetabulum

Kurzbezeichnung für 158; *musculus adductor*

Adduktor

Kurzbezeichnung für → *musculus adductor*

Akut

Plötzlich auftretend, von heftigem und kurz dauerndem Verlauf im Gegensatz zu 158; *chronisch*

Algopareunie

Schmerzen beim Beischlaf auf psychosomatischer Grundlage (Abwehrkrampf)

Allergisch

Krankhaft auf Reize reagierend, die von körperfremden Stoffen ausgehen, überempfindlich

Alteration

Gemütserregung, Aufregung

Alveolar

Mit kleinen Fächern oder Hohlräumen versehen

Ambulante Behandlung

Durchgangsbehandlung in der Praxis oder Klinik ohne Aufnahme der Patienten in eine Bettenstation; Behandlung, bei der der Patient den Arzt aufsucht im Gegensatz zur → *stationären Behandlung*

Amputation

→ *Operative Abtrennung eines Körperteils*

Anal

Den After betreffend

Anästhesist

Narkosefacharzt

Angiographie

Röntgenologische Darstellung von Blutgefäßen mit Hilfe injizierter Kontrastmittel

Ankylose

Bindegewebige oder knöcherne Versteifung eines Gelenks

Anorgasmie

Fehlen bzw. Ausbleiben des Orgasmus beim Geschlechtsverkehr

Antibiotikum

Biologischer Wirkstoff aus Stoffwechselprodukten von Mikroorganismen, der andere Mikroorganismen im Wachstum hemmt oder abtötet, z.B. Penicillin

Apallisches Syndrom

Ausfallerscheinungen infolge doppelseitiger Ausschaltung der Großhirnrinde durch Unterbrechung der Verbindungen zwischen Großhirn und Hirnstamm

Aphasie

Störungen des Sprechvermögens

Appendix

Anhangsgebilde an Organen, Kurzbezeichnung für den Wurmfortsatz des Blinddarms

Appendizitis

Entzündung des Wurmfortsatzes des Blinddarms, „Blinddarmentzündung"

Arteria cerebralis

Großhirnschlagader

Arteria vertebralis

Wirbelschlagader

Arterie

Schlagader, Pulsader; Blutgefäß, das das Blut vom Herzen zu einem Organ oder Gewebe hinführt

Arteriell

Die Arterien betreffend, zu einer Arterie gehörend

Arthrose

Degenerative, chronische Erkrankung eines Gelenks

Arthrographie

Röntgenaufnahme eines Gelenks mit Darstellung des Gelenkinnenraumes

Arthroskop

Optisches Spezialinstrument zur Untersuchung des Gelenkinneren

Arthroskopie

Untersuchung des Gelenkinneren mit dem → *Arthroskop*

Arthrotomie

Operative Eröffnung, Spaltung eines Gelenks

Athetose

Syndrom mit unaufhörlichen, ungewollten, langsamen, bizarren Bewegungen der Gliedmaßenenden, weniger des Gesichts und des Halses

Atlantodental

Zum → *Atlas* und zum → *Dens axis* gehörend

Atlas

Bezeichnung für den ersten Halswirbel, der den Kopf trägt

Axillär

Zur Achsel bzw. zur Achselhöhle gehörend

B

Bursitis

Schleimbeutelentzündung

BWS

Abkürzung für Brustwirbelsäule

BAK

Abkürzung für Blutalkoholkonzentration

Brillenhämatom

Brillenförmiger Bluterguss in das die Augen umgebende Bindegewebe

Brown-Syndrom

Spastische Lähmungen und Störungen der Tiefensensibilität bzw. Herabsetzung oder Aufhebung der Schmerz- und Temperaturempfindung bei halbseitiger Querschnittsunterbrechung des Rückenmarks

C

C

Abkürzende Bezeichnung für die 7 Rückenmarkssegmente der Halswirbelsäule und für die 7 Halswirbel

Calcaneus

Fersenbein, hinterster Fußwurzelknochen

Cerebral

→ *Zerebral*

Cerebrospinal

Gehirn und Rückenmark betreffend

Cervikal = zervikal

Den Nacken, den Hals betreffend

Chiro. . .

Bestimmungswort von Zusammensetzungen mit der Bedeutung „Hand"

Chiropraktik

Methode der Behandlung krankhafter Störungen im Bereich der Wirbelsäule mit bestimmten Einrenkungshandgriffen

Chirurgie

Lehre von der operativen Behandlung krankhafter Störungen und Veränderungen

Chirurgisch

Die → *Chirurgie* betreffend, operativ

Chronisch

Langsam verlaufend, sich langsam entwickelnd im Gegensatz zu → *akut*

Clavicula

Schlüsselbein

Collum

„Hals", sich verjüngender Teil eines Organs, Verbindungsteil

Commotio

Erschütterung, stumpfe Gewalteinwirkung auf Organe; übliche Kurzbezeichnung für → *commotio cerebri*

Commotio cerebri

Gehirnerschütterung

Contusion

siehe → *Kontusion*

Coxarthrose

Deformierende chronische Erkrankung des Hüftgelenks

D

Decrescendo

In der Stärke abschwellend, abnehmend

Deafferentierung

Durchtrennung der hinteren Wurzeln eines Nervs zur Schmerzausschaltung

Degeneration

1. Abbau und Verschlechterung von Zellen, Organen oder Körperteilen mit Funktions- und Leistungsminderung durch natürlichen Verschleiß, Nichtgebrauch, Altern oder Krankheit
2. Anhäufung ungünstiger Erbmerkmale durch Inzucht**Degenerativ**

Auf → *Degeneration* beruhend, die Degeneration betreffend

Dekompensation
Offenbarwerden einer latenten Organstörung durch Wegfall einer Ausgleichsfunktion

Dekompression
Druckentlastung

Dekubitalgeschwür
Geschwür durch Wundliegen

Dementia
Siehe → *Demenz*

Demenz
Erworbener Schwachsinn, auf organischen Hirnschädigungen beruhende dauernde Geistesschwäche

Dens axis
Zapfenförmiger Fortsatz des zweiten Halswirbels

Depression
Niedergeschlagenheit

Diagnose
Erkennung und systematische Bezeichnung einer Krankheit

Diagnostizieren
Eine Krankheit erkennen und systematisch benennen

Dialyse
Verfahren zur Trennung niedermolekularer von höhermolekularen Stoffen mittels einer halbdurchlässigen Hülle

Differentialdiagnose
Unterscheidung und Abgrenzung einander ähnlicher Krankheitsbilder

Dislokation
Verschiebung, Veränderung der normalen Lage

Distal
Körperfern, weiter als andere Körperteile von der Körpermitte entfernt liegend

Distorsion
Verstauchung eines Gelenks

Dorsal
Zum Rücken, zur Rückseite gehörend, am Rücken, an der Rückseite gelegen, zum Rücken, zur Rückseite hin

Dysfunktion
Funktionsstörung

Dystrophie
Ernährungsstörung, mangelhafte Versorgung eines Organs mit Nährstoffen

E

Embolie

Verstopfung eines Blutgefäßes durch in die Blutbahn geratene körpereigene oder körperfremde Substanzen

Endoprothese

Ersatzstück, das im Organismus den beschädigten Körperteil ganz oder teilweise ersetzt

Epidural

Auf der harten Hirnhaut gelegen

Epiphyse

Das beidseitige Endstück (Gelenkstück) der langen Röhrenknochen

Exostose

Knochenauswuchs, auf der Knochenoberfläche sich entwickelnder knöcherner Zapfen

Extension

Mechanische Streckung eines gebrochenen oder verrenkten Gliedes zur Wiederherstellung der Ausgangslage

Extraktion

Operatives Herausziehen eines Körperteils

F

Facialis = Fazialis

Zum Gesicht gehörend; auch: übliche Kurzbezeichnung für → *Nervus facialis*

Fazialisparese

Gesichtslähmung

Felsenbein

Teil des Schläfenknochens, der das Gehör- und Gleichgewichtsorgan beherbergt.

Femural

Zum Oberschenkel gehörend

Fernmetastasen

Tochtergeschwülste, die in beträchtlicher Entfernung von dem zuerst befallenen Organ und den benachbarten Lymphknoten auftreten.

Fibula

Wadenbein, seitlich hinter dem Schienbein im Unterschenkel gelegener Knochen

Fistel

Durch Gewebszerfall entstandener oder operativ angelegter röhrenförmiger Verbindungsgang einer Körperhöhle oder eines Organs im Körperinneren mit einer anderen Körperhöhle oder einem anderen Organ oder mit der Körperoberfläche

Fissur

Spalte, Furche, Schrunde

Fixieren

Feststellen, ruhigstellen, haltbarmachen

Flexion
Beugung, Abknickung

Fragment
Bruchstück, insbesondere eines Knochens

Fraktur
Bruch, insbesondere Knochenbruch

Funktionsstörung
Störung der Aufgabe oder Betätigungsweise eines Organs oder Gewebes im Rahmen des Gesamtorganismus

G

Gastroenteritis
Magen-Darm-Entzündung

Gliedertaxe
Bewertungstabellen zur Feststellung der Höhe der → *MdE*

H

Hallux valgus
Abknickung der Großzehe nach der Kleinzehenseite hin

Hämatom
Bluterguss, Blutbeule

Hämato-Thorax
Bluterguss in die Brusthöhle

Hämato-Pneumothorax
Bluterguss und Luftansammlung im Brustfellraum

Hepatitis B
Ansteckende Leberentzündung

HNO
Abkürzung für Hals-Nase-Ohren

Hygiene
Gesundheitslehre, Gesundheitsfürsorge

Hypertonie
Bluthochdruck

HWS
Abkürzung für Halswirbelsäule

I

Iatrogen
Durch den Arzt hervorgerufen, durch ärztliche Einwirkung ausgelöst

Iliosacral
Im Bereich des Darm- und Kreuzbeins gelegen

Immission
Einwirkung, Einführung

Indizieren
Die Anwendung bestimmter Heilmittel oder Heilmaßnahmen als angezeigt erscheinen lassen

Indiziert
Angezeigt, ratsam, erforderlich

Infraktion
Nur wenig klaffender, jedoch deutlich erkennbarer Knochenriss ohne → *Dislokation*

Injektion
Einspritzung von Flüssigkeiten in den Körper

Inkontinenz
Unvermögen, Harn oder Stuhl willkürlich im Körper zurückzuhalten

Insuffizienz
Funktionsschwäche, ungenügende Arbeitsleistung eines Organs

Intensivstation
Personell, räumlich und technisch optimal ausgestattete Krankenstation zur intensiven Behandlung und ständigen Überwachung akut bedrohlicher Fälle

Interkostal
Zwischen den Rippen liegend

Intrazerebral
Innerhalb des Hirns

Intubieren
Einen → *Tubus* einführen, u.a. zur künstlichen Beatmung

Iris
→ *Regenbogenhaut*

J

Jochbein
Backenknochen des Gesichts

K

Kahnbein
Knochen der Hand- bzw. Fußwurzel

Kaiserschnitt
Schnittentbindung, geburtshilfliche → *Operation* zur raschen Entbindung bei Geburtshindernissen, wobei die Gebärmutter eröffnet wird

Kalotte
Schädeldach

Katheter
Röhrchen zur Entleerung, Füllung, Spülung oder Untersuchung von Körperorganen

Katheterisieren
Einen Katheter in Körperorgane einführen

Kirschnerdraht

Draht, der bei der Behandlung eines Oberschenkelbruchs operativ in das Ende des Oberschenkelknochens eingeführt und mit einer Zugvorrichtung verbunden wird

Kollaps

Zusammenbruch der Lebensfunktion infolge Kreislaufversagens

Kolitis

Entzündung des Dickdarms

Koma

siehe → *Bewusstlosigkeit*

Komplikation

Ungünstige Beeinflussung oder Verschlimmerung eines normalerweise überschaubaren Krankheitszustandes, chirurgischen Eingriffs oder biologischen Prozesses durch einen unvorhergesehenen Umstand

Konservative Behandlung

Erhaltende Behandlung, vor allem im Sinne einer Schonung und Erhaltung z.B. eines verletzten Organs, im Gegensatz zur operativen Behandlung

Kontraindiziert

Nicht anwendbar, obwohl an sich zweckmäßig oder zur Heilung notwendig im Gegensatz zu → *indiziert*

Kontusion

Quetschung, stumpfe Verletzung durch Gewalteinwirkung mit einem stumpfen Gegenstand

Kreuzbein

Teil der Wirbelsäule, gebildet aus fünf miteinander verschmolzenen Wirbeln

Küntscher-Nagelung

Operative Knochenbruchbehandlung, bei der ein Metallnagel in die Markhöhle des gebrochenen Knochens eingeführt wird

Kyphose

Buckel, flachbogige konvexe Dauerverbiegung eines Wirbelsäulenabschnitts nach hinten

L

Läsion

Verletzung oder Funktionsstörung eines Organs oder Körperglieds

Lateral

Seitlich, seitwärts (gelegen)

Laparoskopie

Untersuchung der Bauchhöhle mit einem optischen Instrument

Ligatur

Unterbindung mittels Naht

Lymphknoten

Die in das Lymphgefäßsystem eingeschalteten drüsenähnlichen Organe, die als Filterstationen gegenüber Krankheitserregern fungieren

Lymphödem
Verdickung der Haut und des Unterhautzellgewebes infolge Lymphstauung

Lyse
Auflösung von Zellen, Bakterien, Blutkörperchen u.a.

Luxation
Verrenkung, Ausrenkung eines Gelenks

LWS
Abkürzung für Lendenwirbelsäule

M

Mamma
Weibliche Brust, Brustdrüse

Mastektomie
Operative Entfernung der weiblichen Brust

MdE
Abkürzung für Minderung der Erwerbsfähigkeit

Medial
In der Mitte liegend

Medianus
Kurzbezeichnung für → *Nervus Medianus*

Mediastinal
Zum → *Mediastinum* gehörend

Mediastinoskopie
Methode zur Entnahme und Untersuchung im Rahmen der Lungendiagnostik von Lymphknoten im vorderen oberen Mediastinum

Mediastinum
Mittelfellraum, mittlerer Teil der Brusthöhle

Medikament
Arznei-, Heilmittel

Medikamentös
Unter Verwendung von → *Medikamenten* erfolgend, durch Medikamente bewirkt

Meningitis
Hirnhautentzündung

Meniskus
Bezogen auf das Knie: knorpelige Gelenkscheibe im Kniegelenk

Mesenterial
Zum Gekröse gehörend

Metastase
Tochtergeschwulst

Monokelhämatom
Einseitiges → *Brillenhämatom*

Monteggia-Fraktur
Bruch der Elle im oberen Drittel

Motorik
Bezeichnung für die Gesamtheit der willkürlichen, aktiven Muskelbewegungen

Motorisch
Mit der nervlichen Steuerung der aktiven Muskelbewegungen zusammenhängend

Multipel
Vielfach, an vielen Stellen auftretend

Multiple Sklerose
Erkrankung des Gehirns und Rückenmarks

Musculus adductor
In Bezug auf den Oberschenkel: Schenkelanzieher, einer der Hüftmuskeln, die den Oberschenkel anziehen

N

Nekrose
Örtlicher Gewebstod, Absterben von Zellen

Nervus facialis
Gesichtsnerv

Nervus infraorbitalis
Sensibler Ast des Nervs, der u.a. die Schleimhaut der Oberkieferregion, die Oberkieferzähne, Teile der Nase sowie Oberlippe und unteres Augenlid versorgt

Nervus medianus
Mittelarmnerv

Nervus trigeminus
Trigeminusnerv, einer der im Kopf verlaufenden Nerven

Neuralgie
Nervenschmerz, anfallweise auftretende Schmerzen im Ausbreitungsgebiet eines Nervs

Neuralgisch
Auf Neuralgie beruhend, für eine Neuralgie charakteristisch

Neurasthenie
Zustand nervöser Erschöpfung, Nervenschwäche

neurasthenisch
Die Neurasthenie betreffend, auf ihr beruhend, nervenschwach

Neurose
Krankhafte Verhaltensabweichung mit seelischen Ausnahmezuständen und verschiedenen körperlichen Funktionsstörungen ohne organische Ursache, entstanden aus gestörter Erlebnisverarbeitung

Nystagmus
Angeborenes oder erworbenes unwillkürliches Zittern des Augapfels

O

Oligophrenie

Schwachsinn

Ölzyste

Mit Fett gefüllter Hohlraum im Gewebe

Operation

→ *Chirurgischer Eingriff*

Operieren,

operativ behandeln

Einen → *chirurgischen Eingriff* vornehmen, im Gegensatz → *zur konserativen Behandlung*

Opticus

Abkürzung für nervus opticus, Sehnerv

Orbita

Augenhöhle

Orbital

Zur Augenhöhle gehörend

Osteochondrose

Degenerativer, nicht entzündlicher Prozess des Knorpel-Knochen-Gewebes

Osteomyelitis

Knochenmarkentzündung

Osteosynthese

Operative Vereinigung von Knochenbruchenden durch mechanische Hilfsmittel, z.B. Marknagel

P

Palpation, Palpieren

Abtasten, Untersuchung von dicht unter der Körperoberfläche liegenden Organen durch Betasten

Pankreas

Bauchspeicheldrüse

Parästhesie

Anormale Körperempfindung, z.B. Kribbeln, Einschlafen der Glieder

Paravertebral

Neben einem Wirbel liegend

Parese

Motorische Schwäche, unvollständige Lähmung

Parkinsonkrankheit

„Schüttellähmung", Erkrankung mit Zittererscheinungen bei Bewegungsarmut und Muskelstarre

Parodontitis

Entzündung des Zahnfleischsaumes mit Ablagerung von Zahnstein, Bildung eitriger Zahnfleischtaschen und Lockerung der Zähne

Parodontose
Zahnfleischschwund, nicht entzündliche Erkrankung des Zahnbetts mit Lockerung der Zähne

Partial
Teilweise

Patella
Kniescheibe

Peripher
Außen liegend, zu den Randgebieten des Körpers gehörend

Peronäus
Kurzbezeichnung für Wadenbeinnerv

Physisch
Körperlich

Plastik
Operative Formung, Wiederherstellung von Organen und Gewebeteilen

Pleura
Brustfell, die inneren Wände des Brustkorbs auskleidende Haut

Plexus
Geflecht, netzartige Verknüpfung von Nerven oder Blutgefäßen

Pneumothorax
Luftansammlung im → *Pleuraraum*

Poly. . .
Bestimmungswort von Zusammensetzungen mit der Bedeutung viel, mehr, zahlreich

Polyposis
Ausgebreitete Polypenbildung

Postoperativ
nach einer → *Operation* auftretend, einer Operation folgend

Prolaps
„Vorfall", Heraustreten von Teilen eines inneren Organs aus einer natürlichen Körperöffnung

Prophylaxe
Zusammenfassende Bezeichnung für die medizinischen und sozialhygienischen Maßnahmen, die der Verhütung von Krankheiten dienen

Prothese
Künstlicher Ersatz für Körperteile

Prothetik
Wissenschaft und Lehre vom Kunstgliederbau

prothetisch
Die → *Prothetik* betreffend

Pseudarthrose
Scheingelenk, falsches Gelenk an Bruchstellen von Knochen bei ausbleibender Heilung

Psyche

Seele, Seelenleben

Psychiatrisch

Die → *Psychiatrie* betreffend

Psychiatrie

Wissenschaft von den Seelenstörungen und Geisteskrankheiten

Psychisch

Seelisch, geistig, von der → *Psyche* ausgehend

Psychose

Geisteskrankheit, Seelenstörung, die innerhalb des Lebenslaufes zeitlich abgrenzbar ist

Punktion, Punktur

Entnahme von Flüssigkeiten aus Körperhöhlen oder Organen durch Einstich mit einer hohlen Nadel

R

Radiologe

Facharzt für → *Röntgenologie* und Strahlenheilkunde

Radius

→ *Speiche*

Regenbogenhaut

Membran im Auge, die die Pupille verengt oder erweitert und damit den Lichteinfall steuert

Reklination

Zurückbiegen der Wirbelsäule

Rektum

Mastdarm, Endabschnitt des Dickdarms

Reposition, Reponierung

Wiedereinrichtung von gebrochenen Knochen oder verrenkten Gliedern; Zurückschiebung von Eingeweidebrüchen in die Bauchhöhle

Resektion

Operative Entfernung kranker oder defekter Teile eines Organs oder Körperteils

Retinieren

Für die Ausscheidung bestimmte Stoffwechselprodukte im Körper oder im Gewebe zurückhalten

Revision

Nochmalige operative Behandlung einer schlecht heilenden Wunde

Röntgendermatitis

Durch → *Röntgenstrahlen* hervorgerufene Hautentzündung

Röntgenologie

Spezialgebiet der Medizin, das sich mit der Anwendung der Röntgenstrahlen für diagnostische und therapeutische Zwecke befasst

Röntgenstrahlen

Sehr kurzwellige, unsichtbare Lichtstrahlen mit hohem Durchdringungsvermögen

Rotation
Drehung, kreisförmige Bewegung eines Körpers um seine Achse

Rucksackverband
Watte-Trikotschlauch-Verband zur Behandlung von Schlüsselbeinfrakturen durch Dehnung und Streckung des Schultergürtels

Ruptur
Zerreißung, insbesondere eines Gefäßes oder einer Gewebsstruktur

S

Scapula
Schulterblatt

Schanzsche Krawatte
Watteverband um den Hals

Scheitelbein
Knochen, der einen Teil der Seitenwand des Schädels bildet

Segment
Abschnitt, abgegrenzter Teil eines Organs; im Zusammenhang mit der Wirbelsäule: Wirbel

Sekundär
An zweiter Stelle, nachfolgend

Sensibilität
Fähigkeit, Gefühls- und Sinnesreize aufzunehmen

Septum
Scheidewand, Zwischenwand

Siebbein
In der Mitte der Schädelbasis gelegener Knochen

Skrotum
Hodensack

Skoliose
Seitliche Verkrümmung der Wirbelsäule

Spastisch
Krampfartig

Speiche
Radius, anatomische Bezeichnung für den auf der Daumenseite liegenden Röhrenknochen des Unterarms

Sphincter
Erläuternder Bestandteil von Zusammensetzungen mit der Bedeutung „ringförmig abschnürender, verschließender Muskel"

Spiralbruch
Torsionsbruch, Rotationsbruch an langen Röhrenknochen

Spongiosa
Kurzbezeichnung für substantia spongiosa = die lockere innere Knochensubstanz

Stationäre Behandlung
Behandlung auf einer Krankenhausstation im Gegensatz zur → *ambulanten Behandlung*

Sterilisation
1. Unfruchtbarmachung von Männern oder Frauen
2. Keimfreimachung von Operationsinstrumenten etc.

Subdural
Unter der harten Hirnhaut befindlich

Subkapital
Unterhalb eines (Gelenk-)kopfes liegend

Subkutan
Unter der Haut liegend

Symphyse
Feste, faserig-knorpelige Verbindung zweier Knochenflächen

Syndesmose
Feste Verbindung zwischen Knochen durch faserige oder elastische Bänder

Syndrom
Krankheitsbild mit mehreren charakteristischen Krankheitszeichen

Symptom
Krankheitszeichen, für eine bestimmte Krankheit charakteristische Veränderung

T

Tachykardie
Stark beschleunigte Herztätigkeit, „Herzjagen"

Talus
Sprungbein, der oberste Fußwurzelknochen

Temporal
Zu den Schläfen gehörend

Tetanus
Wundstarrkrampf

Tetraparese, Tetraplegie
Gleichzeitige Lähmung aller vier Gliedmaßen

Therapeut
Behandelnder Arzt, Heilkundiger

Thermisch
Betreffend Wärme, Temperatur

Thorax
Brust, Brustkorb

Thrombose
Teilweiser oder völliger Verschluss eines Gefäßes durch Blutpropfenbildung, Gerinnung von Blut innerhalb der Gefäße

Tibia
Schienbein, der stärkere der beiden Unterschenkelknochen

Tinnitus
„Ohrensausen", subjektiv empfundenes sausendes Geräusch in den Ohren

Torsion
Drehung, Achsendrehung

Trauma
Wunde, durch äußere Gewalteinwirkung entstandene Verletzung

Tubus
Röhre aus Metall, Gummi oder Kunststoff zur Einführung in die Luftröhre

Tutor
Abnehmbare Schutzmanschette für Gelenke

U

Ulnar
zur Elle, zum Ellenbogenknochen gehörend

V

Vegetativ
Das autonome Nervensystem und seine Funktion betreffend

Vena saphena magna
Blutader, die vom Venennetz an der Außenseite des Fußes nach rückwärts zur Wade zieht, unterhalb der Kniekehle in die Muskulatur eindringt und in die Knievene mündet

Vestibulum
Vorhof, vor dem eigentlichen Organ liegender, den Eingang bildender Teil

Visus
Sehen, Sehschärfe

Volkmann-Dreieck
Dreieckförmiges Knochenstück am hinteren unteren Ende des Schienbeins, das bei Unfällen abbrechen kann

Z

Zerebral
Das Hirn betreffend zum Hirn gehörend

Zyste
Mit Flüssigkeit gefüllter Hohlraum im Gewebe

Abschnitt 2: Rechtsprechungslexikon
ABC des Sachschadenrechts

956   Nachfolgend sind in alphabetischer Reihenfolge Stichwörter sowie Kernaussagen einschlägiger Entscheidungen zu speziellen Einzelproblemen dargestellt. Die hinter dem jeweiligen Stichwort abgedruckten Zahlen verweisen auf die Randnummern zu den betreffenden Ausführungen im systematischen Teil.

Dem Geschädigten gebührt keine Nutzungsentschädigung für den Zeitraum, innerhalb dessen er ein Mietfahrzeug nicht mehr zur Verfügung hatte, wenn er alle Fahrten, für die er das Fahrzeug benötigte, in der Zeit abgewickelt hat, in der er das Fahrzeug angemietet hatte.
OLG Köln, VersR 1995, 719

Dem Geschädigten steht regelmäßig Ersatz notwendiger Aufwendungen zu, die er zum Beweis der tatsächlichen Voraussetzungen seiner Ansprüche getätigt hat.
BGH, VersR 1992, 710

Es erfolgt kein Ersatz von Aufwendungen für ein Sachverständigengutachten, wenn der Schaden die sog. Bagatellschadengrenze nicht übersteigt.
LG Dortmund, VersR 1975, 1133; LG Koblenz, VersR 1979, 480

Weit überwiegend wird die Bagatellschadengrenze bei 1 000 DM gezogen.
LG Dortmund, , VersR 1975, 1133; AG Schwandorf, zfs 1997, 16; a.A.: AG Köln, VersR 1988, 1251; AG Grünstadt, zfs 1997, 215, wonach die Grenze inzwischen bei 1 500 DM bzw. 2 000 DM gezogen wird.

Im Falle der Beschädigung eines Behördenfahrzeugs ist entgangener Gewinn ausnahmsweise ersatzfähig.
BGH, NJW 1985, 2471; OLG Koblenz, VersR 1982, 808, zfs 1984, 6

Als Eigenersparnisanteil sind 3 % in Ansatz zu bringen (OLG Stuttgart, zfs 1994, 206; LG Ansbach, DAR 1994, 403), wobei teilweise noch immer ein Eigenersparnisanteil i.h.v. 50 % angerechnet wird.
OLG Nürnberg, VersR 1994, 328; LG Frankfurt/M., zfs 1995, 132

Eigenreparatur	509
Entsorgungskosten	704
Erfüllungsgehilfe	528

Die jeweils beauftragte Werkstatt ist nicht Erfüllungsgehilfe des Geschädigten.
OLG Hamm, NZV 1995, 442, 443

Erhöhte Ersatzbeschaffungskosten   574

Nach überwiegender Auffassung steht dem Geschädigten auch ohne konkreten Nachweis Wiederbeschaffungskostenersatz in Höhe eines pauschalen Betrages von 150 DM zu.
OLG Frankfurt, NJW 1982, 2198; LG Darmstadt, zfs 1985, 50

Erkrankung   554

Es besteht kein Anspruch auf Mietwagenkostenersatz, wenn der Geschädigte während der Reparaturzeit infolge einer schweren Erkrankung nicht in der Lage ist, ein Kraftfahrzeug zu führen, etwas anderes gilt jedoch, wenn ihm etwa das Tragen einer Schanz"schen Krawatte verordnet worden ist.
OLG Hamm, NJW-RR 1994, 793

Erkundungspflichten	586
Ersatzbeschaffung	537
Ersatzfahrzeuganschaffung	513

Der Neupreis ist der Schadensbemessung bei neuen Kraftfahrzeugen unabhängig davon zugrunde zu legen, ob der Geschädigte ein Ersatzkraftfahrzeug anschafft.
KG, VersR 1981, 553

Ersparte Eigenbetriebskosten	562
Fabrikneues Kraftfahrzeug	516

Ein fabrikneues Kraftfahrzeug ist beschädigt, wenn das Fahrzeug eine Fahrleistung von bis zu 1 000 km aufweist.
BGH, NJW 1982, 433; 1983, 781

Ausnahmsweise wird im Einzelfall auch noch ein Fahrzeug mit einer Laufleistung bis zu 3 000 km als neuwertig angesehen.
BGH, NJW 1982, 433

Bei Fahrleistungen jenseits von 1 000 km ist ein Abschlag vom Neupreis vorzunehmen (BGH, NJW 1983, 2694), der mit etwa 1 bis 1,5 % des Neupreises pro 1 000 km Fahrleistung zu bemessen ist.
OLG Schleswig, VersR 1985, 373

Fachwerkstatt	505
Fahrzeuggruppen	549
Fahrzeugvollversicherung	574

Dem Geschädigten gebührt regelmäßig der ungekürzte Ersatz der Fahrzeugvollversicherungsprämie für das Mietfahrzeug; dies gilt auch dann, wenn er für das beschädigte Fahrzeug keine entsprechende Versicherung abgeschlossen hat.
OLG Hamm, NZV 1994, 188; OLG Frankfurt/M., NZV 1995, 108; LG Hagen, zfs 1995, 216; a.A.: BGH, VersR 1974, 657; OLG Oldenburg, VersR 1983, 470

Fahrzeugwrack	**565**
Fiktive Reparatur	**494, 528, 631**
Finanzierungskosten	**678**

Der Geschädigte muss nicht etwa zunächst eigene Mittel aufwenden oder sich auf eigene Kosten Fremdmittel beschaffen; denn es obliegt dem Schädiger, die Schadensbeseitigung sofort zu finanzieren.
BGH, NJW 1989, 290

Kreditkosten und -zinsen muss der Schädiger dem Geschädigten nur erstatten, wenn diese sich im Rahmen des üblichen halten.
OLG Karlsruhe, NZV 1989, 23

Die Beweislast dafür, dass die von Seiten des Geschädigten veranlasste Kreditaufnahme in angegebener Höhe und tatsächlich erfolgt ist und die Aufwendungen objektiv erforderlich und wirtschaftlich vernünftig waren, trägt der Geschädigte.
LG Schwerin, SP 1996, 416

Folgeschäden   **497**

Die Ersatzpflicht umfasst auch Folgeschäden, wie etwa steuerliche Nachteile und Finanzierungskosten.
BGHZ 116, 22, 25

Gebrauchsdauer   **519**

Eine Neuwertentschädigung kommt nur dann in Betracht, wenn neben geringer Fahrleistung eine Gebrauchsdauer von weniger als 2 Monaten vorliegt.
OLG Nürnberg, NZV 1994, 430; OLG Hamm, VersR 1995, 930

Gebrauchte Teile	**535**
Gefährdungshaftung	**497**

Geldbetrag

Die Verwendung des vom Schädiger erhaltenen Geldbetrages etwa zur Herstellung wird dem Geschädigten nicht vorgeschrieben.
BGH, NJW 1985, 2413

Geringer Fahrbedarf   **578**

Die Entschädigung kann bei einer voraussichtlich geringeren Fahrleistung als etwa 20 km auf günstigere Verkehrsmittel als Mietwagen, wie öffentliche Verkehrsmittel oder Taxen beschränkt werden.
LG Essen, zfs 1989, 50; LG Darmstadt, VersR 1995, 1328

Allerdings ist immer zu berücksichtigen, ob und inwieweit besondere persönliche, berufliche oder sonstige Gründe vorliegen, die einen Mietwagenkostenersatz trotz geringerer täglicher Fahrleistungen als 15-20 km gerechtfertigt erscheinen lassen.
LG Göttingen, VersR 1995, 1459; LG Deggendorf, zfs 1995, 454

Gespaltene Tarifstruktur	**593**
Gewerbliche Fahrzeugnutzung	**612**

Auch im Falle der gewerblichen Fahrzeugnutzung besteht eine Ersatzpflicht für entgangene Gebrauchsvorteile.
BGH, NJW 1985, 2471; OLG Köln, zfs 1997, 136

Gewerbliche Nutzung 556

Auch im Falle gewerblicher Nutzung hat der Geschädigte Anspruch auf Ersatz der Mietwagenkosten.
BGH, NJW 1993, 3321

Der Geschädigte kann erst dann auf den Ersatz des entgangenen Gewinns anstelle der Naturalrestitution verwiesen werden, wenn die Naturalrestitution nur mit einem unverhältnismäßig großen Aufwand möglich wäre.
BGH, NJW 1993, 3321

Goslarer Modell 675

Händlerspanne 542

Der Wiederbeschaffungswert liegt in Ansehung der sog. Händlerspanne regelmäßig um etwa 15-20 % über dem Zeitwert.
OLG Stuttgart, NJW 1976, 254; OLG Celle, NJW 1968, 1478

Haftpflichtversicherung 555

Anspruch auf Mietwagenkostenersatz besteht auch dann nicht, wenn der Geschädigte aus rechtlichen Gründen, etwa angesichts des Nichtbestehens einer Haftpflichtversicherung für das beschädigte Fahrzeug, daran gehindert ist, das beschädigte Fahrzeug zu führen.
OLG Frankfurt/M., NZV 1995, 68

Hamburger Modell 675

Herstellung 501

Honorarvereinbarung 669

Informationspflicht des Autovermieters 597

Sofern ein gewerblicher Autovermieter den Unfallgeschädigten vor Abschluss eines Mietvertrages nicht über die Spaltung der Tarifstruktur in Unfallersatzwagen- und Normalwagentarif informiert und nicht darauf hinweist, dass der Unfallersatzwagentarif möglicherweise von der gegnerischen Haftpflichtversicherung nicht vollumfänglich erstattet wird, behält der Geschädigte zwar in vollem Umfange seinen Anspruch Mietwagenkostenersatz gegenüber dem Schädiger, ist jedoch diesem gegenüber zur Abtretung der ihm gegenüber dem Autovermieter bestehenden Schadensersatzansprüche verpflichtet.
BGH, NJW 1996, 1958; NJW 1996, 1965; OLG Stuttgart, NZV 1994, 313

Instandsetzung 512

Der Geschädigte braucht sich nicht auf die Instandsetzung der beschädigten Sache verweisen zu lassen, auch dann nicht, wenn eine Reparatur deutlich günstiger wäre.
BGH, VersR 1984, 46

Instandsetzungskosten 520

Integritätszuschlag 521

Auch zum Erhalt des Integritätszuschlags ist eine fachgerechte Eigenreparatur ausreichend.
OLG Hamm, r+s 1996, 100; BGH, VersR 1992, 710

Die Geltendmachung des Integritätszuschlags kommt grds. auch bei gewerblich eingesetzten Fahrzeugen in Betracht.
BGH, VersR 1999, 245, 246; OLG Hamm, VersR 1999, 330, 331

Interimsfahrzeug 682

Im Falle einer längeren Reparatur- bzw. Wiederbeschaffungszeit kann der Geschädigte u.U. gehalten sein, ein Interimsfahrzeug zu erwerben.
BGH, VersR 1982, 548

Die Beschränkung auf die Anmietung eines klassenniedrigeren Fahrzeugs führt zu einer geringeren Inanspruchnahme des Schädigers.
OLG Frankfurt/M., zfs 1995, 94

Kostenvoranschläge werden von Seiten der Kraftfahrzeugwerkstätten im Gegensatz zur Erstellung von Reparaturrechnungen regelmäßig nicht kostenlos erstellt.
AG Dortmund, zfs 1986, 72; AG Hamburg/Altona, zfs 1992, 267; a.A.: AG Frankfurt/M., zfs 1994, 394

Kostenvoranschlagskosten sind im Rahmen des Schadensersatzes ersatzfähig.
AG Dortmund, zfs 1986, 72; AG Essen, zfs 1990, 156; AG Aachen, DAR 1995, 295; a.A.: AG Aachen, zfs 1983, 292; AG Augsburg, zfs 1990, 227

Der Abzug „neu für alt" ist gerechtfertigt, wenn sog. kurzlebige Teile ersetzt werden, wie etwa Reifen, Batterie, ggf. auch der Motor.
OLG Celle, VersR 1974, 1032; KG, DAR 1970, 157

Im Falle des Ersatzes von Karosserieteilen ist ein Abzug „neu für alt" nicht vorzunehmen, weil die Karosserieteile i.d.R. die gleiche Lebensdauer wie das Fahrzeug haben.*KG, VersR 1985, 272*

Anspruch auf den Neupreis hat der Geschädigte auch, wenn es sich bei dem beschädigten Fahrzeug um ein Leasingfahrzeug handelt.
OLG Nürnberg, NZW 1994, 430

Der Ersatz des merkantilen Minderwerts entsprechend § 251 Abs. 1 Satz 1 2. Alt. BGB wird sofort nach der Unfallinstandsetzung fällig.
BGH, NJW 1967, 552

Der Geschädigte kann daher u.U. den Neupreis für das beschädigte Fahrzeug verlangen, wobei dies nur für PKW, nicht aber für Nutzfahrzeuge gilt.
OLG Stuttgart, VersR 1983, 92

Neuwertentschädigung 515

Ein erheblicher Schaden, der den Geschädigten zur Neuwertentschädigung berechtigt, liegt nur vor, wenn dem Geschädigten eine Weiterbenutzung des Fahrzeuges in ggf. repariertem Zustand nicht zuzumuten ist.
BGH, VersR 1982, 163

Nutzungsausfallentschädigung 606

Öffentliche Verkehrsmittel 575

Offenbarungspflicht 667

Pauschaltarife 590

Für den Geschädigten besteht keine Pflicht, sich vor Anmietung eines Ersatzfahrzeuges nach Sonder- und/oder Pauschaltarifen zu erkunden.
BGH, NJW 1996, 1958; OLG Frankfurt/M., zfs 1995, 94; OLG Nürnberg, zfs 1995, 13; a.A.: OLG Düsseldorf, NZV 1995, 100; OLG Nürnberg, VersR 1994, 359

Preisvergleiche 585

Der Geschädigte ist nicht gehalten, zugunsten des Schädigers zu sparen; derart muss er sich nicht so verhalten, als hätte er den Schaden selbst zu tragen.
OLG Frankfurt/M., zfs 1995, 94; zfs 1995, 174

Der Geschädigte ist nicht verpflichtet, vor der Anmietung eines Unfallersatzfahrzeuges erst Marktforschung zu betreiben, um das preisgünstigste Mietwagenunternehmen zu ermitteln.
OLG Nürnberg, DAR 1994, 498; LG Göttingen, VersR 1995, 1459

Erforderlich ist allein, dass das dem Geschädigten unterbreitete Mietwagenangebot nicht deutlich aus dem Rahmen fällt.
BGH, NJW 1985, 2639; VersR 1996, 902; a.A. OLG Hamm, VersR 1996, 773; KG, NZV 1995, 312; OLG Köln, VersR 1996, 121; OLG München, DAR 1995, 254, wonach der Geschädigte verpflichtet sein soll, eine bestimmte Anzahl von Vergleichsangeboten einzuholen.

Rechtsanwaltsgebühren 651

Da ersatzfähig i.d.R. nur die erforderlichen Schadenspositionen sind, werden Rechtsanwaltsgebühren nicht erstattet, wenn die Beauftragung des Rechtsanwalts nicht erforderlich war.
BGHZ 66, 182; OLG Karlsruhe, NJW-RR 1990, 929

Rechtsgutachten 629

Rechtsverfolgungskosten 650

Reparaturarbeiten 505

Reparaturauftrag 599

Der Geschädigte ist gehalten, unverzüglich Reparaturauftrag zu erteilen, nachdem der von ihm beauftragte Sachverständige das Fahrzeug besichtigt hat; derart darf er regelmäßig nicht bis zur Abgabe der Reparaturkostenübernahmeerklärung des gegnerischen Haftpflichtversicherers warten.
OLG Hamm, VersR 1986, 43

Der Geschädigte hat dafür zu sorgen, dass die Reparaturdauer auf den unumgänglich notwendigen Zeitraum beschränkt wird.
OLG Nürnberg, r+s 1994, 178

Dem Geschädigten ist eine Überschreitung der Reparaturzeit aus in der Sphäre der Werkstatt liegenden betrieblichen Gründen nicht anzulasten; denn die Werkstatt ist nicht Erfüllungsgehilfe des Geschädigten.
LG Schwerin, DAR 1995, 28

Sofern die übliche Reparaturdauer aus Gründen, die auf Schwierigkeiten bei der Ersatzteilbeschaffung beruhen, überschritten wird, hat der Geschädigte gleichwohl Anspruch auf Erstattung der Mietwagenkosten für die gesamte tatsächliche Reparaturzeit.
OLG Frankfurt/M., zfs 1995, 95; OLG Naumburg, r+s 1994, 178

Reparaturbestätigung 511

Die Vorlage einer Reparaturbestätigung eines Sachverständigen ist als Nachweis unzureichend.
OLG Köln, VersR 1993, 898

Reparaturkosten 496

Der Geschädigte kann die sachverständigenseits in Ansatz gebrachten Reparaturkosten ersetzt verlangen.
BGH, NJW 1989, 3009

Reparaturrechnung 510, 637

Reparaturrisiko 527

Der Schädiger trägt das Reparaturrisiko, wozu auch das Prognoserisiko gehört.
BGH, NJW 1992, 303

Reparaturzeit 552

Reservefahrzeug 612

Sofern der Geschädigte entgangenen Gewinn oder Vorhaltekosten eines Reservefahrzeuges geltend macht, kann er keine Nutzungsausfallentschädigung daneben geltend machen.
BGH, NJW 1985, 2471; OLG Karlsruhe, NZV 1989, 231

Reservehaltung 615

Restwert 526

Zur Berechnung des Integritätszuschlages i.H.v. 30 % werden die Reparaturkosten einerseits und der Wiederbeschaffungswert ohne Abzug des Restwertes andererseits ins Verhältnis zueinander gesetzt.
BGH, NJW 1992, 302

Restwertaufkäufer 546

Der Geschädigte ist berechtigt, das beschädigte Fahrzeug zu demjenigen Preis zu veräußern, den ein von ihm eingeschalteter Sachverständiger als Wert auf dem allgemeinen Markt ermittelt hat; auf höhere Ankaufspreise spezieller Restwertaufkäufer braucht er sich nicht verweisen zu lassen.
BGH, VersR 1992, 457; NZV 1993, 305

Rückstufungsschaden 687

Ruhkopf/Sahm-Methode 676

Sachverständigengutachten 504, 631

Kraftfahrzeugreparatur- bzw. Wiederbeschaffungskosten können im Rahmen der außergerichtlichen Schadensregulierung unter Vorlage eines Sachverständigengutachtens nachgewiesen werden.
AG Augsburg, DAR 1995, 163; AG Hagen, zfs 1995, 15; AG Gronau, zfs 1995, 55

Schadensersatz 496

Der Geschädigte hat Anspruch auf Schadensersatz in dem Umfang, wie ihn ein verständiger und wirtschaftlich denkender Dritter in der Lage des Geschädigten zur Schadensbehebung verwenden würde.
BGH, NJW 1970, 1454

Schadensersatz auf Neuwagenbasis 514

Schadensfeststellungsgutachten 703

Schadensfreiheitsklasse 688

Schadensfreiheitsrabatt 686

Schadenminderungspflicht 546, 577, 586, 634

Der Geschädigte kann nur den Betrag ersetzt verlangen, der zur Herstellung objektiv erforderlich ist, das bedeutet, denjenigen, den ein verständiger und wirtschaftlich denkender Mensch in der Situation des Geschädigten aufgewendet hätte.
OLG Düsseldorf, NZV 1995, 190

Der Geschädigte darf bei der Verwertung seines Unfallfahrzeuges den in dem von ihm eingeholten Sachverständigengutachten genannten Restwert zugrunde legen, sofern er nicht vor dem Verkauf seines Fahrzeuges ein verbindliches Kaufangebot von einem versichererseits vermittelten Verkäufer erhalten hat.
OLG Köln, VersR 1999, 332

Schmerzensgeld 498

Schweizer Formel 674

Selbstständiges Beweisverfahren 658

Selbstreparatur 609

Der Geschädigte hat auch Anspruch auf Nutzungsausfallentschädigung, wenn er die Reparatur selbst vornimmt; er ist allerdings gehalten, darzulegen, in welchem Zeitraum und durch wen das Fahrzeug repariert wurde.
AG Celle, SP 1996, 319; AG Wiesbaden, r+s 1992, 92

Standgebühren 705

Sofern der Geschädigte ein Gutachten verspätet erteilt und dadurch vermeidbare Standkosten anfallen, ist der Schädiger nicht verpflichtet, diese Kosten zu tragen.
AG Oldenburg, zfs 1997, 16

Teilreparatur 511

Eine Teil- oder Billigreparatur ist nicht ausreichend.
OLG Düsseldorf, NZV 1996, 279; OLG Hamm, NZV 1993, 432

Überentschädigung 561

Ummeldekosten 702

Umsatzsteuer 689

Uneigentlicher Totalschaden 538

Unfallersatzwagentarif 590

Sofern dem Geschädigten die Wahl gelassen worden ist zwischen dem regulären Ersatzwagentarif und Sonder- bzw. Pauschaltarifen, er gleichwohl einen Mietwagen zum Unfallersatzwagentarif anmietet, ist es dem Geschädigten verwehrt, diesen teureren Tarif zu beanspruchen.
OLG München, NZV 1994, 359; DAR 1995, 254, das sich jedoch zur Begründung darauf bezieht, dass in Branchenfernsprechbüchern gelegentlich in großformatigen Anzeigen mit äußerst niedrigen Mietwagentarifen geworben werden würde und dies für die positive Kenntnis von der Tarifspaltung im Mietfahrzeuggewerbe spreche.

Unfallnebenkostenpauschale 646

Unfallwagen 668

Unverhältnismäßigkeitsgrenze   556

Die Unverhältnismäßigkeitsgrenze ist erst dann überschritten, wenn die Anmietung des Ersatzfahrzeuges für einen wirtschaftlich denkenden Geschädigten unternehmerisch geradezu unvertretbar ist.
BGH, NJW 1993, 3321

Die Unverhältnismäßigkeitsgrenze ist noch nicht überschritten, wenn die Mietwagenkosten pro Tag etwa doppelt so hoch sind wie der drohende Verdienstausfall des Geschädigten.
OLG Karlsruhe, NZV 1989, 71

Die Unverhältnismäßigkeitsgrenze ist überschritten, wenn die ersatzfähigen Mietwagenkosten dreimal so hoch sind wie der fiktive Mietausfall.
OLG Nürnberg, NJW-RR 1990, 984

Verschleißteile   535

Verschuldenshaftung   497

Versicherungsprämien   686

Vorhaltekosten   615

Die Höhe des Ersatzes der Vorhaltekosten ist zu schätzen nach betriebswirtschaftlichen Kosten gem. § 287 ZPO.
OLG Bremen, VersR 1981, 869

Der Geschädigte kann nur entweder Ersatz der Vorhaltekosten oder Nutzungsausfallentschädigung beanspruchen.
BGHZ 70, 199

Vorsteuerabzugsberechtigung   689

Vorteilsausgleichung   555, 561

Weiterbenutzung   523

Der Geschädigte erhält nur dann den Integritätszuschlag i.H.v. 30 %, wenn er das zu reparierende Fahrzeug tatsächlich weiter benutzt.
OLG Karlsruhe, zfs 1997, 53

Werkstatt   623

Sofern erkennbar ein Totalschaden zumindest nahe liegt, ist das beschädigte Fahrzeug in die nächtgelegene Werkstatt zu verbringen.
LG Bayreuth, zfs 1990, 8; AG Kulmbach, zfs 1990, 8

Wertminderung   562, 667

Wertverbesserung   532

Der Abzug „neu für alt" muss dem Geschädigten zumutbar sein.
BGHZ 30, 33

Wiederbeschaffungskosten   541

Wiederbeschaffungswert   510, 520, 544

Der Geschädigte hat regelmäßig Anspruch auf Ersatz der tatsächlichen Reparaturkosten, sofern diese den Wiederbeschaffungswert nicht um mehr als 30 % übersteigen.
BGH, NJW 1992, 302

Der Wiederbeschaffungswert umfasst auch die Mehrwertsteuer, ohne dass es darauf ankommt, ob der Geschädigte eine Ersatzbeschaffung tatsächlich vornimmt und somit Mehrwertsteuer anfällt.*BGH, NJW 1982, 1864*

Sofern der Geschädigte vorsteuerabzugsberechtigt ist, besteht kein Anspruch auf Ersatz der Mehrwertsteuer.
BGH, NJW 1982, 1864

Wiederbeschaffungszeit 552

Dem Geschädigten wird Ersatz der Mietwagenkosten zugebilligt, sofern er sein verunfalltes Kraftfahrzeug während der Reparatur- bzw. Wiederbeschaffungszeit auch hätte benutzen können.
BGH, NJW 1968, 1778

Der Geschädigte hat jedoch auch dann Anspruch auf Ersatz der Mietwagenkosten, wenn das Fahrzeug nicht durch ihn selbst, sondern durch eine Person, etwa durch Familienangehörige oder Freunde, während der Reparatur- bzw. Ersatzbeschaffungszeit tatsächlich benutzt worden wäre.
OLG Frankfurt/M., DRR 1995, 23; OLG Karlsruhe, NZV 1994, 316

Wirtschaftlicher Totalschaden 520, 538

Zeitwert 542

Zulassungsdauer 519

Abschnitt 3: Arbeits- und Beratungshilfen

957 **1. Anspruchsschreiben an die gegnerische Kraftfahrzeughaftpflichtversicherung (Muster)**

> **Hinweis:**
>
> *Das Anspruchsschreiben im Falle eines Verkehrsunfalls ist stets an die gegnerische Haftpflichtversicherung für das Fahrzeug des Schädigers zu richten. Zwar ist es auch möglich, das Schreiben an den Schädiger selbst zu richten; davon ist jedoch abzuraten, weil dies i.d.R. zu Verzögerungen führt. I.Ü. hat die Kraftfahrzeughaftpflichtversicherung ohnehin die Regulierungsvollmacht, sodass Korrespondenz mit dem Unfallgegner i.d.R. unergiebig sein dürfte.*
>
> *Für den Fall, dass der Unfallgegner kein Kraftfahrzeugführer, sondern ein Fahrradfahrer o.Ä. ist, ist zu beachten, dass insoweit kein Direktanspruch gegen einen etwaigen Haftpflichtversicherer (Privathaftpflichtversicherung) besteht. § 3 PflVersG gilt nicht. Eine private Haftpflichtversicherung ist daher in einem sich etwa anschließenden Rechtsstreit auch nicht passiv legitimiert.*
>
> *Sollte dem Mandanten die zuständige Haftpflichtversicherung des Unfallgegners nicht bekannt sein, kann diese über den Zentralruf der Autoversicherer telefonisch erfragt werden. Der Zentralruf der Autoversicherer ist in Aachen, Berlin, Dortmund, Essen, Frankfurt/M., Hamburg, Hannover, Köln, Mannheim, München, Nürnberg, Saarbrücken und Stuttgart erreichbar. Anzugeben sind der Unfalltag, die Unfallzeit sowie die Unfallbeteiligten. Sollte über den Zentralruf – etwa weil schon mehr als ein Monat seit dem Unfalltag verstrichen ist – eine Auskunft insoweit nicht erwirkt werden können, kann der zuständige Haftpflichtversicherer bei der betreffenden Zulassungsstelle in Erfahrung gebracht werden. Die Zulassungsstellen geben jedoch keine telefonischen Auskünfte; hier ist eine schriftliche Anfrage erforderlich, die gebührenpflichtig beantwortet wird. Die Anfrage ist nur begründet, sofern ein berechtigtes Interesse vorliegt; ein erfolgter Unfallschaden bildet als wirtschaftliches Anliegen ein insoweit in Betracht kommendes berechtigtes Interesse (BVerwG, NJW 1996, 2329).*

An die

........-Haftpflichtversicherungs-AG

Postfach ....

.... Hannover

Verkehrsunfall am ....;

Ihr Versicherungsnehmer: ....;

Versicherungsschein-Nr.: ....,

Sehr geehrte Damen und Herren,

. . . . (*Vorname, Name, Anschrift*) hat mich mit der Wahrnehmung seiner Interessen beauftragt. Grundlage des mir erteilten Mandats ist die Durchsetzung meinem Mandanten entstandener Schadensersatzansprüche. Meine Bevollmächtigung versichere ich anwaltlich.

> **Hinweis:**
>
> *Die Vorlage einer Vollmachtsurkunde ist weder im Original noch in Kopie erforderlich; gleichwohl verlangen die Haftpflichtversicherungen nahezu regelmäßig den Nachweis der Bevollmächtigung. Eine Pflicht für einen Anwalt, sich gegenüber einer Haftpflichtversicherung zu legitimieren, besteht nicht. Allerdings wird die Versicherung an den Anwalt keine Zahlung vornehmen, sofern er seine Inkassoberechtigung nicht nachgewiesen hat. Daher ist in jedem Falle anzuraten, eine Vollmachtsurkunde – mindestens in Kopie – vorzulegen. Dies kann auch in einem späteren Schreiben geschehen. I.d.R. wird an die Haftpflichtversicherung eine Vollmachtskopie gesandt; das Original der Vollmachtsurkunde geht regelmäßig an die zuständige Polizeidienststelle – verbunden mit der Bitte um Übersendung der Ermittlungsakten zur Einsichtnahme.*

Grundlage der Schadensersatzansprüche meines Mandanten ist ein Verkehrsunfall, den ihr Versicherungsnehmer mit seinem Pkw, amtliches Kennzeichen: . . . ., verursachte. Der Unfall ereignete sich wie folgt:

. . . .

Durch den Verkehrsunfall wurde der Pkw meines Mandanten, ein . . . ., mit dem amtlichen Kennzeichen . . . ., Baujahr . . . ., Fahrleistung . . . ., beschädigt. Mein Mandant hat, weil die Reparaturkosten oberhalb der sog. Bagatellschadensgrenze liegen, bereits eine sachverständigenseitige Begutachtung veranlasst.

Ich mache die meinem Mandanten zustehenden Schadensersatzansprüche hiermit bereits dem Grunde nach geltend. Eine Spezifizierung der einzelnen Ansprüche erfolgt, sobald mir die entsprechenden Unterlagen vorliegen. Einstweilen erbitte ich Ihre Haftungsübernahmeerklärung bis zum

. . . . (Drei-Wochen-Frist).

Der Vollständigkeit halber teile ich mit, dass mein Mandant weder zum Vorsteuerabzug berechtigt ist noch eine Vollkaskoversicherung abgeschlossen hat. Das Fahrzeug meines Mandanten ist haftpflichtversichert bei . . . .

Mein Mandant wurde bei dem Unfall nicht verletzt. Immaterieller Schadensersatz steht also nicht in Rede.

Mit freundlichen Grüßen

. . . .

(Rechtsanwalt)

958

2. Weiteres außergerichtliches Schreiben mit einzelnen Schadenspositionen (Muster) 📄

An die

. . . . Haftpflichtversicherungs-AG

Postfach . . . .

. . . . Hannover

Schadennummer:

Sehr geehrte Damen und Herren,

in der vorbezeichneten Angelegenheit nehme ich Bezug auf mein Schreiben vom . . . .

Als Anlage überreiche ich zunächst den Ihrerseits angeforderten Aktenauszug aus der Bußgeldakte des Landkreises . . . .

> **Hinweis:**
>
> *Häufig fordert die gegnerische Haftpflichtversicherung den Anwalt des Geschädigten auf, einen Auszug aus den Verfahrensakten zu beschaffen. Dieser Aufforderung sollte der Anwalt – schnellstmöglich – nachkommen, um zeitliche Verzögerungen für den Geschädigten zu vermeiden. Der Anwalt ist berechtigt, für die Fertigung und Übersendung des Aktenauszuges eine Gebührenpauschale i.H.v. 25,00 € zuzüglich 0,50 € pro Kopie-Seite zuzüglich Mehrwertsteuer zu berechnen. Für den Fall, dass die gegnerische Haftpflichtversicherung einen Ergänzungsaktenauszug anfordert, ist eine Pauschalgebühr i.H.v. 12,50 € zuzüglich Kopiekosten und zuzüglich Mehrwertsteuer anzusetzen.*

Aus dem beigefügten Aktenauszug ist zu entnehmen, dass der Unfall für meinen Mandanten unvermeidbar war. Das alleinige Verschulden an dem Unfall trifft Ihren Versicherungsnehmer.

Die Schadensersatzansprüche meines Mandanten beziffere ich nachstehend wie folgt:

1.) Reparaturkosten gem. beigefügter Rechnung des

     . . . . vom . . . .   € . . . . .

2.) Gutachterkosten gem. Rechnung des Kraftfahrzeugsachverständigen,

     Dipl.-Ing. . . . . vom . . . .   € . . . . .

3.) Nutzungsausfallentschädigung für die sachverständigenseits ermittelte Reparaturdauer

     von . . . . Tagen gem. Tabelle von Sanden/Danner/Küppersbusch,

     Gruppe . . . . i.H.v. . . . . €/Tag . . . .   € . . . . .

     Wertminderung gem. Ermittlung des Sachverständigen laut in Kopie beigefügtem

     Gutachten i.H.v.   € . . . . .

     Abschleppkosten gem. beigefügter Rechnung der Firma . . . .   € . . . . .

Unfallnebenkostenpauschale   € . . . . .

Gesamtbetrag   € . . . . .

Hinweis:

Im Rahmen dieses Schreibens ist es auch möglich, sogleich die Anwaltskosten in die Abrechnung einzustellen. Allerdings erfolgt oftmals keine Zahlung vonseiten der gegnerischen Haftpflichtversicherung in voller Höhe, sodass weitere Verhandlungen erforderlich sind. bzw. schlussendlich eine Korrektur der erteilten Gebührenabrechnung zu erfolgen hat. Daher sollte – auch wenn es auf den ersten Blick praktikabel erscheint – die anwaltliche Gebührenabrechnung im Nachgang erfolgen, zumal einige Versicherer – gleichsam von sich aus – zusammen mit der Entschädigungsleistung i.Ü. ohne weitere Aufforderung bereits die Anwaltsgebühren bezahlen.

Ich darf Sie bitten, den vorstehend ermittelten Gesamtbetrag i.H.v. . . . . € bis zum
. . . . (Drei-Wochen-Frist)
auf eines der auf dem Briefkopf bezeichneten Konten zu zahlen.

Mit freundlichen Grüßen

. . . .

(Rechtsanwalt)

959 **3. Schreiben an die zuständige Polizeidienststelle (Muster)** 📄

An die
Polizeidienststelle . . . .
Postfach . . . .
. . . . Hannover

Verkehrsunfall vom . . . ., in . . . .

Sehr geehrte Damen und Herren,
. . . . (*Vorname, Name, Anschrift*) hat mich mit der Wahrnehmung seiner Interessen beauftragt. Grundlage meines Mandats ist die Durchsetzung von meinem Mandanten entstandenen Schadensersatzansprüchen. Eine Vollmachtsurkunde im Original werde ich nachreichen.

Hinweis:
Sollte der Mandant bereits eine Vollmachtsurkunde unterzeichnet haben, ist diese selbstverständlich sogleich beizufügen.

Ich bitte um Übersendung der Bußgeldakten für 2 Tage auf mein Büro. Umgehende Aktenrückgabe versichere ich anwaltlich.
Mit freundlichen Grüßen

. . . .
(Rechtsanwalt)

4. Schreiben an die eigene Kraftfahrzeughaftpflichtversicherung des Mandanten (Muster) 960

An die

.... Haftpflichtversicherungs AG

Postfach ....

.... Hannover

Versicherungsnehmer: .... (Vorname, Name, Anschrift);

Versicherungsscheinnummer: ....

Sehr geehrte Damen und Herren,

Ihr Versicherungsnehmer, ... (*Vorname, Name, Anschrift*) hat mich mit der Wahrnehmung seiner Interessen beauftragt. Grundlage meines Mandats ist die Durchsetzung meinem Mandanten infolge eines Verkehrsunfalles am ...., in ...., entstandener Schadensersatzansprüche.

Der Schilderung des Unfallherganges durch Ihren Versicherungsnehmer zufolge ist der Unfall für diesen unvermeidbar gewesen; das alleinige Verschulden trifft den Unfallgegner. Einsicht in die polizeilichen Ermittlungsakten habe ich bereits beantragt. Derart bitte ich, etwaige vonseiten des Unfallgegners erhobene Schadensersatzansprüche nicht, jedenfalls nicht ohne vorherige Rücksprache, zu regulieren.

Mit verbindlichem Dank
und freundlichen Grüßen

....

(Rechtsanwalt)

Hinweis:

Eine Pflicht, mit der Haftpflichtversicherung des Mandanten Kontakt aufzunehmen, besteht nicht. Gleichwohl ist es gelegentlich nützlich, wenn der Anwalt sich auch an die Haftpflichtversicherung des Mandanten wendet und diese ersucht, eine Regulierung gegnerischer Ansprüche nicht, jedenfalls nicht ohne vorherige Absprache, vorzunehmen. Gerade in Schadensfällen kleineren Ausmaßes regulieren manche Versicherer relativ zügig. Derart besteht – ohne eine vorherige Kontaktaufnahme mit der Haftpflichtversicherung des Mandanten – die Gefahr, dass diese möglicherweise gegnerischerseits erhobene Schadensersatzansprüche befriedigt und die gegnerische Haftpflichtversicherung der Geltendmachung der Schadensersatzansprüche des Mandanten die (vollständige) Regulierung durch die Haftpflichtversicherung des Mandanten entgegenhält. Allerdings sollte der Mandant darüber aufgeklärt werden, dass seine Haftpflichtversicherung Regulierungsvollmacht hat, auch ohne dass der Mandant dieser Regulierung zustimmt.

961 | **5. Verkehrsunfallklage (Muster)**

An das

. . . . .gericht . . . .

Klage

des . . . .

– Klägers –

Prozessbevollmächtigte: . . . .

gegen

1. . . . .

Beklagten zu 1) –

2. . . . .

Beklagten zu 2) –

3. . . . .-Versicherungs-AG, vertreten durch den Vorstand, dieser vertreten durch seinen Vorsitzenden, Herrn . . . .,

– Beklagte zu 3) –

wegen Schadensersatzes und Feststellung.

Vorläufiger Streitwert: . . . . €

Gerichtskosten i.H.v. . . . . € anbei.

Namens und in Vollmacht des Klägers, dessen uns legitimierende Vollmacht vorgelegt werden kann, erheben wir Klage und werden beantragen:

1. Die Beklagten werden als Gesamtschuldner verurteilt, an den Kläger . . . . . . € . zuzüglich Zinsen i.H. v. 5 Prozentpunkten über dem Basiszinssatz Zinsen seit dem . . . . zu zahlen.

2. Dem Kläger wird nachgelassen, eine etwa zu erbringende Sicherheitsleistung durch selbstschuldnerische Bürgschaft einer deutschen Großbank, Volksbank oder öffentlichen Sparkasse leisten zu dürfen.

3. Sofern das Gericht das schriftliche Vorverfahren anordnet, wird für den Fall des Anerkenntnisses oder des Versäumnisses beantragt, durch Anerkenntnis- oder Versäumnisurteil ohne mündliche Verhandlung zu erkennen.

Der Übertragung auf den Einzelrichter stehen keine Gründe entgegen.

> **Hinweis:**
>
> *Halter, Fahrer und Versicherung haften als Gesamtschuldner. Dies ergibt sich aus § 3 Nr. 2 PflversG, §§ 7, 18 StVG, § 840 BGB.*

Begründung:

Der Kläger macht Schadensersatzansprüche aus einem Verkehrsunfall geltend, der sich am . . . . gegen . . . . Uhr in . . . ., ... ereignet hat. Der Kläger ist Halter und Fahrer des bei diesem Verkehrsunfall beschädigten Fahrzeuges, mit dem amtlichen Kennzeichen . . . . Der

Beklagte zu 1) ist Fahrer des Fahrzeuges . . . . mit dem amtlichen Kennzeichen . . . ., dessen Halter der Beklagte zu 2) ist und das bei der Beklagten zu 3) am Unfalltage haftpflichtversichert war.

1.) Der Unfall ereignete sich wie folgt:

. . . .

2.) Der Beklagte zu 1) hat den Unfall allein verschuldet. Er haftet gem. § 823 Abs. 2 BGB, § 8 StVO. Der Beklagte zu 2) haftet gem. § 7 Abs. 2 StVG. Die Beklagte zu 3) haftet gem. § 3 Nr. 1 PflVersG.

Für den Kläger war der Unfall unvermeidbar. Er fuhr . . . . , während der Beklagte zu 1)
. . . .

3.) Dem Kläger entstand durch den Unfall folgender Sachschaden:

. . . .

Dies ergibt einen Gesamtschaden i.H.v. . . . . €

Auf diesen Betrag hat die Beklagte zu 3) lediglich einen Teilbetrag i.H.v. . . . . € geleistet, sodass die Klageforderung offen blieb.

Drei beglaubigte und drei einfache Abschriften anbei.

. . . .

(Rechtsanwalt)

962   **6. Schreiben an die Rechtsschutzversicherung des Mandanten (Muster)** 📄

An die

. . . .-Rechtsschutzversicherungs-AG

Postfach . . . .

. . . . Hannover

Versicherungsnehmer: . . . . (Vorname, Name, Anschrift)

Versicherungsscheinnummer: . . . .

Sehr geehrte Damen und Herren,

. . . . (Vorname, Name, Anschrift) hat mich mit der Wahrnehmung seiner Interessen beauftragt. Grundlage des mir erteilten Mandats ist die – zunächst außergerichtliche – Geltendmachung von Schadensersatzansprüchen, die Ihrem Versicherungsnehmer anlässlich eines Verkehrsunfalls entstanden sind.

Für Ihre Information überreiche ich die Unfallschilderung Ihres Versicherungsnehmers in Kopie sowie die Schadensmeldung gegenüber der gegnerischen Haftpflichtversicherung in Ablichtung.

Zwar ist ein Bußgeldverfahren gegen den Unfallgegner eingeleitet worden, doch ergibt sich bereits aus der Unfallschilderung, dass Ihren Versicherungsnehmer kein Verschulden oder allenfalls leichtes Verschulden an dem Unfall trifft, sodass der Ausgang des Bußgeldverfahrens nicht abgewartet werden soll. I.Ü. ist der Ausgang des Bußgeldverfahrens nicht vorgreiflich für die Regulierung der Schadensersatzansprüche.

Derart sollen die Schadensersatzansprüche bei der gegnerischen Haftpflichtversicherung sofort angemeldet werden.

Ich bitte daher um Kostendeckungszusage für meine zunächst außergerichtliche Tätigkeit.

Mit freundlichen Grüßen

. . . .

 (Rechtsanwalt)

7. Abfindungserklärung über einen Schadensersatzanspruch (Muster)   963

> *Hinweis:*
>
> *Praxisüblich ist der Abschluss von Abfindungsvergleichen zwischen dem Anwalt und dem gegnerischen Haftpflichtversicherer. Mir derartigen Abfindungsvergleichen werden regelmäßig die gesamten Schadensersatzansprüche für Vergangenheit und Zukunft abgegolten. Das bedeutet, auch wenn Schäden auftreten, die etwa nicht zu erwarten waren, besteht dem Grundsatz nach kein Schadensersatzanspruch mehr. Eine andere Beurteilung ist nur für solche Fälle geboten, in denen eine unerträgliche Härte für den Geschädigten vorliegen würde.*
>
> *In jedem Fall ist äußerste Vorsicht geboten im Vorfeld des Abschlusses eines derartigen Abfindungsvergleichs. Der Anwalt muss sich ein vollständiges Bild über sämtliche zu erwartenden Schadensersatzpositionen machen und dabei insbesondere einkalkulieren, dass derzeit noch unbekannte oder unerwartete Positionen hinzutreten.*

Schadennummer: . . . .

Versicherungsnummer: . . . .

Anspruchsteller: . . . .

Der Anspruchsteller erklärt für sich und seine Rechtsnachfolger, dass er nach Empfang einer Entschädigung aus dem Schaden vom . . . . vollständig befriedigt und abgefunden ist. Er verzichtet auf jegliche weitere Forderung, ganz gleich aus welchen Gründen, auch aus heute noch unerkennbaren Unfallfolgen, gegen die . . . . -Versicherungs-AG, die Versicherten und gegen Dritte, sofern diese nach Inanspruchnahme durch den Anspruchsteller Ausgleichsansprüche gegen die . . . . -Versicherungs-AG und die Versicherten stellen können.

Die Entschädigung beträgt . . . . €.

Die Zahlung bedeutet kein Haftungsanerkenntnis.

Der Vergleich wird unwirksam, sollte die Zahlung nicht innerhalb von 4 Wochen nach Eingang der Erklärung geleistet werden.

Der Anspruchsteller versichert, dass er weder von einer Berufsgenossenschaft, einer Krankenkasse, einem Sozialversicherungsträger oder einem sonstigen Versicherer noch aus einer Kaskoversicherung eine Entschädigung erhalten hat oder erhalten wird.

. . . .

(Ort, Datum, Unterschrift)

Teil 5: Vertragsrecht

Inhaltsverzeichnis

Literatur:

Zum Neufahrzeugkauf:

Albrecht, Die Verbrauchsgüterkauf-Richtlinie 1999/44/EG und ihre Vorgaben für das deutsche Kaufrecht, ZAP F. 25, S. 93; *Baku,* Rechtliche Probleme beim Autokauf im Internet, DAR 2001, 106; *Bereska,* Der Lieferantenregreß im Kaufrecht, ZAP F. 3, S. 197; *Birkenfeld,* Umsatzsteuer für Leistungen, bei Leistungsstörungen und Schadensersatz im Zusammenhang mit Kraftfahrzeuggeschäften, DAR 1992, 331; *Birkmann,* Produktbeobachtungspflicht bei Kraftfahrzeugen, DAR 2000, 435; *Bodewig,* Zivilrechtliche Probleme des Rückrufs fehlerhafter Produkte in der Automobilindustrie, DAR 1996, 341; *Both,* Zur Relativität des Neuwagenbegriffs, DAR 1998, 91; *Brisch,* Informationspflichten des Unternehmers im Fernabsatzvertrag und elektronischen Geschäftsverkehr, ZAP F. 2, S. 333; *Creutzig,* Recht des Autokaufs, 4. Aufl., 1999; *ders.,* Aktuelle Entwicklung zu den Neuwagen-Verkaufsbedingungen (NWVB), DAR 2001, 390; *Dressler,* Neugewichtung bei den Schadensersatzleistungen für Personen- und Sachschäden?, DAR 1996, 81; *Eickhoff,* Schuldrechtsreform: Änderungen im allgemeinen Schuldrecht, BRAK-Mitt. 2001, 267; *Eggert,* Praxisprobleme beim Neufahrzeugkauf, ZAP F. 3, S. 147; *ders.,* Das Problem der Korrosion an Kraftfahrzeugen aus kaufrechtlicher Sicht, DAR 1989, 121; *ders.,* Die Bedeutung von Marken-, Typen- und Modellbezeichnungen beim Kraftfahrzeugkauf, NZV 1992, 209; *ders.,* Alte und neue Probleme der Schadensberechnung auf Neuwagenbasis, DAR 1997, 129; *v. Gerlach,* Die Rechtsprechung des BGH zum Haftpflichtrecht, DAR 1997, 217; DAR 1996, 205; DAR 1995, 221; DAR 1994, 217; DAR 1993, 202; DAR 1992, 201; *Greger,* Haftungsrecht des Straßenverkehrs, 3. Aufl., Berlin 1997; *Harms,* Änderungen im Kauf- und Werkvertragsrecht, BRAK-Mitt. 2001, 278; *Huber,* Der Nacherfüllungsanspruch im neuen Kaufrecht, NJW 2002, 1004; *Henssler,* Überblick über das Schuldrechtsmodernisierungsgesetz, ZAP F. 2, S. 291; *Henssler/ Graf von Westphalen (Hrsg.),* Praxis der Schuldrechtsreform, 2002; *Hertel,* Das allgemeine Leistungsstörungsrecht nach der Schuldrechtsreform, ZAP F. 2, S. 315; *ders.,* Sach- und Rechtsmängel im Kauf- und Werkvertragsrecht nach der Schuldrechtsreform, ZAP F. 3, S. 179; *Hoeren/Martinek (Hrsg.),* Systematischer Kommentar zum Kaufrecht, 2002; *v. Lampe,* Preiswettbewerb beim Neuwagenkauf; DAR 1984, 103; *Krafft,* Die Garantieverpflichtung des Kfz-Herstellers aus europarechtlicher Sicht, DAR 1996, 41; *Kremer,* Träger der haftungsrechtlichen Produktverantwortung im Kfz-Bereich, DAR 1996, 134; *Lemcke,* Die Rechtsprechung des Oberlandesgerichts Hamm zum Verkehrshaftpflichtrecht in den Jahren 1994 – 1996, DAR 1997, 41; *Liebscher,* Die gemeinsame Klage gegen Haftpflichtversicherung und Versicherungsnehmer, NZV 1994, 215; *Mehnle,* Anmerkung zum Urteil des BGH vom 13.12.1989 – VIII ZR 94/89, DAR 1990, 95 (Bindungsfrist bei der Neuwagenbestellung), DAR 1990, 174; *Niebling,* Bedenken an dem Urteil des BGH zum Abtretungs- und Veräußerungsverbot beim Neuwagenkauf. Anmerkung zu BGH, Urteil vom 24.9.1980, VIII ZR 273/79, DAR 1981, 37; *ders.,* Der Schutz selektiver Vertriebssysteme gegen Außenseiter am Beispiel des Graumarktes von Automobilen, DAR 2000, 97; *Pazeller,* Geräuschentwicklung beim Neuwagen als Fehler im Sinne des § 459 BGB, NZV 2000, 408; *Pfeiffer,* Zur Neufassung der Neuwagenverkaufsbedingungen, ZGS 2002, 175; *Reinicke/Tiedtke,* Kaufrecht, 5. Aufl., 1992; *Reinking,* Anschlußgarantien beim Neuwagenkauf, DAR 1995, 1; *ders.,* Die Haftung des Autoverkäufers für Sach- und Rechtsmängel nach neuem Recht, DAR 2002, 15; *ders.,* Auswirkungen des Schuldrechtsmodernisierungsgesetzes auf den Neu- und Gebrauchtwagenkauf, DAR 2001, 8; *Reinking/Eggert,* Kauf von EG-Neufahrzeugen und dem Weiterverkauf, WfV 1999, 7 ff.; *Reitenspiess,* Ersatz bei Ausfall gewerblich genutzter Fahrzeuge, DAR 1993, 142; *Ring,* Das neue AGB-Recht, 2002; *Rode,* Restwertfragen im Lichte der neuen Restwertbörsen, DAR 1998, 62; *Scheibach,* Die Entwicklung des selektiven Vertriebs im Automobilhandel, DAR 2001, 49; *Schirmer,* Der „sonstige" oder „reine" Vermögensschaden in der Kraftfahrzeughaftpflichtversicherung, DAR 1992, 11; *Spittler,* Nutzungsausfallentschädigung für Pkw und Kombis sowie Motorräder, 1998, 125; *Steffen,* „Höhere Gewalt" statt „unabwendbares Ereignis" in § 7 Abs. 2 StVG?, DAR 1998, 135; *ders.,* Notwendigkeit und Grenzen normativer Festlegung des Verkehrsunfallschadens, DAR 1996, 4; *Tiedtke,* Zur Rechtsprechung des Bundesgerichtshofs auf dem Gebiete des Kaufrechts – Teil 1, JZ 1997, 869; *Ulmer/Brandner/Hensen/Schmidt,* AGB-Gesetz, Rn. 438 ff.; *Weber,* 30 %ige Grenze bei Kraftfahrzeug-Reparaturkosten (§ 251 Abs. 2 BGB), DAR 1991, 11; *Wegener,* Die Erstattung des Sachverständigenhonorars bei Haftpflichtschäden, DAR 1996, 488; *Zerres,* Das neue Sachmängelrecht beim Kauf, VuR 2002, 3.

Zum Gebrauchtfahrzeugkauf:

Ebel, Austauschmotor und generalüberholter Motor im Kfz-Gebrauchtwagengeschäft, NZV 1994, 15; *Eggert,* Die Haftung des Gebrauchtwagenverkäufers beim Verkauf umgerüsteter Personenwagen, DAR 1985, 143; *ders.,* Die Haftung des Verkäufers gebrauchter Kraftfahrzeuge für unrichtige Information über die bisherige Laufleistung, NZV 1990, 369; *ders.,* Praxisprobleme beim An- und Verkauf gebrauchter Kraftfahrzeuge, ZAP 1998 F. 3, S. 123; *ders.,* Zu den Versuchen von Verkäufern gebrauchter Kraftfahrzeuge, der Zusicherungshaftung zu entgehen, DAR 1998, 45; *Freund/Stölting,* „Gebrauchtwagenfälle im neuen Schuldrecht – Auswirkungen des Rücktrittsfolgenrechts auf das Bereicherungsrecht, ZGS 2002, 182; *Hummel-Liljegren,* Angaben ins Blaue hinein sind arglistige Täuschungen. Guter Glaube heilt nicht das Verschweigen fehlender Sachkenntnis, DAR 1981, 314; *Jakobs,* Gebrauchtwagenhandel und Mehrwertsteuer, NJW 1989, 696; *Kaufmann,* Berechnung der Gebrauchsvorteile bei Wandelung eines Kaufvertrages über ein Kraftfahrzeug, NZV 1990, 294; *Landscheidt/Segbers,* Der Verkauf eines Unfallwagens, NZV 1991, 289; *Lenz,* Die Eigenschaftszusicherung beim Gebrauchtwagenkauf, MDR 1998, 1005; *Mösslang,* Die umsatzsteuerrechtliche Beurteilung des Handels mit Kraftfahrzeuganhängern, insbesondere mit Gebrauchtfahrzeugen – zur Neuregelung in § 25a UStG 1980, DAR 1991, 286; *Reinking,* Auswirkungen des Schuldrechtsmodernisierungsgesetzes auf den Neu- und Gebrauchtwagenkauf, DAR 2001, 8.

Zum Kraftfahrzeug-Leasing:

Büschgen (Hrsg.), Praxishandbuch Leasing, München 1998; *Engel,* Finanzierungsleasing, in: *Heidel/Pauly/Amend (Hrsg.),* Anwaltformulare, Bonn 2002, 1253 ff.; *dies.,* Leasing in der anwaltlichen Praxis, Bonn 1999; *dies.,* Die Verjährung im Kraftfahrzeug-Leasinggeschäft. Der Restwertausgleichsanspruch des Leasinggebers bei vorzeitiger und ordentlicher Vertragsbeendigung, DB 1997, 761; *dies.,* Zum außerordentlichen Kündigungsrecht des Leasinggebers im privaten Kraftfahrzeug-Leasing-Geschäft wegen Zahlungsverzugs des Leasingnehmers. Analoge Anwendung des Begriffs „Nennbetrag des Kredits" auf das Finanzierungsleasing und Bemessung des. relativen Rückstandsbetrags, DAR 1997, Beil. Nr. 6 zu H 18, 24; *dies.,* Grundlagen und Bedeutung des Kraftfahrzeugleasings in den neuen Bundesländern, ZAP F. 4, S. 455; *dies.,* Kfz-Leasing-relevante Vorschriften des Verbraucherkreditgesetzes für die Vertragsabwicklung, MDR 2000, 797; *dies.,* Kfz-Leasing-Vertrag mit Kilometerabrechnung, FLF 2000, 208; *Engel/Paul,* Handbuch Kraftfahrzeugleasing, München 2000; *Engel/Völckers,* Leasing in der Insolvenz, Herne/Berlin 1999; *Gitter,* Haftung des Arbeitnehmers bei Beschädigung eines geleasten Dienstwagens, NZV 1990, 415; *Groß,* Kraftfahrzeugleasing, DAR 1996, 438; *Hällmayer,* Aufklärungsobliegenheit bei einem Alleinunfall mit Leasingfahrzeug, NZV 1999, 105 ff.; *Hofmann,* Die Versicherung eines Kfz über einen Strohmann, NZV 1998, 54; *Hohloch,* Schadensersatzprobleme bei Unfällen mit Leasingfahrzeugen, NZV 1992, 1; *Michalski/Schmitt,* Der Kfz-Leasingvertrag, Köln etc. 1995; *Nägele,* Die vorzeitige Beendigung des Leasing-Kilometervertrags, BB 1996, 1233; *Nägele/Bauer,* Die Abrechnung vorzeitig beendeter Kilometerverträge im Kfz-Leasing, DB Spezial 6/1995, 20; *Nitsch,* Amortisationsprinzip und relativer Ratenrückstand (§ 12 VerbrKrG) beim Kfz-Leasing, FLF 1998, 18; *ders.,* Der Restwert-Ausgleich beim Kfz-Hersteller-Leasing, BB 1998, 1323; *Paul,* in: Kfz-Leasing, hrsg. von der Arbeitsgemeinschaft der Verkehrsrechtsanwälte im DAV, Essen 1987, 44 ff.; *ders.,* Der Unfall mit dem Leasingfahrzeug und sein Verlust. Versicherungsfälle und ihre Regulierung, 1989, 174; *ders.,* Kurze Verjährung beim Leasingvertrag: § 558 BGB und § 196 Abs. 1 Nr. 6 BGB, BB 1987, 1411; *Reinking,* Autoleasing, 3. Aufl., München 2000; *ders.,* 130 % Reparaturkosten auch für Leasingfahrzeuge, DAR 1997, 425; *ders.,* Verwertungserlös und Zustand des Leasingfahrzeugs am Vertragsende, NZV 1997, 1; *ders.,* Das Recht des Schuldrechtsreform auf das private Kraftfahrzeugleasing, DAR 2002, 145 ff.; *Reinking/Eggert,* Der Autokauf, 7. Aufl., Düsseldorf 2000; *Rischar,* Leasingfahrzeuge: Besonderheiten bei der Regulierung von Kaskoschäden, NZV 1998, 59; *Schmitz,* Voller Schadensersatzanspruch der Leasingfirma gegen den Unfallgegner auch bei Mitverschulden des eigenen Fahrers?, NJW 1994, 301; *Schnauder,* Schadensersatz beim Kraftfahrzeug-Leasing – BGHZ 116, 22, JuS 1992, 820; *Sieg,* Versicherungsschutz beim Kraftfahrzeugleasing. Anm. zum BGH-Urteil vom 10.3.1993 – XII ZR 252/91, BB 1993, 1171, BB 1993, 1746; *Slama,* Das Verbraucherkreditgesetz in seinen Auswirkungen auf Kfz-Leasing und finanzierte Kaufverträge, FLF 1993, 83; *Stolterfoht,* Finanzierungsverträge, in: Münchener Vertragshandbuch, Bd. 3, 1998, 151 ff.; *Struppek,* Aktuelle Abrechnungsmethoden für fristlos gekündigte Automobil-Leasing-Verträge, BB 1992, Beil. Nr. 9/1992, 21; *Tacke,* Leasing, Stuttgart 1993; *v. Westphalen,* Schuldrechtsmodernisierungsgesetz und Leasing, BB 2001, 1291 ff.; *ders.,* Die Auswirkungen der Schuldrechtsreform auf die Abtretungskonstruktionen beim Leasing, ZIP 2001, 2258 ff.; *Wolff/Eckert/Ball,* Handbuch des gewerblichen Miet-, Pacht- und Leasingrechts, 8. Aufl., Köln 2000; *Zahn/Bahmann,* Kfz-Leasingvertrag, 1999.

Abschnitt 1: Systematische Erläuterungen

A. Kauf eines Neufahrzeugs

I. Formen der Anschaffung bzw. der Anschaffungsfinanzierung eines Fahrzeugs

1   Es gibt unterschiedliche Formen der Anschaffung bzw. der Anschaffungsfinanzierung eines Fahrzeugs. Die für den einzelnen günstigste Lösung lässt sich bei realistischer Betrachtung nur unter Berücksichtigung der im Einzelfall gegebenen **konkreten Daten** finden.

1. Barkauf

2   Bei dem Barkauf ist zunächst offensichtlicher Vorteil, dass der **Käufer Eigentümer** des Fahrzeugs mit allen sich aus dem Eigentum ergebenden Rechten wird und nicht wie bei Bankkredit und Leasing den sich aus fremdem Eigentum ergebenden Beschränkungen unterliegt. Ferner fallen keine Kreditkosten an und der Käufer muss auch keine Zinsen für die Finanzierung des Kaufpreises zahlen. Die Nachteile des Barkaufs sind im Wesentlichen darin zu sehen, dass das für den Kauf verwandte **Bargeld** nicht mehr für anderweitige Zwecke zur Verfügung steht. Dieser Nachteil kann z. B. darin liegen, dass hinsichtlich einer Ansparung ein Zinsverlust gegeben ist oder die Liquidität für andere Anschaffungen wegfällt.

3   Barkauf und Finanzierung eines Fahrzeugs können auch durch eine **Bedingung** miteinander verbunden sein. Enthält der Kaufvertrag z. B. die Vereinbarung „Bezahlung bar gegen Erstzulassung bzw. Finanzierung (s. beigefügtes Angebot)" steht die Fortgeltung des Kaufvertrags unter der auflösenden Bedingung, dass die Finanzierung zustandekommt, wenn für den Verkäufer klar war, dass der Käufer den Preis nicht bar bezahlen konnte bzw. wollte (OLG Braunschweig, NJW-RR 1998, 567; vgl. auch zu einem von einer Versicherungsleistung abhängig gemachten Neuwagenkauf OLG Düsseldorf, NZV 1998, 159).

4   Im Rahmen des Barkaufs wirken sich die Regelungen des Geldwäschegesetzes aus (GwG v. 25.10.1993, BGBl. I 1993, 1779, verschärft durch das Gesetz zur Verbesserung der Bekämpfung der Organisierten Kriminalität, BGBl. I 1999, S. 845). Bei Barsummen über 15.000 € sind Banken verpflichtet, diesen Transfer zu melden. Daher ist die Bereitschaft der Autohändler zum An- bzw. Verkauf in bar mit Summen über den genannten Betrag hinaus nicht sehr ausgeprägt.

2. Bankkredit

5   Die Vorteile des Bankkredits wie auch des Leasings liegen auf der Hand: Der **gesamte Anschaffungsbetrag** für das Fahrzeug muss **nicht sofort aufgebracht** werden. Beim Bankkredit fallen daher im Gegensatz zum Barkauf Kreditkosten und Zinsen an. Hierbei sind die Kreditkosten umso niedriger, je kürzer die Laufzeit vereinbart wurde und entsprechend höher sind die Monatsraten, weil in diesen neben den Zinsen auch ein hoher Tilgungsanteil enthalten ist. Umgekehrt kann auch eine lange Laufzeit mit dementsprechend niedrigen Monatsraten vereinbart werden. Durch die spätere Rückzahlung des Kredits wird das Geschäft natürlich für den Kreditnehmer teurer. Ein wesentlicher Nachteil des Bankkredits liegt darin, dass die kreditierende Bank das **Sicherungseigentum** an dem Fahrzeug mit allen sich hieraus für den Kreditnehmer ergebenden **Verfügungsbeschränkungen** hat. Im Hinblick auf das **Schuldrechtsmodernisierungsgesetz** ist darauf hinzuweisen, dass das **Verbraucherkreditgesetz** in die §§ 491 bis 506 BGB („Darlehensvertrag, Finanzierungshilfen und Ratenlieferungsverträge zwischen einem Unternehmer und einem Verbraucher") aufgenommen worden ist. Die früheren §§ 607 ff. BGB wurden modifiziert und haben nur noch den Sachdarlehensvertrag zum Gegenstand. §§ 491 ff. BGB erfassen daher bei Verbraucherdarlehensverträgen ggf. auch Kfz-Käufe.

3. Leasing

Leasing bietet wie auch der Bankkredit die Möglichkeit, sich für eine **Investition** zu entscheiden,   6
die von einem anderen, in diesem Fall dem Leasinggeber, **finanziert** wird. Die Anschaffungsfinanzierung ist typologisch betrachtet das Wesensmerkmal des Finanzierungsleasings. Leasing ist insbes. dann von Vorteil, wenn der Leasingnehmer nicht über genügend Liquidität verfügt. Gleichwohl darf nicht die Tatsache vernachlässigt werden, dass wie bei dem Bankkredit so auch bei dem
Leasinggeschäft die Bonität des potentiellen Kredit- bzw. Leasingnehmers Voraussetzung für den
Abschluss des Geschäfts ist, wobei die Prüfung der Bonität im Wesentlichen nach den gleichen
Grundsätzen verläuft (vgl. Tacke, Leasing, S. 59 ff.). Der Leasinggeber braucht sich nicht auf
einen Vertragspartner mit mangelnder Bonität einzulassen.

Auch beim Leasing können die monatlichen niedrigen Leasingraten aufgrund entsprechender Par-   7
teivereinbarung nach beiderseitigem Interesse bewusst niedrig gehalten werden, auch der umge-
kehrte Fall ist denkbar. Bei der erstgenannten Alternative nehmen die Leasingvertragsparteien von
vornherein billigend in Kauf, dass bei Vertragsende dementsprechend eine **Nachbelastung** erfolgt
(vgl. hierzu Engel, DB 1997, 761 ff.).

II. Begriff des Neufahrzeugs in Abgrenzung zum Gebrauchtfahrzeug und anderen Begriffen

Unter einem Neufahrzeug ist ein Fahrzeug zu verstehen, welches bis zu dem Zeitpunkt seiner Ver-   8
äußerung seinem **bestimmungsgemäßen Gebrauch als Verkehrsmittel** noch nicht zugeführt
wurde (Reinking/Eggert, Der Autokauf, Rn. 1 m. w. N.).

Eine wesentliche Abgrenzung in diesem Zusammenhang ist die zwischen den Begriffen „**Fabrik-**   9
neuheit" und „**Neuwertigkeit**" (Reinking/Eggert, Der Autokauf, Rn. 446 ff.). Mit dem Verkauf
eines so bezeichneten fabrikneuen Fahrzeugs ist regelmäßig die **stillschweigende Zusicherung**
der Fabrikneuheit verbunden (so zuletzt BGH, DAR 2000, 301, NZV 2000, 329; Ausnahme: bei
reimportierten Fahrzeugen hat das OLG Schleswig, DAR 2000, 69, die Eigenschaft als Neuwagen
selbst bei einem 2 ^{1}/$_2$ Jahre alten Kfz als nicht beeinträchtigt gesehen, wenn das Modell weiterhin
weitestgehend unverändert weitergebaut wird und keine wesentlichen durch die Standzeit verursachten Mängel aufweist). Der Begriff des Neufahrzeugs schließt mit ein, dass das Fahrzeug
unter Verwendung ausschließlich neuen, ungebrauchten Materials „neu hergestellt" wurde (Rein-
king/Eggert, Der Autokauf, Rn. 2). Von einem neuwertigen Fahrzeug und nicht mehr von einem
Neufahrzeug spricht man, wenn das Fahrzeug auch nur kurze Zeit bestimmungsgemäß genutzt
wurde. Der Verlust der Neuwageneigenschaft tritt mit Ingebrauchnahme zu Verkehrszwecken ein;
das Fahrzeug wird hierdurch zu einem **Gebrauchtfahrzeug**. Bei einer Laufzeit von fünf Monaten
und 10 Tagen z.B. ist ein Kraftfahrzeug auch bei einer geringen Fahrleistung von 1109 km nicht
mehr als neuwertig anzusehen (Reinking/Eggert, Der Autokauf, Rn. 1 m.w.N.; OLG Köln,
NZV 1996, 116; Eggert, ZAP F. 3, S. 160; BGH, NJW 1997, 1847). Das LG Bielefeld sieht bereits
eine Fahrleistung von 103 km als schädlich an, es sei denn, der Händler kann die Fahrleistungen
mit Fahrten begründen, durch die das Fahrzeug den Neuwagencharakter nicht verliert, z.B. Über-
führungs- oder Testfahrten im Rahmen der noch zum Herstellungsprozess gehörenden Qualitätskontrolle (LG Bielefeld, DAR 2002, 35). Ein Geschädigter kann Abrechnung auf Neuwagenbasis
nur verlangen, wenn sein Fahrzeug höchstens 1.000 km gelaufen ist; die Grenze ist bei einer Fahrleistung von 3.000 km jedenfalls überschritten (so OLG Hamm, DAR 2000, 35; ebenso LG Fulda,
DAR 2000, 122). Ein Fahrzeug, das im Vergleich mit dem Vorgängermodell allenfalls geringfügige Veränderungen der Lackierung und bezüglich des technischen Standards der Nockenwelle
aufweist, darf nicht mehr als fabrikneu bezeichnet werden, wenn die Herstellung 15 Monate
zurückliegt (OLG Düsseldorf, OLGR 1993, 34). Wird das Fahrzeug nicht mehr unverändert hergestellt, kann es nicht mehr als fabrikneu verkauft werden (BGH, DAR 2000, 301; NZV 2000,

329). Ist dagegen der technische Standard noch aktuell, wird das Modell also noch unverändert weitergebaut, schadet eine Standzeit des Fahrzeugs von 16 Monaten nicht, wenn es unbenutzt ist und vor Witterungseinflüssen geschützt gelagert worden ist (OLG Frankfurt/M., DAR 2000, 567). Steht das Fahrzeug 21 Monate ungenutzt auf Halde, kann es nach Auffassung des OLG Frankfurt/M. nicht mehr als fabrikneues Fahrzeug bezeichnet werden (OLG Frankfurt/M., OLGR 1998, 191). Eine starre zeitliche Festlegung ist aber nicht möglich (Reinking/Eggert, Der Autokauf, S. 177).

> *Hinweis:*
>
> *Vgl. zu den Begriffen Neufahrzeug – Fabrikneuheit ferner u. a. die folgende Rspr.: BGH, NJW 1997, 1847; BB 1996, 1574; NJW 1996, 1337; OLG Oldenburg, BB 1996, 2321; OLG Hamm, BB 1996, 2322; OLG Nürnberg, NZV 1994, 430; OLG Köln, DAR 1993, 349; OLG Düsseldorf, NJW-RR 1993, 57; OLG Hamm, NJW-RR 1992, 177; LG Bielefeld, DAR 2002, 35 sowie die Nachweise bei Reinking/Eggert, ZAP F. 3, S. 160; dies., Der Autokauf, Rn. 446 ff.*

---

10 **Inlineskater** z. B. sind mangels Antrieb durch Maschinenkraft **keine Kraftfahrzeuge** i. S. d. §§ 1 Abs. 1 StVG, 4 Abs. 1 StVZO (Schmid, DAR 1998, 8; vgl. zu der Beteiligung von Skatern im Straßenverkehr u. a.: Grams, NZV 1994, 172; ders., NZV 1997, 65: Schmid, DAR 1998, 8; Vieweg, NZV 1998, 1; Wiesner, NZV 1998, 177).

11 Hinsichtlich der **Ingebrauchnahme zu Verkehrszwecken** sind **Abgrenzungen** u. a. zwischen Überführungsfahrt, Vorführungsfahrt und Probefahrt vorzunehmen.

12 Unter einer **Überführungsfahrt** versteht man die von dem Händler veranlasste bzw. von ihm selbst durchgeführte Fahrt mit eigener Motorkraft von dem Herstellungsort zu dem Verkaufsort mit rotem Kennzeichen, vgl. auch § 28 Abs. 1 StVZO. Hierin ist keine Ingebrauchnahme zu Verkehrszwecken zu sehen (Reinking/Eggert, Der Autokauf, Rn. 3). Aber er ist als Halter gegenüber Dritten anzusehen – unabhängig davon, ob er oder der Käufer die Überführungskosten zu tragen hat (Reinking/Eggert, Der Autokauf, Rn. 393). Zur Rechtslage bei einer Überführungsfahrt mit einem roten Kennzeichen, das der Händler zur Verfügung gestellt hat, vgl. OLG Karlsruhe, OLGR 1999, 42.

13 Bei der **Vorführungsfahrt** hingegen wird das Fahrzeug einem **Kaufinteressenten** mittels eines Vorführwagens vorgestellt. Das Fahrzeug ist auf den Händler zugelassen und wird gewöhnlich nach der Ingebrauchnahme in einem bestimmten Rahmen als Gebrauchtfahrzeug weiterverkauft. Dieses Vorführfahrzeug stellt daher keinen Neuwagen mehr dar (Reinking/Eggert, Der Autokauf, Rn. 4). Die Rückabwicklung des Kaufvertrags über einen Vorführwagen mit der Begründung, es handele sich um ein „Montagsauto", ist nicht möglich, wenn der Großteil der Mängel erst nach sechsmonatiger Benutzung als Vorführwagen und einer Laufleistung von 10 000 km auftritt und sich danach über längere Zeit keine neuen Mängel zeigen (OLG Düsseldorf, NJW-RR 1998, 845).

14 Von der vorgenannten Vorführfahrt des Kaufinteressenten ist wiederum die **Probefahrt des Käufers** vor der Abnahme zu unterscheiden. Mit dieser Fahrt will sich der Käufer von dem ordnungsgemäßen Zustand des Fahrzeugs überzeugen und sich mit dem Fahrzeug vertraut machen. Der Neuwagencharakter dürfte durch diese Probefahrt dann nicht verloren gehen, wenn sich diese in dem üblichen Rahmen von ca. 20 km hält. Besser aber sollten klare Absprachen hinsichtlich der zeitlichen und km-mäßigen Benutzung – nicht zuletzt aus versicherungsrechtlichen Gründen – getroffen werden (Reinking/Eggert, Der Autokauf, Rn. 401). Jedenfalls gibt es keine allgemeine Verkehrssitte, dass Probefahrten auch ohne besondere Absprache km-mäßig begrenzt sind bzw. bei Überschreiten einer km-Grenze ein Entgelt zu zahlen ist (LG Offenburg, NJW-RR 1989, 178). Probefahrten werden gewöhnlich unter fachkundiger Anleitung des Händlers durchgeführt; hierdurch ist keine Überbeanspruchung bzw. unsachgemäße Handhabung des Fahrzeugs zu erwarten (Reinking/Eggert, Der Autokauf, Rn. 5; sowie dies., Rn. 163 zu der Verletzung von Sorgfaltspflichten anlässlich einer Probefahrt). Dass bei Probefahrten ein erhöhtes Unfallrisiko besteht, lehrt die Erfahrung. Bei leichtem Verschulden kann der Händler keinen Schadensersatz verlangen, da ein stillschweigender Haftungsverzicht i.S.d. § 991 Abs. 2 BGB unterstellt wird (BGH, NJW 1980, 1680; Reinking/Eggert, Der Autokauf, Rn. 169). Hinsichtlich eines Totalschadens an einem von dem Händler vorübergehend überlassenen Fahrzeug gilt nach einer Entscheidung des OLG Hamm v. 12.2.1990 (NJW-RR 1990, 954), dass die für Probefahrten mit einem Fahrzeug des Händlers entwickelte Haftungsbeschränkung des Kunden auf mindestens grobe Fahrlässigkeit auch dann gilt, wenn der in ein Leasinggeschäft eingeschaltete Händler dem Kunden ein Firmenfahrzeug überlassen hat, weil das Leasingfahrzeug zum vereinbarten Übergabezeitpunkt nicht zur Verfügung stand.

III. Neuwagenkauf und Allgemeine Geschäftsbedingungen

Hinweis:

Vgl. zu der Vertragsgestaltung durch AGB-Klauseln beim Kraftfahrzeug-Kauf u. a.: Bartsch, DB 1983, 214; Ulmer/Brandner/Hensen/Schmidt, AGB-Gesetz, Rn. 438 ff.; vgl. auch zur Entwicklung der Rechtsprechung auf dem Gebiet des AGB-Rechts insbes. Heinrichs, NJW 1998, 1447. Zum alten Recht vgl. auch Ermann/Hefermehl, Komm. AGBG, 10. Aufl. 2000; Kötz/Busedow/Gerlach, in: Münchener Kommentar, Kommentierung des AGBG, 4. Aufl. 2001; v. Westphalen, Vertragsrecht und Klauselwerke, 1999; zum neuen Recht: Boerner, ZIP 2001, 2264; Brüggemeier/Reich, BB 2001, 213; Kessler, ZRP 2001, 70; Pick, ZIP 2001, 1173; Rosenow/Schaffelhuber, ZIP 2001, 2211; Ulmer, JZ 2001, 491; von Westphalen, NJW 2002, 12; Wolff/Pfeifer, ZRP 2001, 313; Graf von Westphalen, in: Henssler/Graf von Westphalen, Praxis der Schuldrechtsreform, 2. Aufl. 2003, S. 336 ff.

1. Formularvertrag und Neuwagen-Verkaufsbedingungen

Kaufverträge über ein Neufahrzeug werden in der Praxis regelmäßig unter Verwendung von Bestellformularen mit Allgemeinen Geschäftsbedingungen geschlossen (Reinking/Eggert, Der Autokauf, Rn. 6). Die Verträge orientieren sich in der Praxis weitgehend an den **Neuwagen-Verkaufsbedingungen (NWVB)** den „**Allgemeinen Geschäftsbedingungen für den Verkauf von fabrikneuen Kraftfahrzeugen und Anhängern**" (Stand 1/2002, abgedruckt in: ZGS 2002, 150 ff.; s. dazu auch Pfeiffer, ZGS 2002, 175), einer unverbindlichen Empfehlung des Zentralverbandes Deutsches Kraftfahrzeuggewerbe (ZDK), des Verbandes der Automobilindustrie e. V. (VDA) und des Verbandes der Importeure von Kraftfahrzeugen e. V. (VDIK). Aufgrund des BGH-Urteils vom 27.9.2000 (DAR 2001, 64), das viele der bis dahin verwendeten Klauseln für unwirksam erachtet hatte, hatten sich diese Verbände auf eine Neufassung verständigt, die am 8.5.2001 im Bundesanzeiger veröffentlicht worden ist. Nunmehr bestand aufgrund des am 1.1.2002 in Kraft getretenen Schuldrechtsmodernisierungsgesetzes wiederum Überarbeitungsbedarf, da sich der materiell-rechtliche Teil des alten AGBG nach der Schuldrechtsreform in den §§ 305 bis 310 BGB wiederfindet. Der verfahrensrechtliche Teil wird infolge Art. 3 Schuldrechtsmodernisierungsgesetz in einem Sondergesetz, dem Gesetz über Unterlassungsklagen bei Verbraucherrechts- und anderen Verstößen (Unterlassungsklagengesetz – UKlaG), geregelt. Inhaltlich hat der Gesetzgeber nur geringe Änderungen vorgenommen. Davon betroffen ist u.a. § 309 BGB (Klauselverbote ohne Wertungsmöglichkeiten, so für den hier interessierenden Bereich insbesondere Nr. 5 betr. Pauschalierung von Schadensersatzansprüchen und Nr. 8 Buchst. a und b betr. Lösungsrechte vom Vertrag bzw. Erleichterungen der Verjährung, dazu unter Rn. 133).

15

16   **Übergangsregelung**: Gem. Art. 229 § 5 EGBGB ist auf Kfz-Kaufverträge, die vor dem 1.1.2002 entstanden sind, das AGBG in der bis zu diesem Tag geltenden Fassung anzuwenden. Die §§ 305 ff. BGB gelten demzufolge nur für Kfz-Kaufverträge, die nach dem 31.12.2001 entstanden sind. Bei Dauerschuldverhältnissen (insbesondere Leasing-Verträgen) gilt die Übergangsfrist bis zum 31.12.2002 – d.h. vom 1.1.2003 an geltend auch für diese die §§ 305 ff. BGB.

2. Schriftformzwang / Gewillkürte Schriftform

17   Für die **Bindung des Käufers an die Bestellung** sehen die NWVB

- einen Zeitraum von höchstens vier Wochen,

- bei Nutzfahrzeugen von höchstens sechs Wochen und

- bei Fahrzeugen, die beim Verkäufer vorhanden sind, bis zu zehn Tagen – bei Nutzfahrzeugen bis zwei Wochen – (die unterschiedlichen Bindungsfristen bei zu bestellenden und Lagerfahrzeugen fußt auf dem BGH-Urteil zu Möbel-Verkaufsbedingungen (NJW 2001, 303), die nach Auffassung der Verbände der Rechts- und Sachlage nach vergleichbar sind, vgl. Creutzig, DAR 2001, 390, 391) vor (Abschn. I. Ziff. 1). Der Abschluss des Kaufvertrags erfolgt in dem Zeitpunkt, in dem der Verkäufer die Annahme der Bestellung des näher bezeichneten Kaufgegenstands innerhalb der jeweils genannten Fristen **schriftlich** bestätigt oder die Lieferung ausführt. Sollte der Verkäufer die Bestellung nicht annehmen, hat er den Besteller davon unverzüglich zu unterrichten (Abschn. I Ziff. 1). Nach Ziff. 2 der NWVB bedürfen Übertragungen von Rechten und Pflichten des Käufers aus dem Kaufvertrag der schriftlichen Zustimmung des Verkäufers. Einseitig schriftlich abzugebende Erklärungen sind z.B. die Annahme der Käuferofferte gem. Abschn. I Ziff. 1 Satz 2 NWVB/GWVB, die Bereitstellungsanzeige gem. Abschn. IV Ziff. 1 Satz 1 NWVB/GWVB, die schriftliche Bestätigung der Mängelanzeige gem. Abschn. VII Ziff. 2a) Satz 2 NWVB/GWVB. Die genannten Schriftformerfordernisse dienen insbesondere der Klarstellung und der Beweiserleichterung. Grds. gilt, dass Schriftformklauseln als solche weder eine überraschende Klausel i.S.d. § 307 Abs. 1 BGB darstellen noch gegen die Inhaltskontrolle des § 307 Abs. 2 BGB verstoßen. Entscheidend ist jedoch jeweils die konkrete Ausgestaltung der Klausel (BGH, NJW 1986, 1810), wobei grds. im Geschäftsverkehr mit privaten Kunden strengere Maßstäbe anzulegen sind als unter Kaufleuten (vgl. auch Palandt/Heinrichs, Gesetz zur Modernisierung des Schuldrechts, § 307 BGB Rn. 39). Ist der einzelne Kaufvertrag als Verbraucherdarlehen i.S.d. § 491 BGB anzusehen, ist das **Schriftformerfordernis** des § 499 i.V.m. § 492 BGB zu beachten (vgl. hierzu u.a. Schmidt, in: Henssler/Graf von Westphalen, Praxis der Schuldrechtsreform, § 492 Rn. 2 ff.). Eine mündliche geschlossene besondere Abrede bei oder nach Vertragsschluss geht den Allgemeinen Geschäftsbedingungen vor (BGHZ 104, 396), was allerdings in der Praxis oft mit Beweisproblemen verbunden ist.

3. Ausgewählte durch AGB-Klauseln geregelte Bereiche

18   Nachfolgend werden **einzelne formularmäßige Regelungen** exemplarisch näher dargestellt. Dabei ist immer von dem in § 307 BGB niedergelegten Grundgedanken auszugehen, demzufolge in standardisierten Formularverträgen von den wesentlichen Grundgedanken der gesetzlichen Regelungen nicht abgewichen werden darf, da ansonsten eine für den Vertragspartner entgegen den Geboten von Treu und Glauben unangemessene Benachteiligung vorliegt (Martinek, in: Hoeren/Martinek, SKK, Teil 1 Rn. 42; Graf von Westfalen, in: Henssler/Graf von Westfalen, Praxis der Schuldrechtsreform, § 305 Rn. 4). Vielmehr müssen die AGB-Klauseln klar und verständlich sein (§ 307 Abs. 1 Satz 2 BGB n.F.). Damit wurde das sog. **Transparenzgebot**, das bislang nicht im Gesetz verankert war, sondern durch Richterrecht entstanden ist, in das BGB übernommen. Hiermit wurde dem Judikat des EuGH-Urteils vom 10.5.2001 (NJW 2001, 2244) Rechnung getragen, demzufolge die Rechtsquelle „Richterrecht" keine richtlinienkonforme Umsetzung des Trans-

parenzgebots des Art. 5 der Richtlinien Nr. 93/13/EWG des Rates vom 5.4.1993 für missbräuchliche Klauseln in Verbraucherverträgen darstellt (ABlEG v. 21.4.1993 Nr. L 95, S. 29). Diese Regelung in § 307 BGB n.F. nimmt also die bisherigen Tatbestände der §§ 8 und 9 AGBG auf.

- **Zustimmungsvorbehalt**: Gem. Abschn. I Ziff. 2 NWVB bedürfen **Übertragungen von Rechten und Pflichten des Käufers** aus dem Kaufvertrag der **schriftlichen Zustimmung des Verkäufers**. Der Verkäufer bedarf für die Abtretung seiner Ansprüche aus dem Kaufvertrag jedoch nicht des Einverständnisses des Käufers.   19

  Diese Klausel mit dem Zustimmungsvorbehalt ist nicht als überraschende Klausel i.S.d. § 305c Abs. 1 BGB zu werten; es liegt keine erhebliche Abweichung von dem dispositiv geregelten gesetzlichen Leitbild des Kaufvertrags vor (s. auch Palandt/Heinrichs, Gesetz zur Modernisierung des Schuldrechts, § 305c Rn. 4). Auch ist keine unangemessene Benachteiligung des Käufers gem. § 307 BGB gegeben, da das Interesse des Händlers, den Kaufvertrag ausschließlich mit dem Vertragspartner abzuwickeln, dessen Bonität ihm bekannt ist und auch das Interesse an einer klaren und übersichtlichen Gestaltung des Abrechnungsverkehrs als berechtigt anzuerkennen ist (Reinking/Eggert, Der Autokauf, Rn. 125; vgl. auch BGH, NJW 1981, 117; Niebling, DAR 1981, 37; zur Inhaltskontrolle vgl. auch Graf von Westphalen, in: Henssler/Graf von Westphalen, Praxis der Schuldrechtsreform, § 307 Rn. 1 ff.).

- **Schriftformklausel:** Die ursprünglich in den NWVB vorhandene Schriftformklausel entfiel aufgrund des BFH-Urteils vom 27.9.2000 (DAR 2001, 64). Statt dessen wurde in Abschn. I Ziff. 2 eine **Mündlichkeitsklausel** eingeführt („Mündliche Nebenabreden bestehen nicht"), die dem BFH-Urteil vom 14.10.1999 (BB 1999, 2372) folgt. Da damit aber die eigentlich beabsichtigte Beweissicherung nicht mehr sichergestellt ist, haben die Verbände in der neuesten Fassung auf diese Klausel verzichtet.   20

- **Preisänderungsklauseln:** Preisänderungsklauseln haben gewöhnlich zum Inhalt, dass der Verkäufer den Preis gem. § 315 BGB an den jeweiligen Marktpreis und die Wirtschaftslage anpassen darf; die Zulässigkeitsschranken für diese Klauseln ergeben sich aus § 307 Abs. 3 BGB n.F., der Art. 4 Abs. 2 der Richtlinie 93/13/EWG umsetzt i.V.m. § 309 Nr. 1 BGB (vgl. auch Graf von Westphalen, in: Henssler/Graf von Westphalen, Praxis der Schuldrechtsreform, 2002, § 307 Rn. 20; Martinek, in: Hoeren/Martinek, SKK, 2002, § 433 Rn. 24 ff.). Eine AGB-Klausel des Inhalts, dass der Käufer bei einer Lieferzeit von über vier Monaten eine inzwischen eingetretene Preiserhöhung tragen muss, ist z.B. unwirksam und kann je nach den Umständen des Einzelfalls die Folge haben, dass es bei der ursprünglichen Preisvereinbarung bleibt (OLG Hamm, NZV 1994, 482; vgl. ferner zu diesem Bereich Palandt/Heinrichs, Gesetz zur Modernisierung des Schuldrechts, § 309 Rn. 3 ff.; BGH, NJW 1985, 621; LG Münster, MDR 1992, 129; vgl. zu Lieferzeitklauseln auch BGH, NJW 1982, 331; Ring/Klingelhöfer, Das neue AGB-Recht, D Rn. 24). Die NWVB und die GWVG sehen eine derartige Klausel nicht vor. Im kaufmännischen Geschäftsverkehr sind **Preiserhöhungsklauseln** wegen der Einschränkung des Anwendungsbereichs des § 310 BGB dagegen nicht den strengen Anforderungen des § 309 Nr. 1 BGB unterworfen (Ring/Klingelhöfer, a.a.O., D Rn. 25). Unwirksam sind diesen Personenkreis gegenüber solche Preiserhöhungsklauseln, die eine für den Geschäftspartner untragbare Erhöhungsmöglichkeit schaffen oder die Transparenz der Preiserhöhung für den Geschäftspartner nicht gewährleisten (Ring/Klingelhöfer, a.a.O., D Rn. 25).   21

- **„Nachbesserung":** Nachbesserung kann nach h.M. kraft Gesetzes und ohne Vereinbarung nicht verlangt werden; eine vereinbarte Nachbesserung führt, wenn sie nicht fehlschlägt, zum Ausschluss der anderen Gewährleistungsansprüche (vgl. insbes. Palandt/Heinrichs, Gesetz zur Modernisierung des Schuldrechts, § 309 Rn. 61 ff.; LG Gießen, MDR 1997, 458). Dies folgt nunmehr aus § 309 Ziff. 8 Buchst. b BGB n.F. Allerdings behält § 309 Ziff. 8 Buchst. b bb dem anderen Vertragsteil ausdrücklich das Recht vor, bei Fehlschlagen der Nacherfüllung (dazu unter Rn. 80) zu mindern oder auch wahlweise vom Kaufvertrag zurückzutreten. Ferner verstößt ein bloßer Hinweis auf „Nachbesserung" gegen § 309 Nr. 8 BGB n.F. auch insofern,   22 als damit der Eindruck erweckt würde, es könne nur eine Nachbesserung verlangt werden. Gem. §§ 437, 439 BGB geht der Begriff der Nacherfüllung aber weiter über denjenigen der Nachbesserung hinaus: Er umfasst sowohl die Mangelbeseitigung als auch die Lieferung einer mangelfreien Sache (§ 439 Abs. 1 BGB). Nach Auffassung von Hoeren (in: Hoeren/Martinek, SKK, Teil 3 D Rn. 31) ist allerdings eine Beschränkung auf eine der beiden Nachbesserungs-möglichkeiten (z. B. durch deutlichen Verweis auf die Möglichkeit der Mängelbeseitigung) möglich. **Vorsicht** ist geboten im Hinblick auf die Minderung: Dieser Begriff ersetzt in § 437 Nr. 2 BGB und § 441 BGB den früheren Begriff „Herabsetzung der Vergütung". Aber anders als nach der Rechtsprechung zum AGBG ist der Verweis auf die „Minderung" im nichtkauf-männischen Verkehr unwirksam, da das Gesetz nunmehr den Begriff selbst als „terminus tech-nicus" verwendet. Auch eine Beschränkung der Anzahl der Nacherfüllungsversuche ist zuläs-sig. Der Kunde hat bis zu **drei Nachbesserungsversuche** zu dulden (AG Offenburg CR 1997, 86). Nunmehr ist aber auf § 440 Satz 2 BGB abzustellen; danach ist bereits nach zwei Ver-suchen ein **Fehlschlagen der Nachbesserung** anzunehmen.

23 • **Pauschalierter Schadensersatz wegen Nichtabnahme des Neuwagens:** Dieser Anspruch des Verkäufers ist in Abschn. V Nr. 2 geregelt:

„Verlangt der Verkäufer Schadensersatz, so beträgt dieser 15 % des vereinbarten Kaufpreises. Der Schadensersatz ist höher oder niedriger anzusetzen, wenn der Verkäufer einen höheren oder der Käufer einen geringeren Schaden nachweist."

Die Vereinbarung eines pauschalen Schadensersatzes i. H. v. 15 % bei Nichtabnahme des Fahr-zeugs ist grds. zulässig und hält der Inhaltskontrolle des § 309 Nr. 5 Buchst. a BGB (ehemals § 11 Nr. 5a AGBG) stand (OLG Düsseldorf, NZV 1998, 159) . Dem Käufer muss jedoch die Möglichkeit eingeräumt sein, einen geringeren Schaden nachzuweisen (vgl. Palandt/Heinrichs, Gesetz zur Modernisierung des Schuldrechts, § 309 BGB Rn. 30 f.; zu den Rechtsfolgen bei Nichtabnahme auch Eggert, ZAP F. 3, S. 155; BGH, NJW 1982, 331 sowie zum Zahlungsver-zug nach Abnahme des Fahrzeugs Eggert, ZAP F. 3, S. 158 u. Abschn. III NWVB). Dies steht nunmehr auch im Gesetz (§ 309 Nr. 5 Buchst. b BGB; vgl. dazu auch Graf von Westphalen, in: Henssler/Graf von Westphalen, Praxis der Schuldrechtsreform, 2002, § 309 Rn. 15). Damit wird der bisherige Wortlaut des § 11 Nr. 6 Buchst. b AGBG a. F. umgekehrt. Nach einer Ent-scheidung des LG Bonn (NZV 1995, 194) ist der Betrag i. H. v. 15 % auch dann aus dem ver-einbarten Kaufpreis zu berechnen, wenn dieser wegen eines dem Käufer gewährten Rabatts erheblich unter dem Listenpreis lag. Der BGH hat 15 % im Kfz-Neugeschäft für wirksam erachtet (BGH, NJW 1982, 2316 – ihm folgend auch Abschn. V Ziff. 2 Satz 1 NWVB), dage-gen wurden 20 % im Gebrauchtwagenhandel nicht akzeptiert (Köln, NJW-RR 1993, 1405; LG Heidelberg, NJW-RR 1997, 560; a. A. OLG Köln, OLGR 1997, 3). 15 % im Gebrauchtwagen-geschäft des Neuwagenhändlers wiederum erachtet das OLG Köln für unwirksam (OLG Köln, NJW-RR 1993, 1405). Die GWVB sehen im Gebrauchtwagenhandel eine Pauschale von 10 % vor (Abschn. IV Ziff. 2), was wohl unproblematisch sein dürfte. Gewährt der Händler dem Käufer einen Sondernachlass z. B. i. H. v. 10 % für das bestellte Fahrzeug, mindert sich der pau-schale Schadensersatz, weil der tatsächliche Gewinn des Händlers bei Abnahme des Fahrzeugs wegen des Rabatts auch niedriger gewesen wäre. Hintergrund ist der, dass eine Schadensersatz-regelung nicht dazu führen darf, dass der Händler bei Nichtabnahme besser dasteht als bei ord-nungsgemäßer Vertragserfüllung (OLG Köln, VRS 1993, 6; Ludovisy, ZAP F. 9 R, S. 171; vgl. zu diesem Bereich u. a. auch AG Mettmann v. 7.9.1992, 22 C 168/92, n.v.; Reinking/Eggert, Der Autokauf, Rn. 511; Rn. 1453) Die Geltendmachung des pauschalierten Schadensersatzes wegen Nichtabnahme eines fabrikneuen Fahrzeugs setzt sowohl die Bereitstellung des Fahr-zeugs am vereinbarten Übergabeort als auch den Zugang einer Bereitstellungsanzeige bei dem Käufer voraus (OLG Celle, NJW 1988, 1675). Die Bereitstellung am vereinbarten Abnahmeort ist nämlich Voraussetzung für den haftungsbegründenden Abnahmeverzug des Kunden; bei bestimmten Sondertypen ist der Händler jedoch von dieser Verpflichtung entbunden (vgl. auch Abschn. V Nr. 4 NWVB; StEA-Kfz 1997, 15; OLG Celle v. 16.2.1995, 7 U 51/94). Einer

Bereitstellung bedarf es auch dann nicht, wenn der Käufer schon vor Fälligkeit die Abnahme des Fahrzeugs „ernsthaft und endgültig" verweigert hat (OLG Düsseldorf v. 1.12.1995, 14 U 16/95).

Beim Gebrauchtwagenhandel stellt die Pflicht zur Abnahme des Fahrzeugs – im Gegensatz zum Neuwagenhandel – nur eine Nebenpflicht dar (OLG Oldenburg, NJW 1975, 1788); dies konnte aber per AGB geändert werden, so dass sie eine Hauptleistung darstellt. Erreicht wird dies dadurch, dass Abschn. IV Ziff. 1 Satz 2 GWVB vorsieht, bei Nichtabnahme von den gesetzlichen Rechten Gebrauch zu machen. Angesichts der Schuldrechtsreform hat die Unterscheidung zwischen Haupt- und Nebenpflicht an Bedeutung verloren (dazu Rn. 34).

● **Eigentumsvorbehalt:** Hier ist im Wesentlichen zwischen dem **einfachen** und dem **erweiter-**   24
ten Eigentumsvorbehalt sowie dem Kontokorrentvorbehalt zu unterscheiden (Palandt/Putzo, BGB, § 455 Rn. 12 ff., 18; Reinking/Eggert, Der Autokauf, Rn. 183 ff.).

Gem. Abschn. VI Ziff. 1, Satz 1 NWVB bleibt das Fahrzeug bis zum Ausgleich der dem Verkäufer aufgrund des Kaufvertrags zustehenden Forderungen Eigentum des Verkäufers. Der Eigentumsübergang auf den Käufer ist an die aufschiebende Bedingung der vollständigen Bezahlung der Kaufpreisforderung geknüpft. Dieser **einfache Eigentumsvorbehalt** in einer AGB-Klausel ist zulässig; es handelt sich um eine durch § 449 BGB anerkannte Gestaltungsmöglichkeit zur Sicherung der Kaufpreisforderung (dazu auch Graf von Westphalen, in: Henssler/Graf von Westphalen, Praxis der Schuldrechtsreform, 2002, § 449 Rn. 1 ff.; Müller, in: Hoeren/Martinek, SKK, 2002, § 449 Rn. 1 ff.; Palandt/Putzo, Gesetz zur Modernisierung des Schuldrechts, § 449 Rn. 5, 12 f.; 18). Fällt der einzelne Kaufvertrag unter den Begriff des Verbraucherdarlehens i.S.d. § 491 BGB, muss der Eigentumsvorbehalt gem. § 492 i.V.m. § 127 BGB in der Vertragsurkunde enthalten sein (Palandt/Putzo, Gesetz zur Modernisierung des Schuldrechts, § 449 Rn. 10). Der **erweiterte Eigentumsvorbehalt** des Verkäufers erstreckt sich nicht nur auf dessen Anspruch aus dem Kaufvertrag, sondern auf alle Forderungen, die der Verkäufer gegen den Käufer im Zusammenhang mit dem Kaufgegenstand nachträglich erwirbt, z.B.: Forderungen aus Reparaturen und Ersatzteillieferungen, vgl. Abschn. VI, Ziff. 1, Satz 1 NWVB (vgl. zum erweiterten Eigentumsvorbehalt auch Palandt/Putzo, Gesetz zur Modernisierung des Schuldrechts, § 449 Rn. 18). Für die Wirksamkeit dieses Eigentumsvorbehalts ist erforderlich, dass ein sachlicher Zusammenhang zwischen der zu sichernden Forderung und dem Kaufgegenstand besteht. Der Käufer muss den Eigentumsvorbehalt erkennbar akzeptieren (OLG Düsseldorf, NJW-RR 1997, 946; Köster, JuS 2000, 23; Ring/Klingelhöfer, Das neue AGB-Recht, C Rn. 66).

● Der **Kontokorrentvorbehalt** betrifft Kaufleute, bei denen der Vertrag zum Betrieb ihres Han-   25
delsgewerbes gehört, juristische Personen des öffentlichen Rechts sowie öffentlich-rechtliche Sondervermögen (Reinking/Eggert, Der Autokauf, Rn. 183, 187 u. 190). Es handelt sich hierbei um eine besondere Art der Gestaltung des erweiterten Eigentumsvorbehalts; der Eigentumsvorbehalt erstreckt sich hier auch auf Forderungen, die der Verkäufer aus seinen laufenden Geschäftsbeziehungen gegen den Käufer besitzt (vgl. dazu auch Müller, in: Hoeren/Martinek, SKK, 2002, § 449 Rn. 37 f.). Wird das Konto ausgeglichen, erlischt der Eigentumsvorbehalt. Der Kontokorrentvorbehalt darf über den ausdrücklich im Einzelfall vereinbarten Umfang nicht ausgedehnt werden. Eine AGB-Klausel entsprechenden Inhalts, sog. Kontokorrentklausel, ist grds. zulässig, diese stellt weder eine überraschende Klausel i.S.d. § 305c Abs. 1 BGB dar, noch ist sie unangemessen i.S.d. § 307 Abs. 1 und 2 BGB (Palandt/Putzo, Gesetz zur Modernisierung des Schuldrechts, § 449 Rn. 19; BGHZ 42, 58).

Gem. Abschn. VI Ziff. 1 NWVB steht dem Verkäufer während der Dauer des Eigentumsvorbehalts das Recht zum Besitz des **Kraftfahrzeug-Briefs** zu. Mit der vollständigen Tilgung der gesicherten Forderungen geht das Eigentum auf den Käufer über. Dem Käufer steht in diesem Fall ein Anspruch auf Herausgabe des Kfz-Briefs aus § 951 BGB zu.

26 • **Zusicherung:** Das in § 11 Nr. 11 AGBG a.F. enthaltene Klauselverbot, das Vertragsbestimmungen für unwirksam erklärte, welche die **Haftung für zugesicherte Eigenschaften** einschränkte oder ausschloss, ist durch das Schuldrechtsmodernisierungsgesetz weggefallen. Das beruht darauf, dass der Begriff „zugesicherte Eigenschaft" nicht mehr als eigenständiges Merkmal des Mangelbegriffs in § 459 Abs. 2 BGB n.F. enthalten ist. Stattdessen stellt das Gesetz in den §§ 434 Abs. 1, 633 Abs. 2 BGB n.F. auf die vereinbarte Beschaffenheit bzw. Eignung der Sache für den Käufer/Besteller ab. Weitestgehend findet das Klauselverbot aber in § 444 2. Alt. BGB inhaltlich seine Ausgestaltung. Danach kann sich der Verkäufer nicht auf eine Einschränkung oder einen Ausschluss der Mängelhaftung berufen, wenn er eine Garantie für das Vorhandensein einer Eigenschaft übernommen hat (BT-Drs. 14/6040, S. 160). Die bisherige Schadensersatzhaftung wegen Fehlens einer zugesicherten Eigenschaft oder wegen arglistigen Verschweigens eines Fehler in § 463 BGB a.F. geht in der Neuregelung der Käuferrechte ferner in § 437 BGB n.F. auf. Danach kann der Käufer nunmehr grds. bei jedem verschuldetem Mangel Schadensersatz verlangen; hat der Verkäufer eine Garantie für das Vorhandensein einer Eigenschaft übernommen (vgl. § 276 Abs. 1 BGB n.F.), hat er ihr Fehlen auch ohne Verschulden zu vertreten. Demzufolge sind Klauseln unwirksam (Hoeren, in: Hoeren/Martinek, SKK, Teil 3 G Rn. 63),

• die jede Haftung für Mängel ausschließen,

• aufgrund deren der Verkäufer nicht für fahrlässiges Verhalten haftet (OLG Köln, DAR 1982, 403),

• welche die Haftung für Mangelfolgeschäden der Höhe nach begrenzt,

• die als Generalklauseln jegliche Haftung, soweit gesetzlich zulässig, ausschließen; hierbei handelt es sich um eine sog. salvatorische Klausel, die insofern unzulässig ist (BGH, NJW 1987, 1815),

• die einen Haftungsausschluss für leicht fahrlässige Pflichtverletzungen vorsieht (BGHZ 49, 363); das gilt auch im Rahmen des § 307 BGB n.F. (Graf von Westphalen, in: Henssler/Graf von Westphalen, Praxis der Schuldrechtsreform, § 309 Rn. 33ff.). Allerdings hat der BGH im Urteil v. 27.9.2000 (DAR 2001, 64) doch eine Beschränkung der Haftung bei leichter Fahrlässigkeit für zulässig erachtet, wie es seinen Niederschlag auch in Abschn. VIII Ziff. 1 NWVB gefunden hat.

27 • Auf das BGH-Urteil vom 27.9.2000 (DAR 2001, 64) geht auch die beschränkte Haftung bei leichter Fahrlässigkeit in Abschn. VII Ziff. 1 und 2 NWVB zurück. Demzufolge haftet der Verkäufer dem Käufer zwar bei leicht fahrlässiger Verletzung von Leib und Leben unbeschränkt, aber bei Verletzung „vertragswesentlicher Pflichten" beschränkt. Diese Haftung ist auf den bei Vertragsabschluss vorhersehbaren typischen Schaden begrenzt.

4. Zusammenfassende Übersichten

Synopse BGB-AGBG   28

BGB n.F.	AGBG
§ 305 Abs. 1	§ 1
§ 305 Abs. 2	§ 2 Abs. 1
§ 305 Abs. 3	§ 2 Abs. 2
§ 305a Nr. 1	§ 23 Abs. 2 Nr. 1
§ 305a Nr. 2	§ 23 Abs. 2 Nr. 1 Buchst. a und b
§ 305b	§ 4
§ 305c Abs. 1	§ 3
§ 305c Abs. 2	§ 5
§ 306	§ 6
§ 306a	§ 7
§ 307 Abs. 1 Satz 1	§ 9 Abs. 1
§ 307 Abs. 1 Satz 2	-
§ 307 Abs. 2	§ 9 Abs. 2
§ 307 Abs. 3	§ 8
§ 308	§ 10
§ 309 Nr 1 – 6	§ 11 Nr. 1 – 6
§ 309 Nr. 7	§ 11 Nr. 7, § 23 Abs. 2 Nr. 3
§ 309 Nr. 8	§ 11 Nr. 8 – 11, § 23 Abs. 2 Nr. 3
§ 309 Nr. 9 – 13	§ 11 Nr. 12 – 16, § 23 Abs. 2 Nr. 6
§ 310 Abs. 1	§ 24
§ 310 Abs. 2	§ 23 Abs. 2 Nr. 2
§ 310 Abs. 3	§ 24a
§ 301 Abs. 4	§ 23 Abs. 1

Das **allgemeine Prüfschema für AGB** und damit auch für die NWVB und die GWVB oder für die   29
sonst im Rahmen des Autokaufs verwendeten AGB gestaltet sich daher wie folgt:

(1) Wirksame Einbeziehung von AGB in den Vertrag

- Liegen ABG i. S. d. § 305 Abs. 1 BGB vor?
- Sind die AGB Vertragsbestandteil gem. § 305 Abs. 2 und 3 BGB geworden?
  - (ausdrücklicher) Hinweis oder
  - Möglichkeit der Kenntnisnahme für die andere Vertragspartei und
  - Einverständnis der anderen Vertragspartei
- § 310 Abs. 3 BGB beachten (Verbraucherverträge)

(2) Allgemeine Wirksamkeitsgrundsätze

- Besteht eine Individualabrede nach § 305b BGB (ist diese vorrangig)?
- Liegt eine Überraschungsklausel gem. § 305c BGB vor?
- Wird gegen das Umgehungsverbot des § 306a BGB verstoßen?

(3) Inhaltskontrolle

- Sonderregelungen

  - die Anwendung ausschließend oder beschränkend (§§ 310 Abs. 1 und 2, 307 Abs. 3 BGB) – wichtig insbesondere für Kfz-Kaufverträge, die als Verbraucherverträge zu qualifizieren sind,

  - Sonderregelungen betr. Verträge zwischen Unternehmer und Verbraucher in § 310 Abs. 3 BGB.

- Klauseln ohne Wertungsmöglichkeit gem. § 309 BGB (betr. z.B. Klauseln über kurzfristige Preiserhöhungen, Leistungsverweigerungsrechte, Pauschalierung von Schadensersatzansprüchen, Haftungsausschlüsse bei Verletzung von Leben, Körper, Gesundheit und grobem Verschulden, Mängelklauseln).

- Klauseln mit Wertungsmöglichkeit gem. § 308 BGB (z.B. betr. Annahme- und Leistungsfristen, Nachfristen, Rücktrittsvorbehalte, Änderungsvorbehalte, Abwicklung des Vertrags betreffend bzw. die Nichtverfügbarkeit der Leistung),

- Sonst: Generalklausel des § 307 BGB (sog. Inhaltskontrolle) mit dem Transparenzgebot

Bei Nichteinbezug bzw. Unwirksamkeit:

Rechtsfolge § 306 BGB, d.h. der Vertrag bleibt i.Ü. wirksam, es sei denn, dies wäre für den Verkäufer oder den Käufer eine unzumutbare Härte.

Auf einzelne Klauseln wird unter Rn. 18 ff. eingegangen.

IV. Abschluss des Kaufvertrags

1. Angebot und Annahme

30 Mit der Unterschrift auf dem Bestellschein gibt dieser ein an den Händler gerichtetes verbindliches Angebot zum Abschluss eines Kaufvertrags ab (Eggert, ZAP F. 3, S. 148). Aufgrund der Schriftlichkeit des Angebots ist ein Antrag unter Abwesenden gegeben. Als Antrag unter Anwesenden gilt auch das Angebot per Internet (anders bei einem solchen über E-Mail; hier liegt ein Angebot unter Abwesenden vor, vgl. Rn. 143). Ist die Urkunde über einen PKW als „Bestellung (verbindlich)" überschrieben, handelt es sich aber noch nicht um einen Kaufvertrag; dagegen spricht schon die Bezeichnung als Bestellung; dazu bedarf es der Unterzeichnung beider Vertragsparteien (OLG Düsseldorf, DAR 2001, 305).

31 Nach Abschn. I, Ziff. 1 Satz 1 NWVB ist eine Bindung des Kaufinteressenten an sein Angebot auf die Dauer von **höchstens 4 Wochen** und bei Nutzfahrzeugen von 6 Wochen gegeben. Während dieser Frist bleibt dem Händler die Annahme vorbehalten (zur Ablehnung der Käuferofferte vgl. Reinking/Eggert, Der Autokauf, Rn. 159). Der Kaufvertrag ist erst geschlossen, wenn der Verkäufer die Annahme der Bestellung innerhalb der Vierwochenfrist schriftlich bestätigt hat oder die Lieferung des bestellten Fahrzeugs ausgeführt ist, Abschn. I, Ziff. 1 Satz 2 NWVB (Eggert, ZAP F. 3, S. 148; vgl. auch OLG Frankfurt/M., OLGR 1997, 253). Maßgeblicher Zeitpunkt für das Zustandekommen des Vertrags ist der **Zugang der Annahmeerklärung** beim Käufer, § 130 BGB.

32 Die Angemessenheit der vorgenannten vierwöchigen **Annahmefrist** bei der **Neuwagenbestellung** war umstritten (vgl. hierzu Reinking/Eggert, Der Autokauf, Rn. 9, 11, 18; Mehle, DAR 1990, 174). Der **BGH** hat hingegen mit Urteil v. 13.12.1989 (NJW 1990, 1784) entschieden, dass die **Vierwochenfrist** in den NWVB **nicht unangemessen lang** i.S.v. § 308 BGB ist (vgl. auch Palandt/Heinrichs, Gesetz zur Modernisierung des Schuldrechts, § 308 Rn. 7). Reinking/Eggert, Der Autokauf, Rn. 19 sehen dies kritisch. Im Interesse des Kunden soll ein längerer Schwebezustand vermieden werden. Angesichts moderner Kommunikationsmittel (Telefon, Telefax und Internet)

scheint die Vier-Wochen-Frist heute unangemessen. Bei verspäteter Annahme des Angebots durch den Händler ist ein neuer Antrag gegeben, § 150 Abs. 1 BGB (Eggert, ZAP F. 3, S. 148; s. auch OLG München, DAR 1997, 494).

Der Neufahrzeugkauf kann im konkreten Fall als Haustürgeschäft i.S.d. § 312 Abs. 1 und 3 BGB   **33** zu werten sein (vgl. hierzu Eggert, ZAP F. 3, S. 148; BGH, NJW 1994, 2759; NJW 1996, 926; NJW 1990, 181; NJW 1996, 57; NJW 1995, 3386; Reinking/Eggert, Der Autokauf, Rn. 368 – jeweils noch zu § 1 Abs. 1 HaustürWG). Hier gelten die obigen Ausführungen zum Widerrufsrecht gem. § 355 Abs. 1 Satz 2 BGB binnen einer Frist von zwei Wochen. Auch hier aber – und das ist neu – besteht gem. § 312 Abs. 2 BGB eine Verpflichtung des Unternehmers, auf das Recht zum Widerruf bzw. zur Rückgabe hinzuweisen. Ist keine Belehrung erfolgt, sieht § 355 Abs. 3 BGB eine einheitliche Frist von sechs Monaten nach Vertragsschluss vor, innerhalb derer dieses Recht ausgeübt werden kann. Die Gültigkeit dieser Regelung hängt aber von einer demnächst zu erwartenden Entscheidung des EuGH ab.

2. Haftung bei Vertragsanbahnung oder bei Schlechtleistung

Durch das **Schuldrechtsmodernisierungsgesetz** wurde das durch Richterrecht entwickelte Institut   **34** der **culpa in contrahendo**, das auf einem vertragsähnlichen Vertrauensverhältnis fußte und dem Käufer einen Schadensersatz zusprach, wenn der Verkäufer gegen vorvertragliche Aufklärungspflichten verstieß, seit dem 1.1.2002 eine in § 311 Abs. 2 BGB i.V.m. §§ 280 Abs. 1 Satz 1, 241 Abs. 2 BGB gesetzlich verankerte Anspruchsgrundlage. Danach entsteht bereits mit Aufnahme der Vertragsverhandlungen bzw. bei Anbahnung eines Vertrags und bei ähnlichen geschäftlichen Kontakten ein Schuldverhältnis. Dieses vorvertragliche Schuldverhältnis endet mit dem Abbruch der Verhandlungen oder mit Abschluss des Kaufvertrags. Es gibt nunmehr keine Unterscheidung mehr danach, ob der Schuldner (Unternehmer) eine Haupt-, Neben-, Leistungs- oder Schutzpflicht des Schuldners verletzt. Vielmehr führt gem. § 280 Abs. 1 BGB jede Pflichtverletzung in einem Schuldverhältnis, die der Schuldner zu vertreten hat, zu einem Anspruch auf Ersatz des dadurch entstandenen Schadens (vgl. dazu Hoeren/Martinek, SKK, 2002, vor § 434 Rn. 21; Henssler/Graf von Westphalen, Praxis der Schuldrechtsreform, Einl. Rn. 21 (Henssler) und § 311 Rn. 2 (Muthers); Albrecht/Flohr/Lange, Schuldrecht 2002, S. 22, 25; zum Schadensersatzanspruch). D.h. aus dem vorvertraglichen Schuldverhältnis erwachsen keine Primärleistungspflichten, sondern nur die in § 241 Abs. 2 BGB angesprochenen Pflichten zur Rücksichtnahme auf die Rechte, Rechtsgüter und Interessen des anderen Teils (Verhaltenspflicht). Sie können sich v.a. auf Aufklärung, Auskunft, Obhut oder Fürsorge richten (Palandt/Heinrichs, Gesetz zur Modernisierung des Schuldrechts, § 311 BGB Rn. 13). Diese Pflichtverletzung muss der Verkäufer als Schuldner zu vertreten haben i.S.d. § 276 BGB. Nicht erfasst werden unrichtige Informationen über die Beschaffenheit des Kfz, da die §§ 434 bis 441 BGB dafür Sonderregelungen enthalten (dazu Rn. 56 ff.). Nur bei unrichtiger Information über andere wertbildenden Faktoren, die nicht Gegenstand einer Beschaffenheitsvereinbarung das Kfz betreffend gemacht werden können, ist eine Haftung aus § 311 Abs. 2 BGB in Betracht zu ziehen. So wird diese Haftung nicht eingreifen, wenn der Verkäufer nicht über einen bevorstehenden Modellwechsel oder technische Verbesserungen aufklärt; sehr wohl besteht eine derartige Haftung, wenn der Käufer, der seinen PKW in Zahlung gibt, erkennbar zu hohe Vorstellungen über den Anrechnungspreis (DAT-Schätzpreis) hat und vom Verkäufer nicht darüber aufgeklärt wird (Palandt/Heinrichs, Gesetz zur Modernisierung des Schuldrechts, § 311 BGB Rn. 38 f.). Eine Untersuchungspflicht erwächst dem Kfz-Händler z.B. hinsichtlich der korrekten Bezeichnung der Marken-/Typenbezeichnung, hinsichtlich der angeblichen Unfallfreiheit des Kfz (Düsseldorf, VersR 1993, 1027) oder wenn die Angaben des Verkäufers Anlass zu Bedenken geben (Frankfurt/M., NJW-RR 1992, 186). Letztlich kann nur im Einzelfall entschieden werden, ob den Verkäufer besondere Offenbarungs- und Aufklärungspflichten treffen. Davon ist i.d.R. auszugehen, wenn Umstände vorliegen, von denen erkennbar ist, dass sie für den anderen Teil von wesentlicher Bedeutung sind oder sein können, und über die sich der andere Teil selbst nicht oder nur unter unverhältnismäßigem Aufwand informieren kann und über die er eine Aufklärung erwarten kann (BGH, BB 1991, 933, 934; Martinek/Wimmer-Leonhardt, in: Hoeren/Martinek, SKK, § 433 Rn. 36 ff.) und der besonderen Sachkunde des Verkäufers vertraut.

35 Gleiches gilt i. Ü. auch für das bislang ebenfalls auf Richterrecht beruhende Institut der **positiven Vertragsverletzung,** d. h. die Verletzung einer nicht leistungsbezogenen Nebenpflicht aus dem Vertrag (Schlechtleistung, z. B. Ersatzteilbeschaffung oder Bearbeitung von Kulanzanträgen an das Herstellerwerk, s. dazu Reinking/Eggert, Der Autokauf, Rn. 887); sie geht ebenfalls in § 280 Abs. 1 BGB auf, aufgrund dessen jede Pflichtverletzung aus dem Schuldverhältnis den Schuldner schadensersatzpflichtig macht (vgl. dazu Dedek, in: Henssler/Graf von Westphalen, a.a.O., Vorb. §§ 241 ff. Rn. 9; Albrecht/Flohr/Lange, Schuldrecht 2002, S. 22; Hoeren/Martinek, a.a.O., vor § 434 Rn. 21).

V. Kaufpreis

1. Preisabrede und Preisauszeichnung

36 Die Freiheit der Preisvereinbarung ist ein wichtiger Bestandteil der Vertragsfreiheit; diese wird jedoch durch einige sondergesetzliche Vorschriften eingeschränkt (Palandt/Heinrichs, BGB, § 134 Rn. 26). Die Preisabrede beim Neuwagenkauf umfasst **Warenpreis, Nachlässe und Umsatzsteuer.** Diese Abrede gehört zu den wesentlichen Bestandteilen des Vertrags und ist regelmäßig eine Individualabrede, welche bei Widerspruch zu einer AGB-Klausel dieser vorgeht (Reinking/Eggert, Der Autokauf, Rn. 52).

37 Hinsichtlich der Preisauszeichnung ist die **Preisangaben-Verordnung** (PAngVO) v. 1.5.1985 i.V.m. § 1 Abs. 1 Nr. 6 BGB-InfoV einschlägig (vgl. hierzu insbes. Reinking/Eggert, Der Autokauf, Rn. 57; BGH, NJW-RR 1990, 1254; Creutzig, DAR 1984, 97; Völker, NJW 1997, 3405; Brisch, in: Henssler/Graf von Westphalen, Praxis der Schuldrechtsreform, § 312c Rn. 17). Die Vorschriften der Preisangaben-Verordnung gehören nicht zum materiellen Preisrecht, sondern zum Preisordnungsrecht; Verstöße hiergegen lassen daher die zivilrechtliche Wirksamkeit der getroffenen Abreden unberührt (BGH, NJW 1974, 859; NJW 1979, 541; Palandt/Heinrichs, BGB, § 134, Rn. 26).

38 Nach einem Beschluss des BGH v. 8.2.1996 (NJW 1996, 1759) ist die Angabe „**Effektivzins"** mit der in § 4 Abs. 1 Satz 1 PAngVO vorgeschriebenen Angabe „**effektiver Jahreszins"** nicht vereinbar (so auch Reinking/Eggert, Der Autokauf, Rn. 384). Die wesentliche Begründung des BGH liegt in Folgendem: Sowohl der Wortlaut des § 4 Abs. 1 Satz 1 PAngVO als auch der Sinn und Zweck der Preisangabenverordnung, dem Verbraucher Preisvergleiche zu ermöglichen und für Preisklarheit und Preiswahrheit zu sorgen, schließe den Gebrauch von Abkürzungen zwar generell nicht aus. Voraussetzung sei allerdings, dass diese allgemein wie die ausgeschriebenen Bezeichnungen verstanden würden. Es dürfe also nicht die Gefahr bestehen, dass der Verbraucher sie nicht als Bezeichnung für die von der Verordnung gebrauchten Begriffe verstehe, dass er sie verwechsele oder dass die Gefahr des Übersehen- oder Falschverstandenwerdens bestehe. Solche Gefahren ließen sich bei dem der Entscheidung des BGH zugrunde liegenden Sachverhalt nicht ausschließen. Die Angabe „Effektivzins" anstelle von „effektiver Jahreszins" könne vom Verbraucher daher dahingehend missverstanden werden, dass der angegebene Effektivzinssatz auf die volle Laufzeit des Darlehens zu beziehen sei (vgl. dazu auch Reinking/Eggert, Der Autokauf, Rn. 68).

39 Ferner ist z. B. eine Werbung für ein Fahrzeug unter einer Preisangabe mit dem Zusatz „**inklusive Mehrwertsteuer"** in der Herstellerwerbung für ein Neufahrzeug als **irreführend** zu werten (BGH, NJW-RR 1990, 1254). Eine solche Werbung stellt Selbstverständlichkeiten heraus und verstößt trotz objektiver Richtigkeit der Angaben gegen **§ 3 UWG,** wenn dem Publikum nicht bekannt ist, dass es sich bei der betonten Eigenschaft um einen gesetzlich vorgeschriebenen oder zum Wesen der Ware gehörenden Umstand handelt. Ist die Werbung zudem an eine breite Öffentlichkeit gerichtet, wird diese aufgrund der besonderen Hervorhebung der Mehrwertsteuerangabe nach der

Lebenserfahrung zumindest zu einem nicht unbeachtlichen Teil verunsichert und gewinnt den Eindruck, es handele sich um eine besonders günstige Preisgestaltung, die bei anderen Autohändlern nicht ohne weiteres zu erhalten ist. Eine Werbung ist ferner i.S.v. § 3 UWG irreführend, wenn ein Kfz-Händler z. B. seinem Preis für einen Gebrauchtwagen einen höheren Neupreis gegenüberstellt, ohne anzugeben, ob dieser die unverbindliche Preisempfehlung des Herstellers, der eigene frühere Neuwagenpreis oder der Neuwagenpreis eines anderen Händlers ist (OLG Stuttgart, NJW-RR 1998, 622). Die genannte Klausel, derzufolge der Preis zzgl. MwSt zu zahlen ist, ist gem. § 306a BGB als Umgehung nichtig (so schon BGH, NJW 1981, 979; vgl. auch Palandt/Heinrichs, Gesetz zur Modernisierung des Schuldrechts, § 309 Rn. 5).

2. Preisänderungsklauseln

Die Vereinbarung von Preisänderungsvorbehalten ist aufgrund der Vertragsfreiheit grds. zulässig, unterliegt jedoch, wie ausgeführt (vgl. Rn. 21), bei formularmäßiger Ausgestaltung bestimmten Einschränkungen, vgl. § 309 Nr. 1 BGB. Grundsatz ist hier, dass bei längerfristigen (d.h. länger als vier Monate, dazu s. o. unter Rn. 21) Lieferverträgen erforderliche Preiserhöhungen an den Käufer weitergegeben werden können. Die Preiserhöhungsklausel in einem vorformulierten Kaufvertrag über einen Neuwagen unterliegt auch dann der Prüfung nach dem BGB, wenn sie von dem übrigen Vertragstext räumlich getrennt und hierfür eine gesonderte Unterschriftsleistung vorgesehen ist (LG Münster, DAR 1992, 307). Im Wesentlichen gilt zu AGB-Klauseln entsprechenden Inhalts Folgendes: Eine Preisanpassungsregelung in AGB darf weder völlig allgemein gehalten sein noch darf diese so konkret gestaltet sein, dass der Käufer sie kaum verstehen kann und somit einen Verstoß gegen das Transparenzgebot (dazu unter Rn. 18) darstellt. Im Einzelnen bedeutet dies, dass eine Preisänderungsklausel grds. wirksam ist, wenn das **Ausmaß der Erhöhung in angemessenem Verhältnis** zu der eingetretenen **Änderung** steht und die AGB-Klausel eine nachvollziehbare Begrenzung enthält (BGH, NJW 1990, 116). Die Klausel muss insbesondere bei Verträgen mit Verbrauchern daher Grund und Umfang der Erhöhung konkret festlegen (BGH, NJW 1980, 2518; Palandt/Heinrichs, Gesetz zur Modernisierung des Schuldrechts, § 309 Rn. 8). Nach einer Entscheidung des OLG Hamm v. 8.7.1994 (NZV 1994, 482) ist z. B. ein dem Käufer in den AGB eines Händlers eingeräumtes Rücktrittsrecht für den Fall, dass der Kaufpreis sich nach Vertragsschluss um mehr als 5 % erhöht, auch dann gegeben, wenn dieser Prozentsatz durch zwei aufeinander folgende Preiserhöhungen erreicht wurde und eine hiervon mit einer Verbesserung der Ausstattung begründet wurde (vgl. Reinking/Eggert, Der Autokauf, Rn. 88, 92 u. speziell zu den Rechtsfolgen unwirksamer Preisanpassungsklauseln Rn. 81). Preisvorbehalte, die nicht in den Anwendungsbereich des § 309 Ziff. 1 BGB fallen, sind an der Generalklausel des § 307 Abs. 1 und 2 BGB zu messen (Palandt/Heinrichs, Gesetz zur Modernisierung des Schuldrechts, § 309 Rn. 8). Nach einer Entscheidung des LG Münster v. 29.5.1991 (DAR 1992, 307) ist eine Preiserhöhungsklausel wegen Verstoßes gegen § 307 BGB (ehemals § 9 AGBG) unwirksam, wenn die von dem Käufer zu tragende Preiserhöhung in das Belieben des Verkäufers dadurch gestellt ist, dass dieser die Lieferzeit über vier Monate hinziehen kann, ohne dem Käufer im Falle der Preiserhöhung ein Rücktrittsrecht einzuräumen. Hier ist im Einzelfall zu prüfen, ob die Unwirksamkeit der Preiserhöhungsklausel lediglich zu einem Rücktrittsrecht des Käufers führt oder ob es bei der ursprünglichen Preisvereinbarung bleibt.

3. Zahlung des Kaufpreises

Gem. Abschn. III Ziff. 1 NWVB/Abschn. II Ziff. 1 GWVB sind der Kaufpreis für das Fahrzeug und Preise für Nebenleistungen bei Übergabe des Fahrzeugs – spätestens jedoch acht Tage bei Gebrauchtwagen (Abschn. IV Ziff. 1 Satz 1 GWVB) und 14 Tage bei Neuwagen (Abschn. V Ziff. 1 Satz 1 NWVB) nach Zugang der schriftlichen Bereitstellungsanzeige – und Aushändigung oder Übersendung der Rechnung zur Zahlung fällig. Bargeldlose Zahlungen durch Zahlungsanweisungen, Schecks oder Wechsel stellen keine Erfüllung der Zahlungspflicht dar; es sei denn, diese Zahlungsweise beruht auf besonderer Vereinbarung der Vertragsparteien. Individuelle Vereinbarungen gehen der Formularregelung des Abschn. III, Ziff. 1 NWVB vor; dies gilt insbes. für die Art und Weise der Verrechnung eines in Zahlung genommenen Gebrauchtfahrzeugs. **Verzugszinsen** werden gem. § 288 BGB mit 5 % p. a. über dem Diskontsatz der Deutschen Bundesbank berechnet, dagegen sogar mit 8 %, wenn an dem Kaufvertrag kein Verbraucher beteiligt ist. Ein höherer Zinssatz ist anzusetzen, wenn der Verkäufer eine Belastung mit einem höheren Zinssatz nachweist. Seit dem 1.1.2002 ist nur noch der **Basiszinssatz** als Bezugsgröße maßgebend (§ 288 BGB).

VI. Inzahlungnahme eines Gebrauchtwagens

42 Es ist heute selbstverständlicher Teil des Neuwagenkaufs, dass der Altwagen in Zahlung genommen wird. Hierbei bestätigt der Händler gewöhnlich nur die Annahme der Bestellung des Neufahrzeugs, nicht jedoch separat die Hereinnahme des Altfahrzeugs (Reinking/Eggert, Der Autokauf, Rn. 335; vgl. zu diesem Bereich u. a. auch OLG Oldenburg, NJW-RR 1995, 689, LG Wuppertal, NJW-RR 1997, 1416).

1. Interessen der Beteiligten

43 Die Inzahlungnahme des Gebrauchtfahrzeugs im Rahmen des Neufahrzeugkaufs bzw. im Rahmen des Leasings eines neuen Fahrzeugs hat für die am Geschäft Beteiligten, nämlich Hersteller, Händler und Käufer, vorwiegend **wirtschaftliche Bedeutung.** Die Inzahlungnahme ist direktes Förderungsmittel für den Absatz bei dem Neuwagengeschäft und zugleich für einen erfolgreichen Gebrauchtwagenverkauf, mit welchem wiederum Kapital für das Neuwagengeschäft gewonnen wird. Auf der Seite des Käufers ist die Finanzierungsfunktion der Inzahlunggabe von entscheidendem Interesse (Reinking/Eggert, Der Autokauf, Rn. 326).

2. Agenturmodell und feste Inzahlungnahme

44 Die feste Inzahlungnahme, bei welcher der Anrechnungspreis einen verbindlichen Festpreis darstellt, war ursprünglich die gängige Handhabung im Kfz-Handel. In den Jahren 1967 – 1991 war sodann das sog. **Agenturmodell** vorherrschend. Dieses Modell trat jedoch durch das am 1.7.1990 in Kraft getretene Zweite Gesetz zur Änderung des UStG aus steuerlichen Gründen in den Hintergrund (Einführung der **Differenzbesteuerung,** § 25a UStG n. F.), womit wieder die feste Inzahlungnahme in den Vordergrund trat (Reinking/Eggert, Der Autokauf, Rn. 331).

3. Rechtliche Einordnung

45 Bei dem Fahrzeugkauf mit Inzahlungnahme des Altfahrzeugs kann es sich im Grundsatz um folgende Vertragsgestaltungen handeln: Kauf mit **Ersetzungsbefugnis** des Käufers oder Kauf mit **Stundung** des Kaufpreises und **Agenturvertrag** über Veräußerung des Altwagens (s. Martinek/Wimmer-Leonhardt, in: Hoeren/Martinek, SKK, 2002, § 433 Rn. 94; Reinking/Eggert, Der Autokauf, Rn. 324 ff.).

46 Nach dem BGH liegt im **Regelfall** ein **Kaufvertrag mit Ersetzungsbefugnis des Käufers** vor; dem Käufer ist hier die Ersetzungsbefugnis eingeräumt, seinen Altwagen für den vertraglich festgesetzten Teil des Kaufpreises an Erfüllungs Statt zu leisten (Reinking/Eggert, Der Autokauf, Rn. 341). Nach der Entscheidung des OLG Oldenburg v. 28.7.1994 (NJW-RR 1995, 689; s. auch LG Wuppertal, NJW-RR 1997, 1416) ist die Inzahlungnahme eines Gebrauchtfahrzeugs weder als Begründung einer Ersetzungsbefugnis noch als Leistung an Erfüllungs Statt zu werten. Entsprechend den Interessen der Vertragsparteien sei vielmehr von einem typengemischten Vertrag mit Elementen des Kaufs und des Tauschs auszugehen. Die Vereinbarung der Inzahlungnahme sei hiernach nicht bloße Nebenabrede des Neuwagenkaufs, sondern gleichwertiger Bestandteil eines einheitlichen Mischvertrags. Nach dieser Ansicht erfasst das Wandlungsbegehren des Verkäufers des Neufahrzeugs den gesamten Vertrag.

4. Vertragsstörungen

Bei Vertragsstörungen gelten die Vorschriften über die Gewährleistung (dazu unter Rn. 55 ff.). 47
Auf einige spezielle Konstellationen sei hier aber hingewiesen: Wird über den Altwagen ein besonderer Kaufvertrag abgeschlossen und der Kaufpreis mit dem für den Neuwagen abgerechnet, ist
die **Gewährleistung** des Neuwagenkäufers für sog. **Verschleißmängel** stillschweigend ausgeschlossen (zuletzt OLG Düsseldorf, NZV 2000, 83), sofern nicht eine eindeutige andere Regelung vereinbart wird oder Mängel arglistig verschwiegen worden sind (BGH, NJW 1982, 1700,
vgl. zu der Kündigung des Agenturvertrags BGH, NJW 1982, 1699).

Der im Rahmen eines Neuwagenkaufs mit der Vermittlung eines in Zahlung genommen 48
Gebrauchtwagens beauftragte Verkäufer macht sich nach einer Entscheidung des LG Verden/Aller
v. 24.5.1989 (DAR 1990, 24) gegenüber dem Käufer des Neuwagens schadensersatzpflichtig,
wenn er in dem von ihm vermittelten Kaufvertrag zwischen seinem Auftraggeber und dem Erwerber des in Zahlung gegebenen Gebrauchtwagens keinen **Gewährleistungsausschluss** aufnimmt.
Im Rahmen eines solchen Schadensersatzanspruchs ist es dem Käufer gem. § 254 BGB nicht als
Mitverschulden anzulasten, wenn er am Gebrauchtwagen vorhandene Mängel lediglich grob fahrlässig nicht gekannt hat. Nur ein arglistiges Verschweigen von Mängeln könne die Anrechnung
von Mitverschulden gem. § 254 BGB rechtfertigen.

VII. Liefertermine und Lieferfristen

Die Vertragsparteien können die Leistungszeit in unterschiedlicher Weise vertraglich festlegen 49
(Palandt/Heinrichs, BGB, § 271 Rn. 4). Bei dem Neufahrzeugkauf wird in der Praxis die Regelung
des § 271 BGB, bei dessen Geltung der Händler das Fahrzeug sofort nach Vertragsschluss unter
Einschluss der vierwöchigen Annahmefrist auszuliefern hätte, durch **Sondervereinbarungen,**
nämlich Vereinbarung von unverbindlichen bzw. verbindlichen Lieferterminen und Lieferzeiten,
ersetzt (Eggert, ZAP F. 3, S. 149).

1. Lieferfrist- bzw. Lieferterminüberschreitung

Unter **Lieferfrist** ist ein gewisser Zeitraum zu verstehen; Beginn ist der Vertrags- 50
schluss. **Liefertermin** ist ein bestimmter Tag oder Zeitpunkt. Liefertermine und Lieferfristen sind
gem. Abschn. IV, Ziff. 1 N-WVB schriftlich anzugeben. Werden nachträglich Vertragsänderungen
vereinbart, ist erforderlichenfalls gleichzeitig ein Liefertermin oder eine Lieferfrist erneut zu vereinbaren.

Lieferfristen und Liefertermine können „**unverbindlich**" oder „**verbindlich**" vereinbart werden, 51
vgl. Abschn. IV Ziff. 1 NWVB (Reinking/Eggert, Der Autokauf, Rn. 21). Bei einem nicht vorräti-
gen Fahrzeug werden gewöhnlich unverbindliche Lieferfristen bzw. Liefertermine vereinbart (Eggert, ZAP F. 3, S. 150). Entsprechend der vorgenannten Regelung enthalten die üblichen Bestell-
formulare eine Rubrik für die Eintragung des Liefertermins bzw. der Lieferfrist, in welcher die
gewünschte Alternative durch Kennzeichnung ersichtlich wird. Die konkrete Vereinbarung der
Vertragsparteien ist daher gewöhnlich dem Bestellschein zu entnehmen (Eggert, ZAP F. 3, S. 149).
Entscheidend ist, dass der Liefertermin datumsmäßig fixiert oder die Lieferfrist nach Tagen,
Wochen oder Monaten bestimmt ist. Nicht hinreichend bestimmt sind Klauseln wie z.B. „Lieferung so schnell wie möglich" oder „Lieferung sofort nach Eintreffen der Ware". Der Käufer muss
eine **sechswöchige Lieferfristüberschreitung** rechtsfolgenlos hinnehmen, vgl. Abschn. IV Ziff. 2
NWVB. Bei der verbindlichen Lieferfrist gerät der Verkäufer bereits mit Überschreitung der Frist
in Verzug (Reinking/Eggert, Der Autokauf, Rn. 32, 46).

Ein **Fixgeschäft** liegt vor, wenn die Einhaltung einer genau bestimmten Leistungszeit wesentlicher 52
Inhalt der vertraglichen Leistungspflicht ist (Palandt/Heinrichs, BGB, § 361 Rn. 1). Geht das Interesse des Käufers dahin, das Fahrzeug zu einem bestimmten Zeitpunkt zu erhalten, wobei eine

nachträgliche Lieferung für ihn keinen Sinn hat, muss er mit dem Verkäufer in Abweichung von den Verkaufsbedingungen ein solches Fixgeschäft, d. h. eine **Lieferung „zum festen Termin"** vereinbaren. Hierzu ist zum einen die genaue Bestimmung der Lieferzeit erforderlich; zum anderen muss sich aus der Formulierung der Terminvereinbarung ergeben, dass der Zeitpunkt für die Lieferung ein so wesentlicher Bestandteil des Vertrags sein soll, dass mit der **zeitgerechten Leistung das Geschäft „stehen und fallen soll"**, eine verspätete Lieferung daher nicht mehr als Erfüllung angesehen werden soll (RGZ 51, 347; BGHZ 110, 96; Reinking/Eggert, Der Autokauf, Rn. 49; Palandt/Heinrichs, BGB, § 271 Rn. 17 i.V.m. § 361 Rn. 2).

2. Höhere Gewalt und Betriebsstörung

53   Gem. Abschn. IV, Ziff. 4 NWVB **verändern** höhere Gewalt oder beim Verkäufer oder dessen Lieferanten eintretende Betriebsstörungen, z. B. durch Aufruhr, Streik, Aussperrung, die den Verkäufer ohne eigenes Verschulden vorübergehend daran hindern, das Fahrzeug zum vereinbarten Termin oder innerhalb der vereinbarten Frist zu liefern, die **Liefertermine** oder **Lieferfristen um** die **Dauer** der durch **diese Umstände bedingten Leistungsstörungen.**

54   Unter **höherer Gewalt** ist ein von außen kommendes, nicht vorhersehbares, keinen betrieblichen Zusammenhang aufweisendes, auch durch äußerste vernünftigerweise zu erwartende Sorgfalt nicht abwendbares Ereignis zu verstehen (BGHZ 100, 185; Palandt/Sprau, BGB, § 651j Rn. 3). Unter einer **Betriebsstörung** werden allgemein die Fälle von Aufruhr, Streik und Aussperrung gefasst; der Unterschied zur höheren Gewalt besteht in der mangelnden Betriebsfremdheit (Reinking/Eggert, Der Autokauf, Rn. 47).

VIII. Lieferung eines mangelfreien Fahrzeugs

55   Wesentliche Vertragspflichten des Verkäufers sind die **Lieferung** des Fahrzeugs und die **Eigentumsverschaffung** an diesem (§ 433 Abs. 1 Satz 1 BGB). Ihn trifft die Pflicht zur Lieferung einer von Sach- und Rechtsmängeln (beide werden gleichbehandelt) freien Sache (§ 433 Abs. 1 Satz 2 BGB).

1. Mangel: Abweichung von der vereinbarten Beschaffenheit

56   Ausgangspunkt für die Frage, ob ein Mangel vorliegt, ist die Prüfung, ob das gelieferte Fahrzeug die vereinbarte Beschaffenheit besitzt (§ 434 Abs. 1 BGB). Der tatsächliche Zustand des gelieferten Fahrzeugs muss dem vereinbarten Sollzustand entsprechen, z. B. muss der Neuwagen die bestellten Ausstattungsmerkmale enthalten. Leider hat der Gesetzgeber das Merkmal der Beschaffenheit nicht definiert. Das Abstellen auf die vereinbarte Beschaffenheit zeigt aber, dass dabei der subjektive Fehlerbegriff des § 459 BGB a. F. zugrunde gelegt worden ist. Jedenfalls muss der nachteilige Umstand in der Beschaffenheit der Kaufsache wurzeln und ihr unmittelbar anhaften (Reinking, DAR 2002, 15, 16). Solch ein unmittelbarer Zusammenhang besteht z. B. bei fehlender Eignung des gelieferten Fahrzeugs zur Zulassung aufgrund technischer Mängel. Dagegen besteht ein solcher nicht, wenn der Verkäufer die zugesagte Herstellergarantie nicht beschaffen kann (BGH, NJW 1996, 2025). Entspricht das geliefert Fahrzeug nicht der vereinbarten Beschaffenheit, verstößt der Verkäufer gegen seine Pflichten aus § 433 Abs. 1 Satz 2 BGB, d. h. ihm ist ein Pflichtverletzung anzulasten. Bevor auf diese eingegangen wird, bedarf es noch einiger Hinweise auf den Sachmängelbegriff:

57   **Maßgeblicher Zeitpunkt** für das Vorliegen eines Sachmangels ist – nach wie vor – der Zeitpunkt, in dem die Preis-, also die Gegenleistungsgefahr, auf den Käufer übergeht (für den Verbrauchsgüterkauf – vgl. dazu unter Rn. 125 ff. – findet § 447 BGB gem. § 474 Abs. 2 BGB keine Anwendung, d.h. die Gegenleistungsgefahr geht also nicht bereits mit Übergabe der Sache an eine Versandperson über; insoweit gilt § 446 BGB). Die Rechtsfolgen des Mangels nach Gefahrübergang werden in den §§ 437 ff. BGB geregelt (dazu mehr unter Rn. 82 ff.).

Selbst **geringfügige Abweichungen** der Ist- von der Sollbeschaffenheit stellen einen Mangel dar (§ 441 Abs. 1 Satz 2 i.V.m. § 323 Abs. 5 Satz 2 BGB). Daher dürfte beim Kauf eines Neufahrzeugs ein Mehrverbrauch an Kraftstoff von mehr als 10 % als bei dem Kauf zugrundegelegt für den Käufer nicht hinnehmbar sein (BGH, NJW 1996, 1337; NZV 1998, 1213; Reinking, DAR 2002, 15, 16). Gleiches gilt, wenn der Neuwagen nicht die vom Hersteller versprochene Leistung bringt. Eine um bis zu 10 % kleinere Leistung ist nach Ansicht des OLG Celle (7 U 13/00) vom Käufer hinzunehmen. Ob Änderungsvorbehalte während der Lieferzeit selbst für nicht erhebliche Abweichungen (z. B. Farbe etc.), wie sie z. B. in IV/5 der NWVB vorgesehen sind, Bestand haben, bleibt abzuwarten, selbst wenn diese unter Berücksichtigung der Interessen des Verkäufers für den Kunden zumutbar sind.

58

Haben die Kaufvertragsparteien weder die Beschaffenheit vereinbart noch eine bestimmte Verwendung, ist auf die **übliche Beschaffenheit** abzustellen, die der Käufer nach Art der Sache erwarten kann und die bei Sachen gleicher Art üblich ist – wobei auf den Erwartungshorizont eines Durchschnittsempfängers abzustellen ist (Reinking, DAR 2002, 15, 16). So ist die Material- und Verarbeitungsqualität eines Fahrzeugs anhand des Vergleichs mit typengleichen Fahrzeugen derselben Serie vorzunehmen. Weist die Serie einen Mangel auf, kommt es zum Vergleich mit Fahrzeugen derselben Fahrzeugklasse (OLG Düsseldorf, NJW-RR 1997, 1211).

59

2. Unzutreffende Werbeaussagen

Erweitert wird der Anwendungsbereich des Sachmängelgewährleistungsrechts gem. § 434 Abs. 1 Satz 3 BGB insbesondere durch eigenschaftsbegründende Werbeaussagen: Zu den Eigenschaften, die der Käufer von einer Kaufsache erwarten darf, gehören u. a. auch solche, auf die der Verkäufer, der Hersteller (i. S. d. § 4 Abs. 1 und 2 ProdHaftG) oder sein Gehilfe in öffentlichen Äußerungen, insbesondere der Werbung, hingewiesen hat. Eine Abgrenzung ist zunächst zu den nur reklamehaften und nicht an konkrete Eigenschaften des Fahrzeugs (z. B. die Höchstgeschwindigkeit, die Leistungswerte des Motors oder den Kraftstoffverbrauch betreffende Aussagen wie das „Fünf-Liter-Auto" oder den Schutz vor Durchrostung über zehn Jahre oder dass das Fahrzeug als Geländefahrzeug tauglich ist) anknüpfende Anpreisungen vorzunehmen („das beste Cabrio aller Zeiten" oder „Ein Familienfahrzeug par exellence"). – Liegen keine reklamehaften Anpreisungen vor, haftet der Verkäufer dafür , dass das Fahrzeug die angekündigte Eigenschaft tatsächlich besitzt; ansonsten macht er sich ggf. schadensersatzpflichtig (RegE BR-Drs. 338/01, S. 500 f.; Graf von Westphalen, in: Henssler/Graf von Westphalen, a.a.O., § 434 Rn. 33).

60

Etwas anderes gilt nur dann, wenn der Verkäufer beweisen kann,

61

- dass der Verkäufer die Äußerung nicht kannte und auch nicht kennen musste i. S. d. § 122 Abs. 2 BGB,

- dass die Werbeaussage im Zeitpunkt des Vertragsabschlusses in gleichwertiger Weise durch actus contrarius z. B. im Fernsehen oder Radio oder in Zeitungen berichtigt war oder

- dass sie die Kaufentscheidung nicht beeinflussen konnte, also keine Abschlusskausalität besteht.

> *Hinweis:*
>
> *Diese Beweislast und ihre Auswirkungen dürften in der Praxis allerdings zu erheblichen Problemen führen. Denn verlangt wird i. R. der Kenntnis/des Kennenmüssens der Nachweis einer negativen Tatsache (fehlende Kenntnis) einschließlich der Tatsache, dass der Verkäufer nicht fahrlässig gehandelt hat. Verschärft wird das Problem dadurch, dass der Verkäufer diesen Nachweis nicht nur für sich selbst, sondern auch für seine Mitarbeiter als Wissensvertreter führen muss. Letztlich müsste bewiesen werden, dass die Überzeugungskraft der Werbeaussagen für das konkrete Kfz als Produkt konterkartiert wird, was nahezu unmöglich ist (vgl. auch Henssler/Graf von Westphalen, Praxis der Schuldrechtsreform, 2002, § 434 Rn. 38 ff.). Nicht geringer dürften die Schwierigkeiten sein, die Gleichwertigkeit der Marktdurchdringung der ersten und der zweiten – berichtigten – Werbung zu beweisen. Denn dann müsste die Berichtigung dazu führen, dass die alte – unzutreffende – Erklärung noch geeignet ist, Kaufentscheide des konkreten Käufers zu beeinflussen (Graf von Westphalen, in: Henssler/Graf von Westphalen, a.a.O., § 434 Rn. 43).*

Erschwerend kommt für den Kaufs eines Fahrzeugs hinzu, dass der Verkäufer auch für die Werbeaussagen des Herstellers einstehen muss (§ 4 Abs. 1 und 2 ProdHaftG). Übrigens umfasst der Begriff des „Gehilfen" hier nicht den Erfüllungsgehilfen (es besteht keine Pflicht zur Werbung), sondern Werbeagenturen oder Vertragshändler im selektiven Vertrieb (zum selektiven Vertrieb vgl. Niebling, DAR 2000, 97; Scheibach, DAR 2001, 49 sowie unter Rn. 146).

Entscheidend ist letztlich das Motiv des Käufers für den Kaufabschluss (Graf von Westphalen, in: Henssler/Graf von Westphalen, a.a.O., § 434 Rn. 30 f.).

62 An dieser Stelle ist ein Vorgriff auf die Ausführungen zum Gebrauchtwagenhandel erforderlich: Für diese stellt sich die Frage, ob, unter welchen Voraussetzungen und wie lange zurückliegende Äußerungen des Herstellers oder Erstverkäufers über spezielle Eigenschaften des Neufahrzeugs fortwirken – erst recht, wenn sie den Kaufwillen des Käufers maßgebend beeinflusst haben (z. B. ein 10-Liter-Auto verbraucht nach drei Jahren erheblich mehr Kraftstoff) – stellt dies einen Mangel dar, für den der Hersteller/Verkäufer noch einzutreten hat? Reinking stellt entscheidend auf den Erklärungsinhalt der öffentlichen Äußerung und ihren Einfluss auf die Willensentscheidung des Käufers ab: Als Beispiel nennt er die Werbung des Herstellers mit einer zehnjährigen Durchrostungsgarantie; dann kann auch derjenige darauf vertrauen, der ein Gebrauchtfahrzeug erwirbt, das dieses Alter noch nicht erreicht hat (DAR 2002, 15, 17).

63 Durch vertragliche Vereinbarung kann die Haftung für öffentliche Äußerungen – mit Ausnahmen: Arglist und Garantieübernahme für eine Eigenschaft – gem. § 444 BGB ausgeschlossen werden. Dem trägt VII/1 Abs. 3 NWVB 2002 Rechnung. Die Grenzen ergeben sich aus § 309 BGB (dazu s. o. unter Rn. 29).

3. Fehlerhafte Montage(-anleitung)

64 Nach § 434 Abs. 2 BGB (sog. „IKEA-Klausel") liegt auch dann ein Sachmangel vor, wenn die vereinbarte Montage durch den Verkäufer oder dessen Erfüllungsgehilfen mangelhaft durchgeführt worden ist. Dabei kann es sich nur um eine Nebenleistung handeln (Lieferung eines Satzes Winterreifen mit Montage; Anbringen von Dachgepäckträgern etc.); stellt die Montage die Primärpflicht dar, handelt es sich um einen Werkvertrag (so z. B. beim Einbau eines Austauschmotors). Erfasst werden sowohl die Fälle, in denen die Montage selbst fehlerhaft ist als auch diejenigen, in denen eine mangelfreie Sache durch die Montage mangelhaft wird (Reinking, DAR 2002, 15, 17). Dagegen besteht eine Haftung aufgrund einer allgemeine Sorgfaltspflichtverletzung z. B. in dem Fall, dass der Monteur stolpert und auf die Motorhaube eines PKW fällt. Dies ist kein Fall des § 434 Abs. 2 Satz 1 BGB. Daher hat der Käufer dann auch keinen Anspruch auf Nacherfüllung oder Minderung, sondern nur auf Schadensersatz.

Ist die Montageanleitung fehlerhaft, liegt ebenfalls eine im Rahmen der Sachmängelhaftung abzu- **65**
handelnde Pflichtverletzung vor. Diese muss alle notwendigen Informationen enthalten, die für
den Zusammenbau der Sache erforderlich sind. Allerdings besteht im Einzelfall durchaus Unsicherheit über die rechtliche Beurteilung, weil es letztlich auf das individuelle Geschick des Käufers
ankommt.

4. Aliud-Lieferung

Nach § 434 Abs. 3 BGB steht es einem Sachmangel gleich, wenn der Verkäufer eine andere Sache **66**
(sog. „aliud") liefert (z. B. Lieferung eines Gebrauchtwagens statt eines Neuwagens, vgl. OLG
Hamburg, NJW-RR 1994, 1397). Da nunmehr die Abgrenzung zwischen Sachmängelgewährleis-
tung und aliud-Lieferung aufgrund der Neufassung des Gesetzes obsolet geworden ist, vereinfacht
dies die Rechtsanwendung. Selbst Extremabweichungen sollen der Begründung des Regierungs-
entwurfs zufolge keine Rolle spielen.

5. Einzelfälle

Nachfolgend werden einige **wichtige Bereiche der Sachmängelhaftung** des Verkäufers stichwort- **67**
artig aufgelistet:

- Ein Bereich betrifft die **Standzeit:** Bei einem uneingeschränkt als neu bezeichneten Pkw sind
  Lagerzeiten von einem Jahr zu akzeptieren (OLG Hamm, NJW-RR 1998, 1212); ein Mangel
  ist jedoch zu bejahen, wenn das betreffende Modell zwischenzeitlich über eine verbesserte
  Ausstattung verfügt (OLG Koblenz, zfs 1997, 16). Ein als fabrikneu verkauftes Fahrzeug ist
  mangelhaft, wenn es im Zeitpunkt des Verkaufs mindestens 7 Monate alt und nicht mit den
  neuesten technischen Veränderungen ausgestattet ist (AG Charlottenburg, DAR 1980, 370).
  § 476 BGB bringt aber eine Beweislastumkehr, wenn der Kfz-Kaufvertrag als Verbrauchgüter-
  kauf zu qualifizieren ist (dazu unter Rn. 125 ff.): Danach besteht die Vermutung, dass das
  Fahrzeug bereits zum Zeitpunkt des Gefahrübergangs mangelhaft war, wenn sich der Fehler
  innerhalb von sechs Monaten nach Gefahrübergang zeigt. Da als Mangel jede Abweichung der
  Ist- von der Sollbeschaffenheit anzusehen ist (s. o. unter Rn. 56 ff.), liegt in den genannten Fällen jedenfalls dann ein Mangel vor, wenn der Käufer ein Kfz mit einem bestimmten technischen Standard (dazu unter dem nächsten Problempunkt) kaufen möchte, dieser aber bereits
  nach einem halben Jahr für ausgelieferte Fahrzeuge überholt ist.

- Ein weiterer Bereich betrifft den **neuesten technischen Stand:** Nach einer Entscheidung des
  OLG Köln v. 19.5.1994 (VRS 92/1997, 161) ist auch bei einem Fahrzeug der oberen Klasse
  und der Luxusklasse ein Fehler nicht schon deshalb gegeben, weil bei der Auswahl der Materialien und Systeme nicht jeweils die allerneuesten technischen Entwicklungen berücksichtigt
  worden sind. Andernfalls wäre ein großer Teil der von den Herstellern angebotenen Fahrzeuge
  von vornherein als fehlerhaft anzusehen und damit nicht mehr verkäuflich. Entscheidend ist,
  dass die Forderung, jede Neuentwicklung müsse bei den Herstellern umgehend Eingang in die
  Produktion finden, bei der Vielfalt der Technik, mit der ein modernes Kraftfahrzeug ausgerüstet ist, aus praktischen Gründen unerfüllbar ist. Auch Fahrzeuge der oberen Klasse und der
  Luxusklasse können nicht in allen Belangen Maximalforderungen gerecht werden.

- Vgl. zur **geringen Laufleistung** u. a. KG, DAR 1980, 371.

- **Mehrverbrauch an Kraftstoff:** Die Höhe des Benzinverbrauchs stellt eine den Wert des Kfz
  beeinflussende Eigenschaft dar. Weicht daher der tatsächliche Kraftstoffverbrauch nicht nur
  geringfügig gegenüber den Herstellerangaben ab, die Gegenstand der Vertragsverhandlungen
  zwischen Händler und Käufer waren, stellt dies einen Fehler dar und berechtigt zur Wandlung
  des Kaufvertrags (OLG München, DAR 1987, 225; OLG Oldenburg, NZV 1988, 225). Dies ist
  z. B nach einer Entscheidung des LG Aachen v. 25.4.1989 (NJW-RR 1989, 1462) der Fall,
  wenn der tatsächliche Benzinverbrauch mehr als 20 % über den Prospektangaben liegt. Bei
  einem Benzinmehrverbrauch von über 20 % ist sodann nicht mehr von einer unerheblichen

Abweichung auszugehen (LG Hechingen, DAR 1988, 426). Vgl. ferner zu dem Gesichtspunkt der Arglist bei einer fehlenden Aufklärung über den erhöhten Kraftstoffverbrauch eines Gebrauchtfahrzeugs OLG Düsseldorf DAR 1998, 70. Aufgrund der Neuregelung durch das Schuldrechtsmodernisierungsgesetz wird die Grenze nunmehr enger zu fassen sein, da selbst geringe Abweichungen der Ist-Beschaffenheit von der Soll-Beschaffenheit ausreichen, einen Sachmangel anzunehmen. Daher wird schon ein Mehrverbrauch von bis zu 10 % bei einem Neufahrzeug als Sachmangel einzustufen sein (so auch schon BGH, NJW 1996, 1337; NVZ 1998, 1213).

• **Wind-, Dröhn-, Klopf-, Schab- und Schlaggeräusche** können einen Fehler i. S. d. § 434 Abs. 1 BGB darstellen.

  – So können serienbedingte **Dröhngeräusche** eines Kleinwagens einen Fehler darstellen. Entscheidend für den vertraglich vorausgesetzten Maßstab des Standes der Technik des Typs ist nicht der Standard der Marke, sondern der Entwicklungsstand vergleichbarer Fahrzeuge insgesamt (OLG Köln, NJW-RR 1991, 1340).

  – Unangenehme laute **Windgeräusche** i. H. d. Fahrerkopfes ab 120 km/h stellen bei einem Neufahrzeug der gehobenen Mittelklasse einen Fehler des Fahrzeugs dar.

  – Nach einer Entscheidung des OLG Köln v. 1.2.1993 (NZV 1993, 433) stellen **Klopf- oder Schabgeräusche,** die in unregelmäßigen Abständen an einem Neuwagen auftreten, einen erheblichen Fehler der Kaufsache dar, wenn deren Ursache nicht feststellbar ist. Es bleibt hierbei offen, ob die Regelung in Neuwagen-Verkaufsbedingungen, wonach gesetzliche Gewährleistungsansprüche bestehen, wenn „der Fehler nicht beseitigt werden kann oder für den Käufer weitere Nachbesserungsversuche unzumutbar sind" wirksam ist. Weitere Nachbesserungsversuche sind für einen Käufer dann unzumutbar, wenn der Verkäufer sich widersprüchlich verhält, indem er sich einerseits für nachbesserungsbereit hält, andererseits trotz eines während des Rechtsstreits eindeutig geführten Nachweises eines Fehlers die getroffenen Feststellungen anzweifelt.

  – **Fehlzündungen** und Unfallgeräusche bei einem Neufahrzeug entsprechen nicht dem Stand der Technik (OLG Saarbrücken, NZV 2000, 261).

• Gleichfalls können **„hängende Türen"** einen Fehler i. S. d. § 434 Abs. 1 BGB darstellen. Dies hat das OLG Köln in einer Entscheidung v. 13.1.1995 (NZV 1995, 278 noch zu § 459 BGB a. F.) bejaht, wenn es bei einem Neufahrzeug aufgrund der konstruktiven Auslegung der Türscharniere bereits nach kurzer Nutzungsdauer zu einem „Hängen" der Türen kommt. Entscheidend für den vertraglich vorausgesetzten Maßstab des Standes der Technik des Typs ist hiernach nicht der Standard der Marke, sondern der Entwicklung vergleichbarer Fahrzeuge insgesamt.

• Bei einer **Vielzahl kleinerer Mängel** gilt Folgendes: Häufen sich innerhalb kürzester Zeit unterschiedliche Mängel, stellt dies sicherlich einen Mangel i. S. d. § 434 Abs. 1 BGB dar, da dazu bereits geringe Abweichungen des Ist- von dem Sollzustand ausreichen. Die Nacherfüllung kann der Verkäufer nur verweigern, wenn sie nur mit unverhältnismäßigen Kosten möglich ist (§ 439 Abs. 3 BGB). Die Schwelle für diese Einrede des Verkäufers wird nur im Einzelfall zu bestimmen sein. Kriterien dafür sind der Wert der Sache in mangelfreiem Zustand, die Bedeutung des Mangels sowie die Frage, ob eine andere Art der Nacherfüllung ohne erhebliche Nachteile für den Käufer möglich ist (Reinking, DAR 2002, 15, 18).

68 Der **Schadensvorsorge** dient die **Rückrufaktion eines Kfz-Herstellers;** diese dient der Abwendung einer nahe bevorstehenden oder typischerweise zu erwartenden Gefahr der Schädigung des Eigentums der Endabnehmer (OLG Düsseldorf, NJW-RR 1997, 1344; vgl. insbes. Bodewig, DAR 1996, 341). Im Einzelnen ist hier noch vieles ungeklärt. Das gilt insbesondere für die Frage, unter welchen tatsächlichen Voraussetzungen sich die Gefahrenabwehr zu einer Rückrufpflicht verdichtet (dazu Bodewig, DAR 1996, 341; Reinking/Eggert, Der Autokauf, Rn. 986 ff.).

Hinsichtlich der **Garantien** beim Neuwagenkauf gilt, dass neben die gesetzliche Gewährleistung 69
eine Verkäufergewährleistung für die Fehlerfreiheit eines Neufahrzeugs während der Dauer eines
Jahres seit Auslieferung tritt. **Maßstab für die Fehlerfreiheit** ist der **Stand der Technik** für vergleichbare Fahrzeuge des Typs des Kaufgegenstands bei Auslieferung. Die Anschlussgarantie von
zwei oder drei Jahren beginnt mit Ende der Gewährleistung; der Käufer hat hieraus Anspruch auf
kostenlose Nachbesserung von Garantiemängeln bzw. auf Reparaturkostenersatz (vgl. näher hierzu
Reinking, DAR 1995, 1, 8, Eggert, ZAP F. 3, S. 158 zur Abgrenzung zwischen Verkäufer-Gewähr-
leistung und Hersteller-Garantie). Künftig dürften Neuwagengarantien i.S.d. § 443 Abs. 1 Satz 1
BGB nicht mehr von den Kfz-Händlern, sondern direkt von den Herstellern/Importeuren erteilt
werden. Gem. § 443 Abs. 2 BGB wird vermutet, dass ein während der Geltungsdauer auftretender
Sachmangel die Rechte aus der Garantie zur Folge hat (Reinking, DAR 2002, 15, 21; so auch
bereits BGH, DAR 1996, 361).

IX. Gewährleistung durch den Verkäufer

Steht das Vorliegen eines Mangels fest, tritt die Sachmängelhaftung des Verkäufers ein. Diese ist 70
durch das Schuldrechtsmodernisierungsgesetz ebenfalls tiefgreifend geändert worden:

1. Stufenverhältnis der Sachmängelhaftung

Die Sachmängelhaftung des Verkäufers steht in einem abgestuften Systemzusammenhang, der 71
zum besseren Verständnis der Systematik vorab dargestellt wird (vgl. dazu auch § 437 BGB):

Vorrangig muss der Käufer Nacherfüllung verlangen (§ 437 Abs. 1 BGB). Diese kann gem. 72
§ 439 BGB durch Mangelbeseitigung oder durch Lieferung eines mangelfreien Fahrzeugs gegen
Rückgewähr des mangelhaften Kfz (§§ 346 bis 348 BGB) geschehen. Insoweit besteht ein Wahlrecht seitens des Käufers. (Fallen die Kaufverträge nicht unter den Begriff der Verbrauchsgüter –
dazu unter Rn. 125 ff. –, kann im Hinblick auf dieses Wahlrecht Abweichendes durch AGB oder
durch Individualabrede vereinbart werden.) Dem Verkäufer steht allerdings ein Verweigerungsrecht gem. § 439 Abs. 3 BGB unbeschadet des § 275 Abs. 2 BGB zu, wenn die Nacherfüllung nur
mit unverhältnismäßigen Kosten (dazu Reinking, DAR 2002, 15, 18 im Anschluss an Tonner, VuR
2001, 87, 90) möglich ist. Dabei handelt es sich um eine Einrede; d.h. der Verkäufer muss sich
darauf berufen.

Nach erfolglosem Ablauf oder bei Entbehrlichkeit einer dem Verkäufer zur Nacherfüllung gesetz- 73
ten Frist kann der Käufer vom Vertrag **zurücktreten** (§§ 437 Nr. 2, 440, 323 Abs. 1 BGB), statt
dessen **Minderung** (§§ 437 Nr. 2, 441, 323 Abs. 1 BGB) und ggf. **Schadensersatz** gem. §§ 437
Nr. 3, 281 BGB verlangen. Rücktritt und Minderung stehen dem Käufer hingegen nicht zu, wenn
der Verkäufer den Mangel innerhalb der vom Käufer gesetzten Frist beseitigt. Tritt ein Mangel auf,
nachdem der Verkäufer einen ersten Mangel beseitigt oder der Käufer wegen dieses Mangels den
Kaufpreis gemindert hat, stehen dem Käufer wegen des weiteren Mangels erneut die Rechte nach
§ 437 BGB zu. Hat der Käufer aber bereits den Rücktritt wegen des ersten Mangels erklärt, erfasst
dieser das gesamte Rechtsgeschäft; er kann nicht wegen des zweiten Mangels wieder zur Minderung übergehen oder Nacherfüllung verlangen.

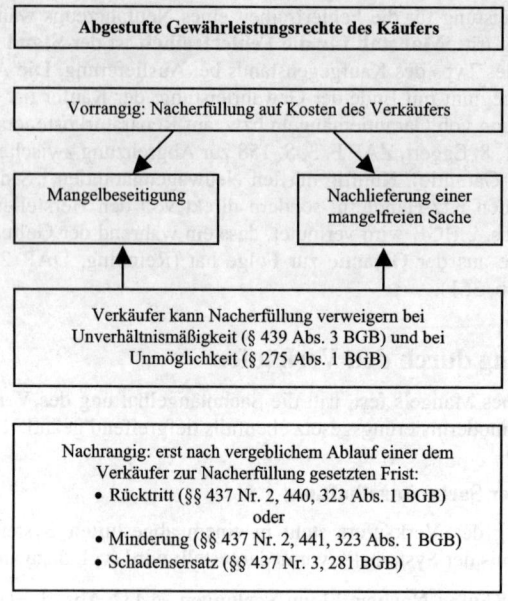

2. Nacherfüllung vorrangig

74 Die Nacherfüllung kann in der Beseitigung des Mangels (sog. Nachbesserung) bestehen oder in der Lieferung eines mangelfreien Kfz (sog. Ersatzlieferung) bestehen. Insofern hat der Käufer grds. ein **Wahlrecht**. Ein solches besteht aber insbesondere nicht beim Kauf eines Gebrauchtfahrzeugs, wenn es dafür keine Ersatzlieferung gibt.

Die **Kosten** der Nacherfüllung (Material-, Transport-, Arbeitskosten etc.) trägt der Verkäufer, es sei denn, diese sind unverhältnismäßig (§ 439 Abs. 3 BGB).

3. Ausschluss der Nacherfüllung

75 Ausgeschlossen ist der Nacherfüllungsanspruch, wenn

● Nachbesserung oder Ersatzlieferung unmöglich sind (§ 275 Abs. 1 BGB) oder

● der Verkäufer die Nacherfüllung berechtigterweise (§ 275 Abs. 2, 3, § 439 Abs. 3 BGB) verweigert hat.

Ist hiervon nur eine Art der Nacherfüllung betroffen, ist der Nacherfüllungsanspruch auf die andere Art beschränkt (s. o. unter Rn. 156 für den Fall des Gebrauchtwagenkaufs).

76 **Unmöglichkeit:** Die Zentralnorm für alle Arten der tatsächlich bestehenden Unmöglichkeit ist § 275 Abs. 1 BGB n. F. Danach ist der Schuldner in allen Fällen der Unmöglichkeit von seiner Leistung befreit. Selbstverständlich muss aber in jedem Fall geprüft werden, ob überhaupt Unmöglichkeit vorliegt. Die Vorschrift behandelt folgende Fälle der Unmöglichkeit:

● **objektive** (d. h. niemand kann das Kfz liefern oder die Monatageleistung erbringen) und **subjektive** (nur der Schuldner [= Verkäufer] kann diese Leistung nicht erbringen; „für den Schuldner und für jedermann", z. B. wenn der Verkäufer das für den Käufer gelieferte Kfz an einen Dritten verkauft)

- **anfängliche** (§ 311a Abs. 1 i.V.m. Abs. 2 Satz 1 BGB und § 275 Abs. 1 BGB: Das Leistungshindernis bestand bereits bei Vertragsabschluss, was der Verkäufer in diesem Zeitpunkt bereits wusste oder hätte wissen müssen; sein Verschulden wird gem. § 311a. Abs. 2 Satz 2 BGB vermutet) und **nachträgliche** („unmöglich ist") – maßgebender Zeitpunkt: derjenige des Vertragsabschlusses.

- ggf. Möglichkeit der Teilung („soweit").

Rechtsfolge: Sind die Voraussetzungen des § 275 Abs. 1 BGB erfüllt, entfällt die Primärpflicht des Schuldners kraft Gesetzes. Der Verkäufer wird von seiner Lieferpflicht/Pflicht zur Verschaffung des Eigentums an dem Kfz befreit (dabei handelt es sich um eine Einwendung, auf die sich der Verkäufer ggf. berufen muss). Ohne Bedeutung dabei ist das Vertretenmüssen der Unmöglichkeit.

§ 275 Abs. 1 BGB regelt **nicht** den Fall der **vorübergehenden Unmöglichkeit** der Leistung, also **77** der Kfz-Lieferung. Regelmäßig zieht diese nur Verzugsfolgen nach sich (dazu unter Rn. 103 ff.). Demzufolge ist dann auf die künftige Leistung zu klagen (nicht aber auf die sofortige Leistung!). Ausnahme: Die vorübergehende Unmöglichkeit steht der dauernden Unmöglichkeit gleich, wenn sie die Erreichung des Geschäftszwecks infrage stellt (z. B. Bestellung eines weißen Jaguars, um damit zur Hochzeit zu fahren; die Lieferung des PKW verzögert sich so, dass die Hochzeit bereits stattgefunden hat, sog. Fixgeschäft) und dem anderen Teil die Einhaltung des Vertrags bis zum Wegfall des Leistungshindernisses nicht zumutbar ist (Palandt/Heinrichs, BGB, § 275 Rn. 17 ff.).

Hinweis:

Dadurch entstehen keine Nachteile, da der Gläubiger häufig nicht beurteilen kann, aus welchen Gründen der Schuldner nicht leistet. Daher sollte dem Schuldner eine angemessene Frist zur Erbringung der Leistung eingeräumt werden. Nach deren – erfolglosem – Ablauf kann der Gläubiger statt der Leistung die Rückabwicklung des Vertrags und/oder Schadensersatz verlangen.

Da für den Kauf von Neu- oder Gebrauchtfahrzeugen sowohl die sog **faktische** Unmöglichkeit **78** (Behebung des Leistungshindernisses ist zwar theoretisch möglich, kann aber vom Gläubiger vernünftigerweise nicht erwartet werden) und die **wirtschaftliche** Unmöglichkeit (Unerschwinglichkeit) ebenso wie die moralische Unmöglichkeit keine praktische Relevanz aufweisen, wird hierauf nicht näher eingegangen.

Besteht zwischen Leistung und Gegenleistung ein Austauschverhältnis (Synallagma), wie dies bei **79** einem Kfz-Kaufvertrag immer der Fall ist, tritt neben § 275 BGB § 326 BGB als Regelung für das Schicksal der Gegenleistung, also der Zahlung. Braucht der Kfz-Verkäufer aufgrund der Regelung des § 275 BGB nicht zu leisten, entfällt die Gegenleistung (z. B. Zahlung des Kaufpreises) für die nicht mehr zu erbringende Leistung nach § 326 BGB kraft Gesetzes.

Diese sog. **Preisgefahr** (Gegenleistungsgefahr) trägt bei Unmöglichkeit der Verkäufer. Ausnahmen: Der Käufer hat die Unmöglichkeit allein oder überwiegend zu verantworten, während er sich im Annahmeverzug befindet (§ 326 Abs. 2 BGB, z. B. wenn er sich vertragswidrig weigert, das Kfz abzunehmen); dann behält der Verkäufer seinen Anspruch auf Zahlung gegenüber dem Käufer aus § 433 Abs. 2 BGB. Anspruchsgrundlage für die Gegenleistung sind dann §§ 326 Abs. 2, 488 Abs. 1 Satz 2 BGB.

Verweigerungsrecht des Verkäufers, wenn die Kosten der Nachbesserung unverhältnismäßig **80** sind (§ 439 Abs. 3 i.V.m. § 275 Abs. 2 und 3 BGB): Ob diese Voraussetzungen erfüllt sind, kann nur im konkreten Einzelfall entschieden werden. Laut Gesetz sind dabei abzuwägen:

- der Wert des Kfz in mangelfreiem Zustand,

- die Bedeutung des Mangels, insbesondere sein Auswirkung auf die Gebrauchsfähigkeit für den Käufer (eingeschränkter oder totaler Ausfall),

- Nachteile des Käufers bei der anderen Art der Nacherfüllung. Ist z.B. die vom Käufer gewählte Mangelbeseitigung am Kfz (Klopfgeräusche am Motor) wegen unzureichender technischer Ausstattung der Werkstatt des Verkäufers nicht möglich, hat dies gem. § 439 Abs. 3 BGB zur Konsequenz, dass der Käufer Lieferung eines fehlerfreien Fahrzeugs verlangen. Umgekehrt: Wird ein Gebraucht-Kfz verkauft und ist dieser mangelbehaftet, ist vorrangig Nacherfüllung in Form der Reparatur zu leisten, da die Lieferung eines mangelfreien, aber gebrauchten Kfz regelmäßig schwierig sein dürfte, zumal dieser in gleicher Weise gebraucht/abgenutzt sein müsste wie das verkaufte Kfz. Bei Fehlen einer Glühbirne am Kfz z.B. ist die Nachbesserung keine Nachteil gegenüber der vom Käufer verlangten Ersatzlieferung.

81 **Abdingbarkeit:** § 439 BGB kann nicht abbedungen werden, wenn der Kfz-Kaufvertrag als Verbrauchsgüterkauf i.S.d. § 474 BGB zu qualifizieren ist (dazu unter Rn. 125 ff.). Ein Haftungsausschluss ist gem. § 444 BGB unwirksam bei Verschweigen eines Mangels und bei Übernahme einer Garantie (dazu unter Rn. 106, vgl. dazu auch NWVB VII Ziff. 1). I.Ü. kann der Nacherfüllungsanspruch vertraglich ausgeschlossen oder beschränkt werden, z.B. an bestimmte Fristen gebunden werden.

4. Rücktritt

82 Im neuen System ersetzt der Rücktritt die im BGB a.F. vorgesehene Wandelung. Für die Voraussetzungen des Rücktritts verweist § 437 Nr. 2 BGB auf § 323 BGB.

83 Danach setzt Rücktritt zunächst voraus, dass die **Pflichtverletzung** (also der Mangel) **nicht unerheblich** ist (§ 323 Abs. 5 Satz 2 BGB). Ist z.B. ein Scheibenwischer am Neufahrzeug defekt, besteht zwar ein Anspruch des Käufers auf Nachbesserung, Minderung oder Schadensersatz gem. § 281 Abs. 1 Satz 1 BGB (dazu unter Rn. 95 ff.), aber kein Rücktrittsrecht und kein Schadensersatz der ganzen Leistung.

84 Ferner ist erforderlich, dass der Käufer dem Verkäufer erfolglos eine **angemessene Frist zur Nacherfüllung gesetzt hat** (§ 440 i.V.m. § 323 Abs. 1 BGB). Angemessen ist die Fristsetzung grds. nur dann, wenn spätestens mit der Fristsetzung die Wahl zwischen Nachbesserung und Ersatzlieferung verbunden wird; ggf. tritt eine **Abmahnung** an die Stelle der Fristsetzung (§ 323 Abs. 3 BGB). Canaris ist der Auffassung, dass eine zu kurz bemessene Frist gar keine Frist in Gang setzt (JZ 2001, 510). Dagegen aber spricht die bisherige Rechtsprechung zu § 326 BGB a.F., derzufolge dann nur eine angemessene Frist beginnt; es ist nicht ersichtlich, dass die Rechtsprechung nunmehr eine andere Linie verfolgen wird (so Muthers, in: Henssler/Graf von Westphalen, Praxis der Schuldrechtsreform, § 323 Rn. 11) bzw. dass der Gesetzgeber von dieser Linie abweichen wollte.

85 Die **Fristsetzung** ist unter bestimmten Voraussetzungen **entbehrlich**. Insoweit gelten die allgemeinen Regeln der §§ 281 Abs. 2 und 323 Abs. 2 BGB und § 440 BGB. Davon ist auszugehen bei

- einer generellen Verweigerung der Nacherfüllung durch den Verkäufer,

- Unzumutbarkeit der Nacherfüllung (dazu unter Rn. 75 ff.) und

- fehlgeschlagener Nacherfüllung (so gilt gem. § 440 Satz 2 BGB die Nachbesserung nach erfolglosem zweiten Versuch als fehlgeschlagen, es sei denn, dass sich aus der Art der Sache oder des Mangels oder aus den sonstigen Umständen etwas anderes ergibt – diese Regelung gilt nicht für fehlgeschlagene Nachlieferung!).

Die §§ 323 bis 326 BGB betreffen alle Pflichten aus einem gegenseitigen Vertrag. Zu unterschei- 86
den sind der Rücktritt wegen

- nicht oder nicht vertragsgemäß erbrachter Leistungen nach § 323 BGB (dazu unter Rn. 82),

- Verletzung einer Pflicht nach § 241 Abs. 2 nach § 324 BGB und

- Berechtigung i.R. eines relativen Fixgeschäfts gem. §§ 323 Abs. 2 Nr. 2 BGB (dazu Palandt/
  Heinrichs, BGB, § 361 Rn. 1 und obiges Beispiel betr. Jaguar zur Hochzeit).

Ausgeschlossen ist das Rücktrittsrecht des Käufers, wenn 87

- er allein oder bei weitem überwiegend für den Rücktrittsgrund (oder bei Annahmeverzug bei
  Eintritt des Rücktrittsgrundes) verantwortlich ist (dazu unter Rn. 83, 98) bzw.

- er den Mangel bereits bei Vertragsschluss kannte (§ 442 BGB)

Einzelheiten des Rücktritts ergeben sich aus den §§ 347 – 350 BGB (dazu Reinking, DAR 2002,
15, 20).

Im Gegensatz zum Schadensersatzanspruch setzt der Rücktritt **kein Verschulden** voraus. 88

Sofern die §§ 323 ff. BGB nicht die Rechtsfolgen des Rücktritts regeln, gelten die Rücktrittsvor- 89
schriften der §§ 346 ff. BGB. Diese finden sowohl auf vertragliche als auch auf gesetzliche Rück-
trittsrechte Anwendung. Im Falle des Rücktritts sind danach **die empfangenen Leistungen
zurückzugewähren** und die gezogenen Nutzungen herauszugeben (§ 346 Abs. 1 BGB). D.h. der
Käufer muss dem Verkäufer das Kfz zurückgeben und erhält sein Geld zurück. Wird diese Pflicht
verletzt, kann der andere Teil Schadensersatz gem. §§ 280 bis 283 BGB verlangen.

Für Störungen der Rückabwicklung (z.B. durch Untergang des Kfz infolge eines Verkehrsunfalls 90
oder bereits eingetretene Wertminderung des Kfz aufgrund intensiver Nutzung durch den Käufer)
sieht § 346 Abs. 2 und 3 BGB nunmehr ein **Wertersatzsystem** vor: An die Stelle der Rückgewähr
tritt gem. § 346 Abs. 2 Satz 1 Nr. 1 bis 3 BGB Wertersatz, wenn

- die Rückgewähr oder Herausgabe der Natur des Erlangten nach ausgeschlossen ist (bei Kfz-
  Kauf kaum relevant),

- der empfangene Gegenstand vom Schuldner verbraucht, veräußert, belastet, verarbeitet oder
  umgestaltet worden ist (z.B. durch Tuner-Pakete) oder

- sich das Kfz verschlechtert hat oder untergegangen ist (z.B. durch einen Unfall).

Bestimmt der Vertrag eine Gegenleistung (hier also die Bezahlung des Kaufpreises durch den Käufer), ist sie bei der Berechnung des Wertersatzes zugrunde zu legen.

Die Rechtsfolgen des Rücktrittsrechts gelten gem. § 357 Abs. 1 BGB auch für den Widerruf bei 91
Verbraucherverträgen.

5. Minderung

Statt zurückzutreten kann der Käufer gem. § 441 BGB den **Kaufpreis mindern**. Die Voraussetzun- 92
gen sind die gleichen wie beim Rücktritt. Die Höhe der Minderung bemisst sich nach dem Ver-
kehrswert des mangelhaften Kfz (Reinking, DAR 2002, 15, 21). Ein Minderungsrecht besteht auch
in Bagatellfällen (§ 441 Abs. 1 Satz 2 BGB) – darin unterscheidet sie vom Rücktritt und vom
Schadensersatz, die dann ausgeschlossen sind (§§ 323 Abs. 5 Satz 2; 281 Abs. 1 Satz 3 BGB). Die
Rechtsprechung zieht die Grenze des Bagatellschadens bei 1.400 DM (ca. 700 €; AG Leonberg,
DAR 2000, 277; vgl. dazu auch AG Hannover, DAR 1999, 554 und AG Rostock, DAR 1999, 556).
Das Minderungsrecht ist im Rahmen des Autokaufs eher von nur geringer praktischer Relevanz.

6. Gestaltungsrechte

Rücktritt und Minderung sind nunmehr als **Gestaltungsrechte** normiert. D.h. hat sich der Käufer 93
für eines dieser Rechte entschieden, kann er nicht mehr ohne Einverständnis des Verkäufers zu
dem anderen Recht wechseln.

7. Schadensersatz

94 Der **Anspruch des Käufers auf Schadensersatz** gem. § 437 Ziff. 3 BGB i.V.m. §§ 440, 280, 281, 283 und 311a BGB tritt neben die übrigen Gewährleistungsrechte.

95 Praktische Bedeutung hat der Schadensersatz

- bei erfolgloser Nachfristsetzung für die Nacherfüllung gem. § 281 Abs. 1 BGB **statt der Lieferung** des Kfz. Dann erlischt sein Anspruch auf Lieferung und Eigentumsverschaffung dieses Kfz (§ 281 Abs. 4 BGB). Nach § 281 Abs. 5 BGB ist der Verkäufer zur Rückforderung des Fahrzeugs berechtigt, wenn der Käufer Schadensersatz „statt der ganzen Leistung" beansprucht. Dieser sog. „**große Schadensersatz**" umfasst den Ersatz des gesamten Schadens, den der Käufer durch die vom Verkäufer zu vertretende Nichterfüllung des Kaufvertrags erleidet. Dieser große Schadensersatz ist bei unerheblichen Mängeln ausgeschlossen (§ 281 Abs. 1 Satz 3 BGB).

- **Die Kosten der Beseitigung eines Mangels** und der damit verbundenen Kosten kann der Käufer im Rahmen des sog. „**kleinen Schadensersatzes**" geltend machen. Dieser Anspruch sichert sein Äquivalenzinteresse, also sein Interesse, für sein „gutes" Geld eine angemessene Gegenleistung zu erhalten. Erfasst werden neben dem Minderwert z.B. auch Nutzungsausfall, Mietwagen- und Hotelkosten, Anwaltsgebühren, Körper- und Sachschäden etc.

96 Zu unterscheiden sind nach wie vor aber **Mangelschaden** und **Mangelfolgeschaden**: Anspruchsgrundlage für den Mangelschaden sind §§ 280 Abs. 1, 437 Nr. 3, 440, 281 BGB (z.B. bei der Montage des Dachgepäckträgers, der auf Wunsch des Käufers vom Verkäufer auf das Neufahrzeug zu montieren ist, beschädigt der Mechaniker des Verkäufers das Dach des Kfz), für den Mangelfolgeschaden § 280 Abs. 1 i.V.m. § 437 Nr. 3 BGB (z.B. wenn das Kfz Bremsflüssigkeit verliert, deshalb ein Unfall mit erheblichem Sach- und ggf. auch Personenschaden geschieht). Liegt Verzug der Nacherfüllung vor (unter Rn. 73), kann der Käufer den Verzögerungsschaden ersetzt verlangen (§§ 280 Abs. 2, 286 BGB).

97 **Bei unerheblichen Mängeln** kann der Käufer keinen Schadenersatz statt der ganzen Leistung verlangen, § 281 Abs. 5 Satz 3 BGB, sondern nur Schadensersatz wegen des Mangels (PKW mit defektem Scheibenwischer).

98 Der Verkäufer muss den Mangel **zu vertreten** haben. Dafür besteht gem. § 280 Abs. 1 Satz 2 BGB eine Vermutung. Er hat Vorsatz und Fahrlässigkeit zu vertreten (§ 276 BGB) – soweit nichts anderes vereinbart ist oder soweit sich aus dem Inhalt des Kaufvertrags nicht etwas anderes ergibt. Dies ist u.a. bei der verschuldensunabhängigen Beschaffenheitsgarantie gem. § 443 BGB der Fall (dazu unter Rn. 106).

Ungeklärt ist, wann denn der Verkäufer den Mangel des Kfz zu vertreten hat. Der Gesetzgeber wollte eine generelle Verschuldenshaftung einführen (BT-Drs. 14/6040, 224 f.). Aber nur die Tatsache, dass der Verkäufer ein mangelhaftes Kfz geliefert hat, begründet noch keinen Schadensersatzanspruch, sondern lediglich eine Garantiehaftung. D.h. erforderlich ist, dass der Verkäufer eine weitere Pflicht oder Obliegenheit verletzt haben muss. In jedem Fall haftet er bei Fällen der Garantie i.S.d. § 443 BGB und wenn er sonst schuldhaft den Mangel verursacht hat bzw. die vertraglich vorausgesetzte (sonst die übliche) Sorgfalt bei Pflege und Schutz des Kfz vernachlässigt hat oder eine geschuldete Untersuchung des Kfz nicht durchgeführt hat.

Beispiele:

Der Käufer kauft ein Kfz. Der Zylinderkopf ist undicht.

- *Var. 1: Hat der Monteur des Verkäufers das Originalteil ausgebaut und die defekte Dichtung eingesetzt, hat der Verkäufer für die Pflichtverletzung des Angestellten gem. § 278 BGB einzustehen.*

- *Var. 2: Die Zylinderkopfdichtung ist defekt, weil das Fahrzeug für die Ausbildung von Lehrlingen genutzt und in diesem Zusammenhang beschädigt wurde. Auch hier ist die Haftung des Verkäufers auf Schadensersatz unzweifelhaft; die Pflichtverletzung ist mindestens fahrlässig.*

- *Var. 3: Bezüglich der Dichtung liegt ein Produktionsfehler vor. Diesen hätte der Verkäufer aber erkennen müssen, weil der Käufer von dem neuen System gehört und der Verkäufer ihm die Zuverlässigkeit der Dichtung zugesichert hatte. Hier haftet er aus Garantie gem. § 443 BGB.*

Ganz bedeutend ist die **Beweislastumkehr** in § 280 BGB: Die Voraussetzungen des Verschuldens sind nicht mehr vom Geschädigten (z. B. Autokäufer) darzulegen und zu beweisen, sondern der Schuldner (z. B. Autoverkäufer) hat darzulegen und zu beweisen, dass er die Pflichtverletzung nicht zu vertreten hat. Die Beweislast für die Pflichtverletzung selbst hingegen liegt wie bisher beim Gläubiger. **99**

Der Begriff des Verschuldens (§ 276 Abs. 1 Satz 2, Abs. 2 BGB) beinhaltet eine Nichtleistung aufgrund eines Vorsatzes oder einer Fahrlässigkeit. In § 276 Abs. 2 Satz 1, 2. Halbs. BGB ist die „Übernahme einer Garantie" angesprochen. Damit sind die Fälle angesprochen, die bisher unter dem Begriff „zugesicherte Eigenschaft" etwa bei Kauf, Miete etc. fielen. Die §§ 442 Abs. 1 und 444 BGB enthalten eine entsprechende Formulierung. **100**

101

Vertraglicher Schadensersatz			
Art	**Ausgestaltung**	**Voraussetzungen**	**Gesetzliche Grundlage**
Einfacher Schadensersatz	Schadensersatz i. S. d. cic/pVV	· Pflichtverletzung · Verschulden	§ 280 BGB
	Verzögerungsschaden	· Pflichtverletzung · Verzug · Verschulden	§ 280 Abs. 2, § 286 BGB
Schadenersatz statt Leistung	Schlechtleistung	· Pflichtverletzung · Verschulden · Erfolglose Fristsetzung zur Nacherfüllung	§§ 280 Abs. 1 und 3, 281 BGB
	Verzug		
	Nebenpflichtverletzung (§ 241 Abs. 2 BGB)	· Pflichtverletzung · Verschulden · Leistung durch Schuldner dem Gläubiger nicht zuzumuten	§§ 241 Abs. 2 , 280 Abs. 1 und 3, 282 BGB
	Anfängliche Unmöglichkeit	· Pflichtverletzung · Schuldner kennt Leistungshindernis oder kennt es fahrlässig nicht	§ 311a Abs. 2 BGB
	Nachträgliche Unmöglichkeit	· Pflichtverletzung · Verschulden	§§ 280 Abs. 1 und 3, 283 BGB

8. Ersatz der Aufwendungen

Statt des Schadensersatzanspruchs kann der Käufern auch **Ersatz der Aufwendungen** verlangen, die er im Vertrauen auf den Erhalt der Leistung gemacht hat (§ 437 Nr. 3 i.V.m. § 284 BGB). **102**

9. Verzug

103 Die §§ 280, 286 BGB regeln, unter welchen Voraussetzungen der Verzögerungsschaden zu ersetzen ist: Wann der Käufer infolge der Verspätung der Lieferung des Kfz diese ablehnen und Schadensersatz „statt der Leistung" verlangen kann, regeln die §§ 280, 281 (dazu unter Rn. 94 ff.). Wann der Käufer infolge der Verspätung den Rücktritt erklären kann, findet sich in § 323 BGB (dazu unter Rn. 82 ff.). Bestellt z. B. eine Spedition einen neuen LKW, und wird dieser nicht zum vereinbarten Termin geliefert, kann der Spediteur nach erfolgloser Nachfristsetzung vom Vertrag zurücktreten und sich anderweitig einen entsprechenden LKW besorgen. Will er von dem Erstverkäufer die Mehrkosten ersetzt haben, um die der LKW bei dem zweiten Händler teurer war, ist dies nach § 281 BGB zu beurteilen. Verlangt er Ersatz für den Gewinn aus den Aufträgen, die ihm infolge der verspäteten Lieferung des LKW entgangen sind, stellt dies einen bloßen Verzögerungsschaden dar, der unter §§ 280 Abs. 2, 286 BGB fällt.

104 Der Gläubiger kann einen Verzögerungsschaden gem. § 280 Abs. 2 BGB nur beanspruchen, wenn die Voraussetzungen des § 286 BGB vorliegen, der den Verzug des Schuldners im Einzelnen regelt: Gegenüber dem bisherigen Recht hat sich hier an den Voraussetzungen nichts geändert:

- Mahnung des Gläubigers (entbehrlich bei kalendermäßig bestimmter Leistungszeit, bei ernsthafter und endgültiger Leistungsverweigerung),

- keine Leistung nach Eintritt der Fälligkeit;

- kein Verzug, solange die Leistung infolge eines Umstands unterblieb, den der Schuldner nicht zu vertreten hat.

- Neu ist, dass der Schuldner nunmehr spätestens 30 Tage nach Fälligkeit und Zugang ein Rechnung oder gleichwertigen Zahlungsaufstellung in Verzug gerät, sollte er in diesem Zeitraum seine Leistung nicht erfüllen.

> **Hinweis:**
>
> *Ist der Schuldner ein Verbraucher, gilt das nur dann, wenn auf diese Folgen in der Rechnung oder Zahlungsaufstellung besonders hingewiesen worden ist (§ 286 Abs. 3 Satz 1 2. Halbs. BGB). Bei Unsicherheiten den Zugang der Rechnung betreffend kommt die 30-Tage-Regel zur Anwendung. Der Gläubiger kann also wählen, ob er bei Rechnungsstellung durch rasche Mahnung nach Fälligkeit schon vor Ablauf von 30 Tagen Verzug begründet oder ob er durch bloßes Zuwarten die gesetzlichen Regelungen greifen lässt. Bedarf es keiner Rechnungsstellung, weil Zahlungspflicht und –zeitpunkt bereits im Vertrag bestimmt worden sind, tritt Verzug jetzt wieder nach diesem Zeitpunkt ein, weil eine Mahnung entbehrlich ist (§ 286 Abs. 2 Nr. 1 oder 2 BGB).*

105 Der **Verzugszins** beträgt 5 % über dem Basiszinssatz (§ 288 BGB), bei Rechtsgeschäften, an denen kein Verbraucher beteiligt ist, sogar 8 %. Bei entsprechendem Nachweis kann der Gläubiger einen höheren Zinssatz verlangen. Nicht zugelassen ist der Nachweis eines niedrigeren Zinssatzes (Ausnahme: Verbraucherdarlehen gem. § 497 BGB).

> **Hinweis:**
>
> *Beim Eigentumsvorbehalt gem. § 448 BGB besteht ein Rücktrittsrecht nur nach den allgemeinen Voraussetzungen (also insbesondere nach Fristsetzung), nicht bei bloßem Zahlungsverzug. Soll dem Verkäufer bei Nichtzahlung ein Rücktrittsrecht ohne Fristsetzung zustehen, muss ein vertragliches Rücktrittsrecht vereinbart werden, was einer Individualvereinbarung bedarf, § 309 Nr. 4 BGB.*

10. Garantie

In § 443 BGB hat der Gesetzgeber erstmals sog. **Beschaffenheits- und Haltbarkeitsgarantien** des 106
Verkäufers und eines Dritten (regelmäßig des Herstellers, vgl. Tonner, VuR 2001, 93) geregelt.
Die **Beschaffenheitsgarantie** beinhaltet die Zusicherung einer Eigenschaft oder das Nichtvorhandensein eines Fehlers mit der Konsequenz, dass die „normalen" Gewährleistungsvorschriften greifen. Der Verkäufer kann aber auch eine Garantie dahingehend übernehmen, dass das Kfz während eines bestimmten Zeitraums oder für eine bestimmte Nutzungsdauer sachmängelfrei bleibt (**Haltbarkeitsgarantie**). Die Erteilung einer Haltbarkeitsgarantie von einem Jahr aufwärts wird im Neuwagenkauf fast schon standardmäßig erteilt – und zwar von den meisten Autoherstellern für einen Zeitraum von zwei Jahren (Reinking, DAR 2002, 15, 21). Konsequent besteht gem. § 443 Abs. 2 BGB die Vermutung, dass ein während der Geltungsdauer auftretender Sachmangel die Rechte aus der Garantie zur Folge hat (Reinking, a. a. O. unter Hinweis auf BGH, DAR 1996, 361), d. h. kostenlose Reparatur oder Ersatz bei Material und Herstellungsfehlern (BGHZ 78, 369, 371 ff.; vgl. auch Zerres, VuR 2002, 3, 12).

Einzelfälle: Die Angabe „Euro 2" in einem Verkaufsprospekt eines Kfz-Herstellers bezieht sich nicht auf die steuerliche Einordnung des Kfz, sondern auf die Schadstoffklasse „Euro 2" (OLG Bremen, DAR 2001, 400). Erfolgt eine telefonische Anfrage des Kunden, ob ein PKW mit ABS ausgestattet sei, und erfolgt darauf seitens des Verkäufers spontan die Erklärung, der PKW habe dies von Hause aus, ohne dass Vertragsverhandlungen angebahnt wurden, handelt es sich um keine Beschaffenheitsgarantie, sondern nur um eine Beschreibung des Fahrzeugs (LG Bielefeld, DAR 2001, 409); anders aber beim sog. Erheblichkeitsaspekt, d. h. Abgabe der Erklärung auf ausdrückliches Verlangen des Käufers (BGH, NJW 1995, 518 betr. ABS/Neuwagen). Für eine Beschaffenheitsgarantie spricht auch, wenn dem Verkäufer bekannt oder erkennbar ist, dass bestimmte Eigenschaften des Fahrzeugs für seinen Kaufentschluss vor allem auch im Hinblick auf den Verwendungszweck maßgebend sind (Reinking/Eggert, Der Autokauf, Rn. 1657). Hierher gehört auch der Vertrauensaspekt, d. h. dass der Käufer auf die Zuverlässigkeit der Verkäuferinformation wegen Unmöglichkeit oder Unüblichkeit der eigenen Nachprüfung vertraut (Reinking/Eggert, Der Autokauf, Rn. 1657).

Gegen eine derartige Garantie spricht z. B. das Streichen oder das Freilassen der Rubrik „besondere Vereinbarungen/Zusicherungen" (OLG Celle, OLGR 1998, 170) oder einschränkende Hinweise wie „laut Vorbesitzer" oder „laut Fahrzeugbrief" oder „soweit bekannt" z. B. betr. kw/PS-Angaben (BGH, NJW 1997, 2318; zusammenfassend: Eggert, DAR 1998, 45).

X. Wesentliche Vertragspflichten des Käufers und Leistungsstörungen auf Seiten des Käufers

Wesentliche Vertragspflichten des Käufers sind die **Abnahme** des Fahrzeugs und die **Kaufpreis-** 107
zahlung, § 433 Abs. 2 BGB. Ferner treffen den Käufer weitere Pflichten (Palandt/Putzo, Gesetz zur Modernisierung des Schuldrechts, § 433, Rn. 49 ff. noch zu den Nebenpflichten, die es seit dem 1.1.2002 als solche vom Gesetzeswortlaut her nicht mehr gibt, die aber als Vertragspflichten einzuhalten sind (z. B. Abruf des Fahrzeugs zur Lieferung, wenn dies ausdrücklich oder stillschweigend vereinbart worden ist (Palandt/Putzo, Gesetz zur Modernisierung des Schuldrechts, § 433 Rn. 50); vgl. zu der Abnahme und der Nichtabnahmeentschädigung bereits die Ausführungen unter Rn. 23 sowie u. a. OLG Celle, NJW 1988, 1675; LG Bonn, NZV 1995, 194; OLG Celle, 1675). Dem Verkäufer steht u. a. bei **Zahlungsverzug** ein **Herausgabeanspruch** zu: Gerät der Käufer nämlich in Zahlungsverzug oder kommt er seinen Verpflichtungen aus dem Eigentumsvorbehalt nicht nach, kann der Verkäufer vom Kaufvertrag zurücktreten und daher im Rahmen der Rückabwicklung die Herausgabe des Fahrzeugs verlangen; die Voraussetzungen dieses Anspruchs sind in Abschn. VI, Ziff. 2 NWVB näher geregelt (Reinking/Eggert, Der Autokauf, Rn. 191).

108 Im Rahmen der Pflichten des Käufers sind insbes. die Pflichten aus dem **Eigentumsvorbehalt** anzuführen: Der Vorbehaltkäufer hat sich jedweder Verfügung über den Kaufgegenstand ohne Zustimmung des Verkäufers zu enthalten. Er darf daher über den Kaufgegenstand weder verfügen noch Dritten vertraglich eine Nutzung einräumen, vgl. NWVB VI Ziff. 3.

109 So erwirbt der Pfandnehmer kein Pfandrecht, wenn er weiß oder infolge grober Fahrlässigkeit nicht weiß, dass der Pfandgeber nicht Eigentümer ist (§§ 1207 i.V.m. §§ 932, 934, 935 BGB). Auch der Sicherungsnehmer kann selbst bei Gutgläubigkeit das Eigentum an dem Fahrzeug nur bei Übergabe desselben erwerben; mittelbarer Besitz reicht zum **Gutglaubenserwerb** nicht aus. Der Käufer hat hinsichtlich des Rückgabeanspruchs des Verkäufers die Kosten der Rücknahme und der Verwertung des Fahrzeugs zu tragen (Reinking/Eggert, Der Autokauf, Rn. 205).

XI. Verjährung

110 Die Verjährungsvorschriften sind durch das Schuldrechtsmodernisierungsgesetz grundlegend geändert worden. Die Regelung des § 38 BGB ist speziell auf die Belange des Kaufrechts zugeschnitten, die sich von den allgemeinen Verjährungsvorschriften der §§ 194 ff. BGB (ebenfalls grundlegend durch das Schuldrechtsmodernisierungsgesetz geändert) hinsichtlich Fristlänge, Beginn und Eintritt der Verjährung unterscheidet.

111 Die **Gewährleistungsfrist** beträgt für Kfz-Kaufverträge grds. zwei Jahre (§ 438 Abs. 1 Nr. 3 BGB). Das bedeutet im Vergleich mit § 477 BGB a.F. eine Vervierfachung der Verjährungsfrist. Sie beginnt mit der Ablieferung. Da es sich um eine sog. objektive Verjährungsfrist handelt, kommt es auf die Kenntnis des Käufers für den Fristbeginn nicht an. (Darin unterscheidet sich diese Regelung von derjenigen in § 199 BGB).

112 Hat der Verkäufer dem Käufer ein Kfz verkauft, das er zuvor einem anderen Käufer verkauft hatte, besteht der **Mangel in einem dinglichen Recht eines Dritten**, der aufgrund des Rechts die Herausgabe der Sache verlangen kann. Dann verjähren diese Ansprüche allerdings erst in 30 Jahren (§ 438 Abs. 1 Nr. 1 a und b BGB; diese Regelung bezweckt die Sicherung des Regressanspruchs gegen den Hehler (Harms, BRAK-Mitt. 2001, 278, 280).

113 **Hat der Verkäufer den Mangel arglistig verschwiegen**, verjähren die Gewährleistungsansprüche gem. § 438 Abs. 3 in der regelmäßigen Verjährungsfrist. Diese beträgt gem. § 195 BGB nunmehr drei Jahre. Sie beginnt dann nicht bereits mit der Übergabe der Kaufsache, sondern erst mit dem Schluss des Jahres, in dem der Käufer von dem Mangel Kenntnis erlangt oder ohne grobe Fahrlässigkeit erlangen müsste (§ 199 Abs. 1 BGB), es handelt sich daher um eine subjektive Frist.

114 **Nicht der Verjährung unterliegt das Rücktritts- bzw. das Minderungsrecht** (§ 438 Abs. 4 und 5 BGB); das findet seinen Grund darin, dass es sich hierbei um Gestaltungsrechte handelt (s. unter Rn. 93); der Verjährung unterliegen nur „Ansprüche". Hier gilt vielmehr § 218 BGB. Danach sind Rücktritt/Minderung unwirksam, wenn der Anspruch auf die Leistung oder der Nacherfüllungsanspruch verjährt ist und der Schuldner sich hierauf beruft. Hat der Käufer noch nicht voll bezahlt, kann er die Zahlung trotz Unwirksamkeit des Rücktritts oder der Minderung insoweit verweigern, als er aufgrund des Rücktritts oder Minderung hierzu berechtigt sein würde. Damit der Käufer dann Geld und Fahrzeug behält, regelt § 438 Abs. 4 Satz 3 BGB, dass in diesem Fall der Verkäufer seinerseits vom Vertrag zurücktreten kann und so den Käufer zur Rückgabe des Fahrzeugs zwingt.

115 Bei Vereinbarungen über die Verjährung ist zu beachten, dass im Verbrauchsgüterkauf (dazu unter Rn. 125 ff.), zu dem auch der Kfz-Kauf gehören kann, bei Neufahrzeugen die Verjährung vor Mitteilung des Mangels nicht verkürzt werden darf, bei Gebrauchtfahrzeugen muss die Verjährungsfrist mindestens 1 Jahr betragen (so auch NWVB VII Ziff. 1 und GWVB VI Ziff. 1).

Auf die allgemeinen Verjährungsregelungen ist hier nicht näher einzugehen (vgl. dazu Heß, NZV 2002, 65; vgl. ferner zu einem **verjährungsunterbrechenden Anerkenntnis** OLG Köln, NZV 1995, 278 sowie zu der **Verjährungshemmung** die Verhinderung der Rechtsverfolgung durch Beschlagnahme des gekauften Fahrzeugs BGH, NJW 1997, 3164). Durch die innerhalb der Garantiefrist erfolgte Anzeige des Mangels wird ferner die Verjährung aller hieraus resultierenden Mängelansprüche bis zur Beseitigung des Fehlers oder der Erklärung des in Anspruch genommenen Verkäufers, der Fehler sei beseitigt oder es liege kein Fehler vor, mit der Folge gehemmt, dass die Hemmungswirkung auch die Gewährleistungsfrist unbeschadet überdauern kann (OLG Saarbrücken, NJW-RR 1997, 1423).

XII. Steuerrecht

Der Kfz-Kauf bzw. die Nutzung des Kfz weist vielfältige **steuerliche Aspekte** auf. So beinhaltet z.B. der **Neuwagenpreis** beim Inlandskauf die Umsatzsteuer, und Werks- und Großabnehmerrabatte stellen zu versteuernde geldwerte Vorteile dar.   **116**

Privatfahrten mit Geschäftsfahrzeugen sind aufgrund der Neuregelung des § 6 Abs. 1 Nr. 4 Satz 2 EStG mit Wirkung ab dem 1.1.1996 mit **1 v.H. des ursprünglichen Brutto-Listenpreises** je Monat zu erfassen, falls kein Fahrtenbuch geführt wird – selbst wenn das Kfz zu einem niedrigeren Kaufpreis gebraucht erworben wurde (BFH, FR 2001, 587). Diese 1 %-Regelung gilt sowohl für neu als auch für gebraucht angeschaffte Fahrzeuge (vgl. hierzu auch die Vfg. der OFD Hannover v. 3.3.1998 – S 7102 – 45 – StO 355; S 7102 – 112 – StH 542), nach welcher die sog. 1 v.H. Regelung eine Methode zur Schätzung des ertragsteuerlichen Werts der Nutzungsentnahme bzw. des lohnsteuerlichen Werts der Sachzuwendung darstellt. Die Umsatzsteuer lasse aus Vereinfachungsgründen die Übernahme dieser Werte als Besteuerungsgrundlage für den Eigenverbrauch gem. § 1 Abs. 1 Nr. 2 Buchst. b und c UStG bzw. für unentgeltliche Leistungen an Arbeitnehmer gem. § 1 Abs. 1 Nr. 1 Buchst. b UStG zu. Es handele sich hierbei um eine Methode zur Schätzung von Besteuerungsgrundlagen. Sofern diese Schätzung nach Auffassung des Steuerpflichtigen bzw. seines Steuerberaters nicht sachgerecht sei und zu unzutreffenden Ergebnissen führe, stehe es ihm frei, die Bemessungsgrundlage entsprechend Abschnitt I Abs. 3 und 4 des BMF-Schreibens v. 21.2.1996 (BStBl. I, S. 151) durch Nachweis der entsprechenden Aufwendungen (Fahrtenbuch) oder durch eine andere sachgerechte Schätzung anhand geeigneter Unterlagen zu ermitteln. Die Anwendung der 1-v.H.-Regelung vom Nettolistenpreis des Fahrzeugs könne jedoch regelmäßig nicht als sachgerechte Schätzung angesehen werden. Die Pauschalberechnung findet dann keine Anwendung, wenn die Anteile der dienstlichen und privaten Nutzung durch ein **Fahrtenbuch** mit bestimmten Angabeerfordernissen konkret aufgeschlüsselt werden (Reinking/Eggert, Der Autokauf, Rn. 114).   **117**

Überlässt ein Arbeitgeber seinem Arbeitnehmer ein Kfz unentgeltlich zur privaten Nutzung, sog. **Kfz-Gestellung,** unterliegt diese sonstige Leistung nach § 1 Abs. 1 Nr. 1 Satz 2 Buchst. b UStG der Umsatzsteuer. Bemessungsgrundlage sind nach § 10 Abs. 4 Nr. 2 UStG die Kosten. Aus Vereinfachungsgründen wird jedoch von der deutschen Finanzverwaltung nicht beanstandet, wenn für die umsatzsteuerliche Bemessungsgrundlage von den lohnsteuerlichen Werten, insbes. von der 1-v.H.-Regelung, ausgegangen wird (vgl. hierzu BFH v. 20.8.1997, NJW 1998, 104). Überlässt der Arbeitgeber dem Arbeitnehmer einen Pkw entsprechend den Richtlinien über die Beschaffung und Haltung „beamteneigener" Fahrzeuge, unterliegt ein privater Nutzungsvorteil der Sachbezugsbesteuerung (§ 8 Abs. 2 EStG). Dann obwohl der Arbeitnehmer in den Besitz des Fahrzeugs gelangt, bleibt der Arbeitgeber wirtschaftlicher Eigentümer, da es dem Arbeitnehmer an Verfügungs- und Verwertungsmöglichkeiten fehlt (BFH v. 26.7.2001, VI R 122/98).   **118**

Nach Maßgabe des § 3b Abs. 1 Nr. 1 KraftStG ist das Halten von sog. Euro 3-Pkw ab dem Tag der erstmaligen Zulassung bzw. frühestens ab dem 1.7.1997 bzw. bei erstmaliger Zulassung vor diesem Stichtag **steuerbefreit,** wenn diese nach Feststellung der Zulassungsbehörde ab dem Tag der erstmaligen Zulassung den in dieser Vorschrift bezeichneten Emissionsnormen entsprechen (Fin.Min. Baden-Württemberg, Erl. v. 11.5.1998 – 3 – S 6000/26). Eine **Steuervergünstigung für Schwerbehinderte** nach § 3a KraftStG wird nach dem Gesetzeswortlaut für das Halten eines Kfz gewährt. Bei Fahrzeugen mit **Oldtimer-Kennzeichen** knüpft die Steuerbarkeit wie bei roten Kennzeichen an die Zuteilung des jeweiligen Kennzeichens an, § 1 Abs. 1 Nr. 4 KraftStG; aus diesem

Grund wird daher keine Steuervergünstigung nach § 3a KraftStG für Fahrzeuge mit Oldtimer-Kennzeichen gewährt (vgl. Fin.Min. Baden-Württemberg, Erl. v. 5.2.1998 – S 6114/11). Ferner sind Absetzungen für außergewöhnliche Abnutzung eines durch Unfall beschädigten Pkw nur im Veranlagungszeitraum des Schadenseintritts abziehbar (BFH, Urt. v. 13.3.1998, VI R 277/97).

Kauft ein Steuerpflichtiger **im Zuge seinesAusscheidens aus dem Dienstverhältnis verbilligt einen PKW** seines Arbeitgebers unter Verzicht auf andere Ansprüche, liegen bei einer anschließenden Einlage in einen eigenen Betrieb Anschaffungskosten i. H. d. Verbilligung und des Kaufpreises vor (BFH, FR 2001, 305).

In der Automobilindustrie tätige Arbeitnehmer müssen die ihnen auf Jahreswagen gewährten Rabatte gem. § 8 Abs. 3 EStG als geldwerten Vorteil versteuern. Dabei legt die Finanzverwaltung für dessen steuerliche Bewertung den Endpreis zugrunde, zu dem der Arbeitgeber die Kfz anderen Letztverbrauchern im allgemeinen Geschäftsverkehr anbietet; sonst sind die Endpreise des nächstgelegenen Händlers maßgebend (BMF, BStBl. I 1996, S. 114). Demgegenüber hat das FG München (Az. 2 K 1065/98) entschieden, dass als sog. Angebotspreis i. S. d. § 8 Abs. 3 EStG der Listenpreis nach Abzug der vollen durchschnittlich eingeräumten Rabatte anzusetzen ist. Da gegen das Urteil Nichtzulassungsbeschwerde eingelegt worden ist (Az. des BFH: VI B 85/01), hat die OFD München keine Bedenken, anhängige Einspruchsverfahren bis zur endgültigen Klärung durch den BFH gem. § 363 Abs. 1 Nr. 1 AO ruhen zu lassen (OFD München, FR 2001, 662), dagegen gewährt sie keine Aussetzung der Vollziehung, da die Entscheidung des FG München als im Widerspruch zur BFH-Rechtsprechung (BFH, BStBl. II 1993, S. 687) stehend gesehen wird.

119 Erwirbt ein Unternehmer einen PKW zur gemischten (teils unternehmerischen und teils nichtunternehmerischen) Nutzung, kann er ihn insgesamt seinem Unternehmen zuordnen aber auch entsprechend des jeweiligen Nutzungsanteils teilweise dem Unternehmen und i. Ü. dem nichtunternehmerischen Bereich zuordnen. Macht er Vorsteuer geltend, sieht der BFH (Urt. v. 28.2.2002, V R 25/96) darin ein wichtiges Indiz für die Zuordnung zu dem Unternehmen; unterlässt er den Vorsteuerabzug, spricht dies gegen die Zuordnung zum Unternehmen. Ist ein Vorsteuerabzug nicht möglich, sind andere Beweisanzeichen für eine Zuordnung zum Unternehmen heranzuziehen; ansonsten kann eine Zuordnung zum Unternehmen nicht unterstellt werden. Wie der BFH in der Entscheidung vom 28.2.2002 betont, kann bei einem PKW, der überwiegend betrieblich benutzt wird, aus dem Umstand, dass er ertragsteuerlich notwendig dem Betriebsvermögen zuzurechnen ist und vom Unternehmer entsprechend behandelt wird, nicht geschlossen werden, dass er ihn auch umsatzsteuerlich dem Unternehmen zuordnet.

120 Für die Verpflichtung einer Altautorücknahme und –entsorgung kann eine Verbindlichkeitsrückstellung zu bilden sein (Haun/Strnad, DB 1999, 2078; Hug/Roß/Seidler, BB 2000, 2510; Schmidt/Weber-Grellet, EStG, § 5 Rn. 550).

Zur Garantierückstellung eines Kfz-Händlers aufgrund eines Händlervertrags vgl. BFH/NV 1990, 691.

Eine Kfz-Umrüstung zur Schadstoffredzierung ist Erhaltungsaufwand (FinVerw, DStR 1990, 85).

Wird ein Fahrzeug unter ausdrücklichem Hinweis auf das Vorhandensein eines geregelten Katalysators verkauft, enthält dies die Garantie, dass mit dem Katalysator steuerliche Vorteile verbunden sind (OLG Köln, DAR 2000, 309).

Hinweis:

Vgl. weiterführend zu dem Thema Kfz und Steuerrecht u. a. Hentschel, NJW 1997, 2934, 2935; Zens, NWB F. 8, S. 1289; Recktenwald, BB 1998, 187.

XIII. Verbraucherdarlehen

Das Verbraucherkreditgesetz findet sich nach der Schuldrechtsreform nunmehr in den §§ 491 ff. BGB wieder. Trotz der neuen Strukturierung wurde inhaltlich nur wenig verändert. Dabei entspricht:　**121**

BGB n.F.	VerbrKrG
§ 491 Abs. 1	§ 1
§ 491 Abs. 2 und 3	§ 3 (Existenzgründungsgeschäfte aber in § 507 BGB)
§ 492	§ 4
§ 493	§ 5
§ 494	§ 6
§ 495	§ 7
§ 496	§ 10
§ 497	§ 11
§ 498	§ 12

Beim **finanzierten Kauf** sind die Regelungen in §§ 358 f. BGB von besonderer Bedeutung. Mit der Regelung werden die **drittfinanzierten Geschäfte** in das Gesetz einbezogen und dem Schutzbedürfnis des Kreditnehmers entsprechend besonders geregelt. Hierdurch ist insbes. der finanzierte Kauf erfasst, bei welchem der sogleich an den Verkäufer gezahlte Kaufpreis durch ein Kreditgeschäft des Käufers mit dem Kreditgeber finanziert wird. Die Regelung des § 358 BGB ist anwendbar, wenn ein Kreditvertrag mit einem Kauf so zusammenhängt, wie es die Regelung im Näheren voraussetzt. Der Begriff des **verbundenen Geschäfts** in § 358 Abs. 3 BGB setzt für den Kfz-Kauf voraus, dass die Lieferung des Fahrzeugs und ein Verbraucherdarlehensvertrag dann verbunden sind, wenn das Darlehen ganz oder teilweise der Finanzierung des Kaufvertrags dient und beide Verträge eine wirtschaftliche Einheit bilden. Dies wiederum ist anzunehmen, wenn der Verkäufer selbst die Gegenleistung des Verbrauchers/Käufers finanziert – oder im Fall der Finanzierung durch einen Dritten (i.d.R. eine Bank), wenn sich der Darlehensgeber bei der Vorbereitung oder dem Abschluss des Verbraucherdarlehensvertrags der Mitwirkung des Unternehmers bedient (s. ausführlich hierzu Reinking/Eggert, Der Autokauf, Rn. 214; Eggert, ZAP F. 3, S. 151; Palandt/Heinrichs, Gesetz zur Modernisierung des Schuldrechts, § 358 Rn. 13 ff.).　**122**

Wird der „Sachvertrag" (Kaufvertrag) widerrufen, entfällt die Bindung an den Darlehensvertrag. Dann muss auch dieser nach Rücktrittsregeln rückabgewickelt werden (§ 358 Abs. 1 Satz 1 BGB i.V.m. §§ 357, 346 ff. BGB). Widerruft der Verbraucher/Käufer den Darlehensvertrag, ist er auch nicht mehr an den Sachvertrag gebunden (§ 358 Abs. 2 BGB). Kann dieser sowohl den Sachvertrag als auch den Darlehensvertrag widerrufen, schließt § 358 Abs. 2 Satz 2 BGB den Widerruf des Darlehensvertrags aus und verweist den Verbraucher auf den Widerruf des Sachvertrags. Den gleichwohl gegenüber dem Darlehensgeber erklärten Widerruf fingiert § 358 Abs. 2 Satz 3 BGB als Widerruf gegenüber dem Unternehmer des Sachvertrags.　**123**

Beispiel:

X hat bei BMW einen Z 3 auf Kredit gekauft. Eine Woche nach Erhalt des Fahrzeugs widerruft er den Kreditvertrag gegenüber der Z-Bank. Nach § 358 Abs. 2 Satz 2 BGB steht dem X hinsichtlich des Darlehens kein Widerrufsrecht zu. Seine Erklärung ist deshalb nach § 358 Abs. 2 Satz 3 BGB als Widerruf des Fernabsatzgeschäfts zu werten. Die Bank ist dieser Vorschrift zufolge auch empfangsberechtigt.

124 § 359 BGB regelt den **Einwendungsdurchgriff** des Verbrauchers/Käufers. Dieser kann die Rückzahlung des Darlehens verweigern, soweit ihm im Rahmen des verbundenen Vertrags ein Leistungsverweigerungsrecht zusteht. Soweit ihm gegenüber dem Unternehmer (Verkäufer/Hersteller) ein Nacherfüllungsanspruch zusteht, besteht die Möglichkeit des Einwendungsdurchgriffs allerdings erst dann, wenn die Nacherfüllung fehlgeschlagen ist, § 359 Satz 3 BGB. Der Schutz dieser Regelung greift nach § 359 Satz 2 BGB bei Bagatellkrediten bis 200 €. Dies gilt (anders als § 491 Abs. 2 Nr. 1 BGB) auch, wenn ein höherer Kreditrahmen durch mehrere Kredite unter 200 € ausgenutzt werden (Palandt/Heinrichs, Gesetz zur Modernisierung des Schuldrechts, § 359 Rn. 2).

XIV. Die Sonderregelungen des Verbrauchsgüterkaufs

1. Anwendungsbereich

125 Im Kaufrecht hat der Gesetzgeber in Umsetzung des Art. 7 Abs. 1 der Verbrauchsgüterrichtlinie in den §§ 474 bis 479 BGB aus Verbraucherschutzgründen Sonderregelungen für den Fall geschaffen, dass ein Verbraucher von einem Unternehmer eine **bewegliche** Sache kauft. (Die Begriffe des Verbrauchers und des Unternehmers sind in §§ 13 und 14 BGB definiert.) Das betrifft also auch den Autokauf. Der Anwendungsbereich dieser Vorschriften umfasst demzufolge **nicht** Verkaufsgeschäfte unter Unternehmern, unter Verbrauchern und von Verbrauchern an Unternehmer (was gerade für die Inzahlungnahme eines Kfz von Privat von Bedeutung ist). Hier wird es in der Praxis zu einigen Unsicherheiten kommen, die erst durch die Rechtsprechung geklärt werden können (z.B.: Wann beginnt die Unternehmereigenschaft? Wie sind Fälle zu behandeln, in denen Unternehmer und Verbraucher ein Fahrzeug zur gemeinsamen Nutzung erwerben? Was geschieht bei gemischter Nutzung des Kfz sowohl für private als auch für gewerbliche/freiberufliche Tätigkeiten?).

Ferner erfassen die Regelungen über den Verbrauchsgüterkauf nicht die §§ 446 bis 447 BGB betr. Gefahrtragung beim Versendungskauf (§ 447 Abs. 2 BGB).

2. Zwingendes Recht

126 Die Regelungen über den Verbrauchsgüterkauf sind **zwingendes Recht**; gem. § 475 BGB ist diese Norm wie die meisten anderen übrigen kaufrechtlichen Vorschriften nicht abdingbar. Ausnahme gem. § 475 Abs. 3 BGB: Schadensersatzanspruch. Dies gilt aber nur für eine Individualvereinbarung – in AGB ist die Abdingbarkeit des Schadensersatzanspruchs unzulässig (§ 309 Nr. 8a BGB, s.o. unter Rn. 15). Zulässig dagegen sind Vereinbarungen „nach" Mitteilung des Mangels an den Verbraucher oder eine Verkürzung der Gewährleistungsfrist bei gebrauchten Sachen auf ein Jahr (Zerres, VuR 2002, 3, 13).

3. Umgehungsgeschäfte führen nicht zur Unwirksamkeit des ganzen Vertrags

127 Umgehung ist eine rechtsgeschäftliche Vereinbarung, welche die Wirkungen einer Vorschrift auf einem anderen Wege herbeiführt oder beseitigt; maßgebend ist der Zweck des Verbots (Palandt/Putzo, Gesetz zur Modernisierung des Schuldrechts, § 475 Rn. 6). D.h. dass Voraussetzungen und Inhalt der Sach- und Rechtsmängelhaftung uneingeschränkt zugunsten des Verbrauchers verbleiben müssen (Graf von Westphalen, in: Henssler/Graf von Westphalen, Praxis der Schuldrechtsreform, § 475 Rn. 5). Wird also gegen § 475 BGB verstoßen, führt das nicht zur Unwirksamkeit aller Vereinbarungen. Die Wirkung beschränkt sich darauf, dass sich der Verkäufer nicht auf für den Käufer nachteilige Absprachen berufen kann (Reinking, DAR 2002, 15, 22).

4. Verjährung

128 § 475 Abs. 2 BGB sieht Mindestfristen für die **Verjährung** von Sachmängeln im Rahmen von Verbrauchsgüterkäufen vor: Die Verjährungsfrist von zwei Jahren (§ 438 Abs. 1 BGB) darf vor der Mitteilung des Mangels an den Verkäufer bei Neufahrzeugen nicht und bei Gebrauchtfahrzeugen

nicht unter ein Jahr verkürzt werden. Dem tragen die NWVB und GWVB i.d.F. aus 2002 Rechnung. Nach Mitteilung des Mangels sind hingegen Vereinbarungen zulässig, wobei die Grenzen des Haftungsausschlusses zu beachten sind (dazu oben unter Rn. 26).

5. Garantien

Besondere Anforderungen werden in § 477 BGB für **Garantien** aufgestellt. Letztlich wird hier das Transparenzprinzip (vgl. dazu Rn. 18) nochmals verstärkt; d.h. die Garantieerklärungen müssen einfach und verständlich sein und dürfen beim Verbraucher keine falschen Vorstellungen hervorrufen. Besondere Vorsicht ist bei Vereinbarungen geboten, die eine Kostenbeteiligung des Verbrauchers beinhalten, was im Rahmen der Sachmängelhaftung unzulässig ist (Reinking, DAR 2002, 15, 23).   **129**

6. Beweislastumkehr

Ein „Kernpunkt" des Verbrauchsgüterkaufs ist die **Beweislastumkehr** in § 476 BGB: Zeigt sich am Kfz ein Sachmangel bis zu sechs Monaten nach Gefahrübergang, besteht die (vom Verkäufer/ Hersteller insbesondere durch neutrale und fachkundige Dokumentation des Zustands des Fahrzeugs im Zeitpunkt des Gefahrübergangs widerlegbare) gesetzliche Vermutung, dass dieser bereits bei Gefahrübergang bestand. Ausnahme: Diese Vermutung ist mit der Art der Sache oder des Mangels unvereinbar (wenn z.B. technische Gründe dafür sprechen, dass der Mangel bereits bei Gefahrübergang nicht vorhanden war, vgl. Hänlein, DB 1999, 2393, 2396). Die Voraussetzungen und Grenzen dieser Begriffe werden durch die Gerichte geklärt werden müssen (Reinking, DAR 2002, 15, 23).   **130**

Nicht von § 476 BGB erfasst werden Pflichtverletzungen des Verkäufers, die den Sachmangel nur indirekt betreffen (Reinking nennt als Beispiel den sog. Weiterfresserschaden, d.h. das Versäumnis des Verkäufers, auf die Folgen eines dem Käufer bekannten Mangels hinzuweisen; vgl. zum „Weiterfresserschaden" auch Grigoleit, ZGS 2002, 78 ff.).   **131**

7. Rückgriff in der Lieferantenkette

Das Problem des **Rückgriffs in der Lieferantenkette** im Rahmen des Verkaufs einer neu hergestellten Sache, also auch eines Neufahrzeugs, regelt § 478 BGB mit dem Ziel, dass der Einzelhändler nicht allein die Lasten der Verbraucherprivilegien tragen soll. Erfasst werden Lieferbeziehungen zwischen Herstellern/Importeuren und Händlern. Wird das Fahrzeug an einen Verbraucher verkauft, steht dem Händler ein Rückgriffsrecht gegen seinen Lieferanten zu, soweit ihm wegen eines Sachmangels Aufwendungen entstanden sind, die er im Verhältnis zum Verbraucher zu tragen hatte (§ 478 Abs. 2 BGB). Dieser Regress unterliegt keiner Fristsetzung gegenüber dem Vorlieferanten. Nicht geklärt ist u.a. die Frage, ob der Lieferant dem Händler ggf. ein Mitverschulden gem. § 254 BGB entgegenhalten kann. Jedenfalls unberührt bleiben die handelsrechtlichen Untersuchungs- und Rügepflichten des § 377 HGB (im Einzelnen: Bereska, ZAP F. 3, S. 197 ff.; ders., ZGS 2002, 59 ff.).   **132**

8. Verjährung der Aufwendungsansprüche

Diese **Aufwendungsansprüche** verjähren gem. § 479 BGB zwei Jahre nach der Ablieferung; die maximale Frist beträgt sieben Jahre mit Rücksicht darauf, dass zu den genannten zwei Jahren eine weitere maximal fünfjährige Ablaufhemmung nach dem Zeitpunkt greift, in dem der Lieferant die Sache an den Unternehmer/Verkäufer geliefert hat.   **133**

XV. Autokauf per Internet

1. Umsetzung von EG-Richtlinien

134 Im Deutschland findet der Kauf von Neufahrzeugen bislang eher nur in geringem Umfang über das Internet statt, da Kfz regelmäßig über Vertragshändler vertrieben werden. Auf den Internet-Seiten der Hersteller lässt sich aber insoweit ein Wandel feststellen, als sie einen sog. „**Carkonfigurator**" anbieten, d. h. der Kunde kann sich sein Wunschauto zusammenstellen. Die Bestellung erfolgt dann aber immer noch beim Händler. Für Gebrauchtfahrzeuge hingegen haben sich **herstellerbetriebene als auch herstellerunabhängige Online-Börsen** etabliert. Das Internet ist kein rechtsfreier Raum. Auf europäischer Ebene sind als Rechtsquellen insbesondere zu nennen:

- die **Fernabsatzrichtlinie** 97/7/EG vom 20.5.1997, ABlEG Nr. L 144 vom 4.6.1997, 19, die eine umfassende Informationspflicht und ein Widerrufsrecht bei Verbraucherverträgen festschreibt,

- die **Verbrauchsgüterrichtlinie** 1999/44/EG vom 25.5.1999, ABlEG Nr. L 171 vom 7.7.1999, 12, die u. a. eine Verjährungsfrist von zwei Jahren für Gewährleistungsansprüche enthält (dazu Albrecht, ZAP F. 25, 93),

- die **Signaturrichtlinie** 1999/3/EG vom 13.12.1999, ABlEG Nr. L 13 vom 19.1.2000, 12 mit Regelungen zu technischen und organisatorischen Anforderungen an elektronische Signaturen, Zertifikate und Zertifizierungsdienste,

- die **E-Commerce-Richtlinie** 2000/3/EG vom 8.6.2000, AblEG Nr. L 178, 1, die den freien Verkehr von Diensten der Informationsgesellschaft zwischen den Mitgliedstaaten sicherstellen soll u. a. durch den Grundsatz der Zulassungsfreiheit der Dienstanbieter, allgemeine Informationspflichten der Anbieter und durch das Herkunftslandprinzip.

135 **Umgesetzt** werden diese Richtlinien in Deutschland durch das sog. „Mulitmedia-Gesetz" vom 22.7.1997, BGBl. I 1997, S. 1870, das Teledienstegesetz , das Signaturgesetz und vor allem durch das Fernabsatzgesetz vom 27.6.2000, BGBl. I , S. 897, das Fernabsatzverträge regelte und nunmehr durch das Schuldrechtsmodernisierungsgesetz eine gesetzliche Regelung in den §§ 312b, 312c BGB gefunden hat (s. dazu Rn. 137 ff.). Verträge kommen auch hier durch **Angebot und Annahme** nach §§ 145 ff. BGB zustande (dazu zuletzt: BGH, DAR 2002, 119 zur Wirksamkeit eines Kaufvertrags bei einer Internet-Auktion).

136 Das Internet ist ein internationales Medium. Daher ist Art. 29 EGBGB zu berücksichtigen, demzufolge bei Verträgen mit Verbrauchern regelmäßig das Recht des Staates, in dem der Verbraucher (hier also der Kfz-Käufer) seinen gewöhnlichen Aufenthalt hat. Dies ist eine Frage des Einzelfalls. Lässt sich dies nicht klären, kommt es auf den objektiven Anknüpfungspunkt an, d. h. bei Kfz-Kaufverträgen gilt das Recht des Verkäuferstaates (Baku, DAR 2001, 106, 110). Eine Modifikation kann sich aus Art. 3 EGBGB ergeben, der das Herkunftslandprinzip beinhaltet (Ahrens, CR 2000, 835; Baku, DAR 2001, 106, 110).

Hinweis:

Vgl. zu Fernabsatzverträgen Arnold, CR 1997, 526; Bülow, DZWiR 1009, 89; ders., ZIP 1999, 447; Martinek, NJW 1998, 207; Roth/Schulze, RIW 1999, 2093; Baku, DAR 2001, 106; Vehslage, ZAP F. 3, 169; Brisch, in: Henssler/Graf von Westphalen, Praxis der Schuldrechtsreform, § 312b Rn. 1 ff.; Martinek/Wimmer-Leonhardt, in: Hoeren/Martinek, SKK, 2002, § 433 Rn. 9).

---

2. Begriff des Fernabsatzvertrags

§ 312b BGB hat im Wesentlichen § 1 FernAbsG a.F. übernommen, das wiederum die **Fernabsatz-** **137**
richtlinie 97/7/EG (Abl. Nr. 144 vom 4.6.1997, S. 19) umgesetzt hatte. Neben Versand- und Kata-
loghandel (z.b. über Kfz-Zubehör) erfasst sie auch Distanzgeschäfte via Fernsehen und moderner
Kommunikationsmittel, insbesondere den Kauf über das Internet. Anwendung findet § 312 b BGB
daher auch auf Verträge im Zusammenhang mit eine Kfz-Kauf, die im Rahmen eines entsprechenden für den Fernabsatz organisierten Vertriebs- und Dienstleistungssystems geschlossen werden.
Richtet ein Kfz-Hersteller oder -Händler z.b. ein Call-Center ein, über das Tuner-Pakete oder
Accessoires vertrieben werden sollen, fallen dessen Rechtsgeschäfte unter den Begriff des Fernabsatzvertrags. Dazu reicht es allerdings nicht aus, dass die Fernkommunikationsmittel allein für
den Abschluss eines Vertrags verwendet werden; die Distribution muss vielmehr ebenfalls durchgeführt werden. Insofern gilt aber eine **Beweiserleichterung**: Wird ein Vertrag unter ausschließlicher Verwendung eines Fernkommunikationsmittels geschlossen, spricht die gesetzliche Vermutung für das Vorliegen eines Fernabsatzsystems. Ausgenommen davon sind gem. § 312 Abs. 3
BGB insbesondere Finanzgeschäfte (v.a. Bankgeschäfte, Finanz- und Wertpapierdienstleistungen
und Versicherungen sowie deren Vermittlung. Nicht unter den Begriff der Fernabsatzverträge fallen daher insbesondere die Finanzierung über Kfz-Hersteller-Banken.

Der **persönliche Anwendungsbereich** der Vorschriften über Fernabsatzverträge setzt einen Ver- **138**
tragsabschluss zwischen einem Unternehmer und einem Verbraucher voraus. Das ist bei einem
Kfz-Händler/-Hersteller einerseits und dem Privat-Käufer andererseits der Fall. Damit ist allerdings nicht ausgeschlossen, dass die gesetzlichen Vorgaben zumindest teilweise auf Kfz-Kauf-
träge mit gewerblichen Abnehmern ausstrahlen (sog. Ausstrahlungswirkung; Fuchs, ZIP 2000,
1273, 1275). Denn im Rahmen des Fernabsatzvertrags ist für den Verkäufer/Hersteller (= Unternehmer) vor Vertragsabschluss nicht immer erkennbar, ob der Vertragspartner nur Verbraucher
oder aber ein gewerblicher Abnehmer ist. Daher kann es im Interesse eines einheitlichen Vertriebs-
systems ratsam sein, alle Vorgaben der §§ 312b ff. BGB vorsorglich und einheitlich für alle Kunden in die Vertragswerke aufzunehmen.

3. Vorvertragliche Informationspflichten

§ 312c Abs. 1 Nr. 1 BGB normiert die sog. vorvertragliche Informationspflicht des Unternehmers: **139**
So hat der Kfz-Händler dem Käufer die entsprechenden Informationen nach der BGB-InfoV (nunmehr i.d.F. vom 2.1.2002 – Text abgedruckt in: Hoeren/Martinek, SKK, 2002, S. 674 ff. und in:
Palandt/Heinrichs, Gesetz zur Modernisierung des Schuldrechts, Anh. zu § 312b BGB) zur Verfügung zu stellen (so auch OLG Frankfurt/M. im Beschl. v. 17.4.2001, DAR 2001, 401). Auf die
tatsächliche Kenntnisnahme durch diesen kommt es nicht an (Meents, Verbraucherschutz bei
Rechtsgeschäften im Internet, 1998, S. 188 f.). Der Käufer (Verbraucher) muss rechtzeitig (dazu
nennt das Gesetz bewusst keine Mindestzeiten, vgl. Fuchs, ZIP 2000, 1273, 1277; vielmehr wird
dies durch Judikatur im Einzelfall entschieden) seitens des Unternehmers vor Abschluss des Fernabsatzvertrags in einer dem eingesetzten Fernkommunikationsmittel entsprechenden Weise klar
und verständlich (sog. **Transparenzgebot**) über einige Aspekte, die vor allem, wenn auch nicht
nur , die essentialia negotii eines Vertrags betreffen, informiert werden (die nicht immer in deutscher Sprache erfolgen muss, vgl. Erwägungsgrund 8 der FARL). **Informieren** muss der **Unter-**
nehmer daher über:

- seine Anschrift,

- wesentliche Merkmale der Ware oder Dienstleistung (hier also über das Kfz und ggf. über
  Montagearbeiten),

- wie der Vertrags zustande kommt (Barkauf, Kredit, Internet etc.),

- die Mindestlaufzeit des Vertrags, wenn dieser eine dauernde oder regelmäßig wiederkehrende
  Leistung zum Inhalt hat (z.B. i.R. von Leasing),

- den Vorbehalt, eine in Qualität und Preis gleichwertige Leistung (Ware oder Dienstleistung) zu erhalten (so z. B. in IV Ziff. 2 Satz 3 NWVB),

- den Vorbehalt, die versprochene Leistung im Fall ihrer Nichtverfügbarkeit nicht zu erbringen (wie in IV Ziff. 2 Satz 3 NWVB),

- den Preis einschließlich aller Steuern und sonstigen Preisbestandteile,

- ggf. anfallende Liefer- und Versandkosten (z. B. für den Transport mit einem Autotransporter),

- Einzelheiten hinsichtlich Zahlung und Lieferung/Erfüllung,

- das Bestehen eines Widerrufs- oder Rückgaberechts,

- Kosten, die dem Verbraucher durch die Nutzung der Fernkommunikationsmittel entstehen, sofern sie die üblichen Grundtarife übersteigen und

- die Gültigkeitsdauer befristeter Angebote – insbesondere hinsichtlich des Preises (z. B. bei PKW-Sondermodellen).

Das Transparenzgebot findet seine Ausgestaltung auch im Rahmen der AGB (s. unter Rn. 15) gem. §§ 305 ff. BGB, an denen sich auch die NWVB und die GWVB messen lassen müssen.

4. Nachvertragliche Informationspflichten

140 Nachvertragliche Informationspflichten des Unternehmers (Kfz-Verkäufers) gem. § 312c Abs. 2 BGB hat dieser „alsbald" (d. h. spätestens bis zur vollständigen Erfüllung des Vertrags, bei Waren – Kfz – spätestens bei Lieferung an den Verbraucher/Käufer) in Textform (§ 126b BGB) in hervorgehobener und deutlich gestalteter Form mitzuteilen. Es handelt sich dabei um Informationen, die er vorvertraglich noch nicht geben musste:

- Bedingungen, Einzelheiten der Ausübung und Rechtsfolgen des Widerrufs- oder Rückgaberechts,

- Ausschluss des Widerrufs- und Rückgaberechts,

- Anschrift der Niederlassung des Unternehmers, bei der der Verbraucher Beanstandungen vorbringen kann,

- ladungsfähige Anschrift des Unternehmers und bei juristischen Personen, Personenvereinigungen oder -gruppen auch den Nahmen eines Vertretungsberechtigten,

- Kundendienst,

- geltende Gewährleistungs- und Garantiebedingungen,

- Kündigungsbedingungen bei Verträgen, die ein Dauerschuldverhältnis betreffen und für eine längere Zeit als ein Jahr (z. B. Leasing) oder für unbestimmte Zeit geschlossen werden.

141 Ein **Verstoß gegen diese Informationspflichten** des § 312c BGB führt nicht zur Nichtigkeit des Rechtsgeschäfts, sondern verlängert nur die Widerrufsfrist nach § 356 Abs. 3 auf bis zu sechs Monate (§ 355 Abs. 3 Satz 1 BGB). Die Frist beginnt nicht vor dem Tag der Übergabe des Kfz an den Käufer (Brisch, in: Henssler/Graf von Westphalen, Praxis der Schuldrechtsreform, § 312c Rn. 74). Entsteht dem Käufer aus der Verletzung vorvertraglicher Pflichten ein Schaden, ist der Verkäufer gem. § 311 Abs. 2 Nr. 1 BGB i.V.m. § 241 Abs. 2 BGB ihm gegenüber schadensersatzpflichtig.

142 Die NWVB und die GWVB differenzieren nicht zwischen vor- und nachvertraglichen Informationspflichten. Vielmehr enthalten sie Elemente sowohl der vor- als auch der nachvertraglichen Informationspflichten.

5. Angebot und Annahme

143 Die Internetseiten von Händlern stellen i.d.R. kein verbindliches Angebot dar, sondern eine sog. „invitatio ad offerendum", d. h. eine Aufforderung an den (potentiellen) Käufer, ein Angebot sei-

nerseits abzugeben. Ist die Aufmachung der Internetseite aber so gestaltet, dass der Käufer von einem Angebot ausgehen darf, ist der Händler daran gebunden. Beispiel: „Sonderserie! Bestellen Sie sofort! Wir liefern umgehend" (vgl. Palandt/Heinrichs BGB, § 148 Rn. 6). Fehlt eine Fristbestimmung, kann der Antrag unter Anwesenden gem. § 147 Abs. 1 BGB nur sofort angenommen werden. Unter Anwesenden fallen auch Anträge unter Benutzung des **Telefons** und – vgl. § 147 Abs. 1 Satz 2 BGB – Anträge mittels einer entsprechenden technischen Einrichtung, wenn diese eine unmittelbare Kommunikation von Person zu Person ermöglicht. Das ist nicht nur bei **Videokonferenzen** der Fall, sondern auch bei Chats. Bei der Übermittlung von **E-mails** dagegen greift § 147 Abs. 2 BGB ein, der die Anträge unter Abwesenden regelt. Ein auf diesem Wege gemachter Antrag kann nur bis zu dem Zeitpunkt angenommen werden, in dem der Antragende den Eingang der Antwort unter regelmäßigen Umständen erwarten darf. Hier kann es also beim Autokauf via E-Mail oder per Internet durchaus zu tagelangem Hin- und Her kommen, da nicht davon auszugehen ist, dass Verkäufer und/oder Kunde gleichzeitig „online" sind und miteinander verhandeln.

Auch hier gilt es zu differenzieren: Ist das Angebot des Internet-Anbieters durch Anklicken des „Bestellen-" oder „Ja-" Buttons auf seinen Internetseiten übermittelt worden, geht dem Anbieter das Angebot sofort zu. Bei einem Angebot per E-Mail hingegen geht es dem Internet-Anbieter zu dem Zeitpunkt zu, zu dem ihm ein Abruf der Mailbox zumutbar ist. Bei Geschäftsleuten wird diese mindestens einmal täglich abgehört, so dass davon auszugehen ist, dass ihm das Angebot regelmäßig am selben Tag, spätestens am nächsten Werktag zugeht (Baku, DAR 2001, 106, 111).

6. Einbeziehung von AGB

AGB können in den Vertrag einbezogen werden. Dabei ist § 305 Abs. 2 und 3 BGB zu beachten (dazu oben unter Rn. 15 ff.). Eine stillschweigend erklärte Willensübereinstimmung reicht aber unter Gewerbetreibenden/Freiberuflern aus, § 310 Abs. 1 BGB. Der Kunde muss die Möglichkeit haben, in zumutbarer Weise Kenntnis von den AGB zu nehmen und mit ihrer Geltung einverstanden sein. Ein entsprechender Hinweis auf die Geltung der AGB auf der Internet-Seite reicht ebenso wie ein hervorgehobener Hinweis im Online-Bestellformular (vgl. Baku, DAR 2001, 106, 111).

144

Hinweis:

Um Unsicherheiten vorzubeugen, sollte z. B. i.R. von Zubehörteilen z. B. ein Passus „nach Annahme Ihrer Bestellung" aufgenommen werden (Baku, DAR 2001, 106, 111).

---

7. Gesetzliches Widerrufs- und Rückgaberecht

Das gesetzliche Widerrufs- und Rückgaberecht des § 312d BGB i.V.m. §§ 355, 356 BGB ist ein Kernstück des Fernabsatzvertrags.

145

Der Verbraucher kann sich **innerhalb einer Frist zwei Wochen** (insofern verbraucherfreundlicher als die FARL, die eine Frist von lediglich sieben Werktagen vorsieht) durch **Widerrufserklärung** ohne Begründung und ohne Strafzahlung vom Kfz-Kaufvertrag wieder lösen. Eine Form dafür ist nicht vorgeschrieben. Bis dahin ist der Vertrag schwebend wirksam. Die Frist beginnt grds. mit der Belehrung über das Widerrufsrecht (vgl. näher dazu § 355 Abs. 2 BGB).

Bei der Lieferung von Waren – hier also eines Kfz – besteht ein **Rückgaberecht** gem. § 312d Abs. 1 Satz 2 i.V.m. §§ 356, 346 ff. BGB. Hinsichtlich der Einzelheiten kann auf diesen Ausführungen betr. Rücktritt (Rn. 82 ff.) verwiesen werden. Das im Gesetz angeordnete Widerrufsrecht ist insofern dispositiv, als der Unternehmer nach § 356 BGB durch vertragliche Vereinbarung im Fernabsatzvertrag auch ein Rückgaberecht zugrunde legen kann. Dann ersetzt das Rückgaberecht das Widerrufsrecht.

> **Hinweis:**
>
> *Problematisch für den Verkauf von Neufahrzeugen über das Internet ist der Umstand, dass das Widerrufs- und Rückgaberecht nicht vor der Erfüllung der Informationspflichten und nicht vor dem Zeitpunkt beginnen, in dem der Käufer das Kfz erhält. Grund: Der Verbraucher soll bei Warenbestellungen erst dann vor die Notwendigkeit einer Entscheidung über die Ausübung des Widerrufsrechts gestellt werden, wenn er die Gelegenheit hatte, die Ware (hier also das Kfz) in Augenschein zu nehmen. Kann aber der Käufer eines Neufahrzeugs noch zwei Wochen nach Erhalt und Nutzung des über das Internet bestellte Fahrzeug von seinem Widerrufs- oder Rücktrittsrecht Gebrauch machen, führt das u. U. zu einem erheblichen Verlust für den Verkäufer, da dieser das Fahrzeug ggf. nicht mehr als neu verkaufen kann (Baku, DAR 2001, 106, 112). Ferner: Der Widerruf ist nach den obigen Ausführungen ausgeschlossen, wenn das Kfz nach Kundenspezifikation angefertigt bzw. eindeutig auf die persönlichen Belange des Käufers hin zugeschnitten wurde bzw. für eine Rücksendung aufgrund der Beschaffenheit nicht geeignet ist. Wann das der Fall ist, wird die Judikatur entwickeln müssen, da das Gesetz zu diesem Problem keine Regelung trifft. Hier bestehen für den Kfz-Verkäufer also noch erhebliche Risiken.*

XVI. Selektiver Vertrieb

146 Ein selektives Vertriebssystem liegt vor, wenn sich der Hersteller gegenüber seinen Abnehmern verpflichtet, nur einen bestimmten Kreis von Händlern zu beliefern und diesen die Pflicht auferlegt, nicht an Wiederkäufer zu veräußern (Niebling, DAR 2000, 97). So soll das Kfz nur an den Endverbraucher gelangen (Stichwort „Autokauf im Supermarkt"). Die Zulässigkeit dieses in Deutschland weit verbreiteten Systems muss sich an Art. 85 EGV messen lassen, der den freien Warenaustausch garantiert (EuGH , EWS 1994, 90). Die Grenzen werden durch die Kfz-Gruppenfreistellungsverordnung (Kfz-GVO) EWG-Verordnung Nr. 123/85 gesteckt; vgl. dazu Creutzig, EuZW 1995, 723, EuZW 1996, 197; Niebling, DAR 2000, 97; Reinking/Eggert, Der Autokauf, Rn. 1024 ff.). Die derzeit gültige GVO gilt noch bis Ende September 2002. Die Kommission hat am 17.7.2002 eine neue GVO beschlossen (im Generalanzeiger v. 18.7.2002, S. 16). Diese hat zum 1.10.2002 die bisherige GVO ersetzt und hat eine Laufzeit bis zum 31.5.2010. Danach darf der Hersteller zwar nach wie vor exklusive Verkaufsnetze führen, muss aber nach der sog. Niederlassungsklausel ab 2004 andere zugelassene Händler aus anderen EU-Mitgliedstaaten dulden. Der dadurch schärfere Wettbewerb führt dann u. U. zu einer Senkung der Verkaufspreise. Die Unterschiede im Kaufpreis sollen dadurch nivelliert werden. Ferner ist die strenge Bindung der Händler an eine Automarke aufgehoben worden und es sind ihnen Verkäufe außerhalb der abgesteckten Stammgebiete erlaubt. So soll auch der Weg für Internetverkäufe geebnet werden (vgl. dazu insgesamt: Niebling, DAR 2000, 97; Reinking/Eggert, Der Autokauf, Rn. 1024 ff.; Scheibach, DAR 2001, 49).

B. Kauf eines Gebrauchtfahrzeugs

I. Unfall bei der Probefahrt

147 Der Unfall bei der Probefahrt stellt in der Praxis einen wichtigen Bereich dar. Im Wesentlichen ist hier zwischen der Fahrt mit einem **Fahrzeug eines Privatmanns** und der mit einem **Händlerfahrzeug** zu unterscheiden.

148 **Besichtigung** und **Probefahrt** gehen als **übliche Selbstschutzmaßnahmen** gewöhnlich dem Kauf eines Gebrauchtfahrzeugs voraus. Hält der Käufer ohne triftigen Grund diese Vorsichtsvorkehrun-

gen nicht ein, kann grobe Fahrlässigkeit i. S. d. § 442 i.V.m. § 277 BGB zu bejahen sein (Eggert, ZAP F. 4, S. 124; Reinking/Eggert, Der Autokauf, Rn. 1306).

Der **Gebrauchtwagenhändler** ist aus Gründen des Schutzes von Verkehrsteilnehmern **nicht ver-** **149** **pflichtet,** bei Aushändigung des Fahrzeugs an einen Kaufinteressenten, sei es zum Zwecke einer Probefahrt oder in Erfüllung des Kaufvertrags, dessen **Personalien festzuhalten** oder zu vermerken. Er ist dazu auch dann nicht verpflichtet, wenn die Gefahr besteht, dass der Kaufinteressent mit dem Fahrzeug verschwindet, ohne den Kaufpreis zu zahlen und das Fahrzeug mit gefälschten oder gestohlenen Kennzeichen ohne Versicherungsschutz benutzt. Der Verkäufer kann in einem solchen Fall nicht aus § 823 BGB für die von dem Kaufinteressenten verursachten Schäden verantwortlich gemacht werden (BGH, NJW 1997, 660; Gerlach, DAR 1997, 217, 231).

1. Fahrt mit Fahrzeug eines Privatmanns

Dem potentiellen Kunden obliegt bei der Probefahrt eine Schutz- und Sorgfaltspflicht; der Fahr- **150** zeugeigentümer haftet für den verkehrssicheren Zustand des Fahrzeugs. Bei einem Unfall mit einem von einem Privatmann angebotenen Fahrzeug kommt grds. ein Anspruch aus der Verletzung einer „sonstigen" Pflicht aus dem Schuldverhältnis gem. §§ 241 Abs. 2, 311 Abs. 2 BGB (früher: **culpa in contrahendo)** und aus **§ 823 Abs. 1 BGB** in Betracht. Eine Wertung als **Leihvertrag** i. S. d. § 598 BGB wird von der h. M. abgelehnt; die Probefahrt wird der Vertragsanbahnung beim Kauf zugerechnet. Ein Anspruch wegen der Verletzung von Sorgfaltspflichten im Hinblick auf die Rechte und Rechtsgüter Dritter gem. §§ 241 Abs. 2 BGB i.V.m. 311 Abs. 2 und 3 BGB (früher: aus positiver Vertragsverletzung) ist daher nicht gegeben; durch das Schuldrechtsmodernisierungsgesetz hat sich insofern in der Sache nichts geändert, sodass auf die zur pVV ergangenen Quellen zurückgegriffen werden kann (Palandt/Heinrichs, Gesetz zur Modernisierung des Schuldrechts, § 241 Rn. 6 ff.; Jox, NZV 1990, 53; Eggert, ZAP F. 3, S. 124; OLG Köln, NJW 1996, 1288).

Der **Haftungsmaßstab** ist von entscheidender Bedeutung. Der Kaufinteressent haftet grds. für **jede** **151** **Form der Fahrlässigkeit;** es ist keine Beschränkung der Haftung auf grobe Fahrlässigkeit gegeben. Haftungserleichterungen können im Ausnahmefall gegeben sein. Der Probefahrer hat grds. für den gesamten Schaden des privaten Anbieters Ersatz zu leisten. Ggf. kann den Anbieter ein **Mitverschulden** treffen, § 254 Abs. 1 BGB. Ein solches kann z. B. darin zu sehen sein, dass sich dieser nicht nach der **Fahrerlaubnis des Probefahrers** erkundigt hat. Über Art und Umfang des Versicherungsschutzes braucht er jedoch nicht von sich aus hinzuweisen; das Fehlen einer Vollkaskoversicherung ist auch bei einem jüngeren Fahrzeug nicht offenbarungspflichtig. Bei unbeschädigtem Zustand zu Beginn der Probefahrt trägt der Probefahrer die **Darlegungs- und Beweislast** (vgl. u. a. Eggert, ZAP F. 4, S. 124, 125 m.w.N.; LG Braunschweig, NZV 1995, 491; OLG Zweibrücken, NZV 1990, 466; OLG Köln, 1996, 1288).

2. Fahrt mit Händlerfahrzeug

Die Rechtsprechung bejaht hier einen **stillschweigenden Haftungsausschluss** zugunsten des Kauf- **152** interessenten während der Probefahrt, verneint diesen jedoch bei der Probefahrt mit dem Fahrzeug eines privaten Anbieters. Die wesentliche Begründung hierzu liegt darin, dass sich ein Händler in geeigneter, zumutbarer und i. Ü. auch üblicher Weise durch eine Vollkaskoversicherung gegen das Unfallrisiko absichern kann. Der Kaufinteressent haftet hier daher grds. nur bei **Vorsatz und grober Fahrlässigkeit** (BGH, NJW 1979, 643; 1980, 1681; OLG Köln, NJW-RR 1992, 415; OLG Köln, NJW 1996, 1289; Palandt/Heinrichs, BGB, § 254 Rn. 70, 73). Bei der Wertung als grob fahrlässig werden im Wesentlichen nur elementare Fehler erfasst (vgl. hierzu Eggert, ZAP F. 3, S. 124 m.w.N.; LG Braunschweig, NZV 1995, 491; OLG Köln, DAR 1991, 428; OLG Hamm, NJW-RR 1990, 954).

II. Nichtabnahme des Fahrzeugs und Nichtabnahmeentschädigung

153 Bei dem Gebrauchtwagenkauf findet sich die entsprechende Regelung für die Nichtabnahmeentschädigung in **Abschn. IV Ziff. 2 GWVB** (s. Rn. 23, sowie ferner Reinking/Eggert, Der Autokauf,
Rn. 1455; Eggert, ZAP F. 3, S. 125 ff.; BGH, NJW 1995, 3386; NJW 1998, 976; OLG Köln,
NJW-RR 1993, 1404; OLG Hamm, OLGR 1992, 77; OLG Düsseldorf, OLGR 1996, 78). Die vorgenannte Regelung der GWVB ist an der Regelung des **§ 309 Ziff. 5 BGB** zu messen (vgl. Palandt/
Heinrichs, Gesetz zur Modernisierung des Schuldrechts, § 309 Rn. 24 ff.). Bei einem Kauf von
einem reinen Gebrauchtfahrzeughändler, welcher kein Neuwagengeschäft betreibt, wird die
15 %-Pauschale nach einhelliger Ansicht als unbedenklich angesehen (Eggert, ZAP F. 3, S. 127;
vgl. ferner zu der Berechnung der Pauschale Reinking/Eggert, Der Autokauf, Rn. 510; OLG Düs-
seldorf, OLGR 1996, 78; Kohldorfer, zfs 1994, 37; OLG Celle, OLGR 1995, 182; a. A. OLG Köln,
NJW-RR 1993, 1405, das die 15 % -Pauschale für unwirksam erachtet – dazu bereits oben unter
Rn. 23 – sowie zu dem Einfluss von Preisnachlässen Eggert, ZAP F. 3, S. 127; OLG Karlsruhe,
MDR 1994, 31; OLG Celle, NJW-RR 1996, 50; OLG Köln, OLGR 1997, 3). Zugunsten des
Gebrauchtwagenhändlers, der einen verkauften, aber vom Kunden nicht abgenommenen
Gebrauchtwagen später zum selben Preis anderweitig verkauft, wird vermutet, dass er bei ord-
nungsgemäßer Erfüllung des ersten Kaufvertrags dem Zweitkunden ein anderes gleichwertiges
Fahrzeug verkauft hätte (BGH, NZV 1994, 390).

III. Sachmängelhaftung

1. Sachmangel

154 Auch hier ist zunächst zu prüfen, ob das Kfz einen **Sachmangel** i. S. d. § 434 Abs. 1 BGB aufweist.
Zum Begriff des Sachmangels s. o. unter Rn. 56. Entscheidend ist die von den Vertragsparteien
zugrundegelegte vertragsgemäße Beschaffenheit des Fahrzeugs.

In der Praxis schwierig gestaltet sich häufig gerade beim Verkauf eines Gebrauchtwagens die
Abgrenzung von Sachmangel und Verschleiß. Grds. lässt sich nur sagen, dass dann, wenn die
auf dem Gebrauch und dem Alterungsprozess beruhenden Abnutzungs- und Verschleißerscheinungen nicht über das hinausgehen, was bei einem Fahrzeug des betreffenden Alters und seiner Laufleistung normalerweise festzustellen ist, kein Sachmangel vorliegt (Reinking, DAR 2002, 15, 18;
so bereits OLG Karlsruhe, DAR 1988, 162). Auch wenn sich aufgrund der Neuregelung, die bereits
bei geringfügiger Abweichung des Ist- von der Sollbeschaffenheit des Fahrzeugs einen Sachmangel annimmt (s. o. unter Rn. 56), kann dies nicht Fälle betreffen, in denen ein „normaler" Verschleiß eingetreten ist. Nicht jeder technische Fehler stellt einen Sachmangel in diesem Sinne dar.

2. Nachbesserung

155 Von besonders praktischer Relevanz ist in diesem Zusammenhang die Pflicht des Verkäufers zur
Beseitigung des Fehlers (sog. **Nachbesserung**) als Form der sog. Nacherfüllung. Primär hat der
Käufer bei Kauf eines Gebrauchtwagens einen Anspruch auf Beseitigung des Mangels. Denn eine
Nachlieferung scheidet, da es sich bei dem Gebrauchtfahrzeug um eine nicht vertretbare Sache
handelt, aus. Geschuldet wird die ordnungsgemäße und fachgerechte Beseitigung des Mangels.
Auch Händler ohne Werkstatt und Privatverkäufer sind zur Mangelbeseitigung verpflichtet (Reinking, DAR 2002, 15, 19; a.A: Westermann, JZ 2001, 536, der ein Nachbesserungsrecht nur dann
für gerechtfertigt hält, wenn der Verkäufer eine eigen Werkstatt hat). Sie müssen dann ggf. eine
Reparaturwerkstatt einschalten. Ein Selbstvornahmerecht gewährt das Gesetz dem Käufer dagegen
– im Gegensatz zum Werkvertragsrecht (§ 637 BGB) – nicht (Reinking, a. a. O.). Lehnt der Verkäufer unberechtigterweise die Mangelbeseitigung ab, muss der Käufer diese einklagen und ggf.
erzwingen (§ 887 ZPO). Ferner steht ihm dann gegen den Verkäufer im Hinblick auf die verzögerte
Reparatur ein Schadensersatzanspruch zu.

3. Wertverbesserung an dem Gebrauchtfahrzeug

Führt die Nachbesserung zu einer **Wertverbesserung an dem Gebrauchtfahrzeug**, stellt sich die **156**
Frage, ob der Verkäufer vom Käufer eine Kostenbeteiligung verlangen kann. Dem steht aber § 439
Abs. 2 BGB entgegen: Die Nacherfüllung hat für den Käufer kostenlos zu erfolgen. Der Käufer
muss sich eine Bereicherung nicht aufdrängen lassen. Etwas anderes gilt nur dann, wenn der Käufer Kosten einspart, die er andernfalls hätte tragen müssen (z.B. Kosten für den Wartungsdienst,
für Betriebsmittel wie Schmierstoffe und Öle und Verschleißteile. Diese hat der Käufer zu tragen,
sollte durch die Nachbesserung eine bevorstehende Inspektion/Wartung entbehrlich werden (sog.
Sowieso-Kosten). Gleiches gilt für den „Abzug neu für alt" – z.B. Aufziehen neuerer Reifen als
vorher (Reinking, DAR 2002, 15, 19). Wird durch die Nachbesserung ein anderer Mangel beseitigt,
für den der Verkäufer nicht einzustehen hat, hat sich der Käufer ebenfalls an den Kosten der Nachbesserung zu beteiligen (z.B. Austausch einer defekten Achse, deren Verziehen durch den Käufer
verursacht worden ist). Der Käufer hat ferner für Kosten einzustehen, die er durch eigenes Fehlverhalten verursacht hat (Abschleppenlassen über eine lange Distanz trotz Automatikgetriebes).

4. Verbrauchsgüterkauf

Die Spezialregelungen des **Verbrauchsgüterkaufs** (dazu unter Rn. 125 ff.) gelten auch für den **157**
Kauf von Gebrauchtwagen. Hier ist die Grenze zwischen Beschaffenheitsvereinbarung und einem
im Rahmen des Verbrauchsgüterkaufs nicht zulässigen Ausschluss der Sachmängelhaftung fließend. Das gilt v. a. dann, wenn der Käufer bereit ist, Qualitätsrisiken gegen Gewährung eines Preis-
nachlasses zu akzeptieren (Reinking, DAR 2002, 15, 22). Daher plädiert Westermann (JZ 2001,
536) für einen weiten Anwendungsbereich der Privatautonomie, die solange nicht tangiert ist, als
die Vertragsgestaltung transparent ist.

5. Einzelfälle

Bei dem Kauf von einem gewerblichen Gebrauchtwagenhändler waren Besonderheiten aufgrund **158**
des Agenturgeschäfts zu verzeichnen (vgl. zu diesem Modell Rn. 44). Dem **Verkaufsvermittler**
obliegen gewisse **Pflichten**; er muss den Kunden insbes. aufklären, u. a. auf einen Gewährleistungsausschluss aufmerksam machen (vgl. u. a. LG Verden/Aller, DAR 1990, 24; LG Arnsberg,
NZV 1988, 68). Der am Verkauf eines Gebrauchtfahrzeugs selber wirtschaftlich interessierte Automobilhändler haftet in seiner Eigenschaft als Verkaufsvermittler wie ein Verkäufer im Hinblick
auf die Zusicherung von Eigenschaften oder das arglistige Verschweigen von Fehlern (LG
Bochum, DAR 1981, 15; vgl. zur Eigenhaftung des Händlers auch BGH, NJW 1997, 1233; Eggert,
ZAP F. 3, S. 145).

Nachfolgend werden **wichtige Bereiche** der **Sachmängelhaftung** aufgelistet. **159**

● **Unfallschaden**: Der Verkäufer muss den Käufer insbes. auf **Unfallschäden** hinweisen, die ihm **160**
bekannt sind bzw. die er für möglich hält. Ein arglistiges Verschweigen des Verkaufsvermitt-
lers wird dem Verkäufer zugerechnet (OLG Koblenz, NJW-RR 1988, 1137). Gibt der Verkaufsvermittler dem Käufer gegenüber die vertragliche Zusicherung ab, der Wagen sei unfallfrei, so haftet er aus dem Gesichtspunkt der Verletzung einer „sonstigen" Vertragspflicht gem.
§ 241 Abs. 2 BGB selbst für die Richtigkeit dieser Zusicherung im gleichen Umfang wie ein
Verkäufer. Dies folgt daraus, dass der Händler am Verkauf ein eigenes wirtschaftliches Interesse hat (vgl. hierzu LG Bremen, DAR 1984, 91; OLG Hamm, OLGR 1995, 55; OLG Hamburg, DAR 1998, 72; Eggert, DAR 1981, 1; ders., DAR 1985, 143; ders., ZAP F. 3, S. 134;
Mehnle, DAR 1986; Rixecker, DAR 1986, 106). Thematisiert der Verkäufer Unfallschäden,
stellt es ein arglistiges Verschweigen dar, wenn wesentliche Unfallschäden bagatellisiert oder
erkennbar naheliegenden Unfallfolgen unerwähnt bleiben (OLG München, DAR 2001, 407).
Eine entsprechende Offenbarungspflicht sieht auch das OLG Bremen (DAR 2001, 455).
Nimmt der Verkäufer einen Mangel nicht mehr bewusst wahr, weil er ihn routiniemäßig kompensiert, ist der subjektive Tatbestand der Arglist nicht gegeben (OLG Düsseldorf, DAR 2001,

358). Ein Gebrauchtwagenhändler, der ohne eigene technische Überprüfung nichtreparierte Unfallfahrzeuge kauft und verkauft, ist grds. verpflichtet, einen Käufer darüber zu unterrichten, dass er selbst keine technische Überprüfung vorgenommen hat. Bei Vorliegen eines Schadensgutachtens muss er dessen wesentlichen Inhalt, insbes. auch die Höhe der veranschlagten Reparaturkosten, mitteilen. Wenn der Käufer den Eindruck erweckt, dass ihn Einzelheiten des Unfallschadens und des Wiederherstellungsaufwandes nicht interessieren, und wenn im Kaufvertrag die Angabe „Unfallwagen/Rahmenschaden unrepariert" steht, kann dem Händler kein arglistiges Verhalten vorgeworfen werden, wenn er keine weiteren Angaben macht. Im Gebrauchtwagenhandel sind nach der Verkehrsauffassung die Kennzeichnung eines Fahrzeugs als unfallfrei und die Unterscheidung zwischen (einfachen) Blech- und (schwerwiegenden) Rahmenschäden als wertbildende Faktoren von besonderem Gewicht. Ein Gebrauchtwagenhändler, der einen schwer unfallgeschädigten, jedoch wiederhergestellten Kraftwagen verkauft, hat dem Kaufinteressenten daher auch ungefragt zu offenbaren, dass es um ein „Unfallfahrzeug" geht. Ggf. muss er ferner klarstellen, dass der Unfall nicht nur einen „Blechschaden" zur Folge hatte (BayObLG, NJW 1994, 1078). Ein wirtschaftlicher Totalschaden ist nach Wiederaufbau des Kfz vom Verkäufer stets zu offenbaren. Der Verkäufer eines Gebrauchtwagens, der das Fahrzeug (Zeitwert über 3 000 €) nach einem Unfall für 300 € von einer Autovewertungsfirma angekauft hat, handelt arglistig, wenn er das Fahrzeug nach Wiederaufbau lediglich mit der Angabe „Frontschaden vorne rechts" ohne Hinweis darauf verkauft, dass ein wirtschaftlicher Totalschaden vorgelegen hat (OLG Hamm, DAR 1983, 355). Ist in dem Kaufvertrag über ein Gebrauchtfahrzeug der Unfallschaden als „Unfallfrontschaden" aufgenommen, so ist hiermit zugleich die von dem vereinbarten Gewährleistungsausschluss nicht erfasste Garantie i. S. d. § 443 BGB i.V.m. § 276 BGB verbunden, dass das Fahrzeug keine weiteren wesentlichen Unfallschäden hat (OLG Saarbrücken, NJW-RR 1998, 1273).

161 ● **Bagatellschaden**: Den Verkäufer treffen keine Offenbarungspflichten hinsichtlich Bagatellschäden. Wann diese vorliegen, ist nicht abschließend geklärt. Die Praxis orientiert sich an der Empfehlung des 24. Verkehrsgerichtstags, der die Grenze bei einem Schaden von 1.000 DM sieht (DAR 1986, 112; zust. OLG Düsseldorf, OLGR 1992, 139; OLG Frankfurt/M., DAR 2001, 359; OLG Karlsruhe, DAR 2002, 167) – einschl. MwSt (Reinking/Eggert, Der Autokauf, Rn. 1587 ff.); das AG Leonberg zieht die Grenze bei 1.400 DM (DAR 2000, 277). Inzwischen hat sich die Erkenntnis durchgesetzt, dass ein Bagatellschaden nicht unabhängig vom Wert des Fahrzeugs beurteilt werden kann. So hat das OLG Düsseldorf Reparaturkosten von 250 DM bei einem von Privat gekauften sechs Jahre alten PKW mit einer Gesamtfahrleistung von 65.000 km als geringfügig erachtet (DAR 2001, 358). Schrammen, Kratzer, kleine Beulen etc., die ordnungsgemäß repariert worden sind, stellen zumindest bei einem sechs Jahre alten Kfz keine Unfallschäden dar und unterliegen daher auch nicht der Offenbarungspflicht des Verkäufers – auch dann, wenn die Reparatur der Vorschäden über 1.000 DM verursacht hat (OLG Karlsruhe, DAR 2002, 167). Dagegen liegt kein Bagatellschaden vor, wenn im Kaufvertrag auf behobene Front- und Seitenschäden hingewiesen wird; der Verkäufer kann den PKW dann nicht mehr als unfallfrei anpreisen (OLG Köln, DAR 2001, 404).

162 ● **Zahl der Vorbesitzer**: Die Angabe der Zahl der Vorbesitzer eines Kfz stellt eine **zugesicherte Eigenschaft** dar, da sie im Kfz-Handel die Wertbemessung nachhaltig beeinflusst (LG Saarbrücken, DAR 1984, 91; OLG Hamm, MDR 1984, 141; dazu auch Reinking/Eggert, Der Autokauf, Rn. 1599 ff.). Der Begriff „zweite Hand" ist so ungenau, dass nicht davon ausgegangen werden kann, dass der Gebrauchtwagenhändler damit garantieren möchte, das Kfz habe nicht mehr als zwei Halter gehabt (OLG Düsseldorf, NZV 2000, 83). Ein Gebrauchtwagenhändler ist verpflichtet, dem Käufer zu offenbaren, dass an dem Kfz nach vorausgegangenem Diebstahl die Fahrzeugidentitätsnummer (FIN) verändert sowie ein Ersatzfahrzeugbrief ausgestellt worden ist (OLG Düsseldorf, DAR 2000, 261). Bei einem erst drei Jahre alten Kfz mit einer Laufleistung von 35.000 km bestehen keine Verdachtsmomente, die eine Untersuchungspflicht begründen würden – auch nicht bei vier Vorbesitzern (OLG Hamm, DAR 2000, 119).

● **Gewährleistungsausschluss**: Ein Gewährleistungsausschluss erfasst lediglich Sachsubstanz- 163
mängel eines gebrauchten Fahrzeugs (SchlH.OLG, zfs 1997, 17; vgl. ferner hierzu Eggert,
ZAP F. 3, S. 128; OLG Schleswig, zfs 1997, 17; BGH, NJW 1996, 585) und ist grds. auch
gegenüber Privatpersonen zulässig (BGH, NJW 1996, 2025; Eggert, ZAP F. 3, S. 129). Die
abweichende Angabe des Herstellers in dem Kaufvertrag und in dem Kfz-Brief stellt einen
Fehler dar, ist aber für sich allein noch keine entsprechende Zusicherung. Die Herstellerangabe
wird nicht von einem vorformulierten allgemeinen Gewährleistungsausschluss erfasst (OLG
Oldenburg, NJW-RR 1995, 688). Aufgrund der Abrede, für den verkauften Gebrauchtwagen
werde „keine Garantie" übernommen, ist jegliche Gewährleistung wegen Sachmangels ausgeschlossen. Die natürliche Abnutzung eines Gebrauchtwagens ist kein offenbarungspflichtiger
Sachmangel (LG Arnsberg, NZV 1998, 68).

Der Gewährleistungsausschluss „*gekauft wie besehen (und Probe gefahren)*" ist nach In-Kraft-Treten des Schuldrechtsmodernisierungsgesetzes nur noch beim Autokauf von privat zu privat möglich.

● **Tauschvertrag**: Bei einem Tauschvertrag über zwei gebrauchte Kfz kann nicht von einem 164
stillschweigenden Gewährleistungsausschluss ausgegangen werden. Wird der Tauschvertrag
wegen Mangelhaftigkeit eines der Kfz gewandelt und kann die Partei, die das mangelhafte Kfz
hingegeben hat, das erhaltene Fahrzeug aber nicht zurückgeben, weil sie es nach Kenntniserlangung von den Mängeln weiterveräußert hat, schuldet sie Schadensersatz i. H. d. objektiven
Werts des erhaltenen Kfz, nicht jedoch i. H. d. dem Tauschgeschäft zugrunde gelegten Werts
(OLG Hamm NZV 1994, 226).

● **Irrtumsanfechtung**: Die Irrtumsanfechtung ist trotz Gewährleistungsausschluss möglich 165
(OLG Stuttgart, NJW-RR 1989, 1463; s. auch BGH, NJW 1979, 160). Der Gewährleistungsausschluss erfasst auch Mängel, welche die Betriebs- und Verkehrssicherheit betreffen (TÜV-
abgenommene Fahrzeuge, vgl. LG Arnsberg, NZV 1988, 68). Im Hinweis des privaten Verkäufers auf die nach einer Überarbeitung erfolgte TÜV-Abnahme liegt bei einem älteren
Gebrauchtwagen keine Zusicherung, dass sich das Fahrzeug in verkehrssicherem Zustand
befinde. Ist in einem Mustervertrag ein Gewährleistungsausschluss vorgesehen und gleichzeitig eine Rubrik für die Eintragung bekannter Mängel, so liegt darin, dass diese Rubrik nicht
ausgefüllt wird, keine Erklärung, dass dem Verkäufer keine Mängel bekannt seien, sondern die
Haftung bleibt auf arglistig verschwiegene Mängel beschränkt (OLG Köln, NJW 1993, 271).
Hat ein Kfz-Meister zugesagt, er werde den verkauften Pkw beim TÜV vorstellen und eine
neue TÜV-Plakette besorgen („TÜV-neu"-Zusage), haftet er gem. § 459 Abs. 2 BGB für den
verkehrssicheren Zustand des Pkw (LG Bielefeld, NJW-RR 1989, 561).

● **Abnutzungs- und Verschleißerscheinungen**: Gewöhnliche Abnutzungs- und Verschleiß- 166
erscheinungen stellen im Grundsatz **keinen Mangel** i. S. d. § 434 Abs. 1 BGB dar; dies gilt
nach einer Entscheidung des LG Köln v. 16.1.1991 (DAR 1991, 224) unabhängig davon, welchen Einfluss die Abnutzungserscheinungen auf die Funktionsfähigkeit des Fahrzeugs haben.
Ein Sachmangel ist jedoch zu bejahen, wenn Abnutzungs- und Verschleißerscheinungen über
den normalen Zustand eines vergleichbaren Fahrzeugs gewöhnlich hinausgehen; dies kann
z.B. der Fall bei einem ungewöhnlich hohen Ölverbrauch der Fall sein (LG Düsseldorf,
DAR 1984, 118; LG Mosbach, DAR 1987, 152). Dagegen ist dies nicht der Fall bei Funktions-
unfähigkeit eines Motors oder Getriebes infolge normal fortschreitenden Zylinderverschleißes
bei einem sehr alten Fahrzeug mit extrem hoher Laufleistung (z.B. OLG Schleswig, DAR
1989, 147; LG Arnsberg, NZV 1988, 68; weitere Rechtsprechung in Reinking/Eggert, Der
Autokauf, Rn. 1558). Wird die Auspuffanlage wegen Überschreitung ihrer normalen Haltbar-
keitsdauer vier Monate nach der Übergabe des Fahrzeugs unbrauchbar, liegt ebenfalls kein
Sachmangel vor. Denn dann ist innerhalb der für die Beweislastumkehr maßgeblichen Frist
von sechs Monaten (§ 476 BGB) ein Defekt aufgetreten, der auf einem natürlichen, normal

fortschreitenden Verschleiß beruht und der mit Rücksicht auf das Alter, die Fahrleistung und den Erhaltungszustand des Fahrzeugs zum Zeitpunkt des Verkaufs zu erwarten war (Reinking, DAR 2002, 15, 18; Friedemann, AnwBl 2001, 380, 385).

167 • **Rostschäden**: Zu Rostschäden (vgl. u. a. Eggert, ZAP F. 3, S. 121, 123; vgl. speziell zu Durchrostungen an einem Oldtimer-Fahrzeug als Sachmangel OLG Köln, NZV 1998, 207): Beim Kauf eines Gebrauchtwagens ist regelmäßig ein Fehler gegeben, wenn das Fahrzeug infolge Rostschäden nicht mehr zum Straßenverkehr zugelassen werden kann. Gilt ein Kraftfahrzeug-Typ in Handelskreisen als im besonderen Maße rostanfällig, so ist der Händler verpflichtet, den Käufer in unmissverständlicher Weise darüber aufzuklären. Das Unterlassen dieses Hinweises ist arglistig (LG Münster, DAR 1990; vgl. ferner zum Wandlungsrecht wegen Durchrostung des Bodenblechs beim Kauf eines Fahrzeugs mit Liebhaberwert, hier 13 Jahre altes VW-Cabrio – OLG Karlsruhe, NJW-RR 1988, 1138).

168 • **Austausch der Fahrgestellnummer**: Der Austausch der Fahrgestellnummer bzw. die Nichtübereinstimmung der in dem Kfz-Brief eingetragenen Fahrgestellnummer mit der tatsächlichen Fahrgestellnummer stellt einen Sachmangel dar. Hat der Verkäufer eines Kfz die Fahrgestellnummer neu eingeschlagen und zugleich das Typenschild im Motorraum ausgewechselt, ohne hierfür einen nachvollziehbaren Grund angeben zu können, ist der Käufer daher bei Vertragsschluss über diesen Mangel aufzuklären (vgl. hierzu OLG Zweibrücken, DAR 1985, 59; LG Aachen, NJW-RR 1997, 1255; SchlHOLG, zfs 1997, 17). Handelt es sich um ein Fahrzeug aus einem Diebstahl, ist der Gebrauchtwagenhändler verpflichtet, dem Käufer dies zu offenbaren und ihn auf die geänderte Fahrzeugidentitätsnummer (FIN) und auf das Ausstellen eines Ersatzfahrzeugsbriefs hinzuweisen (OLG Düsseldorf, DAR 2000, 261).

169 • **Austausch- und Gebrauchtmotor, generalüberholter Motor** (vgl. u. a. Winterfeld, DAR 1985, 65; Ebel, NZV 1994, 15; Eggert, ZAP F. 3, S. 135; Reinking/Eggert, Der Autokauf, Rn. 1670): Für die Einstufung als Austauschmotor ist grds. erforderlich, dass alle beweglichen Motorteile und sonstigen Aggregate durch Neuteile ersetzt, nach den Methoden der Serienfertigung hergestellt und nach den Kriterien für einen Neuwagen erfolgreich geprüft worden sind, des Weiteren eine Seriennummer eingestempelt und eine Garantiekarte vergeben wird. Als generalüberholter Motor wird dagegen jeder überprüfte, mehr oder weniger überholte und in dem für erforderlich gehaltenen Umfang mit Neuteilen versehener Motor bezeichnet; sein Wert liegt daher erheblich unter demjenigen eines Austauschmotors (OLG Frankfurt/M., DAR 1992, 221; vgl. auch NZV 1995, 181).

170 • **Zulassungshindernisse**: Auch aus den Kraftfahrzeugpapieren sich ergebende Zulassungshindernisse wie z. B. Überschreiten der Grenzwerte betreffend Geräuschentwicklung und Schadstoffarmut berechtigen den Käufer eines Kfz zur Wandlung (OLG Oldenburg, NJW-RR 1997, 1213).

171 • **Funktionstüchtigkeit des Motors:** Ein Mangel am Gebrauchtwagen liegt vor, wenn die Funktionsuntauglichkeit des Motors bereits nach kurzer Fahrleistung zum völligen Ausfall des Motors führt und der PKW deutlich unter zehn Jahren alt ist und zu einem Preis veräußert wurde, der als Gegenleistung für eine nennenswerte Zeit ein funktionstaugliches Fahrzeug erwarten lässt (OLG Köln, DAR 2001, 461).

172 • **Ölverbrauch:** Hat ein Gebrauchtwagen überhöhten Ölverbrauch, liegt eine arglistige Verletzung der Aufklärungspflicht seitens des Verkäufers vor, wenn er davon gewusst hat oder zumindest mit solch einer Möglichkeit rechnet, bzw. billigend in Kauf nahm, dass der Käufer diesen Fehler nicht kannte oder bei dessen Offenbarung den Vertrag nicht oder nur mit anderem Inhalt abschließen würde (OLG Düsseldorf, DAR 2001, 502). Verbraucht ein Kfz 1,5 l Öl auf 100 km, ist dieser Ölverbrauch allein noch kein sicheres Indiz für die positive Kenntnis des Verkäufers von einem Motorschaden. Das ist erst der Fall, wenn konkret auf eine Schädigung hinweisende Umstände hinzutreten (OLG Köln, DAR 2000, 308).

● **„Besichtigungsklauseln"** schließen die Gewährleistung gewöhnlich nur bei für den Käufer   173
erkennbaren technischen Mängeln aus (vgl. näher Eggert, ZAP F. 3, S. 129; BGH, NJW 1996,
2025; OLG Koblenz, NJW-RR 1992, 1145).

● **Lackierung:** Das Nichtinformieren über die Neulackierung eines Gebrauchtfahrzeugs stellt   174
kein arglistiges Verschweigen dar. Auch beinhaltet die Äußerung des Käufers, ihm gebe der
optische Zustand des Fahrzeugs einen Hinweis auf den Pflegezustand, keine Garantie des Verkäufers, bei der Lackierung handele es sich um die Originallackierung (OLG Frankfurt, DAR
2001, 306).

● **Untersuchungspflicht:** Diese erstreckt sich z. B. nicht auf versteckte Motormängel, die ohne   175
Zerlegung des Motors nicht feststellbar sind (vgl. hierzu u. a. OLG Düsseldorf, NJW-RR 1997,
431; LG Saarbrücken, zfs 1997, 97; OLG Hamburg, NJW-RR 1992, 1399; OLG Hamm,
NJW-RR 1986, 932; OLG Köln, NJW-RR 1997, 1214; Eggert, ZAP F. 3, S. 132). Den Kfz-
Händler trifft eine Untersuchungspflicht, wenn Anhaltspunkte für ihn den konkreten Verdacht
begründen, dass Mängel vorliegen bzw. der Kunde die Erwartung haben darf, der Fachmann
habe eine eingehendere Prüfung vorgenommen (OLG Köln, DAR 2001, 404). Verschweigt der
gewerbsmäßige Kfz-Händler die Tatsache, dass er das verkaufte Kfz nicht auf vorhandene Fehler untersucht hat, haftet er nur für solche Mängel, die er bei Vornahme der gebotenen Untersuchung hätte erkennen können (OLG Düsseldorf, DAR 2000, 356). Aber eine allgemeine
Untersuchungspflicht des gewerblichen Autohandels besteht nicht in Bezug auf die Verkehrssicherheit eines PKW treffenden Mängel. Solange kein hinreichender Verdacht z. B. auf Mängel an der Bremsanlage besteht, beseht auch für den Verkäufer keine Untersuchungspflicht hinsichtlich dieser Bremsanlage. Bei einem erst drei Jahre alten Kfz mit einer Laufleistung von
35.000 km fehlen derartige Verdachtsmomente (OLG Hamm, DAR 2000, 119).

● **Scheckheftpflege:** Eine unterlassene Scheckheftpflege begründet für sich allein noch keinen   176
Fehler i. S. d. § 459 Abs. 1 BGB (OLG Köln VersR 1997, 1019). Nach einer Entscheidung des
OLG Düsseldorf v. 5.6.1992 (NJW 1993, 110) kann in der Übergabe des Inspektionshefts bei
einem Gebrauchtwagenkauf die konkludente Zusicherung liegen, der Wagen sei „scheckheftgepflegt", d. h., die aufgeführten Inspektionen seien in einer Fachwerkstatt durchgeführt worden; der Verkäufer will damit aber nicht dafür einstehen, dass die Inspektionen ordnungsgemäß
und vollständig ausgeführt worden sind. Die – wahrheitswidrige – Versicherung des Verkäufers, der Wagen sei „scheckheftgepflegt" , ist ein Anfechtungsgrund wegen arglistiger Täuschung, da es sich dabei um ein wesentliches Merkmal handelt (LG Paderborn, DAR 2000, 275).

● **„Behauptung ins Blaue"** (Eggert, ZAP F. 3, S. 131): Bei einer derartigen Behauptung des   177
Verkäufers ist Arglist zu bejahen (vgl. u. a. BGH, NJW 1995, 955; OLG Düsseldorf, NJW-RR
1998, 1751; Reinking/Eggert, Der Autokauf, Rn. 1877; Schmidt, DAR 1980, 166). Dabei muss
der Verkäufer wenigstens mit der Möglichkeit der Unwahrheit seiner Behauptungen gerechnet
haben (BFH, NJW 1981, 1441). Das ist nicht der Fall, wenn ein Händler ein Fahrzeug mit mehreren Vorbesitzern als uneingeschränkt „unfallfrei" verkauft, er aber über entsprechende Informationen nur des letzten Vorbesitzers (sein Kunde) verfügt (OLG Düsseldorf, OLGR 1992,
277; OLG Hamm, OLGR 1997, 120). Wissentlich i. d. S. handelt auch nicht, wer gutgläubig
unrichtig Angaben macht – auch wenn dies auf Fahrlässigkeit, sogar grobe Fahrlässigkeit
beruht (BFH, NJW-RR 1986, 700; OLG Hamm, OLGR 1991, 99; Reinking/Eggert, Der Autokauf, Rn. 1877 ff.).

● **Angabe über km-Laufleistung** (vgl. u. a. zu der konkludenten Zusicherung der Gesamtfahr-   178
leistung OLG Naumburg, NZV 1998, 73; vgl. ferner BGH, NJW 1996, 1205; OLG Köln,
NJW-RR 1988, 1136; OLG Nürnberg, NJW-RR 1997, 1212; OLG Braunschweig, NZV 1996,
146; OLG Düsseldorf, NZV 1999, 514; LG Heilbronn, NJW-RR 1999, 775; LG Münster, zfs
1993, 409; OLG Celle, OLGR 1995, 35; Eggert, ZAP F. 3, S. 134):

Eine Haltbarkeitsgarantie liegt vor, wenn der Verkäufer auf Fragen des Käufers mündlich eine Kilometerlaufleistung des Gebraucht-Kfz bestätigt, wenn für den Verkäufer erkennbar war, dass dies für den Käufer von erheblicher Bedeutung ist; eine später im schriftlichen Kaufvertrag vereinbarte Klausel mit einschränkenden Angaben ist dann überraschend und daher unwirksam (OLG München, DAR 2000, 164). Bei einem mehr als vier Jahre alten Kfz mit einer Kilometerlaufleistung von mehr als 145.000 km kann in der Erklärung, der PKW befinde sich in einem technisch einwandfreien Zustand, allenfalls die Garantie gesehen werden, dass er bei der Übergabe technisch in Ordnung, betriebsbereit und verkehrssicher ist (OLG Düsseldorf, NZV 2000, 83).

179 • **TÜV-Klauseln:** Mit „TÜV neu" sichert ein Kfz-Händler mit eigener Werkstatt verbindlich zu, dass das Fahrzeug bei Übergabe dem Zustand entspricht, der für eine erfolgreiche Hauptuntersuchung (§ 29 StVZO) erforderlich ist (BGH, NJW 1988, 1378; vgl. hierzu u. a. Eggert, ZAP F. 3, S. 135; OLG Düsseldorf, OLGR 1996, 180; OLG Düsseldorf, OLGR 1995, 84; OLG Hamm, BB 1995, 1506). Bei dem Verkauf eines gebrauchten Kfz durch eine Privatperson beinhaltet die Angabe „TÜV neu bis 98" unter Ausschluss der Gewährleistung nicht die Zusicherung eines verkehrssicheren Zustands des Kfz (OLG München, 16.5.1997, 14 U 934/36). Zur Differenzierung nach drei Fallgruppen: Fahrzeug mit Altplakette, Hauptuntersuchung des Fahrzeugs vor der Bestellung des Kunden und Zusage des Händlers, das Fahrzeug mit einer „frischen" Plakette zu übergeben vgl. Reinking/Eggert, Der Autokauf, Rn. 1774 f.).

180 • **Allgemeinzustand:** Angaben zum Allgemeinzustand können im Einzelfall Zusicherungen darstellen (vgl. Eggert, ZAP F. 3, S. 135; Reinking/Eggert, Der Autokauf, Rn. 1832). Eine unverbindliche Anpreisung (und keine Garantiezusage) ist die Äußerung des Verkäufers eines Gebrauchtwagens zu werten, der Motor gehe nicht kaputt, er sei immer scheckheftgepflegt worden (OLG Frankfurt/M., DAR 2001, 505).

181 • **Fahrbereitschaft:** Mit Angaben zur Fahrbereitschaft übernimmt der Kfz-Händler die Gewähr dafür, dass sich das Fahrzeug in einem verkehrssicheren Zustand befindet (BGH, NJW 1993, 154; OLG Köln, OLGR 1998, 26; OLG Celle, OLGR 1996, 195; Eggert, ZAP F. 3, S. 135).

182 • **Ersatzteile:** Wird zur Beseitigung des Mangels an einem Gebrauchtfahrzeug der Einbau von Ersatzteilen notwendig, stellt Reinking die Frage nach der Zulässigkeit der Verwendung gebrauchter Teile (DAR 2002, 15, 19). Er spricht sich für die Anwendung der Grundsätze für die sog. zeitgerechte Reparatur aus (dazu Reinking, DAR 1999, 56 m.w.N;. OLG Düsseldorf, DAR 2001, 499; OLG Oldenburg, DAR 2000, 359; AG Hof, DAR 2000, 276 m. Anm. Hof; AG Hagen, DAR 2000, 1044 m. Anm. Fuchs).

IV. Vorteilsausgleichung

183 Mit der Vorteilsausgleichung ist die Frage verbunden, ob **Vorteile,** die durch das zum Schadensersatz verpflichtende Ereignis neben Nachteilen entstanden sind, auf den **Schadensersatzanspruch anzurechnen** sind (Palandt/Heinrichs, BGB, Vorbem. v. § 249 Rn. 119; vgl. zu der Vorteilsausgleichung, insbes. speziell zu den Gebrauchsvorteilen bei dem Kfz-Kauf näher Eggert, ZAP F. 3, S. 139; OLG Karlsruhe, NJW-RR 1992, 1144; BGH, NJW 1995, 2159).

V. Gutgläubiger Erwerb vom Nichtberechtigten

184 Der Erwerber ist grds. nicht verpflichtet, Nachforschungen bei Dritten als Voraussetzungen für einen Gutglaubenserwerb anzustellen. Lässt sich der Erwerber nicht den **Fahrzeugbrief** von dem Veräußerer vorlegen, ist gewöhnlich grobe Fahrlässigkeit zu bejahen, § 932 Abs. 2 BGB. Um einen Gutglaubenserwerb Dritter bei Weiterverkauf zu vermeiden, behält daher gewöhnlich der Verkäufer den Kfz-Brief ein (BGH, NJW 1965, 687; NJW 1975, 735; NJW 1992, 310; NJW 1996, 2226; Eggert, ZAP F. 3, S. 146).

C. Synopse zum Leistungsstörungsrecht

Schuldrecht Allgemeiner Teil		185
BGB i. d. F. bis zum 31.12.2001	**BGB i. d. F. seit dem 1.1.2002**	
§ 241	§ 241 Abs. 1	
–	§ 247	
§§ 242 – 274	§§ 242 – 274	
§ 275	§ 275 Abs. 1	
–	§ 275 Abs. 2 bis 4	
§ 276	§ 276	
§§ 277, 278	§§ 277 und 278	
§ 279	aufgeh.; geht in § 276 Abs. 1 Satz 1 auf	
§ 280	§§ 280, 283	
§ 281	§ 285	
§ 282	§ 280 Abs. 1 Satz 2	
§ 283	aufgeh., geht in § 281 auf	
§ 284	§ 286	
§ 285	§ 286 Abs. 4	
§ 286	§§ 280 Abs. 2, 286/281	
§ 287	§ 287	
§ 288	§ 288 Abs. 1, 3 und 4	
–	§ 288 Abs. 2	
§§ 289 – 304	§§ 289 bis 304	
§ 305	§ 311 Abs. 1	
§§ 306 – 309	aufgeh.; vgl. aber § 311a Abs. 1	
§ 310	§ 311b Abs. 2	
§ 311	§ 311b Abs. 3	
§ 312	§ 311b Abs. 4 und 5	
§ 313	§ 311b Abs. 1	
§ 314	§ 311c	
§§ 315 – 320	§§ 315 – 320	
§ 321	§ 321	
§ 322	§ 322	
§ 323	§ 326 Abs. 1, 2 und 4	
§ 324	§ 326 Abs. 2	

§ 325	§§ 283, 280 Abs. 1 für SchadErs.,§ 323 für Rücktritt
§ 326	§§ 281, 280 Abs. 1 für SchadErs.,§ 323 für Rücktritt
§ 327	aufgehoben
§§ 328 bis 345	§§ 328 bis 345
§ 346 Satz 1	§ 346 Abs. 1
§ 346 Satz 2	§ 346 Abs. 2 Satz 1 Nr. 1
§ 347 Satz 1 und 2	§§ 346 Abs. 1, Abs. 2 Nr. 3, 347
§§ 348 und 349	§§ 348, 349
§ 350	aufgehoben
§ 351	aufgeh.; geht in § 346 Abs. 2 Satz 1 Nr. 3 auf
§§ 352 und 353	aufgehoben; geht in § 346 Abs. 2 Satz 1 Nr. 2 auf
§ 354	aufgehoben, geht in § 346 Abs. 4 auf
§ 355	§ 350
§ 356	§ 351
§ 357	§ 352
§ 358	aufgehoben
§ 359	§ 353
§ 360	§ 354
§ 361	§ 323 Abs. 2 Nr. 2
§ 361a, b	§§ 355 – 357
–	§§ 358, 359
§§ 362 – 389	§§ 362 – 389
§ 390 Satz 1	§ 390
§ 390 Satz 2	§ 215
§§ 391 – 432	§§ 391 – 432
c.i.c.	§§ 311 Abs. 2 und 3, 241 Abs. 2, 280
p.V.V.	§§ 280, 241 Abs. 2 bzw.§§ 282, 280, 241 Abs. 2 bzw. §§ 324, 241 Abs. 2

Gewährleistungsrecht im Kaufrecht	
BGB i. d. F. bis zum 31.12.2001	**BGB i. d. F. seit dem 1.1.2002**
§ 433	§ 433
§ 434	§§ 433 Abs. 1 Satz 2, 435
§ 435	§ 435 Abs. 1 Satz 2
§ 436	§ 436
§ 437	aufgehoben; geht in §§ 453 Abs. 1, 433 Abs. 1 auf
§ 438	aufgehoben
§ 439	§ 442
§ 440	aufgehoben
§ 441	aufgehoben
§ 442	aufgehoben
§§ 443, 476	§ 444
§ 444	aufgehoben
§ 445	aufgehoben
§ 446	§ 446
§ 447	§ 447
§ 448	§ 448 Abs. 1
§ 449	§ 448 Abs. 2
§ 450	aufgehoben
§ 451	sachlich in § 453 Abs. 1
§ 452	aufgehoben
§ 453	aufgehoben
§ 454	aufgehoben
§ 455	§ 449
§ 456	§ 450 Abs. 1
§ 457	§ 450 Abs. 2
§ 458	§ 451
§ 459	§ 434
§ 460	§ 442
§ 461	aufgehoben
§ 462	§§ 437 ff.
§ 463	aufgehoben; Zusicherung jetzt in § 276
§ 464	aufgehoben

§§ 465 bis 471	aufgehoben; jetzt § 437 Nr. 2
§§ 472 bis 475	§ 441
§ 476	§ 444
§ 477	§ 438
§ 478	§ 438 Abs. 4 und 5
§ 479	aufgehoben
–	§§ 474 – 479

D. Kraftfahrzeug-Leasing

I. Kfz-Leasing als besondere Leasingbranche

186 Das Kfz-Leasing stellt unter den anderen Leasingbranchen im Leasinggeschäft (Immobilien-Leasing, Kommunal-Leasing und Computer-Leasing) den **größten Teilmarkt** des Leasinggeschäfts dar. In dieser besonderen Leasingbranche herrscht das Vertragsmodell des **Teilamortisationsleasings** vor; das Leasinggeschäft wird fast ausschließlich durch **markengebundene herstellereigene Leasinggesellschaften** betrieben (Beispiel: „Volkswagen Leasing GmbH"). Kfz-Leasing ist **Finanzierungsleasing;** das Interesse an der Absatzförderung schließt diese Wertung nicht aus (BGH, NJW 1986, 1336). Der Händler ist gewöhnlich Erfüllungsgehilfe des Leasinggebers; der Leasinggeber hat daher für dessen Fehlverhalten gem. § 278 BGB zu haften (Palandt/Putzo, BGB, Einf. v. § 535 Rn. 54; Engel/Paul, Handbuch Kraftfahrzeugleasing, S. 147 f.). Kfz-Leasing ist **Mobilienleasing** und folgt den hierfür geltenden rechtlichen Regeln. Eine wichtige Ausnahme besteht bei dem Kfz-Leasinggeschäft in dem Bereich der Gefahrtragung (vgl. Rn. 104). Diese Leasingsparte ist zunehmend wie auch die anderen Bereiche des Leasinggeschäfts von dem neben die Finanzierungs- und Nutzungsfunktion tretenden Dienstleistungselement geprägt.

II. Gängige Vertragstypen

187 Im Leasinggeschäft werden eine Reihe von Vertragstypen verwandt, welche überwiegend erlasskonforme Vertragsmodelle darstellen (z. B. Vertrag mit Andienungsrecht des Leasinggebers u. kündbarer Vertrag); es finden sich jedoch auch aus der Praxis entwickelte Vertragsformen (vgl. hierzu Engel/Paul, Handbuch Kraftfahrzeugleasing, S. 115 ff.). Auch nach der Schuldrechtsreform ist der Finanzierungsleasingvertrag nicht als besonderer Vertragstyp im BGB geregelt. Im Kfz-Leasinggeschäft herrschen heute **zwei Vertragsmodelle** vor: der erlasskonforme Kfz-Leasingvertrag mit Mehrerlösbeteiligung und der aus der Praxis entwickelte Kfz-Leasingvertrag mit Kilometerbegrenzung.

188 Bei dem **Kfz-Leasingvertrag mit Mehrerlösbeteiligung** wird zu Vertragsbeginn ein kalkulierter Restwert festgelegt; dieser wird nicht über die Leasingraten amortisiert. Das **Risiko des kalkulierten Restwerts** trägt bei dieser Vertragsform der **Leasingnehmer.** Bei der Verwertung des Fahrzeugs bei Vertragsende und nach Rückgabe des Fahrzeugs obliegt dem Leasinggeber die Sorgfaltspflicht, das Fahrzeug bestmöglich zu veräußern. Da der Leasingnehmer den kalkulierten Restwert garantiert hat, muss er den Fehlbetrag ausgleichen, wenn der Verkaufserlös den kalkulierten Restwert nicht erreicht. Im gegenteiligen Fall, wenn der Verkaufserlös den kalkulierten Restwert übersteigt, wird die Differenz derart aufgeteilt, dass der Leasingnehmer 75 % des Mehrerlöses erhält und der Leasinggeber 25 %.

Bei dem **Kfz-Leasingvertrag mit Kilometerbegrenzung** trägt der **Leasinggeber** das **Risiko** des **189** **kalkulierten Restwerts.** Der Leasinggeber nimmt hier die Kalkulation aufgrund angenommener km-Leistungen vor. Die Bemessung des Nutzungsentgelts erfolgt derart, dass dieses den geschätzten Werteverzehr des Kfz während der Vertragszeit einschl. aller Neben- und Finanzierungskosten sowie des Gewinns des Leasinggebers deckt. Hinzu treten Risikozuschläge. Mehr- oder Minderfahrleistungen gegenüber der kalkulierten Fahrleistung werden bei Vertragsende durch eine km-bezogene Vergütung ausgeglichen.

III. Integrierte Vorschriften zum Verbraucherleasing

Die Vorschriften des Verbraucherkreditgesetzes sind nunmehr in den neuen Regelungen der §§ 499 **190** **ff. BGB** betr. den entgeltlichen Zahlungsaufschub und sonstige Finanzierungshilfen inhaltlich übernommen. Der Finanzierungsleasingvertrag – und damit auch der übliche Vertragstyp des Kfz – Leasings in Form des Teilamortisationsleasings – zwischen einem Unternehmer und einem Verbraucher ist nunmehr im Anschluss an § 499 BGB als Finanzierungshilfe in der Verweisungsnorm des § 500 BGB, welcher die Vorschrift des bisherigen § 3 Abs. 2 Nr. 1 VerbrKrG übernommen hat, speziell erfasst (vgl. näher hierzu Schmidt, in: Henssler/Graf von Westphalen, Praxis der Schuldrechtsreform, Vorbem. §§ 488 ff. Rn. 6 ff.). Auch der typische **Kilometervertrag** ist Finanzierungsleasing, bei diesem ist regelmäßig keine Amortisationslücke zu erwarten (BGH, WiB 1996, 698; NZM 1998, 330). Es gelten weiter die bislang zum Finanzierungsleasing von Rechtsprechung und Schrifttum erarbeiteten Grundsätze zu diesem Vertragstyp (Martinek, in: Hoeren/Martinek, SKK, S. 14).

Im Einzelnen regelt **§ 500 BGB** – im Unterschied zu dem bisherigen § 3 Abs. 2 Nr. 1 VerbrKrG, **191** welcher die auf das Finanzierungsleasing nicht anzuwendenden Bestimmungen des Verbraucherkreditgesetzes bestimmt hatte (§§ 4 Abs. 1 Satz 5 und 6 VerbrKrG (erforderliche Angaben), § 6 VerbrKrG (Rechtsfolgen von Formmängeln), § 13 Abs. 3 VerbrKrG (Rücktrittsfiktion) und § 14 VerbrKrG (vorzeitige Zahlung) – zusätzlich, welche Regelungen des Verbraucherdarlehensvertrags und des Widerrufsrechts entsprechend anzuwenden sind:

- § 492 Abs. 1 Satz 1 – 4 BGB betr. Schriftform;
- § 492 Abs. 2 BGB betr. Effektiver Jahreszins;
- § 492 Abs. 3 BGB betr. Aushändigung einer Abschrift der Vertragserklärungen;
- §495 Abs. 1 i.V.m. §§ 355, 358, 377 BGB betr. Widerrufsrecht des Leasingnehmers;
- § 496 BGB betr. Verbot des Einwendungsverzichts;
- § 497 BGB betr. Verzugszinsen, Anrechnung von Teilleistungen;
- § 498 BGB betr. Gesamtfälligstellung wegen Zahlungsverzugs;
- § 358 BGB betr. Leasing und Kauf als verbundene Verträge;
- § 359 BGB betr. Einwendungsdurchgriff.

Die Regelungen der §§ 493 f. BGB (Überziehungskredit) und § 495 Abs. 2 und 3 BGB betr. Widerruf sind wiederum ausgenommen. Ferner gilt das Rücktrittsrecht des Darlehensgebers – vgl. vormals § 13 Abs. 1, 2 VerbrKrG – nicht für Finanzierungsleasingverträge, (vgl. hierzu insbes. Reinking, DAR 4/2002, 145 ff.; Schmidt, in: Henssler/Graf von Westphalen, Praxis der Schuldrechtsreform, § 500 Rn. 1 ff.).

> **Hinweis:**
>
> *Vgl. zu spezifischen Fragekreisen des Finanzierungsleasings im Bereich des VerbrKrG insbes.*
> *die folgende Literatur: Godefroid, RIW 1994, Beilage zu H 5/1994, 14; Godefroid/Salm,*
> *BB 1993, Beilage Nr. 8/1993, 15; Groß, DAR 1996, 438; ders., FLF 1993, 132; Marloth-*
> *Sauerwein, Leasing und das Verbraucherkreditgesetz, Frankfurt/M. 1992; Slama, WM 1991,*
> *569; ders., FLF 1993, 83; Zahn, DB 1991, 81.;Engel/Paul, Handbuch Kraftfahrzeugleasing,*
> *S. 305 ff.*

IV. Leasing als Finanzierungsgeschäft und rechtliche Qualifizierung des Leasingvertrags

192 Leasing ist ein Finanzierungsgeschäft; der Leasinggeber finanziert eine **Investitionsentscheidung** des Leasingnehmers (BFH, DB 1970, 424). Das Leasinggeschäft wird im Unterschied zu der Miete von dem Amortisationsprinzip geprägt; der Leasinggeber erhält seine Aufwendungen für das Leasinggut voll amortisiert, sei es durch Voll- oder durch Teilamortisationsvertrag (BGH, DB 1990, 2061; NJW 1986, 1336 Engel/Paul, Handbuch Kraftfahrzeugleasing, S. 2). Die Refinanzierung des Leasinggebers im Kfz-Leasing ist im Wesentlichen von dem sog. Doppelstockmodell und dem Finanzierungsinstrument **asset backed securities,** sog. **ABS** geprägt (Hermann, FLF 1996, 240; Tacke, Leasing, S. 95).

193 Der Leasingvertrag ist gesetzlich nicht fixiert. Das Leasinggeschäft ist geprägt durch die Finanzierungs- und Nutzungsfunktion (BGH, NJW 1990, 1785). Der Kfz-Leasingvertrag wird wie jeder andere Leasingvertrag nach st. Rspr. und h.M. in der Literatur zivilrechtlich als **atypischer Mietvertrag** eingeordnet, auf den „in erster Linie" – unter Beachtung der leasingtypischen Besonderheiten im Zusammenhang mit der Finanzierungsfunktion – die mietrechtlichen Regelungen der §§ 535 ff. BGB Anwendung finden (BGHZ 112, 65, 71). Der Leasingvertrag ist ferner Dauerschuldverhältnis und gegenseitiger Vertrag (Engel/Paul, Handbuch Kraftfahrzeugleasing, Einf. v. § 535 Rn. 45, 53 ff.).

V. Leasingtypische Besonderheiten, insbesondere Gefahrverlagerung und Abtretungskonzept

194 Unter leasingtypischen Besonderheiten werden insbes. die Verteilung **von Sach- und Preisgefahr,** die **Gewährleistungsregelung** und die **Rechtsfolgen** bei ordentlicher und außerordentlicher **Vertragsbeendigung** vor Ablauf der vorgesehenen Amortisationszeit des Leasingvertrags verstanden (BGH, NJW 1986, 1335 u. NJW 1990, 1785; Engel/Paul, Handbuch Kraftfahrzeugleasing, 67 ff.).

195 Es ist typisch für das Leasinggeschäft, dass der Leasinggeber dem Leasingnehmer gegenüber seine mietvertragliche Eigenhaftung (§§ 537, 538 BGB a. F.) ausschließt und dem Leasingnehmer im gleichen Zuge die ihm zustehenden kauf- bzw. werkvertraglichen Gewährleistungsansprüche abtritt. Die mietvertraglichen Regelungen werden hierdurch in Abweichung vom dispositiven Mietrecht durch eine **Vertragsgestaltung nach „kaufrechtlichem Vorbild"** ersetzt (vgl. Palandt/ Putzo, BGB, Einf. v. § 535 Rn. 56). Mit dieser Vertragsgestaltung ist die Gläubigerstellung des Leasinggebers aus Leistungsstörungen aus dem Liefervertrag abgetreten (betr. Recht auf Wandlung u. Minderung, Rücktrittsrecht und selbstständige Gestaltungsrechte, vgl. BGH NJW 1985, 264; Engel/Paul, Handbuch Kraftfahrzeugleasing, S. 80 ff.). Hieran hat das neue Recht nichts geändert (Beckmann, Seminar Schuldrechtsmodernisierung intensiv, DAI, Bochum 2002, S. 167). Zu beachten ist aufgrund der neuen gesetzlichen Regelung, dass der Leasinggeber, wenn er aufgrund der Abtretung **Nacherfüllung** in Form der Nachlieferung wählt, auch Eigentümer der nach-

gelieferten neuen Sache wird. Mit der Nacherfüllung ist eine Stärkung der Primärleistungspflicht bei bestehendem Vertrag beabsichtigt, welche den **Liefervertrag** als Geschäftsgrundlage **unberührt** lässt (Beckmann, a.a.O., S. 167).

- Die **Gefahrverlagerung** im Kfz-Leasinggeschäft ist von besonderer Bedeutung. Nachfolgend werden die **wichtigsten Bereiche** stichwortartig dargestellt.   196

- Die Abwälzung der **Sach- und Preisgefahr** auf den Leasingnehmer in den AGB eines Leasinggebers ist als solche zulässig und ist **Ausdruck** der **wirtschaftlichen Besonderheiten** des Leasinggeschäfts und daher leasingtypische Regelung (BGH, ZIP 1987, 1390; Engel/Paul, Handbuch Kraftfahrzeugleasing S. 71 ff.).

- Durch den Abschluss einer **Vollkaskoversicherung** mindern sich für den Leasingnehmer die hiermit verbundenen Risiken (vgl. Nitsch, FLF 1998, 18; Engel/Paul, Handbuch Kraftfahrzeugleasing, S. 201 ff.).

- Die Überbürdung der Preis- und Sachgefahr in den AGB eines Kfz-Leasingvertrags ist unwirksam, wenn dem Leasingnehmer nicht für den Fall des Verlusts, des Untergangs oder der wesentlichen Beschädigung des Kfz ein **kurzfristiges Kündigungsrecht** eingeräumt ist (BGH, NJW 1987, 377; NJW 1996, 1888; NZV 1997, 72). In Betracht kommt auch ein dem Leasingnehmer wahlweise eingeräumtes Lösungsrecht, das einem kurzfristigen, mit der Verpflichtung zur Leistung einer Ausgleichszahlung verbundenen Kündigungsrecht gleichkommt (BGH, BB 1998, 2078; Engel/Paul, Handbuch Kraftfahrzeugleasing, S. 78, 228).

VI. Vertragsbeendigung

Die Vertragsbeendigung tritt im Kfz-Leasinggeschäft auf unterschiedlichem Wege ein. Grds. endet   197
der Leasingvertrag **automatisch** mit Ablauf **der festen unkündbaren Laufzeit;** allein bei dem seltenen Fall des kündbaren Leasingvertrags wird eine ordentliche Vertragsbeendigung durch Kündigung herbeigeführt. Die vorzeitige Vertragsbeendigung kann durch **fristlose bzw. außerordentliche Kündigung** und durch **einvernehmlichen Aufhebungsvertrag** der Leasingvertragsparteien herbeigeführt werden (Engel/Paul, Handbuch Kraftfahrzeugleasing, 211 ff.).

Kündigungsgründe des Leasinggebers sind u. a. Zahlungsverzug des Leasingnehmers, vertrags-   198
widriger Gebrauch des Kfz und erhebliche Vermögensverschlechterung des Leasingnehmers. Nach einer Entscheidung des OLG Düsseldorf v. 16.1.1997 (BB 1997, 702) liegt ein zur fristlosen Kündigung berechtigender wichtiger Grund z. B. auch dann vor, wenn der Leasingnehmer das Leasingfahrzeug – zum Teil unter erheblichem Alkoholeinfluss – mehrfach benutzt, ohne im Besitz einer gültigen Fahrerlaubnis zu sein. Einer Abmahnung des Leasingnehmers durch den Leasinggeber bedarf es in derartigen Fällen nicht. **Kündigungsgründe des Leasingnehmers** sind insbes. das bereits erwähnte kurzfristige Kündigungsrecht und ein Kündigungsrecht der Erben bei Tod des Leasingnehmers. Zu beachten ist die veränderte Rechtslage, welche mit der am 1.1.1999 in Kraft getretenen Insolvenzordnung geschaffen wurde. So ist eine fristlose Kündigung bei Beantragung oder Eröffnung des Insolvenzverfahrens über das Vermögen des Leasingnehmers nicht zulässig (vgl. hierzu insbes. Engel/Völckers, Leasing in der Insolvenz, S. 94 ff.; Engel, BB Leasing- und Finanzberater 2000 zu Heft 18/1999, 23 ff. Engel/Paul, Handbuch Kraftfahrzeugleasing, S. 174 ff.).

Mit der die vorzeitige Vertragsbeendigung auslösenden Kündigung wird der Leasingvertrag in ein   199
Abwicklungsschuldverhältnis verwandelt. Der Leasingnehmer muss dem Leasinggeber das Fahrzeug einschließlich Schlüsseln und Unterlagen frei von Schäden und Mängeln zurückgeben und ist dem Leasinggeber zu dem **Ausgleich** des noch nicht getilgten Teils dessen Gesamtkosten verpflichtet (BGH, WM 1996, 311). Der BGH hat in st. Rspr. den Vollamortisationsanspruch des Leasinggebers als dem Leasing wesenseigenen Anspruch anerkannt (BGH, WiB 1997, 1308). Dieser Anspruch ist ein dem Leasingvertrag immanenter Anspruch, welcher auch gegeben ist, wenn keine oder nur eine **unwirksame Vereinbarung** zwischen den Leasingvertragsparteien getroffen wurde. Bei nicht termingerechter Rückgabe hat der Leasingnehmer dem Leasinggeber für die Zeit der

Vorenthaltung eine Nutzungsentschädigung zu entrichten, § 557 Abs. 1 Satz 1 BGB (OLG Frankfurt/M., WM 1987, 1402; Engel/Paul, Handbuch Kraftfahrzeugleasing, S. 241, 249).

200 Als Grundsatz gilt bei der **Vertragsabrechnung,** dass der Leasinggeber durch die vorzeitige Vertragsbeendigung nicht besser, aber auch nicht schlechter gestellt werden darf als bei ungekündigtem Vertragsablauf. Bei dem Anspruch des Leasinggebers auf Vollamortisation sind daher die ihm durch die vorzeitige Vertragsbeendigung entstehenden **Vorteile** wie Zinsvorteile aufgrund des vorzeitigen Kapitalrückflusses und laufzeitabhängige tatsächlich ersparte Vertragsaufwendungen **anzurechnen** (BGH, WM 1995, 438; Engel/Paul, Handbuch Kraftfahrzeugleasing, S. 270 ff.). Der Anspruch des Leasinggebers ist daher auf die abgezinsten restlichen Leasingraten und den kalkulierten Restwert gerichtet (BGH, NJW 1995, 1541). Die konkrete Berechnung des Schadens erhält ihre Bedeutung insbesondere, wenn der pauschale Schadensersatz unwirksam vereinbart wurde oder überhaupt eine vertragliche Regelung hierzu fehlt. Für die Abzinsung von im Zeitpunkt der außerordentlichen Kündigung eines Leasingvertrags noch ausstehenden Leasingraten ist jedenfalls in Fällen, in denen der Leasingnehmer hohe Ratenleistungen über eine langfristige Rest-Laufzeit schuldet, die Rentenbarwertformel für vorschüssige Renten anzuwenden (OLG Celle, OLGR 1996, 219; bzgl. der unterschiedlichen Berechnungsmethoden vgl. BGH, NJW 1996, 455; OLG Celle, NJW-RR 1994, 743, 1334). Das **Transparenzgebot** erfordert nicht die Offenlegung der Kalkulation, die dem in einem Finanzierungsleasingvertrag vereinbarten, vom Leasingnehmer garantierten Restwert zugrunde liegt (BGH, WiB 1997, 1308).

201 Der Leasinggeber hat aufgrund seiner Schadensminderungspflicht die Pflicht, sich bei Vertragsende um eine **bestmögliche Verwertung** des Fahrzeugs zu bemühen. Der Leasinggeber, der das Leasingobjekt zum Händlereinkaufspreis veräußert, verletzt regelmäßig nicht seine Verpflichtung zur bestmöglichen Verwertung, wenn er das Leasingobjekt zuvor dem Leasingnehmer zu denselben Bedingungen zum Erwerb anbietet.

Auch das Recht des Leasingnehmers, einen Käufer zu benennen (sog. **Drittkäuferbenennungsrecht)** kompensiert die Bindung des Leasingnehmers an den Händlerkaufpreis (BGH, WiB 1997, 1305; BB 1997, 1758; NZV 1997, 434; NJW 1991, 221; WM 1990, 2043; OLG Düsseldorf, DB 1997, 821; OLG Köln, WiB 1996, 954; OLG Frankfurt/M., NJW 1995, 3259; Engel/Paul, Handbuch Kraftfahrzeugleasing, S. 264 f.).

VII. Leasingbedingungen

202 Die meisten Kfz-Leasinggeber haben ihren Leasingbedingungen die „Allgemeinen Geschäftsbedingungen für das Leasing von Neufahrzeugen zur privaten Nutzung", einer unverbindlichen Empfehlung des Verbandes der Automobilindustrie e.V. (VDA) zugrunde gelegt (vgl. näher Engel/Paul, Handbuch Kraftfahrzeugleasing, S. 98 ff.; vgl. zur Eingliederung des AGB – Gesetzes in das BGB Palandt/Heinrichs, BGB, Überbl. v. § 305 Rn. 1).

VIII. Steuerrecht

203 Das Leasinggeschäft ist insbesondere auch aus steuerrechtlichen Gesichtspunkten von Interesse. Bei Zurechnung des Leasingguts bei dem Leasinggeber kann der Leasingnehmer die **Leasingraten als Betriebsausgaben** absetzen; der steuerliche Vorteil kommt jedoch nur dem gewerblichen, nicht dem privaten Leasingnehmer zugute. Die Zurechnung bei dem Leasinggeber durch das Finanzamt ist sichergestellt, wenn der Vertrag nach den in den sog. Leasing-Erlassen aufgestellten Kriterien gestaltet wurde (vgl. auch BMF-Schreiben v. 22.12.1975, BB 1976, 72, Anhang Nr. 6); der Leasinggeber kann jedoch auch aus anderem Grunde als wirtschaftlicher Eigentümer zu werten sein, vgl. § 39 AO (Engel/Paul, Handbuch Kraftfahrzeugleasing, S. 396 ff.).

Leasingverträge sind daher in der Praxis gewöhnlich **„erlasskonform"** gestaltet; der Leasinggeber ist hier rechtlicher und wirtschaftlicher Eigentümer

IX. Leasingentgelt

Das Leasingentgelt ist **Gegenleistung** für die Gebrauchsüberlassung und die **Finanzierungsleis-** **204** tung des Leasinggebers und damit Gegenstand des Erfüllungsanspruchs des Leasinggebers (Engel/ Paul, Handbuch Kraftfahrzeugleasing, S. 360 f.). Auch der **Restwertausgleichsanspruch** des Lea-singgebers, d. h. der Anspruch auf Ausgleich der Differenz zwischen kalkuliertem Restwert und niedrigerem erzieltem Verwertungserlös ist Erfüllungsanspruch (Engel/Paul, Handbuch Kraftfahr-zeugleasing, S. 120). Der Leasingnehmer hat im Kfz-Leasing-Geschäft an den Leasinggeber gewöhnlich folgende Zahlungen zu leisten: eine **Sonderzahlung** zu Beginn der Vertragszeit, die **Summe der Leasingraten** während der **Grundmietzeit** und ggf. **Zahlungen am Vertragsende** (Abschlusszahlung, Restwertausgleich, Kaufpreis), welche sich nach der gewählten Vertragsgestal-tung richten. Die Vereinbarung einer Sonderzahlung entspricht dem beiderseitigen vernünftigen wirtschaftlichen Interesse der Vertragsparteien; diese mindert das Kreditrisiko des Leasinggebers und den Kreditumfang des Leasingnehmers. Die Sonderzahlung ist nicht als Kaution zu werten; sie wird daher auch nicht bei Vertragsende zurückerstattet. Bei der **konkreten Schadensberechnung** nach einer vom Leasingnehmer veranlassten fristlosen Kündigung des Leasingvertrags ist die geleistete Sonderzahlung in voller Höhe Teil des Vollamortisationsanspruchs des Leasinggebers; eine anteilige Rückerstattung an den Leasingnehmer kommt daher nicht in Betracht (BGH, NJW 1995, 954; NJW 1986, 1335; BB 1986, 693; DB 1996, 2971; NJW 1990, 1788; BFH, DAR 1994, 413; OLG Hamm, BB 1996, 608; Engel, DB 1997, 761; dies., Miete, Kauf, Leasing, Rn. 656; Engel/Paul, Handbuch Kraftfahrzeugleasing, S. 284).

X. Leasingnehmer als Halter

Nach st. Rspr. des BGH ist Halter eines Fahrzeugs, wer es **für eigene Rechnung in Gebrauch** hat **205** und die **Verfügungsgewalt** besitzt, die ein solcher Gebrauch voraussetzt. Dementsprechend endet die Stellung als Halter eines Kfz, wenn die Verfügungsgewalt, d. h. die tatsächliche Möglichkeit, den Einsatz des Fahrzeugs zu bestimmen, auf eine nicht nur vorübergehende Zeit entzogen wird. Der Leasingnehmer ist hiernach i.d.R. alleiniger Halter des Kfz (BGHZ 87, 133, 135; 116, 201, 205; BGH, NJW 1986, 1044; v. Gerlach, DAR 1997, 217, 230). Nach einer Entscheidung des OLG Hamm v. 14.11.1994 (NJW 1995, 2233) braucht sich der Leasinggeber als Eigentümer des Lea-singfahrzeugs bei der Inanspruchnahme des Schädigers aus der Verschuldenshaftung weder ein Mitverschulden des Leasingnehmers noch die Betriebsgefahr seines Fahrzeugs zurechnen zu las-sen. Die Regelung des **§ 17 StVG** findet auf ihn keine Anwendung, weil er nicht Kfz-Halter ist. Im Rahmen des **§ 254 BGB** ist die mitwirkende Betriebsgefahr des Kfz nicht zu berücksichtigen, weil nur der Halter und der Fahrer für diese einstehen müssen (OLG Hamm, NJW 1995, 2233; Lemcke, DAR 1997, 41, 43; Engel/Paul, Handbuch Kraftfahrzeugleasing, S. 97).

XI. Versicherung

Der **Leasingnehmer ist verpflichtet,** das **Fahrzeug zu versichern.** Die Versicherungspflicht für **206** Kasko folgt aus Leasingvertrag, für Haftpflicht aus § 1 PflVersG (BGH, NJW 1998, 3021; OLG München, NJW-RR 1996, 48). In der Praxis schließt er die Versicherung entweder selbst oder mit Vollmacht für den Leasinggeber ab; in jedem Fall ist das Kfz ordnungsgemäß versichert. Durch die Versicherung ist sowohl das **Eigentümerinteresse** des Leasinggebers als auch das **Sacherhal-tungsinteresse** des Leasingnehmers gedeckt (Engel/Paul, Handbuch Kraftfahrzeugleasing, S. 201 ff.; Stolterfoht, Finanzierungsverträge, II. 3, Ziff. 23; BGH, VersR 1988, 949; 1989, 950; 1990, 1222; vgl. zu Aufklärungsobliegenheiten bei einem Unfall mit einem Leasingfahrzeug u. a. OLG Hamm, NZV 1994, 443; OLG Frankfurt/M., NZV 1991, 34). Die Versicherung ist eine Sach-versicherung und **Versicherung für fremde Rechnung,** §§ 74 ff. VVG; Versicherter ist der Lea-singgeber, Versicherungsnehmer ist der Leasingnehmer. Dem Leasinggeber steht der **Sicherungs-schein** zu. Die Versicherung steht dem Leasinggeber auch dann zu, wenn der Leasingnehmer die Versicherung im eigenen Namen ohne Ausstellung eines Sicherungsscheins zu Gunsten des Leasinggebers abgeschlossen hat. Mit den AGB wird der Leasingnehmer ermächtigt, Ansprüche aus der Versicherung im eigenen Namen geltend zu machen (BGH, NJW 1985, 1537). Die mit Abschluss des Leasingvertrags übernommene Pflicht des Leasingnehmers zum Abschluss einer Kaskoversicherung lebt wieder auf, wenn das gestohlene Leasingfahrzeug, nachdem es zwischenzeitlich polizeilich abgemeldet und damit der Versicherungsschutz erloschen war, zwar in beschädigtem, aber reparaturfähigem Zustand aufgefunden wird (OLG München, NJW-RR 1996, 48).

207 Es entscheidet sich nach dem **Innenverhältnis** zwischen Versicherungsnehmer und **Versichertem,** ob der zur Geltendmachung seiner Ansprüche befugte Versicherte die Versicherungsleistung in einer bestimmten Weise verwenden muss (BGH, VersR 1985, 679; vgl. zu der Versicherungsleistung auch BGH, NJW 1989, 3021). Tritt der Leasingnehmer die Rechte aus einer von ihm abgeschlossenen Vollkaskoversicherung an den Leasinggeber ab, so ist die Frage, zur Befriedigung oder Sicherung welcher eventuellen Forderungen des Leasinggebers die Abtretung dienen soll, mangels sonstiger auf eine bestimmte Willensrichtung hindeutender Absprachen und Umstände allein nach dem versicherten Risiko zu entscheiden. Ohne besondere vertragliche Vereinbarung der Leasingvertragsparteien bezweckt die Abtretung der Rechte aus der das Sacherhaltungsinteresse des Leasinggebers abdeckenden Vollkaskoversicherung lediglich die Befriedigung von Ansprüchen des Leasinggebers aus Beschädigung oder Verlust des Fahrzeugs (BGH, ZIP 1992, 179).

208 Nach einer Entscheidung des OLG Koblenz v. 31.10.1995 (DB 1995, 2470) ist der **Anspruch des Leasinggebers** gegen den Leasingnehmer auf **Ersatz des Restwerts** eines gestohlenen Fahrzeugs grds. **gestundet,** bis sein zuerst zu unternehmender Versuch, insoweit **Befriedigung** aus den **abgetretenen Versicherungsansprüchen** zu erlangen, **fehlschlägt.** Dies gilt aber dann nicht, wenn nach dem Vertrag allein der Leasingnehmer verpflichtet ist, den Anspruch auf Kaskoentschädigung zugunsten des Leasinggebers beim Versicherer geltend zu machen. Den Leasinggeber trifft hier jedoch die vertragliche Nebenpflicht, durch die nur ihm mögliche Übersendung der Rechnung über den Fahrzeugeinkauf eine zügige Bearbeitung des Kaskoschadensfalls zu ermöglichen. Kommt der Leasinggeber dieser Mitwirkungspflicht nur mit erheblicher Verzögerung nach, muss er dem Leasingnehmer den daraus entstehenden Schaden ersetzen.

209 Hat der **Kaskoversicherer** die Versicherungsleistung in Unkenntnis eines **leistungsbefreienden Tatbestands,** nämlich des Diebstahls des Leasingfahrzeugs, direkt an den Leasinggeber **gezahlt,** weil diesem die Rechte aus dem Versicherungsvertrag abgetreten waren und ihm ein Sicherungsschein erteilt war, richtet sich der bereicherungsrechtliche Rückzahlungsanspruch regelmäßig gegen den Leasing- und Versicherungsnehmer (BGH, NJW 1993, 1578; vgl. zum Beweis des Kfz-Diebstahls u. a. BGH, NZV 1997, 74).

210 Wird der **Bürge** des Leasingnehmers aus der Bürgschaft in Anspruch genommen, kann er der **Inanspruchnahme** aus dieser nicht mit Erfolg entgegenhalten, der Leasinggeber habe nicht dafür gesorgt, dass das Leasinggut kaskoversichert bleibt (OLG Köln, DB 1995, 2159).

211 Hinsichtlich eines Unfalls mit dem Leasingfahrzeug sind verschiedene Konstellationen zu unterscheiden, je nachdem, wer den Unfall verursacht hat und welchen Umfang der Schaden aufweist. Besonders in diesem Bereich hat die **leasingtypische Verteilung von Sach- und Preisgefahr** ihre Bedeutung (Engel/Paul, Handbuch Kraftfahrzeugleasing, S. 189 ff.; Berninghaus, Fahrzeugleasing, in: Büschgen [Hrsg.], Praxishandbuch Leasing, § 15 Rn. 16). Regelmäßig enthalten die Leasingbedingungen eine Ermächtigung des Leasingnehmers zur Geltendmachung der Ansprüche aus dem Unfall, wodurch die **Aktivlegitimation des Leasingnehmers** gegenüber dem Unfallgegner gegeben ist. Ohne eine solche Ermächtigung verbleibt es bei dem Anspruch des Leasingnehmers aus Besitzrechtsverletzung und dem Anspruch des Leasinggebers aus Eigentumsverletzung. Mit der Vorschrift des § 17 Abs. 1 StVG ist der **Schadensausgleich** zwischen den **beteiligten Kfz-Haltern** geregelt. Im Rahmen der Verschuldenshaftung des Unfallgegners wird dem Leasinggeber weder die Betriebsgefahr des Leasingfahrzeugs noch ein Mitverschulden des Leasingnehmers angerechnet. Der Leasinggeber muss sich jedoch im Rahmen des § 7 StVG das Mitverschulden des Leasingnehmers als Fahrer nach den Regelungen der § 9 StVG, § 254 BGB zurechnen lassen (Engel/Paul,

Handbuch Kraftfahrzeugleasing, S. 189 ff.; Berninghaus, Fahrzeugleasing, in: Büschgen [Hrsg.], Praxishandbuch Leasing, § 15 Rn. 35).

Bei Unfallverursachung durch einen Dritten sind weitgehend deckungsgleiche Schadensersatz-   212
ansprüche von Leasingnehmer und Leasinggeber gegen den Schädiger und dessen gesetzliche
Haftpflichtversicherung gegeben. **Leasinggeber und Leasingnehmer** sind hier **nebeneinander
materiell anspruchsberechtigt** (Engel/Paul, Handbuch Kraftfahrzeugleasing, S. 195; Berninghaus, Fahrzeugleasing, in: Büschgen [Hrsg.], Praxishandbuch Leasing, § 15 Rn. 21).

Der Leasingnehmer ist bei einem Unfall mit dem Leasingfahrzeug aufgrund der leasingtypischen
Abwälzung der Preisgefahr nicht berechtigt, die Zahlung der **Leasingraten** einzustellen; er muss
diese vielmehr **fortentrichten**. Im Fall eines **Totalschadens** ist jedoch beiden Leasingvertragsparteien das außerordentliche **Kündigungs- bzw. Lösungsrecht** gegeben; hiervon unberührt bleibt
die Pflicht zur Amortisation (Engel/Paul, Handbuch Kraftfahrzeugleasing, S. 80 ff., 198). Der Leasingnehmer ist zu der **Reparatur des Kfz** verpflichtet, zugrunde gelegt wird ein Grenzwert bzgl.
einer Unverhältnismäßigkeit i. H. v. 2/3 **des Wiederbeschaffungswerts** des Kfz (Berninghaus,
Fahrzeugleasing, in: Büschgen [Hrsg.], Praxishandbuch Leasing, § 15 Rn. 20). Bei Unfallverursachung durch einen Dritten sind Schadensersatzansprüche gegen den Schädiger bzw. gegen dessen
gesetzliche Haftpflichtversicherung gegeben. Ferner ist eine Haftung des gegnerischen Halters
bzw. Fahrers gem. §§ 7, 18 StVG und eine Haftung des Haftpflichtversicherers nach § 3 PflVG
gegeben. Erfasst ist der Ausfall der Sachnutzung; der Ausgleich für eine eingetretene Wertminderung steht dem Leasinggeber zu (Engel/Paul, Handbuch Kraftfahrzeugleasing, S. 195; Berninghaus, Fahrzeugleasing, in: Büschgen [Hrsg.], Praxishandbuch Leasing, § 15 Rn. 21, 24).

Hinweis:

*Hat der Leasingnehmer den Unfall verursacht, sind keine Ansprüche gegen den Unfallgegner
bzw. dessen Haftpflichtversicherung gegeben (OLG Koblenz, NJW-RR 1996, 174; Engel/Paul,
Handbuch Kraftfahrzeugleasing, S. 195; Berninghaus, Fahrzeugleasing, in: Büschgen
(Hrsg.), Praxishandbuch Leasing, § 15 Rn. 25). Hat ein Dritter im Falle eines Unfalls einen
Totalschaden verursacht, muss der Leasingnehmer die Leasingraten weiter entrichten. Dieser
hat kein Leistungsverweigerungsrecht, jedoch steht ihm das außerordentliche Kündigungsrecht bzw. Lösungsrecht zu. Der Kaskoversicherer schuldet lediglich den Ersatz des Netto-
Wiederbeschaffungswerts; es sich auf den vorsteuerabzugsberechtigten Leasinggeber abzustellen, § 251 BGB (Engel/Paul, Handbuch Kraftfahrzeugleasing, S. 196; Struppek, FLF
2/1999, 82 ff., 86).*

XII. Unfall mit dem Leasingfahrzeug

Nach einer Entscheidung des OLG Hamm v. 30.5.1996 (6 U 16/96, n. v.) kann der Leasinggeber   213
bei einem manipulierten **Unfall** zwischen dem berechtigten Fahrer des Leasingfahrzeugs und dem
Mieter eines Mietwagens von dem Vermieter und dessen Versicherer nur 50 % seines Schadens
ersetzt verlangen. Der Leasinggeber muss sich zwar nicht gem. § 17 StVG das dolose Verhalten
seines Fahrers anrechnen lassen, weil er nicht Halter des Fahrzeugs ist, wohl aber nach § 9 StVG,
§ 254 BGB (vgl. Lemcke, DAR 1997, 41, 53).

Der Leasingnehmer ist nach dem Vertrag gewöhnlich zur **Reparatur** des Fahrzeugs verpflichtet.   214
Bestritten ist, ob bei einem Kaskoschaden **Ersatz der MwSt** auf die **Reparaturkosten** zuzubilligen ist. Das OLG Saarbrücken (zfs 1995, 95) verneint einen solchen Anspruch des Leasingnehmers, wenn Leasinggeber und Leasingnehmer einvernehmlich die vertragliche Reparaturverpflich-
tung des Leasingnehmers dadurch aufgehoben haben, dass der Leasinggeber das Fahrzeug

unrepariert zurücknimmt, den Leasingvertrag vorzeitig auf Nettobasis abrechnet und sich wegen des Substanzschadens selbst mit dem Schädiger auseinander setzt (vgl. auch Ludovisy, ZAP F. 9 R, S. 107, 110).

215 Nach einer Entscheidung des LG Hannover v. 24.4.1997 (NJW 1997, 2760) kommt es anders als im Falle eines Totalschadens, in dem das Sachinteresse des Leasinggebers betroffen ist und die Erstattung von Mehrwertsteuer nicht in Betracht kommt, soweit jener vorsteuerabzugsberechtigt ist (vgl. BGH, NJW 1993, 2870), für die Frage der Höhe der Versicherungsleistung im Falle einer geringfügigen Beschädigung des Leasingfahrzeugs i.d.R. auf die **Vorsteuerabzugsberechtigung** des Leasingnehmers an, dessen Sacherhaltungsinteresse von der Kaskoversicherung ebenfalls abgedeckt ist und der grds. den Reparaturauftrag erteilt.

216 Solange die Frage, ob bei Kfz-Schäden für die Feststellung der Mehrwertsteuer-Erstattungspflicht auf die Person des Leasingnehmers oder des – i.d.R. vorsteuerabzugsberechtigten – Leasinggebers abzustellen ist, in der Rechtsprechung nicht geklärt ist, hat der Leasinggeber dem Leasingnehmer für eine Ablehnung der Steuererstattung durch die Versicherung nicht aus einer schuldhaft begangenen Aufklärungspflichtverletzung einzustehen (LG Braunschweig, NJW-RR 1998, 342).

217 Bei **Totalschaden** des Fahrzeugs ist der Leasingnehmer hinsichtlich der Abrechnung aus der von ihm abgeschlossenen Vollkaskoversicherung der Berechtigte. Nach einer Entscheidung des LG Gießen v. 10.12.1986 (DAR 1987, 122) ist dem Leasingnehmer neben dem Neupreis bzw. Zeitwert auch die Mehrwertsteuer zu erstatten (vgl. zum Begriff des Totalschadens Reinking, DAR 1997, 425; Bethäuser, DAR 1987, 107).

218 Nach einer Entscheidung des BGH (NJW 1992, 553) ergibt sich bei Beschädigung eines geleasten Fahrzeugs, die die Beendigung des Leasingvertrags zur Folge hat, ein vom Schädiger zu „ersetzender Haftungsschaden" des Leasingnehmers nicht daraus, dass er die Leasingraten zahlen und den Restwert ablösen muss. Ein Haftungsschaden kann vielmehr nur in Mehraufwendungen infolge der vorzeitigen Fälligstellung bestehen. I.Ü. kann der Leasingnehmer von dem Schädiger die für die Wiederbeschaffung eines gleichwertigen Fahrzeugs erforderlichen Kosten sowie steuerliche Nachteile und den Gewinnausfall bzw. die Mietkosten für ein Ersatzfahrzeug für die Zeit bis zur Wiederbeschaffung ersetzt verlangen. Die Kosten eines ersatzweise abgeschlossenen Leasingvertrags stellen keinen ersatzfähigen Schaden dar (vgl. ferner BGH, BB 1992, 807; NJW-RR 1991, 280).

> **Hinweis:**
> *Bei dem Teilschaden können die Reparaturkosten einschl. MwSt verlangt werden (OLG Frankfurt/M., NZV 1998, 31).*

219 Die Grundsätze für eine **Schadensberechnung auf Neuwagenbasis** sind nach dem OLG Nürnberg (NZV 1994, 430) auch dann anwendbar, wenn der geschädigte Pkw im Eigentum eines Leasinggebers gestanden hat. Für die Berechnung der Neupreisentschädigung im Fall des Totalschadens eines Leasingfahrzeugs ist i.d.R. auf die Verhältnisse des Leasinggebers abzustellen (BGH, BB 1993, 1831). Ist das Kfz im Unfallzeitpunkt bereits zwei Monate zugelassen, so scheidet eine Abrechnung auf Neuwagenbasis auch dann aus, wenn dieses erst 1282 km gelaufen ist und sicherheitsrelevante Teile beschädigt wurden (KG, NZV 1991, 389; vgl. ferner BGH, NJW 1982, 433; NJW 1983, 2694; VersR 1983, 446; OLG Köln, zfs 1985, 357).

220 Den Leasingnehmer treffen gewisse **Obliegenheiten** (Bethäuser, DAR 1987, 107). Wichtige Aspekte der Vertragsbeziehung zwischen Leasinggeber und -nehmer sowie ferner gegenüber dem Unfallgegner sind gewöhnlich in den Leasingbedingungen geregelt; aus diesen ergeben sich daher auch die wesentlichen Obliegenheiten des Leasingnehmers im Falle eines Unfalls (Engel/Paul, Handbuch Kraftfahrzeugleasing, S. 191). Der Leasingnehmer hat insbes. den Leasinggeber im Schadenfall unverzüglich zu unterrichten; bei voraussichtlichen Reparaturkosten von über 3 000 DM € hat die **Unterrichtung** fernmündlich vor Erteilung des Reparaturauftrags zu erfolgen,

soweit dies dem Leasingnehmer möglich und zumutbar ist. Die **Versicherungsleistung** ist für die Reparatur zu verwenden; wegen der Zweckbindung besteht ein Aufrechnungsverbot (BGH, NJW 1985, 1537). Ein Ersatz für Wertminderung ist an den Leasingnehmer weiterzuleiten.

Der Leasinggeber gehört nicht zu dem durch **§ 142 StGB** geschützten Personenkreis; der Versicherungsnehmer verletzt daher nach einem Verkehrsunfall mit einem Leasingfahrzeug ohne Drittbeteiligung nicht seine Aufklärungsobliegenheit, wenn er die Unfallstelle verlässt, ohne polizeiliche Feststellungen zum Unfallhergang zuvor zu ermöglichen. Es besteht hier kein Feststellungsinteresse (OLG Frankfurt/M., VersR 1990, 1005; vgl. auch zur Unfallflucht bei einer Schadensverursachung an dem Leasingfahrzeug OLG Hamm, NJW 1990, 1925).   **221**

Für den Leasingnehmer ist der Schaden an dem Leasingfahrzeug nicht als Fremdschaden anzusehen, wenn er vertraglich für jeden Schaden einzustehen hat. Diese Auslegung gilt auch für den Repräsentanten des Leasingnehmers. In dem der Entscheidung zugrunde liegenden Sachverhalt hatte der „**Repräsentant**" des Leasingnehmers einen Totalschaden verursacht; die von dem Leasingnehmer verklagte Kaskoversicherung hatte eine Entschädigung abgelehnt und sich auf Leistungsfreiheit wegen Obliegenheitsverletzung berufen, weil sich der Fahrer unbefugt vom Unfallort entfernt habe. Letzteres sei nur im Fall eines „Fremdschadens" beachtlich, nicht dagegen bei einem „Eigenschaden" (OLG Hamm, NZV 1998, 33; Scholz, FLF 1998, 170, 172).

Nach einer Entscheidung des OLG Oldenburg v. 9.5.1990 (NZV 1991, 35) besteht die Verpflichtung, **polizeiliche Feststellungen zum Unfallhergang** zu ermöglichen, auch bei der Alleinbeschädigung eines Leasingfahrzeugs. Der Versicherungsnehmer begehe daher eine vorsätzliche und relevante Aufklärungspflichtverletzung, wenn er als Beifahrer des Unfallfahrzeugs den ihm unbekannten Fahrer, der als einziger Angaben zum Unfallhergang machen könnte, nicht zum Verbleib an der Unfallstelle bewege (OLG Oldenburg, NZV 1991, 35).   **222**

XIII. Verjährung

Aufgrund der zivilrechtlichen Wertung des Leasingvertrags als atypischer Mietvertrag sind im Grundsatz die **allgemeinen Verjährungsvorschriften des BGB** und die **miet- und kaufrechtlichen Verjährungsvorschriften des BGB** auf den Leasingvertrag entsprechend anzuwenden. Entscheidend ist jeweils der konkrete im Raum stehende Anspruch i. S. d. § 194 BGB. Der **Leasingnehmer** trägt das **Verjährungsrisiko** (Engel/Paul, Handbuch Kraftfahrzeugleasing, S. 297 ff. zu der Reform des Verjährungsrechts vgl. Palandt/Heinrichs, BGB, Überbl. vor § 194 Rn. 1 ff. sowie Bereska, in: Henssler/Graf von Westphalen, Praxis der Schuldrechtsreform, S. 25 ff.). Der Anspruch des Leasinggebers auf das Leasingentgelt unterliegt als vertraglicher Erfüllungsanspruch der dreijährigen Verjährung gem. § 195 BGB. Beginn der Verjährung ist Ablauf des Jahres, in welchem der Anspruch auf Zahlung der Leasingraten entsteht.   **223**

Der **Anspruch auf Restwertausgleich,** gerichtet auf Zahlung der Differenz zwischen dem bei Vertragsschluss kalkulierten Restwert des Kfz und dem nach Vertragsbeendigung tatsächlich erzielten Verwertungserlös, ist sowohl bei vorzeitiger als auch ordentlicher Vertragsbeendigung Primäranspruch und unterliegt daher der **dreijährigen Verjährungsfrist** des § 195 BGB. Es handelt sich bei diesem Anspruch nicht um einen Schadensersatzanspruch für eine Zustandsveränderung des Leasingguts, da Ansprüche auf Erfüllung eines vertraglich bedungenen Entgelts von dieser Vorschrift nicht erfasst werden (BGH, DB 1996, 2071; Engel, DB 1997, 761; Engel/Paul, Handbuch Kraftfahrzeugleasing; S. 297; Godefroid/Salm, BB 1995, Beilage 5, 21). Eine derartige, in Kfz-Leasingbedingungen enthaltene Klausel, die den Leasingnehmer verpflichtet, nach Vertragsbeendigung die Differenz zwischen dem vertraglich kalkulierten Restwert und dem tatsächlich erzielten Verwertungserlös zu zahlen, ist weder **überraschend** noch benachteiligt sie den Leasingnehmer **unangemessen** (OLG Frankfurt/M., WiB 1997, 1106). Die Verjährung beginnt mit der Verwertung des Kfz, nicht bereits mit der Rückgabe (OLG Hamm, NJW-RR 1996, 502). Der Anspruch des   **224**

Leasinggebers gegen den Leasingnehmer auf Erstattung der Kosten eines **Schätzgutachtens** in voller Höhe, der als **Annex des Restwertausgleichsanspruchs** zu werten ist, verjährt daher gleichfalls innerhalb der Verjährungsfrist des § 195 BGB (BGH, WiB 1997, 1308, 1309).

225 Die **Verjährung** nach § 195 BGB für Schadensersatzansprüche infolge vorzeitiger Kündigung eines Leasingvertrags wegen Zahlungsverzugs **beginnt** bereits mit dem Schlusse des Jahres, in dem die Kündigung zugegangen ist. Der Zeitpunkt der Rückgabe und Verwertung des Leasingguts ist nicht maßgeblich (OLG Hamm, NJW-RR 1997, 1144). **Ersatzansprüche des Leasinggebers, d. h.** Ansprüche auf Natural – oder Geldersatz wegen Veränderung oder Verschlechterung des Kfz **verjähren entsprechend § 548 BGB** innerhalb der kurzen Verjährung von sechs Monaten. Primäransprüche aus dem Leasingvertrag werden von dieser Regelung nicht erfasst (BGH, NJW 1996, 2860; Engel, DB 1997, 761, 762).

Abschnitt 2: Rechtsprechungslexikon

Nachfolgend sind, zur besseren Übersichtlichkeit, in drei Lexikonteilen in alphabetischer Reihenfolge Stichwörter sowie Kernaussagen einschlägiger Entscheidungen zu speziellen Einzelproblemen dargestellt. Die hinter dem jeweiligen Stichwort abgedruckten Zahlen verweisen auf die Randnummern zu den betreffenden Ausführungen im systematischen Teil, die mit einem Pfeil versehenen Stichwörter verweisen auf weitere Ausführungen im Lexikonteil.

ABC des Neuwagenkaufs

Arglistige Täuschung

Ein Kfz-Händler begeht eine arglistige Täuschung, wenn er einen Neuwagen zu einem „Sonderpreis" anbietet und verschweigt, daß dieser „Sonderpreis" über der unverbindlichen Preisempfehlung des Herstellers oder Importeurs liegt.　226
OLG Frankfurt/M., 12.5.1982, 17 U 273/81, DAR 1982, 294

Werden Fahrzeuge ohne Änderung der Typenbezeichnung nach Ablauf eines Modelljahres vom Hersteller serienmäßig mit einem Katalysator ausgestattet, so sind Fahrzeuge des vorangegangenen Modelljahres keine Neuwagen.

Einem Vorjahresmodell fehlt eine zugesicherte Eigenschaft, weil von einem Neuwagen nicht mehr ausgegangen werden kann, wenn das Grundmodell eine verbesserte Ausstattung erfahren hat, die wichtige technische Einzelheiten betrifft.
OLG Köln, 10.1.1990, 13 U 163/89, DAR 1991, 102

Thematisiert der Verkäufer Unfallschäden, stellt es ein arglistiges Verhalten dar, wenn wesentliche Unfallschäden bagatellisiert oder erkennbar nahe liegenden Unfallfolgen unerwähnt bleiben.
OLG München, 1.6.2000, 21 U 1608/01, DAR 2001, 407

Aufheulen des Motors

Heult der Motor eines Neuwagens kurzzeitig (10 – 20 Sekunden) durch erhöhte Drehzahl nach längerer Sonneneinstrahlung und bei Temperaturen von oberhalb 22 Grad Celsius auf, kann ein Fehler vorliegen.
OLG Dresden, 20.11.2001, 9 U 1821/00, DAR 2002, 162

Benzinmehrverbrauch　67

Bei einem Benzinmehrverbrauch von über 20 % ist nicht mehr von einer unerheblichen Abweichung i.S.d. § 459 Abs. 1 Satz 1 BGB auszugehen.
LG Aachen, 25.4.1989, 1 O 108/88, NJW-RR 1989, 1462

Bestellung　17; 30-32; 42; 134

Ist die Urkunde über einen PKW als „Bestellung verbindlich" überschriebenen, handelt es sich nicht schon um einen Kaufvertrag; dagegen spricht bereits die ausdrückliche Bezeichnung als Bestellung. Im konkreten Fall fehlten i.Ü. die für einen Kaufvertrag erforderliche Unterzeichnung durch beide Vertragsparteien.
OLG Düsseldorf, 30.5.2000, 22 U 225/99, DAR 2001, 305

Dröhngeräusche　67

Entscheidend für den vertraglichen vorausgesetzten Maßstab des Standes der Technik des Typs ist der Entwicklungsstand vergleichbarer Kfz insgesamt.
OLG Köln, 19.4.1991, 19 O 205/90, NJW-RR 1991, 1340

Effektivzins 38

Die Angabe „Effektivzins" ist nicht mit der in § 4 Abs. 1 Satz 1 PAnGV vorgeschriebenen Angabe „effektiver Jahreszins" vereinbar. Die Angabe „Effektivzins" anstelle „effektiver Jahreszins" kann von dem Verbraucher dahingehend mißverstanden werden, daß der angegebene Effektivzinssatz auf die volle Laufzeit des Darlehens zu beziehen ist.

BGH, 8.2.1996, I ZR 147/94, NJW 1996, 1759

EU-importiertes fabrikneues Kfz

Wirbt ein Händler in Zeitungsanzeigen für aus dem EU-Ausland importierte fabrikneue Kfz, deren Serienausstattung in Merkmalen, die für die Kaufentscheidung wesentlich sind, hinter der Serienausstattung der für den deutschen Markt bestimmten Kfz zurückbleiben, wie mangelnder Beifahrer-Airbag u. mangelnde geteilte Rücksitzbank, ist er nicht verpflichtet, bereits im Zeitungsinserat auf die geringwertigere Serienausstattung hinzuweisen, wenn er die Kfz in der Werbung als EG-Neuwagen bezeichnet. Etwas anderes kann aber gelten, wenn den beworbenen Kfz wesentliche Ausrüstungs- oder Ausstattungsmerkmale fehlen, welche der Verkehr als selbstverständlichen Bestandteil der Serienausstattung ansieht.

BGH, 19.8.1999, I ZR 225/97, NJW 1999, 3491

Der auf einen Reimport von Kfz zielende Kaufvertrag zwischen dem Vertrags-Exporteur einer deutschen Kfz-Herstellerin und einem von deren Vertriebsnetz unabhängigen Händler steht regelmäßig unter dem Vorbehalt der „Selbstbelieferung" des Exporteurs, der eine auflösende Bedingung nach § 158 Abs. 2 BGB darstellt.

OLG Frankfurt/M., 22.9.1997, 24 U 221/95, Ls. in DAR 2001, IV

Eine Werbung, durch die der unzutreffende Eindruck erweckt wird, als bestehe für die vom Beklagten vertriebenen Fahrzeuge der Marke „Crysler" eine Herstellergarantie, ist irreführend und von wettbewerblicher Bedeutung, da die vom Käufer angenommene Herstellergarantie bei der Kaufentscheidung nicht unerhebliche Bedeutung hatte.

OLG Köln, 24.1.1997, 6 U 84/96, Ls. in DAR 2001, IV

Der Verkäufer sichert mit der Bezeichnung „Neuwagen" nicht immer die Eigenschaft „fabrikneu" zu – insbesondere bei einem reimportierten Kfz. Ist das Kfz 2 Jahre alt, wird die Eigenschaft als Neuwagen bei einem reimportierten Kfz dann nicht beeinträchtigt, wenn das Modell weiterhin weitgehend unverändert weitergebaut wird und keine wesentlichen durch die Standzeit verursachten Mängel aufweist.

OLG Schleswig, 21.7.1999, 9 U 101/98, DAR 200, 69

Fabrikneuheit 9; 15; 23

Ein Modellwechsel liegt vor, wenn die laufende Modellreihe zusätzlich mit Wegfahrsperre und ABS ausgerüstet wird.

OLG Zweibrücken, 5.5.1998, 5 U 28/97, NJW-RR 1998, 1211

Ein Händler bzw. Hersteller, der ein Kfz als „Fabrikneu" verkaufen will, darf diesen nicht länger als ein Jahr im Lager halten.

OLG Koblenz, 2.9.1999, 2 U 882/98, DAR 1999, 506

Die Eigenschaft als „fabrikneu" berührt das bloße Baualter eines als Neuwagen verkauften Kfz von 16 Monaten so lange nicht, wie das Modell unverändert weitergebaut wird, das Fahrzeug unbenutzt und unbeeinträchtigt von Witterungseinflüssen gelagert worden ist.

OLG Frankfurt/M., 9.6.2000, 24 U 158/98, DAR 2000, 567

Im Verkauf eines Neuwagens durch einen Kfz-Händler liegt regelmäßig die konkludente Zusicherung, dass das Fahrzeug „fabrikneu" ist; wird das betreffende Modell im Zeitpunkt des Verkaufs nicht mehr unverändert hergestellt, kann er dagegen nicht mehr als „fabrikneu" bezeichnet werden.

BGH, 22.3. 2000, VIII ZR 325/98, DAR 2000, 301; NZV 2000, 329

Fahrverhalten des Kfz

Verhält sich ein Serien-Kfz in Grenzsituationen sensibel, ist es nicht mangelhaft.
AG Sigmaringen, 14.7.2000, 2 C 137/00, NZV 2000, 418

Finanzierung, auflösende Bedingung

Ist dem Verkäufer bei einer Vereinbarung im Kaufvertrag „Bezahlung bar bei Erstzulassung bzw. Finanzierung (s. beigefügtes Angebot)" klar, daß der Käufer den Preis nicht bar zahlen konnte oder wollte, so steht die Fortgeltung des Kaufvertrags unter der auflösenden Bedingung, daß die Finanzierung zustande kommt.
OLG Braunschweig, 12.8.1997, 4 U 13/97, NJW-RR 1998, 567

Garantie 106 ff.

Bei einer unselbständigen Garantiezusage des Verkäufers, welche die gesetzliche Verjährungsfrist zeitlich übersteigt, hat dieser zu beweisen, daß ein Mangel auf äußere Einwirkungen im Verantwortungsbereich des Käufers zurückzuführen ist.
BGH, 19.6.1996, VIII ZR 117/95, DB 1996, 1710

Fehlt einem verkauften Kfz die von dem Verkäufer zu beschaffende Herstellergarantie bzw. ist diese bei Übergabe des Kfz teilweise abgelaufen, ist kein Sachmangel gegeben.
BGH, 24.4.1996, VIII ZR 114/95, DB 1996, 1464

Aufgrund Abschn. VII Ziff. 1 Satz 1 NWVB i.d.F. aus 2002 übernimmt der Verkäufer während der vertraglich vereinbarten Zeit ab Übergabe des Fahrzeugs für dessen Fehlerfreiheit volle Gewähr – auch für die innerhalb der Gewährleistungsfrist mit seiner Zustimmung eingebauten Teile.
OLG Köln, 14.4.2000, 19 U 75/98, DAR 2001, 462

Hinweis:

Seit dem 1.1.2002 regelt § 443 die sog. Beschaffenheits- und Haltbarkeitsgarantien.

Geräusche

Unfallgeräusche und Fehlzündungen bei einem Neufahrzeug entsprechen nicht dem Stand der Technik. Ein solcher Mangel berechtigt den Käufer zur Rückgängigmachung des Kaufvertrags.
OLG Saarbrücken, 29.6.1999, 4 M 643/98 – 142, NZV 2000, 261

Hängende Türen

„Hängende Türen" können einen Fehler darstellen, wenn diese bei einem Neufahrzeug aufgrund der konstruktiven Auslegung der Türscharniere bereits nach kurzer Nutzungsdauer auftreten.
OLG Köln, 13.1.1995, 19 U 78/94, NZV 1995, 278

Importiertes Kfz

Ein aus einem Land der Europäischen Union importiertes Kfz kann von einem Autohändler auch noch nach 2 1/2 Jahren als „neu" verkauft werden, wenn es unbenutzt ist, keine durch die Standzeit bedingten Mängel aufweist und das Modell unverändert weitergebaut wurde. Mit der Bezeichnung „fabrikneu" hätte das Kfz jedoch allenfalls nach einer Stand- oder Lagerzeit von zehn bis zwölf Monaten bezeichnet werden dürfen.
SchlOLG, 21.7.1999, 9 U 101/98, DAR 2000,69

Irreführend ist eine Werbung für aus EU-Mitgliedstaaten nach Deutschland importierte „EU-Neuwagen" eines inländischen Fabrikats, welcher der Käufer eines solchen Fahrzeugs entnimmt, dass der Hersteller ihm die (einjährige) Werksgarantie zeitlich uneingeschränkt gewährt, obwohl die Gewährleistungsfrist bereits (mit der ggf. schon Monate zurückliegenden) Tageszulassung bereits zu laufen begonnen hat.
OLG Dresden, 21.1.1997, 14 U 1405/96, Ls. in DAR 2001, IV

Zur Berechnung des konkreten Schadens des Käufers bei Nichterfüllung eines Kaufvertrags über ein Reimportfahrzeug.
OLG Düsseldorf, 30.8.2001, 6 U 3/01, DAR 2002, 212

Inzahlungnahme 42 ff.
Wird beim Neuwagenkauf ein gebrauchtes Kfz in Zahlung genommen, so liegt ein typengemischter Vertrag mit Elementen des Kaufs und des Tauschs vor. Die Vereinbarung der Inzahlungnahme bildet keine bloße Nebenabrede des Neuwagenkaufs, sondern stellt einen gleichwertigen Bestandteil eines einheitlichen Mischvertrags dar. Begehrt eine Partei die Wandlung, erfaßt diese damit den gesamten Vertrag.
LG Wuppertal, 28. 6. 1996, 10 S 127/96, NJW-RR 1997, 1416

Katalysator
Lieferung eines Neuwagens ohne Katalysator
OLG Köln, 10.1.1990, 13 U 163/89, DAR 1990, 457

Wird ein Kfz unter ausdrücklichen Hinweis auf das Vorhandensein eines geregelten Katalysators verkauft, enthält dies die stillschweigende Zusicherung, dass mit dem Katalysator steuerliche Vorteile verbunden sind.
OLG Köln, 16.2.2000, 26 U 8/99, DAR 2000, 309

Klopf- oder Schlaggeräusche 67
Derartige Geräusche, welche in unregelmäßigen Abständen an einem Neufahrzeug auftreten, können einen erheblichen Fehler darstellen, wenn deren Ursache nicht feststellbar ist.
OLG Köln, 1.2.1993, 12 U 52/92, NZV 1993, 433

Lagerfahrzeug 67
Bei einem uneingeschränkt als neu bezeichneten Kfz sind Lagerzeiten von einem Jahr zu akzeptieren. Ein Mangel ist jedoch gegeben, wenn das betreffende Modell zwischenzeitlich eine verbesserte Ausstattung hat.
OLG Koblenz, 27.6.1996, 5 U 82/96, zfs 1997, 16

Luxusklasse 67
Ein Fehler liegt bei einem Kfz der oberen und der Luxusklasse nicht bereits deshalb vor, weil bei der Auswahl der Materialien und Systeme nicht die allerneuesten technischen Entwicklungen berücksichtigt worden sind. Auch in dieser Klasse angesiedelte Kfz können nicht in allen Belangen Maximalforderungen gerecht werden.
OLG Köln, 19.5.1994, 7 U 182/93, VRS 1997, 161

Motorleistung
Bei einer Abweichung von mehr als 10 % wird die Erheblichkeitsgrenze des § 459 Abs. 1 Satz 2 BGB überschritten.
OLG Celle, 28.3.2001, 7 U 13/00, DAR 2002, 211

Neuwagen 9
Der Verlust der Neuwageneigenschaft tritt mit Ingebrauchnahme zu Verkehrszwecken ein; das Fahrzeug wird hierdurch zu einem Gebrauchtfahrzeug.
OLG Köln, 7.2.1996, 19 U 133/96, NZV 1996, 116

Weist das Fahrzeug bei der Übergabe an den Käufer bereits eine Fahrleistung von 103 km auf, handelt es sich nicht mehr um ein Neufahrzeug. Vielmehr ist bei einer solchen nicht unerheblichen Fahrleistung davon auszugehen, dass es bereits zu Verkehrszwecken benutzt wurde, es sei denn, die Fahrleistung kann vom Händler mit Fahrten begründet werden, durch die das Fahrzeug den

Neuwagencharakter nicht verliert (z. B. Überführungs- oder Testfahrten im Rahmen der noch zum Herstellungsprozess gehörenden Qualitätskontrolle).
LG Bielefeld, 8.5.2001, 23 S 2/01, DAR 2002, 35

Abrechnung auf Neuwagenbasis kann der Geschädigte nur verlangen, wenn sein Fahrzeug höchstens 1.000 km gelaufen ist; Ausnahmen sind nur in engen Grenzen möglich. Weist das Kfz eine Fahrleistung von 3.000 km auf oder bei einer Gebrauchsdauer von etwa einem Monat ist die Abrechnung auf Neuwagenbasis nicht mehr möglich.
OLG Hamm, 22.9.1999, 13 U 54/99, DAR 2000, 35; ebenso: LG Fulda, 20.10. 1999, 4 O 140/99, DAR 2000, 122

Nichtabnahmeentschädigung   23

Haben die Parteien beim Kauf eines Neuwagens vereinbart, dem Verkäufer solle bei Nichtabnahme des Fahrzeugs eine Schadenspauschale von 15 % zustehen, falls nicht der Käufer beweise, daß der Schaden geringer sei, so ist der Betrag von 15 % auch dann aus dem vereinbarten Kaufvertrag zu berechnen, wenn dieser wegen eines dem Käufer gewährten Rabatts erheblich unter dem Listenpreis lag.
LG Bonn, 12.10.1994, 5 S 97/94, MDR 1995, 363

Offenbarungspflicht

Der Verkäufer eines Gebrauchtwagens ist verpflichtet, einen früheren Unfall des Fahrzeugs (mit dem er rechnet), dem Kunden ungefragt zu offenbaren. Sonst setzt er sich dem Vorwurf des arglistigen Verschweigens aus (Ausnahme: Bagatellfälle). Ihn trifft auch – sofern entsprechende Anhaltspunkte vorliegen – die Pflicht, weitere Untersuchungen anzustellen. Er hat den Käufer auf den Verdacht eines Vorschadens hinzuweisen.
OLG Bremen, 11.12.2000, 4 U 159/00, DAR 2001, 455

Preisangabe   39

Eine Werbung für ein Kfz unter der Preisangabe mit dem Zusatz „incl. MwSt" in der Herstellerwerbung für ein Neufahrzeug ist irreführend. Diese Werbung stellt Selbstverständlichkeiten heraus und verstößt trotz objektiver Richtigkeit der Angaben gegen § 3 UWG, wenn dem Publikum nicht bekannt ist, daß es sich bei der betonten Eigenschaft um einen gesetzlich vorgeschriebenen oder zum Wesen der Ware gehörenden Umstand handelt.
BGH, 22.2.1990, IZR 146/88, NJW-RR 1990, 1254

Preisanpassungsklausel

Die Preiserhöhungsklausel in einem vorformulierten Kaufvertrag über ein Neufahrzeug unterliegt auch dann der Prüfung nach § 309 Nr. 1 BGB), wenn diese von dem übrigen Vertragstext räumlich getrennt und hierfür eine gesonderte Unterschriftsleistung vorgesehen ist.
LG Münster, 29.5.1991, 1 S 196/91, DAR 1992, 307

Rückgabe

Ein Neuwagen, welcher nicht auf dem neuesten technischen Stand ist, kann gegen Erstattung des Kaufpreises, zurückgegeben werden. Entscheidend ist der allgemeine Standard vergleichbarer Kfz, welcher nicht erfüllt ist, wenn das Kfz regelmäßig Knallgeräusche und Fehlzündungen produziert, welche auch nach mehreren Nachbesserungen nicht abgestellt werden konnten.
Saarländisches OLG, 29.6.1999, 4 U 643/98, NZV 2000, 261

Bei einem Verkauf eines neuen Kfz durch den Händler an den Kunden und Fehlens eines wesentlichen Ausstattungsmerkmals, nämlich eines serienmäßigen Beifahrerairbags, kann das Kfz gegen Erstattung des Kaufpreises zurückgegeben werden.
OLG Koblenz, 23.7.1998, 5 U 104/98, DAR 1999, 262

Rücktritt 82 ff.

Ist in den AGB eines Kfz-Händlers geregelt, daß der Käufer vom Kaufvertrag zurücktreten kann, wenn der Kaufpreis sich nach Vertragsschluß um mehr als 5 % erhöht, so besteht dieses Rücktrittsrecht auch dann, wenn dieser Prozentsatz durch zwei aufeinanderfolgende Preiserhöhungen erreicht und eine von diesen mit einer Verbesserung der Ausstattung begründet wurde.
OLG Hamm, 8.7.1994, 19 U 28/94, NZV 1994, 482

Schadenspauschale

Die Schadenspauschale von 15 % des vereinbarten Kaufpreises gem. § 5 NWVB hält der Inhaltskontrolle gem. § 11 Nr. 5a AGBG (seit 1.1.2002: § 309 Nr. 5 BGB) stand.
OLG Düsseldorf, 24.10.1997, 22 U 49/97, NZV 1998, 159

Sitze

Die Vordersitze müssen so beschaffen sein, dass sie im Lande des Verkaufs den dortigen Benutzungsgewohnheiten der Käufer entsprechen. Auch ein schwergewichtiger Mann mit im Benutzerland nicht unüblichen 95 kg Körpergewicht muss die Sitze benutzen können, ohne dass diese sich verbiegen.
LG Frankfurt/M., 20.1.2000, 2/23 O 307/98, DAR 2000, 313

Tagespreisklauseln 25

Wird ein Neuwagen bei einem Kfz-Hersteller zur Lieferung in mehreren Jahren bestellt und verwendet der Besteller dabei ein Formular, in dem nach dem vorgedruckten „Listenpreis . . . (Kaufpreis ohne Umsatzsteuer) . . . zur Zeit DM" ziffernmäßig ein bestimmter Betrag eingefügt wird, so richtet sich das Angebot auch dann auf Abschluß eines Kaufvertrags zu dem bestimmten, zur Zeit gültigen Listenpreis, wenn nach den zugleich ausgehändigten Geschäftsbedingungen des Herstellers der am Tag der Lieferung gültige Listenpreis geschuldet sein soll. Führt der Kfz-Hersteller in seiner Auftragsbestätigung – wegen einer zwischen Angebot- und Annahmeerklärung erfolgten Listenpreiserhöhung – als „Listenpreis" einen anderen Preis an, so liegt darin eine mit einem neuen Angebot verbundene Ablehnung des Angebots des Kunden.
BGH, 18.5.1983, VIII ZR 20/82, NJW 1983, 1603

Tageszulassung

Ein Händler, der in Zeitungsanzeigen für fabrikneue Fahrzeuge wirbt, die aus dem EU-Ausland importiert worden sind, und bei denen die Herstellergarantie wegen einer im Ausland erfolgten Erstzulassung („Tageszulassung") bereits zu laufen begonnen hat, muss auf diese nur dann hinweisen, wenn die Garantiezeit zum Zeitpunkt der Werbung um mehr als zwei Wochen verkürzt ist.
BGH, 15.7.1999, I ZR 44/97, NZV 2000, 82

Bei Irreführung mit der Angabe „Tageszulassung mit 0 km" in einer Werbeanzeige für ein Neufahrzeug, das sechs Tage zugelassen war, im Straßenverkehr aber nicht genutzt worden ist, lässt u. U. nicht die Annahme zu, dass wettbewerbsrechtlich maßgebliche Interessen der Verbraucher verletzt werden.
BGH, 13.1.2000, 1 ZR 253/97, NZV 2000, 410

Veräußerung

Das in AGB eines Kfz-Händlers enthaltene Verbot, die Vertragsrechte an Dritte abzutreten oder das gekaufte Nutzfahrzeug vor dessen Zulassung an einen Wiederverkäufer zu veräußern, stellt weder eine überraschende noch eine unangemessene Klausel dar.
BGH, 24.9.1980, VIII ZR 273/79, ZIP 1980, 984

Verjährung

Auch wenn eine vom Verkäufer vorgenommene Nachbesserung nicht geeignet war, einen Fehler wirksam zu beseitigen, kann hierin ein die Verjährung unterbrechendes Anerkenntnis i.S.v. § 208 BGB (seit 1.1.2002: § 212 Abs. 1 Nr. 1 BGB) liegen, wenn hierin das Bewußtsein des Verkäufers

zum Ausdruck kommt, daß ein Sachmangel vorliegt und er insoweit zur Gewährungsleistung verpflichtet ist.
OLG Köln, 13.1.1995, 19 U 78/94, NZV 1995, 278

Die Verjährungsfrist für Mängel endet frühestens mit Ablauf der vertraglich vereinbarten Gewährleistungszeit.
OLG Köln, 14.4.2000, 19 U 75/98, DAR 2001, 462

Hinweis:

Das ergab sich vor dem 31.12.2001 aus Abschn. VII Ziff. 1 und 10 NWVB; seit dem 1.1.2002 beträgt die Gewährleistungsfrist grds. zwei Jahre (Abschn. VII Ziff. 1 NWVB i.d.F. 1/2002 – fußend auf § 438 Abs. 1 Ziff. 3 BGB).

Vier-Wochen-Frist 32

Die Vier-Wochen-Frist in den NWVB ist nicht unangemessen lang i.S.v. § 10 Nr. 1 AGBG (seit 1.1.2002: § 308 BGB).
BGH, 13.12.1989, VIII ZR 94/89, BGHZ 109, 359

Windgeräusche 67

Unangenehm laute Windgeräusche i.H.d. Fahrerkopfes ab 120 km/h stellen bei einem Neufahrzeug der gehobenen Mittelklasse einen Fehler des Kfz dar.
OLG Düsseldorf, 12.11.1993, 22 U 74/93, NZV 1994, 395

Zugesicherte Eigenschaft

Erfolgt die Zusicherung, dass das Fahrzeug ohne rechtliche Probleme ohne Fahrerlaubnis betrieben werden kann, handelt es sich um eine zugesicherte Eigenschaft.
OLG München, 10.11.2000, 21 U 3821/00, DAR 2001, 274

Die Angabe „Euro 2" in einem Verkaufsprospekt eine Kfz-Herstellers bezieht sich nicht auf die steuerliche Einordnung des Kfz, sondern auf die Schadstoffklasse „Euro 2" und stellt daher keinen Mangel dar.
OLG Bremen, 14.6.2001, 5 U 1/2001, DAR 2001, 400

Keine Zusicherung stellt die telefonisch erfolgt erste Anfrage (ohne dass Vertragsverhandlungen angebahnt wurden) dar, ob ein Pkw ABS habe und wenn darauf die seitens des Verkäufers spontan abgegebene Erklärung erfolgt, der Pkw habe dies von Haus aus. Vielmehr stellt dies lediglich eine Beschreibung des Fahrzeugs dar.
LG Bielefeld, 29.12.2000, 4 O 434/00, DAR 2001, 409

Reicht die Zuladungsmöglichkeit bei einem Reisemobil für den gewöhnlichen Gebrauch nicht aus, stellt dies einen Sachmangel dar – es sei denn, der Veräußerer hatte den Käufer darauf hingewiesen.
OLG Nürnberg, 14.11.2001, 4 U 372/01, DAR 2002, 219

Wirbt der Hersteller in seinem Prospekt damit, seine Fahrzeuge verfügten über eine bestimmte Grundausstattung, muss der Händler dafür einstehen.
OLG Oldenburg, 9 U 97/01, Handelsblatt v. 5.4.2002

Zugluft 67

Der Käufer eines Kfz kann wandeln, wenn ab einer Geschwindigkeit von 50 km/h Luft ins Wageninnere eindringt, die als Zugluft zu spüren ist.
OLG Düsseldorf, 17.1.1986, 14 U 115/85, NJW-RR 1987, 635

Zulassung

Veranlasst der Käufer den Verkäufer, das von ihm erworbene Kfz zum Straßenverkehr zuzulassen, steht dem Verkäufer neben den veranlagten öffentlich-rechtlichen Zulassungsgebühren auch ein Anspruch für die Vergütung seiner Tätigkeit zu. Die Kfz-Zulassung ist keine von dem Verkäufer kostenfrei zu erfüllende Nebenpflicht aus dem Kaufvertrag.
OLG Hamm, 3.6.1998, 13 U 201/97, DAR 1998, 354

ABC des Gebrauchtwagenkaufs

Abzug „Neu für alt"

227 Entspricht der gezahlte Kaufpreis dem Verkehrswert des Fahrzeugs zum Zeitpunkt des Kaufvertrags, sind als Minderwert der Kaufsache die Reparaturkosten für die Beseitigung der Funktionsuntauglichkeit des Motors anzusetzen, ggf. um den Abzug „neu für alt".
OLG Köln, 5.3.2001, 16 U 93/00, DAR 2001, 461

Arglistige Täuschung

Spiegelt der Verkäufer eines Gebrauchtwagens gegenüber dem Käufer vor, daß das Fahrzeug in der „Schwacke-Liste" mit einem höheren Preis angegeben ist, als es tatsächlich der Fall ist, liegt eine arglistige Täuschung vor, die zur Anfechtung des Kaufvertrags berechtigt.
LG Osnabrück, 18.12.1986, 8 O 300/86, DAR 1987, 121

Der mit einem Vertragshändler geschlossene Kaufvertrag über einen Gebrauchtwagen der von dem Vertragshändler vertriebenen Automarke kann von dem Käufer wegen arglistiger Täuschung angefochten werden, wenn der Vertragshändler den Käufer bei Vertragsschluss nicht darauf hinweist, dass das Kfz aus dem Ausland importiert worden ist.
OLG Saarbrücken, 30.3.1999, 4 U 632/98, NJW-RR 1999, 1063

Bietet ein Automobilhändler einen Gebrauchtwagen zum Verkauf an, ist dieser bereits dann zur Aufklärung des Kaufinteressenten verpflichtet, wenn der begründete Verdacht besteht, das Kfz könnte früher in einen Verkehrsunfall verwickelt und hierbei beschädigt worden sein.
OLG Frankfurt/M., 19.2.1999, 24 U 71/97, NJW-RR 1999, 1064

Nimmt der Verkäufer einen Mangel nicht mehr bewusst wahr, weil er ihn routinemäßig kompensiert, ist der subjektive Tatbestand der Arglist nicht gegeben.
OLG Düsseldorf, 6.4.2001, 14 U 230/00, DAR 2001, 358

Hat ein Autohaus ein Fahrzeug unbesehen als Jahreswagen gekauft und verkauft es dieses Fahrzeug weiter und verzichtet auch der Käufer auf eine Besichtigung des Fahrzeugs, weil dieses erst nach Abschluss des Kaufvertrags an das Autohaus geliefert wird, scheidet ein Schadensersatzanspruch wegen arglistigen Verschweigens unfallbedingter Mängel jedenfalls dann aus, wenn das Autohaus im Zeitpunkt des Abschlusses des Kaufvertrags keine Anhaltspunkte für Unfallschäden hatte.
OLG Düsseldorf, 3 U 11/01, DAR 2002, 163

Eine allgemeine Untersuchungspflicht des gewerblichen Autohandels besteht nicht im Bezug auf die Verkehrssicherheit eines PKW betreffenden Mängel. Solange kein hinreichender Verdacht auf Mängel an der Bremsanlage besteht, besteht auch für den gewerblichen Autoverkäufer keine Untersuchungspflicht hinsichtlich dieser Bremsanlage. Bei einem erst drei Jahre alten Kfz mit einer Laufleistung von 35.000 km fehlen derartige Verdachtsmomente. Aus dem Vorhandensein von vier Vorbesitzern ergibt sich keine andere Wertung.
OLG Hamm, 11.11.1999, 22 U 37/99, DAR 2000, 119

Bagatellschaden 92

Reparaturkosten von 250 DM sind geringfügig bei einem von Privat für 12.000 DM gekauften sechs Jahre alten Pkw mit einer Gesamtfahrleistung von 65.000 km.
OLG Düsseldorf, 6.4.2001, 14 U 230/00, DAR 2001, 358

Die Grenze für Bagatellschäden liegt bei 1.000 DM als erforderlicher Reparaturaufwand seitens der Werkstätte.
OLG Frankfurt/M., 7.7.2000, 25 U 62/00, DAR 2001, 359

Die Grenze eines Bagatellschadens liegt bei 1.400 DM.
AG Leonberg, 23.12.1999, 2 C 819/99, DAR 2000, 277; ebenso AG Gütersloh, 26.4.2000, 53a C 2280/99, DAR 2000, 365

Benzinmehrverbrauch

Ist dem Verkäufer eines knapp ein Jahr alten Gebrauchtfahrzeugs bekannt, daß dieses in zwei Bereichen der Drittelmix-Angaben des Kraftstoffverbrauchs tatsächlich um 20 % und 40 % mehr verbraucht, kann der Käufer trotz Vereinbarung eines Gewährleistungsausschlusses den Kaufvertrag erfolgreich wegen arglistiger Täuschung anfechten.
OLG Düsseldorf, 23.10.1997, 13 U 20/97, DAR 1998, 70

Blechschaden

Enthält eine Vertragsurkunde über ein gebrauchtes Kfz den Vermerk „Blechschaden", spricht dies dafür, daß der Verkäufer das Nichtvorliegen eines Rahmenschadens zugesichert hat.
OLG Frankfurt, 6.11.1986, 1 U 134/85, DAR 1987, 121

Diebstahl

Ein Gebrauchtwagenhändler ist verpflichtet, dem Käufer zu offenbaren, dass an dem Kfz nach vorausgegangenem Diebstahl die Fahrzeugidentitätsnummer (FIN) verändert sowie ein Ersatzfahrzeugbrief ausgestellt worden ist.
OLG Düsseldorf, 23.7.1999, 22 U 21/99, DAR 2000, 261

EU-Ausland

Der Käufer eines Gebrauchtwagens ist ungefragt von dem Verkäufer darüber aufzuklären, dass der von ihm gekaufte Pkw aus dem EU-Ausland stammt. Unterlässt der Verkäufer diese Aufklärung, kann der Käufer den Kaufvertrag wegen arglistiger Täuschung anfechten.
AG St. Ingbert, 7.1.1999, 9 C 806/96, zfs 1999, 104

Der Verkäufer muss den Käufer darauf hinweisen, wenn der Gebrauchtwagen aus dem EU-Ausland stammt und als Mietwagen genutzt wurde. Verstößt der Verkäufer gegen diese Pflicht, kann der Käufer den Kaufvertrag wegen arglistiger Täuschung anfechten.
AG St. Ingbert, 7.1.1999, 9 L 806/96, Ls. in DAR 2001, IV; das Urteil ist nicht rechtskräftig!

Fahrschulwagen

In der Erklärung des Gebrauchtwagenverkäufers, ein Fahrzeug sei nicht als Fahrschulwagen eingesetzt worden, kann die Zusicherung einer Eigenschaft liegen.
OLG Köln, 20.11.1998, 19 U 53/98, NZV 1999, 338

Funktionsuntauglichkeit des Motors

Führt die Funktionsuntauglichkeit des Motors bereits nach kurzer Fahrleistung zum völligen Ausfall des Motors, liegt ein Mangel auch bei einem Gebrauchtwagen jedenfalls dann vor, wenn dieser deutlich unter zehn Jahre (hier: sieben Jahre) alt ist und zu einem Preis veräußert wurde, der als Gegenleistung für eine nennenswerte Zeit ein fahrtaugliches Fahrzeug erwarten lässt.
OLG Köln, 5.3.2001, 16 U 93/00, DAR 2001, 461

Gewöhnlicher Gebrauch

Der Verkäufer eines PKW hat lediglich die Tauglichkeit zu dem gewöhnlichen Gebrauch zu gewährleisten, wobei auf eine besonnene Fahrweise abzustellen ist.
AG Sigmaringen, 14.7.2000, 2 C 137/00, DAR 2000, 530

„Incl. TÜV"

Die Klausel „incl. TÜV" ist als Zusicherung des Verkäufers dafür anzusehen, dass das Kfz bei Übergabe dem für die Hauptuntersuchung erforderlichen Zustand entspricht.
OLG Hamm, 23.11.1998, 32 U 65/98, NJW 1999, 3273

Jahreswagen

Die Bezeichnung eines Fahrzeugs als Jahreswagen stelle keine stillschweigende Zusicherung dar, es sei unfall – oder mängelfrei.
OLG Düsseldorf, 18.1.2002, DAR 2002, 163

Verkauft ein Werksangehöriger einen sog. Jahreswagen, hat er den Käufer über Karosseriearbeiten zur Behebung eines bei der Fertigung aufgetretenen Mangels (fehlerhafte Spaltmaße der Karosserie) hinzuweisen.
OLG Köln, 15.6.1999, 22 U 15/99, DAR 2000, 121

Kilometerlaufleistung

Eine verbindliche Zusicherung liegt vor, wenn der Verkäufer auf Fragen des Käufers mündlich eine Kilometerlaufleistung des Gebraucht-Kfz bestätigt, wenn für den Verkäufer erkennbar war, dass dies für den Käufer von Bedeutung ist. Eine später im schriftlichen Kaufvertrag vereinbarte Klausel mit einschränkenden Angaben ist dann überraschend und daher unwirksam.
OLG München, 12.11.1999, 21 U 4759/99, DAR 2000, 164

Bei einem mehr als vier Jahre alten Kfz mit einer Kilometerlaufleistung von ca. 145.000 km kann in der Erklärung, der PKW befinde sich in einem technische einwandfreien Zustand, allenfalls die Zusicherung gesehen werden, dass er bei der Übergabe technisch in Ordnung , betriebsbereit und verkehrssicher ist.
OLG Düsseldorf, 23.7.1999, 22 U 21/99, NZV 2000, 83

Lackierung

Kein arglistiges Verschweigen stellt die Nichtinformation über die Neulackierung eines Gebrauchtwagen dar. Auch beinhaltet die Äußerung des Käufers, ihm gebe der optische Zustand des Fahrzeugs einen Hinweis auf den Pflegezustand, keine Zusicherung des Verkäufers, bei der Lackierung handele sich um die Originallackierung.
OLG Frankfurt/M., 15.2.2001, 3 U 86/00, DAR 2001, 306

Lagerfahrzeug

Der Verkäufer ist beim Verkauf eines Lagerfahrzeugs, das nicht als Neufahrzeug angeboten, sondern mit dem Hinweis auf den Modellwechsel mit einem Abschlag von 25 % auf den früheren Neupreis veräußert wird, hinsichtlich des Alters des Fahrzeugs nicht offenbarungspflichtig, wenn es dessen Gebrauchswert nicht beeinträchtigt.
OLG Zweibrücken, NJW-RR 1998, 1211

Mangel

Die Beschädigung tragender Teile eines Kfz stellt im Handel mit Gebrauchtfahrzeugen auch bei fachgerechter Behebung einen sich auf den Wert des Kfz nachteilig auswirkenden Mangel dar und muss deshalb von dem Verkäufer offenbart werden.
OLG Düsseldorf, 12.3.1999, 22 U 180/98, NZV 1999, 423 L

Einen Mangel des Gebrauchtwagens stellt es dar, wenn er einen über einen Bagatellschaden hinausgehenden Unfallschaden hat, aber als unfallfrei verkauft wird.
OLG Frankfurt/M., 7.7.2000, 25 U 62/00, DAR 2001, 359

Ölverbrauch

Hatte der Gebrauchtwagen überhöhten Ölverbrauch, liegt eine arglistige Verletzung der Aufklärungspflicht seitens des Verkäufers nur vor, wenn er davon gewusst hat oder zumindest mit solch einer Möglichkeit rechnet oder billigend in Kauf nahm, dass der Käufer diesen Fehler nicht kannte oder bei dessen Offenbarung den Vertrag nicht oder nur mit anderem Inhalt abschließen würde.
OLG Düsseldorf, 29.6.2001, 22 U 8/01, DAR 2001, 502

Verbraucht ein Kfz 1,5 l Öl auf 100 km, ist dieser hohe Ölverbrauch allein kein sicheres Indiz für die positive Kenntnis vom einem Motorschaden; das ist erst der Fall, wenn konkret auf eine Schädigung hinweisende Umstände hinzutreten.
OLG Köln, 10.1.2000, 16 U 43/99, DAR 2000, 308

Oldtimer

Durch den Passus „gekauft wie besehen und Probe gefahren ohne Gewährleistungsansprüche und Garantien" hat der Gebrauchtwagenverkäufer die Gewährleistung für erkennbare Mängel (d. h. solche, die bei ordnungsgemäßer Besichtigung ohne Hinzuziehung eines Sachverständigen wahrnehmbar sind) ausgeschlossen. Auf gewöhnliche Alterungs-, Abnutzungs- und Verschleißerscheinungen hat der Verkäufer erst recht bei Oldtimern, die gerade aufgrund ihres Alters häufig nicht ohne kleine Mängel sind, nicht einzustehen.
LG Köln, 15.3.2000, 14 O 365/99, DAR 2000, 270

Rahmenschaden

Erteilt ein Eigentümer eines Gebrauchtfahrzeugs im Rahmen von nicht zum Abschluss führenden Verhandlungen dem Kaufinteressenten die unwahre Auskunft, der Pkw weise keinen Rahmenschaden auf, und ist diese Auskunft für einen später verwirklichten Kaufentschluss des Käufers mit einem anderen Verkäufer unschädlich, liegt hierin eine zum Schadensersatz verpflichtende sittenwidrige Handlung des Äußernden.

Übernimmt ein gewerblicher Kraftfahrzeughändler ungeprüft die Mitteilung des Vorbesitzers hinsichtlich einer an den Käufer weiterzugebenen nicht vorliegenden zugesicherten Eigenschaft, kann der Käufer Wandelung des Kaufvertrags verlangen.
LG Traunstein, 4.2.1999, 7 O 3897/98, zfs 1999, 290

Sachmangel   130

Der Austausch der Fahrgestellnummer bzw. die Nichtübereinstimmung der in dem Kfz-Brief eingetragenen Fahrgestellnummer mit der tatsächlichen Fahrgestellnummer stellt einen Sachmangel dar. Hat der Verkäufer eines Kfz die Fahrgestellnummer neu eingeschlagen und zugleich das Typenschild im Motorraum ausgewechselt, ohne hierfür einen nachvollziehbaren Grund angeben zu können, ist der Käufer daher bei Vertragsschluß über diesen Mangel aufzuklären.
SchlOLG, 4.7.1996, 7 U 33/95, zfs 1997, 17

Schadensersatzanspruch

Hat ein Erstverkäufer den Mangel nicht offenbart, kann dem Käufer ein Schadensersatzanspruch gem. § 826 BGB gegen ihn zustehen.
OLG Düsseldorf, 18.1.2002, 3 U 11/01, DAR 2002, 163

„Scheckheftgepflegt"

Sagt der Verkäufer dem Käufer beim Kauf eines Gebrauchtwagens, der Wagen sei scheckheftgepflegt, obwohl dies nicht den Tatsachen entspricht, kann der Käufer den Vertrag wegen arglisti-

ger Täuschung anfechten, da es sich dabei um ein wesentliches wertbildendes Merkmal handelt.
LG Paderborn, 20.10.1999, 4 O 343/99, DAR 2000, 275

„Top-Zustand"

Behauptet ein Gebrauchtwagenhändler bei einem Verkaufsgespräch, das Kfz befände sich in einem „Top-Zustand", ist hiermit nicht verbindlich zugesagt, dass das Kfz keine Mängel aufweist, weil in diesem Gewerbe Übertreibungen erlaubt seien. Unschädlich ist auch eine Überschreitung der angegebenen Laufleistung um ca. sieben Prozent.
OLG Oldenburg, 27.5.1998, 2 U 63/98, OLGR-CBO 1998, 255

Als unverbindliche Anpreisung und nicht als Zusicherung einer Eigenschaft ist die Äußerung eines Verkäufers eines Gebrauchtwagens zu werten, der Motor gehe nicht kaputt, er sei immer gecheckt worden und einwandfrei.
OLG Frankfurt/M., 30.3.2000, 1 U 30/99, DAR 2001, 505

Tragende Teile

Die Beschädigung tragender Teile eines Kfz stellt im Handel mit gebrauchten Kfz auch dann, wenn sie sachgerecht behoben worden sind, einen Mangel dar, der sich auf den Wert des Kfz nachteilig auswirkt. Sie ist deshalb von dem Verkäufer zu offenbaren.

Wenn der Verkäufer eines gebrauchten Kfz einen Vorschaden offenbart, ist er verpflichtet, den Käufer auch ungefragt vollständig und richtig über alle Umstände der Unfallbeschädigung zu informieren, die für dessen Kaufentschluss bedeutsam sein könnten.
OLG Düsseldorf, 12.3.1999, 22 U 180/98, NZV 1999, 423

TÜV

Mit „TÜV neu" sichert ein Kfz-Händler mit eigener Werkstatt verbindlich zu, daß das Kfz bei Übergabe dem Zustand entspricht, der für eine erfolgreiche Hauptuntersuchung erforderlich ist.
OLG Karlsruhe, 29.8.1991, 9 U 60/90, DAR 1992, 305

Umtausch

Gebrauchtwagenhändler sind berechtigt, dem Kunden ein fünftägiges Umtausch- oder Rückgaberecht einzuräumen, ohne dass diese von Mitbewerbern der verbotenen Zugabe bezichtigt werden dürfen. Dies gilt auch, wenn in dieser Frist unbegrenzt viele Kilometer gefahren werden dürfen.
BGH, I ZR 66/96, 2.7.1998, NJW 1999, 217

Unfall(front)schaden

Die Aufnahme eines Unfallschadens als „Unfallfrontschaden" enthält zugleich die von dem vereinbarten Gewährleistungsausschluss nicht umfasste Zusicherung keiner weiteren wesentlichen Unfallschäden.
OLG Zweibrücken, 10.3.1998, 4 U 548/97 – 151, NJW-RR 1998, 1273

Ist ein Schaden durch die Kollision mit Wild verursacht worden, stellt dies einen Unfallschaden dar; auf die Unfallursache kommt es nicht an.
OLG Frankfurt/M., 7.7.2000, DAR 2001, 359

Die Klausel „Frontschaden in Fachwerkstatt gerichtet" im Gebrauchtwagenkaufvertrag bedeutet, dass der Verkäufer die Reparatur einem Fachmann übergeben und dieser die Reparatur fachmännisch ausgeführt hat.
LG Ingolstadt, 8.9.2000, 4 O 2038/99, DAR 2001, 513

Ungefragt hat der Verkäufer eines Gebrauchtwagens dem Käufer einem ihm bekannten Unfallschaden in vollem Ausmaß und die zur Instandsetzung erforderlichen Arbeiten mitzuteilen.
OLG Saarbrücken, 13.4.1999, 4 U 508/98-115, DAR 2000, 361

Unklarheitenregel

Bei einem privaten Direktverkauf aus mindestens zweiter Hand führt die in einem Formularvertrag enthaltene Klausel „Der Verkäufer sichert zu: . . . dass das Kfz, soweit ihm bekannt, eine Gesamtfahrleistung von . . . km aufweist", ohne Hinzutreten besonderer Umstände nicht zu der Anwendung der Unklarheitenregel des § 5 AGBG (jetzt § 305c Abs. 2 BGB).
OLG Köln, 9.12.1998, 13 U 102/98, NJW 1999, 2601

Untersuchungspflicht   **34**

Ein Gebrauchtwagenhändler ist verpflichtet, ein übernommenes Fahrzeug vor der Weiterveräußerung an einen Kunden gründlich auf Unfallschäden zu untersuchen und den Kunden über das Ergebnis dieser Untersuchung auch ungefragt zu unterrichten, sofern nicht der erlittene Unfall offensichtlich ganz unbedeutend war. Ist eine Untersuchung und deshalb auch eine Auskunft über Unfallschäden, etwa wegen alsbaldiger Weiterveräußerung eines kurz vorher übernommenen Fahrzeugs nicht möglich, dann muß der Gebrauchtwagenhändler den Kunden auch ungefragt darauf hinweisen. Kommt der Gebrauchtwagenhändler diesen Verpflichtungen nicht nach, handelt er arglistig.
OLG Köln, 5.7.1996, 19 U 106/95, NJW-RR 1997, 1214

Den Kfz-Händler trifft eine Pflicht zur Untersuchung des Fahrzeugs, wenn Anhaltspunkte für ihn einen konkreten Verdacht begründen, dass Mängel vorliegen bzw. der Kunde die Erwartung haben darf, der Fachmann habe eine eingehendere Prüfung vorgenommen.
OLG Köln, 3.5.2001, 3 U 173/00, DAR 2001, 404

Bei Verschweigen der Tatsache, dass er das verkaufte Kfz nicht auf vorhandene Fehler untersucht hat, haftet der gewerbsmäßige Kfz-Händler nur für solche Mängel, die er bei Vornahme der gebotenen Untersuchung hätte erkennen können.
OLG Düsseldorf, 21.12.1999, 26 U 59/99, DAR 2000, 356

Verschleißerscheinungen

Die Klausel „. . . kauft . . . folgendes Fahrzeug gebraucht wie besehen." in einem Kfz-Kaufvertrag kann unter besonderen Umständen als Ausschluss der Gewährleistung nicht nur für sichtbare, sondern auch für verborgene Mängel in Form von Verschleißerscheinungen ausgelegt werden.
OLG Köln, 21.41999, 27 U 61/98, NZV 1999, 382

Vorführungen

Keine Wandelung des Kaufvertrages über Vorführwagen („Montagsauto"/„Zitronenauto") bei Auftreten eines Großteils der Mängel erst nach sechsmonatiger Benutzung als Vorführwagen und einer Laufleistung von 10 000 km sowie keinerlei neuer Mängel über eine längere Zeit danach.
OLG Düsseldorf, 12.9.1997, 22 U 19/97, NJW-RR 1998, 845

Vorschaden

Verschweigt der Vermittler eines gebrauchten Pkw dem Käufer einen ihm bekannten Vorschaden des Pkw, kann der Käufer von ihm die Rückzahlung des Kaufpreises verlangen. Die Darlegungs- und Beweislast für das Verschweigen des Vorschadens trifft in diesem Falle den Käufer.
OLG Rostock, 3.2.1999, 6 U 214/97, zfs 1999, 197

Offenbart der Verkäufer eines gebrauchten Kfz einen Vorschaden, ist er verpflichtet, den Käufer auch ungefragt vollständig und richtig über alle Umstände des Unfallschadens zu informieren, welche für dessen Kaufentschluss bedeutsam sein können.
OLG Düsseldorf, 12.3.1999, 22 U 180/98, NZV 1999, 423 L

Erklärt der Privatverkäufer eines gebrauchten Pkw auf die Frage nach Unfallschäden, das Fahrzeug habe lediglich eine kleine reparierte Delle im vorderen linken Kotflügel gehabt, liegt darin bei zugleich vereinbartem Gewährleistungsausschluss grds. nicht die stillschweigende Zustimmung, der Pkw sei ansonsten – also auch außerhalb der eigenen Besitzzeit – unfallfrei.
OLG Köln, 22.3.1999, 8 U 70/98, NZV 9/1999, 381

Bagatellvorschäden (Schrammen, Kratzer, kleine Beulen etc.), die ordnungsgemäß repariert worden sind, stellen zumindest bei einem sechs Jahre alten Fahrzeug der Verkehrsanschauung nach keine Unfallschäden dar und unterliegen daher auch nicht der Offenbarungspflicht des Verkäufers – auch dann, wenn die Reparatur der Vorschäden über 1.000 DM verursacht hat.
OLG Karlsruhe, 27.3.2001, 3 A U 2/01, DAR 2002, 167

Kein Bagatellschaden liegt vor, wenn im Kaufvertrag auf „behobene Front- und Seitenschäden" hingewiesen wird; der Verkäufer kann den Pkw dann nicht mehr als unfallfrei anpreisen.
OLG Köln, 3.5.2000, 1 U 4/01, DAR 2001, 404

Werbung

Die vergleichende Werbung eines Kfz-Händlers ist zulässig, wenn er mit der Kundennähe seiner Niederlassungen und einem günstigen Preis für in Zahlung genommene Gebrauchtfahrzeuge typische Eigenschaften der angebotenen Ware vergleicht.
OLG Saarbrücken, 2.6.1999, 1 U 727/98 – 133, EuZW 1999, 575

Zusicherung 106

Einem Gebrauchtwagenkäufer, der einen neun Jahre alten Pkw mit einem Kilometerstand von mehr als 140 000 km für 6 400,– DM erwirbt, mit ihm in 2 1/2 Jahren ca. 50 000 km zurücklegt und ihn zweimal erfolgreich durch die Hauptuntersuchung bringt, ist es nach § 242 BGB verwehrt, wegen angeblich von vornherein bestehender Verkehrsunsicherheit im Rahmen des großen Schadensersatzanspruchs die Rückabwicklung des Vertrags zu verlangen.
OLG Düsseldorf, 25.10.1996, 22 U 113/96, NJW-RR 1997, 1480

Neue Zusicherung eines verkehrssicheren Zustands des Kfz bei der Angabe „TÜV neu bis 98" bei Verkauf eines gebrauchten Kfz durch eine Privatperson unter Ausschluß der Gewährleistung.
OLG München, 16.5.1997, 14 U 934/96, NJW-RR 1998, 845

Die Rechtsprechung des BGH bzgl. der Zusicherung einer Eigenschaft im Gebrauchtwagenhandel ist auch auf den privaten Direktverkauf anwendbar, wenn der Verkäufer bei dem Käufer den Eindruck erweckt, dass er einen gewerblichen Gebrauchtwagenhandel betreibe und dass er jedenfalls über die überlegene Sachkunde eines Gebrauchtwagenhändlers und Kfz-Fachmanns verfügt.
LG Saarbrücken, 14.1.1999, 11 S 43/98, NJW-RR 1999, 1065

Angesichts der unklaren Bedeutung des Begriffs „aus zweiter Hand" kann nicht davon ausgegangen werden, ein Gebrauchtwagenhändler wolle mit dieser Erklärung zusichern, das Fahrzeug habe nicht mehr als zwei Halter gehabt.

Bei einem mehr als vier Jahre alten Pkw mit einer Fahrleistung von rund 145 000 km kann in der Erklärung, das Fahrzeug befinde sich in einem technisch einwandfreien Zustand, allenfalls die Zusicherung gesehen werden, es sei bei der Übergabe technisch in Ordnung, betriebsbereit und verkehrssicher. Ein Gebrauchtwagenhändler ist verpflichtet, dem Kaufinteressenten zu offenbaren, dass die Fahrzeugidentitätsnummer (FIN) des Pkw bei einem Diebstahl verfälscht und die ursprüngliche FIN später an anderer Stelle neu eingestanzt sowie ein Ersatzschein ausgestellt worden ist.
OLG Düsseldorf, 23.7.1999, 22 U 21/99, NZV 2000, 83

Verschleißbedingte Mängel des Fahrzeugs unterfallen nicht der Zusicherungshaftung des Verkäufers.
OLG Düsseldorf, 6.4.2001, DAR 2001, 358

Der Vorbehalt „soweit bekannt" beim Fahrzeugverkauf von Privat schränkt die Zusicherung wirksam ein.
OLG Bamberg, 15.12.2000, 6 U 22/00, DAR 2001, 272

Zusicherung

Der Hinweis des Verkäufers im Rahmen von Vertragsverhandlungen, dass durch einen Unfall bestimmte, konkret genannte Schäden an einem Fahrzeug entstanden seien, beinhaltet die Zusicherung, dass durch den Unfall keine weiteren wesentlichen Schäden entstanden waren,
OLG München, 1.6.2000, 10 U 3661/00, DAR 2001, 407

„Zweite Hand"

Der Begriff „aus zweiter Hand" ist so unklar, dass nicht davon ausgegangen werden kann, dass der Gebrauchtwagenhändler damit zusichern will, das Kfz habe nicht mehr als zwei Halter gehabt.
OLG Düsseldorf, 23.7.1999, 22 U 21/99, NZV 2000, 83

ABC des Kraftfahrzeug-Leasings

Amortisationsprinzip   192

Das Leasinggeschäft ist von dem Amortisationsprinzip geprägt; der Leasinggeber erhält seine Auf-   228
wendungen für das Leasinggut in gesamter Höhe amortisiert, sei es durch Vollamortisations- oder durch Teilamortisationsvertrag.
BGH, 4.7.1990, VIII 288/85, DB 1990, 2061

Bestmögliche Verwertung   201

Der Leasinggeber muß sich aufgrund seiner Schadensminderungspflicht bei Vertragsende um eine bestmögliche Verwertung des Kfz bemühen. Andernfalls kann er sich schadensersatzpflichtig machen.
BGH, v. 4.6.1997, BB 1997, 1758 ff., VIII ZR 312/96

Drittkäuferbenennungsrecht   201

Das Recht des Leasingnehmers, einen Käufer zu benennen, kompensiert die Bindung des Leasingnehmers an den Händlerkaufpreis.
BGH, 4.6.1997, VIII ZR 312/96, WiB 1997, 1305

Fahrzeugnutzung

Ein den Leasinggeber zur fristlosen Kündigung des Leasingvertrags berechtigender wichtiger Grund liegt auch dann vor, wenn der Leasingnehmer das Kfz z.T. unter erheblichem Alkoholeinfluß mehrfach benutzt, ohne im Besitz einer gültigen Fahrerlaubnis zu sein.
OLG Düsseldorf, 16.1.1997, 10 U 245/95, BB 1997, 702

Finanzierungsleasing   186-201

Das Interesse an der Absatzförderung im Kfz-Leasinggeschäft schließt die Wertung als Finanzierungsleasing nicht aus.
BGH, 22.1.1986, VIII ZR 318/84, NJW 1986, 1336

Funktionen des Finanzierungsleasings

Das Leasinggeschäft ist geprägt durch die Nutzungs- und die Finanzierungsfunktion. Der Leasinggeber finanziert eine Investition des Leasingnehmers und stellt diesem das Leasinggut zum Gebrauch zur Verfügung. Zunehmend tritt die Dienstleistungsfunktion, d.h. umfangreiche Serviceleistungen des Leasinggebers, hinzu.
BGH, 28.3.1990, VIII ZR 17/89, NJW 1990, 1785

Gefahrtragung 186

Teilunwirksamkeit einer formularmäßigen Abwälzung der Sach- und Gegenleistungsgefahr auf den Leasingnehmer.
BGH, 25.3.1998, VIII ZR 244/97, NJW 1998, 2284

Händlereinkaufswert

Veräußerung eines schwer verkäuflichen Fabrikats
OLG Frankfurt, WiB 1997, 1106

Halter

Der Leasingnehmer ist alleiniger Halter des Kfz; er hat dieses für eigene Rechnung in Gebrauch und besitzt die Verfügungsgewalt über dieses, die ein solcher Gebrauch voraussetzt.
BGH, 26.11.1985, VI ZR 149/84, NJW 1986, 1044

Kilometervertrag 190

Auch der Kilometervertrag ist Finanzierungsleasing. Bei diesem Vertragsmodell ist bei typischer Vertragsgestaltung keine Amortisationslücke zu erwarten.
BGH, 24.4.1996, VIII ZR 150/95, WiB 1996, 698; BGH, 11.3.1998, VIII ZR 205/97, NZM 1998, 330

Kurzfristiges Kündigungsrecht

Die Gefahrverlagerung von dem Leasinggeber auf den Leasingnehmer ist nur wirksam, wenn dem Leasingnehmer für den Fall des Verlusts, des Untergangs oder der wesentlichen Beschädigung des Kfz ein kurzfristiges Kündigungsrecht eingeräumt wird.
BGH, 15.10.1986, VIII ZR 319/85, NJW 1987, 377; BGH, 6.3.1996, VIII ZR 98/95, NJW 1996, 1888

Leasingtypische Regelungen 194

Leasingtypische Regelungen sind die Verlagerung der Sach- und Preisgefahr und die Freizeichnung des Leasinggebers von seiner mietvertraglichen Eigenhaftung unter Abtretung der ihm zustehende Gewährleistungsansprüche an den Leasingnehmer. Diese Regelungen werden in Abweichung von den gesetzlichen Mietrechtsregelungen getroffen und werden ergänzt durch die leasingtypische Amortisation, welche der Miete fremd ist.
BGH, 22.1.1986, VIII ZR 318/84, NJW 1986, 1335

Lösungsrecht 197

Die Abwälzung der Sach- und Gegenleistungsgefahr in den AGB benachteiligt den Leasingnehmer auch dann nicht unangemessen, wenn ihm für die Fälle des Verlusts und der erheblichen Beschädigung des Kfz wahlweise ein Lösungsrecht eingeräumt ist, das einem kurzfristigen, mit der Verpflichtung zur Leistung einer Ausgleichszahlung verbundenen Kündigungsrecht gleichkommt.
BGH, 15.7.1998, VIII ZR 348/97, BB 1998, 2078

Nutzungsentschädigung 199

Enthält der Leasingnehmer dem Leasinggeber das Kfz bei Vertragsende trotz entgegenstehender Verpflichtung vor, § 557 Abs. 1 Satz 1 BGB, hat er dem Leasinggeber für die Dauer der Vorenthaltung eine Nutzungsentschädigung zu entrichten.
OLG Frankfurt/M., 23.6.1987, 5U 184/86, WM 1987, 1402

Rentenbarwertformel für vorschüssige Renten 200

Für die Abzinsung von im Zeitpunkt der vorzeitigen Vertragsbeendigung noch ausstehenden Leasingraten ist jedenfalls in Fällen, in denen der Leasingnehmer hohe Ratenleistungen für eine langfristige Restlaufzeit schuldet, die Rentenbarwertformel für vorschüssige Renten anzuwenden.
OLG Celle, 25.5.1996, 2 U 173/95, OLGR 1996, 219

Restwertausgleichsanspruch 204; 224

1. Eine in den Leasingbedingungen eines Kfz-Leasingvertrags enthaltene Klausel, welche den Leasingnehmer verpflichtet, nach Vertragsbeendigung die Differenz zwischen dem vertraglich kalkulierten Restwert und dem tatsächlich erzielten Verwertungserlös zu zahlen, ist weder überraschend i.S.v. § 3 AGBG noch benachteiligt diese den Leasingnehmer unangemessen gem. § 9 AGBG.

2. Der Verkauf des Kfz zu einem von dem Sachverständigen festgestellten Händlereinkaufswert ist ohne weiteres zulässig, wenn es sich um ein schwer verkäufliches Fabrikat und Modell handelt.

3. Schließt der Leasinggeber mit dem ausliefernden Händler eine Rückkaufvereinbarung, steht dem Leasingnehmer kein Anspruch gegen den Leasinggeber zu, daß dieser bei Abschluß des Leasingvertrags die Rückkaufvereinbarung offenlegt und bei Vertragsablauf auch realisiert.
OLG Frankfurt/M., WiB 1997, 1106
Der Restwertausgleichsanspruch ist Erfüllungsanspruch und verjährt gem. § 196 Abs. 1 Nr. 6 BGB innerhalb von zwei Jahren.
BGH, DB 1996, 2071

Rückkaufsvereinbarung
Offenlegung
OLG Frankfurt/M., WiB 1997, 1106

Rückstellungen für drohende Verluste
Ein Kfz-Händler, der sich bei der Veräußerung von Kfz an Leasinggeber verpflichtet, die Kfz a. E. der Leasingzeit zu einem bestimmten, verbindlich festgelegten Preis zurückzukaufen, kann bei drohenden Verlusten aus einzelnen Geschäften Rückstellungen bilden.
BFH, 15.10.1997, I R 16/97, DB 1998, 739

Sonderzahlung 204
Bei der konkreten Schadensberechnung nach einer von dem Leasingnehmer veranlaßten fristlosen Kündigung des Leasingvertrags ist die geleistete Sonderzahlung in voller Höhe Teil des Vollamortisationsanspruchs des Leasinggebers. Eine anteilige Rückerstattung an den Leasingnehmer erfolgt daher nicht.
BGH, 11.1.1995, VIII ZR 61/94, NJW 1995, 954

Transparenzgebot 139; 200
Das Transparenzgebot erfordert nicht die Offenlegung der Kalkulation, die dem in einem Finanzierungsleasingvertrag vereinbarten, vom Leasingnehmer garantierten Restwert zugrunde liegt.
BGH, 4.6.1997, VIII ZR 312/96, WiB 1997, 1308

Unfallflucht
Aufklärungsobliegenheit
OLG Frankfurt/M., 30.3.1990, 2 U 249/89, VersR 1990, 1005

Unfallfreiheit
Den Leasinggeber trifft ohne das Hinzutreten besonderer Umstände keine Untersuchungspflicht hinsichtlich des Kfz auf Unfallschäden, wenn er weder von dem Leasingnehmer noch von der Versicherung von einem Unfallschaden unterrichtet worden ist. Die Zusicherung der Unfallfreiheit des Kfz durch den Leasinggeber bei einem späteren Verkauf des Kfz nach Vertragsende ist in diesem Fall daher auch keine Zusicherung „ins Blaue hinein".
OLG Nürnberg, 14.4.1999, 4 U 4132/98, NJW-RR 1999, 1208

Verlagerung von Sach- und Preisgefahr   194; 211

Die leasingtypische Verlagerung der Sach- und Preisgefahr entspricht den Grundinteressen der Leasingvertragsparteien und ist daher angemessen und zulässig.
BGH, 15.10.1986, VIII ZR 319/85, ZIP 1987, 1390

Versicherungsleistung   208

Die empfangene Versicherungsleistung ist zweckgebunden zu verwenden.
BGH, 12.2.1985, X ZR 31/84, NJW 1985, 1537

Vollamortisationsanspruch   200-204

Der Anspruch des Leasinggebers auf volle Amortisation seiner Aufwendungen ist leasingtypisch. Es entspricht dem Wesen jeglicher Finanzierung, daß die gewährten Mittel an den Finanzier zurückfließen.
BGH, 4.6.1997, VIII ZR 312/96, WiB 1997, 1308

Vorteilsanrechnung

Bei dem Anspruch des Leasinggebers auf Vollamartisation bei vorzeitigem Vertragsende sind die diesem durch die vorzeitige Vertragsbeendigung entstehenden Vorteile anzurechnen. Der Leasinggeber darf durch die vorzeitige Vertragsbeendigung nicht besser, aber auch nicht schlechter gestellt werden als bei ungekündigtem Vertragsablauf.
BGH, 11.1.1995, VIII ZR 61/94, WM 1995, 438, 1541

Zivilrechtliche Qualifizierung des Leasingvertrages   192

Der Kfz-Leasingvertrag wird nach st.Rspr. und h.M. in der Literatur zivilrechtlich als atypischer Mietvertrag eingeordnet, auf den „in erster Linie" unter Beachtung der leasingtypischen Besonderheiten in Zusammenhang mit der Finanzierungsfunktion die mietrechtlichen Regelungen der §§ 535 ff. BGB Anwendung finden.
BGHZ 112, 65, 71

Zuordnung

Wenn in dem Kaufvertrag zwischen Leasinggeber und Verkäufer ausdrücklich auf die Vereinbarungen zwischen dem Verkäufer und dem Leasingnehmer, der das Fahrzeug ausgesucht hat, Bezug genommen ist, wird hierdurch eine Zusicherung des Verkäufers gegenüber dem Leasingnehmer Inhalt des Kaufvertrags.
OLG Düsseldorf, 18.6.1999, 22 U 256/98, NZV 1999, 514

Teil 6: Strafrecht

Inhaltsverzeichnis

Literatur:

Zur Trunkenheit im Verkehr:

Artkämper, Das Phänomen vorsätzlicher Trunkenheitsfahrten, Probleme der Schuld(un)fähigkeit und der vertikalen und horizontalen Teilrechtskraft, BA 2000, 308; *Berger/Krüger (Hrsg.)*, Cannabis im Straßenverkehr, Stuttgart 1998; *Berz*, Anmerkung zu BGH, Beschl. v. 28.6.1980, NZV 1990, 359; *Bode*, Anmerkungen zu AG Köln, Urteil vom 19.6.1990, DAR 1990, 430; *ders.*, Gesetzesinitiativen zur Änderung der Ordnungswidrigkeiten - Tatbestände für Kraftfahrer unter Alkohol, BA 2000, 212; *Brutscher/Baum*, Verkehrsstraftaten, 2. Aufl. 1994; *Cramer/Berz/Gontard*, Straßenverkehrs-Entscheidungen, 2. Aufl. 1997; *Daldrup/Mußhoff*, Drogen und Arzneimittel im Straßenverkehr. Chemische Spuren bei Verkehrsunfällen, 1995; *Eisenmenger/Bauska*, Sind von einer regelmäßigen und obligatorischen Gesundheitsprüfung aller Fahrerlaubnisinhaber wesentliche Vorteile für die Verkehrssicherheit zu erwarten?, NZV 2001, 13; *Fahl*, Zur Festsetzung einer Promillegrenze für Radfahrer, NZV 1996, 307; *Feiertag*, Das Fahren ohne Fahrerlaubnis oder trotz Fahrverbot nach § 21 StVG, DAR 2002, 150; *Gehrmann*, Vorbeugende Abwehr von Verkehrsgefahren durch haschischkonsumierende Kraftfahrer, NZV 1997, 457; *Gramse*, Zum Anfangsverdacht einer Trunkenheitsfahrt, NZV 2002, 17; *Granzer*, Drogen und Fahruntüchtigkeit. Gesetzeslage und gerichtliche Praxis, BA 1996, 246; *Grohmann*, Deutsches Promillerecht. Überblick und Leitfaden für die verkehrsgerichtliche Praxis, BA 1996, 177; *Haffner/Erath/Kardatzki*, Alkoholtypische Verkehrsunfälle als zusätzliche Beweisanzeichen für relative Fahruntüchtigkeit, NZV 1995, 301; *ders.*, Beeinträchtigung der Verkehrstauglichkeit durch Arzneimittel und Verantwortlichkeit des Arztes, NJW 1965, 1999; *Harbort*, Zur Annahme von Vorsatz bei drogenbedingter Fahrunsicherheit, NZV 1996, 432; *ders.*, Der Beweiswert der Blutprobe, 1994; *ders.*, Rauschmitteleinnahme und Fahrsicherheit. Indikatoren – Analysen – Maßnahmen, 1996; *Hardtung*, Die „Rechtsfigur" der actio libera in causa beim strafbaren Führen eines Fahrzeugs und anderen Delikten, NZV 1997, 97; *Heifer*, Blutalkoholkonzentration und -wirkung, verkehrsmedizinische Charakterisierung und verkehrsrechtliche Relevanz von Alkoholgrenzwerten im Straßenverkehr BA 1991, 121; *Hentschel*, Anmerkungen zu BayObLG, Beschl. v. 7.7.1981, JR 1982, 249; *ders.*, Anmerkung zu BGH, Beschl. v. 27.10.1988, JR 1990, 32; *ders.*, Fahrerlaubnis und Alkohol im Straf- und Ordnungswidrigkeitenrecht, 3. Aufl. 1994; *Hentschel/Born*, Trunkenheit im Straßenverkehr, 7. Aufl. 1996; *Hillmann III*, Atemalkoholmessung – Erwartungen und Erfahrungen, DAR 2000, 289; *Hillmann III/Eger*, Probleme der Vorsatzverurteilung bei Trunkenheitsdelikten und der Anrechnung vorläufiger Entziehung der Fahrerlaubnis, zfs 2000, 376; *Hirsch*, 2. Anwendbarkeit der Grundsätze der actio libera in causa, NStZ 1997, 230; *Horn*, Der Anfang der actio libera in causa, StV 1997, 264; *Hruschka*, Die actio libera in causa bei Vorsatztaten und bei Fahrlässigkeitstaten, JZ 1997, 22; *Hüting/Konzak*, Die aktuelle Entscheidung: Eine Blutalkoholkonzentration von 1,1 ‰ als neuer Grenzwert der absoluten Fahrunsicherheit, Jura 1991, 241; *dies.*, Das „gestörte Verhältnis zwischen §§ 315c, 316 StGB und § 24a StVG nach der Senkung des Grenzwertes der absoluten Fahrunsicherheit durch den BGH, NZV 1992, 136; *Iffland*, Entscheidungen zur Gerichtsverwertbarkeit von Alkoholmessungen mit dem Alcotest 7110 Evidential MK III und die Probleme mit der Software, DAR 2000, 540; *Iffland/Daldrup*, Anforderungen an die Richtigkeit und Zuverlässigkeit von Blutalkoholanalysen, NZV 2001, 105; *Janiszewski*, Absolute Fahrunsicherheit, NStZ 1990, 493; *ders.*, Überblick über neue Entscheidungen in Verkehrsstraf- und -bußgeldsachen-Überblick I/1998, NStZ 1998, 289; *ders.*, Verkehrsstrafrecht, 4. Aufl. 1994; *Janker*, Relative Fahrunsicherheit bei einer Blutalkoholkonzentration von weniger als 0,3‰, NZV 2001, 197; *Kannheiser*, Mögliche verkehrsrelevante Auswirkungen von gewohnheitsmäßigem Cannabiskonsum, NZV 2000, 57 ff.; *Knopf*, Wieviele Messwerte braucht die Alkoholkontrolle, NZV 2000, 458; *Kodal/Krämer*, Straßenrecht, 6. Aufl. 1999; *Laub/Brenner-Hartmann*, Die Begutachtungsstelle für Fahreignung (BfF) – Aufgaben und Arbeitsweise, NZV 2001, 16; *Maatz/Mille*, Drogen und Sicherheit des Straßenverkehrs, DRiZ 1993, 15; *Meininger*, Zur Fahruntüchtigkeit nach vorausgegangenem Cannabiskonsum, Festschrift für Hanskarl Salger zum Abschied aus dem Amt als Vizepräsident des Bundesgerichtshofes, 1995, S. 535; *Mettke*, Die strafrechtliche Ahndung von Drogenfahrten nach den §§ 315c I Nr. 1a, 316 StGB, NZV 2000, 199 ff.; *Mühlhaus/Janiszewski*, Straßenverkehrs-Ordnung, 14. Aufl. 1995; *Müller*, Alkoholverbot für Fahranfänger in der Probezeit – ein Diskussionsbeitrag, NZV 2000, 401 ff.; *Mutius, v.*, Zu den verfassungsrechtlichen Grenzen höchstrichterlicher Norminterpretation und Rechtsfortbildung, BA 1990, 375; *Nehm*, Abkehr von der Suche nach Drogengrenzwerten, DAR 1993, 375; *ders.*, Oder andere berauschende Mittel..., DAR 2000, 444; *Peters*, Der Nachweis der „relativen“ Fahrtüchtigkeit durch regelwidriges Verhalten, MDR 1991, 487; *Riesselmann/Rosenbaum/Schneider*, Alkohol und Energy Drink. Kann der gemeinsame Konsum beider Getränke die Fahruntüchtigkeit beeinträchtigen?, BA 1996, 201; *Salger*, Zum Vorsatz bei der Trunkenheitsfahrt, DRiZ 1993, 311; *Schäpe*, Rechtsfragen zur Alkoholmessung, DAR 2000, 490; *Schmidt*, Andere berauschende Mittel im Straßenverkehr – aus polizeilicher Sicht –, NZV 2000, 493; *Schöch*, Medikamente im Straßenverkehr, DAR 1996, 452; *ders.*, Kriminologische und sanktionsrechtliche Aspekte der Alkoholdelinquenz im Verkehr, NStZ 1991, 11; *Schoknecht/Kopf/Kläß*, Der Einfluß des Hysterese-Effektes bei der beweissicheren Atemalkoholanalyse, BA 2000, 449; *Seier*, Die Handlungseinheit von Dauerdelikten im Straßenverkehr, NZV 1990, 129; *Seifert*, Zur strafrechtlichen Behandlung der Trunkenheit am Ruder, NZV 1997, 147; *Slemeyer/Gutenbrunner*, Quantifizierung der Irrtumswahrscheinlichkeit bei verurteilender Anwendung des § 24a I StVG, NZV 2001, 200, *Slemeyer*, Zur Frage der Fehlerabgrenzung bei der beweissicheren Atemalkoholanalyse, BA 2000, 203; *Slemeyer/Arnold/Klutzny/Brachemeyer*, Blut- und Atemalkohol-Konzentration im Vergleich, NZV 2001, 281; *Spendel*, Actio libera in causa und Verkehrsstraftaten, JR 1997, 133; *Sudmeyer*, Nochmals: Zur strafrechtlichen Behandlung der Trunkenheit am Ruder, NZV 1997, 340; *Weibrecht*, Die neue „0,5-Promille-Regelung“ des § 24a StVG und andere aktuelle Änderungen des Straßenverkehrsrecht, NZV 2001, 145; *Wehner/Subke*, Quantifizierung der Irrtumswahrscheinlichkeit bei verurteilender Anwendung des § 24a Abs. 1 StVG, BA 2000, 279; *Wendrich*, Inline-Skating und Skateboarding in Fußgängerbereichen und auf Gehwegen aus straßenrechtlicher Sicht, NZV 2002, S. 212.

Zur Gefährdung des Straßenverkehrs:

Brandhuber, Kein Gewissen an deutschen Hochschulen?, NJW 1991, 725; *Heydebrandt, v./Gruber*, Tierversuche und Forschungsfreiheit, ZRP 1986, 115; *Loeper, v./Reyer*, Das Tier und sein rechtlicher Status, ZRP 1984, 205; *Meixner*, Hessisches Gesetz über die öffentliche Sicherheit und Ordnung (HSOG), 7. Aufl. 1995; *Nüse*, Zu den neuen Vorschriften zur Sicherung des Straßenverkehrs, JR 1965, 41; *Samper/Honnacker*, Polizeiorganisationsgesetz, 5. Aufl. 1995; *Spöhr/Karst*, Zum Begriff der Rücksichtslosigkeit im Tatbestand des § 315c StGB, NZV 1993, 254; *Spöhr/Karst*, Zum Tatbestandsmerkmal „rücksichtslos“ des § 315c StGB, NJW 1993, 3308; *Tegtmeyer*, Polizeigesetz Nordrhein-Westfalen, 8. Aufl. 1995; *Turner*, Grenzen der Forschungsfreiheit, ZPP 1986, 172.

Zum unerlaubten Entfernen vom Unfallort:

Beulke, Strafbarkeit gem. § 142 StGB bei vorsatzlosem Sich-Entfernen vom Unfallort, NJW 1979, 400; *Bönke*, Die neue Regelung über „tätige Reue“ in § 142 StGB, NZV 1998, 129; *Brückner*, Auswirkungen auf die materiell-rechtliche und prozessuale Tat bei Straßenverkehrsdelikten gem. §§ 315c, 316 StGB durch die Verwirklichung des § 142 StGB nach höchstrichterlicher Rechtsprechung, NZV 1996, 266; *Cramer*, Überlegungen zur Reform des § 142 StGB, ZRP 1987, 157; *Friehoff*, Zeitschriftenübersicht, NZV 1997, 502; *Hentschel*, Die Entwicklung des Straßenverkehrsrechts im Jahre 1981, NJW 1982, 1073; *Herzberg*, Zur Teilnahme des Fahrzeughalters am Unterlassungsdelikt nach § 142 Abs. 2 StGB, NZV 1990, 375; *Himmelreich/Bücken*, Verkehrsunfallflucht. Verteidigerstrategien im Rahmen des § 142 StGB, 2. Aufl. 1995. *Janiszewski*, Überlegungen zur Entkriminalisierung des Verkehrsstrafrechts auf der Grundlage eines Gesetzesantrags, DAR 1994, 4; *Park*, Der Sinn der Einführung der tätigen Reue bei § 142 StGB, DAR 1993, 246; *Sander/Hohmann*, Sechstes Gesetz zur Reform des Strafrechts (6. StRG): Harmonisiertes Strafrecht?, NStZ 1998, 273; *Satzger*, Die Anwendung des deutschen Strafrechts auf grenzüberschreitende Gefährdungsdelikte NStZ 1998, 112; *Schwab*, Verkehrsunfallflucht trotz „Schuldanerkenntnis“-Feststellungsinteresse an polizeilicher Unfallaufnahme?, MDR 1984, 538; *Seelmann*, Anm. zu BayObLG: Beihilfe zum unerlaubten Entfernen vom Unfallort, JuS 1991, 290; *Sturm*, Die Neufassung des § 142 StGB (Verkehrsunfallflucht) durch das Dreizehnte Strafrechtsänderungsgesetz, JZ 1975, 406.

Zur fahrlässigen Körperverletzung:

Göhler, Gesetz über Ordnungswidrigkeiten, 12. Aufl., München 1998; *Hoffmann*, Fahrlässige Körperverletzung im Straßenverkehr – eine Straftat?, NZV 1993, 209; *Janiszewski*, Überlegungen zur Entkriminalisierung des Verkehrsstrafrechts auf der Grundlage eines Gesetzesantrags, DAR 1994, 6; *Janker*, Entkriminalisierung des Verkehrsstrafrechts, DAR 1993, 11.

Zur Nötigung:

Böttcher/Hueck/Jähnke (Hrsg.), Festschrift für Walter Odersky zum 65. Geburtstag, 1996; *Metz,* Verwendung von Parkkrallen auf Kundenparkplätzen, DAR 2000, 392; *Rosskopf/Thumm/Wehner,* Verkehrsstrafsachen, 1997; *Weigel,* Dürfen sich Motorradfahrer wirklich „durchschlängeln"?, DAR 2000, 392; *Wessels,* Strafrecht Besonderer Teil 1, 20. Aufl. 1996.

Zu Alkoholdelikten:

Forster/Joachim, Alkohol und Schuldfähigkeit, 1997; *Grüner,* Die Atemalkoholprobe. Grundlagen und Beweiswert, 1985; *Hentschel,* Neuerungen bei Alkohol und Rauschmittel im Straßenverkehr. Die Neufassung des § 24a StVG durch Änderungsgesetze v. 27. und 28.4.1998, NJW 1998, 2385; *Hoppe/Haffner,* Doppelblutentnahme und Alkoholanflutungsgeschwindigkeit in der Bewertung von Nachtrunkeinlassung, NZV 1998, 265; *Knopf, Slemeyer, Klüß,* Bestimmung der Atemalkoholkonzentration nach DIN VDE 0405, NZV 2000, 195; *Löhle,* Zur Physik der Meßtechnik des Dräger Alcotest 7110 MK III Evidential, NZV 2000, 189; *Wilske,* Atemalkoholgrenzwert und -messung, NZV 2000, 399.

A. Trunkenheit im Verkehr

I. Schutzbereich des § 316 StGB

Die Vorschrift bedroht diejenigen **Fahrzeugführer** mit Freiheits- oder Geldstrafe, die am öffentlichen Verkehr teilnehmen, obwohl sie infolge des Genusses alkoholischer Getränke oder anderer berauschender Mittel nicht in der Lage sind, ein Fahrzeug sicher zu führen. Die amtliche Überschrift der Vorschrift ist irreführend insoweit, dass keine Trunkenheit i.S.e. Rauschzustandes erforderlich ist. Der Gesetzgeber fordert lediglich die **„Fahrunsicherheit"** des Fahrzeugführers. In der Literatur wird deshalb vorgeschlagen, den Tatbestand eher als „rauschmittelbeeinflusste Verkehrsteilnahme" zu bezeichnen (Harbort, Rauschmitteleinnahme und Fahrsicherheit, Rn. 137).   1

§ 316 StGB stellt als **abstraktes Gefährdungsdelikt** auch die **folgenlose Verkehrsteilnahme** unter Strafe. Im Unterschied zu § 315c StGB setzt die rauschmittelbeeinflusste Verkehrsteilnahme keine konkrete Gefahr voraus (BayObLG, NJW 1968, 1732; OLG Hamm, NJW 1984, 137). **Geschütztes Rechtsgut** ist die **Sicherheit des Verkehrs** (Tröndle/Fischer, StGB, § 316 Rn. 2; Lackner/Kühl, StGB, § 316 Rn. 1). Eine **folgenlose Fahrt** unter Rauschmitteleinwirkung liegt deshalb auch dann vor, wenn es nur zu einer Eigenverletzung des Täters (OLG Hamm, VRS 36, 262) oder zu einer Beschädigung des von ihm benutzten Fahrzeugs gekommen ist, auch wenn dies in fremdem Eigentum steht (BGHSt 27, 44; VRS 42, 97; OLG Hamm, DAR 1973, 104). Dies gilt auch, wenn nur eine Sache von unbedeutendem Wert oder eine wertvolle Sache in unbedeutendem Umfang gefährdet wird (Schönke/Schröder/Cramer, StGB, § 316 Rn. 24).   2

Neben § 316 StGB ist § 24a StVG in Fällen geringfügiger **Rauschmitteleinwirkung** von Bedeutung, wobei sich Abgrenzungsschwierigkeiten im Bereich der relativen Fahrunsicherheit ergeben können, die bereits unter 0,8 ‰ einsetzen und damit zur Strafbarkeit nach §§ 315c oder 316 StGB führen können. Das hat bei einer Rauschmittelkonzentration von 0,8 ‰ bis 1,1 ‰ die Folge, dass eine Anwendung des § 24a StVG die Fahrsicherheit des Fahrzeugführers voraussetzt oder dass seine Fahrunsicherheit nicht nachgewiesen werden kann (Schönke/Schröder/Cramer, StGB, § 316 Rn. 1).   3

Wie in den Fällen der §§ 315a Abs. 1 Nr. 1, 315c Abs. 1 Nr. 1a StGB ist die Tat nach § 316 StGB ein eigenhändiges **Delikt.** Eigenhändige Delikte erfassen nur den aktuellen, unmittelbaren Vollzug des beschriebenen Täterverhaltens. Sie können nicht in mittelbarer Täterschaft und auch nicht durch vorgelagertes Täterverhalten etwa im Wege der „actio libera in causa" begangen werden. Ihr Tatbestand setzt vielmehr die unmittelbar eigenhändige Vornahme der Tatbestandshandlung voraus, weil der besondere Verhaltensunwert des betreffenden Deliktes nur auf diese Weise zu realisieren ist (BGH, NZV 1996, 500 = NJW 1997, 138; dazu: Hardtung, NZV 1997, 97, 99 ff.; Horn, StV 1997, 264 ff.; Hirsch, NStZ 1997, 230 ff.; Spendel, JR 1997, 133 ff.; Hruschka, JZ 1997, 22 ff.). Ausgeschlossen ist also die Täterschaft eines Halters, der einem anderen das Steuer über-   4 lässt (BGHSt 18, 6; OLG Celle, NJW 1965, 1773). Dies wird man auch für solche Personen annehmen müssen, denen die tatsächliche Verfügungsgewalt über das Fahrzeug und damit die Verantwortung übertragen worden ist, wie etwa bei Transportunternehmen, Speditionen und deren Lkw-Fahrern (OLG Koblenz, NJW 1965, 1926; Bödecker, DAR 1970, 309). Beteiligen sich **mehrere Personen** am Führen eines Fahrzeugs – der eine lenkt, der andere gibt Gas –, so führt jeder eigenhändig das Fahrzeug, der auf seine Fortbewegung einen maßgeblichen Einfluss ausübt. Dazu reicht das kurzfristige „ins Steuer greifen" nicht aus (OLG Hamm, NJW 1969, 1975; VRS 37, 281; OLG Köln, NJW 1971, 670; BGHSt 13, 226; Hentschel/Born, Trunkenheit im Straßenverkehr, Rn. 121). **Eigenhändig** handelt schließlich auch der, der ähnlich einem Fahrlehrer dem Fahrzeugführer Fahranleitungen gibt (vgl. OLG Hamm, VRS 37, 281). In der Rechtsprechung ist schließlich auch eine **Wahlfeststellung** zwischen vorsätzlicher Trunkenheit im Verkehr und Anstiftung dazu für möglich gehalten worden, weil Täterschaft und Anstiftung sich zwar gegenseitig ausschließen. Der Wille eines Täters, die Tat als eigene zu begehen, kann nicht zugleich den Willen umfassen, zu einer fremden Tat anzustiften. Vorsätzliche Trunkenheit im Verkehr und Anstiftung zu einer fremden Tat dieser Art sind indes rechtsethisch und psychologisch gleichwertig. Beide Verhaltensweisen richten sich gegen dasselbe Rechtsgut der Sicherheit im Straßenverkehr und betreffen selbst bei unterschiedlicher Verhaltensweise den gleichen Tatbestand, so dass der Anstifter nach § 26 StGB gleich dem Täter zu bestrafen ist (OLG Düsseldorf v. 9.10.1975, Az. 3 Ss 865/75 in: Cramer/Berz/Gontard, Straßenverkehrs-Entscheidungen, § 316 StGB Nr. 7). Auch eine Wahlfeststellung zwischen fahrlässiger Trunkenheit im Verkehr und fahrlässigem Gestatten des Fahrens ohne Fahrerlaubnis ist für zulässig erachtet worden (OLG Hamm v. 8.7.1981, Az. 7 Ss 2709/80 in: Cramer/Berz/Gontard, Straßenverkehrs-Entscheidungen, § 316 StGB Nr. 43).

5 Das Vergehen nach § 316 StGB ist ferner eine **Dauerstraftat**, die mit dem Antritt der Fahrt im Zustand der Fahrunsicherheit nach Genuss von Rauschmitteln beginnt und erst dann endet, wenn entweder die Fahrt endgültig beendet ist oder der Fahrzeugführer infolge des Rauschmittelabbaus im Körper während oder kurz nach der Fahrt wieder fahrsicher wird (BGHSt 21, 203; 73, 335; BGH, NJW 1983, 1744; BayObLG, VRS 59, 195; Seier, NZV 1990, 129; Hentschel, Fahrerlaubnis und Alkohol, Rn. 188; Hentschel/Born, Trunkenheit im Straßenverkehr, Rn. 315; Janiszewski, Verkehrsstrafrecht, Rn. 77; Harbort, Rauschmitteleinnahme und Fahrsicherheit Rn. 136). Zur Vermeidung einer Doppelbestrafung wegen zwei aufeinander folgenden Straftaten (z.B. Fahrtantritt unter Rauschmitteleinfluss und spätere Heimkehr entweder unter nachgelassenem, aber noch bestehenden oder gar zwischenzeitlich verstärkten Rauschmitteleinfluss etwa nach einem Gaststättenbesuch) wird in bestimmten Fällen nur „eine" Dauerstraftat nach § 316 StGB angenommen. Nach Ansicht eines Teils der Rechtsprechung wird die Dauerstraftat auch dann nicht unterbrochen, wenn die Fahrtunterbrechung, z.B. zu einem Gaststättenbesuch, nicht mehr als zwei Stunden dauert (BayObLG, NStZ 1987, 114; Hentschel, Fahrerlaubnis und Alkohol, Rn. 189; Berz/Burmann/Hentschel, Handbuch des Straßenverkehrsrechts, 14 D, § 316 StGB Rn. 2). Andererseits ist – allerdings unter Bezug auf eine Dauerordnungswidrigkeit nach § 24a StVG – eine Begehung von zwei Taten im prozessualen Sinn bereits bei einer Fahrtunterbrechung von einer Stunde angenommen worden (OLG Köln, NStZ 1988, 568; VRS 75, 336; Hentschel, Fahrerlaubnis und Alkohol, Rn. 189). Lediglich **kurzfristige Fahrtunterbrechungen,** etwa zum Tanken, zum Zigarettenholen oder zum Aufsuchen einer Toilette unterbrechen die Dauerhaftigkeit einer einheitlichen Tat allerdings nicht (BayObLG, DAR 1982, 250 bei Rüth; Hentschel, Fahrerlaubnis und Alkohol, Rn. 190; Berz/Burmann/Hentschel, Handbuch des Straßenverkehrsrechts, 14 D, § 316 StGB Rn. 2). Auch ein Wechsel in der Schuldform, wenn der Täter während der Trunkenheitsfahrt erkennt, dass er fahruntauglich ist, gleichwohl aber die Fahrt ohne erhebliche Abweichung von seinem vorher gefassten Gesamtplan fortsetzt, reicht nicht aus, um eine neue Tat annehmen zu können (BayObLG v. 27.2.1980, RReg 2 St 53/80 in: Cramer/Berz/Gontard, Straßenverkehrs-Entscheidungen, § 316 StGB Nr. 34). Aber auch wenn der Täter von seinem vorher gefassten Gesamtplan abweicht, muss die Dauerhaftigkeit des Fahrvorgangs nicht unbedingt unterbrochen werden, wie die sog. „Polizeifluchtfälle" dieses zeigen. Erkennt der Täter während der Fahrt, dass er von einem Streifenwagen verfolgt wird und versucht er daraufhin, der drohenden Kontrolle durch Flucht zu entgehen, so

wird die Dauerstraftat des § 316 StGB nicht unterbrochen (BGH, NJW 1983, 1744), und zwar auch dann nicht, wenn er dem Haltegebot eines Polizeibeamten zunächst Folge geleistet hatte, dann aber die Fahrt urplötzlich fortsetzt (OLG Koblenz, VRS 56, 38; Hentschel, Fahrerlaubnis und Alkohol, Rn. 191, 259). Allerdings findet die Dauerstraftat des § 316 StGB dann ihr Ende, wenn der Fahrer nach einem Unfall die Unfallstelle unter den Voraussetzungen der **Unfallflucht** des § 142 StGB verlässt (Berz/Burmann/Hentschel, Handbuch des Straßenverkehrsrechts, 14 D, § 316 StGB Rn. 3; Tröndle/Fischer, StGB, § 316 Rn. 4). Dies gilt auch für den Fall der Weiterfahrt nach späterer Kenntnisnahme vom Unfall (BayObLG, MDR 1981, 1035, mit Anm. Hentschel, JR 1982, 250; Seier, NZV 1990, 131).

II. Objektiver Tatbestand

1. Begriff des Fahrzeuges

Fahrzeuge i.S.d. § 316 StGB sind, anders als in § 69 Abs. 1 StGB zum Ausdruck gebracht, nicht nur Kfz, sondern **Fahrzeuge jedweder Art,** die zur **Beförderung von Personen oder Sachen** dienen am Verkehr auf der Straße teilnehmen (Schönke/Schröder/Cramer, StGB, § 315c Rn. 5). Von der Vorschrift erfasst werden **alle Verkehrsarten** einschließlich des Eisenbahn-, Schiffs- und Luftverkehrs, soweit dieser bodengebunden ist. Dabei ist es letztlich gleichgültig, ob die Fahrzeuge sich mit eigener Kraft bewegen oder auf andere Weise fortbewegt werden können (Mühlhaus/Janiszewski, StVO, § 2 Rn. 2; Brutscher/Baum, Verkehrsstraftaten, S. 96; Harbort, Rauschmitteleinnahme und Fahrsicherheit, Rn. 139; Jagusch/Hentschel, Straßenverkehrsrecht, § 316 StGB Rn. 2). **6**

Nicht zu den Fahrzeugen im vorbeschriebenen Sinne gehören die **besonderen Fortbewegungsmittel des § 24 StVO.** So sind Fußgänger, Beifahrer, Reiter, Viehtreiber, Ski- und Schlittschuhläufer, Rollbrettfahrer, Roller-Skater (vgl. zum Inline-Skating und Skateboarding in Fußgängerbereichen und auf Gehwegen aus straßenrechtlicher Sicht Wendrich, NZV 2002, 212), Führer von Handwagen, Kinderwagen, Schubkarren oder Rodelschlitten keine Fahrzeugführer, auch nicht, wer einen Bagger-Schwenkarm dreht (Schönke/Schröder/Cramer, StGB, § 315c Rn. 5; Hentschel, Straßenverkehrsrecht, § 316 StGB Rn. 2 und § 24 StVO Rn. 6). Nicht zu den Fahrzeugen gehören insbesondere auch Kinderfahrräder („Dreirädchen"), die entsprechend den Körpermaßen von Kindern im Vorschulalter gebaut sind und zum spielerischen Umherfahren benutzt werden (OLG Karlsruhe, NZV 1991, 355). Ebenfalls nicht unter den Fahrzeugbegriff fallen Rollstühle, die geschoben werden oder vom Kranken selbst durch Handbetrieb von Greifreifen fortbewegt werden (Jagusch/Hentschel, Straßenverkehrsrecht, § 24 StVO Rn. 6). Auch der Einsatz von Lasttieren (Packeseln, Pferde u.Ä.) ist nicht unter den Fahrzeugbegriff zu subsumieren. **7**

Zu den Fahrzeugen zählen hingegen **Pferdefuhrwerke,** wenn sie mit Zügel und Peitsche und mit einer Bremsvorrichtung bedient werden (OLG Hamm, VRS 19, 367). **Krankenfahrstühle,** die maschinell oder elektrisch betrieben werden, sind ebenfalls Fahrzeuge (Cramer, § 24 StVO Rn. 34; Schönke/Schröder/Cramer, StGB, § 315c Rn. 5). Auch Transportschlitten zum Abtransport von Hölzern in Gebirgsregionen dürften wie entsprechende Flöße Fahrzeuge i.d.S. sein. **8**

2. Begriff des Verkehrs

Was unter dem allgemeingehaltenen Begriff des „Verkehrs" i.S.d. § 316 StGB zu verstehen ist, erschließt sich zunächst aus dem gesetzlichen Klammervermerk in der Vorschrift zu den §§ 315 – 315d StGB, so dass außer dem bedeutsamen Teil des Straßenverkehrs auch der Luft-, Schienenbahn- und Schwebebahnverkehr einschließlich der damit vergleichbaren Verkehrsmittel gehören (Zeppelin, Rakete, Satellit, Drahtseilbahn, Sessellift: vgl. Harbort, Rauschmitteleinnahme und Fahrsicherheit, Rn. 138; Drees/Kuckuk/Werny, Straßenverkehrsrecht, § 316 StGB Rn. 2; Janiszewski, Verkehrsstrafrecht, Rn. 325; Schönke/Schröder/Cramer, StGB, § 315 Rn. 2 – 4). **9**

10 Das Tatgeschehen bei § 316 StGB setzt jedoch eine Teilnahme am „**öffentlichen Verkehr**" voraus. Zum öffentlichen Verkehrsgrund im straßenverkehrsrechtlichen Sinn gehören außer den straßen- und wegerechtlich öffentlichen Straßen alle Verkehrsflächen, auf denen aufgrund ausdrücklicher oder stillschweigender Duldung des Verfügungsberechtigten die Benutzung durch jedermann tatsächlich zugelassen ist.

11 In der **Rechtsprechung** ist insoweit anerkannt, dass die Frage der **Öffentlichkeit** oder Nichtöffentlichkeit von Grundstücksflächen i.S.d. Straßenverkehrsrechts **für verschiedene Zeiträume unterschiedlich** zu beantworten sein kann und insbesondere der Eigentümer oder sonstige Verfügungsberechtigte durch entsprechende erkennbare Vorkehrungen zeitweise öffentlichen Verkehr i.d.S. zulassen oder ausschließen kann (OLG Hamm, VRS 48, 44). Für die Einordnung des Verkehrs als nichtöffentlich ist entscheidend, dass der benutzungsberechtigte Personenkreis so aus der unbestimmten Vielzahl möglicher Benutzer ausgesondert ist, dass er von vornherein bestimmt oder so bestimmbar ist, dass er als fest umrissen anzusehen ist. Der nach dem Willen des Berechtigten zugelassene Personenkreis muss so eng und genau umschrieben sein, dass nur solchen Benutzern der Zugang gewährt wird, die in einer näheren persönlichen oder sachlichen Beziehung zu dem Verfügungsberechtigten stehen oder durch die Benutzung in eine solche treten und die von diesem aufgrund dieser Beziehung ihrer Persönlichkeit nach jederzeit ermittelt werden können (OLG Karlsruhe v. 28.10.1980, Az. 3 Ss 270/80 in: Cramer/Berz/Gontard, Straßenverkehrs-Entscheidungen, § 316 StGB Nr. 40 zu einem Kasernengelände). Ohne Rücksicht auf die Eigentümerverhältnisse kommt es also lediglich auf die Jedermann-Zulassung zur verkehrsrechtlichen Nutzung an (BGH, VersR 1985, 835; OLG Bremen, MDR 1980, 421; Tröndle/Fischer, StGB, § 142 Rn. 9 ff.; Jagusch/Hentschel, Straßenverkehrsrecht, § 1 StVO Rn. 13 ff.; Kodal/Krämer/Grote, Straßenrecht, S. 545, Rn. 21 ff.).

12 Diese kann auch bei **stillschweigender Duldung** durch den Berechtigten vorliegen (OLG Düsseldorf, VRS 50, 427), so bei benutzbaren Privatstraßen (BGH, NJW 1975, 444), privaten Zufahrten oder Parkplätzen, Waldwegen u.Ä. Dem öffentlichen Verkehr dienen der Allgemeinheit offen stehende Parkhäuser (OLG Düsseldorf, VRS 39, 204), allerdings nur innerhalb der normalen Betriebszeiten (OLG Stuttgart, VRS 57, 418), Warenhausparkplätze (OLG Karlsruhe, VRS 55, 372), auch wenn sich diese auf Warenhausdächern befinden (OLG Saarbrücken, NJW 1974, 1099, OLG Düsseldorf, VRS 61, 455), faktisch zugängliche Parkplätze einer Gastwirtschaft, auch wenn sie Gästen vorbehalten werden (BGH, NJW 1961, 1124; OLG Düsseldorf, JR 1992, 300), Tankstellengelände und/oder Waschanlagen während der Betriebszeiten (OLG Düsseldorf, VRS 59, 282; OLG Hamm, VRS 30, 452; KG, VM 83, 60; BayObLG, NJW 1980, 715) und bei stillschweigender Duldung auch außerhalb der Betriebszeiten (KG, VRS 60, 130). Hier muss allerdings der **Wille des Verfügungsberechtigten** für den Fall deutlich werden, dass er eine derartige Duldung gerade nicht will (OLG Hamburg, VRS 37, 278; KG, VRS 60, 130); insoweit können Absperrmaßnahmen geboten sein (OLG Düsseldorf, NZV 1992, 120). Die allgemeine Zulassung für jedermann liegt selbst dann noch vor, wenn das Gelände z.B. eines Großmarktes oder einer Fabrik umzäunt ist und für die Zufahrt eine Parkerlaubnis oder Anmeldung beim Pförtner verlangt wird (BayObLG, VRS 62, 133; OLG Bremen, MDR 1980, 421), es sei denn, von der Marktverwaltung werden persönlich ausgestellte Ausweise bei der Einfahrt verlangt (BGH, NJW 1963, 152; Jagusch/Hentschel, Straßenverkehrsrecht, § 1 StVO Rn. 14, 16).

13 **Kein öffentlicher Verkehrsraum** kann dann mehr begründet werden, wenn das betreffende Gelände zwar von jedermann betreten werden könnte, es aber **nicht zum öffentlichen Straßenverkehr bestimmt** ist. Dies kann vorliegen bei Verlassen von Parkhäusern, Tankstellen, Waschanlagen, Rasthäusern, Gaststätten usw. mit Einsetzen der Betriebsruhe (OLG Stuttgart, NJW 1980, 68; OLG Hamburg, VRS 37, 278; KG, VRS 60, 130), bei erkennbaren äußeren baulichen oder ähnlichen Absperrvorrichtungen, die darauf eindeutig hinweisen, dass der Verfügungsberechtigte nicht gewillt ist, öffentlichen Verkehr zu dulden (OLG Braunschweig, VRS 27, 458; BayObLG, DAR 1970, 251; BayObLG, VRS 68, 139; BGH, VRS 26, 255, 334; OLG Celle, DAR 1959, 22; BayObLG, NJW 1963, 501). Derartige besondere Kennzeichnungen sind insbesondere erforderlich

bei Privatparkplätzen von Wohnungseigentümern oder Mietern, die eine Parkbucht gemietet haben (OLG Braunschweig, VRS 27, 458; OLG Hamburg, DAR 1983, 89; BayObLG, NJW 1983, 129). Auch ohne Absperrung und Hinweisschild kann eine besondere **bauliche Gestaltung** dazu ausreichen (vgl. die Beispiele bei Jagusch/Hentschel, Straßenverkehrsrecht, § 1 StVO Rn. 16). Bei der Unterscheidung zwischen öffentlicher und privater Wegfläche (Grundstücksausfahrt) sind allgemein sichtbare Merkmale entscheidend (BayObLG, VM 1972, 33), wie z.B. versenkte Bordsteinkante, von der sonstigen Wegfläche abweichend gepflasterte Wegdecke u.Ä.

Ebenfalls nicht zum öffentlichen Verkehr bestimmt sind Flächen, die **generell nicht dem allgemeinen Zugang zu dienen** bestimmt sind, wie z.B. ein Straßengraben, in den ein Auto geraten ist. Der Versuch des alkoholbedingt fahruntüchtigen Fahrers, seinen Wagen wieder auf die Fahrbahn zu verbringen, ist nicht strafbar nach § 316 StGB (OLG Hamm, VRS 39, 270; noch anders: BGHSt 6, 100, 102). Auf der anderen Seite ist es nicht erforderlich, dass der in Anspruch genommene Verkehrsraum auch für den Kfz-Verkehr bestimmt ist. Es reicht für die Begehung des § 316 StGB aus, wenn der Fahrzeugführer in alkoholisiertem Zustand das Fahrzeug auf einem für Fußgänger vorbehaltenen Weg führt, etwa um Angehörigen kostenlosen Fahrunterricht auf einem Waldweg zu erteilen (OLG Schleswig, VM 1971, 66; OLG Hamm, VRS 62, 47; Berz/Burmann/ Hentschel, Handbuch des Straßenverkehrsrechts, 14 D, § 316 StGB Rn. 6).   **14**

3. Begriff des Führens eines Fahrzeugs

Ein Fahrzeug führt i.S.d. § 316 StGB, wer es selbst unmittelbar unter bestimmungsgemäßer Anwendung seiner Antriebskraft in eigener Allein- oder Mitverantwortung in Bewegung setzt, um es unter Handhabung seiner technischen Vorrichtungen während der Fahrbewegung durch einen öffentlichen Verkehrsraum ganz oder wenigstens zum Teil zu leiten (BGH, NJW 1962, 2069; NZV 1989, 32; Hentschel/Born, Trunkenheit im Straßenverkehr, Rn. 320; Hentschel, Fahrerlaubnis und Alkohol, Rn. 195).   **15**

Während noch die frühere Auffassung unter dem Begriff des Führens eines Fahrzeuges auch die vorbereitenden Handlungen verstand, die dazu dienten, das Fahrzeug alsbald in Bewegung zu setzen (Einführen des Zündschlüssels, Lösen der Handbremse, Betätigung der Gangschaltung, Anlassen des Motors, Antreten eines Motorrades, Einschalten des Abblendlichtes), hat die moderne Rechtsprechung und Literatur unter Hinweis auf sprachliche Erwägungen und eine zweckorientierte Auslegung erkannt, dass von einem stehenden Fahrzeug keine unter § 316 StGB fallende abstrakte Gefährdung des Straßenverkehrs ausgehen kann (Jagusch/Hentschel, Straßenverkehrsrecht, § 316 StGB Rn. 2; Schönke/Schröder/Cramer, StGB, § 316 Rn. 20). Das Führen eines Fahrzeugs setzt nach der neueren Auffassung deshalb voraus, dass das Fahrzeug **in Bewegung gesetzt** wird (BGH, NZV 1989, 32; BayObLG, NZV 1992, 197; OLG Karlsruhe, NZV 1992, 493; OLG Düsseldorf, NZV 1992, 197; Brutscher/Baum, Verkehrsstraftaten, S. 97 ff.; Hentschel/Born, Trunkenheit im Straßenverkehr, Rn. 322 ff. m.w.N.; kritisch: Hentschel, JR 1990, 32; Sunder, BA 1989, 297). So beginnt bei einem Fahrrad das Führen dann, wenn der Fahrer bei rollendem Rad mit beiden Füßen den Kontakt mit dem Boden aufgibt (LG Frankfurt, VM 1986, 7).   **16**

Bloße **vorbereitende Maßnahmen** in der Absicht, das Fahrzeug alsbald zu bewegen, gelten nunmehr nur noch als **strafloser Versuch** des § 316 StGB. Darunter fallen neben den vorerwähnten notwendigen Handhabungen zum Anlassen des Motors auch vergebliche Versuche dazu, wie z.B. das Freibekommen eines im Morast, im Graben, im weichen Sand oder in einer Schneewehe stecken gebliebenen Fahrzeugs (OLG Karlsruhe, NZV 1992, 493). Wer das Fahr- oder Triebwerk eines Kfz in der Absicht bedient, dieses fortzubewegen, führt das Fahrzeug nicht, wenn eine alsbaldige Fortbewegung objektiv unmöglich ist; dies ist z.B. der Fall, wenn das Fahrzeug auf einen Betonsockel aufgesetzt worden ist, von dem es mit einfacher Körperkraft nicht heruntergebracht werden konnte (BayObLG v. 17.2.1986, Az. RReg 1 St 364/85 in: Cramer/Berz/Gontard, Straßenverkehrs-Entscheidungen, § 316 StGB Nr. 73). So reicht zum Führen eines Fahrzeugs nicht aus, wenn sich der Fahrer auf den Steuersitz des fahrbereiten Fahrzeugs setzt (BGHSt 35, 390; OLG Köln, NJW 1964, 2026).   **17**

18   Ebenso wenig reicht das Schlafen im abgestellten Wagen bei laufendem Motor oder das Inbetriebsetzen des Schwenkarmes eines Baggers (BayObLG, DAR 1967, 142). Auch das Schieben des Wagens zu einer Gefällstrecke, wo er in Gang gesetzt werden soll, genügt nicht (OLG Karlsruhe, DAR 1983, 365; nach a.A. wird überhaupt kein Fahrzeug geführt: OLG Oldenburg, MDR 1975, 421; OLG Düsseldorf, VRS 50, 426; Hentschel, Fahrerlaubnis und Alkohol, Rn. 207). Ein Kraftrad führt derjenige noch nicht, der es mit laufendem Motor mit den Füßen aus einer Parklücke dirigiert, um es dann einem anderen zur Weiterfahrt zu überlassen, wenn dem **Kraftrad** nicht ein Schwung verliehen wird, aufgrund dessen es einige Meter selbstständig weiterrollt (BayObLG, NZV 1988, 74).

> *Hinweis:*
> *Nicht nur Handlungen vor Antritt der Fahrt können problematisch sein, sondern auch **Handlungen nach Beendigung der Fahrt**. Wer die Handbremse nicht anzieht oder den Wagen sonst nicht absichert, begeht einen Fahrfehler beim Führen des Fahrzeugs (BGHSt 19, 371; Schönke/Schröder/Cramer, StGB, § 316 Rn. 20).*

19   Das Führen eines Fahrzeugs nach § 316 StGB setzt zudem voraus, dass der Fahrzeugführer **willentlich** handelt. Trotz vorliegender rauschmittelbedingter Fahrunsicherheit kann es an einem Führen des Fahrzeuges fehlen, wenn dieses ungewollt ins Rollen gerät. Dies kann z.B. durchaus bei den Vorbereitungshandlungen zu einem Fahrtantritt passieren (Lösen der Handbremse); gleichwohl liegt dann ein Führen des Fahrzeugs nicht vor (BayObLG, DAR 1970, 331; 1980, 266; OLG Frankfurt, NZV 1990, 277; OLG Düsseldorf, NZV 1992, 197).

20   Bedienen zwei oder mehr Fahrzeuginsassen während der Fahrt übereinstimmend und in gemeinsamer Verantwortung die notwendigen technischen Hilfsmittel so, dass jeder einen Teil übernimmt (z.B. aus einem Studentenulk nach Alkoholgenuss heraus bedient einer das Gaspedal, ein anderer die Bremse, ein Dritter die Lenkung), so sind alle – **arbeitsteilig** – Führer des Fahrzeugs (BGH, NJW 1959, 1883 und NZV 1990, 157). Geschieht dies über einen nicht nur vorübergehenden Zeitraum gegen den Willen des Fahrers (z.B. ein Geiselnehmer lenkt den Wagen), so ist nur der Beifahrer Fahrzeugführer (OLG Köln, DAR 1982, 30). Wer ohne den Willen des Fahrers diesem unvorhergesehenermaßen nur kurz ins Steuer greift, führt das Fahrzeug nicht (OLG Köln, NJW 1971, 670).

21   Von besonderer Bedeutung insbesondere im Hinblick auf die **absolute Fahruntüchtigkeit von 1,1 ‰** ist es schließlich auch, ob eine **Führung des Fahrzeug als Kraftfahrer** vorliegt. Sie liegt gerade nicht vor, wenn die Motorkraft beim Führen des Fahrzeugs nicht eingesetzt wird und auch nach dem Willen des Fahrzeugführers nicht eingesetzt werden soll. Hier ist erneut zu beachten, dass § 316 StGB den Schutz vor dem am fließenden Verkehr teilnehmenden Kraftfahrer im Auge hat; es geht um Verhaltensstörungen physischer und psychischer Art, die den unter Rauschmitteln stehenden Kraftfahrer fahruntüchtig machen und seine Gefährlichkeit typischerweise bei Bewegungsabläufen realistisch werden lassen (OLG Celle v. 15.5.1979, Az. 1 Ss 45/79 in: Cramer/Berz/ Gontard, Straßenverkehrs-Entscheidungen, § 316 StGB Nr. 32 und OLG Celle v. 12.4.1988 – 1 Ss 94/88 ebenda, § 316 StGB Nr. 81). Daran fehlt es, wenn der Fahrzeugführer sein Kfz ohne laufenden Motor und ohne die Absicht, den Motor in Gang zu setzen (!) auf einer Gefällestrecke abrollen lässt (OLG Hamm, DAR 1957, 367 und 1960, 55). Gleichermaßen gilt dies für die Fälle des **Anschiebens von Kfz:** wird das Kfz von einem Dritten angeschoben, um den Motor zum Anspringen zu bringen, so führt der Fahrer am Steuer es als Kraftfahrer und unterfällt damit der Grenzregelung für die absolute Fahrunsicherheit von 1,1 ‰ (OLG Oldenburg, MDR 1975, 241). Wird das liegen gebliebene Kfz hingegen von einem Dritten über eine gewisse Strecke bis zu einem Tankstellengelände geschoben, um es dort wieder fahrtüchtig machen zu lassen, so wird das Kfz zwar gem. § 316 StGB vom Fahrer am Steuer geführt, nicht aber als Kraftfahrer (OLG

Koblenz, VRS 49, 366), und zwar auch dann nicht, wenn durch das Anschieben der Wagen einige Meter selbstständig weiterrollt (OLG Celle, DAR 1977, 219 zu § 24a StVG; Janiszewski, Verkehrsstrafrecht, Rn. 327; a.A.: OLG Koblenz VRS 49, 366; zur Kritik: Berz/Burmann/Hentschel, Handbuch des Straßenverkehrsrechts, 14 D, § 316 StGB Rn. 13). Gleichermaßen gilt dies für Fahrzeugführer, die die Motorkraft ihres Kfz (z.B. Krafträder, Mopeds, Mofas) ausnutzen, um das Schieben zu erleichtern. Sie führen ihr Fahrzeug zwar i.S.d. § 316 StGB, aber nicht als Kraftfahrer, so dass die Grenze der absoluten Fahrunsicherheit von 1,1 ‰ nicht gilt (OLG Düsseldorf, VRS 50, 426; BayObLG, VRS 66, 202). Schließlich gelten diese Grundsätze auch für Leichtkrafträder, die mit Pedalbetrieb fortbewegt werden können. Auch hier kommt es entscheidend darauf an, ob mit dem Pedalbetrieb der Motor in Gang gesetzt werden sollte – dann Führung als Kfz-Führer – oder nicht – dann Führung nach § 316 StGB, § 24a StVG mit der Möglichkeit der Fahrerlaubnisentziehung nach § 69 StGB, aber ohne Anerkennung des Grenzwertes zur absoluten Fahrunsicherheit von 1,1 ‰ (Berz/Burmann/Hentschel, Handbuch des Straßenverkehrsrechts, 14 D, § 316 StGB Rn. 12). Führer derartiger Fahrzeuge mit Pedalbetrieb, die im Sattel sitzen, aber das Kfz lediglich durch Abstoßen mit den Füßen vom Boden fortbewegen, sind ebenso zu behandeln (OLG Düsseldorf, VRS 62, 193).

Eine besondere Fallgruppe dieser Art in Form der Arbeitsteiligkeit stellen die **Abschleppfälle** dar. Nach der nunmehr einschlägigen Rechtsprechung führt ein Fahrzeug i.S.d. § 316 StGB auch diejenige Person, die am Steuer eines abgeschleppten Fahrzeugs sitzt (BGH, NJW 1990, 1245 m. Anm. Hentschel, JR 1991, 113; OLG Celle, NZV 1989, 317; OLG Frankfurt, NJW 1985, 2961). Die Fortbewegung des geschleppten Fahrzeugs hängt dabei in erster Linie zwar von dem Verhalten des Führers des ziehenden Fahrzeugs ab. Gleichwohl hat aber auch der Lenker des geschleppten Fahrzeugs einen nicht unerheblichen Einfluss auf dessen Fortbewegung. Ähnliches gilt für die Bedienung der Bremsen, durch die seinerseits verhindert werden muss, dass bei einer Geschwindigkeitsverringerung des ziehenden Fahrzeugs das geschleppte Fahrzeug – bei Verbindung durch ein Abschleppseil – auf dieses Fahrzeug auffährt oder – bei Verbindung durch eine Abschleppstange – es durch die ihm innewohnende Bewegungsenergie nach vorne drückt, andererseits aber auch gewährleistet bleiben muss, dass das ziehende Fahrzeug nicht durch zu starkes Abbremsen des geschleppten Fahrzeugs in gefährdender Weise an der Weiterfahrt gehindert wird. Insoweit werden bei einem Schleppvorgang an die Reaktionsbereitschaft des Lenkers des geschleppten Fahrzeugs, der sich stets innerhalb kürzester Zeit auf das Lenk- und Bremsverhalten des Führers des schleppenden Fahrzeugs einstellen muss, sehr hohe Anforderungen gestellt (BayObLG v. 16.9.1983, Az. 1 St 181/83 in: Cramer/Berz/Gontard, Straßenverkehrs-Entscheidungen, § 316 StGB Nr. 58; BayObLG, VRS 62, 42, 43). Auch wenn hier gerade nicht die Absicht vorherrscht, die Motorkraft des abgeschleppten Kfz in Betrieb zu setzen, führt der Lenker des abgeschleppten Kfz dieses auch als Kraftfahrer, so dass der Beweisgrenzwert zur absoluten Fahrunsicherheit von 1,1 ‰ bei ihm gilt (Berz/Burmann/Hentschel, Handbuch des Straßenverkehrsrechts, 14 D, § 316 StGB Rn. 15).

4. Rauschmittelbeeinflusste Fahrunsicherheit

Der **objektive Tatbestand** des § 316 StGB setzt ferner voraus, dass der Täter infolge des Genusses alkoholischer Getränke oder anderer berauschender Mittel nicht in der Lage ist, das Fahrzeug sicher zu führen.

Fahrunsicherheit liegt nach der Rechtsprechung vor, wenn die Gesamtleistungsfähigkeit des Fahrzeugführers namentlich infolge Enthemmung sowie geistig-seelischer und körperlicher Leistungsausfälle so weit herabgesetzt ist, dass er nicht mehr fähig ist, sein Fahrzeug im Straßenverkehr eine längere Strecke, und zwar auch bei plötzlichem Auftreten schwieriger Verkehrslagen, sicher zu steuern (BGHSt 13, 83; BayObLG, NJW 1973, 566; BayObLG, DAR 1989, 427). Die **psycho-physische Leistungsfähigkeit** des Fahrzeugführers ist dann so vermindert und seine Gesamtpersönlichkeit so verändert, dass er den Anforderungen des Verkehrs nicht mehr durch rasches, angemessenes und zielbewusstes Handeln zu genügen vermag (BGHSt 21, 160). Der Gesetzgeber fordert nach dem Wortlaut der Vorschrift keinen Zustand, in dem jemand völlig unfähig wäre, ein Fahrzeug zu führen. Vielmehr wird derjenige bestraft, der sein Fahrzeug nicht mehr sicher steuern kann (OLG Köln, NJW 1990, 2945; LG Krefeld, NZV 1993, 166; OLG Düsseldorf, NZV 1993, 276; BayObLG, NZV 1994, 285; OVG Lüneburg, NZV 1994, 295; Brutscher/Baum, Verkehrsstraftaten, S. 112; Cramer, § 316 Rn. 3; Harbort, Blutprobe Rn. 239 und Rauschmitteleinnahme und Fahrsicherheit, Rn. 143; Hentschel, Fahrerlaubnis und Alkohol, Rn. 1; Mühlhaus/Janiszewski, Straßenverkehrs-Ordnung, § 316 StGB Rn. 22; Heifer, BA 1986, 364, 368 und 1991, 121, 138; Janiszewski, BA 1987, 243; Staak, Hess-Ärzteblatt 1993, 116; Händel, DNP 1994, 501, 502). **Anknüpfungspunkte** sind insoweit das Ausmaß der Änderungen der Leistungsfähigkeit und der Beeinträchtigung der Gesamtpersönlichkeit des Kraftfahrers selbst sowie das Ausmaß der Gefährdung anderer Verkehrsteilnehmer durch ihn (BGH, NJW 1990, 1254). Hinweise auf unauffällige klinische Befunde oder ebensolche Unauffälligkeiten bei Gang- oder Fingerproben lassen allein keine gesicherten Erkenntnisse darüber zu, ob der Kraftfahrer in kritischen Verkehrslagen den gestellten Anforderungen gewachsen ist oder in Zukunft sein wird. Entscheidend sind insoweit auch das Hinzutreten rauschmittelbedingter Enthemmung, Verlust von Umsicht und Besonnenheit infolge Selbstüberschätzung, Rücksichtslosigkeit, Risikobereitschaft und Leichtsinn (OLG Düsseldorf, VRS 49, 38; Berz/Burmann/Hentschel, Handbuch des Straßenverkehrsrechts, 14 B, Rn. 3 und 4). Zum Anfangsverdacht einer Trunkenheitsfahrt werden dabei unterschiedliche Auffassungen vertreten (vgl. nunmehr Gramse, NZV 2002, 17).

25   Die dabei verwendeten Begriffe der **„absoluten" und „relativen" Fahrunsicherheit** bezeichnen nicht etwa eine Einstufung verschiedener Formen der Fahrunsicherheit, sondern vielmehr eine Kennzeichnung der Arten des Nachweises einer Fahrunsicherheit. In der Qualität der Unsicherheit an sich gibt es also keinerlei Unterschied (BGH, NJW 1982, 2612; BayObLG, NZV 1997, 127; OLG Frankfurt, NZV 1995, 116; Harbort, Beweiswert der Blutprobe, Rn. 145; Schönke/Schröder/Cramer, StGB, § 316 Rn. 7). Absolute Fahrunsicherheit bedeutet also nur, dass die eingenommene Menge eines Rauschmittels (BAK) allein ausreicht, um die Fahrunsicherheit festzustellen. Es bedarf keinerlei weiterer Beweisanzeichen, weil der Fahrzeugführer in keinem Fall mehr in der Lage ist, das Fahrzeug sicher zu führen (Hentschel/Born, Trunkenheit im Straßenverkehr, Rn. 124 ff.) Gegenbeweise durch Trink- oder Fahrprobe für eine gleichwohl behauptete Fahrsicherheit sind demnach ausgeschlossen (Schönke/Schröder/Cramer, StGB, § 316 Rn. 8). Demgegenüber setzt die relative Fahrunsicherheit neben der Feststellung der BAK weitere Beweisanzeichen voraus. Die Festlegung eigener Grenzwerte für die Alkoholkonzentration in der Atemluft ist grds. verfassungsrechtlich unbedenklich (BayObLG, NZV 2000, 295 ff. und OLG Hamm, NZV 2000, 426 ff.; zum Analysegerät Dräger Alcotest 7110 Evidential MK III; zu den Bedenken zur Zuverlässigkeit des vorgenannten Geräts vgl. AG München, NZV 2000, 180 ff.; AG Köln, NZV 2000, 430 ff. mit Anm. Seier).

a) Genuss alkoholischer Getränke oder anderer berauschender Mittel

26   Der **Genuss** hat lediglich die Bedeutung körperlicher Aufnahme von Alkohol oder sonstigen Rauschmitteln (BayObLG, NZV 1990, 317; Burmann, DAR 1987, 137; Janiszewski, BA 1987, 246; zu Blutalkoholfragen generell s. Burhoff, Ermittlungsverfahren, Rn. 441 ff.). **Berauschende Mittel** sind alle solchen, deren Wirkungen denen des Alkohols vergleichbar sind und welche die intellektuellen und motorischen Fähigkeiten und das Hemmungsvermögen beeinträchtigen (BGH, VRS 53, 356; BayObLG, NZV 1990, 317: neben den alkoholischen Getränken **alle Stoffe nach § 1 BTMG**). Eine Beeinträchtigung der Fahrsicherheit durch sonstige Medikamente fällt grds. nicht unter § 316 StGB (Schönke/Schröder/Cramer, StGB, § 316 Rn. 5). Allerdings muss die Fahrunsicherheit nicht allein durch die Einnahme von Rauschmitteln verursacht worden sein; dies kann durchaus **im Zusammenwirken mit anderen Faktoren,** der **Einnahme von Medikamenten** (OLG Hamm, NJW 1967, 1522), einer **Übermüdung** (BGH, VRS 16, 128; OLG Köln, NZV 1989, 358) oder **sonstigen körperlichen Mängeln** (BayObLG, DAR 1970, 20) wie z.B. niedrigem oder erhöhtem Blutdruck einhergehen. Ist dabei Alkohol im Spiel, handelt es sich um eine alkoholbedingte Fahrunsicherheit, sofern ausgrund des festgestellten BAK mindestens der Bereich der relati-

ven Fahrunsicherheit von 0,3 ‰ erreicht worden ist (vgl. OLG Köln, NZV 1989, 358). Sollte durch Alkohol- und Nikotingenuss die Ursache für eine während der Fahrt eintretende Ohnmacht geschaffen werden, ist Fahrunsicherheit gegeben (OLG Hamm, DAR 1960, 235).

Die **absolute Fahrunsicherheit** für alle Kraftfahrer liegt nach derzeit h.M. bei einer BAK von **1,1** ‰ (BGH, NJW 1990, 2393; NZV 1992, 27; BayObLG, NZV 1990, 400; OLG Koblenz, zfs 1990, 421; Heifer, BA 1990, 373; von Mutius, BA 1990, 375; Harbort, Rauschmitteleinnahme und Fahrsicherheit, Rn. 146). Dies bindet den Tatrichter nach einem wissenschaftlichen Erfahrungssatz, der einen Gegenbeweis nicht zulässt (BVerfG, DAR 1995, 103). 27

Eine dem vorgenannten Grenzwert der Fahrunsicherheit nach Alkoholgenuss vergleichbare Grenze ist bislang weder nach **Haschischkonsum** noch nach **Heroin- oder Kokainkonsum** wissenschaftlich begründbar (OLG Köln, NJW 1990, 2945 – Haschisch; OLG Frankfurt, BA 1993, 207 – Heroin; LG Krefeld, NZV 1993, 166 – Haschisch; OLG Düsseldorf, NZV 1993, 276 – Haschisch; BayObLG, BA 1994, 271 – Haschisch; OLG Düsseldorf, NJW 1994, 2428 –Haschisch; OLG Düsseldorf, DAR 1994, 407 –Haschisch; OVG Lüneburg, NZV 1994, 295 –Haschisch, Heroin; OLG Frankfurt, NZV 1995, 116 – Haschisch; LG Stuttgart, NZV 1996, 379 – Haschisch; BGH, NZV 2000, 419 – Cannabis; VG Freiburg, NZV 2000, 388 – Kokain; Trunk, NZV 1991, 258, 259; Hein/Schulz, BA 1992, 225, 235; Maatz/Mille, DRiZ 1993, 15, 24; Nehm, DAR 1993, 375, 378; Harbort, Rauschmitteleinnahme und Fahrsicherheit, Rn. 146; zur Einnahme von Benzodiazepinen und entsprechender Fahrunsicherheit vgl. nunmehr Harbort, NZV 1997, 209; zum Zusammenwirken von Alkohol, Drogen und Medikamenten vgl. nunmehr auch: Schöch, DAR 1996, 452 ff.; Grohmann, BA 1996, 177 ff.; Riesselmann/Rosenbaum/Schneider, BA 1996, 201 ff.; Granzer, BA 1996, 246 ff.; zur vorbeugenden Abwehr von Verkehrsgefahren durch Haschischkonsum vgl. Gehrmann, NZV 1997, 457 ff.). Nach moderner Rechtsprechung setzt die z.B. durch Haschischkonsum bedingte Fahruntüchtigkeit nicht notwendig die Feststellung eines Fahrfehlers voraus. Es genügt vielmehr, dass eine während der Fahrt vorhandene erhebliche Beeinträchtigung des Reaktions- oder Wahrnehmungsvermögens auf andere Weise zuverlässig festgestellt wird, so z.B. durch den Zustand und das Verhalten des Betroffenen bei einer Polizeikontrolle unmittelbar im Anschluss an die Fahrt („gerötete Augen", „geringfügige Pupillenreaktion auf Taschenlampenreize", „verzögerte Beantwortung einfacher Fragen"; BayObLG, NZV 1997, 127). Ein einmaliger Cannabiskonsum ohne Zusammenhang mit dem Straßenverkehr gibt allein keinen Anlass zu der Annahme, der Betroffene sei zum Führen eines Kfz ungeeignet (BVerwG, NJW 2002, 78). Allerdings lässt die Fehlvorstellung eines Kraftfahrers, der wissentlich längere Zeit vor Fahrtantritt Cannabis konsumiert hat, die Droge sei zwischenzeitlich von seinem Körper abgebaut und deshalb nicht mehr nachweisbar, zumindest den Vorwurf der Fahrlässigkeit nicht ohne weiteres entfallen (OLG Zweibrücken, NZV 2001, 483). Die Ahndung einer Verkehrsordnungswidrigkeit gem. § 24a Abs. 2 StVG setzt zudem allerdings voraus, dass der Substanznachweis von Cannabis durch eine Blutuntersuchung geführt wird (OLG Hamm, NZV 2001, 484). Der Halbzeitwert von Haschisch beträgt 60 Stunden, d.h. dass noch 60 Stunden nach dem Genuss von Haschisch dessen psychotrope Wirkung zu 50 % vorhanden ist (Hentschel, Straßenverkehrsrecht, § 316 StGB, Rn 5 mit weiteren Hinweisen auf THC, Cannabinol, Ecstasy; vgl. zum Rauschgiftkonsum auch Teil 9 Rn. 404 ff.). 28

Zur Fluchtfahrt nach Betäubungsmitteldelikt: BGH, NZV 2001, 265; zur Drogenfahrt nach Verurteilung wegen gleichzeitigen unerlaubten Besitzes von Betäubungsmitteln: LG München, NZV 2001, 359; kein Vertrauensschutz für Abbau von Cannabis im Körper: OLG Zweibrücken, NZV 2001, 483; Notwendigkeit einer Blutuntersuchung für Substanznachweis von Cannabis: OLG Hamm, NZV 2001, 484; VG Freiburg, NZV 2000, 388 für die Bedeutung von Cannabis-Konsum für die Kraftfahreignung; ähnlich BGH, NZV 2000, 419 und OVG Bremen, NZV 2000, 477 zur Kraftfahreignung bei gelegentlichem Konsum von Cannabis.

Es gibt in der Literatur zwar Forderungen, durch Einführung eines Sanktionstatbestandes das Führen eines Kfz unter jeglichem **Einfluss von Betäubungsmitteln** zu verbieten oder absolute Fahrunsicherheit jedenfalls bei sog. harten Drogen für mehrere Stunden nach der Einnahme anzunehmen (vgl. die Nachweise bei Schönke/Schröder/Cramer, StGB, § 316 StGB Rn. 6); in der 29

Rechtsprechung wurde die Auffassung vertreten, dass ein Kraftfahrer unmittelbar nach Haschischkonsum absolut fahrunsicher sein könne und für den entsprechenden Beweis der Nachweis von Tetrahydrocannabinol – THC – im Blut des Betroffenen genüge (AG München, BA 1993, 251). Dem ist die weiterführende Rechtsprechung bislang allerdings entgegengetreten mit dem Argument, dass sich die Frage, ab welchem Grenzwert ein Kraftfahrer nach Haschischkonsum absolut fahrunsicher sei, naturgemäß nur unter Heranziehung medizinisch-naturwissenschaftlicher Erkenntnisse treffen lasse. Erst wenn diese allgemein und zweifelsfrei als richtig anerkannt würden, seien sie für den Richter bindend (BayObLG, NJW 1994, 2422; BGHSt 37, 89, 91). Der **Nachweis der Fahrunsicherheit im konkreten Einzelfall** muss deshalb anhand rauschmittelbedingter Ausfallerscheinungen erbracht werden (OLG Köln, NJW 1990, 2945; OLG Düsseldorf, NJW 1993, 2390 mit Anm. Trunk, NZV 1993, 276; NZV 1994, 326; OLG Frankfurt, BA 1993, 207; Schönke/Schröder/Cramer, StGB, § 316 Rn. 6; Tröndle/Fischer, StGB, § 316 Rn. 4; Lackner/ Kühl, StGB, § 315c Rn. 5). Dabei ist nicht notwendig die Feststellung eines Fahrfehlers Voraussetzung; es genügt vielmehr, dass eine während der Fahrt vorhandene erhebliche Beeinträchtigung des Reaktions- oder Wahrnehmungsvermögens auf andere Weise zuverlässig festgestellt wird, z.B. durch den Zustand und das Verhalten des Betroffenen bei einer Polizeikontrolle unmittelbar im Anschluss an die Fahrt (BayObLG, NZV 1997, 127).

b) Absolute Fahrunsicherheit beim Beweisgrenzwert von 1,1 ‰ bei Kraftfahrern

30   Die absolute Fahrunsicherheit ist derzeit bei allen Kraftfahrern mit einer **BAK von mindestens 1,1 ‰** gegeben (BGHSt 37, 89). Dieser Wert setzt sich aus einem Grundwert von 1,0 ‰ und einem Sicherheitszuschlag von 0,1 ‰ zusammen (Berz/Burmann/Hentschel, Handbuch des Straßenverkehrsrechts, 14 B, Rn. 5; Schönke/Schröder/Cramer StGB, § 316 Rn. 9 unter Hinweis auf die rechtspolitische Entwicklung). Diese absolute Fahrunsicherheit hängt nicht von der Wirkung des Alkohols im Einzelfall ab, sondern wird beim Erreichen genereller Grenzen, die in der Vergangenheit unterschiedlich beurteilt worden waren, unwiderleglich vermutet. Die derzeit auf 1,1 ‰ festgelegte Grenze ist verfassungsrechtlich nicht zu beanstanden (BVerfG, NJW 1995, 125).

31   Die **Grenze über die absolute Fahrunsicherheit** gilt unter allen **Wetter- und Ortsverhältnissen** und darüber hinaus nur, wenn mit einem Kfz am Verkehr teilgenommen wird. Dabei wird ein Fahrzeug als Kfz geführt, wenn die Motorkraft entweder wirksam ist oder alsbald zur Wirkung gebracht werden kann und soll (s. Rn. 21; Jagusch/Hentschel, Straßenverkehrsrecht, § 316 StGB Rn. 13).

32   Es ist auch nicht zwingend erforderlich, dass der Grenzwert von 1,1 ‰ im Zeitpunkt des Tatgeschehens vorgelegen hat. Es reicht aus, dass sich beim Fahrer aufgrund des vor Fahrtantritt genossenen Alkohols nach Beginn der Fahrt ein Erreichen des Grenzwertes abzeichnet. Die **absolute Fahrunsicherheit** liegt deshalb stets vor, wenn die **Grenze von 1,1 ‰ zu irgendeinem Zeitpunkt vor Fahrtantritt, während der Fahrt oder nach ihrer Beendigung erreicht worden ist.** Eine **Rückrechnung ist nicht erforderlich** (BGH, NJW 1974, 246; OLG Hamm, NJW 1974, 1433). Die durch den Alkoholgenuss verursachte Beeinträchtigung der Fahrsicherheit ist in dem Zeitraum des Anstiegs der BAK in Richtung Grenzwert ebenso stark wie nach Erreichen dieses Wertes: **„Anflutungswirkung"** (Heifer, BA 1970, 472; Berz/Burmann/Hentschel, Handbuch des Straßenverkehrsrechts, 14 B, Rn. 7; Jagusch/Hentschel, Straßenverkehrsrecht, § 316 StGB Rn. 12, 14).

33   Eine **Aufrechnung** eines festgestellten konkreten BAK-Wertes zum Nachteil des Betroffenen (z.B. von 1,095 ‰ auf 1,1 ‰) ist **nicht zulässig** (OLG Hamm, NJW 1975, 2251; BayObLG, DAR 1974, 179; BGH, NJW 1978, 1930 zu § 24a StVG).

34   Der Grenzwert von 1,1 ‰ gilt für **alle Führer von Kfz,** die ein solches Fahrzeug als Kraftfahrer führen (vgl. Rn. 21), also auch für alle **Kraftradfahrer** (Motorrad, Motorroller, Moped oder Mofa). Für **Beifahrer auf** den vorgenannten **Krafträdern** wurde dieser Grenzwert nicht anerkannt (vgl. OLG Hamm, VRS 22, 479), sondern unterschiedlich festgelegt (OLG Stuttgart, VM 1960, 64: 1,66 ‰; OLG Karlsruhe, NJW 1960, 1684: 1,8 ‰). Für **Führer von Schienenfahrzeugen** (BayObLG, NZV 1993, 240), Pferdefuhrwerken (AG Köln, NJW 1989, 921 und Möhl,

DAR 1971, 4) und **Fußgänger** (vgl. Jagusch/Hentschel, Straßenverkehrsrecht, § 316 StGB Rn. 20: keine Fahrunsicherheit bei 1,84 ‰, auch nicht unbedingt bei 3,28 ‰) wurden keine absoluten Grenzwerte festgesetzt. Auch für den **Pferdekutscher** (AG Köln, NJW 1989, 921) kann nicht ohne weiteres die Grenze von 1,7 ‰ angesetzt werden. Ein **Führer eines Sportmotorbootes** ist i.d.R. bei einer BAK von 2 ‰, jedenfalls aber von 2,5 ‰ absolut fahruntüchtig (Schifffahrtsobergericht Berlin, VRS 72, 111; u.U. nach SchlHA 1987, 108 schon bei 1,3 ‰, jedenfalls aber bei 1,92 ‰; Geppert, BA 1987, 269; vgl. zur „Trunkenheit am Ruder" noch Seifert, NZV 1997, 147 und Sudmeyer, NZV 1997, 340). Ein verantwortlicher **Steuermann eines Binnenschiffes** ist jedenfalls bei einer BAK von deutlich mehr als 1,7 ‰ absolut fahrunsicher (Schifffahrtsobergericht Köln, BA 1990, 380; Tröndle/Fischer, StGB, § 316 Rn. 6).

Für **Radfahrer** galt und gilt bislang mit der Rechtsprechung des BGH der Grenzwert von 1,7 ‰ **35** (BGHSt 37, 39; Berz, NZV 1990, 359; Heifer/Schneble/von Mutius, BA 1990, 374; Hüting/Konzak, NZV 1992, 136 und Jura 1991, 241; Schöch, NStZ 1991, 11; Peters, MDR 1991, 487; Tröndle/ Fischer, StGB, § 316 Rn. 6). Dieser in Literatur und Rechtsprechung umstrittene Grenzwert (vgl. Hentschel/Born, Trunkenheit im Straßenverkehr, Rn. 154) geht nach der vorzitierten Rechtsprechung des BGH von einem Grundwert von 1,5 ‰ zuzüglich eines Sicherheitszuschlages von 0,2 ‰ aus. Nachdem die Rechtsprechung des BGH aber den Sicherheitszuschlag für Kraftfahrer von 0,2 ‰ auf 0,1 ‰ reduziert hat (BGH, NJW 1990, 2393), hat ein beachtlicher Teil der dazu vertretenen Meinungen unter Hinweis auf die Gleichlagerung der Fallgruppen die absolute Fahrunsicherheit von Radfahrern bei einer **BAK von 1,6 ‰** angesiedelt (BayObLG, BA 1993, 254; OLG Hamm, NZV 1992, 198; OLG Karlsruhe, NZV 1997, 486; Berz, NZV 1990, 359; Janiszewski, NStZ 1990, 493, 494 und 1998, 289, 290), z. T. sogar darunter (LG Verden, NZV 1992, 292; BA 1992, 279; vgl. auch Fahl, NZV 1996, 307; Schönke/Schröder/Cramer, StGB, § 316 Rn. 12). In der Rechtsprechung wurde demgegenüber die absolute Fahruntüchtigkeit für Leicht-Mofa-Fahrer „wie für Radfahrer" mit 1,7 ‰ festgesetzt (LG Oldenburg v. 8.9.1989, Az. Ns 319 Js 4188/89 in: Cramer/Berz/Gontard, Straßenverkehrs-Entscheidungen, § 316 StGB Nr. 88 – und in BA 1990, 163 m. Anm. Grohmann).

Hinweis:

*Zur Vermeidung von Zweifelsfällen oder umfangreicher Aufklärungsmaßnahmen lassen Polizeibeamte in der Praxis gerne die Luft aus den Reifen und nehmen die Ventile und Pumpen in Beschlag. Der Radfahrer ist so gezwungen, sein Rad nach Hause zu schieben und die beschlagnahmten Utensilien anderntags auf der Wache abzuholen. Derartige Maßnahmen dürften im Rahmen des **Verhältnismäßigkeitsgrundsatzes** nach Art. 20 Abs. 3 GG durchaus vertretbar erscheinen.*

---

c) Relative Fahrunsicherheit beim Beweisgrenzwert zwischen 0,3 ‰ und 1,1 ‰ bei Kraftfahrern

Die **relative Fahrunsicherheit** unterscheidet sich von der sog. absoluten Fahrunsicherheit lediglich durch die **Art ihres Nachweises** (BGH, NJW 1982, 2612; Hentschel, NZV 1991, 329). Sie ist gegeben, wenn eine **BAK unter 1,1 ‰** festgestellt worden ist und erst weitere Umstände erweisen, dass der Rauschmittelgenuss zur Fahrtüchtigkeit geführt hat, dass also der Fahrer eines Kfz nicht mehr im Stande war, sich im Verkehr sicher zu bewegen (Schönke/Schröder/Cramer, StGB, § 316 Rn. 13). Der in Rede stehende Bereich der sog. relativen Fahrunsicherheit liegt bei Kfz-Führern demnach **zwischen 0,3 ‰ und 1,1 ‰** (OLG Köln, NZV 1995, 454). Eine BAK unterhalb des Grenzwertes von 0,3 ‰ soll nach einem Teil der Rechtsprechung eine rauschmittelbedingte Fahrunsicherheit ausschließen (OLG Köln, NZV 1989, 357).

> **Hinweis:**
>
> *Bei der Bestimmung der Blutalkoholkonzentration kommt der dritten Dezimalen hinter dem Komma ein signifikanter Aussagewert nicht zu; sie ist außer Betracht zu lassen, und zwar sowohl für die Errechnung des Mittelwertes wie für die der Einzelwerte (OLG Hamm, NZV 2000, 340 ff.).*

37 Die **Feststellungen der BAK** und der **Ausfallerscheinungen,** die die Annahme einer rauschmittelbedingten Fahrunsicherheit nahe legen, sind Angelegenheiten der **tatrichterlichen Instanzen** (AG, LG, OLG), nicht der revisionsgerichtlichen Instanz mit der Ausnahme, dass der Tatrichter schwerwiegende Rechtsfehler begangen, insbesondere Denkgesetze oder allgemeine Erfahrungssätze missachtet hat (BGH, DAR 1969, 105; OLG Köln, NZV 1995, 454; OLG Düsseldorf, VM 1977, 28, 29; BayObLG, DAR 1971, 161; Berz/Burmann/Hentschel, Handbuch des Straßenverkehrsrechts, 14 B, Rn. 24).

> **Hinweis:**
>
> *Bei der mit dem Messgerät Alkotest 7110 Evidential der Firma Dräger durchgeführten Atemalkoholanalyse handelt es sich um ein standardisiertes Messverfahren, bei dessen Anwendung die Mitteilung des Messverfahrens und des Messergebnisses in den Urteilsgründen genügt (KG, NZV 2001, 388 und BayObLG, NZV 2000, 295).*

38 Maßgeblich für die Beurteilung der relativen Fahrunsicherheit eines Kfz-Führers sind die (subjektiven) **Umstände in der Person des Fahrzeugführers** und/oder die (objektiven) **Umstände seiner Fahrweise** (BGH, VRS 33, 119). Nicht jeder kleinste Fahrfehler rechtfertigt die Annahme einer Fahrunsicherheit (OLG Düsseldorf, DAR 1980, 190), eine entsprechende Häufung schon eher, auch wenn der Einzelfehler noch keine derartige **Indizwirkung** für eine relative Fahrunsicherheit hätte (OLG Düsseldorf, VM 77, 29). Auch die Art des Kfz kann dabei eine Rolle spielen (BGHSt 22, 352 m. Anm. Händel, NJW 1969, 1578). Entscheidend ist die Gesamtwürdigung des einzelnen oder auch wiederholten Verhaltens des Fahrzeugführers (BGH, NJW 1969, 1579; BayObLG, NJW 1973, 566; OLG Köln, DAR 1973, 21; OLG Koblenz, VRS 43, 181; OLG Koblenz, BA 1977, 432).

39 > **Hinweis:**
>
> *Insoweit kann mit der einschlägigen Literatur Folgendes festgehalten werden: Je mehr sich die BAK dem Beweisgrenzwert für eine absolute Fahrunsicherheit von 1,1 ‰ nähert, umso größer ist ihre Beweiskraft; je geringer die BAK ist, desto geringer ist auch die Bedeutung hinzutretender Beweismerkmale für eine Annahme rauschmittelbedingter Fahrunsicherheit. An derartige (subjektive oder objektive) Beweiszeichen sind deshalb umso geringere Anforderungen zu stellen, je näher die BAK zur Tatzeit bei 1,1 ‰ liegt (BGH, DAR 1969, 105; OLG Düsseldorf, NZV 1997, 184) und umso größere, je weiter die BAK zur Tatzeit in Richtung 0,3 ‰ oder sogar darunter liegt (BayObLG, NZV 1988, 110; OLG Köln, NZV 1995, 454; Berz/Burmann/Hentschel, Handbuch des Straßenverkehrsrechts, 14 B, Rn. 25; Jagusch/Hentschel, Straßenverkehrsrecht, § 316 StGB Rn. 15).*

d) Feststellung rauschmittelbedingter Unsicherheitserscheinungen

Die Feststellung einer rauschmittelbedingten Unsicherheitserscheinung setzt voraus, dass zusätz-   **40**
lich zur Feststellung der BAK eine – wie auch immer geartete – rauschmittelbedingte Ausfall-
erscheinung zu vermerken ist (BGH, NJW 1982, 2612; OLG Düsseldorf, NZV 1994, 326; Jagusch/
Hentschel, Straßenverkehrsrecht, § 316 StGB Rn. 15). Rauschmittelbedingt ist dabei allerdings nur
ein solches Verhalten des Kfz-Führers, das die Überzeugung rechtfertigt, der Fahrzeugführer hätte
sich in nüchternem Zustand anders verhalten, als er es tatsächlich getan hat (BayObLG, NZV 1988,
110; OLG Köln, NZV 1995, 454; Jagusch/Hentschel, Straßenverkehrsrecht, § 316 StGB Rn. 16;
vgl. zur Fallgestaltung des häufig vorgetragenen „Fahrstils": Berz/Burmann/Hentschel, Handbuch
des Straßenverkehrsrechts, 14 B, Rn. 30 unter Hinweis auf OLG Hamburg, MDR 1968, 686 und
OLG Köln, VRS 42, 364). Weist aber eine Kfz-Lenkerin, die vor der Fahrt Kokain und ein Beruhigungsmittel eingenommen hatte, keine auffällige Fahrweise auf – aufgefallen ist sie der Polizei
durch laute Auspuffgeräusche ihres Kfz – dann liegt eine rauschbedingte Fahruntauglichkeit nur
vor, wenn Verhaltensauffälligkeiten festgestellt werden können, die eindeutig auf den Drogen- und
Arzneimittelgenuss zurückzuführen sind, was hier trotz der von Polizeibeamten festgestellten Apa-
thie, Müdigkeit, Schläfrigkeit, verwaschene Sprache der Betroffenen nicht gegeben sei, weil die
eingenommenen Rausch- und Arzneimittel gerade diese Wirkung nicht hätten (LG Stuttgart,
NZV 1996, 379). Im Einzelnen ist jedoch zu differenzieren.

e) Objektive und subjektive Merkmale relativer Fahrunsicherheit

Fahrfehler können, müssen aber nicht, Hinweise auf die relative Fahrunsicherheit geben (BGH,   **41**
DAR 1968, 123; BayObLG, NJW 1973, 566), und zwar selbst dann, wenn der Fahrzeugführer
zunächst unauffällig und verkehrsgerecht gefahren ist (BGH, VRS 55, 186). Es kommt stets auf
den **Einzelfall** an. Ein Fahrfehler (zu schnell, zu weit links oder rechts gefahren) rechtfertigt die
Annahme einer relativen Fahrunsicherheit dann, aber auch nur dann, wenn der Fehler nachweislich
ohne Rauschmitteleinfluss unterblieben wäre (OLG Köln, VRS 89, 446; BayObLG, DAR 1993,
372). Andererseits kann die Häufigkeit bestimmter Fahrfehler bei nüchternen Fahrern die Schwierigkeit der Feststellung bedingen, ob derartige Fehler gerade alkoholbedingt waren; umgekehrt
können sehr seltene Fahrfehler nüchterner Fahrer den Rückschluss zulassen, dass ein bestimmter
Fahrfehler gerade nicht passiert wäre, wenn der Fahrer nicht unter Alkoholeinfluss gestanden hätte
(Haffner/Erath/Kardatzki, NZV 1995, 301; OLG Köln, NZV 1995, 454; Berz/Burmann/Hentschel,
Handbuch des Straßenverkehrsrechts, 14 B, Rn. 32 – 34).

Aber auch in diesen Fällen kann nicht ohne weiteres auf eine Alkoholisierung des Fahrers zurück-   **42**
geschlossen werden, so z.B. wenn ein Radfahrer in vorgeschrittenem Alter an einer Steigung
besonders langsam und in Schlangenlinien fährt (BayObLG, DAR 1989, 366). **Langsames Fahren**
(35 – 40 km/h) kann anstatt auf Fahrunsicherheit auch auf besondere Vorsicht schließen lassen
(OLG Hamm, VRS 49, 364). Dass ein alkoholisierter Fahrer trotz ungünstiger Witterungsverhältnisse gefahren ist, reicht für sich allein zur Feststellung einer relativen Fahrunsicherheit nicht aus,
es sei denn, jeder nüchterne Fahrer hätte von einer Weiterfahrt Abstand genommen (BayObLG,
DAR 1989, 427 m. zust. Anm. Loos, JR 1990, 438), wohl aber, wenn er bewusst verkehrswidrig
gefahren ist und somit Rückschlüsse **auf eine rauschmittelbedingte Enthemmung** zulässig sind
(BGH, VRS 32, 40; OLG Düsseldorf, NZV 1997, 184). Ob ein Kraftfahrer relativ fahruntüchtig ist,
hat der Tatrichter unter Berücksichtigung aller im Einzelfall in Betracht kommenden Umstände zu
beurteilen. Je höher die BAK liegt, umso geringere Anforderungen sind an den Nachweis sonstiger
Beweisanzeichen für eine relative Fahrunsicherheit zu stellen (OLG Düsseldorf, VRS 81, 450).
Dabei kann auch die **bewusst verkehrswidrige Fahrweise** – z.B. während der **Flucht vor der
Polizei** – ein Beweiszeichen für eine alkoholbedingte relative Fahrunsicherheit des Fahrzeugführers sein, muss es aber nicht (OLG Düsseldorf, VM 1990, 14; OLG Düsseldorf, NZV 1997, 184;
kritisch dazu: Bode, zfs 1997, 114; vgl. auch BGH, DAR 1995, 166; OLG Köln, NZV 1995, 454;
LG Gera, DAR 1996, 156; OLG Hamm, BA 1978, 376).

43　So können **bewusste und gewollte Fahrfehler** (nächtliche Straßenrennen Jugendlicher auf ruhigen Fernstraßen) ebenso den Schluss auf eine rauschmittelbedingte Fahrunsicherheit rechtfertigen (vgl. BGH, NJW 1982, 2612; OLG Köln, NZV 1995, 454) wie das besonnene, langsame und vorsichtige Fahren eines Fahrzeuges (OLG Hamm, DAR 1975, 249; OLG Düsseldorf, VM 68, 81), dessen Fahrer eine Polizeistreife bemerkt oder der Angst vor der eigenen Fahruntauglichkeit hat. Offene Fenster selbst bei ungünstiger Witterung können den Verdacht nahe legen, der Fahrer wolle den Alkoholdunst verschleiern. Gleichermaßen kann dies gelten bei stark verzögertem Anfahren an einer Verkehrsampel, die auf Grün umschlägt (BayObLG, DAR 1974, 179). Das Überfahren einer Fahrbahnmittellinie durch einen Lkw – Fahren auf kurvenreicher Strecke – muss nicht unbedingt alkoholbedingt sein (LG Zweibrücken, NZV 1994, 450). Im Einzelfall bedarf es der Differenzierung: Verhalten gegenüber der Polizei (OLG Hamm, VRS 35, 360 und 37, 48); Verhalten vor oder nach der Fahrt (OLG Köln, VRS 67, 246); Nutzung eines gänzlich unbekannten Fahrzeugtyps, um nach ausgiebiger Feier ein Mädchen nach Hause zu fahren (OLG Köln, VRS 37, 35).

f) Sonderfälle von Ausfallerscheinungen/Nachtrunk-Probleme

44　Auch sonst können Ausfallerscheinungen mannigfaltige Anzeichen aufweisen: **motorische Störungen** wie Stolpern, Schwanken oder Hinfallen (OLG Köln, DAR 1973, 21 oder OLG Hamm, VRS 36, 48) oder visuelle **Störungen** (Berz/Burmann/Hentschel, Handbuch des Straßenverkehrsrechts, 14 B, Rn. 42 m. Bsp.), die sich auch aus dem Tatgeschehen ergeben können (BGH, VRS 32, 40; vgl. auch m. zahlr. Bsp. zu Eisglätte, Aquaplaning, Übermüdung, Fahrtantritt zur Nachtzeit, neurologisch-psychiatrische Erkrankungen, widrige Straßenverhältnisse usw. Schönke/Schröder/Cramer, StGB, § 316 Rn. 14).

45　Schließlich kann auch das **Trinkverhalten** des Betroffenen für die Annahme einer relativen Fahrunsicherheit bedeutsam sein (BGH, NJW 1971, 1997). Ein kurz vor Fahrtantritt getroffener Alkoholgenuss eines bereits Angetrunkenen kann den Schluss auf eine nachhaltige Beeinträchtigung der Persönlichkeitsstruktur und die daraus resultierende relative Fahrunsicherheit auslösen. Unterschiedliche Begriffe und Begriffsdefinitionen haben sich hier breit gemacht (OLG Frankfurt, NZV 1997, 239: „**Nachtrunk**"; Berz/Burmann/Hentschel, Handbuch des Straßenverkehrsrechts, 14 B, Rn. 44: „**Sturztrunk**" oder „**Schluss-Sturztrunk**"; Tröndle/Fischer, StGB, § 316 Rn. 7c: „Schluss-Sturztrunk"). Unter Letzterem wird die **hastige Einnahme erheblicher Mengen von Alkohol kurz vor Antritt der Fahrt** verstanden (nach Berz/Burmann/Hentschel, Handbuch des Straßenverkehrsrechts, 14 B, Rn. 44 unter Bezugnahme auf Naeve, k+v 1971, 42 bedeutet dies die Aufnahme von 0,5 oder mehr Gramm Alkohol pro Kilogramm Körpergewicht innerhalb von 0–15 Minuten). Dabei reichen allerdings Alkoholmengen, die zu einer BAK von weniger als 0,3 ‰ führen, für die Annahme eines „Sturztrunkes" nicht aus (OLG Hamm, NJW 1972, 1145; vgl. zur Menge z.B. OLG Frankfurt, NZV 1997, 239).

46　Ob die sog. Ausfallerscheinungen alkoholbedingt sind, kann u.U. nur durch Beiladung eines **gerichtlichen Sachverständigen** geklärt werden (OLG Koblenz, VRS 71, 195). Auch darf der klinische Befund des die Blutprobe entnehmenden Arztes mit berücksichtigt werden (OLG Hamm, VRS 37, 48; OLG Köln, VRS 37, 35). Dabei hängt die Bewertung des klinischen Befundes weitgehend von der Übung des Arztes ab (Heifer, BA 1963/64, 244 ff., 256; Rasch, BA 1969, 129; Penttilä, BA 1971, 99; Hentschel, Fahrerlaubnis und Alkohol, Rn. 127 – 132; Hentschel/Born, Trunkenheit im Straßenverkehr, Rn. 204 ff.). Nur mit gebotener Vorsicht und Zurückhaltung darf der Tatrichter den klinischen Befund beim Nachweis relativer Fahrunsicherheit mit berücksichtigen. Der die Blutprobe entnehmende Arzt sollte in solchen Fällen als Zeuge vernommen werden (OLG Hamm, BA 1980, 171).

Hinweis: 47

In diesem klinischen Zusammenhang spielt auch das Problem des sog. „Drehnachnystag-
***mus"** *eine Rolle, ein mehr oder weniger lange andauerndes Augenzittern beim Fixieren eines*
Gegenstandes nach vorheriger wiederholter Drehung des Betroffenen um die eigene Achse.
Dieses Erscheinungsbild tritt auch bei nüchternen Personen auf, ist jedoch bei alkoholbeein-
flussten Personen länger andauernd und verstärkt wahrzunehmen (Heifer, BA 1965/66, 537).
Eine gesicherte naturwissenschaftliche Vergleichserkenntnis der Abweichung von Dauer und
Intensität zwischen alkoholisierten und nüchternen Personen gibt es nicht (Berz/Burmann/
Hentschel, Handbuch des Straßenverkehrsrechts, 14 B, Rn. 49; LG Bonn, NJW 1968, 208;
OLG Zweibrücken, VRS 66, 204, NZV 1996, 158; OLG Hamm, VRS 33, 442).

III. Teilnahme an der Tat

Eine Teilnahme an der Vorsatztat des § 316 Abs. 1 StGB wird allgemein für möglich gehalten, ins-   48
besondere in der Form der Vergabe von Alkoholika durch den Gastwirt an den Betroffenen, der
noch fahren will oder durch den Gastgeber, der die Bewirtung seines Gastes nicht abbricht oder
unterbricht (BGH, NJW 1964, 412 und OLG Düsseldorf, NJW 1966, 1877). Der **Mitzecher** haftet
grds. nicht, und zwar auch dann nicht, wenn er später mit dem Betroffenen noch weiterfahren will.
Andererseits ist es durch die Notstandsregelung des § 34 StGB gerechtfertigt, einem fahrunsicheren
Kraftfahrer den Zündschlüssel abzunehmen, um ihn an der Weiterfahrt zu hindern; Notwehr liegt
hier nicht vor (OLG Koblenz, NJW 1963, 1991). Eine mittelbare Täterschaft oder Nebentäterschaft
kommt wegen des Charakters der Tat als **eigenhändiges Delikt** nicht in Frage (Tröndle/Fischer,
StGB, § 316 Rn. 10 m.w.N.). Gleichermaßen gilt dies für eine **fahrlässige Teilnahme** an einem
vorsätzlichen Delikt und für eine Teilnahme am fahrlässigen Delikt. Ein Halter, der sein Fahrzeug
fahrlässig einem fahrunsicheren Fahrer überlässt, handelt ordnungswidrig (§ 31 StVZO, § 24
StVG). Begeht aber der durch Rauschmittel beeinflusste Fahrer infolge seiner Fahrunsicherheit
andere strafbedrohte Handlungen, so kann ein Dritter für diese durchaus als Mittäter, mittelbarer
Täter oder fahrlässiger Nebentäter entweder strafrechtlich mit- oder – wenn der Fahrer als indolo-
ses Werkzeug benutzt wurde – als Alleintäter verantwortlich sein (Jagusch/Hentschel, Straßenverkehrsrecht, § 316 StGB Rn. 34). Eine Teilnahme Dritter in Gestalt einer Anstiftung oder Beihilfe
zum Vergehen des § 316 StGB ist mithin nur als vorsätzliche Teilnahme am vorsätzlichen Vergehen strafbar; sämtliche Beteiligten müssen sich bewusst gewesen sein, dass der Fahrzeugführer
erhebliche Mengen Alkohol oder sonstige Rauschmittel zu sich genommen hat. Dabei reicht ein
bedingtes Wissen in Form eines „Für wahrscheinlich Haltens" aus. Eine fahrlässige Teilnahme am
vorsätzlichen Vergehen oder eine Teilnahme am fahrlässigen Vergehen kommt bei dem abstrakten
Gefährdungsdelikt des § 316 StGB nicht in Frage (Jagusch/Hentschel, Straßenverkehrsrecht, § 316
StGB Rn. 34).

IV. Offizial- und Legalitätsprinzip nach § 152 StPO

Probleme können entstehen, wenn eine erhebliche Alkoholisierung oder sonstige Rauschmittelauf-   49
fälligkeit **im privaten Kreis** erkennbar wird und damit die Frage nach dem Herbeirufen der Staats-
gewalt entsteht. Verweigert z.B. ein Gastwirt einem deutlich angetrunkenen Motorradfahrer, der
soeben in Lederkluft und mit dem Schutzhelm unter dem Arm die Gaststätte betreten hat, den Aus-
schank weiterer alkoholischer Getränke, so besteht für die übrigen Gäste, auch wenn sich Polizeibeamte oder Angehörige der Staatsanwaltschaft darunter befinden sollten, nicht unbedingt Anlass
zum Einschreiten. Dies dürfte nur bei der Gefährdung erheblicher Rechtsgüter der Fall sein. Ein
Anhaltspunkt zur Beurteilung dafür ist § 138 StPO, in dem aber § 316 StGB anders als § 315c
StGB gerade nicht aufgeführt ist. Das **Opportunitätsprinzip** überlagert hier also das **Legalitäts-**
prinzip. Im Rahmen des Verfassungsgrundsatzes der Verhältnismäßigkeit (Art. 20 Abs. 3 GG),

wären hier zu überlegen die Erforderlichkeit einer etwaigen Beschlagnahme des Motorrades oder jedenfalls des Zündschlüssels nach §§ 94, 111b StPO (Problem: Einschränkung der Mobilität, eventueller Zweitschlüssel!), der Beschlagnahme des Führerscheins nach §§ 69 Abs. 3 Satz 1, 74 ff. StGB, 94 Abs. 3, 111a Abs. 4 StPO oder der Anordnung einer Blutprobe nach § 81a StPO. Auch für den privaten Bereich des Gastwirtes kann in schweren Fällen eine **Hinderungspflicht** an der Weiterfahrt eines volltrunkenen Gastes ausnahmsweise in Frage kommen (vgl. m.w.N. Jagusch/ Hentschel, Straßenverkehrsrecht, § 316 StGB Rn. 36).

V. Rechtfertigung oder Entschuldigung der Tat

50 Rechtfertigungs- oder Entschuldigungsgründe nach §§ 32, 34 oder 35 StGB oder Hilfeleistungs- pflichten nach § 323c StGB werden immer wieder von Betroffenen, u.a. auch von Ärzten oder Mit- gliedern der **Rettungsdienste** geltend gemacht, können aber schon deshalb nur in seltenen Ausnah- mefällen eine Rolle spielen, weil i.d.R. andere Mittel für eine notwendige Hilfeleistung zur Verfügung stehen, als ausgerechnet eine Trunkenheitsfahrt (vgl. OLG Koblenz, MDR 1972, 885), wie z.B. Notrufe zur Polizei oder zum Notarzt. Auch Verkehrsdelikte wie das Überschreiten der zulässigen Höchstgeschwindigkeit in geschlossener Ortschaft werden insoweit nicht anerkannt, weil § 35 StVO derartige Verhaltensweisen nur den eigens in dieser Vorschrift genannten Institu- tionen u.a. des Rettungsdienstes einräumt, nicht etwa Privaten. Nur wenn eine Trunkenheitsfahrt das einzig in Frage kommende oder sicherste Rettungsmittel für eine verunfallte Person sein sollte, könnte eine Ausnahme vorliegen (vgl. OLG Hamm, VRS 20, 232; OLG Düsseldorf, VM 1967, 38; Schönke/Schröder/Cramer, StGB, § 316 Rn. 29 unter Hinweis auf § 34 StGB, wenn die Gefahr für das bedrohte Rechtsgut die Gefährdung des Straßenverkehrs durch einen fahrunsicheren Fahrer deutlich überwiegen; für den Fall eines Angehörigen der freiwilligen Feuerwehr vgl. OLG Celle, VRS 63, 449).

VI. Subjektiver Tatbestand

1. Vorsätzliche Begehung der Tat

51 Bei vorsätzlicher Begehung der Tat muss der Täter nicht nur **bewusst** und **gewollt ein Fahrzeug führen,** sondern auch **erkannt** haben, dass er infolge der Einnahme von Rauschmitteln **fahrunsi- cher** ist (Janiszewski, Verkehrsstrafrecht, Rn. 383; Hentschel, Fahrerlaubnis und Alkohol, Rn. 213 unter Hinweis auf: BayObLG, DAR 1991, 368; OLG Frankfurt, DAR 1992, 226; OLG Zweibrü- cken, VRS 82, 33; BayObLG, zfs 1993, 174; OLG Köln, DAR 1987, 157; OLG Frankfurt, zfs 1989, 140; kritisch und z.T. a.A.: Ranft, Forensia 1986, 59, 66; Hentschel, DAR 1994, 449; Sal- ger, DRiZ 1993, 311; vgl. zu Schuldfragen nach Alkoholkonsum in Fällen des schweren räuberi- schen Diebstahls in Tateinheit mit gefährlicher Körperverletzung und der Vergewaltigung und Fahrens ohne Fahrerlaubnis BGH, NZV 2000, 46 ff. und BGH, NStZ 2000, 193 ff.). Dieser Vorsatz muss aufgrund konkreter Tatsachen nachgewiesen werden. Einen allgemeinen Erfahrungssatz dahingehend, dass sich ein Kraftfahrer bei einer konkreten Blutalkoholkonzentration der eigenen Fahrsicherheit nicht mehr bewusst ist, dürfte es nicht geben (BGH, VRS 65, 359; OLG Celle, zfs 1997, 152). Deshalb wird hier besonders schwierig die Frage zu beurteilen sein, ob innerhalb der eingenommenen Rauschmittel nicht noch abgegrenzt werden muss (vgl. dazu neuerdings Harbort, NZV 1996, 432).

52 So wird in Literatur und Rechtsprechung fast ausschließlich auf die **Blutalkoholkonzentration** abgestellt. Es wird betont, dass bei hohen BAK Ausfallerscheinungen derart auftreten können – nicht müssen –, dass von einer vorsätzlichen Tat auszugehen ist (OLG Düsseldorf, VRS 85, 322; OLG Köln, DAR 1987, 126; BayObLG, zfs 1993, 174; OLG Jena, DAR 1997, 324).

53 Demgegenüber wurde unter Berufung auf rechtsmedizinische Erkenntnisse ein Vorsatz im Hin- blick auf die eigene Fahrunsicherheit eher bei geringeren als bei höheren Blutalkoholkonzentratio- nen angenommen (Zink u.a. , BA 1983, 503 und mit Bedenken Schneble, BA 1984, 281). Es wurde

konstatiert, dass gerade bei zunehmender Blutalkoholkonzentration die **Kritiklosigkeit** des Fahrzeugführers wachse mit der Folge, dass er eine bei ihm vorliegende Fahruntüchtigkeit nicht mehr bemerken könne (BGH, NZV 1991, 117; OLG Jena, DAR 1997, 324; OLG Saarbrücken, zfs 1995, 432). Aus diesem Grunde wurde in der Literatur bereits der Vorschlag gemacht, grds. von Fahrlässigkeit auszugehen (FS Salger, S. 619, 630).

Insoweit erscheint die in jüngerer Zeit wieder aufgenommene Diskussion um die Vorsatzfrage (vgl.   **54**
Berz/Burmann/Hentschel, Handbuch des Straßenverkehrsrechts, 14 D, § 316 StGB Rn. 18 ff.) schon aus dem Grunde sehr fragwürdig, weil auch nach neueren rechtsmedizinischen Untersuchungen die Menge oder auch die Dosierung der eingenommenen Rauschmittel als Beurteilungskriterium für vorsätzliches Handeln – insbesondere auch für das Vorliegen eines Eventualvorsatzes – wenig geeignet zu sein scheint, da ihre Auswirkungen auf die Fahrsicherheit wenig erforscht sind und es an entsprechenden Beweisgrenzwerten mangelt. Erschwerend dürfte hinzukommen, dass eine Kontrolle der eingenommenen Menge und eine grobe Selbstüberprüfung häufig nicht möglich sein wird, weil sich der Rauschmittelkonsum etwa beim Injizieren von Opiaten oder Einnehmen von Medikamenten als einmalige Handlung darstellt und eine die Fahrsicherheit nicht beeinträchtigende Dosierung nicht mehr abschätzbar wird (so Harbort, Rauschmitteleinnahme und Fahrsicherheit, Rn. 153, 154; ders., NZV 1996, 432).

Hier mögen schon früh die vom BGH (NJW 1968, 1787) konstatierten Gründe liegen, dass selbst   **55**
bei einer Zechtour vorsätzliches Handeln auffällig selten als erwiesen erachtet wird. Da es für die **Vorsatzfrage** auf den **Zeitpunkt der Tat** ankommt (BayObLG, DAR 1984, 242 und 1991, 368), wird man schwerlich annehmen können, der Täter habe bereits bei Trinkbeginn den Entschluss gefasst oder zumindest billigend in Kauf genommen, er werde in fahruntüchtigem Zustand noch ein Kfz führen. Auch in weiteren Fällen ist in Rechtsprechung und Literatur zu bemerken, dass man sich mit „Vorsatzindizien" quält, die häufig an Umständen des Einzelfalles orientiert werden (vgl. Berz/Burmann/Hentschel, Handbuch des Straßenverkehrsrechts, 14 D, § 316 StGB Rn. 26 – 28; Jagusch/Hentschel, Straßenverkehrsrecht, § 316 StGB Rn. 24; Schönke/Schröder/Cramer, StGB, § 316 Rn. 26 mit zahlreichen Bsp.: auffällig langsames Fahren; Benutzen von Feld-, Wald- oder ähnlichen Schleichwegen, um einer eventuellen Polizeikontrolle zu entkommen; Fahren in einen abgelegenen Weg, um sich schlafend auf die Rücksitze des Wagens zu legen – hier macht die Polizei gerne eine „Wärmekontrolle" durch Handauflegen auf die Motorhaube, ob der Wagen gerade noch gefahren worden zu sein scheint; Fahren mit herabgelassener Seitenscheibe, um etwaigen Alkoholgeruch zu vertreiben; auffällig starker Gebrauch von Pfefferminzbonbons oder Knoblauchzehen aus dem gleichen Grunde; verlangsamtes Anfahren an einer schon mehrere Sekunden auf Grün umgeschlagenen Ampel; Nichteinschalten der Verkehrsbeleuchtung des Fahrzeugs bei gut beleuchteter Hauptstraße in den Abendstunden). Ausfallerscheinungen dieser und anderer Art („Schlangenlinien", Klammern mit stark vorgebeugter Körperhaltung ans Lenkrad und Starren auf die Fahrbahn) lassen aber stets nur auf Vorsatz schließen, wenn feststeht, dass sich der Täter dieser Erscheinungen vor Antritt der Fahrt bewusst geworden ist (OLG Karlsruhe, NZV 1991, 239; OLG Koblenz, NZV 1993, 444). Dies kann durch **Warnung von dritter Seite** geschehen sein, wenn jemand die Fahruntüchtigkeit des Täters als offensichtlich erkannt hat (Salger, DRiZ 1993, 311, 313) oder in Fällen einer knapp zurückliegenden einschlägigen **Vorstrafe** bei gleich hoher Blutalkoholkonzentration (OLG Celle, NZV 1996, 204; OLG Köln, DAR 1987, 126; Salger, DRiZ 1993, 311, 313) oder die **Fortsetzung einer Trunkenheitsfahrt nach alkoholbedingtem Unfall** (BayObLG, NJW 1984, 878; OLG Zweibrücken, zfs 1990, 22). In jüngerer Zeit wird es in der Rechtsprechung auch grds. für zulässig gehalten, aus der von einer vorangegangenen einschlägigen Bestrafung ausgehenden Warnwirkung auf ein vorsätzliches Handeln des Täters bei einer erneuten Trunkenheitsfahrt zu schließen, allerdings nur dann, wenn der der früheren Verurteilung zugrunde liegende Sachverhalt in einem Mindestmaß dem aktuell zu beurteilenden vergleichbar ist, weil der Täter nur dann aus seiner früheren Bestrafung und dem darin liegenden Hinweis auf seine darzulegende Fahrunsicherheit vor der erneuten Trunkenheitsfahrt entsprechende Schlüsse gezogen haben könnte, die den Vorwurf vorsätzlichen Handelns rechtfertigen. Schließt

insoweit der Tatrichter aus einer früheren Verurteilung auf die vorsätzliche Begehung einer Trunkenheitsfahrt, so muss er in den Urteilsgründen die Umstände der früheren Tat mitteilen (OLG Celle, NZV 1998, 123 und Janiszewski, NStZ 1998, 289, 290 m.w.N. aus der neueren Rechtsprechung).

56 Festzuhalten bleibt aber, dass diese **Einzelfallumstände** nur **im Zusammenhang mit einer hohen Blutalkoholkonzentration** die Annahme einer vorsätzlichen Tat rechtfertigen können. Dabei spielen zudem die Täterpersönlichkeit, seine Intelligenz und seine Selbstkritik eine maßgebliche Rolle (BayObLG, NZV 1993, 174 und OLG Koblenz, NZV 1993, 444). Fehlt es an den vorgenannten „Vorsatzindizien", kommt i.d.R. nur eine Bestrafung wegen fahrlässiger Begehung in Frage (Berz/Burmann/Hentschel, Handbuch des Straßenverkehrsrechts, 14 D, § 316 StGB Rn. 27–29).

> **Hinweis:**
>
> *Wird die Tat in der Anklageschrift oder im Strafbefehl als fahrlässiges Vergehen nach § 316 StGB behandelt, so muss das Gericht, wenn es dem Betroffenen Vorsatz vorwerfen will, ihn gem. § 265 Abs. 1 StPO entsprechend **belehren** (Hentschel, Fahrerlaubnis und Alkohol, Rn. 220 unter Hinweis auf BGH, VRS 49, 184, dort zu § 315c StGB).*

2. Fahrlässige Begehung der Tat

57 Nach Abs. 2 der Vorschrift genügt auch die fahrlässige Begehungsweise der Tat. Jeder Fahrzeugführer hat die Pflicht, vor Antritt, aber auch während der Fahrt, sorgfältig und gewissenhaft unter Berücksichtigung aller ihm bekannten Umstände zu prüfen, ob seine Fahrsicherheit durch die Einnahme eines Rauschmittels oder die wechselweise Einnahme von Rauschmitteln – insbesondere i.V.m. Alkohol – beeinträchtigt sein könnte. Nimmt er gleichwohl in fahrunsicherem Zustand mit seinem Fahrzeug am Straßenverkehr teil, weil er diese Prüfung pflichtwidrig unterlassen hat, so trifft ihn der Vorwurf der Fahrlässigkeit (BGH, DAR 1952, 43; OLG Hamm, DAR 1970, 192; OLG Koblenz, DAR 1973, 106; OLG Hamm, NJW 1974, 2058; Harbort, Rauschmitteleinnahme und Fahrsicherheit, Rn. 155; Schönke/Schröder/Cramer, StGB, § 316 Rn. 27).

58 I.d.R. beruht der Vorwurf fahrlässigen Verhaltens nicht darauf, dass der Kraftfahrer nach Genuss von Alkohol nicht aus äußeren Symptomen der alkoholischen Beeinträchtigung auf seine Fahrunsicherheit geschlossen hat. Vielmehr ist fahrlässiges Verhalten bereits darin zu sehen, dass der Täter trotz Kenntnis des vorausgegangenen Alkoholgenusses ein Fahrzeug geführt hat (OLG Zweibrücken, NZV 1993, 240; OLG Hamburg, VM 1970, 23 Nr. 26; Bode, DAR 1990, 431; Grüner, BA 1984, 279). **Fahrlässige Unkenntnis der Fahruntüchtigkeit** wird, wenn der Täter den Alkohol bewusst zu sich genommen hat, grds. festgestellt werden können, da jedem Kraftfahrer die Gefahren des Alkohols bekannt sind oder bekannt sein müssen und er sich auch über die Bedeutung des Restalkohols, von Drogen, von Medikamenten oder Tinkturen zu vergewissern hat (Tröndle/Fischer, StGB, § 316 Rn. 9). Bei Arzneimitteln kann sich die **Voraussehbarkeit** aus der eigenen Erfahrung, aus einem Hinweis des verschreibenden Arztes, bei rezeptfreien Arzneimitteln aus einem Hinweis des Apothekers oder aus einem Warnhinweis des Herstellers ergeben, die der Fahrzeugführer lesen muss, bevor er die Fahrt antritt (Harbort, Rauschmitteleinnahme und Fahrsicherheit, Rn. 157; OLG Braunschweig, DAR 1964, 170; OLG Köln, JZ 1967, 183; Händel, NJW 1965, 1999). Nur wenn keine dieser Möglichkeiten gegeben ist, wird dem Fahrzeugführer u.U. ein schuldhaftes Verhalten – soweit der Arzneimittelgebrauch in Rede steht – schwerlich nachzuweisen sein (Harbort, a.a.O., Rn. 157). Die Vergewisserungspflicht ist dabei nicht gleichbedeutend mit Fahrlässigkeit (LK-Rüth, StGB, § 316 Rn. 104). Es sind nämlich Fälle denkbar, bei denen sich bei dem Fahrzeugführer subjektiv ein Gefühl der Besserbefindlichkeit einstellt, er aber tatsächlich fahrunsicher ist oder es während der Fahrt wird (Burmann, DAR 1987, 134, 137). Hier können Erkrankungen (Diabetes, Epilepsie u.a.) eine Rolle spielen, wenn der Alkohol allein, ohne das Hinzutreten der Erkrankung nicht zur Fahrunsicherheit geführt hätte. Allerdings ist auch hier

darauf hinzuweisen, dass den Betroffenen je nach Art der Erkrankung eine erhöhte Sorgfaltspflicht treffen kann, deren Verletzung zum Vorwurf fahrlässigen Verhaltens führen wird (OLG Köln, DAR 1981, 29 im Falle eines Diabetikers; zur Frage der Erkennbarkeit der eigenen Fahruntüchtigkeit durch ältere Kraftfahrer – allerdings nur in Bezug auf § 315c StGB – vgl. nunmehr: BayObLG, NZV 1996, 326).

Die Nichtkenntnis objektiv vorhandener Fahrunsicherheit ist allerdings dann i.d.R. vorwerfbar und damit regelmäßig fahrlässig, wenn jemand wissentlich Alkohol in einer Menge zu sich genommen hat, die zu absoluter oder auch nur relativer Fahrunsicherheit führt, und zwar auch unter 0,8 ‰ (Hentschel, Fahrerlaubnis und Alkohol, Rn. 231 unter Berufung auf BGH, DAR 1952, 43; BayObLG, VRS 66, 280; OLG Zweibrücken, NZV 1993, 240).   **59**

Deshalb können Argumente wie „nur alkoholfreies Bier getrunken", „unbekannte Getränke genossen", „zwingend alkoholhaltige Medikamente zur mir genommen" (Hustensaft, u.Ä..), „als Vulkaniseur, Lackierer, Maler oder dergleichen Äthanoldämpfe oder Lösungsmittelabgasungen eingeatmet" grds. keine Rolle spielen, weil dadurch die BAK einmal nicht nachhaltig beeinflusst wird, zum anderen die Verpflichtung des Kfz-Führers dadurch nicht ausgeschlossen wird, sich über den Alkoholgehalt eingenommener Getränke zu informieren, sich selbst zu prüfen, zumal es der Lebenserfahrung entspricht, die Wirkung des Alkohols zumindest zu spüren (Berz/Burmann/Hentschel, Handbuch des Straßenverkehrsrechts, 14 D, § 316 StGB Rn. 31 – 39 unter Hinweis auf die einschlägige Rechtsprechung).   **60**

Die ebenfalls wiederholt auftauchende Erklärung des Kfz-Führers, man habe ihm **heimlich Alkohol zugeführt,** bedarf einer sorgfältigen **Sonderprüfung** mit Hinzuziehung eines Sachverständigen, weil sie sich häufig als unwahre Schutzbehauptung erweist, insbesondere wenn der Betroffene auch bewusst Alkohol zu sich genommen hat in einer Menge, die allein schon Zweifel an seiner Fahrsicherheit geboten erscheinen ließen oder wenn er sich im Hinblick auf die äußeren Umstände in einer Gesellschaft befand, bei der er mit der heimlichen Beimischung von Spirituosen rechnen musste oder wenn konzentrierter Alkoholgeschmack gespürt werden musste (Jagusch/Hentschel, Straßenverkehrsrecht, § 316 StGB Rn. 26; Berz/Burmann/Hentschel, Handbuch des Straßenverkehrsrechts, 14 D, § 316 StGB Rn. 40, 41; Tröndle/Fischer, StGB, § 316 Rn. 9 jeweils mit Hinweisen aus der Rechtsprechung).   **61**

Ähnliches gilt für die Einlassungen der Betroffenen, lange vor Antritt der Fahrt – etwa am Vortag – alkoholhaltige Getränke genossen zu haben. Auch hier geht die Rechtsprechung davon aus, dass die Gefahren des sog. **„Restalkohols"** so allgemein bekannt sind, dass sich der Täter nicht auf ihre Nichtkenntnis berufen kann (OLG Koblenz, VRS 45, 450; OLG Hamm, DAR 1970, 192; Tröndle/Fischer, StGB, § 316 Rn. 9).   **62**

VII. Konkurrenzen und Wahlfeststellung

Bei der Trunkenheit im Verkehr handelt es sich um eine **Dauerstraftat,** die mit dem Antritt der Fahrt im Zustand der Fahrunsicherheit beginnt – u.U. also auch beim langsamen „Sich-Betrinken" während der Fahrt (die Bierdose auf dem Sitz zwischen den Beinen des Fahrers) – und nach endgültiger Beendigung der Fahrt oder nach Wiedererlangung der Fahrsicherheit im Verlauf der Fahrt endet. Unvorhergesehene Änderungen des Fahrtverlaufs (Umleitungen, polizeiliche Verkehrskontrolle) spielen ebenso wenig eine Rolle wie kurzfristige Fahrtunterbrechungen von bis zu etwa 11/2 Stunden, wohl aber eine völlig neue Fahrmotivation, wie etwa der kurzentschlossene Beginn einer Unfallflucht (Jagusch/Hentschel, Straßenverkehrsrecht, § 316 StGB Rn. 37).   **63**

Eine fahrlässige Trunkenheitsfahrt nach § 316 Abs. 2 StGB tritt hinter § 315c Abs. 1 Nr. 1 a, Abs. 3 StGB und § 142 StGB als minder schwer zurück. Zwischen einer Trunkenheitsfahrt nach § 316 StGB und einem nachfolgenden unerlaubten Entfernen vom Unfallort nach § 142 StGB besteht **Tatmehrheit.** Zwischen § 142 StGB und dem gleichzeitig verwirklichten § 316 StGB besteht allerdings Tateinheit. Wer bestreitet, in fahruntüchtigem Zustand ein Fahrzeug geführt zu haben, ist nicht zugleich wegen Vortäuschens einer Straftat nach § 145d StGB strafbar; gleichermaßen gilt   **64** dies für jemanden, der behauptet, an Stelle einer fahruntüchtigen Person ein Fahrzeug geführt zu haben. Fälle sog. **„Polizeifluchten"** (Durchbrechen einer Kontrollstelle, Rammen eines Streifenwagens) können gleichzeitig §§ 113, 240, 315b, 315c StGB in Handlungseinheit mit § 316 StGB erfüllen, ebenso §§ 142, 222 ff. StGB (Jagusch/Hentschel, Straßenverkehrsrecht, § 316 StGB Rn. 37).

B. Gefährdung des Straßenverkehrs

I. Schutzbereich des § 315c StGB

65   Die als sog. **konkretes Gefährdungsdelikt** ausgestaltete Vorschrift verlangt nicht, dass die allgemeine Sicherheit des Straßenverkehrs beeinträchtigt wird, auch wenn sie letztlich davon ausgeht, wenn jemand eine der in ihr näher bezeichneten Handlungen ausführt (Tröndle/Fischer, StGB, § 315 Rn. 2; Schönke/Schröder/Cramer, StGB, § 315c Rn. 1, 2). Die Herbeiführung einer allgemeinen Gefahr ist mithin nicht erforderlich.

66   Die Tat ist **eingenhändiges Delikt** (s.o. Rn. 4). Eine Bestrafung nach diesem Delikt hat stets zur Voraussetzung, dass der Täter das Fahrzeug selbst geführt hat (BGH, NVZ 1995, 364).

67   Nach inzwischen überkommener Ansicht ist die Tat **kein Dauerdelikt** mehr (Hentschel/Born, Trunkenheit im Straßenverkehr, Rn. 376; Tröndle/Fischer, StGB, § 315c Rn. 22; Mühlhaus/Janiszewski, Straßenverkehrs-Ordnung, § 315c StGB Rn. 4; Berz/Burmann/Hentschel, Handbuch des Straßenverkehrsrechts, § 315c StGB Rn. 50; BGH, NJW 1970, 255 und NZV 1995, 196; a.A.: Schönke/Schröder/Cramer, StGB, § 315c Rn. 53). Die Tat ist mit dem Eintritt der nach ihrem Tatbestand bestimmten konkreten Gefahr „vollendet" und mit dem Ende der konkreten Gefahr „beendet".

II. Objektiver Tatbestand

68   Während § 316 StGB sämtliche Bereiche des öffentlichen Verkehrs umfasst, ist hier nur der **öffentliche Straßenverkehr** gemeint (s.o. Rn. 6 – 22).

69   Außerdem muss es zu einer **konkreten Gefährdung von Leib oder Leben** eines anderen oder **fremder Sachen** von bedeutendem Wert gekommen sein.

70   Eine **konkrete Gefahr** liegt immer nur dann vor, wenn die Sicherheit des Betroffenen oder einer bestimmten Sache so stark beeinträchtigt wird, dass es vom Zufall abhängt, ob eine endgültige Verletzung oder Beschädigung eintritt oder nicht: „Beinahe-Unfall" (vgl. BGH, NZV 1995, 325; 1997, 276; BayObLG, DAR 1996, 152; BGH, VRS 68, 116; Berz, NZV 1989, 409, 411). Dass sie nur drohte, genügt hierfür nicht (BGH, NZV 2000, 213). Dabei darf der Tatrichter im Rahmen seines Beurteilungsspielraumes wertende Maßstäbe mit einbeziehen (Notwendigkeit einer Vollbremsung). Die Gefahr eines Unfalls muss nur in bedrohliche oder nächste Nähe gerückt sein (BGHSt 22, 341, 345; Janiszewski, Verkehrsstrafrecht, Rn. 288; Demuth, VOR 1973, 436, 455; Harbort, Rauschmitteleinnahme und Fahrsicherheit, Rn. 163). Außerdem muss der Eintritt der Gefahr im konkreten Fall nachgewiesen werden (Harbort, a.a.O.). Eine Gefahr, die erst als weitere Folge eines zuvor verursachten Unfalls eintritt, reicht nicht aus (Hentschel/Born, Trunkenheit im Straßenverkehr, Rn. 381 ff.), weil die konkrete Gefahr stets unmittelbare Folge des z.B. alkoholbedingt unsicheren Fahrzeugführens sein muss (Berz/Burmann/Hentschel, Handbuch des Straßenverkehrsrechts, 14 D, § 315c StGB Rn. 55; z.B. wenn durch den eingeschlafenen Fahrzeugführer Gegenstände der Randbefestigung auf die Fahrbahn geschleudert werden wie Leitpfosten, Randbepflanzung u.Ä.). Gleiches gilt für nachfolgende Fahrzeugführer, die in eine Unfallstelle hineinfahren: § 315c StGB kommt nur dann in Frage, wenn die Gefährdung noch in unmittelbarem zeitlichen Zusammenhang mit dem (z.B. alkoholbedingten) Fehlverhalten des Fahrzeugführers steht

(z.B. Auffahren eines nachfolgenden Fahrzeugs auf ein plötzlich stehen bleibendes voranfahrendes Fahrzeug – OLG Celle, NJW 1970, 1091). Dagegen begründet die grob verkehrswidrige und rücksichtslose Missachtung der Vorfahrt sowie entsprechendes falsches Überholen bei konkreter Gefährdung von Leib oder Leben anderer oder fremder Sachen von bedeutendem Wert die Strafbarkeit des Täters wegen Gefährdung des Straßenverkehrs (BGH, NZV 2001, 134; vgl. a OLG Düsseldorf, NZV 2000, 337; BGH, NZV 2000, 213; BGH, NZV 2000, 88 für den Tötungsvorsatz bei gezieltem Auffahren auf einen Menschen).

1. „Andere" als gefährdete Person

Die gefährdeten anderen Personen brauchen sich **nicht** im Bereich des **allgemeinen Straßenverkehrs** zu befinden (z.B. Gäste vor dem Gasthaus, Spaziergänger auf Seitenwegen, Radfahrer, Bauern auf dem Felde – Tröndle/Fischer, StGB, § 315c Rn. 17; Nüse, JR 1965, 42). Auch reicht eine Gefährdung der Insassen des vom Täter geführten Fahrzeugs aus, sofern diese nicht Täter oder Teilnehmer der Tat sind (BGHSt 6, 100; BGH, NStZ 1992, 233; Berz/Burmann/Hentschel, Handbuch des Straßenverkehrsrechts, 14 D, § 315c StGB Rn. 57; Harbort, Rauschmitteleinnahme und Fahrsicherheit, Rn. 164 m.w.N.). **71**

2. Sache von bedeutendem Wert

In der Literatur liest man unter Berufung auf die einschlägige Rechtsprechung dazu, dass nicht etwa der möglicherweise **wichtige Zweck** oder die **Bedeutung der Sache für die Allgemeinheit** ausschlaggebend sei, sondern ausschließlich der materielle (stoffliche) Wert (Berz/Burmann/Hentschel, Handbuch des Straßenverkehrsrechts, 14 D, § 315c StGB Rn. 58 mit Hinweisen auf BayObLG, NJW 1969, 2026; OLG Bremen, NJW 1962, 1408). Dies lässt sich noch problemlos nachvollziehen bei abgewrackten Kfz (OLG Stuttgart, NJW 1976, 1904; KG, DAR 1959, 269; OLG Celle, VRS 6, 381) oder Leitplanken (OLG Hamm, DAR 1973, 104), wo die **Wertgrenze je nach Ausmaß ab 600 DM** (ca. 300 €) bis nicht unter 1 200 DM bis 1 500 DM (ca. 600 € – 750 €) zu bemessen sein soll. In der Rechtsprechung wurde in jüngerer Zeit festgestellt, dass die mit 1 400 DM (ca. 700 €) veranschlagten Reparaturkosten eines Kotflügels keinen bedeutenden Wert i.S.d. § 315c Abs. 1 StGB darstellen (BayObLG, DAR 1998, 149; Janiszewski, NStZ 1998, 290; Mühlhaus/Janiszewski, Straßenverkehrs-Ordnung, § 315c StGB Rn. 7: mindestens 1 500 DM, entspr. 750 €). Damit bleibt der Begriff des „bedeutenden Wertes" i.d.R. hinter dem des „bedeutenden Schadens" nach § 69 Abs. 2 Nr. 3 StGB zurück, da dort auch Reparatur-, Abschlepp- und Bergungskosten sowie ein unfallbedingt merkantiler Minderwert, nicht jedoch eine Nutzungsausfallentschädigung einzubeziehen sind. Die Grenze des „bedeutenden Schadens" nach § 69 Abs. 2 Nr. 3 StGB wird in der neueren Rechtsprechung bei etwa 2 000 DM angesetzt (vgl. BayObLG, NJW 1998, 1966). § 315c StGB wird demgegenüber nicht einschlägig, wenn der Fahrzeugführer nur „sein" (eigenes, geliehenes, gemietetes, vom Arbeitgeber oder Dienstherrn überlassenes) Fahrzeug gefährdet, weil dieses als erforderliches Mittel zur Verwirklichung des Tatbestandes nicht zugleich Schutzobjekt der Vorschrift sein kann (Berz/Burmann/Hentschel, Handbuch des Straßenverkehrsrechts, 14 D, § 315c StGB Rn. 58 – 61). Liegt hingegen die Gefahr eines Unfalls mit **Personenschaden** nahe, so kommt es auf den tatsächlich eingetretenen Sachschaden und dessen Höhe nicht an (BGH, VRS 45, 39). Die Bedeutung der **Höhe des Sachschadens** spielt heute insbesondere im Rahmen des **§ 142 StGB** eine entscheidende Rolle (s. Rn. 209, 214, 216 u. 218). **72**

Zum Begriff **Tier** existiert wenig Literatur. So findet man im präventiven literarischen Bereich den Hinweis, dass Tiere ebenfalls Sachen i.S.d. Polizeirechts sein sollen, auch wenn sie nach bürgerlichem Recht heute keine Sachen mehr sind (§ 90a BGB). Das ThürPAG trägt dem letztgenannten Umstand dadurch Rechnung, dass es Tiere als Objekte der Sicherstellung eigens erwähnt (Rachor, in: Lisken/Denninger, F 421). In § 7 Abs. 1 HSOG wird das Tier im Rahmen der **Zustandsverantwortlichkeit** ausdrücklich erwähnt, allerdings mit dem kommentierten Zusatz, dass Tiere zwar keine Sachen seien, auf sie jedoch die für Sachen geltenden Vorschriften des HSOG anwendbar wären (Meixner, HSOG, § 7 Rn. 2). Ob diese von bedeutendem Wert sind, wird nicht mehr näher **73** erläutert (vgl. Meixner, HSOG, § 38 Rn. 12). Im Polizeigesetz NW wird lediglich erwähnt, dass das Gesetz nichts darüber sage, was Sachen von bedeutendem Wert sind. Der Wert der Sache müsse sich danach bestimmen, dass er zu den anderen genannten Rechtsgütern in einem gewissen Verhältnis stehe (Tegtmeyer, PolG NW, § 41 Rn. 18). Auch im bayerischen Polizeirecht werden Tiere lediglich als Sachen i.S.d. Art. 8 PAG bezeichnet. Maßnahmen können hier darin bestehen, dass das Verhalten des Tieres geändert oder seine Auswirkung verhindert wird (etwa durch Wegschaffung, Veränderung, Verwahrung, Tötung; Samper/Honnacker, PAG, Art. 8 Rn. 3). Es wird von Gefahren gesprochen, die „von Naturereignissen oder Tieren, überhaupt vom Zustand von Sachen ausgehen" (Samper/Honnacker, PAG, Art. 11 Rn. 15 oder Art. 7 LStVG Rn. 9), wo erneut von „Gefahren und Störungen" gesprochen wird, die „von Naturereignissen oder Tieren ausgehen" (Samper/Honnacker, Art. 7 LStVG Rn. 9). Zwar finden sich vereinzelt Vertreter, die insbesondere im Rahmen der Forschungsfreiheit nach Art. 5 Abs. 3 GG zu Tierversuchen Stellung beziehen und dem Tier eine gewisse Verfassungsgarantie mit schützender Wirkung gewähren wollen, etwa über die Menschenwürde nach Art. 1 Abs. 1 GG, über das Sittengesetz nach Art. 2 Abs. 1 GG, über die Kompetenzvorschrift des Art. 74 Nr. 20 GG oder allgemein über das aus dem Rechtsstaatsprinzip des Art. 20 Abs. 3 GG abgeleitete **Willkürverbot** in Verbindung mit dem **Verhältnismäßigkeitsgrundsatz** (vgl. z.B. Mädrich, Forschungsfreiheit und Tierschutz im Spiegel des Verfassungsrechts, Dissertation 1988, S. 66 ff.; Kloepfer, JZ 1986, 205 ff.; v. Loeper/Reyer, ZRP 1984, 204 ff.; Turner, ZPP 1986, 172 ff.; Kriele, in: Händel, Tierschutz, Testfall unserer Menschlichkeit, 1984, S. 120; v. Heydebrandt/Gruber, ZRP 1986, 118; Brandhuber, NJW 1991, 725 ff.). Auch der seit 1994 im GG bestehende Art. 20a GG, der zu seinen Schutzgütern u.a. auch die Tier- und Pflanzenwelt zählt (Seifert/Hömig, Art. 20a GG Rn. 1 unter Bezugnahme auf den Beschluss des Deutschen Bundestages vom 30.6.1994) lässt keinen Unterschied zum Sach- oder Schöpfungswert eines Tieres erkennen. Die Verfassungsvorschrift ist reine **Staatszielbestimmung** ohne subjektiv-rechtliche Anspruchsbegründung, die eingeklagt werden könnten (Seifert/Hömig, Art. 20a GG Rn. 3). Ob ein Wellensittich zu einem Kaufpreis von 10 DM (ca. 5 €) „gleichwertig" einem erfolgreichen Rennpferd mit einem Kaufpreis von 100 000 DM (ca. 50 000 €) ist, entscheidet deshalb nicht die Verfassung, sondern der Markt. Auch der seit 1994 im GG bestehende Art. 20a GG, der zu seinen Schutzgütern u.a. auch die Tier- und Pflanzenwelt zählt (Seifert/Hömig, Art. 20a GG, Rn. 1 unter Bezugnahme auf den Beschluss des Deutschen Bundestages vom 30.6.1994) lässt „auch nach der Änderung des GG mit dem Staatsziel Tierschutz" (vgl. BGBl. I 2002 Nr. 53 vom 26.7.2002) keinen Unterschied zum Sach- oder Schöpfungswert eines Tieres erkennen.

3. Tathandlungen

74 § 315c StGB betrifft vorschriftswidriges Fahren im öffentlichen Straßenverkehr (§ 1 StVG, § 1 StVO), schützt aber gleichwohl jedermann gegen die Gefahren des Straßenverkehrs, auch wenn er sich außerhalb des Straßenverkehrs befindet (aufgrund Fehlverhaltens des Fahrers erfasst schleuderndes und von der Fahrbahn abkommendes Fahrzeug einen Feldarbeiter). Deutlich wird das durch die gesetzlich vorgesehenen Tathandlungen:

a) § 315c Abs. 1 Nr. 1a StGB

75 § 316 StGB stellt das Führen von Fahrzeugen aller Art in fahruntüchtigem Zustand z.B. durch rauschmittelbeeinflusste Verkehrsteilnahme auch dann unter Vergehensstrafe, wenn niemand gefährdet wird. § 315c StGB setzt in einem **konkreten Verkehrsvorgang** eine **konkrete Gefahr** für Leib oder Leben eines anderen oder für fremde Sachen von bedeutendem Wert voraus. Allerdings ist § 316 StGB gegenüber § 315c Abs. 1 Nr. 1a StGB **subsidiär** (BGH, NJW 1970, 255; 1983, 1744). Insbesondere in den Fällen, in denen der Fahrzeugführer nach einem alkoholbedingten Unfall ohne Fluchtabsicht die Fahrt kurzfristig fortsetzt, um sein Fahrzeug an geeigneter Stelle abzustellen oder zu wenden, kann von einem **neugefassten Tatentschluss** zu einer rauschmittelbeeinflussten Fahrt nicht gesprochen werden. Die Weiterfahrt wird von § 315c StGB mitumfasst

(BGH, NJW 1973, 335; BayObLG, NJW 1973, 1657; KG, VRS 60, 107; Berz/Burmann/Hentschel, Handbuch des Straßenverkehrsrechts, 14 E, Rn. 7; i.Ü. s.o. Rn. 63).

b) § 315c Abs. 1 Nr. 1b StGB

Auch beim Führen eines Kfz trotz **geistiger oder körperlicher Mängel** (dauerhafte: Amputation, Querschnittslähmung, Taubheit oder Schwerhörigkeit, Sehschwäche, Farbblindheit, Kurzsichtigkeit, hohes Alter, Epilepsie oder vorübergehende: Übermüdung, Grippe, überstandener Herzinfarkt, Heuschnupfen) ist letztlich Voraussetzung, dass der Täter sich infolge der vorgenannten Mängel **nicht sicher im Verkehr bewegen** kann. Kann der geistige oder körperliche Mangel durch medizinische oder sonst fachliche Hilfe oder Hilfsmittel so ausgeglichen werden, dass eine Gefährdung des Straßenverkehrs auszuschließen ist (medikamentöse Einstellung, Umbau des Fahrzeugs, Sehhilfe, Hörgerät, Prothesen, evtl. Begleitung durch einen Beifahrer), so ist die Anwendung der Vorschrift ausgeschlossen (Schönke/Schröder/Cramer, StGB, § 315c Rn. 11; Tröndle/Fischer, StGB, § 315c Rn. 3b jeweils m.w.N.). Unerheblich ist dabei, ob die Fahruntauglichkeit allein auf dem Genuss von Rauschmitteln oder allein auf geistigen oder körperlichen Mängeln beruht oder ob sie sich aus dem Zusammenwirken mehrerer Ursachen ergibt (Alkohol und Medikamente). Die Ursachen aus Nr. 1a und Nr. 1b sind gleichwertig (Schönke/Schröder/Cramer, StGB, § 315c Rn. 12; Tröndle/Fischer, a.a.O., sieht den Fall der Nr. 1a als einen Unterfall der Nr. 1b, der nur wegen seiner außergewöhnlichen Bedeutung in der Praxis und seiner sozialethisch abweichenden Beurteilung gesonderte Regelung gefunden habe). **76**

Auch in diesen Fällen muss allerdings von einem Kraftfahrer verlangt werden, dass er sich vor Antritt einer Fahrt immer wieder neu vergewissert, ob er nach seinen körperlichen und geistigen Fähigkeiten überhaupt noch im Stande ist, den Erfordernissen des Straßenverkehrs zu genügen (BGH, DAR 1988, 54). Ob eine **Sorgfaltspflichtverletzung** vermieden werden und eine eventuelle Tatbestandsverwirklichung vorausgesehen werden kann, richtet sich nach den persönlichen Kenntnissen und Fähigkeiten, der Intelligenz und Selbstkritik des Fahrers (BGH, NZV 1995, 157, 158; BayObLG, VRS 59, 336, 338). Der bloße Umstand, dass ein Mensch ein **bestimmtes Alter** erreicht hat, reicht für einen Nachweis der Fahruntüchtigkeit nicht aus (BayObLG, NZV 1996, 326 für einen 72-jährigen Mann, der einen „Beinahe-Unfall" verursacht hatte; zur Anordnung einer Fahrprobe für einen älteren, durch unsichere Fahrweise auffällig gewordenen Kraftfahrer vgl. VGH Mannheim NJW 1991, 315). **77**

aa) Absolute und relative Fahruntauglichkeit

Wie bei den Fallgruppen der Rauschmittelbeeinflussung kann auch hier eine **absolute Fahruntauglichkeit** vorliegen, die ein sicheres Führen eines Fahrzeugs ausschließt, ohne dass weitere Feststellungen über besondere Umstände der Fahrweise des Fahrzeugführers im konkreten Fall getroffen werden müssten (z.B. die extreme „**Übermüdung**" nach überlangen Fahrtzeiten: BGH, VRS 14, 284 und 17, 21; Jagusch/Hentschel, Straßenverkehrsrecht, § 315c Rn. 14 m.w.N., die von der bloßen „Ermüdung" nach getaner Arbeit zu unterscheiden ist: OLG Köln, NZV 1989, 358). **Relative Fahruntauglichkeit** ist gegeben, wenn erst die Feststellung des körperlichen Mangels und zusätzliche weitere Umstände im konkreten Fall ergeben, dass der Täter sein Fahrzeug nicht sicher führen kann (Tröndle/Fischer, StGB, § 315c Rn. 3b). **78**

bb) Kausalität

Die Gefährdung des Straßenverkehrs muss die unmittelbare Folge der Fahrunsicherheit des Täters sein. In Fällen der rauschmittelbedingten Fahruntauglichkeit wird von der Rechtsprechung ein **zweifacher Kausalzusammenhang** gefordert: Die Fahrunsicherheit des Fahrzeugführers muss einmal durch das Rauschmittel zumindest mitverursacht worden sein und zum andern muss die konkrete Verkehrsgefährdung auf dieser rauschmittelbedingten Fahrunsicherheit beruhen. Es muss mithin ein ursächlicher Zusammenhang zwischen dem Führen eines Fahrzeugs im Zustand rausch- **79** mittelbedingter Fahrunsicherheit und der dadurch herbeigeführten konkreten Gefahr bestehen (BGH, NJW 1955, 1329; BGH, DAR 1986, 194, bei Spiegel; BayObLG, NZV 1994, 283). Der **Ursachenzusammenhang darf nicht bloß vermutet werden**, sondern muss ausgrund aller äußeren Tatumstände unter Beachtung der Lebenserfahrung und aller technischen Erfahrungen nachgewiesen werden (BGH, DAR 1989, 32 ff.; kritisch dazu: Berz, NZV 1989, 409, 414). **Ursächlich** ist die rauschmittelbedingte Fahrunsicherheit für die Gefährdung des Straßenverkehrs deshalb nur dann, wenn sich diese auf den konkreten Verkehrsvorgang ausgewirkt hat und die bei der Fahrt aufgetretene konkrete Gefährdung im Falle des Nichtkonsums von Rauschmitteln durch den Täter nicht eingetreten wäre (BGH, NZV 1989, 359 und VRS 13, 204; BayObLG, NZV 1994, 283 und NJW 1954, 730). So braucht ein Rauschmittel für die Fahrunsicherheit eines Fahrzeugführers dann nicht ursächlich zu sein, wenn dieser auch in nüchternem Zustand keinerlei Fahrfähigkeit besitzt (OLG Hamm, JMBl NW 1965, 81). Gleichermaßen dürfte dieses auch für **Fahrfehler** gelten, die auch nüchterne **Fahrer** häufig und regelmäßig begehen (BGHSt 34, 360; BayObLG, NStZ 1988, 120 für einen Fall der Geschwindigkeitsüberschreitung). Zweifelhaft in Rechtsprechung und Literatur sind die Fälle, in denen die Gefahr für den Straßenverkehr nicht während des Fahrens eines Fahrzeuges verursacht wird, sondern das Fehlverhalten zu einer Gefährdung führt, die erst nach Beendigung der Fahrt eintritt (vom Krad gestürzter betrunkener Motorradfahrer bleibt auf der Fahrbahn liegen und bildet dadurch eine Gefahr; betrunkener Autofahrer fährt eine Gaslaterne um, aus der Gas ausströmt). Zum Teil hat die Rechtsprechung früherer Zeit in diesen Fällen den Kausalzusammenhang abgelehnt, weil keine Gefährdung zu besorgen sei (Schönke/Schröder/Cramer, StGB, § 315c Rn. 38). Dem ist die Literatur und nunmehr auch modernere Rechtsprechung entgegengetreten für die Fälle, in denen es sich um Gefahren handelt, die unmittelbar aus einem Fehlverhalten im Straßenverkehr herzuleiten sind, gleichgültig, ob sich das Fahrzeug noch bewegt oder bereits zum Stillstand gekommen ist (schleudernder PKW bleibt in der Leitplanke hängen oder landet auf einer Verkehrsinsel; vgl. dazu: Schönke/Schröder/Cramer, StGB, a.a.O., m.w.N.).

c) § 315c Abs. 1 Nr. 2 StGB

80 Tathandlungen sind hier abstrakt besonders gefährliche Verkehrsverstöße, die einem sog. **Katalog der „sieben Todsünden"** zugeordnet sind. Unter der Voraussetzung, dass der Fahrer Leib oder Leben eines anderen oder fremde Sachen von bedeutendem Wert gefährdet, werden besonders gefahrträchtige Verkehrsverstöße unter Vergehensstrafe gestellt. Der Katalog ist **erschöpfend** (Tröndle/Fischer, StGB, § 315c Rn. 4; Jagusch/Hentschel, Straßenverkehrsrecht, § 315c Rn. 19).

81 **Grob verkehrswidrig und rücksichtslos** muss sich der Fahrzeugführer verhalten haben. Diese Merkmale sind Schuldmerkmale und müssen **kumulativ** erfüllt sein. Es genügt nicht, wenn der Täter bei längerer Fahrt mehrere Verkehrsverstöße begeht und dabei einmal grob verkehrswidrig, ein anderes Mal rücksichtslos handelt (BGH, VRS 16, 132; vgl. auch: Spöhr/Karst, NZV 1993, 254 und NJW 1993, 3308; vgl. zur vorsätzlichen Gefährdung des Straßenverkehrs durch grob verkehrswidriges und rücksichtsloses falsches Überholen OLG Düsseldorf, NZV 2000, 337 ff.).

82 „Grob verkehrswidrig" bezeichnet die **objektiv** besonders verkehrsgefährdende Bedeutung des Verhaltens des Fahrzeugführers, das Merkmal „rücksichtslos" einen besonderen Grad **subjektiver** Pflichtwidrigkeit (OLG Stuttgart, NJW 1967, 1766; OLG Jena, NZV 1995, 238).

83 Ob ein objektiv besonders schwerer Verstoß gegen Verkehrsvorschriften vorliegt, beurteilt sich danach, ob in der konkreten Verkehrssituation der begangene Verkehrsverstoß die Sicherheit des Straßenverkehrs beeinträchtigt hat (Heranrasen an Zebrastreifen, Schneiden überholter Fahrzeuge, Kolonnenspringen, Nichtkenntlichmachen liegen gebliebener Fahrzeuge, nicht unbedingt das Überschreiten der Höchstgeschwindigkeit um das Doppelte: vgl. mit Beispielen Tröndle/Fischer, StGB, § 315c Rn. 13; Schönke/Schröder/Cramer, StGB, § 315c Rn. 29; BGHSt 5, 392, 395; OLG Düsseldorf, NZV 1988, 149, 150).

Das Merkmal der **Rücksichtslosigkeit** kennzeichnet die gesteigerte subjektive Vorwerfbarkeit; 84
rücksichtslos verhält sich, wer sich entweder eigensüchtig über bekannte Rücksichtspflichten hin-
wegsetzt oder wer sich aus **Gleichgültigkeit** auf seine Fahrerpflichten nicht besinnt und unbekümmert um mögliche Folgen drauflosfährt, etwa um schneller voranzukommen, mag er auch darauf
vertrauen, dass es zu einer Beeinträchtigung anderer Personen nicht kommen werde (Jagusch/Hent-
schel, Straßenverkehrsrecht, § 315c Rn. 21). Die erstere Fallgruppe unterfällt der sog. „bewussten
Fahrlässigkeit". Rücksichtslos handelt nach der zweiten Alternative aber auch, wer sich aus
Gleichgültigkeit nicht auf seine Pflichten besinnt und Hemmungen gegen seine Fahrweise gar nicht
erst aufkommen lässt, sondern unbekümmert um die Folgen seiner Fahrweise losfährt, der Fall
„unbewusster Fahrlässigkeit" (BGH, VRS 50, 342, 343; OLG Düsseldorf, NZV 1988, 149, 150).
Dabei können auch die Beweggründe von entscheidender Bedeutung sein. Ein Arzt, der Verkehrsvorschriften missachtet, weil er schnell einen Herzinfarktpatienten ins Krankenhaus schaffen
möchte, wird nicht rücksichtslos handeln, anders möglicherweise der genervte Ehemann, der ständig rechts überholt, um seine Ehefrau schnell ins Krankenhaus zu bringen, bei der die Wehen eingesetzt haben. Gemeint sind **extrem verwerfliche Verfehlungen**, nicht unbewusst fahrlässige
Gedankenlosigkeit, Unaufmerksamkeit, Bestürzung oder Schreck. Leichtsinn, Eigensucht und
Gleichgültigkeit sind die Kennzeichen der Rücksichtslosigkeit (OLG Braunschweig, VRS 30,
286).

Wer als Kfz-Führer bei Rotlicht der für ihn maßgeblichen Lichtzeichenanlage in der irrigen Vor- 85
stellung, die Ampel zeige für ihn Grünlicht an, in eine Kreuzung einfährt und dort mit einem Fahrzeug des Querverkehrs zusammenstößt, handelt zwar grob verkehrswidrig, aber **nicht rücksichtslos** in diesem Sinne (OLG Düsseldorf, NZV 1996, 245).

aa) § 315c Abs. 1 Nr. 2a StGB

Die „Nichtbeachtung der Vorfahrt" bezieht sich zunächst auf die **ausdrücklichen Vorfahrtsregeln** 86
der §§ 8, 18 Abs. 3 StVO, gilt aber auch für alle anderen **vorfahrtsvergleichbaren Verkehrssituationen,** wie z.B. an Fußgängerüberwegen (§ 26 StVO), bei der Rücksichtnahme auf Fußgänger
beim Abbiegen (§ 9 Abs. 3 Satz 3 StVO), sonst beim Abbiegen (§ 9 Abs. 4 StVO), beim Einfahren
auf die Fahrbahn oder Anfahren vom Fahrbahnrand (§ 10 StVO), beim Vorbeifahren (§ 6 Satz 1
StVO), bei besonderen Verkehrslagen wie Verkehrsstaus auf Kreuzungen u.Ä.. (§ 11 StVO), beim
Zeichen 208 (Gegenverkehr bei verengter Fahrbahn Vorrang gewähren). Diese von der Rechtsprechung vertretene Auffassung (BGH, VM 1970, 9; OLG Hamburg, VM 1961, 35; OLG Oldenburg,
VRS 42, 34; OLG Düsseldorf, VRS 66, 354; KG, VRS 46, 192) ist unter Hinweis auf das im Strafrecht geltende **Analogieverbot** in der Literatur umstritten (Jagusch/Hentschel, Straßenverkehrsrecht, § 315c Rn. 29; Schönke/Schröder/Cramer, StGB, § 315c Rn. 16 jeweils m.w.N.). Die Vorfahrt wird zudem verletzt bei der Nichtbeachtung von Verkehrsampeln (OLG Jena, NZV 1995,
237) sowie der Nichtbeachtung der Zeichen 205 (Vorfahrt gewähren) und 206 (Halt! Vorfahrt
gewähren). Die Vorschrift betrifft ausschließlich den Wartepflichtigen, nicht den Vorfahrtberechtigten, und zwar auch dann nicht, wenn dieser selbst verkehrswidrig handelt (Jagusch/Hentschel,
Straßenverkehrsrecht, § 315c Rn. 30).

bb) § 315c Abs. 1 Nr. 2b StGB

Das **Überholen** ist ein zielgerichteter Vorgang, bei dem ein Fahrzeug sich vor ein anderes, das in 87
gleicher Richtung fährt, zu setzen beabsichtigt (BGH, VRS 11, 171; OLG Köln, MDR 1956, 353).
Dies gilt auch, wenn das zu überholende Fahrzeug kurzfristig aus verkehrsbedingten Gründen
anhält (Kreuzung oder Verkehrsampel: KG, VRS 11, 70; BGHSt 26, 73); fährt es an den Straßenrand, um zu parken, liegt lediglich ein **Vorbeifahren** vor (BGH, VRS 4, 543; 6, 155 und 11, 171;
OLG Düsseldorf, NZV 1989, 317).

88   **Falsches Überholen** ist jeder verkehrswidrige Überholvorgang, auch gefährdendes Rechtsüberholen und zu knappes oder Linksvorsetzen, sog. „Schneiden" (BGH, VRS 18, 36; BayObLG, NJW 1988, 273; OLG Düsseldorf, NZV 1988, 149). Dabei muss der Täter nicht unbedingt den Regeln der §§ 2 Abs. 1 und 5 StVO zuwiderhandeln; es reichen Verkehrsverstöße aus, die mit dem Überholen in einem inneren Zusammenhang stehen und Regeln verletzen, die der Sicherheit des Überholvorgangs dienen (z.B. Rechtsüberholen, dichtes bedrängendes Auffahren zum Zwecke der „Disziplinierung", Überholen vor Bergkuppen oder von erkennbaren Linksabbiegern u.Ä.: vgl. Schönke/Schröder/Cramer, StGB, § 315c Rn. 17 und 20 und Jagusch/Hentschel, Straßenverkehrsrecht, § 315c Rn. 33 mit zahlreichen Beispielen).

89   Ein vollendetes, nicht versuchtes falsches Überholen liegt bei „Beginn des Überholens" auch dann vor, wenn das **Überholen abgebrochen** wird (OLG Köln, VRS 44, 16; sog. „Ausscheren"). Verkehrswidriges Verhalten nach „Abschluss des Überholens" reicht zur Tatbestandserfüllung dann nicht aus, wenn das überholende Fahrzeug das überholte so weit hinter sich gelassen hat, dass das überholte Fahrzeug seine Fahrt ungehindert fortsetzen kann, so als habe der Überholvorgang nie stattgefunden (OLG Braunschweig, VRS 32, 375; OLG Stuttgart, VM 1958, 23).

90   Ein **Falschfahren bei Überholvorgängen** liegt bei jeder Regelwidrigkeit eines Fahrzeugführers vor, die in einem inneren Zusammenhang zu einem Überholen steht, auch wenn sie nicht den Überholten beeinträchtigt oder weder vom Überholenden noch vom Überholten ausgeht (z.B. dichtes Auffahren auf einen Überholenden: OLG Düsseldorf, VRS 62, 44; LG Bonn, VRS 79, 17).

91   Die Vorschrift erfasst i.Ü. das Fehlverhalten sowohl des Überholenden wie auch des Überholten, wie z.B. dessen plötzliches Beschleunigen, Ausscheren nach links oder sonstiges Hindern des Überholenden daran, sich wieder ordnungsgemäß rechts einzuordnen (OLG Stuttgart, VRS 43, 275; OLG Koblenz, VRS 55, 355; OLG Düsseldorf, VRS 58, 28).

cc) § 315c Abs. 1 Nr. 2c StGB

92   **Falsches Fahren an Fußgängerüberwegen** stellt eine Ergänzung zu Nr. 2a dar und betrifft Verstöße gegen § 26 StVO, nicht auch gegen § 9 Abs. 3 Satz 3 StVO. Die Vorschrift betrifft den sog. **„Zebrastreifen".** Ist dieser zusätzlich durch eine Lichtzeichenanlage gesichert, so hat diese gem. § 37 Abs. 1 StVO Vorrang, so dass der Fußgänger den Überweg nur betreten darf, wenn dieser durch das grüne Signal für ihn freigegeben ist. Die Vorschrift gilt auch für Fußgänger, die ein Fahrrad bei sich führen und nach Erreichen des Überwegs aufsitzen und über den Zebrastreifen rollen (OLG Stuttgart, DAR 1988, 101). Ob dies auch gilt, wenn Radfahrer sich nähern und über den Zebrastreifen hinwegfahren, wird in der Literatur bestritten (Jagusch/Hentschel, Straßenverkehrsrecht, § 315c Rn. 35). Nach der jüngeren Rechtsprechung genießen Radfahrer, die den Fußgängerüberweg benutzen, nicht den Schutz des § 26 StVO und handeln ihrerseits verbotswidrig. Etwas anderes gilt nur dann, wenn sie das Fahrrad bei der Überquerung des Fußgängerüberweges schieben (OLG Düsseldorf, NZV 1998, 296).

dd) § 315c Abs. 1 Nr. 2d StGB

93   Das **Zuschnellfahren an unübersichtlichen Stellen, an Straßenkreuzungen, Straßeneinmündungen oder Bahnübergängen** erfasst gefährliche Verstöße gegen §§ 3, 8 und § 19 StVO. Wann eine Geschwindigkeit zu hoch ist, bemisst sich an den konkreten Umständen im Einzelfall. Grds. muss der Vorfahrtberechtigte seine Geschwindigkeit der jeweiligen Verkehrslage anpassen und das Rücksichtnahmegebot beachten; er kann jedoch grds. darauf vertrauen, dass nicht erkennbare, wartepflichtige Verkehrsteilnehmer sein Vorfahrtrecht beachten (Schönke/Schröder/Cramer, StGB, § 315c Rn. 22). Eine zu hohe Geschwindigkeit kann vorliegen, wenn der Täter über eine Straßenkreuzung rast, aber auch, wenn er vor dem Abbremsen vor der Kreuzung zu schnell gefahren ist (BayObLG, VRS 61, 212; OLG Hamm, VRS 11, 57). Zu schnell fährt allgemein jemand, der infolge seiner Fahrgeschwindigkeit nicht mehr verkehrsgerecht reagieren kann (BGH, VRS 48, 28).

„**Unübersichtlich**" ist eine Stelle, wenn die Straßenverhältnisse keinen hinreichenden Überblick   94
über den Straßenverlauf gewähren oder wenn vorübergehende Umstände wie Nebel, Dunkelheit,
Schnee oder schwere Regenfälle u.Ä. ein Überblicken der Strecke erschweren; eine lediglich
unklare Verkehrslage reicht dazu nicht aus (OLG Hamm, DAR 1969, 275 und VM 1971, 8; Bay-
ObLG, VRS 35, 284 und NZV 1988, 110; Jagusch/Hentschel, Straßenverkehrsrecht, § 315c Rn. 37;
Tröndle/Fischer, StGB, § 315c Rn. 8; Schönke/Schröder/Cramer, StGB, § 315c Rn. 22).

„**Bahnübergänge**" sind alle Kreuzungen zwischen Schiene und Straße, und zwar unabhängig vom   95
Vorhandensein von Schranken (Schönke/Schröder/Cramer, StGB, § 315c Rn. 22).

ee) § 315c Abs. 1 Nr. 2e StGB

Das **Nichteinhalten der rechten Fahrbahnseite an unübersichtlichen Stellen** (§ 2 Abs. 1 und 2   96
StVO) soll insbesondere das sog. „**Kurvenschneiden**" unter Strafe stellen, weil hierdurch der
Gegenverkehr auf das Schwerste gefährdet werden kann. Erforderlich ist aber, dass die rechte
Fahrbahnseite wenigstens teilweise nach links überschritten wird (BGH, VRS 44, 422). Ist nur die
Sicht beeinträchtigt, greift Nr. 2e nicht ein (OLG Düsseldorf, VM 1979, 313). Bei übersichtlichen
Kurven kann nur § 2 StVO einschlägig sein (vgl. BGHSt 23, 313).

ff) § 313c Abs. 1 Nr. 2f StGB

Da der Versuch des **Wendens und Rückwärtsfahrens oder Fahrens entgegen der Fahrtrich-**   97
tung auf Autobahnen oder Kraftfahrstraßen der Vollendung gleichgestellt ist, stellt sich das
Fahrverhalten als **Unternehmensdelikt** nach § 11 Nr. 6 StGB dar (vgl. § 18 Abs. 7 StVO).

Ist ein Fahrzeug in die der Fahrtrichtung entgegengesetzte Richtung gebracht – dabei genügt ein   98
Ansetzen zum Queren der Fahrbahn auf Grünstreifen oder Überwegen bis zum Einorden auf die
Gegenfahrbahn – so liegt ein „Wenden" auch dann vor, wenn die **Weiterfahrt nicht beabsichtigt**
ist (BGH, VRS 53, 307; KG, VM 1975, 78). Das Verbot des Wendens auf einer Autobahn gilt i.Ü.
auch dann, wenn ein Teilstück in beiden Fahrtrichtungen vollständig gesperrt ist, z.B. nach einem
Verkehrsunfall (OLG Hamm, NZV 1998, 40; vgl. auch: OLG Düsseldorf, NZV 1995, 115;
BayObLG, NZV 1996, 161).

Mit „Rückwärtsfahren" ist nur das Fahren nach hinten im Rückwärtsgang, nicht auch das in fal-   99
scher Richtung nach vorwärts gemeint (OLG Stuttgart, NJW 1976, 2224 mit Anm. Rüth; OLG
Stuttgart, VRS 58, 204 mit Anm. Kürschner, JR 1980, 472; OLG Celle, VM 1983, 88; AG
Cochem, DAR 1980, 185; OLG Karlsruhe, VRS 65, 470; Tröndle/Fischer, StGB, § 315c Rn. 10).

Weder unter das Wenden noch unter das Rückwärtsfahren fällt die sog. „**Geisterfahrt**", das „Fah-   100
ren entgegen der Fahrtrichtung". Der besser als „**Falschfahrt**" bezeichnete, extrem gefährliche
Verkehrsvorgang kennzeichnet das Befahren einer Autobahn oder Kraftfahrstraße in falscher
Fahrtrichtung (Jagusch/Hentschel, Straßenverkehrsrecht, § 315c Rn. 40).

gg) § 315c Abs. 1 Nr. 2g StGB

Das **Nichtkenntlichmachen haltender oder liegengebliebener Fahrzeuge auf ausreichende**   101
Entfernung ist ein echtes Unterlassungsdelikt und betrifft jeden nach der Sachlage Verantwortlichen, vor allem aber Halter oder Fahrer von Fahrzeugen, die aufgrund von Motorschaden, Unfall,
Glatteis usw. nicht nur kurz halten, sondern längerfristig nicht bewegt werden können. Die Kenntlichmachung muss nach den örtlichen Umständen und dem zu erwartenden Verkehr mit den dazu
geregelten Hilfsmitteln erforderlich sein (Warndreieck, Beleuchtung, Warnblinkanlage; vgl. §§ 15,
17 StVO). Die Pflicht besteht vor allem nachts, am Tage besonders auf schnell und viel befahrenen
Straßen und für schwere Kfz (BGHSt 16, 89; BGH, VRS 11, 1; BGH, VM 1964, 82; OLG Köln,
NJW 1966, 934; Tröndle/Fischer, StGB, § 315c Rn. 11). Eine Pflicht zur Kenntlichmachung entfällt jedoch, wenn ihre Vornahme (Aufstellen eines Warndreiecks z.B.) länger dauern würde als

ein zulässiges Entfernen von der Stelle, an der es liegengeblieben ist (OLG Köln, NZV 1995, 159). Unerheblich ist auch, ob an der Havariestelle ein Halten oder Parken erlaubt ist oder nicht.

III. Versuch und Teilnahme

102 Der „**Versuch**" ist nach § 315c Abs. 2 StGB nur in den Fällen des Abs. 1 Nr. 1 der Vorschrift strafbar. Er kann darin gesehen werden, dass z.B. sich ein betrunkener Täter ans Steuer setzt und den Motor anlässt. Auch hier ist aber zu bedenken, dass der Täter den **Eintritt der konkreten Gefahr** in sein Vorstellungsbild aufgenommen und billigend in Kauf genommen haben muss (OLG Düsseldorf, NJW 1956, 1043; VRS 35, 29). Dies mag in der Praxis z.B. bei den sog. „**Crash-Kids**" vorkommen, die Autos u.a. zum Zwecke von besonderen **Mutproben** missbrauchen, dürfte aber sonst selten sein (vgl. Hartung, NJW 1965, 86, 90).

103 **Mittäterschaft** ist möglich, wenn die Führung des Fahrzeugs bei der Tat anteilig durchgeführt wird. Wer nicht an der Führung des Fahrzeugs beteiligt ist, kann nicht Täter sein. Hier kommt aber **Beihilfe** oder **Anstiftung** dann in Betracht, wenn Halter oder Beifahrer den erkennbar fahruntüchtigen Fahrer nicht an der Fahrt hindern, ihn möglicherweise noch dazu animieren (BGHSt 18, 6; OLG Celle, DAR 1957, 297); Voraussetzung ist aber auch hier eine **vorsätzliche Haupttat**, die z.B. bei § 315c Abs. 3 Nr. 2 StGB nicht vorliegt (OLG Stuttgart, NJW 1976, 1904). Gem. § 11 Abs. 2 StGB liegt eine Vorsatztat nur vor, wenn hinsichtlich der Gefährdung der Vorwurf der Fahrlässigkeit besteht, hinsichtlich der Tathandlung aber Vorsatz gesetzliche Voraussetzung ist.

IV. Rechtfertigung oder Entschuldigung der Tat

104 Werden bei einer rauschmittelbedingten Fahrt mitfahrende Insassen gefährdet oder verletzt oder werden wertvolle Sachgüter in Mitleidenschaft gezogen, so ist im Rahmen des § 315c StGB umstritten, ob die Rechtswidrigkeit der Tathandlung entfällt, wenn die mitfahrenden Gäste die rauschmittelbedingte Beeinflussung des Fahrers gekannt und deshalb ausdrücklich oder jedenfalls stillschweigend in eine eventuelle Gefährdung oder Verletzung eingewilligt haben oder wenn desgleichen bei dem Eigentümer der mitgeführten wertvollen Sachgegenstände festzustellen ist. Vertreten wird, dass § 315c StGB eine **Individualgefahr** voraussetze und dass deshalb sein Schutz auch individuellen Rechtsgütern gelte, so dass die Möglichkeit einer Rechtfertigung durch **Einwilligung** nicht auszuschließen sei (Schönke/Schröder/Cramer, StGB § 315c Rn. 43). Demgegenüber vertritt die Rechtsprechung und überwiegende Literatur die Auffassung, dass das durch § 315c StGB geschützte **Rechtsgut** die **Sicherheit des Straßenverkehrs** sei, über das der Einwilligende gerade nicht wirksam verfügen könne (BGH, NJW 1970, 1380; BGH, NZV 1992, 370 und 1995, 80; OLG Karlsruhe, NJW 1974, 1006; OLG Stuttgart, NJW 1976, 1904; Berz/Burmann/Hentschel, Handbuch des Straßenverkehrsrechts, 14 D, § 315c StGB Rn. 66; Hentschel/Born, Trunkenheit im Straßenverkehr, Rn. 399 ff.).

105 **Notrechte** für Ärzte oder sonstige Hilfspersonen in medizinischen Notfällen gibt es für den allgemeinen Straßenverkehr grds. nicht (s. Rn. 50).

106 **Sonderrechte,** Zeichen und Weisungen nach §§ 35 und 36 StVO oder § 127 StPO stellen amtliche Befugnisse dar, die Verhaltensweisen gestatten, die rein äußerlich einer Tatbestandsverwirklichung des § 315c StGB ähneln können, aber keine solche sind.

V. Subjektiver Tatbestand

1. Vorsätzliche Begehung

107 Nach § 315c Abs. 1 StGB der Vorschrift ist bezüglich aller Merkmale des objektiven Tatbestandes einschließlich der Gefahr Vorsatz erforderlich, wobei **bedingter Vorsatz ausreichend** ist. Das bedeutet, dass sich der Vorsatz des Täters sowohl auf seine rauschmittelbedingte Fahrunsicherheit als auch auf die Gefährdung anderer Personen oder fremder Sachen von bedeutendem Wert bezie-

hen muss. Gem. § 11 Abs. 2 StGB liegt eine vorsätzliche Tat aber auch dann vor, wenn der Täter die objektiven Tatbestandsmerkmale vorsätzlich verwirklicht, die **Gefahr** jedoch nur **fahrlässig** **verursacht** (§ 315c Abs. 1 Nr. 1a, Abs. 3 Nr. 1 StGB; vgl. BGH, DAR 1997, 177 bei Tolksdorf).

Bei **vorsätzlicher Begehung** der Tat muss der Täter nicht nur bewusst und gewollt ein Fahrzeug führen, sondern auch erkannt haben, dass er infolge der Einnahme von Rauschmitteln fahrunsicher ist und dadurch eine Gefährdung eintreten kann (vgl. die Ausführungen zu Rn. 51 ff.). Die vorsätzliche Herbeiführung der Gefahr i.S.d. § 315c Abs. 1 StGB muss sich nicht nur auf eine abstrakte, sondern auf eine konkrete Gefahrensituation beziehen (BGH, NZV 1998, 211). **108**

Bei vorsätzlicher Herbeiführung der Gefahrenlage muss der Täter diese erkannt und zumindest billigend in Kauf genommen haben. Die Annahme einer bloß abstrakten Gefährlichkeit seines Tuns reicht also nicht aus. Auch die **Inkaufnahme der eigenen Gefährdung** spricht nicht unbedingt gegen eine Vorsatztat, weil der Täter auch – im Vertrauen darauf, es werde schon nichts passieren – einen unangenehmen, eigentlich nicht gewollten Taterfolg billigen kann (so BGH, NZV 1996, 458). **109**

2. Fahrlässige Begehung

Abs. 3 der Vorschrift regelt die Fälle einer fahrlässigen Straßenverkehrsgefährdung (BGH, VRS 31, 264) und umfasst alle Situationen, in denen der Täter auch nur eines der Tatbestandsmerkmale nicht vorsätzlich verwirklicht (BGH, VRS 30, 340 und 50, 342; vgl. i.Ü. zu den Voraussetzungen Rn. 57 ff.; zur Kritik an der Fassung des Abs. 3 vgl. Schönke/Schröder/Cramer, StGB, § 315c Rn. 42: „Wer in Kenntnis seiner Fahrunsicherheit ein Fahrzeug führt und dabei andere Rechtsgüter fahrlässig gefährdet, begeht größeres Unrecht, als wer sich in fahrlässiger Unkenntnis seiner Fahruntüchtigkeit ans Steuer setzt"). **110**

VI. Konkurrenzen

Wenn mehrere Begehungsformen des § 315c StGB in einer Handlung zusammentreffen (z.B. konkrete Gefährdung durch rauschmittelbedingte Fahrunsicherheit und gleichzeitig grob verkehrswidriges und rücksichtsloses Verhalten), aber nur zu einer konkreten Gefahrensituation führen, so liegt nur **ein Delikt** nach § 315c StGB und nicht etwa Idealkonkurrenz vor (Schönke/Schröder/Cramer, StGB, § 315c Rn. 50 und Berz/Burmann/Hentschel, Handbuch des Straßenverkehrsrechts, 14 E, Konkurrenzfragen, Rn. 2). Gleiches gilt, wenn durch ein und dasselbe tatbestandsmäßige Verhalten mehrere Personen gefährdet werden (BGH, NZV 1989, 31; BayObLG, NJW 1984, 68). Entsprechendes gilt bei der Gefährdung mehrerer Sachen von bedeutendem Wert. Es liegt eine einheitliche Tat vor, wenn es an einem neuen Tatentschluss fehlt (BGH, NZV 1989, 31 und NJW 1995, 1766). Deshalb kann Tatmehrheit nur gegeben sein, wenn die Fortsetzung einer rauschmittelbeeinflussten Fahrt, die zu einer weiteren konkreten Gefährdung oder Schädigung geführt hat, auf einem neuen Tatentschluss beruht, wie dies häufig bei der Fahrtfortsetzung nach Unfällen zu beobachten ist (sog. „Polizeifluchtfälle": BGH, NJW 1970, 255; OLG Koblenz, VRS 37, 190; a.A.: Schönke/Schröder/Cramer, StGB, § 315c Rn. 53 unter Beibehaltung des Verständnisses der Vorschrift als „Dauerdelikt"). **111**

I.Ü. ist § 315c Abs. 1 Nr. 1a StGB **lex specialis** gegenüber § 315c Abs. 1 Nr. 1b StGB (BGH, VM 1971, 81; Tröndle/Fischer, StGB, § 315c Rn. 22). **112**

Gegenüber § 315c Abs. 1 Nr. 1a StGB ist § 316 StGB **subsidiär** (BGH, NJW 1970, 255; 1973, 335 und 1983, 1744; BayObLG, NJW 1973, 1657; KG, VRS 60, 107). **113**

C. Unerlaubtes Entfernen vom Unfallort

I. Schutzbereich des § 142 StGB

114 Die Vorschrift bedroht denjenigen mit Geld- oder Freiheitsstrafe, der sich als Unfallbeteiligter entsprechend der Varianten der Abs. 1 und 2 unerlaubt vom Unfallort entfernt und auch nicht nachträglich die Feststellung seiner Person als Unfallbeteiligten ermöglicht hat. Die **Feststellung der Tatsache der Unfallbeteiligung** als solche ist durch den Beteiligten zu ermöglichen. Daraus ergibt sich die grundlegende **Pflicht** eines jeden Unfallbeteiligten, die erforderlichen Ermittlungen im Zusammenhang mit einem Verkehrsunfall zu ermöglichen (BGHSt 8, 265) und zwar entweder nach Abs. 1 durch **Verbleiben am Unfallort** direkt nach dem Ereignis oder nach Abs. 2 durch **unverzügliches Nachholen** nach einem Entfernen oder nach dem neuen Abs. 3 durch die Modalitäten des **Meldens bei dem Geschädigten** oder bei einer nahe gelegenen **Polizeidienststelle.** Auch bei eindeutiger Haftungslage ist eine Unfallflucht stets eine Verletzung der **Aufklärungsobliegenheit** in der Kfz-**Haftpflicht- und Kaskoversicherung** (BGH, Urt. v. 1.12.1999, DAR 2000, 113).

115 Das **unerlaubte Entfernen vom Unfallort** ist im 7. Abschnitt des StGB „Straftaten gegen die öffentliche Ordnung" geregelt. Der **Schutzzweck** des § 142 StGB ist, der Gefahr zu begegnen, dass die Aufklärung eines Unfalls im Straßenverkehr dadurch vereitelt wird, dass sich ein Unfallbeteiligter den erforderlichen Feststellungen durch sein Entfernen vom Unfallort entzieht. Nach einhelliger Meinung dient der § 142 StGB der Feststellung (und Abwehr) der durch einen Unfall entstandenen **zivilrechtlichen Ansprüche** der Unfallbeteiligten und Geschädigten (BGHSt 8, 263; 12, 253; BVerfGE 16, 191; Tröndle/Fischer, StGB, §142 Rn. 4; Schönke/Schröder/Cramer, StGB, § 142 Rn. 1). Entgegen der auf den ersten Blick durch die Einordnung im 7. Abschnitt nahe liegenden Vermutung ist der Schutzzweck daher nicht, alle Unfälle im Straßenverkehr zu erfassen und als Verstoß gegen die Straßenverkehrsordnung verwaltungs- und strafrechtlich zu ahnden, sondern dies ist allenfalls ein mittelbarer Effekt des Schutzgutes der Sicherung der privatrechtlichen Ansprüche aus einem Straßenverkehrsereignis.

116 In keiner Weise und auch nicht mittelbar wird ein etwaiges (subjektives) Interesse eines Unfallbeteiligten an der Abwehr oder auch der Durchführung **staatlicher Ahndung** von § 142 StGB erfasst wie Schönke/Schröder/Cramer (StGB, § 142 Rn. 1) zutreffend durch Verweis auf die Strafbarkeitsausnahme bei Bagatellunfällen begründet.

117 Bei § 142 StGB handelt es sich um ein **abstraktes Vermögensgefährdungsdelikt,** weshalb somit bereits ein Entfernen des Unfallbeteiligten von der Unfallstelle, ohne dass es zu einer konkreten Anspruchs- (Vermögens-)gefährdung tatsächlich gekommen ist, unter Strafe gestellt ist. Das Verlassen eines Unfallortes an sich, ohne hinzukommende, weitere Vorkommnisse, begründet eine Strafbarkeit des Unfallbeteiligten allein wegen der Verletzung der ihm obliegenden Mitwirkungspflicht (sog. **passive Mitwirkungspflicht** – Himmelreich/Bücken, Verkehrsunfallflucht, Rn. 139).

Hinweis:

Ein Vortrag des Mandanten, ein erfolgtes Entfernen in irgendeiner Art – außerhalb der gesetzlichen Ausnahme des § 142 Abs. 2 Nr. 2 StGB – zu begründen, muss daher grds. fehlschlagen, und dies ist dem Mandanten gegenüber klarzustellen.

---

118 Die Vorschrift begründet für einen Unfallbeteiligten letztlich die in einfache Worte zu fassende Pflicht, **persönlich** unter Angabe seiner **Unfallbeteiligung** mit dem **benutzten Fahrzeug** an dem Unfallort anwesend zu bleiben bis die erforderlichen Feststellungen getroffen worden sind oder die Wartefrist verstrichen ist (s. auch Himmelreich/Bücken, a.a.O., Rn. 138; s. auch Burhoff, Ermittlungsverfahren, Rn. 2021).

II. Sechstes Gesetz zur Reform des Strafrechts vom 26.1.1998

Durch das **Sechste Gesetz zur Reform des Strafrechts (6. StrRG)** vom 26.1.1998 (BGBl. I, S. 164), das zum 1.4.1998 in Kraft getreten ist, wurde u.a. der Besondere Teil des StGB umfassend reformiert. Insbesondere sollte eine Harmonisierung der Strafrahmen erfolgen sowie eine Verschärfung und zeitgemäße Anpassung einzelner Deliktsgruppen sowie die Verstärkung des Strafschutzes in besonders gefährdeten Bereichen. Auch § 142 StGB ist ergänzt worden, womit zumindest im Ansatz einem der immer wieder erhobenen Reformwünsche (z.B. Empfehlungen des 24. VGT, 1986, S. 11; Cramer, ZRP 1987, 157; Park, DAR 1993, 247; Schönke/Schröder/Cramer, StGB, § 142 Rn. 4) Rechnung getragen worden ist: Der § 142 StGB ist um den neuen Abs. 4 als „vertypter Milderungsgrund" (Sander/Hohmann, NStZ 1998, 278) erweitert worden. Danach ist trotz eines Entfernens vom Unfallort ein gänzliches Absehen von der Strafe oder eine Strafmilderung gem. § 49 Abs. 1 StGB zu Gunsten des Unfallbeteiligten möglich, wenn er die ihm obliegende Pflicht der Abs. 1 und 2 **innerhalb von 24 Stunden** nachholt und es sich um einen Unfall **außerhalb des fließenden Verkehrs** handelt, bei dem „ausschließlich nicht bedeutender Sachschaden" entstanden ist (Einzelheiten zu den Tatbestandsvoraussetzungen s. Rn. 122 ff., 217 ff.). | 119

Die Bedeutung der Einführung einer solchen Rücktrittsvorschrift wird vor allem vor dem Hintergrund der kriminalpolitischen Entwicklung des § 142 StGB deutlich, wenn man sich vor Augen hält, dass bis zum 13. StrÄndG vom 13.6.1975 (BGBl. I, S. 1349) noch der **Versuch des unerlaubten Entfernens vom Unfallort** strafbar war. In diesem verkehrsstrafrechtlichen Bereich ist eine konsequente Tendenz hin zur Entkriminalisierung und daher **Lockerung der strafrechtlichen Verantwortlichkeit** zu verzeichnen, was wohl nicht zuletzt auf die ständig zunehmende Verkehrsdichte zurückzuführen ist, die einen allumfassenden strafrechtlichen Schutz von zivilrechtlichen Ansprüchen durch die begrenzte Kapazität der staatlichen Organe nicht mehr ermöglichen kann und daher eine Entlastung der Strafjustiz erforderlich machen. | 120

Bönke (NZV 1998, 129) weist jedoch zutreffend darauf hin, dass die mit dem 6. StrRG insbesondere verfolgte Verbesserung des Opferschutzes (Schmidt-Jortzig, Recht, 1997, 99; BT-Drs. 13/8587, S. 57) noch vor dem Entlastungsgedanken durch den neuen Abs. 4 Verwirklichung findet. Die erfolgte Entkriminalisierung der durch den Täter erst nachträglich ermöglichten Feststellungen wird zu einer verbesserten Stellung des Geschädigten führen, weil in Zukunft in einem großen Teil der Verkehrsunfallfluchtfälle wegen der Straffreiheit oder -milderung noch eine nachträgliche Feststellung und somit Sicherung der Ersatzansprüche erwartet werden kann, wo vorher ggf. auch Ermittlungen nicht weiterhelfen konnten (zu den Voraussetzungen des Abs. 4 s.u. Rn. 217 ff.). | 121

III. Ausgangstatbestand

Allen Absätzen und Tatmodalitäten des § 142 StGB liegt die Situation zugrunde, dass ein **Unfall** im öffentlichen Straßenverkehr, der mit dessen **typischen Gefahren** (OLG Hamm, NJW 1982, 2457) im Zusammenhang (NJW 1980, 300) steht, zu einem **nicht völlig belanglosen** Personen- oder Sachschaden geführt hat (zu den besonderen Problemstellungen der Unfallflucht mit einem **Leasingfahrzeug** s. OLG Hamm, NJW-RR 1992, 925; NZV 1998, 33; Bethäuser, DAR 1999, 481). | 122

1. Begriff des Unfalls

Ein Unfall ist ein **plötzliches Ereignis** im Straßenverkehr, das mit den Gefahren des Straßenverkehrs in ursächlichem Zusammenhang steht (BGHSt 8, 264; 12, 255; 24, 382). | 123

Es liegt nicht bereits ein Unfall dann vor, wenn ein lediglich **verkehrsgefährdender Zustand** herbeigeführt wurde, aus dem sich erst zu einem späteren Zeitpunkt und zwar nach dem Entfernen von der Stelle ein Unfall durch Eintritt des Personen- oder Sachschadens realisiert (z.B. das Verlieren von Fracht oder Ladung). | 124

125 Der Geschädigte eines Unfalls muss nicht zwingend Verkehrsteilnehmer gewesen sein, damit ein Unfall i.S.d. § 142 StGB anzunehmen ist. So kann auch das **Anfahren und die Verletzung oder Tötung eines Tieres** ein Verkehrsunfall sein (VRS 4, 121) oder die Beschädigung einer Sache, dessen Eigentümer nicht anwesend und somit nicht Verkehrsteilnehmer ist.

126 Typisch hierfür sind die Beschädigungen von **parkenden Fahrzeugen,** unabhängig davon, ob dies durch einen Teilnehmer des fließenden oder des ruhenden (sofern eine verkehrsbezogene Ursache vorliegt wie z.b. auf einem öffentlichen Parkplatz) Straßenverkehrs geschieht.

127 Auch hinsichtlich der schadensverursachenden Handlung des Täters ist die Unfalleigenschaft des Vorkommnisses unabhängig davon, ob die Ersatzansprüche mittels des Gebrauchs eines anderen Fahrzeuges im **fließenden Straßenverkehr** oder auch durch einen **Fußgänger** mittels reiner Körperkraft sowie mittels eines Kinder- oder Einkaufswagens im **ruhenden Verkehr** (OLG Koblenz, MDR 1993, 366; OLG Stuttgart, NJW 1969, 1726; LG Bonn, NJW 1975, 178) geschieht. Ebenso kann durch einen schadensverursachenden Radfahrer oder einen Straßenbahnfahrer ein tatbestandsmäßiger Unfall verursacht werden (Himmelreich/Bücken, Verkehrsunfallflucht, Rn. 145). Einzig ausschlaggebend für die Bestimmung eines Unfalls i.S.d. Vorschrift ist, ob nach dem Schutzgut (s. Rn. 145 ff.) durch das Entfernen ohne die erforderlichen Feststellungen eine Gefährdung privatrechtlicher Ersatzansprüche zu befürchten ist.

128 Ausschlaggebend bei der Art der entstandenen Ersatzansprüche ist, dass sie auf einer Verletzung von **absolut geschützten Rechtsgütern** gem. § 823 BGB beruhen. Aus diesem Grund ist das Sichentfernen nach einem Verletzen oder Töten von **Wildtieren** durch Anfahren nicht nach § 142 StGB strafbar, da das dadurch ausschließlich verletzte Jagdausübungsrecht nicht unter den Schutz des § 823 BGB fällt (statt vieler Schönke/Schröder/Cramer, StGB, § 142 Rn. 7).

129 Wenn die Straßenverkehrsteilnahme als **Mittel zum Zweck** der Verwirklichung eines Deliktes geschieht, so wenn ein Fahrzeug ausschließlich als Werkzeug einer beabsichtigten Körperverletzung, einer Sachbeschädigung oder eines Mordes dient, liegt mangels der Realisierung von typischen Gefahren des Straßenverkehrs nicht die erforderliche Verkehrsbezogenheit und damit gar kein Unfall i.S.d. Vorschrift vor (LG Frankfurt, NStZ 1981, 303; Himmelreich/Bücken, a.a.O., Rn. 144 f.). So wird auch in der Entscheidung des BGH vom 15.11.2001 (DAR 2002, 132) ausdrücklich festgestellt, dass ein Unfall im Straßenverkehr jedes Schadensereignis ist, in welchem sich ein verkehrstypisches Unfallrisiko realisiert hat. Das kann demnach jedoch dann nicht angenommen werden, wenn das Schadensereignis im Straßenverkehr nach seinem äußeren Erscheinungsbild die Folge einer deliktischen Planung ist (dabei lag das deliktische Planen von Greifen und Abwerfen von Mülltonnen aus einem fahrenden Fahrzeug mit Sachbeschädigungen zugrunde). Diese Beurteilung hat auch entscheidende Bedeutung für die Frage der Konkurrenzen bzw. Tateinheit mit anderen (Straßenverkehrs-)Delikten (s. auch Rn. 228).

2. Begriff des Straßenverkehrs

130 Voraussetzung ist weiterhin, dass der Unfall auf dem Gebiet des **öffentlichen Straßenverkehrs** und im **ursächlichen Zusammenhang** mit dessen typischen Gefahren geschehen ist.

a) Begriff der Öffentlichkeit

131 Der Begriff der **Öffentlichkeit des Straßenverkehrs** richtet sich nach verkehrsrechtlichem und nicht nach verwaltungsrechtlichem (Straßen- und Wegerecht) Maßstab (OLG Hamm, VRS 26, 457; 30, 452).

132 Das bedeutet, dass allgemein anerkannt auch **Privatwege,** Privatparkplätze oder auch – selbst als solche gekennzeichneten – zu einem Firmengelände gehörige Werkstraßen öffentlichen Verkehrsraum darstellen können, sofern sie zumindest unter ausdrücklicher oder stillschweigender Duldung des wegerechtlich Berechtigten auch von der Allgemeinheit (d.h. von einem unbestimmten Personenkreis) tatsächlich als öffentlich benutzt werden (BGH, VersR 1966, 690; 27, 270; OLG Düsseldorf, NJW 1988, 922).

Mangels eines Ereignisses im **Verkehr auf Straßen** lässt ein anspruchsbegründendes Schadens- **133**
ereignis zwischen zwei Fahrzeugen oder Verkehrsteilnehmern auf einem **Schiff** (fraglich ist auch
die allgemeine Zugänglichkeit hierbei), im **Luftverkehr** und auf **Schienen der Eisenbahn** (anders
bei Schienenwegen auf öffentlichen Straßen wie Unfälle in Verbindung mit Straßenbahnen!) einen
Verkehrsunfall ausscheiden (BGHSt 14, 116; Schönke/Schröder/Cramer, StGB, § 142 Rn. 14).

Ebenso wenig fallen Ereignisse auf **Skipisten** durch Ski-/Snowboardfahrer oder auf **zugefrorenen** **134**
(öffentlichen) Gewässern durch Schlitt-/Gleitschuhen „fahrende" Personen auch dann nicht unter
den Begriff des öffentlichen Straßenverkehrs, wenn der Nutzungszweck alleinig die Fortbewegung
ist (auch nicht bei der Beförderung mittels der Skilifte). Bei all diesen Fällen ist eine mit der
unübersichtlichen Größe und Geschwindigkeit des Straßenverkehrs eng verbundene vergleichbare
Gefährdung der Ansprüche bei Schadensereignissen durch Entfernen von der Unfallstelle wie im
Straßenverkehr nicht gegeben und deshalb auch nicht strafrechtlich zu schützen.

Unter den Begriff des (tatsächlich) öffentlichen Straßenverkehrs fallen z.B. allgemein zugängliche **135**
Privatparkplätze (OLG Hamm, VRS 14, 473; OLG Düsseldorf, NZV 1992, 120), deren Zufahrt
nicht durch technische oder rein körperlich wirkende Barrieren (LG Krefeld, VRS 74, 262) oder
durch Sperrzeichen blockiert oder von dem Besitz eines Parkausweises abhängig ist.

Auch die Zufahrts- sowie die Zugangswege zu Wohnhäusern sind in den Fällen, dass Einrichtun- **136**
gen jedweder Art zur Beschränkung der Zufahrt fehlen, öffentlich (BayObLG; DAR 1983, 329;
OLG Koblenz, VRS 72, 441). Ebenso ist ein **Firmenparkplatz für Kunden** (OLG Stuttgart,
VRS 47, 150; BayObLG, DAR 1978, 2012 – auch bei Supermärkten und Einkaufszentren) sowie
eine Tiefgarage „für Kunden" (AG Homburg/Saar, VM 1987, 56), die allgemein zugänglich sind,
öffentlich; nicht hingegen Firmenparkplätze **für die Mitarbeiter** des Betriebes, die nur von diesen
benutzt werden (s. aktuell LG Dresden, NZV 1999, 221).

Parkhäuser sowie deren Zufahrten sind öffentlicher Raum zumindest während der Betriebszeiten **137**
(OLG Stuttgart, VRS 30, 210; NJW 1980, 68).

Öffentlich ist ein (auch konkludent) **zum Parken freigegebenes Privatgrundstück** auch dann, **138**
wenn es zwar praktisch und tatsächlich nur einem bestimmten Personenkreis offen steht, aber dieser als ein Teil davon die (öffentliche) Allgemeinheit darstellt (OLG Oldenburg, VRS 60, 471;
BGHSt 16, 7), so z.B. der Hof einer Gaststätte, wenn er nicht ausdrücklich nur Übernachtungsgäs-
ten zugänglich sein soll (BGHSt, a.a.O.), und zwar dieser auch außerhalb der Öffnungszeiten der
Gaststätte (OLG Düsseldorf, NZV 1992, 120). Öffentlich sind auch Gehwege, da sie dem Straßenverkehr zu dienen bestimmt sind (BGHSt 22, 367).

Grds. nichtöffentlich sind **bebaute Privatgrundstücke** und selbst dann nicht, wenn sie einem **139**
bestimmten Personenkreis zugänglich sind (BayObLG, VRS 73, 57; zfs 1984, 91; zu unbebauten,
u.U. öffentlichen Grundstücken: OLG Frankfurt, VRS 31, 184).

Auch eine **Tiefgarage mit festvermieteten Stellplätzen** an bestimmte Personen ist nichtöffent- **140**
licher Verkehrsraum (LG Krefeld, VRS 74, 263 = zfs 1987, 380), ebenso wenig ein Parkdeck bei
Wohnblöcken (OLG Hamburg, DAR 1984, 89). Als nicht konkretisiert könnte sich aber hierbei je
nach den konkreten Umständen wohl die Frage der Öffentlichkeit des Verkehrsraums bei einem
Unfall auf einem aus ausschließlich festvermieteten Parkplätzen bestehenden Tiefgaragendeck
erweisen, welches aber, wie häufig in Innenstädten, lediglich ein Teil eines (öffentlichen) Parkhau-
ses ist. Weitere Beispiele zum (nicht-)öffentlichen Straßenverkehr bei Himmelreich/Bücken, Verkehrsunfallflucht, Rn. 146 f.; Tröndle/Fischer, StGB, § 142 Rn. 10; Schönke/Schröder/Cramer,
StGB, § 142 Rn. 14 f.

b) Begriff des typischen Gefahrzusammenhangs

Der Unfall muss im ursächlichen (direkten) Zusammenhang zu den typischen Gefahren des Stra- **141**
ßenverkehrs stehen, damit eine Strafbarkeit nach § 142 StGB vorliegt. Andererseits kann auch ein
Verhalten, das nicht im Verkehr ein schädigendes, plötzliches Ereignis verursacht, einen Unfall
darstellen, wenn es nur in **unmittelbarem Zusammenhang** mit dem Straßenverkehr steht (BGHSt

18, 393; VRS 31, 421; OLG Hamm, VM 61, 35). So liegt dann mangels des unmittelbaren Zusammenhanges mit dem öffentlichen Verkehr kein Unfall vor, wenn ein schädigendes Ereignis in einem nicht-öffentlichen Verkehrsraum wie z.B. einem ausschließlich den Mitarbeitern eines Betriebes zugänglichen Parkplatz geschieht (z.B. OLG Braunschweig, NdsRpfl 1964, 208). Ein solcher unmittelbarer Zusammenhang besteht aber auch dann, wenn ein Unfall auf einem nicht-öffentlichen Privatgrundstück geschieht, sich jedoch als **unmittelbare Folge** der Teilnahme am öffentlichen Straßenverkehr darstellt (Schönke/Schröder/Cramer, StGB, § 142 Rn. 16 m.w.N. der Rspr.), wie z.B. dann, wenn ein Fahrzeug zwecks eines Wendemanövers auf ein Privatgrundstück fährt und dort einen Schaden verursacht (OLG Oldenburg, VRS 6, 363).

142 Entscheidend bei der Frage des noch unmittelbaren Zusammenhangs ist die **natürliche Betrachtungsweise** (wohl erstmals in OLG Celle, MDR 1957, 435). Daher ist das von Tröndle/Fischer (StGB, § 142 Rn. 10) aufgegriffene Kriterium, wonach es von der **subjektiven Täterseite** abhängen soll, ob ein Unfall i.S.d. § 142 StGB vorliegt, kaum vertretbar: Danach soll (wenn auch als „umstritten" bezeichnet) nur dann ein Verkehrsunfall in den Fällen vorliegen, in denen ein Fahrzeug **versehentlich** von der (öffentlichen) Straße abkommt und auf dem Privatgrundstück einen Schaden herbeiführt. Wenn hingegen ein von dem Fahrzeugführer **gewolltes Abkommen** des Fahrzeugs von der Straße dem Unfall zugrunde liegt, soll es sich dabei nicht mehr um einen Unfall nach § 142 StGB handeln, sodass ein Entfernen von dieser Ereignisstelle allein wegen der inneren Gesinnung des Kraftfahrers straflos wäre. Auf die **innere Gesinnung** kann es aber allein wegen der sich zwingend daraus ergebenden Rechtsunsicherheit nicht ankommen, sodass nach der nahezu einhelligen Meinung zumindest auch immer dann ein Unfall in unmittelbarem Zusammenhang mit dem Straßenverkehr vorliegt, wenn die Schadensentstehung, aus welchen Gründen auch immer, auf einem Privatgrundstück erfolgt, nachdem der Fahrer gerade die öffentliche Straße verlassen hat (Schönke/Schröder/Cramer, StGB, § 142 Rn. 16 m.w.N.; wie auch Himmelreich/Bücken, Verkehrsunfallflucht, Rn. 149 mit Verweis auf BGH, VRS 31, 421, wo ein Kraftfahrer von einem öffentlichen Zufahrtsweg zu einem Gehöft kommend, auf dem nicht-öffentlichen Hofraum einen Schaden verursacht hat und dies Verhalten als Verkehrsunfall gem. § 142 StGB angesehen worden ist).

143 Auch kann es mit Schönke/Schröder/Cramer (a.a.O., mit Verweis auf die Entscheidung BGHSt 18, 393) wegen des gemeinhin anerkannten Kriteriums des **unmittelbaren Zusammenhanges** für die Unfalleigenschaft eines schädigenden Ereignisses auch nicht nur darauf ankommen, inwieweit sich ein schädigendes Fahrzeug zumindest noch mit einem Teil rein körperlich in öffentlichem Verkehrsraum befindet. So sind die Fälle, dass zwei privatparkplatzberechtigte Fahrer auf dem Gebiet des nicht-öffentlichen Parkraumes kollidieren, wobei der hintere der beiden noch überwiegend mit dem Fahrzeug auf öffentlichem Verkehrsraum steht, wohl nicht mit der Begründung, dass sich der größte Teil des Wagens noch im öffentlichen Straßenverkehr befand (so Himmelreich/Bücken, Verkehrsunfallflucht, mit BayObLG, DAR 1973, 109) sondern allein wegen des unmittelbaren Zusammenhanges damit, als Unfall i.S.v. § 142 StGB anzusehen. Es kann bei der natürlichen Betrachtung eines solchen Geschehens nicht nur auf den Zufall ankommen, inwieweit ein Fahrzeug überwiegend auf öffentlichem oder nicht-öffentlichem Verkehrsraum angehalten hat, da dann konsequenterweise eine zentimetergenaue Bemessung zum Zeitpunkt der Schädigung erforderlich wäre, um zu ermitteln, ob ein Verkehrsunfall vorgelegen hat. Eine solche Handhabe ist jedoch gerade unter der Berücksichtigung des Schutzzwecks der Sicherung von Ansprüchen realitätsfern.

144 Ebenfalls bedenklich erscheint es, grds. dann keinen Verkehrsunfall anzunehmen, wenn ein Fahrer, der sich erst noch in den öffentlichen Verkehr begeben will, noch auf dem **Privatgrundstück** einen Schaden herbeiführt (Schönke/Schröder/Cramer, a.a.O.).

3. Begriff des nicht völlig belanglosen Personen- oder Sachschadens

145 Sog. „**Bagatellunfälle**" fallen bereits auf der Tatbestandsebene nicht unter den Unfallbegriff des § 142 StGB. Ob ein solcher Bagatellunfall vorliegt, wird anhand der **Höhe des entstandenen Schadens** beurteilt. Der an einer **fremden Sache** oder einer **anderen Person** als der des Schädi-

gers entstandene Schaden ist im Nachhinein **objektiv** zum Zeitpunkt des Schadenseintritts (aus sog. „**ex-ante Sicht**") zu ermitteln. Eigene Schäden des Schädigers sind daher für die Höhe nicht heranzuziehen. Bei **mehreren geschädigten Sachen** oder Personen (fern liegend) sind jedoch die einzelnen Schäden durchaus zu addieren, um die gesamte und ausschlaggebende Schadenshöhe, die durch ein Verhalten verursacht wurde, zu ermitteln. Nur die unmittelbar durch das Ereignis verursachten Schäden sind für die Schadenshöhebestimmung heranzuziehen (Schönke/Schröder/Cramer, StGB, § 142 Rn. 6, 12).

Lediglich mittelbare Schäden (entstehende Telefon- oder Portokosten, Zeitverluste – so ausdrücklich KG, VRS 63, 349 –, sowie z.b. Taxi- oder Mietwagenkosten) sind für die Frage des Bagatellschadens nicht zu berücksichtigen (OLG Hamm, VRS 16, 25).   146

Bei **Sachschäden** wird von der überwiegenden Rechtsprechung und der Literatur die **Schadensgrenze bei 40 DM** angesetzt (zuletzt OLG Düsseldorf, NZV 1997, 318; OLG Köln, VRS 86, 281; BayObLG, VRS 61, 206; DAR 1979, 237; auch Schönke/Schröder/Cramer, a.a.O., Rn. 10; Lackner/Kühl, StGB, § 142 Rn. 7; Tröndle/Fischer, StGB, § 142 Rn. 11). Ausnahmen sind die Abweichungen nach oben bis zu 50 DM (AG Nürnberg, MDR 1977, 66) und nach unten bis lediglich 30 DM (OLG Düsseldorf, NZV 1990, 158), was jedoch angesichts der Inflationsrate unangemessen scheint.   147

Hinweis:

*Verteidigungstaktisch hat die Höhe des **Fremdschadens** bei einer Verdächtigung nach § 142 StGB noch erhebliche Bedeutung für die (vorläufige) Entziehung **der Fahrerlaubnis** nach § 69 Abs. 2 Nr. 3 StGB: Danach ist der Täter eines solchen Vergehens i.d.R. nur dann als ungeeignet zum Führen von Kfz anzusehen, wenn an fremden Sachen bedeutender Schaden entstanden ist. Nach einer neuen Entscheidung des LG Hamburg vom 29.3.1999 (DAR 1999, 280) liegt die Grenze für den bedeutenden **Fremdschaden** jetzt bei 2 000 DM. Liegt der Schaden darunter (hier 1 876,35 DM inkl. MwSt.) ist der Täter nicht nach § 69 StGB als ungeeignet zum Führen von Kfz anzusehen.*

Aufgrund der Bagatellschadensgrenze fallen Verletzungen an sowie die Tötung von Kleintieren (Katzen, Hühner) nicht unter den Verkehrsunfallbegriff. Das **Affektionsinteresse** des Eigentümers wird bei Schädigungen von Kleintieren ebenso wenig wie bei anderen Sachbeschädigungen für die Schadensermittlung herangezogen, da ausschließlich der **objektive Schaden** zu berücksichtigen ist. Bei der in einem anschließenden Verfahren erfolgenden Erörterung **der eventuell drohenden Entziehung der Fahrerlaubnis** wegen unerlaubten Entfernens vom Unfallort gem. § 69 Abs. 2 Nr. 3 StGB ist nach Himmelreich (DAR 1997, 82 ff.) jedoch nicht lediglich darauf abzustellen, ob der Täter die objektiven Umstände des „bedeutenden" Schadens erkennen konnte, sondern es sei immer auch zwingend die subjektive Laienwertung hinsichtlich der Schadenshöhe in der konkreten Unfallsituation mit zu berücksichtigen (Friehoff, NZV 1997, 504).   148

Bei **Personenschäden** ist für die Ermittlung der Belanglosigkeit mit Himmelreich/Bücken (Verkehrsunfallflucht, Rn. 115) und der überwiegenden Meinung dort die Grenze zu ziehen, bis wohin eine Handlung tatbestandsmäßig auch nicht unter eine **fahrlässige Körperverletzung** gem. §§ 223, 230 StGB zu subsumieren ist.   149

Somit fallen bereits tatbestandsmäßig nicht unter einen Unfall diejenigen Ereignisse, die lediglich **harmlose Verletzungen** wie z.B. geringfügige Hautabschürfungen (OLG Hamm, DAR 1958, 308) oder leichte Hämatome zur Folge haben. Ebenso sind unerhebliche Einwirkungen auf das **körperliche Wohlbefinden** nicht tatbestandsmäßig, wie z.B. auch grds. nicht schon das bloße Anstoßen und Zufallbringen eines anderen (OLG Zweibrücken, NStE Nr. 7).   150

> **Hinweis:**
>
> *Bei der Annahme eines bloßen Bagatellschadens stellt sich allerdings ein erhebliches **verteidigungstaktisches Problem:** Auch bei harmlosen körperlichen Beeinträchtigungen kann durch das Melden des Vorfalls bei der Polizei durch das „Opfer" zunächst einmal ein zeit- und auch kostenaufwendiger Ermittlungsprozess zulasten des angeblichen „Täters" in Gang gesetzt werden, der insbesondere im Hinblick darauf, dass nicht mal der Tatbestand eines Schadens erfüllt ist, zu Unverständnis und Empörung bei dem Mandanten führen wird.*

151 So ist z.B. bei einem Fall wegen der behaupteten, angeblichen Verletzung des § 142 StGB für einen Zeitraum von letztlich über vier Wochen der Führerschein durch die ermittelnden Polizeibeamten vorläufig sichergestellt und das staatsanwaltliche Verfahren eingeleitet worden, nachdem es im Rahmen einer straßenverkehrsbedingten Auseinandersetzung zu einem Abriss **eines Fingernagels** im oberen Drittel des Nagels gekommen war. Selbstverständlich ist im Verlauf eine sanktionslose Einstellung des gesamten Verfahrens erfolgt. Trotzdem sind zunächst erhebliche Unannehmlichkeiten in Kauf zu nehmen gewesen.

> **Hinweis:**
>
> *In diesem Zusammenhang der auf Bagatellschäden beruhenden Fälle ist daher darauf hinzuweisen, dass dem Mandanten dringend zu raten ist, bereits bei der ersten Ermittlungstätigkeit durch die Polizei auf die Meldung eines angeblich geschädigten Opfers hin, unverzüglich einen Verteidiger hinzuzuholen.*

Bereits zu diesem Zeitpunkt kann die **vorläufige Sicherstellung des Führerscheins** dadurch verhindert werden, dass die Zustimmung hierzu verweigert wird und somit zunächst eine richterliche **Beschlagnahmeanordnung** gem. § 111a Abs. 1 StPO herbeizuführen ist. Diese frühzeitige Interventionsmöglichkeit ist vor allem dem juristischen Laien überwiegend nicht bekannt und macht deshalb bereits zu diesem Zeitpunkt anwaltliche Unterstützung erforderlich. Bei der Ermittlung durch die von dem „Opfer" informierten Polizeibeamten besteht für diese überwiegend gar nicht die Möglichkeit der eigenständigen **Überprüfung,** ob überhaupt ein tatbestandlicher Verkehrsunfall wegen eines nicht unerheblichen Schadens vorliegt, ohne die vom Opfer beschuldigte Person aufzusuchen, zur Aussage aufzufordern und dann bei der Gelegenheit auch häufigst unmittelbar den Führerschein vorläufig mit – wegen Unkenntnis der Verweigerungsmöglichkeit – zumeist erfolgender Zustimmung des Inhabers sicherzustellen. Damit ist ein, obwohl unter den Umständen unbegründetes und zumeist längerwieriges Verfahren zunächst aber einmal eingeleitet, und erhebliche Mühen erforderlich, den Führerschein zurück zu erlangen. In dem Rahmen des anderenfalls durch die Polizei einzuleitenden Verfahrens nach § 111a Abs. 1 StPO hingegen besteht nämlich bereits vor der vorläufigen Entziehung der Fahrerlaubnis die Möglichkeit vorzutragen, dass schon der Tatbestand **eines Schadens** nicht vorliegt und daher Gründe für eine Anordnung der Beschlagnahme nicht vorliegen, sodass es häufig gar nicht erst zu einer Beschlagnahme oder Sicherstellung des Führerscheines kommt. Gerade bei den Mandanten stößt ein in Gang gesetztes Verfahren und vor allem die Schwierigkeiten wegen der Sicherstellung des Führerscheines aufgrund eines derartigen Bagatellschadens (wie hier der Abriss eines Fingernagels) auf (berechtigtes) Unverständnis, was jedoch oftmals durch frühzeitige anwaltliche Beratung verhindert oder vermindert werden kann.

Enke-Grönefeld

IV. Begriff des Unfallbeteiligten

Bei § 142 StGB handelt es sich um ein **echtes Sonderdelikt** (s. auch Tröndle/Fischer, StGB, § 142 **152** Rn. 13), da der Täter (oder Mittäter) eines unerlaubten Entfernens vom Unfallort nur ein **Unfallbeteiligter** sein kann. Nach der Legaldefinition des § 142 Abs. 5 StGB ist ein Unfallbeteiligter „jeder" (Verkehrsteilnehmer, nicht nur Fahrzeugführer), „dessen Verhalten nach den Umständen zur Verursachung des Unfalls beigetragen haben kann". Dadurch wird bereits mittels des Wortlautes klargestellt, dass es zum einen nicht auf die **Schuldhaftigkeit** des Verhaltens ankommt (auch schon RGSt 69, 367) und zum anderen allein die **Möglichkeit** der Verursachung eines Unfalls (sog. „**Beteiligungsverdacht**", Himmelreich/Bücken, a.a.O., Rn. 157) ausreichend ist. Nach der Rechtsprechung genügt der „nicht ganz unbegründete Verdacht", den Unfall zumindest mitverursacht zu haben (OLG Frankfurt/M., NStZ-RR 1996, 87; BGHSt 8, 265; OLG Köln, VRS 45, 352; OLG Düsseldorf, NZV 1993, 157; OLG Koblenz, NZV 1989, 200).

Nach der Entscheidung des BayObLG (DAR 2000, 79) kann nach der aufgrund konkreter **153** Umstände bestehenden (ex-ante-)Verdachtslage auch der Halter Unfallbeteiligter sein, selbst wenn nachträglich festgestellt wird, dass er nur Beifahrer war. Da es sich bei dem Unfallbeteiligten um einen Verdachtsbegriff handelt, hatte in dem zugrunde liegenden Fall, bei welchem niemand beobachtet hatte, wer den Pkw geführt hatte und das Fahrzeug am Unfallort mit abgeschraubten Nummernschildern zurückgeblieben ist, der nicht ganz unbegründete Verdacht bestanden, dass der Halter selbst Fahrer des Pkw und deshalb Unfallbeteiligter war (vgl. auch dazu DAR 1985, 233, 241; DAR 1982, 241, 249; DAR 1993,31). Im Ergebnis wurde auch – nach Ansicht des BayObLG zutreffend – vorsätzliches Handeln festgestellt, da aus dem Umstand, dass nach dem Unfall die Nummernschilder entfernt und mitgenommen waren, gefolgert wurde, dass der Halter damit die Feststellung der Unfallbeteiligung erschweren wollte, weil ihm klar war, dass Erkundigungen bei der Zulassungsstelle alsbald den Halter aufdecken und den Verdacht auf ihn als Schadensverursacher lenken würde. Dies zeigte, dass er sich bewusst war, der möglichen Beteiligung an dem Unfall verdächtig zu sein, selbst wenn er nur Beifahrer gewesen sein sollte. Anders müsste jedoch stets dann zu argumentieren und zu entscheiden sein, wenn im Gegensatz zu der obigen Sachlage von Anfang an feststeht, dass mehrere Personen Insassen des Fahrzeugs waren, jedoch ungeklärt ist, wer es führte.

Hinweis:

Allerdings erfordert dieser bloße Verdacht der Unfallbeteiligung im strafgerichtlichen Verfahren gegen einen nach § 142 StGB Beschuldigten dann die **konkrete Feststellung** *und auch den* **Beweis** *einer Schadensverursachung, um eine tatsächliche Verurteilung zur Folge zu haben (zu beachten ist allerdings die Möglichkeit einer bei Verkehrsunfällen in der Rechtsprechung durchaus angewandten prima-facie-Beweisführung!). Die Beteiligungs-Möglichkeit allein kann also nicht eine Verurteilung nach § 142 StGB zur Folge haben, sondern begründet zunächst nur die Wartepflicht eines jeden u.U. infrage kommenden Unfallbeteiligten.*

Allein der Umstand, dass nicht feststeht, **wer von zwei Insassen** eines Tatfahrzeugs zum Unfall- **154** zeitpunkt tatsächlich Fahrzeugführer war, kann nicht den Verdacht einer Unfallbeteiligung begründen (OLG Frankfurt, NZV 1997, 125). Der Verdacht der Unfallbeteiligung muss sich anhand der **konkreten Umstände des Einzelfalles** ergeben und auch beweisbar sein. Eine als Wahlfeststellung anmutende Feststellung des Gerichtes kann eine strafrechtliche Verurteilung nicht tragen. In solchen Fällen mit zwei Insassen in einem Fahrzeug liegt auch keine Vergleichbarkeit zu der Situation vor, wenn ein **mitfahrender Halter** bereits dann als Unfallbeteiligter angesehen wird, wenn in der Situation nach dem Unfall nicht feststeht, ob er oder ein Dritter das Unfallfahrzeug geführt habe (BayObLG, NJW 1993, 410; DAR 2000, 79). Bei zwei Insassen, bei denen keinen von beiden weitergehende, einem Halter vergleichbare Rechtspflichten treffen, kann bei Zweifeln darüber, wer nun gefahren ist, nur dann derjenige als Unfallbeteiligter angesehen werden, bei dem auch tatsächlich konkrete Verdachtsumstände, dass er der Fahrzeugführer gewesen ist, zu der bloßen Tatsache des Mitfahrens hinzukommen (und dies auch durch Zeugen bekundet werden kann; OLG Frankfurt/M., NStZ 1996, 86, 87; OLG Frankfurt, NZV 1997, 126, wonach ein Entleiher eines Fahrzeuges nicht einem Halter gleichzustellen ist). Fehlen derartige hinzukommende, konkrete Umstände und die entsprechenden Feststellungen, so ist nach dem Grundsatz „**in-dubio-pro-reo**" davon auszugehen, dass derjenige lediglich Beifahrer gewesen ist.

155 | *Hinweis:*
*In den Fällen, wenn unklar ist, **wer von zwei Insassen** das Fahrzeug geführt hat, muss außerdem die Rechtsprechung, die das besondere **Verhältnis von Ehegatten** berücksichtigt, beachtet werden (BGH, NJW 1960, 1060; OLG Düsseldorf, VM 1976, 23): Danach kann allein der Umstand, **Halter** des Unfallfahrzeugs und **Ehemann** der Mitinsassin zu sein, jemanden in den begründeten Verdacht bringen, den Wagen selbst geführt zu haben. Zudem könne danach der Beifahrer seiner Ehefrau (als Mittäter, Anstifter oder Gehilfe) deren Fahrweise beeinflusst haben.*

156 Bei einem nur **mittelbar** beteiligten Verkehrsteilnehmer kann nur dann eine Unfallbeteiligung zu bejahen sein, wenn er sich **regelwidrig** verhalten hat (Jagusch/Hentschel, Straßenverkehrsrecht, § 142 Rn. 29).

157 Zu unterscheiden von der mittelbaren Beteiligung ist allerdings die **indirekte Unfallbeteiligung,** die nicht unbedingt regelwidrig sein muss, um nach § 142 StGB kausal für einen Verkehrsunfall zu sein. Indirekt am Unfall beteiligt ist derjenige, der sich zum einen am Unfallort befindet und zum anderen eine Gefahrenlage geschaffen hat, die unmittelbar einen Unfall, bei dem mehrere Fahrzeuge kollidiert sind, verursacht hat (OLG Koblenz, zfs 1988, 405, weitere Nachw. bei Tröndle/Fischer, StGB, § 142 Rn. 13). Z. T. wird, aber lediglich vom Schrifttum, auch dann eine (indirekte) Unfallbeteiligung und daher eine Wartepflicht verneint, wenn sich derjenige zwar am Unfallort befunden hat, aber nicht in der **aktuellen Unfallsituation** das beteiligende Verhalten vorgenommen hat (Schönke/Schröder/Cramer, StGB, § 142 Rn. 21 m.w.N.; Janiszewski, Verkehrsstrafrecht, Rn. 175). Wegen der Zweckrichtung der möglichst umfassenden Anspruchssicherung ist aber eine solche Differenzierung zur Beurteilung der Lage, wie sie sich zum Zeitpunkt des Unfalls darstellt, kaum realisierbar sondern eine Unfallbeteiligung und die sich daraus ergebende Wartepflicht auch für die die indirekte Gefahr verursachenden Personen entsprechend der Rechtsprechung anzunehmen. Bedauernswerterweise muss damit dann hingenommen werden, dass auch dann jemand nach § 142 StGB strafbar sein kann, der tatsächlich gar keine Unfallursache gesetzt, aber wegen des diesbezüglichen Verdachtes die ihm obliegende Wartepflicht am Unfallort verletzt hat.

158 Auch bloße **Mitfahrer** können Unfallbeteiligte sein, allerdings nur dann, wenn sie durch ein **konkretes** und **unmittelbares** Verhalten die Fahrzeugführung beeinflusst haben (Himmelreich/Bücken, Verkehrsunfallflucht, Rn. 163; BGHSt 15, 5; OLG Karlsruhe, VRS 53, 426).

159 Dem **Fahrzeughalter** (s. Rn. 184) obliegen im gesamten Straßenverkehrsrecht besondere Pflichten. Ebenso hat der Halter auch im Rahmen des § 142 StGB eine besondere Stellung: So ist er bereits dann als (indirekter) Unfallbeteiligter und daher wartepflichtig anzusehen, wenn er Mitinsasse war, sich am Unfallort befindet und der eigentliche Fahrzeugführer noch nicht festgestellt worden ist (BayObLG, NJW 1993, 410) oder nicht eindeutig feststeht. Mit Himmelreich/Bücken (a.a.O., Rn. 167 unter Verweis auf OLG Köln, VRS 86, 279) ist allerdings als sehr weitgehend anzusehen, wenn der Halter deshalb Unfallbeteiligter sein soll, weil er einen Fahrer ohne gültige

Fahrerlaubnis hat fahren lassen (s. NStZ-RR 1996, 87). Hierbei ist eine Unfallbeteiligung des Halters wohl nur unter dem Aspekt des **vorsätzlichen** Handelns (OLG Stuttgart, VRS 72, 186) vertretbar.

Andererseits vertritt die Rechtsprechung konsequent die begründete Auffassung, dass die straf- 160 rechtliche Verantwortung eines ein Fahrzeug einem anderen Überlassenden jedenfalls immer dann vorliegt, wenn dieser hierdurch ein **„zusätzliches Gefahrenmoment"** in den Straßenverkehr gebracht hat (OLG Frankfurt/M., NStZ-RR 1996, 87; NJW 1983, 2083; OLG Frankfurt, NZV 1997, 125). Trotzdem ist wohl dieses Gefahrenmoment überdehnt, wenn der Halter wegen des Überlassens eines Wagens mit unfallursächlich vereisten Fahrzeugscheiben (so BayObLG, DAR 1978, 208) als Unfallbeteiligter belangt wird, da das Unterlassen des dann tatsächlich die Gefahrenquelle beherrschenden Fahrers alleinig im Vordergrund steht.

Hinweis: 161

*Bei § 142 StGB sind **sämtliche Formen der Täterschaft und Teilnahme** möglich. Ein nicht am Unfall Beteiligter kann auch immer noch nach § 142 StGB wegen **Anstiftung** oder **Beihilfe** zum Entfernen vom Unfallort strafbar sein (ausreichend ist die verbale Aufforderung zur Weiterfahrt oder die Bestärkung eines solchen Vorhabens des Fahrzeugführers).*

---

§ 142 StGB kann auch durch **unechtes Unterlassen** in den Formen der Täterschaft, der Beihilfe 162 und der Anstiftung verwirklicht werden: Täter durch Unterlassen kann z.B. der Halter sein, wenn er trotz Möglichkeit und Zumutbarkeit nicht die Weiterfahrt des Fahrers verhindert hat (z.B. OLG Stuttgart, NJW 1981, 2369; OLG Hamm, BA 1974, 279). Beihilfe durch Unterlassen kann z.B. der Mitinsasse des Fahrzeugs begehen, der gegenüber dem Fahrer wiederum z.B. als Arbeitgeber ein Weisungsrecht hat (BayObLG, DAR 1984, 240; NJW 1990, 1861; weitere Hinweise bei Tröndle/ Fischer, StGB, § 142 Rn. 14; OLG Köln, NZV 1992, 80; zur Beihilfe durch Unterlassen des Halters insbesondere Herzberg, NZV 1990, 375).

An den **Beweis** und an die **Beweiswürdigung** der Fahrereigenschaft eines **Kfz-Halters** beim Vor- 163 wurf einer Unfallflucht sind besondere Anforderungen zu stellen: So reicht es nach einem Beschluss des OLG Köln vom 26.9.1997 (NZV 1998, 37) ausdrücklich nicht aus, wenn die Verurteilung in erster Linie auf der Annahme beruht, dass der Betroffene Halter des Fahrzeugs gewesen sei und diese Annahme allein darauf beruht, dass der Unfallwagen auf den Namen des Angeklagten zugelassen ist. Die auf den Namen des Angeklagten lautende Zulassung allein rechtfertigt danach den Schluss auf die Haltereigenschaft noch nicht, sondern enthält lediglich ein „zwar gewichtiges, aber allein nicht ausreichendes Indiz dafür" (OLG Köln, NZV 1998, 37 mit Verweis auf Senat, VRS 86, 202; OLG Hamm; NZV 1990, 363). Von der Verteidigung ist dieser Punkt nicht außer Acht zu lassen und sollte bei der Argumentation unbedingt Berücksichtigung finden. In jedem „Halter-Fall" sollte genauestens untersucht werden, ob der Betroffene tatsächlich derjenige ist, der das Fahrzeug für eigene Rechnung in Gebrauch hat und diejenige Verfügungsgewalt darüber besitzt, die ein solcher Gebrauch voraussetzt (statt vieler BGHZ 116, 200; Senat, VRS 85, 209; 86, 202; OLG Karlsruhe, DAR 1996, 417). Nur wenn diese Voraussetzungen tatsächlich vorliegen und die getroffenen Feststellungen auch bewiesen werden können, ist eine Verurteilung, die in erster Linie auf der Annahme der Haltereigenschaft beruht, hinzunehmen.

Ausdrücklich festgestellt, dass bei einem verkehrsrechtlichen Verfahren auch das **Schweigen** eines 164 betroffenen **Fahrzeughalters** zu der Sache grds. nicht zum **Beweis** der Fahrereigenschaft herangezogen werden darf, hat das OLG Stuttgart in seinem Beschluss vom 4.8.1997 (NZV 1998, 42). Danach dürfen daraus, dass der Betroffene sich bis zur Hauptverhandlung nicht zur Sache geäußert hat, keine für ihn nachteiligen Schlüsse gezogen werden. Dieser Grundsatz muss konsequenterweise auch für den Fall des unerlaubten Entfernens vom Unfallort gelten, wenn infrage steht, ob nicht doch ein anderer das Fahrzeug geführt hat. Zwar wird wie oben dargelegt die Unfallbeteiligung eines mitfahrenden und am Unfallort anwesenden Halters wegen der besonderen Halterpflichten von der Rechtsprechung schon dann bejaht, wenn der Kfz-Führer nicht eindeutig feststeht oder er einen mangels Fahrerlaubnis ungeeigneten Fahrer zumindest im Falle des Vorsatzes hat fahren lassen. Wenn aber mittels konkret hinzukommender anderer Umstände auch eine andere Person des Fahrens zum Unfallzeitpunkt möglicherweise verdächtig ist, darf das Schweigen des Fahrzeughalters allein nicht zum Beweis für dessen Fahrereigenschaft herangezogen werden. Zwar ist im Falle des (zulässigen) Schweigens des Halters zum Tatvorwurf die für eine Verurteilung zwingend erforderliche (Himmelreich/Bücken, a.a.O., Rn. 167a) gerichtliche Feststellung, dass der Halter sich aufgrund der konkreten Umstände des gegen ihn bestehenden Verdachts bewusst gewesen sei, bzw. diesen für möglich gehalten habe, deutlich erschwert, aber das Schweigen darf sich trotzdem in keiner Weise zulasten des Betroffenen in der Beweiswürdigung niederschlagen.

V. Begriff des Feststellungsberechtigten

165 **Feststellungsberechtigt** ist nach dem Schutzbereich der Vorschrift jeder, der Interesse an der Beweissicherung und Feststellung des tatsächlichen Unfallhergangs deshalb hat, um privatrechtliche Schadensersatzansprüche **durchzusetzen** oder unberechtigte Schadensersatzansprüche **abzuwehren.** Es kann jede Person in Betracht kommen, die sich am Unfallort befindet oder dorthin kommt (OLG Karlsruhe, VRS 22, 440; Tröndle/Fischer, StGB, § 142 Rn. 24). Feststellungsberechtigt ist jedenfalls jeder **Unfallbeteiligte** (s.o. Rn. 182 ff.) und jeder **Unfallgeschädigte** (OLG Zweibrücken, DAR 1982, 332; Schönke/Schröder/Cramer, StGB, § 142 Rn. 25).

166 Unfallgeschädigter ist, unabhängig davon, ob er am Unfallort anwesend ist oder ob er tatsächliche Schadensersatzansprüche stellen kann, jeder, dem **unmittelbar** aus dem Verkehrsunfall ein **materieller** oder „**psychophysischer**" (Tröndle/Fischer, StGB, § 142 Rn. 24) Schaden erwachsen ist. Hierbei kann auch die Person des anderen Unfallbeteiligten mit der des Geschädigten zusammenfallen, so z.B., wenn ein Fußgänger von einem Fahrzeug angefahren wurde (Berz, JuS 1973, 558) oder auch bei einer **Kollision von zwei Fußgängern** (OLG Stuttgart, VRS 18, 117).

167 Auch **abwesende Personen** können feststellungsberechtigt sein, wie z.B. der (auch ahnungslose) Eigentümer einer durch den Unfall beschädigten Sache (BGH, VRS 42, 97) sowie die **Unterhaltsberechtigten** eines arbeitsunfähig Verletzten oder Getöteten oder auch die Erben des Letzteren (BGH, VRS 24, 118; Tröndle/Fischer, StGB, § 142 Rn. 24; Schönke/Schröder/Cramer, StGB, § 142 Rn. 25).

168 **Keine Feststellungsinteressenten** sind die Personen, von denen keine Feststellungen zu Gunsten des Berechtigten erwartet werden können (z.B. Mitinsassen des Fahrzeugs des Unfallbeteiligten, OLG Köln, VRS 63, 353). **Verletzte Mitfahrer** sowie der Eigentümer von beschädigten, im Unfallfahrzeug beförderten Sachen können aber durchaus Feststellungsberechtigte sein (BGH 9, 268; weitere Nachweise bei Schönke/Schröder/Cramer, a.a.O.).

169 Zu beachten ist, dass jeder Feststellungsinteressent berechtigt ist, die **Polizei** zur Aufnahme der Feststellungen hinzuziehen und von dem Unfallbeteiligten zu verlangen, bis zum Abschluss der polizeilichen Feststellungen zu warten (OLG Hamm, NJW 1972, 1383). Dass der Unfallbeteiligte zuvor bereits ein **pauschales Schuldanerkenntnis** abgegeben hat oder namentlich **bekannt** ist, ändert dann nichts mehr an seiner Wartepflicht (s. hierzu Tröndle/Fischer, a.a.O.) Auch **Dritte, d.h.** weder Unfallbeteiligte noch -geschädigte, können zu Gunsten der Berechtigten am Unfallort die erforderlichen Feststellungen treffen, sofern sie dazu auch **fähig** sind (OLG Zweibrücken, DAR 1982, 333; 1992, 389; Himmelreich/Bücken, Verkehrsunfallflucht, Rn. 182). Zu verneinen ist diese Fähigkeit zumindest bei **Kindern** (OLG Düsseldorf, VM 1977, 16), aber wohl kaum bei Jugendlichen, die auch bereits verantwortlich am Straßenverkehr teilnehmen können, als auch mangels zuverlässiger Wahrnehmung des Hergangs bei **alkoholisierten Personen** (Rüth, DAR 1986, 244).

VI. Tatbestand des § 142 Abs. 1 StGB

Nach § 142 Abs. 1 StGB ist ein Unfallbeteiligter verpflichtet, sich nicht vom Unfallort zu entfernen, bevor er durch seine Anwesenheit (sog. **passive Feststellungsduldungspflicht**) und durch die Angabe, am Unfall beteiligt zu sein (sog. **aktive Vorstellungspflicht**), gewisse Feststellungen ermöglicht hat (§ 142 Abs. 1 Nr. 1 StGB) oder bevor er eine angemessene **Zeit gewartet** hat, ohne dass jemand bereit gewesen ist, diese Feststellungen zu treffen (§ 142 Abs. 1 Nr. 2 StGB). Darüber hinausgehende Pflichten treffen den Unfallbeteiligten nicht.   170

1. § 142 Abs. 1 Nr. 1 StGB

Diese gesetzliche Fallgruppe betrifft die Situation, wenn jemand bereit ist, Feststellungen zu treffen. Der Unfallbeteiligte muss die **Feststellung** seiner Person, seines Fahrzeuges und die der Art seiner Beteiligung ermöglichen (dulden). Zur Angabe seiner **Personalien** hingegen ist er nicht verpflichtet (BayObLG, NJW 1984, 67; OLG Frankfurt, NJW 1990, 1190; Himmelreich/Bücken, a.a.O., Rn. 172 mit Verweisen auf die gefestigte Rspr.). Auch zur Vorlage **des Führerscheins,** des **Fahrzeugscheins** oder der **Versicherungskarte** sowie zur **mündlichen Auskunft** dieser Informationen ist der Beteiligte gegenüber einem privaten Feststellungsberechtigten nicht verpflichtet (Tröndle/Fischer, StGB, § 142 Rn. 28), jedoch kann eine solche Verweigerung ordnungswidrig sein (Himmelreich/Bücken, Verkehrsunfallflucht, Rn. 173b, 277 ff.), wobei aber auch das Vorzeigen eines **gefälschten Führerscheins** nach § 142 StGB straflos ist (MDR 1973, 555).   171

Der **aktiven Vorstellungs- und Mitwirkungspflicht** genügt der Beteiligte abschließend dadurch, dass er anwesend ist und entsprechend § 142 Abs. 5 StGB erklärt, dass sein Verhalten nach den Umständen zur Verursachung des Unfalls beigetragen haben könne. Zu allen darüber hinausgehenden Erklärungen ist er nach dem Gesetz nicht verpflichtet (Tröndle/Fischer, StGB, § 142 Rn. 28)! Einen erst hinzukommenden Feststellungsinteressenten muss er jedoch wohl zumindest auf den Unfall **hinweisen,** wenn auch nicht konkret auf dessen etwaige entstandene Schäden (Tröndle/Fischer, a.a.O.; streitig und nach Stuttgart, NJW 1969, 1726; BayObLG, NJW 1970, 717 z.B. Straffreiheit bei unterlassenem Hinw.).   172

§ 142 StGB begründet jedoch kein grds. Gebot, die Aufklärung des Unfalls zu fördern (grundlegend und statt vieler BGHSt 7, 117). Der Vorstellungspflicht aber nicht genüge getan hat derjenige, der zwar anwesend am Unfallort bleibt, aber der seine Beteiligung an dem Unfall **ausdrücklich leugnet** (OLG Frankfurt, NJW 1977, 1833), wahrheitswidrig behauptet, lediglich **Beifahrer** gewesen zu sein (BayObLG, NJW 1983, 2039) oder vorgibt, nur **Unfallzeuge** zu sein (OLG Karlsruhe, MDR 1980, 160).   173

Zwingend erforderlich für das **pflichtgemäße** Verhalten des Unfallbeteiligten nach der § 142 Abs. 1 Nr. 1 StGB ist jedoch seine **persönliche Anwesenheit.** Daher genügt es weder der Feststellungsduldungs- noch der Vorstellungspflicht, wenn der Beteiligte sich vom Unfallort entfernt und lediglich einen **Zettel** oder eine **Visitenkarte** mit seinem Namen und seiner Anschrift am beschädigten Fahrzeug hinterlässt (OLG Köln, zfs 1983, 30; NZV 1989, 357), weil dadurch zum einen die **Art der Beteiligung** nicht geklärt werden kann und zum anderen der Beweis nicht wirklich i.S.d. Vorschrift gesichert ist, da unbestimmt ist, ob der Feststellungsinteressent auch tatsächlich die **Angaben erhalten** wird.   174

Nicht strafbar handelt derjenige in dem Moment, der sich vom Unfallort **als Letzter,** also nach dem oder den Feststellungsberechtigten entfernt: Dem Beteiligten ist es nach dem Verlassen der feststellungsberechtigten Person(-en) gar nicht mehr möglich, seiner Vorstellungpflicht nachzukommen, sodass ein Verlassen zu dem Zeitpunkt nicht mehr nach § 142 Abs. 1 Nr. 1 StGB strafbar sein kann (Himmelreich/Bücken, Verkehrsunfallflucht, Rn. 177; Schönke/Schröder/Cramer, StGB, § 142 Rn. 30), jedoch verbleibt nach überwiegender Ansicht gem. Abs. 2 Nr. 2 die Pflicht, die Feststellungen unverzüglich nachträglich zu ermöglichen (BayObLG, StVE Nr. 64; Schwab, MDR 1984, 639; BayObLG, NJW 1984, 66).   175

176 Handlungen des Unfallbeteiligten, die die Feststellungen lediglich **erschweren, vereiteln oder verdunkeln** begründen noch keine Strafbarkeit desjenigen, der vorschriftsmäßig anwesend ist (Begründung der BT-Drucks. 7/2434, S. 7; Schönke/Schröder/Cramer, StGB, § 142 Rn. 29; Tröndle/ Fischer, StGB, § 142 Rn. 29). Diese Verhaltensweisen sind dem Unfallbeteiligten nicht durch § 142 StGB verboten. Deshalb liegt eine Strafbarkeit nach dieser Vorschrift nicht vor bei **falschen Aussagen,** auch bezüglich der Personalien (vgl. BGHSt 30, 160; OLG Frankfurt, VersR 1990, 918), bei einem **Nachtrunk,** um den Blutalkoholwert zum Unfallzeitpunkt zu verschleiern (OLG Oldenburg, NJW 1955, 192; OLG Hamburg, VM 1973, 68; OLG Köln, VRS 48, 89) oder bei der **Beseitigung von Unfallspuren** (BGHSt 5, 124). Trotzdem können auch solche vereitelnden Verhaltensweisen **strafschärfend** wirken (Tröndle/Fischer, StGB, § 142 Rn. 29; zu einzelnen Fällen, in denen eine Vorstellungspflicht des Unfallbeteiligten gänzlich **entfällt** s. Tröndle/Fischer, StGB, § 142 Rn. 29 a.E.; Schönke/Schröder/Cramer, StGB, § 142 Rn. 30 a.E.).

2. § 142 Abs. 1 Nr. 2 StGB

177 Diese Fallgruppe betrifft die Situationen, dass keine feststellungsbereiten Personen am Unfallort anwesend sind. Dann hat der Unfallbeteiligte am Unfallort eine **angemessene Zeit zu warten,** um Feststellungen eines eventuell erst später am Unfallort eintreffenden Feststellungsinteressenten zu ermöglichen **(Wartepflicht).** Inhalt der Wartepflicht ist nicht, in diesem Zeitraum Bemühungen zu unternehmen, irgendeine feststellungsberechtigte oder -bereite Person in Kenntnis zu setzen oder herbeizuholen, da nur eine **passive Wartepflicht** durch die Vorschrift begründet wird. Als **Unfallort** ist zum einen die Stelle des Verkehrsunfalls selbst als auch nach der Rspr. der unmittelbare Umkreis, in dem der Täter noch als Unfallbeteiligter zu vermuten oder durch Befragen zu ermitteln ist (OLG Köln, NZV 1989, 198; BayObLG, NJW 1979, 437; OLG Stuttgart, JR 1981, 209). Für die **Anrechnung** der Wartezeit ist unbeachtlich, dass der **Zweck** des Verbleibens nur die Befreiung aus der durch das Unfallgeschehen eingetretenen Situation und nicht die Ermöglichung einer Feststellung der Unfallbeteiligung war (OLG Köln, DAR 2001, 377)

178 Befindet sich der Beteiligte während der angemessenen Wartezeit nicht mehr in diesem Bereich, so liegt ein strafbares, unerlaubtes Entfernen vom Unfallort vor. Als nicht mehr am Unfallort anwesend sondern als sich bereits unerlaubt entfernt habend wird der Beteiligte betrachtet, der

● weniger als 20 m (KG, DAR 1979, 22), um 40 m (BayObLG, VRS 67, 221),

● bereits 100 m (BayObLG, NJW 1979, 437) oder

● auf einer **Bundesautobahn** bereits 250 m (OLG Karlsruhe, DAR 1988, 282) entfernt ist,

● wobei ein Entfernen bei Sicht- und Rufkontakt trotz einer Schadenshöhe von 4000 DM (nach OLG Hamm, NJW 1985, 445) zulässig ist.

Zulässig ist unabhängig von diesen Entfernungsangaben aber die Verfolgung **des Täters** sowie (nach OLG Köln, zfs 1983, 30) das Suchen des anderen Unfallbeteiligten in einer nahen Gaststätte.

179 Zwar ist das Sich-Entfernen auch **passiv** z.B. durch **Unterlassen** des Mitfahrers, den Fahrer zum Halten zu bewegen (Schönke/Schröder/Cramer, StGB, § 142 Rn. 45) denkbar, aber grds. liegt dann kein strafbares Entfernen vor, wenn der Unfallbeteiligte **ohne seinen Willen** vom Unfallort entfernt worden ist (Lackner/Kühl, StGB, § 142 Rn. 12; OLG Köln, VRS 57, 406; Hentschel, NJW 1982, 1078). Ein solches Entferntwerden ohne eigenen Willen ist z.B. bei Verbringen eines bewusstlosen **Täters** in das Krankenhaus (OLG Köln, VRS 57, 406) oder bei der **Ingewahrsamnahme** des Täters durch die Polizei (OLG Hamm, NJW 1979, 439) der Fall; weitere Nachweise zum unzulässigen Entfernen bei Schönke/Schröder/Cramer, StGB, § 142 Rn. 43 und Himmelreich/ Bücken, Verkehrsunfallflucht, Rn. 204).

180 Die **Angemessenheit** des **Umfangs der Wartepflicht** ist nicht pauschal in einer Zeitangabe festzulegen, sondern sie bestimmt sich nach den konkreten Umständen der Situation, wobei die Zumutbarkeit und Erforderlichkeit heranzuziehen ist (OLG Stuttgart, DAR 1977, 22). Hat der Beteiligte sich erst nach einer angemessenen Wartedauer entfernt, so trifft ihn doch die Verpflich-

tung nach § 142 Abs. 2 StGB, die Feststellungen unverzüglich **nachträglich** zu ermöglichen. Die Wartepflicht besteht grds. unabhängig von weiteren Faktoren. Nach OLG Köln (DAR 1999, 567) erstreckt sich die **Wartepflicht** bei polizeilicher Anordnung einer **Blutprobenentnahme** gem. § 81a Abs. 1 Satz 1 StPO solange fort, bis entschieden ist, ob die Anordnung zwangsweise durchgesetzt werden soll, und die vorübergehende Festnahme des zur Mitwirkung nicht bereiten Unfallbeteiligten zwecks Verbringung zu einem Arzt erfolgt (s. auch Hentschel, NJW 2000, 696, 702).

Der **zeitliche Umfang der Wartedauer** kann durch Umstände des Einzelfalles maßgeblich   181
bestimmt werden. Zugrunde zu legen ist die Abwägung des Feststellungsinteresses gegenüber dem Interesse am Verlassen des Unfallortes (OLG Köln, VRS 38, 436; Himmelreich/Bücken, Verkehrsunfallflucht, Rn. 189b). Die **persönliche Warteverpflichtung** des Beteiligten kann wegen der angestrebten umfassenden Sicherung aller Ersatzansprüche nicht dadurch ersetzt werden, dass **ein anderer** am Unfallort zur Angabe des Namens und Erreichbarkeit des Täters verbleibt (KG, VRS 40, 109), sowie auch nicht durch Hinterlassen einer **schriftlichen Mitteilung** der Personalien des Täters (OLG Frankfurt, NJW 1962, 685; OLG Hamm, NJW 1971, 1470).

Auf den **Maßstab der Erforderlichkeit** kommt es nur an, wenn festgestellt werden soll, dass eine   182
Wartepflicht gar nicht oder nicht mehr besteht. Danach kann u.U. eine Wartepflicht gänzlich entfallen, wenn gar nicht (mehr) mit dem Erscheinen von Feststellungsberechtigten zu rechnen ist (Schönke/Schröder/Cramer, StGB, § 142 Rn. 35).

Hauptsächliche Bedeutung hat jedoch im Zusammenhang mit diesen Fällen die Frage der **Warte-**   183
dauer, wobei die oben erwähnte Zumutbarkeit für die zu ermittelnde Angemessenheit eine Rolle spielt. Bei den folgenden beispielhaften Faktoren **sinken** die Erwartungen, die an die Dauer der Wartezeit zu stellen sind: **Unkomplizierte** und leicht zu rekonstruierende Unfallvorgänge (OLG Zweibrücken, VRS 82, 119; KG, VRS 37, 192); **nächtliche Unfallzeit,** schlechte Witterung, geringe Schadenshöhe, aber auch die **geringe Schuld** des Fahrzeugführers, **Verkehrsdichte,** wobei jedoch nach BayObLG (DAR 1985, 240) ausdrücklich auch dann eine Wartepflicht besteht, wenn der Beteiligte selbst ein **Verkehrshindernis** darstellt.

Als **angemessen und ausreichende Wartezeit** wurden von weniger als 10 Minuten bis hin zu   184
mehreren Stunden von der Rechtsprechung folgende Fälle angesehen:

- 10 Minuten bei nächtlichem Unfall mit geringfügiger Schadenshöhe um 200 DM (OLG Düsseldorf, VM 1976, 52),

- 10 Minuten bei klarer Haftungslage (OLG Stuttgart, NJW 1981, 1107),

- 10 – 15 Minuten bei nächtlichem Unfall und ausschließlichem, aber nicht unerheblichem Sachschaden, wenn längeres Warten aus besonderen Umständen nicht zumutbar ist, z.B. weil der Beteiligte aus seiner nahe gelegenen Wohnung den bekannten Geschädigten informieren kann (BayObLG, VRS 71, 34),

- 15 Minuten kann ausreichend sein bei einem Unfall am frühen Nachmittag in einer Stadt (OLG Köln, DAR 2001, 377)

- 30 Minuten in der Nacht zum Sonntag bei einer Schadenshöhe von 1 100 DM,

- 20 Minuten bei Leitplankenbeschädigung in der Nähe einer Ortschaft (OLG Saarbrücken, VRS 46, 187),

- 20 – 30 Minuten bei der Beschädigung einer Mittelstreifenhecke in ungefähr 8 m Länge (BayObLG, VRS 67, 427),

- weniger als 30 Minuten bei geringfügiger Beschädigung einer Autobahnbrücke (OLG Hamm, VRS 59, 259; BayObLG, VRS 67, 427),

- 30 Minuten bei nächtlicher Fahrzeugbeschädigung in einem Wohngebiet (BayObLG, DAR 1985, 233), 30 Minuten bei nächtlichem Unfall mit ca. 1 100 DM Schadenshöhe (OLG Nürnberg, VersR 1993, 1350; OLG Düsseldorf, VRS 54, 41),

- 30 Minuten bei der Beschädigung eines Hydranten, eines Zaunes oder eines Baumes dagegen unverhältnismäßig (OLG Düsseldorf, VM 1978, 54),

- 1 Stunde bei nächtlicher Beschädigung eines Verkehrszeichens,

- 45 Minuten bei nächtlicher ausschließlicher Sachbeschädigung (OLG Karlsruhe, zfs 1982, 317),

- im Falle der Tötung oder schweren Körperverletzung eines anderen Menschen ist die unterste Grenze der Wartedauer 1 Stunde (Schönke/Schröder/Cramer, StGB, § 142 Rn. 39).

185 Als **nicht angemessene Wartezeitspannen** sind u.a. folgende Fälle seitens der Rspr. entschieden worden: weniger als 10 Minuten bei nicht völlig belanglosem Schaden (OLG Schleswig, DAR 1978, 50), 10 Minuten bei leichtem Unfall mit ausschließlichem Sachschaden auf verkehrsarmer Autobahn um 19.00 Uhr (OLG Hamm, VRS 54, 117), 10 Minuten bei leichtem Unfall und hoher Verkehrsdichte um 19.00 Uhr (BayObLG, VRS 64, 121), 15 Minuten bei nächtlicher Schadensverursachung um 1 500 DM (OLG Koblenz, VRS 49, 180; BayObLG, DAR 1985, 241), 15 Minuten bei nächtlicher Unfallzeit und der Beschädigung einer Leitplanke oder Brückengeländers i.H.v. 1 882 DM (OLG Köln, zfs 1982, 284), 20 Minuten bei einer Schadenshöhe von 600 DM um 18.30 Uhr (OLG Hamm, VRS 54, 117, ähnlich OLG Stuttgart, DAR 1977, 22), 30 Minuten bei einem Fremdsachschaden i.H.v. 3 400 DM (OLG Hamburg, VRS 55, 347).

186 Durch die Einführung der neuen Regelung des Abs. 4, der „**tätigen Reue**" wird die Rechtsprechung zumindest bei Unfällen im ruhenden Verkehr gehalten sein, die angemessene Wartezeit kürzer als bisher zu bemessen, wobei jedoch zu betonen ist, dass auch in den von § 142 Abs. 4 StGB beschriebenen Fällen grds. (weiterhin) eine Wartepflicht des Beteiligten besteht. Nicht entfernen darf sich der Beteiligte dann, wenn zwar die angemessene Wartedauer abgelaufen ist, der Berechtigte ihn jedoch dennoch **am Unfallort antrifft** (OLG Stuttgart, NJW 1982, 1799).

187 Die Verpflichtung, weiter zu warten, **erlischt,** wenn alle gebotenen und möglichen Feststellungen über das Unfallgeschehen an Ort und Stelle getroffen sind (OLG Karlsruhe, VRS 22, 442). Nach dieser Entscheidung besteht auch eine Verpflichtung, speziell das **Erscheinen der Polizei abzuwarten,** obwohl andere feststellungsbereite und -fähige Personen anwesend sind, nur dann, wenn ein anderer **Beteiligter** ein solches **Verlangen** stellt.

VII. Objektiver Tatbestand des § 142 Abs. 2 i.V.m. Abs. 3 StGB

188 Der objektive Tatbestand des § 142 Abs. 2 StGB bedroht diejenigen Unfallbeteiligten mit Strafe, deren Entfernen vom Unfallort ohne die erforderlichen Feststellungen, aber wegen ihrer Pflichterfüllung entsprechend dem Abs. 1 dennoch straflos ist, die aber später **nicht unverzüglich die Feststellungen** in anderer Weise **nachträglich ermöglichen.** Dieser Tatbestand bedroht ein Unterlassen mit Strafe und ist daher ein **echtes Unterlassensdelikt,** das nur ein **Unfallbeteiligter** verwirklichen kann (Tröndle/Fischer, StGB, § 142 Rn. 44). Die Verpflichtung des nachträglichen Ermöglichen ist gesetzlich ausgestaltet durch die Regelung des § 142 Abs. 3 StGB, wobei zu beachten ist, dass es sich dabei nur um eine beispielhafte Aufzählung handelt, da der Unfallbeteiligte grds. die freie Wahl der Mitteilungsweise und wie er die Feststellungen ermöglicht, hat (BGH, NJW 1980, 896).

189 Die Abs. 2 und 3 stellen Zusatztatbestände dar (Tröndle/Fischer, StGB, § 142 Rn. 34), wenn nicht bereits endgültig feststeht, dass der Unfallbeteiligte wegen der Pflichtverletzung gem. Abs. 1 Nr. 1 strafbar ist, oder dass er wegen der ordnungsgemäßen Pflichterfüllung straflos ist. Gem. Abs. 3 besteht für den Unfallbeteiligten, der sich nach Abs. 2 vom Unfallort entfernt hat, die Pflicht, beziehungsweise die Möglichkeit, die Feststellungen unverzüglich nachträglich zu ermöglichen, indem er entweder den Feststellungsberechtigten (Geschädigten) oder eine nahe gelegene Polizeidienststelle über seine Unfallbeteiligung und seine Personalien benachrichtigt, wodurch er straflos ist.

Nach Schönke/Schröder/Cramer (StGB, § 142 Rn. 49) entfällt für denjenigen die nachträgliche **190** Feststellungspflicht, der **ohne seinen Willen** vom Unfallort entfernt wurde, da das nach Abs. 1 strafbare Sichentfernen von einem willensgetragenen Verhalten abhänge.

Nach dem **Schutzzweck** der Vorschrift, der **Sicherung der privatrechtlichen Ansprüche**, ist aber **191** mit der Rechtsprechung des BGH (BGHSt 28, 129) und dem Wortlaut des Abs. 2 der Schluss a maiore ad minus zu ziehen und auch in diesen „willenlosen" Fällen auf eine nachträgliche Feststellungspflicht abzustellen: Wenn selbst der Unfallbeteiligte, der sich berechtigt oder entschuldigt entfernt hat, nach Abs. 2 Nr. 2 zur nachträglichen Feststellung verpflichtet ist, dann muss auch erst recht derjenige Unfallbeteiligte dazu verpflichtet sein, der sich, warum auch immer, außerhalb der gesetzlich vorgesehenen Berechtigung oder Entschuldigung vom Tatort vor Ablauf der Wartefrist entfernt hat.

1. § 142 Abs. 2 Nr. 1 StGB

Die Verpflichtung der nachträglichen Ermöglichung der Feststellungen trifft nach Abs. 2 Nr. 1 **192** denjenigen, der sich nach Ablauf der angemessenen Wartefrist des Abs. 1 Nr. 2 **straflos** vom Unfallort entfernt hat, ohne dass ein Feststellungsinteressent tätig geworden ist. Mit Schönke/ Schröder/Cramer (StGB, § 142 Rn. 49) ist konsequenterweise dann eine nachträgliche Feststellungspflicht zu verneinen, wenn der Unfallbeteiligte die Feststellungen ermöglicht hat, aber tatsächlich nicht oder nicht ausreichend durch die Berechtigten davon Gebrauch gemacht worden ist.

2. § 142 Abs. 2 Nr. 2 StGB

Danach sind Unfallbeteiligte, die sich vor Ablauf der Wartefrist mit einem **Entschuldigungsgrund** **193** oder einem **Rechtfertigungsgrund** entfernt haben, ebenfalls zur unverzüglichen nachträglichen Feststellung verpflichtet. Für die Verteidigung ist hierbei bedeutsam, dass zwar beide Fälle von Abs. 2 Nr. 2 gleich behandelt werden, aber bei der Verteidigung eines Teilnehmers die Frage wegen § 29 StGB Bedeutung erlangt. Danach wird nämlich jeder Teilnehmer nur nach seiner **persönlichen Schuld** bestraft.

a) Berechtigtes Entfernen

Ein Unfallbeteiligter entfernt sich **berechtigt** vom Unfallort, wenn er einen **Rechtfertigungs-** **194** **grund,** z.B. nach § 34 StGB, hat. Dieser Grund greift vor allem in den Fällen ein, wenn er einen Unfallverletzten in das Krankenhaus bringt (wohl grundlegend BGHSt 4, 149), wenn der Unfallbeteiligte sich durch das Entfernen einem tätlichen Angriff oder einer Bedrohung durch einen anderen Beteiligten oder Zeugen entzieht (BGHSt, VRS 36, 24) oder wenn er Führer eines sich im Einsatz befindlichen Arzt- oder Feuerwehrfahrzeugs ist (OLG Frankfurt, VRS 28, 262; NJW 1967, 2073). Auch eine entsprechende **Vereinbarung** mit dem Berechtigten oder einem Unfallbeteiligten, die Feststellungen erst nachträglich zu treffen, können (OLG Düsseldorf, VM 1978, 80; NJW 1985, 2725) das Entfernen vom Unfallort rechtfertigen. Ebenso kann nach den konkreten Umständen eine Kollision mit **beamtenrechtlichen** oder auch **militärischen Pflichten** rechtfertigend wirken (Tröndle/Fischer, StGB, § 142 Rn. 39).

b) Entschuldigtes Entfernen

Ein entschuldigtes Entfernen vom Unfallort liegt dann vor, wenn zu Gunsten des Unfallbeteiligten **195** ein **Entschuldigungsgrund** eingreift. In Betracht kommen im Zusammenhang mit § 142 StGB vor allem der entschuldigende **Notstand** gem. § 35 StGB. Ein solcher ist nach der Rechtsprechung jedenfalls dann gegeben, wenn der Unfallbeteiligte seine schwer verletzte Ehefrau auf dem Weg ins Krankenhaus begleitet (OLG Köln, VRS 66, 129) oder wenn sich der völlig durchnässte Unfallbeteiligte in einer Winternacht entfernt, um seine Kleidung zu wechseln (BayObLG, VRS 60, 112). Auch ein Unfallbeteiligter im Zustand der **Schuldunfähigkeit** gem. § 20 StGB, z.B. infolge Alkoholgenusses (entsprechend der Niederschrift 13, 476 der Großen Strafrechtskommission; abweichend davon Beulke, NJW 1979, 404, der in diesen Fällen Alkoholgenuss nicht als die Schuldunfähigkeit begründend anerkennen will) oder ein Beteiligter im Zustand des Unfallschocks entfernt sich entschuldigt. In beiden Fällen müssen unverzüglich, nachdem die die Schuldunfähigkeit begründenden körperlichen Beeinträchtigungen nachlassen, die nachträglichen Feststellungen ermöglicht werden.

196   Auch ein **„unvorsätzliches Entfernen"** vom Unfallort ist (BGHSt 28, 129; OLG Köln, VRS 53, 430; BayObLG VRS 61, 305; OLG Koblenz, NZV 1989, 242; OLG Düsseldorf, StVE Nr. 73; auch nach Himmelreich/Bücken, Verkehrsunfallflucht, Rn. 216) ein „berechtigtes oder entschuldigtes Entfernen" vom Unfallort, was zur unverzüglichen nachträglichen Feststellungsermöglichung gem. Abs. 2 verpflichten soll. Ein solcher Fall läge danach z.B. dann vor, wenn der Beteiligte den Unfall gar nicht wahrgenommen hat, er aber noch „innerhalb eines zeitlich und räumlich engen Zusammenhangs" auf den Unfall hingewiesen wird und ihm die nachträgliche Feststellung noch zuzumuten ist. Hierbei handelt es sich jedoch wohl um einen unzulässigen und dem Gesetz so nicht zu entnehmenden (s. auch Berz, Jura 1979, 133; Beulke, NJW 1979, 402) Kunstgriff der Rechtsprechung: Bei der infrage stehenden Verhaltensweise handelt es sich mangels Vorsatz um ein fahrlässiges Verhalten, woran sich allein durch die Bezeichnung durch die Rechtsprechung als „unvorsätzliches" Verhalten auch nichts ändert. **Fahrlässiges Handeln** ist aber gem. § 15 StGB ausschließlich dann strafbar, wenn es im Gesetz ausdrücklich mit Strafe bedroht ist. In § 142 StGB ist aber kein fahrlässiges Verhalten irgendeiner Art mit Strafe bedroht. Daher kann nicht ein fahrlässiges Verhalten als Sichentfernen nach Abs. 1 zwar entschuldigt oder gerechtfertigt sein, jedoch die Nachholpflicht nach Abs. 2 **begründen,** in dem ebenfalls nicht von Fahrlässigkeit die Rede ist, wobei die Verletzung dieser Pflicht sodann zur Strafbarkeit führen soll. Der Anknüpfungspunkt für die Strafbarkeit ist dann trotz dieses Umwegs weiterhin ein fahrlässiges Verhalten, was nicht von der Strafbarkeitsandrohung des § 142 StGB erfasst ist.

197   Bei § 142 Abs. 2 StGB darf nicht übersehen werden, dass sowohl bei Nr. 1 als auch bei beiden Alternativen des Abs. 2 Nr. 2 das **Entfernen** vom Unfallort **zwar straflos** ist, aber dann nach Abs. 2 **uneingeschränkt die Pflicht zum unverzüglichen nachträglichen Ermöglichen der Feststellungen** besteht und im Falle dieser (erneuten) Pflichtverletzung nicht der Entschuldigungs- oder Rechtfertigungsgrund, der zum Zeitpunkt des Entfernens vorlag, eingreifen kann, sondern dann die Strafbarkeit **nach § 142 Abs. 2 StGB** vorliegt. Soweit hinsichtlich der nachträglichen Feststellungspflicht Tröndle/Fischer (StGB, § 142 Rn. 44) von einer „2. Alt. des Abs. 2" spricht, kann dies nicht nachvollzogen werden, da es sich bei dem Nichtermöglichen dieser Feststellungen schon nach dem Wortlaut „und" um eine bei Abs. 2 **stets erforderliche Tatbestandsvoraussetzung** handelt.

3. Begriff des unverzüglichen Nachholens

198   Der Begriff der **Unverzüglichkeit** begründet für den Beteiligten die Pflicht, **ohne vorwerfbare Verzögerung** (Tröndle/Fischer, StGB, § 142 Rn. 45; Sturm, JZ 1975, 408), aber nicht zwingend sofort (OLG Hamm, NJW 1977, 207; OLG Köln, VRS 54, 351), es sei denn, dass sich der Feststellungsberechtigte noch in **Sichtweite** befindet (Himmelreich/Bükken, Verkehrsunfallflucht, Rn. 221 mit Verweis auf BayObLG, VRS 61, 352) die Feststellungen i.S.v. Abs. 1 Nr. 1 zu ermöglichen. Dabei ist nicht der zivilrechtliche Unverzüglichkeitsbegriff sondern der strafrechtliche unter **Berücksichtigung der konkreten Umstände** des Einzelfalles entscheidend. Deshalb ist eine unbedeutende Verzögerung oder eine Unvollständigkeit noch nicht strafbarkeitsbegründend (OLG Oldenburg, NdsRpfl. 1977, 278).

199   Für die Berücksichtigung des Einzelfalles sind (wiederum) die Höhe des entstandenen Schadensersatzanspruchs aufgrund von Sach- oder Personenschäden, die Art und Weise und die Uhrzeit des Verkehrsunfalls heranzuziehen (BayObLG, DAR 1958, 255; BGHSt 29, 143). **Unverzüglich** handelt **nicht** mehr, wer mit seinem vorwerfbaren Passivbleiben die Beweissituation des Berechtigten konkret erheblich gefährdet (Lackner/Kühl, StGB, § 142 Rn. 26) oder nach der Rechtsprechung der, wer die Feststellungen dadurch erschwert oder vereitelt (OLG Hamm, NJW 1977, 207; OLG

Oldenburg, VRS 54, 280). Auch, wenn der Berechtigte schwer zu ermitteln ist, dürfen nicht **mehrere Tage** vergehen (OLG Schleswig, SchlHA 1978, 184), auch nach 28 Stunden liegt keine Unverzüglichkeit mehr vor (OLG Oldenburg, NdsRpfl. 1984, 264). Bei Unfallverursachung **am Tage** muss noch am selben Abend die Benachrichtigung erfolgen (OLG Köln, VRS 82, 336, bei einem Unfallzeitpunkt um 18.45 Uhr). Bei einem Unfall zur **Nachtzeit** genügt bei klarer Haftungslage auch bei erheblichem Sachschaden die Benachrichtigung am nächsten Morgen zum frühestmöglichen Zeitpunkt noch, wenn die **privaten Interessen** des Berechtigten ausreichend dadurch geschützt werden und insbesondere dessen **privatrechtliche Ansprüche** gesichert sowie der Verlust **von Beweisen** verhindert worden ist (BGH, NJW 1980, 896; OLG Köln, NZV 1989, 359).

Ausreichend nach der Rechtsprechung ist eine **Benachrichtigung am nächsten Morgen**   200

- bis 9.00 Uhr (OLG Köln, VRS 64, 118; BayObLG, DAR 1988, 365) bei einem Sachschaden von 1 800 DM an einem geparkten Pkw,
- bis 9.30 Uhr (OLG Stuttgart, VRS 65, 203) bei einem beschädigten Lichtmast mit einer Schadenshöhe von 4 000 DM, sowie nach OLG Köln (NZV 1989, 357) bei einem Sachschaden i.H.v. 6 500 DM an einem geparkten Pkw,
- bis 9.45 Uhr (OLG Frankfurt, VRS 65, 31) bei einem Sachschaden i.H.v. 2 500 DM an einer Baustelleneinrichtung,
- bis 10.15 Uhr oder 10.30 Uhr (AG Gelnhausen, DAR 1986, 123), zwischen 10.30 Uhr und 10.45 Uhr „als äußerste Grenze" nach LG Hanau (zfs 1985, 380),
- bis 11.15 Uhr (OLG Stuttgart, VRS 60, 300) bei einem Schaden von 1 800 DM an geparktem Pkw,
- „nicht erst nach 11.15 Uhr" (OLG Köln, NZV 1989, 359).

Der Unfallbeteiligte ist nicht verpflichtet wegen der Unerreichbarkeit **eines Geschädigten** stattdessen stets sofort die Polizei zu benachrichtigen, wohl aber (OLG Köln, VRS 77, 219) dann, wenn er auch am nächsten Morgen bis 10.10 Uhr den Berechtigten nicht erreicht und ein Schaden i.H.v. 6 500 DM an einem geparkten Pkw entstanden ist. Auch dann, wenn der Unfallbeteiligte nach 2 km von dem Unfall mit erheblichen Schäden Kenntnis erhält, darf er nicht an einer nahe gelegenen Polizeidienststelle vorbei- und 35 km weiterfahren, um sich dann bei der Polizei zu melden (OLG Hamm, VRS 64, 17).   201

Wenn sich der Unfallbeteiligte an die Polizei wendet, so muss es nach dem Gesetz eine (wohl im Verhältnis zum Unfallort, NStZ/J 1982, 503) **nahe gelegene Polizeidienststelle** sein, jedoch unstreitig nicht (mehr) die Nächste (OLG Hamm, NJW 1977, 207).   202

Hinweise: 203

*Ganz entscheidend für die **anwaltliche Verteidigung** in einem großen Teil der Mandate ist, dass es noch keine Strafbarkeit begründet und damit unerheblich ist, wenn bereits **vor dem Ablauf** der zuzugestehenden unverzüglichen **Benachrichtigungsfrist** schon die Polizei den betroffenen Unfallbeteiligten aufgesucht hat oder auf andere Weise die Polizei oder der Geschädigte informiert worden ist (AG Gelnhausen, DAR 1986, 123 f.; OLG Stuttgart, VRS 73, 194).*

*Nochmals soll darauf hingewiesen werden, dass diese gesamten Ausführungen nur dann heranzuziehen sind, wenn **ausschließlich** ein **Sachschaden** durch den Unfallbeteiligten verursacht worden ist, nicht hingegen bei jedweder Körperverletzung (AG Homburg, zfs 1988, 93).*

VIII. Ausschluss des objektiven Tatbestandes des § 142 Abs. 1 und 2 StGB

204 Unter bestimmten Voraussetzungen ist bereits der **Tatbestand** (Beulke, JuS 1982, 816; Berns-mann, NZV 1989, 52) und nicht erst die Rechtswidrigkeit (Lackner/Kühl, StGB, § 142 Rn. 45, Schönke/Schröder/Cramer, StGB, § 142 Rn. 71) des Abs. 1 und der des Abs. 2 ausgeschlossen:

Wenn der **Schaden** des Berechtigten **unmittelbar an der Unfallstelle ersetzt** wird, etwa durch ein schriftliches Schuldanerkenntnis (Schwab, MDR 1984, 539), fehlt es für weitere Feststellungen an dem von der Vorschrift geschützten Feststellungsinteresse des Geschädigten zur Sicherung zivil-rechtlicher Ersatzansprüche. Ein tatbestandsmäßiges unerlaubtes Entfernen ist nicht mehr möglich.

Hinweis:

*Problematisch in solchen Fällen ist die Verteidigung dann, wenn sich hinterher der Schaden als **erheblich höher** als die ersetzte Summe herausstellt und der Geschädigte auf die Rest-summe klagt. Eine strafrechtliche Inanspruchnahme wegen § 142 StGB scheidet zwar dann weiterhin aus, aber im **zivilrechtlichen Klageverfahren** wird durch den unmittelbaren Ersatz die Schuld des Unfallbeteiligten als anerkannt und wohl unstreitig gelten. Bei in irgendeiner Form möglicherweise entstandener, weiter reichender Schäden als in dem Moment des Unfallzeitpunktes zweifelsfrei erkennbar, sollte daher allenfalls unter **ausdrücklichem Vor-behalt** hinsichtlich der zivilrechtlichen **Schuldfrage** oder gar nicht erst unmittelbar der Scha-den ersetzt, sondern bevorzugt die erforderlichen Feststellungen getroffen werden.*

---

205 Weiter kann der Unfallbeteiligte sich dann nicht wegen unerlaubten Entfernens strafbar machen, wenn ausschließlich er als der Unfallverursacher einen Schaden erleidet und keinerlei Ansprüche geschädigter **Dritter** infrage kommen (BGHSt 8, 263; BGH, VRS 24, 35, 118; OLG Koblenz, VRS 52, 275). Als möglicherweise beteiligte Dritte sind auch die wirtschaftlichen **Eigentümer** zu verstehen, so dass der Tatbestand nicht ausgeschlossen ist bei geliehenen, geleasten (OLG Hamm, NJW 1990, 1925), zum dauernden Gebrauch überlassenen oder unter Eigentumsvorbehalt erworbe-nen Fahrzeugen. Unabhängig davon, wer den Unfall verursacht hat, kann hingegen der **Versiche-rer** des Unfallbeteiligten (z.B. die Kaskoversicherung) nicht ein solcher berechtigter Dritter sein, da er nicht unmittelbar geschädigt ist (BGHSt 9, 269; OLG Nürnberg, VersR 1977, 659).

206 Außerdem kann dann der Tatbestand des unerlaubten Entfernens ausgeschlossen sein, wenn alle Berechtigten endgültig auf die (weiteren) Feststellungen **verzichtet** haben und auch zutreffende Vorstellungen von der Tragweite der Verzichtserklärung haben (OLG Koblenz, VRS 71, 187; OLG Düsseldorf, VM 1977, 16; NZV 1991, 77). Der Verzicht kann auch konkludent erklärt wer-den (OLG Düsseldorf, NZV 1992, 246; OLG Köln, VRS 53, 432). Die irrtümliche Annahme eines Verzichts schließt § 142 Abs. 1 StGB aus, wobei aber eine Strafbarkeit nach Abs. 2 Nr. 2 möglich ist (BayObLG, NStE Nr. 18; ausführliche Erläuterungen zum tatbestandsausschließenden **Verzicht** finden sich bei Bernsmann, NZV 1989, 50 ff. und bei Himmelreich/Bücken, Verkehrsunfallflucht, Rn. 228 ff. sowie bei Tröndle/Fischer, StGB, § 142 Rn. 15 – 20).

IX. Subjektiver Tatbestand

207 Für den subjektiven Tatbestand des § 142 StGB ist bei Abs. 1 als auch bei Abs. 2 **Vorsatz** erforder-lich, wobei der **bedingte Vorsatz genügt** (grundlegend BGHSt 7, 112; VRS 4, 46; 5, 41). Nicht ausreichend ist, dass der Täter die Entstehung eines nicht unerheblichen Schadens hätte erkennen können und müssen, denn dadurch wäre nur Fahrlässigkeit erwiesen (OLG Köln, Beschl. v. 4.9.2001, DAR 2002, 88). Ein **fahrlässiges Verhalten** ist in § 142 StGB nicht ausdrücklich gem. § 15 StGB unter Strafe gestellt, weshalb grds. keine Strafbarkeit wegen einer fahrlässigen Unfall-flucht gegeben sein kann. Fahrlässige Unfallflucht kann allenfalls als **Ordnungswidrigkeit** gem. § 34 StVO geahndet werden.

> **Hinweis:**
>
> *Verteidigungstaktisch ist hinsichtlich des Vorwurfs des Vorsatzes stets bedeutend, ob der Fahrer den Unfall, also eine Kollision überhaupt bemerkt hat, woraus sich die entscheidungserhebliche Frage der **Bemerkbarkeit** ergibt. Für diese tatbestandsmäßige Feststellung wird oftmals die Einholung eines Sachverständigengutachtens erforderlich sein. Wird darin die Frage der Bemerkbarkeit des Fahrzeugkontakts für den Fahrer bejaht, so gilt dies als Feststellung des vorsätzlichen bzw. bedingt vorsätzlichen Handelns. (Zur Frage der „Taktilen Bemerkbarkeit leichter Fahrzeugkollisionen" und die Sachverständigenbegutachtung sei unbedingt die aufschlussreiche Ausführung von Wolf Baumert in DAR 2000, 283 empfohlen.) Hingegen schließt das Nichterkennen eines (Fremd-)Schadens infolge nachlässiger Nachschau die Annahme eines bedingten Vorsatzes i.Ü. dann nicht aus, wenn Umstände vorliegen, die beim Täter die Vorstellung begründen, es sei möglicherweise ein nicht ganz unerheblicher Schaden entstanden wie z.B. heftiger Anprall, Schaden am eigenen Fahrzeug u.a. (OLG Köln, DAR 2002, 89). Um anhand dessen den Nachweis des bedingten Vorsatzes zu führen, muss das Gericht jedoch zwingend unter eingehender Darlegung und Würdigung im Urteil die Umstände genau bestimmen, um die gezogene Schlussfolgerung des bedingten Vorsatzes überprüfbar zu machen. Die Feststellung, dass kein Anlass bestanden habe, davon auszugehen, dass keine Beschädigung entstanden sei, reicht hingegen für diese Schlussfolgerung eindeutig nicht aus.*

Der Vorsatz muss sich auf **alle objektiven Tatbestandsmerkmale** erstrecken, so dass der Täter 208 gewusst oder damit gerechnet haben muss, dass ein Verkehrsunfall stattgefunden hat und er als Mitverursacher in Betracht kommt (BGHSt 15, 1; VRS 20, 67). Erlangt er diese Kenntnis erst dadurch, dass er der Mitverursachung beschuldigt wird, so kann dann noch der Vorsatz fehlen, wenn er überzeugt davon ist, der Vorwurf sei unrichtig und er werde offensichtlich zu Unrecht verdächtigt (OLG Braunschweig, VRS 17, 418).

Weiterhin muss sich der Vorsatz darauf erstrecken, dass der Täter bei dem Unfall überhaupt einen 209 **Schaden** verursacht hat, der auch nicht nur völlig belanglos ist (OLG Düsseldorf, VRS 93, 165 = NZV 1997, 318 L). Demnach ist nicht derjenige strafbar, der nicht zumindest für möglich gehalten hat, dass durch sein Verhalten überhaupt ein Schaden entstanden sein könnte. Diese innere Tatseite muss auch ausdrücklich durch das Gericht festgestellt werden, wobei die bloße Feststellung, dass der Schaden „gut zu erkennen gewesen sei" nicht für den Schluss ausreicht, dass der Beteiligte ihn auch tatsächlich erkannt hat (so ausdrücklich OLG Düsseldorf, NZV 1998, 383).

Wenn der Täter (bewusst) glaubt, es sei kein Schaden entstanden, kann es infolge eines **Tatbestandsirrtums** gänzlich am Vorsatz fehlen (OLG Düsseldorf, VRS 20, 118), und zwar sogar dann, wenn der Täter selbst das angefahrene Fahrzeug nicht in Augenschein genommen hat (Bär, DAR 1991, 271; ablehnend LG Köln, StVE Nr. 94). Weiterhin muss sich der Vorsatz des Unfallbeteiligten auf die nicht gänzliche **Unerheblichkeit** des Sach- und des Personenschadens dahingehend erstrecken, dass der Täter sich einen erheblichen Sachschaden zumindest als möglich vorstellt (Eventualvorsatz: OLG Hamm, NZV 1997, 125; BGH, VRS 37, 263; BayObLG, VRS 24, 123; OLG Köln, OLGSt 60; OLG Koblenz, VRS 48, 337). Wenn ein Unfall bereits wegen eines **belanglosen Sachschadens** nicht vorliegt, ist der Beteiligte straflos (OLG Düsseldorf, NZV 1997, 318).

Wenn der Strafbarkeit eines Beteiligten zugrunde gelegt wird, dass er mit **bedingtem Vorsatz** die 210 Verkehrsunfallflucht nach § 142 StGB begangen habe, sind auch hinsichtlich des für möglich gehaltenen Schadens besondere Feststellungen zur inneren Tatseite zu treffen: Das Gericht muss in den Urteilsgründen feststellen, welche Vorstellungen der Täter hinsichtlich des angerichteten Schadens tatsächlich zu dem Zeitpunkt hatte, als er die Unfallstelle verließ. Dafür reicht auch bei einer großen Beule nicht die Feststellung aus, dass der Täter diese zum einen als Schaden hätte erkennen können oder müssen und zum anderen daraus den Schluss auf einen bedeutenden Schaden hätte ziehen müssen (so ausdrücklich OLG Hamm, NZV 1997, 125).

211 Weiter muss der Vorsatz bezüglich der **eigenen Unfallbeteiligung** vorliegen (OLG Koblenz, NZV 1989, 200) und bezüglich dessen, dass er sich von dem Unfallort entfernt hat, bevor die Unfallfeststellungen getroffen worden sind, um hierdurch die alsbaldig notwendigen Unfallfeststellungen zu vereiteln (BayObLG, VRS 35, 278). An einem diesbezüglichen Vorsatz kann es in den Fällen ermangeln, wenn der Täter sich nur entfernt hat, um beschleunigt eine Benachrichtigung des Geschädigten zu versuchen (OLG Zweibrücken, DAR 1982, 333), aber nicht, um Feststellungen zu vereiteln.

Nach einer Entscheidung des OLG Koblenz (NZV 1996, 325) ist die **aktive Suche** nach dem Geschädigten gerade auf die Wahrung des durch § 142 StGB geschützten Interesses gerichtet und kann sich gegenüber dem bloßen Zuwarten am Unfallort als ein „Mehr" zumindest dann darstellen, wenn ein Mitverschulden des Geschädigten von vornherein nicht in Betracht kommt.

212 Vorsatz scheidet auch aus, wenn jemand erst nach dem Entfernen vom Unfallort erfährt, dass er an einem Unfall beteiligt war (BGHSt 28, 131), wobei es dann aber auf die Verpflichtung des **unverzüglichen Nachholens** ankommen kann.

213 Bei dem Vorsatz nach Abs. 2 muss zunächst der des Abs. 1 vorliegen und hinzukommen muss zusätzlich die **Kenntnis** der Umstände nach Abs. 2 Nr. 1 oder Nr. 2, die die **Pflicht** zur nachträglichen Ermöglichung der Feststellungen begründen. Diese Pflicht ist selbst **kein Tatbestandsmerkmal**, so dass ein Irrtum hierüber lediglich einen **Gebotsirrtum** darstellen kann (OLG Stuttgart, VRS 52, 183; Tröndle/Fischer, StGB, § 142 Rn. 51 mit weiteren Ausführungen zur Irrtumsfrage).

X. Irrtum eines Unfallbeteiligten

1. Tatbestandsirrtum

214 Der Vorsatz und damit die Strafbarkeit wegen Unfallflucht ist dann ausgeschlossen, wenn sich der Beteiligte zum Zeitpunkt des Tatgeschehens über Tatumstände im Irrtum befand, sog. **Tatbestandsirrtum**.

Infolge eines Tatbestandsirrtums kann es dann am Vorsatz fehlen, wenn der Täter annimmt, es sei **kein Unfallschaden** entstanden (OLG Düsseldorf, VRS 20, 118), wenn der Beteiligte irrtümlich annimmt, der Berechtigte **verzichte** auf weitere Feststellungen (BayObLG, zfs 1990, 321), oder annimmt, die erforderlichen Feststellungen seien bereits getroffen worden (OLG Stuttgart, NJW 1979, 900; MDR 1959, 508) wenn der Unfallbeteiligte den **Sachschaden als gering** (OLG Hamm, 1997, 125) oder diesen **nicht als Unfallfolge** (OLG Köln, VRS 26, 383) angesehen hat, er annimmt, es sei ein völlig **belangloser Personenschaden** entstanden (OLG Düsseldorf, NJW 1989, 2764) oder der Beteiligte glaubt, das Feststellungsinteresse des Geschädigten sei bereits durch die **Schadensersatzzusage** befriedigt (OLG Oldenburg, 1968, 2020), oder er mit der baldigen Anwesenheit von feststellungsbereiten Dritten nicht mehr rechnet (wohl nur OLG Hamm, Rpfleger 1950, 358; anders BGHSt 4, 149; VRS, 3, 266).

Auch wenn der Täter irrtümlich die **Zuverlässigkeit** des von ihm mit der Erfüllung der nachträglichen Feststellungspflicht Beauftragten annimmt, liegt ein Tatbestandsirrtum vor (BayObLG, DAR 1971, 202).

215 Auch die irrtümliche (selbst fahrlässige) Annahme der tatsächlichen Voraussetzungen eines Rechtfertigungsgrundes können einen Tatbestandsirrtum darstellen, so z.B. in dem von Himmelreich/Bücken (in Anlehnung an BayObLG, NZV 1990, 397) ausführlich dargestellten Fall, dass ein Unfallbeteiligter annimmt, der Geschädigte sei ohne anzuhalten weitergefahren, also irrtümlich eine **Einwilligung** des Geschädigten annimmt (s. Himmelreich/Bücken, Verkehrsunfallflucht, Rn. 252).

2. Verbotsirrtum

Ein die Schuld ausschließender **Verbotsirrtum** liegt dann vor, wenn ein Unfallbeteiligter irrtümlich annimmt, rechtmäßig zu handeln und er diesen **Irrtum nicht vermeiden** konnte (§ 17 Satz 1 StGB). Hätte er den Irrtum vermeiden können, so kann die Strafe gem. § 17 Satz 2, § 49 Abs. 1 StGB gemildert werden. 216

Z.B. liegt dann ein Verbotsirrtum vor, wenn der Täter glaubt, mit einem **Schuldanerkenntnis** den ihm obliegenden Verpflichtungen nachgekommen zu sein, aber weiß, dass zur Geschehensaufklärung noch weitere Feststellungen erforderlich sind (OLG Stuttgart, NJW 1978, 900), oder wenn der Täter zwar den verursachten **Schadensumfang** erkennt, diesen jedoch nahezu völlig **beseitigt** und deshalb irrtümlich annimmt, ein die Warte- oder Feststellungspflicht begründender Schaden sei dann nicht mehr gegeben (OLG Düsseldorf, VRS 70, 349 mit weiterer Anm. dazu Himmelreich/Bücken, Verkehrsunfallflucht, Rn. 255), oder wenn der Täter glaubt, eine Wartepflicht bestehe nur für denjenigen Beteiligten, der den Unfall auch **verschuldet** habe (BGH, VRS 24, 34), oder nur derjenige, der das Unfallfahrzeug auch selber gefahren habe (BGHSt 15, 5) oder der, der zivilrechtlich zum Schadensersatz verpflichtet sei.

Hinweis:

*Zur Frage der Vermeidbarkeit eines Irrtums ist zu beachten, dass sich nach der Rechtsprechung **jeder Verkehrsteilnehmer**, auch juristische Laien, zumindest am Rande mit dem § 142 StGB vertraut gemacht haben sollte.*

XI. Rücktrittsregelung

1. Voraussetzungen

Grds. bestimmen sich die Voraussetzungen eines **Rücktritts** nach den Regelungen von § 24 und § 31 StGB. Mit dem 6. StrRG ist nun zur Verbesserung der Geschädigtenstellung für den Bereich des § 142 StGB eine **besondere Regelung** für den strafbefreienden oder -mildernden Rücktritt eingeführt worden (§ 142 Abs. 4 StGB). Bei Vorliegen der gesetzlichen Voraussetzungen **muss** das Gericht die Strafe mildern; alternativ **kann** es von Strafe absehen. Außerdem wird dadurch die Möglichkeit eröffnet, bis zum Beginn der Hauptverhandlung das Verfahren nach § 153b StPO einzustellen (Sander/Hohmann, NStZ 1998, 278). 217

a) Begriff des nicht bedeutenden Sachschadens

Voraussetzung für die Anwendung ist, dass es sich bei dem verursachten Schaden um einen ausschließlich **nicht bedeutenden Sachschaden** handelt. Personenschäden sind wegen des dabei vorliegenden erhöhten Unrechtsgehaltes nicht von der Regelung erfasst. Die **Wertgrenze** des **nicht bedeutenden Schadens** ist (anders als bei dem Begriff des **belanglosen** Schadens, ob überhaupt ein als Unfall zu charakterisierender Vorfall vorliegt) derzeit bei ungefähr **2 000 DM** zu ziehen (Tröndle/Fischer, StGB, § 69 Rn. 13). Hierbei kann und soll nach dem Willen des Gesetzgebers auf die zu § 69 Abs. 1 Nr. 3 StGB entwickelten Wertungsgrundsätze zurückgegriffen werden, um Widersprüche zu vermeiden (BT-Drs. 13/8587, S. 80). Es kommt bei § 142 Abs. 4 StGB jedoch nicht auf die subjektive Schadenseinschätzung durch den Täter, sondern auf die objektive, tatsächliche Schadenshöhe an. 218

b) Außerhalb des fließenden Verkehrs

Die Rücktrittsvorschrift findet nur Anwendung bei Geschehnissen „außerhalb des fließenden Verkehrs". Dadurch sind nach dem Willen des Gesetzgebers (BT-Drs. 13/9064, S. 9) vor allem die einen großen Teil der Fluchtfälle ausmachenden (so Janiszewski, DAR 1994, 4) Unfälle erfasst, 219 bei denen Schäden an **ruhenden Gegenständen** (geparkte Fahrzeuge, Zäune, Hecken, Verkehrsschilder, Lichtmasten usw.) verursacht worden sind. In diesen Fällen ist überwiegend der Geschädigte zum Unfallzeitpunkt und, durchaus üblich, auch nach dem Ablauf einer angemessenen **Wartefrist** seitens des Verursachers nicht am Unfallort anwesend. Daher benötigte vor allem diese Gruppe der Geschädigten einen erweiterten Schutz der Sicherung der Ersatzansprüche durch eine solche noch nachträglich mögliche straffreie Feststellungsoption.

c) Rücktrittsfrist

220 Die **Rücktrittsfrist** beträgt (Erläuterungen bei Bönke, NZV 1998, 130) **24 Stunden**. Die **Frist beginnt** mit dem **Zeitpunkt des Unfalls** zu laufen, nicht wie zunächst vorgesehen (BT-Drs. 13/8587, S. 57; Sander/Hohmann, NStZ 1998, 279) mit dem **Sichentfernen** vom Unfallort.

d) Rücktrittshandlung

221 Der rücktrittswillige Unfallbeteiligte muss **freiwillig** die Feststellungen nachträglich ermöglichen, wobei für die Feststellungsmöglichkeiten explizit auf § 142 Abs. 3 StGB verwiesen ist. Daher sind die Arten der Ermöglichung der Feststellungen auch entsprechend den (nicht abschließend enumerierten!) Alternativen des Abs. 3 durch den Beteiligten zulässig. Auch die **freiwillige Rückkehr** an den Unfallort dürfte dem Gesetz entsprechen, sofern dadurch noch die Feststellungen ermöglicht werden können (Schulz, NJW 1998, 1441), jedoch dann nicht, wenn der Täter seine Unfallbeteiligung erst auf **ausdrückliches Befragen** einräumt oder wenn er weiß, dass seine Unfallbeteiligung inzwischen dem Geschädigten oder der Polizei bekannt ist (Bönke, NZV 1998, 130 und insgesamt hierzu Hentschel, NJW 1999, 686, 689).

2. Rechtsfolgen

222 Die Rechtsfolge einer fristgemäßen Rücktrittshandlung nach den oben aufgezeigten Voraussetzungen ist die **zwingend vorzunehmende Strafmilderung** oder das in das Ermessen des Gerichtes gestellte gänzliche **Absehen von einer Strafe**.

Zur Problematik und Beachtung der fehlgeschlagenen „tätigen Reue" im Rahmen des § 142 StGB aber Berücksichtigung als einen **Ausnahmegrund** bei **Fahrerlaubnisentzug** nach § 69 Abs.2 Nr.3 StGB wird auf den hilfreichen, aufschlussreichen Beitrag von Himmelreich in DAR 2001, 486 hingewiesen.

223 Die Einführung einer gesetzlichen Konkretisierung einer besonderen Rücktrittsmöglichkeit bei § 142 StGB ist vor allem im Hinblick auf die jetzt neben § 153, § 153a StPO nun bestehende zusätzliche Möglichkeit der **Einstellung des Verfahrens nach § 153b StPO** begrüßenswert. Mit Recht verweisen jedoch Sander/Hohmann (NStZ 1998, 279) auf die wohl zu erwartenden Schwierigkeiten hinsichtlich des **Beweisproblems,** wie und wann jeweils tatsächlich die Beschädigung stattgefunden haben kann. Andererseits kann die Vorschrift für die Mehrzahl der Fälle im ruhenden Straßenverkehr, in denen bisher der Unfallhergang wegen des verbreiteten unerlaubten Entfernens gar nicht aufgeklärt werden konnte, wohl keinesfalls zu einer Verschlechterung des Beweisproblems führen.

XII. Grenzüberschreitung bei einem abstrakten Gefährdungsdelikt

224 Bei § 142 StGB handelt es sich wegen des für die Tatbestandsverwirklichung nicht erforderlichen tatsächlichen Eintritts der Ersatzanspruchsgefährdung zulasten des Geschädigten um ein **abstraktes Gefährdungsdelikt.** Bei abstrakten Gefährdungsdelikten wird der strafrechtliche Schutz in dem Sinne vorverlagert, dass die Strafbarkeit nicht von dem tatsächlichen Gefahreintritt abhängt, sondern bereits das als gefährlich eingeschätzte Verhalten den Tatbestand erfüllt (Ostendorf, Jus 1982, 426; Satzger, NStZ 1998, 114 m.w.Ausf.).

Probleme ergeben sich nun dabei, wenn das unerlaubte Entfernen vom Unfallort als abstrakt gefährdendes Delikt im Zusammenhang mit einer **Grenzüberschreitung** verübt worden ist. Nach § 3 StGB gilt das deutsche Strafrecht für Taten, die im Inland begangen werden, wobei nach § 9 StGB eine Tat an dem Ort begangen ist, wo der Täter gehandelt hat (zu dem besonderen Problem, ob die abstrakten Gefährdungsdelikte nicht doch Erfolgsdelikte seien s. Satzger, NStZ 1998, 115). Besondere Aufmerksamkeit in diesem Zusammenhang verdient nunmehr aber die Frage, ob denn das **deutsche Strafrecht anwendbar** ist, wenn z.b. der Unfall auf deutschem Territorium stattgefunden hat, aber bei dem tatbestandsmäßigen Sich-Entfernen (oder auch im Falle eines nächtlichen Unfalls innerhalb der zuzubilligenden Unverzüglichkeitszeitspanne bis zum nächsten Morgen) der Täter das Staatsgebiet **verlassen** hat.

225

Die nach § 142 StGB die Strafbarkeit voraussetzende abstrakte Gefährdung tritt zweifelsohne erst durch das (vollendete) Sich-Entfernen aus dem **Unfallradius** heraus und nicht schon zu einem früheren Zeitpunkt ein. Wenn nun dieser Radius bis zu der Bundesgrenze oder darüber hinaus geht, geschieht das Tatbestandsmerkmal des Entfernens und damit die Vollendung der Tat nicht mehr auf deutschem Staatsgebiet (und darüber hinaus tritt die materiell-rechtliche Beendigung einer Unfallflucht erst dann ein, wenn der Täter das angestrebte Fahrziel erreicht hat und endgültig stoppt; vgl. Brückner, NZV 1996, 268 m.w.N. auf die Rspr. dazu).

226

Solange eine **unverzügliche Nachholung der Feststellungen** noch möglich ist, ist auch der Tatbestand des Abs. 2 noch nicht erfüllt (BayObLG, StVE Nr. 70), sodass auch in dem Fall bei dem Verlassen des Bundesgebietes innerhalb der Nachholfrist eine Vollendung erst eintritt, wenn der Beteiligte sich nicht mehr im Gebiet der **Anwendung des deutschen Strafrechts** aufhält. In derartig gelagerten „**Grenzfällen**" sollte eine entsprechende Verteidigerargumentation der eventuell nicht gegebenen Geltung des deutschen Strafrechts im Hinblick auf eine Straflosigkeit des dann lediglich denkbaren Versuchs dringend berücksichtigt werden.

XIII. Zusammenhang mit anderen Straßenverkehrsdelikten

§ 142 Abs. 1 und 2 StGB schließen einander aus (Tröndle/Fischer, StGB, § 142 Rn. 56). Nicht nach § 142 StGB strafbares Verhalten kann durch § 34 StVO zu ahnden sein; bei gegebener Strafbarkeit nach § 142 StGB sind die Verstöße nach § 34 StVO aber subsidiär (LG Flensburg, DAR 1978, 279). Das unerlaubte Entfernen vom Unfallort ist keine **mitbestrafte Nachtat** zu § 315b StGB, da § 142 StGB das private Feststellungsinteresse des Geschädigten und nicht die allgemeine Verkehrssicherheit schützt, weshalb also ein völlig anderes Rechtsgut betroffen ist. Zu der besonderen Fragestellung der Vollendung des § 142 Abs. 1 StGB wegen des entscheidenden Einflusses auf die Konkurrenzen im materiellrechtlichen sowie im prozessualen Sinne sei erlaubt auf die tief gehenden Erläuterungen Brückners (NZV 1996, 268) zu verweisen. Der BGH hat in seiner Entscheidung vom 17.12.1998 (DAR 1999, 198) seine ständige Rechtsprechung (BGHSt 22, 67, 76) bestätigt, wonach Verkehrsverstöße, die ein Täter im Verlaufe eines einzigen, ununterbrochenen **Fluchtweges** begeht, in **Tateinheit** begangen werden. Auch die neue Entscheidung des OLG Düsseldorf (Urt. v. 18.3.2000, DAR 1999, 324) bestätigt die Tateinheit aller drei Delikte aufgrund eines Dauerdelikts. Siehe auch zur Problematik der Tateinheit Rn. 129, das Urteil des BGH vom 15.11.2001, DAR 2002, 132, wonach ein Schadensereignis, das Folge einer deliktischen Planung ist, nicht zugleich ein Unfall i.S.v. § 142 als Realisierung eines verkehrstypischen Unfallrisikos ist.

227

Nach OLG Karlsruhe (NZV 1997, 195) kann eine **Tatidentität** zwischen Unfallflucht und Zulassen des Fahrens ohne Fahrerlaubnis bei besonderen Voraussetzungen der inneren Verknüpfung der Taten miteinander vorliegen.

XIV. Zusammenhang mit Haftpflicht- und Kaskoversicherungsrecht

228 Nach einer Entscheidung des BGH (DAR 2000, 113) ist die ständige Rechtsprechung (BGH NJW 1958, 993; DAR 1987, 262; DAR 1996, 460) hinsichtlich des Zusammenhangs von Unfallflucht zum Versicherungsrecht bestätigt: Danach ist auch bei eindeutiger Haftungslage eine Unfallflucht eine Verletzung der Aufklärungsobliegenheit in der Kfz- Haftpflichtversicherung und in der Kaskoversicherung, durch die der Anspruch auf die Versicherungsleistung entfällt. Zugrunde liegt eine Unfallflucht eines Geschäftsführers der Versicherten (eine GmbH), die jedoch im Strafverfahren nicht nachgewiesen werden konnte, weshalb dieses eingestellt wurde (nach § 153 Abs.2 StPO). Nach Abschluss des Strafverfahrens wurde jedoch unter Präsentation der Person des Fahrers die Kaskoentschädigung verlangt. Vom BGH wurde diese versagt wegen der Verletzung der zwischen Versichertem und Versicherung bestehenden Aufklärungsobliegenheit (sowohl nach dem VVG als auch nach den dort konkret vereinbarten AKB 88). Auch ohne ausdrückliche vertragliche Vereinbarung sei davon auszugehen, dass die vertragliche Aufklärungsobliegenheit als elementare, allgemeine und jedem Versicherungsnehmer und Kraftfahrer bekannte Pflicht die strafrechtlich sanktionierte mitumfasst. Bei Unfallflucht entfällt jedoch die Aufklärungsobliegenheit auch dann nicht, wenn die Haftungslage eindeutig ist. Bei festgestelltem fehlenden Verstoß gegen die Strafrechtsnorm des § 142 StGB ist jedoch auch keine Verletzung der Aufklärungsobliegenheit gegeben (BGH, DAR 1983, 74). Sinn und Zweck ist, dem Versicherer die sachgerechte Prüfung der Voraussetzungen der etwaigen Leistungspflicht zu ermöglichen, wozu auch die Feststellung all der Tatsachen, die mit dem Schadensereignis in Zusammenhang stehen, gehört. Das zweitinstanzlich in der Sache entscheidende OLG Saarbrücken (NVersZ 1999, 382) hatte wegen der eindeutigen Haftungslage und des Ausschlusses der Mitverursachung dem Anspruch auf Kaskoentschädigung stattgegeben und damit erneut (s. OLG Saarbrücken, VersR 1998, 883) gegen den BGH und die überwiegenden OLG entschieden.

XV. Verfahrenseinstellung gem. § 153a Abs.1 Satz 2 Nr.6 StPO

229 Besonders und ausdrücklich soll noch auf die oftmals vergessene Möglichkeit (der möglichst frühzeitigen Anregung) der Verfahrenseinstellung nach erfolgtem Aufbauseminar gem. dem seit 1.1.1999 geltenden § 153a Abs.1 Satz 2 Nr.6 StPO hingewiesen werden.

> *Hinweis:*
> *Weiterhin wird viel zu wenig von dieser gesetzlich vorgesehenen Möglichkeit der Einstellung insbesondere bei voraussichtlicher Aussichtslosigkeit anderweitiger Verteidigung Gebrauch gemacht!*

D. Fahrlässige Körperverletzung

I. Schutzbereich des § 229 StGB

230 Schutzgut der im allgemeinen modernen Straßenverkehr immer bedeutsamer gewordenen Vorschrift ist die **körperliche Integrität** und Gesundheit eines Menschen. Obwohl die Vorschrift als Antragsdelikt ausgestaltet worden ist (§ 230 StGB), ist eine deutliche Zunahme der Bestrafungen in diesem Bereich für die letzten Jahre zu verzeichnen, und zwar auch und gerade vielfach in Fällen, in denen ein Augenblicksversagen eines Verkehrsteilnehmers z.B. durch einen Vorfahrtfehler diesen nicht mehr nur zu einem Betroffenen eines OWi-Verfahrens macht, sondern wegen der fahr-

lässigen Verletzung eines anderen zu einem Straftäter nach § 229 StGB (vgl. Berz/Burmann/Ludovisy, Handbuch des Straßenverkehrsrechts, 13 C, §§ 230, 222 Rn. 1 und 3). Verständlich, wenn auch in der Literatur teilweise als problematisch bezeichnet, erscheinen deshalb rechtspolitische Bestrebungen, de lege ferenda die leichte und mittlere Fahrlässigkeit ohne schwere Folgen aus der Strafbarkeit des § 229 StGB herauszunehmen (Hoffmann, NZV 1993, 209; Junker, DAR 1993, 12; Janiszewski, DAR 1994, 6; Müller – Metz, NZV 1994, 89; Tröndle/Fischer, StGB, § 230 Rn. 1 und § 15 Rn. 21; Schönke/Schröder/Stree, StGB, § 230 Rn. 1).

Die Vorschrift des § 229 StGB entspricht in ihrem Aufbau dem **§ 222 StGB** und hat mit ihm zahlreiche Berührungspunkte, so dass weitgehend darauf verwiesen werden kann.   231

II. Objektiver Tatbestand

Die fahrlässige Körperverletzung stellt die Verwirklichung der objektiven Tatbestände der §§ 223, 224 StGB in der Schuldform der Fahrlässigkeit dar (Gerke, Strafrecht, S. 161). Unter **Körperverletzung** sind deshalb alle in § 223 StGB genannten Begehungsformen zu verstehen, einschließlich der körperlichen Misshandlung, die nicht zwingend ein vorsätzliches Handeln voraussetzt (Schönke/Schröder/Stree, StGB, § 230 Rn. 2).   232

Eine **körperliche Misshandlung** ist eine üble, unangemessene Behandlung, durch die das Opfer in seinem körperlichen Wohlbefinden, wenn auch nicht unbedingt durch Zufügung von Schmerzen (BGH, NJW 1995, 2643), so doch in mehr als nur unerheblichem Grade beeinträchtigt wird. Dazu zählen substanzverletzende Einwirkungen auf den Körper in Gestalt von Substanzschäden (z.B. Beulen, Wunden, nicht aber ohne weiteres „blaue Flecken"), Substanzverlusten (z.B. Einbuße von Gliedern, Organen, Zähnen, Augen), Verunstaltungen oder Funktionsstörungen (z.B. Gehörverlust). Auch mittelbare Einwirkungen können ausreichen wie z.B. bei einem schweren Schock anlässlich eines Verkehrsunfalls (Schönke/Schröder/Eser, StGB, § 223 Rn. 3 und 4; Tröndle/Fischer, StGB, § 223 Rn. 3 – 5). Ob die Beeinträchtigung des körperlichen Wohlbefindens mehr als nur unerheblich und damit als unangemessen anzusehen ist, beurteilt sich aus der Sicht eines objektiven Betrachters; so kann sich dies durchaus aus der Intensität eines körperlichen Eingriffs ergeben, wie z.B. aus Brandwunden (Schönke/Schröder/Eser, StGB, § 223 Rn. 4a).   233

Als **Gesundheitsbeschädigung** ist jedes Hervorrufen oder Steigern eines krankhaften Zustandes zu verstehen, der auch ohne körperliche Misshandlung entstehen kann und auch die Herbeiführung oder Aufrechterhaltung von Schmerzzuständen oder den krankhaften Zustand von Nerven erfasst (z.B. durch das wiederkehrende Starten von Lastzügen bei Nacht in einer Wohngegend; vgl. dazu: Schönke/Schröder/Eser, StGB, § 223 Rn. 5 und Tröndle/Fischer, StGB, § 223 Rn. 6).   234

Ob die Körperverletzung in ihren Folgen eine **leichte** i.S.d. § 223 StGB oder eine **schwere** i.S.d. § 226 StGB ist, ist für den Tatbestand des § 229 StGB ohne Bedeutung, wohl aber für die **Strafzumessung.**   235

Auch durch **Unterlassen** kann eine fahrlässige Körperverletzung begangen werden, etwa wenn ein Unfallverursacher nichts zur Versorgung seines durch Blutverlust noch weiter geschwächten Opfers unternimmt (vgl. Schönke/Schröder/Eser, StGB, § 223 Rn. 8; Schönke/Schröder/Stree, StGB, § 230 Rn. 2).   236

Eine **Selbstverletzung** ist straflos, weil die Tat sich gegen einen anderen richten muss.   237

III. Subjektiver Tatbestand

Die **subjektive Vorwerfbarkeit und Vorhersehbarkeit** hängt u.a. davon ab, inwieweit der Täter den tatbestandlichen Erfolg und Geschehensablauf in den wesentlichen Grundzügen im Endergebnis voraussehen konnte. Nach § 229 StGB ist zu bestrafen, wer durch sorgfaltswidriges Verhalten den Tod eines anderen verursacht hat, aber nur eine Körperverletzung voraussehen konnte (OLG Köln, NJW 1956, 1848) oder wenn nicht klargestellt werden kann, ob der Täter vorsätzlich oder fahrlässig gehandelt hat.   238

Leint ein **Spaziergänger** seinen Hund nicht an und erschreckt der Hund ein Pferd, dessen Reiter sich durch das scheuende Pferd verletzt, so ist dieser Vorgang für den Hundehalter vorhersehbar und damit vorwerfbar (AG Neuwied, NStZ 1997, 239 mit ablehnender Anm. Quednau, der die Kausalität ablehnt). Bei vorsätzlichem Handeln kann § 229 StGB anwendbar sein, wenn der Täter sich in vermeidbarer Weise über das Vorliegen der Voraussetzungen eines Rechtfertigungsgrundes irrt (Schönke/Schröder/Stree, StGB, § 230 Rn. 3; Tröndle/Fischer, StGB, § 230 Rn. 3).

IV. Konkurrenzen

239 **Realkonkurrenz** besteht mit §§ 142, 323c StGB. **Idealkonkurrenz** besteht mit §§ 240, 315 ff. StGB, nicht aber zwischen einer vorsätzlichen und einer fahrlässigen Körperverletzung, die an ein und derselben Person durch ein und dieselbe Handlung begangen wird (Anfahren des Opfers und dessen Verletzung durch Sturz). Hier wird die Fahrlässigkeit nur als Strafzumessungsgrund bei der Beurteilung der vorsätzlichen Körperverletzung behandelt, es sei denn § 224 StGB werde einschlägig (Schönke/Schröder/Stree, StGB, § 230 Rn. 8; Tröndle/Fischer, StGB, § 230 Rn. 4). Ist die Tat im Straßenverkehr begangen worden und besteht Tateinheit nicht mit § 316 StGB, wohl aber mit § 24a StVG, so ist ein **Fahrverbot** nach § 25 StVG über § 21 Abs. 1 Satz 2 OWiG möglich (Tröndle/Fischer, StGB, § 230 Rn. 4).

V. Grundsätze der Strafzumessung

240 Gem. § 46 Abs. 1 Satz 1 StGB ist die **Schuld** des Täters Grundlage für die Zumessung der Strafe. Nach Abs. 2 der Vorschrift wägt das Gericht die Umstände, die für und gegen den Täter sprechen, gegeneinander ab. Eine namentliche Aufzählung derartiger Umstände regelt der Gesetzgeber in Satz 2. Nach Abs. 3 der Vorschrift dürfen Umstände, die schon Merkmale des gesetzlichen Tatbestandes sind, nicht berücksichtigt werden.

241 Im Bereich des Straßenverkehrs spielen neben der **Intensität der Fahrlässigkeit** vor allem die **Folgen der Tat** eine Rolle. Leichtere Körperverletzungen sind anders zu beurteilen als schwerere Folgen bis hin zur Tötung des Unfallopfers. **Strafmildernd** kann insoweit berücksichtigt werden, wenn der Täter durch sein Verhalten selbst erheblich verletzt worden oder in die Gefahr erheblicher Eigenverletzungen gekommen ist. Auch die Mitschuld des Verletzten oder Dritten (unachtsamer Fußgänger; Beifahrer, der die mögliche Fahruntauglichkeit des Fahrers kennt), kann mitausschlaggebend werden (Berz/Burmann/Ludovisy, Handbuch des Straßenverkehrsrechts, 13 C, §§ 230, 222 StGB Rn. 50, 52; Schönke/Schröder/Stree, StGB, § 230 Rn. 5).

Zu berücksichtigen ist **langjähriges, unfallfreies Fahren** (KG, VRS 8, 43; Frisch, ZStW 1999, 770), auch das Verhalten des Täters nach der Tat, insbesondere sein Bemühen, den angerichteten Schaden wieder gutzumachen (Tröndle/Fischer, StGB, § 46 Rn. 27). Rückschlüsse auf die persönliche Schuld eines Täters, der sich um Verletzte oder Hinterbliebene kümmert, können nicht gezogen werden (BGH, VRS 40, 418). **Strafverschärfend** kann berücksichtigt werden, wenn der Täter keinerlei Strafempfindlichkeit oder Strafempfänglichkeit aufweist, insbesondere aus vorangegangenen Vorfällen und Bestrafungen keine Lehren gezogen und entsprechende Warnungen unbeachtet gelassen hat (Schönke/Schröder/Stree, StGB, § 46 Rn. 54; Tröndle/Fischer, StGB, § 46 Rn. 24, 24a).

242 Schließlich wird in der Literatur kritisch auf die bislang im Straßenverkehrsrecht nur unzureichend praktizierten Möglichkeiten nach **§§ 59, 60 StGB** aufmerksam gemacht, die **Verwarnung mit Strafvorbehalt** bei günstiger Sozialprognose und das **Absehen von Strafe** bei schweren eigenen Tatfolgen für den Täter vorsehen (Berz/Burmann/Ludovisy, Handbuch des Straßenverkehrsrechts, 13 C, §§ 230, 222 StGB Rn. 54 ff.).

VI. Prozessvoraussetzungen und Kompensation

Die fahrlässige Körperverletzung nach § 229 StGB ist im Gegensatz zum Offizialdelikt der fahrlässigen Tötung ein nur auf Antrag zu verfolgendes Antragsdelikt (§ 230 StGB), gleichzeitig **Privatklagedelikt** (§ 374 Abs. 1 Nr. 4 StPO) mit der beschränkten Möglichkeit der Nebenklage nach § 395 Abs. 3 StPO (vgl. dazu näher: Berz/Burmann/Ludovisy, Handbuch des Straßenverkehrsrechts, 13 C, §§ 230, 222 StGB Rn. 82 ff.).   **243**

1. Strafantrag nach § 230 StGB

Bei der fahrlässigen Körperverletzung nach § 229 StGB ist grds. **Verfolgungsvoraussetzung** ein Strafantrag nach § 230 StGB. Zu beachten sind insoweit die Vorschriften der §§ 77 – 77d StGB.   **244**

Antragsberechtigter ist gem. § 77 Abs. 1 StGB der Verletzte, in Fällen öffentlich-rechtlicher Dienstausübung auch der Dienstvorgesetzte (§§ 230 Abs. 2, 77a StGB). Stirbt der Verletzte vor Antragstellung, geht die Antragsberechtigung nur in den Fällen des § 223 StGB auf die Angehörigen über, nicht in den Fällen des § 229 StGB (vgl. § 230 Abs. 1 Satz 2 StGB), es sei denn, der Verstorbene gehörte zum Personenkreis des § 230 Abs. 2 StGB.   **245**

> *Hinweis:*
>
> *Für **Minderjährige** gilt § 77 Abs. 3 StGB, wobei zu beachten ist, dass beide Elternteile rechtzeitig, d.h. fristgerecht den Antrag gestellt, bzw. ihm zugestimmt haben (vgl. BGH, bei Nehm, DAR 1994, 177).*

Die **Antragsfrist** ist eine **Ausschlussfrist** und beträgt gem. § 77b Abs. 1 Satz 1 StGB drei Monate. Eine **Wiedereinsetzung in den vorigen Stand** aus Gründen unverschuldeter Fristversäumnis (§§ 44 ff. StPO) kommt deshalb nicht in Betracht (BGH, NJW 1994, 1165, 1166).   **246**

Der **Fristbeginn** bestimmt sich nach § 77b Abs. 2 StGB und setzt die vollständige Kenntnis des berechtigten Verletzten oder seines Vertreters von den objektiven und subjektiven Merkmalen des Verletzungstatbestandes des § 229 StGB voraus. Bloße Vermutungen oder Verdachtsgründe reichen dazu nicht aus. Dazu gehört auch die Kenntnis von der Person des Täters; dies ist nach § 77b Abs. 3 StGB jeder Tatbeteiligte. Er ist z.B. bekannt, wenn er in dem Strafantrag als Fahrer eines PKW mit einem bestimmten amtlichen Kennzeichen individuell erkennbar gemacht werden kann, ohne dass sein Name bereits bekannt ist (BayObLG, NStZ 1994, 86; Tröndle/Fischer, StGB, § 77b Rn. 5).

Bei **laufender Frist** kann der Antrag in jedem Stadium des Verfahrens gestellt und gem. § 77d Abs. 1 Satz 1 StGB bis zum rechtskräftigen Abschluss des Strafverfahrens zurückgenommen werden. Im letzteren Fall ist das Verfahren gem. § 260 Abs. 3 StPO einzustellen. Zu beachten ist schließlich § 77c StGB, der auch bei wechselseitig begangenen fahrlässigen Körperverletzungen gilt.

2. Gebot des besonderen öffentlichen Interesses

Liegt kein wirksamer Strafantrag vor, weil die Antragsfrist verstrichen ist oder der Verletzte auf sein Antragsrecht verzichtet oder den Antrag zurückgenommen hat, so kann die Tat des § 229 StGB nach § 230 Abs. 1 Satz 1 StGB nur verfolgt werden, wenn die Staatsanwaltschaft das besondere öffentliche Interesse (§ 376 StPO) an der Strafverfolgung von Amts wegen für geboten hält. Dies braucht nicht ausdrücklich ausgesprochen zu werden, es genügt eine formlose Erklärung, die auch in der Erhebung der Anklage oder der Beantragung eines Strafbefehls gesehen werden kann.   **247**

Nach h.M. handelt es sich insoweit um eine Ermessensentscheidung **der Staatsanwaltschaft,** die grds. einer gerichtlichen Prüfung entzogen ist (Schönke/Schröder/Stree, StGB, § 232 Rn. 3 und 7 m.w.N.).

248   Das öffentliche Interesse muss für jeden Fall gesondert geprüft und entschieden werden. Die **Richtlinien für das Straf- und Bußgeldverfahren – RiStBV –** sehen in Nr. 243 Abs. 3 Maßstäbe für die Bejahung des besonderen öffentlichen Interesses bei Körperverletzungen im Straßenverkehr vor. Dies soll danach „vor allem dann" erfolgen, „wenn der Täter einschlägig vorbestraft ist, besonders leichtfertig gehandelt oder die Tat unter Einfluss von Alkohol oder anderen berauschenden Mitteln begangen hat oder wenn der Unfall nicht unerhebliche Folgen für andere gehabt hat". Grds. ist bei Körperverletzungen im Zusammenhang mit Zuwiderhandlungen gegen Straßenverkehrsvorschriften für die Annahme eines besonderen öffentlichen Interesses Zurückhaltung geboten (Janiszewski, DAR 1994, 6, der auf die Schwere des Handlungsunrechts abstellt und geringfügige Verletzungen ausscheiden will). Ist der **Verletzte** ein **Angehörigerdes Täters,** so wird i.d.R. kein öffentliches Interesse an der Strafverfolgung bestehen (Nr. 234, 243 Abs. 3 RiStBV; Schönke/Schröder/Stree, StGB, § 232 Rn. 5).

249   Die Erklärung der Staatsanwaltschaft ist nicht fristgebunden und kann selbst noch in der **Revisionsinstanz** nachgeholt werden; ebenso kann sie während des gesamten Verfahrens zurückgenommen werden. An eine daraufhin ergehende gerichtliche Entscheidung ist die Staatsanwaltschaft allerdings gebunden (Schönke/Schröder/Stree, StGB, § 232 Rn. 8; Tröndle/Fischer, StGB, § 232 Rn. 5 und 6). Wird bei einer Tat nach § 230 StGB das besondere öffentliche Interesse verneint und das Verfahren wegen der Verfolgung einer zugleich begangenen Verkehrsordnungswidrigkeit an die Verwaltungsbehörde abgegeben, so hat das zuständige Gericht auf einen Einspruch gegen einen Bußgeldbescheid in das Strafverfahren überzugehen (§ 81 Abs. 1 OWiG), falls § 230 StGB vorliegt und ein wirksamer Strafantrag gestellt worden ist (BayObLG, MDR 1977, 246; LG Oldenburg, MDR 1981, 421; Göhler, OWiG, § 43 Rn. 10; Preisendanz, DRiZ 1989, 366). Doch kann es das Verfahren hinsichtlich der Straftat nach § 229 StGB gem. § 153 Abs. 2 StPO einstellen und nur auf Geldbuße erkennen (Göhler, OWiG, § 43 Rn. 13).

E. Fahrlässige Tötung

I. Schutzbereich des § 222 StGB

250   Das zu den **fahrlässigen Erfolgsdelikten** gehörende Vergehensdelikt erfasst als höchstes Rechtsgut das Leben und als betroffenes Tatobjekt den Menschen. Die zwar nicht vorsätzlich, aber objektiv und subjektiv sorgfaltswidrig verwirklichte Vernichtung eines Menschenlebens ist im Gegensatz zur (relativ seltenen) vorsätzlichen Tötung ein „massenhaft vorkommendes Delikt" (Schönke/Schröder/Eser, StGB, § 222 Rn. 1). Zu beachten ist allerdings stets, dass in den Fällen, in denen eine vorsätzliche Tötung nicht festgestellt werden kann, zunächst das Augenmerk auf die mit schwerer Strafandrohung belegten erfolgsqualifizierten Delikte zu richten ist, wie z.B. auf die Körperverletzung mit Todesfolge nach § 227 StGB. Erst wenn sichergestellt ist, dass derartige **Spezialtatbestände** ausscheiden, ist der Rückgriff auf § 222 StGB angezeigt.

II. Objektiver Tatbestand

251   Der **tatbestandsmäßige Erfolg** der Tötung eines Menschen muss **ursächlich** auf das fehlerhafte Tun oder Unterlassen des Täters zurückzuführen sein. Dies ist der Fall, wenn die **objektiv gebotene Sorgfaltspflicht** verletzt und die objektive **Voraussehbarkeit des tatbestandlichen Erfolges** (Tötung eines Menschen) einschließlich des **Kausalverlaufes** des Gesamtvorgangs unmissverständlich erkennbar wird.

1. Gegenstand der Tat

Tatobjekt ist wie bei den vorsätzlichen Tötungsdelikten ein anderer lebender Mensch, unabhängig 252
davon, ob seine Lebensfunktionen auf ein Minimum reduziert und kaum mehr wahrnehmbar
erscheinen („Scheintoter" oder „Flatliner"). Von besonderer Bedeutung ist im Hinblick auf die
Rechtsprechung des BVerfG zur rechtlichen Behandlung des werdenden Lebens („nasciturus"),
dass zwar die fahrlässige Tötung eines Menschen strafbar ist, nicht aber der fahrlässige Schwangerschaftsabbruch. Ein Kind kann danach nur dann Tatobjekt einer fahrlässigen Tötung sein, wenn
die schädigende Einwirkung auf sein Leben „in oder gleich nach der Geburt" stattgefunden hat,
d.h. der Geburtsvorgang muss begonnen haben. Ob das Kind lebensfähig ist oder nicht, spielt dabei
keine Rolle (BVerfG, NJW 1988, 2945; BGHSt 31, 352 mit Anm. Hirsch, JR 1985, 336; OLG
Bamberg, NJW 1988, 2963; Tröndle/Fischer, StGB, § 222 Rn. 1 und vor § 211 Rn. 2 ff. m.w.N.;
Schönke/Schröder/Eser, StGB, § 222 Rn. 2).

2. Tathandlung

Tathandlung kann jedes den Tod eines Menschen bedingende Tun oder pflichtwidrige Unterlas- 253
sen sein, und zwar auch dann, wenn das Verhalten des Täters durch unglückliche Umstände den
durch andere Bedingungen geschaffenen Erfolg zumindest (mit-)verursacht. Dies kann passieren
bei Verkehrsunfallopfern, die an einer Blutererkrankung leiden oder sog. „gläserne Knochen"
haben, die sich im Krankenhaus eine tödliche Virusinfektion zuziehen oder letztlich Opfer ärztlicher Kunstfehler werden. Doch kann es bei derart **atypischen Kausalverläufen** an der Vorhersehbarkeit für den Täter fehlen (vgl. Tröndle/Fischer, StGB, § 222 Rn. 3).

3. Täterschaft

Täter kann dabei einmal derjenige sein, der **unmittelbar** durch sein Handeln den tatbestandsmäßi- 254
gen Erfolg des Todes eines Menschen bewirkt, aber auch derjenige, der **mittelbar handelnd** diesen Erfolg erzielt, etwa als Auftraggeber oder Unternehmer (OLG Stuttgart, NJW 1984, 2897). So
kann als Täter infrage kommen, wer einem Süchtigen ein Rauschmittel zur Selbstinjektion überlässt (BGH, NJW 1981, 2015 m. Anm. Loos, JR 1982, 342; Schünemann, NStZ 1982, 60; Bay-
ObLG, StV 1982, 73), wer einem Angestellten ohne gültige Fahrerlaubnis einen Fahrauftrag mit
einem Fahrzeug erteilt, für das eine gültige Fahrerlaubnis erforderlich ist (OLG Oldenburg,
NJW 1950, 555; BayObLG, MDR 1955, 627), wer als Gastwirt konzessionswidrig einem bereits
erkennbar angetrunkenen Kraftfahrer weiterhin alkoholische Getränke ausschenkt und damit möglicherweise zu einem schweren Verkehrsunfall mit tödlichen Folgen für den Gast beiträgt (RGSt,
JW 1938, 1241; BGHSt 19, 152 und 26, 35), wer einen angetrunkenen Fahrer zum Fahren über-
redet (BGH, VRS 5, 42) oder wer mit einem angetrunkenen Fahrer ein Wettrennen mit Motorrädern abspricht, bei dem der andere, gleichgültig ob durch eigenes Verschulden oder nicht, ums
Leben kommt (BGHSt 7, 112, 114; BGH, VRS 13, 470; KG, JR 1956, 150).

4. Sorgfaltspflichtverletzung

Das **Maß der Sorgfalt** richtet sich objektiv nach den Umständen des Einzelfalles und subjektiv 255
nach den persönlichen Kenntnissen und Fähigkeiten des Täters (RGSt 57, 174). Zu den Umständen
des Einzelfalles sind bei den infrage kommenden Handlungs- und Unterlassungspflichten des Fahrzeugführers die geschriebenen oder ungeschriebenen Normen zu rechnen, aus denen objektiv die
Pflicht zur Sorgfalt letztlich entspringt, wie z.B. die **Amtspflichten** für Amtsträger, **Unterhalts-
pflichten,** Pflicht zur Beachtung von Unfallverhütungsvorschriften und dergleichen mehr, aber
auch nicht besonders geregelte Pflichten wie die allgemeine Vorsicht beim Umgang mit Giftstoffen
oder die Voraussehbarkeit der Folgen bei gefährlichem Tun, wie es etwa bei der Teilnahme am
Straßenverkehr in betrunkenem Zustand zu bemerken ist (vgl. zu den Beispielen näher Tröndle/Fi-

scher, StGB, § 222 Rn. 8). Auch berufliche Umstände können besondere Sorgfaltspflichten eröffnen, wie dies etwa beim Arzt, der Hebamme oder aber auch beim Kraftfahrzeugführer festzustellen ist (Tröndle/Fischer, StGB, § 222 Rn. 9 ff.).

256   Im **Bereich des Straßenverkehrs** ergeben sich die zu beachtenden Sorgfaltspflichten in erster Linie aus der StVO und der StVZO. Verstöße im Straßenverkehr gegen deren Rechtsvorschriften indizieren i.d.R. die Verletzung von Sorgfaltspflichten und damit letztlich auch den Schuldvorwurf im Bereich der Fahrlässigkeit (Berz/Burmann/Ludovisy, Handbuch des Straßenverkehrsrechts, 13 C, §§ 230, 222 Rn. 23; OLG Karlsruhe, NZV 1990, 199). Dabei ist jedoch zu beachten, dass z.B. die Trunkenheit eines Fahrzeugführers nicht ohne weiteres den Schluss zulässt, er sei verkehrsrechtswidrig gefahren (BayObLG, NJW 1953, 1641; OLG Koblenz, VRS 45, 437). Erst bei **absoluter Fahruntüchtigkeit** kann dieser Schluss gezogen werden (vgl. dazu Rn. 30 ff.). Auch spezielle öffentlich-rechtliche Befugnisse, wie sie z.B. die **Sonderrechte** nach § 35 StVO etwa für die Polizei, Feuerwehr usw. darstellen, stehen unter dem begrenzenden Vorbehalt der öffentlichen Sicherheit oder Ordnung und dürfen nur wahrgenommen werden, soweit es zur Erfüllung hoheitlicher Aufgaben dringend geboten ist und das absolut vorrangige Übermaßverbot beachtet wird, also ein andere Verkehrsteilnehmer weder gefährdendes noch gar schädigendes Mittel gewählt wird. Sie dürfen deshalb nur unter größtmöglicher Sorgfalt wahrgenommen werden (Jagusch/Hentschel, Straßenverkehrsrecht, § 35 StVO Rn. 1, 5, 8 und 21). Jeder Fahrzeugführer muss sich auf **unerwartete Zufälle** einrichten und die entsprechende Sorgfalt wahren, wie etwa die Einrichtung seiner Fahrweise bei Glatteis, Nebel oder starken Niederschlägen, bei zu erwartendem Wildwechsel, nicht auf Anhieb zu durchschauenden Verhaltensweisen anderer Verkehrsteilnehmer und dergleichen mehr (vgl. Tröndle/Fischer, StGB, § 222 Rn. 11). Insbesondere bei **Tieren** auf der Fahrbahn oder an ihrem Rande ist Rücksicht zu nehmen, vorsichtig vorbeizufahren oder auch stehen zu bleiben (Scheuen von Pferden, Vorbeiziehen von Schafherden; vgl. Jagusch/Hentschel, Straßenverkehrsrecht, § 3 StVO Rn. 30). Eine **Schreckzeit** steht dem Fahrzeugführer zu, wenn er unverschuldet von einem gefährlichen Ereignis überrascht wird (BGHSt 5, 276; OLG Stuttgart, Die Justiz 1977, 242; OLG Hamm, NZV 1990, 36). Zu berücksichtigen ist indes i.d.R. eine kurze **Reaktionszeit** (vom Erkennen des Sachverhalts bis zur körperlichen Reaktion; BGH, NJW 1954, 1415 [Ls.]; BayObLG, NJW 1950, 556; Jagusch/Hentschel, Straßenverkehrsrecht, § 1 StVO Rn. 29 f.; Mühlhaus/Janiszewski, Straßenverkehrs-Ordnung, § 1 StVO Rn. 5).

5. Wahrung des Vertrauensgrundsatzes

257   Der Vertrauensgrundsatz gilt für alle Verkehrsteilnehmer, die sich verkehrsgerecht verhalten. Nach diesem Grundsatz dürfen diese – die Fußgänger eingeschlossen – darauf vertrauen, dass alle anderen Verkehrsteilnehmer sich ebenfalls **verkehrsgerecht** verhalten. Wer Verkehrsvorschriften missachtet, handelt objektiv sorgfaltswidrig (Berz/Burmann/Ludovisy, Handbuch des Straßenverkehrsrechts, 13 C, §§ 230, 222 Rn. 24; Tröndle/Fischer, StGB, § 222 Rn. 12). Allerdings muss der Verkehrsteilnehmer darauf achten, dass keine Anhaltspunkte vorliegen, die Rückschlüsse auf ein verkehrswidriges Verhalten anderer Verkehrsteilnehmer zulassen (OLG Hamm, VRS 55, 351). Gem. § 3 Abs. 2a StVO wird dem Fahrzeugführer eine besondere Sorgfaltspflicht gegenüber Kindern, Hilfsbedürftigen (dazu zählen auch „Betrunkene") und älteren Menschen insbesondere durch Verminderung der Fahrgeschwindigkeit und durch Bremsbereitschaft auferlegt und sich damit so zu verhalten, dass eine Gefährdung dieser Verkehrsteilnehmer ausgeschlossen ist. Er braucht sich aber nicht darauf einzustellen, dass **ältere Verkehrsteilnehmer,** die nicht deutlich als hochbetagt oder gebrechlich erkennbar sind, sich verkehrswidrig verhalten (BayObLG, NJW 1978, 1491; OLG Hamm, VRS 56, 28), also unerwartet die Fahrbahn betreten (BGHSt 3, 51 und VRS 11, 225; OLG Köln, DAR 1978, 331 oder VRS 52, 186; BayObLG, VRS 58, 222) oder nach Betreten der Fahrbahn plötzlich wieder umkehren (OLG Hamm, VRS 59, 114). Ähnliches gilt für **Kinder,** die – wenn nicht besondere Umstände erkennbar werden (Spiel- oder Siedlungsstraßen, Kindergärten oder -spielplätze usw.) – unvermittelt auf die Straße laufen. Anders ist dies wiederum dann zu beurteilen, wenn es sich um Kleinkinder oder auch um sieben- bis zehnjährige Kinder handelt,

auch wenn sie durch größere Kinder beaufsichtigt werden (vgl. dazu Tröndle/Fischer, StGB, § 222 Rn. 12a m.w. Beispielen). Voraussetzung ist jedoch stets, dass diese Personen für den Kraftfahrer aufgrund ihrer äußeren Erscheinung und ihrem Auftreten erkennbar sind (BGH, NJW 1994, S. 273; Berz/Burmann/Ludovisy, Handbuch des Straßenverkehrsrechts, 13 C, §§ 230, 222 Rn. 25; Jagusch/ Hentschel, Straßenverkehrsrecht, § 3 StVO Rn. 29a).

6. Objektive Vorhersehbarkeit des tatbestandlichen Erfolges

Zugerechnet wird die Tötung eines Menschen dem Täter nur, wenn sie für ihn vorhersehbar war. Dies wiederum ist nur der Fall, wenn der konkrete Geschehensablauf nicht völlig außerhalb übli-cher Lebenserfahrung liegt (BGHSt 31, 101). Ein Kraftfahrzeugführer muss sich stets auf unerwar-tete Zufälle einrichten, insbesondere bei unklaren Verkehrslagen (z.B. bei Abbiege- oder Überhol-vorgängen, sich verkehrswidrig verhaltenden jugendlichen Radfahrern oder Rollerskatern) oder unsicheren Wetterlagen (Eis, Schnee, Nebel, Regen usw). Auch bei ungewöhnlichem Verkehrsver-halten erscheint der Tod eines Verkehrsbeteiligten durchaus vorhersehbar, wie etwa bei einem Wettrennen mit einem erkennbar Betrunkenen (vgl. BGHSt 7, 114). 258

> *Hinweis:*
>
> *Lediglich **atypische Geschehensabläufe** sind davon ausgenommen, was bei einer ärztlichen Fehlbehandlung eines Unfallopfers im Krankenhaus angenommen werden kann (vgl. Rn. 4). Aber selbst wenn der Tod des Unfallopfers nicht vorhersehbar war, kann durchaus die Vor-hersehbarkeit des Eintritts einer Körperverletzung übrig bleiben mit der Folge einer entspre-chenden Bestrafung nach § 230 StGB (Berz/Burmann/Ludovisy, Handbuch des Straßenver-kehrsrechts, 13 C, §§ 230, 222 Rn. 29; Tröndle/Fischer, StGB, § 222 Rn. 15).*

7. Objektive Zurechenbarkeit des tatbestandlichen Erfolges

Für die Annahme einer fahrlässigen Tötung im Straßenverkehr ist ferner ein **Pflichtwidrigkeits-zusammenhang** erforderlich. In dem letztlich eingetretenen Erfolg muss sich aufgrund eines tat-bestandsadäquaten Kausalverlaufs gerade die Normverletzung des Täters verwirklicht haben, die durch seine Sorgfaltspflichtverletzung geschaffen worden ist. Diese Sorgfaltspflichtverletzung muss in unmittelbarem zeitlichen und räumlichen Zusammenhang mit dem Unfalltod des Ver-kehrsbeteiligten stehen, d.h. das verkehrswidrige Verhalten des Fahrers – etwa eine Geschwindig-keitsüberschreitung oder das Nichterkennen des Auftauchens von Hindernissen – muss sich im **Augenblick des Unfallgeschehens** abspielen (OLG Hamm, zfs 1983, 91; Berz/Burmann/Ludovi-sy, Handbuch des Straßenverkehrsrechts, 13 C, §§ 230, 222 Rn. 31 und 32) und für den Täter bei sorgfaltsgemäßem Verhalten vermeidbar gewesen sein. Wenn der Unfall mit tödlichem Ausgang auch bei sorgfaltsgemäßem Verhalten des Täters passiert wäre, wäre der Pflichtwidrigkeitszusam-menhang abzulehnen. Insoweit wird dazu vertreten, dass bei konsequenter Anwendung des Grund-satzes „**in dubio pro reo**" die Strafbarkeit des Unfallverursachers schon dann entfallen müsse, wenn nur nicht ausgeschlossen werden könne, dass der Unfall auch bei rechtmäßigem Alternativ-verhalten eingetreten wäre. Die Rechtsprechung stellt insoweit darauf ab, ob gerade die Pflichtwid-rigkeit für den Erfolg ursächlich geworden ist und scheidet ggf. eine Strafbarkeit bereits vom objektiven Tatbestand her aus (BGHSt 11, 1 und 33, 61 = NJW 1985, 1350; Berz/Burmann/Ludo-visy, Handbuch des Straßenverkehrsrechts, 13 C, §§ 230, 222 Rn. 34 und 35). 259

8. Eigenverantwortliche Selbstverletzung oder Selbstgefährdung

In den Fällen der Beteiligung an eigenverantwortlicher Selbstverletzung oder Selbstgefährdung scheidet § 222 StGB nach der neueren Rechtsprechung im Falle eines Erfolgseintritts schon vom Tatbestand her aus (BGHSt 32, 262; BayObLG, NZV 1989, 80 für den Fall eines **Skateboard-** 260

Fahrers; Schönke/Schröder/Eser, StGB, § 222 Rn. 3; Tröndle/Fischer, StGB, § 222 Rn. 15a). Eine **Einwilligung** oder mutmaßliche Einwilligung in eine Selbstverletzung oder Selbstgefährdung kann allenfalls bei leichter Körperverletzung in den Grenzen des § 228 StGB zulässig sein, keinesfalls in schwere Körperverletzungen oder gar Lebensgefährdungen, die zudem sittenwidrig und schon von daher unbeachtlich wäre (BGHSt 7, 112, 114).

III. Rechtfertigung oder Entschuldigung der Tat

261   Der **Einwilligung** durch den nachher getöteten Verkehrsteilnehmer kommt keine rechtfertigende Kraft zu (BGHSt 4, 93; OLG Celle, MDR 1980, 74), weil eine dem § 228 StGB entsprechende Vorschrift fehlt und das menschliche Leben im Allgemeininteresse geschützt wird (Tröndle/Fischer, StGB, § 222 Rn. 5). Sofern die tödliche Folge lediglich die Realisierung einer einverständlichen Fremdgefährdung oder die vom Täter (mit-)veranlasste Selbstgefährdung des ansonsten frei verantwortlich handelnden Betroffenen und später Getöteten darstellt, scheidet eine Strafbarkeit schon vom Tatbestand her aus (BGHSt 32, 262; BayObLG, NZV 1989, 80 mit Anm. Molketin).

IV. Subjektiver Tatbestand

262   Das Maß der gebotenen Sorgfalt richtet sich subjektiv nach den persönlichen Kenntnissen und Fähigkeiten des Täters (BGHSt 31, 96). Dabei müssen bei der Beurteilung der **subjektiven Vorwerfbarkeit** der Tat zu seinen Gunsten auch Schocksituationen mit der Folge von Verwirrung berücksichtigt werden (BGH, VRS 10, 213). Das Versagen in kritischen Situationen kann dem Täter nicht schon deshalb zum Vorwurf gemacht werden, weil er ansonsten in der Lage ist, Risiken der in Betracht kommenden Art zu meistern. Entlastend können hier intellektuelle oder körperliche Mängel, insbesondere ein vom Täter bislang nicht bemerkter Altersabbau, mangelndes Erfahrungswissen oder Reaktionsvermögen, Affekt- oder Erregungszustände wirken (Berz/Burmann/Ludovisy, Handbuch des Straßenverkehrsrechts, 13 C, §§ 230, 222 Rn. 41 und 42). Auch Wahrnehmungsverzögerungen wegen schuldloser Verwechselung der Signale einer Lichtzeichenanlage kommen in Betracht (BGH, VRS 44, 431). Die Sicherheitseinrichtungen am Fahrzeug (Bremsen, Beleuchtung, Blinker usw.) hat der Kraftfahrer regelmäßig zu kontrollieren und zu gebrauchen, auch wenn er deren Notwendigkeit nicht durchschaut; bei während der Fahrt insoweit auftretenden erheblichen Fahrzeugmängeln (Bremskraftverlust, Ausfall der Beleuchtung) hat er die Fahrt sofort zu unterbrechen (Tröndle/Fischer, StGB, § 222 Rn. 12e). I.Ü. wird im Rahmen der individuellen Vorwerfbarkeit der Tat auch in der strafrechtlichen Beurteilung das aus dem Zivilrecht bekannte „Mitverschulden" (§ 254 BGB, § 9 StVG) mitberücksichtigt, was Auswirkungen auf das Strafmaß haben kann (Berz/Burmann/Ludovisy, Handbuch des Straßenverkehrsrechts, 13 C, §§ 230, 222 Rn. 44, 45, 46). Dazu zählen u.a. eigene Fahrfehler des getöteten Verkehrsteilnehmers, die Verletzung der Helm-, Gurtanlege- oder Kindersicherungspflicht, das Unterlassen der Verwendung von Motorradkleidung oder des Einschaltens des Fahrlichtes eines Motorrades auch bei Tage. Die **subjektive Vorhersehbarkeit** hängt ihrerseits davon ab, inwieweit der Täter den tatbestandlichen Erfolg und Geschehensablauf in den wesentlichen Grundzügen **im Endergebnis voraussehen** konnte (BGHSt 12, 75; OLG Hamm, VRS 51, 358, 361; OLG Stuttgart, JZ 1980, 618). Da dieses Merkmal dem des Wissens beim Vorsatz entspricht, muss es dem Täter des § 222 StGB überhaupt möglich gewesen sein, diejenigen Voraussetzungen zu erkennen, die er beim Vorsatz hätte wissen müssen (Berz/Burmann/Ludovisy, Handbuch des Straßenverkehrsrechts, 13 C, §§ 230, 222 Rn. 43).

V. Konkurrenzen

263   Werden durch dasselbe fahrlässige Verhalten mehrere Personen getötet, so liegt Idealkonkurrenz vor (RGSt 2, 256). Mit §§ 315 – 315d StGB ist **Tateinheit** möglich (RGSt 8, 67). **Realkonkurrenz** ist mit § 142 StGB möglich. Gesetzeskonkurrenz besteht gegenüber den echten Erfolgsqualifizierungen (z.B. § 226 StGB: BGHSt 8, 54) oder gegenüber erfolgsqualifizierten Lebensgefährdungs-

tatbeständen (z.B. § 221 Abs. 3 StGB). Bei bestimmten unechten Erfolgsqualifizierungen ist **Ideal-konkurrenz** anzunehmen, damit die nur fahrlässige Todesverursachung zum Ausdruck kommt, wie z.B. bei § 239 Abs. 3 StGB. § 229 StGB ist subsidiär (vgl. zum Ganzen auch Schönke/Schröder/Eser, StGB, § 222 Rn. 6 und Tröndle/Fischer, StGB, § 222 Rn. 16).

F. Nötigung

I. Schutzbereich des § 240 StGB

Die Vorschrift bedroht denjenigen mit Freiheits- oder Geldstrafe, der einen Menschen rechtswidrig mit Gewalt oder durch Drohung mit einem empfindlichen Übel **zu einer Handlung, Duldung oder einem Unterlassen nötigt.** 264

Die Nötigung ist geregelt im 18. Abschnitt des StGB „Straftaten gegen die persönliche Freiheit". Der Schutzbereich der Freiheitsdelikte ist grds. die Freiheit der **Willensentschließung und der Willensbetätigung** (BVerfGE 73, 237; 92, 13; Tröndle/Fischer, StGB, § 240 Rn. 2; a.A. Hruschka, JZ 1995, 737, der von § 240 StGB nur die Willensbetätigungsfreiheit geschützt sehen will, da die Freiheit des Willensentschlusses abschließend durch die Gewaltdeliktsvorschriften geschützt sei). Der Angriff auf die persönliche Freiheit des Opfers durch die Verwirklichung der in diesem Abschnitt enthaltenen Delikte ist der Sinn und Zweck, der Kern der Rechtsgutsverletzung und nicht nur eine **Begleiterscheinung** der Tat. 265

Übereinstimmend jedoch ist der Kern des durch § 240 StGB geschützten Rechtsgutes, die **Handlungsfreiheit.** Die Freiheit selbst ist keine konkret definierbare Größe und kann daher nicht allumfassend durch das Gesetz geschützt werden. Die Handlungsfreiheit eines jeden Einzelnen ist begrenzt durch die Rechte anderer, die verfassungsmäßige Ordnung, das Sittengesetz und das Gebot zur zwischenmenschlichen Rücksichtnahme (BVerfGE 39, 1, 43). Durch § 240 StGB wird somit nur dann ein strafrechtlicher Schutz der Handlungsfreiheit des Einzelnen gewährt, wenn ein Angriff, der durch Gewalt oder durch Drohung mit einem empfindlichen Übel geschieht, der so schwerwiegend ist, dass ein gesteigertes Unwerturteil der Tat zu verzeichnen und diese als **verwerflich** zu bewerten ist. 266

Die Bedeutung der Nötigung für das Verkehrsstrafrecht liegt insbesondere in dem Bereich, „wenn mit der Gewalt eines Fahrzeuges mittels verkehrswidriger Fahrweise andere mutwillig gezwungen werden, nicht so zu fahren (oder sich sonst wo im Straßenverkehr zu bewegen – Anm. der Verf.), wie sie wollen und wie die Verkehrslage es zulässt" (Köln, VRS 57, 196; Janiszewski, Verkehrsstrafrecht, Rn. 561a). 267

§ 240 StGB ist als **Erfolgsdelikt** ausgestaltet (BGHSt 37, 350, 353; Schönke/Schröder/Eser, StGB, § 240 Rn. 12; SK/Horn, StGB, § 240 Rn. 5; Tröndle/Fischer, StGB, § 240 Rn. 2). Der Tatbestand setzt daher ein über ein schlichtes aktives Tun hinausgehendes Verursachen eines Erfolges durch die Tathandlung voraus, das noch nicht durch die Handlung selbst eingeschlossen ist. 268

Problematisch ist somit bei der Prüfung der Norm zum einen die kausale Verknüpfung zwischen Nötigungshandlung und Nötigungserfolg (**Kausalzusammenhang**).

Zum anderen stellt sich die Frage, inwieweit eine **Nötigung durch Unterlassen,** d. h., dadurch verwirklicht werden kann, dass ein Täter den Eintritt des Erfolges durch Untätigbleiben nicht verhindert. Dabei wird derjenige, der den Eintritt des Erfolges durch Untätigbleiben nicht verhindert, dem gleichgestellt, der den Erfolg durch aktives Tun herbeiführt (Problem der **unechten Unterlassungsdelikte**): Nach überwiegender Ansicht kann eine gewaltsame Einwirkung auch in straßenverkehrsrechtlicher Hinsicht in einem Unterlassen bestehen, so z.B. im Nichtaufheben einer Blockade

(BayObLG, VRS 1960, 189), wobei jedoch besonders strenge Anforderungen an die Voraussetzung der Verwerflichkeit (s. Rn. 41 ff.) zu stellen und Besonderheiten bei der Tatbestandsprüfung (s. Rn. 305) zu beachten sind.

II. Sechstes Gesetz zur Reform des Strafrechts

269　Durch das **Sechste Gesetz zur Reform des Strafrechts (6. StrRG)** vom 26. 1. 1998 (BGBl. I, S. 164), das zum 1.4.1998 in Kraft getreten ist, wurde u.a. der Besondere Teil des StGB umfassend reformiert. Insbesondere erfolgte eine Harmonisierung der Strafrahmen, eine Verschärfung und zeitgemäße Anpassung einzelner Deliktsgruppen sowie die Verstärkung des Strafschutzes in besonders gefährdeten Bereichen. Auch der Wortlaut des § 240 StGB ist geändert worden: So ist durch die Formulierung des Abs. 1 nun ausdrücklich ein Mensch das Tatobjekt der Nötigung. Hierdurch hat sich der Schutzbereich der Vorschrift jedoch nicht verändert, sondern ist lediglich verdeutlicht worden. Bereits vor der Einführung des 6. StrRG konnte Tatobjekt der Nötigung ausschließlich ein anderer Mensch sein (Schönke/Schröder/Eser, StGB, § 240 Rn. 2).

270　Neu eingefügt durch die Gesetzesreform wurde der Qualifikationstatbestand des **besonders schweren Falls** der Nötigung in dem neuen § 240 Abs. 4 StGB. Danach beträgt in einem besonders schweren Fall die Strafmaßandrohung von mindestens sechs Monaten bis zu fünf Jahren Freiheitsstrafe (gegenüber bis zu drei Jahren gem. Abs. 1). Die ebenfalls neu geschaffenen Regelbeispiele haben für den straßenverkehrsrechtlichen Anwendungsbereich der Nötigung keine nennenswerte Bedeutung.

III. Objektiver Tatbestand

1. Begriff der Tathandlung

271　Tathandlung des § 240 StGB ist das **Nötigen.** Diese Beschreibung der Tathandlung, die an sich mangels Formulierungsalternativen bereits die Tatbestandssubsumtion als kennzeichnendes Verb zur Tatumschreibung verwendet, blickt auf eine lange Geschichte zurück: Bereits im Strafgesetzbuch von 1871 sowie in den vorangegangenen entsprechenden Bestimmungen der deutschen Einzelstaaten ist von „nötigen", „zwingen", o.Ä. die Rede. Dementsprechend ist die Tathandlung, dass der Täter einen (oder mehrere) mit einem Nötigungsmittel in eine Notlage bringt und dem Opfer ein bestimmtes Verhalten (Handeln, Dulden, Unterlassen) aufzwingt, wodurch konkret der Einsatz von List oder auch Suggestion als Nötigungsmittel ausgeschlossen ist (Hruschka, JZ 1995, 738 m.w.E.).

272　Die **Verfassungsmäßigkeit** der tatbestandlichen Konkretisierung des § 240 StGB ist zwar im Schrifttum nicht unumstritten, jedoch von der Rechtsprechung wiederholt bestätigt worden (BVerfGE 73, 206; 92, 1). Begründete Bedenken mit Auswirkungen für die Praxis bestehen insoweit nicht hinsichtlich der Fassung des Gesetzestextes sondern bezüglich der irritierenden Entwicklungen der (erweiternden oder einschränkenden) **Auslegung des Gewaltbegriffs** durch die Rechtsprechung (dazu s. Rn. 275 ff.).

Die Tathandlung „nötigen" kann mittels der zwei tatbestandlichen Nötigungsmittel, nämlich zum einen durch Anwendung von Gewalt und zum anderen durch Drohung mit einem empfindlichen Übel begangen werden.

2. Begriff der Gewalt

273　Der Begriff der Gewalt und vor allem dessen Auslegung ist immer wieder heftigen Kontroversen ausgesetzt und nicht zuletzt die wechselnde Auslegung durch die Rechtsprechung, insbesondere in den bekannten sog. **„Sitzblockadeentscheidungen"** des BVerfG, führt dazu, dass zum Teil größte Unsicherheiten bezüglich des Begriffs und seiner Auslegung bestehen. Der häufig vernehmbare (Hilfe-) Ruf nach dem Gesetzgeber (z.B. Scholz, NStZ 1995, 42; Bayrischer Gesetzesantrag an den

Bundesrat – BR-Drs. 247/95) scheint jedoch verfehlt, da die wesentliche Bedeutung, dass nur unter ein für eine Auslegung noch Raum lassendes Tatbestandsmerkmal die Vielzahl der verschiedenen Einzelfälle noch subsumiert werden kann, dabei misslichst vernachlässigt würde. Eine tatbestands-konkretisierende Erweiterung des Gesetzestextes könnte ggf. die Rechtssicherheit verstärken, jedoch würde sie unweigerlich andere Strafbarkeitslücken bedingen und zum anderen die gesell-schaftsspiegelnde Rechtsfortbildung (und sei es auch zuweilen durch politische Entscheidungen) durch die gesetzliche Beschränkung der Auslegungsmöglichkeiten der Rechtsprechung bedeuten. Deshalb sollte eine zeitweilige Auslegungswirrnis zu Gunsten der (Auslegungs-) Flexibilität des Gesetzes hingenommen und ggf. zu Nutze gemacht werden.

Unter Außerachtlassung der erst im Folgenden erörterten Kontroverse stellt sich danach Gewalt als zwangsentfaltendes Mittel zur Überwindung eines tatsächlich geleisteten oder erwarteten Wider-standes durch Entfaltung von (physischer/psychischer – s. Rn. 275 ff.) Kraft oder durch ein sons-tiges Verhalten dar, das nach seiner Zielrichtung, Intensität und Wirkungsweise dazu bestimmt und geeignet ist, die Freiheit der Willensentschließung oder -betätigung eines anderen aufzuheben oder zu beeinträchtigen (BGHSt 1, 445; 8, 102; 19, 263; 23, 46; BGH, NStZ 1981, 630; 1982, 158).   274

Da gerade die Tatbestandsvariante der **Gewaltanwendung** im Straßenverkehrsstrafrecht eine bedeutende Rolle spielt, kann auch hier nicht auf eine Darstellung der **Entwicklung des Gewalt-begriffes** in der Rechtsprechung unter Erläuterung der entscheidenden Auswirkungen für die Tat-bestandsmäßigkeit der Nötigung verzichtet werden.   275

Ursprünglich galt nach der Rechtsprechung des RG folgende Definition des Gewaltbegriffes: „Ge-walt ist die Anwendung physischer Kraft zur Überwindung geleisteten oder erwarteten Widerstan-des" (RGSt 46, 404; 64, 115; 69, 330). Bereits früh wurde jedoch schon durch das RG eine Aus-legung des Begriffs dahingehend vorgenommen, dass an die **Intensität der Kraftentfaltung** des Nötigenden lediglich geringe Anforderungen gestellt worden sind und das Erfordernis der Kraft-aufwendung des Opfers zur Gegenwehr verstärkt berücksichtigt wurde, um das Vorliegen von Gewalt festzustellen. Bereits das RG hatte insbesondere in den Fällen Auslegungs- und Subsumti-onsprobleme, wenn eine Menschenmenge durch geschlossenes Zusammenstehen das Hindernis, also das Nötigungsmittel, darstellt (RGSt 45, 153).   276

Durch ein Urteil aus dem Jahre 1951 entschied der BGH abweichend vom RG erstmals, dass zum Gewaltbegriff nicht notwendig gehöre, dass der Täter „erhebliche körperliche Kraft" anwende. Maßgeblich sei hingegen die **körperliche Zwangswirkung** beim Opfer, unabhängig davon, ob sie durch körperliche Kraft oder durch beispielsweise Beibringen eines Narkotikums durch den Täter erfolge (BGHSt 1, 145).   277

Mit dem „**Laepple-Urteil**" des BGH (aus dem Jahr 1969; BGHSt 23, 46) ist eine gänzliche Preis-gabe des Erfordernisses physischer Zwangswirkung geschehen. Darin wurde entschieden, dass auch derjenige mit Gewalt nötige, der sich (im Rahmen eines Sitzstreikes) auf die Gleise einer Schienenbahn setze oder stelle und dadurch den Fahrer zum Anhalten veranlasse. Dieser „psy-chische Zwang von einigem Gewicht" wurde für eine Tatbestandsverwirklichung für ausreichend befunden, auch wenn kein physischer Zwang dabei festgestellt werden könne. Seitdem diese „ent-materialisierte" Gewalt als tatbestandsmäßig angesehen wurde, entsprach jede auch lediglich psy-chisch ausgeübte Zwangswirkung wegen der psychosomatischen und daher körperlichen Auswir-kungen auf das Opfer dem Nötigungstatbestand, wie auch z. B im Fall des erzwungenen Überholvorganges durch bedrängendes Auffahren (BGHSt 18, 389; 19, 263).   278

Durch das Urteil des BVerfG vom 11.11.1986 (BVerfGE 73, 206) konnte dieser sog. „**vergeistigte Gewaltbegriff**", in dem der psychische dem physischen Zwang gleichgestellt wurde, nicht für ver-fassungswidrig erklärt werden, da lediglich eine Stimmengleichheit (§ 15 Abs. 3 BVerfGG) der mit der Entscheidung befassten Richter vorgelegen hat.   279

280 Die erforderliche Stimmenmehrheit lag jedoch in der jüngsten Entscheidung des BVerfG zu dieser Problematik von 1995 vor, die einen jähen Ruck durch die Rechtsprechung und das Schrifttum gehen ließ: Durch diese sog. **Sitzblockadeentscheidung** (BVerfG, NJW 1995, 1141) erklärte das BVerfG nunmehr im Hinblick auf Sitzblockaden die **erweiternde (psychische) Auslegung** des Gewaltbegriffes für verfassungswidrig, da sie gegen den Bestimmtheitsgrundsatz als Ausfluss des Gesetzlichkeitsprinzips des Grundgesetzes (Art. 103, Abs. 2 GG) verstoße, sofern die Zwangswirkung auf das Opfer **lediglich psychischer Natur** sei. Diese Feststellungen erfolgte auch unter ausdrücklicher Bezugnahme auf das „Laepple-Urteil" des BGH.

281 Dieser verwirrende Meinungsumschwung des BVerfG hat zu begründeter heftiger Kritik nicht zuletzt auch durch die drei der Entscheidung widersprechenden Richter des entscheidenden Senats (Mind.Vot. 92,22) geführt. Mit Arnold (JuS 1987, 289) ist hervorzuheben, dass nicht zuletzt zur Garantie der öffentlichen Ordnung vor der „Sitzblockadeentscheidung" nach der in über 100 Jahren gefestigten Rechtsprechung die Teilnehmer einer Blockade das Tatbestandsmerkmal der Gewalt des § 240 StGB stets erfüllt haben. Die von der Rechtsprechung früher vorgenommene Auslegung des Gewaltbegriffs und somit die Strafbarkeit des Nötigenden sei daher stets für die Normadressaten voraussehbar gewesen und hätte somit auch keinen Verstoß gegen das Bestimmtheitsgebot darstellen können (statt vieler zu der Kritik am BVerfG: Krey, JR 1995, 221; Altvater, NStZ 1995, 278, Scholz, NStZ 1995, 417).

282 Nach dieser Entscheidung des BVerfG genügt explizit die **körperliche Anwesenheit des Täters am Tatort ohne Hinzukommen weiterer aktiver Handlungen** durch ihn wegen der lediglich psychischen Auswirkungen auf das Opfer einer Tatbestandsverwirklichung der Nötigung **nicht** mehr. Dabei wurde außer Acht gelassen, dass vorher seitens der Rechtsprechung die Annahme von Gewalt nicht ausschließlich aufgrund einer rein psychischen Einwirkung bejaht wurde, sondern immer auch deshalb, weil Blockaden auf einer Fahrbahn für heranfahrende Fahrzeuge immer auch ein physisches Hindernis darstellen (so auch Tröndle/Fischer, StGB, § 240 Rn. 5; Mind.Vot. BVerfGE 92, 22).

283 Die der BVerfGE nachfolgende erste Entscheidung durch den BGH (BGHSt 41, 182 = NJW 1995, 2643), in dem dieser sich mit einer **Blockade auf einer Bundesautobahn** zu beschäftigen hatte, geschah denn auch wegen der Bindungswirkung verfassungsgerichtlicher Entscheidungen (§ 31 Abs. 1 BVerfGG) unter Beachtung der Auffassung des BVerfG. Der BGH hat sich trotzdem durch seine Urteilsbegründung davon distanziert: Zum einen wird ausdrücklich festgestellt, dass das BVerfG nicht entschieden habe, dass Blockaden schlechthin nicht mehr als Nötigung mit Gewalt bestraft werden dürften und zum anderen sei eine Korrektur der Rechtsprechung auch nicht geboten (BGHSt 41, 185). In diesem Urteil hat die „Zwitterstellung" des BGH dazu geführt, dass er sich veranlasst sah, eine zusätzlich zu der durch körperliche Anwesenheit der Blockierenden vorliegende Gewalthandlung abzuleiten, um sich an die zwingend zu beachtende Entscheidung des BVerfG weitestgehend wortgenau zu halten. Diese Gewaltanwendung wird nun darin gesehen, dass zwar der erste blockierte Autofahrer das ja nur psychisch (für Nötigung nicht ausreichende) wirkende (menschliche) Hindernis noch hätte überwinden können (dieses lediglich nicht gedurft hätte), aber die nachfolgend an der Blockade eintreffenden Kraftfahrer durch den bzw. die stehenden ersten Autofahrer als Effekt der ursprünglich durch Personen nur psychisch blockierten Fahrbahn nun ihrerseits durch ein physisches Hindernis genötigt würden und mithin zumindest ihnen gegenüber Gewalt vorliege (dem folgend auch Rebmann, VGT 1996, 20; Hentschel, NJW 1996, 637).

284 Diese als Kunstgriff anmutende Begründung erscheint bedenklich. Zwar stellt die Nötigung **kein eigenhändiges Delikt** dar und erfordert daher keine eigenhändige Handlung der Blockierenden **unmittelbar** gegenüber den Genötigten (BGH, NJW 1995, 2643, 2644), jedoch wird bei einer Begründung, wie der BGH sie vornimmt, der erforderliche sog. spezifische Zusammenhang zwischen Nötigungshandlung und Nötigungserfolg zu Gunsten einer Strafbarkeitskonstruktion sehr überdehnt. Bedenklich ist hierbei, dass das Blockieren der Straße erst durch den Zwischenschritt des Eintreffens des bzw. der ersten Autofahrer zu einem dann physischen Hindernis für die nach-

folgenden Fahrer zur Nötigungshandlung wird (so im Ergebnis mit Berz, VGT 1996, 73, 94; Suhren, DAR 1996, 311; aufgrund des fehlenden Schutzzweckzusammenhanges so auch Hoyer, JuS 1996, 200, 204).

Die Entscheidung des BVerfG mit der die erweiternde „psychische" Auslegung des Gewaltbegriffs   285
in § 240 StGB gegen Art. 103 Abs. 2 GG verstößt, spricht in ihrer Überschrift und in ihrem amtlichen Leitsatz ausdrücklich davon, dass die Feststellungen „im Zusammenhang mit Sitzdemonstrationen" getroffen worden sind. Trotzdem ist nahezu unumstritten (ausdrücklich m.w.N. hierzu Berz, NZV 1995, 297), dass entsprechend dem Gebot der Bestimmtheit und nach der Begründung der Entscheidung durch das BVerfG (NJW 1995, 1141, 1142), die Eingrenzung des Gewaltbegriffs grds. für die Subsumtion aller Handlungen unter das Tatbestandsmerkmal der Gewalt in § 240 StGB und nicht nur für den Fall einer Sitzblockade zu gelten hat.

Hierbei sind folgende, immer wiederkehrende **Sachverhalte der Nötigung im Straßenverkehr**   286
(Voß-Broemme, NZV 1988, 2) zu betonen:

- **Verhindern des Überholvorganges** eines nachfolgenden Kraftfahrers durch wiederholtes Ausscheren, wenn der andere zum Überholen ansetzt oder konsequentes, verkehrstechnisch nicht erforderliches Blockieren der Überholspur (ohne gefährdend dichtes Auffahren): Nach der Einschränkung des Gewaltbegriffs auf rein physische Einwirkungen auf das Opfer, kann eine Subsumtion derartiger Sachverhalte in solchen Fällen unter „Gewalt" schon tatbestandsmäßig (und nicht erst im Rahmen der Rechtswidrigkeit, s.u. Rn. 301 ff.) nicht mehr vertreten werden. Die nach der BVerfG-Entscheidung erforderliche körperliche **Kraftentfaltung** ist streng genommen allein durch das Verhindern des Überholens mittels des Hindernisbereitens auf der Fahrbahn kaum noch vertretbar, da in diesen Fällen letztlich auch lediglich eine (wie auch bei „Sitzblockaden") nicht ausreichende psychische Wirkung von der körperlichen Anwesenheit des Fahrzeugs ausgeht. Trotzdem wird weiterhin auf diese mittelbaren Veränderungen kaum eingegangen. Eine dementsprechende Argumentation des Verteidigers bereits zum Tatbestand könnte jedoch durchaus der verfassungsgerichtlichen Entscheidung entsprechen und wird in dieser Deutlichkeit auch von den Strafgerichten Beachtung zu finden haben.

  Verhindern des Überholvorgangs auf der Bundesautobahn durch stetiges Fahren auf dem linken Fahrstreifen kann den Tatbestand der Nötigung erfüllen. Nicht ausreichend ist jedoch bloßes planmäßiges Verhindern des Überholtwerdens sondern hinzukommen müssen „erschwerende Umstände mit so besonderem Gewicht, dass dem Verhalten des Täters der Makel des sittlich Missbilligenswerten, Verwerflichen und Unerträglichen anhaftet". Nach dem Beschluss des OLG Düsseldorf sind solche Umstände das absichtliche Langsamfahren und plötzliche Linksausbiegen, das beharrliche Linksfahren auf freier Autobahn mit nur mäßiger Geschwindigkeit zum Zwecke des Verhinderns des Überholens oder die Gefährdung anderer Verkehrsteilnehmer (OLG Düsseldorf, Beschl. v. 17.2.2000, Az. 2b Ss 1/00-10/00 I)

- **Gefährdendes Auffahren zur Erzwingung des Überholvorganges:** In derartigen Fällen wird gemeinhin weiterhin eine Nötigung durch Gewaltanwendung bejaht (s. Berz, NZV 1995, 299). Nun wird allerdings die Gewalthandlung – als konstruiert anmutend – auf die Kraftentfaltung bei der Betätigung des Gaspedals (zur Realisierung des Auffahrens) bzw. durch das „Ingangsetzen dynamischer Energie" gestützt. Streng genommen drängt sich hier wieder die Frage auf, ob bei einer solchen Auslegung das BVerfG dann nicht auch bei einer Blockadehandlung allein aufgrund des Entgegenstellens eines Körpers oder einer körperlichen Sache das Freisetzen dynamischer Energie annehmen muss, die auch bereits den ersten an der Blockade eintreffenden Kraftfahrer zum Abbremsen oder (nichterlaubten) Überrollen zwingt. Hieran lässt sich erkennen, dass seit der BVerfG-Entscheidung zwar nicht mehr die Gewalt auf den psychischen Zwang ausgedehnt wird, aber nun, quasi als Ausgleich dazu, die Anforderungen an die erforderliche **Intensität** der (physischen) Kraftentfaltung auf ein verschwindend geringes Maß deziminiert worden sind. Wenn man den auch von der Rechtsprechung sowie vom BVerfG zugrunde gelegten eigentlichen Begriff der „Kraftentfaltung" heranzieht, kann in den oben genannten Fällen konsequenterweise nur noch von Energie- aber nicht mehr von einer Kraftentfaltung gesprochen werden. Das OLG Karlsruhe bejaht in seinem Beschluss vom 24.4.1997 (VRS 94, 262) weiterhin das Vorliegen von Gewalt, weil das aktive Herbeiführen einer Gefahrenlage auf den Genötigten einen „unwiderstehlichen, körperlicher Einwirkung vergleichbaren Zwang ausübt". Diese Vergleichbarkeit ist seit der Sitzblockadeentscheidung 1995 aber so nicht mehr vertretbar. In solchen Fällen wäre (mit Berz, a.a.O.) durch das Gericht allenfalls vertretbar, Gewalt des Täters deshalb zu bejahen, weil er zumindest – sei es auch mittels eines Werkzeuges „erhebliche dynamische Energie" in Gang gesetzt hat. Die Verworrenheit und Uneinheitlichkeit lässt aber im Rahmen einer Verteidigung zumindest die Erörterung als angebracht erscheinen, ob nicht auch in solchen Fällen des gefährdenden Auffahrens lediglich eine körperliche Anwesenheit ohne die erforderliche Kraftentfaltung vorliegt (wobei aber ohnehin in den überwiegenden Fällen wohl eine Strafbarkeit wegen der Drohung mit einem empfindlichen Übel verbleiben wird).

● **Blockade durch stehende Fahrzeuge oder andere Sachen:** Die BVerfG-Entscheidung mit der Verneinung der körperlichen Kraftentfaltung bei allein körperlicher Anwesenheit von Hindernissen („**menschliche Mauer**") hat andererseits wiederum taktisch positive Auswirkungen bei der **Verteidigung eines selbst blockierenden oder eine Blockade durch eine Sache (Fahrzeug) schaffenden Verkehrsteilnehmers:** Es ist nur sachgerecht und konsequent infolge der in dem Fall auch lediglich **körperlichen Anwesenheit einer Sache** (z.B. ein versehentlich oder absichtlich stehen gelassenes Fahrzeug auf einer Fahrbahn) eine physische Einwirkung i.S.e. gewalttätigen **Kraftentfaltung** abzulehnen. Eine körperliche Zwangswirkung bei der bloßen Anwesenheit von gegenständlichen Hindernissen kann seit der letzten „Sitzblockadeentscheidung" schon auf der **Tatbestandsebene keine Gewalt** mehr darstellen. Eine anderweitige Behandlung dieses Problems wie gemeinhin üblich erst bei der Prüfung der Rechtswidrigkeit (Verwerflichkeit), ist unzutreffend, da hierfür ein Tatbestand zunächst vorausgesetzt wird, der nicht vorliegt. U.U. kann sogar ein frühzeitiger Vortrag, dass schon der Tatbestand einer Nötigung nicht erfüllt sei, schon im Ermittlungsverfahren eine gerichtliche Verhandlung erübrigen. Jedenfalls sind zu Gunsten des Mandanten Entscheidungen wie z.B. die des OLG Düsseldorf (VRS 1987, 283), in der Nötigung wegen **Stehenlassens eines versperrenden Fahrzeugs** bejaht wurde, in der Weise ohne neue Begründung wohl nicht mehr vertretbar und würden letztendlich einer obergerichtlichen Überprüfung nicht mehr standhalten (auch nicht mittels Tatbegehung durch **Unterlassen,** s.u. auch Rn. 288).

Nötigung durch Ausbremsen liegt nunmehr nach der Rechtsprechung nicht mehr ausschließlich in den Fällen vor, in denen der Täter den Nachfolgenden zur Vollbremsung bzw. zum Anhalten und Stillstand zwingt (so BGH, DAR 1995, 296, 298), sondern auch bereits dann, wenn der Täter seine Geschwindigkeit ohne verkehrsbedingten Grund massiv reduziert, um den Nachfolgenden zu einer unangemessen niedrigen Geschwindigkeit zu zwingen und der Nachfolgende das ihm aufgezwungene Verhalten nicht durch Ausweichen oder Überholen vermeiden kann. Dabei wird nämlich tatbestandsmäßig auf die Entschlussfreiheit des Fahrers durch Errichtung eines physischen Hindernisses und nicht nur durch psychische Zwangswirkung eingewirkt. Zur Vermeidbarkeit des aufgezwungenen Verhaltens ist nach Ansicht des BayObLG (DAR 2002, 79) auch zu prüfen, ob rechtliche Gründe wie beispielsweise ein bestehendes Überholverbot bestanden haben. Auch solche rechtlichen Gründe würden eine vollendete Nötigungshandlung wegen aufgezwungenen Verhaltens, das nicht vermeidbar war durch Überholen oder Ausweichen nach den Ausführungen des BayObLG vorliegen lassen. In dem zugrunde liegenden Fall hatte ein Pkw einen nachfolgenden Sattelzug über eine Strecke von einem Kilometer von 92 km/h auf 42 km/h unter teils erforderlicher deutlicher Bremsung „ausgebremst".

● In den verbleibenden **typischen Fallgruppen** im fließenden Verkehr (Nötigung zur Vollbremsung oder Nötigung zur Duldung des gefährdenden plötzlichen Einscherens sowie beim Parkplatzkampf (s. Voß-Broemme, a.a.O.) hat sich durch die BVerfG-Entscheidung keine Veränderung bei der Prüfung der tatbestandsmäßigen Gewalt ergeben, da in diesen Fällen die

Feststellung der Gewaltanwendung schon immer auf der körperlichen Kraftentfaltung des Nötigenden beruht (die Darstellung der hier mitunter auftretenden Problematik findet sich unter Rn. 303 ff.).

Festzuhalten ist aber abschließend, dass trotz der letzten „Sitzblockadeentscheidung" des BVerfG **287** der BGH und somit auch weitgehend die übrige Rechtsprechung weiterhin zumindest versucht, den im Wesentlichen an der auch psychischen Zwangswirkung bei dem Genötigten sich orientierenden Gewaltbegriff beizubehalten (so auch BGH, NJW 1995, 2643, 3131; OLG Karlsruhe, VRS 94, 262).

Die weitere Entwicklung der in sich doch unsicheren Rechtsprechung sollte im Auge behalten und im Hinblick auf Verteidigerverhalten die Möglichkeit der Herbeiführung einer erneuten verfassungsgerichtlichen Entscheidung wegen der grds. Bedeutung der Sache bei einer Verurteilung wegen einer durch psychischen Zwang wirkenden Handlung nicht gänzlich außer Acht gelassen werden.

a) Gewaltanwendung durch Unterlassen

Wie schon bei der Erörterung des Schutzbereiches des § 240 StGB festgestellt, kann eine Gewalt- **288** anwendung unumstritten auch durch die **Begehungsform des Unterlassens** verwirklicht werden. In straßenverkehrsrechtlicher Hinsicht stellt sich die Problematik vor allem dann, wenn jemand bewusst oder auch ohne Vorsatz durch ledigliches **Aufrechterhalten eines Zustandes** sein Fahrzeug (als Hindernis) auf der Fahrbahn oder auch anderswo abgestellt hat und stehen lässt und dadurch einem anderen Verkehrsteilnehmer die Weiterfahrt versperrt. Durch die unterlassene Handlung der ihm obliegenden Pflicht des Entfernens eines Hindernisses (auch im Falle eines Unfalls unverzüglich nach der Feststellung des Tatherganges) zur Aufrechterhaltung oder Wiederherstellung des ungehinderten Verkehrsflusses liegt z.B. nach BGHSt 18, 133; OLG Düsseldorf, VRS 73, 284; BayObLG, NZV 1993, 37 eine **Nötigungshandlung durch Unterlassen** vor. Bisher ist wohl in der Rechtsprechung unerörtert und im Schrifttum unberücksichtigt geblieben, dass auch diese Lebenssachverhalte konsequenterweise seit der Restriktion des Gewaltbegriffs durch das BVerfG einer anderen Beurteilung bedürfen:

In der letztgenannten Entscheidung geht es z.B. um den Fall, dass ein Kraftfahrer (zunächst) ver- **289** kehrsbedingt anhält, dann jedoch aussteigt und auf den ihm nachfolgenden, durch sein Fahrzeug aufgehaltenen Fahrer zugeht und diesen wegen dessen vorangegangenen Verkehrsverhalten zur Rede stellt. Hier liegt nach der Entscheidung die tatbestandsmäßige Gewaltanwendung in einem Unterlassen, weil der „Täter" mittels seines blockierenden Fahrzeugs den nachfolgenden Kraftfahrer durch Verhinderung der Weiterfahrt entgegen seiner ihm obliegenden Rechtspflicht, zur Aufrechterhaltung des ungehinderten Verkehrs beizutragen, aufhält. Zwar hat der Täter zunächst verkehrsbedingt angehalten, aber er habe durch das Verlassen des Fahrzeugs dieses zu einem Hindernis für das Weiterfahren des Opfers gemacht, weil er nicht mehr sofort dann weiterfahren konnte, wenn der verkehrsbedingte Grund des Anhaltens entfiele. Dem Täter war es in diesem konkreten Fall des BayObLG auch gleichgültig, wie lange der Verkehrsstau anhielt, da dieser nur den Anlass des Anhaltens darstellte, der Täter das Opfer aber letztlich durch sein Verlassen des Fahrzeugs und der damit verbundenen Hindernisbereitung über das verkehrsbedingte Anhalten hinaus an der Weiterfahrt hatte hindern wollen.

Nach dem geltenden physischen Gewaltbegriff ist jedoch ein stehendes Fahrzeug kein Hindernis **290** mit einer physischen, über die psychische hinausgehende Kraftentfaltung. Eine **Blockade durch stehende Fahrzeuge** selbst genügt dem Erfordernis des Gewaltbegriffs nicht mehr, weil keine körperliche Kraftentfaltung von ihnen ausgeht. Wenn jedoch das Bereiten eines Hindernisses selbst schon in der positiven Begehungsform des Tuns keine **Gewaltanwendung** i.S.d. § 240 mehr darstellen kann, wie soll dann die schwächere Begehungsform des („lediglichen") **Unterlassens einer Hindernisbeseitigung** noch eine tatbestandsmäßige Gewalthandlung verwirklichen können? Somit kann konsequenterweise in dem oben beschriebenen Fall auch das Verhindern der Weiterfahrt durch Unterlassen des (aufhaltenden) Verkehrsteilnehmers nicht mehr tatbestandsmäßige Gewalt durch Unterlassen sein, da auch das Hinstellen des Fahrzeuges als Hindernis keine Gewalthandlung durch Tun (mehr) wäre.

291 Ebenso ist auch grds. nicht mehr vertretbar, die Aufrechterhaltung **eines herbeigeführten Zustandes,** wie das **Stehenlassen eines die Fahrbahn blockierenden Fahrzeuges** als Gewalt durch Unterlassen anzusehen (so noch OLG Düsseldorf, VRS 87, 283). Auch in einem solchen Fall liegt der alleinige strafrechtliche Ansatz einer Gewaltausübung des „Nötigenden" in dem Nichtentfernen eines stehenden Hindernisses. Mangels der für eine Nötigungshandlung sowie für ein nötigendes Unterlassen erforderlichen Kraftentfaltung, ist auch hier schon tatbestandsmäßig keine Gewalt und somit insgesamt keine Strafbarkeit wegen Nötigung mehr anzunehmen.

> **Hinweis:**
>
> *Diese Problematik ist bisher vernachlässigt und wohl teilweise als Konsequenz der BVerfG-Entscheidung übersehen worden. Die Argumentation gehört jedoch dogmatisch zwingend zu der Diskussion der* **Erfüllung des Tatbestandes.** *Da bisher weder durch die Rechtsprechung noch durch das Schrifttum dazu Stellung genommen worden ist, sollte zunächst ergänzend auf der Vewerflichkeitsebene zusätzlich vorgetragen werden, dass eine Verhinderung der Weiterfahrt u.U. jedenfalls wegen der* **kurzen Verhinderungsdauer** *nicht verwerflich und daher nicht rechtswidrig ist (Tröndle/Fischer, StGB, § 240 Rn. 14).*

b) Tatbestandsmäßigkeit der vis absoluta

292 Nach der überwiegenden Ansicht in Lehre und nach Ansicht der Rechtsprechung kann die tatbestandsmäßige Anwendung von Gewalt in der Form von **vis absoluta** als auch in der Form von **vis compulsiva** erfolgen (m.w.N. Tröndle/Fischer, StGB, § 240 Rn. 13). Hierbei stellt sich die über die theoretische Erörterung hinausgehende Weiche (auch als Folge der erörterten Problematik des Schutzgutes, s.o. Rn. 265 f.) des § 240 StGB: Wenn man mit der vor allem von Hruschka (JZ 1995, 737) vertretenen Ansicht annimmt, nur die Freiheit der Willensbetätigung, nicht die des Willensentschlusses falle unter das Schutzgut des § 240, so ist die Handlung in Form von vis absoluta nicht von § 240 geschützt. Im Falle einer solchen Gewaltanwendung verbleibt dem Opfer gar keine Möglichkeit der eigenen Willensbetätigung mehr, sodass keine Nötigung zu einem bestimmten Tun, Dulden oder Unterlassen vorliegen könnte, da das Opfer keine Wahl hat, sondern gezwungen ist, die Gewaltanwendung zu erdulden, so z.B. bei der Errichtung unüberwindbarer Hindernisse. Eine Beschränkung der Willensentschlussfreiheit des Opfers wäre aber auch dann ohne wirkliche Zweifel gegeben.

293 Bei dieser Diskussion möge man sich aber vor Augen führen, dass die Konsequenz dieser Auffassung letztlich wäre, dass im Beispiel der Straßenblockade oder sonstigen Behinderung des Straßenverkehrs ein Hindernis nur groß genug, damit unüberwindbar, zu sein braucht, um eine dann mangels Nötigung straflose überwältigende Gewaltanwendung auszuüben, die eventuell allenfalls nach dem OWiG geahndet werden könnte (sofern mangels „Gefährdung von Leib oder Leben" auch keine Strafbarkeit nach § 315b StGB vorliegt). Eine solche Handhabung würde in keinster Weise mehr dem nach dem Grundgesetz garantierten Schutz der persönlichen Freiheit gerecht, da dann die vis absoluta als die stärkste Form der Beschränkung von § 240 StGB als Kerntatbestand zum Schutze der Handlungsfreiheit des Einzelnen nicht mehr erfasst wäre (s. in diesem Zusammenhang zur Frage einer Nötigung durch Einsatz von **Parkkrallen** Metz, DAR 2000, 392).

c) Aufzwingen von Gegengewalt

> *Hinweis:*
>
> *Für das Verteidigerverhalten als zumindest ergänzende Argumentation ist zu betonen, dass z.T. vehement und mit guter Begründung die Ansicht vertreten wird (z.B. Schmidt, JZ 1969, 396; m.w.N. bei Tröndle/Fischer, StGB, § 240 Rn. 6), dass auch das **Aufzwingen von Gegengewalt** im Hinblick auf den Schutz der Freiheitsrechte des Einzelnen Gewaltanwendung i.S.d. § 240 darstellen kann. Die Verwirklichung von Gegengewalt als notwendige Reaktion des Opfers wird zumeist unter großen Problemen erst als **rechtfertigende Verteidigungshandlung** in dem Falle vorgetragen, wenn das Opfer seinerseits wegen der aufgezwungenen Gegengewalt durch den Vortrag des Nötigenden in einen strafrechtlich zu verfolgenden „Täter" verwandelt worden ist.*

294

Vor allem die Besinnung auf den physischen Gewaltbegriff durch das BVerfG legt eine derartige Berücksichtigung der Gegengewalt als durch physische Gewalt erzwungene Handlung, die nicht nur (gerechtfertigte) Reaktion sondern darüber hinaus auch und vor allem Nötigungserfolg ist, nahe (z.B. durch Gewalt erzwungene Beteiligung an einer „Rallye" im öffentlichen Straßenverkehr unter etwaiger zusätzlicher Nötigung sogar Dritter).

d) Tatbestandsausschließendes Einverständnis

Ein Einverständnis des Opfers mit der Gewaltanwendung schließt die Nötigung bereits auf der Tatbestandsebene (und nicht erst als Rechtfertigungsgrund) aus, da für die Nötigung die Überwindung des Willens einer anderen Person **tatbestandliche Voraussetzung** ist (Tröndle/Fischer, StGB, § 240 Rn. 3; vor § 32 Rn. 3a).

295

Nicht hingegen entfällt auf dieser Ebene eine Strafbarkeit nur deshalb, weil der Genötigte an einer seinerseits unerlaubten Handlung gehindert wird. Auch die persönliche Freiheit, eine Handlung wie z.B. eine Geschwindigkeitsüberschreitung oder einen unerlaubten Überholvorgang vorzunehmen, wird durch den gesetzlichen Freiheitsschutz gedeckt. Das Ziel des Täters, **„verkehrserzieherisch"** tätig zu werden, kann allenfalls unter dem Aspekt der Verwerflichkeit als Versuch, so eine Milderung zu erreichen, vorgetragen werden (oder auch begründend als verwerfliches Ziel der Reglementierungsabsicht).

296

Ein besonderes, bisher wenig beachtetes Problem stellt dabei die Situation dar, wenn ein **Arzt, ein Notarzt oder die Feuerwehr im Einsatz** durch das Fahrverhalten auf dem Weg zum Einsatzort oder durch das etwaige Verhalten am Einsatzort selbst einen physisch vermittelten Zwang ausübt. Grds. wird in derlei Fällen zumindest eine **mutmaßliche Einwilligung** der beeinflussten Personen (oder eine Verneinung der Verwerflichkeit des Handelns), und damit aber auch erst ein **Rechtfertigungsgrund** der die höherrangigen Rechtsgüter Leib, Leben und Gesundheit schützenden Ärzte/ Feuerwehrbediensteten gegeben sein. Im **öffentlichen Bereich** entspricht eine **behördliche Erlaubnis** der Einwilligung im privaten Bereich, die dann schon den Tatbestand einer Nötigung ausschließt, wenn die Unrechtsmaterie erst bei ihrem Fehlen gegeben ist (Winkelbauer, NStZ 1988, 201; Tröndle/Fischer, StGB, Vor § 32 Rn. 5). Von einer (stillschweigenden) behördlichen Erlaubnis für die Handlungsweisen von Einsatzbeteiligten auszugehen, ist jedoch kaum vertretbar und würde auch den Rahmen sprengen. Trotzdem sollte zur Vergleichbarkeit solcher Situationen zur Wahrnehmung hoheitlicher Aufgaben durch die Ärzte und Feuerwehrbediensteten oder auch sogar **Polizeibeamten** hinsichtlich ihrer rechtlichen Stellung während solcher Einsätze zum Wohl der Gesellschaft Folgendes überlegt werden: In diesen Fällen kann mit sozial-gesellschaftlich guter Begründungslage durchaus in Betracht gezogen werden, ob nicht bereits der Tatbestand einer Nötigung ausgeschlossen werden muss, da durch die sich einsetzenden Personen zumindest gar keine **mutwillig verkehrswidrige** Fahr- oder Verhaltensweise (zu dieser anerkannten Definition der

297

Gewaltanwendung im Straßenverkehr auch als Abgrenzung zum Ordnungsrecht Janiszewski, Verkehrsstrafrecht, Rn. 561a und o. Rn. 267) durch den „Täter", der nach bestem Gewissen die ihm obliegenden Pflichten erfüllt, vorliegen kann. Zudem ist auch kaum vertretbar anzunehmen, dass der Beeinflusste gehindert wird, so zu fahren, wie er will und wie die **Verkehrslage es zulässt.** Bei der Situation, dass ein Einsatz von Feuerwehr, Ärzten oder auch Polizei erfolgt, ist dessen unbehinderte Durchführung das vor allem anderen die Verkehrslage bestimmende Kriterium. Deshalb ist schon allein durch die Verkehrslage eine Freiheitsreduzierung des Einzelnen sich in dem Einsatzumfeld Bewegenden auf nahezu Null erfolgt, was auch anders betrachtet die **Sanktionsmöglichkeit** bei einer erfolgten Behinderung eines Einsatzes zeigt (wobei auch hier ausdrücklich nicht das Schutzgut des § 240 StGB nur auf erlaubte Handlungsweisen beschränkt werden soll!). Daher ließe bereits die Verkehrslage keine andere als eine nichtbehindernde Fahrweise der anderen Verkehrsteilnehmer zu. Wenn jedoch einerseits eine solche Behinderung selbst rechtswidrig wäre, sollte in diesen besonderen Fällen der Wahrnehmung hoheitlicher Aufgaben und der ordnungsgemäßen Pflichterfüllung gar nicht, andererseits das Hervorrufen dieser Behinderung dabei erst einmal als tatbestandsmäßiger Nötigungserfolg behandelt werden. Zumindest die sich bei ordnungsgemäßer Prüfung ergebende Verneinung der Mutwilligkeit der Verkehrswidrigkeit lässt bereits den Tatbestand einer Nötigung entfallen und erfordert eine frühzeitige Verfahrensbeendigung gegen den, der überwiegend „rettend" im Einsatz ist, sich jedoch erst nachdem er zunächst zum „Täter gemacht" worden ist, im späten Stadium der Rechtswidrigkeit mittels eines Rechtfertigungsgrundes verteidigen kann. Überdenkenswert erscheint der bereits tatbestandliche Ausschluss von Verhaltensweisen bei lebens- oder gesundheitsrettenden Einsätzen alle Mal.

3. Begriff des Drohens mit einem empfindlichen Übel

298 Die zweite Tatbestandsalternative der Nötigung ist die Drohung **mit einem empfindlichen Übel.** Eine Drohung liegt dann vor, wenn der Drohende ein künftiges oder auch die Fortsetzung eines gegenwärtigen (s. auch Schönke/Schröder/Eser, StGB, § 240 Rn. 10) Übels in Aussicht stellt und darauf entweder Einfluss hat oder diesen vorgibt (BGHSt 16, 386 = NJW 1962, 596). Wenn eine solche Einflussmöglichkeit tatsächlich gar nicht vorliegt und der Täter diese auch nicht vorgibt, so liegt bloß eine nicht tatbestandsmäßige **Warnung** vor (schon RG 34, 19). Die Drohung muss sich gegen die Person richten, deren Willen gebeugt werden soll, wobei sich die **Verwirklichung des angedrohten Übels** aber auch gegen einen **Dritten** richten kann. Ein empfindliches Übel liegt dann vor, wenn dessen Eintritt eine erhebliche Werteinbuße verursachen würde und diese dadurch geeignet ist, einen besonnenen Menschen bei objektiver Betrachtungsweise zu dem Nötigungserfolg zu bestimmen (NStZ 1987, 223; BGH, NStZ 1982, 286; m.w.N. bei Schönke/Schröder/Eser, § 240 Rn. 9 und Wessels, Strafrecht BT 1, Rn. 387 ff.).

299 Die Drohungsalternative hat in den letzten Jahren eine besondere Bedeutung im Verkehrsstrafrecht dann erlangt, wenn durch gefährdend dichtes Auffahren auf einen Vordermann der „Drängler" zur Freigabe der Fahrbahn nötigen will. Wie oben dargestellt, ist der dadurch ausgeübte Zwang nach der BVerfG-Entscheidung kaum noch vertretbar eine körperliche Kraftentfaltung, um eine Nötigung durch Gewalt annehmen zu können. Eine Drohung hingegen kann auch konkludent durch Gesten oder Taten verwirklicht werden. Auch auf den genauen Wortlaut einer verbalen Drohung kommt es nicht an. Daher können seit 1995 einige Handlungen, die lediglich psychische Zwangswirkung verursachen, zwar nunmehr nicht mehr unter Gewalt, aber oftmals jedenfalls unter den Tatbestand der Drohung durch ein **konkludentes Inaussichtstellen eines Übels** zu subsumieren sein. Anerkannt ist diese Handhabung zumindest für das **gefährdende Auffahren** dadurch, dass die Fortführung (der Fahrweise) des bereits gegenwärtig ausgeübten Übels (Lackner/Kühl, StGB, § 240 Rn. 12 m.w.N.) angedroht wird.

300 Wohl nicht hingegen hilft eine derartige Verlagerung der vorher als gewalttätig betrachteten Handlung bei den Fällen der Blockade durch ein **menschliches oder gegenständliches Hindernisbereiten.** Hierbei kann die bloße körperliche Anwesenheit der Person oder des Gegenstandes kaum, auch nicht ein konkludentes, Inaussichtstellen eines drohenden Übels sein, da durch den Täter mit-

tels des bloßen Hindernisbereitens keine konkrete, auch nicht mittelbare Einflussnahme auf ein konkretes Übel (das zwangsläufig in dem weiteren Verhalten des Opfers liegen muss) erfolgt. Der Kraftfahrer kann sich seinerseits zu einer unerlaubten Handlung der Verletzung oder Beschädigung des Hindernisses oder aber auch zu einem Abbremsen und einer Wartezeit entschließen. Darauf hat der Täter aber keine konkrete **Einflussmöglichkeit.** Zudem ist wohl zumindest in letzterem Fall eine Drohung mit einer Unannehmlichkeit oder einer bloßen Schwierigkeit, aber nicht mit einem empfindlichen Übel zu sehen.

IV. Rechtswidrigkeit i.S.d. § 240 Abs. 2 StGB

Die Handlung ist dann rechtswidrig, wenn **allgemeine Rechtfertigungsgründe fehlen** und die Voraussetzungen der **speziellen Rechtfertigungsregel** des § 240 Abs. 2 StGB vorliegen.   301

So ist auch die **Verwerflichkeit,** nach der die Rechtswidrigkeit gem. § 240 Abs. 2 StGB bestimmt wird, „erst und nur" (Tröndle/Fischer, StGB, § 240, Rn. 20 entsprechend BGHSt 35, 276) dann zu prüfen, wenn ein allgemeiner Rechtfertigungsgrund nicht vorliegt (a.A. Schönke/Schröder/Eser, StGB, § 240 Rn. 16, der die Verwerflichkeitsprüfung als Erweiterung des objektiven Tatbestandes den allgemeinen Rechtfertigungsgründen voranstellen will). Als ein allgemeiner Rechtfertigungsgrund kann im Straßenverkehr insbesondere Notwehr, § 32 StGB, oder Notstand, § 34 StGB, in Betracht kommen (aufschlussreich zur Notwehr ist ebenfalls die bereits zitierte Entscheidung des BayObLG, NZV 1993, 37).   302

1. Verwerflichkeitsklausel

Nach § 240 Abs. 2 StGB ist eine Nötigungshandlung erst dann auch verwerflich und somit strafbar, wenn sie im **Verhältnis zum angestrebten Zweck verwerflich** ist. Verwerflichkeit bedeutet nach der ständigen Rechtsprechung eine Handlung mit einem **„erhöhten Grad sittlicher Missbilligung"** (BGHSt 18, 389; 19, 263, 268; Wessels, Strafrecht BT 1, Rn. 411; Schönke/Schröder/Eser, StGB, § 240 Rn. 17). Die Nötigungshandlung ist danach dann sozialethisch zu missbilligen, wenn das **eingesetzte Nötigungsmittel** zu dem **erstrebten Nötigungszweck** (Handeln, Dulden oder Unterlassen des Opfers) in der Gesamtwürdigung (unter Berücksichtigung der Umstände des Einzelfalles – BVerfG, NJW 1991, 971, 972; 1992, 2689; OLG Düsseldorf, VRS 73, 286), also die **Zweck-Mittel-Relation** ein erhöhtes Unwerturteil wegen des sozialwidrigen Handelns begründet.   303

Hinweis:

Verteidigungstechnisch interessant ist hierbei insbesondere, dass dann, wenn eine **bestimmte Motivation des Täters** *gänzlich fehlt oder nicht festgestellt werden kann, mangels derer anhand der Zweck-Mittel-Relation wegen des zwingend zu ermittelnden, fehlenden Unwerturteils dann gar keine Strafbarkeit wegen Nötigung festgestellt werden darf und kann (Schönke/Schröder/Eser, StGB, § 240 Rn. 17).*

Bei der Verwerflichkeitsprüfung liegt sowohl nach dem Schrifttum als auch nach der verbreiteten Rechtsprechung der Kern der Nötigungsprüfung, da hier das notwendige, die strafwürdigen Handlungen ausfilternde Korrektiv zum objektiv auf alle Rechtsbereiche ausgedehnten Tatbestand erfolgen soll (BGHSt 35, 276; Roxin, JuS 1968, 375). Andererseits wird in vielen Fällen wie oben ausgeführt die objektive Prüfung des Tatbestandes **zulasten des Mandanten** überdehnt und auch nicht konsequent i.S.d. vom BVerfG vorgegebenen Auslegung vor allem des Gewaltbegriffs vorgenommen, sodass streng dogmatisch betrachtet, oftmals eine erst hinsichtlich der Rechtswidrigkeit/Verwerflichkeit erfolgende **Korrektur** gar nicht erforderlich wäre.   304

305 Dieser Verwerflichkeitsklausel obliegt aber vor allem anderen auch der Zweck, lediglich **ordnungswidriges Verhalten** von der sozialethisch zu missbilligenden strafbaren Verhaltensweise zu trennen. Deshalb stellt die Rechtsprechung zunehmend auf die „sozial unerträgliche" Handlungsweise und nicht mehr auf den Begriff der Missbilligung ab (BGHSt 18, 392; m.w.N. auch bei Tröndle/Fischer, StGB, § 240 Rn. 23). Nicht zu der Beurteilung der Frage der Verwerflichkeit heranzuziehen sind die sog. Fernziele wie Motive oder auch politische Beweggründe (Jakobs, JZ 1986, 1064; BGHSt 18, 393). Es ist aber entscheidend, inwiefern es durch die Handlung zu einer **Gefährdung** der anderen Person kommen könnte, wobei es nicht tatsächlich zu einer Gefährdung zu kommen braucht (BGHSt 18, 389; OLG Köln, NJW 1968, 1892).

306 Bei der folgenden Darstellung von Entscheidungen der Rechtsprechung zur Frage der Verwerflichkeit, wird keine besonders betonte Unterscheidung zwischen den Zeiträumen vor und nach der BVerfG-Entscheidung von 1995 mehr vorgenommenen (hierzu s.o. Rn. 273 ff.).

2. Beispiele zur Verwerflichkeitsprüfung bei Handlungen im Straßenverkehr

307 • **Beispiele aus der Rechtsprechung für eine bejahte Verwerflichkeit:**

Die Verwerflichkeit einer Nötigungshandlung kann, je nach Abwägung des Einzelfalles, zum einen auf dem zu **missbilligenden Zweck der Willensbeeinträchtigung** oder zum anderen auch auf der **Gefährlichkeit des Nötigungsmittels** beruhen. Eine Nötigung im Straßenverkehr wird dann gemeinhin als verwerflich betrachtet, wenn die Voraussetzungen der §§ 315 ff. StGB vorliegen, wobei diese **nicht als Minimalanforderungen** für die Bejahung einer Nötigung anzusehen sind (Schönke/Schröder/Eser, StGB, § 240 Rn. 24; OLG Celle, VRS 68, 44).

Nach ständiger Rechtsprechung sind die Fälle im fließenden Straßenverkehr verwerflich, wenn (auch mit Betätigung der Signalmittel des Autos) besonders dicht und bedrängend auf einen voranfahrenden Kraftwagen zur Erzwingung des Überholvorganges **aufgefahren** wird (BGHSt 19, 263; OLG Köln, VRS 67, 224; OLG Hamm, VRS 27, 276). Hierbei ist seit der BVerfG-Entscheidung von 1995 jedoch exakt zu prüfen, ob die erforderliche physische Kraftentfaltung bei der Gewaltanwendung noch bejaht werden kann. Zudem ist ein längerdauerndes **Auffahren** (BayObLG, NJW 1993, 2882) erforderlich. Andererseits ist aber auch das beharrliche **Verhindern eines Überholvorganges** des Hintermannes eine verwerfliche Nötigung (BGHSt 18, 389). Die Verwerflichkeit bejaht hat das OLG Düsseldorf (DAR 2000, 367) z.B. im absichtlichen Langsamfahren und plötzlichem Abbiegen, im **beharrlichen Linksfahren auf freier Autobahn** mit nur mäßiger Geschwindigkeit, um Überholen (hier: Überholer mit Geschwindigkeit von 160–180 km/h) zu verhindern. Auch schikanöses, abruptes **Abbremsen,** um den Hintermann, ohne dass die Verkehrslage es erfordert, zum Bremsen zu zwingen, damit dieser eine Kollision vermeidet, ist grds. (als aktive Hindernisbereitung weiterhin) eine verwerfliche Nötigung (OLG Celle, VRS 68, 43; OLG Düsseldorf, NZV 1989, 441; NJW 1995, 3133) und zwar u.U. auch dann, wenn es nicht zu einer Gefährdung des Genötigten geführt hat (BGHSt 18, 389; OLG Düsseldorf, VRS 68, 449). Nötigung gegenüber einem **Radfahrer** liegt vor, wenn vor diesem nach gerade abgeschlossenem Überholvorgang rechts abgebogen wird (OLG Düsseldorf, NJW 1989, 2409).

Dem vergleichbar ist auch das **Schneiden** eines anderen Kraftfahrers durch unmittelbar vor seinem Wagen erfolgendes Einscheren beim Fahrstreifenwechsel verwerflich (BGHSt 41, 241; OLG Köln, NZV 1995, 465; OLG Stuttgart, NZV 1995, 285). Wer auf einer mehrspurigen Straße **notorisch links** fährt, um einen nachfolgenden Kraftfahrer zu hindern unter Überschreitung der zulässigen Höchstgeschwindigkeit schneller zu fahren (Reglementierungsabsicht), handelt nach dem BayObLG (Janiszewski, NStZ 1986, 541; sowie OLG Schleswig, VM 1977 Nr. 77) verwerflich, nach dem OLG Köln (NZV 1993, 36) jedoch nicht. Hierbei kommt es entscheidend auf die Umstände des Einzelfalles (Voß-Broemme, NZV 1988, 2, 3) und anscheinend auch darauf an, wo die zu beurteilende Handlung vorgenommen wurde. Die Nötigung grds. und auch diejenige im Straßenverkehr setzt nicht voraus, dass die Handlung im **öffentlichen Straßenverkehr** begangen wird. Daher ist auch eine Nötigung zu bejahen, wenn sie auf **privatem Terrain** wie z.B. in dem Blockieren einer

Hofeinfahrt liegt (NZV 1996, 213). Genauso verwerflich ist die durch auf öffentlichem Verkehrsraum vorgenommene beharrliche Blockade einer **Ausfahrt** durch ein diese versperrendes Fahrzeug (OLG Koblenz, VRS 20, 436).

In den **„Parkplatzkampffällen"**, bei denen durch einen Fußgänger die Parklücke blockiert wird, handelt der **Kraftfahrer,** der den Platz beparken will, rechtswidrig, wenn er die körperliche Unversehrtheit des Fußgängers erheblich gefährdet (BayObLG, NJW 1995, 2646). Nach dieser Entscheidung ist eine Gefährdung durch das Stoßen gegen die Beine des Fußgängers und das Wegdrängen zu bejahen, weil die Person stürzte und Prellungen erlitt (zu unterscheiden davon ist nach der jüngsten Entscheidung des OLG Naumburg, NZV 1998, 163) die lediglich Berührung des Knies mit der Stoßstange ohne Beeinträchtigung der körperlichen Unversehrtheit, was keine Annahme der Verwerflichkeit mehr begründet (s.u. Rn. 308). Die **typische Betriebsgefahr** eines Pkw verwirklicht sich auch dann, wenn der Fahrer das Fahrzeug während einer **Verfolgungsfahrt** als Nötigungsmittel einsetzt (LG Lüneburg, DAR 1999, 550).

● **Beispiele aus der Rechtsprechung gegen eine Verwerflichkeit:** 308

Bei dem **Kampf um einen Parkplatz** handelt der den Platz blockierende **Fußgänger** nicht verwerflich (OLG Hamm, NJW 1970, 2075; OLG Köln, NJW 1979, 2056), wobei nach den Ausführungen zum derzeit geltenden Gewaltbegriff (Rn. 280 ff.) schon die **Gewaltanwendung** durch den Fußgänger durch das **Sichhinstellen** zu verneinen wäre. Auch der Fahrzeugführer handelt nicht verwerflich, wenn er auf die blockierende Person im Schritttempo zufährt und diese schließlich lediglich am Bein berührt (OLG Naumburg, NZV 1998, 163). In den Fällen des gefährdend **bedrängenden Auffahrens** kommt es für die Frage der Verwerflichkeit auf das **Ausmaß der Gefährlichkeit** und die **Dauer** des Bedrängens an, wobei eine zu Gunsten des Bedrängenden großzügige Tendenz in der Rechtsprechung zu verzeichnen ist: So ist ein Auffahren bis auf 15 m bei einer Geschwindigkeit von 80 km/h mit Einsatz der Signalmittel noch keine verwerfliche Nötigungshandlung (OLG Düsseldorf, VRS 52, 192). Nach BayObLG (NStZ 1990, 272) ist auch ein **Auffahren auf unter 5 m,** nach OLG Hamm (DAR 1990, 392) ein für 7 Sekunden dauerndes Auffahren auf einen **halben Meter** bei 80 km/h (mit Einsatz der Lichthupe) noch keine verwerfliche Handlung. Bei den Auffahrfällen ist das Problem der überhaupt vorhandenen körperlichen Zwangswirkung zu beachten, aber die Argumentation zur Verwerflichkeit jedenfalls alle Mal zur Frage einer etwaig verwirklichten **Drohung mit einem empfindlichen Übel** vorzutragen. Auch keine verwerfliche Nötigungshandlung ist es, wenn ein gerade überholter Fahrer in einer **staubedingten Kolonnenfahrt** den Abstand zu dem vorausfahrenden Fahrzeug so verringert, dass der Überholende sich nicht einordnen kann, sofern durch das Einordnen der **Sicherheitsabstand** zwischen den beteiligten Fahrzeugen erheblich auf unter das notwendige Maß verkürzt worden wäre (OLG Celle, VRS 80, 24). Die lediglich Betätigung der Signalmittel des Fahrzeuges, um ein stehendes Fahrzeug zum Weiterfahren anzutreiben, ist noch nicht sozial zu missbilligen und somit nicht verwerflich (OLG Düsseldorf, NJW 1996, 2245). Bereits keine Anwendung von Gewalt oder Drohung mit einem empfindlichen Übel hat das OLG Köln in seiner Entscheidung vom 24. 8. 1999 (DAR 2000, 84) im **Einscheren** in eine **Fahrzeugkolonne** im **stockenden Verkehr** gesehen.

V. Einzelne besondere Probleme

1. Notwehr gegen Nötigungshandlungen

Die Freiheit, sich im Rahmen der bestehenden Verkehrslage ohne verkehrsfremde Beeinträchtigungen frei zu bewegen, ist ein notwehrfähiges, **subjektives Recht** (OLG Schleswig, NJW 1984, 309
1471; BayObLG, NZV 1993, 37), das seine Grenzen in der Gefährdung anderer findet. Zudem ist genau zu unterscheiden, dass ein nach **ordnungsrechtlichen Vorschriften** zustehendes Recht nicht zwangsläufig auch ein im Rahmen des Strafrechts zustehendes subjektives Recht bedeutet, was sich oftmals als schwierig dem Mandanten zu vermitteln erweist. So ist z.B. ein nach § 12 Abs. 5 StVO zustehendes vorrangiges Parkplatzrecht oder der Verstoß eines anderen gegen das Gebot zur Einhaltung des Mindestabstandes (§ 4 Abs. 3 StVO) kein notwehrfähiges subjektives

Recht, das zur Verteidigung bei dessen Einschränkung berechtigt. Die zunehmende Aggressivität der Kraftfahrer bei gesteigerter Verkehrsdichte erfordert ein klares Aufzeigen der **Grenzen des Notwehrrechts,** wonach grds. nicht eine tatsächliche Beeinträchtigung der körperlichen Unversehrtheit des Nötigenden durch den Genötigten im Rahmen von dessen Notwehrrecht gerechtfertigt sein kann (dazu wiederum BayObLG, NZV 1993, 37).

2. Nötigung durch Motorradfahrer zur Freigabe des „Mittelganges" bei Verkehrsstauungen

310　Bisher ist das bedrängend dichte Auffahren bei Verkehrsstauungen, insbesondere bei mehrspurigen Fahrbahnen, durch Motorradfahrer auf voranfahrende Fahrzeuge, um diese zur Freigabe des Mittelganges und dem anschließenden „Durchschlängeln" des Motorradfahrers darauf zu veranlassen, nach den allgemein geltenden Nötigungsgrundsätzen zu beurteilen. Diskutiert wird jedoch zunehmend eine dem **Motorradfahrer** einzuräumende **Sonderstellung** hierbei, wie sie schon teilweise in anderen europäischen Staaten wie z.B. Österreich erfolgt ist, einzuräumen. Danach kann, wenn keine Gefährdung anderer Verkehrsteilnehmer erfolgt und die Verkehrslage es zulässt, es zulässig sein, wenn der Motorradfahrer mit **genügendem Abstand** durch die gestauten Kraftfahrzeugschlangen hindurch oder **links** an diesen unter Verbleiben auf der rechten Fahrtrichtungsseite mit Schritttempo vorbeifährt. Die Entwicklung der Gesetzeslage auch im Hinblick auf europäische Angleichung bleibt abzuwarten. Im Hinblick auf das derzeitig geltende Recht sollte bei der Verteidigung eines wegen des zuvor beschriebenen Verhaltens der Nötigung beschuldigten Motorradfahrers im Rahmen der Rechtswidrigkeit jedoch zumindest vorgetragen werden, dass die überwiegend auch zum Teil gänzlich durch Luftzuführung gekühlten Kraftradmotoren ein längerfristiges „Stop-and-go" sowie erst recht das längere Stehen im Leerlauf in einem Stau aus rein technischer Sicht erheblich erschweren und ggf. nur unter Hinnahme ernstlicher Motorschäden möglich sind. Die technischen Unterschiede zu im Stau befindlichen anderen Kraftfahrzeugen könnten nach den Umständen des Einzelfalles jedenfalls eine andere Beurteilung der Verwerflichkeit erforderlich machen (zur Problematik des **„Durchschlängelns"** s. Weigel, DAR 2000, 392).

3. Gegenseitige Nötigungshandlungen

311　Ein besonderes und häufiges Problem bei der rechtlichen Beurteilung stellt die oftmals gegebene **Kettenreaktion** der Fahrzeugführer dar, wenn z.B. der Hintermann durch beharrlich dichtes Auffahren „drängelt" und der Vordermann daraufhin aus Rache zu einem abrupten Abbremsen zwingt. Hierbei sind in der anschließenden Geschehensrekonstruktion nur schwierig noch eindeutig der Täter und das Opfer ausmachbar. In einem solchen Fall wird meist wiederum der Drängelnde sich als Opfer einer Nötigung durch den z.B. zunächst das Überholen verhindert habende, langsam vor ihm herfahrenden Fahrer empfinden oder sich zumindest so darstellen. Hierzu ist (mit Rosskopf/Thumm/Wehner, Verkehrsstrafsachen, S. 163 ff.) festzuhalten, dass derartige Lebenssachverhalte mangels objektiv fassbarer Spuren an sich nicht durch die Strafgerichte, sondern außergerichtlich oder zumindest durch einen Versuch der frühzeitigen Verfahrenseinstellung ihre Erledigung finden sollten. Insbesondere der Einsatz objektiv tätiger technischer Sachverständiger gerät hier bei der Feststellung von nur verhaltensbedingten Sachverhalten ohne eine tatsächlich eingetretene sichtbare Gefährdungsverwirklichung an seine Grenzen.

VI. Subjektiver Tatbestand

312　Der subjektive Tatbestand der Nötigung erfordert den Vorsatz mit der Kenntnis aller Merkmale des objektiven Tatbestandes. Das billigende Inkaufnehmen **(bedingter Vorsatz)** der Verwirklichung des Nötigungsziels durch die Nötigungshandlung ist ausreichend (BGHSt 5, 246). Weiterhin müssen die Umstände, aus denen sich die Verwerflichkeit der Handlung ergibt, von dem (bedingten) Vorsatz umfasst sein, jedoch muss der Täter keine **positive Kenntnis der Rechtswidrigkeit** haben, da das ein Bestandteil der rechtlichen Bewertung der Tat ist. Bereits aus der ausdrücklichen Heranziehung der Zweck-Mittel-Relation, wenn auch erst bei der Rechtswidrigkeitsprüfung der Tat, ergibt sich, dass entsprechend den objektiven Merkmalen bei der Variante der Gewaltanwendung der Täter auf der quasi spiegelbildlichen subjektiven Seite hinsichtlich des Nötigungserfolges mit Absicht gehandelt haben muss. Diese **Absicht** ist tatbestandliche Voraussetzung in dem Sinne, dass der Täter dem Opfer im konkreten Hinblick darauf das Handeln, Dulden oder Unterlassen zielgerichtet aufgezwungen hat (so ausdrücklich ohne den Hilfsverweis auf die Relationsklausel Schönke/Schröder/Eser, StGB, § 240 Rn. 34).

VII. Vollendung und Versuch

Vollendet ist die Tat, wenn das **Nötigungsziel** unter Einsatz des Nötigungsmittels erreicht ist (Verwirklichung sämtlicher Tatbestandsmerkmale). Der Eintritt des Nötigungsziels (ein bestimmtes Handeln, Dulden oder Unterlassen des Opfers) ist für die Vollendung des § 240 StGB erforderlich, da es sich um ein **Erfolgsdelikt** handelt. Hat der Täter mit der Anwendung des Nötigungsmittels begonnen, das Nötigungsziel aber nicht erreicht, d.h., dass das Opfer noch nicht mal einen Entschluss zu einer Reaktion gefasst hat (RGSt 48, 351), kann allenfalls eine Strafbarkeit wegen Versuchs der Nötigung gem. § 240 Abs. 3, § 23 StGB vorliegen. Dabei ist der besondere gesetzliche **Milderungsgrund** des § 49 Abs. 1 Nr. 2 StGB zu beachten, wonach das Gericht bei Versuch mildernd auf **drei Viertel** des in § 240 StGB angedrohten Höchstmaßes der Freiheits- und der Geldstrafe erkennt. | 313

Nach dem geltenden physischen Gewaltbegriff des BVerfG fallen einige der (unter Rn. 285 ff.) erörterten Fälle (z.B. Sitzblockade, Verkehrsblockade durch ein Fahrzeug, Verhindern der Weiterfahrt durch aktives Tun oder durch Unterlassen), die zuvor eine vollendete Nötigung verwirklichten, daher u.U. aber jetzt wegen tatsächlichen Nichterreichens des Nötigungsziels bei unmittelbarem Ansetzen durch Einsatz des Nötigungsmittels unter eine Strafbarkeit wegen des **Versuchs der Nötigung**. Teilweise wird sogar die sehr weitgehende Ansicht vertreten, dass jeder Teilnehmer an einer Verkehrsblockade von vornherein wegen versuchter Nötigung strafbar sei, sofern die Verursachung eines Verkehrsstaus beabsichtigt oder billigend in Kauf genommen wurde (Tröndle/Fischer, in: FS Odersky, S. 261; Hoyer, JuS 1996, 200). Danach wäre dann (wohl zu weitgehend) eine pauschale Strafbarkeit gegeben, da schon dem Wortsinn seltenst eine Blockade errichtet sein wird, die nicht zu einer Behinderung durch Verkehrsstauung führen soll. Allerdings würde der „Kunstgriff" des BGH (s. Rn. 273; NJW 1995, 2643) dadurch „gemildert", dass auch dann ein Nötigungsversuch zum Zeitpunkt des Eintreffens des ersten Fahrzeugs an der Blockade vorläge, wenn die Täter mit weiteren Fahrzeugen rechneten und eine rechtzeitige Freigabe der Straße für den Fall, dass weitere Fahrzeuge eintreffen, nicht Gewähr leisten könnten – was i.d.R. der Fall sein wird –, (Hoyer, JuS 1996, 201). Andererseits liegt nach dem Urteil des BayObLG (NJW 1992, 521) dann auch keine strafbare Versuchshandlung vor, wenn die Blockade zwar errichtet wird, diese jedoch entsprechend dem Vorstellungsbild der Täter nach kurzer Zeit durch die Polizei beendet wird. | 314

G. Alkoholdelikte

I. Einleitung und Abgrenzungen

Die Tatsache und der Grad der Alkoholisierung eines Beschuldigten haben für verschiedene straßenverkehrsrechtlich zu beurteilende Fälle Bedeutung: Zum einen dann, wenn es auf den sog. **Gefahrengrenzwert** von 0,5 ‰ im Zusammenhang mit dem § 24a StVG ankommt (s. dazu auch Teil 7 Rn. 260 ff.) und zum anderen dann, wenn die Problematik des Beweisgrenzwertes hinsichtlich der (absoluten und relativen) Fahrunsicherheit für die §§ 316, 315c StGB besteht (s. Rn. 26 ff.). Im Zuge des folgenden Abschnitts erfolgt, um Wiederholungen zu vermeiden, daher ausschließlich die Darstellung der im Zusammenhang mit Alkoholeinfluss verbleibenden Problem- | 315 bereiche, insbesondere der der BAK unter juristischen und medizinischen Gesichtspunkten im Hinblick auf die Feststellung der Schuldfähigkeit als auch hinsichtlich anderer als der bereits in anderen Abschnitten erläuterten Delikte.

316 So wird hier insbesondere die Begutachtung der Schuldfähigkeit nach Alkoholkonsum, da schon eine erheblich verminderte Schuldfähigkeit zur Strafmilderung führen kann, sowie die Strafbarkeit des **fahrlässig** herbeigeführten **Rausches**, wenn in dem Zustand eine mit Strafe bedrohte Handlung begangen wird (§ 323a StGB), erläutert.

> *Hinweis:*
>
> *Zur Hilfestellung bei Verteidigung bei Trunkenheitsdelikten wird insbesondere zur Frage der Erforderlichkeit des* **Vorsatznachweises** *und der zugrunde liegenden Feststellungen des Gerichts auf Jankers Beitrag in DAR 2001, 151 hingewiesen.*

II. Verschiedene Messverfahren zur Ermittlung des Alkoholisierungsgrades

317 Die alkoholische Beeinflussung des Betroffenen kann hauptsächlich entweder durch eine Atemalkoholmessung oder auch durch eine Blutuntersuchung ermittelt werden. Zwischen beiden Messverfahren besteht nach den gesetzlichen Vorschriften **Gleichwertigkeit** hinsichtlich des **Beweiswertes** jedenfalls im Bereich des Ordnungswidrigkeitenrechts ausdrücklich, da in § 24a StVG explizit die Aufnahme von konkreten Atemalkoholgrenzwerten erfolgt ist. Auch bei Abweichungen der Ergebnisse voneinander kann weder dem Blutalkohol- noch dem Atemalkoholwert ein höherer Beweiswert zugemessen werden. Die Werte der beiden Messverfahren sind nicht austauschbar (sog. „Konvertierbarkeit"), jedoch ist entsprechend dem **Gutachten des Bundesgesundheitsamtes** von 1991 „Prüfung der Beweissicherheit der Atemalkoholanalyse" jetzt gesetzlich festgelegt, dass der Alkoholmesswert von 0,5 ‰ Blutalkoholkonzentration dem von 0,25 mg/l Atemalkoholkonzentration sowie der Wert von 0,8 ‰ Blutalkoholkonzentration dem von 0,40 mg/l Atemalkoholkonzentration entspricht (Hentschel, NJW 1998, 2389). Zur Zuverlässigkeit der Messung der Atemalkoholkonzentration aus gerichtlicher Sicht vgl. aus jüngerer Zeit AG München, NZV 2000, 180; OLG Hamm, NZV 2000, 426; AG Köln, NZV 2000, 431; BayObLG, NZV 2000, 295; LG Gießen, NZV 2000, 385; OLG Köln, NZV 2001, 137; BGH, NZV 2001, 267; OLG Koblenz, NZV 2001, 357; KG, NZV 2001, 388; OLG Hamm, NZV 2001, 440; BayObLG, NZV 2001, 524.

318 > *Hinweis:*
>
> *Sind bei einem Betroffenen* **beide Messverfahren** *nacheinander angewandt worden und weichen die ermittelten Alkoholmesswerte unter der Berücksichtigung der Besonderheiten bezüglich der Vergleichbarkeit voneinander erheblich ab, so sollte unmittelbar der Verteidigungsvortrag dahingehend erfolgen, dass begründete Zweifel hinsichtlich der* **Zuverlässigkeit der ermittelten Messergebnisse** *nahe liegen.*

1. Atemalkoholprobe

319 Bei dem sog. **Alcotest** wird mittels überwiegend digital anzeigender Atemalkoholtestgeräten die Atemalkoholkonzentration eines Beschuldigten gemessen. Das Testergebnis stellt sodann die in g oder mg bestimmte Äthylalkoholmenge in einem bestimmten Atemvolumen dar (Harbort, Der Beweiswert der Blutprobe, Rn. 434; Grüner, Die Atemalkoholprobe, S. 2). Unter der Berücksichtigung bestimmter Verteilungsverhältnisse kann die Atemalkoholkonzentration in die entsprechende Blutalkoholkonzentration umgerechnet werden, was dann eine sog. „indirekt ermittelte Blutalkoholkonzentration" darstellt (Harbort, a.a.O.). Um einfach und mobil durchzuführende derartige

Verkehrsüberwachungsmaßnahmen zu ermöglichen, steht der **Alcotest** insbesondere Polizeibeamten zur Überwachung des Verkehrs und der Verkehrstüchtigkeit der Teilnehmer zur Verfügung. Rechtsgrundlage für die Durchführung des Atemalkoholtests ist § 36 Abs. 5 StVO, wonach Polizeibeamte Verkehrsteilnehmer zur Verkehrskontrolle und der Kontrolle der Verkehrstüchtigkeit anhalten dürfen. Aufgrund des zunehmenden Einsatzes der Atemalkoholmessgeräte ist empfehlenswert „Der langsame Abschied von der Blutprobe. . .“ von Janker in DAR 2002, 49 zu lesen!

Hinweis: 320

*Zu beachten ist, dass es sich bei einem Atemalkoholtest nicht um eine **körperliche Untersuchung** des Beschuldigten gem. § 81a Abs. 1 StPO handelt (statt vieler Kleinknecht/Meyer-Goßner, StPO, § 81a Rn. 11 unter Verweis auf BGH, VRS 39, 184; BayObLG, NJW 1963, 772; OLG Schleswig, VRS 30, 344). Diese Differenzierung ist dahingehend wichtig, weil ausschließlich körperliche Untersuchungen i.S.d. § 81a StPO erzwungen werden dürfen und nur dann eine Verpflichtung des Verkehrsteilnehmers zur aktiven Beteiligung besteht. Ausschließlich in diesem Rahmen sind Zuwiderhandlungen, die sich gegen Maßnahmen zur Verkehrskontrolle richten, **bußgeldbewehrt**. Die für die Durchführung eines Atemalkoholtests notwendige **aktive Beteiligung** des Betroffenen ist hingegen nicht durch die Polizei erzwingbar, da keine Mitwirkungspflicht besteht, weshalb eine Weigerung stets sanktionslos bleibt.*

Das mittels der Einsetzung von Atemalkoholtestgeräten erlangte Ergebnis ist trotz kontinuierlich   321
fortschreitender technischer Entwicklung aufgrund des vielfältigen Einflusses von Störfaktoren
erheblichen Unsicherheiten und damit auch verteidigenden Angriffsmöglichkeiten ausgesetzt und
bedarf bei einem strafrechtlich relevanten Rückschluss auf die Blutalkoholkonzentration stets
genauer Überprüfung.

Hinweis:

*So sind **Fehlmessungen** aufgrund von Geräteunzuverlässigkeit oder durch andere als die durchschnittliche Umgebungs- oder Atemtemperatur wegen der damit u.U. verbundenen veränderten Atemluftfeuchtigkeit möglich (näher dazu Harbort, Der Beweiswert der Blutprobe, Rn. 450 – 462). Immer häufiger finden in der jüngsten Vergangenheit die geäußerten Bedenken gegen die **Verwertbarkeit des Atemalkoholspiegels** ihren Niederschlag in der Rechtsprechung und der Literatur (s. AG Bergisch-Gladbach, DAR 2000, 180; AG Meiningen, DAR 2000, 375; AG Köln, DAR 2000, 485; AG Cottbus, DAR 2000, 88; **keine Feststellung der absoluten Fahruntüchtigkeit durch Atemalkoholmessung** nach AG Klötze, DAR 2000, 178; BGH, DAR 1999, 459; Iffland/Eisenmenger/Bilzer, NJW 1999, 1379; Iffland/Eisenmenger/Bilzer, DAR 2000, 9; Iffland/Bilzer, DAR 1999, 1; Wilske, DAR 2000, 16; Hillmann, DAR 2000, 289;). Zu den Voraussetzungen der erforderlichen **Angaben zur Atemalkoholkonzentration** im Urteil: OLG Hamm, DAR 2001, 416; OLG Hamm, DAR 2001, 517.*

Allein zum Einsatz und zur Zuverlässigkeit des **Messgerätes Dräger Alcotest 7110 Evidential MK III** findet sich bereits zahlreiche Rechtsprechung und hilfreiche Besprechungen: So ist die grundlegende Entscheidung des BayObLG DAR 2000,316 insbesondere auch zum Sicherheitszuschlag für die Praxis besprochen von Schäpe in DAR 2000, 490, zum **Sicherheitsabschlag** auch OLG Hamm Beschluss vom 4.7.2000, DAR 2000, 534. Zur **Zuverlässigkeit des Gerätes** generell sei auf den Beschluss des OLG Stuttgart DAR 2001, 537 mit weiteren Rechtsprechungshinweisen sowie insbesondere auf den Beschluss des AG Köln DAR 2000, 485 mit ausführlicher Rechtsprechungs- und Literaturübersicht sowie mit Anm. Ludovisy verwiesen. Zur Bestimmung der Atemalkoholkonzentration ist bezüglich der Einzelmesswerte und des daraus errechneten Mittelwertes die **dritte Dezimalstelle** hinter dem Komma außer Betracht zu lassen (OLG Köln v. 5.1.2001, DAR 2001, 179; BayObLG, DAR 2001, 370). Zur „grundsätzlichen Messungenauigkeit von Atemalkoholmessgerät Dräger Alcotest 7110 Evidential MK III" AG Karlsruhe, DAR 2001, 138; zur Bestimmung **ohne Sicherheitsabschlag,** wenn das Gerät unter Einhaltung der Eichfrist geeicht und die Bedingungen für ein gültiges Messverfahren gewahrt sind BGH, DAR 2001, 275. Ausführlich zur Atemalkoholprobe siehe die Ausführungen unter Teil 7 Rn. 264 ff.

322   *Hinweis:*

Des Öfteren erfolgt durch Polizeibeamte zur Feststellung des Verdachtes einer etwaigen Alkoholisierung des Verkehrsteilnehmers zunächst die Aufforderung: „Hauchen Sie mich doch mal an." Eine solches Anhauchen kann u.U. bei dem Angesprochenen mit körperlichen Schamgefühlen verbunden sein, und es sei hier ausdrücklich betont, dass auch zu diesem erbetenen Verhalten mangels der Qualität einer körperlichen Untersuchung entsprechend dem § 81a StPO kein Verkehrsteilnehmer gezwungen werden kann und eine Weigerung sanktionslos zu bleiben hat!

2. Blutalkoholuntersuchung

323   Bei der Blutalkoholanalyse wird mittels einer durch einen Arzt dem Verdächtigen entnommenen **Blutprobe** die **Blutalkoholkonzentration** bestimmt.

324   Dabei stellt die Blutalkoholkonzentration die Konzentration des **Äthylalkohols** im venösen Blut der **Cubitalvene** dar (Grüner, Die Atemalkoholprobe, S. 2). Der Wert wird nach Widmark (Harbort, Der Beweiswert der Blutprobe, Rn. 434) in Promille („‰") **gewichtsbezogen** angegeben (mg/g oder g/kg).

a) Gesetzliche Vorschriften und Verfahren für eine Blutentnahme

325   Die gesetzliche Grundlage zur Gewinnung von Blut des Betroffenen zur Blutalkoholbestimmung findet sich in §§ 81a Abs. 1, 81c Abs. 2 StPO. Danach sind Entnahmen von Blutproben des **Beschuldigten** zum einen als **körperlicher Eingriff** bzw. als körperliche Untersuchung zu verstehen und zum anderen sind sie, wenn sie von einem Arzt nach den Regeln der ärztlichen Kunst zu Untersuchungszwecken vorgenommen werden, auch ohne die **Einwilligung** des Beschuldigten, d.h. also auch unter **Zwangsanwendung,** zulässig (§ 81a Abs. 2 StPO). Die Voraussetzungen, die für eine Blutentnahme bei anderen Personen als der des Beschuldigten, z.B. bei **Zeugen,** zu beachten sind, sind in § 81c Abs. 2 StPO geregelt.

326   Der **Beschuldigte** i.S.d. § 81a StPO ist nicht nur entsprechend § 157 StPO der Angeschuldigte und der Angeklagte, sondern auch derjenige, gegen den i.S.v. § 152 Abs. 2 StPO hinreichende Anhaltspunkte für die Beteiligung an einer Straftat (Kleinknecht/Meyer-Goßner, StPO, § 81a Rn. 2) bzw. für eine merkbare Alkoholbeeinflussung (OLG Schleswig, NJW 1964, 2215) vorliegen. Das bedeutet, dass zum Zeitpunkt der Anordnung der Blutentnahme noch nicht zulasten des Betroffenen ein Ermittlungsverfahren bereits eingeleitet sein muss, um nach § 81a StPO vorgehen zu können. Bei mehreren einer Straftat verdächtigen Personen, so auch z.B. bei bisher ungeklärtem Tathergang der Fahrer eines Fahrzeuges und dessen Beifahrer, dürfen zunächst alle von den Ermittlungsbehörden als Beschuldigte i.S.d. § 81a StPO angesehen werden und die entsprechenden Anordnungen getroffen werden.

327   Wegen der allenfalls unter bereits veränderten Bedingungen sehr beschränkten Nachholbarkeit der Blutprobenentnahme wird bei den Voraussetzungen der Anordnungen im Allgemeinen sehr großzügig verfahren (auch Forster/Joachim, Alkohol und Schuldfähigkeit, S. 18), so dass auch zwangsweise Vornahmen zwar als körperliche Eingriffe, aber als absolut **ungefährlich** gelten (Kleinknecht/Meyer-Goßner, StPO, § 81a Rn. 13 unter Verweis auf OLG Köln, NStZ 1986, 234).

Für die Anordnung der Blutentnahme ist nach § 81a Abs. 2 StPO grds. der Richter zuständig, bei „Gefährdung des Untersuchungserfolges durch Verzögerung" steht die **Anordnungsbefugnis** jedoch auch der Staatsanwaltschaft und deren Hilfsbeamten, also insbesondere der Polizei zu, § 81a Abs. 2 StPO, § 152 GVG. Die Anordnung ist ausdrücklich zu treffen, so durch den Richter in Beschlussform, durch andere Personen bei Gefahr im Verzug auch mündlich. **328**

Der zur Durchführung der Blutentnahme aufgeforderte **Arzt** kann hingegen grds. nicht durch Zwangsanwendung zur Blutentnahme veranlasst werden, es sei denn, es läge der äußerst seltene Fall vor, dass er in dem konkreten Fall durch einen Richter (nicht durch einen Staatsanwalt oder Hilfsbeamten!) nach §§ 75 ff. StPO zum Sachverständigen berufen worden ist (m.w.Erl. bei Forster/Joachim, Alkohol und Schuldfähigkeit, S. 20 f.). **329**

Wenn eine **Einwilligung** des Beschuldigten vorliegt, dürfen nach h.M. auch Krankenschwestern, Pfleger, medizinisch-technische Assistenten und ausgebildete, aber noch nicht approbierte Mediziner die Blutentnahme durchführen (statt vieler Kleinknecht/Meyer-Goßner, StPO, § 81a Rn. 19). Auch bei einer Blutentnahme, die trotz fehlender Einwilligung des Beschuldigten durch eine Person, die nicht approbierter Mediziner ist, vorgenommen wurde, bleibt die **Verwertbarkeit** der Blutprobe als **Beweismittel** allerdings nach überwiegender Ansicht trotzdem bestehen (wohl zuletzt OLG Zweibrücken, NJW 1994, 810). **330**

Hinweis: **331**

*Die **körperliche Untersuchung** nach § 81a StPO umfasst neben der Blutprobeentnahme eine umfassende Untersuchung des Beschuldigten über das Ausmaß der Alkoholbeeinflussung durch den Arzt, worüber dieser einen sog. **klinischen Befund** anzufertigen hat, der in die Akte des Beschuldigten aufzunehmen ist. Diese psychophysischen Tests, insbesondere im Hinblick auf Gleichgewichtsstörungen, sind aber nur mit Einwilligung des Beschuldigten durchzuführen, insbesondere bedürfen sie der aktiven Mitwirkung, zu der er wegen der lediglich bestehenden **Duldungspflicht** grds. nicht verpflichtet ist.*

Im Rahmen dieser Untersuchungen werden explizit umschriebene Verfahren wie z.B. der **Drehnystagmus** des Beschuldigten (dazu auch OLG Zweibrücken, NZV 1996, 158), die **Finger-Finger-** oder die **Nasen-Finger-Probe** durchgeführt, im Eigentlichen kommt es jedoch auch vor allem auf die Erfahrung des untersuchenden Arztes an. Etliche der im Befund zu beurteilenden Kriterien wie z.B. das der **Gangsicherheit,** der **Sprachdeutlichkeit,** der **Stimmungslage** des Beschuldigten sind mit Harbort (Der Beweiswert der Blutprobe, Rn. 303), insgesamt als subjektiv eingefärbte Beurteilungskriterien zu sehen. So kann z.B. eine ärztliche Beurteilung entsprechend dem Vordruck des Befundberichtes zu dem Kriterium **„Verhalten des Beschuldigten"** nur in den vorgegebenen Sparten „beherrscht/ redselig/ distanzlos/ abweisend/ herausfordernd/ aggressiv" erfolgen. In dieser Beschränktheit kann der Beurteilung des Moments ohne eine weitere Kenntnis ob der Eigenschaften des Beschuldigten (auch im „nüchternen" Zustand) nicht überzeugend eine wirkliche Aussagekraft hinsichtlich des Alkoholisierungsgrades zugesprochen werden (ausführlich bei Forster/Joachim, Alkohol und Schuldfähigkeit, S. 29). Aufgrund dieser Unwägbarkeiten weichen oftmals der klinische Befund und das Ergebnis der Blutalkoholuntersuchung erheblich voneinander ab, wobei jedoch nach Auffassung des OLG Hamm (NJW 1969, 570) auch gravierende Unterschiede eine weitere Prüfung des BAK nicht zwingend erfordern sollen. **332**

Ebenfalls nach dieser Entscheidung (NJW 1969, 567) soll auch dann keine Einschränkung der Verwertbarkeit des klinischen Befundes gegeben sein, wenn die Tests (zulässig) von anderen Personen als Medizinern durchgeführt wurde, was wiederum die Objektivität der Alkoholwirkungsdiagnostik in den Berichten erheblich einschränkt. Ein entscheidender Ansatz für die Verteidigung liegt aber bei derartigen Diskrepanzen innerhalb des klinischen Befundes insbesondere dann, wenn auch die ermittelte BAK zweifelhaft erscheint, alle Mal. **333**

334 **Hinweis:**

*Es sei für die Verteidigung noch darauf hingewiesen, dass zwingende Voraussetzung für die Verwertbarkeit der Blutprobe ist, dass die **Hautdesinfektion** für den vorzunehmenden Einstich als auch die Sterilisation der benutzten Instrumente bei der Entnahme des Blutes ohne **alkoholhaltige Hilfsmittel**, sondern ausschließlich mittels „Sublimat" oder „Oxycyanat" erfolgt ist (vgl. Vordrucke der Befundberichte sowie Ardab-Zadeh/Prokop/Reimann, Rechtsmedizin, S. 347).*

335   Oftmals wird durch den Arzt in einem gewissen zeitlichen Abstand zu der ersten noch eine zweite Blutprobe entnommen, sog. **Doppelentnahme.** Diese Vorgehensweise soll der Feststellung dienen, ob die Blutalkoholkonzentration zu- oder abnehmend ist, was insbesondere bedeutsam im Falle der **Nachtrunkeinlassung** (dazu aufschlussreich Hoppe/Haffner, NZV 1998, 265 ff.) des Beschuldigten ist, wofür jedoch die Doppelentnahme wenig geeignet erscheint: Allein aufgrund der **Messungenauigkeiten** aller Methoden zum Nachweis des Blutalkoholgehaltes kann eine Abweichung von bis zu 0,3 ‰ zwischen den Blutproben liegen (Berz/Burmann/Hentschel, Handbuch des Straßenverkehrsrechts, 14 A Rn. 26 m.w.Erl.).

Oftmals ist auch in den Fällen eines tatsächlich erfolgten **Nachtrunks** des Beschuldigten bereits zum Zeitpunkt der ersten Blutprobeentnahme der zuletzt aufgenommene Alkohol bereits vollständig resorbiert (Forster/Joachim, a.a.O., S. 30).

b) Untersuchungsmethoden zur Blutalkoholkonzentrationsermittlung

336   Für die chemische Untersuchung der Blutproben stehen das **Widmark-Verfahren**, die Untersuchung nach der **Alkoholdehyddrogenase (ADH)-Methode** oder das (hierbei exakteste) **gaschromatographische Verfahren** zur Verfügung. Das Verfahren nach der „Widmarkschen Formel" (zu dieser genauer Forster/Joachim, Alkohol und Schuldfähigkeit, S. 40 ff.), das in der letzten Zeit wegen der größeren Ungenauigkeiten gegenüber den anderen Verfahren an Bedeutung verliert, stellt die zunächst zu ermittelnde Menge des in der Blutprobe enthaltenen Äthylalkohols mithilfe einer Mikrodestillation bei 60 Grad Celsius fest und ermittelt daraus die Gesamtmenge des im Körper befindlichen Alkohols unter Zugrundelegen des **Körpergewichts.**

337   Das ADH-Verfahren nutzt die mittels des Enzyms ADH erfolgende Oxydation des Äthylalkohols zu Acetaldehyd, wobei die hierbei frei werdende Menge an Wasserstoff mittels einer Eichkurve die Errechnung des Wertes der BAK zulässt (Harbort, Der Beweiswert der Blutprobe, Rn. 294).

338   Die derzeit wegen ihrer Messgenauigkeit anerkannteste Methode ist die Wertermittlung anhand des **gaschromatographischen Verfahrens.** Dabei wird eine genau abgemessene Menge eines anderen Alkohols der Probe zugesetzt und aus der Verhältnismäßigkeit der Werte zueinander kann sodann die Blutalkoholkonzentration errechnet werden (Harbort, a.a.O., Rn. 295, sowie insgesamt zu den Messverfahren mit weiteren Erläuterungen Hentschel/Born, Trunkenheit im Straßenverkehr, Rn. 55 ff.).

339   Erforderlich für die Verwertung eines ermittelten Blutalkoholkonzentrationswertes und dessen Eignung als Beweismittel vor Gericht ist jedoch die Durchführung von **Mehrfachuntersuchungen** (Einzelanalysen) der einzelnen Blutprobe nach verschiedenen Verfahren (OLG Düsseldorf, NZV 1997, 445; BayObLG, NZV 1996, 75).

340   Nach der Rechtsprechung (grundlegend BGH, NJW 1967, 116; VRS 54, 452) sind zur Verringerung der Fehlerbreite im Falle der Anwendung des Widmark-Verfahrens als **Mindestanforderungen** (OLG Düsseldorf, VRS 67, 35) drei Einzeluntersuchungen zuzüglich zwei weiterer Einzeluntersuchungen nach der ADH-Methode, also insgesamt mindestens **fünf Einzelanalysen,** durchzuführen. Wenn das gaschromatografische Verfahren angewandt wird, sind danach lediglich

zwei Einzeluntersuchungen nebst zwei paralleler Analysen nach einer anderen Methode, also insgesamt mindestens **vier Einzelanalysen,** erforderlich (OLG Düsseldorf, NZV 1997, 445).

Aus den Einzelanalysen ist der **Analysenmittelwert** anhand des **arithmetischen Mittels** zu errechnen, der aufgrund der bisher nicht vollständig vermeidbaren Ungenauigkeit der Einzelanalysenwerte dem tatsächlichen Wert am ehesten entspricht (OLG Düsseldorf, NZV 1997, 445; OLG Koblenz, NJW 1974, 1433). In einem neueren Beschluss (DAR 1999, 459) hat der BGH das Erfordernis einer Berechnung der Standardabweichung von Einzelwerten auch, wenn die Standardabweichung der Einzelwerte den Wert von 0,03‰ übersteigt, verneint: Danach rechtfertigen die Ergebnisse einer Blutalkoholuntersuchung nach dem **kombinierten ADH- und Gaschromotographie-Verfahren** eine Verurteilung (nach § 316 StGB wegen absoluter Fahruntüchtigkeit), wenn bei Blutalkoholkonzentrationen mit einem Mittelwert ab 1,1‰ die Differenz zwischen dem höchsten und dem niedrigsten Einzelwert (Variationsbreite) nicht mehr als **10 % des Mittelwertes** beträgt und das untersuchende Institut die erfolgreiche Teilnahme an den Ringversuchen versichert. │ 341

Im Hinblick auf den **Beweisgrenzwert** der Rechtsprechung zur absoluten Fahrunsicherheit von 1,0 ‰ (BGH, NJW 1990, 2393) ist diesen Fällen wegen der verbleibenden Fehlerbreite bei Blutuntersuchungen dem Beweisgrenzwert ein **Sicherheitszuschlag** von 0,1 ‰ hinzuzurechnen (seit BGH, NJW 1990, 357; ausführlich zur Problematik des Sicherheitszuschlages Hentschel/Born, a.a.O., Rn. 80 ff.), nicht hingegen erfolgt ein Sicherheitszuschlag entgegen der weit verbreiteten Meinung zuzüglich jedes einzelnen ermittelten Blutanalysewertes. │ 342

c) Blutprobe als Beweismittel

Oftmals ist für die Verteidigung die Überlegung heranzuziehen, ob die untersuchte Blutprobe auch tatsächlich von dem Beschuldigten stammt oder ob nicht eine **Verwechslung** der Probe vorliegen könnte. In diesem Fall führen vergleichende **DNA-Analysen** an dem untersuchten Blut mit der an einer neu dem Beschuldigten zu entnehmenden Blutprobe zu sicheren Ergebnissen (sog. **Identitätsgutachten**). Mit Forster/Joachim (Alkohol und Schuldfähigkeit, S. 31) sei auf der Grundlage von Kleiber (BA 24, 253 ff.) darauf hingewiesen, dass auf ca. 100 000 Blutuntersuchungen etwa 460 Identitätsuntersuchungen entfallen, von denen wiederum lediglich 5 % ein „raffiniertes Täuschungsmanöver" darstellen. │ 343

Jedenfalls ist für die Verteidigung zu betonen, dass auch dann, wenn für eine Verwechslungsannahme keine konkreten Anhaltspunkte bestehen sollten, ein dementsprechend vorgetragener Beweisantrag auf Anhörung eines weiteren Sachverständigen oder auf Durchführung eines Identitätsgutachtens seitens des Gerichtes nicht grds. unter Hinweis auf **§ 244 Abs. 4 StPO,** sondern ausschließlich unter den Voraussetzungen des § 244 Abs. 3 StPO abgelehnt werden darf (Harbort, Der Beweiswert einer Blutprobe, Rn. 306). Das Gutachten, in dem zwar eine fehlerfreie Untersuchung auf die BAK erfolgt ist, beweist aus sich heraus noch längst nicht auch die Tatsache, dass das untersuchte Blut von einer bestimmten Person stammt (keine Offenkundigkeit nach § 244 Abs. 3 StPO und vgl. BGH, StV 1986, 418). │ 344

Ein somit seitens des Gerichtes abgelehnter Beweisantrag stellt u.U. eine **unzulässige Beschränkung der Verteidigung** und daher zumindest einen **Revisionsgrund** gem. § 338 Nr. 8 StPO dar. │ 345

Die Tatsache, dass nicht die erforderliche Anzahl der Einzelanalysen der Blutprobe oder nicht mindestens zwei verschiedene Verfahren zur Blutalkoholwertbestimmung angewandt worden sind, führt nicht zur Unverwertbarkeit der Blutprobe als Beweismittel, aber dazu, dass zumindest (zu Gunsten) des Beschuldigten ein weiterer **Sicherheitszuschlag** vorzunehmen ist, so dass von einem geringeren als dem ermittelten Blutalkoholwert auszugehen ist (OLG Hamm, NJW 1974, 2064). Diese Handhabe wird überwiegend auch für den Fall, dass lediglich **ein Messverfahren** angewandt wurde, dann bejaht, wenn jedenfalls nach entsprechender Überprüfung einer etwaigen Fehlmessung durch Vergleich mit anderen Untersuchungen nach dem Verfahren ein Mindestwert anhand │ 346 des Mittelwertes festgestellt werden kann (AG Langen, NZV 1988, 288; OLG Hamm, NJW 1974, 2064; anders OLG Stuttgart, VRS 66, 450). Insbesondere in diesen Fällen kann aber der Antrag der Verteidigung auf Beweis durch einen weiteren Sachverständigen erforderlich sein.

d) Sachverständigengutachten

347 Wenn keine Zweifel an der rechtmäßigen, unter Beachtung der gesetzlichen Vorschriften, insbesondere des § 81a StPO, erfolgten körperlichen Untersuchung des Beschuldigten und der Identität der untersuchten Blutprobe bestehen, kann ein **Sachverständigengutachten** zur BAK vor Gericht Berücksichtigung finden (Moltketin, BA 1989, 127 ff.; AG Mannheim, NJW 1968, 2309).

348 Wenn es um die Rekonstruktion von Verhaltensweisen zum tatrelevanten Zeitpunkt, um die **Wahrnehmungen des Arztes** während der Blutprobenentnahme oder um die **Feststellungen von Tatsachen** zu alkoholbedingten Ausfallerscheinungen geht, kann nur der die Untersuchung vornehmende Arzt einen Bericht über seine Wahrnehmungen und über die bei der Blutentnahme getroffenen Feststellungen machen. Da er hierbei (auch) eigene **Wahrnehmungen** kundgibt und nur er als der die Untersuchung durchführende Arzt aufgrund der besonderen Sachkunde hierzu in der Lage sein kann, ist er nicht Sachverständiger sondern **sachverständiger Zeuge** gem. § 85 StPO (Harbort, a.a.O., Rn. 311 mit OLG Hamm, NJW 1969, 567). Mangels Wahrnehmungsmöglichkeit zum Untersuchungszeitpunkt durch weitere, andere Personen, kann der „Blutentnahmearzt" auch nicht durch einen Sachverständigen ersetzt werden (bereits RGSt 57, 158). Die überwiegend verbleibende Bedeutung der Einholung eines Sachverständigengutachtens besteht deshalb vor allem in den Fällen der Begutachtung eines Nachtrunks oder der Blutprobenidentität.

III. Berechnung des Blutalkohols zur Tatzeit – „Rückrechnung"

1. Bedeutung der Rückrechnung

349 Der sich durch eine Blutuntersuchung ergebende Blutalkoholgehalt bezieht sich grds. auf den Zeitpunkt der Blutprobenentnahme. Oftmals liegt der Zeitpunkt jedoch bis zu mehreren Stunden nach dem rechtserheblichen Ereignis, das zur Beurteilung steht. Dann muss u.U. aufgrund der zwischen der Blutentnahme und der Tat vergangenen Zeit, in der Alkohol vom Körper verbrannt und auch ausgeschieden wurde, der Wert der Blutalkoholkonzentration für den Zeitpunkt der Tat ermittelt werden, was üblicherweise durch die sog. „Rückrechnung" geschieht. Bei der Beurteilung des **Gefahrengrenzwertes** hinsichtlich § 24a StVG sowie bei der des Beweisgrenzwertes bei §§ 315c, 316 StGB ist aber nicht grds. auf den Zeitpunkt des Ereignisses abzustellen (Auch entscheidend ist die Feststellung der Tatzeit – BAK im Falle der Ermangelung tatrichterlicher Feststellungen als Grundlage für die Entscheidung über die Anordnung eine **MPU** – anschaulich Lenhart, DAR 2002, 62)

Hierbei ist der Tatbestand der alkoholischen Beeinflussung bzw. der der absoluten Fahrunsicherheit auch grds. (erst recht) dann bereits erfüllt, wenn der entsprechende Wert zum Zeitpunkt der Blutprobenentnahme vorliegt.

350 In diesem Rahmen erfolgt eine Rückrechnung nur dann, wenn die entsprechenden Werte zum Zeitpunkt der Blutentnahme nicht gegeben sind und der Beschuldigte sich dabei bereits in der **Abbauphase** befunden hat, so dass eine Rückrechnung auf die Tatzeit erforderlich ist, weil der schon begonnene Abbau des Alkohols zum Zeitpunkt der Blutentnahme einen für den Tatbestand erheblichen, niedrigeren Wert als den letztlich ausschlaggebenden tatsächlich zur Tatzeit vorhandenen ermitteln ließ.

351 Außerdem hat der Wert der Blutalkoholkonzentration zum Zeitpunkt der Tat dann besondere Bedeutung, wenn die **Schuldfähigkeit** des Beschuldigten aufgrund übermäßigen Alkoholgenusses infrage steht.

2. Alkoholstoffwechsel

Vor der Erläuterung der Rückrechnung sollen hier kurz die Grundlagen des Alkoholstoffwechsels 352
aufgezeigt werden und zwar u.a. deshalb, weil die physiologischen Voraussetzungen durch etliche
Situationsumstände und dazu bei jedem Menschen variieren können, so dass dabei oftmals bereits
seitens der Verteidigung angesetzt werden sollte.

a) Aufnahme des Alkohols (sog. Resorption)

Im Magen-Darm-Trakt erfolgt die Hauptresorption des aufgenommenen Alkohols in das Blut. Bei 353
der Resorption handelt es sich im eigentlichen um **Diffusionsvorgänge** (Forster/Joachim, Alkohol
und Schuldfähigkeit, S. 32), deren Geschwindigkeit naturgemäß von der Konzentration und der
Dosis der aufgenommenen Flüssigkeit abhängen.

Außerdem relevant hierfür ist, wie der Füllzustand des Magens und des oberen Dünndarms 354
beschaffen ist sowie auch die (oftmals gestörte) Durchblutung der (Magen-) Schleimhäute. Die
Anstiegsgeschwindigkeit der Alkoholkurve hängt im Wesentlichen von der getrunkenen Alkoholmenge ab. Die Anstiegszeit zwischen Trinkvorgang und Erreichen des Maximum-Wertes der
Alkoholkurve ist hingegen von der aufgenommenen Äthylalkoholmenge weitgehend unabhängig.
Nach Forster/Joachim (a.a.O., S. 32 unter Verweis auf Zink/Reinhardt, BA 17, 400 ff.) soll die
mittlere Anstiegsgeschwindigkeit der Blutalkoholkurve von Trinkbeginn bis zum Maximumwert
bei 1,2 ‰ pro Stunde, jedoch die häufigste bei 0,9 ‰ pro Stunde liegen, was die erheblichen individuellen Abweichungen nach oben und das Erfordernis der konkreten Einzelberechnung zeigt.

Lange Resorptionszeiten liegen vor, wenn der Magen stark gefüllt ist, bei schlechter **Schleimhaut-** 355
durchblutung, geringer **Beweglichkeit** (Motilität) des Magens (z.B. durch Übelkeit oder als Folge
einer Gehirnerschütterung).

Hinweis: 356

*Ganz entscheidend ist zudem, zu welcher **Tageszeit** die Alkoholaufnahme stattfindet: Morgens
tritt Alkohol bei gleicher Trinkmenge erheblich schneller in das Blut ein als abends (morgend-
licher Maximumwert nach 60 Minuten, der abendliche nach erst 110 Minuten), und zudem
liegt der **Maximumwert** der Alkoholkurve im Durchschnitt um 32 % höher als abends (so
Forster/Joachim, a.a.O., S. 33 unter Bezug auf die Untersuchung von Lötterle und Mitarbeitern). All dieses hat vor allem für die **Rückrechnung des Alkoholisierungsgrades zum Tatzeitpunkt** erhebliche Bedeutung.*

*Trotzdem ist selbst in Einzelfällen wegen der immer verbleibenden inter- und intraindividuel-
len Schwankungen eine wirklich exakte Berechnung der Resorptionsgeschwindigkeit aus
medizinischer Sicht nicht möglich.*

---

b) Sog. Diffusionssturz

Unter **Diffusion** versteht man das Ausströmen des vom Magen-Darm-Trakt in die Blutgefäße 357
resorbierten Alkohols in das Gewebe. Ein Diffusionssturz findet dann statt, wenn innerhalb kürzester Zeit aufgrund des Abströmens des Alkohols in die übrigen Körpergewebe die Blutalkoholkonzentration plötzlich absinkt, weil kein Alkohol mehr aus dem Magen-Darm-Trakt in das Blut
„nachresorbiert" (ausführlich hierzu Forster/Joachim, Alkohol und Schuldfähigkeit, S. 35 f.). In
Einzelfällen kann es zu einem tatbestandlich beachtlichen **„Diffusionssturz"** dann kommen, wenn
überdurchschnittlich und außergewöhnlich schnell nach Erreichen des Gipfelwertes der Blutalkoholkurve ein Absinken der Blutalkoholkonzentration erfolgt. Diese Verhältnisse müssen ebenfalls
bei einer Rückrechnung Berücksichtigung finden.

c) Alkoholabbau

358 Von großem Interesse für die forensische Praxis ist die Geschwindigkeit, mit der der Blutalkoholgehalt absinkt. Sie beruht überwiegend (90 – 95 %) auf der **Alkoholverbrennung** (Oxydation) im Körper und nur zum geringen Teil auf einer erheblich verzögerten Ausscheidung. Mittels dem Erzeugen einer sehr starken Harnflut kann zudem auch die Alkoholausscheidung durch die Nieren ergebnisrelevant und kaum nachprüfbar vergrößert werden. Aus diesen Gründen sind die **Zusammenhänge zwischen Harn- und Blutalkoholkonzentration** schwer überschaubar und Rückschlüsse mit vielen Unsicherheiten behaftet.

359 Wegen der bedingten Beweistauglichkeit einer Harnalkoholkonzentration wird hiervon auch selten Gebrauch gemacht (insgesamt zu der Problematik Harbort, Der Beweiswert der Blutprobe, Rn. 308). Zu betonen ist, dass das Maß des stündlichen Absinkens der Blutalkoholkonzentration nicht allein aus der Größenermittlung der abgebauten Gesamtalkoholmenge errechnet und für die Rückrechnung zum Tatzeitpunkt verwendet werden kann (erneut Forster/Joachim, a.a.O., S. 37). Wesentlich für das tatsächliche Absinken des Blutalkoholwertes ist nämlich zusätzlich zum „Verbrennungsfaktor" der **Wassergehalt** des Organismus. Die Körper **übergewichtiger Personen** weisen einen wesentlich geringeren Wassergehalt als die von normalgewichtigen auf. Ein Körper mit geringerem Wassergehalt enthält jedoch bei gleichem Blutalkoholspiegel eine geringere Gesamtalkoholmenge, weshalb das (auch in dem ärztlichen Bericht festzuhaltende) Gewicht im Verhältnis zur Größe des Beschuldigten eine entscheidende Rolle spielt.

3. Berechnung der Blutalkoholkonzentration zur Tatzeit

360 Wie aus der oben aufgewiesenen Resorptionsproblematik ersichtlich, kommt es für die Rückrechnung der Blutalkoholkonzentration zur Tatzeit insbesondere auf den Zeitpunkt der letzten Alkoholaufnahme **(Trinkende)** an. Dieser Zeitpunkt ist nämlich derjenige, in dem die Resorption des Alkohols von dem Magen-Darm-Trakt in das Blut des Beschuldigten vollständig erfolgt, wobei unmittelbar im Anschluss daran der Alkoholabbau durch Verbrennung beginnt.

361 Nach der Rechtsprechung ist unter der Berücksichtigung der medizinischen Gesichtspunkte nur für die Zeit der im Anschluss an den Zeitpunkt der vollständigen **Resorption** beginnenden Abbauphase eine Rückrechnung möglich (BGH, NJW 1974, 246; BayObLG, NZV 1995, 117).

362 Bei dem Problem, ob die Tatzeit-Blutalkoholkonzentration im Verhältnis zur Blutentnahmezeit höher war, wird mit dem statistisch gesicherten **Mindestabbauwert** von 0,1 ‰ gerechnet (wohl zuletzt BGH, NJW 1991, 852), da ein hiervon abweichender individueller Abbauwert nicht nachweisbar sei (BGH, DAR 1986, 91) und somit anhand eines Mindestwertes die Benachteiligung eines jeden Beschuldigten weitgehend ausgeschlossen sei.

> **Hinweis:**
>
> *Mit der Hinzuziehung eines **Sachverständigen** kann das Gericht (und auch der Verteidigungsvortrag) bei entsprechendem Nachweis von diesem gleich bleibenden stündlichen Abbauwert abweichen. Dies hat Geltung für die Ermittlung der sog. **Beweis- und Gefahrengrenzwerte** (§ 24a StVG, §§ 315c, 316 StGB).*

363 Andererseits ist geboten, bei der Ermittlung der alkoholbedingten Beeinträchtigung der Schuldfähigkeit zu Gunsten des Beschuldigten den höchstmöglichen stündlichen Alkoholabbauwert zu Grunde zu legen (BGH, NJW 1991, 852; OLG Hamm, DAR 1990, 308). Wie bereits erwähnt ist wegen des Resorptionsabschlusses für jede Rückrechnung der Blutalkoholkonzentration auf die Tatzeit erforderlich, dass das Ende der Resorptionszeit feststeht (BGH, NJW 1974, 246). Trotz der aufgeführten inter- und intraindividuellen Schwankungen der Resorptionsdauer legt die Rechtsprechung der Rückrechnung immer dann einen „**normalen Trinkverlauf"** zugrunde, wenn eine

Alkoholbelastung von 0,5 – 0,8 ‰ pro kg Körpergewicht pro Stunde nicht überschritten wird (BGH, NJW 1974, 246). Wenn ein solcher „normaler Trinkverlauf" anzunehmen ist (kein Sturztrunk, kein besonders langsames Trinken mit durchschnittlicher Alkoholbelastung), werden ohne die zusätzliche Hinzuziehung eines Sachverständigen die **ersten beiden Stunden nach Trinkende** nicht in die Rückrechnung eingezogen, da **zu Gunsten** des Beschuldigten davon ausgegangen wird, dass sich während dieser Zeit die Alkoholkurve des Beschuldigten noch im zunehmenden Anstieg **(Resorptionsphase)** befand (statt vieler wiederum BGH, NJW 1974, 246). Das bedeutet, dass in derartigen (überwiegenden) Fällen, eine Rückrechnung zu Ungunsten des Beschuldigten nur dann möglich ist, wenn zwischen Trinkende und Tatzeit mindestens zwei Stunden vergangen sind, es sei denn, dass mittels eines Sachverständigen eine dann maßgebliche kürzere Resorptionsphase nachgewiesen ist (kein grundsätzliches Verbot der Rückrechnung). So kann bei geringer Alkoholbelastung die Resorptionsphase erheblich verkürzt sein und dann eine weitergehende Rückrechnungsmöglichkeit bestehen (dazu auch Berz/Burmann/Hentschel, Handbuch des Straßenverkehrsrechts, 14 A Rn. 44 f.).

4. Nachtrunkeinlassung

Besondere Bedeutung erlangt im Zusammenhang mit der Rückrechnung die Einlassung des Beschuldigten, er habe nach der Tat Alkohol zu sich genommen (sog. **Nachtrunk).** Dem Rückschluss von der Blutalkoholkonzentration zum Zeitpunkt der Blutentnahme auf die zum Zeitpunkt der Tat kann dann regelmäßig nicht mehr der erforderliche „normale Trinkverlauf" (regelhafter Verlauf der Blutkurve) unterstellt werden. Daher sind bei derartigen **Nachtrunkeinlassungen** der Verteidigung erhöhte Anforderungen an die Auswertung der **Doppelblutentnahmen** und die **Alkoholisierungsverlaufsbeurteilung** durch einen medizinischen Sachverständigen zu stellen. Unter konkreten Umständen können (zumeist lediglich in Einzelfällen) der Anstieg des Blutalkoholgehaltes bei der doppelten Blutentnahme und eine zunehmende Trunkenheitssymptomatik unmittelbar nach der Alkoholaufnahme tatsächlich einen Nachtrunk belegen, jedoch kann mit dem gegenteiligen Verlauf nicht mit der erforderlichen Sicherheit eine Nachtrunkeinlassung widerlegt werden (Hoppe/Haffner, NZV 1998, 268). Die multifaktorielle Resorptionsphase ist zu vielen variierenden pharmakologischen Parameter- und Phasenverlaufsabweichungen unterworfen, als dass daraus ein hinreichend genaues Ergebnis für die Beurteilung des Wahrheitsgehaltes des Nachtrunkvortrages resultieren kann (s. Hoppe/Haffner, NZV 1998, 265 ff.). Zur **Körperverletzungsproblematik** per Verwaltungsvorschrift wegen des Erfordernisses der **Doppelblutentnahme** bei Nachtrunkeinlassung wird auf Ifflands Beitrag in DAR 2001, 141 verwiesen. Im Urteil ist bei einem behaupteten Nachtrunk der Tatrichter verpflichtet, bei der Berechnung der Blutalkoholkonzentration Feststellungen zur Alkoholmenge und des Körpergewichts zum Tatzeitpunkt und zur Bestimmung des Resorptionsfaktors zu treffen (OLG Köln, DAR 2001, 230). Nach dem BayObLG (DAR 2002, 80) setzt jede Rückrechnung von der BAK zur Zeit der Blutentnahme auf den Wert der Tatzeit voraus, dass das Ende der Resorptionzeit feststeht.

> *Hinweis:*
>
> *Können nähere Feststellungen bezüglich des Trinkverlaufs nicht getroffen werden und steht dadurch das Resorptionszeitende nicht genau fest, ist zu Gunsten des Angeklagten davon auszugehen, dass die Resorption nicht früher als 120 Minuten nach Trinkende abgeschlossen war.*

5. Abbauwert bei Alkoholikern

Nach einer neueren Entscheidung des BGH (NStZ 1997, 591; m. Anm. bei Janiszewski, NStZ 1998, 289 f.) wird erneut herausgestellt, dass zumindest bei der Beurteilung der Frage der **Schuldfähigkeit** neben der errechneten Blutalkoholkonzentration auch alle wesentlichen objekti-

364

365

ven und subjektiven Umstände des Täterverhaltens einzubeziehen sind, wonach auch die **Alkohol-gewöhnung** und die **Alkoholtoleranz** zu berücksichtigen sind, da nach gesicherten medizinischen Erkenntnissen insbesondere bei **Alkoholikern** ein höherer stündlicher Abbauwert als bei nicht gewöhnten Personen vorliegt. Deshalb sei auch das Gewicht des **Beweiswertes** des ermittelten Blutalkoholgehaltes bei einem Alkoholabhängigen regelmäßig geringer einzustufen.

Hinweis:

*Eine Überwertung der Aussagekraft von **Alkoholgewöhnung, Erinnerungsfähigkeit** und **Motorik** durch ein LG zulasten eines Angeklagten durch Verneinung der erheblich verminderten Schuldfähigkeit trotz Blutalkoholkonzentration von 3,48‰ hat jedoch der BGH (DAR 2000, 193) unterbunden (s. Rn. 375).*

---

6. Berechnung der Blutalkoholkonzentration bei Trinkmengenangaben

366   Wenn eine glaubhafte **Trinkmengenangabe** des Beschuldigten oder seitens Zeugen vorliegt und eine Blutprobenentnahme entweder nicht erfolgt oder nicht verwertbar ist, kann die Berechnung der Blutalkoholkonzentration auch aufgrund dieser Mengenangaben vorgenommen werden. Zwingend erforderlich ist aber dafür die **Kenntnis des Körpergewichtes und der -Größe** des Beschuldigten (Forster/Joachim, Alkohol und Schuldfähigkeit, S. 40 f.). So hat der BGH (StV 1998, 259) zuletzt explizit festgestellt, dass dann, wenn das Gericht die Trinkmengenangaben eines Beschuldigten für nicht zu widerlegen hält, aus der angegebenen Menge die Blutalkoholkonzentration zur Tatzeit nach den anerkannten wissenschaftlichen Berechnungsmethoden zu bestimmen und dem Urteil zu Grunde zu legen ist (auch BGHSt 37, 231 ff.). Dieses gilt auch dann, wenn sich Werte aus sehr hohen Trinkmengenangaben ergeben, die den letalen Bereich tangieren und deshalb als unglaubhaft erscheinen müssen (BGHSt 34, 34). Wegen der Unwiderlegbarkeit darf nicht allein aufgrund der Unglaubhaftigkeit zu Ungunsten des Beschuldigten von einem niedrigeren Alkoholgehalt ausgegangen werden (BGH, StGB § 20 BAK 12). Sind die Trinkwertangaben nicht zu widerlegen, vermag der errechnete Wert aber wegen seiner Höhe nicht zu überzeugen, soll vielmehr nach dem BGH (StV 1993, 519) für die Frage der Schuldfähigkeit der Zweifelssatz gelten und im Bereich zwischen dem theoretisch höchsten und dem niedrigsten Wert die höchstmögliche Tatzeit-Blutalkoholkonzentration bestimmt werden.

367   Die Berechnung des Blutalkoholgehaltes aus den Trinkmengenangaben des Beschuldigten erfolgt von der Rechtsprechung anerkannt nach der sog. **Widmark-Formel** (Widmark, Die theoretischen Grundlagen und die praktische Verwendbarkeit der gerichtlich-medizinischen Alkoholbestimmung): Der zu errechnende Wert **ct** ist die Alkoholkonzentration in Promille zu einem bestimmten Zeitpunkt im Verhältnis zu dem Gewicht (A) des aufgenommenen Alkohols (in g) und zum Körpergewicht (p, in kg) unter Abzug des Produktes aus dem Faktor des Alkoholabbaus in Promille pro Stunde (ß) und dem Faktor der Abbauzeit in Stunden seit Trinkbeginn (t.)

$$\mathbf{ct}\ (‰) = \frac{\text{A (aufgenommener Alkohol in g)}}{\mathbf{p}\ (\text{Körpergewicht in kg}) \times \mathbf{r}\ (\text{Faktor des reduzierten Körpergewichtes})}$$

$$- \mathbf{ß}\ (\text{Alkoholabbauwert pro Stunde}) \times \mathbf{t}\ (\text{Abbauzeit})$$

368   Der Faktor r ist der Reduktionsfaktor, der vom Körperbau und insbesondere vom Fettgewebsanteil des Beschuldigten abhängt und der aus Alkoholversuchen errechnet werden kann (Forster/Joachim, a.a.O., S. 41). Daraus ermittelt man einen derzeit zugrundezulegenden durchschnittlichen r-Wert i.H.v. 0,6 bei Frauen und 0,7 bei Männern (zu der Berechnungsart über den Faktor des Gesamtkörperwassers von Ulrich/Cramer/Zink, BA 24, 192 ff. s. auch Forster/Joachim, a.a.O., S. 41).

Von dem errechneten Promille-ct-Wert ist zusätzlich ein sog. Wert des stark schwankenden **369** **Resorptionsdefizites** abzuziehen, der derjenigen Alkoholmenge Rechnung trägt, die zwar vom Beschuldigten aufgenommen wurde, jedoch speziell aufgrund von Ausscheidung und nicht erfolgender Verbrennung nicht vom Blut aus dem Magen-Darm-Trakt resorbiert wurde. Hierbei ist grds. auch der für den Beschuldigten günstigste Wert zu Grunde zu legen (BGH, DAR 1987, 104), weshalb bei der Ermittlung des **Mindestblutalkoholgehaltes** ein Wert von 30 % der gesamten aufgenommenen Alkoholmenge (BGH, DAR 1987, 194) und bei der Ermittlung des Höchstblutalkoholgehaltes (für die Frage der Schuldfähigkeit) der niedrigste Wert i.H.v. 10 % abzuziehen ist (auch BGH, a.a.O. und erläuternd m.w.N. hierzu Berz/Burmann/Hentschel, Handbuch des Straßenverkehrsrechts, 14 A Rn. 53).

Die entscheidenden Auswirkungen des **Erbrechens** des Beschuldigten auf eine wesentlich veränderte Blutalkoholkurve hat ausführliche Erläuterung bei Ditt (BA 2, 68 ff.) sowie mit weiteren **370** Ausführungen bei Forster/Joachim (Alkohol und Schuldfähigkeit, S. 49 ff.) gefunden.

IV. Schuldfähigkeit

Besonderheiten ergeben sich bei der Prüfung der Schuldunfähigkeit (§ 20 StGB) oder der erheblich **371** verminderten Schuldfähigkeit (§ 21 StGB) des Beschuldigten/Angeklagten infolge einer Alkoholbeeinflussung. Teilweise sind diese Besonderheiten schon oben an den jeweiligen Schnittstellen der Erläuterungen eingearbeitet und besonders hervorgehoben, welche dann neben den folgenden Erläuterungen heranzuziehen sind.

1. Schuldunfähigkeit

Schuldunfähig (NStZ 1998, 290) handelt nach § 20 StGB derjenige, der bei der Begehung der Tat **372** wegen einer krankhaften seelischen Störung (. . .) unfähig ist, das Unrecht der Tat einzusehen oder nach dieser Einsicht zu handeln. Die **Trunkenheit** fällt als Intoxikationspsychose (Tröndle/Fischer, StGB, § 20 Rn. 9) unter den gesetzlichen Begriff der „krankhaften seelischen Störung", die je nach Ausmaß die Unrechtseinsichtsfähigkeit ganz oder teilweise ausschließen kann. Zu beachten ist, dass schon nach dem Gesetzestext („bei Begehung der Tat") die Schuldunfähigkeit kein genereller Ausschluss jeglicher Schuldmöglichkeit sondern ein Schuldausschließungsgrund für eine konkrete Tat ist (BGHSt 14, 116; Tröndle/Fischer, StGB, § 20 Rn. 3a). Daraus ergibt sich, dass derselbe Beschuldigte/Angeklagte zur gleichen Zeit hinsichtlich verschiedener Tathandlungen schuldfähig oder -unfähig sein kann und zwar auch dann, wenn **Tateinheit** in Betracht kommt (BGH, StV 1984, 419).

Hinweis:

Deshalb ist für die Verteidigung (und für ein etwaiges Gutachten) zwingend eine genaue Abgrenzung der u.U. verschiedenen Tatbestände unter Beachtung der jeweiligen juristischen Fragestellungen vorzunehmen (eine alkoholbedingte Schuldlosigkeit einer Beleidigung unterliegt anderen Voraussetzungen als die einer schweren Körperverletzung – Forster/Joachim, Alkohol und Schuldfähigkeit, S. 60). Deshalb werden vor allem bei schweren Straftaten bei der Frage nach der gänzlichen Schuldunfähigkeit ein strengerer Maßstab angelegt (RGSt 67, 150) und auch die weiteren Umstände der konkreten Tat sowie die Täterpersönlichkeit und das -verhalten heranzuziehen sein (OLG Düsseldorf, NStE § 316 Nr. 20).

Die Rechtsprechung hat für die Beurteilung alkoholbedingter Schuldunfähigkeit „Faustregeln" ent- **373** wickelt, die sich an den Blutalkoholkonzentrationswerten orientieren (Tröndle/Fischer, StGB, § 20 Rn. 9a m.w.N.), welche aber grds. nie schematisch angewandt werden dürfen (VRS 17, 187; 23, 209; StV 1996, 600) und daher auch innerhalb eines entsprechenden Verteidigervortrags immer der konkreten Begründung bedürfen. Nach überwiegender Meinung kommt bei einem Blutalkoholgehalt ab **3** ‰ Schuldunfähigkeit in Betracht, und § 20 StGB ist stets zu prüfen (VRS 61, 261; NJW 1984, 1631; StV 1987, 385). Auch bei solchen Werten kommt es aber auf die konkreten Umstände des Einzelfalles an und vorrangig sind auch hier zusätzlich begründende, explizite Feststellungen über die Täterpersönlichkeit, die Persönlichkeitsverfassung und das Tatverhalten zu treffen (BGH, NStZ 1995, 96; DAR 1977, 143 f.), weil auch ein sehr hoher Blutalkoholwert allein jedenfalls in Einzelfällen keine Schuldunfähigkeit begründen kann (BGH, NStZ 1991, 126). Bei einem dementsprechend hohen Blutalkoholwert ab 3,0 ‰ ist jedoch für eine Verneinung der Schuldunfähigkeit nach § 20 StGB wohl grds. seitens des Gerichtes ein Sachverständiger hinzuziehen (BGH, NStZ 1989, 119).

374 Nach der überwiegenden Rechtsprechung muss ab einem Blutalkoholgehalt von **2,5** ‰ bei der Tatbegehung jedoch eine Schuldunfähigkeit des Beschuldigten/Angeklagten seitens des Gerichtes in Betracht gezogen werden und eine Auseinandersetzung damit erfolgen (OLG Köln, VRS 69, 38; OLG Düsseldorf, NZV 1991, 477). Unterbleibt dieses, könnte es u.U. einen Revisionsgrund nach § 337 StPO wegen der Verletzung der richterlichen Aufklärungspflicht oder aber ggf. unter dem Gesichtspunkt fehlerhafter Beweiswürdigung durch das Gericht begründen (eine umfangreiche Darstellung der Übersicht zu der Rechtsprechung im Hinblick auf verschiedene Alkoholwerte findet sich bei Tröndle/Fischer, StGB, § 20 Rn. 9b).

2. Erheblich verminderte Schuldfähigkeit

375 Auch die Voraussetzungen der erheblich verminderten Schuldfähigkeit gem. § 21 StGB hängen maßgeblich von den **Kriterien des Einzelfalles** ab. Trotzdem ist nach der Rechtsprechung bei einem Blutalkoholkonzentrationswert ab **2,0** ‰ verminderte Schuldfähigkeit in Betracht zu ziehen, da nach medizinischen Erkenntnissen ab diesem Wert eine erhebliche Herabsetzung des Hemmungsvermögens jedenfalls nahe liegt (Tröndle/Fischer, StGB, § 20 Rn. 9a; Berz/Burmann/Hentschel, Handbuch des Straßenverkehrsrechts, 14 C Rn. 29; BGH, NStZ 1997, 384). Mit Hentschel (in: Berz/Burmann, a.a.O.) ist die Rechtsprechung des 4. Senats des BGH hervorzuheben, die bereits soweit geht, dass bei einem **Mindestwert** von 2,0 ‰ zur Tatzeit zumindest immer dann eine erheblich verminderte Schuldfähigkeit zu Gunsten des Angeklagten anzunehmen ist, wenn keine weiteren Anhaltspunkte für die Frage der Schuldfähigkeit vorliegen (BGH, NJW 1991, 852).

> *Hinweis:*
>
> *Diese Rechtsprechung rückt den 2,0 ‰-Wert auf die Position eines **Beweisgrenzwertes** und sollte von der Verteidigung bereits in Übereinstimmung mit höchstrichterlicher Rechtsprechung so vorgetragen werden.*

Im Beschluss des BGH vom 3.2.1999 (DAR 2000, 193) ist der Fall einer zulasten des Angeklagten erfolgten Überbewertung der Aussagekraft von **Alkoholgewöhnung, Erinnerungsfähigkeit und Motorik** durch das LG festgestellt: Bei einer (durch Rückrechnung) ermittelten Blutalkoholkonzentration zur Tatzeit von 3,48 ‰ hat das LG eine erhebliche Verminderung der Schuldfähigkeit verneint. Zwar habe der festgestellte Blutalkoholwert auf eine „normalerweise" hochgradige alkoholische Beeinflussung schließen lassen, die Schuldfähigkeit sei jedoch nicht vermindert, da der Angeklagte alkoholgewohnt sei. Daraus soll sich nach den Einschätzungen des LG eine so hohe Toleranzschwelle herausgebildet haben, die u.a. neben den psychodiagnostischen Merkmalen vollständiger Sprach- und Gehfähigkeit keine Rückschlüsse auf verminderte Schuldfähigkeit ziehen lasse. Der BGH hat in seiner Entscheidung bestätigt, dass zwar allein der Messwert der Blutalkoholkonzentration keinen medizinisch-statistischen Erfahrungssatz der Schuld(un-)fähigkeit gibt (BGHSt 43, 67 ff.), jedoch „den vom LG herangezogenen Umständen angesichts der festgestellten Blutalkoholkonzentration, bei der bei einem nicht an Alkohol gewöhnten Täter regelmäßig ein

Vollrausch in Betracht zu ziehen wäre, weder einzeln noch in ihrer Gesamtheit ein solches Gewicht zukommt", dass eine erhebliche Verminderung der Schuldfähigkeit hier zu verneinen wäre.

Bei Werten der Blutalkoholkonzentration **unterhalb von 2,0 ‰** zum Zeitpunkt der Tatbegehung ist das Gericht zumindest bei erwachsenen Tätern (zu unter 21-Jährigen: BGH, NStZ 1997, 384; sowie BGH, zfs 1993, 210 bei 1,9 ‰) nicht zwingend zu einer besonderen Prüfung der verminderten Schuldfähigkeit verpflichtet, wenn nicht wiederum konkrete Umstände des Einzelfalles hinzutreten (BGH, DAR 1970, 116) oder es Erörterungen trotz eines hinreichend konkreten **Beweisantrages** unterlässt (BGH, NStZ 1990, 384).   376

Die nun sowohl bei § 20 als auch bei § 21 StGB **heranzuziehenden konkreten Umstände des Einzelfalles** für die Ermittlung der (verminderten) Schuldfähigkeit oder Schuldunfähigkeit sollen hier nur beispielsweise aufgewiesen werden: Krankheiten, insbesondere Krankheiten, die den Gewebewassergehalt oder den Fettbestandteil eines Körpers betreffen, Erbrechen, Medikamenteneinnahme, geringe Alkoholtoleranz (die sich aus angeborenem konstitutionellen Faktor, Alkoholgewöhnung und dispositionellen Gegebenheiten ergibt), Blutverluste, „psychogener Ausnahmezustand bereits bei Trinkbeginn mit tief greifender Bewusstseinsstörung" (NStZ 1989, 473), wohl auch der Einfluss der verschiedenen Getränkearten, affektive Entladungen, auch gefördert durch geringeren Alkoholeinfluss, je nach Delikt auch u.U. eine alkoholbedingte euphorische Auflockerung (Forster/Joachim, Alkohol und Schuldfähigkeit, S. 82).   377

Besonders hervorgehoben soll hier mit Forster/Joachim das zumeist vernachlässigte Einzelkriterium der **Übermüdung** insbesondere im Zusammenhang mit Alkoholeinfluss für die Beurteilung der Schuldfähigkeit werden: Nach gesicherten medizinischen Erkenntnissen hat die Übermüdung, insbesondere der damit einhergehende erniedrigte **Blutzuckerspiegel,** einen entscheidenden Einfluss auf das Gesamtverhalten.   378

Hinweis:

Insbesondere im Straßenverkehrsstrafrecht muss daher wegen der verkehrsbedingten Faktoren von z.B. langen Fahrzeiten, hohem Verkehrsaufkommen, Monotonie von nächtlichen (Autobahn-) Fahrten usw. die große Bedeutung der Übermüdung speziell im Zusammenwirken mit Alkohol von der Verteidigung vorgetragen werden, wenn in diesen Fällen eine verminderte Schuldfähigkeit aufgrund des Hinzukommens dieses Einzelkriteriums als möglich erscheint. Eingehend ist diese Problematik bei Forster/Joachim, S. 86 ff. erläutert.

---

3. Rückrechnung

Besondere Bedeutung im Hinblick auf die Schuldfähigkeit hat die Besonderheit der Rückrechnung des Alkoholwertes auf den Zeitpunkt der Tat: Zum einen wird, wenn die Blutalkoholkonzentration aufgrund einer Blutprobe festzustellen ist, der Zeitpunkt des Resorptionsabschlusses bei der Frage der Schuldfähigkeit anders gehandhabt als bei der Frage der alkoholbedingten Fahrunsicherheit. Zu Gunsten des Angeklagten ist bei der Prüfung der Schuldfähigkeit dann der Tatzeitpunkt als **Resorptionsabschluss** anzunehmen, wenn dieser tatsächlich nicht feststellbar ist. Das bedeutet, dass hier die oben erläuterte Regel, dass eine Rückrechnung sich nicht auf die **ersten beiden Stunden nach Trinkende (Resorptionsabschluss)** erstreckt, zu Gunsten des Angeklagten nicht gilt. Vielmehr ist zwingend zu Gunsten des Angeklagten vom Zeitpunkt der Blutentnahme auf den Zeitpunkt der Tat zurückzurechnen. Zu Gunsten des Angeklagten ergibt sich dadurch ein u.U. für die Schuldfähigkeitsprüfung entscheidender Unterschied zu der Rückrechnung bei Fahrunsicherheiten.   379

Außerdem ist nach der Rechtsprechung (OLG Köln, VRS 86, 279; OLG Celle, NZV 1992, 247) bei der Rückrechnung zur Ermittlung der Alkoholisierung zur Tatzeit hinsichtlich der alkoholbedingten Schuldfähigkeitsbeeinträchtigung grds. mit dem **höchstmöglichen stündlichen Abbau-**   380

wert (und nicht mit dem niedrigsten) zurückzurechnen. Daher ist zu Gunsten des Angeklagten mit dem **höchstmöglichen Abbauwert von 0,2 ‰** pro Stunde zurückzurechnen. Zu dem sich daraus ergebenden Wert ist zusätzlich ein einmaliger **Sicherheitszuschlag** von **0,2 ‰** hinzuzurechnen, was von der Rechtsprechung allgemein anerkannt ist (BGH, NZV 1991, 117; OLG Celle, zfs 1997, 152). Danach ergibt sich ein für den Angeklagten hinsichtlich §§ 20, 21 StGB günstigster Wert. Auch hier haben allerdings zusätzliche Einflussfaktoren der konkreten Umstände speziell unter Hinzuziehung eines Sachverständigen weiterhin Bedeutung für die abschließende Betrachtung der Schuldfähigkeit. Durch das LG Kempen (Beschl. v. 2. 3. 1999, DAR 1999, 280) wurde bestätigt, dass bei Messwerten der Blutalkoholkonzentration unter den absoluten Grenzwerten nur dann relative Fahruntüchtigkeit angenommen werden kann, wenn weitere (erhebliche) Umstände diese erweisen. Hier wurde wegen der extremen winterlichen **Witterungslage** (starker Schneefall und unzureichende Räumung) jedenfalls kein Rückschluss auf die Fahruntüchtigkeit aufgrund Alkoholgenusses für erwiesen erachtet.

381   Wenn eine Rückrechnung nur anhand von Trinkmengenangaben und nicht aufgrund einer entnommenen Blutprobe erfolgt, ist, wiederum zu Gunsten des Angeklagten, hingegen mit dem geringstmöglichen Abbauwert die Rückrechnung vorzunehmen, da damit die Ermittlung des höchstmöglichen Blutalkoholwertes zum Zeitpunkt der Tat sichergestellt wird (BGH, NStZ 1992, 32).

4. Actio libera in causa

382   Nach den Grundsätzen der **„vorverlegten Verantwortlichkeit"** können Steuerungsvorgänge zur Zeit der Schuldfähigkeit eine strafrechtliche Verantwortlichkeit begründen (Tröndle/Fischer, StGB, § 20 Rn. 18). Hierbei ist der Täter zwar zum Zeitpunkt der Tat schuldunfähig, aber trotzdem strafrechtlich verantwortlich, weil er vor dem Eintritt der Schuldunfähigkeit das Tatgeschehen in Gang gesetzt hat. Entscheidend bei dieser gesicherten und von der Rechtsprechung anerkannten (BayObLG, VRS 64, 190; OLG Koblenz, NZV 1989, 240; LK/Spendel, StGB, § 323a Rn. 37) Rechtsfigur ist für das Straßenverkehrsstrafrecht vor allem die **Entscheidung des BGH vom 22.8.1996**: Danach sind seitdem die Grundsätze der actio libera in causa für **Tätigkeitsdelikte**, wie es auch u.a. die §§ 315c, 316 und § 21 StGB sind, nicht mehr anwendbar. Die Vorverlagerung der strafrechtlichen Verantwortlichkeit für eine in (verminderter) Schuldfähigkeit begangene Tathandlung eines Tätigkeitsdeliktes ist danach eine unrechtmäßige Ausdehnung und kann wegen Art. 103 Abs. 2 GG auch nicht gewohnheitsrechtlich begründet werden.

Hinweis:
Die für die Praxis bedeutsame actio libera in causa liegt ohnehin in der schwer zu beweisenden fahrlässigen Begehungsform. Der Täter muss sich dann bereits in schuldfähigem Zustand eine in ihren Grundzügen bestimmte Tat vorgestellt haben, der dann die Verwirklichung der Tat auch in wesentlichen Punkten entspricht. Dieses ist vor allem für die Unfallflucht nach § 142 StGB kaum ohne weiteres anzunehmen (weitere Erläuterungen zu dem Gesamtkomplex bei Tröndle/Fischer, StGB, § 20 Rn. 18 ff.).

H.   Fahren ohne Fahrerlaubnis (§ 21 StVG)

I.   Strafrechtliche Bedeutung und Rechtsnatur

383   Bei § 21 StVG handelt es sich nicht um einen Straftatbestand des StGB und dennoch darf man von einem Kernstraftatbestand sprechen, der häufig die Praxis beschäftigt.

Hinweis:

Auch bei dem rein zivilrechtlichen Mandat spielt er eine entscheidende und oftmals unterschätzte Rolle, da Rückforderungsansprüche der (Haftpflicht- oder Unfall-) Versicherung durch die Tatbestandsmäßigkeit des § 21 StVG begründet werden können. Auch eine Kostendeckungszusage der Rechtsschutzversicherung entfällt nach den Versicherungsbedingungen, wenn eine rechtskräftige Verurteilung wegen (vorsätzlichen) Fahrens ohne Fahrerlaubnis erfolgt.

---

§ 21 StVG ist ein abstraktes **Gefährdungsdelikt**. Geschütztes Rechtsgut der Vorschrift ist die Verkehrssicherheit und die Individualinteressen der Gesamtheit der Verkehrsteilnehmer (Janiszewski/Jagow/Burmann, Straßenverkehrsordnung, § 21 StVG Rn.1). § 21 StVG straft ein Vergehen; mithin ist der **Versuch** nicht strafbar. § 21 StVG ist **Schutzgesetz** i.S.d. § 823 Abs. 2 BGB, auch im Verhältnis zu Beifahrern (OLG Düsseldorf, VM 75, 645). Es besteht die allgemeine Rechtspflicht i.S.e. **Verkehrssicherungspflicht** sowohl des Halters als auch des unbefugten Fahrzeugbenutzers, das Kfz an keine Person ohne Fahrerlaubnis und zwar grds. auch sogar gegenüber demjenigen, der pflichtwidrig das Fahrzeug führt, zu überlassen (BGH, NJW 1978, 421; 1991, 418), jedoch ist § 21 StVG kein Schutzgesetz zu Gunsten desjenigen, der das Fahrzeug ohne Fahrerlaubnis führt (BGH, NJW 1991, 418). Der Halter haftet gegenüber Dritten für ursächlich aus der Fahrt entstandene Schäden, der Schwarzfahrer hat jedoch Mitschuldhaftung nach § 254 BGB.

II. Tatbestandsmäßigkeit

Das vorsätzliche Führen eines Kraftfahrzeugs ohne die dazu erforderliche Fahrerlaubnis (Abs.1 Nr.1 1. Alt.), entgegen einem Fahrverbot nach § 44 StGB (Abs.1 Nr.1 2. Alt.) oder entgegen einem Fahrverbot nach § 25 StVG (Abs.1 Nr.1 3.Alt.) oder dessen vorsätzliche Anordnung bzw. Zulassung als Halter (Abs.1 Nr. 2) ist nach dem Grundtatbestand des Abs. 1 strafbar. **384**

Die fahrlässige Begehung der Varianten des Abs. 1 sowie das Führen von Kraftfahrzeugen durch Personen, deren Führerschein nach § 94 StPO beschlagnahmt worden ist, ist in § 21 Abs. 2 Nr.1 StVG geregelt und in Nr. 2 Abs. 2 die Strafbarkeit desjenigen, der ein Fahrzeug führt, obwohl dessen Führerschein in Verwahrung genommen, beschlagnahmt oder sichergestellt ist, sowie in Abs. 2 Nr. 3 die Strafbarkeit des Halters, der anordnet oder zulässt, dass jemand ein Kraftfahrzeug führt, dessen Führerschein in Verwahrung genommen, beschlagnahmt oder sichergestellt ist.

1. Führen eines Kraftfahrzeuges ohne die dazu erforderliche Fahrerlaubnis, § 21 Abs. 1, Nr. 1 1. Alt.

a) Kraftfahrzeug

Erfasst ist von der Strafbarkeit der Vorschrift das Führen all derjeniger Fahrzeuge, für deren Führen eine Fahrerlaubnis irgendeiner Klasse nach § 2 StVG, §§ 4 ff. FeV erforderlich ist. Kraftfahrzeuge sind nach § 1 Abs. 2 StVG Landfahrzeuge, die durch Maschinenkraft bewegt werden ohne an Bahngleise gebunden zu sein. Zum nicht praxisrelevanten aber interessanten Führen eines Fahrrads mit Gleitschirmpropeller siehe OLG Oldenburg DAR 2000, 373. So ist nach eindeutiger Definition das strafbare Führen eines Kraftfahrzeugs auch die Fortbewegung eines Mopeds oder Fahrrads mit Hilfsmotors oder eines Leichtmofas durch Treten der Pedale (OLG Düsseldorf, VM 74, 13); nicht aber das Inbewegungsetzen durch Abstoßen mit den Füßen ohne die Absicht, den Motor anspringen zu lassen (OLG Düsseldorf, VRS 62, 193). **385**

b) Führen eines Kraftfahrzeugs

386 Wer ein Kraftfahrzeug unter bestimmungsgemäßer Anwendung seiner Antriebskraft unter eigener Allein- oder auch Mitverantwortung in Bewegung setzt, führt ein Kraftfahrzeug, wenn er es unter Handhabung der technischen Voraussetzungen während der Fahrbewegung durch den Verkehrsraum ganz oder wenigstens zum Teil leiten will (Hentschel, Straßenverkehrsrecht, § 21 Rn. 10; BGH, NJW 1962, 2069; BGH, NJW 1990, 1245).

Seit BGH, NZV 1989, 32 ff., ist (im ausdrücklichen Gegensatz zu vorher) ständige Rechtsprechung des BGH, dass das Tatbestandsmerkmal des Führens voraussetzt, dass der Fahrzeugführer das Fahrzeug in Bewegung setzt, d.h., wer das Ingangsetzen und Lenken in eigener Verantwortung bewirkt! Ausdrücklich ist damit klargestellt, dass lediglich vorbereitende Handlungen wie das Lösen der Handbremse, Anlassen des Motors und sei es auch in Fahrabsicht nicht nach § 21 StVG strafbar sind (lediglich – straflose Versuchs- Vorbereitungshandlungen und erst recht kein Gesinnungsstrafrecht!).

Nicht tatbestandsmäßiges Führen bedeutet nach der einschlägigen Rechtsprechung:

das **Schieben** aus eigener Körperkraft (BayOLG, DAR 1988, 244 – wohl aber das **Anschieben** zum Zwecke des Motorstarts OLG Oldenburg, MDR 1975, 421; OLG Karlsruhe, DAR 1983, 365), kurzes Eingreifen in die Lenkung, um entgegen Fahrerwillen eine bestimmte Fahrtrichtung zu verhindern (NJW 1969, 1976; 1971, 670), versehentliches Inbewegungsetzen (bereits kein Führen auf Tatbestandsebene!), wer ohne die Kupplung zu bedienen lediglich die Gangschaltung bedient (KG VM 1957, 26), wer den Motor eines **Motorrads** anlässt, ohne fahren zu wollen und dann mit den Füßen das Kraftrad aus der Parklücke bewegt, um es dann einer anderen Person zu überlassen (BayObLG, DAR 1988, 244), **Fahrschüler** im Rahmen der Fahrausbildung bei Ausbildungs-, Übungs- und Prüfungsfahrten (kraft der gesetzlichen Ausnahmeregel nach § 2 Abs. 15 Satz 2 StVG), auch nicht, wenn der Fahrlehrer von außen anweist und nicht daneben sitzt und auch nicht, wenn der Fahrlehrer verbotswidrig mehrere Schüler gleichzeitig ausbildet.

Im Falle des **Abschleppens** ist streng zu unterscheiden zwischen Schleppen und Abschleppen: Wer mit einem Fahrzeug von mehr als 750 kg Gesamtmasse schleppt und nicht lediglich i.S.d. § 18 StVZO abschleppt ohne die erforderliche Fahrerlaubnis der Klasse, führt ein Fahrzeug ohne (erforderliche) Fahrerlaubnis. Der Lenker eines Kraftfahrzeuges, das von einem anderen geschleppt wird, benötigt die Fahrerlaubnis, die zum Betrieb des Fahrzeuges als Kraftfahrzeug erforderlich ist. Danach handelt derjenige, der das geschleppte Fahrzeug lenkt, nicht als Führer des Kraftfahrzeugs (§ 33 StVZO) und somit nicht tatbestandsmäßig i.S.d. § 21 StVG sondern lediglich ordnungswidrig (Feiertag, DAR 2002, 152). Lenkung eines nicht betriebsfähigen Kraftfahrzeuges ist kein Führen i.S.d. §21 StVG (BGH, NJW 1990, 1245).

387 **Tatbestandsmäßiges Führen ist nach der Rechtsprechung:** Wer ein Fahrzeug lenkt, um dabei den Motor in Gang zu setzen als Lenker eines „**anzuschleppenden**" Fahrzeugs führt das Fahrzeug; ebenso derjenige, der nicht nur „ganz kurz" in die Lenkung des Fahrers eingreift, um an einen anderen als vom Fahrer gewünschten Ort zu lenken (OLG Köln, DAR 1982, 30); ebenso bei **Abrollenlassen** des Fahrzeugs im Gefälle, selbst wenn das Ingangsetzen des Motors dadurch nicht beabsichtigt ist (BGH, NJW 1960, 1211; OLG Celle, DAR 1977, 219; OLG Karlsruhe, DAR 1983, 365). Gibt der mitfahrende Halter technische Fahranweisungen und ein anderer führt diese Anweisungen aus, so handeln beide als tatbestandsmäßige Führer (OLG Hamm, VRS 37, 281; BGH, NJW 1990, 1245); ebenso bei arbeitsteiligem Bedienen der technischen Voraussetzungen (einer lenkt, einer bedient Gas-, Kupplungs-, Schalthebel, BGH, NJW 1959, 1883).

c) Ohne Fahrerlaubnis oder ohne erforderliche Fahrerlaubnis

388 Wer ein Kraftfahrzeug einer Klasse führt für das seine Fahrerlaubnis nicht gilt, fährt ohne Fahrerlaubnis. Der Geltungsbereich und somit die Abgrenzungen ergeben sich aus § 2 StVG i.V.m. §§ 4 FeV i.V.m. Anlage 3 zu § 6 Abs.7 FeV (s. Teil 9 Rn.1 ff).

Die Fahrerlaubnisse, die vor dem 1.1.1999 (vor Geltung der Fahrerlaubnisverordnung) erworben wurden, gelten uneingeschränkt im bisherigen Umfang weiter. Entgegen vielerlei landläufiger Meinungen muss nicht und auch nicht innerhalb einer gewissen Übergangsfrist, eine Umstellung in die neuen Klassen erfolgen, dieses kann lediglich und zwar auf Antrag des Inhabers geschehen. Auch im Ausland haben selbstverständlich die drei verschiedenen Ausführungen (grau, rosa und neue Karte) der sich im Umlauf befindlichen deutschen Führerscheine uneingeschränkt Geltungsnachweis einer gültigen deutschen Fahrerlaubnis, auch wenn dieser Umstand gelegentlich auf Verwirrung stoßen mag. Nach §§ 6 Abs.6, 76 Nr. 9 FeV ist jedoch die Befristung der alten Fahrerlaubnisse der Klasse 2 auf das 50. Lebensjahr mit Verlängerungsregel zwingend zu beachten, da diese Fahrerlaubnisse bei Nichtverlängerung erlöschen.

Erst mit **Aushändigung des Führerscheins** ist die Fahrerlaubnis erteilt gem. § 22 Abs.4 Satz 7 **389** FeV, auch dann, wenn die Prüfung zwar bestanden wurde, der Führerschein aber noch nicht ausgehändigt wurde, z.B. weil das Mindestalter noch nicht erreicht ist (dann jedoch mit lediglich geringem Schuldvorwurf). Allein das Moment der Aushändigung ist Gültigkeitsvoraussetzung und zwar selbst dann, wenn die Fahrerlaubnis durch **Täuschung** erlangt wurde (Vorlage gefälschter Dokumente- BGH, NJW 1991, 576) solange die Fahrerlaubnis nicht widerrufen ist. Wer allerdings durch **Bestechung** einen Beamten zur Aushändigung des Führerscheins bewegt fährt ohne Fahrerlaubnis (BayObLG, VRS 15, 278).

Wer ohne das Dokument des Führerscheins bei sich zu führen fährt, aber über eine Fahrerlaubnis verfügt, fährt nicht ohne Fahrerlaubnis sondern handelt ordnungswidrig (§§ 4 Abs. 2 Satz 2, 75 Nr. 4 FeV, § 24 StVG).

Die Fahrerlaubnis ist ein gebundener begünstigender Verwaltungsakt, wenn die Tatbestandsvoraussetzungen vorliegen, für den Erwerb der jeweiligen Fahrerlaubnis (§ 2 Abs. 2 StVG).

Die **Fahrerlaubnis erlischt** mit Bestands-/ Rechtskraft der entziehenden Entscheidung. Bei Ent- **390** ziehung durch die Fahrerlaubnisbehörde ist strafbarkeitsentscheidend, ob Widerspruch und Anfechtung aufschiebende Wirkung entfalten oder ob die sofortige Vollziehung angeordnet ist nach § 80 Abs. 2 Nr. 4 VwGO. Nach §§ 2 Abs. 6, 4 Abs. 7 Satz 2 StVG haben Widerspruch und Anfechtungsklage bei einzelnen Tatbeständen kraft Gesetz keine aufschiebende Wirkung. Ab dem Zeitpunkt ist dann die Strafbarkeit nach § 21 StVG im Falle des Führens eines Fahrzeugs denkbar.

Es kommt allein auf die formelle Wirksamkeit der behördlichen Fahrerlaubnisentziehung an; materielle Gründe können allein im Rahmen der Schuld Berücksichtigung finden.

Nach Ablauf einer gerichtlich angeordneten **Sperrfrist**, innerhalb derer keine neue Fahrerlaubnis erteilt werden darf, lebt die Fahrerlaubnis nicht wieder auf sondern es kann lediglich auf Antrag eine neue Fahrerlaubnis erteilt werden (§ 21 FeV).

Eine **vorläufige Entziehung** der Fahrerlaubnis nach § 111a StPO wird wirksam mit Bekanntgabe, **391** d.h. wegen der etwaigen Rechtsfolgen nach § 21 StVG i.d.R. mit förmlicher Zustellung an den Fahrerlaubnisinhaber (nicht ausreichend ist die Zustellung an den Verteidiger!).

Ein Verstoß gegen persönliche **Auflagen** , z.B. Brillentragen oder nur innerhalb eines bestimmten Bereichs ist kein Fahren ohne Fahrerlaubnis sondern lediglich ordnungswidrig.

Bei **beschränkten Fahrerlaubnissen** wird die Fahrerlaubnis auf bestimmte Fahrzeugart, -klasse oder auf bestimmtes Fahrzeug oder Fahrzeuge mit bestimmter technischer Ausstattung (Automatikgetriebe!) beschränkt, und ein Verstoß dagegen stellt ein Fahren ohne Fahrerlaubnis dar.

> **Hinweis:**
>
> *Die Abgrenzung zwischen Auflage und Beschränkung der Fahrerlaubnis hat also erhebliche verteidigungstaktische Bedeutung. Die Führerscheineintragung muss klar erkennen lassen, ob es sich um eine Beschränkung oder eine Auflage handelt (zur weiteren Abgrenzung s. Hentschel, Straßenverkehrsrecht, § 23 FeV und § 21 Rn. 3 ff.).*

392 Fahren ohne Fahrerlaubnis im **Ausland** ist im Inland nicht strafbar, wenn die Tat im Ausland lediglich eine Ordnungswidrigkeit darstellt (BGH NJW 1967, 2354). Ein Fahrer mit **ausländischer Fahrerlaubnis**, die nicht oder nicht mehr zur Teilnahme am fahrerlaubnispflichtigem Verkehr berechtigt, fährt ohne Fahrerlaubnis (BayObLG, NZV 1996, 502; OLG Köln, NZV 1996, 289; OLG Celle, NZV 1996, 327; Hentschel, NZV 1995, 60), jedoch ist er nicht deshalb strafbar, weil er die Übersetzung oder den ausländischen Führerschein nicht mitführt. Zur ausländischen Fahrerlaubnis weiter insbesondere i.V.m. § 4 IntVO siehe BGH, DAR 2002, 35; OLG Karlsruhe, DAR 2002, 135; BayObLG, DAR 2000, 322. Wer eine Fahrerlaubnis bei der **Bundeswehr** erworben hat, muss die Umschreibung des Führerscheins nach dem Ausscheiden aus dem Dienst vornehmen lassen – § 27 FeV –, da sonst keine gültige Fahrerlaubnis zum Führen ziviler Fahrzeuge vorliegt.

Der Fahrer eines Fahrzeugs, der den Führerschein mitführt, aber keine Fahrerlaubnis hat, führt das Fahrzeug ohne Fahrerlaubnis, so z.B. bei Nichtabliefern des Führerscheins nach bestandskräftiger Entscheidung darüber. Die **Nichtablieferung** an sich ist jedoch nicht strafbar.

393 Einem **Verbotsirrtum** unterliegt derjenige, der glaubt, er dürfe noch weiterfahren, solange er im tatsächlichen Besitz der Fahrerlaubnis sei oder er dürfe aufgrund des vorschriftswidrigen Besitzes eines zweiten Führerscheines mit diesem noch Kraftfahrzeuge führen (OLG Köln; VRS 15, 115). **Vermeidbarer Verbotsirrtum** ist der Glaube, dass aufgrund ausländischer Fahrerlaubnis noch im Inland nach Entziehung der Fahrerlaubnis gefahren werden dürfe (BayObLG; DAR 1986, 243).

2. Vorsätzliches Führen eines Kraftfahrzeugs entgegen einem Fahrverbot nach § 44 Abs.1 StGB oder § 25 StVG – § 21 Abs.1 Nr.1, 2. und 3. Alt. StVG

394 Ohne Fahrerlaubnis fährt auch derjenige, der ein Fahrzeug führt, obwohl ein Fahrverbot nach § 44 StGB oder nach § 25 StVG gegen ihn verhängt wurde. Auch hier beginnt jedoch das Fahrverbot (und die etwaige Strafbarkeit nach § 21) erst mit der **Rechtskraft der Entscheidung** (Urteil, Strafbefehl oder Entscheidung im beschleunigten Verfahren) und zwar selbst dann, wenn der Führerschein in amtlicher Verwahrung ist (OLG Köln; VRS 71, 54). Bei einem Fahrverbot ruht die Fahrerlaubnis, sie wird nicht entzogen.

a) Entgegen einem Fahrverbot nach § 44 StGB

395 Nach § 44 StGB kann ein Fahrverbot als Nebenstrafe angeordnet werden, wenn wegen einer Straftat, die bei oder im Zusammenhang mit dem Führen eines Kfz begangen wurde zu einer Geld- oder Freiheitsstrafe verurteilt wurde. Das Fahrverbot kann sich auf Kraftfahrzeuge jeder oder aber einer bestimmten Art erstrecken.

> **Hinweis:**
>
> *Bei Fahrverboten bezüglich jeder Art von Kfz muss beachtet werden, dass dann auch das Führen von ansonsten nicht fahrerlaubnispflichtigen Kfz (Mofa) untersagt ist. Darüber besteht größtenteils Unkenntnis bei dem überwiegenden Teil der Mandanten.*

b) Entgegen einem Fahrverbot nach § 25 StVG

Bei Begehen einer Ordnungswidrigkeit nach § 24 StVG unter grober oder beharrlicher Verletzung der Pflichten eines Kraftfahrzeugführers, kann die Verwaltungsbehörde neben der Geldbuße als Nebenfolge ein Fahrverbot anordnen. Auch hier ruht nur die Fahrerlaubnis, sie bleibt in ihrem Bestand unberührt. Auch hier reicht der Umfang wie bei § 44 StGB weiter als bei der Entziehung der Fahrerlaubnis, da auch das Führen von an sich nicht fahrerlaubnispflichtigen Kfz erfasst ist. Es können einzelne Fahrzeuge vom Fahrverbot ausgenommen werden (z.B. Traktoren für den landwirtschaftlichen Bereich). Voraussetzung der Verhängung der Nebenfolge ist die Verfehlung des Betroffenen als Kraftfahrzeugführer (nicht als Halter). **Grobe Pflichtverletzung** setzt einen objektiv gewichtigen Verstoß voraus, der auf besonders grobem Außer-Acht-Lassen der erforderlichen Sorgfalt, Leichtsinn, grober Nachlässigkeit oder Gleichgültigkeit beruht, so dass einfache Fahrlässigkeit keinen Anlass für diese Nebenfolge bietet. **Beharrlichkeit** der Pflichtverletzung ist gegeben bei wiederholter Verletzung von Verkehrsvorschriften aus mangelnder Rechtstreue (BGHSt 38, 231), wobei nicht die bloße Wiederholung eine solche Anordnung rechtfertigt (s. Teil 7, Rn. 215). Beginn des Verbots ist auch hier mit Rechtskraft der Bußgeldentscheidung, spätestens jedoch mit Ablauf von vier Monaten seit Eintritt der Rechtskraft (Besonderheit des § 25 Abs. 2a StVG!).

396

3. Strafbarkeit des Halters nach § 21 Abs. 1 Nr. 2 StVG

Danach ist derjenige strafbar, der als **Halter** vorsätzlich anordnet oder zulässt, dass jemand das Fahrzeug führt, der die dazu erforderliche Fahrerlaubnis nicht hat (Abs.1 Nr.2 1.Alt.) oder dem das Führen des Fahrzeugs nach § 44 StGB oder nach § 25 StVG verboten ist. Erforderlich sind konkrete Umstände, die die Befürchtung eines Missbrauchs begründen (OLG Hamm, DAR 2001, 438). Die Haltereigenschaft ist **strafbegründend** und die Definition des Halters richtet sich nach § 7 StVG. Anstelle des Halters kann derjenige strafrechtlich verantwortlich sein, der von diesem zur Leitung mit entsprechender Personal- und Führungsverantwortung bestimmt wurde (§ 14 Abs.2 StGB; OLG Frankfurt/M., NJW 1965, 2312). Die bloße Eigentums- oder Besitzübertragung an eine Person ohne erforderliche Fahrerlaubnis oder mit Fahrverbot, begründet keine Strafbarkeit nach § 21 StVG. Darin ist kein Zulassen i.S.d. Vorschrift zu sehen, jedoch können Verletzungen der **Verkehrssicherungspflicht** in Betracht kommen (Hentschel, Straßenverkehrsrecht, § 21 Rn. 14, 27).

397

Bereits strafbarkeitsbegründend ist, wenn der Halter durch schlüssige Handlung die Führung angeordnet oder zugelassen hat. An die Überprüfungspflichten des Halters werden erhebliche Anforderungen gestellt. Er muss sich unmittelbar positiv davon sicher überzeugen, dass der Führer die erforderliche Fahrerlaubnis hat (OLG Frankfurt, NJW 1965, 2312; OLG Köln, VR 1969, 741), was grds. nur dadurch möglich ist, dass er das Dokument des Führerscheins einsieht (Hentschel, Straßenverkehrsrecht, § 21 Rn. 12 m.w.N.). Nur unter besonderen Umständen ist unzumutbar, dass er den Führerschein einsieht und ist diese ohne Verletzung seiner Überprüfungspflicht aufgrund triftiger Gründe entbehrlich, so wenn er den Führerschein kennt (es sei denn, es liegen begründete Zweifel daran vor, BayObLG, DAR 1988, 387) oder es sich um einen guten Bekannten handelt, der diese Fahrzeugart seit Jahren führt (OLG Düsseldorf, VM 1976, 54; OLG Schleswig, VM 1971, 55). Gewerbsmäßige Fahrzeugvermieter müssen sich grds. bei jeder Fahrzeugüberlassung den Führerschein zeigen lassen.

398

Strafbarkeit des Halters liegt mit dem Moment vor, wenn aufgrund der Anordnung /Zulassung das Fahrzeug dann auch im öffentlichen Verkehr geführt wird bzw. eine Verrichtung überlassen wird, die für den Bewegungsvorgang des Fahrzeugs von wesentlicher Bedeutung ist (Lenken von nicht ganz kurzer Dauer, BGH, NJW 1959, 1883), nicht bereits dann, wenn die Überprüfungspflicht verletzt wird (OLG Köln, NZV 1989, 319). Auch tatbestandsmäßig soll der eine von zwei Mithaltern handeln, wenn der andere ohne Fahrerlaubnis fährt (fraglich! BayObLG, VRS 1965, 216). **Tatsachenirrtum (Tatbestandsirrtum nach § 16 StGB)** ist, wenn der Halter irrig annimmt, es läge eine Fahrerlaubnis vor oder keine Rechtskraft eines Fahrverbots (BayObLG DAR 2000, 77).

4. Vorsatz

399 Zum –verteidigungstaktisch erheblichem- Erfordernis des **Vorsatzes** muss mindestens bedingtes Wissen vorliegen, dass der Führer die erforderliche Fahrerlaubnis nicht hat oder ein Fahrverbot vorliegt **und** der Wille, trotzdem zu fahren oder jemanden ohne diese Fahrerlaubnis fahren zu lassen (zur Abgrenzung des bedingten Vorsatzes und bewusster Fahrlässigkeit OLG Hamm, DAR 2001, 176).

400 **Beihilfe** (bei vorsätzlicher Haupttat) liegt seitens des Mitfahrers vor, wenn die Fahrt ausschließlich in seinem Interesse vorgenommen wird (BayObLG, NJW 1982, 1891). Ein angestellter Fahrer leistet objektiv Beihilfe, wenn er trotz Kenntnis nicht verhindert, dass jemand ohne Fahrerlaubnis das überlassene Fahrzeug führt **und** Kenntnis von seiner Pflicht einzuschreiten hat (OLG Hamm, VRS 15, 288).

401 **Ein unverschuldeter Verbotsirrtum** führt zum Freispruch, bei Vorwerfbarkeit u.U. zu gemilderter Strafe, jedoch kein unvermeidbarer Verbotsirrtum eines jahrelang in Deutschland lebenden Ausländers über die Fortgeltung seiner Fahrerlaubnis (OLG Düsseldorf, VM 1975, 81 – fahrlässiger Tatbestandsirrtum). Wer irrtümlich annimmt, aufgrund ausländischer Fahrerlaubnis weiter fahren zu dürfen, handelt dann nicht vorwerfbar, wenn diese Ansicht durch Vorschriftenänderung überholt war, jedoch nicht darauf hingewiesen wurde (OLG Düsseldorf, VRS 1973, 367).

5. Fahrlässige Begehung

402 Die fahrlässige Begehung des § 21 Abs. 1; Abs. 2 Nr. 1 setzt nach der Rechtsprechung des BGH (BGHSt 24, 352; Jagow in: Janiszewski/Jagow/Burmann, Straßenverkehrsordnung, § 21 StVG Rn. 11) neben der fahrlässigen Unkenntnis der Nichtberechtigung voraus, dass fahrlässig das Fahren geduldet bzw. ermöglicht wird. Nicht erforderlich ist im Gegensatz zu einer Meinung im Schrifttum (Hentschel, Straßenverkehrsrecht § 21 Rn. 17) dass der Halter auch darüber hinaus zumindest mit bedingtem Vorsatz die Führung des Kraftfahrzeugs duldet. Nach der Rechtsprechung (BGH, NJW 1972, 1677; NJW 1972, 504; NJW 1983, 2456) genügt das bloße fahrlässige Ermöglichen (im Gegensatz zum Gestatten § 6 PflVersG).

6. Fahren oder Fahrenlassen trotz amtlicher Verwahrung des Führerscheins nach § 94 StPO

403 Erforderlich ist bei dem Begriff der amtlichen Verwahrung die **körperliche Wegnahme** des Führerscheins. Das Fahren oder Fahrenlassen trotz Anordnung oder bloße Mitteilung der Beschlagnahme ist nicht tatbestandsmäßig. § 21 Abs. 2 Nr. 2 und 3 StVG liegt auch vor, wenn der Führerschein nach § 111a Abs. 5 Satz 2 StPO (noch) nicht zurückgegeben wurde oder die Sicherstellung mit **Einverständnis** des Inhabers erfolgt (verteidigungstaktisch ist im frühen Verfahren wichtig, dass das Einverständnis nie erklärt werden sollte wegen der Dauer der Aufhebung der Sicherstellung!). Wer nach der Sicherstellung eines von mehreren gültigen Führerscheinen weiterfährt, ist ebenfalls strafbar nach Abs. 2 Nr. 2, da die Sicherstellung alle gültigen, von deutschen Behörden erteilten (auch internationalen) Führerscheine erfasst.

> **Hinweis:**
> *Verteidigungstaktisch bedeutend ist, dass dann Abs. 2 Nr. 2 nicht greift, wenn es zur Sicherstellung oder Beschlagnahme wegen **Unauffindbarkeit** des Führerscheins nicht gekommen ist.*

III. Rechtswidrigkeit

In der Praxis bedeutsam ist allein der rechtfertigende Notstand nach § 34 StGB und zwar nur dann, wenn das Führen des Kfz das einzige Mittel war, um den Notstand zu beheben. Nicht ausreichend ist allgemein die Gefahr des Liegenbleibens oder dessen Andauern wegen technischer Defekte im Verkehrsbereich und des deshalbigen Führens ohne Fahrerlaubnis (OLG Düsseldorf, VM 1980, 15). **404**

Eine **Einwilligung des Halters** als Rechtfertigung scheidet nach dem Sinn und Zweck des § 21 StVG als abstraktes Gefährdungsdelikt wegen der mangelnden Dispositionsbefugnis des Halters aus (Feiertag, DAR 2002, 155). **405**

IV. Strafzumessung

Die **abstrakte Gefährlichkeit** darf nicht strafschärfend berücksichtigt werden (Verbot der Doppelbewertung, § 46 Abs. 2 StGB) und auch nicht das (außergewöhnliche) Ausmaß abstrakter Gefährdung (entgegen Jagow in: Janiszewski/Jagow/Burmann, StVO, § 21 StVG). Die Realisierung einer konkreten Gefährdung wird im Allgemeinen in der Strafzumessung Berücksichtigung finden. **406**

> *Hinweis:*
>
> *Wichtige Verteidigung ist hier jedoch auch, dass dann, wenn der Eintritt der konkreten Gefährdung Gegenstand eines neben § 21 geahndeten Delikts ist, jedenfalls nicht wegen der konkreten Gefährdung daneben noch eine Strafschärfung im Rahmen des § 21 StVG erfolgen darf.*

War der Täter nicht im Besitz einer Fahrerlaubnis, wird im Falle der Verurteilung nach § 21 mit der Anordnung einer isolierten Sperre (§§ 69, 69a StGB) zu rechnen sein. Zu den Rechtsfolgen im Zusammenhang mit einer Fahrerlaubnis auf Probe siehe die umfassende Darstellung von Feiertag, DAR 2002, 156. **407**

V. Einziehung des Kfz nach § 21 Abs. 3 StVG

Bei der **Einziehung des Kfz** handelt es sich um eine Ermessensvorschrift, mit der das Gericht diese **Nebenstrafe** anordnen kann. Bereits beim erstmaligen Verstoß kann nach § 21 Abs. 3 Nr. 1 und 2 das Kfz eingezogen werden, nach Nr. 3 nur im befristeten Wiederholungsfall. Die Regelung des Abs. 3 will nur erschwerte Fälle treffen (Gesetzesbegründung) und bezieht sich ausschließlich auf die vorsätzliche Tatbegehung. **408**

Abs. 3 ist lex specialis zu § 74 Abs.1 StGB, wobei die Voraussetzungen des § 74 Abs. 2 und 3 StGB zusätzlich neben denen des § 21 Abs. 3 erfüllt sein müssen:

Bei Erlass der Entziehungsentscheidung muss das Kfz noch dem Täter gehören oder zustehen (also keine Einziehung eines **sicherungsübereigneten Fahrzeugs**, wohl aber die **Anwartschaft** darauf, BGH, DB 1972, 2208) oder es muss die Gefahr weiterer Straftaten unter Benutzung des Fahrzeugs bestehen.

Die Beschlagnahme nach § 94 StPO ist zur Sicherung der Einziehung (OLG Koblenz, VRS 1970, 7) oder zur Gefahrenabwehr zulässig, aber da es sich um eine Ermessensentscheidung handelt, muss immer das Maßgebot im Verhältnis zur Schwere der Tat beachtet sein. **409**

VI. Verjährung

Nach §§ 78 Abs. 1, 3 Nr. 5, 78a Satz 1 StGB beträgt die Verjährungsfrist drei Jahre und beginnt mit der **Beendigung** der Tat. **410**

VII. Verwaltungs- und Verfahrensrechtliche Besonderheiten

411 § 21 StVG ist **verfassungskonform** (BVerfG, BGBl. I 1979, S. 489) und hat als Dauerdelikt Schutzfunktion für die Verkehrssicherheit und die Individualinteressen aller Verkehrsteilnehmer. Die Vorschrift ist zudem Schutzgesetz i.S.d. § 823 Abs. 2 BGB in Bezug auf andere Verkehrsteilnehmer; unter den Voraussetzungen des § 7 StGB ist sie auch auf im Ausland begangene Taten anwendbar, nicht allerdings, wenn die Tat dort nur als Verwaltungsübertretung geahndet wird (Mühlhaus/Janiszewski, § 21 StVG, Rn. 1; Hentschel, Straßenverkehrsrecht, § 21 StVG, Rn. 27). Die Vorschrift gilt nur im öffentlichen Verkehrsraum.

412 Nicht unter § 21 StVG fällt die **Außerachtlassung von verwaltungsrechtlichen Auflagen**, wie z.B. die Anordnung, die Geschwindigkeit von 100 km/h nicht zu überschreiten, eine ärztlich angeordnete Brille zu tragen oder Veränderungen am Fahrzeug aufgrund körperlicher Behinderungen vorzunehmen. Die Fahrerlaubnis als solche wird dadurch nicht berührt. Verstöße dagegen stellen nur **Ordnungswidrigkeiten** dar. Die **Nichtbeachtung einer „persönlichen Auflage"** beseitigt die Fahrerlaubnis also nicht, kann aber gegen die § 23 FeV, § 24 StVG verstoßen.

413 Ein Verwaltungsakt auf Erteilung einer Fahrerlaubnis ist nicht dadurch auflösend bedingt, daß der Berechtigte eine Auflage unbeachtet lässt. Anders sieht die Rechtslage allerdings aus bei beschränkter Fahrerlaubnis, die nicht unter einer Auflage, sondern nur (§§ 6, 23 FeV) für eine bestimmte Fahrzeugart oder Fahrzeugklasse, für ein bestimmtes Fahrzeug oder für Fahrzeuge mit bestimmten technischen Einrichtungen erteilt worden ist. Wer dies missachtet, fährt ohne Fahrerlaubnis (Hentschel, Straßenverkehrsrecht, § 21 StVG Rn. 3, 4). Dazu gehört auch eine auf Kraftfahrzeuge mit automatischer Kraftübertragung beschränkte Fahrerlaubnis, die nicht zum Führen von Fahrzeugen mit Schaltgetriebe gilt. Hier handelt es sich nicht um eine bloße Auflage (Bouska, Verkehrsdienst 1972, 296; § 17 Abs. 6 FeV). Eine ohne Berücksichtigung einer Sperrfrist erteilte Fahrerlaubnis bleibt gültig (OLG Hamm, VRS 26, 345), auch eine versehentlich erteilte Fahrerlaubnis trotz unterbliebener Fahrprüfung (AG Münchberg, VM 1969, 56). In Fällen dieser Art kann die versehentlich erteilte Fahrerlaubnis aber zurückgenommen werden (vgl. § 48 VwVfG). Wegen unterschiedlicher Ahndungsmöglichkeiten ist im strafrichterlichen Urteil allerdings stets anzugeben, ob nur eine Auflage oder eine inhaltliche Beschränkung vorliegt (BayObLG, NZV 1990, 322). Erteilt wird die Fahrerlaubnis erst mit Aushändigung des Führerscheins oder einer befristeten Prüfbescheinigung (§ 22 Abs. 4 Satz 7 FeV). Dies gilt auch nach Bestehen der Fahrerlaubnisprüfung vor Erreichen des Mindestalters (§§ 10, 16 Abs. 3 Satz 2 FeV) bis zur Führerscheinaushändigung hinsichtlich der von ihr mitumfassten Führerscheinklassen, soweit sie ein geringeres Mindesalter voraussetzen (Hentschel, Straßenverkehrsrecht, § 21 StVG, Rn. 2).

414 Wer sich durch Täuschung der Verwaltungsbehörde eine Fahrerlaubnis erschwindelt (z.B. durch Vorlage gefälschter Dokumente bei der Umschreibung gem. §§ 30, 31 FeV oder durch korruptive Verhaltensweisen), hat eine grds. zunächst gültige Fahrerlaubnis, solange der Verwaltungsakt der Erteilung der Fahrerlaubnis nicht widerrufen worden ist; denn auch eine pflichtwidrig, z.B. aufgrund einer Bestechung erteilte Fahrerlaubnis ist eine gültige Fahrerlaubnis (BGH, NJW 1991, 576). Dies erscheint angesichts der Vorschriften der §§ 20 Abs. 1 Satz 2, 44 Abs. 3 Nr. 2 VwVfG in höchstem Maße bedenklich, zumal es wiederholt in Ballungsgebieten der Republik zu Verkäufen von Führerscheinen durch bedenkenlose TÜV-Prüfer an vornehmlich ausländische Mitbürger gekommen ist. So wird der Fall anders beurteilt bei Erwerb eines Führerscheins durch Bestechung des Beamten („Beliehenen Prüfers"), der pflichtwidrig – aber ohne dadurch eine Fahrerlaubnis zu erteilen – einen Führerschein aushändigt (BayOblG, VRS 15, 278). Wer mit einem derartigen Führerschein fährt, fährt ohne Fahrerlaubnis ebenso wie derjenige, der seinen Führerschein durch Bestechung in einen neuen Führerschein umtauscht, in dem fälschlicherweise weitere Fahrerlaubnisklassen eingetragen wurden, für die eine Fahrerlaubnis gerade nicht erteilt worden ist (BGHSt 37, 207). Ebenso erlangt derjenige keine wirksame Fahrerlaubnis, der einen Führerscheinverlust vortäuscht und dadurch eine Ersatzbescheinigung erlangt oder derjenige, der mit einem ausländischen Führerschein im Bundesgebiet fährt, obwohl er nicht oder wegen Fristablaufs nicht mehr

zur Teilnahme am fahrerlaubnispflichtigen Kraftfahrzeugverkehr berechtigt ist (Hentschel, Straßenverkehrsrecht, § 21 StVG, Rn. 2 m.w.N.; vgl. auch EuGH, NZV 1996, 242 mit Anm. Ludovisy).

Aus Gründen der Gefahrenabwehr kann zur Verhinderung weiteren Fahrens ohne Fahrerlaubnis   415
letztlich auch die polizeirechtliche Sicherstellung des Fahrzeugs geboten sein, die nach dem jeweiligen Landesrecht erfolgt (vgl. beispielhaft: §§ 32 ff. PolG BW, Art. 25 BayPAG, § 38 ASOG Berlin, § 25 BbgPolG, § 23 BremPolG, § 14 HmbSOG, § 40 HSOG, § 26 NGefAG, §§ 43 ff. PolG NW, § 22 POG RP, § 21 SPolG, §§ 26 ff. SächsPolG, § 45 SOG LSA, § 210 LVwG SH, § 27 ThürPAG: Möller / Wilhelm, Allgemeines Polizei- und Ordnungsrecht mit Verwaltungszwang und Rechtsschutz, S. 190 ff.; Rachor, in: Lisken / Denninger, Handbuch des Polizeirechts, Kap. F 652 ff, S. 493 ff.).

I. Verstoß gegen § 6 Pflichtversicherungsgesetz

I. Rechtsnatur und Bedeutung

Nach § 6 PflVersG ist derjenige strafbar, wer auf öffentlichen Wegen oder Plätzen ein Fahrzeug ge-   416
braucht oder den Gebrauch gestattet, obwohl für das Fahrzeug der nach § 1 PflVersG erforderl. Haftpflichtversicherungsvertrag nicht mehr besteht. Hintergrund ist die Garantie des (wirtschaftlichen) Mindestschutzes der Teilnehmer am öffentlichen Verkehr, damit nicht durch Realisierung des allgemeinen Verkehrsrisikos der fahrende Teilnehmer oder Halter sowie ein eventueller Geschädigter aufgrund wirtschaftlicher Leistungsunfähigkeit mit das Leben zerstörenden Folgen im alleinigen eigenen Verantwortungsbereich belassen wird. Die typischen Schadensrisiken eines Kfz sollen abgedeckt werden. Auch hierbei handelt es sich um einen unmittelbaren Straftatbestand, der jedoch wie § 21 StVG nicht im StGB geregelt ist.

In der **Praxis** handelt es sich um einen häufigen Fall, dass der Versicherungsnehmer seine **Prämie**   417
für seinen Kraftfahrzeughaftpflichtversicherungsvertrag nicht oder nicht vollständig bezahlt. Der Haftpflichtversicherer zeigt daraufhin der Zulassungsstelle gem. § 29c StVZO an, dass der Versicherungsschutz für das Fahrzeug ab einem bestimmten Zeitpunkt nicht mehr besteht. Die Zulassungsstelle ordnet darauf dem Versicherungsnehmer gegenüber unmittelbar an, innerhalb einer bestimmten kurzen Frist eine neue Versicherungskarte vorzulegen oder anderenfalls die Kfz-Kennzeichenschilder der Zulassungsstelle zur Entstempelung sowie den Kfz-Brief und den –Schein vorzulegen. Wird die Anordnung nicht befolgt (Regelfall), so wird die **Polizei** beauftragt, die Entstempelung der Kennzeichen und die Einziehung des Fahrzeugscheins vorzunehmen. Sodann wird von der Polizei von Amts wegen Strafanzeige wegen des Verdachts des Verstoßes gegen §§ 1, 6 PflVG erstattet und der zuständigen **Staatsanwaltschaft** übergeleitet.

II. Objektive Tatbestandsmäßigkeit

Das Gebrauchen auf öffentlichen Wegen oder Plätzen richtet sich nach der allgemeinen Definition   418
des öffentlichen Straßenverkehrsraums (s. Rn. 130 ff.).

Unter den Begriff des Fahrzeugs fallen Kraftfahrzeuge und Anhänger. Der Tatbestand setzt voraus,   419
dass ein nach § 1 PflVersG erforderlicher **Haftpflichtversicherungsvertrag** mit den Erfordernissen nach §§ 1 ff., insbesondere § 4 PflVersG (Deckungsumfang) und § 5 PflVersG (inländisches Haftpflichtversicherungsunternehmen) nicht oder nicht mehr besteht. Dem Versicherungsvertrag gleich steht die **vorläufige Deckung** nach § 1 Abs.2 AKB, wobei deren rückwirkendes Entfallen nicht die Strafbarkeit nach § 6 PflVersG begründen kann (BGH, NStZ 1985, 415).

Strafbarkeitsvoraussetzung ist demnach, dass ein Versicherungsvertrag gar nicht abgeschlossen oder aber durch Kündigung, Rücktritt (gem. §§ 16 ff. VVG), Anfechtung (§ 22 VVG) oder in anderer Weise aufgelöst worden ist. Unerheblich für die Strafbarkeit ist, dass die Haftung des Versicherers erst einen Monat nach der Anzeige des Nichtbestehens des Versicherungsverhältnisses gegenüber der zuständigen Stelle endet (BGHSt 32, 152; 33, 172). Auch wenn der Versicherungsnehmer die Prämienzahlung innerhalb eines Monats nachholt und dadurch den Versicherungsvertrag nach § 39 Abs. 3 Satz 3 VVG **wiederaufleben** lässt, wird die Strafbarkeit dadurch nicht rückwirkend beseitigt (BGH, NStZ 1984, 123; BGHSt 32, 152; 33, 172, 176; Erbs/Kohlhaas, Strafrechtliche Nebengesetze, Bd. II, 2002 m.w.N.).

420 Ein sog. **Ruhevertrag** ist ein Vertrag i.S.d. § 1 und des § 6 PflVersG, der das Risiko des Gebrauchs abdeckt (BayObLG, VersR 1994, 85) und somit der Gebrauch eines derartig versicherten Fahrzeugs nicht nach § 6 strafbar ist. Auch eine **Obliegenheitspflichtverletzung** (§ 6 Abs. 1 VVG) führt zwar die Leistungsfreiheit des Versicherers herbei, begründet jedoch keine (rückwirkende) Strafbarkeit des Versicherungsnehmers.

421 | **Hinweis:**
|
| **Verteidigungstaktisch** *erheblich Bedeutung hat die Frage, deren Bejahung die Strafbarkeitsvoraussetzung ist, dass der Haftpflichtversicherungsschutz zum maßgeblichen Zeitpunkt tatsächlich erloschen war: I.d.R. lässt sich nicht endgültig und bewiesen aufklären, dass der Täter tatsächlich eine Rücktrittserklärung oder ein Kündigungsschreiben des Versicherers erhalten hat. Der Versicherer ist für den Beweis des* **Zugangs** *der das Erlöschen herbeiführenden Erklärung verpflichtet und dies gelingt überwiegend nicht. Wegen des verbundenen Aufwands und der Kosten gehen überwiegend derartige Erklärungen per einfacher Post oder allenfalls per Einschreiben ohne Rückschein heraus, so dass der Nachweis des Zugangs nicht gelingt. Die* **Beweispflicht** *obliegt dem Versicherer und zwar für die Absendung sowie für den Zugang des Schreibens (BGH, VersR 1981, 921).*

422 Das **Gebrauchen und Gestatten des Gebrauchs** ist nicht auf das Führen und den Betrieb beschränkt, da nach dem Schutzzweck sämtliche Schadensrisiken eines Kfz abgedeckt werden sollen. Das Gebrauchen umfasst sämtliches bestimmungsgemäßes Benutzen eines Fahrzeugs zum Zwecke der Fortbewegung (BGHSt 11, 47). Nach dem Schutzzweck der Norm geht das Gebrauchen nach § 6 PflVersG weiter als in § 21 PflVersG. Es setzt somit nicht voraus, dass die bestimmungsgemäßen Antriebskräfte fortgesetzt einwirken zum Zwecke der Fortbewegung. Auch durch die Betätigung des Anlasser oder die Fortbewegung eines Mopeds durch Tretkraft kann tatbestandsmäßig nach § 6 sein (mit weiteren Beispielen aus der Rechtsprechung Erbs/Kohlhaas, § 6 PflVersG Rn.10). Der Täter muss das Fahrzeug selbst gebraucht haben, bloßes Mitfahren, Unterstützen oder Veranlassen ist nicht tatbestandsmäßig.

423 Der Begriff des **Gestatten des Gebrauchs** stimmt mit dem Tatbestand des vorsätzlichen Anordnens oder Zulassens des § 21 StVG überein (s. Rn. 389). Bei § 6 PflVersG wird jedoch darüber hinaus für das Gestatten grds. eine zumindest konkludente Willenserklärung des Täters, dessen **Sachherrschaft** am Fahrzeug derjenigen des Kraftfahrzeugführers, nicht notwendig des Halters, übergeordnet ist, verlangt (BGH, NJW 1974, 1086). Maßstab ist, ob sich der Fahrer, wenn er ohne oder gegen den Willen der Person das Fahrzeug gebraucht , sich ihr gegenüber rechtswidrig verhält, da dann i.S.d. § 6 PflVersG kein Gestatten vorliegt. Ein bloßes Ermöglichen des Gebrauchs ist nicht tatbestandsmäßig (OLG Stuttgart, VRS 19, 213).

III. Vorsatz/Fahrlässigkeit

Vorsätzliches Handeln setzt die Kenntnis aller Tatumstände und den Willen zur Tatbestandsver- **424**
wirklichung voraus. Der Täter muss positiv wissen, dass das Kfz nicht versichert ist, obwohl es der
Versicherungspflicht unterliegt, wobei bedingter Vorsatz (beispielsweise bei Diebstahl oder bei
Nichtzahlung eine Folgeprämie und Beginn einer längeren Reise) ausreicht (OLG Frankfurt, VRS
35, 396).

Ein **Tatbestandsirrtum** lässt die Strafbarkeit der fahrlässigen Tat unberührt. **425**

Fahrlässigkeit kann darin liegen, dass der Täter den Versicherungsvertrag für wirksam bestehend
hält oder nicht an die Notwendigkeit des Versicherungsschutzes denkt oder diese in Erwägung
zieht aber verneint. Grds. kann der Versicherungsnehmer solange jedoch auf die Wirksamkeit des
Versicherungsvertrages vertrauen bis ihm ein Kündigungsschreiben des Versicherers zugeht
(BayObLG bei Räth, DAR 1982, 252). Umfangreiche weitere Rechtsprechung findet sich bei Erbs/
Kohlhaas, Rn. 17, § 6 PflVersG.

Bei der Variante des Gestatten des Gebrauchs soll der Halter u.U. auch dann fahrlässig handeln, **426**
wenn er übersieht, dass der Versicherungsvertrag nicht (mehr) besteht, aber er den Gebrauch vorsätzlich gestattet (Erbs/Kohlhaas, PflVersG § 6 Rn. 18 mit Verweis auf OLG Stuttgart, VRS 19,
213, wobei die Teilung des subjektiven Tatbestandes bezüglich der objektiven Tatbestandsmerkmale und hinsichtlich des Ergebnisses der Fahrlässigkeit im Verhältnis zum Strafrechtssystem sehr
bedenklich erscheint).

IV. Teilnahme   427

Ein Mitfahrer kann nicht Täter sein (siehe oben), sondern allenfalls Gehilfe oder Anstifter. Die
Aushändigung eines nicht versicherten Fahrzeugs durch den Verkäufer stellt Beihilfe dar (OLG
München, VRS 57, 328).

V. Rechtsfolgen

Strafmaß ist für die vorsätzliche Tat von einem Monat bis zu einem Jahr Freiheitsstrafe oder Geld- **428**
strafe bis zu 360 Tagessätzen; für die fahrlässige Tat Freiheitsstrafe bis zu sechs Monaten oder
Geldstrafe bis zu 180 Tagessätzen. Als Nebenstrafe kommt ein Fahrverbot nach § 44 StGB oder
die Einziehung des Fahrzeugs bei vorsätzlicher Tat unter den Voraussetzungen des § 6 Abs. 3
PflVersG, § 74 Abs.2 Nr. 1 StGB in Betracht. Im Verkehrszentralregister ist mit einer Eintragung
von sechs Punkten zu rechnen.

Teil 7: Ordnungswidrigkeitenverfahren

Inhaltsverzeichnis

Literatur:

Zum Verfahren vor der Verwaltungsbehörde:

Albrecht, Neue Bußgeldvorschriften zum 1. Mai 2000, DAR 2000, 209; *Bohnert,* Neue Regelungen im Zwischenverfahren des OWiG, NZV 1999, 322; *Deutscher,* Erste praktische Erfahrung mit der OWiG-Reform aus gerichtlicher und behördlicher Sicht, NZV 1999, 185; *Gübner,* Die Unterbrechung der Verfolgungsverjährung in Bußgeldsachen, NZV 1998, 230; *Lehmann/ Wecker,* Fehlerhafte Zustellung eines Bußgeldbescheides und die Verfolgungsverjährung – Widerspruch zwischen § 33 OWiG und § 26 StVG, DAR 1999, 283; *Nobis,* Beweisverwertungsverbot bei Weitergabe eines Lichtbildes durch die Meldebehörde, DAR 2002, 299; *Puppe,* Die Individualisierung der Tat in Anklageschrift und Bußgeldbescheid und ihre nachträgliche Korrigierbarkeit, NStZ 1982, 230; *Schäpe,* Die Mangelhaftigkeit von Anklage und Eröffnungsbeschluß und ihre Heilung im späteren Verfahren (Diss.) 1998, S. 98–115; *ders.,* Grenzen der Fahrerermittlung durch die Behörde, DAR 1999, 186; *Wetekamp,* Rechtsfragen der Verwarnung bei Verkehrsordnungswidrigkeiten, DAR 1986, 75.

Zum Verfahren vor dem Amtsgericht:

Böttcher, Das neue Beweisrecht im Verfahren nach dem OWiG, NStZ 1986, 393; *Doller,* Störanfälligkeiten im Beschlußverfahren, DRiZ 1981, 203; *Katholnigg,* Das Gesetz zur Änderung des Gesetzes über Ordnungswidrigkeiten und anderer Gesetze, NJW 1998, 568; *Schmidt von Rhein,* Das schriftliche Verfahren in Bußgeldsachen, NStZ 1981, 380; *Schneider,* Die Pflicht des Betroffenen zum persönlichen Erscheinen in der Hauptverhandlung des Bußgeldverfahrens, NZV 1999, 14.

Zum Verfahren vor dem Oberlandesgericht:

Böttcher, Das neue Beweisrecht im Verfahren nach dem OWiG, NStZ 1986, 393; *Gall,* Zur Verfassungsmäßigkeit der heutigen Verkehrsordnungswidrigkeitsverfahren, NJW 1988, 243; *Katholnigg,* Das Gesetz zur Änderung des Gesetzes über Ordnungswidrigkeiten und anderer Gesetze, NJW 1998, 568; *Meurer,* Die Zulässigkeit der Rechtsbeschwerde gegen Beschlußentscheidungen in Bußgeldsachen, NStZ 1984, 8; *Michaelowa,* Zur Einstellung im Zulassungsverfahren nach §§ 79 Abs. 1 S. 2, 80 OWiG, NStZ 1982, 22; *Weidemann,* Die Zulassung der Rechtsbeschwerde nach § 80 Abs. 1 OWiG bei divergierender Entscheidung, NStZ 1985, 1.

Zur Kostentragungspflicht des Halters:

Hentschel, Die Kostentragungspflicht des Halters eines Kraftfahrzeuges bei Halt- oder Parkverstößen, DAR 1989, 89; *Jahn,* Zur Verfassungsmäßigkeit der Kostenhaftung des Kraftfahrzeughalters nach § 25a StVG, JuS 1990, 540; *Rediger,* Rechtliche Probleme der sogenannten Halterhaftung nach § 25a StVG (Diss.), 1993; *Suhren,* Neue Erkenntnisse zur „Halterhaftung" bei Parkverstößen?, NZV 1988, 52.

Zur Fahrtenbuchauflage:

Bottke, Rechtsprobleme bei der Auflage eines Fahrtenbuches, DAR 1980, 238; *Liemen,* Die Rspr. zur Verhängung und Ahndung von Fahrtenbuchauflagen, DAR 1981, 40; *Schleusener,* Fahrtenbuchauflage, KVR; *Stollenwerk,* Anordnung einer Fahrtenbuchauflage, VD 1998, 103.

Zum Fahrverbot:

Albrecht, Das neue Wahlrecht für den Antritt von Fahrverboten (§ 25 II a StVG), NZV 1998, 131; *Beck,* Ausnahmen vom Fahrverbot, DAR 1997, 32; *Bönke,* Die Reform des Sanktionssystems: Das Fahrverbot als Strafe bei allgemeiner Kriminalität, DAR 2000, 385; *Bouska,* Fahrverbot und internationaler Kraftfahrzeugverkehr, DAR 1995, 93; *Gramse,* Verkehrsstraftat, Führerscheinbeschlagnahme, Wohnungsdurchsuchung, NZV 2002, 345; *Grohmann,* Fahrverbot gem. § 25 Abs. 1 Satz 1 StVG, DAR 2000, 52; *Hentschel,* Die neue Vier-Monats-Frist für das Wirksamwerden von Fahrverboten nach § 25 StVG, DAR 1998, 138; *König,* Fahrverbot bei allgemeiner Kriminalität?, NZV 2001, 6; *Rüth/Berr,* Das Fahrverbot, KVR; *Schäpe,* Probleme der Praxis bei der Vollstreckung von Fahrverboten, DAR 1998, 10; *ders.,* Auslandsfahrten trotz Fahrverbot?, DAR 2001, 565; *Scheffler,* Fahrverbot und Ordnungswidrigkeitenrecht, NZV 1995, 176.

Zum Fahren unter Alkohol und Drogen:

Bode, Neue Regelungen für Fahrten unter Alkohol und Drogen im deutschen Ordnungswidrigkeitenrecht, BA 1998, 220; *Hentschel,* Gesetz zur Änderung des Straßenverkehrsgesetzes und andere straßenverkehrsrechtlicher Vorschriften vom 19.3.2001, NJW 2001, 1901; *Hillmann,* Atemalkoholmessung – Erwartungen und Erfahrungen, DAR 2000, 289; *Riemenschneider/Paetzold,* Absolutes Drogenverbot im Straßenverkehr – Zur Reform des § 24a StVG, DAR 1997, 60; *Weibrecht,* Die neue „0,5-Promille-Regelung" des § 24a StVG und andere aktuelle Änderungen des Straßenverkehrsrechts, NZV 2001, 145.

Abschnitt 1: Systematische Erläuterungen

A. Verfahren vor der Verwaltungsbehörde

I. Akteneinsicht

1. Allgemeines

Die Einsichtnahme in die Ermittlungsakten sollte **am Beginn** eines jeden verkehrsrechtlichen Mandates stehen. Denn nur so erlangt der Verteidiger sichere Informationen über den konkreten Tatvorgang sowie insbesondere über die Beweislage. Darüber hinaus ermöglicht das Studium dieser Unterlagen Feststellungen zu der Frage, ob die verwendeten Messverfahren zu Zweifeln berechtigen oder ob bei der Verkehrsüberwachung einschlägige Verwaltungsrichtlinien verletzt wurden. **1**

Der Anspruch auf Akteneinsicht ist in § 69 Abs. 3 Satz 2 OWiG verankert. Danach ist die Bußgeldbehörde vor einer Übersendung der Akten an das Gericht verpflichtet, einem Antrag auf Gewährung der Akteneinsicht zu entsprechen. Der Inhalt dieses Rechts ergibt sich aus § 147 StPO, der über § 46 Abs. 1 OWiG Anwendung findet. Einen **Rechtsanspruch** auf Akteneinsicht hat allein der Verteidiger, um Missbrauch oder Verfälschungen der Unterlagen auszuschließen. Keinen Anspruch haben also der unmittelbar Betroffene, dessen gesetzlicher Vertreter oder Beistand und auch der Rechtsanwalt in eigener Sache. **2**

Gleichwohl ist die Behörde nicht gehindert, dem Betroffenen auf Wunsch Ablichtungen zur Verfügung zu stellen. Insbesondere bei sog. **Kennzeichenanzeigen** sollte die Einsichtnahme in Beweisfotos großzügig gehandhabt werden, umso unnötige Bußgeldverfahren zu vermeiden. Diese bisherige Rechtspraxis wurde durch das Justizmitteilungsgesetz vom 18.6.1997 für das Verfahren vor der **Verwaltungsbehörde** zum 1.6.1998 ausdrücklich in § 49 Abs. 1 OWiG normiert; danach **3** kann dem Betroffenen unter Aufsicht Einsicht in die Akten gewährt werden, wenn nicht überwiegende schutzwürdige Interessen Dritter entgegenstehen. Das Einsehen der Ermittlungsakte durch den Betroffenen ist nicht dadurch ausgeschlossen, dass er einen Verteidiger hat. Die Akteneinsicht wird in den eigenen Diensträumen oder im Wege der Amtshilfe bei einer anderen Behörde oder Polizeidienststelle gewährt. Zu Ungunsten des Betroffenen kann die Ermessensentscheidung dann ausfallen, wenn schutzwürdige Interessen Dritter – insbesondere des Geschädigten oder Zeugen – entgegenstehen oder der Verwaltungsablauf über Gebühr beeinträchtigt würde; gegen die Versagung ist der Antrag auf gerichtliche Entscheidung (§ 62 OWiG) statthaft.

4   Die Berechtigung bezieht sich auf den **gesamten Akteninhalt**, so dass hiervon Ton- und Bildaufnahmen ebenso wie die Registerauszüge umfasst sind. Da sich der Anspruch auf die Unterlagen des konkreten Verfahrens bezieht, steht bei **Videoaufzeichnungen** auch nur die den Mandanten betreffende Passage zu (BayObLG, NStZ 1991, 190 mit Anm. Beck, DAR 1991, 275). Dies ergibt sich auch aus datenschutzrechtlichen Erwägungen. Gleichwohl kann es erforderlich sein, auch die vorangegangenen bzw. nachfolgenden Aufzeichnungen einzusehen, um feststellen zu können, ob es bei der gesamten Verkehrsüberwachung zu Problemen kam. Die Aufzeichnungen, die nicht den Mandanten betreffen, sind dann zu anonymisieren.

5   **Beschränkbar** ist das Recht auf Akteneinsicht, wenn die Verwaltungsbehörde den Abschluss ihrer Ermittlungen noch nicht in den Akten vermerkt hat (§ 61 OWiG) und anderenfalls der Untersuchungszweck gefährdet sein könnte (§ 46 Abs. 1 OWiG i.V.m. § 147 Abs. 2 StPO). Sobald die Akteneinsicht wieder unbeschränkt möglich ist, hat die Behörde dies dem Verteidiger mitzuteilen (§ 46 Abs. 1 OWiG i.V.m. § 147 Abs. 6 Satz 2 StPO). In diesem Zusammenhang ist von Interesse, dass die Niederschrift über die Beschuldigtenvernehmung ebenso wie ein Sachverständigengutachten in jeder Lage des Verfahrens eingesehen werden darf (§ 46 Abs. 1 OWiG i.V.m. § 147 Abs. 3 StPO).

6   Die Akteneinsicht ist grds. am **Sitz der Behörde** zu gewähren. Auf Antrag sollen dem Verteidiger die Akten zur Einsichtnahme mitgegeben werden, wobei die Beweisstücke im amtlichen Gewahrsam bleiben müssen; eine Verpflichtung zur Übersendung der Akten besteht nur dann, wenn der Kanzleisitz weit von der ermittlungsführenden Behörde entfernt liegt. Für die **Aktenversendung** nach Nr. 9003 KV-GKG wird eine Aufwendungspauschale i. H. v. 8 € erhoben, für die der Anwalt Kostenschuldner ist. Ein solcher Pauschalbetrag ist aber nicht im Verfahren vor der Verwaltungsbehörde vorgesehen, da § 107 Abs. 3 OWiG hier eine abschließende Regelung trifft.

2. Mögliche Anhaltspunkte

7   Durch die Wahrnehmung des Rechtes auf Akteneinsicht erfährt der Verteidiger nicht nur die genauere rechtliche Bewertung des Vorfalls durch die Verfolgungsbehörde; er erlangt vielmehr auch Kenntnis über die zur Verfügung stehenden **Beweismittel** und die näheren Umstände der Ermittlung, die von großer Bedeutung für das Verfahren sein können.

8   Aus den Ermittlungsakten ergibt sich zunächst der **Anzeigeerstatter**. Für Anzeigen und Anträge zur Verfolgung von Verkehrsordnungswidrigkeiten gilt § 158 StPO sinngemäß. Danach können Anzeigen gegenüber der Verwaltungsbehörde wie auch der Polizei mündlich oder schriftlich erstattet werden. Für die Anzeige ist keine Beeinträchtigung eigener Interessen erforderlich; vielmehr kann jedermann ein beobachtetes Fehlverhalten mitteilen. Dies ist von der Behörde zu beurkunden, sofern es sich nicht um einen offensichtlichen Querulanten handelt. Unter Ausübung des pflichtgemäßen Ermessens (§ 47 Abs. 1 OWiG) entscheidet die Verfolgungsbehörde darüber, ob die Ordnungswidrigkeitenanzeige weiter verfolgt wird oder ein Verfahren aufgrund sachlicher Erwägungen nicht geboten erscheint.

9   Die Überwachung des ruhenden wie auch des fließenden Verkehrs gehört zum Kernbereich der originären Staatsaufgaben (BVerfGE 49, 24). Aus diesem Grund darf eine Gemeinde weder die Geschwindigkeitsmessung (BayObLG, DAR 1997, 206) noch die Parkraumüberwachung (KG, DAR 1996, 504) auf **Private** übertragen. Sie kann sich dieser Mitarbeiter nur für Hilfstätigkeiten

(z. B. Bedienung des Messgerätes, Entwicklung des Filmmaterials) bedienen und muss somit selbst die Herrschaft über das Verfahren behalten, so dass sowohl die Auswahl des Messstandortes als auch die Ausübung von Opportunitätserwägungen ausschließlich ihr obliegt. Allerdings soll nach einer Entscheidung des BayObLG (DAR 1999, 321) eine Messung ordnungsgemäß sein, die von einem in die Gemeindeverwaltung physisch-räumlich und organisatorisch integrierten Leiharbeitnehmer durchgeführt wurde.

Bei mobilen Geschwindigkeits- und Abstandsgeräten ist eine fundierte Ausbildung bzw. Einweisung des Bedienpersonals erforderlich, um eine korrekte Durchführung sicherzustellen. Auf entsprechende **Nachweise** ist deshalb bei der Akteneinsicht zu achten. Selbiges gilt für die Gültigkeit der Eichurkunde. **10**

> *Hinweis:* **11**
>
> *Über alle Messgeräte der Verkehrsüberwachung (s. dazu ausführlich Teil 8) werden sog. Lebensakten geführt; in diesen sind vom Tag der Inbetriebnahme der jeweiligen Vorrichtung an alle Wartungsarbeiten und Reparaturen vermerkt. Sofern im konkreten Fall festgestellt wird, dass kurz nach der vorgeworfenen Tat eine Überprüfung erfolgte, können sich aus der daraus resultierenden Eintragung Anhaltspunkte für eine erfolgreiche Verteidigung ergeben.*

Über die Messung selbst wird ein sog. **Messprotokoll** angefertigt. Hier ist darauf zu achten, dass die vorgeschriebenen Überprüfungen des Gerätes auch tatsächlich vor Beginn der Überwachung durchgeführt wurden; dies ist im Protokoll zu vermerken (AG Celle, DAR 1998, 245). Insbesondere bei Lasermessungen ohne Fotodokumentation ist bei mehrspurigen Fahrzeugen ab einer Entfernung von 300 m, bei einspurigen Fahrzeugen bereits ab 100 m Entfernung in den handschriftlichen Aufzeichnungen festzuhalten, woraus sich die Gewissheit des Amtsträgers ergibt, das Messergebnis dem richtigen Fahrzeug zugeordnet zu haben. Denn bei größeren Entfernungen kann aufgrund der Streuung eine Zielerfassung außerhalb der Fahrzeugbreite nicht ausgeschlossen werden. Ferner sind die konkreten Witterungsverhältnisse aufzuschreiben, so dass eine Messung bei Dämmerung, Dunkelheit, Regen, Schnee oder Nebel ebenfalls Zweifel an der korrekten Zuordnung des Ergebnisses nahe legt (OLG Oldenburg, NZV 1996, 328; OLG Frankfurt, DAR 1995, 414). **12**

Aus den Ermittlungsakten ergibt sich ferner der exakte **Standort** der Messung. Bei der Geschwindigkeitsüberwachung ist darauf zu achten, ob die Messung im Einklang mit den landesrechtlichen Richtlinien steht (vgl. Übersicht bei Starken, DAR 1998, 85). Nach den meisten Richtlinien soll die Messung mindestens 150 bis 200 m vom Anfang oder Ende einer Geschwindigkeitsbeschränkung entfernt stattfinden. Diese Vorgaben dürfen nur in begründeten Fällen unterschritten werden, beispielsweise an Unfallschwerpunkten, gefahrenträchtigen Stellen oder an Geschwindigkeitstrichter. Erfolgt die Messung entgegen der einschlägigen Richtlinie, erwachsen daraus keine unmittelbaren Konsequenzen, da es sich hierbei um reine Verwaltungsinterna handelt (AG Bergisch Gladbeck, DAR 1999, 281 mit Anm. Huppertz). Gleichwohl werden erhebliche Abweichungen von den Gerichten berücksichtigt, so dass auch diese Unterlagen im Rahmen der Akteneinsicht Beachtung finden sollten (OLG Köln, VRS 96, 62: Absehen vom Regelfahrverbot bei Verstoß gegen die Richtlinie; AG Rüsselsheim, DAR 1999, 375: Verfahrenseinstellung wegen Geringfügigkeit). **13**

Von besonderer Bedeutung ist die Verjährungsunterbrechung durch behördliche Maßnahmen. Die **Verfolgungsverjährungsfrist** beträgt für Ordnungswidrigkeiten nach § 24 StVG **drei Monate**, solange wegen des Verstoßes weder ein Bußgeldbescheid noch öffentliche Klage erhoben ist; danach beträgt die Frist sechs Monate (§ 26 Abs. 3 StVG). Verstöße gegen § 24a StVG (Alkohol, Drogen) verjähren gem. § 31 Abs. 2 Nr. 3 OWiG i.V.m. § 24a Abs. 4 StVG nach einem Jahr (BayObLG, DAR 1999, 412). **14**

15   Nach § 33 OWiG wird die Verfolgungsverjährung durch verschiedene Handlungen der Ermitt-
      lungsbehörde unterbrochen. Hierzu zählt insbesondere die erste Vernehmung des Betroffenen (§ 33
      Abs. 1 Satz 1 Nr. 1 OWiG), also der **Anhörungsbogen.** Auf die Daten des Zugangs kommt es
      ebenso wenig an wie auf den Zugang des Schreibens selbst; entscheidend ist allein der Zeitpunkt,
      in dem das Ausstellen des entsprechenden Schriftstückes angeordnet und aktenkundig gemacht
      wurde (OLG Frankfurt, DAR 1999, 276).

16   Eine Besonderheit gilt für den Erlass des **Bußgeldbescheides.** Nach der Neufassung des § 33
      Abs. 1 Satz 1 Nr. 9 OWiG entscheidet das Erlassdatum nur dann, wenn der Bescheid innerhalb von
      zwei Wochen zugestellt wird; anderenfalls hängt die Unterbrechungswirkung vom Datum der
      Zustellung ab. Dabei ist § 26 Abs. 3 StVG so auszulegen, dass der Erlass des Bußgeldbescheides
      nur dann Einfluss auf die Verfolgungsverjährung hat, wenn dieser binnen zwei Wochen zugestellt
      wird (AG Bielefeld, NZV 1999, 266; KG, NZV 1999, 193). Anderenfalls beginnt sie mit der ersten
      nach Erlass des Bußgeldbescheides vorgenommenen Unterbrechungshandlung der bis dahin gel-
      tenden Drei-Monats-Frist (BayObLG, DAR 1999, 323; BGH, DAR 2000, 74).

17   **Weitere Unterbrechungshandlungen** sind die Beauftragung eines Sachverständigen, die Verneh-
      mung eines Zeugen, die Beschlagnahmeanordnung oder die Aktenvorlage an das Gericht. Nach
      jeder Unterbrechung beginnt die Verjährung von neuem zu laufen, wobei die Verfolgung spätes-
      tens dann verjährt ist, wenn zwei Jahre verstrichen sind (§ 33 Abs. 3 OWiG).

Hinweis:

*Wichtig ist dabei, dass sich die Unterbrechung nur auf denjenigen bezieht, gegen den das Ver-
fahren anhängig ist. Stellt sich also nach Ablauf der drei Monate heraus, dass ein anderer als
der bisher Tatverdächtige den Verkehrsverstoß begangen hat, so unterbricht der an den
Unschuldigen adressierte Anhörungsbogen nicht die Verfolgungsverjährung gegenüber dem
tatsächlichen Fahrer. Nur Maßnahmen gegen einen namentlich bekannten Täter haben die
Folge nach § 33 OWiG; die bloße Existenz eines Beweisfotos, das nach Ablauf der Frist eine
Identifizierung des Fahrers ermöglicht, genügt hierfür nicht (BGH, NJW 1997, 598; OLG
Hamm, DAR 1999, 85).*

---

18   Schließlich sollte bei der Akteneinsicht die **Qualität des Frontfotos** kritisch geprüft werden. Das
      Foto muss über hinreichend charakteristische Identifizierungsmerkmale verfügen, die ein Wieder-
      erkennen des Betroffenen durch einen Dritten erlauben (BGHSt 29, 18; OLG Hamm, NZV 1997,
      89).

19   Allerdings sollten an die Qualität des Bildes keine übertriebenen Anforderungen gestellt werden,
      da die Gerichte ein sog. **anthropologisches Gutachten** einholen können; diese sind mit erhebli-
      chen Kosten verbunden und gelangen nicht selten zu in jeder Hinsicht „überraschenden" Ergebnis-
      sen. Die Standards für die anthropologische Identifikation aufgrund von Bilddokumenten sind in
      DAR 1999, 188 veröffentlicht.

II. Verwarnungsverfahren

20   Einen Sonderfall im Ordnungswidrigkeitenrecht stellt das Verwarnungsverfahren dar. Dem Täter
      wird eine geringfügige Verkehrsverfehlung vorgehalten und dabei das Angebot unterbreitet, durch
      Zahlung eines **Verwarnungsgeldes von 5 bis 35 €** die Angelegenheit ohne förmliches Verfahren
      beizulegen. Hierfür wird ihm üblicherweise eine **einwöchige Frist** eingeräumt. Die Verwarnung
      wird nur wirksam, wenn die Zahlung rechtzeitig erfolgt; insofern ist das Verfahren von der Mitwir-
      kung des Betroffenen abhängig. Geht innerhalb der gesetzten Frist keine Zahlung ein, so wird im
      Bußgeldverfahren über den Tatvorwurf entschieden.

Auf den **Grund einer Nichtzahlung** kommt es nicht an. Dieser kann darin liegen, dass der Betroffene die Mitwirkung bewusst verweigert, weil er mit einer Sanktionierung nicht einverstanden ist. In diesem Fall ist ein förmliches Verfahren unvermeidbar. Anders als im Verwarnungsverfahren (§ 56 Abs. 3 Satz 2 OWiG) fallen mit dem Bußgeldbescheid Kosten nach § 107 Abs. 2, 3 Nr. 2 OWiG an, die allerdings von einer Verkehrsrechtschutzversicherung als Verfahrenskosten übernommen werden. **21**

Hinweis:

Sofern der Betroffene die Zahlungsfrist versäumt hat, ist ein Wiedereinsetzungsverfahren ausgeschlossen, da dieses förmliche Verfahren dem Wesen der Verwarnung, die auf eine schnelle und einfache Verfahrenserledigung ausgerichtet ist, widerspricht. Allerdings kann die Behörde – auch nachträglich – die Frist verlängern.

Bereits aus dem Wortlaut des § 56 Abs. 1 OWiG ergibt sich, dass die Behörde nicht verpflichtet ist, geringfügige Ordnungswidrigkeiten im Verwarnungsverfahren zu ahnden; vielmehr muss unter pflichtgemäßer **Ausübung des Ermessens** die richtige Verfahrensart gewählt werden (OLG Düsseldorf, NZV 1991, 441; OLG Koblenz, VRS 74, 389). Sofern nicht triftige Gründe entgegenstehen – z. B. weil eine rasche Erledigung wegen der Komplexität des Sachverhaltes von vornherein nicht zu erwarten ist –, sollte nicht zuletzt aus finanziellen Erwägungen die Verwarnung gewählt werden: Nicht nur, dass mit dem Bußgeldbescheid Kosten verbunden sind, die die eigentliche „Strafe" um ein Vielfaches übersteigen können (vgl. zur Verfassungsmäßigkeit AG Wolfratshausen, NJW 1995, 671). Auch aus eigenem Interesse der Verwaltungsbehörde wird regelmäßig die Verwarnung den Vorzug bekommen, da die Einnahme – anders als Bußgelder, die nach § 90 Abs. 2 OWiG der Landes- bzw. Bundeskasse zukommen – in die Kasse des Verwaltungsträgers fließen, dem die Behörde angehört. **22**

Eine **Anfechtung** der Verwarnung ist allenfalls im Hinblick auf die förmlichen Voraussetzungen, nicht dagegen in der Sache selbst möglich. Werden im Verwarnungsverfahren Gründe vorgebracht, die eine Nichtmitwirkung rechtfertigen sollen, ist darin das fehlende Einverständnis zu sehen, das zur Überleitung ins Bußgeldverfahren führt (BVerwGE 24, 9); gleichwohl ist die Behörde nicht gehindert, derartige Ausführungen zu erwidern und ihr Angebot zu wiederholen. Erfolgt die Zahlung „unter Vorbehalt", so steht dies ebenfalls im Widerspruch mit dem Wesen der Verwarnung. Zweckmäßigerweise sollte hier durch die Behörde nachgefragt werden, ob tatsächlich ein förmliches Verfahren gewollt ist. Ansonsten wird mit der erfolgten Zahlung die Verwarnung wirksam, wodurch gem. § 56 Abs. 4 OWiG ein Verfahrenshindernis eigener Art geschaffen wird. **23**

III. Anhörung des Betroffenen

1. Allgemeines

Vor Erlass eines Bußgeldbescheides schreibt § 55 OWiG eine Anhörung des Betroffenen vor, wobei nicht geregelt ist, in welcher **Form** dies zu geschehen hat. Anders als im Strafrecht (§ 163a i.V.m. § 168b StPO) genügt hier, dass dem Betroffenen Gelegenheit zur Äußerung gegeben wird. Dies kann mündlich an Ort und Stelle, schriftlich durch das Übersenden eines Fragebogens oder mittels protokollarischer Vernehmung erfolgen. In diesem Zusammenhang sei darauf hingewiesen, dass der Beschuldigte einer polizeilichen Ladung nicht Folge zu leisten hat, sofern nicht die Polizei ausnahmsweise selbst Bußgeldbehörde ist. **24**

2. Anhörung zur Sache

25 Im Hinblick auf die Aussagepflicht ist danach zu unterscheiden, ob es sich um Angaben zur Person oder zur Sache handelt. Da auch im Ordnungswidrigkeitenrecht **kein Zwang zur Selbstbezichtigung** besteht, steht es dem Betroffenen stets frei, sich inhaltlich mit dem Vorwurf auseinander zu setzen. Auf dieses **Aussageverweigerungsrecht** ist der Betroffene ausdrücklich hinzuweisen (§ 46 Abs. 1 OWiG i.V.m. § 136 Abs. 1 Satz 2 StPO), was im schriftlichen Anhörungsverfahren durch entsprechende Vordrucke sichergestellt ist. Unterblieb die Belehrung, so führt dies nach neuester Rechtsprechung des BGH im Strafverfahren zu einem **Verwertungsverbot** (BGHSt 38, 214). Für den Bereich des Ordnungswidrigkeitenrechts hat der BGH die Frage nach den Folgen ausdrücklich offengelassen. Richtigerweise dürfte ein Verwertungsverbot dann zu verneinen sein, wenn sich der Betroffene auch ohne Belehrung über seine Freiheit zur Aussage bewusst war; dies dürfte regelmäßig zu bejahen sein.

26 Aus dem **vollständigen Schweigen** dürfen für den Betroffenen keine nachteiligen Schlüsse gezogen werden. Werden allerdings zu einem einheitlichen Vorgang Teilauskünfte gegeben, so kann dem Schweigen i. Ü. eine Indizwirkung zukommen (BGHSt 25, 365; Günther, GA 1978, 193).

27 | *Hinweis:*
Generell ist darauf zu achten, dass Äußerungen zur Sache allenfalls nach Akteneinsicht abgegeben werden, also erst wenn der Verteidiger weiß, welche Beweismittel im Verfahren Verwertung finden könnten. Anderenfalls würde der Betroffene durch seine ausführliche Auseinandersetzung mit dem Sachverhalt sog. Täterwissen preisgeben und damit inzident bestätigen, dass er für den Verstoß verantwortlich ist.

Eine Erklärung zur Sache kann insbesondere dann sinnvoll sein, wenn durch die Benennung des tatsächlichen Fahrers das eigene Verfahren beendet werden kann. Dabei sollte berücksichtigt werden, dass gegenüber Angehörigen nach § 46 Abs. 1 OWiG i.V.m. § 52 StPO ein Zeugnisverweigerungsrecht besteht.

28 Sofern der Halter sich nicht mehr an den Fahrer erinnern kann und auch das vorgelegte Frontfoto so undeutlich ist, dass eine sichere Identifizierung nicht möglich ist, kann kein Fahrer benannt werden. Einerseits kann allein von der Haltereigenschaft nicht auf die Fahrereigenschaft geschlossen werden, so dass wegen Nichtermittelbarkeit des Verantwortlichen das Verfahren einzustellen ist. Andererseits kann das Zeugnisverweigerungsrecht dann in Anspruch genommen werden, wenn möglicherweise ein Verwandter i.S.v. § 52 StPO gefahren ist. Auf die Möglichkeit einer **Fahrtenbuchauflage** nach § 31a StVZO (vgl. Rn. 194 ff.) sei hingewiesen.

29 Sofern der tatsächliche Fahrer benannt wird, sollte die Frage der **Verjährung** geprüft werden: Die dreimonatige Verfolgungsverjährungsfrist nach § 26 Abs. 3 StVG wird nur dann durch eine Maßnahme nach § 33 OWiG unterbrochen, wenn sich diese auch auf den namentlich bekannten, tatsächlich Verantwortlichen bezieht; anderenfalls kann – nach Einstellung des anhängigen Verfahrens wegen nachgewiesener Unschuld – infolge Verjährung kein neues Verfahren gegen den Fahrzeugführer eingeleitet werden.

30 Wenn aufgrund der festgestellten Beweislage keine ernsthaften Zweifel an der Fahrereigenschaft des Betroffenen bestehen, kann eine Sachverhaltsäußerung empfehlenswert erscheinen. Dabei sollte auf die Art der Darstellung Wert gelegt werden: Wird nämlich die **Verteidigungsstrategie** geändert und schweigt der Angeklagte in der Hauptverhandlung, so kann die eigene schriftliche Äußerung des Betroffenen gem. § 46 Abs. 1 OWiG i.V.m. § 249 Abs. 1 StPO als Urkunde verlesen werden. Wird die **Äußerung als eigene Erklärung des Verteidigers deklariert**, bestehen berechtigte Chancen, einer Verlesung unter Berufung auf den Unmittelbarkeitsgrundsatz (§ 46 Abs. 1

OWiG i.V.m. § 250 StPO) erfolgreich zu widersprechen, da die Bevollmächtigung für die Hauptverhandlung nach § 73 Abs. 4 OWiG keine Wertung über die geistige Urheberschaft vorangegangener Schriftsätze zulässt.

Bei Sachverhaltsdarlegungen empfiehlt es sich durch die Angabe der Blattzahl deutlich zu machen, dass insofern auf bereits **vorhandenes Wissen** verwiesen wird; darüber hinaus wird so die Lesbarkeit erleichtert. **31**

Rechtliche Ausführungen sollten davon getrennt und erst im Anschluss erfolgen. Auch ist hier Raum für Beweisanträge, Anregungen zur Verfahrenseinstellung oder Strafhöhe sowie für die Darlegung der besonderen Umstände, die ein Absehen vom Fahrverbot rechtfertigen (vgl. Rn. 223 ff.). **32**

3. Anhörung zur Person

Anders als bei den Angaben zur Sache besteht hinsichtlich der Personalien gem. § 111 OWiG eine **generelle Verpflichtung** zur Mitwirkung. Das gesetzlich geschützte Rechtsgut ist das staatliche Interesse an der Identitätsfeststellung einer Person. Ergibt sich aus dem Anschreiben, dass die Behörde im Hinblick auf den Adressaten – die Frage nach den Personalien des Fahrers sind freiwillige Angaben zur Sache – über die notwenigen Informationen bereits verfügt, fehlt das berechtigte Interesse an den Daten und damit an einer Rücksendung des Anhörungsbogens (OLG Hamm, NJW 1988, 274). Sofern bewusst falsche Daten mit dem Ziel angegeben werden, Eintragungen nach dem **Mehrfachtäterpunktesystem** umzulenken, verwirklicht dieses Vorgehen den Tatbestand des § 111 OWiG. **33**

4. Folgen einer unterlassenen Anhörung

Oftmals wird vom Mandanten vorgebracht, keinen **Anhörungsbogen** erhalten zu haben, so dass das Verfahren wegen gravierender Mängel, zumindest aber wegen Verjährung einzustellen sei. Beides ist indessen nicht der Fall: Da der Anhörungsbogen – ebenso wie ein Verwarnungsgeldangebot – aus Kostengründen mit einfacher Post verschickt wird, kann der **Zugang des Schreibens** nicht bewiesen werden. Deshalb kann es durchaus vorkommen, dass ein entsprechender Brief verloren geht. Der Anspruch auf rechtliches Gehör (Art. 103 Abs. 1 GG) wird dadurch aber nicht geschmälert, da der Betroffene nach Erhalt eines Bußgeldbescheides die Möglichkeit hat, Einspruch einzulegen; hierdurch wird das rechtliche Gehör in vollem Umfang gewährt. **34**

Auch für die Frage der **Verjährung** ist der tatsächliche Zugang ohne Relevanz, da § 33 Abs. 1 Nr. 1 OWiG klarstellt, dass bereits die Anordnung einer ersten Vernehmung des Betroffenen die Verfolgung unterbricht. Somit ist gem. § 33 Abs. 2 OWiG auf den Zeitpunkt abzustellen, in dem die Anordnung unterzeichnet wurde, also ein entsprechender Vermerk in den Ermittlungsakten vorgenommen wurde. **35**

IV. Behördliche Ermittlungen

Sofern der Anhörungsbogen an die Bußgeldbehörde zurückgesandt wird, werden die darin gemachten Angaben **summarisch geprüft**. Wird der erhobene Tatverdacht hierdurch nicht erschüttert, so erlässt die Behörde ohne weitere Benachrichtigung einen Bußgeldbescheid gegen die im Anhörungsbogen näher bezeichnete Person. **36**

Spätestens vor Erlass des Bußgeldbescheides ist zu überprüfen, ob der Tatverdächtige tatsächlich der verantwortliche Kraftfahrzeugführer gewesen ist; dies gilt insbesondere unter dem Aspekt der Verfolgung Unschuldiger nach § 344 StGB (vgl. BVerfG, NZV 1994, 197; LG Hechingen, NJW 1986, 1823). Gerade bei **Kennzeichenanzeigen** ist der Frage nachzugehen, ob der angeschriebene Halter mit dem Fahrer identisch ist. Ergeben sich hier Zweifel, hat die Behörde den Halter gezielt nach dem Fahrzeugführer zu fragen. **37**

38   Kann oder will der Halter sich hierzu – trotz Vorlage eines angefertigten Frontfotos – nicht äußern, läuft er Gefahr, unterschiedlichen Sanktionen ausgesetzt zu werden: Ist der Halter offensichtlich nicht der tatsächliche Fahrer und identifiziert er diesen, so darf er dessen Personalien nur dann für sich behalten, wenn ihm ein **Zeugnisverweigerungsrecht** gem. § 46 OWiG i.V.m. § 52 StPO zusteht, also die Möglichkeit besteht, durch die Angabe des Fahrers ein nahes Familienmitglied zu belasten. Ohne Zeugnisverweigerungsrecht kann der Halter im Verfahren gegen den unbekannten Fahrer als unwilliger Zeuge mit Ordnungsgeld bzw. Ordnungshaft nach § 46 OWiG i.V.m. § 70 StPO belegt werden.

39   Beruft sich der Halter auf sein Zeugnisverweigerungsrecht oder will er aus einem sonst nachvollziehbaren Grund keine Angaben zum Fahrer machen, besteht die Gefahr, dass die Behörde das **Führen eines Fahrtenbuches** auferlegt (vgl. Rn. 194 ff.).

40   Vor Einleitung dieser Maßnahme hat die Behörde selbst erfolgversprechende Wege zur Ermittlung des verantwortlichen Verkehrssünders zu beschreiten. Sofern im Zusammenhang mit dem Verkehrsverstoß ein Frontfoto angefertigt wurde, steht der Behörde ein grds. geeignetes Beweismittel zur Verfügung. Hier besteht die Möglichkeit eines **Abgleichens des Fotos** mit dem **im Pass- bzw. Personalausweisregister hinterlegten Lichtbild** (vgl. AG Stuttgart, zfs 2002, 355; Burhoff, ZAP F. 1, S. 612). Aus Gründen der Verhältnismäßigkeit ist dabei eine abgestufte Vorgehensweise angezeigt:

41   Die Behörde hat zunächst den Fahrzeugführer oder den sonst vom Bildvergleich Betroffenen zu befragen, also anzuhören, vorzuladen oder aufzusuchen. Nur wenn dies keinen Erfolg bringt, kann die Verfolgungsbehörde nach Maßgabe des § 22 Abs. 2, 3 PassG und des § 2b Abs. 2, 3 PAuswG die Pass- bzw. Personalausweisbehörde um **Übersendung geeigneter Ablichtungen** ersuchen.

42   Führt auch diese Maßnahme nicht zur Identitätsfeststellung des Fahrzeugführers, kann die Verfolgungsbehörde im Rahmen der weiteren Ermittlungen auch Familienangehörige, Nachbarn und sonstige Dritte befragen. Bei einem Verstoß gegen diese Reihenfolge der Ermittlungstätigkeit besteht die Möglichkeit der Beschwerde an den Dienstvorgesetzten; ferner kann der Datenschutzbeauftragte des jeweiligen Bundeslandes eingeschaltet werden. Nach obergerichtlichen Entscheidungen (OLG Hamm, 3 Ss OWi 695/89 und 3 Ss OWi 248/97; OLG Frankfurt, NJW 1997, 2963; BayObLG, VD 1998, 139) stellt der Verstoß gegen diese Dienstanweisungen **kein Beweisverwertungsverbot** dar. Die Abwägung zwischen den geschützten Interessen des Betroffenen und dem staatlichen Verfolgungsinteresse führe dazu, dass durch die Übermittlung der Bilder der Kernbereich der Privatsphäre des Betroffenen nicht berührt werde; ferner hätte die Identifizierung des Betroffenen durch die Polizei jederzeit auch auf gesetzlich zulässige Weise erfolgen können.

43   Vonseiten einiger Landesdatenschutzbeauftragter wird kritisiert, dass der Lichtbilderabgleich gem. einer Vereinbarung des BLFA-OWiG vom 18./19.2.1997 nicht auf **eintragungspflichtige Verstöße** beschränkt sei, sondern auch bei geringfügigen Ordnungswidrigkeiten zugelassen sei. Angesichts des Unrechtsgehaltes und der Strafwürdigkeit von Verwarnungsdelikten erscheint in der Tat die Frage nach der Verfolgungsintensität angezeigt. Gleichwohl ist im Interesse des Verdächtigen zu berücksichtigen, dass unabhängig vom Gewicht der Tat eine Zeugenbefragung stets möglich ist und diese – verglichen mit dem Bildabgleich – einen deutlich intensiveren Eingriff darstellen würde.

44   Bei der Vorlage des Beweismittels gegenüber Dritten ist schließlich zu beachten, dass außer dem Fahrer **keine weiteren Personen erkennbar** sind; diese Beifahrer sind daher zu schwärzen bzw. abzudecken (vgl. MinBl. Rheinland-Pfalz 1996, 342). Diese Daten dürfen nur benutzt werden, sofern im Rahmen der weiteren Ermittlungen die Identitätsfeststellung der Begleitperson für eine Zeugenvernehmung notwendig wird. Wird der Beifahrer auf dem einem Dritten vorgelegten Beweisfoto nicht unkenntlich gemacht, hat dies auf das verkehrsrechtliche Verfahren keinerlei Auswirkung; allenfalls die Persönlichkeitsrechte des unbeteiligten Beifahrers können durch dieses Verhalten verletzt worden sein.

V. Bußgeldbescheid

Der Erlass des Bußgeldbescheides setzt voraus, dass die Verwaltungsbehörde in einem **summarischen Verfahren** auf der Grundlage ihrer eigenen Ermittlungen und unter Berücksichtigung etwaiger Angaben des Betroffenen die Begehung einer Ordnungswidrigkeit bejaht, Verfolgungshindernisse für nicht gegeben und eine Ahndung mit Geldbuße für geboten erachtet. Anderenfalls wird das Verfahren nach § 47 Abs. 1 OWiG bzw. § 46 Abs. 1 OWiG i.V.m. § 170 Abs. 2 StPO von der Verwaltungsbehörde eingestellt. Als Verfahrenshindernisse kommen insbesondere eine wirksam erteilte Verwarnung in derselben Angelegenheit (§ 46 Abs. 4 OWiG) oder der Eintritt der Verfolgungsverjährung (§ 31 Abs. 1 OWiG) in Betracht.   45

Der Bußgeldbescheid ist eine vorläufige Entscheidung der Behörde; sein Wirksamwerden hängt von der **Selbstunterwerfung des Betroffenen** ab. Nur wenn er sich mit dem Spruch der Behörde abfindet und – trotz entsprechender Belehrung – auf einen form- und fristgerechten Einspruch verzichtet, wird das unterbreitete Angebot mit den festgesetzten Rechtsfolgen wirksam.   46

Zum **wesentlichen Inhalt des Bußgeldbescheides** gehören nach § 66 OWiG die Personalien des Betroffenen, eine Beschreibung der Tat in tatsächlicher und rechtlicher Hinsicht, die Angabe der Beweismittel, die angeordneten Rechtsfolgen sowie nach § 105 Abs. 1 OWiG i.V.m. 464 Abs. 1 StPO die Kostenentscheidung.   47

Mit diesen Angaben verwirklicht der Bußgeldbescheid **drei eigenständige Aufgaben:** In Erfüllung seiner Umgrenzungsfunktion gibt der Bußgeldbescheid den Verfahrensgegenstand im Hinblick auf den Betroffenen sowie die ihm zur Last gelegte Ordnungswidrigkeit vor. Daneben kommt dem Bescheid die Bedeutung zu, den Betroffenen ausreichend zu informieren. Diese Informationsfunktion beinhaltet, den Rechtsunkundigen allein aus den Angaben des Bußgeldbescheides in die Lage zu versetzen, den konkret erhobenen Vorwurf zu erkennen; nur so ist es ihm ohne Inanspruchnahme eines Anwalts möglich, die Erfolgsaussichten eines Einspruchs zu beurteilen und sich selbst erfolgreich zu verteidigen. Wird gegen den Bußgeldbescheid kein Einspruch eingelegt, so wird er rechtskräftig; insofern hat er eine Vollstreckungsfunktion.   48

Enthält der Bußgeldbescheid **fehlerhafte Angaben,** so ist zunächst zu prüfen, ob bzw. welche Funktion verletzt wurde und ob dieser Mangel nicht anderweitig kompensiert werden kann. Die Angaben zur Person müssen so ausführlich sein, dass eine Verwechslung praktisch ausgeschlossen erscheint. Mängel in der Personenbeschreibung sind deshalb solange unschädlich, wie sich die Identität aus den übrigen Angaben unzweifelhaft ergibt. Somit führt weder der falsch geschriebene Name noch die unzutreffende Angabe der Geburtsdaten zur Unwirksamkeit des Bescheides, wenn lediglich eine theoretische Möglichkeit besteht, dass eine so beschriebene Person existiert und mit dem korrekt angegebenen Kfz gefahren ist (OLG Koblenz, VRS 68, 217).   49

Der Tatvorgang selbst muss so konkret gefasst sein, dass der gemeinte **Lebensvorgang zweifelsfrei feststeht.** Die Anforderungen hängen dabei vom Tatgegenstand ab: Je wahrscheinlicher die Wiederholungsmöglichkeit ist, desto präziser müssen die Angaben sein. Die unpräzise Beschreibung des Tatortes schadet z.B. bei einem Verkehrsunfall nicht, da die Gefahr einer Verwechslung mit einer anderen, relativ zeitgleichen Kollision nicht gegeben ist (OLG Schleswig, NJW 1970, 158).   50

Wird dagegen die Nichteinhaltung des erforderlichen Sicherheitsabstandes zur Last gelegt, müssen genaue Angaben zur Tatzeit sowie zur Messstelle gemacht werden, da es sich insofern um kein besonders einprägsames Vorkommen handelt und eine Wiederholung innerhalb kurzer Zeit nicht auszuschließen ist (OLG Celle, DAR 1998, 241 m. Anm. Schäpe; OLG Hamm, DAR 1999, 371; BayObLG, DAR 1998, 479).   51

> **Hinweis:**
>
> *In der nicht hinreichenden Individualisierung ist ein wesentlicher Mangel der Abgrenzungs-funktion zu sehen, der die Unwirksamkeit des Bußgeldbescheides zur Folge hat, sofern die Gefahr einer Verwechslung besteht. Eine Heilung des Mangels durch Bezugnahme auf den Akteninhalt ist nicht statthaft (OLG Hamm, DAR 1978, 79). Allerdings ist die Behörde nicht daran gehindert, an die Stelle des fehlerhaften Bußgeldbescheides einen neuen, fehlerfreien zu setzen; deshalb sollte vor einer Beanstandung des Fehlers die Frage der Verjährung durch den Verteidiger genau geprüft werden.*

52   Der **Informationsfunktion** dienen insbesondere die Angabe der Beweismittel sowie die in § 66 Abs. 2 OWiG vorgeschriebenen Mitteilungen. Ein Fehler bei der Erfüllung dieser Aufgabe schadet dem Bußgeldbescheid nicht, da hier das Vertrauen des Betroffenen nicht geschützt ist: In der Hauptverhandlung können nicht nur die im Bescheid angegebenen Beweise erhoben werden.

53   Enthält der Bescheid keine bzw. so dürftige Angaben zur Rechtsfolge, kann aus ihm nicht voll-streckt werden; hinsichtlich eines widersprüchlichen oder zeitlich **unbestimmten Fahrverbotes** ist zu beachten, dass nach Einspruch in der Hauptverhandlung – mit entsprechendem richterlichem Hinweis – dieses Manko behoben werden kann (BayObLG, DAR 1999, 465).

VI. Einspruch

1. Allgemeines

54   Der Bußgeldbescheid wird nur dann wirksam, wenn sich der Betroffene ihm unterwirft. Macht er dagegen von seinem Einspruchsrecht nach § 67 OWiG Gebrauch, so führt dies zwar nicht zu einer Überprüfung des Bescheides durch das Gericht; vielmehr verändert sich seine Bedeutung von einer vorläufigen Entscheidung hin zu einer Beschuldigung, so dass sich im gerichtlichen Verfahren aus ihm der Tatvorwurf in tatsächlicher und rechtlicher Hinsicht ergibt. Sofern die Verwaltungs-behörde den Bußgeldbescheid nicht im Zwischenverfahren zurücknimmt, bewirkt der Einspruch also den **Übergang** von einem summarischen Verwaltungsverfahren in ein amtsgerichtliches Ver-fahren.

55   Aus seinem Wesen ergibt sich, dass der Einspruch ein **Rechtsbehelf eigener Art** ist. Das im Straf-recht geltende Verschlechterungsverbot (§§ 331, 358 Abs. 2 StPO) gilt im Verfahren nach Ein-spruchseinlegung grds. nicht, so dass es hier zu einer für den Betroffenen nachteiligeren Entschei-dung kommen kann; hierauf wird gem. § 66 Abs. 2 Nr. 1b OWiG im Bußgeldbescheid ausdrücklich hingewiesen.

2. Einspruchsberechtigung

56   Berechtigt zum Einlegen eines Einspruchs ist zunächst der Betroffene (§ 67 Abs. 1 Satz 1 OWiG), also der **Adressat des Bußgeldbescheides.** Stimmen der Adressat und der Betroffene infolge einer Namensverwechslung nicht überein, so kann der Adressat nur für sich, nicht aber für den tatsäch-lich von der Behörde Gemeinten Einspruch einlegen. In diesem Zusammenhang kommt eine Ver-letzung der Umgrenzungsfunktion mit den oben dargelegten Folgen (vgl. Rn. 51) in Betracht.

57   Daneben hat der **Verteidiger** ein eigenes Einspruchsrecht (§ 67 Abs. 1 Satz 2 OWiG i.V.m. § 297 StPO), soweit sich aus seiner Vollmachtsurkunde nichts Gegenteiliges ergibt und dem Rechts-behelf nicht der ausdrückliche Wille des Betroffenen entgegensteht. Sofern der Betroffene gegen-über der Verwaltungsbehörde widerspricht, ist dies als Rücknahme zu werten.

58   Der **gesetzliche Vertreter** (§ 67 Abs. 1 Satz 2 OWiG i.V.m. § 298 StPO) kann ebenfalls selbststän-dig Einspruch einlegen. Anders als der Verteidiger braucht er nicht auf den erklärten Willen des

Betroffenen Rücksicht nehmen; eine Rücknahme oder nachträgliche Beschränkung des Einspruchs ist dagegen nur mit Zustimmung des Betroffenen möglich (§ 67 Abs. 1 Satz 2 OWiG i.V.m. § 302 Abs. 1 Satz 2 StPO).

Schließlich kann durch einen **bevollmächtigten Dritten** im Namen des Betroffenen Einspruch ein-   59
gelegt werden. Hierfür ist lediglich erforderlich, dass zum Zeitpunkt des Einspruchs eine entsprechende Vollmacht vorlag und diese innerhalb einer gewissen Frist nachgewiesen werden kann.
Relevanz kommt dieser Einspruchsberechtigung dann zu, wenn der Betroffene nach Erhalt eines
Anhörungsbogens z.B. längere Zeit verreist, obwohl er mit der Zustellung des Bußgeldbescheides
rechnen muss. Hier ist der Partner bzw. Nachbar zur Entgegennahme des Einschreibens schriftlich
zu ermächtigen und eine Vollmacht zu erteilen, um im Namen des Betroffenen zum Zwecke der
Fristwahrung Einspruch einzulegen; diese Bevollmächtigung sollte aus Beweisgründen schriftlich
erfolgen. Auf diese Weise werden die Probleme eines Wiedereinsetzungsverfahrens leicht vermieden, wenn der Betroffene weiß, dass er demnächst einen Bußgeldbescheid erhält und längere Zeit
verreisen möchte.

3. Adressat

Der Einspruch muss bei der Verwaltungsbehörde eingelegt werden, die den Bußgeldbescheid erlas-   60
sen hat. Wird der Einspruch irrtümlich an eine andere Stelle gesandt – also Staatsanwaltschaft,
Gericht oder sonst unzuständige Behörde –, so wird er nur dann wirksam, wenn er an die zuständige **Stelle** weitergeleitet wird und dort innerhalb der Einspruchsfrist eingeht. Sofern die Verwaltungsbehörde Zweig- oder Außenstellen hat, ist die Frist mit dortigem rechtzeitigem Eingang
gewahrt (BayObLG, VRS 53, 433). Bei einer **gemeinsamen Briefannahmestelle mehrerer Verwaltungsbehörden** entscheidet der Eingang des Einspruchs bei dieser Stelle; etwas anderes gilt
dann, wenn der Adressat falsch benannt wurde und es deshalb zu einer Fristversäumnis kommt.
Sofern die Behörde ein Postschließfach unterhält, gilt das Schreiben im Zeitpunkt des Einsortierens
als zugegangen; auf den Eingangsstempel der Behörde kommt es dann nicht an.

4. Form

In **Schriftform** muss der deutschsprachige (§ 46 Abs. 1 OWiG i.V.m. § 184 GVG) Einspruch abge-   61
fasst sein. Dem Schreiben muss hinreichend deutlich zu entnehmen sein, von wem es ausgeht, welchen Inhalt die Erklärung hat und dass es sich nicht lediglich um einen Entwurf handelt. Somit ist
weder das Fehlen einer handschriftlichen Unterzeichnung noch eine fehlerhafte Benennung als
„Widerspruch" schädlich. Die Einlegung durch Telebrief, Telegramm oder Telefax ist von der
Rechtsprechung nunmehr anerkannt, wobei der Sendebericht nicht als Zugangsnachweis genügt
(BGH, NJW 1995, 565). Zugegangen ist das Schreiben erst mit Ausdruck der letzten Seite. Sofern
die problemlose Datenübertragung bestätigt wird, es aber am Empfangsgerät zum Papierstau kam,
ist dies nicht dem Absender (i.R.d. Wiedereinsetzung nach § 52 OWiG) anzulasten (Rn. 70).

Gem. § 67 Abs. 1 OWiG kann der Einspruch auch zur **Niederschrift bei der Verwaltungsbehörde**   62
eingelegt werden. Der Einspruchsberechtigte kann sich persönlich oder telefonisch an den zuständigen Bediensteten wenden, der zur Anfertigung einer entsprechenden Aktennotiz verpflichtet ist.
Bei der fernmündlichen Einlegung trägt der Betroffene das Beweisrisiko, dass sein Vortrag nicht
als bloße Ankündigung verstanden wird.

5. Frist

Die Einspruchsfrist beträgt gem. § 67 Abs. 1 OWiG **zwei Wochen** und beginnt mit der **wirksamen**   63
Zustellung des Bußgeldbescheides. Für die Modalitäten der Zustellung verweist § 51 Abs. 1 Satz 1
OWiG auf die Verwaltungszustellungsgesetze, wobei in Verkehrsordnungswidrigkeiten die landesrechtlichen Vorschriften Anwendung finden. Die Länder haben für ihren Bereich die Vorschriften
des VwZG entweder weitgehend übernommen oder verweisen direkt auf dieses Gesetz.

64 Im Bußgeldverfahren haben folgende **Zustellungsarten** praktische Relevanz:

- Zustellung durch die Post mit Zustellungsurkunde (§ 3 VwZG),

- Zustellung durch die Post mit eingeschriebenem Brief (§ 4 VwZG) und

- Zustellung durch die Verwaltungsbehörde gegen Empfangsbekenntnis (§ 5 VwZG).

65 Die Behörde hat unter den Gesichtspunkten der Beweissicherheit wie auch der Portokosten die Zustellungsart auszuwählen. Gegenüber dem Mandanten wird i.d.R. nach § 3 bzw. § 4 VwZG, gegenüber dem Verteidiger nach § 5 VwZG zugestellt. Bei Zustellung gegen Empfangsbekenntnis kommt es auf den Tag an, an dem der Anwalt persönlich Kenntnis von der Zustellung erlangt hat; das Datum der Briefannahme durch das Büropersonal ist insofern irrelevant. Der Tag der **persönlichen Kenntnisnahme** ist in dem Empfangsbekenntnis anzuführen.

66 Dem Betroffenen ist das Schriftstück grds. persönlich zu übergeben. Nur wenn dies wegen Nichtantreffens unmöglich ist, darf der Weg einer **Ersatzzustellung** beschritten werden. Dabei ist die gesetzlich vorgesehene Reihenfolge zwingend zu beachten. Unzulässig ist somit die Niederlegung eines mit Zustellungsurkunde versandten Schreibens bei der Post nach § 51 Abs. 1 OWiG i.V.m. § 3 Abs. 3 VwZG i.V.m. § 182 ZPO, wenn kein Versuch einer Ersatzzustellung an Hausgenossen nach § 181 ZPO vorangegangen ist. Diese Unwirksamkeit der Zustellung führt dazu, dass die Einspruchsfrist nach § 67 Abs. 1 OWiG nicht ausgelöst wird.

67 Durfte im Wege der Ersatzzustellung das Schreiben übergeben werden, so beginnt die Einspruchsfrist mit **Durchführung** dieser Maßnahme; der Zeitpunkt der Kenntniserlangung durch den Betroffenen ist dann ohne Bedeutung. Allein der Antrag auf Wiedereinsetzung vermag hier die Heilung der Fristversäumnis (vgl. Rn. 69 ff.).

68 Die Einspruchsfrist beträgt gem. § 67 Abs. 1 OWiG **zwei Wochen.** Die **Berechnung** richtet sich gem. § 47 Abs. 1 OWiG i.V.m. §§ 42, 43 StPO nach strafprozessualen Vorschriften: Danach wird der Tag der Zustellung nicht mitgezählt. Wird an einem Mittwoch zugestellt, so endet die Einspruchsfrist am übernächsten Mittwoch, 24.00 Uhr, sofern dieser kein allgemeiner Feiertag ist. Ohne Vorhandensein besonderer Umstände darf der Betroffene darauf vertrauen, dass innerhalb des Bundesgebietes eine Zustellung binnen zweier Arbeitstage erfolgt.

6. Wiedereinsetzung

69 Nach § 52 OWiG i.V.m. § 44 StPO ist auf Antrag die Wiedereinsetzung in den vorigen Stand zu gewähren, wenn der Betroffene ohne Verschulden an der Einhaltung einer Frist gehindert war. Zuständig für die Gewährung ist grds. die Vollstreckungsbehörde (§ 52 Abs. 2 OWiG). Binnen einer Woche nach Wegfall des Hindernisses sind der Antrag zu stellen und die versäumte Handlung nachzuholen; auf einen bereits eingelegten, aber verfristeten Einspruch kann statt dessen Bezug genommen werden. Die Tatsachen zur Begründung müssen **glaubhaft gemacht** werden; die näheren Umstände sind soweit zu beweisen, dass die Verwaltungsbehörde die Behauptungen für wahrscheinlich hält und ohne weitere Ermittlungen entscheiden kann. Hier kommen insbesondere Bescheinigungen, Hotelrechnungen, Fahrkarten, abgestempelte Briefumschläge und eidesstattliche Versicherungen oder Erklärungen von Zeugen – nicht aber des Antragstellers – in Betracht.

70 Ein **Verschulden des Verteidigers** oder seines Kanzleipersonals muss sich der Betroffene hier ebenso wenig anrechnen lassen wie ein Verschulden der Behörde. Sofern er eine andere Person einschaltet, steht er für deren Verschulden dann nicht ein, wenn er auf ein rechtzeitiges Tätigwerden vertrauen durfte. Die fehlende Kenntnis von der Zustellung ist nicht bereits deshalb als selbstverschuldet anzusehen, weil der Betroffene keine entsprechenden Vorkehrungen getroffen hat. Wer von seiner ständig genutzten Wohnung nur vorübergehend (max. sechs Wochen) abwesend ist, braucht keine besonderen Vorkehrungen zu treffen (BVerfG, NJW 1993, 847).

Durch den Antrag auf Wiedereinsetzung wird gem. § 52 Abs. 1 OWiG i.V.m. § 47 StPO die Voll- **71** streckung des Bußgeldbescheides nicht gehemmt (§ 52 Abs. 2 Satz 2 OWiG i.V.m. § 307 Abs. 1 StPO).

Hinweis:

Daher empfiehlt es sich, gemeinsam mit der Wiedereinsetzung den Vollstreckungsaufschub zu beantragen; so wird vermieden, dass die im Bescheid festgesetzte Strafe vor einer Entscheidung über die Wiedereinsetzung zwangsweise beigetrieben wird.

Hiervon wird auch ein im Bußgeldbescheid verhängtes **Fahrverbot** erfasst. Die Verwaltungs- **72** behörde bzw. – nach Vorlage der Akten – das Gericht hat hierüber in pflichtgemäßer Ermessensausübung zu entscheiden. Abgewogen wird dabei das öffentliche Interesse an der sofortigen Vollziehung, die drohenden Nachteile des Betroffenen sowie die Erfolgsaussichten des Wiedereinsetzungsantrages. Bis zur positiven Entscheidung über den Vollstreckungsaufschub darf nicht mit Kraftfahrzeugen am Straßenverkehr teilgenommen werden. Deshalb sollte noch vor Antragstellung – möglichst telefonisch – die ungefähre Bearbeitungsdauer erfragt und eine beschleunigte Behandlung erbeten werden. In jedem Fall muss die Zeit, in der sich der Führerschein in amtlicher Verwahrung befindet, auf die Dauer des Fahrverbotes angerechnet werden, so dass trotz des Antrages auf Wiedereinsetzung und Vollstreckungsaufschubes der Führerschein umgehend abzugeben ist.

Die Gewährung der Wiedereinsetzung bewirkt, dass der verspätete Einspruch als rechtzeitig einge- **73** legt angesehen wird. Bei einer Verwerfung des Antrages durch die Verwaltungsbehörde kann innerhalb von zwei Wochen die gerichtliche Entscheidung nach § 52 Abs. 2 Satz 3 i.V.m. § 62 OWiG beantragt werden.

7. Bedingung

Der Einspruch ist als Rechtsmittel grds. bedingungsfeindlich; er darf nicht auf ein ungewisses **74** zukünftiges Ereignis abstellen. Vielmehr muss der Wille, den Vorgang einer Überprüfung zuzuleiten, eindeutig aus der Einspruchseinlegung hervorgehen. Zweifel gehen dabei zu Lasten des Betroffenen. Deshalb sollte auch davon Abstand genommen werden, „**vorsorglich**" wegen noch ausstehender Prüfung der Sachlage Rechtsmittel einzulegen. Da es allein in der Macht des Betroffenen steht, vor Aufruf der Sache seinen Einspruch zurückzunehmen, ist dieser Vorbehalt überflüssig und daher nicht empfehlenswert. Besser ist es in diesen Fällen, sich in der Einlegungsschrift eine Begründung des Rechtsmittels vorzubehalten bzw. für einen späteren Zeitpunkt anzukündigen.

8. Beschränkung

Bislang war eine Beschränkung des Einspruchs nach § 67 Abs. 2 OWiG a.F. nur dann statthaft, **75** wenn es sich um mehrere prozessuale Taten handelt, die auch in gesonderten Bußgeldbescheiden hätten geahndet werden können (**sog. vertikale Beschränkung**). Durch das Gesetz zur Änderung des Ordnungswidrigkeitengesetzes vom 26.1.1998 wurde § 67 Abs. 2 OWiG dahingehend neu gefasst, dass der Einspruch auf **bestimmte Beschwerdepunkte** beschränkt werden kann. Die Neuregelung ermöglicht es, sowohl Teilaspekte der zur Last gelegten Tat als auch die Rechtsfolgen der Ordnungswidrigkeit zum Gegenstand des weiteren Verfahrens zu machen (**sog. horizontale Beschränkung**). Insbesondere kann gegen die Höhe der Geldbuße oder die Verhängung eines Fahrverbotes gesondert Einspruch eingelegt werden (BayObLG, NZV 1999, 51).

76 Zweifel erscheinen berechtigt, ob die hiervon **erwartete Entlastung der Justiz** eintreten wird. Die Einsprüche werden nämlich nicht zahlenmäßig abnehmen, sondern lediglich substantiierter erhoben. Darüber hinaus führt die Beschränkung auf die Rechtsfolgen dazu, dass die Tatbegehung ausdrücklich zugestanden und damit eine gerichtliche Prüfung dieser Umstände abgeschnitten wird. Ein auf bestimmte Beschwerdepunkte beschränkter Einspruch kann innerhalb der zweiwöchigen Frist nach § 67 Abs. 1 Satz 1 OWiG auf die bislang nicht angegriffenen Teile ausgedehnt und die Beschränkung damit aufgehoben werden. Andererseits kann der auf die Rechtsfolgen beschränkte Einspruch dort vorzugswürdig erscheinen, wo die Gefahr einer materiell rechtlichen Verschlechterung wegen des Übergangs in das Strafverfahren (vgl. Rn. 120 ff.) besteht.

9. Begründung

77 Zwar schreibt das Gesetz nicht vor, dass der Einspruch begründet werden muss; im Hinblick auf das Zwischenverfahren erscheint es aber durchwegs sinnvoll, bisher unberücksichtigt gebliebene tatsächliche oder rechtliche **Aspekte darzulegen,** um so der Behörde eine Überprüfung der bisherigen Position und ggf. eine Übernahme der eigenen Argumentation zu ermöglichen. Gerade wegen der umfassenden Ermessensregelung bei der Ablehnung eines Beweisantrages (§ 77 Abs. 2 Nr. 2 OWiG) sollte genau überprüft werden, ob die Benennung von Beweismitteln hier oder erst in der Hauptverhandlung erfolgt.

10. Rücknahme

78 Der Einspruch kann **in jedem Stadium** des Ordnungswidrigkeitenverfahrens zurückgenommen werden (§ 67 Abs. 1 Satz 2 OWiG i.V.m. § 302 StPO). Durch die Änderung des § 67 Abs. 2 OWiG ist nunmehr auch eine nur beschränkte Einspruchsrücknahme möglich. Für die **Form der Rücknahme** gelten dieselben Anforderungen wie hinsichtlich der Einlegung des Einspruchs (vgl. Rn. 61 f.); allerdings bedarf der Verteidiger gem. § 67 Abs. 1 Satz 2 OWiG i.V.m. § 302 Abs. 2 StPO stets der ausdrücklichen Ermächtigung des Betroffenen, und zwar unabhängig davon, ob er selbst oder der Betroffene Einspruch eingelegt hat. Zuständig für die Entgegennahme der Erklärung ist die Stelle, bei der das Verfahren gerade anhängig ist; dies kann die Verwaltungsbehörde, die Staatsanwaltschaft oder das Gericht sein.

79 Nach § 71 Abs. 1 OWiG i.V.m. §§ 411 Abs. 3 Satz 2, 303 StPO kann die Rücknahme nach Beginn der Hauptverhandlung nur mit **Zustimmung der Staatsanwaltschaft** erfolgen. Nur wenn die Staatsanwaltschaft nicht an der Hauptverhandlung teilnimmt, ist ihre Zustimmung nach § 75 Abs. 2 OWiG entbehrlich. Wird dagegen der Einspruch nach Aussetzung außerhalb der Hauptverhandlung zurückgenommen, so greift die Sonderregelung des § 75 Abs. 2 OWiG nicht; die Wirksamkeit der Rücknahme hängt von der Genehmigung der Staatsanwaltschaft ab (LG Berlin, DAR 1970, 274; LG Hof, MDR 1972, 889).

80 | *Hinweis:*
| *Dies hat erhebliche Konsequenzen bei einem verhängten Fahrverbot, wenn aus taktischen Erwägungen die Hauptverhandlung unterbrochen bzw. ausgesetzt wird und der Einspruch zu einem Zeitpunkt zurückgenommen wird, der dem Betroffenen günstig erscheint: Auch wenn unmittelbar nach der Rücknahme der Führerschein in amtliche Verwahrung gegeben wird, läuft die Monatsfrist erst mit Vorliegen der Zustimmung, da anderenfalls noch keine Rechtskraft eingetreten ist. Sofern die in § 25 Abs. 2a StVG eingeräumte Vergünstigung (vgl. Rn. 241) nicht anwendbar ist, sollte bei einem solchen Vorgehen die Zustimmung der Staatsanwaltschaft vorsorglich eingeholt und mit der Rücknahmeerklärung abgegeben werden.*

Schäpe

VII. Zwischenverfahren

1. Allgemeines

Durch das Verfahren nach § 69 OWiG soll vermieden werden, dass unzulässige Einsprüche bzw. 81
unzureichend aufgeklärte Sachverhalte zu Gericht gelangen. Die Entlastung der Gerichte war das
erklärte Ziel des OWiG-Reformgesetzes vom 7.7.1986; dort wurden den Staatsanwaltschaften
umfassende Kontrollaufgaben zugewiesen. Mit dem Gesetz zur Änderung des OWiG vom
26.1.1998 wurde die Funktion der Staatsanwaltschaft in dieser Verfahrensstufe weitgehend zurückgenommen: Da die Staatsanwaltschaften überlastet sind und deshalb zu einer gründlichen Durch-
arbeitung der Vorgänge aus Personal- und Zeitgründen in der Vergangenheit kaum in der Lage
waren, wird die Befugnis zur Rückgabe an die Verwaltungsbehörde (§ 69 Abs. 5 OWiG a.F.) auf
den Richter am AG übertragen. Begründet wird diese Aufgabenverteilung damit, dass dieser Richter ohnehin die Vorgänge durcharbeiten muss; wegen seines eigenen Interesses an einer Entlastung
vor überflüssigen Hauptverhandlungen soll trotz dieser Mehrarbeit die Belastung der Gerichte
geringer ausfallen.

Hinweis:

*Da die Gefahr besteht, dass diese Novellierung zu Lasten der Qualität geht, ist der Verteidi-
ger zu erhöhter Achtsamkeit aufgerufen.*

---

2. Unzulässigkeit des Einspruchs

Nach Eingang des Einspruchs bei der Verwaltungsbehörde prüft diese gem. § 69 Abs. 1 OWiG 82
zunächst, ob die Einlegung des Rechtsmittels wirksam erfolgt ist (vgl. Rn 56 ff.). Die **Verwerfung**
eines unzulässigen Einspruchs erfolgt durch Bescheid, gegen den innerhalb von zwei Wochen ab
Zustellung die gerichtliche Entscheidung nach § 62 OWiG beantragt werden kann.

Im Bescheid sind die Gründe für die Verwerfung anzuführen; bei Verfristung ist auf die Möglich- 83
keit der Wiedereinsetzung nach § 52 OWiG hinzuweisen.

Hinweis:

*Statthaft und zweckmäßig ist in Fällen der behaupteten Verfristung das kumulative Einlegen
eines Wiedereinsetzungsantrages wie auch des Rechtsbehelfs nach §§ 69 Abs. 1 Satz 2, 62
OWiG. Die Behörde wird zunächst die Verwerfung überprüfen und bei negativem Ergebnis
über den Wiedereinsetzungsantrag entscheiden (OLG Hamm, NStZ 1984, 64). Zu berücksichtigen ist, dass auch der Antrag nach §§ 69 Abs. 1 Satz 2, 62 OWiG – ebenso wie der Wiedereinsetzungsantrag nach § 52 OWiG – keine aufschiebende Wirkung hat (§ 62 Abs. 2 Satz 2
OWiG i.V.m. § 307 Abs. 1 StPO), so dass dann die Aussetzung der Vollziehung beantragt werden sollte (vgl. Rn. 71 f.).*

---

3. Nachprüfungspflicht der Behörde

Bei einem zulässigen Einspruch ist die Verwaltungsbehörde nach § 69 Abs. 2 Satz 1 OWiG ver- 84
pflichtet, den Sachverhalt nochmals in tatsächlicher Hinsicht zu prüfen und rechtlich zu würdigen.
Die Anordnung bzw. die Vornahme weiterer Ermittlungen sowie die Beschaffung behördlicher
Beweismittel nach § 69 Abs. 2 Satz 2 OWiG konkretisiert diese Aufgabe. Eine **Grenze der neuer-
lichen Ermittlungen** ist dann gegeben, wenn diese unverhältnismäßig ausgedehnt werden müssten
bzw. Beweise besser in der Hauptverhandlung erhoben werden oder die Gefahr der Verfolgungsverjährung besteht. Insbesondere bei einem nichtbegründeten Einspruch hat die Behörde gem. § 69

Abs. 2 Satz 3 OWiG dem Betroffenen bzw. seinem Verteidiger Gelegenheit zu geben, etwaige Einwendungen vorzutragen, um der Prüfungspflicht nach § 69 Abs. 2 Satz 1 OWiG zu genügen.

85 Sofern der Vortrag des Betroffenen dazu führt, dass die erhobenen Vorwürfe entkräftet werden bzw. die Ahndung nicht mehr geboten erscheint, wird der Bußgeldbescheid nach § 69 Abs. 2 Satz 1 OWiG von der Behörde **schriftlich zurückgenommen.** Ebenso wenig wie der Erlass bedarf auch die Rücknahme des Bescheides keiner Begründung. Die Rücknahme bewirkt, dass das Verfahren in den Stand vor Erlass des Bußgeldbescheides versetzt wird; gleichwohl bleibt dessen verjährungsunterbrechende Wirkung (§ 33 Abs. 1 Nr. 9 OWiG) bestehen (OLG Frankfurt, NJW 1979, 2161). Die Behörde kann deshalb erneut einen (regelmäßig milderen) Bußgeldbescheid erlassen, wenn sie sich von den Argumenten des Betroffenen überzeugen ließ; ferner besteht die Möglichkeit, das Verfahren einzustellen oder an eine andere Verwaltungsbehörde bzw. die Staatsanwaltschaft abzugeben.

4. Übersendung der Akten

86 Die Akten werden über die Staatsanwaltschaft an das Amtsgericht übersendet, wenn der Einspruch nicht verworfen und der Bußgeldbescheid nicht zurückgenommen wurde. Damit wird die Staatsanwaltschaft Verfolgungsbehörde und hat die **Befugnis** zu ergänzenden Ermittlungen. Sofern sie weder das Verfahren einstellt – mit der Folge einer eigenen Kosten- und Auslagenentscheidung nach § 108a OWiG – noch weitere Ermittlungen durchführt, legt sie die Akten dem zuständigen Richter vor (§ 69 Abs. 4 Satz 2 OWiG). Bei offensichtlich ungenügender Sachverhaltsaufklärung kann der Richter – mit Zustimmung der Staatsanwaltschaft – die Sache unter Angabe der Gründe an die Verwaltungsbehörde zurückverweisen, die damit wieder für Verfolgung und Ahndung zuständig wird. Verneint der Richter bei erneuter Übersendung den hinreichenden Tatverdacht, so kann er durch einen unanfechtbaren Beschluss die Sache endgültig an die Behörde zurückgeben; dieser bleibt dann nichts anderes übrig, als den Bußgeldbescheid zurückzunehmen und das Verfahren einzustellen.

B. Verfahren vor dem Amtsgericht

I. Beschlussverfahren

1. Verwerfung nach § 70 OWiG

87 Sofern die Verwaltungsbehörde die Unzulässigkeit des Einspruchs übersehen oder fälschlicherweise die Zulässigkeit bejaht hat, sieht § 70 Abs. 1 OWiG die Verwerfung des Einspruches durch Beschluss, also außerhalb einer Hauptverhandlung vor. Geprüft werden dabei ausschließlich die **Zulässigkeitsvoraussetzungen** des Einspruches, nicht dagegen andere Verfahrensmängel. Der Beschluss ist gem. § 46 Abs. 1 OWiG i.V.m. § 34 StPO zu begründen; als Rechtsmittel sehen §§ 70 Abs. 2, 46 Abs. 1 OWiG i.V.m. § 311 StPO die **sofortige Beschwerde** binnen einer Woche ab Zustellung vor.

88 Wird der Einspruchsmangel erst **in der Hauptverhandlung** bemerkt, so erfolgt die Verwerfung gem. § 46 Abs. 1 OWiG i.V.m. § 260 Abs. 3 StPO durch Prozessurteil. Hiergegen ist gem. § 49 Abs. 1 Nr. 4 OWiG die **Rechtsbeschwerde** möglich.

2. Entscheidung nach § 72 OWiG

89 Sofern das Gericht die Durchführung einer Hauptverhandlung für entbehrlich hält, kann es unter den in § 72 Abs. 1 OWiG näher ausgeführten Voraussetzungen durch Beschluss entscheiden. Dabei hängt diese Verfahrensweise weder von der Höhe der Geldbuße noch von der Verhängung eines Fahrverbotes ab. Vielmehr kommt sie immer dann in Betracht, wenn aufgrund der Aktenlage der

Sachverhalt als geklärt anzusehen ist. Stehen dem Tatvorwurf Einwendungen des Betroffenen entgegen, so ist das Beschlussverfahren regelmäßig als ungeeignet anzusehen. Auch bei der Notwendigkeit ergänzender Ermittlungen verdient die Hauptverhandlung den Vorzug.

Vor der Durchführung des Beschlussverfahrens muss sowohl der Betroffene als auch die Staatsanwaltschaft auf diese Möglichkeit hingewiesen und eine zweiwöchige Frist zur Äußerung eingeräumt werden. Der **Hinweis** ist dann entbehrlich, wenn der Betroffene freigesprochen wird oder von ihm bzw. seinem Verteidiger die Anregung zur Entscheidung im Beschlussverfahren kam. Die Widerspruchserklärung bedarf keiner besonderen Form; bei der Ermittlung des tatsächlichen Willens ist das gesamte bisherige Verhalten des Betroffenen zu würdigen.   90

Das Gericht entscheidet gem. § 72 Abs. 3 OWiG darüber, ob der Betroffene freigesprochen, eine Geldbuße festgesetzt oder eine Nebenfolge angeordnet wird. Eine **Einstellung des Verfahrens** nach § 72 OWiG kommt nur dann in Betracht, wenn ein Verfahrenshindernis nach der Entscheidung über das schriftliche Verfahren erkannt wird; anderenfalls ist nach § 46 Abs. 1 OWiG i.V.m. § 206a StPO zu verfahren. Bei der Entscheidung nach § 72 OWiG ist stets zu beachten, dass hier wegen § 72 Abs. 3 Satz 2 OWiG das **Verschlechterungsverbot** gilt.   91

Der Beschluss ist grds. ebenso zu begründen wie ein Urteil (§ 72 Abs. 4 OWiG). Nur wenn die Verfahrensbeteiligten hierauf ausdrücklich verzichtet haben, kann von einer **Begründung** abgesehen und auf den Inhalt des Bußgeldbescheides verwiesen werden (§ 72 Abs. 6 OWiG). Nach dieser gesonderten Zustimmung wird das Gericht sinnvollerweise bereits bei der Einholung des Einverständnisses mit der Beschlussempfehlung fragen.   92

Wird allerdings gegen den Beschluss Rechtsbeschwerde eingelegt, so sind gem. § 72 Abs. 6 Satz 3 OWiG innerhalb von fünf Wochen die vollständigen Gründe zu den Akten zu bringen.   93

> *Hinweis:*
> *Wie die praktische Erfahrung zeigt, wird in Beschlussverfahren nur äußerst selten vom Bußgeldbescheid abgewichen, z.B. wenn zwischenzeitliche Tilgungsreife von Voreintragungen eingetreten ist und deshalb keine Erhöhung der Regelgeldbuße mehr statthaft ist. Eine bedingungslose Zustimmung wird nur in eindeutigen Fällen den Interessen gerecht. Allerdings kann das Einverständnis zum Beschlussverfahren von Bedingungen abhängig gemacht werden, so z.B. vom Absehen eines Fahrverbotes oder der Reduzierung der Geldbuße unter die Eintragungsgrenze. Wird daraufhin durch Beschluss entschieden, kann das Strafmaß maximal das in der bedingten Zustimmung Erklärte erreichen; anderenfalls muss das Gericht zur Hauptverhandlung terminieren, was als Indikator dafür anzusehen ist, dass im Termin weitere Anstrengungen zur Überzeugung des Richters nötig sein werden.*

Um die Akzeptanz des Beschlussverfahrens auf Seiten der Anwaltschaft zu erhöhen, wurde mit dem Gesetz zur Änderung des OWiG vom 26.1.1998 auch § 105 BRAGO geändert. Danach erhält der Verteidiger die nach § 83 Abs. 1 Nr. 3 BRAGO vorgesehene **volle Gebühr** auch dann, wenn das AG ohne Hauptverhandlung gem. § 72 OWiG durch Beschluss entscheidet. Dieser finanzielle Anreiz darf aber nicht dazu führen, dass die höheren Erfolgsaussichten einer mündlichen Verhandlung unberücksichtigt bleiben. Neben der eben dargelegten Möglichkeit einer bedingten Zustimmung ist stets darauf zu achten, dass beim Verfahren nach § 72 OWiG die anwaltliche Darstellung der Sach- und Rechtslage vollständig bei den Akten ist und keinen weiteren Aufklärungsbedarf erweckt.   94

II. Anwesenheitspflicht

1. Erscheinenspflicht

95 Nach § 73 Abs. 1 a.F. OWiG war der Betroffene nicht zum Erscheinen in der Hauptverhandlung verpflichtet; allerdings konnte das Gericht zur Aufklärung des Sachverhaltes das persönliche Erscheinen anordnen (§ 73 Abs. 2 a.F. OWiG). Dieses Regel-Ausnahmeverhältnis ist durch die **Neuregelung** des OWiG umgekehrt worden. Nach dem neuen § 73 Abs. 1 OWiG ist der Betroffene verpflichtet, in der Hauptverhandlung zu erscheinen. Von dieser **Verpflichtung** wird er auf Antrag entbunden, sofern er sich entweder zur Sache geäußert hat oder aber erklärt hat, dass er in der Hauptverhandlung von seinem Aussageverweigerungsrecht Gebrauch machen wird; diese Erleichterung des § 73 Abs. 2 OWiG steht unter der Voraussetzung, dass die Anwesenheit des Betroffenen nicht zur Aufklärung wesentlicher Aspekte des Sachverhalts erforderlich ist (BayObLG, DAR 1999, 272). Somit muss der Betroffene die Initiative ergreifen, wenn er nicht zum Termin erscheinen möchte.

96 Während nach der alten Rechtslage die Anwesenheit auch zur Aufklärung untergeordneter Gesichtspunkte gefordert werden konnte, muss der Betroffene jetzt trotz seines Antrages nur dann zur Hauptverhandlung kommen, wenn **wesentliche Sachverhaltsfragen** aufgeklärt werden müssen. Die Gefahr, dass die Anwesenheitspflicht als Druckmittel für eine Einspruchsrücknahme benutzt wird, bleibt bestehen.

2. Kommissarische Vernehmung

97 **Faktisch abgeschafft** wurde mit der Neuregelung die bisherige Möglichkeit, den Betroffenen durch einen ersuchten Richter vernehmen zu lassen (BGH, DAR 1999, 321). Sofern das Gericht trotz schriftlicher Aussage zur Sache ein **persönliches Erscheinen** des Betroffenen für unerlässlich hält, wäre es ein Widerspruch, würde diese Aufklärung wichtiger Sachverhaltsfragen einem Dritten übertragen. Dies gilt nicht nur in den Fällen einer Identifizierung des Betroffenen anhand eines Frontfotos bei Bestreiten der Fahrereigenschaft (BayObLG, DAR 1998, 400; 1999, 222), sondern wohl auch bei der Beurteilung, ob die schriftlich vorgetragenen Gefahren für die berufliche Existenz infolge der Verhängung eines Fahrverbotes wahrscheinlich sind. Im Umkehrschluss bedeutet das, dass vorrangig derartige Konstellationen die Anwesenheitspflicht nach § 73 Abs. 2 OWiG begründen können (BayObLG, NStZ-RR 1999, 117).

98 Sofern der Betroffene von der Erscheinenspflicht entbunden wurde, kann er sich – wie bisher – nach § 73 Abs. 3 OWiG von einem schriftlich bevollmächtigten Verteidiger **vertreten** lassen. Dieser vertritt den Betroffenen in der Erklärung und im Willen, so dass er deshalb auch zur Sache aussagen kann.

3. Verfahren bei Abwesenheit

99 Mit der Änderung der Anwesenheitspflicht ging eine Novellierung des Verfahrens bei Abwesenheit nach § 74 OWiG einher. So wird – wie bisher – die Hauptverhandlung in Abwesenheit des Betroffenen durchgeführt, wenn er nicht erschienen ist und von dieser Verpflichtung **entbunden** war (OLG Köln, NZV 1999, 261 mit Anm. Deutscher). Seine früher gemachten Aussagen und Erklärungen werden durch Verlesen oder Mitteilung ihres wesentlichen Inhalts eingeführt (§ 74 Abs. 1 Satz 2 OWiG).

100 Ändern sich rechtliche Gesichtspunkte und wird infolge dessen ein Hinweis nach § 46 Abs. 1 OWiG i.V.m. § 265 StPO erforderlich, so genügt es nach § 74 Abs. 1 Satz 3 OWiG, diese **Veränderung** dem anwesenden Verteidiger mitzuteilen; ist der abwesende Betroffene nicht anwaltlich vertreten, muss bei einer entsprechenden Änderung die Hauptverhandlung ausgesetzt und dem Betroffenen Gelegenheit zur Äußerung gegeben werden.

Neu geregelt ist das Verfahren, wenn der Betroffene **ohne genügende Entschuldigung** ausgeblie- **101**
ben ist. Nach § 74 Abs. 2 OWiG hat das Gericht ohne Verhandlung zur Sache den Einspruch durch
Urteil zu verwerfen, wenn der Betroffene unentschuldigt fehlt, obwohl er von der Erscheinenspflicht nicht entbunden war. Bislang war die Verwerfung fakultativ, so dass das Gericht den
schriftlichen Vortrag des Betroffenen verwerten konnte, wenn dies voraussichtlich zu einem
raschen endgültigen Abschluss führt. Dieses richterliche Wahlrecht war somit ein Instrument der
Verfahrenserleichterung und trug überdies dazu bei, dass offensichtliche Gründe für den Freispruch bzw. eine Einstellung Berücksichtigung finden konnten.

Eine **Verwerfung des Einspruches** setzt voraus, dass dem Entbindungsantrag nicht stattgegeben **102**
wurde, der Betroffene ordnungsgemäß geladen war und er ohne genügende Entschuldigung ausge-
blieben ist, wobei er über die Folgen seines Fernbleibens belehrt wurde. Fehlt eine dieser Voraussetzungen, so ist die Verwerfung unzulässig (OLG Köln, DAR 1999, 40).

Der Betroffene bleibt dann aus, wenn er zu Beginn der Hauptverhandlung nicht erscheint, wobei **103**
eine geringfügige Verspätung (etwa 15 Minuten) akzeptiert werden muss (OLG Hamm, NZV 1997,
408). Sofern das baldige Erscheinen des Betroffenen angekündigt wurde, ist ein etwas längerer
Zeitraum zumutbar. Dem **Ausbleiben** steht das **vorzeitige Entfernen** des Betroffenen gleich, weil
auch in diesem Fall die Mitwirkungspflicht verletzt wird (KrG Saalfeld, NStZ 1994, 41).

Eine **Entschuldigung** ist nur dann als ausreichend i.S.v. § 74 Abs. 2 OWiG anzusehen, wenn das **104**
Erscheinen unter Berücksichtigung der Umstände und der Bedeutung der Sache nicht zumutbar
oder nicht möglich war. Die Verpflichtung zum Erscheinen vor Gericht geht dabei der Erledigung
privater oder beruflicher Angelegenheiten grds. vor (OLG Düsseldorf, NJW 1997, 2062), sofern es
sich nicht um unaufschiebbare oder besonders bedeutsame Vorgänge handelt. Die Umstände des
Einzelfalles sind im **Freibeweisverfahren** zu klären.

Bei **Krankheit des Betroffenen** genügt ein ärztliches Attest über die Arbeitsunfähigkeit nicht, da **105**
diese für die Erscheinungsverpflichtung ohne Relevanz ist. Vielmehr muss attestiert werden, dass
der Betroffene reise- und/oder verhandlungsunfähig ist. In der Vorlage eines solchen Schreibens
liegt die Zustimmung zur Einholung entsprechender Informationen beim behandelnden Arzt (OLG
Oldenburg, VRS 88, 295).

Sofern die Verhandlung – unabhängig davon, ob er vom Erscheinen entbunden war – ohne den **106**
Betroffenen stattgefunden hat, kann er innerhalb einer Woche ab Urteilszustellung um **Wiederein-**
setzung in den vorigen Stand unter den gleichen Voraussetzungen wie bei einer Fristversäumung
nachsuchen. Hierüber ist gem. § 74 Abs. 4 Satz 2 OWiG bei der Urteilszustellung zu belehren.
Gegen eine Verwerfung des Antrags auf Wiedereinsetzung ist gem. § 46 Abs. 1 OWiG i.V.m § 46
Abs. 3 StPO die sofortige Beschwerde (§ 46 Abs. 1 OWiG i.V.m. § 311 StPO) statthaft.

III. Beweisaufnahme

1. Umfang

Ebenso wie im Strafverfahren gilt im Ordnungswidrigkeitenrecht die **Amtsaufklärungspflicht.** **107**
Dabei hat das Gericht zunächst zu prüfen, ob der Sachverhalt aufgrund des Akteninhalts hinreichend geklärt ist. Wird dies verneint, kann das Gericht entweder vor der Hauptverhandlung einzelne Beweiserhebungen anordnen (§ 71 Abs. 2 Satz 1 Nr. 1 OWiG) bzw. behördliche Erklärungen
einholen (§ 71 Abs. 2 Satz 1 Nr. 2 OWiG) oder die Hauptverhandlung anberaumen. Bei ausreichend aufgeklärtem Sachverhalt kann das Gericht – unter den näheren Voraussetzungen des § 72
OWiG (vgl. Rn. 89) – durch Beschluss entscheiden.

Den Umfang der Beweisaufnahme bestimmt das Gericht nach **pflichtgemäßem Ermessen**; es hat **108**
dabei auch die Bedeutung der Sache zu berücksichtigen (§ 77 Abs. 1 Satz 2 OWiG), so dass Wert
und Nutzen eines Beweismittels einfließen. Die Verpflichtung zur Wahrheitserforschung von Amts
wegen nach § 77 Abs. 1 Satz 1 OWiG bedeutet, dass den Betroffenen weder eine Darlegungs- oder
Beweislast noch eine Mitwirkungspflicht trifft (OLG Koblenz, DAR 1987, 296). Die Reichweite

der Aufklärungspflicht bemisst sich danach, ob die Sachlage – nach Akteninhalt und bisherigem Verfahrensablauf – zur Erhebung weiterer Beweise drängt oder diese zumindest nahe legt. So kann z. B. die Feststellung, ob der auf einem Frontfoto abgelichtete Fahrer mit dem Betroffenen identisch ist, nicht der Einschätzung eines Polizisten, also eines Zeugen überlassen bleiben; hier muss sich das Gericht selbst von den verfahrenserheblichen Umständen überzeugen (OLG Stuttgart, VRS 62, 459).

2. Abwesenheitsverfahren

109 Bei erlaubter Abwesenheit des Betroffenen dürfen zu Ungunsten des Betroffenen nur solche Beweismittel verwendet werden, die **dem Betroffenen bekannt** waren; sie sind in der Ladung zur Hauptverhandlung mitzuteilen (OLG Hamm, NJW 1996, 534). Dasselbe gilt für die Hinzuziehung eines Sachverständigen oder vom Zeugen vorgelegte, dem Betroffenen unbekannte Beweismittel. Im Vorverfahren gestellte Beweisanträge müssen im Abwesenheitsverfahren nicht mehr beschieden werden; sie gelten lediglich als Beweisanregungen, finden aber gleichwohl wegen der Aufklärungspflicht Beachtung (BayObLG, NZV 1996, 211). Dagegen ist der Anspruch auf rechtliches Gehör nicht verletzt, wenn Registerauszüge (BZR, VZR) verwertet werden, da mit einer Berücksichtigung aktenkundiger Vorgänge gerechnet werden muss (BayObLG, NZV 1995, 559).

3. Beweisantrag

110 Der Beweisantrag (s. dazu Burhoff, Handbuch für die strafrechtliche Hauptverhandlung, Rn. 255 ff.) ist das ernsthafte, unbedingte oder an eine konkrete Bedingung geknüpfte **Verlangen,** über eine Behauptung der Schuld- oder Rechtsfolgenfrage durch bestimmte Mittel Beweis zu erheben. Der Antragsteller muss dabei deutlich machen, dass er die Beweiserhebung verlangt und nicht nur in das richterliche Ermessen stellt. Der Antrag muss eine näher umschriebene Beweistatsache bezeichnen; diese muss bestimmt behauptet werden. Schließlich muss ein konkretes Beweismittel angegeben werden, bei dem eine Beziehung zur Beweistatsache erkennbar ist. Statthaft ist es, einen Beweisantrag unter der Bedingung des Eintritts einer bestimmten Prozesslage zu stellen (**bedingter Beweisantrag**) oder von der Entscheidung über einen verfahrensabschließenden Hauptantrag abhängig zu machen (**Hilfsbeweisantrag**).

4. Ablehnungsgründe

111 Sofern das Gericht den Sachverhalt nach dem bisherigen Ergebnis der Beweisaufnahme **für geklärt hält**, kann ein Beweisantrag unter bestimmten Voraussetzungen abgelehnt werden. Dabei werden die Fälle des § 244 Abs. 3 StPO auf die fehlende Erforderlichkeit (§ 77 Abs. 2 Nr. 1 OWiG) und das verspätete Vorbringen (§ 77 Abs. 2 Nr. 2 OWiG) ausgedehnt.

a) Zwingende Ablehnungsgründe nach § 244 Abs. 3 StPO

112 Der Beweisantrag ist nach § 244 Abs. 3 Satz 1 StPO dann zwingend abzulehnen (s. dazu Burhoff, a.a.O., Rn. 261 ff.), wenn das angebotene **Beweismittel** oder das **Beweisthema unzulässig** ist. Daneben kann das Gericht einen Beweisantrag wegen seiner **Bedeutungslosigkeit** für die Entscheidung ablehnen (§ 244 Abs. 3 Satz 2 StPO), wenn der Zusammenhang zwischen der unter Beweis gestellten Tatsache und der Entscheidung aus rechtlichen oder tatsächlichen Gründen fehlt (OLG Düsseldorf, VRS 82, 197). Sofern die behauptete Tatsache bei der Beweiswürdigung als wahr unterstellt wird, darf die Beweiserhebung hierzu unterbleiben (OLG Karlsruhe, VRS 56, 467). Schließlich kann der Antrag abgelehnt werden, wenn das angebotene **Beweismittel – insbesondere der Zeuge – unerreichbar** ist. Dies ist dann der Fall, wenn alle seiner Bedeutung entsprechenden Bemühungen zur Beibringung des Zeugen ergebnislos geblieben sind und keine begründete Aussicht besteht, ihn in absehbarer Zeit herbeizuschaffen (BGH, NStZ 1982, 78). Der Antrag auf Vernehmung eines im Ausland wohnenden Entlastungszeugen kann nicht unter Beru-

fung auf die kurze Verjährungsfrist und die Dauer eines Rechtshilfeersuchens abgelehnt werden, wenn diese Beweiserhebung als solche erforderlich ist (BayObLG, VRS 57, 28).

b) Fehlende Erforderlichkeit § 77 Abs. 2 Nr. 1 OWiG

Der Beweisantrag kann abgelehnt werden, wenn die Beweiserhebung nach pflichtgemäßem rich- 113 terlichen Ermessen zur Erforschung der Wahrheit **nicht erforderlich** ist. Dies setzt dreierlei voraus:

- Es muss bereits eine Beweisaufnahme stattgefunden haben.
- Aufgrund dieser Beweisaufnahme muss das Gericht den Sachverhalt für geklärt halten, also von der bereits erfolgten Wahrheitsfindung überzeugt sein.
- Die beantragte Beweiserhebung muss nach Ermessen des Gerichts nicht erforderlich sein.

Demnach muss im bisherigen Verfahren für die **angeführte Tatsache** – nicht für deren Gegenteil 114 – ein Beweis erbracht sein, der zur Überzeugungsbildung ausreicht und der Richter zudem davon überzeugt sein, dass der Sachverhalt damit geklärt ist. Eine Beeinflussung in der Überzeugung durch die weitere Beweiserhebung muss aus richterlicher Sicht ausgeschlossen erscheinen (OLG Düsseldorf, NZV 1989, 163). Sofern der Beweis gegen den einzigen Belastungszeugen gerichtet ist, kann er nur dann unter Berufung auf § 77 Abs. 2 Nr. 1 OWiG abgelehnt werden, wenn zu erwarten ist, dass der Entlastungszeuge nichts zur Sache aussagen kann oder wegen eigener Interessen am Verfahrensausgang befangen ist (OLG Köln, VRS 88, 376).

c) Verspätetes Vorbringen nach § 77 Abs. 2 Nr. 2 OWiG

Das Gericht kann einen Beweisantrag schließlich dann ablehnen, wenn nach seiner freien Würdi- 115 gung das Beweismittel oder die zu beweisende Tatsache ohne verständigen Grund **so spät vorgebracht** wird, dass die Beweiserhebung zur Aussetzung der Hauptverhandlung führen würde. Diese Möglichkeit wurde durch das Gesetz zur Änderung des OWiG vom 26.1.1998 ausgeweitet, da bislang dieser Ablehnungsgrund auf Verfahren wegen geringfügiger Ordnungswidrigkeiten (Geldbuße bis max. 35 €, vgl. § 56 Abs. 1 OWiG) beschränkt war.

Voraussetzung ist auch hier zunächst, dass bereits eine Beweisaufnahme durchgeführt wurde und 116 das Gericht den Sachverhalt danach für geklärt hält. Begründet wird dieser besondere Ablehnungsaspekt damit, dass unter dem Gesichtspunkt der Prozessverschleppung dem **Missbrauch prozessualer Rechte** durch das bewusste Zurückhalten von Beweismitteln begegnet wird (BVerfG, NJW 1992, 2811). Deshalb greift § 77 Abs. 2 Nr. 2 OWiG nur dann, wenn ein verständiger Grund für das Verhalten fehlt, also ein früheres Vorbringen möglich und zumutbar war.

Als **nachvollziehbarer Grund** für die Verspätung wird aber anerkannt, wenn der Betroffene durch 117 ein früheres Vorbringen seine Verteidigungsposition negativ beeinflusst oder einen Angehörigen der Gefahr einer Strafverfolgung ausgesetzt hätte. Ebenso verhält es sich, wenn in der Hauptverhandlung bislang unbekannte und unvorhersehbare Umstände auftauchen, die eine weitere Beweisaufnahme aus Sicht des Betroffenen erforderlich machen.

Der Beweisantrag müsste **ursächlich** für die Aussetzung der Hauptverhandlung (§ 46 Abs. 1 118 OWiG i.V.m. § 228 StPO) sein; ergibt sich die Aussetzung bereits aus anderen Gründen, kommt § 77 Abs. 2 Satz 2 OWiG nicht in Betracht. Auch eine lediglich notwendig werdende Unterbrechung nach § 46 Abs. 1 OWiG i.V.m. § 229 StPO schadet dem Beweisantrag i.R.d. § 77 Abs. 2 Nr. 2 OWiG nicht.

5. Vereinfachte Beweisaufnahme

In Abweichung vom allgemein geltenden Unmittelbarkeitsgrundsatz darf nach § 77a Abs. 1 OWiG 119 die Vernehmung eines Zeugen oder Sachverständigen durch das **Verlesen** von Niederschriften früherer Vernehmungen sowie von Urkunden ersetzt werden, auch wenn eine gerichtliche Vernehmung möglich wäre. Voraussetzung hierfür ist gem. § 77a Abs. 4 OWiG die Zustimmung aller in der Hauptverhandlung anwesenden Verfahrensbeteiligten. Auch die Verlesung behördlicher Erkenntnisse (§ 77a Abs. 2 OWiG) sowie die Bekanntgabe telefonisch eingeholter Behördenauskünfte (§ 77a Abs. 3 OWiG) ist unter dieser Prämisse statthaft. Trotz dieser Erleichterungen hat das Gericht im Rahmen der Amtsaufklärungspflicht zu prüfen, ob sich zur Aufklärung der Wahrheit eine unmittelbare Beweisaufnahme aufdrängt bzw. diese nahe liegt (BGH, NStZ 1988, 37).

IV. Übergang zum Strafverfahren

120 Nach § 81 Abs. 1 Satz 1 OWiG ist das Gericht nicht an die **Beurteilung** einer Tat als Ordnungswidrigkeit gebunden; vielmehr muss es den ihm unterbreiteten Sachverhalt unter allen rechtlichen Gesichtspunkten würdigen. Es darf dann aufgrund eines Strafgesetzes entscheiden, wenn der Betroffene vorher auf diese Veränderung des rechtlichen Gesichtspunktes hingewiesen und ihm gem. § 81 Abs. 1 Satz 2 OWiG Gelegenheit zur Verteidigung gegeben wurde (BGHSt 22, 29). Besondere Relevanz hat der Verfahrensübergang bei Lichtzeichenverstößen, Vorfahrtsverletzungen oder Verstößen gegen § 24a StVG: Sobald im Verlauf des OWi-Verfahrens Anhaltspunkte dafür auftreten, dass durch das Verkehrsdelikt fremde Sachen von bedeutendem Wert oder die Gesundheit Dritter konkret gefährdet wurden, gibt der Richter bei hinreichendem Tatverdacht den Hinweis, dass eine Ahndung der vorgeworfenen Tat nach § 315c Abs. 1, Abs. 2 StGB in Betracht kommt und deshalb ins Strafverfahren übergeleitet wird (§ 81 Abs. 2 Satz 1 OWiG). Außerhalb der Hauptverhandlung wird der Übergang schriftlich verfügt.

121 Von diesem Zeitpunkt an hat der Betroffene die Rechtsstellung des **Angeklagten** (§ 81 Abs. 2 Satz 2 OWiG). Diese Veränderung der Verfahrenslage ist unanfechtbar. Auch kann nach dem Übergang der Einspruch nicht mehr **zurückgenommen** werden (BGHSt 29, 305). Deshalb ist es unerlässlich, entsprechende Signale des Gerichtes umgehend und richtig zu interpretieren. Da bereits vor der Hauptverhandlung ins Strafverfahren gewechselt werden kann, ist bei einem rein vorsorglichen Einspruch ohne nähere Kenntnis der Akten Vorsicht geboten.

122 Die **Unterbrechung der Hauptverhandlung** nach erteiltem Hinweis (§ 81 Abs. 2 Satz 3 OWiG) ist bei Abwesenheit der Staatsanwaltschaft oder des Betroffenen stets erforderlich (§ 226 StPO). Ist der Angeklagte anwesend, muss er gem. § 81 Abs. 2 Satz 4 OWiG über sein Recht, eine Unterbrechung zu beantragen, belehrt werden.

V. Abschluss des amtsgerichtlichen Verfahrens

1. Allgemeines

123 Da der Bußgeldbescheid nach Einspruch lediglich die Verfahrensgrundlage bildet, stellt das gerichtliche Verfahren **keine Überprüfung** des Bescheides dar; vielmehr entscheidet das Gericht eigenständig über die Beschuldigung. Ebenso wie im Strafverfahren kommt bei Verkehrsordnungswidrigkeiten die Verfahrensbeendigung durch Freispruch, Einstellung oder Verurteilung in Betracht. Nicht nur unter Kostengesichtspunkten gibt es hier Besonderheiten, die nachfolgend kurz dargestellt werden.

2. Freispruch

124 Ein Freispruch ergeht nur dann, wenn entweder die Unschuld des Angeklagten erwiesen ist oder eine Schuld unter keinem rechtlichen Gesichtspunkt (§ 46 Abs. 1 OWiG i.V.m. § 264 StPO) festgestellt werden kann. Ebenso wie im Strafrecht ist die rechtliche Bezeichnung des Tatvorwurfes nicht erforderlich, die **Gründe des Freispruchs** dürfen wegen Art. 6 Abs. 2 MRK nicht im erkennenden Teil genannt werden. Bei tatmehrheitlich zur Last gelegten Handlungen ist ein Teilfreispruch statthaft. Die Begründung muss bei einem freisprechenden Beschluss gem. § 72 Abs. 5 Satz 1 OWiG ergeben, ob der Betroffene für nicht überführt angesehen oder ob und aus welchen rechtlichen Gründen er freigesprochen wurde; dasselbe gilt gem. § 71 Abs. 1 OWiG i.V.m. § 267 Abs. 5 Satz 1 StPO beim Freispruch durch Urteil (OLG Koblenz, VRS 76, 451).

Der **Umfang der Begründung** hängt beim Freispruch durch Beschluss davon ab, ob die Voraussetzungen der Rechtsbeschwerde gem. § 79 Abs. 1 Satz 1 OWiG erfüllt sind; da die Zulassungsbeschwerde (§ 80 OWiG) gem. § 79 Abs. 1 Satz 2 OWiG nur bei Urteilen statthaft ist, kommt bei Verneinung dieser Voraussetzungen die abgekürzte Urteilsbegründung nach § 72 Abs. 5 Satz 2 OWiG in Betracht. Beim Urteil kann – unter den Voraussetzungen des § 77b OWiG – stets von einer schriftlichen Begründung abgesehen werden.

125

3. Verfahrenseinstellung

Die **Einstellung des Verfahrens** kann sich aus einem Verfahrenshindernis oder aus dem **Opportunitätsprinzip** ergeben.

126

a) Verfahrenshindernis nach § 260 Abs. 3 StPO

Ein **Prozesshindernis** führt dazu, dass ab einem bestimmten Zeitpunkt die Fortsetzung des Verfahrens mit dem Ziel einer Sachentscheidung unmöglich ist; im Verkehrsrecht kommt insbesondere die **Verfolgungsverjährung** in Betracht (zur Eigenschaft als Verfahrenshindernis s. Burhoff, Handbuch für die strafrechtliche Hauptverhandlung, Rn. 415 ff.). Ergibt sich dies in der Hauptverhandlung oder wird seine Existenz erst hier festgestellt, so ist das Verfahren durch Urteil (§ 71 Abs. 1 OWiG i.V.m. § 260 Abs. 3 StPO) bzw. durch Beschluss (§ 72 Abs. 3 Satz 1 OWiG) einzustellen. Steht in der Hauptverhandlung bereits fest, dass dem Betroffenen keine Ordnungswidrigkeit nachgewiesen werden kann, so wird trotz Feststellung des Prozesshindernisses das Verfahren nicht eingestellt, sondern der Betroffene freigesprochen (OLG Oldenburg, NJW 1982, 1166). Außerhalb des Beschlussverfahrens nach § 72 OWiG – also vor Erteilung des Hinweises nach § 72 Abs. 1 Satz 2 OWiG – wie auch außerhalb der Hauptverhandlung nach § 71 OWiG stellt das Gericht das Verfahren nach § 46 Abs. 1 OWiG i.V.m. § 206a StPO ein.

127

b) Opportunitätsprinzip nach § 47 Abs. 2 OWiG

Der **Opportunitätsgrundsatz** – also die Ausrichtung an **Zweckmäßigkeitserwägungen** – gilt nicht nur für die Verfolgungsbehörden, sondern auch für das Gericht. Im Rahmen einer Abwägung wird die Bedeutung des Verstoßes der Zweckmäßigkeit einer Ahndung gegenübergestellt. Die Grenze der **Ermessensausübung** stellt stets die Willkür dar, da allein sachliche Gründe dafür ausschlaggebend sind, ob, in welchem Umfang und wie eine Ordnungswidrigkeit verfolgt wird. Da die Verwaltungsbehörden den ihnen zustehenden Ermessensspielraum nicht stets voll ausschöpfen, sind die Fälle einer richterlichen Einstellung nach § 47 Abs. 2 OWiG nicht selten. Gem. allgemeiner Grundsätze gibt es kein subjektives Recht auf Anwendung des Opportunitätsprinzips in eine bestimmte Richtung.

128

Nach § 47 Abs. 3 OWiG darf die Einstellung des Verfahrens nicht von der Zahlung eines Geldbetrages an eine gemeinnützige Einrichtung oder sonstige Stelle abhängig gemacht oder damit in Zusammenhang gebracht werden. Für die im Strafverfahren geltende Einstellung nach Erfüllung von Auflagen (§ 153a StPO) ist im OWi-Verfahren kein Raum, da hier nicht das Legalitäts-, sondern das Opportunitätsprinzip gilt; das „Abkaufen" der Ermessensentscheidung soll so **verhindert** werden. Nicht verboten ist es dagegen, die Einstellung von der Erfüllung etwaiger Schadensersatzansprüche des Verletzten abhängig zu machen.

129

Sobald das Verfahren bei Gericht anhängig ist, bedarf es für die Einstellung des Verfahrens grds. der **Zustimmung der Staatsanwaltschaft** (§ 47 Abs. 2 OWiG). Nimmt diese nicht an der Hauptverhandlung teil – was regelmäßig der Fall ist –, bedarf es ihrer Zustimmung gem. § 75 Abs. 2 OWiG nicht. Dagegen ist grds. der Betroffene wie auch die Verwaltungsbehörde vor der Verfahrenseinstellung anzuhören, um auf eine andere Art der Erledigung (Freispruch oder Verurteilung) hinwirken zu können (LG Flensburg, DAR 1985, 94); die Anhörung kann unterbleiben, wenn sie

130

an der Hauptverhandlung nicht teilnehmen. Ferner ist ihre Anhörung entbehrlich, wenn die besondere Sachkunde der Verwaltungsbehörde nicht benötigt wird oder der Betroffene die Begehung der Ordnungswidrigkeit zugegeben hat.

131 Das Verfahren wird sowohl innerhalb als auch außerhalb der Hauptverhandlung durch einen **unanfechtbaren Beschluss** nach § 47 Abs. 2 Satz 2 OWiG eingestellt. Wegen dieser Sonderregelung umfasst § 72 Abs. 3 Satz 1 OWiG nicht die Einstellung des Verfahrens nach § 47 Abs. 2 OWiG.

4. Verurteilung

132 In Verkehrsordnungswidrigkeiten kommt neben der Anordnung einer Nebenfolge – hier insbesondere eines Fahrverbotes (vgl. Rn. 205 ff.) – die Festsetzung einer Geldbuße in Betracht. Sofern keine abweichende gesetzliche Regelung existiert (vgl. z. B. § 24a StVG), beträgt der **allgemeine Strafrahmen** nach § 17 Abs. 1 OWiG mindestens 5 € und höchstens 1000 €. Die Höchststrafe für fahrlässig begangene Delikte liegt gem. § 17 Abs. 2 OWiG bei der Hälfte der Vorsatzstrafe, so dass für fahrlässige Verstöße gem. § 24 Abs. 2 StVG eine Geldbuße von 500 € nicht überschritten werden darf.

133 Bis zum 31.12.2001 galt für geringfügige Verkehrsverstöße ein **bundeseinheitlicher Verwarnungsgeldkatalog** in Form einer allgemeinen Verwaltungsvorschrift; diese war nur für die Polizei und die Bußgeldbehörden, nicht aber für das Gericht verbindlich. Das Verwarnungsgeld betrug 10 DM bis 75 DM. Ein Abweichen von den Katalogsätzen war nur bei besonderer Falllage oder bei besonderen Umständen in der Person des Betroffenen möglich. Daneben gab es für schwerer wiegende Verstöße den Bußgeldkatalog als Rechtsverordnung.

134 Zum 1.1.2002 wurden beide Kataloge zum Bußgeldkatalog in der Rechtsform einer **Rechtsverordnung** (abgedruckt in: ZAP 3/2002, Beilage 1/2002) zusammengeführt. Damit besteht jetzt auch für geringfügige Verstöße bis 35 € (§ 56 Abs. 1 OWiG) eine **Bindungswirkung der Gerichte** an die für den Regelfall festgesetzten Katalogsätze. Diese Zusammenführung verfolgte zum einen das Ziel, das Regelwerk übersichtlicher zu machen. Zum anderen stellt die Änderung eine Reaktion auf die Entscheidung des BVerfG vom 2.3.1999 (DAR 1999, 498) dar, wonach allgemeine Verwaltungsvorschriften nur durch die Bundesregierung und nicht durch das Fachministerium erlassen werden dürfen. In § 1 Abs. 2 BKatV ist eine Regelwirkung angeordnet; ein Regelfall liegt danach vor, wenn die Ausführung der Tat der allgemein üblichen Begehungsweise entspricht und keine Besonderheiten aufweist. Ist dagegen kein Regelfall gegeben, so liegt auch keine Bindungswirkung des Bußgeldkataloges vor. Bei Vorhandensein erschwerender wie auch mindernder Umstände ist der für den Regelfall bestimmte Betrag zu erhöhen bzw. zu reduzieren.

135 Eine **Erhöhung des Regelsatzes** kommt insbesondere bei vorsätzlicher Begehungsweise oder Voreintragungen im Verkehrszentralregister, die noch nicht getilgt sind, in Betracht (AG Miesbach, DAR 1999, 467). Strafmindernd wirkt sich dagegen ein Mitverschulden anderer Verkehrsteilnehmer, regelmäßig jedoch nicht die langjährige unbeanstandete Fahrpraxis aus.

136 **Außergewöhnlich schlechte wirtschaftliche Verhältnisse** werden regelmäßig erst oberhalb der geringfügigen Verstöße – also ab einer Geldbuße von etwa 100 € – berücksichtigt, sofern dargelegt werden kann, dass ihre Nichtberücksichtigung zu einer unverhältnismäßigen Belastung des Betroffenen führen würde (OLG Hamm, DAR 1998, 151; OLG Düsseldorf, NZV 2000, 426).

> *Hinweis:*
>
> *Durch das Darlegen von Gründen, dass die verwirklichte Tat unterhalb des im Bußgeldkatalog gemeinten Regelfalls liegt, kann oftmals eine Reduzierung der Strafe auf weniger als 40 € erreicht und so der Mandant vor Eintragungen im Verkehrszentralregister bewahrt werden.*

5. Verfahrenskosten und Auslagen

a) Nichtverurteilung

Nur im gerichtlichen Bußgeldverfahren ist § 46 Abs. 1 OWiG i.V.m. § 467 StPO im Falle einer 137 Nichtverurteilung sinngemäß anwendbar. Bei einer Einstellung des Bußgeldverfahrens durch die Verwaltungsbehörde ist eine Auslagenentscheidung nur dann möglich, wenn ein bereits erlassener **Bußgeldbescheid zurückgenommen** wird (§ 105 Abs. 1 OWiG i.V.m. § 467a Abs. 1 StPO), nicht aber wenn das Ermittlungsverfahren vor Erlass des Bußgeldbescheides durch Einstellung endet (AG Göttingen, MDR 1995, 861). Auch im Verfahren der Staatsanwaltschaft kann nur ausnahmsweise eine Auslagenerstattung erforderlich sein, wenn die Staatsanwaltschaft das Verfahren nach Einspruch gegen den Bußgeldbescheid einstellt, bevor sie die Akten dem Gericht vorlegt (§ 46 Abs. 1 OWiG i.V.m. § 476a StPO).

Bei **Freispruch** des Betroffenen wie auch bei einer verfahrensabschließenden Einstellung (§ 46 138 Abs. 1 OWiG i.V.m. §§ 206a, 260 Abs. 3 StPO; §§ 47 Abs. 2, 72 Abs. 3 Satz 1 OWiG) hat grds. die Staatskasse die Kosten des Verfahrens und die notwendigen Auslagen (vgl. hierzu § 46 Abs. 1 OWiG i.V.m. § 464a Abs. 2 StPO) des Betroffenen zu tragen. Etwas anderes gilt dann, wenn die obligatorischen Ausnahmetatbestände nach § 46 Abs. 1 OWiG i.V.m. § 467 Abs. 2, 3 Satz 1 StPO erfüllt sind. Die durch schuldhafte Säumnis des Betroffenen wie auch durch unwahre Selbstanzeigen verursachten Kosten sind nicht der Staatskasse, sondern dem Betroffenen aufzuerlegen. Ebenso verhält es sich, wenn bei Kennzeichenanzeigen im ruhenden Verkehr der Betroffene vom Gericht freigesprochen oder das Verfahren gegen ihn eingestellt wird.

Bei den **fakultativen Ausnahmetatbeständen** des § 46 Abs. 1 OWiG i.V.m. § 467 Abs. 3 Satz 2, 139 Abs. 4 StPO kann das Gericht von einer Überbürdung der notwendigen Auslagen des Betroffenen absehen. Dies ist nach § 467 Abs. 3 Satz 2 Nr. 1 StPO i.V.m. § 46 Abs. 1 OWiG dann der Fall, wenn der Bußgeldbescheid oder die Anklage durch eine wahrheitswidrige Selbstbelastung (vgl. AG Bamberg, JurBüro 1979, 1861) oder durch Verschweigen wesentlicher Umstände veranlasst wurde.

Bei der Einstellung wegen eines **Verfahrenshindernisses** (§ 46 Abs. 1 OWiG i.V.m. § 467 Abs. 3 140 Satz 2 Nr. 2 StPO) kommt eine Nichtauferlegung der notwendigen Auslagen auf die Staatskasse nur in grob unbillig erscheinenden Fällen in Betracht, so z.B. wenn der Betroffene das Verfahrenshindernis selbst herbeigeführt hat (OLG Köln, NJW 1991, 506) oder nicht rechtzeitig darauf hingewiesen hat, dass wegen derselben Tat bereits ein Bußgeldbescheid ergangen ist (BVerfG, NStZ-RR 1996, 45). Ist dagegen das Verfahrenshindernis der Verjährung bei Erlass des Bußgeldbescheides übersehen worden, bleibt es bei der Regelung nach § 46 Abs. 1 OWiG i.V.m. § 467 Abs. 1 StPO.

Bei einer **Einstellung unter Opportunitätsaspekten** (§ 47 Abs. 2 OWiG) kann gleichfalls davon 141 abgesehen werden, die notwendigen Auslagen der Staatskasse aufzubürden. In der Praxis bereitet dies erhebliche Schwierigkeiten, da die maßgeblichen Gesichtspunkte nicht hinreichend geklärt sind. Da der Grad des Tatverdachts nicht für die Einstellung nach § 47 Abs. 2 OWiG ausschlaggebend ist, kann die Auslagenentscheidung nicht allein hieran anknüpfen (a. A. OLG Frankfurt, NJW 1980, 2031 mit abl. Anm. Kühl, NStZ 1981, 114). Wird der Tatverdacht in die Entscheidung mit einbezogen, so muss dabei deutlich werden, dass es sich nur um eine Bewertung der Verdachtslage und nicht um eine gerichtliche Schuldfeststellung handelt (OLG Köln, NJW 1991, 506). Ist die Begehung der Ordnungswidrigkeit dagegen erwiesen und beruht die Einstellung auf dem nachträglichen Verhalten des Betroffenen, so erscheint es regelmäßig angemessen, wenn der Betroffene seine Auslagen selbst trägt. Sofern die Täterschaft des Betroffenen oder die Tat selbst nicht erwiesen ist, bleibt es bei der Regelung nach § 46 Abs. 1 OWiG i.V.m. § 467 Abs. 1 StPO.

Erwähnenswert erscheint der Hinweis, dass im Rahmen der Billigkeitserwägung nach § 47 Abs. 2 142 OWiG auch die Bereitschaft zur **Übernahme der eigenen Auslagen** berücksichtigt werden kann. Insofern darf die Einstellung des Verfahrens von der Auslagentragungsbereitschaft abhängig gemacht werden, wobei der Anschein eines unzulässigen Druckes zu vermeiden ist (Herde, DAR 1984, 306). Insbesondere bei einer zugesagten Kostenübernahme durch die Rechtsschutzversicherung kann so das Risiko einer negativen Beweisaufnahme und Verurteilung ohne Beweislast des Mandanten abgewendet werden.

b) Verurteilung

143 Dem Betroffenen sind gem. § 46 Abs. 1 OWiG i.V.m. § 465 Abs. 1 StPO die Kosten des Bußgeldverfahrens aufzuerlegen, wenn wegen der vorgeworfenen Ordnungswidrigkeit eine **Geldbuße festgesetzt** wird; dasselbe gilt für die verfahrensbedingten Auslagen des Betroffenen. Anders ist es dagegen, wenn zur Aufklärung bestimmter Umstände besondere Auslagen entstanden sind – beispielsweise durch ein Sachverständigengutachten – und die Untersuchung gem. § 46 Abs. 1 OWiG i.V.m. § 465 Abs. 2 Satz 1, 3 StPO zugunsten des Betroffenen ausgefallen ist (OLG Koblenz, VRS 69, 65). Maßgebend ist allein der Kostenausspruch der rechtskräftigen Bußgeldentscheidung, so dass durch eine richterliche Sachentscheidung die Kostenfestsetzung der Verwaltungsbehörde entfällt (BGHSt 26, 183).

C. Verfahren vor dem Landgericht

144 Die Vorschriften über das **Beschwerdeverfahren** (§§ 304–311a StPO) gelten grds. auch im Ordnungswidrigkeitenverfahren. Zuständiges Beschwerdegericht ist gem. § 73 Abs. 1 GVG die Kammer in Bußgeldsachen beim LG. Da nach § 46 Abs. 1 OWiG i.V.m. § 305 Satz 1 StPO Entscheidungen des erkennenden Gerichts, die dem Urteil vorausgehen, nicht der Beschwerde unterliegen, kann die Ablehnung eines Antrages auf Terminverlegung nach strengerer Auffassung nicht mit der Beschwerde angefochten werden (LG Memmingen, zfs 1995, 339; LG Zweibrücken, NZV 1996, 165); hier soll allenfalls eine **Rechtsbeschwerde** statthaft sein (OLG Zweibrücken, NZV 1996, 162). Nach anderer Auffassung ist in Bußgeldsachen in besonderen Fällen dann eine Beschwerde zulässig, wenn die rechtsfehlerhafte Ermessensausübung eine besondere und selbstständige Beschwer für den Betroffenen bedeutet, weil die Beeinträchtigung seines Rechts auf einen Verteidiger seines Vertrauens unschwer hätte vermieden werden können (LG München II, NJW 1995, 1439).

145 Die **sofortige Beschwerde** ist z. B. gegen den Verwerfungsbeschluss im Rahmen des Wiedereinsetzungsverfahrens (§ 46 Abs. 3 StPO i.V.m. § 52 Abs. 1 OWiG), gegen die Verwerfung eines Einspruches als unzulässig (§ 70 Abs. 2 OWiG) oder gegen die Anordnung einer Erzwingungshaft (§ 104 Abs. 3 Nr. 1 OWiG) statthaft.

D. Verfahren vor dem Oberlandesgericht

I. Allgemeines

146 Das Institut der **Rechtsbeschwerde** ist der **Revision** (§§ 333–358 StPO) nachgebildet. Ebenso wie diese ermöglicht die Rechtsbeschwerde eine Nachprüfung der Entscheidung und des vorausgegangenen gerichtlichen Verfahrens in rechtlicher Hinsicht. Sie unterscheidet sich insbesondere dadurch, dass die Rechtsbeschwerde nicht nur gegen Urteile statthaft ist, sondern grds. in gleicher Weise gegen Entscheidungen im Beschlussverfahren (§ 72 OWiG). Aus Gründen der Praktikabilität besitzt die Rechtsbeschwerde **strikte Zulassungsbeschränkungen** für weniger bedeutsame Ordnungswidrigkeiten, wobei Ungerechtigkeiten im Einzelfall bewusst in Kauf genommen wer-

den. Schließlich ist das Verfahren hier einfacher als bei der Revision geregelt, da das zuständige OLG grds. durch Beschluss, also ohne Hauptverhandlung entscheidet.

Das OWiG unterscheidet bei der Rechtsbeschwerde zwischen solchen Einwänden, die – bei Erfül- 147
lung der Voraussetzungen nach § 79 Abs. 1 Satz 1 Nr. 1–5 OWiG – kraft Gesetzes zulässig sind und solchen, die einer **ausdrücklichen Zulassung** durch das Beschwerdegericht bedürfen (§ 79 Abs. 1 Satz 2 i.V.m. § 80 OWiG). Die Beschränkung des Rechtsbeschwerdeverfahrens verfolgt das Ziel, die Obergerichte von Bagatellsachen zu entlasten und sie in ihrer Aufgabe – die Vereinheitli-chung der Rechtsprechung und Fortbildung des Rechts – funktionstüchtig zu erhalten.

Im **Beschwerdeantrag** (§ 79 Abs. 3 Satz 1 OWiG i.V.m. § 344 Abs. 1 StPO) ist anzugeben, inwie- 148
weit die Entscheidung angefochten und deren Aufhebung begehrt wird. Solange eine eigenständige Prüfung und rechtliche Beurteilung möglich ist, kann die Rechtsbeschwerde **auf abtrennbare Teile beschränkt** werden. Dies ist z.B. bei der Bemessung einer Geldbuße der Fall (OLG Koblenz, VRS 60, 54), sofern in der Entscheidung solche Feststellungen getroffen wurden, die eine Beurteilung durch das Beschwerdegericht zulassen. Bei Unklarheit darüber, ob die Rechts-beschwerde beschränkt ist, oder bei einer unzulässigen Beschränkung ist von einem unbeschränk-ten Rechtsmittel auszugehen (OLG Koblenz, VRS 67, 284).

Die **Form- und Fristvorschriften der Revision** (§ 341 Abs. 1 StPO) gelten im selben Umfang für 149
die Rechtsbeschwerde. Sie ist zu Protokoll der Geschäftsstelle oder schriftlich – auch durch Tele-fax oder Fernschreiben – bei dem Gericht einzulegen, das die angefochtene Entscheidung erlassen hat. Die hierfür zur Verfügung stehende Frist von einer Woche beginnt beim Beschlussverfahren (§ 72 OWiG) mit Zustellung; beim Urteil kommt es darauf an, ob es in Anwesenheit des Beschwer-deführers ergangen ist: Die Frist beginnt dann mit Verkündung des Urteils, bei Abwesenheit mit Zustellung der Entscheidung. Wurde der Betroffene durch einen Verteidiger vertreten, so beginnt die Frist des § 341 Abs. 1 StPO ebenfalls erst mit Zustellung an ihn oder den zustellungsbevoll-mächtigten Vertreter (§ 46 Abs. 1 OWiG i.V.m. § 145a StPO).

Wie die Revision ist auch die Rechtsbeschwerde gem. § 79 Abs. 3 OWiG i.V.m. § 344 Abs. 2 StPO 150
zu **begründen.** Hierfür hat der Beschwerdeführer **einen Monat** Zeit, wobei diese Frist an den Ablauf der einwöchigen Einlegungsfrist (§ 79 Abs. 3 OWiG i.V.m. § 341 Abs. 1 StPO) anknüpft. Bei der Rechtsbeschwerde des Betroffenen kann die Begründung entweder zu Protokoll der Geschäftsstelle gegeben oder muss vom Verteidiger oder einem Rechtsanwalt aufgenommen und unterzeichnet werden. Im Ordnungswidrigkeitenrecht gilt umso mehr als im Strafrecht, dass den Obergerichten eine Prüfung völlig grundloser oder unverständlicher Anträge erspart bleiben soll: Der Verteidiger oder Rechtsanwalt muss die volle Verantwortung für den Inhalt der Begründungs-schrift übernehmen. Daher darf er nicht einen Schriftsatz des Betroffenen lediglich mit Eingangs-worten versehen und als eigene Begründung erklären (OLG Düsseldorf, wistra 1982, 39) oder die Rechtsbeschwerde „auf Weisung" oder „im Auftrag" des Betroffenen begründen (OLG Düsseldorf, VRS 88, 297). Die Begründungsschrift kann – ebenso wie die Einlegung – mit technischen Hilfs-mitteln übertragen werden; allerdings ist beim **Telefax** des Rechtsanwalts darauf zu achten, dass das Original handschriftlich unterschrieben wurde.

Aus der Begründung muss hervorgehen, ob die Verletzung einer materiellen Rechtsnorm (**Sachrü-** 151
ge) oder einer Verfahrensvorschrift (**Verfahrensrüge**) geltend gemacht wird (§ 79 Abs. 3 Satz 1 OWiG i.V.m. § 344 Abs. 2 StPO). Die Anforderungen an die Sachrüge sind – ebenso wie bei der Revision in Strafsachen – äußerst gering: Hier genügt der Hinweis, dass die Verletzung des sachli-chen Rechts gerügt wird. Hierdurch unterliegt **das gesamte materielle Recht** einer sehr weit-gehenden Nachprüfung, wobei Beweiswürdigung, Erfahrenssätze und Verfahrenshindernisse wegen ihrer Verknüpfung mit dem materiellen Recht mit umfasst sind (OLG Düsseldorf, NStZ 1992, 39).

> **Hinweis:**
>
> *Auch wenn eine weitergehende Begründung nicht erforderlich ist, können in der Praxis detaillierte Ausführungen nützlich sein, um das Gericht auf eine vermeintliche Rechtsverletzung aufmerksam zu machen. Allerdings kann eine ausführliche Begründung der Rechtslage dort schaden, wo die Erläuterung erkennen lässt, dass es tatsächlich nicht um eine Verletzung sachlichen Rechts, sondern um Fragen der Beweiswürdigung geht (KG, NZV 1990, 43).*

152 Die Anforderungen an eine **Verfahrensrüge** sind dagegen strenger: Nach § 79 Abs. 3 Satz 1 OWiG i.V.m. § 344 Abs. 2 Satz 2 StPO müssen die Tatsachen, die den behaupteten Mangel enthalten, so genau und vollständig angegeben werden, dass das Beschwerdegericht allein aufgrund dieser Ausführungen – also **ohne Rückgriff auf die Prozessakten** – prüfen kann, ob ein Verfahrensfehler vorliegt. Der Tatsachenvortrag ist in der Praxis oftmals zu ungenau oder unvollständig. Tatsachen dürfen nicht bloß als möglich dargestellt werden, sondern sind als bestimmt zu behaupten.

> **Hinweis:**
>
> *Bei der Versagung des rechtlichen Gehörs ist der unterbliebene Vortrag des Betroffenen auszuführen (OLG Köln, NZV 1992, 419).*
>
> *Unbedingt zu vermeiden sind Protokollrügen, da die Fehlerhaftigkeit der Niederschrift keinen Mangel des Verfahrens begründet.*

Für die Beruhensfrage genügt die Darlegung der Tatsachen, aus denen sich im Wege des Freibeweises ergibt, ob das Urteil auf den geltend gemachten Verfahrensfehler zurückzuführen ist. Mit der Verfahrensrüge können schließlich auch absolute Revisionsgründe nach § 338 StPO im Rechtsbeschwerdeverfahren geltend gemacht werden.

153 Beim **Angriff gegen die Einspruchsverwerfung** muss zunächst dargelegt werden, dass ein Antrag auf Entbindung vom persönlichen Erscheinen gestellt wurde und dass der Betroffene entweder bereits zur Sache ausgesagt oder aber erklärt hat, sich nicht zur Sache äußern zu wollen. Ferner muss vorgetragen werden, dass die Anwesenheit zur Sachaufklärung nicht erforderlich und aus dem Erscheinen auch sonst kein Beitrag zur Sachaufklärung zu erwarten war (OLG Düsseldorf, MDR 1997, 586). Schließlich ist – unter Mitteilung des Inhaltes – die gerichtliche Ablehnung des Antrages auszuführen.

154 Die **Aufklärungsrüge** setzt die Angabe einer bestimmten Beweistatsache, des anwendbaren Beweismittels und eines bestimmten Beweisergebnisses voraus. Die hieraus zu erwartende Besserstellung des Betroffenen ist ebenso vorzutragen wie die Gründe, die das Gericht zur Beweiserhebung hätten drängen müssen.

155 Über die **Zulässigkeit der Rechtsbeschwerde** entscheidet gem. § 79 Abs. 3 Satz 1 OWiG i.V.m. § 346 Abs. 1 StPO das AG, wobei lediglich Formalien wie Form und Frist geprüft werden, nicht dagegen die Zulassungsvoraussetzungen nach § 79 Abs. 1, 2 OWiG oder der Begründungsinhalt nach § 79 Abs. 3 Satz 1 OWiG i.V.m. § 344 Abs. 2 StPO. Gegen die Entscheidung des AG kann gem. § 79 Abs. 3 Satz 1 OWiG i.V.m. § 346 Abs. 2 Satz 1 StPO binnen einer Woche nach Zustellung des Beschlusses die Entscheidung des Beschwerdegerichts beantragt werden.

156 I.Ü. entscheidet das OLG grds. **durch Beschluss** (§ 79 Abs. 5 Satz 1 OWiG). Dieser ist nur dann nicht zu begründen, wenn die Staatsanwaltschaft die Verwerfung wegen offensichtlicher Unbegründetheit beantragt hat und das Beschwerdegericht dem einstimmig zustimmt (§ 79 Abs. 3 OWiG i.V.m. § 349 Abs. 2 StPO). Richtet sich die Rechtsbeschwerde gegen ein Urteil, so kann auch aufgrund einer Hauptverhandlung durch Urteil entschieden werden (§ 79 Abs. 5 Satz 2

OWiG); dies kommt dann in Betracht, wenn es auf den persönlichen Eindruck des Betroffenen ankommt oder ein Rechtsgespräch wegen der schwierigen Rechtslage zweckmäßig erscheint.

Das OLG kann abweichend von § 354 StPO **in der Sache selbst** entscheiden oder an das erst- 157
befasste oder ein anderes AG zurückverweisen (§ 79 Abs. 6 OWiG). Bei einer eigenen Sachentscheidung kann das OLG – im Rahmen des **Verschlechterungsverbotes** (§ 79 Abs. 3 OWiG
i.V.m. § 358 Abs. 2 StPO) – die Folgen aussprechen, die bei der Zurückverweisung das AG aussprechen würde. Dies ist sowohl bei einer Aufhebung als auch einer Bestätigung des amtsgericht-
lichen Urteils möglich (OLG Düsseldorf, VRS 74, 219). Voraussetzung ist dabei stets, dass der
Sachverhalt nach Aktenlage genügend aufgeklärt ist, da das Beschwerdegericht keine neuen Tatsachen feststellen kann.

Nach § 121 GVG ist eine **Vorlage an den BGH** dann notwendig, wenn das Beschwerdegericht 158
von der Entscheidung eines anderen OLG oder des BGH abweichen möchte. Dabei müssen sowohl
die frühere wie auch die neue Rechtsansicht entscheidungserheblich sein; eine Divergenz allein in
den Gründen führt nicht zur Vorlagepflicht.

II. Zulassungsfreie Rechtsbeschwerde

Nach § 79 Abs. 1 Satz 1 Nr. 1 OWiG ist die Rechtsbeschwerde dann zulässig, wenn eine Geldbuße 159
von mehr als 250 € festgesetzt worden ist. Durch die **Anhebung der Wertgrenze** von früher 200
DM wurde der Anwendungsbereich des Rechtsmittels stark eingeschränkt. Wird eine Geldbuße
vom Gericht exakt so bemessen, um hierdurch eine Rechtsbeschwerde zu ermöglichen, ist die
Strafzumessung fehlerhaft und die Sache deshalb zur **Neufestsetzung** zurückzuverweisen (OLG
Frankfurt, VRS 51, 291).

Bei der **Anordnung einer Nebenfolge** (§ 79 Abs. 1 Satz 1 Nr. 2 OWiG) kommt es darauf an, ob 160
sie vermögensrechtlicher Natur ist; in diesem Fall muss ihr Wert auf mehr als 250 € festgesetzt
worden sein. Für das Verkehrsrecht sind die **Nebenfolgen nichtvermögensrechtlicher Art** von
Bedeutung, die stets eine Rechtsbeschwerde ermöglichen, da diese Eingriffe für den Betroffenen
meist von erheblicher Bedeutung sind und regelmäßig nur bei gravierenden Ordnungswidrigkeiten
angeordnet werden. Hierzu zählt insbesondere das Fahrverbot nach § 25 StVG, nicht dagegen die
Eintragung von Punkten im Verkehrszentralregister nach § 28 Nr. 3 StVG (OLG Hamm, VRS 92,
345).

Eine **Beschränkung der Rechtsbeschwerde** auf die Nebenfolge ist beim **Fahrverbot** nicht mög- 161
lich, da ihre Verhängung und die Bemessung der Geldbuße in einer Wechselwirkung zueinander
stehen. Nach § 4 Abs. 4 BKatV soll bei einem ausnahmsweisen Absehen vom Fahrverbot der
Regelsatz angemessen erhöht werden; dies widerspricht solange nicht dem Verschlechterungsverbot, als die Gesamtschau der angeordneten Rechtsfolgen keine Veränderungen zum Nachteil des
Betroffenen erkennen lässt (BGHSt 24, 11). Daher erstreckt sich eine allein auf das Fahrverbot
bezogene Rechtsbeschwerde auf den gesamten Rechtsfolgenausspruch.

Die Wertgrenze für eine **Rechtsbeschwerde der Staatsanwaltschaft** zu Ungunsten des Betroffe- 162
nen liegt aus Gründen der Waffengleichheit deutlich über dem in § 79 Abs. 1 Satz 1 Nr. 1 OWiG
ausgewiesenen Betrag. Bei einem Freispruch oder einer Verfahrenseinstellung ist nur dann Rechtsbeschwerde möglich, wenn wegen der abgeurteilten Tat eine Geldbuße von mehr als 600 € beantragt oder im Bußgeldbescheid festgesetzt worden war (§ 79 Abs. 1 Nr. 3 OWiG). Beim Absehen
vom Fahrverbot muss dieses im Bußgeldbescheid verhängt oder von der Staatsanwaltschaft beantragt worden sein.

Wird der Einspruch **durch Urteil als unzulässig** verworfen, ist die Rechtsbeschwerde stets nach 163
§ 79 Abs. 1 Satz 1 Nr. 4 OWiG zulässig; gegen einen Verwerfungsbeschluss ist dagegen die sofortige Beschwerde nach § 70 Abs. 2 OWiG statthaft. Eine entsprechende Anwendung von § 79 Abs. 1
Satz 1 Nr. 4 OWiG auf die Fälle einer Verwerfung durch Urteil wegen unentschuldigten Ausbleibens des Betroffenen (§ 74 Abs. 2 OWiG) ist nicht möglich (OLG Düsseldorf, NJW 1988, 1681).

Vielmehr sieht § 74 Abs. 4 OWiG die Wiedereinsetzung in den vorigen Stand unter den gleichen Voraussetzungen wie bei einer Fristversäumnis vor.

164 Schließlich ist das Rechtsmittel nach § 79 Abs. 1 Satz 1 Nr. 5 OWiG dann eröffnet, wenn durch **Beschluss nach § 72 OWiG** entschieden wurde, obwohl der Beschwerdeführer diesem Verfahren rechtzeitig widersprochen hatte; in diesem Fall kommt es gleichfalls nicht auf den Wert der Nebenfolge oder die Höhe der Geldbuße an, da die Verfahrensbeteiligten in jedem Fall Anspruch auf eine mündliche Verhandlung haben (OLG Düsseldorf, DAR 1999, 129).

165 Durch eine sinngemäße Auslegung der Vorschriften ergibt sich, dass bei der Verhängung einer **unzulässigen Rechtsfolge** stets die Rechtsbeschwerde zulässig ist (OLG Köln, VRS 60, 454).

III. Zulassung der Rechtsbeschwerde

1. Nachprüfung des Urteils

166 Bei weniger bedeutenden Ordnungswidrigkeiten soll nach dem gesetzgeberischen Willen **nur ausnahmsweise** eine höchstrichterliche Entscheidung herbeigeführt werden. Die zu entscheidende Rechtsfrage muss keine Grundsatzrelevanz haben. Vielmehr ist die Rechtsbeschwerde dann im Rahmen von § 80 Abs. 2 OWiG zuzulassen, wenn es um die Fortbildung des Rechts oder um die Sicherung einer einheitlichen Rechtsprechung geht. Die Zulassung der Rechtsbeschwerde ist auf Urteile beschränkt (§ 79 Abs. 1 Satz 2 OWiG), so dass Entscheidungen im Beschlussverfahren (§ 72 OWiG) nur unter Maßgabe von § 79 Abs. 1 Satz 1 Nr. 1–3, 5 OWiG angefochten werden können.

a) Fortbildung des Rechts

167 Für Fragen der Rechtsfortbildung kommen nur solche Themen in Betracht, die entscheidungserheblich, klärungsbedürftig sowie abstraktionsfähig und damit von praktischer Bedeutung sind. Ziel ist somit die Auslegung von Rechtssätzen und das **rechtsschöpferische Ausfüllen** von Gesetzeslücken (OLG Düsseldorf, VRS 85, 373).

b) Sicherung einer einheitlichen Rechtsprechung

168 Die Rechtsbeschwerde wird auch zugelassen, wenn anderenfalls schwer erträgliche **Unterschiede in der Rechtsanwendung** durch die erstinstanzlichen Gerichte entstehen oder fortbestehen würden. Voraussetzung ist auch hier die Entscheidungserheblichkeit der Rechtsfrage und damit deren praktische Relevanz. Hinzu kommen muss aber stets, dass der Rechtsfehler nicht auf den Einzelfall beschränkt ist, sondern die Gefahr einer sich wiederholenden Fehlbehandlung besteht (OLG Koblenz, NJW 1990, 2398; OLG Düsseldorf, VRS 78, 140). Die **Bedeutung der Rechtsfrage** und die **Wiederholungsgefahr** wurden für das materielle und das formelle Recht unterschiedlich beurteilt.

169 Wegen der Vielfalt auftretender Rechtsfragen und der möglichen Auslegungsbreite bringen **Fehler des materiellen Rechts** die einheitliche Rechtsprechung seltener in Gefahr. Allerdings wird hier neben der praktischen Bedeutung und dem Grad der Wiederholungsgefahr von der Rechtsprechung auch darauf abgestellt, ob die Entscheidung im Ergebnis zu krassen Unterschieden führen würde (OLG Düsseldorf, NZV 1991, 283).

170 Bei **Verfahrensfehlern** entscheidet der Rang der verletzten Norm und damit die Schwere des Fehlers, unabhängig vom Einzelfall. So soll bei der Verletzung elementarer Verfahrensgrundsätze stets die **Wiederholungsgefahr** eine Zulassung der Rechtsbeschwerde rechtfertigen (BayObLG, NStZ 1997, 40), während z. B. die **örtliche Unzuständigkeit** des AG nicht so schwer wiegt, dass eine Zulassung geboten ist (OLG Karlsruhe, VRS 51, 211).

Schäpe

c) Ungeklärte Rechtsfragen

Bei noch ungeklärten Rechtsfragen, denen in der praktischen Anwendung große Bedeutung zukommt, kann die Zulassung sowohl aus Gründen der Einheitlichkeit der Rechtsprechung als auch zur Rechtsfortbildung veranlasst sein, um insbesondere **nach Gesetzesänderungen** eine unterschiedliche Rechtsentwicklung durch die Amtsgerichte zu verhindern. **171**

d) Weniger bedeutsame Fälle

Bei weniger bedeutenden Verfahren ist die Zulassung der Rechtsbeschwerde in zweifacher Weise eingeschränkt: Innerhalb der **Wertgrenzen** von § 80 Abs. 2 OWiG wird die Rechtsbeschwerde wegen der Anwendung verfahrensrechtlicher Vorschriften nicht, wegen anderer Rechtsnormen nur zur Fortbildung des Rechts zugelassen. In diesen Fällen gibt es die Zulassungsrechtsbeschwerde nur zur Fortbildung des materiellen Rechts, wozu auch die Verfahrensvoraussetzungen zu zählen sind (BayObLG, DAR 1994, 205); somit ist hier allein die **Sachrüge** statthaft. Die Abgrenzung nach § 80 Abs. 2 Nr. 1 und 2 OWiG orientiert sich an § 79 Abs. 1 Satz 1 Nr. 1–3 OWiG. Die Wertgrenze für eine festgesetzte Geldbuße oder vermögensrechtliche Nebenfolge liegt bei 100 €, bei Freispruch oder Verfahrenseinstellung bei 150 €. **172**

2. Aufhebung des Urteils

Bei der Versagung des rechtlichen Gehörs hat das Beschwerdegericht nach § 80 Abs. 1 Nr. 2 OWiG das Rechtsmittel zuzulassen, um so der sonst statthaften **Verfassungsbeschwerde vorzugreifen** (OLG Düsseldorf, DAR 1999, 276). Das amtsgerichtliche Urteil ist dann aufzuheben, wenn es einer Nachprüfung des BVerfG nicht standhalten würde (BVerfG, NJW 1992, 2811; OLG Celle, VRS 84, 232); daraus ergibt sich, dass nicht die Ausgestaltung des Prozessrechts, sondern allein Art. 103 Abs. 1 GG als Maßstab geeignet ist (BayObLG, DAR 1998, 480). **173**

Danach ist die Rechtsbeschwerde gem. § 80 Abs. 1 Nr. 2 OWiG zuzulassen, wenn über einen rechtzeitig gestellten Antrag auf Verlegung **der Hauptverhandlung** so spät entschieden wurde, dass es dem Betroffenen unmöglich war, sich in der Hauptverhandlung angemessen zu verteidigen (OLG Düsseldorf, NZV 1997, 331). Dasselbe gilt, wenn bei erlaubter Abwesenheit des Betroffenen ein nicht angekündigter Beweis erhoben und zu Ungunsten des Betroffenen verwertet wurde (OLG Koblenz, zfs 1994, 228). In der Rechtsprechung ist umstritten, ob bei einer sonst die Verfassungsbeschwerde begründenden Rechtsverletzung eine Rechtsbeschwerde entgegen dem klaren Wortlaut zuzulassen ist, um die von § 80 Abs. 1 Nr. 2 OWiG verfolgte Entlastung des BVerfG zu erreichen (so OLG Düsseldorf, NStZ 1984, 320; a. A. BayObLG, NZV 1996, 44); dies ist mit dem gesetzgeberischen Willen abzulehnen. **174**

3. Zulassungsantrag

Der Antrag auf Zulassung der Rechtsbeschwerde (§ 80 Abs. 3 OWiG) ist ein **Rechtsbehelf besonderer Art**. Obwohl es allein um die Statthaftigkeit geht, fingiert § 80 Abs. 3 Satz 2 OWiG aus Gründen der Verfahrensvereinfachung die gleichzeitige und vorsorgliche Einlegung der Rechtsbeschwerde. Das Rechtsmittel ist daher durch seine Zulassung aufschiebend bedingt. Den Antrag kann jeder stellen, der im Falle einer Zulassung auch zur Einlegung der Rechtsbeschwerde berechtigt wäre, also neben dem Betroffenen und den Nebenbeteiligten auch die Staatsanwaltschaft, die gem. § 69 Abs. 4 Satz 1 OWiG im gerichtlichen Verfahren die Aufgabe der Verfolgungsbehörde übernommen hat. Auch für Form und Frist des Antrags gelten die Vorschriften der Rechtsbeschwerde (vgl. Rn. 149). Er ist zudem gem. § 80 Abs. 4 Satz 2 OWiG i.V.m. § 347 Abs. 1 StPO dem Gegner zuzustellen, damit sich dieser binnen einer Woche erklären kann. **175**

Der Zulassungsantrag selbst muss **nicht zwingend begründet** werden (§ 80 Abs. 3 Satz 4 OWiG). **176**

> **Hinweis:**
>
> *Es empfiehlt sich, die maßgeblichen Gründe dem Gericht zur besseren Beurteilung der Voraussetzungen mitzuteilen (vgl. OLG Düsseldorf, DAR 1999, 275). Ebenso wie bei der Begründung der Rechtsbeschwerde ist auch spätestens bei der Begründung des Zulassungsantrages ein Verteidiger, Rechtsanwalt oder Rechtspfleger einzuschalten (§ 80 Abs. 3 Satz 3 OWiG i.V.m. § 345 Abs. 2 StPO).*

4. Entscheidung

177 Das Beschwerdegericht entscheidet durch **Beschluss** über den Zulassungsantrag (§ 80 Abs. 4 Satz 1 OWiG), sofern nicht bereits das AG den Antrag als unzulässig verworfen hat (§ 80 Abs. 4 Satz 2 OWiG i.V.m. § 346 Abs. 1 StPO). Bei Nichtzulassung der Rechtsbeschwerde wird der Antrag als unbegründet verworfen und die angefochtene Entscheidung damit rechtskräftig. Wird sie dagegen zugelassen, so kann das Beschwerdegericht in einem einheitlichen Beschluss über Zulassung und Rechtsbeschwerde entscheiden. Weder die Verwerfung noch die Zulassung bedürfen einer Begründung des Gerichts (§ 80 Abs. 4 Satz 3 OWiG bzw. § 34 StPO).

178 Wird vor der Entscheidung über die Zulassung der Rechtsbeschwerde das **Bestehen eines Verfahrenshindernisses** festgestellt, so ist gem. § 80 Abs. 5 OWiG danach zu unterscheiden, wann dieses entstanden ist. Lag der Mangel bereits zum Zeitpunkt der Urteilsfindung vor, so ist er im Rahmen des Zulassungsverfahrens ohne Bedeutung, da die Nichtbeachtung einen Rechtsfehler des Urteils darstellt (BGHSt 36, 59); hier ist – bei Vorliegen der oben dargelegten Voraussetzungen (vgl. Rn. 175) – das Rechtsmittel zuzulassen und anschließend das Verfahren einzustellen (OLG Köln, NJW 1987, 2386).

IV. Besetzung des Bußgeldsenates

179 Der Bußgeldsenat ist i.d.R. mit drei Richtern einschließlich des Vorsitzenden besetzt (§ 80a Abs. 1 OWiG). Allerdings entscheidet nach § 80a Abs. 2 OWiG der **Einzelrichter,** wenn es entweder um die Zulassung der Rechtsbeschwerde geht (§ 80a Abs. 2 Satz 1 Nr. 2 OWiG) oder wenn eine Geldbuße von nicht mehr als 5000 € festgesetzt oder beantragt worden ist (§ 80a Abs. 2 Satz 1 Nr. 1 OWiG), wobei der Wert einer Nebenfolge vermögensrechtlicher Art der Geldbuße gleichsteht und dieser hinzuzurechnen ist (§ 80a Abs. 2 Satz 2 OWiG). Nur wenn es geboten ist, das Urteil zur Fortbildung des Rechts oder zur Sicherung einer einheitlichen Rechtsprechung nachzuprüfen, überträgt der Einzelrichter in den Fällen des § 80a Abs. 2 Satz 1 Nr. 1 OWiG die Sache dem Senat in Dreierbesetzung.

180 Umstritten war, in welcher Besetzung das OLG zu entscheiden hat, wenn es um die Verhängung **nichtvermögensrechtlicher Nebenfolgen** wie z.B das Fahrverbot geht. Nach der einen Auffassung soll sich diese Sanktion nicht auf die Besetzung auswirken, so dass damit in Verkehrsordnungswidrigkeiten zunächst stets nur ein Einzelrichter zu entscheiden hat; nur wenn er die Voraussetzungen nach § 80a Abs. 3 OWiG bejaht, entscheidet der Senat mit drei Richtern (OLG Hamm, MDR 1998, 673; OLG Köln, NZV 1998, 165).

181 Nach der Gegenansicht setzt die Übertragung auf den Einzelrichter voraus, dass entweder nur eine Geldbuße von nicht mehr als 5000 € oder eine entsprechende vermögensrechtliche Nebenfolge ausgesprochen wurde. Soll die Entscheidung zusätzlich nichtvermögensrechtliche Nebenfolgen erfassen, sind die Voraussetzungen für die ausnahmsweise Übertragung auf den Einzelrichter nicht erfüllt, so dass dann stets mit drei Richtern zu entscheiden ist (OLG Düsseldorf, NZV 1998, 215; BayObLG, NJW 1998, 2298). Dieser Rechtsauffassung hat sich der **BGH** auf Vorlage des OLG Hamm **angeschlossen** (DAR 1998, 396).

E. Kostentragungspflicht des Halters

I. Allgemeines

Nach § 25a StVG (seit dem 1.4.1987 in Kraft) hat der Fahrzeughalter oder sein Beauftragter die **182**
Verfahrenskosten wie auch seine Auslagen zu tragen, wenn in einem Bußgeldverfahren wegen
eines Halt- oder Parkverstoßes der verantwortliche Fahrer vor Eintritt der Verfolgungsverjährung
nicht ermittelt werden kann oder seine Ermittlung einen unangemessenen Aufwand erfordern würde. Der Gesetzgeber hat sich von dieser Regelung eine Teillösung des Problems von **Kennzeichenanzeigen im ruhenden Verkehr** versprochen, zugleich aber Raum für neue Rechtsfragen geschaffen.

II. Voraussetzungen

Der Geltungsbereich der Norm umfasst nicht nur die speziellen Halt- und Parkvorschriften nach **183**
§§ 12, 13, 18 Abs. 8 StVO, sondern insbesondere auch die Grundregel des § 1 Abs. 2 StVO, sofern
das Abstellen des Kfz zu einer Behinderung oder Gefährdung geführt hat. Dagegen kommt die
Kostentragungspflicht nicht in Betracht, wenn der Verstoß im ruhenden Verkehr zu strafrechtlicher
Relevanz (vgl. § 240 StGB) gelangt (Hentschel, § 25a StVG Rn. 4). Ebenso bleiben die landesrechtlichen Bestimmungen wie auch Gemeindesatzungen über das Abstellen von Fahrzeugen
außerhalb des **öffentlichen Verkehrsraums** von § 25a StVG unberührt, da das StVG grds. nur Fragen des öffentlichen Straßenverkehrs regelt (AG Freiburg, zfs 1987, 381); anderenfalls müsste ausdrücklich auf die Kostentragungspflicht in der landesrechtlichen Vorschrift Bezug genommen werden. Schließlich findet die Vorschrift dort keine Anwendung, wo der Vorwurf einer
Verkehrsordnungswidrigkeit nur mittelbar mit dem ruhenden Verkehr zusammenhängt, so z. B. bei
Verstößen gegen die StVZO (LG Freiburg, AnwBl. 1993, 291).

Die Kostentragungspflicht bei der Begehung eines solchermaßen eingegrenzten Park- oder Halt- **184**
verstoßes setzt die **Nichtfeststellbarkeit des Fahrers** voraus. Somit scheidet die Regelung des
§ 25a StVG dort von vornherein aus, wo der angegangene Halter den Verstoß inhaltlich in Zweifel
zieht, aber nicht abstreitet, selbst das Fahrzeug abgestellt zu haben (AG Düren, DAR 1993, 158).

Hinweis:

*Die Praxis zeigt, dass diese Klarstellung nicht selbstverständlich ist: Einige Kommunen schei-
nen gerade hier die sachliche Auseinandersetzung mit Einwänden zu scheuen und sehen in
§ 25a StVG ein geeignetes Mittel zur Beendigung lästiger Verfahren.*

Der Blick ins Gesetz macht deutlich, dass diese Vorgehensweise nicht haltbar ist. Die Verfolgungs- **185**
behörde muss vor einem Bescheid nach § 25a StVG in einem solchen Umfang ermitteln, der angesichts der Bedeutung des Verfahrens **angemessen und erfolgversprechend** erscheint. Dies setzt
zunächst eine rechtzeitige Befragung des Halters – nach der Rechtsprechung binnen zwei Wochen
– voraus (AG Minden, DAR 1988, 283; Berr, DAR 1991, 36).

Umstritten ist in diesem Zusammenhang, welche **Bemühungen der Behörde als ausreichend** **186**
angesehen werden. Nach einer Auffassung soll das Anbringen einer schriftlichen Verwarnung am
Kfz genügen (OVG Koblenz, VRS 54, 380; AG Frankfurt, VM 1990, 48); ob dieses „Knöllchen"
den Halter (oder dessen Beauftragten) erreicht, soll danach ohne Bedeutung sein, da es ausschließlich auf das rechtzeitige und hinreichende Tätigwerden der Behörde ankomme. Richtigerweise
sollte dem Halter statt dessen ein Verwarnungsgeldangebot nebst Anhörungsbogen zugesandt –
nicht zugestellt (vgl. Rn. 34) – werden (AG Würzburg, VM 1989, 87; AG Zossen, NZV 1994,
451). Reagiert der Halter hierauf nicht, so sind weitere Bemühungen der Behörde kaum veranlasst;
anders wird es regelmäßig nur dann sein, wenn sich der Halter zum Vorwurf geäußert hat. Benennt

er allerdings eine im Ausland ansässige Person als Fahrer, so hat die Behörde zwar geeignete und zumutbare Überprüfungsmöglichkeiten zu nutzen, ist aber nicht verpflichtet, internationale Rechtshilfe in Anspruch zu nehmen (BVerfG, NZV 1989, 399; a.A. Stollenwerk, VD 1997, 125). Auch dem Berufen auf das Zeugnisverweigerungsrecht (§ 52 StPO) steht § 25a StVG nicht entgegen (BVerfGE 80, 109, 121; Jahn, JuS 1990, 542).

187   Die **Ermittlung des Fahrzeugführers** muss vor Eintritt der dreimonatigen (§ 26 Abs. 3 StVG) Verfolgungsverjährung unmöglich gewesen sein. Der Kostenbescheid sollte deshalb erst dann ergehen, wenn sichergestellt ist, dass Hinweisen des Halters oder Dritter über den Fahrzeugführer nicht mehr rechtzeitig nachgegangen werden kann. Dies wird regelmäßig dann der Fall sein, wenn bis zum Eintritt der Verjährung weniger als zwei Wochen Zeit verbleiben (AG Lörrach, NZV 1991, 285; AG Augsburg, zfs 1988, 264).

188   Gem. § 25a Abs. 2 2. Halbs. StVG ist der Kostenschuldner vor Erlass des Bescheides zu hören. Diese **Anhörung** erfolgt oftmals durch einen entsprechenden Hinweis im **Anhörungsbogen** bzw. im **Bußgeldbescheid**. Dies erscheint bedenklich, da in diesem Verfahrensstadium die konkreten Voraussetzungen für die Entscheidung – also die Nichtbenennung des Fahrers – noch nicht feststehen. Deshalb sollte eine Anhörung zur Kostenauferlegung unabhängig von der Befragung zur Sache erfolgen.

III. Inhalt der Entscheidung

189   Die Kostentragungspflicht trifft den **Halter,** also grds. den, auf den das Kfz zugelassen ist (AG Essen, DAR 1989, 115). Sofern seine faktische Einflussmöglichkeit durch Einschaltung einer anderen Person ausgeschlossen ist und diese auch vom Halter benannt wird, ist sie als Beauftragter Adressat der Kostenentscheidung. Dies kann nicht nur der Fuhrparkleiter sein, sondern auch derjenige, an den das Fahrzeug verliehen oder sonst überlassen wurde (Hentschel, DAR 1989, 90).

190   Sofern die Voraussetzungen des § 25a StVG vorliegen, ist die **Kostenfolge zwingend**, um die Behörde vom Aufwand einer pflichtgemäßen Ermessensentscheidung freizustellen. Nur in Härtefällen ist von der Auferlegung der Verfahrenskosten abzusehen, so beispielsweise bei einer Entwendung des Kfz.

IV. Rechtsbehelf

191   Gegen die Kostenentscheidung der Verwaltungsbehörde und der Staatsanwaltschaft kann innerhalb von zwei Wochen nach Zustellung die **gerichtliche Entscheidung** beantragt werden (§ 25a Abs. 3 Satz 1 StVG). Zuständig ist das Gericht, das über einen Einspruch gegen den in diesem Verfahren ergangenen Bußgeldbescheid zu entscheiden hätte. Es prüft neben der Rechtzeitigkeit des Antrages alle Voraussetzungen des § 25a StVG. Seine Entscheidung ist gem. § 25a Abs. 3 Satz 3 StVG unanfechtbar; § 46 Abs. 1 OWiG i.V.m. § 464 Abs. 3 StPO gilt insofern nicht. Eine **Verfassungsbeschwerde** gegen die gerichtliche Kostenentscheidung unter dem Gesichtspunkt des Art. 103 Abs. 1 GG wird regelmäßig wegen offensichtlicher Unbegründetheit eine **Missbrauchsgebühr** auslösen (BVerfG, NJW 1995, 1418; 1996, 1273).

V. Kosten

192   Mit der Entscheidung nach § 25a StVG werden die eigenen Auslagen wie auch die Kosten des Verfahrens **auferlegt.** Dies sind zunächst die **Pauschalgebühren** i.H.v. 13 € (§ 107 Abs. 2 OWiG bzw. KV-GKG Nr. 7710) bzw. 25 € (KV-GKG Nr. 7700) sowie die **Zustellungsauslagen** (§ 107 Abs. 3 Nr. 2 OWiG). Hinzu können die Kosten kommen, die bei einem Freispruch zu Lasten der Staatskasse gehen, also z.B. die Anwaltskosten eines Dritten.

> **Hinweis:**
>
> *Auch aus diesem Grund ist vor einer bewusst falschen Namensnennung des Fahrers eindringlich zu warnen.*

Endet das Bußgeldverfahren mit einer Entscheidung nach § 25a StVG, so besteht von Seiten der **193** **Rechtsschutzversicherung** keine Deckungszusage; dasselbe gilt für das Rechtsbehelfsverfahren nach § 25a Abs. 3 StVG.

F. Fahrtenbuchauflage

I. Allgemeines

Nach § 31a StVZO kann die Verwaltungsbehörde gegenüber einem Fahrzeughalter die Führung **194** eines Fahrtenbuches für ein oder mehrere auf ihn zugelassene oder zukünftig zuzulassende Fahrzeuge anordnen, wenn es nach einer Zuwiderhandlung gegen Verkehrsvorschriften nicht möglich war, den **verantwortlichen Fahrzeugführer** festzustellen. Hierdurch sollen solche Fahrer ermittelt werden, die Leben, Gesundheit und Eigentum anderer Verkehrsteilnehmer gefährden. Die Behörde will durch die Anordnung eines Fahrtenbuches gewährleisten, dass zukünftig der Täter einer solchen Verkehrsordnungswidrigkeit rechtzeitig ermittelt werden kann. Trotz der mit dieser Regelung verbundenen Eingriffe widerspricht § 31a StVZO nicht dem GG (BVerfG, NJW 1982, 568). Der Halter kann sich weder auf ein **prozessuales Zeugnisverweigerungsrecht** noch auf ein **Aussageverweigerungsrecht** berufen, um die Verhängung des Fahrtenbuches abzuwenden (BVerfG, DAR 1995, 459).

II. Voraussetzungen

Ein Fahrtenbuch kommt nur dann in Betracht, wenn Verkehrsvorschriften in nennenswertem **195** Umfang verletzt worden sind. Die einmalige und unwesentliche Verkehrsordnungswidrigkeit kann eine Fahrtenbuchauflage nicht auslösen, wenn sie als Einzelfall nicht geeignet ist, die **charakterliche Zuverlässigkeit** in Zweifel zu ziehen (VGH Karlsruhe, VM 1977, 40; VG Dessau, NZV 1994, 336). Allenfalls kann hier das Führen eines Fahrtenbuches angedroht werden (BayVGH, DAR 1977, 110).

Beim erstmaligen Verstoß ohne Ermittelbarkeit des Fahrers wird von der Rechtsprechung die **196** Grenze der **Verhältnismäßigkeit** in der Eintragungspflicht des Verstoßes in das Verkehrszentralregister (§ 13 StVZO) gesehen (OVG Münster, DAR 1999, 375). Aber auch bei einer Vielzahl geringfügiger Verstöße im Verwarnungsgeldbereich kann ein Fahrtenbuch gerechtfertigt sein, sofern die Maßnahme für den Wiederholungsfall angedroht wurde (OVG Münster, VRS 66, 317).

Die Fahrtenbuchauflage setzt stets voraus, dass der für die Begehung einer objektiv festgestellten **197** Verfehlung verantwortliche Kraftfahrzeugführer **nicht ermittelt** werden kann. Ebenso wie bei der Kostentragungspflicht nach § 25a StVG (vgl. Rn. 182 ff.) ist der Umfang der Nachforschungsbemühungen an den Erfolgsaussichten wie auch dem Schweregrad des Verstoßes zu bemessen. Der Halter muss binnen weniger Tage – regelmäßig innerhalb von zwei Wochen – über den Vorgang befragt werden, damit er den Fahrer benennen kann (VGH Mannheim, DAR 1999, 425; VG Saarlouis, zfs 1995, 158). Hierzu genügt zunächst die Übersendung eines **Anhörungsbogens**. Zweifelhaft ist dabei, ob es für die Abwendung der Auflage genügt, den Zugang des rechtzeitig abgesandten Anhörungsbogens zu bestreiten (so aber VG Frankfurt, DAR 1991, 314).

198 Macht der Halter nach rechtzeitiger Übersendung des Anhörungsbogens keine Aussagen zur Sache, so kommt seine Vernehmung als Zeuge in Betracht (BVerwG, DAR 1988, 68). Ebenso ist eine **erneute Befragung** regelmäßig dann veranlasst, wenn der Anhörungsbogen nicht zurückgesandt wurde (VGH Mannheim, NZV 1989, 408). Gibt der Halter dagegen zu erkennen, dass er bei der Feststellung des Fahrers nicht mitwirken will, so ist eine erneute Befragung des Halters kaum sachgerecht (BVerwG, zfs 1994, 70; VGH Mannheim, DAR 1999, 90). Vielmehr kommt dann die Befragung von Familienmitgliedern oder Nachbarn in Betracht (vgl. Rn. 40). War dagegen die Nichtfeststellung des Fahrers auf die verspätete Anhörung des Halters zurückzuführen, scheidet eine Maßnahme nach § 31a StVZO aus (OVG Münster, VRS 77, 146).

199 Eine **auf ein Jahr befristete Fahrtenbuchauflage** ist regelmäßig erforderlich und ausreichend, um Gefahren für die Sicherheit des Straßenverkehrs auszuschließen (VGH Mannheim, Justiz 1989, 30; Braun, PVT 1992, 72). Anders verhält es sich dagegen, wenn nicht eine verspätete Beantwortung, sondern die Verweigerung einer Mitwirkung ursächlich für die Unermittelbarkeit war; dieser Vorwurf wird dort in Betracht kommen, wo geeignete und aussagekräftige Frontfotos zur Verfügung standen.

III. Inhalt der Auflage

200 Die Verpflichtung zum Führen eines Fahrtenbuches kann ein oder mehrere bereits zugelassene oder künftig zuzulassende Fahrzeuge umfassen. Die auf ein bestimmtes Kfz bezogene Auflage der Straßenverkehrsbehörde schließt nur dann ein **Ersatzfahrzeug** ein, wenn ein entsprechender Zusatz nach § 31a Abs. 1 Satz 2 StVZO angeordnet wurde (OVG Koblenz, VRS 54, 380). Ist der Betroffene Halter mehrerer Kfz, so dürfen diese nur dann einbezogen werden, wenn auch dort einschlägige Zuwiderhandlungen mit einem nicht ermittelbaren Fahrer zu befürchten sind (OVG München, NJW 1977, 2181). Aus Gründen der **Verhältnismäßigkeit** ist die Fahrtenbuchauflage regelmäßig zu befristen, wenngleich auch die Verhängung auf unbestimmte Dauer zulässig ist (OVG Bremen, DAR 1976, 53).

201 Der **Inhalt des Fahrtenbuches** ist in § 31a Abs. 2 StVZO geregelt. Der Halter oder sein Beauftragter haben für ein bestimmtes Kfz und für jede Einzelfahrt vor deren Beginn Kennzeichen und Fahrer sowie Datum und Uhrzeit des Fahrtbeginns einzutragen. Nach Fahrtende sind unverzüglich Datum und Uhrzeit zu vermerken und dieser Eintrag zu unterschreiben. Um der Beweisfunktion gerecht zu werden, ist die Angabe von Abfahrt- und Zielort wie auch des Kilometerstandes, nicht aber die zurückgelegte Fahrtstrecke erforderlich (VGH Mannheim, zfs 1984, 381).

202 Das Fahrtenbuch muss nur dann **mitgeführt** werden, wenn es auf der Hin- oder Rückfahrt zu einem Fahrerwechsel kommt; anderenfalls genügt das Verbleiben beim Halter (KG, VRS 70, 59). Es ist nach Ablauf der Zeit, für die es geführt werden muss, für weitere sechs Monate aufzubewahren und der zuständigen Behörde auf deren Verlangen auszuhändigen.

IV. Rechtsbehelf

203 Die Fahrtenbuchauflage ist ein **Dauerverwaltungsakt** und beginnt – unabhängig von einer Benutzung des Fahrzeuges – mit Unanfechtbarkeit der Entscheidung. Sie kann durch Widerspruch und Klage angefochten werden, wobei die aufschiebende Wirkung der Rechtsmittel wegen der regelmäßigen Anordnung des Sofortvollzuges entfällt. Unter Umständen kann ein Antrag auf Wiederherstellung der aufschiebenden Wirkung erfolgreich sein. Das Bestreiten des zugrunde liegenden Verkehrsverstoßes muss substantiiert werden (OVG Lüneburg, DAR 1999, 424, 425).

204 Wird die Anordnung nach § 31a StVZO nicht erfüllt, so begeht der Betroffene nach § 69a Abs. 5 Nr. 4, 4a StVZO i.V.m. § 24 StVG eine **Ordnungswidrigkeit,** die nach Nr. 190 des Bußgeldkataloges geahndet wird.

G. Fahrverbot

I. Allgemeines

Das Verkehrsrecht kennt **zwei Arten von Fahrverboten** – die **Nebenstrafe** nach § 44 StGB und die **ordnungsrechtliche Nebenfolge** nach § 25 StVG. Eine Verhängung ist somit in beiden Fällen nur neben einer Geld- oder Freiheitsstrafe bzw. neben einer Geldbuße möglich. Anders als beim Entzug der Fahrerlaubnis (§ 69 StGB) bleibt bei Fahrverboten der Verwaltungsakt der Erteilung bestehen; dem Betroffenen wird lediglich das **Recht aberkannt**, hiervon für eine bestimmte Dauer im öffentlichen Verkehr Gebrauch zu machen. Nach Ablauf der Fahrverbotsfrist erhält der Betroffene sein bisheriges Führerscheindokument zurück, während bei der Entziehung einer Fahrerlaubnis die **alte Berechtigung erlischt** und nur auf Antrag eine neue Berechtigung und damit auch ein neuer Führerschein erteilt wird (§ 20 FeV; s. dazu auch Teil 9 Rn. 343; 522 ff.).   **205**

Dies kann erhebliche Auswirkungen auf den Umfang der Fahrerlaubnis haben. Eine Fahrberechtigung der alten Klasse 2 befugt – unabhängig von der Umstellung auf die neuen Klassen – zum Führen von schweren LKW bis zur Vollendung des 50. Lebensjahres (§ 76 Nr. 9 FeV); nur wenn über diesen Zeitpunkt hinaus Fahrzeuge der Klassen C und CE gefahren werden sollen, sind ärztliche und augenärztliche Untersuchungen nötig. Bei einer Entziehung der Fahrerlaubnis gelten im Neuerteilungsverfahren gem. § 20 FeV die Vorschriften für die Ersterteilung. Die Geltungsdauer der neuerteilten Klassen C und CE beträgt deshalb gem. § 23 Abs. 1 Satz 2 Nr. 2 FeV nur fünf Jahre. Da beim Fahrverbot die weiterhin bestehende Berechtigung lediglich ruht, schadet dieses nicht der einmal erworbenen Rechtsposition.   **206**

II. Umfang

Auch die **Tragweite des Fahrverbotes** unterscheidet sich erheblich von einer Entziehung der Fahrerlaubnis. Während mit dem Entzug der Fahrerlaubnis die Berechtigung zur Benutzung führerscheinfreier Kfz wie z. B. ein Mofa fortbesteht, bezieht sich sowohl das strafrechtliche als auch das ordnungsrechtliche Fahrverbot grds. auf alle im Straßenverkehr benutzten Kraftfahrzeuge. Dies bedeutet, dass bei einem Fahrverbot auch keine führerscheinfreien Kraftfahrzeuge geführt werden dürfen. Insofern reicht das Fahrverbot sachlich weiter als die Entziehung der Fahrerlaubnis.   **207**

Allerdings sieht § 25 Abs. 1 Satz 1 StVG aus Gründen der **Verhältnismäßigkeit** die Möglichkeit einer **Herausnahme bestimmter Kraftfahrzeugarten** vor. So wäre es unangemessen, wenn der Zweck eines Fahrverbotes als Denkzettel- und Besinnungsmaßnahme auch durch ein beschränktes Fahrverbot erreicht werden kann; für die Dauer des Fahrverbotes ist dann ein eingeschränkter Ersatzführerschein auszustellen. Dies kommt beispielsweise dort in Betracht, wo der Gebrauch eines Traktors aus landwirtschaftlichen Gründen notwendig ist (OLG Düsseldorf, NZV 1994, 407). Ebenso können Mofas oder Kleinkrafträder aus dem Fahrverbot herausgenommen werden, wenn durch diese Form der Mobilität erhebliche Nachteile vermieden werden können (AG Lüdinghausen, DAR 1992, 231). Bei Kraftwagen kann schließlich danach differenziert werden, dass Fahrzeuge mit einem Lkw-Unterbau (LG Zweibrücken, NZV 1996, 252; OLG Düsseldorf, zfs 1996, 356) oder Busse (AG Krefeld, zfs 1992, 320) aus dem Fahrverbot herausgenommen werden.   **208**

Dagegen können weder **bestimmte Fahrzwecke** (Dienstfahrten) noch **bestimmte Fahrzeuge** (Dienst-Pkw) eine Ausnahme vom Fahrverbot rechtfertigen, da es sich hierbei nicht um Kraftfahrzeuge einer bestimmten Art i.S.v. § 25 Abs. 1 Satz 1 StVG handelt (OLG Celle, DAR 1996, 64; VRS 76, 33).   **209**

Seiner Konzeption nach verbietet das Fahrverbot lediglich **im Inland** das Führen von Kfz. Deshalb wird vom Betroffenen oftmals in Erwägung gezogen, das Fahrverbot in einer Zeit anzutreten, in der er sich ohnehin im Ausland aufhält, da der Geltungsbereich der Vorschrift das Führen von Kfz außerhalb Deutschlands nicht erfasst.   **210**

Hinweis:

Hiervon ist tunlichst abzuraten, da nach Art. 42 Abs. 3 des Übereinkommens über den Straßenverkehr vom 8.11.1968 die Unterzeichnerstaaten zur Nichtanerkennung eines ausländischen Führerscheins berechtigt sind, wenn dessen Inhaber im Wohnsitzstaat das Recht zum Führen eines Kfz aberkannt wurde; hierzu zählt auch das Fahrverbot nach § 25 StVG als befristete Aberkennung. Die Handhabung dieser Regelung ist in den einzelnen Staaten sehr unterschiedlich, so dass bereits unter diesem Aspekt strafrechtliche Konsequenzen möglich sind (ausführlich dazu Schäpe DAR 2001, 565).

211   Zum anderen ist auch **im Ausland** ein gültiges Legitimationspapier mitzuführen und bei Kontrolle vorzulegen. Da für die Dauer des Fahrverbots alle von einer deutschen Behörde ausgestellten Führerscheine in amtliche Verwahrung zu geben sind (vgl. Rn. 240 ff.), kann dadurch im Ausland kein hinreichender Nachweis für das Fortbestehen einer Fahrberechtigung erbracht werden. Somit können bei Fahrten im Ausland empfindliche Strafen drohen, da selbst beglaubigte Kopien keinen ausreichenden Ersatz für die vorgeschriebenen Legitimationspapiere darstellen.

III. Voraussetzung

212   Nach dem Wortlaut des § 25 StVG ist die Verhängung eines Fahrverbotes fakultativ; das **Ermessen** der zuständigen Verwaltungsbehörde (§ 26 StVG) bzw. – nach Einspruch gegen den Bußgeldbescheid – des Gerichts ist allerdings an enge Voraussetzungen geknüpft.

1. Ordnungswidrigkeit

213   Ein ordnungsrechtliches Fahrverbot kann nur bei einer Verkehrsverfehlung nach § 24 StVG oder § 24a StVG ausgesprochen werden. Diese Ordnungswidrigkeit muss unter Verletzung der Pflichten eines Kraftfahrzeugführers begangen worden sein; die bloße Verletzung von Halterpflichten reicht für ein Fahrverbot nicht aus. Als Nebenfolge setzt die Verhängung eine Geldbuße voraus; eine isolierte Verurteilung zum Fahrverbot ist unzulässig (OLG Düsseldorf, VRS 86, 314). Andere Ordnungswidrigkeiten (z. B. der Verstoß gegen Lenk- und Ruhezeiten) oder Straftaten werden von § 25 StVG nicht erfasst.

2. Grobe Pflichtverletzung

214   § 25 Abs. 1 Satz 1 StVG formuliert für das Fahrverbot bei einer Ordnungswidrigkeit nach § 24 StVG **zwei alternative Voraussetzungen:** die grobe oder beharrliche Pflichtverletzung. Eine **grobe Pflichtverletzung** liegt dann vor, wenn ein objektiv gewichtiger Verstoß, der immer wieder Ursache für schwere Unfälle ist, auf besonders grobem Leichtsinn, grober Nachlässigkeit oder Gleichgültigkeit beruht (BayObLG, NZV 1990, 401; BGHSt 38, 106; OLG Hamm, zfs 1995, 152). Der einmalige, mit nur einfacher Fahrlässigkeit begangene Verstoß reicht hierfür nicht aus (OLG Jena, DAR 1995, 260; OLG Rostock, DAR 1999, 277). Andererseits ist der oft nur zufällige Erfolg einer konkreten Gefährdung kein geeignetes Kriterium (OLG Hamm, DAR 1995, 501). Da in § 4 Abs. 1 BKatV grobe Pflichtverletzungen aufgezählt sind, die eine Verhängung des Fahrverbotes indizieren (vgl. Rn. 219 ff.), ist der losgelöste Anwendungsbereich der Norm stark eingeschränkt.

3. Beharrliche Pflichtverletzung

215   Wiederholt begangene Verkehrsverstöße können unter dem Gesichtspunkt der Beharrlichkeit ein Fahrverbot rechtfertigen. Dabei kommt es nicht darauf an, ob der Verstoß selbst als schwerwiegend zu beurteilen ist. Andererseits genügt auch die bloße Wiederholung nicht, da die **Motivlage** für die Beharrlichkeit entscheidend ist: Sie kommt nur dort in Betracht, wo Verkehrsvorschriften aus mangelnder Rechtstreue verletzt werden (BGHSt 38, 231; OLG Düsseldorf, NZV 1996, 78; OLG

Karlsruhe, DAR 1999, 417; OLG Braunschweig, DAR 1999, 273; BayObLG, DAR 1998, 448 mit Anm. Heinrich). Dabei ist auch der zeitliche Abstand zwischen den Zuwiderhandlungen von Bedeutung; liegt die Ahnung der letzten Tat zweieinhalb oder drei Jahre zurück, ist das Kriterium der Beharrlichkeit nicht erfüllt (BayObLG, DAR 1991, 362; 1992, 468). Nach OLG Düsseldorf (DAR 1999, 324) ist wegen der Warnfunktion auf das Datum der Rechtskraft einer Voreintragung abzustellen.

Frühere Verstöße rechtfertigen den Vorwurf einer beharrlichen Pflichtverletzung nur, wenn ein **innerer Zusammenhang** zu der neuen Tat besteht. Ein solcher Bezug wird auch dann angenommen, wenn zwei Monate nach Eintrag eines wiederholten Lichtzeichenverstoßes die Geschwindigkeit erheblich überschritten wird (OLG Düsseldorf, VRS 69, 50). Die erstmalige Wiederholung eines Verkehrsverstoßes wird regelmäßig noch nicht für eine beharrliche Pflichtverletzung i.S.v. § 25 Abs. 1 Satz 1 StVG ausreichen, wenn das Verschulden bei der früheren Begehung als gering anzusehen war (OLG Hamm, DAR 1991, 392; OLG Düsseldorf, DAR 1999, 82; AG Bayreuth, DAR 1999, 467).   216

Bei einer **Geschwindigkeitsübertretung** sieht § 4 Abs. 2 BKatV einen Regelfall für eine beharrliche Pflichtverletzung dann vor, wenn die zulässige Höchstgeschwindigkeit innerhalb von zwölf Monaten ab Rechtskraft der ersten Entscheidung ein zweites Mal um mindestens 26 km/h überschritten wird (OLG Naumburg, DAR 1999, 228; OLG Düsseldorf, DAR 1998, 320).   217

4. Alkohol und Drogen

Wird gegen den Betroffenen wegen einer Trunkenheitsfahrt mit mindestens 0,5 Promille Blutalkohol oder 0,25 mg/l Atemluftalkohol (§ 24a Abs. 1 StVG) oder wegen einer Drogenfahrt (§ 24a Abs. 2 StVG) eine Geldbuße festgesetzt, so ist gem. § 25 Abs. 1 Satz 2 StVG regelmäßig ein Fahrverbot anzuordnen. Auf eine weitergehende Pflichtverletzung i.S.v. § 25 Abs. 1 Satz 1 StVG kommt es angesichts des verwirklichten **erheblichen Unrechtsgehalts** nicht mehr an (OLG Düsseldorf, DAR 1993, 479).   218

5. Bußgeldkatalog

Nach § 26a StVG erlässt der Bundesverkehrsminister durch Rechtsverordnung Vorschriften über Regelsätze für Geldbußen wegen einer Ordnungswidrigkeit nach §§ 24, 24a StVG sowie über die Anordnung eines Fahrverbotes nach § 25 StVG. Diese Bußgeldkatalog-Verordnung (BKatV; abgedruckt in: ZAP 3/2002, Beilage 1/2002) wurde eingeführt, um massenhaft vorkommende Ordnungswidrigkeiten einer möglichst gleichmäßigen Behandlung zuzuführen. Die Regelsätze gehen dabei von fahrlässiger Begehung und gewöhnlichen Tatumständen aus. Nur bei Vorliegen von Milderungsgründen oder bei erschwerenden Umständen ist von den Vorgaben abzuweichen, da die Regelsätze ansonsten wegen der **Rechtssatzqualität** der BKatV für die Verwaltungsbehörden wie auch Gerichte verbindlich sind.   219

Für die Verhängung eines Fahrverbotes bleibt § 25 Abs. 1 Satz 1 StVG **alleinige Rechtsgrundlage**; weder § 26a StVG noch § 4 BKatV haben hieran etwas geändert. Dies hat zur Folge, dass in den Fällen, für die nach der BKatV ein Fahrverbot für den Regelfall indiziert ist, diese Rechtsfolge dann nicht ausgesprochen werden darf, wenn ein grober oder beharrlicher Pflichtverstoß zu verneinen ist. § 4 Abs. 1 Satz 1 BKatV besagt lediglich, dass in den dort unter Nr. 1 bis 4 aufgezählten Tatbeständen i.d.R. ein Fahrverbot wegen grober Pflichtverletzung in Betracht kommt; dasselbe gilt für die in § 2 Abs. 4 Satz 2 BKatV genannte Konstellation der beharrlichen Pflichtverletzung.   220

Nach der Rechtsprechung (BGHSt 38, 125; BayObLG, NZV 1996, 79) gelten insofern folgende Grundsätze: Bei den in § 4 Abs. 1 Satz 1, Abs. 2 Satz 2 BKatV genannten Fällen ist ein grober bzw. beharrlicher Pflichtverstoß i.S.v. § 25 Abs. 1 Satz 1 StVG indiziert, der dann mit einem Fahrverbot zu ahnden ist, sofern kein Ausnahmefall vorliegt. Die konkreten **Umstände des Einzelfalles** dürfen dabei weder in objektiver noch in subjektiver Hinsicht unberücksichtigt bleiben. Statt dessen müssen sowohl die Verwaltungsbehörde als auch das Gericht in den Entscheidungsgründen erkennen   221 lassen, dass sie sich der Möglichkeit eines Absehens vom Fahrverbot bewusst waren (BGHSt 38, 231). Dies ist nicht nur bei einem Verneinen des Regelbeispieles, sondern auch bei einer Unangemessenheit der Maßnahme der Fall.

222 Wird ein Regelfall bejaht und das Vorliegen von Ausnahmetatbeständen verneint, so ist zur Anordnung eines Fahrverbotes eine weitergehende Begründung entbehrlich. Durch die BKatV wird nicht die Einzelfallprüfung, sondern lediglich der **Begründungsaufwand eingeschränkt** (OLG Düsseldorf, NZV 1996, 78; Ludovisy, NJW 1996, 2284; OLG Dresden, DAR 1999, 413). Diese Regelung wie auch ihre Handhabung durch die Rechtsprechung ist grundgesetzkonform (BVerfG, DAR 1996, 196).

IV. Absehen vom Fahrverbot

1. Allgemeines

223 Das Gericht hat im Urteil seine Erwägungen zur Glaubhaftigkeit der Betroffenenangaben darzulegen, wenn sich dieser auf besondere Tatumstände oder unzumutbare Härten beruft. Das Absehen vom Fahrverbot ist **stets näher zu begründen** (BGHSt 38, 231). Nach § 4 Abs. 4 BKatV soll bei einem ausnahmsweisen Absehen der im Tatbestand festgelegte Regelsatz angemessen erhöht werden.

224 Im Rahmen der Ermessensausübung sind zunächst **allgemeine Aspekte** zu würdigen, die zugunsten des Betroffenen sprechen. So erhöht das nur geringfügige Überschreiten der Regelfallgrenze ebenso die Chancen für ein Absehen vom Fahrverbot wie der Hinweis auf fehlende Voreintragungen (BayObLG, NZV 1996, 78). Auch die lange Zeit zwischen der Zuwiderhandlung und dem Urteil (hier über zwei Jahre) kann positiv bewertet werden (AG Schlüchtern, zfs 1996, 275), sofern diese Verzögerung nicht auf ein Verhalten des Betroffenen zurückzuführen ist. Dagegen findet eine hohe Fahrleistung nur im Zusammenhang mit fehlendem Punkteeintrag Berücksichtigung (OLG Saarbrücken, zfs 1996, 113). Auch die Teilnahme an einer Nachschulung genügt für sich genommen nicht (BayObLG, NZV 1996, 374). Allerdings kann bei einem Wiederholungstäter die freiwillige Schulungsteilnahme zu einer Reduzierung des Fahrverbotes auf das gesetzliche Mindestmaß führen (AG Kiel, DAR 1999, 327).

225 Im Einzelnen wird bei Verneinung des in der BKatV indizierten Regelfalls wie auch bei Unangemessenheit der Maßnahme von der Verhängung eines Fahrverbotes abgesehen. Somit ist zwischen **tatbezogenen und täterbezogenen Besonderheiten** zu unterscheiden.

2. Tatbezogene Besonderheiten

a) Rotlichtverstoß

226 Die BKatV sieht für einen **„qualifizierten Rotlichtverstoß"**gem. Nr. 132.2 neben einer Geldbuße ein einmonatiges Fahrverbot vor. Allerdings gibt es gerade in den Fällen, in denen die Rotphase bereits mehr als eine Sekunde betrug und deshalb an sich ein Fahrverbot indiziert ist, eine Vielzahl von Konstellationen, wonach das Vorliegen eines Regelfalls zu verneinen ist.

227 So fehlt es insbesondere dann an der nach § 25 Abs. 1 Satz 1 StVG erforderlichen **Verantwortungslosigkeit** des Fahrers, wenn er sich durch ein anderes, für ihn nicht maßgebliches Lichtzeichen ablenken ließ (OLG Stuttgart, DAR 1999, 88; BayObLG, DAR 1996, 103). Ebenso kann vom Fahrverbot abgesehen werden, wenn eine abstrakte Gefährdung anderer Verkehrsteilnehmer nicht möglich war, so bei einer Baustellenampel (OLG Düsseldorf, NZV 1995, 35; OLG Oldenburg, zfs 1995, 75) oder am Fußgängerüberweg nach dem Passierenlassen (OLG Karlsruhe, zfs 1996, 274; OLG Düsseldorf, VRS 90, 226). Kein Regelfall liegt ferner vor, wenn eine schwer erkennbare Ampel von einem Ortsunkundigen übersehen wird (AG Freiburg, VRS 85, 51; BayObLG, NZV 1994, 287). Ebenso verhält es sich, wenn ein Autofahrer durch die Adressensuche abgelenkt war (OLG Koblenz, DAR 1994, 287). Die falsche Wahrnehmung der Farbphasen durch Sonnen-

blendung („tiefstehende Sonne") führt nicht zum Absehen vom Fahrverbot, da besondere Lichtverhältnisse eine erhöhte Sorgfaltspflicht des Verkehrsteilnehmers begründen (OLG Hamm, DAR 1999, 326). Wird bei Grünlicht die Haltelinie überfahren und nach einem verkehrsbedingten Halt in eine Kreuzung eingefahren, obwohl die Rotphase schon länger als eine Sekunde andauerte, so kann dann ein qualifizierter Rotlichtverstoß vorliegen, wenn trotz Überfahrens der Haltelinie das Umschalten der Ampel auf Rot wahrnehmbar war (BGH, NJW 1999, 2978).

Das Vorliegen eines Regelfalls nach Nr. 132.2 BKatV ist schließlich dann zu verneinen, wenn die zeitliche Qualifikation des Rotlichtverstoßes **nicht hinreichend festgestellt** wurde. So kann die Zeitmessung durch Mitzählen, Schätzung oder den Blick auf eine Armbanduhr berechtigten Zweifeln ausgesetzt sein (KG, VRS 88, 296; BayObLG, VRS 90, 54; OLG Düsseldorf, VRS 90, 149).   228

b) Geschwindigkeitsüberschreitung

Wird infolge eines **Augenblicksversagens** ein Verkehrszeichen übersehen und somit die Regelung nicht beachtet, können die Voraussetzungen für einen Regelfall fehlen. Dies ist z. B. dann der Fall, wenn ein Ortseingangsschild nicht erkannt wurde und die Art der Bebauung nicht den Verdacht einer geschlossenen Ortschaft für einen Ortsunkundigen nahe legt (OLG Celle, NdsRpfl 1998, 155). Ebenso verhält es sich mit der Nichtbeachtung einer Tempo-30-Zone, wenn die Ausgestaltung und Streckenführung nicht auf eine besondere Verkehrsregelung hindeutet (BGH, DAR 1997, 450). Etwas anderes hat freilich dann zu gelten, wenn die Reduzierung der zulässigen Höchstgeschwindigkeit durch mehrere Verkehrszeichen wiederholt wurde; hier kann nicht mehr von einem Augenblicksversagen gesprochen werden (OLG Hamm, DAR 1999, 327).   229

Nach den polizeilichen Richtlinien soll bei der Geschwindigkeitsmessung regelmäßig ein bestimmter **Mindestabstand zum Ortsschild eingehalten** werden, um dem Autofahrer die Möglichkeit einer angemessenen Reaktion zu ermöglichen (vgl. Übersicht bei Starken, DAR 1998, 85). Beim Verstoß gegen diese verwaltungsinternen Anweisungen kann u. U. vom Fahrverbot abgesehen werden (OLG Oldenburg, NZV 1994, 286; BayObLG, NZV 1995, 496). Ebenso soll dann kein Regelfall vorliegen, wenn der konkrete Schutzzweck der Geschwindigkeitsbegrenzung durch die Überschreitung nicht gefährdet wurde, weil z. B. in einer Wohnstraße die zulässige Höchstgeschwindigkeit auf 30 km/h zum Schutz spielender Kinder beschränkt wurde, die Einhaltung dieser Regelung aber zur Nachtzeit kontrolliert wird (OLG Düsseldorf, NZV 1996, 371).   230

c) Trunkenheitsfahrt

Nur **in sehr engen Grenzen** kann bei einer Fahrt mit einer Blutalkoholkonzentration von 0,5 Promille oder mehr von einem Fahrverbot **abgesehen** werden. Voraussetzung dafür ist, dass die Tatumstände so aus dem Rahmen der sonst üblichen Begehungsweise fallen, dass die Vorschrift hinsichtlich des Fahrverbotes nicht darauf zugeschnitten ist. Dies ist der Fall, wenn eine auf nur wenige Meter angelegte Strecke abseits der stärker befahrenen Straßen zurückgelegt wird, um z. B. ein falsch geparktes Fahrzeug umzusetzen (OLG Celle, DAR 1990, 150 m. Anm. Berr). Dagegen verhilft weder das Berufen auf Restalkohol noch die nur geringfügige Überschreitung des Grenzwertes, noch das Anführen der Anflutungsphase allein zu einem Ausnahmefall (OLG Hamm, NZV 1995, 496; OLG Düsseldorf, DAR 1999, 224).   231

3. Täterbezogene Besonderheiten

Berufliche oder wirtschaftliche Schwierigkeiten reichen für sich genommen nicht für ein Absehen vom Fahrverbot aus, da in einer Vielzahl von Berufen ein gewisses Maß an Mobilität vorausgesetzt wird und damit die Nebenfolge praktisch außer Kraft gesetzt würde. Nur in den Fällen, in denen eine **tatsächliche Existenzgefährdung** des Betroffenen glaubhaft gemacht werden kann, entfällt das an sich indizierte Fahrverbot (OLG Celle, NZV 1996, 117; OLG Koblenz, NZV 1996, 373). In diesem Zusammenhang sei darauf hingewiesen, dass seit 1.3.1998 (unter den bei Rn. 241 dargestellten Voraussetzungen) ein „Wahlrecht" für den Antritt eines Fahrverbotes eingeräumt wird.   232

Da diese Vergünstigung gerade auch deshalb geschaffen wurde, um wirtschaftliche Nachteile abzumildern, wird diesbezüglich von den Gerichten ein noch strengerer Maßstab als in der Vergangenheit angelegt (OLG Hamm, DAR 1999, 84).

233 Dabei muss der Betroffene zunächst darlegen, warum er auf das Kfz und damit auf seine Fahrberechtigung zwingend angewiesen ist. Ferner hat er nachzuweisen, dass er für die Dauer des Fahrverbotes keinen Urlaub nehmen kann (OLG Düsseldorf, DAR 1996, 65; OLG Hamm, NZV 1996, 247; OLG Hamm, DAR 1999, 417). Auch muss **glaubhaft** gemacht werden, dass er seine Berufstätigkeit nicht durch Inanspruchnahme privater Fahrdienste (Arbeitskollegen, Taxi, Chauffeur) oder öffentlicher Verkehrsmittel ausüben kann; Zeitverlust und finanzielle Nachteile bleiben dabei grds. unberücksichtigt (OLG Düsseldorf, DAR 1999, 402; aber OLG Dresden, DAR 1998, 401). Schließlich muss der Verlust des Arbeitsplatzes oder der wirtschaftlichen Existenz realistisch sein. Auf die rechtliche Durchsetzbarkeit einer tatsächlich angedrohten Kündigung kommt es dabei nicht an (OLG Celle, zfs 1996, 35). Sofern die Gefahr eines Arbeitsplatzverlustes offenkundig ist, muss diese Wahrscheinlichkeit nicht durch eine Bestätigung des Arbeitgebers belegt werden (AG Bremen, zfs 1996, 273; AG Papenburg, DAR 1999, 136; OLG Düsseldorf, DAR 1999, 415). Bei erhöhter Verantwortungslosigkeit des Täters – insbesondere bei mehrfachen Voreintragungen – kann ausnahmsweise auch trotz drohender Kündigung ein Fahrverbot gerechtfertigt sein (OLG Brandenburg, DAR 1996, 289).

234 Von der **Rechtsprechung** wurde insbesondere dann von einem Fahrverbot abgesehen, wenn die Existenz eines freiberuflich tätigen Kurierfahrers(OLG Braunschweig, zfs 1996, 194) oder **Handelsvertreters** (AG Rüsselsheim, zfs 1994, 189) auf dem Spiel stand. Auch wurde die Abhängigkeit vom Führerschein für den Inhaber eines kleinen Bauunternehmens (OLG Düsseldorf, zfs 1993, 389; OLG Dresden, DAR 1995, 498) wie auch für einen selbstständigen Mechanikermeister (OLG Saarbrücken, zfs 1996, 114) so hoch eingeschätzt, dass kein Fahrverbot ausgesprochen wurde. Selbiges gilt für den selbstständigen **Taxifahrer** mit nur einem Fahrzeug (OLG Oldenburg, NZV 1995, 405).

235 Auch besondere **Schwierigkeiten im privaten Bereich können** zu einem Absehen vom Fahrverbot führen. So erschien die Nebenfolge für eine Mutter von zwei Kleinkindern unverhältnismäßig, da sie einen abgelegenen Einödhof bewohnt (AG München, DAR 1996, 369). Eine schwere Gehbehinderung rechtfertigt für sich genommen nicht ohne weiteres einen Verzicht auf das Fahrverbot (OLG Frankfurt, NZV 1994, 286; OLG Hamm, DAR 1999, 325); anders verhält es sich regelmäßig bei einem Rollstuhlfahrer (OLG Frankfurt, DAR 1995, 260).

V. Dauer

236 Ein Fahrverbot kann für die Dauer **von einem Monat bis drei Monaten** ausgesprochen werden (§ 25 Abs. 1 Satz 1 StVG). Ein zeitlich unbestimmtes Fahrverbot stellt dagegen eine unwirksame Anordnung dar. Nach § 4 Abs. 2 Satz 1 BKatV beträgt das Fahrverbot bei einer erstmaligen Anordnung wegen beharrlicher Pflichtverletzung regelmäßig einen Monat. Sofern die im Katalog vorgesehene Regeldauer überschritten werden soll, setzt dies voraus, dass der **Erziehungs- und Warnzweck** ohne Verlängerung nicht erreichbar erscheint; hierfür ist zunächst eine Erhöhung der Geldbuße in Erwägung zu ziehen (BayObLG, zfs 1995, 152; DAR 1999, 221).

237 Erfüllt ein Verhalten mehrere in der BKatV vorgesehene Verbotsfristen, so sind diese nicht ohne weiteres zu addieren (OLG Stuttgart, NZV 1996, 159). Nach § 25 Abs. 6 StVG wird die Dauer einer amtlichen Verwahrung, Sicherstellung, Beschlagnahme oder vorläufige Entziehung der Fahrerlaubnis auf die Dauer des Fahrverbotes **angerechnet,** so dass bei entsprechender Dauer der Ingewahrsamnahme das Fahrverbot als vollständig vollstreckt gilt.

238 Nach wie vor umstritten ist, wie **mehrere gleichzeitig rechtskräftig werdende Fahrverbote** zu vollstrecken sind. Nach der einen Auffassung hat dies nacheinander zu geschehen, da sich § 25 Abs. 2 Satz 2 StVG auf das jeweils konkrete Fahrverbot beziehe (AG Bottrop, DAR 1995, 262 m. abl. Anm. Engelbrecht; Hillebrand, VD 1977, 323). Nach anderer Ansicht ergibt sich aus dem

Wortlaut des § 25 Abs. 2 Satz 1 StVG, dass das Fahrverbot mit Rechtskraft wirksam wird, so dass nebeneinander vollstreckt wird (BayObLG, DAR 1994, 74 mit Anm. Hentschel; AG Münster, DAR 1997, 364; AG Frankfurt, zfs 1994, 227; AG Hannover, zfs 1996, 435; AG Steinfurt, zfs 1996, 36).

In diesem Zusammenhang sei auf die Neuregelung in § 25 Abs. 2a Satz 2 StVG hingewiesen. Zwar   **239**
erfassen die dortigen Ausführungen nur die Fälle, in denen an sich nach § 25 Abs. 2a Satz 1 StVG der Zeitpunkt für die Vollstreckung des Fahrverbotes gewählt werden kann (vgl. Rn. 241). Gleichwohl hat der Gesetzgeber in der Begründung dargelegt, dass „in Abweichung von der sonst gültigen Regelung" in diesen Fällen die **Fahrverbotsfristen ausnahmsweise addiert** werden (BT-Drs. 13/8655, S. 14). Aus dem Umkehrschluss ergibt sich, dass der Gesetzgeber in den anderen Fällen von einer **parallelen Vollstreckung** ausgeht. Mehrere Fahrverbote werden also dann nacheinander vollstreckt, wenn es sich um einen Ersttäter gem. § 25 Abs. 2a Satz 1 StVG handelt. Wird die Vergünstigung der Vier-Monats-Frist wegen eines früheren Fahrverbots nicht eingeräumt, so können mit der h.M. neue, gleichzeitig rechtskräftig gewordene Fahrverbote parallel vollstreckt werden. Diese Besserstellung des Wiederholungstäters wurde vom Gesetzgeber gesehen und ist beabsichtigt.

VI. Vollstreckung

Das Fahrverbot wird grds. **mit Rechtskraft** der zugrunde liegenden Bußgeldentscheidung **wirk-**   **240**
sam (§ 25 Abs. 2 Satz 2 StVG). Um es wirksam durchsetzen zu können, wird der Führerschein gem. § 25 Abs. 2 Satz 2 StVG in amtliche Verwahrung genommen. Erst mit der amtlichen Ingewahrsamnahme beginnt die Monatsfrist (§ 25 Abs. 5 Satz 1 StVG). Durch eine verspätete Abgabe verlängert sich das Fahrverbot entsprechend.

Seit dem 1.3.1998 wird derjenige Betroffene begünstigt, gegen den in den zwei Jahren vor der Ord-   **241**
nungswidrigkeit kein Fahrverbot verhängt worden ist und auch bis zur Bußgeldentscheidung kein Fahrverbot ausgesprochen wird. In diesem Fall bestimmt die Verwaltungsbehörde oder das Gericht gem. § 25 Abs. 2a Satz 1 StVG, dass das Fahrverbot erst wirksam wird, wenn der Führerschein nach Rechtskraft in amtliche Verwahrung gelangt, spätestens jedoch mit Ablauf von **vier Monaten seit Eintritt der Rechtskraft.** Sofern die Voraussetzungen des § 25 Abs. 2a Satz 1 StVG erfüllt sind, besteht ein rechtlicher Anspruch auf Einräumung dieser Vergünstigung (OLG Düsseldorf, DAR 1998, 402; OLG Hamburg, DAR 1999, 226). Eine Rechtsbeschwerde kann wirksam auf das Unterlassen der Anordnung beschränkt werden (OLG Düsseldorf, NStZ-RR 1999, 61). Bei der Berechnung der Zwei-Jahres-Frist nach § 25 Abs. 2a Satz 1 StVG ist nicht auf die letzte Sachentscheidung (so OLG Karlsruhe, DAR 1999, 372 mit Anm. Schäpe), sondern auf die Rechtskraft der Vorentscheidung abzustellen (BayObLG, DAR 1998, 480). Auf Vorlagebeschluss des BayObLG hat der BGH diese Rechtsauffassung bestätigt (DAR 2000, 482). Die Frist muss ausdrücklich auf dem Bußgeldbescheid oder in der gerichtlichen Entscheidung angeführt sein, da es anderenfalls beim Grundsatz nach § 25 Abs. 2 Satz 1 StVG bleibt (BayObLG, DAR 1998, 361 mit Anm. Heinrich).

Zu den **abgabepflichtigen Dokumenten** zählen alle von einer deutschen Behörde erteilten Führer-   **242**
scheine (§ 25 Abs. 2 Satz 2 StVG). Dies ist nicht nur der Führerschein nach § 25 FeV, sondern auch der Führerschein zur Fahrgastbeförderung (§ 48 FeV), der internationale Führerschein nach § 8 IntVO, die Sonderführerscheine der Bundeswehr, Polizei und Bundesgrenzschutz (§ 26 FeV). Die Prüfbescheinigung nach § 5 FeV ist kein Führerschein i.S.v. § 25 StVG, muss also beim Fahrverbot nicht in amtliche Verwahrung gegeben werden, um die Verbotsfrist wirksam auszulösen (BayObLG, NZV 1993, 199). Trotz des weiteren Besitzes dieses Dokumentes dürfen auch Kfz nach § 4 FeV während des Fahrverbotes nicht geführt werden (Rn. 207).

In **ausländischen Fahrausweisen** wird das Fahrverbot gem. § 25 Abs. 3 StVG vermerkt. Seit   **243**
1.1.1999 ist auch ein ausländischer Führerschein, der von einer Behörde innerhalb der EU oder eines EWR-Staates ausgestellt wurde, in amtliche Verwahrung zu nehmen, wenn der Betroffene im Inland wohnt (§ 25 Abs. 2 Satz 3 StVG).

244 Zuständig für die Vollstreckung des Fahrverbotes und damit für die amtliche Verwahrung ist die **Bußgeldbehörde** (§ 92 OWiG) bzw. – bei einer gerichtlichen Bußgeldentscheidung – die Staatsanwaltschaft (§ 91 OWiG). Da die Monatsfrist erst mit Eingang bei der zuständigen Behörde beginnt, sollte der Führerschein nur dann einer anderen Stelle übergeben werden, wenn diese von der Vollstreckungsbehörde ausdrücklich benannt ist (so z. B. die örtlichen Polizeidienststellen in Bayern).

245 Mit Ausnahme der in § 25 Abs. 2a Satz 1 StVG geregelten Fälle liegt daher eine möglichst schnelle Herausgabe der Dokumente im Interesse des Betroffenen, da sich die Zeit ohne Fahrberechtigung – unabhängig vom tatsächlichen Besitz eines Führerscheins – **erheblich verlängern** kann. Da Fahrverbote keiner eigenen Verjährung unterliegen, dürfte der Betroffene 30 Jahre lang kein Kfz führen, wenn der Führerschein nicht in amtlicher Verwahrung ist. Dies gilt auch, wenn die im Besitz des Betroffenen befindlichen Fahrdokumente nur unvollständig abgegeben wurden. Wird ein abgabepflichtiger Führerschein nicht freiwillig herausgegeben, so ist er zu **beschlagnahmen** (§ 25 Abs. 2 Satz 3, Abs. 3 Satz 2 StVG); sofern er nicht gefunden wird, ist eine eidesstattliche Versicherung über den Verbleib abzugeben (§ 25 Abs. 4 StVG).

246 Der in amtliche Verwahrung genommene Führerschein ist dem Betroffenen durch eingeschriebenen Brief so rechtzeitig **zurückzusenden,** dass er ihn am letzten Werktag vor dem Fristende in Empfang nehmen kann; alternativ kann der Betroffene erklären, dass er den Führerschein selbst abholen werde.

H. Fahren unter Alkohol und Drogen

I. Allgemeines

247 Bis zum 1.5.1998 hat § 24a StVG ausschließlich die Fälle geregelt, in denen der Betroffene gefahren ist, obwohl er 0,8 Promille oder mehr Alkohol im Blut oder eine Alkoholmenge im Blut hatte, die zu einer solchen Blutalkoholkonzentration (BAK) führt. Durch das Gesetz zur Änderung des Straßenverkehrsgesetzes vom 27.4.1998 (BGBl. I, S. 795) wurden ein zweiter Schwellenwert von 0,5 Promille BAK sowie **Grenzwerte** für den Atemalkohol (AAK) eingeführt. Eine weitere Ergänzung erfuhr die Vorschrift durch das Änderungsgesetz vom 28.4.1998 (BGBl. I, S. 810), wodurch das Fahren nach Drogenkonsum als Ordnungswidrigkeit in § 24a StVG aufgenommen wurde. Schließlich wurden zum 1.4.2001 die Rechtsfolgen für Alkoholfahrten mit einer BAK von 0,5 Promille bzw. einer AAK von 0,25 mg/l auf das Sanktionsniveau für 0,8 Promille (BAK) bzw. 0,4 mg/l (AAK) angehoben; die letztgenannten Grenzwerte sind entfallen (BGBl. 1998 I, S. 386).

248 Allen Tatbestandsalternativen ist der Vorwurf gemeinsam, nach Einnahme berauschender Mittel ein Kraftfahrzeug **im Straßenverkehr** geführt zu haben. Die Streichung des Wortes „öffentlich" durch das Änderungsgesetz vom 27.4.1998 ist sprachlicher, nicht inhaltlicher Natur. Wegen des abstrakten Gefahrenpotentials sind die Besitzverhältnisse der befahrenen Strecke ohne Bedeutung, so dass auch dann gegen § 24a StVG verstoßen wird, wenn auf einer in privatem Eigentum stehenden Verkehrsfläche gefahren wird; dies kann beispielsweise auch ein Firmenparkplatz sein, sofern nicht durch besondere Absperrmaßnahmen sichergestellt wurde, dass sich dort keine anderen Verkehrsteilnehmer aufhalten können.

249 Während nach § 316 StGB das Führen eines Fahrzeuges (also auch eines Fahrrades) tatbestandsmäßig ist, muss es sich bei § 24a StVG um ein **Kfz** handeln. Erfasst sind damit auch Mofas, motorbetriebene Krankenfahrstühle und Arbeitsmaschinen wie z. B. Bagger (OLG Hamm, VRS 51, 300).

250 Geführt i.S.v. § 24a StVG wird ein Kfz nicht nur dann, wenn es **mit Motorkraft fortbewegt** wird. Vielmehr soll es genügen, das Fahrzeug abrollen zu lassen, ohne den Motor dadurch in Bewegung bringen zu wollen (OLG Celle, DAR 1977, 219). Auch erfüllt derjenige den Tatbestand, der ein

Mofa durch Treten der Pedale fortbewegt (OLG Düsseldorf, VM 1974, 13). Dagegen begeht derjenige keine Ordnungswidrigkeit, der ein abgeschlepptes Kfz lenkt: Er führt zwar ein Fahrzeug, das aber nur dann als Kfz zu bewerten ist, wenn durch Anschleppen der Motor zum Laufen gebracht werden soll (BayObLG, NJW 1984, 878). Ebenso verhält es sich, wenn ein von einer anderen Person angeschobenes Kfz gelenkt wird (BGH, VRS 52, 408).

Auf die Frage der Fahrtüchtigkeit kommt es bei § 24a StVG nicht an, da es sich um einen **abstrakten Gefährdungstatbestand** handelt. Ergeben sich bei einer Alkoholfahrt ab einer BAK von 0,3 Promille bzw. einer Drogenfahrt Anhaltspunkte für eine rauschmittelbedingte Fahrunsicherheit (z.B. typische Fahrfehler wie Fahren in Schlangenlinien oder ein selbstverschuldeter Unfall), so kommt statt einer Ordnungswidrigkeit eine Straftat nach § 316 StGB bzw. bei konkreter Gefährdung nach § 315c StGB in Betracht. Dieser Verschlechterungsgefahr muss sich der Verteidiger bei Einspruchseinlegung bewusst sein.   251

Im Hinblick auf die Rechtsfolgen wird darauf abgestellt, ob die Tat fahrlässig oder vorsätzlich begangen wurde. Für die Fahrlässigkeit genügt jedes Herantrinken an die Gefahrengrenze; das Berufen auf eine Trinktabelle kann nie exkulpieren, da die Einflussfaktoren – selbst für eine annähernde Hochrechnung – zu variabel sind. Der **Fahrlässigkeitsvorwurf** kann nur dann entfallen, wenn dargelegt wird, dass die berauschende Substanz heimlich zugefügt wurde (OLG Hamm, VRS 56, 112). Gerade bei Alkohol wird diese Einlassung von den Gerichten besonders sorgfältig geprüft, da das unbemerkte Beibringen von Alkohol der Lebenserfahrung widerspricht (OLG Oldenburg, DAR 1983, 90). Ein solcher Erfahrungssatz besteht aber nicht bei Drogen, so dass für den Tatbestand § 24a Abs. 2 StVG entsprechende Einlassungen möglich erscheinen (vgl. BVerwG, NVwZ 1998, 740).   252

Eine **Vorsatztat** setzt voraus, dass der Betroffene mit einem Alkoholisierungsgrad gem. § 24a Abs. 1 StVG bzw. einer Wirkung berauschender Mittel nach § 24a Abs. 2 StVG rechnete und diese in Kauf nahm (OLG Zweibrücken, VRS 76, 453). Nach OLG Celle (NZV 1997, 320) handelt derjenige regelmäßig mit bedingtem Vorsatz, der ein Kfz führt, obwohl er in einem überschaubaren Zeitraum vor Fahrtantritt alkoholische Getränke in nicht ganz unerheblichem Umfang getrunken hat. Andererseits darf allein von der Höhe der BAK nicht auf Vorsatz geschlossen werden (BayObLG, DAR 1987, 304). Es bleibt abzuwarten, inwiefern diese Grundsätze auf den Drogentatbestand (§ 24a Abs. 2 StVG) Anwendung finden. Abzustellen ist hier nicht auf die Nachweisbarkeit der Drogen, sondern auf das Fahren unter der Wirkung berauschender Mittel.   253

II. Fahren unter Alkohol

1. 0,5 Promille

Nach § 24a Abs. 1 StVG handelt derjenige ordnungswidrig, der trotz einer BAK von 0,5 Promille bzw. einer entsprechenden Alkoholmenge im Körper ein Kfz im Straßenverkehr führt. Der Gesetzgeber ging bei der Einführung dieses Gefahrengrenzwertes davon aus, dass im Bereich einer BAK zwischen 0,3 und 0,4 Promille bei den meisten Kraftfahrzeugführern Leistungsminderungen in einem solchen Ausmaß bestehen, dass das sichere Führen von Fahrzeugen in Frage steht (BT-Drs. 13/1439). Bereits bei der Festsetzung des Grenzwertes wurde ein **Sicherheitszuschlag** von 0,1 Promille berücksichtigt, um der maximal möglichen Streuungsbreite der Ergebnisse Rechnung zu tragen (ausführlich Hentschel/Born, Trunkenheit im Straßenverkehr, Rn. 497 ff.; BVerfG, VersR 1976, 600).   254

Wäre nur die BAK zum Zeitpunkt des Fahrens maßgeblich, so würden auch hier – ebenso wie bei § 316 StGB – die in der Praxis nur äußerst schwierig zu lösenden Fragen der Anflutungs- und Abbauphase auftreten. § 24a Abs. 1 StVG löst dieses Problem zumindest teilweise dadurch, dass eine **Alkoholmenge im Körper** genügt, die zu einem späteren Zeitpunkt zu einer BAK von 0,5 bis   255

1,09 Promille führt (BVerfG, NJW 1978, 882). Gleichwohl muss ein glaubhaft gemachter Nachtrunk zwischen Fahrtbeendigung und Blutentnahme durch Rückrechnung in Abzug gebracht werden.

256 Ergibt die Blutprobe einen Wert unterhalb der gesetzlichen Grenze und befindet sich der Betroffene in der Abbauphase, so ist auf den Zeitpunkt des Fahrtbeginns **zurückzurechnen** (OLG Köln, BA 1981, 57). Ist der Proband dagegen noch in der **Anflutungsphase**, hängt der Nachweis der Ordnungswidrigkeit davon ab, ob ein weiterer Anstieg der BAK auf mindestens 0,5 Promille durch eine zweite Blutprobe festgestellt wird.

257 Die für das strafrechtliche Verfahren vorgeschriebenen Analysemethoden(arithmetisches Mittel aus drei Widmark- und zwei ADH-Untersuchungen bzw. vier Untersuchungen bei Mitverwendung der Gaschromatographie) finden auch im Ordnungswidrigkeitenverfahren Anwendung.

258 Die **Rechtsfolgen** eines Verstoßes gegen § 24a Abs. 1 StVG sind in § 24a Abs. 4, 25 Abs. 1 Satz 2 StVG geregelt. Danach wird die vorsätzliche Begehung mit **Geldbuße** bis zu 1500 € sowie regelmäßig einem Fahrverbot geahndet. Die Dauer des **Fahrverbotes** orientiert sich gem. § 4 Abs. 3 BKatV an der in Nr. 241, 241.1 und 241.2 vorgesehenen Dauer. So wird bei einer erstmaligen Zuwiderhandlung ein einmonatiges Fahrverbot ausgesprochen; hat der Betroffene bereits eine oder mehrere Voreintragungen nach § 24a StVG oder §§ 316, 315c Abs. 1 Nr. 1 StGB, so beträgt das Fahrverbot drei Monate.

259 Für die **fahrlässige Begehung** ist im Höchstfall eine Geldbuße von 750 € möglich (§ 17 Abs. 2 OWiG). Hier trifft der Bußgeldkatalog eine dahingehende Konkretisierung, dass bei einer ersten Begehung der Regelsatz 250 €, bei einer Voreintragung 500 €, sowie bei mehreren Voreintragungen 750 € beträgt. Nach § 13 Nr. 26 FeV ist ein medizinisch-psychologisches Gutachten bei wiederholten Zuwiderhandlungen im Straßenverkehr beizubringen. Hierzu zählen auch wiederholte Ordnungswidrigkeiten gem. § 24a StVG (*Hentschel*, § 13 FeV Rn. 4).

2. Atemalkoholanalyse

260 Zeitgleich mit der 0,5 Promille-Grenze wurden die Werte für eine Atemalkoholanalyse gesetzlich festgelegt. Für die Ahndung steht einer BAK von 0,5 Promille ein Wert von 0,25 mg/l in der Atemluft gleich. Früher wurde die Bestimmung des Alkoholgehalts über die Atemluft ausschließlich als Vortest angewandt, um Anhaltspunkte dafür zu gewinnen, ob eine rechtsrelevante Alkoholisierung besteht. **Gerichtsverwertbar** war ausschließlich das Ergebnis der Blutprobe, die bei hinreichendem Tatverdacht entnommen und ausgewertet werden musste. Sofern der Verstoß gegen § 24a StVG aufgrund der BAK feststand, musste der Betroffene die für die Blutentnahme und Begutachtung angefallenen Kosten tragen.

261 Mit der Einführung der Atemalkoholanalyse als gerichtsgeeignetes **Beweismittel** durch Festschreibung der Grenzwerte kommt es zu zahlreichen positiven Änderungen. So muss sich der Betroffene nicht mehr dem körperlichen **Eingriff** einer Blutentnahme (§ 81a Abs. 1 Satz 2 StPO) unterziehen, wenn er sich mit der Atemmessung einverstanden erklärt. Da in diesen Fällen Transportfahrten zur Gerichtsmedizin entfallen, kann die Polizei wesentlich mehr Verkehrskontrollen durchführen und die hohe Dunkelziffer spürbar reduzieren. Schließlich ist die Durchführung der Atemalkoholanalyse wesentlich kostengünstiger.

262 **Wissenschaftliche Grundlage** für die Einführung der Grenzwerte war das Gutachten des Bundesgesundheitsamtes über die Beweissicherheit der Atemalkoholanalyse („Unfall- und Sicherheitsforschung Straßenverkehr", veröffentlicht in der Schriftreihe der Bundesanstalt für Straßenwesen, Heft 86, 1992). Aufgrund dieser Vorgaben wurde ein neuer Gerätetyp entwickelt, der die gestellten Anforderungen an die Zuverlässigkeit erfüllen soll. Dieses Gerät der Marke Dräger Alcotest 7110 Evidential, Typ MK III beinhaltet zwei unterschiedliche und voneinander unabhängige Messmethoden: Ein Infrarotsensor misst die alkoholabhängige Absorption von Infrarotlicht in der Atemluft, während eine Brennstoffzelle reinen Alkohol in elektrische und ebenfalls messbare Energie umwandelt. Das Gerät ist durch die Physikalisch-Technische Bundesanstalt (PTB) bauart-

geprüft und damit seit dem 17.12.1998 zugelassen. Es unterliegt der Eichpflicht. Nach der Ersteichung ist halbjährig eine Nacheichung vorzunehmen; bei Ablauf des Eichintervalls sperrt sich das Gerät automatisch.

Vor der ersten Atemprobe muss eine **Wartezeit von 20 Minuten** eingehalten werden, um zu vermeiden, dass Mundalkohol die Messung beeinträchtigt. In dieser Wartezeit ist eine zehnminütige Kontrollzeit beinhaltet, um die Zufuhr beeinflussender Substanzen (Mundwasser, Spray etc.) auszuschließen. Grundlage für die Bestimmung des Atemalkoholwertes ist die Lungenluft. Deshalb muss ein bestimmtes Atemluftvolumen erbracht werden, da sich das Gerät anderenfalls automatisch abschaltet. Kann diese Mindestluftmenge aus gesundheitlichen Gründen nicht erbracht werden (z. B. bei Asthmatikern), muss auf die Blutentnahme zurückgegriffen werden. | **263**

Nach zwei bis höchstens fünf Minuten wird eine **zweite Atemprobe** genommen. Die so gewonnenen Messwerte werden auf die Bezugstemperatur von 34°C umgerechnet, um zu einer gerichtsverwertbaren AAK zu gelangen. Neben der Atemtemperatur ermittelt und berücksichtigt das Gerät die Außentemperatur, den Alkoholgehalt der Umgebung, den Ausatmungsstrom sowie das Blasvolumen. | **264**

Die Atemalkoholanalyse ist von der **Mitwirkung des Betroffenen** abhängig; anders als bei der Blutprobe genügt hier die bloße Duldung nicht. Wird die aktive Teilnahme verweigert, muss auf die Blutalkoholbestimmung zurückgegriffen werden. Eine aktive Betätigungspflicht des Betroffenen wurde vom Gesetzgeber aus verfassungsrechtlichen Gründen abgelehnt, da niemand gezwungen werden darf, an der Aufklärung der eigenen Verstöße mitzuwirken. | **265**

Bei einer **polizeilichen Alkoholkontrolle** kommt – wie bisher – zunächst das **Vortestgerät** zum Einsatz, um eine Feststellung darüber zu treffen, ob eine rechtlich relevante Alkoholisierung besteht. Weigert sich der Betroffene, so wird er ggf. zwangsweise einer Blutentnahme zugeführt. Wirkt er dagegen freiwillig an diesem Vortest mit und zeigt das Gerät erhöhte Alkoholwerte an, so bedarf es einer neuerlichen Belehrung vor der gerichtsverwertbaren **Atemalkoholmessung**. Willigt der Betroffene auch hierzu ein, so wird das nunmehr ermittelte Ergebnis für die Ahndung als Ordnungswidrigkeit herangezogen. Erreicht oder überschreitet die Messung den Wert von 0,55 mg/l, so dass eine strafrechtlich relevante Trunkenheit zu vermuten ist, oder ergeben sich Anhaltspunkte für eine Beeinflussung durch andere Rauschmittel, wird der Betroffene – ebenso wie bei der verweigerten Mitwirkung – zur Blutentnahme gebracht. | **266**

Die Atemalkoholanalyse genügt – zumindest derzeit – in Ermangelung eines Grenzwertes nicht zum Nachweis der absoluten Fahruntüchtigkeit (AG Klötze, DAR 2000, 178; AG Magdeburg, BA 2000, 399; OLG Naumburg zfs 2001, 135 mit Anm. Bode; Seier, NZV 2000, 433; Krause BA 2000, 154). | **267**

Nach einem Beschluss des **BayObLG** (DAR 2000, 316) handelt es sich bei dem Gerät Dräger Alcotest Evidential MK III um ein standardisiertes Messverfahren, dessen Zuverlässigkeit und Messprinzipien grds. anerkannt seien. Da nach Ansicht dieses Gerichts keine Bedenken gegen die Messgenauigkeit bestehen, bedürfe es keiner Hinzurechnung von Sicherheitszuschlägen. Auch eine Beeinflussung des Messergebnisses durch Fremdsubstanzen oder Temperaturunterschiede in der Atem- und Umgebungsluft sowie durch die Atemtechnik sollen durch die Gerätetechnik zuverlässig ausgeschlossen sein. Im zugrunde liegenden Verfahren wurde allerdings kein Sachverständiger gehört; wäre dies der Fall gewesen, so hätte sich das Gericht nicht über die Einwände hinwegsetzen können, die seit Beginn der Diskussion über die Atemanalyse seitens der Rechtsmedizin vorgebracht werden. Aus rechtlicher Sicht einscheint die Inkaufnahme einer Schlechterstellung des Betroffenen durch den Einsatz der Atemmessung im Vergleich zur Blutanalyse nicht tragbar; unerheblich ist, dass in 75 % eine Besserstellung durch die Atemanalyse erfolgt. Auch die ersten Nacheichungen geben Anlass zur Sorge, da bereits nach kurzer Zeit drei von 470 Geräten die Verkehrsfehlergrenzen nicht einhalten. Schließlich ist die unterstellte Berücksichtigung von Sicherheitszuschlägen zum Ausgleich möglicher Streuungsbreiten bereits im Ansatz verfehlt (vgl. OLG Stuttgart BA 2000, 388): Da die Streuungsbreite allein vom Messverfahren und dessen Genauigkeit | **268** abhängt, kann aus den Sicherheitszuschlägen der Blutalkoholanalyse keine Aussage zu einem notwendigen Abschlag bei der Atemalkoholanalyse getroffen werden (vgl. dazu Schäpe, DAR 2000, 490).

269 Auch das **OLG Hamm** war nicht von den Ausführungen des BayObLG überzeugt und hat deshalb dem BGH die Frage vorgelegt, ob ein zusätzlicher Abschlag von 4 % für die Hysterese geboten ist (zfs 2000, 459 mit Anm. Bode). Der **BGH** hat entschieden, dass bei der Bestimmung der AAK unter Verwendung eines Atemalkoholmessgerätes, das die Bauartzulassung für die amtliche Überwachung des Straßenverkehrs erhalten hat, der genommene Messwert ohne Sicherheitsabschläge verwertbar ist. Dies steht unter dem Vorbehalt, dass das Gerät unter Einhaltung der Eichfrist geeicht ist und die Bedingungen für ein gültiges Messverfahren gewahrt sind (DAR 2001, 275 mit Anm. Hillmann III).

270 Dabei hat der BGH zunächst deutlich gemacht, dass sich der Gesetzgeber bei der Festlegung des AAK-Grenzwertes zwar vom BAK-Wert leiten ließ, es sich aber gleichwohl um voneinander unabhängige Tatbestandsvoraussetzungen handelt. Eine direkte Konvertierbarkeit von AAK- in BAK-Werte ist ungeachtet des vom Gesetzgeber gewählten Umrechnungsfaktors von 1:2000 ausgeschlossen (so auch OLG Zweibrücken, zfs 2002, 200). Die AAK stellt somit ein **tatbestandliches aliud** dar, bei dessen Festlegung der Gesetzgeber seinen Gestaltungsspielraum unter Abwägung der Interessen nicht überschritten hat. Insbesondere war die Grenzwertbestimmung nicht willkürlich.

271 Da es sich beim Verstoß gegen § 24a Abs. 1 StVG nicht um kriminelles Unrecht, sondern um eine im Massenverfahren zu ahndende Ordnungswidrigkeit handle, würde es eine dem Tatrichter nicht zumutbare Belastung der Beweisaufnahme bedeuten, wenn in jedem Einzelfall die Messpräzision unter Berücksichtigung sämtlicher Einflussfaktoren zu prüfen wäre; anderenfalls würde sich die Einführung der forensisch verwertbaren AAK als „stumpfes Schwert" erweisen.

272 Damit hat der BGH einen vorläufigen Schlussstrich unter die langjährige Diskussion über die AAK gezogen. Generelle Vorbehalte gegen den Grenzwert wie auch gegen das Messsystem sind daher nicht erfolgversprechend. Andererseits weist der BGH nachdrücklich darauf hin, dass es im Einzelfall durchaus **konkrete Anhaltspunkte** für Messfehler geben kann. Im Rahmen der Aufklärungspflicht, zumindest aber aufgrund entsprechender Beweisanträge der Verteidigung muss diesen nachgegangen werden.

III. Fahren unter Drogen

273 Bis zur Einführung des neuen Abs. 2 in § 24a StVG konnte eine Drogenfahrt nur dann bestraft werden, wenn die Fahruntüchtigkeittatsächlich nachgewiesen werden konnte und damit der Tatbestand nach §§ 316, 315c Abs. 1 Nr. 1 StGB erfüllt wurde. Mangels eines Auffangtatbestandes war die folgenlose Drogenfahrt straffrei. Durch die Neuregelung vom 1.8.1998 handelt ordnungswidrig, wer unter der Wirkung eines in der Anlage zu § 24a StVG genannten **berauschenden Mittels** im Straßenverkehr ein Kraftfahrzeug führt; diese Mittel sind: Cannabis, Heroin, Morphin, Kokain, Amphetamin sowie Designer-Amphetamin.

274 Der objektive Tatbestand der Wirkung ist gemäß § 24a Abs. 2 Satz 2 StVG bereits dann erfüllt, wenn eine der in der Anlage genannten **Substanzen im Blut** nachgewiesen werden kann. Diese Substanzen sind: Tetrahydrocannabinol (THC), Morphin, Benzoylecgonin, Amphetamin, Methylendioxyethylamphetamin (MDE) sowie Methylendioxymethamphetamin (MDMA). Die Liste der Mittel und Substanzen kann gemäß § 24a Abs. 3 StVG durch eine Rechtsverordnung des Bundesministeriums für Verkehr im Einvernehmen mit dem Bundesministerium für Gesundheit und dem Bundesministerium der Justiz mit Zustimmung des Bundesrates geändert oder ergänzt werden, wenn dies nach wissenschaftlicher Erkenntnis im Hinblick auf die Sicherheit des Straßenverkehrs erforderlich ist.

Durch die Formulierung des § 24a Abs. 2 Satz 2 StVG wird der Ahndungsbereich erheblich eingeschränkt. Zwar handelt es sich bei dem Verbot, Kfz unter Drogen zu führen, um eine echte 0,0-Grenze; dies bedeutet, dass bereits der Nachweis geringster Mengen den Tatbestand der Ordnungswidrigkeit erfüllt. Zum anderen stellt die Vorschrift aber klar, dass es allein auf den Nachweis im Blut ankommt. Dies erscheint sachgerecht, da es bei der Neuregelung um die gegenwärtige **Beeinflussung der Fahrsicherheit** geht; da der Konsum von Drogen in Haar- oder Urinuntersuchungen auch beträchtliche Zeit nach Abklingen einer jeden Rauschwirkung nachgewiesen werden kann, war die Spezifizierung der Untersuchungsmethode erforderlich, um einer ausufernden Sanktionierung vorzubeugen. **275**

Gleichwohl gibt es keinen dahingehenden Erfahrungssatz, dass mit dem **Wirkstoffnachweis** zwingend eine Leistungsbeeinträchtigung verbunden ist. Dies gilt umso mehr, als der Nachweis von THC schon aufgrund der Einnahme von Hanfspeiseölen möglich ist (Alt/Reinhard, BA 1996, 355). Gefordert wird deshalb in der Literatur (Riemenschneider/Paetzold, DAR 1997, 60), dass eine konkrete, pharmakologisch-medizinisch nachweisbare Beeinträchtigung der Gesamtleistungsfähigkeit für den Tatzeitpunkt festgestellt wird. **276**

Um den therapeutischen Einsatz von Morphin zur Schmerzbekämpfung aus der Strafregelung herauszunehmen, wurden die bestimmungsgemäß eingenommenen, für einen konkreten Krankheitsfall verschriebenen **Arzneimittel** gem. § 24a Abs. 2 Satz 3 StVG privilegiert. Dies ist dann sachgerecht, wenn die Fahrtauglichkeit erst medikamentös herbeigeführt wird; kommt es allerdings trotz der bestimmungsgemäßen Einnahme der verschriebenen Arznei zu einer Beeinträchtigung im Straßenverkehr, wird durch die Privilegierung der Regelungszweck umgangen. **277**

Für die **vorsätzliche Begehung** sieht § 24a Abs. 4 Satz 1 StVG eine Geldbuße bis 1500 € vor. Daneben ist gem. § 25 Abs. 1 Satz 2 StVG regelmäßig ein **Fahrverbot** zu verhängen. Dasselbe gilt für die **fahrlässige Begehung**, für die nach § 17 Abs. 2 OWiG eine Höchststrafe von 750 € möglich ist. Höhe der Regelbuße **und** Dauer des Fahrverbots entsprechen der Ahndung eines Verstoßes gegen § 24a Abs. 1 StVG (vgl. Nr. 242, 242.1 und 242.2 der Anlage zur BKatV). **278**

Abschnitt 2: Rechtsprechungslexikon

ABC des Ordnungswidrigkeitenverfahrens

279 Nachfolgend sind in alphabetischer Reihenfolge Stichwörter sowie Kernaussagen einschlägiger Entscheidungen zu speziellen Einzelproblemen dargestellt. Die hinter dem jeweiligen Stichwort abgedruckten Zahlen verweisen auf die Randnummern zu den betreffenden Ausführungen im systematischen Teil.

Absehen vom Fahrverbot 223–235

● **Augenblicksversagen** 229

Die Anordnung eines Fahrverbots gemäß § 25 Abs. 1 Satz 1 StVG wegen grober Verletzung der Pflichten eines Kraftfahrzeugführers kommt auch bei einer die Voraussetzungen des § 2 Abs. 1 Satz 1 Nr. 1 BKatV erfüllenden Geschwindigkeitsüberschreitung nicht in Betracht, wenn die Ordnungswidrigkeit darauf beruht, daß der Betroffene infolge einfacher Fahrlässigkeit ein die Geschwindigkeit begrenzendes Verkehrszeichen übersehen hat, und keine weiteren Anhaltspunkte vorliegen, aufgrund derer sich die Geschwindigkeitsbeschränkung aufdrängen mußte.
BGH, DAR 1997, 450

Ein Kraftfahrer, der eine ihm bekannte, nur nachts geltende Geschwindigkeitsbeschränkung missachtet, weil er sein tagsüber gewohntes Verhalten versehentlich beibehält, handelt grob nachlässig und nicht nur aufgrund einer momentanen Unaufmerksamkeit.
BayObLG, DAR 2000, 577

Übersieht der Betroffene innerhalb einer geschlossenen Ortschaft das die zulässige Höchstgeschwindigkeit auf 30 km/h begrenzende Zeichen 274 und fährt mit einer Geschwindigkeit von 69 km/h, dann beruht das Übersehen des Verkehrszeichens gerade nicht auf einem Augenblicksversagen, sondern auf grob pflichtwidriger Missachtung der gebotenen Aufmerksamkeit, da er auch die ohne das Verkehrszeichen maßgebliche innerstädtische Höchstgeschwindigkeit von 50 km/h um 19 km/h überschritten hat.
KG, DAR 2001, 318

● **Kündigung** 233

Der Tatrichter kann von der Anordnung eines Fahrverbots bereits dann absehen, wenn dessen Verhängung tatsächlich mit dem Arbeitsplatzverlust verbunden wäre. Der Prüfung der rechtlichen Durchsetzbarkeit einer angedrohten Kündigung bedarf es nicht.
OLG Celle, zfs 1996, 35

Abwesenheitsverfahren 99–106

● **Verspätung** 103

Der Betroffene hat nicht nur einen Anspruch darauf, sich im Bußgeldverfahren der Hilfe eines Verteidigers zu bedienen, sondern auch ein Recht auf ein faires Verfahren, dem auf seiten des Gerichts eine prozessuale Fürsorgepflicht entspricht, die es nach gefestigter obergerichtlicher Rechtsprechung in aller Regel gebietet, im Falle des nicht angekündigten Ausbleibens des Verteidigers einen Zeitraum von etwa 15 Minuten zuzuwarten, bevor mit der Hauptverhandlung begonnen wird.
OLG Hamm, NZV 1997, 408

● **Zumutbarkeit** 104

Der Betroffene, dessen persönliches Erscheinen angekündigt worden ist, bleibt auch dann nicht genügend entschuldigt in der Hauptverhandlung aus, wenn er zwar zur angesetzten Termins-

stunde erscheint, sich jedoch vor dem Aufruf der Sache entfernt, weil er wegen eingetretener Verzögerung nicht zuwarten will, obwohl ihm dies zuzumuten ist.
OLG Düsseldorf, NZV 1997, 451

Anhörung   24–35

Die Verweigerung der Rücksendung eines Anhörungsbogens in Verkehrsordnungswidrigkeiten erfüllt nicht schlechthin den Tatbestand einer Ordnungswidrigkeit nach § 111 OWiG. Es ist vielmehr erforderlich, daß die Versendung des Anhörungsbogens (zumindest auch) dazu dient, die Identität des Betroffenen festzustellen.
OLG Hamm, NJW 1988, 274

Fahrtenbuch   194–204

Macht der Halter eines Fahrzeugs, mit dem ein (wesentlicher) Verkehrsverstoß begangen worden ist, im Ordnungswidrigkeitsverfahren von seinem Recht auf Aussageverweigerung Gebrauch, muß er dennoch mit einer Fahrtenbuchauflage rechnen.
BVerwG, DAR 1995, 459

Fahrverbot   205–246

Die BKatV befreit die Verwaltungsbehörden und Gerichte nicht von einer Einzelfallprüfung, sondern schränkt vielmehr in den katalogmäßig bestimmten Fällen aus dem Bereich des § 25 Abs. 1 Satz 1 StVG nur den Begründungsaufwand ein.
OLG Düsseldorf, NZV 1996, 78

Kennzeichenanzeigen   37–44; 182

● **Fahrer**   18, 37

    Im Bußgeldverfahren wegen einer Verkehrsordnungswidrigkeit wird die Verjährung durch die rechtliche Anordnung der Vernehmung eines Zeugen zur Ermittlung der noch unbekannten Personalien des Fahrzeugführers nicht unterbrochen. Das gilt auch dann, wenn sich in den Akten ein zu dessen Identifizierung geeignetes Beweisfoto befindet.
    BGH, NJW 1997, 598

● **Lichtbilderabgleich**   40

    Stellt die Polizei fest, dass der Betroffene sein Aussehen gegenüber dem im Verkehrsverstoß aufgenommenen Radarfoto verändert hat, so ist zur weiteren Aufklärung die Einholung einer Kopie eines Ausweisbildes bei der Passbehörde durch § 22 Abs. 2 Satz 1 Nr. 1 PassG gedeckt.
    BayObLG, NZV 1998, 339

Kostentragungspflicht   182–193

Ergibt sich aus dem Gesamtzusammenhang der Einlassung des Betroffenen, daß er der Fahrzeugführer ist und wurde folgerichtig gegen ihn auch der Bußgeldbescheid erlassen, so ist nach Einstellung des Verfahrens für eine Entscheidung nach § 25a StVG kein Raum.
AG Düren, DAR 1993, 158

Rechtsbeschwerde   164–181

Der Begriff „unterzeichneten" in § 345 Abs. 2 StPO beinhaltet in Verbindung mit der Zuordnung zu einer juristisch besonders qualifizierten Rechtsperson zwangsläufig eine dem Rechtsanwalt obliegende Verpflichtung zur Übernahme der uneingeschränkten Verantwortung für den Inhalt und Gehalt einer Revisionsbegründungsschrift.
OLG Düsseldorf, VRS 88, 297

Strafrahmen 132–136

Bei einer monatlichen Lehrlingsvergütung i. H. v. 250 DM, von der ein Kostgeld von 100 DM abzugeben ist, ist der Senat der Auffassung, daß bei Berücksichtigung dieser wirtschaftlichen Verhältnisse die Festsetzung der Geldbuße auf 300 DM unangemessen war.

OLG Hamm, DAR 1998, 151

Verkehrsüberwachung 9–13

Eine Gemeinde ist mangels gesetzlicher Ermächtigung nicht befugt, eine private Firma mit der Messung, Registrierung und Dokumentation von Geschwindigkeitsverstößen zu beauftragen. Dies gilt auch, wenn die Gemeinde Ort, Zeit und Dauer der Messung bestimmt, die Auswertung der Meßergebnisse selbst vornimmt und der für die Bedienung des Meßgerätes bei der Privatfirma tätige Arbeitnehmer nur für die Zeit der Messung der Gemeinde als Leiharbeitnehmer zur Verfügung stand.

BayObLG, DAR 1997, 206

Abschnitt 3: Arbeits- und Beratungshilfen

1. Anwaltsbestellung ohne Sachangaben (Muster)    280

An die Verkehrsbehörde

. . . .

. . . .

Bußgeldverfahren gegen . . . . wegen Straßenverkehrsordnungswidrigkeit Aktenzeichen: . . . .

Hiermit zeige ich unter Vorlage einer Vollmacht an, dass ich . . . . vertrete.

Mein Mandant ist Halter des Fahrzeuges mit dem amtlichen Kennzeichen . . . . . Als Fahrer kommt er nicht in Betracht.

Ich stelle den Antrag, das gegen meinen Mandanten anhängige Verfahren einzustellen.

Mein Mandant macht von seinem Aussageverweigerungsrecht Gebrauch. Angaben zur Sache erfolgen ausschließlich durch den Unterzeichner nach Akteneinsicht, die hiermit hilfsweise beantragt wird.

Hinweis:

Bei Verstößen im ruhenden Verkehr empfiehlt sich folgende Formulierung: „Zur Tatzeit wurde das Fahrzeug nicht von meinem Mandanten geführt, sondern . . . zur Nutzung überlassen".

Hochachtungsvoll

. . . .

Rechtsanwalt

281

2. Anwaltsschreiben zum Beschlussverfahren (Muster)

An das Amtsgericht
. . . .
. . . .

In der Bußgeldsache gegen . . . .
Aktenzeichen: . . . .

Im Auftrag meines Mandanten stimme ich dem Vorschlag des Gerichts hinsichtlich eines schriftlichen Beschlussverfahrens unter der Bedingung zu, dass das Gericht das Verfahren einstellt oder eine Geldbuße unterhalb der Eintragungsgrenze verhängt.

Hochachtungsvoll

. . . .
Rechtsanwalt

3. Anwaltsschreiben zum Absehen vom Fahrverbot (Muster)   282

An das Amtsgericht

. . . .

. . . .

In der Bußgeldsache gegen: . . . .

Aktenzeichen: . . . .

Zur Vorbereitung der Hauptverhandlung führe ich für meinen Mandanten Folgendes aus:

Im Bußgeldbescheid vom . . . . wird die Verhängung eines Fahrverbotes angekündigt. Diese Sanktion darf aus folgenden Gründen nicht zum Tragen kommen: Nach dem gesetzgeberischen Willen kommt ein Fahrverbot gemäß § 25 StVG nur bei groben oder beharrlichen Verkehrsverstößen, nicht aber in der Masse der Bagatellordnungswidrigkeiten in Betracht. Vor der Verhängung eines Fahrverbotes muss geprüft werden, ob nicht eine – möglicherweise erhöhte – Geldbuße ausreichend erscheint.

Nachdem es sich bei der meinem Mandanten vorgeworfenen Verkehrsverfehlung um einen einmaligen Verstoß handelt, könnte allenfalls bei einer festgestellten besonderen Verantwortungslosigkeit ein Fahrverbot verhängt werden. Eine solche Würdigung der Tat erscheint verfehlt, da die Geschwindigkeitsüberschreitung zwar der Höhe nach erheblich war, es sich aber offensichtlich um einen Fall der leichteren Fahrlässigkeit gehandelt hat.

Da die von meinem Mandanten befahrene Straße für ihn unbekannt war und er deshalb durch die plötzliche Herabsetzung der zulässigen Höchstgeschwindigkeit überrascht wurde, kann ihm nicht die für ein Fahrverbot notwendige Rücksichtslosigkeit angelastet werden. Hinzu kommt, dass die Messung der Geschwindigkeit entgegen der einschlägigen Richtlinie durchgeführt wurde. Wäre der in den verwaltungsinternen Anweisungen vorgesehene Mindestabstand eingehalten worden, so hätte mein Mandant das Fahrzeug auf die zulässige Geschwindigkeit abbremsen können; zumindest wäre eine Überschreitung wesentlich geringer ausgefallen.

Hochachtungsvoll

. . . .

Rechtsanwalt

283   **4. Anwaltsschreiben wegen Fahrtenbuchauflage (Muster)**

An die Straßenverkehrsbehörde

. . . .

. . . .

Ihr Aktenzeichen: . . . .

Betreff: Auferlegen eines Fahrtenbuches gegen meinen Mandanten

Unter Vorlage einer Vollmacht zeige ich hiermit die Vertretung von . . . . an.

Wie mir mein Mandant mitgeteilt hat, haben Sie ihm gegenüber angekündigt, das Führen eines Fahrtenbuches aufzuerlegen, da die Feststellung des für die Verkehrsordnungswidrigkeit (Aktenzeichen: . . . .) Verantwortlichen nicht möglich war.

Hierzu ist Folgendes zu sagen:

Mein Mandant lehnt es keineswegs ab, an der Ermittlung des Fahrers seines Fahrzeuges mitzuwirken. Allerdings war es ihm beim besten Willen nicht möglich, den Verantwortlichen namentlich zu benennen, da er nach Ablauf von drei Wochen erstmals von der Verkehrsverfehlung durch ihr Schreiben erfahren hat. Da das Fahrzeug meines Mandanten von vielen Familienangehörigen wie auch von Freunden genutzt wird, war nach so langer Zeit eine Eingrenzung des Personenkreises oder gar Konkretisierung des Fahrers nicht mehr zumutbar.

Die Unmöglichkeit der Sachverhaltsaufklärung kann somit nicht meinem Mandanten angelastet werden, sondern beruht ausschließlich auf der zögerlichen Bearbeitung des Verfahrens.

Das Auferlegen eines Fahrtenbuches widerspräche daher den gesetzlichen Anforderungen und kann deshalb nicht akzeptiert werden.

Hochachtungsvoll

. . . .

Rechtsanwalt

5. Anwaltsschreiben wegen Terminkollision (Muster)

284

An das Amtsgericht

. . . .

. . . .

In der Bußgeldsache gegen: . . . .

Aktenzeichen: . . . .

In der Bußgeldsache gegen . . . . erhielt ich heute die Ladung zum Termin für den . . . .

Als gewählter Verteidiger teile ich mit, dass ich den Verhandlungstermin wahrnehmen werde.

Allerdings habe ich bereits Ladungen zu anderen Zivil- und Strafsachen erhalten, welche vor der hier anberaumten Hauptverhandlung bei mir eingegangen sind. Um eine Terminverlegung zu vermeiden, bin ich bemüht, den in dieser Sache anberaumten Hauptverhandlungstermin wahrzunehmen; ich teile aber bereits heute mit, dass ich mich ca. . . . . bis . . . . Minuten verspäten könnte. Bezüglich meiner Bitte um Zuwarten darf ich an die prozessuale Fürsorgepflicht des Gerichts erinnern.

Ferner weise ich darauf hin, dass keine anderen anwaltlich tätigen Mitarbeiter meines Büros die Verteidigung übernehmen können, da sie eigene Termine wahrzunehmen haben.

In jedem Fall bitte ich, nicht ohne meine Anwesenheit mit Hauptverhandlung, einschließlich der Personalienfeststellung meines Mandanten, zu beginnen.

Sofern es das Gericht für sachdienlich erachtet, möge es eine andere Sache vorgezogen behandeln; hilfsweise beantrage ich Vertagung.

Hochachtungsvoll

. . . .

Rechtsanwalt

285 **6. Antrag auf Wiedereinsetzung in den vorigen Stand (Muster)**

An die Straßenverkehrsbehörde

. . . .

. . . .

In der Bußgeldsache gegen: . . . .
Aktenzeichen: . . . .

Hiermit zeige ich unter Vorlage einer Vollmacht an, dass ich . . . . vertrete.

Wegen der Versäumung der Einspruchsfrist beantrage ich für meinen Mandanten die Wiedereinsetzung in den vorigen Stand.

Zugleich lege ich gegen den Bußgeldbescheid vom . . . . Einspruch ein.

Begründung:

Mein Mandant war ohne eigenes Verschulden daran gehindert, gegen den Bußgeldbescheid innerhalb der gesetzlichen Frist Einspruch einzulegen. Er konnte die bei der Post niedergelegte Sendung nicht selbst abholen, da er sich auf einer geschäftlichen Reise im Ausland befand. Zum Beweis bieten wir hierfür die Flugtickets, Hotelrechnungen sowie eidesstattliche Erklärungen des Arbeitgebers an.

Da mein Mandant zuvor keinen Anhörungsbogen erhielt und auch nicht auf andere Weise von einem anhängigen Verfahren wusste, konnte er keine entsprechenden Dispositionen treffen. Unmittelbar nach Rückkehr von der Dienstreise holte mein Mandant das Schreiben ab und setzte sich mit mir in Verbindung.

Ich stelle den Antrag auf Vollstreckungsaufschub hinsichtlich der ausgesprochenen Geldbuße sowie der angefallenen Kosten.

Hochachtungsvoll

. . . .

Rechtsanwalt

Schäpe

7. Einspruchsrücknahme/Schreiben an den Mandanten (Muster)   286

An . . . .

. . . .

. . . .

Bußgeldverfahren wegen . . . .

Aktenzeichen: . . . .

Wie mit Ihnen telefonisch erörtert, habe ich heute den Einspruch zurückgenommen. Der Bußgeldbescheid ist damit rechtskräftig geworden.

Da die Geldbuße über 40 € beträgt, werden die im Bußgeldbescheid ausgewiesenen Punkte nunmehr im Verkehrszentralregister in Flensburg eingetragen. Sofern in den nächsten zwei Jahren keine neuen Eintragungen hinzukommen, löscht die Behörde die Punkte automatisch.

Mit der Rechtskraft ist der Bußgeldbescheid vollstreckbar geworden. Zur Vermeidung einer Zwangsvollstreckung und der damit einhergehenden Kosten empfehle ich, den im Bußgeldbescheid angegebenen Betrag – also die Geldbuße einschließlich der Verfahrenskosten – umgehend an die Behörde zu überweisen.

In dem Bußgeldbescheid wurde ein Verbot von einem Monat Dauer ausgesprochen. Da Sie in den zwei Jahren vor dem Verkehrsverstoß sowie bis zur Bußgeldentscheidung kein rechtskräftiges Fahrverbot verhängt bekommen haben, wurde Ihnen von Seiten der Bußgeldstelle eine Frist von vier Monaten für die Abgabe des Führerscheins eingeräumt. Erst mit dem amtlichen Gewahrsam aller auf Sie ausgestellten Führerscheine beginnt die Monatsfrist für das Fahrverbot zu laufen. Sie haben nunmehr vier Monate ab Rechtskraft, also bis zum . . . Zeit, um Ihre Führerscheine bei der im Bußgeldbescheid angegebenen Stelle abzugeben.

Sollten Sie dies unterlassen, so verlängert sich zwangsläufig die Zeit, in der Sie keine Kraftfahrzeuge führen dürfen. In Ihrem eigenen Interesse bitte ich Sie, diese Frist zu beachten.

Sollten Sie in dieser Sache Rückfragen haben, so steht Ihnen mein Büro gern zur Verfügung.

Für die Übertragung dieses Mandates bedanke ich mich und verbleibe

mit freundlichen Grüßen

. . . .

Rechtsanwalt

287 | **8. Zulassungsantrag/Rechtsbeschwerde (Muster)**

An das Amtsgericht

....

....

Bußgeldverfahren gegen: ....

Aktenzeichen: ...

.

Gegen das Urteil des Amtsgerichts .... vom .... beantrage ich die Zulassung der Rechtsbeschwerde. Ich beantrage, das angefochtene Urteil im Rechtsfolgenausspruch aufzuheben und das Verfahren in diesem Umfang an das Amtsgericht zurückzuverweisen.

Der Zulassungsantrag wird auf die Notwendigkeit gestützt, die Einheitlichkeit der Rechtsprechung zu wahren. Dazu erhebe ich folgende Sachrüge:

....

Die den Kern dieser Rüge bildende Rechtsfrage, ..., war bereits mehrfach Gegenstand obergerichtlicher Rechtsprechung (vgl. ....). Danach wird einheitlich die Auffassung vertreten, dass ....

Dies hat das angefochtene Urteil nicht beachtet. Es handelt sich insofern nicht um einen Fehler im Einzelfall, weil der erkennende Richter bereits in folgenden Fällen in gleicher Weise entschieden hat: ....

Hochachtungsvoll

....

Rechtsanwalt

9. Aufklärungsrüge (Muster) 288

An das Amtsgericht

. . . .

. . . .

Bußgeldverfahren gegen: . . . .

Aktenzeichen: . . . .

Mit Schreiben vom . . . . habe ich Rechtsbeschwerde eingelegt. Die damals angekündigte Begründung reiche ich heute nach.

Ich rüge die Verletzung der Aufklärungspflicht:

Mit Datum vom . . . . hat das Amtsgericht den Einspruch meines Mandanten gegen den Bußgeldbescheid durch Urteil verworfen, ohne zuvor den Zeugen . . . ., wohnhaft in . . . . zu vernehmen.

Der Zeuge hätte ausgesagt, dass der Betroffene nicht nur am Tag vor der Verhandlung, sondern auch am . . . . Verhandlungstag infolge einer akuten Erkältung verhandlungs- und reiseunfähig war.

Das Amtsgericht hätte sich durch die in der Hauptverhandlung vorgelegte Arbeitsunfähigkeitsbescheinigung zu einer Vernehmung im Freibeweisverfahren gedrängt fühlen müssen. Aus ihr ergab sich der Hinweis auf die Reise- und Verhandlungsunfähigkeit des Betroffenen.

Hätte das Amtsgericht den Zeugen vernommen, so hätte es festgestellt, dass der Betroffene gemäß § 74 Abs. 2 OWiG genügend entschuldigt war, und hätte davon Abstand genommen, den Einspruch zu verwerfen.

Hochachtungsvoll

. . . .

Rechtsanwalt

289 **10. Rüge wegen Anwesenheitspflicht (Muster)**

An das Amtsgericht

. . . .

. . . .

Bußgeldverfahren gegen: . . . .

Aktenzeichen: . . . .

Mit Schreiben vom . . . . habe ich Rechtsbeschwerde eingelegt. Die damals angekündigte Begründung reiche ich heute nach.

Ich rüge die Verletzung des § 73 Abs. 2 OWiG.

Namens und im Auftrag des Betroffenen habe ich am . . . . beim Amtsgericht . . . . schriftlich beantragt, dass mein Mandant von der Verpflichtung zum persönlichen Erscheinen in der Hauptverhandlung vom . . . . entbunden wird. Dieser Antrag hatte folgenden Wortlaut: . . . .

Das Gericht hat diesen am . . . . eingegangenen Antrag mit Beschluss vom . . . . zurückgewiesen. Dieser ging mir am . . . . zu. Das Schreiben hatte folgenden Wortlaut: . . . .

Die Einspruchsverwerfung erfolgte zu Unrecht, da der Betroffene mit Schreiben vom . . . . Angaben zur Sache gemacht und dabei seine Fahrereigenschaft eingestanden hat. Dieses dem Gericht am . . . . zugegangene Schreiben hatte folgenden Wortlaut: . . . .

Seine Anwesenheit war auch sonst nicht zur Sachaufklärung erforderlich, da im Bußgeldbescheid kein Fahrverbot ausgesprochen war und deswegen von der Anwesenheit des Betroffenen kein Beitrag zur Sachaufklärung zu erwarten war. Die Ablehnung des Antrages des Betroffenen widersprach deshalb § 73 Abs. 2 OWiG.

Da der Antrag zu Unrecht abgelehnt worden war, verletzt die Verwerfung des Einspruchs § 73 Abs. 2 OWiG.

Hochachtungsvoll

. . . .

Rechtsanwalt

Teil 8: Geschwindigkeits-, Abstandsmessung und Rotlichtüberwachung

Inhaltsverzeichnis

Abschnitt 1: Systematische Erläuterungen

A. Polizeiliche Überwachungsmaßnahmen

Polizeiliche Überwachungsmaßnahmen werden aufgrund des föderalen Aufbaus in den einzelnen Bundesländern unterschiedlich durchgeführt. Es kann daher nur ein Abriss der verschiedenen Methoden und Verfahrensweisen gegeben werden. Es gibt in einzelnen Bundesländern sehr spezielle Verfahren, die im Rahmen dieses Abschnitts nicht abgehandelt werden können (zu detaillierter technischer Information s.: Löhle/Beck, Fehlerquellen bei polizeilichen Messverfahren; sowie im Internet unter der Adresse http://www.radarfalle.de). **1**

Im Wesentlichen sind polizeiliche Überwachungsmaßnahmen folgend zu bewerten: **2**

(1) weitgehend gerätebasierte Messverfahren,

(2) zeugenbasierte Messverfahren unter Verwendung von geeichten Messgeräten,

(3) zeugenbasierte Messverfahren ohne Verwendung geeichter Messeinrichtungen.

3 Vor jeder weiteren Auseinandersetzung mit dem verwendeten Messverfahren muss bereits das jeder Messung zugrunde liegende Vorgehen der durchführenden Polizeibeamten oder kommunalen Angestellten auf **Sachgerechtheit** überprüft werden:

(1) Der Polizeibeamte wählt den Messort, die Messzeit und das Messverfahren.

(2) Die Art der Durchführung des Messverfahrens wird über Richtlinien bestimmt, die für jedes Bundesland spezifische Vorschriften enthalten.

(3) Das gewählte Messverfahren muss objektiviert dargestellt werden und für die Strafverfolgung ausreichend dokumentiert werden.

I. Auswahl von Messort, -zeit und -verfahren durch die Polizei

4 Die polizeiliche Überwachung ahndet stets das Nichteinhalten gewisser, den Autofahrer belastenden Vorgaben. Völlig unabhängig von der Auseinandersetzung mit technischen Details der Messung ist daher im Vorlauf die **ordnungsgemäße Aufstellung der einschränkenden Verkehrszeichen** (anordnende Behörde, Grund der Aufstellung), wie auch die Frage der Sichtbarkeit der einschränkenden Maßnahmen für den Vorfallszeitpunkt zu bewerten. Dies gilt auch für rein gerätebasierte Messverfahren. Auch Ablenkungsmöglichkeiten sind bezüglich der Verifizierung der einschränkenden Maßnahmen zu bewerten.

5 *Hinweis:*

Die Prüfung auf Zeitbegrenzungen der einschränkenden Verkehrszeichen, die Länge der einschränkenden Maßnahme und die Sachgerechtheit des Messverfahrens für die relevante Messstelle ist ebenfalls im Vorlauf zu prüfen.

II. Richtlinien zur Durchführung des Messverfahrens

6 Richtlinien sind die „Hausaufgaben" der Polizei. Die Nichteinhaltung der Richtlinien kann die Verfolgung verhindern. Die Richtlinien sind **nicht bundeseinheitlich**, sondern werden in jedem Bundesland durch die Polizeiabteilungen der Innenministerien erstellt.

7 *Hinweis:*

Die Richtlinien werden häufig nicht publiziert, bestimmen jedoch die polizeiliche Arbeit. Richtlinien werden zudem ohne Mitteilung auch verändert. Die Richtlinien können bei den entsprechenden Polizeiabteilungen der Innenministerien angefordert werden.

8 Richtlinien stellen daher die äußeren Regeln dar, die von der Polizei eingehalten werden müssen. Die Regeln enthalten durchaus häufig technisch nicht sachgerechte und zudem normwidrige Vorgaben für das polizeiliche Vorgehen (wie Nachfahrstrecken mit gravierenden Zeitsprüngen z. B. im Geschwindigkeitsbereich von 90/100 km/h, oder Abstandslagen in 1/10 des halben Tachowerts in Meter). Die Einhaltung der Richtlinien kann nur bei den **gerätebasierten Messverfahren** ggf. überprüft werden. Bei den **zeugenbasierten Messverfahren** ist die Einhaltung der Richtlinien alleine über Zeugenaussagen (und deren Übereinstimmung bei allen Beteiligten) zu überprüfen.

9 Richtlinien stellen daher stets die **Mindestanforderungen an die sachgerechte polizeiliche Überwachungsarbeit** dar.

III. Messprotokolle

Zu jeder Messung müssen entsprechende **Messprotokolle** für die Strafverfolgung erstellt werden. Messprotokolle müssen vollständig das Messverfahren und die verwendeten Geräteeinstellungen beschreiben (verwendete Geräte, Geräteeinstellungen, Aufstellort, beteiligte Personen bei der Überwachung). Die Messprotokolle sind bei kritischer Bewertung häufig nicht vollständig ausgefüllt. Der Bezug auf die Mess- bzw. Verkehrsfehler nach **Eichprotokoll** ist nur zulässig, wenn sämtliche Parameter der Messung im Messprotokoll auch nachgewiesen sind.

10

> *Hinweis:*
>
> *Vollständige Messprotokolle sind deshalb extrem wichtig, weil nur durch Messprotokolle die Funktion und Tätigkeit der gesamten am Überwachungsvorgang beteiligten Polizeibeamten für Gericht und Verteidigung fixiert wird. Bei strenger Bewertung derartiger Messprotokolle zeigt sich sehr häufig, dass die Probleme des „Sachnachweises insbesondere bei zeugenbasierten Verfahren" von Polizei, Gerichten, jedoch auch von den Anwälten weit unterbewertet werden.*

11

Im Rahmen des Ordnungswidrigkeitenverfahren besteht die Tendenz, dass Obergerichte polizeiliche Überwachungsmaßnahmen als „standardisiertes Verfahren" bezeichnen, das durch das Gericht nicht mehr überprüft werden muss. Als Folge ergibt sich eine **Beweislastumkehr,** durch die der Beschuldigte nachweisen muss, dass die Messung nicht sachgerecht erfolgt ist. Dieser Nachweis kann nur gelingen, wenn detailliert die Gesamtheit der dokumentierten Anknüpfungstatsachen auf typische Fehler und auf die innere Konsistenz der behaupteten Tatsachen überprüft wird.

12

> *Hinweis:*
>
> *Damit muss jedoch auch durch den Anwalt überprüft werden, ob durch Sachverständige zu erstellende Gutachten zum Nachweis der Ordnungsgemäßheit des Verfahrens sachgerecht und vollständig erledigt werden. Beispielhaft muss bei einer Überprüfung einer Radarmessung darauf bestanden werden, dass der beauftragte Sachverständige den Aufstellwinkel des Radarmessgeräts positiv selbst bestimmt und sich nicht auf die Aussage der Polizei verlässt, dass ordnungsgemäß aufgestellt worden sei. Zu ordnungsgemäßer Gutachtenerstellung ist auch der Nachweis der ordnungsgemäßen Arbeit des Geräts, der Nachweis, dass im gesamten Filmstreifen keine fehl positionierten Fahrzeuge vorliegen und auch der Nachweis der Nicht-Verstellung des Geräts während der gesamten Messung notwendig. Es ist nicht sachgerecht, nur das einzige Lichtbild der relevanten Messung ohne weitergehende Überprüfung der Beurteilung zugrunde zu legen.*

13

B. Geschwindigkeitsmessungen

I. Gerätebasierte Geschwindigkeitsmessverfahren

1. Radargeräte

a) Multanova VR 6 F

Aufbau und Teile Radargerät: hier Multanova VR 6F

aa) Funktion

14   Multanova VR 6 F ist ein sehr zuverlässiges Gerät mit Parabolantenne, 34,3 GHz-Frequenz mit typischer Antennenöffnung ± 2,5° in jeder Richtung. Die **Antenne** muss **unter 22° zur Fahrtrichtung** der Fahrzeuge stehen. Die fest auf das Gerät montierte **Kamera** steht bei auflaufendem Verkehr **unter 19° zur Fahrbahnrichtung**. Die überwachten Fahrzeuge müssen daher bei auflaufen-

dem Verkehr auf dem Lichtbild bereits die „vordere Hälfte des Lichtbilds" durchfahren haben, bevor sie in den Radarstrahl gelangen. Notwendig müssen die Fahrzeuge daher in der zweiten Hälfte des Lichtbildes in Fahrtrichtung positioniert sein. Das **Messlichtbild** (zur Lichtbildauswertung s. Rn. 111) wird nach erster Verifizierung des Verstoßes durch das Gerät gefertigt. Die Einblendung des Messwertes in das Foto erfolgt erst nach Verlassen des Messstrahls durch das Fahrzeug unter Plausibilitätsprüfung.

Es gibt eine Variante des Geräts für festen Einbau bei Überkopfmontage. Hier beträgt die Antennenrichtung 15° zur Horizontalen. Die Kamera ist unter 12° zur Fahrbahnrichtung montiert. Die Fahrzeuge müssen bei diesem Gerät daher in der unteren Bildhälfte stehen.   **15**

bb) Probleme bei der Messung

Bei dem Messsystem Multanova 6 F muss die Seitenfläche des kompakten Geräts parallel zum Fahrbahnrand aufgestellt werden. Ein **Winkelfehler** von 1° Abweichung „zu niedrigeren Winkeln gegenüber der Fahrtrichtung des Fahrzeugs" führt zu einem Fehler von etwa 0,7% des Geschwindigkeitswerts. Bei zu flachem Passagewinkel wird eine zu hohe Geschwindigkeit angezeigt.   **16**

Da bei Radarmessgeräten ein Winkelfehler stets zu einem prozentualen Fehler bei der Geschwindigkeitsmessung führt, der auf den angezeigten Geschwindigkeitswert selbst bezogen ist, ergibt sich, dass bei hohen Fahrgeschwindigkeiten der Einfluss des Winkelfehlers qualifiziert größer ist, als bei niedrigen Geschwindigkeiten. Während es im Geschwindigkeitsbereich von 30 km/h fast unmöglich ist, durch Spurwechsel oder durch falsche Aufstellung des Radargerätes einen Geschwindigkeitsfehler von 10 % zu erreichen (dies entspricht bei dieser Geschwindigkeit dem 3 km/h Abzug nach dem Eichprotokoll), ist es bei Geschwindigkeiten im Bereich um 100 km/h, bei denen jeder Grad Winkelfehler bereits einen Geschwindigkeitsfehler von 0,7 km/h erzeugt, sehr leicht, durch Spurwechsel oder Falschaufstellung des Radargerätes zu deutlichen, die Fehlergrenze des Messgerätes überschreitenden **Messfehlern** zu kommen.   **17**

Ein Winkelmessfehler von 5° bedeutet bei 100 km/h einen Fehler bei der Geschwindigkeitsmessung von 3,5 km/h. Es ist stets darauf hinzuweisen, dass innerhalb der Fehlergrenze von 3% gerade im hohen Geschwindigkeitsbereich kein zusätzlicher Spielraum für Winkelfehler mehr enthalten ist.   **18**

Die Aufstellung der Messgeräte ist bei völlig geraden Fahrbahnstrecken über Visieren an der Gerätekante gut überprüfbar. In und an Kurven ist das Messgerät sehr schlecht exakt justierbar. Bei **Aufstellung des Geräts in und an Kurven** muss beachtet werden, dass Messstelle und Aufstellort des Geräts nicht identisch ist. Insbesondere bei passender Krümmung der Fahrbahn fahren Fahrzeuge in der Kurve flacher auf das Gerät zu, als normgerecht.   **19**

Bei in Fahrzeugen fest eingebauten Geräten muss die parallele Aufstellung des Fahrzeugs gegenüber der Fahrbahnrichtung überprüft werden. Bei gerade laufender Fahrbahn ist die richtige Aufstellung des Fahrzeugs mit dem eingebauten Messgerät durch die Messbeamten gut prüfbar (Abstand Vorderrad und Hinterrad zur Markierungskante oder Asphaltrand). Bei **unruhigem Fahrbahnrand** ist die richtige Aufstellung oft schlecht überprüfbar. Schräg geneigte Aufstellung des Fahrzeugs hat keinen Einfluss auf den Messwert, da die Antenne zur Fahrbahnfläche justiert werden kann.   **20**

Winkelmessfehler können sich gerade bei höheren Geschwindigkeiten addieren, so dass knappe Winkelaufstellung des Geräts, Kurvenverlauf der Fahrbahn und Spurversatz (s. zum Begriff Rn. 124) von Fahrzeugen überlagern können. Der **Messlichtbildstreifen** muss am Anfang und Ende der Messung identische Lichtbilder mit Segmentstests und Handauslösung enthalten.   **21**

Die **Position der Fahrzeuge** (und zwar sämtlicher gemessener Fahrzeuge auf dem Film) in Bezug zur Bildmitte ist zu überprüfen, da nur so die Tendenz zu Reflexmessungen (s. zum Begriff Rn. 116) an der Messstelle überprüft werden kann.   **22**

23 | **Hinweis:**
Es sollte bei jedem Verstoß primär eine Vergrößerung des gesamten Negativbildes mit den unbelichteten Randzonen angefordert werden, um Bildmitte und richtige Position der Fahrzeuge bei der Messung beurteilen zu können.

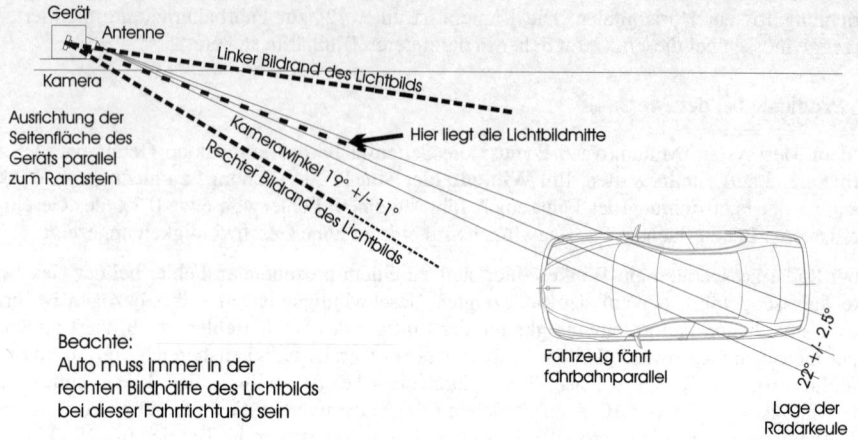

Skizze 1: Richtige Aufstellung Multanova VR 6F

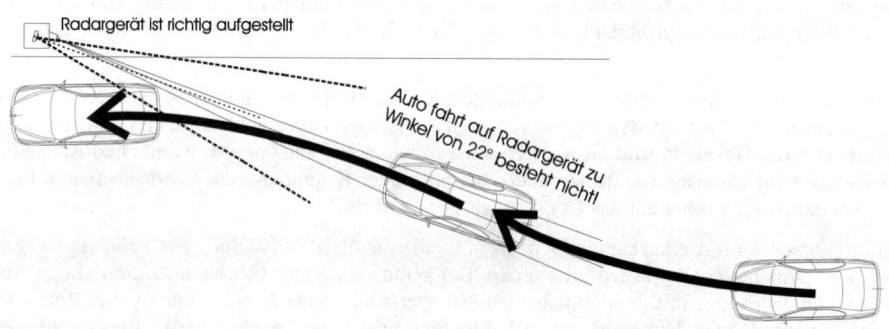

Skizze 2: Auto fährt auf Radargerät zu; falscher Winkel durch Kurvenbogen der Fahrbahn oder Spurwechsel.

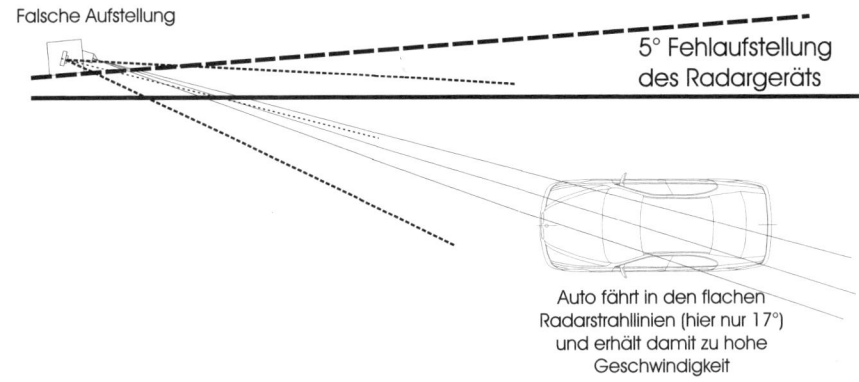

Skizze 3: 5° Falschaufstellung des Radargeräts; falscher Winkel durch zu flache Radarkeule

Die **Einstellung nah/mittel/fern** wird häufig nicht sachgerecht eingesetzt. Ferneinstellung verursacht frühere Messung der Fahrzeuge und damit bei mittleren Abständen eine um etwa 1% zu hohe Geschwindigkeit. **Fahrzeuge im Spurwechsel** (s. zum Begriff Rn. 124) **auf das Gerät** zu (auflaufender Verkehr) bzw. vom Gerät weg (abfließender Verkehr) verursachen Fehlmessungen, die berücksichtigt werden müssen. Derartige Spurwechsel sind im generellen Geschwindigkeitsabzugbetrag (3 km/h bzw. 3%) nicht berücksichtigt. — 24

Nach der Bedienungsanleitung ist es **unzulässig**, mit einem derartigen Messgerät „**durch Büsche und Bäume hindurch zu messen**". Findet sich in den Lichtbildern daher derartiges biologisches Material dargestellt, ist die Messung weder sachgerecht noch entsprechend der Bedienungsanleitung erfolgt. Zu beachten ist hierbei, dass auch Gräser, Sträucher und Zweige das Radarsignal sehr gut streuen können und daher die Antennenkeule in nicht nachvollziehbarer Weise verändern können. — 25

Hinweis: — 26

Es ist weiterhin sinnvoll, zu überprüfen, ob während der im Regelfall weit über 1 Jahr gehenden Nutzungszeit eines Radargerätes bei bestehender Eichung (s. zum Begriff Rn. 106) Reparaturen im relevanten Zeitraum vor oder nach der Messung stattgefunden haben. Zu jedem Radargerät muss es ein Wartungsbuch geben, in dem derartige Reparaturen festgehalten werden. Es muss überprüft werden, ob Reparaturen stattgefunden haben, die die Eichung betreffen (Vorlage des Wartungsbuches).

b) Multanova VR 6 F Moving Radar

Das Gerät befindet sich in einem Polizeifahrzeug, das im Verkehr mitfährt. Zusätzlich zu obigen Problemen aufgrund der Radarmessung hat das Radargerät tragende Fahrzeug einen eigenen **Geschwindigkeitsfehler** von 5% (Verkehrsfehler des Polizeifahrzeugs nach Eichung). Die Geschwindigkeit des Polizeifahrzeugs wird durch einen geeichten Tachometer als zusätzliche Größe im Messwert des Radargeräts dargestellt; geeichte Tachometer sind jedoch über die Eichzeit des Fahrzeugs nicht fehlerfrei (s. u. Rn. 106). Die gefertigten Lichtbilder des Überwachungsvorgangs sind kritisch auf Lage der Antenne des Geräts zu überprüfen. Die Empfindlichkeit des Radargeräts ist sinnvoll auf nah einzustellen. — 27

28 Für das das Radargerät mitführende Polizeifahrzeug gelten die dortigen Fehlergrenzen, die im Lauf der Zeit ggf. nicht mehr eingehalten werden können: Überprüfung und Nachweis auf normgerechte Bereifung, Reifenprofil, Luftdruck (ggf. Wartungsbuch einsehen).

c) Traffipax speedophot

aa) Funktion

29 Bei dem Traffipax speedophot handelt es sich um ein extrem kompaktes, aus drei getrennten Teilen bestehendes Messsystem, das über eine Schlitzantenne (s. zum Begriff Rn. 122) verfügt. Sendefrequenz 24,125 GHz. Es gibt zwei Reichweiteeinstellungen. Im Regelfall wird ankommender Verkehr gemessen. Der **Messwinkel** der Antennenkeule beträgt 20° zur Fahrtrichtung. Dies ist dann der Fall, wenn die Antenne genau senkrecht zur Fahrbahnrichtung orientiert ist. Die Messkeule hat in horizontaler Richtung einen Öffnungswinkel von ± 2,5°. Der vertikale Öffnungswinkel beträgt ±10°. Da die Fahrzeuge erst am Ende des Messvorgangs fotografiert werden, müssen die Fahrzeuge (bei 17,5° Kamerarichtung in der auflaufenden Messart) sehr deutlich in der Fahrtrichtung gehenden zweiten Bildhälfte positioniert sein.

bb) Probleme bei der Messung

30 Die besondere Problematik des Messsystems besteht darin, dass Antenne, Auswerteeinrichtung sowie Kamera nicht fest miteinander verbunden sind. Es besteht die Möglichkeit, die Aufnahmerichtung der Kamera ohne Bezug zur Antennenrichtung einzustellen, so dass aus der Richtung der Kamera kein Nachweis der richtigen Einstellung der Antenne abgeleitet werden kann. Dieses Problem ist systembedingt. Es besteht **keine sichere Überprüfungsmöglichkeit der Antennenjustage** in Bezug zur Kameraorientierung. Ansonsten besteht die gleiche Problematik wie bei **Multanova**.

31 Das Messgerät erzeugt den Geschwindigkeitswert im Verlauf einer einzigen Messreihe, mit der die Konstanz des Geschwindigkeitswertes überwacht werden soll. Die Lichtbildfertigung erfolgt erst am Ende dieser internen Messreihe. Bei diesem Messgerät wird nach den verfügbaren Unterlagen die Dopplerfrequenz bestimmt, und die Zeit der Nulldurchgänge der Dopplerfrequenz in einem Speicher abgelegt. Das Messgerät überprüft dann über die Messdauer, ob die Dopplerfrequenz (s. zum Begriff Rn. 104) ausreichend konstante Werte geliefert hat und löst das Lichtbild aus. In dieses Lichtbild wird dann Geschwindigkeitswert und Nebenbedingungen in einer doppelreihigen Anzeige dargestellt. Bei diesem Messgerät ist die Art, wie die Konstanzbedingung verifiziert wird, nicht im Detail publiziert worden.

2. Lichtschrankenmessgeräte

32 Es gibt zwischenzeitlich mehrere Lichtschrankenmessgeräte deren Besonderheit stets darin besteht, dass Fahrzeuge sowohl im Einlauf wie beim Verlassen der Lichtschranke je **zweimal gemessen** werden. Hierdurch wird die Problematik, dass eine bestimmte Kontur des Fahrzeugs z.B. beim Abdecken der Lichtschranken oder Einfedervorgängen zu einer Fehlgeschwindigkeit führen kann, beseitigt.

33 Zeitlich spätere Fahrzeuglenker, die scharf abgebremst die Lichtschranke passieren, können durch die unabhängige Geschwindigkeitsmessung beim Verlassen der Lichtschranke erreichen, dass die Messung in der Anzeige dann annulliert wird. Bei verständiger Betrachtung ist die Lichtschrankenmessung die sicherste Geschwindigkeitsmessmethode, bei der weder Einstellfehler der Lichtschranken in horizontaler, wie vertikaler Richtung zum Nachteil des Betroffenen erhöhte Messwerte liefern.

Die Lichtbilder (zur Lichtbildauswertung s. Rn. 111) werden bei sämtlichen Lichtschrankengeräten **34** nach der ersten Doppelmessung gefertigt, wobei bei den verschiedenen Fabrikaten unterschiedliche Kriterien für die Auslöseverzögerung bei Fertigung der Aufnahme vorliegen. Die enge Zuordnung der Fahrzeuge zu der Lichtschrankenaufstellung, die in einem ersten und letzten Kalibrationslichtbild (mit Segmenttest) nachgewiesen werden muss, lässt die Fahrzeugzuordnung zur Messung erkennen. Bei realistischer Betrachtung sind Lichtschrankenmessungen über die allgemeine Fehlergrenze hinaus fehlerfrei.

3. Stationäre Geschwindigkeitsmessgeräte

Es gibt verschiedene stationäre Geschwindigkeitsmessgeräte, die auf Sensorkabeln (zu elektromag- **35** netischen Sensoren s. Rn. 107), die in festem Abstand in der Fahrbahn verlegt sind, oder auf Schleifenüberfahrung basieren. Die Messgeräte sind immer inclusive Sensoren geeicht (zur Eichung s. Rn. 106). Die Lichtbildfertigung erfolgt relativ kurze Zeit nach durchgeführter Messung. Die Position sämtlicher beanstandeter Fahrzeuge im Messfilm muss daher weitgehend identisch sein. Leerlichtbilder dürfen nicht auf dem Film vorliegen.

Hinweis: **36**

Die Untersuchung des Gesamtfilms ist für die Bewertung der Verlässlichkeit der Messung unabdingbar notwendig.

Die Problematik der stationären Messgeräte besteht darin, dass im Lauf der Zeit der Abstand der **37** Sensorkabel unter der Verkehrsbelastung verändert werden kann, bzw. bei drucksensiblen Kabeln ggf. auch eine frühere Messung stattfinden kann, als es der direkten Überfahrung entspricht. Zu dem haben derartige **Sensoren** (zum Begriff s. Rn. 107) bei Überfahren mit einem Fahrzeug das Problem der Detektierung der Zeit der Überfahrung, da der Reifen im Reifenlatsch (zum Begriff s. Rn. 119) eine gewisse Zeit die Sensoren belastet. Bei Schleifensensoren kann bei kritischen (hohen) Fahrzeugen die Detektionszeit bis zum Erkennen der Überfahrung bei beiden Sensoren unterschiedlich sein.

Derartige Messgeräte werden im Regelfall halbjährlich überwacht und überprüft.

Hinweis: **38**

Einsicht in die Reparaturbücher ist sinnvoll, um Reparaturmaßnahmen an Gerät und Sensoren überprüfen zu können. Wird dabei ein Sensor ausgetauscht, weil er defekt war, oder das Gerät neu justiert, sind die vorlaufenden Messungen nicht zu verwerten.

4. Lasermessgerät Leica XV2

Es handelt sich um ein sehr kompaktes, kontinuierlich Laserlicht ausstrahlendes Messgerät (zur **39** Lasermesseinrichtung s. Rn. 110), das beginnend etwa im 50 m Abstand vor dem Messgerät insbesondere das Reflexlicht (zur Reflexmessung Rn. 116) des Frontnummernschildes auf Abstandsveränderung bewertet. Bei diesen Messgerät läuft kontinuierlich ein **Videofilm** (zur Videoaufzeichnung Rn. 125) mit, so dass die Passage des Fahrzeugs in wegzeitlicher Sicht auch im Videofilm nachvollzogen werden kann. Über die wegzeitliche Auswertung der Bewegung des Fahrzeugs im Videofilm ist damit eine weitere, unabhängige Geschwindigkeitsbestimmung möglich. Der vom Gerät bestimmte **Geschwindigkeitswert** wird im Display während der Messung kontinuierlich angezeigt.

40 | *Hinweis:*
Bei Messungen mit diesem Messgerät sollte der Videofilm in Augenschein genommen werden und im Einzelschrittverfahren die Konstanz der Vorbeifahrt und die Zeitdauer ggf. sachverständig ausgewertet werden. Das Messgerät stellt über normale Lichtbildauswertung eines Überwachungsfotos hinaus, eine völlig unabhängige Nachprüfbarkeit der gefahrenen Geschwindigkeit durch das Video zur Verfügung.

5. Geschwindigkeitsüberwachung anhand der Auswertung der EG-Kontrollgeräte der beanstandeten Fahrzeuge

41 Die EG-Kontrollgeräte von Schwerlastfahrzeugen sind in regelmäßigen Abständen zu eichen. Beim Prüfstandversuch wird hierbei die Fahrgeschwindigkeit auf ± 3 km/h justiert. Im Betrieb darf der Fehler der EG-Kontrollgeräte bis ± 6 km/h betragen. Ob der maximale Fehler bei der Beanstandung tatsächlich nur ± 6 km/h betragen hat, kann aus der Ablesung des EG-Kontrollgerätes nicht sicher nachgewiesen werden, da Lkw-Reifen (nur die für die Aufzeichnung des EG-Kontrollgerätes relevanten Reifen/Achse sind zu bewerten) sowohl durch Reifenluftdruck, falsche Reifengröße und durch Beladung den dynamisch wirksamen Reifenhalbmessers verändern können.

42 Zudem ist zu prüfen, ob die Nulllinie (zum Begriff s. Rn. 113) der Aufzeichnung, d.h. der Strich, der auf der Tachographenscheibe bei Stand des Fahrzeugs gezeichnet wird, nicht ggf. deutlich zu hoch liegt.

43 | *Hinweis:*
Werden Fehler bei der richtigen Aufzeichnung des EG-Kontrollgerätes vermutet, sollte eine spezialisierte Fachwerkstätte (zugelassene Prüfstellen) kontaktiert werden.

44 Es ist zu beachten, dass die Festlegung der Fahrgeschwindigkeit von Fahrzeugen z. B. unmittelbar vor einem Unfall durch Blick von Polizeibeamten mit dem „unbewehrten Auge" auf das Tachographenblatt nicht zu verlässlichen Werten führt. Auf dem **Tachographenblatt** wird die Geschwindigkeitsaufzeichnung durch eine spitze Nadel in eine „Art Kreideschicht" eingeritzt, wobei die kleine Tachographenscheibe sich je Stunde nur um 15° dreht. Der Abfall des Geschwindigkeitsstiftes erfolgt daher auch bei einer normalen Bremsung sehr schnell (in wenigen Sekunden) und entzieht sich der „rein optischen Bewertung mit dem Auge oder einer einfachen Lupe".

45 Auch aufgezeichnete Unfallspuren im finalen Abfall dürfen nicht ungeprüft aus der **Tachographenscheibe** entnommen und als Unfalleinlaufgeschwindigkeit zugrunde gelegt werden, da die Reifendrehung durch Bremsung oder Driften eines Fahrzeugs behindert werden kann und damit die Geschwindigkeitswerte verfälscht sein können.

II. Zeugengestützte Geschwindigkeitsüberwachung mit geeichten Messgeräten

1. Messverfahren unter Verwendung von Stoppuhren

46 Diese Verfahren, die als Spiegelmessverfahren, Funkstoppverfahren o. Ä.. stets auf der Messung des Zeitverbrauchs für das Überfahren einer bestimmten Strecke basieren, sind stets von der Leistungsfähigkeit und dem Leistungswillen der beteiligten Polizeibeamten abhängig. Extrem sorgfältige und leistungsbereite Polizeibeamte sind in der Lage, durch passendes langzeitiges Beobachten der Annäherung an die relevanten Ortsmarken unter voller Aufmerksamkeit Zeitfehler von nur etwa 0,4 sec für beide Zeitmessungen (Start-Stopp) zu erreichen. Ob diese Genauigkeit jedoch tat-

sächlich erreicht wurde, lässt sich bei diesen zeugengebundenen Messverfahren nicht bewerten. Wird **übliche Reaktionszeit als Messfehler** zugrunde gelegt, können Messfehler bis 2 sec ohne weiteres auftreten.

Bei diesen Messverfahren ist die **Wegstrecke**, die von den Fahrzeugen durchfahren wird, oft nicht   47
exakt vermessen. Dies gilt insbesondere bei Start-Stopp-Messungen an zwei fahrbahnbezogenen Objekten durch eine Person (z.B. Passagezeit an Kanaldeckeln). Hier ist außerdem der **Parallaxenfehler** (s. zum Begriff Rn. 115) bei der Beobachtung der Messpunkte mit zu berücksichtigen.

Bei sehr langen Messstrecken (Fahrzeuge fahren z.B. durch eine Ortsdurchfahrt und werden von   48
zwei verschiedenen Polizeibeamten mit Funkkontakt bezüglich der Durchfahrtzeit bewertet) werden die Zeitfehler relativ unkritisch. Hier ist die **Streckenlängenproblematik** jedoch von ausschlaggebender Bedeutung. Bei langen Messstrecken ohne direkte Übersicht auf das gemessene Fahrzeug ist weiterhin zu prüfen, ob ein Fahrzeugaustausch oder eine -verwechslung stattfinden kann.

Die Sorgfalt bei der Führung der Messlisten und bei der Beobachtung des relevanten Fahrzeugs   49
lässt sich nur über Einvernahme sämtlicher beteiligter Polizeibeamten prüfen. Die Bedeutung derartiger Messverfahren mit geeichten Stoppuhren ist in letzter Zeit qualifiziert zurückgetreten.

2. Mobile Lasermessgeräte

Es gibt auf dem deutschen Markt ein Lasermessgerät der Firma Per-Elektronik, ein Messgerät der   50
Firma Jenoptik und zwei Messgerätetypen der Firma Dr. Riegl. Die **Handlasermessgeräte** arbeiten bisher stets **ohne fotografische Dokumentation** des gesamten Messvorgangs. Im Regelfall findet auch keine Dokumentation der Zahl und Abfolge der Messungen und der Messergebnisse durch direkten Ausdruck eines Messwertspeichers oder an einem Drucker statt.

Die Lasermessgeräte (zur Lasermesseinrichtung s. Rn. 110) senden einen unsichtbaren infraroten   51
Lasermessstrahl mit enger Bündelung aus. Die meist mit einer Folgefrequenz von 100 Hz ausgesandten kurzen Laserimpulse haben eine „Lichtlänge von 3 – 5 m". Beim Auftreffen auf ein Objekt wird der Laserimpuls im Idealfall gleichartig reflektiert und durch eine Empfangseinrichtung bezüglich Laufzeit bewertet. Das Gerät misst daher die gegenüber der Laser-Lichtlänge sehr geringen Abstandsveränderungen der Fahrzeuge. Bei guten Reflektoren an den Fahrzeugen sind der Sendeimpuls und der Empfangsimpuls weitgehend gleichartig geformt. Für diesen Idealfall lässt sich eine gute Diskriminierung der Entfernung bei jedem Impuls ableiten. Es wird durch die Geräte eine größere Anzahl von derartigen Abständen im Messwertspeicher abgelegt, die dann nach statistischen Gesichtspunkten korrigiert und bewertet werden. Das detaillierte Auswertungsverfahren zur Messwertgewinnung und Bewertung einer gültigen Messung ist unbekannt. Im Anzeigetableau (das bei mehreren Geräten erst nach Absetzen vom Auge des Messbeamten abgelesen werden kann) erscheinen ein Geschwindigkeitswert und ein Abstandswert, dessen genaue Entstehung ebenfalls nicht offen gelegt ist.

Für sämtliche Lasermessgeräte gibt es in der Zwischenzeit eine Vielzahl von Softwareversionen.   52
Diese neuen Softwareversionen sollen erkannte und beanstandete Messfehler beseitigen. Die eigentliche Geräteausstattung ist dabei im Wesentlichen unverändert geblieben. Es ist daher stets zu prüfen, ob die aktuelle Softwareversion in dem speziellen Gerät verwendet wurde.

Die Polizeibeamten haben gegenüber diesen Messgeräten meist ein völlig unkritisches Verhältnis.   53
Die Möglichkeit, durch Mitziehen des Messgerätes und Verlagern des Messorts am Fahrzeug die Abstandsveränderung des Fahrzeugs zu beeinflussen wird gegenüber Gerichten oft als nicht existent bezeichnet, obwohl dies zu höherer oder niedrigerer Geschwindigkeitsmessung Anlass geben kann. Die innere Gerätelogik annulliert zwar häufig derartige Messungen bei Verwackeln; wie der Messwert jedoch tatsächlich entstand, und welches Objekt der wirksame Reflektor (zur Reflexmessung s. Rn. 116) war, ist jedoch nie überprüfbar. Lasermessungen, bei denen das Nummernschild als vorherrschender Reflektor dient, gelingen den Polizeibeamten im Regelfall auf Anhieb (und

sind dann auch immer im Rahmen des Gerätemessfehlers fehlerfrei); ob jedoch eine Messung durch das Nummernschild bedingt wurde, lässt sich im Nachhinein nicht objektivieren.

54 Die Messgeräte erzeugen bei geringen Entfernungen und guten Reflektoren am Fahrzeug auch ohne Mitwirkung des Nummernschildes ein ausreichendes Reflexsignal, so dass die Behauptung, dass bei fehlendem Kontakt mit dem Nummernschild keine Messung auftreten kann, nicht zu bestätigen ist. Gleichzeitig ist bei sehr großen Entfernungen (300 – 500 m) bei den älteren Lasermessgeräten eine Strahlaufweitung vorhanden, die größer sein kann, als der Stirnfläche eines Pkw entspricht. Die Kombination von schlechtem Infrarotreflektor eines zu überwachenden Fahrzeugs und eines guten Reflektors eines in schleifenden Schnitt befindlichen Fremdfahrzeugs kann fehlmessungsrelevant sein.

55 **Hinweis:**

Die tatsächliche Position von Fremdfahrzeugen muss daher stets hinterfragt werden und durch die Polizeibeamten auch aus positiver Erinnerung beantwortet werden.

56 Durch die Polizeibehörden und die PTB wird der Bezug auf die richtige Bedienung des Messgeräts als „Eichvoraussetzung" (zur Eichung und zum Eichschein s. Rn. 106 und Rn. 105) zugrunde gelegt; ob jedoch die Bedienung des Gerätes entsprechend der Bedienungsanleitung erfolgte, wird nicht dokumentiert. Eine lichtbildliche Dokumentation der Einhaltung der Bedingungen für richtige Messung wird nicht geschaffen.

57 Mehrfache unabhängige Messungen auf stets das gleiche Fahrzeug, das dokumentiert werden soll, werden nur von einzelnen Dienststellen gemacht. **Doppelmessungen** auf ein zu beanstandendes Fahrzeug in der Annäherung an die Messstelle, die auch aktenkundig werden und durch die Polizeibeamten positiv bestätigt werden können, verhindern zufällige Messfehler (z.B. bei fehlendem vorherrschenden Reflektor) oder durch andere Fahrzeuge im Umfeld. Derartige Doppelmessungen mit Mitteilung des gemessenen Geschwindigkeitsgangs sind wegen der sich verändernden Umgebungsgeometrie immer weitaus beweissicherer als Einzelmessungen auf ein spezielles Fahrzeug.

58 In der Theorie reicht die Trennschärfe der Lasermessgeräte aus, um auch einzelne Fahrzeuge in einer Kolonne messen zu können. Die von Polizeibeamten sehr unkritisch gesehene Einstellung der Visiereinrichtungen (insbesondere bei Messgeräten, die aufgesetzte Visiereinrichtungen besitzen) kann ohne weiteres zur Messung von Fremdfahrzeugen Anlass geben. Ob daher sichergestellt werden kann, dass nur ein bestimmtes Fahrzeug gemessen wurde, muss über Zeugenbefragung festgelegt werden, wobei das Problem besteht, dass nur der Messbeamte durch Blick durch die Visiereinrichtung weiß, auf welches Fahrzeug er (tatsächlich oder vermeintlich) zielte. Die **Verwechslungsgefahr** kann nur über **Zeugenbefragung** ausgeschlossen werden.

59 Die Messwerte werden bisher in den Messgeräten nur angezeigt. Die Möglichkeit von **Übertragungsfehlern durch den Messbeamten** (z.B. Anzeigewert 78 km/h; notierter Wert 87 km/h) kann im Nachhinein nicht überprüft werden. Die in den Richtlinien im Regelfall vorgesehene unabhängige Ablesung und Überprüfung durch den Protokollführer findet in der Realität häufig nicht statt. Die Fahrt der Fahrzeuge vom Messort bis zur Messstelle, deren Fahrverhalten und auch das Fahrverhalten von Umfeldfahrzeugen ist nur über **Zeugenaussagen** (zur menschlichen Beobachtungsmöglichkeit und Informationsverarbeitung s. Rn. 112) nachzuweisen.

60 Besonders kritisch sind Lasermessungen, bei denen Fahrzeuge nicht im Bereich der Messstelle angehalten werden, wobei **Übertragungsfehler** auf dem **Funkweg** auftreten können. Die Notwendigkeit das Fahrzeug am Messort eindeutig zu beschreiben, ist bei hohen Fahrgeschwindigkeiten schlecht zu verifizieren (bei hohen Fahrgeschwindigkeiten ist das Ablesen des Nummernschilds sehr erschwert). Die Rückübertragung von protokollrelevanten Werten oder das Abgleichen der Listen durch die Polizei ist zu hinterfragen. Es muss gerade bei Funkübertragung mit entferntem Anhalteort mehrere Messlisten geben, die auf ihre Entstehung und Originalität überprüft werden

können. Insbesondere dann, wenn Fahrzeuglenker den Messwert bei der Anhörung anzweifeln, ist eine detaillierte Dokumentation der nur über Zeugenbeweis nachweisbaren Messung sinnvoll.

Hinweis: 61

Gerade unter Berücksichtigung der nur über Zeugenbeweis nachgewiesenen Übertretung sind für die Plausibilität der Messung auch Nebenbefunde zu bewerten:

Wie viel Zeit wird durch den Polizeibeamten benötigt, das Anhaltesignal auf der Fahrbahnfläche zu setzen; wo und wie kam der Betroffene zum Stehen. Warum wurde die Messung in einem extrem geringen/großen Abstand gesetzt etc. Diese Nebenbedingungen bei der Messung können durchaus unfallanalytisch überprüft werden.

Die dokumentationslose Messmethodik der mobilen Lasermessgeräte könnte durch Videodoku-   62
mentation (zum Begriff s. Rn. 125) der Annäherung des Fahrzeugs und der durchgeführten Messung qualifiziert verbessert werden. Durch derartige Videodokumentation ist auch problemfrei nachzuweisen, dass das Nummernschild der vorherrschende Reflektor (zur Reflexmessung s. Rn. 116) war. Bislang wird eine derartige Videodokumentation in Deutschland nicht durchgeführt, obwohl die Gerätehersteller nach Mitteilung derartige Geräte herstellen könnte.

An sehr vielen Lasermessgeräten ist ab Einsatzbeginn derzeit eine Übertragungsmöglichkeit der   63
Messergebnisse zu einer externen Dokumentationseinrichtung vorhanden (serielle Schnittstelle). Die Anbindung der Geräte an externe Speicher/Drucker zur Sicherstellung der richtigen Übertragung des Messwertes und dem Nachweis der Abfolge der Messungen (auch Annullierungen) wird bislang ebenfalls nicht zur Verbesserung der Dokumentation und zum Nachweis des Ablaufs der Messung genutzt.

3. Geschwindigkeitsüberwachung aus fahrenden Fahrzeugen mit geeichtem Tacho und/oder Videoaufnahmegerät

Geschwindigkeitsüberwachung aus fahrenden Fahrzeugen verkoppelt die einzig feststellbare Fahr-   64
geschwindigkeit des Überwachungsfahrzeuges mit dem frei fahrenden Fahrzeug des Überwachten. Die Geschwindigkeit des fahrenden Polizeifahrzeuges kann nur dann mit der Geschwindigkeit des überwachten Fahrzeuges verkoppelt werden, wenn sichergestellt ist, dass am Beginn und am Ende der Messstrecke eine völlig übereinstimmende Abstandslage vorliegt, oder der Abstand zum überwachten Fahrzeug deutlich größer geworden ist, als zu Beginn der Messung.

Die Richtlinien schreiben hierbei gewisse **Mindestnachfahrstrecken** vor, wobei aus den Richt-   65
linien im Regelfall nicht zu entnehmen ist, ob für die Länge der Nachfahrstrecke die unkorrigierte Geschwindigkeit des Polizeifahrzeuges, die korrigierte Geschwindigkeit des Polizeifahrzeuges oder die zulässige Fahrgeschwindigkeit entsprechend zugrunde gelegt werden muss. Die Sprünge in der Nachfahrstrecke bei bestimmten Geschwindigkeitsgrenzen sind naturwissenschaftlich nicht real nachzuvollziehen. Sinnvoll wäre aus physikalischer Sicht die Vorgabe zu einer einheitlichen Mindestnachfahrzeit.

Wird die Geschwindigkeitsüberwachung mit einem Fahrzeug durchgeführt, das über einen geeich-   66
ten Tachometer verfügt, hat das Fahrzeug selbst einen **Verkehrsfehler** von ± 5 % (>100 km/h) oder ± 5 km/h (<100 km/h). Diese Fehlergrenze wird von Fahrzeugen eingehalten, die mit typgleichen Reifen versehen sind, wie bei der Eichung (ggf. Probleme bei Montage von Winter- und Sommerreifen), keiner Reparatur zugeführt wurden und mit richtigem Luftdruck bewegt werden.

Auch ein Polizeifahrzeug mit einem geeichten Tacho kann die volle Fehlergrenze des Verkehrs-   67
fehlers ausschöpfen, da der Tachometer einen Geschwindigkeitsgang besitzt und zudem Abnutzung des Reifenprofils deutliche Variation innerhalb des langen Eichintervalles (über ein Jahr)

erzeugt. In der **Verkehrsfehlergrenze des Polizeifahrzeugs** ist kein Fehler für die Zuordnung des Geschwindigkeitswertes zum überwachten Fahrzeug enthalten.

68 Nur dann, wenn auf der Messstrecke optisch ein qualifiziert größer werdender Abstand während der Messung nachgewiesen ist, kann die Fahrgeschwindigkeit des Polizeifahrzeuges über die Verkehrsfehlergrenze mit dem überwachten Fahrzeug direkt verkoppelt werden. Ist die Abstandsvergrößerung zwischen den beiden Fahrzeugen nicht nachgewiesen (weil nur Zeugenaussagen vorliegen), ist ein erheblich höherer Fehler anzusetzen (in Bayern bei geeichtem Tachometer stets 10 %; in anderen Bundesländern wird dieser Zuschlag häufig nicht angesetzt).

69 Werden keine automatischen Aufzeichnungen über den Verlauf des Geschwindigkeitswerts des Polizeifahrzeugs während der Nachfahraktion geschaffen (z. B. über Tachograph), ist die Beweissicherheit der Durchführung der Nachfahraktion dann, wenn nur am Anfang und Ende der Messstrecke Fotos vorgelegt werden, die die Abstandslage nachweisen sollen, über die Zeugenaussagen der Polizeibeamten sicherzustellen. Es handelt sich dann um ein typisches zeugenbasiertes Messverfahren (zur menschlichen Beobachtungsmöglichkeit s. Rn. 112).

70 Bei einer objektiven Aufzeichnung des Geschwindigkeitswertes des Polizeifahrzeuges und der Fertigung von 2 Lichtbildern am Beginn und am Ende der Messstrecke kann die Verkopplung des Geschwindigkeitswertes des überwachten Fahrzeuges zum Fahrzeug der Polizei auch durch Bestimmung der mittleren Geschwindigkeit des Polizeifahrzeuges in Verbindung mit der Auswertung der Abstandslage objektiviert werden.

71 Bei Nachfahraktionen mit derartigen Fahrzeugen wird häufig ein Videoaufnahmegerät verwendet, das die Abstandsveränderung bei gleichzeitig mitlaufender Uhr darstellen kann. Hier lässt sich über die Bestimmung einer mittleren Geschwindigkeit des Polizeifahrzeugs meist eine weitaus größere Gesamtwegstrecke bei der Nachfahraktion auswerten.

72 | **Hinweis:**
| *Es ist bei videogestützten Verfahren sinnvoll, bereits im Vorfeld durch den Anwalt das Überwachungsvideo anzufordern und in Einzelbildschaltung bezüglich Abstandsveränderungen auszuwerten. Bei fest gehaltener Brennweite des Videoaufzeichnungsgerätes im Polizeifahrzeug kann die Abstandsveränderung auch durch Laien anhand der Größendarstellung des überwachten Fahrzeuges auf dem Bildschirm direkt überprüft werden (entfernt sich das überwachte Fahrzeug vom Polizeifahrzeug, weil es auf dem Video kleiner wird, ist das überwachte Fahrzeug im Mittel schneller als das Polizeifahrzeug).*

73 Bei den üblichen in Polizeifahrzeugen eingebauten Verkehrsüberwachungsgeräten (ProViDa und Nachfolgegeräte) wird aus dem Tachometersignal auch eine Wegstreckenmessung mit zugeordneter Zeitangabe abgeleitet, die direkt die polizeiliche Überwachung nachweisen soll. Diese meist nur auf einer kurzen Wegstrecke des gesamten Nachfahrvorganges durchgeführte Messung, auf die sich die Polizei bezieht, ist bezüglich Abstandsveränderungen der beiden Fahrzeuge auf der Messstrecke besonders kritisch zu überprüfen (Einzelbildschaltung am Videorecorder). Die Videoaufzeichnung kann jedoch auch über den vom Polizeibeamten ausgelösten Bereich hinaus für die Geschwindigkeitsbestimmung ausgewertet werden. Wird ausreichend lange mit einem derartig ausgerüsteten Polizeifahrzeug hinter einem überwachten Fahrzeug hergefahren, ist die Wirkung von Abstandsveränderungen relativ gering. Die Abstandslage am Ende der Messstrecke muss kritisch mit dem Abstand bei Beginn der Nachfahraktion verkoppelt werden (am Ende der Messstrecke muss das überwachte Fahrzeug „im Videobild kleiner sein, als am Anfang").

74 Die Tendenz zu gerätebasierten Auswertungen der Videobilder durch die Polizei (die auf wenigen Zentimeter genau sein sollen) ist bezüglich der naturwissenschaftlichen Qualität zu hinterfragen. Es muss beachtet werden, dass gerade bei **Nacht** voraus befindliche überwachte Fahrzeuge oft nur schlecht im Video dargestellt werden und die Videoaufzeichnung häufig stark verrauscht ist (man

erkennt dann in den Nachtaufnahmen auf dem Video oft überhaupt kein Detail mehr und kann die Abstandslage der Fahrzeuge z.B. über die abgebildeten Rückleuchten nur schwer bestimmen). Auch bei Nachfahraktionen bei nasser Fahrbahn ist bei höheren Geschwindigkeiten das verfolgte Fahrzeug oft kaum mehr zu erkennen und daher auch bezüglich des Abstandswertes und dessen Entwicklung schlecht auszuwerten. Auf eine eigene kritische Betrachtung des Polizeivideos sollte daher in keiner Weise verzichtet werden.

4. Geschwindigkeitsmessung von einer Brücke herab

Das Videomessverfahren von einer Brücke herab wird neben der Abstandsmessung auch für Geschwindigkeitsmessungen benutzt. In einem Abstand von 90 m/40 m zu der Brücke sind breite quer verlaufende Markierungen aufgebracht. Die in der Videoaufzeichnung eingeblendete Uhrzeit wird als Zeitmarke für das Überfahren der beiden Messlinien benutzt.   75

Bei der Aufzeichnung wird üblicherweise das **Halbbildverfahren** verwendet, so dass bei 25 Vollbildern insgesamt 50 Halbbilder je sec. zur Verfügung stehen. Die Halbbilder haben einen zeitlichen Abstand von 0,02 sec. Auf dem Videobild werden nur die 1/100stel Sekunden des Zeitmarkengebers angezeigt. Welche Stellung der Zeitmarkengeber im 1/1000stel Sekundenbereich besitzt, ist unbekannt. Die Bilder haben daher einen Zeitfehler bei der Anzeige des Wertes von bis zu 0,01 sec. Bei den bisher verwendeten Videoaufzeichnungen (s. dort Rn. 125) handelt es sich um ein analoges Verfahren. Das Halbbild wird in einer Zeit von 0,02 sec. sequentiell hergestellt. Da bei der Videomessung jeder Bildteil einem anderen Zeitfenster zugeordnet ist, erfolgt bei dem üblicherweise auflaufenden Verkehr die Passage der 90 m Linie nicht zur gleichen Bildfertigungszeit, wie die Passage der 40 m Linie (meist ganz unten am Bildrand). Es können daher Zeitfehler bei der Bildherstellung von bis zu 0,02 sec. entstehen.   76

Wird daher sichergestellt, dass ein „Auswertezuschlag von 0,04 sec." für die Passage des Fahrzeuges an den Messlinien gewährt wird, ist die Geschwindigkeitsmessung als Quotient der Zeitdauer für die 50 m Passage richtig bewertet. Es sollte hierbei stets die noch nicht erfolgte (an der 90 m Linie) und die bereits abgeschlossene (an der 40 m Linie) Vorderradpassage an den Messlinien zugrunde gelegt werden.   77

Die Berechnung der Geschwindigkeit durch die Polizei erfolgt üblicherweise unter Verwendung eines elektronischen Rechenprogramms und ist daher rechnerisch meist nicht fehlerbehaftet.   78

> *Hinweis:*   79
>
> *Zum Nachvollzug der Messung sollte eine Kopie des Videobandes bereits im Vorlauf angefordert, Augenschein genommen und in Einzelbildschaltung betrachtet werden. Nur dann, wenn sichergestellt ist, dass das Fahrzeug die 90 m Linie bei der ersten Messung mit Sicherheit noch nicht erreicht hat (bei grenzwertiger Darstellung ist dann das frühere Lichtbild als Messausgangswert zu verwenden) und auch die 40 m Linie sicher passiert hat (bei grenzwertiger Darstellung ist dann das spätere Lichtbild als Messausgangswert zu verwenden), ist die Auswertung als richtig anzusetzen. Es wird hierbei durch die Polizei häufiger sehr knapp ausgewertet.*

Zu beachten ist hierbei, dass bei den höheren Fahrgeschwindigkeiten die Durchlaufzeit über die 50 m Strecke nur im Bereich von gut 1 sec. liegt, und damit derartige Nichtbewertung der Bildsprünge zu hohe Fahrgeschwindigkeiten erzeugt.   80

III. Rein zeugenbasierte Messverfahren zur Geschwindigkeit

81 Wird mit einem Fahrzeug ohne geeichten Tacho die Geschwindigkeit durch Nachfahren bestimmt, ist von ganz erheblichen Abweichungen bei der angezeigten Geschwindigkeit auszugehen. Auf die entsprechenden Grenzwerte der StVZO (§ 14) ist hinzuweisen. Es wird üblicherweise davon ausgegangen, dass die Geschwindigkeitsanzeige nicht besser als ± 15 % des angezeigten Wertes ist. Ob dieser Fehler vom Fahrzeug, das für die Messung verwendet wurde, eingehalten wird, kann ggf. im Rahmen einer Überprüfung dieses Fahrzeugs nachvollzogen werden.

82 Unabhängig von diesem Fehlwert der angezeigten Geschwindigkeit des nachfahrenden oder mitfahrenden Polizeifahrzeuges ist die dann meist dokumentationslose Mitteilung zur Nachfahrstrecke und zum Abstand kritisch zu hinterfragen.

83 Es ist darauf hinzuweisen, dass hier auch die Fragen, wann das beanstandete Fahrzeug auffällig und wie die Nachfahraktion durchgeführt wurde (Anfahrt mit Beschleunigen bis zum Folgeabstand und nachfolgende Einhaltung der Nachfahrstrecke) durch unfallanalytische Nachprüfung auf Realitätsnähe beurteilt werden können.

---

84 *Hinweis:*

Insbesondere im innerstädtischen Bereich lässt sich auch eine kurze Nachfahrstrecke sehr oft real nicht erreichen. Es empfiehlt sich hier die örtlichen Verhältnisse zu überprüfen, auf der die Überwachungsmaßnahme durchgeführt wurde.

Da die Messung alleine auf Zeugenbeweis gestützt ist, empfiehlt sich eine eigenständige Darstellung von jeder der überwachenden Personen zu verlangen (zur menschlichen Beobachtungsmöglichkeit und Informationsverarbeitung s. Rn 112).

C. Abstandsmessverfahren

85 Das Abstandsmessverfahren wird im Wesentlichen als **Brückenmessverfahren** durchgeführt. Bei dem Brückenmessverfahren befinden sich im Regelfall 2 Kameras auf der Brücke, wobei die Nahkamera die Passage der Messlinien (s. o. Rn. 75) und die Telekamera das Abstandsverhalten in größerer Entfernung darstellen soll. Eine detaillierte Auswertung der Geschwindigkeiten der herankommenden Fahrzeuge auf größere Entfernung ist im Regelfall nicht möglich. Nur in Sonderfällen ergibt sich eine Auswertemöglichkeit für Geschwindigkeiten von Fahrzeugen aus größerer Entfernung z. B. über das Herausfahren von Fahrzeugen aus weit vorausliegendem Brückenschatten o. Ä. ... Durch die polizeieigenen Vorschriften, nach denen nur eine Beobachtungsstrecke von 300 m ab Brücke durch die Polizei eingehalten werden muss, ergibt sich eine durchaus häufig zu beobachtende Tendenz dazu, die Verkehrssituation auf größerer Entfernung nicht mehr in der Telekamera darzustellen (obwohl dies oft möglich ist).

86 Das Abstandsmessverfahren beruht auf der (durch die Polizei und durch die Vorschriften nicht überprüften) Vorgabe, dass das voraus befindliche Fahrzeug sich völlig gleichmäßig mit konstanter Geschwindigkeit auf der relevanten Fahrbahnfläche bewegt. Diese Vorgabe erschließt sich jedoch keineswegs als zwingend. Gerade bei bekannten Abstandsmessstellen vermindern Fahrzeuglenker durchaus häufig in Annäherung an die Messstelle (die gleichzeitig eine Geschwindigkeitsmessstelle sein kann) die Geschwindigkeit. Langsamer werdende Fahrzeuge verhindern jedoch, dass nachfolgende Fahrzeuge durch Gaswegnehmen den Sicherheitsabstand wieder einstellen können (sie müssen dazu ggf. scharf bremsen), bzw. nachfolgende Fahrzeuge in andere mit höherem Bußgeld bewertete Abstandslagen gebracht werden . Eine **Überwachung der Abstandslage der rele-**

vanten beiden Fahrzeuge auf großer Entfernung erfolgt bei diesem Verfahren über eine phänomenologische Evidenz bei etwa 300m Entfernung von der Brücke hinaus nicht.

Die Problematik des Abstandsmessverfahren besteht darin, dass durch die Bußgeldbehörden **keine geschwindigkeitsbezogene Anpassungsstrecke als Maß für die zu fordernde Wiederherstellung der Abstandslage** gewählt wird, sondern dass zur Sicherstellung einer einfachen Überwachungsmaßnahme nur eine **sehr begrenzte Beobachtungsstrecke** überhaupt zu Grunde gelegt wird. Schnelle Fahrzeuge haben damit kaum ausreichende Zeit, den Sicherheitsabstand auf der überwachten Strecke wieder ohne Notmaßnahme herzustellen. Zu beachten ist, dass sämtliche Abwehr- und Anpassungshandlungen zeitgesteuert sind und bei hohen Geschwindigkeiten sehr viel längere Wegstrecken in dieser Zeit zurückgelegt werden, als der durch die Polizei zu überwachenden Wegstrecke zugeordnet ist. 87

Die Geschwindigkeit der Fahrzeuge auf der Messstrecke wird – wie oben dargestellt (Rn. 76) – entweder bezüglich des Vordermannes oder des betroffenen Fahrzeuges festgelegt. Die Abstandslage wird mit begrenzten Zugunstenbetrachtungen aus der Videoaufzeichnung nur auf der 40 m Linie (manchmal einer zusätzlichen Linie bei 65 m Abstand von der Brücke) bestimmt. Die Auswertungen der Polizei ergeben im Regelfall einen etwas zu großen Abstandswert in Meter. Das tatsächliche **Geschwindigkeitsverhältnis der beiden Fahrzeuge** wird nicht ausgewertet und nicht berücksichtigt. 88

Es gibt mit der derzeitigen Ausführungsform des Brückenabstandsmessverfahrens kaum die Möglichkeit, die Geschwindigkeitsverminderung des voraus befindlichen Fahrzeuges auf der Messstrecke nachzuweisen. Eigene Untersuchungen zeigen, dass es relativ einfach ist, durch „gekonntes Gaswegnehmen" den Hintermann in eine bußgeldbewehrten Abstand zu bringen. Geschwindigkeitsvermindern des Vordermanns lässt sich bislang nur über zufällig mitfahrende Fahrzeuge im Nachfahrbarstreifen in gewissen Grenzen auswerten. 89

Nach den derzeitigen Richtlinien wird eine niedrigere Fahrgeschwindigkeit des nachfahrenden Betroffenen auf der Messstrecke nicht als „dynamischer Sicherheitsabstand" mit berücksichtigt, obwohl eine niedrigere Geschwindigkeit des Hintermanns wegen der quadratischen Abhängigkeit des Bremswegs einen zusätzlichen Sicherheitsabstand in physikalischer Sicht darstellt. 90

Es muss beachtet werden, dass die auswertenden Polizeibeamten bei der Bewertung des Abstandsverstoßes nicht mehr von der Brücke direkt beobachten, sondern nur noch die mitlaufende Videoaufzeichnung (zum Begriff s. Rn. 125) betrachten und bewerten. 91

Hinweis: 92

Für die Bearbeitung von Abstandsverstößen sollte bereits im Vorlauf durch den Anwalt das Videoband in Einzelschrittschaltung vielfach betrachtet und ausgewertet werden. Trotz Verwendung von 2 Kameras sind Spurwechselvorgänge mit in die Kolonnen einlaufenden langsamen Fahrzeugen und auch Spurtauschvorgänge oft schwer erkennbar oder auswertbar (Überdeckung mit anderen Fahrzeugen z.B. des Gegenverkehrs).

D. Rotlichtüberwachung

Sämtliche Rotlichtüberwachungsgeräte basieren auf der **Auswertung von Sensorüberfahrungen** (zum Begriff der elektromagnetischen Sensoren s. Rn. 107) durch Fahrzeuge. In den Lichtbildern der Rotlichtüberwachungsgeräte wird der Sensor angezeigt, der die Lichtbildfertigung ausgelöst hat. Die Sensoren befinden sich im Regelfall nicht an der Haltelinie, die für die Rotlichtüberschrei- 93 tung relevant ist. Die mittlere Geschwindigkeit der beanstandeten Fahrzeuge kann aus dem Fahr-weg zwischen erster Aufnahme und zweiter Aufnahme meist gut abgeleitet werden. Notwendig ist es für die **Bestimmung der mittleren Geschwindigkeit** eine maßstäbliche Skizze zu fertigen, in die die Fahrzeuge dann zu den Lichtbildfertigungszeiten eingetragen werden. Aus den Befunden in der Skizze ist dann die mittlere Geschwindigkeit auszurechnen.

94   Die mittlere Geschwindigkeit von Fahrzeugen ist insbesondere bei langem Zeitunterschied vom ersten Lichtbild zum zweiten Lichtbild nicht bezüglich Geschwindigkeitszunahme oder –abnahme des beanstandeten Fahrzeugs auswertbar.

95   Da die Schleife mit Abstand von der Haltelinie angebracht ist, muss die Fahrzeit des Fahrzeuges mit einer rekonstruierten Geschwindigkeit bis zum Erreichen der ersten Lichtbildposition detail-liert berechnet werden und damit die Passagezeit der Haltelinie korrigiert werden. Bei niedrigen Fahrgeschwindigkeiten bis zur Schleife können hier erhebliche Fahrzeiten auflaufen. Insbesondere langsame Passagen der Haltelinie mit permanenter Folge-Beschleunigung des relevanten Fahr-zeugs sind daher besonders kritisch bezüglich der nachgewiesenen Rotlichtdurchbruchzeit zu beur-teilen.

● **Modelldarstellung zur Anordnung der Bauteile bei der Rotlichtüberwachung**

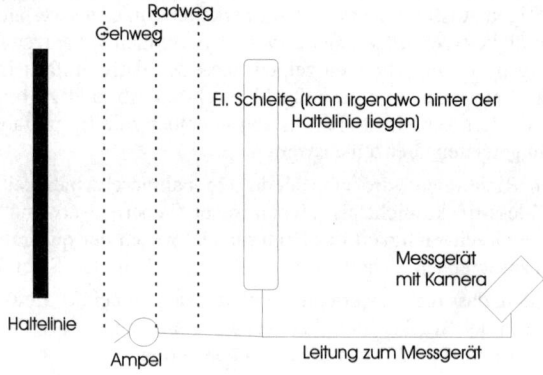

● **Fahrzeug fährt über Haltelinie, Beginn des Rotlichtverstoßes**

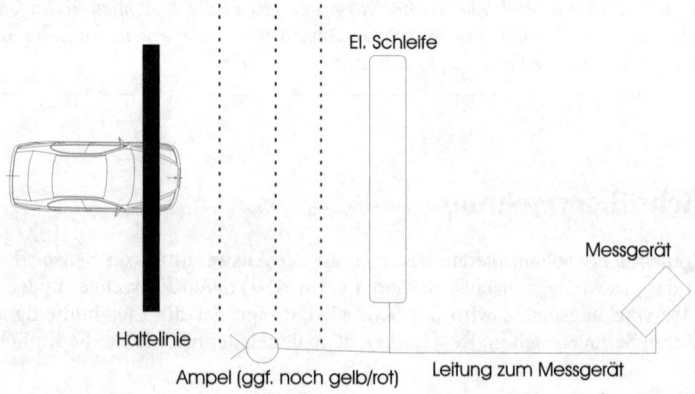

● **Fahrzeug fährt erst später über el. Schleife, erste Lichtbildfertigung**

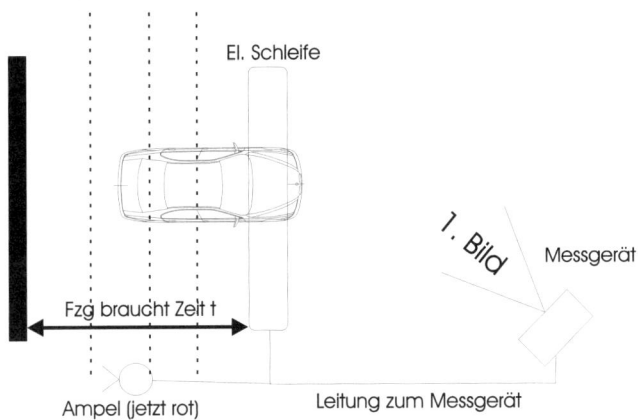

● **Fahrzeug fährt weiter, Position bei späterem zweiten Lichtbild**

Bei der Rotlichtüberwachung ist stets zu prüfen, ob das Fahrzeug des Betroffenen das Fahrzeug war, das die Auslösung des Lichtbildes bedingte. Dies lässt sich aus dem Vergleich der einzelnen Fahrzeuge in Bezug zur Haltelinie bestimmen. Weiterhin ist die mittlere Geschwindigkeit des Fahrzeuges bis zur Fertigung des zweiten Lichtbildes zu bestimmen. Das aus den beiden Lichtbildern nicht darstellbare Fahrverhalten des Fahrzeuglenkers, das diese mittlere Geschwindigkeit ergab, kann deutliche Unterschiede bei der Rotlichtdurchbruchzeit (bezogen auf die Haltelinie; s. zum Rotlichtdurchbruch auch Rn. 120) ergeben.   96

Zu beachten ist auch, dass insbesondere bei Sensorschleifen (s. auch Rn. 107) Fahrzeuge in unterschiedlichen Positionen detektiert werden können (Lkw fahren weiter über die Schleife als niedrige Pkw bis die Lichtbildfertigung erfolgt).   97

98   **Hinweis:**

> *Für die Bearbeitung derartiger Rotlichtverstöße ist die Einsicht in den Überwachungsfilm notwendig, die genaue Festlegung der Schleifenposition zu bestimmen und auch die mittlere Geschwindigkeit der Fahrzeuge und das Zustandekommen dieser Positionen der Fahrzeuge zu bewerten.*

99   Gerade bei Rotlichtverstößen sollte auch beachtet werden, wann und wo durch die Verkehrsbehörde eine bestimmte Geschwindigkeit für die Annäherung an die Ampelanlage angeordnet wurde (und ob die Schilder auch sichtbar waren), wie lange die tatsächliche **Gelblichtzeit** dauert und ob unvermutet kurze **Grünlichtzeiten** angezeigt werden.

100 Es stellt Fahrzeuglenker oft vor extreme Schwierigkeiten rechtzeitig abzubremsen, wenn bei verkehrsgesteuerten Lichtzeichenanlagen kürzeste Grünlichtzeiten auf gut ausgebauten Straßen angezeigt werden, mit denen Fahrzeuglenker nicht rechnen.

101 Es ist darauf hinzuweisen, dass sich bei der üblichen Gelblichtzeit für innerörtlichen Verkehr von 3 sec. bei 50 km/h zulässiger Höchstgeschwindigkeit der Entfernungsbereich von etwa 45 m von der Haltelinie extrem schwierig für Fahrzeugführer darstellt. Die notwendige Wahlentscheidung im Hinblick auf Weiterfahren oder Bremsen verbraucht einen wesentlichen Teil der Gelblichtzeit.

102 Wechselaktionen von Fahrzeuglenkern, wie primäres Einbremsen und Abwandlung des Entschlusses zum Durchfahren führen stets zu finalen Rotlichtdurchbrüchen (s. zum Begriff Rn. 120). Bei Lichtzeichenanlagen ist auch zu prüfen, ob die relevanten Lichtzeichen aus ausreichender Entfernung gesehen werden können. Es ist sinnvoll, eine Anfrage zu Störungen des Ampelbetriebs an die Kreisverwaltungsreferate/Gemeindeverwaltungen zu stellen.

103 Bei über der zulässigen Geschwindigkeit liegender Geschwindigkeit der Fahrzeuge kann ggf. bei passendem Abstand bei Gelblichtumschalten nicht mehr an der Haltelinie angehalten werden; insoweit kann der Rotlichtdurchbruch auch finale Folge einer ggf. geringer geahndeten Geschwindigkeitsübertretung sein.

Abschnitt 2: Glossar

● **Dopplerfrequenz** 104

Bewegt sich ein Gegenstand auf einen Sender zu oder entfernt er sich (er kann akustische oder auch elektromagnetische Wellen aussenden), so wird dann, wenn an diesem bewegten Objekt die Welle reflektiert wird, das zurück gestreute Signal eine andere Wellenlänge haben, als die ausgesandte Wellenlänge. Das Radarmessverfahren nutzt diese durch die Bewegung des Fahrzeuges veränderte Frequenz des Radarsignals als Geschwindigkeitsindiz aus.

Ist das herankommende Fahrzeug auf der Straße schneller, ist die reflektierte Welle mit einer „kürzeren Frequenz bei auflaufendem Verkehr" versehen, als dann, wenn das Fahrzeug nur langsam fährt. Ein stehendes Fahrzeug reflektiert genau die gleiche Frequenz, mit der es getroffen wird. Ein davonfahrendes Fahrzeug liefert ein Reflexsignal, das eine etwas geringere Wellenlänge enthält.

Wird das ausgesandte Signal mit dem zurück gestreuten Signal verglichen, gibt es eine niederfrequente Schwebung (im hörbaren Bereich), die bei der Radarüberwachung zur Geschwindigkeitsfestlegung des Fahrzeugs benutzt wird. Dieser niederfrequente Unterschied der Radarwellen kann in verschiedener Weise ausgewertet werden (die genaue Auswertemethode ist Herstellergeheimnis und ggf. alleine der PTB bekannt).

Aufgrund der Entstehung des Dopplersignals und der Überlagerung mit bewegten Teilen am Fahrzeug selbst (wie z.B. die rotierenden Reifen) muss das reflektierte Signal im Messgerät „gereinigt werden", bevor es für die Messung verwendet werden kann. Auch die „Konstanz, mit der das Signal während der Messzeit vorliegen muss", kann als Qualitätskriterium für die Messung genutzt werden.

Werden zu hohe Anforderungen an die Qualität des reflektierten Signals gefordert, gelingt den Messgeräten „fast keine Messung". Die Qualitätsanforderungen, die für die Konstanz des Dopplersignals gefordert werden, haben daher Auswirkungen auf die „Wahrscheinlichkeit, dass Fahrzeuge detektiert werden oder Messungen annuliert werden". Die Hersteller müssen daher den Spagat zwischen Messgenauigkeit und -verlässlichkeit und noch ausreichender Detektionswahrscheinlichkeit eines Geschwindigkeitssünders ausführen.

Das Gerät Multanova 6 F löst diese Probleme durch eine Doppelmessung mit nachfolgender Geschwindigkeitsüberwachung bis zum Verlassen des Radarstrahls (mit ggf. erfolgender Nichteinblendung des Messwertes für den Fall von Konstanzproblemen). Das Gerät Traffipax misst nach Geräteprospekt so lange, bis die nicht publizierte Konstanzbedingung erfüllt ist und verwirft ansonsten die Messung.

● **Eichschein** 105

Der Eichschein ist die Bestätigung dafür, dass eine gültige Eichung eines Messsystems durchgeführt wurde. Die Eichung ist teilweise über sehr lange Zeit gültig. Im Regelfall besteht bei der Polizei ein gültiger Eichschein für ein bestimmtes Messsystem. Im Eichschein ist auch der Fehler dargestellt, der vom geprüften System bei der Eichung eingehalten wurde. Die Fehlerquote ist gerade bei Geschwindigkeitsmesssystemen weitgehend einheitlich in den Eichscheinen aufgeführt.

Unterschieden werden muss zwischen dem Fehler, den das Gerät bei der Eichung unterschreiten muss und der Verkehrsfehlergrenze, den das System im Verlauf der gesamten Eichdauer nach Vorgabe der Eichbehörde einhält.

Die Fehlerquoten, die hierbei durch den Eichschein eingeräumt werden, sind in manchen Bereichen Zugunstenbetrachtungen für den Betroffenen (z.B. bei sehr niedrigen Fahrgeschwindigkeiten und Radarmessung). Bei hohen Geschwindigkeiten werden oft nur Fehler zugestanden, die auch tatsächlich bei der Messung auftreten werden (wie z.B. bei Radarmessungen mit Geschwindigkeitsbeträgen über 100 km/h). Aufstellfehler des Radargerätes sind z.B. nicht durch den Eichschein umfasst.

● **Eichung** 106

Sämtliche polizeilichen Messgeräte sind in regelmäßigen Abständen der zuständigen Eichbehörde vorzustellen und die Richtigkeit der Messwerte durch Eichung nachzuweisen. Die Durchführung der Eichung ist bei den Eichämtern hierbei „teilweise stark dezentral zulässig", so dass bereits die Frage, wie genau die Messqualität bei allen möglichen Betriebszuständen sichergestellt wird, kritisch hinterfragt werden muss.

Während bei Messgeräten, die „quasi autonom arbeiten", die Eichung meist relativ problemfrei ist, ist bei komplexen Messsystemen die Eichung oft auf nur periphere Geräte begrenzt. Typisches Beispiel hierfür ist das Abstandsmessverfahren, bei dem nur eine (bei verständiger Betrachtung gar nicht falsch gehende Quarz-) Uhr durch die Eichbehörde auf „richtigen Lauf überprüft wird". Sämtliche sonstigen Teile dieses Messgerätes sind ungeeicht und können daher durch Polizeibeamten ohne weitere Überprüfung eingesetzt werden.

Die Einhaltung der Eichkonstanz ist insbesondere bei wartungskritischen Messsystemen, wie z. B. bei Pkw, die zum Nachfahren benutzt werden, durchaus kritisch zu bewerten, da Reifenwechsel (andere Querschnittsausbildung oder andere Dimension), Reifenprofiltiefe (ein abgefahrener Reifen ist kleiner als ein Reifen mit vollem Profil), der Reifenluftdruck (ein Reifen mit zu wenig Luft ist dynamisch kleiner, als ein Reifen der voll aufgepumpt ist) auch für den Laien einsehbar, das Messergebnis eines derartigen Pkw verändern. Auch dynamische Einflüsse, wie das „Größerwerden der Reifen bei ganz hohen Fahrgeschwindigkeiten", sind Fehler, die bei der Messung das Ergebnis des Messsystems verfälschen können.

Gerade bei derartigen wartungsintensiven Teilen des Messsystems muss die Einhaltung der Eichvoraussetzungen überprüft und nachgewiesen werden (Wartungsbuch, verwendete Reifen, Dokumentation des Luftdrucks, Reparaturen, etc.).

107   ● **Elektromagnetische Sensoren**

Es handelt sich hierbei im Regelfall um in die Fahrbahnfläche eingelegte Kabelvierecke, die von einem Steuergerät aus mit einem hochfrequenten Strom beaufschlagt werden. Das sich hierdurch ausbildende Magnetfeld ist dort, wo die Sensoren in die Fahrbahnfläche eingelegt werden, ohne echte Dämpfung (Asphalt ist für elektromagnetische Wellen ohne jede relevante Bedeutung). Fährt nun ein Fahrzeug mit Metallteilen in dieses Sensorfeld hinein, so dämpft das Fahrzeug mit seinen metallischen Bauteilen dieses Magnetfeld um den Sensor. Im Regelfall wird damit die Dämpfung der Schleife verändert und damit im Auswertegerät ein Signal gewonnen, das das Überfahren dieser Schleife anzeigt.

Bereits aufgrund der notwendigen Schleifendämpfung ergibt sich, dass Fahrzeuge, die sehr hoch gebaut sind (wie z. B. Lkw) die Schleife primär schlechter dämpfen, weil sie weit von der Schleife entfernt sich über die Fahrbahnfläche bewegen. Es ergibt sich weiterhin, dass das Auslösen der Schleife durch Motorräder nicht sichergestellt ist, jedoch möglich ist, und dass Pkw die Schleifen dann am besten dämpfen, wenn sie völlig zentral über die Schleife hinwegfahren.

Teilweise Schleifenüberfahrungen werden in der Realität häufig nicht detektiert (dies ist z. B. interessant, wenn nach einem Unfall ein Rotlichtverstoß behauptet wird, jedoch kein Rotlichtverstoß durch eine Überwachungsanlage nachgewiesen wurde). Erfolgt in diesem Fall dennoch eine Auslösung, wird wahrscheinlich die Auslösung zeitverzögert erfolgen (weil die Frage, ob die Messung ausgelöst wird oder nicht, durch das Auswertegerät nur grenzwertig beantwortet wurde).

Die Detektion von Überfahrungen von Schleifen ist daher ein hoch spezifisches Wechselwirken zwischen der individuell hergestellten Schleife in der Fahrbahn, deren eingestellter Empfindlichkeit und dem Fahrzeug, das über die Schleife hinweg fährt. Es gibt Schleifenauslösungen durch Lkw, bei denen die Lkw bereits weit über die Schleife hinweggefahren waren, bevor die Auslösung erfolgte und auch Schleifenauslösungen bereits zu einem Zeitpunkt, an dem z. B. Pkw noch kaum die Schleife erreicht haben. Damit zeigt sich jedoch, dass bei der Bewertung von Geschwindigkeitsmessverfahren, die auf Schleifenüberfahrungen basieren, die Fragestellung nach Gleichmäßigkeit der Detektion einer erhöhten Aufmerksamkeit bedarf. Zum anderen ergibt sich bei den üblicherweise verwendeten Schleifen bei Rotlichtüberwachungen, dass die Position, an denen die Fahrzeuge erstmalig detektiert werden, in Bezug zur Passage der Haltelinie qualifiziert unterschiedlich sein kann und individuell ausgewertet werden muss.

108   ● **Geschwindigkeitsberechnung aufgrund von Weg und Zeit**

Die Geschwindigkeit, die ein Fahrzeug besitzt, ist der Quotient aus Weg und Zeit.

Die Geschwindigkeit wird üblicherweise in km/h mitgeteilt. Die physikalische Einheit ist jedoch die Geschwindigkeit in m/sec.

Geschwindigkeit in Meter je Sekunde = Wegstrecke in Meter/ Zeitdauer in Sekunden.

Zwischen der Geschwindigkeitsdarstellung in km/h und der Geschwindigkeitsdarstellung in m/sec. besteht ein Unterschied mit dem Faktor 3,6, wobei der Geschwindigkeitswert in km/h 3,6 mal so groß ist, wie der physikalisch relevante Wert in m/sec. Dies bedeutet, dass der Geschwindigkeit von 50 km/h ein Geschwindigkeitswert von 13,88 m/sec. zugeordnet ist.

Legt ein Fahrzeug daher in einer Zeit von 1 sec. zwischen dem 1. und 2. Lichtbild der Rotlichtüberwachungsanlage einen Weg von 10 m zurück, so liegt die mittlere Geschwindigkeit des Fahrzeuges bei 36 km/h (der Umrechnungsfaktor gilt für jegliche derartige Weg-Zeitkombination).

Da der Rotlichtdurchbruch üblicherweise nicht auf die Detektion durch die Rotlichtüberwachungsanlage bezogen wird, sondern auf die Passage der Haltelinie, muss die Wegstrecke, die zwischen der Passage der Haltelinie durch die Front des Fahrzeuges und der ersten Detektion durch die Rotlichtanlage zurückgelegt wird, mit der nach obiger Vorschrift bestimmten Geschwindigkeit als mittlere Geschwindigkeit rückwärts weggerechnet werden (z. B.: Bei 7 m Fahrweg von der Haltelinie bis zu der Stelle, an der das Fahrzeug beim 1. Lichtbild dargestellt wurde, ergibt sich bei der oben dargestellten Geschwindigkeit von 36 km/h zwischen dem 1. und 2. Lichtbild der Rotlichtüberwachungsanlage eine Zeit von 0,7 sec., die von der Rotlichtüberwachungszeit abgezogen werden muss). Für den speziellen Fall muss daher die mittlere Geschwindigkeit ausgewertet werden und dieser Abzugsbetrag zur 1. Lichtbildfertigung als Rotlichtdurchbruchzeit bestimmt werden.

● **Handauslösung** 109

Es gibt die Möglichkeit, an den Radargeräten die Auslösung eines Lichtbildes durch Druckknopf am Anzeigeelement zu erzeugen. Die Handauslösung beinhaltet dann ein leeres Lichtbild, auf dem kein Fahrzeug und kein Geschwindigkeitswert angezeigt wird.

Handauslösungen während eines laufenden Messvorganges sind im Regelfall nicht sachgerecht, da dann „leere Lichtbilder im Filmstreifen" vorliegen, auf denen Fahrzeuge zufällig abgebildet sein können. Es werden allerdings bei großen Filmlängen durch Polizeibeamte zur Überprüfung der Funktionsfähigkeit der Transporteinrichtung des Filmes in Abständen Handauslösungen nach einer größeren Anzahl von Messlichtbildern durchgeführt. Die Gefahr, dass hierbei Veränderungen an der Radargeräteaufstellung erfolgen, ist sehr groß.

● **Lasermesseinrichtung** 110

Die Lasermesseinrichtung besteht immer aus einem Sender, der mit Hilfe von Laserdioden im infratoren Licht extrem kurze Lichtblitze aussendet. Wie die Laserstrahlung sich ausbreitet, hängt in weiten Bereichen von der Optik ab, die das Licht in die Pistolenrichtung justiert. Bei mehreren Laserdioden, die die Lichtquelle bilden, können sehr ungleichmäßig geformte Intensitätsbereiche den herankommenden Fahrzeugen entgegen gestrahlt werden. Es ist nicht sichergestellt, dass „in der vermeintlichen Mitte der Strahlrichtung auf die höchste Laserintensität auf das Fahrzeug trifft".

Während die Laserquelle sehr eng justiert Licht ausstrahlt, ist der meist neben der Lichtquelle angebrachte Empfänger weniger richtungsselektiv. Da nur eine einzige Wellenlänge durch die Empfangseinrichtung empfangen werden muss, die der Wellenlänge des ausgestrahlten Laser-Infrarotlichts entspricht, kann ein sehr empfindlicher Empfänger geschaffen werden, der das reflektierte Licht des Sendeblitzes empfängt.

Trifft das ausgesandte Licht nicht nur auf das Nummernschild eines Fahrzeugs, das sehr gut reflektiert, sondern (auf andere Reflektoren) in die Umgebung, so hat das zurückgestrahlte Licht eine andere Form, als das ausgesandte Licht. Dies erschwert jedoch im Gerät die Festlegung einer Entfernung, die über die Laufzeit des Lichts bestimmt wird.

Die Lasermesseinrichtung muss daher für jeden Lichtblitz über den Zeitverzug zwischen Sendung und Empfang eine Entfernung bestimmen, die nicht auf wenige mm genau festgelegt werden kann. Aus der Veränderung der Abstandsgröße von Laserpistole zu Fahrzeug während der Messung, die insgesamt etwa 30 bis 50 mal in einer Zeit von 0,3 bis 0,5 sec. durchgeführt wird, wird dann die Geschwindigkeit des Fahrzeuges bestimmt. Hierzu bedarf es der „Schaffung einer synthetisch generierten Regressionsgeraden", die aus den streuenden Messwerten eine mittlere Abstandsveränderung bestimmt.

Es handelt sich bei der Laserpistolenmessung um ein optisches Messverfahren, dem es im Prinzip völlig gleichgültig ist, ob ein Fahrzeug, eine Hauswand, oder ein Flugzeug gemessen wird. Durch Software-Verbesserungen gelingt es, einige „vorgebliche Fehler" in der Lasermesseinrichtung zu eliminieren (wie z.B. dass beim schrägen Entlangstreifen an einer Hauswand ein Geschwindigkeitswert der Hauswand entsteht). Die Problematik des schiefen Reflektors ist jedoch nur durch äußerst sorgfältige Arbeit der tätigen Polizeibeamten zu beherrschen.

● **Lichtbildauswertung** 111

Völlig gleichgültig, wie Lichtbilder entstehen und dokumentiert werden, muss beachtet werden, dass Lichtbilder eine „3-dimensionale Wirklichkeit über ein Objektiv auf eine 2-dimensionale Darstellung verdichten". Die Darstellung in dem Lichtbild ist streng verkoppelt mit den Gesetzmäßigkeiten der perspektivischen Abbildung. In der geometrischen Mitte des Lichtbildes findet sich genau die Richtung, in die die Kamera gestellt ist. Welcher Bildwinkel in Querrichtung des Lichtbildes oder in vertikaler Richtung des Lichtbildes dargestellt wird, ist u.a. von dem eingesetzten Objektiv abhängig. Das Objektiv liefert ein eindeutiges Lichtbild, das bei Nachvollzug bezüglich der Stellung der Kamera nach Ort und Richtung auf wenige Zentimeter genau nachvollzogen werden kann. Notwendig ist hierzu, dass durch die Polizei oder die sonstigen beauftragten Verwaltungsorgane auch detailreiche Lichtbilder gefertigt werden. Lichtbilder (bei Tag und Nacht), die nur im Blitzlicht gerade das Nummernschild noch gut durchgezeichnet enthalten, sollten nicht hingenommen werden, da sie nicht auswertbar sind.

Ein nur geringer Aufstellfehler bei dem Nachvollzug eines Lichtbildes liefert qualifiziert andere Darstellungen auf dem zweidimensionalen Lichtbild (andere Gegenstände überdecken sich im Lichtbild). Ein Lichtbild, in dem Nah- und Fernbereiche enthalten sind, ist daher exakt nach Winkellage, Öffnung und Darstellung der Gegenstände in Bezug zum Kamerastandplatz nachzuvollziehen.

Die rechnerische Auswertung von Lichtbildern ist in realistischer Betrachtung möglich, jedoch bei Polizeilichtbildern der Überwachungskameras stark erschwert, weil weder gut nachvollziehbare Bezugspunkte auf den Lichtbildern vorliegen, noch die Lichtbilder unter fotogrammetischen Gesichtspunkten aufgenommen wurden.

Rechnerische Auswertung geht zudem von idealisierenden Vorgaben aus (wie z.B. ebene Fahrbahnfläche, während sie z.B. tatsächlich meist bombiert ist) und setzt Kenntnisse von Höhenlagen voraus (die häufig unsicher sind). Hierdurch können ganz erhebliche Auswertefehler bei rechnerischer Auswertung ohne Ortsvermessung auftreten. Die rein rechnerische Auswertung eines einzigen Lichtbildes führt meist zu keiner Beweissicherheit über die Aufstellung der Kamera (und damit des Radargerätes).

112 • **Menschliche Beobachtungsmöglichkeit und menschliche Informationsverarbeitung**

Für jeden Physiologen grenzt es „nachgerade an ein Wunder", wie bei Tageslicht das menschliche Auge und Sehvermögen mit der überwältigenden Anzahl von Informationen zurecht kommt.

Das Bild, das im Gehirn als gesehenes Objekt dargestellt wird, entsteht hierbei aus der hochkoordinierten Beobachtungsmöglichkeit durch das menschliche Auge, einer extremen Datenreduktion auf dem Weg zum menschlichen Gehirn und einer Speicherung und Verkopplung mit bekannten „Sehdingen", die dem menschlichen Gehirn bekannt sind. Das gesehene Bild, das der Mensch als real empfindet, ist eine Überlagerung von einmal gespeicherten Objekten, die im Gehirn ausreichend lange vorrätig gehalten werden und deren Fortschreibung durch die vom Auge gelieferten Informationen.

Das menschliche Auge selbst ist nur in der Fovea (= Sehgrube) mit einer sehr hohen Sehschärfe bei Tag ausgestattet. Bei Nacht geht die Detailqualität der möglichen Sicht in dieser Sehgrube qualifiziert zurück.

Die menschliche Beobachtung und Informationsverarbeitung wird dadurch bestimmt, dass das Gehirn das Auge auf bekannte oder vermutete beobachtungsrelevante Zonen einstellt. Mit der Fovea wird dann das relevante Objekt fixiert (nach Entfernung, Detaildarstellung jedoch auch Helligkeit). Dieses Objekt wird dann bewertet und in das im Gehirn bestehende Bild integriert.

Das Gesichtsfeld ist daher nur in einem Bereich von etwa $1,5°$ Sichtwinkel extrem scharf. Außerhalb dieses extrem scharfen Sichtpfeils geht das Detailauflösevermögen des menschlichen Auges extrem zurück. Durch die auf Erfahrung gestützte Informationsverarbeitung ist sichergestellt, dass sehr schnelle Objekte, die aus den Sichtrandbereichen herankommen, „sofort" durch die Zuwendung der scharfen Zone im Auge bewertet werden. Langsam sich verändernde oder kleine periphere Objekte führen nur mit qualifizierter Verspätung zum Umstellen des Auges und zur Möglichkeit, diese Objekte scharf zu sehen.

Es ist daher gänzlich unmöglich, zwei winkelmäßig deutlich voneinander getrennte Objekte gleichzeitig scharf zu beobachten. Ein Polizeibeamter kann z.B. nur das Überfahren der Haltelinie durch den Pkw beobachten; das gleichzeitige Beobachten der Ampel ist real nicht möglich.

Wird das Auge nach Passage der Haltelinie durch den Pkw auf die Ampel umgestellt, besteht ein Zeitverzug, der durch die Blickzuwendung und Verifizierung der Ampel bedingt ist. Abhängig von der Abfolge der Beobachtung können hier deutliche Zeitfehler entstehen, wenn im Vergleich zuerst auf das Umschalten der Ampel geblickt wird und dann auf die Passage des Pkw, bzw. wenn zuerst auf die Passage des Pkw geachtet wird und nachfolgend das Umschalten der Ampelanlage geprüft wird.

In völlig gleicher Weise ist auch darauf hinzuweisen, dass durch das extrem enge menschliche Sichtfeld für scharfes Sehen immer ein Einstellen des Auges mit seiner schärfsten Zone auf besonders relevante Objekte erfolgen wird und muss (wie z.B. ein Blinklicht oder Blaulicht). Eine gleichzeitige periphere Beobachtung wird dadurch unmöglich.

Diese physiologischen Zusammenhänge werden weder bei der Beurteilung von Zeugenaussagen durch die Gerichte ausreichend bewertet, noch beim Erkennens z.B. von Verkehrszeichen bei anderweitiger Aufmerksamkeitsorientierung entsprechend berücksichtigt.

113 • **Nulllinie**

Nulllinie wird bei der Tachographenauswertung der „Strich" bezeichnet, der am unteren Ende der Geschwindigkeitsaufzeichnung in der Zeit des stehenden Fahrzeugs gezeichnet wird. Wird ein Fahrzeug bewegt, wird der Geschwindigkeitsstift von der Nulllline nach oben weg bewegt, wobei allerdings erst ab einer Geschwindigkeit von etwa 7 km/h eine Aufzeichnung erfolgt. Die Nulllinie ist die Auswertebasis und liegt bei richtiger Darstellung der Aufzeichnung sehr exakt auf den „Zeitmarken auf dem Tachographenblatt auf".

Die Tachographenauswertung der Fahrt kann Geschwindigkeiten unter 7 km/h nicht darstellen. Manchmal gibt es eine Möglichkeit, längere Zeiten mit Fußgängergeschwindigkeit im sog. Rüttelschrieb, der den Betrieb des Fahrzeuges nachweist, zu erkennen. Eine zu hohe Lage der Nulllinie führt zu zu hoher Geschwindigkeitsbewertung, wenn der Aufschrieb ohne Spezialwissen betrachtet wird. Die direkte Zuordnung der Aufzeichnung zu den Geschwindigkeitsringen auf der Tachographenscheibe ist dann zu korrigieren.

Prell

● **Parabolantenne**   114

Bei der Parabolantenne des Multanova Radargerätes (s. dazu Rn.14) handelt es sich um eine Antennenausführung, die etwa so aufgebaut ist, wie ein Scheinwerfer. Die Antenne entlässt eine Keule von elektromagnetischer Strahlung, die mit etwa ± 2,5° um die Mittenrichtung streut. Die in die gleiche Antenne zurückgestrahlten reflektierten Wellen werden durch diese Antenne auch aus dieser Richtung aufgenommen und ausgewertet.

Wird die Parabolantenne nach unten justiert, so dass sie z. B. nur noch Fahrbahnfläche oder Wiese tangiert, wird eine extreme Sicherheit gegen Reflexmessungen geschaffen. Die Parabolantenne kann daher durch richtige Einstellung in horizontaler Richtung besonders selektiv justiert werden (z. B. auch nur zur Auswertung von einzelnen Fahrstreifen). Reflexmessungen bei einer Parabolantenne können daher wirksam unterbunden werden, wenn der Polizeibeamte bei der Aufstellung die Antennenrichtung so justiert, dass keine Reflektoren getroffen werden können.

● **Parallaxe**   115

Parallaxe ist der Ablese- oder Messfehler, der dadurch entsteht, dass nicht genau senkrecht auf ein Anzeigeinstrument geblickt werden kann, und zwischen dem Anzeigegerät (Zeiger) und dem abzulesenden Messwert ein Abstand besteht.

Ein typischer Parallaxenfehler ist die Ablesung eines Geschwindigkeitswerts durch den Beifahrer, der bei senkrecht nach oben zeigendem Geschwindigkeitszeiger von der Beifahrerseite her auf den Tachometer blickt und dabei meist einen viel zu geringen Geschwindigkeitswert abliest (der Zeiger deckt weiter links liegende Teile der Tachometerskala ab).

Die Parallaxe erscheint als Messfehler auch z. B. bei Rotlichtverstößen in direkter Beobachtung durch einen Polizeibeamten, wenn der Polizeibeamte schräg von hinten her auf die Fahrzeuge blickt und z. B. die Abdeckung der Haltelinie durch die Stoßstange betrachtet. Es kann dann das Fahrzeug noch deutlich von der Haltelinie entfernt sein, da der Sichtstrahl des Polizeibeamten dann auf die etwa 50 cm hohe Stoßstange und in der Verlängerung auf die Haltelinie trifft.

Derartige Parallaxenfehler sind auch bei Geschwindigkeitsmessungen mit Stoppuhren, z. B. von der Brücke aus auf Kanaldeckel oder Linien, nicht auszuschließen.

Parallaxenfehler sind abhängig von der Position, von der aus beobachtet wird und ggf. auch abhängig von der Stellung der Anzeigegeräte (steht die Tachometernadel genau waagrecht, wird durch den Beifahrer die richtige Geschwindigkeit abgelesen).

● **Reflexmessung**   116

Reflexmessung ist gerade bei der Radarmesstechnik ein früher sehr häufig zu beobachtender Fehler gewesen. Der Radarstrahl trifft dann primär nicht auf das Fahrzeug, das gemessen werden soll, sondern auf einen möglichst großen und geraden Reflektor in Richtung des Messstrahls der Antenne. Der Radarstrahl wird dann an diesem Reflektor gegen ein Fahrzeug gerichtet und wird auf gleichem Weg wieder zurück reflektiert. Auch wenn die Reflexmessung nicht zu falschen Anzeigewerten führen muss, it stets das Fahrzeug, das auf dem Lichtbild erscheint, nicht in der Standardposition, in der ein Fahrzeug befindet, das direkt in den Radarstrahl einfährt. Es ist daher unabdingbar notwendig, Messungen, bei denen ein Fahrzeug qualifiziert falsch positioniert ist, zu verwerfen.

Die Reflexmessung bietet bei sehr guten Reflektoren die Möglichkeit, dass auch Fahrzeuge gemessen werden, die überhaupt nicht in dem Lichtbild sichtbar sind. Gerade dann, wenn die Einstellung „fern oder empfindlich" bei den Radargeräten benutzt wird, werden derartig große Strecken ohne weiteres überbrückt. Ein zufällig dann im Radarstrahl – an falscher Position – dargestelltes Fahrzeug kann dann mit einem falschen Geschwindigkeitswert versehen werden.

Es ist daher unabdingbar notwendig, bei der Untersuchung von Radarmessungen den gesamten Überwachungsfilm zu bewerten, um festzustellen, ob die Aufstellung und Funktionsweise des Radargerätes einwandfrei war und derartige Reflexmessungen (mit oder ohne auf den Lichtbildern positionierten Fahrzeugen) nicht aufgetreten sind. Es ist darauf hinzuweisen, dass dann, wenn ein Fahrzeug sich unmittelbar vor der Radarantenne befindet, Reflexmessungen von anderen Fahrzeugen nicht mehr möglich sind, da das Fahrzeug im Radarstrahl die „Reflektionsentwicklung" in die Umgebung verhindert.

Mit der neuen Gerätegeneration ist die Wahrscheinlichkeit, dass qualifizierte Reflexfehler auftreten, geringer geworden. Die Neigung von Polizeibeamten, besonders hohe Empfindlichkeiten am Radargerät einzustellen, erhöht jedoch die Reflexmessungswahrscheinlichkeit wieder. Auch Leitplanken sind hier geeignet, Reflexmessungen zu begünstigen.

Eine Messung, bei der eine größere Anzahl von falsch positionierten Fahrzeugen vorliegt, sollte daher in der Gesamtheit verworfen werden. Es ist in jedem Fall notwendig, die relevante Messung dann besonders kritisch zu untersuchen.

In dem Maß, in dem Überwachungslichtbildstreifen nicht mehr durch die die Messung durchführenden Polizeibeamten ausgewertet werden, sondern durch – unbekannte -Auswerteangestellte, deren Ausbildung und deren Problembewusstsein unbekannt ist, wird das Problempotential bei derartigen Messungen nicht mehr für Polizeibeamte evident. Der messende Polizeibeamte sieht sehr häufig seine gefertigten Lichtbilder überhaupt nicht mehr. Die rein formale Auswertung der Lichtbilder durch fachfremde Personen und das Fehlen einer fachlichen Überprüfung des gesamten Filmstreifens auf saubere Messbefunde in sämtlichen Lichtbildern ist ein Mangel, dessen Relevanz gravierend unterbewertet wird.

117 • **Regressionsgerade/Messwertspeicher**

Mit dem Begriff der Regressionsgerade wird sehr häufig bei Radarmessungen (Traffipax) oder auch bei Lasermessungen durch Polizeibeamte argumentiert. Die sog. Regressionsgerade soll den Verlauf eines bestimmten Messwertes während der Messung darstellen und nachweisen. Es ist zu beachten: Regelmäßig ist die Einführung einer Regressionsgeraden oder eines mittleren Messwertes nur dann notwendig, wenn die einzelnen gemessenen Werte, die dann das Messergebnis bilden sollen, streuen. Ansonsten ergibt sich die Messwertlinie „fehlerfrei während der Messung" von alleine und muss nicht erst „mit statistischen Methoden" geschaffen werden.

Es ist das Kennzeichen von Messverfahren mit fehlerbehafteten Einzelmesswerten, dass aus einer Vielzahl von streuenden Messpunkten eine „mittlere Entwicklung des Messwertegangs" generiert werden muss. Die Frage, wie groß die Abweichungen der einzelnen Messpunkte, (die in einer Regressionsgerade/mittlerem Messwert berücksichtigt werden) sein dürfen, bevor eine Messung verworfen wird, ist gerätespezifisch festgelegt und lässt sich von außen her nicht überprüfen (zu hohe Anforderungen an die Einzelmesswerte verhindern dann jede erfolgreiche Messung, deliktorientierte Bewertung im Gerät lässt ggf. zu große Messfehler zu). Die Problematik der Herstellung von Regressionsgeraden während einer Messung besteht auch darin, dass auch extrem streuende Messwerte in rechnerischer Mitteilung einen gleichmäßigen Gang der Messwerte frei generieren können.

Die Bildung von statistisch bestimmten Messverläufen zur Qualifizierung eines gültigen Messwertes beinhaltet auch, dass einzelne, streuende Werte der generellen Messwerteproblematik zugeschlagen werden, jedoch ggf. einem systematischen Fehler zugeordnet sind, der bei einer derartigen Auswertung dann nicht mehr erkannt werden kann.

Die Berufung auf die Regressionsgeraden ist stets ein Hinweis auf „streuende Einzelmesswerte", die durch statistische Methoden auf eine vermeintlich verlässliche mittlere Auswertelinie verdichtet werden. Durch die Bildung derartig statistischer Verfahren lassen sich systematische Probleme bei der Messwertbildung nicht ausschließen. Gerade die Notwendigkeit, statistische Verfahren für die Messwertbildung zu benutzen, eröffnet auch die Möglichkeit, gültige Messwerte bei Nichtbeachtung der Messvorschriften zu erhalten. Dies gilt insbesondere dann, wenn bei optischen Messsystemen als Reflektor nicht nur ein sicher mit dem Fahrzeug mitgeführter Reflektor benutzt werden kann, sondern auch schräge Teile des Fahrzeuges für die Messung zugrunde gelegt werden können. Stets muss beachtet werden, dass bei „fehlerfreien Einzelmesswerten" keine Regressionsgeraden notwendig werden.

118 • **Reifenhalbmesser**

Reifen haben eine nach Dimension und Typ genau festgelegte Größe. Es muss unterschieden werden zwischen dem statischen Reifendurchmesser oder Reifenradius (= Halbmesser), und dem dynamischen Durchmesser, der bei bestimmten Geschwindigkeiten auftritt (der Reifen wird bei hohen Geschwindigkeiten aufgrund der Fliehkräfte größer). Die Reifenhalbmesser von Fahrzeugreifen sind für ein bestimmtes Fahrzeugmodell abhängig von den zulässigen Reifenbestückungen keineswegs gleich. Es ist festzustellen, dass zugelassene Reifen zu einem Fahrzeug durchaus um etwa ± 2 cm bei den Durchmessern differieren können. Dadurch wird jedoch auch der Tachometerwert, der bei einer bestimmten Geschwindigkeit angezeigt wird, unterschiedlich. Zudem ergibt sich, dass ein Reifen mit vollem Profil um etwa 2 cm dicker ist (und daher weniger Umdrehungen braucht, um eine bestimmte Wegstrecke zurückzulegen), als ein Reifen, der fast voll abgefahren ist.

Auch wenn der Einfluss des Reifenluftdruckes nicht mehr so gravierend ist, da heute üblicherweise nur noch Gürtel- (oder auch Radial-)reifen verwendet werden, ist zu beachten, dass Reifen, die schwer beladen bewegt werden und mit zu wenig Luftdruck gefahren werden, einen geringeren Radius besitzen und daher eine zu hohe Geschwindigkeit anzeigen. Für einen Betroffenen ist es daher ungünstig, ein Fahren mit zu niedrigem Reifenluftdruck darzustellen. Zu niedriger Reifenluftdruck beim Polizeifahrzeug (nachfahrendes Fahrzeug) führt jedoch zu zu hohen Fahrgeschwindigkeiten, des Betroffenen vorgeworfen wird. Extrem überpumpte Reifen besitzen einen etwas größeren Durchmesser und zeigen eine zu geringe Geschwindigkeit am Tachometer an.

Dies gilt insbesondere dann, wenn „für das Fahrzeug etwas zu große Reifendimensionen und gleichzeitig zu hoher Luftdruck benutzt wird".

- **Reifenlatsch** 119

Der Reifenlatsch ist die Fläche, mit der der Reifen auf die Fahrbahnfläche drückt. Dieser Reifenlatsch hat eine meist relativ ovale Form. Bei trockener Fahrbahn liegt der Reifen fast mit der gesamten Fläche des Reifenlatsches auf der Fahrbahn. Es ist stets darauf hinzuweisen, dass der Reifen im Latsch keineswegs mit völlig gleichem Druck auf der gesamten Fläche auf die Fahrbahn drückt. In der Mitte des Reifenlatsches ist meistens eine geringere Pressung auf der Fahrbahn vorhanden, als an den Rändern des Reifenlatsches.

Bei hohen Fahrgeschwindigkeiten und Nässe wird der vordere Teilbereich des Reifens angehoben. Der Reifenlatsch berührt dann mit der Vorderkante nicht mehr die Fahrbahn . Bei immer höheren Fahrgeschwindigkeiten wird bei Nässe der Teil des Reifenlatsches, der die Fahrbahn berührt, immer mehr auf den hinteren Teilbereich des Reifens begrenzt. Aquaplaning ist dann gegeben, wenn der Reifen überhaupt nicht mehr auf die Fahrbahnfläche gelangt, sondern auf einem Wasserfilm läuft.

Es zeigt sich damit, dass die Berührung von Sensorleisten durch Reifen problematisch sein kann, wenn ein Reifen nicht bereits bei erster Berührung die Auslöseschwelle an dem Sensor überschreitet.

Es ist darauf hinzuweisen, dass bei in der Fahrbahnfläche eingelegten Sensoren und schweren Fahrzeugen Auslösung der Sensoren auch bereits früher erfolgen kann, da sich die Fahrbahnfläche durch den Reifendruck ggf. durch Abnutzung leicht verlagert, und die Auslösung bereits früher erfolgt, als der Reifen die Sensorzone direkt erreicht hat. Bei leichten Fahrzeugen stellt sich die gleiche Problematik durch ggf. verspätete Auslösung und unterschiedliche Empfindlichkeit der Sensoren.

Die Frage, ob daher der Reifenlatsch und seine Berührung des Sensors eine sichere Auslösung bedingt haben, lässt sich im Nachhinein nur über Versuche bestimmen. Auf entsprechende Veröffentlichungen, insbesondere zu früheren Auslösungen von Drucksensoren in der Fahrbahn bei Schwerlast-Lkw ist hinzuweisen; sind die Bedingungen für die Auslösung der beiden mit Abstand verlegten Sensoren unterschiedlich, kann es zu Fehlmessungen kommen.

- **Rotlichtdurchbruch** 120

Als Rotlichtdurchbruch wird das Einfahren von Fahrzeugen in eine Kreuzung bezeichnet, zu einem Zeitpunkt, an dem bereits Rotlicht gezeigt wird. Die Frage, wann eine noch zulässige Überfahrung der Haltelinie vorliegt, wird immer rechtlich fixiert. Im Regelfall wird die Haltelinienpassage mit dem „vorwerfbaren Rotlichtdurchbruch" verkoppelt".

Die modernen Lichtzeichenanlagen haben gegenüber alten Ampelauslegungen teilweise sehr viel geringere Sicherheitszeiten. Die Sicherheitszeiten werden zudem teilweise „dynamisch geschaffen", weil Fahrzeuge dann, wenn sie bei Grünlicht starten, den von anderen Fahrzeugen noch besetzten Bereich nicht mit normalen Beschleunigungen erreichen können. Schnelle Haltelinienüberfahrungen bei Rotlichtbeginn durch die Betroffenen führen jedoch zu keinen Sicherheitsproblemen mit neu anfahrenden Fahrzeugen der feindlichen Richtung, da ein schnell passierender Fahrzeuglenker auch den Kreuzungsraum wieder schnell verlässt. Probleme können jedoch mit ungebremst und schnell bei Grünbeginn in der feindlichen Richtung durchfahrenden Fahrzeugen entstehen.

Zu Problemen bei der Kreuzungspassage kommt es immer dann, wenn der Rotlichtdurchbruch sehr spät erfolgt (Zeiten von über 2 sec. sind auch bei sehr schneller Einfahrt nicht mehr durch die Sicherheitszeiten umfasst, wenn die Möglichkeiten der zulässigen Verkehrssignalauslegung voll ausgenützt werden).

Zu langen Verweilzeiten innerhalb der Kreuzung kommt es jedoch bei nur begrenztem Rotlichtdurchbruch oder spätem Gelblichtüberfahren der Haltelinie, wenn ein Fahrzeuglenker mit sehr niedrigen mittleren Fahrgeschwindigkeiten in die Kreuzung einfährt (wenn z.B. in Annäherung gebremst wird, dann mit niedriger Geschwindigkeit die Haltelinie bei Rotbeginn passiert wird und „dann doch noch durchgefahren wird"). Ob hierbei die Nachzüglerregelung angewendet werden kann, oder nicht, muss rechtlich überprüft werden, wobei eine unfallanalytische Berechnung der Fahrwege und der Unfallgeschwindigkeiten meist unabdingbar ist.

Von besonderer Krisengefahr sind hierbei Kreuzungen, die relativ ausgedehnt sind und bei denen Fahrzeuge im Rahmen einer grünen Welle die Haltelinie bei Grünbeginn in der feindlichen Richtung mit deutlichen Geschwindigkeiten erreichen können. Liegt dann ein langsamer und später Kreuzungsüberquerer der früheren Richtung vor, kann hohe Krisenproblematik entstehen. Nur durch Abbremsen der Fahrzeuge in Grünrichtung lässt sich dann die Krisensituation beherrschen.

Für den vorwerfbaren Rotlichtdurchbruch ist es daher von ausschlaggebender Bedeutung, wie schnell die Fahrzeuge die Haltelinie in ihrer Fahrtrichtung überquert haben. Werden sie z.B. durch andere Verkehrsteilnehmer gezwungen, mit niedriger Fahrgeschwindigkeit in den ersten Teilbereich der Kreuzung einzufahren, so können teilweise sehr lange Zusatzzeiten entstehen, die das Fahrzeug bei bereits rotlichtgeschalteter Ampelanlage in ihrer Richtung innerhalb der Fahrbahnfläche verweilen lassen.

Zu beachten ist, dass die Rotlichtüberwachungsanlagen im Regelfall nur 2 Lichtbilder herstellen, die einen festen Zeitabstand besitzen. Aus 2 Lichtbildern lässt sich jedoch nur eine mittlere Geschwindigkeit bestimmen. Der Geschwindigkeitsverlauf, der innerhalb der Zeit zwischen den beiden Überwachungslichtbildern besteht, ist notwendig unbekannt. Der Kreuzungsquerer, der aus niedriger Fahrgeschwindigkeit heraus beschleunigt und die Kreuzung räumt, kann ggf. sehr lange Zeit benötigt haben, um von der Halteline auf die erste Schleifenposition zu gelangen. Die Differenzierung zwischen Rotlichtdurchbruch und verspäteter Einfahrt in die Kreuzung sowie ggf. rechtlich zu forderndem Halt auch ohne direkte Sicht auf die Ampelanlage ist für ein derartiges Annäherungsmodell oft schwierig zu beurteilen.

Es ist explizit darauf hinzuweisen, dass die Detektion des Rotlichtdurchbruchs meist in deutlichem Abstand von der Halteline erfolgt (die Schleifen liegen an einer Stelle, an der Fehlauslösungen selten sind). Bei Schleifen im Gehweg gibt es häufig Fehlauslösungen, wenn Personen, die Dämpfungsmittel mit sich führen, die Schleifen überqueren (Fußgänger, die größere Blechteile mit sich führen, Fußgänger die Räder schieben o. Ä.). Die Schleifen werden aber auch nicht unmittelbar neben der Halteline angebracht (weil dort Fußgängerverkehr herrscht und sehr viele Fehlauslösungen durch etwas zu weit nach vorne versetzende Pkw entstehen).

Es ist daher unabdingbar notwendig, zu prüfen, welche Fahrzeit von der Halteline bis zur Erstdetektion des Fahrzeuges auf der Schleife vergangen sein kann. Dieser Betrag ist von dem Zeitwert auf dem ersten Foto abzuziehen.

121 • **Schleifender Schnitt**

Trifft beim optischen Lasermessverfahren der ausgesandte Lichtstrahl nicht nur ein Fahrzeug, sondern auch ein anderes Fahrzeug, das sich in nur geringer seitlicher Überdeckung in der Blickrichtung der Laserpistole befindet, so wird dann, wenn die Fahrzeuge gleich gut reflektieren, das nähere Fahrzeug durch Software-Festlegung als Messsignalgeber bewertet und das weiter entfernte Fahrzeug verworfen.

Reflektiert jedoch das nahe befindliche Fahrzeug das Infrarotlicht sehr schlecht (dies kann auch durch qualifizierte Verschmutzung erfolgen), gibt es bei gut reflektierendem entferntem Fahrzeug in Blickrichtung seitlich am vorausbefindlichen Fahrzeug vorbei die Möglichkeit, dass das weiter hinten befindliche Fahrzeug den wirksamen Reflektor stellt. Polizeibeamte werden im Regelfall bei der Unsicherheit der tatsächlichen Messrichtung ein derartiges Fahrzeug im schleifenden Schnitt nicht bewerten.

Die theoretische Möglichkeit über die Abstandslage derartige Fehlmessungen zu erkennen, ist bei realistischer Betrachtung nicht gegeben, da bis zum Absetzen und Ablesen des Messwertes die Fahrzeuge deutlich näher herankommen. Bei schleifendem Schnitt und ähnlich reflektierenden Fahrzeugen wird im Regelfall die Messung annuliert. Wird jedoch häufig eine derartige Konfiguration vorgefunden, kann unter ungünstigen Bedingungen auch einmal ein Fremdfahrzeug gemessen werden.

Durch Einengung des Laserstrahls wird durch die Hersteller versucht, derartige Messung im schleifenden Schnitt zu vermeiden. Durch eine derartige Einengung des Messstrahls wird jedoch gleichzeitig verhindert, dass sich das Frontnummernschild als wirksamer, vorherrschender Reflektor bei größeren Entfernungen immer im Messstrahl des Lasergerätes darstellt. Je kleiner der Messstrahl ist, um so zielgerichteter lässt er sich zudem bei nicht sachgerechter Messdurchführung an schrägen Kanten eines Fahrzeuges entlang führen (beachte auch Regressionsgerade).

122 • **Schlitzantenne**

Bei Radargeräten gibt es verschiedene Formen und Ausführungen der Antennen, mit denen die elektromagnetischen Wellen gebündelt und in eine Richtung gebracht werden. Die sehr kurzwelligen Radarstrahlen können hierbei wie „Licht gebündelt" werden.

Eine Schlitzantenne (Traffipax) entlässt die elektromagnetischen Wellen in eine dem Schlitz entsprechende Richtung. Gleichzeitig sind die Wellen in vertikaler Richtung nur schlecht gebündelt. Die Schlitzantenne des Radargerätes Traffipax hat in horizontaler Richtung ebenfalls nur etwa eine Strahlbreite von ± 2,5°. In vertikaler Richtung strahlt jedoch die Antenne sehr breit aus (ungefähr 20 °).

Dies hat direkt zur Folge, dass sämtliche geeignete Reflektoren in der Antennenstrahlrichtung für Reflektionsmessungen genützt werden können und von Messbeamten keine messgeräteeigenen Vorkehrungen gegen Reflexmessungen getroffen werden können. Es muss jedoch stets beachtet werden, dass die zurückgestreute Radarstrahlung in dem ± 2,5° breiten Öffnungsbereich eintreten muss. Die Schlitzantenne schirmt gegenüber Reflexmessungen schlechter ab, als eine punktgenau auszurichtende Antenne.

● **Segmenttest** 123

Sämtliche Überwachungsanlagen der Polizei zeigen die Geschwindigkeiten der Fahrzeuge mit einem elektronischen Anzeigefeld an. Dieses Feld besitzt Anzeigeelemente für die Geschwindigkeit und Entfernung, die im Regelfall aus 7 Segmenten bestehen (aus einer Null, die aus 6 Segmenten besteht, und einem in der Mitte liegenden weiteren Segment). Da Fehlanzeigen auftreten, wenn einzelne Segmente bei den Messgeräteanzeigen nicht funktionsfähig sind, ist es notwendig, dass vor und nach jeder Messung der sog. Segmenttest durchgeführt wird, bei dem dargestellt wird, dass sämtliche Anzeigeelemente des Gerätes auch tatsächlich anzeigen. Bei den Radargeräten ist dies durch „Handauslösung des Segmenttestes" nachzuweisen und zwar vor und nach der Messung. Bei den Lasermessgeräten wird die Durchführung des Segmenttestes nur über Zeugenbeweis nachgewiesen.

● **Spurversatz und Spurwechsel eines Fahrzeuges** 124

Ein Spurversatz eines Fahrzeuges kann nur dadurch durchgeführt werden, dass aus einem Fahrstreifen in den Nachbarfahrstreifen übergewechselt wird. Dies erfolgt üblicherweise über eine S-Kurvenbogenfahrt. Zuerst ist auf dem ersten Teil des Kurvenbogens noch kein großer Fahrtrichtungswinkel in Richtung auf den Nachbarfahrstreifen vorhanden. In der Mitte eines derartigen Spurversatzes ist der größte Fahrtrichtungswinkel schräg zur Fahrbahnrichtung vorhanden. Nachfolgend wird der Fahrtrichtungswinkel in Bezug zur Fahrbahn wieder vermindert.

Für die Radarmessung besonders fehlerrelevant ist hierbei die Situation, in der ein Fahrzeug während eines Spurwechsels in Richtung auf das Radargerät zufährt. Es ist festzustellen, dass dann in der Mitte des Spurwechsels der größte Fahrtrichtungswinkel des Fahrzeuges auf das Radargerät zu vorliegt. Eigene Untersuchungen zeigen hierbei, dass bei 50 km/h Fahrtrichtungswinkel von bis zu 10° möglich werden. Bei höheren Fahrgeschwindigkeiten sinkt der Fahrtrichtungswinkel in der Mitte der Spurwechselstrecke ab.

Da die Fehler bei der Messung mit Radargeräten bei Abweichung von aufstellungsparalleler Passage des Radargerätes durch ein Fahrzeug von den Winkelgraden der Abweichung abhängig sind, ergibt sich, dass Spurwechsel direkt in die Antenne des Radargerätes hinein, deutlichen Einfluss auf die Messung besitzen und zu zu hohen angezeigten Geschwindigkeiten führen. Besteht während eines Spurwechsels auf das Radargerät zu ein Fahrtrichtungswinkel von z. B. 5° auf das Gerät zu, wird die Geschwindigkeit des Fahrzeuges um 3,5 % zu hoch bestimmt. Dieser Geschwindigkeitsfehler muss von dem angezeigten Messwert des Radargerätes (ohne Korrektur) abgezogen werden.

Um einen Fahrspurversatz eines Fahrzeuges evident zu machen, muss sich das Fahrzeug daher auf der Fahrbahnfläche „auf dem Weg auf das Radargerät zu darstellen". Dies lässt sich zum einen auch über Lichtbildauswertung dann zeigen, wenn sich das Fahrzeug z. B. bei zwei Fahrstreifen in der Mitte der Fahrspuren befindet. Zudem muss bei Lichtbildauswertung eine Evidenz dafür gefunden werden, ob das Fahrzeug auch einen Fahrtrichtungswinkel schräg auf das Radargerät zu hat. Fährt das Fahrzeug beim Spurwechsel vom Radargerät weg, wird die Geschwindigkeit des Fahrzeuges durch den Spurwechsel zu gering angezeigt.

● **Videoaufzeichnung** 125

Die übliche Videoaufzeichnung, die derzeit benutzt wird, ist ein analoges Messverfahren, das dem VHS oder S-VHS-System zugeordnet ist. Die Videoaufzeichnung liefert eine kontinuierliche Abfolge der einzelnen sich in der Kamera darstellenden Bilder.

Es gibt verschiedene Aufzeichnungsverfahren. Die üblicherweise verwendete Aufzeichnung folgt dem Fernsehaufzeichnungsmuster, bei dem 50 Halbbilder je Sekunde aufgezeichnet werden. Das erste Halbbild zeichnet hierbei jede 2. Zeile des Fernsehbildes auf. Das zweite Halbbild füllt dann die Lücken der Aufzeichnung durch das zweite Bild, das um 0,02 sec. zeitversetzt entstanden ist.

Das Halbbildverfahren, das auch bei der S-VHS-Aufzeichnung (Doppelkameraverfahren) von der Brücke häufig benutzt wird, erzeugt in gleicher Weise 50 Halbbilder je sec., wobei jeweils 2 Bilder das Gesamtbild darstellen. Bei S-VHS können jedoch auch Vollbilder generiert werden (gerade bei digital basierten Systemen), die dann einen Abstand von 0,04 Sekunden besitzen.

Zu beachten ist, dass dann, wenn Videoaufzeichnungen durch den Laien überprüft werden sollen, ein Videorekorder notwendig ist, der mit einer Einzelbildschaltung versehen ist (4 bis 6 Kopf-Videorekorder). Von diesen Videorekordern wird ein sauberes Standbild erzeugt. Die Bilder können einzeln nacheinander betrachtet werden. Es entsteht damit eine stark gestreckte Darstellung der Bilder in einem Zeitabstand von jeweils 0,02 sec.

Teil 9: Fahrerlaubnisrecht

Inhaltsverzeichnis

Ludovisy/Feiertag

Literatur:

Beck, Der ältere Verkehrsteilnehmer, VGT 1985, 145; *Bergener,* Psychopharmaka – Möglichkeiten und Grenzen der Therapie, BASt 1987, 60, 5; *Berghaus/Friedel,* Methadon-Substitution und Fahreignung, NZV 1994, 377; *Berz/Burmann,* Handbuch des Straßenverkehrsrechts, Loseblatt, München 1998; *Bethäuser,* Streitwertfestsetzung im verwaltungsgerichtlichen Verfahren, DAR 1993, 236; *Bode,* Rechtsgrundsätze für die Beurteilung der Eignung zum Führen von Kraftfahrzeugen, ZVS 1987, 50; *ders.,* Erprobung des Kraftfahrers bei unsicherer Prognose, BA 1989, 150; *ders.,* Maßnahme der Fahrerlaubnisbehörde bei Probe-Fahrerlaubnis und nach dem Punktesystem, ZAP, F. 9, S. 495; *ders.,* Einnahme von Betäubungsmitteln (außer Cannabis) und Kraftfahreignung, DAR 2002, 24; *Bode/Winkler,* Fahrerlaubnispraxis, 1994; *Bode/Winkler/Rösler/Foerster,* Zur derzeitigen Praxis der Fahreignungsbegutachtung alkoholisierter Kraftfahrer, DAR 1998, 301; *Brandt/Sachs,* Handbuch Verwaltungsverfahren und Verwaltungsprozeß, 1999; *Brockmeier,* Medizinisch-psychologische Gutachten bei Wiedererteilung der Fahrerlaubnis nach erstmaliger Trunkenheitsfahrt mit hohem Blutalkoholgehalt, NVwZ 1982, 540; *Brünning/Harms,* Unfallbeteiligung und Sehfähigkeitsminderung älterer Pkw-Fahrer, ZVS 1983, 19; *Buschbell/Utzelmann,* Beratung rund um den Führerschein, 1998; *dies.,*Die Fahrerlaubnis in der anwaltlichen Beratung, 2. Aufl., 2002; *Commandeur,* Das vorzeitige Ende der Probezeit bei einer vorläufigen Entziehung der Fahrerlaubnis, DAR 1987, 319; *Donges,* Fahrzeuge für ältere Menschen, ZVS 1980, 101; *Eckhard,* Meine Führerscheinprüfung, Beck/dtv, Bd. 5016; *Eisenmenger,* Sind von einer regelmäßigen und obligatorischen Gesundheitsprüfung aller Fahrerlaubnisinhaber wesentliche Vorteile für die Verkehrssicherheit zu erwarten?, NZV 2001, 13; *Eyermann,* VwGO, 11. Aufl. 2000; *Friedel,* Körperlich-geistige Eignung von Kraftfahrzeugführern im EG-Bereich, BASt 1981, 31, 9; *ders.,* Sehvermögen und Kraftverkehr, ZVS 1988, 60; *Friedel/Becker,* Arzneimittel und Verkehrssicherheit, VGT 1999, 96; *Gebhardt,* Das verkehrsrechtliche Mandat, 1996; *ders.,* Das verkehrsrechtliche Mandat, Band 1, Verteidigung in Verkehrsstraf- und Ordnungswidrigkeitenverfahren, 3. Aufl., 2000; *Gehrmann,* Die Neuregelung im Führerscheinrecht am 1.1.1999, NJW 1999, 455; *ders.,* Die Eignungsbeurteilung von Drogen konsumierenden Kraftfahrern nach neuem Fahrerlaubnisrecht, NZV 2002, 201; *Geiger,* Anforderungen an medizinisch-psychologische Gutachten aus verwaltungsrechtlicher Sicht, NZV 2002, 20; *ders.,* Rechtsschutz gegen Maßnahmen der Fahrerlaubnisbehörde, DAR 2001, 488; *ders.,* Führungsungeeignet bei nur „privatem" Alkoholmissbrauch, DAR 2002, 347; *Goetze u.a.,* Über den richtigen Umgang mit alkoholauffälligen Kraftfahrern, BA 1994, 80; *Greger,* Anm. zu AG Mönchengladbach, Urt. v. 19.12.1989, NZV 1990, 196; *Grünning/Ludovisy,* Der Rechtscharakter der MPU-Anordnung, DAR 1993, 53; *Händel,* Der alte Mensch als Teilnehmer am Straßenverkehr, DAR 1985, 210; *Heiler/Jagow,* Führerschein, 4. Aufl. 1999; *Hentschel,* Der Einfluss einer gem. § 69b StGB in der bis zum 31.12.1998 geltenden Fassung angeordneten Entziehung einer ausländischen Fahrerlaubnis auf die Berechtigung gem. §§ 28 FeV, 4 IntVO, NZV 2001, 193; *ders.,* Gesetzliche Neuregelung im Straßenverkehrsrecht, NJW 1987, 758; *ders.,* Trunkenheit, Fahrerlaubnisentziehung, Fahrverbot, 8. Aufl. 2000; *ders.,* Straßenverkehrsrecht, 36. Aufl., 2001;

ders., Die Entwicklung des Straßenverkehrsrechts im Jahre 2001, NJW 2002, 722; *Herberg,* Veränderung der sicherheitsrelevanten Leistungsfähigkeit mit dem Lebensalter, Verkehrsunfall 1992, 269; *Hesse,* Die medizinisch-psychologische Untersuchung (MPU) Wann ist eine psychologische Hilfe bei der Vorbereitung auf die Untersuchung hilfreich und notwendig?, PVR 2001,6; *Himmelreich,* Ärztliches und medizinisch-psychologisches Gutachten (§§ 11, 46, 14 FeV) im Blickwinkel der neuen Rechtsprechung, DAR 2001, 289; *ders.,* Fehlgeschlagene „tätige Reue" im Rahmen der Verkehrsunfallflucht als Ausnahmegrund bei Fahrerlaubnisentzug, DAR 2001, 486; *ders.,* Cannabis-Konsum und seine rechtlichen Folgen für den Führerschein im Verkehrsverwaltungsrecht, DAR 2002, 26; *ders.,* Alkoholkonsum-privat und ohne Verkehrsteilnahme: Fahrerlaubnisentzug wegen Alkoholmissbrauchs?, DAR 2002, 60; *ders.,* Fahrerlaubnis auf Probe, NZV 1990, 57; *ders.,* Forderungen des Anwalts an Form und Inhalt des medizinisch-psychologischen Gutachtens zur Überprüfung der Fahreignung des Kraftfahrers, DVWG 1981, 74; *ders.,* Zur Problematik der Medizinisch-Psychologischen Untersuchungsstellen (MPU), ZVS 1992, 196; *ders.,* Der ältere Kraftfahrer ein Eigenrisiko? DAR 1990, 447; *ders.,* Lebensphasen – ein Kriterium für die (verwaltungsjuristische) Ungeeignetheit zum Führen von Kraftfahrzeugen?, DAR 1985, 201; *ders.,* Probleme älterer Kraftfahrer – besonders im Hinblick auf Verkehrsunfallflucht. Eine „Altlast" auch der Fahrschule? NZV 1992, 196; *ders.,* Die bedingte Einigung im Spiegel von Gesetzgebung und Rechtsprechung, DAR 1996, 128; *Himmelreich/Janker,* MPU-Begutachtung. Ein juristischer Leitfaden zur psychologischen Beurteilung der Fahreignung, 2. Aufl., 1999; *dies.,* MPU-Begutachtung, 2. Aufl. 1999; *Iffland,* Die Doppelblutprobe bei Nachtrunkbehauptungen – eine per Verwaltungsvorschrift angeordnete Körperverletzung?, DAR 2001, 141; *ders.,* Gesetz zur Änderung des Straßenverkehrsgesetzes und anderer Gesetze, DAR 1998, 186; *Iffland/Gellner,* GGT und Blutalkoholspiegel, Kriterien für die Alkoholgefährdung von Kraftfahrern, BA 1994, 8; *Jagow,* Gesetz zur Änderung des Straßenverkehrsgesetzes und anderer Gesetze, DAR 1998, 186; *Janiszewski/Jagow/Burmann,* Straßenverkehrsordnung, 16. Aufl. 2000; *Janker,* Eignungsbegutachtung bei Alkoholtätern nach Entziehung der Fahrerlaubnis: Juristische Aspekte der Fahreignungsbegutachtung, VGT DAR 1992, 208; *Jung, Friedhelm,* MPU ohne Ende?, DAR 2001, 478; *Kannheiser,* Zur Einsetzbarkeit von Persönlichkeitsrecht bei verkehrspsychologischen Begutachtungen, untersucht am Beispiel des Manson-Fragebogens, BA 36, 1999, 193; ders., Zur Einsetzbarkeit von Persönlichkeitsrecht bei verkehrspsychologischen Begutachtungen, untersucht am Beispiel des Manson-Fragebogens, BA, 36, 1999, 193; *Kleinknecht/Meyer-Goßner,* Strafprozeßordnung, 44. Aufl. 1999; *Kliese,* Wie kann Fehlentwicklungen bei der Entziehung und Wiedererteilung der Fahrerlaubnis begegnet werden?, VGT 1989, 147; *Kodal/Krämer,* Straßenrecht, 5. Aufl. 1995; *Kopp/Schenke,* VwGO, 12. Aufl. 2000; *Kopp/Ramsauer,* VwVfG, 7. Aufl., 1999; *Kreuzer,* Verfassung-, straf- und verwaltungsrechtliche Behandlung des Drogenfahrens – Einigkeit und Diskrepanzen, NZV 1999, 353; *Küchle,* Verkehrsmedizinische Bedeutung einer pharmakologischen Beeinflussung der Sehleistung, BASt 1980, 26, 9; *ders.,* Alkoholismus und anlassbezogene Untersuchung der Fahreignung, BA 1980, 441; *ders.,* Angaben zum Trinkverhalten, soziales Trinken und Blutalkoholkonzentration, BA 1985, 341; *ders.,* Die anlassbezogene Untersuchung der Fahreignung in den amtlich anerkannten medizinisch-psychologischen Untersuchungsstellen, ZVS 1980, 160; *ders.,* Die Eignungsuntersuchung bei den medizinisch-psychologischen Untersuchungsstellen, zfs 1991, 325; *ders.,* Die Einstellung der alkoholauffälligen Fahrer zum Trunkenheitsdelikt, Suchtgefahren, 1988, 435; *Kuhla/Hüttenbrink,* Neuregelungen in der VwGO durch das Gestz zur Bereinigung des Rechtsmittelrechts im Verwaltungsprozess (BmBereinVPG), DVBl 2002,85; *Lachenmayr/Lund,* Sehvermögen und Straßenverkehr. Die speziellen Probleme der älteren Kraftfahrer, MMW 1989, 648; *Langnieder,* Der ältere Verkehrsteilnehmer, VGT 1985, 136; *Laub/Brenner-Hartmann,* Die Begutachtungsstelle für Fahreignung (BfF) – Aufgaben und Arbeitsweise, NZV 2001,16; *Laubichler,* FS und Epilepsie, BA 1192, 139; *Lenhart,* Feststellung Tatzeit-BAK in Ermangelung tatrichterlicher Feststellungen als Grundlage für Entscheidung über Anordnung einer MPU, DAR 2002, 62; *ders.,* Das Erfordernis tatrichterlicher Feststellungen über die Eignung im Hinblick auf Anordnung einer MPU durch die Fahrerlaubnisbehörde – Bindungswirkung, DAR 2002, 302; *Lewrenz,* Das nachvollziehbare Eignungsgutachten, DAR 1992, 50; *ders.,* Der ältere Verkehrsteilnehmer, VGT 1985, 156; *Lewrenz/Friedel,* Krankheit und Kraftverkehr, Gutachten des Gemeinsamen Beirats für Verkehrsmedizin, herausgegeben v. BMV, 5. Aufl. 1996; *Ludovisy,* Arzneimittel und Verkehrssicherheit, VGT 1999, 110; *ders.,* Probleme bei Entzug und Wiedererteilung der Fahrerlaubnis im Verwaltungsverfahren der MPU-„Anordnung"; VGT 1994, 354; *ders.,* EU-Regelungen für ausländische Führerscheine, ZAP, F. 9, S. 519; *Lutze/Reinhard,* Fahreignungsuntersuchung bei Trunkenheitstätern im Straßenverkehr – Aus der Praxis einer Obergutachterstelle, arzt + auto 1990, 27; *Maag/Krähenmann,* Die Kraftfahreignung in Abhängigkeit von der Hell-Dunkel-Adaption, ZVS 1985, 58; *Mahlberg,* Langzeitrehabilitation charakterlich „ungeeigneter" Kraftfahrer und frühzeitig-vorläufige Wiedererteilung der Fahrerlaubnis, NZV 1992, 10; *Martin,* Die ärztliche Schweigepflicht und Verkehrssicherheit, DAR 1970, 302; *Mettke,* Drogen im Straßenverkehr, Neue kriminologische Studien, Bd. 22, München 2001; *Möller,* Drogen im Straßenverkehr aus der Sicht des Sachverständigen, Homburger Tage, Arbeitstagung der Arbeitsgemeinschaft Verkehrsrecht im DAV 1999; *Muggler/Bickel,* Schwachsinn und Fahrtauglichkeit, ZVS 1988, 111; *Mühlhaus/Janiszewski,* StVO 4. Aufl. 1997; *Müller,* Verteidigung in Straßenverkehrssachen, 5. Aufl., 1994; *Petersen,* Erfahrungen mit der Fahrerlaubnisverordnung, zfs 2002, 56 ff.; *Redecker/von Oertzen,* Verwaltungsgerichtsordnung, 13 Aufl., 2000; *Reinhardt/Lutze,* Antiepileptische Medikation und Fahreignung, BASt 1980, 26; *Rompe,* Folgerungen für die Sicherheit im Straßenverkehr im Hinblick auf sich ändernde Altersstrukturen der Bevölkerung, Ältere Menschen im Straßenverkehr, TÜV-Kolloquium 1989, Köln 1990, S. 175; *Schlag,* Leistungsfähigkeit und Fahrverhalten älterer Kraftfahrer, BASt 1987, 63, 61; *Schleusener,* Die Erteilung der Fahrerlaubnis, KVR; *ders.,* Rechtsfragen zur Ausbildung von Kfz-Führern, KVR; *Schönke/Schröder,* Strafgesetzbuch, 26. Aufl., 2001; *Schreiber,* Die MPU nach der neuen FeV, – Ist ihre Anordnung doch ein Verwaltungsakt?, ZRP 1999, 519; *Schütz,* Ältere Verkehrsteilnehmer, VGT 1995, 48; *Spann,* Die Stellung des medizinischen Sachverständigen im Verkehrsrecht, DAR 1980, 312; *Steiner,* Straßen- und Wegerecht, Besonderes Verwaltungsrecht, 5. Aufl. 1995; *Stelkens/Bonk/Sachs,* VwVfG, 6. Aufl. 2001; *Stephan,* Naturwissenschaftlich-psychologische Verkehrsprognose und Wagniswürdigung in der Eignungsbeurteilung, DAR 1992, 1; *ders.,* Trunkenheitsdelikte im Verkehr und Alkoholmissbrauch, BA 1988, 201; *ders.,* Trunkenheitsdelikte im Verkehr und behandlungsbedürftige Alkoholkonsumenten, Suchtgefahren, 1988, 464; *Ternig,* Ausländische Fahrerlaubnis und Sperrfristen, DAR 2001, 291; *Tröndle/Fi-*

scher, Strafgesetzbuch und Nebengesetze, 50. Aufl. 2001; *Warzelhan/Krämer*, Führerschein und Epilepsie, NJW 1994, 2620; *Weibrecht*, Drogen im Straßenverkehr, VD 2002, 3; *Weigelt u.a.*, Zur bedingten Eignung in der Fahreignungsbegutachtung, NZV 1991, 55; *Wetterich/Hamann*, Strafvollstreckung, Handbuch der Rechtspraxis, Bd. 9, 5. Aufl.; *Wetterling*, Fahrtauglichkeit bei älteren Personen, zfs 1995, 161; *Windgassen*, Führerschein auch für psychisch Kranke? MMW 1985, 244; *Wölfl*, Nachträgliche Ausnahmen von der Fahrerlaubnissperre nach § 69a Abs. 2 StGB, NZV 2001, 369; *Zabel, G./Zabel, U.*, Zur Fahreignung von Alkoholtätern – Einungstest und verkehrspsychologische Nachschulung, BA 1991, 65; *Ziegert*, Das neue Punktesystem, zfs 1999, 4.

Abschnitt 1: Systematische Erläuterungen

A. Erwerb der Fahrerlaubnis

I. Grundsätzliches zu den Fahrerlaubnisklassen

Jeder, der im öffentlichen Straßenverkehr ein durch Motor angetriebenes Fahrzeug führen möchte, benötigt hierzu grds. eine Fahrerlaubnis. Die Erteilung der Fahrerlaubnis erfolgt durch **Aushändigung des Führerscheindokuments**. Das Papier ist beim Führen von führerscheinpflichtigen Kraftfahrzeugen mitzuführen und zuständigen Personen auf deren Verlangen zur Prüfung auszuhändigen (§ 4 Abs. 2 FeV). Das bloße Hinhalten und Vorzeigen des Führerscheins bei einer Verkehrskontrolle der Polizei genügt daher nicht. **1**

1. Fahrerlaubnisfreie Fahrzeuge

Folgende Fahrzeugarten sind fahrerlaubnis- und führerscheinfrei: **2**

- **Selbstfahrende Arbeitsmaschinen**, landwirtschaftliche Zugmaschinen sowie Flurförderfahrzeuge mit einer bauartbedingten Höchstgeschwindigkeit von nicht mehr als 6 km/h.

- Einachsige, von Fußgängern an Holmen geführte **Zug- oder Arbeitsmaschinen**.

- Einspurige, einsitzige **Fahrräder mit Hilfsmotor** mit einer bauartbedingten Höchstgeschwindigkeit bis zu 25 km/h (**Mofas**). Die Fahrer solcher Mofas benötigen jedoch eine Prüfbescheinigung, die nach einer Ausbildung in Theorie und Praxis erteilt wird. Personen, die vor dem 1.4.1965 geboren wurden oder die eine allgemeine Fahrerlaubnis besitzen, benötigen die Prüfbescheinigung nicht.

- **Motorisierte Krankenfahrstühle.** Nach seiner Legaldefinition (§ 4 Abs. 1 Satz 2 Nr. 2 FeV bzw. § 18 Abs. 2 Nr. 5 StVZO) ist der motorisierte Krankenfahrstuhl einsitzig, nach der Bauart zum Gebrauch durch körperlich gebrechliche Personen bestimmt, mit Elektroantrieb bei einem Leergewicht von nicht mehr als 300 kg einschließlich Batterien aber ohne Fahrer, mit einer zulässigen Gesamtmasse von nicht mehr als 500 kg, einer durch die Bauart bestimmten Höchstgeschwindigkeit von nicht mehr als 15 km/h, einer Breite von max. 110 cm und einer Heckmarkierungstafel versehen.

    Diese Fahrzeuge sind künftig von der Fahrerlaubnis wie auch – neu – von der Prüfbescheinigungspflicht ausgenommen. Diese letztere Erleichterung galt bislang nur für Krankenfahrstühle bis 10 km/h.

    Die bisher für andere Krankenfahrstühle bis max. 25 km/h geltende Fahrerlaubnisfreiheit wird aufgehoben, da derartige Fahrzeuge in der Praxis sowohl das Erscheinungsbild eines Pkw besitzen, als auch entsprechende Bedienungs- und Fahreigenschaften wie ein Pkw aufweisen. Eine fahrerlaubnisrechtliche Sonderstellung nur aufgrund der bauartbedingt geringeren Höchstgeschwindigkeit ist nach der Begründung des Verordnungsgebers aus Gründen der Verkehrssicherheit nicht gerechtfertigt. Die Übergangsregelung nach § 76 Nr. 2 FeV gewährleistet den Fortbestand der bisher bestehenden Berechtigungen (die Änderungsverordnung vom 7.8.2002, BGBl. I, S. 3267, ist zum 1.9.2002 in Kraft getreten).

Der motorisierte Krankenfahrstuhl hat lange Zeit die Justiz beschäftigt, bis das Bundesverwaltungsgericht feststellte, dass die gesetzlich festgeschriebenen Kriterien für die Fahrerlaubnisfreiheit ausreichen (BVerwG, DAR 2002, 282). Diese Entscheidung war der Anlass, die Behindertenfahrzeuge gesetzlich neu zu regeln, um das bereits mit der Einführung der bisherigen Regelung verfolgte Ziel – Ausschluss der Klein-Pkw aus dem Begriff der Krankenfahrstühle (VkBl. 1998, 1052) – wirksam umzusetzen.

● Mofas gleichgestellt sind motorisierte Krankenfahrstühle mit einer durch die Bauart bedingten Höchstgeschwindigkeit von mehr als 10 km/h, aber nicht mehr als 25 km/h; sofern eine Prüfbescheinigung benötigt wird (Stichtag 1. 4. 1965), genügt hierfür die theoretische Ausbildung.

2. Neue Klasseneinteilung (§ 6 FeV)

3 ● **Fahrerlaubnis-Klasse A1:** Krafträder der Klasse A mit einem Hubraum von nicht mehr als 125 ccm und einer Nennleistung von nicht mehr als 11 kW (Leichtkrafträder).

4 ● **Fahrerlaubnis-Klasse A:** Krafträder (auch mit Beiwagen) mit einem Hubraum von mehr als 50 ccm oder mit einer durch die Bauart bestimmten Höchstgeschwindigkeit von mehr als 45 km/h.

5 ● **Fahrerlaubnis-Klasse B:** Kraftfahrzeuge – ausgenommen Krafträder – mit einer zulässigen Gesamtmasse (gleichbedeutend mit zulässigem Gesamtgewicht) von nicht mehr als 3.500 kg und mit nicht mehr als acht Sitzplätzen außer dem Führersitz (auch mit Anhänger mit einer zulässigen Gesamtmasse von nicht mehr als 750 kg oder mit einer zulässigen Gesamtmasse bis zur Höhe der Leermasse des Zugfahrzeugs, sofern die zulässige Gesamtmasse der Kombination 3.500 kg nicht übersteigt).

6 ● **Fahrerlaubnis-Klasse C1:** Kraftfahrzeuge – ausgenommen Krafträder – mit einer zulässigen Gesamtmasse von mehr als 3.500 kg, aber nicht mehr als 7.500 kg und mit nicht mehr als acht Sitzplätzen außer dem Fahrersitz (auch mit Anhänger mit einer zulässigen Gesamtmasse von nicht mehr als 750 kg).

7 ● **Fahrerlaubnis-Klasse C:** Kraftfahrzeuge – ausgenommen Krafträder – mit einer zulässigen Gesamtmasse von mehr als 3.500 kg und mit nicht mehr als acht Sitzplätzen außer dem Fahrersitz (auch mit Anhänger mit einer zulässigen Gesamtmasse von nicht mehr als 750 kg).

8 ● **Fahrerlaubnis-Klasse D1:** Kraftfahrzeuge – ausgenommen Krafträder – zur Personenbeförderung mit mehr als acht und nicht mehr als 16 Sitzplätzen außer dem Fahrersitz (auch mit Anhänger mit einer zulässigen Gesamtmasse von nicht mehr als 750 kg).

9 ● **Fahrerlaubnis-Klasse D:** Kraftfahrzeuge – ausgenommen Krafträder – zur Personenbeförderung mit mehr als acht Sitzplätzen außer dem Fahrersitz (auch mit Anhänger mit einer zulässigen Gesamtmasse von nicht mehr als 750 kg).

10 ● **Fahrerlaubnis-Klasse BE:** Kombinationen aus einem Zugfahrzeug der Klasse B und einem Anhänger, die als Kombination nicht unter B fallen.

11 ● **Fahrerlaubnis-Klasse C1E:** Kombinationen aus einem Zugfahrzeug der Klasse C1 und einem Anhänger über 750 kg zulässige Gesamtmasse, wobei die zulässige Gesamtmasse der Kombination 12.000 kg sowie die zulässige Gesamtmasse des Anhängers die Leermasse des Zugfahrzeugs nicht übersteigen darf.

12 ● **Fahrerlaubnis-Klasse CE:** Kombinationen aus einem Zugfahrzeug der Klasse C und einem Anhänger mit einer zulässigen Gesamtmasse von mehr als 750 kg.

13 ● **Fahrerlaubnis-Klasse D1E:** Kombinationen aus einem Zugfahrzeug der Klasse D1 und einem Anhänger über 750 kg zulässige Gesamtmasse, wobei die zulässige Gesamtmasse der Kombination 12.000 kg sowie die zulässige Gesamtmasse des Anhängers die Leermasse des Zugfahrzeugs nicht übersteigen darf.

- **Fahrerlaubnis-Klasse DE:** Kombinationen aus einem Zugfahrzeug der Klasse D und einem   **14** Anhänger mit einer zulässigen Gesamtmasse von mehr als 750 kg.

- **Fahrerlaubnis-Klasse M:** Zweirädrige Kleinkrafträder (Krafträder mit einer durch die Bauart   **15** bestimmten Höchstgeschwindigkeit von nicht mehr als 45 km/h und einem Hubraum von nicht mehr als 50 ccm) und Fahrräder mit Hilfsmotor (Krafträder, die zusätzlich hinsichtlich der Gebrauchsfähigkeit die Merkmale von Fahrrädern aufweisen).

- **Fahrerlaubnis-Klasse L:** Zugmaschinen, die nach ihrer Bauart für die Verwendung für land-   **16** und forstwirtschaftliche Zwecke bestimmt und für solche Zwecke eingesetzt werden, mit einer durch die Bauart bestimmten Höchstgeschwindigkeit von nicht mehr als 32 km/h und Kombinationen aus diesen Fahrzeugen und Anhängern, wenn sie mit einer Geschwindigkeit von nicht mehr als 25 km/h geführt werden sowie selbstfahrende Arbeitsmaschinen und Flurförderfahrzeuge mit einer durch die Bauart bestimmten Höchstgeschwindigkeit von nicht mehr als 25 km/h und Kombinationen aus diesen Fahrzeugen und Anhängern.

- **Fahrerlaubnis-Klasse T:** Zugmaschinen mit einer durch die Bauart bestimmten Höchst-   **17** geschwindigkeit von nicht mehr als 60 km/h und selbstfahrenden Arbeitsmaschinen mit einer durch die Bauart bestimmten Höchstgeschwindigkeit von nicht mehr als 40 km/h, die jeweils nach ihrer Bauart für die Verwendung für land- und forstwirtschaftliche Zwecke bestimmt sind und für solche Zwecke eingesetzt werden (jeweils auch mit Anhängern).

3. Mitumfasste Klassen

Nicht für alle Fahrzeugklassen muss eine gesonderte Fahrerlaubnis erworben werden. Einige Fahr-   **18** erlaubnisklassen sind bereits von anderen Klassen mit umfasst. Gem. § 6 Abs. 3 FeV berechtigen:

- Fahrerlaubnisse der **Klasse A** zum Führen von Fahrzeugen der Klassen A1 und M,

- Fahrerlaubnisse der **Klasse A1** zum Führen von Fahrzeugen der Klasse M,

- Fahrerlaubnisse der **Klasse B** zum Führen von Fahrzeugen der Klassen M und L,

- Fahrerlaubnisse der **Klasse C** zum Führen von Fahrzeugen der Klasse C1,

- Fahrerlaubnisse der **Klasse CE** zum Führen von Fahrzeugen der Klassen C1E, BE und T sowie D1E, sofern der Inhaber zum Führen von Fahrzeugen der Klasse D1 berechtigt ist und DE, sofern er zum Führen von Fahrzeugen der Klasse D berechtigt ist,

- Fahrerlaubnisse der **Klasse C1E** zum Führen von Fahrzeugen der Klasse BE sowie D1E, sofern der Inhaber zum Führen von Fahrzeugen der Klasse D1 berechtigt ist und DE, sofern er zum Führen von Fahrzeugen der Klasse D berechtigt ist,

- Fahrerlaubnisse der **Klasse D** zum Führen von Fahrzeugen der Klasse D1,

- Fahrerlaubnisse der **Klasse D1E** zum Führen von Fahrzeugen der Klassen BE sowie C1E, sofern der Inhaber zum Führen von Fahrzeugen der Klasse C1 berechtigt ist,

- Fahrerlaubnisse der **Klasse DE** zum Führen von Fahrzeugen der Klassen D1E, BE sowie C1E, sofern der Inhaber zum Führen von Fahrzeugen der Klasse C1 berechtigt ist,

- Fahrerlaubnisse der **Klasse T** zum Führen von Fahrzeugen der Klasse M und L.

4. Dienstfahrerlaubnisse der Bundeswehr, des Bundesgrenzschutzes und der Polizei (§ 26 FeV)

Die von den Dienststellen der genannten Behörden erteilten **Sonderfahrerlaubnisse** berechtigen   **19** ausschließlich zum Führen von **Dienstfahrzeugen**. Die Berechtigungen gelten lediglich für die Dauer des Dienstverhältnisses. Bei Beendigung des jeweiligen Dienstverhältnisses wird der **Dienstführerschein** eingezogen.

20 Die Inhaber solcher Fahrerlaubnisse haben jedoch einen Rechtsanspruch, eine allgemeine Fahrerlaubnis für die entsprechende Betriebsart und Klasse von Kraftfahrzeugen ohne nochmalige Prüfung ausgestellt zu bekommen, für die zuvor eine Sonderfahrerlaubnis bestand. Wer als Angehöriger eines der im § 26 FeV genannten Dienstzweige bei diesem eine Fahrerlaubnis gem. § 26 FeV erworben hat, hat schon während des Dienstverhältnisses gem. § 27 Abs. 1 FeV den zuvor genannten Anspruch (VG Sigmaringen, NZV 1989, 88). Voraussetzung ist, dass nicht Tatsachen vorliegen, die den Bewerber als ungeeignet erscheinen lassen. Die **Umschreibung der Dienstfahrerlaubnis** in eine allgemeine (zivile) Fahrerlaubnis ist im Detail in § 27 FeV geregelt. Die Erteilung einer zivilen Fahrerlaubnis an den Inhaber einer gültigen Dienstfahrerlaubnis ist entsprechend § 27 FeV unter erleichterten Bedingungen möglich.

21 Bei dem auch **nach Beendigung des Dienstverhältnisses** bestehenden Anspruch auf Umschreibung in eine zivile Fahrerlaubnis (§ 27 Abs. 1 Satz 2 FeV) erhält der Bewerber bei Ausscheiden aus dem Dienst auf Antrag von seiner bisherigen Dienststelle eine Bescheinigung über die von der Dienstfahrerlaubnis umfassten Fahrerlaubnisklassen (§ 27 Abs. 3 FeV). Voraussetzung ist, dass der Antrag vor Ablauf von zwei Jahren nach Beendigung des Dienstverhältnisses gestellt wird.

22 Die Erteilung einer zivilen Fahrerlaubnis aufgrund einer Dienstfahrerlaubnis ist nicht lediglich eine bloße „Umschreibung", sondern die Erteilung einer eigenständigen Fahrerlaubnis in Form eines Verwaltungsaktes (BVerwG, VRS, 73, 313; ausführlich hierzu Jagusch/Hentschel, Straßenverkehrsrecht, § 27 FeV Rn. 4; § 26 FeV Rn. 8).

23 Bei der Umschreibung von Dienstführerscheinen der **Bundeswehr** ist zu beachten, dass diese eine von den üblichen Klassen abweichende Klasseneinteilung aufweisen, so dass Bundeswehrführerscheine für einzelne Klassen einen anderen Inhalt bzw. Umfang haben. Dies wird bei der Umschreibung in eine zivile Fahrerlaubnis entsprechend berücksichtigt.

5. Fahrerlaubnis zur Fahrgastbeförderung (§ 48 FeV)

24 Zusätzlich zur allgemeinen Fahrberechtigung ist eine Erlaubnis der Fahrerlaubnisbehörde erforderlich zum Führen eines **Taxis**, eines **Mietwagens**, eines **Krankenwagens** oder Personenkraftwagens im Linienverkehr (§§ 42, 43 Personenbeförderungsgesetz) oder bei gewerbsmäßigen Ausflugsfahrten oder Ferienziel-Reisen (§ 48 Personenbeförderungsgesetz). Diese Fahrerlaubnis wird nicht im neuen EU-Führerscheinformular vermerkt. Vielmehr wird hierüber ein gesondertes Dokument ausgestellt.

6. Fahrerlaubnis für Automatikfahrzeuge (§ 17 Abs. 6 FeV)

25 Bei Ablegung der Fahrprüfung auf einem Kraftfahrzeug mit automatischer Kraftübertragung, wird die Fahrerlaubnis auf das Führen von Automatik-Kraftfahrzeugen beschränkt. Diese Beschränkung kann später auf Antrag aufgehoben werden, wenn der Fahrerlaubnisinhaber eine praktische Fahrprüfung in einem Fahrzeug mit Schaltgetriebe nachholt.

7. Notwendiger Vorbesitz einzelner Fahrerlaubnisklassen (§ 9 FeV)

26 Das Fahrerlaubnisrecht sieht vor, dass vor dem Erwerb einzelner bestimmter Fahrerlaubnisklassen zunächst andere „Grundklassen" erteilt sein müssen (Vorbesitz). Eine Fahrerlaubnis der Klassen C, C1, D oder D1 darf nur erteilt werden, wenn der Bewerber bereits **zuvor** die Fahrerlaubnis der Klasse B besitzt oder die Voraussetzungen für deren Erteilung erfüllt hat.

27 Ein **Anhängerführerschein** setzt voraus, dass der Bewerber bereits die Fahrerlaubnis für das Zugfahrzeug besitzt bzw. deren Erteilungsvoraussetzungen erfüllt hat.

> *Hinweis:*
> *In der Praxis können dennoch die genannten Klassen nacheinander in einer Prüfung erworben werden; es genügt das Durchlaufen des Vorbesitzes in der sog. „Juristischen Sekunde".*

28

Alle anderen Fahrerlaubnisklassen können **direkt** erworben werden.

29

8. Regelungen zum Mindestalter (§ 10 FeV)

Das Mindestalter für die Erteilung einer Fahrerlaubnis beträgt gem. § 10 Abs. 1 FeV:

30

- **25 Jahre** für die Klasse A bei sog. Direkteinstieg,
- **21 Jahre** für die Klassen D, D1, DE und D1E,
- **18 Jahre** für die Klassen A bei stufenweise Zugang, B, C, C1, BE, CE und C1E,
- **16 Jahre** für die Klassen A1, L, M und T.

Für das Führen von fahrerlaubnisfreien Kraftfahrzeugen (vgl. Rn. 2) beträgt das **Mindestalter** **15 Jahre**. Soll ein Kind unter sieben Jahren auf einem Mofa mitgenommen werden, muss der Fahrer mindestens das 16. Lebensjahr vollendet haben (§ 10 Abs. 3 FeV).

31

Für die bisherige Klasse 2 war ein Mindestalter von 21 Jahren vorgeschrieben. Dies hat sich geändert. Bewerber der Fahrerlaubnisklassen C und CE müssen lediglich das **18. Lebensjahr** vollendet haben (§ 10 Abs. 2 FeV). Jedoch können die Fahrerlaubnisinhaber im Alter von 18 bis 20 Jahren von den Klassen C und CE in Folge europäischer Sozialvorschriften nur in beschränktem Umfang Gebrauch machen. Dies resultiert aus abweichenden Regelungen in den Vorschriften der VO (EWG) 3820/85 und des AETR über das Mindestalter, die nach § 10 Abs. 1 Satz 2 FeV unberührt bleiben. Beförderungen mit Fahrzeugen über 7,5 t zulässiger Gesamtmasse, die den Sozialvorschriften unterliegen, dürfen nur durchgeführt werden, wenn zusätzlich zur Fahrerlaubnis eine Ausbildung als Berufskraftfahrer absolviert wurde (Art. 5 Abs. 1b VO (EWG) 3820/85 und Art. 5 Abs. 1b AETR). Mit Erreichen des 21. Lebensjahres entfällt diese Beschränkung automatisch.

32

Für die Erteilung der Fahrerlaubnis im Rahmen einer solchen Ausbildung zum **Berufskraftfahrer** beträgt das Mindestalter für die Klasse B und für den stufenweisen Zugang zu den Klassen C1 und C1E 17 Jahre sowie für die Klassen C und CE 18 Jahre (§ 10 Abs. 2 FeV).

33

Die beschränkte Fahrerlaubnis der Klasse A berechtigt bis zum Ablauf von zwei Jahren nach der Erteilung der leistungsreduzierten Fahrerlaubnis nur zum Führen von Krafträdern mit einer Nennleistung von nicht mehr als 25 kW und einem Verhältnis von Leistung zum Leergewicht von nicht mehr als 0,16 kW/kg (sog. **Stufenführerschein**). Nach Ablauf dieser zwei Jahre gilt die Berechtigung zum Führen leistungsunbeschränkter Fahrzeuge automatisch kraft Gesetzes. Ein Umtausch des Führerscheindokumentes ist nicht notwendig. Ein Fahrpraxisnachweis wird ebenfalls nicht verlangt.

34

Wer dagegen bereits das **25. Lebensjahr vollendet** hat, darf sofort die leistungsunbeschränkte Klasse A erwerben (sog. **Direkteinstieg**). Voraussetzung hierfür ist allerdings, dass sowohl die Ausbildung (das bedeutet mindestens die im Rahmen der praktischen Ausbildung vorgeschriebenen Pflichtstunden) als auch die Prüfung auf einem Kraftrad mit mindestens 44 kW absolviert werden. Übergangsweise genügte bis zum 30.6.2001 auch ein Ausbildungs- und Prüfungskraftrad mit einer Leistung von mindestens 37 kW und einem Leergewicht von mindestens 200 kg.

35

Es besteht für diesen Personenkreis somit ein **Wahlrecht zwischen Stufenführerschein und Direkteinstieg**. Strebt jemand, der zunächst die leistungsbeschränkte Klasse A erworben hat, eine Verkürzung der zweijährigen Beschränkung an, so ist dies nur dann möglich, wenn er das Mindestalter für den Direkteinstieg (25 Jahre) erreicht hat und eine verkürzte Ausbildung und Prüfung für die unbeschränkte Klasse A absolviert hat.

36

9. Geltungsdauer der einzelnen Fahrerlaubnisklassen

37 Die Fahrerlaubnisklassen A, A1, B, BE, L, M und T werden **grds. unbefristet** und ohne ärztliche Untersuchungen erteilt. Die übrigen Fahrerlaubnisklassen werden jeweils befristet erteilt. Mit § 23 Abs. 1 Satz 2 FeV wurde die Geltungsdauer der befristeten Fahrerlaubnis wie folgt neu gefaßt (Änd. VO v. 7.8.2002 [BGBl. I, S. 3267] am 1.9.2002 in Kraft getreten):

● Klassen C1, C1E bis zur Vollendung des 50. Lebensjahres; nach Vollendung des 45. Lebensjahres des Bewerbers für fünf Jahre.

● Klassen C, CE für jeweils fünf Jahre.

● Klassen D, D1, DE und D1E für jeweils fünf Jahre, jedoch längstens bis zur Vollendung des 50. Lebensjahres. Danach erfolgt eine Verlängerung um jeweils fünf Jahre.

38 Die jeweiligen Verlängerungen der Fahrerlaubnisklassen erfolgen für die genannten Zeiträume auf Antrag, sofern der Inhaber seine Eignung und entsprechendes Sehvermögen nachweist.

39 Im Einzelnen gilt:

● Vorlage einer ärztlichen Bescheinigung wie beim Ersterwerb für die Verlängerung der Klassen C1, C1E, C, CE.

● Vorlage einer ärztlichen Bescheinigung bei Verlängerung der Klassen D1, D1E, D, DE bis zum 50. Lebensjahr.

● Vorlage eines betriebs-, arbeitsmedizinischen oder medizinisch-psychologischen Gutachtens wie beim Ersterwerb bei einer Verlängerung nach dem 50. Lebensjahr der Klassen D1, D1E, D, DE.

II. Besitzstände bei der Umstellung alter Fahrerlaubnisklassen in die neuen EU-Klassen

40 Für alle **Fahrerlaubnisse**, die **vor dem 1.1.1999** erteilt wurden, besteht derzeit **keine** Verpflichtung zur **Umstellung** in die neuen Klassen; damit findet auch **kein Zwangsumtausch** statt.

41 **Bis zum 31.12.1998 erteilte Fahrerlaubnisse bleiben** im bisherigen Berechtigungsumfang **bestehen**; vorbehaltlich der Regelungen des § 76 FeV (Übergangsrecht). In diesem Zusammenhang ist die Befristung der Klasse 2 auf das 50. Lebensjahr in Form einer Verlängerungsregel hervorzuheben (§ 6 Abs. 6 FeV).

42 Die zuvor genannten Fahrerlaubnisse werden auf Antrag des Inhabers in die neuen Fahrerlaubnisklassen umgestellt. Der Inhaber erhält in diesem Zuge auch den neuen **Kartenführerschein** ausgestellt. Die neuen Klassenumfänge ergeben sich aus Anlage 3 zu § 6 Abs. 7 FeV.

43 Es bleibt der bisherige **Besitzstand** erhalten. Dies bedeutet aber nicht, dass Inhaber der alten Klasse 3 auch weiterhin in jedem Fall Fahrzeugkombinationen führen dürfen wie bisher.

44 So sind Inhaber der alten Klasse 3 nicht berechtigt, Fahrzeugkombinationen der Klasse C1E zu führen, die mehr als 3 Achsen aufweisen, denn die Klasse 3 berechtigt nur zum Führen von Kombinationen, bzw. Zügen mit nicht mehr als 3 Achsen. Bei der Klasse C1E dagegen ist die Anzahl der Achsen eines Kraftfahrzeugs oder einer Kombination gleichgültig. Umgekehrt dürfen mit der Klasse 3 Züge mit einem zulässigen Gesamtgewicht von bis zu 18,75 t geführt werden. Wer diesen Besitzstand aufrecht erhalten möchte, sollte bei der Umstellung auf den Kartenführerschein die Klasse CE mit Beschränkung auf die bisher unter Klasse 3 fallenden Züge (CE79) beantragen.

45 Eine **Auskunft aus dem Fahrerlaubnisregister** ist auch dann unentgeltlich zu erteilen, wenn die Auskunft im Zusammenhang mit einer Umschreibung der alten Fahrerlaubnis auf die seit dem 1.1.1999 eingeführten Fahrerlaubnisklassen benötigt wird (vgl. VG Braunschweig, DAR 2001, 43). Eine Ansicht, die bislang rechtswidriger Weise nicht von allen Führerscheinbehörden geteilt wird. Für die sog. **Eigenauskunft aus dem Verkehrszentralregister** sieht § 64 Abs. 1 FeV (ÄnderungsVO v. 7.8.2002 [BGBl. I, S. 3267] in Kraft getreten am 1.9.2002) nunmehr die Übersendung der einfachen Ablichtung des Personalausweises oder des Passes vor. Die amtliche Beglaubigung

der Unterschrift nach altem Recht verursachte beim Betroffenen unnötige Mehrkosten, die unter dem Gesichtspunkt der Missbrauchssicherung nicht angemessen waren. Für die anwaltliche Auskunft bleibt § 64 Abs. 2 FeV unverändert.

III. Voraussetzungen für den Erwerb der Fahrerlaubnisklassen

1. Rechtsgrundlagen

Die grundlegenden Voraussetzungen für die Erteilung einer Fahrerlaubnis sind in § 2 Abs. 2 Satz 1 StVG aufgezählt. Danach ist die Fahrerlaubnis für die jeweilige Klasse zu erteilen, wenn der Bewerber   **46**

(1) seinen ordentlichen Wohnsitz i.S.d. Art. 9 der Richtlinie 91/439/EWG des Rates vom 29.7.1991 über den Führerschein (Abl. EG Nr. L 237, S. 1) im Inland hat,

(2) das erforderliche Mindestalter erreicht hat,

(3) zum Führen von Kraftfahrzeugen geeignet ist,

(4) zum Führen von Kraftfahrzeugen nach dem Fahrlehrergesetz und den auf ihm beruhenden Rechtsvorschriften ausgebildet worden ist,

(5) die Befähigung zum Führen von Kraftfahrzeugen in einer theoretischen und praktischen Prüfung nachgewiesen hat,

(6) die Grundzüge der Versorgung Unfallverletzter im Straßenverkehr beherrscht oder Erste Hilfe leisten kann und

(7) keine in einem Mitgliedstaat der Europäischen Union oder einem anderen Vertragsstaat des Abkommens über den Europäischen Wirtschaftsraum erteilte Fahrerlaubnis dieser Klasse besitzt.

Das Straßenverkehrsgesetz enthält damit als Grundlage für das deutsche Fahrerlaubnisrecht u.a. die Grundsätze und Eckwerte für die Erteilung der Fahrerlaubnis. Die Voraussetzungen für die Erteilung der Fahrerlaubnis werden im Einzelnen abschließend bestimmt (§ 2 Abs. 2 StVG).   **47**

Die **Eignungsvorschriften in §§ 11 – 14 FeV konkretisieren** dagegen **die Bestimmungen in § 2 Abs. 2 Nr. 3 und Abs. 4 StVG**, die die Eignung des Fahrerlaubnisbewerbers zum Führen eines Kraftfahrzeugs verlangen. Während im Straßenverkehrsgesetz die Eignung des Bewerbers positiv gefordert wird, wird in der Fahrerlaubnis-Verordnung geregelt, in welchem Fall und auf welche Weise die Eignung im Einzelfall festgestellt wird. Hierzu legt die Verordnung fest, wann Anlass für eine Untersuchung gegeben ist, und nach welchen Grundsätzen die Eignung zu beurteilen ist (BR-Drs. 443/98, S. 218).   **48**

2. Eignungsbegriff

Bei der anwaltlichen Beratung in Fahrerlaubnisangelegenheiten steht der Begriff der Eignung als **zentraler Begriff** im Mittelpunkt. Daneben gewinnen im Zeitalter der Globalisierung Fragen des Wohnsitzes und Erwerb der Fahrerlaubnis im Ausland zunehmend an Bedeutung. Mandate im Zusammenhang mit dem Erwerb eines Führerscheins betreffen in erster Linie die Frage, ob der Bewerber **körperlich**, **geistig** und **charakterlich** in der Lage ist, ein Kraftfahrzeug sicher zu führen. Die Beantwortung dieser Frage erfordert eine umfassende Würdigung der **Gesamtpersönlichkeit** des Kraftfahrers und eine genaue Einschätzung etwaiger **Eignungsmängel**. Der Charakter des Straßenverkehrsrechts als Gefahrenabwehrrecht (vgl. BVerwG, Urt. v. 13.1.1961, Az. VII C 233.59, in: Buchholz, 442.10 Nr. 7 zu § 4 StVG) bedingt, dass Anlass für die Beratung in aller Regel ein ablehnender Bescheid der Führerscheinbehörde ist. So sind die Befugnisse der Straßenverkehrsbehörde in Führerscheinsachen (Gefahrenabwehr) wesentlich weiter gefasst, als diejenigen der Strafgerichte, die lediglich die mangelnde Fahreignung feststellen, soweit sie gem. § 69 StGB in Verkehrsstraftaten zum Ausdruck gekommen ist (vgl. hierzu BVerwG, Urt. v. 20.2.1987, Az. 7   **49**

C 87/84, BVerwGE 77, 40, 42). Diese weitreichenden Befugnisse der Straßenverkehrbehörden wurden im Rahmen der letzten Novellierung des § 2 StVG dementsprechend erweitert.

50 In § 2 Abs. 2 Satz 1 Nr. 3 StVG wird für die Erteilung einer Fahrerlaubnis **positiv** gefordert, dass der Bewerber zum Führen von Kraftfahrzeugen geeignet ist.

51 In der alten, bis zum 31.12.1998 geltenden Fassung wurde lediglich verlangt, dass „nicht Tatsachen vorliegen, die die Annahme rechtfertigen, dass er zum Führen von Kraftfahrzeugen ungeeignet ist".

52 **Hinweis:**

Die Gesetzesänderung hat somit zu einer Beweislastumkehr bei Eignungsfragen zu Lasten des Bewerbers geführt. Vor der Neuregelung musste nicht der Fahrerlaubnisbewerber seine Eignung beweisen, sondern die Straßenverkehrsbehörde die Nichteignung darlegen und beweisen. In all denjenigen Fällen, in denen eine abschließende Klarheit über die Eignung nicht zu erhalten ist, wird die behördliche Entscheidung nun gegen den Bewerber ergehen (müssen). Nichtfeststellbarkeit der Eignung geht also zu Lasten des Bewerbers (Jagusch/Hentschel, Straßenverkehrsrecht, § 2 StVG Rn. 7; Gehrmann/Undeutsch, Das Gutachten der MPU und Kraftfahreignung, München 1995). Dieser Nachteil des Bürgers ist vom Gesetzgeber im Interesse der Verkehrssicherheit gewollt (vgl. BR-Drs. 821/96, S. 67 = VkBl. 1998, 788).

53 Die Eignung umfasst gem. § 2 Abs. 4 StVG die **körperliche** und **geistige Fahrtauglichkeit** sowie die **charakterliche Zuverlässigkeit**. Die gesetzliche Umschreibung des Eignungsbegriffs ist jedoch nur unvollkommen. § 2 Abs. 4 Satz 1 StVG definiert die Eignung wie folgt:

„Geeignet zum Führen von Kraftfahrzeugen ist, wer die notwendigen körperlichen und geistigen Anforderungen erfüllt und nicht erheblich oder nicht wiederholt gegen verkehrsrechtliche Vorschriften oder gegen Strafgesetze verstoßen hat."

54 Nach wie vor unterlässt es der Gesetzgeber jedoch zu erläutern, welche konkreten Anforderungen denn nun „notwendig" sind.

55 Statt dessen führt § 2 Abs. 4 Satz 2 StVG den Begriff der **bedingten Eignung** ein:

„Ist der Bewerber aufgrund körperlicher oder geistiger Mängel nur bedingt zum Führen von Kraftfahrzeugen geeignet, so erteilt die Fahrerlaubnisbehörde die Fahrerlaubnis mit Beschränkungen oder unter Auflagen, wenn dadurch das sichere Fahren von Kraftfahrzeugen gewährleistet wird."

56 Fest steht somit eine Differenzierung zwischen körperlicher und geistiger Eignung, die das Gesetz auch in Form einer bedingten Eignung kennt. Die sog. charakterliche Eignung ist im StVG nicht einmal ansatzweise bestimmt.

57 Die nicht näher umschriebene **charakterliche Eignung** lässt sich dagegen nur an Hand negativer Indikatoren wie z.B. wiederholter oder erheblicher Verkehrsverstöße definieren. Allein daraus folgt, dass die meisten Probleme im Zusammenhang mit Eignungsfragen im Bereich der Bestimmung oder Überprüfung der charakterlichen Eignung entstehen.

58 Die fehlende Definition des Begriffs „Eignung" stellt insbesondere ein Problem im Hinblick auf die Beteiligung von Gutachtern (z.B. bei einer MPU) dar. Die fehlende gesetzliche Definition des Eignungsbegriffs ist jedoch – wie vom BVerfG bestätigt – durch die Rechtsordnung gedeckt (BVerfG, NJW 1978, 2446). Aufgrund der Vielfalt hoheitlicher Aufgaben können nicht alle denkbaren Sachverhaltskonstellationen juristisch eindeutig definiert werden (Buschbell/Utzelmann, Beratung rund um den Führerschein, § 10 Rn. 5). Da es keine genormten, naturwissenschaftlich exakten und verifizierbaren Erkenntnisse über die Eignung gibt, wird in der Literatur teilweise nur von dem „Intaktsein einer Summe biologischer Funktionen" (vgl. hierzu ausführlich Spann, DAR 1980, 312) ausgegangen.

a) Überprüfung von Amts wegen

Gem. § 2 Abs. 7 StVG ist die Fahrerlaubnisbehörde von Amts wegen berechtigt und verpflichtet,   **60**
die Eignung der Fahrerlaubnisbewerber zu überprüfen. An dieser Stelle wird die Verzahnung zwischen dem Straßenverkehrsgesetz und der Fahrerlaubnis-Verordnung besonders deutlich. § 22 FeV
regelt, dass die Behörde, die den Antrag bearbeitet, durch Einholung von Auskünften aus dem Mel-
deregister die Richtigkeit und Vollständigkeit der vom Bewerber mitgeteilten Daten überprüfen
kann. Die Fahrerlaubnisbehörde hat **sorgfältige Feststellungen bezogen auf etwaige Eignungs-**
mängel zu treffen. Diese von Amts wegen bestehende Verpflichtung „sorgfältiger" Ermittlungen
bezieht sich gleichermaßen auf Mängel körperlicher, geistiger und charakterlicher Art (§ 2 StVG,
§§ 2, 3, 11, 13, 14 FeV). Bei berechtigter Anforderung eines Fahreignungsgutachtens darf seitens
der Behörde aus einer verweigerten Gutachtenbeibringung auf die Nichteignung geschlossen werden (BayVGH, DAR 2001, 494).

Alle in diesem Zusammenhang notwendigen Ermittlungen müssen sich im Rahmen des § 2 StVG
halten. Gem. § 2 Abs. 9 Satz 1 StVG dürfen zur Feststellung von Eignung und Befähigung eingeholte Registerauskünfte, Führungszeugnisse etc. auch nur zur Feststellung oder Überprüfung der
Eignung oder Befähigung verwendet werden.

All diese Unterlagen sind spätestens nach **zehn Jahren** zu vernichten. Sämtliche Mitteilungen der
Polizei über Tatsachen, die Bedenken gegen die Eignung einer Person zum Führen von Kraftfahrzeugen begründen, sind, nachdem sie zur Beurteilung der Eignung nicht mehr erforderlich sind,
sofort zu vernichten (§ 2 Abs. 12 Satz 2 StVG; vgl. aber auch die weiterhin gültige Rechtsprechung
des BVerwG zum sog. informellen Selbstbestimmungsrecht, BVerwG, NZV 1994, 412).

Die Fahrerlaubnisbehörde ist nicht ermächtigt, den Bewerber, etwa unter Vorlage eines **Gesund-**
heitsfragebogens, über ihr unbekannte, eignungsmindernde oder ausschließende Tatsachen (z.B.
körperliche Gebrechen) zu befragen (Jagusch/Hentschel, Straßenverkehrsrecht, § 22 FeV Rn. 6;
Jagow, DAR 1998, 188). Sind der Behörde jedoch solche Tatsachen (anderweitig) bekannt, so
muss sie dem Bewerber vor ihrer Entscheidung über den Antrag Gelegenheit zur Äußerung geben.
Dieser muss sich dann wiederum auch zu diesen konkret abgefragten Tatsachen äußern (Jagusch/
Hentschel, Straßenverkehrsrecht, § 22 FeV, Rn. 6 m.w.N.).

Die dem Antrag auf Erteilung einer Fahrerlaubnis vom Bewerber beizufügenden Unterlagen und   **62**
Nachweise sind **abschließend** in § 2 Abs. 6 StVG und § 21 FeV aufgezählt.

Zur **Vorbereitung der Entscheidung** über die **Erteilung der Fahrerlaubnis** kann die Fahrerlaub-   **63**
nisbehörde je nach Art der konkreten Eignungsbedenken vom Bewerber **verschiedene Aufklä-**
rungsmaßnahmen verlangen. In Betracht kommen die **Beibringung eines ärztlichen Gutachtens**
(§ 11 Abs. 2 FeV), die Beibringung eines **medizinisch-psychologischen Gutachtens** (§ 11 Abs. 3

FeV), die Beibringung eines **Gutachtens eines amtlich anerkannten Sachverständigen** oder **Prüfers für den Kraftfahrzeugverkehr** (§ 11 Abs. 4 FeV).

64 Da die Fahrerlaubnisbehörden nicht über die für eine Eignungsbegutachtung erforderlichen fachlichen Kenntnisse verfügen, enthalten die Abs. 2 und 3 eine **Ermächtigung** zur Anordnung fachärztlicher Begutachtungen sowie für die Aufforderung zur Beibringung eines Gutachtens einer amtlich anerkannten Begutachtungsstelle. Für die Frage, ob ein Anlass zu einer derartigen Begutachtung besteht, ist Anlage 4 FeV heranzuziehen. Die **hinreichende Bestimmtheit der Anordnung**, ein fachärztliches Gutachten zur Klärung von berechtigten Zweifeln an der Eignung zum Führen von Kraftfahrzeugen beizubringen, erfordert die genaue Angabe der Fachrichtung des Arztes, bei dem die gebotene Untersuchung erfolgen soll (OVG Münster, DAR 2001, 88; NZV 2001, 95).

65 Damit ersetzen § 11 Abs. 2 und 3 FeV die früheren Regelungen in §§ 9, 12, 15b, 15c StVZO. Diese alten Vorschriften enthielten keine detaillierte Regelung über die anzuordnende Untersuchungsart, sonder stellten die Wahl der Untersuchungsform in das Ermessen der Behörde. § 11 FeV legt dagegen selbst fest, in welchen Fällen ein ärztliches Gutachten oder eine medizinisch- psychologische Begutachtung erforderlich ist.

66 Bestehen **Bedenken gegen die körperliche oder geistige Eignung** (s. dazu Rn. 71 und Rn. 94), kommt zunächst grds. nur ein **fachärztliches Gutachten** (Facharzt mit verkehrsmedizinischer Qualifikation, Arzt des Gesundheitsamtes oder Arzt der öffentlichen Verwaltung sowie Arzt mit der Gebietsbezeichnung „Arbeitsmedizin" oder „Betriebsmedizin", § 11 Abs. 2 FeV) in Betracht. Die **Anlässe für eine medizinisch-psychologische Begutachtung** sind in § 11 Abs. 3 FeV aufgezählt und beziehen sich auf den **gesamten Eignungsbereich**, also nicht nur auf Fragen der geistigen und körperlichen Eignung. Ein derartiges Gutachten kann für die in § 11 Abs. 2 FeV genannten Zwecke angeordnet werden, wenn nach **Würdigung der (fachärztlichen) Gutachten** gem. § 11 Abs. 2 FeV **zusätzlich eine medizinisch-psychologische Begutachtung erforderlich** ist. Ein medizinisch-psychologisches Gutachten kann des Weiteren in Betracht kommen zur Vorbereitung einer Entscheidung über die **Befreiung** von den Vorschriften über das **Mindestalter**, bei erheblichen Auffälligkeiten im Rahmen der Fahrerlaubnisprüfung, bei **Straftaten**, die mit dem Straßenverkehr oder der Kraftfahreignung in Zusammenhang stehen oder bei Anhaltspunkten für ein **hohes Aggressionspotential** sowie letztlich bei Fahrerlaubnisneuerteilungen nach vorheriger wiederholter Entziehung.

67 Für die Bereiche „Alkoholproblematik" und „Arzneimittel- und Betäubungsmittelmissbrauch" enthalten die §§ 13 und 14 FeV spezielle Regelungen (vgl. Rn. 386 ff., 425 ff.).

68 Besonderes Augenmerk bedarf hierbei die dem § 13 FeV immanente **Rückwirkungsproblematik**. Nach § 15b Abs. 2 Nr. 2 StVZO in der **bis zum 31.12.1998** gültigen Fassung **konnte** die Verwaltungsbehörde zur Vorbereitung der Entscheidung über die Entziehung der Fahrerlaubnis je nach den Umständen des Einzelfalles die Beibringung eines Gutachtens eines amtlich anerkannten Sachverständigen anordnen, wenn Anlass zur Annahme bestand, dass der Inhaber einer Fahrerlaubnis zum Führen von Kraftfahrzeugen ungeeignet ist. Nach der **seit dem 1.1.1999** gültigen Rechtslage (§ 46 Abs. 3 i.V.m. § 13 Nr. 2b FeV) **ist** vom Inhaber einer Fahrerlaubnis ein medizinisch-psychologisches Gutachten beizubringen, wenn wiederholt Zuwiderhandlungen im Straßenverkehr unter Alkoholeinfluss begangen wurden (also bereits bei zwei Ordnungswidrigkeiten gem. § 24a StVG, vgl. Rn. 397).

69 Problematisch erscheint die Anordnung einer Gutachtenbeibringung, wenn die erste Ordnungswidrigkeit noch vor dem In-Kraft-Treten der FeV am 1.1.1999 erfolgte, die zweite Tat gem. § 24a StVG, besser die „wiederholte Zuwiderhandlung", aber nach dem In-Kraft-Treten der FeV. Fraglich ist dann, ob die Regelung des § 13 Nr. 2b FeV in dieser Fallkonstellation überhaupt Anwendung findet. Man könnte die Meinung vertreten, § 13 Nr. 2b FeV würde in bereits abgeschlossene

Lebenssachverhalte eingreifen, wenn Zuwiderhandlungen vor dem In-Kraft-Treten der FeV mit zu berücksichtigen sind; denkbar wäre eine sog. **echte Rückwirkung** mit der Folge einer evtl. Vorlagepflicht gem. Art 100 GG.

Davon ausgehend, dass Eignungszweifel nach überwiegender Ansicht im Zeitpunkt der Tilgungsreife entfallen, dürften bereits länger zurückliegende Fälle nicht über den Umweg des heutigen § 13 Nr. 2b FeV unter dem Gesichtspunkt von Eignungsmängeln wieder aufgegriffen werden können.

Die zum 1.1.1999 eingetretene Änderung der einschlägigen Rechtsvorschriften vom ursprünglich der Fahrerlaubnisbehörde bei Gutachtenanforderungen eingeräumten Entschließungsermessen in § 15b Abs. 2 Satz 1 Nr. 2 StVZO (gültig bis 31.12.1998) zu einer Gutachtenanordnungspflicht (§ 46 Abs. 3 i.V.m. § 13 Nr. 2b FeV) für bereits vor dem 1.1.1999 eingetragene, der Gutachtenanordnung zu Grunde liegende Entscheidungen stellt jedoch lediglich eine **unechte Rückwirkung** dar, die regelmäßig verfassungsrechtlich zulässig ist. Das Rechtsstaatsprinzip in Art. 20 GG setzt der Änderung von Rechtsvorschriften mit belastender Wirkung in seinem Rechtssicherheits- und Vertrauensschutzteilgebot enge Schranken. Zur Konkretisierung dieser Schranken wird nach der Rechtsprechung des BVerfG zwischen echter und unechter Rückwirkung unterschieden (BVerfGE 72, 200 [242 ff.]; 92, 277 [325]; 97, 67 [78 f.]).

Eine **echte Rückwirkung** liegt vor, wenn ein Gesetz nachträglich ändernd in abgewickelte, der Vergangenheit angehörende Tatbestände eingreift (BVerfGE 57, 361 [391]; 68, 287 [306]; 72, 175 [196]), wenn die Rechtsfolgen für einen vor der Verkündung liegenden Zeitpunkt eintreten sollen und nicht für einen nach oder mit der Verkündung beginnenden Zeitraum (BVerfGE 63, 343 [353]; 72, 200 [242]; 97, 67 [78]). D.h., dass der von der Rückwirkung betroffene Tatbestand in der Vergangenheit nicht nur begonnen, sondern bereits abgewickelt war. Eine solche echte Rückwirkung wird durch das Rechtsstaatsprinzip grds. verboten. Eine **unechte Rückwirkung** bzw. eine tatbestandliche Rückwirkung liegt vor, wenn eine Norm auf gegenwärtige, noch nicht abgeschlossene Sachverhalte für die Zukunft einwirkt und damit die betroffene Rechtsposition nachträglich entwertet (BVerfGE 51, 356 [362]; 69, 272 [309]; 72, 141 [154]) bzw. eine Norm künftige Rechtsfolgen von Gegebenheiten aus der Zeit vor ihrer Verkündung abhängig macht (BVerfGE 72, 200 [242]; 79, 29 [45 f]).

Einschränkungen der i.d.R. zulässigen **unechten Rückwirkung** ergeben sich nur, **wenn** der **Betroffene damit nicht rechnen brauchte** (BVerfGE 68, 287 [307]), oder **wenn** das **Vertrauen des Betroffenen schutzwürdiger** ist als die mit dem Gesetz verfolgten Anliegen (BVerfGE 78, 249[284]). Unter Beachtung dieser Grundsätze ist die zum 1.1.1999 eingetretene Änderung der Rechtslage als unechte Rückwirkung einzuordnen.

Zwar liegen bei einer Tat vor dem 1.1.1999 die einer Gutachtenanordnung zugrunde liegenden Tatsachen in der Vergangenheit und sind auch als solche schon abgeschlossen, doch bestehen dennoch die daraus ableitbaren Fahreignungszweifel weiter fort, so dass in diesem Fall konkret ein Sachverhalt zur Prüfung steht, der zwar in der Vergangenheit begonnen wurde, aber noch nicht vollständig abgeschlossen ist, (so die Begründung des VG München 2001, Az. M 6a K 01.2097). 70

Dieser Begründung ist nur eingeschränkt zu folgen. Wenn die Behörde vor dem 1.1.1999 bei einmaligem Verstoß gegen § 24a StVG keine Eignungszweifel hatte, sie aber bei einem zweiten Verstoß nach dem 1.1.1999 Zweifel haben muss, dann gibt es **keine aus der ersten Tat ableitbare und „weiter fort wirkende" Eignungszweifel**. Der neue Verstoß nach dem 1.1.1999 knüpft an zum Zeitpunkt der ersten Tat (vor dem 1.1.1999) gar nicht existente Zweifel an.

> **Hinweis:**
>
> *Abzustellen ist hinsichtlich zulässiger unechter Rückwirkung auf die **Tilgungsreife der ersten Tat**. Die Frage, wie lange frühere Alkoholfahrten im Rahmen des § 13 Nr. 2b FeV verwertet werden dürfen, führt in der Praxis immer wieder zu Problemen.*
>
> *Mit der Neufassung des § 29 Abs. 1 StVG (Änderungsgesetz vom 24.4.1998, BGBl. I, S. 810) wurden die Tilgungsfristen für alkoholbezogene Straftaten einheitlich auf 10 Jahre festgesetzt. Durch die Übergangsvorschrift des § 65 Abs. 9 Satz 1 StVG (i.d.F. v. 1.1.1999) wurde zugleich bestimmt, dass für Entscheidungen, die vor dem 1.1.1999 in das Verkehrszentralregister eingetragen wurden, noch die alten Tilgungsfristen gelten. In diesen Fällen gilt somit die alte Tilgungsfrist von 5 Jahren.*
>
> *§ 52 Abs. 2 BZRG wurde zum 1.1.1999 dahingehend geändert, dass die Verwertung einer Voreintragung nur solange möglich ist, wie sie im Verkehrszentralregister eingetragen ist (nach altem Recht war die Verwertung getilgter Voreintragungen zeitlich unbefristet möglich).*
>
> *Da aufgrund von Übergangsvorschriften nach altem Recht eine 5-jährige Regeltilgungsfrist mit weiter bestehender Verwertungsmöglichkeit bestand, nach neuem Recht aber eine 10-jährige Tilgungs- und Verwertungsfrist galt, führte dies in der Praxis zu Ungerechtigkeiten.*
>
> *Diese Problematik wurde vom Gesetzgeber dadurch gelöst, dass für die bis Ende 1998 im Verkehrszentralregister eingetragenen Taten nicht nur die alten Tilgungsfristen, sondern auch die alte Verwertungsvorschrift des § 52 Abs. 2 BZRG weiter Anwendung findet, allerdings nur bis zu 10 Jahren. Diese Regelung ist durch § 65 Abs. 9 Satz 1, 2. Halbs StVG am 27.3.2001 in Kraft getreten.*

Wenn also bereits Tilgungsreife erlangt ist, müsste es sich konsequenter Weise um eine unzulässige echte Rückwirkung handeln. Die Folge wäre in einem solchen Fall sachgerechter Weise ein **Vorlagebeschluss an das BVerfG** wegen Zweifeln an der Verfassungsgemäßheit des § 13 Nr. 2 FeV.

b) Körperliche Eignungsmängel

71 Die Eignung des Erlaubnisbewerbers oder Erlaubnisinhabers wird durch **körperliche Mängel** ausgeschlossen, die die Fähigkeit beseitigen, ein Kraftfahrzeug sicher zu führen (Jagusch/Hentschel, Straßenverkehrsrecht, § 2 StVG Rn. 8). Wer sich infolge körperlicher Mängel nicht sicher im Straßenverkehr bewegen kann, darf an ihm nur teilnehmen, wenn in geeigneter Weise Vorsorge dafür getroffen ist, dass er andere nicht gefährdet. Zu dieser Vorsorge ist entweder der Verkehrsteilnehmer selbst oder ein für ihn Verantwortlicher, z.B. ein Erziehungsberechtigter, verpflichtet.

72 Welche Erkrankungen nach Auffassung verkehrsmedizinischer Experten die körperliche Eignung ganz oder teilweise ausschließen und unter welchen Auflagen oder Beschränkungen bei bedingter Eignung eine sichere Teilnahme am Straßenverkehr gewährleistet werden kann, ergibt sich aus Anlage 4 FeV. Diese enthält in tabellarischer Form **häufiger vorkommende Erkrankungen und Mängel**, die die Eignung zum Führen von Kraftfahrzeugen auf Dauer beeinträchtigen können. Keinesfalls darf diese tabellarische Darstellung zu einer schematischen Übertragung auf konkrete Fälle führen. Je nach persönlicher Konstitution, Veranlagung, Gewöhnung oder Verhaltensweisen des Betroffenen ist eine Kompensation des jeweils vorliegenden Eignungsmangels möglich.

aa) Sehvermögen

73 Bei der für die Teilnahme am Straßenverkehr mit Kraftfahrzeugen unabdingbar erforderlichen Orientierung spielen Mängel im Sehvermögen eine erhebliche Rolle. Bereits in der älteren Rechtsprechung besteht Einigkeit darüber, dass der Verlust der Sehkraft auf einem Auge die Eignung in Frage stellt und nur durch besonderes Verantwortungsbewusstsein, erhöhte Vorsicht und Rücksicht

im Straßenverkehr ausgeglichen werden kann (BVerwG, Urt. v. 2.12.1960, VII C 53.59, in: Buchholz, 442.10 Nr. 4 StVG). Dies allein genügt heute nicht mehr.

Im Gegensatz zu den Anlagen 4 und 5 Nr. 1 FeV, die in Form von Negativlisten aufzählen, welche Mängel nicht vorliegen dürfen, sind in Anlage 6 FeV **positive Anforderungen** an das Sehvermögen aufgezählt, deren Erfüllung § 12 Abs. 1 FeV vorschreibt. Die ebenfalls mit heranzuziehenden Begutachtungs-Leitlinien zur Kraftfahrereignung geben zudem den Text der Anlage XVII zur StVZO in der bis zum 31.12.1998 geltenden Fassung wieder, die bezüglich des Sehvermögens für Inhaber einer bis zum 31.12.1998 erteilten Fahrerlaubnis fortgilt (§ 76 Nr. 9 FeV). **74**

Bereits im Zusammenhang mit Unterschreitungen der in Nr. 2 der (alten) Anlage XVII zur StVZO festgelegten Mindestanforderungen an das Sehvermögen hat das BVerwG entschieden, dass in derartigen Fällen **nicht nur dem Bewerber** die **Fahrerlaubnis** mangels Eignung **versagt** werden muss, sondern **auch Inhabern** der Fahrerlaubnis diese **wegen Ungeeignetheit entzogen** werden muss (BVerwG, NZV 1993, 126). **75**

Die **Anforderungen** an das Sehvermögen sind je nach Fahrerlaubnisklasse und Art der Feststellung **unterschiedlich.** **76**

So ist dem Antrag auf Erteilung einer Fahrerlaubnis der Klassen A, A1, B, BE, M, L und T zum Nachweis ausreichenden Sehvermögens eine **Sehtestbescheinigung** nach § 12 Abs. 3 FeV beizufügen; oder ein Zeugnis oder ein Gutachten eines Augenarztes über das Sehvermögen gem. § 12 Abs. 5 FeV (§ 21 Abs. 3 Satz 1 Nr. 3 FeV). Der Sehtest bei einer amtlichen Sehteststelle beschränkt sich auf die Feststellung der **zentralen Tagessehschärfe** und somit auf die für das Führen von Kraftfahrzeugen wichtigste Sehfunktion. Weitergehende Untersuchungen und Nachweise zur Eignung sollen dem Bewerber der zuvor genannten Fahrerlaubnisklassen nur abverlangt werden, wenn er den Sehtest nicht bestanden hat oder aus anderen Gründen Zweifel bestehen. **77**

Solche Nachweise können durch **Zeugnisse oder Gutachten eines Augenarztes** erbracht werden. Die **Sehtestbescheinigung** kann hierdurch ersetzt werden, wenn sich aus dem Untersuchungsbericht des Augenarztes ergibt, dass der Bewerber die Anforderungen nach Anlage 6 Nr. 1 FeV erfüllt (§ 12 Abs. 4 FeV). Zu berücksichtigen ist, dass für den Sehtest die Anforderungen an die zentrale Tagessehschärfe gem. Anlage 6 Nr. 1 FeV höher sind als für die augenärztliche Untersuchung, bei der jedoch nach Anlage 6 Nr. 2.1 FeV zusätzlich besondere Anforderungen bezogen auf das Gesichtsfeld und der Augenbeweglichkeit gestellt werden (vgl. hierzu ausführlich Bode/Winkler, Fahrerlaubnis, § 5 Rn. 9 ff.). **78**

Strengere Anforderungen bestehen für die Klassen C1, CE, C1E, D, D1, DE, D1E sowie für die Personenbeförderung. Die zu erfüllenden besonderen Voraussetzungen bezogen auf die zentrale Tagessehschärfe, die Augenbeweglichkeit, das Gesichtsfeld und das Farbsehen ergeben sich hier aus Anlage 6 Nr. 2.2. FeV. **79**

Ein mögliches Abweichen von den zuvor beschriebenen Mindestanforderungen kommt allenfalls im Wege einer **Ausnahmegenehmigung** gem. § 74 FeV in Betracht. Diese wird allerdings i.d.R. mit weitreichenden Auflagen verbunden sein, die eine sichere Teilnahme des Bewerbers am Straßenverkehr und die Gefährdung anderer Verkehrsteilnehmer ausschließen sollen. Häufig wird in diesem Zusammenhang die nach § 12 Abs. 8 FeV vorgesehene Beibringung eines **augenärztlichen Gutachtens** verlangt. Ein derartiges Gutachten wird überdies nicht nur bei Fragen hinsichtlich Erteilung oder Verlängerung von Fahrerlaubnissen angeordnet, sondern auch bei beabsichtigten Beschränkungen oder Auflagen bereits erteilter Fahrerlaubnisse. **80**

Die häufig vorkommende **Farbenfehlsichtigkeit** ist grds. durch Übung auszugleichen (OVG Münster, VRS 9, 382; VGH Kassel, NJW 1958, 2035 [Grünblindheit]). Selbst bei **völliger Farbblindheit** besteht z.B. bei Lichtzeichenanlagen kaum Verwechslungsgefahr, da „Rot" immer oben und „Grün" immer unten ist, was sich bereits aus § 37 StVO ergibt (näher hierzu Jagusch/Hentschel, Straßenverkehrsrecht, § 2 StVG Rn. 8; Booß, VM 1966, 58; a.A. BVerwG, VM 1966, 58). **81**

82 Problematischer sind **Einäugigkeit** und **Gesichtsfeldeinschränkung** des Bewerbers. Beide Sehmängel werden häufig miteinander verwechselt. Während der Verlust eines Auges (als einäugig i.S.d. Anlage 6 FeV gelten Personen, die auf einem Auge eine Sehschärfe von weniger als 0,2 Dioptrin besitzen) die Eignung nicht allgemein entfallen lässt, führt die Gesichtsfeldeinschränkung dann zur Ablehnung der Eignung, wenn dadurch die Mindestanforderungen der Anlage 6 FeV unterschritten werden (BVerwG, NZV 1993, 126).

bb) Gehörlosigkeit und Schwerhörigkeit

83 **Gehörlosigkeit** oder **Schwerhörigkeit** lässt die Eignung zur Teilnahme am Straßenverkehr nicht grds. entfallen, soweit damit keine weiteren Einschränkungen der Sinneswahrnehmungen verbunden sind (Jagusch/Hentschel, Straßenverkehrsrecht, § 2 StVG Rn. 8). Nähere Einzelheiten hierzu finden sich in Anlage 4 Nr. 2 FeV und unter Nr. 3.2.1. der Begutachtungs-Leitlinien zur Kraftfahrereignung.

cc) Altersbedingte Einschränkung der Eignung

84 Der in der öffentlichen Diskussion zunehmend als eignungsmindernd unterstellte **Altersabbau** wird in vielen Fällen durch besondere Erfahrung ausgeglichen, so dass davon **nur bei Verkehrsauffälligkeiten** ausgegangen werden kann (BVerwG, DAR 1975, 139; BVerwG, VRS 30, 386, 388; Händel, DAR 1985, 211; Langwieder, VGT 1985, 136 ff.; Schütz, VGT 1995, 55 ff.; Himmelreich, DAR 1990, 447; ders., NZV 1992, 169, 170). **Hohes Alter allein** genügt nicht zur Annahme fehlender Eignung (VGH Mannheim, NZV 1989, 206).

dd) Sonstige Krankheiten

85 Zum Führen von Kraftfahrzeugen ist auch ungeeignet, wer unter einer Krankheit leidet, die seine Fahrtüchtigkeit ständig unter das erforderliche Maß herabsetzt. Gleiches gilt für **Anfallsleiden** (Jagusch/Hentschel, Straßenverkehrsrecht, § 2 StVG Rn. 10). Es kommt jedoch auf den Einzelfall an.

86 **Bewegungsbehinderungen** stellen gem. Anlage 4 Nr. 3 FeV und Nr. 3 der **Begutachtungs-Leitlinien Kraftfahrereignung** keinen grundsätzlichen Eignungsausschluss dar.

87 Ähnliches gilt für **Herz- und Gefäßkrankheiten** (Anlage 4 Nr. 4 FeV; Nr. 3 Begutachtungs-Leitlinien), **Zuckerkrankheit** (Anlage 4 Nr. 5 FeV; Nr. 3.5 Begutachtungs-Leitlinien), **Krankheiten des Nervensystems** (Anlage 4 Nr. 6 FeV; Nr. 3.9 Begutachtungs-Leitlinien) sowie **psychische (geistige) Störungen** (Anlage 4 Nr. 7 FeV; Nr. 3.10 Begutachtungs-Leitlinien). Für all diese Formen von Mängeln treffen Anlage 4 und die Begutachtungs-Leitlinien Kraftfahrereignung differenzierte Eignungsaussagen.

88 Nicht verständlich ist, warum Anlage 4 FeV keine Aussagen zu **intellektueller Leistungseinschränkung** enthält. Es finden sich jedoch in den Begutachtungs-Leitlinien unter Nr. 3.13 erläuternde Hinweise. So dienen als Anknüpfungstatsachen, die auf mangelnde Eignung wegen intellektueller Minderleistung hindeuten, Verhaltensweisen, die zeigen, dass klar erkennbare Gefahren oder erhebliche persönliche Nachteile, deren Eintreten durchaus wahrscheinlich war, nicht erkannt werden. Weitere Anknüpfungstatsachen sind Auffälligkeiten durch extrem desorientiertes Fahrverhalten bzw. Nichterkennen oder Fehldeutung einer Verkehrssituation.

89 Die Grenze zu lediglich verlangsamtem Denken ist fließend. **Verlangsamtes Denken** und **verlangsamte Reaktion** können fahrunfähig machen, entgegen OVG Berlin (VRS, 42, 236) aber nur bei entsprechender Erheblichkeit (näher Jagusch/Hentschel, Straßenverkehrsrecht, § 2 StVG Rn. 10).

90 Die **Begutachtungs-Leitlinien** gehen davon aus, dass begründete Zweifel an der Eignung zum Führen von Kraftfahrzeugen bestehen, wenn der **Intelligenzquotient** unter 70, bei Bus- und Taxifahrern unter 85 liegt. Auch hier ist gegenüber vorschnellen Urteilen Vorsicht geboten. Etwaige Mängel können durch eine vorsichtige Grundhaltung des Bewerbers und entsprechendes Risiko-

bewusstsein ausgeglichen werden (Bode/Winkler, Fahrerlaubnis, § 3 Rn. 113). Eine zumindest fragwürdige Aussage, da Personen mit einem Intelligenzquotienten unter 70 kaum über die Einsichtsfähigkeit für die von Bode/Winkler geforderte „vorsichtige Grundhaltung und das entsprechende „Risikobewusstsein" verfügen dürften.

ee) Wiederherstellung durch Medikamente

Unbestritten ist, dass in manchen Fällen die Eignung zum Führen von Kraftfahrzeugen erst durch   91
die ärztlich betreute **Einnahme von Medikamenten** hergestellt bzw. auf Dauer sichergestellt werden kann. Dies kommt auch in einer **Empfehlung des Deutschen Verkehrssicherheitsrates** zum Ausdruck: „Arzneimittel können die Verkehrssicherheit verbessern und beeinträchtigen. Unbehandelte Kranke tragen ein höheres Risiko im Straßenverkehr als behandelte Kranke" (Arzneimittel und Straßenverkehr, Beiträge zur Verkehrssicherheit 3, Empfehlungen des DVR, 2. Aufl. 1996).

Da die Grenze zur „missbräuchlichen Einnahme" i.S.d. § 14 Abs. 1 Nr. 3 FeV mitunter fließend   92
sein kann (s.u. Rn. 124), sollte dem Einnehmenden an Hand von **Beipackzetteln** die Möglichkeit gegeben werden, Fahreignungsprobleme vorherzusehen. Soll für den Kraftfahrer die Grenzziehung zwischen Herstellung der Fahrtüchtigkeit und Verlust derselben durch „missbräuchliche Einnahme" nicht gänzlich vom Zufall des eingenommenen Medikaments und der bestehenden Einzelfallentscheidungspraxis der Gerichte bezogen auf das jeweilige Medikament abhängen, wird man nach einer Lösung zu suchen haben, die eigenverantwortliche Aspekte in den Vordergrund stellt.

Hinweis: 93

Solange die medizinische Wissenschaft keine dem Alkoholmissbrauch vergleichbaren Grenzwerte für Medikamente vorlegen kann, wird man nicht umhin können, dem Beipackzettel größere Bedeutung beizumessen.

---

c) Geistige Eignungsmängel

Geistige Mängel und **psychische Störungen**, besonders organische Geisteskrankheiten und   94
schwere Nervenleiden (Anlage 4 FeV) können die Kraftfahreignung entfallen lassen (vgl. BVerwG, DVBl 1963, 568). Sogar die **Ohnmacht** kann einen Eignungsmangel darstellen (Jagusch/Hentschel, Straßenverkehrsrecht, § 2 StVG Rn. 11). Dagegen rechtfertigen **Neurosen** für sich betrachtet noch nicht die Annahme von Eignungsmängeln (OVG Bremen, VRS 57, 227, 228). Treten jedoch zudem noch **Depressionen**, verbunden mit Medikamentenmissbrauch auf, so ist die Eignungsfrage auch unter dem Aspekt des Missbrauchs von Arzneimitteln zu untersuchen. Die Fahreignung entfällt auch, wenn der Fahrerlaubnisbewerber unter **Psychosen** leidet, die das Realitätsurteil und die körperliche Leistungsfähigkeit in erheblichem Umfang reduzieren (HessVGH, VM 1980, 86).

Der Begriff des geistigen Mangels selbst wird von der Rechtsprechung weit ausgelegt, so dass er   95
auch Anlagen des geistig-seelischen Bereichs umfasst. Wie bei den körperlichen Mängeln reicht auch zur Annahme von geistigen Eignungsmängeln die Möglichkeit, dass mit dem unvorhersehbaren Ausbruch einer geistigen Erkrankung jederzeit gerechnet werden muss (BVerwG, DAR 1965, 163). Ist bei einer geistigen Erkrankung mit dem Auftreten von akuten Schüben mit **Bewusstseinstrübungen** zu rechnen, ist sogar die Erteilung einer Fahrerlaubnis unter der Auflage rechtswidrig, nach der sich der Kraftfahrer einer regelmäßigen fachärztlichen Untersuchung unterziehen müsste. Die Ungeeignetheit kann nicht allein durch die Auflage der Untersuchungspflicht beseitigt werden (Jagusch/Hentschel, Straßenverkehrsrecht, § 2 StVG Rn. 11).

Analphabetismus allein schließt die Kraftfahreignung nicht aus (OVG Münster, DAR 1974, 335).   96

d) Sittlich-charakterliche Eignungsmängel

97   Der Begriff der **sittlich-charakterlichen Mängel** ist vom Schutzzweck des Eignungsbegriffs, der auf die Abwehr von Gefahren für den Straßenverkehr durch ungeeignete Kraftfahrer ausgerichtet ist, zu interpretieren. Persönliche Zuverlässigkeit ist Bestandteil der Eignung (§ 2 Abs. 4 Satz 1 StVG). Dabei setzt die Eignung zum Führen von Kraftfahrzeugen einigermaßen angepasste sittliche Reife voraus, was nicht zu verwechseln ist mit unangebrachter Moralisierung (Jagusch/Hentschel, Straßenverkehrsrecht, § 2 StVG Rn. 12).

98   Den charakterlichen Mängeln zuzuordnen sind bestimmte überdauernde Persönlichkeitsmerkmale, wie etwa die **emotionale Labilität**, die **erhöhte situative Beeinflussbarkeit**, **Aggressivität**, **Defizite bei Selbstkontrolle** und **Selbstbeobachtung**.

99   Dem Begriff des charakterlichen Eignungsmangels unterfallen aber gerade auch **verkehrsrelevante Einstellungen** und **Verhaltensweisen**, die das Verhalten im Straßenverkehr nachteilig beeinflussen können. Die charakterlichen Mängel zeigen sich i.d.R. durch jeweils nach außen erkennbares Verhalten des betroffenen Verkehrsteilnehmers in seiner sozialen Umwelt.

100   Im Zusammenhang mit dem Erwerb einer Fahrerlaubnis kommen den charakterlichen Mängeln unbeherrschter impulsiver, **egozentrischer Haltung** sowie **mangelnder Persönlichkeitsreife** besondere Bedeutung zu (näher Jagusch/Hentschel, Straßenverkehrsrecht, § 2 StVG Rn. 12). Gerade bei Fahranfängern ist der Begriff sittlich-einwandfreien Verhaltens in einer Zeit der zunehmenden Infragestellung von Werten problematisch geworden.

101   § 2 Abs. 4 StVG und § 11 Abs. 1 FeV bestimmen den Eignungsbegriff auch dahingehend, dass der Bewerber um eine Fahrerlaubnis (selbstverständlich auch der Inhaber einer bereits erteilten Fahrerlaubnis) neben den zu erfüllenden körperlichen und geistigen Voraussetzungen **keine Verstöße gegen verkehrsrechtliche Vorschriften** oder gar **Strafgesetze** aufweist. Charakterliche Eignung bedeutet daher auch das Freisein bzw. das Nichtvorhandensein von Verstößen gegen Verkehrsvorschriften oder Strafgesetze (Heiler/Jagow, Führerschein, S. 172).

102   **Erhebliche und wiederholte Verstöße gegen verkehrsrechtliche Vorschriften** führen nur dann zur Ungeeignetheit, wenn sie die Befürchtung rechtfertigen, der Kraftfahrer werde erneut in schwerwiegender Weise Vorschriften verletzen und dadurch andere Verkehrsteilnehmer, bzw. die Allgemeinheit gefährden (BVerwG, NZV 1996, 84; Mahlberg, NZV 1992, 10). § 11 Abs. 1 Satz 3 FeV geht davon aus, dass Verstöße gegen Verkehrs- und/oder Strafvorschriften allein nicht genügen; vielmehr muss hinzutreten, dass „dadurch die Eignung ausgeschlossen wird“. Des Weiteren wird differenziert zwischen „erheblichen“ oder „wiederholten“ Verstößen.

103   Bei einem erheblichen Verstoß genügt die einmalige Begehung. Unter wiederholte Verstöße können auch nicht erhebliche Zuwiderhandlungen fallen. „Wiederholt“ setzt ein mindestens zweimaliges Zuwiderhandeln gegen Verkehrsvorschriften voraus.

104   Für die mitunter nicht einfache Abgrenzung zwischen erheblichem und nicht erheblichem Verstoß hilft ein Blick in die **Punktebewertung des Punktesystems** (Anlage 13 FeV). Dort erfolgt eine Bewertung aufgezählter Verstöße nach einer Skala von eins bis sieben Punkten. Soweit Verstöße nicht mit zwei bis sieben Punkten belegt sind, werden sie mit einem Punkt bewertet. Nicht aufgeführt werden Verstöße, die lediglich mit einer Verwarnung oder einem Verwarnungsgeld unterhalb von 40 € geahndet werden. Zwar können grds. auch eine Vielzahl von geringfügigen Verstößen ausreichend sein, um charakterliche Ungeeignetheit aufzuzeigen (Jagusch/Hentschel, Straßenverkehrsrecht, § 2 StVG Rn. 13 m.w.N.), jedoch gilt diese nicht für Zuwiderhandlungen des „äußersten Bagatellbereichs“, die nur mit einer Verwarnung geahndet werden (BVerwG, VRS 45, 234).

105   Grds. werden nach Auffassung der Rechtsprechung Verwarnungen und nicht eintragungsfähige Geldbußen bei der Prüfung der Eignungsfrage nicht berücksichtigt (BVerwG, NJW 1973, 1992; OVG Hamburg, VRS 93, 388). Kurioser Weise soll dies nach Auffassung der Literatur (Jagusch/Hentschel, Straßenverkehrsrecht, § 2 StVG Rn. 13) „nicht für durch Bußgeldbescheid geahndete

Verstöße, die im Verwarnungsgeldverfahren hätten gerügt werden können", gelten. Dies bedeutet nicht nachvollziehbar, dass aus zuvor nicht eignungsrelevanten Verstößen im Verwarnungsbereich durch Verzicht auf Einspruch und Rechtsmittel eignungserhebliche Verstöße werden. Dies ist unlogisch, da es hier um verkehrsrelevantes Fehlverhalten geht und nicht um prozessuale Versäumnisse.

Dass wiederholte erhebliche Überschreitungen der zulässigen Höchstgeschwindigkeit Eignungsmängel belegen können, ist unumstritten. Aber auch wiederholte beharrliche, schwerwiegende (was immer das bedeuten soll) **Verstöße gegen Halt- und Parkvorschriften** können die Eignung in Frage stellen (VG Berlin, NZV 1990, 328).

106

Verstöße gegen Strafgesetze schließen die Eignung nur dann aus, wenn sie im **Zusammenhang mit dem Straßenverkehr** stehen oder wenn Anhaltspunkte für ein **besonders hohes Aggressionspotential** bestehen. Diese Einschränkung lässt sich aus § 11 Abs. 3 Satz 1 Nr. 4 FeV und der Anordnungsmöglichkeit einer MPU herleiten. Die Beibringung eines medizinisch-psychologischen Gutachtens über die Fahreignung kann vor der Neuerteilung einer Fahrerlaubnis zur Klärung von Eignungsmängeln, aber auch dann angeordnet werden, wenn die Fahrerlaubnis zuvor wegen nur **einer erheblichen Straftat** (z.B. § 315c StGB) entzogen worden war (VGH Mannheim, DAR 2002, 92).

107

Wiederholte Verstöße gegen **Vorschriften über den Versicherungsnachweis** können die Eignung entfallen lassen, wenn dadurch ein entsprechend hohes Maß an Gleichgültigkeit gegenüber den Interessen der Verkehrssicherheit manifestiert wird (OVG Lüneburg, DAR 1983, 31). Dies ist im Ergebnis richtig, allein die Begründung ruft Zweifel hervor. Die Vorschriften des Pflichtversicherungsgesetzes dienen nicht in erster Linie dem Schutz der Verkehrssicherheit, sondern vielmehr dem Schutz zivilrechtlicher Interessen des Geschädigten. Auch unter diesem Gesichtspunkt lassen sich jedoch aufgrund mehrerer Verstöße gegen versicherungsrechtliche Bestimmungen Rückschlüsse auf die charakterliche Eignung ziehen.

108

Sehr oft wird die Eignungsrelevanz von **Sorgfaltspflichtverletzungen des Halters** unterschätzt. Nicht nur der Fahrer eines Kraftfahrzeugs, sondern auch der Halter selbst kann eignungsrelevante Mängel aufweisen. Auch ein Halter eines Kraftfahrzeugs, der selbst keine Verkehrsverstöße begeht, aber durch zahlreiche ihm zugehende Bußgeldbescheide erfährt, dass Personen, die sein Fahrzeug benutzen, laufend gegen Verkehrsvorschriften verstoßen, und der dagegen nichts unternimmt, zeigt charakterliche Mängel, die ihn selbst als einen ungeeigneten Verkehrsteilnehmer ausweisen können (OVG Münster, NZV 1997, 495). Dies kann u.U. zur Anordnung einer MPU gegenüber dem Halter wegen wiederholtem „Falschparkenlassens" führen.

109

e) Alkohol und Kraftfahreignung

Übermäßiger Alkoholkonsum im Zusammenhang mit der Teilnahme am Straßenverkehr (auch z.B. als Radfahrer, OVG Münster, DAR 2001, 140) zeigt in aller Regel einen Charaktermangel. Grundsätzliche Eignungsaussagen enthalten Anlage 4 Nr. 8 FeV und die **Begutachtungs-Leitlinien zur Kraftfahrereignung** unter Nr. 3.11. Hierbei wird zur Beurteilung der Eignung zwischen **Alkoholabhängigkeit** und **Alkoholmissbrauch** (VGH Mannheim, NZV 2001, 279) differenziert. Zentrale Vorschrift ist § 13 FeV (vgl. ausführlich Rn. 386 ff.), wonach die Fahrerlaubnisbehörde zur Vorbereitung von Entscheidungen über die Erteilung oder Verlängerung der Fahrerlaubnis oder über die Anordnung von Beschränkungen oder Auflagen verschiedene ärztliche Untersuchungen anordnen kann. § 13 FeV bezieht sich somit sowohl auf Fälle der (Erst-) Erteilung als auch auf Fälle der Wiedererteilung nach vorheriger Entziehung.

110

Für die **Rechtmäßigkeit einer Anordnung** nach § 13 FeV kommt es anders als nach der Rechtsprechung zum vor In-Kraft-Treten der Fahrerlaubnisverordnung geltenden Recht nicht darauf an, ob im Einzelfall besondere Umstände die Annahme rechtfertigen, der Fahrerlaubnisinhaber sei trotz der festgestellten Blutalkoholkonzentration (BAK) zum Führen von Kraftfahrzeugen geeignet (OVG Münster, DAR 2001, 140).

111 Rückschlüsse auf die Ungeeignetheit zum Führen von Kraftfahrzeugen lassen sich aus der Betrachtung der jeweiligen **Tatmerkmale** und **Tätermerkmale** ziehen. Zu den Tatmerkmalen sind neben dem verwirklichten Delikt die Höhe der Blutalkoholkonzentration (BAK), der Tatzeitpunkt (Tageszeit) des Trunkenheitsdelikts sowie die Symptomatik und das Täterverhalten bei der Blutentnahme zu berücksichtigen. Zu den Tätermerkmalen zählen Lebensalter, Dauer des Fahrerlaubnisbesitzes, bisheriges Verhalten im Straßenverkehr sowie sonstige Vorbelastungen strafrechtlicher Art außerhalb des Straßenverkehrs. Diese Tat- und Tätermerkmale ergeben ein Bild der Gesamtpersönlichkeit, welches wiederum Rückschlüsse auf etwaige unzureichende Entwicklung und Kontrolle im Umgang mit Alkohol zulässt oder dem Gutachter Aussagen über Fehleinstellungen, Persönlichkeitslabilisierungen, chronischen Missbrauch oder gar Alkoholkrankheit ermöglichen (ausführlich Bode/Winkler, Fahrerlaubnis, § 3 Rn. 114 ff.; Jagusch/Hentschel, Straßenverkehrsrecht, § 2 StVG Rn. 16; Himmelreich/Janker, MPU-Begutachtung, Rn. 270 ff.).

112 Eine Wiedererlangung der Eignung kann nur unterstellt werden, wenn im Gutachten eine **positive Prognose** getroffen wird (näher Rn. 538).

Hinweis:

*Oft wird übersehen, dass der **häusliche Trunk ohne Verkehrsteilnahme** unter Alkoholeinfluss bei einem Berufskraftfahrer die Annahme von Alkoholmissbrauch begründen kann und zwar dann, wenn dieser zum einem bereits alkoholgewöhnt ist (was sich schon allein aus den vertragenen BAK-Werten ergeben dürfte) und zum anderen regelmäßig beruflich fahren muss.*

§ 13 Nr. 2a FeV setzt für die Anordnung einer MPU keinen unmittelbaren Zusammenhang zwischen Alkoholabhängigkeit bzw. -missbrauch und Teilnahme am Straßenverkehr voraus.

Auch Sinn und Zweck des Gesetzes fordern eine solche Einschränkung nicht. Das Straßenverkehrsrecht und insbesondere das Fahrerlaubnisrecht ist ein Teilbereich des Rechts der öffentlichen Sicherheit und Ordnung; es sollen präventiv Gefahren von anderen Verkehrsteilnehmern abgewendet werden, die von ungeeigneten Fahrern ausgehen. Auch die Anlage 4 zur FeV enthält unter Nr. 8.1 keine abschließende Definition des Begriffs Alkoholmissbrauch.

§ 13 Nr. 2a FeV setzt nicht voraus, dass eine Verkehrsteilnahme unter Alkoholeinfluss vorgefallen sein muss, um Alkoholmissbrauch anzunehmen (vgl. Geiger, DAR 2002, 347). Selbstverständlich genügt nicht allein die Tatsache, dass überhaupt Alkohol in größeren Mengen genossen wird. Ähnlich wie im Falles des VHG Mannheim (DAR 2001, 233) müssen zusätzliche Anhaltspunkte hinzukommen, die den Schluss zulassen, der Betreffende lasse es an der notwendigen Rücksicht gegenüber Dritten oder der Allgemeinheit fehlen. Im Fall des VGH Mannheim war eine Mutter aufgrund Alkoholkonsums nicht mehr in der Lage, ihr 4-jähriges Kind sicher nach Hause zu bringen.

---

f) Drogen und Arzneimittel

113 Zu Fragen der Kraftfahreignung im Zusammenhang mit Betäubungsmittel (Drogen) und Arzneimitteln enthalten sowohl Anlage 4 Nr. 9 FeV als auch Nr. 3.9 der Begutachtungs-Leitlinien Kraftfahrereignung Aussagen.

114 Bei **Abhängigkeit von Betäubungsmitteln** i.S.d. BtMG ist die Eignung grds. ausgeschlossen. Der Nachweis der Wiedererlangung der Eignung wird nur durch ein Gutachten zu erbringen sein, wobei nach den Begutachtungs-Leitlinien nicht bereits mit **Beginn einer Entwöhnungsbehandlung** Aussagen zum möglichen Erfolg getroffen werden können (anders bei Alkoholproblematiken). Die Grenzen zwischen körperlich/geistigen Mängeln und sittlich/charakterlichen Defiziten sind bei festgestellter Abhängigkeit fließend. Dementsprechend enthält auch das Gutachten „Krankheit und Kraftverkehr" des Bundesministeriums für Verkehr, Bau- und Wohnungswesen, S. 28 f., (BMVBW) die Aussage „Bewerbern oder Fahrzeugführern, die von **psychotropen Stoffen**

abhängig sind, oder auch ohne abhängig zu sein, von solchen Stoffen regelmäßig übermäßig Gebrauch machen, darf eine Fahrerlaubnis unabhängig von der beantragten Führerscheinklasse weder erteilt noch erneuert werden". Das Gutachten geht zutreffend von der Annahme aus, dass derjenige, der Drogen, die dem Betäubungsmittelgesetz unterliegen, einnimmt oder von ihnen abhängig ist, nicht in der Lage ist, den gestellten Anforderungen zum Führen von Kraftfahrzeugen gerecht zu werden.

aa) Exkurs: Methadon-Substitution und Fahreignung

Besondere Probleme hinsichtlich der Eignungsfrage entstehen im Zusammenhang mit einer sog. Methadon-Substitution. Wer die Verwendung von Arzneimitteln und ähnlichen Substanzen grds. unter dem Aspekt bestehender Nichteignung zum Führen von Fahrzeugen betrachtet, muss sich auch mit der Methadonproblematik auseinandersetzen. Das Ziel der Substitutionsbehandlung ist eine gesundheitliche und soziale Rehabilitation, in der eine stabilisierende Lebenssituation die Basis für eine Leben ohne Drogen bildet (vgl. näher Berghaus/Friedel, NZV 1994, 377). Dass zu solcher Zielsetzung im heutigen Alltag auch die (Wieder-)Erteilung der Fahrerlaubnis gehört, dürfte unbestritten sein. Grds. gilt dabei auch für Methadonpatienten – entsprechend dem Gutachten „Krankheit und Kraftverkehr", dass Voraussetzung für die (Wieder-)Herstellung Fahreignung eines zuvor Abhängigen eine erfolgreiche **Entwöhnungsbehandlung** ist, nach deren Abschluss, ähnlich wie bei Alkoholabhängigkeit, eine einjährige **Abstinenzphase** zu erfolgen hat. | 115

Es besteht Einigkeit darüber, dass die Verwaltungsbehörden in Behandlungsfällen mit Methadon zu prüfen haben, ob die Betroffenen **trotz noch andauernder Behandlung** als **fahrtüchtig** anzusehen sind. Nach Ansicht des OVG Hamburg (NJW 1997, 3111) schließt der Umstand einer Methadon-Substitution nicht schon als solche die Eignung zum Führen von Kraftfahrzeugen aus, obwohl Methadon (**Polamidon**) selbst eine suchtbildende Substanz, und zwar ein Opiat (**Morphinderivat**), ist, das wiederum dem Betäubungsmittelgesetz unterfällt. Untersuchungsreihen haben gezeigt, dass einige mit Methadon substituierte Personen sehr wohl die Eignung zum Führen von Fahrzeugen besitzen und auch fahrtauglich sind. | 116

Festzuhalten ist daher, dass von genereller Fahruntauglichkeit und mangelnder Eignung unter Methadonsubstitution nicht ausgegangen werden kann (vgl. Rn. 422). | 117

bb) Einnahme von Betäubungsmitteln nach dem BtMG und Cannabisprodukte

Als eignungsausschließend ist bereits die einmalige Einnahme von sog. **harten Drogen** wie **Heroin** und **Kokain** anzusehen. Für die Wiedererlangung der Eignung gelten dieselben Grundsätze wie bei der zuvor beschriebenen Abhängigkeit. | 118

Etwas anderes gilt bei der Einnahme von **Cannabis** (vgl. insbes. VGH Mannheim, DAR 2002, 183; OVG Münster, DAR 2002, 185). Hier wird zwischen **gelegentlicher und regelmäßiger Einnahme** unterschieden. Wie bei Einnahme harter Drogen führt auch die regelmäßige Einnahme von Cannabis zum Wegfall der Eignung. | 119

Entsprechend Anlage 4 Nr. 9.2.2 FeV wird die nur **gelegentliche Einnahme** von Cannabis mit dem Missbrauch von Alkohol verglichen, was dazu führt, dass die Eignung zum Führen von Kraftfahrzeugen bejaht werden kann, wenn der Betroffene in der Lage ist, Cannabiskonsum und Führen eines Kraftfahrzeugs, ähnlich dem Trinken von Alkohol und Fahren, zu trennen. Des Weiteren dürfen kein zusätzlicher Gebrauch von Alkohol oder anderen psychoaktiv wirkenden Mitteln hinzukommen sowie keine Persönlichkeitsstörungen vorliegen. | 120

Gelegentlicher, mäßiger Haschischkonsum außerhalb des Straßenverkehrs und ohne jegliche Auffälligkeiten rechtfertigt also für sich allein betrachtet nicht die generelle Annahme von Kraftfahrungeeignetheit (so die überwiegende Ansicht in der Rspr. OVG Hamburg, NJW 1994, 2168; VGH München, NZV 1994, 454; 96, 509; VG Freiburg, NJW 1985, 1417; VG Sigmaringen, DAR 1995, 213; VG Berlin, NZV 1996, 423; OVG Koblenz, DAR 2001, 183) Dies gilt erst recht für den **einmaligen Konsum** von Cannabisprodukten (vgl. BVerfG, NZV 1993, 413). Etwas anderes gilt | 121 selbstverständlich bei bestehender Gefahr der Teilnahme am Straßenverkehr mit einem Kraftfahrzeug unter Wirkung von Haschisch (VGH München, NZV 1993, 46). Ansonsten rechtfertigt das wiederholte Handeltreiben mit Haschisch die Annahme genereller Ungeeignetheit (so zumindest VG Aachen, NZV 1990, 368) ebenso wenig wie das Mitführen geringer Haschischmengen (VG Bremen, NZV 1992, 424). Durch Beschlüsse vom 20.6.2002 (1 BvR 2062; NZV 2002, 422) und vom 8.7.2002 (1 BvR 2428/95; NZV 2002, 425) hat das **BVerfG** die Diskussion beendet. Zwar betreffen die Entscheidungen in erster Linie die Voraussetzungen für die Anordnung eines sog. Drogenscreenings und mögliche Rückschlüsse seitens der anordnenden Behörde bei Weigerung des Betroffenen (vgl. hierzu Feiertag, Rn. 416 ff). Interessant sind aber die Ausführungen des Gerichts zur drogenbedingten Fahruntüchtigkeit. Nach Auffassung der Kammer ist es bei **einmaligem** oder **gelegentlichem Haschischkonsum** nicht überwiegend wahrscheinlich, dass der Betroffene außerstande ist, eine drogenbedingte zeitweilige Fahruntüchtigkeit rechtzeitig als solche zu erkennen oder trotz einer solchen Erkenntnis von der aktiven Teilnahme am Straßenverkehr abzusehen. Es gibt – so das Gericht – keine hinreichend verlässlichen Anhaltspunkte dafür, dass der einmalige oder gelegentliche Cannabiskonsument aufgrund der Drogeneinnahme außerstande ist, die seine Fahrtüchtigkeit ausschließenden Wirkungen des Haschischkonsums als solche zu erkennen.

122   Die Differenzierung zwischen regelmäßiger und gelegentlicher Einnahme darf jedoch nicht zu einer **Unterschätzung der Konsequenzen** führen. Ein Fall möglicher Anordnung einer MPU liegt unzweifelhaft vor, wenn gelegentliche Einnahme von Cannabis festgestellt wurde und weitere Tatsachen Zweifel an der Eignung begründen (§ 14 Abs. 1 Satz 3 FeV). So sieht das BVerfG (NZV 2002, 425) in der Anordnung eines Drogenscreenings keine Grundrechtsverletzung, wenn gegen den Betroffenen über den bloßen Besitz von Cannabis hinaus konkrete tatsächliche Verdachtsmomente dafür vorliegen, dass er den Konsum von Cannabis und die aktive Teilnahme am Straßenverkehr nicht zuverlässig zu trennen vermag oder zu trennen bereit ist. Maßgeblich war im konkreten Fall, dass bereits im Verlauf der polizeilichen Ermittlungen im Aschenbecher des Fahrzeugs Reste eines mit Haschisch versetzten Joints gefunden wurden. Jedoch auch die Fahrerlaubnisbehörden sollten dies erkennen und nicht – wie oft zu beobachten – in Fällen von mitgeführtem Cannabis generell ein medizinisch-psychologisches Gutachten verlangen.

cc) Arzneimittel und Eignung

123   Die Einnahme von Medikamenten kann neben eignungsherstellender Wirkung auch die Kraftfahreignung überhaupt erst in Frage stellen.

124   Zentrale Vorschrift ist § 14 Abs. 1 Nr. 3 FeV, der auf die sog. „**missbräuchliche Einnahme**" abstellt. An keiner Stelle enthält die FeV selbst oder in ihren Anlagen eine Definition darüber, was unter „missbräuchlicher Einnahme" zu verstehen ist. Die amtliche Begründung (BR-Drs. 443/98, S. 263) enthält den lapidaren Hinweis: „*Was unter missbräuchlich zu verstehen ist, ergibt sich aus Anlage 4 Nr. 9.4*" Dort findet sich die Erläuterung: „*. . .missbräuchliche Einnahme (regelmäßig übermäßiger Gebrauch) von psychoaktiv wirkenden Arzneimitteln und anderen psychoaktiv wirkenden Stoffen*".

125   Es wäre wünschenswert gewesen, wenn der Gesetzgeber mit der Fahrerlaubnis-Verordnung zu diesem Aspekt mehr vorgelegt hätte als einen unbestimmten Rechtsbegriff. Medizinische Definitionen eines **Medikamentenmissbrauchs** stellen allesamt auf ein Missverhältnis tatsächlich eingenommener Dosen zur medizinisch indizierten Dosis ab. Dazu muss der „Konsum" des Medikaments in „klinisch bedeutsamer Weise" zu Beeinträchtigungen der Fahrtüchtigkeit und damit der Eignung führen.

126   Käme es demnach in erster Linie für die Missbrauchsdefinition auf die nicht bestimmungsgemäße Einnahme eines Medikaments an, so führte dies zu der vielleicht verlockenden Annahme, man müsse bei der Beurteilung der Eignung im Zusammenhang mit Medikamenteneinnahme nur die tatsächliche Dosis mit dem ärztlichen Rezept vergleichen und schon habe man den Missbrauch

und die fehlende Eignung nachgewiesen (und zugleich den erforderlichen „Verdacht" gem. § 14 FeV für die Anordnung einer MPU). Dieses Ergebnis wäre fatal, werden doch nicht alle die Eignung beeinträchtigenden Medikamente auf Rezept erworben und schon gar nicht alle entsprechend ärztlicher Anweisung eingenommen.

Es mag zwar stimmen, dass ein wesentliches Indiz für etwaige Eignungsmängel aufgrund Missbrauchs in der Abweichung der tatsächlichen Einnahmepraxis von der ärztlich empfohlenen Dosierung zu sehen ist. Nur würde eine solche Sichtweise nicht berücksichtigen, dass zum einen der Übergang zu eignungsausschließendem Missbrauch fließend ist und zum anderen eine Fehldosierung eines Mittels bei zunehmender Selbstmedikation noch keinen Rückschluss auf eine eignungsausschließende „missbräuchliche Einnahme" zulässt; nicht einmal dann, wenn die Fehldosierung fortlaufend über einen längeren Zeitraum erfolgt (Ludovisy, VGT 1999, 110, 118). 127

g) Bedingte Eignung

Wenn der Bewerber zum Führen von Kraftfahrzeugen infolge körperlicher oder geistiger Mängel nur eingeschränkt geeignet erscheint, darf die zuständige Fahrerlaubnisbehörde keinesfalls die Erteilung einer Fahrerlaubnis generell ablehnen. Der Bewerber hat einen **Rechtsanspruch** darauf, dass ihm die Fahrerlaubnisbehörde, wenn die übrigen Anforderungen erfüllt sind, eine **Fahrerlaubnis unter Auflagen oder mit Beschränkungen** versehen erteilt (Jagusch/Hentschel, Straßenverkehrsrecht, § 2 StVG Rn. 18). Auflagen und Beschränkungen müssen geeignet sein, die Mängel auszugleichen (§ 2 Abs. 4 Satz 2 StVG). Besonders bei körperlichen Beeinträchtigungen der Eignung wird eine Beschränkung auf bestimmte Fahrzeugarten in Betracht kommen. 128

Charakterliche Mängel sind nach dem Wortlaut des § 2 Abs. 4 Satz 2 StVG **nicht** durch Auflagen oder Beschränkungen **kompensierbar** (vgl. BR-Drs. 13/6914, S. 100). 129

IV. Fahrerlaubniserteilung „auf Probe"

1. Rechtsgrundlagen

Maßgebliche Vorschriften sind die §§ 2a, 2b StVG und § 31 FahrlG. Durchführungsvorschriften finden sich in den §§ 32 – 39 FeV, Anlage 12 zu § 34 FeV und in den §§ 13 – 15 DV-FahrlG. 130

Danach wird beim **erstmaligen Erwerb** einer Fahrerlaubnis diese auf Probe erteilt. Die Bestimmungen des Führerscheinerwerbs auf Probe erfassen auch Fahrerlaubnisse für Dienstfahrzeuge der Bundeswehr, des Bundesgrenzschutzes und der Polizei. 131

2. Geltungsbereich

Nicht erfasst von der Probezeitregelung ist der Ersterwerb einer Fahrerlaubnis der Klassen L, M und T. Bei erstmaliger **Erweiterungeiner Fahrerlaubnis** der Klassen L, M oder T auf eine der anderen Fahrerlaubnisklassen, wird die erweiterte Klasse auf Probe erteilt (§ 32 FeV). Werden die anderen Fahrerlaubnisklassen erweitert, so handelt es sich nicht um einen erstmaligen Erwerb. 132

Dagegen unterfallen **Inhaber** einer gültigen Fahrerlaubnis aus einem **Mitgliedstaat der Europäischen Union** oder einem anderen Vertragsstaat des Abkommens über den Europäischen Wirtschaftsraum, sog. **EWR-Staaten** (Island, Liechtenstein, Norwegen), die ihren ordentlichen Wohnsitz in das Inland verlegt haben, den in Deutschland geltenden **Probezeitbestimmungen** (§ 2a Abs. 1 Satz 3 StVG). Die Zeit seit dem Erwerb der Fahrerlaubnis ist auf die Probezeit anzurechnen (§ 2a Abs. 1 Satz 4 StVG). 133

Für **Inhaber** einer Fahrerlaubnis aus einem **Staat außerhalb der EU oder des EWR-Gebietes**, die einen ordentlichen Wohnsitz im Inland begründen und denen eine deutsche Fahrerlaubnis nach § 31 FeV erteilt wird, gelten ebenfalls die **Probezeitbestimmungen**. Auch bei diesen Fahrerlaubnissen ist die Zeit seit dem Erwerb auf die Probezeit anzurechnen (§ 2a Abs. 1 Satz 2 StVG). Eine Einschränkung sieht jedoch § 33 Abs. 2 FeV vor. Danach wird der Zeitraum, während dem der 134

Inhaber der ausländischen Fahrerlaubnis im Inland nicht zum Führen eines Fahrzeugs berechtigt war (etwa wegen Überschreitung der 6-Monatsfrist), nicht auf die Probezeit angerechnet.

135 Wer als Inhaber einer Fahrerlaubnis aus einem EU- oder EWR-Staat seinen ordentlichen Wohnsitz ins Inland verlegt, unterliegt auch ohne Umtausch der Probezeitregelung, sofern die Fahrerlaubnis nicht älter als zwei Jahre ist.

3. Dauer und Fristberechnung der Probezeit

136 Die **Probezeit** beginnt mit der Erteilung der Fahrerlaubnis und dauert **zwei Jahre**. Wer als Fahranfänger innerhalb dieser Probezeit gewichtigere Verkehrszuwiderhandlungen begeht, gleichgültig ob mit oder ohne Unfall, ist verpflichtet, auf eigene Kosten an einem sog. Aufbauseminar teilzunehmen. Hierdurch soll der Fahranfänger zukünftig zu verkehrsgerechtem Verhalten angehalten werden. Die Probezeit wird um zwei Jahre auf insgesamt vier Jahre verlängert, wenn innerhalb der Probezeit die Teilnahme an einem solchen Aufbauseminar angeordnet wurde. Da die **Probezeit** mit der **Aushändigung des Führerscheins** beginnt (§ 2a Abs. 1 Satz 1 StVG, § 22 Abs. 4 Satz 7 FeV), können Zuwiderhandlungen gegen Vorschriften des Straßenverkehrs, die am Tag der Aushändigung begangen werden, bereits bewährungsrelevant sein und ggf. die Probezeit verlängern.

137 Unlogischerweise **beginnt** aber **die Zwei-Jahres-Frist mit dem auf die Erteilung der Fahrerlaubnis folgenden Tag** und läuft am Tag der Erteilung in zwei Jahren ab. Hierfür wird die aus § 187 Abs. 1 BGB folgende Fristberechnung zugrunde gelegt (näher hierzu Heiler/Jagow, Führerschein, S. 193).

138 Kommt es während der **Probezeit** zu einer **Entziehung der Fahrerlaubnis**, endet die Probezeit frühzeitig und beginnt mit der Erteilung einer neuen Fahrerlaubnis erneut (§ 2a Abs. 1 Satz 6 StVG). Allerdings wird die Dauer gem. § 2a Abs. 1 Satz 7 StVG lediglich auf den noch „offenen" Rest festgesetzt. Es soll damit gesichert sein, dass die Entzugsdauer dem Inhaber nicht zugute kommt.

139 Zusätzlich sehen die Probezeitbestimmungen noch eine **Hemmung des Ablaufs der Probezeit** vor, wenn die **Fahrerlaubnis beschlagnahmt, sichergestellt oder in Verwahrung** genommen wird. Das Gleiche gilt für den Fall vorläufiger Beschlagnahme nach § 111a StPO und sofort vollziehbarer Entziehung durch die Verwaltungsbehörde (§ 2a Abs. 1 Satz 5 StVG).

140 Verwaltungsbehördliche und gerichtliche Fahrverbote haben keinen Einfluss auf die Dauer der Probezeit.

4. Probezeitrelevante Verstöße

141 Rechtskräftige Entscheidungen, die im Verkehrszentralregister einzutragen sind, führen zu **Aufbaukursen** und einer **Verlängerung der Probezeit**. Welche Entscheidungen im Verkehrszentralregister eingetragen werden, ergibt sich aus § 28 Abs. 3 StVG:

● Verurteilung zu einer Geldbuße i. H.v. 40 € oder mehr,

● Verhängung eines Fahrverbotes,

● Entzug einer Fahrerlaubnis,

● strafrechtliche Verurteilungen im Zusammenhang mit der Teilnahme am Straßenverkehr.

142 | **Hinweis:**
*Verstöße unterhalb der sog. **Punktegrenze** haben keinen Einfluss auf die **Probezeitdauer**. Bei der Frage der Bedeutung für die Probezeit ist auf den Zeitpunkt der Tatbegehung, nicht der Rechtskraft abzustellen. Maßnahmen, wie die Anordnung eines Aufbauseminars können somit auch nach Ablauf der Probezeit angeordnet werden, was in der Praxis häufig vorkommt.*

In Anlage 12 FeV erfolgt eine Bewertung der Straftaten und Ordnungswidrigkeiten für die Fahr- 143
erlaubnis. Dabei wird in **zwei Gruppen** eingeteilt:

- **Gruppe A**: schwerwiegende Zuwiderhandlungen (z.b. Alkohol- /Rotlichtverstoß)
- **Gruppe B**: weniger schwerwiegende Zuwiderhandlungen.

Man kann das **Nichtbestehen der Probezeit in Stufen** darstellen: 144

1. Stufe: Der Fahrerlaubnisinhaber begeht eine schwerwiegende oder zwei weniger schwerwiegende Zuwiderhandlungen entsprechend Anlage 12 FeV. Die örtlich zuständige Fahrerlaubnisbehörde ordnet daraufhin die Teilnahme an einem Aufbauseminar an. Zusätzlich verlängert sich
die Probezeit um zwei Jahre (§ 2a Abs. 2 a StVG). Die Verlängerung der Probezeit tritt kraft Gesetzes ein; eine Bescheid der Fahrerlaubnisbehörde über die Verlängerung der Probezeit ist also nicht
erforderlich. Dementsprechend lässt sich gegen die Verlängerung der Probezeit gerichtlicher
Rechtsschutz auch nicht erreichen (Geiger, zfs 2001, 488, 495). Erteilt die Fahrerlaubnisbehörde
gleichwohl einen Hinweis auf die eingetretene Verlängerung der Probefrist, hat dieser Hinweis nur
deklaratorische Bedeutung.

2. Stufe: Es folgen innerhalb der nunmehr verlängerten Probezeit eine weitere schwerwiegende
oder zwei weitere weniger schwerwiegende Verstöße entsprechend Anlage 12 FeV. Der Probezeit-
kandidat erhält von der Fahrerlaubnisbehörde eine schriftliche Verwarnung (ein Aufbauseminar
hat er ja bereits absolviert) und die Empfehlung, innerhalb von zwei Monaten an einer verkehrspsychologischen Beratung teilzunehmen.

3. Stufe: Trotz Aufbauseminar und schriftlicher Verwarnung folgen nach dieser Zwei-Monats-Frist
eine weitere schwerwiegende oder zwei weitere weniger schwerwiegende Verstöße. Die zuständige Fahrerlaubnisbehörde entzieht die Fahrerlaubnis.

5. Aufbauseminare

Die Teilnahme am angeordneten Aufbauseminar ist nicht mit der Ablegung einer Prüfung verbun- 145
den. Bei Besuch aller festgesetzten Termine wird eine Teilnahmebescheinigung ausgestellt, die der
Teilnehmer selbst fristgerecht der zuständigen Behörde zuleiten muss.

Bei nicht erfolgter Teilnahme oder nicht fristgerechter **Vorlage der Teilnahmebescheinigung** ist 146
die Fahrerlaubnis zu entziehen (§ 2a Abs. 3 StVG). Eine Wiedererteilung der Fahrerlaubnis erfolgt
erst dann, wenn die Teilnahme an einem Aufbauseminar nachgewiesen wird.

Es wird unterschieden zwischen Aufbauseminaren, die zukünftiges verkehrsgerechtes Verhalten 147
vermitteln sollen, und Seminaren für Fahranfänger, die unter Alkohol- oder Drogeneinfluss auffällig geworden sind.

Die **„allgemeinen" Seminare** werden von **Fahrlehrern** durchgeführt, die Inhaber einer entspre- 148
chenden Seminarerlaubnis nach § 31 FahrlG sind. Das Aufbauseminar ist in Gruppen mit mindestens sechs und maximal zwölf Teilnehmern abzuhalten. Es besteht aus einem Kurs mit vier Sitzungen von jeweils 135 Minuten Dauer in einem Zeitraum von zwei bis vier Wochen. Zusätzlich ist
zwischen der ersten und der zweiten Sitzung eine Fahrprobe von mindestens 30 Minuten Dauer zu
absolvieren. Die Fahrprobe ist jedoch nicht mit einer Prüfung verbunden.

Die **„besonderen" Aufbauseminare** werden von **Verkehrspsychologen** durchgeführt, die eine 149
amtliche Anerkennung nach § 36 FeV vorweisen können. Diese Seminare sind für Fahranfänger
vorgesehen, die unter Einfluss von Drogen und/oder Alkohol am Straßenverkehr teilgenommen
haben. Auch das besondere Aufbauseminar wird in Gruppen mit sechs bis zwölf Teilnehmern
durchgeführt. Es besteht aus einem Kurs mit einem Vorgespräch und drei Sitzungen von jeweils
180 Minuten in einem Zeitraum von zwei bis vier Wochen. Mit umfasst vom Kurs ist die Anfertigung von Kursaufgaben durch die Teilnehmer zwischen den Sitzungen. Die Teilnahmebeschei-
gung wird nicht ausgestellt, wenn der Betroffene die Anfertigung der Kursaufgaben verweigert.
Ziele dieses besonderen Aufbaukurses sind die Aufarbeitung der Ursachen, die zur Anordnung der
Teilnahme geführt haben, und die Vermeidung von Rückfällen.

150 Sowohl die allgemeinen als auch die besonderen Seminare, deren Erfolg zu einem wesentlichen Teil auf sog. Gruppendynamik beruhen, können als Einzelseminare gestaltet und durchgeführt werden. Voraussetzung hierfür ist, dass es dem Betroffenen aufgrund seiner persönlichen Lebenssituation (z.B. bei in der Öffentlichkeit stehenden Persönlichkeiten) nicht zuzumuten ist, an einem Gruppenseminar teilzunehmen. Auf Antrag kann die zuständige Fahrerlaubnisbehörde gem. § 2b Abs. 1 Satz 2 StVG dem Betroffenen die Teilnahme an einem Einzelseminar gestatten. Allgemeine Einzelseminare sind in vier Sitzungen von je 60 Minuten durchzuführen (§ 35 Abs. 3 FeV). In drei Sitzungen von jeweils 90 Minuten werden die besonderen Einzelseminare gem. § 36 Abs. 5 FeV abgehalten.

6. Verkehrspsychologische Beratung

151 Die Teilnahme an einer verkehrspsychologischen Beratung ist freiwillig. Zur Schaffung von Anreizen für eine Teilnahme werden Zuwiderhandlungen, die in der für die Teilnahme gesetzten **zweimonatigen Frist** begangen werden, nicht berücksichtigt.

Amtlich anerkannte Verkehrspsychologen führen die Beratung mit dem Ziel durch, beim Teilnehmer eine Einstellungsänderung zu bewirken und seine Bereitschaft zu entwickeln, zukünftig seine Mängel abzubauen.

7. Fahrerlaubnisentzug

152 Eine entsprechend den zuvor dargelegten Grundsätzen entzogene Fahrerlaubnis darf **frühestens drei Monate nach der Entziehung** wiedererteilt werden. Dies gilt unabhängig davon, ob der Fahrerlaubnisinhaber sich – entsprechend der vorangegangenen Empfehlung – psychologisch hat beraten lassen oder nicht. Mit der Neuerteilung beginnt eine neue Probezeit für die Restdauer der alten vorzeitig beendeten. Bei erneuten einmaligen schwerwiegenden oder zwei weniger schwerwiegenden Verstößen, hat die zuständige Fahrerlaubnisbehörde i.d.R. die Beibringung eines medizinisch-psychologischen Gutachtens anzuordnen.

8. Mögliche Rechtsmittel

153 Der Inhaber des Probeführerscheins kann gegen die Anordnung der Absolvierung eines Aufbauseminars und auch gegen die Entziehung der Fahrerlaubnis **Widerspruch** und anschließend **Anfechtungsklage** einlegen bzw. erheben.

> *Hinweis:*
> *Aufgrund der Sonderregelung des § 2a Abs. 6 StVG haben beide Rechtsmittel jedoch **keine aufschiebende Wirkung**. Es muss daher in jedem Fall zugleich ein Antrag auf Aussetzung der sofortigen Vollziehung gestellt werden; eine Besonderheit, die in der Praxis leider immer wieder übersehen wird.*

9. Gebühren des Rechtsanwaltes

154 Solange der Rechtsanwalt in einer Angelegenheit mit führerscheinrechtlichem Bezug lediglich **außergerichtlich** tätig war, bemessen sich die Gebühren nach § 118 BRAGO, von der Gebühr für die Korrespondenz (§ 118 Abs. 1 Satz 1 BRAGO) bis hin zur Besprechungsgebühr (§ 118 Abs. 1 Satz 2 BRAGO) z.B. für Verhandlungen mit der Straßenverkehrsbehörde. Erfolgt sogar eine außergerichtliche Regelung mit der Straßenverkehrsbehörde, kommt zudem eine Erledigungsgebühr gem. § 24 BRAGO in Betracht.

Im **verwaltungsgerichtlichen Verfahren** finden die §§ 113 ff. BRAGO Anwendung. Bei der Bemessung des Streitwertes verschenken immer noch viele Anwälte ihnen zustehende Gebühren. Beispielsweise bei **Versagung einer Fahrerlaubnis** der Klasse 3, beläuft sich der **Streitwert i.d.R.** auf 3.000 – 5.000 €. Bei einer beruflichen Nutzung der Fahrerlaubnis sogar auf bis zu 10.000 € (vgl. hierzu Bethäuser, DAR 1993, 237 m.w.N.).

V. Gültigkeit im Ausland erworbener Führerscheine (ausländische Fahrerlaubnis)

1. Einführung und Rechtsgrundlagen

In Zeiten der sog. Globalisierung gewinnt auch die Frage nach der Gültigkeit im Ausland erworbener Fahrerlaubnisse zunehmend an Bedeutung. Wirtschaftliche Verknüpfungen der Staaten erfordern im Interesse weltweiter Mobilität auch die gegenseitige Anerkennung der jeweils national erworbenen Fahrerlaubnisse. Das **Übereinkommen über den Straßenverkehr** vom 8.11.1968 (BGBl. II 1977, S. 811) enthält zwar in Kapitel IV (Art. 41 – 43) Bestimmungen über die Geltung von Führerscheinen dergestalt, dass die Vertragsparteien jeden nationalen Führerschein, der in einer ihrer Landessprachen abgefasst ist, oder, falls er nicht in einer solchen Sprache abgefasst ist, wenn eine beglaubigte Übersetzung beiliegt, anerkennen.[1] Jedoch verpflichtet dieses Übereinkommen die Vertragsstaaten nicht, nationale oder internationale Führerscheine anzuerkennen, die im Hoheitsgebiet einer anderen Vertragspartei für Personen ausgestellt worden sind, die im Zeitpunkt dieser Ausstellung ihren ordentlichen **Wohnsitz in ihrem Hoheitsgebiet** hatten, oder deren ordentlicher Wohnsitz seit dieser Ausstellung in ihr Hoheitsgebiet verlegt worden ist (Art. 41 Abs. 6a des Übereinkommens). | 155

Das Gleiche gilt, wenn die Führerscheine für Personen ausgestellt worden sind, die zurzeit der Ausstellung ihren ordentlichen Wohnsitz nicht im Hoheitsgebiet hatten, in dem der Führerschein ausgestellt wurde, oder deren Wohnsitz seit dieser Ausstellung in ein anderes Hoheitsgebiet verlegt worden ist (Art. 41 Abs. 6b des Übereinkommens). | 156

Dieser juristische „Turmbau zu Babel" hat seinen vorläufigen Abschluss in der **„Richtlinie des Rates vom 29.7.1991 über den Führerschein"** (91/439/EWG, Amtsblatt der Europäischen Gemeinschaft Nr. L 237/1 vom 24.8.1991) gefunden. Diese Richtlinie sollte ursprünglich schon zum 1.7.1996 in deutsches Recht umgesetzt werden. Da dies nicht möglich war, behalf man sich zunächst mit einer „ÜbergangsVO" (BGBl. I, S. 885). | 157

Das „Gesamtpaket Euro-Führerschein" ist nun einheitlich in der Verordnung über die Zulassung von Personen zum Straßenverkehr und zur Änderung straßenverkehrsrechtlicher Vorschriften vom 18.8.1998 (BGBl. I, S. 2214) geregelt. | 158

---

1 Nach den AA zu § 1 Abs. 3. I der VO über den internationalen Kraftfahrzeugverkehr (IntKfzVO) sind für die Übersetzung ausländischer Zulassungsscheine und Führerscheine nach § 1 Abs. 3 und § 4 Abs. 2 der Verordnung über internationalen Kraftfahrzeugverkehr vom 2.11.1934 (RGBl. I, S. 1137) u.a. folgende Stellen zuständig:
- Deutsche Konsuln im Ausstellungsstaat.
- International anerkannte Automobilclubs des Ausstellungsstaates. Als international anerkannt gelten die in der Federation Internationale de l'Automobile (FIA),
- Alliance Internationale de Tourisme (AIT),
- Organisation Mondiale du Tourisme et de l'Automobile (OTA), Federation Internationale des Clubs Motocyclistes (FIM) zusammengeschlossenen Clubs,
Die nachstehenden deutschen Vereinigungen:
- Allgemeiner Deutscher Automobil-Club e.V. (ADAC),
- Automobilclub von Deutschland (AvD),
- Deutscher Touring-Club (DTC),
- ACE auto club europa e.v.
In der Praxis werden ausländische Führerscheine fast ausschließlich von den Anlaufstellen des ADAC (Hauptgeschäftsstellen des Regionalclubs) übersetzt und klassifiziert. Dies geschieht sowohl für Mitglieder, wie auch für ausländische Führerscheininhaber in enger Zusammenarbeit mit dem Bundesministerium für Verkehr und den Örtlichen Führerscheinbehörden.

159   Die neue **Fahrerlaubnis-Verordnung (FeV)** beinhaltet in Art. 1, 5. Abschnitt (§§ 28 – 31 FeV) Sonderbestimmungen für Inhaber ausländischer Führerscheine.

160   Art. 3 enthält Änderungen der Verordnung über den internationalen Kraftfahrzeugverkehr. Mit dem In-Kraft-Treten der FeV zum 1.1.1999 tritt zugleich die Verordnung zur Umsetzung der Richtlinie 91/439/EWG des Rates vom 29.7.1991 über den Führerschein vom 19.6.1996 (BGBl. I, S. 885) außer Kraft. Mit dieser Verordnung wurde seinerzeit die gegenseitige Anerkennung von Führerscheinen aus EU- und EWR-Staaten vorgezogen.

161   Ein **Ziel dieser Verordnungswerke** war und ist neben einer europaweiten Vereinheitlichung der führerscheinrechtlichen Bestimmungen die Verhinderung des sog. „Führerscheintourismus".

162   Mit dem nun bestehenden Regelwerk ist es dem Gesetzgeber gelungen, den Erwerb einer Fahrerlaubnis im Ausland zu dem Zweck, mit dieser neuen ausländischen Fahrerlaubnis nach vorheriger Entziehung der deutschen Fahrerlaubnis wiederum in Deutschland am Straßenverkehr teilzunehmen, weitestgehend zu unterbinden. Entgegen zahlreicher, zumindest unseriöser, Anbieter sog. **Auslandsführerscheine** ist nun bei vorheriger rechtskräftiger Entziehung oder Versagung der Erteilung einer deutschen Fahrerlaubnis ein Führen von Fahrzeugen in der Bundesrepublik Deutschland nicht mehr möglich.

> *Hinweis:*
> *Der mit Fahrerlaubnisfragen befasste Rechtsanwalt muss diese komplexe Materie im Rahmen eines führerscheinrechtlichen Mandats zunehmend beherrschen. **Versäumte Umschreibungsfristen** trotz anwaltlicher Beratung können gerade bei Berufskraftfahrern zu **hohen Haftungsansprüchen** gegenüber dem Anwalt führen.*

2. Voraussetzungen für die Gültigkeit ausländischer Fahrerlaubnisse in der Bundesrepublik Deutschland

163   Von besonderer Bedeutung für die Bearbeitung eines Mandates mit Bezug zu einem im Ausland erworbenen Führerschein ist die Problematik der Anerkennung ausländischer Führerscheine in Deutschland. Häufig wird vom Mandanten hierbei verkannt, dass er, obwohl deutscher Staatsbürger, in Fragen der Gültigkeit seines im Ausland erworbenen Führerscheins ebenso wie ein Ausländer als **ausländischer Führerscheininhaber** i.S.d. Verordnung über den internationalen Kraftfahrzeugverkehr angesehen wird.

> *Hinweis:*
> *Die Staatsangehörigkeit des Führerscheininhabers ist nicht entscheidend. Somit kann auch ein Deutscher „ausländischer Kraftfahrzeugführer" sein (vgl. OLG Celle, DAR 1976, 216; OLG Koblenz, VRS 39, 365).*

a) Benutzung ausländischer internationaler oder nationaler ausländischer Führerscheine in Deutschland

164   Wer im Inland ein Kraftfahrzeug mit einem internationalen oder nationalen ausländischen Führerschein führen möchte, muss zunächst darauf achten, dass der Führerschein gültig ist, ordnungsgemäß erworben wurde und eine etwaige Befristung noch nicht abgelaufen ist. Nach § 4 der **Verordnung über den internationalen Kraftfahrzeugverkehr (IntKfzVO)** berechtigen ausländische Führerscheine grds. zum Führen eines Kraftfahrzeugs in Deutschland. Diese Berechtigung ist je nach Ausstellerland von unterschiedlicher zeitlicher Dauer. Voraussetzung für diese Berechtigung ist, dass es sich um einen von zuständiger ausländischer Stelle ausgestellten internationalen

Führerschein, einen gültigen Führerschein nach dem Modell der Europäischen Gemeinschaften oder um eine andere gültige ausländische Fahrerlaubnis handelt.

b) Ordentlicher Wohnsitz

Der bislang in der IntKfzVO definierte „ständige Aufenthalt" ist jetzt in § 7 Abs. 1 FeV als sog. „ordentlicher Wohnsitz" geregelt. Solange jemand noch keinen „ordentlichen Wohnsitz" in der Bundesrepublik Deutschland begründet hat, kann er mit einem gültigen ausländischen Führerschein in Deutschland unbefristet ein Fahrzeug der Klasse führen, für die die ausländische Fahrerlaubnis ausgestellt worden ist.   **165**

aa) Definition

Einen „ordentlichen Wohnsitz" hat eine Person i.d.R. dort, wo sie über einen **zusammenhängenden Zeitraum von mindestens 185 Tagen** wohnt. Voraussetzung ist dabei, dass die Person wegen persönlicher und beruflicher Bindungen, eine enge Beziehung zum Wohnort nachweisen kann. Für die Berechnung dieser Frist ist entscheidend, dass die Person zum „Wohnen" berechtigt ist. Dies kann sich aus Eigentum, Miete oder auch Gefälligkeitsüberlassung der „Wohnung" ergeben. Auch ein Hotelaufenthalt kann unter diese Beispiele fallen. Es wird in diesem Zusammenhang stets auf den sog. „Lebensmittelpunkt" abgestellt.   **166**

bb) Unterbrechung des Aufenthalts

Die „185-Tage-Klausel" setzt einen **zusammenhängenden Aufenthalt** voraus. Dies ist jedoch nicht so zu verstehen, dass bei jeder kurzfristigen Unterbrechung des Aufenthaltes (z.B. einer kurzen Heimreise) die Frist neu beginnt. Ein vorübergehendes Verlassen des Aufenthaltslandes, gleich aus welchem Grund, führt nicht zu einer Unterbrechung der 185-Tage-Frist. Eine Höchstdauer der vorübergehenden Abwesenheit vom ständigen Aufenthaltsort, bei deren Überschreiten die Eigenschaft des „ordentlichen Wohnsitzes" entfällt, gibt es nicht.   **167**

cc) Berechnung der 185-Tage-Frist

Der „ordentliche Wohnsitz" besteht nicht erst dann, wenn eine Person in einem Staat 185 Tage gewohnt hat. Ein „ordentlicher Wohnsitz" besteht bereits dann, wenn der Aufenthalt mit der ernsthaften Absicht begründet wird, für einen zusammenhängenden Zeitraum von mindestens 185 Tagen an dem betreffenden Ort zu wohnen (z.B. erst nach Aufnahme eines Arbeitsverhältnisses).   **168**

c) Ausländische Fahrerlaubnisse aus EU-Mitgliedstaaten und EWR-Staaten

Bereits seit **1.7.1996** ist die Berechtigung zur Benutzung von Fahrerlaubnissen aus EU-Staaten (Belgien, Dänemark, Finnland, Frankreich, Griechenland, Großbritannien, Irland, Italien, Luxemburg, Niederlande, Österreich, Portugal, Schweden, Spanien) und EWR-Staaten (nur noch Island, Liechtenstein und Norwegen) neu geregelt. Während früher gem. § 4 Abs. 1 Satz 1 IntKfzVO die Berechtigung zum Führen von Kfz im Inland auf zwölf Monate seit Begründung des ständigen Aufenthalts begrenzt war, gilt nun für Führerscheine aus den genannten Ländern diese 12-Monatsfrist nicht mehr.   **169**

Nach § 4 Abs. 1 IntKfzVO richtet sich bei Führerscheinen aus diesen Ländern die weitere Berechtigung zum Führen von Kraftfahrzeugen nach den §§ 28 und 29 FeV. Eine Umschreibung bei Wohnsitzwechsel innerhalb der EU-/EWR-Staaten entfällt, ist jedoch auf freiwilliger Basis auch weiterhin möglich.   **170**

aa) Voraussetzung für gültigen Erwerb, 185-Tage-Klausel

171 Auch nach Wegfall der Umschreibepflicht für Führerscheine aus EU- und EWR-Staaten ist weiterhin Voraussetzung für einen in Deutschland gültigen Erwerb der ausländischen Fahrerlaubnis, dass die sog. 185-Tage-Klausel erfüllt wurde. Der Führerscheinerwerber muss die Fahrerlaubnis während eines mindestens 185-tägigen zusammenhängenden Aufenthalts (s.o. Rn. 165) im Ausstellerland erworben haben.

172 *Hinweis:*

Entgegen der Ansicht einiger zweifelhafter „Führerscheinanbieter" hat sich an diesem Wohnsitzerfordernis durch die seit 1.7.1996 in Kraft getretene Neuregelung nichts geändert. Wer zum Zeitpunkt des Erwerbs der ausländischen Fahrerlaubnis seinen ständigen Aufenthalt in Deutschland hatte, erwirbt keine in Deutschland wirksame Fahrerlaubnis.

Von dem Erwerb solcher Führerscheine unter Umgehung der zu beachtenden deutschen Führerschein- und Eignungsbestimmungen ist dringend abzuraten.

bb) Umfang der Fahrberechtigung

173 Der Umfang der Fahrberechtigung in Deutschland entspricht der des ausländischen Führerscheins. Damit richtet sich auch das **Mindestalter** nach dem Führerscheinrecht des Ausstellerlandes (z.B. englische Führerscheine für Pkw ab Vollendung des 17. Lebensjahres). Enthält die ausländische Fahrerlaubnis **Beschränkungen oder Auflagen**, so gilt dies auch für die Fahrberechtigung in Deutschland. Ein **Überschreiten der ausländischen Fahrberechtigung** stellt nach deutschem Recht ein strafbares Fahren ohne Fahrerlaubnis gem. § 21 StVG dar.

cc) Führerscheine, die nicht älter als zwei Jahre sind

174 Personen, die ihre ausländische Fahrerlaubnis noch nicht länger als zwei Jahre besitzen, unterliegen gem. § 29 Abs. 1 FeV nun auch den deutschen Regelungen des Führerscheins auf Probe. Deshalb müssen diese Personen ihren ausländischen Führerschein innerhalb von 185 Tagen nach Begründung des „ordentlichen Wohnsitzes" in Deutschland bei der zuständigen Verwaltungsbehörde registrieren lassen. Ebenfalls registriert werden müssen Fahrerlaubnisse der Klassen C, C1, CE, C1E, D, D1, DE oder D1E.

175 Die Registrierung hat bei der **zuständigen Verwaltungsbehörde** des deutschen Wohnortes unter Vorlage des Führerscheins zu erfolgen. Die Behörde speichert die Fahrerlaubnisdaten in dem örtlichen Fahrerlaubnisregister und teilt sie dem Kraftfahrt-Bundesamt mit. Das Kraftfahrt-Bundesamt wiederum unterrichtet automatisch die Behörde, die die Fahrerlaubnis erteilt hat (§ 29 Abs. 2 FeV). Auf diesem Wege soll verhindert werden, dass bei einer Entziehung der Fahrerlaubnis deutsche Führerscheinbestimmungen unter Vorlage ausländischer Dokumente unterlaufen werden.

176 An die Stelle der Entziehung der Fahrerlaubnis tritt die Möglichkeit der deutschen Behörde, das Recht, von der ausländischen Fahrerlaubnis im Inland Gebrauch zu machen, abzuerkennen. Diese **Aberkennung** ist im ausländischen Führerschein zu vermerken; zu diesem Zweck muss die Fahrerlaubnis auf Verlangen der deutschen Behörde vorgelegt werden.

dd) Ausländische Führerscheine mit längerer Geltungsdauer als nach deutschem Recht

177 Nach deutschem Recht werden Führerscheine der Klassen A, A1, B, BE, L, M und T unbefristet erteilt. Fahrerlaubnisse der Klassen C1, C1E werden bis zur **Vollendung des 50. Lebensjahres** unbefristet, danach für fünf Jahre erteilt. Die Klassen C, CE werden für fünf Jahre erteilt und die Klassen D, D1, DE und D1E ebenfalls für fünf Jahre, längstens jedoch bis zur Vollendung des 50.

Lebensjahres, danach wieder für fünf Jahre. Die Vorschriften über die Geltungsdauer der zuvor genannten Klassen gelten auch für die entsprechenden EU- und EWR-Fahrerlaubnisse (§ 28 Abs. 3 FeV).

Inhaber von ausländischen Führerscheinen, deren Geltungsdauer länger ist als die entsprechende   178
Klasse nach deutschem Recht, sind verpflichtet, der Fahrerlaubnisbehörde den Führerschein zur Eintragung der in Deutschland vorgesehenen Geltungsdauer vorzulegen (§ 29 Abs. 3 FeV).

In den ausländischen Führerschein wird das **Datum des Ablaufs der Gültigkeit** nach den deut-   179
schen Gültigkeitsvorschriften vermerkt, sofern die Beschaffenheit des Führerscheins dies zulässt. Andernfalls ist der ausländische Führerschein abzugeben, und es wird eine deutsche Fahrerlaubnis der entsprechenden Klassen erteilt. Der ausländische Führerschein wird dann an die ausstellende Behörde zurückgesandt.

ee) Ausländische Führerscheine entsprechend der deutschen Klasse A1

Inhaber einer Fahrerlaubnis der Klasse A1 (früher 1b), die das **18. Lebensjahr** noch nicht voll-   180
endet haben, dürfen in Deutschland nur Leichtkrafträder mit einer durch die Bauart bestimmten Höchstgeschwindigkeit von nicht mehr als 80 km/h fahren (§ 28 Abs. 2 FeV).

ff) Führerscheinerwerb während eines Studiums oder Schulbesuchs im Ausland

Eine wichtige Ausnahme von dem Wohnsitzerfordernis beim Fahrerlaubniserwerb betrifft Inhaber   181
von Führerscheinen, die zum Zeitpunkt der Erteilung der ausländischen Erlaubnis ihren „ordentlichen Wohnsitz" in Deutschland hatten, also nicht im Ausstellerland. Wer während eines ausschließlich dem Besuch einer Hochschule oder Schule innerhalb eines EU- oder EWR-Staates dienenden Aufenthalts eine Fahrerlaubnis erwirbt, kann diesen Führerschein in Deutschland auch dann benutzen, wenn er seinen „ordentlichen Wohnsitz" zu diesem Zeitpunkt in Deutschland hatte (§ 7 Abs. 2 FeV, § 4 Abs. 3 Nr. 2 IntKfzVO). Bei einem **Auslandsaufenthalt ausschließlich zum Zweck einer solchen Ausbildung** unterstellt der Gesetzgeber den „ordentlichen Wohnsitz" weiterhin in Deutschland. Der Führerscheininhaber muss sich aber mindestens sechs Monate zu diesem Zweck im Ausstellerland aufgehalten haben (§ 4 Abs. 3 Nr. 2 IntKfzVO).

gg) Vor dem 1.7.1996 erworbene Führerscheine aus EU- und EWR-Staaten

Personen, die im Besitz eines älteren Führerscheins aus einem EU- oder EWR-Staat sind, können   182
seit dem 1.7.1996 mit dieser Fahrerlaubnis in Deutschland wieder am Straßenverkehr teilnehmen, sofern diese noch gültig ist (d.h. nicht etwa schon abgelaufen ist).

Voraussetzung hierfür ist, dass die ausländische Fahrerlaubnis unter Beachtung der 185-Tage-   183
Klausel erworben wurde. An diesem Erfordernis hat sich durch die Neuregelungen nichts geändert.

Die Möglichkeit, mit einer älteren Fahrerlaubnis wieder in Deutschland ein Fahrzeug führen zu   184
dürfen, gilt auch dann, wenn seit der Begründung des „ordentlichen Wohnsitzes" in Deutschland bereits mehr als zwölf bzw. sechs Monate verstrichen sind. Diese Führerscheine sind **von der Registrierungspflicht ausgenommen.**

Durch die weitgehende Befreiung der Registrierungspflicht für alle älteren Führerscheine entsteht   185
u.U. eine **Lücke** hinsichtlich der **Überprüfungsmöglichkeiten** durch die deutsche Behörde im Hinblick auf Fahreignungsfragen. Ohne Registrierungspflicht wird die Behörde i.d.R. von der Verwendung eines älteren ausländischen Führerscheins keine Kenntnis erlangen.

Die Möglichkeit des „Wiederauflebens" einer älteren Fahrerlaubnis besteht allerdings dann nicht,   186
wenn zwischenzeitlich ein deutscher Führerschein (z.B. durch Umschreibung des ausländischen Dokuments) erteilt worden war. Gleiches gilt für den Fall, wenn nach Umschreibung der ausländischen Fahrerlaubnis der deutsche Führerschein entzogen worden ist. Selbst bei weiterhin bestehendem Besitz des ausländischen Führerscheins ist in diesen Fällen eine Benutzung in Deutschland nicht mehr zulässig.

hh) Ungültigkeit der ausländischen Fahrerlaubnis zum Zeitpunkt der Wohnsitzverlegung

187 Für den Fall, dass die ausländische Fahrerlaubnis ab dem Zeitpunkt der Verlegung des „ordentlichen Wohnsitzes" in die Bundesrepublik Deutschland nicht mehr gültig ist, besteht die Berechtigung in Deutschland noch **sechs Monate ab Wohnsitzbegründung** fort (§ 28 Abs. 3 FeV). Voraussetzung hierfür ist aber, dass der ausländische Führerschein nur deshalb ungültig ist, weil seit seiner Erteilung mehr als fünf Jahre verstrichen sind und/oder weil der Inhaber das 50. Lebensjahr vollendet hat (bei den Klassen C1 und C1E).

ii) Ablauf der Geltungsdauer nach Begründung des „ordentlichen Wohnsitzes"

188 Läuft die Geltungsdauer einer EU- oder EWR-Fahrerlaubnis der Klassen A, B oder BE oder einer Unterklasse dieser Klassen nach Begründung des „ordentlichen Wohnsitzes" in der Bundesrepublik Deutschland ab, so kann diese Fahrerlaubnis ohne Absolvierung einer theoretischen und praktischen Prüfung in einen entsprechenden deutschen Führerschein umgeschrieben werden. **Voraussetzung** hierfür ist aber, dass bis zum Tag der Antragstellung für die Umschreibung noch nicht mehr als zwei Jahre verstrichen sind (§ 30 Abs. 2 FeV).

189 Bei Führerscheinen der Klassen C oder D wird die deutsche Fahrerlaubnis unter Berücksichtigung der Eignungsvoraussetzungen erteilt. Dies gilt auch dann, wenn die Geltungsdauer bereits vor Begründung des „ordentlichen Wohnsitzes" abgelaufen war. In diesem Fall holt die Fahrerlaubnisbehörde jedoch eine Auskunft ein, warum keine Verlängerung im Ausstellerland beantragt wurde (§ 30 Abs. 2 FeV).

jj) Weitere Ausnahmen von den zuvor genannten Berechtigungen
(§ 28 Abs. 4 FeV, § 4 Abs. 3 IntKfzVO)

(1) Gerichtliche Sperrfrist und vorläufige oder rechtskräftige Entziehung der Fahrerlaubnis

190 Personen, denen in Deutschland die **Fahrerlaubnis entzogen** worden ist und deren **gerichtliche Sperrfrist** noch nicht abgelaufen ist, dürfen auch mit einer ausländischen Fahrerlaubnis in dieser Zeit in Deutschland kein (führerscheinpflichtiges) Kraftfahrzeug führen. Das Gleiche gilt für den Zeitraum einer vorläufigen Entziehung des Führerscheins (z.B. während eines staatsanwaltlichen Ermittlungsverfahrens). Auch wenn die gerichtliche Sperrfrist für die Wiedererteilung einer deutschen Fahrerlaubnis abgelaufen ist, berechtigt die ausländische Fahrerlaubnis nicht automatisch wieder zum Führen von Fahrzeugen im Inland.

> *Hinweis:*
> *Anders als nach altem Recht muss die Wiederberechtigung nach Ablauf der Sperrfrist in Deutschland beantragt werden. Ansonsten liegt ein strafbares Fahren ohne Fahrerlaubnis im Inland vor.*

(2) Verwaltungsbehördliche Entziehung

191 Führerscheininhabern, denen in Deutschland von einer Verwaltungsbehörde (Führerscheinstelle) die Fahrerlaubnis „sofort vollziehbar" oder „bestandskräftig" entzogen worden ist, dürfen in Deutschland, selbst mit einer vorhandenen ausländischen Fahrerlaubnis, **kein Fahrzeug führen**. Gleiches gilt für den Fall, dass die (beantragte) Erteilung der deutschen Fahrerlaubnis „bestandskräftig" versagt wurde. Diese **„verwaltungsrechtliche Sperre"** erlangt besondere Bedeutung bei längeren Auslandsaufenthalten nach erfolgter Fahrerlaubnisentziehung in Deutschland und Erwerb eines neuen Führerscheins im Ausland.

192 Eine Umgehung dieser Regelung ist auch nicht durch einen Verzicht auf die Wiedererteilung zu erreichen.

(3) Fahrverbot, Beschlagnahme und Sicherstellung

Die Berechtigung zum Führen von Fahrzeugen gilt auch nicht, solange der Inhaber des Führerscheins im Inland, in dem Staat, der den Führerschein erteilt hat, oder in dem Staat, in dem er seinen „ordentlichen Wohnsitz" hat, einem Fahrverbot unterliegt. Gleiches gilt bei einer **Beschlagnahme nach § 94 StPO** (Gegenstände die als Beweismittel gelten), einer Sicherstellung oder Verwahrung (§ 28 Abs. 4 Nr. 4 FeV).

193

(4) Möglichkeiten deutscher Behörden zur Verhinderung der Teilnahme am Straßenverkehr

Häufig bestehen Missverständnisse darüber, ob in den zuvor genannten Fällen in Deutschland ein Fahrzeug geführt werden darf. Diese Missverständnisse beruhen teilweise auf **Fehlinformationen** sog. „Führerscheinanbieter".

194

Grds. kann die ausländische Fahrerlaubnis in solchen Fällen nicht von der deutschen Behörde eingezogen werden, da es sich um ein ausländisches Dokument handelt. Die deutschen Behörden sind jedoch befugt, durch einen sog. **Sichtvermerk** im ausländischen Führerschein eine Verwendung und damit das Fahren in Deutschland zu untersagen (§ 11 Abs. 2 IntKfzVO).

195

Hinweis:

Dieses Recht der deutschen Behörde besteht auch dann, wenn nach Ablauf der in Deutschland geltenden Sperrfrist im EU- oder EWR-Ausland unter Beachtung der 185-Tage-Klausel eine gültige umschreibefreie Fahrerlaubnis erworben wurde. Wenn die deutsche Behörde begründete Zweifel an der Eignung zum Führen eines Fahrzeugs hat, darf sie für das deutsche Gebiet das Führen von Kraftfahrzeugen untersagen.

196

Auch für den Fall einer gewünschten Umschreibung eines im Ausland erworbenen Führerscheins in eine deutsche Fahrerlaubnis kann die Führerscheinbehörde – z.B. bei früherer Entziehung der deutschen Fahrerlaubnis wegen einer Trunkenheitsfahrt – die **Vorlage eines Sachverständigengutachtens** einer anerkannten medizinisch-psychologischen Untersuchungsstelle verlangen (BVerwG, NZV 1996, 292; ebenso VG München, DAR 1995, 82). Der Inhaber der ausländischen Fahrerlaubnis wird dadurch im Vergleich zu Inhabern deutscher Fahrerlaubnisse nicht gleichheitswidrig schlechter gestellt. Er wird nur ebenso wie ein inländischer Fahrerlaubnisinhaber behandelt.

197

Problematisch ist die **Beschlagnahme eines ausländischen Führerscheins** nach §§ 94, 98 StPO. Nach Auffassung des LG München (LG München II mit Anm. Ludovisy, DAR 1997, 81) ist die Beschlagnahme zulässig, da es sich nicht um einen Fall der vorläufigen Entziehung der Fahrerlaubnis handelt, sondern um den **dringenden Verdacht des Fahrens ohne Fahrerlaubnis** „unter Zuhilfenahme eines ausländischen Führerscheins" handelt. Ungeachtet der Frage, ob ein etwaiger Sichtvermerk bezogen auf die Nichtverwendbarkeit des Führerscheins in der Bundesrepublik Deutschland durch die hiesige Führerscheinbehörde möglich und zulässig sei, ist der sichergestellte ausländische Führerschein – so das Gericht – gerade Gegenstand der Untersuchung über die Frage der Erteilung einer wirksamen Fahrerlaubnis. Diese – soweit ersichtlich – Einzelentscheidung verkennt das bestehende internationale Führerscheinrecht.

198

Voraussetzung für die Beschlagnahme einer ausländischen Fahrerlaubnis gem. § 94 Abs. 3 i.V.m. § 98 StPO ist, dass der Führerschein der Einziehung überhaupt unterliegt. Nicht zu den Einziehungsobjekten i.S.v. § 74 Abs. 1 StGB gehören die sog. **Beziehungsgegenstände.** Dieser Begriff bezeichnet Objekte, deren Einziehung voraussetzt, dass sie „Gegenstand" der Tat waren oder dass sich die Tat darauf „bezieht" (Schönke/Schröder/Eser, StGB, § 74 Rn. 12a). Ähnlich wie ein Fahrzeug, benutzt ohne Fahrerlaubnis, nur ein Beziehungsgegenstand ist (BGHSt 10, 28; OLG Frank-

199

furt, NJW 1954, 652), erscheint auch die Fahrerlaubnis nur als ein solcher Beziehungsgegenstand, wenn diese den Ermittlungsbehörden vermeintlich ungültig erscheint, dies aber tatsächlich, zumindest im Ausstellerstaat nicht ist. Demgegenüber einziehbar wäre ein nach Entziehung der Fahrerlaubnis weiter benutzter (nun) ungültiger deutscher Führerschein (BayObLG, VM 1976, 68).

200 Weiter unberücksichtigt gelassen hat das LG München (a.a.O.), dass das ausländische Dokument dem Führerscheininhaber nicht i.S.v. § 74 Abs. 2 StGB „gehört". Ebenso wie Ausweisdokumente dem ausstellenden Staat „gehören", steht auch die Fahrerlaubnis im Eigentum des jeweiligen Ausstellerstaates. Bei Vorliegen eines ausländischen Führerscheins ist eine **Einziehung grds. nicht möglich**.

201 Für die vom LG München entschiedene Sachverhaltskonstellation stehen jedoch einschlägige internationale Führerscheinbestimmungen zur Verfügung, die als **Spezialvorschriften** vorrangig sind. Hervorzuheben ist § 111a Abs. 6 StPO, wonach ausländische Führerscheine nach § 69b StGB mit der Wirkung eines Fahrverbots im Gebiet der Bundesrepublik Deutschland entzogen werden können. Hierbei ist auch eine vorläufige Entziehung zulässig. Obwohl nach § 94 Abs. 3 StPO nur Führerscheine beschlagnahmt werden können, die der Einziehung unterliegen, und dieses Erfordernis bei einem ausländischen Führerschein nicht erfüllt ist, kann gem. § 111a Abs. 6 StPO die Beschlagnahme nur „bis" zur Eintragung eines Sichtvermerks erfolgen. § 111a Abs. 6 StPO verweist ausdrücklich auf die Vorschriften der §§ 94 Abs. 3 und 98 StPO. Dieser Sichtvermerk wird im ausländischen Führerschein eingetragen. Nur zu diesem Zweck darf die ausländische Fahrerlaubnis kurzzeitig beschlagnahmt werden. Nach der Eintragung des Vermerks ist der Führerschein sofort wieder auszuhändigen.

202 Diese **kurzzeitige Beschlagnahmemöglichkeit** muss unterschieden werden von den nachstehend angesprochenen Möglichkeiten der Herbeiführung und des Vermerkens der Aberkennung des Rechts, von der ausländischen Fahrerlaubnis im Inland Gebrauch zu machen.

203 Eine der Spezialvorschrift des § 21 Abs. 3 StVG (Einziehung des Fahrzeugs) vergleichbare besondere Regelung im Hinblick auf die ausländische Fahrerlaubnis enthält § 11 Abs. 2 der Verordnung über den Internationalen Kraftfahrzeugverkehr (IntKfzVO). Nach dieser Vorschrift kann dem Inhaber einer im Ausland erteilten Fahrerlaubnis bei erwiesener Ungeeignetheit das Führen eines Kraftfahrzeugs in der Bundesrepublik Deutschland untersagt werden. Als ungeeignet ist auch derjenige anzusehen, dem in Deutschland die deutsche Fahrerlaubnis entzogen worden ist. Die Aberkennung des Rechts, von einer ausländischen Fahrerlaubnis Gebrauch zu machen, ist auf dem ausländischen Führerschein zu vermerken und der ausstellenden Behörde des Auslands sowie dem Kraftfahrt-Bundesamt mitzuteilen.

204 Nicht übersehen werden darf in diesem Zusammenhang Art. 8 der **Richtlinie des Rates der Europäischen Gemeinschaft vom 29.7.1991 über den Führerschein** (91/439/EWG). Nach Art. 8 Abs. 2 der Richtlinie bestehen vorbehaltlich der Einhaltung des straf- und polizeilichen **Territorialitätsprinzips** Möglichkeiten der Einschränkung, der Aussetzung, des Entzugs und der Aufhebung des ausländischen Führerscheins innerhalb des Wohnsitzstaates. Zu diesem Zweck sieht die Richtlinie erforderlichenfalls den Umtausch der ausländischen Fahrerlaubnis vor. Gem. Art. 8 Abs. 3 der Richtlinie leitet in derartigen Fällen der umtauschende Mitgliedstaat den abgegebenen Führerschein an die zuständige Stelle des Staates, der ihn ausgestellt hat, zurück und begründet das Verfahren im Einzelnen.

205 Bislang finden sich in Literatur und Rechtsprechung zu Fragen der Handhabung ausländischer Führerscheine lediglich Hinweise, die die Begriffe Beschlagnahme, Entziehung und Einziehung offensichtlich vermischen. Fest steht insoweit, dass ausländische Führerscheine einem **beschränkten Beschlagnahmeverbot** unterliegen (Wetterich/Hamann, Strafvollstreckung, Rn. 391). Dies bedeutet, dass ausländische Führerscheine nach Verkehrsstraftaten unter den gleichen Voraussetzungen sichergestellt oder beschlagnahmt werden können wie deutsche Fahrerlaubnisse, allerdings nur mit dem Ziel, die vorläufige Entziehung der Fahrerlaubnis durch den Richter herbeizuführen

und die Eintragung des Vermerks über die vorläufige Entziehung zu bewirken. Nach der Eintragung ist der Führerschein dem Inhaber zurückzugeben oder nach Art. 8 der Richtlinie zu verfahren.

In diesem Sinne hat auch das LG Bad Kreuznach (Urt. v. 24. 4. 1995, 2 Qs 78/95, n.v.) entschieden. Die Beschlagnahme ist grds. nur solange zulässig, so das Gericht, bis der Rechtspfleger des AG den **Sperrvermerk** gem. § 111a Abs. 6 StPO gefertigt hat. Etwas anderes gilt nach Ansicht des Gerichts nur für den Fall, dass der Sperrvermerk aufgrund einer Verschweißung des Führerscheins mit einer Plastikfolie nicht möglich ist. Dann dürfe wegen der Gefahr des Missbrauchs der Fahrerlaubnis diese weiter in Beschlagnahme verbleiben. Diese ebenfalls bedenkliche Vorgehensweise könnte jedoch durch ein Vorgehen gem. Art. 8 der Richtlinie ebenfalls vermieden werden. **206**

Ebenfalls in diesem Sinne hat das AG Homburg (zfs 1995, 352 mit Anm. Bode) entschieden und eine Beschlagnahme bis zum Verfahrensende für zulässig erachtet, wenn wegen der besonderen Beschaffenheit der Führerscheinurkunde der Sichtvermerk nicht hinreichend sicher und dauerhaft eingetragen werden kann. **207**

Die dargestellten Vorschriften und Beispiele zeigen, dass den deutschen Bedürfnissen nach strafrechtlich möglicher Ahndung und Untersagung des Führens eines Kraftfahrzeugs auch bei beschränkten Beschlagnahmemöglichkeiten ausländischer Führerscheine genüge getan ist. In der **Begründung** zu § 69b StGB (Internationaler Führerschein) heißt es zur Entziehung und Sperre der Fahrerlaubnis: **208**

„. . . *In diesen Fällen kann die Entziehung nicht denVerlust der von einer ausländischen Behörde erteilten Erlaubniszum Führen von Kraftfahrzeugen bewirken, weil das als Eingriff in fremde Hoheitsrechte rechtlich unzulässig wäre.* "

Es wäre auch eine andere gesetzliche Regelung in Deutschland möglich gewesen. Gem. Art. 42 Abs. 1 Satz 2 Buchst. a des **Wiener Übereinkommens über den Straßenverkehr** kann die zuständige Behörde bei Aberkennung des Rechts zum Gebrauchmachen von der ausländischen Fahrerlaubnis den Führerschein einziehen und ihn bis zum Ablauf der Aberkennung oder bis zur Ausreise des Inhabers zurückbehalten. Von dieser Regelungsmöglichkeit hat die Bundesrepublik jedoch in §§ 69b StGB und 111a Abs. 6 StPO keinen Gebrauch gemacht; statt dessen hat sie sich auf die Vorgehensweise mittels Sichtvermerk festgelegt. **209**

kk) Lernführerscheine, vorläufig ausgestellte Fahrerlaubnisse

Die Berechtigung, in Deutschland den ausländischen Führerschein zu benutzen, besteht nicht, wenn es sich um einen sog. Lernführerschein oder einen anderen vorläufig ausgestellten Führerschein handelt (§ 28 Abs. 4 Nr. 1 FeV). **210**

Kompliziert wird die Rechtslage bei als sog. **„Provisional Driver Licence"** bezeichneten Führerscheinen. Ähnlich dem deutschen Führerschein auf Probe kann es sich um vollgültige Führerscheine handeln, die auch in Deutschland gültig sind. Voraussetzung ist jedoch, dass diese „provisorischen" Führerscheine nicht mit einem Ablaufdatum versehen sind und z.B. zur weiteren Gültigkeit keine erneute Prüfung im Ausstellerland erforderlich ist. Diese Führerscheine werden in Deutschland anerkannt, wenn sie automatisch – evtl. nach gesundheitlicher Untersuchung oder erneuter Antragstellung – im Ausstellerland weiter gültig bleiben. Entscheidend ist daher die **Rechtslage im Ausstellerland**; notfalls muss der Inhaber sich von der Ausstellungsbehörde die volle Gültigkeit zur Vorlage bei der deutschen Behörde bestätigen lassen. **211**

ll) Zentrales Fahrerlaubnisregister

Mit der Einrichtung eines **zentralen Fahrerlaubnisregisters** wird die notwendige Überprüfung der Einhaltung führerscheinrechtlicher Bestimmungen gewährleistet. Es wird dann nicht mehr möglich sein, nach etwaiger Entziehung der deutschen Fahrerlaubnis, auf Dauer dennoch ein Fahrzeug mit ausländischem Führerschein in Deutschland zu fahren. **212**

d) Fahrerlaubnisse aus sog. „anderen Staaten"

213   Führerscheine aus Ländern, die nicht der EU oder dem EWR-Bereich angehören, müssen seit dem **1.1.1999** spätestens sechs Monate nach Begründung des „ordentlichen Wohnsitzes" in Deutschland umgeschrieben werden (§ 4 Abs. 1 IntKfzVO). Es gelten dieselben Voraussetzungen für den Erwerb im Ausland hinsichtlich der 185-Tage-Klausel wie bei den oben unter Rn. 171 genannten Führerscheinen.

Eine Verlängerung der Sechsmonatsfrist ist möglich, wenn der Führerscheininhaber glaubhaft macht, dass er den „ordentlichen Wohnsitz" nicht länger als zwölf Monate im Inland haben wird (§ 4 Abs. 1 IntKfzVO).

214   Jedoch ist die **Berechnung dieser Sechsmonatsfrist** mitunter problematisch; insbesondere wenn der Führerscheininhaber während noch andauernder Sechsmonatsfrist oder nach bereits abgelaufener Frist aus der Bundesrepublik Deutschland ausreist.

215   Sofern der Führerscheininhaber die Bundesrepublik Deutschland nach mehrmonatigem Aufenthalt „nicht nur zum Zwecke kurzer Auslandsreisen verlassen hat, die seinen „ständigen Aufenthalt" im Inland nicht beenden, sondern mit dem Ziel ausgereist ist, diesen Aufenthalt vorläufig, auf immer oder auf bestimmte Zeit zu beenden, ist durch eine auf einem neuen Entschluss beruhende Einreise mit dem Ziel, wieder in der Bundesrepublik Deutschland zu arbeiten, eine neue Frist gem. § 4 IntKfzVO in Lauf gesetzt worden (BayObLG, Beschl. v. 17.7.1996, 2 St RR 76/96, n.v.; BayObLG, NJW 1972, 2193).

216   Diese Frist wird auch **nicht nur dann wieder neu in Gang gesetzt**, wenn die Unterbrechung innerhalb einer noch „offenen Frist" von sechs Monaten erfolgt ist. Vielmehr beginnt die Frist auch dann von neuem zu laufen, wenn sie **zuvor bereits abgelaufen** war. Da die ausländische Fahrerlaubnis grds. ihre Gültigkeit behält, ist für den Beginn der Frist gem. § 4 IntKfzVO immer der Grenzübertritt maßgebend, der aus Anlass der Begründung eines Wohnsitzes oder ständigen Aufenthalts erfolgt. Anderenfalls würde sich ein ausländischer Autofahrer, der sich bereits über zwölf Monate (nach der neuen Regelung sechs Monate) in der Bundesrepublik aufgehalten hat, ohne dass er die Absicht hatte, ein Kraftfahrzeug zu führen, und dieses auch tatsächlich nicht getan hat, alsbald strafbar machen, wenn er – etwa nach Jahren – mit einem Kraftfahrzeug in die Bundesrepublik Deutschland einreist. Dies ist aber mit Sinn und Zweck der Verordnung, die den internationalen Kraftverkehr unter Zurückstellung deutscher Sicherheitsinteressen erleichtern soll, nicht zu vereinbaren (so BayObLG, Beschl. v. 17.6.1996, 2 St RR 76/96, n.v.).

aa) Übersetzung der ausländischen Fahrerlaubnis

217   Grds. muss der ausländische Führerschein übersetzt werden, um in Deutschland ein Fahrzeug führen zu dürfen. Für die **Übersetzung ausländischer Führerscheine** ist u.a. der ADAC zuständig, und zwar die jeweils nächstgelegene **ADAC-Hauptgeschäftsstelle**.

218   Von dem **Übersetzungserfordernis** sind **Führerscheine aus EU-Mitgliedstaaten ausgenommen**; selbst dann, wenn sie nicht dem Muster der EU-Führerscheinrichtlinie entsprechen. Ob Führerscheine aus den EWR-Staaten Island, Liechtenstein und Norwegen ebenfalls von dem Übersetzungserfordernis befreit sind, ist nicht eindeutig geklärt. Davon ausgehend, dass Führerscheine aus EWR-Staaten bei der Befreiung von der Umtauschpflicht denen aus EU-Staaten gleichgestellt sind, sollte dieser Grundsatz auch im Zusammenhang mit der Befreiung von der Übersetzungspflicht gelten.

219   Führerscheine aus „anderen Staaten", die nicht dem Anhang 6 des Übereinkommens über den Straßenverkehr vom 8.11.1968 entsprechen und auch nicht in deutscher Sprache abgefasst sind, müssen grds. übersetzt werden. Dies ergibt sich aus § 4 Abs. 1 Satz 3 i.V.m. § 1 Abs. 3 Satz 1 IntKfzVO und einer Verlautbarung des Verkehrsministeriums vom 14.5.1963 (VkBl. 1963, 222).

Aufgrund des Alters dieser Liste ergeben sich Überschneidungen mit zwischenzeitlich der EU bei- **220**
getretenen Staaten. Einer Übersetzung bedürfen demnach Führerscheine aus (neben denen aus EU-
Staaten) folgenden Staaten nicht:

- **Andorra,**

- **Hongkong,**

- **Monaco,**

- **Neuseeland,**

- **San Marino,**

- **Schweiz,**

- **Senegal,**

- **Ungarn,**

- **Zypern.**

Hinweis:
Führerscheininhaber aus diesen Ländern können im Bundesgebiet während der Sechsmonats-
frist ein Kraftfahrzeug ohne Fahrerlaubnisübersetzung führen.

bb) Erfordernis einer deutschen Fahrerlaubnis nach Ablauf von sechs Monaten

Nach Ablauf der o.g. Frist ist für die weitere Teilnahme am Straßenverkehr im Inland eine deut- **221**
sche Fahrerlaubnis erforderlich. Die Ablegung einer theoretischen und/oder praktischen Prüfung
ist hierbei nicht in jedem Fall notwendig.

(1) Fahrerlaubnisse aus EU-Staaten gleichgestellten Ländern

Von der Ablegung einer Führerscheinprüfung befreit sind Führerscheininhaber aus Nicht-EU-Staa- **222**
ten, sofern dort die EU-einheitlichen **Mindeststandards** für die Prüfung sichergestellt sind. Für
den Anspruch auf **prüfungsfreie Umschreibung** einer ausländischen Fahrerlaubnis in eine deutsche Fahrerlaubnis ist die Sach- und Rechtslage im Zeitpunkt der ggf. erforderlichen gerichtlichen
Entscheidung maßgeblich.

Eine z.B. jugoslawische Fahrerlaubnis, die auf dem Gebiet des heutigen Slowenien erworben worden ist, kann daher nicht gem. § 31 Abs. 1 FeV i.V.m. Anlage 11 zur FeV prüfungsfrei umgeschrieben werden (so zumindest VG Gießen, NZV 2001, 287).

Dies ist nur dann der Fall, wenn zwischen der vorgelegten ausländischen und der deutschen Fahr- **223**
erlaubnis eine Gleichwertigkeit besteht. Es muss sichergestellt sein, dass der Inhaber auch unter
den in Deutschland bestehenden Verkehrsverhältnissen in der Lage ist, ein Fahrzeug sicher zu führen.

Abgestellt wird hierbei auf das **jeweilige Niveau von Ausbildung und Prüfung** sowie auf eine **224**
Vergleichbarkeit der Verkehrsverhältnisse. Weiterhin müssen die vorgelegten Dokumente
zuverlässig und in geeigneter Weise nachprüfbar sein. Auf der Grundlage gegenseitiger Anerkennung werden Fahrerlaubnisse aus folgenden „Nicht-EU-Staaten" in der **Anlage 11 zu den §§ 28**
und 31 FeV aufgeführt, deren Umschreibung – je nach Ausstellerland und Fahrerlaubnisklasse –
keine Prüfung voraussetzt:

Staatenlisten zu den Sonderbestimmungen für Inhaber einer ausländischen Fahrerlaubnis

225

Ausstellungsstaat	Klasse(n)	Theoretische Prüfung	Praktische Prüfung
Andorra	alle	nein	nein
Estland	alle	nein	nein
Französisch-Polyne-sien	alle	nein	nein
Guernsey	alle	nein	nein
Insel Man	alle	nein	nein
Israel	B	nein	nein
Japan	alle	nein	nein
Jersey	alle	nein	nein
Kroatien	alle	nein	nein
Lettland	A1,A2,A,B1,B,BE,C, CE,D,DE	nein	nein
Litauen	alle	ja	nein
Malta	alle	nein	nein
Monaco	alle	nein	nein
Neukaledonien	alle	nein	nein
Polen	alle	nein	nein
Republik Korea	1,2[1]	nein	nein
San Marino	alle	nein	nein
Schweiz	alle	nein	nein
Singapur	alle	nein	nein
Slowakei	alle	nein	nein
Slowenien	alle	nein	nein
Südafrika	alle	nein	nein
Tschechien	alle	nein	nein
Ungarn	alle	nein	nein
Fahrerlaubnisse, die im tatsächlichen Herr-schaftsbereich der Behörden in Taiwan*) erteilt wurden	B/BE[1]	nein	ja

Ludovisy

Pkw-Fahrerlaubnisse der US-Bundesstaaten und US-amerikanischen Außengebiete[1]			
Alabama	D	nein	nein
Arizona	G, D, 2	nein	nein
Arkansas	D	nein	nein
Colorado	C, R	nein	nein
Connecticut	D, 1, 2	ja	nein
Delaware	D	nein	nein
District of Columbia	D	ja	nein
Florida	E	ja	nein
Idaho	D	ja	nein
Illinois	D	nein	nein
Kansas	C	nein	nein
Kentucky	D	nein	nein
Louisiana	E	nein	nein
Massachusetts	D	nein	nein
Michigan	operator	nein	nein
Mississippi	operator, R	ja	nein
Missouri	F	ja	nein
Nebraska	O	ja	nein
New Mexico	D	nein	nein
North Carolina	C	ja	nein
Ohio	D	nein	nein
Oregon	C	ja	nein
Pennsylvania	C	nein	nein
Puerto Rico	3	nein	nein
South Carolina	D	nein	nein
South Dakota	1, 2	nein	nein
Tennessee	D	ja	nein
Utah	D	nein	nein
Virginia	NONE, M**, A***, B***, C***	nein	nein
West Virginia	E	nein	nein
Wisconsin	D	nein	nein
Wyoming	C	nein	nein

Pkw-Fahrerlaubnisse der Kanadischen Provinzen[1)]			
Alberta	5	nein	nein
British Columbia	5	nein	nein
New Brunswick	5, 7 Stufe 2	nein	nein
Newfoundland	5	nein	nein
Northwest Territories	5	nein	nein
Nova Scotia	5	nein	nein
Ontario	G	nein	nein
Prince Edward Island	5	nein	nein
Quebec	5	nein	nein
Saskatchewan	1 und 5	nein	nein
Yukon	G	nein	nein

1) Soweit in der Spalte „Klasse(n)" nicht „alle", sondern nur eine bestimmte Klasse oder bestimmte Klassen genannt sind, erfolgt aufgrund dieser Klasse(n) nur die Erteilung der Klasse B.
*) Deutschland unterhält keine diplomatischen Beziehungen zu Taiwan.
**) In den Fällen, in denen die Klasse M mit Code 6 versehen ist, ist eine Umschreibung nicht möglich.
***) Beinhaltet Pkw-Klasse

(2) Fahrerlaubnisse aus (allen) anderen Ländern

226 Für die Umschreibung von Führerscheinen aus **in der Anlage 11 genannten Staaten** gilt eine **Antragsfrist von 3 Jahren,** um die deutsche Fahrerlaubnis mit den Prüfungserleichterungen zu erhalten. Nach dem zum **1.9.2002 neu** eingeführten § 31 Abs. 1 Satz 2 FeV ist es nach Ablauf dieser 3-Jahresfrist zwar nötig, eine vollständige Prüfung der beantragten Fahrerlaubnisklassen abzulegen, allerdings ohne Pflichtausbildung nach der deutschen Fahrschüler-Ausbildungs-Ordnung in der Fahrschule. Die Aufnahme des Ausstellerstaates in Anlage 11 hatte bereits zur Voraussetzung, dass eine mit Deutschland vergleichbare Ausbildung durchlaufen werden musste. Diese Liste ist nicht abschließend und kann jederzeit durch Gegenseitigkeitsabkommen ergänzt werden, wenn ein Staat die nötigen Nachweise für seine Aufnahme erbringt. Fahrerlaubnisinhaber aus **British Columbia**, die ihre Fahrerlaubnis weniger als 18 Monate besitzen, haben einen individuellen Fahrtest zu absolvieren, bevor sie die volle kanadische Klasse 5 erhalten. Vor diesem Test erhalten sie die kanadische Fahrerlaubnis der Klasse 7. In Deutschland umschreibfähig ist lediglich die Klasse 5.

227 Für Führerscheininhaber aus allen anderen Ländern ist seit dem 7.4.1993 festgeschrieben, dass die deutsche Fahrerlaubnis nur aufgrund einer **vollständigen theoretischen und praktischen Prüfung** erteilt wird.

228 Verzichtet wird jedoch auf eine **Fahrschulausbildung** nach der deutschen Fahrschüler-Ausbildungsordnung. Der Bewerber entscheidet somit selbst, ob und wann er prüfungsreif ist. Er muss aber bei der Prüfung von einem Fahrlehrer begleitet werden.

229 Mit diesem Verzicht wird dem Umstand Rechnung getragen, dass die Bewerber bereits im Besitz einer ausländischen Fahrerlaubnis sind, die sie gem. § 4 IntKfzVO zum vorübergehenden (sechs Monate) Führen eines Kfz in Deutschland berechtigt.

230 Diese **vereinfachten Umschreibe- und Prüfungsmöglichkeiten** ohne erneute Fahrschulausbildung gelten jedoch nur für einen Zeitraum von maximal drei Jahren nach Begründung des „ordentlichen Wohnsitzes" in Deutschland (§ 31 Abs. 2 FeV). Nach Verstreichen dieser Frist kann die aus-

ländische Fahrerlaubnis nicht mehr in einen deutschen Führerschein umgeschrieben werden. Es muss eine neue deutsche Fahrerlaubnis nach deutschem Ausbildungsrecht erworben werden.

Die bereits oben erwähnten Voraussetzungen hinsichtlich des „ordentlichen Wohnsitzes" und der **185-Tage-Klausel** gelten selbstverständlich auch für den Erwerb von Führerscheinen in diesen sog. „anderen Ländern". Ebenfalls gelten die oben dargelegten Besonderheiten bei Entziehung des Führerscheines, Erteilung einer Sperrfrist und bei vorläufigen Maßnahmen entsprechend.   231

cc) Zuständige Behörde, Verfahren

Der Antrag auf Erteilung der deutschen Fahrerlaubnis ist stets bei dem für den Wohnsitz des Kraftfahrzeugführers zuständigen Straßenverkehrsamt zu stellen. Die o.g. **Frist von drei Jahren** ist bei der Antragstellung einzuhalten. In den ausgestellten deutschen Führerschein wird ein Vermerk aufgenommen, aus dem die Vorlage einer ausländischen Fahrerlaubnis ersichtlich ist (§ 31 FeV). Der ausländische Führerschein wird von der deutschen Behörde an die Ausstellungsbehörde zurückgesandt oder in Verwahrung genommen. Ein Rücktausch ist nur bei Rückgabe der deutschen Fahrerlaubnis möglich (§ 31 FeV).   232

Hinweis: 233

Soweit die Behörde vor der Ausstellung eines deutschen Führerscheins eine Klassifizierung der ausländischen Fahrerlaubnis verlangt, kann diese vom ADAC, d.h. von der nächstgelegenen Hauptgeschäftsstelle, vorgenommen werden.

---

e) Fahrerlaubnisse von Vertriebenen und Spätaussiedlern

Das **Bundesvertriebenenrecht** ist durch die Neufassung des § 10 Abs. 2 Bundesvertriebenengesetz (BVG) – früher § 92 BVG – geändert worden.   234

Der frühere Automatismus bei der Anerkennung als gleichwertig angesehener Führerscheine dieses Personenkreises besteht seit der Neuregelung der StVZO und IntKfzVO zum 7.4.1993 nicht mehr.   235

Der Gesetzgeber hat bewusst auf die Aufnahme der **Vertriebenen- und Spätaussiedlergebiete** in die Anlage 11 zu § 28 FeV und § 31 FeV verzichtet. Eine wie früher angenommene „Gleichwertigkeit" der Fahrerlaubnisse ist nun nicht mehr gegeben.   236

Inhaber von Führerscheinen aus diesen Gebieten müssen daher in Deutschland spätestens nach Ablauf der Sechsmonatsfrist eine theoretische und praktische Prüfung ablegen. Für den Erwerb der Fahrerlaubnis ohne Pflichtstunden gilt wiederum die Frist von drei Jahren seit Begründung des ständigen Aufenthalts in Deutschland.

f) Nichtbeachtung der Sechsmonatsfrist zum Führen von Fahrzeugen in der Bundesrepublik Deutschland mit Fahrerlaubnissen aus Nicht-EU- und Nicht-EWR-Staaten

Das Führen einen Kraftfahrzeugs nach Ablauf der Sechsmonatsfrist kann gem. § 21 StVG als **Fahren ohne Fahrerlaubnis** geahndet werden. Allerdings gilt diese **Strafandrohung** nach einer **Entscheidung des Europäischen Gerichtshofs (EuGH)** zurzeit wohl nur für Inhaber von Fahrerlaubnissen aus allen anderen Ländern als der EU und den EWR-Staaten. Der EuGH hat in seinem Urteil vom 29.2.1996 (DAR 1996, 193 mit Anm. Ludovisy) – also zu Zeiten, als Inhaber von EU-Fahrerlaubnissen ebenfalls noch der Umtauschpflicht unterlagen – festgestellt, dass eine Ahndung des Überschreitens der (damaligen) Zwölfmonatsfrist als Fahren ohne Fahrerlaubnis gem. § 21 StVG gegen Art. 52 EG-Vertrag verstoße, diese Entscheidung aber **nicht für Führerscheininhaber aus EU-Mitgliedstaaten** gelte. Der EuGH stellte zunächst fest, dass nach den Bestimmungen der Richtlinie 80/1263 der von einem Mitgliedstaat ausgestellte Führerschein von anderen Mitgliedstaaten und auch von dem Staat, in dem der Führerscheininhaber seinen gewöhnlichen bzw. ständigen Aufenthalt begründet, anzuerkennen ist. Der Inhaber kann aber nach Ansicht des   237

Gerichts verpflichtet werden, diesen Führerschein gegen ein Dokument des Aufenthaltslandes umzutauschen. Die in Deutschland seinerzeit geübte Praxis der Annahme eines strafbaren Fahrens ohne Fahrerlaubnis bei Missachtung der Umtauschpflicht trug der EuGH nicht.

Das Gericht ging von einer unverhältnismäßigen Sanktion als **Hindernis für die Freizügigkeit innerhalb Europas** aus. Die strafrechtliche Ahndung von Verstößen gegen die Umtauschpflicht, die bis hin zu einer Freiheitsstrafe führen kann, stellt nach Auffassung des EuGH ein Hindernis für die garantierte Freizügigkeit dar. Der Gerichtshof ging davon aus, dass Art. 52 des EG-Vertrages in Anbetracht der Folgen für die garantierte Freizügigkeit innerhalb Europas verbietet, Verstöße gegen die Umtauschpflicht dem Fahren ohne Fahrerlaubnis gleichzustellen und deshalb eine Geld- oder Freiheitsstrafe zu verhängen.

Zudem könnte – so der EuGH – eine strafrechtliche Verurteilung Folgen für die Ausübung eines selbstständigen oder unselbstständigen Berufs mit sich bringen, was wiederum für sich betrachtet eine Einschränkung der Freizügigkeit darstellen würde.

238 Zwischenzeitlich ist dieses Urteil von der gesetzgeberischen Realität überholt worden; der Ansatz sollte jedoch heute auf der Grundlage gegenseitiger Anerkennung von Fahrerlaubnissen aus Staaten der Anlage 11 zu den § 28 FeV und § 31 FeV neu überdacht werden.

Es macht keinen Sinn, Führerscheine für die Dauer von sechs Monaten anzuerkennen, übrigens nur dann, wenn es sich um „voll gültige Fahrerlaubnisse" handelt, nach Ablauf der Frist diese zum Teil ohne erneute Prüfung in deutsche Fahrerlaubnisse umzuschreiben, bei Missachtung der Sechsmonatsfrist jedoch vom Fehlen einer „gültigen" Fahrerlaubnis auszugehen. Diese Auffassung ist rechtlich zumindest von der Realität eines internationalisierten Straßenverkehrs überholt worden. Zudem handelt es sich auch nach Ablauf der Sechsmonatsfrist immer noch um „gültige" Fahrerlaubnisse. Die Rechtsprechung geht nur davon aus, dass aufgrund des Fristablaufs ein Fahren eben „ohne" Fahrerlaubnis vorliege; ein Schluss, der ebenso wenig zwingend wie zeitgemäß erscheint.

g) Verwendung einer ausländischen Fahrerlaubnis nach vorheriger Entziehung der deutschen Fahrerlaubnis

239 Bislang in der Rechtsprechung ungeklärt ist auch die Frage etwaiger Strafbarkeit gem. § 21 StVG beim Führen eines Kraftfahrzeugs unter Verwendung einer ausländischen Fahrerlaubnis nach vorheriger Entziehung der deutschen Fahrerlaubnis.

Klärung dieser Problematik verspricht der **Vorlagebeschluss** des OLG Karlsruhe (DAR 2002, 135) zur Frage, ob sich der Inhaber einer in einem EU-Staat erworbenen Fahrerlaubnis nach § 21 Abs. 1 Nr. 1 StVG i.V.m. § 28 Abs. 4 Nr. 3 FeV strafbar macht, wenn er seine ausländische Fahrerlaubnis vor dem In-Kraft-Treten der FeV am 1.1.1999 erworben hatte, nachdem ihm zuvor seine deutsche Fahrerlaubnis in einem Strafverfahren durch rechtskräftiges Urteil entzogen worden war.

Gem. § 21 Abs. 1 Nr. 1 StVG macht sich strafbar, wer ein Kraftfahrzeug führt, obwohl er die dazu erforderliche Fahrerlaubnis nicht besitzt, oder ihm das Führen eines Kraftfahrzeugs nach § 44 StGB oder § 25 StVG verboten wurde.

Die Berechtigung, ein führerscheinpflichtiges Kraftfahrzeug in Deutschland zu führen, ist für Inhaber von Fahrerlaubnissen aus EU/EWR-Staaten mit Wohnsitz im Inland zwischenzeitlich neu geregelt worden. Seit dem **1.1.1999** dürfen sie gem. § 28 Abs. 1 Satz 1 FeV im Umfang ihrer – sich aus der ausländischen Fahrerlaubnis ergebenden – Berechtigung in Deutschland Fahrzeuge vorbehaltlich der Einschränkungen gem. der Absätze 2 – 4 dieser Vorschrift führen.

Nach § 28 Abs. 4 Nr. 3 FeV gilt diese Berechtigung nicht für Inhaber einer EU/EWR-Fahrerlaubnis, denen die Fahrerlaubnis in Deutschland „rechtskräftig von einem Gericht" entzogen wurde.

240 Fraglich ist nach richtiger Auffassung des OLG Karlsruhe (a.a.O.), ob diese Regelung auch für ausländische Fahrerlaubnisse gilt, die nach vorheriger Entziehung einer deutschen Fahrerlaubnis im Ausland (unter Einhaltung der Aufenthaltsfristen) vor dem 1.1.1999 erworben wurden.

Nach der bis zum 1.1.1999 geltenden Rechtslage durfte mit einer nach in Deutschland abgelaufener Sperrfrist im EU/EWR-Ausland erworbenen ausländischen Fahrerlaubnis nach Rückkehr in die Bundesrepublik Deutschland ein Fahrzeug der im Führerschein ausgewiesenen Klasse geführt werden. Dies ergibt sich aus der zum 1.7.1996 in Kraft getretenen Verordnung zur Umsetzung der Richtlinie 91/439 EWG des Rates vom 29.7.1991 über den Führerschein und zur Änderung straßenverkehrsrechtlicher Vorschriften vom 19.6.1996 (BGBl. I, S. 885 ff.), nach deren Art. 1 § 2 Abs.1 abweichend von § 4 Abs. 1 Satz 1 der Verordnung über den Internationalen Kraftfahrzeugverkehr in der bis dahin geltenden Fassung die in Art. 1 § 1 genannten Inhaber einer ausländischen Fahrerlaubnis im Umfang ihrer Berechtigung Kraftfahrzeuge im Inland führen dürfen.

Nach Art. 1 § 4 dieser Umsetzungsverordnung galt diese Berechtigung lediglich nicht für Inhaber einer ausländischen Fahrerlaubnis, solange ihnen im Geltungsbereich dieser Verordnung die Fahrerlaubnis vorläufig entzogen war oder ihnen aufgrund einer rechtskräftigen gerichtlichen Entscheidung keine (deutsche) Fahrerlaubnis erteilt werden durfte.

Die **Auslegung des § 28 Abs. 4 Nr. 3 FeV** allein nach seinem Wortlaut lässt es wohl zu, in diese Vorschrift Fälle eines Erwerbs ausländischer Fahrerlaubnisse vor dem 1.1.1999 mit einzubeziehen. Bei einer Betrachtung nach dem Gesetzeszweck und dem Gesamtzusammenhang des alten und neuen Fahrerlaubnisrechts liegt es jedoch nahe, den Ausschlusstatbestand des § 28 Abs. 4 Satz 3 FeV jedenfalls nicht auf solche Entziehungen anzuwenden, die bereits vor dem 1.1.1999 erfolgt waren.

Diese Bestimmung muss im Zusammenhang mit der ab 1.1.1999 geltenden Neufassung von § 3 Abs. 1 Satz 2 StVG und § 69b StGB betrachtet werden. Nach § 3 Abs. 1 Satz 2 StVG n.F. hat die Entziehung bei einer ausländischen Fahrerlaubnis die Wirkung einer Aberkennung des Rechts, von der Fahrerlaubnis im Inland Gebrauch zu machen. Entsprechendes gilt nach § 69b Abs. 1 Satz 1 StGB für Fälle der Entziehung der Fahrerlaubnis nach § 69 StGB, in denen der Täter aufgrund einer im Ausland erteilten Fahrerlaubnis im Inland ein Kraftfahrzeug führen darf, ohne dass ihm von einer deutschen Behörde eine Fahrerlaubnis erteilt worden ist. Im Gegensatz hierzu war nach der bis zum 31.12.1998 geltenden Fassung des § 69b Abs. 1 StGB das Verbot für die betroffenen Inhaber einer ausländischen Fahrerlaubnis, im Inland Kraftfahrzeuge zu führen, auf die Dauer der nach § 69a StGB geltenden Sperre beschränkt.

Dementsprechend sahen bis zum 31.12.1998 sowohl Art. 1 § 4 Satz 1 Nr. 2 der Verordnung zur Umsetzung der Richtlinie 91/439/EWG des Rates vom 29.7.1991 über den Führerschein und zur Änderung straßenverkehrsrechtlicher Vorschriften vom 19.6.1996 (BGBl. I, S. 885) als auch § 4 Abs. 2b IntVO, i.d.F. vom 20.6.1994 (BGBl. I, S. 1291), eine Beschränkung der Berechtigung zum Führen von Kraftfahrzeugen nur vor, solange den Inhabern im Inland die Fahrerlaubnis vorläufig entzogen war oder ihnen aufgrund einer rechtskräftigen gerichtlichen Entscheidung keine (deutsche) Fahrerlaubnis erteilt werden durfte.

Es ist nicht erkennbar, dass der Verordnungsgeber mit der Neuregelung der FeV zeitlich begrenzte Beschränkungen für Altfälle wieder aufleben lassen wollte (vgl. OLG Karlsruhe, DAR 2002, 135).

Das in § 76 FeV geregelte Übergangsrecht enthält diesbezüglich keine Aussagen zu 28 FeV. Zwischenzeitlich hat der BGH diese Streitfrage entschieden. Nach Auffassung des BGH macht sich der Inhaber einer in einem EU- oder EWR-Staat erworbenen Fahrerlaubnis mit Wohnsitz im Inland, dem die deutsche Fahrerlaubnis von einem Gericht rechtskräftig entzogen worden war und der nach dem 31.12.1998 im Inland ein Kraftfahrzeug führt, nach § 21 Abs. 1 Satz 1 StVG i.V.m. § 28 Abs. 4 Nr. 3 FeV strafbar. Dies gilt auch dann, wenn er aufgrund der ausländischen Fahrerlaubnis vor dem 1.1.1999 im Inland (wieder) Kraftfahrzeug führen durfte (BGH, DAR 2002, 419).

Begründet wird dies u.a. damit, dass die Zielsetzung des Verordnungsgebers darin zu sehen sei, eine möglichst weitgehende Angleichung der Rechtsverhältnisse in Bezug auf inländische und ausländische Fahrerlaubnisse zu erreichen.

Bedenken verfassungsrechtlicher Art bestehen letztlich nicht ernsthaft. Zwar kann die an Wortlaut und Zweck der Vorschrift orientierte Auslegung des § 28 Abs. 4 Nr. 3 FeV dazu führen, dass einem Angeklagten, der vor In-Kraft-Treten der Vorschrift nach Ablauf der Sperrfrist mit seiner ausländischen Fahrerlaubnis (wieder) berechtigt am öffentlichen Straßenverkehr teilgenommen hat, diese Rechtsposition wieder genommen wird. Wie so oft im Fahrerlaubnisrecht sieht die Rechtssprechung in einem solchen Fall jedoch weder ein Rückwirkungsverbot, noch die Verletzung von Rechtssicherheit oder Vertrauensschutz. Ein schwacher Trost dürfte sein, dass kaum einem Inhaber einer ausländischen Fahrerlaubnis die komplizierten Begründungen des BGH für die Annahme eines strafbaren Fahrens ohne Fahrerlaubnis in derartiger Situation verständlich sind. Die Folge könnte sein, dass sich so mancher Angeklagter erfolgreich auf einen (unvermeidbaren) Verbotsirrtum beruft.

h) (Erneute) Ausstellung eines deutschen Führerscheins, nachdem der deutsche Führerschein in einem EU-Mitgliedsstaat umgetauscht wurde

241 Nicht selten sind Fälle (häufig, aber nicht nur, im Zusammenhang mit französischen Behörden), in denen der Inhaber einer deutschen Fahrerlaubnis nach zuvor im Ausland erfolgtem Umtausch seines deutschen Führerscheins in einen Führerschein eines anderen EU-Mitgliedsstaates später (in Deutschland) sein Original-Dokument von der Behörde des umschreibenden EU-Landes zurückverlangt. Problem dabei ist, dass der **EU-Führerschein** des umtauschenden Landes meistens bei der Fahrerlaubnis der **Klasse B auf lediglich 3,5 t zulässige Gesamtmasse beschränkt** ist und damit weniger umfasst als die ehemals deutsche Fahrerlaubnis.

In zahlreichen Fällen begehrt der Inhaber einer derart „beschränkten" Klasse-B-Fahrerlaubnis bei Nutzungswillen in Deutschland von der deutschen Fahrerlaubnisbehörde die Aushändigung einer deutschen Fahrerlaubnis im früheren, erweiterten Umfang; im Falle der Entscheidung des VG Saarland (zfs 2002, 207) sogar unter Hinweis auf ein dringendes Mobilitätsbedürfnis in Deutschland. Die deutsche Fahrerlaubnisbehörde kann jedoch für ein etwaiges gemeinschafts-rechtswidriges Handeln – hier der französischen Behörden in Form von nur eingeschränkter Umschreibung einer deutschen Fahrerlaubnis – nicht in Anspruch genommen werden. Da die Zulässigkeit der Ausstellung einer Fahrerlaubnis vom Vorhandensein eines amtlichen Wohnsitzes im Hoheitsgebiet des ausstellenden Mitgliedsstaates abhängig ist, kommt nach erfolgtem Umtausch eine Ersetzung des ggf. vernichteten deutschen Originalführerscheins nicht mehr in Betracht. Bei Wohnsitz im Ausland darf die deutsche Fahrerlaubnisbehörde keinen „Ersatz-Führerschein" ausstellen; auch nicht, wenn beim Betroffenen ein Gebrauchswille dafür im Inland vorhanden ist. Der im Ausland gemeldete Fahrerlaubnisinhaber muss an die dortigen Behörden verwiesen werden – mit allen Konsequenzen des dortigen Rechts.

Frankreich ist nach Art. 1 Abs. 2 sowie Art. 8 Abs. 1 der Richtlinie 91/439/EWG deren Umsetzung gem. Art. 12 dieser Richtlinie mit Wirkung zum 1.7.1996 durch die Mitgliedsstaaten zu erfolgen hatte, verpflichtet, einen deutschen Führerschein mit den hierin verbrieften Fahrerlaubnisklassen-Umfängen anzuerkennen und bei einem Umtausch aufgrund der Wohnsitznahme in Frankreich einen den erworbenen Fahrerlaubnisklassen entsprechenden gleichwertigen französischen Führerschein auszustellen (VG Saarland, zfs 2002, 207).

i) Fahren ohne Fahrerlaubnis bei Nichtmitführen einer (behaupteten) ausländischen Fahrerlaubnis im Inland

242 Beruft sich ein Kraftfahrzeugführer auf eine ausländische Fahrerlaubnis, die sich auf Kraftfahrzeuge der geführten Art erstreckt, so setzt, wenn die Aufenthaltsfristen des § 4 IntVO gewahrt sind, seine Verurteilung wegen Fahrens ohne Fahrerlaubnis gem. § 21 Abs. 1 Nr. 1 StVG die Überzeugung des Tatrichters davon voraus, dass er über die behauptete ausländische Fahrerlaubnis nicht verfügt. Der **Vorwurf strafbaren Verhaltens** lässt sich nicht schon darauf stützen, dass er den Nachweis der ausländischen Erlaubnis weder bei der Fahrt noch später erbracht hat (vgl. BGH, DAR 2002, 35).

Diese Entscheidung des BGH beruht auf einem Vorlagebeschluss des OLG Jena gem. § 121 Abs. 2 GVG über die Rechtsfrage, ob ein nichtdeutscher Kraftfahrzeugführer, der weniger als ein Jahr in der Bundesrepublik Deutschland ständig lebt und keine deutsche Fahrerlaubnis besitzt, wegen Fahrens ohne Fahrerlaubnis verurteilt werden kann, wenn er lediglich behauptet, einen ausländischen Führerschein zu besitzen.

Interessant ist die Begründung der Rechtsprechung, die aus dem deutschen Recht eine erforderliche Gleichstellung des Inhabers einer ausländischen Fahrerlaubnis ableitet.

Der Kraftfahrzeugführer, der mit einer deutschen Fahrerlaubnis im Inland ein Kraftfahrzeug führt, macht sich auch dann nicht nach § 21 StVG strafbar, wenn er den Führerschein, durch den er die Erlaubnis nachzuweisen hat (§ 2 Abs. 1 Satz 3 StVG, § 4 Abs. 2 Satz 1 FeV) während einer Fahrt nicht bei sich führt. Wer die erforderliche Fahrerlaubnis hat, bei einer Fahrt aber den Führerschein nicht bei sich führt, oder ihn entgegen § 4 Abs. 2 Satz 2 2. Halbs. FeV zuständigen Personen auf Verlangen nicht zur Prüfung aushändigt oder aushändigen kann, handelt lediglich ordnungswidrig (§ 75 Nr. 4 FeV i.V.m. § 24 StVG).

Dementsprechend kann ein Kraftfahrzeugführer, der sich auf eine deutsche Fahrerlaubnis beruft, nur dann wegen Fahrens ohne Fahrerlaubnis verurteilt werden, wenn das Gericht davon überzeugt ist, dass ihm die behauptete Fahrerlaubnis nicht erteilt wurde, oder diese nicht mehr gültig ist. Eine Umkehr der Beweislast findet nicht statt.   243

Hinweis:

Aufgrund einer Gleichstellung des Inhabers einer ausländischen Fahrerlaubnis – die sich aus dem Zusammenwirken der §§ 21, 2 StVG und § 4 IntVO ergibt – macht sich auch der Inhaber einer ausländischen Fahrerlaubnis nicht nach § 21 StVG strafbar, wenn er lediglich den Führerschein nicht vorzeigt oder nicht vorzeigen kann.

---

3. In den USA erworbene Fahrerlaubnisse

a) Gemeinsame Bestimmungen

Der zunehmende **Schüler- und Studentenaustausch** macht eine kurze gesonderte Darstellung der Regelungen in den USA erforderlich. Da mit vielen US-Bundesstaaten sog. Gegenseitigkeitsabkommen bestehen (die Staatenliste der Anlage 11 zu den §§ 28 und 31 FeV ändert sich nahezu monatlich), gewinnt die Frage der Anerkennung von Führerscheinen aus den USA zunehmend an Bedeutung.   244

Die Regelung der Voraussetzungen für den Erwerb der Fahrerlaubnis obliegt in den USA den einzelnen Bundesstaaten. Diese regeln im Rahmen ihrer jeweils eigenen Rechtsordnungen u.a. das Verkehrs- und somit auch das Führerscheinrecht.   245

Da US-Führerscheine auch als Identitätsnachweis gelten, haben die US-Staaten im Zusammenhang mit den Ereignissen des 11.9.2001 ihre Praxis bei der Erteilung von Führerscheinen geändert.   246

- Ausländern, insbesondere Austauschschülern, wird nur noch eine Fahrberechtigung erteilt, die nicht dem US-amtlichen Führerscheinmuster entspricht. Die Bewerber erhalten eine „Bescheinigung über die Fahrberechtigung".

  Bei der Umschreibung einer US-Fahrberechtigung in eine deutsche Fahrerlaubnis ist Voraussetzung, dass es sich um ein US-Führerscheindokument handelt. Der Betroffene muss also belegen können oder zumindest glaubhaft machen, dass es sich bei der vorgelegten US-Bescheinigung um ein gültiges „Führerscheindokument" nach US-Recht i.S.d. § 31 FeV i.V.m. § 4 IntVO handelt (z.B. durch Bestätigung der US-Botschaft).

- Es werden in einzelnen US-Bundesstaaten auch Klassen erteilt, die nicht in der Anlage 11 FeV aufgeführt sind. Für die Umschreibung in eine deutsche Fahrerlaubnis ist – nach Auffassung des Bund-Länder-Fachausschusses zur Umschreibung von nicht in der Anlage 11 aufgeführten US-amerikanischen Fahrerlaubnissen und Fahrerlaubnissen der kanadischen Provinzen – eine Bestätigung des zuständigen Konsulates erforderlich, dass die in dem US-Bundesstaat erteilte Klasse der in der Anlage 11 aufgeführten Klasse entspricht. Erteilt wird in Deutschland aber nur die Klasse B. Umfasst die in einem US-Bundesstaat erteilte Klasse weitere Klassen, ist bei der Umschreibung in einen deutschen Führerschein nach § 31 Abs. 2 FeV (sog. „Drittstaaten-Regelung") zu verfahren. Dies bedeutet, dass für die erweiterte Klasse eine theoretische und praktische Prüfung zu absolvieren ist.

- Ist die US-amerikanische Fahrberechtigung zum Zeitpunkt der Antragstellung auf Umschreibung in eine deutsche Fahrerlaubnis bereits abgelaufen, kann sie nicht mehr umgeschrieben werden. Hat sich der Bewerber mehr als 185 Tage in den USA aufgehalten, besteht die Möglichkeit, einen Antrag auf Umschreibung seiner US-Fahrberechtigung noch vor seiner Wohnsitznahme im Inland zu stellen, d.h. bevor er nach Deutschland zurückkehrt. Der Führerschein wird dem Bewerber aber erst bei Wohnsitzbegründung in Deutschland ausgehändigt.

b) Mindestalter für den Erwerb einer Fahrerlaubnis

247   Das Mindestalter für den Erwerb des **„Pkw-Führerscheins"** (deutsche Führerscheinklasse B, frühere Klasse 3) beträgt in den meisten Bundesstaaten – von einigen Ausnahmen abgesehen – **16 Jahre** (vgl. Anhang).

c) Fahrausbildung in den einzelnen Bundesstaaten

248   Die Fahrausbildung beinhaltet in der Mehrzahl der Bundesstaaten eine theoretische und praktische Unterrichtung, in deren Rahmen die für die Teilnahme am Straßenverkehr erforderlichen Grundkenntnisse vermittelt werden. Eine bestimmte Stundenzahl ist dabei grds. nicht vorgeschrieben.

249   Die praktische Ausbildung erfolgt – bis zur Beherrschung des Fahrzeugs – in manchen Bundesstaaten im Rahmen eines Trainings auf einem extra für diese Zwecke ausgewiesenen Gelände. Danach ist in einigen Staaten bereits die Teilnahme am Straßenverkehr zu Übungszwecken – in Begleitung eines Führerscheininhabers – gestattet. Die Ausbildung kann dabei auch durch Bekannte, Eltern oder Freunde erfolgen (sog. Laienausbildung), ebenso im Rahmen des Schulunterrichts an der High School oder durch Fahrschulen (Driving Schools) – sofern dies die Vorschriften des betreffenden Bundesstaats vorsehen. Eine Pflichtstundenzahl ist i.d.R. nicht vorgeschrieben.

d) Führerscheinprüfung

250   Zum Führerscheinerwerb sind grds. folgende **Voraussetzungen** zu erfüllen:

- Bestehen einer schriftlichen theoretischen Prüfung,

- Bestehen einer praktischen Fahrprüfung,

- Test über die Kenntnis der Verkehrszeichen,

- Sehtest,

- englische Sprachkenntnisse (um die Verkehrszeichen zu verstehen),

- Nachweis eines legalen Aufenthalts in den USA.

251   Hervorzuheben ist, dass die praktische Fahrprüfung zwar nicht dieselben strengen Anforderungen wie eine Prüfung in der Bundesrepublik Deutschland auf der Grundlage der hier geltenden Fahrschüler-Prüfungsordnung unterliegt. Gleichwohl besteht zwischen den in der Anlage 11 zu den § 28 FeV und § 31 FeV aufgeführten US-Bundesstaaten und der Bundesrepublik Deutschland ein Verhältnis gegenseitiger Anerkennung der Prüfungen und damit der Führerscheine.

Für die Umschreibung in eine deutsche Fahrerlaubnis gelten die oben unter Rn. 222 ff. dargestellten Grundsätze.

aa) Minderjährige Inhaber eines in den USA erworbenen Führerscheins

Hat ein Jugendlicher bei der Rückkehr aus den USA sein **18. Lebensjahr** noch nicht vollendet, so darf er mit der amerikanischen Fahrerlaubnis maximal sechs Monate in Deutschland fahren. Voraussetzung dafür ist, dass der Führerschein in Deutschland übersetzt und klassifiziert wird. Nach Ablauf der Sechsmonatsfrist erlischt die US-Fahrerlaubnis vorübergehend für jeden, der noch nicht 18 Jahre alt ist. **252**

Drei Monate vor Erreichen der Volljährigkeit darf in Deutschland die theoretische, einen Monat davor die praktische Prüfung abgelegt werden. Der Führerschein wird bei erfolgreicher Absolvierung beider Prüfungen am 18. Geburtstag ausgestellt. Die Umschreibung entspricht dem erstmaligen Erwerb einer Fahrerlaubnis, so dass hierfür die (deutschen) Regeln des Führerscheins auf Probe gelten. Auf die zweijährige Probezeit wird jedoch die Zeit seit dem Erwerb des Führerscheins (in den USA) angerechnet. **253**

bb) Minderjährigen- oder Lernführerschein; vorläufiger oder Probeführerschein

Nach § 4 Abs. 3 Nr. 1 IntKfzVO besteht in Deutschland keine Berechtigung, einen ausländischen Führerschein zu benutzen, wenn es sich um einen sog. **Minderjährigen- bzw. Lernführerschein** oder um einen anderen vorläufig ausgestellten Führerschein handelt. **254**

Da in einigen US-Bundesstaaten Jugendliche unter 18 bzw. 21 Jahren einen befristeten, einen Minderjährigen- oder einen Lernführerschein erhalten, kann die Rechtslage in Deutschland kompliziert werden. Hier werden diese Führerscheine i.d.R. nur dann anerkannt, wenn sie unbeschränkt wirksam, d.h. nicht mit einem Ablaufdatum versehen sind und zur weiteren Verwendbarkeit keine erneute Prüfung in dem betreffenden Bundesstaat erforderlich ist. **255**

Eine Anerkennung in Deutschland ist also möglich, wenn der amerikanische Führerschein automatisch gültig bleibt. Es kommt dabei auf die Rechtslage im betreffenden US-Bundesstaat an. U.U. muss der Antragsteller der deutschen Behörde eine Bestätigung über die volle Gültigkeit des amerikanischen Führerscheins vorlegen. **256**

Die Regelungen des (deutschen) Führerscheins auf Probe finden auf den übersetzten und/oder klassifizierten US-Führerschein keine Anwendung. Die Umschreibung steht auch hier dem Ersterwerb einer Fahrerlaubnis gleich, so dass die Vorschriften über den Probeführerschein Anwendung finden. Auf die Probezeit wird die Zeit ab dem Erwerb des US-Führerscheins angerechnet. **257**

Staat	Mindestalter	Informationen
Alabama	16 R 15 L (c) 14 RT (e)	Motor Vehicle Division P.O. Box 327640 Montgomery, AL 36162
Alaska	16 R (g) 14 L (a, c, g); RT (c, g)	Department of Administration, Division of Motor Vehicles 3300 B. Fairbanks Street, Anchorage, AK 99503
Arizona	16 R 15 Jahre 7 Monate L (a) 16 RT (a)	Arizona Dept. of Transportation, Motor Vehicle Division 1801 W. Jefferson St. Phoenix, AZ 85007

Arkansas	16 R 14-16 L (a, c, g) 14 RT (a, g)	Dept. of Finance and Administration, Office of Motor Vehicles, P.O. Box 1272 Little Rock, AR 72203
California (Kalifornien)	18 R 15 L (b, f, t) 16 RT (b)	Department of Motor Vehicles P.O. Box 932328 Sacramento, CA 94232–3280
Colorado	21 R 15 1/2 L (a ,g c) 15 1/4 RT (a, f, j)	Motor Vehicle Division 1881 Pierce Street Lakewood, CO 80214
Connecticut	16 R (b, c, o) 16 L (b, c, o, q)	Department of Motor Vehicles 60 State St., Wethersfield, CT 06161
Delaware	16 R 15 J. 10 Monate L (b , c, h); 16 RT (a, b)	Motor Vehicle Division 303 Transportation Circle, P.O. Box 698 Dover, DE 19903
District of Columbia	18 R L (a, c, d) 16 RT (a)	Bureau of Motor Vehicle Services 301 C Street, NW Washington, D.C. 20001
Florida	16 R 15 L (a, g, j, n ,s)	Department of Highway Safety And Motor Vehicles Division of Driver Licenses, Neil Kirkman Building Tallahassee, FL 32339
Georgia	16 R 15 L (g, o) 16 RT (a, j, o)	State Department of Revenue, Motor Vehicle Division 270 Washington St., Room 104 Atlanta, GA 30334
Hawaii	18 R 15 L (c) 15 RT (b)	Licensing Administrator, City and County of Honolulu 1455 S. Beretania St., Honolulu, HI 96814 od. County of Hawaii, Hilo HI 96720; County of Kauai, Lihue HI 96766
Idaho	17 R 15 L (b, c, d, r) 15 RT (b, j)	Idaho Transportation Department P.O. Box 7129 Boise, ID 83707–1129
Illinois	18 R 15 L (a, f, r) 16 RT (a, b)	Driver Services Department 2710 South Dirksen Parkway Springfield, IL 62723
Indiana	16 1/2 R 16 L (a, c, f), 15 (f, j) 16 J. 1 Monat RT (a, b)	Bureau of Motor Vehicles, IN Government Center North 100 North Senate Indianapolis, IN 46204

Iowa	17 R 16 L (b, c, j) 14 RT (b, c)	Motor Vehicle Division Park Fair Mall Des Moines, IA 50313
Kansas	16 R 15 L (b, h) 14 RT (h)	Kansas Dept. of Revenue, Division of Motor Vehicles Robert B. Docking Office Bldg., Topeka, KS 66626
Kentucky	16 R L (a, c, g, j); 16 RT (a, j)	Transportation Cabinet State Office Building, Frankfort, KY 40622
Louisiana	15 R (m); 15 L (a, j) 16 RT (a, j)	Office of Motor Vehicles Baton Rouge, LA 70821
Maine	18 R; 15 L (b, r, c) 15 RT (b)	Bureau of Motor Vehicles Augusta, ME 04333–0029
Maryland	18 R (l) 15 J. 9 Monate L (a, c, g) 16 RT (a, b, j)	Motor Vehicle Administration 6601 Ritchie Highway N.E. Glen Burnie, MD 21062
Massachussetts	18 R 16 L (a, b, c, g, j) 16 1/2 RT (a, c, g, j)	Registry of Motor Vehicles P.O. Box 19100 Roxbury, MA 02119–9100
Michigan	18 R 16 L (b, c, g, j) 14 J. 9 Monate RT (a, b, j)	Department of State 430 W. Allegan Street, Treasury Building Lansing, MI 48918–9900
Minnesota	18 R L (c) 16 RT (b)	Driver and Vehicle Services Div., Transportation Building 445 Minnesota Street St. Paul, MN 55101
Mississippi	16 R L (c) 15 RT (p)	Department of Public Safety, Driver Services Bureau P.O. Box 958, Jackson, MS 39205
Missouri	16 R 15 1/2 L (h) 15 RT (k, f)	Department of Revenue, Driver License Bureau P.O. Box 311 Jefferson City, MO 65105
Montana	16 R 15 RT (a, b)	Department of Justice, Motor Vehicle Division 1032 Buckskin Drive, Deer Lodge, MT 59722
Nebraska	17 R 15 L (c, g) 14 RT	Department of Motor Vehicles P.O. Box 94789 Lincoln, NE 68509

Nevada	16 R (a, b) 15 1/2 L (a, c) 14 RT (a)	Department of Motor Vehicles and Public Safety 555 Wright Way Carson City, NV 89711
New Hampshire	19 R L (j, t); 16 RT (a, b)	Department of Safety, Divison of Motor Vehicles 10 Hazen Drive, Concord, NH 03305
New Jersey	17 R 16 RT	Division of Motor Vehicles 225 E. State St., Trenton, NJ 08666
New Mexico	16 R 15 L (a, b, c, h) 14 RT (f, k)	Taxation and Revenue Dept., Motor Vehicle Division P.O. Box 1028 Santa Fe, NM 87504–1028
New York	17 R (b) 16 L (c, d, u) 16 RT (a, j)	Department of Motor Vehicles Empire State Plaza Albany, NY 12228
North Carolina	16 R 15 L (a, b, j) 16 RT	Division of Motor Vehicles Motor Vehicles Building, 1100 New Bern Avenue Raleigh, NC 27697–0001
North Dakota	16 R; L (c) 14 RT (b)	Dept. of Transportation, Driver and Vehicle Services 608 East Boulevard Ave., Bismarck, ND 58505
Ohio	18 R 15 1/2 L (b, g, j, s) 14 RT (e)	Bureau of Motor Vehicles P.O. Box 16520 Columbus, OH 43266–0020
Oklahoma	16 R 15 1/2 L (c, f) 14 RT (e)	Department of Public Safety P.O. Box 11415 Oklahoma City, OK 73136
Oregon	16 R 15 L (c, g) 14 RT	Dept. of Transportation, Driver & Motor Vehicle Services 1905 Lana Ave. NE, Salem, OR 97314
Pennsylvania	16 R; L (a, c, d, j) RT (c, j)	Bureau of Driver Licensing, Harrisburg, PA 17104–2516
Rhode Island	16 R L (c); 16 RT (b, j)	Registry for Motor Vehicles 286 Main Street, Pawtucket, RI 02860

South Carolina	16 R 15 L (b, h, j) 15 RT (h, j)	Department of Public Safety, Division of Motor Vehicles P.O. Box 1498, Columbia, SC 29216–0001
South Dakota	16 R 14 L (h) 14 RT (j, w)	Department of Revenue, Division of Motor Vehicles 445 E. Capitol Ave. Pierre, SD 57501–3185
Tennessee	16 R 15 L (b, c, g) 14 RT	Department of Safety, Driver's License Issuance 1150 Foster Ave. Nashville, TN 37210
Texas	16 R (b) 15 L; 15 RT (b, d)	Texas Department of Public Safety P.O. Box 4087, Austin, TX 78773–0001
Utah	16 R (b) 15 J. 9 Monate L (h)	Department of Public Safety, Driver License Division 2780 West 4700 South, Salt Lake City, UT
Vermont	18 R 15 L (c, k, t) 16 RT (d)	Department of Motor Vehicles, Agency of Transportation 120 State Street Montpelier, VT 05603–0001
Virginia	18 R 15 L (a, g) 16 RT (a, b)	Department of Motor Vehicles P.O. Box 27412 Richmond, VA 23269–0001
Washington	18 R 15 L (c, f) 16 RT (b)	Department of Licensing P.O. Box 9020 Olympia, WA 98504–9020
West Virginia	18 R 15 L (a, c, g) 16 RT	Division of Motor Vehicles 1800 Kanawha Blvd. East, Capi- tol Complex Charleston, WV 25317
Wisconsin	18 R 15 1/2 L (c, f, h, k) 16 RT (b, t)	Department of Transportation, Bureau of Driver Services Division of Motor Vehicles P.O. Box 7915, Madison, WI 53707–7915
Wyoming	16 R 15 L (a, d) 14 RT (a, d, j)	Department of Transportation, Driver Services P.O. Box 1708 Cheyenne, WY 82003–1708

Abkürzungen:

R	=	Regular (Reguläres Mindestalter für den Führerscheinerwerb)
L	=	Learner's (Mindestalter für den Lernführerschein)
RT	=	Restrictive (Führerscheinerwerb mit Einschränkungen – z. B. nur auf Mopeds beschränkt – möglich)

Einschränkungen:

(a)	Erlaubnis der Erziehungsberechtigten zum Führerscheinerwerb erforderlich
(b)	Fahrausbildung muß erfolgreich abgeschlossen sein
(c)	Lernführerschein erforderlich
(d)	Fahren mit Lernführerschein nur in Begleitung eines Führerscheininhabers (18 Jahre oder älter)
(e)	Fahrberechtigung ist auf Mopeds beschränkt
(f)	Fahrschüler muß bereits an Fahrausbildung teilnehmen
(g)	Fahren mit Lernführerschein nur in Begleitung eines Führerscheininhabers (21 Jahre oder älter)
(h)	Fahren mit Lernführerschein nur in Begleitung eines Erziehungsberechtigten (mit Führerschein)
(i)	Fahren mit Lernführerschein nur in Begleitung eines Führerscheininhabers (19 Jahre oder älter)
(j)	Fahrberechtigung ist auf bestimmte Tageszeiten beschränkt
(k)	Begleitung eines Fahrlehrers erforderlich
(l)	Alle Führerscheinanwärter müssen ein 3-Stunden-Anti-Alkohol-Programm absolvieren
(m)	Absolvierung einer staatlichen Fahrausbildung (für erstmaligen Führerscheinerwerb) erforderlich
(n)	Absolvierung eines Lehrgangs „Verkehrsrecht" und „Drogenmißbrauch" erforderlich
(o)	Führerscheinanwärter unter 18 Jahren müssen ein Anti-Alkohol/Drogen-Programm absolvieren
(p)	Nur für Minderjährige mit Erziehungsberechtigten, die aufgrund einer Körperbehinderung kein Fahrzeug führen können
(q)	Lernführerschein für Motorräder und einige gewerbliche Fahrzeuge erforderlich
(r)	Fahren mit Lernführerschein nur in Begleitung eines Führerscheininhabers (20 Jahre oder älter) mit mindestens 2 Jahren Fahrpraxis

(s)	Lernführerschein für mindestens 6 Monate oder bis zum 18. Geburtstag erforderlich
(t)	Fahren mit Lernführerschein nur in Begleitung eines Führerscheininhabers (25 Jahre oder älter)
(u)	Abgeschlossene 5stündige Fahrausbildung erforderlich
(v)	Einschränkungen entfallen automatisch beim 16. Geburtstag des Führerscheininhabers

4. Grundsatz: Nur eine gültige Fahrerlaubnis innerhalb der Europäischen Union

Art. 7 der Zweiten EG-Führerscheinrichtlinie schreibt verbindlich vor, dass innerhalb der Europäischen Union nur ein einziger Führerschein, besser ein einziges Fahrerlaubnisdokument, von einem Mitgliedstaat ausgestellt sein darf. Anders ausgedrückt, die Fahrerlaubnisinhaber dürfen innerhalb der Europäischen Union jeweils nur ein Dokument in den Händen halten. Im Wege von Umtauschen „überzählige" nationale Dokumente werden im Rahmen des Umtausches eingezogen und an die Ausstellungsbehörden zurückgesandt. So ist die Möglichkeit eines u.U. später erforderlich werdenden Rücktauschs gewährleistet.   **258**

Ohne eine solche Regelung könnten Fahrerlaubnisentziehungen und Fahrverbote unterlaufen werden; die geplante gegenseitige Vollstreckung innerhalb Europas wäre nicht möglich. Es gilt also **eine Fahrerlaubnis pro Person.**   **259**

B. Beratung bei Führerscheinmaßnahmen im Strafrecht

I. Entziehung durch den Strafrichter

1. Rechtsgrundlagen

Die Entziehung der Fahrerlaubnis nach § 69 Abs. 1 StGB ist eine **verschuldensunabhängige Maßregel der Besserung und Sicherung** (§ 61 StGB), die sich ausschließlich an der Sicherheit des Straßenverkehrs zu orientieren hat.   **260**

Die Entziehung der Fahrerlaubnis als Maßregel (BGHSt 7,168) bedingt, dass ihre Verhängung und Dauer ausschließlich von der Ungeeignetheitsprognose des Tatrichters abhängen (Sicherungszweck) und in keiner Weise von der Tatschwere, dem Schuldgrad oder dem ansonsten im Strafrecht geltenden Sühnebedürfnis (vgl. Jagusch/Hentschel, Straßenverkehrsrecht, StGB, § 69 Rn. 1; Schönke/Schröder/Stree, StGB § 69 Rn. 2).   **261**

Hinweis:

In zahlreichen Plädoyers wird von der Verteidigung bei den entscheidenden Ausführungen zur Anzahl der Tagessätze schlicht übersehen, dass das Gericht die von der Entziehung der Fahrerlaubnis auf den Täter ausgehenden Wirkungen bei der Strafzumessung berücksichtigen kann (OLG Hamm, DAR 1955, 222; OLG Frankfurt, NJW 1971, 669; Jagusch/Hentschel, Straßenverkehrsrecht, StGB, § 69 Rn. 1). Dabei ist an dieser Stelle besondere Argumentationsstärke gefordert, wenn es darum geht, dem Gericht darzulegen, welch nachhaltige Einstellungsänderung der Mandant während und gerade wegen des andauernden Verlustes der Fahrerlaubnis erfahren hat.

---

262 Der **Strafrichter muss die Fahrerlaubnisentziehen**, wenn der Täter wegen einer rechtswidrigen Tat, die er bei oder im Zusammenhang mit dem Führen eines Kraftfahrzeugs oder unter Verletzung der Pflichten eines Kraftfahrzeugführers begangen hat, verurteilt wird und sich aus der Tat ergibt, dass er **zum Führen von Kraftfahrzeugenungeeignet** ist. Das Gleiche gilt, wenn der Täter wegen seiner solchen Tat nur deshalb nicht verurteilt wird, weil seine Schuldunfähigkeit erwiesen oder nicht auszuschließen ist (§ 69 Abs. 1 StGB).

263 Der **Eignungsbegriff** ist im Gesetz nicht hinreichend geregelt (s. o. Rn. 49 ff.). Jedoch trifft § 69 Abs. 2 StGB bei vier Straftatbeständen eine **gesetzlicheRegelvermutung** für die Ungeeignetheit, wonach der Täter „in der Regel" als ungeeignet zum Führen von Kraftfahrzeugen anzusehen ist bei:

- Gefährdung des Straßenverkehrs (§ 315c StGB),

- Trunkenheit im Verkehr (§ 316 StGB),

- unerlaubtem Entfernen vom Unfallort (§ 142 StGB), obwohl der Täter weiß oder wissen muss, dass bei dem Unfall ein Mensch getötet oder nicht unerheblich verletzt worden oder an fremden Sachen bedeutender Schaden entstanden ist,

- Vollrausch (§ 323 a StGB), wenn er sich auf eine der drei vorbenannten Taten bezieht.

264 Die Entziehung der Fahrerlaubnis ist in § 69 StGB an wesentlich engere Voraussetzungen gebunden als im Verwaltungsrecht. Der Strafrichter kann in den zuvor genannten Fällen **von der Entziehung nur ausnahmsweiseabsehen**, wenn er besondere Gründe in den Tatumständen oder in der Person des Täters erkennt, die ein Abweichen vom Regelfall vertretbar erscheinen lassen (Heiler/ Jagow, Führerschein, S. 263).

265 Eine derartige **Ausnahme** sieht die Rechtsprechung mitunter in Fällen nur **sehr kurzer Trunkenheitsfahrten**. Trotz Erfüllung des Tatbestandes des § 316 StGB kann die Entziehung der Fahrerlaubnis entbehrlich sein, wenn der Täter sein Kraftfahrzeug nur ein kurzes Stück bewegt hat, um einen verkehrsstörenden Zustand zu beseitigen (OLG Düsseldorf, NZV 1988, 29). Das OLG Düsseldorf (a.a.O.) führt aus, dass der Täter in den Fällen des § 69 Abs. 2 Nr. 2 StGB zwar „in der Regel" als ungeeignet zum Führen von Kraftfahrzeugen anzusehen ist und dass es im „Normalfall" bei einem solchen Vergehen einer näheren Begründung für eine Entziehung nicht bedarf. Es genüge eine summarische Prüfung. Gleichwohl gebe es aber keinen Automatismus, der bei Vorliegen eines Regelfalles des § 69 Abs. 2 StGB stets zur Entziehung führen müsse.

„Eine Indizwirkung für die Ungeeignetheit des Kraftfahrers liegt bei Verwirklichung des § 316 StGB nur insoweit vor, als dieser nach seiner Persönlichkeit dem Durchschnitt der Kraftfahrer entspricht und die Tat gegenüber der Masse der vorkommenden entsprechenden Taten keine wesentlichen Besonderheiten aufweist. Liegen hingegen Besonderheiten in der Person des Täters, in der Tat oder sonst in der Nachtatsituation vor, die einen so wesentlichen Unterschied von dem Durchschnittsfall kennzeichnen, dass sie eine Ausnahme von der Regel rechtfertigen können, muss erkennbar sein, dass die Möglichkeit der Ausnahme geprüft worden ist (OLG Düsseldorf, NZV 1988, 29 m.w.N.)."

266 Ähnliches gilt für eine nur **kurze Trunkenheitsfahrt auf einem Parkplatz**. Wer im Zustand alkoholbedingter Fahruntüchtigkeit ein Fahrzeug innerhalb eines öffentlichen Parkplatzes **lediglich 20 Meter** vor- und zurückbewegt, um einem parkverbotswidrigen Zustand vorzubeugen, erweist sich hierdurch regelmäßig nicht als ungeeignet zum Führen von Kraftfahrzeugen (OLG Stuttgart, NJW 1987, 142). Unter die Regel des § 69 Abs. 2 StGB fallen nur solche Taten, „die ohne weiteres auf ein gefährliches Maß an Versagen und Verantwortungslosigkeit des Täters schließen lassen" (OLG Stuttgart, a.a.O.). Eine solche Annahme ist jedoch bei kurzen Rangiervorgängen auf Parkplätzen nicht haltbar.

Hinweis:

Weitere Fälle:

- *AG Wiesbaden, zfs 1984, 319 (Kraftfahrzeug wenige Meter mit einer BAK von 1,34 Promille geführt);*
- *OLG Köln, VRS 81, 21 (1,35 Promille bei Fahrstrecke von 15 m);*
- *OLG Düsseldorf, VRS 59, 282 (sogar kein Fahrverbot);*
- *OLG Düsseldorf, DAR 1990, 353 (50 m aus Parklücke);*
- *OLG Karlsruhe, NZV 1990, 277 (25 m zur Nachtzeit auf Parkplatzzufahrt mit 3,16 Promille).*

---

2. Eignungsbegriff im Strafrecht – Voraussetzung der Entziehung

Was die fehlende Kraftfahreignung anbelangt, so besteht zwischen Strafrecht und Verwaltungsrecht kein Unterschied bei der Definition. Anders als im Verwaltungsrecht gibt es jedoch im Strafrecht keine „bedingte" Eignung. Bei nur bedingter Eignung ist eine Entziehung durch das Strafgericht ausgeschlossen (Bode/Winkler, Fahrerlaubnis, §12 Rn. 5 ff., 13).   **267**

Die **Entziehung wegen einer Straftat** mit **Rückschluss auf die Eignung** zum Führen von Kraftfahrzeuge setzt eine rechtswidrige Tat voraus; nur an eine solche kann die Entziehung anknüpfen (BGHSt 14, 68; Jagusch/Hentschel, Straßenverkehrsrecht, § 69 StGB Rn. 2). Bestimmte Straftaten kommen nach Auffassung der Rechtsprechung als Indiz für vorliegende Ungeeignetheit in Betracht.   **268**

Das **Fahren ohne Fahrerlaubnis** lässt am unzweifelhaftesten Rückschlüsse auf mangelnde (charakterliche) Eignung zu (OLG Schleswig, VM 1966, 93). Als weitere Beispiele in der Rechtsprechung finden sich die **Überlassung des Fahrzeugs an einen Fahruntauglichen**, bei Kenntnis der Fahruntüchtigkeit (BGHSt 15, 316, 318), die **vorsätzliche Beschädigung eines fremden Kraftfahrzeugs** (LG Zweibrücken, DAR 1995, 502), **Widerstandsleistung** gem. § 113 StGB **zur Abwehr einer Blutprobe** (OLG Hamm, VRS 8, 46) oder die **Benutzung eines Fahrzeugs zur Begehung einer Straftat** (BGH, NZV 1993, 35; OLG Düsseldorf, NZV 1992, 331). Streitig sind Eignungsrückschlüsse wegen **Transport von Betäubungsmitteln** (hierzu findet sich eine ausführliche Darstellung bei Bode/Winkler, Fahrerlaubnis, § 12 Rn. 22 ff.). Nach Auffassung des BGH (VRS 81, 369) ist die Kraftfahreignung regelmäßig zu verneinen, wenn das Kraftfahrzeug zur Durchführung von Betäubungsmittelgeschäften genutzt wird. Die obergerichtliche Kontroverse mit einer weiteren Entscheidung des BGH (VRS 92, 204) zu dieser Frage macht deutlich, dass bei **einmaligem Transport von Betäubungsmitteln** mit einem Kraftfahrzeug von einer Entziehung der Fahrerlaubnis abgesehen werden könnte. Trotz Indizwirkung von (charakterliche) Eignungsmängel seien diese aber nicht mit – wie erforderlich – mit den Regelbeispielen des § 69 Abs. 2 StGB gleichzusetzen. Die Folge ist, dass zu dem einmaligen Betäubungsmitteltransport noch weitere in der Täterpersönlichkeit liegende Eignungsmängel festgestellt werden müssen (BGH, NStZ-RR 1997, 197). Der BGH hatte das Problem der Eignungsüberprüfung schon einfacher zum Ausdruck gebracht, mit der Aussage, eine pauschal vorgenommene Würdigung genüge nicht (BGH, bei Tolksdorf, DAR 1995, 184).   **269**

Die Beispiele verdeutlichen, dass der Eignungsmangel aus der Tat erkennbar sein muss. Hier zeigt sich ein weiterer Unterschied zur Eignungsüberprüfung im Verwaltungsverfahren. Während dort die Eignung umfassend geprüft wird, beschränkt sich die Prüfung im Strafverfahren auf mit der Tat zusammenhängende Umstände. **Eignungsaspekte**, die schon **vor der abzuurteilenden Tat vorhanden waren**, dürfen nicht zur Beurteilung herangezogen werden, wenn sie nicht mit dem Tatgeschehen selbst in Verbindung zu bringen sind.

270   Maßgeblicher **Beurteilungszeitpunkt der Eignungsfrage** ist der Zeitpunkt der richterlichen Entscheidung, der Urteilsfindung (BGHSt 7, 165; ausführlich Bode/Winkler, Fahrerlaubnis, § 12 Rn. 18).

3. Rechtskreisübergreifendes Beweisverwertungsverbot

271   Umstritten ist, ob im Rahmen einer Fahrerlaubnisentziehung, die ihre rechtliche Grundlage in § 3 Abs. 1 StVG, §§ 46, 11, 14 FeV hat, das **Verwertungsverbot des § 136a Abs. 3 StPO** bezogen auf ein **Eignungsgutachten**, durchgreift.

Seit einer Entscheidung des OVG Lüneburg (DAR 2001, 42) ist die seit langem ungeklärte Frage, ob Verwertungsverbote aus einem Rechtskreis (Strafprozessordnung) in einen anderen Rechtskreis (Verwaltungsverfahren einer Fahrerlaubnisentziehung) übergreifen können, neu zu diskutieren (vgl. Kleinknecht/Meyer-Goßner, StPO, § 136a Rn. 54 ff.). Zusammenfassend ist festzuhalten, dass im Einzelfall – soweit nicht ein den jeweiligen Rechtskreis betreffendes Verwertungsverbot besteht – eine **Interessenabwägung** der widerstreitenden Interessen zu erfolgen hat. Es gilt auch hier die Abwägungslehre. Danach kommt es darauf an, ob höherwertige Rechtsgüter die Verwertung von Beweisergebnissen – also auch von Fahreignungsgutachten – unabweisbar machen (OVG Lüneburg, DAR 2001, 42).

Bei der Bedeutung des heutigen Straßenverkehrs überwiegt das Interesse daran, fahruntüchtige Personen von der Teilnahme am motorisierten Straßenverkehr auszuschließen, gegenüber dem Interesse des Einzelnen an der Beachtung des § 136a StPO im Bereich dieses konkreten Teils des Ordnungsrechts (so OVG Lüneburg, DAR 2001, 42). Dieses Ergebnis erscheint in höchstem Maße rechtsstaatlich bedenklich.

4. Zulässigkeit der Maßnahme nach § 69 StGB in verschiedenen Verfahren

272   Eine Entziehung der Fahrerlaubnis ist auch durch **Strafbefehl** zulässig. Gem. § 407 Abs. 2 Nr. 2 StPO kann auch bereits im Strafbefehl auf eine Entziehung der Fahrerlaubnis erkannt werden. Die nach § 69a StGB festzusetzende Sperre darf aber **nicht mehr als zwei Jahre** betragen.

273   Eine Entziehung der Fahrerlaubnis kommt auch im **beschleunigten Verfahren nach §§ 417 ff. StPO** in Betracht. Zwar dürfen Maßregeln der Besserung und Sicherung im beschleunigten Verfahren grds. nicht verhängt werden. Eine Ausnahme besteht jedoch für die Entziehung der Fahrerlaubnis, die ausdrücklich im beschleunigten Verfahren zugelassen ist. Diese Ausnahme ergab sich früher aus § 212b Abs. 1 Satz 3 StPO. Dort sucht man sie heute jedoch vergebens. Im Zuge zahlreicher anderer verwirrender Umstellungen innerhalb der StPO wurde das beschleunigte Verfahren, das früher in den §§ 212 ff. StPO geregelt war, durch das Verbrechensbekämpfungsgesetz in das 6. Buch eingestellt. Die zuvor angesprochene Ausnahme findet sich nun in § 419 Abs. 1 Satz 3 StPO.

274   Gem. § 232 Abs. 1 Satz 3 StPO ist eine Entziehung der Fahrerlaubnis auch möglich, wenn der Angeklagte an der Hauptverhandlung nicht teilnimmt und die Voraussetzungen des § 232 Abs. 1 Satz 1 StPO für eine **Hauptverhandlung ohne den Angeklagten** gegeben sind. Dies wiederum setzt voraus, dass der Angeklagte bereits in der Ladung auf eine mögliche Entziehung der Fahrerlaubnis hingewiesen wurde. Gleiches gilt gem. § 233 Abs. 1 Satz 3 StPO bei **Entbindung von der Pflicht zum Erscheinen in der Hauptverhandlung**.

275   Ausdrücklich zugelassen ist eine Entziehung der Fahrerlaubnis nach § 7 JGG ebenfalls im **Jugendverfahren**. Gem. § 39 JGG fällt die Anordnung der Maßregel auch in die Zuständigkeit des Jugendrichters. Problematisch ist jedoch die **Abgrenzung zwischen Maßregel und Weisung** nach § 10 JGG. Nach den allgemeinen Regeln des Subsidiaritätsprinzips hat die Maßregel der Entziehung der Fahrerlaubnis dann zurückzustehen, wenn Weisungen geeignet sind, das angestrebte Ziel zu erreichen. Hier können jedoch ungewollte und unzulässige Überschneidungen auftreten.

So lässt sich im Rahmen einer Weisung, bestimmte Gegenstände während der Dauer eines 276
bestimmten Zeitraums abzuliefern, auch die Einreichung des Führerscheins anordnen. Dies ist
jedoch nur dann zulässig, wenn der Grund für die Weisung nicht ausschließlich in der Reaktion auf
ein Verkehrsdelikt oder dem vorbeugenden Ziel der Sicherung der allgemeinen Verkehrssicherheit
zu suchen ist (OLG Düsseldorf, NJW 1968, 2156). Wie Hentschel (Trunkenheit, Fahrerlaubnisentziehung, Fahrverbot, Rn. 575) richtig darlegt, „meint § 10 JGG nicht die Erziehung zum sorgfältigen, verantwortungsbewussten Kraftfahrer". Der Weg einer Weisung ausschließlich zu verkehrs-
erzieherischen Zwecken wäre eine Umgehung der Grundsätze des § 69 StGB.

5. Führen eines Kraftfahrzeugs

Die rechtswidrige Tat muss beim **Führen eines Kraftfahrzeugs** oder im Zusammenhang damit 277
unter Verletzung der Pflichten eines Kraftfahrers begangen werden (§ 69 Abs. 1 Satz 1 StGB). Der
Begriff des Führens umfasst somit zunächst alle Verkehrsdelikte, daneben aber auch Taten allgemeiner Art (fahrlässige oder sogar vorsätzliche Tötung), sofern sie durch das Führen eines Fahrzeugs begangen werden (Schönke/Schröder/Stree, StGB, § 69 Rn. 12).

Der auch für § 69 StGB geltende **Kraftfahrzeugbegriff** ist in § 1 Abs. 2 StVG, § 4 StVZO 278
bestimmt. Kraftfahrzeuge sind damit alle Landfahrzeuge, die durch Maschinenkraft bewegt werden, ohne an Bahngleise gebunden zu sein (vgl. hierzu näher Hentschel, Trunkenheit, Fahrerlaubnisentziehung, Fahrverbot, Rn. 577). Da § 69 StGB ausschließlich Bezug zum Straßenverkehr
nimmt, fällt eine Lokomotive nicht unter den Kraftfahrzeugbegriff. Doch auch dies ist die Rechtsprechung in der Lage anders zu sehen; so als Einzelfallentscheidung und Mindermeinung (LG
München II, NZV 1993, 83).

Selbstverständlich unterfallen auch führerscheinfreie Kraftfahrzeuge (Mofas) dem § 69 StGB (statt 279
aller Hentschel, a.a.O., Rn. 578).

Kommt es für die Frage der Kraftfahrzeugeigenschaft noch entscheidend auf die verwendete 280
Maschinenkraft an, so spielt diese beim sog. Führen eines Kraftfahrzeugs nur eine untergeordnete
Rolle. Für das Führen eines Kraftfahrzeugs i.S.d. § 69 StGB ist es ohne Belang, ob die Motorkraft
im Einzelfall zum Einsatz gelangte (Schönke/Schröder/Stree, StGB, § 69 Rn. 12). Voraussetzung
für die Annahme des Führens eines Kraftfahrzeugs ist, dass das Fahrzeug nicht geschoben oder
gezogen wird, sondern **ohne fremde Hilfe bewegt** wird (BayObLG, NJW 1959, 111). Ein **Fahrrad mit Hilfsmotor** oder ein **Mofa** wird somit i.S.d. § 69 StGB geführt, wenn es ohne laufenden
Motor lediglich durch **Treten der Pedale** fortbewegt wird, selbst dann, wenn diese Übung nicht
zum Anspringen des Motors dienen soll (OLG Düsseldorf, VM 1975, 20 Nr. 24). Anders jedoch,
wenn ein Mofa **geschoben** wird, ohne den Fahrersitz einzunehmen; hierbei handelt es sich nicht
um ein Führen i.S.d. § 69 StGB (OLG Karlsruhe, DAR 1983, 365; OLG Oldenburg, MDR 1975,
421).

Der Lenker eines **abgeschleppten Fahrzeugs** kommt ebenfalls nicht als Führer i.S.d. § 69 StGB in 281
Betracht, da das Fahrzeug nicht ohne fremde Hilfe bewegt wird (Hentschel, a.a.O., Rn. 579).

Sehr häufig übersehen wird, dass auch das **Führen** eines Fahrzeugs **auf nicht öffentlichem** 282
Gelände unter dem Gesichtspunkt des § 69 StGB eine Entziehung rechtfertigen kann (OLG Oldenburg, VRS 55, 120; LG Stuttgart, NZV 1996, 213). So führt das LG Stuttgart (a.a.O.) aus, für § 69
Abs. 1 StGB sei anerkannt, „dass weder der Wortlaut noch der Zusammenhang und Zweck der
Bestimmungen der §§ 69 ff. StGB eine Einschränkung der Auslegung dahingehend gebieten, dass
das Tatbestandsmerkmal des öffentlichen Verkehrs als ungeschriebenes Merkmal in §§ 69 ff. StGB
übernommen werden müsste". Belegt wird diese weder dogmatisch begründete noch logisch zwingende bloße Behauptung des Gerichts durch Angabe einer Entscheidung des OLG Oldenburg
(a.a.O.). So erscheint diese Selbstbestätigung eigener Urteilsfindung als ein weiteres Beispiel für
den Versuch der Schaffung „herrschender Rechtsprechung" mittels gegenseitiger Zitierung zweier
Entscheidungen. Anders und überzeugender die Auffassung der Literatur. Diese nimmt Bezug auf
§ 2 StVG, wonach das Führen eines Kraftfahrzeugs nur auf öffentlichen Straßen einer Fahrerlaub-

nis bedarf, um deren Entziehung es bei § 69 StGB schließlich geht. Rechtswidrige Taten auf nicht-öffentlichen Wegen berechtigen daher i.d.R. nicht zu einer Fahrerlaubnisentziehung. Ein Führen liegt nur vor, wenn der Täter eine Handlung vornimmt, zu der bei fahrerlaubnispflichtigen Fahrzeugen eine Fahrerlaubnis erforderlich wäre (ausführlich Schönke/Schröder/Stree, StGB, § 69 Rn. 12).

6. Zusammenhang zwischen Straftat und Führen eines Kraftfahrzeugs

283 Im Zusammenhang mit dem Führen eines Kraftfahrzeugs ist eine Tat begangen, wenn die Benutzung des Fahrzeugs etwa der **Förderung von Straftaten** dient oder wenn das Geschehen die Benutzung in ihrer Gefährlichkeit steigert (Schönke/Schröder/Stree, StGB, § 69 Rn. 13). Es genügt hierbei jeder Zusammenhang zwischen dem Führen eines Kraftfahrzeugs und einer rechtswidrigen Tat, gleichgültig ob die Tat vor, gleichzeitig oder nach dem Führen des Fahrzeugs erfolgte (BGH, NJW 1962, 1211; 69, 1125; Hentschel, Trunkenheit, Fahrerlaubnisentziehung, Fahrverbot, Rn. 580). Da die Maßregel ausschließlich der Sicherung des Straßenverkehrs dient, setzt der erforderliche Zusammenhang zwischen der Straftat und dem Führen eines Kraftfahrzeugs voraus, dass eine Gefahrerhöhung für andere Verkehrsteilnehmer eintritt. Voraussetzung ist somit eine **Steigerung der Betriebsgefahr** des Fahrzeugs, oder dass das **Fahrzeug als Fortbewegungsmittel zur Vorbereitung** und/oder **Durchführung** (BGH, NJW 1969, 1125; BayObLG, VRS 69, 281), **Ermöglichung** (BGH, VM 1967, 1) oder der **Verdeckung** (BGH, NJW 1969, 1125) **einer Straftat** dient (Hentschel, a.a.O., Rn. 582). Anders ausgedrückt, das Führen des Kraftfahrzeugs muss zur Tat dienlich gewesen sein (Jagusch/Hentschel, Straßenverkehrsrecht, § 69 Rn. 4).

284 Wird das Fahrzeug dagegen nur **bei Gelegenheit einer Straftat** benutzt, d.h., die Benutzung des Fahrzeuge hängt in keiner Wese mit der Tatausübung zusammen, fehlt es am erforderlichen Zusammenhang (OLG Stuttgart, NJW 1973, 2213).

285 Der Täter muss das **Kraftfahrzeug eigenhändig führen**, anderenfalls entfällt der Zusammenhang (Jagusch/Hentschel, Straßenverkehrsrecht, § 69 StGB Rn. 6).

286 Ein **Zusammenhang mit dem Führen** eines Kraftfahrzeugs wird **abgelehnt**: bei „Überwachung" der ohne Fahrerlaubnis fahrenden Ehefrau durch den mitfahrenden Ehemann (OLG Celle, VM 1956, 72), bei Mitfahrt als Beifahrer zum Drogenhandel (LG Memmingen, NZV 1989, 82), bei Unfallverursachung durch den Beifahrer (LG Ravensburg, NZV 1993, 325), bei Beihilfe zur Trunkenheitsfahrt durch Überlassung des Tatfahrzeugs (OLG Koblenz, NJW 1988, 152). Wer als Halter die Inbetriebnahme eines vorschriftswidrigen Fahrzeugs anordnet, begeht keine Tat im Zusammenhang mit dem Führen eines Kraftfahrzeugs (Hentschel, a.a.O., Rn. 589; a.A. OLG Stuttgart, NJW 1961, 690). Das Sichverschaffen oder die Herstellung eines gefälschten Führerscheins vermag keinen Zusammenhang i.S.d. § 69 StGB zum späteren Führen eines Kraftfahrzeugs herzustellen (Schönke/Schröder/Stree, StGB, § 69 Rn.16; Hentschel, a.a.O., Rn. 594). Anders sieht das jedoch das OLG Köln (MDR 1972, 621), nach dessen Auffassung ein Zusammenhang auch bestehen soll, wenn der gefälschte Führerschein zur Vorlage bei einem gewerblichen Fahrzeugvermieter verwendet wurde, um ein Fahrzeug zu anzumieten.

287 Ein **Zusammenhang** mit dem Führen eines Kraftfahrzeugs wird **angenommen**: bei Entführung oder Vergewaltigung durch bloß mitfahrenden Teilnehmer (BGHSt 10, 333), bei Benutzung des Kraftfahrzeugs zum Beutetransport (OLG Düsseldorf, VRS 96, 268), bei Hehlerei, wenn Hehlergut mit dem Fahrzeug transportiert wurde (BGH, VM 1967, 1; näher Hentschel, a.a.O., Rn. 584), bei Transport von Rauschgift zum Handel (BGH, NZV 1993, 35; NStZ-RR 1998, 43), aber auch bei geplantem Eigenverbrauch (OLG Düsseldorf, NZV 1997, 364).

Auch derjenige, der einen ihn wegen verkehrswidrigem Fehlverhalten ansprechenden anderen Verkehrsteilnehmer tätlich angreift, begeht eine Tat im Zusammenhang mit dem Führen eines Fahrzeugs (Hentschel, a.a.O., Rn. 585). Damit kann auch der Streit um die Parklücke eignungsausschließende Formen annehmen.

II. Sperre für die Wiedererteilung

Bei einer Entziehung der Fahrerlaubnis durch das Strafgericht, bestimmt dieses zugleich die Dauer, für die seitens der Fahrerlaubnisbehörde keine neue Fahrerlaubnis erteilt werden darf (sog. **Sperrfrist**). Diese Sperre ist **für die Fahrerlaubnisbehörde bindend** (§ 69a StGB).   **288**

1. Dauer der Sperre

Die Sperrfrist beträgt **mindestens sechs Monate** und **maximal fünf Jahre**. Nur in außergewöhnlichen Fällen ist eine **lebenslange Sperre** zulässig (§ 69a Abs. 1 StGB).   **289**

Das Mindestmaß der Sperrfrist von sechs Monaten verlängert sich auf **zwölf Monate**, wenn gegen den Täter in den letzten drei Jahren vor der Tat bereits einmal eine Sperre angeordnet worden ist (§ 69a Abs. 3 StGB). Bei der Bemessung der Sperrfrist ist dem Gericht ein weiter Spielraum eingeräumt (Schönke/Schröder/Stree, StGB, § 69a Rn. 5). Die Sperre darf aber nicht so bemessen werden, dass sie an einem bestimmten Kalendertag endet, sondern sie muss nach Monaten oder Jahren bemessen sein (Jagusch/Hentschel, Straßenverkehrsrecht, § 69a StGB Rn. 3). Der Tatrichter hat dabei eine **Prognose über dievoraussichtliche Dauer der Ungeeignetheit** zu treffen, und zwar nach denselben Kriterien, die bei der Entziehung der Fahrerlaubnis zu beachten sind (BGHSt 15, 393).   **290**

Zur isolierten Sperre und den Voraussetzungen ihrer Anordnung vgl. BGH, DAR 2001, 81.

Die Dauer der vorläufigen **Entziehung gem. § 111a StPO** wird bei der Bemessung der Sperre berücksichtigt. Das Mindestmaß der Sperre verkürzt sich um die Zeit, in der die vorläufige Entziehung wirksam war. Das Mindestmaß darf aber **drei Monate** nicht unterschreiten (§ 69a Abs. 4 StGB).   **291**

2. Bemessungskriterien der Sperrfrist

Zwar steht die Bemessung der Sperrfrist im Ermessen des Tatrichters. **Generalpräventive Erwägungen, allgemeine Überlegungen** oder **Durchschnittstaxen** scheiden wegen des Maßregelcharakters aus (BGH, NStZ 1990, 225). Die Bemessung hat stets nur nach der **individuellen Gefährlichkeit des Täters** für den Straßenverkehr zu erfolgen. Dennoch mitunter existierende inoffizielle Tabellen einzelner Landgerichtsbezirke sind zum einen sehr unterschiedlich und erwecken zum anderen den Eindruck von Unseriosität. Überdies dürften diese Tabellen wirkliche Hilfe allenfalls für unerfahrene Referendare im Rahmen der staatsanwaltschaftlichen Sitzungsvertretung bieten.   **292**

Wenn bei der Bemessung der Sperrfrist die Dauer einer etwaigen vorläufigen Entziehung gem. § 111a StPO zu berücksichtigen ist, bedeutet dies nicht, dass **die gesamte bis zur letzten Tatsacheninstanz verstrichene Zeit** automatisch angerechnet wird. Es tritt lediglich eine Verkürzung der Mindestsperrfrist ein (§ 69a Abs. 4 StGB), wobei die Dreimonatsfrist des § 69a Abs. 4 Satz 2 StGB keinesfalls unterschritten werden darf.   **293**

> *Hinweis:*   **294**
>
> *Vielfach wird von der Verteidigung im Rahmen ihres Antrags zur Sperrfrist übersehen, dass die dreimonatige Mindestfrist auch dann für das Berufungsgericht zwingend ist, wenn bereits das AG auf die Mindestsperrfrist von drei Monaten erkannt hatte. Dieser Umstand kann bei einem Berufungsverfahren zu Härten für den Mandanten führen, wenn dessen Sperrfrist durch die Dauer des Berufungsverfahren die erstinstanzlich verhängte Sperre tatsächlich überschreitet. Eine Verfahrensfolge, welche die Verteidigung unbedingt vor Einlegung der Berufung mit dem Mandanten ausführlich erörtern sollte. Nach unbestrittener Auffassung berührt diese Problematik nicht das sog. Verschlechterungsverbot und ist daher rechtlich nicht zu beanstanden (vgl. hierzu ausführlich Schönke/Schröder/Stree, StGB, § 69a Rn. 13).*

295 Für die Sperrfristberechnung im Strafbefehlsverfahren kommt es nicht auf die Zustellung an. Hier entspricht der Erlass der Strafbefehls dem letzten tatrichterlichen Urteil (Gebhardt, Das verkehrsrechtliche Mandat, § 42 Rn. 16).

296 Bei der Sperrfristbemessung sind neben der konkreten Tat insbesondere das bisherige Verkehrsverhalten sowie **Vorstrafen des Täters** zu berücksichtigen (BGHSt 29, 58; BGH, DAR 1966, 92).

297 **Verkehrsrechtliche Vorverurteilungen** dürfen bei der Bemessung der Sperre auch dann berücksichtigt werden, wenn sie bereits tilgungsreif oder sogar schon getilgt sind. Zwar dürfen derartige Eintragungen im Bundeszentralregister und die damit verbundenen Taten dem Betroffenen im Rechtsverkehr nicht mehr vorgehalten und auch nicht mehr zu seinem Nachteil verwertet werden (§ 51 Abs. 1 BZRG).

298 Doch enthält das **Bundeszentralregistergesetz** in § 52 Abs. 2 BZRG eine **Ausnahme** für das Verkehrsrecht:

> *„Abweichend von § 51 Abs. 1 darf eine frühere Tat ferner in einem Verfahren berücksichtigt werden, das die Erteilung oder Entziehung einer Fahrerlaubnis zum Gegenstand hat, solange die Verurteilung nach den Vorschriften der §§ 28 – 30b StVG verwertet werden darf. Außerdem dürfen für die Prüfung der Berechtigung zum Führen von Kraftfahrzeugen Entscheidungen der Gerichte nach den §§ 69 – 69b StGB übermittelt und verwertet werden."*

299 > **Hinweis:**
> *Teilweise werden in der Literatur* **verfassungsrechtliche Bedenken** *gegen die bestehende Regelung des § 52 Abs. 2 BZRG geäußert (Gebhardt, Das verkehrsrechtliche Mandat, § 42 Rn. 4); in der Praxis ändert dies jedoch nichts an der tatsächlichen Berücksichtigung. Hierauf sollte der Verteidiger seinen Mandanten frühzeitig hinweisen, damit dieser dem Verteidiger bereits im Rahmen der anwaltlichen Beratung sein „verkehrsrechtliches Vorleben" offenbart. Nur so lassen sich unliebsame Überraschungen im Ermittlungsverfahren vermeiden.*

300 Häufig findet sich in der Argumentation der Verteidigung für einen Verzicht auf eine Entziehung der Fahrerlaubnis der – an dieser Stelle falsche – Hinweis auf **wirtschaftlicheGesichtspunkte und Besonderheiten in der Person des Mandanten**. Wirtschaftliche Gesichtspunkte können allenfalls mittelbar berücksichtigt werden (Jagusch/Hentschel, Straßenverkehrsrecht, StGB, § 69a Rn. 2). Die mit der Maßregel der Fahrerlaubnisentziehung verbundenen wirtschaftliche Einbußen können – wenn überhaupt – nur zu einer **Verkürzung der Sperrfrist** führen. Voraussetzung hierfür ist aber, dass der Tatrichter zu der Überzeugung gelangt, die bisherigen Maßnahmen, etwa die vorläufige Entziehung, hätten dem Täter bereits zur besonderen Warnung gereicht (Jagusch/Hentschel, a.a.O.). Wirtschaftliche Gesichtspunkte müssen somit geeignet sein, eine raschere Beseitigung des Eignungsmangels zu begründen (OLG Koblenz, VRS 71, 431; LG Krefeld, VRS 56, 283). Keinesfalls dürfen die wirtschaftlichen Härten einer Sperre dazu führen, dass das Gericht die Sperre kürzer bemisst, als der Schutz der Verkehrssicherheit dieses erfordert (ausführlich hierzu Hentschel, Trunkenheit, Fahrerlaubnisentziehung, Fahrverbot, Rn. 710).

301 Zumindest aber bedarf die Verhängung einer längeren **Sperrfrist bei existentiellen beruflichen Auswirkungen** einer sorgfältigen Begründung durch den Tatrichter, insbesondere bei jüngeren entwicklungsfähigen Tätern (BGHSt 5, 168, 177; BGH, DAR 1969, 49; BGH, VRS 21, 263; OLG Köln, VRS 76, 352). Gänzlich unangebracht ist der oft zu vernehmende richterliche Hinweis, der Mandant hätte sich die beruflichen Auswirkungen vor der Tat überlegen sollen. Im günstigsten Fall zeugt eine derartige Aussage von mangelnder Rechtskenntnis.

302 Zunehmendes Gewicht bei der Bemessung der Sperrfrist erhalten **spezielle Nachschulungsmaßnahmen**, z.B. für alkoholauffällige Kraftfahrer. Sie haben eine Indizwirkung für die durch das Gericht zu treffende Eignungsprognose (näher Jagusch/Hentschel, Straßenverkehrsrecht, StGB, § 69a Rn. 2).

> *Hinweis:*
>
> *Die Teilnahme an einer solchen Nachschulungsmaßnahme sollte dem Mandanten frühzeitig angeraten werden, da bereits die Vorlage einer Teilnahmebescheinigung die Verhandlungsposition der Verteidigung im Ermittlungsverfahren wesentlich verbessern kann.*

III. Ausnahmen von der Sperre

Das Gericht kann von der Sperre bestimmte Arten von Kraftfahrzeugen ausnehmen, wenn besondere Umstände die Annahme rechtfertigen, dass der Zweck der Maßregel dadurch nicht gefährdet wird (§ 69a Abs. 2 StGB). Diese **Ausnahmen sind auch bereits bei der vorläufigen Entziehung** gem. § 111a Abs. 1 Satz 2 StPO **zulässig.**   303

Ziel der Ausnahmemöglichkeit ist es, diejenigen Fälle berücksichtigen zu können, in denen etwa ein Berufskraftfahrer seinen Lkw stets verkehrsgerecht bewegt, nach Feierabend aber mit dem Pkw Verkehrsregeln missachtet hat. Abgesehen von etwaigen Rückschlüssen auf die verwaltungsrechtliche Eignungsbeurteilungen soll es jedoch im strafrechtlichen Bereich genügen, wenn dem Täter die Möglichkeit genommen wird, mit derjenigen Fahrzeugart zu fahren, mit der er die Verkehrsverstöße begangen hat und erfahrungsgemäß mit weiteren Zuwiderhandlungen zu rechnen ist.   304

Diese Möglichkeit erklärt sich auch aus dem Ziel der Sicherheit des Straßenverkehrs, wonach die konkrete Gefährlichkeit des Täters zu prognostizieren ist, die sich durchaus auf lediglich eine Fahrzeugart beschränken kann.   305

> *Hinweis:*   306
>
> *Wichtig ist, dass bei der Begründung für die begehrte Ausnahme der Sperre in der beruflichen Sphäre nicht allein auf den Unterschied zwischen beruflichem und privatem Bereich abgestellt wird. Für die Unterscheidung zwischen privatem und beruflichem Umfeld ist entscheidend, ob die Ausnahme einer bestimmten Kraftfahrzeugart gerechtfertigt ist. Die berufliche und private Tätigkeit, gleichermaßen in einem Pkw ausgeübt, vermag eine Ausnahme nicht zu begründen.*

Nicht übersehen werden darf bei alledem, dass Ausnahmen in den zuvor beschriebenen Fällen gerade bei Berufskraftfahrern wegen ihren weitaus höheren Eignungsvoraussetzungen eingehend zu begründen sind (OLG Karlsruhe, VRS 55, 122; 63, 200; OLG Hamm, VRS 62, 124).   307

> *Hinweis:*
>
> *Als Argumentationshilfe für einen etwaigen Ausnahmeantrag mag der Verteidigung dienen, dass die Frage, ob die angeführten besonderen Umstände eine Ausnahme rechtfertigen, vom Revisionsgericht nur darauf überprüfbar sind, ob sie sich im Rahmen des Vertretbaren halten (Schönke/Schröder/Stree, StGB, § 69a Rn. 3 mit einer ausführlichen Auflistung möglicher Ausnahmen).*

Der **Begriff Fahrzeugart** i.S.d. § 69a Abs. 2 StGB ist nicht identisch mit den Führerscheinklassen der Fahrerlaubnis-Verordnung. Maßgeblich ist der Verwendungszweck eines Fahrzeugs (Hentschel, Trunkenheit, Fahrerlaubnisentziehung, Fahrverbot, Rn. 764). Nicht möglich ist eine Ausnahme differenziert nach der konkreten Nutzung eines Kraftfahrzeug, wie z.B. Mietwagen, Taxis,   308

Sanitätsfahrzeuge etc. (OLG Stuttgart, DAR 1975, 305). Als Gedankenstütze für die Abgrenzung mag der Merksatz von Hentschel dienen „**Fahrzweck ist nicht gleich Verwendungszweck**" (Hentschel, a.a.O., Rn. 767).

309   **Hinweis:**

*Eine weitere, von Verteidigung und Gericht zumeist nicht erkannte Möglichkeit einer Ausnahmeform bietet die Bemessung einer **unterschiedlichen Sperrfrist-Dauer**. Mit überzeugenden Argumenten begründet Hentschel (a.a.O., Rn. 704) die Möglichkeit, von der Sperrfrist nicht nur bestimmte Fahrzeugarten auszunehmen, sondern auch die **Dauer der Sperrfrist nach bestimmten Fahrzeugarten zu differenzieren**. Komme das Gericht zu der Überzeugung, dass die Ungeeignetheit des Täters für einzelne Arten von Fahrzeugen früher ende, wäre die Verhängung einer einheitlichen Sperrfrist für alle Fahrzeugarten sogar als Verstoß gegen das Übermaßverbot zu werten (Hentschel, a.a.O.). Über den Wortlaut des § 69a Abs. 2 StGB hinausgehend ist damit eine Differenzierung möglich, nach der z.B. die Sperre für beruflich geführte Lkw vier Monate beträgt und für privat genutzte Pkw acht Monate (vgl. hierzu auch die Rechtsprechung: AG Hannover, zfs 1992, 283; LG Verden, VRS 48, 265; i.Ü. auch weitere Nachweise bei Schönke/Schröder/Stree, StGB, § 69a Rn. 3).*

IV. Vorzeitige Aufhebung der Sperre

310   Ergibt sich Grund zu der Annahme, dass der Täter zum Führen von Kraftfahrzeugen nicht mehr ungeeignet ist, so kann das Gericht die Sperre vorzeitig aufheben. Frühestens ist eine **vorzeitige Aufhebung** der Sperre allerdings **nach Ablauf von drei Monaten** zulässig (§ 69a Abs. 7 Satz 1 und 2 StGB). Dies gilt auch für den seltenen Fall „für immer" angeordneter Sperren (OLG Düsseldorf, VRS 63, 273).

311   Die Mindestfrist wurde durch das am **1.1.1999** in Kraft getretene Gesetz zur Änderung des StVG und anderer Gesetze vom 24.4.1998 (BGBl. I 1998, S. 747) von sechs Monaten auf drei Monate verkürzt.

1. Neue Tatsachen (Prognose-Aussage)

312   Eine vorzeitige Aufhebung der Sperre setzt voraus, dass **neue Tatsachen** einschließlich neuer Ermittlungen im Zeitpunkt der neuen Entscheidung vorliegen, auf die die Entscheidung der Sperrfristaufhebung gestützt werden kann (Jagusch/Hentschel, Straßenverkehrsrecht, StGB, § 69a Rn. 14). Da bereits bei der Urteilsfindung alle zu diesem Zeitpunkt bekannten Tatsachen berücksichtigt wurden, müssen für die Aufhebung der Sperre Tatsachen vorliegen, die nun eine andere Beurteilung der Eignungsfrage als zum Urteilszeitpunkt rechtfertigen.

313   Das Merkmal „**Grund zur Annahme**" verlangt nach überwiegender Ansicht in der Literatur keine sichere Feststellung nicht mehr bestehender Ungeeignetheit (vgl. Aufzählung bei Hentschel, a.a.O., Rn. 792, Fn. 350; s. aber auch a.A. LG München, DAR 1980, 283). Der Verurteilte muss also den Wegfall der zum Zeitpunkt der Verurteilung bestehenden Eignungsmängel nicht beweisen. Die neuen Tatsachen müssen lediglich im Rahmen einer Gefährlichkeitsprognose die erneute Teilnahme am Straßenverkehr als verantwortbar erscheinen lassen (OLG Karlsruhe, NJW 1960, 587; AG Alsfeld, BA 1980, 466).

314   Keine neue Tatsache i.S.d. § 69a Abs. 7 StGB ist eine etwaige **straffreie Führung während der Sperrzeit** (OLG Düsseldorf, NZV 1991, 477; OLG München, NJW 1981, 2424). Dies leuchtet ein, weil das ohnehin von jedermann verlangte gesetzestreue Verhalten nicht dem Täter als besondere Anerkennung zugute kommen kann.

Eine **Nachschulung** (Teilnahme an einem **Aufbauseminar** für alkoholauffällige Kraftfahrer) des 315
Täters ist überwiegend als eine die vorzeitige Aufhebung der Sperre rechtfertigende **neue Tatsache** anerkannt (OLG Düsseldorf, VRS 66, 347; LG Oldenburg, DAR 1996, 470; LG München I,
DAR 1981, 229; vgl. insbesondere Hentschel, VGT 1979, 33, 39).

Eine solche Abkürzung der Sperrfrist kommt bei Tätern in Betracht, die erstmals wegen Trunken- 316
heit im Straßenverkehr verurteilt worden sind.

Die Berücksichtigung einer Nachschulung ergibt sich auch aus der amtlichen Begründung zu der 317
am 1.1.1999 in Kraft getretenen Änderung des § 69a Abs. 7 Satz 2 StGB. Die Verkürzung der Mindestsperrfrist soll einen Anreiz zur Teilnahme an Nachschulungskursen bieten, die im Ergebnis die
Rückfallstatistik deutlich senken. Darüber hinaus ist die Anerkennung von Nachschulungen zur
Aufhebung der Sperrfrist logische Folge der Praxis, bei Teilnahme an Nachschulungskursen bereits
von einer Entziehung der Fahrerlaubnis überhaupt abzusehen (Bode/Winkler, Fahrerlaubnis, § 12
Rn. 45 ff., 106).

2. Verfahrensfragen

Zuständig für die durch Beschluss ergehende Entscheidung über die vorzeitige Aufhebung der 318
Sperre ist das Gericht des ersten Rechtszuges. Während der Vollstreckung einer Freiheitsstrafe ist
die Strafvollstreckungskammer zuständig (§ 462a Abs. 1 Satz 1 StPO).

Die Entscheidung erfolgt **nach Anhörung der Staatsanwaltschaft** und des Verurteilten (§§ 462 319
Abs. 1 und 2, 462a Abs. 2, 463 Abs. 5 StPO).

> *Hinweis:* 320
>
> *Der auf Aufhebung der Sperre gerichtete Antrag kann bereits **vor Ablauf der Mindestfrist**
> gestellt werden. Hierbei hat die Verteidigung zu beachten, dass einerseits noch gerichtliche
> Ermittlungen bezogen auf die behaupteten neuen Tatsachen durchzuführen sind, so dass sich
> allein deshalb eine frühzeitige Antragsstellung anbietet. Nur so kann für den Mandanten eine
> unnötige Überschreitung der Mindestsperrfrist vermieden werden.*

Andererseits ist jedoch darauf zu achten, dass der Antrag auf Aufhebung der Sperre nicht bereits 321
zu einem so frühen Zeitpunkt gestellt wird, der dem Gericht noch keine Beurteilung und Prognose
zulässt, weil bis zu Ablauf der Mindestfrist durchaus noch Umstände eintreten können, die eine
Verkürzung als unzulässig erscheinen lassen.

> *Hinweis:* 322
>
> *Das Risiko liegt dabei in einer Ablehnung eines zu früh gestellten Antrags. Da es sich stets
> um Einzelfälle handelt, kann hier kein Rat bezogen auf den „richtigen Zeitpunkt" gegeben
> werden. Es kommt letztlich auf das Fingerspitzengefühl der Verteidigung an.*

Vielfach wird das Gericht über den Antrag auf vorzeitige Aufhebung der Sperrfrist nur nach eige- 323
nen Ermittlungen entscheiden. Zu diesem Zweck kann auch die **Beibringung eines Gutachtens
einer anerkannten medizinisch-psychologischen Untersuchungsstelle** gefordert werden (Hentschel, a.a.O., Rn. 791). Bei Ablehnung der angeordneten Begutachtung droht die Ablehnung der
vorzeitigen Sperrfristaufhebung.

3. Kein neuer Führerschein nach gerichtlicher Aufhebung der Sperre?

324   Ist die verhängte Sperrfrist zur Wiedererteilung einer Fahrerlaubnis abgelaufen, entscheidet allein die zuständige Verwaltungsbehörde auf Antrag über die Erteilung einer neuen Fahrerlaubnis (Jagusch/Hentschel, Straßenverkehrsrecht, StGB, § 69a Rn. 19). Streitig ist, ob die Verwaltungsbehörde nach vorzeitiger Aufhebung der Sperre verpflichtet ist, gem. § 69a Abs. 7 StVG die Fahrerlaubnis wiederzuerteilen (für eine Verpflichtung VGH Kassel, NJW 1965, 125; a.A. Jagusch/Hentschel, Straßenverkehrsrecht, StGB, § 69a Rn. 19; Tröndle/Fischer, StGB, § 69a Rn. 16, unter Berufung auf BVerfGE 20, 365, wonach das bloße Ende der Sperre die Verwaltungsbehörde nicht zur Erteilung einer neuen Fahrerlaubnis verpflichten soll).

V. Vorläufige Entziehung der Fahrerlaubnis

1. Verfahrensfragen

325   Nach § 111a StPO hat das Gericht die Möglichkeit, die Fahrerlaubnis vorläufig zu entziehen, wenn dringende Gründe für die Annahme vorhanden sind, dass die Fahrerlaubnis entzogen werden kann (vgl. Rn. 303 ff.).

326   **Zuständig** ist nach überwiegender Auffassung das mit zum jeweiligen Verfahrensstand mit der Sache befasste Gericht (OLG Düsseldorf, VRS, 72, 370; NZV 1992, 202). Das ist sachgerecht, da dieses – wie von Hentschel betont (a.a.O., Rn. 840) –„wegen des engen Zusammenhangs zwischen vorläufiger und endgültiger Entziehung der Fahrerlaubnis allein imstande ist, eine sachgerechte Entscheidung zu treffen".

Im Ermittlungsverfahren ist das Gericht zuständig, in dessen Zuständigkeitsbezirk die Fahrerlaubnis beschlagnahmt wurde oder noch zu beschlagnahmen ist (§ 162 Abs. 1 Satz 1 StPO). Darüber hinaus gelten die allgemeinen Zuständigkeitsregeln der §§ 7 ff. StPO.

327   Im **Berufungsverfahren** ist die **vorläufige Entziehung** nicht unproblematisch. So kann das LG – entgegen der Auffassung des AG– einen Beschluss zur vorläufigen Entziehung nur in den Fällen erlassen, in denen **neue Tatsachen oder Beweise** vorliegen, aus denen sich ergibt, dass anders als im Verfahren vor dem AG, mit einer endgültigen Entziehung durch das Berufungsgericht zu rechnen ist (BVerfG, zfs 1995, 32; OLG Oldenburg, NZV 1992, 124).

328   Bevor das Gericht über die vorläufige Entziehung der Fahrerlaubnis entscheidet, muss es dem Beschuldigten **rechtliches Gehör** gewähren (§ 33 Abs. 3 StPO). Zutreffend weist Hentschel (a.a.O., Rn. 853) darauf hin, dass § 33 StPO **keine Anhörung durch das Gericht selbst** verlangt. Es muss jedoch aus den Akten ersichtlich sein, dass und in welchem Umfang eine Anhörung vor der Entziehung stattgefunden hat. Die Anhörung hat dabei alle Tatsachen und Beweisergebnisse zu umfassen.

2. Ausnahmen bestimmter Kraftfahrzeugarten

329   Wie oben unter Rn. 303 ff. dargestellt, kann das Gericht **einzelne Arten von Kraftfahrzeugen ausnehmen** (§ 111a Abs. 1 Satz 2 StPO), wenn besondere Umstände die Annahme rechtfertigen, dass der Zweck der Maßnahme dadurch nicht gefährdet wird.

330   Maßgeblicher Unterschied zu § 69a Abs. 2 StGB ist, dass in den Fällen des § 111a Abs. 1 Satz 2 StPO die alte Fahrerlaubnis in dem Umfang erhalten bleibt, in dem bestimmte Kraftfahrzeugarten von der vorläufigen Entziehung ausgenommen werden (Hentschel, a.a.O., Rn. 858). Werden einzelne Fahrzeugarten ausgenommen, ist für diese Klassen von der Führerscheinbehörde ohne weitere Prüfung ein neuer Führerschein auszustellen. Der Führerscheininhaber sollte darauf achten, dass in **Feld 10** des neu erteilten **Scheckkartenführerscheins** das **Datum der Ersterteilung** und nicht das aktuelle Datum der Ausnahme von der von der vorläufigen Entziehung ausgenommenen

Fahrerlaubnisklasse eingetragen wird. Das Recht zum Führen von Kraftfahrzeugen dieser Klassen hat durchgehend bestanden. Die Verwaltungsbehörde wird jedoch den Führerschein mit einem entsprechenden Vermerk ausstellen.

3. Wirksamwerden/Bekanntgabe

Der Beschluss gem. § 111a StPO wird erst **wirksam mit Bekanntgabe** gegenüber dem Betroffenen. Hierzu genügt eine **formlose Mitteilung** nach § 35 Abs. 2 Satz 2 StPO. Allerdings muss auch diese formlose Mitteilung **schriftlich** erfolgen. Die Schriftform ist nur entbehrlich, wenn der Beschluss in der Hauptverhandlung verkündet wird (Hentschel, a.a.O., Rn. 862). **331**

Häufig wird übersehen, dass **Ersatzzustellungen** nicht ausreichen. Selbst die Zustellung des Beschlusses an den Verteidiger genügt nicht (BGH, NJW 1962, 2104). **332**

Gebhardt (a.a.O., § 40 Rn. 12) weist auf die besondere Situation der Verteidigung hin, wenn dieser der Beschluss fälschlicherweise ausschließlich zugestellt wird. Zwar dürfe der Anwalt seinen Mandanten nicht durch längere Aufenthaltswechsel zur Vereitelung der Zustellung ermutigen; er dürfe aber sehr wohl seinen Mandanten darüber belehren, dass der Beschluss und damit das Fahrverbot erst mit Zugang (Bekanntgabe) beim Mandanten selbst wirksam werde. Dieser Rat ist uneingeschränkt zu bejahen. Kritischer dürfte allerdings die weitergehende Auffassung Gebhardts sein, nach der die Verteidigung einen ihr zugestellten Entziehungsbeschluss nicht an ihren Mandanten weiterleiten müsse (Gebhardt, a.a.O.). **333**

4. Voraussetzung der Maßnahme

Die **endgültige Entziehung** muss **wahrscheinlich** sein. Voraussetzung ist das Vorliegen von dringenden Gründen für die Annahme, dass die Maßregel des § 69 StGB angeordnet wird. Hierzu ist **dringender Tatverdacht** i.S.d. § 69 Abs. 1 Satz 1 StGB und ein hoher Grad an Wahrscheinlichkeit, dass das Gericht den Beschuldigten für ungeeignet zum Führen von Kraftfahrzeugen halten wird, erforderlich (Kleinknecht/Meyer-Goßner, StPO, § 111a Rn. 2). **334**

Es handelt sich gem. § 111a Abs. 1 Satz 1 StPO um eine „**Kann-Bestimmung**", so dass der Tatrichter die Anordnung der vorläufigen Entziehung nach **pflichtgemäßem Ermessen** zu treffen hat. **335**

Hinweis: **336**

Die vorzunehmende Prognose des Gerichts hinsichtlich der Wahrscheinlichkeit einer späteren endgültigen Entziehung entfällt, wenn es sich um Regeltaten des § 69 Abs. 2 StGB handelt und sich nicht gravierende gegenläufige Anhaltspunkte ergeben. Entgegen häufig in der Literatur vertretener Auffassung ist die erfolgreiche Teilnahme an einem Aufbauseminar gem. § 2b Abs. 2 Satz 2 oder § 4 Abs. 8, Satz 3 StVG kein Grund, bei Regeltaten gem. § 69 Abs. 2 StGB von einer vorläufigen Entziehung abzusehen (vgl. Kleinknecht/Meyer-Goßner, StPO, § 111a Rn. 2 m.w.N.).

---

5. Beschwerde

Gegen den Beschluss des erkennenden Gerichts gem. § 111a StPO ist **Beschwerde** (§§ 304, 305 Satz 2 StPO) zulässig. Auch die Staatsanwaltschaft ist neben dem Beschuldigten beschwerdebefugt. **Weitere Beschwerde** ist gem. § 310 Abs. 2 StPO **ausgeschlossen**. **337**

Der Amtsrichter kann seine Entscheidung im Beschwerdeverfahren ändern und der Sache so selbst abhelfen. **338**

Bei Einleitung eines Beschwerdeverfahrens sollte die Verteidigung stets die damit verbundenen **Verzögerung des Verfahrens** mit in die Verteidigungsstrategie einbeziehen. Der von Gebhardt (a.a.O., § 40 Rn. 18) gegebene Ratschlag, die Verteidigung möge die Eingabe an das AG ausdrück- **339** lich als Abhilfeantrag bezeichnen und mit der Bitte verbinden, ihr vor einer eventuellen Abgabe an das LG nochmals Akteneinsicht gewähren, umso eine Entscheidung der Beschwerdeinstanz zu verhindern, vermag in der Praxis kaum zu überzeugen. Zum einen lassen sich die Gerichte nur selten auf diese prozessual nicht vorgesehene Vorgehensweise ein, zum anderen wird der Empfehlung folgend das Verfahren ebenso verlängert, wie bei einer Beschwerde selbst, da das Gericht auch im Falle einer „Abhilfeentscheidung" – wenn es dazu bereit ist – die Voraussetzungen einer erfolgreichen Beschwerde „durchprüfen" muss. Dennoch sollte der Vorschlag im „Maßnahmenkatalog" der Verteidigung enthalten sein; gibt es doch offensichtlich Tatsachenrichter, die erfreulicherweise zu derart pragmatischem Handeln bereit sind.

6. Aufhebung der vorläufigen Entziehung

340 Nicht zu verwechseln mit der Beschwerde ist der **Antrag** des Beschuldigten, **die vorläufige Entziehung** gem. § 111a Abs. 2 StPO **aufzuheben**. Eine Umdeutung bei Unklarheit des Antrags in eine Beschwerde kommt nicht in Betracht.

341 Voraussetzung ist der **Wegfall der Anordnungsvoraussetzungen** der vorläufigen Entziehung. In diesem Fall hat die Aufhebung von Amts wegen zu erfolgen. Gericht und Staatsanwaltschaft müssen daher fortlaufend auf den Fortbestand der Entziehungsgründe achten (Janiszewski, DAR 1989, 135, 138).

342 Eine Aufhebung kommt grds. bei **Verstößen gegen das Beschleunigungsgebot** in Betracht. Die vorläufige Entziehung der Fahrerlaubnis ist nur als Eilmaßnahme zulässig (OLG Köln, DAR 1991, 229; BezG Meiningen, DAR 1992, 192). Eine Aufhebung der Maßnahme kommt jedoch auch **bei besonders langerVerfahrensdauer** nur dann in Betracht, wenn grobe Verstöße gegen das Beschleunigungsgebot nachgewiesen werden (OLG Köln, NZV 1991, 243). Denkbar ist aber, dass die Feststellung des Eignungsmangels in der Hauptverhandlung nicht mehr wahrscheinlich ist (Kleinknecht/Meyer-Goßner, StPO, § 111a Rn. 10; der jedoch die Frage offen lässt, ob deshalb eine Aufhebung der Maßnahme geboten ist). Eine Aufhebung ist allerdings nach überwiegender Ansicht nur dann geboten, wenn eine endgültige Entziehung wegen des langen Zeitablaufs unwahrscheinlich wird (OLG Koblenz, BA 1984, 540; 1985, 180; VRS 69, 130), was in den wenigsten Fällen eintreten dürfte.

Wenn das Gericht die Fahrerlaubnis im Urteil nicht endgültig entzieht, muss die vorläufige Entziehung aufgehoben werden. Die **Aufhebung** hat **durch ausdrücklichen Beschluss** zu erfolgen, da anderenfalls die vorläufige Entziehung fortbesteht und der (ursprüngliche) Beschluss erst mit der Rechtskraft des Urteils unwirksam wird. Dies wird nicht selten von der Verteidigung übersehen mit unangenehmen Folgen für die Fahrerlaubnis.

VI. Neuerteilung nach zuvor erfolgter Entziehung der Fahrerlaubnis

343 Der zum 1.9.2002 (ÄndVO v. 7.8.2002, BGBl. I, S. 3267) neu eingeführter § 76 Nr. 11a FeV sieht Erleichterungen bei der Neuerteilung der Fahrerlaubnis nach § 20 FeV vor. Nach bislang geltendem Recht war nicht geregelt, welche Fahrberechtigungen derjenige erhält, der nach einer Entziehung der (alten) Klasse 3 eine neue Fahrerlaubnis beantragt. Bislang gab es zu dieser Frage lediglich eine – rechtlich unverbindliche – Empfehlung des Bund-Länder-Fachausschusses, die zudem bundesweit unterschiedlich gehandhabt wurde. Voraussetzung ist, dass im Rahmen der Neuerteilung nicht nur die Klasse B, sondern auch diejenigen Klassen beantragt werden, die der alten Klasse 3 entsprechen, also die Klassen BE, C1 und C1E sowie A1, sofern der Klasse 3 Führerschein vor dem 1.4.1980 erteilt wurde. Verzichtet die Fahrerlaubnisbehörde für die Klasse B nach § 20 Abs. 2 FeV auf die Fahrerlaubnisprüfung, gilt dieser Verzicht automatisch auch für die weiteren genannten Klassen.

Allerdings werden die Klassen C1 und C1E gemäß § 23 Abs. 1 Satz 2 Nr. 1 FeV bis zur Vollendung des 50. Lebensjahres erteilt, danach für 5 Jahre befristet, da es sich rechtlich bei der Neuerteilung um eine Ersterteilung handelt (§ 20 Abs. 1 FeV) und nicht um einen Umtausch gemäß § 76 Nr. 9 FeV.

C. Beratung im verwaltungsrechtlichen Führerscheinverfahren

In der Praxis wird in „Führerschein-Angelegenheiten", insbesondere bei Entziehung und Neuerteilung der Fahrerlaubnis, neben dem Strafrecht das Verwaltungsrecht berührt. Im Vordergrund des Beratungsbedarfs stehen **Rechtschutz** gegen die **Entziehung der Fahrerlaubnis, vorbereitende Maßnahmen zur Wiedererlangung** der Fahrerlaubnis und der **Rechtsschutz bei Versagung einer Neuerteilung** der Fahrerlaubnis. Zentrale Frage hierbei ist die **Eignung** zum Führen von Kraftfahrzeugen des Fahrerlaubnisinhabers bzw. Fahrerlaubnisbewerbers.   344

I. Entziehung der Fahrerlaubnis im Verwaltungsverfahren/Allgemeine rechtliche Grundlagen

1. Grundgesetz

Die sog. Verkehrsfreiheit wird durch das Grundrecht der allgemeinen Handlungsfreiheit geschützt, Art. 2 Abs. 1 GG (zuletzt BVerfG, Az. 1 BvR 2062/96, Abs. 37, http://www.bverfg.de). Seine Schranke findet es in den Rechten anderer und in der verfassungsmäßigen Ordnung. Hier ist Art. 2 Abs. 2 GG relevant. Aus dem Grundrecht auf Leben und körperliche Unversehrtheit wird eine **positive Schutzpflicht** des Staates für den Einzelnen abgeleitet. Betroffen sein können das allgemeine Persönlichkeitsrecht und das Grundrecht auf informationelle Selbstbestimmung (beide abgeleitet aus Art. 2 Abs. 1 i.V.m. Art. 1 Abs. 1 GG). Die Berufsfreiheit (Art. 12 GG) kann durch das Fahrerlaubnisrecht ebenfalls betroffen werden. Zumeist werden nur mittelbare Eingriffe vorliegen. Sie weisen i.d.R. keine **objektiv berufsregelnde Tendenz** auf. Weiter ist der allgemeine Gleichheitssatz aus Art. 3 Abs. 1 GG von Bedeutung. Dies gilt vor allem im Hinblick auf Alkohol und Cannabis. Von zentraler Bedeutung ist der **Grundsatz der Verhältnismäßigkeit**. Zu erwähnen ist der Beschluss des BVerfG vom 24.6.1993. Dort wird betont, dass eine medizinische Untersuchung in geeigneten Fällen das mildere Mittel gegenüber der MPU ist und dass Letztere überhaupt nur in Betracht kommt, wenn Bedenken gegen die Fahreignung von einigem Gewicht vorliegen.   345

Diesem Beschluss des BVerfG (Az. 1 BvR 698/92, NJW 1993, 2365 ff.) lag ein Sachverhalt zugrunde, bei dem der Beschwerdeführer in einem abgestellten Kraftfahrzeug mit 0,5 Gramm Haschisch angetroffen wurde, das sichergestellt wurde. Zuvor hatte der Beschwerdeführer – erstmals – einen „Joint" geraucht. Daraufhin wurde die Beibringung eines medizinisch-psychologischen Gutachtens durch die Fahrerlaubnisbehörde angeordnet. Der Beschwerdeführer unterzog sich der Untersuchung, verweigerte aber die Vorlage des Gutachtens. Nach der Entscheidung des BVerfG verletzte die Anordnung des Gutachtens das aus Art. 2 Abs. 1 i.V.m. Art. 1 Abs. 1 GG abzuleitende **allgemeine Persönlichkeitsrecht** des Beschwerdeführers. Dieses schütze grds. vor Erhebung und Weitergabe von Befunden über den Gesundheitszustand, die seelische Verfassung und den Charakter. Das geforderte Gutachten falle unter den Schutz des allgemeinen Persönlichkeitsrechts, was nicht nur für den medizinischen, sondern auch für den psychologischen Teil der Untersuchung gelte.   346

347 Weiter rügt der Senat, dass nach dem Stand der Technik die Frage, ob **gewohnheitsmäßiger Cannabiskonsum** vorliegt, bereits durch Harn-, Blut- oder Haaruntersuchung hätte geklärt werden können. Eine solche greife wesentlich schonender in das allgemeine Persönlichkeitsrecht ein.

348 In dem Beschluss sind wesentliche Kernaussagen enthalten, die gem. § 31 Abs. 1 BVerfGG Fahrerlaubnisbehörden und Verwaltungsgerichte binden. Die MPU stellt einen Eingriff in das allgemeine Persönlichkeitsrecht dar, Art. 2 Abs. 1 i.V.m. Art. 1 Abs. 1 GG. Die einmalige Cannabiseinnahme ist kein Anlass, der bei vernünftiger, lebensnaher Einschätzung die ernsthafte Besorgnis für das Vorliegen eines Eignungsmangels bedeutet. Weiter ist für die Frage, ob gewohnheitsmäßiger Cannabiskonsum oder lediglich einmaliger Konsum vorliegt, durch ein ärztliches Gutachten zu klären. Eine MPU zur Klärung dieser Frage ist ein unverhältnismäßiger Eingriff in das allgemeine Persönlichkeitsrecht (so auch: OVG Münster, NJW 1999, 161 ff.).

349 Der Beschluss stellt auch klar, dass die Anordnung der MPU als solche kein unzulässiger Eingriff in das allgemeine Persönlichkeitsrecht darstellt. Damit zu argumentieren ist „sinnlos" (Berz/Burmann/Gehrmann, Handbuch des Straßenverkehrsrechts, 19 A Rn. 2).

2. EU-Recht

350 Das Fahrerlaubnisrecht ist Ausfluss der ersten und zweiten EU-Richtlinie des Rates der Europäischen Gemeinschaften über den Führerschein. Richtlinien sind für die einzelnen Mitgliedsstaaten hinsichtlich der zu erreichenden Ziele verbindlich, überlassen jedoch dem einzelnen Mitgliedsstaat die Wahl der Form und Mittel. Sie dienen im Wesentlichen der Harmonisierung der nationalen Rechte. Anders als EU-Verordnungen, die unmittelbar in jedem Mitgliedsstaat gelten, müssen die EU-Richtlinien innerhalb einer Frist in nationales Recht umgesetzt werden. Die Bundesrepublik Deutschland hat die zweite Richtlinie des Rates der Europäischen Gemeinschaften über den Führerschein vom 29.7.1991 durch Änderung des StVG und durch Schaffung der FeV umgesetzt.

3. Straßenverkehrsgesetz

351 Das StVG normiert u.a. die **Grundzüge des Fahrerlaubnisrechts** und enthält in § 6 Abs. 1 Nr. 1 StVG Ermächtigungsgrundlagen für Rechtsverordnungen und allgemeine Verwaltungsvorschriften. Das Gesetz enthält auch die **materiell-rechtlichen Rechtsgrundlagen der Fahrerlaubnisentziehung.**

4. Fahrerlaubnisverordnung (FeV)

352 Die FeV regelt die **Einzelheiten des Fahrerlaubnisrechts**. Geregelt sind Erteilung und **Entziehung der Fahrerlaubnis**, die Eignung zum Führen von Kraftfahrzeugen, die Neueinteilung der Führerscheinklassen und die Anerkennung ausländischer Fahrerlaubnisse. Ferner sind geregelt die Einzelheiten zur Fahrerlaubnis auf Probe und zum sog. Punktsystem. Es finden sich in der FeV Tatbestände, die bei Zweifeln an der Eignung regeln, unter welchen Voraussetzungen eine ärztliche Untersuchung bzw. eine MPU anzuordnen ist bzw. angeordnet werden kann. Die FeV ist seit dem 1.1.1999 in Kraft. Gesetzliche Ermächtigungsgrundlage ist § 6 Abs. 1 Nr. 1 StVG. Bestandteil der FeV sind ihre Anlagen. Die Anlagen der FeV sind unter Rn. 694 vollständig abgedruckt. Hier von Belang sind die Anlagen 4 (zu §§ 11,13,14 FeV), 13 (zu § 40 FeV), 14 (zu §§ 66 Abs. 2 FeV) und 15 (zu §§ 11 Abs. 5, 66 Abs. 3 FeV).

5. Die einzelnen Rechtsgrundlagen für die Entziehung der Fahrerlaubnis

353 Die Rechtsgrundlagen der Entziehung der Fahrerlaubnis insgesamt ergeben sich aus §§ 2 Abs. 4 und Abs. 5, 3 Abs. 1 StVG, §§ 11 Abs. 6 – 8, 46, 47 FeV sowie den Anlagen 4, 5 und 6 zur FeV. Die speziellen Regelungen der Entziehung verdrängen die Rücknahme nach § 48 VwVfG, § 1 Abs. 2 2. Halbs. VwVfG.

6. Rechtsnatur der Entziehung der Fahrerlaubnis

Die Entziehung der Fahrerlaubnis stellt einen **belastenden Verwaltungsakt** i.S.d. § 35 VwVfG **354** dar. Rechtsgrundlage ist § 3 Abs. 1 StVG i.V.m. § 46 FeV. Die Vorschriften lösen § 4 StVG a.F. i.V.m. § 15b StVZO a.F. ab. Es handelt sich um einen klassischen Akt der Eingriffsverwaltung zur Gefahrenabwehr. Sie bringt die Fahrerlaubnis durch gestaltenden Verwaltungsakt zum Erlöschen, § 3 Abs. 2 Satz 1 StVG. Die Entziehung ist **ohne zeitliche Beschränkung** auszusprechen. Wie sonst im Polizei- und Ordnungsrecht **kommt es auf ein Verschulden des Fahrerlaubnisinhabers nicht an** (Berz/Burmann/Gehrmann, Handbuch des Straßenverkehrsrechts, 18 A Rn. 13k). Auch wirtschaftliche Gründe werden bei der Frage der Kraftfahreignung nicht berücksichtigt (Berz/Burmann/Gehrmann, Handbuch des Straßenverkehrsrechts, 17 A Rn. 1 f.). Bei der Fahrerlaubnisentziehung handelt sich um einen gebundenen Verwaltungsakt, d.h. die Fahrerlaubnisbehörde muss sie entziehen, wenn auf der Tatbestandsseite die Voraussetzungen des § 3 Abs. 1 StVG i.V.m. § 46 FeV vorliegen. Die Vorschrift dient dem Schutz der Allgemeinheit vor Gefährdungen durch ungeeignete bzw. nicht befähigte Kraftfahrer. Sie konkretisiert die sich aus Art. 2 Abs. 2 Satz 2 GG (Recht auf Leben und körperliche Unversehrtheit) ergebende Schutzpflicht des Staates für den Einzelnen.

7. Rechtliche Wirkungen einer Fahrerlaubnisentziehung

Mit der Entziehung erlischt die Fahrerlaubnis. Dies folgt für die **inländische Fahrerlaubnis** aus **355** § 3 Abs. 2 Satz 1 StVG. Damit erlischt das Recht für den Inhaber einer inländischen Fahrerlaubnis zum Führen eines Kraftfahrzeuges im In- und Ausland. Bei einer **ausländischen Fahrerlaubnis** erlischt das Recht zum Führen von Kraftfahrzeugen im Inland, § 3 Abs. 1 Satz 2, Abs. 2 Satz 2 StVG i.V.m. § 46 Abs. 5 FeV (zur ausländischen Fahrerlaubnis s.o. Rn. 155 ff.; ferner: Ludovisy, ZAP, F. 9, S. 519 ff.).

Der inländische Führerschein ist nach der Entziehung der Fahrerlaubnisbehörde abzuliefern (§ 3 **356** Abs. 2 Satz 3 1. Var. StVG), der ausländische Führerschein ist der Fahrerlaubnisbehörde zur Eintragung der Entscheidung vorzulegen (§ 3 Abs. 2 Satz 3 2. Var. StVG). Wird Verlust oder Vernichtung behauptet, ist der Betroffene für diese Tatsache nicht beweisbelastet (Hentschel, Straßenverkehrsrecht, § 3 StVG Rn. 35). Eine **Strafvorschrift** wegen eines Verstoßes gegen § 3 Abs. 2 Satz 3 StVG existiert nicht.

Das Führen eines Kraftfahrzeuges nach **Entziehung** der Fahrerlaubnis ist nach § 21 StVG (Fahren **357** ohne Fahrerlaubnis) strafbar. Mit der Entziehung der Fahrerlaubnis erlischt auch das Recht des Bundesbürgers ein Kraftfahrzeug im Ausland zu führen. Der Verstoß dagegen ist tatortunabhängig strafbar. Man denke hier nur an die Urlaubsfahrt im Ausland mit dem angeblich verloren gegangenen Führerschein. Die Fahrerlaubnis ist ab rechtskräftiger Entziehung erloschen. Die „wichtigsten Fahrten vor Ablieferung des Führerscheins stellen ein strafbares Fahren ohne Fahrerlaubnis dar. Vor dem „verloren" gegangenen Führerschein kann nur gewarnt werden, da die Polizei zur Prüfung der Fahrerlaubnis auf die Vorlage des Führerscheins nicht angewiesen ist.

8. Voraussetzungen für die Entziehung der Fahrerlaubnis

a) Formelle Voraussetzungen

Die formelle Rechtmäßigkeit der Entziehung richtet sich nach allgemeinem Verwaltungsrecht. **358** Hinzuweisen ist auf § 28 VwVfG (Anhörung Beteiligter). Danach muss dem Betroffenen grds. **vor Erlass** der Entziehungsverfügung Gelegenheit gegeben werden, sich zu den für die Entscheidung erheblichen Tatsachen **zu äußern**. Zu den **Ausnahmen** vgl. § 28 Abs. 2 VwVfG. Eine unterbliebene Anhörung kann im Widerspruchsverfahren nachgeholt werden (§ 45 Abs. 1 Nr. 3 VwVfG) und gibt dem Antragsteller des Widerspruchsverfahrens hinreichend Gelegenheit die aus seiner Sicht gegen die Entziehung der Fahrerlaubnis sprechenden Gründe vorzubringen (VG Saarlouis, zfs 2001, 385, 386). Die unterbliebene Anhörung kann nur zusammen mit der Entziehungsverfügung angegriffen werden, § 44a VwGO. Die Verfügung muss gem. § 37 VwVfG inhaltlich hinreichend bestimmt sein. Hierbei genügt, wenn sich aus der nach § 39 VwVfG erforderlichen Begründung die wesentlichen Gründe in tatsächlicher und rechtlicher Hinsicht für die Entscheidung ergeben. Die örtliche Zuständigkeit richtet sich nach § 73 Abs. 2 FeV. Sie wird nicht durch Veränderungen berührt, die nach Einleitung des Entziehungsverfahrens erfolgen.

b) Materiell-rechtliche Voraussetzungen

359 Die Fahrerlaubnis ist nach § 3 Abs. 1 Satz 1 StVG i.V.m. § 46 FeV zu entziehen, wenn sich jemand als ungeeignet oder unbefähigt zum Führen von Kraftfahrzeugen erweist. Das **Gesetz differenziert** nunmehr **zwischen Eignung und Befähigung** (§ 2 Abs. 4, 5 StVG n.F.), so dass die Rechtsprechung, die die Befähigung als Bestandteil der Eignung betrachtete, überholt ist. Es handelt sich um sachlich unterschiedliche Elemente mit eigenständiger Bedeutung (BR-Drucks. 821/96). Ist alternativ der Fahrerlaubnisinhaber ungeeignet oder unbefähigt, muss die Fahrerlaubnisbehörde die Fahrerlaubnis entziehen. Sie hat – wenn auf der Tatbestandsseite die Voraussetzungen für die Fahrerlaubnisentziehung gegeben sind, auf der Rechtsfolgenseite **kein Ermessen**. Die Eignung zum Führen eines Kraftfahrzeuges ist ein **unbestimmter Rechtsbegriff**. Er ist durch die Verwaltungsgerichte voll nachprüfbar. Dies bedeutet, dass die Verwaltungsgerichte in ihrer Prüfungskompetenz – anders als in den Fällen, in denen der Verwaltung ein Beurteilungsspielraum eingeräumt ist – nicht eingeschränkt sind. Nach dem Wortlaut der Vorschrift des § 3 Abs. 1 StVG und nach dem Sinn der Vorschrift, die der Gefahrenabwehr dient, kommt es auch nicht darauf an, ob die Tatsachen, die der Eignung oder Befähigung entgegenstehen erst nach Erteilung der Fahrerlaubnis eingetreten sind oder bereits im Zeitpunkt der Erteilung vorlagen, jedoch erst nachträglich bekannt werden (OVG Hamburg, zfs 2002, 256, 258 = VRS 2002, 393).

360 Wann Eignung und deren einzelne Bestandteile bzw. Befähigung positiv vorliegt und wie sie durch die Fahrerlaubnisbehörde zu prüfen und durch den Fahrerlaubnisbewerber **nachzuweisen** ist (vgl. § 2 Abs. 6 – 8 StVG), wird oben schon für die **Fahrerlaubniserteilung** (Rn. 49 ff.) beschrieben. Dies gilt insbesondere für § 11 FeV. Bei den Ausführungen zur Neuerteilung der Fahrerlaubnis wird die „bedingte" (Wieder-) Eignung bei Vorliegen einer Alkohol- bzw. Drogen- oder Arzneimittelproblematik erörtert (s.u. Rn. 554 ff.).

c) Beweislast für die Eignung im Entziehungsverfahren

361 Aus dem Untersuchungsgrundsatz (§ 24 VwVfG, § 86 VwGO) folgt, dass es keine prozessuale Darlegungs- und **Beweislastverteilung** gibt. Dies bedeutet, dass es keine positive Beweisführungslast gibt, d.h. die Behörde ist auch dann zur Tatsachenberücksichtigung verpflichtet, wenn kein Beweis angeboten wird. Wohl aber gibt es die materielle Beweislast; danach richtet sich die Frage, zu wessen Lasten nicht bewiesene Tatsachen gehen. Im **Entziehungsverfahren** obliegt der Fahrerlaubnisbehörde die **materielle Beweislast** für fehlende Eignung bzw. Befähigung zum Führen eines Kraftfahrzeuges. Dies folgt eindeutig aus dem Wortlaut des § 3 Abs. 1 Satz 1 StVG „erweist". Bei nicht aufklärbaren Eignungszweifeln darf die Fahrerlaubnis nicht entzogen werden (Bode/Winkler, Fahrerlaubnis, § 8 Rn. 56, § 9 Rn. 27; Gehrmann, NJW 1998, 3534, 3538; Himmelreich/Janker, MPU-Begutachtung, Rn. 221 ff., 431; Hentschel, Straßenverkehrsrecht, § 3 StVG Rn. 3; Janiszewski/Jagow/Burmann, Straßenverkehrsordnung, § 3 StVG Rn. 3). Anders als im Erteilungsverfahren ist hier durch die Änderung der Rechtslage zum 1.1.1999 somit keine Veränderung der materiellen Beweislast erfolgt (dazu s. o. Rn. 52). Es ist allenfalls eine (den Regeln des Beweis des ersten Anscheins folgende) **Umkehr der Beweislast** denkbar. Nach der Rechtsprechung des BVerwG (NJW 1965,1098) kommt es z.B. hierzu, wenn Ohnmachtsanfälle feststehen, der Kläger jedoch behauptet, es handele sich nicht um epileptische Anfälle. Es ist anzunehmen, dass bei dieser Rechtsprechung bleibt, da im Entziehungsverfahren durch die Neuregelung keine Änderung der Darlegungs- und Beweislast erfolgt ist. Wohl aber trifft die Änderung der materiellen Beweislast denjenigen, der nach erfolgter Fahrerlaubnisentziehung die Neuerteilung begehrt, da die Regelungen der Neuerteilung sich nach den Normen der Ersterteilung richten.

9. Zur Geltung des Beweisverwertungsverbotes des § 136a Abs. 3 Satz 2 StPO im behördlichen Fahrerlaubnisentziehungsverfahren

Das OVG Lüneburg hatte zu entscheiden, ob das Beweisverwertungsverbot des § 136 Abs. 3 Satz 2 StPO im behördlichen Fahrerlaubnisentziehungsverfahren zu beachten ist. Es hat darauf hingewiesen, dass das Verwertungsverbot des § 136a Abs. 3 Satz 2 StPO zunächst nur für das Strafverfahren gelte. Es bedürfe im Einzelfall – soweit nicht ein den jeweiligen Rechtskreis betreffendes Verwertungsverbot bestehe, eine Abwägung zwischen den jeweiligen widerstreitenden Interessen zu erfolgen habe (OVG Lüneburg, DAR 2001,42). Es komme darauf an, ob höherwertige Rechtsgüter die Verwertung von Beweisergebnissen unabweislich mache. Dies dürfte nahe liegen, da es sich bei der Entziehung im behördlichen Fahrerlaubnisverfahren um Gefahrenabwehrrecht handelt.

362

10. Statistische Angaben des Kraftfahrt-Bundesamtes

Nach Auskunft des KBA (Reihe 6 der Statistischen Mitteilungen des KBA 1998 und 1999; bezogen über http://www.kba.de) wurde im Jahr 1999 insgesamt die Fahrerlaubnis in 142.594 Fällen entzogen, davon durch die Strafgerichte in 127.085 Fällen, durch die Fahrerlaubnisbehörden aufgrund der Vorschrift des § 3 StVG in 15.509 Fällen. Bei Fahrerlaubnisentziehungen durch die Fahrerlaubnisbehörde erfolgte die Entziehung der Fahrerlaubnis wegen charakterlicher Mängel in 5.302 Fällen, davon in 2.477 Fällen wegen Neigung zu Trink- und Rauschgiftsucht, wegen schwerer oder wiederholter Verstöße gegen straßenverkehrsrechtliche Bestimmungen in 2.643 Fällen, wegen schwerer oder wiederholter Vergehen gegen Strafgesetze in 50 Fällen und wegen sonstiger charakterlicher Fehler oder Schwächen in 125 Fällen. Fahrerlaubnisentziehungen durch die Fahrerlaubnisbehörden gegenüber den Fahrerlaubnisentziehungen durch die Strafgerichte machen somit nicht einmal 10 % der Fälle insgesamt aus. Gegenüber den Zahlen aus dem Jahr 1998 ist die Gesamtzahl der Fahrerlaubnisentziehungen rückläufig. Sie erreicht im Jahr 1999 mit 142.594 Fahrerlaubnisentziehungen nicht einmal die Zahl der 1998 allein durch die Strafgerichte (145.373) ausgesprochenen Fahrerlaubnisentziehungen. Auch die Zahl der Fahrerlaubnisentziehungen durch die Fahrerlaubnisbehörden ist gegenüber 1998 (18.760) rückläufig. Im Jahr 2000 erreichte die Gesamtzahl der Fahrerlaubnisentziehungen 145.062. Die Strafgerichtsbarkeit entzog die Fahrerlaubnis im Jahr 2000 in 125.088 Fällen, die Verwaltungsbehörden entzogen 2000 die Fahrerlaubnis in 19.974 Fällen.

363

11. Überblick über die Tatbestände für Entziehungsverfahren

Die Fahrerlaubnisbehörden leiten Entziehungsverfahren u.a. ein, wenn der Verdacht einer Alkoholproblematik besteht (s. Rn. 368 ff.) und bei Bedenken wegen einer bestehenden Betäubungsmittel- oder Arzneimittelproblematik (dazu unter Rn. 404 ff.).

364

Möglich ist auch die Einleitung wegen begangener Straftaten bzw. wegen begangener Ordnungswidrigkeiten. Zumeist wird die Fahrerlaubnisbehörde erst nach Ahndung einer Verkehrsstraftat oder Verkehrsordnungswidrigkeit von dem Sachverhalt Kenntnis erlangen, der einen Eignungsmangel und damit eine behördliche Fahrerlaubnisentziehung rechtfertigen könnte. Denkbar ist auch, dass die Fahrerlaubnisbehörde Kenntnis eines anhängigen Strafverfahrens oder eines OWi-Verfahrens gegen den Betroffenen erlangt. In diesen Fällen stellt sich die Frage nach dem **Verhältnis zwischen der strafgerichtlichen Fahrerlaubnisentziehung und dem fahrerlaubnisbehördlichen Entziehungsverfahren** (hierauf wird unter Rn. 442 ff. eingegangen).

365

Die Fahrerlaubnisentziehung kommt weiter als Maßnahme im Zusammenhang mit dem sog. **Führerschein auf Probe** in Betracht (hierzu Rn. 464 ff.).

Schließlich ist die behördliche Fahrerlaubnisentziehung nach dem sog. „Mehrfachtäter-Punktsystem" möglich (dazu unter Rn. 481 ff.).

366

367 Die aufgeführten Gründe für behördliche Fahrerlaubnisentziehungen sind nicht abschließend, es handelt sich lediglich um die in der Praxis bedeutsamsten Tatbestände für Fahrerlaubnisentziehungen. Daneben kommen Fahrerlaubnisentziehungen u.a. in Betracht wegen mangelnder Befähigung und aus Krankheitsgründen.

II. Verwaltungsbehördliche Fahrerlaubnisentziehung aufgrund bestehender Alkoholproblematik

1. Rechtsgrundlage für die Fahrerlaubnisentziehung bei Alkoholproblematik

368 **Rechtsgrundlage** für die Entziehung einer Fahrerlaubnis im Zusammenhang mit dem Bestehen einer Alkoholproblematik ist § 3 Abs. 1 StVG i.V.m. § 46 FeV.

369 Liegt wegen Alkoholabhängigkeit oder Alkoholmissbrauch mangelnde Eignung vor, **hat** die Fahrerlaubnisbehörde die Fahrerlaubnis **zu entziehen**. Es handelt sich um eine gebundene Entscheidung.

2. Die Fahreignung bei (bestehender) Alkoholproblematik

370 Zu klären ist daher die Fahreignung in Bezug auf Alkohol. Nähere Aussagen zur Fahreignung bei Vorliegen der genannten Thematik finden sich im StVG nicht. Auch in der FeV finden sich keine näheren Regelungen zur Fahreignung im Zusammenhang mit Alkohol. Lediglich § 13 FeV regelt im Einzelnen unter welchen Voraussetzungen bei **Eignungszweifeln** eine ärztliche oder medizinisch-psychologische Begutachtung durch die Fahrerlaubnisbehörde anzuordnen ist bzw. angeordnet werden kann (dazu im Einzelnen unter Rn. 386 ff.). Konkretisierungen zur Fahreignung im Hinblick auf Alkohol enthalten die Anlage 4 zur FeV und die Begutachtungsleitlinien zur Kraftfahreignung.

371 Die **Anlage 4 zur FeV** ist weder in Bezug auf die Auflistung der Krankheiten noch in Bezug auf die Bewertung der Krankheiten hinsichtlich der Kraftfahrteignung abschließend. Hierauf weisen schon die Vorbemerkungen zur Anlage 4 hin. Dort heißt es, dass sie häufiger vorkommende Erkrankungen und Mängel enthält, dass die Frage ob Eignung oder bedingte Eignung vorliegt oder nicht, i.d.R. gutachterlich zu klären ist und dass die Bewertung **für den Regelfall** gilt und Abweichungen etwa durch Kompensation oder durch Gewöhnung möglich sind.

372 Die **Begutachtungsleitlinien zur Kraftfahrereignung** sind in erster Linie **Hilfsmittel** für die gutachterliche Eignungsprüfung im Einzelfall. Bei ihnen handelt es sich nicht um Rechtsnormen, auch nicht um Verwaltungsvorschriften oder Verwaltungsrichtlinien. Auf sie können daher **keine subjektiven Rechte** gestützt werden. Adressaten der Begutachtungsleitlinien sind in die Gutachter selber. Zur Funktion der Leitlinien wird ausgeführt (2.4):

„...die Aufgabe der Begutachtungsleitlinien wird erfüllt mit der Zusammenstellung eignungsausschließender und eignungseinschränkender körperlich-geistiger (psychischer) und charakterlicher Mängel beim Fahrerlaubnisbewerber und Fahrerlaubnisinhaber. Es sind die ärztlichen und verkehrspsychologischen Erkenntnisse und Erfahrungen, die hier ihren Niederschlag finden und die in der Abstimmung mit der FeV die Praxis der Begutachtung des Einzelfalls erleichtern sollen..."

Sie sind entstanden aus dem „Psychologischen Gutachten Kraftfahreignung" und dem Gutachten „Krankheit und Kraftverkehr" (die neuen Begutachtungsleitlinien zur Kraftfahrereignung des Gemeinsamen Beirats für Verkehrsmedizin sind erschienen beim Bundesminister für Verkehr, Bau- und Wohnungswesen und beim Bundesministerium für Gesundheit. 6. Aufl., 2000).

373 „Vor die Klammer gezogen" sei erwähnt, dass sich die Fahrerlaubnisbehörden und die Verwaltungsgerichte an den wissenschaftlichen Beurteilungen zu orientieren haben, die in den Begutachtungsleitlinien zum Ausdruck kommen (VGH München, NZV 1997, 413 f.). Allgemein anerkannte und zweifelsfrei als richtig anerkannte wissenschaftliche Erkenntnisse können daher weder durch Gesetz, Verordnung noch durch behördliche Anordnung außer Kraft gesetzt werden (Bode/Wink-

ler, Fahrerlaubnis, § 3 Rn. 28). „Weder das Bundesministerium für Verkehr noch oberste Landesbehörden sind aber befugt, nach eigenem Gutdünken Eignungsstandards zu setzen. Vielmehr sind sie wie der Verordnungsgeber gebunden an die Vorgaben des Gesetzgebers in § 2 Abs. 4 StVG" (Bode/Winkler, Fahrerlaubnis, § 3 Rn. 29).

Beide differenzieren zwischen **Abhängigkeit** und **Missbrauch** (Die Anlage 4 zur FeV ist unter 374 Rn. 694 vollständig abgedruckt).

a) Aussagen der Begutachtungsleitlinien zur Kraftfahrereignung bei Alkoholabhängigkeit und Alkoholmissbrauch

Nach den **Begutachtungsleitlinien** kann bei **Alkoholabhängigkeit** kein Kraftfahrzeug geführt 375 werden. Sie zitieren die Diagnostischen Leitlinien der Alkoholabhängigkeit nach ICD 10. Danach sollte die sichere **Diagnose „Abhängigkeit"** nur gestellt werden, wenn irgendwann während des letzten Jahres drei oder mehr der folgenden **Kriterien** vorhanden waren:

(1) Ein starker Wunsch oder eine Art Zwang, psychotrope Substanzen zu konsumieren.

(2) Verminderte Kontrollfähigkeit bezüglich des Beginns, der Beendigung und der Menge des Konsums.

(3) Ein körperliches Entzugssyndrom bei Beendigung oder Reduktion des Konsums, nachgewiesen durch die substanzspezifischen Entzugssymptome oder durch die Aufnahme der gleichen oder einer nahe verwandten Substanz, um Entzugssymptome zu mildern oder zu vermeiden.

(4) Nachweis einer Toleranz. Um die ursprünglich durch niedrigere Dosen erreichten Wirkungen der psychotropen Substanz hervorzurufen, sind zunehmend höhere Dosen erforderlich (eindeutige Beispiele hierfür sind die Tagesdosen von Alkoholikern und Opiatabhängigen, die bei Konsumenten ohne Toleranzentwicklung zu einer schweren Beeinträchtigung oder sogar zum Tod führen würden).

(5) Fortschreitende Vernachlässigung anderer Vergnügen oder Interessen zugunsten des Substanzkonsums, erhöhter Zeitaufwand, um die Substanz zu beschaffen, zu konsumieren oder sich von den Folgen zu erholen.

(6) Anhaltender Substanzkonsum trotz Nachweises eindeutiger schädlicher Folgen, wie z.B. Leberschädigung durch exzessives Trinken, depressive Verstimmung infolge starken Substanzkonsums oder drogenbedingte Verschlechterung kognitiver Funktionen. Es sollte dabei festgestellt werden, dass der Konsument sich tatsächlich über Art und Ausmaß der schädlichen Folgen im Klaren war oder dass zumindest davon auszugehen ist.

Alkoholmissbrauch liegt nach den **Begutachtungsleitlinien** insbesondere vor, wenn in jedem 376 Falle (ohne Berücksichtigung der Höhe der BAK) oder wiederholt ein Fahrzeug unter unzulässig hoher Alkoholwirkung geführt wurde, nach einmaliger Fahrt unter hoher Alkoholkonzentration (ohne weitere Anzeichen einer Alkoholwirkung) oder wenn aktenkundig belegt ist, dass es bei dem Betroffenen in der Vergangenheit im Zusammenhang mit der Verkehrsteilnahme zu einem Verlust der Kontrolle des Alkoholkonsums gekommen ist.

b) Anlage 4 zur FeV in Bezug auf Alkoholabhängigkeit und Alkoholmissbrauch

Auch die Anlage 4 zur FeV differenziert zwischen Alkoholabhängigkeit und Alkoholmissbrauch. 377 Der Begriff der Abhängigkeit wird nicht definiert. Bei **Alkoholabhängigkeit** liegt keine Fahreignung vor. **Alkoholmissbrauch** liegt danach vor, wenn das Führen von Kraftfahrzeugen und ein die Fahrsicherheit beeinträchtigender Alkoholkonsum nicht hinreichend sicher getrennt werden. Bei Vorliegen des Missbrauchs liegt danach keine Fahreignung vor, nach Beendigung des Missbrauchs liegt Fahreignung vor, wenn die Änderung des Trinkverhaltens gefestigt ist.

3. Fahreignung „nach Abhängigkeit"/bei (bewältigter) Alkoholproblematik

378   Die Begutachtungsleitlinien als auch die Anlage 4 zur FeV treffen Aussagen zur Fahreignung bei
einer überwundenen Alkoholproblematik. Hierbei differenzieren sie zwischen **bewältigter Abhängigkeit** und bewältigtem **Missbrauch**.

a) Fahreignung „nach" Abhängigkeit

379   Zur Frage, unter welchen Voraussetzungen ein Alkoholabhängiger (wieder) zum Führen eines
Kraftfahrzeuges geeignet ist, finden sich sowohl in der Anlage 4 zur FeV als auch in den Begutachtungsleitlinien Aussagen. Beide setzen hierzu eine **Entwöhnungsbehandlung** und grds. eine **einjährige Abstinenz** voraus.

380   Die Terminologie „nach Abhängigkeit" bzw. „wenn Abhängigkeit nicht mehr besteht" taucht in
der Anlage 4 zur FeV sowie in § 13 FeV auf. Diese **Formulierung ist falsch**. Der Verordnungsgeber geht hier offenbar von einem medizinischen Krankheitsbild aus. Gemeint ist offensichtlich,
dass – trotz weiter bestehender – Abhängigkeit der Betroffene in der Lage ist, dauerhaft abstinent
zu leben. Die Abhängigkeit als solche wird der Alkoholabhängige – das macht die Suchtkrankheit
als solche aus – mit ins Grab nehmen.

aa) Nach den Begutachtungsleitlinien zur Fahreignung

381   War die Voraussetzung zum Führen von Kraftfahrzeugen wegen **Abhängigkeit** danach nicht gegeben, so kann sie nur dann wieder als gegeben angesehen werden, wenn durch Tatsachen der Nachweis geführt wird, dass dauerhafte Abstinenz besteht. Als solche ist nach den Leitlinien i.d.R. eine
erfolgreiche Entwöhnungsbehandlung anzusehen. Weiter muss i.d.R. nach **Entgiftungs- und Ent-
wöhnungszeit** eine **einjährige Abstinenz nachgewiesen** werden, und es dürfen keine sonstigen
eignungsrelevanten Mängel vorliegen. Hierzu sind regelmäßige ärztliche Untersuchungen erforderlich.

bb) Nach der Anlage 4 zur FeV

382   **Nach Abhängigkeit** (Entwöhnungsbehandlung) liegt Fahreignung vor, wenn Abhängigkeit nicht
mehr besteht und i.d.R. ein Jahr Abstinenz nachgewiesen ist, s. 8.4 der Anlage 4 zur FeV.

b) Fahreignung bei bewältigtem Alkoholmissbrauch

aa) Nach den Begutachtungsleitlinien zur Fahreignung

383   Danach liegt Fahreignung wieder vor, wenn Alkohol nur noch kontrolliert getrunken wird, so dass
Trinken und Fahren zuverlässig getrennt werden können oder wenn Alkoholabstinenz eingehalten
wird. Diese ist zu fordern, wenn anzunehmen ist, dass sich ein **konsequenter kontrollierter
Umgang** mit alkoholischen Getränken nicht erreichen lässt. Die vollzogene Änderung im Umgang
mit Alkohol muss stabil und motivational gefestigt sein. Das ist anzunehmen, wenn die Änderung
aus einem angemessenen Problembewusstsein heraus erfolgte; das bedeutet auch, dass ein angemessenes Wissen zum Bereich des Alkoholtrinkens und Fahrens nachgewiesen werden muss, wenn
das Änderungsziel kontrollierter Alkoholkonsum ist. Die Änderung muss nach genügend langer
Erprobung und Erfahrungsbildung (i.d.R. ein Jahr, mindestens jedoch sechs Monate) bereits in das
Gesamtverhalten integriert sein. Die durch den Alkoholmissbrauch eventuell bedingte **Persönlich-
keitsproblematik** muss erkannt und entscheidend korrigiert worden sein. Schließlich dürfen sich
keine körperlichen Befunde erheben lassen, die auf missbräuchlichen Alkoholkonsum deuten bzw.
bei Abstinenz auf Nichteinhaltung der Abstinenz hindeuten.

bb) Nach der Anlage 4 zur FeV

Danach ist Fahreignung nach der Beendigung des Alkoholmissbrauchs wieder zu bejahen, wenn **384** die Änderung des Trinkverhaltens gefestigt ist, s. 8.2 der Anlage 4 zur FeV.

4. Prüfung der Eignung im Entziehungsverfahren durch die Fahrerlaubnisbehörde

Die Prüfung der Eignungsvoraussetzung ist nach § 24 VwVfG Sache der **Fahrerlaubnisbehörde** **385** und im Streitfall der **Gerichte** (Gehrmann, NJW 1999, 455, 457). I.d.R. wird sie hierbei zur Klärung der Eignungsfrage auf die Einholung von Gutachten angewiesen sein. Zu den Voraussetzungen unter denen die Fahrerlaubnisbehörden ein Gutachten zur Klärung einer u.U. bestehenden Alkoholproblematik anzuordnen haben daher im Folgenden:

5. Begutachtung zur Klärung der Kraftfahrereignung bei Alkoholproblematik

Bei **Eignungszweifeln** ist § 46 Abs. 3 i.V.m. §§ 11 – 14 FeV, somit bei Eignungszweifeln im Hin- **386** blick auf eine Alkoholproblematik i.V.m. § 13 FeV die einschlägige Rechtsgrundlage für die Anordnung eines Gutachtens. Sie ist gegenüber § 11 FeV eine **Spezialvorschrift**. Die §§ 11 – 14 FeV sind auf die Erteilung der Fahrerlaubnis zugeschnitten und gelten über § 46 Abs. 3 FeV entsprechend im behördlichen Fahrerlaubnisentziehungsverfahren.

Zur **Vorbereitung** der Entscheidung über die Entziehung der Fahrerlaubnis ist nach der Vorschrift **387** ein ärztliches Gutachten oder ein medizinisch-psychologisches Gutachten anzuordnen. § 13 FeV unterscheidet zwischen Alkoholabhängigkeit (§ 13 Nr. 1 FeV) und Alkoholmissbrauch (§ 13 Nr. 2 FeV). Stets ist bei der Anordnung eines Gutachtens nach § 46 Abs. 3 i.V.m. §§ 11-14 FeV die Rechtsprechung des BVerfG (NJW 1993, 2365, 2367) zu beachten:

„Die Anforderung des Gutachtens muss sich auf solche Mängel beziehen, die, bei vernünftiger, lebensnaher Einschätzung die ernsthafte Besorgnis begründen, dass der Betroffene sich als Führer eines Kraftfahrzeuges nicht verkehrsgerecht und umsichtig verhalten wird".

a) Begutachtung wegen Alkoholabhängigkeit nach § 13 Nr. 1 FeV

Nach § 13 Nr. 1 FeV ordnet die Fahrerlaubnisbehörde die Beibringung eines **ärztlichen Gutach-** **388** **tens** (§ 11 Abs. 2 Satz 3 FeV) aus o.g. Gründen an, wenn

- Tatsachen die Annahme von Alkoholabhängigkeit des Fahrerlaubnisbewerbers begründen (1. Var.),
- die Fahrerlaubnis wegen Alkoholabhängigkeit entzogen war (2. Var.) oder
- sonst zu klären ist, ob Abhängigkeit nicht mehr besteht (3. Var.).

Der Tatbestand soll vor allem die Fälle erfassen, in denen der Fahrerlaubnisbehörde Informationen **389** vorliegen, die den Verdacht auf Alkoholabhängigkeit rechtfertigen. Hierauf kann z.B. eine **hohe Alkoholkonzentration in den Vormittagsstunden** hindeuten (Hentschel, Straßenverkehrsrecht, § 13 FeV Rn. 3). Nach Vorstellung des Verordnungsgebers ist die Frage einer Alkoholabhängigkeit eine rein medizinische Frage, so dass bei Vorliegen der genannten Gründe ein medizinisches Gutachten (§ 11 Abs. 2 Satz 3 FeV) anzuordnen ist (kein Ermessen). Bei allen anderen Fällen von Zweifeln im Hinblick auf eine Alkoholproblematik ist die MPU zwingend vorgeschrieben (Berz/Burmann/Gehrmann, Handbuch des Straßenverkehrsrechts, 19 B Rn. 8). Die Frage, welche ärztlichen Gutachter in Betracht kommen, regelt § 13 Nr. 1 FeV i.V.m. § 11 Abs. 2 Satz 3 FeV. Die Fahrerlaubnisbehörde bestimmt danach, ob das Gutachten durch einen Facharzt mit verkehrsmedizinischer Qualifikation, durch einen Arzt des Gesundheitsamtes oder einem anderen Arzt der öffentlichen Verwaltung oder durch einen Arbeits- oder Betriebsmediziner erstellt werden soll. Da § 13 Nr. 1 FeV lediglich auf § 11 Abs. 2 Satz 3 FeV verweist und nicht auch auf § 11 Abs. 2 Satz 4 FeV, kann die Fahrerlaubnisbehörde nicht mehrere solcher Anordnungen treffen.

aa) Begutachtung wegen des Verdachts der Alkoholabhängigkeit, § 13 Nr. 1 1. Var. FeV

390 Unter die 1. Variante sind die Fälle einzuordnen, in denen Tatsachen die Annahme von Alkohol-abhängigkeit begründen.

bb) Begutachtung wegen erfolgter Entziehung der Fahrerlaubnis wegen Alkoholabhängigkeit, § 13 Nr. 1 2. Var. FeV

391 Unter die 2. Var. fällt der Fall, dass die Fahrerlaubnis wegen Alkoholabhängigkeit entzogen war. Hierunter fällt **nicht jede strafrichterliche Entziehung** der Fahrerlaubnis **wegen einer Trunken-heitsfahrt**, sondern **nur die Entziehung** der Fahrerlaubnis **wegen Alkoholabhängigkeit** (Hent-schel, Straßenverkehrsrecht, § 13 FeV Rn. 3).

cc) Begutachtung zur Prüfung, ob trotz Alkoholabhängigkeit Fahreignung besteht, § 13 Nr. 1 3. Var. FeV

392 Nach der 3. Variante ist ein ärztliches Gutachten beizubringen, wenn sonst zu klären ist, „ob Abhängigkeit nicht mehr besteht". Hiermit ist gemeint, dass die Gutachtenbeibringung klären soll, ob der „trockene" Alkoholabhängige wieder zum Führen eines Kraftfahrzeuges geeignet ist. Die Alkoholabhängigkeit selbst bleibt dem Betroffenen natürlich erhalten.

> *Hinweis:*
>
> *Geht es um die Kraftfahreignung nach erfolgter Entziehung der Fahrerlaubnis wegen Alko-holabhängigkeit oder um die Frage, ob trotz fortbestehender Abhängigkeit wieder Fahreig-nung besteht, ist darauf zu achten, dass in § 13 FeV eine dem § 14 Abs. 2 FeV (für die entspre-chende Betäubungsmittelproblematik) Vorschrift fehlt, die zwingend die Beibringung eines medizinisch-psychologischen Gutachtens fordert. Zwar ist die Feststellung der Frage, ob überhaupt Alkoholabhängigkeit besteht, rein medizinischer Natur, nicht aber die Frage, ob der Betroffene trotz der ihm erhalten bleibenden Abhängigkeit nunmehr geeignet ist, ein Kraftfahrzeug zu führen (Bode/Winkler, Fahrerlaubnis, § 7 Rn 145 ff.). Nach den Begutach-tungsleitlinien (3.11.2) kann die Eignung alkoholabhängiger Personen wieder als gegeben angesehen werden, wenn durch Tatsachen der Nachweis dauerhafter Abstinenz geführt wird. Neben den dazu möglichen medizinischen Befunden (die nur vergangenheits- und gegenwarts-bezogen sein können) ist für die Beurteilung, ob Abstinenz auch in Zukunft zu erwarten ist, psychologischer Sachverstand erforderlich. Hier sollte der Anwalt zur Vermeidung einer Doppelbelastung (und Kosten) gleich die Durchführung einer MPU gegenüber der Fahr-erlaubnisbehörde anregen. Ein Anschreiben an die Fahrerlaubnisbehörde mit den entspre-chenden Darlegungen hierzu findet sich unter Rn. 687.*

b) MPU bei Verdacht auf Alkoholmissbrauch, § 13 Nr. 2 FeV

393 Nach § 13 Nr. 2 FeV ist ein **medizinisch-psychologisches Gutachten** beizubringen, wenn:

- nach dem ärztlichen Gutachten zwar keine Alkoholabhängigkeit, jedoch Anzeichen für Alko-holmissbrauch vorliegen oder sonst Tatsachen die Annahme von Alkoholmissbrauch begrün-den (§ 13 Nr. 2a FeV),
- wiederholt Zuwiderhandlungen im Straßenverkehr unter Alkoholeinfluss begangen wurden (§ 13 Nr. 2b FeV),
- ein Fahrzeug im Straßenverkehr mit einer BAK von mehr als 1,6 ‰ oder einer Atemalkohol-konzentration von 0,8 ml/l oder mehr geführt wurde (§ 13 Nr. 2c FeV),
- die Fahrerlaubnis aus einem der zuvor genannten Gründe entzogen war (§ 13 Nr. 2d FeV) oder
- sonst zu klären ist, ob Alkoholmissbrauch nicht mehr besteht (§ 13 Nr. 2e FeV).

Die **Aufzählung** der – verhaltensbedingten – Gründe, nach denen ein medizinisch-psychologisches   394
Gutachten beizubringen ist, ist in § 13 Nr. 2 FeV **abschließend** geregelt. Wann Alkoholmissbrauch
vorliegt, ist in § 13 FeV selbst nicht definiert. Nach der Definition in der Anlage 4 (Nr. 8.1) der
FeV liegt Alkoholmissbrauch vor, wenn der Betroffene das Führen eines Kraftfahrzeuges und
einen die Fahrsicherheit beeinträchtigenden Alkoholkonsum nicht sicher trennen kann (ohne
bereits alkoholabhängig zu sein).

aa) MPU wegen des Verdachts auf Alkoholmissbrauch, § 13 Nr. 2a FeV

Vorausgesetzt wird durch den Tatbestand ein **ärztliches Gutachten**, das eine Alkoholabhängigkeit   395
ausschließt. Weiter ist erforderlich, dass für die Fahrerlaubnisbehörde Anzeichen oder sonst Tatsachen für Alkoholmissbrauch vorliegen; d.h. es müssen Tatsachen dafür vorliegen, dass der Betroffene nicht in der Lage ist, das Führen eines Kraftfahrzeuges und einen die Fahrsicherheit beeinträchtigenden Alkoholkonsum hinreichend sicher zu trennen, vgl. Anlage 4 zur FeV, 8.1. Nach
dem OVG Saarlouis muss es sich um erhärtete Tatsachen handeln, um nach dem Tatbestandsmerkmal des § 13 Nr. 2a FeV die Annahme von Alkoholmissbrauch als beachtlich erscheinen lassen zu
können; hierzu reichen anonyme Hinweise alleine nicht aus, um Ermittlungsmaßnahmen nach § 13
Nr. 2a FeV rechtfertigen zu können (OVG Saarlouis, zfs 2001, 92).

Anders nach der Rechtsprechung des VGH Mannheim: Die Betroffene hat sich in der Nachtzeit
zwischen 23.00 und 24.00 Uhr in Begleitung eines vierjährigen Kindes in erheblich alkoholisiertem
Zustand in einem Lokal aufgehalten und sich beim Eintreffen der herbeigerufenen Polizei sich dieser gegenüber aggressiv verhalten (VGH Mannheim, zfs 2001, 234, 235). Dies sah das erkennende
Gericht als ausreichend an, um die Anordnung einer MPU nach § 13 Nr. 2a FeV zu billigen. Auch
das VG Sigmaringen (DAR 2002, 94) hielt eine auf § 13 Nr. 2a FeV gestützte Anordnung einer
MPU für rechtmäßig, obwohl auch in diesem Fall ein Zusammenhang mit der Teilnahme am Straßenverkehr nicht erkennbar war.

Zu Recht werden beide Entscheidungen von Himmelreich (DAR 2002, 60 ff) kritisiert. Beide Entscheidungen würden ignorieren, dass die Auffangnorm des § 13 Nr. 2a FeV nicht jedwede
Annahme von Alkoholmissbrauch ausreichen lasse, sondern dass die Vorschrift erhärtete Tatsachen verlange, die den Verdacht auf Alkoholmissbrauch begründen und dass zudem ein Zusammenhang mit dem Straßenverkehr erforderlich sei (Himmelreich, DAR 2002, 60 ff.). Dies gelte
obwohl die Ansicht vertreten wird, soziale Verantwortungslosigkeit sei ein Charaktermangel und
ein charakterliches Defizit sei nicht teilbar (Himmelreich, DAR 2002, 60, 62).

bb) MPU wegen wiederholter Zuwiderhandlungen im Straßenverkehr, § 13 Nr. 2b FeV

Nach den Tatbestandsvoraussetzungen muss die Fahrerlaubnisbehörde die Beibringung eines   396
medizinisch-psychologischen Gutachtens anordnen, wenn **wiederholt Zuwiderhandlungen** im
Straßenverkehr unter Alkoholeinfluss begangen wurden. Erforderlich sind somit zwei aktenkun-
dige und verwertbare Verstöße. Hierbei sind die Tilgungsvorschriften des § 29 Abs. 2 StVG zu
beachten; ist die Zuwiderhandlung getilgt oder tilgungsreif, ist der Betreffende zu behandeln, als
ob die Zuwiderhandlung nicht geschehen wäre. In § 29 Abs. 8 Satz 1 StVG ist dies zwar nur ausdrücklich für gerichtliche Entscheidungen angesprochen, gilt aber als allgemeiner Grundsatz (§ 51
Abs. 1 BZRG, vgl. auch Geiger, zfs 2001, 488, 489).

> **Hinweis:**
>
> *Wichtig im Zusammenhang mit § 13 Nr. 2b FeV ist, dass seit dem 1.4.2001 die Promillegrenze für eine alkoholbedingte Verkehrsordnungswidrigkeit auf 0,5 ‰ BAK bzw. auf 0,25 mg/l Alkohol in der Atemluft herabgesenkt wurde. Da § 13 Nr. 2b FeV lediglich die Begehungen von zumindest zwei Zuwiderhandlungen unter Alkoholeinfluss im Straßenverkehr voraussetzt, bedeutet das, dass gegen den Bewerber oder Inhaber einer Fahrerlaubnis zwingend die MPU schon bei zweimaligem Verstoß gegen die sog. 0,5 ‰ Regel des § 24a Abs. 1 StVG anzuordnen ist (Hentschel, Straßenverkehrsrecht, § 13 FeV, Rn. 4; Petersen, zfs 2002, 56, 58).*

397 Nach dem ausdrücklichen Wortlaut der Vorschrift werden lediglich wiederholte Zuwiderhandlungen vorausgesetzt, so dass nicht nur Straftaten in Betracht kommen, sondern die Beibringung eines medizinisch-psychologischen Gutachtens zwingend beizubringen ist, wenn wiederholt z.B. eine Ordnungswidrigkeit begangen wurde. Ebenso ist nach dem Wortlaut der Vorschrift unerheblich, wie die Zuwiderhandlungen begangen wurden, ob und mit welchen Rechtsfolgen sie geahndet wurde. Mit Recht fordern Bode/Winkler (Fahrerlaubnis, § 7 Rn. 17 ff.) den Tatbestand einschränkend dahingehend auszulegen, dass die wiederholten Zuwiderhandlungen im Hinblick auf den stets zu beachtenden **Grundsatz der Verhältnismäßigkeit** von gewisser Erheblichkeit sein müssen. Die Gutachtenbeibringung ist bei wiederholten Verstößen zwingend, auch wenn die nach § 4 StVG (Mehrfachtäter-Punktsystem) erforderliche Punktzahl noch nicht erreicht ist. Insofern ist § 13 Nr. 2b FeV gegenüber § 4 StVG Spezialvorschrift (Berz/Burmann/Gehrmann, Handbuch des Straßenverkehrsrechts, 19 B Rn. 10; Hentschel, Straßenverkehrsrecht, § 13 FeV Rn. 4). Der Fahrerlaubnisbehörde verbleibt kein eigener Spielraum, um eine Zuwiderhandlung als schwerwiegend oder weniger schwerwiegend einzustufen (VG Neustadt a.d.W., zfs 2000, 309).

cc) MPU wegen des Führens eines Fahrzeuges über 1,6 ‰ BAK, § 13 Nr. 2c FeV

398 Hiernach ist die Gutachtenbeibringung nunmehr – ohne Ermessensprüfung im Einzelfall – zwingend bei dem schon **einmaligem Führen** eines Fahrzeuges ab einer BAK von 1,6 ‰ bzw. einer Atemalkoholkonzentration von 0,8 mg/l (vgl. auch: VGH Mannheim, NZV, 2002, 149 = VRS 2002, 68 = zfs 2002, 100 = DAR 2002, 141). Ein lediglich von der Atemalkoholanalyse in den Promillewert umgerechneter Wert reicht hierzu nicht aus, da der Wortlaut der Vorschrift eine derartige Beliebigkeit ausschließt (OVG Saarlouis, zfs 2001, 92, 94).

Das Führen setzt die sichere Feststellung eines abgeschlossenen Vorgang des Führens eines Fahrzeuges voraus (vgl. den Wortlaut „geführt wurde"). Der ordnungsrechtliche Begriff des Führens eines Fahrzeuges erschöpft sich nach der Rspr. des OVG Saarlouis allerdings nicht in dem Fahren eines Fahrzeuges. Handlungen, die den sicheren Schluss zulassen, das Fahrzeug in Betrieb zu nehmen reichen hierzu aus; dies sei allerdings bei dem Aufschließen der Fahrzeugtür nicht zwingend festzustellen (OVG Saarlouis, zfs 2001, 92, 94).

399 Die Regelung in § 13 Nr. 2c FeV ist wie folgt begründet worden (BR-Drucks. 443/1/1998):

„Nach einhelliger Auffassung in Wissenschaft und Literatur entspricht die bisher in der Fußnote 7 der Anlage 1 der Eignungsrichtlinien zu § 12 StVZO enthaltene Differenzierung, eine MPU bei einer BAK von 2,0 Promille oder mehr bzw. bei einer BAK von 1,6 bis 1,99 Promille und zusätzlichen Anhaltspunkten anzuordnen, nicht mehr dem aktuellen Forschungsstand. Vielmehr ist davon auszugehen, dass alkoholauffällige Kraftfahrer bereits mit einer BAK ab 1,6 Promille über deutlich normabweichende Trinkgewohnheiten und eine ungewöhnliche Giftfestigkeit verfügen. Da diese Personen doppelt so häufig rückfällig werden wie Personen mit geringeren Blutalkoholkonzentrationen, ist das Erfordernis zusätzlicher Verdachtsmomente nicht mehr vertretbar. So hat das OVG Schleswig entschieden, dass es die dem Urteil vom 7.4.1992 – 4 L 238/91 – zugrunde liegenden grundsätzlichen Ausführungen eines Gutachtens in diesem Sinne künftig in anhängigen Verfahren berücksichtigen werde. Insbesondere die obligatorische Anordnung zur Beibringung eines

Gutachtens ab einer BAK von 1,6 Promille ohne weitere Auffälligkeiten auch bei Ersttätern wird seitdem in der ständigen Rechtsprechung des OVG Schleswig bestätigt. Dies wird auch zunehmend in anderen Ländern praktiziert und ist bisher nicht gerichtlich beanstandet worden".

Hinweis:

§ 13 Nr. 2c FeV lässt das Führen eines Fahrzeuges – z.B. eines Fahrrads – unter erheblichem Alkoholeinfluss ausreichen (vgl. OVG Münster, DAR 2001, 140).

Der Tatbestand erfährt in der Literatur Kritik (ausführlich: Himmelreich/Janker, MPU-Begutachtung, Rn. 271 ff.). Die Begründung bezieht sich ausschließlich auf Erkenntnisse über alkoholauffällige Kraftfahrer. Der Wortlaut der Vorschrift beziehe sich jedoch auf Fahrzeuge im Straßenverkehr überhaupt, z.B. ein Fahrrad (Bode/Winkler, Fahrerlaubnis, § 7 Rn. 22). Die Regelung sei im Hinblick auf den **Grundsatz der Verhältnismäßigkeit** bedenklich, insbesondere weil es sich gerade nicht um eine Ermessensvorschrift handelt. Wer ganz bewusst das Führen eines Kraftfahrzeuges und einen die Fahrsicherheit beeinträchtigenden Alkoholkonsum dadurch sicher trennen könne, dass er mit dem Fahrrad fahre, könne nicht als Kraftfahrer ungeeignet sein, weil er z.B. auf der Rückfahrt von einem Kegelabend unter erheblichem Alkoholeinfluss stehe (Bode/Winkler, Fahrerlaubnis, § 7 Rn. 26, 27). Auch Ziegert (MittBlattAGVerkehr 1999, 44, 45) moniert: „Eine erstmalige Trunkenheitsfahrt mit einem Fahrrad gibt schwerlich schon ab einer BAK von 1,6 ‰ oder AAK von 0,8 mg/l Anlass zu der Annahme, er sei als Kraftfahrer ungeeignet". Zudem bedeute die Regelung in § 13 Nr. 2c FeV Eingriffsverwaltung mit Erhebung höchstpersönlicher Befunde, die unter den Schutz des allgemeinen Persönlichkeitsrechts fallen (Schreiber, ZRP 1999, 519, 523). Zwar kann auch bei einem Fahrradfahrer – gerade wenn er in der Lage ist – mit einer BAK von über 1,6 ‰ mit dem Fahrrad zu fahren, davon ausgegangen werden, dass er über eine hohe Giftfestigkeit verfügt; die Regelung des § 13 Nr. 2c FeV wird jedoch in keiner Weise dem Einzelfall gerecht und dürfte somit unverhältnismäßig sein. Der VGH Mannheim hat jedoch noch jüngst betont, dass die Vorschrift der Fahrerlaubnisbehörde kein Ermessen eröffnet, ohne Bedenken gegen die Verfassungsmäßigkeit der Vorschrift zu erörtern, so dass es – anders als bis zu der vor dem 1.1.1999 geltenden Rechtslage – nicht (mehr) darauf ankomme, ob besondere Umstände des Einzelfalls die Annahme rechtfertigen, trotz der hohen Blutalkoholkonzentration liege Fahreignung vor (VGH Mannheim, zfs 2002, 100, 102 = DAR 2002, 141 = NZV 2002, 149).

400

dd) MPU nach vorheriger Entziehung der Fahrerlaubnis wegen Alkoholmissbrauchs, § 13 Nr. 2d FeV

Danach ist die **Gutachtenbeibringung** zwingend bei vorheriger Entziehung aus den zuvor genannten Gründen. Die konkreten Anhaltspunkte für die berechtigten Zweifel leiten sich in der Tatbestandsvariante aus der Tatsache ab, dass die Fahrerlaubnis aus den zuvor genannten Gründen bereits entzogen war (Bode/Winkler, Fahrerlaubnis, § 7 Rn. 27). Gehrmann (Berz/Burmann/Gehrmann, Handbuch des Straßenverkehrsrechts, 19 B Rn. 12) betont, dass demgegenüber die MPU nach erfolgter Entziehung der Fahrerlaubnis wegen des Erreichens von 18 Punkten nach dem „Mehrfachtäter-Punktsystem" nur **i.d.R.** die Anordnung der MPU nach sich zieht; offen bleibt allerdings, ob er hiermit eine Kritik an der zwingenden Anordnung der MPU unter den Voraussetzungen des § 13 Nr. 2d FeV verbindet.

401

ee) MPU zur Klärung, ob Alkoholmissbrauch ansonsten nicht mehr besteht, § 13 Nr. 2e FeV

Schließlich ist die **Gutachtenbeibringung** zwingend, wenn ansonsten zu klären ist, ob Alkoholmissbrauch nicht mehr besteht. Dies setzt voraus, dass Alkoholmissbrauch früher einmal festgestellt wurde (Geiger, zfs 2001, 488, 489).

402

6. Rechtsschutz gegen die Anordnung der Beibringungen eines Gutachtens

403 Die Frage des Rechtsschutzes gegen Anordnungen zur Beibringung eines Gutachtens ist unter Rn. 597 ff. gesondert dargestellt.

III. Fahrerlaubnisentziehungen im Hinblick auf Betäubungsmittel, anderen psychoaktiv wirkenden Stoffen und Arzneimitteln

1. Rechtsgrundlage der Fahrerlaubnisentziehung

404 Rechtsgrundlage für die Entziehung einer Fahrerlaubnis im Zusammenhang mit Betäubungsmitteln, anderen psychoaktiv wirkenden Stoffen und Arzneimitteln ist § 3 Abs. 1 StVG i.V.m. § 46 FeV. Zu klären ist daher die **Fahreignung** in Bezug auf die genannten Stoffe.

405 Regelungen zur Fahreignung zur genannten Thematik finden sich im StVG nicht. Auch in der FeV finden sich keine näheren Aussagen zur Fahreignung im Zusammenhang mit Drogen- oder Arzneimitteln. Lediglich § 14 FeV regelt im Einzelnen, unter welchen Voraussetzungen bei **Eignungszweifeln** eine ärztliche oder medizinisch-psychologische Begutachtung durch die Fahrerlaubnisbehörde anzuordnen ist bzw. angeordnet werden kann (dazu im Einzelnen unter Rn. 425 ff.).

406 Konkretisierungen zur Fahreignung im Hinblick auf Betäubungsmittel, andere psychoaktiv wirkende Stoffe und Arzneimittel finden sich in den **Begutachtungsleitlinien zur Kraftfahrereignung** (unter 3.12) und unter 9. in der Anlage 4 zur FeV. Die Begutachtungsleitlinien zur Kraftfahrereignung sind neueren Datums als die Anlage 4 zur FeV. Die Begutachtungsleitlinien und die Anlage 4 weichen in ihren Aussagen hinsichtlich der Eignung bzw. Nichteignung voneinander ab. Nach Bode/Winkler (Fahrerlaubnis, § 3 Rn. 88) hat im Zweifel die Begutachtungsrichtlinie daher Anwendungsvorrang, da sie Erkenntnisse berücksichtigt, die bei Schaffung der FeV noch nicht bekannt waren. Unbedingt müssen daher die Begutachtungsleitlinien und die Anlage 4 zur FeV miteinander verglichen werden; dies gilt insbesondere in Bezug auf die Fahreignungsaussagen zum Cannabiskonsum.

2. Die Begutachtungsleitlinien und die Anlage 4 zur FeV in Bezug auf Betäubungsmittel und andere psychoaktiv wirkende Stoffe

a) Abhängigkeit

407 Bei Abhängigkeit von Betäubungsmitteln i.S.d. BtMG oder von anderen psychoaktiv wirkenden Stoffen ist weder Eignung noch bedingte Eignung gegeben, Nr. 9.3 der Anlage 4 zur FeV.

Hinweis:

Zum Begriff der Betäubungsmittel i.S.d. BtMG ist zu beachten: Es handelt sich um die in den Anlagen I bis III aufgeführten Stoffe und Zubereitungen, § 1 Abs. 1 BtMG. Die Aufzählung ist abschließend. Nach § 1 Abs. 2 BtMG können die Anlagen I bis III unter weiteren Voraussetzungen durch Rechtsverordnung geändert oder ergänzt werden. Hierdurch soll erreicht werden, dass möglichst rasch auf neuere Erkenntnisse und neuere Stoffe und Zubereitungen reagiert werden kann. In der Anlage I sind die nicht verkehrsfähigen Betäubungsmittel aufgelistet. In der Anlage II sind die verkehrsfähigen, aber nicht verschreibungsfähigen Betäubungsmittel aufgeführt. Sie dürfen nur als Rohstoffe, Grundstoffe und Zwischenprodukte verwendet werden; in der Anlage III die Betäubungsmittel, die verkehrsfähig und verschreibungspflichtig sind. Zur verfassungsrechtlichen Zulässigkeit der enumerativen Aufzählung der Betäubungsmittel durch Rechtsverordnung, vgl.: BVerfG, Beschl. v. 4.5.1997, Az. 2 BvR 509, 511/96 – Ecstasy.

Nach den **Begutachtungsleitlinien** ist ebenfalls bei **Abhängigkeit** von Betäubungsmitteln und 408
anderen psychoaktiv wirkenden Stoffen die Fahreignung ausgeschlossen; die Leitlinien verweisen
auf die oben unter wiedergegebene Definition zur Abhängigkeit. Sie schränken die Aussage hinsichtlich der Nichteignung bei Betäubungsmittelabhängigkeit mit dem Satz ein: „Dies gilt nicht,
wenn die Substanz aus der bestimmungsgemäßen Einnahme eines für einen konkreten Krankheitsfall verschriebenen Arzneimittels herrührt". Nach Bode/Winkler (Fahrerlaubnis, § 3 Rn. 165), ist
damit die generelle Annahme des Fehlens der Eignung bei Abhängigkeit von Betäubungsmitteln
grds. in Frage gestellt.

b) Missbräuchliche Einnahme von psychoaktiv wirkenden Stoffen

Bei missbräuchlicher Einnahme von psychoaktiv wirkenden Stoffen wird in der Anlage 4 zur FeV 409
unter 9.4 die Eignung verneint. Nach der Klammerdefinition bedeutet Missbrauch regelmäßig
übermäßigen Gebrauch. Nach den Begutachtungsleitlinien schließt missbräuchliche Einnahme
von psychoaktiv wirkenden Stoffen die Fahreignung ebenso aus, wobei die Begutachtungsleitlinien
unter Missbrauch schädlichen Gebrauch verstehen (vgl. Bode/Winkler, Fahrerlaubnis, § 3 Rn. 168).
Regelmäßiger Gebrauch liegt nach den Begutachtungsleitlinien vor, wenn der Gebrauch täglich
oder gewohnheitsmäßig erfolgt. Dies folgt aus der 3.12.1 der Begutachtungsleitlinien; der Begriff
der Gewohnheitsmäßigkeit wird nicht definiert. Missbräuchliche oder gewohnheitsmäßige Einnahme psychoaktiv wirkender Stoffe führt nach den Begutachtungsleitlinien jedoch nur dann zum
Ausschluss der Fahreignung, wenn dadurch die körperlich-geistige Leistungsfähigkeit des Kraftfahrers ständig unter das erforderliche Maß herabgesetzt wird oder durch den besonderen Wirkungsablauf jederzeit unvorhersehbar und plötzlich seine Leistungsfähigkeit oder seine Fähigkeit
zur verantwortlichen Entscheidungen – wie insbesondere den Verzicht auf die Teilnahme am
motorisierten Straßenverkehr – vorübergehend beeinträchtigt ist.

c) Fahreignungsfragen bei bestehender Arzneimittelproblematik

aa) Vorbemerkung

Statistisch spielen Arzneimittel im Straßenverkehr eine untergeordnete Rolle. In der Statistik des 410
KBA für Fahrerlaubnisentziehungen durch die Fahrerlaubnisbehörden taucht die Arzneimittelproblematik als Grund für eine Fahrerlaubnisentziehung ausdrücklich nicht einmal auf. Die **Dunkelziffer** dürfte jedoch hoch sein. Während viele Kraftfahrer im Hinblick auf „Alkohol am Steuer"
sensibilisiert sind, ist ein entsprechendes Bewusstsein bei Arzneimitteln weit weniger verbreitet.
Auch ist die Wirkkombination verschiedener Arzneimittel weitläufig unbekannt. Erst recht sind
die Wirkungen zwischen Alkohol und Arzneimitteln weithin nicht bekannt (eingehend dazu: Frie-
del/Becker, VGT 1999, 96, 99. Kommt es zu Unfällen, sind die Polizeibeamten oft nicht in der
Lage einen Bezug zwischen dem Unfall und einer möglichen Arzneimittelbeeinträchtigung festzustellen. Möglicherweise auf Arzneimitteleinnahme beruhendes Verhalten wird als „Unfallschock" gedeutet und macht weder die anderen Unfallbeteiligten noch die Polizei stutzig (oft wird
nicht einmal der Unfallverursacher selbst den vorhandenen Bezug erkennen). Die Einnahme von
Arzneimitteln ist nicht so leicht erkennbar, wie der Konsum z.B. von Alkohol. Zwar hat auch
Alkohol eine individuell verschiedene Wirkung, die für Alkohol typische „Fahne" fehlt aber in
jedem Fall. Die Bandbreite der Wirkungen der Arzneimittel ist weitaus breiter gefächert als bei
Alkoholkonsum. Geht es um einen Missbrauch oder gar Abhängigkeit von Arzneimitteln fällt die
Problematik Dritten i.d.R. weit später oder gar nicht auf als z.B. bei vorhandener Alkoholproble-
matik. Nicht selten weiß auch der Betroffene nicht um eine bereits vorhandene physische Abhängigkeit.

Umgekehrt gilt aber auch, dass es Arzneimittel gibt, die die Fahreignung nicht berühren oder über- 411
haupt erst (wieder) herstellen. Auch kann ein subjektiv empfundenes Besserungsgefühl bei bestimmungsgemäßer Einnahme eines Medikaments dem Einnehmenden eine körperliche Leistungsfähigkeit vorgetäuscht werden, die oft gar nicht vorhanden ist.

412   Die **Beeinträchtigung der Fahrtüchtigkeit** hängt im Einzelfall von der Höhe der eingenommenen Dosis (Stichwort: Überdosierung) ab, von den in einem Medikament enthaltenen Substanzen, von der Dauer der Einnahme, von der Dosierung aber auch dem Grund der Einnahme (Stichworte: psychische und/oder physische Abhängigkeit, Missbrauch/gezielter, nicht medikamentös indizierter Einsatz). Wesentlich ist für die Fahrbeeinträchtigung auch die Kombination verschiedener Mittel, insbesondere aber auch die Kombination des jeweiligen Medikaments mit Alkohol. Auch spielt die körperliche Verfassung der Person eine wichtige Rolle.

bb) Rechtliche Einordnung der Arzneimittelproblematik

413   **Arzneimittelmissbrauch** wird von den Begutachtungsleitlinien nicht ausdrücklich erwähnt. Nach der Anlage 4 zur FeV (Nr. 9.4) ist Eignung und bedingte Eignung zu verneinen bei „missbräuchlicher Einnahme" (regelmäßig übermäßiger Gebrauch) von psychoaktiv wirkenden Arzneimitteln. Festzuhalten ist somit, dass die Begutachtungsleitlinien die Arzneimittelproblematik gar nicht, die Anlage 4 zur FeV nur beschränkt auf den Missbrauch und hierbei beschränkt auf die missbräuchliche Einnahme psychoaktiv wirkender Arzneimittel beschränkt. Medizinische Definitionen eines **Medikamentenmissbrauchs** stellen auf ein Missverhältnis zwischen eingenommener Dosen und medizinisch indizierter Dosis ab. Hier einen möglichen Ansatz für einen Missbrauch i.S.d. § 14 Abs. 1 Nr. 3 FeV zu sehen, wird dem Problem nicht gerecht. Die wenigsten Fälle werden so gelagert sein, dass nur die vom Kraftfahrer zugegebene Menge mit dem Rezept zu vergleichen ist (wenn eine Überdosierung überhaupt zugegeben wird), zum anderen sind fahrtauglichkeitsrelevante Dosierungen im Einzelfall nicht wie bei der „Promille-Grenze" wissenschaftlich gesichert (Ludovisy, „Arzneimittel und Verkehrssicherheit", VGT 1999, 110, 119); von Beweisschwierigkeiten sei hier nicht einmal die Rede. Ein denkbares präventives Instrumentarium ist der sog. **„Beipackzettel"** (dazu s.o. Rn. 92 f.). Geht es um den subjektiven Vorwurf, den Beipackzettel (einmalig) nicht beachtet zu haben, dürften sich generelle Fahreignungsfragen nicht stellen. „Fehlgebrauch" ist nicht „Missbrauch" (vgl. Ludovisy, VGT 1999, 110, 121). Hier dürften strafrechtliche Sanktionen ausreichen. Geht es um Arzneimittelmissbrauch stellt sich im Gefahrenabwehrrecht die Frage nach der Vorwerfbarkeit gegenüber dem Kraftfahrer ohnehin nicht. Adressat gefahrenabwehrrechtlicher Maßnahmen dürfte dann wohl in erster Linie die arzneimittelproduzierende Industrie sein.

414   Eine weitere denkbare Alternative wären **„Nullwerte"**, im Hinblick auf das Grundrecht der allgemeinen Handlungsfreiheit jedoch ebenfalls problematisch; „Nullwerte" dürften unverhältnismäßig sein.

cc) Fahreignungsrelevante Arzneimittel

415   Ohne im Einzelnen auf die Wirkungen einzugehen, kann gesagt werden, dass alle Opiatvarianten, Analgetika (Schmerzmittel), Antihistaminika (Mittel gegen Allergien, einschließlich der Mittel gegen Reisekrankheit), Narkosemittel und Antiepileptika **in besonderem Maße die Fahreignung beeinträchtigen.** Weiterführend wird auf die einschlägige Literatur verwiesen, speziell auf: Berz/ Burmann/Meininger, Handbuch des Straßenverkehrsrechts, 15 B Rn. 1 ff.; m.w.N.

d) Missbräuchliche Einnahme von Betäubungsmitteln (außer Cannabis)

416   Nach 9.1 der **Anlage 4 zur FeV** ist bei Einnahme von Betäubungsmitteln (mit Ausnahme von Cannabis) die Eignung i.d.R. nicht gegeben. Die missbräuchliche Einnahme von Betäubungsmitteln wird in der Anlage 4 zur FeV nicht gesondert aufgeführt, da schon die schlichte Einnahme von Betäubungsmitteln (mit Ausnahme von Cannabis, wie sich aus den nachfolgenden Regelungen in der Anlage 4 ergibt) die Fahreignung ausschließt.

417   Nach den **Begutachtungsleitlinien** führt die schlichte Einnahme von Betäubungsmitteln zum Ausschluss der Fahreignung (3.12.1), während die missbräuchliche Einnahme nur dann zum Ausschluss der Fahreignung führt, wenn dadurch die körperlich-geistige Leistungsfähigkeit des Kraft-

fahrers ständig unter das erforderliche Maß herabgesetzt wird oder durch den besonderen Wirkungsablauf jederzeit unvorhersehbar und plötzlich seine Leistungsfähigkeit oder seine Fähigkeit zur verantwortlichen Entscheidungen – wie insbesondere den Verzicht auf die Teilnahme am motorisierten Straßenverkehr – vorübergehend beeinträchtigt ist.

Hinweis:

Wenn vorherige Aussagen in den Ausführungen in den Begutachtungsleitlinien zu missbräuchlicher Einnahme von Betäubungsmitteln gelten, dürften sie erst recht bei schlichter Einnahme gelten. Nach Bode/Winkler (Fahrerlaubnis, § 3 Rn. 178 ff.) handelt es sich bei der Aussage der Begutachtungsleitlinien in Bezug auf die schlichte Einnahme von Betäubungsmitteln um ein Redaktionsversehen.

---

e) Einnahme von Cannabis

Sowohl die Anlage 4 zur FeV als auch die Begutachtungsleitlinien behandeln Cannabis – obwohl es sich um ein Betäubungsmittel i.S.d. BtMG handelt – gesondert und **differenzieren** in Bezug auf die Fahreignung zwischen **gelegentlicher und regelmäßiger Einnahme** von Cannabis (zur Wirkung des Cannabiskonsums vgl. Himmelreich, DAR 2002, 26 ff). Die Rechtsprechung des VG Ansbach verneint regelmäßigen Konsum, wenn ein fünf- bis zehnmaliger Konsum von Cannabis feststeht, der Konsum aber nur zu besonderen Anlässen (z.B. auf Parties) stattfand (VG Ansbach, zfs 1998, 158; zur Abgrenzung des gelegentlichen vom regelmäßigen Konsum vgl. Himmelreich, DAR 2002, 26, 30).   **418**

f) Regelmäßige Einnahme von Cannabis

Bei regelmäßiger Einnahme von Cannabis verneint die Anlage 4 zur FeV (Nr. 9.2.1) die Eignung zum Führen eines Kraftfahrzeuges. Die Aussage zum regelmäßigen Gebrauch von Cannabis ist in den Begutachtungsleitlinien (3.12.1) differenzierter. Wer regelmäßig (täglich oder gewohnheitsmäßig) Cannabis konsumiert ist danach i.d.R. **nicht in der Lage, den gestellten Anforderungen** zum Führen von Kraftfahrzeugen **gerecht zu werden. Ausnahmen** sind nur in seltenen Fällen möglich, wenn eine hohe Wahrscheinlichkeit gegeben ist, dass Konsum und Fahren getrennt werden und wenn keine Leistungsmängel vorliegen. Anders als die Anlage 4 der FeV findet sich in den Begutachtungsleitlinien somit eine Definition des regelmäßigen Gebrauchs von Cannabis. Außerdem verneinen die Begutachtungsleitlinien die Eignung nicht kategorisch.   **419**

Hinweis:

Wenn bei missbräuchlicher Einnahme von Betäubungsmitteln die Nichteignung nur begründet ist, „wenn dadurch die körperlich-geistige Leistungsfähigkeit des Kraftfahrers ständig unter das erforderliche Maß herabgesetzt wird oder durch den besonderen Wirkungsablauf jederzeit unvorhersehbar und plötzlich seine Leistungsfähigkeit oder seine Fähigkeit zur verantwortlichen Entscheidungen – wie insbesondere den Verzicht auf die Teilnahme am motorisierten Straßenverkehr – vorübergehend beeinträchtigt ist", muss dies ebenso bei nur regelmäßiger Einnahme von Cannabis gelten. Auch hier ist das Regel-Ausnahme-Verhältnis gerade umgekehrt anzuwenden, so dass die Fahreignung bei regelmäßiger Cannabiseinnahme nur bei Vorliegen der genannten Umstände zu verneinen ist (vgl. Bode/Winkler, Fahrerlaubnis, § 3 Rn. 185 ff.).

---

g) Gelegentliche Einnahme von Cannabis

420 Wer gelegentlich Cannabis konsumiert, ist nach den Begutachtungsleitlinien (3.12.1) in der Lage, den gestellten Anforderungen zum Führen von Kraftfahrzeugen gerecht zu werden, **wenn** er in der Lage ist, Konsum und Fahren zu trennen, wenn kein zusätzlicher Gebrauch von Alkohol oder anderen psychoaktiv wirkenden Stoffen und wenn kein Kontrollverlust und keine Störung der Persönlichkeit vorliegen. Nach 9.2.2 der Anlage 4 zur FeV ist ebenfalls zum Führen von Kraftfahrzeugen geeignet, wer gelegentlich Cannabis einnimmt, **wenn** er zwischen Trennung von Konsum und Fahren in der Lage ist und kein zusätzlicher Gebrauch von Alkohol oder anderen psychoaktiv wirkenden Stoffen, keine Störung der Persönlichkeit vorliegt und kein Kontrollverlust vorhanden ist. Eine Definition zur gelegentlichen Einnahme findet sich allerdings weder in den Begutachtungsleitlinien noch in der Anlage 4 zur FeV.

> *Hinweis:*
>
> *Hierbei handelt es sich nicht um ein Regel-Ausnahme-Verhältnis in dem Sinne, dass grds. Nichteignung besteht, die nur dann ausgeräumt werden kann, wenn die o.g. Voraussetzungen wie Trennungsvermögen zwischen Fahren und Konsum vorliegen. Vielmehr gilt umgekehrt, dass grds. Eignung besteht, die nur zu verneinen ist, wenn der Betroffene nicht in der Lage ist, Konsum und Fahren zu trennen oder zusätzlich Alkohol oder andere psychoaktiv wirkende Stoffe gebraucht, eine Persönlichkeitsstörung oder Kontrollverlust vorliegt. Dies folgt aus dem Vergleich zu den gemachten Aussagen zur regelmäßigen Cannabiseinnahme. Diese Umstände müssen also positiv festgestellt werden, um eine Fahreignung zu verneinen (vgl. auch Bode/Winkler, Fahrerlaubnis, § 3 Rn. 198).*

h) Nach erfolgter Entgiftung/Entwöhnungsbehandlung

421 Nach 9.5 der Anlage 4 zur FeV wird die Fahreignung nach Entgiftung und Entwöhnung nach einjähriger Abstinenz bejaht. Die Begutachtungsleitlinien (3.12.1) fordern i.d.R. bei **Abhängigkeit** eine erfolgreiche Entwöhnungsbehandlung. Nach der Entgiftung und Entwöhnung ist i.d.R. eine einjährige Abstinenz durch mindestens vier unangekündigte Laboruntersuchungen nachzuweisen.

> *Hinweis:*
>
> *Es empfiehlt sich, mit der Fahrerlaubnisbehörde Kontakt aufzunehmen, um vorab zu klären, wessen Laboruntersuchungen anerkannt werden. Den Fahrerlaubnisbehörden ist die kurze Nachweiszeit der Laboruntersuchungen im Hinblick auf Betäubungsmittel bekannt. Es ist daher damit zu rechnen, dass sie freiwillige Screenings nicht akzeptieren, sondern allenfalls unangekündigte Laboruntersuchungen.*

i) Fahreignung bei Methadon-Substitution

422 Die **Substitutionsbehandlung mit Methadon** ist von der Anlage 4 zur FeV überhaupt nicht erfasst. Nach den Begutachtungsleitlinien (3.12.1) ist ein Heroinabhängiger, der mit Methadon substituiert wird, im Hinblick auf eine beständige Anpassungs- und Leistungsfähigkeit in aller Regel nicht geeignet, ein Kraftfahrzeug zu führen. Nur bei besonderen Umständen im Einzelfall ist danach eine positive Beurteilung möglich. Hierzu ist u.a. eine mindestens einjährige Behandlungsdauer mit Methadon gefordert, eine psychosoziale stabile Integration und die Freiheit von Beigebrauch anderer psychoaktiv wirkender Stoffe (einschließlich Alkohol) verpflichtend. Dazu sind **regelmäßige, zufällige Kontrollen** während der Therapie obligatorisch, der Nachweis für Eigenverantwortung und Therapie-Compliance sowie das Fehlen einer Störung der Gesamtpersönlich-

keit erforderlich. Neben den körperlichen Befunden kommt nach den Leitlinien den Persönlichkeits-, Leistungs-, verhaltenspsychologischen und den sozialpsychologischen Befunden erhebliche Bedeutung für die Begründung von positiven Regelausnahmen zu.

Hinweis:

Methadon ist ein synthetisches Opiat, das es in zwei Formen gibt; Dextromethadon und Levomethadon. Letzteres ist in Deutschland unter dem Handelsnamen Polamidon auf dem Markt. Es handelt sich um einen Stoff, der selbst suchtbildend ist und dem BtMG unterfällt (BtMG 1981 Anlage III zu § 1 Abs. 1), somit zu den verkehrsfähigen und verschreibungsfähigen Betäubungsmitteln gehört. Nach der 10. BtMÄndV darf Methadon (Levomethadon) verschrieben werden.

Da es zu anderen Opiaten in einer sog. **Kreuztoleranz** steht, die das Suchtverlangen nach diesen blockiert und Entzugserscheinungen mindert, wird es verstärkt zur Substitution Heroinabhängiger eingesetzt (vgl. Berz/Burmann/Meininger, Handbuch des Straßenverkehrsrechts, 15 B Rn. 49).   423

Ziel der **Substitutionsbehandlung mit Methadon** ist eine gesundheitliche und soziale Rehabilitation, in der eine stabilisierende Lebenssituation die Basis für ein Leben ohne Drogen bildet (vgl. näher Berghaus/Friedel, NZV 1994, 377). Hierzu gehört auch die (Wieder-) Erteilung der Fahrerlaubnis. Nach der Rechtsprechung des OVG Hamburg (NJW 1997, 3111) schließt der Umstand einer Methadon-Substitution nicht schon als solche die Fahreignung aus. Auch Himmelreich/Janker (MPU-Begutachtung, Rn. 321) kommen zu dem Ergebnis, dass die Methadon-Substitution per se die Fahreignung nicht ausschließt. Voraussetzung ist jedoch die – nachgewiesene – Freiheit von Beikonsum mit anderen psychoaktiven Substanzen. Die Fahrerlaubnisbehörden haben daher trotz bestehender Methadon-Substitution die Fahreignung zu prüfen (dazu auch Rn. 115 ff.; ferner Ludovisy, VGT 1999, 110 ff., 111, 112). Da Methadon jedoch nur ein taugliches Mittel zur Bekämpfung der Heroinsucht ist, nicht aber von anderen Suchtstoffen, dürfte die Fahreignung auch bei Methadon-Substitution ausgeschlossen sein, wenn der Betroffene mehrfachsüchtig (politoxikoman) ist.   424

3. Begutachtung zur Klärung von Eignungszweifeln im Hinblick auf Betäubungsmittel und Arzneimittel

Gegenüber § 11 FeV stellt § 14 FeV eine **weitere Spezialvorschrift** dar. Bei Eignungszweifeln ist § 46 Abs. 3 i.V.m. §§ 11 ff. FeV, somit bei Eignungszweifeln im Hinblick auf eine Betäubungs-Arzneimittelproblematik i.V.m. § 14 FeV die einschlägige Rechtsgrundlage für die Anordnung eines Gutachtens. Sie regelt die Zuweisung für die ärztliche Begutachtung bzw. die Zuweisung zu einer MPU – je nach Tatbestandsvoraussetzungen.   425

Stets ist bei der Anordnung eines Gutachtens nach § 46 Abs. 3 i.V.m. §§ 11 – 14 FeV die Rechtsprechung des BVerfG (NJW 1993, 2365, 2367) zu beachten: 426

„Die Anforderung des Gutachtens muss sich auf solche Mängel beziehen, die, bei vernünftiger, lebensnaher Einschätzung die ernsthafte Besorgnis begründen, dass der Betroffene sich als Führer eines Kraftfahrzeuges nicht verkehrsgerecht und umsichtig verhalten wird".

Die Vorschrift des § 14 FeV wird in der Literatur (sporadisch wohl auch in der Rspr.) als verfassungsrechtlich bedenklich – wenn nicht verfassungswidrig – betrachtet, dies insbesondere unter dem Aspekt fehlender bzw. nicht ausreichender Ermächtigung, mangelnder Bestimmtheit, des Verhältnismäßigkeitsgrundsatzes und in Teilen auch des allgemeinen Gleichheitssatzes. Vor allem betrifft dies den Fragenkreis **„Cannabis"**. Die Regelung des § 14 FeV dürfte die umstrittenste Regelung in der Fahrerlaubnisverordnung überhaupt sein. Nähere Ausführungen dazu – vor allem zur Cannabis-„Problematik" – finden sich jeweils beim einzelnen Tatbestand der Norm.   427

428 Nach § 14 Abs. 1 Satz 1 FeV ist danach ein **ärztliches Gutachten** beizubringen, wenn Tatsachen die Annahme begründen, dass

- eine **Abhängigkeit** von Betäubungsmitteln i.S.d. BtMG oder anderen psychoaktiv wirkenden Stoffen vorliegt (Nr. 1),

- **Einnahme** von Betäubungsmitteln i.S.d. BtMG vorliegt (Nr. 2) oder

- **missbräuchliche Einnahme** von psychoaktiv wirkenden Arzneimitteln oder anderen psychoaktiv wirkenden Stoffen vorliegt (Nr. 3).

429 Auch hier gilt, dass **konkrete Tatsachen erforderlich** sind; Vermutungen reichen nicht aus. Liegen diese Voraussetzungen vor, hat die Fahrerlaubnisbehörde die Beibringung eines ärztlichen Gutachtens anzuordnen. Ein Ermessen wird der Fahrerlaubnisbehörde nicht eingeräumt. Bei Nr. 1 – 3 ist die Anordnung der Beibringung eines Gutachtens unabhängig von einem Fahrzeugführen im Straßenverkehr. Auch ist nicht erforderlich, dass z.B. die Annahme vorliegen muss, der Betroffene könne den Stoffgebrauch und das Fahrzeugführen nicht hinreichend sicher trennen.

a) Abhängigkeit von Betäubungsmitteln oder anderen psychoaktiv wirkenden Stoffen, § 14 Abs. 1 Satz 1 Nr. 1 FeV

430 Bei der Beurteilung der Frage, ob Abhängigkeit vorliegt, handelt es sich um eine rein medizinische Frage. Erforderlich und ausreichend ist daher ein **ärztliches Gutachten**. Welches ärztliche Gutachten in Betracht kommt, folgt aus § 11 Abs. 2 Satz 3 FeV. Hier wird von Bode/Winkler (Fahrerlaubnis, § 7 Rn. 33 ff.) moniert, der Verordnungsgeber überschreite mit der Vorschrift teilweise die ihm erteilte gesetzliche Ermächtigung. Nach § 2 Abs. 8 StVG kann die Beibringung eines Gutachtens nur angeordnet werden, wenn Tatsachen bekannt werden, die Bedenken gegen die Eignung begründen. Hierauf beziehe sich die gesetzliche Ermächtigung in § 6 Abs. 1 Nr. 1c StVG, in einer Rechtsverordnung die Beurteilung der Eignung durch Gutachten zu regeln. Eine solche Verordnungsregelung könne nur die Fälle betreffen, die Bedenken gegen die Eignung begründen. Der Verordnungsgeber sei aber nicht ermächtigt, die Gutachtenbeibringung auch für Fälle vorzunehmen, in denen Eignungszweifel begründende Tatsachen gerade nicht vorliegen. Nach den Begutachtungsleitlinien gelte, dass zwar ein Betäubungsmittelabhängiger nicht in der Lage sei, den gestellten Anforderungen zum Führen eines Kraftfahrzeuges gerecht zu werden, dies jedoch dann nicht, wenn die Substanz aus der bestimmungsgemäßen Einnahme eines für den konkreten Krankheitsfall verschriebenen Arzneimittels herrühre (Begutachtungsleitlinien 3.12.1). Zudem verstoße die Vorschrift – teilweise – gegen den **Grundsatz der Verhältnismäßigkeit** (Bode/Winkler, Fahrerlaubnis, § 7 Rn. 35). Ob ein Arzneimittel, das ein Betäubungsmittel enthalte, für einen konkreten Krankheitsfall verschrieben worden sei und auch bestimmungsgemäß eingenommen wurde, könne und muss vor Gutachtenbeibringung – etwa durch die Befragung des behandelnden Arztes – aufgeklärt werden. Die zwingende Anordnung eines ärztlichen Gutachtens wäre somit unverhältnismäßig. Dem ist uneingeschränkt zuzustimmen. Die Fahrerlaubnisbehörde muss in dieser Konstellation dem Betroffenen als Austauschmittel vorher – mit entsprechender Zustimmung des Betroffenen – die ärztliche Befragung ermöglichen, ansonsten ist die Anordnung nicht erforderlich und damit nicht verhältnismäßig.

b) Betäubungsmittel-Einnahme (auch Cannabis), § 14 Abs. 1 Satz 1 Nr. 2 FeV

431 Für die zwingende Anordnung der Beibringung eines ärztlichen Gutachtens genügen nach der Vorschrift Tatsachen, die die Annahme begründen, dass Einnahme von Betäubungsmitteln i.S.d. BtMG vorliege. Nach dem eindeutigen Wortlaut der Vorschrift sei die Anordnung schon bei einmaliger oder gelegentlicher Einnahme zwingend. Dem Wortlaut der Vorschrift sei eindeutig zu entnehmen, dass die Anordnung eines ärztlichen Gutachtens nicht im Ermessen der Fahrerlaubnisbehörde stehe. Darüber hinaus gelte die Vorschrift auch für Cannabis (vgl. VGH Mannheim, zfs 2002, 157 = VRS 2002, 146 = DAR 2002, 183 = NZV 2002, 294; Hentschel, Straßenverkehrsrecht, § 14 FeV Rn. 2). Schließlich habe der Verordnungsgeber eindeutig zwischen Besitz und Einnahme

differenziert, weshalb auch eine nur einmalige Einnahme von Cannabis nicht dem Besitz von Cannabis gleichgestellt werden könne und entsprechend § 14 Abs. 1 Satz 2 FeV die Anordnung eines ärztlichen Gutachtens in das behördliche Ermessen gestellt sei (VGH Mannheim, zfs 2002, 157 = VRS 2002, 146 = DAR 2002, 183 = NZV 2002, 294). Ein dem § 14 Abs. 1 Satz 1 Nr. 2 FeV entsprechender Tatbestand für die Alkoholproblematik fehlt. Nach Bode/Winkler (Fahrerlaubnis, § 4 Rn. 37 ff.) wird hierdurch die dem Verordnungsgeber erteilte gesetzliche Ermächtigung überschritten, in dem er eine Tatsache (nämlich die bloße Einnahme von Betäubungsmitteln i.S.d. BtMG) zur Anordnung der Beibringung eines Gutachtens genügen lässt, die für sich alleine keine Bedenken gegen die Eignung begründe. Schon aus 9.1 der Anlage 4 zur FeV ergebe sich, dass Eignung zu verneinen ist, wenn Einnahme von Betäubungsmitteln vorliege – mit Ausnahme von Cannabis. Die gleiche Ausnahme in Bezug auf Cannabis machen die Begutachtungsleitlinien zur Kraftfahrereignung (3.12.1). Außerdem komme in der Vorschrift des § 14 Abs. 1 Satz 4 FeV zum Ausdruck, dass der Verordnungsgeber selber von Eignung bei gelegentlicher Einnahme von Cannabis ausgehe, wenn er dort neben der gelegentlicher Einnahme von Cannabis weitere Tatsachen verlangt, die Zweifel an der Eignung begründen (und als Rechtsfolge dann eine MPU in das behördliche Ermessen stellt).

Dazu hat das VG Berlin (NJW 2000, 2440 ff.) angeführt, „dass wohl kaum davon die Rede sein kann, dass § 6 Abs. 1 Nr. 1c StVG als Ermächtigungsgrundlage Inhalt, Zweck und Ausmaß der in den §§ 11 – 14 FeV getroffenen detaillierten und **grundrechtsrelevanten Regelungen ausreichend bestimme** (vgl. Art. 80 Abs. 1 Satz 2 GG)“. Außerdem verletze die Vorschrift den **Grundsatz der Verhältnismäßigkeit**.

Die Vorschrift verlangt nichts Weiteres als die **Einnahme**. Damit verzichtet sie auf einengende Tatbestandsvoraussetzungen in Bezug auf die Häufigkeit, insbesondere aber auch Konkretisierungen hinsichtlich der Kontrollfähigkeit des Umgangs mit dem in Frage kommenden Betäubungsmittel und damit u.U. einhergehenden Straßenverkehrsgefährdungen (Bode/Winkler, a.a.O., Rn. 53 ff.). Die Vorschrift ist völlig unbestimmt (offener ist ein Tatbestand wohl kaum zu gestalten), unverhältnismäßig und damit verfassungswidrig. **432**

Das VG Berlin (NJW 2000, 2440 ff.) betont, dass die obligatorische Anordnung einen **Grundrechtseingriff** in das allgemeine Persönlichkeitsrecht darstellt (Art. 2 Abs. 1 i.V.m. Art. 1 Abs. 1 GG). Gemessen daran, ist nach Auffassung der Kammer allenfalls eine Regelung geboten, die der Fahrerlaubnisbehörde Entschließungsermessen einräume.

Zur **Verfassungswidrigkeit** gelangen das VG Berlin (NJW 2000, 2440, 2442) und Kreuzer (NJW 1999, 353, 357; zur Frage der Verfassungsmäßigkeit von § 14 FeV vgl. ferner Gehrmann, NZV 2002, 201 ff.). *„Die Vorschrift lasse jedes Maß an vernünftiger, sachnaher Präzisierung typischer straßenverkehrsbezogener Gefährdungskonstellationen im Zusammenhang mit Cannabiskonsum vermissen. Weiter: „Niemand käme auf die Idee, eine ärztliche Begutachtung eines Führerscheinbesitzers zu verlangen, der sich bei einem Fest alkoholisch berauscht hat, ohne dann zu fahren“.*

Schließlich bestünden im Hinblick auf die Wertungsunterschiede zwischen Cannabiskonsum und Alkoholkonsum Bedenken gegen die Vorschrift im Hinblick auf den allgemeinen Gleichheitssatz, Art. 3 Abs. 1 GG (VG Berlin, NJW 2000, 2440, 2442; Bode/Winkler, Fahrerlaubnis, § 7 Rn. 55). Abweichend davon wird auch davon ausgegangen, dass der Verordnungsgeber nicht nach Art und Dauer des Drogenkonsums differenziert habe. Für das Eingreifen der Vorschrift des § 14 Abs. 1 Satz 1 Nr. 2 FeV komme es nicht darauf an, ob gelegentliche oder regelmäßige Drogeneinnahme vorliege; dies gelte auch bei einmaliger Einnahme von Cannabis. Im Fall einmaliger Einnahme sei das ärztliche Gutachten auch nicht auf ein sog. Drogenscreening reduziert, das ein reines Messverfahren darstellt. Vielmehr müsse das Aufklärungsziel weitergehen, was eine fachärztliche Bewertung erforderlich mache (VGH Mannheim, zfs 2002, 157, 158 = DAR 2002, 183 = NZV 2002, 294). Der VGH Mannheim äußert schließlich keine Bedenken gegen die Verfassungsmäßigkeit der Vorschrift des § 14 Abs. 1 Satz 1 Nr. 2 FeV (VGH Mannheim, zfs 2002, 157 = VRS 2002, 146 = DAR 2002, 183 = NZV 2002, 294). Nach der Rechtsprechung des BVerwG (noch zu § 15b StVZO a.F.) bietet ein einmaliger Cannabiskonsum ohne Zusammenhang mit dem Straßenverkehr allein keinen Anlass zu der Annahme, der Betroffene sei zum Führen eines Kraftfahrzeuges ungeeignet. Eine Aufforderung sich fachärztlich auf Drogenkonsum untersuchen zu lassen sei ohne das Hinzutreten weiterer Umstände in dieser Konstellation nicht gerechtfertigt (BVerwG, zfs 2002, 47 = NJW 2002, 78 = DÖV 2002, 125). **In diesem Zusammenhang ist auf zwei neu ergangene Beschlüsse des BVerfG hinzuweisen.** Im Beschluss vom 20.6.2002 (NJW 2002, 2378) hat das BVerfG einer Verfassungsbeschwerde stattgegeben. Dem Beschwerdeführer war die Fahrerlaubnis entzogen worden, nachdem er sich weigerte ein behördlich angeordnetes Drogenscreening beizubringen. Im Fahrzeug des Beschwerdeführers wurden bei einer polizeilichen Personenkontrolle fünf Gramm Haschisch gefunden. Nach Auffassung der Kammer des BVerfG stellte die Anordnung des Drogenscreenings eine Verletzung der allgemeinen Handlungsfreiheit (Art. 2 Abs. 1 GG) dar. Der Eingriff war verfassungswidrig, weil er nicht in angemessenem Verhältnis zur Intensität der Rechtsgutgefährdung stand. Ein hinreichender Gefahrenverdacht für einen Einigungsmangel habe nicht vorgelegen. Einmaliger oder gelegentlicher Haschischkonsum mache es nicht überwiegend wahrscheinlich, dass der Betroffene, nicht in der Lage ist, eine drogenkonsumbedingte zeitweilige Fahruntüchtigkeit rechtzeitig zu erkennen oder trotz einer solchen Erkenntnis von der aktiven Teilnahme am Straßenverkehr abzusehen. Der festgestellte Haschischbesitz allein und die Weigerung sich dem Drogenscreening zu unterziehen dürfe nicht als alleinige Grundlage für die Entziehung der Fahrerlaubnis herangezogen werden. In einem Beschluss des BGH vom 8.7.2002 (zfs 2002, 460) wurde eine weitere Verfassungsbeschwerde nicht zur Entscheidung angenommen, mit der die Anordnung eines Drogenscreenings gerügt wurde. In der Anordnung des Drogenscreenings sah die Kammer keine Grundrechtsverletzung, da im konkreten Fall über den bloßen Besitz von Cannabis konkrete Umstände dafür vorlagen, dass der Beschwerdeführer den Konsum von Cannabis und die aktive Teilnahme am Straßenverkehr nicht sicher trennen könne oder zu trennen bereit ist.

Hinweis:

*Beide Entscheidungen sind noch auf der Grundlage der StVZO a.F. vor In-Kraft-Treten der FeV zum 1.1.1999 ergangen. Die festgelegten Voraussetzungen für die Anordnung eines Drogenscreenings sind jedoch auf die neue Rechtslage unter Geltung der FeV uneingeschränkt übertragbar (vgl. dazu auch: Weibrecht, VD 2002, 3, 7). Die Übertragung der festgestellten Grundsätze gebietet eine an Art. 2 Abs. 1 GG auszurichtende verfassungskonforme Auslegung des § 14 FeV. Bei der Aufforderung zur Beibringung eines Drogensreenings handelt es sich nach ständiger Rechtsprechung nicht um einen Verwaltungsakt, sondern um eine Verfahrenshandlung ohne Verwaltungsaktqualität. Bei einem **laufenden Entziehungsverfahren** kann die zuständige Behörde eine zuvor ergangene Aufforderung zur Beibringung eines Drogensreenings formlos zurücknehmen. Wird allein der Besitz einer geringen Menge Cannabis zur Grundlage für die Anordnung des Drogenscreenings, ist die Anordnung des Screenings rechtswidrig und muss durch die Behörde zurückgenommen werden. Wegen der drohenden Bestandskraft der Entziehungsverfügung muss hiergegen Widerspruch eingelegt werden. Wenn bereits eine Anfechtungsklage anhängig ist, hat die Behörde die Möglichkeit die Fahrerlaubnisentziehungsverfügung zurückzunehmen. Bei einer bereits **bestandskräftigen bzw. rechtskräftigen Entziehung der Fahrerlaubnis** besteht kein Anspruch des Betroffenen auf ein Wiederaufgreifen des Verfahrens nach § 51 VwVfG oder eine Wiederaufnahme des gerichtlichen Verfahrens nach § 153 VwGO i.V.m. §§ 578 ff ZPO. Für beides ist Voraussetzung, dass sich die Sach- und Rechtslage nachträglich zugunsten des Betroffenen geändert hat. **Hierzu reicht nach der Rechtsprechung** (BVerwGE 35, 234; 70, 110; 82, 272) und der überwiegenden Auffassung in der Literatur (Kopp/Ramsauer, § 51 VwVfG Rn. 30; Kopp/Schenke, § 153 VwGO Rn. 1a; Stelkens/Bonk/Sachs, § 51 VwVfG Rn. 105 ff.) **eine Änderung der – auch obergerichtlichen – Rspr.** nicht aus.*

c) Missbräuchliche Einnahme psychoaktiv wirkender Arzneimittel oder anderer psychoaktiv wirkender Stoffe, § 14 Abs. 1 Satz 1 Nr. 3 FeV

Hiernach besteht die zwingende Anordnung der Gutachtenbeibringung, wenn Tatsachen die **433** Annahme begründen, dass missbräuchliche Einnahme von psychoaktiv wirkenden Arzneimitteln oder anderen psychoaktiv wirkenden Stoffen vorliegt. Auch dieser Tatbestand wird zu Recht von Bode/Winkler (Fahrerlaubnis, § 7 Rn. 56 ff.) kritisiert. Der Verordnungsgeber sei nicht ermächtigt, eine Gutachtenbeibringung bei Sachverhalten anzuordnen, in denen Eignungszweifel begründende Tatsachen nicht vorliegen. Hierzu verweisen Bode/Winkler (Fahrerlaubnis, § 7, Rn. 56 ff.) auf die Begutachtungsleitlinien zur Kraftfahrereignung, wo es unter 3.12.1 gerade heißt, dass die missbräuchliche Einnahme von psychoaktiv Arzneimitteln oder anderen psychoaktiv wirkenden Stoffen nicht ohne weiteres zur Verneinung der Eignung führen, sondern nur, wenn die körperlich-geistige (psychische) Leistungsfähigkeit des Kraftfahrers ständig unter das erforderliche Maß herabgesetzt wird oder durch den besonderen Wirkungsablauf jederzeit unvorhersehbar und plötzlich seine Leistungsfähigkeit oder seine Fähigkeit zu verantwortlichen Entscheidungen (wie der Verzicht auf die motorisierte Verkehrsteilnahme) vorübergehend beeinträchtigt ist. Auch verstoße der Tatbestand gegen den **Grundsatz der Verhältnismäßigkeit** (Bode/Winkler, Fahrerlaubnis, a.a.O., Rn. 59). Die Gutachtenbeibringung wäre nur dann verhältnismäßig, wenn die zuvor in den Begutachtungsleitsätzen wiedergegebenen besonderen Umstände vorlägen (weitergehend zur „Arzneimittelproblematik" wird auf Friedel/Becker, VGT 1999, 96 ff. und Ludovisy, VGT 1999, 110 ff. verwiesen).

d) Widerrechtlicher Betäubungsmittelbesitz in Gegenwart oder Vergangenheit, § 14 Abs. 1 Satz 2 FeV

Danach kann die Gutachtenbeibringung angeordnet werden, wenn der Betroffene Betäubungsmit- **434** tel i.S.d. BtMG widerrechtlich besitzt oder besessen hat. Durch die Formulierung „widerrechtlich" sollen aus dem Tatbestand diejenigen ausgeklammert werden, die berufsbedingt Betäubungsmittel besitzen. Auch gegen diesen Tatbestand bestehen erhebliche verfassungsrechtliche Vorbehalte. Der Verordnungsgeber sei nicht ermächtigt, die Beibringung eines Gutachtens für Fälle vorzusehen, in denen Einigungszweifel begründende Tatsachen nicht vorlägen, und der schlichte Betäubungsmittelbesitz begründe keine Bedenken gegen die Kraftfahreignung (Bode/Winkler, Fahrerlaubnis, § 7 Rn. 62). Auch hier wird verwiesen auf die Eignungsrichtlinien, in denen unter 3.12.1 selbst die Einnahme solcher Mittel nur unter dort im Einzelnen genannten Voraussetzungen Nichteignung zur Folge hat. Weiter folgern Bode/Winkler (Fahrerlaubnis, § 7 Rn. 63) aus der Regelung des § 14 Abs. 1 Satz 4 FeV folge, dass die Regelung des § 14 Abs. 1 Satz 2 FeV hinsichtlich des Besitzes von Cannabis nicht anwendbar sein könne. Dort werden **gelegentliche Einnahme von Cannabis und weitere Tatsachen** verlangt, die Zweifel an der Eignung begründen. Umgekehrt könne dann der schlichte Besitz von Cannabis keinen Eignungsmangel begründen. Auch die Regelung des § 14 Abs. 1 Satz 2 FeV verstoße gegen den Grundsatz der Verhältnismäßigkeit (Bode/Winkler, Fahrerlaubnis, § 7, Rn. 72). Auch hier wird der Verstoß aus dem Fehlen weiterer Umstände gefolgert, die die Begutachtungsleitlinien für das Vorliegen der Nichteignung voraussetzen.

Zur Abgrenzung des § 14 Abs. 1 Satz 1 Nr. 2 FeV und § 14 Abs. 1 Satz 2 FeV hat das OVG **435** Koblenz (DAR 1999, 518) Stellung genommen: Danach kann eine zwingende Anordnung des ärztlichen Gutachtens (§ 14 Abs. 1 Satz 1 Nr. 2 FeV) statt einer im Ermessen der Behörde stehenden Anordnung nach § 14 Abs. 1 Satz 2 FeV gerechtfertigt sein, wenn die Fahrerlaubnisbehörde Grund zur Annahme hatte, der Betroffene habe das Suchtmittel nicht nur in Besitz gehabt, sondern Eigenkonsum beabsichtigt. Hierfür sind **konkrete Umstände** erforderlich. Auch das OVG Münster betont, dass die Regelung des § 14 Abs. 1 Satz 2 FeV überflüssig wäre, wenn der bloße Besitz von Cannabis ohne weitere Anzeichen für aktuellen Konsum ausreichen würde, um die Anwendbarkeit des § 14 Abs. 1 Nr. 2 FeV zu eröffnen (OVG Münster, DAR 185, 186).

436 Weiter wird auch hier ein Verstoß gegen den allgemeinen Gleichheitssatz des Art. 3 Abs. 1 GG gesehen (Bode/Winkler, Fahrerlaubnis, § 7 Rn. 73 ff.). Unter Berufung auf die Rechtsprechung des BVerfG wird ausgeführt, dass ein Kraftfahrer, der im Straßenverkehr unter Alkoholeinfluss auffalle, im Hinblick auf seine Fahreignung eher geprüft werden müsse als ein **Fahrerlaubnisinhaber**, der zwar Cannabis besitze, aber noch nicht im Straßenverkehr aufgefallen sei. Eine (gerechtfertigte) Gleichbehandlung zwischen Alkohol- und Cannabis bei einer an Besitz anknüpfenden Begutachtung wäre nur zu erreichen, wenn diese auch dem Fahrerlaubnisinhaber gegenüber angeordnet würde, der Alkohol besitzt oder besessen hat (Bode/Winkler, Fahrerlaubnis, § 7 Rn. 77). Es drängt sich der Verdacht auf, dass mit Hilfe des Fahrerlaubnisrechts im Hinblick auf Cannabis der durch das BVerfG erzwungene Rückzug des Strafrechts kompensiert werden soll. Nach der Rechtsprechung des OVG Münster bestehen allerdings keine verfassungsrechtliche Bedenken im Hinblick auf Art. 3 Abs. 1 GG (OVG Münster, DAR 2002, 185, 188). Für die unterschiedliche Behandlung zwischen Cannabis und Alkohol lägen gewichtige Gründe vor, die in der unterschiedlichen Wirkung von Cannabis- und Alkoholkonsum begründet wären und dem unterschiedlichen Wissen von den Auswirkungen des Konsums im Straßenverkehr. Außerdem würde bei Alkohol eine Verwendung dominieren, die nicht zu Rauschzuständen führt, während bei Cannabis die Erzielung eines Rauschzustandes im Vordergrund stehe (OVG Münster, DAR 2002, 185, 188).

e) Gelegentliche Einnahme von Cannabis, § 14 Abs. 1 Satz 4 FeV

437 Danach **kann** die Fahrerlaubnisbehörde die Beibringung eines medizinisch-psychologischen Gutachtens anordnen, wenn **gelegentliche Einnahme von Cannabis** vorliegt **und weitere Tatsachen Zweifel an der Eignung begründen.** Die Vorschrift geht also von einem Ermessen der Behörde aus. Geht die Behörde von einer zwingenden Entscheidung aus, liegt ein Ermessensnichtgebrauch vor, der zur Fehlerhaftigkeit des auf § 14 Abs. 1 Satz 4 FeV gestützten Bescheides führt (OVG Saarlouis, zfs 2001, 188). Die hinzutretenden weiteren Zweifel können z.B. Verkehrsordnungswidrigkeiten unter Cannabiseinfluss oder zusätzlicher Alkoholeinfluss sein (Bode/Winkler, Fahrerlaubnis, § 7 Rn. 78 ff.), wenn Kontrollverlust oder Störungen der Persönlichkeit vorliegen (OVG Saarlouis, zfs 2001, 188). Ein lediglich feststehender einmaliger Konsum reicht somit für die Anwendung des § 14 Abs. 1 Satz 4 FeV nicht aus (OVG Bautzen, DAR 2002, 234).

438 Das OVG Bremen (NJW 2000, 2438 ff.) hat entschieden, dass sich aus der differenzierten Regelung zwischen § 14 Abs. 1 und Abs. 2 FeV ergebe, dass nur die Einnahme anderer Betäubungsmittel als Cannabis ohne weiteres zur Nichteignung führe. Bei Cannabis sei zwischen regelmäßiger und gelegentlicher Einnahme zu differenzieren. Regelmäßige Einnahme führe i.d.R. zur Ungeeignetheit (wofür die ärztliche Untersuchung ausreiche, während sie bei gelegentlicher Einnahme i.d.R. gegeben sei. Bei Cannabiskonsum fehle die Eignung somit nur bei regelmäßigem Genuss oder aber bei gelegentlichem Genuss und dem Hinzutreten besonderer Umstände (§ 14 Abs. 1 Satz 4 FeV). Für die isolierte Frage (ohne weitere Zweifel an der Eignung), ob der Konsum gelegentlich oder regelmäßig erfolge, könne die Beibringung eines medizinisch-psychologischen Gutachtens nicht angefordert werden (OVG Bremen, NJW 2000, 2438; OVG Saarlouis, zfs 2001, 188).

Hinweis:

Der Verteidiger hat sorgfältig darauf zu achten, dass hier keine Umgehung erfolgt und zunächst – rechtswidrig – eine ärztliche (chemisch-toxische) Untersuchung angeordnet wird, um die Frage zu klären, ob gelegentlicher Konsum (der die Fahreignung noch nicht in Frage stellt) oder regelmäßiger Konsum vorliegt, um bei Bejahung regelmäßigen Konsums die MPU nachzuschieben (siehe dazu: Himmelreich, DAR 2002, 26 ff).

---

f) Nach Fahrerlaubnisentziehung wegen Betäubungsmittel-Problematik, § 14 Abs. 2 Nr. 1 FeV

Danach **ist** die Beibringung eines medizinisch-psychologischen Gutachtens **anzuordnen**, wenn die Fahrerlaubnis aus einem der Gründe des Abs. 1 entzogen war, also wegen Betäubungsmittelabhängigkeit, wegen Betäubungsmitteleinnahme oder wegen missbräuchlicher Einnahme von psychoaktiv wirkenden Arzneimitteln oder anderen psychoaktiv wirkenden Stoffen. Die konkreten Anhaltspunkte für die berechtigten Zweifel an der Fahreignung resultieren aus der vorangegangenen Entziehung der Fahrerlaubnis wegen mangelnder Fahreignung (Bode/Winkler, Fahrerlaubnis, § 7 Rn. 81).
439

g) Bewältigte Betäubungsmittel-Problematik, § 14 Abs. 2 Nr. 2 FeV

Die Anordnung der Beibringung eines medizinisch-psychologischen Gutachtens ist schließlich zwingend, wenn zu klären ist, ob der Betroffene von Betäubungsmitteln oder anderen psychoaktiv wirkenden Stoffen noch abhängig ist oder diese, ohne von ihnen abhängig zu sein, weiterhin konsumiert (auch hier gelten hinsichtlich „überwundener" Abhängigkeit die Ausführungen oben unter Rn. 379 f.). Hierfür ist allerdings kein Raum, wenn aktueller Drogenkonsum nachgewiesen ist, da dann die „zu klärende" Frage zu Lasten des Betroffenen bereits feststeht (VGH Mannheim, zfs 2002, 159 = VRS 2002, 144 = DAR 2002, 185).
440

h) Rechtsschutz gegen die Anordnung der Beibringungen eines Gutachtens

Die Frage des Rechtsschutzes gegen Anordnungen nach zur Beibringung eines Gutachtens ist unter Rn. 597 ff. gesondert dargestellt.
441

IV. Behördliche Fahrerlaubnisentziehungsverfahren mit Berührung zu Straf- oder OWi-Verfahren bzw. Straf- oder OWi-Entscheidungen

Die Voraussetzungen unter denen Strafgerichte die Fahrerlaubnis entziehen können, ergeben sich aus den §§ 69, 69a StGB (dazu ausführlich Rn. 260 ff.). Dies geschieht auch durch die Strafgerichte im Großteil der Fälle von Fahrerlaubnisentziehungen überhaupt. Berührungspunkte mit Straf-/ OWi-Verfahren bzw. Entscheidungen können sich in nachfolgenden Konstellationen ergeben.
442

1. Vorrang anhängiger Straf- und OWi-Verfahren

Ist gegen den Inhaber einer Fahrerlaubnis ein Strafverfahren anhängig, bei dem eine Entziehung der Fahrerlaubnis nach § 69 StGB in Betracht kommt, darf die Fahrerlaubnisbehörde **den Sachverhalt, der Gegenstand des Strafverfahrens** ist, im Entziehungsverfahren nicht berücksichtigen, § 3 Abs. 3 Satz 1 StVG. Hierdurch sollen widersprüchliche Entscheidungen zwischen der Strafgerichtsbarkeit einerseits und der Fahrerlaubnisbehörde andererseits verhindert werden.
443

Der Sachverhalt, der Gegenstand des Strafverfahrens ist, ist nicht i.S.d. materiell-rechtlichen Tatbegriffs zu verstehen; gemeint ist mit dem Sachverhalt der **prozessuale Tatbegriff** i.S.d. § 264 StPO.
444

Ein entsprechender Vorrang gilt nur soweit er die rechtliche Möglichkeit einer strafrichterlichen Fahrerlaubnisentziehung nach § 69 StGB schafft (Hentschel, Straßenverkehrsrecht, § 3 StVG Rn. 17).
445

Ein Strafverfahren im genannten Sinne ist **anhängig**, wenn gegen den Betroffenen seitens Polizei, Staatsanwaltschaft oder Gericht als Verantwortlichen ermittelt wird (Hentschel, Straßenverkehrsrecht, § 3 StVG Rn. 16). Der **Vorrang endet** mit dem **rechtskräftigen Abschluss der Ermittlungen** (Hentschel, Straßenverkehrsrecht, § 3 StVG Rn. 16).
446

447 Ein entsprechender Vorrang gilt nicht bei einem **anhängigen OWi-Verfahren** gegen den Betroffenen. Der Grund hierfür ist, dass in einem anhängigen OWi-Verfahren gegen den Fahrerlaubnisinhaber die Rechtsfolge einer Fahrerlaubnisentziehung gar nicht in Betracht kommen kann; eine widersprüchliche Entscheidung im OWi-Verfahren und im behördlichen Fahrerlaubnisverfahren droht somit nicht.

2. Bindungswirkung der Fahrerlaubnisbehörden an Entscheidungen im Strafverfahren

448 Will die Fahrerlaubnisbehörde im Entziehungsverfahren einen Sachverhalt berücksichtigen, der Gegenstand der Urteilsfindung in einem Strafverfahren gegen den Inhaber der Fahrerlaubnis gewesen ist, so kann sie zu dessen Nachteil vom Inhalt des Urteils insoweit nicht abweichen, als es sich auf die Feststellung des Sachverhalts oder die Beurteilung der Schuldfrage oder die Eignung zum Führen von Kraftfahrzeugen bezieht, § 3 Abs. 4 Satz 1 StVG. Nach § 3 Abs. 4 Satz 2 2. Halbs. StVG gilt Gleiches für den Strafbefehl, den Nichteröffnungsbeschluss und den Beschluss, durch den der Antrag auf Erlass eines Strafbefehls abgelehnt wird. Dies sind die Beschlüsse nach §§ 204, 408 Abs. 2 StPO. Unter den genannten Voraussetzungen entfalten die aufgeführten Entscheidungen eine sog. Bindungswirkung zugunsten des Betroffenen im Fahrerlaubnisentziehungsverfahren.

a) Erfasste Entscheidungen

449 Die erfassten Entscheidungen sind zum einen das strafgerichtliche Urteil, auch das sog. abgekürzte Urteil, der Strafbefehl sowie der Nichteröffnungsbeschluss. Erfasst werden somit die gerichtlichen Entscheidungen, die **rechtskräftig** über Schuld oder Unschuld entscheiden. Keine Bindungswirkung haben die gerichtlichen Einstellungsbeschlüsse nach §§ 153 ff. StPO sowie die Einstellung der Staatsanwaltschaft nach § 170 Abs. 2 StPO (Hentschel, Straßenverkehrsrecht, § 3 StVG Rn. 24).

b) Reichweite der Bindungswirkung

450 Maßgeblich sind die schriftlichen Begründungen der o.g. erfassten Entscheidungen (Bode/Winkler, Fahrerlaubnis, § 13 Rn. 11, 12; Hentschel, Straßenverkehrsrecht, § 3 StVG Rn. 25).

aa) Bindung an den gerichtlich festgestellten Sachverhalt

451 Die Fahrerlaubnisbehörde ist an den (straf-) gerichtlich **festgestellten Sachverhalt** gebunden. Das bedeutet, sie ist nicht befugt zu überprüfen, ob die Feststellungen der Entscheidungen hinsichtlich des Sachverhalts in tatsächlicher Hinsicht zutreffen. Durch die Bindungswirkung soll sichergestellt werden, dass es zu keiner unterschiedlichen Beurteilung der Eignung durch die Strafgerichte einerseits und die Fahrerlaubnisbehörden andererseits kommt.

452 Nach der gesetzlichen Konzeption hat die strafgerichtliche Bewertung in den genannten Fällen Vorrang.

453 Das Gericht darf über die Eignung oder Nichteignung nur entscheiden, wenn die Straftat, die Gegenstand des Verfahrens ist, eine rechtswidrige Tat ist, die bei oder im Zusammenhang mit der Führung eines Kraftfahrzeuges oder unter der Verletzung der Pflichten eines Kraftfahrzeugführers begangen wurde, § 69 StGB. Die Bindungswirkung reicht daher auch nur soweit (Hentschel, Straßenverkehrsrecht, § 3 StVG Rn. 17, 28, 29).

454 Weiter ist vorausgesetzt, dass die strafgerichtliche Entscheidung in tatsächlicher Hinsicht auch entsprechende Sachverhaltsfeststellungen im Hinblick auf die Eignung enthält, da ansonsten **keine Bindungswirkung** entsteht. Nach Beschluss des VGH Mannheim (NZV 2000, 269 f.) durfte die Fahrerlaubnisbehörde aufgrund anderweitiger Feststellungen von einer BAK des Betroffenen von 1,6 ‰ ausgehen, obwohl in der strafgerichtlichen Entscheidung von einer BAK von „mindestens 0,8 ‰" ausgegangen wurde, ohne gegen das Gebot der Sachverhalts-Bindungswirkung zu verstoßen.

Hinweis:

*Der Verteidiger darf bei einer im Tenor positiven Entscheidung im Strafurteil/Strafbefehl im Interesse seines Mandanten nicht den kritischen Blick auf die gemachten **Feststellungen tatsächlicher Art** im Hinblick auf die Kraftfahreignung übersehen. Ansonsten droht die „positive" strafrechtliche Entscheidung im Fahrerlaubnisentzugsverfahren zum Bumerang zu werden. Auch ist der Anwalt gut beraten, diese Problematik zu bedenken, wenn er beabsichtigt, die Rechtsmittelfrist gegen das strafrichterliche Urteil verstreichen zu lassen oder einen Rechtsmittelverzicht erklärt will, da der erklärte Rechtsmittelverzicht dem Gericht die Möglichkeit eröffnet das Urteil gem. § 267 Abs. 4 StPO abzukürzen und die Feststellungen tatsächlicher Art auf das Notwendigste zu beschränken (vgl. Lenhart, DAR 2002, 302, 302). Wenn nur auf Fahrverbot erkannt wird ohne die Ungeeignetheit zu verneinen (sog. Negativbegründung), folge ebenfalls aus dem Wortlaut des § 3 Abs. 4 Satz 1 StVG, dass keine Bindungswirkung in Bezug auf die Fahrereignung vorliegt. Schließlich lasse ein Unterlassen der Entziehung der Fahrerlaubnis nicht den Schluss zu, dass Geeignetheit vorliegt, da ein Unterlassen der Entziehung der Fahrerlaubnis auch darauf beruhen kann, dass das Strafgericht keinen gem. § 69 StGB erforderlichen Zusammenhang zwischen Straftat und dem Führen eines Kraftfahrzeuges bejaht, aus Gründen der Verhältnismäßigkeit oder aufgrund Zeitablaufs zwischen Tat und Urteil (VG Frankfurt a.M., NJW 2002, 80).*

bb) Bindung an die gerichtliche Feststellung der Schuld

Weiterhin ist die Fahrerlaubnisbehörde an die gerichtlichen Feststellungen über die Schuldfrage gebunden. Dies betrifft sowohl die Frage, ob dem Fahrerlaubnisinhaber eine Schuld trifft als auch die Frage, ob er **vorsätzlich oder fahrlässig** gehandelt hat. Die Fahrerlaubnisbehörde darf die Frage der Eignung nicht vom Vorliegen oder Nichtvorliegen von Schuld abhängig machen, denn es handelt sich um Gefahrenabwehrrecht. Ist jedoch für die Fahrerlaubnisbehörde die Schuld „mit" bedeutsam für die Beurteilung der Eignung, darf sie nicht von den hierzu gemachten Feststellungen der sie bindenden Entscheidung zum Nachteil des Fahrerlaubnisinhabers abweichen. Dies setzt allerdings voraus, dass die Begründung entsprechende Ausführungen zur Schuld überhaupt enthält.

455

cc) Bindung der Fahrerlaubnisbehörde an die gerichtliche Entscheidung über die Kraftfahreignung

§ 267 Abs. 6 StPO zwingt das Strafgericht zu einer besonderen Begründung hinsichtlich der **Kraftfahreignung**. Gem. § 409 Abs. 2 Satz 3 StPO gilt Gleiches für den Strafbefehl. Die Fahrerlaubnisbehörde ist an die günstige Beurteilung der Eignung durch die strafrichterliche Entscheidung gebunden und darf daher hiervon nicht zum Nachteil des Fahrerlaubnisinhabers abweichen (vgl. weiter den Hinweis im Anschluss zu Rn. 454).

456

Das VG München (NZV 2000, 271 f.) hat wie folgt entschieden: „Nur wenn diese Entscheidung nachvollziehbar begründet wird, kann der Zweck des § 3 Abs. 4 StVG erreicht werden, überflüssige und aufwendige Doppelprüfungen des Strafgerichts einerseits und der Verwaltungsbehörde andererseits zu vermeiden und die Gefahr widersprechender Entscheidungen auszuschalten". Die **vom Gesetz angeordnete Bindungswirkung** lässt sich danach nur rechtfertigen, wenn die Behörde den schriftlichen Urteilsgründen hinreichend sicher entnehmen kann, dass überhaupt und mit welchem Ergebnis das Strafgericht die Kraftfahreignung beurteilt.

457

Wird lediglich auf **Fahrverbot** (§ 44 StGB) erkannt, liegt keine Bindungswirkung vor, wenn die gerichtliche Entscheidung nicht ausdrücklich die Ungeeignetheit verneint (Hentschel, Straßenverkehrsrecht, § 3 StVG Rn. 28 m.w.N. zur Rspr.)

458

> **Hinweis:**
>
> *Auch hier ist das Augenmerk des Verteidigers gefordert, da es aus strafrichterlicher Sicht naheliegend ist, dann das Fahrverbot zu begründen und nicht noch die Ungeeignetheit zu verneinen. Im Anwendungsbereich des § 69 StGB entfällt die Bindungswirkung, wenn die Entscheidung dazu – warum auch immer – unterblieben ist (Hentschel, Straßenverkehrsrecht, § 3 StVG Rn. 25, in diesem Sinne auch Bode/Winkler, Fahrerlaubnis, § 13 Rn. 12).*

dd) Zur Frage der Bindungswirkung durch „rechtswidriges" Urteil

459   **Kontrovers** wird diskutiert, ob eine (materiell) rechtswidrige strafgerichtliche Entscheidung eine Bindungswirkung für die Fahrerlaubnisbehörde begründet.

460   Das VG Frankfurt (NJW 1991, 3235) hatte folgenden Sachverhalt zu entscheiden: Das Strafgericht entzog dem Betroffenen die Fahrerlaubnis nach § 69 StGB wegen mangelnder Eignung. Hiervon wurde nach dem Tenor der Entscheidung die Entziehung der Fahrerlaubnis der Klasse 2 ausgenommen. In den Gründen des Urteils wurde die (bedingte) Eignung zum Führen der Klasse 2 ausführlich begründet. Die Kammer beurteilte die Belassung der Klasse 2 als „eindeutig rechtswidrig", hielt aber die Anordnung der Beibringung einer Begutachtung nicht für gerechtfertigt, weil die Entscheidung die (bedingte) Eignung ausführlich begründet habe.

461   Eine Entziehung der Fahrerlaubnis, differenziert nach verschiedenen Klassen, findet im Gesetz (§§ 69 ff. StGB) keine Stütze. Für den o.g. Fall finden sich auch im Schrifttum Stimmen, die die Bindungswirkung bejahen (Berz/Burmann/Gehrmann, Handbuch des Straßenverkehrsrechts, 18 F Rn. 21; Bode/Winkler, Fahrerlaubnis, § 13 Rn. 16). Die Bindungswirkung könne allenfalls entfallen, wenn die Entscheidung an einem Mangel leide, der derart schwer wiege, dass es für die Rechtssicherheit und den Rechtsfrieden unerträglich sei, wenn sie als verbindlich anerkannt würde (Berz/Burmann/Gehrmann, Handbuch des Straßenverkehrsrechts, 18 F Rn. 21). Die Frage, ob ein „offenkundig rechtsfehlerhaftes" Urteil die Fahrerlaubnisbehörde überhaupt bindet, wurde durch das VG München (NZV 2000, 271, 272) ausdrücklich offen gelassen. § 3 Abs. 4 StVG will unterschiedliche Bewertungen der Fahreignung verhindern und räumt der **strafrichterlichen Bewertung Vorrang** ein. Dabei wird nicht danach unterschieden, ob die strafgerichtliche Entscheidung (materiell) rechtmäßig ist oder nicht. Gerade aus Gründen der Rechtssicherheit ist daher die Bindungswirkung in genannter Fallkonstellation zugunsten des Betroffenen durch die Fahrerlaubnisbehörden und die Verwaltungsgerichte zu respektieren.

3. Bindungswirkung der Fahrerlaubnisbehörden im Ordnungswidrigkeiten-Verfahren

462   Die Anhängigkeit eines OWi-Verfahrens hindert die Fahrerlaubnisbehörde nicht, den Sachverhalt, der Gegenstand des Verfahrens ist, zu berücksichtigen. Der Grund hierfür liegt darin, dass im OWi-Verfahren keine Entziehung der Fahrerlaubnis in Betracht kommt, §§ 24, 25 StVG. Lediglich ein **Fahrverbot** nach § 25 StVG ist zulässig.

463   Nach § 3 Abs. 4 Satz 2 2. Halbs. StVG ist die Fahrerlaubnisbehörde an die Feststellungen einer Entscheidung im OWi-Verfahren gebunden, soweit sie sich auf die Feststellung des Sachverhalts und die Beurteilung der Schuldfrage beziehen. Der Grundgedanke, widersprüchliche Entscheidungen zu verhindern, greift auch hier. Die den Bußgeldbescheid erlassende Behörde (§ 26 StVG) ist nicht die Fahrerlaubnisbehörde (Hentschel, Straßenverkehrsrecht, § 3 StVG Rn. 24).

V. Entziehung der Fahrerlaubnis auf Probe

464   Die behördliche Fahrerlaubnisentziehung kommt als **ultima ratio** nach vorgeschalteten Instrumentarien auch in Betracht bei der Fahrerlaubnis auf Probe gem. §§ 2a ff. StVG (dazu: Rn. 141 ff.). Unbeschadet davon bleibt die Entziehung nach § 3 StVG möglich, vgl. § 2a Abs. 4 Satz 1 StVG.

Auch das Punktsystem und Regelungen über die Fahrerlaubnis auf Probe finden nebeneinander Anwendung, § 4 Abs. 1 Satz 3 StVG.

Die grundlegende Darstellung zur Fahrerlaubnis auf Probe findet sich unter Rn.130 ff. (vgl. auch: Bode, ZAP F. 9, S. 495 ff.). Nach der Rspr. des OVG Koblenz verstoßen die Regelungen der Fahrerlaubnis auf Probe nicht gegen den allgemeinen Gleichheitssatz des Art. 3 Abs. 1 GG und gegen den Grundsatz der Verhältnismäßigkeit (OVG Koblenz, zfs 2002, 308). Liegen im VZR Eintragungen vor, die zur Anordnung von Maßnahmen nach § 2a StVG führen können, übermittelt das KBA eine Mitteilung aus dem VZR sowie aus dem Zentralen Fahrerlaubnisregister an die örtlich zuständige Fahrerlaubnisbehörde. Dies folgt aus § 2c StVG i.V.m. § 50 FeV. Die vorgeschriebenen Maßnahmen innerhalb des Systems der Fahrerlaubnis auf Probe sind auch dann noch anzuwenden, wenn die **Probezeit zwischenzeitlich abgelaufen** ist, § 2a Abs. 2 Satz 1 StVG. **465**

> *Hinweis:*
>
> *Nach § 65 Abs. 2 StVG gelten für Straftaten und Ordnungswidrigkeiten, die vor dem 1.1.1999 begangen wurden, die Maßnahmen nach den Regelungen über die Fahrerlaubnis auf Probe nach § 2a StVG in der vor dem 1.1.1999 geltenden Fassung. Treten Straftaten und Ordnungswidrigkeiten hinzu, die ab dem 1.1.1999 begangen worden sind, richten sich die Maßnahmen insgesamt nach der jetzigen Fassung des § 2a StVG.*

1. Entziehung der Fahrerlaubnis wegen Nichtteilnahme an einem Aufbauseminar

Liegen **eine schwerwiegende** oder **zwei weniger schwerwiegende Zuwiderhandlungen** i.S.d. Anlage 12 zur FeV vor (die Tatbestände sind dort im Einzelnen aufgeführt), ordnet die Fahrerlaubnisbehörde die Teilnahme an einem **Aufbauseminar** i.S.d. § 34 FeV an, § 2a Abs. 2 Nr. 1 StVG. Die Anordnung hat schriftlich zu erfolgen und die Verkehrszuwiderhandlung zu bezeichnen, § 34 Abs. 2 FeV. Bei Fahrerlaubnisinhabern, die gegen §§ 315c Abs. 1 Nr. 1a, 316, 323a StGB oder § 24a StVG verstoßen haben, wird das **besondere** – auf Alkohol- und Drogenproblematik zugeschnittene – Aufbauseminar nach § 2b Abs. 2 Satz 2 StVG i.V.m. § 36 FeV angeordnet. **466**

Die gesetzliche Ermächtigungsgrundlage für die Einstufung der im VZR gespeicherten Entscheidungen als schwerwiegend oder weniger schwerwiegend für Maßnahmen nach den Regelungen der Fahrerlaubnis auf Probe findet sich in § 6 Abs. 1 Nr. 1m StVG. Diese wird durch § 34 FeV i.V.m. der Anlage 12 zur FeV ausgefüllt. Der Fahrerlaubnisbehörde verbleibt somit kein eigener Spielraum, um eine Zuwiderhandlung als schwerwiegend oder weniger schwerwiegend einzustufen (VG Neustadt a.d.W., zfs 2000, 309). Wenn nach den Umständen des Einzelfalls Anlass zu der Annahme besteht, dass der Inhaber der Fahrerlaubnis auf Probe ungeeignet zum Führen eines Kraftfahrzeuges ist, kann die Fahrerlaubnisbehörde nach § 2a Abs. 4 StVG auch die Anordnung der Beibringung eines Gutachtens einer BfF treffen; werden diese entkräftet, ist im Anschluss daran das Aufbauseminar anzuordnen. **467**

> *Hinweis:*
>
> *Schon die Anordnung der Teilnahme an einem Aufbauseminar wird nach § 28 Abs. 3 Nr. 12, 13 StVG dem VZR mitgeteilt. Bei der Anordnung ist eine angemessene Frist zu setzen, § 34 Abs. 2 FeV. Üblicherweise setzen die Fahrerlaubnisbehörden für den Nachweis der Teilnahme durch Vorlage der Teilnahmebescheinigung eine Frist von 2 Monaten. Fristverlängerungen sind schwierig zu erreichen. Die Fahrerlaubnisbehörden drängen auf einen zeitnahen Bezug zwischen der Auffälligkeit und dem Aufbauseminar. Dies gilt auch für wirtschaftliche Gründe für eine Fristverlängerung. Es kann vorkommen, dass man der Haltung begegnet, „wer ein Fahrzeug führen will, muss auch die Kosten hierfür einkalkulieren".*

468   In der Anordnung ist auf die Folgen im Hinblick auf den Fortbestand der Fahrerlaubnis hinzuweisen, wenn die Teilnahme nicht oder nicht rechtzeitig nachgewiesen wird. Bei der **Anordnung der Teilnahme** an einem Aufbauseminar handelt es sich um einen **Verwaltungsakt** i.S.d. § 35 VwVfG. Insbesondere ist der Betroffene gem. § 28 VwVfG vor der Anordnung nach § 2a Abs. 2 Nr. 1 StVG anzuhören.

> *Hinweis:*
>
> *Widerspruch und Anfechtungsklage gegen die Anordnung des Aufbauseminars haben kraft Gesetz keine aufschiebende Wirkung, § 2a Abs. 6 StVG.*

469   Kommt der Inhaber der Fahrerlaubnis auf Probe einer vollziehbaren Anordnung zur Teilnahme an einem entsprechenden Aufbauseminar i.S.d. § 2 Abs. 2 Satz 1 Nr. 1 StVG innerhalb der gesetzten Frist nicht nach, so ist die Fahrerlaubnis nach § 2a Abs. 3 StVG zu entziehen. Die **Entziehung der Fahrerlaubnis** ist dann **zwingend.**

> *Hinweis:*
>
> *Nach § 2a Abs. 6 StVG haben Widerspruch und Anfechtungsklage gegen die Entziehung der Fahrerlaubnis nach § 2a Abs. 3 StVG keine aufschiebende Wirkung.*

470   Hier ergeht die Fahrerlaubnisentziehung nicht wegen mangelnder Eignung, sondern wegen der Missachtung der Anordnung der Fahrerlaubnisbehörde (Berz/Burmann/Gehrmann, Handbuch des Straßenverkehrsrechts, 18 E Rn. 4). Eine Feststellung der Nichteignung findet daher auch nicht statt (Janiszewski/Jagow/Burmann, StVO, § 2a StVG Rn. 5).

471   Nach Bode/Winkler (Fahrerlaubnis, § 11 Rn. 56) ist die Vorschrift hinsichtlich der Frage der Verfassungsmäßigkeit bedenklich, insbesondere wegen der nach dem Gesetz einem Automatismus folgenden Entziehung der Fahrerlaubnis, ohne dem Gebot der Verhältnismäßigkeit Rechnung tragen zu können. Auch bei Berz/Burmann/Gehrmann (Handbuch des Straßenverkehrsrechts, 18 E Rn. 4) wird betont, auch hier sei der Grundsatz der Verhältnismäßigkeit zu berücksichtigen.

472   Die **Neuerteilung** der Fahrerlaubnis darf nur erfolgen, wenn die Teilnahme an einem Aufbauseminar nachgewiesen wird, § 2a Abs. 5 StVG. Nach der Vorschrift gilt Gleiches, wenn an dem angeordneten Aufbauseminar nur deshalb nicht teilgenommen wurde oder die Anordnung deshalb nicht erfolgt ist, weil die Fahrerlaubnis aus anderen Gründen entzogen wurde. Gleiches gilt danach bei **Verzicht** auf die Fahrerlaubnis. Im Fall vorheriger Entziehung der Fahrerlaubnis auf Probe gilt – wenn der Nachweis des Aufbauseminars nachgeholt wurde – **keine Sperrfristregelung.**

> *Hinweis:*
>
> *Im Fall nachträglicher Teilnahme an einem Aufbauseminar kommt es nicht zu einer nach Punktsystem (das anwendbar ist) an sich möglichen Punktelöschung, § 4 Abs. 2 Satz 4 StVG.*

2. Entziehung der Fahrerlaubnis auf Probe wegen wiederholter Zuwiderhandlungen

473   Ist gegen den Inhaber der Fahrerlaubnis wegen einer innerhalb der Probezeit begangenen Straftat oder Ordnungswidrigkeit eine rechtskräftige Entscheidung ergangen, die nach § 28 Abs. 3 Nr. 1 – 3 StVG in das VZR einzutragen ist, hat die Fahrerlaubnisbehörde die Teilnahme an einem Aufbauseminar anzuordnen.

Hinweis:

Entscheidend ist allein, dass die Zuwiderhandlung während der Probezeit begangen wurde; entscheidend ist der Zeitpunkt der Tat. Auf den Zeitpunkt der Ahndung kommt es nicht an.

Hat der Betroffene an einem **Aufbauseminar** teilgenommen und begeht er eine weitere schwerwiegende oder zwei weitere weniger schwerwiegende Zuwiderhandlungen hat die Fahrerlaubnisbehörde ihn schriftlich zu verwarnen und ihm nahe zu legen, innerhalb von zwei Monaten an einer **verkehrspsychologischen Beratung** teilzunehmen, § 2a Abs. 2 Satz 1 Nr. 2 StVG. Hierbei handelt es sich nicht um eine Maßnahme, die angeordnet wird, sondern um eine freiwillige Maßnahme (Bode, ZAP F. 9, S. 495, 506). Begeht er nach Ablauf der Frist für die Teilnahme an der verkehrspsychologischen Beratung erneut eine weitere oder zwei weniger schwerwiegende Zuwiderhandlungen, ist ihm nach § 2a Abs. 2 Satz 1 Nr. 3 StVG die Fahrerlaubnis zu entziehen. Dem Inhaber der Fahrerlaubnis auf Probe ist also die Fahrerlaubnis nach drei schwerwiegenden oder sechs weniger schwerwiegenden Zuwiderhandlungen zu entziehen. Aus § 2a Abs. 2 Satz 1 Nr. 3 StVG folgt, dass eine schwerwiegende Zuwiderhandlung zwei weniger schwerwiegenden Zuwiderhandlungen entspricht.

474

Hierbei ist die Fahrerlaubnisbehörde nach § 2a Abs. 2 Satz 2 StVG an die **rechtskräftige Entscheidung** über die Straftat oder die Ordnungswidrigkeit **gebunden**.

475

Die Fahrerlaubnisbehörden müssen nicht noch einmal prüfen, ob der Fahranfänger die Tat tatsächlich begangen hat (Bode/Winkler, Fahrerlaubnis, § 11 Rn. 34). Lediglich bei erweislich falscher rechtskräftiger Entscheidung folge Gegenteiliges aus dem Grundsatz der Verhältnismäßigkeit (Bode/Winkler, Fahrerlaubnis, § 11 Rn. 36). Nach der Rechtsprechung des BVerwG zu § 2a Abs. 2 StVG a.F. (BVerwG, NZV 1994, 453 f.) folgte aus dem – damaligen – Wortlaut der Vorschrift („. . .hat der Inhaber einer Fahrerlaubnis innerhalb der Probezeit eine oder mehrere. . .Straftaten begangen und ist deswegen eine rechtskräftige Entscheidung ergangen, . . ."), dass auch die Begehung der Tat festgestellt werden müsse, wenngleich der Kraftfahrer die Feststellungen insoweit gegen sich gelten lassen müsse, als sich nicht gewichtige Anhaltspunkte für deren Unrichtigkeit, insbesondere Wiederaufnahmegründe ergeben.

476

Dazu entschied das OVG Hamburg (NZV 2000, 269) über folgenden Sachverhalt: Die Fahrerlaubnisbehörde ordnete gegenüber dem Betroffenen die Teilnahme an einem Aufbauseminar an. Anlass war ein – rechtskräftiger – Bußgeldbescheid. Der Betroffene griff die Anordnung mit der Begründung an, er sei nicht Täter der festgestellten Ordnungswidrigkeit gewesen. Nach der Rechtsprechung des Senats ist die o.g. Rechtsprechung des BVerwG durch § 2a StVG n.F. überholt. Die Gerichte haben lediglich die Rechtmäßigkeit der Maßnahmen zu prüfen. Hätte die Fahrerlaubnisbehörde die Täterschaft selbst geprüft, hätte sie gegen das Gesetz verstoßen. Der Senat ließ die Frage offen, ob ebenso zu entscheiden gewesen wäre, wenn der Bußgeldbescheid **evident rechtswidrig** gewesen wäre. Auch das OVG Saarlouis betont, dass durch die Regelung der Bindungswirkung die Rechtsschutzmöglichkeiten nicht unzulässig verkürzt werde, da die in § 2a Abs. 2 StVG vorausgesetzte Entscheidung über eine Straftat oder Ordnungswidrigkeit mit den hierfür vorgesehenen Rechtsmitteln angefochten werden könne. Eine weitere – inzidente Überprüfung der der vorausgesetzten Entscheidung im Verwaltungsverfahren sei mit Blick auf Art. 19 Abs. 4 GG nicht erforderlich. (OVG Saarlouis, zfs 2001, 286).

477

Hinweis:

Die Entziehung der Fahrerlaubnis erfolgt unabhängig von der Frage, ob der Fahrerlaubnisinhaber sich psychologisch beraten hat oder nicht. Gem. § 2a Abs. 6 StVG haben Widerspruch und Anfechtungsklage gegen die Entziehung einer Fahrerlaubnis nach § 2a Abs. 2 Satz 1 Nr. 3 StVG keine aufschiebende Wirkung.

---

3. Fragen der Neuerteilung der Fahrerlaubnis auf Probe

478 Eine Neuerteilung nach Entziehung der Fahrerlaubnis wegen wiederholter Zuwiderhandlung(en) darf erst mit Ablauf von 3 Monaten nach der Wirksamkeit der Entziehung erteilt werden. Die Frist beginnt nach § 2a Abs. 5 Nr. 3 StVG mit der Ablieferung des Führerscheins (zu Dauer Probezeit und zur Fristberechnung s. o. Rn. 130 ff., 141 ff.).

479 Für die Neuerteilung der Fahrerlaubnis auf Probe nach vorheriger Entziehung gem. § 2a Abs. 2 Satz 1 Nr. 3 StVG wegen wiederholter Zuwiderhandlung(en) ist nach § 2a Abs. 5 Satz 1 Nr. 2 und Satz 2 StVG die Teilnahme an einem Aufbauseminar erforderlich. Gleiches gilt, wenn die Fahrerlaubnis nach § 3 StVG, nach dem Punktsystem wegen des Erreichens von 18 oder mehr Punkten oder nach §§ 69 ff. StGB entzogen wurde. Der Betroffene kann dieses Erfordernis auch nicht durch Verzicht auf die Fahrerlaubnis umgehen, § 2a Abs. 5 Satz 2 StVG.

Hinweis:

Im Fall der Neuerteilung beginnt eine neue Probezeit, jedoch nur im Umfang der Restdauer der bisherigen – vor der Entziehung verbleibenden – Probezeit, § 2a Abs. 1 Satz 6, 7 StVG. Folgen im Anschluss daran eine weitere schwerwiegende oder zwei weniger schwerwiegende Zuwiderhandlungen, wird in aller Regel eine Begutachtung durch eine Begutachtungsstelle für Fahreignung angeordnet, § 2a Abs. 5 Satz 4, 5 StVG. Hiervon darf somit nur im Ausnahmefall abgewichen werden. Das vorherige Verfahren, das zur Entziehung der Fahrerlaubnis auf Probe führte, wiederholt sich somit nicht.

---

4. Rechtschutz gegen die Entziehung der Fahrerlaubnis auf Probe

480 Widerspruch und Anfechtungsklage gegen die Entziehung der Fahrerlaubnis aus den Gründen des § 2a Abs. 2 Satz 1 Nr. 3 StVG und des § 2a Abs. 3 StVG haben keine aufschiebende Wirkung, § 2a Abs. 6 StVG. Dies gilt aus den genannten Gründen, nicht für die Entziehung der Fahrerlaubnis auf Probe **überhaupt**.

VI. Fahrerlaubnisentziehung nach dem sog. „Mehrfachtäter-Punktsystem"

481 Eine behördliche Fahrerlaubnisentziehung kann auch durch das sog. „Mehrfachtäter-Punktsystem" drohen. Dieses ist in § 4 StVG nunmehr **gesetzlich geregelt** (vgl. dazu insgesamt: Bode, ZAP F. 9, S. 495 ff.).

1. Darstellung des Mehrfachtäter-Punktsystems

482 Das in § 4 StVG sog. „Mehrfachtäter-Punktsystem" ist eine weitere **Spezialvorschrift** zu § 3 StVG. Die von § 28 Abs. 3 Nr. 1-3 StVG erfassten Straftaten und Ordnungswidrigkeiten werden mit Punkten bewertet. Die Skala für die Bewertung reicht von 1-7 Punkten, je nach Schwere und Folgen der Zuwiderhandlung.

Hinweis:

Bei Tateinheit (§ 52 StGB, § 19 OWiG) wird nur die Zuwiderhandlung mit der höchsten Punktzahl berücksichtigt, § 4 Abs. 2 Satz 2 StVG. Tatmehrheit (§ 53 StGB, § 20 OWiG) führt zur Addition der Punkte.

---

483 **Entscheidungen ausländischer Verwaltungsbehörden und Gerichte** werden nicht bewertet. Dies folgt aus § 28 Abs. 3 Nr. 10 StVG.

Hinweis:

Eingetragen werden Straftaten und Bußgeldbescheide mit einer Mindestgeldbuße von 80 DM (40 €) Bloße Verwarnungen werden nicht erfasst. Wenn eine Eintragung wegen eines unerlaubten Entfernens vom Unfallort nach § 142 StGB erfolgt, ist dieses Delikt grds. mit 7 Punkten zu bewerten, es sei denn, die Regelung der sog. „tätigen Reue" (§ 142 Abs. 4 StGB) kommt zum Zuge. Für diesen Fall wird das unerlaubte Entfernen vom Unfallort mit 5 Punkten bewertet. Diese Regelung in der Anlage 13 zur FeV ist mit Wirkung zum 1.5.2000 eingeführt worden und soll die strafrechtliche Privilegierung der „tätigen Reue" auch im Mehrfachtäter-Punktsystem umsetzen.

Das Mehrfachtäter-Punktsystem sieht je nach erreichter Punktanzahl abgestufte Verwaltungsmaß- **484** nahmen bei Fahrerlaubnisinhabern vor. Am Ende der Skala steht die Entziehung der Fahrerlaubnis bei Erreichen von **18 Punkten.** Das Punktesystem ist ein reines „Minuskonto", d.h. die zu ergreifenden Maßnahmen verschärfen sich bei Anstieg der Punktezahl. Es gibt lediglich die Möglichkeit, den Punktestand abzubauen. Zur Ergreifung der Maßnahmen unterrichtet das KBA die zuständige Fahrerlaubnisbehörde von Amts wegen, § 4 Abs. 6 StVG. Bei der Anordnung der Maßnahmen ist die Fahrerlaubnisbehörde an die rechtskräftige Entscheidung über die Straftat oder Ordnungswidrigkeit gebunden, § 4 Abs. 3 Satz 2 StVG.

a) Sinn und Zweck des Mehrfachtäter-Punktsystems

Das Punktsystem verfolgt **mehrere Ziele.** Es soll für eine **Gleichbehandlung** der Betroffenen sor- **485** gen, d.h. für gleichgeartete Verstöße erfolgt eine gleiche Bepunktung, und es knüpfen sich – je nach erreichter Punktzahl – gleiche Maßnahmen gegenüber dem Betroffenen an. Das System will **die Verkehrssicherheit verbessern.** Es verfolgt **spezial- und generalpräventive Motive.** Durch die Eingriffsinstrumentarien soll auf den Betroffenen eingewirkt werden; das Punktsystem will „abschrecken". Durch die neu geschaffenen Vergünstigungsmöglichkeiten soll aber auch erreicht werden, dass ein Punkteabbau erzielt und der Betroffene zu normgerechtem Verhalten motiviert werden kann. Daneben will das Punktsystem ein hohes Maß an **Transparenz** erreichen. Der Betroffene soll wissen, was ihm bei weiterem Punktanstieg für Maßnahmen zu erwarten haben, wenn er nicht den Verlust der Fahrerlaubnis riskieren will. Das Punktsystem selbst ist keine Sanktion, sondern es dient als Grundlage für spätere verwaltungsrechtliche Maßnahmen (Janiszewski/ Jagow/Burmann, Straßenverkehrsordnung, § 4 StVG Rn. 1).

b) Verschiedene „Eingriffs-Schwellen" des Mehrfachtäter-Punktsystems

aa) 1. Stufe: Verwarnung und Hinweis auf ein Aufbauseminar, § 4 Abs. 3 Nr. 1 StVG

Erreicht der Betroffene **8 Punkte (aber nicht mehr als 13 Punkte)** wird er durch die Fahrerlaub- **486** nisbehörde schriftlich (§ 41 FeV) unterrichtet und verwarnt. Die Verwarnung wird verbunden mit der Information über den erreichten Punktestand. Zugleich wird er auf die Möglichkeit der Teilnahme an einem Aufbauseminar nach § 4 Abs. 8 StVG hingewiesen. Dieser **Hinweis** soll dem Betroffenen die Möglichkeit des Punkterabatts bei freiwilliger Teilnahme an einem Aufbauseminar verdeutlichen (§ 4 Abs. 4 Satz 1 StVG).

bb) 2. Stufe: Anordnung eines Aufbauseminars und Hinweis auf verkehrspsychologische Beratung, § 4 Abs. 3 Nr. 2 StVG

Erreicht der Betroffene **14 Punkte (aber nicht mehr als 17 Punkte)** hat die Fahrerlaubnisbehörde **487** die Teilnahme an einem **Aufbauseminar** anzuordnen und hierfür eine Frist zu setzen. Bei Fahrerlaubnisinhabern, die gegen §§ 315c Abs. 1 Nr. 1a, 316, 323a StGB oder § 24a StVG verstoßen haben, wird das **besondere** – auf Alkohol- und Drogenproblematik zugeschnittene – **Aufbauseminar** nach §§ 4 Abs. 8 Nr. 4 StVG i.V.m. § 43 FeV angeordnet.

> *Hinweis:*
>
> *Für den Nachweis der Teilnahme an dem Aufbauseminar ist eine angemessene Frist zu setzen, § 4 Abs. 3 Nr. 2 StVG, § 41 FeV. Üblicherweise setzen die Fahrerlaubnisbehörden zwei oder drei Monate als Frist für die Vorlage der Teilnahmebescheinigung fest. Der Mandant sollte sich daher rechtzeitig um die Teilnahme an einem Aufbauseminar kümmern. Dies gilt insbesondere im Hinblick auf die Teilnehmeranzahl. Das Aufbauseminar findet in Gruppen von mindestens sechs bis zwölf Teilnehmern statt, § 35 Abs. 1 Satz 1 FeV. Für das besondere Aufbauseminar folgt Gleiches aus § 36 Abs. 3 Satz 1 FeV.*

488 Kommt der Betroffene dieser Anordnung nicht – fristgerecht – nach, wird ihm die Fahrerlaubnis schon aus diesem Grund entzogen und erst für den Fall neu erteilt, dass er die Teilnahme an einem Aufbauseminar nachweist. Nach der Rechtsprechung des VG Schleswig kann eine Entziehung der Fahrerlaubnis dennoch gegen den Grundsatz der Verhältnismäßigkeit verstoßen. Im entschiedenen Fall hinderte den Betroffenen die Verbüßung einer Freiheitsstrafe der Anordnung fristgerecht nachzukommen (VG Schleswig, DAR 2002, NVwZ-RR, 2001, 609). Hat der Betroffene jedoch **in den letzten fünf Jahren bereits an einem Aufbauseminar teilgenommen**, wird er nur verwarnt, § 4 Abs. 3 Nr. 2 Satz 2 StVG. Mit der Anordnung der Seminarteilnahme wird der Betroffene schriftlich auf die Möglichkeit der Teilnahme an einer verkehrspsychologischen Beratung nach § 4 Abs. 9 StVG hingewiesen und darüber unterrichtet, dass ihm bei Erreichen von 18 Punkten die Fahrerlaubnis entzogen wird. Die Behörde ist nicht verpflichtet darüber aufzuklären, was unter einer verkehrspsychologischen Beratung zu verstehen ist; die gilt insbesondere in Abgrenzung zum Rechtsinstitut des Aufbauseminars. Bestehen insoweit Zweifel des Betroffenen, hat er die aus seiner Sicht offenen Fragen zu klären (OVG Münster, zfs 2001, 431, 432).

> *Hinweis:*
>
> *Widerspruch und Anfechtungsklage gegen die Anordnung der Teilnahme an einem Aufbauseminar haben keine aufschiebende Wirkung, § 4 Abs. 7 StVG.*

cc) 3. Stufe: Fiktion der Ungeeignetheit mit der Folge der Fahrerlaubnisentziehung

489 Wird die Grenze von 18 Punkten erreicht, wird dem Betroffenen automatisch die Fahrerlaubnis entzogen. Die Entziehung zieht eine **mindestens sechsmonatige Sperrfrist** nach sich. Die Neuerteilung verlangt grds. eine „positive" MPU.

> *Hinweis:*
>
> *Schon aus Gründen der Eigensicherung sollte der Anwalt – je nach bereits erreichter Eingriffschwelle – den Mandanten über die drohenden Folgen schriftlich informieren. Hierzu empfiehlt sich ein entsprechender Textbaustein.*

c) Möglichkeiten des Punkterabatts, sog. „Bonus-System"

490 Die **freiwillige Teilnahme** (d.h. ohne Anordnung und den mit der Weigerung verbundenen Nachteilen) an einem **Aufbauseminar** ist bis zu einem Punktestand von 13 Punkten möglich. Wird von der Möglichkeit Gebrauch gemacht, erfolgt ein **Punktabzug**. Bei einem Punktestand von nicht

mehr als 8 Punkten werden 4 Punkte, bei einem Punktestand zwischen 9-13 Punkten werden 2 Punkte abgezogen, § 4 Abs. 4 Satz 1 StVG. Der Besuch eines Aufbauseminars führt jedoch nur einmal innerhalb von fünf Jahren zu einem Punktabzug, § 4 Abs. 4 Satz 3 StVG. Maßgeblich für den Punktestand und die Frist ist jeweils das Ausstellungsdatum der Teilnahmebescheinigung, § 4 Abs. 4 Satz 4 StVG. Ergeben sich 14, aber nicht mehr als 17 Punkte, wird die **Teilnahme** an einem **Aufbauseminar angeordnet**, § 4 Abs. 4, 3 Nr. 2 StVG. Für diesen Fall wird bei Teilnahme an dem Aufbauseminar **kein Punkteabzug** gewährt.

Hinweis:

Ist mit einer Entscheidung zu rechnen, die eine Anordnung der Teilnahme an einem Aufbauseminar erwarten lässt, ist die freiwillige Teilnahme noch vor Eintritt der Rechtskraft einer solchen Entscheidung geboten, damit der Punkteabzug noch erreicht werden kann. U.U. ist es dazu sogar geboten, den Eintritt der Rechtskraft einer solchen Entscheidung herauszuzögern. Dazu: Bode, ZAP F. 9, S. 495, 517, 518. Die frühzeitige freiwillige Teilnahme an einem Aufbauseminar ist auch deshalb geboten, weil sich hierdurch eine Abkürzung der Sperrfrist im Strafverfahren erreichen lässt und u.U. von einem Fahrverbot abgesehen wird (dazu: Bode, ZAP F. 9, S. 495, 516).

Bei einem Punktestand zwischen 14 und 17 Punkten wird ein weiterer Rabatt von 2 Punkten   491
gewährt, wenn die Teilnahme an einer **verkehrspsychologischen Beratung** teilgenommen hat und darüber bei der Fahrerlaubnisbehörde eine Teilnahmebescheinigung vorlegt, § 4 Abs. 5 StVG. Diesen Bonus erhält auch der Fahrerlaubnisinhaber auf Probe, der an einer verkehrspsychologischen Beratung für Fahranfänger teilgenommen hat, §§ 4 Abs. 4 Satz 2, 2a Abs. 2 Satz 1 Nr. 2 StVG. Nach der Rechtsprechung des OVG Magdeburg ist eine auf Punkteabzug gerichtete Verpflichtungsklage unzulässig, da über die Punktereduzierung nicht durch gesonderten Verwaltungsakt entschieden wird, sondern der Punkteabzug nur inzident als ein Element bei der Berechnung des Punktestands im Rahmen einer Entscheidung nach dem Punktesystem gem. § 4 Abs. 3 StVG erfolgt. Vielmehr könne sich der Betroffene bei einer Fahrerlaubnisentziehung gem. § 4 Abs. 3 Satz 1 Nr. 3 StVG sich bei einem unterlassenen Punkteabzug gem. § 4 Abs. 5 StVG mit dem Widerspruchsverfahren, der Anfechtungsklage gegen die Entziehung der Fahrerlaubnis sowie im Verfahren nach § 80 Abs. 5 VwGO auf eine Besserstellung nach § 4 Abs. 5 StVG berufen. Auch sei ein Rechtsschutzbedürfnis für eine Festellungs- oder Leistungsklage nicht ersichtlich (OVG Magdeburg, NJW 2002, 2264).

Die Teilnahme an einer verkehrspsychologischen Beratung führt nur einmal innerhalb von fünf Jahren zu einem Punktabzug. Auch hier ist für Punktestand und Frist das Ausstellungsdatum der Teilnahmebescheinigung maßgeblich, § 4 Abs. 4 Satz 4 StVG. Bisher bestand in einigen Bundesländern die Möglichkeit, z.B. bei einem Stand von 10 Punkten durch Teilnahme an einem verkehrspsychologischen Seminar zunächst einen „Rabatt" von 2 Punkten zu erzielen und durch nachfolgende Teilnahme an einem Aufbauseminar mit nunmehr 8 Punkten einen erneuten „Rabatt" von weiteren 4 Punkten zu erreichen. Diese Möglichkeit hat der Gesetzgeber unterbunden. Nunmehr ergibt sich aus dem Wortlaut des § 4 Abs. 4 Satz 2 StVG, dass das Aufbauseminar zwingend der verkehrspsychologischen Beratung vorrangig ist.

Nach Heiler/Jagow (Führerschein, S. 308) werden dem Betroffenen „weitere" 2 Punkte für den Fall   492
der Teilnahme an einer verkehrspsychologischen Beratung abgezogen. Dies legt den Schluss nahe, dass der Punktabzug bei Teilnahme an der verkehrspsychologischen Beratung zusätzlich zu Punktabzug führt, wenn zuvor die Teilnahme an einem Aufbauseminar erfolgt und dafür schon Punktabzug gewährt wurde. Der Gesetzeswortlaut dürfte hierfür sprechen, da der Punktabzug für Besuch eines Seminars und die Teilnahme an einer Beratung „jeweils" nur einmal innerhalb von

fünf Jahren zu einem Punktabzug führen, § 4 Abs. 4 Satz 3 StVG. Außerdem wird diese Auslegung dadurch gestützt, dass der Gesetzgeber die Anreize für die Teilnahme an den Maßnahmen des Aufbauseminars und der verkehrspsychologischen Beratung erhöhen wollte. Würde die in o.g. Konstellation der Bonus für die verkehrspsychologische Beratung auf den bereits erworbenen Bonus angerechnet, wäre der Anreiz entwertet.

493 Ein **Punktabzug** nach dem „Bonus-System" ist nur bis zum Erreichen von Null Punkten möglich, § 4 Abs. 4 Satz 5 StVG. „Pluspunkte" können somit nicht erworben werden.

2. Verhältnis der Fahrerlaubnisentziehung als Maßnahme nach dem Mehrfachtäter-Punktsystem zu anderen Vorschriften

494 Das System findet keine Anwendung, wenn sich die Notwendigkeit der Entziehung der Fahrerlaubnis insbesondere aus § 3 Abs. 1 StVG ergibt, § 4 Abs. 1 Satz 2 StVG. Das Punktesystem entfaltet somit **keine Sperrwirkung.** Auch die Regelungen der Fahrerlaubnis auf Probe und das Mehrfachtäter-Punktsystem finden nebeneinander Anwendung, jedoch mit der Maßgabe, dass die Teilnahme an einem Aufbauseminar nur einmal erfolgt. Dies gilt nicht, wenn das letzte Aufbauseminar länger als fünf Jahre zurückliegt oder wenn der Betroffene noch nicht an einem Aufbauseminar teilgenommen hat und nunmehr die Teilnahme an einem Aufbauseminar für Fahranfänger oder an einem besonderen Aufbauseminar in Betracht kommt, § 4 Abs. 1 Satz 3 StVG. Auch die strafgerichtliche Fahrerlaubnisentziehung kommt neben der Entziehung nach dem Mehrfachtäter-Punktsystem in Betracht. Für das **Verhältnis zwischen strafrichterlicher Fahrerlaubnisentziehung und der nach dem Mehrfachtäter-Punktsystem** gilt § 3 Abs. 3, 4 StVG.

> *Hinweis:*
>
> *Verstöße innerhalb der Probefrist werden nach dem Punktesystem bewertet und unterliegen der Bewertung der für die Fahrerlaubnis auf Probe maßgeblichen Anlage 12 zur FeV.*

3. Fahrerlaubnisentziehung nach dem Mehrfachtäter-Punktsystem

495 Wird die **Fahrerlaubnis** nach dem Mehrfachtäter-Punktsystem **entzogen,** werden die bis dahin aufgelaufenen Punkte gelöscht, § 4 Abs. 2 Satz 3 StVG. Dies gilt nicht, wenn die Entziehung der Fahrerlaubnis erfolgte, weil der Betroffene sich geweigert hat, an einem Aufbauseminar teilzunehmen, § 4 Abs. 2 Satz 3, 4 StVG. Praktisch bedeutet das auch, dass eine Tat, die mit an sich mit 7 Punkten bewertet wird, nur zu einer Punktbewertung führt, wenn der Strafrichter **ausnahmsweise** von der Entziehung der Fahrerlaubnis **absieht.**

> *Hinweis:*
>
> *Bei Entziehung der Fahrerlaubnis werden die Punkte für die vor dieser Entscheidung liegenden Zuwiderhandlungen gelöscht; dies gilt nicht, wenn die Entziehung wegen der Nichtteilnahme an einem Aufbauseminar erfolgte, § 4 Abs. 2 Satz 3 StVG. Ebenfalls werden die Punkte nicht gelöscht, wenn die eingetragenen Entscheidungen verbleiben allerdings bis zur Tilgungsreife im VZR (Bode/Winkler, Fahrerlaubnis, § 11 Rn. 69). Das Gleiche gilt, wenn der Fahrerlaubnisinhaber zwischenzeitlich auf die Fahrerlaubnis verzichtet (Bode/Winkler, Fahrerlaubnis, § 11 Rn. 69).*

a) Fahrerlaubnisentziehung wegen 18 oder mehr Punkten im Verkehrszentralregister

Rechtsgrundlage für die Entziehung der Fahrerlaubnis nach dem sog. Mehrfachtäter-Punktsystem ist § 4 Abs. 3 Satz 1 Nr. 3 StVG. Ergeben sich danach 18 oder mehr Punkte, gilt der Betroffene als ungeeignet, die Fahrerlaubnisbehörde hat die Fahrerlaubnis zu entziehen. Auch hier ist die Entscheidung der Behörde zwingend, wenn die Punktzahl erreicht wird.

496

Hinweis:

Nach § 4 Abs. 7 Satz 2 StVG haben Widerspruch und Anfechtungsklage gegen die Entziehung einer Fahrerlaubnis im Fall des Erreichens von 18 oder mehr Punkten im VZR (§ 4 Abs. 3 Satz 1 Nr. 3 StVG) keine aufschiebende Wirkung.

Die Bundesregierung begründet die Regelung § 4 Abs. 3 Satz 1 Nr. 3 StVG vor allem damit, dass Verkehrsteilnehmer, die trotz der Möglichkeiten zwischenzeitlicher Tilgung 18 Punkte erreichen, eine Gefahr für die übrigen Verkehrsteilnehmer darstellen. Hierbei falle auch die ganz erhebliche Anzahl der Verstöße ins Gewicht. Wörtlich: „Diese gesetzliche Regelung kann grds. nicht widerlegt werden". Damit wird schon angedeutet, dass Ausnahmen hiervon möglich sein müssten (Bode/Winkler, Fahrerlaubnis, § 11 Rn. 86). Außerdem wird zutreffend (Bode/Winkler, Fahrerlaubnis, § 11 Rn. 87; Ziegert, zfs 1999, 4 f.) darauf hingewiesen, dass der Gesetzgeber selber durch Verordnungsermächtigung in § 6 Abs. 1 Nr. 1w StVG die Möglichkeit geschaffen hat, Ausnahmen von der zwingenden Nichteignungsfolge des § 4 Abs. 3 Satz 1 Nr. 3 StVG zugelassen hat. Von dieser gesetzlichen Ermächtigung wurde allerdings bisher nicht Gebrauch gemacht.

497

Gegen die damit durch Gesetz oder Verordnung **nicht korrigierbare Nichteignungsfolge** des § 4 Abs. 3 Satz 1 Nr. 3 StVG wird eingewandt, hierdurch würde gegen den **Grundsatz der Verhältnismäßigkeit** verstoßen; schließlich berühre diese Regelung die allgemeine Handlungsfreiheit aus Art. 2 Abs. 1 GG und je nach Fall die Berufsfreiheit des Art. 12 GG (Bode/Winkler, Fahrerlaubnis, § 11 Rn. 88 m.w.N.). Dem hält Gehrmann (NJW 1998, 3531, 3534) entgegen, gewichtige öffentliche Interessen zwängen zu dieser Einschränkung der allgemeinen Handlungsfreiheit und der u.U. mittelbar betroffenen Berufsfreiheit. Das Gesetz selber nähme die Würdigung der Gesamtpersönlichkeit typisiert vor und käme zum Ergebnis der **Unwiderlegbarkeit** der Ungeeignetheit. Außerdem beschreibt Gehrmann (a.a.O.) in der Sache zutreffend, dass die Gerichte im Einzelfall bei Verstößen gegen die Verfassung (Verhältnismäßigkeit) eine Ergebniskorrektur über die Punktbewertung erreichen ließe. Die Fachgerichte seien zur inzidenten Prüfung von Verordnungen ermächtigt, wozu auch die Vorschriften des Punktsystems nach § 40 FeV i.V.m. der Anlage 13 zur FeV zählen. Nach Janiszewski/Jagow/Burmann (Straßenverkehrsordnung, § 4 StVG Rn. 13) ist die Regelung trotz ihrer „Automatik" verfassungskonform, da eine hohe Transparenz es dem Betroffenen ermögliche, sich rechtzeitig auf die Folgen einzurichten.

498

Hat die Fahrerlaubnisbehörde die Fahrerlaubnis entzogen, weil ein Punktestand von 18 oder mehr Punkten erreicht wurde, darf eine neue Fahrerlaubnis frühestens 6 Monate nach Wirksamkeit der Entziehung erteilt werden; die Frist beginnt mit der Abgabe des Führerscheins. Dies folgt aus § 4 Abs. 10 Satz 1 StVG. Unbeschadet der übrigen Voraussetzungen für die Erteilung der Fahrerlaubnis hat die Fahrerlaubnisbehörde i.d.R. zum Nachweis, dass die Eignung zum Führen eines Kraftfahrzeuges wiederhergestellt ist, die Beibringung eines Gutachtens einer Begutachtungsstelle für Fahreignung anzuordnen, § 4 Abs. 10 Satz 2 StVG. Hiervon kann somit nur im Ausnahmefall abgewichen werden.

499

aa) „Übergangsproblematik", §§ 4, 65 Abs. 4 Satz 2 StVG

500 Zu beachten ist auch die Übergangregelung in § 65 StVG. Nach dieser sind bei Straftaten und Ordnungswidrigkeiten, die **vor dem 1.1.1999** begangen wurden, die Maßnahmen nach dem Punktsystem zu der AVv zu § 15b StVZO anzuwenden, § 64 Abs. 4 Satz 1 StVG. Treten Straftaten und Ordnungswidrigkeiten hinzu, die **nach dem 1.1.1999** begangen wurden, richten sich die Maßnahmen
insgesamt nach § 4 StVG, § 65 Abs. 4 Satz 2 StVG.

501 Beachtlich ist die Rechtsprechung des VG Regensburg (zfs, 2000, 40 ff.) hierzu: Der Betroffene
hatte bei In-Kraft-Treten des § 4 StVG n.F. (1.1.1999) bereits 16 Punkte nach alter Punkteregelung.
Hinzu kamen weitere 3 Punkte nach dem 1.1.1999. Die Behörde entzog die Fahrerlaubnis, ohne
zuvor nach § 4 Abs. 3 Nr. 2 StVG auf die Möglichkeit einer Punktevergünstigung hinzuweisen.
Das VG entschied, ein Verkehrsteilnehmer, der vor dem 1.1.1999 mindestens 14 Punkte gehabt
habe, dürfe nicht zwingend seine Fahrerlaubnis verlieren, wenn er nach dem 1.1.1999 einen Punktestand von 18 Punkten oder mehr erreiche, ohne zuvor auf die Möglichkeit eines möglichen
Punktabbaus hingewiesen worden zu sein. Damit wäre er schlechter gestellt als ein Verkehrsteilnehmer, der die 18 Punkte insgesamt seit dem 1. 1. 1999 erworben habe. Er sei so zu behandeln,
als habe er im Übergangszeitpunkt 14 Punkte gehabt. In diesem Sinne entschied auch das VG
Braunschweig (NZV 2000, 101 f.; VG Ansbach, NZV 2000, 184): Der Betroffene hatte im VZR
eine Punktanzahl von 23 Punkten erreicht. 22 Punkte stammten aus Zuwiderhandlungen vor dem
1.1.1999, ein Punkt aus der Zeit nach dem 1.1.1999. Die Behörde entzog die Fahrerlaubnis im Juli
1999 nach § 4 Abs. 3 Satz 1 Nr. 3 StVG. Die Fahrerlaubnisbehörde habe im Zeitraum 1998 nicht
mit Maßnahmen nach § 4 Abs. 3 StVG reagieren können, da die Vorschrift in diesem Zeitpunkt
nicht in Kraft gewesen sei. Wendete man in dieser Konstellation § 4 Abs. 5 StVG an, bedeutete
dies in der Konsequenz, dass sich die Punktekonten entsprechend reduzierten, wenn der Betroffene
sich nur das „Glück" antäte, eine weitere Verkehrszuwiderhandlung nach dem 1.1.1999 zu begehen, was nicht Wille und Absicht des Gesetzgebers gewesen sei. Gegenteiliger Auffassung ist das
OVG in NRW. Das OVG Münster (NZV 2000, 220 ff.) hat sich mit folgendem Fall befasst: Dem
Betroffenen war die Fahrerlaubnis 1999 entzogen worden, nachdem sich seine Punktebelastung
aufgrund eines nach dem 1.1.1999 begangenen Verstoßes von 19 auf 20 Punkte erhöht hat. Der
Senat beruft sich auf den Wortlaut des § 65 Abs. 4 StVG. Danach haben sich die Maßnahmen in
vorliegender Konstellation insgesamt nach dem Punktsystem des § 4 StVG zu richten, so dass die
Regelung des § 4 Abs. 5 StVG Anwendung findet. Dabei geht der Senat davon aus, dass sich 18
Punkte i.S.d. § 4 Abs. 3 Satz 1 Nr. 3 StVG nicht nur ergeben, wenn die Punktzahl von weniger 18
Punkte darüber springt, sondern erst recht, wenn schon zuvor 18 Punkte eingetragen waren.

bb) 18 Punkte „auf einen Schlag"

502 Hierzu kann es kommen, wenn der Betroffene bei Erfüllung mehrerer Straf- und/oder OWi- Tatbestände wegen tatmehrheitlich begangener Taten schuldig gesprochen wird. In diesen Fällen kann
die Entscheidung des BGH (GS, NJW 1994, 1663 ff.) Bedeutung erlangen. Dies gilt insbesondere
bei den sog. Dauerdelikten wie Fahren ohne Fahrerlaubnis (§ 21 StVG) oder Fahren ohne Versicherungsschutz (§ 6 PflVG). Dann fällt der sog. Fortsetzungszusammenhang weg. Folge ist, dass die
Handlungen tatmehrheitlich bewertet werden; es kommt zur Punktaddition. Auch hier kann es passieren, dass der Betroffene 18 Punkte erreicht, ohne dass die Behörden überhaupt die Gelegenheit
hatten, die nach Punktsystem an sich vorgesehenen abgestuften Maßnahmen anzuordnen. Folge ist
auch hier, dass der Betroffene so zu stellen ist, als ob er 14 Punkte hätte (eingehend dazu: Bode,
ZAP F. 9, S. 495 ff., 153). Konnten die abgestuften Maßnahmen somit nicht greifen, wird der
Betroffene in diesen atypischen Fällen so gestellt, als ob er – fiktiv – die **jeweils vorhergehende
Eingriffschwelle erreicht** hätte; dies ergibt sich aus § 4 Abs. 5 StVG. Eine weitergehende Rückstufung nach § 4 Abs. 5 Satz 1 StVG kommt allerdings dann nicht in Betracht, wenn der Betreffende nach dem 1.1.1999 eine weitere Verkehrsordnungswidrigkeit begeht aber bereits über die
Möglichkeit der Teilnahme an einem Nachschulungskurs (Aufbauseminar) durch die Fahrerlaubnisbehörde nach alter Rechtslage unterrichtet wurde. In diesem Fall fehlt es an der für die Vor-

schrift des § 4 Abs. 5 StVG typischen Situation, dass der Betroffene die Punktzahl „auf einen Schlag" erreicht, ohne dass ihn zuvor die Hilfestellungen des Mehrfachtäter-Punktsystems erreicht haben (OVG Münster, zfs 2001, 431, 432).

b) Fahrerlaubnisentziehung wegen Verweigerung der Teilnahme an einem Aufbauseminar

Kommt der Betroffene innerhalb der gesetzten Frist der Anordnung zur Teilnahme an einem Auf-   503
bauseminar nicht nach, **ist** die Fahrerlaubnis zu entziehen, § 4 Abs. 7 StVG. Hier ist der Grund für die Entziehung allein in der Verweigerung zu sehen, nicht etwa in einer mangelnden Eignung. Überschreitet der Betroffene die Frist und legt die Teilnahmebescheinigung verspätet vor ist eine in der Zwischenzeit angeordnete nicht bestandskräftige Entziehung der Fahrerlaubnis aufzuheben; die Kosten sind jedoch von dem Betroffenen zu tragen, da die Entziehung rechtmäßig erfolgte. Wird die Teilnahmebescheinigung erst nach Bestandskraft der Entziehung vorgelegt, ist auf Antrag eine neue Fahrerlaubnis zu erteilen.

> *Hinweis:*
>
> *Widerspruch und Anfechtungsklage gegen die Entziehung der Fahrerlaubnis wegen der Nichtteilnahme an einem Aufbauseminar haben keine aufschiebende Wirkung, § 4 Abs. 7 StVG.*

Ist die Fahrerlaubnis wegen Nichtteilnahme an einem angeordneten Aufbauseminar entzogen wor-   504
den oder hat der Fahrerlaubnisinhaber das behördlich geforderte Aufbauseminar durch Verzicht auf die Fahrerlaubnis umgangen, darf eine neue Fahrerlaubnis nur erteilt werden, wenn der Betroffene an einem Aufbauseminar teilgenommen hat, § 4 Abs. 11 Satz 1, 2 StVG. Für den Fall der nachträglichen Beibringung des Nachweises der Teilnahme an einem Aufbauseminar wird die Fahrerlaubnis ohne die Einhaltung einer Frist und **ohne Beibringung eines Gutachtens** einer amtlich anerkannten Untersuchungsstelle erteilt, § 4 Abs. 11 Satz 3 StVG.

> *Hinweis:*
>
> *Für diesen Fall gilt jedoch, dass trotz der – nachträglichen – Teilnahme an dem Aufbausemi-nar keine Punktelöschung im VZR erfolgt, § 4 Abs. 2 Satz 4 StVG.*

4. Rechtsschutzfragen im Zusammenhang mit dem Mehrfachtäter-Punktsystem

Die in der Mitteilung enthaltene Punktebewertung stellt keinen Verwaltungsakt dar, der mit der   505
Anfechtungsklage angegriffen werden könnte. Ebenso kommt eine Feststellungsklage nicht in Betracht. Eine **vorbeugende Feststellungsklage** scheitert daran, dass es zumutbar ist, die behördlichen Maßnahmen abzuwarten, die bei Erreichen der maßnahmeauslösenden Punktzahl eingreifen. I.Ü. sind die Eintragungen selber keine Verwaltungsakte. Auf § 4 Abs. 7 StVG wurde bereits hingewiesen.

VII. Rechtsschutzfragen bei Fahrerlaubnisentziehungen

Nachfolgend werden die Punkte angesprochen, die im behördlichen und gerichtlichen Rechts-   506
schutz spezifisch in Fahrerlaubnissachen zu beachten sind. Sonstige Fragen des allgemeinen Verwaltungsrechts können hierbei nicht berücksichtigt werden.

1. Akteneinsicht, § 29 VwVfG, § 100 VwGO

507   Für effektiven Rechtsschutz ist Akteneinsicht erforderlich. Auf die Akteneinsicht besteht grds. ein Anspruch des Vertreters. Im **Verwaltungsverfahren** folgt der Anspruch aus § 29 VwVfG, im **verwaltungsgerichtlichen Verfahren** aus § 100 VwGO. Der Anspruch auf Akteneinsicht besteht vom Beginn des Verwaltungsverfahrens (§ 22 VwVfG) bis zu seinem Abschluss (vgl. § 29 Abs. 1 VwVfG). Das Fahrerlaubnisentziehungsverfahren beginnt mit dem Eingang bzw. der Anforderung eignungsrelevanter Informationen bei der Fahrerlaubnisbehörde. Der Abschluss des Verwaltungsverfahrens ist der späteste Zeitpunkt für den Anspruch auf Akteneinsicht, spätestens somit der Erlass des Widerspruchsbescheides. Nach Abschluss des Verwaltungsverfahrens wird jedoch ein Anspruch auf ermessensfehlerfreie Entscheidung der Fahrerlaubnisbehörde über den Antrag auf Akteneinsicht anerkannt, wenn ein berechtigtes Interesse dargelegt wird (OVG Koblenz, NVwZ 1992, 384). Dies dürfte insbesondere dann zu bejahen sein, wenn der Anwalt erst nach Abschluss des Verwaltungsverfahrens beauftragt wurde. Der Anspruch auf Akteneinsicht erstreckt sich auf die durch die Behörde beigezogenen Akten (§ 26 Abs. 1 Satz 2 Nr. 3 VwVfG). Im Verwaltungsverfahren besteht kein Anspruch auf Mitnahme der Akten, § 29 Abs. 3 Satz 2 VwVfG. Im verwaltungsgerichtlichen Verfahren können dem Anwalt nach Ermessen des Vorsitzenden die Akten zur Mitnahme in die Kanzlei übergeben werden, § 100 Abs. 2 Satz 3 VwGO.

> *Hinweis:*
>
> *Die – rechtswidrig – durch die Fahrerlaubnisbehörde versagte Akteneinsicht kann nach § 44a VwGO nicht isoliert angegriffen werden (Berz/Burmann/Gehrmann, Handbuch des Straßenverkehrsrechts, 17 C Rn. 114).*

508   Die Akte ist auch darauf zu kontrollieren, ob sie Bestandteile enthält, die einem Verwertungsverbot unterliegen. Dies gilt insbesondere für bereits getilgte oder aber tilgungsreife Eintragungen im VZR. Außerdem hat die Akte der Fahrerlaubnisbehörde nur Bestandteile zu enthalten, die für die Fahrerlaubnisbehörde relevant sind, die also mit der verkehrszulassungsrechtlichen Ermittlung über die Eignung im Zusammenhang stehen (Berz/Burmann/Gehrmann, Handbuch des Straßenverkehrsrechts, 17 C Rn. 109). Ebenso ist zu prüfen, ob die Akte auch die eignungsrelevanten – für den Mandanten günstigen – Bestandteile enthält.

2. Widerspruchsverfahren gegen die Fahrerlaubnisentziehung

509   Gegen die Entziehung der Fahrerlaubnis durch die Fahrerlaubnisbehörde ist nach §§ 68 ff. VwGO der **Widerspruch** statthaft (zum Rechtschutz gegen die Anordnung der Beibringung eines medizinisch-psychologischen Gutachten s. Rn. 597).

> *Hinweis:*
>
> *Die Gebühren und Auslagen eines Rechtsanwalts im Vorverfahren sind nur erstattungsfähig, wenn die Zuziehung des Bevollmächtigten notwendig war. Die Widerspruchsbehörde hat hierüber nach § 80 Abs. 3 Satz 2 VwVfG in der Kostenentscheidung zu befinden. Daher sollte der Widerspruchsantrag den Zusatz enthalten: „Die Zuziehung des Bevollmächtigten war notwendig“. Ferner ist dem Widerspruch eine Originalvollmacht beizufügen und – sofern noch nicht erfolgt – nach § 68 Abs. 1 VwGO i.V.m. § 29 VwVfG Akteneinsicht zu beantragen bzw. ein Antrag auf ergänzende Akteneinsicht zu stellen.*

Nach § 80 Abs. 1 VwGO hat der Widerspruch gegen die Fahrerlaubnisentziehung **grds. aufschiebende Wirkung**. Dies hat auch zur Folge, dass Vollstreckungsmaßnahmen unzulässig sind. Außerdem darf der Fahrerlaubnisinhaber weiter von der Fahrerlaubnis Gebrauch machen, ohne sich nach § 21 StVG strafbar zu machen. Dies gilt nicht in den Fällen, in denen die aufschiebende Wirkung kraft Gesetz entfällt. **510**

Der **maßgebliche Zeitpunkt** für die Berücksichtigung von Tatsachen ist der Abschluss des Widerspruchsverfahrens, mithin die Zustellung des Widerspruchsbescheides. Nachträgliches Wohlverhalten des Mandanten wird somit erst im Verfahren auf Neuerteilung berücksichtigt. Tilgungen aus dem VZR (§ 29 StVG) nach Erlass des Widerspruchsbescheides werden nicht berücksichtigt. Bis zu diesem Zeitpunkt werden Tilgungen berücksichtigt, wobei Tilgungsreife ausreicht. Die im VZR einzutragenden Daten ergeben sich aus dem Katalog des § 28 StVG. Der gleiche Zeitpunkt ist für Straftaten maßgeblich, die keinen verkehrsrechtlichen Bezug aufweisen (§§ 45 ff. BZRG). Hierbei ist allerdings **abweichend vom Grundsatz des Verwertungsverbots** nach § 51 BZRG zu beachten, dass die Ausnahme des § 52 Abs. 2 BZRG eingreifen kann. Danach darf eine frühere Tat in einem Verfahren berücksichtigt werden, das die Entziehung einer Fahrerlaubnis zum Gegenstand hat, solange die Verurteilung nach den §§ 28 – 30b StVG verwertet werden kann, § 52 Abs. 2 Satz 1 BZRG. Damit schränkt § 52 Abs. 2 BZRG die Verwertung eingetragener Verkehrsstraftaten zeitlich auf die in § 29 Abs. 8 StVG bestimmten Fristen ein. Die bei Fahrerlaubnisentziehungen nach § 52 Abs. 2 BZRG früher prinzipiell möglich gewesene „ewige" Verwertung gehört damit der Vergangenheit an (Bode/Winkler, Fahrerlaubnis, § 6 Rn. 110; Ziegert, zfs 1999, 4, 5). Außerdem dürfen für die Prüfung der Berechtigung zum Führen von Kraftfahrzeugen Entscheidungen der Gerichte nach den §§ 69 – 69b StGB übermittelt und verwertet werden. **511**

3. Antrag auf Wiederherstellung der aufschiebenden Wirkung der Fahrerlaubnisentziehung, § 80 Abs. 5 VwGO

Die Fahrerlaubnisbehörde kann – abweichend vom gesetzlichen Regelfall – die sofortige Vollziehung der Fahrerlaubnisentziehung anordnen, § 80 Abs. 2 Nr. 4 VwGO. Sie kann diese Anordnung mit der Fahrerlaubnisentziehungsverfügung verbinden, sie kann die Anordnung auch isoliert treffen, z.B. nach Erhebung des Widerspruchs gegen die Entziehungsverfügung. **512**

Die Anordnung der sofortigen Vollziehung ist **selbst** nicht als Verwaltungsakt zu qualifizieren, sondern als Annex des Verwaltungsaktes, auf den sie sich bezieht; sie hat nur Rechtsdurchsetzungsfunktion und ist nur ein unselbstständiger Teil der durch den Verwaltungsakt getroffenen Regelung, dessen Durchsetzung bewirkt werden soll (VG Saarlouis, zfs 2001, 385, 386). Es ist daher auch keine Anhörung gem. § 28 VwVfG erforderlich. Ebenfalls ist die Regelung des § 28 VwVfG bei Anordnung der sofortigen Vollziehung nicht analog anwendbar. **513**

Ebenso kann sie umgekehrt im Verlauf des Widerspruchsverfahrens die bereits von ihr angeordnete sofortige Vollziehung aussetzen, wenn es nach dem Stand der Sach- und Rechtslage geboten ist. Dies ist insbesondere der Fall, wenn während des Widerspruchsverfahrens Eintragungen im VZR getilgt werden bzw. **Tilgungsreife** erlangen, vgl. § 29 StVG. Die **sofortige Vollziehbarkeit der Entziehungsverfügung** kann angeordnet werden, wenn überwiegende und dringende Gründe für eine konkrete und unmittelbar drohende Gefahr für den öffentlichen Straßenverkehr bei weiterer Teilnahme des Betroffenen am Straßenverkehr vorliegen. **514**

Hierbei muss die Behörde das **besondere öffentliche Interesse** an der sofortigen Vollziehung schriftlich begründen, § 80 Abs. 3 VwGO. Sie darf sich hierbei nicht hinter „formelhaften Formulierungen" verstecken. Insbesondere ist darauf zu achten, dass diese Begründung über die Tatsachen hinausgehen muss, die aus Sicht der Fahrerlaubnisbehörde die Entziehung der Fahrerlaubnis als solche rechtfertigen. Das Erlassinteresse führt somit nicht zum Ausschluss des Suspensiveffekts. Auch vermag fehlende oder geringe Erfolgsaussicht des eingelegten Rechtsbehelfs die Vollziehungsanordnung nicht zu begründen. Die **Rechtmäßigkeit** des Verwaltungsaktes ist bereits **Voraussetzung für den Erlass**. Ausreichend sind Erwägungen, die zwar einzelfallbezogen – wenn **515** auch verallgemeinerungsfähige Erwägungen erkennen lassen, die geeignet sind, gerade im Bereich der Gefahrenabwehr ein besonderes öffentliches Interesse an einem sofortigen Entzug der Fahrerlaubnis zu tragen (VG Saarlouis, zfs 2001, 385, 386).

516 Hat die Behörde die sofortige Vollziehung angeordnet, ist bei dem zuständigen VG Antrag auf **Wiederherstellung der aufschiebenden Wirkung** nach § 80 Abs. 5 Satz 1 2. Halbs. VwGO zu stellen.

517 | *Hinweis:*
|
| *Hat der Fahrerlaubnisinhaber den Führerschein nach § 3 Abs. 2 Satz 1 StVG bereits bei der Fahrerlaubnisbehörde abgeliefert, ist die Aufhebung der Vollziehung zu beantragen, § 80 Abs. 5 Satz 3 VwGO. Die Anordnung der Aufhebung der Vollziehung erfolgt in diesen Fällen nicht von Amts wegen.*

4. Antrag auf Anordnung der aufschiebenden Wirkung der Fahrerlaubnisentziehung, § 80 Abs. 5 VwGO

518 In einigen Fällen entfällt der Suspensiveffekt kraft Gesetz. Die aufschiebende Wirkung von Widerspruch und Anfechtungsklage entfällt u.a. bei Entziehung der Fahrerlaubnis wegen **wiederholter Zuwiderhandlung** und wegen der **Verweigerung der Teilnahme an einem Aufbauseminar** innerhalb der Fahrerlaubnis auf Probe, § 2a Abs. 6 StVG. Ferner haben Widerspruch und Anfechtungsklage gegen die Entziehung der Fahrerlaubnis nach dem Punktsystem keine aufschiebende Wirkung, wenn 18 oder mehr Punkte erreicht wurden oder die Fahrerlaubnis entzogen wird, weil der Fahrerlaubnisinhaber einer sofort vollziehbaren Anordnung zur Teilnahme an einem Aufbauseminar innerhalb der gesetzten Frist nicht nachkommt, § 4 Abs. 7 StVG. In diesen Fällen ist ein Antrag gerichtet auf Anordnung der aufschiebenden Wirkung des Widerspruchs nach § 80 Abs. 5 Satz 1 1. Halbs. VwGO statthaft.

519 Hat der Fahrerlaubnisinhaber den Führerschein nach § 3 Abs. 2 Satz 1 StVG bereits bei der Fahrerlaubnisbehörde abgeliefert, ist die Aufhebung der Vollziehung zu beantragen, § 80 Abs. 5 Satz 3 VwGO. Die Anordnung der Aufhebung der Vollziehung erfolgt in diesen Fällen nicht von Amts wegen. In diesem Fall ist auch hier ein Antrag nach § 80 Abs. 5 Satz 3 VwGO zu stellen.

5. Anfechtungsklage gegen die Fahrerlaubnisentziehung

520 Bei der Entziehung der Fahrerlaubnis handelt es sich um einen belastenden Verwaltungsakt; **statthafte Klageart** ist somit die Anfechtungsklage, §§ 40, 42, 68 ff., 74 VwGO.

Der maßgebliche Zeitpunkt für die Berücksichtigung von Tatsachen ist auch hier der Abschluss des Widerspruchsverfahrens, mithin die Zustellung des Widerspruchsbescheides (BVerwG, DÖV 1996, 378). Dieser Zeitpunkt ist maßgeblich für Tilgungen im VZR sowie für eventuell bereits eingeleitete Maßnahmen des Betroffenen zur (Wieder-) Herstellung der Fahreignung. Die Entziehung der Fahrerlaubnis ist ein gestaltender Verwaltungsakt. Zwar hat der Folgezustand der Entziehung der Fahrerlaubnis Dauerwirkung, nicht aber die Entziehung selber.

6. Rechtsmittel gegen gerichtliche Entscheidungen

521 Sowohl im Eilverfahren als auch im Hauptsacheverfahren stellt die VwGO grds. Rechtsmittel zur Verfügung. Für den unterlegenen Beteiligten im Fall der ablehnenden Entscheidung des VG im Aussetzungsverfahren und im Fall der Aufhebung der Vollziehung ist unter bestimmten Voraussetzungen das Rechtsmittel der Beschwerde gegeben, im Fall der abweisenden Entscheidung des VG gegen eine Anfechtungsklage wegen einer Fahrerlaubnisentziehung das Rechtsmittel der Berufung.

Hinweis:

*Hier sind die **Änderungen**, die das **Rechtsmittelrecht** durch das am 1.1.2002 in Kraft getretene **Gesetz zur Bereinigung des Rechtsmittelrechts im Verwaltungsprozess** (RmBereinVpG vom 20.12.2001, BGBl.I, S. 3987) zu beachten.*

*Anders als nach bisheriger Rechtslage ist das **Rechtsmittel der Beschwerde** gegen Beschlüsse nach § 80 Abs. 5 VwGO von einem vorgelagerten Zulassungsverfahren befreit. Einer Zulassung der Beschwerde durch das OVG bedarf es nun nicht mehr. Nunmehr gilt, dass die Beschwerde gegen den Beschluss im Verfahren des vorläufigen Rechtsschutzes innerhalb eines Monats nach Bekanntgabe der Entscheidung zu begründen ist, § 146 Abs. 4 Satz 1 VwGO n.F. Diese ist – wenn sie nicht bereits mit der Beschwerde vorgelegt worden ist – nach § 146 Abs. 4 Satz 2 VwGO beim OVG einzureichen. Die Begründung muss einen bestimmten Antrag enthalte, die Gründe darlegen, aus denen die Entscheidung aufzuheben oder abzuändern ist und muss sich mit der angefochtenen Entscheidung auseinandersetzen, § 146 Abs. 4 Satz 3 VwGO n.F. Mangelt es an einem dieser Erfordernisse, ist die Beschwerde als unzulässig zu verwerfen, § 146 Abs. 4 Satz 6 VwGO n.F. Einer Abhilfe durch das VG bedarf es nicht, §§ 146 Abs. 4 Satz 5, 148 VwGO n.F. Außerdem ist wesentlich, dass sich das OVG auf die Prüfung der dargelegten Gründe beschränkt, § 146 Abs. 4 Satz 6 VwGO n.F. Zur zulassungsfreien Beschwerde insgesamt, vgl.: Kuhla/Hüttenbrink, DVBl 2002, 85, 90.*

Entgegen der alter Rechtslage (§ 124 Abs. 1 VwGO a.F.) kann jetzt auch das VG die Berufung im Urteil zulassen, ist hierbei jedoch auf die Gründe des § 124 Abs. 2 Nr. 3 und 4 VwGO n.F. beschränkt, § 124a Abs. 1 Satz 2 VwGO n.F. Zu einer Nichtzulassung der Berufung ist das VG nicht befugt, § 124a Abs. 1 Satz 3 VwGO n.F. Wenn das VG die Berufung zulässt, ist das OVG an die Zulassung der Berufung gebunden, § 124a Abs. 1 Satz 2 VwGO n.F.

Ist die Berufung vom VG zugelassen worden, ist die Berufung innerhalb eines Monats nach Zustellung des vollständigen Urteils bei dem VG einzulegen und muss das angefochtene Urteil bezeichnen, § 124a Abs. 2 VwGO n.F. Innerhalb eines weiteren Monats ist die Berufung zu begründen; ist die Berufungsbegründung nicht schon mit der Einlegung der Berufung erfolgt, ist die Berufungsbegründung bei dem OVG einzureichen, § 124a Abs. 3 VwGO n.F. Wird die Berufung hingegen durch das VG nicht zugelassen, ist die Zulassung der Berufung innerhalb eines Monats nach Zustellung des vollständigen Urteils des VG zu beantragen und innerhalb eines weiteren Monats zu begründen, § 124 Abs. 4 Satz 1 VwGO n.F. Lässt auf den Antrag das OVG die Berufung zu – worüber es durch Beschluss entscheidet – wird dieses Antragsverfahren als Berufungsverfahren fortgesetzt, ohne dass eine Einlegung der Berufung nötig ist, § 124a Abs. 5 VwGO n.F. Nach Zulassung der Berufung durch das OVG ist die Berufung innerhalb eines Monats nach Zustellung des Zulassungsbeschlusses bei dem OVG zu begründen, § 124a Abs. 6 VwGO n.F.

Die Frage, ob das neue Recht oder das Recht nach der 6. VwGO-Novelle vom 1.11.1996 (BGBl. I., S. 1626) anwendbar ist, richtet sich nach § 194 VwGO n.F. (vgl. Kuhla/Hüttenbrink, DVBl. 2002, 85, 91).

VIII. Neuerteilung der Fahrerlaubnis nach Entziehung der Fahrerlaubnis

Mit der Fahrerlaubnisentziehung **erlischt die Fahrerlaubnis.** Sie lebt somit nicht wieder auf und wird nur auf Antrag neu erteilt (nicht wieder erteilt).   522

1. Rechtsgrundlagen

Gesetzliche Rechtsgrundlage für die Neuerteilung ist § 2 StVG. § 20 Abs. 1 FeV verweist für die Neuerteilung einer Fahrerlaubnis grds. auf die Vorschriften der **Ersterteilung**, §§ 7 – 19 FeV.   523

524 Die Fahrerlaubnisbehörde hat im Antragsverfahren auf Neuerteilung der Fahrerlaubnis insgesamt die §§ 2, 2a Abs. 5, 4 Abs. 10 StVG, §§ 7 Abs. 1, 11 Abs. 9, 12, 19, 20, 21 FeV zu beachten.

2. Voraussetzungen für die Neuerteilung der Fahrerlaubnis

525 Nach § 2 Abs. 2 Nr. 3 StVG **ist die Fahrerlaubnis zu erteilen**, wenn der Bewerber zum Führen von Kraftfahrzeugen geeignet ist. Ist Fahreignung gegeben und wurden vom Antragsteller die erforderlichen Nachweise erbracht, hat er einen Anspruch auf die Erteilung der beantragten Fahrerlaubnis. Es handelt sich hierbei um einen **gebundenen Verwaltungsakt**. Nach § 2 Abs. 4 StVG ist zum Führen von Kraftfahrzeugen geeignet, wer die notwendigen körperlichen und geistigen Voraussetzungen erfüllt und nicht erheblich oder wiederholt gegen die verkehrsrechtlichen Vorschriften oder Strafgesetze verstoßen hat. Nach der Rechtsprechung des VGH Mannheim ist die Anordnung einer MPU im Neuerteilungsverfahren unter Hinweis auf den Wortlaut „oder nicht wiederholt. . ." zulässig, wenn zuvor nur gegen **eine erhebliche Straftat** verstoßen wurde (VGH Mannheim, zfs 2002, 103 = DAR 2002, 92 = NZV 2002, 104 = DÖV 2002, 304). In der Praxis wird jedoch eine erhebliche Straftat i.d.R. die Entziehung der Fahrerlaubnis durch das Strafgericht nach sich ziehen, § 69 Abs. 2 Nr. 1 StGB.

> *Hinweis:*
>
> *Für die materielle Beweislast hinsichtlich der Fahreignung im Neuerteilungsverfahren ist bedeutsam, dass hier (anders als bei der Entziehung der Fahrerlaubnis) der Bewerber um die (Neu-) Erteilung der Fahrerlaubnis in Bezug auf die Eignung zum Führen eines Kraftfahrzeuges die materielle Beweislast trägt (s. o. zur materiellen Beweislast im Fahrerlaubnis-Erteilungsverfahren die Ausführungen unter Rn. 52).*

Ein Vertrag des Bewerbers mit der Fahrerlaubnisbehörde über die Neuerteilung der Fahrerlaubnis bei ungeklärten Eignungszweifeln verstößt gegen ein gesetzliches Verbot (§ 134 BGB) und ist somit nichtig (OVG Hamburg, zfs 2002, 256, 258).

3. Schriftlicher Antrag auf Neuerteilung der Fahrerlaubnis

526 Die Neuerteilung der Fahrerlaubnis erfolgt nur auf **schriftlichen Antrag** des Bewerbers, § 21 Abs. 1 Satz 1 FeV. Zuständig sind gem. § 2 Abs. 1 StVG i.V.m. § 73 FeV die nach Landesrecht zuständige untere Verwaltungsbehörde oder die Behörden, denen durch Landesrecht die Aufgabe der unteren Verwaltungsbehörde (Fahrerlaubnisbehörde) zugewiesen ist. Es ist daher das jeweils geregelte Zuständigkeitsrecht zu beachten. Die örtliche Zuständigkeit folgt aus § 73 Abs. 2 FeV.

4. Anfrage der Fahrerlaubnisbehörde an das Verkehrszentralregister und das Bundeszentralregister

527 Zur Überprüfung der charakterlichen Eignung wird seitens der Fahrerlaubnisbehörde eine Anfrage an das VZR und an das Bundeszentralregister gerichtet.

> *Hinweis:*
>
> *I.d.R. beträgt die Tilgungsfrist für Eintragungen in Bezug auf die Bewerber um die Neuerteilung einer Fahrerlaubnis zehn Jahre, § 29 Abs. 1 Nr. 2 StVG. Sie beginnt mit der Neuerteilung, spätestens jedoch fünf Jahre nach der beschwerenden Entscheidung, § 30 Abs. 5 StVG. Daraus folgt, dass der Bewerber um eine Neuerteilung spätestens nach 15 Jahren wie ein Bewerber um eine Ersterteilung zu behandeln ist.*

Die Überprüfung der körperlichen und geistigen Eignung erfolgt bei Bewerbern um die Fahrerlaubnisklassen A, A 1, B, BE, L, M und T grds. nur anhand der Sehtestbescheinigung, § 12 Abs. 2 FeV.

5. Möglicher Verzicht auf die erneute Fahrerlaubnisprüfung

Die Fahrerlaubnisbehörde kann auf Fahrerlaubnisprüfung verzichten, wenn keine Tatsachen vorliegen, die die Annahme rechtfertigen, dass der Bewerber die erforderlichen Kenntnisse und Fähigkeiten nicht mehr besitzt, § 20 Abs. 2 Satz 1 FeV. Hierbei handelt es sich um eine Ermessensentscheidung der Fahrerlaubnisbehörde (§ 40 VwVfG). Auch ist im Hinblick auf den **Grundsatz der Verhältnismäßigkeit** ein Verzicht lediglich auf die theoretische oder praktische Prüfung möglich.

Nach § 20 Abs. 2 Satz 2 FeV ist ein solcher **Verzicht** jedoch ausgeschlossen, wenn seit der Entziehung, der vorläufigen Entziehung, der Beschlagnahme des Führerscheins oder einer sonstigen Maßnahme nach § 94 StPO mehr als zwei Jahre verstrichen sind. Die Frist des § 20 Abs. 2 Satz 2 FeV ist zwingend, eine Unterbrechung oder Hemmung der Frist lässt sich nicht erreichen (Hentschel, Straßenverkehrsrecht, § 20 FeV Rn. 2).

Diese **Frist beginnt** mit dem Verlust der Fahrberechtigung, z.B. der Beschlagnahme des Führerscheins, der Rechtskraft der gerichtlichen Entscheidung oder der Unanfechtbarkeit der behördlichen Entscheidung, § 20 Abs. 2 Satz 2 FeV. Im Falle eines Beschlusses nach § 111a StPO ist der Tag des Erlasses das den Fristbeginn auslösende Ereignis (Hentschel, Straßenverkehrsrecht, § 20 FeV Rn. 2). Die **Frist endet** nach § 22 Abs. 4 Satz 7 FeV mit der Neuerteilung der Fahrerlaubnis durch die Aushändigung des Führerscheins.

528

529

530

531

> **Hinweis:**
> *Zur Wahrung der Frist des § 20 Abs. 2 Satz 2 FeV ist eine rechtzeitige Antragstellung somit nicht ausreichend. Zwar gibt es die Möglichkeit der Ausnahme nach § 74 Abs. 1 Nr. 1 FeV im Einzelfall (dazu: Bode/Winkler, Fahrerlaubnis, § 14 Rn. 8), sicherer scheint jedoch im Fall drohender Fristüberschreitung frühzeitig die Aushändigung eines vorläufigen Nachweises der Fahrberechtigung zu beantragen.*

6. Frage der Besitzstandswahrung

Zur Neueinteilung der Fahrerlaubnisklassen durch Einführung der Fahrerlaubnisverordnung wird auf die Ausführungen unter Rn. 60 ff. verwiesen. Bei Entziehung der Fahrerlaubnis erlischt der Besitzstand. Der Antragsteller kann auf Basis einer – fiktiven Umstellung – beantragen, dass ihm die Fahrerlaubnis entsprechend dem bisherigen Umfang erteilt wird (vgl. § 76 Nr. 9 FeV für die bisherige Klasse 3). Auch hier gilt die Frist des § 20 Abs. 2 Satz 2 FeV.

532

7. Beachtung der Sperrfrist seitens der Fahrerlaubnisbehörde

Die Fahrerlaubnisbehörde hat im Neuerteilungsverfahren etwaige Sperrfristen für eine Neuerteilung zu beachten und den Führerschein erst nach Ablauf der Sperrfrist an den Bewerber auszuhändigen. Die Fahrerlaubnisbehörde ist berechtigt und verpflichtet, in eigener Verantwortung zu prüfen, ob nach Ablauf der Sperrfrist die Voraussetzungen einer Neuerteilung gegeben sind oder ob nach Fristablauf noch Tatsachen vorliegen oder hinzugetreten sind, die einer Neuerteilung entgegenstehen.

533

a) Sperrfrist durch gerichtliche Fahrerlaubnisentziehung

Die Fahrerlaubnisbehörde hat im Verfahren der Neuerteilung einer Fahrerlaubnis eine strafgerichtlich verhängte Sperrfrist zu beachten. Die Fahrerlaubnisbehörde hat die Sperrfrist zu berechnen, da sie im Tenor der strafgerichtlichen Entscheidung nicht ausgeworfen wird („vor Ablauf von. . .darf

534

keine neue Fahrerlaubnis erteilt werden"). Zur Fristberechnung ist der Zeitpunkt der Rechtskraft der Entscheidung maßgeblich, § 69a Abs. 6 StGB. Dieser Zeitpunkt ist jedoch im Zeitpunkt der Urteilsfällung noch nicht bekannt (zur Sperrfrist im strafgerichtlichen Fahrerlaubnisentzugsverfahren allgemein und zur Berechnung der Sperrfrist s. Rn. 288 ff.). Der Antrag auf Neuerteilung wird üblicherweise bereits drei Monate vor Ablauf der strafgerichtlichen Sperrfrist bearbeitet (Bode/Winkler, Fahrerlaubnis, § 11 Rn. 107; Ziegert, zfs 1999, 4, 5).

b) Sperrfrist wegen wiederholter Zuwiderhandlung bei der Fahrerlaubnis auf Probe

535 Ist die Fahrerlaubnis auf Probe nach § 2a Abs. 2 Satz 1 Nr. 3 StVG entzogen worden (wegen wiederholter Zuwiderhandlung/en), beträgt die Sperrfrist drei Monate, § 2a Abs. 5 Satz 3 StVG. Danach **beginnt die Sperrfrist** mit der Ablieferung des Führerscheins.

c) Sperrfrist wegen 18 oder mehr Punkten nach dem „Mehrfachtäter-Punktsystem"

536 Nach § 4 Abs. 10 Satz 1, 2 StVG darf die Fahrerlaubnisbehörde bei einer Entziehung der Fahrerlaubnis wegen Erreichens von 18 oder mehr Punkten nach dem Punktsystem frühestens sechs Monate nach wirksamer Entziehung der Fahrerlaubnis und Ablieferung des Führerscheins die Fahrerlaubnis neu erteilen.

8. Eignungsbedenken der Fahrerlaubnisbehörden im Neuerteilungsverfahren

537 Hat die Fahrerlaubnisbehörde keine Eignungsbedenken, ist die Fahrerlaubnis (§ 2 Abs. 1 StVG) unter den Voraussetzungen des § 20 FeV zu erteilen. Insofern besteht ein **gebundener Anspruch** auf Erteilung der Fahrerlaubnis.

538 Hat die Fahrerlaubnisbehörde jedoch **Eignungsbedenken**, so ist gem. § 20 Abs. 1 FeV i.V.m. §§ 11, 13, 14 FeV zu verfahren. Lediglich in dem Fall, dass die Fahrerlaubnisbehörde von der Ungeeignetheit des Bewerbers überzeugt ist, unterbleibt die Anordnung, §§ 20 Abs. 1, 11 Abs. 7 FeV. Nach dem Regelwerk der §§ 13, 14 FeV ist die Eignungsüberprüfung die Ausnahme. Faktisch kommt es aber im Neuerteilungsverfahren nahezu immer zu einer gutachterlichen Überprüfung der Fahreignung. Hierbei kommt es regelmäßig zur MPU, nicht zur ärztlichen Untersuchung. Praktisch führt dies dazu, dass der Bewerber i.d.R. auf eine „positive" Begutachtung der Fahreignung durch eine Begutachtungsstelle für Fahreignung angewiesen ist, wenn er wieder in den Genuss der Fahrerlaubnis gelangen will. Nach Nr. 1f Satz 4 und 5 der Anlage 15 zur FeV kann die Fahrerlaubnis **nur** erteilt werden, wenn sich ein **grundlegender Wandel** in der Einstellung zum Führen eines Kraftfahrzeuges unter Alkoholeinfluss oder unter BtM/Arzneimitteln vollzogen hat. Zum Zeitpunkt der Erteilung müssen dabei Bedingungen vorhanden sein, die zukünftig einen **Rückfall** als **unwahrscheinlich** erscheinen lassen (zu den Eignungsvoraussetzungen im Erteilungsverfahren allgemein s. Rn. 49 ff.; zu den einzelnen Tatbestandsalternativen der §§ 13, 14 FeV s. Rn. 368 ff.).

Für die Anordnung einer entsprechenden Begutachtung gelten die unter Rn. 570 ff. dargestellten Grundsätze, § 20 Abs. 1 i.V.m. § 11 Abs. 6, 8 FeV.

a) Begutachtungsanlässe für ein ärztliches Gutachten

539 Da bei der **Neuerteilung der Fahrerlaubnis** die Vorschriften über die Ersterteilung gelten, kommt zur Eignungsüberprüfung **grds. nur ein ärztliches Gutachten** in Betracht. Dies ist u.a. der Fall, wenn Tatsachen bekannt werden, die Bedenken gegen die körperliche oder geistige Eignung des Fahrerlaubnisbewerbers begründen; dies insbesondere dann, wenn Tatsachen bekannt werden, die auf eine Erkrankung oder einen Mangel nach den Anlagen 4 und 5 zur FeV hinweisen, §§ 20 Abs. 1, 11 Abs. 2 FeV.

aa) Alkoholproblematik

Ein ärztliches Gutachten ist anzuordnen, wenn Tatsachen die Annahme einer Alkoholabhängigkeit begründen, die Fahrerlaubnis wegen Alkoholabhängigkeit entzogen war oder sonst zu klären ist, ob Alkoholabhängigkeit nicht mehr besteht, §§ 20 Abs. 1, 13 Abs. 1 Nr. 1 FeV. Der in der Praxis häufigste Fall ist der, dass die Fahrerlaubnis wegen Alkoholabhängigkeit entzogen war (§ 11 Abs. 1 Nr. 1 1. Var. FeV). Hierunter fällt nicht jede Fahrerlaubnisentziehung wegen einer Trunkenheitsfahrt, vielmehr nur die Fahrerlaubnisentziehung **wegen Alkoholabhängigkeit** (Hentschel, Straßenverkehrsrecht, § 13 Rn. 3 FeV). **540**

War die Fahrerlaubnis wegen Alkoholabhängigkeit entzogen, ist nach § 13 Nr. 1 FeV ein ärztliches Gutachten zwingend. Hiergegen sprechen Bedenken. Die Feststellung, ob der Fahrerlaubnisbewerber trotz der ihm erhalten bleibenden Alkoholabhängigkeit wieder geeignet ist, ein Kraftfahrzeug zu führen, ist keine ausschließlich medizinische Fragestellung. Vielmehr ist auch eine psychologische Bewertung erforderlich. Für die entsprechende Konstellation bei Betäubungsmitteln ist dies nach § 14 Abs. 2 FeV auch ausdrücklich normiert. **541**

> *Hinweis:*
>
> *Um eine Doppelinanspruchnahme und den damit verbundenen Kosten zu vermeiden, sollte der Anwalt gegenüber der Fahrerlaubnisbehörde anregen, direkt eine Begutachtung durch eine Begutachtungsstelle für Fahreignung anzuordnen (vgl. Bode/Winkler, Fahrerlaubnis, § 14 Rn. 15). Ein Muster für ein entsprechendes Schreiben an die Fahrerlaubnisbehörde ist unter Rn. 688 abgedruckt.*

---

bb) Betäubungsmittel- und Arzneimittelproblematik

Weiter ist eine ärztliche Begutachtung zwingend anzuordnen, wenn Tatsachen die Annahme begründen, dass **Abhängigkeit** von Betäubungsmitteln oder anderen psychoaktiv wirkenden Stoffen vorliegt, bei Einnahme von Betäubungsmitteln und bei missbräuchlicher Einnahme von psychoaktiv wirkenden Arzneimitteln oder anderen psychoaktiv wirkenden Stoffen, §§ 20 Abs. 1, 14, Abs. 1 FeV. Ferner kann ein ärztliches Gutachten angeordnet werden im Fall des § 14 Abs. 1 Satz 2 FeV (widerrechtlicher gegenwärtiger Besitz von Betäubungsmittel oder in der Vergangenheit). **542**

b) Begutachtungsanlässe für eine MPU

Die Fahrerlaubnisbehörde **kann** ein Gutachten durch eine Begutachtungsstelle für Fahreignung bei der Neuerteilung anordnen (ohne vorherige Anordnung eines ärztlichen Gutachtens), wenn **543**

- die Fahrerlaubnis wiederholt entzogen war, die Entziehung der Fahrerlaubnis infolge von Straftaten erfolgte, die mit dem Straßenverkehr oder im Zusammenhang mit der Fahreignung stehen oder bei denen Anhaltspunkte für ein hohes Aggressionspotential bestehen, §§ 20 Abs. 1, 11 Abs. 3 Nr. 5 FeV,

- die Fahrerlaubnis auf Probe entzogen wurde, weil nach der Möglichkeit (unabhängig ob davon auch Gebrauch gemacht wurde) einer verkehrspsychologischen Beratung erneut eine Auffälligkeit erfolgte, § 2a Abs. 5 StVG oder

- Fahrerlaubnisentziehung nach dem Punktsystem wegen charakterlicher Nichteignung erfolgte, § 4 Abs. 10 StVG.

Für den Fall, dass die Teilnahme an einem Aufbauseminar nach Entziehung der Fahrerlaubnis wegen des Erreichens von 18 oder mehr Punkten nachgeholt wird, kommt die Anordnung der Begutachtung durch eine amtlich anerkannte Begutachtungsstelle nach § 4 Abs. 11 StVG nicht in Betracht. Auch im Rahmen der Fahrerlaubnis auf Probe stellt die **Verweigerung der Teilnahme** an einem Aufbauseminar **keinen Anlass** für die Anordnung einer MPU dar. **544**

545 Unabhängig von den genannten Voraussetzungen gelten für die Anordnung der MPU die Vorschriften der §§ 20 Abs. 1, 13, 14 FeV.

aa) Alkoholproblematik

546 Nach §§ 20 Abs. 1, 13 Nr. 2 FeV ist die Anordnung eines medizinisch-psychologischen Gutachtens **zwingend anzuordnen**, wenn

- nach vorangegangenem ärztlichen Gutachten keine Abhängigkeit, jedoch Anzeichen für Alkoholmissbrauch vorliegen oder sonst Tatsachen die Annahme von Alkoholmissbrauch begründen,

- wiederholt Zuwiderhandlungen im Straßenverkehr unter Alkoholeinfluss begangen wurden,

- ein Fahrzeug im Straßenverkehr mit einer BAK von 1,6 ‰ oder einer Atemalkoholkonzentration von 0,8 mg/l oder mehr geführt wurde,

- die Fahrerlaubnis aus den zuvor genannten Gründen entzogen wurde oder sonst zu klären ist, ob Alkoholmissbrauch nicht mehr vorliegt.

547 Für eine Neuerteilung der Fahrerlaubnis ist dann erforderlich, dass der Gutachter eine **positive Prognose** stellt, dazu vgl. Nr. 1f der Anlage 15 zur FeV, abgedruckt im Anhang unter Rn. 694.

bb) Betäubungsmittel- und Arzneimittelproblematik

548 Nach §§ 20 Abs. 1, 14 Abs. 2 FeV ist im **Neuerteilungsverfahren** die **Anordnung eines medizinisch-psychologischen Gutachtens zwingend**, wenn sie

- wegen Betäubungsmittelabhängigkeit i.S.d. BtMG oder von anderen psychoaktiv wirkenden Stoffen,

- wegen Einnahme von Betäubungsmitteln i.S.d. BtMG,

- wegen missbräuchlicher Einnahme von psychoaktiv wirkenden Arzneimitteln oder anderen psychoaktiv wirkenden Stoffen entzogen worden war oder

- wenn sonst zu klären ist, ob Abhängigkeit i.S.d. vorgenannten Gründe nicht mehr vorliegt.

549 Auch hier gilt, dass für die Neuerteilung eine **positive Prognose** erforderlich ist, vgl. Nr. 1f der Anlage 15 zur FeV.

550 Weiter kann im Neuerteilungsverfahren die Beibringung eines medizinisch-psychologischen Gutachtens angeordnet werden, wenn gelegentliche Einnahme von Cannabis vorliegt und **weitere Tatsachen** Zweifel an der Eignung begründen.

551 Auch hier gelten für die Beibringung und Durchführung des medizinisch-psychologischen Gutachtens die allgemeinen Grundsätze, §§ 20 Abs. 1, 11 Abs. 5 (i.V.m. der Anlage 15 zur FeV), Abs. 6 FeV; diese werden dargestellt unter Rn. 570 ff.

9. Maßnahmen zur Wiederherstellung der Kraftfahreignung vor Neuerteilung der Fahrerlaubnis

552 Die amtlich anerkannten Stellen für die Begutachtung der Fahreignung können im Gutachten feststellen, dass der Bewerber um eine Neuerteilung der Fahrerlaubnis – derzeit – nicht geeignet ist, dass sich aber die Eignung durch Teilnahme an einem Kurs zur Wiederherstellung der Fahreignung wiederherstellen lässt, Nr. 1f der Anlage 15 zur FeV. Hat der Betroffene an einem entsprechenden Kurs teilgenommen, ist in aller Regel eine **nachträgliche MPU nicht mehr erforderlich**, § 11 Abs. 10 FeV. Die nachträgliche Anordnung ist somit nur im **Ausnahmefall** möglich. Ein Leitfaden der Bundesanstalt für Straßenwesen zur Anerkennung von Kursen zur Wiederherstellung der Fahreignung findet sich im Amtsblatt des Bundesministeriums für Verkehr 2002, 324.

Hinweis:

Neben der gutachterlichen Empfehlung zu einer entsprechenden Kursteilnahme ist die Zustimmung zur Fahrerlaubnisbehörde erforderlich (§ 11 Abs. 10 Nr. 2 FeV), um im Fall der Teilnahme die Fahrerlaubnis neu zu erlangen ohne (i.d.R.) sich erneut einer MPU unterziehen zu müssen.

Rechtzeitiges Bemühen um die Teilnahme an einem entsprechenden Kurs empfiehlt sich vor allem auch deshalb, weil sich durch die Teilnahme an einem solchen Kurs u.U. eine Abkürzung der im Strafverfahren **bestimmten Sperrfrist** erreichen lässt (zu dieser Möglichkeit wird auf Rn. 310 verwiesen).   553

Hinweis:

In dieser Konstellation kann sich nach Vorlage des mit einer entsprechenden Empfehlung versehenen Gutachtens lohnen, das Gespräch mit der Fahrerlaubnisbehörde zu suchen. Ist sie bereit, das Antragsverfahren ruhen zu lassen bis zum Nachweis einer entsprechenden Kursteilnahme, muss kein neuer Antrag gestellt werden, es fallen somit auch nicht erneute Gebühren für den Antrag an und die Bearbeitungszeit dürfte sich gegenüber einem erneuten Antrag auch verkürzen. Ein Anspruch besteht hierauf allerdings nicht.

---

10. Frage der „bedingten" Eignung im Neuerteilungsverfahren bei Alkohol- bzw. Betäubungsmittel- und Arzneimittelproblematik

Nach § 2 Abs. 4 Satz 2 StVG i.V.m. §§ 23 Abs. 2, 46 Abs. 2 FeV kann auch bedingte Eignung vorliegen. Dies ist der Fall, wenn der Bewerber aufgrund körperlicher oder geistiger Mängel nur bedingt zum Führen von Kraftfahrzeugen geeignet ist. Sie kommen aber auch bei charakterlichen Mängeln in Betracht (Himmelreich/Janker, MPU-Begutachtung, Rn. 471): Die Fahrerlaubnisbehörde erteilt dann (vorbehaltlich des Vorliegens der sonstigen Voraussetzungen) die Fahrerlaubnis mit Beschränkungen oder unter Auflagen, wenn dadurch das sichere Führen von Kraftfahrzeugen gewährleistet ist. Der Begriff der Auflage ist in § 36 Abs. 2 Nr. 4 VwVfG legaldefiniert. Es handelt sich um eine personenbedingte Nebenbestimmung, die vom Adressaten ein Tun oder Unterlassen verlangt. Bei Verstoß gegen eine Auflage liegt eine Ordnungswidrigkeit nach § 75 Nr. 9 FeV vor. Strafrechtliche Sanktionen sind nicht vorgesehen. Erst recht stellt ist der Tatbestand des § 21 StVG nicht erfüllt, da die Fahrerlaubnis von der Auflage unberührt bleibt.   554

Die Anforderungen an die Fahreignung im Zusammenhang mit einer Alkohol-, Betäubungsmittel- und Arzneimittelproblematik ergeben sich aus der **Anlage 4 zur FeV**. Dort sind unter 9.5. (Rubrik Beschränkungen/Auflagen bei bedingter Eignung) im Zusammenhang mit einer Betäubungsmittel/ Arzneimittelproblematik als Auflage „regelmäßige Kontrollen" nach Entgiftung und Entwöhnung und einjähriger Abstinenz ausdrücklich erwähnt, während eine entsprechende Regelung im Zusammenhang mit einer Alkoholproblematik fehlt (vgl. Anlage 4 Nr. 8 zur FeV). Denkbar wären hier Nachuntersuchungen oder der Besuch von Selbsthilfegruppen (Himmelreich/Janker, MPU-Begutachtung, Rn. 519). Nach Bode/Winkler (Fahrerlaubnis, § 15 Rn. 14 ff.), kann die Teilnahme an einer Selbsthilfegruppe zu Recht allenfalls als Empfehlung, nicht aber als verbindliche Auflage in Betracht kommen. Die verpflichtende Teilnahme an einer Selbsthilfegruppe dürfte wohl kontraproduktiv sein. Dabei dürfte wohl die Teilnahmebescheinigung im Vordergrund stehen.   555

Als weitere mögliche Auflagen kommen in Betracht die Teilnahme an einer psychosozialen Gruppentherapie, die **regelmäßige Kontrolle der Leberfunktionswerte** und eine Nachuntersuchung zur Überprüfung der Fahreignung nach einem Jahr (Berz/Burmann/Gehrmann, Handbuch des Straßenverkehrsrechts, 17 C Rn. 151).   556

557   Die Unfähigkeit, Alkohol- und Drogenkonsum und anschließendes Kraftfahrzeugführen trennen zu können, hat **Krankheitswert** i.S.d. § 2 Abs. 4 Satz 1 StVG (Berz/Burmann/Gehrmann, Handbuch des Straßenverkehrsrechts, 18 C Rn. 8a). Die Bewertungen der Anlage 4 zur FeV hinsichtlich der (bestehenden) Kraftfahreignung gelten jedoch nur für den Regelfall, so dass eine – auch gerichtlich – überprüfbare Ausnahme in Form einer **Auflage** möglich sein muss. Festzuhalten ist somit, dass auch trotz fehlender ausdrücklicher Regelung in Nr. 8 der Anlage 4 zur FeV die bedingte Fahreignung unter Auflagen auch bei überwundener Alkoholproblematik möglich ist. Dies folgt letztlich schon aus dem **Grundsatz der Verhältnismäßigkeit**. Von Auflagen wie den o.g. wird in der Praxis auch Gebrauch gemacht.

558   So ergibt sich auch aus der **Anlage 15 zur FeV** unter Nr. 1f, dass dem Betroffenen die Fahrerlaubnis nur dann erteilt werden kann, wenn sich bei ihm ein grundlegender Wandel in der Einstellung zum Führen von Kraftfahrzeugen unter Alkoholeinfluss oder unter Einfluss von Betäubungs-/Arzneimitteln vollzogen hat. Dazu müssen im Zeitpunkt der Erteilung der Fahrerlaubnis Bedingungen vorhanden sein, die zukünftig einen Rückfall als unwahrscheinlich erscheinen lassen. Hierzu kann das Gutachten empfehlen, dass durch geeignete und angemessene Auflagen später überprüft wird, ob sich die günstige Prognose bestätigt hat.

559   Geht es um Mängel im Hinblick auf eine Alkohol-, Betäubungs- und Arzneimittelproblematik, ist für eine Auflage erforderlich, dass die Eignung zum Führen eines Kraftfahrzeuges wiederhergestellt ist. Die Auflage wirkt somit – anders als bei körperlichen und geistigen Mängeln – **nicht eignungsbegründend**, die Eignung muss also im Zeitpunkt der Erteilung der Eignung bereits vorhanden sein. Es handelt sich somit um eine Art „Risikoeignung". Vorstellbar sei eine gewisse „Bandbreite" der Eignung, die aber nur bei flankierenden Maßnahmen so stabil bleibe, dass es bei einer vollständigen Eignung bleiben werde (Himmelreich/Janker, MPU-Begutachtung, Rn. 512).

560   Die Auflage „dauerhafte Abstinenz" ist allerdings als Auflage ungeeignet. Die Aussage, dass von einer dauerhaften Abstinenz ausgegangen werden kann, ist bereits eine Voraussetzung, die eine Auflage überhaupt erst ermöglicht (Himmelreich/Janker, MPU-Begutachtung, Rn. 521). Ebenfalls unzulässig sind Auflagen, die ein vorschriftsmäßiges Verhalten verlangen, ein entsprechendes Handeln ergibt sich aus den Vorschriften des Straßenverkehrsrechts ohnehin.

Hinweis:

In geeigneten Fällen ist darauf achten, dass bereits die behördliche Fragestellung hilfsweise die Beantwortung einer etwaigen Neuerteilung der Fahrerlaubnis unter Auflagen ermöglicht. Erwägenswert ist weiter, den Gutachter um eine ergänzende Erklärung zu bitten, wenn er zu einem für den Mandanten negativen oder „derzeit" negativen Ergebnis kommt. Diese Stellungnahme kann der Fahrerlaubnisbehörde ggf. nachgereicht werden.

---

11. Rechtsschutz

561   Nach erfolglosem Vorverfahren ist die **Verpflichtungsklage** (Versagungsgegenklage) gerichtet auf Neuerteilung der Fahrerlaubnis statthaft. Anders als bei der Anfechtungsklage ist der maßgebliche Zeitpunkt für die Beurteilung der Sach- und Rechtslage die letzte mündliche Verhandlung, §§ 101, 103 VwGO (vgl. auch: VGH Ansbach, zfs 2001, 523; VGH München, DAR 2002, 328, 329).

IX. Begutachtung im Fahrerlaubnis-Verwaltungsverfahren

1. Vorbemerkung

Nach § 24 VwVfG hat die Fahrerlaubnisbehörde, nach § 86 VwGO die Verwaltungsgerichtsbarkeit bei **Zweifeln** hinsichtlich der Kraftfahreignung die Beibringung eines Gutachtens anzuordnen. Es dient der Klärung der Zweifel der Fahrerlaubnisbehörde bzw. des Gerichts. Lediglich für den Fall, dass die Nichteignung zur **Überzeugung** der Fahrerlaubnisbehörde feststeht, unterbleibt die Anordnung zur Beibringung eines Gutachtens, § 11 Abs. 7 FeV dazu: VG München, NZV 2000, 271 f.). Bei der Anordnung handelt es sich nicht um eine Zwangsmaßnahme (Himmelreich/Janker, MPU-Begutachtung, Rn. 14). Die Begutachtung kann durch die Fahrerlaubnisbehörde nicht erzwungen werden; lediglich bei der Weigerung des Betroffenen sind daraus entsprechende für den Betroffenen – negative Schlüsse – in Bezug auf seine Kraftfahreignung zu ziehen (vgl. dazu: Rn. 579). | **562**

Bei der Frage nach der Fahreignung handelt sich um eine Rechtsfrage (s.o. unter Rn. 359), die daher von der Fahrerlaubnisbehörde bzw. gerichtlich zu klären ist. Den Gutachtern kommt hierbei lediglich die **Stellung eines Gehilfen** zu. Das Fahreignungsgutachten ist von der Fahrerlaubnisbehörde einer eigenen Würdigung zu unterziehen und darf von der Behörde nicht ungeprüft übernommen werden (Geiger, NZV 2002, 20, 20). | **563**

> **Hinweis:**
>
> *Hinsichtlich der **Beweiswürdigung** gilt sowohl im Verwaltungsverfahren (§ 69 Abs. 1 VwVfG) als auch im verwaltungsgerichtlichen Verfahren (§ 108 VwGO) der Grundsatz der freien Beweiswürdigung. Nach der Rechtsprechung des BVerwG genügt hierzu eine an Sicherheit grenzende Wahrscheinlichkeit. Die Beweiswürdigung erfolgt nach der Rechtsprechung des BVerwG aufgrund einer Würdigung der Gesamtpersönlichkeit des Kraftfahrers, gemessen nach dem Maßstab seiner Gefährlichkeit für den öffentlichen Straßenverkehr. Hierbei sind sämtliche im Einzelfall bedeutsame Umstände heranzuziehen, die Aufschluss über die körperliche, geistige und charakterliche Eignung geben können. Diese Gesamtwürdigung ist somit Beweiswürdigung. Daraus folgt für die anwaltliche Tätigkeit auch, dass trotz des Untersuchungsgrundsatzes für den Mandanten günstige Tatsachen in das Verfahren einzuführen sind. Trotz der Sachaufklärungspflicht ist das Gericht nicht zur Sachaufklärung „ins Blaue hinein" verpflichtet. Die Sachaufklärungspflicht endet dort, wo die Mitwirkungspflicht beginnt.*

Nach § 46 Abs. 3 FeV setzt die Anordnung der Gutachtenbeibringung voraus, dass Tatsachen bekannt werden, die Bedenken begründen, dass der Inhaber einer Fahrerlaubnis zum Führen eines Kraftfahrzeuges ungeeignet oder nur bedingt geeignet ist; die jeweiligen Gründe hierfür sind konkretisiert den §§ 11 – 14 FeV zu entnehmen. Voraussetzung für die Anordnung nach § 46 Abs. 3 FeV ist, dass die Anforderung des Gutachtens sich auf solche Mängel bezieht, „die bei vernünftiger, lebensnaher Einschätzung die ernsthafte Besorgnis begründen, dass der Betroffene sich als Führer eines Kraftfahrzeuges nicht verkehrsgerecht und umsichtig verhalten wird" (BVerfG, NJW 1993, 2365, 2367). Für den Verdacht der Fahrerlaubnisbehörde sind mithin stets Tatsachen (vgl. § 2 Abs. 8 StVG) im Sinne konkreter greifbarer Anhaltspunkte erforderlich (Himmelreich/Janker, MPU-Begutachtung, Rn. 18). Ein wie auch immer gearteter Verdacht selber reicht daher für die Anordnung einer Begutachtung nicht aus (VG Berlin, NJW 2000, 2440 ff.; Beispiel für die Anordnung eines Gutachtens aufgrund eines „diffusen Vorverdachts"). Auch ein anonymes Schreiben einer „besorgten Bürgerin" reicht alleine nicht aus, um etwa die Anordnung eines ärztlichen Gutachtens anzuordnen. Trotz des verwaltungsrechtlichen Untersuchungsgrundsatzes (§ 24 VwVfG) | **564** sei die Behörde verpflichtet die in Rede stehenden Behauptungen zu verifizieren oder zumindest schlüssig erscheinen zu lassen (VG Saarlouis, zfs 2001, 95, 96).

565 Wegen bestehender **Eignungsbedenken aufgrund Alkoholkonsums** wird auf Rn. 368 ff. verwiesen, hinsichtlich bestehender Bedenken aufgrund **Betäubungs- und Arzneimittel** auf Rn. 404 ff.

2. Ärztliche Untersuchung oder MPU

566 Für die hier in Rede stehenden Begutachtungsanlässe kommt entweder ein ärztliches Gutachten oder die Begutachtung durch eine Begutachtungsstelle für Fahreignung in Betracht. Die Begutachtungsstelle führt die MPUs durch (§ 65 FeV). Für die Begutachtungsanlässe nach dem StVG und der FeV ist stets die Begutachtung durch eine BfF vorgesehen, §§ 2a Abs. 4 Satz 1, 2a Abs. 5 Satz 4, 4 Abs. 10 Satz 3 StVG, nach den §§ 11–14 FeV und je nach Anlass die ärztliche Begutachtung.

> **Hinweis:**
>
> *Es gibt auch Fälle, in denen die MPU als Untersuchungsmethode mit den Komponenten der medizinischen und psychologischen Untersuchung (Doppelbegutachtung) unverhältnismäßig ist und nur eine psychologische Untersuchung in Betracht kommt. Die nur psychologische Untersuchung ist weder im StVG noch in der FeV vorgesehen. Gleichwohl ist eine Doppel- bzw. Mehrfachuntersuchung nicht zwingend (Himmelreich/Janker, MPU-Begutachtung, Rn. 142). Dies folgt letztlich aus dem Grundsatz der Verhältnismäßigkeit. Die nur psychologische Untersuchung ist gegenüber einer MPU ein Minus, kann somit in geeigneten Fällen das mildere – somit allein verhältnismäßige – Mittel sein (s. dazu: OVG Saarlouis, DAR 1996, 291, 292).*

567 Nachfolgend wird zunächst das **Verfahren der Gutachtenbeiziehung** erläutert, da es für die ärztliche und medizinisch-psychologische Begutachtung gleichermaßen gilt. Im Anschluss daran wird kurz auf die ärztliche Untersuchung eingegangen, dann auf die MPU.

3. Rechtsgrundlagen für Begutachtungen

568 Rechtsgrundlage für die Anordnung der Beibringung eines Gutachtens ist bei Eignungszweifeln § 46 Abs. 3 i.V.m. §§ 11 ff. FeV; bei Befähigungszweifeln, die vorliegend nicht erörtert werden, ist Rechtsgrundlage § 46 Abs. 4 Satz 2 FeV.

569 Für die Begutachtungen (der ärztlichen und der MPU) selber gelten die in der Anlage 15 zur FeV genannten Grundsätze. Die Anlage 15 zur FeV (zu § 11 Abs. 5 FeV) ist im Anhang unter Rn. 694 abgedruckt.

4. Verfahren der Beiziehung des Gutachtens

570 Der konkrete Ablauf des Verfahrens, der für die **Anordnung** der Beibringung eines Gutachtens **Rechtmäßigkeitsvoraussetzung** ist, ist in § 11 Abs. 6 – 8 FeV geregelt.

a) Anordnung der Beibringung des Gutachtens

571 Nach § 11 Abs. 6 Satz 1 FeV legt die Fahrerlaubnisbehörde zur Klärung o.g. Zweifel unter Berücksichtigung der Besonderheiten des Einzelfalls und unter Berücksichtigung der Anlage 4 zur FeV in der Anordnung zur Beibringung des Gutachtens fest, welche Fragen im Hinblick auf die Eignung des Betroffenen zum Führen von Kraftfahrzeugen zu klären sind. Nach § 11 Abs. 6 Satz 2 FeV hat die Fahrerlaubnisbehörde dem Betroffenen die **Gründe** für die Zweifel an der Kraftfahreignung **mitzuteilen**. Dass dem Betroffenen auch die nach § 11 Abs. 6 Satz 1 FeV behördenintern festzule-

genden Fragen mitzuteilen sind, sieht § 11 Abs. 6 FeV nicht vor. Vielmehr sieht erst die Regelung des § 11 Abs. 6 Satz 4 FeV vor, dass die Fahrerlaubnisbehörde der untersuchenden Stelle mitzuteilen hat, welche Fragen im Hinblick auf die Fahreignung zum Führen vom Kraftfahrzeugen zu klären sind (VGH Mannheim, zfs 2002, 157, 158 = DAR 2002, 183 = NZV 2002, 294). Ferner muss sie ihm nach dieser Vorschrift unter Angabe der in Betracht kommenden Stelle oder Stellen mitteilen, dass er sich innerhalb einer von ihr festgelegten Frist auf seine Kosten hin der Untersuchung zu unterziehen und das Gutachten beizubringen hat. Die Fahrerlaubnisbehörde hat bei der Anordnung darauf hinzuweisen, dass sie auf Nichteignung schließen darf, wenn sich der Betroffene weigert, sich untersuchen zu lassen oder das von ihr geforderte Gutachten nicht fristgerecht beibringt, § 11 Abs. 8 Satz 2 FeV.

b) Festlegung einer konkreten Fragestellung

Die Fahrerlaubnisbehörde hat unter Berücksichtigung der Besonderheiten des Einzelfalls und unter Berücksichtigung der Anlage 4 festzulegen, welche Fragen im Hinblick auf die Kraftfahreignung zu klären sind. Der Gutachter benötigt für sein Gutachten, das er unter Beachtung der Anlage 15 der FeV zu erstellen hat, eine **möglichst konkrete Fragestellung**. Diese ist so zu formulieren, dass sie nicht auf Klärung der Eignungsfrage gerichtet ist (Berz/Burmann/Gehrmann, Handbuch des Straßenverkehrsrechts, 19 C Rn. 4).   572

> *Hinweis:*
>
> *Auf die Einhaltung des Vorgenannten ist zu achten. Hat die Fahrerlaubnisbehörde einen konkreten Verdacht, kann sie klare Fragen aufwerfen; umgekehrt ist Ausforschung zu vermuten, wenn Fragen lediglich vage gestellt werden. Die Fahrerlaubnisbehörde hat Fragen nicht „in den Raum zu stellen".*

Eine Auflistung möglicher Fragestellungen findet sich bei Bode/Winkler, Fahrerlaubnisrecht, Anhang, S. 534 f.

Adressat der Fragestellung ist der Empfänger der Fragestellung. Für ihn – aus Sicht des Empfängerhorizontes – muss die Fragestellung verständlich und nachvollziehbar sein; nicht allein dem Gutachter soll die Fragestellung den Gutachtenauftrag erleichtern (diesen Eindruck gewinnt man bei Bode/Winkler, Fahrerlaubnis, § 7 Rn. 176 ff.). Dies hindere die Fahrerlaubnisbehörde nicht daran, in ihrer Fragestellung einige – zutreffende – juristische und medizinische Fachausdrücke zu verwenden, deren Bedeutung durch Nachfrage bei der Fahrerlaubnisbehörde aufklärbar wären (VGH Mannheim, zfs 2002, 157, 158 = DAR 2002, 183).   573

Beispiel für eine rechtlich nicht zulässige Fragestellung (VG Freiburg, NZV 2000, 388 ff.):

Die Aufforderung (zur Begutachtung) enthielt lediglich den (inhaltlichen) Hinweis, dass „die Frage nach dem Betäubungsmittelkonsum des Antragstellers während eines Beobachtungszeitraumes von einem halben Jahr ab der Anordnung durch den Facharzt mit mindestens zwei forensisch gesicherten politoxikologischen Untersuchungen nach kurzfristiger Einstellung zu klären ist". Damit sei nicht mit der gebotenen Deutlichkeit festgelegt, welche Fragen im Hinblick auf seine Eignung zum Führen von Kraftfahrzeugen zu klären sind. Aus seiner Sicht (des Betroffenen) musste dieser das Schreiben als Aufforderung zur Erteilung eines (umfassenden) psychologischen Gutachtens über seine Fahreignung verstehen, in dessen Rahmen ihm auch zwei „forensisch gesicherte politoxikologische Untersuchungen" – was immer das auch bedeuten mochte – abverlangt wurde. Er konnte nach dem objektiven Erklärungswert dieses Schreibens durchaus nicht davon ausgehen, dass er im Wesentlichen nur zwei Urin-Kontrolluntersuchungen (Drogenscreenings) unterzogen werden würde. Damit habe die Anordnung zur Gutachtenbeibringung nicht den rechtlichen Anforderungen des § 11 Abs. 6 FeV genügt.

574 Eine **Auflistung möglicher Fragestellungen** anhand der verschiedenen Tatbestände, die Anlass für die Anordnung der MPU sind, findet sich bei Bode/Winkler, Fahrerlaubnis, Anhang, S. 536 ff.

c) Mitteilung an den Betroffenen

575 Die Fahrerlaubnisbehörde muss dem Betroffenen die **Gründe** für die Zweifel an der Fahreignung mitteilen, § 11 Abs. 6 Satz 2 FeV.

d) Auswahl der für die Untersuchung in Betracht kommenden Stelle oder Stellen

576 Abgesehen von dem Fall, dass nur eine Stelle zur Begutachtung in der Lage ist – etwa bei einer seltenen Krankheit –, folgt aus dem Wortlaut des § 11 Abs. 6 Satz 2 FeV, dass der **Betroffene** unter mehreren in Betracht kommenden Stellen für die Begutachtung die **Auswahl** hat. Er kann also zwischen mehreren Ärzten (sofern sie entsprechend qualifiziert sind, §§ 11 Abs. 2 Satz 3 Nr. 1 – 3, 65 FeV) oder mehreren amtlich anerkannten Begutachtungsstellen für Fahreignung (§§ 11 Abs. 3, 66 FeV) auswählen.

577 Auch hiergegen wird verstoßen (OVG Hamburg, NZV 2000, 348 f.): Der Betroffene sollte sich einer ärztlichen Untersuchung unterziehen. Mit dieser Anordnung war die Beibringung eines Gutachtens des Instituts für Rechtsmedizin der Universität H. verbunden. Hierin sah der Senat einen Verstoß gegen das Auswahlrecht des Betroffenen. Der Betroffene habe ein Recht der Behörde mitzuteilen „welche" Stelle er beauftragt habe. Dies belege auch § 11 Abs. 6 Satz 3 FeV, wonach der Betroffene die Behörde darüber zu unterrichten hat, „welche Stelle er mit der Untersuchung beauftragt hat". Auch solle der Eindruck eines zu engen Kontakts zwischen anordnender Behörde und beauftragtem Gutachter vermieden werden (§ 11 Abs. 2 Satz 5 FeV).

578 Nach einer Auffassung in der Literatur (Himmelreich/Janker, MPU-Begutachtung, Rn. 56 ff.) kann der Betroffene auch innerhalb einer von ihm gewählten BfF den **Gutachter seines Vertrauens** auswählen. Nach der Gegenauffassung (Bode/Winkler, Fahrerlaubnis, § 7 Rn. 185 ff.) ist dies nicht der Fall; der Betroffene habe ausweislich des Wortlautes die Auswahl der „Stelle", nicht des Gutachters. Er habe das Gutachten einer Stelle, nicht das **eines Gutachters** beizubringen. In der Rechtsprechung ist diese Frage – soweit ersichtlich – bisher nicht entschieden.

e) Fristsetzung mit Belehrung über „Nichteignungsfiktion" bei Gutachtenverweigerung

579 **Weigert** der Betroffene sich danach, sich untersuchen zu lassen oder bringt er der Fahrerlaubnisbehörde das von ihr geforderte Gutachten nicht fristgerecht bei, darf die Behörde auf Nichteignung schließen, § 11 Abs. 8 FeV. Das „darf" in der Vorschrift des § 11 Abs. 8 FeV räumt der Fahrerlaubnisbehörde kein Ermessen ein, sondern erteilt ihr die Befugnis, wie beschrieben zu verfahren (vgl. auch: Geiger, zfs 2001, 488, 494).

580 Die Entziehung der Fahrerlaubnis setzt voraus, dass die Anordnung der Gutachtenbeibringung selber rechtmäßig ist, da ansonsten der Schluss auf Nichteignung nicht gerechtfertigt ist. Dies ergibt sich zwar nicht ausdrücklich aus dem Wortlaut des § 11 Abs. 8 FeV, folgt aber aus der Bezugnahme der Verordnungsbegründung auf die frühere Rechtsprechung des BVerwG (VGH München, DAR 2002, 328, 329; Hentschel, Straßenverkehrsrecht, § 11 FeV Rn. 5, 22, 24). Ferner macht § 11 Abs. 8 Satz 2 FeV den Schluss auf die Nichteignung davon abhängig, dass der Betroffene auf diese Rechtsfolge hingewiesen wurde. Wenn vertreten wird, dass die Belehrung nach § 11 Abs. 8 Satz 2 FeV auch zu einem anderen Zeitpunkt als zum Zeitpunkt der Aufforderung das Gutachten vorzulegen, erfolgen kann, wenn die Belehrung so rechtzeitig erfolgt, dass er sich darauf einstellen kann, um die aus § 11 Abs. 8 Satz 1 FeV folgende nachteilige Folge abzuwenden (Geiger, NZV 2002, 20, 22), ist dies mit dem eindeutigen Wortlaut des § 11 Abs. 8 Satz 2 FeV nicht vereinbar. Der Betroffene ist auf die aus § 11 Abs. 8 Satz 1 FeV folgende – drohende – Rechtsfolge **bei** Anordnung des Gutachtens hinzuweisen. Die Überprüfung der Rechtmäßigkeit der Anordnung kann nach der bisher ständige Rechtsprechung als Verfahrenshandlung, ohne die Qualität eines Verwaltungsaktes zu haben, nicht isoliert angefochten werden (§ 44a VwGO). Die Überprüfung der Recht-

mäßigkeit kann somit nur im Rahmen der Anfechtung der Entziehungsverfügung selbst erfolgen (vgl. dazu Rn. 597 ff.). Ob der Betroffene sein Einverständnis zur Gutachtenbeiziehung erklärt, ist unerheblich. Die Rechtmäßigkeit der Gutachtenanforderung steht weder zur Disposition der Fahrerlaubnisbehörde noch zur Disposition des Betroffenen (OVG Hamburg, DAR 1998, 323; Hentschel, Straßenverkehrsrecht, § 11 FeV Rn. 24). Dies gilt auch für **Art und Umfang der Begutachtung** (BVerfG, NZV 1998, 300).

Das VG Neustadt a.d.W. (zfs 2000, 41 ff.) entschied folgenden Fall: Die Fahrerlaubnisbehörde ord- 581
nete gegenüber dem Antragsteller die Beibringung eines medizinisch-psychologischen Gutachtens an. Er hat sich der Begutachtung unterzogen mit einem für ihn negativen Ergebnis. Er verweigerte jedoch die Vorlage des Gutachtens gegenüber der Fahrerlaubnisbehörde, die ihn auf die ihm für diesen Fall drohenden Folgen zuvor hingewiesen hat. Die Fahrerlaubnisbehörde erlangte anderweitig Kenntnis vom Ergebnis der MPU. Nach Auffassung der Kammer bedarf die Frage, ob die Anordnung rechtmäßig war, keiner weiteren Prüfung. Die Anordnung habe sich mit der Begutachtung in einer Weise erledigt, dass von einem seitens der Behörde rechtswidrig erlangten Untersuchungsergebnis nicht mehr gesprochen werden kann. Die Kenntnis sei dann nicht auf rechtswidrige Weise erlangt; die Nichtvorlage des geforderten und erstellten Gutachtens lasse den Schluss auf Nichteignung zu.

Dem Beschluss kann nicht zugestimmt werden. Die Frage der **Überprüfbarkeit** – und damit des 582
rechtlichen Gehörs – der zeitlich vorherigen Anordnung kann nicht davon abhängig sein, ob der Betroffene sich weigert, das Gutachten vorzulegen oder nicht, wobei schon fraglich ist, ob darin überhaupt ein Weigern gesehen werden kann, wenn die Nichtvorlage aufgrund einer sachlichrechtlichen Auseinandersetzung erfolgt (Himmelreich/Janker, MPU-Begutachtung, Rn. 67). Überreicht er das negative Gutachten, verbleibt es außerdem in der Führerscheinakte (Himmelreich/Janker, MPU-Begutachtung, Rn. 67 m.w.N.). Ferner ist nicht einsehbar, wieso die Rechtmäßigkeit der Anordnung zu überprüfen ist, wenn der Betroffene sich u.U. berechtigt weigert, sich überhaupt untersuchen zu lassen, nicht aber dann, wenn er die Untersuchung noch über sich ergehen lässt, sich aber dann weigert, es vorzulegen.

aa) Verwertbarkeit rechtswidrig angeordneter Gutachten

Nach der Rechtsprechung des BVerwG (noch zu § 15b StVZO) ist ein Gutachten trotz Rechtswid- 583
rigkeit seiner Anordnung verwertbar (BVerwG, NJW 1982, 2885; BVerwG, NZV 1996, 332; ebenso: VGH München, NZV 1994, 454; vgl. auch Himmelreich/Janker, MPU-Begutachtung, Rn. 382). Das OVG Bremen hält in seinem Beschluss vom 8. 3. 2000 diese Frage in Anbetracht der neuen Rechtslage für „überprüfungsbedürftig", hat die Rechtsfrage aber nicht entschieden (OVG Bremen, NJW 2000, 2438, 2439).

bb) Schweigen/Fristfragen

Nach dem Wortlaut der Vorschrift des § 11 Abs. 8 FeV ist eine Weigerung des Betroffenen erfor- 584
derlich. Diese kann ausdrücklich erfolgen, kann sich aber auch aus den Umständen ergeben. Ein schlichtes Schweigen stellt keine Weigerung dar. Die Fahrerlaubnisbehörde muss sich Klarheit verschaffen, ob der Betroffene untätig blieb, um der Begutachtung ausweichen zu wollen (Bode/Winkler, Fahrerlaubnis, § 8 Rn. 61).

Dazu das OVG Hamburg (NZV 2000, 348 f.): Die Fahrerlaubnisbehörde hat dem Betroffenen eine 585
Frist zur Übersendung einer „Einverständniserklärung" mit der Gutachtenanforderung gesetzt, die der Betroffene verstreichen ließ, nicht aber eine ausdrückliche Frist zur Beibringung des Gutachtens. Darin sei ein Schweigen zu sehen, nicht aber eine ausdrückliche oder konkludente Weigerung zur Beibringung des Gutachtens selbst. Hieran knüpfe § 11 Abs. 8 FeV keine negativen Folgen (OVG Hamburg, NZV 2000, 348, 349).

586 Ob es sich bei der Frist, die die Fahrerlaubnisbehörde dem Betroffenen setzen kann, um eine **Ausschlussfrist** handelt, ist durch das OVG Lüneburg ausdrücklich offen gelassen worden (OVG Lüneburg, zfs 2000, 86, 87; dazu: OVG Koblenz DAR 1999, 518, 519). Im Hinblick auf „den sichersten Weg" ist von einer Ausschlussfrist auszugehen.

cc) Wirtschaftliche Gründe

587 Sieht sich der Betroffene aus wirtschaftlichen Gründen nicht in der Lage, sich einer Begutachtung zu unterziehen, wird dies nicht berücksichtigt. Das Gesetz mutet ihm zu, dass er die zur **Verkehrssicherheit erforderlichen Kosten** aufzubringen hat, ebenso wie es ihm zumutet, die Kosten zu zahlen, die zum verkehrssicheren Führen eines Kraftfahrzeuges erforderlich sind (Bode/Winkler, Fahrerlaubnis, § 8 Rn. 65). Gleiches gilt für die Kosten eines für ihn u.U. erforderlichen Dolmetschers (Geiger, NZV 2002, 20, 22). Die Kosten für die Begutachtung der BfF sind bundeseinheitlich verbindlich in der Gebührenordnung für Maßnahmen im Straßenverkehr festgelegt.

> *Hinweis:*
>
> *Ggf. sollte der Anwalt versuchen, bei der BfF eine Ratenzahlung für die Gebühren für die Begutachtung zu erreichen.*

dd) Verspätete Mitwirkungsbereitschaft

588 Die verspätete Mitwirkungsbereitschaft als solche kann dem Schluss auf Ungeeignetheit nicht entgegengehalten werden. Die nachträglich erklärte Bereitschaft des Betroffenen, nunmehr zur Beibringung einer Begutachtung bereit zu sein, rechtfertigt weder die Aufhebung einer deshalb ergangenen Fahrerlaubnisentziehung noch die Aussetzung der Vollziehung der entsprechenden Verfügung (Bode/Winkler, Fahrerlaubnis, § 8 Rn. 63). Bei **grundloser Weigerung** kann die Annahme fehlender Eignung somit nicht durch die nachträglich erklärte Bereitschaft zur Gutachtenbeibringung ausgeräumt werden, sondern nur durch ein positives Gutachten (VGH Mannheim, NZV 1993, 327; Hentschel, Straßenverkehrsrecht, § 11 FeV Rn. 23).

> *Hinweis:*
>
> *Für die gerichtliche Vertretung kann sich folgendes Problem ergeben: Erklärt der Mandant sich erst im gerichtlichen Verfahren gegen die Entziehung der Fahrerlaubnis zur Begutachtung bereit, gilt Folgendes: Grds. kommt es für die Beurteilung der Anfechtungsklage auf den Zeitpunkt der Sach- und Rechtslage bei Abschluss des Verwaltungsverfahrens an, d.h. maßgeblicher Zeitpunkt ist der Erlass des Widerspruchsbescheides (VG München, NZV 2000, 271). Die nachträgliche Bereitschaft wird im Entziehungsverfahren nicht berücksichtigt (anders im Verfahren gerichtet auf Neuerteilung nach § 20 FeV). Dies gilt jedoch nur, wenn die Anforderung des Gutachtens ihrerseits rechtmäßig war. Im Rahmen der Voraussetzungen des § 3 Abs. 1 StVG, § 46 Abs. 1 FeV ist daher inzident zu überprüfen, ob das Gutachten nach § 46 Abs. 3 i.V.m. §§ 11 ff. FeV angefordert werden durfte.*

f) Kostenbelehrung

589 Schließlich ist der Betroffene **in der Anordnung** darüber zu belehren, dass die Untersuchung auf seine Kosten erfolgt, § 11 Abs. 6 Satz 2 FeV.

g) Meldung Betroffener an Behörde/Behörde an Gutachter

Der Betroffene hat der Fahrerlaubnisbehörde die Stelle mitzuteilen, die er mit der Untersuchung beauftragt hat, § 11 Abs. 6 Satz 3 FeV. **590**

Nach § 11 Abs. 6 Satz 4 FeV hat die Behörde dann der vom Betroffenen gewählten Stelle mitzuteilen, welche Fragen im Hinblick auf die Kraftfahreignung des Betroffenen zu klären sind. **591**

Hinweis:

Die Fragestellung wird durch die Anordnung gegenüber dem Betroffenen festgelegt. Die formelle Mitteilung der Fahrerlaubnisbehörde an die Untersuchungsstelle muss die dort – bereits festgelegte – Fragestellung beinhalten (Himmelreich/Janker, MPU-Begutachtung, Rn. 25, 31).

Hierzu hat die Behörde der Begutachtungsstelle für Fahreignung die vollständigen Unterlagen zu übersenden, soweit sie unter Beachtung **gesetzlicher Verwertungsverbote** verwendet werden dürfen, § 11 Abs. 6 Satz 4 FeV. Damit erhält der Gutachter auch einen BZR-Auszug über den Probanden, eventuell vorhandene Briefe des Probanden an die Fahrerlaubnisbehörde bzw. Schriftsätze seines Anwalts an die Fahrerlaubnisbehörde. Die Behörde übersendet die Akten nur, wenn der **Betroffene** seine **Zustimmung zur Aktenübersendung** erklärt hat. Die Erklärung der Zustimmung wird dem Betroffenen zumeist zusammen mit der Aufforderung zur Beibringung eines Gutachtens übersandt. Eine Begutachtung ohne vorherige Übersendung der Akten lässt sich somit nicht erreichen. **592**

Die Folgen der Nichtbeachtung eines bestehenden gesetzlichen Verwertungsverbotes sind dort nicht ausdrücklich geregelt. Da hierdurch das allgemeine Persönlichkeitsrecht des Betroffenen aus Art. 2 Abs. 1 i.V.m. Art. 1 Abs. 1 GG geschützt werden soll, kann es zwangsläufig nur ein absolutes Verwertungsverbot nach sich ziehen. **593**

Dazu das OVG Koblenz (NJW 2000, 2442 f.): Eine im VZR getilgte Eintragung darf für die Eignungsbegründung nicht herangezogen werden (§§ 28 Abs. 2 Nr. 1, 29 Abs. 8 StVG). Dies gelte nicht erst für die abschließende Fragestellung der Beurteilung der Fahreignung, sondern bereits für die Frage, ob Eignungszweifel überhaupt gerechtfertigt sind. Der Begriff der „Beurteilung der Eignung" in § 28 Abs. 2 Nr. 1 StVG setze somit schon bei der Frage an, ob überhaupt Eignungszweifel vorliegen. **594**

h) Rechtsverhältnis zwischen Betroffenen und begutachtender Stelle

Es besteht allein ein Rechtsverhältnis zwischen dem Betroffenen und dem Gutachter, der Sache nach ein Werkvertrag nach §§ 631 ff. BGB. **595**

Hinweis:

Die Begutachtung ist i.Ü. rein persönlicher Natur. Die rechtliche Vertretung durch einen Rechtsanwalt ist somit nicht möglich. Geregelt ist das in § 2 Abs. 3 VwVfG. Danach gilt § 14 VwVfG, der die Vertretung durch einen Bevollmächtigten im Verwaltungsverfahren regelt, nicht jedoch bei Leistungs-, Eignungs- und ähnlichen Prüfungen. Der Rechtsanwalt sollte aber schon die schlichte Anwesenheit bei der Begutachtung ablehnen um vorzubeugen, dass der Gutachter davon ausgeht, der Betroffene sei ihm gegenüber nicht offen.

Auftraggeber ist allein der Betroffene, Auftragnehmer die Begutachtungsstelle. Dies stellt – rein deklaratorisch – § 11 Abs. 6 Satz 5 FeV klar. Bei der Begutachtung handelt es sich um ein reines **Privatgutachten** (Himmelreich/Janker, MPU-Begutachtung, Rn. 46). Die Beziehung zwischen der Fahrerlaubnisbehörde und der begutachtenden Stelle reduziert sich daher auf die Mitteilung der festgelegten Fragestellung und der Übersendung der vollständigen Unterlagen. Die begutachtende Stelle bzw. der Gutachter ist nicht befugt (§ 203 StGB), der Fahrerlaubnisbehörde Auskünfte zu erteilen; umgekehrt ist die Fahrerlaubnisbehörde nicht befugt, Auskünfte zu verlangen. Nach § 203 StGB macht sich auch strafbar, wer als Geheimnisträger gegenüber einem Geheimnisträger ein Geheimnis verrät.

596   **Hinweis:**

*In die eine wie in die andere Richtung ist die **Einwilligung des Betroffenen** erforderlich. Hieraus folgt auch, dass allein dem Betroffenen als Auftraggeber das Gutachten zuzuleiten ist (vgl. auch: Hentschel, Straßenverkehrsrecht, § 11 FeV Rn. 20), wenn er nicht der unmittelbaren Übersendung an die Fahrerlaubnisbehörde zustimmt, was er in keinem Fall tun sollte (er ist allein „Herr des Verfahrens"). Auch hierauf ist hinzuweisen. Das Gutachten ist zuerst zu überprüfen. Nur dann kann beurteilt werden, ob das Gutachten für das Anliegen des Mandanten hilfreich ist oder ob es nicht vielmehr „Steine statt Brot" enthält (für den Fall vgl. unten zum Handlungsbedarf bei negativer MPU). Im Anhang (Rn. 689) ist ein Textbaustein abgedruckt, mit dessen Hilfe der Mandant entsprechend informiert werden kann.*

5. Rechtsschutz gegen die Anordnung der Gutachtenbeibringung

597   Wenn die Anordnung des Gutachtens rechtswidrig ist, etwa weil sie einer der nachfolgenden Anforderungen nicht genügt, die an sie gestellt werden, handelt es sich nach der bisher gefestigten Rechtsprechung nicht um einen selbstständig anfechtbaren Verwaltungsakt. Als bloß vorbereitende Maßnahme fehle es an einer „Regelung" i.S.d. § 35 Satz 1 VwVfG, da die Anordnung nicht unmittelbar auf die Herbeiführung einer Rechtsfolge gerichtet ist, sondern lediglich der Vorbereitung der Entscheidung über die Entziehung der Fahrerlaubnis dient. Sie habe auch deshalb nicht die Qualität eines Verwaltungsaktes, da sie nicht erzwingbar sei, sondern – bei Verweigerung der Beibringung des Gutachtens – allenfalls mit Beweisnachteilen verbunden ist. Eine Anhörung des Betroffenen nach § 28 VwVfG vor Anordnung müsse daher nicht erfolgen, ebenso wenig sei eine schriftliche Begründung nach § 39 VwVfG erforderlich. Dies gelte auch dann, wenn der Behörde bei Anordnung der Begutachtung ein Ermessen zustehe (Geiger, NZV 2002, 20). Auch wird nach Auffassung der Rechtsprechung die Anordnung der Begutachtung nicht der gerichtlichen Kontrolle entzogen, da der Betroffene die Rechtswidrigkeit inzident durch den Rechtschutz gegen die Fahrerlaubnisentziehung überprüfen kann (seit BVerwGE 34, 248 ff. = NJW 1970, 1989 = DAR 1969, 167 ff.; BayVGH, NJW 1997, 1457; vgl. auch: Berz/Burmann/Gehrmann, Handbuch des Straßenverkehrsrechts, 19 B Rn. 20; Buschbell/Utzelmann, Die Fahrerlaubnis in der anwaltlichen Beratung, § 13 Rn. 28, 35; Eyermann, VwGO, § 44a VwGO Rn. 9; Geiger, NZV 2002, 20; Himmelreich/Janker, MPU-Begutachtung, Rn. 19; Hentschel, Straßenverkehrsrecht, § 11 FeV Rn. 26; Janiszewski/Jagow/Burmann, Straßenverkehrsordnung, § 3 StVG Rn. 3e und § 46 FeV, Rn. 13; Kopp/Schenke, VwGO, § 44a Rn. 4).

598   Mit überzeugenden Argumenten spricht sich Schreiber (ZRP 1999, 519, 523 f.) dafür aus, in der **Anordnung** zumindest nach der Neuregelung des Fahrerlaubnisrechts in der FeV einen **selbstständig angreifbaren Verwaltungsakt** zu sehen.

599   Komme der Betroffene der Anordnung ohne zureichenden Grund nicht nach, treffe ihn zwingend die Konsequenz des § 11 Abs. 8 FeV. Dies sei der entscheidende Unterschied zur alten Rechtslage, bei der die Behörde die Anordnung im Rahmen ihres **Ermessensspielraumes durchsetzen durfte**. Bei alter Rechtslage sei noch verständlich, von einer Vorbereitungshandlung auszugehen. Bei der

jetzigen Rechtslage treffe ihn die Rechtsfolge des § 11 Abs. 8 FeV aber ohne weiteres. Damit sei die Anordnung ein Verwaltungsakt, gegen den aus Gründen der Rechtsstaatlichkeit Rechtsbehelfe zum Schutz des Betroffenen möglich sein müssen. Daher, so Schreiber, sei die logische Konsequenz: Die Anfechtungsklage und das Widerspruchsverfahren müssen für die Anordnung der Gutachtenbeibringung statthaft sein. Auch Bode/Winkler (Fahrerlaubnis, § 10 Rn. 9 ff.) folgen der Argumentation Schreibers. Zu Recht, da kaum begründbar sein dürfte, warum es nunmehr noch an einer „Regelung" fehlt. Ferner wird zutreffend darauf hingewiesen, dass das BVerfG in seiner Rechtsprechung in der Anordnung eines MPU-Gutachtens einen Eingriff in den durch Art. 2 Abs. 1 GG und Art. 1 Abs. 1 GG geschützten Bereich „unantastbarer privater Lebensgestaltung" gesehen habe (BVerfGE 69, 84, 89); wenn darin bereits ein erheblicher Eingriff gesehen werde, könne das Vorliegen eines Verwaltungsaktes nicht zweifelhaft sein (Brandt/Sachs/Siegmund, Handbuch, I D Rn. 42 f). Nach einem Beschluss des OVG Münster vom 22.1.2001 ist die Anordnung der Fahrerlaubnisbehörde ein medizinisch-psychologisches Gutachten beizubringen kein Verwaltungsakt, sondern lediglich eine an den Fahrerlaubnisinhaber gerichtete vorbereitende Maßnahme. Regelungswirkung komme der Anordnung auch nicht dadurch zu, dass sich die Anordnung zwangsweise durchsetzen lasse. Dies sei nach wie vor nicht der Fall. Die Fahrerlaubnisbehörde dürfe lediglich daraus auf die Nichteignung schließen (OVG Münster, NZV 2001, 396, 398). Da die Norm des § 11 Abs. 8 FeV der Fahrerlaubnisbehörde kein Ermessen einräumt, sondern ihr lediglich eine Befugnis verleiht, erscheint dies allerdings zweifelhaft.

Hinweis:

Die Darstellung des Streitstandes nimmt hier breiten Raum ein, weil nach bisheriger Rechtslage eindeutig seit o.g. Entscheidung des BVerwG gilt, dass die Anordnung der Gutachtenbeibringung kein selbstständig angreifbarer Verwaltungsakt ist. Die Entwicklung der Rechtsprechung muss daher beobachtet werden. Bleibt es bei dieser Rechtsprechung, dient die Anordnung – wie bisher – nur der Vorbereitung der Entscheidung über die Entziehung der Fahrerlaubnis und kann nur innerhalb der Anfechtung der Entziehung selbst überprüft werden. § 44a VwGO gilt für das Klageverfahren, das Widerspruchsverfahren und die Verfahren nach §§ 80 Abs. 5, 123 VwGO (Kopp/Schenke, VwGO, § 44a Rn. 4). Auch ist z.B. eine Entschädigung nach § 48 Abs. 3 Satz 1 VwVfG u.a. davon abhängig, dass es sich um einen rechtswidrigen Verwaltungsakt handelt. Möglich ist eine „Gegenvorstellung" als formloser, nicht in der VwGO vorgesehener Rechtsbehelf. Ein Muster einer solchen „Gegenvorstellung" findet sich bei Himmelreich/Janker, MPU-Begutachtung, Rn. 574 ff. Mit einer solchen Gegenvorstellung können Einwendungen gegen die Anordnung erhoben und die Weigerung zur Beibringung des Gutachtens begründet werden. Die Reaktion der Fahrerlaubnisbehörde wird nicht ausbleiben: Sie wird die Fahrerlaubnis wegen erklärter Verweigerung entziehen. Damit liegt ein Verwaltungsakt vor, der mit den in der VwGO vorgesehenen Rechtsbehelfen angreifbar ist. Ob eine solche Gegenvorstellung den Interessen des Mandanten gerecht wird, ist eine Frage des Einzelfalls.

---

6. Checkliste für Anordnung der Beibringung des Gutachtens

- Konkrete Fragestellung, verständlich aus Sicht des Empfängerhorizontes?   600
- Wird der Einzelfall berücksichtigt?
- Benennt die Behörde Gründe für Zweifel an der Fahreignung?
- Wird dem Mandanten das Auswahlrecht hinsichtlich der in Frage kommenden Begutachtungsstellen belassen?
- Fristsetzung vorhanden?
- Belehrung über Folgen der Fristsetzung?

- Belehrung, dass die Behörde bei Weigerung auf Nichteignung schließen darf?
- Belehrung über die Kostentragungspflicht?

X. Ärztliche Untersuchung

601 Die ärztliche Untersuchung wird in den Fällen der §§ 13, 14 FeV angeordnet, je nach Tatbestand als gebundene Entscheidung oder als Ermessensentscheidung der Fahrerlaubnisbehörde. Insoweit wird auf die Ausführungen oben verwiesen. Zur Anerkennung als ärztlicher Gutachter wird auf **§ 65 FeV** verwiesen.

1. Gegenstände der ärztlichen Untersuchung

602 Ärztliche Untersuchungen kommen in den Fällen in Betracht, bei denen die körperliche und geistige Eignung zu überprüfen ist. Auf diese Fragestellungen wird hier nicht eingegangen. Die ärztliche Untersuchung kommt insbesondere in Betracht nach § 13 Nr. 1 FeV zur Klärung der Frage einer bestehenden **Alkoholabhängigkeit** und im Zusammenhang mit BtM zur Klärung der Abhängigkeit, der missbräuchlichen BtM-Einnahme oder der missbräuchlichen Einnahme psychoaktiv wirkender Arzneimittel. Ferner kann ein ärztliches Gutachten bei widerrechtlichem Besitz von BtM angeordnet werden. Auch bei der ärztlichen Untersuchung handelt es sich nicht um einen „generellen Gesundheitsscheck", sondern um eine streng anlassbezogene Untersuchung."

603 Die ärztliche Untersuchung ist gegenüber einer MPU grds. das mildere Mittel, weil sie die Grundrechte weniger fühlbar einschränkt. Dies gilt aber dann nicht, wenn z.B. die Fahrerlaubnis wegen Alkoholabhängigkeit entzogen war und zu klären ist, ob der **nunmehr trockene Alkoholabhängige** wieder zum Führen eines Kraftfahrzeuges geeignet ist. Dann kehrt sich der Grundsatz um, weil die Klärung einer solchen Fragestellung mit medizinischem Sachverstand allein nicht zu lösen ist. Hier ist von vornherein – trotz der Regelung in § 13 Nr. 1 FeV – absehbar, dass auch eine psychologische Begutachtung zur Klärung der Frage erforderlich sein wird.

2. Ablauf der ärztlichen Untersuchung

604 Die ärztliche Untersuchung beginnt mit einer Anamnese. Der Arzt lässt sich durch den Betroffenen über frühere oder noch bestehende Krankheiten informieren. Erfragt werden Gewohnheiten wie Alkohol-, Nikotinkonsum usw. Es folgt eine internistische Untersuchung des Allgemeinzustandes. Die Herz- und Kreislauffunktionen werden anhand des Blutdrucks und des Pulses kontrolliert, die Lungenfunktion wird überprüft. Im Anschluss an diese mit Hilfe der allgemeinen diagnostischen Instrumente durchgeführte Untersuchung folgt die anlassbezogene Laboruntersuchung. Hier sind insbesondere die Alkoholismusmarker zu nennen und das sog. Drogenscreening.

a) Laboruntersuchung zur Feststellung des Alkoholkonsums

605 Hier werden vor allem Laboruntersuchungen zur Bestimmung sog. Alkoholismusmarker verwendet. Mit ihrer Hilfe lässt sich ein Bild über die toxikologische **Belastung bzw. Schädigung der Leber** gewinnen.

606 Die Diagnose einer Alkoholabhängigkeit darf sich nach dem derzeitigen Stand der Forschung nicht allein auf die Bestimmung derartiger Alkoholismusmarker stützen, diese sind vielmehr lediglich Indikatoren für die Diagnose und Ausdruck der kurz- oder längerfristigen Stoffbelastung (Bode/ Winkler, Fahrerlaubnis, § 7 Rn. 247; Berz/Burmann/Gehrmann, Handbuch des Straßenverkehrsrechts, 19 C Rn. 7). Zu einer aussagekräftigen Befunderhebung gehören z.B. Feststellungen zur Gamma-Glutamyl-Transferase (Gamma-GT), der Glutamat-Oxalacet-Transaminase (GOT), der Gehalt an Methanol und an Carbohydrat-Deficient-Transferrin (CDT) und die Bestimmung des mittleren Erythrozytenvolumens (Anzahl der roten Blutkörperchen/MCV). Sämtliche der vorgenannten Befunde lassen sich mit einer **Blutentnahme** erheben. Eingehend zum Gegenstand der

ärztlichen Untersuchung bei Alkoholfragestellungen: Berz/Burmann/Gehrmann, Handbuch des Straßenverkehrsrechts, 18 B Rn. 6 ff; Bode/Winkler, Fahrerlaubnis, § 7 Rn. 247; Schreiber, ZRP 1999, 519, 520. Die **Nachweissicherheit** wird durch die Anwendung mehrerer Indikatoren erhöht (Berz/Burmann/Gehrmann, Handbuch des Straßenverkehrsrechts, 19 E Rn. 7).

b) Laboruntersuchung zur Feststellung des Betäubungsmittel- oder Medikamentenkonsums

Die stoffliche Belastung des Körpers mit BtM und Medikamenten kann – wenn auch mit erheblich höherem Aufwand – ebenso bestimmt werden wie die stoffliche Belastung mit Alkohol (Berz/Burmann/Meininger, Handbuch des Straßenverkehrsrechts, 15 B Rn. 66). Der Konsum von Betäubungs- oder Arzneimitteln kann mit Hilfe verschiedener Untersuchungen nachgewiesen werden, insbesondere durch **Blut-, Urin-, Haar- und Speicheluntersuchungen.** Als Oberbegriff für die einzelnen Untersuchungsmöglichkeiten wird der Begriff des „Drogenscreenings" verwendet.   607

Blut hat gegenüber den anderen Körperflüssigkeiten den Vorteil, dass es aufgrund der Entnahme nicht verfälscht werden kann. Zudem ist eine Blutentnahme unter den Voraussetzungen des § 81a StPO gegen den Willen des Betroffenen durchsetzbar.   608

Im **Urin** lassen sich Stoffe auch dann noch erfassen, wenn im Blut keine Stoffe mehr nachweisbar sind. Gegen den Willen ist eine Urinprobe nicht durchsetzbar. Im Urin ist Cannabis bis zu einem zurückliegenden Zeitraum von zwei bis drei Monaten nachweisbar. Bei anderen Betäubungsmitteln ist der Nachweis nur über einen Zeitraum von fünf bis zehn Tagen möglich. Gegenüber anderen Körperflüssigkeiten hat Urin den Vorteil, dass mit seiner Hilfe eine Positivbestimmung mit einer bestimmten stofflichen Belastung noch möglich ist, die mit Blutserum nicht mehr nachweisbar ist. Durch chemisch-toxikologische Untersuchung der **Haare** kann die Einnahme verschiedener Betäubungsmittel (dies gilt vor allem für Heroin, Kokain, Amphetamine, Cannabis), aber auch verschiedener Medikamente nachgewiesen werden (insbesondere Benzodiazepine). Eine Haaranalyse kann gegen den Willen des Betroffenen durchgesetzt werden, § 81a StPO. Haare stellen durch Einlagerung von Abbauprodukten eine Art **Langzeitspeicher** dar. Durch die Haaranalyse lassen sich zurückliegende Zeiträume erfassen, die mit Urin- und Blutproben nicht nachweisbar sind. Im Fahrerlaubnisrecht spielt die Haaranalyse eine nicht zu unterschätzende Rolle, da mit ihrer Hilfe für längerfristig zurückliegende Zeiträume Drogenfreiheit bzw. -konsum nachweisbar ist (abhängig von der Haarlänge). Eine Haarlänge von 0,8 bis ca. 1 cm entspricht ca. einem Monat der möglichen Nachweisbarkeit für den zurückliegenden Zeitraum. Der Nachteil der Haaranalyse ist, dass mit ihrer Hilfe ein Konsum zu einem punktuellen Zeitpunkt (z.B. Tatzeitpunkt) nicht nachweisbar ist. Dies spielt naturgemäß für Fragen der generellen Eignung keine Rolle. Weiter ist bei der Haaranalyse ein gewisser Mindestkonsum zum Nachweis erforderlich. Die Haaranalyse kann u.U. daher im Grenzbereich der gelegentlichen Aufnahme keinen Aufschluss geben. **Speichel** ist zur Untersuchung auf Suchtstoffe geeignet, spielt jedoch in der Praxis nur eine untergeordnete Rolle. Auch eine Speichelprobe gegen den Willen des Betroffenen lässt sich nicht erzwingen.   609

Hinweis:

Hilfreich ist die Synopse von Möller, „Drogen im Straßenverkehr aus der Sicht des Sachverständigen", Homburger Tage 1999, 89, 98. Sie unterscheidet zwischen Blut, Urin, Haaren, Schweiß und Speichel und gibt einen guten Überblick über die Manipulierbarkeit, den Zeitraum der Nachweismöglichkeit und der Aussagekraft der Körperasservate in Bezug auf den Konsum, insbesondere auch zu den Möglichkeiten des quantitativen und qualitativen Nachweises.

XI. Medizinisch-Psychologische Untersuchung

610 Ausgehend von den Grundsätzen für die Durchführung der Untersuchungen (Anlage 15 zur FeV) und die Darstellung der Gutachten werden zunächst die rechtlichen Anforderungen an die MPU dargestellt, dann deren Ablauf und die Anforderungen erläutert, die an die Darstellung des Gutachtens selbst gestellt werden.

1. Rechtliche Anforderungen an die MPU

a) Anlassbezogene Untersuchung/keine Begutachtung der gesamten Persönlichkeit

611 Nach Nr. 1a der Anlage 15 zur FeV ist ausdrücklich vorgeschrieben, dass die Untersuchung **anlassbezogen** zu erfolgen hat und unter Verwendung der von der Fahrerlaubnisbehörde übersandten Unterlagen vorzunehmen ist. Der Gutachter hat sich an die vorgegebene Fragestellung zu halten. Dabei ist **nicht die Gesamtpersönlichkeit** des Probanden zu begutachten, sondern es sind nur die für die Kraftfahreignung relevanten Eigenschaften, Fähigkeiten und Verhaltensweisen zu begutachten (Relevanz zur Kraftfahreignung), Nr. 1b der Anlage 15 zur FeV. Dadurch sind Standard-Untersuchungen (etwa bei Testverfahren) ebenso wie Standardfragen in der Exploration ausgeschlossen. Letztlich folgt das Gebot der Anlassbezogenheit schon aus dem aus Art. 2 Abs. 1 i.V.m. Art. 1 Abs. 1 GG abzuleitenden allgemeinen Persönlichkeitsrecht des Probanden (Himmelreich/Janker, MPU-Begutachtung, Rn. 203). Die umfassende Beurteilung der Gesamtpersönlichkeit ist die Domäne des Verwaltungsbeamten bzw. im Streitfall des VG (Himmelreich/Janker, MPU-Begutachtung, Rn. 149, 513).

b) Anerkannte wissenschaftliche Grundsätze

612 Die Untersuchung darf nach Nr. 1c der Anlage 15 zur FeV nur nach anerkannten wissenschaftlichen Grundsätzen erfolgen.

c) Aufklärung über Gegenstand und Zweck

613 Vor der Untersuchung hat der Gutachter den Betroffenen über den Gegenstand und Zweck der Untersuchung aufzuklären; dies folgt aus Nr. 1 d der Anlage 15 zur FeV. Hieraus folgt eindeutig, dass eine entsprechende Aufklärung gegenüber dem jeweiligen Betroffenen zu erfolgen hat.

d) Aufzeichnungen

614 Nach Nr. 1e der Anlage 15 zur FeV sind über die Untersuchung Aufzeichnungen anzufertigen. Allerdings bleibt es nach der Vorschrift der BfF überlassen, wie dies zu geschehen hat. Diese Dokumentationspflicht dient dem Schutz des Probanden und seinem Beweissicherungsinteresse. Sie ist allerdings nicht ausreichend. Das Gebot nach möglichst hoher **Transparenz** erfordert eine Protokollierung der Untersuchung, zumindest der Exploration im Rahmen der psychologischen Untersuchung. Es ist nicht einzusehen, dass derartige Mindeststandards trotz der erheblichen Grundrechtsrelevanz der MPU nicht zwingend vorgeschrieben sind. Geiger (NZV 2002, 20, 21) schlägt für die Exploration weitergehend eine Tonbandaufnahme vor.

2. Ablauf der Medizinisch-Psychologischen Untersuchung

615 Hier wird nur der Gang der MPU in Kürze dargestellt. Aufgezeigt werden einige typische Stationen einer MPU; ebenfalls werden einige häufig verwendete Testverfahren kurz dargestellt. Die Aufzählung ist weder vollständig noch obligatorisch. Auch erhebt die Darstellung nicht den Anspruch, dass eine MPU so „abzulaufen" habe. Es ist jedoch zu betonen, dass sich eine professionelle – seriöse – Vorbereitung auf die MPU unbedingt empfiehlt, damit der Proband eine eventuelle „Pechvogel-Mentalität" abbaut (wie sie in den für die MPU weit verbreiteten Bezeichnungen wie „Idioten-Test" bzw. „Seelen-TÜV" zum Ausdruck kommt) und bezüglich der eigenen Problematik eine selbstkritische Haltung aufbaut.

Die MPU besteht – wie der Name schon sagt – aus zwei großen Verfahrensabschnitten: der **medi-** 616
zinischen Untersuchung und der **psychologischen Untersuchung.**

a) Medizinische Untersuchung

Der medizinische Teil der MPU besteht aus der **körperlichen Untersuchung** des Probanden. Für 617
diesen Teil der Untersuchung gibt es kein starres Ablaufschema (Berz/Burmann/Gehrmann, Handbuch des Straßenverkehrsrechts, 19 C Rn. 7; Bode/Winkler, Fahrerlaubnis, § 7 Rn. 245). Jedoch
gilt auch hier das Gebot, dass die Untersuchung anlassbezogen zu erfolgen hat; der Proband ist mithin nicht medizinisch „auf den Kopf zu stellen". Sie enthält eine sachbezogene allgemeine Befragung (Anamnese) auch zur Vorgeschichte des eigentlichen Begutachtungsanlasses, internistische,
neurologische und generelle Überprüfungen. Auch werden Gesundheitsfragebögen verwendet.
Hier werden etwa Fragen zum Vorliegen einer Herz- oder Gefäßerkrankung gestellt und es wird
bei entsprechender Fragestellung erfragt, ob sich der Proband bereits wegen einer Suchtkrankheit
in ambulanter oder stationärer Behandlung befunden hat.

Bei Fragestellungen im Zusammenhang mit **Medikamenten oder Drogen** werden als zusätzliche 618
Mittel zur Diagnose Blutproben, Haaranalysen und Urinproben (Drogenscreenings) verwendet.
Die Aussagekraft der jeweiligen Untersuchungsmethode ist im Hinblick auf die Intensität des
Stoffkonsums, die Fälschungssicherheit und die Dauer des Konsums unterschiedlich. Auch ist die
Nachweismöglichkeit vom jeweiligen Stoff abhängig. Daher werden die Untersuchungsmethoden
zumeist kumulativ angewendet (Einzelheiten bei Berz/Burmann/Gehrmann, Handbuch des Stra-
ßenverkehrsrechts, 17 C Rn. 29 a; 19 C Rn. 7). Ferner wird oben auf die Ausführungen zur ärztlichen Untersuchung unter Rn. 601 ff. verwiesen.

b) Psychologische Untersuchung

Die psychologische Untersuchung ist üblicherweise in zwei Hauptabschnitte unterteilt. Im ersten 619
Abschnitt werden testpsychologische Verfahren verwendet. Üblicherweise werden Fragebögen
ausgeben. Hiervon zu trennen sind die Fragebögen zur Erfassung der persönlichen Daten. Diese
dienen der **Vorbereitung** der Exploration. Den zweiten Hauptabschnitt der psychologischen
Untersuchung bildet die Exploration.

aa) 1. Teil: Testpsychologische Fragen – typische Fragebögen

Innerhalb des 1. Teils der psychologischen Untersuchung werden verschiedene Fragebögen – je 620
nach **behördlicher Fragestellung** – verwendet. Auch hier gilt das Gebot der **Anlassbezogenheit.**
Die Testverfahren müssen nach dem Stand der Wissenschaft standardisiert und unter den Aspekten
der Verkehrssicherheit validiert sein. Die Validität eines Testverfahrens betrifft Entwicklung der
Zuverlässigkeit der Aussagen im Hinblick auf die zu untersuchenden Funktionen, Personen und
Fragestellungen (Bode/Winkler, Fahrerlaubnis, § 7 Rn. 253). Sie ist somit ein Gütekriterium für
das jeweils verwendete Testverfahren. Eingesetzt werden auch sog. Persönlichkeitsfragebögen.
Mit ihrer Hilfe wird der Frage nachgegangen, ob der Untersuchte gewillt und in der Lage ist, sich
angemessen darzustellen und sich selbst angemessen zu sehen. Ferner liegt ihre diagnostische
Relevanz in der Abgleichung zwischen verbalen Angaben und den mit ihrer Hilfe gewonnenen
Selbstsicht- und Selbstdarstellungsmuster des Probanden (Bode/Winkler, Fahrerlaubnis, § 7
Rn. 256). Kritisch insbesondere zu einzelnen Persönlichkeitstests im Hinblick auf ihren objektiven
Aussagewert und ihre wissenschaftliche Absicherung, Himmelreich/Janker, MPU-Begutachtung,
Rn. 235 ff.; Kannheiser, BA 36, 193 ff.

Nur einige der Testverfahren werden hier kurz vorgestellt: 621

Üblich ist der sog. **Einstellungsfragebogen.** Dieser Fragebogen ist zweigeteilt. Jeder Teiltest
besteht aus 20 Fragen. Die möglichen Antworten sind „ja/nein". Ausgelotet werden sollen das
Selbstbild des Probanden, das Urteilsvermögen, die Risikobereitschaft und das Verhältnis zu Polizeibeamten. Beispielsfrage: „Wenn ich Vorfahrt habe, dann bestehe ich auch darauf? Ja/nein".

622 Weiter wird der sog. **Raven SPM Test** zur Prüfung des intellektuellen Leistungsvermögens und des visuellen Erfassens und Kombinierens verwendet.

623 Bei dem **Freiburger Persönlichkeits-Inventar** wird der Proband mit einer Vielzahl von Aussagen konfrontiert, bei denen es um eigenes Erleben und Verhalten geht. Gegenstand sind z.B. Aggressivität, Depressivität, emotionale Stabilität, Gelassenheit, Nervosität, Offenheit, die Lebenszufriedenheit, körperliche Beschwerden, Gesundheitssorgen und weitere.

624 Das sog. **Wiener Testsystem** ist ein computergestütztes Verfahren. Es umfasst u.a. Testverfahren zur Erfassung der reaktiven Belastbarkeit, zur optischen Merkfähigkeit, zur Erfassung der Aufmerksamkeit unter Monotonie usw.

625 Beim **FTA (Trinkverhalten)** handelt es sich um einen Selbstbeurteilungsfragebogen des Trinkverhaltens. Insbesondere geht es um Kontrollverlusttrinken, funktionales Trinken, gewohnheitsbedingtes Hintergrundtrinken, sozialeingebettetes Trinken sowie entzugsbedingtes Hintergrundtrinken. Die Antwortmöglichkeiten lauten: „stimmt" bzw. „stimmt nicht".

626 Beim sog. **Fragebogen für Problemfälle (KFP 30)** wird der Proband mit 30 Behauptungen konfrontiert, zu denen er Stellung nehmen soll. Getestet werden die Neigung zu Konflikten und zu Problemen im emotionalen Bereich sowie Schwierigkeiten des Probanden in der sozialen Einordnung.

627 Bei dem sog. **Münchener Alkoholtest (MALT)** handelt sich um ein Testverfahren, das aus zwei Teilen besteht: der Selbstbeurteilung (MALT-S) und der Fremdbeurteilung (F-MALT). In dem MALT geht es um spezifische Fragestellungen zur Beurteilung der Persönlichkeitsstruktur von Alkoholabhängigen, insbesondere auch um die Selbstidentifikation, sprich die eigene Krankheitsakzeptanz.

628 Mit Hilfe des **Trierer Alkoholismus-Inventar (TAI)** soll der Schweregrad einer Alkoholabhängigkeit analysiert werden. Es geht um die Gründe des Trinkens, die Funktion des Trinkens, die Erkenntnis der Eigen- und Fremdschädigung, die Auswirkung auf Familie und mehr. Es handelt sich um eine Vielzahl von Fragen, die mehrere Antwortmöglichkeiten zulassen.

629 Beim sog. **Linienverfolgungstest (LVT)** wird die Schnelligkeit der optischen Wahrnehmung erprobt. Auch dieser Test wird speziell bei Alkoholfragestellung eingesetzt.

630 Zu **weiteren möglichen Fragebögen** s.: Berz/Burmann/Gehrmann, Handbuch des Straßenverkehrsrechts, 19 C Rn. 8; Bode/Winkler, Fahrerlaubnis, § 7 Rn. 252 ff.; Himmelreich/Janker, MPU-Begutachtung, Rn. 232 ff.

bb) 2. Teil: Das psychologische Gespräch

631 Es ist die zentrale Station der MPU. Es handelt sich um eine Einzel-Exploration des Probanden mit einem Psychologen. Sie soll den Probanden zu einer Eigenbewertung der Vorgeschichte veranlassen, Einstellungs- und Verhaltensänderungen werden erfragt, insbesondere auch die Bedingungen des Fehlverhaltens erfragt (Berz/Burmann/Gehrmann, Handbuch des Straßenverkehrsrechts, 18 B Rn. 18). Ziel der psychologischen Untersuchung ist eine Prognose über das künftige Verhalten des Probanden bei der Teilnahme am Straßenverkehr (Schreiber, ZRP 1999, 519, 520). Der Proband soll umfassend, aber straff über sein Leben berichten, seine familiäre und berufliche Situation darstellen und (bei Alkoholfragestellung) über seine generellen Trinkgewohnheiten sprechen. Die Exploration betrifft auch das Randgeschehen, somit die gesamte Entwicklung der „Kraftfahrerkarriere" (Bode/Winkler, Fahrerlaubnis, § 7 Rn. 248). Ferner wird das punktuelle Ereignis erörtert (Kerngeschehen), das den Anlass für die Eignungszweifel und letztlich Anlass für die MPU bildete. Wesentlich ist auch die Erfragung von vergangenem und gegenwärtigem Verhalten, um Schlüsse für zukünftiges Verhalten ziehen zu können. Es wird der Frage nachgegangen, ob und inwieweit der Proband sein eigenes Fehlverhalten erkannt hat, wie er versuchte, die Ursachen des Fehlverhaltens zu beeinflussen, ob dies gelungen oder misslungen ist und welche Vermeidungsstrategien er für die Zukunft entwickelt hat (Bode/Winkler, Fahrerlaubnis, § 7 Rn. 248).

3. Anforderungen an den Inhalt des Gutachtens

Für die Erstellung des Gutachtens gelten gem. § 11 Abs. 5 FeV die Nr. 2 – 4 der Anlage 15 der   632
FeV. Danach ist das Gutachten unter der Beachtung **folgender Grundsätze** zu erstellen:

Es muss in **allgemein verständlicher Sprache** abgefasst, nachvollziehbar und nachprüfbar sein.   633
Das Gutachten soll der Fahrerlaubnisbehörde bzw. im Streitfall dem Gericht eine eigene Überzeugungsbildung ermöglichen.

Die **Nachvollziehbarkeit** betrifft die Schlüssigkeit, d.h. das Gutachten muss logisch geordnet sein   634
und die wesentlichen Befunde darstellen. Erforderlich ist eine Erläuterung der zur Beurteilung führenden Folgerungen, Nr. 2a der Anlage 15 zur FeV. Für die Nachvollziehbarkeit ist in erster Linie
der Empfängerhorizont maßgeblich. Hierbei ist entscheidend, dass die mit Problemen der Fahreignung befassten Mitarbeiter der Fahrerlaubnisbehörden den Ausführungen des Gutachtens folgen
und erkennen können, auf welche Weise und auf welchem Weg der Gutachter zur Beantwortung
der Ausgangsfrage gelangt ist (Bode/Winkler, Fahrerlaubnis, § 7 Rn. 294; Himmelreich/Janker,
MPU-Begutachtung, Rn. 210). Weitergehend verlangte der Arbeitskreis VII des 35. Verkehrsgerichtstages 1997 in seiner Empfehlung Nr. 3, dass Gutachten müsse für den Untersuchten als
Auftraggeber verständlich und nachvollziehbar sein.

Nachprüfbarkeit meint Wissenschaftlichkeit, d.h. das Gutachten muss die Untersuchungsmetho-   635
den und Verfahren angeben, die zu den Schlussfolgerungen geführt haben, Nr. 2a der Anlage 15
zur FeV. Sie erfordert danach die Angabe der Untersuchungsverfahren, die zu den Befunden
geführt haben und – soweit Schlussfolgerungen auf Forschungsergebnisse gestützt werden – die
Angabe der Quellen.

Hinweis:

*Wenn im Hinblick auf die Nachvollziehbarkeit und Nachprüfbarkeit Rückfragen auf Seiten
der Fahrerlaubnisbehörde entstehen, muss sie diese über den zu Begutachtenden an den Gutachter richten. Umgekehrt hat der Gutachter nur dem Betroffenen ergänzende Fragen zu
beantworten und Auskünfte zu erteilen (Bode/Winkler, Fahrerlaubnis, § 7 Rn. 305). Der Gutachter benötigt für Auskünfte gegenüber dem Anwalt eine Entbindung von der Schweigepflicht durch den Mandanten.*

Explorativ ermittelte Befunde müssen nicht vollständig wiedergegeben werden. Entscheidend sind   636
die diagnostisch relevanten Antworten des Untersuchten; dies setzt wörtliche Zitate ganzer Sätze
voraus (Bode/Winkler, Fahrerlaubnis, § 7 Rn. 282). Soweit sich explorative Befunde nicht auf Aussagen beziehen, sondern z.B. auf visuellen Wahrnehmungen beruhen, sind auch diese nachvollziehbar darzustellen.

Weiter muss das Gutachten in allen wesentlichen Punkten im Hinblick auf die gestellten Fragen   637
vollständig sein, Nr. 2b der Anlage 15 zur FeV. Danach richtet sich der Umfang des Gutachtens
nach der Befundlage. Hierzu dürfte auch gehören, dass das Gutachten zur Frage der bedingten Eignung Stellung bezieht. Ein Gutachten, das hierzu (zumindest in den Grenzbereichen) nicht Position
bezieht, dürfte unvollständig sein. Dies gilt insbesondere dann, wenn die Nr. 1f und 1g der
Anlage 15 zur FeV eingreifen. Von den dort genannten Möglichkeiten muss Gebrauch gemacht
werden, da der Betroffene einen rechtlichen Anspruch auf Erteilung einer Fahrerlaubnis unter Auflagen hat, **wenn er bedingt geeignet zum Führen von Kraftfahrzeugen ist**. Auch muss dargestellt werden, ob und welche Maßnahmen geeignet sind, die Eignung **wieder herzustellen**. Dies
wird für die Fälle der §§ 13, 14 FeV unter Nr. 1f der Anlage 15 zur FeV, für den Fall der §§ 2a
Abs. 4 und Abs. 5, 4 Abs. 10 Satz 3, 11 Abs. 3 Nr. 4 und 5 StVG unter Nr. 1g der Anlage 15 zur
FeV ausdrücklich betont. Ein Gutachten hat auch auf andere Mittel zur Wiederherstellung der Eignung hinzuweisen. Dies gilt insbesondere für Entwöhnungsbehandlungen.

638 Schließlich muss das Gutachten zwischen der **Vorgeschichte** und dem **gegenwärtigen Befund** unterscheiden, Nr. 2c der Anlage 15 zur FeV.

4. (Übliche) Darstellung des medizinisch-psychologischen Gutachtens

639 Ein medizinisch-psychologisches Gutachten wird i.d.R. wie nachfolgend dargestellt **aufgebaut:**

a) Anlass und Fragestellung der Fahrerlaubnisbehörde (Untersuchungsgegenstand)

640 Im Kopf des Gutachtens werden die Personalien des Untersuchten festgehalten, das Datum der Untersuchung sowie die Stelle, die die Untersuchung veranlasst hat.

Dargestellt wird dann i.d.R. knapp die konkrete Fragestellung, die bei Anordnung der Beibringung des medizinisch-psychologischen Gutachtens für klärungsbedürftig gehalten wurde.

b) Eignungsrelevante aktenkundige Daten

641 Es werden die für die Begutachtung wesentlichen Sachverhalte der Führerscheinakte wiedergegeben sowie der Antrag des Betroffenen gegenüber der Fahrerlaubnisbehörde.

c) Eigene Angaben des Begutachteten (Anamnese)

642 Hier folgen die Angaben des Untersuchten im Rahmen der Exploration zu den eigenen **biografischen Daten**. Es werden vermerkt die Angaben des Untersuchten zu wesentlichen gesundheitlichen Eckdaten, soweit sie im Hinblick auf die Fragestellung verkehrsmedizinische Relevanz besitzen könnten. Weiter werden die Maßnahmen vermerkt, die aus Sicht des Probanden zum Erwerb der Fahrerlaubnis führen sollen, ferner welche Maßnahmen der Betroffene im Hinblick darauf bereits eingeleitet hat. Schließlich werden die Angaben des Betroffenen zu seiner generellen Verkehrsteilnahme, zu geschehenen Unfällen, Verkehrsverstößen und zu strafrechtlichen Verstößen außerhalb verkehrsrechtlicher Relevanz vermerkt. Auch hier gelten keine starren Regeln, sondern es gilt das Gebot der Anlassbezogenheit.

d) Untersuchungsbefunde

643 Die Befunde werden üblicherweise unterteilt in die **medizinischen und psychologischen Befunde**. Die Befunde werden dargestellt und aus gutachterlicher Sicht bewertet (zur Bewertung der Befunde aus anwaltlicher Sicht s. Rn. 646 ff.).

e) Zusammenfassende Beurteilung und Beantwortung der Fragestellung

644 Abschließend wird die Fragestellung der Fahrerlaubnisbehörde beantwortet, die Anlass für die medizinisch-psychologische Begutachtung war. Ferner wird üblicherweise mitgeteilt, ob dem Untersuchten das Ergebnis der Begutachtung bereits mitgeteilt wurde.

f) Literaturhinweise und Quellenangaben

645 Literaturhinweise sowie weiterführende wissenschaftliche Grundlagen der Untersuchung werden angegeben, soweit erforderlich. Ein medizinisch- psychologisches Gutachten, das die **verwendeten Quellen nicht angibt**, ist in formeller Hinsicht zu beanstanden (Himmelreich/Janker, MPU-Begutachtung, Rn. 253).

5. Bewertung des medizinisch-psychologischen Gutachtens

646 Hier kann keine umfassende Darstellung der Überprüfung des medizinisch-psychologischen Gutachtens erfolgen. Es werden jedoch die wichtigsten Punkte des häufigsten Begutachtungsanlasses – des Alkoholmissbrauchs – beschrieben, die aus anwaltlicher Sicht bei der Überprüfung des medizinisch-psychologischen Gutachtens erforderlich sind. Weiterführend wird auf Himmelreich/Jan-

ker, MPU-Begutachtung, Rn. 340 ff., Berz/Burmann/Gehrmann, Handbuch des Straßenverkehrsrechts, 19 E Rn. 1 ff. und auf Bode/Winkler/Rösler/Foerster, DAR 1998, 301 ff. verwiesen.

Der erste Blick des Anwalts und des Mandanten wird auf die **abschließende Bewertung** gerichtet   647
sein. Gleiches gilt für den Sachbearbeiter der Fahrerlaubnisbehörde. Das Gutachten ist jedoch insgesamt sorgfältig auszuwerten. Dies gilt nicht nur für den Fall, dass das Gutachten nicht wie vom
Mandanten gewünscht ausfällt, sondern auch für den Fall, dass das Gutachten zu einem für den
Mandanten positiven Ergebnis kommt.

Eine **Kongruenz zwischen Fragestellung und der abschließenden Bewertung** des Gutachters ist   648
zwingend erforderlich, sprich: die Fragestellung der Fahrerlaubnisbehörde muss durch das Gutachten beantwortet werden. Notwendig ist eine Beantwortung der behördlichen Fragestellung in tatsächlicher Hinsicht. Die mit der Fragestellung verbundene Rechtsfrage der Eignung des Begutach-
teten ist allein Sache der Fahrerlaubnisbehörde und im Streitfall des Gerichts. Die abschließende
Aussage des Gutachtens darf sich somit nur mit der Eignungsprognose in tatsächlicher Hinsicht
befassen, und zwar unabhängig davon, ob schon die Fragestellung der Fahrerlaubnisbehörde zulässig war oder nicht. Ebenso wenig ist hinnehmbar, wenn der Gutachter zur „Fahrtauglichkeit" Stellung nimmt, da es sich hierbei letztlich um die Bewertung seiner Fahreignung handelt, wenn auch
unter Verwendung eines anderen Ausdrucks (Berz/Burmann/Gehrmann, Handbuch des Straßenverkehrsrechts, 19 E Rn. 26). Der Gutachter darf in seiner Bewertung die Entscheidung der Fahrerlaubnisbehörde durch seine Formulierungen nicht präjudizieren (Himmelreich/Janker, MPU-Begutachtung, Rn. 356).

Der Gutachter hat die Begutachtung unter Verwendung der von der Fahrerlaubnisbehörde zuge-   649
sandten Unterlagen vorzunehmen. Der Anwalt hat daher die Verwendung der Akten durch den
Gutachter anhand des Gutachtens zu überprüfen. Hierzu genügt nicht die Wiedergabe des in der
Akte vorhandenen Inhalts, auch nicht der schlichte Bezug auf die Akte (etwa in Form von „siehe
Blatt . . . der Akten"). Der Gutachter hat die Akte **zu analysieren und auszuwerten**. Der Inhalt
der Akte ist der Anlass der Anordnung der Begutachtung. Der Gutachter hat nicht „den Ball zurück
zu spielen".

Es ist darauf zu achten, dass auch die medizinischen Befunde, nicht nur die psychologischen   650
Befunde, in die gutachterliche Gesamtbewertung einfließen. Die medizinischen Befunde stellen
kein schlicht wiederzugebendes Zahlenwerk dar, sondern sie sind **zu begutachten**. Aus anwaltlicher Sicht ist darauf zu achten, dass die Befunde somit nicht nur wiedergegeben werden, sondern
auch, ob im Gutachten „eine Kette gezogen wird" zwischen den Befunden und der Prognose des
Gutachters. So können z.B. Venenerweiterungen im Gesicht auftreten (Teleangiektasien), eine
Rötung der Augenbindehaut u.s.w. Sie können auf Alkoholmissbrauch deuten, ebenso aber auch
andere Ursachen haben (Berz/Burmann/Gehrmann, Handbuch des Straßenverkehrsrechts, 19 E
Rn. 5; Himmelreich/Janker, MPU-Begutachtung, Rn. 354).

Auch ist ein kritischer Blick auf die sog. **Alkoholismusmarker** erforderlich. Es ist darauf zu ach-   651
ten, dass sie überhaupt bewertet werden und dass die Bewertung korrekt erfolgt. Normale („unauffällige") Gamma-GT-Werte lassen nicht den Schluss darauf zu, dass keine Alkoholproblematik
vorliegt. Umgekehrt müssen überhöhte Werte nicht zwingend den Schluss auf eine vorhandene
Alkoholproblematik nach sich ziehen. Die Alkoholmarker sind Indikatoren für Alkoholmissbrauch/
Alkoholabhängigkeit, nicht weniger, aber auch nicht mehr.

Schließlich ist zu kontrollieren, ob die Bewertung des medizinischen Teils sich mit den Befunden   652
in Einklang bringen lässt. Der Anwalt darf nicht hinnehmen, dass von einer „erheblichen Alkoholtoleranz" oder einem „massiven Alkoholproblem" berichtet wird, wenn die medizinischen Befunde, die wiedergegeben werden, diesen Schluss nicht zulassen. Kommt die medizinische Bewertung
zu diesem Schluss, ist hierzu eine eingehende Darlegung im Gutachten erforderlich. Wichtig ist,
dass die kumulative Anwendung der Indikatoren die Aussagekraft der Alkoholismusmarker erhöht
(Berz/Burmann/Gehrmann, Handbuch des Straßenverkehrsrechts, 19 E Rn. 14).

653   Hierbei ist zu prüfen, ob der Gutachter sich in Bezug auf die Fragestellung z.B. bei Alkoholmiss-brauch an den Kriterien hierfür orientiert, die in den Begutachtungsleitlinien dafür aufgestellt sind.

654   Hinsichtlich der Darstellung der **Vorgeschichte** ist zu fordern, dass die Begutachtung z.B. bei Alkoholmissbrauch zu erkennen gibt, ob, wann, wo und wie viel getrunken wurde. Stützt der Gut-achter seine Prognose (auch) auf die Vorgeschichte, muss ein nachvollziehbarer Gegenwartsbezug erkennbar sein. Die Mitteilung, dass „intensive anamnestische Erhebungen durchgeführt wurden", hilft dem Betroffenen nicht weiter, dem Anwalt nicht und erst recht nicht den Entscheidungsträ-gern der Fahrerlaubnisbehörde (wegen der Einzelheiten hierzu wird verwiesen auf Himmelreich/ Janker, MPU-Begutachtung, Rn. 353 ff.).

655   Das Gespräch in der MPU (die Exploration) ist die zentrale Station der Untersuchung überhaupt. Sie erfordert das **besondere Augenmerk des Anwalts**.

656   Aus dem Gutachten muss sich ergeben, welche **Testverfahren** mit welcher Zielsetzung eingesetzt wurden, mit welchem Ergebnis die Tests durchgeführt wurden und welche Schlüsse aus dem Ergebnis im Einzelfall gezogen wurden. Erforderlich sind verständliche und verifizierbare Aus-sagen über die Zuverlässigkeit, Gültigkeit und Objektivität der durchgeführten Testverfahren (VG Berlin, DAR 1980, 354 ff). Zutreffend wird darauf hingewiesen, dass ein Gutachten nur dann nach-prüfbar ist, wenn auch die Validierung nachprüfbar ist (Himmelreich/Janker, MPU-Begutachtung, Rn. 213).

657   Für die Exploration gilt das Gebot der **Transparenz**. Es ist nicht nachvollziehbar und damit nicht hinnehmbar, wenn „das Thema Alkohol am Arbeitsplatz ausführlich erörtert wurde", der Proband „eine selbstkritische Haltung im Umgang mit Alkohol vermissen lasse", er sein Alkoholproblem „verharmlose" usw. Werden Aussagen wie die geschilderten getroffen, sind sie zu begründen. Gleiches gilt für die **Glaubhaftigkeit der Aussagen** etwa zum Trinkverhalten. Hält der Gutachter den Betroffenen für unglaubwürdig, ist eine **Rückmeldung** erforderlich (Berz/Burmann/Gehr-mann, Handbuch des Straßenverkehrsrechts, 19 E Rn. 22; Himmelreich/Janker, MPU-Begutach-tung, Rn. 345). Ihm muss Gelegenheit zur Korrektur seiner Aussage gegeben werden, gleichzeitig werden u.U. entstehende Missverständnisse vermieden. Eine solche Rückmeldung ist im Gutachten zu vermerken (Himmelreich/Janker, MPU-Begutachtung, Rn. 345). Der Betroffene steht während der **Exploration** in einer **Ausnahmesituation**. Dies ist durch den Gutachter hinreichend zu berück-sichtigen. Ob es sich bei der Exploration um eine „verhörähnliche Situation" handelt (so: BVerfG, NJW 1993, 2365; dies wird als ungerecht kritisiert von Gehrmann, Berz/Burmann/Gehrmann, Handbuch des Straßenverkehrsrechts, 18 B Rn. 18, 19 E Rn. 20: „nicht selten – therapieähnlich") oder nicht, mag dahinstehen. Sicher dürfte sein, dass die Exploration für den zu Begutachtenden – anders als für den Gutachter – eine psychische Ausnahmesituation darstellt, bei der er sich gegen-über dem Gutachter subjektiv als der Schwächere empfindet. Es ist daher zu fordern, dass die Exploration protokolliert wird. Für die Entscheidungsträger ist für die Nachvollziehbarkeit zentra-ler Fragen und der daraus gezogenen Schlüsse von Bedeutung. Es macht einen Unterschied, ob lediglich vermerkt ist, der Betroffene habe „über seine familiäre Situation ausführlich berichtet", oder ob der Entscheidungsträger nachvollziehen kann, ob der Betroffene nach offenen Fragen selbstständig, ausführlich und mit welchem Inhalt er „über seine familiäre Situation" berichtet hat. Dies gilt schon wegen der intensiven Grundrechtsrelevanz der MPU aber auch im Hinblick auf den Anspruch auf effektiven Rechtsschutz (der im Fahrerlaubnisrecht ohnehin nicht sonderlich aus-geprägt ist).

658   Widersprüche zwischen den Angaben des Betroffenen oder zwischen seinen Angaben zu objekti-ven Tatbeständen oder wissenschaftlichen Erkenntnissen sind aufklärungsbedürftig; ist eine ent-sprechende Aufklärung nicht erreicht worden, so ist auch das im Gutachten festzuhalten und zu bewerten (Himmelreich/Janker, MPU-Begutachtung, Rn. 345).

659   Problematisch ist die Verwendung von **Textbausteinen**, die den Einzelfallbezug konterkarieren. Bei Passagen ohne Einzelfallbezug dürfte die Verwendung von Textbausteinen unproblematisch sein (Bode/Winkler, Fahrerlaubnis, § 7 Rn. 286). Finden sich jedoch in der Befunddarstellung und

in der Beschreibung der Einschätzung, weshalb der Betreffende fahrungeeignet ist, mehr als 50 % textbausteinartige Ausführungen, ist das Gutachten im Regelfall fehlerhaft (VG Freiburg, DAR 1995, 36). „An der ins Einzelne gehenden Bewertung ohne Verwendung von nicht passenden Textbausteinen zeigt sich die Qualität des Gutachtens", so Berz/Burmann/Gehrmann (Handbuch des Straßenverkehrsrechts, 19 E Rn. 25).

Hinweis:

So richtig dieser Satz sein mag, so schwierig ist es für den Anwalt, genau dies zu erkennen. Findet man als Anwalt nicht die exakt gleiche Textpassage einer gutachterlichen Bewertung in mehreren anderen Gutachten vor, kann die Verwendung eines Textbausteines lediglich daran bemerkt werden, dass der Einzelfallbezug entweder nicht vorhanden ist oder aber nicht passt. Hier muss der Anwalt „nachhaken". Trifft der Verdacht nicht zu, wird der Gutachter in der Lage sein, die Ausführungen zu ergänzen und zu erläutern. Sind tatsächlich nur Textbausteine aneinandergereiht worden, wird der Gutachter sich genau damit schwer tun.

Nach Auffassung von Gehrmann machen Anwälte zu wenig von ihrem Recht auf Forderung nach Erläuterung unvollständiger und nicht nachvollziehbarer Wiedergaben von Explorationsgesprächen Gebrauch und qualifizieren die Exploration vorschnell als **verfassungswidriges Verhör ab** (Berz/Burmann/Gehrmann, Handbuch des Straßenverkehrsrechts, 19 E Rn. 22). Verlangt der Anwalt entsprechende ergänzende Äußerungen, sollte er dies zeitnah tun.

Hinweis:

Der Gutachter der Begutachtungsstelle für Fahreignung benötigt für Auskünfte gegenüber dem Anwalt eine Schweigepflicht- Entbindungserklärung des Mandanten.

Nach der Rechtsprechung des BVerwG (DAR 1995, 36 ff.) ist grds. eine **Wiedergabe in direkter Rede nicht erforderlich**. Dies schließt jedoch nicht aus, dass im Einzelfall die Wiedergabe von Kernaussagen in direkter Rede innerhalb der Exploration gleichwohl erforderlich ist, um die entscheidenden gutachterlichen Schlüsse nachvollziehen zu können (Himmelreich/Janker, MPU-Begutachtung, Rn. 230). **660**

Entscheidende Aussagen, auf die das Gutachten die Prognose stützt, müssen durch das „**Prinzip der diagnostischen Mehrfachsicherung**" untermauert worden sein. Im Hinblick auf die Prognose des Gutachters ist zu verlangen, dass eine individuelle Prognose abgegeben wird. Ein reines Abstellen auf statische Rückfallwahrscheinlichkeiten reicht nicht aus (Berz/Burmann/Gehrmann, Handbuch des Straßenverkehrsrechts, 18 B Rn. 19; Himmelreich/Janker, MPU-Begutachtung, Rn. 218 ff.). **661**

Die allgemeine Rückfallwahrscheinlichkeit z.B. bei einer Alkoholfragestellung ist nicht ausschlaggebend. Erforderlich ist, dass im Gutachten Aussagen zur **individuellen Rückfallwahrscheinlichkeit** enthalten sind. Hierfür ist eine Analyse der Vorgeschichte und der Ergebnisse der MPU erforderlich. Vergleicht der Gutachter z.B. die Rückfallwahrscheinlichkeit des Probanden mit der allgemeinen Rückfallwahrscheinlichkeit in vergleichbaren Fällen, hat er den Weg zu dieser Prognose zu verdeutlichen, die Quellen für die allgemeine Rückfallwahrscheinlichkeit zu benennen und das Abweichen (nach oben oder unten) der individuellen Rückfallwahrscheinlichkeit des Probanden zu begründen. Eine statistisch begründete Rückfallwahrscheinlichkeit reicht zur Begründung der individuell bestehenden Wahrscheinlichkeit eines Rückfalls nicht aus (Himmelreich/Janker, **662**

MPU-Begutachtung, Rn. 409). Insbesondere hängen statistische Rückfallzahlen von der Verfolgungsintensität und z.B. der Dunkelziffer, also die Zahl nicht erfasster Fehlverhaltensweisen im Straßenverkehr, ab.

6. Handlungsmöglichkeiten bei einer „negativen" MPU

663 Hier werden nur die öffentlich-rechtlichen Möglichkeiten angesprochen. Die zivilrechtlichen Möglichkeiten des Betroffenen, ein für ihn negatives Gutachten gegenüber einer Begutachtungsstelle für Fahreignung anzugreifen, werden hier nicht erörtert (dazu: Himmelreich/Janker, MPU-Begutachtung, Rn. 376 ff.). Nur am Rande sei erwähnt, dass durch den zum 1.8.2002 in Kraft getretenen § 839a BGB eine Grundlage für die Haftung des gerichtlichen Sachverständigen für ein unrichtiges Gutachten geregelt wurde, die sie abschließend regelt.

664 Zunächst ist festzuhalten, dass ein negatives medizinisch-psychologisches Gutachten der Fahrerlaubnisbehörde nicht eingereicht werden muss. Es droht in der Sache lediglich die Konsequenz, dass die Fahrerlaubnisbehörde die Fahrerlaubnis entzieht bzw. nicht neu erteilt, § 11 Abs. 8 FeV (vgl. VG Neustadt a.d.W., zfs 2000, 41, 42), eine Konsequenz, die in der Sache auch bei Einreichung des negativen medizinisch-psychologischen Gutachtens ohnehin droht (Berz/Burmann/Gehrmann, Handbuch des Straßenverkehrsrechts, 19 C Rn. 5). Wird das negative Gutachten eingereicht, verbleibt es in der sog. Führerscheinakte der Fahrerlaubnisbehörde (Himmelreich/Janker, MPU-Begutachtung, Rn. 89). Außerdem wird eine Fahrerlaubnisversagung (§ 28 Abs. 3 Nr. 5 StVG) wegen mangelnder Eignung nach § 29 Abs. 1 Satz 1, 2 Nr. 3 StVG eingetragen und zehn Jahre registriert. Grds. kann das negative medizinisch-psychologische Gutachten dann auch im Verwaltungsprozess verwendet werden. Eine Ausnahme gilt nur dann, wenn das Gutachten mangelhaft ist (Geiger, NZV 2002, 20, 22). Ansonsten wird das VG auf das Gutachten im Prozess zurückgreifen. Ob es der Gutachter zur Erläuterung seines Gutachtens persönlich geladen wird steht im Ermessen der Gerichte, § 98 VwGO i.V.m. § 411 Abs. 3 ZPO.

> *Hinweis:*
>
> *Bei einer negativen MPU empfiehlt es sich häufig, dass der Antrag auf Neuerteilung der Fahrerlaubnis zurückgenommen wird. Hierdurch endet das Verwaltungsverfahren gerichtet auf Neuerteilung der Fahrerlaubnis. Eine – zwingend – einzutragende unanfechtbare Versagung der beantragten Fahrerlaubnis entfällt somit (Bode/Winkler, Fahrerlaubnis, § 9 Rn. 18; Himmelreich/Janker, MPU-Begutachtung, Rn. 91). Wenn zwischenzeitlich vor Antragsrücknahme eine Versagungsverfügung seitens der Fahrerlaubnisbehörde ergangen ist, kann eine entsprechende Eintragung in das VZR nur – soweit noch möglich – durch fristgerecht erhobenen Widerspruch verhindert werden. Dieser hat zur Folge, dass die Versagungsverfügung nicht in Bestandskraft erwächst. Dann wird der Antrag zurückgenommen. Hierdurch wird das Verwaltungsverfahren beendet (vgl. Berz/Burmann/Gehrmann, Handbuch des Straßenverkehrsrechts, 17 D Rn. 130, 131; Himmelreich/Janker, MPU-Begutachtung, Rn. 93, 94).*

665 Möglich ist auch, dass im medizinisch-psychologischen Gutachten die Teilnahme an einem **Kurs zur Behebung von Eignungsmängeln** empfohlen wird, § 10 Abs. 10 FeV. Folgt der Betroffene der Empfehlung ist i.d.R. eine weitere MPU entbehrlich. Voraussetzung ist allerdings eine entsprechende Empfehlung im Gutachten und die Zustimmung der Fahrerlaubnisbehörde, § 11 Abs. 10 Nr. 1, 2 FeV.

666 Empfiehlt das (negative) Gutachten eine **Maßnahme zur Wiederherstellung der Fahreignung,** kann sich der Kontakt zur Fahrerlaubnisbehörde lohnen. Ist sie bereit das Antragsverfahren ruhen zu lassen, bis zum Nachweis der Teilnahme an einer entsprechenden Maßnahme, muss kein erneuter Antrag gestellt werden, und es fallen keine weiteren Gebühren an. Auch wird sich die Bearbei-

tungszeit gegenüber einem neuen Antrag verkürzen. Ein Anspruch darauf besteht nicht (zu einzelnen Maßnahmen zur Korrektur von Eignungsmängeln s. Bode/Winkler, Fahrerlaubnis, § 15 Rn. 1 ff.).

> **Hinweis:**
> *Für den Kontakt des Rechtsanwalts mit der Fahrerlaubnisbehörde ist eine Schweigepflichts-
> entbindung erforderlich.*

Bei später erneuter Begutachtung sollte der Mandant dem Gutachter das alte Gutachten nicht vor-   667
enthalten. Dieser erfährt durch die dann vorliegende Führerschein-Akte, dass bereits ein medizinisch-psychologisches Gutachten **angeordnet** wurde. Da es nicht in der Führerschein-Akte enthalten ist, weiß der Gutachter ohnehin, dass es sich um ein negatives Gutachten handeln wird. Hier
empfiehlt es sich dem Gutachter **Einsicht** in das „alte" Gutachten zu gewähren. Zum einen wird
der Betroffene hierdurch den Vorwurf der Verweigerungshaltung verhindern, zum anderen kann er
verhindern, dass auf diese Weise das alte Gutachten in die Führerschein-Akte gelangt (vgl. Berz/
Burmann/Gehrmann, Handbuch des Straßenverkehrsrechts, 17 D Rn. 130, 131; Bode/Winkler,
Fahrerlaubnis, § 7 Rn. 206; Himmelreich/Janker, MPU-Begutachtung, Rn. 93, 94).

XII. Verkehrszentralregister (VZR)

Da die Fahrerlaubnisbehörden einen nicht unbeträchtlichen Anteil ihrer Informationen aus dem   668
VZR beziehen, wird kurz auf dessen Funktion und die dort gespeicherten Daten eingegangen. Das
VZR wird durch das **Kraftfahrtbundesamt** geführt.

1. Zweck des Verkehrszentralregisters

Das Register bildet eine personenbezogene Informationsbasis. Zweck des Registers ist es, die Ent-   669
scheidungen und Maßnahmen der zuständigen Stellen, insbesondere der Fahrerlaubnisbehörden,
vorzubereiten. Es ist damit ein Instrumentarium der Verkehrssicherheit, dessen Ziel es ist, den
zuständigen Stellen für die Ahndung von Verkehrszuwiderhandlungen und für die Durchführung
des Verwaltungsverfahrens das dazu erforderliche Tatsachenmaterial zu verschaffen.

2. Informationsweg des Verkehrszentralregisters

Gespeist wird das VZR durch Meldungen der Gerichte, der Fahrerlaubnisbehörden und der Buß-   670
geldbehörden. Zur Meldung der Daten an das KBA sind die Behörden verpflichtet. Bei gerichtlichen Entscheidungen gelten für die Zuständigkeit die **Allgemeinen Justizverwaltungsvorschrif-
ten** über die **Mitteilung in Strafsachen** (MiStra). Auskünfte aus dem Register werden den
Gerichten, den Fahrerlaubnisbehörden (insbesondere für Verwaltungsmaßnahmen aufgrund des
Straßenverkehrsgesetzes und auf ihm beruhender Rechtsvorschriften), der Polizei, den Bußgeldbehörden und Privatpersonen gegenüber erteilt. Auf die Möglichkeit des Abrufs im automatisierten
Verfahren nach § 30a StVG wird hier nur hingewiesen.

3. Im Verkehrszentralregister eingetragene Daten

Im VZR werden **nur rechtskräftige bzw. bestandskräftige Eintragungen** registriert. Dies sind   671
die in § 28 Abs. 3 StVG aufgeführten Daten (zu Einzelheiten siehe auch § 59 FeV), über

- rechtskräftige Entscheidungen der Strafgerichte im Zusammenhang mit dem Straßenverkehr,
- rechtskräftige Entscheidungen über Ordnungswidrigkeiten, unanfechtbare Versagungen einer Fahrerlaubnis,
- unanfechtbare oder sofort vollziehbarere Entziehungen, Widerrufe oder Rücknahmen einer Fahrerlaubnis durch die Verwaltungsbehörde,

- Verzichte auf die Fahrerlaubnis,
- die Beschlagnahme, Sicherstellung oder Verwahrung von Führerscheinen nach § 94 StPO,
- Maßnahmen der Fahrerlaubnisbehörden nach §§ 2a Abs. 2 Satz 1 Nr. 1 und 2, 4 Abs. 3 Satz 1 Nr. 1 und 2 StVG,
- die Teilnahme an einem Aufbauseminar und die Art des Aufbauseminars und die Teilnahme an einer verkehrspsychologischen Beratung, soweit für die Regelungen der Fahrerlaubnis auf Probe und des Punktsystems erforderlich und
- die Entscheidungen oder Änderungen, die sich auf die zuvor genannten Punkte beziehen.

Hinweis:

Die Eintragung von Daten in das VZR (bzw. Entscheidung darüber) ist kein Verwaltungsakt. Die Eintragung im VZR dienen lediglich als Tatsachengrundlage zur Vorbereitung neuer Entscheidungen (Hentschel, Straßenverkehrsrecht, § 4 StVG Rn. 19).Dies gelte nach wie vor auch wie vor nach Einführung des neuen Mehrfachtäter-Punktsystems (OVG Lüneburg, zfs 2001, 480, 481;OVG Braunschweig, NZV 2001, 535, 536). Dies betreffe die Eintragung im VZR und die Mitteilung der Verkehrsbehörde an das KBA. Auch sei gerichtlicher Rechtsschutz nicht über die Feststellungs- oder allgemeine Leistungsklage zu erlangen. Nach Gebhardt (Das verkehrsrechtliche Mandat, Band 1, Verteidigung in Verkehrsstraftaten und Ordnungswidrigkeitenverfahren, § 10 Rn. 58) lässt sich gerichtlicher Rechtsschutz nur über §§ 23 ff. EGGVG erlangen. Zutreffend dürfte sein, dass der Betroffene abwarten muss, bis die Fahrerlaubnisbehörde aufgrund der Eintragungen einen Verwaltungsakt wie die Entziehung der Fahrerlaubnis erlässt.

---

4. Tilgung der Eintragungen im Verkehrszentralregister

672 Hierfür ist die Tilgungsbestimmung des § 29 StVG maßgeblich, die im Einzelnen nicht erläutert wird. Hingewiesen wird lediglich darauf, dass die Tilgungsfrist u.a. bei der Entziehung der Fahrerlaubnis und der Anordnung einer Sperre nach § 69a Abs. 1 Satz 3 StGB erst mit der Neuerteilung der Fahrerlaubnis, spätestens jedoch fünf Jahre nach der beschwerenden Entscheidung beginnt. Dies kann dazu führen, dass eine an sich nach **zehn Jahren** zu tilgende Eintragung insgesamt **15 Jahre** im VZR eingetragen bleibt.

XIII. Rechtsschutzversicherung im Fahrerlaubnisrecht

673 Soweit es um die **Entziehung oder die Neuerteilung der Fahrerlaubnis** geht, besteht im verwaltungsrechtlichen Verfahren Rechtsschutz. Nach den § 21 Abs. 4d **ARB 75** greift der Rechtsschutz erst mit Beginn des Widerspruchsverfahrens. Nach den **ARB 94** ist diese Beschränkung weggefallen (§ 2g ARB 94); vielmehr wird Rechtsschutz gewährt, wenn dem Versicherungsnehmer gegenüber ein Vorwurf erhoben wird, der für die Fahrerlaubnis von Belang ist.

674 Der Rechtsschutz besteht danach generell bei Wahrnehmung der rechtlichen Interessen in verkehrsrechtlichen Angelegenheiten vor den Fahrerlaubnisbehörden und den Verwaltungsgerichten.

Hinweis:

Die dreimonatige Wartefrist nach § 14 Abs. 3 Satz 3 ARB 75 und § 4 Abs. 1 Satz 3 i.V.m. § 2g ARB 94 ist zu beachten.

Soweit Rechtsschutz gewährt wird, werden die Gebühren und Auslagen übernommen. Dies gilt auch für die Kosten, die in den Verwaltungskosten-Regelungen der Länder vorgesehen sind. **675**

XIV. Anwaltliche Vergütung im verwaltungsrechtlichen Fahrerlaubnisverfahren

Für die anwaltlichen Gebühren im verwaltungsrechtlichen Fahrerlaubnisrecht gelten gegenüber dem Gebührenrecht für das Verwaltungsrecht überhaupt keine besonderen Regelungen, so dass hier nur einige grundsätzliche Erläuterungen folgen. **676**

Gebührenrechtlich wird unterschieden zwischen dem fahrerlaubnisrechtlichen **Verwaltungsverfahren** und dem **gerichtlichen Rechtsschutz** gegen Führerscheinmaßnahmen. Tätigkeiten im Verwaltungszwangsverfahren und im gerichtlichen Verfahren über Verwaltungszwangsmaßnahmen bleiben hier ausgeklammert. **677**

1. Anwaltliche Tätigkeit im behördlichen Fahrerlaubnisverfahren

Der maßgebliche Gebührentatbestand für die außergerichtliche anwaltliche Tätigkeit ist § 118 BRAGO. Für die Anwendung des § 118 BRAGO gelten im verwaltungsrechtlichen Fahrerlaubnisverfahren keine Besonderheiten. Entstehen können somit alle dort genannten Gebühren, also die Geschäfts-, Besprechungs- und Beweisaufnahmegebühr. Zudem kommt die Vergleichsgebühr und die Erledigungsgebühr nach §§ 23, 24 BRAGO in Betracht. Ferner gelten die allgemeinen Vorschriften über die Erstberatung (§ 20 BRAGO) usw. Die Tätigkeit des Anwalts beginnt mit der Entgegennahme der Informationen und endet mit der abschließenden behördlichen Entscheidung, somit spätestens mit dem Erlass des Widerspruchsbescheides. **678**

Wichtig ist jedoch die Vorschrift des § 118 Abs. 2 BRAGO. Danach wird die Geschäftsgebühr, die für eine außerhalb eines gerichtlichen oder behördlichen Verfahrens entsteht, auf die entsprechenden Gebühren für ein anschließendes gerichtliches Verfahren angerechnet. Das Handeln des Anwalts vor der Verwaltungsbehörde ist eine Tätigkeit in einem behördlichen Verfahren. Die Tätigkeit des Anwalts z.B. im Widerspruchsverfahren wird auf die Tätigkeit des Anwalts im späteren gerichtlichen Verfahren nicht angerechnet, ist somit daneben entstanden. Hierin liegt ein wesentlicher Unterschied zum zivilrechtlichen Verfahren, in dem die Geschäftsgebühr auf die spätere Prozessgebühr anzurechnen ist. **679**

Zu beachten ist die Vorschrift des § 119 BRAGO. Sie enthält **keinen eigenen Gebührentatbestand**. Sie stellt lediglich klar, welche Tätigkeiten des Anwalts zu einer Angelegenheit im gebührenrechtlichen Sinne gehören. Nach § 119 Abs. 1 BRAGO ist das Verwaltungsverfahren, das dem Rechtsstreit vorausgeht und der Nachprüfung des Verwaltungsaktes dient, mit dem vorangegangenem Verwaltungsverfahren eine Angelegenheit. Eine Angelegenheit im gebührenrechtlichen Sinne ist das Verfahren gerichtet auf die Verwaltungsentscheidung, das Abhilfeverfahren, das Einspruchsverfahren, das Beschwerdeverfahren sowie nach § 119 Abs. 3 BRAGO die Tätigkeit des Anwalts im Verwaltungsverfahren auf Aussetzung der Vollziehung oder auf Beseitigung der aufschiebenden oder hemmenden Wirkung. Diese Tätigkeiten werden somit nicht gesondert vergütet. Sie können nur im Rahmen des § 12 BRAGO berücksichtigt werden. **680**

Hinweis:

Bei einem Verfahren vor dem VG nach § 80 Abs. 5 VwGO entstehen somit gesonderte Gebühren, §§ 114 Abs. 6, 31, 40 BRAGO.

---

2. Anwaltliche Tätigkeit im gerichtlichen Fahrerlaubnisverfahren

681   Für das verwaltungsgerichtliche Verfahren verweist § 114 Abs. 1 BRAGO auf die §§ 31 ff. BRA-GO. Wie bereits erläutert, findet eine **Anrechnung der Geschäftsgebühr** für die anwaltliche Tätigkeit im fahrerlaubnisbehördlichen Verwaltungsverfahren **auf die Prozessgebühr nicht statt.** Die **Verhandlungsgebühr** hängt nicht davon ab, ob zur Sache widerstreitende Anträge gestellt werden. Die VwGO sieht im Gegenteil ausdrücklich vor, dass ohne die Anwesenheit einer Partei verhandelt werden kann. Dies folgt aus § 102 VwGO. Trotz des Amtsermittlungsgrundsatzes kann der Anwalt auch im verwaltungsgerichtlichen Fahrerlaubnisverfahren eine Beweisgebühr verdienen. Sie entsteht dann, wenn das Gericht Zeugen vernimmt, bei Einnahme des Augenscheins, bei Beweiserhebung durch Sachverständige und durch Urkundsbeweis. Bei Vorlage von Urkunden und beigezogenen Akten gilt § 34 BRAGO entsprechend. Zieht das Gericht z.B. Akten zur Beurteilung der Kraftfahreignung bei, handelt es sich um eine Beweiserhebung im gebührenrechtlichen Sinne. Hinsichtlich der Verfahren nach § 80 Abs. 5 VwGO ist § 114 Abs. 6 Satz 1 BRAGO einschlägig. Danach ist ein solches Verfahren eine gesonderte gebührenrechtliche Angelegenheit. Es ist eine selbstständige Angelegenheit nach § 13 BRAGO, ist somit neben dem Hauptsachenverfahren (in gleicher Höhe) abzurechnen.

682   Zu den **Gegenstands- bzw. Streitwerten im Fahrerlaubnisrecht** wird auf den Streitwertkatalog der Verwaltungsgerichtsbarkeit verwiesen (abgedruckt in: ZAP F. 24, 373 ff.; DVBl 1996, 605; DAR 1998, 408 ff.). Dort sind die für den Streitwert maßgeblichen Führerscheinklassen noch nach altem Recht (StVZO) angegeben. Zur **Einteilung der Fahrerlaubnisklassen nach neuem Recht,** vgl. oben Rn. 3 ff. Im **Fahrerlaubnisrecht** wird zumeist der sog. **Auffangstreitwert** zugrunde gelegt. Seit dem 1.1.2002 gilt gem. § 13 Abs. 1 Satz 2 GKG n.F. ein Auffangstreitwert von 4.000 €. Bei beruflicher Nutzung wird der Streitwert angehoben. Bei beruflicher Nutzung erfolgt ein „Berufszuschlag" (z. B: OVG Lüneburg, zfs 2000, 86, 87, dort: 4.000 DM).

Abschnitt 2: Rechtsprechungslexikon

ABC des Fahrerlaubnisrechts

Nachfolgend sind in alphabetischer Reihenfolge Stichwörter sowie Kernaussagen einschlägiger **683** Gerichtsentscheidungen zu speziellen Einzelfragen dargestellt. Die hinter dem jeweiligen Stichwort abgedruckten Zahlen verweisen auf die Randnummern zu den betreffenden Ausführungen im systematischen Teil, die mit einem Pfeil versehenen Stichwörter verweisen auf weitere Ausführungen im Lexikonteil. Vereinzelt sind auch medizinische Fachtermini mit ihren Erläuterungen zu finden, die im Bereich der Fahrerlaubnis von Bedeutung sind.

Akteneinsicht, § 29 VwVfG, § 100 VwGO	507

Alkohol

Das verkehrsmedizinische Hauptproblem ergibt sich bei ständig steigendem Konsum durch die immer häufiger werdende Abhängigkeit vom Alkohol. Für die Beurteilung der Kraftfahreignung durch den begutachtenden Arzt kommt es darauf an, die Abhängigkeit im Einzelfall nachzuweisen. Hierfür können bestimmte Kriterien eine bestimmte Hilfe sein. Mit gewissen Vorbehalten im einzelnen und unter Beachtung des Umstandes, daß jedes konkrete umschriebene Merkmal für sich allein gesehen unspezifisch ist, läßt sich aus der ärztlichen Allgemeinerfahrung eine Rangordnung der Kriterien aufstellen, bei deren Nachweis die Annahme einer Alkoholabhängigkeit gerechtfertigt erscheint. Folgende Kriterien gelten:

1. Nachweis eines oder mehrerer Symptome der oben aufgeführten Abhängigkeitsdefinition.

2. Gesundheitliche Kriterien: Alkoholdelirium, gehäuftes Auftreten von Bagatellunfällen, Reduzierung der Nahrungsaufnahme bei täglich reichlicher Alkoholzufuhr, Angabe von gastrointestinalen Störungen im Zusammenhang mit einer Alkoholanamnese . . ., Vorliegen einer Polyneuritis bei Alkoholanamnese, Nachlassen bzw. Verschwinden eines Tremors nach Alkoholgenuß, Auftreten von hartnäckigen Einschlafstörungen im Zusammenhang mit vermehrtem Alkoholgenuß, Verlust der Alkoholtoleranz, Nachweis einer alkohol-toxischen Hepatitis oder Zirrhose . . .

3. Quantitäts- und Qualitätskriterien: u. a. Nachweis, daß mit alkoholhaltigen Getränken 160 g Alkohol oder mehr in 24 Stunden regelmäßig seit Monaten zugeführt werden, Nachweis eines Kontrollverlustes über den täglichen Alkoholkonsum . . .

4. Soziale Kriterien: Trinken ohne Rücksicht auf soziale Konsequenzen bzw. Verlust der Kontrolle über das soziale Verhalten . . . mehrfaches Aufgreifen als hilflose Person . . .

Der sichere Nachweis einer Abhängigkeit vom Alkohol (aber auch von einem anderen Toxikum) ist mit Schwierigkeiten verbunden, weil der tatsächliche Konsum von dem Alkoholabhängigen fast immer bagatellisiert wird, und oft stellt sich das Lügen für den Alkoholiker als eine Notwendigkeit dar und als einzige Möglichkeit, um vor sich selbst und vor der Umgebung existieren zu können. *Gutachten Krankheit und Verkehr, S. 19 f.*

Alkoholabhängigkeit	377
Alkoholismusmarker	606
Alkoholmissbrauch	376
Alkoholproblematik	540 f.

Altersabbau

Gerade bei Eignungszweifeln wegen altersbedingter Erkrankungen und Leistungsmängeln kommt der Tatsache, daß diese Schwächen sich noch nicht in Unfällen oder anderen Verkehrsauffälligkeiten manifestiert haben, regelmäßig keine die gutachterlichen Feststellungen widerlegende Aussagekraft zu. Dies gilt um so eher, wenn wie im vorliegenden Fall der Kraftfahrer immerhin durch

einen von ihm verschuldeten, wenn auch nicht sonderlich schwerwiegenden Unfall in Erscheinung getreten ist.
BVerwG, VRS 74, 156 = VerkMitt 1988, 57

Fällt ein älterer (hier 78-jähriger) Kraftfahrer durch eine unsichere Fahrweise auf, so stellt die Anordnung, eine Fahrprobe abzulegen, ein geeignetes Mittel dar, um die Fahrtauglichkeit zu über- prüfen. Eine langjährige Teilnahme am motorisierten Straßenverkehr ist für sich genommen keine Garantie für eine fortdauernde Fahreignung. Auch eine unfallfreie Fahrpraxis ist in dieser Hinsicht allenfalls von indizieller Bedeutung. Die hierdurch begründete Vermutung der Fahreignung kann durch Umstände, die unter dem Blickwinkel der Fahrtauglichkeit negative Schlüsse zulassen, erschüttert oder gar widerlegt werden.*VGH Baden-Württemberg, NJW 1991, 315*

Anamnese   642
Bei der Anamnese wird im Gespräch mit dem Patienten der Verlauf der Krankheitsgeschichte erfragt.

Aufbauseminar   466
Sie werden von Fahrlehrern durchgeführt. Zum Inhalt der (gewöhnlichen Aufbauseminare) vgl. § 35 Abs. 2 FeV).

Aufbauseminar, besonderes   466
Diese sind vorgeschrieben für Fahrerlaubnisinhaber, die unter Alkoholeinfluß oder BtM/Arznei- mitteleinfluß am Verkehr teilgenommen haben (§ 2b Abs. 2 StVG). Sie werden von Diplom-Psy- chologen durchgeführt. Vgl. § 36 FeV.

Auskunft aus dem Fahrerlaubnisregister   45
Eine Auskunft aus dem Fahrerlaubnisregister ist nach § 58 StVG auch dann unentgeltlich, wenn die Auskunft im Zusammenhang mit der Umschreibung der alten Fahrerlaubnis auf die seit dem 1.1.1999 eingeführten Fahrerlaubnisklassen benötigt wird
VG Braunschweig, DAR 2001, 43.

Befähigungsprüfung
Bei der Befähigungsprüfung durch den amtlichen Prüfer handelt es sich um einen selbständigen Verwaltungsakt. Die Verwaltungsbehörde und das nachprüfende Gericht sind deshalb im Erlaub- nisverfahren an die gültige Prüfungsentscheidung gebunden (sog. Tatbestandswirkung von Verwal-

tungsakten). Es obliegt ihnen daher bei Entscheidung über den Erlaubnisantrag nur noch die Prüfung, ob Tatsachen vorliegen, die für die charakterliche, körperliche oder geistige Ungeeignetheit des Bewerbers sprechen.
VG Frankfurt, Urt. v. 27.11.1962, VI 2-52/62, VRS 25, 157 f.

Cannabis ist der Oberbegriff für die Betäubungsmittel-Formen der Hanfpflanze. Cannabis kommt u. a. vor im Haschisch, Marihuana und im Haschischöl. Konsumiert wird Cannabis zumeist oral durch Rauchen, gemischt mit Tabak (kiffen). Es handelt sich um das am meisten konsumierte Betäubungsmittel in Deutschland. Die primär psychoaktiv (rauscherzeugende) wirkende Substanz im Cannabis ist das Tetrahydrocannabinol (THC). Der THC-Gehalt ist je nach Konsumform unterschiedlich. Den höchsten THC-Gehalt weist das Haschischöl auf.

Das BVerfG hat entschieden, dass allein aufgrund des Besitzes einer geringfügigen Menge Cannabis nicht auf den Konsum geschlossen werden darf. Anders ist der Sachverhalt zu beurteilen, wenn sich weitere Anzeichen für einen Konsum finden lassen.
BVerfG, NJW 2002, 2378

Für die Beurteilung der mangelnden charakterlichen Eignung eines Kraftfahrzeugführers kommt es auf seine Gesamtpersönlichkeit sowie auf seine Gefährlichkeit für die Allgemeinheit an. Dabei können auch nichtverkehrsrechtliche Straftaten berücksichtigt werden.
BVerwG, Beschl. v. 18.2.1976, Az. VII B 136.76, in: Buchholz, 44.210 § 4 StVG Rn. 44

Doppelbegutachtung

Zweifel an der Fahrtauglichkeit wegen körperlicher Mängel – hier Gesichtsfeldausfall und Hypertonie – berechtigen zu einer nicht nur medizinischen, sondern auch psychologischen Doppelbegutachtung erst dann, wenn eine medizinische Begutachtung allein kein abschließendes Urteil über die Fahreignung erlaubt.
BVerwG; NJW 1986, 1562

Drogenkonsum, jahrelanger

Die Frage, ob bei einem jahrelangen Drogenkonsum für eine Entziehung der Fahrerlaubnis (§ 4 StVG) erwiesen sein muß, daß der betroffene Kraftfahrer rückfällig geworden ist, ist zu verneinen.
BVerwG, Beschl. v. 20.2.1996, Az. 11 B 166/95, n.v.

Drogenscreening 618

Daß ein akuter Cannabis-Rausch die Fahrtauglichkeit beeinträchtigt, entspricht gesicherter wissenschaftlicher Erkenntnis.

BVerfGE 90, 145, 181 = NJW 1994, 1577, 1581

Regelmäßiger oder gar gewohnheitsmäßiger Cannabis-Konsum kann berechtigte Zweifel an der Kraftfahreignung begründen. Bestehen Zweifel daran, ob der betreffende Fahrerlaubnisinhaber seinen Drogengebrauch und das Führen des Kfz. nicht ausreichend zu trennen vermag und gibt es hinreichend aussagekräftige Anzeichen für den Verdacht, daß der Inhaber einer Fahrerlaubnis regelmäßig Cannabis konsumiert, so ist die Behörde berechtigt, diese Frage zunächst durch Drogen-Screenings als geeignete und verhältnismäßige Mittel zu klären, um anschließend erforderlichenfalls weitere Aufklärungsmaßnahmen, u. a. die Beibringung eines MPU-Gutachtens, anzuordnen.

VGH Baden-Württemberg, NZV 1998, 429

Eigenauskunft aus dem Verkehrszentralregister 45

Ecstasy

Nach der Rspr. des VGH Mannheim besteht grds. Fahruntauglichkeit, wenn ein Kraftfahrer Ecstasy konsumiert hat. Dies gilt auch, wenn sich nur ein einmaliger Konsum nachweisen lässt.

VGH Mannheim, NZV 2002, 495

Einstellungsfragebogen 621

Einstellungs- und Anpassungsmängel

„Wer unter persönlichkeits- und erlebnisabhängigen Störungen der Einstellungs- und Anpassungsfähigkeit einschließlich lebensphasisch gebundener Störungen leidet, ist zum Führen von Kraftfahrzeugen aller Klassen ungeeignet, sofern sich Art und Ausprägung solcher Störungen negativ auf die Leistungen beim Führen eines Kraftfahrzeuges auswirken."

Gutachten Krankheit und Kraftverkehr, S. 19

Entgiftung 381, 421

Die Entgiftung dient dem körperlichen Entzug von Alkohol bzw. Betäubungsmitteln oder anderer psychoaktiv wirkender Stoffe. Sie soll dem Patienten den stofflichen Abbau der Substanz/en unter ärztlicher Kontrolle ermöglichen und erleichtern (Entzugssymptome).

Entwöhnungsbehandlung 381, 421

Sie verfolgt das Ziel der durch psychologische und medizinische Begleitung nach Entgiftung die Bindung an das Suchtmittel zu lösen.

Entziehung, der Fahrerlaubnis 354, 358 ff., 464 f.

Die Entziehung der Fahrerlaubnis nach § 69 StGB schließt die Überprüfung der Fahreignung durch die Straßenverkehrsbehörde nach § 4 StVG nicht aus. Die Entziehung der Fahrerlaubnis im strafgerichtlichen Verfahren nach § 69 StGB ist eine Maßregel der Sicherung und Besserung (§ 61 Nr. 5 StGB) und hat allein das in einer rechtswidrigen Tat zum Ausdruck gekommene, strafrechtlich relevante Verhalten des Kraftfahrers zum Gegenstand. Demgegenüber hat die Verwaltungsbehörde nach §§ 2, 4 StVG die Eignung zum Führen eines Kraftfahrzeuges auf der Grundlage einer umfassenden Würdigung der Gesamtpersönlichkeit zu beurteilen, wobei alle für den Einzelfall bedeutsamen Umstände zu berücksichtigen sind, die über die körperliche und/oder geistige Eignung zum Führen eines Kraftfahrzeuges Aufschluß geben können. Das strafgerichtliche Verfahren und das Verwaltungsverfahren sind nicht mehr zwei formal selbständige Verfahren, sondern dienen auch unterschiedlichen Zwecken und erstrecken sich auf unterschiedliche Überprüfungsgegenstände.

BVerwG, Beschl. v. 25.8.1995, Az. 11 B 92/95, n.v.

Dem Angeklagten wurde 1994 die deutsche Fahrerlaubnis entzogen. Im Jahr 1996 wurde er wegen vorsätzlichen Fahrens ohne Fahrerlaubnis erneut verurteilt. Nach seinem Umzug in die Niederlande hatte der Angeklagte 1999 dort eine niederländische Fahrerlaubnis erworben und war der Meinung, mit dieser in Deutschland ein Fahrzeug führen zu dürfen. Dies stellt ein Fahren ohne Fahrerlaubnis dar.

AG Singen, Urt. v. 2.5.2001 – 6 Ds 51 Js 25534/00/01

Der Angeklagte hat sich des vorsätzlichen Fahrens ohne Fahrerlaubnis schuldig gemacht (§§ 21 Abs. 1 Nr. 1 StVG i.V.m. 4 Abs. 3 und Abs. 4 IntVO über den Kraftfahrzeugverkehr). Auf Inhaber von EU/EWR-Führerscheinen ohne ständigen Aufenthalt in Deutschland ist nicht § 28 FeV, § 4 IntVO anzuwenden. Abs. 4 dieser Vorschrift regelt die Fälle, in denen der Inhaber der EU-Fahrerlaubnis nicht zum Führen von Kraftfahrzeugen im Inland berechtigt ist. Nach der Neufassung von § 4 Abs. 3 Nr. 3 IntVO ist der Inhaber einer ausländischen Fahrerlaubnis nach Ablauf einer vom Gericht verhängten Sperrfrist im Inland nicht wieder automatisch fahrberechtigt. Er muss vielmehr, wie schon bisher, bei einer vorangegangenen verwaltungsbehördlichen Entziehung die Anerkennung seiner ausländischen Fahrerlaubnis im Inland beantragen.

Vorlagebeschluss OLG Karlsruhe (DAR 2002, 135): „Macht sich der Inhaber einer in einem EU-Staat erworbenen Fahrerlaubnis nach § 21 Abs. 1 Nr. 1 StVG i.V.m. § 28 Abs. 4 Nr. 3 FeV strafbar, wenn er seine ausländische Fahrerlaubnis vor dem Inkrafttreten der FeV am 1.1.1999 erworben hat, nachdem ihm zuvor seine deutsche Fahrerlaubnis in einem Strafverfahren durch rechtskräftiges Urteil entzogen worden war?"

Der Inhaber einer in einem EU/EWR-Staat erworbenen Fahrerlaubnis mit Wohnsitz im Inland, dem die deutsche Fahrerlaubnis vor einem Gericht rechtskräftig entzogen worden war und der nach dem 31.12.1998 im Inland ein Kraftfahrzeug führt, macht sich nach I 21 Abs. 1 Satz 1 StVG i.V.m. § 28 Abs. 4 Nr. 3 FeV strafbar, und zwar auch dann, wenn er aufgrund der ausländischen Fahrerlaubnis vor dem 1.1.1999 im Inland (wieder) Kraftfahrzeuge führen durfte.

BGH, DAR 2002, 419

Fahren ohne Fahrerlaubnis (Nichtmitführen einer behaupteten ausländischen Fahrerlaubnis)   242

Beruft sich ein Kraftfahrzeugführer auf eine ausländische Fahrerlaubnis, die sich auf Kraftfahrzeuge der geführten Art erstreckt, so setzt, wenn die Aufenthaltsfristen des § 4 IntVO gewahrt sind, seine Verurteilung wegen Fahrens ohne Fahrerlaubnis gem. § 21 Abs. 1 Nr. 1 StVG die Überzeugung des Tatrichters davon voraus, dass er über die behauptete ausländische Fahrerlaubnis nicht verfügt. Der Vorwurf strafbaren Verhaltens lässt sich nicht schon darauf stützen, dass er den Nachweis der ausländischen Fahrerlaubnis weder bei der Fahrt noch später erbracht hat.

BGH, DAR 2002, 35

Fahrerlaubnis auf Probe

Bei Erfassung von Sinn und Zweck des § 2a StVO ist zu berücksichtigen, daß mit dieser Norm der Gesetzgeber auf die Entwicklung der Unfallzahlen reagiert hat. Besonders junge, unerfahrene und risikobereite Fahranfänger sind oft an Verkehrsunfällen beteiligt (vgl. amtl. Begr.: VkBl. 1986, 360 ff.). Diese Gefahr soll mit der Einführung der Fahrerlaubnis auf Probe entgegengewirkt werden. Nach § 2a StVG ist deshalb innerhalb der Probezeit gesetzlich fingiert, daß der Kraftfahrer bei bestimmten Verkehrszuwiderhandlungen noch nicht ausreichend bewährt ist. Er hat sich daher einer besonderen Nachschulung zu unterziehen. Mit der Einführung der Fahrerlaubnis auf Probe sollten allerdings nur anfängertypische Verkehrsverstöße berücksichtigt werden, nicht hingegen ein Katalog von Verkehrsverstößen geschaffen werden, der von dem Mehrfachtäter-Punktesystem abweicht.

BVerwG, NZV 1994, 413 = VRS 88, 147

Es handelt sich um einen Alkoholismusmarker, der Indizfunktion für die Bestimmung von Alkoholmissbrauch oder Alkoholabhängigkeit hat. Die Gamma-Glutamyl-Transferase (Gamma GT-Wert) lässt sich durch eine Blutentnahme bestimmen. Bei Abstinenz von Alkohol baut sich der überhöhte Wert relativ schnell ab.

Giftfestigkeit tritt ein bei Missbrauch und Abhängigkeit von Suchtmitteln. Derjenige der das Suchtmittel missbraucht bzw. von dem Suchtmittel abhängig ist, verträgt Dosen des Suchtmittels, die bei einer Person, die nicht an das Suchtmittel gewohnt ist, zu Ausfallerscheinungen und/oder schweren gesundheitlichen Schäden führen würde. Der Begriff der Giftfestigkeit taucht häufig im Zusammenhang mit § 13 Nr. 2c FeV auf, da angenommen wird, daß eine Person die zum Führen eines Fahrzeuges mit einer BAK von 1,6 ‰ überhaupt in der Lage ist, eine hohe Giftfestigkeit aufweist.

Haschisch und LSD

Bei Anzeichen für Hallozinogene ist zu beachten, daß gefährliche psychische Veränderungen oder Leistungsschwächen nicht nur im akuten Rauschzustand auftreten, sondern auch nach Abklingen der Rauschsymptomatik in der Phase der Nachwirkungen. Sie ziehen sich z. B. für das LSD in der Regel solange hin, daß diese Droge nur in wenigen Fällen von extremer Abhängigkeit mehr als einmal in der Woche genommen werden kann, d. h. der nicht Abhängige ist nach einmaligem Versuch auch nach Abklingen des akuten Rausches noch lange nicht wieder in der Lage, ein Kraftfahrzeug verkehrssicher zu führen. Das Haschisch wiederum kann zwar häufiger als das LSD genommen werden, es kann jedoch bei einmaliger Zufuhr nach einem symptomfreien Intervall von mehreren Tagen zu einem Wiederaufflammen der Rauschgiftsymptome (Flashback, Echorausch) kommen.
Gutachten Krankheit und Kraftverkehr, S. 21

Heroinabhängigkeit

Bestimmte Stoffe (z. B. Morphium, Heroin) führen leichter zu süchtiger Abhängigkeit als andere, obgleich im Prinzip fast jede Substanz, die psychotrope Wirkungen hat, Ursache einer Sucht werden kann. Die Wahl des Toxikums hängt von der Persönlichkeit des betreffenden Abhängigen ab, von der erwünschten Wirkung und von begünstigenden soziologischen Umständen.
Gutachten Krankheit und Verkehr, S. 19

Intelligenzstörungen

Personen, deren intellektuelle Leistungsfähigkeit infolge einer Krankheit erheblich vermindert ist, sind zum Führen von Fahrzeugen aller Klassen ungeeignet. In der Regel ist das bei einer Intelligenzausstattung unterhalb des Prozentranges 3 einer Intelligenzverteilung (z. B. Intelligenzquotient nach HAWIE unter 70) der Fall.
Gutachten Krankheit und Verkehr, S. 18

KBA, Statistische Angaben 363

Kenntnis der Verkehrsvorschriften

Schon vom Gesamtinhalt her umfaßt der Begriff der „Eignung" zum Führen von Kraftfahrzeugen die Grundvoraussetzungen, die der Kraftfahrer in seiner Person erfüllen muß, um mit dem Kraftfahrzeug gefahrlos am öffentlichen Straßenverkehr teilzunehmen. Dazu gehört die Fähigkeit, diese Tätigkeit theoretisch und praktisch zu beherrschen. Diese Befähigung ist daher sowohl von Anfängern als auch von Kraftfahrern mit längerer Fahrpraxis zu fordern, so daß sie ihr Verlust ungeeignet zum Führen von Kraftfahrzeugen macht. Die Tatsache, daß das Merkmal der Befähigung ausdrücklich nur in dem die Fahrerlaubniserteilung regelnden § 2 StVG, nicht aber in § 4 StVG aufgeführt ist, der die Entziehung der Fahrerlaubnis betrifft, vermag die Gegenmeinung nicht zu stützen. Die besondere Erwähnung und Regelung der „Befähigung" in § 2 Abs. 1 Satz 2 StVG, der dort außerdem das Erfordernis der „Eignung" herausstellt, ist die Folge der unterschiedlichen Verteilung der Beweislast, die das Gesetz für diese Anforderungen vorsieht. Für die Erteilung der Fahrerlaubnis hat der Bewerber seine Befähigung – nämlich die erlernbaren und zu erlernenden Regelkenntnisse und praktischen Fertigkeiten – durch eine Prüfung nachzuweisen, von seiner Eignung im übrigen geht § 2 StVG aus; nur wenn Tatsachen vorliegen, die die gegenteilige Annahme rechtfertigen, darf die Fahrerlaubnis verweigert werden, wobei die Beweislast die Behörde trägt. Demgegenüber setzt die Entziehung der Fahrerlaubnis nach § 4 Abs. 1 StVG schlechthin voraus, daß der Eignungsmangel, also das Fehlen der persönlichen Voraussetzungen des Erlaubnisinhabers, erwiesen" ist. Ein sachgemäßer gesetzessystematischer Grund, hierbei das Merkmal der Befähigung als Element der Eignung besonders zu nennen, ist nicht gegeben.

Zweifel am Fortbestand der Eignung des Kraftfahrers bestehen auch, wenn dieser innerhalb eines begrenzten Zeitraums mehrfach mit erheblichen Verkehrsverstößen aufgefallen ist. Auch wenn er die konkret festgestellten Verstöße vorsätzlich begangen hat, bestehen berechtigte Zweifel daran, ob er die wesentlichen Verkehrsregeln insgesamt noch ausreichend beherrscht. Das trifft um so mehr zu, als zu den verlangten theoretischen Kenntnissen gehört, daß sich der Kraftfahrer über die

Bedeutung der Verkehrsvorschriften sowie über die Gefahren im klaren ist, die sein verkehrswidriges Verhalten für sich und andere auslöst.
BVerwG, NJW 1982, 2885

Kokain

Nach einer Entscheidung des VGH Mannheim zählt auch ein „Schicksalsschlag" nicht dazu, dass von dem Grundsatz abgewichen werden kann, dass bereits der einmalige Kokain-Kosum die Fahruntauglichkeit belegt.
VGH Manheim, NZV 2002, 477

Nachschulungsanordnung

Die behördliche Anordnung zur Teilnahme des Inhabers einer Fahrerlaubnis auf Probe an einem Nachschulungskurs nach § 2a Abs. 2 StVG setzt nicht voraus, daß gegen ihn eine rechtskräftige Entscheidung wegen eines bestimmten Verkehrsdelikts ergangen ist. Die Norm verlangt vielmehr auch, daß der Fahrerlaubnisinhaber ein solches Delikt tatsächlich begangen hat. Die rechtskräftige Verurteilung ist nicht das einzige, sondern ein zusätzliches Erfordernis für die Anordnung der Teilnahme an einem Nachschulungskurs.

BVerwG, VRS 87, 468= NZV 1994, 374

Das Bestehen einer Bewegungsprüfung ist nach dem Willen des Gesetzgebers kein Ersatz für die Teilnahme an einem Nachschulungskurs. Das ergibt sich auch aus § 2a Abs. 5 Satz 1 StVG.

BVerwG, VRS 88, 150 = NZV 1994, 412

= mehrfachabhängig. Politoxikomanie liegt häufig vor bei BtM-Abhängigkeit (von mehreren Suchtstoffen), aber auch im Zusammenhang mit Alkohol und Arzneimitteln.

Rückfallwahrscheinlichkeit

Die Fahreignung von Kraftfahrern, die wegen Verkehrszuwiderhandlungen unter Alkoholeinfluß vorbestraft sind, kann nicht mit Hilfe eines festen Grenzwertes in Gestalt einer in Prozentzahlen ausgedrückten individuellen Rückfallwahrscheinlichkeit bestimmt werden. Bei aller Bedeutung, die die Rückfallwahrscheinlichkeit im Einzelfall haben mag, ist es mit dem Gebot einer umfassenden Persönlichkeitswürdigung unvereinbar, die Eignung nur an dieser einen Tatsache zu messen und andere Umstände von vornherein unbeachtet zu lassen . . .Unabhängig davon ist es auch recht-

lich verfehlt, den Gesichtspunkt der Rückfallwahrscheinlichkeit nach dem Maßstab eines genau bestimmten oder bestimmbaren Grenzwertes in die Eignungsbeurteilung einfließen zu lassen.
BVerwG, NJW 1987, 2246

Sachaufklärungspflicht

Entzieht sich ein Fahrerlaubnisinhaber der wegen Drogengebrauchs und -besitzes rechtmäßig angeordneten Überprüfung seiner Fahreignung durch eine anerkannte medizinisch-psychologische Untersuchungsstelle, so verletzt das Verwaltungsgericht seine Sachaufklärungspflicht regelmäßig nicht, wenn es auf eine statt dessen angebotene Zeugenvernehmung über Einzelaspekte des Drogenverhaltens und der Fahreignung verzichtet.
BVerwG, NZV 1993, 166 = NJW 1993, 1542

Sachprüfung, erneute

Macht der Bewerber um die Wiedererteilung einer Fahrerlaubnis den späteren Wegfall eines bis dahin angenommenen Eignungsmangels geltend, so hat er gem. § 2 Abs. 1 Satz 2 StVG einen materiell-rechtlichen Anspruch darauf, daß die Behörde in eine erneute Sachprüfung eintritt.
BVerwG, Beschl. v. 9.9.1980, Az. 7 B 193.80, in: Buchholz, 442.10 § 2 StVG Nr. 3

Sach- und Rechtslage, maßgebliche

Bei der Beurteilung der Rechtmäßigkeit einer Entziehung der Fahrerlaubnis kommt es auf die Sach- und Rechtslage an, die bei Abschluß des Verwaltungsverfahrens gegeben ist. Die für die Untersagung der Ausübung eines Gewerbebetriebs nach § 35 Gewerbeordnung entwickelten Grundsätze lassen sich nicht auf das Verfahren zur Entziehung der Fahrerlaubnis übertragen. Die Entziehung der Fahrerlaubnis ist kein Dauerverwaltungsakt. Das nach der Entziehung bestehende Verbot, Kraftfahrzeuge zu führen, beruht nicht auf der Entziehungsverfügung, sondern auf dem Fehlen einer Fahrerlaubnis.
BVerwG, Beschl. v. 26.6.1970, Az. VII B 36/68 in: Buchholz, 442.10 § 4 StVG Nr. 31; BVerwG, Beschl. v. 26.6.1973, Az. VII B 39/73, in: Buchholz, 442.10 § 4 StVG Nr. 36

Sachverhaltsfeststellungen

Im Rahmen des § 2a Abs. 2 StVG muß ein Kraftfahrer die Sachverhaltsfeststellungen einer rechtskräftigen Bußgeldentscheidung insoweit gegen sich gelten lassen, als nicht gewichtige Anhaltspunkte für deren Unrichtigkeit bestehen. Solche Anhaltspunkte können sich aus dem begründeten Vortrag des Klägers oder aus dem Akteninhalt ergeben.
BVerwG, NZV 1995, 370 = VRS 89, 388

Bei Sachverhaltsfeststellungen besteht keine strikte Bindung an den Inhalt der rechtskräftigen Bußgeldentscheidung. Die Verwaltungbehörde muß allerdings nicht in jedem Fall den Sachverhalt neu ermitteln und somit das Bußgeld- oder Strafverfahren mit ihren Mitteln wiederholen. Vielmehr hat ein Kraftfahrer die einschlägigen Feststellungen der rechtskräftigen Entscheidung insoweit gegen sich gelten zu lassen, als sich nicht gewichtige Anhaltspunkte für deren Unrichtigkeit, insbesondere Wiederaufnahmegründe i. S. d. § 359 Nr. 5 StPO ergeben.
BVerwG, NZV 1994, 374 = VRS 87, 468

Sehtestbescheinigung 528

Sperrfrist 533 ff.

Strafurteil-Bindung

Ein Kraftfahrer muß in einem Fahrerlaubnis-Entziehungsverfahren (§ 4 StVG) eine rechtskräftige strafgerichtliche Entscheidung mit dem darin festgestellten Sachverhalt gegen sich gelten lassen, sofern sich nicht gewichtige Anhaltspunkte für die Unrichtigkeit der tatsächlichen Feststellungen im Strafurteil ergeben.
BVerwGE 71, 93; BVerwGE 80, 43; BVerwG, NZV 1992, 501

Die Verwaltungsbehörde ist im Fahrerlaubnis-Entziehungsverfahren nicht nach § 4 Abs. 3 StVG an das Strafurteil gebunden, wenn sie von einem anderen, umfassenderen Sachverhalt als der Strafrichter auszugehen hat.
BVerwGE 80, 43, 47; BVerwG, Beschl. v. 31.3.1995, Az. 11 B 6.95

Streitwerte im Fahrerlaubnisrecht   682

Substitution   422 ff.

Sucht

Sucht (Abhängigkeit) und Intoxikationszustände: Als süchtig, toxikoman oder abhängig muß ein Mensch dann bezeichnet werden, wenn bei ihm alle oder einzelne der nachstehend aufgeführten Bedingungen zutreffen.

1. Er befindet sich infolge häufig wiederholter Einnahme eines natürlichen oder synthetischen toxischen Stoffes in einem Zustand periodischer oder chronischer Vergiftung, die für ihn und seine Umgebung eine Schädigung und eine Gefahr darstellt.

2. Er hat wegen zunehmender Giftfestigkeit (Toleranzsteigerung) die Neigung, die Dosis des Toxikums zu steigern.

3. Er zeigt ein gieriges, zwanghaftes, kaum oder nicht bezwingbares Verlangen nach diesem Toxikum.

4. Er kann auf die fortgesetzte Einnahme des Toxikums nicht verzichten (nicht aufhören können); denn

5. er wird psychisch und oft auch körperlich so stark abhängig vom Toxikum und seinen Wirkungen, daß er bei plötzlichem Verzicht auf das Gift körperlich in eine Zwangslage, psychisch in eine Notlage gerät.

Gutachten Krankheit und Kraftverkehr, S. 19

Trierer Alkoholismus-Inventar (TAI)   628

Trunkenheitsfahrt mit einem Fahrrad   400

Untersuchung, ärztliche   601 ff.

Untersuchung, medizinisch   617

Untersuchung, psychologische   566 ff.

Urinprobe   618

Validität   620

Die Validität ist ein Gütekriterium für ein eingesetztes Testverfahren. Es beschreibt die Eignung des Verfahrens zur Darstellung des zu messenden Sachverhaltes.

Verhältnismäßigkeit

Die Anordnung der Verwaltungsbehörde, wegen des aus dem Besitz von Marihuana abgeleiteten Verdachts fehlender Kraftfahreignung ein medizinisch-psychologisches Gutachten beizubringen, ist nicht schon deshalb unverhältnismäßig, weil inzwischen – durch das wegen des Besitzes durchgeführte Strafverfahren und das verspätete Bekanntwerden des Vorfalls bei der Straßenverkehrsbehörde – ein Zeitraum von zweieinhalb Jahren vergangen ist.
BVerwG, Urt. v. 15.12.1989, Az. 7 C 52/88, in: Buchholz, 442.10 § 4 StVG Nr. 87

Der bundesrechtliche Verhältnismäßigkeitsgrundsatz hat Verfassungsrang und umfaßt die Erfordernisse der Geeignetheit, der Erforderlichkeit (des geringsten Eingriffs) und der Verhältnismäßigkeit im engeren Sinne. Der Eingriff muß zur Erreichung des vom Gesetzgeber erstrebten Ziels geeignet, aber auch erforderlich sein, das Ziel darf nicht auf andere, den Bürger weniger belastende

Weise ebensogut erreicht werden können, und schließlich muß das Maß der dem Bürger auferlegten Belastung noch in einem vertretbaren Verhältnis zu den ihm und der Allgemeinheit erwachsenden Vorteilen stehen.
BVerfG, BVerfGE 38, 281, 302 m. w. N.

Die Anordnung einer Nachschulung nach § 2a Abs. 2 StVG unterliegt dem Grundsatz der Verhältnismäßigkeit und insbesondere dem Übermaßverbot. Das Bestehen einer Fahrerlaubnisprüfung ersetzt aber nicht die Teilnahme an einer Nachschulung.
BVerwG, NZV 1995, 291; VRS 89, 389

Verkehrszentralregister   511, 668 ff.

Eintragungen im Verkehrszentralregister sind keine Verwaltungsakte, weil sie weder eine Regelung darstellen, noch unmittelbare Rechtswirkungen nach außen entfalten.
BVerwGE 77, 268; BVerwG, Beschl. v. 23.12.1993, Az. 11 B 195/93, n.v.

Verwaltungsakt   354

Die Entziehung der Fahrerlaubnis nach § 4 Abs. 1 StVG steht nicht im Ermessen der Behörde, sondern ist ein gebundener Verwaltungsakt. Die Behörde muß die Fahrerlaubnis entziehen, wenn die Voraussetzungen hierfür gegeben sind.
BVerwG, Beschl. v. 21.12.1967; Az. VII B 203/66, in: Buchholz, 442.10 § 4 StVG Nr. 26

Verwaltungsakt, gebundener   354

Verwaltungsvorschriften

Verwaltungsvorschriften sind Regelungen, die innerhalb der Verwaltungsorganisation von übergeordneten Verwaltungsinstanzen oder Vorgesetzten an nachgeordnete Behörden oder Bedienstete ergehen und die dazu dienen, Organisation und Handeln der Verwaltung näher zu bestimmen. Sie sind abstrakt-generelle Abordnungen der Exekutive, die sich an nachgeordnete Behörden richten und nur diese, nicht aber Dritte binden.
BVerfGE 1, 82, 83 f.

Verwertungsverbote   592

Vollzug der Nachschulungsanordnung

Der Vollzug einer auf § 2a Abs. 2 Nr. 1 StVG gestützte Nachschulungsanordnung ist nicht deswegen rechtswidrig, weil inzwischen einige Zeit vergangen ist, während der der Fahrerlaubnisinhaber verkehrsrechtlich nicht in Erscheinung getreten ist. Es ist bei Ausschöpfen der Rechtsschutzmöglichkeit, die das Gesetz über Ordnungswidrigkeiten und die Verwaltungsgerichtsordnung bieten, keineswegs ungewöhnlich, daß die Durchsetzung einer Nachschulungsanordnung mehrere Jahre dauern kann, gerechnet vom Zeitpunkt des Verkehrsverstoßes. Diese Verfahrensdauer allein führt nicht dazu, daß eine rechtmäßig erlassene Nachschulungsanordnung rechtswidrig wird. Andernfalls hätte es der auffällig gewordene Fahrerlaubnisinhaber in der Hand, sich durch Einlegung von Rechtsbehelfen und das bloße Verstreichen der Verfahrenszeit, der gesetzlich vorgesehenen Nachschulungsanordnung zu entziehen.
BVerwG, NZV 1995, 370; VRS 89, 388

Widerspruchsverfahren gegen die Fahrerlaubnisentziehung   509 ff.

Wiedererteilung der Fahrerlaubnis

Macht der Bewerber um die Wiedererteilung einer Fahrerlaubnis den späteren Wegfall eines bis dahin angenommenen Eignungsmangels geltend, so hat er gem. § 2 Abs. 1 Satz 2 StVG einen materiell-rechtlichen Anspruch darauf, daß die Behörde in eine erneute Sachprüfung eintritt.
BVerwG, Beschl. v. 9.9.1980, Az. 7 B 193.80, in: Buchholz, 442.10 § 2 StVG Nr. 3

Eine rechtswidrige Wiedererteilung einer Fahrerlaubnis begründet keinen Vertrauensschutz. Auch bei einem unveränderten Sachverhalt muß die zu Unrecht wiedererteilte Fahrerlaubnis gem. § 4 Abs. 1 StVG entzogen werden.
BVerwG, Beschl. v. 27.12.1967, Az. B 122.65, in: Buchholz, 442.10 § 4 StVG Nr. 3 und 28; BVerwG, Beschl. v. 22.12.1994, Az. 11 B 184/94, n.v.

Wiederherstellung der Kraftfahreignung   552 f.

Wiener Testsystem   624

Würdigung, der Gesamtpersönlichkeit des Kraftfahrers
Die Eignung zum Führen von Kraftfahrzeugen beurteilt sich auf der Grundlage einer umfassenden Würdigung der Gesamtpersönlichkeit des Kraftfahrers, und zwar nach dem Maßstab seiner Gefährlichkeit für den öffentlichen Straßenverkehr (BVerwGE 11, 276, 278; BVerwGE 51, 359, 374; BVerwGE 65, 157, 159 f.). Dabei sind sämtliche im Einzelfall bedeutsamen Umstände heranzuziehen, die Aufschluß über die körperliche, geistige und charakterliche Eignung geben können. Insbesondere bei der charakterlichen Eignung kommt eine Vielzahl von Tatsachen und persönlichen Merkmalen in Betracht, wie Art, nähere Umstände und Anzahl der bereits begangenen verkehrsrechtlichen oder auch nichtverkehrsrechtlichen Straftaten, außerdem das Alter, die persönlichen und familiären Verhältnisse, etwaige Alkohol- oder Drogenauffälligkeiten und anderes mehr. Speziell bei Verkehrszuwiderhandlungen unter Alkoholeinfluß sind von Bedeutung solche Umstände, die auf eine überdurchschnittliche Alkoholgewöhnung hindeuten, wie hohe Blutalkoholkonzentration, Alkoholfahrt bereits in den Tagesstunden oder Fehlen von Ausfallerscheinungen trotz starker Alkoholisierung. Angesichts des ordnungsrechtlichen Charakters der Vorschriften über die Erteilung und Entziehung der Fahrerlaubnis ist die Wahrscheinlichkeit, mit der ein Kraftfahrer erstmals oder erneut gegen straßenverkehrsrechtliche Vorschriften verstoßen wird, von wesentlichem Gewicht, soweit sich die individuelle Auffallens- oder Rückfallwahrscheinlichkeit aufgrund von Tatsachen hinreichend feststellen läßt. Mit Blick auf die Gefährlichkeit der unter Alkoholeinfluß begangenen Verkehrsdelikte gilt dies in besonderem Maße für das Rückfallrisiko bei einem wegen Trunkenheitsdelikten bereits vorbestraften Kraftfahrer.
BVerwG, NJW 1987, 2246

Abschnitt 3: Arbeits- und Beratungshilfen

684

1. Beschwerde gegen vorläufige Entziehung der Fahrerlaubnis (Muster)

An das

Amtsgericht

In der Strafsache

gegen

lege ich hiermit namens meiner Mandantschaft gegen den Beschluss gemäß § 111a StPO vom . . . .
fristgerecht

Beschwerde

ein mit dem **Antrag,**

> den angefochtene Beschluss vom . . . . aufzuheben und den Führerschein des Beschuldigten
> freizugeben.

Begründung:

Die bisherigen Ermittlungen haben ergeben, ...

Die Begründung des angefochtenen Beschlusses geht davon aus, dass . . . . Zu Unrecht wird aber in
dem festgestellten Fahrverhalten meiner Mandantschaft ein Indiz für eine alkoholbedingte Fahruntüchtigkeit gesehen. . . . . Gerade in diesen Fällen derartigen Fehlverhaltens im Straßenverkehr
kann eine Kausalität zwischen Alkoholisierung und Unfallhergang nicht ohne weitere Anhaltspunkte angenommen werden. Dies mag anders zu beurteilen sein bei einer ungewöhnlich hohen
Alkoholisierung oder zusätzlichen Anzeichen alkoholbedingter Fahruntüchtigkeit oder besonders
aggressivem Verhalten bei der Blutprobenentnahme etc., nicht jedoch beim hier zugrunde liegenden Sachverhalt. . . . .

Unter den zuvor dargelegten Gesichtspunkten ist beim bisherigen Stand der Ermittlungen nicht im
Sinne „dringender Gründe" des § 111 a Abs. 1 Satz 1 StPO davon auszugehen, dass es zum Entzug
der Fahrerlaubnis in der Hauptverhandlung kommen wird.

Ich beantrage daher,

> den vorläufigen Entzug der Fahrerlaubnis und die Beschlagnahme des Führerscheins aufzuhe-
> ben.

Rechtsanwalt

2. Antrag gem. § 98 Abs. 2 StPO nach Sicherstellung eines Führerscheins (Muster)   685

An die

Staatsanwaltschaft

EILT SEHR

Beschlagnahmesache

In dem Ermittlungsverfahren

gegen. . . .

Az.: . . . .

zeige ich unter Vorlage einer auf mich lautenden Vollmacht an, dass ich mit der Verteidigung des/der Herrn/Frau . . . . beauftragt bin.

Bezogen auf die am . . . . erfolgte Sicherstellung des Führerscheins meiner Mandantschaft beantrage ich,

dessen Freigabe zu verfügen oder den Vorgang anderenfalls dem Amtsgericht zur Entscheidung über die Beschlagnahme vorzulegen (§ 98 Abs. 2 StPO).

Ferner bitte ich um **Akteneinsicht** und Überlassung der Ermittlungsakte in meine Kanzleiräume. Umgehende Rückgabe wird zugesichert.

Eine ausführliche Stellungnahme erfolgt nach Rücksprache mit meiner Mandantschaft.

Bereits jetzt wird zur Sache Folgendes ausgeführt . . . .

Aus dem zuvor dargelegten ergibt sich, dass ein hinreichender Tatverdacht bezüglich §§ . . . . nicht besteht.

Somit sind auch keine dringenden Gründe für die Annahme vorhanden, dass es zu einem späteren Zeitpunkt zu einer Entziehung der Fahrerlaubnis kommen wird. Die Voraussetzungen des § 111a StPO liegen nicht vor.

Rechtsanwalt

686

3. Auskunftsersuchen an das KBA über Eintragungen im VZR (Muster)

An das Kraftfahrt-Bundesamt
Fördestraße 16
24944 Flensburg-Mürwick

Betr.: Auskunft aus dem Verkehrszentralregister
für: . . . .,
Geburtsname:
geb.: . . . .,
whft.: . . . . .

Sehr geehrte Damen und Herren,

namens und im Auftrag meines Mandanten erbitte ich Auskunft aus dem Verkehrszentralregister für ihn über eventuell vorliegende Eintragungen.

Auf mich lautende Vollmacht füge ich im Original bei.

Mit freundlichen Grüßen

Rechtsanwalt

Hinweis:

Der Mandant kann auch selber die Auskunft aus dem VZR einholen. Er hat einen Anspruch auf Auskunft. Sie wird unentgeltlich erteilt. Der Antragsteller hat als Identitätsnachweis nach § 64 FeV die amtliche Beglaubigung der Unterschrift, den Pass, den Personalausweis, den behördlichen Dienstausweis oder deren beglaubigte Ablichtung oder eine Geburtsurkunde beizufügen. Telefonische Auskünfte werden nicht erteilt. Ein Antragsformular lässt sich über die Internet-Adresse des Kraftfahrtbundesamtes abrufen (http://www.kba.de).

Der beauftragte Rechtsanwalt hat eine Vollmacht des Mandanten im Original beizufügen. Unbedingt ist die Angabe des Geburtsnamens erforderlich. Anderenfalls erfolgt statt der erfragten Auskunft eine schriftliche Nachfrage des Kraftfahrtbundesamtes, was es schon aus Zeitgründen zu vermeiden gilt. Bei Rückfragen ist das Kraftfahrtbundesamt unter 0461/3160 telefonisch erreichbar.

4. Antrag auf Gewährung von Akteneinsicht (Muster)   687

An Stadt/Kreis xy
Straßenverkehrsamt

In der Fahrerlaubnissache . . . .
Ihr Aktenzeichen: . . . .

Sehr geehrte Damen und Herren,

namens und im Auftrag meines Mandanten habe ich mit Schreiben vom . . . . gegen die Entziehung der Fahrerlaubnis Widerspruch eingelegt. Vor Fertigung der Widerspruchsbegründung bitte ich um Gewährung der Akteneinsicht. Ich werde mich zur Vereinbarung eines Termins für die Akteneinsicht mit Ihnen in Verbindung setzen *(Ich bitte um Übersendung der Akte in mein Büro)*.

(Auf mich lautende Vollmacht füge ich im Original bei).

Mit freundlichen Grüßen

Rechtsanwalt

Hinweis:

Ein Anspruch auf Übersendung der Akten besteht auch für den beauftragten Rechtsanwalt nach § 29 Abs. 3 VwVfG nicht.

688

5. Anschreiben an die Fahrerlaubnisbehörde wegen fachärztlicher Begutachtung bei bestehender – festgestellter – Alkoholabhängigkeit (Muster)

An Stadt/Kreis xy
Straßenverkehrsamt

In der Fahrerlaubnissache . . . .
Ihr Aktenzeichen: . . . .

Betr.: Ihre Anordnung vom . . . .

Sehr geehrte Damen und Herren,

in o.g. Fahrerlaubnissache wurde mit Verfügung vom . . . . angeordnet, dass sich mein Mandant zur Klärung der Frage, ob er trotz seiner Alkoholabhängigkeit wieder geeignet zum Führen von Kraftfahrzeugen ist, einer ärztlichen Untersuchung zu unterziehen hat.

Ich rege an,

die o.g. Verfügung zurückzunehmen und zur Klärung dieser Frage sogleich die Anordnung einer MPU anzuordnen.

Begründung:

Die Tatsache der Alkoholabhängigkeit meines Mandanten steht bereits fest, so dass neue Erkenntnisse durch eine rein medizinische Untersuchung nicht erwartet werden können. Zur Klärung der Frage, ob mein Mandant – trotz der bestehenden Alkoholabhängigkeit – zum Führen von Kraftfahrzeugen geeignet ist, ist neben medizinischem Sachverstand eine psychologische Begutachtung erforderlich. Zur Vermeidung einer Doppelbegutachtung (und den damit verbundenen Kosten für meinen Mandanten) ist daher allein die sofortige medizinisch-psychologische Begutachtung zur Klärung der Eignungszweifel geeignet. Nach den Begutachtungsleitlinien (3.11.2) kann die Eignung alkoholabhängiger Personen wieder als gegeben angesehen werden, wenn durch Tatsachen der Nachweis dauerhafter Abstinenz geführt wird. Neben den dazu möglichen medizinischen Befunden (die nur vergangenheits- bzw. gegenwartsbezogen sein können) ist für die Beurteilung, ob Abstinenz auch in Zukunft zu erwarten ist, psychologischer Sachverstand erforderlich. Zwar fehlt ein dem § 14 Abs. 2 FeV entsprechender Tatbestand im Rahmen des § 13 FeV im Hinblick auf Eignungszweifel bei bestehender Alkoholproblematik. Gleichwohl gebietet der Grundsatz der Verhältnismäßigkeit die angeregte Anordnung der MPU (vgl. Bode/Winkler, Fahrerlaubnis, § 7 Rn. 145 ff). Zur Beibringung eines medizinisch-psychologischen Gutachtens erklärt sich mein Mandant ausdrücklich bereit.

Hochachtungsvoll

Rechtsanwalt

6. Textbaustein für ein Anschreiben an den Mandanten bei bevorstehender MPU   689

. . . . mache ich darauf aufmerksam, dass allein Sie der Auftraggeber und Kostenträger der angeordneten MPU sind. Ich bitte gegenüber . . . . (BfF-Stelle) keine Erklärung abzugeben, mit der Sie sich zu einer direkten Übersendung des Gutachtens an die Fahrerlaubnisbehörde einverstanden erklären.

Ferner bitte ich Sie, darauf zu achten, dass sich der Begutachter an die konkrete – in der Anordnung genannte – Fragestellung hält.

Sollten Sie im Anschluss der Begutachtung einen Hinweis seitens des Gutachters über das zu erwartende schriftliche Ergebnis der Begutachtung erhalten, bitte ich um entsprechende Information.

Sobald das Gutachten vorliegt, erbitte ich **umgehende** Übersendung an mein Büro. Ich bitte darum, dass Sie der Fahrerlaubnisbehörde weder das Gutachten übersenden noch fernmündlich über das u.U. Ihnen bereits bekannte Ergebnis der Begutachtung berichten.

Erst nach eingehender Prüfung des Gutachtens kann entschieden werden, ob eine Vorlage des Gutachtens Ihren Interessen gerecht wird, ob gegebenenfalls der Gutachter um eine ergänzende Erklärung zu bitten ist oder sonstige Maßnahmen zu ergreifen sind.

Sobald das Gutachten hier vorliegt und geprüft wurde, werde ich Sie über das weitere Vorgehen informieren. . .

690 **7. Widerspruch gegen Fahrerlaubnisentziehung bei Anordnung der sofortigen Vollziehung (Muster)** 📄

An Stadt/Kreis xy
Straßenverkehrsamt

Betr.: Fahrerlaubnisentziehung
Mein Mandant: . . . .
Bezug: . . . .
Fahrerlaubnisentziehungsverfügung vom . . . .
Aktenzeichen: . . . .
Sachbearbeiter: . . . .

In der Verwaltungsrechtssache
. . . ./. . . .
zeige ich an, dass ich den Antragsteller vertrete. Eine auf mich lautende Vollmacht füge ich im Original als Anlage bei.

Namens und im Auftrag meines Mandanten erhebe ich gegen den Bescheid vom . . . .

Widerspruch

und **beantrage,**

den Bescheid vom . . . . aufzuheben,

(die sofortige Vollziehung o.g. Fahrerlaubnisentziehungsverfügung auszusetzen und die aufschiebende Wirkung wiederherzustellen,)

die Zuziehung des Bevollmächtigten für notwendig zu erklären.

Ferner beantrage ich

Akteneinsicht

in sämtliche die Fahrerlaubnisentziehungsverfügung betreffenden Verwaltungsakten. Ich bitte, die Akten in meine Kanzleiräume zu übersenden oder mir zur Mitnahme bereitzustellen.

(Ferner habe ich mit Schriftsatz vom heutigen Tag beim zuständigen Verwaltungsgericht xy im Rahmen des Aussetzungsantrages die Wiederherstellung der aufschiebenden Wirkung o. g. Verfügung beantragt. Eine Ausfertigung der Antragsschrift füge ich als Anlage bei).

Begründung:

. . . .

Rechtsanwalt

8. Antrag auf Aussetzung der sofortigen Vollziehung bei Fahrerlaubnisentziehung (Muster)   691

Verwaltungsgericht xy

Antrag

des . . . .,   – Antragstellers –

Verfahrensbevollmächtigter:

Rechtsanwalt . . . .

gegen

Kreis/Stadt, Straßenverkehrsamt . . . .,

dortiges Aktenzeichen: . . . .,

Sachbearbeiter: . . . .,

– Antragsgegner –

wegen: Entziehung der Fahrerlaubnis

Namens und im Auftrag des Antragstellers, für den Vollmacht in der Anlage im Original beigefügt ist, wird beantragt,

1. die sofortige Vollziehung der Fahrerlaubnisentziehungsverfügung des Antragsgegner vom . . . ., zugegangen am . . . ., auszusetzen, die aufschiebende Wirkung des Widerspruchs des Antragstellers vom . . . . wiederherzustellen,

2. den Antragsgegner zu bescheiden, den vom Antragsteller am . . . . abgelieferten Führerschein unverzüglich wieder an den Antragsteller herauszugeben.

Zur **Begründung** des Antrags führe ich aus: . . . .

1. Sachverhalt

. . . .

2. Rechtliche Würdigung

. . . .

Rechtsanwalt

Hinweis:

Die Aussetzung der sofortigen Vollziehung kann von der Behörde, die den Verwaltungsakt der Fahrerlaubnisentziehung erlassen hat, oder von der Widerspruchsbehörde verfügt werden (§ 80 Abs. 4 Satz 1 VwGO).

Hinsichtlich der Beschwerde gegen einen ablehnenden Beschluss des Verwaltungsgerichts nach neuer Rechtslage nach dem am 1.1.2002 in Kraft getretenen Gesetz zur Bereinigung des Rechtsmittelrechts im Verwaltungsprozess wird auf die Ausführungen oben unter Rn. 521 verwiesen, weiterführend auf Kuhla/Hüttenbrink, DVBl. 2002, 85 ff.

692 **9. Anfechtungsklage gegen eine Fahrerlaubnisentziehung (Muster)**

An das Verwaltungsgericht xy
In der Verwaltungsstreitsache
– Fahrerlaubnissache –
des . . . .,

– Klägers –

Verfahrensbevollmächtigter:
Rechtsanwalt . . . .
gegen
Stadt/Kreis xy

Beklagten –

wegen: Entziehung der Fahrerlaubnis.
Namens und im Auftrag des Klägers wird beantragt,

die Verfügung des Beklagten vom . . . . (dortiges Aktenzeichen: . . . .) und den Widerspruchsbescheid des . . . . (dortiges Aktenzeichen: . . . .) vom . . . . aufzuheben,

(die sofortige Vollziehung der Verfügung des Beklagten vom . . . . auszusetzen und die aufschie-
bende Wirkung der Klage wiederherzustellen,)

dem Beklagten aufzugeben, den vom Kläger am . . . . abgelieferten Führerschein unverzüglich
an den Kläger wieder zurückzugeben und ihm für den Fall bereits erfolgter Unbrauchbarmachung einen neuen Führerschein der Klasse . . . . auszustellen.

Begründung:

Mit Verfügung vom . . . . entzog der Beklagte dem Kläger die Fahrerlaubnis der Klasse . . . . Diese
Verfügung wurde dem Kläger am . . . . zugestellt. Der Kläger erhob gegen diese Verfügung am . . . .
Widerspruch. Der . . . . (Widerspruchsbehörde) wies den Widerspruch mit Bescheid vom . . . .
zurück. Der Widerspruchsbescheid wurde dem Kläger am . . . . zugestellt. Drei Originale der Klageschrift sind als Anlage beigefügt. Ebenfalls im Original beigefügt ist die Fahrerlaubnisentziehungsverfügung, der Widerspruchsbescheid sowie eine auf mich lautende Vollmacht im Original.
Der Sache nach ist zur Begründung Folgendes auszuführen: . . . .

Rechtsanwalt

Hinweis:

Nach § 78 Abs. 1 Nr. 2 VwGO sind Anfechtungsklagen, sofern das Land dies bestimmt, gegen
die Behörde selbst zu richten. Von dieser Möglichkeit haben allgemein das Land Mecklen-
burg-Vorpommern (§ 14 Gerichtsorganisationsgesetz), Nordrhein-Westfalen mit Ausnahme
der Klagen nach § 52 Nr. 4 VwGO (§ 5 Abs. 2 AGVwGO), allgemein das Saarland (§ 17 Abs. 2
AGVwGO), Niedersachsen (§ 8 Abs. 2 AGVwGO) und Schleswig-Holstein (§ 6 Abs. 2
AGVwGO) für Landesbehörden Gebrauch gemacht.

Zur Möglichkeit der Berufung gegen eine abgewiesene Klage des Verwaltungsgerichts gegen
eine Anfechtungsklage gegen eine Fahrerlaubnisentziehung nach neuer Rechtslage nach dem
*am 1.1.2002 in Kraft getretenen **Gesetz zur Bereinigung des Rechtsmittelrechts im Verwal-***
***tungsprozess** wird auf die Ausführungen oben unter Rn. 521 verwiesen, weitergehend auf*
Kuhla/Hüttenbrink, DVBl. 2002,85 ff.

---

10. Übersicht zu den Anordnungstatbeständen einer MPU nach §§ 2a, 4 StVG, §§ 11, 13, 14 FeV

	Medizinisch-psychologische Untersuchung
Allgemeine Gründe, § 11 FeV	**MPU kann** angeordnet werden,
	• wenn nach ärztlichem Gutachten noch eine **MPU** erforderlich ist, **§ 11 Abs. 3 Satz 1 Nr. 1 1. Halbs. FeV**
	• wenn nach dem Gutachten eines amtl. anerkannten Sachverständigen oder Prüfers noch Fragen offen bleiben, die nur durch MPU geklärt werden können, **§ 11 Abs. 3 Satz 1 Nr. 1 2. Halbs. FeV**
	• zur Vorbereitung einer Entscheidung über die Befreiung von den Vorschriften über das Mindestalter, **§ 11 Abs. 3 Satz 1 Nr. 2 FeV**
	• bei erheblichen Auffälligkeiten, die im Rahmen einer Fahrerlaubnisprüfung mitgeteilt worden sind, **§ 11 Abs. 3 Satz 1 Nr. 3 FeV**
	• bei Straftaten, die im Zusammenhang mit dem Straßenverkehr oder im Zusammenhang mit der Kraftfahreignung stehen oder bei denen Anhaltspunkte für ein hohes Aggressionspotential bestehen, **§ 11 Abs. 3 Satz 1 Nr. 4 FeV**
	• wenn die Fahrerlaubnis wiederholt entzogen worden war und jetzt noch Zweifel an der Eignung bestehen, **§ 11 Abs. 3 Satz 1 Nr. 5 a FeV**
	• bei der Neuerteilung der Fahrerlaubnis, wenn vorheriger Fahrerlaubnisentzug aus einem der Gründe des § 11 Abs. 3 Satz 1 Nr. 4 FeV erfolgte, **§ 11 Abs. 3 Satz 1 Nr. 5 b FeV**
Alkoholabhängigkeit	Im Rahmen der **Neu**erteilung wird die unmittelbare medizinisch-psychologische Begutachtung gefordert, da in diesem Fall trotz § 13 Nr. 1 FeV keine rein medizinische Frage vorliegt
Alkoholmissbrauch	Nach **§ 13 Nr. 2 FeV ist** die **MPU** anzuordnen, wenn:
	• nach ärztlichem Gutachten keine Abhängigkeit vorliegt, aber Anzeichen für Mißbrauch sprechen oder sonst Tatsachen die Annahme von Alkoholmißbrauch begründen, **§ 13 Nr. 2 a FeV**
	• wiederholt Zuwiderhandlungen unter Alkoholeinfluß begangen wurden, **§ 13 Nr. 2 b FeV**
	• ein Fahrzeug im Straßenverkehr mit **1,6 ‰ BAK** oder **0,8 mg/l** Atemalkoholkonzentration oder mehr geführt wurde, **§ 13 Nr. 2c FeV**
	• die Fahrerlaubnis **entzogen war** wegen:
	– Alkoholmißbrauch,
	– wiederholter Auffälligkeit unter Alkoholeinfluß oder
	– wegen Führens eines Fahrzeuges unter erheblichem Alkoholeinfluß, **§ 13 Nr. 2 d FeV**

	• sonst zu klären ist, ob Mißbrauch nicht mehr besteht, **§ 13 Nr. 2 e FeV**
BtM/Arzneimittel-Abhängigkeit- bzw. Miss-brauch	Nach **§ 14 FeV ist** die **MPU** anzuordnen, wenn • Tatsachen die Annahme begründen, daß Abhängigkeit von BtM oder von anderen psychoaktiven Stoffen oder Einnahme von BtM oder mißbräuchliche Einnahme von psychoaktiv wirkenden Arzneimitteln oder anderen psychoaktiv wirkenden Stoffen vorliegt und die Fahrerlaubnis aus einem der zuvor genannten Gründe **entzogen worden war, § 14 Abs. 2 Nr. 1, Abs. 1 FeV** • zu klären ist, ob der Betroffene noch abhängig ist, **§ 14 Abs. 2 Nr. 2 1. Halbs. FeV** • zu klären ist, ob der Betroffene BtM, psychoaktiv wirkende Arzneimittel oder andere psychoaktiv wirkende Stoffe einnimmt, **ohne abhängig zu sein, § 14 Abs. 2 Satz 2 Nr. 2 2. Halbs. FeV**
Cannabis	**MPU kann** angeordnet werden, wenn gelegentliche Einnahme von Cannabis vorliegt und weitere Tatsachen Zweifel an der Eignung begründen, **§ 14 Abs. 1 Satz 4 FeV**
Punktsystem	**Wenn Entziehung** wegen charakterlicher Nichtgeeignetheit (mehr als 18 Punkte) **erfolgte,** wird **in der Regel** MPU ohne vorherige ärztliche Untersuchung angeordnet, **§ 4 Abs. 10 Satz 3 StVG**
Straftat	**MPU kann** angeordnet werden, wenn die Entziehung der Fahrerlaubnis infolge von Straftaten erfolgte, die im Zusammenhang mit dem Straßen verkehr stehen oder im Zusammenhang mit der Kraftfahreignung stehen oder bei denen Anhaltspunkte für ein hohes Aggressionspotential bestehen, **§ 11 Abs. 3 Satz 1 Nr. 4 FeV**
Fahrerlaubnis auf Probe	• Eine **MPU kann** angeordnet werden, wenn der Inhaber der FaP innerhalb der Probezeit Zuwiderhandlungen begangen hat, die nach den Umständen des Einzelfalls bereits Anlaß zu der Annahme geben, daß er zum Führen von Kraftfahrzeugen ungeeignet ist, **§ 2 a Abs. 4 Satz 1 2. Halbs. StVG** • Begeht der Inhaber der FaP **nach der Neuerteilung** erneut eine schwere oder zwei weniger schwere Zuwiderhandlungen, **ist in der Regel MPU** (ohne vorherige ärztliche Untersuchung) anzuordnen, **§ 2 a Abs. 5 Satz 5 FeV**

Anlage 1
(zu § 5 Abs. 2 FeV)

Mindestanforderungen an die Ausbildung von Bewerbern um eine Prüfbescheinigung für Mofas nach § 5 Abs. 2 durch Fahrlehrer

Bewerber um eine Mofa-Prüfbescheinigung müssen eine theoretische und praktische Ausbildung durchlaufen.

1. Theoretische Ausbildung

1.1   Die theoretische Ausbildung muß mindestens sechs Doppelstunden zu je 90 Minuten umfassen.

1.2   Die Ausbildungsbescheinigung (§ 5 Abs. 2) kann erteilt werden, wenn der Bewerber nicht mehr als eine Doppelstunde versäumt hat.

1.3   Die Bewerber sind zu Lerngruppen zusammenzufassen, die nicht mehr als 20 Teilnehmer haben dürfen.

1.4   Die theoretische Ausbildung ist als Kurs durchzuführen, der für alle Teilnehmer einer Lerngruppe gleichzeitig beginnt und endet. Der Kurs ist getrennt vom theoretischen Unterricht für Bewerber um eine Fahrerlaubnis durchzuführen. Kommt ein solcher Kurs wegen zu geringer Teilnehmerzahl nicht zustande, können die Bewerber am theoretischen Unterricht für die Klassen A, A1 und M teilnehmen.

1.5   Ziel des Kurses ist es, verkehrsgerechtes und rücksichtsvolles Verhalten im Straßenverkehr zu erreichen. Die theoretische Ausbildung soll beim Kursteilnehmer

–   zu sicherheitsbetonten Einstellungen und Verhaltensweisen führen,

–   verantwortungsbewußtes Handeln im Straßenverkehr fördern und

–   das Entstehen verkehrsgefährdender Verhaltensweisen verhindern.

1.6   Der Kurs muß die in Anlage 1 zur Fahrschüler-Ausbildungsordnung enthaltenen Sachgebiete für den theoretischen Unterricht umfassen, soweit diese für das Führen von Mofas maßgebend sind. Dabei sind in Kursen auch die Auswirkungen technischer Manipulationen am Mofa auf die Sicherheit und die Umwelt sowie die damit verbundenen Rechtsfolgen für den Fahrer zu verdeutlichen.

1.7   Die Auseinandersetzung mit dem Verhalten im Straßenverkehr muß die Erlebniswelt von jugendlichen Kursteilnehmern einbeziehen.

1.8   Die Verkehrsvorschriften sind anhand praktischer Beispiele zu begründen und einsichtig zu machen.

2. Praktische Ausbildung

2.1   Die praktische Ausbildung muß mindestens eine Doppelstunde zu 90 Minuten umfassen, wenn Bewerber einzeln ausgebildet werden.

2.2   Werden Bewerber in einer Gruppe unterrichtet, muß die praktische Ausbildung der Gruppe mindestens zwei Doppelstunden zu je 90 Minuten umfassen.

2.3   Die Gruppe darf nicht mehr als vier Teilnehmer haben; für bis zu zwei Teilnehmer muß für die gesamte Dauer der praktischen Ausbildung ein Mofa zur Verfügung stehen.

2.4   Ziel der praktischen Ausbildung ist es, die sichere Beherrschung eines Mofas zu erreichen.

2.5   Es sind mindestens folgende Übungen zur Fahrzeugbeherrschung durchzuführen:
- Handhabung des Mofas,
- Anfahren und Halten,
- Geradeausfahren mit Schrittgeschwindigkeit,
- Fahren eines Kreises,
- Wenden,
- Abbremsen,
- Ausweichen.

2.6   Die Übungen sind außerhalb öffentlicher Straßen oder auf verkehrsarmen Flächen durchzuführen.

Anlage 2
(zu § 5 Abs. 2 und 4 FeV)

Ausbildungs- und Prüfbescheinigungen für Mofas

a) **Ausbildungsbescheinigung für Mofas**

Ausbildungsbescheinigung

über die Teilnahme an einer Ausbildung zum Führen von

Mofas gemäß § 5 Abs. 2 der Fahrerlaubnis-Verordnung.

Name .... Vornamen ....

Geburtsdatum ....

Anschrift ....

hat an einem Ausbildungskurs entsprechend den Mindestanforderungen
der Anlage 1 zur Fahrerlaubnis-Verordnung teilgenommen. Der Kurs
hat mindestens sechs Doppelstunden (zu je 90 Minuten) theoretische
Ausbildung und mindestens eine Doppelstunde praktische Ausbildung
im Einzelunterricht bzw. zwei Doppelstunden praktische Ausbildung im
Gruppenunterricht*)
umfaßt.

Stempel der Fahrschule/Schule   Datum ....

....
(Unterschrift des Fahrlehrers/Lehrers)   (Unterschrift des Bewerbers)

....
(Unterschrift des Fahrschulinhabers oder verantwortlichen Leiters des Ausbildungsbetriebes)

_____
*) Nichtzutreffendes streichen

---

b)   Prüfbescheinigung für Mofas

Farbe: dunkelgrau; Breite 140 mm, Höhe 105 mm, einmal faltbar auf Format DIN A 7; Typendruck

(Vordere Außenseite)

Prüfbescheinigung

zum Führen von

Mofas

(Hintere Außenseite)

wird hiermit gemäß § 5 Abs. 4 der Fahrerlaubnis-Verordnung bescheinigt, daß er/sie die zum Führen von Mofas (§ 4 Abs. 1 Satz 2 Nr. 1) erforderlichen Kenntnisse der Verkehrsvorschriften nachgewiesen hat und mit den Gefahren des Straßenverkehrs und den zu ihrer Abwehr erforderlichen Verhaltensweisen vertraut ist.

.... den ....

....

Bescheinigende Stelle

Stempel   ....
                              Unterschrift

(Linke Innenseite)

Familienname

....

Vornamen

....

Geburtsdatum

....

Anschrift

....

....

(Rechte Innenseite)

Lichtbild

Stempel

....
Unterschrift

Anlage 3
(zu § 6 Abs. 7 FeV)

**Umstellung von Fahrerlaubnissen alten Rechts
und Umtausch von Führerscheinen nach bisherigen Mustern**

Bei der Umstellung von Fahrerlaubnissen alten Rechts auf die neuen Klassen und dem Umtausch von Führerscheinen nach bisherigen Mustern werden folgende Klassen zugeteilt und im Führerschein bestätigt:

I. Fahrerlaubnisse und Führerscheine nach der Straßenverkehrs-Zulassungs-Ordnung

Fahrerlaubnis-klasse (alt)	Datum der Erteilung der Fahrerlaubnis	unbeschränkte Fahrerlaubnisklassen (neu)	Zuteilung nur auf Antrag Klasse (Schlüsselzahl gemäß Anlage 9)	weitere Berechtigungen: Klasse und Schlüsselzahl gemäß Anlage 9
1	vor dem 1.12.54	A, A1, B, M, L		L 174, 175
1	im Saarland nach dem 30.11.54 und vor dem 1.10.60	A, A1, B, M, L		L 174, 175
1	nach dem 30.11.54 und vor dem 1.1.89	A, A1, M, L		L 174, 175
1	nach dem 31.12.88	A, A1, M, L		L 174
1 a	vor dem 1.1.89	A, A1, M, L		L 174, 175
1 a	nach dem 31.12.88	A^1), A1, M, L		L 174
1 beschränkt auf Leichtkrafträder	nach dem 31.3.80 und vor dem 1.4.86	A1, M, L		L 174, 175
1 b	vor dem 1.1.89	A1, M, L		L 174, 175
1 b	nach dem 31.12.88	A1, M, L		L 174
2	vor dem 1.12.54	A, A1, B, BE, C1, C1E, C, CE, M, L, T		C 172
2	im Saarland nach dem 30.11.54 und vor dem 1.10.60	A, A1, B, BE, C1, C1E, C, CE, M, L, T		C 172

2	vor dem 1.4.80	A1, B, BE, C1, C1E, C, CE, M, L, T		C 172
2	nach dem 31.3.80	B, BE, C1, C1E, C, CE, M, L, T		C 172
2 beschränkt auf Kombinationen nach Art eines Sattelkraftfahrzeuges oder eines Lastkraftwagens mit drei Achsen	nach dem 31.12.85	B, BE, C1, C1E, M, L	C, CE 79 (L 8804; 3), T^2)	C 172
3 (a + b)	vor dem 1.12.54	A, A1, B, BE, C1, C1E, M, L	CE 79 (C1E > 12 000 kg, L ≤ 3) T^2)	C1 171, L 174, 175
3	im Saarland nach dem 30.11.54 und vor dem 1.10.60	A, A1, B, BE, C1, C1E, M, L	CE 79 (C1E > 12 000 kg, L ≤ 3) T^2)	C1 171, L 174, 175
3	vor dem 1.4.80	A1, B, BE, C1, C1E, M, L	CE 79 (C1E > 12 000 kg, L ≤ 3) T^2)	C1 171, L 174, 175
3	nach dem 31.3.80 und vor dem 1.1.89	B, BE, C1, C1E, M, L	CE 79 (C1E > 12 000 kg, L ≤ 3) T^2)	C1 171, L 174, 175
3	nach dem 31.12.88	B, BE, C1, C1E, M, L	CE 79 (C1E > 12 000 kg, L ≤ 3) T^2)	C1 171, L 174
4	vor dem 1.12.54	A, A1, B, M, L		L 174, 175
4	im Saarland nach dem 30.11.54 und vor dem 1.10.60	A, A1, B, M, L		L 174, 175
4	vor dem 1.4.80	A1, M, L		L 174, 175
4	nach dem 31.3.80 und vor dem 1.1.89	M, L		L 174, 175
4	nach dem 31.12.88	M, L		L 174
5	vor dem 1.4.80	M, L		L 174, 175
5	nach dem 31.3.80 und vor dem 1.1.89	L		L 174, 175

5	nach dem 31.12.88	L		L 174

1) § 6 Abs. 2 Satz 1 findet Anwendung.

2) nur für in der Land- oder Forstwirtschaft tätige Personen

Fahrerlaubnisse zur Fahrgast-beförderung (alt)	unbeschränkte Fahrerlaubnis-klassen (neu)	Klasse und Schlüsselzahl gemäß Anlage 9 beschränkter Fahrerlaubnisklassen
Fahrerlaubnis zur Fahrgast-beförderung in Kraftomnibus-sen	D1, D1E, D, DE	
Fahrerlaubnis zur Fahrgast-beförderung in Kraftomnibus-sen beschränkt auf Fahrzeuge mit nicht mehr als 14 Fahr-gastplätzen	D1, D1E	
Fahrerlaubnis zur Fahrgast-beförderung in Kraftomnibus-sen beschränkt auf Fahrzeuge mit nicht mehr als 24 Fahr-gastplätzen oder nicht mehr als 7500 kg zulässiger Gesamtmasse	D1, D1E	D 79 (S1 ≤ 24/7 500 kg) DE 79 (S1 ≤ 25/7500 kg)

II. Fahrerlaubnisse und Führerscheine nach den Vorschriften der Deutschen Demokratischen Republik

a) Vor dem 3. Oktober 1990

DDR-Fahrer-laubnisklasse	Datum der Ertei-lung der Fahr-erlaubnis	unbeschränkte Fahrerlaubnis-klassen (neu)	Zuteilung nur auf Antrag Klasse (Schlüsselzahl gemäß Anlage 9)	weitere Berechti-gungen: Klasse und Schlüssel-zahl gemäß Anlage 9
A	vor dem 1.12.54	A, A1, B, M, L		L 174, 175
A	nach dem 30.11.54 und vor dem 1.1.89	A, A1, M, L		L 174, 175
A	nach dem 31.12.88	A, A1, M, L		L 174

B (beschränkt auf Kraftwagen mit nicht mehr als 250 cm^3 Hubraum, Elektrokarren – auch mit Anhänger – sowie maschinell angetriebene Krankenfahrstühle)	vor dem 1.12.54	A, A1, B, L		L 174, 175
B (beschränkt)	nach dem 30.11.54 und vor dem 1.4.80	A1, B, L		L 174, 175
B (beschränkt)	nach dem 31.3.80 und vor dem 1.1.89	B, L		L 174, 175
B (beschränkt)	nach dem 31.12.88	B, L		L 174
B	vor dem 1.12.54	A, A1, B, BE, C1, C1E, M, L	CE 79 (C1E > 12 000 kg, L ≤ 3) T[2])	C1 171, L 174
B	nach dem 30.11.54 und vor 1.4.80	A1, B, BE, C1, C1E, M, L	CE 79 (C1E > 12 000 kg, L ≤ 3) T[2])	C1 171, L 174, 175
B	nach dem 31.3.80 und vor dem 1.1.89	B, BE, C1, C1E, M, L	CE 79 (C1E > 12 000 kg, L ≤ 3) T[2])	C1 171, L 174, 175
B	nach dem 31.12.88	B, BE, C1, C1E, M, L	CE 79 (C1E > 12 000 kg, L ≤ 3) T[2])	C1 171, L 174
C	vor dem 1.12.54	A, A1, B, BE, C1, C1E, C, M, L	CE 79 (C1E >12000 kg, L ≤ 3), T2)	C 172
C	nach dem 30.11.54 und vor dem 1.4.80	A1, B, BE, C1, C1E, C, M, L	CE 79 (C1E >12000 kg, L ≤ 3), T2)	C 172
C		B, BE, C1, C1E, C, M, L	CE 79 (C1E >12000 kg, L ≤ 3), T2)	C 172
D		B, BE, C1, C1E, D1[3]), D1E[3]), D[3]), M, L		L 174

BE	vor dem 1.1.89	B, BE, C1, C1E, M, L	CE 79 (C1E > 12 000 kg, L ≤ 3) T^2)	C1 171, L 174, 175
BE	nach dem 31.12.88	B, BE, C1, C1E, M, L	CE 79 (C1E > 12 000 kg, L ≤ 3) T^2)	C1 171, L 174
CE		B, BE, C1, C1E, C, CE, M, L, T		C 172
DE		B, BE, C1, C1E, D1^3), D1E^3), D^3), DE^3), M, L, T		
M	vor dem 1.12.54	A, A1, B, M, L		L 174, 175
M	nach dem 30.11.54 und vor dem 1.4.80	A1, M, L		L 174, 175
M	nach dem 31.3.80 und vor dem 1.1.89	M, L		L 174, 175
M	nach dem 31.12.88	M, L		L 174
T	vor dem 1.4.80	M, L		L 174, 175
T	nach dem 31.3.80 und vor dem 1.1.89	L		L 174, 175
T	nach dem 31.12.88	L		L 174

2) nur für in der Land- oder Forstwirtschaft tätige Personen
3) wenn Fahrerlaubnis zur Fahrgastbeförderung in Kraftomnibussen

b) **Vor dem 1. Juni 1982 ausgestellte Führerscheine**

DDR-Fahrer-laubnisklasse	Datum der Ertei-lung der Fahr-erlaubnis	unbeschränkte Fahrerlaubnis-klassen (neu)	Zuteilung nur auf Antrag Klasse (Schlüsselzahl gemäß Anlage 9)	weitere Berechti-gungen: Klasse und Schlüssel-zahl gemäß Anlage 9
1	vor dem 1.12.54	A, A1, B, M, L		L 174, 175
1	nach dem 30.11.54	A, A1, M, L		L 174, 175
2	vor dem 1. 12. 54	A, A1, B, M, L		L 174, 175

2	nach dem 30.11.54 und vor dem 1.4.80	A1, B, M, L		L 174, 175
2	nach dem 31.3.80	B, M, L		L 174, 175
3	vor dem 1.12.54	A, A1, B, M, L		L 174, 175
3	nach dem 30.11.54 und vor dem 1.4.80	A1, M, L		L 174, 175
3	nach dem 31.3.80	M, L		L 174, 175
4	vor dem 1.12.54	A, A1, B, BE, C1, C1E, M, L	CE 79 (C1E > 12 000 kg, L ≤ 3) T^2)	C1 171, L 174, 175
4	nach dem 30.11.54 und vor dem 1.4.80	A1, B, BE, C1, C1E, M, L	CE 79 (C1E > 12 000 kg, L ≤ 3) T^2)	C1 171, L 174, 175
4	nach dem 31.3.80	B, BE, C1, C1E, M, L	CE 79 (C1E > 12 000 kg, L ≤ 3) T^2)	C1 171, L 174, 175
5	vor dem 1.12.54	A, A1, B, BE, C1, C1E, C, CE, M, L, T		C 172
5	nach dem 30.11.54 und vor dem 1.4.80	A1, B, BE, C1, C1E, C, CE, M, L, T		C 172
5	nach dem 31.3.80	B, BE, C1, C1E, C, CE, M, L, T		C 172

c) Vor dem 1. April 1957 ausgestellte Führerscheine

DDR-Fahrer-laubnisklasse	Datum der Ertei-lung der Fahr-erlaubnis	unbeschränkte Fahrerlaubnis-klassen (neu)	Zuteilung nur auf Antrag Klasse (Schlüsselzahl gemäß Anlage 9)	weitere Berechti-gungen: Klasse und Schlüssel-zahl gemäß Anlage 9
1		A, A1, B, M, L		L 174, 175
2		A, A1, B, BE, C1, C1E, C, CE, M, L, T		C 172
3		A, A1, B, BE, C1, C1E, M, L	CE 79 (C1E > 12 000 kg, L ≤ 3) T^2)	C1 171, L 174, 175
4		A, A1, B, M, L		L 174, 175

2) nur für in der Land- oder Forstwirtschaft tätige Personen

d) Vor dem 1. Juni 1982 ausgestellte Fahrerlaubnisscheine

DDR-Fahrer-laubnisscheine	Datum der Ertei-lung der Fahr-erlaubnis	unbeschränkte Fahrerlaubnis-klassen (neu)	Zuteilung nur auf Antrag Klasse (Schlüsselzahl gemäß Anlage 9)	weitere Berechti-gungen; Klasse und Schlüssel-zahl gemäß Anlage 9
langsamfahrende Fahrzeuge		A1, M, L		L 174, 175
langsamfahrende Fahrzeuge	nach dem 31.3.80	M, L		L 174, 175
Kleinkrafträder	vor dem 1.4.80	A1, M, L		L 174, 175
Kleinkrafträder	nach dem 31.3.80	M, L		L 174, 175

III. Fahrerlaubnisse und Führerscheine der Bundeswehr

Klasse der Fahr-erlaubnis der Bundes-wehr(vor dem 1.1.99 erteilt)	Unbeschränkte Fahr-erlaubnis-klassen des Allgemeinen Führer-scheins (neu)	Zuteilung nur auf Antrag Klasse (Schlüsselzahlgemäß Anlage 9)	Weitere Berechtigun-gen:Klasse und Schlüsselzahlgemäß Anlage 9
A	A, A1, M, L		
A1	A^1), A1, M, L		
A2	A1, M, L		
B	B, BE, C1, C1E, M, L		

C-7,5 t	B, BE, C1, C1E, M, L	CE 79 (C1E >12 000 kg, L ≤ 3), T2)	C1 171
C vor dem 1.10.95 erteilt	B, BE, C1, C1E, C, CE, M, L, T		C 172
C nach dem 30.9.95 erteilt	B, BE, C1, C1E, C, M, L	CE 79 (C1E >12 000 kg, L ≤ 3), T2)	C 172
D vor dem 1.10.88 erteilt	B, BE, C1, C1E, C, CE, D1, D1E, D, DE, M, L, T		
D nach dem 30.9.88 erteilt	D1, D1E, D, DE		
C-7,5 t E	B, BE, C1, C1E, M, L	CE 79 (C1E >12 000 kg, L ≤ 3), T2)	C1 171
CE	B, BE, C1, C1E, C, CE, M, L, T		C 172

1) § 6 Abs. 2 Satz 1 findet Anwendung.

2) nur für in der Land- oder Forstwirtschaft tätige Personen

Anlage 4
(zu den §§ 11, 13 und 14 FeV)

Eignung und bedingte Eignung zum Führen von Kraftfahrzeugen

Vorbemerkung:

1. Die nachstehende Aufstellung enthält häufiger vorkommende Erkrankungen und Mängel, die die Eignung zum Führen von Kraftfahrzeugen längere Zeit beeinträchtigen oder aufheben können. Nicht aufgenommen sind Erkrankungen, die seltener vorkommen oder nur kurzzeitig andauern (z.b. grippale Infekte, akute infektiöse Magen-/Darmstörungen, Migräne, Heuschnupfen, Asthma).

2. Grundlage der im Rahmen der §§ 11, 13 oder 14 vorzunehmenden Beurteilung, ob im Einzelfall Eignung oder bedingte Eignung vorliegt, ist in der Regel ein ärztliches Gutachten (§ 11 Abs. 2 Satz 3), in besonderen Fällen ein medizinisch-psychologisches Gutachten (§ 11 Abs. 3) oder ein Gutachten eines amtlich anerkannten Sachverständigen oder Prüfers für den Kraftfahrzeugverkehr (§ 11 Abs. 4).

3. Die nachstehend vorgenommenen Bewertungen gelten für den Regelfall. Kompensationen durch besondere menschliche Veranlagung, durch Gewöhnung, durch besondere Einstellung oder durch besondere Verhaltenssteuerungen und -umstellungen sind möglich. Ergeben sich im Einzelfall in dieser Hinsicht Zweifel, kann eine medizinisch-psychologische Begutachtung angezeigt sein.

Krankheiten, Mängel	Eignung oder bedingte Eignung		Beschränkungen/Auflagen bei bedingter Eignung	
	Klassen A, A1, B, BE, M, L, T	Klassen C, C1, CE, C1E, D, D1, DE, D1E, FzF	Klassen A, A1, B, BE, M, L, T	Klassen C, C1, CE, C1E, D, D1, DE, D1E, FzF
1. Mangelndes Sehvermögen siehe Anlage 6				
2. Schwerhörigkeit und Gehörlosigkeit				
2.1 Hochgradige Schwerhörigkeit (Hörverlust von 60 % und mehr), beidseitig sowie Gehörlosigkeit, beidseitig	ja wenn nicht gleichzeitig andere schwerwiegende Mängel (z. B. Sehstörungen, Gleichgewichtsstörungen)	ja (bei C, C1, CE, C1E) sonst nein	–	vorherige Bewährung von 3 Jahren Fahrpraxis auf Kfz der Klasse B

Krankheiten, Mängel	Eignung oder bedingte Eignung		Beschränkungen/Auflagen bei bedingter Eignung	
2.2 Gehörlosigkeit einseitig oder beidseitig oder hochgradige Schwerhörigkeit einseitig oder beidseitig	ja wenn nicht gleichzeitig andere schwerwiegende Mängel (z. B. Sehstörungen, Gleichgewichtsstörungen)	ja (bei C, C1, CE, C1E) sonst nein	–	wie 2.1
2.3 Störungen des Gleichgewichts (ständig oder anfallsweise auftretend)	nein	nein	–	–
3. **Bewegungsbehinderungen**	ja	ja	ggf. Beschränkung auf bestimmte Fahrzeugarten oder Fahrzeuge, ggf. mit besonderen technischen Vorrichtungen gemäß ärztlichem Gutachten, evtl. zusätzlich medizinisch-psychologisches Gutachten und/oder Gutachten eines amtlich anerkannten Sachverständigen oder Prüfers. Auflage: regelmäßige ärztliche Kontrolluntersuchungen; können entfallen, wenn Behinderung sich stabilisiert hat.	
4. **Herz- und Gefäßkrankheiten**				
4.1 Herzrhythmußtörungen mit anfallsweiser Bewußtseinstrübung oder Bewußtlosigkeit	nein	nein	–	–
– nach erfolgreicher Behandlung durch Arzneimittel oder Herzschrittmacher	ja	ausnahmsweise ja	regelmäßige Kontrollen	regelmäßige Kontrollen
4.2 Hypertonie (zu hoher Blutdruck)				
4.2.1 Bei ständigem diastolischen Wert von über 130 mmHg	nein	nein	–	–

Krankheiten, Mängel	Eignung oder bedingte Eignung		Beschränkungen/Auflagen bei bedingter Eignung	
4.2.2 Bei ständigem diastolischen Wert von über 100 bis 130 mmHg	ja	ja, wenn keine anderen prognostisch ernsten Symptome vorliegen	Nachuntersuchungen	Nachuntersuchungen
4.3 Hypotonie (zu niedriger Blutdruck)				
4.3.1 In der Regel kein Krankheitswert	ja	ja	–	–
4.3.2 Selteneres Auftreten von hypotoniebedingten, anfallsartigen Bewußtseinsstörungen	ja, wenn durch Behandlung die Blutdruckwerte stabilisiert sind	ja, wenn durch Behandlung die Blutdruckwerte stabilisiert sind	–	–
4.4 Koronare Herzkrankheit (Herzinfarkt)				
4.4.1 Nach erstem Herzinfarkt	ja bei komplikationslosem Verlauf	ausnahmsweise ja	–	Nachuntersuchung
4.4.2 Nach zweitem Herzinfarkt	ja wenn keine Herzinsuffizienz oder gefährliche Rhythmußtörungen vorliegen	nein	Nachuntersuchung	–
4.5 Herzleistungsschwäche durch angeborene oder erworbene Herzfehler oder sonstige Ursachen				
4.5.1 In Ruhe auftretend	nein	nein	–	–

Krankheiten, Mängel	Eignung oder bedingte Eignung		Beschränkungen/Auflagen bei bedingter Eignung
4.5.2 Bei gewöhnlichen Alltagsbelastungen und bei besonderen Belastungen	ja	nein	regelmäßige ärztliche Kontrolle, Nachuntersuchung in bestimmten Fristen, Beschränkung auf einen Fahrzeugtyp, Umkreis- und Tageszeitbeschränkungen
4.6 Periphere Gefäßerkrankungen	ja	ja	–	–
5. Zuckerkrankheit			
5.1 Neigung zu schweren Stoffwechselentgleisungen	nein	nein	–	–
5.2 Bei erstmaliger Stoffwechselentgleisung oder neuer Einstellung	ja nach Einstellung	ja nach Einstellung	–	–
5.3 Bei ausgeglichener Stoffwechsellage unter Therapie mit Diät oder oralen Antidiabetika	ja	ja ausnahmsweise, bei guter Stoffwechselführung ohne Unterzuckerung über etwa 3 Monate	–	Nachuntersuchung
5.4 Mit Insulin behandelte Diabetiker	ja	wie 5.3	–	regelmäßige Kontrollen
5.5 Bei Komplikationen siehe auch Nummer 1, 4, 6 und 10			
6. Krankheiten des Nervensystems			

Krankheiten, Mängel	Eignung oder bedingte Eignung		Beschränkungen/Auflagen bei bedingter Eignung	
6.1 Erkrankungen und Folgen von Verletzungen des Rückenmarks	ja abhängig von der Symptomatik	nein	bei fortschreitendem Verlauf Nachuntersuchungen	–
6.2 Erkrankungen der neuro-muskulären Peripherie	ja abhängig von der Symptomatik	nein	bei fortschreitendem Verlauf Nachuntersuchungen	–
6.3 Parkinsonsche Krankheit	ja bei leichten Fällen und erfolgreicher Therapie	nein	Nachuntersuchungen in Abständen von 1, 2 und 4 Jahren	–
6.4 Kreislaufabhängige Störungen der Hirntätigkeit	ja nach erfolgreicher Therapie und Abklingen des akuten Ereignisses ohne Rückfallgefahr	nein	Nachuntersuchungen in Abständen von 1, 2 und 4 Jahren	–
6.5 Zustände nach Hirnverletzungen und Hirnoperationen, angeborene und frühkindlich erworbene Hirnschäden				
6.5.1 Schädelhirnverletzungen oder Hirnoperationen ohne Substanzschäden	ja in der Regel nach 3 Monaten	ja in der Regel nach 3 Monaten	bei Rezidivgefahr nach Operationen von Hirnkrankheiten Nachuntersuchung	bei Rezidivgefahr nach Operationen von Hirnkrankheiten Nachuntersuchung

Krankheiten, Mängel	Eignung oder bedingte Eignung		Beschränkungen/Auflagen bei bedingter Eignung	
6.5.2 Substanzschäden durch Verletzungen oder Operationen	ja unter Berücksichtigung von Störungen der Motorik, chron.-hirnorganischer Psychosyndrome und hirnorganischer Wesensänderungen	ja unter Berücksichtigung von Störungen der Motorik, chron.-hirnorganischer Psychosyndrome und hirnorganischer Wesensänderungen	bei Rezidivgefahr nach Operationen von Hirnkrankheiten Nachuntersuchung	bei Rezidivgefahr nach Operationen von Hirnkrankheiten Nachuntersuchung
6.5.3 Angeborene oder frühkindliche Hirnschäden Siehe Nummer 6.5.2				
6.6 Anfallsleiden	ausnahmsweise ja, wenn kein wesentliches Risiko von Anfallsrezidiven mehr besteht, z. B. 2 Jahre anfallsfrei	ausnahmsweise ja, wenn kein wesentliches Risiko von Anfallsrezidiven mehr besteht, z. B. 2 Jahre anfallsfrei	Nachuntersuchungen in Abständen von 1, 2 und 4 Jahren	Nachuntersuchungen in Abständen von 1, 2 und 4 Jahren
7. **Psychische (geistige) Störungen**				
7.1 Organische Psychosen				
7.1.1 akut	nein	nein	–	–
7.1.2 nach Abklingen	ja abhängig von der Art und Prognose des Grundleidens, wenn bei positiver Beurteilung keine Restsymptome und kein 7.2	ja abhängig von der Art und Prognose des Grundleidens, wenn bei positiver Beurteilung keine Restsymptome und kein 7.2	in der Regel Nachuntersuchung	in der Regel Nachuntersuchung

Krankheiten, Mängel	Eignung oder bedingte Eignung		Beschränkungen/Auflagen bei bedingter Eignung	
7.2 Chronische hirnorganische Psychosyndrome				
7.2.1 leicht	ja abhängig von Art und Schwere	ausnahmsweise ja	Nachuntersuchung	Nachuntersuchung
7.2.2 schwer	nein	nein	–	–
7.3 Schwere Altersdemenz und schwere Persönlichkeitsveränderungen durch pathologische Alterungsprozesse	nein	nein	–	–
7.4 Schwere Intelligenzstörungen/geistige Behinderung				
7.4.1 leicht	ja wenn keine Persönlichkeitsstörung	ja wenn keine Persönlichkeitsstörung	–	–
Krankheiten, Mängel	Eignung oder bedingte Eignung		Beschränkungen/Auflagen bei bedingter Eignung	
7.4.2 schwer	ausnahmsweise ja, wenn keine Persönlichkeitsstörung (Untersuchung der Persönlichkeitsstruktur und des individuellen Leistungsvermögens)	ausnahmsweise ja, wenn keine Persönlichkeitsstörung (Untersuchung der Persönlichkeitsstruktur und des individuellen Leistungsvermögens)	–	–
7.5 Affektive Psychosen				
7.5.1 bei allen Manien und sehr schweren Depressionen	nein	nein	–	–

Krankheiten, Mängel	Eignung oder bedingte Eignung		Beschränkungen/Auflagen bei bedingter Eignung	
7.5.2 nach Abklingen der manischen Phase und der relevanten Symptome einer sehr schweren Depression	ja wenn nicht mit einem Wiederauftreten gerechnet werden muß, gegebenenfalls unter medikamentöser Behandlung	ja bei Symptomfreiheit	regelmäßige Kontrollen	regelmäßige Kontrollen
7.5.3 bei mehreren manischen oder sehr schweren depressiven Phasen mit kurzen Intervallen	nein	nein	–	–
7.5.4 nach Abklingen der Phasen	ja wenn Krankheitsaktivität geringer und mit einer Verlaufsform in der vorangegangenen Schwere nicht mehr gerechnet werden muß	nein	regelmäßige Kontrollen	–
7.6 Schizophrene Psychosen				
7.6.1 akut	nein	nein	–	–
7.6.2 nach Ablauf	ja wenn keine Störungen nachweisbar sind, die das Realitätsurteil erheblich beeinträchtigen	ausnahmsweise ja, nur unter besonders günstigen Umständen	–	–

Ludovisy/Feiertag

Krankheiten, Mängel	Eignung oder bedingte Eignung		Beschränkungen/Auflagen bei bedingter Eignung	
7.6.3 bei mehreren psychotischen Episoden	ja	ausnahmsweise ja, nur unter besonders günstigen Umständen	regelmäßige Kontrollen	regelmäßige Kontrollen
8. Alkohol				
8.1 Mißbrauch (Das Führen von Kraftfahrzeugen und ein die Fahrsicherheit beeinträchtigender Alkoholkonsum kann nicht hinreichend sicher getrennt werden.)	nein	nein	–	–
8.2 nach Beendigung des Mißbrauchs	ja wenn die Änderung des Trinkverhaltens gefestigt ist	ja wenn die Änderung des Trinkverhaltens gefestigt ist	–	–
8.3 Abhängigkeit	nein	nein	–	–
8.4 nach Abhängigkeit (Entwöhnungsbehandlung)	ja wenn Abhängigkeit nicht mehr besteht und in der Regel ein Jahr Abstinenz nachgewiesen ist	ja wenn Abhängigkeit nicht mehr besteht und in der Regel ein Jahr Abstinenz nachgewiesen ist	–	–
9. Betäubungsmittel, andere psychoaktiv wirkende Stoffe und Arzneimittel				
9.1 Einnahme von Betäubungsmitteln im Sinne des Betäubungsmittelgesetzes (ausgenommen Cannabis)	nein	nein	–	–
9.2 Einnahme von Cannabis				

Krankheiten, Mängel	Eignung oder bedingte Eignung		Beschränkungen/Auflagen bei bedingter Eignung	
9.2.1 Regelmäßige Einnahme von Cannabis	nein	nein	–	–
9.2.2 Gelegentliche Einnahme von Cannabis	ja wenn Trennung von Konsum und Fahren und kein zusätzlicher Gebrauch von Alkohol oder anderen psychoaktiv wirkenden Stoffen, keine Störung der Persönlichkeit, kein Kontrollverlust	ja wenn Trennung von Konsum und Fahren und kein zusätzlicher Gebrauch von Alkohol oder anderen psychoaktiv wirkenden Stoffen, keine Störung der Persönlichkeit, kein Kontrollverlust	–	–
9.3 Abhängigkeit von Betäubungsmitteln im Sinne des Betäubungsmittelgesetzes oder von anderen psychoaktiv wirkenden Stoffen	nein	nein	–	–
9.4 mißbräuchliche Einnahme (regelmäßig übermäßiger Gebrauch) von psychoaktiv wirkenden Arzneimitteln und anderen psychoaktiv wirkenden Stoffen	nein	nein	–	–
9.5 nach Entgiftung und Entwöhnung	ja nach einjähriger Abstinenz	ja nach einjähriger Abstinenz	regelmäßige Kontrollen	regelmäßige Kontrollen
9.6 Dauerbehandlung mit Arzneimitteln				
9.6.1 Vergiftung	nein	nein	–	–

Krankheiten, Mängel	Eignung oder bedingte Eignung		Beschränkungen/Auflagen bei bedingter Eignung	
9.6.2 Beeinträchtigung der Leistungsfähigkeit zum Führen von Kraftfahrzeugen unter das erforderliche Maß	nein	nein	–	–
10. Nierenerkrankungen				
10.1 schwere Niereninsuffizienz mit erheblicher Beeinträchtigung	nein	nein		
10.2 Niereninsuffizienz in Dialysebehandlung	ja wenn keine Komplikationen oder Begleiterkrankungen	ausnahmsweise ja	ständige ärztliche Betreuung und Kontrolle, Nachuntersuchung	ständige ärztliche Betreuung und Kontrolle, Nachuntersuchung
10.3 erfolgreiche Nierentransplantation mit normaler Nierenfunktion	ja	ja	ärztliche Betreuung und Kontrolle, jährliche Nachuntersuchung	ärztliche Betreuung und Kontrolle, jährliche Nachuntersuchung
10.4 bei Komplikationen oder Begleiterkrankungen siehe auch Nummer 1, 4 und 5				
11. Verschiedenes				
11.1 Organtransplantation Die Beurteilung richtet sich nach den Beurteilungsgrundsätzen zu den betroffenen Organen				
11.2 Lungen- und Bronchialerkrankungen				
11.2.1 unbehandelte Schlafapnoe mit ausgeprägter Vigilanzbeeinträchtigung	nein	nein	–	–
11.2.2 behandelte Schlafapnoe	ja	ja	regelmäßige Kontrolle	regelmäßige Kontrolle

Krankheiten, Mängel	Eignung oder bedingte Eignung		Beschränkungen/Auflagen bei bedingter Eignung	
11.2.3 Sonstige schwere Erkrankungen mit schweren Rückwirkungen auf die Herz-Kreislauf-Dynamik	nein	nein	–	–

Anlage 5
(zu § 11 Abs. 9, § 48 Abs. 4 und 5 FeV)

Eignungsuntersuchungen für Bewerber und Inhaber der Klassen C, C1, D, D1 und der zugehörigen Anhängerklassen E sowie der Fahrerlaubnis zur Fahrgastbeförderung

1. Bewerber um die Erteilung oder Verlängerung einer Fahrerlaubnis der Klassen C, C1, CE, C1E, D, D1, DE, D1E sowie der Fahrerlaubnis zur Fahrgastbeförderung müssen sich untersuchen lassen, ob Erkrankungen vorliegen, die die Eignung oder die bedingte Eignung ausschließen. Sie haben hierüber einen Nachweis gemäß dem Muster dieser Anlage vorzulegen.

2. Bewerber um die Erteilung oder Verlängerung einer Fahrerlaubnis der Klassen D, D1, DE, D1E sowie einer Fahrerlaubnis zur Fahrgastbeförderung müssen außerdem besondere Anforderungen hinsichtlich:

   a) Belastbarkeit,

   b) Orientierungsleistung,

   c) Konzentrationsleistung,

   d) Aufmerksamkeitsleistung,

   e) Reaktionsfähigkeit

   erfüllen.

   Die zur Untersuchung dieser Merkmale eingesetzten Verfahren müssen nach dem Stand der Wissenschaft standardisiert und unter Aspekten der Verkehrssicherheit validiert sein.

   Der Nachweis über die Erfüllung dieser Anforderungen ist unter Beachtung der Grundsätze nach Anlage 15 durch Beibringung eines betriebs- oder arbeitsmedizinischen Gutachtens nach § 11 Abs. 2 Satz 3 Nr. 3 oder eines Gutachtens einer amtlich anerkannten Begutachtungsstelle für Fahreignung zu führen

   – von Bewerbern um die Erteilung einer Fahrerlaubnis der Klassen D, D1, DE, D1E und der Fahrerlaubnis zur Fahrgastbeförderung,

   – von Bewerbern um die Verlängerung einer Fahrerlaubnis der Klassen D, D1, DE und D1E ab Vollendung des 50. Lebensjahr,

   – von Bewerbern um die Verlängerung einer Fahrerlaubnis zur Fahrgastbeförderung ab Vollendung des 60. Lebensjahr.

3. Die Nachweise nach Nummer 1 und 2 dürfen bei Antragstellung nicht älter als ein Jahr sein.

Anlage 6

(zu §§12, 48 Abs. 4 und 5)

Anforderungen an das Sehvermögen

1   Klassen A, A1, B, BE, M, L und T

1.1   Sehtest (§ 12 Abs. 2). Der Sehtest (§12 Abs. 2) ist bestanden, wenn die zentrale Tagessehschärfe mit oder ohne Sehhilfen mindestens beträgt: 0,7/0,7. Über den Sehtest ist eine Sehtestbescheinigung nach § 12 Abs. 3 zu erstellen.

1.2   Augenärztliche Untersuchung (§ 12 Abs. 5). Besteht der Bewerber den Sehtest nicht, ist eine augenärztliche Untersuchung erforderlich. Es müssen folgende Mindestanforderungen erfüllt sein:

1.2.1   Zentrale Tagessehschärfe. Fehlsichtigkeiten müssen – soweit möglich und verträglich – korrigiert werden. Dabei dürfen folgende Sehschärfenwerte nicht unterschritten werden: Bei Beidäugigkeit: Sehschärfe des besseren Auges oder beidäugige Gesamtsehschärfe: 0,5, Sehschärfe des schlechteren Auges: 0,2. Bei Einäugigkeit (d.h. Sehschärfe des schlechteren Auges unter 0,2): 0,6.

1.2.2   Übrige Sehfunktionen. Gesichtsfeld: Normales Gesichtsfeld eines Auges oder ein gleichwertiges beidäugiges Gesichtsfeld mit einem horizontalen Durchmesser von mindestens 120 Grad, insbesondere muß das zentrale Gesichtsfeld bis 30 Grad normal sein. Insgesamt sollte das Gesichtsfeld jedes Auges an mindestens 100 Orten geprüft werden. Ergeben sich unklare Defekte oder steht nicht zweifelsfrei fest, dass die Mindestanforderungen erfüllt werden, so hat eine Nachprüfung an einem manuellen Perimeter nach Goldmann mit der Marke Ml/4 zu erfolgen. Beweglichkeit: Bei Beidäugigkeit sind Augenzittern sowie Schielen ohne Doppeltsehen in zentralem Blickfeld bei normaler Kopfhaltung zulässig. Doppeltsehen, außerhalb eines zentralen Blickfeldbereichs von 20 Grad im Durchmesser ist zulässig. Bei Einäugigkeit normale Beweglichkeit des funktionstüchtigen Auges.

2   Klassen C, C 1, CE, C1E, D, D1, DE, D1E und der Fahrerlaubnis zur Fahrgastbeförderung (§ 12 Abs. 6, § 48 Abs. 4 Nr. 4, und Abs. 5 Nr. 2). Bewerber um die Erteilung oder Verlängerung der Fahrerlaubnis müssen die nachfolgenden Mindestanforderungen an das Sehvermögen erfüllen:

2.1   Untersuchung durch einen Augenarzt, einen Arzt mit der Gebietsbezeichnung „Arbeitsmedizin", einen Arzt mit der Zusatzbezeichnung „Betriebsmedizin", einen Arzt bei einer Begutachtungsstelle für Fahreignung, einen Arzt des Gesundheitsamtes oder einen anderen Arzt der öffentlichen Verwaltung Über die Untersuchung ist eine Bescheinigung gemäß dem Muster dieser Anlage zu erstellen.

2.1.1   Zentrale Tagessehschärfe. Feststellung unter Einhaltung der DIN 58220, Ausgabe Januar 1997. Fehlsichtigkeiten müssen – soweit möglich und verträglich – korrigiert werden. Dabei dürfen folgende Sehschärfenwerte nicht unterschritten werden: Sehschärfe des besseren Auges oder beidäugige Gesamtsehschärfe: 1,0, Sehschärfe des schlechteren Auges: 0,8. Die Korrektur mit Gläsern von mehr als plus 8,0 Dioptrien (sphärisches Äquivalent) ist nicht zulässig; dies gilt nicht für intraokulare Linsen oder Kontaktlinsen.

2.1.2   Übrige Sehfunktionen. Normales Farbensehen (geprüft mit zwei unterschiedlichen Prüftafeln, beispielsweise Tafeln nach Ishihara oder Velhagen). Normales Gesichtsfeld, geprüft mit einem automatischen Halbkugeiperimeter, das mit einer überschwelligen Prüfmethodik das Gesichtsfeld bis 70 Grad nach beiden Seiten und bis 30 Grad nach oben und unten untersucht. Insgesamt sollte das Gesichtsfeld jedes Auges an mindestens 100 Orten geprüft werden. Alternativ kann eine Prüfung mit einem manuellen Perimeter nach Goldmann mit mindestens vier Prüfmarken (z.B. Hl/4, I/4, I/2, und 1/1) an jeweils mindestens 12 Orten pro Prüfmarke erfolgen. Normales Stereosehen, geprüft mit einem geeigneten Test (z.B. Random-Dot-Teste).

2.2 Augenärztliche Untersuchung. Können die Voraussetzungen bei der Untersuchung nach Nr. 2.1 nicht zweifelsfrei festgestellt werden, ist zusätzlich eine augenärztliche Untersuchung erforderlich. Über die Untersuchung ist ein Zeugnis gemäß dem Muster dieser Anlage zu erstellen. Es müssen folgende Mindestanforderungen erfüllt sein:

2.2.1 Zentrale Tagessehschärfe. Fehlsichtigkeiten müssen – soweit möglich und verträglich – korrigiert werden. Dabei dürfen folgende Sehschärfenwerte nicht unterschritten werden: Sehschärfe des besseren Auges oder beidäugige Gesamtsehschärfe: 0,8, Sehschärfe des schlechteren Auges: 0,5. Werden diese Werte nur mit Korrektur erreicht, soll die Sehschärfe ohne Korrektur auf keinem Auge weniger als 0,05 betragen. Die Korrektur mit Gläsern von mehr als plus 8,0 Dioptrien (sphärisches Äquivalent) ist nicht zulässig; dies gilt nicht für intraokulare Linsen oder Kontaktlinsen.

2.2.2 Übrige Sehfunktionen. Gesichtsfeld: Normales Gesichtsfeld beider Augen, wenigstens normales binokulares Gesichtsfeld mit einem horizontalen Durchmesser von mindestens 140 Grad, insbesondere muss das zentrale Gesichtsfeld bis 30 Grad normal sein. Insgesamt sollte das Gesichtsfeld jedes Auges an mindestens 100 Orten geprüft werden. Ergeben sich unklare Defekte oder steht nicht zweifelsfrei fest, dass die Mindestanforderungen erfüllt werden, so hat eine Nachprüfung an einem manuellen Perimeter nach Goldmann mit der Marke Hl/4 zu erfolgen.

Beweglichkeit:
Ausschluss bei Doppeltsehen im Gebrauchsblickfeld (d.h. 25 Grad Aufblick, 30 Grad Rechts- und Linksblick, 40 Grad Abblick). Ausschluss bei Schielen ohne konstantes binokulares Einfachsehen. Farbensehen: Rotblindheit oder Rotschwäche mit einem Anomalquotienten unter 0,5 unzulässig bei den Klassen D, D 1, DE, D1E und der Fahrerlaubnis zur Fahrgastbeförderung. Bei den Klassen C, C1, CE und C1E genügt Aufklärung des Betroffenen über die mögliche Gefährdung.

2.2.3 Für Inhaber einer bis zum 31.12.1998 erteilten Fahrerlaubnis reichen, abweichend von Nrn. 2.2.1 und 2.2.2 folgende Mindestanforderungen an das Sehvermögen aus:

2.2.3.1 Zentrale Tagessehschärfe, Klassen C, C1, CE und C1E und Fahrerlaubnis zur Fahrgastbeförderung. Bei Beidäugigkeit: Sehschärfe des besseren Auges oder beidäugige Gesamtsehschärfe: 0,7, Sehschärfe des schlechteren Auges: 0,2. Bei Einäugigkeit (d.h. Sehschärfe des schlechteren Auges unter 0,2): 0,7. Klassen D, D1, DE, D1E Sehschärfe des besseren Auges oder beidäugige Gesamtsehschärfe: 0,7, Sehschärfe des schlechteren Auges: 0,5.

2.2.3.2 Übrige Sehfunktionen.

Gesichtsfeld:
Normales Gesichtsfeld beider Augen, wenigstens normales binokulares Gesichtsfeld mit einem horizontalen Durchmesser von mindestens 140 Grad, insbesondere muss das zentrale Gesichtsfeld bis 30 Grad normal sein. Ergeben sich unklare Defekte oder steht nicht zweifelsfrei fest, dass die Mindestanforderungen erfüllt werden, so hat eine Nachprüfung an einem manuellen Perimeter nach Goldmann mit der Marke III/4 zu erfolgen. Bei zulässiger Einäugigkeit (Klassen C, C1, CE, C1E und Fahrerlaubnis zur Fahrgastbeförderung): normales Gesichtsfeld eines Auges.

Beweglichkeit:
Ausschluss bei Doppeltsehen im Gebrauchsblickfeld (d.h. 25 Grad Aufblick, 30 Grad Rechts- und Linksblick, 40 Grad Abbiick). Ausschluss bei Schielen ohne konstantes binokulares Einfachsehen. Bei zulässiger Einäugigkeit (Klassen C, C1, CE, C1E und Fahrerlaubnis zur Fahrgastbeförderung): normale Augenbeweglichkeit, kein Augenzittern. Stereosehen: Normales Stereosehen. Bei zulässiger Einäugigkeit (Klassen C, C1,

CE, C1E und Fahrerlaubnis zur Fahrgastbeförderung): keine Anforderungen. Farbensehen: Rotblindheit oder Rotschwäche mit einem Anomalquotienten unter 0,5 ist unzulässig bei den Klassen D, D 1, DE, D1E und der Fahrerlaubnis zur Fahrgastbeförderung. Bei den Klassen C, C1, CE und C1E genügt Aufklärung des Betroffenen durch den Augenarzt über die mögliche Gefährdung.

Muster
Bescheinigung über die ärztliche Untersuchung
(Anlage 6 Nr. 2.1 der Fahrerlaubnis-Verordnung)

von Erwerbern um die Erteilung oder Verlängerung einer Fahrerlaubnis der Klassen C, C1, CE, C1E, D, D1, DE, D1E oder der Fahrerlaubnis zur Fahrgastbeförderung für Taxen, Mietwagen, Krankenkraftwagen oder Personenkraftwagen im Linienverkehr oder bei gewerbsmäßigen Ausflugfahrten oder Fernziel-Reisen nach § 12 Abs. 6 und § 48 Abs. 4 Nr. 4 und Abs. 5 Nr. 2 der Fahrerlaubnis-Verordnung.

– Vorderseite –

Teil 1 (verbleibt beim Arzt)

1. **Angaben über den untersuchenden Arzt**

   Name des Arztes, Facharztbezeichnung ggf. Gebiets- oder Zusatzbezeichnung des Arztes, ggf. Angabe über Tätigkeit bei der Begutachtungsstelle für Fahreignung oder über Stellung als Arzt der öffentlichen Verwaltung, Anschrift

2. **Personalien des Bewerbers**

   Familienname, Vorname des Bewerbers _____

   Tag der Geburt _____

   Ort der Geburt _____

   Wohnort _____

   Straße/Hausnummer _____

3. **Untersuchungsbefund vom**

   Zentrale Tagessehschärfe nach DIN 58220 _____

   Farbensehen _____

   Gesichtsfeld _____

   Stereosehen _____

Aufgrund der oben angeführten Untersuchung wurden die Anforderungen nach Anlage 6 Nr. 2.1 der Fahrerlaubnisverordnung geforderten Anforderungen

☐ erreicht, ohne Sehhilfe

☐ erreicht, mit Sehhilfe

☐ nicht erreicht

Eine augenärztliche Zusatzuntersuchung nach Anlage 6 Nr. 2.2 der Fahrerlaubnis-Verordnung erforderlich:

☐ ja   ☐ nein

Muster
Bescheinigung über die ärztliche Untersuchung
(Anlage 6 Nr. 2.1 der Fahrerlaubnis-Verordnung)

von Erwerbern um die Erteilung oder Verlängerung einer Fahrerlaubnis der Klassen C, C1, CE, C1E, D, D1, DE, D1E oder der Fahrerlaubnis zur Fahrgastbeförderung für Taxen, Mietwagen, Krankenkraftwagen oder Personenkraftwagen im Linienverkehr oder bei gewerbsmäßigen Ausflugfahrten oder Fernziel-Reisen nach § 12 Abs. 6 und § 48 Abs. 4 Nr. 4 und Abs. 5 Nr. 2 der Fahrerlaubnis-Verordnung.

Teil 2 (dem Bewerber auszuhändigen)

Name des Arztes, Facharztbezeichnung ggf. Gebiets- oder Zusatzbezeichnung des Arztes, ggf. Angabe über Tätigkeit bei der Begutachtungsstelle für Fahreignung oder über Stellung als Arzt der öffentlichen Verwaltung, Anschrift

Familienname, Vorname des Bewerbers: _____

Tag der Geburt: _____

Ort der Geburt: _____

Wohnort: _____

Straße/Hausnummer: _____

Untersuchungsbefund vom _____

über – Zentrale Tagessehschärfe nach DIN 58220 _____

  – Farbensehen _____

  – Gesichtsfeld _____

  – Stereosehen _____

Aufgrund der von mir nach Teil I erhobenen Befunde wurde die in der Anlage 6 Nr. 2.1 der Fahrerlaubnisverordnung geforderten Anforderungen

  ☐ erreicht, ohne Sehhilfe

  ☐ erreicht, mit Sehhilfe

  ☐ nicht erreicht

Eine augenärztliche Zusatzuntersuchung nach Anlage 6 Nr. 2.2 der Fahrerlaubnis-Verordnung erforderlich:

  ☐ ja   ☐ nein

Das Zeugnis ist 2 Jahre gültig
Die Identität des Untersuchten wurde geprüft.

_____ , den _____   _____

                                          (Stempel und Unterschrift des Arztes mit
                                          den oben stehenden beruflichen Angaben)

Muster
Zeugnis
über die augenärztliche Untersuchung des Sehvermögens
(Anlage 6 Nr. 2.2 der Fahrerlaubnis-Verordnung)

von Erwerbern um die Erteilung oder Verlängerung einer Fahrerlaubnis der Klassen C, C1, CE, C1E, D, D1, DE, D1E oder der Fahrerlaubnis zur Fahrgastbeförderung für Taxen, Mietwagen, Krankenkraftwagen oder Personenkraftwagen im Linienverkehr oder bei gewerbsmäßigen Ausflugfahrten oder Fernziel-Reisen nach § 12 Abs. 6 und § 48 Abs. 4 Nr. 4 und Abs. 5 Nr. 2 der Fahrerlaubnis-Verordnung.

– Vorderseite –

Teil 1 (verbleibt beim Arzt)

1. **Name des Augenarztes, Anschrift**

2. **Personalien des Bewerbers**

   Familienname, Vorname des Bewerbers: _____

   Tag der Geburt: _____

   Ort der Geburt: _____

   Wohnort: _____

   Straße/Hausnummer: _____

3. **Untersuchungsbefund vom** _____

   Zentrale Tagessehschärfe nach DIN 58220 _____

   Farbensehen _____

   Gesichtsfeld _____

   Beweglichkeit _____

Aufgrund der oben angeführten Untersuchung wurden die Anforderungen nach Anlage 6 Nr. 2.2 der Fahrerlaubnisverordnung

☐ erreicht, ohne Sehhilfe

☐ erreicht, mit Sehhilfe

☐ nicht erreicht

Auflagen/Beschränkungen erforderlich:

☐ nein

☐ ja, _____

Muster
Zeugnis
über die augenärztliche Untersuchung des Sehvermögens
(Anlage 6 Nr. 2.2 der Fahrerlaubnis-Verordnung)

von Erwerbern um die Erteilung oder Verlängerung einer Fahrerlaubnis der Klassen C, C1, CE, C1E, D, D1, DE, D1E oder der Fahrerlaubnis zur Fahrgastbeförderung für Taxen, Mietwagen, Krankenkraftwagen oder Personenkraftwagen im Linienverkehr oder bei gewerbsmäßigen Ausflugfahrten oder Fernziel-Reisen nach § 12 Abs. 6 und § 48 Abs. 4 Nr. 4 und Abs. 5 Nr. 2 der Fahrerlaubnis-Verordnung.

Teil 2 (dem Bewerber auszuhändigen)

Name des Augenarztes, Anschrift

Familienname, Vorname des Bewerbers: _____

Tag der Geburt: _____

Ort der Geburt: _____

Wohnort: _____

Straße/Hausnummer: _____

Untersuchungsbefund vom _____

über – Zentrale Tagessehschärfe nach DIN 58220 _____

       – Farbensehen _____

       – Gesichtsfeld _____

       – Beweglichkeit _____

Aufgrund der von mir nach Teil I erhobenen Befunde wurde die in der Anlage 6 Nr. 2.2 der Fahrerlaubnis-Verordnung geforderten Anforderungen

     ☐ erreicht, ohne Sehhilfe

     ☐ erreicht, mit Sehhilfe

     ☐ nicht erreicht

Auflagen/Beschränkungen erforderlich:

     ☐ nein

     ☐ ja, _____

Das Zeugnis ist 2 Jahre gültig
Die Identität des Untersuchten wurde geprüft.

_____ , den _____   _____

                                                      (Stempel und Unterschrift des Augenarztes)

Anlage 7
(zu § 16 Abs. 2, § 17 Abs. 2 und 3 FeV)

Fahrerlaubnisprüfung

1. **Theoretische Prüfung**

1.1 Prüfungsstoff

Gegenstand der Prüfung sind Kenntnisse in folgenden Sachgebieten:

1.   Gefahrenlehre

1.1 Grundformen des Verkehrsverhaltens
Defensive Fahrweise, Behinderung, Gefährdung

1.2 Verhalten gegenüber Fußgängern
Kinder, ältere Menschen, Behinderte, Fußgänger allgemein

1.3 Fahrbahn- und Witterungsverhältnisse

1.4 Dunkelheit und schlechte Sicht

1.5 Geschwindigkeit

1.6 Überholen

1.7 Besondere Verkehrssituationen
Anfahrender, fließender und anhaltender Verkehr, Auto und Zweirad, Wild

1.8 Autobahn

1.9 Alkohol, Drogen, Medikamente

1.10 Ermüdung, Ablenkung

1.11 Affektiv-emotionales Verhalten im Straßenverkehr

2.   Verhalten im Straßenverkehr

2.1 Grundregeln über das Verhalten im Straßenverkehr

2.2 Straßenbenutzung

2.3 Geschwindigkeit

2.4 Abstand

2.5 Überholen

2.6 Vorbeifahren

2.7 Benutzung von Fahrstreifen durch Kraftfahrzeuge

2.8 Abbiegen, Wenden und Rückwärtsfahren

2.9 Einfahren und Anfahren

2.10 Besondere Verkehrslagen

2.11 Halten und Parken

2.12 Einrichtungen zur Überwachung der Parkzeit

2.13 Sorgfaltspflichten

2.14 Liegenbleiben und Abschleppen von Fahrzeugen

2.15 Warnzeichen

2.16 Beleuchtung

2.17 Autobahnen und Kraftfahrstraßen

2.18 Bahnübergänge

2.19 Öffentliche Verkehrsmittel und Schulbusse

Der Prüfungsstoff bildet die Grundlage für den Fragenkatalog. Der Fragenkatalog wird vom Bundesministerium für Verkehr im Einvernehmen mit den zuständigen obersten Landesbehörden in der jeweils geltenden Fassung im Verkehrsblatt als Richtlinie bekanntgemacht.

1.2   Form und Umfang der Prüfung, Zusammenstellung der Fragen, Bewertung der Prüfung

1.2.1   Allgemeines

Jede Prüfung enthält Fragen aus dem Grundstoff und dem Zusatzstoff des Fragenkatalogs. Der Grundstoff beinhaltet den für alle Klassen geltenden Prüfungsstoff, der Zusatzstoff den Stoff, der sich aus den besonderen Anforderungen der jeweiligen Klasse ergibt.

Bei einer Prüfung für mehrere Klassen wird der Grundstoff nur einmal geprüft. Bei der Prüfung zur Erweiterung einer Fahrerlaubnis wird der Grundstoff erneut mitgeprüft.

1.2.2 Wertigkeit der Fragen und Zusammenstellung der Fragen

Die Fragen werden entsprechend ihrem Inhalt und dessen Bedeutung für die Verkehrssicherheit, den Umweltschutz und die Energieeinsparung mit zwei bis fünf Punkten bewertet. Die Wertigkeit ist im Fragenkatalog bei jeder Frage angegeben.

Die Anzahl der Fragen je Klasse, die Anzahl der Punkte und die zulässige Fehlerpunktzahl ergeben sich aus der folgenden Tabelle:

Klasse	Zahl der Fragen	Summe der Punkte	zulässige Fehlerpunkte
A	30	110	9
A1	30	110	9
B	30	110	9
C	30	110	9
CE	30	110	9
C1	30	110	9
D	43	151	11*)
D1	38	134	10*)
M	30	110	9
L	30	110	9
T	30	110	9
Mofa	20	69	7

*) Einzelheiten siehe Anlage 1 zur Prüfungsrichtlinie

Die Zusammenstellung der Fragen im einzelnen ergibt sich aus der Prüfungsrichtlinie, die vom Bundesministerium für Verkehr im Einvernehmen mit den zuständigen obersten Landesbehörden in der jeweils geltenden Fassung im Verkehrsblatt bekanntgemacht wird.

1.2.3 Bewertung der Prüfung

Die theoretische Prüfung ist nicht bestanden, wenn die unter 1.2.2 bei den einzelnen Klassen jeweils aufgeführte Zahl der zulässigen Fehlerpunkte überschritten wird.

Eine nicht bestandene theoretische Prüfung ist in vollem Umfang zu wiederholen.

1.3 Durchführung der Prüfung

Die theoretische Prüfung ist grundsätzlich in deutscher Sprache abzulegen. Sie erfolgt anhand von Fragebogen. Die zuständigen obersten Landesbehörden können zulassen, daß die Fragen in anderen Sprachen, unter Hinzuziehung eines beeidigten oder öffentlich bestellten Dolmetschers oder Übersetzers auf Kosten des Bewerbers sowie deutsch- und gegebenenfalls fremdsprachlich mit Hilfe anderer Medien, insbesondere mit Bildschirm, auch mit Audio-Unterstützung, gestellt werden.

Für Bewerber, die nicht lesen können, besteht die Möglichkeit – gegebenenfalls mit Audio-Unterstützung –, mündlich geprüft zu werden.

Bei mündlichen Prüfungen und Prüfungen mit Dolmetscher oder Übersetzer ist mit Zustimmung des Bewerbers die Aufzeichnung auf Tonträger möglich. Wird dies abgelehnt, findet die Prüfung schriftlich statt.

Die mündliche Prüfung muß nach Inhalt und Umfang der schriftlichen entsprechen.

Bei der Prüfung von Gehörlosen ist ein Gehörlosendolmetscher zuzulassen.

1.4	Bei Täuschungshandlungen gilt die theoretische Prüfung als nicht bestanden.
2.	Praktische Prüfung
2.1	Prüfungsstoff
	Die Prüfung setzt sich wie folgt zusammen:
2.1.1	Fahrtechnische Vorbereitung der Fahrt
2.1.2	Abfahrtkontrolle (nur bei den Klassen C, C1, D, D1 und T) Handfertigkeiten (nur bei den Klassen D und D1)
2.1.3	Verbinden und Trennen von Fahrzeugen (nur bei den Klassen BE, CE, C1E, DE, D1E und T)
2.1.4	Grundfahraufgaben
2.1.4.1	bei den Klassen A, A1, M
	Abbremsen mit höchstmöglicher Verzögerung
	Ausweichen ohne Abbremsen
	Slalom (nur bei den Klassen A1, M)
	Langer Slalom (nur bei Klasse A)
	Stop and Go
	Kreisfahrt
	Anfahren in einer Steigung
	Ausweichen nach Abbremsen
	Fahren mit Schrittgeschwindigkeit geradeaus (nur bei den Klassen A1, M)
	Fahren eines Slaloms mit Schrittgeschwindigkeit (nur bei Klasse A)
	Summe der zu fahrenden Grundfahraufgaben: 5 (Klasse A), 4 (Klassen A1, M)
	In jeder Prüfung muß mindestens die Aufgabe „Abbremsen mit höchstmöglicher Verzögerung", eine Slalomaufgabe und eine Ausweichaufgabe gefahren werden.
2.1.4.2	bei den Klassen B, C1
2.1.4.2.1	Obligatorisch
	Rückwärtsfahren in eine Parklücke (Längsaufstellung)
	oder
	Einfahren in eine Parklücke (Quer- oder Schrägaufstellung)
2.1.4.2.2	Alternativ, wobei zwei Aufgaben geprüft werden müssen
	Umkehren
	Fahren nach rechts rückwärts unter Ausnutzung einer Einmündung, Kreuzung oder Einfahrt
	Anfahren in einer Steigung; Abbremsen mit höchstmöglicher Verzögerung (nur bei Klasse B)
2.1.4.3	Bei den Klassen C, D, D1
	Anfahren in einer Steigung
	Fahren nach rechts rückwärts unter Ausnutzung einer Einmündung, Kreuzung oder Einfahrt
	Rückwärtsfahren in eine Parklücke (Längsaufstellung)

Einfahren in eine Parklücke (Quer- oder Schrägaufstellung)

Von diesen Aufgaben sind in jeder Prüfung drei zu prüfen.

2.1.4.4   Bei den Klassen BE, C1 E, DE und D1E

Rückwärtsfahren um eine Ecke nach links

2.1.4.5   Bei den Klassen CE und T

2.1.4.5.1   Grundfahraufgaben für Gliederzüge

Rückwärtsfahren geradeaus

Umkehren durch Rückwärtsfahren nach links

2.1.4.5.2   Grundfahraufgaben für Sattelzüge

Rückwärtsversetzen nach rechts

Rückwärtsfahren um eine Ecke nach links

Von den Aufgaben wird bei jeder Prüfung eine Aufgabe geprüft. In der Klasse T wird nur die Aufgabe „Rückwärtsfahren geradeaus" geprüft.

2.1.5   Prüfungsfahrt

Der Bewerber muß fähig sein, selbständig das Fahrzeug auch in schwierigen Verkehrslagen verkehrsgerecht und sicher zu führen und seine Fahrweise dem jeweiligen Verkehrsfluß anzupassen. Daneben soll er auch bei der Prüfungsfahrt zeigen, daß er über ausreichende Kenntnisse der für das Führen eines Kraftfahrzeugs maßgebenden gesetzlichen Vorschriften und einer umweltbewußten und energiesparenden Fahrweise verfügt, sie anzuwenden versteht sowie mit den Gefahren des Straßenverkehrs und den zu ihrer Abwehr erforderlichen Verhaltensweisen vertraut ist. Insbesondere ist auf folgende Verhaltensweisen zu achten:

– Fahrtechnische Vorbereitung der Fahrt

– Verhalten beim Anfahren

– Gangwechsel

– Automatische Kraftübertragung

– Beobachtung der Fahrbahn und Beachtung der Verkehrszeichen und -einrichtungen

– Fahrgeschwindigkeit

– Abstand halten vom vorausfahrenden Fahrzeug

– Überholen

– Verhalten an Kreuzungen und Einmündungen

– Abbiegen und Fahrstreifenwechsel

– Verhalten gegenüber Fußgängern, die die Fahrbahn überqueren

– Fahren außerhalb geschlossener Ortschaften

– Fahrtechnischer Abschluß der Fahrt.

2.2   Prüfungsfahrzeuge

Als Prüfungsfahrzeuge sind zu verwenden:

2.2.1   Für Klasse A ohne Leistungsbeschränkung bei direktem Zugang:

Krafträder der Klasse A

– Motorleistung mindestens 44 kW.

2.2.2   Für Klasse A mit Leistungsbeschränkung:

Krafträder der Klasse A

– Motorleistung mindestens 20 kW, aber nicht mehr als 25 kW
– Verhältnis Leistung/Leermasse von nicht mehr als 0,16 kW/kg
– Hubraum mindestens 250 cm3
– durch die Bauart bestimmte Höchstgeschwindigkeit mindestens 130 km/h.

2.2.3   Für Klasse A1:

Krafträder der Klasse A1

– Hubraum mindestens 95 cm3
– durch die Bauart bestimmte Höchstgeschwindigkeit mindestens 100 km/h.

2.2.4   Für Klasse B:

Personenkraftwagen

– durch die Bauart bestimmte Höchstgeschwindigkeit mindestens 130 km/h
– mindestens vier Sitzplätze
– mindestens zwei Türen auf der rechten Seite.

2.2.5   Für Klasse BE:

Fahrzeugkombinationen bestehend aus einem Prüfungsfahrzeug der Klasse B und einem Anhänger, die als Kombination nicht der Klasse B zuzurechnen sind

– Länge der Fahrzeugkombination mindestens 7,5 m
– durch die Bauart bestimmte Höchstgeschwindigkeit der Fahrzeugkombination mindestens 100 km/h
– zulässige Gesamtmasse des Anhängers mindestens 1 300 kg
– Anhänger mit eigener Bremsanlage
– Aufbau des Anhängers kastenförmig oder damit vergleichbar, mindestens 1,2 m Breite in 1,5 m Höhe.

2.2.6   Für Klasse C:

Fahrzeuge der Klasse C

– Mindestlänge 7 m
– zulässige Gesamtmasse mindestens 12 t
– durch die Bauart bestimmte Höchstgeschwindigkeit mindestens 80 km/h
– Zweileitungs-Bremsanlage
– Aufbau kastenförmig oder damit vergleichbar, Seitenhöhe mindestens 0,5 m
– Sicht nach hinten nur über Außenspiegel.

2.2.7   Für Klasse CE:

Fahrzeugkombinationen bestehend aus einem Prüfungsfahrzeug der Klasse C und einem Anhänger

– Länge der Fahrzeugkombination mindestens 14 m
– zulässige Gesamtmasse der Fahrzeugkombination mindestens 18 t
– Zweileitungs-Bremsanlage
– Höchstgeschwindigkeit der Fahrzeugkombination mindestens 80 km/h
– Anhänger mit eigener Lenkung
– Länge des Anhängers mindestens 5 m

– Aufbau des Anhängers kastenförmig oder damit vergleichbar, Seitenhöhe mindestens 0,5 m

– Sicht nach hinten nur über Außenspiegel

oder

Sattelkraftfahrzeuge

– Länge mindestens 12 m

– zulässige Gesamtmasse mindestens 18 t

– durch die Bauart bestimmte Höchstgeschwindigkeit mindestens 80 km/h

– kastenförmig oder damit vergleichbar, Seitenhöhe mindestens 0,5 m

– Sicht nach hinten nur über Außenspiegel.

2.2.8 Für Klasse C1:

Fahrzeuge der Klasse C1

– Länge mindestens 5,5 m

– zulässige Gesamtmasse mindestens 5,5 t

– durch die Bauart bestimmte Höchstgeschwindigkeit mindestens 80 km/h

– Aufbau kastenförmig oder damit vergleichbar, Seitenhöhe mindestens 0,3 m

– Sicht nach hinten nur über Außenspiegel.

2.2.9 Für Klasse C1 E:

Fahrzeugkombinationen bestehend aus einem Prüfungsfahrzeug der Klasse C1 und einem Anhänger

– Länge der Fahrzeugkombination mindestens 9 m

– Höchstgeschwindigkeit der Fahrzeugkombination mindestens 80 km/h

– zulässige Gesamtmasse des Anhängers mindestens 2 000 kg

– Anhänger mit eigener Bremsanlage

– Aufbau des Anhängers kastenförmig oder damit vergleichbar, Seitenhöhe mindestens 0,3 m

– Sicht nach hinten nur über Außenspiegel.

2.2.10 Für Klasse D:

Fahrzeuge der Klasse D

– Länge mindestens 10 m

– durch die Bauart bestimmte Höchstgeschwindigkeit von mindestens 80 km/h.

2.2.11 Für Klasse DE:

Fahrzeugkombinationen bestehend aus einem Prüfungsfahrzeug der Klasse D und einem Anhänger

– Länge der Fahrzeugkombination mindestens 13,5 m

– Höchstgeschwindigkeit der Fahrzeugkombination mindestens 80 km/h

– zulässige Gesamtmasse des Anhängers mindestens 2 000 kg

– Anhänger mit eigener Bremsanlage

– Aufbau des Anhängers kastenförmig oder damit vergleichbar, Seitenhöhe mindestens 0,3 m

– Sicht nach hinten nur über Außenspiegel.

2.2.12 Für Klasse D1:

Fahrzeuge der Klasse D1

- Länge mindestens 5 m; maximale Länge 8 m
- durch die Bauart bestimmte Höchstgeschwindigkeit von mindestens 80 km/h.

2.2.13 Für Klasse D1 E:

Fahrzeugkombinationen bestehend aus einem Prüfungsfahrzeug der Klasse D1 und einem Anhänger

- Länge der Fahrzeugkombination mindestens 8,5 m
- Höchstgeschwindigkeit der Fahrzeugkombination mindestens 80 km/h
- zulässige Gesamtmasse des Anhängers mindestens 2 000 kg
- Anhänger mit eigener Bremsanlage
- Aufbau des Anhängers kastenförmig oder damit vergleichbar, Seitenhöhe mindestens 0,3 m
- Sicht nach hinten nur über Außenspiegel.

2.2.14 Für Klasse M:

Zweirädrige Kleinkrafträder oder Fahrräder mit Hilfsmotor mit einer durch die Bauart bestimmten Höchstgeschwindigkeit von mindestens 40 km/h.

2.2.15 Für Klasse T:

Fahrzeugkombinationen bestehend aus einer zweiachsigen Zugmaschine der Klasse T und einem Anhänger

- durch die Bauart bestimmte Höchstgeschwindigkeit der Zugmaschine von mehr als 32 km/h bis höchstens 60 km/h
- Höchstgeschwindigkeit der Fahrzeugkombination mehr als 32 km/h
- Zweileitungs-Bremsanlage
- Anhänger mit eigener Lenkung
- Länge der Fahrzeugkombination mindestens 7,5 m.

2.2.16 Weitere Anforderungen an die Prüfungsfahrzeuge

Unter Länge des Fahrzeugs ist der Abstand zwischen serienmäßiger vorderer Stoßstange und hinterer Begrenzung des Aufbaus zu verstehen. Nicht zur Fahrzeuglänge zählen Anbauten wie Seilwinden, Wasserpumpen, Rangierkupplungen, zusätzlich angebrachte Stoßstangenhörner, Anhängekupplungen, Skiträger oder ähnliche Teile und Einrichtungen.

Die Prüfungsfahrzeuge müssen ausreichend Sitzplätze für den amtlich anerkannten Sachverständigen oder Prüfer für den Kraftfahrzeugverkehr, den Fahrlehrer und den Bewerber bieten; das gilt nicht bei Fahrzeugen der Klassen A, A1, M und T. Es muß gewährleistet sein, daß der amtlich anerkannte Sachverständige oder Prüfer alle für den Ablauf der praktischen Prüfung wichtigen Verkehrsvorgänge beobachten kann.

Bei der Prüfung auf Prüfungsfahrzeugen der Klassen A, A1, M und T muß eine Funkanlage zur Verfügung stehen, die es mindestens gestattet, den Bewerber während der Prüfungsfahrt anzusprechen (einseitiger Führungsfunk). Das gilt nicht für Prüfungsfahrzeuge der Klasse T, wenn auf diesen geeignete Plätze für den amtlich anerkannten Sachverständigen oder Prüfer und den Fahrlehrer vorhanden sind.

Prüfungsfahrzeuge der Klassen B, C, C1, D und D1 müssen mit akustisch oder optisch kontrollierbaren Einrichtungen zur Betätigung der Pedale (Doppelbedienungseinrichtungen) ausgerüstet sein.

Prüfungsfahrzeuge der Klasse B müssen ferner mit einem zusätzlichen Innenspiegel sowie mit zwei rechten Außenspiegeln, gegebenenfalls in integrierter Form, oder einem gleichwertigen Außenspiegel ausgerüstet sein.

Prüfungsfahrzeuge der Klassen BE, C, C1, D und D1 müssen mit je einem zusätzlichen rechten und linken Außenspiegel ausgestattet sein, soweit die Spiegel für den Fahrer dem Fahrlehrer keine ausreichende Sicht nach hinten ermöglichen.

2.2.17 Die Kennzeichnung der zu Prüfungsfahrten verwendeten Kraftfahrzeuge als Schulfahrzeuge (§ 5 Abs. 4 der Durchführungsverordnung zum Fahrlehrergesetz vom 18. August 1998 (BGBl. I S. 2307)) muß entfernt sein. Zubehörteile und Hilfsmittel am Fahrzeug, die dem Bewerber das Führen des Fahrzeugs erleichtern, sind nicht zulässig.

2.3   Prüfungsdauer

Die Prüfungsdauer beträgt mindestens bei

Klasse A	60 Minuten
Klasse A1	45 Minuten
Klasse B	45 Minuten
Klasse BE	45 Minuten
Klasse C	60 Minuten
Klasse CE	60 Minuten
Klasse C1	45 Minuten
Klasse C1E	45 Minuten
Klasse D	75 Minuten
Klasse DE	45 Minuten
Klasse D1	60 Minuten
Klasse D1E	45 Minuten
Klasse M	30 Minuten
Klasse T	60 Minuten,

sofern der Bewerber nicht schon vorher gezeigt hat, daß er den Anforderungen der Prüfung nicht gewachsen ist.

In folgenden Fällen verkürzt sich die Dauer der praktischen Prüfung um ein Drittel:

a) bei der Aufhebung der Beschränkung einer Fahrerlaubnis auf das Führen von Kraftfahrzeugen mit automatischer Kraftübertragung

b) bei der Erweiterung einer leistungsbeschränkten Fahrerlaubnis der Klasse A auf eine unbeschränkte Klasse A vor Ablauf der zweijährigen Frist nach § 6 Abs. 2 Satz 1.

2.4   Prüfungsstrecke

Etwa die Hälfte der Prüfungsdauer ist für Prüfungsstrecken außerhalb geschlossener Ortschaften, möglichst auch unter Einschluß der Autobahnen zu verwenden. Abweichend hiervon sind Prüfungen für die Klasse M möglichst nur innerhalb geschlossener Ortschaften, Prüfungen für die Klasse T nicht auf Autobahnen durchzuführen. Die Prüfung für die Klasse T kann auch an Orten durchgeführt werden, die nicht Prüforte im Sinne von § 17 Abs. 4 sind.

2.5   Durchführung der Prüfung

Der Name des Prüfers wird erst am Tag der praktischen Prüfung bekanntgegeben.

2.6   Bewertung der Prüfung

2.6.1   Für die Durchführung der praktischen Prüfung sind

die fahrtechnischen Vorbereitungen der Fahrt (2.1.1), die Grundfahraufgaben (2.1.4) und die Prüfungsfahrt (2.1.5),

die Abfahrtskontrolle/Handfertigkeiten (2.1.2) und

das Verbinden und Trennen von Fahrzeugen (2.1.3) jeweils getrennte Prüfungsteile, die jeweils getrennt voneinander bewertet werden. Bereits bestandene Prüfungsteile sind nicht zu wiederholen.

2.6.2   Zum Nichtbestehen einer Prüfung führen

– erhebliche Fehler

– die Wiederholung oder Häufung von verschiedenen Fehlern, die als Einzelfehler in der Regel noch nicht zum Nichtbestehen führen.

2.6.3   Verhalten des Fahrlehrers

Versucht der Fahrlehrer den amtlich anerkannten Sachverständigen oder Prüfer zu täuschen oder macht das Verhalten des Fahrlehrers die Beurteilung des Bewerbers bei der Prüfungsfahrt unmöglich, ist diese als nicht bestanden zu beenden.

2.6.4   Vorzeitige Beendigung der Prüfungsfahrt

Die Prüfungsfahrt soll beendet werden, sobald sich herausstellt, daß der Bewerber den Anforderungen der Prüfung nicht gerecht wird.

2.7   Nichtbestehen der Prüfung

Hat der Bewerber die Prüfung nicht bestanden, hat ihn der amtlich anerkannte Sachverständige oder Prüfer bei Beendigung der Prüfung unter kurzer Benennung der wesentlichen Fehler hiervon zu unterrichten und ihm ein Prüfprotokoll auszuhändigen.

Anlage 8

(zu § 25 Abs. 1, § 26 Abs. 1, § 48 Abs. 3 FeV)

Allgemeiner Führerschein, Dienstführerscheine, Führerschein zur Fahrgastbeförderung

I. Allgemeiner Führerschein

1. Vorbemerkungen

Führerscheine werden als Kunststoffkarten nach Anhang 1a der Richtlinie 91/439/EWG hergestellt und im Auftrag der Fahrerlaubnisbehörde durch den vom Kraftfahrt-Bundesamt bestimmten und zertifizierten Hersteller zentral gefertigt.

Hersteller ist die Bundesdruckerei GmbH. Die Herstellung, Personalisierung und Lieferung der Führerscheine erfolgt auf der Grundlage eines Rahmenvertrages zwischen dem Kraftfahrt-Bundesamt und der Bundesdruckerei GmbH. Näheres wird durch Verwaltungsvorschrift geregelt.

Der Führerschein besteht aus zwei Seiten.

2. Beschreibung des Führerscheins

2.1 Seite 1 (Vorderseite)

Seite 1 enthält:

a) Die Bezeichnung „FÜHRERSCHEIN" sowie deren Wiederholung in den Sprachen der Mitgliedstaaten der Europäischen Union als Unterdruck auf dem Führerschein.

b) Die Aufschrift „BUNDESREPUBLIK DEUTSCHLAND" sowie das Zeichen der Europäischen Union (12 goldene Sterne in einem blauen Rechteck), in welches das Nationalitätszeichen D eingefügt ist.

c) Folgende Daten zum Inhaber des Führerscheins und zu seiner Fahrerlaubnis entsprechend der auf dem Führerschein aufgebrachten Numerierung; Nummer 8 (Wohnort) ist nicht vorhanden, da die Angabe nach der Richtlinie 91/439/EWG fakultativ ist und im deutschen Führerschein nicht ausgewiesen wird:

1. Name, Doktorgrad

2. Vorname

3. Geburtsdatum und -ort

4a. Datum der Ausstellung des Führerscheins (Herstellungsdatum der Karte)

4b. Datum des Ablaufs der Gültigkeit

   Da Führerscheine unbefristet ausgefertigt werden, ist in diesem Feld ein Strich eingetragen.

4c. Name der Ausstellungsbehörde

5. Nummer des Führerscheins, die sich aus dem Behördenschlüssel der Fahrerlaubnisbehörde, einer von dieser fortlaufend zu vergebenden Fahrerlaubnisnummer sowie einer Prüfziffer und der Nummer der Ausfertigung des Dokuments zusammensetzt.

6. Lichtbild des Inhabers

7. Unterschrift des Inhabers

8. lassen, für die die Fahrerlaubnis erteilt wurde, wobei eingeschlossene Klassen mit gleicher Geltungsdauer, ausgenommen die Klassen M, L und T, nicht aufgeführt werden.

Fahrerlaubnisklassen entsprechend der Richtlinie 91/439/EWG sind in Proportionalschrift, nationale Klassen kursiv aufgebracht.

2.2 Seite 2 (Rückseite)

Seite 2 enthält:

a) folgende Daten zur Fahrerlaubnis des Inhabers entsprechend der auf dem Führerschein aufgebrachten Numerierung:

9. Sämtliche, auch durch andere eingeschlossene Fahrerlaubnisklassen, die der Inhaber besitzt. Nicht erteilte Klassen werden durch einen Strich entwertet.

10. Das Datum der Erteilung der Fahrerlaubnis der jeweiligen Fahrerlaubnisklasse, Das Erteilungsdatum einzelner oder mehrerer Fahrerlaubnisklassen kann auch im Feld 14 unter Angabe der Nummer 10 eingetragen sein. In diesen Fällen wird in der Spalte 10 mittels „*)" darauf verwiesen.

11. Das Gültigkeitsdatum befristet erteilter Fahrerlaubnisklassen.

12. Beschränkungen und Zusatzangaben (einschließlich Auflagen) zu den erteilten Fahrerlaubnisklassen in verschlüsselter Form gemäß Anlage 9, Beschränkungen und Zusatzangaben (einschließlich Auflagen), die nur für eine Fahrerlaubnisklasse gelten, werden in der Zeile der jeweiligen Klasse vermerkt. Solche, die für alle Fahrerlaubnisklassen gelten, werden in der letzten Zeile der Spalte ausgewiesen.

13. Ein Feld für Eintragungen anderer Mitgliedstaaten nach Wohnsitznahme des Inhabers in diesem Staat.

14. Ein Feld für die Eintragung des Erteilungsdatums der Fahrerlaubnis für eine oder mehrere Klassen (s, Nummer 10).

b) Die Erläuterungen zum Inhalt der Felder 1 bis 4c, 5 sowie 9 bis 12.

3. Muster des Führerscheins (Muster 1)

Vorderseite

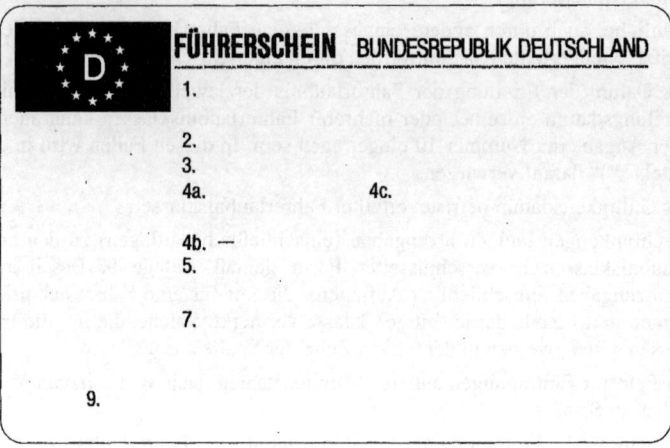

Rückseite

Ludovisy/Feiertag

II. Muster des Dienstführerscheins der Bundeswehr (Muster 2)

Farbe: hellgrau; dreifach gefaltet, Breite 4 x 74 mm, Höhe 105 mm; Typendruck

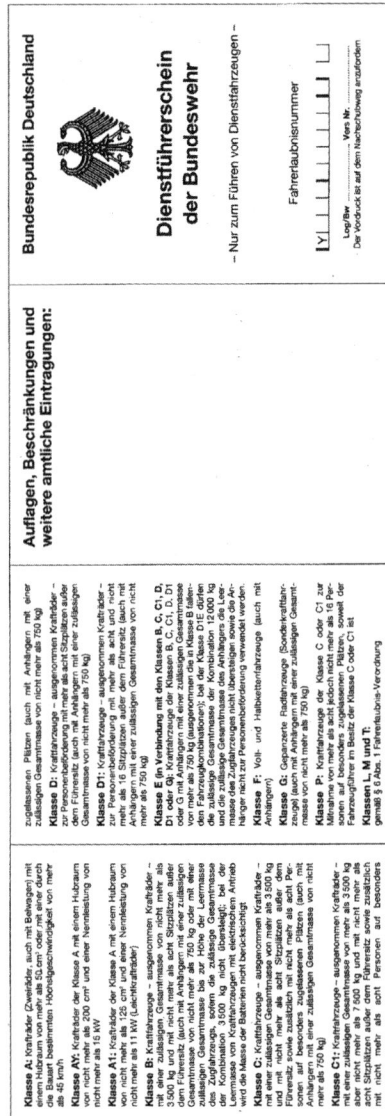

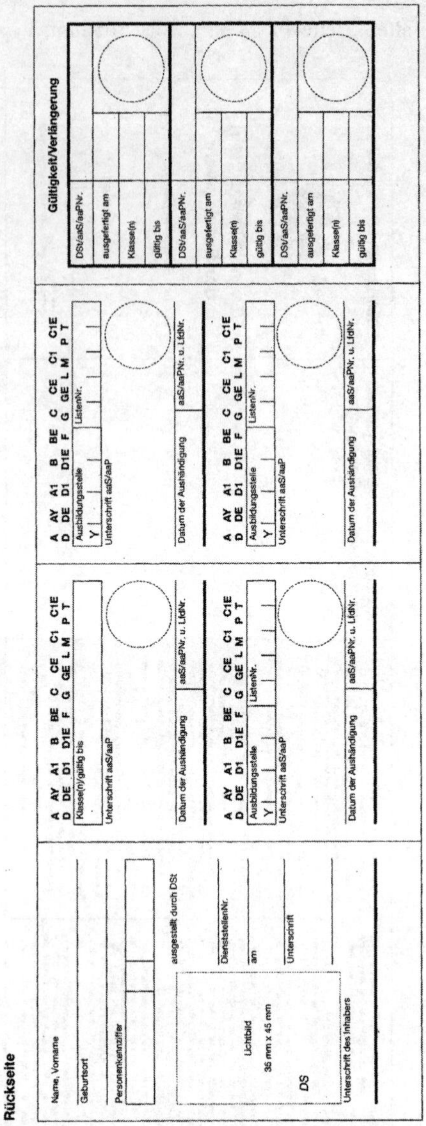

Rückseite

Name, Vorname

Geburtsort

Personenkundziffer

ausgestellt durch DSt

Dienststellen Nr.

am

Unterschrift

Lichtbild
35 mm x 45 mm

DS

Unterschrift des Inhabers

A AY A1 B BE C CE C1 C1E
D DE D1 D1E F G GE L M P T

Klasse(n)/gültig bis

Unterschrift aaS/aaP

Datum der Aushändigung

Listen Nr.

aaS/aaPNr. u. LfdNr.

A AY A1 B BE C CE C1 C1E
D DE D1 D1E F G GE L M P T

Ausbildungsstelle

Unterschrift aaS/aaP

Datum der Aushändigung

Listen Nr.

aaS/aaPNr. u. LfdNr.

Gültigkeit/Verlängerung

DSt/aaS/aaPNr.

ausgefertigt am

Klasse(n)

gültig bis

DSt/aaS/aaPNr.

ausgefertigt am

Klasse(n)

gültig bis

DSt/aaS/aaPNr.

ausgefertigt am

Klasse(n)

gültig bis

III. Muster des Dienstführerscheins des Bundesgrenzschutzes und der Polizei (Muster 3)

Farbe: grün; Material: Neobond – 200 g/m2

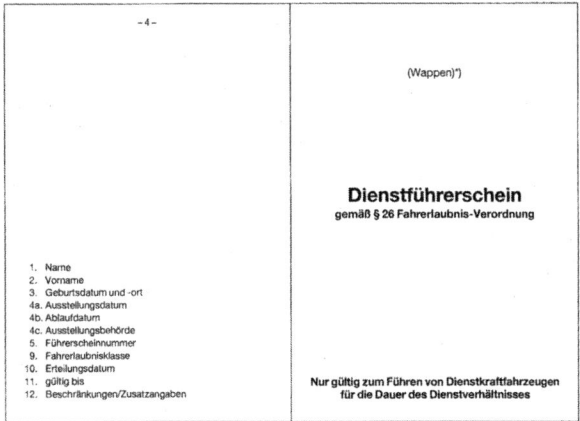

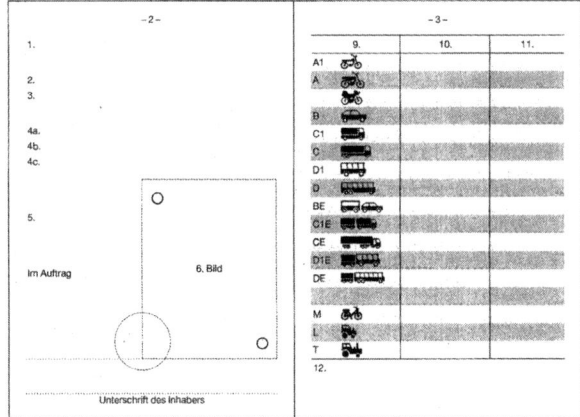

IV. Muster für den Führerschein zur Fahrgastbeförderung (Muster 4)

Farbe: hellgelb; Breite 74 mm, Höhe 105 mm; Typendruck; vierseitig

(Vordere Außenseite)

**Führerschein
zur Fahrgastbeförderung**

Name

Vorname

Lichtbild

Geburtsdatum und -ort

Anschrift

ist berechtigt,
– ein Taxi*)
– einen Mietwagen*)
– einen Krankenkraftwagen*)
– einen Personenkraftwagen im Linienverkehr
  (§§ 42, 43 des Personenbeförderungsgesetzes)
  oder bei gewerbsmäßigen Ausflugsfahrten
  oder Ferienziel-Reisen (§ 48 des Personenbeförderungsgesetzes)*)
zu führen, wenn darin Fahrgäste befördert werden.

*) Nichtzutreffendes streichen

(Hintere Außenseite)

gültig bis ....

...., den ....

Stempel   Name der Fahrerlaubnisbehörde

....
Unterschrift

(Linke Innenseite)

Dieser Führerschein gilt nur in Verbindung mit
dem Führerschein der Klasse ....
und verliert seine Geltung mit Ablauf
des.....................
Er ist beim Fahren mit Fahrgästen mitzuführen
und zuständigen Personen auf Verlangen zur
Prüfung auszuhändigen.

...., den ....

Stempel   ....
               Name der Fahrerlaubnisbehörde

Nr............................

....
Unterschrift

(Rechte Innenseite)

Verlängerung der Geltungsdauer und sonstige Eintragungen

gültig bis ....

...., den ....

Stempel   Name der Fahrerlaubnisbehörde

....
Unterschrift

gültig bis ....

...., den ....

Stempel   Name der Fahrerlaubnisbehörde

....
Unterschrift

Anlage 9

(zu § 25 Abs. 3 FeV)

Verwendung von Schlüsselzahlen für Eintragungen in den Führerschein

I. Vorbemerkungen

Beschränkungen, Auflagen und Zusatzangaben sind in Form von Schlüsselzahlen in Feld 12 im Führerschein einzutragen. Beziehen sie sich auf einzelne Fahrerlaubnisklassen, sind sie in Feld 12 in der Zeile der betreffenden Fahrerlaubnisklasse einzutragen. Solche, die für alle erteilten Fahrerlaubnisklassen gelten, sind in der letzten Zeile des Feldes 12 unter den Spalten 9 bis 12 zu vermerken. Die harmonisierten Schlüsselzahlen der Europäischen Union bestehen aus zwei Ziffern (Hauptschlüsselzahlen). Unterschlüsselungen bestehen aus einer Hauptschlüsselzahl (erster Teil) und aus zwei Ziffern und/oder Buchstaben (zweiter Teil). Erster und zweiter Teil sind durch einen Punkt getrennt. Der zweite Teil kann bei bestimmten Verschlüsselungen weitere Ziffern/Buchstaben enthalten. Nationale Schlüsselungen bestehen aus drei Ziffern. Sie gelten nur im Inland.

Die einzutragenden Schlüsselzahlen müssen die Beschränkungen, Auflagen und Zusatzangaben vollständig erfassen. Für die Hauptschlüsselzahlen 05, 44, 50, 51,70,71 und 79 ist die Verwendung von Unterschlüsselungen obligatorisch.

Häufungen sind durch Komma und Alternativen durch Schrägstrich zu trennen.

Harmonisierte Schlüsselzahlen sind vor den nationalen aufzuführen. Bei der Ausstellung eines Führerscheines ist der Inhaber über die Bedeutung der eingetragenen Schlüsselzahlen zu informieren.

II. Liste der Schlüsselzahlen

a)   Schlüsselzahlen der Europäischen Union

01	Sehhilfe und/oder Augenschutz wenn durch ärztliches Gutachten ausdrücklich gefordert:
01.01	Brille
01.02	Kontaktlinsen
01.03	Schutzbrille
02	Hörhilfe/Kommunikationshilfe
03	Prothese/Orthese der Gliedmaßen
05	Fahrbeschränkung aus medizinischen Gründen
05.01	Nur bei Tageslicht
05.02	In einem Umkreis von . . . km des Wohnsitzes oder innerorts/innerhalb der Region. . .
05.03	Ohne Beifahrer/Sozius
05.04	Beschränkt auf eine höchstzulässige Geschwindigkeit von nicht mehr als . . . km/h
05.05	Nur mit Beifahrer, der im Besitz der Fahrerlaubnis ist
05.06	Ohne Anhänger

05.07	Nicht gültig auf Autobahnen
10	Angepaßte Schaltung
15	Angepaßte Kupplung
20	Angepaßte Bremsmechanismen
25	Angepaßte Beschleunigungsmechanismen
30	Angepaßte kombinierte Brems- und Beschleunigungsmechanismen
35	Angepaßte Bedienvorrichtungen
40	Angepaßte Lenkung
42	Angepaßte(r) Rückspiegel
43	Angepaßter Fahrersitz
44	Anpassungen des Kraftrades
44.01	Bremsbetätigung vorn/hinten mit einem Hebel
44.02	(Angepaßte) handbetätigte Bremse
44.03	(Angepaßte) fußbetätigte Bremse
44.04	Angepaßte Beschleunigungsmechanismen
44.05	Angepaßte Handschaltung und Handkupplung
44.06	Angepaßte Rückspiegel
44.07	Angepaßte Kontrolleinrichtungen
44.08	Sitzhöhe muß im Sitzen die Berührung des Bodens mit beiden Füßen gleichzeitig ermöglichen
45	Kraftrad nur mit Beiwagen
50	Nur ein bestimmtes Fahrzeug (Fahrzeugidentifizierungsnummer)
51	Nur ein bestimmtes Fahrzeug (amtliches Kennzeichen)
70	Umtausch des Führerscheins Nummer . . ., ausgestellt durch . . . (EU-Unterscheidungszeichen, im Falle eines Drittstaates UNECE-Unterscheidungszeichen des Ausstellungsstaates jedoch nur anzuwenden bei Umtausch aufgrund von Anlage 11)
71	Duplikat des Führerscheins Nummer . . . (EU-Unterscheidungszeichen, im Falle eines Drittstaates UNECE-Unterscheidungszeichen)
72	Nur Fahrzeuge der Klasse A mit einem Hubraum von höchstens 125 cm3 und einer Motorleistung von höchstens 11 kW (A1)
73	Nur dreirädrige und vierrädrige Kraftfahrzeuge der Klasse B (B1)
74	Nur Fahrzeuge der Klasse C mit einer zulässigen Gesamtmasse von höchstens 7 500 kg (C1)
75	Nur Fahrzeuge der Kategorie B mit höchstens 16 Sitzplätzen außer dem Fahrersitz (D1)

76	Nur Fahrzeuge der Klasse C mit einer zulässigen Gesamtmasse von höchstens 7 500 kg (C1), die einen Anhänger mit einer zulässigen Gesamtmasse von mindestens 750 kg mitführen, sofern die zulässige Gesamtmasse der Fahrzeugkombination 12 000 kg und die zulässige Gesamtmasse des Anhängers die Leermasse des Zugfahrzeuges nicht übersteigen (C1E)
77	Nur Fahrzeuge der Kategorie D mit höchstens 16 Sitzplätzen außer dem Fahrersitz (D1), die einen Anhänger mit einer zulässigen Gesamtmasse von mehr als 750 kg mitführen, sofern a) die zulässige Gesamtmasse der Fahrzeugkombination 12 000 kg und die zulässige Gesamtmasse des Anhängers die Leermasse des Zugfahrzeuges nicht übersteigen und b) der Anhänger nicht zur Personenbeförderung verwendet wird (D1E)
78	Nur Fahrzeuge mit Automatikgetriebe
79 (. . .)	Nur Fahrzeuge, die im Rahmen der Anwendung von Artikel 10 Satz 1 der Richtlinie 91/439/EWG (Äquivalenzen zu bisherigen Fahrerlaubnisklassen) den in Klammern angegebenen Spezifikationen entsprechen(C1E > 12 000 kg, L ≤ 3)Beschränkung der Klasse CE aufgrund der aus der bisherigen Klasse 3 resultierenden Berechtigung zum Führen von dreiachsigen Zügen mit Zugfahrzeug der Klasse C1 und mehr als 12 000 kg Gesamtmasse und von Zügen mit Zugfahrzeug der Klasse C1 und zulassungsfreien Anhängern, wobei die Gesamtmasse mehr als 12 000 kg betragen kann und von dreiachsigen Zügen aus einem Zugfahrzeug der Klasse C1 und einem Anhänger, bei denen die zulässige Gesamtmasse des Anhängers die Leermasse des Zugfahzeuges übersteigt (nicht durch C1E abgedeckter Teil). Die vorgenannten Berechtigungen gelten nicht für die Sattelzüge mit einer zulässigen Gesamtmasse von mehr als 7, 5 t.
	Der Buchstabe L steht in dieser Schlüsselung für die Anzahl der Achsen.(S1 ≤ 25/7 500 kg)Begrenzung der Klasse D auf Kraftomnibusse mit 24 Fahrgastplätzen oder max. 7 500 kg zulässiger Gesamtmasse, auch mit Anhänger. Die Angabe S1 steht in dieser Schlüsselung für die Anzahl der Sitzplätze, einschließlich Fahrersitz.
79 (L≤3)	Beschränkung der Klasse CE auf Kombinationen von nicht mehr als 3 Achsen. Der Buchstabe L steht in dieser Schlüsselung für die Anzahl der Achsen

b)   nationale Schlüsselzahlen

104	Muß ein gültiges ärztliches Attest mitführen
171	Klasse C1, gültig auch für Kraftfahrzeuge der Klasse D mit einer zulässigen Gesamtmasse von nicht mehr als 7 500 kg, jedoch ohne Fahrgäste

172	Klasse C, gültig auch für Kraftfahrzeuge der Klasse D, jedoch ohne Fahrgäste
174	Klasse L, gültig auch zum Führen von Zugmaschinen mit einer durch die Bauart bestimmten Höchstgeschwindigkeit von nicht mehr als 32 km/h, auch mit einachsigem Anhänger (wobei Achsen mit einem Abstand von weniger als 1,0 m voneinander als eine Achse gelten) sowie Kombinationen aus diesen Zugmaschinen und Anhängern, wenn sie mit einer Geschwindigkeit von nicht mehr als 25 km/h geführt werden und, sofern die durch die Bauart bestimmte Höchstgeschwindigkeit des ziehenden Fahrzeuges mehr als 25 km/h beträgt, die Anhänger für eine Höchstgeschwindigkeit von nicht mehr als 25 km/h in der durch § 58 der Straßenverkehrs-Zulassungs-Ordnung vorgeschriebenen Weise gekennzeichnet sind
175	Klasse L, auch gültig zum Führen von Kraftfahrzeugen mit einer durch die Bauart bestimmten Höchstgeschwindigkeit von nicht mehr als 25 km/h und zum Führen von Kraftfahrzeugen mit Ausnahme der zu den Klassen A, A1 und M gehörenden mit einem Hubraum von nicht mehr als 50 cm3
176	Auflage: bis zum Erreichen des 18. Lebensjahres nur Fahrten im Rahmen des Ausbildungsverhältnisses
177	Klasse L, auch gültig im Umfang der mitzuführenden Ausnahme-genehmigung
178	Auflage zur Klasse D oder D1: Nur Fahrten im Linienverkehr.
179	Auflage: Klasse D1 nur für Fahrten, bei denen überwiegend Familienangehörige befördert werden.
180	Auflage: Bis zum Erreichen des 21 Lebensjahres nur Fahrten im Inland und im Rahmen des Ausbildungsverhältnisses in dem staatlich anerkannten Ausbildungsberuf „Berufskraftfahrer/Berufskraftfahrerin" oder einem staatlich anerkannten Ausbildungsberuf, in dem vergleichbare Fertigkeiten und Kenntnisse zum Führen von Kraftfahrzeugen auf öffentlichen Straßen vermittelt werden. Die Auflage, nur im Rahmen des Ausbildungsverhältnisses von der Fahrerlaubnis Gebrauch zu machen, entfällt nach Abschluss der Ausbildung auch vor Erreichen des 21. Lebensjahres.

Die Schlüsselzahlen 171 – 175 sowie 178 und 179 dürfen nur bei der Umstellung von Fahrerlaubnissen, die bis zum 31.12 1998 erteilt worden sind, verwendet werden.

Anlage 10
(zu den §§ 26 und 27)

Dienstfahrerlaubnisse der Bundeswehr

Umfang der Berechtigung zum Führen von Dienstfahrzeugen
Erteilung einer allgemeinen Fahrerlaubnis

Erteilte Klasse der Dienstfahrerlaubnis	berechtigt auch zum Führen von Dienstfahrzeugen der Klasse(n)	zu erteilende allgemeine Fahrerlaubnis
A (unbeschränkt)	AY	A
A (beschränkt)	AY	A*)
AY	A1	A1
A1	M	A1
B	M und L	B
BE		BE
C1	Fahrzeuge der Klasse D1 ohne Fahrgäste	C1
C1E	BE sowie Fahrzeuge der Klasse D1 E ohne Fahrgäste	C1E
C	C1, G sowie Fahrzeuge der Klasse D ohne Fahrgäste	C
CE	BE, C1E und GE sowie Fahrzeuge der Klasse DE ohne Fahrgäste, T	CE
D1	P	D1
D1E		D1E
D	D1	D
DE	D1E	DE
L		L
M		M
T	M und L	T

*) § 6 Abs. 2 Satz 1 findet Anwendung.

Anlage 11
(zu den §§ 28 und 31 FeV)

Staatenliste zu den Sonderbestimmungen für Inhaber einer ausländischen Fahrerlaubnis

Ausstellungsstaat	Klasse(n)	theoretische Prüfung	praktische Prüfung
Andorra	alle	nein	nein
Estland	alle	nein	nein
Französisch-Polynesien	alle	nein	nein
Guernsey	alle	nein	nein
Insel Man	alle	nein	nein
Israel	B	nein	nein
Japan	alle	nein	nein
Jersey	alle	nein	nein
Kroatien	alle	nein	nein
Lettland	A1, A2A, B1, B, BE, C, CE, D, DE 1)	nein	nein
Litauen	alle	ja	nein
Malta	alle	nein	nein
Neukaledonien	alle	nein	nein
Polen	alle	nein	nein
Monaco	alle	nein	nein
Republik Korea	1, 2 1)	nein	nein
San Marino	alle	nein	nein
Schweiz	alle	nein	nein
Singapur	alle	nein	nein
Slowakei	alle	nein	nein
Slowenien	alle	nein	nein
Südafrika	alle	nein	nein
Tschechien	alle	nein	nein
Ungarn	alle	nein	nein
Fahrerlaubnisse, die im tatsächlichen Herr-schaftsbereich der Behörden in Taiwan*) erteilt wurden	B/BE 1)	nein	ja

Pkw-Fahrerlaubnisse der US-Bundesstaaten und US-amerikanischen Außengebiete:			
– Alabama	D	nein	nein
– Arizona	D, 2, G	nein	nein
– Arkansas	D	nein	nein
– Colorado	C, R	nein	nein
– Connecticut	D, 1, 2	ja	nein
– Delaware	D	nein	nein
– District of Columbia	D	ja	nein
– Florida	E	ja	nein
– Idaho	D	ja	nein
– Illinois	D	nein	nein
– Kansas	C	nein	nein
– Kentucky	D	nein	nein
– Louisanna	E	nein	nein
– Massachusetts	D	nein	nein
– Michigan	operator	ja	nein
– Mississippi	operator/R	ja	nein
– Missouri	F	ja	nein
– Nebraska	O	ja	nein
– New Mexico	D	nein	nein
– North Carolina	C	ja	nein
– Ohio	D	nein	nein
– Oregon	C	ja	nein
– Pennsylvania	C	nein	nein
– Puerto Rico	3	nein	nein
– South Carolina	D	nein	nein
– South Dakota	1, 2	nein	nein
– Tennessee	D	ja	nein
– Utah	D	nein	nein
– Virginia	NONE, M, A **B, C ***	nein	nein
– West Viginia	E	nein	nein
– Wisconsin	D	nein	nein
– Wyoming	C	nein	nein

Pkw-Fahrerlaubnisse der Kanadischen Provinzen:			
– Alberta	5	nein	nein
– British Columbia	5	nein	nein
– Manitoba	5	nein	nein
– Prince Edward Island	5	nein	nein
– New Brunswick	5, 7 Stufe 2	nein	nein
– Newfoundland	5	nein	nein
– Northwest Territories	5	nein	nein
– Nova Scotia	5	nein	nein
– Ontario	G	nein	nein
– Quebec	5	nein	nein
– Saskatchewan	1 und 5	nein	nein
– Yukon	G	nein	nein

1)   Soweit in der Spalte „Klasse(n)" nicht „alle" sondern nur eine bestimmte Klasse genannt ist, erfolgt aufgrund dieser Klasse(n) nur die Erteilung der Klasse B
*)   Deutschland unterhält keine diplomatischen Beziehungen zu Taiwan
**)   In den Fällen, in denen die Klasse M mit Code 6 versehen ist, ist eine Umschreibung nicht möglich.
***)   Beinhaltet PKW-Klasse

Anlage 12
(zu § 34 FeV)

Bewertung der Straftaten und Ordnungswidrigkeiten im Rahmen der Fahrerlaubnis auf Probe (§ 2a des Straßenverkehrsgesetzes)

A. Schwerwiegende Zuwiderhandlungen

1. Straftaten, soweit sie nicht bereits zur Entziehung der Fahrerlaubnis geführt haben:

1.1 Straftaten nach dem Strafgesetzbuch

Unerlaubtes Entfernen vom Unfallort (§ 142)

Fahrlässige Tötung (§ 222)*

Fahrlässige Körperverletzung (§ 229)*

Nötigung (§ 240)

Gefährliche Eingriffe in den Straßenverkehr (§ 315b)

Gefährdung des Straßenverkehrs (§ 315c)

Trunkenheit im Verkehr (§ 316)

Vollrausch (§ 323a)

Unterlassene Hilfeleistung (§ 323c)

1.2 Straftaten nach dem Straßenverkehrsgesetz

Führen oder Anordnen oder Zulassen des Führens eines Kraftfahrzeugs ohne Fahrerlaubnis, trotz Fahrverbots oder trotz Verwahrung, Sicherstellung oder Beschlagnahme des Führerscheins (§ 21)

1.3 Straftaten nach den Pflichtversicherungsgesetzen

Gebrauch oder Gestatten des Gebrauchs unversicherter Kraftfahrzeuge oder Anhänger (§ 6 des Pflichtversicherungsgesetzes, § 9 des Gesetzes über die Haftpflichtversicherung für ausländische Kraftfahrzeuge und Kraftfahrzeuganhänger)

2. Ordnungswidrigkeiten nach den §§ 24 und 24a des Straßenverkehrsgesetzes:

2.1 Verstöße gegen die Vorschriften der Straßenverkehrsordnung über

–	das Rechtsfahrgebot	(§ 2 Abs. 2)
–	die Geschwindigkeit	(§ 3 Abs. 1, 2a, 3 und 4, § 41 Abs. 2, § 42 Abs. 4a)
–	den Abstand	(§ 4 Abs. 1)
–	das Überholen	(§ 5, § 41 Abs. 2)
–	die Vorfahrt	(§ 8 Abs. 2, § 41 Abs. 2)
–	das Abbiegen, Wenden und Rückwärtsfahren	(§ 9)
–	die Benutzung von Autobahnen	(§ 2 Abs. 1, § 18 Abs. 2 bis 5, Abs. 7, und Kraftfahrstraßen § 41 Abs. 2)
–	das Verhalten an Bahnübergängen	(§ 19 Abs. 1 und 2, § 40 Abs. 7)
–	das Verhalten an öffentlichen Verkehrsmitteln und Schulbussen	(§ 20 Abs. 2, 3 und 4, § 41 Abs. 2)

---

* Für die Einordnung einer fahrlässigen Tötung oder fahrlässigen Körperverletzung in Abschnitt A oder B ist die Einordnung des der Tat zugrundeliegenden Verkehrsverstoßes maßgebend.

- das Verhalten an   (§ 26, § 41 Abs. 3)
  Fußgängerüberwegen
- übermäßige Straßenbenutzung   (§ 29)
- das Verhalten an   (§ 36, § 37 Abs. 2, 3, § 41 Abs. 2)
  Wechsellichtzeichen,
  Dauerlichtzeichen und
  Zeichen 206
  (Halt! Vorfahrt gewähren!)
  sowie gegenüber Haltzeichen
  von Polizeibeamten

2.2 Verstöße gegen die Vorschriften der Straßenverkehrs-Zulassungs-Ordnung über den Gebrauch oder das Gestatten des Gebrauchs von Fahrzeugen ohne die erforderliche Zulassung (§ 18 Abs. 1) oder ohne die erforderliche Betriebserlaubnis (§ 18 Abs. 3)

2.3 Verstöße gegen § 24a des Straßenverkehrsgesetzes (Alkohol, berauschende Mittel)

2.4 Verstöße gegen die Vorschriften der Fahrerlaubnis-Verordnung über das Befördern von Fahrgästen ohne die erforderliche Fahrerlaubnis zur Fahrgastbeförderung oder das Anordnen oder Zulassen solcher Beförderungen (§ 48 Abs. 1 oder 8)

B. Weniger schwerwiegende Zuwiderhandlungen

1. Straftaten, soweit sie nicht bereits zur Entziehung der Fahrerlaubnis geführt haben:

1.1 Straftaten nach dem Strafgesetzbuch

Fahrlässige Tötung (§ 222)*

Fahrlässige Körperverletzung (§ 229)*

Sonstige Straftaten, soweit im Zusammenhang mit dem Straßenverkehr begangen und nicht in Abschnitt A aufgeführt

1.2 Straftaten nach dem Straßenverkehrsgesetz

Kennzeichenmißbrauch (§ 22)

2. Ordnungswidrigkeiten nach § 24 des Straßenverkehrsgesetzes,

soweit nicht in Abschnitt A aufgeführt.

---

* Für die Einordnung einer fahrlässigen Tötung oder fahrlässigen Körperverletzung in Abschnitt A oder B ist die Einordnung des der Tat zugrundeliegenden Verkehrsverstoßes maßgebend.

Anlage 13
(zu § 40 FeV)

Punktbewertung nach dem Punktsystem

Die im Verkehrszentralregister erfaßten Entscheidungen sind zu bewerten:

1   mit sieben Punkten folgende Straftaten:

1.1   Gefährdung des Straßenverkehrs (§ 315c des Strafgesetzbuches),

1.2   Trunkenheit im Verkehr (§ 316 des Strafgesetzbuches),

1.3   Vollrausch (§ 323a des Strafgesetzbuches),

1.4   unerlaubtes Entfernen vom Unfallort (§ 142 des Strafgesetzbuches) mit Ausnahme des Absehens von Strafe und der Milderung von Strafe in den fällen des § 142 Abs. 4 StGB.

2   mit sechs Punkten folgende weitere Straftaten:

2.1   Führen oder Anordnen oder Zulassen des Führens eines Kraftfahrzeugs ohne Fahrerlaubnis, trotz Fahrverbots oder trotz Verwahrung, Sicherstellung oder Beschlagnahme des Führerscheins (§ 21 des Straßenverkehrsgesetzes),

2.2   Kennzeichenmißbrauch (§ 22 des Straßenverkehrsgesetzes),

2.3   Gebrauch oder Gestatten des Gebrauchs unversicherter Kraftfahrzeuge oder Anhänger (§ 6 des Pflichtversicherungsgesetzes, § 9 des Gesetzes über die Haftpflichtversicherung für ausländische Kraftfahrzeuge und Kraftfahrzeuganhänger);

3   mit fünf Punkten folgende andere Straftaten;

3.1   unerlaubtes Entfernen vom Unfallort, sofern das Gericht die Strafe in den Fällen des § 142 StGB gemildert oder von Strafe abgesehen hat.

3.2   alle anderen Straftaten

4   mit vier Punkten folgende Ordnungswidrigkeiten:

4.1   Kraftfahrzeug geführt mit einer Atemalkoholkonzentration von 0,40 mg/l oder mehr oder einer Blutalkoholkonzentration von 0,8 Promille oder mehr oder einer Alkoholmenge im Körper, die zu einer solchen Atem- oder Blutalkoholkonzentration geführt hat,

4.2   Kraftfahrzeug geführt unter der Wirkung eines in der Anlage zu § 24a des Straßenverkehrsgesetzes genannten berauschenden Mittels,

4.3   zulässige Höchstgeschwindigkeit überschritten um mehr als 40 km/h innerhalb geschlossener Ortschaften oder um mehr als 50 km/h außerhalb geschlossener Ortschaften, beim Führen von kennzeichnungspflichtigen Kraftfahrzeugen mit gefährlichen Gütern oder von Kraftomnibussen mit Fahrgästen zulässige Höchstgeschwindigkeit überschritten um mehr als 40 km/h,

4.4   erforderlichen Abstand von einem vorausfahrenden Fahrzeug nicht eingehalten bei einer Geschwindigkeit von mehr als 80 km/h, gefahren mit einem Abstand von weniger als zwei Zehntel des halben Tachowertes, oder bei einer Geschwindigkeit von mehr als 130 km/h, gefahren mit einem Abstand von weniger als drei Zehntel des halben Tachowertes,

4.5   überholt, obwohl nicht übersehen werden konnte, daß während des ganzen Überholvorganges jede Behinderung des Gegenverkehrs ausgeschlossen war, oder bei unklarer Verkehrslage und dabei Verkehrszeichen (Zeichen 276, 277 der Straßenverkehrs-Ordnung) nicht beachtet oder Fahrstreifenbegrenzung (Zeichen 295, 296 der Straßenverkehrsordnung) überquert oder überfahren oder der durch Pfeile vorgeschriebenen Fahrtrichtung (Zeichen 297 der Straßenverkehrs-Ordnung) nicht gefolgt oder mit einem Kraftfahrzeug mit einem zulässigen Gesamtgewicht über 7,5 t überholt, obwohl die Sichtweite durch Nebel, Schneefall oder Regen weniger als 50 m betrug,

4.6   gewendet, rückwärts oder entgegen der Fahrtrichtung gefahren in einer Ein- oder Ausfahrt, auf der Nebenfahrbahn oder dem Seitenstreifen oder auf der durchgehenden Fahrbahn von Autobahnen oder Kraftfahrstraßen,

4.7   an einem Fußgängerüberweg, den ein Bevorrechtigter erkennbar benutzen wollte, das Überqueren der Fahrbahn nicht ermöglicht oder nicht mit mäßiger Geschwindigkeit herangefahren oder an einem Fußgängerüberweg überholt,

4.8   in anderen als den Fällen des Rechtsabbiegens mit Grünpfeil als Kraftfahrzeugführer rotes Wechsellichtzeichen oder rotes Dauerlichtzeichen nicht befolgt und dadurch einen anderen gefährdet oder rotes Wechsellichtzeichen bei schon länger als einer Sekunde andauernder Rotphase nicht befolgt,

4.9   als Kraftfahrzeug-Führer entgegen § 29 Abs. 1 der Straßenverkehrs-Ordnung an einem Rennen mit Kraftfahrzeugen teilgenommen oder derartige Rennen veranstaltet,

4.10   als Kfz – Führer ein technisches Gerät betrieben oder betriebsbereit mitgeführt, das dafür bestimmt ist, Verkehrsüberwachungsmaßnahmen anzuzeigen oder zu stören.

5   mit drei Punkten folgende Ordnungswidrigkeiten:

5.1   als Führer eines kennzeichnungspflichtigen Kraftfahrzeugs mit gefährlichen Gütern bei Sichtweite unter 50 m durch Nebel, Schneefall oder Regen oder bei Schneeglätte oder Glatteis sich nicht so verhalten, daß die Gefährdung eines anderen ausgeschlossen war, insbesondere, obwohl nötig, nicht den nächsten geeigneten Platz zum Parken aufgesucht,

5.2   mit zu hoher, nichtangepaßter Geschwindigkeit gefahren trotz angekündigter Gefahrenstelle, bei Unübersichtlichkeit, an Straßenkreuzungen, Straßeneinmündungen, Bahnübergängen oder schlechten Sicht- oder Wetterverhältnissen (z. B. Nebel, Glatteis) oder festgesetzte Höchstgeschwindigkeit bei Sichtweite unter 50 m bei Nebel, Schneefall oder Regen überschritten,

5.3   als Fahrzeugführer ein Kind, einen Hilfsbedürftigen oder älteren Menschen gefährdet, insbesondere durch nicht ausreichend verminderte Geschwindigkeit, mangelnde Bremsbereitschaft oder unzureichenden Seitenabstand beim Vorbeifahren oder Überholen,

5.4   zulässige Höchstgeschwindigkeit überschritten um mehr als 25 km/h außer in den in Nummer 4.3 genannten Fällen,

5.5   erforderlichen Abstand von einem vorausfahrenden Fahrzeug nicht eingehalten bei einer Geschwindigkeit von mehr als 80 km/h, gefahren mit einem Abstand von weniger als drei Zehntel des halben Tachowertes, oder bei einer Geschwindigkeit von mehr als 130 km/h, gefahren mit einem Abstand von weniger als vier Zehntel des halben Tachowertes,

5.6   mit Lastkraftwagen (zulässiges Gesamtgewicht über 3,5 t) oder Kraftomnibus bei einer Geschwindigkeit von mehr als 50 km/h auf einer Autobahn Mindestabstand von 50 m von einem vorausfahrenden Fahrzeug nicht eingehalten,

5.7   außerhalb geschlossener Ortschaft rechts überholt,

5.8   überholt, obwohl nicht übersehen werden konnte, daß während des ganzen Überholvorgangs jede Behinderung des Gegenverkehrs ausgeschlossen war, oder bei unklarer Verkehrslage in anderen als den in Nummer 4.5 genannten Fällen,

5.9   Vorfahrt nicht beachtet und dadurch einen Vorfahrtberechtigten gefährdet,

5.10   bei erheblicher Sichtbehinderung durch Nebel, Schneefall oder Regen außerhalb geschlossener Ortschaften am Tage nicht mit Abblendlicht gefahren,

5.11   auf Autobahnen oder Kraftfahrstraßen an dafür nicht vorgesehener Stelle eingefahren und dadurch einen anderen gefährdet,

5.12   beim Einfahren auf Autobahnen oder Kraftfahrstraßen Vorfahrt auf der durchgehenden Fahrbahn nicht beachtet,

5.13 mit einem Fahrzeug den Vorrang eines Schienenfahrzeugs nicht beachtet oder Bahnübergang unter Verstoß gegen die Wartepflicht in § 19 Abs. 2 der Straßenverkehrs-Ordnung überquert,

5.14 Ladung oder Ladeeinrichtung nicht verkehrssicher verstaut oder gegen Herabfallen nicht besonders gesichert und dadurch einen anderen gefährdet,

5.15 als Fahrzeugführer nicht dafür gesorgt, daß das Fahrzeug, der Zug, die Ladung oder die Besetzung vorschriftsmäßig war, wenn dadurch die Verkehrssicherheit wesentlich beeinträchtigt war oder die Verkehrssicherheit des Fahrzeugs durch die Ladung oder die Besetzung wesentlich litt,

5.16 Zeichen oder Haltgebot eines Polizeibeamten nicht befolgt,

5.17 als Kraftfahrzeugführer rotes Wechsellichtzeichen oder rotes Dauerlichtzeichen in anderen als den Fällen des Rechtsabbiegens mit Grünpfeil und den in Nummer 4.8 genannten Fällen nicht befolgt,

5.18 unbedingtes Haltgebot (Zeichen 206 der Straßenverkehrs-Ordnung) nicht befolgt oder trotz Rotlicht nicht an der Haltlinie (Zeichen 294 der Straßenverkehrsordnung) gehalten und dadurch einen anderen gefährdet,

5.19 eine für kennzeichnungspflichtige Kraftfahrzeuge mit gefährlichen Gütern (Zeichen 261 der Straßenverkehrs-Ordnung) oder für Kraftfahrzeuge mit wassergefährdender Ladung (Zeichen 269 der Straßenverkehrs-Ordnung) gesperrte Straße befahren,

5.20 ohne erforderliche Fahrerlaubnis zur Fahrgastbeförderung einen oder mehrere Fahrgäste in einem in § 48 Abs. 1 genannten Fahrzeug befördert,

5.21 als Halter die Fahrgastbeförderung in einem in § 48 Abs. 1 genannten Fahrzeug angeordnet oder zugelassen, obwohl der Fahrzeugführer die erforderliche Fahrerlaubnis zur Fahrgastbeförderung nicht besaß,

5.22 Kraftfahrzeug oder Kraftfahrzeuganhänger ohne die erforderliche Zulassung oder Betriebserlaubnis oder außerhalb des auf dem Saisonkennzeichen angegebenen Betriebszeitraums oder nach dem auf dem Kurzzeitkennzeichen angegebenen Ablaufdatum auf öffentlichen Straßen in Betrieb gesetzt, oder Kurzzeitkennzeichen an mehr als einem Fahrzeug verwendet,

5.23 Kraftfahrzeug, Anhänger oder Fahrzeugkombination in Betrieb genommen, obwohl die zulässige Achslast, das zulässige Gesamtgewicht oder die zulässige Anhängelast hinter einem Kraftfahrzeug um mehr als 20 Prozent überschritten war,

5.24 als Halter die Inbetriebnahme eines Kraftfahrzeugs, eines Anhängers oder einer Fahrzeugkombination angeordnet oder zugelassen, obwohl die zulässige Achslast, das zulässige Gesamtgewicht oder die zulässige Anhängelast hinter einem Kraftfahrzeug um mehr als 10 Prozent überschritten war; bei Kraftfahrzeugen mit einem zulässigen Gesamtgewicht bis 7,5 t oder Kraftfahrzeugen mit Anhängern, deren zulässiges Gesamtgewicht 21 nicht übersteigt, unter Überschreitung um mehr als 20 Prozent,

5.25 Fahrzeug in Betrieb genommen, das sich in einem Zustand befand, der die Verkehrssicherheit wesentlich beeinträchtigte, insbesondere unter Verstoß gegen die Vorschriften über Lenkeinrichtungen, Bremsen oder Einrichtungen zur Verbindung von Fahrzeugen,

5.26 als Halter die Inbetriebnahme eines Kraftfahrzeugs oder Zuges angeordnet oder zugelassen, obwohl der Führer zur selbständigen Leitung nicht geeignet war, oder das Fahrzeug, der Zug, die Ladung oder die Besetzung nicht vorschriftsmäßig war und dadurch die Verkehrssicherheit wesentlich beeinträchtigt war – insbesondere unter Verstoß gegen eine Vorschrift über Lenkeinrichtungen, Bremsen oder Einrichtungen zur Verbindung von Fahrzeugen –, oder die Verkehrssicherheit des Fahrzeugs durch die Ladung oder die Besetzung wesentlich litt,

5.27   Kraftfahrzeug (außer Mofa) oder Anhänger in Betrieb genommen, dessen Reifen keine ausreichenden Profilrillen oder Einschnitte oder keine ausreichende Profil- oder Einschnitttiefe besaßen,

5.28   als Halter die Inbetriebnahme eines Kraftfahrzeugs (außer Mofa) oder Anhängers angeordnet oder zugelassen, dessen Reifen keine ausreichenden Profilrillen oder Einschnitte oder keine ausreichende Profil- oder Einschnittiefe besaßen,

5.29   als Fahrzeugführer vor dem Rechtsabbiegen bei roter Lichtzeichenanlage mit grünem Pfeilschild nicht angehalten,

5.30   beim Rechtsabbiegen mit grünem Pfeilschild den freigegebenen Fahrzeugverkehr, Fußgängerverkehr oder den Fahrradverkehr auf Radwegfurten behindert oder gefährdet,

5.31   Kraftfahrzeug in Betrieb genommen, das nicht mit dem vorgeschriebenen Geschwindigkeitsbegrenzer ausgerüstet war oder den Geschwindigkeitsbegrenzer auf unzulässige Geschwindigkeit eingestellt oder nicht benutzt, auch wenn es sich um ein ausländisches Kraftfahrzeug handelt,

5.32   als Halter die Inbetriebnahme eines Kraftfahrzeuges angeordnet oder zugelassen, das nicht mit dem vorgeschriebenen Geschwindigkeitsbegrenzer ausgerüstet war oder dessen Geschwindigkeitsbegrenzer auf unzulässige Geschwindigkeit eingestellt war oder nicht benutzt wurde;

6   mit zwei Punkten folgende Ordnungswidrigkeiten:

6.1   Kraftfahrzeug geführt mit einer Atemalkoholkonzentration von 0,25 mg/l oder mehr oder einer Blutalkoholkonzentration von 0,5 Promille oder mehr oder einer Alkoholmenge im Körper, die zu einer solchen Atem- oder Blutalkoholkonzentration geführt hat,

6.2   gegen das Rechtsfahrgebot verstoßen bei Gegenverkehr, beim Überholtwerden, an Kuppen, in Kurven oder bei Unübersichtlichkeit und dadurch einen anderen gefährdet,

6.3   beim Führen von kennzeichnungspflichtigen Kraftfahrzeugen mit gefährlichen Gütern oder von Kraftomnibussen mit Fahrgästen zulässige Höchstgeschwindigkeit überschritten um mehr als 20 km/h, außer in den in Nummer 4.3 und 5.4 genannten Fällen,

6.4   erforderlichen Abstand von einem vorausfahrenden Fahrzeug nicht eingehalten bei einer Geschwindigkeit von mehr als 80 km/h, gefahren mit einem Abstand von weniger als vier Zehntel des halben Tachowertes, oder bei einer Geschwindigkeit von mehr als 130 km/h, gefahren mit einem Abstand von weniger als fünf Zehntel des halben Tachowertes,

6.5   zum Überholen ausgeschert und dadurch nachfolgenden Verkehr gefährdet,

6.6   abgebogen, ohne Fahrzeug durchfahren zu lassen, und dadurch einen anderen gefährdet,

6.7   beim Abbiegen auf einen Fußgänger keine besondere Rücksicht genommen und ihn dadurch gefährdet, oder beim Abbiegen in ein Grundstück, beim Wenden oder Rückwärtsfahren einen anderen gefährdet,

6.8   liegengebliebenes mehrspuriges Fahrzeug nicht oder nicht wie vorgeschrieben abgesichert, beleuchtet oder kenntlich gemacht und dadurch einen anderen gefährdet,

6.9   auf Autobahnen geparkt,

6.10   Seitenstreifen von Autobahnen oder Kraftfahrstraßen zum Zweck des schnelleren Vorwärtskommens benutzt,

6.11   bei an einer Haltestelle (Zeichen 224 der Straßenverkehrs-Ordnung) haltendem Omnibus des Linienverkehrs, haltender Straßenbahn oder haltendem gekennzeichneten Schulbus mit ein- oder aussteigenden Fahrgästen bei Vorbeifahrt rechts Schrittgeschwindigkeit oder ausreichenden Abstand nicht eingehalten, oder, obwohl nötig, nicht angehalten und dadurch einen Fahrgast gefährdet oder behindert (soweit nicht Nummer 4.3 oder 5.4),

6.12   bei an einer Haltestelle (Zeichen 224 der Straßenverkehrs-Ordnung) haltendem Omnibus des Linienverkehrs oder gekennzeichnetem Schulbus mit eingeschaltetem Warnblinklicht bei Vorbeifahrt Schrittgeschwindigkeit oder ausreichenden Abstand nicht eingehalten oder, obwohl nötig, nicht angehalten und dadurch einen Fahrgast gefährdet oder behindert (soweit nicht Nummer 4.3 oder 5.4),

6.13   als Halter Fahrzeug zur Haupt- oder Zwischenuntersuchung oder Bremsensonderuntersuchung nicht angemeldet oder vorgeführt bei einer Fristüberschreitung des Anmelde- oder Vorführtermins um mehr als acht Monate oder als Halter den Geschwindigkeitsbegrenzer in den vorgeschriebenen Fällen nicht prüfen lassen, wenn seit fällig gewordener Prüfung mehr als ein Monat vergangen ist;

7   mit einem Punkt alle übrigen Ordnungswidrigkeiten.

Anlage 14
(zu § 66 Abs. 2 FeV)

Voraussetzungen für die amtliche Anerkennung als Begutachtungsstelle für Fahreignung

Die Anerkennung kann erteilt werden, wenn insbesondere

1. die erforderliche finanzielle und organisatorische Leistungsfähigkeit des Trägers gewährleistet ist,

2. die erforderliche personelle Ausstattung mit einer ausreichenden Anzahl von Ärzten und Psychologen sichergestellt ist,

3. für Bedarfsfälle ein Diplomingenieur zur Verfügung steht, der die Voraussetzungen für die Anerkennung als amtlich anerkannter Sachverständiger oder Prüfer für den Kraftfahrzeugverkehr erfüllt,

4. die erforderliche sachliche Ausstattung mit den notwendigen Räumlichkeiten und Geräten sichergestellt ist,

5. der Träger einer Begutachtungsstelle für Fahreignung nicht zugleich Träger von Maßnahmen der Fahrausbildung oder von Kursen zur Wiederherstellung der Kraftfahreignung ist,

6. die Stelle von der Bundesanstalt für Straßenwesen akkreditiert ist,

7. die Teilnahme von Personen nach Nummer 2 an einem regelmäßigen und bundesweiten Erfahrungsaustausch unter Leitung der Bundesanstalt für Straßenwesen sichergestellt wird,

8. die wirtschaftliche Unabhängigkeit der Gutachter von der Gebührenerstattung im Einzelfall und vom Ergebnis der Begutachtungen gewährleistet ist und

9. der Antragsteller, bei juristischen Personen die nach Gesetz oder Satzung zur Vertretung berufenen Personen, zuverlässig sind.

Die Anerkennung kann mit Nebenbestimmungen, insbesondere mit Auflagen verbunden werden, um den vorgeschriebenen Bestand und die ordnungsgemäße Tätigkeit der Untersuchungsstelle zu gewährleisten.

Anforderungen an den Arzt:

Arzt mit mindestens zweijähriger klinischer Tätigkeit (insbesondere innere Medizin, Psychiatrie, Neurologie) oder Facharzt, zusätzlich mit mindestens einjähriger Praxis in der Begutachtung der Eignung von Kraftfahrern in einer Begutachtungsstelle für Fahreignung.

Anforderungen an den Psychologen:

Diplom in der Psychologie, mindestens zweijährige praktische Berufstätigkeit (in der Regel in der klinischen Psychologie, Arbeitspsychologie) und mindestens eine einjährige Praxis in der Begutachtung der Eignung von Kraftfahrern in einer Begutachtungsstelle für Fahreignung.

Anlage 15
(zu § 11 Abs. 5 FeV)

Grundsätze für die Durchführung der Untersuchungen und die Erstellung der Gutachten

1. Die Untersuchung ist unter Beachtung folgender Grundsätze durchzuführen:

   a) Die Untersuchung ist anlaßbezogen und unter Verwendung der von der Fahrerlaubnisbehörde zugesandten Unterlagen über den Betroffenen vorzunehmen. Der Gutachter hat sich an die durch die Fahrerlaubnisbehörde vorgegebene Fragestellung zu halten.

   b) Gegenstand der Untersuchung sind nicht die gesamte Persönlichkeit des Betroffenen, sondern nur solche Eigenschaften, Fähigkeiten und Verhaltensweisen, die für die Kraftfahreignung von Bedeutung sind (Relevanz zur Kraftfahreignung).

   c) Die Untersuchung darf nur nach anerkannten wissenschaftlichen Grundsätzen vorgenommen werden.

   d) Vor der Untersuchung hat der Gutachter den Betroffenen über Gegenstand und Zweck der Untersuchung aufzuklären.

   e) Über die Untersuchung sind Aufzeichnungen anzufertigen.

   f) In den Fällen der §§ 13 und 14 ist Gegenstand der Untersuchung auch das voraussichtliche künftige Verhalten des Betroffenen, insbesondere ob zu erwarten ist, daß er nicht oder nicht mehr ein Kraftfahrzeug unter Einfluß von Alkohol oder Betäubungsmitteln/Arzneimitteln führen wird. Hat Abhängigkeit von Alkohol oder Betäubungsmitteln/Arzneimitteln vorgelegen, muß sich die Untersuchung darauf erstrecken, daß die Abhängigkeit nicht mehr besteht. Bei Alkoholmißbrauch, ohne daß Abhängigkeit vorhanden war oder ist, muß sich die Untersuchung darauf erstrecken, ob der Betroffene den Konsum von Alkohol einerseits und das Führen von Kraftfahrzeugen im Straßenverkehr andererseits zuverlässig voneinander trennen kann. Dem Betroffenen kann die Fahrerlaubnis nur dann erteilt werden, wenn sich bei ihm ein grundlegender Wandel in seiner Einstellung zum Führen von Kraftfahrzeugen unter Einfluß von Alkohol oder Betäubungsmitteln/Arzneimitteln vollzogen hat. Es müssen zum Zeitpunkt der Erteilung der Fahrerlaubnis Bedingungen vorhanden sein, die zukünftig einen Rückfall als unwahrscheinlich erscheinen lassen. Das Gutachten kann empfehlen, daß durch geeignete und angemessene Auflagen später überprüft wird, ob sich die günstige Prognose bestätigt. Das Gutachten kann auch geeignete Kurse zur Wiederherstellung der Kraftfahreignung empfehlen.

   g) In den Fällen des § 2a Abs. 4 Satz 1 und Abs. 5 Satz 5 oder des § 4 Abs. 10 Satz 3 des Straßenverkehrsgesetzes oder des § 11 Abs. 3 Nr. 4 oder 5 dieser Verordnung ist Gegenstand der Untersuchung auch das voraussichtliche künftige Verhalten des Betroffenen, ob zu erwarten ist, daß er nicht mehr erheblich oder nicht mehr wiederholt gegen verkehrsrechtliche Bestimmungen oder gegen Strafgesetze verstoßen wird. Es sind die Bestimmungen von Buchstabe f Satz 4 bis 7 entsprechend anzuwenden.

2. Das Gutachten ist unter Beachtung folgender Grundsätze zu erstellen:

   a) Das Gutachten muß in allgemeinverständlicher Sprache abgefaßt sowie nachvollziehbar und nachprüfbar sein.

   Die Nachvollziehbarkeit betrifft die logische Ordnung (Schlüssigkeit) des Gutachtens. Sie erfordert die Wiedergabe aller wesentlichen Befunde und die Darstellung der zur Beurteilung führenden Schlußfolgerungen.

   Die Nachprüfbarkeit betrifft die Wissenschaftlichkeit der Begutachtung. Sie erfordert, daß die Untersuchungsverfahren, die zu den Befunden geführt haben, angegeben und, soweit die Schlußfolgerungen auf Forschungsergebnisse gestützt sind, die Quellen genannt werden. Das Gutachten braucht aber nicht im einzelnen die wissenschaftlichen Grundlagen für die Erhebung und Interpretation der Befunde wiederzugeben.

b) Das Gutachten muß in allen wesentlichen Punkten insbesondere im Hinblick auf die gestellten Fragen (§ 11 Abs. 6) vollständig sein. Der Umfang eines Gutachtens richtet sich nach der Befundlage. Bei eindeutiger Befundlage wird das Gutachten knapper, bei komplizierter Befundlage ausführlicher erstattet.

c) Im Gutachten muß dargestellt und unterschieden werden zwischen der Vorgeschichte und dem gegenwärtigen Befund.

3. Die MPU kann unter Hinzuziehung eines beeidigten und öffentlich bestellten oder vereidigten Dolmetschers oder Übersetzers, der von der Begutachtungsstelle für Fahreignung bestellt wird, durchgeführt werden. Die Kosten trägt der Betroffene.

4. Wer eine Person in einem Kurs zur Wiederherstellung der Kraftfahreignung oder in einem Aufbauseminar betreut, betreut hat oder voraussichtlich betreuen wird, darf diese Person nicht untersuchen oder begutachten.

Teil 10: Verkehrsmedizin und -psychologie

Inhaltsverzeichnis

Literatur:

Carraro, Die Adaptationsleuchtdichten bei inhomogenen Leuchtdichtefeldern unter Berücksichtigung einer dynamischen Sehaufgabe, Dissertation TH Ilmenau, 1984 (zit.: Adaptionsleuchtdichten); *Danner/Halm,* Technische Analyse von Straßenverkehrsunfällen, München 1981; *Dilling (Hrsg.),* Internationale Klassifikation psychischer Störungen, ICD-10 Kapitel V (F) – Klinisch-diagnostische Leitlinien, Bern 1992; *Bundesanstalt für Straßenwesen (Hrsg.),* Drogenerkennung im Straßenverkehr – Schulungsprogramm für Polizeibeamte, Bergisch Gladbach 1997; *Eckert,* Lichttechnik und optische Wahrnehmungssicherheit im Straßenverkehr, Berlin 1993; *Ehrenstein/Müller-Limroth,* Physiologische Grundlagen der Anforderungen im Straßenverkehr, in: *Wagner,* Verkehrsmedizin, Berlin 1984; *Faerber,* Biomechanische Belastungsgrenzen, Heft 3, Bundesanstalt für Straßenwesen, Köln 1976; *Hacker,* Allgemeine Arbeits- und Ingenieurpsychologie, 3. Aufl., Berlin 1980; *Hartkopf/Praxenthaler,* Straßenbau, in: *Wagner,* Verkehrsmedizin, Berlin 1984; *Hartmann,* Gesichtspunkte der medizinischen Optik, in: Fahren bei Nacht, 14. Vortragstagung des ACS, Lausanne 1970, 37; *ders.,* Der Kranke als Fahrzeuglenker, Berlin 1980; *Heinsius,* Die Farbsinnstörung und ihre Prüfung in der Praxis, Stuttgart 1973; *Knoflacher,* Schadstoffbelastungen bei verschiedenen Mobilitätsformen am Beispiel Wien, ZVS 37 (1990), 6; Krankheit und Kraftverkehr, Begutachtungs-Leitlinien zur Kraftfahrereignung des Gemeinsamen Beirates für Verkehrsmedizin beim Bundesminister für Verkehr und Bundesminister für Gesundheit, Bergisch-Gladbach 2000; *Kretschmer-Bäumel,* Der Konflikt „Alkohol und Fahren", BASt 1998, 94; *Kuoros/Dehnen,* in: Handbuch der Umweltmedizin, Landsberg/L. 1994; *Nathan,* Recognition of colored road traffic light signals by normal and colorvisiondefective observers. Journ. Opt. Soc. Am. 54 (1964), 1041; *Neubauer,* Kompensationsmöglichkeiten der Rotblinden als Lenker von Kraftfahrzeugen im Straßenverkehr, Bundesministerium für Gesundheit u. Umweltschutz, Wien 1979; *Neumann,* in: Beitrag zur Entwicklung der Verkehrssicherheit, Dresden 1989; *Saprjanoff,* Über die Bedeutung angeborener Farbsinnstörungen für den Straßenverkehr, ZVS 12 (1965), 11, 567; *Schober,* Die physiologischen Anforderungen an die Augen des Kraftfahrers und Hilfsmittel zur Verbesserung des Sehens, ZVS 9 (1963); *Schubert/Spoerer,* Untersuchungsverfahren zur Begutachtung von Kraftfahrern, 5. Bericht zum Forschungsauftrag des Bundesministers für Gesundheit „Die Auswirkung von Konstitution und Persönlichkeit auf die Unfallgefährdung im Verkehr", Köln 1968; *Schubert (Hrsg.),* Kommentar Begutachtungsleitlinien zur Kraftfahreignung, Bonn 2002; *Vollrath (Hrsg.),* Fahrten unter Drogeneinfluss, Einflussfaktoren und Gefährdungspotenzial, BASt 2011, 132; *Wilson/Crouch,* Risk/Benefit Analysis, Cambrigde 1982; *Wittchen,* Diagnostisches und Statistisches Manual Psychischer Störungen, DSM-III-R Revision, Weinheim 1991; *Zomotor,* Verhalten eines Fahrerkollektivs in Notsituationen, Verkehrsunfall, Heft 12, 1979.

A. Physiologische Grundlagen der Anforderungen im Straßenverkehr

I. Fahrleistungsfaktoren

1 Der Begriff der Fahrleistung bezeichnet die Güte, Präzision, Sicherheit und Angemessenheit der vom Fahrer eines Kraftfahrzeuges ergriffenen Maßnahmen zur Erreichung eines Fahrziels. Die Fahrleistung hängt von der **Leistungsfähigkeit des Fahrers** und von **äußeren Leistungsvorbedingungen** ab. Normalerweise erbringt der Fahrer die Fahrleistung nur mit einem Bruchteil seiner ihm insgesamt zur Verfügung stehenden Leistungsfähigkeit, so dass er über eine entsprechend große Leistungsreserve noch verfügt.

Das Ausmaß der aktivierten Leistungsfähigkeit, die Leistungsbereitschaft, wird durch die Leistungsdisposition und psychische Faktoren bestimmt. Je größer die Leistungsbereitschaft ist, desto geringer ist die Leistungsreserve, womit gleichzeitig das **Unfallrisiko** bei plötzlich auftauchenden Gefahrenmomenten höher ist. Bei ungünstigen Leistungsvorbedingungen muss die Leistungsbereitschaft höher sein, damit optimale Fahrleistungen erbracht werden können.

2 Die **Leistungsvorbedingungen** werden in einem nicht unerheblichen Umfang durch das **Fahrzeug** und die **Verkehrsumwelt** beeinflusst. Bei der Gestaltung der Fahrzeuge und Verkehreinrichtungen ist Rücksicht auf anatomische und physiologische Gegebenheiten und auf spezifische Fähigkeiten der Fahrer zu nehmen. Gleiches gilt für die organisatorischen und rechtlichen Regelungen sowie die Kontrollmaßnahmen staatlicher Institutionen.

Aus dem bisher Gesagten ergeben sich folgende Haupteinflussfaktoren:

- allgemeine Tätigkeitsanforderungen (Berufskraftfahrer, Privatfahrer),
- spezielle Tätigkeitsanforderungen (Gefahrgutfahrzeug),

- Technologie (Beladetechnologien, Dienstpläne),
- Rechtsvorschriften (National, International),
- betriebliche Vorschriften,
- meteorologische Einflüsse,
- Schadstoffbelastungen (Umwelt, fahrzeugbedingt).

Die **intrapersonellen Faktoren** mit Einfluss auf die Fahrleistung sind in der nachstehenden Abbildung genannt: 3

(Zusammenhang der Faktoren der Fahrleistung [nach Hartmann, Der Kranke als Fahrzeuglenker])

II. Zentrales Nervensystem

Das zentrale Nervensystem hat bei der Anpassung und Auseinandersetzung des Menschen mit der   4
Umwelt (Adaptationsprozesse) eine zentrale Bedeutung. Voraussetzung für eine positive Anpassung an aktuelle Umweltforderungen ist die Entwicklung einer **funktionellen Organisation der Hirntätigkeit** im Sinne funktioneller Systeme. Mit dieser Voraussetzung werden komplizierteste Operationen unter Einbeziehung aller Organsysteme möglich.

Im Verlaufe der Leistungsrealisierung entsprechen sich physische und psychische Vorgänge wechselseitig, was letztendlich bei der Bewertung von Leistungsbeanspruchungen bei verkehrlichen Aktivitäten psycho-physiologische Betrachtungsweisen erfordert. Daraus können sich dann wesentliche Erkenntnisse zum konkreten Beanspruchungsprozess und den damit evtl. verbundenen Folgen ergeben.

Allerdings ist festzustellen, dass neuropsychiatrische Erkrankungen am Unfallgeschehen unterrepräsentiert sind. Vielmehr spielen Erkrankungen dieses Gebietes eher bei der Zulassung für die aktive Teilnahme am motorisierten Straßenverkehr eine Rolle. Im Wesentlichen sind dies Verhaltens-, Einordnungs- und Anpassungsstörungen. Nachstehende Abbildung stellt dar, welche **Einflussfaktoren** tätigkeits- und gewohnheitsgebundener Reize auf verkehrsrelevante Funktionen, wie z.B. Ermüdung, Wachheit und Übersteuerung Einfluss haben können und damit für die erbrachte Fahrleistung von Bedeutung sind.

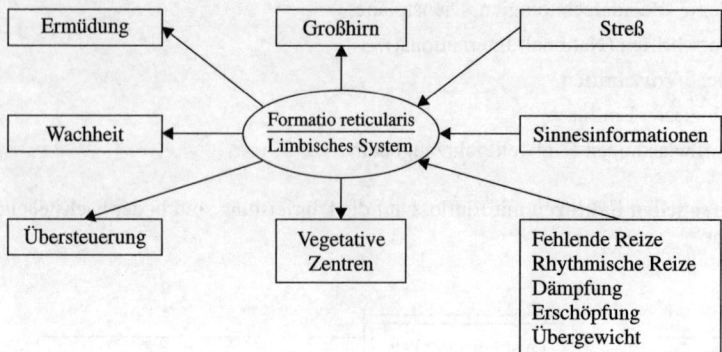

(Einfluß ausgewählter Reize auf verkehrsrelevante Hirnfunktionen [nach Hartmann, Der Kranke als Fahrzeuglenker])

5   Nachfolgende **Krankheitsgruppen** sind als verkehrsrelevant einzuschätzen:

● geistige Behinderung, Intelligenzmängel,

● abnorme Persönlichkeiten,

● Alkohol- und Drogenabhängigkeiten,

● Psychosen,

● organopsychische Funktions- und Leistungsstörungen,

● motorische Störungen,

● Zustände nach Schädel-Hirn-Trauma,

● Erkrankungen des epileptischen Formenkreises sowie

● nichtepileptische anfallsartige Störungen.

Sie bedürfen im Rahmen einer **verkehrsmedizinischen Begutachtung** einer umfassenden prospektiven Einschätzung hinsichtlich der Funktionsausfälle und möglicher Verhaltensstörungen in Bezug auf das Bewältigen der Fahraufgaben und der Einordnungsfähigkeit als aktiver Verkehrsteilnehmer gegenüber anderen Verkehrsteilnehmern, wobei das Gefährdungsrisiko generell zu bewerten ist.

III. Auge

1. Bedeutung der Funktion des Sehorgans

6   Das Sehen stellt die zentrale Verbindung zwischen Mensch und Umwelt dar. **Mehr als 80 %** der für die Teilnahme am Straßenverkehr **erforderlichen Informationen** werden durch das **Auge** an das **Großhirn** vermittelt. Bedeutsam ist dies für die Analyse des Verkehrsgeschehens in seinem dynamischen Charakter. Aus der Sicht eines Fahrzeugführers muss der in Bewegung befindliche Sehanalysator eine in Bewegung befindliche Situation sehen, wahrnehmen und erkennen.

7   Unter **Sehen** versteht man die Grundaufgabe des Sehorgans:

● Helligkeitsunterschiede,

● Farbenunterschiede,

● Raumunterschiede und

● Bewegungen

zu erkennen.

Mit **Wahrnehmen** bezeichnet man das Bewusstwerden von Leuchtdichteunterschieden, Farbenunterschieden, Raumunterschieden oder einer Bewegung mit einem **optischen Erinnerungsbild**. 8

Das **Erkennen** als höchste Stufe der visuellen Information setzt das Wahrnehmen voraus. Wahrnehmbar ist nur das, was sichtbar ist. 9

Zwischen den einzelnen Sehfunktionen bestehen enge Verbindungen, so dass eine einzelne Betrachtung nicht sinnvoll ist, sondern stets **alle Funktionen gemeinsam** betrachtet werden müssen. So ist z.B. die Sehschärfe nicht von der Refraktion und dem Lichtsinn zu trennen, da das Auflösungsvermögen der Netzhaut vom Brechungszustand und seinen Korrekturmöglichkeiten wesentlich bestimmt wird und das Wahrnehmen von Leuchtdichteunterschieden Voraussetzung für das Erkennen von Objekten ist. Die Farbenwahrnehmung wiederum ist an die Sehschärfefunktion und den Lichtsinn gebunden, die Raumempfindung und die Wahrnehmung von Bewegungen setzen die Funktion der zentralen und peripheren Netzhaut mit Wahrnehmung von Leuchtdichteunterschieden im gesamten Gesichtsfeld voraus. Die Zusammenarbeit beider Augen für Nähe und Ferne wiederum stellt sowohl für die Sehschärfefunktion wie für das Gesichtsfeld, für das räumliche Sehen, wie für die Akkomodation, für die Wahrnehmung von Bildgrößenunterschieden sowie für die Bewegungswahrnehmung eine wertvolle Ergänzung dar. Bei der Differenzierung zwischen den physiologischen Möglichkeiten von Empfinden, Wahrnehmen und Erkennen und den Abstufungen vom Normalfall bis zum Krankheitszustand müssen **Alterungsprozesse** des menschlichen Organismus in alle Überlegungen mit einbezogen werden. So können sich die Sehschärfe, die Lichtsinnfunktion und die Akkomodationsbreite verändern. Bedingt durch sklerotische Veränderungen an den Gefäßen können auch Gesichtsfeldfunktion und Bewegungswahrnehmung reduziert sein, ohne dass diesen Veränderungen ein Krankheitswert zukommen muss. 10

Die **Besonderheiten des Verkehrsgeschehens,** wie sie sich z.B. für Fahrzeugführer, Fußgänger etc. darstellen, erfordern stets die Berücksichtigung des **Zeitfaktors.** Die Objekte sind entweder nur eine bestimmte Zeit zu sehen oder verändern innerhalb einer Zeitspanne ihre Position vertikal, horizontal oder linear. Daraus resultieren letztendlich Zeitbegrenzungen für Wahrnehmen und Erkennen und damit für erforderliche Reaktionen. Wenn ein Objekt ausreichend lange in konstanter Größe sichtbar ist, ist die Wahrnehmung problemlos. Durch horizontale Bewegung kann die Wahrnehmung dieses Objektes u.U. früher möglich sein, während lineare Bewegung sowohl auf den Beobachter zu, als auch von ihm weg einen geringeren Reiz darstellt, da gleiche Netzhautbezirke gereizt werden. Durch die Geschwindigkeit des zu beobachtenden Objektes und die Eigengeschwindigkeit eines Beobachters verändert sich in Abhängigkeit von der Zeit die **Sehwinkelgröße** und damit die Wahrnehmungs- und Erkennungsmöglichkeit. Je langsamer die Bewegung, je höher die gefahrene Geschwindigkeit, desto kürzer ist die Beobachtungszeit. 11

Hinweis:

Daraus ergibt sich für die Verkehrspraxis, bei hohen Geschwindigkeiten sind kleine oder kontrastarme Objekte später und schlechter wahrnehmbar, als bei geringen Geschwindigkeiten. Besonders auffällig ist die Zeitabhängigkeit bei allen Wahrnehmungsprozessen bei ***herabgesetzter Beleuchtung,*** *im Bereich des mesopischen Sehens. Je mehr Zeit zur Adaptation an die Dunkelheit zur Verfügung steht, umso besser ist die Kontrastwahrnehmung, je schneller gefahren wird, umso weniger Zeit steht zur Adaptation an ein verändertes Leuchtdichteniveau zur Verfügung und damit ist die Möglichkeit der Wahrnehmung eines Leuchtdichtekontrastes eingeschränkt.*

Krankheitsbedingte Abweichungen eines Bereiches des Sehvermögens bedingen meist auch Ausfälle anderer Bereiche, so dass stets der gesamte Sehleistungsbereich einer Beurteilung bedarf.

2. Sehschärfe

12   Unter Sehschärfe versteht man das **Auflösungsvermögen,** die Trennschärfe des Auges unter Berücksichtigung der Erkennbarkeit von Formen. Der Begriff ist identisch mit der Bezeichnung „zentrale Tagessehschärfe" oder „photopische Sehschärfe", wobei Leuchtdichten oberhalb 3 cd/m2 erforderlich sind. Die Angabe der Sehschärfe geht von einer Sehprobe aus, deren Größe in einer Entfernung von einem Meter unter dem Sehwinkel von fünf Bogenminuten und der Strichdicke und Lücke unter dem Sehwinkel von einer Bogenminute mit einem Mindestkontrast von 1:10 schwarz auf weiß erscheint. Die so erreichte Sehschärfe wird als der reziproke Wert dazu bezeichnet, im Normalfall also 1/1 (= 1,0). Wird ein Sehzeichen, dessen Strichdicke unter dem Sehwinkel von zwei Bogenminuten erscheint erkannt, so beträgt die Sehschärfe 1/2 (= 0,5), d.h, bei einer Prüfentfernung von 5 m erkennt der Proband ein Sehzeichen, das ein Normalsehender in 10 m Entfernung erkennen würde. Als Sehzeichen werden Landolt-Ringe, Zahlen, Buchstaben, Pflüger-Haken und auch Kinderbilder verwendet.

13   **Verkehrszeichen** mit einer durchschnittlichen Strichdicke und Detailgröße von 4,5 – 5,0 cm und einer Gesamtgröße des Objekts von 25 – 30 cm sind entsprechend der Sehschärfendefinition bei 1,0 in 150 m Entfernung, bei 0,5 in 75 m Entfernung erkennbar. Daraus sind zwangsläufig **Verhaltensnotwendigkeiten** von Kraftfahrern abzuleiten, deren Sehschärfe eingeschränkt ist.

14   Beim **Dämmerungssehen** wird außer dem Auflösungsvermögen (Sehwinkel) auch die Empfindlichkeit des Leuchtdichteunterschiedes mit einbezogen. Für derartige Situationen des mesopischen Sehens gilt, die Sehschärfe ist umso geringer, je geringer Umfeldleuchtdichte und Kontrast sind. Die Dämmerungssehschärfe hat eine **starke Abhängigkeit vom Lebensalter,** wie nachfolgende Tabelle (nach Carraro, Adaptionsleuchtdichten und Eckert, Lichttechnik und optische Wahrnehmungssicherheit im Straßenverkehr) zeigt:

Altersgruppe Jahre	Keine Nachtfahreignung	
	ohne Blendwirkung	mit Blendwirkung
70 – 79	34,5 %	54,0 %
60 – 69	27,5 %	25,8 %
50 – 59	11,5 %	18,4 %
40 – 49	5,5 %	6,7 %
30 – 39	2,9 %	2,6 %
20 – 29	2,3 %	2,6 %
10 – 19	3,6 %	4,0 %

(Häufigkeitsverteilung der Nachtfahreignung nach Altersgruppen)

15   Besondere Bedeutung für die aktive Teilnahme am Straßenverkehr hat die Bewegungssehschärfe als dynamische Sehschärfe, worunter man das **Erkennen bewegter Objekte** versteht. Es kommt dabei mit zunehmender Geschwindigkeit der Sehobjekte zu immer unvollkommeneren Verfolgungsbewegungen, die Objekte werden nur noch an der Peripherie der Netzhaut abgebildet und weniger intensiv wahrgenommen.

3. Brechungsfehler

16   Wenn ein unendlich entfernter Objektpunkt auf der Netzhaut scharf abgebildet wird, spricht man von einem rechtsichtigen oder emnetropen Auge. Bei der **Kurzsichtigkeit** (Myopie) entsteht das Bild vor der Netzhaut, dieser Fehler kann durch eine Zerstreuungslinse kompensiert werden. Die

Übersichtigkeit (Hyperopie) ist dadurch gekennzeichnet, dass das Bild hinter der Netzhaut entstehen würde. Eine Korrektur ist durch eine Sammellinse möglich. Wenn eine Brechungsabweichung nur in einer Achse besteht und ein Punkt strichförmig auf der Netzhaut abgebildet wird, bezeichnen wir dies als **Stabsichtigkeit** (Astigmatismus), die Korrektur kann mit torischen Gläsern (Teil eines Zylinders) erfolgen. Als **Alterssichtigkeit** (Presbyopie) bezeichnet man das Nachlassen der Akkomodation, der Fähigkeit, Gegenstände in der Nähe scharf zu erkennen.

Die Stärke der Brechungsfehler und die Art ihrer Korrektur wirken sich auf das Sehvermögen aus. 17
Bei der brillenkorrigierten Hyperopie entsteht durch die Bildvergrößerung der Sammellinse ein ringförmiger Gesichtsfelddefekt (Ringskotom), der bei + 12 dpt. etwa 20° beträgt und nur ein zentrales Blickfeld von 30° Radius freilässt. Das Gesichtsfeld außerhalb des Ringskotoms ist nur für **grobe Reize** mit starken Leuchtdichtunterschieden brauchbar. Bei der Myopie tritt dieser Effekt nicht auf, die Brillenkorrektion bewirkt zentral eine gute Sehschärfe, peripher bleibt die **Gesichtsfeldfunktion unterwertig** erhalten.

Die genannten Seheinschränkungen nehmen mit zunehmender Stärke der Brechungsfehler zu, dies 18
betrifft insbesondere den Astigmatismus, bedingt durch die **optischen Fehler im Brillenglas.**
Kontaktlinsen der verschiedenen Art mildern die genannten Fehler wesentlich, da die damit verbundenen Bildverzerrungen geringer sind. Die Korrektion der altersbedingten und altersabhängigen Presbyopie erfolgt je nach Sehanforderung durch eine Nahbrille bzw. eine Arbeitsbrille bei Arbeitsanforderungen im Mittelbereich.

4. Farbensinn

Zur gezielten Übermittlung von Informationen an die Verkehrsteilnehmer werden neben bestimmten Formen, Zahlen und Zeichen auch unterschiedliche Farben eingesetzt. Es ist allerdings nicht 19
eindeutig, welcher Stellenwert der „Farbe" dabei zukommt und welche Bedeutung z.B. Helligkeitsunterschiede oder bestimmte Anordnungen der Zeichen bzw. der Symbole in einzelnen Zeichen besitzen. In einzelnen Ländern existieren zum Teil sehr unterschiedliche Regelungen über die **Teilnahme von Farbsinngestörten am Straßenverkehr.**

Normalfarbsichtige können alle vorkommenden Farbvarianten mittels drei verschiedener Rezeptorarten in der Netzhaut wahrnehmen. In ausgeprägtem Maße werden bei der Farbempfindung 20
angeborene Defekte offenbar. Farbsinnstörungen treten bei etwa 8 – 10 % der Männer, aber nur bei etwa 0,4 % der Frauen auf. Nach Heinsius (Die Farbsinnstörung und ihre Prüfung in der Praxis) sind **Farbanomalien** wie folgt einzuteilen:

Normal	**I. Trichromaten**	
	Anomal Protanomale (Rotschwäche) Deuteranomale (Grünschwäche) Tritanomale (Blauschwäche)	
Protanope („Rotblinde")	**II. Dichromate** Deuteranope („Grünblinde")	Tritanope („Blaublinde")
	III. Monochromaten	

(Farbsinnstörungen nach Heinsius [a. a. O.])

Von **praktischer Bedeutung** sind **Rotsinnstörungen** und **Grünsinnstörungen.** Diese Personen 21
sind zwar in der Lage Farbtöne wahrzunehmen, durch das Nichtwahrnehmen bestimmter Spektralbereiche weisen sie jedoch eine mangelnde Farbdifferenzierung auf, was dann zu Verwechslungen von Farbtönen führt, die der Farbtüchtige deutlich zu unterscheiden vermag.

22   Unter der **farbsinngestörten männlichen Bevölkerung** ist die Häufigkeit der Farbsinnstörungen nach Neubauer (Kompensationsmöglichkeiten der Rotblinden als Lenker von Kraftfahrzeugen im Straßenverkehr) wie folgt verteilt:

	Anteil der Farbuntüchtigen in %	Anteil an der männlichen Gesamtbevölkerung in %
Protanomale	10	0,8
Protanope	15	1,2
Deuteranomale	50	4,0
Deuteranope	25	2,0
Gesamt	100	8,0

(Häufigkeit von Farbsinnstörungen nach Neubauer [a.a.O.])

23   Die **Erscheinungsformen der Farbwahrnehmung** beschreibt Neubauer (a.a.O.) wie folgt:

● Lichter des Gelb-Grün-Rot-Bereiches erscheinen dem Farbsinngestörten weniger bunt;

● Protanope sehen Rot als Dunkelgrau, Grün als Hellgrau, Deuteranope sehen Rot und Grün als Grau;

● Protane und Deutane weisen in bestimmten Spektralbereichen eine unbunte Empfindung aus;

● Farberkennungsentfernung und Farbempfindungszeit sind beim Farbsinngestörten in bestimmtem Umfang verschlechtert.

24   In umfangreichen Untersuchungen (s. Nathan, Saprjanoff u. Schober) konnte nachgewiesen werden, dass Farbsinngestörte deutlich **verlängerte Reaktionszeiten** sowie eine **Verlängerung der Farbempfindungsschwelle** gegenüber Farbtüchtigen und eine höhere Fehlerrate der Farberkennung aus größerer Entfernung aufwiesen. In weiteren internationalen Studien (Eckert, Lichttechnik und optische Wahrnehmungssicherheit im Straßenverkehr) wurde die Verkehrsrelevanz von Farbsinnstörungen umfassend nachgewiesen.

5. Gesichtsfeld

25   Der bei ruhig gehaltenem Blick wahrgenommene Teil des Außenraumes wird als **Gesichtsfeld** bezeichnet. Allerdings werden nicht alle objektiv vorhandenen Bildelemente wegen der Netzhautstruktur und der optischen Bedingungen des Auges wahrgenommen. Das Gesichtsfeld hat normalerweise eine ovale Form, in deren mittleren Bereich sich die Wahrnehmungsflächen beider Augen überschneiden. Im **Blickfeld** werden dagegen alle Punkte des Außenraumes erfasst, die durch Augenbewegungen, ohne Bewegung des Kopfes bzw. des Körpers fixiert werden können. Unter Einbeziehung von Bewegungen des Kopfes und des Körpers, außer der Füße, kann das Umblickfeld bestimmt werden. Gesichtsfeld und Blickfelder können u.U. bei der Beurteilung der **Erkennbarkeit von Objekten im zu beobachtenden Verkehrsraum** von Bedeutung sein.

6. Binokularsehen

26   Das **Sehen mit beiden Augen** bezeichnet man als Binokularsehen. Dieses kann in verschiedenen Stufen ausgebildet sein:

● 1. Grades: gleichzeitiges Sehen beider Augen ohne Verschmelzung der beiden Bildeindrücke;

● 2. Grades: Verschmelzung der Bildeindrücke ohne räumliches Sehen;

● 3. Grades: räumliches Sehen im Bereich guter zentraler Tagessehschärfe.

Das Binokularsehen setzt die gute Funktion beider Augen für Sehschärfe und Gesichtsfeld voraus. 27
Die mit dem Binokularsehen verbundene Fähigkeit der räumlichen **Einordnung von Sehobjekten**
stellt für eine Reihe von Fahrertätigkeiten eine unabdingbare Voraussetzung dar und wird in einschlägigen Eignungsanforderungen explizit ausgewiesen.

IV. Gehör/Vestibularapparat/Hautsinne

1. Gehör

Im Gegensatz zum Auge hat das Gehör für den Kraftfahrer eine geringere Bedeutung, wenngleich 28
das Hören von **Warnsignalen** mit zu den Anforderungen des Kraftfahrers gehört. Außengeräusche
werden im geschlossenen Fahrgastraum je nach Fahrzeugkonstruktion um 20 – 25 db(A) gedämpft,
wobei die Eigengeräusche eines Fahrzeugs (Motor, Fahrwerk) je nach Geschwindigkeit, Straßen-
beschaffenheit und Fahrzeugtyp zum Teil erheblich schwanken. Der **Innengeräuschpegel** beträgt
häufig 60 db(A) und überschreitet nicht selten 80 db(A). Dadurch werden leise Außengeräusche
häufig überdeckt und nur starke Töne bzw. Laute können vom Fahrer wahrgenommen werden.

Über den Gehörsinn nimmt der **Normalhörende** wichtige Informationen über die gefahrene 29
Geschwindigkeit, die Belastung des Motors, die Funktion einzelner Aggregate und den technischen
Zustand des Fahrzeuges, über den Zustand der Fahrbahn sowie über Außenwindverhältnisse, um
nur einige Beispiele zu nennen, auf. Gleichzeitig bedeutet diese ständige Informationsaufnahme
eine **Belastung des Fahrers.** In diesem Zusammenhang ist zu erwähnen, dass **Schwerhörige und
Taube** in der Unfallstatistik günstiger als Fahrer mit intaktem Gehör abschneiden, da sie durch
akustische Reize weniger abgelenkt werden und zumeist über eine bessere optisch-sensorische
Leistungsfähigkeit verfügen.

Die **im Wageninnern auftretenden Geräuschpegel** sind wegen ihrer geringen Intensität i.d.R. 30
nicht in der Lage, eine Lärmschwerhörigkeit auszulösen, sieht man von gewollten Lärmbelastungen einzelner Kraftfahrer durch überdimensionierte Autoradioanlagen ab. Unabhängig davon können aber bei längeren Autobahnfahrten **temporäre Hörschwellenabwanderungen** auftreten, die
durch die vorhandenen Geräuschpegel im Fahrzeug nur verzögert rückgebildet werden. Ist ein
Fahrzeugführer gehörschädigendem Lärm ausgesetzt (z.B. beruflich), können die fahrzeugseitigen
Lärmbelastungen mit zur Entstehung einer lärmbedingten Hörminderung beitragen.

2. Vestibularapparat/Hautsinne

Die Mechanorezeptoren des menschlichen Organismus nehmen Beschleunigungs-, Vibrations- und 31
Druckreize auf. Die im Fahrzeug vorhandenen Vibrationen werden über Fahrzeugboden, Lenkrad,
Pedale und Sitz wahrgenommen. Translationsbeschleunigungen des Fahrzeugs werden über die
Mechanorezeptoren der Haut und den Vestibularapparat wahrgenommen und über Nervenbahnen
an das zentrale Nervensystem übermittelt. Bereits Spitzenbeschleunigungen über 0,06 g werden
bei **Kollisionen** wahrgenommen. Unter normalen Verkehrsbedingungen ist deshalb zu erwarten,
dass ein **Kollisionsruck** mit einer Spitzengeschwindigkeit von 0,08 g am Fahrzeug und 0,2 – 0,25 g
am Kopf sicher über nichtakustische Sinneskanäle wahrnehmbar ist.

Durch die Fahrbewegungen kommt es zu Beschleunigungen unterschiedlicher Frequenz und Inten- 32
sität in allen drei Ebenen des Raumes, wobei diese Beschleunigungen nicht auf allen Fahrgastplät-
zen gleich stark gerichtet sein müssen. Werden dazu noch über den optischen Analysator, dem
Auge, anders gerichtete Bewegungen (z.B. beim Blick aus der Fahrzeugscheibe) wahrgenommen,
kann es zu **Informationsüberschneidungen** kommen, die bei den Betreffenden je nach individueller Empfindlichkeit eine **Kinetose (Reisekrankheit)** mit Übelkeit, Erbrechen und ggf. Kreislaufkollaps verursachen können.

Thermorezeptoren der Haut vermitteln **Temperaturempfindungen,** die für die Behaglichkeit des
Fahrers bedeutsam sind und ihm dadurch die Möglichkeit einräumen, die für die Fahraufgabe
erforderliche Vigilanz zu erhalten bzw. wieder herzustellen.

V. Herz-Kreislauf-System

33 Beim Autofahren kommt es nicht zu einem Anstieg der Stoffwechselfunktion im Organismus und damit besteht auch kein Trainingsreiz für das Herz-Kreislauf-System. Allerdings resultiert, i.S.e. ergotropen Stressreaktion, beim Autofahren mit steigender Geschwindigkeit und den aus den Verkehrssituationen erwachsenden Anforderungen eine Steigerung der Herzfrequenz, die Blutdruckwerte bleiben im physiologischen Bereich. Die **Herzfrequenz** liegt bei gleicher Geschwindigkeit auf belebten Straßen höher als auf weniger befahrenen Straßen und sie kann bei **besonderen Fahrmanövern** (z.B. Überholen einer Kolonne) ebenfalls ansteigen. Deshalb wird in der Verkehrsmedizin die **Herzfrequenz als Indikator der Beanspruchung des Autofahrers** verwendet.

VI. Bewegungsapparat

34 Die ergonomische Gestaltung von Kraftfahrzeugen hat dazu geführt, dass notwendige Handhabungen (Lenken, Schalten, Bremsen usw.) mit geringen Muskelaktivitäten realisiert werden können. Als problematisch ist dagegen die insbesondere bei **längeren Autofahrten** erforderliche Sitzposition mit ihrer ausgeprägten **Muskelinaktivität**, den Vibrationsbelastungen, der muskulären Haltearbeit zur Aufrechterhaltung der Sitzposition und der muskulären Abstützung des Kopfes unter gleichzeitigem Ausgleich der fahrtbedingten Bewegungen des Kopfes selbst. Diese Belastungen führen häufig zu muskulären Verspannungen bis hin zu ausgeprägten Muskelschmerzen und durch die Sitzposition zu Durchblutungsstörungen der unteren Extremitäten sowie der dorsalen Halsmuskulatur. Daraus kann sich die bei längeren Fahrten nicht selten auftretende Nackensteifigkeit entwickeln. In schwierigen Fahrsituationen kommt es zu einem Anstieg der Aufmerksamkeit und Vigilanz des Fahrzeugführers. Über spezielle Nervenbahnen und eine Aktivierung der Reticularformation des Gehirns wird ein Anstieg des Muskeltonus bewirkt, der die Ermüdung der statisch beanspruchten Muskulatur infolge Reduzierung der Durchblutung bewirkt. Der Muskeltonus beeinflusst ebenfalls die **feinmotorische Koordination,** wodurch die eigenreflektorische Kontrolle der Bewegungen überschießende Reaktionen verursacht.

VII. Biorhythmik

35 Der Mensch unterliegt einer zirkadianen vegetativen Rhythmik, die am späten Vormittag ein Maximum der Leistungsfähigkeit aufweist. Zwischen 14.00 –15.00 Uhr kommt es zu einer **Leistungssenke,** die am späten Nachmittag in ein **Leistungshoch** übergeht, allerdings nicht von der Stärke des Leistungshochs am Vormittag. Danach kommt es zu einem Leistungsabfall mit einem nächtlichen Minimum zwischen 2.00 – 4.00 Uhr. Zwischen der Ausprägung der zirkadian begründeten Leistungsfähigkeit und einzelnen Leistungsbereichen, aber auch biochemischen Veränderungen im Organismus bestehen direkte Zusammenhänge.

36 Neben dem durch den beschriebenen Leistungsabfall begründeten Schlafbedürfnis können auch **längere monotone Autofahrten** durch Reduzierung der äußeren Reizeinflüsse die Vigilanz des Organismus negativ beeinflussen. Anders als bei dem zirkadian begründeten Schlafbedürfnis verschwinden die Vigilanzreduzierungen nach dem Ende der monotonen Fahrsituation i.d.R. folgenlos.

37 Das Schlaf- bzw. Ruhebedürfnis kann bis zu einem bestimmten Grad durch stimulierende Mittel (Kaffee, Tee, andere Substanzen) positiv beeinflusst werden, ab einem bestimmten Grad ist jedoch eine **Ruhepause** einzulegen, die z.B. im gewerblichen Güter- und Personenverkehr für bestimmte Fahrergruppen durch **spezielle Rechtsvorschriften** vorgeschrieben ist.

B. Psychologische Aspekte der Anforderungen im Straßenverkehr

I. Psychische Leistungsvoraussetzungen

Sicheres Handeln im Verkehr ist abhängig von den Wirkungsbeziehungen zwischen äußeren Anforderungen bzw. Bedingungen und der individuellen Handlungszuverlässigkeit des jeweiligen Verkehrsteilnehmers. Dabei ist **Handlungszuverlässigkeit** ein Sachverhalt, der in das Mensch-Fahrzeug-Umwelt-System eingeordnet ist. Wir können sie wie folgt definieren: 38

Handlungszuverlässigkeit für eine Fahrertätigkeit im öffentlichen Straßenverkehr mit definierten Anforderungen und Belastungen besteht, wenn die Fahraufgaben innerhalb bestimmter Zeiträume und Toleranzen einschließlich unter extremen Ausführungsbedingungen erfüllt werden. Bei einer solchen Fahrtätigkeit spielen sich verschiedene **psychische Prozesse** ab. Zu ihnen gehören: 39

- kognitive Prozesse (Wahrnehmen, Denken, Gedächtnis),
- volitive Prozesse (Wünschen, Entscheiden, Durchhalten) sowie
- emotionale Prozesse (Gefühle, Stimmung, Affekte).

Zu den **kognitiven Prozessen** zählen insbesondere die Informationsaufnahme, -verarbeitung und die Leistungen des menschlichen Gedächtnisses. Der Mensch nimmt etwas wahr, was er sinnlich widerspiegelt und ihm im Zusammenhang mit einer Tätigkeit bewusst wird. Dieser Prozess ist außerordentlich komplex, wobei die reale Umgebung (Lichtwellen, Form von Gegenständen, Lärm) mit den Sinnesorganen erfasst wird. Er verarbeitet diese Informationen, vergleicht sie mit im Gedächtnis gespeicherten Abbildungen und kann so z.B. die erforderlichen Entscheidungen treffen. Dabei sind sowohl für die Wahrnehmung, als auch für das Treffen von Entscheidungen volitive und emotionale Prozesse bedeutsam. 40

Unter Denken verstehen wir einen auf das Lösen von Problemen gerichteten, d.h. aufgabenbezogenen Informationsverarbeitungsprozess. Durch analytisch-synthetische Operationen wird ein Abbild der objektiven Realität ermittelt. Durch nachfolgende Erkenntnisprozesse wird dieses Abbild verfeinert. Die Speicherung von Informationen im Gehirn wird als Gedächtnis bezeichnet. Hierbei spielen Lernprozesse, aber auch personale Faktoren, wie z.B. Emotionen, eine entscheidende Rolle für Art, Umfang und Verfügbarkeit der eingespeicherten Informationen. Es kann also das „Behalten" und „Vergessen" von Informationen unterschieden werden. Bezüglich der **Behaltensdauer** unterscheiden wir 41

- den Kurzzeitspeicher (bis zu einigen Sekunden),
- das Kurzzeitgedächtnis (bis zu einigen Stunden bzw. Tagen),
- das Langzeitgedächtnis (bis zu Jahren bzw. Jahrzehnten).

Individuell bestehen große Unterschiede sowohl bezüglich des Gedächtnisinhaltes (z.B. Zahlen-, Namen-, Personengedächtnis), als auch beim Gedächtnisumfang, was für die Bewältigung spezieller Fahraufgaben nicht zu unterschätzen ist. Die **für die Fahrtätigkeit bedeutsamen psychischen Komponenten** sind nachstehend zusammengestellt: 42

Können	Steuerung	Antrieb
– Kenntnisse	– Aufmerksamkeit	– Interessen
– Fähigkeiten	– Konzentration	– Bedürfnisse
– Fertigkeiten	– Eigenanspruch	– Vorbilder

43 Bei den **Informationsverarbeitungsprozessen** ist entscheidend die Zuordnung, Verknüpfung und Bewertung von Informationen. Über das Extrorezeptorensystem werden Informationen aufgenommen und im Kurzzeitgedächtnis zusammengefasst, wobei eine gewisse Ordnung der Informationen erfolgt. Mit den im Langzeitgedächtnis gespeicherten Kenntnissen und Erfahrungen erfolgt im operativen Gedächtnis eine Kombination der Informationen. Daraus wird eine Handlungshypothese abgeleitet, die in entsprechende motorische Aktionen überführt wird. Aus diesem Ergebnis der Handlung kann dann die Richtigkeit oder Falschheit der Handlungshypothese abgeleitet werden und das Handlungsprogramm kann im Langzeitgedächtnis gespeichert werden.

II. Psychische Beanspruchung und ihre Wirkung

44 Unter **psychischer Beanspruchung** verstehen wir nach Hacker (Allgemeine Arbeits- und Ingenieurspsychologie) das Inanspruchnehmen psychischer Leistungsvoraussetzungen beim Ausführen von Tätigkeiten zum Erreichen von gesetzten Zielen. **Beanspruchungswirkungen** sind zeitweilige, andauernde oder überdauernde norm- und erwartungsgerechte, nicht erwünschte negative oder erstrebenswerte positive Folgen des betriebenen Leistungsaufwandes. Sie können sowohl in Merkmalen bewältigter Anforderungen, als auch in veränderten Leistungsvoraussetzungen zum Ausdruck kommen. Zwischen Beanspruchung und Beanspruchungswirkung besteht ein Wechselverhältnis. Nachhaltig wirkende Beanspruchungen werden zu mitbestimmenden Voraussetzungen nachfolgender Beanspruchungen. Die kleinste beanspruchende psychische Einheit der Tätigkeit ist die Handlung als Einheit von Antrieb, Motiv und Ziel. Alle weiteren die Handlung zergliedernden Komponenten, z.B. Einzeloperationen, werden i.d.R. nicht bewusst gesteuert und kontrolliert.

45 **Beanspruchungswirkungen** treten in Abhängigkeit von Anforderungen und Leistungsvoraussetzungen einzeln oder in Kombination auf folgenden Ebenen auf:

- **Tätigkeitsergebnisebene,**
  z.B. Einhaltung des Fahrplanes durch einen Busfahrer, Einhaltung verkehrsrechtlicher Bestimmungen, selbstverschuldeter Unfall,

- **Tätigkeitsvollzugsebene**
  z.B. Abnahme der Durchschnittsgeschwindigkeit bei längerer Fahrt, Unterschreitung des Mindestabstandes beim Fahrspurwechsel

- **individuelle psychische Leistungsvoraussetzungsebene**
  z.B. Erfassen von Leistungsparametern mittels Leistungsproben/-tests

- **physiologische Ebene,**
  z.B. Herzaktion, Lidschlag, Pupillenreaktion, biochemische Parameter, elektrischer Hautleitwiderstand,

- **Erlebensebene,**
  z.B. erlebte Beanspruchungsfolgen, Beschwerdeerleben, Stressempfinden.

III. Handlungsregulation und ihre Störungen

46 Bei der psychischen Regulation von Tätigkeiten werden die beschriebenen psychischen Leistungsbereiche in unterschiedlichem Maße in Anspruch genommen. Nach Hacker (Allgemeine Arbeits- und Ingenieurpsychologie) können bei der psychischen Regulation **drei Ebenen** unterschieden werden:

- **sensumotorische Regulationsebene**
  Es entstehen bewegungsorientierte Abbilder, die nicht bewusstseinspflichtig sind; sie lenken unselbstständige Handlungskomponenten einschließlich automatisierter Vollzüge; zwischen Wahrnehmen und Verhalten besteht ein unmittelbarer Zusammenhang.

- **perzeptiv-begriffliche Regulationsebene**
  Bewusst gewordene Abbilder regulieren Arbeitshandlungen; begrifflich fassbare Wahrnehmungen und Vorstellungen besitzen handlungsvorbereitenden Charakter.

- **intellektuelle Regulationsebene**
  Aus intellektueller Analyse und Synthese entstehen komplex begriffliche Abbildsysteme; es ist die höchste bewusstseinspflichtige Ebene der Handlungsvorbereitung.

IV. Determinanten von Störungen der Handlungsregulation

Durch unangemessene Tätigkeitsanforderungen können Fehlbeanspruchungen entstehen, die **Fehl-** 47
handlungen auslösen können. Bei der Analyse von Fehlhandlungen hat es sich deshalb als zweckmäßig erwiesen, von folgenden **Determinationskomplexen** auszugehen:

- situative Determinanten der Überforderung mit der Folge einer Handlungsunmöglichkeit,
- situative Determinanten mit der Folge einer zeitweiligen, nicht real erkennbaren oder vermeidbaren Handlungsuntüchtigkeit,
- habituelle Determinanten mit der Folge dauernder Handlungsuntauglichkeit.

Die **situativen Determinanten** der **Überforderung** mit der Folge einer **Handlungsunmöglich-** 48
keit, z.B. momentane äußere Handlungsanforderungen und -bedingungen, können das Handeln erleichtern, erschweren, fehlleiten oder unmöglich machen. So lassen sich **etwa die Hälfte aller Verkehrsunfälle** aus nicht bewältigten Situationen der Anpassung und/oder Auseinandersetzung zwischen Fahrer und Umgebung erklären. Dazu gehört z.B., dass erschwerte Sichtbedingungen erhöhte Wahrnehmungs- und Aufmerksamkeitsleistungen erfordern. Durch erhöhte Verkehrsbelastung einer Straße können u.U. Wahrnehmungs- und Aufmerksamkeitsanforderungen nicht bewältigt werden. Hierzu zählen folgende **situative Störbedingungen** wie:

- plötzlich eintretende, nicht voraussehbare Ausnahmesituationen im Straßenverkehr,
- Störungen und Ausfälle an technischen Anlagen des Fahrzeugs oder von Signalanlagen,
- Beeinträchtigung der Informationsaufnahme (Blendung, optische Täuschung, Verdeckung),
- kurzfristige Aufgabenfülle,
- Überschreiten der psychophysischen Leistungsgrenzen.

Als **situative Determinanten zeitweiliger Handlungsuntüchtigkeit** sind zu beobachten:

- temporäre Leistungsdestabilisierung infolge vorangegangener anhaltender starker Beanspruchung (körperliche Belastung, soziale Konflikte),
- überraschend auftretende Erregung mit entsprechender Einschränkung der Handlungstüchtigkeit,
- zeitweiliger Spannungs- und Aktivitätsabfall (monotone Fahrstrecke),
- vorübergehende gesundheitliche Störungen.

Darüber hinaus existieren auch noch **habituelle Determinanten** der **Handlungsuntauglichkeit.** 49
Sie spiegeln die Gesamtheit der im individuellen Entwicklungsprozess der jeweiligen Person vollzogenen Wechselbeziehungen zur personellen Umwelt wider, in deren Rahmen sich das Persönlichkeits- und Leistungsgefüge entwickelt hat. Verkehrsunfälle werden nur zu einem geringen Teil von Personen verursacht, die erhebliche psychische Leistungsdefizite aufweisen. Verursacher von Verstößen und Konfliktsituationen sind i.d.R. nicht durch wesentliche sozial-charakterliche und gesellschaftliche Fehleinstellungen gekennzeichnet. Schubert und Spoerer (Untersuchungsverfahren zur Begutachtung von Kraftfahrern) haben aber **Zusammenhänge zwischen mangelhafter Verkehrsbewährung und folgenden Bedingungen** nachweisen können:

- unvollständige Familienstruktur und unharmonisches Familienleben im Elternhaus,
- Leistungs- und Verhaltensauffälligkeiten in der Schulzeit,

- Schwierigkeiten und Diskontinuität im beruflichen Werdegang,
- gestörtes Ehe- und Familienleben, finanzielle Schwierigkeiten sowie
- nachlässiges Gesundheitsverhalten.

50 Organische und funktionelle Mängel, aber auch **psychosoziale Schwierigkeiten** und altersbedingte Veränderungen können sich beeinträchtigend auf die Kraftfahrtauglichkeit (Reaktionssicherheit, Beobachtungszuverlässigkeit, intellektuelle Anpassung, Belastbarkeit, Risikoeinstellung u.a.) auswirken. Teilweise Beeinträchtigungen können durch günstige Leistungs- oder Persönlichkeitsbefunde kompensiert werden, andererseits können geringe bis mittlere Beeinträchtigungen in mehreren verkehrsrelevanten Leistungsbereichen Untauglichkeit bedingen.

51 Das **Verkehrsfehlverhalten von Jugendlichen** ist i.d.R. durch mangelnde Verkehrserfahrung und aus altersspezifischen Handlungsmustern und Einstellungen (Unbekümmertheit, Impulsivität, Risikobereitschaft u.a.) zu erklären. Dagegen ist das **Fehlhandlungsrisiko nach dem 50. Lebensjahr** aus sich vollziehenden Umstellungen und Anpassungen zu erklären. Handlungspraktiken werden nicht weiter entwickelt, ehemals vorhandene Regelkenntnisse verflachen und Selbstkritik sowie Eigenkontrolle werden zunehmend unzuverlässiger. Hinzu kommen **altersbedingte Beeinträchtigungen** der physischen Leistungsfähigkeit. Es ist aber auch zu erwähnen, dass inter- und intraindividuelle Unterschiede der Leistungsfähigkeit mit zum Teil erheblichen Ausmaßen bestehen. Ein Nachweis, dass bestimmte Persönlichkeiten zu Unfällen neigen, konnte bisher nicht erbracht werden, ebenso lassen es die Besonderheiten des Unfallkriteriums nicht zu, aus einer individuellen Unfallhäufigkeit auf zukünftige Unfallereignisse zu schließen.

C. Begutachtung der Kraftfahreignung

I. Grundlagen und Institutionen der Begutachtung

52 **Grundlegende Rechtsvorschriften** zur Tauglichkeitsfeststellung und -begutachtung sind:

- Straßenverkehrs-Zulassungs-Ordnung (StVZO) vom 15.11.1974,

- Verordnung über die Zulassung von Personen zum Straßenverkehr und zur Änderung straßenverkehrsrechtlicher Vorschriften vom 16.8.1998 (FeV),

- Richtlinien für die Prüfung der körperlichen und geistigen Eignung von Fahrerlaubnisbewerbern und -inhabern (Eignungsrichtlinie) vom 1.12.1982,

- Begutachtungs-Leitlinien zur Kraftfahrereignung des Gemeinsamen Beirates für Verkehrsmedizin beim Bundesministerium für Verkehr, Bau und Wohnungswesen und beim Bundesministerium für Gesundheit.

- Richtlinie des Rates vom 4.12.1980 zur Einführung eines EG-Führerscheines (80/1263/EWG),

- Richtlinie des Rates vom 29.7.1991 über den Führerschein (91/439/EWG),

- Psychologisches Gutachten Kraftfahreignung vom Dezember 1994,

- Richtlinie des Rates 96/47/EG vom 23.7.1996,

- Richtlinie des Rates 97/26/EG vom 2.6.1997.

II. Fahrerlaubnis-Verordnung

53 In der Fahrerlaubnis-Verordnung (FeV) ist festgelegt, welche Stellen sich mit der Begutachtung bzw. Wiederherstellung der Kraftfahreignung zu beschäftigen haben und einer amtlichen Anerkennung bedürfen.

Es sind dies:

(1) ärztliche Gutachter, die als Fachärzte mit einer besonderen verkehrsmedizinischen Qualifikation entsprechend ihrer fachlichen Disziplin mit einer Begutachtung beauftragt werden können (§ 65 FeV),

(2) amtlich anerkannte Begutachtungsstellen für die medizinischpsychologische Begutachtung der Fahreignung (§ 66 FeV),

(3) Sehteststellen, zu denen außerdem die Begutachtungsstellen für Fahreignung, Ärzte der Gesundheitsämter bzw. der öffentlichen Verwaltung sowie Ärzte mit der Gebietsbezeichnung „Arbeitsmedizin" oder der Zusatzbezeichnung „Betriebsmedizin" gerechnet werden (§ 67 FeV),

(4) Stellen für die Unterweisung in lebensrettenden Sofortmaßnahmen und die Ausbildung in Erster Hilfe (§ 68 FeV),

(5) Einrichtungen zur Durchführung von Kursen zur Wiederherstellung der Kraftfahreignung (§ 70 FeV), dazu enthält der § 19 FeV inhaltliche Aspekte für einzelne Fahrerlaubnisklassen,

(6) Psychologen für die Durchführung verkehrspsychologischer Beratungen nach § 4 Abs. 9 StVG (§ 71 FeV).

Grundsätze für die Durchführung der ärztlichen und der medizinisch-psychologischen Begutachtung sowie die Erstellung der Gutachten sind in einer gesonderten Anlage zur FeV genannt. 54

Bewerber um eine Fahrerlaubnis müssen die zum Führen von Fahrzeugen einer bestimmten Klasse notwendigen geistigen und körperlichen Anforderungen erfüllen. Dazu enthalten die Anlagen 4 und 5 der FeV Auflistungen von Erkrankungen bzw. Mängeln wodurch die Eignung oder bedingte Eignung zum Führen von Kraftfahrzeugen ausgeschlossen wird. Eine Eignungseinschränkung liegt auch dann vor, wenn Bewerber um eine Fahrerlaubnis erheblich oder wiederholt gegen verkehrsrechtliche Vorschriften oder Strafgesetze verstoßen haben.

Bewerber um die Fahrerlaubnis der Klassen D, D1, DE und D1E bzw. die Fahrerlaubnis zur Personenbeförderung müssen gleichermaßen die Gewähr bieten, dass sie der besonderen Verantwortung bei der Beförderung von Personen gerecht werden. 55

Wenn der Fahrerlaubnisbehörde Tatsachen bekannt werden, die Bedenken gegen die körperliche oder geistige Eignung des Fahrerlaubnisbewerbers begründen, kann die Behörde zur Vorbereitung von Entscheidungen über die Erteilung oder Verlängerung der Fahrerlaubnis oder über die Anordnung von Beschränkungen bzw. Auflagen die Beibringung eines ärztlichen Gutachtens durch den Bewerber anordnen. 56

Bei erforderlichen **ärztlichen Gutachten** bestimmt die Behörde, ob das Gutachten von einem 57

● Facharzt mit verkehrsmedizinischer Qualifikation,

● Arzt des Gesundheitsamtes oder einem anderen Arzt der öffentlichen Verwaltung oder

● Arzt mit der Gebietsbezeichnung „Arbeitsmedizin" oder der Zusatzbezeichnung „Betriebsmedizin"

erstellt werden soll. Eine **Mehrfachanordnung** ist der Behörde ausdrücklich gestattet.

Ein **medizinisch-psychologisches Gutachten** kann angeordnet werden, 58

● wenn nach Würdigung der ärztlichen Gutachten oder von Gutachten eines amtlichen Sachverständigen oder Prüfers für den Kraftfahrzeugverkehr ein medizinisch-psychologisches Gutachten erforderlich ist,

● zur Vorbereitung von Entscheidungen über die Befreiung von den Vorschriften über das Mindestalter,

● bei erheblichen Auffälligkeiten im Rahmen einer Fahrerlaubnisprüfung,

● bei Straftaten, die im Zusammenhang mit dem Straßenverkehr oder mit der Kraftfahreignung stehen oder bei Anhaltspunkten für ein hohes Aggressionspotential,

- bei Neuerteilung der Fahrerlaubnis, wenn diese wiederholt entzogen war bzw. bei Entzug der Fahrerlaubnis aus einem der im vorstehenden Punkt genannten Gründe.

59 Wenn für die Fahrerlaubnisbehörde die **Nichteignung** des Betroffenen überzeugend feststeht, unterbleibt die Anordnung der Beibringung eines Gutachtens. Auf die Nichteignung eines Betroffenen darf die Fahrerlaubnisbehörde schließen, wenn dieser das von ihr geforderte Gutachten nicht fristgemäß vorlegt.

60 Bewerber um die Erteilung oder Verlängerung einer Fahrerlaubnis der Klassen C, C1, CE, C1E, D, D1, DE oder D1E haben zur Feststellung ihrer Eignung der Fahrerlaubnisbehörde eine gesonderte Bescheinigung über die ärztliche Untersuchung (Anlage 5 FeV) vorzulegen. Dieser Nachweis beinhaltet zusätzlich für die Fahrerlaubnis der Klassen D, D1, DE, D1E sowie für eine Fahrerlaubnis zur Fahrgastbeförderung den Nachweis über die Leistungsfähigkeit spezieller psychischer Leistungsbereiche. Diese Festlegung gilt nicht nur bei der Ersterteilung dieser Fahrerlaubnisklassen sowie der Fahrerlaubnis zur Fahrgastbeförderung. Bei der Verlängerung der Fahrerlaubnis für die Klassen D, D1, DE sowie D1E ab dem 50. Lebensjahr und bei der Fahrerlaubnis zur Fahrgastbeförderung ab dem 60. Lebensjahr und danach entsprechend der Geltungsdauer der Fahrerlaubnis (§ 23 FeV) sind ebenfalls Nachweise über die psychische Leistungsfähigkeit der Behörde vorzulegen.

61 Im Ergebnis der ärztlichen Untersuchung bzw. Begutachtung oder der medizinisch-psychologischen Begutachtung kann die Fahrerlaubnisbehörde die Fahrerlaubnis soweit wie notwendig beschränken oder unter erforderlichen Auflagen erteilen. **Beschränkungen** erstrecken sich insbesondere auf bestimmte Fahrzeugarten oder ein bestimmtes Fahrzeug mit besonderen Einrichtungen (z.B. automatische Kraftübertragung, Handgasbetätigung). **Auflagen** betreffen i.d.R. den Fahrzeugführer (z.B. ärztliche Untersuchung in bestimmten zeitlichen Abständen, ständiges Tragen einer Brille). Auflagen bzw. Beschränkungen werden als Schlüsselzahlen entsprechend Anlage 9 FeV in den Führerschein eingetragen. Sie können einzelne Fahrerlaubnisklassen oder die gesamte Fahrerlaubnis betreffen.

62 Gesondert geregelt sind in der FeV die Klärung von Eignungszweifeln bei **Alkoholproblematik** (§ 13 FeV) sowie im Hinblick auf Betäubungsmittel und Arzneimittel (§ 14 FeV). So sieht die FeV die Beibringung eines ärztlichen Gutachtens vor, wenn Tatsachen die Annahme von Alkoholabhängigkeit (s. Rn. 82) begründen oder die Fahrerlaubnis wegen Alkoholabhängigkeit entzogen war oder zu klären ist, ob Abhängigkeit nicht mehr besteht (s. Rn. 81).

Ein medizinisch-psychologisches Gutachten ist dann beizubringen, wenn

- keine Alkoholabhängigkeit, jedoch Anzeichen für Alkoholmissbrauch vorliegen oder Tatsachen die Annahme von Alkoholmissbrauch begründen,
- wiederholt Zuwiderhandlungen im Straßenverkehr unter Alkoholeinfluss begangen wurden,
- ein Fahrzeug im Straßenverkehr bei einer Blutalkoholkonzentration von 1,6 Promille oder mehr oder einer Atemalkoholkonzentration von 0,8 mg/l oder mehr geführt wurde,
- die Fahrerlaubnis aus einem der vorstehend genannten Gründe entzogen war oder
- sonst zu klären ist, ob Alkoholmissbrauch nicht mehr besteht.

63 Hinsichtlich bestehender Eignungszweifel bei **Betäubungs- und/oder Arzneimittel** ist ein ärztliches Gutachten der Fahrerlaubnisbehörde beizubringen, wenn Tatsachen die Annahme begründen, dass

- Abhängigkeit (s. Rn. 81) von Betäubungsmitteln i.S.d. Betäubungsmittelgesetzes oder von anderen psychoaktiven Substanzen,
- Einnahme von Betäugungsmitteln i.S.d. Betäubungsmittelgesetzes oder
- missbräuchliche Einnahme von psychoaktiv wirkenden Arzneimittel oder anderen psychoaktiven Stoffen

vorliegt.

Beim **widerrechtlichen Besitz von Betäubungsmitteln** kann gleichfalls die Beibringung eines ärztlichen Gutachtens angeordnet werden.

Liegt eine **gelegentliche Einnahme von Cannabis** (s. Rn. 106 ff.) vor und begründen weitere Tatsachen Zweifel an der Eignung, kann die Behörde zudem die Beibringung eines medizinisch-psychologischen Gutachtens anordnen.

Für bestimmte Untersuchungsanlässe hat der Gesetzgeber die Einrichtung von amtlich anerkannten medizinisch-psychologischen Untersuchungsstellen (MPU oder MPI) eingeräumt und dies in der Richtlinie für die amtliche Anerkennung von MPU vom 12.7.1991 fixiert. Darüber hinaus existieren in den einzelnen Bundesländern unterschiedliche Regelungen über die **Oberbegutachtung** bei Einspruchsverfahren zur Tauglichkeitsbeurteilung. Für die **arbeitsmedizinische Beurteilung** von Berufskraftfahrern stehen noch die Berufsgenossenschaftlichen Grundsätze für arbeitsmedizinische Vorsorgeuntersuchung G 25 – Fahr-, Steuer- und Überwachungstätigkeiten – zur Verfügung. Damit steht ein umfangreiches Regelwerk mit ausreichenden Festlegungen und Empfehlungen zur Beurteilung der Kraftfahrtauglichkeit und -eignung zur Verfügung. **64**

III. Begutachtungsleitlinien zur Kraftfahrereignung

In den Begutachtungsleitlinien sind **Beurteilungsgrundsätze** enthalten, die dem ärztlichen Gutachter als Entscheidungshilfe für den Einzelfall dienen sollen. Der Grundsatz lautet dabei, „. . . dass ein Betroffener ein Kraftfahrzeug nur dann nicht sicher führen kann, wenn aufgrund des individuellen körperlich-geistigen Zustandes beim Führen eines Kraftfahrzeuges eine Verkehrsgefährdung zu erwarten ist." Dabei wurde für die gerechtfertigte Annahme einer Verkehrsgefährdung unterstellt, dass die Wahrscheinlichkeit des Eintritts eines Schadensereignisses durch Tatsachen begründet sein muss. Es heißt in den **Leitlinien** weiter: **65**

„Die Möglichkeit – die niemals völlig auszuschließen ist –, daß es trotz sorgfältiger Abwägung aller Umstände einmal zu einem Schädigungsereignis kommen kann, wird für die Fälle der empfohlenen positiven oder bedingt positiven Begutachtung hingenommen. Die Grenzen zwischen den Bereichen positiv (auch bedingt positiv) bzw. negativ zu beurteilender Fälle ist nur unter Beachtung des Einzelfalls zu ziehen. Dass Kompensationen durch besondere menschliche Veranlagung, durch Gewöhnung, durch besondere Einstellung oder durch besondere Verhaltenssteuerung und -umstellung möglich sind, kann als erwiesen angesehen werden. Ergeben sich im Einzelfall in dieser Hinsicht Zweifel, so kann eine psychologische Begutachtung angezeigt sein.Für die Konkretisierung des Gefährdungssachverhaltes wurde davon ausgegangen, daß er dann gegeben ist, wenn

a) von einem Kraftfahrer nach dem Grad der festgestellten Beeinträchtigung der körperlichen und/oder geistigen Leistungsfähigkeit zu erwarten ist, daß die Anforderungen beim Führen eines Kraftfahrzeuges, zu denen ein stabiles Leistungsniveau und auch die Beherrschung von Belastungssituationen gehören, nicht mehr bewältigt werden können oder

b) von einem Kraftfahrer in einem absehbaren Zeitraum die Gefahr des plötzlichen Versagens der körperlichen oder geistigen Leistungsfähigkeit (z.B. hirnorganische Anfälle, apoplektische Insulte, anfallsartige Schwindelzustände und Schockzustände, Bewußtseinstrübungen oder Bewußtseinsverluste u. ä.) zu erwarten ist."

Bei einer bedingten Gewährleistung der Beherrschung der Anforderungen wegen festgestellter Beeinträchtigungen der körperlichen und/oder geistigen Leistungsfähigkeit kann der Gutachter Bedingungen vorschlagen, die zur Abwendung einer Gefahr des plötzlichen Versagens des Fahrzeugführers geeignet sind. Es handelt sich dabei um **Auflagen,** die den Fahrzeugführer oder um **Beschränkungen,** die das Fahrzeug betreffen. **66**

Im Rahmen der behördlich angeordneten Begutachtung der Kraftfahreignung gibt die Behörde die Art der Begutachtung vor. Die Auswahl der konkreten Untersuchungsstelle bleibt dem Betroffenen überlassen. Sofern ein Gericht ein Gutachten für erforderlich hält, obliegt diesem die Auswahl der für die Fragestellung geeigneten und dafür qualifizierten Gutachter. Zur Vermeidung des Vorwurfs der Parteilichkeit kann er wie ein Zeuge (§§ 52 – 53a StPO) das Zeugnis verweigern. Ebenso sollte jeder Gutachter den Anschein vermeiden, dass ein Verdacht aufkommt, er stünde im Dienst des zu Begutachtenden. Dies gilt gleichermaßen für den die Begutachtung durchführenden Arzt wie den Psychologen. **67**

68   Die Fahrerlaubnisbehörde kann vom Betroffenen die Vorlage eines **Obergutachtens** fordern, wenn

- sie das vorliegende Gutachten oder mehrere solcher Gutachten als Entscheidungsgrundlage nicht für ausreichend hält, insbesondere wenn mehrere einander widersprechende Gutachten vorliegen,

- der Untersuchte erhebliche Einwände gegen das Ergebnis eines vorliegenden Gutachtens erhebt,

- ein Gutachter die Einholung eines Obergutachtens anregt.

Obergutachter sollen über eine abgeschlossene Fachausbildung (Staatsexamen, Diplom, Promotion) und über besondere Erfahrungen in der medizinischen und psychologischen Begutachtung als auch durch eigene Forschungsarbeiten auf dem Gebiet der Verkehrsmedizin bzw. Verkehrspsychologie ausgewiesen sein. Sie soll eine regelmäßige Tätigkeit auf diesem Gebiet, einschließlich von Untersuchungen im Auftrage von Straf- und Verwaltungsgerichten einschließen.

69   Insgesamt ist zu berücksichtigen, dass der Gutachter gegenüber der zuständigen Verwaltungsbehörde oder dem Gericht immer nur eine Beraterfunktion besitzt und ihnen gegenüber die rechtlichen Folgen ableitbar zu machen hat. Damit ist ein fachlicher Entscheidungshinweis im Gutachten für eine endgültige rechtliche Beurteilung nicht bindend, er dient letztendlich nur als Entscheidungshilfe.

70   Das Gutachten enthält die fachlichen Grundlagen und üblichen Verfahren der verkehrspsychologischen Begutachtung und der Maßnahmen zur Förderung der Fahreignung. Die Verfasser des Gutachtens gehen davon aus, dass das Gutachten die vorliegenden Eignungsrichtlinien ergänzen soll und die Begutachtung auf wissenschaftlicher Grundlage realisiert werden soll. Insbesondere ist beabsichtigt, im Rahmen der Begutachtung **Ausgleichsmöglichkeiten** in Grenzfällen aufzuzeigen, bei denen durch Einschränkungen der physischen oder psychischen Leistungsfähigkeit nur eine bedingte Eignung gegeben ist.

71   Im psychologischen Teil des Gutachtens wird die Kraftfahreignung als **unbestimmter Rechtsbegriff** definiert. Die Beurteilung erfolgt auf der Grundlage einer umfassenden Würdigung der Gesamtpersönlichkeit. Die Entscheidungsinstanz (Verwaltungsbehörde, Gericht) kann dann auf der Verkehrsverhaltensprognose aufbauen und im Rahmen einer Wagniswürdigung entscheiden, welches Gefährdungsrisiko der Allgemeinheit zugemutet werden kann. Der Würdigung der Gesamtpersönlichkeit sind jedoch durch den gegebenen Untersuchungsanlass und die speziellen Fragestellungen der Entscheidungsinstanz Grenzen gesetzt, d.h. die Fragestellung bestimmt den Untersuchungsumfang, er ist auf die Untersuchung der Bereiche beschränkt, die für die zu ermittelnde Verhaltensprognose relevant sind.

72   **Gründe** für eine **verkehrspsychologische Diagnostik** und Verkehrsverhaltensprognose können (nach Wilson/Crouch, Risk/Benefit Analysis) sein:

- körperliche und/oder seelisch-geistige Eignungsmängel,

- psychophysische Leistungsvoraussetzungen, die eine angemessene Teilnahme am Straßenverkehr erschweren oder verhindern,

- Straftaten und/oder Ordnungswidrigkeiten,

- Erfahrungswissen über Gefährdungsrisiken von vergleichbaren Personengruppen (Rückfallquote alkoholauffälliger Kraftfahrer, wissenschaftlich begründete Zusammenhänge zwischen biographischen Merkmalen und Verkehrsbewährung).

73   Im Rahmen der **psychologischen Begutachtung** sind zu beachten:

- **Verhaltensmerkmale** (u.a. Umgang mit Alkohol seit Auffälligwerden im Straßenverkehr, vom Betroffenen dargelegte Strategien zur Vermeidung künftiger Normverstöße)

- **Persönlichkeitsmerkmale** (u.a. situative Belastbarkeit, emotionale Labilität/affektive Belastbarkeit, Fähigkeit zu Eigenkritik und Selbstkontrolle, Befähigung zu Bewertung und Steuerung des eigenen Verhaltens, Risikoeinstellung, soziale Anpassung/Fehlanpassung)
- **Leistungsmerkmale** (u.a. Reaktionssicherheit, Beobachtungszuverlässigkeit, intellektuelle Leistungsfähigkeit, konzentrative Belastbarkeit).

Im Kommentar zu den Begutachtungsleitlinien zur Kraftfahrereignung werden die „Leitlinien" weiter fachlich abgesichert und die theoretischen Ansätze mit ihren wesentlichen Quellen dargestellt. Dadurch wird insbesondere die Transparenz von Begutachtungsprozessen aus der Sicht der Betroffenen bzw. ihrer prozessualen Vertreter, aber auch der Entscheidungsträger hergestellt und gesichert. Gleichermaßen wird mit diesem Kommentar auf eine größere Einheitlichkeit der gutachterlichen Vorschläge bei gleichen Grundvoraussetzungen orientiert. Insbesondere wird dadurch die verwaltungstechnische Nachvollziehbarkeit bzw. juristische Nachprüfung von Gutachten und die Verbesserung der Einzelfallgerechtigkeit erreicht.

IV. Maßnahmen zur Wiederherstellung der Eignung

Zur Wiederherstellung der Eignung gibt es verschiedene Förderungsmaßnahmen mit oder auch ohne Rechtsfolge. Sie gewinnen neben den repressiven Maßnahmen zunehmend auf dem Gebiet der Gefahrenabwehr im Straßenverkehr an Bedeutung. Fördermaßnahmen mit Rechtsfolge bewirken die Wiedererteilung bzw. die Belassung der Fahrerlaubnis. Gleichzeitig gibt es, wenn auch in einzelnen Bundesländern unterschiedlich geregelt, die Möglichkeit über freiwillige Teilnahme an Kursen eine Sperrfristabkürzung von bis zu drei Monaten auf dem Gnadenweg zu erreichen. Kurse mit Rechtsfolgen unterliegen einer spezifischen **Wirksamkeitskontrolle.** $\quad$ 74

Sonstige Kurse, wie Nachschulungs-, Rehabilitations- und therapeutische Interventionsmaßnahmen sind gegenwärtig unübersehbar und in ihrer Wirkung nicht immer als positiv einzuschätzen. Der Schwerpunkt liegt in den Bereichen der Verkehrszuwiderhandlungen mit und ohne Alkoholeinfluss. $\quad$ 75

D. Arzneimittel/Alkohol/Drogen

I. Begriffsdefinitionen

Fahrten unter Drogeneinfluss stellen ein Unfallrisiko dar. In einer empirischen Studie der Bundesanstalt für Straßenwesen (Vollrath, M. et al.) wurde untersucht, welche Veranlassung Menschen haben, sich unter dem Einfluss legaler und illegaler Drogen ans Steuer zu setzen. Bei den untersuchten Personen kamen Fahrten mit illegalen Drogen ebenso häufig vor, wie Alkoholfahrten mit einem Blutalkoholspiegel von mehr als 0,5 Promille. Zur Drogenbeeinflussung lag bei einem hohen Anteil der Fahrer zusätzlich auch noch eine Alkoholisierung vor. Gleichzeitig wurde die Kombination verschiedener Drogen untereinander festgestellt. Als besonders gefährdend wurde die Kombination einer Droge mit Alkohol und die Kombination zweier Drogen miteinander und zusätzlichem Alkoholkonsum festgestellt. Unter Drogeneinfluss nehmen häufig Konsumenten harter und starker Drogen am Verkehr teil. Gleichzeitig konnte bei den Drogenfahrern eine erhöhte Risikobereitschaft beobachtet werden, zudem sind sie auch häufiger unter hohem Alkoholeinfluss unterwegs. Die untersuchten Personen gaben an, im letzten Monat mindestens eine Drogenfahrt unternommen zu haben, unter $\quad$ 76

- Cannabis $\hfill$ 16,7 %
- Amphetaminen $\hfill$ 6,1 %
- Ecstasy $\hfill$ 2,4 %.

Beachtenswert ist gleichfalls, dass sich alkoholbeeinflusste Fahrer eher gegen eine gleichzeitige Verkehrsteilnahme entscheiden, als drogenbeeinflusste Fahrer.

77 Hinsichtlich des Fahrens unter Alkohol hat die Studie der Bundesanstalt für Straßenwesen aus dem Jahre 1998 (Kretschmer-Bäumer, E.) erneut bestätigt, dass eine „. . . maßgebliche Einflussnahme auf Einstellungen und Verhalten im Konfliktfeld „Alkohol und Fahren" nur durch eine Senkung der Promillegrenze i.V.m. der Einführung der Atemalkoholanalyse zu erreichen sein dürfte." Als Einflussfaktoren, die das Verhalten im Trink-Fahr-Konflikt entscheidend mitbestimmen wurden neben dem Geschlecht normative Orientierungen wie Akzeptanz der Rechtsnorm, Bewertung der von Alkoholfahrten ausgehenden Gefährdung und Toleranz bzw. Intoleranz gegenüber ausgeprägtem Alkoholkonsum heraus gearbeitet.

78 Unter **Fahreignung** verstehen wir die körperliche, geistige sowie charakterliche Eignung zum Führen von Kraftfahrzeugen, wobei die Eignung keinen gesetzlichen Begriff darstellt. Von „Ungeeignetheit" ist in § 69 StGB die Rede, StVG und StVZO sprechen von „Eignungsmängeln" bzw. vom „Wegfall der Eignung". Ein **Eignungsmangel** besteht z.B. bei bestimmten Erkrankungen, zu denen u.a. gehören können:

● Bluthochdruck,

● Epilepsie,

● Diabetes mellitus.

Gleichfalls gehören aber auch Alkohol-, Drogen- und Medikamentenmissbrauch sowie -abhängigkeit dazu.

79 Im Fahrunterricht erlernt der Fahrschüler **Fahrfertigkeiten,** die er bei der Führerscheinprüfung unter Beweis zu stellen hat. Es handelt sich damit um die praktische Befähigung zum Führen eines Kraftfahrzeuges im öffentlichen Straßenverkehr.

80 **Fahrtüchtigkeit** ist die situations- und zeitbezogene Fähigkeit zum Führen eines Kraftfahrzeuges. Durch äußere Faktoren und Beeinträchtigungen kann sich diese u.U. sehr schnell verändern, wobei durch die damit verbundenen körperlichen und geistigen Leistungseinbußen Fahruntüchtigkeit entsteht. Für die Auswirkungen des Alkoholabusus werden die Begriffe **absolute** und **relative Fahruntüchtigkeit** verwendet. Der Grenzwert der absoluten Fahruntüchtigkeit liegt bei einer **Blutalkoholkonzentration (BAK)** von 1,1 ‰, bei diesem Wert ist der Laborwert ausreichend zum Nachweis der Fahruntüchtigkeit. Bei Blutalkoholwerten unter 1,1 ‰ kann bereits alkoholbedingte Fahruntüchtigkeit vorliegen, die allerdings durch andere Beweisanzeichen zu untermauern wäre. Damit hat der **Blutalkoholgehalt** in derartigen Fällen nur einen **relativen Beweiswert.**

81 Bei anderen berauschenden Mitteln, wie

● nicht verkehrsfähigen Betäubungsmitteln,

● verkehrsfähigen, nicht verschreibungsfähigen Betäubungsmitteln,

● verkehrs- und verschreibungsfähigen Betäubungsmitteln

handelt es sich um Wirkstoffe mit z. T. erheblichen Einfluss auf das zentrale Nervensystem.

82 Beim Nachweis der Fahruntüchtigkeit geht es um folgende **Problembereiche:**

● es wurden in der Blutprobe Drogen oder andere psychotrope Substanzen nachgewiesen,

● es wurde keine Blutprobe entnommen und anhand der Fahrweise bzw. aus Zeugenaussagen muss über die Relevanz der Fahrauffälligkeiten entschieden werden,

● der festgestellte Blutalkoholwert reicht allein zur Feststellung der Fahruntüchtigkeit nicht aus, weil er unter dem Grenzwert der alkoholbedingten Fahruntüchtigkeit liegt.

Da es für Drogen und Medikamente derzeit keine Grenzwerte für die absolute Fahruntüchtigkeit gibt, sind in jedem Fall zusätzliche Beweisanzeichen erforderlich.

Bezüglich der „**Abhängigkeit**" und des „**Missbrauchs**" von Alkohol, Drogen bzw. Arzneimitteln   83
sind nachstehende Kriterien nach Wittchen (Diagnostisches und statistisches Manual psychischer
Störungen) definiert:

„Diagnostische Kriterien der **Abhängigkeit** von psychotropen Substanzen

A) Wenigstens drei der folgenden Kriterien:

(1) Die Substanz wird häufig in größeren Mengen oder länger als beabsichtigt eingenommen.

(2) Anhaltender Wunsch oder ein oder mehrere erfolglose Versuche, den Substanzgebrauch zu verringern oder zu kontrollieren.

(3) Viel Zeit für Aktivitäten, um die Substanz zu beschaffen (z.b. Diebstahl), sie zu sich zu nehmen (z.b. Kettenrauchen) oder sich von ihren Wirkungen zu erholen.

(4) Häufiges Auftreten von Intoxikations- oder Entzugssymptomen, wenn eigentlich die Erfüllung wichtiger Verpflichtungen bei der Arbeit, in der Schule und zu Hause erwartet wird (geht nicht zur Arbeit wegen eines Katers, erscheint „high" in der Schule oder bei der Arbeit, ist intoxikiert, während er auf seine Kinder aufpasst) oder wenn die Einnahme einer Substanz zur körperlichen Gefährdung führt (z.b. Alkohol am Steuer).

(5) Wichtige soziale, berufliche oder Freizeitaktivitäten werden aufgrund des Substanzmissbrauchs aufgegeben oder eingeschränkt.

(6) Fortgesetzter Substanzmissbrauch trotz Kenntnis eines anhaltenden oder wiederkehrenden sozialen, psychischen oder körperlichen Problems, das durch Substanzmissbrauch verursacht oder verstärkt wurde (z.b. fortgesetzter Heroinmissbrauch trotz Vorwürfen seitens der Familie, kokaininduzierte Depressionen oder ein Magenulcus, das sich durch Alkohol verschlechterte).

(7) Ausgeprägte Toleranzentwicklung: Verlangen nach ausgeprägter Dosissteigerung (d.h. wenigstens 50 Prozent Dosissteigerung), um einen Intoxikationszustand oder erwünschte Effekte herbeizuführen, oder eine deutlich verminderte Wirkung bei fortgesetzter Einnahme derselben Dosis.

Beachte: Die folgenden Kriterien sind nicht unbedingt auf Cannabis, Halluzinogene oder Phencyclidin (PCP) anwendbar:

(8) Charakteristische Entzugssymptome.

(9) Häufige Einnahme der Substanz, um Entzugssymptome zu bekämpfen oder zu vermeiden.

B) Einige Symptome der Störung bestehen seit mindestens einem Monat oder sind über eine längere Zeit hinweg wiederholt aufgetreten.

Diagnostische Kriterien des **Missbrauchs** psychotroper Substanzen:

A) Ein unangepasstes Konsummuster psychotroper Substanzen, bestehend aus wenigstens einem der folgenden Kriterien:

(1) Fortgesetzter Gebrauch trotz des Wissens um ein ständiges oder wiederholtes soziales, berufliches, psychisches oder körperliches Problem, das durch den Gebrauch der psychotropen Substanz verursacht oder verstärkt wird.

(2) Wiederholter Gebrauch in Situationen, in denen der Gebrauch eine körperliche Gefährdung darstellt (z.b. Alkohol am Steuer).

B) Einige Symptome der Störung bestehen seit mindestens einem Monat oder sind über eine längere Zeit hinweg wiederholt aufgetreten.

C) Die Kriterien für eine Abhängigkeit von der psychotropen Substanz wurden zu keinem Zeitpunkt erfüllt.

In den klinisch-diagnostischen Leitlinien der Weltgesundheitsorganisation zur Klassifikation psy-   84
chischer Störungen im Rahmen der ICD-10 wurde das „**Abhängigkeitssyndrom**" wie folgt definiert (Dilling, Internationale Klassifikation psychischer Störungen):

„**Flx.2 Abhängigkeitssyndrom**

Es handelt sich um eine Gruppe körperlicher, Verhaltens- und kognitiver Phänomene, bei denen der Konsum einer Substanz oder einer Substanzklasse für die betroffene Person Vorrang hat gegenüber anderen Verhaltensweisen, die von ihr früher höher bewertet wurden. Ein entscheidendes Charakteristikum der Abhängigkeit ist der oft starke, gelegentlich übermächtige Wunsch, Substanzen oder Medikamente (ärztlich verordnet oder nicht), Alkohol oder Tabak zu konsumieren.

Es gibt Hinweise darauf, dass die weiteren Merkmale des Abhängigkeitssyndroms bei einem Rückfall nach einer Abstinenzphase schneller auftreten als bei Nichtabhängigen.

Diagnostische Leitlinien:

Die Diagnose Abhängigkeit soll nur gestellt werden, wenn irgendwann während des letzten Jahres drei oder mehr der folgenden Kriterien vorhanden waren:

1. Ein starker Wunsch oder eine Art Zwang, Substanzen oder Alkohol zu konsumieren.

2. Verminderte Kontrollfähigkeit bezüglich des Beginns, der Beendigung und der Menge des Substanz- oder Alkoholkonsums.

3. Substanzgebrauch, mit dem Ziel, Entzugssymptome zu mildern, und der entsprechenden positiven Erfahrung.

4. Ein körperliches Entzugssyndrom.

5. Nachweis einer Toleranz. Um die ursprünglich durch niedrigere Dosen erreichte Wirkung der Substanz hervorzurufen, sind zunehmend höhere Dosen erforderlich (eindeutige Beispiele hierfür sind die Tagesdosen von Alkoholikern und Opiatabhängigen, die Konsumenten ohne Toleranzentwicklung schwer beeinträchtigen würden oder sogar zum Tode führten).

6. Ein eingeengtes Verhaltensmuster im Umgang mit Alkohol oder der Substanz wie z.B. die Tendenz, Alkohol an Werktagen wie an Wochenenden zu trinken und die Regeln eines gesellschaftlich üblichen Trinkverhaltens außer Acht zu lassen.

7. Fortschreitende Vernachlässigung anderer Vergnügen oder Interessen zugunsten des Substanzkonsums.

8. Anhaltender Substanz- oder Alkoholkonsum trotz Nachweises eindeutiger schädlicher Folgen. Die schädlichen Folgen können körperlicher Art sein, wie z.B. Leberschädigung durch exzessives Trinken, oder sozial, wie Arbeitsplatzverlust durch eine substanzbedingte Leistungseinbuße, oder psychisch, wie bei depressiven Zuständen nach massivem Substanzkonsum.

Als wesentliches Charakteristikum des Abhängigkeitssyndroms gilt das Vorliegen eines aktuellen Konsums oder ein starker Wunsch nach der Substanz. Der innere Zwang, Substanzen zu konsumieren, wird meist dann bewusst, wenn versucht wird, den Konsum zu beenden oder zu kontrollieren. Diese diagnostische Forderung schließt beispielsweise chirurgische Patienten aus, die Opiate zur Schmerzlinderung erhalten haben und die ein Opiatentzugssyndrom entwickeln, wenn diese Mittel abgesetzt werden, die aber selbst kein Verlangen nach weiterer Opiateinnahme haben.

Das Abhängigkeitssyndrom kann sich auf einen einzelnen Stoff beziehen (beispielsweise Tabak oder Diazepam), auf eine Gruppe von Substanzen (wie z.B. Opiate oder opiatähnliche Medikamente), oder auch auf ein weiteres Spektrum unterschiedlicher Substanzen (wie z.B. bei jenen Personen, die eine Art Zwang erleben, regelmäßig jedes nur erreichbare Mittel zu sich zu nehmen und die qualvolle Gefühle, Unruhe und/oder körperliche Entzugserscheinungen bei Abstinenz entwickeln)."

II. Drogenstoffklassen

1. Zentraldämpfende Stoffe

85 Die Wirkung derartiger Stoffe beruht darauf, dass Bindungsstellen **im Zentralnervensystem besetzt** werden, die in einer komplizierten Wirkweise körpereigene Substanzen u.a. Schmerzempfindungen des Körpers vermitteln und diese regulieren. Vertreter dieser Gruppe sind die Alkaloide des Schlafmohns, die **Opiate**. Durch diese Substanzen wird die Leistung des gesamten Nervensystems erheblich reduziert. Die betreffenden Menschen sind innerlich von ihrer Umwelt abgeschirmt.

86 Die Einnahme dieser Stoffe führt anfangs zu einem angenehm-beruhigenden Gefühl, das Wärme und Wohlbehagen vermittelt und anschließend Bewusstseinstrübung und Schlaf verursacht. Während des Absinkens der Aufmerksamkeit ist generell eine **verminderte Reaktionsfähigkeit** zu verzeichnen.

87 Zentraldämpfende Stoffe zeigen Nebenwirkungen in Form von massiver Reduktion der körperlichen und geistigen Aktivitäten. Verbunden damit ist ein Abfall des Blutdrucks und eine Reduzierung der Pulsfrequenz, der Atemfrequenz gekoppelt mit einer allmählichen muskulären Erschlaffung. Die Pupille reagiert nur langsam auf Lichtreize.

Begleiterscheinungen der Opiatwirkung können Hemmungen der glatten Muskulatur mit Darmver- 88
stopfungen und Überfüllung der Harnblase sein. Mit dem Verlauf der Opiatwirkung kommt es zu
einer ausgeprägten Verengung der Pupille (Miosis). Lebensbedrohlich können die Lähmung des
Atemzentrums und des Hustenreflexes sein. Zu befürchten sind solche kritischen Situationen
besonders bei zu hohen Opiatdosen, bei zusätzlicher Wirkung von Alkohol oder Schlafmitteln oder
auch bei verminderter Opiattoleranz. Bei Entzug der Substanzen nach längerem Gebrauch können
die Wirkungen in das Gegenteil umschlagen.

2. Zentralerregende Stoffe

Zu den zentralerregenden Stoffen gehören die **Amphetamine**, ihre Abkömmlinge die **Designer-** 89
drogen und das **Kokain**. Durch diese Stoffe wird ein Teil der Funktionen des Zentralnervensystems aufgeputscht, während andere Funktionen gedämpft werden. Aufgrund der chemischen Ähn-
lichkeit mit Nervenüberträgerstoffen wie Noradrenalin oder Dopamin wirken sie auf die
Nervenzellen. Bei der Anwesenheit von Amphetaminen tritt der Nervenüberträgerstoff aus seinem
Speicher aus, ohne dass vorher ein nervlicher Impuls vorhanden war. Damit bewirken diese Stoffe
eine nervliche Erregung und Informationsweitergabe an eine andere Nervenzelle. Sind schwache
Impulse vorhanden, werden diese verstärkt und so der Antrieb gesteigert. Eine ähnliche Wirkung
bei der Weiterleitung von Nervenimpulsen zeigt das Kokain.

Durch die beschriebenen Wirkungen kommt es zu einer Steigerung des Wachheitsgefühls, subjektiv zu einer Steigerung der Konzentrationsfähigkeit, durch ein Gefühl des „Alleskönnens" stellt
sich über eine gesteigerte Aktivität eine **euphorische Stimmung** ein, Hungergefühle werden unter-
drückt, es ist Rededrang, Geschwätzigkeit bis hin zur Rastlosigkeit zu beobachten.

Das Ausmaß der Nebenwirkungen hängt von der aufgenommenen Dosis ab. Gegenüber den toxi- 90
schen Wirkungen entwickelt der Organismus keine Toleranz, so dass Erregung in Übererregung
übergehen kann, die zu einer Leistungsverschlechterung führt, die subjektiv nicht wahrgenommen
wird. Durch die Verstärkung der Muskelspannung können sich Muskelkrämpfe zu generalisierten
Krampfanfällen entwickeln.

Das Gehirn verarbeitet Wahrnehmungen sprunghaft, Gedanken können nicht mehr fixiert werden 91
und verselbstständigen sich mangels ausreichender Kontrolle (Ideenflucht). Die Pupillen werden
sehr weit, Blutdruck, Atemfrequenz und Pulsfrequenz steigen an. Durch den erhöhten Energie-
umsatz erhöht sich die Körpertemperatur (Angstschweiß). Durch Umverteilung des Blutes im
Organismus sind Frieren und Aufrichten der Haare („Gänsehaut") zu beobachten. Durch verminderten Speichelfluss wird Mundtrockenheit beobachtet.

Kokain verursacht häufig unerwünschte Nebenwirkung auf das Herz-Kreislauf-System. Bei gerin- 92
gen Dosen verlangsamt sich die Herzfrequenz, bei hohen Dosen steigert sie sich. Bei hohen inji-
zierten Dosen kann sofortiger Herzstillstand eintreten.

Auch nach Abklingen der Wirkung können noch **Reizbarkeit** und **Neigung zu Aggressivität** 93
beobachtet werden, mit erheblich überzogenen Reaktionen der Betreffenden. Durch eine dauernde
Überreizung des Nervensystems bei längerem Abusus können Erscheinungen einer Psychose mit
Wahrnehmungen in der Haut, ähnlich einer Schizophrenie, beobachtet werden.

3. Halluzinogen wirkende Stoffe

Durch Halluzinogene werden in erster Linie die Gefühls- und Stimmungslage verändert. Die 94
Wahrnehmungen von Raum, Zeit und der eigener Person sind **gestört**. Daneben treten **Denkstö-**
rungen mit angstorientierten Erlebnissen auf. Halluzinogene wirken an den Stellen des Gehirns,
an denen sonst Nervenüberträgerstoffe wie Dopamin und Serotonin wirken. Durch die Halluzinogene werden dem Gehirn neue Reaktionsmuster aufgezwungen, die sich bis zu psychiatrischen
Erkrankungen entwickeln können.

95   Durch die Wirkung auf die Gefühls- und Stimmungslage, aber auch die optischen Phänomene treten Wahrnehmungs- und Verarbeitungsstörungen auf. Durch Verlust zielorientierten Denkens, illusionäre Vorstellungen, Verschmelzungen verschiedenster unterschiedlicher Reize und sich wandelnder Stimmungen treten schwere auch nach außen auffällige Wesensveränderungen auf. Deren Folge können nicht selten **akute Panikreaktionen** sein.

96   Es ist auch möglich, dass sich ohne Substanzzufuhr ein Echorausch („**Flash-Back**") entwickeln kann. Dies ist möglicherweise Ausdruck fehlerhafter Funktion des Zentralnervensystems aufgrund vorheriger substanzbedingter Reaktion.

III. Psychotrope Stoffe

1. Alkohol

97   Die Wirkung des Alkohols auf den menschlichen Organismus ist abhängig von dessen Konzentration im Blut. Nach außen sind **folgende Wirkungen** feststellbar:

● veränderte Stimmungslage (z.B. Euphorie, Enthemmung, Distanzlosigkeit),

● erhöhte Risikobereitschaft,

● Aggressivität,

● verlängerte Reaktionszeit,

● eingeschränkte Selbstkritik,

● Konzentrationsstörungen,

● motorische Störungen,

● optische Wahrnehmungsstörungen.

98   Bei nicht vorhandener Gewöhnung sind nach gelegentlichem, geringem Alkoholkonsum Wirkungen des Alkohols schon **kurze Zeit nach Trinkbeginn** feststellbar.

99   An **verkehrsrelevanten Wirkungen** sind bereits bei niedrigen Blutalkoholkonzentrationen zu beobachten:

● **Erhöhte Risikobereitschaft und nachlassende Kritikfähigkeit**
    Unter diesen Bedingungen wird zu schnell gefahren, es wird ein aggressiver Fahrstil ausgeübt, an unübersichtlichen Stellen wird überholt, Kurven werden geschnitten, das Risiko von Verkehrssituationen wird unterschätzt, gegenüber Fußgängern wird sich rücksichtslos verhalten.

● **Verlängerte Reaktionszeit sowie Konzentrations- und Aufmerksamkeitsstörungen**
    Die Fahrer orientieren sich einseitig, andere Verkehrsereignisse werden nicht beachtet, sie sind nicht in der Lage, mehrere Gefahrenmomente gleichzeitig zu erfassen, verzögerte Bremsreaktionen durch zu spätes Erkennen riskanter Situationen.

100   Bei niedrigen bis mittleren Blutalkoholkonzentrationen wird insbesondere der optische Apparat in seiner Leistungsfähigkeit eingeschränkt. Durch Störungen der Hell-Dunkel-Adaptation, gestörtes Dämmerungssehen und eine erhöhte Blendungsempfindlichkeit kommt es zu Beeinträchtigungen der optischen Wahrnehmung. Daraus resultiert das **Übersehen von anderen Verkehrsteilnehmern** in der Dämmerung und Dunkelheit sowie **unmotiviertes Bremsen** während des Fahrens.

101   Bei **höheren Blutalkoholkonzentrationen** werden

● Veränderungen des Fahrstils und

● Störungen der Motorik

beobachtet.

102   Beim **Fahrstil** können nachstehende Auffälligkeiten auftreten:

● falsches Einschätzen von Abständen, Geschwindigkeit, Entfernung, Straßenverlauf,

● Auffahren auf stehende Fahrzeuge, Nichterkennen von Kreuzungen, Baustellen etc.,

- sehr langsames Fahren,
- keine Reaktion auf Haltesignale,
- Vergessen von verkehrsbedingten Handlungen (Blinker, Beleuchtung).

Die **motorischen Störungen** zeigen sich im   103

- Fahren von Schlangenlinien,
- Abkommen von der Fahrbahn ohne triftigen Grund,
- verzögerten Bremsreaktionen,
- Schwierigkeiten beim Fahrzeugbedienen sowie u.U.
- im ruckartigen Fahren.

2. Schnüffelstoffe

Schnüffelstoffe werden von Drogenabhängigen gelegentlich als Drogenersatz genutzt. Sie spielen   104
hinsichtlich der Verkehrssicherheit keine bedeutende Rolle. Allerdings verursachen sie ebenfalls
Abhängigkeiten im Sinne einer **Sucht.** Zu ihnen gehören folgende Gruppen:

- leicht flüchtige Lösungsmittel (Benzin, Farben, Lacke, Kunststoffkleber, Terpentinersatz, Nagellackentferner),
- Aerosole (Haarspray, Insektenspray, Enteisungsspray, Deodorantien, Sprühlack, verschiedene Reinigungsmittel),
- medizinisch genutzte flüchtige Stoffe (Lachgas, Chloroform, Äther, Amyl-, Butyl- sowie Isobutylnitrit).

Schnüffelstoffe werden inhaliert und über die Atemwege und die Lunge aufgenommen.

Ihre Wirkung kann sedierend, halluzinogen oder auch anregend sein und hängt sehr stark von der   105
jeweiligen Substanz bzw. dem verwendeten Substanzgemisch ab. Aber auch die aufgenommene
Dosis und die individuelle Verträglichkeit sind wirkungsrelevant. Die Wirkung selbst kann wenige
Minuten bis mehrere Stunden betragen. Die für den Straßenverkehr bedeutenden Wirkungen können **Selbstüberschätzung, Konzentrationsstörungen, verspätete Reaktionen,** aber auch **Benommenheit, Schwindel** und **Schläfrigkeit** sein.

3. Zentralwirksame Arzneimittel

Arzneimittel sind bei der Behandlung verschiedenster Erkrankungen unverzichtbarer Bestandteil   106
des therapeutischen Vorgehens des Arztes. Dabei ist zu berücksichtigen, dass eine Reihe von Arzneimitteln die Fahrtüchtigkeit kranker Fahrzeugführer wiederherstellen bzw. erst ermöglichen.
Andererseits können Arzneimittel Wirkungen aufweisen, welche die **Fahrtüchtigkeit negativ beeinflussen.**

Zu den **zentralwirksamen Arzneimitteln** gehören: 107

- **Schlaf- und Beruhigungsmittel (Hypnotika, Sedativa)**
  Schlaf- und Beruhigungsmittel führen zu einer Dämpfung des zentralen Nervensystems. Die
  Wirkung als Schlaf- oder Beruhigungsmittel ist von der Dosis abhängig. Während Schlafmittel
  der Behandlung von Schlafstörungen dienen, werden Beruhigungsmittel (Tranquilizer) zur allgemeinen Dämpfung erregter Patienten eingesetzt.

- **Mittel gegen Allergien (Antiallergica)**
  Diese Stoffe unterdrücken Überempfindlichkeitsreaktionen des Körpers auf bestimmte Stoffe
  (Blütenpollen, Hausstaub, Arzneimittel, best. chemische Substanzen oder biologische Materialien). Werden die Antiallergica als Nasen- oder Augentropfen verabreicht, besitzen sie kaum
  eine verkehrsrelevante Wirkung. Oral aufgenommene Antiallergica weisen z. T. eine sehr hohe
  Verkehrsrelevanz wegen ihrer sedierenden Wirkung auf.

- **Psychopharmaka mit den Untergruppen**
  – Mittel gegen Depressionen (Antidepressiva) und
  – Mittel gegen Schizophrenien (Neuroleptika),
  Arzneimittel beider Untergruppen beeinflussen die Verkehrstüchtigkeit negativ, da sie das Reaktionsvermögen herabsetzen und gegenüber äußeren Reizen eine Gleichgültigkeit erzeugen. Allerdings ist der Grad der beeinträchtigenden Wirkung sehr stark von der eingenommenen Dosis abhängig.

- **Schmerzmittel**
  Schmerzmittel können Opiate (Morphin, Codein), Opioide (halb- oder vollsynthetische Stoffe) oder andere schmerzlindernde Wirkstoffe enthalten. Bei chronischen Erkrankungen mit starken Schmerzsensationen können derartige Wirkstoffe erhebliche Linderung der Beschwerden bringen. Es ist allerdings auch zu beachten, dass bei längerer Einnahme sich aus der Behandlung eine Sucht entwickeln kann.

- **Stimulantia**
  Im Gegensatz zu den vorher genannten Arzneimitteln und Wirkstoffen bewirken Psychostimulantien eine Antriebssteigerung, die bei Symptomen wie Erschöpfung, Antriebsarmut, Leistungs- oder Konzentrationsschwäche zum therapeutischen Programm gehört. Verkehrlich bedeutsam ist, dass diese Stoffe die Müdigkeit nach einer längeren Wachphase oder nach dem Genuss von Alkohol unterdrücken und die damit verbundene enthemmende Wirkung bis zur Selbstüberschätzung führen kann. Nicht selten wird nach dem Abklingen der Wirkung ein plötzlicher körperlicher Zusammenbruch beobachtet.

4. Cannabis

108 Die Droge kommt im Marihuana, dem getrockneten Pflanzenmaterial der Hanfpflanze vor. Sie existiert aber auch im Haschisch, einem harzigen Material aus den Blütenständen der Pflanze bzw. dem Haschischöl, einem harzhaltigen Extrakt der Cannabispflanze. I.d.R. erfolgt die Aufnahme durch Rauchen, eine Aufnahme über mit Cannabis angereicherte Nahrungsmittel ist ebenfalls möglich.

109 Neben den sehr differenzierten subjektiv wahrgenommenen Symptomen fallen nach dem Cannabiskonsum **nachstehende Wirkungen** auf:

- Rötung der Augenbindehaut,

- Weitstellung der Pupillen,

- Gangunsicherheit,

- erhöhte Herzfrequenz, gesteigerter Blutdruck,

- Gedächtnisstörungen, Störungen des Zeitgefühls,

- Denkstörungen, Konzentrations- und Aufmerksamkeitsverlust.

110 Bezüglich der **Auswirkungen** des Cannabiskonsums bei aktiven **Verkehrsteilnehmern** sind die folgenden Wirkungen bedeutsam:

- **Müdigkeit, motorische Störungen:**
  Die Fahrer wechseln unmotiviert ihre Fahrgeschwindigkeit, es kommt zu Abweichungen von der Fahrspur mit wiederholten Lenkkorrekturen.

- **Konzentrations- und Aufmerksamkeitsschwäche:**
  Verkehrszeichen werden missachtet, auf Wahrnehmungen am Rande des Blickfeldes wird nicht adäquat reagiert.

- **Neurovegetative Störungen:**
  Fahrzeugführer fahren unsicher, sie halten ihr Fahrzeug wiederholt unmotiviert an.

● **Kritiklosigkeit, Selbstüberschätzung:**
Als Fahrfehler werden überhöhte Geschwindigkeit, riskante Fahrmanöver, Nichtbeachten von Risiken u.Ä. beobachtet.

Die Wirkung tritt etwa 30 Minuten nach Konsumbeginn am stärksten auf und klingt nach 2 – 3   **111** Stunden i.d.R. wieder vollständig ab. Bei einem chronischen Abusus können sich **schwere psychotische Veränderungen** entwickeln.

5. Opiate/Opioide

Die Opiate werden direkt oder mittels Teilsynthese aus Opium (Milchsaft der Fruchtkapseln des   **112** Schlafmohn) gewonnen. Zu ihnen zählen:

● Heroin,

● Morphin,

● Codein,

● Dihydrocodein.

Zu den vollsynthetischen Opioiden werden gerechnet:

● Methadon,

● Pethidin,

● Tilidin,

● Pentazocin,

● Tramadol,

● Bubrenorphin.

Der Konsum dieser Stoffe erfolgt oral und/oder durch intravenöse Injektion. Die Wirkung tritt   **113** innerhalb von Sekunden bzw. Minuten ein. Nach etwa 15 – 30 Minuten kommt es zu Müdigkeit, Störungen der Motorik sowie Verlangsamung der Atmung. Die Drogenwirkung ist durch Benommenheit, Bewegungsverlangsamung, motorische Störungen (Taumeln, Torkeln), intensive Verengung der Pupillen auch in Dunkelheit, Mundtrockenheit, verwaschene Sprache, plötzliches Wechseln des Erregungszustandes gekennzeichnet. Es können ebenso Atemstörungen und Krampfanfälle auftreten, die **lebensbedrohlich** sein können. Fahrzeugführer unter dem akuten oder chronischen Einfluss von Opiaten bzw. Opioiden sind **nicht in der Lage, ein Fahrzeug zu führen.** Der **Nachweis des Konsums** kann bis zu 8 Stunden nach dem letzten Konsum im Blut erfolgen, im Urin ist der Nachweis etwa 2 – 3 Tage möglich. Bei gewohnheitsmäßigem bzw. lange zurückliegendem Konsum ist der Nachweis durch Haaranalyse möglich.

6. Kokain

Kokain wird aus den Blättern des Coca-Strauches gewonnen. Konsumiert wird Kokain-Hydrochlo-   **114** rid (Schnee, Koks), Coca Paste oder Crack. Kokain wird i.d.R. geschnupft, wogegen Coca-Paste oder Crack geraucht werden. Mischungen aus Kokain und Heroin („Speedball" oder „Cocktail") werden intravenös injiziert. Beim Schnupfen tritt die Wirkung nach 1 – 2 Minuten ein, bei einer intravenösen Injektion ist bereits nach Sekunden eine Wirkung zu verzeichnen. Die Dauer eines Rausches beträgt etwa 10 – 45 Minuten, je nach der Anwendungsart.

Kokain verursacht folgende nach außen hin feststellbare Wirkungen: **115**

● Pupillenerweiterung,

● Redseligkeit, Ideenflucht,

● Bewegungsdrang, Euphorie,

● erhöhte Risikobereitschaft,

- Unempfindlichkeit gegen Schmerz,
- gelegentlich Todesfälle.

Während des Rausches und auch während der depressiven Nachphase besteht eine Beeinträchtigung der Fahrtüchtigkeit. Diese ist insbesondere durch verminderte Aufmerksamkeit, Reizbarkeit und Aggressivität, eingeschränkte Wahrnehmungsfähigkeit und durch die subjektiven Entzugserscheinungen bedingt.

7. Amphetamine

116   Amphetamine werden synthetisch hergestellt. Zu dieser Gruppe gehören:

- Amphetamin, Methamphetamin sowie
- Medikamente mit amphetartiger Wirkung (Fenetyllin, Amphetaminil, Methylphenidat).

Die **Substanz** ist als Pulver, Kapseln oder Tabletten im Umlauf und wird meist oral eingenommen. Bei längerem Gebrauch wird auch intravenöse injiziert, gelegentlich werden Amphetamine geraucht. Die Wirkung tritt bei intravenöser Injektion innerhalb von Sekunden, bei oraler Aufnahme innerhalb von Minuten auf. Die Wirkungsdauer beträgt i.d.R. mehrere Stunden. Unter der Wirkung von Amphetaminen sind Nervosität, Geschwätzigkeit, motorische Unruhe, Unkonzentriertheit, weite, lichtstarre Pupillen, Muskelzittern und Schlaflosigkeit zu beobachten. Durch Überdosierung können Todesfälle auftreten.

Durch Überschätzen der körperlichen Leistungsfähigkeit, situative Fehleinschätzung, Realitätsverlust, Lichtsinnstörung sowie einen ausgeprägten Leistungsabfall in der Entzugsphase ist die Fahrtüchtigkeit eingeschränkt bis aufgehoben. Die **Nachweisfähigkeit** des Amphetaminkonsums ist wie bei den Opiaten gegeben.

8. Designerdrogen

117   Zu den Designerdrogen sind zu rechnen:

- Halluzinogene, Amphetamin-Derivate:
  - DMA, TMA,
  - DOM, DOB, DON
- „Disco-Drogen" oder „Ecstasy":
  - MDA,
  - MDMA („Ecstasy", „Adam"),
  - MDEA („EVE"),
  - MBDB.

Meist wird zu Beginn einer Party eine Tablette (60 – 120 mg Wirkstoff) genommen, mit nachlassender **Wirkung** ggf. weitere Tabletten oder auch kombiniert mit LSD, Amphetaminen oder Kokain. Die Wirkung tritt etwa 30 – 60 Minuten nach dem Konsum auf und hält 3 – 6 Stunden an. Neuerdings sollen in Europa Designerdrogen aus dem Bereich der Opiate existieren, hierbei ist mit heroinähnlichen Wirkungen zu rechnen.

118   Die Wirkung der Designerdrogen spiegelt sich in einer gesteigerten körperlichen Leistungsfähigkeit, Ruhelosigkeit, einem gesteigerten Kommunikationsbedürfnis, der Erhöhung der Pulsfrequenz und des Blutdrucks sowie starkem Schwitzen mit ausgeprägten Flüssigkeitsverlusten wider. Gelegentlich werden Kiefermuskelkrämpfe beobachtet. Bei toxischen Dosen kommt es zu Thermoregulationstörungen bis zum Hitzschlag, epileptischen Anfällen, Herzrhythmusstörungen, Herzmuskelschädigungen, Nierenversagen, Leberschädigungen, Schädigungen bestimmter Hirnnerven sowie auch zu Todesfällen.

Hinsichtlich der **Verkehrsrelevanz** führt ein gesteigertes Selbstwertgefühl zum Fahren mit über-   119
höhter Geschwindigkeit, zu riskanter Fahrweise, zu Enthemmung und psychotischen Veränderungen. Die Fahrtüchtigkeit ist während der Drogenwirkung und auch in der Entzugsphase nicht gegeben. Die **Nachweisfähigkeit** ist wie bei den Opiaten.

9. Halluzinogene

Zu den Halluzinogenen werden gerechnet: 120

- LSD (teilsynthetisch aus Mutterkorn-Alkaloiden),
- Psilocybin, Psilocin (Vorkommen in Pilzen),
- Mescalin (synthetisch oder Wirkstoff des Peyote-Kaktus),
- Phencyclidin.

Die Substanzen werden oral aufgenommen und 20 – 50 Mikrogramm bewirken nach 15–20 Minuten einen 8- bis 12-stündigen Rausch. Wegen seiner geringen Dosierung zählen sie zu den wirk-
samsten Rauschgiften überhaupt.

Der LSD-Rausch ist nach außen gezeichnet durch Verwirrtheit der Personen, räumliche und zeitli-   121
che Desorientierung, Schwitzen, Sprechstörungen, motorische Störungen, Horrortrips mit Ge-
walttätigkeit. Tödliche Unfälle werden ebenfalls beobachtet. Bei chronischem Gebrauch können
monatelange Psychosen auftreten. Eine **Fahrtüchtigkeit** ist **weder im Rausch noch in der Nach-
Rauschphase** gegeben. Selbst Wochen nach der Einnahme können Echo-Räusche (flash back) auftreten.

10. Kombinationswirkungen

Neben dem „Genuss" nur einer Droge wird nicht selten die Einnahme mehrerer Drogen gleichzei-   122
tig oder nacheinander beobachtet.

Häufig werden die in folgender Tabelle aufgeführten **Kombinationen** festgestellt.

Grundkonsum	Bevorzugter Beikonsum
Heroin	Kokain, Codein, Dihydrocodein, Benzodiazepine
Methadon	Cannabis, Heroin, Kokain, Benzodiazepine
Kokain	Alkohol, Benzodiazepine
Cannabis	Alkohol
Amphetamine	Cannabis, Kokain, LSD, Designerdrogen
Designerdrogen	Cannabis, Kokain, LSD, Amphetamine
Benzodiazepine	Alkohol, andere Benzodiazepine

(Kombinationsabusus verschiedener Drogen/nach Bundesanstalt für Straßenwesen, Drogenerkennung im Straßenverkehr)

Bei der Einnahme von zwei oder mehreren Drogen kommt es zum Teil zu unterschiedlichen Wir-   123
kungen der Drogen, die Gesamtheit der zu erwartenden Wirkungen und der damit verbundenen
Symptome ist das Ergebnis der Summe der Wirkungen der Einzeldrogen.

So kann es zu **folgenden Effekten** kommen:

- Additiver Effekt $(1 + 1 \rightarrow 2)$
- Überadditiver Effekt $(1 + 1 \rightarrow 3)$
- Antagonistischer Effekt $(1 + (-1) \rightarrow 0)$

124 Bei der Einnahme verschiedener Wirkstoffe kann sich die Wirkungsstärke der einzelnen Stoffe im Verlaufe der Zeit verändern, was nicht selten zu einem variierenden Wirkungsverlauf führt. Ebenso können unterschiedliche Aufnahmewege (oral, intravenös, inhalieren) Wirkungseintritt und -verlauf unterschiedlich beeinflussen. Im Verlauf der Zeit können sogar unterschiedliche Wirkungen auftreten, die oft nicht voraus gesehen werden können.

Die nachstehende Tabelle stellt dazu in einer groben Verallgemeinerung **mögliche Kombinationswirkungen** dar.

	Alkohol	Opiate	Kokain	Cannabis	Amphet-amine	Benzodia-zepine	Barbitura-te
Opiate	↓↓						
Cocain	↑↓	↑↓					
Cannabis	↑↓	↑↓	↑↓				
Amphetamine	↑↓	↑↓	↑↑	↑↓			
Benzodiaze-pine	↓↓↓	↓↓	↑↓	↑↓	↑↓		
Barbiturate	↓↓↓	↓↓	↑↓	↑↓	↑↓	↓↓	↓↓

(Kombinationswirkungen von Drogen nach Bundesanstalt für Straßenwesen, a. a. O.)

Legende: ↓↓   = additiv dämpfend
↓↓↓ = überadditiv dämpfend
↑↑   = additiv aufputschend
↑↓   = unterschiedliche Kombinationswirkung

IV. Verdachtsgewinnung auf Drogeneinfluss

125 Die Verdachtsgewinnung auf Drogeneinfluss erfolgt i.d.R. durch Polizeibeamte vor Ort infolge auffälligen Verkehrsverhaltens, des Verhaltens bei allgemeinen Verkehrskontrollen bzw. bei Unfallaufnahmen. Unmittelbar damit verbunden ist die **Beweissicherung** durch die Beamten bzw. die Veranlassung nachfolgender Untersuchungen.

126 Die Verdachtsgewinnung und **Beweissicherung** orientiert sich am Fahrzeug im fließenden Verkehr, auf den Kontakt mit dem Fahrzeugführer, auf Sistierung, Tests, Blut- bzw. Urinentnahme, ärztliche Untersuchung. Der Polizei steht dazu ein entsprechendes Methodeninventar zur Verfügung.

E. Verkehrsmedizinische Unfallanalytik

I. Unfallanalyse

Unfallanalysen sind zur Urteilsfindung in **gerichtlichen Auseinandersetzungen** und zur **Erhö-**   127
hung der Verkehrssicherheit erforderlich, mit dem Ziel:

- die Bewegung mittel- und unmittelbar am Unfall beteiligter Fahrzeuge und Personen (Fahrzeugführer, Fahrzeuginsassen, Fußgänger) zu rekonstruieren, die Situation vor dem Unfall
  möglichst detailgetreu zu erfassen und das eigentliche Unfallereignis mit den aufgetretenen
  Schäden zu erfassen,

- die Ursachen zu erfassen, die aus dem Fahrerverhalten, den fahrzeugbedingten Faktoren und
  ggf. aus Umweltfaktoren resultieren.

Die **Ermittlung der Personenbewegung** ist insbesondere für die Wertung unfallbedingter Verlet-   128
zungen wichtig, was wiederum eine enge Zusammenarbeit zwischen technischem Sachverständigen und sachverständigem Arzt erfordert. Die Auswertung unfallbedingter Verletzungen ist des
Weiteren für die Fahrzeugindustrie wichtig, um Maßnahmen konstruktiver Art zur Minimierung
von Verletzungsfolgen vornehmen zu können.

Fahrerbedingte Einflüsse können sowohl in der psychophysischen Leistungsfähigkeit liegen, aber   129
auch durch exogene Faktoren ausgelöst werden. Fahrzeugbedingte Einflüsse betreffen die Funktionsfähigkeit einzelner Baugruppen und Aggregate, können aber auch z.B. die Festigkeit der
Karosserie oder die Funktionsfähigkeit von Rückhaltesystemen betreffen. Zu den Umwelteinflüs-
sen werden die meteorologischen Bedingungen, die Art der Straßenführung, die Verkehrsleit- und
Verkehrsregeleinrichtungen sowie die Beleuchtung der Verkehrswege gerechnet.

Ein wesentlicher Faktor im Rahmen der Unfallanalyse ist die **Ermittlung der Handlungen der**   130
am Unfall beteiligten Verkehrsteilnehmer. So kann ein Fahrzeugführer durch

- Lenken,
- Gasgeben,
- Bremsen oder
- die Betätigung von Signal- und Warneinrichtungen.

Einfluss auf das Verhalten seines Fahrzeuges und ggf. auf das Verhalten anderer Verkehrsteilnehmer ausüben. Brems- und Lenkverhalten zeigen bei Spontan- oder Nothandlungen hinsichtlich
ihres zeitlichen Ablaufs ein relativ einheitliches Bild, ganz im Gegensatz zu normalen Abläufen,
bei denen zum Teil recht unterschiedliche Phasen zu beobachten sind. Für den Unfallablauf ist es
bedeutsam, zu welchem Zeitpunkt mit welchem Ziel welche Reaktion ausgelöst wurde. Brems-
und Lenkreaktionen werden in **Not- oder Gefahrensituationen** nach der meist optischen Wahrnehmung des Gefährdungspotentials nach folgendem Ablauf realisiert:

- Wahrnehmen,
- Erkennen,
- Entscheiden,
- Realisierung über Reizleitung und Muskelaktivierung.

131 Die **Untergliederung der Reaktionsabläufe** ist in nachstehender Tabelle dargestellt.

Stärke der Reaktionsaufforderung		schwach				mittel-stark	stark
Art der Reaktion		Bremsen	Lenken	gleichz. Bremsen	gleichz. Lenken	Bremsen	Bremsen
Wahrnehmungszeit	Annahme	0,30	0,30	0,30	0,30	0,30	0,15
Erkennungszeit		0,40	0,40	0,40	0,40		
Entscheidungszeit							
– für Bremsen		0,31	–	0,27	–	0,31	0,31
– für Lenken		–	0,55	–	0,43	–	–
Reizleitung		0,03	0,03	0,03	0,03	0,03	0,03
Zwischensumme = Latenzzeit		1,04				0,64	0,49
Umsetzzeit	Messung	0,20	–	0,33	–	0,25	0,22
Anlegezeit		0,03	0,03	0,03	0,03	0,03	0,03
Reaktionszeit vom Erscheinen des Signals – bis Beginn Bremsdruckanstieg		**1,27**	–	**1,36**	–	**0,92**	**0,74**
– bis Beginn Lenkradwinkelbewegung		–	**1,31**	–	**1,19**	–	–
Ansprechzeit des Fahrzeugs		0,07	0,15	0,07	0,15	0,07	0,07
Gesamtzeit vom Erscheinen des Signals – bei Anfang Bremsverzögerung		**1,34**	–	**1,43**	–	**0,99**	**0,83**
– bei Anfang Giergeschwindigkeit		–	**1,46**	–	**1,34**	–	–

(Untergliederung der Reaktionsabläufe in sec. nach Zomotor, Verhalten eines Fahrerkollektivs in Notsituationen)

Aus Unfalluntersuchungen von Neumann (Beitrag zur Entwicklung der Verkehrssicherheit) erge-   132
ben sich für die einzelnen Perioden folgende **Fehlerhäufigkeiten** der Fahrzeugführer:

Periode	Prozessinhalt	Prozessfehler als Unfallursache
Wahrnehmungszeit	Wahrnehmen	4 %
Erkennungszeit	Erkennen/Identifizieren	51 %
Entscheidungszeit	Reaktionsaufforderung Entwerfen Entscheiden	41 %
Umsetzzeit	Umsetzhandlung	4 %

(Häufigkeit unfallverursachender Prozessfehler)

Bei der analytischen Betrachtung von Unfällen mit dem Ziel einer Ursachenermittlung sind des-   133
halb auch die einzelnen Handlungsperioden mit einzubeziehen. Möglicherweise können durch Einschränkungen der psychophysischen Leistungsfähigkeit bestimmte **notwendige Prozessinhalte**
nicht vom Fahrzeugführer realisiert werden und sind im weiteren Verfahren zu berücksichtigen.

II. Unfallmechanik

Das einzelne Unfallgeschehen lässt sich in **drei Phasen** einteilen, aus denen unterschiedliche   134
Daten zur Untersuchung herangezogen werden können:

- Pre-Crash-Phase: Fahrzeugdaten,
  Größe und Richtung der Geschwindigkeit vor der Kollision, Personendaten, Insassenposition
  Größe und Richtung der Bewegung von anderen Personen (z.B. Fußgänger),
- Crash-Phase: Größe der Geschwindigkeitsänderung,
  Bewegungsablauf von Fahrzeug und Personen,
  verletzungsverursachende Fahrzeugteile,
- Post-Crash-Phase: Größe und Richtung der Geschwindigkeit nach der Kollision
  Auslaufverzögerungen und Wege.

Die Bewertung der Unfallfolgen erfolgt i.d.R. nach dem **Traumatisierungsgrad.** Sie folgt dabei   135
der AIS-Skala (Abbreviated Injury Scale) oder nach OAIS (Overall-AIS), wobei mit letzterer Skala
die Gesamtschwere einer Verletzungskombination bei einer Person angegeben wird. Die OAIS
stellt eine klinische Beurteilung dar, d.h. die einzelnen AIS-Werte der Verletzung einer Person
werden nicht addiert, sondern aufgrund des klinischen Bildes wird die Gesamtschwere der Verletzung bestimmt. Die AIS-Skala teilt die Verletzungen nach **folgenden Schweregraden** ein:

- AIS 0 unverletzt,
- AIS 1 leicht verletzt,
- AIS 2 mittelschwer verletzt,
- AIS 3 schwer verletzt ohne Lebensbedrohung,
- AIS 4 gefährlich verletzt, Überleben wahrscheinlich,
- AIS 5 kritisch verletzt, Überleben fraglich
- AIS 6 tödlich verletzt, Überleben unmöglich.

Neben der schon genannten Einteilung OAIS existieren noch weitere, wie z.B.

- IIS (Injury Severity Score),
- PODS (Probility of Death Score),

wobei diese Skalen auf der AIS aufbauen und die einzelnen AIS-Werte bei der Gesamtbeurteilung anders gewichtet werden.

136 Ähnlich der Bewertung der Unfallfolgen am Menschen existieren **Bewertungsmethoden für Fahrzeugschäden.** Zu ihnen gehören:

- VDI (Vehicle Deformation Index) sowie
- VIDI (Vehicle Interior Deformation Index).

137 Hinsichtlich der **Verfahren zur Bestimmung der biomechanischen Belastungsgrenzen** sind u.a. zu nennen:

- EBS (Equivalent Barrier Speed),
- ETS (Equivalent Test Speed),
- EES (Energy Equivalent Speed).

III. Biomechanik

138 Während eines Unfallvorganges kann der Mensch im unterschiedlichen Maß kinetischen Belastungen ausgesetzt sein. Die einzelnen Körperteile weisen sehr unterschiedliche biomechanische Belastungsgrenzen auf. Die nachfolgende Tabelle gibt einen **Auszug derartiger Belastungsgrenzen** wieder.

Körperteil	MechanischeGröße	Belastungsgrenzen
Ganzer Körper	$a_{x\,max}$	40 – 80 g
	a_x	40 – 45 g, 160 – 220 ms
Gehirn	$a_{x\,max}$, $a_{y\,max}$	100 – 300 g
		WSU-Kurve mit 60 g,
		t > 45 ms
		1800 – 7500 rad/s^2
Knöcherner Schädel	$a_{x\,max}$, $a_{y\,max}$	80 – 300 g, je nach Größe der Stoßfläche
Stirn	$a_{x\,max}$	120 – 200 g
	F_x	4000 – 6000 N
Halswirbelsäule	$a_{x\,max\,Thorax}$	30 – 40 g
	$a_{-x\,max\,Thorax}$	15 – 18 g
	F_x	1200 – 2600 N Scherbelastung
	$\alpha_{max\,vorwärts}$	80 – 100°
	$\alpha_{max\,rückwärts}$	80 – 90°
Brustkorb	$a_{x\,max}$	40 – 60 g, t > 3 ms
		> 60 g, t < 3 ms
	F_x	4000 – 8000 N
	s_x	3 – 6 cm
Becken/Oberschenkel	F_x	6400 – 12500 N Krafteinleitung im Knie
	$a_{y\,max}$	50 – 80 g Becken
Schienbein	F_x	2500 – 5000 N
	E_x	150 – 210 Nm
	M_x	120 – 170 Nm

(Ausgewählte biomechanische Belastungsgrenzen/nach Färber, Biomechanische Belastungsgrenzen)

Legende: a/g   Beschleunigung/Verzögerung
        t/ms   Zeit in Millisekunden
        s/cm   Weg
        F/N   Kraft
        E/Nm   Energie
        M/Nm   Moment
        $\phi/rad/s^2$ Drehwinkelbeschleunigung
        $\alpha/°$ Winkel zwischen Kopf und Rumpf

Die in der Tabelle genannte WSU-Kurve (Wayne State University) gibt die **Toleranzgrenzen für Hirnverletzungen** unter stoßartigen Belastungen an.

F. Verkehrsumwelt

I. Ergonomische Aspekte der Fahrzeuge

Die Ergonomie beschäftigt sich mit wissenschaftlich begründbaren Anpassungen der Maschinen   139
an den Menschen. Eine solche Anpassung an den Menschen, seinen möglichen Bewegungsraum, die Belastbarkeit seines Körpers, die Berücksichtigung seiner psychophysischen Leistungsfähigkeit, um nur einige Kriterien zu nennen, setzt eine intensive Analyse der Wechselwirkung **zwischen Mensch** und **Maschine** voraus. Für die ergonomische Betrachtung existieren im System Mensch – Fahrzeug dazu **folgende Ebenen:**

- Gestaltung der Umwelteinflüsse mit den wesentlichen Faktoren

    - Lärm,

    - Mechanische Schwingungen,

    - Innenklima.

- Anthropometrische Gestaltung des Fahrzeuginnenraumes mit folgenden Aspekten

    - physiologisch optimale Sitzhaltung des Fahrers,

    - Sicht nach außen sowie auf Bedienteile und Instrumente,

    - Anordnung wichtiger Bedienelemente im funktionellen Greifraum des Fahrers,

    - Gestaltung von Anzeigeinstrumenten und Bedienelementen.

- Gestaltung der Fahrer – Fahrzeug – Dynamik

    - Gestaltung der Hierarchie der Fahraufgabe,

    - Dimensionalität (Freiheitsgrade der Bewegung eines technischen Objektes).

Die genannten Ebenen mit ihren im Rahmen der ergonomischen Anpassung vorliegenden Erfor-   140
dernissen sind in der Realisierung sehr stark von den technischen Möglichkeiten und den gewollten Verbesserungen der ergonomisch begründeten Ausgestaltung der Ebenen selbst abhängig. So bieten unterschiedlicher Materialeinsatz, konstruktive Details und auch die Anordnung von Fahrzeugaggregaten mit der dadurch verbundenen Geräuschminderung einen guten Fahrkomfort. Klimaanlagen gestatten unabhängig von den Außentemperaturen die Einstellung des Klimas im Fahrgastraum nach den individuellen Bedürfnissen der Fahrer und tragen damit nicht unwesentlich zur Aufrechterhaltung der Leistungsfähigkeit bei. Die Nutzung der Möglichkeiten der Mikroelektronik gestattet, dem Fahrer selektiv eine Vielzahl von Informationen bis zur Nutzung von Informationen aus Navigationssystemen zu übermitteln. Fahraufgaben werden durch den Einbau automatischer Getriebe, von Tempomaten sowie Bordcomputern vereinfacht.

II. Gestaltung der Verkehrswege

141 Verkehr funktioniert nur, wenn eine ausreichende Anzahl von Straßen mit einer den Erfordernissen entsprechenden Bauweise zur Verfügung steht. Dabei bestimmt vorherrschend die Funktion die bauliche Gestaltung. Nach der **Funktion** unterscheidet man (Hartkopf/Praxenthaler) vereinfacht:

- außerörtliche Straßen mit Verbindungscharakter
  (weiträumig, regional, zwischenörtlich)

- innerörtliche Straßen mit Verbindungsfunktion
  (Schnell- und Hauptverkehrsstraßen)

- innerörtliche Straßen mit Erschließungsfunktion
  (Verkehrs- und Sammelstraßen)

- innerörtliche Straßen mit Aufenthaltsfunktion
  (Anlieger- und Wohnstraßen).

142 Die **bauliche Ausbildung** einer Straße wird vorwiegend von ihrer Funktion bestimmt. Charakteristische Merkmale des Ausbaus einer Straße sind:

- der Querschnitt (einbahnig mit zwei Fahrstreifen, zweibahnig mit vier oder mehr Fahrstreifen, Richtungstrennung),

- die Knotenpunkte (plangleich – Kreuzung in einer Ebene, planfrei – Kreuzung in mehreren Ebenen),

- die Nutzung der angrenzenden Flächen (anbaufrei, angebaut) sowie

- die zulässige Höchstgeschwindigkeit.

Der Straßenquerschnitt gliedert sich in Fahrbahn, befestigte Seitenstreifen (Stand-, Mehrzweck-, Parkstreifen), Trennstreifen (z.B. Mittelstreifen), Rad- und Gehwege sowie Bankette. Aus Gründen der Verkehrssicherheit ist eine Entmischung des Verkehrs günstig, in dem man unterschiedlichen Verkehrsteilnehmern unterschiedliche Verkehrsflächen zuweist.

143 Die **Führung einer Straße** ist durch Krümmungen, Geraden und Höhenunterschiede bestimmt. Aus wahrnehmungsphysiologischen Gründen sind lange gerade Abschnitte ungünstig, da sie einerseits den Anreiz für eine Steigerung der Geschwindigkeit bieten und andererseits die Konzentration nachlässt. Des Weiteren ist bei hohen Geschwindigkeiten auf geraden Abschnitten das Schätzen der Entfernung und Geschwindigkeit entgegenkommender Fahrzeuge eingeschränkt und bei Nachtfahrten eine erhöhte Blendgefahr durch entgegenkommende Fahrzeuge gegeben. Durch gewollte Richtungsänderungen der Fahrbahn ist ein erheblicher Sicherheitsvorteil zu erreichen, dadurch können die Nachteile einer geraden Strecke erheblich gemildert werden. Die der Richtungsänderung dienenden Kurven stellen i.d.R. Kreisbögen dar. Zwischen Kreisbögen und Geraden sowie zwischen Kreisbögen werden vor allem außerorts in den Streckenverlauf Übergangsbögen konstruiert. Sie weisen einen sich gleichmäßig verändernden Krümmungsradius auf. Dadurch verändert sich bei ihrem Befahren die auftretende Zentrifugalbeschleunigung. Gleichzeitig dient dieser Abschnitt dem Ausgleich der Fahrbahnneigung von zwei aufeinander folgenden entgegengerichteten Kurvenabschnitten.

144 **Längsneigungen** der Straßen werden durch Kuppen und Wannen bestimmt. Für die dabei vorhandenen Steigungen und Gefälle existieren Begrenzungen, je nach Art der Straße. Das Gleiche betrifft die Gestaltung des Übergangs zwischen Steigungen und Abschnitten mit Gefälle. Die Sicherheit eines Straßenabschnitts wird weiterhin durch die Haltesichtweite und Überholsichtweite bestimmt. Unter Haltesichtweite verstehen wir die Distanz, die ein Autofahrer bei nasser Fahrbahn benötigt, um sein Fahrzeug zum Stehen zu bringen. Die Überholsichtweite ist die Strecke, die für einen sicheren Überholvorgang erforderlich ist. I.d.R. werden bei der Straßenprojektierung etwa

25 % der Gesamtstrecke als Mindeststreckenanteile mit Überholmöglichkeit bei möglichst gleichmäßiger Verteilung auf die Gesamtstrecke gefordert.

Knotenpunkte sollten rechtzeitig erkennbar, übersichtlich und begreifbar sein. Bei plangleichem   145
Knoten kreuzen sich die Verkehrsströme in einer Ebene. Bei planfreiem Knoten wird durch Verkehrsführung in zwei oder mehreren Ebenen das Kreuzen und damit Gefährden unterbunden. Besondere Gestaltungselemente wie Verkehrsinseln, getrennte Spurführungen etc. können bei plangleichen Kreuzungen wesentlich zu einer verbesserten Verkehrsführung und zu mehr Verkehrssicherheit beitragen. Zu Beleuchtungsfaktoren und zu Signalaspekten wird weiteres im nächsten Abschnitt ausgeführt.

III. Optische Wahrnehmungssicherheit im Straßenverkehr

1. Subjektive Faktoren

Die subjektiven Einflussfaktoren sind im Verkehrsteilnehmer begründet und betreffen sowohl   146
seine individuelle **psychophysische Leistungsfähigkeit,** als auch sein Verhalten und seine Einstellungen zu anderen Verkehrsteilnehmern und zu **potentiellen Gefahrenmomenten.** Im Einzelnen können folgende Faktoren genannt werden:

- individuelle visuelle Leistungsfähigkeit,
- Adaptationsfähigkeit des Auges,
- ständiger Adaptationsprozess,
- Blendungsempfindlichkeit,
- Such- und Blickverhalten,
- Aufmerksamkeit und Konzentration,
- Wahl der Fahrgeschwindigkeit in Abhängigkeit von den Sichtverhältnissen,
- Kontrolle und Betätigung von Beleuchtungs- und Signaleinrichtungen.

Diese **subjektiven Einflussfaktoren** spielen insbesondere eine wesentliche Rolle bei Fahrten in der Dämmerung und Dunkelheit, bei unsichtigem Wetter, aber auch im dichten Verkehr oder beim Befahren unbekannter Straßen.

Nach Hartmann (Gesichtspunkte der medizinischen Optik) treffen für den überwiegenden Teil der   147
Unfälle durch menschliches Versagen aus wahrnehmungsphysiologischer Sicht nachstehende Aussagen zu:

- Die optische Information und die Leistungsfähigkeit des Auges sind nicht ausreichend.
- Die optische Information reicht aus, aber der Mensch nimmt den Reiz infolge von Unaufmerksamkeit nicht auf.
- Die optische Information und die Informationsverarbeitung sind vorhanden, der Mensch überschätzt jedoch seine Leistungsfähigkeit oder diejenige seines Fahrzeuges bzw. unterschätzt die jeweilige Situation mit ihren Gefahren.

Die **Grenze der Leistungsfähigkeit** des optischen Analysators ist in der Dunkelheit und Dämme-   148
rung häufig überschritten. Die Empfindlichkeit zur Erkennung unterschiedlicher Leuchtdichten reicht nicht aus, Gegenstände mit geringem Kontrast zur Umgebung werden nicht mehr wahrgenommen.

Aus den subjektiven Faktoren resultieren insbesondere hohe Unfallraten in der Dämmerung und   149
Dunkelheit. Nach Eckert (Lichttechnik und optische Wahrnehmungssicherheit im Straßenverkehr) zeigen sich aus internationalen Vergleichen folgende **Unfalltendenzen:**

- Anteil der Unfälle mit Personenschäden in den Dunkelstunden   30 %
- Anteil der Beteiligten in der Dunkelheit   Getötete   44 %
  Schwerverletzte   35 %
  Leichtverletzte   28 %
- Fußgängerunfälle,   Anteil der Getöteten in der Dunkelheit   50 %
- Unfallraten   tags/nachts   1:2.

150   Die **Unfallarten mit den höchsten Raten nächtlicher Unfälle** sind in folgender Tabelle zusammengestellt:

Charakteristik des Unfalls	Nachtrate in %
Unfall Fahrzeug – Tier	66,0
Unfälle im Nebel	47,2
Fahrbahn: Eis- und Schneedecke, nicht abgestumpft	42,6
Schneefall	41,9
Fahrbahn nass	41,1
Auffahren auf parkende und haltende Fahrzeuge	40,8
Regen	37,8
Unfall Fahrzeug – Fußgänger	36,0
Unfälle auf Autobahnen	34,7
Haltestellen	31,5
Unfälle in Kurven	30,3

(Unfälle mit hohen Nachtraten nach Eckert, a. a. O.)

151   Bei der Analyse bzw. Rekonstruktion von Unfällen, insbesondere unter den beschriebenen Bedingungen eingeschränkter Leuchtdichte können **spezielle lichttechnische Untersuchungen** mit hinreichender Genauigkeit feststellen, inwieweit ein möglicher Unfallverursacher tatsächlich in der Lage war, die unfallrelevanten Informationen wahrzunehmen und adäquat darauf zu reagieren.

2. Objektive Faktoren

152   Objektive Einflussfaktoren der optischen Wahrnehmung betreffen die Verkehrsmittel, die Verkehrswege und die Verkehrsumwelt. Die nachfolgende Tabelle gibt dazu einen **Überblick:**

Verkehrsmittel	Verkehrsweg	Verkehrsumwelt
– Lichtstärke der Scheinwerfer	– Lichtstärke der Straßenleuchten	– Helligkeit (Tageslicht, Dämmerung, Dunkelheit)
– Lichtverteilung der Scheinwerfer	– Lichtverteilung der Straßenleuchten	– Trübung der Atmosphäre (Nebel, Regen, Schneefall)
– Lichtstärke der Fahrzeugleuchten	– Lichttechnische Charakteristik der Straßendeckschicht	– witterungsbedingter Fahrbahnzustand (trocken, nass, schneebedeckt)

– Lichtverteilung der Fahrzeugleuchten	– Lichtstärke der Lichtsignale	
– Sichtfeld aus dem Fahrzeug	– Lichtverteilung der Lichtsignale	
	– Lichttechnische Charakteristik von Verkehrszeichen und Markierungen	

(Objektive Einflussfaktoren der optischen Wahrnehmungssicherheit nach Eckert)

Bezüglich der technischen Einzelheiten zu den genannten Einflussfaktoren sei auf spezielle Werke der Lichttechnik verwiesen, da Einzelheiten den Rahmen und das Anliegen dieses Buches sprengen würden.

3. Unfalluntersuchung und Rekonstruktion

Zur Unfallhäufigkeit unter eingeschränkten Sichtbedingungen sind unter Rn. 149 und 150 bereits   **153** Ausführungen erfolgt. Unfalluntersuchung und Rekonstruktion sind insbesondere bei Straßenverkehrsunfällen mit eingeschränkten Wahrnehmungsbedingungen bedeutsam. Dies betrifft überwiegend Unfälle bei verminderter Helligkeit und/oder bei kontrastmindernden Witterungserscheinungen. Bei der Unfalluntersuchung und Rekonstruktion sind objektive und subjektive Einflussfaktoren zu ergründen, nachzubilden und schließlich zu bewerten. Die objektiven Einflussfaktoren sind grds. erfassbar, wenn auch die **exakte Messung der Ausgangsdaten**, die zum Unfall führten, häufig mit Schwierigkeiten verbunden ist.

G. Arbeitsmedizinische Aspekte des Kfz-Verkehrs

I. Schadstoffe

Umweltschadstoffe können sowohl vom Kraftfahrzeugverkehr, als auch von anderen Emittenten   **154** ausgehen. Insbesondere Verbrennungsmotoren erzeugen zahlreiche Schadstoffe, die aber wegen der fehlenden Geruchsbelästigung oftmals nicht bewusst werden. Die **Atemluft von Fahrzeuginsassen** ist sehr stark mit Schadstoffen angereichert, auch wenn dies subjektiv nicht so empfunden wird. So hat Knoflacher (ZVS 1990, 211) sehr eindrucksvoll nachweisen können, dass von allen Verkehrsteilnehmern der Autofahrer die **höchsten Immissionswerte** zu verkraften hat:

	CO		NO2	
Fortbewegungsart	50 %	95 %	50 %	95 %
Fußgänger	2,73	7,31	0,073	0,109
Radfahrer	3,67	15,46	0,08	0,14
Straßenbahn	3,28	6,06	0,066	0,09
U-Bahn	1,88	2,12	0,035	0,045
Kraftfahrer	8,05	23,06	0,144	0,196

(Immissionssituation in Abhängigkeit von der Verkehrsteilnahme nach Knoflacher, a. a. O.)

155   Die in der Umwelt vorhandenen humanrelevanten Schadstoffe haben eine zum Teil unterschiedliche **Pharmakokinetik** (Verteilung der Stoffe im Organismus), wobei die vom Organismus aufgenommene Menge des Schadstoffes von der Konzentration in der Luft bzw. von der Menge, die mit der Haut in Berührung kommt, abhängt (zur Aufnahme und Wirkung von Schadstoffen durch den Organismus s. erste Abbildung vor Rn. 160).

156   Das in seiner Ursache-Wirkungs-Kette dargestellte Reaktionsvermögen des menschlichen Organismus auf Umweltbelastungen, das sinngemäß für alle biologischen Strukturen zutrifft, reicht von noch als physiologisch zu definierenden Veränderungen unklarer Bedeutung bis zum Tod des Organismus (ein entsprechendes **Spektrum** ist in der zweiten Abbildung unter Rn. 160 ausgewiesen).

157   Bei einer Reihe von Umweltschadstoffen bestehen Wirkungsschwellen, bei deren Überschreiten Veränderungen im Organismus eintreten, bzw. bei deren Unterschreiten keine Wirkungen zu verzeichnen sind. Krebserzeugende Stoffe besitzen i.d.R. keine Wirkungsschwelle, sie führen unabhängig von Konzentration und Menge zu genetischen Veränderungen des biologischen Materials. Hierbei können häufig **kleinste Dosen** zu **irreversiblen Schädigungen** führen. Über eine bestimmte Zeit summieren sich solche Schäden und können in Abhängigkeit von der aufgenommenen Gesamtdosis zu Tumoren führen.

158   Umweltschadstoffe mit humanpathogener Wirkung können sehr viele Stoffe sein. Sie können auf verschiedenen Wegen in den menschlichen Organismus kommen, mit der Nahrung, über die Atemluft oder durch die Haut. Die vom Organismus aufgenommene Menge hängt von der Konzentration in der Luft oder Nahrung bzw. von der Menge ab, mit der die Haut in Berührung kommt und selbstverständlich auch von der Einwirkungszeit. Die in die Betrachtung einbezogenen **Luftschadstoffe** werden im Wesentlichen durch den Respirationstrakt aufgenommen.

159   Der in den Lungenalveolen stattfindende Gasaustausch führt zu einer leichten Aufnahme der Stoffe in das Blut und damit zu einer raschen Verteilung im Organismus. Größere Staubpartikel werden im Nasenbereich festgehalten, Staubteilchen mit einer Größe von < 10 µm können bis in die Alveolen der Lunge gelangen. Staubteilchen, die sich im Bronchialbereich ablagern, werden durch das vorhandene Flimmerepithel wieder zurück transportiert und im Wesentlichen verschluckt. In den Magen-Darm-Trakt gelangte Stoffe werden in den verschiedenen Abschnitten resorbiert und ebenfalls über das Blut im Organismus verteilt. Je nach Stoffeigenschaft können sie sich in bestimmten Geweben des Organismus ablagern und zu Folgeprodukten metabolisiert werden. Der Wirkungseffekt hängt im Wesentlichen von der Stoffstruktur und der mit ihr verbundenen unterschiedlichen „Verstoffwechselung" ab. Die dabei wirksamen Enzyme können nicht nur zwischen einzelnen Tierarten, sondern auch innerhalb der menschlichen Population große Unterschiede aufweisen.

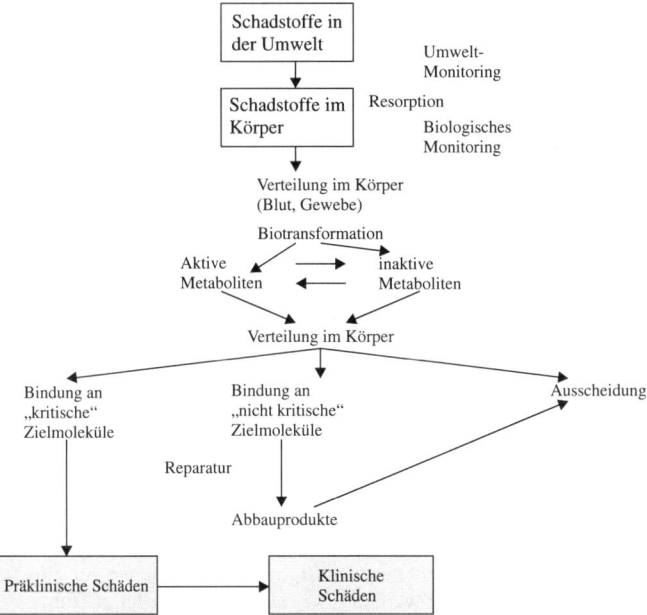

(Aufnahme und Wirkung von Schadstoffen nach Kuoros/Dehnen, in: Handbuch der Umweltmedizin)

Im Folgenden sollen die **Schadstoffe hinsichtlich ihrer Wirkung auf den Menschen** kurz dargestellt werden: 160

- **Kohlenmonoxid – CO –**

Das in der Umwelt vorhandene Kohlenmonoxid stammt überwiegend aus anthropogenen Quellen, insbesondere aus der Verbrennung fossiler Brennstoffe. Dabei ist der Verkehr als größter Emittent einzuschätzen. Kohlenmonoxid wird über die Atemwege aufgenommen und diffundiert passiv durch die alveolären Membranen der Lunge in das Blut. Etwa 1 % des CO werden im Blut gelöst transportiert, der andere Teil verteilt sich in den Erythrozyten. Die Geschwindigkeit der CO-Aufnahme wird beeinflusst durch:

- CO-Konzentration in der Umgebungsluft,

- Intensität der Lungenbelüftung,

- Lungendurchblutung sowie

- Reaktionsgeschwindigkeit der CO-Bindung an Hämatoglobin.

Nahezu das gesamte aufgenommene CO ist an die Hämproteine gebunden, wodurch eine Blockade des O2 ausgelöst wird und dessen Abgabe an andere Bindungsstellen, z.B. im Hirngewebe erschwert wird. Da der menschliche Organismus nicht über ausreichende Enzyme für einen Metabolismus des CO verfügt, ist eine solche Stoffänderung nur zu einem sehr geringen Teil möglich. Eine Elimination des CO aus dem Körper ist nur bei einem geringeren CO-Partialdruck bzw. einem höheren O2-Partialdruck in der Lunge möglich. Das Kohlenmonoxid zählt zu den innerlich ersti ckenden Gasen und führt bereits bei geringen Konzentrationen an empfindlichen Geweben (Gehirn, Herz, Gefäßinnenwände) zu Funktionsstörungen. Beim Menschen werden überwiegend das Zentralnervensystem und das Herz-Kreislauf-System beeinflusst und dies bereits nach kurzzeitiger Belastung mit relativ niedrigen Konzentrationen bzw. längerer Belastung mit sehr niedrigen Konzentrationen.

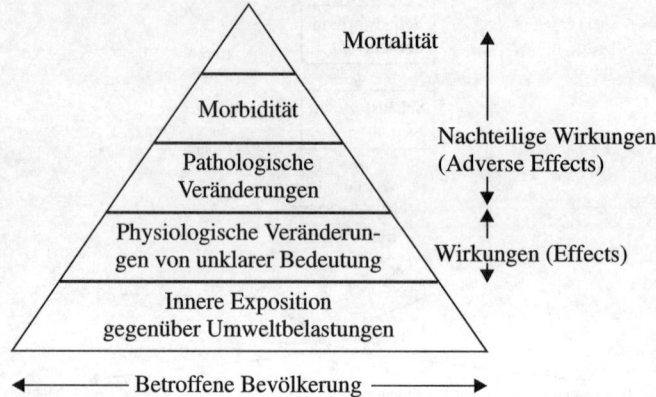

(Spektrum biologischer Reaktionen auf Umweltbelastungen nach Wilson/Crouch, Risk/Benefit Analysis)

● **Kohlenstoffdioxid – CO_2 –**

Dieses Gas ist mit 300 ppm ein normaler Bestandteil der athmosphärischen Luft. Durch die Verbrennung kohlenstoffhaltiger Stoffe entstehen riesige CO_2-Mengen, die für eine mögliche Klimaänderung mit verantwortlich gemacht werden. Es besitzt hinsichtlich der Humanrelevanz nur eine geringe Bedeutung, sieht man von einer parallel verlaufenden Erniedrigung des Sauerstoffanteils der Luft bei steigender Kohlenstoffdioxidkonzentration ab.

● **Ozon – O_3 –**

Ozon entsteht durch die photolytische Spaltung von Sauerstoffmolekülen (O_2) zu atomarem Sauerstoff und weiterer Reaktion mit molekularem Sauerstoff zu Ozon. Es ist außerordentlich reaktionsfähig und reagiert unmittelbar in der Lunge, wobei es selbst zerfällt. Die einzelnen Wirkungen können wie folgt zusammengefasst werden:

– subjektive Störungen des Befindens (Tränenreiz),

– Veränderungen von Parametern der Lungenfunktion,

– Reduzierung der körperlichen Leistungsfähigkeit,

– Zunahme der Häufigkeit von Asthmaanfällen.

Wegen der in der Außenluft noch vorhandenen weiteren Schadstoffe können die Beeinträchtigungen der Lungenfunktion durch photochemischen Smog, bei entsprechenden Ozonwerten, deutlich größer sein. In Abhängigkeit von der individuellen Empfindlichkeit können die Beziehungen zwischen Belastung und Wirkung sehr unterschiedlich sein.

● **Schwefeldioxid – SO_2 –**

Anthropogene Quellen des Schwefeldioxids sind Kohle- und Erdölverbrennungen und eine Reihe industrieller Verfahren. Durch Rauchgasentschwefelung und strukturelle Veränderungen der Industrie sind die Emissionen erheblich zurückgegangen. Unter bestimmten meteorologischen Bedingungen (Inversionswetterlagen) können jedoch trotz der erreichten Verbesserungen noch erhebliche Belastungsspitzen an SO_2-Konzentrationen auftreten. Schwefeldioxid löst sich sehr schnell im Feuchtigkeitsmantel des Atemtraktes. Bei der Absorption bildet sich schweflige Säure, die mit Bisulfit und Sulfit im Gleichgewicht steht, diese werden in der Leber zu Sulfat umgewandelt, welches über die Niere ausgeschieden wird. Auch eine perorale Aufnahme ist generell möglich. Bei etwa 10 % der Exponierten reagieren die Atemwege stärker auf SO_2 als bei der übrigen

Bevölkerung. Bei Vorhandensein von pulmonalen Vorschädigungen können bei verschärfter Atmung schon bei Werten von deutlich unter 1 mg/m3 klinische Beschwerden auftreten. Kombinationswirkungen sind sowohl bei Kälte, als auch mit anderen Schadstoffen möglich.

- **Stickstoffoxide**

Stickstoffoxide entstehen sowohl bei verschiedenen technischen Prozessen und bei der Verbrennung von stickstoffhaltigem Material und aus Luftsauerstoff und -stickstoff bei Temperaturen von < 1000°C. Damit sind Kraftwerke und Kraftfahrzeuge Hauptemittenten. Besonders Herz-Kreislaufkranke sowie Menschen mit Erkrankungen der Atmungsorgane werden durch Stickstoffoxide beeinträchtigt. In Smog-Situationen werden bei Personen mit Vorschädigungen der Atemwege und bei empfindlichen Personen zum Teil erhebliche gesundheitliche Beschwerden verzeichnet.

- **Benzol**

Benzol stammt überwiegend aus dem Kraftfahrzeugverkehr, wobei sich der diesbezügliche Schadstoffanteil der Luft in den letzten Jahren stark verändert hat. Besonders stark verkehrsbelastete Gebiete weisen z. T. erheblich hohe Konzentrationen auf. Die Aufnahme erfolgt überwiegend über den Atemtrakt, eine transdermale Aufnahme ist bei direktem Kontakt ebenfalls möglich. Benzol kann aufgrund seiner Eigenschaften die Zellmembran leicht passieren und wird im Zellplasma an Lipoproteine gebunden. Die Konzentration in den Geweben hängt im Wesentlichen von deren Fettanteil ab. Zuerst werden Organe mit Benzol gesättigt, die eine starke Durchblutung (z.B. Gehirn, Leber, Niere, Herz) aufweisen. Erst dann kommt es zu Einlagerungen in die Muskulatur und die Haut. Ein Teil des Benzols wird durch die Lunge wieder abgeatmet, bevor überhaupt eine Speicherung im Zellgewebe entsteht. Etwa 20 – 50 % des Benzols werden im Organismus hauptsächlich zu Phenolsulfat umgebaut. Akute Benzolintoxikationen sind nur bei sehr hohen Konzentrationen zu beobachten. Die chronische Vergiftung zeichnet sich durch eine Reihe weitestgehend unspezifischer Symptome aus (Müdigkeit, Schwäche, Schlaflosigkeit, Kopfschmerzen, Abmagerungen, Herzklopfen u.a.). Des Weiteren sind bei chronischer Exposition Störungen der Knochenmarksfunktion und Veränderungen des peripheren Blutbildes zu beobachten. Seit langem sind die kanzerogenen Wirkungen des Benzols bekannt, die sich insbesondere am leukämischen Blutbild manifestieren.

II. Lärm

Lärmquellen unserer Umgebung sind im Wesentlichen: 161

- Verkehrslärm,

- Gewerbe- und Baulärm,

- Lärm aus dem Wohn- und Freizeitbereich.

In Deutschland (alte Bundesländer) werden etwa 32 – 50 Millionen Menschen durch Lärm unterschiedlichster Quellen belästigt.

In den Fahrzeugen bestehen zum Teil erhebliche Lärmbelastungen für die Fahrzeuginsassen, wobei   162
diese sehr stark von der Motorisierung, dem Fahrzeugbau, der gefahrenen Geschwindigkeit, dem Fahrbahnbelag und anderen Faktoren abhängig ist. Hinzu kommt, dass oftmals die ohnehin vorhandene Lärmbelastung noch durch übermäßig hohe Lautstärken des Autoradios verstärkt wird. Lärm aktiviert das zentrale und vegetative Nervensystem nicht nur durch die Schallreize selbst, sondern ähnlich anderen bekannten Stressoren. Desgleichen sind eine Vielzahl von Stoffwechselveränderungen beschrieben, bis hin zu Veränderungen der Permeabilität von Zellmembranen. Als **häufigste Lärmfolge** werden **Schlafstörungen** beklagt. Ebenso werden als Folge intensiver Schalleinwirkung Störungen von Ruhe, Entspannung, Kommunikation u.a. genannt. Als Folge der empfundenen intensiven Schalleinwirkungen werden Leistungsstörungen angeführt, die von den Betroffenen häufig unter erhöhtem Aufwand kompensiert werden müssen. Es soll an dieser Stelle aber auch erwähnt werden, dass es bezüglich des „Lärmempfindens" individuell sehr starke Unterschiede gibt, die sowohl auf individuelle Wesenszüge, als auch auf Erfahrungen im Umgang mit

Lärm zurück geführt werden können. Im Herz-Kreislauf-Bereich sind durch Lärm Hypertonien, ischämische Herzkrankheiten, Herzinfarkte zu erwarten.

163   Lärmschwerhörigkeit ist i.d.R. bei Fahrzeugführern nicht zu erwarten, da Fahrerkabinen und Fahrgasträume in aller Regel Schallpegel deutlich unter 90 db (A) aufweisen. Es bestehen aber häufig Behinderungen der Kommunikation und der akustischen Umweltorientierung (s.o. Rn. 30).

164   Problematischer sind beim Fahren auftretende monotone Geräusche vorwiegend im niedrigen Frequenzbereich, wie sie insbesondere bei Langstreckenfahrten auf Autobahnen auftreten. Sie wirken ermüdend und einschläfernd, was durch die Informationsarmut bei den genannten Fahrten i.d.R. noch unterstützt wird.

III. Vibration

165   Vibrationen stellen physikalisch mechanische Schwingungen dar. Sie werden im menschlichen Organismus nicht über spezielle Rezeptoren wahrgenommen. Über das Vibrationsempfinden der Haut werden über besondere Erregungsmuster Mechanorezeptoren gereizt. Einzelne Körperorgane haben eine unterschiedliche Eigenfrequenz. Wird nun der Körper von einer Schwingung beeinflusst, deren Frequenz mit der eines Organs übereinstimmt, kann die Schwingungsintensität am Resonanzorgan die Intensität der erregenden Schwingung übersteigen. In derartigen Fällen sind Wahrnehmung und Stärke der Empfindung sehr hoch und es können u.U. **krankhafte Veränderungen** auftreten.

166   Bei vertikaler Schwingungsbelastung liegt die Hauptresonanzfrequenz des sitzenden und stehenden Menschen zwischen 4 und 6 Hz. Für horizontale Schwingungen, bei Einleitung über die Sitzfläche des Menschen, liegt die Resonanzfrequenz zwischen 2 und 3 Hz. Bei Ganzkörperschwingungen ist zu unterscheiden, worüber die Schwingungseinleitung in den Organismus erfolgt. Es kann dies über den Fahrzeugboden über die Beine, über das Gesäß oder über den Rücken erfolgen. Gegenüber dem stehenden Menschen hat der sitzende Mensch weniger die Möglichkeit mit Hilfe seiner Muskulatur die Schwingungsbeschleunigungen zu kompensieren. Bei Vibrationen im Frequenzbereich von 1 – 3 Hz können deutliche Störungen der motorischen Koordination auftreten. Infolge des Mitschwingens des Augapfels kann die visuelle Informationsaufnahme durch eine **Verminderung der Sehschärfe** beeinträchtigt sein.

167   Beim **sitzenden Menschen** (z.B. Traktor- und Lkw-Fahrer) können bei einer Einwirkung von mechanischen Ganzkörperschwingungen nach längerer Exposition Magenerkrankungen auftreten. Röntgenologisch kann man bei solchen Ganzkörpervibrationen ein Mitschwingen des Mageninhaltes beobachten. Desgleichen findet man bei dem genannten Personenkreis häufiger als bei der übrigen Bevölkerung krankhafte Veränderungen der Wirbelsäule. In einzelnen Fällen wurden deshalb bei Berufskraftfahrern Veränderungen der Wirbelsäule als berufsbedingte Erkrankung anerkannt.

168   Durch **Lenkräder** können Schwingungen über das Hand-Arm-System übertragen werden, was insbesondere bei Lkw und Omnibussen zu beobachten ist. Bei Frequenzen zwischen 10 und 20 Hz in den Hand- und Ellenbogengelenken kann es dort durch Resonanzerscheinungen zu Schwingungsüberhöhungen kommen.

IV. Aufmerksamkeitsbelastung/Ermüdung/Übermüdung/Monotonie/ psychische Sättigung

169   Das Führen eines Kraftfahrzeuges im Straßenverkehr erfordert ein hohes Maß an **Aufmerksamkeit**, u.U. über einen relativ langen Zeitraum. Die durch die Fahrtätigkeit bedingte Ermüdung des Fahrzeugführers hat eine Verlängerung der Reaktionszeit zur Folge, was wiederum als unfallbegünstigende bzw. auch unfallauslösende Ursache wirken kann. Als verstärkende Wirkfaktoren kommen Einflüsse des circadianen Rhythmus, Schlafentzug und weitere fahrzeug- und fahrbedingte Einflussfaktoren dazu.

Die **Ermüdung** ist an physiologische Veränderungen gebunden. Sie stellt für den zunehmenden 170 Abbau der körperlich-geistigen Leistungsfähigkeit einen Schutzmechanismus dar. Dieser Mechanismus hat die Funktion, den Organismus vor Überbeanspruchung zu bewahren. Diese Signalfunktion wird bei Tätigkeitswechsel oder Ruhe reguliert, durch Schlaf nach Wiederherstellung der optimalen Leistungsfähigkeit aufgehoben. Dabei ist zu beobachten, dass nicht in jedem Fall die Ermüdung mit Müdigkeitsgefühlen einhergeht. Die Tätigkeitsausübung kann noch als erfolgreich und ohne Anstrengungen erlebt werden, obwohl bereits Anzeichen von Fehlverhalten und Leistungsschwächen nachweisbar sind (z.B. verringerte Konzentration, verlangsamte Denkabläufe, Koordinationsstörungen). Je weniger körperliche Arbeit vorliegt, umso weniger fallen Müdigkeitsgefühl und tatsächliche Ermüdung zusammen. Beim Autofahren ist von einem relativ geringen Anteil körperlicher Arbeit auszugehen.

In einem gewissen Rahmen kann der Mensch auf diese veränderte Situation mit einer neuen 171 Bewältigungsstrategie reagieren. So kann er durch einen **Tätigkeitswechsel,** durch Erhöhung seiner bewussten Zuwendung, durch Veränderung seiner Motivation, oder durch Einnahme von Stimulantien bzw. Pharmaka vorübergehend Möglichkeiten schaffen, um die geforderten Leistungsparameter seiner Aufgabe weiterhin zu erfüllen.

Nach einer gewissen Zeit greift die neue Strategie nicht mehr und es macht eine erneute Änderung 172 der Vorgehensweise notwendig, um die erforderliche bewusste Zuwendung aufrecht zu erhalten. Derartige wiederholte Aktivierungen sind zeitlich begrenzt und bei unzureichender Erholung wird eine Weiterführung jeder Tätigkeit infolge ungenügender und verzerrter Informationsaufnahme oder Zerfall der Handlungsabläufe unmöglich. Im Endstadium einer solchen Beanspruchung antwortet der Organismus mit einer Erschöpfungsreaktion (z.B. Einschlafen am Steuer).

Der Gesetzgeber hat durch Festlegungen in **Sozialvorschriften** dem Rechnung getragen. Die 173 Begrenzung der täglichen Teil- und Gesamtlenkzeit und auch die Länge der Tages- und Wochenruhe tragen zur Wiederherstellung der Leistungsbereitschaft trotz hoher Beanspruchung im Straßenverkehr bei (s.u. Rn. 183 ff.).

Eintrittszeitpunkt und Grad der Ermüdung hängen jedoch nicht nur von den zu bewältigenden 174 Anforderungen der Tätigkeit ab, sondern auch von den (aktuellen) individuellen Leistungsvoraussetzungen des Menschen. Daraus leitet sich eine starke interindividuelle und situationsbedingte Variationsbreite ab. Eine strikte Einhaltung der Sozialvorschriften kann deshalb das Auftreten psychischer Ermüdung generell nicht verhindern, aber **in hohem Maße einschränken.**

Die durch Ermüdung hervorgerufene Leistungsminderung wird nach ausreichenden **Ruhephasen,** 175 insbesondere durch Schlaf, vollständig aufgehoben. Die optimale Leistungsfähigkeit wird nach einer 11-Stunden-Tagesruhe wieder erreicht. Wird dem Organismus diese Mindestruhe über mehrere Tage verweigert und versucht, die sich daraus ergebenden hochgradigen Ermüdungszustände durch motivationale Anstrengung und Stimulantien zu kompensieren, so entsteht psychische **Übermüdung.** Dieser Zustand ist durch eine Übererregung und „Aufgedrehtheit" körperlicher und psychischer Abläufe gekennzeichnet. Weitere Zeichen einer Übermüdung sind Konzentrationsschwäche, Nachlassen der Merkfähigkeit, unvollständige oder falsche Verarbeitung von Sinneseindrücken, Gedankensprünge.

Monotonie und psychische Sättigung sind gegenüber der Ermüdung durch Unlustgefühle gekennzeichnet. Während die Ermüdung als eine Folge der Ausführung einer Tätigkeit angesehen werden muss, sind Monotonie und psychische Sättigung überwiegend durch Besonderheiten der Antriebsregulation bedingt.

Monotonie stellt sich in reizarmen Situationen bei einförmigen gleich bleibenden, sich wieder- 176 holenden Aufgaben oder bei Aufgaben mit eingeengtem Beobachtungsumfang ein. Bei der Ausführung solcher Aufgaben kommt es zur verminderten Aktiviertheit und herabgesetzten Wachheit. Auf der einen Seite ist der Mensch nicht umfassend ausgelastet, andererseits kann er sich nicht voll gedanklich einer anderen Sache widmen. Ein Beispiel ist das gleichförmige Fahren auf Autobahnen bei sich wenig ändernden Fahrsituationen („Dösen" im Sinne herabgesetzter Aktivität). Da auf solchen Straßenabschnitten bei geringer Informationsdichte kaum aufgabenrelevante Informationen auftreten, aber die Daueraufmerksamkeit (Vigilanz) aufgrund der hohen Geschwindigkeit nicht nachlassen darf und eine ständige Zuwendung notwendig ist, kommt es besonders schnell zu Erscheinungen der Monotonie.

177 Typische Anzeichen der Monotonie sind **Verlängerungen von Reaktionszeiten,** die **Zunahme** der **Fehlerhäufigkeit,** die Verlangsamung motorischer Abläufe sowie Langeweile und Schläfrigkeit. Monotonie ist ein flüchtiger Zustand, der durch Tätigkeitswechsel und/oder Tätigkeitsunterbrechung aufgehoben werden kann.

178 Als **psychische Sättigung** wird ein unlustbetonter unruhiger Zustand bezeichnet, der aus einer inneren Spannung und einer abwehrenden Einstellung gegenüber einer Tätigkeit resultiert. Die psychische Sättigung ist stark von der individuellen Motivation abhängig, so dass ihre Entstehung und ihr Ausmaß interindividuell unterschiedlich ist. Längere Fahrten auf Straßen mit herabgesetzter Geschwindigkeit und Überholverbot führen u.U. zu Zuständen der Ärgerlichkeit, Kribbligkeit und Gereiztheit. Psychische Sättigung führt zur Instabilität des vegetativen Nervensystems. Es kommt zur Herabsetzung des Aufmerksamkeitsniveaus und zu Ablenkungsmöglichkeiten, in dessen Folge Fehlleistungen eintreten können. Auch psychische Sättigung ist ein durch Tätigkeitswechsel und Tätigkeitsunterbrechung reversibler Zustand. Dauerhaft aufgehoben wird psychische Sättigung jedoch nur durch eine Veränderung der persönlichen Zielstellung.

V. Stress

179 Bei jedem Verlauf einer Arbeitsaufgabe unterliegt der Mensch normalerweise einer Beanspruchung und Belastung. Umgangssprachlich wird heute fast jede belastende Situation als „stressig" bezeichnet. Vom eigentlichen Stress kann aber nur dann gesprochen werden, wenn **zusätzliche Komponenten** wie

● Zeitdruck,

● Ungewissheit über die Erfüllungsmöglichkeit der Aufgabe und ein

● hohes Bewältigungsrisiko

oder andere unannehmbare und von der Person als bedrohlich empfundene Situationen auftreten.

180 Stressreaktionen sind charakteristisch für Situationen, in denen es dem Betreffenden weder gelingt, den belastenden Umständen auszuweichen, noch durch eigenes Handeln eine **Veränderung der Situation** herbeizuführen.

181 Es entstehen **starke Unruhe, Erregung** und **Angst,** welche individuelle verschiedene körperliche, biochemische und psycho-physische Reaktionen auslösen. Diesen allen gemein ist im Ergebnis die Einschränkung der Leistungsfähigkeit des Menschen, insbesondere Konzentrationsschwäche, Fehler durch unangemessene Reaktion bzw. Wahrnehmungsstörungen.

182 Stress ist nicht ohne weiteres kurzfristig zu beheben. Insbesondere bei häufiger auftretenden Stress-Situationen ist eine **nachhaltige Leistungsminderung** wahrscheinlich. Im Extremfall können dauerhafte psychische und funktionelle Störungen sowie Herz-Kreislauf Erkrankungen entstehen bzw. begünstigt werden.

VI. Sozialvorschriften

183 Für die Einschätzung der Rechtssituation auf dem Gebiet der für **Berufskraftfahrer** geltenden Sozialvorschriften sind nachfolgende Vorschriften von Bedeutung:

● Verordnung (EWG) Nr. 3820/85 des Rates über die Harmonisierung bestimmter Sozialvorschriften im Straßenverkehr vom 20.12.1985,

● Verordnung (EWG) Nr. 3821/85 des Rates vom 20.12.1985 über das Kontrollgerät im Straßenverkehr i.d.F. der VO (EG) Nr. 2135/98 des Rates vom 24.9.1998,

- Verordnung (EG) Nr. 2135/98 DES RATES vom 24.9.1998 zur Änderung der Verordnung (EWG) Nr. 3821/85 über das Kontrollgerät im Straßenverkehr und der Richtlinie 88/599/EWG über die Änderung der Verordnung (EWG) Nr. 3820/85 und (EWG) Nr. 3821/85,

- Straßenverkehrszulassungs-Ordnung (StVZO) vom 15.11.1974,

- Verordnung über die Zulassung von Personen zum Straßenverkehr und zur Änderung straßenverkehrsrechtlicher Vorschriften v. 18.8.1998,

- Verordnung über die Verwendung von Kontrollmitteln bei Fahrzeugen nach Art. 20a der Verordnung (EWG) Nr. 3821/85,

- Verordnung über die Kontrollen gem. der Richtlinie 88/599/EWG des Rates vom 23.11.1988 über einheitliche Verfahren zur Anwendung der Verordnung (EWG) 3820/85 des Rates über die Harmonisierung bestimmter Sozialvorschriften im Straßenverkehr und der Verordnung (EWG) 3821/85 des Rates über das Kontrollgerät im Straßenverkehr (EGKontrollRV) vom 6.6.1990,

- Europäisches Übereinkommen über die Arbeit des im internationalen Straßenverkehr beschäftigten Fahrpersonals – AETR – vom 11.7.1985,

- Arbeitszeitgesetz (ArbZG) vom 6.6.1994,

- Gesetz über das Fahrpersonal von Kraftfahrzeugen und Straßenbahnen (Fahrpersonalgesetz) vom 19.2.1987,

- Verordnung über die Durchführung des Fahrpersonalgesetzes (Fahrpersonalverordnung – FPersV) vom 23.9.1990,

- Verordnung (EWG) Nr. 3314/90 der Kommission vom 16.11.1990 zur Anpassung der Verordnung (EWG) 3821/85 des Rates über das Kontrollgerät im Straßenverkehr an den technischen Fortschritt,

- Gesetz zur Reform des Güterkraftverkehrsrechts vom 22.6.1998.

Bei den zur Realisierung dieser Rechtsvorschriften in der Bundesrepublik Deutschland und in den Ländern der Europäischen Union eingesetzten **Fahrtenschreibern** und **Kontrollgeräten** handelt es sich um Geräte mit unterschiedlichen Messbereichen (60, 80, 100, 125, 160 km/h) und der Möglichkeit des Anschlusses von Zusatzeinrichtungen.   184

Alle genannten Geräte haben als Datenträger eine Scheibe, das sog. Schaublatt, mit Polarkoordinaten für die Aufzeichnung der zu registrierenden Daten. Registriert werden folgende **Zeitgruppen:**   185

- Lenkzeit,

- Arbeitszeit,

- andere Zeiten der Anwesenheit am Arbeitsplatz,

- Lenkzeitunterbrechungen,

- Ruhezeiten.

In alle Geräte müssen die Daten von Hand eingegeben werden, die registrierten Daten werden auf dem Schaublatt dokumentiert. Bei der Analyse der Schaublätter müssen die einzelnen Zeitkategorien rechnerisch ermittelt werden. Dieser Prozess ist relativ zeitaufwendig, wodurch insbesondere eine effektive Kontrolle der Fahrer durch die Kontrollbehörden vor Ort erschwert ist. Die derzeit im Einsatz befindlichen Geräte sind außerordentlich **manipulationsanfällig,** was auch im erheblichen Maße praktiziert wird.   186

Innerhalb der oben genannten nationalen, internationalen und **EG-Rechtsvorschriften** bestehen untereinander eine Vielzahl von Unterschieden z.B. hinsichtlich der Grenze für das Mindestalter der Fahrzeugführer, die zeitliche Bemessung der einzelnen Zeitkategorien, an die geforderte Form der Arbeitszeitnachweise. Hinzu kommt, dass in den vergangenen Jahren zwischen den EG-Staaten noch eine starke Differenzierung bei der Anwendung der EWG-Vorschriften feststellbar war. Durch die schlechte Überschaubarkeit und bestehende Unterschiede in den verschiedenen Fassun-   187 gen der nationalen, internationalen und EG-Rechtsvorschriften sind bei den fahrpersonalen Unsicherheiten in der Anwendung der Vorschriften zwangsläufig die Folge.

188   Mit der **Verordnung (EWG) 3820/85** ist das ursprünglich angedachte Ziel, die Regelungen zu den Sozialvorschriften zu vereinfachen, verständlicher zu machen und sie noch mehr der Praxis anzupassen, nicht erreicht worden. Dieses Regelwerk ist für den Nutzer, den Fahrer, zu kompliziert, unübersichtlich und in seiner Anwendung und Durchsetzung nur schwer handhabbar. Insbesondere existiert **keine einheitliche Auslegung** der EG-Sozialvorschriften. So existiert **keine Regelung der maximal möglichen Wochenlenkzeit**. Diese ergibt sich nur indirekt. Spätestens nach Ablauf von 6 Tageslenkzeiten bzw. 6 Tagen muss im Regelfall eine **Wochenruhezeit** eingelegt werden. Eine Ausnahme existiert hierzu lediglich für den grenzüberschreitenden Verkehr. In diesem Fall ist nach 12 Tagen eine Wochenruhezeit einzulegen. Für den Regelfall werden 4 x 9 und 2 x wöchentlich 10 Stunden Lenkzeit zwischen zwei Tagesruhezeiten zugelassen. Die maximal mögliche Lenkzeit in einer Doppelwoche beträgt 90 Stunden. Da die Fahrer aber nur die Schaublätter für die laufende Woche und den letzten Tag der Vorwoche mitzuführen haben, ist eine Kontrolle der tatsächlich erbrachten Fahrleistung in der zweiten Woche, die bei 56 Stunden Fahrleistung in der ersten Woche dann in der zweiten Woche nur noch 34 Stunden betragen dürfte, nicht möglich. Eine ähnlich unübersichtliche Regelung besteht bezüglich der **täglichen Ruhezeit**. Da die EWG-Verordnung keine Vorschrift zur Arbeitszeit enthält, gelten die jeweils nationalen Arbeitszeitregelungen mit den ggf. anders lautenden Tarifregelungen. Ebenso existieren in der EU keine einheitlichen **Straf- und Bußgeldvorschriften,** zum Teil sind die diesbezüglichen nationalen Strafmaße für nachgewiesene Übertretungen so gering, dass mit ihnen keine erzieherische Wirkung bei Fahrern und Unternehmern erreicht werden kann. Nachstehende Tabelle gibt auszugsweise einen Überblick über Lenk- und Ruhezeiten im Straßenverkehr für Berufskraftfahrer.

	Nationale Vorschriften		**EG-Regelung**	
	Fahrzeug zur Güterbeförderung > 2,8 – < 3,5 t	Omnibus mit mehr als 8 Fahrgastplätzen im Linienverkehr bis 50 km Linienlänge	Fahrzeug zur Güterbeförderung mit u. ohne Anhänger/Sattelanhänger > 3,5 t	Omnibus mit mehr als 8 Fahrgastplätzen – im Linienverkehr bei > 50 km Linienlänge – im Gelegenheitsverkehr
Mindestalter der Fahrer	18 Jahre	21 Jahre	< 7,5 t 18 Jahre > 7,5 t 21 Jahre	21 Jahre
Lenkzeit – täglich – wöchentlich – Doppelwoche	9 Std. 2x wöchentl. 10 Std. 90 Std.		9 Std. 2x wöchentl. 10 Std. 90 Std.	
Lenkzeitunterbrechung – nach einer Lenkzeit von – mindestens	4,5 Std. 45 Min., aufteilbar in Teilunterbrechung von mind. 15 Min.	4,5 Std. 30 Min., aufteilbar in 2 Teilunterbrechg. von mind. 20 Min., oder 3 Teilunterbrechg. von mind. 15 Min.	4,5 Std. 45 Min., aufteilbar in Teilunterbrechung von mind. 15 Min.	

	Nationale Vorschriften		EG-Regelung	
	Fahrzeug zur Güterbeförderung > 2,8 – < 3,5 t	Omnibus mit mehr als 8 Fahrgastplätzen im Linienverkehr bis 50 km Linienlänge	Fahrzeug zur Güterbeförderung mit u. ohne Anhänger/Sattelanhänger > 3,5 t	Omnibus mit mehr als 8 Fahrgastplätzen – im Linienverkehr bei > 50 km Linienlänge – im Gelegenheitsverkehr
Tagesruhezeit – 1 Fahrer	10 Std. zwischen 2 Arbeitsschichten		11 Std. Verkürzung auf 3x wöchentlich 9 Std. oder 12 Std. bei Aufteilung in 2 oder 3 Abschnitte, davon 1 mind. 8 Std., jeweils innerhalb jedes 24-Std.-Zeitraumes	
– 2 oder mehr Fahrer			8 Std. innerhalb eines Zeitraumes von 30 Std.	
Wöchentliche Ruhezeit	45 Std. einschl. einer Tagesruhezeit Verkürzung auf 36 Std. am Standort bzw. 24 Std. unterwegs		45 Std. einschl. einer Tagesruhezeit Verkürzung auf 36 Std. am Standort bzw. 24 Std. unterwegs	
Schichtzeit	12 Std.		13 Std./15 Std. bei 2 Fahrern	
Arbeitszeitnachweis	EWG-Kontrollgerät oder Fahrtschreiber oder Persönliches Kontrollbuch		EWG-Kontrollgerät	

(Ausgewählte Angaben zu den Zeitkategorien der Sozialvorschriften)

Bedingt durch eine Verschärfung des Wettbewerbs im Bereich des gewerblichen Personen- und Güterverkehrs werden die Schaublatteintragungen und die Fahrtschreiber/Kontrollgeräte häufig manipuliert. **Drei Hauptgruppen der Manipulationen** sind zu beobachten: 189

- am Kontrollgerät selbst,
- an bestimmten Teilen des Kontrollgerätes,
- an der dem Kontrollgerät vorgelagerten Technik.

Die **Manipulationen** dienen überwiegend folgenden **Zielen:** 190

- Vertuschen von Geschwindigkeitsübertretungen,
- Vertuschen nicht eingehaltener Ruhezeiten (zu lange Pausen, Erzeugen scheinbarer Pausen),
- Vortäuschen geringerer Wegstrecken (Tarifschwindel, Steuerhinterziehung),
- Vortäuschen größerer Wegstrecken (Verdecken von Treibstoffdiebstahl),
- Vertuschen zu langer Lenkzeiten eines Fahrers.

Die **EG-Verordnung 2135/98** sieht nunmehr verbindlich die Einführung vollelektronischer Fahrtschreiber vor. Diese Einführung ist in folgenden Gründen zu sehen: 191

- Nichteinhalten der Sozialvorschriften durch wirtschaftlichen Druck und Wettbewerb im Straßenverkehr,
- Gefährdung der Sicherheit im Straßenverkehr,
- Verbesserung der Verkehrssicherheit durch vollautomatische Aufzeichnung der Angaben über Einsatz und Verhalten der Fahrer und über die Fahrt sowie
- Abstellen des Missbrauchs der bisherigen Geräte.

Die grundsätzliche Ausstattung der Fahrzeuge mit **vollelektronischen Fahrtschreibern** regelt sich auch weiterhin durch die Verordnung (EWG) Nr. 3821/85. Als Übergangsregelung wurde festgelegt, dass Fahrzeuge für die Personenbeförderung mit mehr als 8 Sitzplätzen außer dem Fahrersitz und einer Höchstmasse von mehr als 10 t sowie Fahrzeuge für die Güterbeförderung mit einer Höchstmasse von mehr als 12 t, die ab dem 1.1.1996 zugelassen sind, im Fall der Ersetzung des Kontrollgerätes, mit dem sie ausgerüstet sind, den neuen Bestimmungen über einen vollelektronische Fahrtschreiber unterliegen.

192 Das **Gerätesystem eines vollelektronischen Fahrtschreibers** umfasst folgende Elemente:

● **Kontrollgerät** zum vollautomatischen oder halbautomatischen Anzeigen, Aufzeichnen und Speichern von Angaben über die Fahrt des Fahrzeugs sowie über bestimmte Arbeitszeiten der Fahrer. Dazu verfügt das Gerät über eine elektronische Einheit zur Speicherung der Fahrerdaten, Kartenleser für elektronische Karten (s. unten), einem Drucker, Anzeigeeinrichtungen und Einrichtungen zum Übertragen der gespeicherten Daten, Einrichtungen zum Anzeigen und Ausdrucken von Informationen, Einrichtungen für die Eingabe des Ortes des Beginns und des Ortes für das Ende des Arbeitstages,

● in das Kontrollgerät eingebauter Massenspeicher mit einer Speicherkapazität von mindestens 365 Kalendertagen, der vor unbefugten Eingriffen zu schützen ist,

● System elektronischer Speicher- bzw. Benutzungskarten:

  – **Fahrerkarten** zur Speicherung der Fahrdaten eines Kraftfahrers mit einer Speicherkapazität von mindestens 28 Kalendertagen,

  – **Kontrollkarten** als entnehmbares Datenübertragungs- und Speichermedium, zur Nutzung durch Behörden zum Lesen, Übertragen und/oder Ausdrucken der Daten,

  – **Unternehmerkarten** zum Anzeigen, Übertragen und Ausdrucken der Fahrer- bzw. Fahrzeugdaten

  – **Prüfstellen- bzw. Servicekarten** zur Berechtigung des Einbaus, der Reparatur und der Eichung der Kontrollgeräte.

193 Zur Verhinderung von Überschreitungen der Lenkzeiten, der Unterschreitung der Ruhezeiten bzw. der zulässigen Höchstgeschwindigkeit sind dem Fahrer **akustische oder visuelle Warnsignale** durch das Gerät zu geben. Ein mindestens 30 Sekunden langes Warnsignal wird gegeben, wenn:

● keine Fahrerkarte eingeführt wurde,

● die Karte nicht ordnungsgemäß funktioniert, die Fahrerkarte in das falsche Lesegerät eingeführt wurde,

● das Gerät Fehlfunktionen entdeckt hat,

● die zulässige Höchstgeschwindigkeit überschritten wurde.

Ein Warnsignal wird 15 Minuten vor dem Zeitpunkt und zum Zeitpunkt der Überschreitung der $4\frac{1}{2}$-stündigen Lenkzeit pro Lenkzeitabschnitt und der 9-stündigen Tageslenkzeit gegeben. 15 Minuten vor dem Zeitpunkt der Nichteinhaltung und zum Zeitpunkt der Nichteinhaltung der 8-stündigen Tagesruhezeit während der lezten 24 Stunden wird der Fahrer ebenfalls durch ein Warnsignal hingewiesen. Der europäische Verordnungsgeber räumt zusätzlich ein, dass auf Wunsch des Fahrzeugeigentümers zusätzliche Warnvorrichtungen eingebaut werden können.

Mit dieser künftigen Gerätegeneration ist eine exaktere Erfassung der relevanten Daten, ihre bessere Auswertung und Bewertung und damit eine höhere Rechtssicherheit zu erwarten.

Teil 11: Auslandsunfall

Inhaltsverzeichnis

Literatur:

Adam, Die Lenkerauskunft nach österreichischem Recht, DAR 2001, 567; *Azpeitia*, Ley de Seguridad Vial, Madrid 1996; *Backu*, Regulierung eines in Italien erlittenen Unfallschadens, DAR 1999, 231; *von Bar*, Deliktsrecht in Europa, München 1994; *ders.*, Schmerzensgeld bei Verkehrsunfallschäden in Frankreich, Spanien und Portugal, DAR 2001, 587; *ders.*, Gemein-europäisches Deliktsrecht, München 1999; *von Bar/Splitter*, Schadensersatz nach Verkehrsunfällen im Ausland – 4. KH-Richt-linie, DAR 2000, 379; *Bataller-Gran*, Die Reform des Privatversicherungsrechts in Spanien, VersRAI 1996, 56; *Bauknecht/Lü-dicke*, Das französische Strafgesetzbuch/Code pénal, Freiburg 1999; *Beccaro*, Il nuovo Codice della Strada/Die neue

Straßenverkehrsordnung, Bozen 1992; *Brüstlein*, Straßenverkehrsrecht, Basel 2001; *Bucóva/Mádr*, Versicherungswesen in der Tschechischen Republik, ZfV 1996, 656 + 681 + 704; *Bundesministerium der Justiz*, Richtlinien für den Verkehr mit dem Ausland in strafrechtlichen Angelegenheiten (RiVASt), Bonn 1998; *Ceux*, Das neue belgische Versicherungsgesetz, VersRAI 1993, 21; *Cornils/Greve*, Das dänische Strafgesetz/Staffeloven, Freiburg 2001; *Couvrat/Massé*, Code de la Route commenté Paris 2001; *Danzl*, Das Eisenbahn- und Kraftfahrzeughaftpflichtgesetz, Wien 1998; *Eser/Huber*, Strafrechtsentwicklung in Europa, 4.1-5.2, Freiburg 1993-1999; *Ferid/Sonnenberger*, Das französische Zivilrecht, Bd. 4, Heidelberg 1993; *Feyock/Jacobsen/Lemor*, Kraftfahrtversicherung, Schadenersatz im Ausland, München 2002; *Gralla*, Der Schadenersatz bei Straßenverkehrsunfällen nach polnischem Recht, München 1995; *Grützner/Pötz*, Internationaler Rechtshilfeverkehr in Strafsachen, Heidelberg 2001; *Haupfleisch/Hoffer*, Auto und Recht, Wien 1996; *Haupfleisch/Neidhart/Zwerger*, Unfall in Europa, Wien 1992; *Hoffmann*, Das spanische Strafgesetzbuch/Código Penal, Freiburg 2002; *Honsell*, Schweizer Haftpflichtrecht, Zürich 1996; *Huber*, Fragen der Schadensberechnung, Wien 1995; *Koziol*, Österreichisches Haftpflichtrecht, Bd. I u. II, Wien 1997 u. 1984; *Kuntschen*, Das Straßenverkehrsrecht der Schweiz, DAR 2001, 574; *Labady*, Neue Dimensionen des Ersatzes für den immateriellen Schaden im ungarischen Zivilrecht, VersR 1993, 916; *Lamy*, Transport, Bd. 1 (Route), Paris 1999; *Lemor*, Fragen zur Umsetzung der 4. Kraftfahrzeughaftpflicht-Richtlinie, DAR 2001, 540; *ders.*, Verbesserung des Verkehrsopferschutzes bei Auslandsunfällen, DAR 1998, 253; *Lier*, Autounfall im Ausland – was kommt danach?, VW 1999, 20; *Luca de Tena*, Ley sobre tráfico, circulación de vehículos a motor y seguridad vial, Madrid 2002; *Messiner*, Die Vollstreckungshilfe zwischen Österreich und Deutschland, DAR 1990, 323; *Meyr*, Die Regulierung von Verkehrsunfallschäden in Deutschland und den Niederlanden, NZV 1999, 359; *Ministère des Transports/Securité Routière*, Legislation sur la Circulation Routière, Luxemburg 1999; *Neidhart*, Unfall im Ausland/Schadensregulierung, München 1995; *ders.*, Bußgeld im Ausland, München 2000; *ders.*, Straßenverkehrsrechtliche Probleme in Spanien, DAR 2001, 594 *ders.*, Unfälle und Bußgelder im Ausland, DAR 2000, 341; *ders.*, Durchreisende Verkehrssünder – Die neuen Vollstreckungshilfeabkommen auf dem Prüfstand, NZV 2000, 220; *ders.*, Probleme im deutsch-italienischen Straßenverkehr, DAR 1999, 444; *ders.*, Das EU-Abkommen über die Vollstreckung des Führerscheinentzugs, Mittlg. ARGE VerkR 1999, 42; *ders.*, Kfz-Haftpflichtversicherung als bedeutendste Assekuranzbranche in Osteuropa, WiRO 1999, 147; *ders.*, Schweizerisches Ordnungsbußen- und Verfahrensrecht, DAR 1996, 374; *ders.*, Gelbußen und Strafen für Verkehrsverstöße in Osteuropa, WiRO 1996, 313; *ders.*, KfZ-Versicherung und Schadenersatz in Osteuropa, DAR 1995, 507; *Nielsen/Scherpe*, Aktuelle Entwicklungen im Recht der Personenschäden in Dänemark, VersRAI 2001, 57; *Pawelec*, Wypadek dragowy, Warschau 1999; *Reisinger*, Handbuch des Verkehrsunfalls, Wien 1999; *Renckens*, Das Verkehrsrecht in den Niederlanden, DAR 2001, 578; *Ring/Olsen-Ring*, Einführung in das skandinavische Recht, München 1999; *Schaffhauser*, Strafen und Maßnahmen bei Geschwindigkeitsüberschreitungen in fünf Ländern (in: Collezione Assista TCS), Genf 1998; *ders.*, Die Straf- und Verwaltungsrechtliche Rechtsprechung des Bundesgerichts zum Straßenverkehrsrecht (1992-1992), St. Gallen 2000; *ders.*, Grundriß des schweizerischen Straßenverkehrsrechts, Bd. I, II, III, St. Gallen 2002/1990/1995; *ders.*, Auf dem Weg zu einer europäischen Vollstreckungsgemeinschaft, AJP/PJA 2000, 531; *Scarabello*, Ersatz immaterieller Personenschäden in Italien, DAR 2001, 581; *Schomburg/Lagodny*, Internationale Rechtshilfe in Strafsachen, München 1998; *Schütze*, Rechtsverfolgung im Ausland, Heidelberg 1998; *Schwarz*, Unfallregulierung im europäischen Ausland, NJW 1991, 2058; *Splitter*, Besserer Schutz des Verkehrsopfers im Inland nach Auslandsunfall, 36. VGT, Hamburg 1998; *Sprung*, Das neue System zur Bewertung von Personenschäden in Spanien, VW 1992, 49; *Stein/Rennhard*, Wer haftet?, Zürich 1998; *Szecsenyi*, Grundzüge des ungarischen Deliktrechts, ZfRV 1999, 175; *Vrba/Lampelmayer/Wulff-Gegenbaur*, Schadenersatz in der Praxis, Wien 2000; *Weigand*, Das polnische Strafgesetzbuch/Kodeks karny, Freiburg 1998; *Wezel*, Ungleicher Schadensatz für Verkehrsopfer in Europa, DAR 1991, 133; *Zelenka*, Das EU-Führerscheinvollstreckungsabkommen, DAR 2001, 150.

Abschnitt 1: Systematische Erläuterungen

A. Einführung

I. Probleme bei der anwaltlichen Beratung

1 Mehr als dreißig Millionen Deutsche reisen alljährlich mit dem Kraftfahrzeug ins Ausland, und nicht wenige von ihnen werden dort in Unfälle verwickelt. Auslandsgeschädigte suchen nach Rückkehr aus dem Urlaub oft ihren „Hausanwalt" auf, der Erfahrung mit der Abwicklung von (Inlands-) Unfallschäden hat. Bei Auslandsunfällen fällt aber selbst dem versierten Verkehrsrechtler meist schon die Beratung schwer, und erst recht bereitet ihm dann die Regulierung Probleme. Auslandsschäden lassen sich nicht nach einem einheitlichen Schema abwickeln; in jedem Land sind Besonderheiten zu beachten.

2 Haben die Kontrahenten schon vor Ort das Richtige getan und z.B. den **Europäischen Unfallbericht** (den es auch landessprachlich, aber nach einheitlichem Muster gibt) korrekt ausgefüllt, so bedeutet dies in vielen Fällen bereits eine erhebliche Erleichterung der **Sachschadenregulierung**. Gerade bei **Auslandsunfällen** ist die **Beweissicherung** an der Unfallstelle von ganz erheblicher

Bedeutung, insbesondere wenn die Polizei kein Protokoll erstellt, wie meist bei reinen Sachschäden. Wesentlich sind vor allem **genaue Angaben über die gegnerische Versicherung**, da Letztere in Ländern wie Italien oder Frankreich nicht über die Kfz-Zulassungsstelle in Erfahrung gebracht werden kann. Auch Personalien neutraler Zeugen sind sehr wichtig, da in vielen Ländern bei Sachschäden die Verschuldenshaftung gilt.

Hat der deutsche Geschädigte (erhebliche) **Körperschäden** erlitten, wird sich sein Anwalt am Heimatort sehr wohl überlegen müssen, ob er das Mandat – auch nach In-Kraft-Treten der 4. Kraftfahrzeughaftpflicht-Richtlinie – überhaupt annimmt oder die Abwicklung nicht besser einem ausländischen Kollegen überträgt. Denn schon bei der Akteneinsichtnahme muss er sich i.d.R. eines Vertreters am Unfall- oder Gerichtsort bedienen, da Anwälten, die dort nicht zugelassen sind, oft keine Einsicht in die Akten gewährt wird. Meist ist deren Inhalt ja auch sprachlich nicht verständlich. Zudem sind im Ausland erlittene **Personenschäden** vielfach nach ganz anderen Kriterien zu bewerten und geltend zu machen als bei der gewohnten Abwicklung eines Unfalls in Deutschland. So können z.B. französische Gerichte mit deutschen ärztlichen Gutachten im Allgemeinen sehr wenig anfangen. Die Auswertung eines französischen Arztgutachtens ist wiederum deutschen Anwälten i.d.R. nicht geläufig. Aber auch sonst erfordert die korrekte Abwicklung von Personenschäden, insbesondere die Geltendmachung von Schmerzensgeld, ein Vertrautsein mit der einschlägigen ausländischen Rechtsprechung, um ein angemessenes Ergebnis erzielen zu können. **3**

Jedoch selbst bei der Regulierung von Sachschäden ist die **Kenntnis des einschlägigen Haftungsrechts** im Unfallland gefragt. Dies zeigt sich vor allem bei den nicht völlig glatt abzuwickelnden Fällen, z.B. solchen mit nicht unstreitiger Eintrittspflicht. Ein einfaches Beispiel für abweichendes Recht sind etwa die Aufwendungen für ein **Mietfahrzeug**. Während die Durchsetzung solcher Kosten in Deutschland keine grundsätzlichen Schwierigkeiten bereitet, müssen in der Mehrzahl der europäischen Reiseländer schon triftige Gründe (meist berufliche Notwendigkeit) dafür vorliegen, dass der „Luxus" eines Mietwagens von der gegnerischen Versicherung bezahlt wird. Auch beispielsweise die Übernahme der **Gutachterkosten** ist im Ausland keineswegs ein gesicherter Schadenposten, selbst in Italien und Spanien geht man hier meist leer aus. **4**

Hinweis: **5**

*Ein ebenfalls unbefriedigendes Kapitel ist schließlich die **Erstattung des Anwaltshonorars**. Der Geschädigte bleibt oft auf diesen Kosten sitzen, wenn er nicht wohlweislich rechtzeitig vor der Urlaubsfahrt eine **Verkehrs-Rechtsschutzversicherung** abgeschlossen hat. Denn sogar in den meisten EU-Ländern sind die außergerichtlichen Anwaltskosten keine von der Gegenseite (ohne weiteres) zu erstattende Schadenposition.*

II. Angleichung der Rechtsvorschriften der EU-Mitgliedstaaten über die Kfz-Haftpflichtversicherung zum 1.1.2003

Entscheidende Verbesserungen erfährt der Verkehrsopferschutz nach Unfällen im Ausland vom Januar 2003 an. Ab diesem Zeitpunkt ist die Abwicklung von Auslandsschäden grundsätzlich auch in Deutschland möglich. Dies ist der **4. Kraftfahrzeughaftpflicht-Richtlinie** des Rats der EU (Nr. 2000/26/EG vom 16.5.2000; abgedruckt unter Rn. 576) zu verdanken, die innerhalb der Europäischen Union bis zum 20.1.2003 in das jeweilige nationale Recht zu übernehmen ist. Das deutsche Umsetzungsgesetz vom 10.7.2002 (Gesetz zur Änderung des Pflichtversicherungsgesetzes und anderer versicherungsrechtlicher Vorschriften, BGBl. I S. 2586) tritt am **1.1.2003 in Kraft**. **6**

Die 4. KH–Richtlinie ergänzt die ersten drei Richtlinien (Nr. 72/166/EWG, 84/5/EWG und 90/232/EWG), die zur Angleichung der Rechtsvorschriften der Mitgliedstaaten bezüglich der Kraftfahrzeug-Haftpflichtversicherung geschaffen wurden und die u.a. so wichtige Regelungen wie einheitliche Kfz-Mindestversicherungssummen innerhalb der EU eingeführt haben.

7 Bereits 1995 hatte das Europäische Parlament die EU-Kommission aufgefordert, einen Richtlinienvorschlag hinsichtlich der Abwicklung von Verkehrsunfallschäden, die außerhalb des Herkunftslandes des Geschädigten entstehen, vorzulegen. Auf der Grundlage einer solchen Richtlinie sollten Geschädigte unabhängig vom Unfallland bei der Abwicklung von Personen- und Sachschäden vergleichbar behandelt werden. Die Folgen der Konfrontation mit ausländischem Recht, fremder Sprache, ungewohnter Abwicklungspraxis und oft unabsehbar langer Regulierungsdauer sollten minimiert werden.

1. Geltungsbereich der 4. Kraftfahrzeughaftpflicht-Richtlinie

8 Die jetzt vorliegende Richtlinie kommt nicht nur in den **EU-Staaten** zur Anwendung, sondern nach einem Beschluss des gemeinsamen EWR-Ausschusses vom 31.1.2001 auch in den **Ländern des Europäischen Wirtschaftsraums** (also einschließlich Norwegen und Island). Darüber hinaus wurde ihr Geltungsbereich auf Unfälle in Ländern, die dem Grüne-Karte-System angeschlossen sind, erweitert. Voraussetzung ist allerdings, dass der Geschädigte seinen Wohnsitz in einem EU- bzw. EWR-Land hat und das Fahrzeug, das den Unfall verursacht hat, ebenfalls in einem dieser Länder versichert ist und sich dort auch sein gewöhnlicher Standort befindet.

2. Schadenregulierungsbeauftragter im Wohnsitzland des Geschädigten

9 Sind diese Voraussetzungen gegeben, muss der Geschädigte seine Schadensersatzansprüche nicht mehr bei einer Versicherung im Ausland geltend machen. Er kann sich vielmehr direkt an den **Schadenregulierungsbeauftragten dieser Versicherung im eigenen Land** (Wohnsitzland des Geschädigten) wenden und seine Ansprüche an diesen richten. Ein Kernpunkt der Richtlinie ist denn auch der in Art. 3 geregelte **Direktanspruch gegen die Versicherung des haftpflichtigen Unfallverursachers**.

10 *Hinweis:*

Bei einer Regulierung im Rahmen der neuen Richtlinie ist allerdings zu beachten, dass weiterhin das jeweilige materielle Recht des Unfalllandes maßgeblich ist; ebenso ist die dortige Gerichtszuständigkeit gegeben. Dies ergibt sich aus den Erwägungen 13 und 16, die der Richtlinie vorangestellt sind.

11 Die 4. KH-Richtlinie sieht eine Reihe von Einrichtungen vor, deren Inanspruchnahme es dem Geschädigten ermöglichten soll, trotz Schadenseintritts im Ausland zu einer vertrauteren Abwicklungsweise zu kommen als dies im Unfalland möglich wäre.

12 Die wichtigste Institution der neuen EU-Richtlinie ist die des **Schadenregulierungsbeauftragten**. Nach Art. 4 muss durch jeden Kfz-Haftpflichtversicherer in jedem anderen EU- bzw. EWR-Land eine Schadenregulierungsstelle eingerichtet werden. Der Regulierungsbeauftragte muss innerhalb von drei Monaten, nachdem der Geschädigte seinen Schadensersatzanspruch geltend gemacht hat, ein Entschädigungsangebot vorlegen. Der Anspruch kann, wenn er an einen in Deutschland ansässigen Beauftragten einer ausländischen Versicherung gerichtet wird, in deutscher Sprache formuliert werden. Die Verpflichtung für deutsche Kfz-Versicherer, im EU- bzw. EWR-Ausland Regulierungsbeauftragte einzusetzen, ist in § 7b VAG geregelt; die Aufgaben des Beauftragten sind in § 3a PflVersG erwähnt. Nach Art. 4 der Richtlinie muss der Schadenregulierer die Ansprüche im Ausland Geschädigter bearbeiten und alle erforderlichen Maßnahmen einschließlich der Entschädigungsauszahlung ergreifen, sofern die Eintrittspflicht unstreitig und der Schaden beziffert ist. Anderenfalls muss der Regulierungsrepräsentant gem. Art. 4 Abs. 6 innerhalb einer Frist von drei Monaten nach Anmeldung der Ansprüche dem Geschädigten eine mit Gründen versehene Antwort zukommen lassen, in der eindeutig dargelegt wird, warum die Schadenregulierung nicht erfolgt.

Für den Fall, dass innerhalb der Dreimonatsfrist weder ein Schadenersatzangebot noch eine mit **13**
Gründen versehene ablehnende Antwort erfolgt, sieht die Richtlinie in Art. 4 Abs. 6 Sanktionen
vor. Diese können finanzieller oder gleichwertiger Art sein; zudem sind dem Geschädigten für
nicht fristgerechte Bearbeitung Zinsen zu zahlen. Außerdem hat der Geschädigte die Möglichkeit,
sich direkt an die Entschädigungsstelle zu wenden.

3. Auskunftsstelle

Als weitere wichtige Institution der 4. KH-Richtlinie fungiert gem. Art. 5 die Auskunftsstelle. Der **14**
Geschädigte kann sich sowohl an diese Stelle im Zulassungsstaat seines Kfz als auch an diejenige
im Land des Unfallorts wenden. In Deutschland ist die Auskunftsstelle beim **Zentralruf der
Versicherer (GDV)** in Hamburg eingerichtet. Dort können vom Geschädigten gem. § 8a
Abs. 1 PflVersG folgende **Daten abgerufen** werden:

● Versicherung des Schädigerfahrzeugs;

● Schadenregulierungsbeauftragter dieser Versicherung für Deutschland;

● Versicherungspolice und deren Auslaufdatum;

● Name und Anschrift der Stelle, die bei Versicherungsbefreiung haftet;

● erforderlichenfalls Nummer der Grünen Versicherungskarte oder Grenzversicherungs-Nr.;

● Name und Anschrift des Kfz-Halters oder -Eigentümers bzw. des gewöhnlichen Fahrers.

Die angeforderten Informationen sind von der Auskunftsstelle gem. Art. 5 Abs. 3 unverzüglich an **15**
den Geschädigten zu übermitteln. Können Fahrzeug oder Versicherer nicht innerhalb von zwei
Monaten benannt werden, kann sich der Geschädigte gem. Art. 7 an die Entschädigungsstelle wenden.

4. Entschädigungsstelle

Einzelheiten über die Entschädigungsstelle, die gem. Art. 6 und 7 der 4. KH-Richtlinie einzurich- **16**
ten ist, sind in den §§ 12a und 13a PflVersG geregelt. Die Aufgaben der „**Entschädigungsstelle
für Schäden aus Auslandsunfällen**" werden in Deutschland für hier ansässige Personen von der
Verkehrsopferhilfe e. V. in Hamburg wahrgenommen. Die Entschädigungsstelle ist zuständig,
wenn entweder kein Schadenregulierungsbeauftragter benannt wurde, Letzterer innerhalb einer
Dreimonatsfrist keine begründete Antwort erteilt hat, das unfallverursachende Kfz nicht zu ermitteln ist oder die eintrittspflichtige Versicherung innerhalb von zwei Monaten nach dem Unfall
nicht zu ermitteln ist (§ 12a PflVersG).

Wann die Entschädigungsstelle eingeschaltet werden kann, ist nicht durchgängig klar. Jedenfalls **17**
soll sie (dem Erwägungsgrund 25 zufolge) nur in seltenen Einzelfällen beansprucht werden, insbesondere dann, wenn die ausländische Versicherung oder ihr deutscher Schadenregulierungsbeauftragter nicht pflichtgemäß tätig werden. Von erheblicher Bedeutung ist hierbei die Zweimonatsfrist des Art. 6 Abs. 1 Satz 4 der Richtlinie, binnen deren die Entschädigungsstelle tätig
wird, ihre Tätigkeit jedoch beendet, wenn die Versicherung oder ihr Schadenregulierer dem
Geschädigten eine mit Gründen versehene Antwort zukommen lässt. Diese zweimonatige Nach-
frist beinhaltet allerdings eine Reihe noch ungeklärter Fragen. Lassen jedoch Versicherung oder
Schadenrepräsentant die Zweimonatsfrist verstreichen, hat die Entschädigungsstelle die Schadenregulierung durchzuführen, und zwar in dem Umfang, wie der ausländische Versicherer den Schaden hätte abwickeln müssen.

Noch ungeklärt ist die Frage, ob die Entschädigungsstelle vom Geschädigten in Deutschland auch **18**
dann verklagt werden kann, wenn er mit deren Entscheidung unzufrieden ist.

19 Ihre **Passivlegitimation** wird grundsätzlich als vorliegend angesehen, da sie, wenn Versicherung und Schadenregulierer ihre Kompetenz nicht wahrgenommen haben, allein zur Entscheidung berechtigt ist. Unter Zugrundelegung von Art. 2 Abs. 1 EuGVÜ und §§ 12 ff. ZPO dürfte auch die Möglichkeit eines **Gerichtsstands in Deutschland** gegeben sein.

20

> *Hinweis:*
>
> *Das Schadenersatzrecht ist in weiten Teilen Europas – im Vergleich zu Deutschland – nicht sehr vorteilhaft geregelt. Abstriche gegenüber dem Inlandsstandard sind eher die Regel, insbesondere beim Schadenersatz. Hierauf muss sich nicht nur der Kraftfahrer, sondern auch sein deutscher Anwalt einstellen, der überdies in der Lage sein sollte, Recht und Praxis der Schadensabwicklung beim Auslandsunfall seinem Mandanten realistisch darzustellen.*

5. Konsequenzen für deutsche Anwälte

21 Die Umsetzung der 4. KH-Richtlinie (zum Text s. Rn. 576) hat erhebliche Konsequenzen für deutsche Anwälte, die sich mit der Bearbeitung von Auslandsunfällen befassen. Aber auch wenn bei einer etwaigen Inlandsabwicklung von Auslandsschäden das Fremdsprachenproblem teilweise wegfällt, ist doch die **Kenntnis des ausländischen Schadenersatzrechts** unabdingbar.

B. Übersicht über die Abwicklung von Verkehrsunfällen in den zwölf wichtigsten Reiseländern

22 Einen kurzgefassten Einblick in Recht und Praxis der Schadensabwicklung, aber auch ins einschlägige Verkehrsstrafrecht (bei verschuldeten oder mitverschuldeten Unfällen) von zwölf wichtigen Reise- bzw. Nachbarländern will die folgende Darstellung geben. Zur vertiefenden Befassung mit der Materie wird auf die obige, teils fremdsprachige Literatur verwiesen, die i.d.R. auch die zugehörige ausländische Rechtsprechung enthält (deren Wiedergabe den Rahmen dieser Kurzdarstellung sprengen würde). Da vielfach fremdsprachige und sonstige ausländische Quellen heranzuziehen waren, könnte sich die eine oder andere Ungenauigkeit ergeben haben, was berücksichtigt werden möge.

I. Belgien

1. Zivilrecht

23 Wer in Belgien unverschuldet in einen Verkehrsunfall verwickelt wird, sollte grds. seine **Schadensersatzansprüche,** wenn es sich nicht nur um einen Blechschaden handelt, über einen Anwalt geltend machen. Aufgrund der Fremdsprachigkeit des Landes war es bisher generell ratsam, dem Geschädigten die Beauftragung eines einheimischen Rechtsanwalts zu empfehlen, der (außer Französisch oder Niederländisch) auch Deutsch spricht. Entsprechende **Anwaltsadressen** sind über die Rechtsschutzversicherer, aber auch z. B. über die Juristische Zentrale des ADAC erhältlich. Ab In-Kraft-Treten der 4. Kfz-Haftpflichtrichtlinie im Januar 2003 kann ein deutscher Anwalt, der von einem in Belgien zu Schaden gekommenen Mandanten aufgesucht wird, dessen Ansprüche bei der zuständigen deutschen Schadenregulierungsstelle in deutscher Sprache geltend machen. Bei Personenschäden sollte es im Zweifel bei einer durch einen deutschen Anwalt Beratung mit Hilfe der nachfolgenden Erläuterungen bleiben. Anwaltskosten sind zwar in Belgien kein erstattbarer Schadensposten, jedoch sind sie im Allgemeinen – etwa im Vergleich mit Deutschland – eher moderat.

a) Kfz-Versicherungsrecht

Seit mehr als 30 Jahren besteht in Belgien ein **Haftpflichtobligatorium für Kfz**. Am 6.5.1991 ist **24** ein neues Kfz-Haftpflichtversicherungsgesetz (das 1989 erlassen worden ist) in Kraft getreten. Auf der Grundlage dieses Gesetzes über die obligatorische Haftpflichtversicherung können Schadensersatzansprüche aus Verkehrsunfällen direkt an die Kfz-Versicherung des gegnerischen Fahrzeugs gerichtet werden **(Direktanspruch)**.

Die **gesetzliche Mindestdeckung** in der Kfz-Haftpflichtversicherung ist sowohl für Personen- als **25** auch Sachschäden unbegrenzt (Ausnahme: bei durch Feuer oder Explosion verursachten Sachschäden wird bis maximal 1,25 Mio. € gehaftet). Im Innenverhältnis zwischen Versicherer und Versicherungsnehmer sind **Haftungsausschlüsse** oder -einschränkungen zulässig, z.B. in Bezug auf transportierte Sachen.

Ersatzansprüche aus Unfällen mit unversicherten, nicht ermittelbaren oder gestohlenen Kfz können **26** nen gegen den belgischen **Garantiefonds** (in Brüssel, gleiche Anschrift wie das Grüne-Karte-Büro; s. Anlage) gerichtet werden; das Gleiche gilt, wenn die haftende Versicherung in Konkurs gefallen oder ihr die Geschäftstätigkeit untersagt worden ist. Deutsche Geschädigte können den Fonds aufgrund einer Gegenseitigkeitsvereinbarung ebenfalls in Anspruch nehmen.

Bei Vorliegen von **Personenschäden** bestehen Ansprüche gegen den Fonds grds. in unbegrenzter **27** Höhe; bei **Sachschäden** sind gewisse Einschränkungen (z.B. Eigenanteil des Geschädigten) zu beachten. Außerdem müssen bestimmte **Meldefristen** (gegenüber der Polizei) eingehalten werden.

b) Schadensrechtliche Grundlagen

Ersatzansprüche aus Unfällen können grds. auf die Art. 1382 ff. des Bürgerlichen Gesetzbuchs **28** (Code Civil) gestützt werden, wobei dem Unfallverursacher ein **Verschulden** nachgewiesen werden muss. Bei technischem Defekt des Fahrzeugs wird ein Verschulden des Kfz-Halters vermutet; diese Vermutung ist widerlegbar. Ansonsten kann sich der für die Unfallfolgen Verantwortliche nur entlasten, wenn er beweist, dass der Schaden durch höhere Gewalt, Handeln eines Dritten oder des Geschädigten selbst eingetreten ist.

Seit dem 1.1.1995 (teilweise seit dem 1.7.1995) gilt eine **Neuregelung**, wonach Fußgänger, Rad- **29** fahrer und Kfz-Insassen (außer dem Fahrer) als Opfer von Verkehrsunfällen grds. unabhängig vom Vorliegen eines Verschuldens für erlittene Personenschäden Schadensersatz erhalten **(Kausalhaftung)**. Unfallopfern, die jünger als 14 oder älter als 70 Jahre sind, kann nicht einmal ein sog. unentschuldbarer Fehler entgegengehalten werden. Für Sachschäden gilt (auch gegenüber nicht motorisierten Personen) das Verschuldensprinzip.

c) Beweissicherung und Beweismittel

Für die **Unfallaufnahme** ist zu unterscheiden, ob Personenschäden oder nur Sachschäden vorlie- **30** gen. Unfälle mit **Personenschäden** sind auf jeden Fall von der Polizei aufzunehmen; kann diese nicht sogleich hinzugezogen werden, ist spätestens innerhalb von 24 Stunden Meldung zu erstatten.

Bei Unfällen mit reinen **Sachschäden** muss die Polizei nicht benachrichtigt werden. Es genügt **31** z.B., den sog. **Europäischen Unfallbericht**, den es auch in französischer Sprache gibt und der in Belgien sehr gebräuchlich ist, auszufüllen. Der deutsche Text dieses standardisierten Formulars ist gleich lautend mit dem französischen.

> *Hinweis:*
>
> *Da der Europäische Unfallbericht, wenn er von beiden Kontrahenten unterschrieben wird, hohen Beweiswert hat, sollte er sehr sorgfältig erstellt werden.*

32 Als **Beweismittel** im Hinblick auf Unfallhergang und Schaden sind außer dem o.g. Unfallbericht auch das Polizeiprotokoll, (möglichst kontradiktorische, d.h. einvernehmlich in Auftrag gegebene) Sachverständigengutachten, sonstige Dokumente und Zeugenaussagen verwendbar.

d) Versicherungsermittlung

33 Sind am Unfallort keine Angaben über die gegnerische Kfz-Haftpflichtversicherung in Erfahrung zu bringen, kann über einen Anwalt und gegen Gebühr beim **Straßenverkehrsamt** (Direction pour l'Immatriculation des Véhicules, Rue de la Loi 155, Brüssel) eine Versicherungsermittlung betrieben werden. Dort ist auch der jeweilige Kfz-Halter registriert.

e) Versicherungspraxis und -aufsicht

34 Soweit die Schadensabwicklung direkt mit belgischen Versicherungen betrieben wird, sollte möglichst in einer der beiden Hauptlandessprachen (Französisch oder Niederländisch – im Gebiet um Eupen und Malmedy auch in Deutsch) korrespondiert werden. Die meisten Versicherungen haben ihren Sitz in Brüssel. Dort können sie erforderlichenfalls auch verklagt werden.

35 Die **Abwicklungsdauer** kann selbst in einfachen Fällen ein halbes bis ein Jahr betragen. Die Beauftragung eines belgischen Anwalts beschleunigt erfahrungsgemäß die Regulierung. Parallel laufende strafrechtliche Ermittlungen führen oft zu erheblichen Verzögerungen.

36 Kommt es bei der Schadensabwicklung in Belgien zu Ungereimtheiten, kann bei der **Versicherungsaufsicht** (Office de Contrôle des Assurances, Avenue de Cortenbergh 61, Brüssel) Beschwerde eingelegt werden. Ggf. kann man auch die Vereinigung der belgischen Versicherungsgesellschaften UPEA um Intervention bitten.

f) Verjährung

37 Nach dem Kfz-Haftpflichtversicherungsgesetz verjähren Schadensersatzansprüche gegen die haftende Versicherung **fünf Jahre** nach dem Unfallzeitpunkt. Dies gilt auch für Ansprüche gegen den Schädiger, wenn die zivilrechtliche Forderung auf einer strafbaren Handlung beruht. Liegt dem Anspruch keine verfolgbare Tat zugrunde, tritt die Verjährung (gegen den Schädiger) erst nach 30 Jahren ein. Die Frist kann insbesondere durch Klageerhebung, aber auch durch strafrechtliche Verfahrenshandlungen unterbrochen werden.

g) Gerichtsverfahren

38 Führt die außergerichtliche Geltendmachung von Schadensersatzansprüchen nicht zum Erfolg, kommt eine Klageerhebung in Belgien in Betracht.

39 Die **örtliche Zuständigkeit** für **Schadenersatzklagen** liegt sowohl beim Gericht am Unfallort als auch bei demjenigen am Sitz der Kfz-Versicherung sowie am Wohnsitz des Schädigers. Meist wird am Versicherungssitz Klage erhoben und dabei der Schädiger mitverklagt.

40 **Sachlich zuständig** ist seit 1.1.1995 statt des früheren Friedensrichters (Juge de la Paix) bzw. Landgerichts (Tribunal Correctionnel) jetzt erstinstanzlich, soweit es sich um Verkehrsunfallsachen handelt, generell das Amtsgericht (Tribunal de Police); bei Streitwerten bis 1250 € ist dieses auch gleichzeitig letzte Instanz.

41 Als **Rechtsmittel** gegen ein Urteil des Tribunal de Police kommt bei Streitwerten von mehr als 1250 € die **Berufung** (Appel) zum Tribunal Correctionnel in Betracht.

42 Schadensersatzansprüche können auch im Rahmen eines Strafprozesses **(Adhäsionsverfahren)** geltend gemacht werden. Diesem Verfahren kann sich der Geschädigte als ziviler Nebenkläger anschließen. Die haftende Kfz-Versicherung wird i.d.R. ebenfalls ins Verfahren einbezogen; ein erlangtes Urteil kann dann direkt gegen sie vollstreckt werden. Adhäsionsverfahren sind in Belgien keine Seltenheit.

h) Anwalts- und Gerichtskosten

Die **außergerichtlichen Anwaltskosten** hat der Geschädigte immer selbst zu tragen. Sie richten sich entweder nach – nicht verbindlichen – regionalen Gebührentarifen oder nach einer mit dem Anwalt getroffenen freien Vereinbarung, im Allgemeinen aber nach dem vom Rechtsanwalt festgesetzten Honorarbetrag. Dieser liegt eher unter vergleichbaren deutschen Anwaltsgebühren.   **43**

Auch die **gerichtlichen Anwaltsgebühren** gehen zu Lasten der jeweiligen Partei; der Geschädigte muss somit seinen Anwalt auch dann selbst zahlen, wenn er den Prozess gewinnt.   **44**

Die **Gerichtskosten** müssen zwar vom Geschädigten als Kläger vorgestreckt werden; er erhält sie jedoch im Obsiegensfall von der Gegenseite erstattet. Ihre Höhe richtet sich nach der Gerichtsbarkeit.   **45**

i) Fahrzeugschadensersatz

aa) Reparaturkosten

Um Einwendungen gegen die Höhe der **Reparaturrechnung** und den Instandsetzungsumfang zu vermeiden, sollte das beschädigte Fahrzeug möglichst von der gegnerischen Versicherung besichtigt werden. Ein von dieser in Übereinstimmung mit dem Geschädigten veranlasstes (kontradiktorisches) Gutachten ist für die Beteiligten grds. bindend. Jedoch werden inzwischen meist auch in Deutschland erstellte **Gutachten** akzeptiert und der Schadensabwicklung zugrunde gelegt, wenn auch gelegentlich mit Abstrichen.   **46**

Bei Bagatellschäden wird oft auch auf der Basis eines **Kostenvoranschlags** abgerechnet. Bei nicht allzu hohen Schäden genügt eine Reparaturrechnung ohne Gutachten (aber unter Beifügung von Schadensfotos).   **47**

Die **Mehrwertsteuer** ist nach neuerer Rechtsprechung grds. auch bei fiktiver Schadensabrechnung zu zahlen.   **48**

bb) Totalschaden

Zur Ermittlung des **Wiederbeschaffungswertes** und des Restwerts ist ein Sachverständigengutachten erforderlich. Ist es von der belgischen Versicherung veranlasst worden (u. U. in Übereinstimmung mit dem Geschädigten als kontradiktorisches Gutachten), wird die Abrechnung ohne Schwierigkeiten auf dieser Basis erfolgen. Ausländische, z. B. deutsche Kfz-Gutachten werden zwar im Allgemeinen auch anerkannt; jedoch ist gelegentlich mit Einwendungen zu rechnen. Die Mehrwertsteuer ist nach höchstrichterlicher Rechtsprechung Teil des Schadens und somit, auch wenn kein Ersatzfahrzeug beschafft wird, grds. zu ersetzen. Etwaige **Verschrottungskosten** werden überwiegend von der Gegenseite übernommen, **Rückführungskosten** (da diese meist höher sind) eher nicht.   **49**

cc) Gutachterkosten

Wenn ein Kfz-Gutachten direkt von der gegnerischen Versicherung oder einvernehmlich nach Absprache mit dem Geschädigten erstellt wird, fallen für letzteren keine Kosten an. Die Auslagen für ein vom Geschädigten selbst in Auftrag gegebenes Gutachten werden dagegen eher selten von der Gegenseite übernommen. Auch die Rechtsprechung ist zurückhaltend beim Überbürden dieser Kosten auf den Schädiger bzw. auf seine Versicherung.   **50**

dd) Wertminderung

Außergerichtlich wird eine Wertminderung nur selten zuerkannt. Die Rechtsprechung hat sich gelegentlich für eine Erstattung (bis zu 10 % des Fahrzeugneu- oder Zeitwerts) ausgesprochen, wenn das beschädigte Kfz **höchstens ein Jahr alt** und **maximal 15 000 km** gelaufen war.   **51**

ee) Mietwagenkosten

52 Grds. werden Mietwagenkosten nur erstattet, wenn ein Ersatzfahrzeug unbedingt benötigt wird – etwa zur Berufsausübung (z.B. bei Gewerbetreibenden), nicht nur für Fahrten zum Arbeitsplatz. Manchmal werden Mietwagenkosten auch nach einem Unfall direkt vor oder während eines Urlaubs zugesprochen; von Fall zu Fall wird von der Rechtsprechung auch ohne diese Bedingungen ein Mietwagen zugestanden. Allerdings sind jeweils 10 – 20 % **ersparte Eigenkosten** abzuziehen. Mietwagenkosten werden im Allgemeinen für die Dauer der Reparatur (evtl. zuzüglich der Zeit der Gutachtenerstellung), bei Totalschaden meist nur für sechs bis neun Tage, gelegentlich auch bis zur Lieferung eines Ersatzfahrzeugs erstattet.

ff) Nutzungsentschädigung

53 Wenn der Geschädigte kein Mietfahrzeug nimmt, steht ihm grds. eine Nutzungsausfallentschädigung zu (bei Wiederinstandsetzung für die Reparaturzeit, oft zuzüglich Wartezeit; bei Totalschaden meist für sechs bis neun Tage, gelegentlich auch länger). Die Höhe der Entschädigung wird in unregelmäßigen Zeitabständen pauschal festgesetzt (zuletzt im Juli 2001) und in Form einer Tabelle im „Journal des Juges de Paix et de Police" veröffentlicht. Diese **Nutzungsausfallsätze** haben nur Richtliniencharakter. Für Motorräder gibt es zwischen 8 und 15 €, für Pkw ca. 20 € und für Lkw ab 45 € pro Tag.

gg) Abschleppkosten

54 Kosten für das Wegschaffen des Kfz vom Unfallort bis zur nächsten geeigneten Werkstätte werden übernommen, auch etwaige Standgebühren für eine angemessene Zeit.

hh) Kaskoselbstbehalt

55 Falls der Fahrzeugschaden über die eigene Vollkaskoversicherung abgewickelt wird, kann der Gegenseite die Kaskoselbstbeteiligung in Rechnung gestellt werden.

ii) Finanzierungskosten

56 Wenn der Geschädigte für die Reparaturkosten, für ein Ersatzfahrzeug oder die Mietwagenkosten nicht aufkommen kann, sind ihm grds. die hierfür aufzuwendenden Kreditkosten zu ersetzen. Notfalls kann er stattdessen **8 % Zinsen** für die Zeit ab der Vorfinanzierung der genannten Schadensposten verlangen.

jj) Unkostenpauschale

57 Allgemeine Unkosten (für Telefonate, Porto usw.) werden in der Praxis grds. nicht pauschal, sondern nur gegen **Einzelnachweis** erstattet. Die Gerichte sprechen gelegentlich Pauschalbeträge zu.

kk) Sonstige Schadenspositionen

58 Folgende weitere Schadensposten können im Einzelfall noch in Betracht kommen:

- **Übernachtungs- und Verpflegungskosten** werden bei entsprechender Unvermeidbarkeit zunehmend erstattet.

- **Gepäck- und Kleiderschäden** werden gegen entsprechende Nachweise, gelegentlich auch pauschal ersetzt.

- Für angemietete und wegen eines Unfalls nicht genutzte **Hotelzimmer** oder **Ferienwohnungen** wird grds. eine Ersatzleistung gezahlt.

j) Personenschadensersatz

aa) Heilbehandlungs- und Pflegekosten

Die tatsächlich angefallenen Arzt- und Heilbehandlungskosten werden ersetzt, soweit sie durch 59
entsprechende Belege nachgewiesen und nicht von einer Krankenkasse oder -versicherung übernommen werden. Auch etwaige Eigenanteile bei Erstattung durch private Krankenversicherungen
werden ersetzt. Ebenso sind Pflegekosten und vermehrte Bedürfnisse zu erstatten, u.U. sogar fiktive Pflegekosten.

bb) Verdienstausfall

Ein erwerbstätiger Geschädigter muss so gestellt werden, wie er ohne den Unfall gestanden hätte. 60
Bis zur Wiederherstellung des Gesundheitszustands wird der Verdienstausfall konkret errechnet;
die Entschädigung erfolgt **brutto,** wenn die Ersatzleistung steuer- und sozialabgabenpflichtig ist.
Bei **Dauerschäden** besteht eine Entschädigungspflicht, auch wenn kein konkreter Verdienstausfall
eingetreten ist. Je nach Grad und Schwere des Dauerschadens wird die Entschädigung nach Ermessen kapitalisiert oder als Rente gezahlt. Nicht erwerbstätige Hausfrauen, denen eine Haushaltsführung nicht mehr möglich ist, haben Anspruch auf Schadensersatz für eine Ersatzkraft; der Betrag
wird pauschal ermittelt und bezahlt, auch wenn keine Helferin eingestellt wird.

cc) Schmerzensgeld

Für schuldhaft zugefügte Körperverletzungen wird dem Geschädigten Schmerzensgeld gewährt. 61
Dabei wird sowohl die **körperliche Leistungsminderung** als auch das **Erleiden von Schmerzen**
berücksichtigt. Die Höhe der Entschädigung richtet sich nach Grad und Dauer der Arbeitsunfähigkeit (zwischen ca. 5 und 30 € pro Tag). Nach Gesundung, aber Vorliegen von Dauerschäden werden pro Invaliditätspunkt pauschal Beträge zwischen ca. 250 und 2000 € zugestanden. Für **ästhetischen Schaden** (z. B. Narben) wird je nach Schweregrad eine zusätzliche Entschädigung gezahlt,
und zwar zwischen ca. 250 und 50 000 € Schmerzensgeld. Für erlittene psychische Schmerzen
erhalten **nahe Angehörige** einer getöteten Person ca. 500 – 10 000 €. Als Grundlage für die
Bemessung von Schmerzensgeldern sollten möglichst belgische ärztliche Gutachten verwendet
werden.

dd) Unterhaltsentgang

Der Ersatzanspruch richtet sich nach den tatsächlichen Unterhaltsleistungen getöteter Erwerbstäti- 62
ger und wird meist pauschal aufgrund des Nettoeinkommens ermittelt. Bei Tötung einer nicht
erwerbstätigen Hausfrau wird deren fiktives Einkommen geschätzt (unter Abzug eigener Kosten).
Ersatzkräfte werden, wenn überhaupt, nur kurzfristig bezahlt.

ee) Sonstige Schadenspositionen

Folgende weitere Schadensposten können im Einzelfall noch in Betracht kommen: 63

- Die Erben erhalten die **Beerdigungskosten** ersetzt.

- **Fahrtkosten** nach Belgien zur ärztlichen Untersuchung werden erstattet, wenn die Versicherung einer dortigen Gutachtenerstellung zustimmt. Ausnahmsweise werden auch Kosten für
  Besuchsfahrten naher Angehöriger zum Krankenhaus bezahlt.

- Die **Sozialversicherung** (z. B. Krankenkasse) oder die private Krankenversicherung kann
  wegen der unfallbedingt aufgewendeten Heilbehandlungskosten beim Schädiger bzw. dessen
  Haftpflichtversicherung Regressforderungen stellen.

- Ersetzt wird auch die **Lohn- und Gehaltsfortzahlung** des Arbeitgebers oder der Sozialversicherung.

2. Strafrecht

64 Hat ein Kraftfahrer in Belgien einen Unfall (allein oder mit-) verursacht, kann er nach dem dortigen Straßenverkehrsgesetz (Code de la Route) oder dem Strafgesetzbuch (Code Pénal) verfolgt werden. Einer Ahndung wird dabei meist einer der im Folgenden erwähnten Tatbestände zugrunde liegen, die im Rahmen von Verkehrsunfällen häufig vorkommen:

a) Tatbestände

aa) Verkehrsverstöße

65 Unter die sog. schweren Verkehrsverstöße (Infractions graves), die vielfach unfallsächlich sind, fallen z. B. erhebliche Geschwindigkeitsüberschreitungen (mehr als 10 km/h zu schnell), Rotlichtverstöße, Vorfahrtsverletzungen, Überholverbotsverstöße oder sonstige (nicht nur leichte) Verkehrszuwiderhandlungen. Die als „schwer" bezeichneten Verstöße (14 Tatbestände) sind in Art. 10 des belgischen Straßenverkehrsgesetzes (StVG) abschließend aufgezählt. Sie werden mit Geldbußen zwischen 140 und 2500 € geahndet; es können auch Haftstrafen zwischen acht Tagen und einem Monat verhängt werden, außerdem Führerscheinmaßnahmen für die Dauer von acht Tagen bis zu fünf Jahren (Fahrverbot/Führerscheinentzug).

bb) Fahrlässige Körperverletzung/Tötung

66 Nach Art. 420 des belgischen Strafgesetzbuchs (StGB) wird fahrlässige Körperverletzung (Blessures involontaires) mit Geldstrafe von 250 – 2500 € und/oder Freiheitsstrafe von 8 Tagen bis zu 6 Monaten geahndet. Zudem kann ein Fahrverbot oder ein Führerscheinentzug von 8 Tagen bis zu 5 Jahren ausgesprochen werden.

Für die fahrlässige Tötung (Homicide involontaire, Art. 419 StGB) sind folgende Strafen und Maßnahmen vorgesehen:

- Geldstrafe: 250 – 5000 €;
- Freiheitsstrafe: 3 Monate bis 2 Jahre;
- Führerscheinmaßnahmen: 8 Tage bis 5 Jahre.

cc) Trunkenheitsfahrt

67 Die Ahndung einer Trunkenheitsfahrt (Alcoolémie) erfolgt nach Art. 34 StVG, wobei unterschieden wird, ob die Alkoholisierung zwischen 0,5 und 0,8 ‰ oder aber darüber liegt. Bei **BAK-Werten** (oder entsprechenden Atemluft-Messwerten) **zwischen 0,5 und 0,8 ‰** kann an Ort und Stelle ein dreistündiges sofortiges Fahrverbot sowie ein Verwarnungsgeld von 125 € verhängt werden. Muss die Staatsanwaltschaft oder der Richter entscheiden, geht der Strafrahmen bis zu 2500 €.

68 Liegt der **BAK-Wert über 0,8 ‰**, sind folgende Sanktionen vorgesehen:

- sechsstündiges sofortiges Fahrverbot;
- vorläufiger Führerscheinentzug (insbesondere bei mehr als 1,5 ‰);
- Geldstrafen bis zu 10 000 € (Staatsanwaltschaft), bzw. ab 1000 – 10 000 € (Gericht);
- Freiheitsstrafe zwischen 15 Tagen und 6 Monaten (alternativ oder zusätzlich);
- Fahrverbot/Führerscheinentzug zwischen 8 Tagen und 5 Jahren.

dd) Unfallflucht

69 Die Bestrafung der Unfallflucht (Délit de fuite en cas d'accident) erfolgt gem. Art. 33 StVG. Es wird unterschieden zwischen Unfallflucht mit nur Sachschaden und solcher mit Personenschaden. Bei **Sachschaden** kann die Staatsanwaltschaft Geldstrafen bis zu 10 000 €, das Gericht Geldstrafen zwischen 1000 und 10 000 € verhängen. Freiheitsstrafen von 15 Tagen bis 6 Monaten sind (alternativ oder zusätzlich) möglich, außerdem Führerscheinentzug zwischen 8 Tagen und 5 Jahren.

Bei Unfallflucht mit **Verletzten oder Toten** gelten folgende Strafdrohungen: 70

- Vorläufiger Führerscheinentzug, Geldstrafe bis 25 000 € (bei Ahndung durch das Gericht: Minimum 2000 €).

- Freiheitsstrafe bis zu 2 Jahren kann alternativ oder zusätzlich verhängt werden.

- Bei gerichtlicher Verurteilung erfolgt immer zusätzlich ein Führerscheinentzug (8 Tage bis 5 Jahre).

b) Strafvollstreckung

Belgische **Bußgeld- oder Strafbescheide** bzw. Strafurteile wegen Verkehrszuwiderhandlungen   71
können gegen ausländische (deutsche) Kraftfahrer nach Eintritt der Rechtskraft grds. nur in Belgien vollstreckt werden, wenn der Betroffene im Land wohnt oder anlässlich einer Ein- oder Durchreise angehalten wird.

Im Rahmen des regelmäßigen **Strafnachrichtenaustauschs** zwischen beiden Ländern, wonach in   72
Belgien **rechtskräftig gewordene Strafurteile** ans Zentralregister in Berlin gemeldet werden, erfahren die deutschen Strafverfolgungsbehörden von Auslandstaten. Der Vollstreckungs- und Auslieferungsverkehr spielt in Verkehrsstrafsachen soweit ersichtlich, keine große Rolle. Mit der Ratifizierung des EU-Übereinkommens von 1998 über die Vollstreckung ausländischer Führerscheinentzüge bzw. dem In-Kraft-Treten eines Europäischen-Geldbußenvollstreckungs-Übereinkommens ist kurzfristig nicht zu rechnen.

II. Dänemark

1. Zivilrecht

Aufgrund der unterschiedlichen Gestaltung des dänischen (gegenüber dem deutschen) Haftungs-   73
recht sollten Unfallgeschädigte einem mit dem dänischen Recht vertrauten Anwalt die Geltendmachung ihrer Schadensersatzansprüche übertragen. Im Rahmen der 4. Kfz-Haftpflichtversicherungsrichtlinie der EU (s. dazu Rn. 6 ff. und zum Wortlaut Rn. 576) kann dies in einfach gelagerten Fällen u.U. auch ein deutscher Rechtsanwalt, der sich an die hiesige Regulierungsstelle wendet.

a) Kfz-Versicherungsrecht

Alle im dänischen Straßenverkehr zugelassenen Kraftfahrzeuge müssen haftpflichtversichert sein.   74
Auf der Grundlage des Gesetzes über den Straßenverkehr/StVG (Straßenverkehrsgesetz Nr. 58 vom 17.2.1986) können Geschädigte ihre Ansprüche direkt an die Kfz-Versicherung des Schädigers richten.

Die gesetzliche Mindestversicherungsdeckung beträgt bei Personenschäden 81 Mio. dänische Kro-   75
nen (umgerechnet etwa 11,35 Mio. €), bei Sachschäden 16 Mio. Kronen (ca. 2,25 Mio. €).

Wird der Unfallschaden von einem nicht versicherten oder flüchtigen Schädiger angerichtet, haftet   76
grundsätzlich der dänische Garantiefonds (der beim Danish Motor Insurers' Bureau in Kopenhagen, Amaliegade 10, eingerichtet ist) für die Ersatzleistung. Bei Unfallflucht werden allerdings nur die eingetretenen Personenschäden ersetzt.

b) Schadensrechtliche Grundlagen

Nach dem dänischen Gesetz über die Verpflichtung zum Schadensersatz/SG (Schadensersatzgesetz   77
Nr. 228 v. 23.5.1984, zuletzt geändert durch Gesetz Nr. 463 v. 7.6.2001, in Kraft seit 1.7.2002) haftet der Unfallverursacher für Sachschäden nach dem **Verschuldensprinzip**. Von diesem Grundsatz wird jedoch abgewichen, wenn der Schädiger z.B. Fußgänger oder Radfahrer ist und keine **Haftpflichtdeckung** hat, wenn er nur leicht fahrlässig gehandelt hat oder wenn der Geschädigte voll-

kaskoversichert ist. Dann kann der Geschädigte nur Ersatz für den Teil des Schadens verlangen, der nicht durch eine eigene (Kasko-) Versicherung abgedeckt wird, i.d.R. also lediglich die Vollkasko-Selbstbeteiligung.

78 Wegen des **Ersatzes von Personenschäden** können sich Geschädigte auf die Gefährdungshaftung der §§ 101 ff. des dänischen Straßenverkehrsgesetzes (StVG) stützen. Beim Zusammenstoß von Kraftfahrzeugen haften die Halter und Fahrer der beteiligten Fahrzeuge objektiv; bei dieser Art der **Kausalhaftung** sind fast keine Einwendungen möglich, auch nicht der Nachweis der Unabwendbarkeit. Allenfalls Vorsatz eines Geschädigten kann den Ersatzanspruch mindern oder ausschließen. Nach dem dänischen Haftungsrecht können grundsätzlich alle bei einem Kfz-Unfall verletzten Beteiligten ihren Personenschaden ersetzt verlangen. So kann z.B. bei einem Auffahrunfall auch der verletzte Fahrer des auffahrenden Kfz Ansprüche bei der Versicherung des Vordermanns geltend machen.

c) Beweissicherung und Beweismittel

79 Sachschäden können mit Hilfe des **Europäischen Unfallberichts-Formulars/**Agreed Statement of Facts on Motor Vehicle Accident (beim ADAC mehrsprachig erhältlich) einvernehmlich von den Unfallkontrahenten aufgenommen werden. Ordnungsgemäß ausgefüllt und unterschrieben, wird es von den Versicherungen der Schadensregulierung zugrundegelegt. Bei Verkehrsunfällen mit Personenschäden wird von der Polizei (Tel. 112) ein **Unfallprotokoll** erstellt. Dieses dient auch im Prozessfall als **Beweismittel**. Weitere Beweismittel sind Aussagen neutraler Zeugen und gerichtlich angeordnete, im Verfahren vorgetragene Sachverständigengutachten. Bei außergerichtlicher Schadensabwicklung werden i.d.R. auch ausländische Kfz-Gutachten anerkannt.

d) Versicherungsermittlung

80 Sowohl Versicherungsdaten als auch Halterangaben sind beim **Kraftfahrzeug-Zentralregister** in Kopenhagen, Leifsgade 33, registriert. Anhand des Kfz-Kennzeichens kann dort vom Geschädigten oder von seinem Anwalt die Versicherungsanschrift samt Policennummer abgerufen werden.

e) Versicherungspraxis und -aufsicht

81 *Hinweis:*

Bei Personenschäden und größeren Sachschäden sollte man aufgrund der Besonderheiten des dänischen Kfz-Haftungsrechts die Schadensabwicklung mit der gegnerischen Versicherung einem mit dem dortigen Recht vertrauten Anwalt übertragen.

82 Bei Vorliegen von Sachschäden wird grundsätzlich eine Bestätigung des deutschen Versicherers des Geschädigten verlangt, ob eine Vollkaskoversicherung besteht und ob diese ggf. in Anspruch genommen worden ist. Bei Personenschäden verlangt die dänische Versicherung das Polizeiprotokoll.

83 Die Regulierungsdauer beträgt im Allgemeinen mindestens ein halbes Jahr.

84 Gibt es Anlass zu Beschwerden über die abwickelnde Kfz-Versicherung, kann die Versicherungsaufsicht beim dänischen Industrieministerium in Kopenhagen eingeschaltet werden.

f) Verjährung

85 Schadensersatzansprüche verjähren generell nach fünf Jahren – sowohl gegen den Schädiger als auch gegen dessen Kfz-Haftpflichtversicherung, und zwar im Rahmen der Verschuldens- wie auch der Gefährdungshaftung.

g) Gerichtsverfahren

Örtlich zuständig für **Schadensersatzklagen** gegen dänische Kfz-Haftpflichtversicherungen ist das Gericht am Sitz des jeweiligen Versicherers. Wird nur gegen den Unfallverursacher geklagt, ist dessen Wohnsitzgericht zuständig. Es können jedoch auch der Schädiger und seine Versicherung gemeinsam verklagt werden. **86**

Sachlich zuständig ist in erster Instanz je nach Streitwert das Amts- oder das Landgericht. **Adhäsionsverfahren** (Geltendmachung von Schadensersatzansprüchen im Strafverfahren gegen den Unfallverursacher) sind in Dänemark nicht unüblich. **87**

Das **Rechtsmittel** der Berufung ist (innerhalb von vier Wochen) gegen amtsgerichtliche Urteile bei Streitwerten von mehr als 10 000 Kronen (umgerechnet etwa 1 340 €) statthaft. Landgerichtliche Urteile können ebenfalls mit der Berufung angefochten werden, und zwar innerhalb von acht Wochen. **88**

Bei keinem der genannten Gerichte besteht **Anwaltszwang**. Werden Ansprüche aber klageweise geltend gemacht, ist es sehr ratsam, einen Deutsch sprechenden dänischen Rechtsanwalt mit der Vertretung zu beauftragen. **89**

h) Anwalts- und Gerichtskosten

Für die außergerichtliche Geltendmachung von Schadensersatzansprüchen durch Anwälte gibt es **keine verbindliche Gebührenordnung**. Rechtsanwälte müssen bei der Honorarfestsetzung lediglich die allgemeinen Richtlinien der Anwaltskammer beachten. Meist wird nach Zeitaufwand – unter Berücksichtigung des Gegenstandswerts – abgerechnet. Es kann auch ein Erfolgshonorar vereinbart werden. Außergerichtliche Anwaltgebühren werden von dänischen Versicherungen i.d.R. nicht erstattet, in schwierigen Fällen mit hohem Streitwert erfolgt allenfalls gelegentlich eine anteilige Kostenberücksichtigung. **90**

Die Gebühren, die bei einer gerichtlichen Anwaltsvertretung entstehen, sind im Obsiegensfall grundsätzlich zu erstatten, ebenso die Gerichtskosten; die vom Gericht festgesetzten Prozesskosten entsprechen aber selten den tatsächlich angefallenen Kosten. Sonstige Verfahrenskosten, etwa für Übersetzer und Dolmetscher, gehen jedoch selbst bei Obsiegen meist zu Lasten des Geschädigten. **91**

i) Sachschadensersatz

aa) Reparaturkosten

Die Kosten für die Wiederinstandsetzung eines unfallbeschädigten Fahrzeugs sind bis zur Höhe seines **Wiederbeschaffungswerts** zu ersetzen. Der Schadensumfang kann durch Reparaturrechnung, Gutachten oder (in Bagatellfällen) Kostenvoranschlag nachgewiesen werden. Grundsätzlich ist es ratsam, der dänischen Versicherung die Besichtigung des Fahrzeugschadens zu ermöglichen, um etwaige Einwendungen gegen erst in Deutschland erstellte Schadensbelege zu erschweren. Entschädigungsansprüche bestehen auch für selbst oder nicht reparierte Unfallfahrzeuge. **92**

bb) Totalschaden

Bei totalbeschädigten Fahrzeugen wird der von einem Kfz-Sachverständigen ermittelte Wiederbeschaffungswert abzüglich des Restwerts ersetzt. Für schwer beschädigte Fahrzeuge mit höchstens 1000 km Laufleistung besteht grundsätzlich Anspruch auf ein Neufahrzeug. **93**

cc) Gutachterkosten

Wenn das Unfallfahrzeug von der dänischen Kfz-Versicherung besichtigt wird, fallen dafür keine Kosten an. Wird ein Gutachten erst in Deutschland erstellt, werden dem Geschädigten die hierfür entstandenen Sachverständigenkosten im Allgemeinen ersetzt. **94**

dd) Wertminderung

95 Ein durch Verkehrsunfall eingetretener Minderwert wird i.d.R. berücksichtigt, wenn das Unfallfahrzeug nicht mehr als zwei Jahre alt ist und der Schaden wenigstens 30 % des Fahrzeugwerts
ausmacht. Die Höhe der Wertminderung wird erforderlichenfalls von einem Sachverständigen festgesetzt.

ee) Mietwagenkosten

96 Die Kosten für ein Mietfahrzeug werden nur erstattet, wenn der Geschädigte das Kfz zur Berufsausübung und nicht etwa nur zum Erreichen seiner Arbeitsstätte benötigt. Ein Mietwagen wird nur
für die tatsächliche Dauer der Reparatur, bei Totalschaden für längstens zwei Wochen bezahlt. Ein
gewisser Prozentsatz für ersparte Eigenkosten wird abgezogen.

ff) Nutzungsentschädigung

97 Eine Entschädigung für die entgangene Fahrzeugnutzung wird nicht bezahlt.

gg) Abschleppkosten

98 Die Kosten für das Abschleppen (bis zur nächsten geeigneten Werkstätte) werden – gegen Vorlage
einer quittierten Rechnung – von der dänischen Versicherung des Unfallkontrahenten ersetzt.

hh) Kaskoselbstbehalt

99 Wenn der Fahrzeugschaden über die eigene Vollkaskoversicherung abgewickelt worden ist, hat die
Kfz-Versicherung des Unfallverursachers die verbliebene Selbstbeteiligung (gegen Vorlage eines
Abrechnungsschreibens der Kaskoversicherung) zu übernehmen.

ii) Finanzierungskosten

100 Kreditkosten für die etwaige Vorfinanzierung des Unfallschadens werden von der Gegenseite nicht
übernommen.

jj) Unkostenpauschale

101 Eine Unkostenpauschale wird nicht gezahlt; allgemeine Nebenkosten, z.B. Aufwendungen für
Porto und Telefon, müssen einzeln belegt werden, um sie erstattet zu bekommen.

kk) Sonstige Schadenspositionen

102 Alle weiteren Schadensposten, die im Zusammenhang mit dem Fahrzeugschaden unfallbedingt
entstanden sind, wie etwa Gepäck- und Kleiderschäden oder zusätzliche Übernachtungs- und Verpflegungskosten, können gegen Vorlage von Einzelbelege ersetzt verlangt werden.

j) Personenschadensersatz

aa) Heilbehandlungs- und Pflegekosten

103 Krankenhaus-, Arzt- und sonstige Heilbehandlungskosten sind nach § 1 Abs. 1 des Schadensersatz-
gesetzes/SG (in der seit dem 1.7.2002 geltenden Fassung) zu übernehmen. Über die tatsächlich entstandenen Kosten sind Rechnungen vorzulegen. Auch etwaige Pflegekosten und Kosten für vermehrte Bedürfnisse sind von der Gegenseite im nachgewiesenen Umfang zu tragen.

bb) Verdienstausfall

Während einer vorübergehenden Arbeitsunfähigkeit kann der Geschädigte den tatsächlich eingetretenen Verdienstausfall ersetzt verlangen, § 2 Abs. 1 SG. Maßgeblich für die Berechnung der konkreten Höhe des Verdienstausfalls ist die Zeit zwischen dem Schadenseintritt und dem Beginn der Arbeitswiederaufnahme bzw. der Stabilisierung des Gesundheitszustands des Verletzten.   104

Kommt es aufgrund Dauerschadens zu einem zeitlich unbegrenzten Minderverdienst, wird dessen Ausgleich unter Zugrundelegung des vor dem Unfall erzielten Jahresbruttoeinkommens errechnet, § 7 Abs. 1 SG. Die Erwerbsminderung muss aber mindestens 15 % betragen, § 5 Abs. 3 SG. Es besteht Anspruch auf Auszahlung eines Kapitalbetrags. Der höchstmögliche Erstattungsbetrag bei Erwerbsunfähigkeit beträgt gem. § 6 Abs. 2 SG nunmehr 6,02 Mio. Kronen (ca. 840 000 €).   105

Nichterwerbstätige Geschädigte werden gem. § 8 Abs. 1 Personen mit Arbeitseinkommen grundsätzlich gleichgestellt. So steht z.B. auch Hausfrauen für den Ausfall ihrer Arbeitskraft eine Entschädigung zu, die vom Grad des Dauerschadens abhängig ist und in einem Kapitalbetrag festgesetzt wird. Letzterer beträgt bei 100%igem Versehrtengrad seit neuestem 573 500 Kronen (80 000 €). Weitere Einzelheiten regelt das novellierte Schadensersatzgesetz, dessen Neuregelungen am 1.7.2002 in Kraft getreten sind.   106

cc) Schmerzensgeld

Die einschlägige Schmerzensgeldregelung enthält § 3 SG. Bis zuletzt wurde das Schmerzensgeld für zeitlich begrenzte Verletzungen danach bemessen, ob der Verletzte bettlägerig war (dann erhielt er eine Tagespauschale von 170 Kronen, umgerechnet etwa 23 €) oder ob er ohne Bettlägerigkeit krank war (dann bekam er 80 Kronen, ca. 11 € täglich). Seit 1.7.2002 gibt es ein gesetzliches Schmerzensgeld von 130 Kronen (rund 17 €) pro Krankheitstag, wobei keine weitere Differenzierung mehr vorgenommen wird. In besonderen Fällen kann gem. § 3 Satz 2 SG ein Schmerzensgeld gewährt werden, ohne dass die schädigende Handlung eine Krankheit hervorgerufen hat. Die Schmerzensgeldobergrenze beträgt jeweils 50 000 Kronen (etwa 6 700 €).   107

Bei **Dauerschäden** sind Kriterien wie Verletzungsart, Schadensumfang und Beeinträchtigung der persönlichen Lebensgestaltung für die Ermittlung der Schmerzensgeldhöhe ausschlaggebend. Die höchstmögliche Entschädigung in Form eines Kapitalbetrags beträgt hier 302 000 Kronen (ca. 40 000 €), in Ausnahmefällen bis zu 20 % zusätzlich, also 362 500 Kronen (rund 50 000 €).   108

Angehörige haben bei Unfalltod keine eigenen Schmerzensgeldansprüche.   109

dd) Unterhaltsentgang

Im Falle der **Tötung erwerbstätiger Angehöriger** (Ehe- oder Lebenspartner, Kinder) steht diesen ein Anspruch wegen entgangenen Unterhalts zu, § 12 SG. Gem. § 13 Abs. 1 beträgt der Schadensersatz für Ehegatten oder Lebensgefährten 30 % dessen, was der Getötete bei vollem Wegfall der Erwerbstätigkeit voraussichtlich als Verdienstausfall erhalten hätte. Der Mindestbetrag liegt jedoch bei 623 500 Kronen (etwa 87 000 €). Bei Unfalltod nach Vollendung des 55. Lebensjahres wird der Versorgerschadensersatz um 3 % jährlich gekürzt, § 13 Abs. 2 SG.   110

Die **Entschädigung für hinterbliebene Abkömmlinge** wird nach dem Gesetz über die Rechtsstellung von Kindern berechnet und betraglich festgesetzt. War der Verstorbene Alleinversorger, wird der zu zahlende Schadensersatz um 100 % erhöht, § 14 SG.   111

Wird ein **nichterwerbstätiger Versorger**, der etwa durch die Haushaltsführung Unterhaltsleistungen erbracht hat, getötet, so wird der Unterhaltsentgang gem. §§ 12, 1 Abs. 3 SG genauso errechnet wie bei Erwerbstätigen; der Wert der Hausarbeit wird gewerblichem Einkommen gleichgestellt.   112

ee) Sonstige Schadenspositionen

113 • Kosten für Krankenhaus-Besuchsfahrten naher Angehöriger werden übernommen bei schweren Verletzungen des Unfallgeschädigten.

• Bei einer erheblich verletzten Ehefrau oder Mutter können die Kosten einer Haushaltshilfe allenfalls für einen begrenzten Zeitraum geltend gemacht werden.

• Schadensersatz für angemessene Beerdigungskosten bei Tod des Versorgers ist gem. § 12 SG zu zahlen.

• Für vom Arbeitgeber geleistete Lohnfortzahlung kann dieser Regress beim Schadensersatzpflichtigen nehmen, § 17 Abs. 2 SG.

• Nach der Sozialgesetzgebung erbrachte Leistungen von Versicherungsträgern sind grds. nicht regressfähig.

2. Strafrecht

114 Verkehrszuwiderhandlungen können in Dänemark sowohl nach dem Straßenverkehrsgesetz vom 17.2.1986 (mit späteren Novellierungen) als auch nach dem Strafgesetzbuch (StGB) geahndet werden. In Letzterem sind insbesondere die Tatbestände der fahrlässigen Körperverletzung und Tötung enthalten.

Je nach Schwere der Tat werden Geldbußen oder Geldstrafen, Arrest oder Gefängnisstrafen verhängt.

a) Tatbestände

aa) Verkehrsverstöße

115 Das Straßenverkehrsgesetz/StVG (Danish Road Traffic Act) beinhaltet eine Reihe von Tatbeständen, die häufig im Zusammenhang mit der Verursachung von Verkehrsunfällen erfüllt werden, etwa **Verstöße gegen Höchstgeschwindigkeitsvorschriften**. Bestimmungen über Geschwindigkeit sind in §§ 41 – 43 StVG enthalten; Zuwiderhandlungen werden gem. § 42 geahndet und betragen zwischen 500 und 7 000 Kronen (ca. 67 – 940 €). Sonstige unfallträchtige Verkehrsverstöße und Geldbußen: Rotlichtmissachtung (§ 4: 1 000 – 1 500 Kronen/135 – 200 €), Vorfahrtsverletzung (§ 26: 1 500 Kronen/200 €), Überholverbotsverstoß (§ 23: 1 000 Kronen/135 €).

bb) Fahrlässige Körperverletzung/Tötung

116 Nach § 249 StGB wird **fahrlässige Körperverletzung** mit Geld- oder Freiheitsstrafe (im ungünstigsten Fall – bei fahrlässiger schwerer Körperverletzung) bis zu vier Jahren bestraft. In minder schweren Fällen ist zur gerichtlichen Verfolgung ein Strafantrag des Geschädigten/Verletzten erforderlich. **Fahrlässige Tötung** wird gem. § 241 StGB bestraft. Auch hierauf steht entweder Geld- oder Freiheitsstrafe (bis zu vier Jahren).

Bei grob unachtsamem Fahren kann zusätzlich eine Führerscheinmaßnahme (**Fahrerlaubnisentzug** ab sechs Monaten) gem. §§ 125 ff. StVG ausgesprochen werden.

cc) Trunkenheitsfahrt

117 Trunkenheit am Steuer (BAK von mehr als 0,5 ‰) wird nach § 53 StVG mit mindestens 4 000 Kronen (ca. 535 €) Geldstrafe geahndet. Bei 0,51 – 0,8 ‰ wird auch im Wiederholungsfall nur eine Geldstrafe, beim 3. oder 4. Mal eine Freiheitsstrafe ausgesprochen. Bei 0,81 – 1,2 ‰ wird beim erstmaligen Verstoß eine Geldstrafe, danach Haftstrafe und Führerscheinentzug (je nach den Tatumständen mit oder ohne Bewährung) verhängt. Ergibt sich ein Alkoholwert von mehr als 1,2 ‰, werden Freiheits- und Geldstrafen sowie Führerscheinentzug ausgesprochen.

dd) Unfallflucht

Die Regeln, die Unfallbeteiligte zu beachten haben, sind in § 9 StVG enthalten. Danach ist Verletz-   118
ten Hilfe zu leisten. Sowohl bei Personen- als auch bei Sachschaden sind Verletzte oder Geschädigte auf Wunsch über die persönlichen Daten zu informieren; bei Körperverletzungen ist auch die
Polizei zu unterrichten. Ist bei Sachschaden der Geschädigte nicht erreichbar, ist ebenfalls die Polizei über die Beschädigung zu informieren. Bei Sachschäden können für etwaige Verstöße Geldstrafen von 1 000 Kronen (etwa 135 €) verhängt werden; liegt Unfallflucht oder unterlassene Hilfeleistung bei Personenschäden vor, kann Freiheitsstrafe verhängt werden.

b) Strafvollstreckung

Rechtshilfe zwischen Dänemark und Deutschland wird nach dem Europäischen Übereinkommen   119
über die Rechtshilfe in Strafsachen vom 20.4.1959 geleistet; es ist das Zusatzprotokoll vom
17.3.1978 zu berücksichtigen. Zu beachten sind auch die von der dänischen und deutschen Regie-
rung abgegebenen Vorbehalte und Erklärungen sowie eine ergänzende Vereinbarung von 1971. Im
Verfahren wegen Ordnungswidrigkeiten und bei der Zustellung bestimmter Urkunden wird ebenfalls Rechtshilfe geleistet. Das Europäische Übereinkommen über die Führerscheinentzugsvollstreckung (1998) ist zwar unterzeichnet worden, bisher aber nicht in Kraft getreten. Ebensowenig ein
Geldstrafen- und Bußenvollstreckungsabkommen.

III. Frankreich

1. Zivilrecht

Das französische Haftungsrecht weicht erheblich vom deutschen ab. Dies gilt sowohl für die **Haf-**   120
tungsgrundlagen als auch für den **Umfang der Schadenersatzansprüche**. Insbesondere bei **Per-**
sonenschäden ist das französische Recht großzügiger; beim Sachschadenersatz sind hingegen
Abstriche zu machen gegenüber den Ansprüchen, die nach einem Unfall in Deutschland durchsetzbar wären.

Hinweis: 121

Infolge dieser starken Abweichungen ist es bei einem schweren Unfall ratsam, einen Rechts-
anwalt in Frankreich auch nach In-Kraft-Treten der 4. Kfz-Haftpflichtrichtlinie der EU mit
der Schadenabwicklung zu betrauen. Allerdings ist zu berücksichtigen, dass die außergericht-
lichen Anwaltskosten in Unfallsachen nicht der gegnerischen französischen Versicherung
angelastet werden können, sondern immer vom Geschädigten selbst zu tragen sind – es sei
denn, er ist verkehrsrechtsschutzversichert.

---

a) Kfz-Versicherungsrecht

Vor etwa 40 Jahren wurde in Frankreich die allgemeine Pflicht zur Versicherung von Kraftfahrzeu-   122
gen (außer staatlichen Fahrzeugen) eingeführt.

Gem. Art. L. 124-3 Versicherungsgesetz (Code des Assurances) besteht ein **Direktanspruch** gegen
die Kfz-Haftpflichtversicherung.

Für Personenschäden ist die gesetzliche **Mindestdeckung** unbeschränkt, für Sachschäden beträgt
sie 460.000 €.

Ein der Verkehrsopferhilfe entsprechender **Garantiefonds** (Fonds de Garantie Automobile) hat für
Personen- und Sachschäden aufzukommen, die mit einem nicht versicherten Kraftfahrzeug verursacht werden. Ist der Unfallverursacher flüchtig, besteht gegen den Fonds ein Anspruch auf Per-
sonenschadenersatz; Sachschaden wird in einem solchen Fall nur ersetzt, wenn gleichzeitig auch

Personen verletzt werden. I. Ü. tritt der Garantiefonds nur subsidiär ein, d. h. wenn nicht anderweitig (z. B. über eine Kaskoversicherung) eine Entschädigung zu erhalten ist. Gegenüber dem Fonds gelten kürzere Anmelde- und Verjährungsfristen als gegenüber sonstigen Haftenden.

b) Schadensrechtliche Grundlagen

123 Schadensersatzansprüche aus Unfällen mit Kraftfahrzeugen werden grds. auf die Art. 1 – 6 des Gesetzes Nr. 85-677 vom 5.7.1985 (Loi Badinter) gestützt. Insbesondere nichtmotorisierte Verletzte (Fußgänger, Radfahrer, aber auch Kfz-Insassen) können sich hierbei auf eine Art **Kausalhaftung** (Gefährdungshaftung) gegenüber Fahrer und Halter stützen. Körperverletzten unter 16 und über 70 Jahren kann nicht einmal ein „unentschuldbares Fehlverhalten" vorgeworfen werden; ihnen gegenüber wird immer voll gehaftet. Für Sachschäden, die durch Kfz verursacht werden, kommt Gefährdungshaftung mit Verschuldensvermutung zum Tragen; jedoch kann ein Mitverschulden eingewendet werden. Schäden durch nichtmotorisierte Verkehrsteilnehmer werden auf der Grundlage der Art. 1382 – 1384 Zivilgesetzbuch (Code Civil) geltend gemacht.

c) Beweissicherung und Beweismittel

124 Unfälle, die lediglich Sachschäden zur Folge haben, werden in Frankreich grds. ohne polizeiliche Hilfe von den Beteiligten mittels eines Unfallberichtsformulars (**Constat amiable** d'accident automobile/**Europäischer Unfallbericht**) aufgenommen. Dieses Formular wird praktisch von allen französischen Autofahrern mitgeführt; ordnungsgemäß ausgefüllt und von den Kontrahenten unterschrieben, hat es hohen Beweiswert. Die Polizei ist zur Unfallprotokollierung nur verpflichtet, wenn entweder Personenschaden vorliegt oder wenn eine Straftat, etwa Unfallflucht, begangen wurde.

125 Außer polizeilichen oder privaten Protokollen gelten als Beweismittel u. a. Fotos, (neutrale) Zeugenaussagen und Dokumente wie Gutachten oder Reparaturrechnungen.

d) Versicherungsermittlung

126 Über das amtliche Fahrzeugkennzeichen kann in Frankreich lediglich der Halter, nicht aber die Kfz-Versicherung für das jeweilige Fahrzeug ermittelt werden. Bei den **Kfz-Zulassungsstellen** (Präfekturen) werden nur die Halterdaten registriert. Die Versicherungsangaben müssen einer Vignette (**Plakette**) entnommen werden, die bei jedem Fahrzeug an der Windschutzscheibe angebracht ist. Bei Halteranfragen hilft i.d.R. das französische Grüne-Karte-Büro (Bureau Central Français; Adresse s. Rn 574) weiter.

e) Versicherungspraxis und -aufsicht

127 Die Unfallschadensregulierung sollte, soweit sie in Frankreich vorgenommen wird, in französischer Sprache betrieben werden; dabei ist generell die Versicherungszentrale anzuschreiben, nicht eine Agentur oder Vertretung.

> **Hinweis:**
> *Hinweise von französischer Seite, die Abwicklung sei von Versicherung zu Versicherung vorzunehmen, gehen gegenüber deutschen Geschädigten fehl, da deutsche Haftpflichtversicherer sich nicht mit den Ansprüchen ihrer Versicherungsnehmer befassen dürfen.*

128 Die **Abwicklungsdauer** beträgt, wenn französische Versicherungen direkt in Anspruch genommen werden, im Allgemeinen selbst bei reinen Sachschäden und in einfachen Fällen mindestens mehrere Monate. Bei schwierigeren Sachverhalten dauert eine außergerichtliche Regulierung häufig ein Jahr und länger. Die Beschleunigungsvorschriften der Art. 12 ff. des Gesetzes vom 5.7.1985

(Loi Badinter) gelten nur bei Vorliegen von Personenschäden, nicht bei reinen Sachschäden. Bei unbegründeter Abwicklungsverzögerung kann die Versicherungsbeschwerdestelle (Médiation Assurance in 75424 Paris, Cedex 09, BP. 907) eingeschaltet werden.

f) Verjährung

Nach dem Gesetz vom 5.7.1985 beträgt die Verjährungsfrist für Schadenersatzansprüche aus Verkehrsunfällen **zehn Jahre.** Bei Geltendmachung im Rahmen eines Strafverfahrens (Adhäsionsverfahrens) gelten die meist kürzeren strafrechtlichen Verjährungsfristen (ein oder drei Jahre).   129

g) Gerichtsverfahren

Örtlich zuständig für Schadenersatzklagen in Unfallsachen ist das Gericht am Schädiger-Wohnsitz oder am Unfallort. Zulässig sind auch Klagen am Sitz der französischen Versicherung. Die **sachliche Zuständigkeit** liegt bei Streitwerten bis 4500 € beim Tribunal d'Instance (Amtsgericht); bei höheren Streitwerten ist das Tribunal de Grande Instance (Landgericht), an dem Anwaltszwang herrscht, zuständig. Gegen amtsgerichtliche Urteile mit mindestens 1950 € Streitwert ist das **Rechtsmittel** der Berufung zulässig. Gegen landgerichtliche Urteile kann Berufung zum Oberlandesgericht (Cour d'Appel) eingelegt werden. Die Berufungsfrist beträgt einen Monat ab Zustellung; bei Auslandszustellungen sind die Fristen länger. Für Revisionen ist der Kassationshof (Cour de Cassation) zuständig.   130

Die Geltendmachung von Schadenersatzansprüchen im Strafprozess gegen den Schädiger ist in Frankreich sehr üblich. Bei einem von Amts wegen eingeleiteten Strafverfahren kann sich der Geschädigte als ziviler Nebenkläger beteiligen, Art. 2 ff. Strafprozessordnung (CCP). Adhäsionsverfahren werden im Allgemeinen zügiger abgewickelt als Zivilprozesse.   131

h) Anwalts- und Gerichtskosten

Die **außergerichtlichen Anwaltskosten** hat der Geschädigte immer selbst zu tragen. Sie können zwischen Mandant und Rechtsanwalt frei vereinbart werden. Bindende Gebührenordnungen gibt es nicht.   132

Auch die **prozessualen Anwaltskosten** gehen grundsätzlich zu Lasten der Partei, die den Rechtsanwalt beauftragt hat. Allerdings kann der Richter die unterliegende Partei gem. Art. 700 NCPC zur Zahlung eines Kostenanteils (Prozesskostenpauschale) verurteilen. Die Gerichtskosten gehen grundsätzlich zu Lasten der unterliegenden Partei.   133

i) Fahrzeugschadensersatz

aa) Reparaturkosten

Die Fahrzeuginstandsetzungskosten werden i.d.R. gegen Vorlage einer quittierten **Reparaturrechnung** erstattet. Bei Sachschäden unter 1500 € wird selten ein Sachverständigengutachten verlangt; bei höheren Schäden ist dessen Vorlage meist ratsam. Zumindest sollten zusätzlich zur Reparaturkostenrechnung aussagekräftige Schadensfotos vorgelegt werden können.   134

Eine Abrechnung allein auf **Gutachtenbasis** – z.B. wenn das Kfz verkauft oder nicht repariert wird – ist inzwischen überwiegend möglich. Hingegen sind von Werkstätten erstellte **Kostenvoranschläge,** zusammen mit Fotos, allenfalls bei Bagatellschäden verwendbar. Die Mehrwertsteuer wird bei Gutachtenabrechnung überwiegend, bei Kostenvoranschlägen manchmal erstattet.

bb) Totalschaden

Bei Fahrzeugtotalschaden wird grds. der von einem (französischen oder auch deutschen) Sachverständigen ermittelte **Wiederbeschaffungswert** ersetzt, gelegentlich auch nur der Zeitwert, jeweils **abzüglich Restwert.** Überwiegend wird auch die Mehrwertsteuer bezahlt. Kosten für die Ver-   135 schrottung oder Rückführung des Fahrzeugwracks nach Deutschland werden außergerichtlich nicht immer übernommen; das Gleiche gilt für die **Zulassungskosten** eines Ersatzfahrzeugs.

cc) Gutachterkosten

136 Sachverständigenkosten werden mittlerweile in der Mehrzahl der Fälle von den Versicherern ersetzt. Obwohl die Rechtsprechung diese Kosten grundsätzlich als erstattungsfähig ansieht, sind manche Versicherungsgesellschaften gelegentlich noch anderer Meinung und wollen sie außergerichtlich nicht bezahlen.

dd) Wertminderung

137 Ein Wertminderungsanspruch ist außergerichtlich selten, prozessual am ehesten bei hochwertigen, relativ neuen Fahrzeugen mit geringer Laufleistung durchzusetzen.

ee) Mietwagenkosten

138 Die Kosten für ein Mietfahrzeug werden zunehmend, aber nicht generell übernommen. Meist muss nachgewiesen werden, dass das Fahrzeug zur Berufsausübung (z. B. als Selbständiger oder Freiberufler) oder etwa wegen einer Körperbehinderung benötigt wird. Abzüglich **ersparter Eigenkosten** (von durchschnittlich 30 %) wird ein Mietfahrzeug nur für die technische Reparaturdauer, bei Totalschaden bis zu zehn Tagen zugestanden.

ff) Nutzungsentschädigung

139 Statt einer Mietwagenkostenerstattung kann auch eine minimale Nutzungsausfallentschädigung gefordert werden. Diese beträgt bei **Pkw** oft etwa 5–15 €, in eher seltenen Fällen auch mehr. Für Nutzfahrzeuge sind etwas höhere Beträge durchzusetzen (ab etwa 25 €).

gg) Abschleppkosten

140 Die Kosten für das Abschleppen bis zur nächsten geeigneten Werkstätte werden übernommen.

hh) Kaskoselbstbehalt

141 Die Kaskoselbstbeteiligung wird grundsätzlich erstattet, wenn die Vollkaskoversicherung dem Geschädigten die Höhe des ihm verbliebenen Selbstbehalts per Abrechnungsschreiben bestätigt.

ii) Finanzierungskosten

142 Kreditkosten, etwa zur Vorfinanzierung einer Fahrzeugreparatur oder eines Mietwagens, werden von französischen Versicherungen nicht ersetzt.

jj) Unkostenpauschale

143 Sämtliche unfallbedingten Kosten müssen durch Belege nachgewiesen werden; eine Unkostenpauschale gibt es nicht.

kk) Sonstige Schadenspositionen

144 Folgende weiteren Schadensposten kommen in Betracht:

● **Gepäck- und Kleiderschäden** werden gegen entsprechende Nachweise ersetzt;

● Erforderliche **Übernachtungs- und Verpflegungskosten** werden unter Abzug ersparter Eigenkosten erstattet;

● Entschädigung für **Urlaubsbeeinträchtigung,** wenn etwa zu Urlaubsbeginn das Fahrzeug ausgefallen ist (und Verletzungen eingetreten sind), wird gelegentlich gewährt.

j) Personenschadensersatz

aa) Heilbehandlungs- und Pflegekosten

Heilungskosten sind in voller angefallener Höhe zu erstatten. Zahlungen der eigenen Krankenkasse   145
oder -versicherung werden angerechnet. Etwaige konkret nachgewiesene Pflegekosten und Kosten
für vermehrte Bedürfnisse sind ebenfalls erstattungspflichtig.

bb) Verdienstausfall

Ein Verdienstausfallschaden wird Erwerbstätigen für Zeiten vorübergehender Arbeitsunfähigkeit   146
nach dem **Nettoverdienst** berechnet. Bei dauernder Arbeitsunfähigkeit von Erwerbstätigen erfolgt
die Berechnung des Ausfallschadens pauschal, wobei für jedes Prozent Invalidität ein bestimmter
Betrag angesetzt wird.

Für die Höhe dieses Betrags sind u. a. Alter, Beruf und Einkommen des Verletzten ausschlag-   147
gebend. Die Entschädigung kann als **Rente** oder als **Kapitalbetrag** gewährt werden. Bei Nichterwerbstätigen, etwa Hausfrauen, wird der Beitrag zum Familienunterhalt konkret errechnet und
erstattet.

Auch ohne konkrete Einkommensminderung besteht bei **Invalidität** ein Entschädigungsanspruch.
Die Erwerbsunfähigkeit sollte von einem französischen Arzt festgestellt werden.

cc) Schmerzensgeld

Das eigentliche Schmerzensgeld, als **Entschädigung für erlittene Schmerzen,** wird nach einem   148
achtgliedrigen System – bei schweren Verletzungen möglichst auf der Grundlage eines französischen ärztlichen Gutachtens – ermittelt. Für die Schmerzensgeldhöhe kommt es auf die Intensität
und Dauer der Schmerzen an, die „sehr leicht" bis „außergewöhnlich" sein können. Daneben kann
ein Anspruch auf **Entstellungsschaden** bestehen, z. B. wenn Narben oder andere Unfallspuren
zurückgeblieben sind. Auch hier wird nach Schweregraden unterschieden. Ebenso kann **entgangene Lebensfreude** zu einer Entschädigung führen, etwa wenn bestimmte Freizeitbeschäftigungen
(Sport, Musizieren usw.) nicht mehr ausgeübt werden können. Bei Unfällen mit Todesfolge oder
sehr schweren Verletzungen haben **nahe Angehörige** – je nach Verwandtschaftsgrad – eigene
Ansprüche auf Schmerzensgeld. Bei Haftung nach dem Gesetz Nr. 85–677 (Loi Badinter) wird das
Schmerzensgeld **verschuldensunabhängig** gewährt.

dd) Unterhaltsentgang

Hinterbliebene, die unterhaltsberechtigt sind, können Ansprüche wegen entgangener Unterhalts-   149
zahlungen erheben. Der geschuldete Unterhalt berechnet sich prozentual nach dem Nettoeinkommen des getöteten erwerbstätigen Unterhaltspflichtigen. Wird ein Nichterwerbstätiger, etwa eine
Hausfrau, getötet, können Unterhaltsberechtigte z. B. den Ausfall der Hausfrauentätigkeit geltend
machen, entweder in Form der Bezahlung einer Ersatzkraft oder i. H. d. fiktiven Kosten. Bei Verletzung einer Mutter, die ihre Kinder nicht mehr versorgen kann, sind die Kosten für eine Haushaltshilfe zu erstatten.

ee) Sonstige Schadenspositionen

Folgende Schadensposten können u. a. noch geltend gemacht werden: 150

- **Beerdigungskosten,** die die Erben aufzuwenden hatten;

- **Fahrtkosten** für Krankenhausbesuche durch nahe Angehörige bei Schwerverletzten;

- **Reisekosten** des Verletzten zur Untersuchung bei einem französischen Arzt, um ein von der
  Versicherung gefordertes Gutachten erstellen zu lassen;

- **Arbeitgeberregress** für geleistete Lohn- oder Gehaltsfortzahlung;
- **Sozialversicherungsregress,** z. B. seitens der Krankenkasse, für erbrachte Heilbehandlungsleistungen.

2. Strafrecht

151   Straftatbestände enthält sowohl das Strafgesetzbuch (Code Pénal/CP) als auch das Straßenverkehrsgesetz (Code de la Route/CR). Daneben finden sich in einer Reihe von Verordnungen, Erlassen usw. (Arrêtés, Décrêts etc.) Sanktionsbestimmungen. Eine strikte Trennung in Straftaten und Ordnungswidrigkeiten existiert nicht. Es wird lediglich zwischen Übertretungen, Vergehen und Verbrechen (Contraventions, Délits et Crimes) unterschieden.

a) Tatbestände

aa) Verkehrsverstöße

152   Anlässlich von Verkehrsunfällen kommt es häufig zu Übertretungen, so dass die wichtigsten Verstoßsanktionen erwähnt werden sollen. **Geschwindigkeitsüberschreitungen** fallen grds. in die 4. Klasse der Verkehrsverstöße und werden mit Geldbußen bis 750 € geahndet, Art. R. 323 CR. Wer jedoch zweimal innerhalb eines Jahres das zulässige Tempolimit um mehr als 50 km/h überschreitet, wird mit einer Geldstrafe bis zu 1500 € und/oder Freiheitsstrafe bis zu sechs Monaten verurteilt; ein solcher Verstoß ist ein Vergehen gem. Art. 7 des Gesetzes Nr. 5-1999 vom 15.6.1999, der auch ein Fahrverbot bis zu sechs Monaten nach sich zieht. Weitere Verstöße der 4. Klasse, die als unfallträchtige **Übertretungen** ebenfalls mit Geldbußen bis 750 € geahndet werden, sind u. a. Vorfahrtsverletzungen, Rotlichtverstöße und falsches Überholen (Art. R. 232 CR).

bb) Fahrlässige Körperverletzung/Tötung

153   Nach Art. 222-19 CP wird – durch ein Fahrzeug verursachte – fahrlässige Körperverletzung, die mehr als drei Monate Arbeitsunfähigkeit zur Folge hat, mit Geldstrafe bis 30 000 € und/oder Freiheitsstrafe bis zu zwei Jahren verfolgt. Die gleiche Sanktion droht demjenigen, der anlässlich einer **Trunkenheitsfahrt** eine Verletzung mit nicht mehr als dreimonatiger Arbeitsunfähigkeit verursacht. Die Strafe verdoppelt sich bei längerer Arbeitsunfähigkeit des Unfallopfers.

154   Wer mit einem Fahrzeug eine fahrlässige Tötung begeht, wird gem. Art. 221-6 CP mit bis zu 45 000 € und/oder 3 Jahren Haft bestraft. Eine doppelt so hohe Strafe erhält, wer fahrlässige Tötung zusammen mit Trunkenheitsfahrt oder **Unfallflucht** verursacht. Für fahrlässige Körperverletzung oder Tötung wird Führerscheinentzug bis zu zwei Jahren verhängt.

cc) Trunkenheitsfahrt

155   Das Führen eines Fahrzeugs unter Alkoholeinwirkung (ab 0,8 ‰) wird gem. Art. L.1 CR mit Geldstrafe bis zu 45 000 € und/oder Freiheitsstrafe bis zu zwei Jahren geahndet. Bei wiederholtem alkoholisierten Fahren verdoppelt sich die Freiheitsstrafe (bis auf sechs Jahre). Die Weigerung, sich einer Alkoholkontrolle zu unterziehen, hat nach der gleichen Vorschrift Strafen bis 4500 € und/ oder 2 Jahre Haft zur Folge. Bei Trunkenheitsfahrt werden Führerscheinmaßnahmen bis zu drei Jahren verhängt. Zur Bestrafung wegen Trunkenheitsfahrt im Zusammenhang mit Unfallflucht oder **fahrlässiger Körperverletzung** bzw. **Tötung** s. o. (Rn. 153 f.).

dd) Unfallflucht

156   Unfallflucht mit **Sachschaden** kann gem. Art. L.2 CR i.V.m. Art. 434-10 CP bis zu 30 000 € Geldstrafe und/oder zwei Jahre Freiheitsstrafe zur Folge haben. Bei erheblichem **Personenschaden** (Art. L.2 CR i.V.m. Art. 222-6 CP) geht die Strafdrohung bis zu 60 000 € und/oder vier Jahren Freiheitsstrafe, bei Fahrlässiger Tötung bis zu 90 000 € und/oder sechs Jahren Freiheitsstrafe.

b) Strafvollstreckung

Rechtshilfe wird zwischen Frankreich und Deutschland nach dem Europäischen Strafrechtshilfe- 157
übereinkommen vom 20.4.1959, einem Zusatzprotokoll von 1978 sowie dem Schengener Durchführungsübereinkommen vom 19.6.1990 geleistet. Der im Verkehrsstrafrecht selten praktizierte
Vollstreckungshilfe- und Auslieferungsverkehr erfolgt auf der Grundlage des Übereinkommens
vom 13.12.1957, des Abkommens vom 21.3.1983 sowie den erwähnten Schengener Übereinkommen. Auskünfte aus dem Strafregister werden nach den obigen internationalen Vereinbarungen
erteilt.

Da das EU-Übereinkommen vom 17.6.1998 über **Führerscheinentzugsvollstreckung** noch nicht 158
in Kraft ist, kann es etwaigen Zwangsmaßnahmen derzeit noch nicht zugrunde gelegt werden. Das
Gleiche gilt für die **Vollstreckung von Geldbußen und -strafen**; auch diesbezüglich liegt noch
kein ratifiziertes Abkommen vor.

IV. Italien

1. Zivilrecht

Italien ist eines der beliebtesten Urlaubsländer, das von Deutschen häufig mit dem eigenen Kfz 159
aufgesucht wird. Auch der Geschäftsreiseverkehr dorthin ist enorm stark. Bei Verkehrsunfällen treten nicht nur Sprach-, sondern auch Rechtsprobleme auf. Denn das italienische Schadensersatzrecht weist gegenüber dem deutschen eine Reihe von Eigenheiten auf. Dies gilt speziell beim **Personenschaden** und hier wiederum beim relativ gut bemessenen, mittels Tabellen zu errechnenden
Schmerzensgeld; auch Hinterbliebene haben eigene Ansprüche. Aber auch im Rahmen des **Sach-
schadensersatzes** gibt es Besonderheiten zu beachten, z.B. dass als Beweismittel statt aufwendiger
Kfz-Gutachten Schadensfotos (zusätzlich zur Reparaturrechnung) ausreichen. Das häufig zögerli-
che Versicherungsverhalten ist ebenfalls nicht immer leicht nachvollziehbar.

Hinweis:

*Als Geschädigter wird man i.d.R. gut beraten sein, insbesondere bei Unfällen mit Verletzten,
die Schadensabwicklung einem deutschsprachigen italienischen Anwalt zu übertragen. In vielen Fällen bekommt dieser einen Großteil seines Honorars – meist in Form einer Pauschale –
von der Kfz-Versicherung des Unfallkontrahenten erstattet, so dass der Geschädigte häufig
keine außergerichtlichen Anwaltskosten übernehmen muss.*

---

a) Kfz-Versicherungsrecht

Mit Gesetz Nr. 990/1969 (in Kraft seit 12.6.1971) wurde in Italien den Haltern von Kraftfahrzeu- 160
gen aufgegeben, eine Kfz-Haftpflichtversicherung für neu in den Verkehr zu bringende Fahrzeuge
abzuschließen; seit 1.10.1993 gilt dies auch für Halter von Mopeds und Traktoren. Nach Art. 18
des obigen Gesetzes steht dem Geschädigten ein **Direktanspruch** gegen die Kraftfahrzeughaftpflichtversicherung zu.

Die gesetzlichen **Mindestversicherungssummen** betragen gem. Präsidialdekret vom 19.4.1993 161
für Pkw, Motorräder und vergleichbare Fahrzeuge (pauschal pro Schadensereignis bei Personen-
und Sachschäden) 775 000 €. Für Taxis und Omnibusse sind die Pauschalsummen höher: 1,3 Mio.
bzw. 2,6 Mio. € pro Ereignis.

Gem. Art. 19 ff. des Gesetzes Nr. 990/1969 (i.d.F. von 1992) leistet ein **Garantiefonds** (Fondo di 162
Garanzia per le Vittime della Strada in Rom, Via Umbria 2) unter bestimmten Voraussetzungen
Schadensersatz an Unfallopfer. Seine Eintrittspflicht besteht insbesondere bei unversicherten

Unfallgegnern, bei nicht zu ermittelnden Unfallverursachern (hier nur Personenschadensersatz) und bei Konkurs einer Kfz-Haftpflichtversicherung (mit geringer Selbstbeteiligung des Geschädigten).

b) Schadensrechtliche Grundlagen

163 Ansprüche aus Verkehrsunfallschäden werden auf die Art. 2043 ff. Zivilgesetzbuch (Codice Civile/CC) gestützt. Dabei wird vom Grundsatz der **Verschuldenshaftung** ausgegangen. Für die Haftung im Straßenverkehr enthält Art. 2054 CC eine Sonderbestimmung. Ihr zufolge ist ein Kfz-Führer grundsätzlich zum Ersatz des Schadens verpflichtet, den er beim Betrieb eines Fahrzeugs Personen oder Sachen zufügt. Er kann sich nur durch den **Beweis** entlasten, dass ihm die Unfallvermeidung völlig unmöglich war.

164 Wenn ein Schaden im Rahmen einer Kollision mehrerer Fahrzeuge eintritt, wird vermutet, dass jeder Fahrer gleichermaßen für den Unfall verantwortlich ist. Beim Zusammenstoß von zwei Fahrzeugen hat also bis zum Beweis des vollen Verschuldens eines Fahrers jeder der beiden grundsätzlich nur die Hälfte des gegnerischen Schadens zu tragen.

c) Beweissicherung und Beweismittel

165 Eine **Unfallaufnahme** bzw. -protokollierung durch die Polizei (Carabinieri, Polizia Stradale oder Vigili Urbani) erfolgt generell nur bei **Personenschaden.** Bei reinem **Sachschaden** hält die Polizei höchstens die wichtigsten Daten der Unfallbeteiligten fest. Üblicherweise füllen die Kontrahenten einvernehmlich ein privates Schadensprotokoll (Europäischer Unfallbericht/Constatazione amichevole di incidente) aus, das die wichtigsten Angaben zum Unfallhergang sowie zu den Beteiligten und deren Kfz-Versicherungen enthält. Weitere Beweismittel sind Aussagen von (neutralen) Zeugen, Fotos und sonstige Dokumente (z. B. Sachverständigengutachten).

d) Versicherungsermittlung

166 Von großer Wichtigkeit ist es, gleich am Unfallort **Angaben zur Kfz-Haftpflichtversicherung** des Kontrahenten zu notieren. Diese können einer **Plakette** an der Windschutzscheibe des italienischen Fahrzeugs entnommen werden. Wird die sofortige Versicherungsermittlung versäumt, ist man hinsichtlich der späteren Bekanntgabe dieser Daten auf das Wohlwollen des Schädigers bzw. des Kfz-Halters angewiesen. Denn im Register der jeweiligen Zulassungsstelle (Pubblico Registro Automobilistico) ist lediglich der Halter, nicht aber die Haftpflichtversicherung seines Fahrzeugs eingetragen.

e) Versicherungspraxis und -aufsicht

167 Anspruchsschreiben und weitere Korrespondenz mit italienischen Versicherungen sollten, soweit der Schaden nicht im Rahmen der 4. KH-Richtlinie mit einer Regulierungsstelle in Deutschland abgewickelt wird, möglichst in der Landessprache verfasst werden. Lediglich in Südtirol ist Deutsch als zweite Amtssprache geläufig. Schadensregulierungen mit ausländischen Geschädigten werden i.d.R. über den Hauptsitz der italienischen Versicherung durchgeführt; Zweigniederlassungen sind hierfür grundsätzlich nicht die richtigen Adressaten.

168 Zu beachten ist in diesem Zusammenhang Art. 22 des Gesetzes Nr. 390/1969, wonach sich die Versicherungen in Italien mit der Unterbreitung eines Entschädigungsangebots **60 Tage** Zeit lassen können, bei Vorliegen eines „**Europäischen Unfallberichts**" 30 Tage.

> *Hinweis:*
>
> *Die Abwicklung eines durchschnittlichen Unfallschadens ist selbst über eine mit den Versicherungsgepflogenheiten vertraute italienische Kanzlei in der Praxis selten unter einem halben Jahr zu bewerkstelligen. Länger dauernde Regulierungen sind eher die Regel, insbesondere bei nicht eindeutiger Beweis- oder Rechtslage.*

169

Die Versicherungsaufsicht obliegt dem ISVAP in Rom. Beschwerden über säumiges Verhalten können auch an den Versicherungs-Dachverband ANIA (in Mailand, Piazza San Babila 1) gerichtet werden.

170

f) Verjährung

Schadensersatzansprüche aus Verkehrsunfällen mit Fahrzeugen verjähren gem. Art. 2947 Abs. 2 CC nach **zwei Jahren.** Ansonsten tritt die Verjährung von Ansprüchen aus unerlaubter Handlung nach fünf, von zivilrechtlichen Ersatzansprüchen generell nach zehn Jahren ein. Wenn die unerlaubte Handlung zugleich einen Straftatbestand erfüllt, verjähren die Schadensersatzansprüche hieraus erst mit der für die Strafverfolgung vorgesehenen Frist, z.B. bei fahrlässiger Körperverletzung nach fünf Jahren. Die Verjährungsunterbrechung erfolgt am sichersten durch Klageerhebung.

171

g) Gerichtsverfahren

Die **örtliche Zuständigkeit** für Schadensersatzklagen aus Verkehrsunfällen liegt beim Wohnsitzgericht des Schädigers bzw. beim Gericht am Sitz der Versicherungsgesellschaft, Art. 18 – 20 Zivilprozessordnung/CPC.

172

Sachlich zuständig für Streitwerte bis 15 000 € ist bei Forderungen aus Verkehrsunfallsachen gem. Gesetz Nr. 374/1991 seit dem 30.4.1995 der Friedensrichter (Giudice di pace). Bei höheren Streitwerten ist das Landesgericht (Tribunale) zuständig. Als **Rechtsmittel** gegen Urteile des Friedensrichters kommt die Berufung zum Landesgericht binnen 30 Tagen in Betracht; Berufung gegen landesgerichtliche Urteile ist ebenfalls innerhalb von 30 Tagen zum Oberlandesgericht (Corte d'appello) einzulegen. Revisionsverfahren finden (binnen 60 Tagen) generell beim Kassationshof (Corte suprema di cassazione) in Rom statt. **Adhäsionsverfahren** haben in Italien kaum mehr praktische Bedeutung.

173

h) Anwalts- und Gerichtskosten

In Italien gibt es eine ziemlich detaillierte Gebührenordnung **für Rechtsanwälte,** deren Sätze in unregelmäßigen Abständen angehoben werden. Innerhalb des gesetzlichen Gebührenrahmens können bei der Festlegung der jeweiligen Gebühren verschiedene Kriterien, wie Arbeitsaufwand, Bedeutung und Wert der Sache herangezogen werden.

174

Bei Unfallabwicklungen kommt für die **außergerichtlichen Anwaltsgebühren** – meist pauschal in Höhe eines gewissen Prozentsatzes vom durchgesetzten Betrag – in vielen Fällen die gegnerische Versicherung auf. Italienische Anwälte erhalten häufig 10, manchmal auch bis zu 15 % Pauschalhonorar.

175

Prozessuale Anwaltskosten sind i. H. d. vom Gericht festgesetzten, an der Anwaltsgebührenordnung orientierten Betrags von der unterliegenden Gegenseite zu tragen, Art. 91 CPC. Hierbei handelt es sich aber nur um die unbedingt notwendigen Kosten des Anwalts der obsiegenden Partei, so dass noch ein erheblicher Anteil beim Geschädigten verbleiben kann. Die Gerichtskosten gehen in Höhe des vom Gericht festgesetzten Betrags zu Lasten der unterlegenen Partei.

176

i) Fahrzeugschadensersatz

aa) Reparaturkosten

177 Dem Geschädigten sind die Kosten für die Wiederherstellung seines Kfz zu ersetzen. Ein Fahrzeugschaden wird am besten mittels einer quittierten **Reparaturkostenrechnung** belegt und geltend gemacht. Der Sachschaden sollte zusätzlich durch beweiskräftige **Fotos** dokumentiert werden. Gelegentlich wird von italienischen Versicherungen versucht, deutsche Werkstattrechnungen auf das teilweise niedrigere italienische Kostenniveau zu drücken.

Grundsätzlich kann auch auf der Grundlage eines **Sachverständigengutachtens** Schadenersatz verlangt werden. Dann wird aber meist die Mehrwertsteuer nicht bezahlt; die Gutachterkosten werden ebenfalls nicht übernommen. Außerdem ist immer wieder zu beobachten, dass es bei fiktiver Abrechnung zu Kürzungen kommt, weil (deutschen) Gutachten häufig misstraut wird. Dies gilt erst recht für **Kostenvoranschläge** von Werkstätten. Auch hier ist mit Abstrichen zu rechnen; insbesondere wird keine Mehrwertsteuer bezahlt. Eine Werkstattschätzung ist demzufolge nur bei leichten Schäden als Beleg angebracht.

bb) Totalschaden

178 Bei einem Fahrzeugtotalschaden wird generell der **Wiederbeschaffungswert abzüglich Restwert** erstattet. Zu dessen Nachweis ist grundsätzlich ein Gutachten erforderlich, auch wenn die Kosten hierfür häufig nicht übernommen werden. Selbst bei relativ neuen Fahrzeugen erfolgt keine Schadensersatzleistung auf Neuwertbasis. Verschrottungskosten sind zu erstatten. Kosten einer etwaigen Fahrzeugrückführung ins Herkunftsland sind außergerichtlich kaum durchzusetzen. Die **Zulassungskosten** für ein Ersatzfahrzeug werden meist bezahlt.

cc) Gutachterkosten

179 Die Sachverständigenkosten werden bei Begutachtung reparabler Schäden nicht ersetzt. Im Totalschadensfall werden Gutachterkosten gelegentlich übernommen. Eine Vergütung erfolgt u.U. auch, wenn nur per Gutachten festgestellt werden kann, ob ein Totalschaden vorliegt.

dd) Wertminderung

180 Eine Wertminderung ist allenfalls bei schwer beschädigten Fahrzeugen, die höchstens ein Jahr alt sind, durchsetzbar (unter Berücksichtigung des technischen, nicht jedoch des merkantilen Minderwerts).

ee) Mietwagenkosten

181 Die Kosten für ein Mietfahrzeug werden nur ersetzt, wenn dieses zur Berufsausübung benötigt wird oder ansonsten ein größerer Vermögensverlust (z.B. Verdienstausfall) eintreten würde. Der Mietwagen wird dann nur während der Durchführung der Reparatur und unter Abzug ersparter Eigenkosten bezahlt.

ff) Nutzungsentschädigung

182 Der vorübergehende Verlust der Gebrauchsvorteile am eigenen Fahrzeug werden als Vermögensschaden anerkannt, wobei es nicht auf die berufliche Kfz-Nutzung ankommt. Eine Nutzungsausfallentschädigung wird für die tatsächliche Reparaturdauer, bei Totalschaden bis maximal zehn Tage, je nach Fahrzeug meist i. H. v. pauschal zwischen 5 und 30 € gewährt.

gg) Abschleppkosten

183 Bei nicht mehr fahrbereitem Fahrzeug werden die Abschleppkosten bis zur nächsten geeigneten Werkstatt übernommen.

hh) Kaskoselbstbehalt

Wird ein Fahrzeugschaden über die eigene Vollkaskoversicherung abgewickelt, kann die dem Geschädigten verbliebene Selbstbeteiligung der Gegenseite angelastet werden.

184

ii) Finanzierungskosten

Die Kosten für die Vorfinanzierung der Schadensersatzleistung (Kfz-Reparatur, Mietfahrzeug usw.) i. H. d. derzeitigen gesetzlichen Zinssatzes von 5 % können allenfalls gerichtlich durchgesetzt werden.

185

jj) Unkostenpauschale

Pauschale Unkosten werden grundsätzlich nicht bezahlt.

186

kk) Sonstige Schadenspositionen

Als weitere geltend zu machende Schadensposten kommen u.U. noch Gepäck- und Kleiderschäden (zum Zeitwert) sowie unfallbedingte zusätzliche Übernachtungs- und Verpflegungskosten in Betracht.

187

j) Personenschadensersatz

aa) Heilbehandlungs- und Pflegekosten

Die Kosten und Aufwendungen zur Wiederherstellung der Gesundheit eines Unfallgeschädigten sind vom Schädiger bzw. dessen Versicherung zu erstatten. Von der eigenen Krankenkasse oder -versicherung des Geschädigten übernommene Zahlungen werden angerechnet.

188

bb) Verdienstausfall

Eingetretener Verdienstausfall bei vorübergehender Arbeitsunfähigkeit von Erwerbstätigen wird konkret anhand der Lohnsteuerkarte ermittelt und bezahlt. Bei dauernder Arbeitsunfähigkeit richtet sich die Ersatzleistung nach der Schwere der Invalidität, dem Alter und dem anhand der Einkommensteuererklärungen der letzten Jahre errechneten Nettoeinkommen; die Zahlung erfolgt als Kapitalbetrag. Nichterwerbstätige (Hausfrauen) werden für ihren Ausfall im Haushalt entschädigt; die Höhe richtet sich nach der Mindestsozialrente.

189

cc) Schmerzensgeld

Beim Schmerzensgeldanspruch wird zwischen „Danno morale" und „Danno biologico" unterschieden. Der Anspruch auf Ersatz des **„moralischen Schadens"** beruht auf Art. 2059 Zivilgesetzbuch (CC) und wird insbesondere aufgrund von Straftaten wie fahrlässiger Körperverletzung gewährt. Beim moralischen Schaden handelt es sich um Beeinträchtigung durch Schmerzen, Schock oder seelische Belastung des Geschädigten. Der **„biologische Schaden"** wird auf der Grundlage des Art. 2043 CC ersetzt. Bei ihm handelt es sich um den Gesundheitsschaden; die Beeinträchtigung der Gesundheit und des Wohlergehens einer Person soll mit diesem Anspruch wieder gutgemacht werden. Ästhetische Beeinträchtigungen fallen auch hierunter.

190

Die Höhe des Danno biologico wird von den italienischen Gerichten mit Hilfe von Tabellen ermittelt, aus denen sich der Entschädigungsbetrag bei Dauerinvalidität errechnen lässt. Kriterien hierfür sind der Invaliditätsgrad und das Alter des Geschädigten. Bei nur vorübergehender Invalidität wird pro Tag ein bestimmter Betrag festgelegt, der in Relation zum Verletzungsgrund gesetzt wird. Dieser Fixbetrag ist je nach Gerichtsbezirk unterschiedlich hoch.

191

192 Die Berechnung des moralischen Schadens wiederum wird bei Dauerinvalidität der Höhe nach am biologischen Schaden ausgerichtet. Bei zeitlich begrenzter Invalidität wird ebenfalls auf den biologischen Schaden Bezug genommen. Die in den einzelnen Landgerichtsbezirken entwickelten Tabellen gehen von den Beträgen her sehr weit auseinander.

Bei **Tod naher Angehöriger** (Ehegatten, Kinder usw.) haben die Hinterbliebenen eigene Schmerzensgeldansprüche.

dd) Unterhaltsentgang

193 Unterhaltsberechtigte Angehörige haben Anspruch auf Ersatz des Unterhaltsentgangs. War der Getötete erwerbsfähig, richtet sich der entgangene Unterhalt nach seinem Nettoeinkommen. Bei Tötung einer Hausfrau und Mutter können Ehemann und Kinder Unterhalt wegen der wegfallenden Haushaltsführung verlangen.

ee) Sonstige Schadenspositionen

194 Folgende weiteren Schadensposten sind grds. durchsetzbar:

● **Beerdigungskosten,** die die Erben verauslagt haben;

● **Lohn- bzw. Gehaltsfortzahlung** des Arbeitgebers, die er dem verletzten Geschädigten geleistet hat.

2. Strafrecht

195 Sowohl das Strafgesetzbuch (Codice Penale/CP) als auch das Straßenverkehrsgesetz (Codice della Strada/CS) enthalten Verkehrsstraftatbestände.

Im Codice della Strada unterscheiden sich die Straftaten von den Ordnungswidrigkeiten bzw. dem Verwaltungsunrecht u.a. durch die höhere Strafdrohung, die sich neben oder statt der Geldbuße in einer Freiheitsstrafe ausdrückt. Außerdem wird i.d.R. ein Fahrverbot verhängt oder der Führerschein eingezogen. Nur Straftaten werden in ein zentrales Register eingetragen.

a) Tatbestände

aa) Verkehrsverstöße

196 Einige besonders unfallträchtige Verkehrszuwiderhandlungen sind nach dem Codice della Strada mit relativ hohen Bußgeld- oder Strafdrohungen bewehrt. So werden z. B. Geschwindigkeitsüberschreitungen um mehr als 40 km/h gem. Art. 142 CS mit Geldbußen zwischen 327 und 1311 € sowie mit einmonatigem Fahrverbot geahndet. Für Nutzfahrzeuge und Anhängergespanne werden doppelt so hohe Beträge fällig. Unfallverursachung bei zu geringem Sicherheitsabstand mit erheblichem Sachschaden wird nach Art. 149 CS mit Geldbuße bis 262 € verfolgt. Wenden auf Autobahnen oder Rückwärtsfahren (Rangieren) an Mautstellen kostet bis 500 € Geldbuße; Geisterfahrer erhalten gem. Art. 176 CS bis zu 6 Monate Freiheitsstrafe. Die Bußgeldbeträge werden alle zwei Jahre in Höhe der Inflationsrate angehoben.

bb) Fahrlässige Körperverletzung/Tötung

197 Nach Art. 590 Abs. 1 CP wird fahrlässige Körperverletzung mit Geldstrafe bis zu 516 € und bis zu drei Monaten Freiheitsstrafe geahndet. Der Strafrahmen wird gem. Art. 590 Abs. 2 und 3 erweitert auf bis zu 619 € und bis zu sechs Monaten Haft bei Vorliegen von schwerer fahrlässiger Körperverletzung im Straßenverkehr, auf bis zu 1238 € und bis zu zwei Jahren Freiheitsentzug bei sehr schwerer Verletzung; bei fahrlässiger Verletzung mehrerer Personen beträgt die Geldstrafe bis zu 3715 € und Freiheitsstrafe bis zu fünf Jahren. Fahrlässige Tötung im Straßenverkehr hat ebenfalls bis zu fünf Jahren Freiheitsstrafe zur Folge, fahrlässige Tötung mehrerer Personen bis zu zwölf Jahren, Art. 589 CP.

cc) Trunkenheitsfahrt

Trunkenheit im Verkehr, Fahren unter Drogeneinwirkung oder die Weigerung, sich einer Alkohol- 198
bzw. Drogenuntersuchung zu stellen, werden nach Art. 186, 187 CS mit Geldstrafe zwischen 258
und 1032 € sowie Freiheitsstrafe bis zu einem Monat geahndet. Dazu kommt ein bis zu sechsmona-
tiges Fahrverbot.

dd) Unfallflucht

Unfallflucht und unterlassene Hilfeleistung bei Vorliegen von **Personenschaden** wird mit Frei- 199
heitsstrafe bis zu vier Monaten verfolgt, Art. 189 CS.

b) Strafvollstreckung

Der **gegenseitige Rechtshilfeverkehr** zwischen Italien und Deutschland richtet sich nach dem 200
Europäischen Rechtshilfeübereinkommen in Strafsachen vom 20. 4. 1959 sowie Zusatzverträgen
zu diesem Abkommen vom 24.10.1979. Weitere Rechtshilferegelungen enthält das Schengener
Durchführungsabkommen vom 19.6.1990. Die Auslieferungs- und Vollstreckungshilfe (Übereinkommen vom 13.12.1957 und 21.3.1983) hat für Verkehrsstraftaten kaum praktische Bedeutung.

Ein EU-Übereinkommen über die **Führerscheinentzugsvollstreckung** ist am 17.6.1998 unter- 201
zeichnet worden. Seine Übernahme in nationales Recht (Ratifizierung) steht aber noch aus. Bis
dahin können Führerscheinentzüge wegen Verkehrszuwiderhandlungen nur in Italien vollstreckt
werden.

Das Schengener **Geldstrafen- und Bußenvollstreckungsübereinkommen** vom 28.4.1999 ist
wegen rechtlicher Mängel nichtig. Der Abschluss eines Europäischen Abkommens mit ähnlichem
Inhalt steht noch aus. Bis zu seiner Ratifizierung können italienische Bußgeldbescheide in
Deutschland nicht vollstreckt werden.

Ein **Strafnachrichtenaustausch** zwischen Italien und Deutschland mit der Folge der Eintragung 202
rechtskräftiger italienischer Strafurteile im Berliner Strafregister (§§ 54 ff. BZRG) findet seit Jahren regelmäßig statt.

V. Luxemburg

1. Zivilrecht

Luxemburg hat für Unfallgeschädigte und deren Anwälte den Vorteil, dass Deutsch eine der Amts- 203
sprachen ist. Insofern ist es grds. möglich, etwaige Anspruchsschreiben und sonstige Korrespondenz, insbesondere mit der gegnerischen Versicherung, in deutscher Sprache abzufassen. Allerdings hat die dortige Regulierungspraxis ihre Eigenheiten, und das luxemburgische
Schadensersatzrecht enthält gegenüber dem deutschen eine Reihe von Abweichungen. Dazu gehört
u. a., dass die anfallenden Rechtsanwaltskosten immer vom Geschädigten selbst getragen werden
müssen.

a) Kfz-Versicherungsrecht

Nach dem Gesetz über die obligatorische Kfz-Haftpflichtversicherung vom 7.4.1976 müssen alle 204
Kraftfahrzeuge haftpflichtversichert sein.

Aufgrund des genannten Gesetzes besteht ein **Direktanspruch** gegen die Haftpflichtversicherung 205
des Unfallverursachers.

Die gesetzliche **Mindestdeckung** für Personen- und Sachschäden ist unbeschränkt (bei Feuer- und 206
Explosionsschäden ist eine Begrenzung auf 1,25 Mio. € möglich).

207   Für Unfallschäden, die durch unversicherte oder nicht ermittelbare Kraftfahrzeuge verursacht werden, haftet grds. der **Garantiefonds** (in Luxemburg-Stadt, 3 Rue Guido Oppenheim). Deutschen gegenüber ist die Gegenseitigkeit verbürgt. Allerdings besteht für Sachschäden bei Unfallflucht keine Haftung, bei Nichtversicherung wird nur mit einem Selbstbehalt von 500 € Schadensersatz geleistet.

b) Schadensrechtliche Grundlagen

208   Ähnlich wie in Belgien und Frankreich können Schadensersatzansprüche aus Verkehrsunfällen auf die Art. 1382 ff. des Zivilgesetzbuchs (Code Civil) gestützt werden.

209   Das gegnerische **Verschulden** ist grds. nachzuweisen. Lediglich Art. 1384 I ZGB enthält eine **Verschuldensvermutung**, die z.B. durch den Beweis eines unvorhersehbaren Ereignisses widerlegt werden kann.

210   Eine Kausalhaftung gegenüber bestimmten privilegierten Geschädigten (wie in Belgien und Frankreich) besteht hingegen in Luxemburg nicht.

c) Beweissicherung und Beweismittel

211   Eine **Unfallaufnahme** durch die Polizei ist grds. nur bei **Personenschäden** erforderlich. Bei **Sachschäden** reicht im Allgemeinen die Verwendung des Europäischen Unfallberichts, den es u. a. in deutscher und französischer Sprache (Constat amiable d'accident automobile) gibt. Bei Unfällen mit Mietwagen oder wenn der Unfallgegner bei der Protokollierung nicht mitwirken will, empfiehlt sich ebenfalls die Hinzuziehung der Polizei.

212   Als **Beweismittel** kommen außer dem Polizeiprotokoll und dem Europäischen Unfallbericht Sachverständigengutachten, sonstige Dokumente und Urkunden sowie Aussagen von möglichst neutralen Zeugen in Betracht.

d) Versicherungsermittlung

213   Angaben zu Halter und Versicherung des unfallgegnerischen Fahrzeugs können über die **Kfz-Zulassungsstelle** (Service d'Immatriculation des Véhicules) in Luxemburg-Sandweiler in Erfahrung gebracht werden.

e) Versicherungspraxis und -aufsicht

214   Der **Schriftverkehr** mit luxemburgischen Versicherungen kann in deutscher Sprache geführt werden.

215   Die **Regulierungsdauer** kann im Allgemeinen verkürzt werden, wenn von Anfang an ein in Luxemburg ansässiger Rechtsanwalt mit der Schadensabwicklung beauftragt wird.

216   **Beschwerdestelle** für Reklamationen wegen Untätigkeit einer Versicherung oder schleppender Regulierung von geltend gemachten Ersatzansprüchen ist das Finanzministerium/Versicherungsaufsicht, 3 Rue de la Congrégation, Luxemburg-Stadt.

f) Gerichtsverfahren

217   Die **örtliche Zuständigkeit** für die klageweise Geltendmachung von Schadensersatzansprüchen aus Verkehrsunfällen liegt beim Gericht am Wohnort des Schädigers. Ein Gerichtsstand ist auch am Sitz der gegnerischen Kfz-Haftpflichtversicherung. Im Rahmen eines Adhäsionsverfahrens kann zudem beim Gericht des Unfallorts geklagt werden. In der Praxis wird meist am Versicherungssitz Klage erhoben.

218   Für Streitwerte bis 5 000 € ist das Friedensgericht (Justice de Paix) **sachlich zuständig**, für höhere Streitwerte das Bezirksgericht (Tribunal d'Arrondissement).

Das **Rechtsmittel** der Berufung ist innerhalb von 40 Tagen gegen friedensrichterliche Urteile zulässig, gegen Urteile des Bezirksgerichts innerhalb von 3 Monaten (jeweils ab Zustellung). Revision gegen ein Urteil der Berufungsinstanz kann bis 3 Monate nach Zustellung der Entscheidung beim Obersten Gerichtshof (Cour Supérieur de Justice) eingelegt werden. Vor dem Bezirksgericht sowie in Berufungs- und Revisionssachen besteht Anwaltszwang.   219

Schadensersatzklagen können auch im Strafprozess gegen den Unfallverursacher erhoben werden. Derartige **Adhäsionsverfahren** werden meist schneller abgewickelt als reine Zivilverfahren.   220

g) Anwalts- und Gerichtskosten

Außergerichtliche Anwaltshonorare sind vom Geschädigten immer selbst zu übernehmen. Die Honorarrichtlinien der Anwaltskammer (Conseil de l'Ordre des Avocats) sind nicht verbindlich. Das Honorar muss jedoch in angemessenem Verhältnis zur erbrachten Dienstleistung und zum erzielten Ergebnis stehen.   221

Gerichtliche Anwaltskosten sind auch bei obsiegendem Urteil vom Geschädigten zu tragen.   222

Die **Gerichtskosten** werden grds. der unterliegenden Partei überbürdet, ebenso etwaige Zwangsvollstreckungskosten.   223

h) Verjährung

Gegenüber dem Schädiger verjähren die Schadenersatzansprüche erst nach 30 Jahren, gegenüber seiner Versicherung bereits nach **drei Jahren** (jeweils ab Unfalltag).   224

i) Fahrzeugschadensersatz

aa) Reparaturkosten

Sind die Wiederinstandsetzungskosten niedrig (unter 500 €), werden diese meist gegen Vorlage einer quittierten **Reparaturkostenrechnung** – wenn möglich mit Schadensfotos – oder eines detaillierten **Kostenvoranschlags** erstattet.   225

Bei höheren Schäden ist es ratsam, nach Absprache mit der gegnerischen Versicherung ein **Sachverständigengutachten** erstellen zu lassen. Bei einseitig vom Geschädigten in Auftrag gegebenen Gutachten ist mit dessen genauer Überprüfung und gelegentlicher Neufestsetzung der Kosten zu rechnen. Wird das Fahrzeug selbst oder nicht repariert, sind die Versicherungen bei Kenntnis dieses Umstands oft nur zur Zahlung einer pauschalen Entschädigung bereit. Bei Vorlage einer Reparaturrechnung ist auch die angefallene Mehrwertsteuer zu erstatten (außer bei Vorsteuerabzugsberechtigung).   226

bb) Totalschaden

Liegt ein Totalschaden vor, wird generell der **Zeitwert** des Fahrzeugs **abzüglich Restwert** erstattet. Die Gutachtenerstellung sollte in Absprache mit der gegnerischen Versicherung erfolgen. Wird ein Privatgutachten in Deutschland veranlasst, sollte hiermit möglichst ein vereidigter Kfz-Sachverständiger beauftragt werden. Neuwerterstattung eines gerade erst zugelassenen Fahrzeugs erfolgt nicht. **Zulassungskosten** für ein Ersatzfahrzeug oder Überführungskosten nach Deutschland werden nur gelegentlich übernommen.   227

cc) Gutachterkosten

Grundsätzlich werden – außer bei minimalen Schäden – sowohl die Kosten des im Einverständnis mit der Versicherung tätigen als auch des direkt vom Geschädigten beauftragten Kfz-Sachverständigen übernommen, Letztere jedenfalls dann, wenn das Gutachten der Regulierung zugrunde gelegt wird.   228

dd) Wertminderung

229 Ein merkantiler Minderwert wird – außergerichtlich allerdings nur sehr selten – anerkannt bei neuwertigen, erheblich beschädigten Fahrzeugen, ausnahmsweise auch bei bis zu vier Jahre alten Kfz (z. B. mit Rahmenschäden), aber allenfalls bis zur Höhe von etwa 250 €.

ee) Mietwagenkosten

230 Die Kosten für ein Mietfahrzeug zur Überbrückung der Reparaturzeit werden nur übernommen, wenn der Geschädigte zur **Berufsausübung** (nicht nur für Fahrten zum Arbeitsplatz) auf ein Kfz angewiesen ist. In Deutschland angemietete, u. U. teurere Ersatzfahrzeuge werden gelegentlich nur in Höhe luxemburgischer Preise bezahlt. Ersparte Eigenkosten werden in Einzelfällen in Anrechnung gebracht. Bei Totalschaden wird ein Mietwagen meist nur für etwa fünf Tage finanziert.

ff) Nutzungsentschädigung

231 Eine Entschädigung für entgangene Fahrzeugnutzung i. H. v. pauschal ca. 12 € pro Reparaturtag wird unabhängig davon gewährt, ob das Kfz beruflich oder privat genutzt wird. Bei beruflicher Verwendung (z. B. durch Ärzte oder Kaufleute) wird häufig ein höherer Betrag zugestanden. Im Totalschadensfall wird für etwa fünf Tage Nutzungsausfallentschädigung gezahlt.

gg) Abschleppkosten

232 Die Kosten für die Verbringung des beschädigten Fahrzeugs zur nächsten geeigneten Werkstatt werden erstattet.

hh) Kaskoselbstbehalt

233 Bei Abwicklung des Fahrzeugschadens über die eigene Vollkaskoversicherung wird die Selbstbeteiligung gegen Vorlage der Kaskoabrechnung übernommen.

ii) Finanzierungskosten

234 Muss der Geschädigte zur Schadensfinanzierung ein Darlehen aufnehmen, werden die Kreditkosten nur sehr selten erstattet. Bei gerichtlicher Durchsetzung des Anspruchs werden Zinsen, die alljährlich neu festgesetzt werden, zugesprochen.

jj) Unkostenpauschale

235 Allgemeine Unkosten des Geschädigten, z.B. für Telefonate und Porto, werden ihm nicht erstattet, auch nicht pauschal.

kk) Sonstige Schadenspositionen

236 Folgende weitere Schadensposten können im Einzelfall noch in Betracht kommen:

- **Übernachtungs- und Verpflegungskosten** werden in relativ geringem Umfang übernommen, wenn sie unfallbedingt unumgänglich waren.

- **Gepäck- und Kleiderschäden** werden gegen Vorlage von Kaufbelegen (und möglichst Erwähnung im Unfallprotokoll) erstattet.

- Durch eine **Urlaubsunterbrechung** eingetretene materielle Schäden werden grds. ersetzt.

j) Personenschadensersatz

aa) Heilbehandlungs- und Pflegekosten

Notwendige Heilbehandlungskosten werden ersetzt, soweit sie nicht von einer Krankenkasse oder   237
-versicherung übernommen werden, ebenso die tatsächlich angefallenen Kosten für Pflege und
erforderliche Hilfsmittel.

bb) Verdienstausfall

Einem erwerbstätigen Geschädigten ist der durch Arbeitsunfähigkeit eingetretene Verdienstausfall   238
brutto zu ersetzen (gegen Vorlage einer ärztlichen Bescheinigung über die Dauer sowie durch
Lohnabrechnungen über die Höhe des Ausfalls). Nicht Erwerbstätige (z. B. Hausfrauen, denen eine
Haushaltsführung nicht mehr möglich ist) erhalten Entschädigung für die zum Familienunterhalt
nicht mehr zur Verfügung stehende Zeit. Es besteht grds. Anspruch auf Bezahlung einer Ersatz-
arbeitskraft.

cc) Schmerzensgeld

Voraussetzung für eine Schmerzensgeldzahlung ist eine schuldhafte **Schadenszufügung;** eine   239
Verschuldungsvermutung ist ausreichend.

Die **Höhe der Entschädigung** richtet sich u. a. nach Art und Schwere der Verletzungen sowie der
Dauer der Behandlung und der Arbeitsunfähigkeit. Bei erheblichen Verletzungen ist ein luxembur-
gisches Arztgutachten erforderlich, ansonsten reicht ein deutsches Attest aus. Anspruch auf Ersatz
ästhetischen Schadens sowie auf pauschale Entschädigung wegen Verlustes der körperlichen Integrität besteht gleichfalls. Für psychische Schmerzen wegen des **Todes naher Verwandter** wird
ebenfalls ein Ausgleich gezahlt.

dd) Unterhaltsentgang

Der Ersatzanspruch der Unterhaltsberechtigten bei Tötung eines Erwerbstätigen richtet sich nach   240
dem gesetzlich geschuldeten Unterhalt. Für die Höhe sind das Bruttoeinkommen des Getöteten
sowie der Bedarf des Berechtigten maßgeblich; der Bedarf wird konkret für den Einzelfall errechnet.

Hinterbliebenen einer (nicht erwerbstätigen) Hausfrau steht Unterhalt für die Kosten der Haushaltsführung durch eine – tatsächlich eingestellte – Ersatzkraft zu. Wird keine solche eingestellt,
sind deren fiktive Kosten netto zu tragen.

ee) Sonstige Schadenspositionen

Folgende weitere Schadensposten können im Einzelfall noch in Betracht kommen: 241

- Den Hinterbliebenen werden die **Beerdigungskosten** ersetzt.

- **Besuchsfahrten** naher Angehöriger zum Krankenhaus sind allenfalls in Fällen schwerer
  Verletzungen erstattungsfähig.

- **Reisekosten** zur ärztlichen Untersuchung werden nach vorheriger Zustimmung durch die
  Versicherung übernommen.

- Die **Krankenkasse** kann für ihre Leistungen die gegnerische Versicherung in Regress nehmen.

- Der **Arbeitgeber** (und ggf. die Sozialversicherung) hat ebenfalls Regressansprüche für
  erbrachte Leistungen, z. B. bei Lohn- oder Gehaltsfortzahlung.

2. Strafrecht

242 Bei einem allein- oder mitverschuldeten Unfall in Luxemburg kann Strafbarkeit wegen Verletzung des Straßenverkehrsgesetzes (Code de la Route) oder des Strafgesetzbuchs (Code Pénal) gegeben sein. Die meisten Verkehrsstraftaten werden nach dem Code de la Route (StVG) geahndet.

a) Tatbestände

aa) Verkehrsverstöße

243 Verletzung von Verkehrsregeln (Infractions), wie etwa Geschwindigkeitsüberschreitungen, Rotlichtverstöße oder Vorfahrtverletzungen werden mit Geldbußen bis 150 € geahndet, Überholverbotsverstöße bis 75 €. Außerdem können Fahrverbote ab 8 Tagen verhängt werden. Bei gleichzeitiger Unfallverursachung kommt u. U. Bestrafung nach einem schwerwiegenderen Tatbestand (s. u.) in Betracht.

bb) Fahrlässige Körperverletzung/Tötung

244 Nach Art. 418, 420 des luxemburgischen Strafgesetzbuchs (StGB) wird fahrlässige Körperverletzung (Blessures involontaires) mit Geldstrafe von 250 – 1 250 € und/oder Freiheitsstrafe von 8 Tagen bis zu 1 Jahr geahndet. Zusätzlich kann eine Führerscheinmaßnahme für die Dauer von 8 Tagen bis zu 15 Jahren verhängt werden.

245 **Fahrlässige Tötung** (Homicide involontaire) zieht nach Art. 418, 419 StGB Geldstrafe von 250 – 2 500 € und/oder Freiheitsstrafe von 1 Monat bis zu 2 Jahren nach sich. Dazu kann ein Fahrverbot/Führerscheinentzug von 8 Tagen bis zu 15 Jahren kommen.

cc) Trunkenheitsfahrt

246 Führen von Kraftfahrzeugen in alkoholisiertem Zustand (ab 0,8 ‰) wird gem. Art. 1292 StVG mit Geldstrafe bis 1 250 € und/oder Freiheitsstrafe von 8 Tagen bis zu 3 Jahren sowie Fahrverbot bzw. Führerscheinentzug von 8 Tagen bis zu 15 Jahren geahndet. Fahren unter Drogeneinwirkung hat gem. Art. 1294 StVG ähnliche Strafen zur Folge.

dd) Unfallflucht

247 Für Unfallflucht (Art. 9 StVG) werden Geldstrafen bis zu 250 Euro, in schwerwiegenden Fällen bis zu 1 250 € und/oder Freiheitsstrafe bis zu 3 Jahren verhängt. Zusätzlich kann es zu einem Fahrverbot/Führerscheinentzug bis zu 15 Jahren kommen.

b) Strafvollstreckung

248 Luxemburgische Strafurteile und Bußgeldbescheide wegen Verkehrszuwiderhandlungen können gegen Deutsche derzeit **nur in Luxemburg vollstreckt** werden, etwa bei einer Wiedereinreise des Betroffenen oder anlässlich einer Polizeikontrolle im Land.

249 **In Deutschland** ist eine Vollstreckung luxemburgischer Bußgeldentscheidungen bzw. Führerscheinmaßnahmen nicht möglich, da entsprechende zwischenstaatliche Abkommen (EU-Führerscheinsentzugs-Vollstreckungsübereinkommen von 1998 und Geldbußen-Vollstreckungsabkommen 1999) bisher nicht in Kraft getreten sind.

VI. Niederlande

1. Zivilrecht

> *Hinweis:*   250
> *Die Geltendmachung eines Verkehrsunfallschadens über einen niederländischen Anwalt kann*
> *– ohne Rechtsschutzversicherung – den Geschädigten recht teuer zu stehen kommen. Zum*
> *einen wegen der üblichen Zugrundelegung relativ hoher anwaltlicher Stundensätze (z. Z. rund*
> *150 €), zum anderen wegen der nicht immer durchsetzbaren Erstattung der Anwaltskosten.*

Hingegen kann mit den meisten holländischen Versicherungen in deutscher Sprache korrespondiert werden. Eine Erleichterung dürfte die 4. Kfz-Haftpflichtrichtlinie der EU bringen, die ab Januar 2003 eine Schadensabwicklung in Deutschland ermöglicht (s. dazu Rn. 6 ff.).

a) Kfz-Versicherungsrecht

Seit dem 30.5.1963 gibt es das Gesetz über die Kfz-Haftpflichtversicherung (WAM), wonach alle   251
Kraftfahrzeuge der Versicherungspflicht unterliegen.

Das Kraftfahrzeug-Haftpflichtversicherungsgesetz gibt Verkehrsunfallgeschädigten einen **Direkt-**   252
anspruch gegen die Versicherung des Unfallverursachers.

Die gesetzliche **Mindestdeckung** beträgt pauschal 910 000 € pro Schadensereignis für Personen-   253
und Sachschäden.

Der niederländische **Garantiefonds** ist eintrittspflichtig bei unbekanntem oder nicht versichertem   254
Schädigerfahrzeug, bei Unfall mit gestohlenem oder unberechtigt angeeignetem Kfz, wenn die
Versicherung zahlungsunfähig ist oder der Kfz-Halter aus Gewissensgründen von der Versicherungspflicht befreit wurde. Bei bekanntem Schädiger haftet der Fonds nur, wenn der Schadens-
ersatzpflichtige nicht zahlungsfähig ist. Gegenüber deutschen Geschädigten ist die Gegenseitigkeit
verbürgt.

Der Garantiefonds hat Personen- und Sachschäden bis zur Höhe der gesetzlichen Mindestdeckung   255
zu erstatten. Bei Sachschäden ist eine geringe Selbstbeteiligung vorgesehen. Der Sitz des Garantiefonds (Waarborgfonds Motorverkeer) ist in Rijswijk, Geestbrugkade 9.

b) Schadensrechtliche Grundlagen

Ersatzansprüche wegen erlittener Unfallschäden können bei **Verschulden** des Unfallgegners auf   256
Art. 6.162 des Bürgerlichen Gesetzbuchs (BW) gestützt werden.

Nach Art. 185 Abs. 1 des Straßenverkehrsgesetzes (WVW) als weiterer Anspruchsgrundlage wird   257
eine der Gefährdungshaftung ähnliche Verantwortung zu Lasten des Kfz-Halters vermutet. Diese
Verschuldensvermutung, die insbesondere nichtmotorisierten Unfallgeschädigten (Fußgängern,
Radfahrern usw.) zugute kommt, kann nur durch den Beweis höherer Gewalt sowie vorsätzlichen
oder groben Eigenverschuldens ausgeschlossen werden. Gegenüber Kindern unter 14 Jahren wird
auf dieser Grundlage seitens des Unfallverursachers immer gehaftet.

c) Beweissicherung und Beweismittel

Zur **Unfallaufnahme** (Protokollierung) ist die Polizei nur verpflichtet, wenn erhebliche Personen-   258
schäden vorliegen oder der Unfallgegner geflüchtet ist. Bei Schäden über 500 €, nicht versicherten
oder ausländischen Unfallbeteiligten fertigt die Polizei meist nur einen einfachen Feststellungs-
bericht an. In sonstigen Fällen, vor allem bei Sachschäden, ist die Erstellung des **Europäischen**
Unfallberichts (Aanrijdings-formulier) zweckmäßig.

259 Als **Beweismittel** kommen neben den genannten Unfallaufnahme-Dokumenten u. a. Sachverständigengutachten in Frage, ebenso Zeugenaussagen, Geständnisse und Vermutungen.

d) Versicherungsermittlung

260 Muss die gegnerische Kfz-Haftpflichtversicherung in Erfahrung gebracht werden, kann bei Vorliegen der Daten des amtlichen Fahrzeugkennzeichens das **Straßenverkehrsamt** (Rijksdienst voor het Wegverkeer in Veendoom) befragt werden. Allerdings kann dies nur unter Zuhilfenahme ausgewiesener Stellen wie des Automobilclubs ANWB oder des Grüne-Karte-Büros erfolgen, also nicht durch direkte Anfrage des Geschädigten.

e) Versicherungspraxis und -aufsicht

261 Die **Korrespondenz** mit holländischen Versicherungen kann meist in deutscher Sprache geführt werden. Das Anspruchsschreiben ist grundsätzlich an den Versicherungssitz zu richten.

262 Die **Abwicklungsdauer** beträgt in den Niederlanden im Allgemeinen mindestens ein halbes Jahr und mehr. Die Einschaltung eines dort ansässigen Anwalts trägt erheblich zur schnelleren Regulierung bei. Bei Personenschäden kommt es gelegentlich zu Vorschussleistungen durch die Versicherung.

263 An die **Versicherungsaufsicht** (Aufsichtsrat für das Versicherungswesen, Groot Hartoginnelaan 8, Den Haag) können Beschwerden über unzulängliches Regulierungsverhalten von Versicherungen gerichtet werden. Aus dem gleichen Grund kann auch der Ombudsman für Schadensversicherungen (Postbus 30, NL-2501 CA Den Haag) angeschrieben werden.

f) Gerichtsverfahren

264 Die **örtliche Gerichtszuständigkeit** ist gegeben am Wohnort oder am tatsächlichen Aufenthaltsort des Schädigers, am Unfallort sowie am Sitz der Versicherung; am Wohnort des Geschädigten, wenn der Wohn- und Aufenthaltsort des Schädigers nicht bekannt ist.

Sachlich zuständig ist für Schadensersatzansprüche das Amtsgericht (Kantonsgericht), für darüber liegende Streitwerte das Landgericht (Arrondissementsrechtsbank).

265 Das **Rechtsmittel** der Berufung kann gegen amtsgerichtliche Urteile eingelegt werden, wenn der Streitwert 1100 € übersteigt. Gegen Urteile des Landgerichts ist ebenfalls Berufung möglich. Die Berufungseinlegungsfrist beträgt 3 Monate. Revision zum Obersten Gerichtshof kann sowohl gegen amts- als auch gegen landgerichtliche Urteile eingelegt werden (ohne Streitwertbegrenzung). Die Dreimonatsfrist für die Einlegung der Revision läuft ab Erlass des anzufechtenden Urteils.

266 Am **Adhäsionsverfahren** kann sich der Geschädigte beteiligen, indem er seine Schadensersatzforderungen in den Strafprozess gegen den Schädiger einbringt. Der geltend zu machende Anspruch muss aber leicht zu beweisen sein, um diesen Verfahrensweg beschreiten zu können.

g) Anwalts- und Gerichtskosten

267 Nach einer seit 1992 geltenden Neuregelung des Bürgerlichen Gesetzbuchs in Art. 6.96 Abs. 2c BW sind **außergerichtliche Anwaltskosten,** soweit sie „vertretbar" sind, von der Gegenseite zu erstatten. So ist z. B. davon auszugehen, dass bei Unfällen mit Personenschäden eine Rechtsvertretung notwendig ist, ebenso wohl bei Sachschäden mit ungeklärter Schuldfrage. Erfahrungsgemäß versuchen niederländische Versicherungen häufig, sich dem Anspruch auf Anwaltskostenübernahme zu entziehen.

268 **Gerichtliche Anwaltskosten** werden selbst bei Obsiegen oft nur zur Hälfte der Gegenseite überbürdet.

269 **Gerichtskosten** muss der Geschädigte in vielen Fällen, auch bei gewonnenem Prozess, zu erheblichen Teilen selbst tragen.

Neidhart

h) Verjährung

Schadensersatzansprüche gegen die Kfz-Haftpflichtversicherung des Unfallverursachers verjähren **drei Jahre** nach dem Schadensereignis. Ansonsten tritt die Verjährung – etwa gegen den Schädiger – erst nach fünf Jahren ein. 270

i) Fahrzeugschadensersatz

aa) Reparaturkosten

Je nach Höhe des Schadens kann dieser durch **Reparaturrechnung, Gutachten oder Kostenvoranschlag** nachgewiesen werden. Bei geringeren Schäden (oder vorheriger Zustimmung der gegnerischen Versicherung) sind meist Reparaturrechnungen oder Kostenvoranschläge ausreichend. Gutachten sind nur erforderlich, wenn Schadens- und Haftungsumfang in angemessenem Verhältnis zum Aufwand stehen. Deutsche Gutachten, insbesondere solche von vereidigten Sachverständigen, werden grds. anerkannt. Da keine Verpflichtung zur Reparatur besteht, sind auch nicht instandgesetzte (oder selbst reparierte) Schäden auszugleichen. 271

Sowohl bei Reparatur als auch bei Abrechnung auf Gutachten- oder Kostenvoranschlagsbasis ist grds. die **Mehrwertsteuer** zu übernehmen.

bb) Totalschaden

Im Totalschadensfall ist der **Wiederbeschaffungswert abzüglich Restwert** zu ersetzen. Als Schadensbelege werden grds. sowohl niederländische als auch deutsche Kfz-Gutachten (letzterenfalls möglichst von vereidigten Sachverständigen) anerkannt. Dabei besteht auch Anspruch auf Übernahme der Mehrwertsteuer. Eine **Neupreiserstattung** neuwertiger Fahrzeuge kann nicht beansprucht werden. Rückführungs- oder Verschrottungskosten werden grds. übernommen, wobei der kostengünstigere Weg zu wählen ist. 272

cc) Gutachterkosten

Sachverständigenkosten werden i.d.R. erstattet, im Allgemeinen auch für vom Geschädigten selbst in Auftrag gegebene Gutachten. Liegt der Schaden unter 350 € ist üblicherweise kein Gutachten erforderlich (und werden auch keine Kosten bezahlt). 273

dd) Wertminderung

Ein Ersatzanspruch für merkantile Wertminderung besteht zwar grds.; ihm wird von den Versicherungen jedoch nur selten (und nur bei hohen Schäden) entsprochen, obwohl an sich keine generellen Beschränkungen hinsichtlich Fahrzeugalter, Kilometerleistung oder Schadensumfang bestehen. 274

ee) Mietwagenkosten

Seit einigen Jahren kann Ersatz für einen Mietwagen unabhängig davon verlangt werden, ob das Fahrzeug beruflich oder privat genutzt wird. Allerdings werden für **ersparte Eigenkosten** bis zu 25 % abgezogen. Mietwagenkosten werden für die Reparaturdauer, bei Totalschaden für ca. 14 Tage übernommen. 275

ff) Nutzungsentschädigung

Pauschaler Nutzungsausfall wird nicht anerkannt. Lediglich für Nutzfahrzeuge wird – bei konkret eingetretenem Ausfallschaden – eine Entschädigung gewährt. 276

gg) Abschleppkosten

Kosten für das Abschleppen zur nächsten geeigneten Werkstatt werden ersetzt. 277

hh) Kaskoselbstbehalt

278 Eine etwaige Kaskoselbstbeteiligung wird übernommen, wenn der entsprechende Betrag mittels Abrechnungsschreibens der Vollkaskoversicherung sowie Reparaturrechnung oder Gutachten über den Gesamtfahrzeugschaden nachgewiesen wird.

ii) Finanzierungskosten

279 Inzwischen werden grds. auch die Schadensfinanzierungskosten ersetzt, die anfallen, wenn der Geschädigte einen Kredit, z.B. zur Zahlung der Reparaturkosten, aufnehmen muss. Allerdings hat er zuvor die gegnerische Versicherung zur Kostenübernahme aufzufordern. Ab dem Unfallzeitpunkt können auch **Verzugszinsen** (derzeit 6 %)verlangt werden.

jj) Unkostenpauschale

280 Kosten für Telefonate, Porto usw. werden nicht pauschal, sondern nur aufgrund von Belegen erstattet.

kk) Sonstige Schadenspositionen

281 Folgende weitere Schadensposten können im Einzelfall in Betracht kommen:

- **Übernachtungs- und Verpflegungskosten** werden übernommen, soweit sie unfallbedingt unvermeidbar angefallen sind.

- **Gepäck- und Kleiderschäden** werden grds. ersetzt.

- Alle sonstigen durch den Unfall entstandenen Kosten werden nur gegen Einzelnachweis erstattet.

j) Personenschadensersatz

aa) Heilbehandlungs- und Pflegekosten

282 Die tatsächlich anfallenden Kosten für unfallbedingte Heilbehandlung sind von der gegnerischen Kfz-Haftpflichtversicherung zu übernehmen, wenn sie nicht bereits von der Krankenkasse oder -versicherung des Geschädigten getragen werden. Ebenso sind (sogar fiktive) Kosten für Pflege und vermehrte Bedürfnisse zu ersetzen.

bb) Verdienstausfall

283 Wird ein Erwerbstätiger aufgrund eines Unfalls arbeitsunfähig, hat er Anspruch auf Verdienstausfall. Der entgangene Verdienst ist netto in Höhe des vor dem Unfall ausbezahlten Lohns/Gehalts zu erstatten. Hierzu ist eine Bescheinigung des Arbeitgebers vorzulegen; Selbständige haben den Verdienstausfall anhand von Steuerbelegen nachzuweisen. Eine nichterwerbstätige Hausfrau kann eine Entschädigung dafür verlangen, dass sie nicht mehr wie vor dem Unfall ihre Pflichten als Hausfrau erfüllen kann. Es sind die konkret für eine Ersatzkraft anfallenden Kosten zu ersetzen (auch fiktive Kosten sind erstattbar).

cc) Schmerzensgeld

284 Ein Schmerzensgeldanspruch besteht sowohl bei nachgewiesenem Verschulden des Schädigers als auch, wenn er nur aufgrund vermuteten Verschuldens haftet. Anhand einer Reihe von Kriterien wird die Schmerzensgeldhöhe ermittelt. Derzeit werden Beträge bis zu etwa 100 000 €, in Ausnahmefällen auch darüber, bezahlt. Hinterbliebene haben beim Tod naher Angehöriger keinen Schmerzensgeldanspruch.

dd) Unterhaltsentgang

Angehörige mit Unterhaltsanspruch können Schadensersatz für ihnen gesetzlich zustehende Unter- **285**
haltsleistungen verlangen. Für die Höhe ist das frühere Nettoeinkommen des Getöteten sowie das
Verwandtschaftsverhältnis zum Anspruchsberechtigten maßgebend. Auch für eine nichterwerbstätige Hausfrau können nahe Angehörige Schadensersatzansprüche wegen Unterhaltsentgangs
erheben. Die Unterhaltsleistung wird fiktiv (prozentual) nach einer Tabelle errechnet.

ee) Sonstige Schadenspositionen

Folgende weitere Schadensposten kommen im Einzelfall in Betracht: **286**

- **Reisekosten** zur Untersuchung bei einem niederländischen Arzt werden nach Abstimmung mit
  der Versicherung bezahlt.
- Kosten für **Besuchsfahrten** naher Angehöriger zum Krankenhaus werden übernommen, soweit
  sie angemessen und die Besuche für den Verletzten hilfreich sind.
- Etwaige **Beerdigungskosten** werden den Erben erstattet.
- die gesetzliche Krankenkasse hat wegen gezahlter Heilbehandlungskosten grds. einen (möglicherweise eingeschränkten) Regressanspruch gegen den Kfz-Versicherer.
- Sozialversicherer können, von einigen Ausnahmen abgesehen, an die gegnerische Versicherung **Regressforderungen** wegen Lohn-/Gehaltsfortzahlung richten. Privaten Arbeitgebern
  steht kein Regressrecht zu; u.U. kann aber der verletzte Arbeitnehmer verpflichtet sein, seinen
  Anspruch abzutreten.

2. Strafrecht

Häufige Unfallursachen sind auch in den Niederlanden Geschwindigkeitsüberschreitungen, Rot- **287**
lichtmissachtung, Vorfahrtsverletzungen, Überholverbotsverstöße und andere Zuwiderhandlungen
gegen das Straßenverkehrsgesetz (Wegenverkeerswet/WVW). Aber auch strafrechtliche Tatbestände wie fahrlässige Körperverletzung oder Tötung, Trunkenheit am Steuer oder Unfallflucht
werden in diesem Zusammenhang häufig erfüllt. Eine Unterscheidung zwischen Ordnungswidrigkeiten und Straftaten im Straßenverkehr wird erst seit 1990 gemacht, dem Zeitpunkt des In-Kraft-
Tretens der Lex Mulder (WAHV).

a) Tatbestände

aa) Verkehrsverstöße

Auf **Geschwindigkeitsüberschreitungen** stehen relativ hohe Geldbußen; so muss nach dem nie- **288**
derländischen Bußgeldkatalog (sog. Tarifliste bzw. Tekstenbundel) bis zu ca. 165 € zahlen, wer bis
zu 30 km/h zu schnell ist, bis zu 320 €, wer die höchstzulässige Geschwindigkeit um bis zu
50 km/h überschreitet. Bei mehr als 50 km/h über dem Limit wird der Führerschein sofort eingezogen, ab 70 km/h Überschreitung kommen zu einer hohen Buße von mehr als 560 € noch 4
Monate Fahrverbot hinzu. Auf Rotlichtverstoß, Überholverbots- oder Vorfahrtmissachtung stehen
jeweils 86 € Buße. Schwerwiegende Verkehrszuwiderhandlungen gelten als Straftaten.

bb) Fahrlässige Körperverletzung/Tötung

Nach Art. 6 und Art. 175 Straßenverkehrsgesetz (StVG/WVW) kann **fahrlässige Körperverlet-** **289**
zung im Straßenverkehr mit Freiheitsstrafe bis zu 12 Monaten oder Geldstrafe bis zu etwa 4 500 €
geahndet werden. Unfallfolge muss eine gewisse Schwere der Verletzungen oder vorübergehende
Krankheit bzw. zeitweilige Arbeitsunfähigkeit sein.

Nach der gleichen Strafvorschrift wird **fahrlässige Tötung** mit Freiheitsstrafe bis zu 3 Jahren oder Geldstrafe bis etwa 4 500 € verfolgt. Nach Art. 179 StVG können diese Tatbestände außerdem einen Führerscheinentzug bis zu 5 Jahren nach sich ziehen. Fahrlässige Körperverletzung und Tötung kann auch nach den Art. 307 ff. des Strafgesetzbuchs (StGB) bestraft werden. Danach hat fahrlässige Körperverletzung (Art. 308 StGB) Freiheitsstrafe bis zu 6 Monaten oder Geldstrafe bis zu 11 400 € (4. Strafkategorie), fahrlässige Tötung (Art. 307) Freiheitsstrafe bis zu 9 Monaten und Geldstrafe ebenfalls bis zu 11 400 € zur Folge. Werden diese Tatbestände im Rahmen der Berufsausübung begangen, kann die Freiheitsstrafe um ein Drittel erhöht und ein zeitweiliges Berufsverbot verhängt werden, Art. 309 StGB.

cc) Trunkenheitsfahrt

290 In den Niederlanden gilt gem. Art. 8 StVG die **0,5 Promille-Grenze**. Alkoholisierung bis zu 0,8 ‰ wird mit maximal 270 € bestraft, bis zu 1,3 ‰ mit höchstens 500 €. Bei 1,31 ‰ bis 2,5 ‰ werden Strafen zwischen 570 und 910 € fällig; hinzu kommt Führerscheinentzug bis zu 9 Monaten (mit oder ohne Bewährung) sowie Haft auf Bewährung.

291 Kommt es im Zusammenhang mit einer **Trunkenheitsfahrt** zu einer **fahrlässigen Körperverletzung**, ist die Strafdrohung gem. Art. 6 und 8 StVG/WVW Freiheitsstrafe bis zu 3 Jahren oder Geldstrafe bis ca. 11 400 €; bei fahrlässiger Tötung ist Freiheitsstrafe bis zu 9 Jahren oder eine Geldstrafe bis ca. 11 400 € zu erwarten. Zusätzlich wird ein Führerscheinentzug bis zu 5 Jahren verhängt. Grds. das Gleiche gilt bei Fahrten unter Drogeneinwirkung.

dd) Unfallflucht

292 Nach Art. 7 StVG darf der Führer eines Fahrzeuges nach einem Verkehrsunfall mit Personen- oder Sachschaden den Unfallort erst verlassen, wenn seine Identität und die Daten seines Fahrzeuges festgestellt sind. Verstöße gegen diese Vorschrift werden mit Geldstrafe bis zu 4 500 € oder mit Freiheitsstrafe bis zu 3 Monaten geahndet. Entsprechend höher sind die Strafen, wenn die Unfallflucht unter Alkohol- oder Drogeneinwirkung begangen wird (Art. 8 StVG). Zusätzlich kann der Führerschein bis zu 5 Jahren entzogen werden.

b) Strafvollstreckung

293 Für den Fall, dass gerichtlich verhängte Geldstrafen oder -bußen vom Beschuldigten nicht fristgerecht bezahlt werden, kommt es regelmäßig zur Androhung und Festsetzung von Ersatzhaftstrafen. Diese können jedoch derzeit allenfalls bei einem Grenzübertritt oder im Rahmen sonstiger polizeilicher Kontrollen in den Niederlanden vollstreckt werden. Ein entsprechendes **EU-Übereinkommen** über die **Vollstreckung ausländischer strafrechtlicher Verurteilungen** vom 13.11.1991 ist von den Niederlanden und Deutschland zwar ratifiziert worden, wird aber, soweit ersichtlich, derzeit nicht praktiziert. Das **Schengener Übereinkommen** über die **Geldstrafen- und Geldbußenvollstreckung** vom 28.4.1999 konnte wegen rechtlicher Mängel nicht zur Ratifizierung gelangen; eine Folgevereinbarung ist derzeit noch nicht ausgehandelt. Das **EU-Übereinkommen** über die **Führerscheinentzugsvollstreckung** vom 17. 6. 1998 ist ebenfalls noch nicht in Kraft.

VII. Österreich

1. Zivilrecht

> *Hinweis:*
>
> *Das österreichische Schadensersatz-, Versicherungs- und Verfahrensrecht weist so viele Abweichungen vom deutschen Recht auf, dass insbesondere für Unfallregulierungen mit Personenschäden ein mit dem dortigen Recht sehr vertrauter Anwalt eingeschaltet werden sollte. Gerade beim **Schmerzensgeldanspruch** ist es unerlässlich, u.a. die österreichische Tagessatz-Praxis sowie die Rechtsprechung zur (bei schweren Körperschäden nicht sehr großzügigen) Bemessung der Höhe des Anspruchs zu kennen. Aber auch beim **Sachschadenersatz** gibt es Überraschungen, etwa die Nichtgewährung einer pauschalen Nutzungsentschädigung während der Kfz-Ausfallzeit.*

294

Schließlich ist auch das österreichische Anwaltsgebührenrecht für ausländische Mandanten (und Anwälte) eine überwiegend unbekannte Materie. Allerdings wird bei außergerichtlichen Schadensabwicklungen das der gegnerischen Kfz-Haftpflichtversicherung meist pauschal in Rechnung gestellte Anwaltshonorar i.d.R. erstattet, soweit den Geschädigten keine Mithaftung trifft.

295

a) Kfz-Versicherungsrecht

Nach dem österreichischen Kraftfahrgesetz (KFG) müssen grundsätzlich alle zugelassenen Kraftfahrzeuge und Anhänger haftpflichtversichert sein. Ausnahmen bestehen gem. § 59 Abs. 2 KFG für Fahrzeuge staatlicher und bestimmter kommunaler Körperschaften.

296

Gem. § 26 des seit dem 1.9.1994 geltenden Kraftfahrzeug-Haftpflichtversicherungsgesetzes (KHVG) haben Unfallgeschädigte einen **DirektanspruchgegendieKfz-Versicherung** des Schadensverursacher. Nach § 9 KHVG beträgt die Mindestversicherungssumme – für Personen- und Sachschäden – bei Pkw, Motorrädern usw. pauschal 1,2 Mio. € pro Schadensereignis bzw. 2,2 Mio. € bei Omnibussen und Gefahrguttransportern.

297

Ein vom Verband der Versicherungsunternehmen Österreichs in Wien unterhaltener **Garantiefonds** entschädigt Verkehrsopfer in Fällen, in denen der Unfallverursacher nicht Kfz-haftpflichtversichert ist (bzw. keine Nachhaftung der Versicherung mehr besteht), wenn er nicht ermittelt werden kann, bei sog. Schwarzfahrten oder vorsätzlicher Unfallherbeiführung sowie bei Versicherungsinsolvenz. Die Leistungspflicht ergibt sich aus dem Eisenbahn- und Kraftfahrzeug-Haftpflichtgesetz (EKHG) von 1959. Bei **Unfallflucht** wird nur für Personen-, nicht dagegen für Sachschäden gehaftet. Dem Geschädigten wird generell eine Selbstbeteiligung von 218 € abgezogen. Ansprüche sind innerhalb von drei Monaten an den Garantiefonds zu richten; der jeweilige Unfall ist umgehend der Polizei zu melden.

298

b) Schadensrechtliche Grundlagen

Verkehrsunfallgeschädigte können ihre Ersatzansprüche auf gefährdungs- als auch verschuldenshaftungsrechtliche Grundlagen stützen. Die **Gefährdungshaftung** richtet sich nach dem EKHG. Gem. § 5 dieses Gesetzes haftet der Halter auf Ersatz der Unfallschäden, die beim Betrieb eines Kfz eingetreten sind. Auch der Schwarzfahrer hat wie ein Halter einzustehen. Für Personenschäden gilt eine Haftungsbeschränkung i.H.v. 280 000 € pro Person bzw. 840 000 € pro Unfall. Bei Sachschäden wird bis maximal 140 000 € pro Schadensereignis gehaftet. Gefährdungshaftungsansprüche sind innerhalb von drei Monaten anzeigepflichtig.

299

Die **Verschuldenshaftung** beruht auf §§ 1294 ff. des Allgemeinen Bürgerlichen Gesetzbuchs (ABGB) und ist der Höhe nach unbeschränkt. Die Ansprüche können gem. § 1295 ABGB insbesondere gegen den Fahrer, der nicht Halter ist, gerichtet werden. Voller Schadensersatz wird

300

nach § 1324 ABGB nur bei grober Fahrlässigkeit oder Vorsatz geleistet; im Falle leichter Fahrlässigkeit (Nachlässigkeit) erfolgt nur eine sog. Schadloshaltung bzw. der Ersatz des gemeinen Werts (§ 1332 ABGB). Bei Mitverschulden des Geschädigten werden seine Ansprüche gem. § 1304 ABGB gekürzt.

c) Beweissicherung und Beweismittel

301 Jeder Unfallbeteiligte hat gem. § 4 Abs. 1 StVO bei der Sachverhaltsfeststellung mitzuwirken. Bei Unfällen mit (nur) Sachschaden besteht kein Erfordernis, die Polizei zu verständigen, wenn Geschädigte und sonstige Unfallbeteiligte hierauf verzichten, § 4 Abs. 5. Benachrichtigt trotzdem ein Beteiligter die nächstgelegene Polizeidienststelle, hat diese die entsprechende Meldung der Unfalldaten und -umstände entgegen zu nehmen, ohne zum Unfallort kommen zu müssen. Gem. § 4 Abs. 5b StVO kann die Polizei (seit 1.7.1996) für die Aufnahme einer Sachschadenmeldung eine Gebühr von 35 € verlangen – es sei denn, die Unfallbeteiligten konnten ihre Daten nicht untereinander austauschen. Diese auch „**Blaulichtsteuer**" genannte Gebühr wird also insbesondere erhoben, wenn das polizeiliche Tätigwerden überwiegend der Durchsetzung zivilrechtlicher Sachschadensersatzansprüche dient. Wird auf eine polizeiliche Mitwirkung verzichtet, kann der **Europäische Unfallbericht** für die Unfallaufnahme verwendet werden. Wenn er korrekt ausgefüllt und von den Kontrahenten unterschrieben worden ist, wird er als Urkunde betrachtet und besitzt erheblichen Beweiswert. Beweismittel im Klageverfahren sind außer Urkunden etwaige Zeugen und Sachverständige; auch Parteienvernehmung und Lokalaugenschein sind zulässig. Anstelle von Privatgutachten zur Sachschadensfestsetzung oder zur Schmerzensgeldermittlung werden oft gerichtlicherseits bestellte Sachverständigengutachten herangezogen.

302 Bei **Unfällen mit Personenschäden** besteht gem. § 4 Abs. 2 StVO unbedingte und sofortige polizeiliche Meldepflicht, auch wenn die Verletzten hierauf verzichten. Die Polizei muss ein Protokoll mit Unfallskizze aufnehmen und Zeugenaussagen festhalten. Die Beteiligten sind wartepflichtig.

d) Versicherungsermittlung

303 Über das amtliche Kennzeichen kann außer dem Kfz-Halter auch die jeweilige Kraftfahrzeug-Haftpflichtversicherung in Erfahrung gebracht werden. Entsprechende Anfragen sind (gegen Gebühr) an die zuständigen **Kfz-Zulassungsstellen** zu richten (i.d.R. an die Bezirkshauptmannschaften, in größeren Städten an die Verkehrsämter), die diese Daten speichern.

e) Versicherungspraxis und -aufsicht

304 Die meisten österreichischen Versicherungsgesellschaften haben ihren Sitz bzw. ihre Generaldirektion in Wien. Verkehrsunfallschäden werden aber vorwiegend von den regional zuständigen Landesdirektionen abgewickelt, es sei denn, dass es sich um Großschäden handelt. Die Regulierung erfolgt im Allgemeinen ohne größere Schwierigkeiten. Dies gilt insbesondere bei klarer Rechtslage und Übermittlung korrekter und vollzähliger Schadensbelege. In solchen Fällen kann die Abwicklung durchaus innerhalb eines Vierteljahrs erfolgen. Die meisten Unfallschäden werden ohnehin außergerichtlich reguliert.

305 | *Hinweis:*

Einfach gelagerte Sachschadensfälle können u.U. noch während eines Österreich-Urlaubs über dortige (in größeren Städten vorhandene) Schadensschnelldienste zum Abschluss kommen. Gelegentlich erklären sich Versicherungen auch gegenüber dem Geschädigten zu einer Reparaturkostenübernahme bereit, so dass er keine Vorleistung erbringen muss und die (österreichische) Werkstatt ihm das reparierte Fahrzeug herausgibt, ohne von ihrem Zurückbehaltungsrecht Gebrauch zu machen.

Bei Reparaturdurchführung in Deutschland werden im Allgemeinen auch hiesige Reparaturrech- 306
nungen akzeptiert.

Verläuft die Schadensregulierung nicht korrekt oder sonst unbefriedigend, kann eine **Beschwerde** 307
beim Verband der Versicherungsunternehmen Österreichs in Wien weiterhelfen. In Betracht
kommt auch eine Intervention über die Versicherungsaufsichtsbehörde, die beim Bundesministerium für Finanzen in Wien eingerichtet ist.

f) Verjährung

Gem. § 1489 ABGB verjähren **Schadensersatzansprüche** in drei Jahren nach Kenntnis von Scha- 308
den und Schädiger. Nach § 17 EKHG gilt ebenfalls eine dreijährige Verjährungsfrist gegenüber
dem Haftpflichtigen, die bei Unkenntnis von Schaden und Ersatzpflichtigem spätestens nach 30
Jahren ausläuft. Der Schadensersatzanspruch des Geschädigten gegen den Versicherer unterliegt
gem. § 27 KHVG gleichfalls einer Dreijahresfrist, endet aber spätestens zehn Jahre nach Schadenseintritt.

g) Gerichtsverfahren

Die **örtliche Zuständigkeit** für Schadensersatzklagen ist nach § 66 Jurisdiktionsnorm (JN) am 309
Wohnsitz oder gewöhnlichen Aufenthaltsort des Fahrers oder Halters gegeben. Als weiterer
Gerichtsstand kommt gem. § 20 EKHG das Gericht am Unfallort in Betracht, und nach § 26 EKHG
kann die Kfz-Haftpflichtversicherung an ihrem Sitz verklagt werden. Schließlich gibt es noch den
sog. Gerichtsstand der Schadenszufügung gem. § 92a JN.

Bei der **sachlichen Zuständigkeit** kommt es gemäß den allgemeinen Regelungen der ZPO auf die 310
Höhe des jeweiligen Streitwerts an. Ansprüche bis 10 000 € sind beim Bezirksgericht geltend zu
machen (vgl. 349 Abs. 1 JN); für höhere Streitwerte ist das Landesgericht zuständig.

Nach § 4 StPO können zivilrechtliche Ansprüche aus strafbaren Handlungen im Rahmen eines 311
(Anschluss- oder) **Adhäsionsverfahrens** geltend gemacht werden. Voraussetzung ist allerdings,
dass über die Ansprüche ohne Beweisaufnahme entschieden werden kann. I. Ü. ist der Zivilrichter
an ein verurteilendes Erkenntnis des Strafrichters nicht gebunden.

h) Anwalts- und Gerichtskosten

Die Gebühren für eine **außergerichtliche Schadensgeltendmachung** können österreichische 312
Anwälte nach dem dortigen **Rechtsanwaltstarifgesetz** (RATG) in Rechnung stellen. Dabei kann
jede anwaltliche Leistung einzeln berechnet werden; zur Ermittlung der Honorarhöhe kommt es
auf den Streitwert und den Zeitaufwand an. Stattdessen besteht auch die Möglichkeit der Honorarvereinbarung. Von den Versicherungsgesellschaften erhalten die Anwälte für die Geltendmachung
von Schadensersatzansprüchen üblicherweise ein pauschales Honorar, das je nach Schadenshöhe
i.d.R. bis zu 10 % ausmacht. Wenn der Anspruch in voller Höhe durchgesetzt werden kann, muss
der Geschädigte keine Rechtsanwaltskosten tragen; ist nur ein Teil durchsetzbar, sind für den anderen Teil die Kosten von ihm selbst zu tragen.

Auch die Anwaltskosten im gerichtlichen Verfahren werden nach dem RATG berechnet. Diesem 313
Tarif zufolge kann jede Prozesshandlung gesondert in Rechnung gestellt werden. Hinzu kommen
prozentuale Zuschläge, die z.T. das Doppelte der Grundgebühr ausmachen. Mit dem Mandanten
kann aber auch für das Gerichtsverfahren eine Honorarvereinbarung getroffen werden.

Die **Gerichtskosten** richten sich nach dem Gerichtsgebührengesetz (GGG), die allgemeinen Kos- 314
tenregelungen nach der ZPO. Für die Höhe der Pauschalgebühren des GGG ist der Streitwert maßgeblich; diese Gebühren fallen für jede Instanz an.

315 Hinsichtlich der **Kostenerstattung** gilt grundsätzlich das Erfolgsprinzip, wonach vollständiges Unterliegen auch volle Kostentragungspflicht bedeutet. Bei teilweisem Obsiegen bzw. Unterliegen werden die Kosten anteilmäßig aufgeteilt. Diese Grundsätze gelten sowohl für die Anwalts- als auch für die Gerichtskostenüberbürdung. Über Höhe und Quotelung wird im Urteil entschieden.

i) Fahrzeugschadensersatz

aa) Reparaturkosten

316 Der Geschädigte hat Anspruch auf die Instandsetzungskosten für sein unfallbeschädigtes Fahrzeug (Naturalrestitution). Die **Schadenshöhe** kann grundsätzlich durch Reparaturrechnung, Sachverständigengutachten oder Kostenvoranschlag einer Werkstatt nachgewiesen werden. Am unproblematischsten ist die Erstattung des Sachschadens bei Vorlage einer **Werkstattrechnung**, die grundsätzlich auch aus Deutschland stammen kann. Bei Schäden ab etwa 750 – 1000 € ist es zur Beweissicherung ratsam, das Fahrzeug vor der Reparatur begutachten zu lassen. Soweit zumutbar, sollte der österreichischen Versicherung die Besichtigung ermöglicht werden. Bei einem Unfall am Wochenende, kurz vor Urlaubsende oder in vergleichbaren Fällen wird dies aber kaum möglich sein. Im Allgemeinen werden daher auch deutsche Gutachten akzeptiert. Bei nicht erheblichen Schäden (bis etwa 700 €) oder wenn die Versicherung zustimmt kann auf der Grundlage eines Kostenvoranschlags abgerechnet werden.

317 Nach der Rechtsprechung besteht ein Anspruch auf **Ersatz der Unfallinstandsetzungskosten** unabhängig davon, ob eine Reparatur durchgeführt worden ist oder nicht. Wird das Kfz z.B. unrepariert verkauft, selbst oder gar nicht repariert, ist die Mehrwertsteuer (Umsatzsteuer) grundsätzlich ebenfalls zu erstatten. In **Fällen der Nichtreparatur** wird von den Versicherungen gelegentlich eine sog. Reparaturkostenablöse angeboten, die häufig keine Mehrwertsteuer enthält oder nicht selten einen unangemessen niedrigen Stundensatz für die (fiktive) Instandsetzung beinhaltet. I. Ü. wird von der Rechtsprechung davon ausgegangen, dass bei nicht durchgeführter Reparatur der Geschädigte nur Anspruch auf die Differenz zwischen dem Zeitwert des Kfz (in unbeschädigtem Zustand) und dem Restwert (Wrackwert) hat.

bb) Totalschaden

318 Von einem Totalschaden ist i.d.R. auszugehen, wenn die Reparaturkosten erheblich über dem Zeitwert (der grds. als Wiederbeschaffungswert gilt) des Fahrzeugs liegen. Der Geschädigte hat sodann Anspruch auf Ersatz der Kosten für die Beschaffung eines gleichwertigen Fahrzeugs (bei einem Händler). Die **Zeitwertberechnung** erfolgt meist anhand der Eurotaxliste; hiervon wird der geschätzte Restwert abgezogen. Die **Umsatzsteuer** gehört ebenfalls zum zu erstattenden Schaden.

319 Ein **wirtschaftlicher Totalschaden** liegt nach der Rechtsprechung vor, wenn die Reparaturkosten den Zeitwert erheblich – d.h. um etwa 10 – 15 % – übersteigen. Die Reparatur darf somit maximal 110 – 115 % des Zeitwerts ausmachen, um sie grundsätzlich noch als wirtschaftlich vertretbar einschätzen zu können; letztendlich sind aber die Umstände des Einzelfalls maßgeblich. Ein Anspruch auf ein Neufahrzeug besteht dagegen allenfalls in sehr seltenen Ausnahmefällen.

320 Im Zusammenhang mit einem Totalschaden können grundsätzlich auch **pauschale Kosten** für die An- und Abmeldung eines Fahrzeugs von ca. 100 € sowie Umbaukosten für Radio, Anhängerkupplung und sonstiges Zubehör in Rechnung gestellt werden.

cc) Gutachterkosten

321 Ausländischen, z.B. deutschen Geschädigten wird es häufig nicht möglich sein (etwa bei einem Unfall anlässlich eines Kurzaufenthalts in Österreich), sogleich eine Fahrzeugbesichtigung durch die Versicherung des Unfallkontrahenten vornehmen zu lassen. In solchen Fällen ist mit der Übernahme auch von im Ausland anfallenden Gutachterkosten zu rechnen.

322

dd) Wertminderung

Ein **merkantiler Minderwert** ist grundsätzlich zu ersetzen, wenn das Unfallfahrzeug nicht älter als zwei bis drei Jahre ist und nicht nur ein Bagatellschaden von einigen 100 € vorliegt. Ein Vorschaden kann zu einer Herabsetzung oder – bei entsprechender Schwere – zum Wegfall des Wertminderungsanspruchs führen. Auch die Benutzung als Taxi, Mietwagen usw. kann den Anspruch mindern, ebenso die Tatsache, dass der Geschädigte nicht der Erstbesitzer ist.

323

Die **merkantile Wertminderung** wird i.d.R. von einem Kfz-Sachverständigen mittels Gutachten errechnet. Die Höhe ergibt sich grds. aus der Differenz zwischen dem Zeitwert vor und demjenigen nach dem Unfall (nach Reparatur). Die Obergrenze der Wertminderung beträgt etwa 10 – 12 % des Zeitwerts (im unbeschädigten Zustand vor dem Unfall).

324

ee) Mietwagenkosten

Für die Dauer der Reparatur, während der ihm sein Fahrzeug nicht zur Verfügung steht, hat der Geschädigte Anspruch auf Ersatz von Mietwagenkosten für ein annähernd gleichwertiges Fahrzeug. Allerdings können für **ersparte Eigenkosten** (durch Schonung des eigenen Kfz) etwa 10 – 15 % der Mietkosten abgezogen werden.

325

Im **Totalschadensfall** kann der Geschädigte ebenfalls einen Mietwagen nehmen, und zwar für die Zeit, die zur Beschaffung eines Ersatzfahrzeugs erforderlich ist, i.d.R. für maximal zwei bis drei Wochen. Auch hier können ersparte Eigenkosten in Abzug gebracht werden, wenn nicht im Einvernehmen mit der Versicherung ein kleineres Fahrzeug angemietet wird.

326

Wenn der Geschädigte während der Reparatur- oder Wiederbeschaffungszeit auf andere Fahrzeuge zurückgreifen kann (die z.B. in seinem Haushalt vorhanden sind), kann er aufgrund seiner Schadenminderungspflicht keine Mietwagenkosten ersetzt verlangen.

ff) Nutzungsentschädigung

Eine **pauschale Nutzungsausfallentschädigung** wird in Österreich nicht gewährt. Auch der „Ersatz frustrierter Aufwendungen", z.B. für die während der unfallbedingten Ausfallzeit weiterlaufenden Fahrzeugkosten (sog. Generalunkosten für Versicherung, Steuer etc.), kann nur sehr eingeschränkt gefordert werden und hat kaum Praxisbelang. Eine Art Nutzungsausfall ist nur bei gewerblicher Fahrzeugnutzung in nachzuweisender Höhe durchsetzbar.

327

gg) Abschleppkosten

328 Bei einem geringen Schaden müssen die Abschleppkosten bis zur nächstgelegenen Werkstätte bezahlt werden. Liegt ein schwerer Schaden vor, sind auch die Kosten zu erstatten, die beim Abschleppen zu einer weiter entfernten Vertrauenswerkstatt des Geschädigten oder zu einer Vertragswerkstätte des entsprechenden Fahrzeugherstellers entstehen. Allerdings müssen diese Kosten in einem angemessenen Verhältnis zum gesamten Unfallschaden stehen.

hh) Kaskoselbstbehalt

329 Bei Abwicklung des Fahrzeugschadens über die eigene Vollkaskoversicherung kann die verbleibende Selbstbeteiligung dem Unfallgegner bzw. seiner Kfz-Haftpflichtversicherung in Rechnung gestellt werden. Dabei ist außer der Reparaturrechnung (oder dem Sachverständigengutachten) auch das Kasko-Abrechnungsschreiben vorzulegen.

ii) Finanzierungskosten

330 Wird zur **Vorfinanzierung** eines Unfallschadens (u.a. der Reparatur- oder Mietwagenkosten) ein Kredit aufgenommen, sind derartige Finanzierungskosten grds. nur zu übernehmen, wenn die Versicherung zuvor unter Fristsetzung vergeblich zu einer Vorschusszahlung aufgefordert worden ist. Die anfallenden **Kreditspesen** werden am besten durch Bankbestätigung nachgewiesen. Soweit die Kreditzinsen die gesetzlichen Zinsen (von 4 %) übersteigen, sind bei verschuldetem Verzug grds. auch erstere von der Gegenseite zu übernehmen.

jj) Unkostenpauschale

331 Von den Versicherungen werden als sog. unfallbedingte Spesen (Porto-, Telefonkosten, Fahrten zur Werkstatt usw.) pauschal etwa 20 – 35 € erstattet. Höhere Kosten, z.B. für Auslandstelefonate u.Ä. sind durch Einzelbelege nachzuweisen.

kk) Sonstige Schadenspositionen

332 Ist durch die Fahrzeugschadensabwicklung über die Vollkaskoversicherung ein Verlust des Schadensfreiheitsrabatts entstanden, ist dieser grds. zu erstatten. Ebenso sind belegbare Gepäck- und Kleiderschäden zu übernehmen.

Weitere eingetretene Sachschäden sind nur erstattbar, soweit entsprechende Nachweise vorgelegt werden können.

j) Personenschadensersatz

aa) Heilbehandlungs- und Pflegekosten

333 Anspruchsgrundlagen für den Ersatz von **Heilbehandlungskosten** (und Kosten der versuchten Heilung) sind § 1325 ABGB und § 1213 EKHG. Danach sind insbesondere Arzt-, Krankenhaus- und Medikamentenkosten, aber auch Ausgaben für Prothesen, Rollstühle, Kuren, von der gegnerischen Versicherung zu übernehmen. Aufwendungen für kosmetische Operationen (z.B. von Narben) konnten früher sogar **fiktiv**, soweit sie aufgrund eines ärztlichen Gutachtens errechnet worden waren, verlangt werden. Nach der neueren Rechtsprechung sind aber nur noch tatsächlich durchgeführte Eingriffe zu bezahlen.

334 Ersatzansprüche bestehen auch hinsichtlich anfallender **Pflegekosten** und vermehrter Bedürfnisse. Dazu gehören u.a. Kosten für eine Pflegeperson oder eine Haushaltshilfe, auch wenn diese Leistungen z.B. von Verwandten erbracht werden. Für die aufgewendete Zeit können die Kosten professioneller Kräfte beansprucht werden, unabhängig davon, ob bzw. was tatsächlich bezahlt wurde. Zu ersetzen sind z.B. auch unfallbedingte Mehrkosten, die in der Anschaffung und dem Unterhalt eines Fahrzeugs bestehen können, auf das der Geschädigte für Einkaufsfahrten usw. angewiesen

ist. Ebenso kann der Anspruch auf den Kauf eines Behindertenfahrzeugs gerichtet sein, u.U. auch auf die Einrichtung einer behindertengerechten Wohnung usw.

bb) Verdienstausfall

Nach den gleichen Anspruchsgrundlagen wie bei der Geltendmachung von Heil- und Pflegekosten kann auch unfallbedingter Verdienstentgang ersetzt verlangt werden, und zwar in Form bereits entgangenen als auch künftig zu erwartenden Verdienstausfalls. **335**

Handelt es sich bei dem Geschädigten um einen **Erwerbstätigen**, so wird der entgangene Verdienst nach dem Grad seiner unfallbedingten Arbeitsunfähigkeit ermittelt. Bemessungsgrundlage ist dabei das Nettoeinkommen (Nettoschaden zuzüglich zu leistender Steuern und Abgaben). Gewährt wird die Ersatzleistung grds. als **Geldrente**; sie kann aber auch in Form einer Kapitalabfindung als einmalige Zahlung erfolgen. Die **Höhe des Verdienstausfalls** wird danach berechnet, welchen Verdienst der Geschädigte ohne Unfall voraussichtlich zu erwarten gehabt hätte. Mit der Ermittlung dieses Betrags wird meist ein Sachverständiger beauftragt. Bei **selbständig Erwerbstätigen** besteht der Schaden entweder im Verdienstentgang (in Form verminderten Gewinns) oder in den Kosten für eine Ersatzkraft. **336**

Nicht erwerbstätige Personen, z.B. Hausfrauen, haben Anspruch auf eine sog. Hausfrauenrente, wenn sie durch Unfallverletzungen an der Erfüllung ihrer Pflichten bei der Haushaltsführung und Kindererziehung gehindert sind. Die Ersatzleistung kann grundsätzlich als Rente gefordert werden. Die Schadenshöhe bemisst sich nach dem im Haushalt geleisteten Beitrag zum Familienunterhalt sowie den Kosten (Bruttolohn) für eine entsprechende Ersatzkraft. Die **Hausfrauenrente** kann auch fiktiv zugesprochen werden, d.h. ohne dass tatsächlich eine Ersatzkraft eingestellt wird. **337**

cc) Schmerzensgeld

Ein Schmerzensgeldanspruch besteht sowohl nach Verschuldens- als auch nach Gefährdungshaftungsgrundsätzen. Anspruchsgrundlagen sind § 1325 ABGB und § 13 EKHG. Das Schmerzensgeld (in der österreichischen Rechtssprache ohne „s": Schmerzengeld) wird grds. als Globalbetrag (einmaliger Kapitalbetrag) zugesprochen. Ausnahmsweise gewährt die Rechtsprechung neben dem **Globalbetrag** eine **Schmerzensgeldrente**. Dies ist nur zulässig, wenn das Gesamtbild der Beeinträchtigungen noch nicht überschaubar ist. Dabei darf dem Geschädigten insgesamt nicht mehr gewährt werden, als wenn ihm nur ein Kapitalbetrag zuerkannt worden wäre. **338**

Werden bei einem Unfall **Angehörige des Geschädigten** verletzt oder getötet und erkrankt er deshalb psychisch, steht ihm für diese Krankheit auch ein Schmerzensgeld zu. In anderen Fällen haben Hinterbliebene (wegen des Verlusts eines nahen Angehörigen) keine eigenen Schmerzensgeldansprüche. Bei der Bemessung des Schmerzensgeldes kommt es insbesondere auf die Art und Schwere der Verletzungen sowie auf die Dauer und Intensität der Schmerzen an; die Schwere des Verschuldens des Unfallverursachers ist hingegen nicht maßgeblich. **339**

Das Schmerzensgeld wird grds. von **medizinischen Sachverständigen** eingeschätzt und dann als Pauschalbetrag (von der Versicherung oder dem Gericht) zuerkannt. Dabei wird von Tagessätzen ausgegangen, deren Höhe sich nach der Intensität der Schmerzen (von leicht bis unerträglich) richtet. Diese **Tagessätze** betragen derzeit in Österreich im Durchschnitt zwischen 70 und 350 €. Dabei sind aber je nach Landesgerichtsbezirk sehr unterschiedlich hohe Beträge auszumachen. Für leichte Schmerzen beträgt der Tagessatz z.Z. durchschnittlich etwa 100 €, für mittlere ca. 200 €, für starke Schmerzen im Durchschnitt 300 €. Die auf dieser Grundlage von der Rechtsprechung zugesprochenen Globalbeträge belaufen sich neuerdings bei schwersten Körperverletzungen auf etwa 100 000 – 200 000 €. **340**

Außer dem Schmerzensgeld kann gem. § 1326 ABGB eine sog. **Verunstaltungsentschädigung** verlangt werden, wenn das „bessere Fortkommen" (der private und berufliche Aufstieg) durch Beeinträchtigung des Aussehens behindert wird. Beispiele für Verunstaltung sind u.a. Gesichtsnarben, Beinverkürzungen, hinkender Gang oder fehlende Gliedmaßen. Eine Verunstaltungsentschä- **341** digung kann auch unverheirateten Personen (nicht nur Frauen) wegen verminderter Heiratsaussichten zugesprochen werden. Die Entschädigung wird i.d.R. als Globalbetrag zuerkannt und kann sich in schweren Fällen (z.B. bei Querschnittslähmung) auf bis zu etwa 25 000 € belaufen.

dd) Unterhaltsentgang

342   Wird ein erwerbstätiger Geschädigter bei einem Verkehrsunfall getötet, haben die unterhaltsberechtigten Hinterbliebenen gem. § 1327 ABGB Anspruch auf den entgangenen Unterhalt. Hierzu gehören Ansprüche des hinterbliebenen Ehegatten auf Leistungen im Rahmen der Haushaltsführung (die von der Ehefrau erbracht wurden) sowie der Kinder hinsichtlich entgangener Pflegeleistungen. Die **Höhe der ausgebliebenen Unterhaltsleistungen** wird zwar unter Berücksichtigung des konkreten Falls ermittelt; der Unterhaltsbedarf wird aber pauschal festgelegt und ist unabhängig davon, ob z.B. eine Ersatzkraft eingestellt wurde. Der Ersatzanspruch orientiert sich aber an der Höhe von Aufwendungen für eine Ersatzkraft, von deren Bruttolohn auszugehen ist. Wird sie nicht eingestellt, werden **Steuern** und **Sozialabgaben** abgezogen. Auch bei dem den hinterbliebenen Kindern zustehenden Anspruch auf Ersatz elterlicher Pflegeleistungen richtet sich die Höhe des Unterhalts nach den vom Getöteten tatsächlich erbrachten Leistungen. Dabei wird sein Nettoeinkommen als Berechnungsgrundlage herangezogen. Untergrenze des Ersatzanspruchs ist der gesetzlich geschuldete Unterhalt. Da die Schadensersatzleistungen der Einkommensteuerpflicht unterliegen, ist die Anspruchshöhe ggf. brutto zuzusprechen.

ee) Sonstige Schadenspositionen

343   Es können u.a. noch folgende weiteren Ersatzansprüche geltend gemacht werden:

- **Fahrtkosten von nahen Angehörigen** (z.B. von Eltern zum verletzten Kind) für Besuche in einem auswärtigen Krankenhaus sind zu übernehmen, wenn Besuche sich günstig auf den Heilungsverlauf auswirken; gerade bei Kindern werden solche sozialen Kontakte als notwendig angesehen.

- **Reisekosten zur ärztlichen Untersuchung nach Österreich** sind zu übernehmen, wenn die dortige Versicherung eine solche Maßnahme wünscht.

- **Beerdigungskosten** können von den Hinterbliebenen verlangt werden, ebenso Kosten für Grabeinrichtung, u.U. auch für Trauerkleidung.

- Wegen geleisteter Lohnfortzahlung kann der Arbeitgeber des Unfallverletzten die Kfz-**Haftpflichtversicherung des Schädigers in Regress** nehmen. Nach der Rechtsprechung haben die Lohnfortzahlungsvorschriften nicht den Zweck, den Schädiger zu entlasten. Bei analoger Anwendung von § 1358 ABGB und § 67 VersVG ist vielmehr davon auszugehen, dass der Ersatzanspruch gegen den Schädiger mit der Lohnfortzahlung auf den Arbeitgeber übergeht.

- Sozialversicherungsträger (Kranken-, Unfall-, Rentenversicherungen) können **Heil- und Pflegekosten von der Haftpflichtversicherung des Unfallverursachers** zurückverlangen. Nach § 332 des Allgemeinen Sozialversicherungsgesetzes (ASVG) geht der Schadensersatzanspruch des Geschädigten gegenüber dem Schädiger im Wege der Legalzession auf die Sozialversicherungsträger in dem Umfang über, in dem letztere Leistungen erbracht haben.

2. Strafrecht

344   Das österreichische Strafgesetzbuch (StGB) enthält keine speziellen Straßenverkehrs-Straftatbestände, lediglich u.a. solche, die etwa fahrlässige Körperverletzung oder Tötung sowie Unterlassungstaten (u.a. Imstichlassen eines Verletzten) unter Strafe stellen. Verkehrszuwiderhandlungen wie Trunkenheitsfahrt, Unfallflucht oder Fahren ohne Fahrerlaubnis werden nach den Strafvorschriften der Straßenverkehrsordnung (StVO), des Führerscheingesetzes (FSG) oder des Kraftfahrgesetzes (KFG) verfolgt und fallen unter das Verwaltungsstrafrecht. **Verkehrszuwiderhandlungen** werden somit in Österreich überwiegend von den **Verwaltungsbehörden** geahndet. Diese sind

auch befugt, für den Fall der Uneinbringlichkeit (Nichtdurchsetzbarkeit) **Ersatzfreiheitsstrafen** zu verhängen. Sowohl die erste als auch die zweite Verwaltungsstrafinstanz ist eine Behörde. Lediglich gegen die Entscheidung der Letzteren – des Unabhängigen Verwaltungssenats/UVS – ist der außerordentliche Rechtsbehelf der Beschwerde zum Verwaltungsgerichtshof (VwGH) in Wien oder zum dortigen Verfassungsgerichtshof (VfGH) gegeben.

a) Tatbestände

aa) Verkehrsverstöße

Geschwindigkeitsüberschreitungen, die mit zu den unfallträchtigsten Verkehrsverstößen zählen, werden gem. § 20 (Geschwindigkeit) i.V.m. der Hauptstrafnorm der Straßenverkehrsordnung, § 99 StVO, geahndet. Letztere enthält in den Abs. 1 – 4 Höchststrafen bzw. Strafrahmen, die von 35 € über 700 €, 2100 € und 3500 € bis 5600 € gehen. Mangels eines bundeseinheitlichen Bußgeld- (oder Verwaltungsstraf-) Katalogs und aufgrund des weiten Ermessens der Polizei- und vor allem der Verwaltungsbeamten können Verkehrsverstöße im Einzelfall sehr unterschiedlich geahndet werden. Bei Bezahlung an Ort und Stelle kann z.B. eine Geschwindigkeitsüberschreitung um bis etwa 30 km/h vom Gendarmen mit einer Organstrafverfügung von 35 € abgegolten werden, während die Verwaltungsbehörde befugt ist, dafür den mehrfachen Betrag (bis zur Obergrenze von 700 €) anzusetzen. | 345

Kommt es zu einer Anzeige, kann eine sog. **Anonymverfügung** bis zu 70 €, oder aber im Verwaltungsstrafverfahren eine Strafverfügung (oder ein Straferkenntnis) bis 700 €, bei Vorliegen besonders gefährlicher Verhältnisse sogar bis 2100 € verhängt werden. Bei Tempolimitverstößen um mehr als 40 km/h (innerorts) oder mehr als 50 km/h (außerorts) erfolgt zudem eine Entziehung der Lenkerberechtigung (Fahrverbot) für mindestens zwei Wochen. **Rotlichtverstöße** werden mittels Anonymverfügung bis 70 €, per Strafverfügung/Straferkenntnis dagegen bis 700 € geahndet (unter besonders gefährlichen Verhältnissen sogar bis 2100 € sowie mit Fahrverbot). **Vorfahrtsverstöße**, Missachtung von Überholverboten oder Nichteinhalten des Sicherheitsabstands haben in etwa die gleichen Sanktionen zur Folge. | 346

bb) Fahrlässige Körperverletzung/Tötung

Nach § 88 StGB wird **fahrlässige Körperverletzung** mit Geldstrafe bis zu 180 Tagessätzen oder Freiheitsstrafe bis zu drei Monaten bestraft. Wird die Tat unter besonders gefährlichen Verhältnissen begangen, verdoppelt sich die Obergrenze der Strafdrohung auf sechs Monate. Das Gleiche gilt für die Begehung einer fahrlässigen schweren Körperverletzung. Erfolgt Letztere unter besonders gefährlichen Verhältnissen, kann die Freiheitsstrafe bis zu zwei Jahren betragen. | 347

Auf **fahrlässige Tötung** steht gem. § 80 StGB Freiheitsstrafe bis zu einem Jahr, unter besonders gefährlichen Verhältnissen (§ 81 StGB) bis zu drei Jahren. | 348

Jeweils kann ein Fahrverbot bzw. Führerscheinentzug (Entziehung der Lenkerberechtigung) gem. §§ 24 ff. Führerscheingesetz (FSG) hinzukommen.

cc) Trunkenheitsfahrt

Seit Anfang 1998 gilt in Österreich die Regelung, dass Kraftfahrzeuge nur in Betrieb genommen werden dürfen, wenn der Lenker weniger als 0,5 ‰ Blutalkohol oder weniger als 0,25 mg/l Alkoholgehalt in der Atemluft aufweist (für Radfahrer, Fuhrwerklenker u.a. gilt weiter die 0,8 ‰-Regelung). Bei 0,5 – 0,79 Promille ist mit einer Geldstrafe zwischen 210 und 3500 € zu rechnen, bei 0,8 – 1,19 ‰ mit 560 – 3500 €, bei 1,2 – 1,59 ‰ mit 840 – 4200 € und ab 1,6 ‰ mit 1120 – 5600 €. | 349

Je nach Alkoholisierungsgrad und Anzahl der Vorverstöße werden Führerscheinmaßnahmen zwischen drei Wochen und mindestens vier Monaten, bei Unfallverursachung entsprechend länger, verhängt. Ahndungsgrundlagen/Strafvorschriften sind §§ 5, 99 StVO sowie §§ 4, 14, 37a FSG. | 350

dd) Unfallflucht

351 **Fahrerflucht** wird nach §§ 4 und 99 StVO unterschiedlich hoch bestraft, je nach dem ob bei dem Unfall Sach- oder Personenschaden entstanden ist. Der gesetzliche Strafrahmen liegt allerdings in beiden Fällen zwischen 35 und 2100 €. Zur Geldstrafe kommt i.d.R. ein Fahrverbot von mindestens drei Monaten hinzu.

352 Gleichzeitig kann der Tatbestand des **Imstichlassens eines Verletzten** gem. § 94 StGB (bis 360 Tagessätze oder bis drei Jahre Freiheitsstrafe) vorliegen. **Unterlassene Hilfeleistung** zieht gem. § 95 StGB bis zu 360 Tagessätze bzw. bis zu einem Jahr Freiheitsstrafe nach sich.

b) Strafvollstreckung

353 Der sog. **kleine oder sonstige Rechtshilfeverkehr** zwischen Österreich und Deutschland erfolgt auf der Grundlage des Europäischen Übereinkommens vom 20.4.1959 über die Rechtshilfe in Strafsachen, des Zusatzprotokolls vom 17.3.1978 sowie des Schengener Durchführungsabkommens vom 19.6.1990 und der dazu abgegebenen Vorbehalte und Erklärungen.

354 Darüber hinaus wird gem. Art. 9 des zwischen beiden Ländern am 31.5.1988 geschlossenen **Staatsvertrags über Amts- und Rechtshilfe in Verwaltungssachen** (BGBl. II 1990, S. 357) seit 1.10.1990 auch zwischenstaatliche Vollstreckungshilfe geleistet. Soweit den deutschen Behörden rechtskräftige österreichische Strafverfügungen oder Straferkenntnisse von mindestens 25 € vorgelegt werden, sind diese grds. in Deutschland zu vollstrecken; das Gleiche gilt umgekehrt für deutsche Bußgeldbescheide in Österreich. Nicht vollstreckt werden dagegen die in österreichischen Verwaltungsstrafbescheiden generell mitverfügten Ersatzfreiheitsstrafen (Arrest).

355 Der rigorosen österreichischen Verwaltungsstrafpraxis wurde allerdings von den Innenministerien der (meisten) deutschen Bundesländer insoweit ein gewisser Riegel vorgeschoben, als dortige Bescheide seit 1997 nicht mehr in jedem Fall hier vollstreckt werden.

Hinweis:

*Nach Art. 103 Abs. 2 des österreichischen Kraftfahrgesetzes gibt es eine strikte Verpflichtung des Kfz-Halters zur Erteilung einer sog. **Lenkerauskunft** über die Identität des jeweiligen Fahrzeugführers. Diese Auskunft ist nach Art. 103 Abs. 2 KFG auch zu erteilen, wenn der Halter sich dabei selbst oder aber nahe Angehörige bezichtigen müsste. Eine Auskunftsverweigerung wird mit bis zu 700 € bestraft.*

---

356 Bei der Anwendung der genannten Vorschrift können sich die österreichischen Behörden auf die Rechtsprechung des Verwaltungsgerichtshofs in Wien berufen (zuletzt in einer Entscheidung vom 26.5.2000, Zl. 2000/02/0115).

Hinweis:

Die deutschen Länder-Innenministerien vertreten hingegen den Standpunkt, dass Auskunfts- und Zeugnisverweigerungsrechte wesentliche Elemente unserer Rechts- und Verfassungsordnung sind, die eine Ablehnung der Vollstreckung – hiergegen verstoßender – österreichischer Verwaltungsstrafbescheide gem. Art. 4 des deutsch-österreichischen Vertrags von 1988 rechtfertigen (so u.a. der Runderlass des nordrhein-westfälischen Innenministeriums vom 6.11.1997, MABl. v. 28.11.1997, S. 1376).

Betroffene deutsche Fahrzeughalter laufen (theoretisch) allerdings Gefahr, bei einer Verkehrskontrolle in Österreich innerhalb der dortigen **dreijährigen Vollstreckungsverjährungsfrist** zur Zahlung herangezogen zu werden. 357

VIII. Polen

1. Zivilrecht

Seit der politischen Wende sind in Polen viele zivil- und insbesondere versicherungsrechtliche Neuerungen eingetreten, so etwa 1990 das Gesetz über die Versicherungstätigkeit (und spätere ministerielle Verordnungen hierzu). Im Hinblick auf einen EU-Beitritt hat Polen staatliche Versicherungsmonopole abgebaut und den Markt für ausländische Versicherungen (inzwischen sind es mehr als 50 Beteiligungen an einheimischen Gesellschaften) geöffnet. Das Versicherungsaufsichtsrecht wurde EU-Standards angepasst. Jedoch haben auch Versicherungsinsolvenzen die Branche in die Schlagzeilen gebracht. Polen ist der größte Einzelversicherungsmarkt in Osteuropa. 358

Hinweis: 359
Die Praxis der Unfallschadensabwicklung lässt noch viel zu wünschen übrig. Auch wenn mit polnischen Versicherern z. T. deutsch korrespondiert werden kann, ist es ratsam, die Schadenregulierung einem Deutsch sprechenden Anwalt (z.B. in Warschau oder Schlesien) zu übertragen; dessen Honorar ist aber vom Mandanten selbst zu bezahlen.

---

a) Kfz-Versicherungsrecht

Nach Art. 4 des „Gesetzes über die Versicherungstätigkeit" vom 28.7.1990 gehört die Kfz-Haftpflichtversicherung zu einem Assekuranzbereich, dessen Geschäftsbedingungen vom Finanzminister auf dem Verordnungsweg festgelegt werden. Hierzu gehört insbesondere die am 9.12.1992 erlassene „Verordnung über die allgemeinen Bedingungen der Pflichtversicherung der Kfz-Besitzer gegen die zivilrechtliche Haftung für durch den Betrieb dieser Fahrzeuge verursachte Schäden". 360

Nach Art. 8 dieser Verordnung können **Schadensersatzansprüche aus Verkehrsunfällen** direkt an die Haftpflichtversicherung des unfallgegnerischen Fahrzeugs gerichtet werden. Die Kfz-Verordnung vom 9.12.1992 enthält u.a. auch Regelungen über die Versicherungspflicht (die mit Zulassung des Fahrzeugs beginnt), den Schadensersatz und den Garantiefonds. 361

Die gesetzliche **Kfz-Mindestversicherungssumme** beträgt seit dem 1.12.1992 pauschal 11,5 Mio. Zloty/PLN (ca. 2,9 Mio. €) pro Schadensereignis. 362

Im Rahmen der Regelungen über den **Garantiefonds** können Kfz-Unfallgeschädigte sich mit Ansprüchen an den Fonds wenden. Dieser haftet für Schäden, die durch unversicherte Fahrzeuge angerichtet werden, außerdem bei Unfallverursachung durch einen flüchtigen Fahrer, ebenso bei Konkurs einer Versicherungsgesellschaft. 363

Fahrer von im Ausland zugelassenen Kfz müssen als Versicherungsnachweis eine grüne Versicherungskarte mitführen; anderenfalls drohen Strafen von umgerechnet rund 750 €.

b) Schadensrechtliche Grundlagen

Anspruchsgrundlagen für Schadensersatzansprüche aus Verkehrsunfällen finden sich im Zivilgesetzbuch (ZGB) vom 23.4.1964. Die **Gefährdungshaftung** gründet sich auf Art. 435 und 436, die **Verschuldenshaftung** auf Art. 415 ZGB (danach ist derjenige, der einem anderen schuldhaft einen Schaden zufügt, zum Schadensersatz verpflichtet). Nach Art. 361 sind alle unfallbedingt eingetretenen Personen- und Sachschäden zu ersetzen; auch Vermögensschäden sind ersatzpflichtig. 364

c) Beweissicherung und Beweismittel

365 Verkehrsunfälle müssen grds. der zuständigen Polizeidienststelle gemeldet werden. Der Geschädigte kann eine **polizeiliche Bestätigung** mit den wichtigsten Angaben zu den unfallbeteiligten Personen, Fahrzeugen, Versicherungen und zum Unfallhergang erbitten. Der polnischen Kfz-Versicherung des Kontrahenten sollte eine Fahrzeugbesichtigung zur Feststellung des Schadensumfangs ermöglicht werden.

Neben polizeilichen Aufzeichnungen und Sachverständigengutachten kommen Zeugen als Beweismittel in Betracht (u.U. auch Verwandte des Geschädigten oder Fahrzeuginsassen).

d) Versicherungsermittlung

366 Bei den **Kfz-Zulassungsstellen** (Gemeinde-, Stadtverwaltungen) werden nur die Daten der Fahrzeughalter registriert, nicht aber Angaben zur jeweiligen Kfz-Haftpflichtversicherung. Letztere sind nur über den Fahrer oder Halter zu bekommen, am besten gleich am Unfallort.

e) Versicherungspraxis und -aufsicht

367 Polnische Versicherungen können zwar meist in deutscher, notfalls in englischer Sprache angeschrieben werden.

> *Hinweis:*
>
> *Von Deutschland aus ist jedoch* **mit langen Regulierungszeiten** *zu rechnen, selbst in einfachen Fällen mindestens ein halbes Jahr und länger. Ein polnischer (möglichst deutschsprachiger) Anwalt kann die Abwicklungsdauer i.d.R. erheblich verkürzen.*

368 Nach dem Versicherungsgesetz von 1990 ist das Finanzministerium in Warschau für die Versicherungsaufsicht zuständig. Daneben wurde eine **Beschwerdestelle** eingerichtet, an die sich – außer den Versicherten – auch Geschädigte wenden können, wenn Versicherungsgesellschaften nicht ordnungsgemäß regulieren: seit 1995 gibt es eine Art Versicherungs-Ombudsmann, der sich auch für die Interessen der aus Versicherungsverträgen Berechtigten einsetzt.

f) Verjährung

369 Nach Art. 422 ZPO verjähren **Schadensersatzansprüche** aus Verkehrsunfällen drei Jahre nach Schadenseintritt bzw. Kenntniserlangung von Schaden und Schädiger, spätestens jedoch zehn Jahre nach dem Unfalltag. Liegt dem Schadensereignis eine **Straftat** zugrunde, beträgt die Verjährungsfrist ebenfalls zehn Jahre.

g) Gerichtsverfahren

370 Die **örtliche Zuständigkeit** für Schadensersatzklagen ist beim Gericht am Unfallort oder am Wohnsitz des Schädigers gegeben. Die Kfz-Haftpflichtversicherung kann auch an ihrem Sitz verklagt werden. **Sachlich zuständig** ist bei Streitwerten bis 30 000 Zloty (etwa 7 500 €) das (Rayon- bzw.) Kreisgericht, bei höheren Beträgen das (Woiwodschafts- bzw.) Bezirksgericht.

371 **Erstinstanzliche Urteile** können beim Bezirks- oder Appellationsgericht zwei Wochen nach Erhalt der schriftlichen Urteilsbegründung angefochten werden. Gegen zweitinstanzliche Urteile über mindestens 10 000 Zloty (ca. 2 500 €) kann innerhalb von 30 Tagen beim Obersten Gerichtshof ein Rechtsmittel eingelegt werden.

Adhäsionsverfahren sind in Polen zwar möglich, aber nicht üblich.

h) Anwalts- und Gerichtskosten

Außergerichtliche Anwaltskosten werden von polnischen Versicherungen grds. nicht erstattet. Sie werden i.d.R. dem Geschädigten unter Zugrundelegung des Gegenstandswerts und des Zeitaufwands in Rechnung gestellt. Die Übernahme außergerichtlicher Rechtsanwaltshonorare durch Versicherungen ist fast nur auf dem Klageweg zu erreichen. Prozessuale Anwaltskosten werden hingegen im Obsiegensfall gem. Art. 98 ZPO dem Schädiger bzw. seiner Versicherung angelastet. Auch die Gerichtskosten werden dem Schädiger überbürdet. **372**

i) Fahrzeugschadensersatz

aa) Reparaturkosten

Grds. sind die Kosten für die Wiederherstellung des vorherigen Fahrzeugzustands, also die Reparaturkosten, zu zahlen. Diese müssen im Allgemeinen mittels **Rechnung einer** (auch ausländischen) Werkstätte nachgewiesen werden. Bei geringen Schäden reicht u.U. ein **Kostenvoranschlag** aus. Im Allgemeinen werden keine Abzüge „neu für alt" vorgenommen. Obergrenze des zu erstattenden Sachschadens ist der Zeitwert des Unfallfahrzeugs. **373**

bb) Totalschaden

Wenn die Reparaturkosten den **Fahrzeugzeitwert** übersteigen, wird nur der Wiederbeschaffungs- oder Marktwert abzüglich des Restwerts ersetzt (nicht aber beispielsweise der Liebhaberwert eines Kfz). Ein **Totalschaden** wird durch ein (deutsches oder polnisches) Sachverständigengutachten ermittelt. Verschrottungs- und Verzollungskosten für das Wrack sind ebenfalls zu erstatten. **374**

cc) Gutachterkosten

Ein Unfallfahrzeug kann man grds. **kostenfrei** von der gegnerischen Versicherung **begutachten** lassen. Wenn der Geschädigte ein Gutachten selbst in Auftrag gibt (z.B. in Deutschland), sollte er sich vorab die Kostenübernahme von der polnischen Versicherung bestätigen lassen. **375**

dd) Wertminderung

Ein Ausgleich wurde bisher allenfalls für technische Wertminderung gewährt. Nach der neuesten Rechtsprechung des Obersten Gerichtshofs kann ein **merkantiler Minderwert** (sog. Handelsschaden) im Rahmen des Schadensersatzes für unfallbeschädigte Kraftfahrzeuge berücksichtigt werden. **376**

ee) Mietwagenkosten

Kosten für ein Mietfahrzeug während der Reparaturzeit werden nicht generell, sondern allenfalls für ein zur Berufsausübung erforderliches Kfz (unter Abzug ersparter Eigenkosten von mindestens 20 %) bezahlt. Dies auch nur, falls nicht auf ein anderes Fahrzeug oder auf öffentliche Verkehrsmittel zurückgegriffen werden kann. **377**

ff) Nutzungsentschädigung

Eine pauschale Nutzungsausfallentschädigung wird nicht bezahlt; allenfalls bei gewerblicher Verwendung des Unfallfahrzeugs (z.B. eines Taxis) wird für die entgangene Nutzungsmöglichkeit Ersatz geleistet. **378**

gg) Abschleppkosten

Die Kosten für das Verbringen des nicht mehr fahrfähigen Kfz zur nächsten geeigneten Werkstatt sind gegen Vorlage einer Abschlepprechnung zu erstatten. **379**

hh) Kaskoselbstbehalt

380 Wenn der Geschädigte den Fahrzeugschaden über seine Vollkaskoversicherung abrechnet, kann er die ihm verbliebene Selbstbeteiligung gegen Vorlage des Kasko-Abrechnungsschreibens von der Gegenseite ersetzt verlangen.

ii) Finanzierungskosten

381 Kreditkosten (für die Vorfinanzierung der beim Unfall entstandenen Kosten) werden nicht ersetzt. Etwaige Verzugskosten sind dem Geschädigten jedoch (mit derzeit 21 %) zu verzinsen.

jj) Unkostenpauschale

382 Unfallbedingte Kosten müssen generell durch Belege nachgewiesen werden; eine Unkostenpauschale wird nicht gezahlt.

kk) Sonstige Schadenspositionen

383 **Beschädigte Kleider und Gepäck** werden zum Zeitwert ersetzt; weitere Schadensposten werden im Allgemeinen außergerichtlich nicht übernommen.

j) Personenschadensersatz

aa) Heilbehandlungs- und Pflegekosten

384 Sind bei einem Unfall **Personenschäden** eingetreten, kann der Geschädigte die erforderlichen Arzt- und Heilbehandlungskosten von der Gegenseite ersetzt verlangen, Art. 444 ZGB. Diese Aufwendungen sind im tatsächlich angefallenen und nachgewiesenen Umfang zu erstatten. Das Gleiche gilt für Kosten der Pflege und etwaiger aufgrund des Unfalls entstandener vermehrter Bedürfnisse.

bb) Verdienstausfall

385 Aufgrund eines Verkehrsunfalls eingetretene **Erwerbsminderung oder -unfähigkeit** mit der Folge von Verdienstausfall ist Erwerbstätigen von der Kfz-Haftpflichtversicherung des Unfallverursachers auszugleichen, Art. 444 § 2 ZGB. Die **Wiedergutmachung** erfolgt i.d.R. in Form einer Rentenzahlung. In Betracht kommt aber auch die Übernahme z.B. von Umschulungskosten oder eine Ausgleichszahlung für den Verlust beruflicher Aufstiegschancen; in solchen Fällen sind einmalige Kapitalabfindungen möglich. Auch nicht erwerbstätige Hausfrauen können Erstattung der Kosten einer für den Haushalt erforderlichen Ersatzkraft verlangen, falls deren Einstellung aufgrund des Unfalls erforderlich war. Entgangene Einkünfte aus nebenberuflicher Tätigkeit sind ebenfalls erstattbar.

cc) Schmerzensgeld

386 Als Genugtuung für bei einem Unfall erlittene Körperschäden hat der Verletzte Anspruch auf Schmerzensgeld, Art. 445 und 444 ZGB. Der Anspruch besteht sowohl nach **Verschuldens-** als auch nach **Gefährdungshaftungsgrundsätzen**. Hinsichtlich der Höhe des Schmerzensgeldes sind u.a. Dauer und Schwere unfallbedingter körperlicher oder seelischer Leiden, aber auch Alter und Lebensstandard des Geschädigten (der sich innerhalb vernünftiger Grenzen nach dem entsprechenden Durchschnittsstandard der Bevölkerung richtet) zu berücksichtigen. Ein Schmerzensgeld für Angehörige gibt es nicht.

dd) Unterhaltsentgang

Beim Tod des Geschädigten können **Hinterbliebene**, die ihm gegenüber gesetzlich unterhalts-   387
berechtigt waren, von der Versicherung des Schädigers entgangenen Unterhalt beanspruchen. Auch
wenn der Getötete Angehörigen **freiwillig Unterhaltsleistungen** erbracht hat, kann die Verpflichtung zur Weiterzahlung bestehen (nämlich wenn „die Grundsätze des gesellschaftlichen Zusam-
menlebens dies erfordern", Art. 446 § 2 ZGB). Außerdem kann das Gericht nahen Familienangehörigen eine Entschädigung zuerkennen („wenn der Tod des Geschädigten ihre Lebensverhältnisse
wesentlich verschlechtert hat", Art. 446 § 3 ZGB). Wird ein Nichterwerbstätiger (z.B. eine Hausfrau) getötet, können hinterbliebene Haushaltsangehörige Kostenerstattung für eine Ersatzkraft
(Haushaltshilfe) verlangen.

ee) Sonstige Schadenspositionen

● Reisekosten für die Untersuchung durch einen Arzt im Unfallland werden ersetzt;   388

● nachgewiesene Kosten für Krankenbesuche naher Angehöriger werden bezahlt;

● die Erben können Beerdigungskosten geltend machen;

● unmittelbar geschädigte Angehörige können bei Tod die Erstattung der Heilungskosten verlangen;

● Lohnfortzahlung des Arbeitgebers ist diesem zu erstatten;

● Sozialversicherungsleistungen (z.B. der Krankenkasse) sind nicht regressfähig.

2. Strafrecht

Das im September 1998 in Kraft getretene neue polnische Strafgesetzbuch enthält ein eigenes   389
Kapitel über Verkehrsstraftaten (Art. 173 ff. Strafkodex). Es handelt sich um Tatbestände, bei
deren Vorliegen Freiheitsstrafen zwischen drei Monaten und zehn Jahren verhängt werden können.
Einfachere Verkehrszuwiderhandlungen werden nach dem Ordnungswidrigkeitengesetz geahndet.

a) Tatbestände

aa) Verkehrsverstöße

Häufig liegen Unfällen Verkehrsverstöße zugrunde, die qualitativ noch keine Straftaten sind.   390
Hierzu zählt etwa das Führen eines Kfz mit einer Blutalkoholkonzentration zwischen 0,2 – 0,5 ‰
(mit oder ohne Gefährdung anderer Verkehrsteilnehmer). Die **Geldbuße** hierfür kann bis 50 000
Zloty (ca. 12 500 €) betragen, und es kann sogar eine **Haftstrafe** bis zu einem Monat verhängt werden, Art. 86 und 87 Ordnungswidrigkeitengesetz. Geschwindigkeitsüberschreitungen unter 50
km/h können bis 350 Zloty kosten, über 50 km/h 500 Zloty (ca. 90/125 €). Unfallträchtiges Rückwärtsfahren auf Autobahnen wird ebenfalls mit 500 Zloty geahndet.

Bei Verkehrszuwiderhandlungen, die keine Straftaten sind, können **Fahrverbote** zwischen sechs   391
Monaten und drei Jahren ausgesprochen werden; dies gilt gem. Art. 87 insbesondere für Fahren
nach Alkoholgenuss (zwischen 0,2 und 0,5 ‰).

bb) Fahrlässige Körperverletzung/Tötung

Nach Art. 177 i.V.m. 157 StGB wird Unfallverursachung mit weniger schweren Verletzungsfolgen   392
mit Freiheitsstrafe bis zu drei Monaten geahndet. Unfallverursachung mit schwerwiegender Körperverletzung (dauernde Arbeitsunfähigkeit oder schwere Invalidität) oder Todesfolge wird hingegen gem. Art. 177 i.V.m. 156 StGB mit Freiheitsentziehung bis zu sechs Monaten bestraft. Derartige Straftaten im Straßenverkehr können Führerscheinentzug bis zu zehn Jahren mit sich
bringen.

cc) Trunkenheitsfahrt

393 Wird im Zustand der Trunkenheit (mehr als 0,5 ‰) oder unter Drogeneinwirkung ein Unfall verursacht, verbunden mit Körperverletzung oder Todesfolge, beträgt die zu verhängende **Freiheitsstrafe** neun Monate bis zwölf Jahre, Art. 177 i.V.m. § 178 StGB. Der obligatorische zu verhängende **Führerscheinentzug** kann bis zu zehn Jahre dauern.

dd) Unfallflucht

394 Bei Unfallverursachung unter Alkoholeinfluss (mehr als 0,5 ‰) oder Drogeneinwirkung mit anschließender Unfallflucht und gleichzeitiger Körperverletzungs- oder Todesfolge des Opfers beträgt die Höchstfreiheitsstrafe zwölf Jahre, Art. 177 i.V.m. § 178 StGB. Der Führerschein kann bis zu zehn Jahren entzogen werden.

b) Strafvollstreckung

395 Der **Rechtshilfeverkehr** zwischen Polen und Deutschland erfolgt – mit Ausnahme von Auslieferungsangelegenheiten – auf vertragloser Grundlage und findet in Verkehrsstrafsachen eher selten statt. Die Grundsätze des Europäischen Übereinkommens über die Rechtshilfe in Strafsachen von 1959 werden beiderseits beachtet.

396 **Vollstreckungshilfe** wird – außer im Rahmen des Auslieferungsverkehrs – zwischen beiden Ländern nicht geleistet. Geldstrafen oder -bußen, die wegen Verkehrszuwiderhandlungen in Polen verhängt werden, können demnach in Deutschland nicht eingetrieben werden.

IX. Schweiz

1. Zivilrecht

397 Das Schweizer Recht weist u.a. aufgrund der Gliederung des Landes in Kantone eine große **Regelungsvielfalt** auf. So gibt es beispielsweise 26 kantonale Zivil- und Strafprozessordnungen. Da die Schweiz außerdem **mehrsprachig** ist (etwa 64 % der Einwohner sprechen Deutsch, knapp 20 % Französisch, 8 % Italienisch, 1 % Rätoromanisch, der Rest andere Sprachen), sind manche Gesetzestexte nur in der einen oder anderen Sprache erhältlich. Das **materielle Zivilrecht** ist zwar bundeseinheitlich geregelt; die Rechtsprechung weist jedoch starke **regionale Besonderheiten** auf. Auch im Strafrecht macht sich ein Gefälle insbesondere zwischen deutschen und französischen Landesteilen bemerkbar. Bei der Ahndung von Verkehrszuwiderhandlungen ist dies z.B. deutlich an der Höhe der Geldbußen ablesbar.

398 > **Hinweis:**
> *Auch wenn mit Versicherungen in der Schweiz grds. in deutscher Sprache korrespondiert werden kann, ist besonders bei schweren Unfällen (etwa mit erheblichen Verletzungsfolgen) die Beauftragung eines schweizerischen Anwalts anzuraten.*

a) Kfz-Versicherungsrecht

399 Alle am öffentlichen Verkehr teilnehmenden Kraftfahrzeuge müssen gem. Art. 63 des Bundesgesetzes über den Straßenverkehr (SVG) **haftpflichtversichert** sein. Schweizerische Fahrzeughalter bekommen den Fahrzeugschein nur ausgehändigt, wenn der Abschluss einer Kfz-Haftpflichtversicherung nachgewiesen wird.

400 Die **gesetzliche Mindestversicherungssumme** beträgt gem. Art. 64 SVG für Personen- und Sachschäden je Unfall pauschal drei Mio. Schweizer Franken (derzeit 2,05 Mio. €). Für Kfz mit mehr als 40 Plätzen gilt eine Mindestdeckung von vier Mio. Franken (2,7 Mio. €), für Fahrzeuge mit

gefährlicher Ladung sechs Mio. Franken (4,1 Mio. €). Die meisten in der Schweiz zugelassenen Kraftfahrzeuge sind in unbegrenzter Höhe haftpflichtversichert. Geschädigte können gem. Art. 65 SVG die gegnerische Versicherung direkt in Anspruch nehmen (**Direktklagerecht**).

Wer von einem nicht versicherten Fahrzeug oder durch einen flüchtigen Fahrer geschädigt wird, **401** kann Schadensersatzansprüche an den **Nationalen Garantiefonds der Schweiz** (früher: Syndicat der Motorfahrzeug-Haftpflichtversicherer) richten, Art. 76 SVG, Art. 39 ff. VVV. Bei Sachschäden besteht eine **Selbstbeteiligung des Geschädigten** i. H. v. 1 000 Franken (knapp 700 €). Nach Art. 51 Verordnung über den Versicherungsvertrag (VVV) hat der Geschädigte den Schadenseintritt unverzüglich dem Garantiefonds und der Polizei zu melden. Ausländer sind gegenüber dem Garantiefonds gem. Art. 54 VVV nur anspruchsberechtigt, wenn die Gegenseitigkeit verbürgt ist (wie dies z.B. für Deutsche und Schweizer der Fall ist).

b) Schadensrechtliche Grundlagen

Anspruchsgrundlagen für Schadensersatzforderungen aus Unfällen im Straßenverkehr sind im Rah- **402** men der **Gefährdungshaftung** die Art. 58 ff. SVG und bei Zugrundelegung der **Verschuldenshaftung** auch die Art. 41 ff. Obligationenrecht/OR. Ansprüche nach dem SVG sind gegen den Fahrzeughalter zu richten; allerdings ist er nicht eintrittspflichtig bei höherer Gewalt, grobem Verschulden Dritter oder alleinigem groben Selbstverschulden des Geschädigten, Art. 59 SVG. Bei widerrechtlicher (absichtlicher oder fahrlässiger) Schadenszufügung ist Verschuldenshaftung gegeben. Diese gilt insbesondere, wenn sich Kfz-Halter Sachschäden zufügen; es ist dann der Verschuldensnachweis nach Art. 61 Abs. 2 SVG zu führen.

c) Beweissicherung und Beweismittel

Sind Unfallbeteiligte verletzt worden, ist die Polizei zu benachrichtigen; bis zu ihrem Eintreffen **403** gilt ein Veränderungsverbot, Art. 55, 56 VRV. Bei **Bagatellverletzungen** kann u.U. eine polizeiliche Meldung entfallen, wenn Namen und Adressen ausgetauscht werden. Bei **Sachschäden** reicht es i.d.R., einen **Europäischen Unfallbericht** auszufüllen und zu unterschreiben. Als Beweismittel sind nach den kantonalen Zivilprozessordnungen u.a. Zeugen- und Sachverständigenbeweis sowie Parteibefragung, Augenschein und Urkunden zulässig.

d) Versicherungsermittlung

Gem. Art. 126 der Verordnung über die Zulassung von Personen und Fahrzeugen zum Straßenver- **404** kehr (VZV) ist bei Unfällen über den Fahrzeughalter und den Kfz-Versicherer Auskunft zu erteilen. Anhand des amtlichen Kfz-Kennzeichens kann das zuständige Kantonale Straßenverkehrsamt (sog. Motorfahrzeugkontrolle) die Haftpflichtversicherung des unfallgegnerischen Fahrzeugs ermitteln.

e) Versicherungspraxis und -aufsicht

Verkehrsunfallschäden werden von schweizerischen Versicherungen ganz überwiegend außerge- **405** richtlich abgewickelt. Der Schriftverkehr kann grds. deutschsprachig geführt werden. Bei schweren Unfallschäden werden hinsichtlich unstreitiger Teile der Schadensersatzforderung häufig Vorschüsse gezahlt. Kommt es mit der gegnerischen Versicherung wegen der Schadensabwicklung zu Schwierigkeiten, stehen dem Geschädigten **Beschwerdemöglichkeiten** zu. Zum einen kann er sich an das **Bundesamt für Privatversicherungswesen** in Bern wenden. Das Aufsichtsamt hat darüber zu wachen, dass die Versicherungsgesellschaften ihre Tätigkeit korrekt ausüben. Zum anderen kann ein Geschädigter sich beim **Ombudsmann der Privatversicherung** in Zürich über nicht akzeptables Verhalten einer Kfz-Versicherung beschweren. Das Beschwerdeverfahren ist kostenfrei und weder an Fristen noch Formen gebunden. Die Entscheidung des Ombudsmanns entfaltet zwar keine Bindungswirkung, jedoch folgt die betroffene Versicherung meist seinen Empfehlungen.

f) Verjährung

406 Die Verjährungsfrist für **Schadensersatzansprüche aus Straßenverkehrsunfällen** beträgt grds. zwei Jahre (gerechnet ab dem Tag, an dem der Geschädigte Kenntnis vom Schaden und vom Ersatzpflichtigen erhalten hat); die absolute Verjährungsfrist läuft zehn Jahre nach dem Unfalltag ab. Liegt eine Straftat mit längerer strafrechtlicher Verjährungsfrist vor, z.B. fahrlässige Körperverletzung, verlängert sich die relative Verjährungsfrist von zwei auf fünf Jahre bzw. auf die sonstige vom Strafrecht vorgesehene Frist. Nach Art. 83 SVG wirkt die Verjährung ebenso wie eine Verjährungsunterbrechung auch gegenüber der Kfz-Haftpflichtversicherung. Der **Eintritt der Verjährung** kann durch Klage oder Einleitung des amtlichen Mahn- und Vollstreckungsverfahrens verhindert werden, ebenso durch Anerkennung der Forderung oder Abgabe eines Verjährungsverzichts.

g) Gerichtsverfahren

407 Das Gericht des Unfallorts oder des Wohnsitzes bzw. Sitzes der beklagten Partei ist für Schadensersatzklagen **örtlich zuständig**, Art. 25 Gerichtsstandsgesetz.

408 Die **sachliche Zuständigkeit** richtet sich nach den kantonalen Zivilverfahrensordnungen. Ausschlaggebend für die Anrufung des jeweiligen Richters oder Gerichts ist i.d.R. die Streitwerthöhe. Nach der Zürcher ZPO entscheidet der Friedensrichter bei Klagen im Wert bis zu 500 Franken (ca. 350 €) abschließend. Für Streitwerte bis zu 20 000 Franken (etwa 13 500 €) ist der Einzelrichter zuständig, bei höheren Schadensersatzforderungen das Bezirksgericht. Bei Vorliegen der entsprechenden Voraussetzungen kann auch das kantonale Handelsgericht oder – bei Streitwerten von mehr als 8 000 Franken (rund 5 500 €) – letztinstanzlich das Bundesgericht in Lausanne angerufen werden.

409 Zivilrechtliche Ansprüche können grds. auch im Strafverfahren gegen den Schädiger geltend gemacht werden, nach der Zürcher StPO allerdings nur, wenn sie spruchreif sind. **Adhäsionsverfahren** sind in der Schweiz aber nicht sehr gebräuchlich.

410 Bei der Einlegung von **Rechtsmitteln** sind die jeweiligen kantonalen Vorschriften zu beachten. Im Kanton Zürich gilt z.B., dass bei Berufung (Appellation) gegen ein Urteil des Einzelrichters zum Obergericht der Streitwert mehr als 8 000 Franken betragen muss. Obergerichtliche Entscheidungen können grds. beim Bundesgericht angefochten werden, u.a. bei Erreichen der entsprechenden Rechtsmittelsumme von 8 000 Franken; außerdem muss Bundesrecht verletzt worden sein. Die Berufungsfrist beträgt im Kanton Zürich zehn Tage. Als weitere Rechtsmittel kommen die Nichtigkeitsbeschwerde zum Kassationsgericht (gem. Art. 281 Zürcher ZPO) und die Revision als Wiederaufnahmeverfahren in Betracht.

h) Anwalts- und Gerichtskosten

411 Das Anwaltsgebührenrecht ist **kantonal geregelt**. In den meisten Kantonen gibt es für außergerichtliches und prozessuales Tätigwerden **unterschiedliche Gebührentabellen**; sie werden von den lokalen oder regionalen Anwaltsverbänden (Standesorganisationen) erstellt.

412 Bei der außergerichtlichen Honorarberechnung kommt es hauptsächlich auf den Zeitaufwand und – bei Schadensersatzansprüchen – auf den Gegenstandswert an; weiteres Kriterium ist oft auch die Schwierigkeit der Sache. Häufig kommt es zu einer Kombination aus Wert- und Zeittarif.

413 Auf der Grundlage der Gebührenordnung des Vereins Zürcherischer Rechtsanwälte können bei einem Schadensersatzanspruch von 10 000 Franken (ca. 6 800 €) beispielsweise pro Stunde zwischen 180 und 280 Franken berechnet werden; bei sehr schwieriger Sach- und Rechtslage kann dieser Satz verdoppelt werden. Hinzu kommen Auslagen, Kosten für Schreibarbeiten und Mehrwertsteuer (derzeit 7,6 %).

Bei der **Abwicklung von Personenschäden** werden die außergerichtlichen Anwaltskosten – dem 414
Bundesgericht und der überwiegenden kantonalen Rechtsprechung zufolge – dem Geschädigten
grds. voll erstattet. Bei **Sachschäden** wird eher davon ausgegangen, dass die Geltendmachung von
Schadensersatz auch ohne anwaltliche Hilfe möglich sei. Nur wenn ein Anwalt zur Anspruchs-
durchsetzung notwendig ist, kann mit der Erstattung seines Honorars gerechnet werden (gelegentlich i. H. v. 10 % der durchgesetzten Entschädigung oder nach Vereinbarung zwischen Anwalt und
Versicherung; i.d.R. nach Honorarnote).

Die **gerichtliche Anwaltskostenerstattung** richtet sich wiederum nach den **kantonalen Prozess-** 415
ordnungen. Die Zürcher ZPO sieht z.B. vor, dass die prozessualen Anwaltsgebühren im gleichen
Verhältnis wie die Gerichtskosten zu übernehmen sind. Danach setzt der Richter im Urteil einen
ihm angemessen erscheinenden Betrag innerhalb des Anwaltsgebührenrahmens fest. Die Gerichtskosten werden nach § 64 der Zürcher ZPO grds. der unterliegenden Partei angelastet bzw. verhältnismäßig gequotelt. Bei einem Streitwert von 10 000 Franken (6 800 €) liegen die Gerichtskosten
zwischen etwa 750 und 1250 Franken (ca. 500 – 850 €).

i) Sachschadensersatz

aa) Reparaturkosten

Die Kosten für die Wiederinstandsetzung eines unfallbeschädigten Fahrzeugs sind zu ersetzen, und 416
zwar auch dann, wenn das Kfz vom Geschädigten selbst oder nicht repariert wird. Obergrenze der
Entschädigung ist der Wiederbeschaffungswert des Fahrzeugs. Bei Schäden ab etwa 1 000 Franken
(etwa 700 €) sollte eine **Kfz-Gutachten** erstellt werden. Falls möglich, sollte das Gutachten über
die schweizerische Versicherung in Auftrag gegeben bzw. das Fahrzeug von dieser besichtigt werden. Bei Bagatellschäden reicht i.d.R. die Vorlage eines **Kostenvoranschlags** oder der Reparaturrechnung aus. Bezahlte **Mehrwertsteuer** wird erstattet, in fiktiven Schadensberechnungen aufgeführte Steuer dagegen nicht generell.

bb) Totalschaden

Liegt ein wirtschaftlicher oder technischer Totalschaden vor, wird dem Geschädigten der Wieder- 417
beschaffungswert des Fahrzeugs abzüglich des Restwerts ersetzt. Wenn das Kfz zum Unfallzeitpunkt noch so gut wie neu war, steht dem Geschädigten der Neupreis abzüglich eines nach Billig-
keitsgesichtspunkten (unter Berücksichtigung der gefahrenen km) errechneten Betrags zu. Ist das
Fahrzeug schwer beschädigt worden und war es bei einer Laufleistung von maximal 2000 km nicht
mehr als einen Monat alt, kann der **Wiederbeschaffungswert** selbst dann verlangt werden, wenn
kein Totalschaden vorlag.

Anspruch auf Geldersatz besteht auch, wenn anstelle des totalbeschädigten Kfz kein Ersatzfahr- 418
zeug angeschafft wird. Bei der Ermittlung des Wiederbeschaffungspreises kommt es gelegentlich
zu unterschiedlichen Berechnungen zwischen schweizerischen und deutschen Gutachtern. Lohnt
sich die Rückführung eines Fahrzeugs mit technischem Totalschaden ins Herkunftsland nicht
mehr, kommt eine Verschrottung unter Zollaufsicht in Betracht. Verschrottungs- und Verzollungskosten sind vom Schädiger bzw. der Versicherung zu bezahlen, ebenso die Kosten für die Kfz-Still-
legung sowie für die Zulassung eines Ersatzfahrzeugs.

cc) Gutachterkosten

Kfz-Gutachten sind zur Beweissicherung i.d.R. erforderlich, wenn ein **Totalschaden** vorliegt, oder 419
aber wenn der Fahrzeugschaden über 1 000 Franken (knapp 700 €) hinausgeht und die gegnerische
Haftpflichtversicherung nicht auf eine Begutachtung verzichtet. Gibt die Versicherung selbst den
Auftrag zur Schadensschätzung, übernimmt sie auch die Kosten hierfür. Legt sie der Schadensabwicklung ein vom Geschädigten eingeholtes Gutachten zugrunde, werden die Sachverständigen-

kosten grds. ebenfalls übernommen. Im Zweifel sollte die **Beauftragung eines Kfz-Sachverständigen** sowie die Übernahme der Gutachterkosten mit der Versicherung abgesprochen werden, insbesondere wenn eine Begutachtung in der Schweiz vor Verlassen des Landes noch möglich gewesen wäre.

dd) Wertminderung

420 Ein Anspruch auf Wertminderung unterliegt in der Schweiz strengeren Kriterien als in Deutschland; dortige und hiesige Sachverständige kommen deshalb häufig zu unterschiedlichen Ergebnissen. Ein **merkantiler Minderwert** wird grds. nur bei bisher unfallfreien Fahrzeugen neueren Baujahrs mit beträchtlichen, aber behebbaren Schäden an tragenden Fahrzeugteilen zugestanden. Eine technische Wertminderung wird angesichts des hohen Standards heutiger Reparaturtechnik selten vorliegen.

ee) Mietwagenkosten

421 Der Ersatz von Mietwagenkosten erfolgt nur sehr **eingeschränkt**. Der Geschädigte muss mit dem Fahrzeug entweder wirtschaftliche Vorteile erzielen, insbesondere seinen Beruf (Arzt, Handelsvertreter usw.) damit ausüben. Oder er muss z.B. aus gesundheitlichen oder vergleichbaren Gründen auf ein Fahrzeug angewiesen sein, etwa wegen Behinderung oder kurz bevorstehender Urlaubsreise. Bei Vorliegen dieser Voraussetzungen darf nur ein preisgünstiger Pkw für eine angemessene Zeit (maximal 10 – 15 Tage Reparaturdauer bzw. Wiederbeschaffungszeit) angemietet werden.

ff) Nutzungsentschädigung

422 Wird trotz Anspruchs auf ein Mietfahrzeug auf ein solches verzichtet, kann der Geschädigte sich – in den französisch- und italienischsprachigen Landesteilen – eine Nutzungsausfallentschädigung (Immobilisation) zahlen lassen. Sie beträgt pro Tag pauschal bis zu 25 Franken. Stattdessen sind auch Fahrten mit öffentlichen Verkehrsmitteln, ausnahmsweise auch mit dem Taxi, erstattbar.

gg) Abschleppkosten

423 Nachgewiesene Abschleppkosten bis zur nächsten geeigneten Werkstätte, u.U. auch bis zu einem weiter entfernten, aber kostengünstigeren Reparaturbetrieb werden übernommen. Bei einem Unfall in Grenznähe kann auch ein Abschleppen nach Deutschland in Betracht kommen.

hh) Kaskoselbstbehalt

424 Wickelt der Geschädigte den Fahrzeugschaden über seine Vollkaskoversicherung ab, hat er grds. Anspruch auf Übernahme seiner Selbstbeteiligung. Dazu muss er ein Abrechnungsschreiben seiner Kaskoversicherung und erforderlichenfalls einen Beleg über den Gesamtfahrzeugschaden vorlegen.

ii) Finanzierungskosten

425 Kosten für die Vorfinanzierung des Unfallschadens sind kaum durchsetzbar. Jedoch wird u.U. ein fünfprozentiger Schadenszins für die Reparaturkosten gewährt (ab Fälligkeit der Reparaturrechnung). Bei außergerichtlicher Einigung wird dieser Schadensposten selten in Ansatz gebracht.

jj) Unkostenpauschale

426 Allgemeine Unkosten sind grds. einzeln zu belegen. Bei außergerichtlicher Einigung wird gelegentlich (meist nur bei höheren Schäden) eine Auslagenpauschale bis maximal 100 Franken (ca. 70 €) zugestanden.

kk) Sonstige Schadenspositionen

- Durch einen Unfall verursachte **Übernachtungs- und Verpflegungskosten** werden, soweit sie nachweisbar zusätzlich entstanden sind, im Allgemeinen erstattet.   427

- Im Fahrzeug mitgeführte **beschädigte Kleidungs- und Gepäckstücke** sind zum Zeitwert zu ersetzen.

- Wird bei dem Unfall die **Windschutzscheibe samt aufgeklebter Autobahnvignette** zerstört, ist auch für letztere Ersatz zu gewähren.

j) Personenschadensersatz

aa) Heilbehandlungs- und Pflegekosten

Wird eine Person bei einem Verkehrsunfall verletzt oder getötet, kann nach Art. 45 und 46 OR Schadensersatz für die notwendigen **Heilungskosten** verlangt werden. Hierzu gehören u.a. die Kosten für ärztliche Behandlung und Krankenhausaufenthalte, Arzneimittel, Prothesen, Krücken und Rollstühle, Kuren und Bäder, Therapiekosten, Fahrt- bzw. Transportkosten zum Arzt oder ins Krankenhaus, Kosten medizinischer Gutachten.   428

Alle Aufwendungen, die zur Wiederherstellung der Gesundheit medizinisch notwendig sind, fallen unter die zu ersetzenden Heilungskosten. Auch die erforderlichen **Pflegekosten** und vermehrte Bedürfnisse sind zu übernehmen. Erbringen Angehörige Pflegeleistungen, sind diese grds. ebenfalls schadlos zu stellen. Allenfalls vorhandene Kranken- und Unfallversicherungen haben vorweg diese Kosten zu übernehmen.   429

bb) Verdienstausfall

Ist der Verletzte unfallbedingt arbeitsunfähig, hat er Anspruch auf Ersatz seines Verdienstausfalls; ihm sind die konkret eingetretenen Erwerbseinbußen zu ersetzen. Grad und Dauer der Arbeitsunfähigkeit sowie das Einkommen ohne Unfallereignis sind zugrunde zu legen. Bei **Nichtselbständigen** ist die Lohn- oder Gehaltsabrechnung maßgeblich, bei **Selbständigen** sind Buchhaltungsunterlagen sowie Einkommensteuererklärungen und –bescheide vorzulegen. Ein nicht zahlenmäßig nachweisbarer Schaden kann gem. Art. 42 OR vom Richter nach Ermessen bestimmt bzw. (mit Hilfe eines Gutachters) geschätzt werden.   430

Nichterwerbstätige (insbesondere Hausfrauen) sind ebenfalls ersatzberechtigt hinsichtlich des Ausfalls ihrer Leistungen, die sie im Haushalt erbringen konnten. Aufgrund eingetretener Arbeitsunfähigkeit können sie dieser Tätigkeit nicht mehr bzw. nicht mehr im früheren Umfang nachkommen. Zur Ermittlung des wirtschaftlichen Werts der Hausfrauentätigkeit sind die vom schweizerischen Bundesgericht festgelegten Grundsätze heranzuziehen. Nach einer Entscheidung des Höchstgerichts können Verdienstausfallgeschädigte die Ersatzleistung in Form von Rente oder als Kapitalbetrag fordern.   431

cc) Schmerzensgeld

Anspruch auf Schmerzensgeld – sog. Genugtuung – haben Unfallgeschädigte gem. Art. 47 OR (Verschuldenshaftung); Genugtuung kann aber auch nach Art. 62 SVG (Gefährdungs- bzw. Kausalhaftung) verlangt werden. Es müssen mehr als nur unbedeutende Körperverletzungen vorliegen, eine besondere Beeinträchtigung des Verletzten muss feststellbar sein. Zudem ist eine gewisse Dauer der Heilbehandlung und der Arbeitsunfähigkeit nachzuweisen. Die Rechtsprechung ist uneinheitlich; es sind starke **kantonale Unterschiede** festzustellen. Die Gerichte entscheiden nach Ermessen; ausschlaggebend sind u.a. das Ausmaß der Schmerzen, Krankheits- bzw. Leidensdauer, etwaige Operationen, Dauer des Krankenhausaufenthalts und das Vorliegen bleibender Schäden. Für die Anspruchshöhe sind auch die Intensität der Beeinträchtigung und die Schwere des Ver-   432 schuldens mit ausschlaggebend, ebenso das Alter des Geschädigten und etwaige Auswirkungen auf das Privatleben (z.B. sportliche Betätigung, Freizeitbeschäftigung).

433 Die nach Verkehrsunfällen zugesprochenen **Genugtuungsbeträge** sind in den letzten Jahren zunehmend höher geworden und haben bei sehr schweren Verletzungen jüngerer Geschädigter bis zu 200 000 Franken (etwa 135 000 €) erreicht. Das Schmerzensgeld wird in einem einmaligen Betrag bezahlt (**keine Rente**).

434 Die bundesgerichtliche Rechtsprechung gewährt seit einiger Zeit **Angehörigen von Schwerverletzten** eine Genugtuung (bis zu 40 000 Franken/bzw. 27 000 €). **Hinterbliebene Angehörige** werden ebenfalls entschädigt (Ehegatten, Lebenspartner, Eltern, Kinder, Geschwister), derzeit bis zu maximal 50 000 Franken (34 000 €).

dd) Unterhaltsentgang

435 Entgangenen Unterhalt (Ersatz des sog. Versorgerschadens) können hinterbliebene Personen beanspruchen, für die der verstorbene Angehörige (insbesondere Eltern, Kinder, Ehegatten, Lebenspartner) zu Lebzeiten zum Unterhalt verpflichtet war oder freiwillig Unterstützungsleistungen erbracht hat. Durch den Wegfall dieser Unterhaltszahlungen bei Tod des Versorgers entsteht den Hinterbliebenen ein **wirtschaftlicher Schaden**, der auszugleichen ist. Der geschädigte Überlebende ist so zu stellen, dass er seinen **Lebensstandard** aufrecht erhalten kann; dabei wird stark auf die persönlichen Bedürfnisse des unterhaltsberechtigten Anspruchstellers abgestellt. War der getötete (oder verletzte) Versorger nicht erwerbstätig, haben nahe Angehörige einen Anspruch auf Ausgleich der Leistungen, die z.B. eine getötete oder invalide Hausfrau aufgrund eines Unfalls nicht mehr erbringen kann. Der Wert der entfallenen Hausfrauenarbeit muss auch dann (fiktiv) ersetzt werden, wenn keine Ersatzkraft eingestellt wird.

ee) Sonstige Schadenspositionen

436 • **Kosten für Besuchsfahrten naher Angehöriger zum Krankenhaus** sind bei schweren Verletzungen grds. zu übernehmen, u.U. auch Telefonate mit dem Verletzten.

• **Beerdigungskosten** einschließlich der Kosten für das Grab und dessen erstmalige Bepflanzung sowie zumindest anteilmäßig Trauerkleidung sind zu erstatten.

• **Kosten für die Geltendmachung von Ersatzansprüchen** (Rechtsverfolgungskosten) bei Personenschäden sind zu ersetzen.

• Dem **Arbeitgeber** steht ein **Regressanspruch für unfallbedingte Lohnfortzahlung** zu.

• **Sozialversicherer** haben ebenfalls **Regressansprüche gegenüber der Haftpflichtversicherung** bzw. treten aufgrund geleisteter Lohn- und Gehaltszahlungen sowie bezahlter Heilbehandlungskosten in die Rechte des Verletzten ein.

• Falls die Versicherung ein **schweizerisches ärztliches Gutachten** verlangt, übernimmt sie grds. auch die Kosten hierfür, ebenso die Anreisekosten.

• **Sonstige Kosten im Rahmen eines Personenschadens** werden der Rechtsprechung zufolge erstattet, wenn sie nach allgemeiner Lebenserfahrung entstanden sind und sich im üblichen Rahmen halten, etwa angemessene Trinkgelder für Krankenhauspersonal.

2. Strafrecht

437 Wer in der Schweiz einen Verkehrsunfall verursacht, muss selbst dann, wenn **keine Dritten beteiligt** sind oder geschädigt werden, also nur der Fahrer selbst oder das eigene Fahrzeug zu Schaden gekommen ist, eine **relativ hohe Buße** (mindestens 400 Franken/270 €) bezahlen – meist wegen „Nichtbeherrschens des Fahrzeugs". Entsprechend höher ist die Strafe, wenn Dritte verletzt oder gar getötet werden. Bei Unfallflucht nach Körperverletzung oder Tötung wird auf jeden Fall eine Gefängnisstrafe verhängt. Strafvorschriften enthält außer dem StGB auch das SVG.

Weitere im Zusammenhang mit Verkehrsverstößen und Unfällen zur Anwendung kommende **438**
Gesetze und Verordnungen sind u.a. das Ordnungsbußengesetz (OBG), die Ordnungsbußenverord-
nung (OBV) sowie die kantonalen Strafprozessordnungen und die jeweiligen Straf- und Vollzugs-
gesetze der Kantone.

a) Tatbestände

aa) Verkehrsverstöße

Da **Geschwindigkeitsüberschreitungen** häufig zu Verkehrsunfällen führen, werden sie in der **439**
Schweiz äußerst streng geahndet. Tempolimitverstöße innerorts bis zu 15 km/h (250 Franken/170
€), auf Landstraßen bis zu 20 km/h (240 Franken) oder auf Autobahnen bis zu 25 km/h (260 Franken) werden noch als Verwarnungsgeldtatbestände angesehen und können der sog. Bußenliste
(dem bundeseinheitlichen Verwarnungs- und Bußgeldkatalog) entnommen werden. Darüber
hinausgehende Geschwindigkeitsüberschreitungen werden zur Anzeige gebracht und kantonal
unterschiedlich hoch bestraft. Wer z.B. in Zürich innerorts um 30 km/h zu schnell fährt, muss 1 350
Franken (rund 920 €) Buße zahlen, im französischsprachigen Kanton Vaud dagegen „nur" 550
Franken (375 €). Eine Überschreitung um 35 km/h ist in Zürich bereits eine Straftat (nach Art. 90
Ziff. 2 SVG) und kostet weit über 2 000 Franken (1 350 €), wenn nicht gar eine Gefängnisstrafe
verhängt wird (ohne dass es zu einem Unfall gekommen ist). Ab 30 km/h zu schnell ist ein **Fahrverbot** obligatorisch, innerorts häufig schon bei 20 km/h über dem Limit.

Rotlichtverstöße werden bundeseinheitlich mit einem Verwarnungsgeld von 250 Franken (170 €) **440**
geahndet, **unfallträchtiges Telefonieren** während des Fahrens mit 100 Franken (70 €).

bb) Fahrlässige Körperverletzung/Tötung

Art. 125 StVG sieht für das Vergehen der **fahrlässigen Körperverletzung** eine Geldbuße bis **441**
40 000 Franken/ca. 27 000 € (Art. 48 StGB) oder Gefängnis von drei Tagen bis zu drei Jahren (Art.
36 StGB) vor. Die gleiche Strafdrohung ist für **fahrlässige Tötung** (Art. 117 StGB) vorgesehen.
Es sind Bestrebungen im Gange, Geldbußen bzw. -strafen künftig nach dem Tagessatzsystem zu
verhängen. Der Führerausweis wird in beiden Fällen bei Vorliegen der Voraussetzungen des Art.
16 SVG entzogen; die Sperre von einem Monat bis zu mindestens einem Jahr richtet sich nach Art.
17 SVG. „Unverbesserlichen" ist der Führerausweis nach dieser Vorschrift für dauernd zu entziehen.

cc) Trunkenheitsfahrt

Wer angetrunken fährt, muss gem. Art. 31 Abs. 2 i.V.m. Art. 91 SVG mit Buße oder Freiheitsstrafe **442**
(Haft oder Gefängnis) rechnen. Dasselbe gilt für Führer nichtmotorisierter Fahrzeuge. Die Verweigerung einer Alkoholmessung wird genauso bestraft wie das „Fahren in angetrunkenem Zustand"
(FiaZ). Die Strafmaße sind kantonal sehr unterschiedlich; häufig kommt es zu – wenn auch meist
kurzen – Freiheitsstrafen.

dd) Unfallflucht

Ein Fahrzeugführer, der bei einem Verkehrsunfall eine Person verletzt oder getötet hat und sodann **443**
die Flucht ergreift, wird gem. Art. 92 Abs. 2 SVG mit Gefängnis bestraft. Er erfüllt den Tatbestand
eines Vergehens, das sowohl vorsätzlich als auch fahrlässig begangen werden kann. Bei Unfallflucht mit Personenschaden muss gem. Art. 16 Abs. 3 SVG der Führerschein entzogen werden.
Werden bei dem Unfall nur Sachschäden verursacht, begeht der Unfallflüchtige nur eine Übertretung gem. Art. 92 Abs. 1 SVG; die Strafdrohung ist Haft oder Buße.

b) Strafvollstreckung

444   Zwischen Deutschland und der Schweiz (sowie Liechtenstein) wurde am 27.4.1999 ein völker-
rechtliches **Abkommen über die grenzüberschreitende** polizeiliche und justitielle **Zusammenarbeit** unterzeichnet. Dieser sog. **Polizeivertrag** erfolgte in Anlehnung an das fast zeitgleich unter-
zeichnete Schengener Übereinkommen zur Geldbußen- und Geldstrafenvollstreckung. Der
deutsch-schweizerische Polizeivertrag wurde von beiden Seiten bereits 2001 ratifiziert. Er ist trotzdem noch nicht in Kraft getreten, da die Ratifikationsurkunden bisher nicht ausgetauscht wurden.
Dies soll offenbar erst erfolgen, wenn die Folgevereinbarung zum Schengener Vollstreckungs-
abkommen, die in geänderter Fassung von mehreren EU-Staaten neu zur Unterzeichnung eingebracht wurde, ebenfalls in Kraft tritt.

445   Der **deutsch-schweizerische Polizeivertrag** regelt außer der Vollstreckung von Geldbußen und
Geldstrafen bei Zuwiderhandlungen im Straßenverkehr (Art. 37 ff.) u.a. auch grenzüberschreitende
Polizeiaktionen sowie die Übermittlung von Personen- und Sachdaten bei Fahndungen.

446   Praktische Bedeutung hatte bisher schon das **Europäische Übereinkommen über die Rechtshilfe
in Strafsachen** vom 20.4.1959. Dieses Abkommen sowie einige Zusatzverträge, Vorbehalte,
Erklärungen und Durchführungsvorschriften sind wichtige Grundlagen für den derzeitigen
deutsch-schweizerischen Rechtshilfeverkehr in Bußgeldsachen. Auf dessen Grundlage können u.a.
Vernehmungen durchgeführt, Ladungen und sonstige Schriftstücke (z.B. Bescheide) zugestellt
sowie Registerauskünfte angefordert und Akten übersandt werden.

X. Spanien

1. Zivilrecht

447   Nach einem Verkehrsunfall in Spanien ist der Geschädigte fast immer in einer sehr nachteiligen
Lage, zumal ohne spanischen Anwalt.

Hinweis:

*Obwohl auch hier der Grundsatz gilt, einem Unfallgeschädigten den ihm entstandenen Scha-
den zu ersetzen, folgt die Praxis dem vielfach nicht. Selbst bei eindeutiger Rechtslage und einwandfreien Schadensbelegen werden von den dortigen Versicherungen häufig völlig unzureichende Entschädigungsangebote gemacht, die allenfalls ein einheimischer Rechtsanwalt
verbessern kann. Dessen außergerichtliche Kosten gehen aber immer zu Lasten des Geschädigten (oder dessen Rechtsschutzversicherung). Zu beachten ist auch die äußerst **kurze Verjährungsfrist** von einem Jahr für Ansprüche aus Verkehrsunfallschäden.*

---

448   Es ist zu hoffen, dass mit der Umsetzung der 4. Kfz-Haftpflichtversicherungs-Richtlinie der EU ab
Anfang 2003 die Missstände in der Abwicklungspraxis von Spanien-Unfällen etwas eingedämmt
werden (zur Richtlinie siehe Rn. 6).

a) Kfz-Versicherungsrecht

449   Nach dem Kfz-Haftpflichtversicherungsgesetzes Nr. 30/95 vom 8. 11. 1995 (Ley sobre Responsa-
bilidad Civil y Seguro en la Circulación de Vehiculos a Motor) mit Zusatzbestimmung 8 müssen
alle zum Straßenverkehr zugelassenen Kraftfahrzeuge haftpflichtversichert sein. Es besteht ein
Direktanspruch des Geschädigten gegenüber der Kfz-Versicherung bis zur Höhe der Mindestdeckung.

450   Die gesetzlichen **Mindestversicherungssummen** betragen für Personenschäden pauschal 350 000 €
pro Person, für Sachschäden 100 000 € pro Unfall. Für Invaliditätsschäden gelten gestaffelte
Beträge nach Schadenstabellen auf der Grundlage des Gesetzes Nr. 30/95.

Gem. dem Kfz-Haftpflichtversicherungsgesetz hat der spanische **Garantiefonds** (Consorcio de   451
Compensación de Seguros in Madrid, Paseo de la Castellana 44) bis zur Höhe der Kfz-Mindest-
deckung Personen- und Sachschäden zu ersetzen, wenn der motorisierte Unfallgegner nicht versichert ist oder mit einem gestohlenen Fahrzeug Schäden verursacht. Wenn er unfallflüchtig und
nicht ermittelbar ist, sind nur Personenschäden zu erstatten. Auch bei Versicherungskonkursen ist
der Garantiefonds eintrittspflichtig.

b) Schadensrechtliche Grundlagen

Die deliktsrechtliche Haftung für Vorsatz oder Fahrlässigkeit beruht auf Art. 1902 ff. des Zivilge-   452
setzbuchs (Codigo Civil/CC); bei gleichzeitigem Vorliegen einer strafbaren Handlung wird diese
Haftungsgrundlage von den Art. 101 ff. CC verdrängt.

Nach dem Kfz-Haftpflichtversicherungsgesetz ist bei Personenschäden aus Verkehrsunfällen das   453
Prinzip der **Gefährdungshaftung anzuwenden.** Gehen die Schäden über die Mindestdeckung
hinaus, gilt **Verschuldenshaftung;** auch für Sachschäden wird nur bei Verschulden gehaftet.

c) Beweissicherung und Beweismittel

Unfälle mit **Personenschäden** sind von der Polizei (Guardia Municipal oder Civil) zu protokollie-   454
ren. Der Geschädigte kann innerhalb von 60 Tagen Anzeige erstatten und Strafantrag stellen, damit
ein Strafverfahren eingeleitet wird (falls dies nicht von Amts wegen erfolgt), in dessen Rahmen
auch zivilrechtliche Ansprüche geltend gemacht werden können.

Ist bei einem Unfall nur **Sachschaden** eingetreten, ist die Polizei nicht zur Protokollierung ver-   455
pflichtet; falls sie trotzdem zur Unfallstelle kommt, nimmt sie lediglich die Daten der Beteiligten
auf. Da bei Geltendmachung von Sachschäden das Verschulden des Unfallgegners bewiesen werden muss, ist es wichtig, am Unfallort die nötigen Beweise zu sichern. Hilfreich ist hierfür der „Europäische Unfallbericht", den es auch in spanischer Sprache gibt (Declaración amistosa de acci-
dente de automovil).

Weitere Beweismittel sind – möglichst beglaubigte – Dokumente, wie etwa Sachverständigengut-   456
achten; Zeugenaussagen haben nur Beweiswert, wenn sie von neutralen Personen stammen.

d) Versicherungsermittlung

Anhand des amtlichen Kennzeichens kann der Halter des jeweiligen Fahrzeugs über die zuständige   457
Verkehrsbehörde der Provinz (Jefatura Provincial de Tráfico) ermittelt werden; die Kfz-Versicherung ist dort jedoch nicht registriert. Nach einem Dekret vom 12.1.2001 sind die Versicherer verpflichtet, über den Garantiefonds alle Policenangaben dem Wirtschaftsministerium mitzuteilen.
Dort werden die Versicherungsdaten seitdem zentral registriert.

e) Versicherungspraxis und -aufsicht

Schadensabwicklungen mit spanischen Versicherungen sind im Allgemeinen eine relativ zähe   458
Angelegenheit. Ansprüche sollten möglichst über dortige Anwälte geltend gemacht werden. Regu-
lierungen mit ausländischen Beteiligten werden meist vom Versicherungssitz aus durchgeführt.
Angesichts der **kurzen Anspruchsverjährungsfrist** von nur einem Jahr muss darauf geachtet werden, dass die gegnerische Versicherung innerhalb dieser Zeit ihre **Einstandspflicht** erklärt. Oft
reicht aber ein Jahr zur Durchsetzung von Entschädigungsforderungen nicht aus. Die 4. KH-Richtlinie mit der Möglichkeit der Inlandsabwicklung dürfte für deutsche Geschädigte sehr hilfreich
sein, da der Schadensregulierungsbeauftragte innerhalb von drei Monaten tätig werden muss.

f) Verjährung

459   Die **Einjahresfrist** für die Verjährung von Ersatzansprüchen aus Unfallschäden gilt sowohl im Rahmen der Verschuldens- als auch der Gefährdungshaftung. Um die Verjährungsfrist zu unterbrechen, stehen eine Reihe von **Unterbrechungshandlungen** zur Verfügung, die z.T. in Art. 1973 CC aufgeführt sind. Am sichersten ist jedoch die rechtzeitige Klageerhebung.

g) Gerichtsverfahren

460   Für Schadensersatzklagen aus Verkehrsunfällen ist das Gericht am Unfallort **örtlich zuständig.** Die **sachliche Zuständigkeit** liegt generell beim Erstinstanzgericht (Juzgado de Primera Instancia), und zwar unabhängig vom Streitwert.

461   Über Berufungen gegen Urteile des Letzteren wird vom Landgericht (Audiencia Provincial) entschieden. Die früher sehr gängigen **Adhäsionsverfahren** sind seit der Strafrechtsreform von 1989 seltener geworden.

h) Anwalts- und Gerichtskosten

462   Spanische Rechtsanwälte können ihre **Honorare relativ frei bestimmen.** Die von den Anwaltskammern herausgegebenen Gebührenordnungen setzen lediglich Mindestgebühren fest; nach oben bestehen keine Einschränkungen. Berechnungskriterien sind im Wesentlichen der Wert und die Schwierigkeit einer Sache sowie der betriebene Zeitaufwand.

463   Während **außergerichtliche Anwaltskosten** immer vom Geschädigten selbst zu tragen sind, werden **prozessuale** (Anwalts- und Gerichts-) **Kosten** dem Schädiger nur dann angelastet, wenn er in vollem Umfang unterliegt; sonst trägt grds. jede Partei ihre Kosten selbst. Zu den Anwaltskosten kommen noch die Gebühren für den **Prokurator** (Prozessbevollmächtigten) hinzu. Einige Regelungen zur Kostentragung im Zivilprozess enthalten Art. 394 ff. der neuen Zivilprozessordnung vom 7.1.2001.

i) Fahrzeugschadensersatz

aa) Reparaturkosten

464   Der für die Wiederinstandsetzung des Fahrzeugs aufzuwendende Betrag ist zu ersetzen. Der geeignetste Nachweis über die Höhe des Fahrzeugschadens ist eine **Reparaturrechnung.** Kann eine Reparatur nicht in Spanien durchgeführt werden, etwa weil der Unfall kurz vor Urlaubsende eingetreten ist, wollen spanische Versicherungen häufig die vorgelegte deutsche Werkstattrechnung nicht in voller Höhe bezahlen, obwohl das dortige Schadensersatzrecht in Art. 1902 Codigo Civil vorsieht, dass dem Geschädigten der eingetretene Schaden zu ersetzen ist. Außergerichtlich wird oft nur Erstattung nach niedrigerem spanischem Kostenniveau geleistet. Fiktive Schadensbelege wie **Gutachten** und **Kostenvoranschläge** werden vielfach nur mit erheblichen Korrekturen nach unten einer Regulierung zugrunde gelegt; manchmal werden sie gar nicht anerkannt. Fahrzeugschäden sollten immer durch aussagekräftige **Fotos** belegt werden können.

bb) Totalschaden

465   Bei Fahrzeugtotalschaden ist der – grds. durch Gutachten zu ermittelnde – **Zeitwert abzüglich des Restwerts** zu ersetzen. Bei ausländischen Fahrzeugen wird der Zeitwert teils nach spanischem Preisniveau, teils nach der Schwacke-Liste ermittelt. Kosten für die **Neuzulassung** eines Ersatzfahrzeugs oder für die Rückführung des beschädigten Fahrzeugs ins Herkunftsland werden außergerichtlich meist nicht übernommen.

cc) Gutachterkosten

Sachverständigenkosten sind Beweissicherungskosten und werden als solche nicht erstattet. Nur wenn die spanische Versicherung den Schaden durch einen eigenen oder von ihr beauftragten Gutachter besichtigen lässt, übernimmt sie auch dessen Kosten. **466**

dd) Wertminderung

Außergerichtlich ist ein Wertminderungsanspruch nicht durchzusetzen, gerichtlich allenfalls bei einem neuwertigen Fahrzeug. **467**

ee) Mietwagenkosten

Kosten für ein Mietfahrzeug werden außergerichtlich nicht übernommen. Geschädigte werden auf öffentliche Verkehrsmittel verwiesen. Lediglich wenn nachgewiesen wird, dass ein Mietwagen unabdingbar ist, z.B. weil er zur Berufsausübung eines Taxiunternehmers oder Notarztes benötigt wird, sprechen Gerichte gelegentlich eine Erstattung zu. **468**

ff) Nutzungsentschädigung

Grds. wird keine Nutzungsausfallentschädigung gewährt, da die entgangene Nutzung eines Kfz nicht als Schaden angesehen wird. Ausnahmsweise wird in Fällen gewerblicher Verwendung und sehr langer Ausfallzeit für den konkret entstandenen Verlust gerichtlich eine geringe Entschädigung zugestanden. **469**

gg) Abschleppkosten

Kosten für das Abschleppen des Unfallfahrzeugs werden bis zur nächsten geeigneten Werkstätte übernommen. Grds. werden auch Unterstellkosten bis zum Reparaturbeginn bezahlt. **470**

hh) Kaskoselbstbehalt

Die Kaskoselbstbeteiligung wird – nach Inanspruchnahme der eigenen Vollkaskoversicherung – gegen Vorlage eines Abrechnungsschreibens erstattet; außerdem ist der gesamte Fahrzeugschaden durch einen Beleg zu dokumentieren. **471**

ii) Finanzierungskosten

Die Kosten für die Vorfinanzierung der Fahrzeugreparatur oder sonstiger Schadenspositionen werden von der Gegenseite nicht erstattet. **472**

jj) Unkostenpauschale

Eine allgemeine Unkostenpauschale wird nicht bezahlt. **473**

kk) Sonstige Schadenspositionen

Gepäck- und Kleiderschäden werden gegen Vorlage entsprechender Nachweise beglichen die Beschädigungen sollten möglichst im Polizeiprotokoll vermerkt sein. **474**

j) Personenschadensersatz

aa) Heilbehandlungs- und Pflegekosten

Tatsächlich angefallene und nachgewiesene **Heilbehandlungskosten** werden dem Geschädigten grds. ersetzt. Dabei sind aber Abkommen über Behandlungskosten zu berücksichtigen, die zwischen den Kfz-Versicherungen und den Sozialversicherern sowie den Vertragskrankenhäusern der **475**

Letzteren geschlossen wurden. Die Kfz-Haftpflichtversicherungen sind üblicherweise zur Übernahme der in diesen Krankenhäusern angefallenen Kosten bereit. Bei **ausländischen Heilbehandlungskosten** verbleiben dem Geschädigten u.U. noch Kostenanteile, die dem Schädiger dann direkt in Rechnung gestellt werden müssen. Pflegekosten werden grds. ebenfalls ersetzt. Bei dauernder **Vollinvalidität** werden Kosten für vermehrte Bedürfnisse bis zu tabellarisch bestimmten Höchstsätzen übernommen.

bb) Verdienstausfall

476   Entgangener Verdienst wird bei vorübergehender Arbeitsunfähigkeit Erwerbstätiger in Form eines **Tagegeldes** ersetzt. Die Tagessätze richten sich im Wesentlichen nach dem spanischen Mindesteinkommen, dem bisherigen Nettoverdienst und dem Alter des Geschädigten. Bei dauernder Erwerbsunfähigkeit wird Entschädigung in Höhe einer tabellarisch festgesetzten Summe gezahlt, wobei nach der Zahl der errechneten Invaliditätspunkte (1 – 100) der Invaliditätsgrad ermittelt wird. **Nicht erwerbstätigen Hausfrauen** wird Entschädigung für nicht mehr mögliche Haushaltsführung in Form von Pauschalbeträgen geleistet.

cc) Schmerzensgeld

477   Die Entschädigung für immateriellen Schaden wird meist global im Rahmen des sonstigen Personenschadensersatzes abgegolten; eine gesonderte Schmerzensgeldposition ist eher selten. Nur bei sehr hohen Folgeschäden wird von einem zusätzlichen Anspruch auf Ersatz immateriellen Schadens ausgegangen. Beim **Tod naher Angehöriger** wird eine schmerzensgeldähnliche Entschädigung für den erlittenen psychischen Schaden zugesprochen.

dd) Unterhaltsentgang

478   Kommt eine erwerbstätige Person bei einem Unfall zu Tode, können die Hinterbliebenen, soweit sie unterhaltsberechtigt sind (u.a. Ehegatten, Kinder und Eltern), den entgangenen Unterhalt beanspruchen. Die Höhe ist wiederum anhand einer alljährlich aktualisierten Tabelle zu ermitteln. Bei Tötung Nichterwerbstätiger besteht dieser Anspruch nicht.

ee) Sonstige Schadenspositionen

479   Es werden u. a. folgende weitere Posten im Zusammenhang mit Personenschäden ersetzt:

- **Beerdigungskosten** der Erben;
- **Fahrtkosten** zum Besuch naher Verwandter im Krankenhaus (selten);
- **Regressanspruch der Krankenkasse** für bezahlte Heilbehandlungskosten;
- **Arbeitgeberregress** für geleistete Lohn- oder Gehaltsfortzahlung.

2. Strafrecht

480   Das neue spanische Strafgesetzbuch (Código Penal/CP) vom 23.11.1995 enthält eine Reihe wichtiger verkehrsstrafrechtlicher Tatbestände. Auch im Straßenverkehrsgesetz (Ley sobre Tráfico/LSV) vom 25.7.1989 finden sich Bestimmungen mit Strafcharakter (z. B. unterlassene Hilfeleistung oder straßenverkehrsgefährdungsähnliche Delikte), die aber nur mit Geldbußen bewehrt sind und somit als Verwaltungsunrecht angesehen werden.

a) Tatbestände

aa) Schwere Verkehrsverstöße

Nach Art. 65 LSV gehört die unterlassene Hilfeleistung (ebenso wie etwa Fahren unter Alkohol- oder Drogeneinwirkung) zu den in dieser Vorschrift aufgezählten schweren Verkehrsverstößen, die – wenn sie unter gefährdenden Umständen begangen werden – als sehr schwer gewertet und dann mit bis zu 600 € Geldbuße und bis zu drei Monaten Fahrverbot geahndet werden können. Unterlassene Hilfeleistung hat, wenn sie den Straftatbestand des Art. 195 CP erfüllt, drei bis zwölf Monatsgehälter Geldstrafe zur Folge.

481

Straßenverkehrsgefährdung wird gem. 381 oder 382 CP mit sechs Monaten bis zu zwei Jahren Freiheitsentziehung bestraft; bei Personengefährdung kommt Führerscheinentzug hinzu.

bb) Fahrlässige Körperverletzung/Tötung

Nach Art. 621 Strafgesetzbuch (CP) wird leichte Fahrlässigkeit mit Verletzungsfolge mit bis zu einem Monatsgehalt Geldstrafe und ggf. Führerscheinentzug verfolgt. Leichte Fahrlässigkeit mit Todesfolge wird nach der gleichen Vorschrift mit bis zu zwei Monatsgehältern Geldstrafe und u. U. Führerscheinentzug geahndet.

482

Schwere Fahrlässigkeit mit Verletzungsfolgen kann gem. Art. 152 i.V.m. 149, 150 CP Freiheitsstrafe bis zu drei Jahren sowie Führerscheinentzug nach sich ziehen; schwere Fahrlässigkeit mit Todesfolge führt gem. Art. 142 CP zu ein- bis vierjähriger Freiheitsstrafe und obligatorischem Fahrerlaubnisentzug.

483

cc) Trunkenheitsfahrt

Fahren unter Alkohol- oder Drogeneinwirkung wird gem. Art. 379 CP mit drei bis acht Monatsgehältern Geldstrafe und Führerscheinentzug geahndet (in weniger schweren Fällen mit acht bis zwölf Wochenenden Arrest). Wird eine Alkohol- oder Drogenkontrolle verweigert, sind nach Art. 380 CP sechs Monate bis zu einem Jahr Freiheitsstrafe zu erwarten.

484

dd) Unfallflucht

Unfallflucht wird gem. Art. 489 Abs. 3 CP mit sechs Monaten bis zu zwei Jahren Freiheitsstrafe und/oder sechs bis 24 Monatsgehältern Geldstrafe verfolgt.

485

b) Strafvollstreckung

Internationale Rechtshilfe wird zwischen Spanien und Deutschland auf der Grundlage des Europäischen Übereinkommens über die Rechtshilfe in Strafsachen vom 20.4.1959 geleistet, i.V.m. einem Zusatzprotokoll vom 17.3.1978 sowie nach dem Schengener Durchführungsübereinkommen vom 19.6.1990. Der Auslieferungs- und Vollstreckungsverkehr hat in Verkehrsstrafsachen, soweit ersichtlich, wenig praktische Bedeutung. Es erfolgt ein regelmäßiger **Strafnachrichtenaustausch**.

486

Für das nicht in Kraft getretene Schengener Übereinkommen über **Geldstrafen- und Bußenvollstreckung** vom 28.4.1999 gibt es noch kein Folgeabkommen. Das EU-Übereinkommen über die **Vollstreckung von Fahrerlaubnisentzügen** vom 17.6.1998 ist ebenfalls noch nicht wirksam, da es bis jetzt weder von Spanien noch von Deutschland ratifiziert wurde.

XI. Tschechien

1. Zivilrecht

In der seinerzeitigen Tschechoslowakei, die bis Ende 1992 bestanden hat, gab es seit 1951 eine staatliche Monopolversicherung; diese wurde knapp 20 Jahre später in eine tschechische und eine slowakische Versicherungsgesellschaft aufgeteilt. 1991 wurde das staatliche Monopol beendet,

487

und es kam zur Gründung neuer Versicherungsunternehmen, die sich zu einem Verband zusammenschlossen. Im Jahr 2000 waren schon 42 Versicherer am Markt, davon 13 ausländische Aktiengesellschaften. Marktführer beim Neugeschäft ist nach wie vor mit großem Abstand der frühere Monopolist Ceska pojistovna; auf den nächsten Plätzen folgen die Kooperativa und die Allianz.

488

> *Hinweis:*
> *I. d. R. empfiehlt es sich, eine deutschsprachige Prager Kanzlei mit der Geltendmachung von Schadensersatzansprüchen aus Verkehrsunfällen zu beauftragen.*

a) Kfz-Versicherungsrecht

489 Eines der 1999 erlassenen und im Jahr darauf in Kraft getretenen Versicherungsgesetze hat auch zur Liberalisierung bei der Kfz-Haftpflichtversicherung geführt: aufgrund des Gesetzes Nr. 168/1999 kann der Fahrzeughalter seitdem unter etwa einem Dutzend Kfz-Versicherern wählen. Nach dem früheren Recht war jedes Kraftfahrzeug automatisch mit seiner Zulassung ohne Abschluss eines besonderen Vertrags bei der staatlichen Monopolgesellschaft Ceska pojistovna gesetzlich haftpflichtversichert. Per Verlautbarung Nr. 321/1997 wurde bereits zum 1.1.1998 der Direktanspruch des Geschädigten gegenüber der Kraftfahrzeug-Haftpflichtversicherung zugelassen. Nach Einführung des neuen Versicherungsrechts gab es Mitte des Jahres 2000 schon rund 4,5 Mio. Kfz-Haftpflichtversicherungsverträge.

490 Die **Mindestdeckungssumme** beträgt derzeit für Personenschäden 18 Mio. tschechische Kronen (ca. 660 000 €) pro Person, für Sachschäden 5 Mio. Kronen (etwa 185 000 €) pro Unfall. Bis zum In-Kraft-Treten des neuen Kfz-Versicherungsrechts war die Haftung der Versicherungsanstalt Ceska bei Personen- und Sachschäden unbeschränkt.

491 Mit Gesetz Nr. 168/1999 wurde auch ein **Garantiefonds** eingerichtet, der vom Tschechischen Büro der Versicherer betrieben wird. Der Garantiefonds haftet (maximal bis zur Höhe der gesetzlichen Mindestdeckung) für nichtversicherte Fahrzeuge und bei Versicherungskonkursen. Wird ein Schaden durch ein nicht ermittelbares Fahrzeug verursacht, besteht eine Haftung des Fonds nur für die Entschädigung der eingetretenen Personenschäden.

b) Schadensrechtliche Grundlagen

492 Anspruchsgrundlagen für Schadensersatzansprüche aus Verkehrsunfällen sind § 420 Zivilgesetzbuch/ZGB (bei Verschuldenshaftung) und §§ 427–431 ZGB (bei Gefährdungshaftung); Einzelheiten der Entschädigung von Personen- und Sachschäden regeln §§ 442–450 ZGB.

c) Beweissicherung und Beweismittel

493 Zur Beweissicherung und leichteren Durchsetzung von **Entschädigungsansprüchen** ist, besonders gegenüber der tschechischen Kfz-Haftpflichtversicherung, grds. jeder Unfall der Polizei zu melden. Die Polizei stellt i.d.R. eine **Unfallbestätigung** (Potvrzeni) für den Geschädigten aus.

494 Als Beweismittel dienen außer dem amtlichen Unfallprotokoll oder der polizeilichen Unfallbestätigung auch andere Urkunden (z.B. Gutachten und Fotos) sowie Zeugenaussagen. Kfz-Gutachten sollten möglichst von amtlich vereidigten Sachverständigen stammen oder in Tschechien erstellt worden sein.

d) Versicherungsermittlung

495 Der Versicherungsnehmer ist gesetzlich zur Bekanntgabe seiner Kfz-Versicherungsdaten verpflichtet, wenn der Geschädigte ihn darum ersucht. Ist der Fahrzeughalter nicht bekannt, kann dieser anhand des amtlichen Kennzeichens über die jeweilige Zulassungsstelle (Polizei-Verkehrsinspektoratsevidenz) ermittelt werden.

e) Versicherungspraxis und -aufsicht

Die meisten tschechischen Versicherungen können in deutscher Sprache angeschrieben werden. Allerdings sollte mit der Schadensabwicklung möglichst eine deutschsprachige Kanzlei, am besten in Prag, beauftragt werden, um zu erwartende **längere Regulierungszeiten**, die durchaus die Verjährungsfrist von zwei Jahren überschreiten können, zu vermeiden.

496

Beschwerden über unkorrektes Versicherungsverhalten bei der Schadensabwicklung können an die **Versicherungsaufsichtsstelle** beim tschechischen Finanzministerium (Ministerstvo Financi) in Prag gerichtet werden.

497

f) Verjährung

Schadensersatzansprüche aus Verkehrsunfällen verjähren gem. § 106 ZGB zwei Jahre nach Kenntniserlangung von Schaden und Schädiger durch den Geschädigten. Gegenüber der Versicherung des Unfallverursachers beträgt hingegen die Verjährungsfrist nach §§ 101, 104 ZGB drei Jahre; sie beginnt erst ein Jahr nach Eintritt des Schadenereignisses zu laufen (ausgenommen bei Körperschäden – hier bleibt es bei der Zweijahresfrist). Eine Verjährungsunterbrechung kann durch Klageerhebung erreicht werden.

498

g) Gerichtsverfahren

Örtlich zuständig für Zivilklageverfahren bei Verkehrsunfällen ist das Wohnsitzgericht des Schädigers oder des Kfz-Halters, außerdem das Gericht am Unfallort oder das am Sitz der Versicherung. Sachlich zuständig ist in erster Instanz das Bezirks- oder das Kreisgericht (in Prag das Gebiets- oder Stadtgericht).

499

Adhäsionsverfahren sind in Tschechien nicht sehr gebräuchlich; Geschädigte werden i.d.R. auf den Zivilweg verwiesen. An eine etwaige strafrechtliche Verurteilung ist das Zivilgericht aber gebunden.

500

Gegen ein Urteil des Bezirksgerichts kann innerhalb von 15 Tagen ab Urteilszustellung Berufung zum Kreisgericht eingelegt werden. Außerdem gibt es in bestimmten Fällen (§ 237 ZPO) als weiteres **Rechtsmittel** die Wiederaufnahme des Verfahrens vor dem Obersten Gericht der Tschechischen Republik.

501

h) Anwalts- und Gerichtskosten

Anwälte berechnen ihre Honorare im Allgemeinen auf der Grundlage der **Anwalts-Gebührenordnung** (Kundmachung des Justizministeriums Nr. 177/1996; ergänzt durch die Kundmachung Nr. 489/2000). Die Abrechnung kann in Form einer Pauschale, nach Zeitaufwand oder nach dem Wert der Sache erfolgen.

502

Außergerichtliche Anwaltskosten werden grundsätzlich nur anteilig erstattet, also selten in dem Umfang, in dem sie dem Geschädigten in Rechnung gestellt werden.

Im Prozess anfallende Rechtsanwaltskosten werden generell der unterliegenden Partei angelastet. Diese hat auch die Gerichtskosten zu übernehmen.

i) Sachschadensersatz

aa) Reparaturkosten

Die Instandsetzungskosten für ein unfallbeschädigtes Fahrzeug werden grds. bis zur **Höhe des Zeitwerts** von der Versicherung übernommen. Bei älteren Fahrzeugen werden – beim Einbau neuer Teile – häufig Abzüge „neu für alt" gemacht. Die Höhe der Instandsetzungskosten sollte möglichst mittels einer quittierten Reparaturrechnung nachgewiesen werden; es wird dann auch die bezahlte Mehrwertsteuer erstattet. Letztere wird nicht übernommen, wenn etwa nur ein **Gutachten** oder ein **Kostenvoranschlag** zur Abrechnung vorgelegt wird.

503

504   Bei höheren Schäden sollte das beschädigte Fahrzeug entweder von der tschechischen Versicherung oder einem deutschen Gutachter besichtigt werden. Wird das Fahrzeug nicht oder selbst repariert, besteht ebenfalls ein Anspruch auf Entschädigung.

bb) Totalschaden

505   Liegt ein Fahrzeugtotalschaden vor, ist dem Geschädigten der Zeitwert abzüglich des Restwerts zu ersetzen. Der Totalschaden wird durch ein Sachverständigengutachten nachgewiesen.

506   Sonstige Aufwendungen, die dem Geschädigten im Zusammenhang mit einem Totalschaden entstehen können (z.B. Verschrottungs- und Verzollungs-, An- und Abmeldekosten), werden zunehmend außergerichtlich erstattet.

cc) Gutachterkosten

507   Soweit erforderlich und möglich, sollte das beschädigte Fahrzeug bereits in Tschechien von der dortigen Versicherung besichtigt werden, so dass keine Sachverständigenkosten anfallen. Wegen der Kosten eines in Deutschland zu erstellenden Kfz-Gutachtens sollte sich der Geschädigte vorab mit der tschechischen Versicherung ins Benehmen setzen. Liegt ein Totalschaden vor, kann dieser auch in Deutschland per Gutachten ermittelt werden.

dd) Wertminderung

508   Eine merkantile Wertminderung ist allenfalls dann durchzusetzen, wenn sie durch Gutachten belegt wird. Bei einem etwa vorliegenden technischen Minderwert ist dieser allenfalls auszugleichen, wenn durch die Reparatur der frühere Fahrzeugzustand nicht wiederhergestellt werden kann.

ee) Mietwagenkosten

509   Kosten für ein Ersatzfahrzeug, das während der Reparaturdauer des beschädigten Kfz angemietet wird, werden allenfalls ausnahmsweise übernommen, wenn das Fahrzeug gewerblich oder von einer behinderten Person benutzt wird oder nicht auf öffentliche Verkehrsmittel zurückgegriffen werden kann.

ff) Nutzungsentschädigung

510   Eine pauschale Nutzungsausfallentschädigung wird in Tschechien nicht bezahlt.

gg) Abschleppkosten

511   Die Abschleppkosten eines nach einem Unfall nicht mehr fahrbereiten Kfz werden bis zur nächsten geeigneten Werkstätte (gegen Vorlage einer Abschlepprechnung) übernommen.

hh) Kaskoselbstbehalt

512   Wird der Fahrzeugschaden über den Vollkaskoversicherer des Geschädigten abgewickelt, kann Letzterer die ihm verbliebene Selbstbeteiligung gegen Vorlage des Abrechnungsschreibens der Kaskoversicherung ersetzt verlangen.

ii) Finanzierungskosten

513   Schadenfinanzierungskosten werden grds. nicht erstattet.

jj) Unkostenpauschale

Mit der Erstattung einer allgemeinen Unkostenpauschale kann nur selten und allenfalls in sehr   514
niedriger Höhe gerechnet werden. I. d. R. sind für sämtliche unfallbedingt angefallenen Kosten
Einzelbelege vorzuweisen.

kk) Sonstige Schadenspositionen

Kleider- und Gepäckschäden werden zum Zeitwert ersetzt, wenn das Polizeiprotokoll sie erwähnt   515
und sie durch Kaufbelege nachgewiesen werden.

j) Personenschadensersatz

aa) Heilbehandlungs- und Pflegekosten

Unfallbedingte und tatsächlich angefallene Arzt- und Heilbehandlungskosten sind gem. § 449 ZGB   516
zu ersetzen. Aufwendungen für Kuren und kosmetische Behandlungen werden nur ausnahmsweise
erstattet. Angemessene Kosten für Pflege und vermehrte Bedürfnisse werden grundsätzlich übernommen.

bb) Verdienstausfall

Der aufgrund eines Verkehrsunfalls eingetretene Verdienstausfall von Erwerbstätigen ist gem.   517
§ 446 ZGB zu erstatten. Sowohl **Arbeitnehmer** als auch **Selbständige** haben Anspruch auf Erstattung des entgangenen Verdienstes, der (bis zu einer bestimmten Obergrenze) am tatsächlichen Einkommen im letzten Vierteljahr vor dem Unfall gemessen wird. Gem. § 447 ZGB wird künftiger
Verdienstausfall in Form einer Rente ersetzt.

Grds. können auch Nichterwerbstätige, insbesondere **Hausfrauen**, für den Ausfall ihrer Arbeits-   518
kraft eine Ersatzleistung verlangen.

cc) Schmerzensgeld

Bei Körperverletzung hat der Geschädigte gem. § 444 ZGB Anspruch auf Schmerzensgeld (außer   519
bei Bagatellverletzungen). In schwerwiegenden Fällen kann ihm zudem eine Entschädigung für
die erschwerte Erfüllung seiner gesellschaftlichen Aufgaben und Bedürfnisse („Erschwerung
gesellschaftlicher Betätigung") zugesprochen werden, die aber frühestens ein Jahr nach dem Unfall
feststellbar ist. Diese Ansprüche sind sowohl im Rahmen der **Verschuldens-** als auch der **Gefährdungshaftung** gegeben; sie stehen aber nur dem Geschädigten selbst zu und sind somit nicht übertragbar.

Die **Höhe des Schmerzensgeldes** wird unter Beiziehung eines Arztes anhand einer Punktetabelle   520
festgelegt; pro Punkt werden 30 Kronen (ca. 1 €) zugeteilt. Für Schmerzensgeld werden insgesamt
höchstens 36 000 Kronen (etwa 1300 €) zugesprochen; die Obergrenze für immateriellen Schadensersatz (einschließlich Erschwerung gesellschaftlicher Betätigung) liegt bei 120 000 Kronen
(ca. 4400 €). Lediglich Gerichte können in außergewöhnlichen Einzelfällen über die genannten
Höchstbeträge hinausgehen. Einen Schmerzensgeldanspruch für Angehörige gibt es nicht.

dd) Unterhaltsentgang

Hinterbliebene Angehörige einer erwerbstätigen Person, die bei einem Unfall getötet wurde, haben   521
Anspruch auf Unterhaltsleistungen, wenn diese ihnen Unterhalt gezahlt hat oder zu einer Unter-
haltszahlung verpflichtet war. Die zu leistende Rente richtet sich nach der Höhe des Nettoeinkommens der getöteten Person. Grundsätzlich besteht auch bei Tötung einer nichterwerbstätigen Hausfrau ein Anspruch der Angehörigen wegen des Ausfalls der Tätigkeit im Familienhaushalt.

ee) Sonstige Schadenspositionen

522 • Kosten für Krankenbesuche naher Angehöriger im Krankenhaus werden ersetzt;

• auch Reisekosten zur Untersuchung durch einen Arzt in Tschechien werden übernommen;

• Beerdigungskosten (davon Grabsteinkosten bis 20 000 Kronen/750 €) sind zu erstatten;

• von Sozial- oder Krankenversicherern bezahlte Heilbehandlungskosten können seitens diesen Stellen von der Kfz-Haftpflichtversicherung zurückgefordert werden;

• Lohnfortzahlung des Arbeitgebers ist (innerhalb von Höchstgrenzen) erstattungsfähig.

2. Strafrecht

523 Das tschechische Strafgesetzbuch (Trestni zakon) stammt aus dem Jahr 1961. Das Übertretungsgesetz (Prestnpkovy zakon), mit dem deutschen Ordnungswidrigkeitengesetz vergleichbar, wurde 1990 erlassen. Auf der Grundlage dieser beiden Gesetze werden die meisten Verkehrszuwiderhandlungen geahndet.

a) Tatbestände

aa) Verkehrsverstöße

524 Verkehrszuwiderhandlungen führen zwar häufig zu Unfällen, sind jedoch meist keine Straftaten, z.B. wenn nur (geringer) Sachschaden oder leichte Verletzungen verursacht werden. Die wichtigsten Zuwiderhandlungen sind in § 22 Übertretungsgesetz enthalten. Zu ihnen gehören z.B. **Geschwindigkeitsüberschreitungen**, die von der Polizei per Verwarnungsgeld bis 2 000 Kronen (ca. 75 €), von der Verwaltungsbehörde per Bescheid bis 4000 Kronen (etwa 150 €) geahndet werden können.

525 Die Verursachung eines meldepflichtigen Unfalls wird mit bis zu 5 000 bzw. 7 000 Kronen (rund 185/260 €) bestraft, die Unfallverursachung durch einen Omnibuslenker mit bis zu 10 000 Kronen (ca. 370 €); zusätzlich kann die Fahrerlaubnis bis zu einem bzw. zwei Jahren (Omnibusführerschein) entzogen werden.

bb) Fahrlässige Körperverletzung/Tötung

526 Gem. § 223 Strafgesetzbuch (StGB) kann **fahrlässige Körperverletzung** mit Freiheitsstrafe bis zu einem Jahr oder mit bis zu 10-jähriger Fahrerlaubnisentziehung bestraft werden; in der Praxis werden – außer in besonders schweren Fällen – meist Geldstrafen (zwischen 2 000 und 5 Mio. Kronen) verhängt. Bei schwerer fahrlässiger Körperverletzung oder **Tötung** beträgt das Strafmaß nach § 224 Abs.1 StGB Freiheitsstrafe bis zu zwei Jahren oder bis zu zehn Jahren Führerscheinentzug; bei Begehung der Tat unter grober Verletzung der Verkehrssicherheitsvorschriften kann eine Freiheitsstrafe von drei bis zu zehn Jahren verhängt werden.

cc) Trunkenheitsfahrt

527 Fahren unter Alkoholeinwirkung wird gem. § 201 StGB unterschiedlich hoch bestraft, je nachdem ob die Alkoholisierung im Bereich bis oder über 1 ‰ liegt. Es sind Freiheitsstrafen bis zu einem Jahr, hohe Geldstrafen oder Führerscheinentzug bis zu zehn Jahren möglich. Auf Unfallverursachung unter Alkoholeinwirkung steht Freiheitsstrafe bis zu zehn Jahren.

dd) Unfallflucht

528 Das Entfernen vom Unfallort bei Vorliegen leichten **Sachschadens** kann nach § 38 StVG mit Geldbuße bis zu 3 000 Kronen (etwa 105 €) geahndet werden. Bei Drittschäden von mehr als 20 000 Kronen (750 €) ist immer die Polizei zu holen und müssen die Beteiligten am Unfallort blei-

ben. Unfallflucht mit **Personenschaden** zieht gem. §§ 207, 208 StGB Freiheitsstrafe bis zu drei Jahren nach sich.

b) Strafvollstreckung

Die sog. sonstige oder **kleine Rechtshilfe** findet auf der Grundlage des Europäischen Rechtshilfe- 529 übereinkommens in Strafsachen vom 20.4.1959 statt. Spätere Zusatzprotokolle, Vorbehalte und Erklärungen beider Staaten sind zu beachten.

Vollstreckungshilfe in Verkehrsordnungswidrigkeitenverfahren oder -strafsachen wird zwischen 530 Tschechien und Deutschland nicht geleistet. Insbesondere Bußgeldbescheide können nur im Tatortland vollstreckt werden.

XII. Ungarn

1. Zivilrecht

Im Rahmen des Übergangs zur Marktwirtschaft hat Ungarn bereits Anfang der 90er-Jahre mit der 531 Ausarbeitung eines neuen Versicherungsgesetzes begonnen; es ist am 1.1.1996 in Kraft getreten (Gesetz Nr. XCVI/1995). Etwa zur gleichen Zeit wurde beschlossen, das ungarische Recht – auch das Versicherungsrecht – so weit wie möglich an EU-Vorgaben anzupassen; die Angleichung ist erfolgt durch die Gesetze Nr. XCVIII/2000 und Nr. LXXIV/2001. Die günstige Wirtschaftsentwicklung hat dazu geführt, dass deutsche und andere ausländische Versicherungsgesellschaften sich sehr stark im dortigen Assekuranzmarkt engagiert haben. Dies gilt insbesondere für die Allianz, die in Ungarn unter dem Namen Hungaria der größte Versicherer ist. Aber auch der sonstige Versicherungsmarkt wird zu großen Teilen durch ausländische Beteiligungen und Neugründungen beeinflusst. Zur effektiveren Durchsetzung von Schadensersatzansprüchen aus Verkehrsunfällen empfiehlt sich die Beauftragung einer deutschsprachigen ungarischen Kanzlei.

a) Kfz-Versicherungsrecht

Das ungarische hat mit dem deutschen Kfz-Haftpflichtversicherungsrecht viele Gemeinsamkeiten 532 und enthält in weiten Teilen vergleichbare Regelungen. Die Grundlage für die Kraftfahrzeug-Versicherungsbranche bildet die Regierungsverordnung Nr. 58/1991, die inzwischen durch die VO Nr. 171/2000 ersetzt wurde. Darin wird verfügt, dass Kraftfahrzeuge nur dann am öffentlichen Straßenverkehr teilnehmen dürfen, wenn sie haftpflichtversichert sind. Bis zum 30.6.1991 waren Kraftfahrzeuge kraft Gesetzes versichert; statt über Prämien wurden die Versicherungsbeiträge durch Aufschlag auf den Kraftstoffpreis erhoben. Nach der damaligen Kraftfahrzeughaftpflicht-Versicherungsordnung galt unbeschränkte Versicherungsdeckung. Inzwischen betragen gem. § 2 der VO Nr. 171/2000 die **Mindestversicherungssummen** bei **Personenschäden** 300 Mio. Forint (etwa 1,2 Mio. €) pro Person, bei **Sachschäden** 500 Mio. Forint (ca. 2 Mio. €) pro Schadensereignis.

Durch Verkehrsunfall Geschädigte können ihre Ersatzansprüche gem. der o.g. Verordnung direkt 533 bei der Versicherung des Kontrahenten geltend machen.

Ansprüche aus Schäden, die von nicht versicherten oder unbekannten Kraftfahrzeugen verursacht 534 werden, können gegen den beim Versicherungsverband MABISZ in Budapest eingerichteten **Garantiefonds** erhoben werden. Durch Unfallflüchtige angerichtete Sachschäden werden allerdings vom Fonds nicht ersetzt.

b) Schadensrechtliche Grundlagen

Unfallgeschädigte können ihre Ersatzansprüche grds. sowohl mit **Verschuldens-** als auch mit 535 **Gefährdungshaftung** begründen. Kann das Verschulden des Schädigers bewiesen werden, lässt sich der Schadenersatzanspruch auf § 339 ZGB stützen. Ansonsten gibt es eine sehr weitgehende Gefährdungshaftung, die gem. § 345 ZGB i.d.R. selbst dann greift (und nicht zu einer Haftungsbefreiung führt), wenn der Fahrzeugführer äußerste Sorgfalt hat walten lassen. Soweit allerdings ein Mitverschulden des Geschädigten vorliegt, führt dieses zu seiner anteiligen Mithaftung.

c) Beweissicherung und Beweismittel

536 Unfälle mit **Personenschäden** sind der Polizei zu melden und werden von ihr protokolliert. Auch bei **größeren Sachschäden** sollte die Polizei hinzugezogen werden. Sie füllt ein Unfallaufnahme-Formular (Igazolólap) aus, das für den Geschädigten wichtig ist (als Beweismittel gegenüber der ungarischen Versicherung, aber auch zum Grenzübertritt).

537 Weitere Beweismittel sind Aussagen von Zeugen (auch von Angehörigen oder Fahrzeuginsassen). Etwaige Gutachten sollten von (möglichst ungarischen) gerichtlich beeidigten Sachverständigen angefertigt werden.

d) Versicherungsermittlung

538 Über den ungarischen **Versicherungsverband** MABISZ (Magyar Biztosítók Szövetsége) in Budapest kann die Kfz-Haftpflichtversicherung des Unfallgegners ermittelt werden. Gem. § 3 Abs. 5 der Regierungsverordnung Nr. 171/2000 ist der Verband dem Geschädigten gegenüber zur Bekanntgabe der Versicherungsdaten verpflichtet.

e) Versicherungspraxis und -aufsicht

539 Mit den größeren ungarischen Versicherungen kann in deutscher Sprache korrespondiert werden. Schadensregulierungen dauern, wenn sie mit Hilfe eines (möglichst deutschsprachigen) ungarischen Anwalts betrieben werden, in einfachen Fällen einige Monate, sonst bis zu einem Jahr, vom Ausland aus häufig noch länger. Die fehlende Mitwirkung des Unfallgegners kann die Abwicklung zusätzlich verzögern. Der Geschädigte ist seinerseits verpflichtet, seine Ansprüche innerhalb von 30 Tagen bei der ungarischen Versicherung anzumelden.

540 Wird der Unfallschaden von der Versicherung nicht korrekt abgewickelt (z.B. verschleppte Regulierung), kann das beim Finanzministerium in Budapest eingerichtete Versicherungsamt als **Beschwerdestelle** um Intervention gebeten werden.

f) Verjährung

541 Schadensersatzansprüche, die auf die **Verschuldenshaftung** gestützt werden, verjähren nach fünf Jahren, bei Zugrundelegung der **Gefährdungshaftung** nach drei Jahren. Die Verjährungsfrist beginnt mit dem Fälligkeitstag der Forderung zu laufen. Bei Schadensverursachung durch strafbare Handlung gelten die entsprechenden strafrechtlichen Verjährungsfristen.

g) Gerichtsverfahren

542 **Örtlich zuständig** für Schadensersatzklagen ist das Wohnsitzgericht des Schädigers, das Gericht am Sitz der Versicherung oder dasjenige am Unfallort. **Sachlich zuständig** sind für Streitwerte bis 10 Mio. Forint (ca. 40 000 €) die Kreis- bzw. Bezirksgerichte, bei höheren Streitwerten die Komitatsgerichte bzw. der Gerichtshof in Budapest.

543 Urteile der ersten Instanz können innerhalb von 15 Tagen nach Zustellung mit **Berufung** angefochten werden. Gegen Berufungsurteile kann innerhalb von 60 Tagen nach Entscheidungsverkündung **Revision** eingelegt werden, wenn der Streitwert über 500 000 Forint (ca. 2 000 €) hinausgeht.

Adhäsionsverfahren sind in Ungarn zwar zulässig, aber unüblich.

h) Anwalts- und Gerichtskosten

544 Außergerichtliche Honorare können die Anwälte mit ihren Mandanten frei vereinbaren; es gibt hierfür **keine Gebührenordnung**. Gelegentlich wird auf Stundenbasis abgerechnet; andere Anwälte bemessen ihr Honorar in Prozenten des Anspruchs (z.B. 10 % der Schadenssumme). Die

Versicherungen beteiligen sich, wenn überhaupt, nur geringfügig an den außergerichtlichen Rechtsanwaltskosten. Im Prozess hingegen hat die unterliegende Partei die gerichtlichen Anwaltskosten voll zu erstatten. Die Gerichtskosten hat sie ebenfalls zu tragen. Bei teilweisem Obsiegen werden die Gerichtskosten i.d.R. aufgeteilt oder gegeneinander aufgehoben.

i) Sachschadensersatz

aa) Reparaturkosten

Die Kosten für die Wiederinstandsetzung eines Unfallfahrzeugs werden grds. erstattet. Bei Vorlage einer **Reparaturrechnung**, deren Umfang durch Fotos dokumentiert werden sollte, werden die Kosten einschließlich Mehrwertsteuer (auf ungarischen Rechnungen beträgt diese 25 %) im Allgemeinen übernommen. Bei älteren Fahrzeugen (mehr als sechs Jahre alt) wird gelegentlich ein Abzug „neu für alt" gemacht, ebenso wenn die Reparaturkosten in Deutschland erheblich höher liegen als sie in Ungarn gelegen hätten, und eine Wiederinstandsetzung dort zumutbar gewesen wäre.   **545**

Kfz-Gutachten und **Kostenvoranschläge** (bei geringeren Schäden) werden im Allgemeinen ebenfalls anerkannt; gelegentlich werden gewisse Kürzungen vorgenommen, u.a. hinsichtlich der (fiktiven) Mehrwertsteuer.   **546**

bb) Totalschaden

Ein vom Sachverständigen geschätzter Totalschaden wird abzüglich des Fahrzeugrestwerts grds. ersetzt, wenn das Gutachten auf der Grundlage von auch in Ungarn verwendeten Gebrauchtwagen-Preislisten (etwa der Schwacke-Liste) erstellt wird. Bei Übereignung eines totalbeschädigten Fahrzeugs an den ungarischen Staat werden i.d.R. keine Verschrottungs- und Verzollungskosten berechnet.   **547**

cc) Gutachterkosten

Kosten für einen Sachverständigen fallen grds. nicht an, wenn das Fahrzeug von der ungarischen Versicherung geschätzt wird. Wenn sich der Unfall nicht an einem Wochenende oder kurz vor der Rückfahrt nach Deutschland ereignet hat, wird vom Geschädigten erwartet, dass er der gegnerischen Versicherung zumindest bei größeren Schäden die Besichtigung des Kfz ermöglicht. Anderenfalls werden grds. auch deutsche Gutachten anerkannt.   **548**

dd) Wertminderung

Eine Wertminderung wird allenfalls bei Fahrzeugen gewährt, die nicht mehr als drei bis vier Jahre alt sind und eine Laufleistung von höchstens 50 000 km haben. Es darf sich auch nicht lediglich um einen Bagatellschaden (bis 125 000 Forint/ca. 500 €) handeln. Die Höhe der Wertminderung wird i.d.R. vom Sachverständigen bestimmt und kann **bis zu 20 % der Reparaturkosten** betragen.   **549**

ee) Mietwagenkosten

Die Kosten für die Anmietung eines Ersatzfahrzeugs werden im Allgemeinen nur übernommen, wenn das Kfz zur Berufsausübung (z.B. von Kaufleuten oder Ärzten) bzw. aus einem sonstigen wichtigen Grund unbedingt benötigt wird. Der „**wichtige Grund**" muss belegt werden können. Das Mietfahrzeug wird nur für eine angemessene Zeit (z.B. während der technischen Durchführung der Reparatur) unter Abzug ersparter Eigenkosten von ca. 10 – 15 % bezahlt.   **550**

ff) Nutzungsentschädigung

Eine Nutzungsausfallentschädigung wird nicht gewährt.   **551**

gg) Abschleppkosten

552 Bei nicht mehr fahrbereiten Fahrzeugen werden (gegen Rechnung) die Abschleppkosten bis zu einer geeigneten Werkstätte ersetzt. Die Kosten einer Rückführung ins Heimatland werden allenfalls übernommen, wenn dies wirtschaftlich sinnvoll ist.

hh) Kaskoselbstbehalt

553 Die Vollkasko-Selbstbeteiligung wird dem Geschädigten gegen Vorlage eines Abrechnungsschreibens seiner Versicherung ersetzt.

ii) Finanzierungskosten

554 Kosten für die Vorfinanzierung des Unfallschadens sind außergerichtlich nur schwer durchsetzbar. Auch die grundsätzlich für den Entschädigungsbetrag beanspruchbaren Zinsen von derzeit 12 % sind meist nur auf dem Klageweg erhältlich.

jj) Unkostenpauschale

555 Allgemeine Unkosten (für Porto, Telefon usw.) werden nicht pauschal, allenfalls gegen Einzelbelege erstattet.

kk) Sonstige Schadenspositionen

556 Kleider- und Gepäckschäden usw. werden nur gegen Vorlage entsprechender Belege bezahlt.

j) Personenschadensersatz

aa) Heilbehandlungs- und Pflegekosten

557 Kosten der Heilbehandlung sind in tatsächlich angefallenem Umfang zu ersetzen, soweit sie nicht von anderen Kostenträgern (z.B. der Krankenkasse) übernommen werden. Das Gleiche gilt für Pflegekosten (z.B. Bezahlung einer Pflegekraft), falls sie nicht von anderer Seite erstattet werden, sowie hinsichtlich sonstiger Mehraufwendungen für besondere Bedürfnisse.

bb) Verdienstausfall

558 Der Verdienstausfall von Erwerbstätigen ist zu ersetzen; er errechnet sich nach dem Nettoverdienst, den der Geschädigte vor dem Unfall hatte. Die Höhe des früheren Verdienstes ist durch Gehaltsbescheinigung des Arbeitgebers nachzuweisen, bei Selbständigen anhand des Einkommensteuerbescheids. Entschädigungszahlungen für künftigen Verdienstausfall erfolgen i.d.R. durch Rentenleistungen. Nichterwerbstätige (Hausfrauen) haben im Falle von Arbeitsunfähigkeit ebenfalls Anspruch auf Ersatzleistungen. Ihnen sind (auch die fiktiven) Kosten für eine Haushaltsangestellte im Umfang des tatsächlichen Wegfalls der eigenen Arbeitskraft zu ersetzen.

cc) Schmerzensgeld

559 Seit Anfang der 90er Jahre wird generell bei Körperverletzungen ein schmerzensgeldähnlicher immaterieller Schadensersatz gewährt. Möglich ist entweder **eine einmalige Leistung oder** eine **Rentenzahlung** (Letztere z.B., wenn etwaige Dauerschäden nicht abschätzbar sind oder sonstige Besonderheiten vorliegen).

560 Ein Schmerzensgeldanspruch besteht nicht nur bei Verschuldens-, sondern auch bei Gefährdungshaftung; er steht **auch Hinterbliebenen** zu. Die in Ungarn gezahlten Schmerzensgelder sind niedriger als in Deutschland, jedoch werden höhere ausländische Lebensverhältnisse mit berücksichtigt. I.d.R. werden deutsche ärztliche Gutachten anerkannt.

dd) Unterhaltsentgang

Unterhaltsberechtigte Hinterbliebene einer erwerbstätigen Person haben Anspruch auf Ersatz des **561** Unterhaltsschadens. Seine Höhe bemisst sich nach den gesetzlich geschuldeten Leistungen, nicht nach dem tatsächlich geleisteten Unterhalt. Bemessungsgrundlage ist das Nettoeinkommen des Getöteten; hiervon wird ein bestimmter Prozentsatz errechnet und zugesprochen. Für eine nicht erwerbstätige getötete Hausfrau stehen den hinterbliebenen, im Familienhaushalt lebenden Angehörigen die (auch fiktiven) Kosten für eine Ersatzkraft zu.

ee) Sonstige Schadenspositionen

I.d.R. werden ersetzt: **562**

- Kosten für **Krankenhaus-Besuchsfahrten** naher Angehöriger;
- **Beerdigungskosten**;
- Vorleistungen **(Regress) der Sozial- oder Krankenversicherung** (z.B. Heilbehandlungskosten);
- **Lohnfortzahlung** (Regressforderungen des Arbeitgebers).

2. Strafrecht

Seit der politischen Wende 1989/90 hat in Ungarn die Zahl der strafbaren Handlungen um das **563** Mehrfache zugenommen. Aufgrund der stark angewachsenen Motorisierung ist es zu mehr Unfällen und im Zusammenhang mit diesen zu mehr Verkehrsstraftaten gekommen.

a) Tatbestände

aa) Verkehrsverstöße

Erhebliche **Geschwindigkeitsüberschreitungen**, in deren Folge es häufig zu Unfällen kommt, **564** werden zur Anzeige gebracht und können mit Bußen bis zu 60 000 Forint (ca. 240 €) geahndet werden. Für Missachten des **Rotlichts** oder eines **Überholverbots** sowie ebenfalls unfallträchtige Vorfahrtsverletzungen werden Geldbußen bis zu 20 000 Forint (etwa 80 €) ausgesprochen. An Ort und Stelle können Verwarnungsgelder bis zu 10 000 Forint (ca. 40 €) verhängt werden. Die Obergrenze für Geldbußen beträgt 100 000 Forint (400 €). Bei schwerwiegenden Verstößen kann ein **Fahrverbot** hinzukommen; außerdem werden seit dem 1.1.2001 Führerscheinpunkte eingetragen (je nach Schwere des Verstoßes bis zu 9 Punkte).

bb) Fahrlässige Körperverletzung/Tötung

Nach Art. 187 Abs. 1 StGB wird fahrlässige Körperverletzung mit Geldstrafe, Freiheitsstrafe bis **565** zu einem Jahr oder mit gemeinnütziger Arbeit geahndet. Bei schwerer fahrlässiger Körperverletzung (mit bleibender Behinderung, schwerer Gesundheitsbeeinträchtigung oder als Massenunglück) werden gem. § 187 Abs. 2 StGB Haftstrafen bis zu drei Jahren, bei tödlichem Ausgang bis zu fünf oder gar acht Jahren verhängt. In beiden Fällen droht gem. § 59 StGB Fahrerlaubnisentzug bis zu zehn Jahren.

Geldstrafen werden gem. § 51 StGB nach dem **Tagessatzsystem** verhängt (3 000 bis 10,8 Mio. **566** Forint/12 bis 43 000 €).

cc) Trunkenheitsfahrt

In Ungarn gilt die **Null-Promille-Grenze**. Für Alkohol am Steuer wird gem. Art. 188 StGB Geld- **567** strafe oder Freiheitsstrafe bis zu einem Jahr verhängt. Freiheitsstrafe bis zu drei Jahren wird ausgesprochen, wenn es dabei zu einem Unfall mit schweren körperlichen Verletzungen kommt. Ereignet sich unter Alkoholeinwirkung ein Massenunfall oder Unfall mit mehreren Verletzten oder mit Invaliditätsfolgen, kann für dieses Verbrechen (nach Art. 188 Abs. 2 StGB) eine Freiheitsstrafe bis zu fünf Jahren verhängt werden. Der Strafrahmen beträgt zwei bis acht Jahre, wenn ein alkoholisierter Fahrer einen Unfall mit Todesopfern verursacht.

Daneben wird jeweils ein mehrjähriger Führerscheinentzug verfügt.

dd) Unfallflucht

568　Wer sich als Unfallbeteiligter oder -verursacher vom Unfallort entfernt, obwohl Verletzte auf seine Hilfe angewiesen wären, wird gem. Art. 190 StGB mit Geldstrafe oder Freiheitsstrafe bis zu einem Jahr (oder mit Verurteilung zu gemeinnütziger Arbeit) bestraft.

569　**Unterlassene Hilfeleistung** kann gem. Art. 172 StGB mit Freiheitsstrafe bis zu zwei Jahren bestraft werden; wenn das Opfer stirbt und es mit entsprechender Hilfe hätte gerettet werden können, beträgt die Freiheitsstrafe maximal drei Jahre. Wurde die gefährliche Situation von Hilfeleistungspflichtigen herbeigeführt, liegt die Strafobergrenze gem. Art. 172 Abs. 3 StGB bei drei bzw. fünf Jahren.

b) Strafvollstreckung

570　Zwischen Ungarn und Deutschland gibt es **mehrere Rechtshilfevereinbarungen**. Sowohl das Europäische Auslieferungsübereinkommen von 1957 als auch das für den Vollstreckungshilfeverkehr maßgebliche Übereinkommen von 1983 finden auf Verkehrsstraftäter immer wieder Anwendung.

571　Der **sonstige Rechtshilfeverkehr** richtet sich nach dem Europäischen Übereinkommen vom 20.4.1959 über die Rechtshilfe in Strafsachen (i.V.m. dem Zusatzprotokoll vom 17.3.1978 sowie den von beiden Ländern gemachten Vorbehalten und abgegebenen Erklärungen). Danach kann Rechtshilfe auch in Ordnungswidrigkeitenverfahren geleistet werden, wenn für diese zum Ersuchenszeitpunkt die Justizbehörden zuständig sind.

572　Rechtshilfe wird auch gewährt bei der Zustellung von Strafvollstreckungsurkunden sowie von Vollstreckungsbescheiden über Geldbußen oder Verfahrenskosten. Über die Zustellung hinausgehende Rechtshilfe (etwa in Form von Vollstreckungshilfe in Ordnungswidrigkeitensachen durch zwangsweises Eintreiben von Bußgeldern) wird jedoch nicht gewährt.

Abschnitt 2: Arbeits- und Beratungshilfen

1. Übersicht: Kfz-Mindestversicherungssummen im Ausland   573

	Personenschäden	Sachschäden	Hinweise
Belgien	unbegrenzt	unbegrenzt	Sachschäden durch Feuer oder Explosion: max. 1,25 Mio. €
Dänemark	81 Mio. Kronen (11,35 Mio. €)	16 Mio. Kronen (11,35 Mio. €)	
Frankreich	unbegrenzt	460 000 €	
Italien	775 000 €	775 000 €	Pauschal für Personen- und Sachschäden insgesamt; höhere Pauschalbeträge für Taxi + Busse
Luxemburg	unbeschränkt	unbeschränkt	Beschränkung bei Feuer oder Explosion
Niederlande	910 000 €	910 000 €	Pauschalbetrag pro Ereignis für Personen- und Sachschäden
Österreich	1,1 Mio. €	1,1 Mio. €	Pauschalbetrag pro Unfall für Personen- und Sachschäden
Polen	11,5 Mio. Zloty (2,9 Mio. €)	11,5 Mio. Zloty (2,9 Mio. €)	pauschal pro Schadensereignis
Schweiz	3 Mio. Franken (2,05 Mio. €)	3 Mio. Franken (2,05 Mio. €)	pauschal pro Unfall für Personen- und Sachschäden
Spanien	350 000 €	100 000 €	pro Person pro Unfall
Tschechien	18 Mio. Kronen (660 000 €)	5 Mio. Kronen (185 000 €)	bei Personenschäden pro Person, bei Sachschäden pro Unfall
Ungarn	300 Mio. Forint (1,2 Mio. €)	500 Mio. Forint (2 Mio. €)	bei Personenschäden pro Person, bei Sachschäden pro Unfall
Deutschland	2,5 Mio. €	500 000 €	bei Tötung oder Verletzung von mind. drei Personen; 7,5 Mio. € Vermögensschäden 50 000 €

Beträge z.T. gerundet – ohne Gewähr (Stand: 10/2002)

574

2. Übersicht: Geldbußen für Verkehrsverstöße im Ausland

	Rotlicht überfahren	Tempolimit überschritten		Verboten überholt	Falsch geparkt
		um 10 km/h	um 30 km/h		
Belgien	250	25	200	200	25
Dänemark	135	65	175	135	65
Frankreich	90	90	135	90	10
Italien	65	35	130	65	30
Luxemburg	145	25	75	145	25
Niederlande	60	30	100	60	40
Österreich	70	20	35	35	15
Polen	85	35	70	55	20
Schweiz	65	40	230	40	25
Spanien	90	90	150	90	30
Tschechien	50	15	30	50	10
Ungarn	100	25	100	100	5
Deutschland	50	10	50	30	5

Mindestbußen in €/gerundet – ohne Gewähr (nach ADAC-Tabelle, Stand 5/2002)

Neidhart

3. Adressen: Grüne-Karte-Büros 575

Belgien
Bureau Belge des Assureurs Automobiles
Rue de la science 21
B-1040 Brüssel
Tel. 0032-2-2871811

Dänemark
Dansk Forening for International Motorkøretøjsforsikring
Amaliegade 10
DK-1256 Kopenhagen K
Tel. 0045-33-435500

Frankreich
Bureau Central Français
11, rue de la Rochefoucauld
F-75009 Paris
Tel. 0033-1-53322450

Italien
Ufficio Centrale Italiano (U.C.I.)
Corso Sempione 39
I-20145 Mailand
Tel. 0039-02-349681

Luxemburg
Bureau Luxembourgeois des Assureurs
3, Rue Guido Oppenheim
L-2263 Luxemburg
Tel. 00352-457304

Niederlande
Nederlands Bureau der Motorrijtuigverzekeraars
Verrijn Stuartlaan 14
NL-2288 EL Rijswijk
Tel. 0031-70-3408280

Österreich
Verband der Versicherungsunternehmen Österreichs
Schwarzenbergplatz 7
A-1030 Wien
Tel. 0043-1-711560

Polen
Polish Motor Insurance Bureau
ul. J.P. Voronicza 15
PL-02-625 Warschau
Tel. 0048-22-8479115

Schweiz
Nationales Versicherungsbüro Schweiz (NVB)
Talackerstraße 1
CH-8152 Opfikon-Glattbrugg
Tel. 0041-1-6286519

Spanien
Oficina Española de Aseguradores de Automoviles
Sagasta 18
E-28004 Madrid
Tel. 0034-91-4460300

Tschechien
Ceska Kancelar Pojistitelu
Stefánikova 32
CZ-15000 Prag 5
Tel. 00420-2-57322371

Ungarn
Hungarian Motor Insurance Bureau
Molnat utca 19.sz.
H-1366 Budapest
Tel. 0036-1-2661928

Deutschland
Deutsches Büro Grüne Karte e.V.
Glockengießerwall 1
D-20095 Hamburg
Tel. 040-334400

4. Vierte Kraftfahrzeughaftpflicht-Richtlinie der EU vom 16.5.2000[1]

576

– Nr. 2000/26/EG, Abl. L 181/65 v. 20.7.2000 –

Art. 1 Anwendungsbereich

(1) Mit dieser Richtlinie werden besondere Vorschriften für Geschädigte festgelegt, die ein Recht auf Entschädigung für einen Sach- oder Personenschaden haben, der bei einem Unfall entstanden ist, welcher sich in einem anderen Mitgliedstaat als dem Wohnsitzmitgliedstaat des Geschädigten ereignet hat und der durch die Nutzung eines Fahrzeugs verursacht wurde, das in einem Mitgliedstaat versichert ist und dort seinen gewöhnlichen Standort hat.

Unbeschadet der Rechtsvorschriften von Drittländern über die Haftpflicht und unbeschadet des internationalen Privatrechts gelten die Bestimmungen dieser Richtlinie auch für Geschädigte, die ihren Wohnsitz in einem Mitgliedstaat haben und ein Recht auf Entschädigung für einen Sach- oder Personenschaden haben, der bei einem Unfall entstanden ist, welcher sich in einem Drittland ereignet hat, dessen nationales Versicherungsbüro im Sinne von Artikel 1 Absatz 3 der Richtlinie 72/166/EWG dem System der Grünen Karte beigetreten ist, und der durch die Nutzung eines Fahrzeugs verursacht wurde, das in einem Mitgliedstaat versichert ist und dort seinen gewöhnlichen Standort hat.

(2) Die Artikel 4 und 6 finden nur Anwendung bei Unfällen, die von einem Fahrzeug verursacht wurden, das

a) bei einer Niederlassung in einem anderen Mitgliedstaat als dem Wohnsitzstaat des Geschädigten versichert ist und

b) seinen gewöhnlichen Standort in einem anderen Mitgliedstaat als dem Wohnsitzstaat des Geschädigten hat.

(3) Artikel 7 findet auch Anwendung bei Unfällen, die von unter die Artikel 6 und 7 der Richtlinie 72/166/EWG fallenden Fahrzeugen aus Drittländern verursacht wurden.

Art. 2 Begriffsbestimmungen

Im Sinne dieser Richtlinie bezeichnet der Ausdruck

a) „Versicherungsunternehmen" jedes Unternehmen, das gemäß Artikel 6 oder gemäß Artikel 23 Absatz 2 der Richtlinie 73/239/EWG die behördliche Zulassung erhalten hat;

b) „Niederlassung" den Sitz, eine Agentur oder eine Zweiniederlassung eines Versicherungsunternehmens im Sinne von Artikel 2 Buchstabe c) der Richtlinie 88/357/EWG;

c) „Fahrzeug" ein Fahrzeug im Sinne von Artikel 1 Nummer 1 der Richtlinie 72/166/EWG;

d) „Geschädigter" einen Geschädigten im Sinne von Artikel 1 Nummer 2 der Richtlinie 72/166/EWG;

e) „Mitgliedstaat, in dem das Fahrzeug seinen gewöhnlichen Standort hat" das Gebiet, in dem das Fahrzeug im Sinne von Artikel 1 Nummer 4 der Richtlinie 72/166/EWG seinen gewöhnlichen Standort hat.

---

1 Die Richtlinie wurde mit dem „Gesetz zur Änderung des Pflichtversicherungsgesetzes und anderer versicherungsrechtlicher Vorschriften" vom 10.7.2002 in deutsches Recht umgesetzt (BGBl. 2002 Nr. 48 vom 17.7.2002, S. 2586 ff.). Das Gesetz tritt am 1.1.2003 in Kraft.

Art. 3 Direktanspruch

Die Mitgliedstaaten stellen sicher, dass die in Artikel 1 genannten Geschädigten, deren Sach- oder Personenschaden bei einem Unfall im Sinne des genannten Artikels entstanden ist, einen Direktanspruch gegen das Versicherungsunternehmen haben, das die Haftpflicht des Unfallverursachers deckt.

Art. 4 Schadenregulierungsbeauftragte

(1) Die Mitgliedstaaten treffen die erforderlichen Maßnahmen, um sicherzustellen, dass jedes Versicherungsunternehmen, das Risiken aus Buchstabe A Nummer 10 des Anhangs der Richtlinie 73/239/EWG – mit Ausnahme der Haftpflicht des Frachtführers – deckt, in allen anderen Mitgliedstaaten als dem, in dem es seine behördliche Zulassung erhalten hat, einen Schadenregulierungsbeauftragten benennt. Die Aufgabe des Schadenregulierungsbeauftragten besteht in der Bearbeitung und Regulierung von Ansprüchen, die aus Unfällen im Sinne von Artikel 1 herrühren. Der Schadenregulierungsbeauftragte muss in dem Mitgliedstaat ansässig oder niedergelassen sein, für den er benannt wird.

(2) Die Auswahl des Schadenregulierungsbeauftragten liegt im Ermessen des Versicherungsunternehmens. Die Mitgliedstaaten können diese Auswahlmöglichkeit nicht einschränken.

(3) Der Schadenregulierungsbeauftragte kann auf Rechnung eines oder mehrerer Versicherungsunternehmen handeln.

(4) Der Schadenregulierungsbeauftragte trägt im Zusammenhang mit derartigen Ansprüchen alle zu deren Regulierung erforderlichen Informationen zusammen und ergreift die notwendigen Maßnahmen, um eine Schadenregulierung auszuhandeln. Der Umstand, dass ein Schadenregulierungsbeauftrager zu benennen ist, schließt das Recht des Geschädigten oder seines Versicherungsunternehmens auf ein gerichtliches Vorgehen unmittelbar gegen den Unfallverursacher bzw. dessen Versicherungsunternehmen nicht aus.

(5) Schadenregulierungsbeauftragte müssen über ausreichende Befugnisse verfügen, um das Versicherungsunternehmen gegenüber Geschädigten in den in Artikel 1 genannten Fällen zu vertreten und um deren Schadenersatzansprüche in vollem Umfang zu befriedigen. Sie müssen in der Lage sein, den Fall in der Amtssprache bzw. den Amtssprachen des Wohnsitzmitgliedstaats des Geschädigten zu bearbeiten.

(6) Die Mitgliedstaaten sehen die durch angemessene, wirksame und systematische finanzielle oder gleichwertige administrative Sanktionen bewehrte Verpflichtung vor, dass innerhalb von drei Monaten nach dem Tag, an dem der Geschädigte seinen Schadenersatzanspruch entweder unmittelbar beim Versicherungsunternehmen des Unfallverursachers oder bei dessen Schadenregulierungsbeauftragten angemeldet hat,

a) vom Versicherungsunternehmen des Unfallverursachers oder von dessen Schadenregulierungsbeauftragten ein mit Gründen versehenes Schadenersatzangebot vorgelegt wird, sofern die Eintrittspflicht unstreitig ist und der Schaden beziffert wurde, oder

b) vom Versicherungsunternehmen, an das ein Antrag auf Schadenersatz gerichtet wurde, oder von dessen Schadenregulierungsbeauftragten eine mit Gründen versehene Antwort auf die in dem Antrag enthaltenen Darlegungen erteilt wird, sofern die Eintrittspflicht bestritten wird oder nicht eindeutig feststeht oder der Schaden nicht vollständig beziffert worden ist.

Die Mitgliedstaaten erlassen Bestimmungen, um sicherzustellen, dass für die dem Geschädigten vom Versicherungsunternehmen angebotene bzw. ihm gerichtlich zugesprochene Schadenersatzsumme Zinsen gezahlt werden, wenn das Angebot nicht binnen drei Monaten vorgelegt wird.

(7) Die Kommission erstattet dem Europäischen Parlament und dem Rat vor dem 20. Januar 2006 einen Bericht über die Durchführung von Absatz 4 Unterabsatz 1 und über die Wirksamkeit dieser Bestimmung sowie über die Gleichwertigkeit der nationalen Sanktionsbestimmungen und unterbreitet erforderlichenfalls Vorschläge.

(8) Die Benennung eines Schadenregulierungsbeauftragten stellt für sich allein keine Errichtung einer Zweigniederlassung im Sinne von Artikel 1 Buchstabe b) der Richtlinie 92/49/EWG dar, und der Schadenregulierungsbeauftragte gilt nicht als Niederlassung im Sinne von Artikel 2 Buchstabe c) der Richtlinie 88/357/EWG oder als Niederlassung im Sinne des Brüsseler Übereinkommens vom 27. September 1968 über die gerichtliche Zuständigkeit und die Vollstreckung gerichtlicher Entscheidungen in Zivil- und Handelssachen.

Art. 5 Auskunftsstellen

(1) Von jedem Mitgliedstaat wird eine Auskunftsstelle geschaffen oder anerkannt, die mit dem Ziel, Geschädigten die Geltendmachung von Schadenersatzansprüchen zu ermöglichen,

a) ein Register mit den nachstehend aufgeführten Informationen führt:

   1. die Kennzeichen der Kraftfahrzeuge, die im Gebiet des jeweiligen Staates ihren gewöhnlichen Standort haben;

   2. i) die Nummern der Versicherungspolicen, die die Nutzung dieser Fahrzeuge in bezug auf die unter Buchstabe A Nummer 10 des Anhangs der Richtlinie 73/239/EWG fallenden Risiken – mit Ausnahme der Haftpflicht des Frachtführers – abdecken, und, wenn die Geltungsdauer der Police abgelaufen ist, auch den Zeitpunkt der Beendigung des Versicherungsschutzes;

      ii) die Nummer der Grünen Karte oder der Grenzversicherungspolice, wenn das Fahrzeug durch eines dieser Dokumente gedeckt ist, sofern für das Fahrzeug die Ausnahmeregelung nach Artikel 4 Buchstabe b) der Richtlinie 72/166/EWG gilt;

   3. die Versicherungsunternehmen, die die Nutzung von Fahrzeugen in bezug auf die unter Buchstabe A Nummer 10 des Anhangs der Richtlinie 73/239/EWG fallenden Risiken – mit Ausnahme der Haftpflicht des Frachtführers – abdecken, sowie die von diesen Versicherungsunternehmen nach Artikel 4 benannten Schadenregulierungsbeauftragten, deren Namen der Auskunftsstelle gemäß Absatz 2 des vorliegenden Artikels zu melden sind;

   4. die Liste der Fahrzeuge, die im jeweiligen Mitgliedstaat von der Haftpflichtversicherung gemäß Artikel 4 Buchstaben a) und b) der Richtlinie 72/166/EWG befreit sind;

   5. bei Fahrzeugen gemäß Nummer 4:

      i) den Namen der Stelle oder Einrichtung, die gemäß Artikel 4 Buchstabe a) Unterabsatz 2 der Richtlinie 72/166/EWG bestimmt wird und dem Geschädigten den Schaden zu ersetzen hat, in den Fällen, in denen das Verfahren des Artikels 2 Absatz 2 erster Gedankenstrich der Richtlinie 72/166/EWG nicht anwendbar ist, und wenn für das Fahrzeug die Ausnahmeregelung nach Artikel 4 Buchstabe a) der Richtlinie 72/166/EWG gilt;

      ii) den Namen der Stelle, die für die durch das Fahrzeug verursachten Schäden in dem Mitgliedstaat aufkommt, in dem es seinen gewöhnlichen Standort hat, wenn für das Fahrzeug die Ausnahmeregelung nach Artikel 4 Buchstabe b) der Richtlinie 72/166/EWG gilt.

b) oder die Erhebung und Weitergabe dieser Daten koordiniert

c) und die berechtigten Personen bei der Erlangung der unter Buchstabe a) Nummern 1, 2, 3, 4 und 5 genannten Informationen unterstützt.

Die unter Buchstabe a) Nummern 1, 2 und 3 genannten Informationen sind während eines Zeitraums von sieben Jahren nach Ablauf der Zulassung des Fahrzeugs oder der Beendigung des Versicherungsvertrags aufzubewahren.

(2) Die in Absatz 1 Buchstabe a) Nummer 3 genannten Versicherungsunternehmen melden den Auskunftsstellen aller Mitgliedstaaten Namen und Anschrift des Schadenregulierungsbeauftragten, den sie in jedem der Mitgliedstaaten gemäß Artikel 4 benannt haben.

(3) Die Mitgliedstaaten stellen sicher, dass die Geschädigten berechtigt sind, binnen eines Zeitraums von sieben Jahren nach dem Unfall von der Auskunftsstelle ihres Wohnsitzmitgliedstaats, des Mitgliedstaats, in dem das Fahrzeug seinen gewöhnlichen Standort hat, oder des Mitgliedstaats, in dem sich der Unfall ereignet hat, unverzüglich die folgenden Informationen zu erhalten:

a) Namen und Anschrift des Versicherungsunternehmens;

b) die Nummer der Versicherungspolice und

c) Namen und Anschrift des Schadenregulierungsbeauftragten des Versicherungsunternehmens im Wohnsitzstaat des Geschädigten.

Die Auskunftsstellen kooperieren miteinander.

(4) Die Auskunftsstelle teilt dem Geschädigten Namen und Anschrift des Fahrzeugeigentümers, des gewöhnlichen Fahrers oder des eingetragenen Fahrzeughalters mit, wenn der Geschädigte ein berechtigtes Interesse an dieser Auskunft hat. Zur Anwendung dieser Bestimmung wendet sich die Auskunftsstelle insbesondere an

a) das Versicherungsunternehmen oder

b) die Zulassungsstelle.

Gilt für das Fahrzeug die Ausnahmeregelung nach Artikel 4 Buchstabe a) der Richtlinie 72/166/EWG, so teilt die Auskunftsstelle dem Geschädigten den Namen der Stelle oder Einrichtung mit, die gemäß Artikel 4 Buchstabe a) Unterabsatz 2 jener Richtlinie bestimmt wird und dem Geschädigten den Schaden zu ersetzen hat, falls das Verfahren des Artikels 2 Absatz 2 erster Gedankenstrich jener Richtlinie nicht anwendbar ist.

Gilt für das Fahrzeug die Ausnahmeregelung nach Artikel 4 Buchstabe b) der Richtlinie 72/166/EWG, so teilt die Auskunftsstelle dem Geschädigten den Namen der Stelle mit, die für die durch das Fahrzeug verursachten Schäden im Land des gewöhnlichen Standorts aufkommt.

(5) Die Verarbeitung personenbezogener Daten aufgrund der vorhergehenden Absätze muss im Einklang mit den einzelstaatlichen Maßnahmen gemäß der Richtlinie 95/46/EG erfolgen.

Art. 6 Entschädigungsstellen

(1) Von jedem Mitgliedstaat wird eine Entschädigungsstelle geschaffen oder anerkannt, die den Geschädigten in den Fällen nach Artikel 1 eine Entschädigung gewährt.

Die Geschädigten können einen Schadenersatzantrag an die Entschädigungsstelle im Wohnsitzmitgliedstaat richten,

a) wenn das Versicherungsunternehmen oder sein Schadenregulierungsbeauftragter binnen drei Monaten nach der Geltendmachung des Entschädigungsanspruchs beim Versicherungsunternehmen des Fahrzeugs, durch dessen Nutzung der Unfall verursacht wurde, oder beim Schadenregulierungsbeauftragten keine mit Gründen versehene Antwort auf die im Schadenersatzantrag enthaltenen Darlegungen erteilt hat oder

b) wenn das Versicherungsunternehmen im Wohnsitzstaat des Geschädigten keinen Schadenregulierungsbeauftragten gemäß Artikel 4 Absatz 1 benannt hat. In diesem Fall sind Geschädigte nicht berechtigt, einen Schadenersatzantrag an die Entschädigungsstelle zu richten, wenn sie einen solchen Antrag direkt beim Versicherungsunternehmen des Fahrzeugs, durch dessen Nutzung der Unfall verursacht wurde, eingereicht und innerhalb von drei Monaten nach Einreichung dieses Antrags eine mit Gründen versehene Antwort erhalten haben.

Geschädigte dürfen jedoch keinen Schadenersatzantrag an die Entschädigungsstelle stellen, wenn sie unmittelbar gegen das Versicherungsunternehmen gerichtliche Schritte eingeleitet haben.

Die Entschädigungsstelle wird binnen zwei Monaten nach Stellung eines Schadenersatzantrags des Geschädigten tätig, schließt den Vorgang jedoch ab, wenn das Versicherungsunternehmen oder dessen Schadenregulierungsbeauftragter in der Folge eine mit Gründen versehene Antwort auf den Schadenersatzantrag erteilt.

Die Entschädigungsstelle unterrichtet unverzüglich

a) das Versicherungsunternehmen des Fahrzeugs, dessen Nutzung den Unfall verursacht hat, oder den Schadenregulierungsbeauftragten;

b) die Entschädigungsstelle im Mitgliedstaat der Niederlassung des Versicherungsunternehmens, die die Vertragspolice ausgestellt hat;

c) die Person, die den Unfall verursacht hat, sofern sie bekannt ist, dass ein Antrag des Geschädigten bei ihr eingegangen ist und dass sie binnen zwei Monaten nach Stellung des Antrags auf diesen eingehen wird.

Es bleibt das Recht der Mitgliedstaaten unberührt, Bestimmungen zu erlassen, durch die der Einschaltung dieser Stelle subsidiärer Charakter verliehen wird oder durch die der Rückgriff dieser Stelle auf den oder die Unfallverursacher sowie auf andere Versicherungsunternehmen oder Einrichtungen der sozialen Sicherheit, die gegenüber dem Geschädigten zur Regulierung desselben Schadens verpflichtet sind, geregelt wird. Die Mitgliedstaaten dürfen es der Stelle jedoch nicht gestatten, die Zahlung von Schadenersatz von anderen als den in dieser Richtlinie festgelegten Bedingungen, insbesondere davon abhängig zu machen, dass der Geschädigte in irgendeiner Form nachweist, dass der Haftpflichtige zahlungsunfähig ist oder die Zahlung verweigert.

(2) Die Entschädigungsstelle, welche den Geschädigten im Wohnsitzstaat entschädigt hat, hat gegenüber der Entschädigungsstelle im Mitgliedstaat der Niederlassung des Versicherungsunternehmens, die die Versicherungspolice ausgestellt hat, Anspruch auf Erstattung des als Entschädigung gezahlten Betrags.

Die Ansprüche des Geschädigten gegen den Unfallverursacher oder dessen Versicherungsunternehmen gehen dann insoweit auf die letztgenannte Entschädigungsstelle über, als die Entschädigungsstelle im Wohnsitzstaat des Geschädigten eine Entschädigung für den erlittenen Sach- oder Personenschaden gewährt hat. Jeder Mitgliedstaat ist verpflichtet, einen von einem anderen Mitgliedstaat vorgesehenen Forderungsübergang anzuerkennen.

(3) Dieser Artikel wird wirksam,

a) nachdem die von den Mitgliedstaaten geschaffenen oder anerkannten Entschädigungsstellen eine Vereinbarung über ihre Aufgaben und Pflichten sowie über das Verfahren der Erstattung getroffen haben,

b) ab dem Zeitpunkt, den die Kommission festlegt, nachdem sie sich in enger Zusammenarbeit mit den Mitgliedstaaten vergewissert hat, dass eine solche Vereinbarung getroffen wurde.

Die Kommission erstattet dem Europäischen Parlament und dem Rat vor dem 20. Juli 2005 einen Bericht über die Durchführung des vorliegenden Artikels und dessen Wirksamkeit und unterbreitet erforderlichenfalls Vorschläge.

Art. 7

Kann das Fahrzeug nicht ermittelt werden oder kann das Versicherungsunternehmen nicht binnen zwei Monaten nach dem Unfall ermittelt werden, so kann der Geschädigte eine Entschädigung bei der Entschädigungsstelle im Wohnsitzmitgliedstaat beantragen. Diese Entschädigung erfolgt gemäß Artikel 1 der Richtlinie 84/5/EWG. Die Entschädigungsstelle hat dann unter den in Artikel 6 Absatz 2 der vorliegenden Richtlinie festgelegten Voraussetzungen folgenden Erstattungsanspruch:

a) für den Fall, dass das Versicherungsunternehmen nicht ermittelt werden kann: gegen den Garantiefonds nach Artikel 1 Absatz 4 der Richtlinie 84/5/EWG in dem Mitgliedstaat, in dem das Fahrzeug seinen gewöhnlichen Standort hat;

b) für den Fall eines nicht ermittelten Fahrzeugs; gegen den Garantiefonds im Mitgliedstaat des Unfalls;

c) bei Fahrzeugen aus Drittländern: gegen den Garantiefonds im Mitgliedstaat des Unfalls.

Art. 8

Die Richtlinie 73/239/EWG wird wie folgt geändert:

a) An Artikel 8 Absatz 1 wird folgender Buchstabe angefügt:

„f) Name und Anschrift des Schadenregulierungsbeauftragten mitteilen, der in jedem Mitgliedstaat mit Ausnahme des Mitgliedstaats, in dem die Zulassung beantragt wird, benannt wird, wenn die zu deckenden Risiken unter Buchstabe A Nummer 10 des Anhangs – mit Ausnahme der Haftpflicht des Frachtführers – fallen."

b) An Artikel 23 Absatz 2 wird folgender Buchstabe angefügt:

„h) es teilt Name und Anschrift des Schadenregulierungsbeauftragten mit, der in jedem Mitgliedstaat mit Ausnahme des Mitgliedstaats, in dem die Zulassung beantragt wird, benannt wird, wenn die zu deckenden Risiken unter Buchstabe A Nummer 10 des Anhangs – mit Ausnahme der Haftpflicht des Frachtführers – fallen."

Art. 9

Die Richtlinie 88/357/EWG wird wie folgt geändert:

An Artikel 12 a Absatz 4 wird der folgende Unterabsatz angefügt:

„Hat das Versicherungsunternehmen keinen Vertreter ernannt, so können die Mitgliedstaaten ihre Zustimmung dazu erteilen, dass der gemäß Artikel 4 der Richtlinie 2000/26/EG benannte Schadenregulierungsbeauftragte die Aufgabe des Vertreters im Sinne dieses Absatzes übernimmt."

Art. 10 Umsetzung

(1) Die Mitgliedstaaten erlassen und veröffentlichen vor dem 20. Juli 2002 die Rechts- und Verwaltungsvorschriften, die erforderlich sind, um dieser Richtlinie nachzukommen. Sie setzen die Kommission unverzüglich davon in Kenntnis.

Sie wenden diese Vorschriften vor dem 20. Januar 2003 an.

(2) Wenn die Mitgliedstaaten diese Vorschriften erlassen, nehmen sie in den Vorschriften selbst oder durch einen Hinweis bei der amtlichen Veröffentlichung auf diese Richtlinie Bezug. Die Mitgliedstaaten regeln die Einzelheiten der Bezugnahme.

(3) Unbeschadet von Absatz 1 werden die Entschädigungsstellen vor dem 20. Januar 2002 gemäß Artikel 6 Absatz 1 von den Mitgliedstaaten geschaffen oder anerkannt. Haben die Entschädigungsstellen nicht vor dem 20. Juli 2002 eine Vereinbarung gemäß Artikel 6 Absatz 3 getroffen, so schlägt die Kommission geeignete Maßnahmen vor, um zu gewährleisten, dass die Bestimmungen der Artikel 6 und 7 vor dem 20. Januar 2003 zur Anwendung gelangen.

(4) Die Mitgliedstaaten können im Einklang mit dem Vertrag Bestimmungen beibehalten oder einführen, die für den Geschädigten günstiger sind als die Bestimmungen, die zur Umsetzung dieser Richtlinie erforderlich sind.

(5) Die Mitgliedstaaten teilen der Kommission den Wortlaut der wichtigsten innerstaatlichen Rechtsvorschriften mit, die sie auf dem unter diese Richtlinie fallenden Gebiet erlassen.

Art. 11 Inkrafttreten

Diese Richtlinie tritt am Tag ihrer Veröffentlichung im Amtsblatt der Europäischen Gemeinschaften in Kraft.

Art. 12 Sanktionen

Die Mitgliedstaaten legen Sanktionen für Verstöße gegen die aufgrund dieser Richtlinie erlassenen innerstaatlichen Rechtsvorschriften fest und treffen die für ihre Anwendung erforderlichen Vorkehrungen. Die Sanktionen müssen wirksam, verhältnismäßig und abschreckend sein. Die Mitgliedstaaten teilen der Kommission die betreffenden Bestimmungen bis zum 20. Juli 2002 sowie jegliche späteren Änderungen so bald wie möglich mit.

Art. 13 Empfänger

Diese Richtlinie ist an die Mitgliedstaaten gerichtet.

577

5. Übereinkommen über die Vollstreckung von Geldbußen und Geldstrafen vom 28.4.1999

 Übereinkommen über die Zusammenarbeit in Verfahren wegen Zuwiderhandlungen gegen Verkehrsvorschriften und bei der Vollstreckung von dafür verhängten Geldbußen und Geldstrafen vom 28.4.1999 *(Auszug)*[1]

Titel IV: Vollstreckungshilfe

Artikel 7

(1) Um Übernahme der Vollstreckung von Entscheidungen kann nach diesem Übereinkommen nur ersucht werden, wenn:

a) gegen die Entscheidung keine Rechtsmittel mehr eingelegt werden können und diese Entscheidung im Hoheitsgebiet des ersuchenden Mitgliedstaats vollstreckbar ist;

b) die zuständigen Behörden insbesondere in Anwendung des Artikels 5 die betroffene Person erfolglos ersucht haben, die gemäß der Entscheidung verhängte Geldbuße oder -strafe zu entrichten;

c) die Geldbuße oder -strafe nach dem Recht des ersuchenden Mitgliedstaats nicht verjährt ist;

d) die Entscheidung eine Person betrifft, die im Hoheitsgebiet des ersuchten Mitgliedstaats ihren festen Wohnsitz oder Aufenthalt hat;

e) die verhängte Geldbuße oder -strafe mindestens 40 EUR beträgt.

(2) Die Mitgliedstaaten können auf bilateraler Grundlage beschließen, den in Absatz 1 Buchstabe e festgesetzten Betrag zu ändern.

Artikel 8

(1) Das gemäß Artikel 7 zulässige Ersuchen um Übernahme der Vollstreckung einer Entscheidung kann nicht verweigert werden, es sei denn der ersuchte Mitgliedstaat ist der Ansicht, dass:

a) die der Entscheidung zugrundeliegende Zuwiderhandlung gegen Verkehrsvorschriften nicht im Recht des ersuchten Mitgliedstaates vorgesehen ist;

b) die Erledigung des Ersuchens gegen den Grundsatz „ne bis in idem" nach den Vorschriften der Artikel 54 bis 58 des Schengener Durchführungsübereinkommens verstößt;

c) die Geldbuße oder -strafe nach dem Recht des ersuchten Mitgliedstaats verjährt ist;

d) die betroffene Person von einer Amnestie- oder Begnadigungsentscheidung des ersuchten Mitgliedstaats erfasst worden wäre, hätte sie die Zuwiderhandlung gegen Verkehrsvorschriften im Hoheitsgebiet des ersuchten Mitgliedstaats begangen.

(2) Der ersuchte Mitgliedstaat setzt den ersuchenden Mitgliedstaat von der Ablehnung des Ersuchens sobald wie möglich unter Angabe einer Begründung in Kenntnis.

---

1 **Anmerkung:** Das auch als „Schengen III" bezeichnete Übereinkommen ist wegen eines formalen Fehlers nicht wirksam. Deutschland hat deshalb am 1.3.2001 einen fast gleichlautenden Vertragstext erneut eingebracht. Eine Alternative zu diesem Abkommen stellt der von Großbritannien, Frankreich und Schweden am 12.7.2001 vorgelegte Entwurf eines Rahmenbeschlusses zur gegenseitigen Anerkennung von Geldstrafen und Bußen dar. Ob bzw. wann und mit welchem Inhalt einer dieser Texte vom EU-Rat angenommen wird, ist derzeit nicht absehbar.

Artikel 9

(1) Eine Entscheidung wird von den zuständigen Behörden des ersuchten Mitgliedstaats unmittelbar vollstreckt.

(2) Die Vollstreckung wird in Euro oder – in den ersuchten Mitgliedstaaten, die den Euro nicht eingeführt haben – in deren Landeswährung durchgeführt. Für die Umrechnung zwischen Euro und der betreffenden Landeswährung – oder zwischen zwei Landeswährungen – maßgebend ist der zum Zeitpunkt der Entscheidung nach Absatz 1 geltende amtliche Devisenkurs.

(3) Falls die in der Entscheidung verhängte Geldbuße oder -strafe das Höchstmaß der nach dem Recht des ersuchten Mitgliedstaats für dieselbe Art der Zuwiderhandlung gegen Verkehrsvorschriften angedrohten Geldbuße oder -strafe überschreitet, wird die Vollstreckung der Entscheidung auf dieses Höchstmaß beschränkt.

(4) Jeder Mitgliedstaat kann bei der Notifizierung nach Artikel 21 Absatz 2 erklären, aus Gründen von Verfassungsrang oder vergleichbar wichtigen Gründen von der Anwendung des Absatzes 1 abzuweichen, indem er eine Erklärung abgibt, die die Fälle definiert, in denen die zu vollstreckende Geldbuße oder -strafe vor der Vollstreckung durch eine richterliche Entscheidung des ersuchten Mitgliedstaats für vollstreckbar erklärt werden muss. Diese richterliche Entscheidung betrifft jedoch nicht den Inhalt und die Höhe der zu vollstreckenden Entscheidung des ersuchenden Mitgliedstaats.

Artikel 10

(1) Auf die Vollstreckung einer Entscheidung findet das Recht des ersuchten Mitgliedstaats Anwendung.

(2) Jeder von dem ersuchenden Mitgliedstaat bereits vollstreckte Teil der Geldbuße oder -strafe ist auf die von dem ersuchten Mitgliedstaat zu vollstreckende Strafe anzurechnen.

(3) Zahlt die Person, gegen die die Entscheidung ergangen ist, nicht oder nur teilweise innerhalb der angegebenen Frist, so kann in dem ersuchten Mitgliedstaat Ersatzfreiheitsstrafe oder Erzwingungshaft angeordnet werden, wenn dies in beiden Mitgliedstaaten vorgesehen ist und das Recht des ersuchenden Mitgliedstaats dies nicht ausdrücklich ausgeschlossen hat.

Artikel 11

Infolge eines Ersuchens um Übernahme der Vollstreckung einer Entscheidung kann der ersuchende Mitgliedstaat die Vollstreckung nicht mehr selbst vornehmen. Er ist erst dann wieder vollstreckungsberechtigt, nachdem der ersuchte Mitgliedstaat mitgeteilt hat, dass das Ersuchen um Vollstreckungshilfe abgelehnt wurde oder dass es dem ersuchten Mitgliedstaat nicht möglich war, die Vollstreckung vorzunehmen.

Artikel 12

Der ersuchte Mitgliedstaat beendet die Vollstreckung der Entscheidung, sobald er von dem ersuchenden Mitgliedstaat von einer Entscheidung, einer Maßnahme oder einem anderen Umstand in Kenntnis gesetzt wurde, aufgrund deren ihre Vollstreckbarkeit gehemmt wird oder erlischt.

Artikel 13

(1) Ersuchen um Übernahme der Vollstreckung einer Entscheidung und alle sich daraus ergebenden Mitteilungen werden schriftlich übermittelt. Sie können durch jedes geeignete Nachrichtenmittel, das schriftliche Aufzeichnungen hinterlässt, einschließlich Fernkopie, übermittelt werden.

(2) Diese Ersuchen werden unmittelbar zwischen den zuständigen Behörden der Mitgliedstaaten, die sich aus der Mitteilung der Verkehrsregisterbehörde (Artikel 4 Absatz 2) ergeben, übermittelt und auf demselben Wege zurückgesandt. Die Übermittlung erfolgt über die dazu angewiesenen Zentralbehörden des Mitgliedstaats, wenn sich die zuständige Behörde aus den in Artikel 3 Absatz 2 genannten Angaben nicht ergibt.

Artikel 14

(1) Einem Ersuchen um Übernahme der Vollstreckung einer Entscheidung wird eine Abschrift der Entscheidung sowie eine Erklärung der zuständigen Behörde des ersuchenden Mitgliedstaats beigelegt, die bestätigt, dass die Bedingungen nach Artikel 7 Absatz 1 Buchstaben a, b, und c erfüllt sind.

(2) Gegebenenfalls legt der ersuchende Mitgliedstaat dem Ersuchen weitere Mitteilungen bei, die im Hinblick auf die Übernahme der Vollstreckung einer Entscheidung relevant sind, insbesondere Informationen zu besonderen Umständen, die mit der Zuwiderhandlung im Zusammenhang stehen und die bei der Festsetzung der Geldbuße oder -strafe berücksichtigt wurden sowie nach Möglichkeit auch den Wortlaut der angewandten Rechtsvorschriften.

(3) Ist der ersuchte Mitgliedstaat der Ansicht, dass die von dem ersuchenden Mitgliedstaat erteilten Auskünfte nicht ausreichen, um ihm die Anwendung des Übereinkommens zu ermöglichen, so ersucht er um die notwendigen ergänzenden Auskünfte.

(4) Die Übersetzung der einschlägigen Dokumente in der Amtssprache oder in einer der Amtssprachen des ersuchten Mitgliedstaats ist beizufügen.

Artikel 15

Die zuständigen Behörden des ersuchten Mitgliedstaats unterrichten die zuständigen Behörden des ersuchenden Mitgliedstaats über die Vollstreckung der Geldbuße oder -strafe, oder gegebenenfalls über die Unmöglichkeit der Vollstreckung der Entscheidung.

Artikel 16

Vollstreckt werden die Geldbuße oder –strafe und die dem ersuchenden Mitgliedstaat entstandenen Verfahrenskosten. Der Erlös aus der Vollstreckung von Entscheidungen fließt dem ersuchten Mitgliedstaat zu.

Artikel 17

Die Mitgliedstaaten verzichten darauf, voneinander die Erstattung der aus der Anwendung dieses Übereinkommens entstehenden Kosten zu fordern.

Teil 12: Kraftfahrzeug und Arbeitsrecht

Inhaltsverzeichnis

Literatur:

Arnau, Stellen die Rentenversicherungsbeiträge für Pflegepersonen gemäß § 44 SGB XI einen von einem Schädiger zu erstattenden Aufwand dar?, NZV 1997, 255; *Berndt,* Aufwendungsersatzansprüche des Arbeitnehmers bei Dienstfahrten mit privatem Pkw, NJW 1997, 2213; *Berscheid/Kunz/Brand (Hrsg.),* Praxis des Arbeitsrechts, 2. Aufl., Recklinghausen 2003; *Broudré,* Steuerliche Behandlung der Nutzung eines Firmenwagens zu Privatfahrten ab 1.1.1996, DStR 1995, 1784; *Buschbell,* Verkehrsrecht, in: *Heidel/Pauly/Amend,* Anwaltformulare, 2. Aufl., Bonn 2000, S. 2073 ff., 2115; *Etzel,* Die Entwicklung des Arbeitsrechts seit Ende 1996, NJW 1998, 1190; *Frank,* Die Haftung des Arbeitnehmers und Arbeitgebers bei Kfz-Unfällen, DB 1982, 853; *Gitter,* Haftung des Arbeitnehmers bei Beschädigung eines geleasten Dienstwagens, NZV 1990, 415; *ders.,* Der Verkehrsunfall des Arbeitnehmers, DAR 1992, 409; *Gregor,* Vom Nachrang zum Super-Vorrecht – Die überraschende Entwicklung des Quotenvorrechts in der Sozialversicherung, NZV 1997, 292; *Erfurter Kommentar zum Arbeitsrecht,* 2. Aufl. 2000; *Gruss,* Nochmals – Rechtsfragen zum Dienstfahrzeug, BB 1994, 71; *Hänlein,* Der Ersatz des Beitragsschadens im Lichte neuerer Entscheidungen, NJW 1998, 105; *Hromadka,* Zur Begriffsbestimmung des Arbeitnehmers, DB 1998, 195; *Hofmann,* Verdienstausfall eines sozialversicherten Arbeitnehmers im Falle einer nur quotenmäßigen Haftung des Schädigers, NZV 1995, 94; *Jahnke,* Entgeltfortzahlung und Regreß des Arbeitgebers im Schadenfall seines Arbeitnehmers, NZV 1996, 169; *Jung,* Arbeitnehmerhaftung für Kfz-Schäden, DAR 1994, 271; *ders.,* Die private Nutzung des Firmenwagens – Haftung und Bewertung, DAR 1991, 8; *Kohte,* Familienschutz für Lebensgemeinschaften beim Forderungsübergang nach § 67 Abs. 2 VVG, § 116 Abs. 6 SGB X, NZV 1991, 89; *Küppersbusch,* Beitragsregreß nach §§ 116, 119 SGB X n.F. Änderungen durch das Rentenreformgesetz (RRG) zum 1.1.1992, NTV 1992, 58; *Langer,* Die Haftung des Arbeitnehmers, ZAP F. 17, S. 253; *Lepa,* Die Haftung des Arbeitnehmers im Straßenverkehr, NZV 1997, 137; *Loritz,* Die Dienstreise des Arbeitnehmers, NZA 1997, 1202;

Mersson, Zur Haftung bei Gefälligkeitsfahrten, DAR 1993, 87; *Nägele,* Probleme beim Einsatz von Dienstfahrzeugen, NZA 1997, 1196; *ders.,* Schadensersatz für Entzug des privat genutzten Dienstwagens, BB 1994, 2277; *Nägele/Schmidt,* Das Dienstfahrzeug, BB 1993, 1797; *Notthoff,* Entgeltfortzahlungsansprüche als Schadensposition, zfs 1998, 163; *Rohlfs,* NJW 1996, 3177; *Otto,* Ablösung der §§ 636 bis 642 RVO durch das neue Unfallversicherungsrecht, NZV 1996, 473; *Reitenspiess,* Ersatz bei Ausfall gewerblich genutzter Fahrzeuge, DAR 1993, 142; *Richardi,* Abschied von der gefahrgeneigten Arbeit als Voraussetzung für die Beschränkung der Arbeitnehmerhaftung, NZA 1994, 241; *Rohlfs,* NJW 1966, 3177; *Schaub,* Arbeitsrechtshandbuch, 9. Aufl. 2000; *Urban,* Umsatzsteuer für Kfz-Überlassung an Arbeitnehmer zur privaten Nutzung, NWB 1998, 1319; *Schleich,* Arbeitsentgeltfortzahlung und Schadensersatz, DAR 1993, 409; *Waltermann,* Änderungen im Schadensrecht durch das neue SGB VII, NJW 1997, 3401; *Worzalla,* Arbeitnehmerhaftung nach Verkehrsunfall, NZA 1991, 166.

Abschnitt 1: Systematische Erläuterungen

A. Begriffsbestimmungen

I. Arbeitnehmer

1   Es gibt keinen allgemein anerkannten **Begriff des Arbeitnehmers.** In der Rechtsprechung wird vor allem von der Definition Huecks (Hueck/Nipperdey, Lehrbuch des Arbeitsrechts, Bd. I, § 9 II) ausgegangen, wonach für den Begriff des Arbeitnehmers im Wesentlichen die folgenden drei Voraussetzungen erfüllt sein müssen: der Arbeitnehmer muss zum einen zur Leistung von Arbeit verpflichtet sein, wobei Arbeit in wirtschaftlichem Sinne zu verstehen ist. Zum anderen muss die Verpflichtung zur Arbeitsleistung auf einem privatrechtlichen Vertrag oder einem gleichgestellten Verhältnis beruhen. Nach der dritten und letzten Voraussetzung muss die Arbeit schließlich im Dienst eines anderen geleistet werden (vgl. ausführlich hierzu Schaub, Arbeitsrechts-Handbuch, S. 52; in: Berscheid/Kunz/Brand, Praxis des Arbeitsrechts, Teil 2, Rn. 64 ff.; Hromadka, DB 1998, 195 ff.). Nach einer kurzen Definition von Gitter (DAR 1992, 409 ff.) ist Arbeitnehmer derjenige, der aufgrund eines **privatrechtlichen Vertrags unselbstständige Dienstleistungen** zu erbringen hat.

II. Arbeitgeber

2   **Arbeitgeber** i.S.d. Arbeitsrecht ist jeder, der einen Arbeitnehmer beschäftigt, wobei eine vorübergehende Nichtbeschäftigung unschädlich ist. Auf die konkrete Rechtsform des Arbeitgebers kommt es nicht an. Im Sozialgesetzbuch ist der Begriff des Arbeitgebers nicht definiert. Arbeitgeber i.S.d. Sozialversicherungsrechts ist derjenige, dem der Anspruch auf Arbeitsleistung zusteht, der die Arbeitsvergütung zu zahlen hat und dem der wirtschaftliche Ertrag der Arbeit zugute kommt (vgl. ausführlich hierzu Schaub, Arbeitsrechts-Handbuch, S. 98, 100).

B. Grundzüge des Schadensrechts

I. Schaden

3   **Schaden** ist jeder Nachteil, den jemand infolge eines bestimmten Vorgangs oder Ereignisses an seinen Lebensgütern (Gesundheit, körperliche Integrität, berufliches Fortkommen) oder an bestimmten Vermögensgütern erleidet (Schaub, Arbeitsrechts-Handbuch, S. 351). Für die Beurteilung, ob ein Schaden vorliegt, sind auch im Arbeitsrecht die allgemeinen Grundsätze des bürgerlichen Rechts anwendbar. Zu unterscheiden sind Vermögens- und Nichtvermögensschaden. Nach § 253 BGB ist ein Schaden, der Nichtvermögensschaden ist, nur in den vom Gesetz vorgesehenen Fällen in Geld zu erstatten (Schaub, Arbeitsrechts-Handbuch, S. 351 ff.).

II. Merkantiler Minderwert

Hat der Arbeitnehmer infolge eines Verkehrsunfalls die Schäden an dem Kraftfahrzeug zu ersetzen, so umfasst der zu ersetzende Schaden den **merkantilen Minderwert** sowie den Verlust von Schadensfreiheitsrabatten in der Kasko- und Haftpflichtversicherung (Schaub, Arbeitsrechts-Handbuch, S. 354). Wird der private Pkw eines Arbeitnehmers auf einer beruflichen Fahrt durch einen Unfall beschädigt, so kann der sog. merkantile Minderwert des reparierten und weiterhin benutzten Pkw nicht als Werbungskosten bei den Einkünften aus nicht selbstständiger Arbeit berücksichtigt werden, § 9 Abs. 1 Nr. 7 EStG (BFH v. 31.1.1992, DAR 1992, 223).

4

III. Sonstiger Schaden

Hinsichtlich der schadensrechtlichen Beurteilung des Anspruchs des Verletzten auf **Weihnachts- und Urlaubsgeld** gilt Folgendes: Schadensrechtlich ist im Regelfall davon auszugehen, dass das Weihnachts- und Urlaubsgeld – unabhängig von der arbeitsrechtlichen Beurteilung – auch ein **Entgelt für geleistete Arbeit** darstellt. Der Verletzte erleidet daher auch im Falle unfallbedingter Arbeitsunfähigkeit einen erstattungspflichtigen Schaden. Es entspricht nämlich allgemeiner Meinung, dass die Weihnachtszuwendung ein Entgelt für geleistete Arbeit darstellt und deshalb ebenso wie das Urlaubsgeld zum Verdienst des Arbeitnehmers gehört. Ist dieser unfallbedingt arbeitsunfähig, kann deshalb dafür von dem Schädiger Schadensersatz verlangt werden (BGH, VersR 1972, 566; 1986, 650, 651; OLG München, VersR 1970, 234; OLG Oldenburg, zfs 1984, 202). Bei der Frage, ob dem unfallgeschädigten Arbeitnehmer ein Anspruch wegen entgangenen Weihnachtsgeldes zusteht, bedarf es trotz der Differenzierung des BAG keiner Auslegung des jeweiligen Arbeitsvertrags. Haftungsrechtlich muss grds. davon ausgegangen werden, dass die Jahreszuwendung jedenfalls auch dazu dient, die von dem Arbeitnehmer im vergangenen Jahr geleistete Arbeit zusätzlich anzuerkennen und zu vergüten. Diese bleibt daher regresspflichtig. Der BGH hat ferner klargestellt, dass das Weihnachts- und Urlaubsgeld unter Abzug der Urlaubstage zu verrechnen ist (BGH, NJW 1996, 2296; Gerlach, DAR 1997, 217, 236).

5

Die Schadensersatzpflicht des Schädigers aus einem Verkehrsunfall umfasst auch **Fahrtkosten** der Lebensgefährtin und späteren Ehefrau des bei dem Unfall schwerwiegend verletzten Geschädigten, die für Krankenhausbesuche entstanden sind. Auch diese sind beim Kfz-Personenschaden als Heilungskosten erstattungsfähig, § 249 BGB (LG Münster, NJW 1998, 1801).

6

C. Haftung des Arbeitnehmers

I. Allgemeines

Der Arbeitnehmer hat **Vorsatz und Fahrlässigkeit** zu vertreten, wenn eine strengere oder mildere Haftung weder bestimmt noch aus dem sonstigen Inhalt des Schuldverhältnisses zu entnehmen ist, § 276 Abs. 1 Satz 1 BGB. Eine anderweitige Bestimmung kann sich aus dem **Arbeitsvertrag** ergeben. Der Begriffsumfang von Vorsatz und Fahrlässigkeit ergibt sich aus dem allgemeinen Zivilrecht. Danach handelt vorsätzlich, wer den rechtswidrigen Erfolg vorausgesehen und gewollt hat oder ihn vorausgesehen und billigend in Kauf genommen hat. Nach der im Zivilrecht h.M. setzt das intellektuelle Vorsatzelement (Voraussehen des Erfolgs) das Bewusstsein der Rechtswidrigkeit voraus. Fahrlässig handelt, wer die im Verkehr erforderliche Sorgfalt außer Acht gelassen hat, § 276 Abs. 1 Satz 2 BGB. Die Fahrlässigkeit wird nach Graden in leichte, mittlere und grobe Fahrlässigkeit unterschieden. Das Maß der objektiven Sorgfalt wird nach Gruppen abgestuft (Schaub, Arbeitsrechts-Handbuch, S. 354, 355; Berscheid/Kunz/Brand, Praxis des Arbeitsrechts, Teil 3, Rn. 669 ff.).

7

II. Haftungserleichterungen bei betrieblich veranlassten Tätigkeiten

8 Im Arbeitsrecht wurden für die Haftung des Arbeitnehmers im Arbeitsverhältnis zunächst die allgemeinen schuldrechtlichen Regelungen für die Haftung angenommen. Es folgten Bestrebungen zu einer Haftungsbeschränkung des Arbeitnehmers (vgl. hierzu die Entscheidung des BAG zu den **Grundsätzen der gefahrgeneigten Arbeit**, BAG, NJW 1969, 1796; Schaub, Arbeitsrechts-Handbuch, S. 356, 357).

9 Diese Rechtsprechung wurde mehr als zwei Jahrzehnte fortgeführt, obwohl es bei der Quotierung der Beurteilung des Verschuldens und der Abgrenzung des Begriffs der gefahrgeneigten Arbeit immer wieder zu Schwierigkeiten in der Praxis gekommen ist. Der BGH hat inzwischen die Rechtsprechung des BAG zur Haftungsbegrenzung in den Fällen der gefahrgeneigten Arbeit übernommen. Der Begriff der gefahrgeneigten Arbeit wurde entwickelt, um eine Haftungseinschränkung für Arbeitnehmer für besonders risikoreiche Arbeiten zu erreichen, da die strenge Haftung des Arbeitnehmers als ungerecht empfunden wurde und die Notwendigkeit einer Haftungserleichterung gesehen wurde (vgl. auch Langer, ZAP F. 17, S. 253). Dieser Begriff ist inzwischen überholt, ist jedoch gleichwohl noch von Bedeutung (vgl. zu der Entwicklung der Rspr. des BAG, Schaub, Arbeitsrechts-Handbuch, S. 357, 362 u. Langer, ZAP F. 17, S. 253 zu der Entwicklung der Bedeutung des Begriffs der gefahrgeneigten Arbeit).

10 Da sich der BGH in der Vergangenheit der auf gefahrgeneigte Tätigkeit begrenzten Haftungsbeschränkung des BAG angeschlossen hatte, musste der Große Senat den GmSOGB zur Vermeidung abweichender Entscheidungen anrufen; denn bei Beibehaltung der Auffassung des BGH wäre eine **divergierende Rechtsprechung** zwischen BGH und BAG eingetreten (vgl. Vorlagebeschluss des Großen Senats v. 12.10.1989, NJW 1993, 1732, in dem der Große Senat zur Klärung der Frage angerufen wurde, ob das Merkmal der Gefahrgeneigtheit einer Arbeit als Haftungskriterium noch geeignet ist, DAR 1990, 103; Jung, DAR 1991, 8). Im Laufe dieses Verfahrens schloss sich der BGH im Ergebnis der Meinung des Großen Senats des BAG an, wonach die Grundsätze der Beschränkung der Arbeitnehmerhaftung gegenüber dem Arbeitgeber für fahrlässig verursachte Schäden bei der Ausführung von Arbeiten, die durch den Betrieb veranlasst sind und aufgrund eines Arbeitsverhältnisses geleistet werden, weiter gelten sollen, ohne jedoch auf gefahrgeneigte Arbeit beschränkt zu sein. Das Kriterium der Gefahrgeneigtheit wurde als unscharf und zu eng angesehen und mit dem **Wegfall der Gefahrgeneigtheit** als Kriterium für die Arbeitnehmerhaftung erfolgte eine Ausdehnung **auf alle betrieblich veranlassten Tätigkeiten** des Arbeitnehmers (BAG, BB 1993, 1099; BGH, DB 1994, 428; Langer, ZAP F. 17, S. 253, 255; Jung, DAR 1994, 271).

11 Mit der Entscheidung vom 12.6.1992 wurde die Haftungsbeschränkung, wie sie bisher für Fälle der gefahrgeneigten Arbeit galt, auf alle Arbeiten ausgedehnt, die durch den Betrieb veranlasst sind und aufgrund eines Arbeitsverhältnisses geleistet werden. Damit wurde die Praxis von der Schwierigkeit befreit, zwischen gefahrgeneigter Tätigkeit und solcher ohne Gefahrenneigung zu unterscheiden. Die höchstrichterliche Rechtsprechung geht jetzt also **für alle betrieblich veranlassten Tätigkeiten** davon aus, dass der Arbeitnehmer für leichte Fahrlässigkeit nicht, für normale Fahrlässigkeit anteilig und für grobe Fahrlässigkeit und Vorsatz im Allgemeinen voll haftet (Langer, ZAP F. 17, S. 253, 256).

Hinsichtlich der Haftung des Arbeitnehmers gilt hierzu (vgl. auch die nachfolgenden Ausführungen): Nach den Grundsätzen über die Beschränkung **der Arbeitnehmerhaftung** hat der Arbeitnehmer nach der Entscheidung des BAG vom 23.1.1997 (NZV 1997, 352) bei grober Fahrlässigkeit i.d.R. den gesamten Schaden zu tragen, bei leichtester Fahrlässigkeit dagegen haftet er nicht, während bei normaler Fahrlässigkeit der Schaden i.d.R. zwischen Arbeitgeber und Arbeitnehmer quotal zu verteilen ist. Der Umfang der Beteiligung des Arbeitnehmers an den Schadensfolgen richtet sich – jeweils beurteilt am Einzelfall – aufgrund einer Abwägung der Gesamtumstände nach Billigkeits- und Zumutbarkeitsgesichtspunkten. Dazu zählen etwa der Grad des dem Arbeitnehmer zur Last fallenden Verschuldens, die Gefahrgeneigtheit der Arbeit, die Schadenshöhe, ein vom Arbeitgeber einkalkuliertes und durch die Versicherung deckbares Risiko sowie die Stellung des Arbeitnehmers im Betrieb und die Höhe des Arbeitsentgelts.

Auch bei **grob fahrlässiger Schadensverursachung** durch den Arbeitnehmer sind Haftungs- 12 erleichterungen indes nicht ausgeschlossen. Für die Einzelfallabwägung kann es deshalb entscheidend darauf ankommen, dass der Verdienst des Arbeitnehmers in einem deutlichen Missverhältnis zum Schadensrisiko der Tätigkeit steht (BAG, NJW 1990, 408). Von einem solchen **Missverhältnis zwischen Schaden und Verdienst des Arbeitnehmers** ist jedenfalls dann noch nicht auszugehen, wenn es nicht erheblich über einem Bruttomonatseinkommen des Arbeitnehmers liegt, wobei als Haftungsobergrenze ein Betrag von drei Bruttomonatsgehältern des betroffenen Arbeitnehmers angesetzt werden kann (vgl. BAG, NJW 1999, 966, 967 m.w.N.).

Die hier genannten Haftungserleichterungen gelten im Straßenverkehr jedoch nur für solche Fahrten, die dienstlichen Zwecken dienen. Wird ein Unfall mit einem Pkw verursacht, der vom Arbeitnehmer auch privat genutzt werden kann und wird im Rahmen der privaten Nutzung ein Unfall verursacht, kommen diese Grundsätze nicht zur Anwendung.

III. Einzelne Kriterien

1. Betrieblich veranlasste Tätigkeit

Zum Begriff der **betrieblich veranlassten Tätigkeit** ist insbesondere Folgendes beachtlich: Die 13 Teilnahme am Straßenverkehr ist mit einem erhöhten Schadensrisiko verbunden; auch der gewissenhafteste Teilnehmer kann einmal die im Verkehr erforderliche Sorgfalt außer Acht lassen. Würde der Arbeitnehmer gleichwohl für die Schadensfolgen uneingeschränkt haften, müsste auch der Lohn derart bemessen sein, dass er in der Lage wäre, derartige Schäden abzudecken. Wie das BAG mit Beschluss vom 27.9.1994 (NZA 1994, 1083) daher ausgeführt hat, entspricht es allgemeiner Rechtsüberzeugung, dass die Arbeitnehmerhaftung bei Arbeiten, die **durch den Betrieb veranlasst** sind, nicht unbeschränkt sein darf. Der Umfang der Beteiligung des Arbeitnehmers an den Schadensfolgen richtet sich im Rahmen einer Abwägung der Gesamtumstände, insbesondere von Schadensanlass und Schadensfolgen, nach **Billigkeits- und Zumutbarkeitsgesichtspunkten**. Da der Arbeitgeber wiederum nicht mit dem allgemeinen Lebensrisiko des Arbeitnehmers zu belasten ist, muss die den Schaden verursachende Tätigkeit durch den Betrieb veranlasst und aufgrund des Arbeitsverhältnisses geleistet worden sein. **Betrieblich veranlasst** sind solche Tätigkeiten des Arbeitnehmers, die ihm arbeitsvertraglich übertragen worden sind oder die er im Interesse des Arbeitgebers für den Betrieb ausführt (Nägele, NZA 1997, 1196).

2. Gesamtumstände

Die vorgenannten zu berücksichtigenden **Gesamtumstände** können hierbei u.a. sein (BAG, 14 NZA 1994, 1083; Nägele, NZA 1997, 1196):

- Grad des dem Arbeitnehmer zur Last fallenden Verschuldens,
- Gefahrgeneigtheit der Arbeit,
- Höhe des Schadens,
- vom Arbeitgeber einkalkuliertes oder durch die Versicherung deckbares Risiko,
- Stellung des Arbeitnehmers im Betrieb,
- Höhe des Arbeitsentgelts,
- persönliche Verhältnisse des Arbeitnehmers,
- Dauer seiner Betriebszugehörigkeit,

- Lebensalter und Familienverhältnisse und
- bisheriges Verhalten.

3. Haftungssystem

15 Neben der möglichen **summenmäßigen Begrenzung** des Arbeitnehmers unter Berücksichtigung der vorgenannten Kriterien ist daher die **Dreigliedrigkeit des Haftungssystems** wichtig (BAG, NZA 1994, 1083; NZA 1995, 565; Nägele, NZA 1997, 1196):

- keine Haftung des Arbeitnehmers bei fahrlässiger Schadensverursachung,
- Quotelung der Schadensverursachung in der Schuldform mittlerer Fahrlässigkeit und
- volle Haftung des Arbeitnehmers bei grob fahrlässiger oder vorsätzlicher Schadensverursachung.

4. Anteilige Haftung des Arbeitnehmers

16 Wichtig ist hier auch die Entscheidung des BAG vom 23.1.1997, in welcher das BAG lediglich eine **anteilige Haftung des Arbeitnehmers** trotz **grob fahrlässig verschuldeten Schadens** mit der Begründung rechtfertigt, dass mit zunehmender Technisierung immer mehr komplizierte Arbeitsplätze entstünden und es nicht angehen könnte, dem Arbeitnehmer auch bei grober Schadensverursachung unter Berücksichtigung seines Verdienstes das gesamte Risiko aufzubürden (BAG, NZV 1997, 352; Nägele, NZA 1997; vgl. auch LAG München, DAR 1992, 181). Nach der Rechtsprechung des BAG (Nägele, NZA 1997, 1196) ist zusammenfassend zu der vorgenannten Rechtsprechung zunächst einmal je nach Verursachungsgrad eine quotale Schadensaufteilung zwischen Arbeitgeber und Arbeitnehmer vorzunehmen und im Falle grob fahrlässiger Schadensverursachung eine Haftungsbegrenzung nach Abwägung der beiderseitigen Interessen in Betracht zu ziehen.

5. Schädigung eines betriebsfremden Dritten

17 **Zu Lasten außerhalb des Arbeitsverhältnisses stehender Dritter** ist für eine Beschränkung der Haftung des Arbeitnehmers nach Maßgabe der in der Rechtsprechung entwickelten Grundsätze **zur gefahrgeneigten Arbeit kein Raum** (BGH, NJW 1989, 3273). Schädigt der Arbeitnehmer einen betriebsfremden Dritten, haftet er diesem gegenüber im Rahmen der Außenhaftung nach allgemeinen zivilrechtlichen Grundsätzen, denn die **Haftungserleichterung** im Arbeitsverhältnis gilt nur im Innenverhältnis zwischen Arbeitnehmer und Arbeitgeber. Die Schädigung eines Dritten durch den Arbeitnehmer kann z.B. dadurch erfolgen, dass der Arbeitnehmer außerhalb der vertraglichen Verpflichtungen des Arbeitgebers aus unerlaubter Handlung haftet, weil er z.B. auf einer Dienstfahrt einen Verkehrsunfall verschuldet hat (Langer, ZAP F. 17, S. 253, 262).

IV. Aufwendungsersatzanspruch

18 Beschädigt ein Arbeitnehmer bei betrieblich veranlassten Arbeiten schuldhaft sein mit Billigung des Arbeitgebers eingesetztes Fahrzeug, kann er vom Arbeitgeber **Aufwendungsersatz** nach **§ 670 BGB** verlangen, wobei die Grundsätze der beschränkten Arbeitnehmerhaftung gelten. Dies nimmt das BAG (NZA 1997, 1346) auch dann an, wenn der Arbeitgeber das Fahrzeug vom Arbeitnehmer gemietet hat. Bei bloß leichtester Fahrlässigkeit mindert sich danach sein Aufwendungsersatzanspruch nicht (Etzel, NJW 1998, 1190, 1196).

19 Bei einer **dienstlichen Nutzung des privaten Fahrzeugs** mit Billigung des Arbeitgebers ist ein Anspruch auf Entschädigung trotz fehlender Leistungspflicht der Vollkaskoversicherung gegeben (BAG, DB 1995, 2481).

D. Haftung des Arbeitgebers

Für den Arbeitgeber kann sich eine Haftung aus § 831 BGB ergeben, wenn er durch die Auswahl des Arbeitnehmers oder bei der Beschaffung oder der Leitung der vom Arbeitnehmer ausgeübten Verrichtung nicht die im Verkehr erforderliche Sorgfalt beachtet. 20

Bei Unternehmen mit Fuhrparks und Arbeitnehmern, die in Ausübung ihrer Tätigkeit vorwiegend als Kraftfahrer unterwegs sind, kommt dabei insbesondere eine Mithaftung aufgrund von Organisationsmängeln in Betracht.

So ergibt sich aus § 31 StVZO für den Arbeitgeber als Halter von Fahrzeugen eine besondere Verantwortung für den Zustand der Fahrzeuge bei deren Inbetriebnahme. Dem Arbeitgeber kommt dabei eine **besondere Überwachungspflicht** zu. Dieser Pflicht kann sich der Arbeitgeber auch dann nicht entledigen, wenn er das Fahrzeug seinem Arbeitnehmer zum Gebrauch überlässt (BGH, VersR 1967, 1627). Der Arbeitgeber hat seine Überwachungspflicht z.B. durch **Stichproben** zu erfüllen, bei denen auch die Sachkundigkeit und die Zuverlässigkeit der Fahrer überprüft werden muss (vgl. OLG Düsseldorf VM 1989, 71, 72 m.w.N.)

Ein aktuelles Problem ergibt sind zurzeit durch das **Telefonieren während der Dienstfahrten mit Mobiltelefonen**. So kann es als Organisationsverschulden angesehen werden, wenn sich Mobiltelefone zum dienstlichen Gebrauch in einem Fahrzeug befinden und keine Dienstanweisungen zum Gebrauch von Mobiltelefonen erfolgt sind. 21

Bedeutsam ist dabei die Vorschrift des § 23 Abs. 1a StVO, wonach das Telefonieren mit Mobiltelefonen untersagt ist, wenn der Fahrer hierfür das Mobiltelefon oder den Hörer des Autotelefons aufnimmt oder hält, sofern das Kraftfahrzeug nicht steht und der Motor ausgeschaltet ist.

Ein Mitverschulden des Arbeitgebers dürfte zumindest dann nicht mehr angenommen werden, wenn sich im Fahrzeug eine Freisprechanlage oder zumindest ein Head-Set befindet und gleichzeitig spezielle Dienstanweisungen zur Benutzung des Mobiltelefons ergehen.

E. Naturalvergütung

Naturalvergütung ist jede Vergütung, die zur Abgeltung der geleisteten Dienste des Arbeitnehmers nicht in Geld gewährt wird. Eine sehr häufige Form der Naturalvergütung stellt die **Überlassung von Dienstfahrzeugen** dar. 22

Ein Fahrzeug wird dann gewöhnlich als Dienstfahrzeug bezeichnet, wenn dieses aus Anlass eines Dienstverhältnisses oder in Ausübung eines Dienstverhältnisses genutzt wird. Das Fahrzeug wird von dem Arbeitgeber zu der dienstlichen oder zu der dienstlichen und privaten Nutzung zur Verfügung gestellt, seltener jedoch zu der ausschließlichen privaten Nutzung (Nägele, NZA 1997, 1196, 1199; ders., BB 1993, 1797 ff.; s. hierzu auch Gruss, BB 1994, 71; ausführlich zur Dienstwagenproblematik in: Berscheid/Kunz/Brand, Praxis des Arbeitsrechts, Teil 2, Rn.182 ff.).

Die Überlassung des Dienstwagens wird dann zu einer Naturalvergütung, wenn der Arbeitnehmer das Fahrzeug auch für den Arbeitsweg zwischen Wohnung und Arbeitsstätte oder für private Zwecke benutzen kann (s. hierzu auch Schaub, Arbeitsrechts-Handbuch, S. 481; vgl. umfassend zu zivilrechtlichen, steuerrechtlichen und versicherungsrechtlichen Fragen im Zusammenhang mit dem Einsatz eines Dienstfahrzeugs Nägele, NZA 1997, 1196). 23

Inhalt und Ausgestaltung der Verpflichtung des Arbeitgebers unterliegen der **vertraglichen Abrede**. Die vertragliche Abrede erfolgt i.d.R. durch eine ausdrückliche vertragliche Vereinbarung (Muster dazu s. in: Berscheid/Kunz/Brand, Praxis des Arbeitsrechts, Teil 2, Rn. 1822 ff.), kann jedoch auch konkludent erfolgen. Eine Verpflichtung durch konkludentes Handeln liegt dann vor, wenn der Arbeitnehmer ein Fahrzeug privat nutzen kann, ohne dass der Arbeitgeber dafür eine Kostenbeteiligung fordert (LAG Rheinland-Pfalz, NZA 1997, 942).

24 Ist das ursprünglich zur Verfügung gestellte Fahrzeug durch Alter, Abnutzung oder wirtschaftlichen Totalschaden nicht mehr nutzbar, ist der Arbeitgeber zur **Ersatzbeschaffung** verpflichtet.

Wird der Dienstwagen einem Arbeitnehmer auch zur privaten Nutzung überlassen, so ist er diesem auch dann zu überlassen, wenn er aus persönlichen Gründen, wie z.B. einer Krankheit, verhindert ist. In Ausnahmefällen kann der Arbeitnehmer aufgrund einer arbeitsvertraglichen Nebenverpflichtung gehalten sein, den Wagen während seiner Arbeitsverhinderung an den Arbeitgeber zurückzugeben. Dies ist insbesondere dann der Fall, wenn das Fahrzeug von einer Ersatzkraft benötigt wird (Erfurter Kommentar/Preis § 611 Rn. 782).

Sofern nichts anderes vereinbart ist, endet im Fall der Erkrankung des Arbeitnehmers das Recht zur privaten Nutzung mit dem Ende des Zeitraums, in dem ihm die Entgeltfortzahlung zusteht (LAG Köln, NZA-RR 1996, 986)

25 Hat der Arbeitgeber dem Arbeitnehmer die Überlassung eines Dienstfahrzeugs auch zur privaten Nutzung vertraglich zugesagt, steht dem Arbeitnehmer im Fall der Nichterfüllung dieser Zusage wegen **unterbliebener Bereitstellung** eines **Fahrzeugs auch zur privaten Nutzung** ein Schadensersatzanspruch nach §§ 280, 283 BGB (= § 325 BGB a.F.) zu.

Verweigert der Arbeitgeber die Bereitstellung des Dienstfahrzeuges, obwohl er hierzu vertraglich verpflichtet ist, kann der Arbeitnehmer als Schadensersatz mindestens den Geldbetrag verlangen, der aufzuwenden ist, um einen entsprechenden Pkw privat nutzen zu können (BAG, NJW 1995, 348). Der Arbeitnehmer muss sich dabei nicht auf eine konkrete Schadensberechung verweisen lassen, bei der tatsächlich erbrachte Aufwendungen nachzuweisen sind. Vielmehr kann die Nutzungsentschädigung abstrakt und ohne Rücksicht auf den tatsächlichen Ausgleich, z.B. nach der **Pkw-Kostentabelle des ADAC**, berechnet werden (BAG, NJW 1995, 348, 349).

26 Vereinzelt wird die Ansicht vertreten, bei einem unberechtigtem Entzug des Dienstfahrzeuges durch den Arbeitgeber könne der Schaden nach der **Tabelle Sanden-Danner** berechnet werden (LAG Frankfurt/M., DAR 1999, 282) Dieser Meinung kann jedoch nicht zugestimmt werden, da der Gebrauchsvorteil eines zur privaten Nutzung überlassenen Dienstfahrzeuges nach spezifisch arbeitsvertraglichen Gesichtspunkten zu bestimmen ist und somit von den im Verkehrsunfallrecht maßgeblichen Tabellen abweicht (BAG, DAR 1999, 468, 468). Allerdings ist es unter diesem Gesichtspunkt durchaus gerechtfertigt, den Schadensersatz nach der Höhe der steuerlichen Bewertung der privaten Nutzungsmöglichkeit nach § 6 Abs. 1 Nr. 4 EStG zu bestimmen (BAG, a.a.O.)

Nutzt der Arbeitnehmer sein gleichwertiges privates Fahrzeug weiter, kann er von dem Arbeitgeber als Nutzungsentschädigung nur die für sein Fahrzeug aufgewendeten Kosten verlangen. Eine abstrakte Nutzungsausfallentschädigung steht ihm dann nicht zu, vielmehr hat er die von ihm getragenen Kosten konkret darzulegen (BAG, NJW 1996, 1771).

27 Wurde dem Arbeitnehmer ein Fahrzeug allein zu dienstlichen Zwecken überlassen und ist ihm eine private Nutzung nicht gestattet, so kann der Arbeitgeber jederzeit dessen Herausgabe verlangen, da der Arbeitnehmer nur Besitzdiener ist.

Wird das Fahrzeug dem Arbeitnehmer auch privat überlassen, so kann er das Fahrzeug bis zur Beendigung des Arbeitsverhältnisses nutzen. Die **Ausübung des Widerrufs** ist in diesem Fall nur nach billigem Ermessen (§ 315 BGB) zulässig, auch wenn der Widerruf vertraglich vorbehalten wurde. (BAG, AuR 1999, 111). Der Arbeitgeber handelt noch nach billigem Ermessen, wenn vor der Ausübung des Widerrufsrechts eine Kündigung sowie eine zulässige Freistellung des Arbeitnehmers ausgesprochen wurde (BAG, AuR 1999, 111).

Ein Widerruf ist insbesondere dann unbillig, wenn er auf offensichtlich unsachlichen Gründen beruht. Erfolgt ein Widerruf unter Verletzung des billigen Ermessens, so stellt dies eine Vertragsverletzung dar, die zum Schadensersatz verpflichtet.

Das Recht zur Benutzung des Dienstwagens endet mit dem **Ende des Arbeitsverhältnisses.**   28

Dies gilt auch dann, wenn der Arbeitgeber die Kündigung ausspricht und diese vom Arbeitnehmer mit der Kündigungsschutzklage angefochten wird, da hier die Rückgabe des Fahrzeugs nach den Regeln des Weiterbeschäftigungsanspruchs abzuwickeln ist (Erfurter Kommentar/Preis § 611 Rn. 782). Spricht das Arbeitsgericht dem Arbeitnehmer einen Weiterbeschäftigungsanspruch zu, so hat der Arbeitgeber das Fahrzeug wieder herauszugeben. Andernfalls befindet er sich mit der Überlassung des Dienstwagens in Verzug und schuldet Wertersatz nach § 615 BGB.

Wird ein Dienstfahrzeug auch zur privaten Nutzung überlassen so kann der Arbeitnehmer trotz eines Herausgabeanspruchs des Arbeitgebers ein Zurückbehaltungsrecht geltend machen, wenn ihm noch eine restliche Arbeitsvergütung zusteht.

Erleidet der Arbeitnehmer mit einem **privat genutzten Dienstfahrzeug** einen **Unfall,** so bestim-   29
men sich die Schadenersatzansprüche nach den Rechtsbeziehungen zum Fahrzeug. Der Schadensersatz für den Kraftfahrzeugschaden wird dabei in aller Regel dem Arbeitgeber als Eigentümer des Fahrzeuges zustehen, sofern sich nicht aus dem Nutzungsüberlassungsvertrag etwas anderes ergibt.

Für den **Nutzungsausfall** steht dem Arbeitnehmer selbst ein Schadensersatzanspruch zu, der hier nach schadensrechtlichen Gesichtspunkten beurteilt werden muss, so dass eine abstrakte Schadensberechnung nach den im Verkehrsunfallrecht maßgeblichen Tabellen, insbesondere der **Tabelle von Sanden/Danner/Küppersbusch,** erfolgen kann.

Erleidet ein Arbeitnehmer mit einem privat genutzten Dienstfahrzeug einen Unfall und entzieht ihm der Arbeitgeber nach dem Unfall die Möglichkeit der privaten Nutzung, kann dies allerdings nicht als adäquater Schaden des Unfalls gelten, da er nicht unmittelbar aus der Verletzung des Besitzrechts des Arbeitnehmers beruht. Es handelt sich hierbei nämlich um eine willkürliche Entscheidung des Arbeitgebers, die in keinem Rechtswidrigkeitszusammenhang mit der Verletzungshandlung steht (OLG Hamm, NJWE-VHR 1998, 56)

F. Arbeitsunfall

Der Verkehrsunfall des Arbeitnehmers kann sich während einer nicht arbeitsbezogenen Privatfahrt   30
ereignen, während des Wegs von seiner Arbeitsstelle und zurück und schließlich einen Verkehrsunfall bei der Arbeit selbst darstellen. Bei vielen Arbeitnehmern ist die Teilnahme am Straßenverkehr Teil der Arbeitsleistung. Tritt hierbei ein Verkehrsunfall ein, handelt es sich dabei um einen Arbeitsunfall i.S.d. § 8 SGB VII (Gitter, DAR 1992, 409 ff., 412). Die Folge ist, dass bei Körperschaden eines verunglückten Arbeitnehmers Ansprüche auf Entschädigungsleistung aus der gesetzlichen Unfallversicherung bestehen.

Der Begriff des Arbeitsunfalls setzt begrifflich einen Unfall voraus. Unfälle i.S.d. SGB VII sind   31
zeitlich begrenzte, von außen auf den Körper einwirkende Ereignisse, die zu Gesundheitsschäden oder zum Tod führen können (§ 8 Abs. 1 Satz 2 SGB VII). Arbeitsunfälle sind Unfälle, die ein Versicherter bei einer der in §§ 2, 3 oder 6 SGB VII genannten Tätigkeiten erleidet (§ 8 Abs. 1 Satz 1 SGB VII). Zu den Arbeitsunfällen zählen auch die sog. **Wegeunfälle** nach § 8 Abs. 2 SGB VII. Ein Wegeunfall liegt vor, wenn der Unfall auf dem Wege zwischen der Wohnung und der Arbeitsstätte eingetreten ist (Schaub, Arbeitsrechts-Handbuch, S. 936, 940). Ein Arbeitsunfall liegt jedoch nur dann vor, wenn der Versicherte einen Körperschaden erleidet. Körperschaden ist jede physische

oder psychische Beeinträchtigung (Schaub, Arbeitsrechts-Handbuch, S. 943; in: Berscheid/Kunz/ Brand, Praxis des Arbeitsrechts, Teil 3, Rn. 217 ff.).

Der Versicherungsschutz besteht allerdings nur dann, wenn ein innerer Zusammenhang zwischen der versicherten Tätigkeit und dem Weg besteht, auf dem sich der Unfall ereignet hat, da nur in diesem Fall das im Zusammenhang mit dem Unfall stehende Verhalten der versicherten Tätigkeit zuzurechnen ist (BSG, NJW 2002, 3275, 3276).

Ein solcher innerer Zusammenhang wird sogar dann angenommen, wenn der Versicherte aufgrund seiner Fahrweise wegen fahrlässiger oder vorsätzlicher Straßenverkehrsgefährdung verurteilt wird und die Fahrt selbst von betrieblichen Zwecken bestimmt war. (BSG, NJW 2001, 3652, 3653; NJW 2002, 3275, 3276).

Etwas anderes kann aber dann angenommen werden, wenn sich der Unfall unter Alkoholeinfluss ereignet hat. Denn die mit dem Alkoholgenuss verbundene Herabsetzung oder Aufhebung der Fahrtüchtigkeit ist generell von vornherein nicht zum Erreichen des Ortes der Tätigkeit im Straßenverkehr geeignet und damit in keiner Weise betriebsdienlich (BSG, NJW 2002, 3275, 3277).

32 Wichtig für die Frage, ob ein Arbeitsunfall vorliegt, der Versicherungsleistungen der gesetzlichen Unfallversicherung auslöst, ist auch die Entscheidung des BSG v. 19.1.1995 (NJW 1996, 867). In dieser Entscheidung ging es darum, ob ein Unfall, der sich bei der **Teilnahme an einer nichtbetrieblichen Veranstaltung** ereignet hatte, als Arbeitsunfall angesehen werden kann. Ein Arbeitsunfall setzt voraus, dass sich ein Unfall bei der versicherten Tätigkeit ereignet hat (§ 8 Abs. 1 Satz 1 SGB VII). Dazu ist i.d.R. erforderlich, dass das Verhalten, bei dem sich der Unfall ereignet, einerseits zur versicherten Tätigkeit zu rechnen ist und dass diese Tätigkeit andererseits den Unfall herbeigeführt hat; es muss also eine **sachliche Verbindung mit der Betriebstätigkeit** und dem Beschäftigungsverhältnis bestehen, die es rechtfertigt, das betreffende Verhalten der versicherten Tätigkeit zuzurechnen (BSG, VersR 1995, 603; Gerlach, DAR 1997, 217, 225).

G. Haftungsausschluss bei Arbeits- und Dienstunfällen

I. Gesetzliche Regelungen

33 Nach §§ 104 ff. SGB VII (vor dem 1.1.1997 § 636 RVO) haften der Unternehmer sowie andere im Betrieb tätige Personen anderen Personen, die im Betrieb tätig sind sowie deren Angehörigen und Hinterbliebenen für Personenschäden durch Arbeitsunfall nur bei Vorsatz oder bei Arbeitsunfällen bei der Teilnahme am allgemeinen Verkehr. Bei Sachschäden bleibt es bei den allgemeinen Vorschriften. Dieses Haftungsprivileg betrifft auch **Ansprüche nach § 7 StVG** (Jagusch/Hentschel, Straßenverkehrsrecht, § 7 StVG Rn. 61). Entscheidend ist, ob sich der Unfall in einem Bereich zugetragen hat, der im Verhältnis zum Schädiger als innerbetrieblicher Vorgang erscheint. Ein nur loser Zusammenhang mit der Betriebstätigkeit deutet auf Teilnahme am allgemeinen Verkehr. Ein Haftungsausschluss mangels Teilnahme am allgemeinen Verkehr ist z.B. ein **Unfall auf dem Arbeitgeberparkplatz**.

34 Im Bereich der gesetzlichen Unfallversicherung ist bei Arbeitsunfällen eine **Haftungsfreistellung von zivilrechtlichen Ansprüchen wegen Personenschäden** gegeben. Für Unfälle, die sich bis zum 31.12.1996 ereignet haben, greifen die Regelungen der §§ 636, 637 RVO ein. Mit Wirkung zum 1.1.1997 ist dieser Bereich durch das Gesetz zur Einordnung des Rechts der gesetzlichen Unfallversicherung in das Sozialgesetzbuch (SGB VII) eingegliedert worden. An die Stelle der Regelungen in §§ 636 ff. RVO treten für Unfälle ab dem 1.1.1997 die Bestimmungen der §§ 104 – 113 SGB VII (Berz/Burmann, Handbuch des Straßenverkehrsrechts, Rn. 1; Waltermann, NJW 1997, 3401 ff.) Die bisherigen Regelungen haben dadurch keine inhaltliche Veränderung erfahren, sondern stellen lediglich eine gesetzliche Fixierung der bisherigen ständigen Rechtsprechung dar (Gerlach, DAR 1997, 217, 222; zur **Neuregelung** der Arbeitgeber- und Arbeitnehmer-

haftung bei Arbeitsunfällen durch das SGB II vgl. die Aufsätze von Rohlfs, NJW 1996, 3177 u. Otto, NZV 1996, 473; vgl. ferner zu der teilweisen Aufhebung des Lohnfortzahlungsgesetzes mit Ablauf des 31.5.1994 und seiner Ersetzung durch das Entgeltfortzahlungsgesetz Jahnke, NZV 1996, 169 ff.).

II. Haftungsprivilegierung des Unternehmers bei Personenschaden

Die Haftung des Arbeitgebers wegen eines durch einen Arbeitsunfall herbeigeführten **Personen-** **schadens** ist nach § 104 SGB VII (vor dem 1.1.1997: § 636 RVO) eingeschränkt und löst die sog. **Haftungsprivilegierung** des Unternehmers aus. Danach ist der Unternehmer den Versicherten, die in seinem Unternehmen tätig sind, oder durch eine sonstige versicherte Tätigkeit mit dem Unternehmen in Verbindung stehen, sowie deren Angehörigen und Hinterbliebenen, auch wenn sie keinen Anspruch auf Rente haben, wegen eines durch einen Arbeitsunfall herbeigeführten Personenschadens grds. nicht schadensersatzpflichtig. Eine Ausnahme besteht nur dann, wenn der Unternehmer den Arbeitsunfall vorsätzlich herbeigeführt hat oder wenn sich ein **Wegeunfall** nach § 8 Abs. 2 Nr. 1 – 4 ereignet hat (§ 104 Abs. 1 Satz 1 SGB VII.). **35**

Hinsichtlich des Personenschadens sind aus sozialrechtlichen Gründen durch § 104 SGB VII (vor dem 1.1.1997 § 636 RVO) Ansprüche auf Zahlung eines Schmerzensgeldes aus einem Arbeitsunfall ausgeschlossen. Eine Haftungsfreistellung besteht nach der Regelung des § 104 Abs. 1 Satz 1 SGB nicht, wenn der Unternehmer den Schaden vorsätzlich oder auf einem nach § 8 Abs. 2 Nr. 1 – 4 SGB VII versicherten Weg herbeigeführt hat. **36**

Hinweis:

Vgl. speziell zu dem Thema Schmerzensgeld u.a. die folgende Literatur: Kürschner, NZV 1995, 6; Nixdorf, NZV 1996, 89; Scheffen, NZV 1994, 417.

Nach § 104 Abs. 1 Satz 1 SGB VII besteht die Haftungsfreistellung für einen Unternehmer gegen-über solchen Versicherten, die für sein Unternehmen tätig sind oder zum Unternehmen in einer sonstigen Beziehung stehen, die eine Versicherung begründen kann. **37**

Hierzu gehören Leiharbeiter sowie sog. „Wie-Beschäftigte" i.S.d. § 2 Abs. 2 SGB VII. Darunter fallen insbesondere Arbeitnehmer aus anderen Unternehmen, die im Betrieb des betroffenen Unternehmers zur Mithilfe tätig sind. In diesem Zusammenhang ist es jedoch entscheidend, ob der Geschädigte allein für den fremden „Unfallbetrieb" oder auch für seinen „Stammbetrieb" tätig war. Eine Tätigkeit , die der Verletzte für seinen Stammbetrieb erbringt, löst nämlich den Versicherungsschutz für den Unfallbetrieb selbst dann nicht aus, wenn sie diesem sogar nützlich ist (BGH, NJW 1998, 2365, 2366 m.w.N.).

Fällt die Tätigkeit eines Arbeitnehmers sowohl in den Aufgabenbereich des Stammbetriebs als auch den des Unfallbetriebs, geht die Rechtsprechung davon aus, dass der Arbeitnehmer allein zur Förderung der Interessen des Stammbetriebs tätig geworden ist (BGH, NJW 1998, 2365, 2366; NJW 1996, 2927). Die Haftungsfreistellung tritt dann nicht ein.

Ereignet sich der Unfall bei einer betrieblichen Tätigkeit und auf einem sog. Betriebsweg, dann besteht allerdings Versicherungsschutz, so dass die Haftungsfreistellung greift. Solche betriebliche Tätigkeiten sind z.B. Fahrten zu einem Kunden, Lieferfahrten oder Fahrten von der Baustelle zum Betrieb.

Zum Betriebsweg, der noch zu einer versicherten Tätigkeit zählt, gehört auch der sog. Werksverkehr, bei dem der Unternehmer Betriebsangehörige laufend mit einem werkseigenen Fahrzeug zur Betriebsstätte bringen lässt (BGH, NJW 2001, 442, 443).

38   Entfällt die Haftungsfreistellung des Arbeitgebers, so kann der Geschädigte über die Entschädigungsleistung der Unfallversicherung hinaus auch zivilrechtliche Schadensersatzansprüche (z.B. wegen Vertragspflichtverletzung gem. § 280 Abs. 1 BGB; § 823 BGB) geltend machen kann. Diese zivilrechtlichen Schadensersatzansprüche vermindern sich aber nach § 104 Abs. 3 SGB VII um die Schadensersatzleistungen, die der Geschädigte von der gesetzlichen Unfallversicherung erhält.

III. Haftungsprivilegierung von Arbeitnehmern bei Personenschaden

39   Von der Haftung freigestellt sind nach § 105 Abs.1 SGB VII auch die Personen, die durch eine betriebliche Tätigkeit einen Versicherten desselben Betriebes schädigen. Eine Haftungsfreistellung besteht auch für sog. „**Wie-Beschäftigte**" i.S.d. § 2 Abs. 2 SGB VII, also Arbeitnehmer aus einem anderen Betrieb, die im Betrieb des Geschädigten mithelfen (s. Rn. 37).

Die **Haftungsfreistellung** gilt gegenüber Versicherten „desselben Betriebes", also des Unfallbetriebs. Darunter kann auch der versicherte Unternehmer selbst fallen (Waltermann NJW 2002, 1225, 1227). Aufgrund des eindeutigen Wortlauts des § 105 Abs. 1 SGB VII gilt sie nur gegenüber Angehörigen desselben Betriebs aber nicht gegenüber Angehörigen desselben Unternehmens (Waltermann, a.a.O.).

Verlässt ein Arbeitnehmer seinen Arbeitsplatz, um nach Hause zu fahren, so liegt auch hier vom Verlassen des Arbeitsplatzes einschließlich des Wegs auf dem Werkgelände bis zum Werkstor wegen des engen Zusammenhangs mit der eigentlichen Arbeitsleistung noch eine betriebliche Tätigkeit vor (BAG, NJW 2001, 2039). Eine Beschränkung der Haftung besteht darüber hinaus gem. § 106 SGB VII für

● Personen, die sich insbesondere in Aus- und Fortbildung, zur Ablegung von Prüfungen im Betrieb befinden, sowie für Kinder in Tagesstätten, Schüler und Studenten (§ 106 Abs. 1 SGB VII),

● Pflegepersonen und Pflegebedürftige (§ 106 Abs. 2 SGB VII),

● Unternehmen zur Hilfe bei Unglücksfällen (§ 106 Abs. 3 1. Alt. SGB VII),

● Unternehmen des Zivilschutzes (§ 106 Abs. 3 2. Alt. SGB VII),

● Versicherte verschiedener Unternehmen, die vorübergehend betriebliche Tätigkeiten auf einer gemeinsamen Betriebsstätte verrichten (§ 106 Abs. 3 3. Alt. SGB VII),

● Betriebsangehörige gegenüber Personen, die sich auf der Unternehmensstätte aufhalten und die aufgrund einer Satzung versichert sind (§ 106 Abs. 4 SGB VII).

Der Begriff der gemeinsamen Betriebsstätte i.S.d. § 106 Abs. 3 3. Alt. SGB VII setzt ein bewusstes Miteinander im Arbeitsablauf voraus, das sich tatsächlich als ein aufeinander bezogenes betriebliches Zusammenwirken mehrerer Unternehmen darstellt, bei dem die einzelnen Tätigkeiten ineinander greifen und miteinander verknüpft sind (BGH, r+s 2001, 26, 28; r+s 2001, 149).

Ist ein betriebsfremder Kraftfahrer auf einem Werksgelände mit dem Beladen seines LKW beschäftigt und wird er dabei durch einen werksangehörigen Gabelstapler verletzt, dessen Fahrer nicht mit dem Beladen beschäftigt ist, so fehlt es an einem entsprechenden Zusammenwirken, so dass hier kein Haftungsausschluss i.S.d. § 106 Abs. 3 3. Alt. SGB VII vorliegt. (OLG Köln, Urt. v. 2.8.2001, 8 U 19/01).

40   Für Verletzungen unter Arbeitskollegen auf **Betriebsfahrten** gilt § 105 SGB VII (bis zum 1.1.1997 §§ 636, 637 RVO). Es erwächst bei dem Unfall kein Ersatzanspruch eines Arbeitnehmers gegen den anderen. Unfälle bei Fahrten zwischen Wohnung und Arbeitsplatz, auch in Fahrgemeinschaft, sind nach § 8 Abs. 2 SGB VII Arbeitsunfälle. Ohne Rücksicht auf die Fahrerschuld tritt die gesetzliche Unfallversicherung ein. Nur soweit sie nicht haftet, gelten die allgemeinen Vorschriften (Jagusch/Hentschel, Straßenverkehrsrecht, § 16 StVG Rn. 7).

IV. Sachschäden

Nicht eingeschränkt ist die Haftung bei durch Unfall herbeigeführten **Sachschäden** des Arbeitneh-   41
mers (Schaub, Arbeitsrechts-Handbuch, S. 935). Hinsichtlich der **Sachschäden** gilt im Wesentlichen Folgendes (Gitter, DAR 1992, 409, 414, 416):

- für die dem Arbeitgeber zugefügten Schäden gelten die allgemeinen Schadensregelungen des
  BGB mit den vorgenannten Grundsätzen der Haftungsbeschränkung; bei Verursachung eines
  Verkehrsunfalls haftet der Arbeitnehmer dem Geschädigten auch nach § 18 StVG;
- für die Schäden anderer Verkehrsteilnehmer ist die volle Schadensersatzverpflichtung des
  Arbeitnehmers im Außenverhältnis zu bejahen; im Innenverhältnis zum Arbeitgeber kann ein
  Freistellungsanspruch in Betracht kommen.

H. Steuerrecht

I. Geldwerter Vorteil

Die Überlassung eines Firmenwagens, den der Arbeitnehmer auch für private Zwecke nutzen kann   42
stellt einen Naturalbezug und damit Arbeitslohn dar (BAG, AP BGB § 249 Nr. 34). Dies gilt grds.
auch, wenn das Fahrzeug nur für Fahrten zwischen Wohnung und Arbeitsstätte überlassen wird
(BFH, DAR 2001, 236).

Die Kfz-Gestellung für Fahrten zwischen Wohnung und Arbeitsstätte ist jedoch dann nicht mehr
als Arbeitslohn anzusehen, wenn die Überlassung im ganz überwiegenden eigenbetrieblichen Interesse des Arbeitgebers erfolgt. Dies ist dann der Fall, wenn der Arbeitnehmer das Fahrzeug an solchen Tagen zur Verfügung gestellt bekommt, an denen es erforderlich werden kann, dienstliche
Fahrten, z.B. für einen Bereitschaftsdienst in Versorgungswerken, von der Wohnung aus anzutreten (BFH, DAR 2001, 236, 237).

Für die steuerliche Behandlung von Sachbezügen in der Form der **Gestellung von Kraftwagen**   43
bestehen nach der Regelung des § 6 Abs. 1 Nr. 4 Sätze 2 und 3 EStG zwei Grundmodelle (vgl.
Schaub, Arbeitsrechts-Handbuch, S. 566; Berscheid/Kunz/Brand, Praxis des Arbeitsrechts, Teil 2,
Rn. 1836 ff.):

1. Ermittlung nach § 6 Abs. 1 Nr. 4 Satz 2 EStG

Überlässt der Arbeitgeber oder aufgrund eines Dienstverhältnisses ein Dritter dem Arbeitnehmer   44
einen Kraftwagen unentgeltlich zur privaten Nutzung, so ist der darin liegende Sachbezug mit dem
Betrag zu bewerten, der dem Arbeitnehmer für die Geltung und den Betrieb eines eigenen Kraftwagens des gleichen Typs an Aufwendungen entstanden wäre. Als private Nutzung gelten auch
Fahrten zwischen Wohnung und Arbeitsstätte. Der private Nutzungsanteil wird für jeden Kalender-
monat mit **1 % des inländischen Listenpreises** zum Zeitpunkt der Erstzulassung besteuert. Für
Fahrten zwischen Wohnung und Arbeitsstätte kommen noch **0,03 % des Listenpreises** hinzu. Die
dienstlich und privat zurückgelegten Fahrtstrecken sind gesondert durch ein laufend zu führendes
Fahrtenbuch nachzuweisen.

2. Ermittlung nach § 6 Abs. 1 Nr. 4 Satz 3 EStG

Die Ermittlung der tatsächlichen Kosten des Fahrzeugs erfolgt anhand von Einzelbelegen, durch   45
die dienstlich und privat zurückgelegte Fahrtstrecken gesondert durch ein Fahrtenbuch nachgewiesen werden. Der zu versteuernde Privatanteil des Arbeitnehmers ergibt sich aus dem Anteil der Privatnutzung im Verhältnis zur Gesamtnutzung des Fahrzeuges.

46   Diese Regelungen des § 6 Abs. 1 Nr. 4 Satz 2 und Satz 3 EStG sind mit dem Argument kritisiert worden, der Wert der Privatnutzung könne dadurch zu hoch angesetzt werden und wurde deshalb z.T. als verfassungswidrig angesehen. Nach einer Entscheidung des BFH vom 24.2.2000 (DAR 2000, 329) ist die Regelung jedoch verfassungskonform.

47   Überlässt ein Unternehmer seinen Mitarbeitern auf Leasingbasis **(Fullservice)** beschaffte Fahrzeuge, die diese auch privat nutzen können, ist selbst bei Annahme einer Überlassung ohne besonders bezeichnetes Entgelt (§ 1 Abs. 1 Nr. 1 Satz 2 UStG) und der Bemessung der Kosten in entsprechender Anwendung der lohnsteuerlichen Werte nach Abschnitt 31 Abs. 7 Nr. 1 LStR 1996 (§ 10 Abs. 4 Satz 1 Nr. 2 UStG) kein Raum für einen pauschalen Abschlag i.H.v. 20 v.H. für nicht mit Vorsteuern belastete Kosten. Bei der gewählten Gestaltung „Fullservice-Leasing" entstehen dem Unternehmen nur Kosten, die mit Vorsteuern belastet sind, nämlich die monatlichen Fullservice-Leasingraten sowie Kosten für Benzin und Öl (FG Nürnberg, Beschl. v. 29.1.1998, Az. II 289/97, n.v.).

48   Beschädigt ein Arbeitnehmer auf einer beruflichen Fahrt im Zustand der absoluten Fahruntüchtigkeit ein firmeneigenes Kraftfahrzeug, begründet der Verzicht des Arbeitgebers auf die ihm zustehende Schadensersatzforderung einen **geldwerten Vorteil** des Arbeitnehmers. Der geldwerte Vorteil fließt dem Arbeitnehmer in dem Zeitpunkt zu, in dem der Arbeitgeber zu erkennen gibt, dass er keinen Rückgriff nehmen wird (BFH, BStBl. II 1992, 837; Klein, DAR 1997, 257).

II. Werbungskosten

49   Benutzt ein Arbeitnehmer für Fahrten zwischen Wohnung und Arbeitsstätte ein **Leasingfahrzeug,** dessen laufende Kosten, Wertverzehr und Sachrisiko er trägt, können nur die **Pauschbeträge** des § 9 Abs. 1 Nr. 4 Satz 2 EStG als **Werbungskosten** angesetzt werden (Klein, DAR 1997, 257, 258).

50   Verwendet ein Arbeitnehmer ein Leasingfahrzeug für berufliche Zwecke und macht er dafür die tatsächlichen Kosten geltend, gehört eine bei Leasingbeginn zu erbringende **Sonderzahlung** i.H.d. anteiligen beruflichen Nutzung des Fahrzeugs zu den **sofort abziehbaren Werbungskosten; es** handelt sich bei ihr nicht um Anschaffungskosten des obligatorischen Nutzungswerts an dem Fahrzeug, die nur in Form von Absetzungen für Abnutzung als Werbungskosten berücksichtigt werden könnten (Klein, DAR 1997, 257, 258).

51   Wird das **private Fahrzeug** eines **Arbeitnehmers** für eine **Dienstreise** verwendet und dabei **gestohlen,** kann der Arbeitnehmer die Aufwendungen infolge des dadurch verursachten Schadens als **Werbungskosten** bei seinen Einkünften aus nicht selbstständiger Arbeit abziehen. Die berufliche Veranlassung von Aufwendungen setzt im Allgemeinen voraus, dass objektiv ein Zusammenhang mit dem Beruf besteht und subjektiv die Aufwendungen zur Förderung des Berufs gemacht werden. Es ist jedoch anerkannt, dass auch unfreiwillige Ausgaben und Zwangsaufwendungen nach dem objektiven Nettoprinzip Werbungskosten darstellen können. Nach dem objektiven Nettoprinzip ist die berufliche Veranlassung eines Schadens anzunehmen, wenn der Verlust eines Gegenstands des privaten Vermögens, der kein Arbeitsmittel ist, bei dessen Verwendung für berufliche Zwecke eintritt oder wenn ein Gegenstand des privaten Vermögens, der nicht beruflich genutzt wird, aus in der Berufssphäre des Arbeitnehmers liegenden Gründen entzogen wird (BFH, BStBl. II 1993, 44; Klein, DAR 1997, 257, 258).

52   Erleidet ein Arbeitnehmer auf einer Fahrt zwischen Wohnung und Arbeitsstätte mit dem eigenen Fahrzeug einen Unfall und erhöhen sich deshalb im Folgejahr die **Beiträge zur Haftpflicht- und Kaskoversicherung,** können die Erhöhungsbeträge nicht neben den Pauschsätzen des § 9 Abs. 1 Nr. 4 Satz 2 EStG als Werbungskosten geltend gemacht werden (BFH, BStBl. II 1986, 866; Klein, DAR 1997, 257, 258).

53   Wird das private Fahrzeug eines Arbeitnehmers auf einer beruflichen Fahrt durch einen Unfall beschädigt, kann der **merkantile Minderwert** des reparierten und weiterhin benutzten Fahrzeugs nicht als Werbungkosten bei den Einkünften aus nicht selbstständiger Arbeit berücksichtigt werden (Klein, DAR 1997, 257, 258).

Führt ein Arbeitnehmer Dienstreisen mit dem eigenen Fahrzeug durch und erstattet ihm der Arbeit- 54
geber neben den Kilometerpauschsätzen die gesamten **Beiträge** für die **Fahrzeugvollversicherung,** stellt dies auch insoweit steuerpflichtigen Arbeitslohn dar, als die Versicherungsprämien auf
Privatfahrten und auf Fahrten zwischen Wohnung und Arbeitsstätte entfallen (BFH, BStBl. II 1991,
814; BStBl. II 1992, 204; Klein, DAR 1997, 257, 258).

Hat ein Arbeitgeber eine **Dienstreisekaskoversicherung** für die seinen Arbeitnehmern gehörenden 55
Kraftfahrzeuge abgeschlossen, führt die Prämienzahlung bei den Arbeitnehmern nicht zum
Lohnzufluss. Der Arbeitgeber kann in einem solchen Fall seinen Arbeitnehmern bei pauschaler
Fahrtkostenerstattung jedoch nur die um die Kosten für die Dienstreisekaskoversicherung
geminderten km-Pauschsätze des Abschn. 25 Abs. 8 Satz 3 LStR 1978 und 1981 (nunmehr
Abschn. 38 Abs. 2 LStR 1990) nach § 3 Nr. 16 EStG steuerfrei ersetzen; eine Kürzung
der km-Pauschsätze kommt bei den Arbeitnehmern nicht in Betracht, die selbst eine Fahrzeugvollversicherung für ihr Kfz abgeschlossen haben (BFH, BStBl. II 1992, 365; Klein, DAR 1997, 257,
258).

Nach Klein (DAR 1997, 257, 258) zeigen die Entscheidungen zum Werbungskostenabzug deut- 56
lich, dass die deutsche Regelung der Fahrten zwischen Wohnung und Arbeitsstätte zu einer erheblichen Komplizierung **des Lohn- und Einkommensteuerrechts** führt (Klein, DAR 1997, 257,
258).

Abschnitt 2: Rechtsprechungslexikon

ABC des Arbeitsrechts

57 Nachfolgend sind in alphabetischer Reihenfolge Stichwörter sowie Kernaussagen einschlägiger Entscheidungen zu speziellen Einzelproblemen dargestellt. Die hinter dem jeweiligen Stichwort abgedruckten Zahlen verweisen auf die Randnummern zu den betreffenden Ausführungen im systematischen Teil, die mit einem Pfeil versehenen Stichwörter verweisen auf weitere Ausführungen im Lexikonteil.

Arbeitsunfall 30

Tritt der Verkehrsunfall des Arbeitnehmers bei der Teilnahme am Straßenverkehr ein, welcher Teil der Arbeitsleistung ist, liegt ein Arbeitsunfall i.S.d. § 548 RVO vor.
BSG, NJW 1996, 867

Aufwendungsersatz 18

Beschädigt ein Arbeitnehmer bei betrieblich veranlassten Arbeiten schuldhaft sein mit Billigung des Arbeitgebers eingesetztes Kfz, kann er von dem Arbeitgeber Aufwendungsersatz gem. § 670 BGB verlangen; es gelten die Grundsätze der beschränkten Arbeitnehmerhaftung.
BAG, NZA 1997, 1346

Beiträge für Fahrzeugvollversicherung 54

Führt ein Arbeitnehmer Dienstreisen mit dem eigenen Kfz durch und erstattet ihm der Arbeitgeber neben den Kilometerpauschsätzen die gesamte Beiträge für die Fahrzeugvollversicherung, stellt dies auch insoweit steuerpflichtigen Arbeitslohn dar, als die Versicherungsprämien auf Privatfahrten und auf Fahrten zwischen Wohnung und Arbeitsstätte entfallen.
BGH, BStBl. II 1992, 204

Beschädigung eines geleasten Dienstwagens 29

Zu Lasten außerhalb des Arbeitsverhältnisses stehender Dritter ist für eine Beschränkung der Haftung des Arbeitnehmers nach Maßgabe der in der Rechtsprechung entwickelten Grundsätze zur gefahrgeneigten Arbeit kein Raum.
BGH, NJW 1989, 3273

Beschränkung der Arbeitnehmerhaftung 11

Im Rahmen der Beschränkung der Arbeitnehmerhaftung sind die Gesamtumstände nach Billigkeits- und Zumutbarkeitsgesichtspunkten abzuwägen.
BAG, NZV 1997, 352

Betrieblich veranlasste Arbeit 13

Als betrieblich veranlasst werden derartige Tätigkeiten des Arbeitnehmers angesehen, welche ihm arbeitsvertraglich übertragen worden sind oder die er im Interesse des Arbeitgebers für den Betrieb ausführt.
BAG, NZA 1994, 1083; BAG, NZA 1995, 565; BAG, NVZ 1997, 352

Fahrtkosten für Krankenhausbesuche 6

Die Schadensersatzpflicht des Schädigers aus einem Verkehrsunfall umfasst auch die Fahrtkosten der Lebensgefährtin und späteren Ehefrau des bei dem Unfall schwerwiegend verletzten Geschädigten, die für Krankenhausbesuche entstanden sind. Auch diese sind beim Kfz-Personenschaden als Heilungskosten erstattungsfähig, § 249 BGB.
LG Münster, NJW 1998, 1801

Fullservice-Leasing 47

Überlässt ein Unternehmer seinen Mitarbeitern auf Leasingbasis beschaffte Kfz, welche diese auch privat nutzen können, ist kein Raum für einen pauschalen Abschlag i.H.v. 20 v.H. für nicht mit Vorsteuern belastete Kosten. Bei der Gestaltung „Fullservice-Leasing" entstehen dem Unternehmen nur Kosten, die mit Vorsteuern belastet sind, nämlich die monatlichen Fullservice-Leasingraten sowie Kosten für Benzin und Öl.
FG Nürnberg, Beschl. v. 29.1.1998, Az. II 289/97

Gefahrgeneigte Arbeit 8

Der Begriff der gefahrgeneigten Arbeit, mit welchem eine Haftungseinschränkung für Arbeitnehmer für besonders risikoreiche Arbeiten erreicht werden sollte, ist inzwischen überholt, gleichwohl jedoch noch von Bedeutung. Entscheidend für die Arbeitnehmerhaftung ist nunmehr das Kriterium der betrieblich veranlassten Tätigkeit.
BAG, NJW 1969, 1796; Vorlagebeschluss des Großen Senats v. 12.10.1989, NJW 1993, 1732
Haftung des Arbeitnehmers gegenüber Dritten.
BGH, NJW 1989, 3273

Geldwerter Vorteil privat genutzter Dienstfahrzeuge 42-48

1. Stellt der Arbeitgeber seinem Arbeitnehmer ein Kfz für Fahrten zwischen Wohnung und Arbeitsstätte zur Verfügung, so ist der darin liegende Vorteil in aller Regel als Arbeitslohn zu erfassen.

2. Erweist sich die Kfz-Gestellung jedoch unter objektiver Würdigung aller Umstände des Einzelfalles ausnahmsweise lediglich als notwendige Begleiterscheinung betriebsfunktionaler Zielsetzungen des Arbeitgebers, so wird der Vorteil nicht „für" die Beschäftigung gewährt und stellt deshalb keinen Arbeitslohn dar.

3. Die Überlassung eines Werkstattwagens zur Durchführung von Reparaturen an Energieversorgungseinrichtungen im Rahmen einer Wohnungsrufbereitschaft führt auch dann nicht zu Arbeitslohn, wenn das Fahrzeug in dieser Zeit für Fahrten zwischen Wohnung und Arbeitsstätte zur Verfügung steht.
BFH, DAR 2001, 236

Grobe Fahrlässigkeit 7

1. Wer als Berufskraftfahrer wegen Nichtbeachtung einer auf „Rot" geschalteten Lichtzeichenanlage einen Verkehrsunfall verursacht, haftet in aller Regel dem Arbeitgeber wegen grob fahrlässig begangener positiver Vertragsverletzung für den dadurch verursachten Schaden.

2. Auch bei grober Fahrlässigkeit sind Haftungserleichterungen zugunsten des Arbeitnehmers nicht ausgeschlossen, wenn der Verdienst des Arbeitnehmers in einem deutlichen Missverhältnis zum verwirklichten Schadensrisiko der Tätigkeit steht (Fortführung von BAGE 63, 127).

   Liegt der zu ersetzende Schaden nicht erheblich über dem Bruttomonatseinkommen des Arbeitnehmers, besteht zu einer Haftungsbegrenzung keine Veranlassung.
BAG, NJW 1999, 966

Haftungsbeschränkung bei Wegeunfall 31-34

Das Verlassen des Arbeitsplatzes einschließlich des Wegs auf dem Werksgelände bis zum Werkstor stellt regelmäßig noch eine betriebliche Tätigkeit i.S.d. § 105 Abs. 1 SGB VII dar. Der Weg von dem Ort der Tätigkeit (§ 8 Abs. 2 SGB VII) beginnt mit dem Durchschreiten oder Durchfahren des Werktors.
BAG, NJW 2001, 2039

Haftungsbeschränkung bei Werksverkehr

1. Führt der Unternehmer den Versicherungsfall auf einem Weg herbei, den der Versicherte im Zusammenhang mit der versicherten Tätigkeit nach und von dem Ort der Tätigkeit zurücklegt, so ist er gemäß § 104 Abs. 1 S. 1 SGB VII nicht zum Ersatz des Personenschadens verpflichtet, wenn die Beförderung des Versicherten in den Betrieb eingegliedert war.

2. Die Entsperrung der Haftungsbeschränkung gem. § 104 Abs. 1 Satz 1 letzter Halbs. Alt. 2 SGB VII greift bei einem Unfall auf einem solchen Betriebsweg nicht ein.

BGH, NJW 2001, 442

Merkantiler Minderwert   4, 53

Bei Beschädigung des privaten Kfz eines Arbeitnehmers auf einer beruflichen Fahrt durch einen Unfall erfolgt keine Berücksichtigung des merkantilen Minderwerts des reparierten und weiterhin benutzten Kfz als Werbungskosten bei den Einkünften aus nicht selbstständiger Arbeit.

BFH, DAR 1992, 223

Privatnutzung des Fahrzeugs   29

Vereitelung.

OLG Hamm, NZV 1998, 158

Quotale Verteilung des Schadens   16

Der Arbeitnehmer haftet trotz eines grob fahrlässig verschuldeten Schadens lediglich anteilig; das gesamte Risiko kann ihm angesichts zunehmender Technisierung der Arbeitsplätze nicht auferlegt werden.

BAG, NZV 1997, 352

Schmerzensgeld   34

Die Regelung, dass Ansprüche auf Zahlung von Schmerzensgeld aus einem Arbeitsunfall aus sozialrechtlichen Gründen bei einem Personenschaden ausgeschlossen sind, wenn der Schädiger nicht vorsätzlich gehandelt hat, verstößt nicht gegen das Grundgesetz.

BVerfGE 34, 118

Verzicht des Arbeitgebers auf Schadensersatzforderung   48

Bei Beschädigung eines firmeneigenen Kfz durch einen Arbeitnehmer auf einer beruflichen Fahrt im Zustand der absoluten Fahruntüchtigkeit begründet der Verzicht des Arbeitgebers auf die ihm zustehende Schadensersatzforderung einen geldwerten Vorteil des Arbeitnehmers, welcher diesem in dem Augenblick zufließt, in welchem der Arbeitgeber zu erkennen gibt, dass er keinen Rückgriff nehmen werde.

BFH, BStBl. II 1992, 837

Wegeunfall   31

1. Der Unfallversicherungsschutz auf dem Weg zur Arbeit wird nicht dadurch ausgeschlossen, dass der Versicherte aufgrund seiner Fahrweise wegen vorsätzlicher Straßenverkehrsgefährdung bestraft wird, auch wenn der Unfall auf dieser Verhaltensweise beruht.

2. Im Gegensatz zum Fahren unter Alkoholeinfluss ist eine grob verkehrswidrige und rücksichtslose Fahrweise im Allgemeinen zum Erreichen der Arbeitsstätte geeignet und damit betriebsdienlich.

BSG, NJW 2002, 3275

Weihnachts- und Urlaubsgeld   5

Schadensrechtlich ist im Regelfall davon auszugehen, dass das Weihnachts- und Urlaubsgeld unabhängig von der arbeitsrechtlichen Beurteilung auch ein Entgelt für geleistete Arbeit darstellt.Der Verletzte erleidet daher im Falle unfallbedingter Arbeitsunfähigkeit einen erstattungspflichtigen Schaden.

BGH, NJW 1996, 2296

Werbungskosten 49

Bei Diebstahl des für eine Dienstreise verwandten privaten Kfz eines Arbeitnehmers kann dieser die Aufwendungen infolge des dadurch verursachten Schadens als Werbungskosten bei seinen Einkünften aus nicht selbstständiger Arbeit abziehen.
BFH,
BStBl. II 1993, 44

Teil 13: Sachverständigenwesen und Unfallrekonstruktion

Inhaltsverzeichnis

Literatur:

Barth/Gutsch/Wiesbaum, Der Kienzle UDS – Auswertungen von Referenzunfällen zur Qualifizierung des Systems. Verkehrsunfall und Fahrzeugtechnik 32, 1994 H 1; *Bayerlein,* Praxishandbuch Sachverständigenrecht, München 1990; *ders.,* „Todsünden des Sachverständigen. Institut für Sachverständigenwesen e. V., Bonn 1990; *Bayerlein/Bleutgen/Busch,* Die Zusammen-
arbeit mehrerer Sachverständiger und die Einschaltung von Hilfskräften. Schriftenreihe des Instituts für
Sachverständigenwesen e. V., Band 5, Köln 1992; *Burg/Rau,* Handbuch der Verkehrsunfallrekonstruktion, Kippenheim 1981;
Danner/Halm, Technische Analyse von Verkehrsunfällen, Wien 1994; *Jakubasch,* Nachschlagewerk für Sachverständige der
Kraftfahrzeuge, des Kraftfahrzeugverkehrs und der Straßenverkehrsunfälle – Loseblattsammlung (unter Mitarbeit von
M. Stephan, F. Haldi, T. Wagner), Dresden 1998; *Meyer/Höver/Bach,* Gesetz über die Entschädigung von Zeugen und Sach-
verständigen, Köln, 20. Aufl. 1997; *Müller K.,* Der Sachverständige im gerichtlichen Verfahren. Handbuch des Sachverständi-
genbeweises, Heidelberg, 3. Aufl. 1988; *Weber,* Die Aufklärung des Kfz-Versicherungsbetrugs. Schriftenreihe Unfallrekonstruktion, c/o Ingenieurbüro Schimmelpfennig + Becke, Münster 1995; *Wissmann,* Die Liberalisierung der technischen
Fahrzeugüberwachung hat sich bewährt, Der Sachverständige 1998, Heft 7 –8, 9.

Abschnitt 1: Systematische Erläuterungen

A. Einführung[1]

Der Kfz-Sachverständige hat technische Probleme zu lösen und zu bearbeiten. Er erbringt gewis- 1
sermaßen für die Gerichte und Anwälte Hilfsleistungen, d.h. er macht für den Juristen und andere
Prozessbeteiligten die technischen Prozesse, Abläufe und Sachverhalte in verständlicher Form
transparent, damit auf der Basis realer technischer Zusammenhänge richtige rechtliche Entscheidungen getroffen werden können. Rechtlich und technisch einfach erscheinende Fälle erweisen
sich oftmals als **komplizierte technische Verknüpfungen**, die durch den Sachverständigen aufgeklärt werden müssen, damit der Richter in die Lage versetzt wird, auf der Basis der Realität richtige und gerechte Entscheidungen zu treffen.

Jeder Jurist, der als Auftraggeber an den Sachverständigen die Beweisaufgabe formuliert und die 2
Anknüpfungstatsachen auswählt, sollte sich bei komplizierten Fällen durch den Sachverständigen
beraten lassen. Die Vorteile einer guten Zusammenarbeit der Gerichte und Anwälte mit den Sachverständigen soll in den folgenden Ausführungen herausgestellt werden, um im Interesse der
Wahrheitsfindung alle Voraussetzungen zu schaffen.

Es wird aus der Sicht des Sachverständigen versucht, die für die ungehinderte Arbeit des Sachver- 3
ständigen nicht immer scharf erkennbaren gesetzlichen Grenzbereiche durch logische und rationelle Betrachtungen zum Vorteil der ordnungsgemäßen Aufgabenerfüllung aufzuweiten. Zum weiteren Verständnis wird als Beispiel hierzu ausgeführt: Im § 5 der StVO [**Überholen**] wird
ausgeführt, dass das Überholen bei unklarer Verkehrslage unzulässig ist. Der Sachverständige hat
in diesem Zusammenhang die Aufgabe für den Juristen den technischen Nachweis zu erbringen,
z.B. durch Nennen von Wahrnehmungshindernissen (z.B. Sichtbegrenzung durch Bodensenken
und Kurven), dass damit die unklare Verkehrslage begründet wird. Dabei wird nachfolgend
berücksichtigt, dass der Sachverständige sich ausschließlich im Feld der naturwissenschaftlich-
technischen Betrachtungen bewegt und sich von jeglicher rechtlichen Würdigung fern hält.

Die Arbeitsmöglichkeiten sowie die Arbeitsweise des Sachverständigen, mit dem **Schwerpunkt** 4
der Unfallrekonstruktion, werden aufgezeigt und diskutiert. Insbesondere geht es auch darum,
für den Juristen das Arbeitsfeld des Sachverständigen in seiner Breite und bezüglich seiner Möglichkeiten erkennbar zu gestalten. Deshalb ist der Teil der Unfallrekonstruktion im Überblick dargestellt und dringt nicht so in die Tiefe ein, wie es für ein spezielles Nachschlagewerk für den
Sachverständigen notwendig wäre. Mit grafischen Darstellungen und Blockbildern werden Zusammenhänge und Informationen übersichtlich in konzentrierter Form erklärt.

Mit den folgenden Ausführungen ist das große Gebiet des Sachverständigenwesens und der Unfallrekonstruktion nicht nach dem Vollständigkeitsprinzip dargestellt, sondern die Ausführungen sollen einen praxisorientierten Überblick sowie Anregungen für den Juristen und Sachverständigen
vor allem bezüglich ihrer Zusammenarbeit geben.

---

1 Der Autor dankt Dipl.-Ing. Mario Stephan, Ing.-Päd. Frank Haldi und Dipl.-Ing. (FH) Thomas Wagner für ihre Mitarbeit.
Für die Mitwirkung an der Überarbeitung für die 2. Auflage dankt der Autor Dipl.-Ing. Lutz Leithold.

B. Anforderungen und Aufgaben des Sachverständigen im Verkehrsbereich

I. Sachverständigenwesen in der BRD und in den Ländern der Europäischen Union

5 Die Leistungsfähigkeit eines hoch entwickelten Industriestaates ist nur gegeben, wenn sich die Mobilität des Menschen und die Transportprozesse im Rahmen der notwendigen Restriktion frei entwickeln können. Die Mobilität ist eine Lebensvoraussetzung und ein Lebensbedürfnis der Menschen. Durch diese Bedingungen hat sich in unserer Gesellschaft die massenhafte Mobilität, insbesondere auch als individuelle Mobilität entwickelt. Als Entwicklungsschwerpunkt sind dabei besonders die **Pkw- und Zweiradmobilität sowie die Straßentransporte mit dem Lkw** zu sehen. Um Beeinträchtigungen und nachteilige Wirkungen aus den Verkehrsabläufen auf einem Minimum zu halten, müssen wirksame Regeln in Form von Gesetzen mit aller Konsequenz zur Anwendung kommen.

6 Die Gesellschaft hat die Durchsetzung der Gesetze vornehmlich in die Hand von Juristen gelegt, die aber für ihr Wirksamwerden eine tiefgründige Einsicht in die sich nach **technischen Regeln und Gesetzmäßigkeiten vollziehenden Verkehrsabläufe** sowie Fahr- und Bewegungsbedingungen der Verkehrsteilnehmer benötigen. Weitere Einsichten müssen die Juristen in die Gestaltung, Funktionen und Betriebszustände unter den jeweiligen Bedingungen sowie Leistungsgrenzen der Verkehrstechnik für ihre Arbeit bekommen. Für die Rechtsprechung ist es deshalb unerlässlich, dass die Gerichte und Anwälte eng mit Sachverständigen der jeweils benötigten Fachgebiete zusammenarbeiten.

7 Früher wurden den Gerichten die Sachverständigeninformationen durch Fachleute, die nicht hauptberuflich im Sachverständigenwesen sondern in der Wirtschaft tätig waren, gegeben. Durch die schnelle Entwicklung im Verkehrswesen der letzten 30 Jahre, hat sich in der Bundesrepublik Deutschland, insbesondere im Kraftfahrzeugsachverständigenwesen mit der Straßenverkehrsunfallanalyse **und -rekonstruktion** ein eigenständiges Tätigkeitsfeld für Kraftfahrzeugtechniker, Verkehrstechniker u.a. herausgebildet. Die Notwendigkeit der Herausbildung und Entwicklung eines eigenständigen Sachverständigenwesens war auch dadurch gegeben, dass die Sachverständigen aus der Wirtschaft von ihren Betrieben bzw. Arbeitsstellen oftmals keine Genehmigung für eine nebenberufliche Tätigkeit bekamen.

8 Die unabhängigen Sachverständigen arbeiten hauptberuflich als Freiberufler – oftmals mit Hilfskräften – in eigenen Ingenieurbüros an verschiedenen Aufgaben im Verkehrswesen. Meistens sind die einzelnen Sachverständigen auf bestimmte Fachkomplexe, wie **Kfz-Schäden, Straßenverkehrsunfallrekonstruktion** u.a. spezialisiert. Die Sachverständigen können auch zur Einsparung von Investitions- und Betriebskosten sowie zur Verbesserung des umfassenden Leistungsangebotes in Sozietäten o.a. Organisationsformen zusammenarbeiten. Darüber hinaus sind die Sachverständigen oftmals zum Zweck der Weiterbildung und zur Weiterentwicklung ihres Berufsstandes freiwillige Mitglieder in regionalen oder zentralen Berufsverbänden und Arbeitsgemeinschaften von Sachverständigen.

Hierzu gehören z.B.

● Europäischer Verein für Unfallforschung und Unfallanalyse e.V. – (EVU).

● Bundesverband der freiberuflichen und unabhängigen Sachverständigen für das Kraftfahrzeugwesen e.V. – BVSK.

Die **unabhängige, selbstständige und eigenverantwortliche Arbeitsweise der Sachverständigen** wird aber durch die o.g. Formen der Zusammenarbeit generell nicht zum Nachteil beeinflusst.

Neben den o.g. Sachverständigen gibt es in Deutschland eine weitere Kategorie von Sachverständi- 9
gen, die **öffentlich bestellten Sachverständigen.** Diese Sachverständigen müssen ähnlich wie die
zuvor genannten Sachverständigen qualifiziert sein und von einer öffentlich-rechtlichen Institution,
wie z.B. der Industrie- und Handelskammer bestellt und i.d.R. auch vereidigt worden sein. Die
öffentliche Bestellung von Sachverständigen erfolgt meistens in einem Prüfungsverfahren, in dem
der Sachverständige **besondere Sachkunde,** Objektivität und Vertrauenswürdigkeit nachweisen
muss. In solchen Prüfungsverfahren wird vor allem die spezielle Eignung als Sachverständiger
geprüft. Die fachliche Eignung ist bei den öffentlich bestellten aber nicht unbedingt besser, als bei
den zuvor genannten Sachverständigen. Die **öffentlich bestellten Sachverständigen** werden allerdings als **Gerichtsgutachter** vielfach vorgezogen (s. auch Rn. 15 ff.). Im Übrigen wird das Verfahren zur öffentlichen Bestellung von Sachverständigen nur in Deutschland angewandt. Die Grundlagen der öffentlichen Bestellung können den **Sachverständigenordnungen** der jeweiligen
Industrie- und Handelskammern entnommen werden (z.B. Sachverständigenordnung der Industrie-
und Handelskammer Dresden v. 20.3.2002 gem. § 36 GewO i.V.m. § 7 des Gesetzes zur Ausführung
und Ergänzung des Rechts der Industrie- und Handelskammern im Freistaat Sachsen).

Seit einiger Zeit gibt es noch eine dritte Kategorie von Sachverständigen, die nach der Europäi- 10
schen Normreihe 45 000 **zertifizierten Sachverständigen.** Zwischen diesen und den öffentlich
bestellten Sachverständigen gibt es kaum fachlich differenzierte und qualitative Unterschiede.
Trotzdem hat es der Gesetzgeber in der Bundesrepublik Deutschland bis jetzt versäumt, den zertifizierten Sachverständigen in den regulären Bereich (nach GewO § 36) zu übernehmen (s. auch
Rn. 15 ff.).

Weiterhin gibt es die amtlich anerkannten Sachverständigen, welche in **Sachverständigen-Orga-** 11
nisationen, wie z.B. TÜV und DEKRA arbeiten. Die ursprünglichen Aufgaben dieser Sachverständigen lagen im Kfz-Prüfwesen. Zu diesen Aufgaben gehören vor allem die Kontrolle und Abnahme
von neuen Kraftfahrzeugen und Kraftfahrzeugteilen. Diese Aufgaben werden in ihrer Gesamtheit
als Typprüfung bezeichnet. Nicht in Serie gefertigte Fahrzeugeigenbauten werden i.d.R. dem **Ein-**
zelprüfverfahren durch diese Organisationen unterzogen. Der Abschluss solcher Prüfverfahren
erfolgt durch die Erteilung einer **amtlich anerkannten Betriebserlaubnis.**

Die Sachverständigen der o.g. Organisationen dürfen i.d.R. nur im Auftrag ihrer Organisationen
tätig werden.

Weitere Aufgaben im Kfz-Prüfwesen sind die Durchführung der **Hauptuntersuchungen** nach § 29 12
der StVZO, die Prüfung von Fahrzeugum- und -anbauten sowie die Wiederinbetriebnahme (Wie-
derzulassung) von Fahrzeugen, z.B. nach schweren Verkehrsunfällen. In letzter Zeit werden vor
allem die Hauptuntersuchungen nach § 29 der StVZO auch von solchen freien, unabhängigen Sachverständigen durchgeführt, die hierzu eine gesonderte Ausbildung erhalten und einen entsprechenden Vertrag mit einer amtlich zugelassenen Sachverständigen- Organisation abgeschlossen haben.

Die Sachverständigen-Organisationen haben in letzter Zeit auch Aufgaben übernommen, welche 13
ursprünglich den freien, unabhängigen Sachverständigen vorbehalten waren. Dazu gehören z.B.
die **Straßenverkehrsunfallrekonstruktion** und die Erarbeitung von **Schadens- und Wertgutach-**
ten der Kraftfahrzeuge. Die Bewertung dieser Sachverständigengutachten durch die Sachverständigen-Organisationen ist nicht immer unproblematisch. So wird oftmals gegen den **Grundsatz der**
Höchstpersönlichkeit, wie er in der Sachverständigenordnung gefordert ist, verstoßen, indem der
Auftrag zur Gutachtenerstellung an die Organisation und nicht an einen bestimmten Sachverständigen der betreffenden Organisation gegeben wird. Innerhalb der Organisation wird dann ein Sachverständiger von der Leitung beauftragt. Ob dieser dann weisungsfrei arbeiten kann, ist nicht in
jedem Fall nachweislich. Oftmals kommt es auch vor, dass ein anderer Sachverständiger der Organisation vor Gericht auftritt, als derjenige, der das Gutachten schriftlich erstattet hat.

Das Sachverständigenwesen wird in der Bundesrepublik Deutschland oft kritisiert, da es zu viel- 14
gestaltig und zu wenig transparent für den Nutzer ist. Weiterhin wird bemängelt, dass für die
Zulassung der Sachverständigen kein zwingend einheitliches Vorschriftenwerk vorliegt.

Richtig dürfte sein, dass gerade das Sachverständigenwesen vielgestaltig und weitgehend frei von Zwängen sein muss. Nur so kann für die vielen unterschiedlichen Aufgaben der richtige Sachverständige ausgewählt werden, wodurch die freie und unabhängige Gutachtertätigkeit möglich ist.

II. Arbeitsweise und Aufgabengebiete des Sachverständigen im Verkehrsbereich

1. Kennzeichen des Sachverständigen

15   Der Sachverständige hat i.d.R. aufgrund einer systematischen Berufsausbildung bzw. eines Studiums, einen oder mehrere nachgewiesene Berufsabschlüsse. Diese sind oftmals, wie der Berufsabschluss Diplomingenieur und die weiteren akademischen Grade gesetzlich geschützt. Er sollte in seinem Fachgebiet über spezielle Erfahrungen und überdurchschnittliche Kenntnisse verfügen. Bezüglich seiner Persönlichkeit muss er eine **Eignung als Sachverständiger** besitzen. Dazu gehört u.a. die Integrität seiner Persönlichkeit. In seiner Tätigkeit sollte der Sachverständige die im *Bild 1* (s. Rn. 19) dargestellte Basis ohne Einschränkungen beachten und seine Mentalität auf diese Bedingungen ausrichten. Dabei ist es völlig gleich, ob der Sachverständige ein Gerichtsgutachten oder ein Parteiengutachten erstattet. Selbst für die auftraggebende Partei hat das Gutachten den größten Nutzen und oftmals überhaupt nur einen Wert, wenn es unparteiisch erstattet wird. Der Sachverständige soll seine Arbeit **unabhängig, unparteiisch und nach bestem Wissen und Gewissen** vornehmen. Eine Reglementierung des Sachverständigen ist gleichbedeutend mit der Missachtung des zuvor Genannten.

16   Der Sachverständige sollte die Regeln für das Auftreten vor Gericht beherrschen. Er muss sich insbesondere darüber im Klaren sein, dass er für die Richter und Anwälte Hilfsleistungen zu erbringen hat, die sich ausschließlich auf die **realitätsnahe Aufklärung und Darstellung** von Prozessen, Abläufen und Sachverhalten innerhalb des zu vertretenden Fachgebietes beziehen. Die Darlegungen müssen allgemein verständlich und für Fachleute des Fachgebietes nachvollziehbar sein, das bedeutet, dass auf der Basis der Anknüpfungstatsachen und unter Einbeziehung naturwissenschaftlicher Gesetzmäßigkeiten die Ergebnisse mit verständlicher Beweisführung untersetzt werden. Die vom Gericht oder vom Auftraggeber vorgegebene **Aufgabenstellung** und die **Anknüpfungstatsachen** sind vom Sachverständigen genau zu beachten. Grds. darf der Kfz-Sachverständige keine rechtlichen Wertungen bzw. Würdigungen sowohl in seine Gutachten, als auch in die mündlichen Darlegungen vor Gericht einbeziehen, um nicht wegen **Befangenheit** abgelehnt zu werden. Zeugenaussagen sind nicht durch den Sachverständigen zu würdigen, sondern dies obliegt der rechtlichen Würdigung. Der Sachverständige kann lediglich seine auf der Sachverständigenbasis ermittelten Ergebnisse mit den Zeugenaussagen vergleichen, um damit für die juristische Würdigung eine Unterstützung zu geben.

17   Durch die 1995 in Kraft getretene Novelle zu § 36 GewO hat künftig **jeder Sachverständige** einen **Anspruch auf öffentliche Bestellung,** wobei eine Bedürfnisprüfung nicht mehr stattfindet. Auch Angestellte von Sachverständigen, Sachverständigenorganisationen und Technischen Überwachungsvereinen können bezüglich festgelegter Fachgebiete, wie z.B. die Straßenverkehrsunfallrekonstruktion öffentlich bestellt werden. Hierfür ist die Erfüllung bestimmter Voraussetzungen unbedingt erforderlich.

18   Öffentlich bestellte Sachverständige können sich in verschiedenen Formen zusammenschließen bzw. zusammenarbeiten, wenn bestimmte Grundsätze der Tätigkeit als Sachverständiger Beachtung finden. Eine Zusammenarbeit von Sachverständigen kann in Sozietäten oder auch in einer GmbH erfolgen. Der Inhalt des Eides ist durch die Novelle zum § 36 GewO erweitert worden, so dass dieser sich nicht nur auf die eigentliche Gutachtenerstattung sondern auf alle Sachverständigenäußerungen und Aufgaben erstreckt.

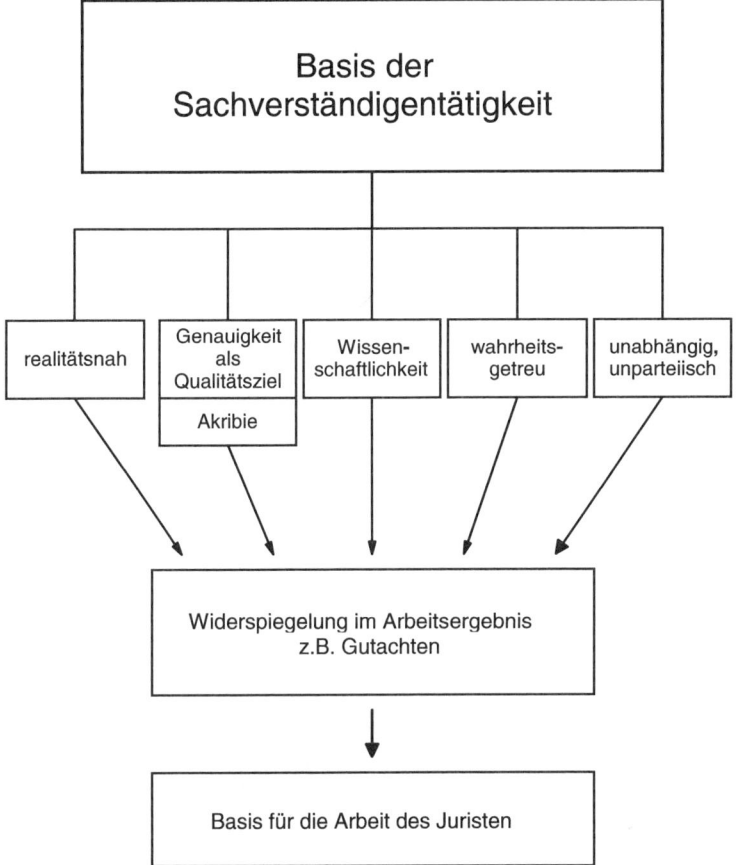

Bild 1: Basis der Sachverständigentätigkeit

Der öffentlich bestellte und vereidigte Sachverständige verfügt über einen **Ausweis,** der im   19
Wesentlichen die Personalien des Sachverständigen, das Fachgebiet bzw. Sachgebiet und den
Namen der Bestellbehörde enthält. Zusätzlich verfügt der öffentlich bestellte und vereidigte Sachverständige über einen Rundstempel, der den Namen des Sachverständigen, die Bezeichnung „Öffentlich bestellter und vereidigter Sachverständiger", das Fachgebiet und den Namen der Bestell-
institution enthält. Der öffentlich bestellte Sachverständige ist verpflichtet, diesen Rundstempel für
jede Sachverständigenausarbeitung, die er als öffentlich bestellter und vereidigter Sachverständiger
ausführt, zu nutzen. Ähnlich ist die Verfahrensweise bei der Führung der Bezeichnung „**Zertifi-
zierter Sachverständiger**" nach DIN EN 45013, die einem Sachverständigen auf der Grundlage
eines Prüfungsverfahrens durch eine europäische Zertifizierungsgesellschaft erteilt wird. Die
Bezeichnung enthält auch das Fachgebiet, wie z.B. „Zertifiziert als Sachverständiger für Beweissicherung und Unfallrekonstruktion nach DIN EN 45 013".

2. Arbeitsweise des Sachverständigen

20 Die Arbeitsweise des Sachverständigen wird durch verschiedene Kriterien gekennzeichnet (die in Rn. 19, *Bild 1* dargestellte Basis der Sachverständigentätigkeit ist die Grundlage für die Arbeitsweise des Sachverständigen).

21 Die **Fachkompetenz** des Sachverständigen muss sich in seinen **Arbeitsergebnissen** widerspiegeln. Der Sachverständige muss für seine eigene Arbeit die Fachinformationsbeschaffung sicherstellen und Fachinformationen in seine Gutachten oft mit Quellenangaben beweisfähig einbringen. Auch durch die Zusammenarbeit mit anderen Sachverständigen und durch die Einbeziehung von Hilfskräften kann eine hohe Fachkompetenz, Tiefgründigkeit mit hoher Beweiskraft und Wissenschaftlichkeit in den Sachverständigen-Arbeitsergebnissen sichergestellt werden. Dabei ist jedoch der **Grundsatz der Höchstpersönlichkeit** durch den Sachverständigen bei der Gutachtenerstellung zu beachten.

22 **Beweisbeschlüsse** des Gerichts sind genau einzuhalten, so dass der Sachverständige nur die geforderten Beweisaufgaben zu lösen hat. Natürlich entscheidet der Sachverständige über den Umfang und über die Art der Ausarbeitung, die zur Aufgabenerfüllung aus dem Beweisbeschluss notwendig ist, selbst. Dabei muss der Sachverständige die durch das Gericht vorgegebenen Anknüpfungstatsachen nutzen. Oftmals müssen die Anknüpfungstatsachen aus der vom Gericht übergebenen Gerichtsakte durch den Sachverständigen selbst herausgesucht werden. Sollten die vorliegenden Anknüpfungstatsachen unzureichend sein oder noch weitere benötigt werden, so kann der Sachverständige wie z.B. **Unfallortbesichtigungen** und -**vermessungen** selbst durchführen. In diesem Fall ist es allerdings notwendig den auftraggebenden Richter davon in Kenntnis zu setzen bzw. dessen Zustimmung einzuholen.

23 Erkennt der Sachverständige, dass Aufgabenstellung, Beweisbeschlüsse und Anknüpfungstatsachen, wie schon oben dargelegt, erweitert und korrigiert werden müssen, sollte er an das Gericht entsprechende Hinweise zur Veränderung geben. Der Sachverständige kann auch den Richter bei der Erarbeitung der Beweisbeschlüsse beraten und unterstützen. **Eigene Ermittlungen,** wie z.B. Zeugenbefragungen ohne Information und Zustimmung des Gerichts darf der Sachverständige **nicht** vornehmen, da er so Gefahr läuft, dass das Gutachten, vor allem bei Zivilprozessen, abgelehnt und nicht vergütet wird (Bayerlein, „Todsünden" des Sachverständigen, S. 8).

24 *Hinweis:*

*Bei **Ortsbesichtigungen** (z.B. eine Unfallstelle) durch den Sachverständigen sind vor allem bei Zivilprozessen beide Parteien mit ihren Rechtsanwälten durch den Sachverständigen einzuladen, worüber das Gericht informiert werden sollte. Die Einladung an die Parteien sollte i.d.R. mit Einschreiben und Rückschein erfolgen. Einseitige Absprachen und Befragungen einer Partei ohne Gegenwart der anderen Partei sind unzulässig und bedingen den Verdacht der Parteinahme.*

25 Der Sachverständige darf den **Zeugen** vor Gericht oder im Beisein des Richters **befragen,** aber keine Wertungen der Aussagen aussprechen. Zeugenaussagen sind nicht durch den Sachverständigen zu würdigen, sondern dies obliegt der rechtlichen Würdigung. Der Sachverständige kann lediglich seine auf der Sachverständigenbasis ermittelten Ergebnisse mit den Zeugenaussagen vergleichen, um damit für die juristische Würdigung eine Unterstützung zu geben.

26 Der Sachverständige als Fachmann eines bestimmten Gebietes muss sich in seinen Ausführungen im **Gutachten** und in der Verhandlung **allgemein verständlich ausdrücken**, damit das Gericht die Darlegungen verstehen und für die Entscheidung nutzen kann. D.h. selten vorkommende **Fachbegriffe** müssen erklärt und Berechnungsergebnisse bezüglich der Ausgangsbedingungen, der logischen Abläufe, der verwendeten Parameter usw. verständlich dargestellt werden (Bayerlein, a.a.O.).

Bei **Schlussfolgerungen** hat der Sachverständige die logischen Schritte im Detail darzulegen und   27
zu erklären, um die **Plausibilität** für alle am Prozess beteiligten Personen, insbesondere aber für
das Gericht, zu gewährleisten (Bayerlein, a.a.O., S. 9). **Schätzungen,** Annahmen und angenähert
berechnete Werte sollten in Gutachten deutlich unterschieden und mit entsprechenden Hinweisen
versehen werden. Als Begründung einer Schätzung könnte z.B. auf bekannte analoge Fälle, die
durch Quellenangabe im Gutachten belegt sind, Bezug genommen werden.

Beispiel:

*Die Geschwindigkeitsänderung eines Pkw infolge einer Kollision kann u.a. aufgrund der
Karosserieverformung mit Hilfe von Vergleichsbildern abgeschätzt werden. Solche Ver-
gleichsbilder werden im Kfz-Sachverständigenwesen in Form von Katalogen angeboten.*

Tiefgründigkeit der Untersuchung der einzelnen Probleme und **möglichst umfassende Beweis-**   28
führung sind wichtige Forderungen, die der Sachverständige in seiner Arbeitsweise gewährleisten
muss. Die Erfüllung solcher Forderungen benötigt oft viel Zeit. Ebenso wird hierdurch in vielen
Fällen die Einbeziehung weiterer Sachverständiger sowie Hilfskräfte erforderlich. Die Untersuchungen werden auch oftmals bezüglich des Geräteeinsatzes aufwendiger.

Durch **Kostenvorgaben** vom Gericht oder durch natürliche andere Kostenbegrenzungen muss sich   29
der Sachverständige mit seinem Sachverstand die **Ermessensfrage** selbst stellen, wo die **Grenzen**
bzgl. des Aufwandes gezogen werden sollen. Im Gutachten muss unbedingt aufgezeigt werden,
was aus Aufwandsgründen nicht mit einbezogen wurde. Dazu sollte der Sachverständige auch eine
Wertung vornehmen, in welcher Form und in welchem Umfang Änderungen zu seinem Gutachten
bei Einbeziehung der noch vorhandenen Möglichkeiten erfolgen könnten.

Fragen nach der Angemessenheit tragen oftmals eine Komponente der rechtlichen Würdigung
und eine Komponente der fachlichen Betrachtung des durch den Sachverständigen zu vertretenden
Faches und müssen hinsichtlich ihrer Beantwortung grds. genau überdacht werden.

Beispiel:

*Ca. 30 m hinter einer Kurve hielt bei Glatteis ein Pkw zum Zwecke des Aussteigens von zwei
Personen an. Als diese Personen gerade auf der Fahrbahnseite (linke hintere Tür des Pkw)
ausgestiegen waren, durchfuhr ein weiterer Pkw die Kurve. Der Fahrer dieses Pkw reagierte
sofort auf die zunächst an der rechten Fahrbahnseite stehenden Personen und lenkte sein
Fahrzeug auf den linken Fahrstreifen der Straße, da kein Gegenverkehr vorhanden war. Auch
die beiden Personen reagierten, indem sie in diesem Moment ebenfalls auf die linke Fahrbahnseite liefen. Der Fahrer des Pkw versuchte daraufhin wieder nach rechts zu lenken,
wodurch sein Fahrzeug ins Schleudern geriet und mit der linken hinteren Fahrzeugseite im
linken Fahrbahnbereich die Personen erfasste. Der Rechtsanwalt, der die Personen in der
Gerichtsverhandlung vertrat, fragte den Sachverständigen, ob die Geschwindigkeit des Pkw
von 50 km/h, mit der der Fahrer die Kurve durchfuhr, bei Glatteis angemessen sei.*

*Der Sachverständige reagierte richtig auf diese Frage, indem er ausführte: Die Frage nach
der Angemessenheit der Geschwindigkeit unterliegt im vorliegenden Fall in erster Linie der
rechtlichen Würdigung. Die Angemessenheit kann aus sachverständiger Sicht nicht davon
abhängig gemacht werden, in welcher Entfernung hinter der Kurve sich ein Pkw im Halteverbot
bot aufhält und Personen auf der Fahrbahn stehen. Die Personen hätten auch 60 m hinter der
Kurve stehen können, so dass der Pkw-Fahrer mit einer Bremsung hätte vor den Personen
anhalten können. Ebenso wäre der Unfall durch die eingeleitete Lenkreaktion vermieden worden, wenn nicht die Fußgänger auf die linke Fahrbahnseite gelaufen wären.*

*Aus technischer Sicht und nur für diesen Teil stellte der Sachverständige fest, dass die
Geschwindigkeit angemessen war. Er begründete diese Aussage wie folgt: Die zulässige
Höchstgeschwindigkeit beträgt für den Kurvenbereich unter normalen Fahrbedingungen
100 km/h. Unter den gegebenen Bedingungen berechnete der Sachverständige eine Kurvengrenzgeschwindigkeit von 65 km/h. Die Geschwindigkeit des Pkw betrug nach den Berechnungen des Sachverständigen 50 km/h, so dass diese Geschwindigkeit als technisch angemessen*

angesehen werden kann. Weiterhin wird diese Aussage dadurch unterstützt, dass der Fahrer des Pkw unter den Bedingungen dieser Geschwindigkeit ohne instabilen Fahrablauf sein Fahrzeug auf die linke Fahrbahnseite bringen konnte.

30 In seiner Arbeitsweise sollte der Sachverständige weiterhin bedenken, dass in Zusammenfassungen von Gutachten oder in anderen Kurzdarstellungen die wesentlichen Ergebnisse ohne **Beweisführung** dargestellt werden können. Im ausführlichen Gutachten muss jedoch die Beweisführung zu jedem Ergebnis erkennbar sein.

31 **Hinweis:**

*Als allgemein gültige Regel kann festgestellt werden: Alle Ergebnisse, die der Sachverständige vorlegt, müssen **plausibel** durch eine entsprechende Beweisführung **auf der Grundlage der Anknüpfungstatsachen** begründet sein.*

32 Für die Arbeitsweise des Sachverständigen ist es unerlässlich, die **Qualitätssicherung** seiner Arbeitsergebnisse permanent zu beachten. Deshalb sollten unbedingt nach Gutachtenfertigstellung Qualitätsprüfungen und Nachkontrollen vorgenommen werden. Im *Bild 2* (Rn. 33) wird mit dem Leitblatt Controlling Qualitätsarbeit in der Gutachtenerstellung auf mögliche Fehlerquellen hingewiesen. Es soll hiermit bewusst gemacht werden, wo und bedingt durch welche Ursachen in der Sachverständigentätigkeit Fehler entstehen können. Die im Leitblatt aufgeführten Fehlerquellen sind nur als Möglichkeiten für das Auftreten von Fehlern zu sehen. Es soll damit nicht zum Ausdruck gebracht werden, dass Sachverständige generell solche Fehler machen.

33 Weitere Bedingungen für die Arbeitsweise und für das Verhalten bzw. für die Verpflichtungen des Sachverständigen sind in der Sachverständigenordnung enthalten. Die Sachverständigenordnung bezieht sich besonders auf die öffentlich bestellten Sachverständigen sowie deren Arbeitsweise und Pflichten. Die Sachverständigenordnung wurde als Mustersachverständigenordnung des Deutschen Industrie- und Handelstages (MSVO-DIHT) vom 25.1.1995 herausgegeben.

Bild 2: Fehlerquellen in der Gutachtenerarbeitung

Im Einzelnen enthält die **Sachverständigenordnung** Regeln zu folgenden Punkten:

- Bestellvoraussetzungen für die öffentliche Bestellung als Sachverständiger,
- unparteiische Aufgabenerfüllung,
- Verpflichtung zur Gutachtenerstattung,
- Form der Sachverständigenleistung,
- Aufzeichnungs- und Aufbewahrungspflichten von Gutachten (Der Sachverständige ist verpflichtet, sich über alle Aufträge Aufzeichnungen, wie Name des Auftraggebers, Datum der Auftragserteilung, Gegenstand des Auftrages, Tag der Leistungserbringung oder des Leistungsabbruchs, anzufertigen. Die Aufbewahrungspflicht der Auftragsunterlagen und des Gutachtens beträgt sieben Jahre. Die Aufbewahrungsfrist beginnt mit dem Schluss des Kalenderjahres, in dem die Aufzeichnungen bzw. das Gutachten angefertigt wurden.),
- Haftungsbedingungen des Sachverständigen,
- Schweigepflicht des Sachverständigen und seiner Mitarbeiter,
- Fortbildungspflicht des Sachverständigen,
- Anzeigepflicht insbesondere über Veränderungen,
- Niederlassungen, Werbung,
- Sachverständigentätigkeit in Personengesellschaften und in Kapitalgesellschaften und
- persönliche Gutachtenerstattung und Beschäftigung von Hilfskräften.

Zur ordnungsgemäßen Arbeitsweise eines Sachverständigen gehört die richtige und ordnungsgemäße **Rechnungslegung** auf der Basis einer Kalkulation.   34

Für die Erstellung von Gerichtsgutachten und für die Teilnahme an Gerichtsverhandlungen gilt das **Gesetz über die Entschädigung von Zeugen und Sachverständigen** (Meyer/Höfer/Bach, Gesetz über die Entschädigung von Zeugen und Sachverständigen), in dem alle Einzelheiten zur Entschädigung geregelt sind.   35

Bei **Privataufträgen** an den Sachverständigen wird die Zusammenarbeit mit dem Auftraggeber auf der Basis eines Werkvertrages gem. §§ 631 ff. BGB geregelt. Die Vergütung des Sachverständigen für seine Leistung kann hier frei gestaltet werden. Die Höhe der Vergütung für die einzelnen Leistungen des Sachverständigen sollte sich an den allgemein üblichen Vergütungssätzen orientieren.   36

Die Leistung des Sachverständigen wird auf der Grundlage der **Kalkulation** abgerechnet. Die Kalkulation sollte für den Auftraggeber nachprüfbar sein und mit der Rechnung dem Auftraggeber übergeben werden.   37

3. Aufgabengebiete des Sachverständigen im Verkehrsbereich

Die Aufgaben des Sachverständigen im Verkehrsbereich sind sehr vielgestaltig. In der beigefügten Übersicht *(Bild 3)* ist eine grobe fachliche **Gliederung** und Übersicht der **Aufgabenstruktur** dargestellt.   38

Bild 3: Aufgaben im Kfz-Sachverständigenwesen

39 Für den Sachverständigen der **Unfallrekonstruktion** ergeben sich noch detaillierter Aufgabengebiete, die in *Bild 4* als Übersicht dargestellt sind.

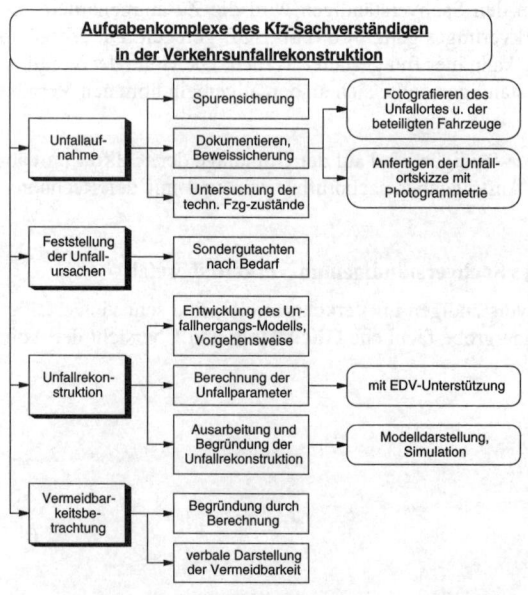

Bild 4: Aufgabenkomplexe des Kfz-Sachverständigen in der Verkehrsunfallrekonstruktion

Jakubasch

Die Erstellung der Gutachten durch den Sachverständigen erfolgt unter verschiedenen **Aufgaben-** 40
stellungen und **Auftragsbedingungen.** Der Auftraggeber unterscheidet im juristischen Sinne das:

- Gerichtsgutachten,
- Privatgutachten und
- Schiedsgutachten.

Das **Gerichtsgutachten** wird vom Gericht bei einem von ihm ausgewählten Sachverständigen, oft- 41
mals bei einem öffentlich bestellten und vereidigten Sachverständigen in Auftrag gegeben. Der
vom Gericht ausgewählte Sachverständige ist **verpflichtet,** den Auftrag zur Gutachtenerstattung
anzunehmen, wenn er für das entsprechende Gebiet öffentlich bestellt ist. Zur Erstattung des Gutachtens ist auch der verpflichtet, der sich zur Erstattung eines Gutachtens bereiterklärt hat (§ 75
StPO).

Der Richter kann, sofern ihm das erforderlich erscheint, die **Tätigkeit des Sachverständigen lei-** 42
ten. Dies erfolgt i.d.R. bereits bei der Auftragserteilung durch die zu beantwortenden Beweisfragen
bzw. durch den **Beweisbeschluss.** Bei der Auftragserteilung werden meistens die Anknüpfungstatsachen, von denen der Sachverständige ausgehen soll, mit übergeben. Dabei kann der Richter den
Sachverständigen auch beauftragen, als Befundtatsachen die Ausgangsbedingungen selbst zu
ermitteln. In diesem Fall sind die Befundtatsachen vom Gericht wie Anknüpfungstatsachen, welche der Sachverständige aufgrund seiner Sachkunde selbst ermittelt hat, zu behandeln. Die Befundtatsachen sind deshalb Bestandteil des Gutachtens. Oftmals muss hierzu dem Sachverständigen das
gesamte Aktenmaterial, d.h. die **Gerichtsakte** übergeben werden. Es kann aber auch sein, dass z.B.
ein Kfz oder eine Baugruppe eines Kfz erst unter Aufsicht eines Kfz-Sachverständigen demontiert
werden muss, um beispielsweise die Ursache für einen Verkehrsunfall zu ermitteln.

Beispiel:
Durch einen Wartungsmangel könnte z.B. die Fehlfunktion einer Bremse eingetreten sein. Erst
durch die Demontage der Bremse kann hierüber Aufschluss erreicht werden.

Die **Einholung weiterer Informationen,** wie z.B. die Besichtigung des Unfallortes oder dessen 43
Vermessung ist i.d.R. dem Sachverständigen ohne Genehmigung und Mitwirkung des Gerichts
gestattet. Der Sachverständige sollte jedoch den auftraggebenden Richter informieren bzw. bei
ständiger Zusammenarbeit mit dem Richter für mehrere Gutachten eine generelle Verständigung
über die Arbeitsweise anstreben. Im **Zivilverfahren** müssen, wie bereits oben ausgeführt, alle
beteiligten Parteien für Ortsbesichtigungen eingeladen werden. Bei der fachlichen Erarbeitung des
Gutachtens kann der Sachverständige über die Auswahl der Methoden und der Informationsbeschaffung frei entscheiden. Über die fachliche Art und Weise der Gutachtenerarbeitung und über
die Art des eingebrachten Sachverstandes darf das Gericht **keine Weisungen** erteilen (§ 78 StPO).

Nach Erstattung des Gutachtens durch den Sachverständigen kann nach Ermessen des Gerichts der 44
Sachverständige **vereidigt** werden. Auf Antrag der Staatsanwaltschaft, des Angeklagten oder des
Verteidigers ist er zu vereidigen (§ 79 StPO). Das **Gerichtsgutachten** kann nach Festlegung des
Richters schriftlich oder mündlich erstattet werden. In der **Verkehrsunfallrekonstruktion** wird
das Gutachten i.d.R. schriftlich erstattet, da zur Beweisführung oft Berechnungen, Skizzen und
Fotos mit vorzulegen sind.

Bedient sich der Sachverständige der **Mitarbeit einer anderen Person,** so hat er diese Person 45
namentlich im Gutachten zu nennen und das Tätigkeitsfeld dieser Person zu kennzeichnen. Ausgenommen hiervon sind untergeordnete Hilfsleistungen (§ 407a ZPO; s. auch Rn. 49 ff. zum
Grundsatz der **Höchstpersönlichkeit in der Gutachtenerstattung** und zur Hinzuziehung weiterer
Sachverständiger sowie zur Einbeziehung von **Hilfspersonen**). Die Ausführung der Gutachten
muss sauber und übersichtlich gestaltet sein. Das Lesen des Gutachtens muss mühelos möglich
sein, d.h. es ist in Maschinenschrift und nicht handschriftlich auszuführen.

Das Gerichtsgutachten hat für das Gericht **keine Bindungswirkung.** Das Gericht kann beim glei- 46
chen oder einem anderen Sachverständigen ein neues bzw. weiteres Gutachten in Auftrag geben.

47 Das **Privatgutachten** kann von einer Partei oder beiden Parteien in Auftrag gegeben werden. Die Grundlage für dieses Gutachten stellt i.d.R. der **Werkvertrag** dar (§§ 631 ff. BGB). Die auftraggebende Partei oder beide Parteien, wenn sie beide Auftraggeber sind, können die Schwerpunkte für die Aufgabenstellung des Gutachtens festlegen. Zu den **Grundpflichten** des **Sachverständigen** gehört es auch hier, wie beim Gerichtsgutachten die Gewissenhaftigkeit, Sorgfalt und Unparteilichkeit sicherzustellen. Dieser Grundsatz gilt gleichermaßen für alle Sachverständigen unabhängig, ob es sich um einen öffentlich bestellten und vereidigten, einen zertifizierten oder freien unabhängigen Sachverständigen handelt. I.d.R. werden Privatgutachten schriftlich erstattet, da schriftliche Gutachten abnahmefähige Werke darstellen. Abnahmefähige Werke sind die Voraussetzung für die Vergütung. Normale Privatgutachten haben im Allgemeinen keinerlei Bindungswirkung. Beim Auftrag durch beide Parteien können diese sich auch nachträglich erklären, dass das Gutachten als Schiedsgutachten gewertet werden soll.

48 Das **Schiedsgutachten** gewinnt gegenwärtig immer mehr an Bedeutung, um kurzfristig zu verbindlichen Entscheidungen zu kommen und um Kosten für gerichtliche Auseinandersetzungen einzusparen. Schiedsgutachten werden meistens von beiden Parteien in Auftrag gegeben. Das Ergebnis des Schiedsgutachtens ist für beide Parteien verbindlich. Insofern unterscheidet sich das Schiedsgutachten vom Privatgutachten. Die Aufgabenstellung und die Aufgabenabarbeitung erfolgt abgesehen von geringen Unterschieden so wie bei Privatgutachten. Der Schiedsgutachter steht zwei Parteien gegenüber, deren Rechte und Pflichten in einem Grundvertrag, einer Schiedsgutachtenabrede sowie in einem Vertrag mit dem Schiedsgutachter geregelt sind. Die Parteien können sich an eine den Schiedsgutachter benennende Stelle wenden, wie z.B. die Industrie- und Handelskammer, wenn sie sich im Vorfeld nicht auf einen bestimmten Schiedsgutachter einigen konnten. Zur Information des Sachverständigen, was bei der Erstattung eines Schiedsgutachtens zu beachten ist, hat das Institut für Sachverständigenwesen e.V. ein Merkblatt herausgegeben (**Merkblatt für Schiedsgutachter**, Schriftenreihe des Instituts für Sachverständigenwesen e. V., Bd. 4, Köln 1992).

III. Verantwortlichkeit des Sachverständigen für seine Tätigkeit und Zusammenarbeit mit anderen Sachverständigen und Hilfskräften

1. Problemstellung der Sachverständigentätigkeit

49 Der Sachverständige hat rechtlich gesehen jeden Auftrag nach dem **Grundsatz der Höchstpersönlichkeit** zu bearbeiten. Er darf seine Aufgaben, die zur Auftragserfüllung notwendig sind, nicht an Dritte delegieren bzw. den Auftrag an einen anderen Sachverständigen weiterleiten.

50 Betrachtet man die dargestellte Forderung absolut, so gerät der freie unabhängige Sachverständige, egal ob er öffentlich bestellt ist oder nicht, mit ständig zunehmender technischer und wirtschaftlicher Entwicklung des **Kfz-Sachverständigenwesens** in ein **Spannungsfeld** von:

● wissenschaftlich begründeter Wahrheitsfindung,

● hoher Fachkompetenz,

● Höchstpersönlichkeit der Aufgabenerarbeitung,

● Kurzfristigkeit der Gutachtenerstellung,

● Minimierung der Sachverständigenentschädigung bzw. der Sachverständigenvergütung und

● Wirtschaftlichkeit der Sachverständigentätigkeit als Existenzfrage des hauptberuflich tätigen Sachverständigen.

Um hierdurch keine Unsicherheiten sowohl für den Juristen als auch für Sachverständige entstehen zu lassen, müssen Fachleute beider Richtungen ihre Erfahrungen und Meinungen einbringen, damit eine **weiterentwickelte Handlungsbasis** geschaffen wird, die in positiver Weise dem Prozess dient und Unzulänglichkeiten durch dogmatische Auslegung von Gesetzen beseitigt. Viele Fachleute, wie z.B. Oberrichter Dr. Walter Bayerlein, Rechtsanwalt Dr. Peter Bleutgen, der Sachverständige Dipl.-Ing. Herbert Busch und auch das Institut für Sachverständigenwesen haben sich mit konstruktiven Diskussionen an der Weiterentwicklung auf diesem Gebiet beteiligt (s. Bayerlein/ Bleutgen/Busch, Die Zusammenarbeit mehrerer Sachverständiger und die Einschaltung von Hilfskräften).

Die **Grundanforderungen** an die Sachverständigenpersönlichkeit, die eigentlich erst zu einer Aufnahme einer Sachverständigentätigkeit berechtigen, sind insbesondere in einer ordnungsgemäßen Ausbildung, z.B. als Diplomingenieur für Maschinenbau mit der Spezialisierung Fahrzeugtechnik zu sehen. Weiterhin ist zur Eignung für die Sachverständigentätigkeit eine mehrjährige Tätigkeit im Fachgebiet sowie permanente Weiterbildung auf dem Gebiet zur Erlangung überdurchschnittlicher Erfahrungen erforderlich. Zu den Grundanforderungen an den Sachverständigen gehört außerdem die **Integrität seiner Persönlichkeit.**

Diese Grundanforderungen sind ohne Abstriche an den öffentlich bestellten, an den zertifizierten sowie den nicht öffentlich bestellten und nicht zertifizierten Sachverständigen gleichermaßen zu stellen. Bei Beachtung der Grundanforderungen tritt die Diskussion zur Berufszulassung in den Hintergrund. Die Berufszulassung ergibt sich, wie zuvor bereits festgestellt, durch eine ordnungsgemäße Ausbildung für ein bestimmtes Gebiet.

Die **Zielsetzung,** die der Sachverständige durch seine Tätigkeit zu erfüllen hat, ist in der wissenschaftlich begründeten und unparteilichen Beantwortung der gestellten Beweisfragen zu sehen. Dieses Ergebnis dient dem Gericht i.d.R. mit als **Basis für die Urteilsfindung.** Demzufolge gewinnt das wahrheitsgemäße Ergebnis der Sachverständigentätigkeit an Priorität gegenüber der Verfahrensweise zur Erlangung des Ergebnisses.

In erster Linie bedingt dadurch, dass das Gericht ein Gutachterergebnis erwartet, welches weitgehend der Realität entspricht, wird die **Höchstpersönlichkeit** der Sachverständigenleistung gefordert. Der Auftraggeber möchte versichert sein, dass der Sachverständige, zu dem er Vertrauen hat, auch wirklich das Gutachten erarbeitet. Gleichzeitig wird durch die Forderung der Höchstpersönlichkeit eindeutig die Verantwortung des Sachverständigen für das von ihm unparteiisch und nach bestem Wissen und Gewissen erstattete Gutachten unterstrichen.

2. Grundsätze der Zusammenarbeit mehrerer Sachverständiger

Durch die rasante technische und wirtschaftliche Entwicklung müssen im Interesse der Erlangung wissenschaftlich begründeter, realer Ergebnisse aus der Sachverständigentätigkeit **neue erweiterte Möglichkeiten** in der Zusammenarbeit mit anderen Sachverständigen und in der Einbeziehung von Hilfskräften greifen, ohne dabei den Grundsatz der Höchstpersönlichkeit in seiner Wesentlichkeit zu verletzen.

Die Grenzen für die Entscheidung zur Zusammenarbeit mit anderen Sachverständigen und zur Einbeziehung von Hilfskräften des beauftragten Sachverständigen sind fließend und sollten nach logischen Erwägungen nach bestem Wissen und Gewissen gezogen werden. Eine solche Verfahrensweise setzt einerseits ein hohes Entscheidungsbewusstsein beim Sachverständigen und andererseits beim Auftraggeber (z.B. beim Gericht) eine fortschrittliche, problemlösungsorientierte sowie vertrauensvolle Arbeitsweise in der Auslegung und Anwendung der Gesetze voraus. Die Zusammenarbeit mehrerer Sachverständiger ist ein Erfordernis der gegenwärtigen Entwicklung, wie es sich in der Sachverständigenpraxis zeigt. Diese Zusammenarbeit kann in freien Formen vollzogen werden oder im Rahmen einer Sozietät bzw. in einem größeren Ingenieurbüro. Die Zusammenarbeit ist je nach Art durch den Auftraggeber oder nach Ermessen des beauftragten Sachverständigen zu entscheiden.

Die Zusammenarbeit von Sachverständigen zeigt sich z.B. in **Weiterbildungsveranstaltungen,** in denen Sachverständige Spezialwissen anderen weitergeben. Dann gibt es die Formen der konsultativen Zusammenarbeit, wo ein beauftragter Sachverständiger sich bestimmte Informationen zu einem speziellen Gebiet bei einem anderen Sachverständigen (oftmals Spezialist auf dem Konsul-

51

52

53

54

55

56

tationsgebiet) meistens fallbezogen einholt. Die eingeholten Informationen werden direkt oder indirekt eigenverantwortlich durch den beauftragten Sachverständigen in das Gutachten einbezogen.

57   Da auch Fachleute nicht auf allen Gebieten Insiderwissen haben können, ist es unbedingt erforderlich, Verbesserungen im Sachverständigenwesen durch systematischen **Erfahrungsaustausch** und durch eine fallbezogene Zusammenarbeit zu erreichen. Der Grundsatz der Höchstpersönlichkeit darf nicht zur Hemmschwelle für eine fehlerfreie, wissenschaftlich tiefgründige Arbeit bei der Erstellung von Gutachten werden. Es gibt viele Möglichkeiten bei einer Zusammenarbeit mehrerer Sachverständiger, um den Grundsatz der Höchstpersönlichkeit sicherzustellen.

58   Im **Team-Gutachten** kann der Anteil des einzelnen Gutachters klar gekennzeichnet werden (s. auch Bayerlein/Bleutgen/Busch, Die Zusammenarbeit mehrerer Sachverständiger und die Einschaltung von Hilfskräften, S. 5). Die Beauftragung der einzelnen Gutachter sollte für eine korrekte Verfahrensgestaltung, insbesondere, wenn es sich um verschiedene Fachgebiete handelt, durch das Gericht erfolgen. Bezüglich der Beauftragung mehrerer Gutachter kann sich das Gericht auch von einem von ihm beauftragten Sachverständigen beraten lassen.

59   *Hinweis:*

Bei Auswahl eines Sachverständigen für hoch spezialisierte Teilgebiete innerhalb eines Fachgebietes ist oftmals der vom Gericht beauftragte Sachverständige des Fachgebietes besser in der Lage, den Spezialisten auszuwählen, als das Gericht. In diesen Fällen kann der Gerichtsgutachter vom Gericht beauftragt werden, den Spezialisten vorzuschlagen. Der einbezogene Spezialist wird ebenfalls Gerichtsgutachter.

60   Für die **Beauftragung eines weiteren Sachverständigen** muss nach Ansicht des Verfassers nicht immer das Gericht eingeschaltet werden, sondern der vom Gericht beauftragte Sachverständige gibt zu einem speziellen Detail einen Auftrag an einen Spezialisten. Diese Verfahrensweise könnte immer dann Anwendung finden, wenn die Arbeitsergebnisse des Spezialisten durch den beauftragten Sachverständigen bezüglich der Aussage beurteilt werden können, so dass er die Auswertung für das Gutachten in eigener Verantwortung vornehmen kann. Dadurch wird der Spezialist mehr oder weniger als Hilfskraft tätig. Die Grenzen, wann eine selbstständige Sachverständigenleistung und wann eine Leistung i.S.d. Hilfsleistung vorliegt, sind fließend und können oft nicht genau bestimmt werden. Eine kleinliche und spitzfindige Diskussion darüber wirkte auf jeden Fall für den Prozessfortschritt hemmend und hätte, wie es Praxisfälle zeigen, i.d.R. keine positiven Auswirkungen auf das Ergebnis im Gutachten.

61   Ein nachfolgendes **Beispiel** soll den Fall, dass der vom Gericht beauftragte Sachverständige eigenständig einen weiteren Sachverständigen für die Untersuchung eines speziellen Details beauftragt, ohne die generelle Ermächtigung dafür vom Gericht zu besitzen, verdeutlichen.

Beispiel:

Der vom Gericht beauftragte Sachverständige muss bei einem Unfall, wo ein Pkw beim Überholvorgang gegen den zu überholenden Lkw gefahren ist, die Unfallursache aufklären. Dabei stellt er fest, dass die Leichtmetallfelge des rechten Vorderrades des Pkw gebrochen war. Hier gilt es nun zu entscheiden, war der Bruch der Felge eine Folge der Kollision mit dem Lkw oder ist der Bruch der Felge während des Überholvorganges eingetreten und somit als Ursache der Kollision anzusehen.

Der Sachverständige untersuchte die Kompatibilität der Anstoßstellen Pkw/Lkw und stellte dabei fest, dass zwischen der Felge des Pkw und dem Lkw keine Berührung stattfand, so dass dadurch kein Gewaltbruch der Felge in Folge des Unfalls eintreten konnte. Bei Betrachtung der Bruchstücke der Felge deutet nach seinen Kenntnissen und Erfahrungen alles auf einen Dauerbruch der Felge hin. Somit ist der Bruch der Felge während des Überholvorganges mit der Folge des schlagartigen Luftverlustes des rechten Vorderrades eingetreten. Durch den Luftverlust zog der Pkw nach rechts an den Lkw, ohne dass der Fahrer des Pkw noch Lenkreaktionen ausführen konnte.

Da Leichtmetallbrüche schwierig zu beurteilen und oftmals endgültige Aussagen nur durch Untersuchungen mit Hilfe hochauflösender Mikroskope (z.B. Elektronenrastermikroskop) möglich sind, beauftragte der gerichtliche Sachverständige ohne Einholung der Zustimmung des Gerichts einen spezialisierten Werkstofftechniker, der die Untersuchung durchführte. Dieser Sachverständige fertigte Beweisfotografien von den unter dem Mikroskop untersuchten Bruchflächen an und erbrachte so den Beweis zur Bestätigung eines Dauerbruches. Die Einarbeitung und Auswertung dieser Untersuchungsergebnisse für die Unfallursachen erfolgte durch den Gerichtsgutachter.

Aus dem Beispiel geht hervor, dass die **Gesamtuntersuchung und Auswertung** sowie **Verantwortung der gutachterlichen Aussage** durch den vom Gericht beauftragten Sachverständigen erfolgte. Es kann nach Auffassung des Verfassers hier sicherlich zugestimmt werden, dass die Beauftragung des Spezialisten nicht durch das Gericht hätte erfolgen müssen, da alle Entscheidungen zur Aufklärung der Unfallursachen beim Gerichtssachverständigen entsprechend dem Auftrag durch das Gericht lagen (s. auch das Expertenvermittlungssystem bei Jakubasch, Nachschlagewerk, Kap. 16.1).   **62**

Die hier dargestellten Formen der gebiets- und fallbezogenen Zusammenarbeit sind von dem beauftragten Sachverständigen zur Erweiterung seines Wissens und zur Verbesserung der wissenschaftlichen Beweisführung in seinem Gutachten eigenverantwortlich zu entscheiden, ohne dass dazu Auftraggeber gefragt werden müssen. Der Sachverständige ist sogar **verpflichtet, Weiterbildung** zu betreiben und die Qualität seines Gutachtens auf einem hohen Stand zu halten, wobei die hier aufgezeigten Möglichkeiten effektivere Formen darstellen.   **63**

a) Erster Grundsatz der Zusammenarbeit mehrerer Sachverständiger

Die Einholung von Informationen eines beauftragten Sachverständigen bei anderen Sachverständigen zu einem speziellen Gebiet oder zu einem speziellen Fall, wobei der beauftragte Sachverständige diese Informationen selbstständig direkt oder indirekt in sein Gutachten einarbeitet, liegt frei in seinem Ermessen.   **64**

Der Sachverständige wird vom Gericht zur Anfertigung eines Gutachtens beauftragt. Nach Durchsicht der Gerichtsakten zum Fall stellt er fest, dass er Informationen bzw. sachverständige Beurteilungen eines Teilkomplexes, der nicht sein Fachgebiet betrifft, für die Erstellung seines Gutachtens benötigt. In diesem Fall besteht uneingeschränkt die Notwendigkeit, dass er den Auftraggeber informiert, wodurch dieser einen weiteren Sachverständigen für das spezielle Fachgebiet beauftragen kann. Dabei kann der beauftragte Sachverständige dem Auftraggeber auch eine Empfehlung zur Auswahl und Beauftragung eines weiteren Sachverständigen für das spezielle Fachgebiet geben. Durch **Empfehlungen** wird der Auftraggeber in seiner **Handlungsfreiheit** nicht eingeschränkt.

Beispiel:

Ein Diplomingenieur erhält vom Gericht den Auftrag, die Rekonstruktion einer Pkw/Lkw-Kollision durchzuführen. Als spezielle Beweisaufgabe ist zu ermitteln, ob der Fahrer des Pkw den Sicherheitsgurt zum Zeitpunkt der Kollision angelegt hatte. Der Sachverständige stellt fest, dass der Gurtstraffer ausgelöst war und der Gurt eine Dehnung aufwies. Diese Feststellungen deuten auf einen angelegten Sicherheitsgurt hin. Es bleibt jedoch die Frage offen, ob die Gurtnutzung diesem oder einem früheren Unfall zuzuordnen ist. Um einen weiteren Beweis dafür zu haben, muss der Körper des Fahrers auf Gurtnutzungsspuren (Verletzungsspuren) untersucht werden. Diese Aufgabe kann nur ein Mediziner übernehmen, somit ist ein zusätzlicher Sachverständiger dieses Fachgebietes zu beauftragen.

65   Ebenso könnte sich die Beauftragung mehrerer Sachverständiger durch den Auftraggeber von Anfang an erforderlich machen, wenn es sich um eine sehr **komplexe Aufgabenstellung** handelt. Eine solche komplexe Aufgabenstellung ist z.B. häufig bei einem **Fahrzeugbrand** gegeben. Besonders komplex wird die Problematik, wenn der Fahrzeugbrand im Zusammenhang mit einem Alleinunfall und einer vermuteten Brandstiftung stattgefunden hat. Hier sind Sachverständige für verschiedene Fachgebiete, wie der Verkehrsunfallanalytik, der Kfz-Elektrik, der Chemie u.a. gefragt.

b) Zweiter Grundsatz der Zusammenarbeit mehrerer Sachverständiger

66   Bei einer notwendigen Zusammenarbeit von mehreren Sachverständigen unterschiedlicher Fachdisziplinen an einem Fall erfolgt die Beauftragung durch den Auftraggeber. Für die Einbeziehung weiterer Sachverständiger können beauftragte Sachverständige dem Auftraggeber Empfehlungen geben. Ist der Auftraggeber ein Gericht, werden alle von ihm zu einem Fall beauftragten Sachverständigen Gerichtsgutachter.

Eine **unzulässige Zusammenarbeit mehrerer Sachverständiger** ergibt sich bei offensichtlichem Verstoß gegen den Grundsatz der Höchstpersönlichkeit. Solche Verstöße liegen vor, wenn der beauftragte Sachverständige ein Gutachten oder Teile eines Gutachtens auf Weisung einer anderen Person, z.B. eines anderen Sachverständigen anfertigen muss. Gleiches gilt, wenn ein Gutachten oder wesentliche Teile eines Gutachtens von einer anderen Person bzw. einem anderen Sachverständigen erstellt werden. Des Weiteren liegen Verstöße vor, wenn das schriftliche Gutachten vom beauftragten Sachverständigen durch einen anderen Sachverständigen in der Gerichtsverhandlung vorgetragen wird.

Diese dargestellten Bedingungen gelten auch für Sachverständigenorganisationen, wie z.B. TÜV und DEKRA. Es wäre deshalb richtig, wenn Aufträge an diese Organisationen auch mit dem Namen des beauftragten Sachverständigen versehen werden. Hierdurch verbessert sich die Möglichkeit zur weisungsfreien Erarbeitung der Gutachten durch den beauftragten Sachverständigen. Die Vorschriften und Weisungen für das Prüfwesen von Kraftfahrzeugen dürfen nicht in der Verfahrensweise auf die Erstellung der Sachverständigengutachten anderer Gebiete, wie z.B. der Unfallrekonstruktion übertragen werden.

c) Dritter Grundsatz der Zusammenarbeit mehrerer Sachverständiger

67   Ein offensichtlicher Verstoß gegen den Grundsatz der Höchstpersönlichkeit liegt vor, wenn der beauftragte Sachverständige sein Gutachten nicht weisungsfrei erarbeiten kann, indem er von einem anderen Sachverständigen Teilkomplexe, Gutachtermeinungen u. Ä.. übernehmen muss oder Teilkomplexe oder das gesamte Gutachten von anderen Sachverständigen erarbeiten lässt oder sein Gutachten nicht selbst in der Gerichtsverhandlung vorträgt und dazu dem Gericht weitere Fragen beantwortet.

3. Grundsätze für die Einbeziehung von Hilfskräften in die Erstellung von Gutachten durch beauftragte Sachverständige

68   Aufgrund der lückenlosen Darstellung in der umfassenden **Beweisführung**, die im Gutachten enthalten sein soll, ergeben sich umfangreiche Arbeiten, die oftmals nicht alle von dem beauftragten Sachverständigen selbst ausgeführt werden können. Gleichermaßen ist zu beachten, dass z.B. ein Sachverständigen-Ingenieurbüro **umfangreiche Technik** und Ausrüstungen vorhalten muss, um den hohen Anforderungen im Sachverständigenwesen zu genügen. Nur bei weitgehender Ausnutzung der Arbeitsmittel kann das Sachverständigenbüro rentabel unterhalten werden. Aus den genannten u.a. Gründen ist die Einbeziehung von Hilfskräften im eigenen Ingenieurbüro und/oder in Form einer **Fremdleistung** unerlässlich.

Um den **Grundsatz der Höchstpersönlichkeit** für den beauftragten Sachverständigen sicher- 69
zustellen, müssen die Grenzen des fallbezogenen Arbeitsumfanges klar gesetzt werden. Dazu kann
ausgeführt werden, dass alle Führungsaufgaben zur Erstellung des Gutachtens, alle Sachverständigenmeinungen, welche im Gutachten enthalten sind, die Erarbeitung von Erkenntnissen über Verknüpfungen von Bedingungen und Sachverhalten sowie die Formulierung der Gutachtenergebnisse, für die der beauftragte Sachverständige verantwortlich ist, Aufgaben des beauftragten
Sachverständigen sind. Diese Aufgaben dürfen i.d.R. nicht auf Hilfskräfte übertragen werden.

a) Erster Grundsatz für die Einbeziehung von Hilfskräften

Folgende Aufgaben sind Aufgaben des beauftragten Sachverständigen, die nicht an Hilfskräfte 70
übertragen werden dürfen:

- alle Führungsaufgaben zur Erstellung des Gutachtens,
- alle Sachverständigenmeinungen, die im Gutachten enthalten sind,
- Erkenntnisse über Verknüpfungen von Bedingungen und Sachverhalten,
- Formulierungen der Gutachtenergebnisse.

Den Hilfskräften werden durch den beauftragten Sachverständigen Arbeiten zum fallbezogenen
Gutachten zugewiesen. Die Aufgabenstellung für die Hilfskräfte wird durch den Sachverständigen
festgelegt. Der Sachverständige muss die Methoden und Verfahren kennen, die von Hilfskräften
angewandt werden. Allerdings muss der Sachverständige nicht die Perfektion und den Übungsgrad
im Umgang mit bestimmten Arbeitsmitteln wie die Hilfskraft besitzen. Die Arbeit mit bestimmten
Computerprogrammen kann die Hilfskraft durchaus besser beherrschen als der Sachverständige.
Wichtig ist dabei allerdings, dass der Sachverständige die **Grenzen und die Möglichkeiten** des
angewandten Computerprogramms kennt und Vorgaben erteilt was ermittelt werden soll.

Die Arbeitsergebnisse der Hilfskräfte werden vom Sachverständigen für das Gutachten ausgewer- 71
tet und von ihm im ausgewählten Umfang einbezogen. So legt z.B. in der **Straßenverkehrsunfallrekonstruktion** der Sachverständige fest, welche Fahrgeschwindigkeiten in die Vermeidbarkeitsbetrachtung für einen speziellen Fall einzubeziehen sind. Die Berechnung mit Hilfe des Computers
könnte z.B. durch die Hilfskraft erfolgen. Die Auswertung wiederum, ob bei den entsprechend vorgegebenen Fahrgeschwindigkeiten auf der Grundlage der Berechnungsergebnisse die Vermeidbarkeit
gegeben ist oder nicht, wird durch den Sachverständigen im Gutachten ausgeführt und formuliert.

Die Hilfskraft kann auch **vorgegebene Standardabläufe durchführen.** So können z.B. bei der 72
Erarbeitung von **Kfz-Schadensgutachten** die in Computerprogrammen standardisierten Berechnungen zur Kalkulation der Arbeitszeit von Hilfskräften ausgeführt werden. Der Sachverständige
könnte diese Arbeiten mit seinem Sachverstand auch nicht anders ausführen. Demzufolge würde er
auch nicht zu anderen Berechnungsergebnissen kommen als die Hilfskraft.

Anders verhält es sich bei der Aufnahme des Schadens, die vor der Kalkulation der Arbeitszeit 73
erfolgen muss. Hier sind sachverständige Arbeitsleistungen notwendig. Bei der Aufnahme müssen
alle **Detailschäden erkannt** werden, auch solche Schäden, die dem zu beurteilenden Schadensfall
nicht zuzuordnen sind. Diese könnten z.B. Vorschäden aus einem anderen Schadensfall sein.

Die weitere Ausarbeitung des Schadensgutachtens, in der fallbezogene Wertungen erfolgen müssen, obliegt ebenfalls dem beauftragten Sachverständigen. Zu solchen Entscheidungen gehören
z.B., ob ein Karosserieteil instand gesetzt wird oder ob es durch ein Neuteil zu ersetzen ist.

Die Arbeiten für Hilfskräfte sind im Kfz-Sachverständigenwesen, speziell in der Verkehrsunfallrekonstruktion, sehr vielgestaltig. Wichtig ist nur, dass die **Abgrenzung** zu den Sachverständigen-
aufgaben richtig erkannt wird.

74   Als weitere Aufgaben, die unter **Führung und Anleitung** der beauftragten Sachverständigen ausführbar sind, sollen Folgende genannt werden:

- Vermessung des Unfallortes,
- Anwendung der Fotogrammmetrie,
- Suchen nach weiteren Spuren am Unfallort (überwiegend gemeinsam mit dem Sachverständigen),
- Computergestützte Auswertung fotogrammmetrischer Aufnahmen und Anfertigung von Unfallskizzen,
- labortechnische Arbeiten,
- Fahrversuche,
- Auswertung der Schaltpläne von Lichtsignalanlagen,
- Durchführung von Berechnungen mit festgelegten Computerprogrammen und
- schreibtechnische Ausführung der Gutachten u.Ä.

Fallbezogen sollten die **Grenzen** auch bei diesen Arbeiten vom jeweils beauftragten Sachverständigen selbst gezogen werden.

b) Zweiter Grundsatz für die Einbeziehung von Hilfskräften

75
- Der beauftragte Sachverständige weist den Hilfskräften fallbezogen bestimmte Arbeiten zu.
- Der Sachverständige muss die Methoden und Verfahren, die von Hilfskräften angewandt werden, in allen Details kennen.
- Die Arbeitsergebnisse der Hilfskräfte sind vom Sachverständigen zu bewerten und nach seinem Ermessen bezüglich des Umfanges und der Aussagen in das Gutachten einzubeziehen.
- Die Hilfskräfte können vorgegebene Standardarbeitsabläufe eigenständig durchführen.

Die Inanspruchnahme von Hilfskräften, z.B. innerhalb eines Büros ist seitens mehrerer Sachverständiger möglich.

4. Fallbeispiel zur Einbeziehung anderer Sachverständiger und Hilfskräfte bei der Rekonstruktion eines Straßenverkehrsunfalles (Rekonstruktionsablauf)

In den nachfolgenden Übersichten ist beispielhaft anhand eines Rekonstruktionsablaufes für eine 76
Pkw/Fußgängerkollision bei Dunkelheit dargestellt, wie und wo andere Sachverständige und Hilfskräfte bei der Rekonstruktion eines Straßenverkehrsunfalls einbezogen werden können.

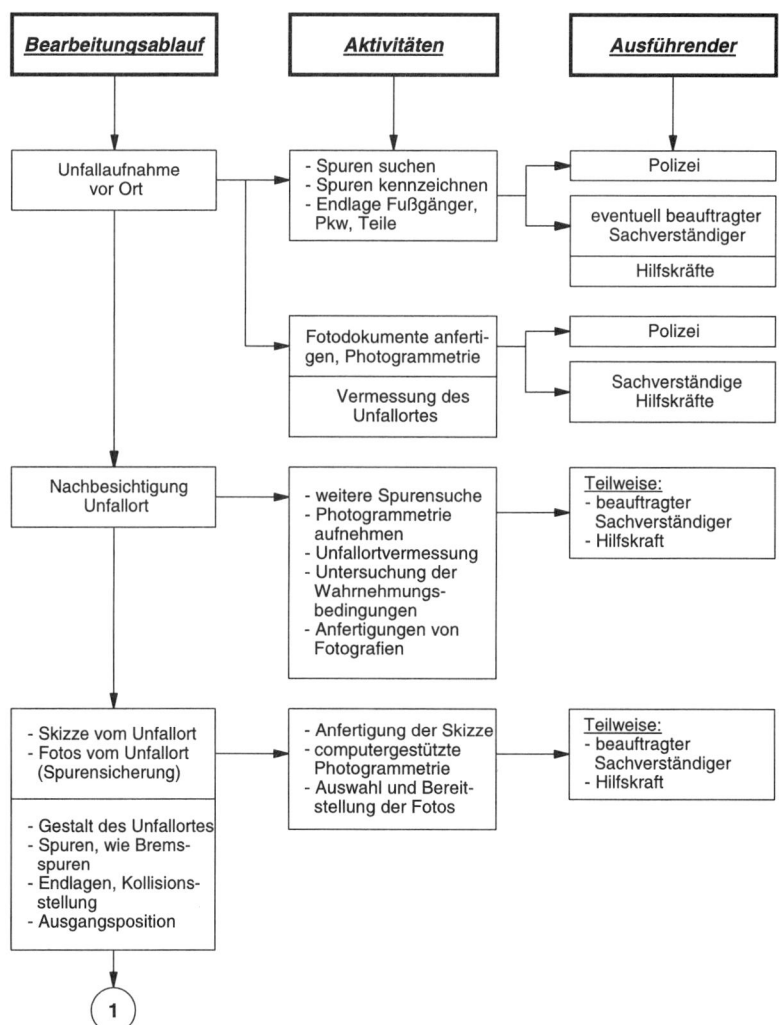

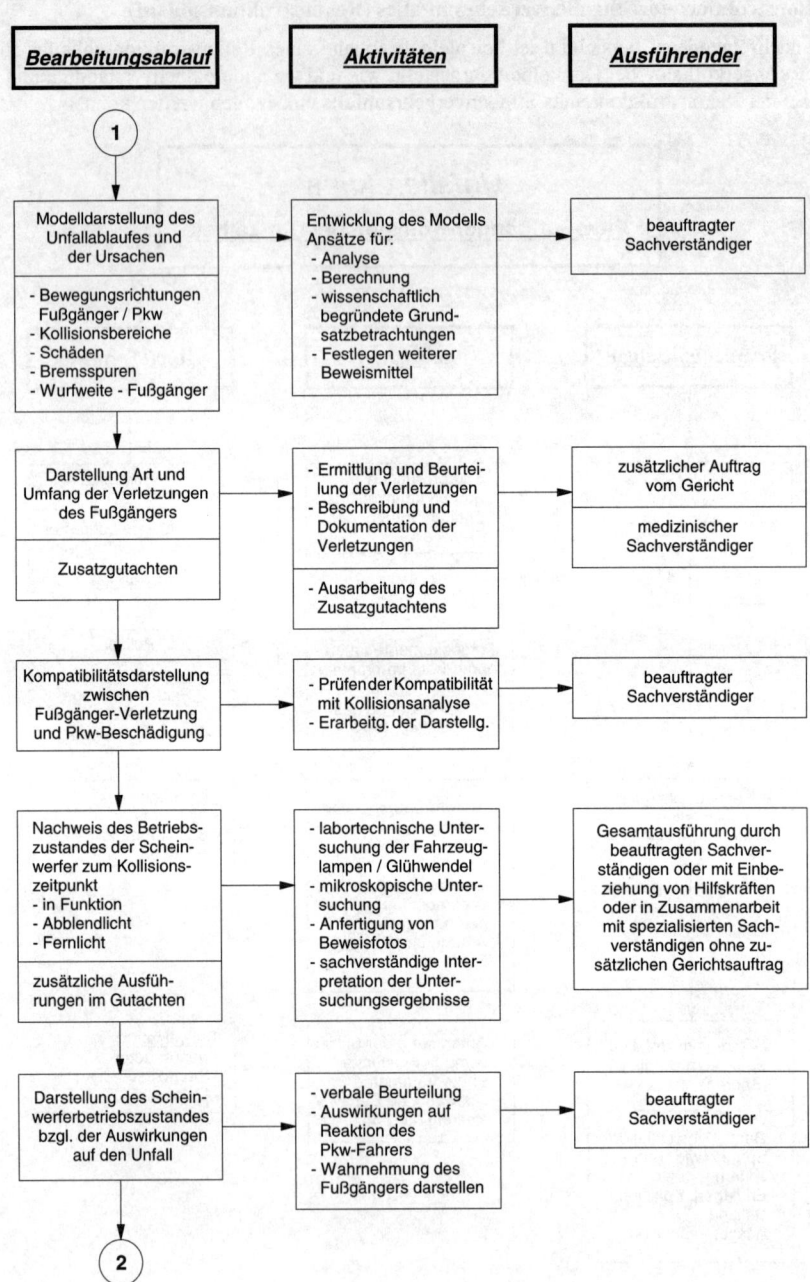

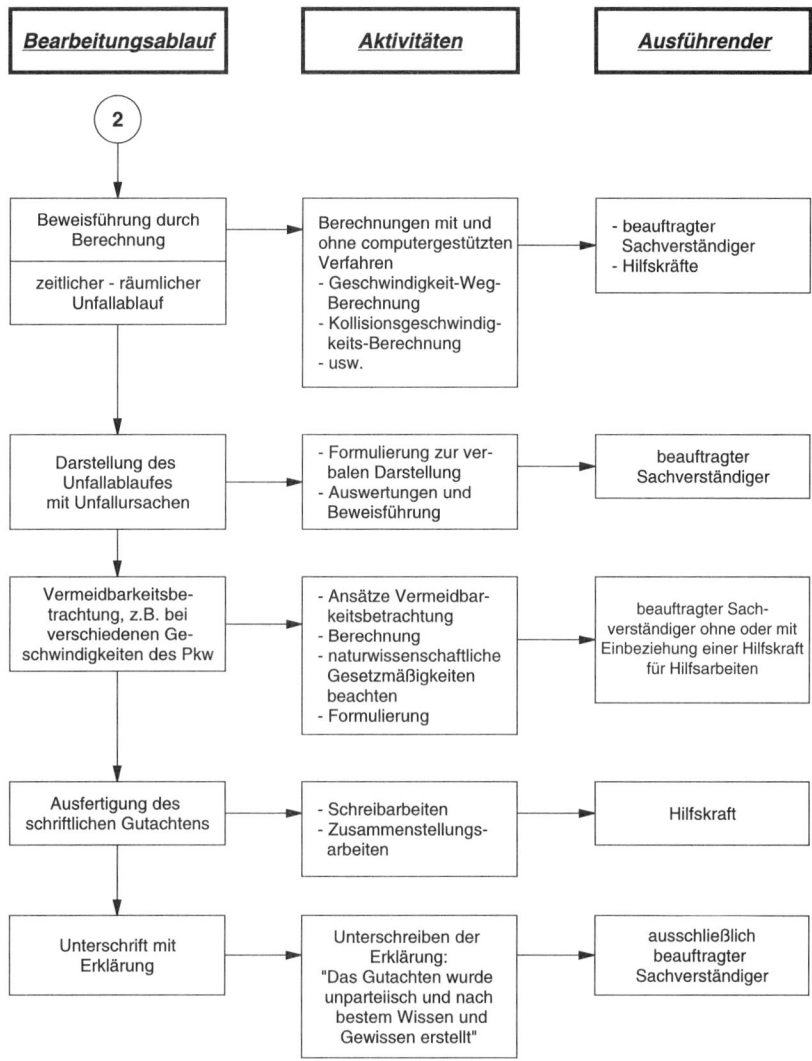

5. **Einbeziehung des Sachverständigen der Unfallrekonstruktion in das Verkehrsrechtsverfahren**

a) **Sachverständiger im Verkehrsrechtsverfahren**

Der Sachverständige hat bei der **Aufklärung von Verkehrsunfällen** eine wichtige Aufgabe zu   77
erfüllen, indem er die technischen Abläufe und Sachverhalte im Nachgang untersucht und die realen Bedingungen ermittelt bzw. nachweist. Die Arbeitsergebnisse des Sachverständigen stellen für

die **Wahrheitsfindung** und für die Rechtsprechung eine wesentliche Basis dar. Da die Rechtsprechung eine wesentliche Grundlage in einem staatlichen Rechtssystem darstellt, sollte der Sachverständige selbst bei geringen Unklarheiten zur Aufklärung der Unfälle und zur Beratung des Gerichts und der Anwälte hinzugezogen werden.

78   *Hinweis:*

*Es wird empfohlen, den Sachverständigen schon frühzeitig zur **Unfallaufnahme** und zur **Beweissicherung** einzubeziehen. Besonders bei Unfällen, bei denen Personen getötet oder schwer verletzt worden sind oder ein **großer Sachschaden** entstanden ist, sollte der Sachverständige zur Unfallaufnahme eingesetzt werden.*

79   Weitere Aufgaben ergeben sich in der Gutachtenerstellung vor oder in der Gerichtsverhandlung, z.B. bei der Erläuterung des Gutachtens und für weitere technische Auskünfte in der Verhandlung. Der Sachverständige kann auch in die Verhandlung bzw. zur Gutachtenerstellung als **weiterer Sachverständiger** neben einem oder mehreren anderen einbezogen werden. Bei Strafprozessen kann der Angeklagte oder der Verteidiger neben den von der Staatsanwaltschaft und/oder vom Gericht beauftragten Sachverständigen einen weiteren Sachverständigen mit einbringen. Hierzu ist für die Teilnahme dieses Sachverständigen an der Verhandlung eine Zustimmung des Gerichts vor der Verhandlung erforderlich. Das Gutachten eines solchen Sachverständigen kann in die Verhandlung ohne Zustimmung des Gerichts laut StPO und ZPO eingebracht werden.

80   *Hinweis:*

Bei Einholung der Zustimmung, dass der von der Verteidigung eingebrachte Sachverständige an der Verhandlung teilnehmen darf, sollte der Verteidiger die Teilnahme des Sachverständigen als solchen und nicht als sachverständigen Zeugen beantragen.

*Der **Vorteil** ist darin zu sehen, dass der Sachverständige dadurch die Möglichkeit besitzt, die gesamte Verhandlung zu verfolgen und auch Zeugen zu befragen. Daraus ergeben sich weitere Erkenntnisse, die der Sachverständige in seinem Gutachten in Feinheiten bei der mündlichen Darlegung in der Verhandlung noch untersetzen kann. Außerdem kann er so die Plausibilität der Darlegungen des vom Gericht beauftragten Sachverständigen besser überprüfen und ggf. seine Bedenken aus technischer Sicht zum Ausdruck bringen. Bei vorliegenden Sachverständigengutachten kann z.B. der Anwalt einen anderen Sachverständigen mit der Überprüfung beauftragen oder sich diesbezüglich ein fachliches Urteil einholen und unverständliche Darlegungen erklären lassen.*

Manche Richter schränken die Möglichkeit von Befragungen durch Sachverständige, die zusätzlich auf Antrag einer Partei in das Verfahren einbezogen wurden, ein. Hierzu kann festgestellt werden, dass sich diese Richter u.U. bei nicht eindeutiger Beweislage weiterer Quellen für ihren eigenen **Erkenntnisprozess** dadurch verschließen. Jeder weitere Sachverständige kann erweiterte und neue Erkenntnisse in das Verfahren einbringen, wodurch der Richter die juristische Würdigung präziser vollziehen kann. Es liegt im Ermessen des Richters die Erkenntnisse, die durch die zusätzlichen Sachverständigen eingebracht werden, zu verwerten, so dass Beschränkungen der zusätzlichen Sachverständigen durch den Richter in der o.g. Weise i.d.R. unnötig oder gar nachteilig für das Verfahren sind.

> **Hinweis:**
> In Zivilprozessen können sowohl im Auftrag des Gerichtes als auch im Auftrag einer Partei Sachverständige tätig werden. Sollen Sachverständige einer Partei an der Verhandlung teilnehmen, bedarf dies ebenfalls der Zustimmung des Richters.

Die **verschiedenen Möglichkeiten** der Einbeziehung des Sachverständigen der Unfallrekonstruktion in das Verkehrsrechtsverfahren sind in *Bild 5* (s. Rn. 84) in einer Übersicht dargestellt.　81

b) Zusammenarbeit des Anwalts mit dem Sachverständigen

Anwälte sollten gerade bei Verkehrsunfällen **für den Aufbau ihrer Verhandlungsstrategie** mehr mit Sachverständigen zusammenarbeiten, denn bei sehr vielen Unfällen sind die Unfallursachen oftmals nicht nur bei einem Unfallbeteiligten zu suchen. Selbst bei **Vorfahrtverletzungen** ist die Situation nicht immer eindeutig. Rein rechtlich und nur oberflächlich betrachtet scheint die Unfallverursachung immer bei demjenigen zu liegen, der aus dem wartepflichtigen Bereich heraus die Vorfahrt nicht beachtet hat. Oft zeigen auch polizeiliche Unfallaufnahmen solche vereinfachten Darstellungen, auf deren Grundlage die Schuld zugewiesen wird.　82

Anders sieht es aus, wenn ein Sachverständiger der Unfallrekonstruktion den Unfall aufnimmt und/oder im Nachgang die Unfallrekonstruktion durchführt. Er untersucht i.d.R. in umfassender Weise den Unfall, so dass unter Einbeziehung der **Beschädigungen** und der **Endlagen** der Fahrzeuge, der **Bremsspuren,** der **Splitterfelder** und verschiedener **Fahrzeugpositionen** der **Kollisionsort** und die **Ausgangsgeschwindigkeiten** der Fahrzeuge ermittelt werden. Weiterhin erfolgt dazu die Untersuchung der Wahrnehmungsbedingungen. Im Ergebnis solcher Untersuchungen wird nicht selten festgestellt, dass der auf der Vorfahrtstraße befindliche Unfallbeteiligte wesentliche Ursachen für den Unfall durch **überhöhte Geschwindigkeit** gesetzt hat. Besonders kritisch wird dieser Sachverhalt der überhöhten Geschwindigkeit, wenn unmittelbar vor der Einmündung der wartepflichtigen Straße Sichtbehinderungen für den auf die Vorfahrtstraße Auffahrenden vorliegen, so dass dieser in vielen Fällen nur stark eingeschränkte Möglichkeiten auf die Vermeidung des Unfalles hat. Diese Situationen werden auch im verhältnismäßig großen Maße für den **Versicherungsbetrug** genutzt.　83

Einbindung des Sachverständigen der
Unfallrekonstruktion in dem Verkehrsrechtsverfahren

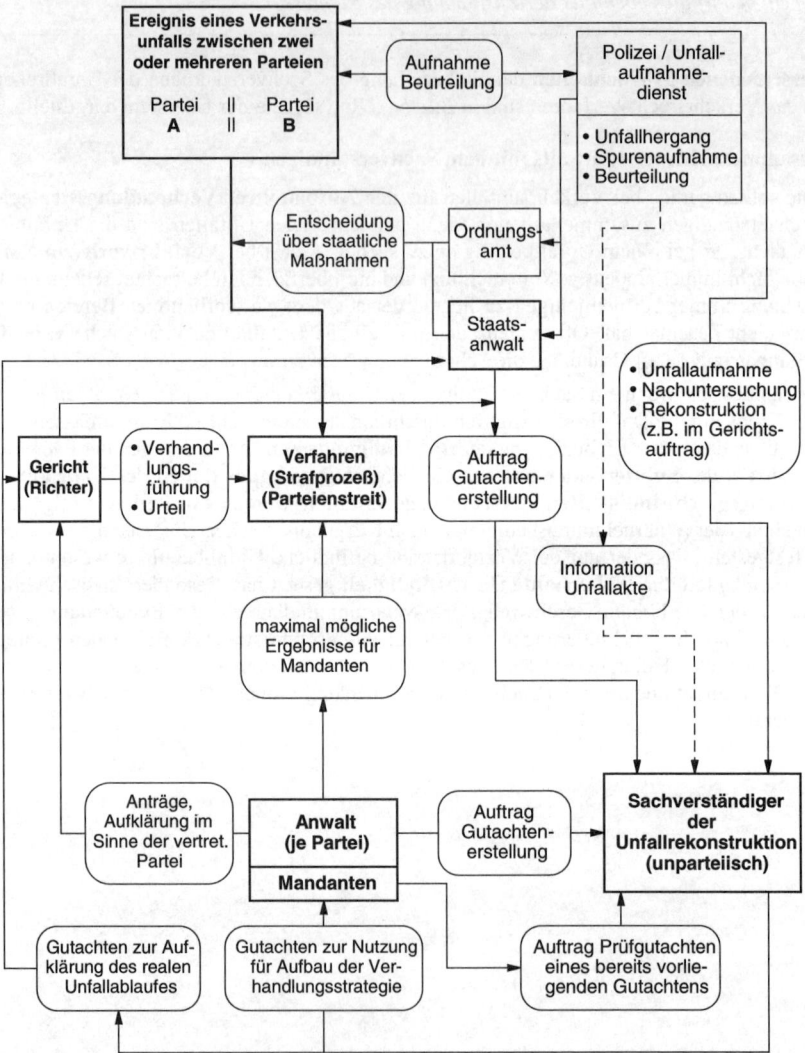

Bild 5: Übersicht zur Einbindung des Sachverständigen der Unfallrekonstruktion in das Verkehrsrechtsverfahren

84   Der Anwalt kann sich auch durch den Sachverständigen beraten lassen und so für seine Mandanten optimale Voraussetzungen schaffen, um Schuld zu mindern, Prozesse zu Gunsten seines Mandanten zu führen und Kosten zu sparen, ohne dass der Sachverständige in diesem Zusammenhang zu einem **Gefälligkeitsgutachten** gedrängt wird. Vielmehr soll der Anwalt durch die Erläuterungen

des Sachverständigen den realen Unfallablauf besser erkennen, umso die Ansätze für die Verteidigung seines Mandanten optimieren zu können. Im *Bild 6* werden **Empfehlungen** für die Zusammenarbeit **Anwalt – Sachverständiger** in übersichtlicher Form gegeben. Durch die Zusammenarbeit Anwalt – Sachverständiger bekommt der Anwalt sowohl aus der Gutachtenerstellung als auch aus der Gutachtenüberprüfung und Beratung vielseitige Informationen, die ihm für seine Arbeit eine wertvolle Hilfe sind. Durch diese Sachverständigeninformationen kann der Anwalt seine Arbeitsergebnisse nicht nur mit spezifischen technischen Erkenntnissen untersetzen, sondern er kann mit ihrer Hilfe seine Arbeitsweise auch rationell gestalten. Im nachfolgenden *Bild 7* (s. Rn. 84 unten) ist der Nutzen der Zusammenarbeit Anwalt – Sachverständiger in übersichtlicher Form zusammengefasst dargestellt.

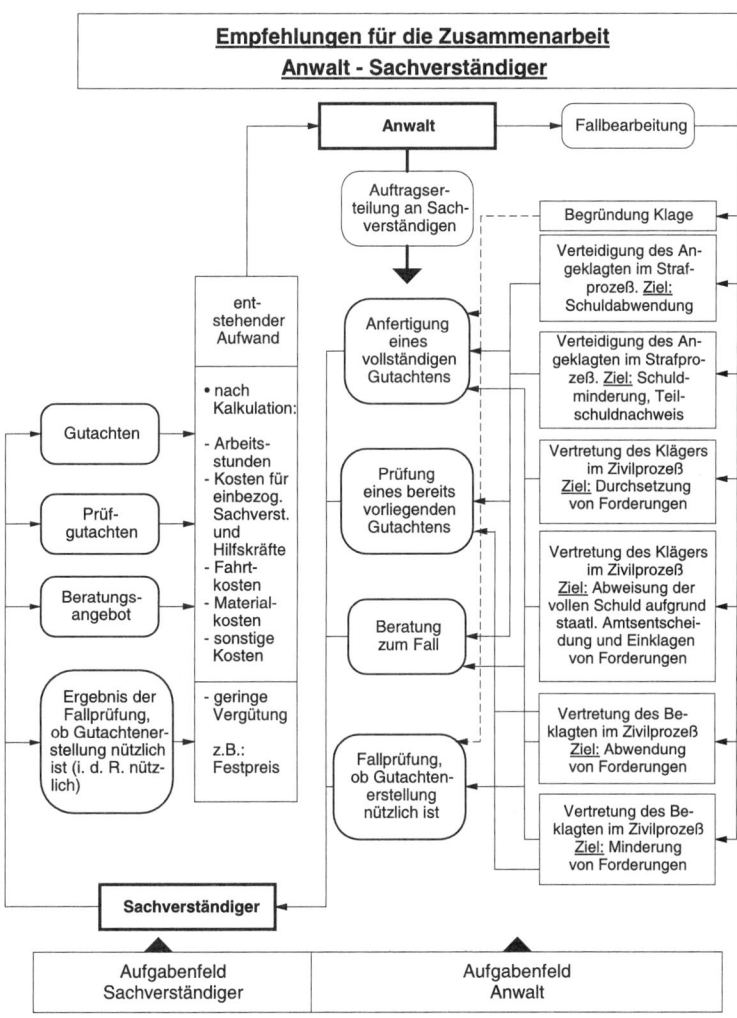

Bild 6: Empfehlungen für die Zusammenarbeit Anwalt – Sachverständiger

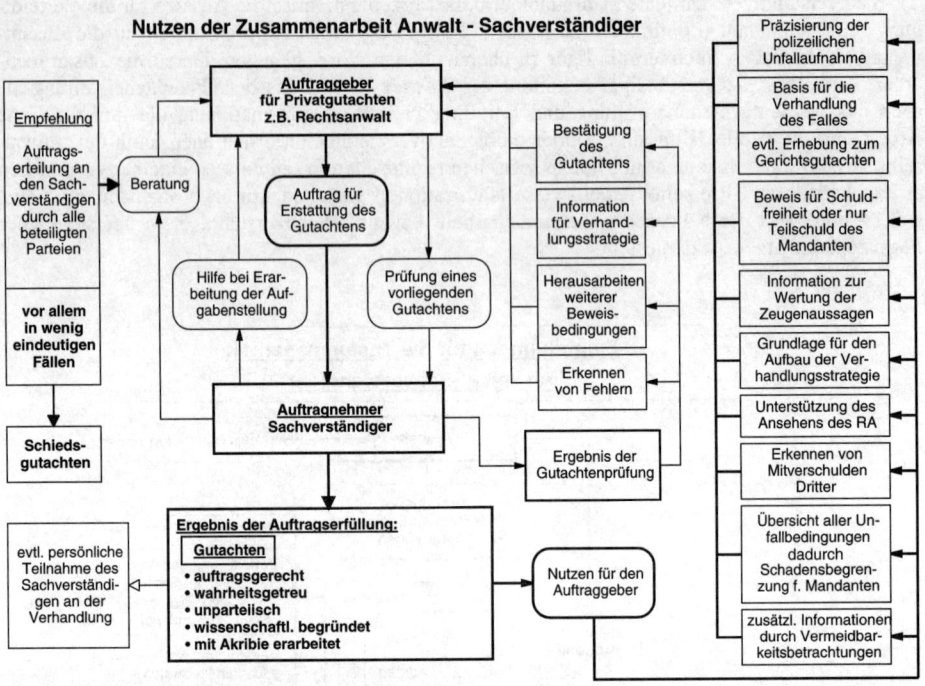

Bild 7: Nutzen der Zusammenarbeit Anwalt – Sachverständiger

IV. Gesetzliche Rahmenbedingungen für den Sachverständigen

1. Sachverständigengutachten als Beweismittel

85 Das **Sachverständigengutachten** ist in jedem Gerichtsverfahren durch die jeweilige Verfahrensordnung als **Beweismittel** vorgesehen. Dabei hat der Sachverständige die Aufgabe, dem Richter aus einer Fachwissensbasis heraus die notwendigen Erkenntnisse für den jeweiligen Fall zu vermitteln, so dass eine **Grundlage für die Entscheidung des Richters** vorliegt. Dabei bezieht sich das Fachwissen sowohl auf allgemein anerkannte wissenschaftlich-technische Grundlagen als auch auf den individuellen Sachverhalt, wie z.B. auf den Wahrnehmungsablauf der Kraftfahrer bei einem **Serienunfall** auf der Autobahn entsprechend verschiedener **Auffahrsituationen**. Der Sachverständige kann daher die notwendige Sachkenntnis in den Prozess einbringen, wobei sich diese nicht nur auf wissenschaftliche Erkenntnisse beschränkt, sondern dabei auch die Erfahrungen sowie Erkenntnisse aus Versuchen eingebracht werden können.

Nutzung des Sachverständigenfachwissens zur:		
· Erläuterung von technischen Grundlagen · fallbezogenen Anwendung der technischen Grundlagen	· Feststellung/Ermittlung bestimmter Tatsachen (Betriebszustand und Geschwindigkeit des Fahrzeuges) · Ursachenermittlung, Kausalität · Durchführung von fallbezogenen Versuchen	· Beurteilung festgestellter Tatsachen und deren Auswirkungen

Es ist nicht immer erforderlich, dass der Sachverständige sich in seiner Aussage auf den **konkreten**   86
Sachverhalt beziehen muss. Es besteht auch die Möglichkeit, dass eine Sachverständigenaussage vom Gericht zur Erläuterung technischer Prozesse herangezogen wird, so dass das Gericht daraus die notwendigen Schlussfolgerungen und Ableitungen für den konkreten Fall ziehen kann.

2. Vorgabe des Beweisthemas für den durch den Sachverständigen zu erbringenden Beweis

Der Sachverständige hat einen fachlichen Beweis, z.B. durch verbale Darlegungen auf der Basis   87
der naturwissenschaftlichen Gesetze oder durch Berechnungen eines bestimmten Ablaufes (z.B. den Kollisionsablauf von zwei Fahrzeugen) zu erbringen. Die Aufgabenstellung hierzu wird durch einen **Beweisbeschluss** oder durch einen vom Richter fest umgrenzten Aufgabenbereich definiert.

Hinweis: 88

*Im **Privatgutachtenbereich** wird die Aufgabenstellung für den Sachverständigenbeweis i.d.R. durch den Auftraggeber, wie z.B. eine Privatperson, eine Versicherung oder durch einen Rechtsanwalt in seinem Umfang eingegrenzt und festgelegt. Bei der **Auftragserteilung von Schiedsgutachten** erteilen alle beteiligten Parteien den Auftrag an den Sachverständigen.*

Der Sachverständige kann und sollte bei der **Festlegung des Beweisthemas** zu Rate gezogen wer-   89
den, weil er aufgrund seiner **Sachkunde** sehr oft viel schneller und zielgenauer die Aufgabenstellung zum Beweisthema erarbeiten und eingrenzen kann, wobei der Auftraggeber auch dabei immer auf die zu erarbeitenden Schwerpunkte hinweisen kann. Je genauer die Aufgabenstellung zum Beweisthema formuliert wird, umso leichter ist es für den Juristen, die von ihm erwarteten und benötigten Erkenntnisse durch den Sachverständigen zu bekommen. Die Festlegung des Beweisthemas und damit die Festlegung des Arbeitsfeldes des Sachverständigen für den speziellen Fall durch das Gericht, durch den Richter oder durch den Rechtsanwalt ergibt sich aus folgenden Gründen:

- Der Richter benötigt ganz spezielle, abgegrenzte Erkenntnisse aus einem technischen Sachverhalt, damit er z.B. den realen Unfallablauf bewerten und so die rechtliche Würdigung vornehmen kann.

- Zielstrebige Prozessführung, d.h. die Orientierung auf das Wesentliche.

- Kostenbegrenzung für das jeweilige Verfahren, wenn die Erkenntnisse aus dem eingegrenzten Beweisthema für die vollständige rechtliche Würdigung ausreichend sind.

- Der Rechtsanwalt benötigt eine ganz bestimmte Aussage, um eine Verteidigungsstrategie für seinen Mandanten zu entwickeln.

Beispiel:

Der Mandant hat an einer wartepflichtigen Straßeneinmündung die Vorfahrt eines auf der Vorfahrtstraße fahrenden Fahrzeuges nicht beachtet, so dass es kurz nach dem Einfahren in die Vorfahrtstraße zur Kollision der beiden Fahrzeuge kam. Da beide Fahrzeuge erheblich beschädigt waren, kann es durchaus sein, dass das Fahrzeug auf der Vorfahrtstraße mit einer überhöhten Geschwindigkeit fuhr und damit eine Mitschuld am Unfall trägt. Der Rechtsanwalt beauftragt den Sachverständigen die Ermittlung der Ausgangsgeschwindigkeit des auf der Vorfahrtstraße fahrenden Fahrzeuges zum Zeitpunkt, als das Fahrzeug seines Mandanten aus der wartepflichtigen Straße anfuhr, vorzunehmen. Diese Aussage ist für den Aufbau seiner Verteidigungsstrategie von grundlegender Bedeutung.

Der Sachverständige führt bei einem solchen Auftrag i.d.R. in seinem Gutachten noch eine Vermeidbarkeitsrechnung durch. Dadurch wird z.B. technisch ausgesagt, ob die Kollision vermeidbar war, wenn das Fahrzeug auf der Vorfahrtstraße die zulässige Höchstgeschwindigkeit eingehalten oder evtl. ohne Reaktionsverzug reagiert hätte.

Hierdurch erhält der Rechtsanwalt weitere wichtige Informationen, die er eigentlich nicht direkt im Sachverständigenauftrag formuliert hat, die er aber im Grunde genommen wissen wollte. Denn die Berücksichtigung der Vermeidbarkeitsbetrachtung in der Verteidigungsstrategie des Rechtsanwalts bringt oft erhebliche Vorteile für seinen Mandanten.

Aus diesen Darlegungen geht hervor, dass der Sachverständige aus der Aufgabenstellung die Zusammenhänge erkennen und notwendige angrenzende Bereiche mit einbeziehen muss, obwohl sie in der Aufgabenstellung nicht explizit ausgewiesen worden sind.

90 Der Beweisbeschluss erfolgt durch das Gericht. Er sollte das **Beweisthema** genau eingrenzen, was die Sachverständigenaussage zum vorliegenden Fall beinhalten soll. Dazu ist es erforderlich, dass in den Festlegungen zum Beweisthema mit großer Gründlichkeit alle **Anknüpfungstatsachen,** die der Sachverständige in seine Arbeit einzubeziehen hat, enthalten sind.

Hinweis:

In den Fällen, in denen dem Sachverständigen diese Anknüpfungstatsachen nicht vom Gericht vorgegeben werden, ist er veranlasst, diese selbst aus den Gerichtsakten zu entnehmen bzw. sich herauszusuchen, wie es vielfach in der Praxis vorkommt. In gewisser Weise bestimmt so der Sachverständige das Beweisthema selbst, was i.S.d. gerichtlichen Beweisbeschlusses als unzulässig angesehen wird (Wissmann, Der Sachverständige, § 2). Bei fachlich schwer zu erkennenden Anknüpfungstatsachen kann das Gericht bzw. ein Richter den Sachverständigen konsultieren, um für das Beweisthema richtige Anknüpfungstatsachen festzulegen. Die Festlegung, welche Anknüpfungstatsachen einbezogen werden sollen, nimmt grds. das Gericht vor.

91 Bei einem vorliegenden Beweisbeschluss mit unklaren Festlegungen sollte der Sachverständige aufgrund seiner Sachkenntnis auf eine **Konkretisierung** bzw. sinnvolle Veränderung hinwirken. Der **Beweisbeschluss** kann in diesem Fall vom Gericht entsprechend **geändert** werden.

3. Formulierung des Beweisthemas

92 Inhaltlich wird das Beweisthema durch den vorliegenden Sachverhalt, wie durch alle materiellen Bedingungen, die im Zusammenhang mit dem Unfallereignis stehen und durch die offenen Fragen, deren Beantwortung zur Klärung des realen Unfallablaufes notwendig ist, bestimmt. Die Ursachen-Wirkungsverhältnisse soll der Sachverständige mit seinem Fachwissen sichtbar und verständlich herausarbeiten. Deshalb sollte der Richter in die Formulierung des Beweisthemas auch genau ein-

bringen, welche Informationen er vom Sachverständigen benötigt. Der Sachverständige kann bei der Präzisierungdes Inhalts des Beweisthemas als **Konsultationspartner** hinzugezogen werden.

Die Formulierung des Beweisthemas sollte kurz und eindeutig vorgenommen werden. Dabei kann die Aufgabe für den Sachverständigen entweder **global** (1) abgefasst sein oder sie wird in einem **ganz speziellen Rahmen** (2) **eingegrenzt.**

93

Beispiel zu (1):

Für den vorliegenden Verkehrsunfall ist eine Unfallrekonstruktion durchzuführen.

oder

Für den vorliegenden Verkehrsunfall ist eine Unfallrekonstruktion durchzuführen, wobei insbesondere die Aussage herauszuarbeiten ist, ob die Geschwindigkeit des Fahrzeuges 02 zum Zeitpunkt der Reaktionsaufforderung zum Bremsen größer als 70 km/h war.

Beispiel zu (2):

Spezielle Eingrenzung des Beweisthemas:

Konnte das Fahrzeug 01 zum Zeitpunkt, als es an der Haltelinie der wartepflichtigen Straße anfuhr, das Fahrzeug 02 auf der Vorfahrtstraße bereits wahrnehmen? War die Geschwindigkeit des Fahrzeuges 02 zum Zeitpunkt der Reaktionsaufforderung zum Bremsen größer als 70 km/h?

Der Sachverständige führt die Darlegungen in seinem Gutachten entsprechend dem geforderten **Beweisthema** aus. Dabei obliegt es der Entscheidung des Sachverständigen, in welcher Art und Weise er die Aufgabe bearbeitet und welche Voraussetzungen er sich schaffen muss. Die Herangehensweise des Sachverständigen darf nicht von außen bestimmt werden, da dies allein aus dem Sachverstand, d.h. aus den Kenntnissen, Fähigkeiten und Erfahrungen des Sachverständigen erfolgen muss. Deshalb gibt es auch für die Gutachtenerstellung und -ausführung **keine Formvorschriften** oder gar Standards. In Anwendung auf das zuvor genannte Beispiel (2) bedeutet das bisher Gesagte, dass der Sachverständige für die Nachweisführung der Wahrnehmung z.B. folgende Arbeiten durchführen muss:

94

- Aktenstudium der polizeilichen Unfallaufnahme,

- Unfallortbesichtigung und Vermessung (Anfertigung von Fotografien),

- Ermittlung der Sicht- und Straßenverhältnisse zum Unfallzeitpunkt aus der Position der Unfallbeteiligten,

- Ermittlung des Kollisionsbereiches, der Endlagen, der Bremsspuren und evtl. der Splitterfelder der Fahrzeuge,

- Berechnung der Kollisionsgeschwindigkeiten beider Fahrzeuge,

- Berechnung der Geschwindigkeit des Fahrzeuges 02 zum Zeitpunkt als das Fahrzeug 01 anfuhr und

- evtl. muss zur weiteren Beweisführung noch eine computergestützte Simulation erfolgen.

Erst nach Durchführung dieser Arbeiten kann der Sachverständige seine beweisfähige Aussage zu den Wahrnehmungsbedingungen vornehmen.

Der Richter bzw. Auftraggeber kann vom Sachverständigen verlangen, dass dieser alle legalen und fachlichen Möglichkeiten ausschöpft, so dass eine möglichst eindeutige Beweisführung im Gutachten vorgelegt wird. Außerdem müssen Ausführungen des Sachverständigen verständlich sein, d.h. die **Plausibilität** muss **für den Nichtfachmann** gegeben sein. Für einen anderen Sachverständigen des Fachgebietes müssen die Sachverhalte im Gutachten nachvollziehbar dargelegt werden.

95

4. Entscheidung über die Erhebung des Sachverständigenbeweises im Zivilprozess

Bezüglich der Entscheidung über die Erhebung eines Sachverständigenbeweises ist generell das Gericht zuständig. Die Parteien im Zivilprozess können diesbezüglich Anträge stellen. Für das Gericht ist die Beauftragung eines Sachverständigen davon abhängig, ob eine entsprechende fachli-

96

che Beurteilung des jeweiligen Falles bzw. ob bestimmtes Fachwissen als Voraussetzung für die rechtliche Würdigung notwendig ist. I.d.R. bedarf es der Feststellung, dass die erforderliche **Sachkunde** beim Gericht nicht vorliegt. Lassen sich die gewünschten Informationen aus der Fachliteratur eindeutig für den Richter mit entsprechender Sicherheit entnehmen, so kann er diese seiner Entscheidung auch ohne Einschaltung eines Sachverständigen zugrunde legen.

97 | **Hinweis:**
*Über diese Regelung hinaus können die Parteien **Privatgutachten** als selbstständige Gutachten oder Gutachten zur Überprüfung des Gutachtens, das durch den vom Gericht beauftragten Sachverständigen erarbeitet wurde, an andere Sachverständige in Auftrag geben. Stehen die Ergebnisse aus Privatgutachten im erheblichen **Widerspruch** zu den Entscheidungen des Richters, so ist dieser Sachverhalt oft die Grundlage für **Berufungsverfahren**. Diese Verfahrensweise ist besonders dann gegeben, wenn die Begründung des Urteils hinsichtlich des technisch-fachlichen Sachverstandes erhebliche Lücken aufweist.*

5. Entscheidung zur Zuziehung von Sachverständigen in Strafprozessen

98 Gem. der **Amtsermittlungspflicht** als zentrales Regelungsprinzip des Strafverfahrens ist das Gericht verpflichtet, alle möglichen Mittel der Sachaufklärung in Bezug auf entscheidungsrelevante Tatsachen auszuschöpfen (beachte § 244 StPO). Das Amtsermittlungsprinzip beinhaltet neben der Unabhängigkeit des Gerichts bei der Sachaufklärung auch die Möglichkeit, dass Verfahrensbeteiligte Anträge insbesondere zur Beweiserhebung stellen können, da ihnen ein Beweisantragsrecht eingeräumt wird (vgl. Rn. 103 ff. und Rn. 105 ff.).

99 Dem Gericht obliegt daher in Erfüllung seiner Aufklärungspflicht die Hinziehung eines Sachverständigen von Amts wegen, sofern es nach eigener Überzeugung nicht selbst über die erforderliche Sachkunde verfügt und ihm dadurch eine Erkenntnisquelle eröffnet wird, die der Aufklärung entscheidungsrelevanter Tatsachen dient. Für das Gericht besteht im Zusammenhang mit der Erhebung des Sachverständigenbeweises **Begründungszwang,** wenn zur sachgerechten Beantwortung einer entscheidungsrelevanten Frage eine besondere Sachkunde erforderlich ist und kein Sachverständigengutachten eingeholt wird (Müller, Der Sachverständige im gerichtlichen Verfahren, S. 35, § 3).

100 Die Hinziehung eines Sachverständigen kann **vor Erhebung der Anklage** vom Gericht grds. nicht vorgenommen werden. Diese Entscheidung obliegt bis zu diesem Zeitpunkt, d.h. im Ermittlungsverfahren, dem Staatsanwalt. Dieser kann allerdings beantragen, den Sachverständigenbeweis als richterliche Untersuchungshandlung vom zuständigen Amtsrichter durchführen zu lassen. Ohne diesen Antrag des Staatsanwaltes kann der Richter die Erhebung des Sachverständigenbeweises nur dann anordnen, wenn besondere Tatbestände, wie z.B. die durch das Gutachten begründete Freilassung des Beschuldigten, dies erfordern.

101 **Nach der Anklageerhebung** kann die Hinziehung von Sachverständigen durch das Gericht grds. in jedem Stadium des Verfahrens erfolgen. Im **Zwischenverfahren** bereits dann,

● wenn dadurch der Zweck erfüllt wird, eine Entscheidung zu treffen über die Eröffnung des Hauptverfahrens, die Einstellung des Verfahrens oder den Angeschuldigten außer Verfolgung zu setzen;

● wenn Tatsachen oder ein bestimmter Sachverständiger zum Zeitpunkt der Hauptverhandlung nicht mehr für das Gutachten zur Verfügung stehen;

● wenn es für die Vorbereitung der Verteidigung des Beschuldigten erforderlich erscheint (Müller, a.a.O., S. 37, § 3).

102 Nach Eröffnung des Hauptverfahrens obliegt die Entscheidung über die Ladung von Sachverständigen zur Hauptverhandlung dem Vorsitzenden des Gerichts. Weiterhin kann die Hinziehung von Sachverständigen in der Hauptverhandlung, wie bereits oben dargelegt, durch den Staats-

anwalt und entsprechend dem **Beweisantragsrecht** durch **Prozessbeteiligte** (z.B. Verteidigung) oder den Angeklagten selbst erfolgen.

Das Gericht muss grds. jeden in der Hauptverhandlung erschienenen Sachverständigen anhören, der vom Vorsitzenden, dem Staatsanwalt oder dem Angeklagten geladen wurde, unabhängig davon, ob es das Gericht für sachlich geboten hält. Die **Ablehnung** von Anträgen auf Erhebung von Sachverständigenbeweisen durch Prozessbeteiligte darf vom Gericht nur aus besonderen Gründen, wie z.B. der **Unzulässigkeit von Beweismitteln**, der Erwiesenheit von unter Beweis gestellten Tatsachen usw. erfolgen.

6. Sachverständigengutachten im Auftrag einer Prozesspartei

Entsprechend dem **Beweisantragsrecht** kann jeder Verfahrensbeteiligte, auch der Verteidiger unabhängig vom Willen des Angeklagten, Ermittlungen, insbesondere **Beweisanträge** zur Aufklärung entscheidungsrelevanter Tatsachen, veranlassen. Diese Regelung dient der Optimierung der **Wahrheitsfindung**, da jede Partei ein spezifisches Interesse an einem aus ihrer Sicht zutreffenden Verfahrensergebnis hat. 103

Die **Ablehnung** von Beweisanträgen, speziell auf Erhebung eines Sachverständigenbeweises ist dem Gericht nur aus Gründen möglich, die **gesetzlich ausdrücklich geregelt** sind. Als Ablehnungsgründe werden neben den einschlägigen für Beweisanträge geltenden Gründen, speziell für den Sachverständigenbeweis zusätzliche Gründe normiert. Folgende **Gründe** können zur Ablehnung von Beweisanträgen auf Hinzuziehung von Sachverständigen, die durch Prozessbeteiligte gestellt wurden, führen: 104

- die Unzulässigkeit der Beweiserhebung,
- die Offenkundigkeit der unter Beweis gestellten Tatsachen,
- die Unerheblichkeit des Beweisthemas,
- die Erwiesenheit der unter Beweis gestellten Tatsache,
- die Ungeeignetheit des Beweismittels,
- die Unerreichbarkeit des Beweismittels,
- die Prozessverschleppung,
- die Wahrunterstellung,
- die eigene Sachkunde des Gerichts,
- das Vorliegen eines Gutachtens,
- Zweifel an der Sachkunde des Sachverständigen,
- die Zugrundelegung unzutreffender tatsächlicher Voraussetzungen,
- überlegene Forschungsmittel eines anderen Sachverständigen,
- die Fehleranfälligkeit des Gutachtens und
- das Verhältnis zwischen Aufklärungspflicht des Gerichts und Antragsrecht der Verfahrensbeteiligten.

7. Anordnung von mehreren Sachverständigengutachten

a) Zivilrechtliches Verfahren

In der ZPO ist keine ausdrückliche Regelung über die Einholung mehrerer Gutachten zu einem Thema formuliert, es wird aber von der **Auswahl der Sachverständigen** gesprochen, woraus abgeleitet werden kann, dass das Gericht gleichzeitig mehrere Sachverständige zu einem Beweisthema ernennen kann (Müller, Der Sachverständige im gerichtlichen Verfahren, S. 105 ff., § 5). 105

106 **Mehrere Gutachten zu dem gleichen Beweisthema** können dann erforderlich werden, wenn das Gericht zu der Auffassung gelangt, dass es nur auf diesem Wege die erforderliche Sachkunde zu einem speziellen Beweisthema erlangen kann. Dies kann der Fall sein, wenn zur Beantwortung einer bestimmten Sachfrage die **Aspekte verschiedener Sachgebiete** relevant sind und die auf das jeweilige Sachgebiet spezialisierten Sachverständigen zur Verfügung stehen. Es liegt daher im Ermessen des Gerichts, die Anzahl der Gutachten, welche zu einem **Beweisthema** erforderlich sind, zu bestimmen. Es hat allerdings schon aus Kostengründen sorgfältig zu prüfen, ob es wirklich der Einholung mehrerer Gutachten zur Erkenntnisvermittlung zu einem Beweisthema bedarf.

107 Die starke Spezialisierung von Wissenschaft und Technik erfordert immer wieder die Zusammenarbeit von mehreren **Spezialisten** bei der sachgerechten Behandlung komplexer Beweisthemen. Hat das Thema des Gutachtens seinen Schwerpunkt im Fachgebiet des beauftragten Sachverständigen und benötigt dieser zur fachgerechten Erarbeitung Erkenntnisse anderer Fachgebiete, die in das Gutachten eingearbeitet werden, ist die Hinzuziehung von **Hilfssachverständigen** angebracht. Der gerichtliche Sachverständige muss aber letztlich die **fachliche Verantwortung** für das Gutachten übernehmen.

108 Bilden die Untersuchungen der Spezialisten selbstständige und gleichwertige Gutachtenbeiträge, die auch nur von den jeweiligen Sachverständigen fachkompetent vertreten werden können, so ist die Erhebung eines **Teamgutachtens** zweckmäßig. Bei der Erhebung eines Teamgutachtens ist jeder Sachverständige der Sachverständigengruppe (des Teams) **gerichtlicher Sachverständiger**, der gegenüber dem Gericht seine eigenverantwortliche Sachverständigenaussage macht, die Bestandteil des Teamgutachtens wird.

109 Im Unterschied dazu ist der vom gerichtlichen Sachverständigen hinzugezogene **Hilfssachverständige** nicht als gerichtlicher Sachverständiger anzusehen, da er nur ein Vertragsverhältnis mit dem beauftragenden Sachverständigen hat, jedoch **keine rechtlichen Beziehungen zum Gericht** bestehen (vgl. Rn. 68 ff.).

110 Neben der gleichzeitigen Einholung mehrerer Gutachten zum gleichen Beweisthema kann die Anordnung einer **erneuten Begutachtung,** d.h. die Erstellung eines neuen Gutachtens zu einem Thema, zu dem bereits ein Gutachten erstattet wurde, vom Gericht veranlasst werden. Dieser Fall tritt dann ein, wenn das erstattete Gutachten seinen Zweck verfehlt, dem Gericht die für die Entscheidung notwendige Erkenntnisgrundlage zu vermitteln. D.h., dass das Gutachten vom Gericht für ungenügend erachtet wird. Folgende Sachverhalte können die **Einholung eines weiteren Gutachtens** begründen:

- fehlende intellektuelle Nachvollziehbarkeit des Gutachtens (vgl. Plausibilität),

- Zweifel an der Richtigkeit des Ergebnisses,

- Unvollständigkeit des Gutachtens,

- grobe Mängel bei der Gutachtenerstellung,

- unzutreffende tatsächliche Voraussetzungen im Gutachten (vgl. Anknüpfungstatsachen),

- Zweifel an der Sachkunde des Sachverständigen,

- überlegene Forschungsmittel eines anderen Sachverständigen,

- widersprechende Gutachten (vgl. Rn. 118 ff.) und

- erfolgreiche Ablehnung eines Sachverständigen.

> *Hinweis:*
>
> *Das von einer Partei in den Prozess eingeführte Privatgutachten ist vom Gericht als* **urkundlich belegtes Parteivorbringen** *zu betrachten, mit dem sich das Gericht auseinandersetzen muss. Das bedeutet, dass mit diesem Vorbringen die Partei praktisch die Hinzuziehung eines weiteren Sachverständigen bewirkt. Das Gericht braucht allerdings die für seine Entscheidung erforderliche Sachkunde nicht aus dem vorgelegten Privatgutachten zu entnehmen, wenn es der Auffassung ist, dass es diese z.B. aufgrundlage bereits erstatteter Gutachten selbst schon besitzt. Es ist jedoch verpflichtet, das Privatgutachten einer* **Beweiswürdigung** *zu unterziehen, die sich qualitativ nicht von der Würdigung eines gerichtlichen Gutachtens unterscheidet, d.h. es muss seine Entscheidung, bezogen auf das Gutachten als Parteivorbringen begründen.*

111

b) Strafrechtliches Verfahren

Die Regelungen der StPO sehen bezüglich der Anordnung mehrerer Sachverständigengutachten ähnliche Kriterien, wie sie im zivilrechtlichen Verfahren gelten, vor. Prinzipiell leitet sich im strafrechtlichen Verfahren die Entscheidung über die Einholung mehrerer Gutachten zu einem Thema aus dem **Amtsermittlungsgrundsatz** ab, an den das Gericht gebunden ist und der es verpflichtet, alle zur Aufklärung einer entscheidungsrelevanten Tatsache zur Verfügung stehenden Erkenntnisquellen auszuschöpfen. Das bedeutet, dass das Gericht sämtliche zur Verfügung stehende Sachverständige hinzuziehen muss, wenn von jedem Einzelnen aufgrund seiner Sachkunde eine Aufklärung der Tatsache zu erwarten ist (vgl. Rn. 98 ff.).

112

Der Amtsermittlungspflicht ist jedoch nur dann Genüge getan, wenn ein Sachverständigengutachten nach Vorstellung des Gerichts das Gutachtenthema **zutreffend und erschöpfend behandelt,** d.h. es ergibt sich erst auf der Grundlage der Beweiswürdigung, ob die Erkenntnisquelle zur Ermittlung des entscheidungsrelevanten Sachverhaltes ausreicht oder ob das Gutachten eines weiteren Sachverständigen einzuholen ist.

113

Eine **erneute Begutachtung** kann vom Gericht beschlossen werden, wenn es das vorliegende Gutachten als ungenügend erachtet. Dies ist dann der Fall, wenn das Gutachten dem Gericht nicht die für seine Entscheidung erforderliche Sachkunde vermitteln kann. Die Gründe, die das Gericht zur Einholung eines weiteren Gutachtens veranlassen können, entsprechen im Wesentlichen denen im zivilrechtlichen Verfahren. Wenn das angeforderte Gutachten zum Nachteil des Angeklagten verwertet werden soll, hat das Gericht allerdings besonders sorgfältig zu prüfen, ob die Einholung eines weiteren Gutachtens für die Wahrheitsermittlung notwendig ist.

114

Die Hinzuziehung eines weiteren Sachverständigen kann auch erforderlich werden, wenn ein **Gutachten als Beweismittel unzulässig geworden** ist und daher vom Gericht in keinem Zusammenhang verwertet werden darf. Gründe hierfür können die erfolgreiche Ablehnung eines Sachverständigen nach Erstattung des Gutachtens oder die Anwendung unzulässiger Beweismethoden durch den Sachverständigen sein. Das Gericht ist aus diesen Gründen heraus jedoch nicht verpflichtet, ein weiteres Gutachten einzuholen, sondern hat vor Erlass eines zweiten Beweisbeschlusses erneut die Notwendigkeit der Einholung eines weiteren Gutachtens zu prüfen.

115

Die **Verfahrensbeteiligten** haben vor und während der **Hauptverhandlung** ebenfalls die Möglichkeit, die Erstattung weiterer Gutachten zu beantragen (**Beweisantragsrecht**). Vor der Hauptverhandlung prüft der Vorsitzende, während der Hauptverhandlung das Gericht, ob ein Antrag als Beweisantrag zulässig und begründet ist. Die Hinzuziehung eines weiteren Sachverständigen kann jedoch in begründeten Fällen auch abgelehnt werden (vgl. Rn. 98 ff.).

116

117

> **Hinweis:**
>
> *Das Recht der Hinzuziehung weiterer Sachverständiger steht darüber hinaus auch dem Ange-klagten und dem Staatsanwalt zu. Ihnen ist somit die Möglichkeit gegeben, die Einholung von mehreren Sachverständigengutachten zu einem Thema vor Gericht durchzusetzen. Das Gericht hat diese Sachverständigen, sofern sie in der Hauptverhandlung erschienen sind, uneingeschränkt anzuhören.*

8. Obergutachten

118 Liegen dem Gericht **mehrere Gutachten** zu einem Thema vor, die **widersprüchliche Sachaussa-gen** enthalten, so wird sich das Gericht aufgrund der dadurch hervorgerufenen Zweifel die erfor-derliche Sachkunde durch Einholung eines weiteren Gutachtens verschaffen. Das **Obergutachten** ist allerdings nicht als "**Schiedsrichtergutachten**" über die bereits erstatteten Gutachten zu verste-hen, obwohl es die Aufgabe hat, zu diesen Stellung zu nehmen. Dieses weitere Gutachten ist vom Gericht als **gleichrangige Erkenntnisquelle** zu betrachten. Das Gericht darf also nicht ein Ober-gutachten als alleiniges Mittel zur Verschaffung der Sachkenntnis heranziehen, es muss sich viel-mehr mit allen Gutachten gleichermaßen auseinandersetzen.

119 Ist das Gericht bei widersprüchlichen Gutachten von der Richtigkeit der einen Auffassung über-zeugt oder hat es nach seiner Überzeugung die für seine Entscheidung erforderliche Sachkunde damit erlangt, ist die Einholung eines weiteren bzw. Obergutachtens nicht erforderlich.

120 Das Gericht wird sich bei der Auswahl des Sachverständigen, der mit der Erstellung eines Obergut-achtens beauftragt wird, auf eine Persönlichkeit mit besonders **hoher Fachautorität** stützen, um dieser Erkenntnisquelle eine entsprechende Bedeutung zu verleihen.

121 Unabhängig davon ist jeder Sachverständige verpflichtet, bei der Erstattung eines Gutachtens über ein Thema, zu dem bereits ein Gutachten vorliegt, ausführlich zu diesem bereits erstatteten Gutach-ten Stellung zu nehmen. Es ist daher nicht erforderlich, ein solches Gutachten **ausdrücklich als Obergutachten zu bezeichnen.**

9. Gutachtenrelevante Tatsachen

122 Bei den Tatsachen, die für ein Gutachten relevant sind, ist eine Unterscheidung zwischen **Anknüp-fungstatsachen** und **Befundtatsachen** von entscheidender verfahrensrechtlicher Bedeutung.

a) Anknüpfungstatsachen

123 Anknüpfungstatsachen sind **dem Sachverständigen vorgegebene Tatsachen,** die den Sachverhalt bilden, der dem Gutachten als feststehend zugrunde zu legen ist. Sie stehen **außerhalb der Fest-stellungskompetenz** des Sachverständigen.

124 Das Gutachten darf nur dann verwertet werden, wenn der Sachverständige in seinem Gutachten von diesen vorgegebenen Tatsachen ausgegangen ist. Er ist verpflichtet, alle vom Gericht als gege-ben angesehenen Tatsachen in seinem Gutachten ebenfalls als vorliegend anzusehen. Selbstständig darf er Tatsachen nur im Rahmen der Aufgabenstellung des **Beweisthemas** feststellen.

125 Die Anknüpfungstatsachen hat das **Gericht selbst festzustellen** und bereits im **Beweisbeschluss** dem Sachverständigen vorzugeben. In vielen Fällen ist allerdings zu diesem Zeitpunkt noch nicht klar, welche Tatsachen für die Entscheidung relevant werden und in das Gutachten einzubeziehen sind. Daher kann das Gericht den Sachverständigen zunächst eigene Ermittlungen bezüglich der Feststellung gutachtenrelevanter Tatsachen anstellen lassen, indem es ihm die gerichtlichen Akten überlässt, aus denen dieser **Tatsachenfeststellungen** für sein Gutachten entnimmt (vgl. Rn. 87 ff.).

Sofern der Sachverständige durch eigenes Aktenstudium Tatsachen für die Zugrundelegung in seinem Gutachten zusammenstellt, darf das Gericht diese nicht aus dem Gutachten übernehmen, sondern muss selbst festlegen, welche dieser Sachverhalte als feststehend angesehen werden können und somit dem Urteil zugrunde gelegt werden müssen. **126**

b) Befundtatsachen

Befundtatsachen sind die Tatsachen, die **vom Sachverständigen als Erkenntnisgehilfe des Gerichts** nach dem Beweisthema bzw. -beschluss aufgrund seiner speziellen Sachkunde festzustellen und dem Gericht **zu vermitteln** sind (vgl. Rn. 92 ff.). Die Feststellung dieser Befundtatsachen ohne jegliche Beteiligung des Gerichts darf dem Sachverständigen nur zugestanden werden, wenn infolge der technischen oder gesetzlichen Gestaltung des Feststellungsvorganges eine Beteiligung des Richters völlig unmöglich oder sinnlos ist (z.B. bei einer mikroskopischen Werkstoffuntersuchung). Anders könnte es sein bei der Besichtigung des Unfallortes zur Ermittlung der **Wahrnehmungsbedingungen**. Hier ist das Interesse des Gerichts an einer Mitwirkung möglich, um sich vor Ort einen persönlichen Eindruck zu verschaffen. **127**

Bei der Feststellung der Befundtatsachen hat sich der Sachverständige einerseits nach bestem Wissen und Gewissen nach den Regeln seines Faches zu richten, andererseits aber auch prozessuale Regelungen zu beachten. **128**

Der prozessrechtliche Grundsatz der **Parteiöffentlichkeit** bedeutet, dass der Sachverständige bei der **Inaugenscheinnahme** einer Sache oder der Anhörung von Personen, den Parteien die Möglichkeit der Anwesenheit geben muss, damit diese bei der Feststellung entscheidungsrelevanter Tatsachen mitwirken können.

Erfüllt der Sachverständige diese Forderung nicht, macht die Missachtung des Grundsatzes der Parteiöffentlichkeit das Gutachten **unverwertbar**. Falls der Sachverständige nur einer Partei oder einzelnen Verfahrensbeteiligten die Möglichkeit der Anwesenheit einräumt, wird dadurch auch noch die Besorgnis der **Befangenheit** begründet. Es sollte daher stets Sorge dafür getragen werden, dass bei der Feststellung gutachtenrelevanter Tatsachen durch den Sachverständigen alle Parteien gleichermaßen beteiligt werden. **129**

Ein besonderes Problem stellt die **Beschaffung von Tatsachenmaterial** für den Sachverständigen dar, wenn ihm dieses nicht von Beteiligten oder Dritten zur Verfügung gestellt wird. Als einheitlicher Grundsatz aller Prozessordnungen gilt, dass der Sachverständige niemals selbst die Beschaffung von Tatsachenmaterial erzwingen darf. **130**

Im zivilrechtlichen Verfahren trifft dies hauptsächlich auf die Besichtigung von Sachen und Urkunden sowie die Untersuchung und Befragung von Personen zu. Hier muss das Gericht gem. den **Beweisregeln** tätig werden, falls der Sachverständige auf **Tatsachenmaterial** angewiesen ist, das nur zwangsweise beschafft werden kann. **131**

Im strafrechtlichen Verfahren sind Gegenstände, welche als Beweismittel für die Untersuchung von Bedeutung sein können, in geeigneter Weise sicherzustellen. Sie sind dem Sachverständigen für seine Untersuchungen zur Verfügung zu stellen und soweit sie sich im Gewahrsam einer Person befinden, die sie nicht freiwillig herausgibt, zu beschlagnahmen. Da die Sicherstellung dieser Gegenstände vor der Hauptverhandlung erfolgt, stehen sie dem Sachverständigen rechtzeitig für die Beschaffung gutachtenrelevanter Tatsachen zur Verfügung. **132**

Im Bereich der **Verkehrsunfallrekonstruktion** bedeutet dies, dass bereits bei der Unfallaufnahme durch die Polizei wichtige Spuren, Gegenstände, insbesondere die Unfallfahrzeuge und andere als Beweismittel in Frage kommenden Sachen so zu sichern sind, dass sie dem Sachverständigen für die Tatsachenbeschaffung zur Verfügung stehen. **133**

C. Rekonstruktion von Straßenverkehrsunfällen und Gutachtenerarbeitung

I. Vorbetrachtung

134   Die Rekonstruktion von Verkehrsunfällen ist i.d.R. ein äußerst schwieriger Erkenntnisprozess, bei dem durch verschiedenste Untersuchungen (z.B. am Fahrzeug, Unfallort usw.) und Berechnungen der **reale Unfallhergang** im Nachhinein **technisch nachgewiesen** wird. Nachfolgend werden hinsichtlich des Ablaufes einer Unfallrekonstruktion und der Erarbeitung des Gutachtens einige wesentliche Schwerpunkte dargestellt, ohne den Anspruch auf Vollständigkeit zu erheben. Sowohl vor der Erarbeitung einer **Unfallrekonstruktion** als auch bei der **juristischen Würdigung** eines Verkehrsunfalls sollte immer von nachfolgendem Grundsatz ausgegangen werden.

> *Grundsatz:*
>
> *Bei der Rekonstruktion eines Verkehrsunfalls sind die jeweiligen Besonderheiten zu beachten. Kein Unfall ist im Detail direkt mit einem ähnlichen Unfall zu vergleichen, da in fast allen Fällen unterschiedliche Randbedingungen vorhanden sind. Die größte Fehlergefahr bei der Erarbeitung einer Unfallrekonstruktion besteht dann, wenn bei einem Unfall von Beginn an alles als klar und bekannt vorausgesetzt wird und Erkenntnisse eines anscheinend ähnlich gelagerten Falles auf den zu beurteilenden Unfall bloß übertragen werden. Hinsichtlich einer groben Vorabbewertung eines Unfalls und der Erkennung der Notwendigkeit zur Durchführung einer genauen Unfallrekonstruktion sind Vergleiche mit ähnlich gelagerten Unfällen durchaus sinnvoll und möglich.*

II. Erarbeitung von Gutachten der Unfallrekonstruktion

135   Um eine hohe **Qualität** von Gutachten der Straßenverkehrsunfallrekonstruktion zu gewährleisten, hat sich die Einhaltung des in *Bild 8* (s. Rn. 142) dargestellten Schemas in der Praxis bewährt.

136   Die **Grundlage** für jedes Gutachten bildet die vorhandene bzw. durch Untersuchungen zu ermittelnde Informationsbasis. Je mehr gesicherte Informationen und Anknüpfungstatsachen dem Sachverständigen zur Verfügung stehen, umso genauer ist i.d.R. die Rekonstruktion eines Verkehrsunfalls möglich. Die grundlegenden Informationen für die Erarbeitung eines Gutachtens sind in den meisten Fällen durch die Unfallaufnahme, die von der Polizei oder einem Sachverständigen durchgeführt wurde, gegeben. Bei dieser Unfallaufnahme ist eine **exakte Sicherung der Unfallspuren** von grundlegender Bedeutung. Ebenso sollten **Zeugenaussagen** aufgenommen und falls vorhanden, die Daten aus einem **Unfalldatenschreiber** bzw. **Fahrtschreiber (Schaublätter)** gesichert werden.

137   Für die Erarbeitung des Gutachtens der Unfallrekonstruktion werden sehr häufig noch **zusätzliche Informationsmöglichkeiten** verwendet. Hierzu zählen z.B. **Schadensgutachten**, die i.d.R. eine genaue Dokumentation der durch den Unfall entstandenen Schäden an den Fahrzeugen enthalten und somit oftmals erst die Rekonstruktion des Unfallablaufes bzw. des **Kollisionsablaufes** ermöglichen. Weiterhin können auch **Sondergutachten,** wie z.B. Lampengutachten, werkstofftechnische Gutachten und medizinische Gutachten in die Rekonstruktion des Unfalls einbezogen werden. Für eine genaue örtliche Zuordnung von Spuren und Endlagen ist nicht selten eine Unfallortnachbesichtigung durch den Sachverständigen erforderlich. Hierbei ist genau zu überprüfen, ob die Unfallörtlichkeit nach dem Unfallereignis nicht verändert wurde. Eine weitere sehr gute Informationsquelle stellen Vergleichsbetrachtungenzu anderen gut dokumentierten Unfällen oder Unfallversuchen dar, wobei allerdings die Spezifik des realen und konkreten Falles immer zu berücksichtigen ist.

> **Hinweis:**
>
> *Da die Informationsbasis eine wesentliche Grundlage des Gutachtens darstellt, hängt die Qualität und das Ergebnis des Gutachtens entscheidend von der Genauigkeit der Ausgangs- informationen und der Informationsbeschaffung ab. Fehlgutachten sind nicht selten die Folge von unzureichenden Anknüpfungstatsachen oder mangelhaft recherchierten Ausgangsdaten.*

Lassen sich die notwendigen Ausgangsdaten nicht ermitteln, so muss dieses im Gutachten erwähnt und die **Einschränkungen der Aussage des Gutachtens,** die sich daraus ergeben, dargestellt wer- den.   **138**

Auf der Grundlage der dem Sachverständigen zur Verfügung stehenden Informationsbasis sollte sich der Sachverständige zunächst ein **Modell** entwickeln, wie der Unfall hinsichtlich der einzel- nen Abläufe und Bewegungen stattgefunden hat. Dabei empfiehlt es sich, diese Modellentwicklung durch Skizzen und evtl. 3-D-Darstellungen zu unterlegen und den Unfall in seiner logischen Folge darzustellen.   **139**

Für die **Modellentwicklung** ist es erforderlich, dass der Sachverständige die einzelnen Informatio- nen genau beurteilt und bewertet. Sehr wertvoll ist dabei die Nutzung von Erfahrungen sowohl aus der eigenen Tätigkeit als auch durch den **Erfahrungsaustausch** mit anderen Sachverständigen. Nach einer kritischen Informationsauswertung kann die Rekonstruktion des konkreten Unfalls erfolgen, wobei verschiedene Berechnungsverfahren eingesetzt werden können. Hierbei sind heute durch den Einsatz moderner **Softwaresysteme** auch sehr komplexe und umfangreiche Berechnun- gen möglich. Es obliegt aber immer dem unterzeichnenden Sachverständigen, das für den konkreten Unfall richtige mathematisch-physikalische Berechnungsmodell auszuwählen und die Berechnungsergebnisse kritisch auf Plausibilität zum realen Unfall zu prüfen. Falsche Berech- nungsansätze führen i.d.R. auch zu falschen Ergebnissen. Für eine **Nachvollziehbarkeit der Berechnungsergebnisse** durch einen anderen Sachverständigen ist es daher immer erforderlich, mindestens das Berechnungsmodell /-verfahren im Gutachten anzugeben (einzelne Berechnungs- schritte müssen i.d.R. nicht im Gutachten aufgeführt werden). Falls es notwendig erscheint, können noch **weitere Sondergutachten** in die Rekonstruktion des Unfalls einbezogen werden.   **140**

Ein weiterer wichtiger Schwerpunkt bei der Erarbeitung von Gutachten der Unfallrekonstruktion ist die **Ergebnisdarstellung.** In einem übersichtlichen Bericht sollte die Unfallrekonstruktion erläutert und logisch nachvollziehbar dargelegt werden.   **141**

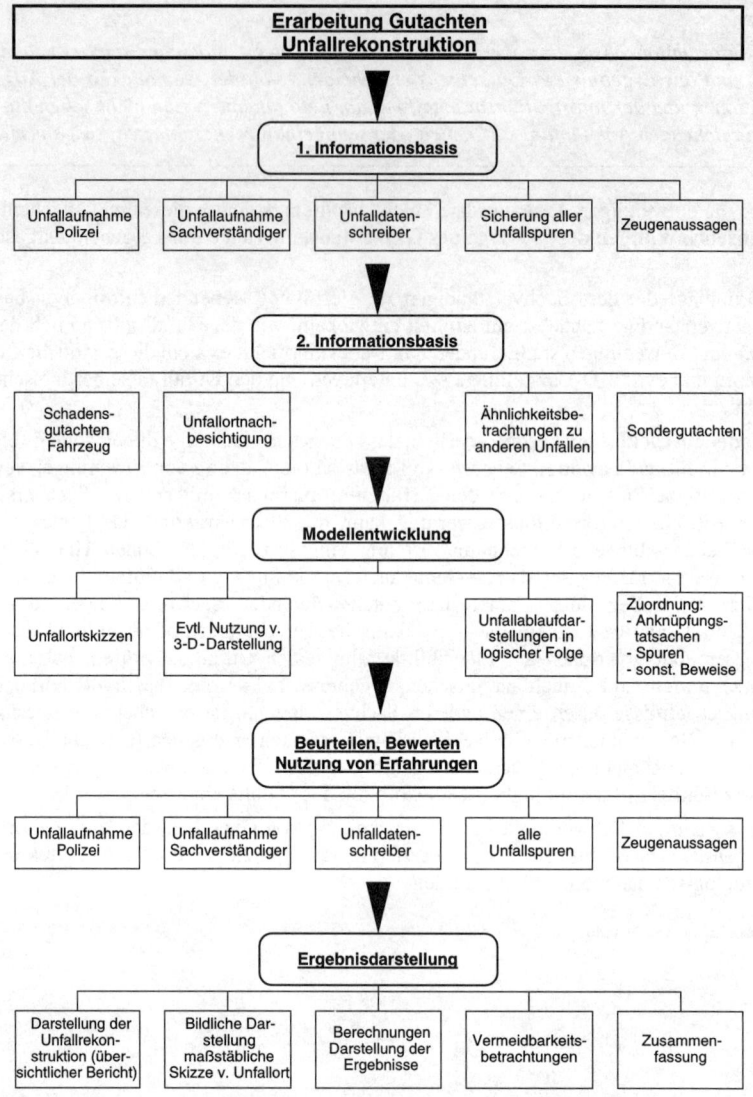

Bild 8: Übersicht zur Erarbeitung von Gutachten der Unfallrekonstruktion

142 Es ist immer vorteilhaft, **bildliche Darstellungen,** wie maßstäbliche Skizzen vom Unfallort, wichtige Spuren und Endlagen in Form von Fotos dem Gutachten beizufügen, auch wenn die Erstellung solcher Materialien i.d.R. mit größerem Aufwand verbunden ist. Die **Verständlichkeit eines** Gutachtens wird durch solche bildlichen Darstellungen grds. wesentlich erhöht und vor allem für Nicht-Kfz-Sachverständige wird die Vorstellbarkeit der realen Abläufe wesentlich erleichtert. Weiterhin sollten die Berechnungsergebnisse übersichtlich dargestellt und den Berechnungsverfahren zugeordnet werden. Eine Vermeidbarkeitsbetrachtung aus der Sicht aller am Unfall Beteiligten sowie eine Zusammenfassung der Ergebnisse sollte in jedem Gutachten vorhanden sein.

III. Form und Gestaltung von Gutachten

Für die Form und Gestaltung von Gutachten der Straßenverkehrsunfallrekonstruktion gibt es keine gesetzlichen Vorschriften und es kann auch zukünftig keine Vorschriften geben. Dies ergibt sich schon allein aus der Tatsache, dass jede Unfallrekonstruktion einen speziellen Bearbeitungsweg verlangt, der zwar allgemein gültig grob umrissen werden kann, aber in Details bei jedem Gutachten abweicht. Daher liegt es im Ermessen des Sachverständigen, das Gutachten entsprechend seiner Vorstellungen aufzubauen. Die nachfolgende Darstellung in *Bild 9* stellt daher eine **empfohlene Gliederung** eines Gutachtens dar, die der Sachverständige im speziellen Praxisfall seinen Vorstellungen anpassen kann.   143

In Auswertung der Darstellung in *Bild 9* sind mehrere Schwerpunkte für den Aufbau eines Gutachtens erkennbar. Ein Hauptschwerpunkt des Gutachtens ist die **Darlegung der Beweisfragen.** Die Beantwortung dieser Fragen stellt das Ziel der Gutachtenerarbeitung dar und setzt daher klar definierte Schwerpunkte voraus, die evtl. noch detailliert werden müssen. Im Gutachten muss eindeutig die verwendete **Ausgangs- und Informationsbasis** (s. auch *Bild 8*) dargestellt werden. Dabei ist allerdings auf die Wiederholung von bereits bekanntem Aktenmaterial zu verzichten.   144

Form und Gestaltung von Gutachten

Empfohlene Gliederung	Zielverfolgung	Form und Ausführung	Hinweise Bemerkungen
1. Darlegung der zu beantwortenden Beweisfrage – evtl. detaillieren – klar definieren – Schwerpunkte herausstellen – Wichtung setzen	Thema und Auftrag des Gutachtens abgrenzen	kurze aussagekräftige Darstellung – i.d.R. mit wenigen Sätzen	
2. Darstellung des Sachverhaltes	– Grundlage für die Ausgangsbasis des Gutachtens – Schlussfolgerungen	– klare übersichtliche Darstellung – gute zeichnerische Darstellung durch Skizzen – Darstellung des Beweismaterials – Wiederholen von bekanntem Aktenmaterial einschränken (an anderer Stelle nachlesbar)	

3. Darlegung der Sachverständigen-Beurteilung	– möglichst eindeutige, beweisfähige Darstellung der Gutachteraussage und des Weges dahin – Grundlage für die Urteilsfindung	– Darstellung muss für den Nicht-fachmann (z.B. Richter) gut verständlich und plausibel sein – **für Fachmann nachvollziehbar, d.h. nachprüfbar sein,** gilt auch für mündliche Gutachten (Erklärungen am Modell, z.B. 3-D-Modell oder Skizzen sind anschaulich) – Berechnungen beifügen – auf Quellen eindeutig verweisen – alle Auseinandersetzungen mit wissenschaftlichen Darlegungen – nur auf das Gutachterthema bezogen	– wenn mehrere Beantwortungen bzw. Lösungen für Gutachterthema möglich – alle darlegen – bei mündlichen Beurteilungen gilt Gebot der Beschränkung – **Aufgabe des Sachverständigen: Rückfragen der Beteiligten klar und beweisfähig beantworten!** – Gutachten generell sachlich ohne Übertreibungen darstellen – jede Polemik vermeiden – Gutachten auf technisch-fachliche Probleme beschränken – keine rechtliche Wertung
4. Darstellung der Ergebnisse	– Beurteilungsergebnis in einer klaren Aussage zusammenfassen – allgemein verständlich	thesenartige Darstellung	
5. Vermeidbarkeitsbetrachtungen (z.B. bei Unfallrekonstruktion)	– in Varianten Möglichkeiten (technische Parameter) zur Unfallvermeidung darstellen	– möglichst in Kurzform, z.B. Berechnungsergebnisse – Begründung	

Bild 9: Übersicht zur Form und Gestaltung von Gutachten (empfohlene Gliederung)

145 Die Rekonstruktion des Unfalls und die Darlegung der **Sachverständigenbeurteilung** sollten möglichst eindeutig und beweisbar erfolgen. Sind **mehrere Varianten eines Unfallablaufes** möglich, so müssen diese Varianten detailliert erläutert und beurteilt werden. Das Gutachten ist auf technisch-fachliche Probleme zu beschränken und sollte stets sachlich ohne jegliche Polemik und rechtliche Würdigung sein. Die Ergebnisse der Beurteilung sollten möglichst in einer klaren Aussage, die allgemein verständlich ist, zusammengefasst werden.

Eine **Vermeidbarkeitsbetrachtung** aus Sicht aller **Unfallbeteiligten** sollte ebenfalls in einer kurzen, verständlichen Darstellung im Gutachten enthalten sein, wobei die einzelnen Varianten der **Unfallvermeidung** möglichst durch entsprechende Berechnungsergebnisse oder anderweitige Beweise begründet werden müssen. 146

IV. Anknüpfungstatsachen und Datenermittlung

Als Grundlage für die **Rekonstruktion** eines Verkehrsunfalls und somit für die Erarbeitung eines Gutachtens ist immer die **Beschaffung der Informationsbasis** (s. auch *Bild 8*) und der gesicherten Anknüpfungstatsachen anzusehen. Von der Genauigkeit dieser Informationsbasis hinsichtlich Beweisbarkeit und Realität hängt direkt die Qualität des Gutachtens ab. Hierbei ist vom Sachverständigen eine genaue und intensive Bewertung der vorliegenden Ausgangsdaten vorzunehmen. 147

Eine wesentliche und meistens gerichtlich anerkannte Informationsquelle stellt die **polizeiliche Unfallaufnahme** dar. Hier muss aber deutlich darauf hingewiesen werden, dass die Qualität dieser Unfallaufnahme sehr unterschiedlich sein kann. Speziell bei relativ leichten Unfällen werden oftmals nur wenige verwertbare Spuren und Anknüpfungstatsachen in der polizeilichen Unfallaufnahme festgehalten. Durch den Sachverständigen müssen auch die Angaben der polizeilichen Unfallaufnahme kritisch untersucht und auf Plausibilität geprüft werden. Dabei ist häufig zwischen objektiven Angaben, wie z.B. Straßenzustand, Witterung usw. und Angaben der **Unfallbeteiligten** z.B. zum **Unfallhergang** zu unterscheiden. Für die technische Rekonstruktion des Unfallhergangs sind für den Sachverständigen vor allem Angaben zu den Endlagen der Fahrzeuge bzw. Personen, zu Spurenlängen, -zuordnungen, -verläufen, Schäden an Fahrzeugen usw. aus der polizeilichen Unfallaufnahme von besonderer Bedeutung. 148

Aussagen der Unfallbeteiligten und evtl. Zeugen, speziell unmittelbar nach dem **Unfallereignis**, sollten für die Rekonstruktion des Unfalls nur als unterstützende Sachverhalte berücksichtigt werden und können die durch Berechnungen oder andere Beweise gewonnenen Ergebnisse der Rekonstruktion zusätzlich bestätigen. In einer Reihe von Untersuchungen wurde festgestellt, dass **Unfallzeugen** nur in den seltensten Fällen den Unfallhergang genau gesehen (wahrgenommen) haben und anschließend auch genau wiedergeben konnten. Für die Klärung von Detailfragen, z.B. ob ein Fahrzeug an einer Kreuzung angehalten hat, sind Zeugenaussagen durchaus für eine technische Rekonstruktion verwendbar und nicht selten die einzige Informationsbasis. Aussagen, die im Rahmen der Zeugenvernehmung im Prozessverlauf (vereidigt oder unvereidigt) protokolliert werden, können zwar einen höheren Stellenwert erreichen, sollten aber trotzdem die auf der technischen Basis gewonnenen Ergebnisse nur unterstützen. 149

Hinweis: 150

Ein Zeuge kann eine Sache oder einen Ablauf genau gesehen haben, so dass er davon völlig eingenommen ist, wobei jedoch der wirkliche Ablauf anders war. Daraus kann nicht abgeleitet werden, dass der Zeuge bewusst eine Falschaussage gemacht hat, wie es Tests immer wieder beweisen. Der Mensch nimmt besonders bei plötzlich auftretenden Ereignissen oft bestimmte Dinge nicht vollständig oder anders wahr.

Da die durch die **polizeiliche Unfallaufnahme** vorliegenden Informationen vom **Unfallort** in vielen Fällen nicht ausreichen, ist oftmals eine **Unfallortnachbesichtigung** durch den Sachverständigen notwendig. Dabei werden sehr häufig örtliche Zuordnungen der durch die Polizei am Unfallort/ -tag aufgenommenen Spuren und Endlagen zu den Gegebenheiten der Unfallstelle vorgenommen bzw. maßliche Verhältnisse erfasst. Bei Unfallortnachbesichtigungen werden durch den Sachverständigen nicht selten auch die **Wahrnehmungsbedingungen** oder **allgemeinen Fahrabläufe** an der Unfallstelle festgestellt und dokumentiert. Speziell bei der Klärung von Wahrnehmungsbedingungen sollten **Witterungsverhältnisse**, Tages- und Jahreszeit berücksichtigt wer- 151 den. Bei strittigen Fragen zur **Unfallörtlichkeit**, den Wahrnehmungsbedingungen oder anderen Gegebenheiten der Unfallstelle, muss der Sachverständige vor allem im Zivilprozessverfahren allen Parteien eine Teilnahme ermöglichen. Somit kann der Sachverständige am Unfallort mit den Parteien gemeinsam bestimmte Gegebenheiten und Abläufe realer erfassen und im Gutachten widerspruchsfrei bzw. in Varianten verarbeiten.

152 Bei der **Unfallortbesichtigung** durch den Sachverständigen können auch bereits bauliche oder andere Veränderungen eingetreten sein. Z.B. könnte auf einem Grundstück an einer Straßeneinmündung ein großer Strauch entfernt worden sein, so dass die Wahrnehmungsbedingungen für den Verkehr auf der einmündenden Straße nicht mehr mit denen zum **Unfallzeitpunkt** übereinstimmen. Solche Veränderungen muss der Sachverständige erfassen, indem er bei verschiedenen Personen nachfragt oder bestimmte Informationen bei verantwortlichen **Straßenämtern** einholt.

153 Den Sachverständigen stehen zur Unfallaufnahme und somit zur Informationsgewinnung verschiedenste Verfahren zur Verfügung. Aus der Vielzahl der Möglichkeiten seien an dieser Stelle nur **zwei Problembereiche** dargestellt.

> *Beispiel:*
>
> *Bei sehr vielen Verkehrsunfällen ist es bei der Rekonstruktion notwendig, Bremsvorgänge zu berücksichtigen. Dazu ist es erforderlich, die maximal mögliche Verzögerung des Fahrzeuges zu berücksichtigen. Diese Verzögerung ist aber sowohl fahrzeug- als auch fahrbahnabhängig. Daher ist es immer von Vorteil, wenn noch mit dem Unfallfahrzeug (soweit möglich) an der Unfallstelle protokollierte Bremsversuche durchgeführt werden können, die dann auch die notwendige Anerkennung finden. Die dafür notwendige Messtechnik steht heute in einer sehr handlichen und leicht bedienbaren Form vielen Sachverständigen der Unfallrekonstruktion zur Verfügung und liefert sehr schnell genaue Ergebnisse.*

> *Beispiel:*
>
> *Mit Hilfe der Fotogrammmetrie ist es möglich, Unfallörtlichkeiten sehr schnell zu vermessen. Dazu werden im Bereich der Unfallstelle Referenzobjekte festgelegt (z.B. als Kreidemarkierung auf der Fahrbahn), vermasst und fotodokumentarisch festgehalten. Mit Hilfe entsprechender Software lassen sich im Nachhinein aus den Bildern alle notwendigen maßlichen Beziehungen bestimmen und so maßstäbliche Unfallskizzen erzeugen. Nicht selten können durch einen Sachverständigen auch nach längeren Zeiträumen an der Unfallstelle noch einige zusätzliche Informationen für die Rekonstruktion des Unfalls ermittelt werden, die bei der polizeilichen Unfallaufnahme nicht berücksichtigt wurden.*

154 Es ist auch für die **Verständlichkeit** des Gutachtens sehr vorteilhaft, wenn eine **Skizze** (möglichst maßstäblich) vom Unfallort angefertigt wird, welche die wesentlichen **technischen Anknüpfungstatsachen** (z.B. Endlagen, Spuren usw.) beinhaltet. Diese Skizze kann unter Umständen direkt für die Berechnung und **Simulation** des Unfallablaufes verwendet werden und stellt somit einen wesentlichen Teil der **Ausgangsbasis** dar.

155 Die Übersicht in *Bild 10* (s. Rn. 157) zeigt eine Zusammenstellung **der möglichen Datenermittlungen** zur Unfallrekonstruktion. Dabei ist zu erkennen, dass für die Rekonstruktion eines Verkehrsunfalls und die Erarbeitung des Gutachtens eine sehr intensive Vorbereitung und Datenermittlung notwendig ist. Je genauer diese Informationsbasis ist und je mehr Informationen zum Unfall gesichert vorhanden sind, umso genauer lässt sich i.d.R. der Unfall rekonstruieren und der Unfallhergang beweisen. Die Beschaffung aller zum Unfallereignis vorhandenen Informationen und die Zurverfügungstellung dieser Informationen ist eine wesentliche Voraussetzung für eine exakte Gutachtenerstellung durch den Sachverständigen und bestimmt nicht unwesentlich den Zeitrahmen und somit die Aufwendungen für die Erarbeitung des Gutachtens. Da die im Gutachten zur Rekonstruktion des Unfalls verwendeten Anknüpfungstatsachen genau darzustellen sind, kann die **Plausibilität** der Gutachtenergebnisse oftmals nicht nur von Sachverständigen, sondern auch anderen am Prozess Beteiligten überprüft werden.

Hierbei ist es erforderlich, dass sich alle **Anknüpfungstatsachen** und **Ausgangsdaten** im rekons- 156
truierten Unfallablauf widerspiegeln müssen. Man muss allerdings berücksichtigen, dass nicht alle
Spuren und Ausgangsdaten die gleiche **Wertigkeit** für die technische Rekonstruktion des **Unfallablaufes** haben. Ein rekonstruierter Unfallablauf ist aber technisch zumindest zweifelhaft, wenn
z.B. eine gesicherte Anknüpfungstatsache nicht erklärbar ist oder sogar im Widerspruch zum
Rekonstruktionsergebnis steht bzw. bei der Rekonstruktion ohne besondere Begründung gar nicht
berücksichtigt wurde.

Bild 10 zeigt aber auch, dass sehr viele Informationen aus unterschiedlichen Quellen in einem Gut- 157
achten verwendet werden, wobei es für den Kfz-Sachverständigen sehr schwer ist, die einzelnen
Informationen (z.B. aus **medizinischen Gutachten**, Wetterinformationen usw.), die nicht durch
ihn selbst aufgenommen wurden, im Nachhinein auf Korrektheit zu überprüfen. Deshalb gibt es
häufig einen Teil von Informationen, die der technische Sachverständige als **gegebene Voraussetzung** verarbeiten muss.

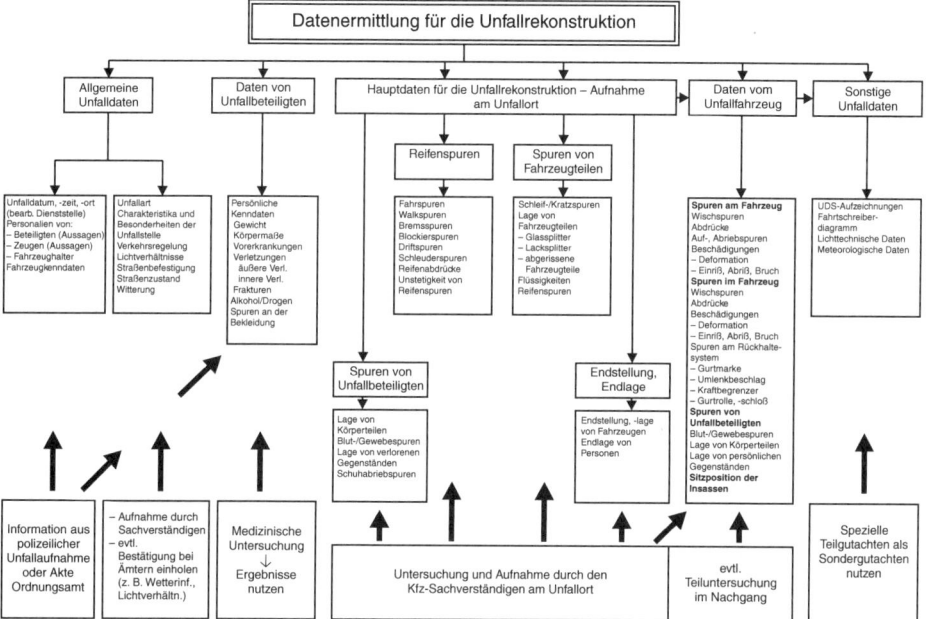

*Bild 10: Datenermittlung Unfallrekonstruktion nach Burg, Rau (Handbuch der Verkehrsunfall-
rekonstruktion)*

Da die Ermittlung aller notwendigen Daten und somit die Schaffung einer Informationsbasis die 158
Grundlage für die Rekonstruktion eines Unfallablaufes ist, kann es auch vorkommen, dass die
Rekonstruktion nicht durchführbar ist, weil zu wenige gesicherte Informationen und Anknüpfungstatsachen vorliegen. In diesen Fällen sollte u. a. auch aus **Kostengründen** von der Erstellung eines
Gutachtens oder zumindest eines umfassenden Gutachtens abgesehen werden. Daher empfiehlt es
sich, bereits bei der Auftragserteilung die enge und beratende Zusammenarbeit mit dem Sachverständigen zu suchen.

V. Rekonstruktion des Unfalls

1. Einführende Betrachtungen

159 Die Rekonstruktion eines Verkehrsunfalls und die Erarbeitung eines entsprechenden Gutachtens stellt eine sehr komplexe Aufgabe für den Kfz-Sachverständigen dar. In den nachfolgenden Kapiteln werden einige Schwerpunkte im Rahmen der Lösungsfindung detailliert dargestellt. Die Anforderungen, die bei der Rekonstruktion eines Verkehrsunfalls an den Sachverständigen gestellt werden, erstrecken sich nicht nur auf Kenntnisse der Kfz-Technik, sondern erfordern auch fundiertes Wissen zu **fahrdynamischen Zusammenhängen, mathematisch-physikalischen Berechnungsverfahren** bzw. **Berechnungsmodellen** und vielen weiteren Gebieten. Ebenso ist der Umgang mit moderner **Computertechnik** und den entsprechenden **Softwarelösungen** in vielen Fällen zu einer Notwendigkeit für die Rekonstruktion geworden.

160 Nur die Verbindung möglichst vieler gesicherter Anknüpfungstatsachen mit einem hohen Wissens- und Kenntnisstand des Sachverständigen kann eine exakte Rekonstruktion des Unfallablaufes mit allen nachzuweisenden Randbedingungen sicherstellen. Dabei ist stets zu berücksichtigen, dass die Rekonstruktion eines Verkehrsunfalls nicht zum Selbstzweck erfolgt, sondern mit einer Zielstellung, wie z.B. die Schaffung von technischen **Basisinformationen**, um rechtliche Entscheidungen eines Falles zu ermöglichen. Diese Zielsetzung sollte der Sachverständige bei der Erarbeitung des Gutachtens berücksichtigten, d.h., dass der Sachverständige **verkehrsrechtliches Grundwissen** haben muss, um gezielt den Unfallablauf und die technischen Sachverhalte für das Gericht transparent zu machen, ohne dabei die rechtlichen Bedingungen in irgendeiner Form zu bewerten. Ein Beispiel hierzu soll das Gesagte verdeutlichen.

> **Beispiel:**
>
> *Ein Pkw fuhr bei Dunkelheit auf einer Bundesstraße, auf der eine Höchstgeschwindigkeit von 100 km/h zugelassen ist. Es ereignete sich mit diesem Pkw ein Verkehrsunfall, indem er mit einem Fußgänger kollidierte und der Fußgänger tödlich verunglückte. Der Fahrer des Pkw sagte aus, dass er mit Fernlicht gefahren sei und der Fußgänger plötzlich hinter einem Baum hervorkam und auf die Straße trat, so dass seine sofort eingeleitete Bremsung den Unfall nicht mehr verhindern konnte.*
>
> *Das Gericht muss für die rechtliche Bewertung und damit für das gerechte Urteil für den Pkw-Fahrer gewissenhaft folgende Rechtsfragen prüfen:*
>
> * *Wurde die zulässige Höchstgeschwindigkeit eingehalten?*
> * *Die zulässige Höchstgeschwindigkeit muss im Zusammenhang mit dem Sichtfahrgebot gesehen werden!*
> * *Lag ein Reaktionsverzug beim Pkw-Fahrer vor?*
> * *Hat der Pkw-Fahrer das Rechtsfahrgebot eingehalten?*
> * *War der Pkw in einem technisch verkehrssicheren Zustand?*
>
> *Diese Fragen muss der Sachverständige aus der vom Richter vorgegebenen Aufgabenstellung, die so lauten könnte: „Es ist eine Rekonstruktion des Verkehrsunfalls durchzuführen."; erkennen und in seinem Gutachten beantworten.*
>
> *Wesentliche Punkte, die der Sachverständige diesbezüglich in seinem Gutachten herausarbeitet und beweist:*
>
> * *Die Gehrichtung des Fußgängers.*
> * *Die Fahrspur des Pkw.*
> * *Waren beide Pkw-Scheinwerfer in Betrieb und wurde zum Zeitpunkt der Kollision Abblendlicht oder Fernlicht genutzt?*
> * *Die Witterungsbedingungen und der Straßenzustand.*
> * *Die Lage des Kollisionsorts.*

- *Die Geschwindigkeitsermittlung des Pkw zum Zeitpunkt der Bremsreaktion des Pkw-Fahrers und die Kollisionsgeschwindigkeit.*
- *Die Zeiten und Wege des gesamten Unfallablaufes werden ermittelt.*
- *Eine Vermeidbarkeitsbetrachtung des Unfalls.*

Aus dem Sachverständigengutachten nutzte das Gericht für seine rechtliche Entscheidung vor allem folgende technische Ergebnisse:

- *Der Fußgänger ging auf der rechten Seite der Straße, 1,40 m vom rechten Straßenrand entfernt, in Fahrtrichtung des Pkw.*
- *Der Pkw fuhr mit Abblendlicht, so dass für den Pkw-Fahrer etwa eine Sichtweite von 25,0 m gegeben war.*
- *Die Fahrgeschwindigkeit des Pkw betrug zum Zeitpunkt der Bremsreaktion des Pkw-Fahrers 80,0 km/h.*
- *Der Pkw kam nach eingeleiteter Vollbremsung mit einer Verzögerung von 8,0 m/s^2 und bei einer Reaktionszeit von 0,8 s nach 52,0 m zum Stillstand.*
- *Aus der Vermeidbarkeitsbetrachtung ergab sich, dass eine Vermeidbarkeit des Unfalls, bedingt durch die durchschnittliche Sichtweite bei Abblendlicht von 25,0 m, bei einer maximalen Fahrgeschwindigkeit von 50,0 km/h unter gleichen Reaktionsbedingungen gegeben war.*

Der Richter begründete das Urteil mit nicht angepasster Fahrgeschwindigkeit entsprechend dem Sichtfahrgebot. Der Fahrer durfte nur so schnell fahren, dass er innerhalb der übersehbaren Strecke halten konnte (§ 3 Abs. 1 StVO).

Hinweis:

Jeder Verkehrsunfall hat seine spezifischen Besonderheiten, die genau berücksichtigt werden müssen. Die größten Fehlermöglichkeiten bei der Rekonstruktion von Straßenverkehrsunfällen bestehen dann, wenn Unfallabläufe kategorisiert werden und die Rekonstruktion nur noch schablonenhaft durchgeführt wird. Vergleichende Betrachtungen zu ähnlich gelagerten Unfällen oder Versuchen sind damit nicht ausgeschlossen, doch müssen dabei die speziellen Ereignisse genau beachtet werden.

---

2. Problemfelder für den Sachverständigen

In der Tätigkeit des Kfz-Sachverständigen ergeben sich im Wesentlichen zwei Problemfelder, die in der Übersicht *Bild 11* (s. Rn. 164) dargestellt sind. Die Hauptaufgabe für den Sachverständigen besteht in der **Rekonstruktion des Unfallhergangs** und aller zu klärenden Randbedingungen auf der Basis technischer Beweise und einer entsprechenden Nachweisführung. 161

Durch die Unfallaufnahme und die Beschaffung einer möglichst breiten **Informationsbasis** müssen die Voraussetzungen für die Rekonstruktion des Unfalls geschaffen werden. Hierbei kommt es auch darauf an, dass dem Sachverständigen alle Informationen zur Verfügung gestellt werden, auch wenn diese zunächst nicht relevant für den Unfall erscheinen. 162

Die Genauigkeit der Erfassung aller Daten ist von hoher Relevanz für die Ergebnisse der Rekonstruktion. Daher sollten notwendige **Vorortuntersuchungen,** auch wenn diese mit zusätzlichen Kosten verbunden sind, durchgeführt werden. Der gesamte Komplex der Beschaffung von Datenmaterial zu den Gegebenheiten des Unfallortes, zu Spuren, zur Wahrnehmung usw. kann als erstes Problemfeld für den Sachverständigen betrachtet werden. Dieses erste Problemfeld ist die Grundlage für die Bearbeitung des zweiten Problemfeldes, der eigentlichen Rekonstruktion des Unfalls. Die **Beweisdokumentation** muss dabei nicht zwingend von dem Sachverständigen durchgeführt werden, der auch die eigentliche Rekonstruktion des Unfalls vornimmt. Hier kommt es sehr häufig 163 zur Zusammenarbeit mehrerer Sachverständiger und behördlicher Institutionen. Die Qualität des Gesamtergebnisses hängt dabei direkt von der Qualität der Einzeluntersuchungen ab, wobei der Sachverständige der Unfallrekonstruktion noch einen entsprechenden Handlungsspielraum hinsichtlich der Bewertung der einzelnen Informationen hat. Aufgrund dieser Zusammenhänge ist es möglich und in der Praxis auch gegeben, dass aufgrund einer geringen Informationsbasis und damit einer nicht vollständigen Aufklärung des 1. Problemfeldes auch die eigentliche Rekonstruktion (2. Problemfeld) nicht vollständig möglich ist oder Details nicht beweisfähig rekonstruiert werden können.

164   Im Rahmen des zweiten Problemfeldes erfolgt die eigentliche Rekonstruktion des Unfalls. Dazu ist es zunächst erforderlich, dass der Sachverständige ein **Modell zum Unfallablauf** entwickelt. In dieses Modell fließen die zur Verfügung stehenden Informationen und die Kenntnisse des Sachverständigen ein, so dass ein logischer Ablauf des Unfalls aufgebaut wird. Nicht selten entstehen dabei **mehrere Varianten der Unfallentstehung** bzw. des **Unfallablaufes**, die dann durch entsprechende Berechnungen bestätigt oder widerlegt werden bzw. durch Kombination die möglichen Unfallabläufe einschränkt.

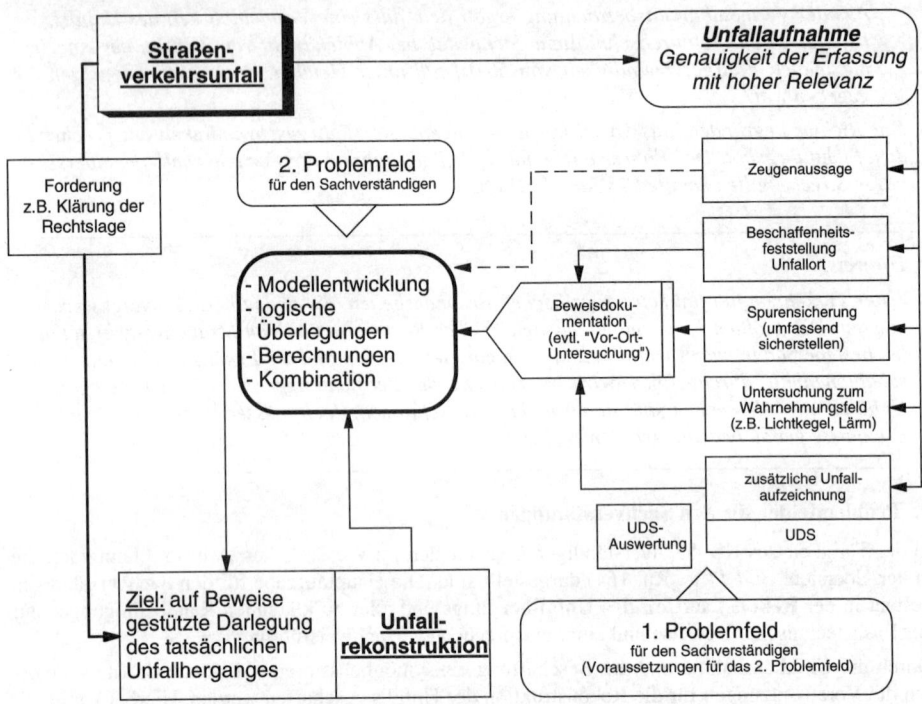

Bild 11: Übersicht zu den Problemfeldern des Sachverständigen

3. Modellbildung

165   Nach der Beschaffung der entsprechenden Informationsbasis sollte der Sachverständige für die Rekonstruktion eines Unfalls ein Modell bilden, d.h. die Vorstellung, wie der Unfall abgelaufen ist, z.B. in einem übersichtlichen Blockbild darstellen. In diesem Modell werden alle bekannten Anknüpfungstatsachen und Erfahrungen zum konkreten Unfall berücksichtigt. Dabei ist es noch nicht erforderlich, dass im Rahmen der Modellbildung bereits konkrete Angaben, z.B. zu

Geschwindigkeiten, Wegen oder Zeiten vorliegen. Vielmehr geht es darum, zunächst die **Unfallsituation** und den Unfallablaufso zu beschreiben, dass alle gesicherten Informationen entsprechend ihrer Wertung enthalten sind bzw. mögliche kritische Punkte und Besonderheiten aufgezeigt werden.

Der so entstandene lückenlose Unfallablauf muss dann durch die physikalisch-technischen Grundlagen und Berechnungen überprüft und nachgewiesen werden. Der Schwerpunkt liegt daher in der Reihenfolge der einzelnen Tätigkeiten des Sachverständigen. Zur **Reduzierung der Fehlerwahrscheinlichkeit** innerhalb des Gutachtens ist es zweckmäßig, die nachfolgende allgemeine Reihenfolge bei der Rekonstruktion von Verkehrsunfällen einzuhalten, ohne den Sachverständigen hiermit in seiner freien Arbeitsweise zu beeinträchtigen: 166

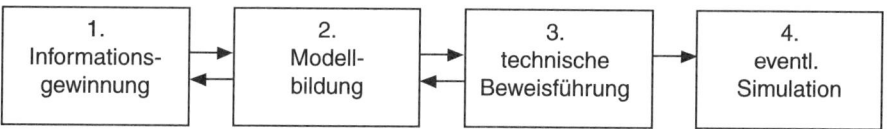

Zwischen den einzelnen Abschnitten besteht dabei eine **Wechselwirkung,** so dass die Abfolge nicht unbedingt zwangsläufig ist, d.h. im Verlauf der Rekonstruktion des Unfalls kann sich eine Erweiterung des Informationsbedarfs ergeben:

- Erst durch die Informationsbasis wird eine Modellbildung zum Unfallablauf möglich. Wird dann das Modell entwickelt, so ergeben sich daraus Ansatzpunkte für die weitere Informationssuche.

- Lässt sich das entwickelte Modell durch die technische Beweisführung nicht beweisen, so ist eine Änderung des Modells erforderlich, so dass auch zwischen diesen beiden Abschnitten eine Wechselwirkung vorhanden ist.

Der Verzicht auf eine Modellbildung zu Beginn der Rekonstruktion hat nicht selten zur Folge, dass der Unfall nicht mehr als Gesamtheit betrachtet und rekonstruiert wird. Berechnungen werden so nur noch auf **Teilbereiche** (z.B. die Kollision) für sich allein angewandt. Dadurch besteht die Gefahr, dass zwar die jeweiligen **Einzelberechnungen und -betrachtungen** korrekt sind, aber nicht mit dem Gesamtablauf des Unfalls in Übereinstimmung gebracht werden können. Die o.g. Reihenfolge zeigt aber auch, dass z.B. eine **computergestützte Simulation** nur die Folge aus der Modellbildung (also einem bekannten Unfallablauf) und der Berechnung sein kann und somit nur zur Beweisführung, dass der Unfall technisch so möglich gewesen ist, dient (s. auch *Bild 12).* 167

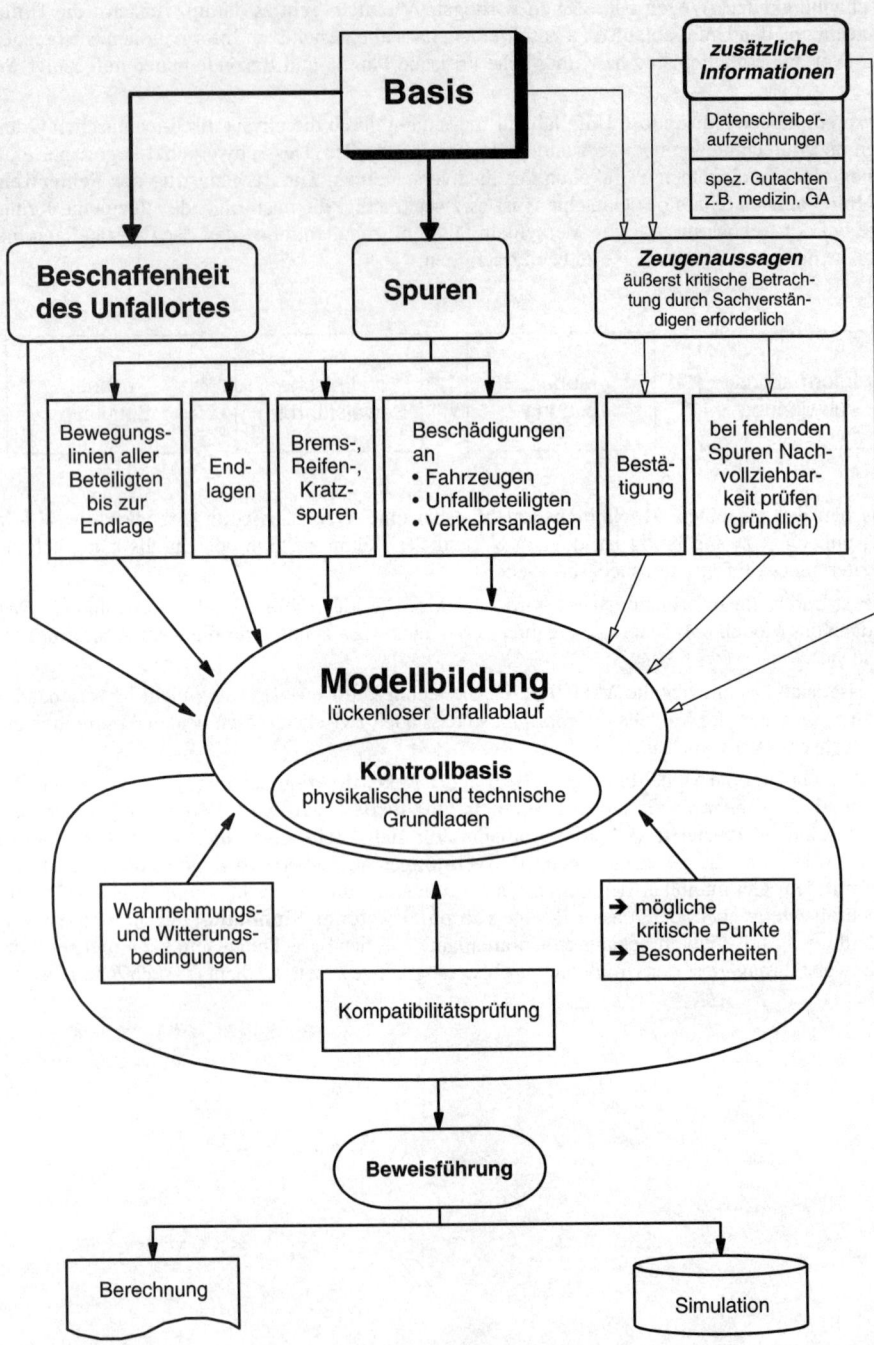

Bild 12: Die Bedeutung der Modellbildung in der Unfallrekonstruktion

Jakubasch

Da viele **mathematisch-physikalische Rekonstruktionsverfahren** einen **hohen rechnerischen**   168
Aufwand erfordern und die Lösungsfindung teilweise nur iterativ, d.h. durch ständige Wieder-
holungen möglich ist, stellt der Einsatz moderner Softwaresysteme in diesen Fällen eine zwingende Voraussetzung dar. Dadurch entstehen zusätzliche Möglichkeiten, auch komplizierte Unfallabläufe zu rekonstruieren, woraus sich allerdings auch neue Problembereiche ergeben können.
Zum Gesamtkomplex der **computergestützten Berechnung** und Simulation werden in einem späteren Kapitel noch detailliertere Aussagen getroffen.

4. Beweisdiskussion

Nach der Modellbildung und somit der Darstellung des Unfallablaufes kann i.d.R. die genaue   169
Berechnung der notwendigen Parameter und Werte (Wege, Zeiten, Geschwindigkeiten usw.) erfolgen. Nachdem diese Sachverhalte rekonstruiert und im Gutachten dargestellt sind, muss der **technische Nachweis** geführt werden, dass der Unfall entsprechend dieser Darstellung abgelaufen ist.
Dabei ist auch technisch zu beweisen, ob es nur eine Variante zum Unfallablauf gibt oder ob mehrere Varianten technisch als real angesehen werden können. Im Falle, dass mehrere Varianten des
Unfallablaufes möglich sind, muss jede einzelne Variante genau dargelegt werden. Im Weiteren ist
dann darzustellen, unter welchen konkreten Bedingungen die jeweilige Variante zutrifft. Nur so
kann einem Gericht die Möglichkeit gegeben werden, auf der Basis der real zutreffenden technischen Sachverhalte richtige Entscheidungen zu treffen.

Bei der Erstellung eines Gutachtens zur Unfallrekonstruktion ist darauf zu achten, dass alle tech-   170
nischen Annahmen und Festlegungen eindeutig gekennzeichnet sind und weiterhin die Nachweise
dem aktuellen wissenschaftlich-technischen Erkenntnisstand entsprechen. Speziell das Gebiet der
Rekonstruktion von Verkehrsunfällen ist darauf angewiesen, dass bestimmte notwendige Berech-
nungsparameter durch **Versuche** oder aus Vergleichsunfällen gewonnen werden. Aufgrund sehr
umfangreicher Versuche und Untersuchungen in den verschiedensten Bereichen liegen sehr gute
und auch gesicherte Ergebnisse vor, die sich in vielen Fällen auf die real zu beurteilende Unfallsituation übertragen lassen. Es muss aber auch festgestellt werden, dass einige Gebiete noch nicht
vollständig mit entsprechenden Versuchsergebnissen abgedeckt sind. Aus diesem Grund wird auch
noch zukünftig nach weiteren Erkenntnissen geforscht. Die Fahrzeuge selbst unterliegen hinsichtlich Technik, Konstruktion, Aufbau, Sicherheitseinrichtungen usw. einer ständigen Weiterentwicklung, so dass auch bezüglich der Rekonstruktion von Unfällen die Erkenntnisbasis ständig aktuali-
siert werden muss. In jedem Fall muss aber in einem Gutachten zur Unfallrekonstruktion die
Quelle der einzelnen Berechnungsgrößen erkennbar und nachprüfbar sein. Nur so ist es möglich zu
kontrollieren, ob beispielsweise die Versuchsrandbedingungen (mit denen z.B. die Vergleichswerte
ermittelt wurden) mit der realen Unfallsituation in Einklang zu bringen sind.

Die genaue **Beweisführung** ist somit die Grundlage für die **Nachprüfbarkeit eines Gutachtens**   171
z.B. durch einen weiteren Sachverständigen. Durch den logischen Aufbau des Gutachtens und die
Vollständigkeit der Beweisführung durch den Sachverständigen entsteht für das Gericht (i.d.R. der
Hauptnutzer des Gutachtens) die Möglichkeit, die Aussagen zum Unfallablauf nachzuvollziehen
und in gewissen Grenzen auch nachzuprüfen. Durch entsprechende Quellen- und Literaturverweise
kann die Beweiskraft ebenfalls unterstützt werden.

5. Berechnung und computergestützte Simulation

Die **Rekonstruktion eines Verkehrsunfalls** erfordert von einem Sachverständigen sehr differen-   172
zierte Berechnungen, da viele verschiedene Detailaufgaben zu bestimmen sind. Durch die Leis-
tungs- und Preisentwicklung moderner Computertechnik sind heute für viele Sachverständige
hochwertige Softwarelösungen zur Rekonstruktion von Straßenverkehrsunfällen verfügbar.
Dadurch können Problembereiche berechnet werden, die mit konventionellen Mitteln nicht in einer
akzeptablen Zeit bzw. mit vertretbarem Aufwand berechenbar sind. Mit entsprechenden Softwarelösungen können z.B. nachfolgend aufgeführte Problemkreise analysiert werden:

- Kollisionsanalysen mit Berechnung der Energien, Stöße und Impulse sowie der Kollisionsgeschwindigkeiten,

- Berechnung der Auslaufbewegungen bis hin zum Erreichen der Endlagen (hierfür ist die exakte Unfallaufnahme und die Anfertigung einer genauen Unfallskizze entscheidend),

- kinematische Bewegungsabläufe,

- Insassenbewegungen,

- Berechnung von Bewegungsbahnen für Einzelfahrzeuge und Anhängergespanne,

- Berücksichtigung unterschiedlicher und wechselnder Reibungszustände und Neigungsverhältnisse,

- Berechnung von Beschleunigungsvorgängen auf der Grundlage der realen Fahrzeugdaten und Verhaltensweisen der Fahrzeugführer oder

- teilweise Berücksichtigung von Fahrzeugdefekten, z.B. Ausfall eines Bremskreises usw.

173 Aufgrund der Kompliziertheit sowohl der Rechentechnik selbst als auch der eigentlichen Software, ist es sehr schwer nachzuvollziehen, welche Berechnungsabläufe durch den Computer ausgeführt werden, wenn man sich nicht intensiv damit auseinandersetzt. Für einen Sachverständigen in der Unfallrekonstruktion ist es aber entscheidend, welches mathematisch-physikalische Modell zur Anwendung zu bringen ist und welche fallbezogenen Ausgangsdaten in den Computer einzugeben sind. Diese Entscheidung muss der jeweilige Sachverständige selbst treffen. Nur dem Anwender einer Software selbst obliegt es zu entscheiden, ob das zur Verfügung stehende Anwendungsprogramm (Software) für den konkreten, realen Fall überhaupt nutzbar ist. Dies setzt aber eine hohe Kenntnis in mindestens **zwei Spezialdisziplinen,** der Kfz-Technik/Unfallrekonstruktion und der Computertechnik/Softwareentwicklung voraus.

174 Einen weiteren Schwerpunkt in der Beurteilung der Anwendung eines Softwaresystems sind die **zu erwartenden Ergebnisse.** Nicht immer ist es erforderlich, umfangreiche Berechnungen (nach vorherigem, häufig erheblichem Aufwand bei der Datenbeschaffung und -eingabe) durchzuführen. Es sollte sich immer vor Augen geführt werden, dass ein Computersystem nur das berechnen kann, was die Software ermöglicht und was der jeweilige Nutzer an **Ausgangsdaten** zur Verfügung stellt. Auch die beste Software ist nicht in der Lage, zu kontrollieren, ob die eingegebenen Daten mit dem **Realunfall** übereinstimmen, obwohl schon sehr viele Kontrollen in die Software eingearbeitet sind. Werden vom Nutzer falsche Ansätze und Werte berücksichtigt, so können auch die Ergebnisse nur falsch werden, wenn von Zufälligkeiten abgesehen wird. Einem seriösen Sachverständigen wird daher immer daran gelegen sein, die realen Ergebnisse in seinem Gutachten darzulegen und nicht mittels moderner Technik Gutachtenseiten ohne jegliche Aussage für das Gutachten selbst (aber Kosten für den Auftraggeber) zu erzeugen. Die Computerergebnisse können i.d.R. mittels logischer Überlegungen und Erfahrungen des Sachverständigen sowie durch **überschlägige Berechnung** von der Tendenz her überprüft werden.

175 Es soll ausdrücklich bei der Nutzung der modernen Computertechnik in der Unfallrekonstruktion darauf hingewiesen werden, dass der jeweilige Sachverständige kein Computerspezialist sein muss, aber die grundlegenden Arbeitsweisen sowohl des Computers als auch der Software kennen muss, um sie richtig und optimal einsetzen zu können. Oberflächliche Kenntnisse beinhalten hier die große Gefahr der **Fehlberechnungen** und des Nichterkennens dieser Fehler aufgrund des blinden Vertrauens in die moderne Technik.

176 Noch schwieriger wird es dann für das Gericht zu erkennen , ob die computergestützte Berechnung und die vorgestellte Simulation überhaupt der Realität entsprechen. Als Empfehlung kann hier angeführt werden, dass sich das Gericht vom Sachverständigen genau erklären lassen sollte, mit welchen gesicherten Ausgangsdaten er die Berechnung bzw. Simulation durchgeführt hat und welche entscheidenden Ergebnisse dadurch erzielt werden. Der Sachverständige muss die Ergebnisse anhand der **physikalischen Grundgesetze,** wie der **Fahrdynamik** und der **Kollisionsmechanik**

interpretieren können. Kann der Sachverständige hierzu keine Aussage machen, so können die Ergebnisse nicht bedenkenlos für richtig befunden werden.

Ohne die Computertechnik ist die Rekonstruktion von Verkehrsunfällen teilweise gar nicht mehr möglich, aber nur umfassende Kenntnisse, die über die normale Bedienung eines Computers hinausgehen und gute Kenntnisse der speziellen Software für die Unfallrekonstruktion, garantieren auch richtige Ergebnisse. Die **Berechnungsmöglichkeit** der sehr komplexen Vorgänge ist für eine verständliche und logische Darstellung der einzelnen Ergebnisse (s. Rn. 178 ff.) von besonderer Bedeutung. Die Ergebnisse jeder Berechnung im Gutachten müssen in den Gesamtablauf des Unfalls passen und jede Teilaussage muss sich zum Beweis in das entwickelte Modell einfügen lassen. Die Berechnungen dienen allerdings nicht dem Selbstzweck, sondern dem technischen Nachweis des aufgestellten Modells zum Unfallhergang.

177

6. Darstellung der Ergebnisse im Gutachten

Bei der Darstellung der Ergebnisse im Gutachten sind durch den Sachverständigen einige **wesentliche Grundsätze** zu beachten. Der Nutzer bzw. Auftraggeber des Gutachtens muss die für ihn wichtigen Informationen leicht entnehmen können, wobei auch die Beweisführung für ihn sichtbar werden soll. Daher muss ein Gutachten der Unfallrekonstruktion immer die Forderungen nach

178

- Plausibilität und
- Verständlichkeit

erfüllen. Die Art und Weise der Darstellung und die genaue Form des Gutachtens kann der Sachverständige in gewissen Grenzen frei bestimmen, so dass hier deutliche Unterschiede in der derzeitigen Praxis zwischen den einzelnen Sachverständigen auftreten. Ein guter Sachverständiger der Unfallrekonstruktion zeichnet sich nicht nur dadurch aus, dass er komplizierte Unfälle bearbeiten und rekonstruieren kann, sondern dass er die Ergebnisse auch leicht verständlich vermittelt.

Dabei spielt die **Gliederung des Gutachtens** eine wesentliche Rolle. Bei einer guten Gliederung können die Darlegungen zum Unfallablauf und aller Randbedingungen in einer **logischen Folge und verständlichen Form** vorgelegt werden.

Auch die **Formulierung des Textteiles** selbst hat einen entscheidenden Einfluss auf die Verständlichkeit des Gutachtens. Diese Formulierungsarbeit bedarf zur Sicherung einer hohen Qualität eines nicht zu unterschätzenden Zeitfaktors. Dabei sollte die Formulierung klar und deutlich (zweifelsfrei) erfolgen und sich immer auf das Wesentliche beziehen. Es sollten auch keine rechtlichen Begriffe, wie z.B. Beklagter oder unzulässige Begriffe wie Unfallverursacher verwendet werden. Die Kennzeichnung von unfallbeteiligten Fahrzeugen z.B. mit Fzg 01, Fzg 02 usw. ermöglicht einen allgemeinen Bezug, **ohne rechtliche Begriffe** benutzen zu müssen und verleiht dem Gutachten somit auch in der Formulierung die notwendige **Unparteilichkeit**.

179

Hinsichtlich der **Form** und somit der **konkreten Darstellung** der Ergebnisse hat sich in der Praxis die Beachtung der nachfolgenden Hinweise bewährt:

180

- Die **Berechnungswege** und **Zwischenergebnisse** sollten in einem Gutachten nur soweit dargestellt werden, wie sie für die Nachvollziehbarkeit der Berechnungen durch einen anderen Sachverständigen notwendig sind. Deutlich herauszustellen und vor allem zu bewerten sind die Endergebnisse und Gültigkeitsbedingungen der jeweiligen Berechnungen.

- Für eine **gute Übersichtlichkeit** ist die **Darstellung in Tabellenform** vorteilhaft. Dadurch lassen sich viele Informationen in einer kompakten Form darstellen. Für genauere Informationen zu Inhalten der Tabelle kann auf das Gutachten verwiesen werden. Übersichtstabellen bewähren sich vor allem direkt im Gerichtsprozess, weil dort selten die Zeit vorhanden ist, konkrete Absätze und Formulierungen im Gutachten zu suchen und vorzutragen. Einige Softwareprogramme bieten bereits die Möglichkeit, dass Berechnungsergebnisse in Tabellenform zusammengefasst werden, so dass diese direkt in einem Gutachten Verwendung finden können.

- Das Gutachten sollte in jedem Fall eine **Zusammenfassung der wesentlichen Ergebnisse**, wenn möglich auch in Tabellenform besitzen, um schnell die Ergebnisse zur Verfügung zu haben. Durch den logischen Aufbau eines Gutachtens sind die jeweiligen Zwischenergebnisse im Gutachten verteilt, so dass eine Zusammenfassung die schnelle Nutzung des Gutachtens erheblich erleichtert.

- Eine besonders gute und kompakte Form der Darstellung von Ergebnissen ist mit Skizzen und **maßstäblichen Zeichnungen** gegeben (s. *Bild 13,* s. Rn. 183). Sie erhöhen die Anschaulichkeit und lassen einen besseren Überblick zum Unfallablauf zu. Bis zu einem gewissen Grad können dadurch auch die Wahrnehmungsbedingungen besser dargestellt werden. Die Skizzen und Zeichnungen erfordern allerdings oftmals einen hohen Zeitaufwand, so dass in vielen Fällen auf ihre Anfertigung verzichtet wird. Bezüglich der Übersichtlichkeit und Vorstellbarkeit der Ergebnisse durch Unfallskizzen erreichen nur noch Simulationen einen etwa gleichen Stellenwert, wobei beide Formen jeweils Vor- und Nachteile besitzen, so dass der Einsatz durch den Sachverständigen hinsichtlich des Zieles abgewogen werden muss. Die Unfallskizze soll alle wesentlichen Bedingungen und Maße enthalten. In der vorliegenden Skizze (Abschnitt 3, Pkt. 16, s. Rn. 262) wurden alle Bäume vermaßt, um eine räumlich bessere Einordnung für einzelne Positionen bei diesem Überholunfall zu haben. In den meisten Fällen ist eine solche detaillierte Vermaßung nicht nötig und als überhöhter Aufwand zu sehen.

Es ist nicht immer erforderlich, die örtlichen Bedingungen (hier Straßenbäume) vollständig zu vermessen. Im vorliegenden Fall war es allerdings zum besseren Verständnis des Ablaufes die vollständige Vermessung notwendig. Besonders wichtig sind grundlegende Feststellungen, wie die **Endlagen der Fahrzeuge**, die **Sichtgrenzen**, die Lage des **Gefälleknicks** und die **Fahrwege** der Fahrzeuge.

- **Unfallskizzen** sollten immer dann erstellt werden, wenn die konkreten, zum Unfallereignis zugeordneten **Berechnungsergebnisse**, wie Zeiten, Geschwindigkeiten, Wege und Abstände sowie die **örtlichen Gegebenheiten** dargestellt werden sollen.

- Mit Simulationen, speziell **3-D-Ablaufsimulationen**, lassen sich sehr gut die einzelnen Bewegungen innerhalb des Unfallablaufes und dabei besonders während der Kollision darstellen. Durch eine Echtzeitsimulation kann auch die Vorstellung der zeitlichen Gegebenheiten des Unfalls für einen Juristen wesentlich verbessert werden. Damit werden auch die zeitlichen Bedingungen, in denen die Informationen durch die Unfallbeteiligten verarbeitet werden müssen, transparent. Einige sehr gute Softwarelösungen erlauben es, innerhalb einer Simulation bereits die Perspektiven aus Sicht der einzelnen am Unfall Beteiligten darzustellen und somit **Wahrnehmungsbedingungen** nachträglich in gewissen Grenzen visuell zu berücksichtigen. Für die **Nachvollziehbarkeit** der Handlungen der Unfallbeteiligten ergeben sich dadurch oftmals verbesserte Möglichkeiten.

- Die Art und Weise der Ergebnisdarstellung sollte auch dem Auftraggeber angepasst werden. So ist sicherlich zu unterscheiden, ob z.B. eine computergestützte Kollisionsanalyse als Zuarbeit für einen anderen Sachverständigen angefertigt wird, der die Unfallrekonstruktion für einen bestimmten Fall weiter bearbeitet oder ob diese direkt zur Verwendung in ein Gutachten einzubeziehen ist, welches vom Sachverständigen im Gerichtsauftrag erstellt wird.

- Nicht zuletzt muss auch der Kostenfaktor berücksichtigt werden, d.h. der Grundsatz der Verhältnismäßigkeit der Mittel gilt auch für die Ergebnisdarstellung. So ist eine aufwendige (und somit teure) Erstellung einer 3-D-Simulation nicht erforderlich, wenn der allgemeine Unfallablauf allen beteiligten Prozessparteien klar und unzweifelhaft ist.

7. Vermeidbarkeitsbetrachtung

Zur Vollständigkeit eines technischen Gutachtens der Unfallrekonstruktion gehört auch eine Ver- 181
meidbarkeitsbetrachtung, welche nur die technische **Vermeidbarkeit** berücksichtigt und **nicht** die
Darstellung der Rechtslage. Vermeidbarkeitsbetrachtungen sind auch **nur** bei **Ereignisgutachten**
(z.B. **Unfallrekonstruktion**) und nicht bei Sach- oder Zustandsgutachten erforderlich.

Innerhalb der Untersuchungen zur Vermeidbarkeit eines Unfalls muss eine getrennte Betrachtung 182
für die am Unfallereignis Beteiligten durchgeführt werden. Nur so ist es möglich, dass das Gericht
eine entsprechende **personenbezogene Würdigung** vornehmen kann. Es ist allerdings zu beachten, dass nur relevante Faktoren berücksichtigt werden und das Unfallereignis immer im Zusammenhang betrachtet wird. Unter Berücksichtigung zeitlicher, räumlicher und auch technischer
Bedingungen kann i.d.R. ein abgeleitetes Verhalten für die jeweiligen Beteiligten angegeben werden, bei dem der Unfall nicht eingetreten wäre. Es obliegt aber im Normalfall der rechtlichen Würdigung, ob das angegebene Verhalten eines oder mehrerer Beteiligter auch von diesen erwartet
werden kann. Hier kann der Sachverständige entsprechend seiner Aufgabe nur die technischen
Möglichkeiten und Voraussetzungen darstellen.

In *Bild 13* ist ein **Leitbild für Vermeidbarkeitsbetrachtungen** dargestellt. Es dient dem Sachver- 183
ständigen als Orientierung, wie er bei der Erarbeitung der Betrachtung zur Vermeidbarkeit vorgehen sollte. Der Jurist kann sich an diesem Leitblatt orientieren, was er von einer Vermeidbarkeitsbetrachtung erwarten kann und welche Aussagen jeweils fallbezogen enthalten sein sollten.

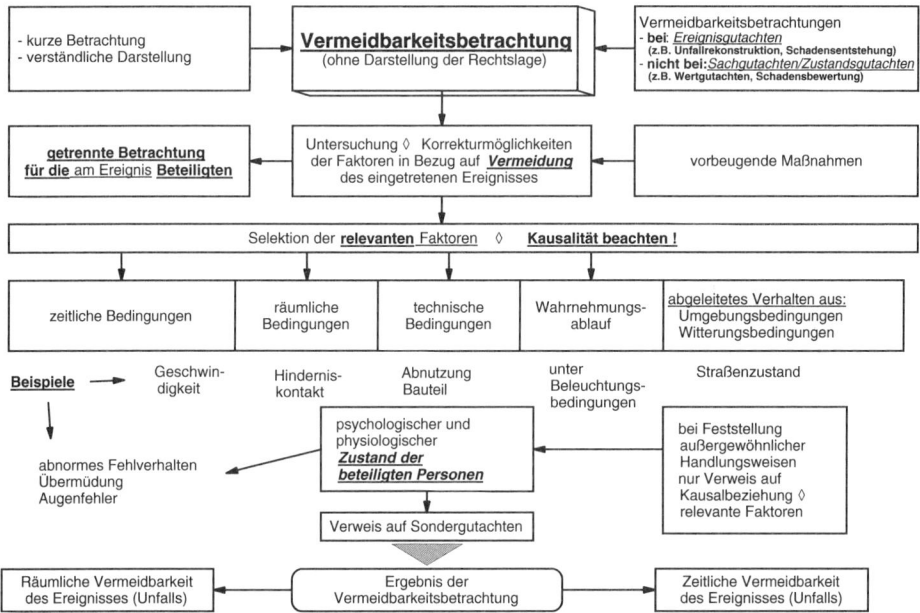

Bild 13: Grundlagen zur Vermeidbarkeitsbetrachtung in der Unfallrekonstruktion

Die Vermeidbarkeitsbetrachtung sollte aber in jedem Fall kurz und in allgemein verständlicher Art 184
und Weise erfolgen. Die entsprechenden Aussagen zur **räumlichen und zeitlichen Vermeidbarkeit** müssen ebenfalls technisch bewiesen werden, was durch die entsprechenden Berechnungen
im Regelfall möglich ist. Wenn der genaue Berechnungsweg im Gutachten dargestellt ist, sollten
in der Vermeidbarkeitsbetrachtung nur noch die geänderten Bedingungen und Ergebnisse auf-

geführt werden. In eine Vermeidbarkeitsbetrachtung müssen auch ggf. **fahrzeugtechnische Bedingungen** (z.B. Abnutzung von Reifen usw.), **Wahrnehmungsgegebenheiten** und der **Zustand der Verkehrseinrichtungen** (z.B. Schaltfolge von Lichtsignalanlagen) einbezogen werden.

Unter **räumlicher Vermeidbarkeit** wird verstanden, dass z.B. ein Fahrzeug bei angemessener Geschwindigkeit und/oder besseren Reaktionsbedingungen des Fahrers noch vor dem Kollisionsort mit einer entsprechenden Vollbremsung zum Stillstand gekommen wäre. Die **zeitliche Vermeidbarkeit** besagt, dass z.B. ein Fahrzeug bei angemessener Geschwindigkeit und/oder besseren Reaktionsbedingungen zwar nicht am Kollisionsort zum Stillstand kommt, aber den Kollisionsort zu einem späteren Zeitpunkt erreicht, wodurch der in Bewegung befindlichen Kollisionsgegner aufgrund eines Zeitgewinns eine Ortsveränderung vornehmen kann und somit die Kollision vermieden wird.

VI. Darstellung der Methoden und Instrumentarien der Straßenverkehrsunfallrekonstruktion

185   Die Rekonstruktion von Verkehrsunfällen wird in den meisten Fällen in **schriftlichen Gutachten** vorgelegt. Für die Erarbeitung der Gutachten stehen dem Sachverständigen verschiedenste Instrumentarien und Methoden zur Verfügung, die in *Bild 14* übersichtlich dargestellt sind. Der Sachverständige muss sicherstellen, dass seine Informationsbasis den **aktuellen wissenschaftlich-technischen Erkenntnisstand** widerspiegelt. Weiterhin muss der Sachverständige die von ihm eingesetzte Messtechnik genau hinsichtlich ihrer Einsatzfähigkeit und der gelieferten Ergebnisse kennen und abschätzen können, welche Instrumentarien für den konkreten zu untersuchenden Unfall rational und zweckmäßig eingesetzt werden können.

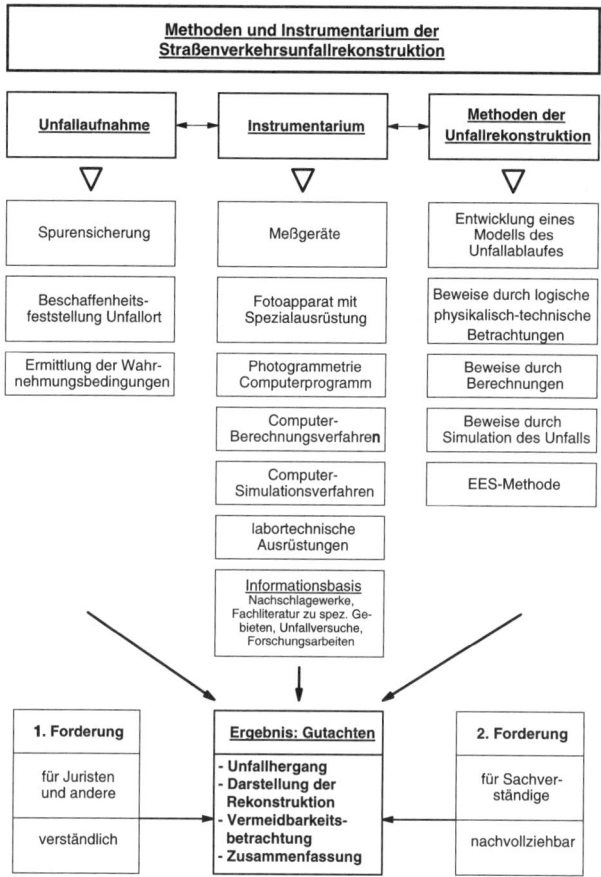

Bild 14: Methoden und Instrumentation der Straßenverkehrsunfallrekonstruktion

Aufgrund der heute zur Verfügung stehenden und verwendeten **Softwaresysteme** zur Berechnung   186
und Simulation von Verkehrsunfällen werden vom Sachverständigen tiefgründige Kenntnisse zu
mathematisch-physikalischen Zusammenhängen in Verbindung mit der softwaretechnischen
Umsetzung verlangt. Nur so können diese Möglichkeiten effektiv und richtig angewendet werden.
Für die Rekonstruktion stehen sehr unterschiedliche Softwareprogramme zur Verfügung, die auch
auf unterschiedlichen mathematisch-physikalischen Modellen beruhen. Mit Hilfe dieser Pro-
gramme lassen sich sehr umfangreiche Analysen, angefangen vom Einlauf der Fahrzeuge in die
Kollisionsstellung über die eigentliche Kollision (**Stoßberechnung**) bis hin zur **Auslaufbewegung**
berechnen. Für die verschiedensten Detailprobleme sind i.d.R. auch die entsprechenden Softwarelösungen verfügbar. Einige Softwarelösungen bieten auch die Möglichkeit, den Unfall in einer
3-dimensionalen Darstellung zu simulieren. Für eine rationale Vermessung des Unfallortes werden von einigen Sachverständigen die Möglichkeiten der **Fotogrammmetrie** genutzt. Hierzu sind
spezielle Voraussetzungen erforderlich, wie geeignete Fototechnik, Mess- und Referenzobjekte
(Messkreuz) sowie spezielle Software zur Bildverarbeitung.

187 Ebenso **vielfältig** wie die Geräte und Software sind auch die **Methoden der Unfallrekonstruktion** (s. *Bild 14,* s. Rn. 186). Dabei ist eine Hauptaufgabe für den Sachverständigen, die richtige Methode auszuwählen oder in Kombination mit mehreren Methoden den Unfallhergang nachzuweisen.

VII. Erteilung der Aufgabenstellung für die Anfertigung des Gutachtens und deren Nutzung durch Juristen

188 Eine erste Schnittstelle zwischen der Arbeit des Sachverständigen und des Juristen ergibt sich durch die Aufgabenstellung an den Sachverständigen. Diese erfolgt entweder durch einen **Beweisbeschluss** des Gerichts oder durch eine **konkrete Auftragserteilung** mit einer entsprechenden Aufgabenstellung durch einen Juristen, i.d.R. einen Rechtsanwalt. In jedem Fall sollte eine **klare Formulierung** der **zu klärenden Fragen** vorgenommen werden, um das Ziel möglichst genau festzulegen. Hier kann es zweckmäßig sein, dass eine Präzisierung der Aufgabenstellung durch eine Beratung mit dem Sachverständigen vorgenommen wird.

189

> *Hinweis:*
>
> *Die **Hinzuziehung eines Sachverständigen** vor Verfahrensbeginn durch eine Prozesspartei und die Einbringung der Ergebnisse aus dessen Tätigkeit in das Verfahren kann in vielen Fällen durchaus sinnvoll sein. Die Beauftragung eines Sachverständigen durch einen Rechtsanwalt ermöglicht auch, sehr konkrete Fragestellungen durch den Sachverständigen klären zu lassen. Das Sachverständigengutachten schafft in vielen Fällen gute Voraussetzungen, um von **Prozessbeginn** an die Aufklärung von Verkehrsunfällen sicherzustellen und so Aufwendungen für die Prozessführung wirtschaftlich zu begrenzen. Je besser die Beweisgrundlagen eines Falles durch den Sachverständigen erarbeitet werden können, umso zielgerichteter lassen sich die Interessen des Mandanten durch den Rechtsanwalt innerhalb eines gerichtlichen Verfahrens vertreten. Durch das Sachverständigengutachten lassen sich in vielen Fällen auch die Aussagen von Zeugen auf ihre technische Plausibilität überprüfen. Erst durch die Gutachtenerstellung können auch Sachverhalte ermittelt werden, die noch nicht bekannt waren oder vom Juristen als unwichtig eingestuft wurden.*

Beispiel:

Als ein Beispiel sei hier genannt, dass eine polizeilich festgestellte Bremsspur u.U. gar nicht einem unfallbeteiligten Fahrzeug zugeordnet werden kann. Bei Einbeziehung solcher falscher Spuren wird in der Folge ein völlig anderer Unfall- und Geschwindigkeitsverlauf rekonstruiert, was auch zu anderen rechtlichen Konsequenzen in derartigen Fällen führen könnte.

D. Technische Grundlagen der Straßenverkehrsunfallrekonstruktion

I. Einführende Bemerkungen

190 Zur Rekonstruktion von Verkehrsunfällen sind umfangreiche mathematisch-physikalische und technische Kenntnisse aus vielen unterschiedlichen Bereichen notwendig. In den nachfolgenden Kapiteln sind nur einige wenige Ausschnitte aus diesen Bereichen aufgeführt, um die grundlegenden Zusammenhänge darzustellen und die Verständlichkeit sowie in gewisser Weise auch die Möglichkeit der Nachprüfung eines technischen Gutachtens für Nicht-Kfz-Sachverständige zu erhöhen.

II. Fahrzeugtechnische Bedingungen

Ein Schwerpunkt bei der Untersuchung und Rekonstruktion eines Verkehrsunfalls ist in der genauen **Analyse der fahrzeugtechnischen Bedingungen** gegeben. Hierbei werden vor allem die **Bauteile** und **Baugruppen** des Fahrzeuges und die **Fahrzeugparameter** berücksichtigt, die direkt mit einem Unfallereignis im Zusammenhang stehen können. Dies sind auszugsweise (ohne Berücksichtigung einer Rangfolge):

191

- Zustand der Bereifung bzw. Felgen/Reifenkombination,

- Zustand und Funktionstüchtigkeit der Bremsanlage,

- Zustand und Funktionstüchtigkeit der Lenkanlage,

- Zustand und Funktionstüchtigkeit der Beleuchtungs- und Signaleinrichtungen,

- fahrzeugspezifische Daten, wie Motorleistung, geometrische Abmessung, Fahrzeugmasse usw. zur Berechnung der Fahrzeugbewegungen sowie

- fahrzeugkonstruktive Daten hinsichtlich Aufbau und Sicherheitsstruktur zur Bewertung des Crash-Verhaltens.

Da die Entwicklung in der Automobilindustrie in einem immer größeren Tempo voranschreitet, ist die Sicherstellung der Aktualität der Informationen zu den einzelnen Fahrzeugen eine wesentliche Aufgabe für den Sachverständigen. Zwar sind die verschiedensten Informationsmöglichkeiten vorhanden, aber selten in einer gebündelten Form. Aus diesem Grund erfordert die Beschaffung dieser fahrzeugspezifischen Informationen nicht selten erhöhten Aufwand. In einigen Fällen besteht die Möglichkeit Fahrzeugdaten für die Unfallrekonstruktion aus bereits vorhandenen **Schadensgutachten** zu entnehmen.

192

Gerade auf dem Gebiet der Unfallrekonstruktion kommt es zu einem **Zusammenwirken verschiedener Faktoren** aus unterschiedlichen Bereichen, wie an den folgenden Beispielen erläutert werden soll.

193

Beispiel:

Für die Berechnung eines verzögerten Bewegungsablaufes unmittelbar vor einer Kollision (z.B. Vollbremsung) und der damit verbundenen Ermittlung der Bremsausgangsgeschwindigkeit ist neben dem Bremsweg, der im Normalfall aus der Bremsspurzeichnung auf der Fahrbahn bestimmbar ist, auch der maximale Verzögerungswert einzusetzen. Dieser Verzögerungswert wird aber durch eine Reihe von Parametern beeinflusst, die sowohl fahrzeugtechnische als auch andere Ursachen haben (s. Bild 15, Rn. 195). Zur Vermeidung von späteren Meinungsverschiedenheiten bei der Bewertung der einzelnen Ursachen und Parameter ist es daher immer vorteilhaft, wenn das Unfallfahrzeug noch an der Unfallstelle zu einer Bremsprobe herangezogen werden kann. Die dafür notwendige Messtechnik, mit deren Hilfe Ergebnisse ermittelt werden, die die Grundlage für die Berechnungen bilden können, ist vorhanden.

An diesem Beispiel ist zu erkennen, dass es im **Ermessen** des Sachverständigen liegt, den zur Berechnung notwendigen Verzögerungswert entsprechend den Bedingungen zum **Unfallzeitpunkt** anzupassen, wenn keine konkreten Messergebnisse vom **Unfallfahrzeug** und -ort vorliegen. Dies hat zur Folge, dass gerade diese Sachverhalte durch verschiedene Sachverständige unterschiedlich bewertet werden können, wobei die Differenzen bestimmte Größenordnungen nicht überschreiten sollten.

194

Bei den Berechnungen werden von korrekt arbeitenden Sachverständigen daher solche Werte mit oberen und unteren Grenzen ermittelt und überprüft. Durch die jeweiligen Grenzwerte können die Aussagen in ihrer Tendenz variieren, was im Gutachten zu berücksichtigen ist. Es ist dabei **nicht** immer **erforderlich, alle Berechnungen** auch **im Gutachten detailliert darzustellen.** Vielmehr wird im Gutachten der konkrete, durch den Sachverständigen festgesetzte Wert angegeben und für die Berechnungen eingesetzt.

195

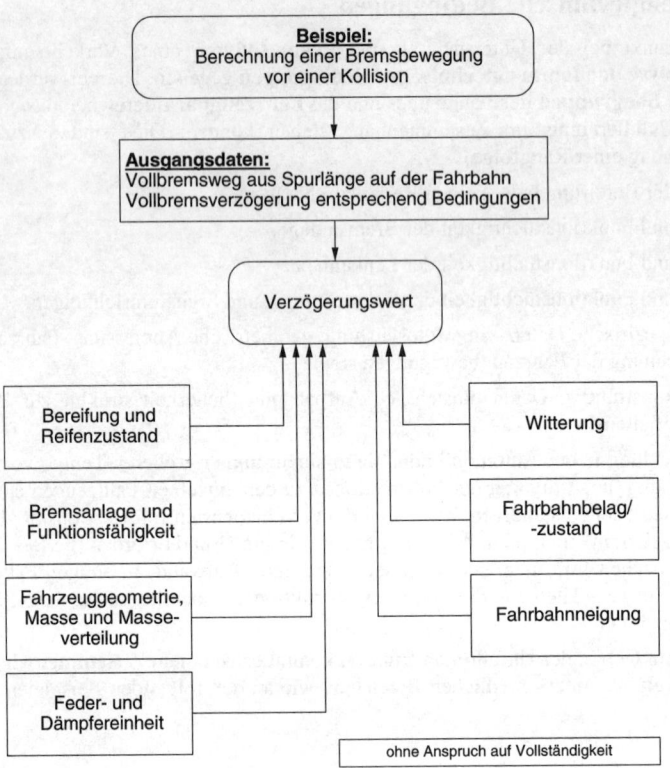

Bild 15: Einflussgrößen auf den Verzögerungswert bei einem Bremsvorgang

Beispiel:

Bei einem Überholvorgang kommt es zur Frontalkollision zwischen dem Überholenden und einem mit überhöhter Geschwindigkeit fahrenden Fahrzeug im Gegenverkehr (s. Bild 16). In einem Gutachten ist u.a. zu klären, ob der einsehbare Straßenabschnitt für ein Überholen ausgereicht hätte, wenn das Fzg. im Gegenverkehr die zulässige Höchstgeschwindigkeit eingehalten hätte und auch die Geschwindigkeit des zu Überholenden[2] als bekannt vorausgesetzt wird. In diesem Fall muss der Überholende vor und nach dem Ausscheren sein Fahrzeug beschleunigen (bis zur zul. Höchstgeschwindigkeit). Der zur Verfügung stehende Weg ist durch die Sichtbarkeitsbedingungen und somit durch die Örtlichkeit gegeben. Der einzusetzende Beschleunigungswert ist hinsichtlich seines Maximums speziell von den fahrzeugtechnischen Parametern und den Fahrbahnverhältnissen abhängig.

---

2   *Die Geschwindigkeit des zu Überholenden liegt unterhalb der zulässigen Höchstgeschwindigkeit.*

Jakubasch

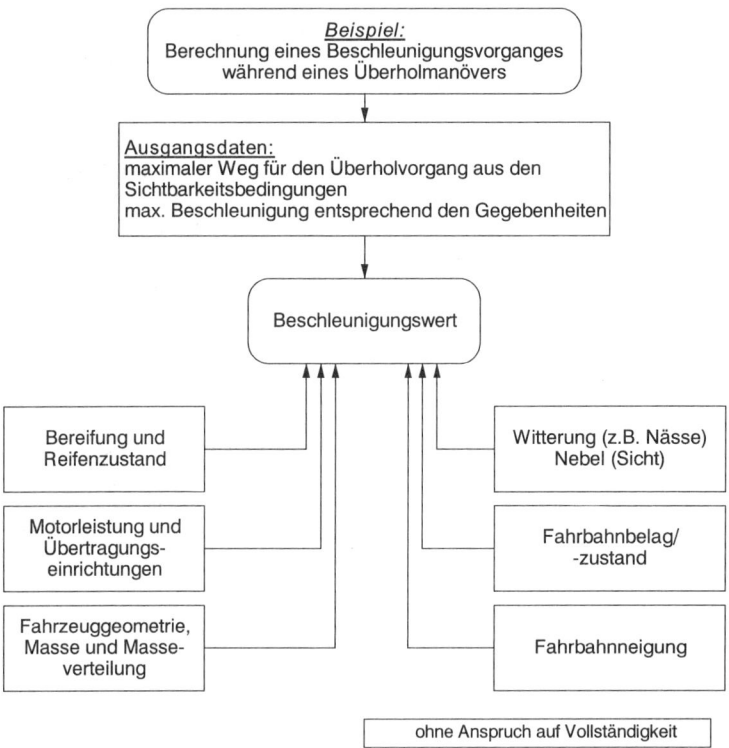

Bild 16: Mögliche Einflussgrößen auf die Höhe des Beschleunigungswertes eines Fahrzeuges

In diesem Beispiel stellt die Berechnung des real möglichen Beschleunigungsvorganges einen Hauptschwerpunkt dar. Die Beschaffung der realen, auf das jeweilige Fahrzeug bezogenen Ausgangsdaten ist oftmals problematisch, weil die entsprechenden Daten vom Hersteller oft nicht vollständig zur Verfügung gestellt werden. Im günstigsten Fall liegen **konkrete Beschleunigungsmessungen** für das jeweilige Fahrzeug oder eines vergleichbaren Fahrzeuges vor. 196

> *Hinweis:*
>
> *Die durch einen Unfall aufgetretenen Beschädigungen eines Fahrzeuges haben einen hohen Stellenwert für die Rekonstruktion. Daher ist eine sehr gute **Schadensdokumentation**, z.B. im Rahmen eines Schadensgutachtens für eine evtl. später durchzuführende unfallanalytische Untersuchung unter Umständen von ausschlaggebender Bedeutung.*

III. Fahrdynamische Bedingungen

In fast jedem Gutachten der Unfallrekonstruktion sind Berechnungen zu Ausgangsgeschwindigkeiten, Wegen und Zeiten enthalten, die mit verschiedenen Berechnungsvarianten ermittelt werden. 197

Beispiel:

Anhand eines Vollbremsvorganges sollen nachfolgend die einzelnen Abschnitte etwas näher erläutert werden, ohne dabei alle möglichen Varianten und zusätzlichen Einflüsse zu berücksichtigen. Das Bild 17 (Rn. 202) zeigt schematisch das zeitliche Verhalten von Geschwindigkeit, Verzögerung, Fußkraft und zurückgelegtem Weg.

198 Die erste Phase in der Berechnung kann als **Reaktionsphase** (kennzeichnet die Reaktionsdauer oder Reaktionszeit des jeweiligen Verkehrsteilnehmers) bezeichnet werden. In dieser Phase ändert sich nichts am Bewegungszustand des Fahrzeuges, d.h. das Fahrzeug bewegt sich mit seiner zu diesem Zeitpunkt vorhandenen Geschwindigkeit weiter. Hinsichtlich der Dauer eines Reaktionsabschnittes wurde vom 20. Verkehrsgerichtstag in Goslar (Januar 1982) eine entsprechende **Empfehlung** herausgegeben (zur Zusammenstellung dieser Werte auch unter Berücksichtigung zusätzlicher Einflussfaktoren – z.B. Alkohol – s. Jakubasch, Nachschlagewerk für Sachverständige).

199 Das **Einsetzen der Fußkraft** am Bremspedal (Punkt 1) ist nicht zeitlich gleichzusetzen mit dem **Einsetzen einer Bremswirkung,** da zunächst jede Bremsanlage eine gewisse Zeit als Ansprechzeit benötigt. Danach erfolgt ein weiterer kurzer Zeitabschnitt, die so genannte Schwellzeit. In diesem Zeitabschnitt steigen der **Bremsdruck** und damit die Bremswirkung an. Diese gesamte Phase (Ansprech- und Schwellzeit) sollte vom Sachverständigen mit dem halben Wert der Verzögerung der nachfolgenden **Vollbremsphase** berücksichtigt werden. Die Dauer der Ansprech- und Schwellphase hängt von der konstruktiven Ausführung einer Bremsanlage ab und liegt bei Lkw bzw. KOM höher als bei Pkw (s. Jakubasch, a.a.O.).

200 Im Anschluss setzt die **Bremsverzögerung** des Fahrzeuges ein. Bis zu diesem Zeitpunkt (Punkt 2) ändert sich der Fahrzustand des Fahrzeuges nicht. Ebenfalls im Wesentlichen von der konstruktiven Auslegung der Bremsanlage abhängig ist der Zeitabschnitt der Schwellphase, d.h., die Zeit, die die Bremsanlage benötigt, um die **maximale Fahrzeugverzögerung** aufzubauen (*Bild 17* Punkt 4). Zeitlich vor diesem Punkt ist das **Maximum der Fußkraft** (*Bild 17,* Punkt 3) erreicht. Vom Beginn des Einsetzens der Bremsverzögerung bis zum Erreichen der Maximalverzögerung nehmen die Geschwindigkeit und der innerhalb eines bestimmten konstanten Zeitabschnittes zurückgelegte Weg stetig ab. Der **Anstieg der Verzögerung** wurde im *Bild 17* linear dargestellt, was nicht exakt dem realen Verlauf entspricht, da der genaue Verlauf des Anstiegs der Verzögerung in der **Schwellphase** von den konstruktiven Gegebenheiten der Bremsanlage abhängt. Dieser reale Verlauf ist allerdings bis auf wenige Ausnahmen für die Unfallrekonstruktion nicht von Bedeutung, da durch die Kürze dieses Zeitabschnittes innerhalb des Gesamtbremsvorganges die Ergebnisse nur unwesentlich beeinflusst werden. Bei der Berechnung eines solchen Bremsvorganges wird daher meistens für die Schwellphase mit einem konstanten Verzögerungswert gerechnet. Für die praktische Rechnung wird in der Schwellphase der halbe Verzögerungswert des durchschnittlichen Wertes der Vollbremsphase für die Berechnung genutzt. Im vorliegenden Beispiel wäre die Hilfe des Maximalverzögerungswertes für die Schwellphase anzusetzen.

201 Nach dem Einsetzen der Maximalverzögerung (Punkt 4) nimmt die Geschwindigkeit des Fahrzeuges linear bis in den Stillstand (Punkt 5) ab, wenn von einer konstanten Verzögerung innerhalb dieses Abschnittes ausgegangen wird und die Bremse störungsfrei arbeitet. Eine solche **konstante Verzögerung** kann z.B. nicht mehr angesetzt werden, wenn sich der Fahrbahnzustand innerhalb der Vollbremsphase ändert, z.B.:

● beim Übergang von Asphalt zu Granitpflaster,

● bei starker Verschmutzung auf der Fahrbahn oder

● bei Wasser oder Öl auf der Fahrbahn usw.

202 Nach Empfehlung des 20. Verkehrsgerichtstages wird der **Beginn des Vollbremsvorganges** (Punkt 4) mit dem Beginn der Spurzeichnung auf der Fahrbahn gleichgesetzt, wobei im Ausnahmefall fallbezogen auch ein späterer Spurzeichnungsbeginn möglich ist und in Ansatz gebracht werden kann. Besonders bei Fahrzeugen mit **ABS** ist eine Spurzeichnung auf der Fahrbahn oftmals

schwer erkennbar oder gar nicht sichtbar, was die Rückrechnung der Ausgangsgeschwindigkeit vor einer Kollision erschwert. Hier kommt es besonders auf die Unfallaufnahme an, da auch mit ABS ausgestattete Fahrzeuge Bremsspuren auf der Fahrbahn zeichnen können und diese auch insbesondere durch Fachleute erkennbar sind. Dieses Beispiel zeigt, dass bereits ein einfacher Vollbremsvorgang ein komplexer Ablauf ist, bei dem der Sachverständige viele Gegebenheiten berücksichtigen und bewerten muss. Die eigentliche Berechnung ist dann das Ergebnis dieser Würdigung und die Umsetzung der realen Voraussetzungen in ein mathematisch-physikalisches Modell.

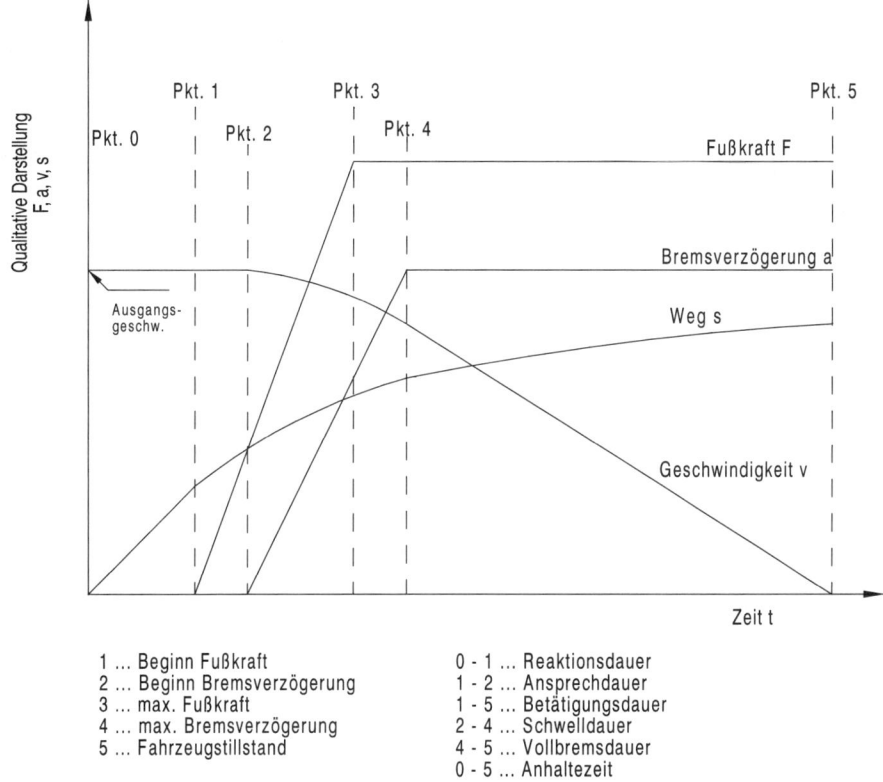

Bild 17: Allgemeiner zeitlicher Verlauf eines Vollbremsvorganges

Das obige Beispiel zeigt auch, dass bereits bei einem relativ einfachen fahrtechnischen Vorgang eine große Anzahl von Parametern zu berücksichtigen ist. Diese Anzahl erhöht sich noch wesentlich, wenn der eigentliche Fahrvorgang nicht exakt bekannt ist bzw. schwierigere Vorgänge, z.B. **Bremsen in der Kurve** zu berücksichtigen sind. Weiterhin wirken auf ein Fahrzeug während seiner Bewegung eine Reihe weiterer Einflüsse ein, wie z.B.: 203

- Widerstände durch die Fahrbahnsteigung,
- Luftwiderstand,
- Rollwiderstand,
- Trägheit eines Fahrzeuges entsprechend der Bewegungsrichtung,
- Widerstände durch das Fahrzeug selbst (z.B. Reibung beweglicher Teile usw.),
- Seitenwind u.a.

204

> **Hinweis:**
>
> *Nicht alle auf ein Fahrzeug einwirkenden Kräfte und Einflüsse sind für die Rekonstruktion der Bewegung eines Fahrzeuges von entscheidender Bedeutung. Es bedarf einer genauen Analyse durch den Sachverständigen, **welche Kräfte** für den konkreten Fall und **in welcher Form** zu berücksichtigen sind.*

Beispiel:

Hat ein Vollbremsvorgang in einem Kurvenbereich stattgefunden, so ergeben sich zusätzlich zu den Betrachtungen aus dem vorherigen Beispiel noch weitere Problemfelder. Bei einem Bremsvorgang in der Kurve müssen die Reifen eines Fahrzeuges bzw. die Reifenkontaktflächen außer der Längskraft (Bremskraft) noch die durch die Radialbeschleunigung hervorgerufene Seitenkraft aufnehmen. Dadurch verringert sich die übertragbare Bremskraft entsprechend den Eigenschaften des Reifens. Anders gesagt bedeutet das, wenn ein Fahrzeug beim Notbremsen auf der Kurvenbahn geblieben ist und auf der Fahrbahn eine Bremsspur gezeichnet wurde, dass die Ausgangsgeschwindigkeit kleiner war als bei einer gleichen Bremsspurlänge auf einem geraden Fahrbahnabschnitt.

Tritt bei einer Kurvenfahrt eine Blockierbremsung (Fahrzeuge ohne ABS) ein, d.h. die Haftreibung der Räder geht in eine Gleitreibung über, führt dies zum tangentialen Verlassen der Kurvenbahn durch das Fahrzeug.

Wird in einer Kurve mit einem Kurvenradius von 100 m eine Vollbremsspur von 35 m festgestellt und von einer konstanten Vollbremsverzögerung in der Geraden mit 8,0 m/s² ausgegangen, ergeben sich für die Ausgangsgeschwindigkeit zwei verschiedene Berechnungsergebnisse (Jakubasch, Nachschlagewerk für Sachverständige):

1. Wenn die Bremsspur geradlinig war, d.h. sie folgte nicht der Bogenkrümmung, dann wird eine Bremsausgangsgeschwindigkeit von 85,2 km/h berechnet.

2. Wenn die Bremsspur der Bogenkrümmung folgt, ergibt die Berechnung eine Bremsausgangsgeschwindigkeit von 79,0 km/h.

IV. Kollisionsmechanik

205 Der **Ablauf eines Verkehrsunfalls** kann allgemein in **drei Hauptphasen** eingeteilt werden:

- Einlauf,
- Kollision und
- Auslauf.

206 Innerhalb dieser drei Phasen wirken auf ein Kraftfahrzeug mehrere Kräfte, die durch sehr unterschiedliche Fahrzustände, örtliche Bedingungen und Handlungen des Fahrers beeinflusst werden und meistens in Kombination auftreten. Als Beispiele für verschiedene **Einflussfaktoren** seien genannt:

- Brems- und Antriebskräfte,
- Lenkmanöver des Fahrers,
- Fliehkraft bei Kurvenfahrt oder
- Schleudern, Wind, Fahrbahnneigung usw.

207 In der Kollisionsphase kommen dabei meistens noch Deformationskräfte hinzu. Entscheidend bei dieser Betrachtung ist, dass die Übertragung der Kräfte über den Reifen zur Fahrbahn erfolgt und somit diese Paarung einen wesentlichen Einfluss auf den Unfallablauf hat.

Bei der Rekonstruktion eines Verkehrsunfalls ist es i.d.R. erforderlich, die Wege, Zeiten und vor allem Geschwindigkeiten jeweils zu Beginn und zum Ende der eingesetzten Phasen zu ermitteln. Oftmals sind einige Angaben aufgrund der Anknüpfungstatsachen gegeben (z.b. sind häufig die Endlagen gegeben, woraus die Auslaufgeschwindigkeit berechnet werden kann).

208

Zur Berechnung der zu ermittelnden Größen stehen die unterschiedlichsten Verfahren zur Verfügung, die im Einzelnen an dieser Stelle nicht dargestellt werden können. Bei allen anzuwendenden Verfahren ist es allerdings wichtig, dass genau geprüft wird, unter welchen **Bedingungen** das Berechnungsverfahren überhaupt angewendet werden darf und ob diese Bedingungen für den konkreten Unfall zutreffen. Diese Aufgabe kann und muss ein Sachverständiger übernehmen. Er sollte die Kriterien für das von ihm angewandte Verfahren im Gutachten kurz anführen, damit eine Überprüfung durch andere Sachverständige möglich wird.

209

Die technische Entwicklung hat in den letzten Jahren wesentlich die Möglichkeiten der Berechnung von Verkehrsunfällen vorangebracht. Wurden vor einigen Jahren noch **grafische Verfahren** zur Bestimmung verschiedener Lösungen verwendet, so ist der Sachverständige heute in der Lage, mit Hilfe der Computertechnik auch komplexe numerische Berechnungen mit vertretbarem Aufwand durchzuführen. Speziell bei den **Berechnungen in der Kollisionsphase** müssen die drei Grundgesetze der Mechanik berücksichtigt werden, unabhängig davon, wie eine spezielle Berechnungsmethode im Einzelnen aufgebaut ist. Diese **drei Grundsätze** sind:

210

- Energiesatz,
- Drallsatz und
- Impulssatz.

Allgemein lassen sich bei der Berechnung von Kollisionsabläufen zwei **Handlungsvarianten** darstellen:

211

- Rückwärtsrechnung oder
- Vorwärtsrechnung.

Bei der **Rückwärtsrechnung** wird von den Endbedingungen (z.B.: Endlagen von Fahrzeugen) ausgegangen und über Spuren, Beschädigungen und Auslaufwege eine Rückrechnung zur Kollisionsphase und dann über Vollbremsspuren zur Ausgangsgeschwindigkeit vorgenommen. Bei allen Methoden der Rückwärtsrechnung ist es Voraussetzung, dass sowohl die Endlagen als auch die Art, wie diese erreicht wurden, durch die Unfallaufnahme gesichert worden sind.

212

Bei der **Vorwärtsrechnung** ist ein möglichst vollständiges **mathematisch-physikalisches Ablaufmodell** notwendig.

213

Bei der Anwendung der Vorwärtsrechnung wird i.d.R. von einer **konkreten Kollisionsposition** und von **bekannten oder angenommenen Kollisionsgeschwindigkeiten** ausgegangen. Die Kollisionsgeschwindigkeiten sind anhand der Schäden, Spuren und ggf. durch Aufzeichnungen (UDS, Tachograph) ermittelbar. Zur Verbesserung der Genauigkeit sowie zur Kontrolle des Gesamtablaufes können dann mit Hilfe eines speziellen Computerprogramms unter Einbeziehung des Modells und der Endlagen der Fahrzeuge iterative Berechnungen durchgeführt werden. In den meisten Fällen wird mit einer einmaligen Berechnung keine gute Übereinstimmung der Berechnungsergebnisse mit den realen Bedingungen erreicht, so dass eine Reihe weiterer Berechnungen mit geänderten Parametern erfolgen muss. Diese Berechnungsart hat den Vorteil, dass der Unfallablauf sehr genau hinsichtlich der zeitlichen Abfolge dargestellt und heute sogar simuliert werden kann.

214

Als Nachteile sind der **hohe technische Aufwand** und die relativ große Anzahl der notwendigen Parameter als Voraussetzung zur Berechnung zu sehen. Weiterhin sind die eigentlichen Berechnungsmodelle in der Software enthalten, so dass die Nachprüfbarkeit der Ergebnisse selbst für Sachverständige ohne Spezialkenntnisse nur schwer möglich ist. Auch aus diesen Gründen hat immer eine Abwägung zu erfolgen, wie genau die Ergebnisse aus der Unfallrekonstruktionsberechnung zur Aufklärung eines Unfallablaufes sein sollen und wie aufwendig daher ihre Ermittlung vorgenommen werden muss.

215

216   Die eigentliche **Auswertung des Stoßvorganges** bei einer Kollision kann sowohl grafisch als auch analytisch erfolgen. Mit der entsprechenden Software lassen sich die analytischen Berechnungsverfahren heute weitestgehend problemlos anwenden, wobei das Beschaffen der entsprechenden Ausgangsdaten in vielen Fällen das größte Problem darstellt.

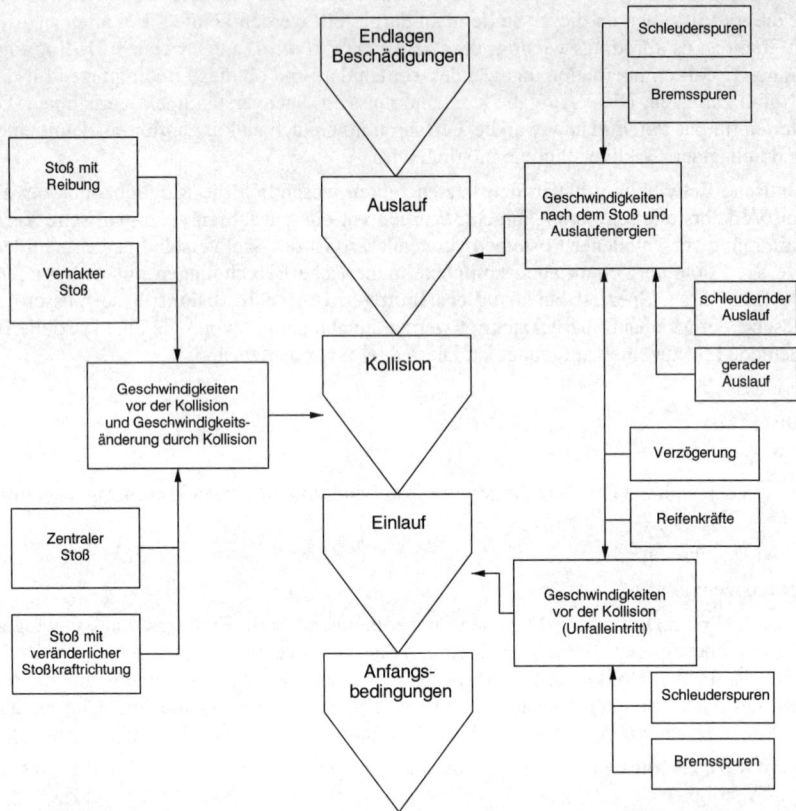

Bild 18: Ablauf und Einflussgrößen bei der Rückwärtsrechnung (s. Burg/Rau, Handbuch der Verkehrsunfallrekonstruktion)

217   Bei der **Stoßberechnung**, die häufig bei Fahrzeugkollisionen durchgeführt wird, ist immer zu berücksichtigen, dass Kollisionen zwischen Fahrzeugen teilelastische Stöße sind, d.h. am Fahrzeug treten nach der Kollision sowohl plastische Deformationen (bleibende Deformationen) als auch elastische Deformationen (nicht bleibende Deformationen, z.B. durch Karosserierückverformung) auf. In Gutachten zur Unfallrekonstruktion werden häufig Stoßberechnungen (z.B. bei Auffahrkollisionen) insbesondere zum Nachweis von Geschwindigkeitsänderungen auf der Basis des Energieaustausches für Fahrzeuge vorgenommen. Dabei wird in den Gutachten sehr oft auf die verwendete **Stoßzahl** (i.d.R. als „k" bezeichnet) verwiesen.

218   Empfehlungen für die in die Berechnung einzubeziehende Stoßzahl für einzelne Kollisionsarten gibt u.a. Weber (Die Aufklärung des Kfz-Versicherungsbetrugs) an. Demnach sind **frontale Kollisionen** und Auffahren **von Kraftfahrzeugen** teilelastische Stöße. Zur allgemeinen Übersicht sollen hier für einige Fälle die Empfehlungen der Stoßzahlen nach Jakubasch (Nachschlagewerk für Sachverständige) dargestellt werden:

- für die vollständig überdeckte Frontalkollision k = 0,16 bis 0,20, im Mittel k = 0,18
- für den vollständig überdeckten Heckaufprall k = 0,10 bis 0,14 und
- für den teilüberdeckten Heckaufprall k = 0,10 und
- für den plastischen Stoß k = 0.

In **neueren Berechnungsverfahren** wird der **Energiesatz** in die Stoßauswertung mit einbezogen. 219
Hier besteht allerdings das Problem, die durch die Kollision in Deformation umgesetzte Energie zu
berechnen. Auf Grund der komplizierten Fahrzeugkonstruktionen und stetigen Veränderungen sind
konkrete zahlenmäßige Angaben zu Steifigkeiten von Fahrzeugkarosserien, um ein Maß für die
aufzubringende Verformungsenergie zu haben, kaum verfügbar. Um dennoch Aussagen zu Defor-
mationsenergien und somit die Berücksichtigung des Energiesatzes machen zu können, wurde die
EES-Methode entwickelt. Die EES – Energy Equivalent Speed – ist ein Maß für die in Deformation umgewandelte Energie und hat die Maßeinheit km/h.

Bei diesem Verfahren wird eine energieäquivalente Geschwindigkeit ermittelt und bei der Berech- 220
nung berücksichtigt. Dazu werden die Beschädigungen eines Fahrzeuges detailliert ausgewertet,
um somit den Energieanteil zu ermitteln, der für diese Deformation notwendig war. Zur besseren
Vergleichbarkeit wird die EES in km/h angegeben, wobei sehr deutlich darauf hingewiesen werden
muss, dass dieser Wert nicht unmittelbar gleichbedeutend mit der Geschwindigkeitsänderung eines
Fahrzeuges durch die Kollision ist. Mit Hilfe des EES-Verfahrens werden Vergleichsmöglichkei-
ten geschaffen und es können Ergebnisse aus **Crash-Tests** (als Vergleichsgrößen) in die Berechnung einfließen. Weitere Informationen zur EES sind im Lexikonteil dieses Kapitels enthalten.

Hinweis:

*Es muss eindeutig darauf hingewiesen werden, dass der EES-Wert nicht automatisch mit der
Kollisionsgeschwindigkeit (Kollisionsgeschwindigkeit ist die Geschwindigkeit, die ein Fahrzeug zum Zeitpunkt des Kollisionsbeginns hat) eines Fahrzeuges gleichzusetzen ist.*

Zum heutigen Zeitpunkt ist das EES-Verfahren für Pkw/Pkw-Kollisionen und Pkw/Hindernis-Kol- 221
lisionen weitestgehend nutzbar. Für **Lkw- und Zweiradunfälle** ist in den meisten Fällen eine gesicherte Anwendung derzeit noch nicht möglich, wobei aber Untersuchungen und Versuche diesbezüglich durchgeführt werden.

Durch Berechnungsverfahren kann der genaue zeitliche Ablauf einer Kollision entsprechend der 222
Genauigkeit der **Anknüpfungstatsachen** ermittelt werden. Eine Möglichkeit die berechneten
Werte zu überprüfen, besteht darin, gut dokumentierte Unfallversuche als Vergleichsablauf zu verwenden. Bei genauer Auswertung von Unfallversuchen mit Pkw/Pkw-Kollisionen ist z.B. erkennbar, dass sich die Fahrzeuge bei einer Kollision nach einem Zeitabschnitt von 0,2 s bis 0,3 s wieder
trennen, d. h., der eigentliche Stoß und die Energieübertragung finden in einer sehr kurzen Zeit
statt, die in vielen Fällen 0,1 s nicht überschreitet. Die Verwendung von dokumentierten Crash-
Versuchen zu Vergleichszwecken gibt auch Juristen die Möglichkeit, eine gewisse **Plausibilitätsprüfung** (z.B. eines Gutachtens oder der Aussage eines Mandanten) vorzunehmen. Besonders die
**Bewegungs- und Zeitabläufe in der Kollisions- sowie Auslaufphase ergeben wesentliche
Erkenntnisse** für die Rekonstruktion vergleichbarer Unfälle.

Beispiel:

*Bei einem Überholvorgang auf nasser Fahrbahn kommt es zu einer Frontalkollision zwischen
zwei Pkw. Aufgrund gleicher Farbe der Fahrzeuge und verschiedener Zeugenaussagen war
strittig, welches Fahrzeug aus welcher Richtung kam, d.h., ob evtl. eine 180°-Drehung der
beiden Fahrzeuge stattgefunden hat. Diese Frage kann ohne Berücksichtigung weiterer Gegebenheiten bereits beantwortet werden, wenn die Beschädigungen an den Fahrzeugen betrach-*

tet werden. Im konkreten Fall war zu erkennen, dass die Kollision mit einer Überdeckung von 90% bis 100% stattgefunden hat, wodurch eindeutig nach den Gesetzen der Kollisionsmechanik eine Drehung der Fahrzeuge um 180°, unabhängig von der Geschwindigkeit des jeweiligen Fahrzeuges, ausgeschlossen werden kann. Durch diese Erkenntnis konnten die Fahrzeuge ihren Fahrpositionen vor der Kollision zugeordnet werden (Kollisionsabläufe s. Jakubasch, Nachschlagewerk für Sachverständige).

223   Einen weiteren Betrachtungsschwerpunkt bei der Auswertung von Kollisionen stellen Überschläge dar. Hierbei ist die Verwendung mathematischer **Berechnungsmodelle** aufgrund der schwierigen Beschaffung der Parameter stark eingeschränkt. Daher ist derzeit die **Auswertung von Überschlagsunfällen** durch vergleichende Betrachtungen mit Überschlagsversuchen möglich und sinnvoll. Es muss aber festgestellt werden, dass auf diesem Gebiet aufgrund des hohen Aufwandes noch nicht ausreichend viele Versuche durchgeführt wurden und somit auch keine umfangreiche Sammlung der Ergebnisse vorliegt.

V. Technische Bedingungen zu den Verkehrsanlagen

224   Auch die **am Unfallort vorhandenen Gegebenheiten** haben hinsichtlich der Verkehrsanlagen oftmals einen entscheidenden Einfluss auf das reale Unfallgeschehen (s. o. Rn. 162 ff.). Besonders bedeutsam sind für die Unfallrekonstruktion solche Bedingungen, wie z.B.:

● Anordnung und Schaltfolge von Lichtsignalanlagen,

● Beschilderung im Bereich der Unfallstelle,

● bauliche Ausführung einer Kreuzung bzw. Einmündung (Kurvenradien, Fuß- bzw. Radwege) oder

● Baustellen, besondere Verkehrsführungen usw.

225   Eine **gründliche und genaue Unfallaufnahme** ist von entscheidender Bedeutung für eine Unfallrekonstruktion, insbesondere hinsichtlich der örtlichen Gegebenheiten, wenn **im Bereich der Unfallstelle kurzfristige Veränderungen** zu erwarten sind, z.B. bei Baustellen. Die Beschilderung an der Unfallstelle sollte bei der Unfallaufnahme ebenfalls mit erfasst werden, z.B. zur Feststellung der zulässigen Höchstgeschwindigkeit im Baustellenbereich. So sind spätere Meinungsverschiedenheiten zu dieser Problemstellung vermeidbar.

226   Hat ein Unfall im Bereich einer lichtsignalgeregelten Kreuzung oder Einmündung stattgefunden, so kann eine genaue Auswertung der Signalfolge notwendig werden. Hierzu sind im Normalfall bei den zuständigen staatlichen Stellen entsprechende Signalzeitenpläne vorhanden, die von Sachverständigen ausgewertet werden können. Dabei ist zuerst zu prüfen, ob die vorhandenen Unterlagen mit der **realen Signalfolge der Lichtsignalanlage** zum Unfallzeitpunkt übereinstimmen, da auch hier Änderungen möglich sind.

227   Nicht nur die Erfassung der technischen Bedingungen durch die Verkehrsanlagen hat durch den Sachverständigen zu erfolgen, sondern es muss auch überprüft werden, inwieweit derartige **Verkehrsanlagen den Unfall beeinflusst** haben können. Die Verkehrsanlagen können sogar auch als Ursache bzw. als begünstigender Faktor für die Entstehung des Unfalls in Frage kommen, was dann aber meistens einer zusätzlichen juristischen Würdigung bedarf. Der Sachverständige beschränkt sich auf die Erfassung und Diskussion der technischen Sachverhalte, wie z.B. die zeitliche Schaltfolge bei Lichtsignal-anlagen oder und der **Wahrnehmungsbedingungen**.

Beispiel:

Im Bereich einer lichtsignalgeregelten Einmündung kam es zu einer Kollision (s. Bild 19, Rn. 227). Der Fahrer des Fzg 02 mit der Absicht des Linksabbiegens gab an, bei der Umschaltung des Signalgebers K2 von Grün auf Gelb die Haltelinie überfahren zu haben, so dass er annehmen musste, dass nach 3 s auch für die Gegenfahrbahn das Lichtsignal auf Rot und damit auf Halt schaltet. Die Auswertung des Signalzeitenplanes der Lichtsiganlanlage ergab, dass der Signalgeber K2 5 s früher von Grün auf Gelb schaltet, als der Signalgeber K1. Die Fahrtrich-

tung von A nach B ist daher 5 s länger freigeschaltet. Unabhängig von der juristischen Würdigung der Fehleinschätzung des Fahrers muss aber im konkreten Fall festgestellt werden, dass es technisch gesehen keine Notwendigkeit gibt, die Fahrtrichtung von A nach B länger freizuschalten als die Gegenrichtung. In diesem Fall muss sogar eingeschätzt werden, dass eine derartige Schaltfolge der Lichtsignalanlage einen solchen Unfall begünstigt. Weiterhin kommt in dem vorliegenden Beispiel noch der Fakt hinzu, dass die aus Richtung A kommenden Fahrzeuge, entsprechend den Regelungen, nicht links abbiegen dürfen und somit ein Kreuzen mit dem abbiegenden Gegenverkehr ausgeschlossen ist. Einzig die aus Richtung B kommenden und nach links abbiegenden Fahrzeuge kreuzen die Fahrtrichtung der Fahrzeuge, die von A nach B fahren.

Wäre die Zeitdifferenz umgekehrt, d.h. die Fahrtrichtung von B nach A würde 5 s länger freigeschaltet, würde die Möglichkeit entstehen, dass die Linksabbieger aus Fahrtrichtung B kommend konfliktfrei und leichter den Einmündungsbereich räumen könnten.

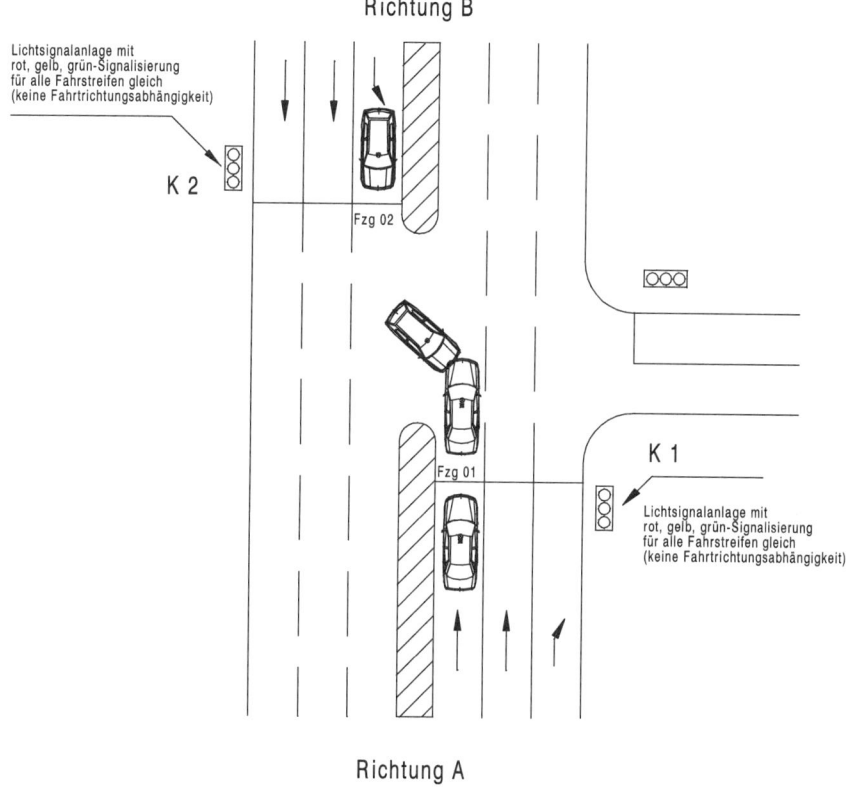

Bild 19: Beispiel für eine Unfallsituation an einer lichtsignalgeregelten Einmündung

Dieses Beispiel soll zeigen, dass auch vorhandene Verkehrsanlagen einen Unfallablauf bzw. die Unfallentstehung beeinflussen können. Damit müssen auch diese Verkehrsanlagen in die Rekonstruktion einbezogen werden. Inwieweit diese Erkenntnisse im Verfahren Berücksichtigung finden, bedarf der rechtlichen Würdigung des konkreten Unfalls.

228

VI. Fahrtschreiber und Unfalldatenschreiber

1. Fahrtschreiber

229   In § 57a StVZO ist aufgeführt, welche Kraftfahrzeuge mit einem eichfähigen Fahrtschreiber, auch genannt Kontrollgerät oder Tachograph, ausgerüstet sein müssen. Auf einem **Schaublatt** (Diagrammscheibe, s. *Bild 20*, Ausschnitt aus einer Diagrammscheibe, Rn. 230) werden in einem **Zeitraster** von 24 Stunden die **Fahrgeschwindigkeit**, die zurückgelegte Wegstrecke, die Uhrzeit sowie die **Arbeits- und Ruhezeiten** (Zeitgruppen) aufgezeichnet.

230   Die Schaublätter, bestehend aus farbigem Papier, sind mit einer dünnen **Registrierschicht** überzogen. In diese Schicht ritzen die Schreibstifte des Fahrtschreibers dünne Linien. Ein integriertes Uhrwerk dreht das Schaublatt im Zeittakt. Alle Aufzeichnungen werden zeitabhängig registriert. Durch entsprechende **Zusatzeinrichtungen** in Fahrtschreibern ist neben den oben angegebenen Grundfunktionen die Registrierung weiterer Daten möglich. Dazu gehören z.B. die Erfassung der Arbeitsvorgänge von Zusatzaggregaten (Blaulicht, Mischtrommeln, Kühlaggregaten u.a.), des Kraftstoffverbrauchs, der Motordrehzahl u.Ä.

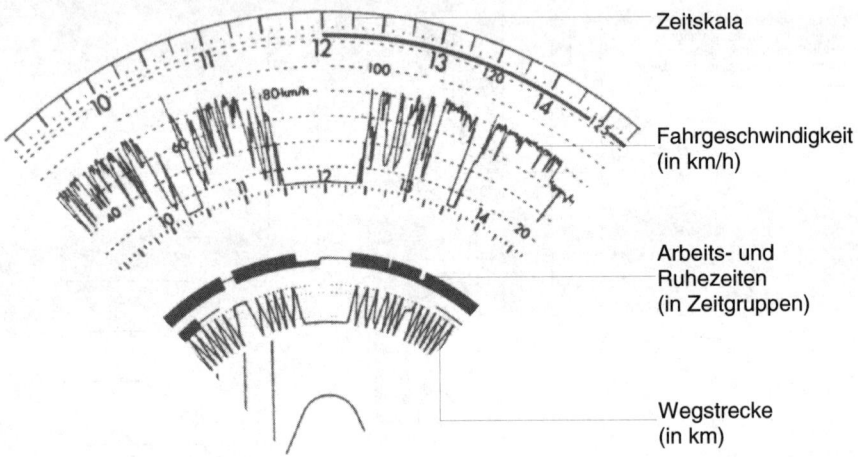

Bild 20: Schaublattaufzeichnung

231   Auf einem Schaublatt ist die Aufzeichnung von **max. 24 Stunden** möglich. Das Auswechseln des Schaublatts erfolgt durch das Aufklappen des Fahrtschreibergehäuses. Vor jeder Fahrt bzw. nach Ablauf der 24 Stunden muss das Schaublatt ausgewechselt werden.

Die Untergliederung der Zeitgruppen erfolgt in **vier fahrbezogene Zeiten:** 232

Lenkzeiten

alle sonstigen Arbeitszeiten (gesetzlich erforderlich in der BRD, in einigen EU-Ländern nicht gefordert),

Bereitschaftszeiten (Wartezeiten, Beifahrerzeiten, Schlafkabinenzeiten während der Fahrt) sowie

![Pausen-Symbol]

Pausen und Tagesruhezeiten.

Fahrtschreiber registrieren präzise und zuverlässig die gesetzlich geforderten Daten. Bedingt durch 233
den groben Aufzeichnungsmaßstab, der sich durch gesetzliche Forderungen infolge der notwendigen 24-Stunden-Kapazität auf einem Schaublatt im handlichen Durchmesser ergibt, ist die Aufzeichnung für Auswertungen zur Analyse von Straßenverkehrsunfällen nur eingeschränkt möglich. Der kleinste zeitliche Abstand der Schreiberaufzeichnung beträgt eine Sekunde. Somit werden z.B. Bremsungen zu spät registriert, **kurze Bremsunterbrechungen** (innerhalb der Toleranz von ± 1 s) werden gar nicht aufgezeichnet. Die relativ großen Abweichungen bei der Verzögerungsaufzeichnung geben keine exakten Ausgangswerte für die Ermittlung der einzelnen Bremsphasen und eines Kollisionszeitpunktes. Unter Berücksichtigung der Toleranz (± 1 s) kann aber meistens die Ausgangsgeschwindigkeit ermittelt werden (s. Jakubasch, Nachschlagewerk für Sachverständige).

Für die beschriebene sekundengenaue Auswertung eines Schaublatt-Teilbereiches (z.B. Analyse 234
des Fahrverlaufes unmittelbar vor der Kollision) können durch **mikroskopische Vergrößerungen** in vielen Fällen noch Einzelheiten erkannt werden. Die Gerätehersteller bzw. spezialisierte Sachverständige führen dazu Untersuchungen mit Hilfe eines Spezialmikroskopes durch (mikroskopisches Auswerteverfahren).

Zur Verlängerung der Lenkzeiten und zur Erhöhung der Fahrgeschwindigkeit manipulieren einige 235
Fahrzeugführer oder Fahrzeughalter den Fahrtschreiber. Solche **Manipulationen** sind bis heute noch nicht ganz verhinderbar. Z.B. werden durch das Verbiegen bzw. Festklemmen des Schreibstiftes für die Geschwindigkeit überhöhte Geschwindigkeiten nicht registriert. Weiterhin sind Handeinzeichnungen, Doppelbeschriftungen, Unterbrechung der Aufzeichnungen durch das Öffnen des Gehäusedeckels, Unterbrechung der Impulsgeberverbindung u.a. Manipulationen möglich. Geschulte Sachverständige und Experten der Gerätehersteller können aufgrund ihrer Erfahrungen reale von manipulierten Aufzeichnungen unterscheiden, so dass bei Bedarf der überwiegende Teil vorgenommener Manipulationen nachgewiesen werden kann.

2. Unfalldatenschreiber

Im Gegensatz zum Fahrtschreiber, der als Nachweismittel für die Einhaltung der Arbeits- und 236
Ruhezeiten des Kraftfahrers und zur Überprüfung der Fahrgeschwindigkeit dient, wurde der Unfalldatenschreiber (UDS; auch genannt Unfall-Dokumentations-System) als **objektives Beweis-**

mittel für den Unfallablauf entwickelt. Die Aufzeichnung der wichtigsten Bewegungs- und Status-daten des UDS erfolgt zeitabhängig und nahezu in der Fahrzeugebene.

● **Bewegungsdaten** (s. *Bild 21*, Rn. 236)

  – Längs- und Querbeschleunigung

  – Rotation des Fahrzeuges um die Hochachse (Gieren)

  – Geschwindigkeit des Fahrzeuges

● **Statusdaten**

  – Benutzung der Betriebs- und Feststellbremse

  – Funktion der Zündung

  – Bedienung aller Beleuchtungseinrichtungen (Fahrlicht, Standlicht, Bremslicht, Fahrtrich-tungsanzeiger rechts und links, . . .)

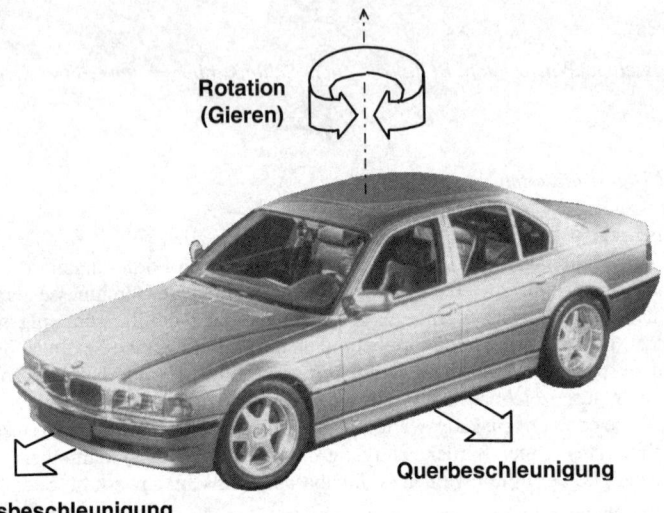

Rotation (Gieren)

Querbeschleunigung

Längsbeschleunigung

Bild 21: Beschleunigungen, die mit UDS aufgezeichnet werden

237   Das Gerät wird fest in das Fahrzeug eingebaut, worin fortlaufend die Messdaten gespeichert und zyklisch überschrieben werden. Eingebaute Sensoren können normale Fahrbewegungen von Kolli-sionsbewegungen unterscheiden (automatische Unfallerkennung durch Triggeralgorithmus), so dass die letzten 30 Sekunden vor dem Unfall und 15 Sekunden nach dem Unfall fest gespeichert werden (**Kienzle-UDS**). Bei geringen Kollisionsbeschleunigungen infolge eines ungünstigen **Mas-senverhältnisses** (z.B. Pkw-Fußgänger) kann es sein, dass die automatische **Unfallerkennung** in einigen Fällen überfordert ist. Wenn das Fahrzeug steht, werden die Fahrdaten des letzten Zyklus nicht überschrieben, so dass in einer solchen Situation anhand der Aufzeichnung des letzten Zyklus alle notwendigen Daten abrufbar sind. Die **Dauer des Zyklus** ist abhängig vom Gerätehersteller:

Kienzle-UDS +pf 45 Sekunden,

ARGE-UDS +pf 60 Sekunden.

238   Das **Auslesen der Daten** erfolgt von einem Sachverständigen unter Verwendung spezieller Aus-wertesoft- und Hardware. Dabei wird der originale UDS-Dateninhalt so gesichert, dass Manipulati-on, Verlust oder Verfälschung der Daten ausgeschlossen sind. Vor der Auswertung der gespeicher-ten Daten erfolgt eine Geräteprüfung, bei der alle Funktionen des UDS in einer Simulation getestet

werden. Auch während des normalen Fahrbetriebes des Kfz erfolgt in regelmäßigen Abständen ein Selbsttest des Gerätes, so dass eine ordnungsgemäße Aufzeichnung der Daten im Falle eines Unfalls vorausgesetzt werden kann.

Im Falle einer **crashbedingten Stromversorgungsunterbrechung** von der Batterie wird eine Stromversorgung für ca. 10 s aufrecht erhalten. Der Erhalt der gespeicherten Daten ist ohne externe Spannungsversorgung ca. drei Jahre möglich.   239

Jedes UDS-Gerät besitzt eine **Bedientaste,** womit für den Fahrer des betreffenden Fahrzeuges die Möglichkeit besteht, die aufgezeichneten Daten infolge eines Crashs zu löschen. Es ist trotzdem nicht zu empfehlen, die Daten zu löschen, da sie selbst bei **schuldhaftem Verhalten** des Fahrers noch zu einer gewissen **Entlastung** beitragen können. **Grobe Fahrfehler** sind auch durch andere Mittel von Sachverständigen nachweisbar, so dass mit der Löschung der UDS-Daten kaum Vorteile entstehen.   240

Der **Speicherplatz** eines UDS ist für die Aufzeichnung von **drei Ereignissen** ausgelegt. Davon werden zwei automatisch erkannt (bei Unfällen, z.B. Kollisionen) und die Aufzeichnung eines Ereignisses kann manuell ausgelöst werden (Warnblinkschalter). **Typische Beispiele** für die Anwendung des UDS (Kienzle-UDS) sind: 241

- Registrierung der Ereignisse 30 s vor und 15 s nach Betätigung des Warnblinkschalters → manuell,

- Registrierung von Ereignissen, die möglicherweise zu einem Unfall geführt haben (z.B. Überfahren von Hindernissen, . . .) → automatisch,

- Aufzeichnung des Unfallablaufes im Hinblick auf die Crashreihenfolge bei einer Serienkollision → automatisch.

Immer mehr Fuhrparks, wie z.B. Taxibetriebe, gehen dazu über, ihre Fahrzeuge mit UDS auszurüsten, so dass auch in gewisser Weise eine Überwachung der Fahrer bezüglich extremer Fahrweisen erfolgen kann. Voraussetzung ist für diese Aufgabe, dass die Unfalldatenschreiber regelmäßig ausgelesen und die Löschtasten blockiert werden.   242

E. Haftung des gerichtlichen Sachverständigen (§ 839a BGB)

Durch das zum 1.8.2002 in Kraft getretene 2. Gesetz zur Änderung schadensersatzrechtlicher Vorschriften ist die Haftung des gerichtlichen Sachverständigen für ein vorsätzlich oder fahrlässig falsch erstelltes Gutachten in § 839a BGB kodifiziert worden. Bei dieser Regelung handelt es sich um eine abschließende Regelung. Dies bedeutet, dass schadensersatzrechtliche Ansprüche, die gegen den gerichtlichen Sachverständigen geltend gemacht werden, nur auf § 839a BGB als einschlägige Anspruchsgrundlage gestützt werden können.   243

Der Verschuldensmaßstab ist auf Vorsatz und grobe Fahrlässigkeit beschränkt. Eine Haftung des Sachverständigen für leichte Fahrlässigkeit soll nach dem Willen des Gesetzgebers nicht in Betracht kommen. Dies wird damit begründet, dass nur darüber die innere Freiheit des gerichtlichen Gutachters gewahrt werden kann.

Nach dem Wortlaut des § 839a BGB ist eine Haftung des gerichtlichen Sachverständigen dann gegeben, wenn dieser ein unrichtiges Gutachten erstellt, d.h. das Gutachten muss – objektiv betrachtet – falsch sein. Durch diesen Haftungsmaßstab wird dem gerichtlichen Gutachter jedoch nicht die Möglichkeit abgeschnitten, eine Mindermeinung zu vertreten. Der gerichtliche Gutachter muss jedoch die von ihm vertretene Auffassung darlegen und verdeutlichen, dass von seiner Seite aus eine differenzierte Auseinandersetzung mit der Gegenmeinung stattgefunden hat, d.h. er muss darlegen, warum er der h.M. nicht folgen kann (vgl. Jaeger/Luckey, Das neue Schadensersatzrecht, Rn. 419).   244

Des Weiteren muss einem der Prozessbeteiligten durch die gerichtliche Entscheidung, die auf dem objektiv unrichtigen Gutachten beruht, ein Schaden entstanden sein. Ausgeschlossen sind daher Fälle der anderweitigen Erledigung des Rechtsstreits als durch ein Urteil. Bei den Fällen der anderweitigen Erledigung ist hier vor allem an den Vergleich zu denken. Eine Ersatzpflicht des gerichtlichen Sachverständigen ist selbst dann gegeben, wenn sich die Parteien des Rechtsstreits unter dem Eindruck des unrichtigen Gutachtens vergleichen (BT-Drs. 14/7752, S. 28).

245 § 839a Abs. 2 BGB stellt durch seinen Verweis auf § 839 Abs. 3 BGB klar, dass die schuldhafte Nichteinlegung eines Rechtsmittels auch bei der Haftung des gerichtlichen Gutachters zum Haftungsausschluss führt. Unter Rechtsmittel i.S.d. § 839 Abs. 3 BGB versteht man alle Rechtsbehelfe im weitesten Sinne, die eine Beseitigung oder Berichtigung der schädigenden Anordnung und zugleich Abwendung des Schadens bezwecken und ermöglichen (Palandt/Thomas, BGB, § 839 Rn. 73).

Abschnitt 2: Glossar der Fachterminologie

Der nachfolgende Teil im "Praxis des Straßenverkehrsrechts" soll den Gerichten und dem mit der   246
Sachverständigen- und Gutachterpraxis konfrontierten Anwalt helfen, die Vielfalt der oftmals sehr
fachspezifischen Begriffe und Definitionen, die in der Fachterminologie des Straßenverkehrsrechts, des Gerichts- und Gutachterwesens Anwendung finden, in kurzer und einprägsamer Form
verständlich zu machen und gleichzeitig die im Zusammenhang mit der Lektüre und Überprüfung
von Gutachten stehenden Fragen zu beantworten. Zur besseren Veranschaulichung wurden die
Erläuterungen an geeigneter Stelle mit Skizzen und Beispielen ergänzt. Neben der alphabetischen
Gliederung der Begriffe sind fachlich im Zusammenhang stehende Bezeichnungen und Definitionen unter einen gemeinsamen Überbegriff zusammengefasst, womit eine hohe Informationsdichte
und ein schneller Überblick zu einem bestimmten Fachkomplex ermöglicht werden. Abkürzungen
mit rein fachlicher Bedeutung werden wie Fachbegriffe behandelt; allgemeine Abkürzungen wurden nicht in das Lexikon aufgenommen.

Fachbegriffe und **Überbegriffe** sind fett gedruckt; zusammengehörige Begriffe befinden sich
darunter und sind mit einem Punkt versehen sowie nach fachlichen Gesichtspunkten, d.h. nicht
immer alphabetisch geordnet. Erweiterte **Bezeichnungen** und **Ergänzungen** sind fett und kursiv
hervorgehoben und dem Fachbegriff direkt zugeordnet. Verweise auf zusammenhängende Begriffe
sind mittels Pfeilen innerhalb des Textes gekennzeichnet. Auf weitere Sachbezüge wird durch „vgl.
→" hingewiesen. Überbegriffe und Fachbegriffe, die in der Praxis meist nicht einzeln vorkommen,
sind entsprechend im Plural aufgeführt.

Abbiegeunfall → Unfalltyp

ABS = Antiblockiersystem; auch ABV – automatischer Blockierverhinderer
Elektronisches Regelsystem an Kfz, das ein Blockieren der Räder bei Vollbremsung verhindert
und somit die Lenkbarkeit des Fahrzeuges während des Bremsens gewährleisten soll. Das ABS
verkürzt nicht den Bremsweg, sondern ist ein aktives Sicherheitssystem, das es gestattet, eine trotz
Vollbremsung drohende Kollision z. B. mit einem anderen Fahrzeug durch Ausweichen zu vermeiden. Bei herabgesetzten Haftbedingungen der Räder und der Straße (z.B. Glatteis) unterstützt das
ABS das optimale Bremsen.

Absolute Vermeidbarkeit → Vermeidbarkeit – Räumliche Verm.

AIS-Wert (Abbreviated Injury Scale) bezeichnet die Codierung von Einzelverletzungen nach einer
festgelegten Skala. Dieser Wert wird besonders in der Unfallforschung für die Einstufung der Ver-
letzungsschwere angewendet.

Akkomodationszeit ist die benötigte Zeitdauer für die Akkomodation (Schärfeeinstellung des
Auges). Diese Zeitdauer ist abhängig vom Alter des Menschen und von der Größe des Akkomoda-
tionssprunges.

    Beispiel: Akkomodationssprung von Ferneinstellung auf 50 cm

    28-jährige Person: ca. 0,50 s

    40-jährige Person: ca. 0,75 s

Alleinunfall → *Unfalltyp – Fahrunfall*

Anfahrbeschleunigung → *Beschleunigung*

Anknüpfungstatsachen sind dem Sachverständigen meistens vom Gericht vorgegebene Tatsachen, die den Sachverhalt bilden, der dem Gutachten als feststehend zu Grunde zu legen ist. Sie
stehen außerhalb der Feststellungskompetenz des Sachverständigen. Das Gutachten wird nur dann
vom Auftraggeber (Gericht) verwertet, wenn der Sachverständige in seinem Gutachten von diesen
vorgegebenen Tatsachen ausgegangen ist (vgl. → *Befundtatsachen*).

Ansprechzeit bezeichnet die Zeit, die die Bremsanlage vom Berühren des Bremspedals bis zum Beginn der Bremswirkung benötigt. Eine Definition des Begriffs ist in DIN 70012 zu finden, die jedoch keine technisch exakte Aussage zu Messbarkeit, Betätigungskraft u. dgl. beinhaltet (vgl. → *Bremsvorgang*).

Auffälligkeitswert ist das Maß für die Wahrnehmung und Erkennbarkeit; kennzeichnet beispielsweise die Erkennung eines Reaktionsanlasses als Reaktionsaufforderung. Bei Verkehrsteilnehmern im Querverkehr (z. B. Fußgänger) ist im Normalfall für den Auffälligkeitswert eine Bewegungsstrecke von mindestens 1 m bzw. eine Bewegungszeit von mindestens 0,4 s anzunehmen.

Auflösungsvermögen bezeichnet die Fähigkeit zwei einzelne Punkte noch getrennt wahrnehmen zu können (vgl. → *Sehschärfe*).

Aufmerksamkeit ist die Zuwendung der Aktivität, der Interessen und Wünsche des Menschen auf den Gegenstand der Tätigkeit. Dabei wird zwischen konzentrativer und distributiver Aufmerksamkeit unterschieden.

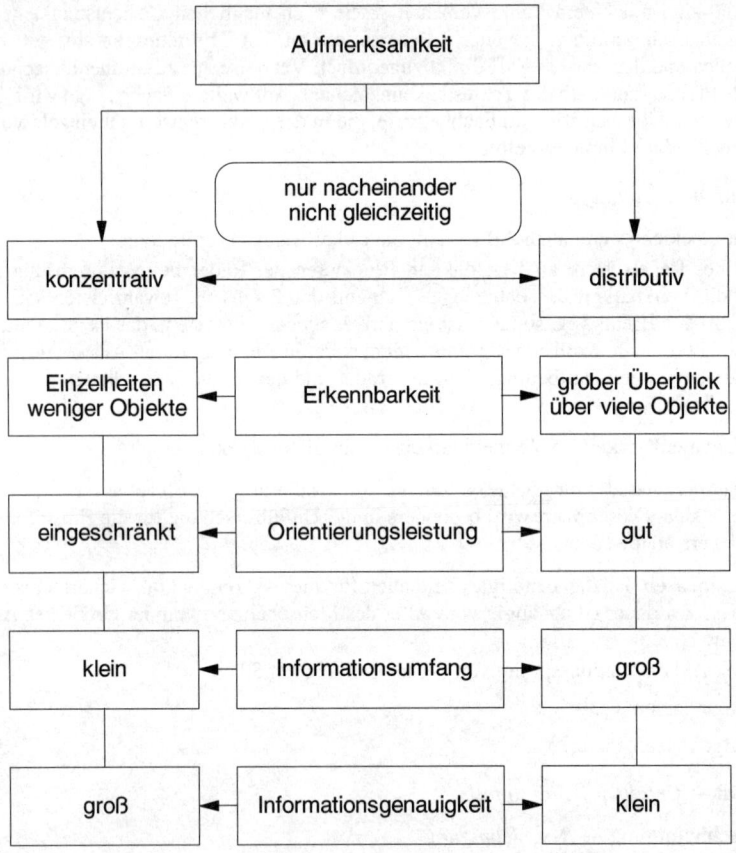

Der Wechsel zwischen konzentrativer und distributiver Aufmerksamkeit erfolgt in der Regel mit einem Blicksprung (Blickzuwendung), es sei denn ein zufällig fixiertes Objekt wird Anlass für eine plötzliche konzentrative Aufmerksamkeitszuwendung.

Bahnkörper bezeichnet einen besonderen, meist baulich von der Fahrbahn abgesetzten Gleisbereich für Schienenfahrzeuge, der im Regelfall nicht von anderen Fahrzeugen und Fußgängern benutzt werden darf. An speziell ausgeführten und gesicherten Übergängen gelten gesonderte Verkehrsregeln gemäß § 19 StVO (Bahnübergänge).

Befundtatsachen sind die Tatsachen, die vom Sachverständigen als Erkenntnisgehilfe des Gerichts entsprechend dem Beweisthema bzw. -beschluss aufgrund seiner speziellen Sachkunde festzustellen und dem Gericht zu vermitteln sind. Die Feststellung dieser Befundtatsachen ohne jegliche Beteiligung des Gerichts darf dem Sachverständigen nur zugestanden werden, wenn in Folge der technischen oder gesetzlichen Gestaltung des Feststellungsvorganges eine Beteiligung des Richters völlig unmöglich oder sinnlos ist (z. B. bei einer klinischen Blutuntersuchung). → *Anknüpfungstatsachen*

Beschleunigung steht als allgemeiner Begriff für die physikalische Größe der gleichmäßig bzw. ungleichmäßig beschleunigten Bewegung. Sie **bezeichnet** die Änderung einer Geschwindigkeit in einem bestimmten Zeitabschnitt. Für den Sachverständigen in der Unfallrekonstruktion sind insbesondere drei Beschleunigungsarten relevant:

- **Anfahrbeschleunigung** bezeichnet die beschleunigte Bewegung eines Fahrzeuges aus dem Stillstand (v = 0) bis zu einer bestimmten Endgeschwindigkeit (vE).
- **Bremsbeschleunigung (Bremsung, Bremsverzögerung)** ist die beschleunigte Bewegung eines Fahrzeuges von einer bestimmten Ausgangsgeschwindigkeit (V_A) bis zu einer verringerten Geschwindigkeit bzw. in den Stillstand (v = 0).

  vgl. → *Bremsvorgang*
- **Fahrbeschleunigung** ist die Beschleunigung aus einer bestimmten Geschwindigkeit auf eine höhere Geschwindigkeit (z. B. bei Überholvorgängen).

  Darüber hinaus sind Beschleunigungen im Zusammenhang mit Kollisionen und Stoßvorgängen sowie in den Bereichen Biomechanik und Wahrnehmung (z. B. beim Auffahrunfall) von entscheidender Bedeutung.

Biomechanik ist ein Teilgebiet der Biophysik. Es befasst sich vor allem mit den Körperbewegungen und mechanischen Belastungen des Menschen unter Berücksichtigung der Gesetze und Grundbedingungen der Technischen Mechanik.

Biomechanische Kenngrößen sind Werte und Skalen zur Charakterisierung und Berechnung von Schutzkriterien, Belastungs- und Verletzungskriterien sowie zur Ermittlung von Schweregraden bei Verletzungen. Sie dienen der Bestimmung von Belastungen des Menschen bei Unfällen und bilden u.a. die Grundlage für konstruktive Maßnahmen zur Erhöhung der passiven Sicherheit von Fahrzeugen.

- **wichtige biomechanische Kenngrößen:**
  → *AIS-Wert; GAMBIT-Wert; HIC-Wert; ISS-Wert; MAIS-Wert; PODS-Wert; SI-Wert; TTI-Wert; VTC-Wert*

Blickfeld bezeichnet die Gesamtheit der mit bewegten Augen bei unbewegtem Kopf fixierbaren Punkte:

- nach rechts bzw. links: ca. 60°
- nach oben bzw. unten: ca. 40°

Blicksprung (auch Sakkade) – ruckartige Augenbewegung

Blickzuwendung ist die Zeit vom Anlass des Blicksprunges bis zum Ende der Korrektursakkade.

Blockierspur → *Reifenspuren*

Bremsbereitschaft bezeichnet allgemein den Zustand des Heranfahrens mit auf dem Bremspedal ruhendem Fuß an einen potentiellen Gefahren- oder Hindernisbereich. Damit kann der Bremsvorgang zumindest durch Einsparen der Umsetzzeit verkürzt werden. Da dieser Begriff nicht eindeutig definiert ist, sollte bei der Verwertung von Gutachten genau beachtet werden, mit welchen Merkmalen der jeweilige Sachverständige diesen Zustand charakterisiert.

Bremsbeschleunigung, Bremsverzögerung → *Beschleunigung*

Bremsspur → *Reifenspuren*

Bremsvorgang beinhaltet mehrere zeitliche Abschnitte der Bewegung eines Fahrzeuges von einer Ausgangsgeschwindigkeit zu einem bestimmten Zeitpunkt (z. B. Gefahrerkennung) bis zum Erreichen einer geringeren Geschwindigkeit als die Ausgangsgeschwindigkeit oder des Stillstandes.
* **Zeitliche Abschnitte (Phasen) des Bremsvorganges:**
  Gefahrerkennung → Reaktionszeit → Umsetzzeit → Ansprechzeit → Schwellzeit → Vollbremszeit → Stillstand

Busfahrstreifen ist dem Linienbusverkehr, Taxis und Einsatzfahrzeugen vorbehalten. Wird fälschlicherweise als Busspur bezeichnet.

Computersimulation wird z. B. in der Unfallrekonstruktion zur Darstellung und Überprüfung von Bewegungsabläufen durchgeführt. Sie ist ein Hilfsmittel, das komplexe mathematisch-physikalische Vorgänge in Form grafischer Darstellungen anschaulich und nachvollziehbar machen und gleichzeitig den Berechnungsaufwand reduzieren soll. Sie kann jedoch keinesfalls die logische und analytische Arbeit des Sachverständigen bei der Rekonstruktion eines Unfallereignisses ersetzen, da sie immer nur das Ergebnis liefert, das auf den eingegebenen Daten basiert. Der Sachverständige muss auf der Grundlage der → Anknüpfungstatsachen und seiner eigenen Erkenntnisse eine Datenbasis schaffen, die den tatsächlichen Gegebenheiten entspricht. Anderenfalls sind selbst die komfortabelsten 3D-Darstellungen mehr oder weniger „Schauvorführungen".

Datenschreiber
* **Fahrtschreiber (EC-Tachograph)** ist ein Gerät zur Aufzeichnung von Fahrzuständen (Geschwindigkeit, zurückgelegte Wegstrecke), Fahrerwechsel, Arbeits- und Ruhezeiten in Abhängigkeit der Uhrzeit. Die Aufzeichnung erfolgt in Diagrammform auf einem Schaublatt. Durch entsprechende Auswertemethoden können neben Standard- und Fuhrparkkontrollen auch Daten für die Unfallrekonstruktion gewonnen werden.

* **UDS** = Unfalldatenschreiber (auch Unfall-Dokumentationssystem) ist ein Gerät zur Aufzeichnung von ausgewählten Betriebs- und Fahrdaten eines Kfz als objektives Beweismittel zur Ursachenermittlung nach Verkehrsunfällen. Aufgezeichnet werden:

  – die Längs- und Querbeschleunigung

  – die Fahrzeugrotation um die Hochachse (Gieren)

  – die Fahrzeuggeschwindigkeit (ermittelt aus den Weggebersignalen)

  – wichtige Zustandsdaten für die Fahrzeugbedienung (z. B. Bremsung, Blinken des Fahrtrichtungsanzeigers)

Dauerlichtzeichen → *Lichtsignal*

Driftspur → *Reifenspuren*

EES = Energy Equivalent Speed ist die energieäquivalente Geschwindigkeit. Sie wird aus der während des Stoßes aufgetretenen Deformationsenergie ermittelt. Die EES stellt eine Möglichkeit dar, unter bestimmten Voraussetzungen die Kollisionsgeschwindigkeit eines Fahrzeuges nachzuweisen. Die EES ist jedoch nicht gleichzusetzen mit der Geschwindigkeitsänderung eines Fahrzeuges infolge einer Kollision oder der Kollisionsgeschwindigkeit selbst. Die ESS ist ein Maß für die aufgrund einer Kollision auftretende Deformationsenergie (Beschädigungen des Fahrzeuges). Mit

Hilfe von Energierastern für verschiedene Fahrzeugtypen, die aus Crash-Versuchen mit definierten Bedingungen ermittelt wurden und verschiedenen Berechnungsverfahren und Vergleichskatalogen, kann die EES oftmals für die reale Unfallsituationen bestimmt werden.

Einbiegen/Kreuzen-Unfall → *Unfalltyp*

Einkreiden (von Spuren) – wichtige Maßnahme zur Spurenkennzeichnung und Spurensicherung bei Straßenverkehrsunfällen. Besonders im Zusammenhang mit einer genauen Unfallortvermessung und einer (maßstäblichen) Skizze vom Unfallort sowie den entsprechenden Fotos bilden exakt erfasste und gesicherte Spuren wesentliche Daten für die Unfallrekonstruktion (→ *Anknüpfungstatsachen*).

Einmündung
Hier ist zu unterscheiden zwischen **Straßeneinmündung** und **Grundstückszufahrt.**

Ob eine Straßeneinmündung oder Grundstückszufahrt vorliegt, entscheidet das Gesamtbild der äußerlich erkennbaren Merkmale. Bei baulich unterbrochenem in die Einmündung „hineingezogenem" Gehweg (Bordstein) gelten Vorfahrtregelungen nach § 8 StVO. Bei durchgehendem oder abgesenktem Bordstein gelten Regelungen des § 10 StVO – Einfahren und Anfahren. Bei nicht klar erkennbarem Merkmal „Abgesenkter Bordstein" wird eine (Vorfahrt-) Beschilderung empfohlen.

Endlage kennzeichnet die Position von Fahrzeugen, Personen, Teilen usw. nach Unfällen. Endlagen sind wichtige Anknüpfungstatsachen in der Unfallrekonstruktion und sollten daher vollständig und exakt bei der Unfallaufnahme erfasst werden. Mit ihrer Hilfe ist es dem Sachverständigen möglich, durch Rückwärtsrechnung und andere Verfahren Kollisionspunkte, Geschwindigkeiten und andere relevante Größen zu ermitteln.

Entscheidungszeit ist die Zeitdauer von der inhaltlichen Erfassung einer Wahrnehmung bis zur Entschlussfassung.

Fahrbeschleunigung → *Beschleunigung*

Fahrlinie ist die gedachte Mittelachse des Breitenbedarfs eines fahrenden Fahrzeuges. Sie kennzeichnet den geometrischen Verlauf des Fahrweges, den ein Fahrzeug wirklich zurückgelegt bzw. unmittelbar vor sich hat.

Fahrradstraße (→ *Radverkehr*) ist grds. Radfahrern und Fußgängern vorbehalten (ähnlich Fußgängerzone). Die Kennzeichnung erfolgt mit Z 244 (Anfang) und Z 244a (Ende); Benutzung für Kfz nur bei Zusatzschild „Anlieger frei".

Fahrraum ist der Bereich einer Verkehrsfläche, den ein Schienenfahrzeug zur ungehinderten Durchfahrt benötigt, d.h. der Gleisbereich (Fläche zwischen den Schienen) und 1. . . 1,5 m rechts und links davon (vgl. → *Bahnkörper*).

Fahrspur → *Reifenspuren*
Der Begriff Fahrspur wird in der Bedeutung häufig gleichgesetzt mit dem Begriff → *Fahrstreifen* und demzufolge in diesem Sinne in der Praxis angewandt. Teilweise wird der Begriff Fahrspur auch anstelle des Begriffs → *Fahrlinie* benutzt, was aber keiner korrekten Darstellung entspricht.

Fahrstreifen nach § 7 StVO der Teil der Fahrbahn, den ein mehrspuriges Fahrzeug zum ungehinderten Fahren im Verlauf einer Fahrbahn benötigt. Ausführung und Kennzeichnung auch als Richtungsfahrstreifen, z. B. für Abbiegeverkehr. Ist i.d.R. mindestens 2,5 m breit und durch Leit- oder Sperrlinien begrenzt. Fahrstreifen sollten zur genauen Zuordnung mit rechter, mittlerer, linker, äußerst linker usw. bezeichnet werden, also nicht mit Zahlen.

Fahrstreifen- und Fahrbahnbegrenzung → *Markierungen*

Fahrtschreiber → *Datenschreiber*

Fahrunfall → *Unfalltyp*

Farbfolge (Signalfolge)
- **Wechsellichtzeichen** haben **im Regelfall** die Farbfolge:
  Grün → *Gelb* → *Rot* → *Rot+Gelb* → *Grün*
- bei **zeitweiligem Betrieb** der LSA:
  Dunkel (Aus) → *Gelb* → *Rot* → *Dunkel*
- nur für **Fußgänger/Radfahrer:**
  Grün → *Rot* → *Grün*
- für **Rechtsabbieger:**
  Gelber Pfeil → *Grüner Pfeil oder nur Grüner Pfeil*
- für **Linksabbieger:**
  Grüner Pfeil links hinter der Kreuzung aufgestellt; Gegenverkehr ist zu dieser Zeit gesperrt

Fehlreaktion → *Reaktion*

Festzeitprogramm → *Signalprogramm*

Freigabezeit → *Signalzeiten*

Fußgängerfurt → *Markierungen*

Fußgängerüberweg → *Markierungen*

Fußgängerunfall → *Unfallart* → *Unfalltyp – Überschreitungsunfall*

GAMBIT-Wert ist das aus translatorischen und rotatorischen Schwellwerten ermittelte Schutzkriterium für den Kopf.

Gefahrerkennung – Interpretation eines Informationsgehaltes als Gefahr
vgl. → *Bremsvorgang*

Gefahrerkennungspunkt – Position zum Zeitpunkt der Gefahrerkennung

Gefahrzeichen → *Verkehrszeichen*

Geschwindigkeitssignal → *Lichtsignal*

Gesichtsfeld ist der Umweltbereich, der sich auf der Netzhaut (Retina) des Auges abbildet, wenn das Auge nicht bewegt wird.
- **beim beidäugigen Sehen und optimalen Bedingungen:**
  - nach oben: ca. 60°
  - nach unten: ca. 70°
  - in der Horizontalen: ca. 180°
  - Auflösungsvermögen im peripheren Gesichtsfeld eingeschränkt (stillstehende Objekte abseits der Blickrichtung sind schwer erkennbar)
  - Bewegungswahrnehmung im peripheren Gesichtsfeld gut

Gleitreibung → *Reibungsbeiwert*

Grundstückszufahrt → *Einmündung*

Grundvertrag ist ein Vertrag beliebigen Inhalts (z. B. Werkvertrag), der eine → *Schiedsgutachtenabrede* enthält oder auf den sich eine separat vereinbarte Schiedsgutachtenabrede bezieht.

Gutachten ist eine nach logischen Gesichtspunkten aufgebaute Dokumentation von Schlussfolgerungen, die der Sachverständige aus Tatsachen gezogen hat, die ihm einerseits z. B. vom Gericht vorgegeben werden (→ *Anknüpfungstatsachen*) und die er andererseits aufgrund seiner besonderen Sachkenntnis selbst festgestellt hat (→ *Befundtatsachen*). Das Gutachten muss für den Juristen verständlich und für den Fachmann überprüfbar sein (vgl. → *Kausalität, Plausibilität*). Vom Sachverständigen wird das Gutachten in eigener Verantwortung erarbeitet und persönlich erstattet (→ *Höchstpersönlichkeit*).

- **Obergutachten** wird vom Gericht in Auftrag gegeben, wenn widersprechende Gutachten vorliegen und das Gericht sich daher weiter sachkundig machen muss. Das Obergutachten ist kein „Schiedsrichtergutachten", sondern muss mit den bereits vorliegenden Gutachten gleichwertig behandelt werden, obwohl es zu diesen Stellung nimmt und ihm durch Beauftragung eines Sachverständigen mit besonderer Fachautorität eine entscheidende Bedeutung verliehen wird.

- **Schiedsgutachten** ist das Gutachten eines Sachverständigen, das für beide Parteien, die diesbezüglich einen → *Grundvertrag* abgeschlossen haben, verbindlich ist.

- **Teamgutachten** stellt eine Form der Zusammenarbeit mehrerer Sachverständiger dar, die vom Gericht gemeinsam mit der Erstattung eines Gutachtens zu einem komplexen Beweisthema beauftragt werden, wobei jeder einzelne Sachverständige seinen selbständigen, gleichwertigen Gutachtenbeitrag liefert und diesen eigenverantwortlich und fachkompetent vertritt.

- **Teilgutachten** ist der Beitrag eines Sachverständigen bzw. Spezialisten zu einem Gutachten, der entweder gleichwertiger Bestandteil dieses Gutachtens wird (→ *Teamgutachten*) oder in Form einer Hilfsleistung (→ *Hilfskraft*) für einen anderen (beauftragten) Sachverständigen erbracht wird und von diesem dann eigenverantwortlich in sein Gutachten integriert wird.

Haltelinie → *Markierungen*

HIC-Wert (Head Injury Criterion) bezeichnet den Testgrenzwert für den Kopf auf der Grundlage der ermittelten resultierenden Kopfbeschleunigung. Der kritische Grenzwert wird mit HIC = 1000 definiert.

Hilfskraft (bei der Gutachtenerarbeitung)
In der Sachverständigenpraxis ist es oft unerlässlich, bei der Erstellung von Gutachten Teilaufgaben wie z. B. Vermessung des Unfallortes, Anfertigung von Skizzen, Computerberechnungen u. dgl. von Hilfskräften ausführen zu lassen. Der Sachverständige muss allerdings die dabei angewandten Methoden und Verfahren kennen und die Aufgaben entsprechend abgrenzen, um den Grundsatz der → *Höchstpersönlichkeit* zu wahren, d.h. der Sachverständige muss alle Phasen der Gutachtenerarbeitung führen, wobei er die Hilfskräfte mit Detailaufgaben beauftragt. Die Aussagen dieser Arbeitsergebnisse für das Gutachten werden ausschließlich vom Sachverständigen bearbeitet.

Höchstpersönlichkeit
Der Grundsatz der Höchstpersönlichkeit verpflichtet einen gerichtlichen Sachverständigen, das ihm vom Gericht in Auftrag gegebene Gutachten persönlich und alleinverantwortlich zu erstellen bzw. dem Gericht vorzutragen. Dem Sachverständigen ist jedoch unabhängig davon die Möglichkeit gegeben, bei der Gutachtenerarbeitung → *Hilfskräfte* für begrenzte Teilaufgaben sowie Spezialisten hinzuzuziehen, sofern er deren Beiträge in eigener Regie und Verantwortung in das Gutachten einarbeiten und aus seiner Sachkenntnis heraus bewerten kann (vgl. → *Teamgutachten*).

HWS = Halswirbelsäule

HWS-Verletzungen treten häufig infolge von Auffahrunfällen bei den Insassen des gestoßenen Fahrzeuges auf. Sie sind hauptsächlich auf die Beuge-/Drehbewegung zwischen Kopf und Oberkörper und auf die dabei erreichten Werte der kinematischen Variablen Verdrehwinkel, Drehgeschwindigkeit und Drehbeschleunigung zurückzuführen. Für die Untersuchung des Problems, ob eine vom Unfallbeteiligten angegebene HWS-Verletzung dem dargestellten Verletzungsmechanismus des Heckaufpralls zuzuordnen ist oder nicht, muss die beim Unfall aufgetretene HWS-Belastung ermittelt und mit den zu Verletzungen führenden Schwellwerten verglichen werden.

- *Gratzer/Burg* geben folgende untere Belastungsgrenzen für die Möglichkeit des Eintretens einer HWS-Verletzung bei Auffahrunfällen an:

- die Geschwindigkeitsänderung des gestoßenen Fahrzeugs δv2 muss größer als 11 km/h sein oder

- die mittlere Fahrzeugbeschleunigung des gestoßenen Fahrzeugs a_{Fzg} muss größer als 3g sein.

Wird auch nur einer der 3 Grenzwerte überschritten, kann eine HWS-Verletzung nicht mehr ausgeschlossen werden. Dieser Aussage liegt die Normalsituation zugrunde, d.h. die normale Körperkonstitution, der anatomisch angepasste Fahrzeugsitz und die auf Kopfhöhe und Anliegen eingestellte Kopfstütze (vgl. → *Biomechanische Kenngrößen*).

ISS-Wert (Injury Severity Score) bezeichnet die Codierung von Mehrfachverletzungen aus den höchsten AIS-Werten der drei am schwersten verletzten Körperregionen.

Kausalität – notwendiger Zusammenhang von Ursache und Wirkung
In der Sachverständigenpraxis ist die Kausalität im Sinne einer logischen Abfolge von Ereignissen, die auf wissenschaftlichen Gesetzmäßigkeiten beruhen und einander bedingen, zu sehen.

Kippen → *Kurvengrenzgeschwindigkeit*

Kurvengrenzgeschwindigkeit
- **Gleiten aus der Kurve** tritt ein, wenn der Reibungsbeiwert (μ) von Seitenführungskraft und Bremsung zusammen ausgeschöpft bzw. überschritten wird – Kurvenüberhöhungen (Seitenneigung nach innen) erhöhen die Kurvengrenzgeschwindigkeit; ein großer Kurvenradius gestattet eine höhere Kurvengrenzgeschwindigkeit als ein kleiner Kurvenradius.

- **Kippen** tritt nur dann ein, wenn die Bodenhaftung der bogenaußenseitigen Räder so groß ist, dass das Fzg nicht nach außen weggleitet (schleudert); dies geschieht meist durch ein seitliches Hindernis (Rille, Bordkante o.Ä.). Besonders sind Fzg mit hohem Schwerpunkt gefährdet.

Leitlinie → *Markierungen*

Lichtsignal
Lichtsignale sind **Lichtzeichen gem. § 37 StVO** und gehen Vorrangregeln, vorrangregelnden Verkehrszeichen und Fahrbahnmarkierungen vor. Umgangssprachlich wird auch der veraltete Begriff Verkehrsampel gebraucht.
- **Wechsellichtzeichen** regelt den Verkehrsablauf an Kreuzungen, Einmündungen und anderen Straßenstellen über eine bestimmte Farbfolge (Signalfolge).
  Einteilung in: Lichtsignal für Kfz; L. für Fußgänger; L. für Fahrräder; L. für Straßenbahnen, Linienbusse; L. zur Warnung vor Gefahren (auch Hilfssignal) → *Farbfolge*

- **Dauerlichtzeichen** (Fahrstreifensignal) lässt den Verkehr auf Fahrstreifen nur in der einen oder anderen Richtung zu.

- **Geschwindigkeitssignal** gibt eine empfohlene Geschwindigkeit für den nachfolgenden Streckenabschnitt an.
  Ausführung: weiße Ziffern auf schwarzem Grund oder als Rasterfeld

Lichtsignalanlage (LSA)
Lichtsignalanlagen sind Verkehrseinrichtungen i.S.d. StVO (§ 43) verkehrsrechtlich wird der Begriff Lichtzeichenanlage (LZA) verwendet

Lichtzeichen → *Lichtsignal*

Lichtzeichenanlage (LZA) → *Lichtsignalanlage*

MAIS-Wert kennzeichnet den Grad der schwersten Einzelverletzung lt. AIS und gilt als Gesamtverletzungsschwere eines polytraumatisierten Patienten.

Markieren (VUR) ist ein Verfahren zur Kennzeichnung, Hervorhebung und Sicherung (meist durch Bilddokumentation) aller wichtigen Spuren, Endlagen bzw. -stellungen und örtlichen Besonderheiten im Zusammenhang mit einem Unfallereignis. Das Markieren sollte möglichst sofort bei der Unfallaufnahme erfolgen, um sicherzustellen, dass alle relevanten Daten und Informationen im Original, d.h. als Tatsachen erfasst und gesichert werden können. Spätere Veränderungen, die am Unfallort, an den Fahrzeugen usw. eintreten oder vorgenommen werden, führen meist dazu, dass danach erfasste Daten und Informationen nicht mehr den tatsächlichen Gegebenheiten entsprechen und somit eine falsche Informationsbasis für den Sachverständigen bei der Unfallrekonstruktion bilden können.

Das Markieren erfolgt meistens durch → *Einkreiden*, Kennzeichnen mit Pfeilen, Kontrastfarben, Markierungshilfen usw. sowie durch Nummerieren und Anlegen von Vergleichsmaßstäben. Es ist nur sinnvoll im Zusammenhang mit einer lückenlosen Bilddokumentation bzw. einer möglichst maßstäblichen Skizze vom Unfallort.

Markierungen sind auf der Fahrbahn oder angrenzenden Bereichen aufgebrachte Kennzeichnungen, die die Bedeutung von Vorschriftzeichen oder Richtzeichen haben können oder diese ergänzen. Neben den nachfolgend aufgeführten Markierungen werden Parkflächen, Grenzen von Halte- und Parkverboten sowie vorübergehende Fahrstreifenbegrenzungen entsprechend gekennzeichnet.

- **Fußgängerfurt** ist ein mit breiten unterbrochenen Linien gekennzeichneter und häufig durch eine Lichtsignalanlage geschützter Übergangsstreifen über die Fahrbahn, meist im Bereich von Kreuzungen und Einmündungen, den Fußgänger benutzen müssen. Sie haben allerdings im Gegensatz zum Fußgängerüberweg keinen Vorrang vor Fahrzeugen.

- **Fußgängerüberweg** ist ein mit breiten Streifen in gleichen Abständen längs zur Fahrbahn („Zebrastreifen" – Z 293) gekennzeichneter Fahrbahnbereich, an welchem Fahrzeuge (außer Schienenfahrzeuge) den Fußgängern das Überqueren zu ermöglichen haben. I.d.R. ist unmittelbar an der Markierung Z 350 (Fußgängerüberweg) aufgestellt.

- **Haltelinie** ist ergänzend zu Halt- und Wartegeboten (Z 206) vor Kreuzungen und Einmündungen angebracht und ordnet an: „Hier Halten!".

- **Fahrstreifen- und Fahrbahnbegrenzung** ist eine durchgehende Linie und begrenzt den Verkehr auf Fahrstreifen bzw. grenzt den Gegenverkehr ab. Sie kann dazu auch als Doppellinie ausgeführt sein. Fahrzeuge dürfen die Begrenzungslinie nicht überfahren; bei Gegenfahrbahnen muss rechts von der Begrenzungslinie gefahren werden. Ist der (rechte) Fahrbahnrand auf diese Weise markiert und deutlich erkennbar gemacht, so müssen, wenn genügend befestigter Seitenstreifen vorhanden ist, Fahrräder, langsamfahrende Fzg usw. rechts davon fahren.
  In der Ausführung als **Einseitige Fahrstreifenbegrenzung** besteht sie aus einer nebeneinander liegenden durchgehenden und unterbrochenen Linie. Auf der Seite der durchgehenden Linie ordnet sie u. a. an, dass der Fahrverkehr sie nicht überqueren oder über ihr fahren darf. Auf der Seite der unterbrochenen Linie darf die Begrenzung z.B. zum Überholen überfahren werden.

- **Leitlinie – Warnlinie** begrenzt Fahrstreifen sowohl in gleicher als auch in gegensätzlicher Richtung und darf überfahren werden z.B. zum Überholen oder zum Fahrstreifenwechsel. Leitlinien sind als unterbrochene Linie mit gleich langen Strichen und Abständen ausgeführt. Bei Warnlinien sind die Striche länger als die Zwischenräume.

- **Sperrlinie** wird allgemein als Begriff für die Fahrstreifen-bzw. Fahrbahnbegrenzung verwendet.

- **Sperrfläche** ist ein mit durchgehender Linie umrandeter und schraffierter Bereich, der nicht von Fahrzeugen benutzt werden darf.

- **Wartelinie** ist eine unterbrochene breite Linie, die ergänzend zu Zeichen 205 (Vorfahrt gewähren!) oder an Stellen, wo abbiegende Fahrzeuge den Gegenverkehr durchfahren lassen müssen, angebracht sein kann. Sie empfiehlt dem Wartepflichtigen hier zu warten (an der Linie anzuhalten). Sie darf nicht an Kreuzungen/Einmündungen mit „rechts-vor-links-Regelung" angebracht sein.

- **Pfeil**
  Richtungspfeile empfehlen, wenn sie nebeneinander angebracht sind das rechtzeitige Einordnen bzw. Fahren nebeneinander in Fahrstreifen. Sind zwischen den Pfeilen Leit- oder Begrenzungslinien, so ist auf der nachfolgenden Kreuzung/Einmündung die angezeigte Richtung vorgeschrieben und das Halten in diesem Fahrbahnbereich verboten.
  Vorankündigungspfeile sind in den Zwischenräumen von Leitlinien angebracht und zeigen das Ende eines Fahrstreifens an oder kündigen eine Fahrstreifenbegrenzung an.

Modellentwicklung ist eine vom Sachverständigen angewendete Methode, ein Unfallereignis auf der Grundlage vorliegender Fakten (→ *Anknüpfungstatsachen*) zu bewerten und daraus modellmäßig den mit größter Wahrscheinlichkeit zutreffenden Hergang zu rekonstruieren. Durch Einordnen auch scheinbar widersprüchlicher Fakten in einen modellhaften Ereignisverlauf kann der Sachverständige Zusammenhänge herstellen und wichtige Ausgangsdaten sammeln, die für die anschließenden Berechnungen, Simulationen und die wissenschaftlich exakte Rekonstruktion des Ereignisses relevant sind (vgl. → *Verkehrsunfallrekonstruktion).*

Obergutachten → *Gutachten*

Phase → *Bremsvorgang*

Phase(LSA) bezeichnet denjenigen Teil eines Signalprogramms, während dessen ein bestimmter Grundzustand der Signalisierung unverändert bleibt (im Umgangssprachgebrauch: Ampelphase)

Photogrammetrie ist ein computergestütztes Verfahren zur Auswertung von Unfallortaufnahmen, das es ermöglicht, verzerrungsfreie Draufsichten des Unfallortes zu erhalten und auf dieser Grundlage maßstäbliche Skizzen anzufertigen. Dazu ist es erforderlich, dass ein oder mehrere genau definierte Referenzobjekte am Unfallort so positioniert oder gekennzeichnet und vermessen werden, dass sie in den Fotografien gut sichtbar erfasst werden. So ist es möglich, auch ohne aufwendige Vermessungen, alle relevanten Objekte und Spuren am Unfallort zu erfassen und exakt in ihrer Lage und Größe zu bestimmen.

Planreaktion → *Reaktion*

Plausibilität – Verständlichkeit, Begreifbarkeit, etwas Einleuchtendes
Die Plausibilität stellt in der Sachverständigenpraxis eine einleuchtende, begreifliche Tatsache bzw. eine mögliche Übereinstimmung, ein Zusammentreffen von Umständen, die reale Abfolge von Ereignissen u. dgl. dar. In der Gutachtenerstellung bedeutet dies, dass die Ausführungen auch für den Nichtfachmann verständlich und nachvollziehbar sein müssen.
Darüber hinaus wird die Frage nach der Plausibilität beispielsweise bei widersprüchlichen Angaben zu ein und demselben Ereignis oder zur Überprüfung verschiedener Varianten gestellt, um zu einer eindeutigen, den Tatsachen entsprechenden Schlussfolgerung zu gelangen (vgl. → *Kausalität).*

PODS-Wert (Probability of Death Score) kennzeichnet die Codierung von Mehrfachverletzungen auf der Basis der beiden höchsten AIS-Werte.
- Beim **PODSa-Wert** erfolgt zusätzlich noch die Berücksichtigung des Alters des Verletzten.

Radfahrstreifen → *Radverkehr*

Radverkehr
- **Radfahrstreifen** ist Bestandteil der Fahrbahn und mit durchgehender Markierung von dieser abgetrennt; Kennzeichnung mit Z 237.

- **Radverkehrsführung** kennzeichnet die Linienführung eines Radweges im Bereich von Kreuzungen und Einmündungen.

- **Schutzstreifen** (für Radfahrer) befindet sich in Fahrtrichtung am rechten Fahrbahnrand und ist durch Leitlinie abgetrennt.

- **Benutzung des Seitenstreifens:** Der Radfahrer kann entscheiden, ob er Seitenstreifen oder Fahrbahn benutzt, Kfz müssen beim Überholen mind. 1,5 m Seitenabstand halten.

Radweg ist ein baulich von der Straße getrennter Weg für den → *Radverkehr*. Die Kennzeichnung erfolgt mit Z 237, 240, 241.

Reaktion ist die auf das Eintreten eines bestimmten Reizes folgende Verhaltensänderung.

- Die **Spontanreaktion** verläuft reflexartig, ohne bewusste Entscheidungsprozese; Zeitpunkt und Nebenumstände gehen dabei nicht ins Gedächtnis ein. Sie kann einerseits eine durch Übung eingeschliffene sinnvolle Handlung auslösen (z. B. Bremsen, Ausweichen) oder andererseits als eine entwicklungsgeschichtlich bedingte atavistische Reaktion (weg von der Gefahr !) zu einer unangemessenen Handlung (z.B. Verreißen des Lenkrades) führen.

- Bei der **Schreckreaktion** tritt eine vollständige, kurzzeitige Aktionslosigkeit ein (sog. Schrecksekunde).

- Die **Wahlreaktion** ist eine bewusste Verhaltensänderung, die nach Wahrnehmung einer Information durch Bewertung alternativer Möglichkeiten erfolgt.

- Die **Planreaktion** ist ein für einen bestimmten Ort oder eine bestimmte Zeit vorgeplanter Handlungsbeginn.

- Bei der **Fehlreaktion** erfolgt eine der Situation oder dem Ereignis nicht entsprechende, d.h. zu einer falschen Handlung führende Reaktion. Die Beurteilung der Richtigkeit einer Reaktion darf jedoch nicht in der Rückschau erfolgen, sondern muss von der konkreten Situation, in der sich die betreffende Person unmittelbar vor dem Reaktionszeitpunkt befunden hat, ausgehen.

Reaktionsanlass bezeichnet die Information, auf die potentiell reagiert werden kann.

Reaktionsaufforderung kennzeichnet das Erkennen einer Information, auf die reagiert, d.h. eine entsprechende Handlung eingeleitet werden muss.

Reaktionszeit(-dauer) ist die Zeitspanne zwischen dem Eintreten eines bestimmten Reizes (Gefahrerkennung, Reaktionsaufforderung) bis zur ersten darauf gerichteten Handlung (Bremsung, Ausweichen) (vgl. → *Bremsvorgang*).

Reibungsbeiwert; Kraftschlussbeiwert [μ]

- **Rollreibung (Haftreibungsbeiwert)** ist der Kraftschlussbeiwert des gebremsten und ungebremsten Rades, kennzeichnend für die Kombination von Seitenführung und Bremsfähigkeit bis unmittelbar vor dem Blockieren (= Beginn des Gleitens).

- **Gleitreibung(Gleitreibungsbeiwert)** ist abhängig von Fahrbahnverhältnissen (Trockenheit, Nässe) und Gummimischung des Reifenherstellers.
  Hersteller variieren die Gummimischung, so dass Höchstverzögerung bei Haftreibung (empfohlen für Fzg mit ABS) oder Gleitreibung erreicht wird. Unterschiedliche Verhältnisse bei nasser Fahrbahn ergeben eine relativ hohe Streuung der Kraftschlussbeiwerte.

Reifenspuren sind die Markierungen von Fahrzeugreifen auf der Fahrbahn oder angrenzenden Bereichen und Untergründen.
Sie werden in der Unfallrekonstruktion zur Ermittlung wichtiger Daten, wie die Erkennung von Fahr- und Bewegungsabläufen sowie deren Richtungen z. B. vor und nach einer Kollision, die Zuordnung unfallbeteiligter Fahrzeuge, zur Kompatibilitätsprüfung, zur Ermittlung des Kollisionsortes usw. ausgewertet.

- **Fahrspuren** sind die Abrollspuren von Fahrzeugreifen, die sich auf weichem Untergrund als „Negativ" oder durch Auftragung von Medien (Staub, Wasser) als „Positiv" auf der Fahrbahnoberfläche abzeichnen.

- **Bremsspuren** werden von den Fahrzeugreifen beim Bremsen im Schlupfbereich von etwa 20 % bis unter 100 %, also bei Haftreibung erzeugt. Sie gehen häufig in Blockierspuren über.

Die Vermessung von Brems-/Blockierspuren ist in der Unfallrekonstruktion eine wichtige Maßnahme zur Ermittlung von Bremswegen, Ausgangsgeschwindigkeiten, Reaktions- und Kollisionsorten sowie der Zuordnung zu unfallbeteiligten Fahrzeugen.

ABS-Bremsspuren zeichnen sich entsprechend den Regelintervallen der im Fahrzeug verwendeten Bremsanlage ab. Bei groben Intervallen entstehen typisch an- und abschwellende Spurzeichnungen (Regelflecke), die bei optimierten Intervallen kaum oder gar nicht mehr sichtbar sind.

- **Blockierspuren** entstehen beim Bremsen mit 100% Schlupf (blockierende Räder) unter deutlichem Abrieb des Reifenmaterials (Gleitreibung). Charakteristisches Merkmal ist die Abzeichnung ausschließlich der Längsprofilierung in Form mehrerer paralleler Streifen. Blockierspuren gehen meist aus Bremsspuren hervor.

- **Driftspuren** entstehen durch Abzeichnung des Reifen-Querprofils vom beschleunigten, rollenden oder gebremsten Rad bei kontrollierter Bogenfahrt im Bereich maximaler Querbeschleunigung. Die Haftgrenze des Reifens auf der Fahrbahn ist dabei noch nicht überschritten.

- **Schleuderspuren** werden bei unkontrollierter Bogenfahrt und überschrittener Haftgrenze des Reifens auf der Fahrbahn erzeugt. Die Spurenzeichnung ähnelt den Driftspuren und wird oft von diesen begleitet. Typisch für den Verlauf von Schleuderspuren ist die Veränderung des Abstandes der von den einzelnen Rädern gezeichneten Spuren bis hin zu Überschneidungen.

- **Walkspuren** werden durch abrollende drucklose Reifen erzeugt, wobei der Druck der Felgenhörner auf die Reifenwand oder -schulter eine schmale linienförmige Abzeichnung des Reifenmaterials auf fester Fahrbahnoberfläche bewirkt.

- **Spurunstetigkeiten** wie Knick, Bogen, Unterbrechung bzw. Abbruch der Spurzeichnung werden hauptsächlich durch Kollisionen hervorgerufen.

Der **Spurenknick** deutet meist auf die Lage der Kollisionsstelle hin, da er infolge des Stoßaustausches zeitlich versetzt (bei Pkw/Pkw-Kollision etwa nach 0,1 . . . 0,2 s) entsprechend den Anstoßbedingungen mehr oder weniger deutlich sichtbar auftritt.

Eine **Spurunterbrechung** tritt beispielsweise beim Hinterachsspringen von Lkw infolge blockierender Räder oder durch Abheben der zeichnenden Räder von der Fahrbahn beim Aufsteigen des Fahrzeuges in der Kollisionsphase auf.

Weitere Unstetigkeiten können bogenförmige Verläufe einer Brems-/Blockierspur infolge Fußgängerkollision oder unterschiedlich starke Zeichnungsintensitäten sein.

Die an- und abschwellenden Zeichnungen einer ABS-Bremsspur werden im Allgemeinen nicht den Spurunstetigkeiten zugeordnet.

Relative Vermeidbarkeit → *Vermeidbarkeit – Zeitliche Vermeidbarkeit*

Richtungspfeil → *Markierungen*

Richtzeichen → *Verkehrszeichen*

Rollreibung → *Reibungsbeiwert*

Sakkade → *Blicksprung*

Schiedsgutachten → *Gutachten*

Schiedsgutachtenabrede ist eine vertragliche Vereinbarung zwischen Parteien des Grundvertrages, dass Meinungsverschiedenheiten verbindlich durch ein Schiedsgutachten geklärt werden sollen.

Schiedsgutachter ist der Sachverständige, der ein Schiedsgutachten erstattet.

Schleuderspuren → *Reifenspuren*

Schreckreaktion → *Reaktion*

Schutzstreifen → *Radverkehr*

Schwellzeit kennzeichnet den Wirkungsanstieg der Bremse, d.h. die Zeitspanne vom Beginn der Bremswirkung bis zur vollen Bremswirkung (vgl. → *Bremsvorgang*).

Sehfeld, genutztes ist der situationsabhängige Teil aus dem Gesichtsfeld, der sichtbeeinträchtigende Objekte (z. B. Brillen, Sturzhelm, A-Säule usw.) berücksichtigt (vgl. → *Gesichtsfeld*).

Sehschärfe (Visus) – Reziprokwert des kleinsten Sehwinkels (in Bogenminuten), den zwei Punkte einschließen können, um gerade noch getrennt wahrgenommen zu werden.

Sehstrahl: Strahl vom Auge zu einem Punkt des Objektes

Sehwinkel bezeichnet den Winkel, zwischen den Sehstrahlen zu den Begrenzungspunkten eines Objektes.

Seitenstreifen ist außerhalb geschl. Ortschaften mit durchgehender Linie markiert, der Bereich rechts davon ist kein Bestandteil der Fahrbahn (vgl. → *Radverkehr;* → *Markierungen*).

Sichtbarkeitspunkt – Punkt, an welchem der Sehstrahl erstmals am sichtverdeckenden Hindernis vorbeiführt.

Sichtstrecke – Fahrstrecke, die im Sichtbereich liegt.

Sichttoter Raum ist der nicht einsehbare Bereich um ein Fahrzeug herum. Dieser Bereich ist u.a. von der Sitzposition abhängig.

Signalgeber (optischer) ist Bestandteil einer Lichtsignalanlage zusammen mit allen weiteren erforderlichen Geräten. Signalgeber werden umgangssprachlich oft als Ampeln bezeichnet.

Signallageplan
Aus dem Signallageplan gehen die Anzahl und Aufstellung der Signalgeber sowie deren Zuordnung zu den Verkehrsteilnehmern und -richtungen hervor. Zwei oder mehrere Signalgeber können zu einer Signalgruppe zusammengefasst sein, wenn sie z. B. an einer Knotenpunktzufahrt mit Vorfahrt die Fahrtrichtungen durch ein gemeinsames Signal freigeben.

Beispiel:

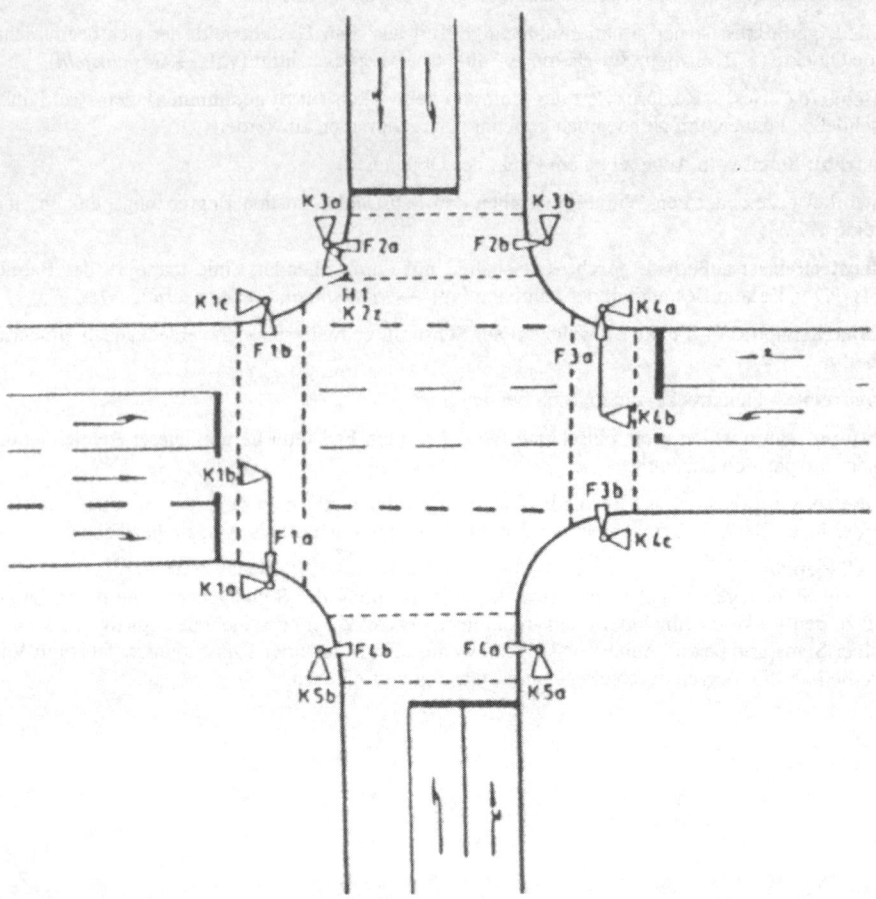

Signalprogramm

Unter einem Signalprogramm versteht man die hinsichtlich Dauer und Zuordnung festgelegten Signalzeiten einer Lichtsignalanlage (LSA).

● **Festzeitprogramm**

Das Ergebnis der verkehrstechnischen Berechnungen wird in einem Signalzeitenplan dargestellt. Für Festzeitsignalprogramme stellt dieser in Zusammenhang mit dem Signallageplan und der Zwischenzeiten-Matrix das Ergebnis der verkehrstechnischen Bearbeitung dar (→ *Signalzeitenplan*).

● **Verkehrsabhängige Steuerung**

Bei einer verkehrsabhängigen Signalsteuerung werden die Signalzeiten in Abhängigkeit von den einzelnen Verkehrsströmen der jeweiligen Verkehrssituation oder einer Grünen Welle angepasst. Dies erfolgt über Steuerungssysteme, die bestimmte Sensorsignale (z. B. von Induktionsschleifen) nach logischen Bedingungen verknüpfen. Die entsprechende Steuerungslogik wird in Phasenfolgeplänen und Ablaufdiagrammen beschrieben.

Signalzeiten

- **Freigabezeit**

  Die Berechnung der Freigabezeitendes Kraftfahrzeugverkehrs erfolgt auf der Grundlage der Dimensionierungsparameter Auslastungsgrad und maßgebende Verkehrsstärke.

  Mindestfreigabezeiten:

Kfz-Ströme	10 s
durchgehender Verkehr (Hauptrichtung)	15 s
geringe Verkehrsbelastung	5 s

- **Sperrzeit**

  Sperrzeiten resultieren aus den Abhängigkeiten der erforderlichen Freigabezeiten und der ermittelten Zwischenzeiten der unterschiedlichen Verkehrsströme eines Knotenpunktes.

  Mindestsperrzeiten:

„Alles-Rot-Zeit" bei Rücksprung in gleiche Phase	1 s
zeitweilig gesichert geführte Rechtsabbieger	2 s
Kfz-Verkehr an Fußgänger-LSA	4 s

  Maximale Sperrzeiten (empfohlen nach RiLSA):

Fußgänger, Radfahrer	60 s
Kfz-Verkehr	120 s

- **Zwischenzeit**

  Die Berechnung der Zwischenzeitenzwischen dem Ende der Freigabezeit eines Verkehrsstromes und dem Beginn der Freigabezeit eines anschließend kreuzenden oder einmündenden Verkehrsstromes bildet die Grundlage für ein Signalprogramm.

- **Übergangszeit**

  Für den Wechsel von Freigabezeit zu Sperrzeit wird für Kfz-Ströme das Übergangssignal Gelb vor Rot angezeigt. Die Übergangszeit Gelb richtet sich dabei nach zulässigen Höchstgeschwindigkeiten.

  Das Übergangssignal Rot + Gelb vor Grün wird zur Vorbereitung auf das unmittelbar folgende Freigabesignal gezeigt. Die Übergangszeit Rot + Gelb soll für Kfz-Ströme 1 s betragen, darf jedoch nicht länger als 2 s dauern.

- **Vorgabezeit / Zugabezeit**

  Vorgabe- oder Zugabezeiten entstehen bei zeitlich versetzten Freigabezeiten von Gegenverkehrsströmen. Für zeitweilig gesichert geführte Linksabbieger sollte die Vorgabezeit mindestens 10 s betragen, wobei die Anzeigedauer eines im Knotenpunkt befindlichen „Grünpfeiles" mit mindestens 5 s angegeben ist. Zugabezeiten sind in jeder Dauer nutzbar.

Signalzeitenplan stellt die Steuerzeiten von Signalen und Signalgruppen für ein Festzeitprogramm meist über eine Umlaufzeit graphisch dar.

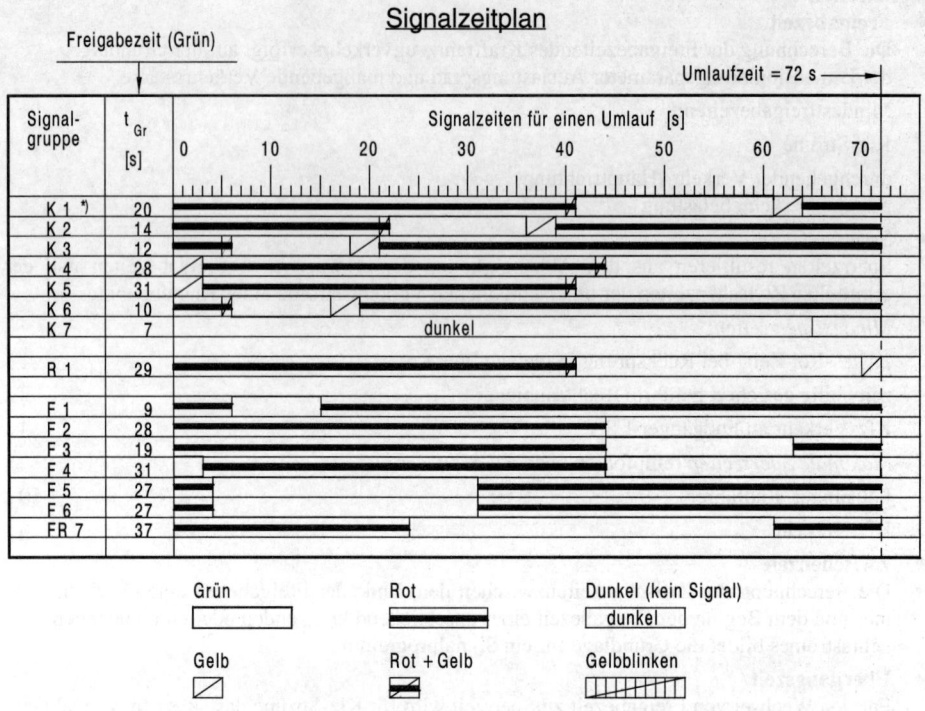

Signalzeitplan

Für das dargestellte Beispiel eines Signalzeitenplanes ergeben sich auszugsweise folgende Signalisierungsabläufe:
Bei 10 s zeigen die Signalgruppen für Kraftfahrzeuge K 3, K 6 und die Signalgruppen für Fußgänger F 1, F 5, F 6 „Grün" und geben die Verkehrsströme in der Nebenrichtung frei, während die anderen Richtungen gesperrt sind. Bei 22 s schaltet die Signalgruppe K 2 den Linksabbiegerstrom der Hauptrichtung frei, nachdem zuvor die freien Richtungen gesperrt wurden. Bei 41 s erfolgt die Freigabe des Kfz- und Radverkehrs der Hauptrichtung (K 1, K 5, R 1), während die übrigen Ströme (außer FR 7) gesperrt sind ... usw.

SI-Wert (Severity Index) kennzeichnet den Testgrenzwert für die Brust auf der Grundlage der ermittelten resultierenden Brustbeschleunigung. Der kritische Grenzwert wird mit SI = 1000 definiert.

Sozietät von Sachverständigen
Eine Sozietät von Sachverständigen ist eine Gesellschaft des bürgerlichen Rechts. Sie ist ein Zusammenschluss von freien unabhängigen Sachverständigen zur Ausübung ihres Berufs. Hier arbeitet jeder Sachverständige an seinen eigenen Aufträgen und ist bezüglich der Beauftragung durch das Gericht oder durch Abschluss eines Werkvertrages bei privaten Auftraggebern persönlich und allein für seinen Gutachtenauftrag verantwortlich. Die Organisation in einer Sozietät kann eine Büro- und Ausrüstungsgemeinschaft verkörpern, bei der die völlige Selbständigkeit des einzelnen Sachverständigen im Innenverhältnis gegeben ist. Im Außenverhältnis haften alle Mitglieder der Sozietät Dritten gegenüber gemeinschaftlich.

Der Vorteil der Sozietät gegenüber dem Einzelnen freiberuflich tätigen Sachverständigen zeigt sich in der gemeinsamen Nutzung von Büroräumen, Ausrüstungen, Schreibbüros u. a. Dadurch kommt es zur besseren Auslastung der Einrichtung, zur Nutzung umfangreicherer Ausrüstungen und zur Einsparung von Investitionskosten sowie laufenden Kosten. Für Auftraggeber von Gutachten ergibt sich ein konzentrierter Anlaufpunkt.

Sperrfläche, Sperrlinie → *Markierungen*

Sperrzeit → *Signalzeiten*

Spontanreaktion → *Reaktion*

Spuren an Personen sind in den meisten Fällen Verletzungen oder Beschädigungen der Kleidung und dienen der Ermittlung von Anstoß- und Aufschlagpositionen im Zusammenhang mit Kollisionen oder Unfällen mit Personenschaden.

Spuren an/in Fahrzeugen
Es werden → *Kontaktspuren* und → *Beschädigungen* unterschieden.
Bei Kontaktspuren handelt es sich meist um Antragspuren (z. B. Farbantragung), Abriebspuren, biologische Spuren (Haar-, Haut-, Blutspuren usw.).
Beschädigungen sind Verformungen (Beulen, Verbiegungen usw.), Brüche, Risse, Verbrennungen infolge Krafteinleitung und starker Reibung. Sie geben dem Sachverständigen häufig Auskunft über Kompatibilität zum Anstoßpartner, Schadensursachen, Bewegungsverläufe bei Kollisionen u.a.

Spuren auf der Fahrbahn
Dieser Kategorie werden Spuren von Fahrzeugteilen, Gegenständen, ausgetretenen Flüssigkeiten, Unfallbeteiligten usw., jedoch keine Reifenspuren zugeordnet. Im Allgemeinen werden sie nach ihrer Entstehung bzw. objektbezogen als Kratz-, Schleif-, Rutsch- oder Aufschlagspuren sowie als Spuren von Personen, Splitterfelder, Spuren an Objekten u. dgl. charakterisiert.

Spurunstetigkeit → *Reifenspuren*

Teamgutachten, Teilgutachten → *Gutachten*

Tiefenwahrnehmung bezeichnet den wahrnehmbaren Distanzunterschied in Abhängigkeit von der jeweiligen Objektentfernung und ist die Basis für die Entfernungsschätzung. Der wahrnehmbare Distanzunterschied ist der Abstand in Längsrichtung, den zwei Objekte mindestens haben müssen, um räumlich getrennt wahrgenommen zu werden. Der Mensch kann auf eine Entfernung von 10 m einen Distanzunterschied von 4 cm, auf 100 m von 3,5 m und auf 1000 m von 275 m wahrnehmen.

Toter Winkel ist der Straßenabschnitt, der weder im Innen- noch im Außenspiegel abgebildet wird und so für den Fahrer nicht sichtbar ist.

TTI-Wert (Thoracic Trauma Index) ist das aus den Absolutwerten der lateralen Brustbeschleunigungskomponenten an einer der Rippen und an der Wirbelsäule in Höhe des 12. Brustwirbels ermittelte Schutzkriterium für die Brust.

Übergangszeit → *Signalzeiten*

Überholunfall → *Unfalltyp – Unfall im Längsverkehr*

Überschreitungsunfall → *Unfalltyp*

UDS → *Datenschreiber*

Umlaufzeit entspricht der Zeitdauer des einmaligen Ablaufes eines Signalprogrammes mit festen Signalzeiten (→ *Festzeitprogramm*) bzw. der Summe der maßgebenden Freigabezeiten und der erforderlichen Zwischenzeiten.

Umsetzzeit ist die Zeitspanne zwischen der muskulären Reaktion (Anheben des Fußes) auf eine → *Reaktionsaufforderung* bis zum Berühren des Bremspedals (vgl. → *Bremsvorgang*).

Unfallart kennzeichnet die Unterscheidung der Unfallbeteiligten nach der Teilnahme am Straßenverkehr und bezieht sich auf den Hauptbetroffenen.
Beispiele: Pkw-Unfall; Fußgänger-Unfall; Zweirad-Unfall usw.

Unfalltyp beschreibt die Konfliktsituation, die zum Unfall führte. Unterschieden werden lt. amtlicher Unfallstatistik folgende 7 Unfalltypen:

1. Fahrunfall
Ein Fahrunfall liegt vor, wenn ein Fahrer die Kontrolle über sein Fahrzeug verliert, weil er seine Fahrgeschwindigkeit nicht dem Verlauf, der Neigung, dem Zustand der Straße angepasst hat oder diese Gegebenheiten zu spät erkannt hat. Dazu gehören weiterhin Unfälle, bei denen der Fahrer die Kontrolle über das Fahrzeug infolge eines Konflikts mit anderen Verkehrsteilnehmern, Tieren, Hindernissen oder durch plötzliches körperliches Unvermögen, plötzlichen Schaden am Fahrzeug u. dgl. verliert.

Fahrunfälle, bei denen es nicht zur Kollision mit anderen Verkehrsteilnehmern kommt, können in der Sachverständigenpraxis auch als Alleinunfall bezeichnet werden. Im Verlauf des Fahrunfalls kann es zur Kollision mit anderen Verkehrsteilnehmern kommen, so dass in diesem Falle nicht von einem Alleinunfall gesprochen werden kann.

2. Abbiegeunfall
Um einen Abbiegeunfall handelt es sich, wenn der Unfall durch einen Konflikt zwischen einem Abbieger und einem aus gleicher oder entgegengesetzter Richtung kommenden Verkehrsteilnehmer ausgelöst wurde. Wer einer Straße mit abknickender Vorfahrt folgt ist kein Abbieger.

3. Einbiegen/Kreuzen-Unfall
Als Einbiegen/Kreuzen-Unfall wird ein durch einen Konflikt zwischen einem einbiegenden oder kreuzenden Wartepflichtigen und einem Vorfahrtberechtigten ausgelöster Unfall bezeichnet.

4. Überschreitungsunfall
Ein Überschreitungsunfall liegt vor, wenn er durch einen Konflikt zwischen einem die Fahrbahn überquerenden Fußgänger und einem Fahrzeug ausgelöst wurde. Das trifft auch dann zu, wenn der unfallauslösende Fußgänger selbst nicht angefahren wurde. Eine Kollision mit einem sich in Längsrichtung auf der Fahrbahn bewegenden Fußgänger fällt unter Unfalltyp 7.

In der Sachverständigenpraxis werden Unfälle, an denen Fußgänger beteiligt sind, auch allgemein als Fußgängerunfälle bezeichnet (vgl. → *Unfallart*).

5. Unfall durch ruhenden Verkehr
Dieser Unfalltyp trifft zu, wenn der Unfall durch einen Konflikt zwischen einem Fahrzeug des fließenden Verkehrs und einem auf der Fahrbahn haltenden oder parkenden Fahrzeug ausgelöst wurde. Dem ruhenden Verkehr werden auch ein- und ausparkende Fahrzeuge, nicht aber verkehrsbedingt haltende Fahrzeuge zugeordnet.

6. Unfall im Längsverkehr
Ein Unfall im Längsverkehr ist bei Auslösung durch einen Konflikt zwischen sich in gleicher oder entgegengesetzter Richtung bewegenden Verkehrsteilnehmern gegeben, jedoch nicht, wenn ein Unfall nach Typ 1 bis 5 vorliegt.

Als spezieller Unfall kann der Unfall durch einen Überholvorgang hier eingeordnet werden, der in der Praxis auch als **Überholunfall** bezeichnet wird.

7. Sonstiger Unfall

Diese Kategorie umfasst alle Unfälle, die keinem anderen Unfalltyp zuzuordnen sind.

Verkehrsabhängige Steuerung → *Signalprogramm*

Verkehrseinrichtungen gem. § 43 StVO sind Schranken, Sperrpfosten, Parkuhren, Parkscheinautomaten, Absperrgeräte, Geländer, Lichtzeichen- und Blinkanlagen.
Für Einrichtung und Betrieb von Lichtzeichenanlagen (LZA) gelten die Richtlinien für Lichtsignalanlagen (RiLSA).

Verkehrsunfallrekonstruktion (VUR) wird von Sachverständigen im Auftrag von Gerichten, Polizei, Versicherungen oder anderen öffentlichen Einrichtungen sowie von Privatpersonen meistens im Zusammenhang mit der Erstellung eines Gutachtens durchgeführt. Sie dient der Klärung des genauen Unfallherganges sowie der Ermittlung aller damit im Zusammenhang stehenden Parameter und Fakten. In den meisten Fällen ist eine Vermeidbarkeitsbetrachtung aus der Sicht der Unfallbeteiligten zu erstellen (→ *Vermeidbarkeit*).

Vor Gericht bildet die VUR in Form des Sachverständigengutachtens eine Grundlage für die rechtliche Beurteilung des Unfallereignisses und die richterliche Entscheidung sowie zur Durchsetzung oder auch Abwehr von sich aus dem Unfallereignis ableitenden Forderungen und Ansprüchen der Unfallbeteiligten.

Verkehrszeichen

- **Gefahrzeichen gem. § 40 StVO** mahnen an, sich auf die angekündigte Gefahr einzurichten; stehen innerhalb geschl. Ortschaften kurz vor Gefahrenstelle, außerhalb geschl. Ortschaften 150 – 250 m vor Gefahrenstelle.

- **Vorschriftszeichen gem. § 41 StVO** enthalten Verbote oder Gebote; stehen regelmäßig rechts und unmittelbar am bzw. vor dem Geltungsbereich, sofern nicht durch Zusatzschilder weitere Angaben gemacht werden.

- **Einteilung in:** Warte- und Haltegebote; vorgeschriebene Fahrtrichtung; vorgeschriebene Vorbeifahrt; Haltestellen; Sonderwege; Verkehrsverbote; Streckenverbote; Halteverbote; → *Markierungen*.

- Richtzeichen gem. § 42 StVO geben Hinweise zur Erleichterung des Verkehrs, sie können auch Anordnungen enthalten.
  Einteilung in: Vorrang; Ortstafel; Parken; Autobahnen/Kraftfahrstraßen; → *Markierungen; Hinweise; Wegweisung.*

Vermeidbarkeit

Die Vermeidbarkeit eines Unfallereignisses, z. B. einer Kollision ergibt sich auf der Grundlage der Weg-Zeit-Abhängigkeit oder der Weg-Geschwindigkeits-Abhängigkeit der Bewegungslinien bzw. -flächen der Unfallbeteiligten und der Lage des Kollisionsortes. Unterschieden wird dabei zwischen der wegbezogenen (räumlichen, absoluten) Vermeidbarkeit und der zeitbezogenen (zeitlichen, relativen) Vermeidbarkeit. Letztere nimmt allerdings in der **Vermeidbarkeitsbetrachtung** (vgl. → *Verkehrsunfallrekonstruktion*) einen geringeren Stellenwert, als die räumliche Vermeidbarkeit ein.

- **Räumliche Vermeidbarkeit (Absolute Verm.)**
  Die räumliche Vermeidbarkeit beinhaltet das Anhalten spätestens am Kollisionsort. Sie kann entweder durch Fahren mit der Vermeidbarkeitsgeschwindigkeit oder durch Reagieren mit der Vermeidbarkeitsreaktionszeit erreicht werden.
  Durch Vergleich der ermittelten Vermeidbarkeitsgeschwindigkeit mit der zulässigen Geschwindigkeit der Straße oder der der aktuellen Unfallsituation entsprechenden Geschwindigkeit kann eine Aussage zur Vermeidbarkeit getroffen werden. Analog wird bei den Reaktionszeiten verfahren.

● **Zeitliche Vermeidbarkeit (Relative Verm.)**
Die zeitliche Vermeidbarkeit basiert auf der logischen Bedingung, dass sich für das Zustandekommen einer Kollision die Bewegungslinien bzw. -flächen der Unfallbeteiligten zeitgleich
schneiden müssen, d.h. dass eine Kollision nur in diesem kritischen Zeitintervall erfolgen kann.
Liegt z.B. bei Zugrundelegung der zulässigen Geschwindigkeit oder einer kürzeren Reaktionszeit
die Bewegungsgeschwindigkeit eines Unfallbeteiligten außerhalb dieses kritischen Intervalls, ist
die zeitliche Vermeidbarkeit gegeben.

Visus → *Sehschärfe*

Vollbremszeit ist der Zeitabschnitt der vollen Bremsverzögerung bis zum Stillstand. Dieser Zeitraum kann nicht quantifiziert werden, es kann aber auf der Basis einer vermessenen Brems-/Blo-
ckierspur und der Zuordnung eines den Fahrbahnverhältnissen entsprechenden Verzögerungswer-
tes eine Rückrechnung über den *Vollbremsweg* erfolgen. vgl. → *Bremsvorgang*

Vorankündigungspfeil → *Markierungen*

Vorgabezeit → *Signalzeiten*

Vorschriftszeichen → *Verkehrszeichen*

VTC-Wert (Viscous Tolerance Criterion) ist das aus Kompressionsgeschwindigkeit und Kompres-
sionsweg ermittelte Schutzkriterium für die Brust.

Wahlreaktion → *Reaktion*

Wahrnehmen ist das Erfassen einer Information, auf die potentiell reagiert werden kann bzw. die
Anlass für eine Blickzuwendung ist.

Walkspur → *Reifenspuren*

Warnlinie → *Markierungen*

Wartelinie → *Markierungen*

Wechsellichtzeichen → *Lichtsignal*

Zugabezeit → *Signalzeiten*

Zwischenzeit → *Signalzeiten*

Abschnitt 3: Arbeits- und Beratungshilfen

1. Europäische Regelungen für max. Maße und Gewichte von Lkw und Bussen (Auszug) 247

Landeskennung:	A	B	BG	CH	D	DK	E	F	GB	GR	GUS	H	I	IRL	L	N	NL	P	PL	R	S
Abmessungen [m]																					
Höhe	4	4	4	4	4	4	4	4	4,2	4	4	4	4	4,25	4	4	4	4	4	4	4,5
Breite	2,5	2,55	2,5	2,5	2,5	2,55	2,55	2,55¹	2,5	2,55	2,5	2,5	2,55	2,6	2,6	2,55	2,6	2,55	2,5	2,5	2,6
Kühlfahrzeug	2,6	2,6	2,5	2,6	2,6	2,6	2,6	2,6	2,6	2,6	2,5	2,5	2,6	2,6	2,6	2,6	2,6	2,6	2,5	2,6	2,6
Länge Solo-Lkw	12	12	12	12	12	12	12	12	12	12	12	12	12	12	12	12,4	12,4	12	12	12	12
Länge Anhänger	12	12	-	12	12	-	12	12	12	-	12	-	12	12	12	-	-	12	12	12	12
Länge Sattelzug	16	16,5	16,5	16,5	16,5	16,5	16,5	16,5	16,5	16,5	20	16	16,5	16,5	16,5	17	16,5	16,5	16,5	16,5	24
Länge Gesamtzug	18	18,35	22	18,35	18,35	18,5	18,35	18,35	18	18,35	20	18	18,35	18,35	18,35	18,5	18,35	18,35	18	18,35	24
Länge Dreiachsbus	12	12	12	12	12	12	12	12	12	12	20	12	12	12	12	12,4	12	12	12	12	12
Länge Gelenkbus	18	18	16,5	16	16,5	-	18	16,5	18	18	20-24	18	-	-	18	18	18	-	22	18	-
Höchstgewichte [t]																					
nicht angetriebene Achse	10	10	10	10	10	10	13	13	10,5	10	10	10	10	10	10	10	10	10	10	10	10
angetriebene Achse	11,5	12	-	11,5	11,5	11,5	11,5	13	10,5	11,5	-	-	10	10,5	11,5-12	11	11,5	12	-	-	11,5
Doppelachse	16	20	16	18	18-19	18	14-21	21	18,3	19	16	16	12-25	20,3	17-20	18	11-20	19	16	16	18-19
Dreifachachse	21-24	20-30	-	-	24	24	24	-	22,9	26	-	-	26	24	24-27	-	21-24	24	-	22	21-24
Gesamtgewichte [t]																					
Zweiachs-Lkw	18	19	16	16	18	18	20	19	16-26	18	36	20	18	17	19	-	21,5	19	16	16-17	18
Dreiachs-Lkw	22	26	26	22	26	26	26	26	26	26	36	24	26	26	26	28	28	26	24	22	26
Vierachs-Lkw	32	32	-	-	32	32	32	32	30-32	32	-	30	32	32	32	-	43	32	-	24	31-32
Gesamtgewichte [t]																					
Zweiachs-Anhänger	18	20	20	12	18	20	20	19	16,2	18	-	20	18	18	18-20	20	20	18	16	16-17	16
Dreiachs-Anhänger	24	30	26	12	24	24	26	26	24,4	24	24	24	24	24,4	24-30	28	30	24	24	22	22
Gesamtgewichte [t]																					
Dreiachs-Sattelzug	30	29	36	26	28	40	38	32	25-26	32	36	28	25	25	38	50	30	29	32	30	-
Vierachs-Sattelzug	38	39	38	28	36²	40	38	38	32,5	36-38	36	36	32	35	38	50	40	37	32	34-36	51,4
Fünfachs-Sattelzug	38	44	38	28	40	40	40	40	38-39	40	36	40	40	40	44	50	50	40	42	40	51,4
Sechsachs-Sattelzug	38	44	38	28	40	40	40	40	38-39	40	36	40	40	40	44	50	50	40	42	40	-
Vierachs-Gliederzug	-	-	-	-	-	-	40	-	32,5-35	35	-	-	40	35	-	-	-	37	-	31	51,4
Fünfachs-Gliederzug	38	44	38	28	40	40	40	40	38	40	36	40	44	40	44	50	50	40	42	40	60
Sechsachs-Gliederzug	38	44	-	28	40	48	40	-	-	40	36	40	44	40	44	-	50	40	42	40	51,4
Dreiachs-Bus	22	26	-	22-25	22	24	24	24-26	24,4	20	36	24	24	24	26	-	24-30	26	24	22	-
im Kombi-Verkehr	38	44	-	-	44	48	40	44	39	40	36	40	44	40	44	50	50	40	42	40	51,4

1 Nur für geschlossene Aufbauten
2 Ist der Abstand der beiden Achsen des Aufliegers größer als 1,8 m, beträgt das Gesamtgewicht 38 t.

248 2. Ablesealgorithmus für Schaublätter von Fahrtschreibern

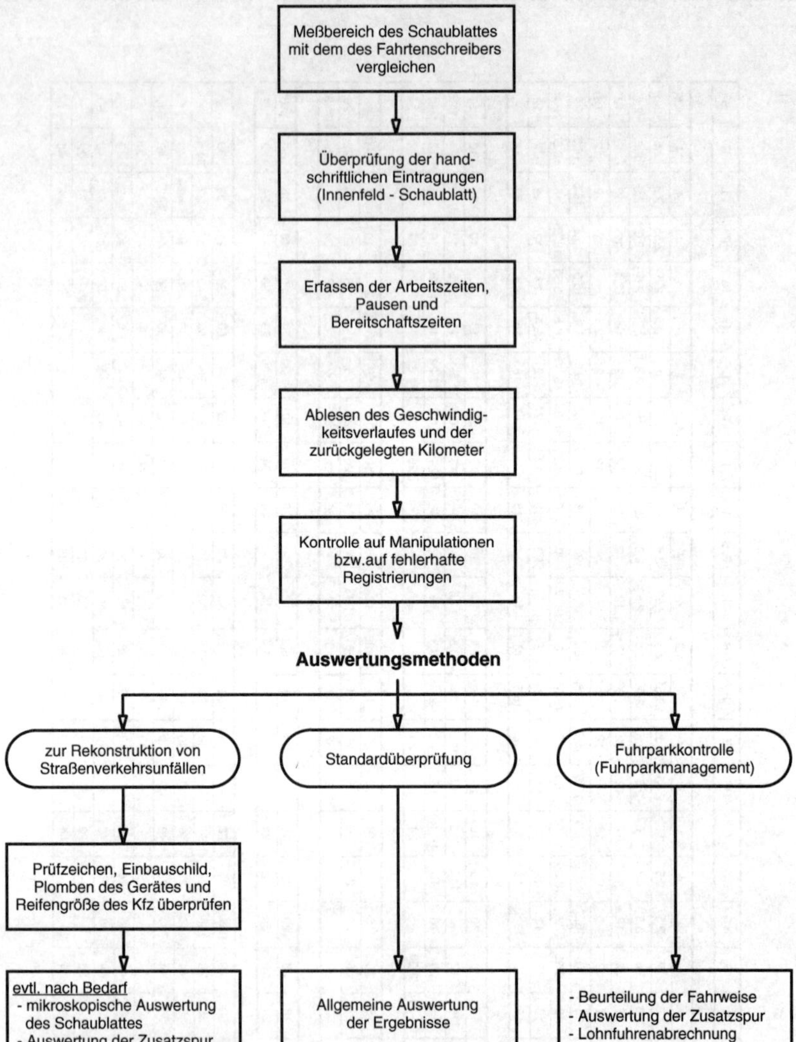

```
┌──────────────────────────────┐
│ Meßbereich des Schaublattes  │
│ mit dem des Fahrtenschreibers│
│         vergleichen          │
└──────────────────────────────┘
                │
                ▼
┌──────────────────────────────┐
│   Überprüfung der hand-      │
│   schriftlichen Eintragungen │
│   (Innenfeld - Schaublatt)   │
└──────────────────────────────┘
                │
                ▼
┌──────────────────────────────┐
│  Erfassen der Arbeitszeiten, │
│         Pausen und           │
│      Bereitschaftszeiten     │
└──────────────────────────────┘
                │
                ▼
┌──────────────────────────────┐
│ Ablesen des Geschwindig-     │
│ keitsverlaufes und der       │
│ zurückgelegten Kilometer     │
└──────────────────────────────┘
                │
                ▼
┌──────────────────────────────┐
│ Kontrolle auf Manipulationen │
│    bzw. auf fehlerhafte      │
│      Registrierungen         │
└──────────────────────────────┘
                │
                ▼
```

Auswertungsmethoden

zur Rekonstruktion von Straßenverkehrsunfällen	Standardüberprüfung	Fuhrparkkontrolle (Fuhrparkmanagement)

```
┌──────────────────────────────┐
│ Prüfzeichen, Einbauschild,   │
│ Plomben des Gerätes und      │
│ Reifengröße des Kfz überprüfen│
└──────────────────────────────┘
                │
                ▼
```

evtl. nach Bedarf - mikroskopische Auswertung des Schaublattes - Auswertung der Zusatzspur	Allgemeine Auswertung der Ergebnisse	- Beurteilung der Fahrweise - Auswertung der Zusatzspur - Lohnfuhrenabrechnung

3. Praktische Beispiele für Beschleunigungen

Vergleichswerte von Beschleunigungen allgemein bekannter Ereignisse	
Sprung aus 2 Metern Höhe	4 g[1]
Fallschirmlandung	5 g
Toleranzgrenze für Flugzeugnotlandung	9 g
Ungeschützter Kopfanprall im Gehen gegen Kandelaber (Laterne)	10 – 15 g
Sturz aus dem vierten Stock ins Sprungtuch	10 g
Sturz aus 10 Metern Höhe auf Steinboden (Aufprallgeschwindigkeit 50 km/h, je nach Abbremsdistanz[2] 30 / 10 / 5 cm)	30 / 100 / 200 g
Schwerer Verkehrsunfall	ab 50 g

---

1 $g = 9{,}81 \text{ m/s}^2$ (Erdbeschleunigung)
2 Die Abbremsdistanz ergibt sich aus der konkreten Aufprallsituation

250

4. Verletzungsschwere nach AIS-80 und Angabe einiger Verletzungen

AIS	Schweregrad	Verletzungsarten (Beispiele)
0	unverletzt	
1	gering	– Schürfung, Stauchung – Schädelprellung – Verbrennung 1. und 2. Grades (bis 6% der Oberfläche)
2	mäßig	– großflächige Schürfung und Prellungen – ausgedehnte Weichteilwunden – leichte Gehirnerschütterungen mit Amnesie – Verbrennungen 2. Grades (bis 15%)
3	schwer (nicht lebensgefährlich)	– Schädelfraktur ohne Liquoraustritt – Pneumothorax – Gehirnerschütterung mit Bewußt- losigkeit – Verbrennungen 2. Grades (bis 25%)
4	bedeutend (lebensgefährlich, Überleben wahrscheinlich)	– Schädelfraktur mit Liquoraustritt – Gehirnerschütterung mit Bewußt- losigkeit bis 24 Std. – Perforation des Brustkorbes – Verbrennungen 2. und 3. Grades (bis 35%)
5	kritisch (Überleben unsicher)	– Schädelfraktur mit Hirnstamm- blutung – Organriß – Verbrennungen 3. Grades (bis 90%)
6	maximal (als praktisch nicht überlebbar gewertet)	– massive Kopfquetschung – Aortadurchtrennung – Brustkorb massiv zusammen- gedrückt
9	unbekannt	

5. Wichtige Bestimmungen über Ladungssicherung (Stand 10/1996) 251

● **Gesetzliche Bestimmungen**

§ 3	StVO	Geschwindigkeit
§ 22	StVO	Ladung
§ 23	StVO	Sonstige Pflichten des Fahrzeugführers
§ 32	StVO	Verkehrshindernisse
§ 30	StVZO	Beschaffenheit der Fahrzeuge
§ 31	StVZO	Verantwortung für den Betrieb der Fahrzeuge
§ 4	GGVS	Sicherungspflichten
§ 17	KVO	Beladung der Wagen, Überlastung
§ 18	KVO	Verpackung, Zustand und Bezeichnung des Gutes
	GSG	Gerätesicherheitsgesetz
§ 6	AGNB[1]	Anspruchsgrundlage für Ausgleich im Außenverhältnis
§ 429	HGB	Handelsgesetzbuch
§ 254	BGB	Bürgerliches Gesetzbuch
§ 303	StGB	Sachbeschädigung
§ 223	StGB	Körperverletzung
§ 222	StGB	fahrlässige Tötung
§ 330	StGB	schwere Umweltgefährdung

● **Unfallverhütungsvorschriften**

§ 8	VBG[2] 8	Winden, Hub-, Zuggeräte
§ 8	VBG 9a	Lastaufnahmeeinrichtungen im Hebezeugbetrieb
§ 22	VBG 12	Fahrzeugaufbauten, Aufbauteile, Einrichtungen und Hilfsmittel zur Ladungssicherung
§ 37	VBG 12	Be- und Entladen
§ 44	VBG 12	Fahr- und Arbeitsweise
§ 22	UVV[3]	Fahrzeuge
	ZH 1/324[4]	Chemiefaserhebebänder
	ZH 1/413	Ladungssicherung auf Fahrzeugen

---

1 AGNB – Allgemeine Beförderungsbedingungen für den gewerblichen Güternahverkehr mit Kraftfahrzeugen
2 VBG – Kennzeichnung von UVV-en der gewerblichen Berufsgenossenschaften
3 UVV – Unfallverhütungsvorschrift
4 ZH – Schriftenreihe des Hauptverbandes der gewerblichen Berufsgenossenschaften

● **Richtlinien, Normen und Empfehlungen**

VDI	2700	Ladungssicherung auf Straßenfahrzeugen
VDI	2701	Zurrmittel
VDI	2702	Zurrkräfte
DIN	8418	Benutzerinformationen, Hinweise für die Erstellung
DIN	13 248	Behindertensitze in Kraftfahrzeugen
DIN	40 080	Verfahren und Tabellen für Stichprobenprüfungen anhand qualitativer Merkmale
DIN	50 145	zurückgezogen
DIN	51 221	Zugprüfmaschinen
DIN	61 360	Hebebänder aus synthetischen Fasern
DIN	60 060 T 1	Zurrgurte aus Chemiefasern
DIN	75 080 T 1	Krankenkraftwagen, Begriffe, Anforderungen, Prüfungen
DIN	75 080 T 2	Rettungstransportwagen
DIN	75 080 T 3	Krankenkraftwagen
DIN	75 302	Dachlastträger
DIN	75 410 T 1	Zurrpunkte an Nutzfahrzeugen zur Güterbeförderung
DIN	75 410-2	Ladungssicherung in Pkw, Pkw-Kombi, Mehrzweck-Pkw
DIN	75 410-3	Ladungssicherung in Kastenwagen

● **Internationale Vorschriften**

	89/392/EWG	Maschinenrichtlinie
	EN 1491-1	Hebebänder – flachgewebt aus Chemiefasern
	EN 1491-2	Hebebänder – Rundschlingen aus Chemiefasern
	ISO 1496 T 1	ISO-Container
Art 17	CMR[5]	Beförderungsvertrag im internationalen Straßengüterverkehr
	ECE R 17	Sitze, Verankerungen, Kopfstützen

---

5 CMR – Convention relative au Contrat de transport international de marchandises par route

	74/408/EWG	Innenausstattung von Kfz, Widerstandsfähigkeit der Sitze und ihre Verwendung
	81/577/EWG	Änderung zu 74/408/EWG
	ECE R 44	Kinderrückhaltesysteme

252

6. Bremsweg beim Abbremsen von 100 km/h auf 0 km/h in Abhängigkeit von der Profiltiefe[1]

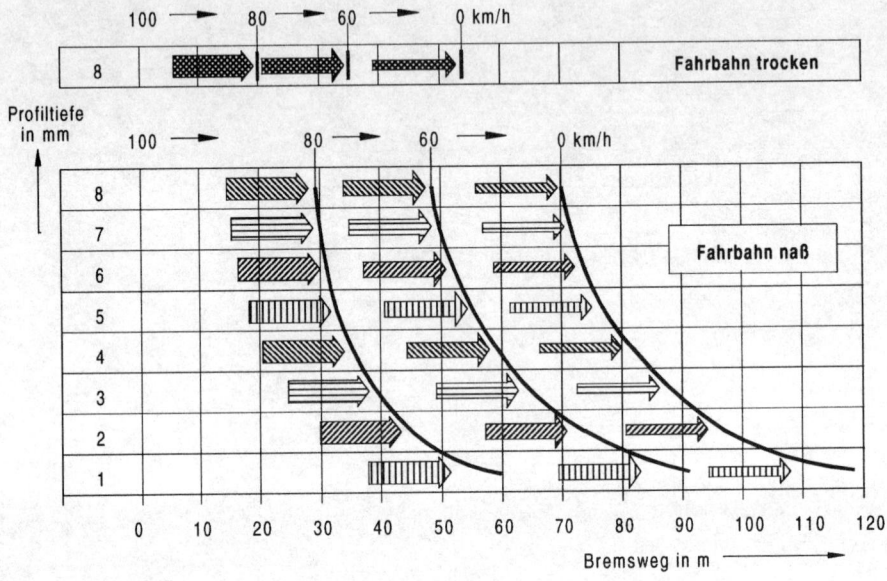

253

7. Allgemeiner Ablauf des Bremsvorganges

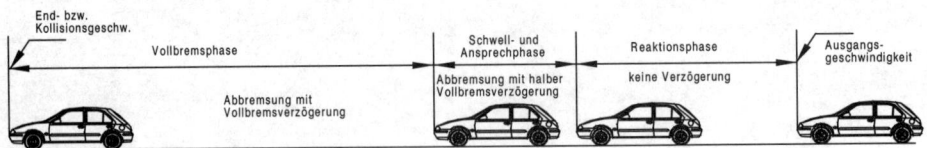

---

1 Quelle: Informationsmaterial Continental AG Hannover

Jakubasch

8. Zeitlicher Ablauf eines Notbremsvorgangs (Empfehlung des 20. Deutschen Verkehrsgerichtstag)

254

		$Zeit^1$	$t_{2\%}{}^2$	$t_{98\%}{}^2$
1 Beginn der peripheren Wahrnehmung				
	Blickzuwendungszeit	0,48 s	0,32 s	0,55 s
2 Beginn der Objektfixierung				
	Reaktionsgrundzeit	0,45 s	0,22 s	0,58 s
3 Beginn der muskulären Reaktion				
	Umsetzzeit	0,19 s	0,15 s	0,21 s
4 Beginn der Bremspedalberührung				
	Ansprechzeit	0,05 s	0,03 s	0,06 s
5 Beginn der Bremswirkung				
	Schwellzeit	0,17 s	0,14 s	0,18 s
6 Beginn der Blockier- oder Regelspurzeichnung (volle Bremswirkung)				
	Vollbremszeit	kann nicht quantifiziert werden		
7 Stillstand				

---

1 Charakteristischer Zeitwert der WEIBULL-VERTEILUNG (Wert der größten Wahrscheinlichkeit)
2 $t_{2\%}$ und $t_{98\%}$ → Grenzen des Gültigkeitsbereiches. Die Ermittlung der Zeitwerte erfolgt an Probanden im regulären Straßenverkehr.
  $t_{2\%}$ Zeitwert für die Wahrscheinlichkeit von 2 % aller Fälle (untere Wahrscheinlichkeitsgrenze)
  $t_{98\%}$ Zeitwert für die Wahrscheinlichkeit von 98 % aller Fälle (obere Wahrscheinlichkeitsgrenze)

255 9. Allgemeine Darstellung des Reaktionsfahrabschnitts

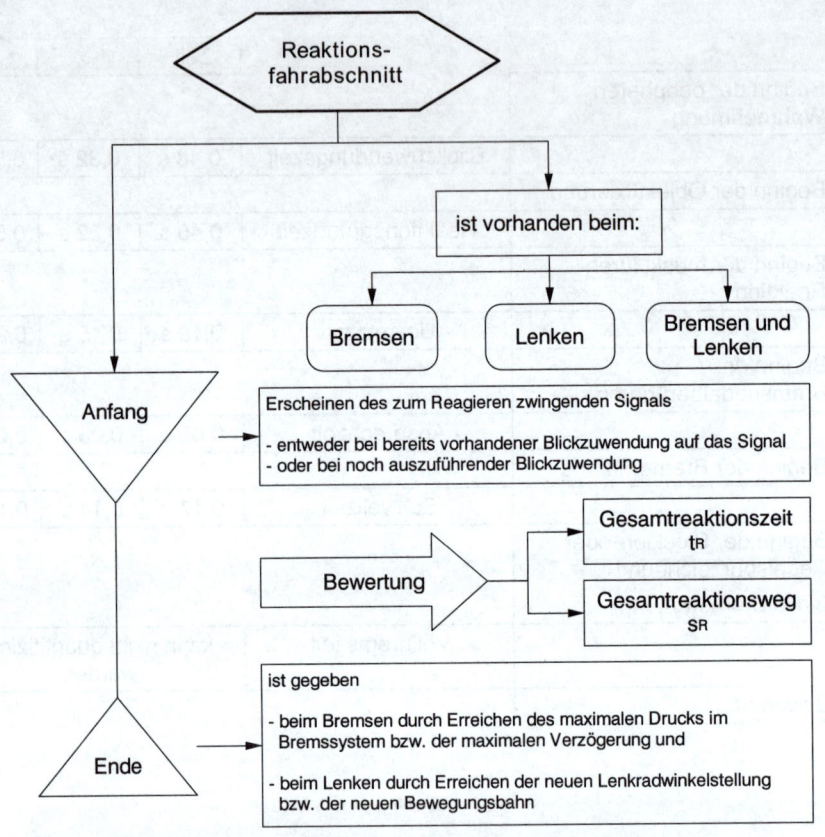

Schnittstelle zwischen der Reaktionsphase und dem Bremsbeginn (Schwell- und Ansprech-phase)

... aus technischer Sicht → a) Beginn der Bremspedalbewegung (Regelfall)
b) Beginn des Druckanstieges im Bremskreislauf (Ausnahmefall)

... aus psychologischer Sicht → Beginn des Fußumsetzens

Jakubasch

10. Reaktionswege in Abhängigkeit von der Ausgangsgeschwindigkeit unter Berücksichtigung eines ungebremsten Bewegungsverhaltens

v in km/h	Zeit in s										v in m/s
	1,4	1,3	1,2	1,1	1	0,9	0,8	0,7	0,6	0,5	
	Weg in m										
10	3,9	3,6	3,3	3,1	2,8	2,5	2,2	1,9	1,7	1,4	**2,78**
20	7,8	7,2	6,7	6,1	5,6	5,0	4,4	3,9	3,3	2,8	**5,56**
30	11,7	10,8	10,0	9,2	8,3	7,5	6,7	5,8	5,0	4,2	**8,33**
40	15,6	14,4	13,3	12,2	11,1	10,0	8,9	7,8	6,7	5,6	**11,11**
50	19,4	18,1	16,7	15,3	13,9	12,5	11,1	9,7	8,3	6,9	**13,89**
60	23,3	21,7	20,0	18,3	16,7	15,0	13,3	11,7	10,0	8,3	**16,67**
70	27,2	25,3	23,3	21,4	19,4	17,5	15,6	13,6	11,7	9,7	**19,44**
80	31,1	28,9	26,7	24,4	22,2	20,0	17,8	15,6	13,3	11,1	**22,22**
90	35,0	32,5	30,0	27,5	25,0	22,5	20,0	17,5	15,0	12,5	**25,00**
100	38,9	36,1	33,3	30,6	27,8	25,0	22,2	19,4	16,7	13,9	**27,78**
110	42,8	39,7	36,7	33,6	30,6	27,5	24,4	21,4	18,3	15,3	**30,56**
120	46,7	43,3	40,0	36,7	33,3	30,0	26,7	23,3	20,0	16,7	**33,33**
130	50,6	46,9	43,3	39,7	36,1	32,5	28,9	25,3	21,7	18,1	**36,11**
140	54,4	50,6	46,7	42,8	38,9	35,0	31,1	27,2	23,3	19,4	**38,89**
150	58,3	54,2	50,0	45,8	41,7	37,5	33,3	29,2	25,0	20,8	**41,67**
160	62,2	57,8	53,3	48,9	44,4	40,0	35,6	31,1	26,7	22,2	**44,44**
170	66,1	61,4	56,7	51,9	47,2	42,5	37,8	33,1	28,3	23,6	**47,22**
180	70,0	65,0	60,0	55,0	50,0	45,0	40,0	35,0	30,0	25,0	**50,00**
190	73,9	68,6	63,3	58,1	52,8	47,5	42,2	36,9	31,7	26,4	**52,78**
200	77,8	72,2	66,7	61,1	55,6	50,0	44,4	38,9	33,3	27,8	**55,56**

257

11. Abbremsung in den Stillstand bei einer Reaktionszeit von 1,0 s

Die nachfolgenden Berechnungsergebnisse berücksichtigen den allgemeinen Ablauf eines Bremsvorganges sowie unterschiedliche Verzögerungswerte, Reaktionszeiten und Ausgangsgeschwindigkeiten (Schwell- u. Ansprechphase 0,3 s).

VA [km/h]   ...   Ausgangsgeschwindigkeit

SB [m]   ...   Bremsweg (Vollbremsphase)   Sges [m]   ...   Gesamtbremsweg

tB [S]   ...   Bremszeit (Vollbremsphase)   tges [S]   ...   Gesamtbremszeit

V_A in km/h	8 m/s²		7 m/s²		6 m/s²		5 m/s²		4 m/s²		3 m/s²		2 m/s²	
	S_B / S_{ges}	t_B / t_{ges}	S_B / S_{ges}	t_B / t_{ges}	S_B / S_{ges}	t_B / t_{ges}	S_B / S_{ges}	t_B / t_{ges}	S_B / S_{ges}	t_B / t_{ges}	S_B / S_{ges}	t_B / t_{ges}	S_B / S_{ges}	t_B / t_{ges}
10	0,2	0,20	0,2	0,25	0,3	0,31	0,4	0,41	0,6	0,54	0,9	0,78	1,5	1,24
	3,6	1,50	3,7	1,55	3,8	1,61	3,9	1,71	4,1	1,84	4,4	2,08	5,1	2,54
20	1,2	0,54	1,5	0,64	1,8	0,78	2,3	0,96	3,1	1,24	4,3	1,70	6,9	2,63
	8,2	1,84	8,5	1,94	8,9	2,08	9,4	2,26	10,2	2,54	11,5	3,00	14,1	3,93
30	3,2	0,89	3,8	1,04	4,6	1,24	5,8	1,52	7,5	1,93	10,4	2,63	16,1	4,02
	13,8	2,19	14,5	2,34	15,3	2,54	16,5	2,82	18,2	3,23	21,1	3,93	26,9	5,32
40	6,1	1,24	7,2	1,44	8,7	1,70	10,7	2,07	13,8	2,63	18,9	3,55	29,2	5,41
	20,4	2,54	21,5	2,74	23,0	3,00	25,1	3,37	28,2	3,93	33,3	4,85	43,6	6,71
50	10,1	1,59	11,8	1,83	14,1	2,16	17,3	2,63	22,1	3,32	30,1	4,48	46,2	6,79
	27,9	2,89	29,7	3,13	32,0	3,46	35,2	3,93	40,0	4,62	48,1	5,78	64,2	8,09
60	15	1,93	17,4	2,23	20,7	2,63	25,3	3,18	32,3	4,02	43,8	5,41	67,0	8,18
	36,4	3,23	38,9	3,53	42,2	3,93	46,9	4,48	53,8	5,32	65,4	6,71	88,6	9,48
70	20,8	2,28	24,2	2,63	28,7	3,09	34,9	3,74	44,4	4,71	60,1	6,33	91,6	9,57
	45,9	3,58	49,3	3,93	53,8	4,39	60,1	5,04	69,6	6,01	85,3	7,63	116,9	10,87
80	27,6	2,63	32,0	3,02	37,9	3,55	46,1	4,29	58,4	5,41	79,0	7,26	120,1	10,96
	56,3	3,93	60,8	4,32	66,6	4,85	74,9	5,59	87,2	6,71	107,8	8,56	149,0	12,26
90	35,4	2,98	41,0	3,42	48,4	4,02	58,8	4,85	74,4	6,10	100,5	8,18	152,5	12,35
	67,7	4,28	73,3	4,72	80,8	5,32	91,2	6,15	106,8	7,40	132,9	9,48	185,0	13,65
100	44,1	3,32	51,0	3,82	60,2	4,48	73,1	5,41	92,3	6,79	124,5	9,11	188,8	13,74
	80,1	4,62	87,0	5,12	96,2	5,78	109,0	6,71	128,4	8,09	160,5	10,41	224,8	15,04

Jakubasch

v_A in km/h	8 m/s²		7 m/s²		6 m/s²		5 m/s²		4 m/s²		3 m/s²		2 m/s²	
	s_B / s_{ges}	t_B / t_{ges}	s_B / s_{ges}	t_B / t_{ges}	s_B / s_{ges}	t_B / t_{ges}	s_B / s_{ges}	t_B / t_{ges}	s_B / s_{ges}	t_B / t_{ges}	s_B / s_{ges}	t_B / t_{ges}	s_B / s_{ges}	t_B / t_{ges}
10	0,2	0,20	0,2	0,25	0,3	0,31	0,4	0,41	0,6	0,54	0,9	0,78	1,5	1,24
	3,0	1,30	3,1	1,35	3,2	1,41	3,4	1,51	3,6	1,64	3,9	1,88	4,5	2,34
20	1,2	0,54	1,5	0,64	1,8	0,78	2,3	0,96	3,1	1,24	4,3	1,70	6,9	2,63
	7,1	1,64	7,4	1,74	7,8	1,88	8,3	2,06	9,1	2,34	10,4	2,80	13,0	3,73
30	3,2	0,89	3,8	1,04	4,6	1,24	5,8	1,52	7,5	1,93	10,4	2,63	16,1	4,02
	12,2	1,99	12,8	2,14	13,6	2,34	14,8	2,62	16,6	3,03	19,5	3,73	25,3	5,12
40	6,1	1,24	7,2	1,44	8,7	1,70	10,7	2,07	13,8	2,63	18,9	3,55	29,2	5,41
	18,2	2,34	19,3	2,54	20,8	2,80	22,8	3,17	25,9	3,73	31,1	4,65	41,4	6,51
50	10,1	1,59	11,8	1,83	14,1	2,16	17,3	2,63	22,1	3,32	30,1	4,48	46,2	6,79
	25,2	2,69	26,9	2,93	29,2	3,26	32,4	3,73	37,3	4,42	45,3	5,58	61,4	7,89
60	15,0	1,93	17,4	2,23	20,7	2,63	25,3	3,18	32,3	4,02	43,8	5,41	67,0	8,18
	33,1	3,03	35,6	3,33	38,9	3,73	43,6	4,28	50,5	5,12	62,1	6,51	85,3	9,28
70	20,8	2,28	24,2	2,63	28,7	3,09	34,9	3,74	44,4	4,71	60,1	6,33	91,6	9,57
	42,0	3,38	45,4	3,73	49,9	4,19	56,2	4,84	65,7	5,81	81,5	7,43	113,0	10,67
80	27,6	2,63	32,0	3,02	37,9	3,55	46,1	4,29	58,4	5,41	79,0	7,26	120,1	10,96
	51,9	3,73	56,3	4,12	62,2	4,65	70,4	5,39	82,8	6,51	103,4	8,36	144,5	12,06
90	35,4	2,98	41,0	3,42	48,4	4,02	58,8	4,85	74,4	6,10	100,5	8,18	152,5	12,35
	62,7	4,08	68,3	4,52	75,8	5,12	86,2	5,95	101,8	7,20	127,9	9,28	180,0	13,45
100	44,1	3,32	51,0	3,82	60,2	4,48	73,1	5,41	92,3	6,79	124,5	9,11	188,8	13,74
	74,5	4,42	81,4	4,92	90,6	5,58	103,5	6,51	122,8	7,89	155,0	10,21	219,3	14,84
110	53,9	3,67	62,2	4,22	73,3	4,94	88,8	5,96	112,2	7,49	151,1	10,04	228,8	15,13
	87,3	4,77	95,6	5,32	106,8	6,04	122,3	7,06	145,7	8,59	184,6	11,14	262,4	16,23
120	64,5	4,02	74,4	4,61	87,7	5,41	106,2	6,52	133,9	8,18	180,2	10,96	272,8	16,52
	101,0	5,12	111,0	5,71	124,2	6,51	142,7	7,62	170,5	9,28	216,8	12,06	309,4	17,62

13. Abbremsung in den Stillstand bei einer Reaktionszeit von 0,6 s

v_A in km/h	8 m/s²		7 m/s²		6 m/s²		5 m/s²		4 m/s²		3 m/s²		2 m/s²	
	s_B	t_B	s_B	t_B	s_B	t_B	s_B	t_B	s_B	t_B	s_B	t_B	s_B	t_B
	s_{ges}	t_{ges}	s_{ges}	t_{ges}	s_{ges}	t_{ges}	s_{ges}	t_{ges}	s_{ges}	t_{ges}	s_{ges}	t_{ges}	s_{ges}	t_{ges}
10	0,2	0,20	0,2	0,25	0,3	0,31	0,4	0,41	0,6	0,54	0,9	0,78	1,5	1,24
	2,5	1,10	2,6	1,15	2,7	1,21	2,8	1,31	3,0	1,44	3,3	1,68	4,0	2,14
20	1,2	0,54	1,5	0,64	1,8	0,78	2,3	0,96	3,1	1,24	4,3	1,70	6,9	2,63
	6,0	1,44	6,3	1,54	6,7	1,68	7,2	1,86	8,0	2,14	9,3	2,60	11,9	3,53
30	3,2	0,89	3,8	1,04	4,6	1,24	5,8	1,52	7,5	1,93	10,4	2,63	16,1	4,02
	10,5	1,79	11,1	1,94	12,0	2,14	13,1	2,42	14,9	2,83	17,8	3,53	23,6	4,92
40	6,1	1,24	7,2	1,44	8,7	1,70	10,7	2,07	13,8	2,63	18,9	3,55	29,2	5,41
	16,0	2,14	17,1	2,34	18,6	2,60	20,6	2,97	23,7	3,53	28,9	4,45	39,2	6,31
50	10,1	1,59	11,8	1,83	14,1	2,16	17,3	2,63	22,1	3,32	30,1	4,48	46,2	6,79
	22,4	2,49	24,1	2,73	26,4	3,06	29,7	3,53	34,5	4,22	42,5	5,38	58,6	7,69
60	15,0	1,93	17,4	2,23	20,7	2,63	25,3	3,18	32,3	4,02	43,8	5,41	67,0	8,18
	29,8	2,83	32,3	3,13	35,6	3,53	40,2	4,08	47,2	4,92	58,8	6,31	81,9	9,08
70	20,8	2,28	24,2	2,63	28,7	3,09	34,9	3,74	44,4	4,71	60,1	6,33	91,6	9,57
	38,1	3,18	41,5	3,53	46,0	3,99	52,3	4,64	61,8	5,61	77,6	7,23	109,1	10,47
80	27,6	2,63	32,0	3,02	37,9	3,55	46,1	4,29	58,4	5,41	79,0	7,26	120,1	10,96
	47,4	3,53	51,9	3,92	57,8	4,45	66,0	5,19	78,4	6,31	98,9	8,16	140,1	11,86
90	35,4	2,98	41,0	3,42	48,4	4,02	58,8	4,85	74,4	6,10	100,5	8,18	152,5	12,35
	57,7	3,88	63,3	4,32	70,8	4,92	81,2	5,75	96,8	7,00	122,9	9,08	175,0	13,25
100	44,1	3,32	51,0	3,82	60,2	4,48	73,1	5,41	92,3	6,79	124,5	9,11	188,8	13,74
	69,0	4,22	75,9	4,72	85,1	5,38	97,9	6,31	117,2	7,69	149,4	10,01	213,7	14,64
110	53,9	3,67	62,2	4,22	73,3	4,94	88,8	5,96	112,2	7,49	151,1	10,04	228,8	15,13
	81,2	4,57	89,5	5,12	100,7	5,84	116,2	6,86	139,6	8,39	178,5	10,94	256,3	16,03
120	64,5	4,02	74,4	4,61	87,7	5,41	106,2	6,52	133,9	8,18	180,2	10,96	272,8	16,52
	94,4	4,92	104,3	5,51	117,5	6,31	136,1	7,42	163,8	9,08	210,2	11,86	302,8	17,42

Jakubasch

14. Reifenbezeichnungen und Reifenkennzeichnungen

Pkw-Reifen (Beispiell):

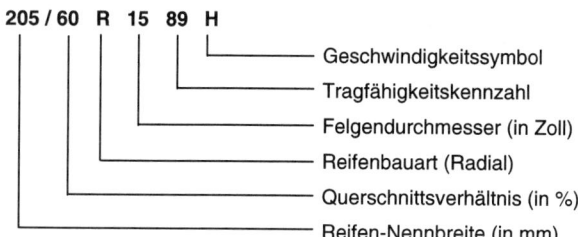

205 / 60 R 15 89 H

— Geschwindigkeitssymbol
— Tragfähigkeitskennzahl
— Felgendurchmesser (in Zoll)
— Reifenbauart (Radial)
— Querschnittsverhältnis (in %)
— Reifen-Nennbreite (in mm)

Lkw-Reifen (Beispiel):

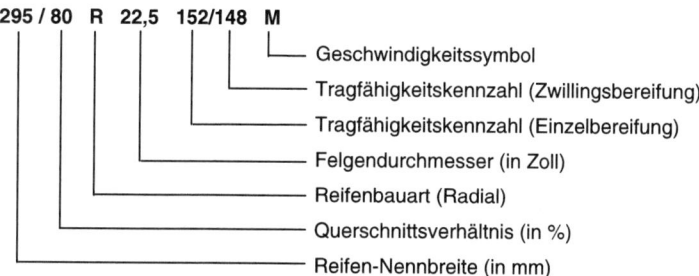

295 / 80 R 22,5 152/148 M

— Geschwindigkeitssymbol
— Tragfähigkeitskennzahl (Zwillingsbereifung)
— Tragfähigkeitskennzahl (Einzelbereifung)
— Felgendurchmesser (in Zoll)
— Reifenbauart (Radial)
— Querschnittsverhältnis (in %)
— Reifen-Nennbreite (in mm)

Zuordnung der Geschwindigkeit zum Geschwindigkeitssymbol (Auszug)

	Geschwindigkeitssymbol											
	B	F	J	M	P	R	S	T	U	H	VR	V	ZR
v in km/h	50	80	100	130	150	170	180	190	200	210	>210	240	>240

261

15. Spurenarten

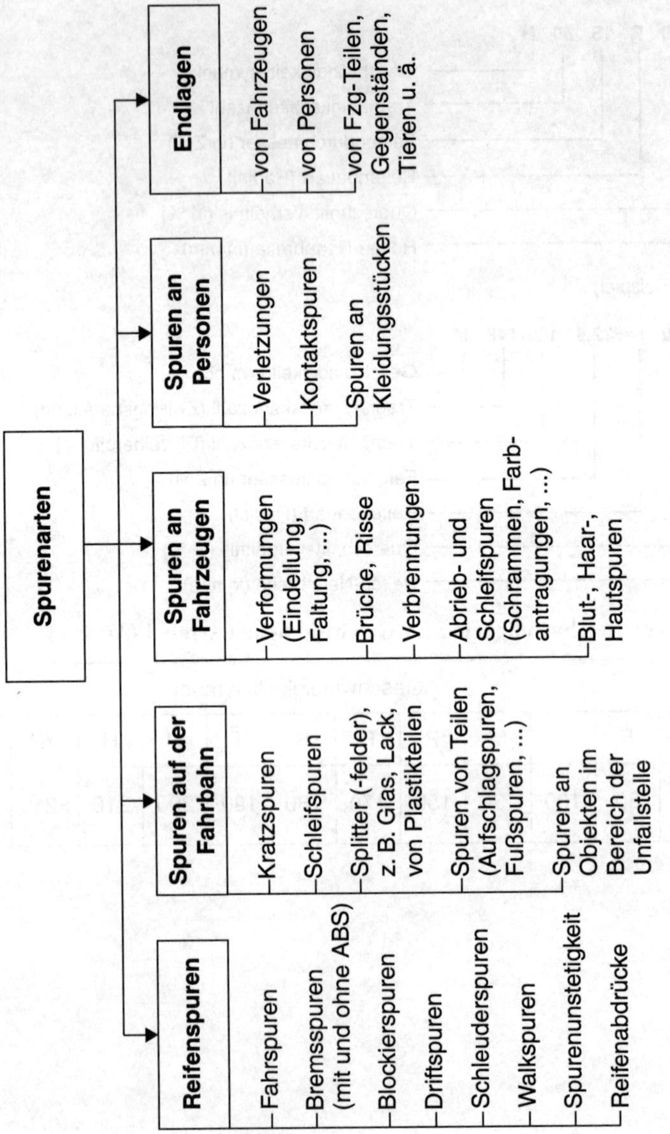

Spurenarten

Reifenspuren
- Fahrspuren
- Bremsspuren (mit und ohne ABS)
- Blockierspuren
- Driftspuren
- Schleuderspuren
- Walkspuren
- Spurenunstetigkeit
- Reifenabdrücke

Spuren auf der Fahrbahn
- Kratzspuren
- Schleifspuren
- Splitter (-felder), z. B. Glas, Lack, von Plastikteilen
- Spuren von Teilen (Aufschlagspuren, Fußspuren, ...)
- Spuren an Objekten im Bereich der Unfallstelle

Spuren an Fahrzeugen
- Verformungen (Eindellung, Faltung, ...)
- Brüche, Risse
- Verbrennungen
- Abrieb- und Schleifspuren (Schrammen, Farbantragungen, ...)
- Blut-, Haar-, Hautspuren

Spuren an Personen
- Verletzungen
- Kontaktspuren
- Spuren an Kleidungsstücken

Endlagen
- von Fahrzeugen
- von Personen
- von Fzg-Teilen, Gegenständen, Tieren u. ä.

Darstellung des Straßenverlaufs in Richtung Ort A von der Ortsgrenze Ort B bis hinter den Gefälleknick

Skizze nicht maßstäblich !

alle Maßangaben in Metern vom Meßausgangspunkt (MA)

1 Zeichen 274 - zul. Höchstgeschwindigkeit 80 km/h
2 Anstoßstelle der Fzg. 03 und 04
3 Anstoßstelle der Fzg. 01 und 02
4 Straßenbegrenzungspfahl
5 Beginn der Durchgehenden Begrenzungslinie

⊕ ⊕ Straßenbäume

Gefälle 7 %
Gefälleknick
Gefälle 4 %
Gefälle 2 %

Sichtgrenze aus Richtung Ort A
Sichtgrenze aus Richtung Ort B

Feldweg
Feldweg

Ortsschild

Meßausgangspunkt (MA)

463,0
452,0
452,0
441,0
439,0
429,0
429,0
428,0
428,0
419,0
429,0
407,0
407,0
396,0
388,0
387,0
385,0
385,0
374,5
374,5
372,0
374,5
368,5
366,3
363,5
352,6
342,0
331,7
319,6
309,0
298,4
287,3
276,7
265,6
254,6
243,4
232,4
173,0

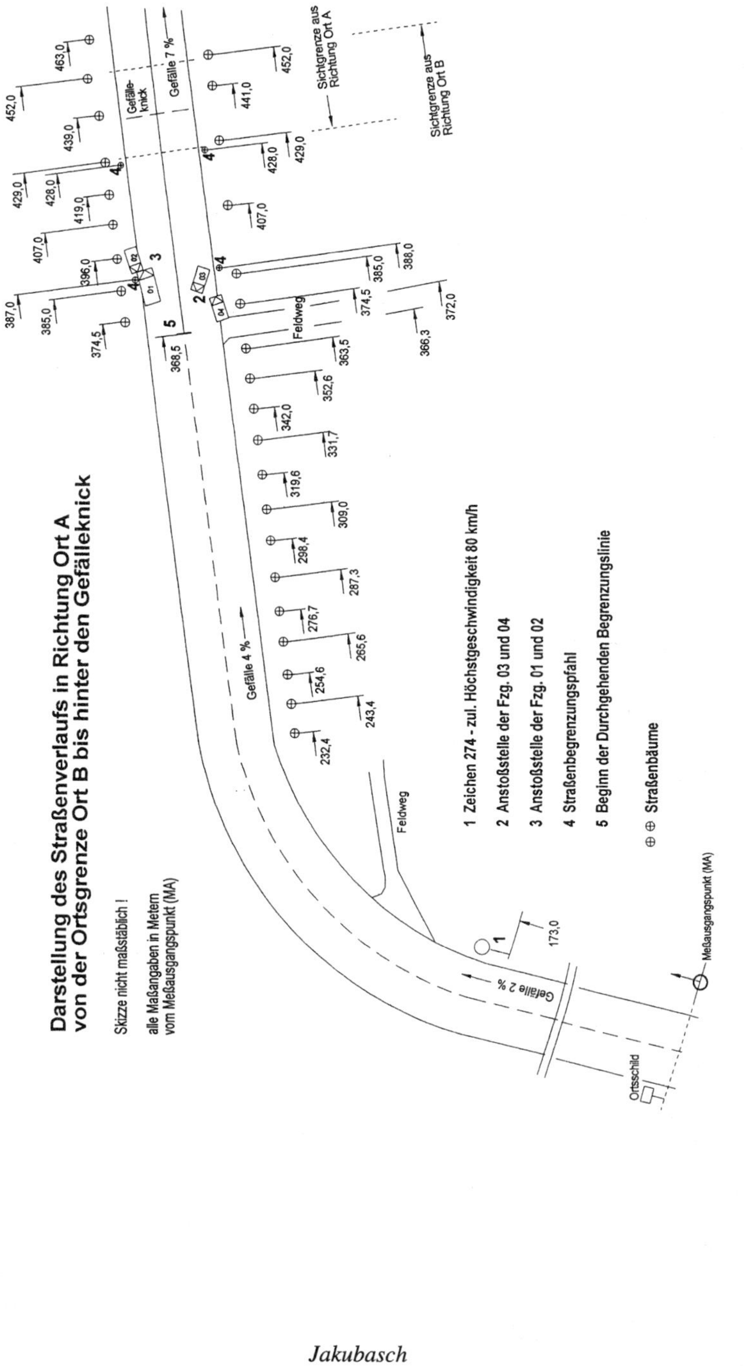

Stichwortverzeichnis

Die fett gedruckten römischen Zahlen verweisen auf die Kapitel. Die mager gedruckten arabischen Zahlen auf die jeweils dazugehörigen Randnummern.